Verfahrensbeistandschaft

Verfahrensbeistandschaft

Ein Handbuch für die Praxis

Herausgegeben und bearbeitet von
Prof. Dr. jur. Ludwig Salgo
und
Dr. jur. Natalie Ivanits

Weitere Bearbeiter:
Axel Bauer, Prof. Dr. jur. Carola Berneiser, Perla Charles,
Prof. Dr. med. Vera Clemens, Prof. Dr. phil. Mériem Diouani-Streek,
Prof. Dr. med. habil. Jörg M. Fegert, Prof. Dr. jur. Stefan Heilmann,
Prof. Dr. jur. Jan Kepert, Dr. biol. hum. Franziska Köhler-Dauner,
Prof. Dr. phil. Kerima Kostka, Prof. Dr. phil. Jörg Maywald,
Hildegard Niestroj, Prof. Dr. phil. Maud Amal Nordstern,
Prof. Dr. biol. hum. Miriam Rassenhofer, Catharina A. Rogalla,
Dr. jur. Katja Schweppe, Dr. biol. hum. Manuela Stötzel,
Sandra Tiemann, Corina Weber, Dr. jur. Kerstin Wierse,
Prof. Dr. phil. Ute Ziegenhain, Dr. biol. hum. Annabel Zwönitzer

5. überarbeitete und erweiterte Auflage

Reguvis

Bibliografische Information der Deutschen Nationalbibliothek
Die Deutsche Nationalbibliothek verzeichnet diese Publikation in der Deutschen Nationalbibliografie; detaillierte bibliografische Daten sind im Internet über http://dnb.d-nb.de abrufbar.

Zitierweise: Salgo/Ivanits/Bearbeiter, Teil Rn.

Reguvis Fachmedien GmbH
Amsterdamer Str. 192
50735 Köln
service@reguvis.de
www.reguvis.de

ISBN (Print): 978-3-8462-1322-3
ISBN (E-Book): 978-3-8462-1323-0

Titelabbildung: © Adobe Stock/Hugy
Satz: Cicero Computer GmbH, Bonn
Druck und buchbinderische Verarbeitung: Plump Druck & Medien GmbH, Rheinbreitbach

Printed in Germany

Übersicht

Vorwort der Herausgeber

Verlag und Herausgeber standen diesmal vor der Frage, ob es sich lohnen könnte, mit der Fertigstellung dieser Auflage zuzuwarten: Vielversprechende und relevante Reformvorschläge zur Verfahrensbeistandschaft aus dem Bundesministerium der Justiz waren im Spätherbst 2024 bereits im Gesetzgebungsverfahren, alles schien indes dafür zu sprechen, dass auch diese dem vorzeitigen Ende der 20. Legislaturperiode zum Opfer fallen würden. Es ist anders gekommen. Der Deutsche Bundestag handelte in letzter Minute – wo ein Wille, da ein Weg. Die Neuregelungen zur Verfahrensbeistandschaft mit dem Kostenrechtsänderungsgesetz sind zum 11.4.2025 in Kraft getreten. Dankenswerterweise haben Verlag und Autoren:innen die Mühen auf sich genommen, sich kurzfristig dieser neuen Gesetzeslage zu stellen.

Das Kostenrechtsänderungsgesetz ist das dritte Gesetzgebungsverfahren seit Einführung des „Pflegers für das Verfahren“ (1998), mit denen die Regelungen für die Verfahrensbeistandschaft immer weiter präzisiert wurden. Einerseits ist es lobenswert, dass Rechtspolitik und Gesetzgebung fähig und willens sind, einen Weg des Lernens, des Auf- und Nachholens zu beschreiten. Andererseits war schon früh (1993) in der Fachliteratur und in allen Vorauflagen dieses Handbuches (1. Auflage, 2002) vor Minimalkompromissen mit beachtlichen Regelungslücken gewarnt worden, die bedauerlicherweise zu erheblichen Schwierigkeiten und Belastungen vielfältiger Art geführt hatten. Muss es erst zu nicht mehr haltbaren Fehlentwicklungen kommen, bis endlich nachgebessert wird?

Hinsichtlich der Entwicklung der Gesetzgebung seit der 4. Auflage (2020) sind insbesondere die Änderungen zur fachlichen und persönlichen Eignung des Verfahrensbeistands/der Verfahrensbeiständin durch das Gesetz zur Bekämpfung sexualisierter Gewalt gegen Kinder (2021) hervorzuheben. Der Gesetzgeber folgte damit im Wesentlichen dem in diesem Handbuch bereits in den Vorauflagen vertretenen Ansatz eines verpflichtenden interdisziplinären Qualifikationsprofils mit Fortbildungspflichten für die Verfahrensbeistandschaft. Zugleich führte der Gesetzgeber auch für die richterliche Tätigkeit an den Familiengerichten ein im Wesentlichen gleichlautendes Anforderungsprofil aus § 158a Abs. 1 Satz 1 FamFG als Regelvoraussetzung ein (§ 23b Abs. 3 Satz 3 GVG). Der Gesetzgeber hatte damit (an)erkannt, dass einerseits der gesetzliche Hinweis, dass nur „geeignete“ Verfahrensbeistände bestellt werden dürfen, nicht zur Sicherstellung der notwendigen fachlichen und persönlichen Eignung geführt, andererseits die grundsätzlich anerkannte Fortbildungspflicht für die Familienrichter:innen nicht zum notwendigen Kenntniserwerb geführt hatten. Mit der Qualifikationsoffensive (2021) und der überfälligen Erhöhung und Vereinheitlichung der Vergütungspauschale (2025) sind viele Schwachstellen beseitigt worden, gleichwohl sind manche geblieben. Die größte Herausforderung liegt zudem in der Umsetzung und Erhaltung der anspruchsvollen Qualifikationsprofile, so dass die rechtstatsächliche Überprüfung dieser Reformschritte unausweichlich ist.

Der Gesetzgeber konnte sich auch durch die Entwicklung dieser (nicht mehr) neuen „Rechtsfigur“ ermutigt fühlen: Verfahrensbeistände sind in schnell zunehmender Zahl tätig geworden und haben vielerorts auch Skeptiker in Justiz und Jugendämtern von dem Nutzen und der Notwendigkeit der neuen Institution überzeugt. Was aber noch mehr zählt: Kinder und Jugendliche scheinen überwiegend von einer qualifizierten Vertretung ihrer Interessen in den für sie nur schwer durchschaubaren und belastenden Gerichtsverfahren zu profitieren. Aber auch dies wäre durch quantitative wie qualitative Forschung zu überprüfen, zumal *„an der Tätigkeit eines Verfahrensbeistands in Kindschaftssachen (..) ein besonderes Gemeinwohlinteresse besteht"* (Bundesfinanzhof, Urteil vom 17.7.2019).

Verlag, Autoren:innen wie Herausgeber wollen weiterhin mit diesem interdisziplinären Handbuch zur noch keineswegs abgeschlossenen Implementierung und weiteren Qualifizierung der in diesem Handlungsfeld – zum Nutzen der betroffenen Kinder und Jugendlichen – Tätigen beitragen.

Soweit es möglich war, wurde jedem Autor/jeder Autorin Raum gegeben, sein/ihr spezifisches Thema im Kontext der allgemeinen Diskussion zu verorten. Um den Lesern und Leserinnen Orientierungen zu geben, haben Herausgeber und Autoren:innen versucht, das Spektrum möglicher Positionen aufeinander abzustimmen. Dennoch: Unterschiedliche Standpunkte und Darstellungsformen in verschiedenen Beiträgen des Handbuchs sind kein Zufall, sondern bei einem interdisziplinären Anforderungsprofil unvermeidlich. Dadurch bedingte unterschiedliche Standpunkte, aber auch unvermeidliche Überschneidungen wurden gern in Kauf genommen, lassen sie doch zentrale Bezugspunkte umso deutlicher erkennen.

Trotz des Umfanges dieses Handbuchs gibt es Lücken und Auslassungen. Im Übrigen will und kann dieses Handbuch nicht die Heranziehung der jeweiligen Fachliteratur aus den einzelnen Disziplinen ersetzen. Bislang gehen jedoch die Fachdisziplinen kaum auf die spezifische Aufgabenstellung der Verfahrensbeistandschaft ein. Deshalb will das Handbuch grundlegende Beiträge verschiedener Disziplinen zusammenführen, die den Bezug zur Verfahrensbeistandschaft herstellen. Das Handbuch richtet sich an berufsmäßig tätige Verfahrensbeistände. Nach Ansicht der Herausgeber und Autor:innen wie auch der Praxis ist diese herausfordernde Aufgabe nur durch eigens dafür qualifizierte Verfahrensbeistände zu leisten. Dass nunmehr auch der Gesetzgeber eindeutig diese Auffassung teilt und sicherstellen will, ist ermutigend.

Verlag und Herausgeber danken dem hochkompetenten, diskussionsfreudigen, äußerst geduldigen und sehr zuverlässigen Autorenteam.

Corina Weber sei gedankt für stets zuverlässige und unverzichtbare Unterstützung seit der ersten Auflage.

Konstruktive Kritik und Anregungen sind den Herausgebern und Autoren:innen ebenso wie dem Verlag willkommen.

Frau Jana Neeser und Frau Jennifer Wegener-Carapezza, Reguvis, waren stets für Fragen und Hilfeersuchen aufgeschlossen, wofür ihnen herzlich zu danken ist.

Juni 2025
Ludwig Salgo und *Natalie Ivanits*

Inhalt

Teil 3
Beiträge aus Pädagogik, Psychologie und Psychiatrie

Teil 4
Die Rechtsstellung des Kindes im gerichtlichen und jugendhilferechtlichen Verfahren

A Das Verfahren der Familiengerichte in Kindschaftssachen

Anhang
Standards für die Interessenvertretung von Kindern und Jugendlichen vor dem Familiengericht

Autorinnen und Autoren

Bauer, Axel, Weiterer aufsichtführender Richter am Amtsgericht Frankfurt am Main i.R., ab 1987 Vormundschafts-/Betreuungsrichter, ab 1998 Betreuungs- und Familienrichter. Referent und Mitglied der Prüfungskommission der Weiterbildung für Verfahrensbeistände des Paritätischen Bildungswerks. Veröffentlichungen zu den Themen Sorgerecht, Verfahrenspfleger/Verfahrensbeistände für Minderjährige, Freiheitsentzug bei Minderjährigen. Ehemaliger Lehrbeauftragter der Johann-Wolfgang-von-Goethe-Universität Frankfurt am Main, ehemaliger Lehrbeauftragter der Fachhochschule Frankfurt am Main, Fachbereich 4, Soziale Arbeit und Gesundheit. Mitherausgeber und Mitkommentator des Heidelberger Kommentars zum Betreuungs- und Unterbringungsrecht.

Bearbeiter von Teil 2: Rn. 1–54; 84–369

Berneiser, Carola, Prof. Dr. jur., Professur für das Familienrecht, Kinder- und Jugendhilferecht/Kinderschutz an der Frankfurt University of Applied Sciences. Veröffentlichungen sowie interdisziplinäre Vortrags- und Lehrtätigkeiten zum Kinder- und Jugendhilferecht (SGB VIII Kommentierungen), Kinderschutz in Ausbildung und Lehre, (Pflege-)Kindschaftsrecht, Familienverfahrensrecht. Hanse Merkur Preis 2018 für „Frankfurter Modell: Kinderschutz in der Lehre"; Hochschulperle Januar 2024 für den Kinderschutzfachtag Schule.

Bearbeiterin von Teil 4: Rn. 184–233

Charles, Perla, Diplom-Soziologin, Fachberaterin für Psychotraumatologie, Fachkraft für Einzelvormundschaften im Verbund Beratung, Schutz und Perspektiven beim Kinderschutzbund – Bezirksverband Frankfurt/Main-Taunus e.V., Verfahrensbeiständin.

Bearbeiterin von Teil 3: Rn. 338–373

Clemens, Vera, Prof. Dr. med., MPH, ist stellvertretende Ärztliche Direktorin der Klinik für Kinder- und Jugendpsychiatrie, Psychosomatik und Psychotherapie Ulm und hat seit 2023 die Professur für Trauma- und Akutpsychiatrie inne.

Bearbeiterin von Teil 3: Rn. 276–315; 499–504

Diouani-Streek, Mériem, Prof. Dr. phil., Professorin für Beratung in der Sozialen Arbeit an der Frankfurt University of Applied Sciences, Diplom-Pädagogin, Entwicklungspsychologische Beraterin und Therapeutin, insoweit erfahrene Fachkraft im Kinderschutz. Während des SGB VIII-Reformprozesses Expertin im Dialogforum Pflegekinderhilfe. Veröffentlichungen sowie interdisziplinäre Vortrags- und Lehrtätigkeit in den Bereichen Beratung, kindliche Entwicklung, Kinderschutz, Pflegekindschaft und Adoption. Hanse Merkur Preis für Kinderschutz 2018 für „Frankfurter Modell: Kinderschutz in der Lehre".

Bearbeiterin von Teil 3: Rn. 236–275; 449–498

Fegert, Jörg M., Prof. Dr. med. habil., ist Ärztlicher Direktor der Klinik für Kinder- und Jugendpsychiatrie, Psychosomatik und Psychotherapie des Universitätsklinikums Ulm, Past-Präsident und Kongresspräsident (Ulm 2017) der Deutschen Gesellschaft für Kinder- und Jugendpsychiatrie, Psychosomatik und Psychotherapie (DGKJP) und Präsident (2023–2027) der europäischen Fachgesellschaft European Society for Child and Adolescent Psychiatry (ESCAP). Er war von 2017 bis 2022 Vorsitzender des Wissenschaftlichen Beirats für Familienfragen beim Bundesministerium für Familie, Senioren, Frauen und Jugend, dem er weiterhin als Mitglied angehört ebenso wie dem Nationalen Rat gegen sexuelle Gewalt an Kindern und Jugendlichen. Er ist darüber hinaus Vorstandsmitglied der Aktion Psychisch Kranke e.V. (APK), Sprecher des Zentrums für Traumaforschung und Mitglied im Deutschen Komitee für UNICEF e.V. Zudem ist er Leiter des Kompetenzzentrums Kinderschutz in der Medizin in Baden-Württemberg, des Kompetenzbereichs Prävention Psychische Gesundheit im Kompetenznetzwerk Präventivmedizin Baden-Württemberg und des Kompetenzzentrums Public Child Mental Health am Standort Ulm.

Bearbeiter von Teil 3: Rn. 98–105; 119–146; 180–196; 215–235; 276–315; 499–520 und Teil 5: Rn. 60–76

Heilmann, Stefan, Prof. Dr. jur., Vorsitzender Richter am Oberlandesgericht Frankfurt am Main, 1. Senat für Familiensachen; Honorarprofessor an der Frankfurt University of Applied Sciences; Mitherausgeber und Schriftleiter der Zeitschrift für Kindschaftsrecht und Jugendhilfe (ZKJ); Mitglied der Kinderrechtekommission des Deutschen Familiengerichtstages e.V.; Veröffentlichungen sowie Vortrags- und Lehrtätigkeit insbesondere zum Kindschaftsrecht sowie zum Verfahrensrecht; Referent u.a. in der Fortbildung von FamilienrichterInnen.

Bearbeiter von Teil 4: Rn. 1–161

Ivanits, Natalie, Dr. jur., Rechtsanwältin, Fachanwältin für Familienrecht und Mediatorin in Berlin. Dissertation „Zur Stellung des Kindes in auf Einvernehmen zielenden gerichtlichen und außergerichtlichen Verfahren in Kindschaftssachen"; Veröffentlichungen sowie Vortrags- und Lehrtätigkeit zum Kindschafts-, Pflegekindschafts- und Kinder- und Jugendhilferecht.

Bearbeiterin von Teil 3: Rn. 374–448

Kepert, Jan, Prof. Dr. jur., Hochschullehrer, Hochschule für öffentliche Verwaltung Kehl und Freiburger Zentrum für Kinder- und Jugendhilfe (FZKJ). Mitherausgeber und Schriftleiter der Zeitschrift für Kindschaftsrecht und Jugendhilfe (ZKJ).

Bearbeiter von Teil 4: Rn 320–407

Köhler–Dauner, Franziska, PD, Dr., wissenschaftliche Mitarbeiterin an der Universitätsklinik für Kinder- und Jugendpsychiatrie, Psychosomatik und Psychotherapie Ulm.

Bearbeiterin von Teil 3: Rn. 69–97; 180–196; 215–235

Kostka, Kerima, Prof. Dr. phil., Professur für Hilfen zur Erziehung/Öffentliche Jugendhilfe an der Frankfurt University of Applied Sciences. Diplom-Pädagogin. Wissenschaftspreis des Cornelia Goethe Centrums (2004). Veröffentlichungen, Vortrags- und Forschungstätigkeit insbesondere zu folgenden Themen: Theorie und Praxis der Hilfen zur Erziehung, Arbeit mit Eltern, Kinderschutz, Hilfeplanung.

Bearbeiterin von Teil 3: Rn. 338–373

Maywald, Jörg, Prof. Dr. phil., Diplom-Soziologe, Honorarprofessor für Kinderrechte und Kinderschutz an der Fachhochschule Potsdam. Arbeitsschwerpunkte: Kinderrechte, Kinderschutz, Frühe Kindheit, Kinder- und Familienpolitik.

Bearbeiter von Teil 3: Rn. 106–118; 196–214; 316–337 und Teil 5: Rn. 1–20

Niestroj, Hildegard, Diplom-Pädagogin, Diplom-Sozialpädagogin, Kindergärtnerin. Kindertherapeutische Arbeit mit (Pflege-)Kindern in priv. Praxis; Kindzentrierte Fallsupervision für Pflege- und Adoptiveltern; Fortbildungsseminare für Jugendamtsmitarbeiter und Pflegeeltern u.a. zum Umgang mit traumatisierten Kindern; Verfahrensbeistand; Referentin in der Weiterbildung und Fallsupervision für Verfahrensbeistände. Praxiserfahrungen in der Kinder- und Jugendhilfe: Kindergärten, Heime; Nachbarschaftszentren für sozialkulturelle Arbeit und Gemeinwesenarbeit; Erziehungsberatung mit Schwerpunkt Kindertherapie und Elternberatung.

Bearbeiterin von Teil 5: Rn. 21–59

Nordstern, Maud Amal, Prof. Dr. phil., Professorin a.D. für das Fachgebiet Kinderschutz und Jugendhilfe, Frankfurt University of Applied Sciences. Staatlich anerkannte Erzieherin, Diplom-Pädagogin. Schwerpunkte in Forschung und Lehre: Kinderschutz in der Lehre, Inobhutnahme, Pflegekindschaft, interdisziplinäre Aspekte des Familien- und Jugendhilferechts. Hessischer Hochschulpreis für Exzellenz in der Lehre 2013; Hanse Merkur Kinderschutzpreis 2018 für „Frankfurter Modell: Kinderschutz in der Lehre".

Bearbeiterin von Teil 3: Rn. 1–68; Teil 4: Rn. 162–183 und Anhang

Rassenhofer, Miriam, Prof. Dr. biol. hum., Diplom-Psychologin und Kinder- und Jugendlichenpsychotherapeutin. Leitet die Sektion Kinder- und Jugendlichenpsychotherapie und Verhaltensmedizin an der Klinik für Kinder- und Jugendpsychiatrie, Psychosomatik und Psychotherapie des Universitätsklinikums Ulm.

Bearbeiterin von Teil 3: Rn. 98–105; 505–520

Rogalla, Catharina A., seit 1988 als Rechtsanwältin in Hamburg tätig. Verfahrensbeiständin für Kinder und Jugendliche. Mitglied des Betreuungsgerichtstages e.V.; Referentin bei Fachtagungen zur Verfahrenspflegschaft/Verfahrensbeistandschaft für Kinder und Jugendliche. Arbeitsschwerpunkte: Kindschafts- und Betreuungsrecht.

Bearbeiterin von Teil 1: Rn. 127–162

Salgo, Ludwig, Prof. Dr. jur., außerplanmäßiger Professor am Fachbereich Rechtswissenschaft und Seniorprofessor am Fachbereich Erziehungswissenschaften (bis 2024) der Goethe-Universität Frankfurt am Main. Professor an der FH Frankfurt am Main, Fachbereich Soziale Arbeit und Gesundheit (1992–2012). Arbeitsschwerpunkte in Forschung und Lehre: Familienrecht, Sozialrecht mit Schwerpunkt im SGB VIII (Kinder- und Jugendhilferecht); Verfahrensrecht, Rechtsvergleichung, Verhältnis Eltern-Kind-Staat, Trennung/Scheidung/Sorge- und Umgangsregelung, Kindeswohlgefährdung und Intervention, Adoption, Pflegekindschaft, Familiengerichtsbarkeit, „Anwalt des Kindes“. Forschungskontakte ins europäische und außereuropäische Ausland. Walter Kolb-Preis der Stadt Frankfurt am Main (1988). Wissenschaftliches Mitglied (Fellow) am Collegium Budapest – Institute for Advanced Study (1996). Vizepräsident des Deutschen Kinderschutzbundes (1985–1993). Fellow am Centre for Social Policy, Dartington, Vorstands- und Kuratoriumsmitglied verschiedener gemeinnütziger Stiftungen und Vereine. Referent in der Weiterbildung für Verfahrenspfleger/Verfahrensbeistände. Hanse Merkur Preis für Kinderschutz 2018 für „Frankfurter Modell: Kinderschutz in der Lehre“.

Bearbeiter von Teil 1: Rn. 1–79 und Teil 2: Rn 55–83

Schweppe, Katja, Dr. jur., Richterin am OLG Frankfurt am Main, 1. Senat für Familiensachen. Verbindungsrichterin im Europäischen Justiziellen Netz für Zivil- und Handelssachen (EJN). Mitglied im Ständigen Ausschuss des Internationalen Sozialdienstes (ISD). Referentin u.a. für die Hessische Justizakademie und das Bundesamt für Justiz.

Bearbeiterin von Teil 4: Rn. 233–319

Stötzel, Manuela, Dr. biol. hum., Psychologin und Fachpsychologin für Rechtspsychologie, von 2003 bis 2006 Stellvertretende Vorsitzende und von 2006 bis 2010 Vorsitzende der Bundesarbeitsgemeinschaft Verfahrensbeistandschaft/Interessenvertretung für Kinder und Jugendliche e.V., Ministerialrätin im Bundesministerium für Familie, Senioren, Frauen und Jugend, bis 2024 Leiterin des dort angesiedelten Arbeitsstabes der/s Unabhängigen Beauftragten für Fragen des sexuellen Kindesmissbrauchs (UBSKM), derzeit Leiterin des Grundsatzreferats in der Abteilung Familie und Digitales, Forschungsbeauftragte des BMBFSFJ.

Bearbeiterin von Teil 1: Rn. 80–126

Tiemann, Sandra, seit 2013 als Rechtsanwältin in Hamburg tätig. Verfahrensbeiständin für Kinder und Jugendliche an Hamburger und Schleswig-Holsteiner Gerichten. Des Weiteren tätig als Ergänzungspflegerin und Vormünderin, Pflegemutter und Referentin im Bereich Verfahrensbeistandschaften und Familienverfahrensrecht. Arbeitsschwerpunkt: Kindschaftsrecht, insb. Kinder psychisch kranker Eltern und Pflegekinderrechte.

Bearbeiterin von Teil 1: Rn. 127–162

Weber, Corina, Diplom-Sozialpädagogin (FH) und Juristin. Arbeitsschwerpunkte: Kindschaftsrechtsreform, Kinderrechte. Entwicklung der Konzeption der Weiterbildung „Anwalt des Kindes" der Paritätischen Akademie; 1998 bis 2025 Referentin in der Fort- und Weiterbildung für Verfahrenspfleger/Verfahrensbeistände verschiedener Träger. Geschäftsführerin der Bundesarbeitsgemeinschaft Verfahrenspflegschaft für Kinder und Jugendliche e.V. (BAG) von 2001 bis 2003: Seit 1997 freiberufliche Führung von Einzelvormundschaften – auch Umgangspflegschaften –, Verfahrenspflegschaften/Verfahrensbeistandschaften für Kinder und Jugendliche; Lehraufträge an der Fachhochschule Frankfurt am Main.

Bearbeiterin von Anhang

Wierse, Kerstin, Dr. jur., Richterin am Oberlandesgericht Frankfurt am Main, 8. Senat für Familiensachen und Güterichterin. Mitglied der Ständigen Fachkonferenz 2 (Familienrecht und Soziale Dienste im Jugendamt) des Deutschen Instituts für Jugendhilfe und Familienrecht e.V. (DIJuF) und Referentin zum Kindschaftsrecht in der Fortbildung von Richter:innen, Referendar:innen, Mitarbeiter:innen des Jugendamtes und von Beratungsstellen.

Bearbeiterin von Teil 2: Rn. 370–528

Ziegenhain, Ute, Prof. Dr. phil., Leiterin der Sektion Pädagogik, Jugendhilfe, Bindungsforschung und Entwicklungspsychopathologie an der Klinik für Kinder- und Jugendpsychiatrie, Psychosomatik und Psychotherapie des Universitätsklinikums Ulm. Arbeitsschwerpunkte: klinische Bindungsforschung, Projekte zur frühen Bindungsförderung, interdisziplinäre Versorgungsmodelle insbesondere im Bereich des Kinderschutzes und der Frühen Hilfen bzw. der Traumapädagogik.

Bearbeiterin von Teil 3: Rn. 69–97; 147–196; 215–235

Zwönitzer, Annabel, Dr. biol. hum., Diplom-Psychologin, langjährige wissenschaftliche Mitarbeiterin an der Universitätsklinik für Kinder- und Jugendpsychiatrie, Psychosomatik und Psychotherapie Ulm, Sektion: Pädagogik, Jugendhilfe, Bindungsforschung und Entwicklungspsychopathologie, aktuell Tätigkeit in der Familienberatung, Frühe Hilfen und insoweit erfahrene Fachkraft im Kinderschutz, Trainerin für Entwicklungspsychologische Beratung (EPB 0-3) und Entwicklungspsychologische Beratung und Therapie für Familien mit Kindern von 4 bis 10 Jahren (EBT4-10)

Bearbeiterin von Teil 3: Rn. 69–97; 180–196; 215–235

Teil 1

Entwicklung, Empirische Erkenntnisse, erste Einblicke in die Praxis

A Zur Entstehung und Entwicklung eigenständiger Interessenvertretung Minderjähriger

Übersicht Rn.

I. Entstehung und Einführung

„This innovation has been one of the success stories of our time."[1] **1**

(Cretney)

Der international angesehene und eher zu nüchternen Aussagen neigende Rechtsgelehrte *Stephan M. Cretney*, Oxford würdigte mit diesem Satz die Entwicklung eigenständiger Interessenvertretung Minderjähriger in Großbritannien.[2] Könnten vielleicht auch wir für die Entwicklung in Deutschland seit der Einführung der Verfahrenspfleg-

1 Cretney, Foreword, in: Monro/Forrester, The Guardian ad Litem, S. V.
2 Vgl. hierzu Salgo, 1996, S. 190 ff.

schaft vor 26 Jahren durch das Kindschaftsrechtsreformgesetz im Jahre 1998 von einer „Erfolgsgeschichte" sprechen?

Die seinerzeitige Regelung (§ 50 FGG) war als **Minimalkompromiss** mit zahlreichen Schwachstellen zustande gekommen.[3] Die Empfehlungen des vom BMJ eingeholten Gutachtens, „Der Anwalt des Kindes, Die Vertretung von Kindern in zivilrechtlichen Kindesschutzverfahren – eine vergleichende Studie",[4] wurden erst nach und nach in späteren Legislaturperioden im Wesentlichen umgesetzt:

- § 50 FGG – Kindschaftsrechtsreformgesetz (1997),
- § 158 FamFG – FGG-Reformgesetz (2008),
- §§ 158 bis 158c FamFG – Gesetz zur Bekämpfung sexualisierter Gewalt gegen Kinder (2021),
- §§ 158b, 158c FamFG (2025).[5]

Wenn inzwischen Kinder und Jugendliche, Jugendämter, Richterschaft und Wissenschaft den Erfolg einer Innovation bestätigen, dann könnte an solchen immer noch mit Bedacht zu betrachtenden Erfolgsmeldungen etwas dran sein und dann wären Einschätzungen der Bundesregierung doch gerechtfertigt:

> „Die Einführung der Institution des Verfahrenspflegers nach § 50 FGG durch das Kindschaftsrechtsreformgesetz vom 16. Dezember 1997 hat sich als Erfolg erwiesen. Insgesamt ist die Institution heute allgemein als wirksames Mittel zur Wahrung der Rechte des Kindes anerkannt."[6]

Seit der Einführung des „Pflegers für das Verfahren" im Jahre 1998 (§ 50 FGG) sah sich der Gesetzgeber dennoch nunmehr dreimal zum **Nachbessern** veranlasst: Mit dem FamFG (2008) erfolgte die Umbenennung („Verfahrensbeistand"), zudem sollten Streit- und Zweifelsfragen geklärt werden. Zu einer vielfach geforderten gesetzlichen Regelung der **Qualifikationsanforderungen** fand sich der Gesetzgeber (noch) nicht bereit. So musste seinerzeit schon als Erfolg gelten, dass der Gesetzgeber in das Gesetz aufgenommen hatte, dass das Gericht nur „einen geeigneten Verfahrensbeistand" (§ 158 FamFG a.F.) bestellen darf.

2 Die positiven Einschätzungen setzten sich fort und fanden nach Inkrafttreten des FamFG empirische Bestätigung: „Insgesamt ist die Einschätzung zur Tätigkeit des Verfahrensbeistands somit sehr positiv",[7] so die vom Bundesministerium der Justiz und für Verbraucherschutz in Auftrag gegebene Evaluation der FGG-Reform. Zu

---

3 Siehe Salgo, FF 2025, 2 ff. zur Entstehung einer neuen Rechtsfigur und zur Qualität der Verfahrensbeistände und Familienrichter.

4 Erstveröffentlichung, Bundesanzeiger Jg. 45 vom 29. September 1993, Nr. 183a; erweiterte Auflage Salgo (1996).

5 BT-Drucks. 20/14264, 36 f. Art. 8, mit Begründung, 68 ff.; Beschlussempfehlung und Bericht BT-Drucks. 20/14768, Art. 2, 3 f. sowie Gesetzesbeschluss des Deutschen Bundestages vom 28.2.2025, BR-Drucks. 89/25.

6 BT-Drucks. 16/6308, 415: Gegenäußerung der Bundesregierung: „Die Bundesregierung tritt daher der Einschätzung des Bundesrates [...] ausdrücklich entgegen." Vgl. auch die gründliche Analyse der Verfahrensbeistandschaft von Rösler, S. 261.

7 Ekert/Heiderhoff, Die Evaluierung der FGG-Reform, 2018, S. 117; siehe Güssow (2022), S. 85: eine „in der familiengerichtlichen Praxis etablierte Rechtsfigur".

Übermut oder Zufriedenheit besteht dennoch kein Anlass, es sei exemplarisch nur an den tragischen Tod von Yagmur aus Hamburg im Jahr 2013 erinnert – sie hatte sogar im Familiengerichtsverfahren einen Verfahrensbeistand.[8] Der Breisgauer[9] sowie der Münsteraner[10] Missbrauchsfall hatten aufgezeigt, wie noch so gute Absichten des Gesetzgebers keinerlei Wirkungen entfalten können, wenn sie teils auf Ignoranz auf Seiten der Familiengerichtsbarkeit stoßen: Trotz der schon auf Grundlage der seinerzeitigen eindeutigen Gesetzeslage wurden die betroffenen Kinder weder vom Familiengericht angehört noch wurde von diesem ein Verfahrensbeistand zur Vertretung ihrer Interessen bestellt.

Ein Blick auf die Entwicklung der **Anzahl der Bestellungen** in der Familiengerichts- **3**
statistik, in die seit 2006 auch die Bestellungen des Verfahrenspflegers bei freiheitsentziehender Unterbringung (§§ 67, 70b FGG) einberechnet wurden,[11] bestätigt zumindest, dass die Richterschaft in den Jahren seit der Einführung der Verfahrenspflegschaft gemäß § 50 FGG a.F. zunehmend mit dieser neuen Rechtsfigur und der gemäß § 158 FamFG a.F. verdichteten Bestellpflicht weitgehend umzugehen gelernt hatte und dass die ursprünglich skeptischen Stimmen[12] allmählich einer allgemeinen Wertschätzung[13] wichen (zur Problematik der statistischen Bewertung siehe Teil 1/ *Stötzel*, Rn. 120 ff.).

Die ersten 27 Jahre seit Einführung der Verfahrenspflegschaft haben eine wachsende Bereitschaft der Praxis gezeigt, sich auf diese seinerzeit noch neue „Rechtsfigur“ einzulassen; die Verdichtung der gesetzlichen Verpflichtung zur Bestellung und positive Erfahrungen hatten zweifelsohne hierzu beigetragen. Die bislang umfassendste Veränderung erfuhr dieser Bereich durch das Gesetz zur Bekämpfung sexualisierter Gewalt gegen Kinder (2021).[14]

---

8 Hoffentlich werden die Ergebnisse des Untersuchungsausschusses der Hamburger Bürgerschaft langfristig Wirkungen zeigen, Bürgerschaft der Freien und Hansestadt Hamburg, Drucks. 20/14100, S. 12 sowie dies.: Bericht der Enquete-Kommission der Hamburger Bürgerschaft „Kinderschutz und Kinderrechte weiter stärken“.

9 Salgo, ZKJ 2018, 168; ders., ZKJ 2018, Heft 11 Editorial; Heilmann, FamRZ 2018, 1797.

10 DER SPIEGEL, https://www.spiegel.de/panorama/justiz/missbrauchsfall-in-muenster-wie-jugendaemter-und-gerichte-versagten-a-00000000-0002-0001-0000-000171527049 (Abruf am 4.10.2024).

11 Zur hierdurch entstandenen Problematik der statistischen Bewertung vgl. Salgo/Stötzel, ZKJ 2008, 417 f.

12 Vgl. etwa FamRefK/Maurer, § 50 FGG Rn. 3: „Aus der Sicht des Praktikers (ist) dieses Rechtsinstitut völlig überflüssig.“

13 Dittmann, ZKJ 2014, 180, 181: hohe Wertschätzung; ebenso Bergmann, ZKJ 2016, 288, 290 aus familiengerichtlicher Sicht: „Insgesamt handelt es sich aber um ein nützliches Rechtsinstitut, das Kinder besser in sie betreffende Verfahren einbezieht und dem Richter eine bessere Entscheidungsgrundlage bietet.“ Ebenso Furthmann, S. 169: „Der Verfahrensbeistand ist aus der familiengerichtlichen Praxis nicht mehr hinweg zu denken, seine Arbeit ist ein wichtiger Schritt zur Stärkung der Kinderrechte.“

14 BGBl I 2021, S. 1810, Art. 5 Nr. 3, S 1815 f. Die Regelungen zu Qualifikationsanforderungen für Richter:innen in der Familiengerichtbarkeit, Art. 3 Nr. 2 GVG (§ 23 b Abs. 3 Satz 3) und für die Verfahrensbeistände (§ 158a FamFG) traten gem. Art. 10 zum 1.1.2022 in Kraft.

II. Entwicklungen und Akzeptanz

4 **Überblick zur Anzahl der Verfahrenspfleger-/Verfahrensbeistandsbestellungen 1999 bis 2023**[15]

	Deutschland	Früheres Bundesgebiet	Neue Länder
1999	2.544	1.977	567
2000	3.757	2.921	836
2001	5.483	4.409	1.074
2002	6.418	5.132	1.286
2003	7.121	5.577	1.544
2004	7.868	6.174	1.721
2005	8.765	6.917	1.848
2006	12.525	9.855	2.670
2007	13.657	11.600	2.057
2008	18.125	14.408	3.717
2009[16]	14.409	11.575	2.834
2010	ca. 45.235* (21 %)	ca. 37.061* (19,8 %)	ca. 8.187* (29 %)
2011	ca. 59.179* (25,5 %)	ca. 48.633* (24,2 %)	ca. 10.329* (33,2 %)
2012	ca. 66.314* (28,5 %)	Die Differenzierung „Früheres Bundesgebiet/ Neue Länder" wird seit der Statistik für das Jahr 2012 nicht mehr ausgewiesen.	
2013	ca. 73.078* (30,4 %)		
2014	ca. 77.318* (30,9 %)		
2015	ca. 80.082* (27,9 %)		
2016	ca. 84.031* (28 %)		
2017	ca. 88.475* (34,3 %)		
2018	ca. 97.450* (38,5 %)		
2019	ca. 108.572* (42 %)		
2020	ca. 111.727* (44,5 %)		
2021	ca. 116.278* (45,5 %)		
2022	116.770 (45,6%)		
2023	125.216 (48,2 %)		

15 Statistisches Bundesamt 2000–2021, seit 2022 als Berichtslegung erfasst: https://www.destatis.de/DE/Themen/Staat/Justiz-Rechtspflege/Publikationen/Downloads-Gerichte/statistischer-bericht-familiengerichte-2100220237005.html (Abruf am 7.10.2024).

16 In die Statistik für das Jahr 2009 ist nur der Erhebungszeitraum von Januar bis August eingegangen. Mit Inkrafttreten des FamFG am 1.9.2009 wurde die Statistik für dieses Berichtsjahr abgeschlossen, die Zahlen sind daher nicht mit den anderen Jahrgängen vergleichbar.

Diese erfreuliche Entwicklung in der Familiengerichtsbarkeit erfuhr eine erste verfassungsgerichtliche Bestätigung mit der Entscheidung des Bundesverfassungsgerichts (BVerfG) vom 3.2.2017:[17] Der **„Grundrechtsschutz durch Verfahrensrecht"**[18] bei Interessenkonflikten zwischen Eltern und ihren Kindern ist schon seit Langem ein besonderes Anliegen des BVerfG[19] gewesen, dessen kontinuierliche Rechtsprechung zunächst zur entsprechenden Sicherung mittels Ergänzungspflegern in Verfassungsbeschwerdeverfahren und letztendlich zur gesetzlichen Etablierung zuerst des Verfahrenspflegers (§ 50 FGG) und sodann des Verfahrensbeistandes (§ 158 FamFG) auch in den fachgerichtlichen Verfahren geführt hat. Vor dem Hintergrund dieser Rechtsprechungstradition hält sich das BVerfG[20] in dieser und in danach ergangenen Entscheidungen[21] nicht lange bei dieser Thematik auf: Der im familiengerichtlichen Verfahren bestellte Verfahrensbeistand – im Verfahren vertreten durch eine Rechtsanwältin – „ist befugt, Verfassungsbeschwerde einzulegen und mit dieser – ausnahmsweise – fremde Rechte im eigenen Namen geltend zu machen."

Dieser „Ritterschlag" der Verfahrensbeistandschaft durch das BVerfG war also nicht überraschend.[22] Ohne diese (erfolgreiche) Verfassungsbeschwerde des Verfahrensbeistandes wären massive Grundrechtsverletzungen des betroffenen Kindes durch ein OLG hingenommen worden; dieser Beschluss des Bundesverfassungsgerichts ist für Praxis wie Rechtspolitik von erheblicher Bedeutung.[23] Von einer Selbstverständlichkeit der Bestellung kann, trotz Vorliegens der Voraussetzungen, indes keineswegs gesprochen werden.

Diese beachtlichen rechtstatsächlichen und verfassungsrechtlichen Entwicklungen kontrastieren in erschreckender Weise mit der Vorgehensweise des AG Freiburg wie des Familiensenats des OLG Karlsruhe im sog. **Breisgauer Missbrauchsfall**:[24] ein Fall mit einer erheblichen Interessenkollision zwischen einer allein sorgeberechtigten Mutter und ihrem Sohn, also der klassische Fall für die Bestellung einer eigenständigen Interessenvertretung (siehe Teil 2/*Wierse*, Rn. 430). Diese Fachgerichte – wie immer wieder auch weitere – missachteten alle zum Schutz des Kindes vorgesehenen Vorkehrungen im FamFG: 5

- keine Kindesanhörung eines achtjährigen Kindes,
- keine Bestellung eines Verfahrensbeistands und
- keine umfassende Sachverhaltsaufklärung von Amts wegen (§ 26 FamFG).

17 BVerfG v. 3.2.2017, 1 BvR 2569/16, FamRZ 2017, 524 mit Anm. Salgo.
18 Vgl. hierzu Salgo, 1996, S. 405 ff.
19 Vgl. hierzu Salgo, 1996, S. 405 ff. m.w.N.
20 Salgo, Anm. zu BVerfG v. 3.2.2017, 1 BvR 2569/16, FamRZ 2017, 524.
21 BVerfG v. 30.4.2018, 1 BvR 393/18; BVerfG v. 15.12.2020, 1 BvR 1395/19.
22 Prütting/Helms/Hammer, FamFG, 6. Aufl., § 158 Rn. 2, sehen in dieser Entscheidung des BVerfG eine zusätzliche Aufwertung der Bedeutung des Verfahrensbeistands.
23 Salgo, Anm. zu BVerfG v. 3.2.2017, 1 BvR 2569/16, FamRZ 2017, 524; Lack, Anm. zu BVerfG v. 3.2.2017, 1 BvR 2569/16, NJW 2017, 1300; Heilmann, ZKJ 2017, 219.
24 AG Freiburg, Beschl. v. 6.4.2017, ZKJ 2018, 187 f.; OLG Karlsruhe, Beschl. v. 27.7.2017, ZKJ 2018, 189 f.; hierzu Salgo, ZKJ 2018, 168 m.w.N.

Zudem verkannten sie die materiell-rechtlichen Voraussetzungen und Möglichkeiten der §§ 1666, 1666a BGB; hierzu gehört u.v.a.m. das Übersehen der Möglichkeit gemäß § 1666 Abs. 4 BGB auch gegen den das Wohl des Kindes erheblich gefährdenden Lebenspartner der Mutter als „Dritten" Maßnahmen zu treffen.[25] Es war zu hoffen, dass diese u.a. Fälle nicht nur hinsichtlich einer Reform der gesetzlichen Vorgaben zur Kindesanhörung (siehe § 159 FamFG), sondern auch hinsichtlich der gesetzlichen Regelungen zur Qualifikation von Familiengericht[26] und Verfahrensbeistandschaft nach sich ziehen würden.[27]

Der Breisgauer wie der Münsteraner Missbrauchsfall warfen auch die Frage auf, ob und von wem gegen die **Unterlassung der Bestellung eines Verfahrensbeistandes** vorgegangen werden kann, auch und gerade soweit Grundrechtsverstöße zu prüfen sind.[28] Das BVerfG hatte klargestellt, dass der bereits bestellte Verfahrensbeistand zur Verfassungsbeschwerde für das Kind befugt ist.[29] Wenn aber entgegen der gesetzlichen Verpflichtung (§ 158 Abs. 1 bis Abs. 2 Nr. 2 FamFG a.F.: „die Bestellung ist in der Regel erforderlich") kein Verfahrensbeistand bestellt wird und keiner der hierzu berechtigten Beteiligten Grundrechts- wie Verfahrensverstöße rügt, sei es aus Unwissenheit oder weil die Bestellung eines Verfahrensbeistandes für nicht erforderlich gehalten oder gar bei Verfolgung eigener Interessen als hinderlich erachtet wird, wird die **Schutzlücke** offensichtlich.

Als es den Verfahrenspfleger noch nicht gab, hatte das BVerfG[30] die Befugnis zur Erhebung einer Verfassungsbeschwerde bei Vorliegen einer Interessenkollision zwischen Sorgerechtsinhaber und Kind „demjenigen, der sich als Sachwalter des Kindes fühlt, die Möglichkeit, die Bestellung eines Ergänzungspflegers zum Zwecke der Erhebung einer Verfassungsbeschwerde beim Vormundschaftsgericht anzuregen," eingeräumt. Solange entsprechende Konstellationen nicht einer gesetzlichen Regelung zugeführt werden, könnte dieser Weg beschritten werden.

---

25 Siehe Salgo, ZKJ 2018, 168. Ein ähnliches die Verfahrensrechte des Kindes ignorierendes Muster findet sich im Münsteraner Fall, DER SPIEGEL, https://www.spiegel.de/panorama/justiz/missbrauchsfall-in-muenster-wie-jugendaemter-und-gerichte-versagten-a-00000000-0002-0001-0000-000171527049 (Abruf am 7.10.2024).

26 Zur aktuellen damaligen Diskussion siehe Stellungnahme der Kinderrechtekommission des Deutschen Familiengerichtstages e.V., FamRZ 2018, 666 ff.; dies., ZKJ 2018, 179; dagegen Nolte, FamRZ 2018, 1225 ff. und Erwiderung Schenck, FamRZ 2018, 1809 ff.

27 Hierzu Salgo, NJW-aktuell 23/2016 (Editorial); ders., ZKJ 2017, 254, 257; Heilmann, NJW-aktuell 16/2018 (Editorial); Rörig, DRiZ 2018, 84. Die Notwendigkeit für zusätzliche Qualifikationsanforderungen an die richterliche Tätigkeit in der Familiengerichtsbarkeit war zuvor von der Justizministerkonferenz wie von leitenden Ministerialbeamten aus dem BMJ noch abgelehnt worden; dieser Widerstand ließ sich angesichts der Fehlverläufe nicht mehr aufrechterhalten.

28 Johannsen/Büte, Familienrecht, § 158 Rn. 24: „Bedenken begegnet der generelle Ausschluss der Anfechtbarkeit einer unterbliebenen Bestellung eines Verfahrensbeistandes im Hinblick auf die Rechtsprechung des BVerfG." Siehe auch Bumiller/Schwamb, Freiwillige Gerichtsbarkeit, § 158 Rn. 17.

29 BVerfG, Beschl. v. 3.2.2017, 1 BvR 2569/16, FamRZ 2017, 524.

30 BVerfGE 72, 122, 134–136.

Aus einer von *Heike Rabe* publizierten Erhebung,[31] durchgeführt unter der Leitung von *Prof. Münder*,[32] Technische Universität, Berlin, ergaben sich bemerkenswerte Einschätzungen hinsichtlich der **Auswirkungen der Verfahrenspflegschaft** auf die Arbeit der Gerichte und Jugendämter: **6**

- 90 % der befragten Richter gaben an, die Arbeit der Verfahrenspfleger als hilfreich für ihre Entscheidungsfindung zu empfinden;[33]
- 56 % der befragten Richter gaben an, dass die Verfahrenspflegschaft keine Auswirkung auf die Dauer des Gerichtsverfahrens hatte; 27 % der befragten Richter gehen sogar davon aus, dass die Arbeit der Verfahrenspfleger eine beschleunigende Wirkung auf das Verfahren habe;[34]
- 78 % der befragten Richter bewerten die Arbeit der Verfahrenspfleger als konfliktverringernd;[35]
- 65 % der befragten Jugendämter gaben an, die Tätigkeit von Verfahrenspflegern als häufig oder immer hilfreich für das Jugendamt zu sehen,[36] die Kooperation zwischen Jugendämtern und Verfahrenspflegern war aus der Sicht der Jugendämter sehr gut oder eher gut.[37]

Die unter Leitung von *Münder* durchgeführte Wiederholungsstudie kam hinsichtlich der Entwicklung der Verfahrensbeistandschaft zu nachfolgendem Gesamtbefund:

> „Der 1998 ins FGG übernommene Verfahrenspfleger war seinerzeit bei Gerichten und Jugendämtern sehr umstritten. Aktuell lässt sich feststellen, dass der Einsatz von Verfahrensbeiständen schon seit einigen Jahren – trotz gelegentlicher Reibungspunkte – sowohl von den Jugendämtern als auch von den Gerichten sehr geschätzt und als unverzichtbarer Bestandteil moderner Kinderschutzverfahren angesehen wird."[38]

Auch die „Evaluierung der FGG-Reform" bestätigt diese Einschätzungen:

- 80 % der befragten Richter und Anwälte sind der Meinung, die Regelung mit § 158 FamFG a.F. habe sich bewährt (über 90 % der erstinstanzlichen Richter);
- den Anteil der Verfahren, in denen der Verfahrensbeistand sachdienliche Beiträge zur Entscheidungsfindung einbringt, schätzen alle befragten Berufsgruppen sehr hoch ein. Für die erste Instanz geben über 90 % der Amtsrichter an, dies komme „fast immer" oder „in der Mehrheit der Fälle" vor. Für die zweite Instanz machen

31 Rabe, ZKJ 2007, 437.
32 Münder/Hannemann/Bindel-Kögel, Der Anwalt des Kindes – Innovation durch Recht (2010).
33 Münder/Hannemann/Bindel-Kögel, S. 441; vgl. auch Cretney (Fn. 1): The guardian is „also helping the court carry out its functions of promoting the child's welfare."
34 Rabe, ZKJ 2007, 437.
35 Rabe, ZKJ 2007, 437.
36 Rabe, ZKJ 2007, 437.; siehe auch Dittmann, ZKJ 2014, 180, 183 zitiert eine Beratungsstelle: „Was ich liebe, sind starke Verfahrenspfleger."
37 Rabe, ZKJ 2007, 437.
38 Münder (Hrsg.), 2017, Kindeswohl zwischen Jugendhilfe und Justiz, S. 440.

die befragten Richter am OLG ähnliche Angaben, im Vergleich zu ihren Kollegen am AG antworten sie jedoch weniger häufig mit „fast immer"[39].

Damit ist die lange Zeit vor (und teilweise auch noch nach) der Einführung des § 50 FGG a.F. gestellte „Ob-Frage"[40] nicht nur vom Gesetzgeber, sondern auch aus der Praxis eindeutig beantwortet und wird inzwischen nicht mehr gestellt.

Zwar sind nicht in erster Linie die Zufriedenheit und die Verbesserung der Arbeit der Familiengerichte wie der Kinder- und Jugendbehörden der Gradmesser für einen Erfolg oder gar das primäre Ziel der Einführung eigenständiger Interessenvertretung. Stehen doch an allererster Stelle die Verbesserung der verfahrensrechtlichen Stellung und Beteiligung der Minderjährigen sowie die unabhängige Einbringung und Vertretung der Kindesinteressen (Kindeswille und Kindeswohl). Offensichtlich haben inzwischen Gerichte und Behörden auch für das Gelingen ihrer Arbeit die Vorteile eigenständiger, unabhängiger und qualifizierter Interessenvertretung von Minderjährigen erkannt.

Hinweis

Schon seit Langem unterstützten wohl nicht zuletzt wegen dieser positiven Effekte auch für ihre Arbeit gerade viele Richter und ihre berufsständischen Organisationen auch in Australien, Großbritannien und vor allem in den USA die Einführung eigenständiger Interessenvertretung in ihren jeweiligen Rechtssystemen, so auch der Deutsche Familiengerichtstag.[41]

7 Bemerkenswert sind die Äußerungen von Kindern zur Rolle und **Zufriedenheit** mit ihrer Interessenvertretung im gerichtlichen Verfahren in der Forschungsstudie von *Murch* aus dem Jahr 2018:[42]

- Most of the children liked the idea of someone being appointed by the court to help them have their say in proceedings.
- A number needed someone accessible to them apart from their parents to support them through the litigation process. That person had to be trustworthy and able to relate to them with empathy.
- Most of them believed that if their parents could not resolve their differences in any other way a neutral judicial authority of some sort was needed.

[...]

39 Ekert/Heiderhoff, S. 103 und S. 115 f.; ebenso Dahm, Die Geeignetheit von Verfahrensbeiständen gemäß § 158 FamFG, 2017, VIII: 93,32 % der Familienrichter:innen finden die Bestellung des Verfahrensbeistandes „hilfreich" für ihre Entscheidungsfindung; siehe auch Dahm, ZKJ 2016, 212 ff., wo die zentralen Ergebnisse der Befragung dargestellt werden.

40 Salgo (1996), S. 35 ff., 45, 544 ff.

41 Siehe Salgo (1996, S. 55 ff.; 21. Deutscher Familiengerichtstag (2016), AK 23, 21; 24. Deutscher Familiengerichtstag (2023) AK Nr. 21.

42 Murch, M.: Supporting children when parents separate, S. 224 f.

- The children generally had clear ideas what constituted a 'good' guardian, that is:
  - The person appointed should give the child enough time to get to know them.
  - They wanted someone they could trust who could communicate with them at their level and who was not patronizing.
  - They disliked hasty interrogations and preferred a friendly conversational style of interviewing.
  - They wanted clear explanations not only about the guardian's role but of the whole court process.
  - They particularly wanted guardians or their solicitor to report what they had told them accurately to the court.
  - They wanted to be kept regularly informed about the progress of the case.

Aus dieser empirischen Studie aus Großbritannien ergab sich, dass ein „guter" Verfahrensbeistand („guardian ad litem") jemand war, der den Kindern mit Empathie zu begegnen in der Lage war und sie durch eine kritische und turbulente Phase der Veränderung familiärer Verhältnisse führen konnte. Die befragten Kinder wünschten sich, dass der Verfahrensbeistand schon viel früher, vor einer Eskalation der Konflikte, bestellt worden wäre.

Die von manchen befürchteten **Verfahrensverzögerungen** aufgrund der Verfahrenspfleger-/Verfahrensbeistandsbestellungen sind in der Bundesrepublik **nicht eingetreten** – eher das Gegenteil, genauso wenig eine Streitverschärfung. Die entscheidende Frage, nämlich wie Kinder und Jugendliche ihre Interessenvertretung mittels Verfahrenspfleger einschätzen, lässt sich dank der Arbeit von *Manuela Stötzel* aus dem Jahr 2005 auch beantworten: **8**

> „Die Ergebnisse demonstrieren, dass die meisten befragten Kinder eine differenzierte und angemessene Vorstellung von der Rolle und Aufgabe des Verfahrenspflegers haben. Weiterhin berichten sie über eine umfangreiche diesbezügliche Aufklärung durch den Verfahrenspfleger. Die statistischen Analysen zeigen, dass hier ein deutlicher Zusammenhang zur Tätigkeit des Verfahrenspflegers besteht. Dies bedeutet, dass Kinder – zumindest in der untersuchten Altersgruppe der Schulkinder – in der Lage sind, die wichtigsten Informationen zur Rolle und Aufgabe des Verfahrenspflegers aufzunehmen und in ihr Wissen zu integrieren. Das Gesamterleben zu ihrer gerichtlichen Interessenvertretung beschreiben die Kinder insgesamt sehr positiv, wenn auch einzelne Aspekte als problematisch benannt werden. Die Unterstützung und den Beistand durch den Verfahrenspfleger stellen die Kinder in den Vordergrund. In ihren Beschreibungen spielen darüber hinaus Aspekte der Beziehung zum Verfahrenspfleger und seine persönlichen Eigenschaften eine Rolle. Eine komplexe Analyse sämtlicher für die Zufriedenheit des Kindes in Betracht gezogenen Faktoren zeigt, dass sich insbesondere zwei Aspekte als besonders zentral behaupten. Zum einen beschreiben die Kinder ein zunehmend positives Erleben, je mehr der Verfahrenspfleger sie aus ihrer Perspektive bei der gerichtlichen Anhörung unterstützt hat. Zum anderen spielt die kindliche Wahrnehmung darüber, in welchem Ausmaß der Verfahrenspfleger die Meinung des Kindes im gerichtlichen Verfahren deutlich gemacht hat, eine entscheidende Rolle für das Zufriedenheitsempfinden des Kindes."[43]

43 Stötzel, Wie erlebt das Kind die Verfahrenspflegschaft?, Herbolzheim 2005, S. 222. Vgl. aus richterlicher Sicht: Röchling (2009), § 2 Fn. 5a.

9 Hinsichtlich der Einschätzung der Verfahrensbeistände durch Jugendliche gelangt die Forschergruppe um *Münder* im Jahre 2017 zu einem ähnlichen Befund:

> „In besonderer Weise bemerkenswert ist aber, dass fast durchgängig (von Ausnahmen abgesehen) die ihnen zugeteilten Verfahrensbeistände von den Jugendlichen als sehr wertvolle PartnerInnen im Verfahren angesehen werden. Voraussetzung dafür ist, dass sie hinreichend Interesse am Kind/Jugendlichen mitbringen und die Zeit, wirklich das Erleben, die Wünsche und den Willen der Minderjährigen zu erfassen. Schwierig wird es für die Jugendlichen allerdings, wenn die Verfahrensbeistände neben (oder gar konträr) zu ihrem geäußerten Willen auch ihr Wohl im Blick haben und vertreten, dies jedoch nicht offen, sondern nach nicht nachvollziehbaren Kriterien geschieht."[44]

Bedauerlicherweise liegen neuere Studien, die sich mit der Zufriedenheit von Kindern/Jugendlichen, für die Verfahrensbeistände tätig waren, nicht vor; eine solche Untersuchung ist längst überfällig.

III. Die Veränderungen der selbstständigen Interessenvertretung im FGG-Reformgesetz (2008), im Gesetz zur Bekämpfung sexualisierter Gewalt gegen Kinder (2021) und im Kostenrechtsänderungsgesetz (2025)

10 Die **Neuregelung der selbstständigen Interessenvertretung** (2008) im Regierungsentwurf (RegE) des FGG-RG griff mit dem § 158 FamFG-E zahlreiche Kritik- und Streitpunkte,[45] Zweifelsfragen,[46] Unklarheiten[47] sowie Verbesserungsvorschläge zu § 50 FGG auf, reagierte damit auch auf offensichtliche Fehlentwicklungen in Teilen der Rechtsprechung und stärkte die Stellung des Verfahrensbeistands.[48] Die nachfolgenden zentralen **Verbesserungen** gegenüber den Regelungen in § 50 FGG fanden sich schließlich in der vom Bundestag beschlossenen Fassung des § 158 FamFG a.F. wieder:

Das **Gericht** „hat" – ein Ermessen besteht nicht: Die Bestellung ist zwingend – dem minderjährigen Kind

- „so früh wie möglich",
- einen „geeigneten" Verfahrensbeistand,

---

44 Münder (2017), S. 432 f.; überwiegend positiv – weil Verfahrensbeistand entlastet – äußerten sich auch in der Befragung von Münder (2017), S. 375 ff., die Jugendlichen zu ihrem Verfahrensbeistand: „Die hat mich richtig unterstützt, wirklich, das war ein Engel die Frau. Diese würde ich nur jeden Jugendlichen empfehlen, die in meiner Lage sitzen", S. 377, manche waren enttäuscht. Der Feststellung von Güssow, S. 85, lässt sich kaum widersprechen: „Die Verfahrensbeistandschaft ist (...) zu einer festen Größe in der familiengerichtlichen Praxis herangewachsen."

45 Salgo, FPR 2006, 7 ff., sowie Dokumentation, Zur Zukunft der Verfahrenspflegschaft, KindPrax 2005, 60.

46 BT-Drucks. 16/6308, S. 238.

47 BT-Drucks. 16/6308, S. 238; vgl. Hornikel, in: Reform des familiengerichtlichen Verfahrens, Lipp/Schumann/Veit (Hrsg.), S. 145, 146.

48 Bumiller/Schwamb, Freiwillige Gerichtsbarkeit, § 158 Rn. 1.

- mit klaren Aufgaben und Befugnissen,
- in einem erweiterten Katalog von Fallkonstellationen,[49]
- nicht nur in Kindschafts-, sondern auch in Unterbringungs-, Abstammungs- und Adoptionssachen (§§ 174, 191 FamFG)

zu bestellen.

Die **Regelung der Verfahrensbeistandschaft** erfuhr zwischen 1997 und 2025 in **vier Gesetzgebungsverfahren** ihre heutige Profilierung in einem lernenden, nach- und aufholenden Prozess. Offensichtlich war diese Entwicklung nicht zu vermeiden, obschon erstaunlich, weil die meisten Reformschritte aus vier Legislaturperioden weitgehend überflüssig gewesen wären, wenn das Bundesministerium der Justiz wie der Gesetzgeber bereit zu Veränderungen gewesen wären, wie sie im eingeholten Gutachten bereits 1993 vorgeschlagen worden waren. Offensichtlich bedurften Entwicklung und Etablierung einer neuen Rechtsfigur dieses Reifungsprozesses.

Das nachfolgende Profil bildet die geltende Rechtslage (2025) ab.

Profil Verfahrensbeistandschaft nach aktueller Rechtslage

▶ *Der Verfahrensbeistand*

- *ist Beteiligter am Verfahren (§ 158b Abs. 3 Satz 1 FamFG),*
- *hat das Kind fortlaufend zu informieren (§ 158b Abs. 1 Satz 3 FamFG),*
- *hat in der Regel den gerichtlichen Beschluss mit dem Kind zu erörtern (§ 158b Abs. 1 Satz 4 FamFG),*
- *hat das Interesse des Kindes festzustellen und im gerichtlichen Verfahren zur Geltung zu bringen (§ 158b Abs. 1 Satz 1 FamFG) und sowohl das subjektive Interesse (Wille des Kindes) als auch das objektive Interesse des Kindes (Kindeswohl) einzubeziehen,*[50]
- *hat in der Regel eine schriftliche Stellungnahme zu erstatten (§ 158b Abs. 1 Satz 2 FamFG),*
- *hat das Recht auf Teilnahme an der persönlichen Anhörung des Kindes (§ 159 Abs. 4 Satz 3 FamFG),*
- *kann Gespräche mit Eltern*[51] *und anderen Bezugspersonen führen, (§ 158b Abs. 1 Satz 3 Nr. 1 FamFG),*
- *kann am Zustandekommen einvernehmlicher Regelungen mitwirken (vgl. Rn. 68 ff.; § 158b Abs. 1 Satz 3 Nr 2 FamFG),*

---

49 Siehe Keidel/Engelhardt, 2017, FamFG § 158 Rn. 4 zum umfangreichen Katalog von die Person des Kindes betreffenden Angelegenheiten, der weit über die explizit benannten Fallkonstellationen reicht.

50 So die regierungsamtliche Begründung, BT-Drucks. 16/6308, S. 239.

51 Eine Einschätzung der kindlichen Lebenslage ist in der Regel nicht ohne Gespräche mit den Eltern und ggf. weiteren Bezugspersonen denkbar (BT-Drucks. 20/14264, 68).

- *kann als Beteiligter am Zustandekommen eines gerichtlich gebilligten Vergleichs mitwirken, d.h. es bedarf auch seiner Zustimmung zum Vergleich (§ 156 Abs. 2 FamFG),*
- *kann im Interesse des Kindes Rechtsmittel einlegen (§ 158b Abs. 3 Satz 2 FamFG),*
- *„ist befugt, Verfassungsbeschwerde einzulegen und mit dieser – ausnahmsweise – fremde Rechte im eigenen Namen geltend zu machen",*[52]
- *ist nicht gesetzlicher Vertreter des Kindes (§ 158b Abs. 3 Satz 3 FamFG).*[53]

Ferner

- ist die Bestellung des Verfahrensbeistands nicht selbstständig anfechtbar,
- sind dem Verfahrensbeistand keine Kosten aufzuerlegen (§ 158c Abs. 4 FamFG),
- darf das Gericht nur persönlich und fachlich geeignete Verfahrensbeistände, die auch zu nachzuweisenden Fortbildungen verpflichtet sind (§ 158a Abs. 1 FamFG) bestellen, die zudem „gewissenhaft", „unvoreingenommen" und „unabhängig" ihre Aufgaben wahrnehmen müssen und die nicht einschlägig vorbestraft sein dürfen,
- erhält der Verfahrensbeistand die pauschalierte (Einheits-)Vergütung von 690 EUR (§ 158c Abs. 1 Satz 1 FamFG) in jedem Verfahren, für jedes Kind und in jedem Rechtszug; für mehrere in demselben Haushalt lebende Kinder erhält er ab dem zweiten Kind jeweils eine Pauschale in Höhe von 555 EUR (§ 158c Abs. 1 Satz 2 FamFG),
- ist die Gestattung der Hinzuziehung eines Dolmetschers, Übersetzers oder sonstigen Sprachmittlers, insbesondere eines Gebärdendolmetschers durch unanfechtbaren Beschluss und Anspruch auf Ersetzung der Kosten (§ 158c Abs. 2 FamFG) möglich.[54]

Fazit

Dass der Gesetzgeber die zahlreichen Strukturfehler und Anwendungsprobleme nach und nach erkannt und reagiert hat, ist zu begrüßen. Perfekte Gesetze gibt es nicht. Die Reform durch das KostBRÄG (2025) sieht bedauerlicherweise keine Evaluierung der die Verfahrensbeistandschaft betreffenden Veränderungen vor.

52 BVerfG, Beschl. v. 3.2.2017, 1 BvR 2569/16, FamRZ 2017, 524 mit Anm. Salgo.

53 Die Bestellung hat nur verfahrensrechtliche, keine materiell-rechtliche Wirkung, d.h. keine Sorgerechtseinschränkungen zur Folge, siehe Bumiller/Schwamb, Freiwillige Gerichtsbarkeit, § 158 Rn. 1.

54 Gemäß § 158c Abs. 2 Satz 3 FamFG deckt die Vergütung alle weiteren Ansprüche auf Ersatz der anlässlich der Verfahrensbeistandschaft entstandener Aufwendungen ab, können häufig entstehende Reisekosten vom Verfahrensbeistand nicht geltend gemacht werden.

IV. Probleme der Vergütung

1. Spannungsfeld Fallpauschalen – Qualifikation – Zeitressourcen

Wie in keinem anderen Rechtsgebiet handelt es sich auf den Gebieten des Kindschaftsrechts, in denen Verfahrensbeistände eingesetzt werden, stets um sehr **individuelle Einzelfallentscheidungen** auf einem zudem verfassungsrechtlich hoch aufgeladenen Terrain. Bei der Rechtsfindung in diesem hochsensiblen Arbeitsgebiet empfehlen sich keine unzureichenden **Pauschalbemessungen** des einzusetzenden Aufwandes. Dies gilt auch für die Zeit, die das Familiengericht aufwenden muss, und für den erforderlichen Zeitaufwand, den ein Gutachter braucht. Gleiches sollte auch für den Verfahrensbeistand gelten. 11

Zweifelsohne haben „Fallpauschalen" wesentliche Vorteile, sowohl für den Staat als auch für den einzelnen Verfahrensbeistand: Zeitraubende Dokumentationen der einzelnen Tätigkeiten für die Abrechnung sowie deren Überprüfung waren damit entfallen. Dieser Vorteil gilt allerdings nur dann, wenn diese „Fallpauschalen" so bemessen sind, dass sie eine **qualifizierte Wahrnehmung der übertragenen Aufgabe** ermöglichen. Vor allem der Umstand, dass der bestellte Verfahrensbeistand für dasselbe Kind in unterschiedlichen Verfahren eingesetzt wird und damit in jedem dieser Verfahren für die Tätigkeit jeweils die Vergütungspauschale erhält, kann die unter Fallumständen gegebene Härte der pauschalierten Vergütung abmildern. 12

Aufgabe der Rechtspolitik, der Verfahrensbeistände und ihrer Organisationen, von Justiz und Wissenschaft war und wird es weiterhin sein, die Folgen der geltenden und längst **anpassungsbedürftigen Vergütungsregelung** zu beobachten. Die Vergütungsregelung muss den verfassungs- und völkerrechtlichen Vorgaben genügen. Die „Erfolgsgeschichte" dieser Institution wurde indes durch Nichtanpassung der Vergütung in Frage gestellt. Der angestrebte „Gleichlauf" der Vergütung[55] des Verfahrensbeistands zu der Vergütung eines Rechtsanwalts war längst nicht mehr gegeben.

Dass **gesteigerte Anforderungen** an eine „fachlich geeignete" Interessenvertretung Minderjähriger, wie sie (seit dem 1.1.2022) zu Recht vom Gesetzgeber eingefordert werden (§ 158a Abs. 1 FamFG), Kosten verursacht, kann kaum überraschen. Entscheidend ist, ob die Minderjährigen die von der Einführung der Verfahrenspflegschaft/-beistandschaft versprochene Unterstützung tatsächlich erfahren, und dann, ob sich die Gesellschaft diese Kosten eigenständiger Interessenvertretung für in prekäre Lebenslagen geratene Minderjährige leisten will und kann. Es könnte sich aber auch um eine lohnende Zukunftsinvestition handeln! 13

In- und ausländische Erfahrungen haben übereinstimmend gezeigt, dass der Einsatz, die spezifische Qualifikation, die Haltung und nicht zuletzt die Zeitressourcen des Interessenvertreters neben einer möglichst präzisen Umschreibung der Aufgaben und

55 BT-Drucks. 20/14264, 39 f. Art. 8, mit Begründung, 69.

Einsatzfelder bereits im Gesetz für einen Erfolg von ausschlaggebender Bedeutung sind.

> „Ein kindgerechtes Justizsystem ist auf der Seite der Kinder und bietet Hilfe durch kompetente Fachkräfte."[56]

14 Verfahrensbeistände, die auf eigene **Kosten** eine **Zusatzqualifikation** erworben haben und turnusmäßig Fortbildung nachweisen müssen, standen vor der Frage, ob sie wegen der seit 16 Jahren nicht angepassten Pauschalierungen (350 EUR/550 EUR) überhaupt noch Verfahrensbeistandschaften übernehmen können. Zumal die notwendigen **Zeitressourcen**

- zur Auswertung der Verfahrensakten (samt der Stellungnahme des Jugendamtes mit Ergebnissen der Hilfeplanung, häufig mit vom Gericht eingeholten umfangreichen Gutachten),
- zur Erfassung von Kindeswille und Kindeswohl,
- die Vorbereitung und Begleitung des Kindes zur Kindesanhörung,
- zur Erstattung einer schriftlichen Stellungnahme sowie
- zur verpflichtenden Nachbesprechung mit dem Kind

in der überwiegenden Mehrzahl der Fälle durch die vor 16 Jahren eingeführten Fallpauschalen nicht zur Verfügung standen.

Trotz allseitiger Zufriedenheit mit dieser Tätigkeit und entsprechenden Rückmeldungen mussten sie sich teils nach anderen Tätigkeitsgebieten umsehen. Dies wäre ein Verlust auf der ganzen Linie: vor allem für die betroffenen Minderjährigen, aber auch für die Familiengerichte.

Bemerkenswert ist, dass fast alle OLG-Richter die Vergütung für „eher zu niedrig" hielten.[57] Zu der Frage, ob sich qualifizierte Interessenten und/oder die großen und kleineren Träger von spezifischer Aus- und Weiterbildung in diesem Bereich von diesem Arbeitsfeld abwenden würden, weil

- die Kosten der Ausbildung,
- die vom Gesetz (seit dem 1.1.2022) geforderten Qualifikationen,
- die vom Gesetz geforderten zusätzliche Zeitressourcen beanspruchenden Tätigkeiten sowie
- die Fortbildungspflicht

nicht im Verhältnis zu den Einkommensmöglichkeiten standen.

15 Dass der erreichte Erfolg vor allem mit der Qualität der Interessenvertretung und damit auch nicht zuletzt mit der Vergütungsfrage in Zusammenhang steht, ist bekannt. Es gab Anzeichen dafür, dass sich die Einkommenssituation von berufsmäßig tätigen Verfahrensbeiständen unter Geltung des FamFG bei Ausschöpfung der angesprochenen Vergütungsmöglichkeiten insgesamt verschlechtert hatte. Die **Wert-**

---

56 Leitlinien des Ministerkomitees des Europarats für eine kindgerechte Justiz (2010).
57 Ekert/Heiderhoff, Die Evaluierung der FGG-Reform, 2018, S. 119.

schätzung des Verfahrensbeistands durch die Richterschaft ist inzwischen auch in Deutschland ganz eindeutig. Die wesentliche Erhöhung der Vergütungspauschale (2025) ist auch eine Anerkennung der Arbeit der Verfahrensbeistände.

Stellungnahme

Wenn der Gesetzgeber mit den jüngsten Reformen die Anforderungen an die Tätigkeit verantwortlicher- und begrüßungsweise erhöht und die geforderten Tätigkeiten ausgeweitet hat („Professionalisierung“),[58] so kam er nicht mehr um die längst überfällige Erhöhung der Pauschalen als angemessene Vergütung für diese anspruchsvolle Tätigkeit umhin.

„Letztlich muss eine auskömmliche Mischkalkulation für den Verfahrensbeistand gewährleistet bleiben, um die Attraktivität dieser wichtigen Aufgaben für die Zukunft zu sichern. Familiengerichte sind im hohen Maße darauf angewiesen, dass auch zukünftig hinreichend qualifizierte Verfahrensbeistände bestellt werden können“.[59]

Qualifizierte Verfahrensbeistände sind eine **gesellschaftliche Ressource**, mit welcher der Staat pfleglich umgehen muss, gerade weil an solchen nach wie vor ein großer Mangel besteht. Und was noch mehr ins Gewicht fällt: Der Staat darf ohnehin bereits schwer belasteten Kindern und Jugendlichen in für sie bezüglich ihres weiteren Lebensschicksals Weichen stellenden und sie verunsichernden Verfahren eine qualifizierte Interessenvertretung, die sich im notwendigen Umfang ihren Anliegen widmen kann, nicht versagen.

Zur Hoffnung berechtigen die Erfahrungsberichte betroffener Minderjähriger, fachliche Empfehlungen,[60] Stellungnahmen aus der Fachliteratur und einzelne Gerichtsentscheidungen und nicht zuletzt insbesondere die Reformen von 2021 und 2025: Sie alle haben das Ziel, die herausfordernde Interessenvertretung Minderjähriger zu verbessern.

Die alte Vergütungsregelung entsprach in Höhe und Reichweite bei weitem nicht mehr den vom BVerfG festgelegten Grundsätzen für eine effektive Interessenvertretung.[61] In den neueren Untersuchungen zur Verfahrensbeistandschaft ist die Frage, ob die Pauschalierung der Vergütung auch genug **Zeit für die notwendige Kommunikation** mit dem Kind lässt, nicht gestellt worden; dies müsste auch bei den Minderjährigen wie den Verfahrensbeiständen erfragt werden. Künftige Untersuchungen sollten sensibel auf das Erleben der Kinder fokussieren. Bedauerlicherweise sieht das KostBRÄG in Art. 12 lediglich für den von Art. 1 umfassten Bereich des Vormün-

58 Die Bestellung eines nicht berufsmäßigen Verfahrensbeistands kommt nicht mehr in Betracht (BT-Drucks. 20/14264, 70). Bereits Menne, NZFam 2020, 1033, 1048; Güssow, S. 97.

59 BT-Drucks. 20/14264, 70.

60 Vgl. insbesondere die Empfehlungen des AK 10 und 11 des 18. Deutschen Familiengerichtstages (2010).

61 BVerfG, Beschl. v. 9.3.2004, 1 BvR 455/02, FamRZ 2204, 1267, Rn. 31 und 33; vgl. auch Menne, ZKJ 2008, 461, 462 und Prenzlow, ZKJ 2008, 464, 466.

der- und Betreuervergütungsgesetzes eine Evaluierung vor, hingegen nicht für den in Art. 2 geregelten Bereich der Verfahrensbeistandschaft.

2. Kommunikation mit dem Kind unter den Bedingungen eingeschränkter Ressourcen

16 Kinder und Jugendliche brauchen zunächst **Zeit**, um zu dem nicht von ihnen selbst, sondern von einem Gericht bestellten Verfahrensbeistand Vertrauen zu fassen. Es braucht fast immer einen längeren Prozess der Verständigung zwischen Verfahrensbeistand und Kind, um herauszufinden, welche Lösung dem „Willen des Kindes", aber auch seinem „Wohl" am ehesten entspricht. Zudem sind Kinder und Jugendliche nur zu verstehen, wenn man ihre Ambivalenzen, Loyalitäten und ihren Lebenskontext kennt und versteht.

Deutlich fordert das BVerfG, dass ein Verfahrenspfleger nicht durch eine unzureichende **Vergütung** von einer „effektiven eigenständigen Interessenvertretung des Kindes"[62] abgehalten und nicht verspätet eingesetzt werden darf, damit er noch nennenswerten Einfluss auf den Ausgang des Verfahrens gewinnen kann.[63] Genau dies war aber aufgrund der unzureichenden Pauschalierung in etlichen Fallkonstellationen eingetreten, weil die Verfahrensbeistände sich nicht mehr mit dem notwendigen Arbeitsaufwand ihrer herausfordernden Aufgabe widmen konnten oder wenn sie entgegen § 158 Abs. 1 Satz 2 FamFG a.F. zu spät und nicht „so früh wie möglich" oder erst nach Scheitern gerichtlicher Einigungsbemühungen bestellt wurden.

17 Um dies zu vermeiden, müssen Verfahrensbeistände grundsätzlich sofort mit Verfahrenseröffnung[64] bestellt werden (vgl. hierzu Teil 4/*Heilmann*, Rn. 34).

Es hat sich gezeigt, dass ein Zuwarten bei der Bestellung eines Verfahrensbeistands keine positive Wirkung erzeugt, frühzeitige Einschaltung hingegen nachgewiesenermaßen das Verfahren nicht verzögert, eher beschleunigt und eine Einigung fördert. Eine Schwächung und Einschränkung der Arbeits- und Einflussmöglichkeiten des Verfahrensbeistands könnten die Interessenvertretung des Kindes und deren Qualität betreffen und damit auch den bisherigen viel beschworenen Erfolg der Interessenvertretung mindern.

18 Entscheidend ist, ob die Kommunikation mit dem Kind gelingt. Voraussetzung hierfür sind das Vorhandensein **genügender Zeitressourcen** und eine entsprechende **Qualifikation des Verfahrensbeistands**. Zwar wurden der Zeitaufwand für die Dokumentation des Arbeitseinsatzes und die Abrechnung mit dem Gericht schon unter Geltung von § 50 FGG nicht vergütet; dieser Aufwand entfiel aufgrund der Pauschalierung.

---

62 Vgl. BVerfG ebd. und Beschlussempfehlung Rechtsausschuss, BT-Drucks. 16/9733, S. 366.

63 BVerfG vom 26.8.1999, 1 BvR 1403/99, Rn 29.

64 Staudinger/Coester (2009) § 1666 BGB Rn. 270; vgl. auch MünchKomm-FamFG/Heilmann (2018) § 155 Rn. 40; 18. Deutscher Familiengerichtstag (2010), AK 11, S. 119 Nr. 5: „vor dem frühen Termin zu bestellen ist".

Praxistipp

▶ *Dennoch empfiehlt es sich, weiterhin aus kalkulatorischen Gründen den Zeitaufwand und die sonstigen Kosten unbedingt zu dokumentieren.*

Da Kinder in einem verfassungsrechtlich gesicherten familialen Kontext leben, was nichts an ihrer individuellen Rechtssubjektivität ändert, ist ihre Interessenvertretung ohne **Einbezug** ihrer **Eltern** bzw. Bezugspersonen schlechterdings nicht möglich, ja verfassungsrechtlich geradezu geboten, sodass Fälle der Interessenvertretung ohne Einbezug dieses Kontextes, die mit der kleinen Pauschale zu vergüten waren, kaum vorstellbar sind.[65] Die familiengerichtliche Praxis teilte diese Einschätzung.[66] Zunehmend wurde bereits vor Einführung der Einheitspauschale unter Berücksichtigung dieser Grundkonstante die erhöhte Pauschale im Regelfall gewährt.[67] **19**

V. Kritik an und Mängel der Verfahrensbeistandschaft

1. Stolpersteine – Gesamtbefund und konstruktive Kritik

Auch wenn Verfahrensbeistände sowohl von Jugendämtern als auch von Gerichten sehr geschätzt und inzwischen als unverzichtbarer Bestandteil moderner Kinderschutzverfahren[68] gesehen werden und auch wenn von Seiten der Minderjährigen überwiegend positive Rückmeldungen vorliegen, sollten Beobachtungen wie **Bedenken**[69] der Forschergruppe um Münder von Ausbildungsträgern wie den Verfahrensbeiständen ernst genommen und berücksichtigt werden. Diese konstruktive Kritik an einer seinerzeit noch jungen, den Platz im Verfahren suchenden, aber diesen inzwischen auch eindeutig findenden und von Rollenambiguitäten („Kindeswille und Kindeswohl") geprägten Rechtsfigur ist – trotz überwiegender Erfolge – nicht überraschend und keineswegs obsolet: **20**

- sehr enge Partnerschaft zwischen Richtern und „ihrem" Verfahrensbeistand;[70]
- Vorsicht bei zu großer Nähe zum Jugendamt;
- Gefahr, dass Prinzipien der Neutralität und Unabhängigkeit durch zu enge Kooperation mit Gericht und Jugendamt verblassen: Grenzen eines kooperativen/korporativen Verständnisses;

---

65 Ebenso Röchling (2009) § 5 Rn. 59.

66 Vgl. Ekert/Heiderhoff, S. 117 f., Tabelle 58 sowie die Empfehlungen des AK 10 und 11 des 18. Deutschen Familiengerichtstages (2010).

67 BT-Drucks. 20/14264, 68.

68 Münder (Hrsg.), 2017, Kindeswohl zwischen Jugendhilfe und Justiz, S. 440.

69 Münder (Hrsg.), 2017, Kindeswohl zwischen Jugendhilfe und Justiz, insbes. S. 308, 310, 311, 312.

70 Vgl. zu den fragwürdigen Allianzen wie zur einseitigen Ausrichtung und entsprechender Bestellpraxis die Beobachtungen von Wolfgang Hammer (2022), S. 26 f. Vgl. auch Heilmann, ZKJ 2023, Heft 9/10, Editorial, mit dem Vorschlag zur Sicherung der Unabhängigkeit, die Auswahl der Person des Verfahrensbeistandes einem anderen Familienrichter zu überlassen als demjenigen, der für das betreffende kindschaftsrechtliche Verfahren zuständig ist.

- Verfahrensbeistände überschreiten ihren Auftrag und übernehmen Beratungsfunktionen;[71]
- Mitwirkung am Zustandekommen einvernehmlicher Regelungen führt nicht zur Übernahme der Mediatorenrolle: „Königsziel" für die Verfahrensbeistandschaft ist nicht immer die Einigung;
- Verbesserungsbedarf bei Erkundung von „Wille" und „Wohl";
- zu wenig kindgemäße Methoden der Gesprächsführung;
- zu wenig Bezug auf Grundrechte des Kindes;
- zu wenig Einsatz für die Einhaltung der Anhörungsrechte des Kindes;
- Verbesserungsbedarf bei Aufklärung des Kindes über das Verfahren;
- Verfahrensbeistände machen von ihrem Beschwerderecht kaum Gebrauch.

Mit diesen Beobachtungen und Bedenken aus einer quantitativen und qualitativen Studie stellt die Forschergruppe um *Münder* – auch wenn es sich um Hinweise aus Einzelfällen handelt – den Erfolg dieser überfälligen Modernisierung überhaupt nicht in Frage, vielmehr geht es um die **Findung, Schärfung und Feinjustierung des Rollenprofils**.

2. Über Besserwisserei, Allmachtsphantasien und Grenzüberschreitungen

21 Es gab einzelne Stimmen aus den Reihen der Abgeordneten des Bundestages, die aus Gründen der political correctness das nie öffentlich geäußert hätten, die aber teilweise folgende Einstellungen zu Verfahrenspflegern einnahmen:

Diese wissen zu genau Bescheid („Besserwisserei"[72]), finden die Zeit zum Aktenstudium und für intensive Kontakte zum Kind und seinem Umfeld, sie kennen somit die Tatsachen des Einzelfalles recht gut; nicht nur das: Sie kennen sich auch im Recht gut aus, zudem kennen sie oft die psychosozialen Zusammenhänge besser als die anderen Beteiligten.

Das schafft Neid. Zudem haben manche Abgeordnete den bürgerlichen Beruf eines Rechtsanwaltes bzw. einer Rechtsanwältin; manche(r) dürfte(n) seinen (ihren) eigenen Einfluss geschwächt sehen. Bei der Einschätzung von Anwälten zur Verfahrensbeistandschaft sollte man nicht „übersehen, dass der Verfahrensbeistand aus Sicht des Rechtsanwalts vielfach als Gegenspieler gesehen werden könnte."[73]

Einzelnen Abgeordneten lagen auch Beschwerden über Verfahrenspfleger vor. Nun sind Verfahrensbeistände bestimmt auch keine Engel[74] – auch wenn sich manche

71 Zu einer solchen Kompetenzüberschreitung und Aufgabenvermischung fordern Dostmann/Bauch, NZFam 2015, 820, 821 geradezu auf: Bei „guter Arbeitsweise" soll der Verfahrensbeistand zum „kooperativen Familienkoordinator" werden.

72 Vgl. Röchling (2009), § 5 Rn. 50, kritisiert „ein belehrendes Auftreten des Verfahrensbeistands gegenüber anderen Verfahrensbeteiligten".

73 Ekert/Heiderhoff, S. 117.

74 Anders eine Minderjährige in der Untersuchung von Münder (2017), S. 377.

als rettende Engel mit Allmachtsphantasien zudem noch grenzüberschreitend gerieren – und bei manchen glaubwürdigen **Berichten über die Tätigkeit** von Verfahrensbeiständen sträuben sich die Haare: Verfahrenspfleger sollen das Kind nicht getroffen, die Akten nicht eingesehen haben, sich völlig unkritisch problematischen Jugendamtspositionen oder der eines Verfahrensbeteiligten angeschlossen haben, sie sollen selbst körperliche Gewalt gegenüber Kindern angewendet, veranlasst oder geduldet haben – nicht etwa bei Selbstgefährdungen von Kindern, sondern zur Brechung des Widerstandes bei umgangsunwilligen Kindern – sie sollen die Rollen von Eltern, Gutachtern, Umgangspflegern oder Jugendamtsmitarbeitern eingenommen haben.

Es liegen fast gleichlautende **Kritikpunkte** auch gegenüber Rechtsanwälten, die als Verfahrensbeistände eingesetzt waren, vor. Warum soll es ausgerechnet unter den Verfahrensbeiständen keine schwarzen Schafe geben, übergriffige, überhebliche, uninformierte etc.?!

Stellungnahme

Es wäre gut, wenn die Verfahrensbeistände und ihre Organisationen sich selbst mit solchen Vorwürfen befassten. Noch besser wäre es, auf empirisch gesicherter Grundlage mehr über die Aktionen und Interaktionen von Verfahrensbeiständen zu wissen; gegen die bereits empirisch gesicherten Feststellungen zur Zufriedenheit der Professionellen und der Minderjährigen mit Verfahrensbeiständen stehen solche nie auszuschließenden negativen Erfahrungen – hoffentlich nur in Einzelfällen.

Das alles würde unter keinen Umständen gesetzgeberische Entscheidungen zur Restriktion der Vergütung oder gar einen unbegründeten Austausch von Verfahrensbeiständen im laufenden Verfahren rechtfertigen, zudem sind manche der „Vorwürfe“ eher als Komplimente zu verstehen. Verfahrensbeistände und ihre Organisationen sollten alle Beteiligten, auch Kinder und Jugendliche, Eltern, Mitarbeiter der Kinder- und Jugendhilfe wie auch die Richterschaft zu Beschwerden über ihr Vorgehen geradezu ermutigen, damit eine systematische Aufarbeitung von möglichen Fehlern erfolgen und auch hier eine „Kultur des Umgangs mit und des Lernens aus Fehlern“ – wie im Kinderschutzdiskurs[75] – entstehen kann.

Es mag auch berechtigte Kritik an Verfahrensbeiständen geben, die man immer mitbedenken sollte. Dennoch: Müssen sich Verfahrensbeistände manchmal nicht gerade „zwischen die Stühle“ setzen oder unbequeme Fragen aufwerfen, auf der penibLen Einhaltung der Verfahrensrechte des Kindes mit Nachdruck bestehen und vor unnötigen Verfahrensverzögerungen warnen – sicherlich **mit Geschick, Diplomatie** und in der jeweils **richtigen Tonlage**? Besteht nicht zwangsläufig beim gesetzlichen Auftrag eine gewisse Rollenambiguität? Aber liegt nicht gerade hierin die Ursache der

75 Fegert/Schnoor/Kleidt/Kindler/Ziegenhain, Lernen aus problematischen Kinderschutzverläufen – Machbarkeitsexpertise zur Verbesserung des Kinderschutzes durch systematische Fehleranalyse, Berlin 2008.

Erfolgsgeschichte? Sollte doch in erster Linie die Stellung des Kindes im Verfahren gestärkt, dessen Interessen deutlich ins Verfahren eingebracht werden, damit nicht sein Wille und sein Wohl außer Betracht bleiben!

22 Eines der Hauptanliegen der FGG-Reform 2009 war, die **Stellung des Kindes** in einem seine Person betreffenden Verfahren zu **stärken**,[76] um den vom BVerfG eingeforderten und vom Gesetzgeber sicherzustellenden „Grundrechtsschutz durch Verfahren"[77] zugunsten Minderjähriger zu erreichen.

Auf dem Hintergrund dieser **Entwicklungen** der Verfahrensbeistandschaft,

- der durchaus positiven wie auch vereinzelt negativen Erfahrungen,
- der unabweisbar gewordenen Forderungen nach einer spezifischen Qualifikation für eine richterliche Tätigkeit in der Familiengerichtsbarkeit und
- nicht zuletzt auf Grundlage der in diesem Handbuch geforderten Qualifikationsanforderungen an die Tätigkeit als Verfahrensbeistand

erfolgte die **Neuregelung** der Verfahrensbeistandschaft durch das Gesetz zur Bekämpfung sexualisierter Gewalt gegen Kinder (2021).[78]

VI. Qualifikationsoffensive: Das Gesetz zur Bekämpfung sexualisierter Gewalt gegen Kinder

1. Anforderungen an die Tätigkeit als Verfahrensbeistand beim Familiengericht

23

> „Eine starke Familiengerichtsbarkeit und ein funktionierendes Verfahrensrecht, das den Rechten der Beteiligten Rechnung trägt und dabei besonders schutzbedürftige Personengruppen in besonderer Weise in den Blick nimmt, sind unerlässlich. Vor diesem Hintergrund sieht der Entwurf verschiedene Maßnahmen vor, die auf eine Verbesserung der Qualifikation beteiligter Berufsgruppen und auf eine verfahrensrechtliche Stärkung der Kinderrechte insbesondere im Bereich der Kinderschutzverfahren zielen".[79]

Obwohl eindeutig der Schwerpunkt des Gesetzes zur Bekämpfung sexualisierter Gewalt gegen Kinder im Bereich des Sexualstrafrechts lag, nutzte der Gesetzgeber diese Gelegenheit, um endlich auf offensichtliche Defizite auch im Bereich der verfahrensrechtlichen Voraussetzungen zur **qualifizierten Umsetzung des zivilrechtlichen Kindesschutzrechts** zu reagieren. Es hatte sich gezeigt, dass es notwendig ist, um den besonderen Herausforderungen an die Tätigkeit in diesem Arbeitsfeld zu genügen, über zusätzliche Kenntnisse und Fähigkeiten zu verfügen, deren gesetzliche

---

76 So BT-Drucks. 16/6308, 2; Hornikel, in: Reform des familiengerichtlichen Verfahrens, Lipp/Schumann/Veit, S. 145.
77 Vgl. hierzu Salgo (1996), S. 405 ff.
78 BGBl I 2021, Nr. 33, Bonn am 22.6.2021.
79 BR-Drucks. 634/20, S. 20.

Konkretisierung unumgänglich geworden war und deshalb der Erwerb und ein Nachweis hierfür zur Voraussetzung dieser Tätigkeit werden musste.

Das gemeinsame Kernanliegen aller Beiträge in diesem interdisziplinären Handbuch seit der ersten Auflage war und ist nach wie vor Verfahrensbeistände für diese Aufgabe zu qualifizieren. Dass solchermaßen qualifizierte Verfahrensbeistände bei der Interessenvertretung nur erfolgreich agieren können, wenn sie im Verfahren mindestens auch auf gleichermaßen qualifizierte Richter treffen, ist Voraussetzung erfolgreichen Zusammenwirkens mit unterschiedlichen Rollen. **24**

Endlich wurden die von Anbeginn der Reformdiskussion geforderten **Qualifikationsanforderungen** an Verfahrensbeistände **gesetzlich verankert**. Es war ein kluger wie naheliegender und in die Zukunft weisender Schritt, diese beiden Stränge des ausgereiften rechtspolitischen Diskurses[80] zu verknüpfen und die Regelungen der Qualifikationsanforderungen in beiden Bereichen auch gleichzeitig zum 1.1.2022 in Kraft treten zu lassen. Der massive Widerstand gegen gesetzlich bestimmte Qualifikationsanforderungen an die **richterliche Tätigkeit** beim Familiengericht ließ sich nicht mehr aufrechthalten,[81] wobei das in diesem Handbuch entwickelte Anforderungsprofil für Verfahrensbeistände im Wesentlichen auch orientierend für die gesetzlich festgelegten Regelvoraussetzungen für die richterliche Tätigkeit an den Familiengerichten der Amtsgerichte bzw. an den Familiensenaten der Oberlandesgerichte war[82].

Vor dem Hintergrund in- und ausländischer, interdisziplinär erhobener Erfahrungen entstand folgendes Anforderungsprofil:

Anforderungsprofil Verfahrensbeistand

Verfahrensbeistände sollten

- über solide Rechtskenntnisse auf dem Gebiet des Familien-, insbesondere des Kindschaftsrechts verfügen,
- die Komplexität des für Kinder und Jugendliche und ihre Eltern relevanten Familienverfahrensrechts beherrschen,
- gründliche Kenntnisse zum SGB VIII haben;
- Kenntnisse der sozialen und psychischen Lebenssituation von Minderjährigen, die auf eigenständige Interessenvertretung angewiesen sind, haben;

80 Zur Notwendigkeit von fachspezifischen Qualifikationsanforderungen für Familienrichter und -richterinnen siehe BR-Drucks. 634/20, S. 2; BT-Drucks. 18/9092, S. 8; Plenarprotokoll 18/183, S. 18130 C.

81 Hierzu Salgo, NJW-aktuell 23/2016 (Editorial); ders., ZKJ 2017, 254, 257; Heilmann, NJW-aktuell 16/2018 (Editorial); Rörig, DRiZ 2018, 84. Die Notwendigkeit für zusätzliche Qualifikationsanforderungen an die richterliche Tätigkeit in der Familiengerichtsbarkeit war zuvor von Justizministerkonferenz wie von leitenden Ministerialbeamten aus dem BMJ noch abgelehnt worden.

82 Zu den Schwierigkeiten der Umsetzung dieser Qualifikationsoffensive (§ 158a Abs. 1 FamFG und § 23b Abs. 3 Satz 2 bis 4 GVG) und zur Intransparenz der Umsetzung der erforderlichen Maßnahmen seitens der Landesjustizministerien wie der Gerichtspräsidien siehe Salgo, NZFam 2024, 697,701 ff.; Veit, NZFam 2024, 104 ff. m.w.N.

Solche Situationen sind insbesondere: streitiges Umgangs- und/oder Sorgerecht, häusliche Gewalt, Herausgabe/Verbleib, Misshandlung, Vernachlässigung, sexuelle Ausbeutung, Fremdplatzierung, Adoption, freiheitsentziehende Unterbringung rechtfertigende Ausgangslagen;

- über Grundkenntnisse in der Entwicklungspsychologie verfügen;
- Techniken kennen und über Kompetenzen verfügen, um Minderjährige zu verstehen und um mit ihnen zu kommunizieren;
- die Entscheidungen des Gerichts mit dem Kind besprechen;
- über interkulturelle Kompetenzen[83] sowie über Vermittlungskompetenzen verfügen;
- im Stande sein, eine aussagekräftige, i.d.R. schriftliche Stellungnahme abzugeben;
- Kenntnisse der Angebote öffentlicher und freier Träger der Kinder- und Jugendhilfe vor Ort haben;
- zur Vorlage von regelmäßig zu aktualisierenden erweiterten Führungszeugnissen sowie zur regelmäßigen einschlägigen Fortbildung verpflichtet sein.

2. Fachliche Eignung

25 **Fachliche Qualifikationsanforderungen an eine Tätigkeit in der Familiengerichtsbarkeit seit dem 1.1.2022**

Familienrichter:innen (AG, OLG), § 23b Abs. 3 S. 3 GVG	**Verfahrensbeistände, § 158a Abs. 1 FamFG**
belegbare Kenntnisse auf den Gebieten des Familienrechts, insbesondere des Kindschaftsrechts	Grundkenntnisse auf den Gebieten des Familienrechts, insbesondere des Kindschaftsrechts`
belegbare Kenntnisse des Familienverfahrensrechts	Grundkenntnisse des Verfahrensrechts in Kindschaftssachen
belegbare Grundkenntnisse der für das Verfahren in Familiensachen notwendigen Teile des Kinder- und Jugendhilferechts	Grundkenntnisse des Kinder- und Jugendhilferechts
belegbare Grundkenntnisse der Psychologie, insbesondere der Entwicklungspsychologie des Kindes	Kenntnisse der Entwicklungspsychologie des Kindes
belegbare Grundkenntnisse der Kommunikation mit Kindern	Kenntnisse über kindgerechte Gesprächstechniken
	Pflicht zur Fortbildung alle zwei Jahre

83 Hierzu Münder u.a. (2017), S. 291.

Der Gesetzgeber übernimmt im Bereich der Qualifikationanforderungen überwiegend die Vorschläge aus der vierten Auflage dieses Handbuchs im neuen § 158a Abs. 1 FamFG;[84] unerfindlich bleibt, dass die regelmäßige Fortbildungspflicht (§ 158a Abs. 1 Satz 4 FamFG) nur für die Verfahrensbeistandschaft gesetzlich eingefordert wird, nicht jedoch für die in der Familiengerichtsbarkeit tätige Richterschaft.

Welche **Wirkungen** die Neufassung und die damit verbundenen wesentlichen Änderungen durch die §§ 158–158c FamFG zeigen, lässt sich trotz des Inkrafttretens bereits am 1.1.2022 noch nicht beantworten. Das gilt auch für die nahezu gleichlautenden und ebenfalls völlig neuen gesetzlichen Anforderungen an die Tätigkeit in der Familiengerichtsbarkeit mit § 23b Abs. 3 Satz 3 GVG. Leider beinhaltete bereits auch das Gesetz zur Bekämpfung sexualisierter Gewalt gegen Kinder keine Evaluationsklausel, um die Implementation der gesetzlichen Qualifikationsanforderungen zu überprüfen.[85]

Vorbehaltslos zu begrüßen war, dass der Koalitionsvertrag „rechtlich verbindlich sicherstellen [wollte], dass auch Verfahrensbeistände über die erforderliche Qualifikation und Eignung verfügen."[86] Fragen der Qualifikation für die Aufgabe eigenständiger Interessenvertretung Minderjähriger hatten die in- und ausländischen Diskurse spätestens seit dem Zeitpunkt bestimmt, als deren Akzeptanz, Wirkungen und Arbeitsweisen empirisch durchleuchtet worden waren. Seither besteht Einigkeit, dass die nach verschiedenen Kriterien **erfolgreichsten Modelle** mit Personen arbeiten, die über ihre berufliche Grundqualifikation hinaus eine besondere zusätzliche Qualifikation für diese spezifische Aufgabe erworben hatten.[87] **26**

Nur in 47,04 % der Verfahren hatten die vom Gericht bestellten Verfahrensbeistände eine **Weiterbildung** absolviert und nachgewiesen.[88] Aufgrund der durch Berufsausbildung erworbenen Grundqualifikationen erfüllt keiner der in Frage kommenden Berufe (Rechtsanwalt,[89] Sozialarbeiter, Sozialpädagoge, Psychologe, Lehrer) das hier erforderliche Anforderungsprofil ohne Weiteres, sodass zusätzliche Qualifikationen in je unterschiedlichen Bereichen unausweichlich werden; dies betont bereits z.B. die *American Bar Association*, die größte Rechtsanwaltsorganisation der Welt, immer wieder. **27**

Eine „effektive eigenständige Interessenvertretung des Kindes" besteht niemals daraus, zum Kind hinzugehen, dort seinen „Willen abzuholen" und diesen sodann dem Familiengericht zu übermitteln. Es bestehen fundamentale Unterschiede zwischen der Interessenwahrnehmung für einen erwachsenen Mandanten und der unabhängigen Interessenvertretung Minderjähriger, nicht nur bezüglich des Zeitaufwandes. Lei-

84 So auch die Einschätzung von Güssow, S. 94.

85 Zur Umsetzung der Qualifikationsanforderungen in der Richterschaft siehe Veit, NZFam 2024, 104 ff. m.w.N.

86 Koalitionsvertrag zwischen CDU, CSU und SPD vom 7.2.2018, Rn. 843 f.

87 Salgo (1996), S. 560 ff.

88 Dahm, Die Geeignetheit von Verfahrensbeiständen gemäß § 158 FamFG, 2017, Grafik 11.

89 Siehe Bergmann, ZKJ 2016, 288, 289, Fn. 5: „Auch Rechtsanwälte und Rechtsanwältinnen können gute Verfahrensbeistände sein, wenn sie sich der andersartigen Rolle bewusst und entsprechend fortgebildet sind."

der hatte die intensiv geführte und umfassende Fachdiskussion zu diesen Fragen im Kindschaftsrechtsreformgesetz (1997) keinerlei Berücksichtigung gefunden. Das FGG-RG (2008) hatte sich auf den gesetzlichen Hinweis beschränkt, dass das Gericht nur einen „geeigneten" Verfahrensbeistand bestellen darf.

Die regierungsamtliche Begründung dieses Gesetzes sah hier das bestellende Gericht immerhin in der Pflicht:

> [...] das Gericht (soll) nur eine Person zum Verfahrensbeistand bestimmen, die persönlich und fachlich geeignet ist, das Interesse des Kindes festzustellen und sachgerecht in das Verfahren einzubringen."[90]
>
> „Die Bestellvoraussetzungen beschränken sich nicht mehr nur auf eine Berufsqualifikation, sondern erfordern auch eine die jeweilige Grundqualifikation ergänzende (sozial/-pädagogisch, juristisch beziehungsweise psychologisch) Zusatzqualifikation".[91]
>
> „Auch ein Rechtsanwalt kann ohne entsprechende Zusatzqualifikation nicht mehr als Verfahrensbeistand tätig sein"[92]

Gegenüber § 50 FGG, der sich im Jahre 1998 zur „Eignung" noch ausschwieg, und gegenüber der damaligen regierungsamtlichen Begründung, die sogar Laien von dieser Aufgabe nicht ausschloss, war die Einfügung des Adjektivs **„geeignet" im Gesetzestext** (§ 158 Abs. 1 FamFG a.F.) und der Hinweis in der Begründung „persönlich und fachlich geeignet" ein erheblicher Fortschritt.

Nur, wie soll das Familiengericht die geforderte persönliche und fachliche Eignung feststellen?

Beim Pflichtverteidiger oder bei einem vom Gericht beizuordnenden Rechtsanwalt verzichtet der Gesetzgeber auf entsprechende Aussagen, weil dem als Rechtsanwalt zugelassenen (Voll-)Juristen aufgrund seiner nachgewiesenen Ausbildung und der bei der Zulassung für diese Tätigkeit eingeforderten Angaben zu Vorstrafen auch die persönliche „Eignung" in dieser Hinsicht zugesprochen ist und zudem die Rollen und Aufgaben (Rechte und Pflichten) im Einsatzfeld zumeist (gesetzlich) geregelt sind, deren Einhaltung erforderlichenfalls berufsrechtlich sichergestellt werden könnte. Diese grundsätzliche **Eignung als Rechtsanwalt** – oder bei anderen Berufen als Pädagoge, Sozialarbeiter, Psychologe oder Lehrer – reicht indes für sich noch nicht, um den spezifischen Anforderungen der Interessenvertretung Minderjähriger in Gerichtsverfahren vor dem Familiengericht gerecht zu werden. Und selbst die Zusatzbezeichnung „Fachanwalt für Familienrecht" ist keine Garantie für die hier spezifisch geforderte „Eignung"; in den dort angebotenen Grundkursen kam das Kindschaftsrecht kaum, das SGB VIII fast nie vor.

28 Unterschiedliche Träger hatten zur Sicherstellung der hier geforderten fachlichen Eignung teilweise anspruchsvolle **Curricula für die Qualifikation** zum Verfahrensbeistand entwickelt.[93] Die Teilnehmer an solchen Kursen wurden nicht dafür zertifiziert, dass sie die Teilnahmegebühren entrichtet haben, sondern für das Erreichen der je-

90 BT-Drucks. 16/6308, S. 238.
91 BT-Drucks. 20/14264, 70.
92 BT-Drucks. 20/14264, 70.
93 Z.B. das Paritätische Bildungswerk Bundesverband.

weils gestellten und teils nicht geringen Anforderungen. Der BVEB z.B. fordert von seinen Mitgliedern die Erfüllung hoher Voraussetzungen für die Mitgliedschaft.[94] Es entstand der Eindruck, dass die Richterschaft zunehmend auch auf diesen Personenkreis mit entsprechender Zusatzausbildung zurückgriff; dies war wohl deshalb geschehen, weil bei diesem Personenkreis eher von einer fachlichen „Eignung" ausgegangen wurde. Es ließ sich zudem beobachten, dass allmählich die Anzahl der an Weiterbildungen zum Verfahrensbeistand Teilnehmenden auch aus der Anwaltschaft wuchs, wobei immer noch die psycho-sozialen Berufe unter den Teilnehmern an diesen Kursen überwogen.

Das Familiengericht steht seit dem 1.1.2022 wegen der an es adressierten gesetzli- 29
chen Vorgabe, nur fachlich und persönlich geeignete Personen mit dieser herausfordernden Aufgabe zu betrauen, in der Verantwortung. Der Staat ist hier – durch das bestellende **Familiengericht** – in jedem Fall **in der Pflicht**: Er darf nur fachlich „geeignete" Verfahrensbeistände auswählen und zur Interessenwahrnehmung Minderjähriger bestellen; diese Kinder und Jugendlichen sind als solche strukturell und systematisch schwächer, zudem meist nicht unerheblich vorbelastet und außerdem verfügen sie über kein „Kündigungsrecht" und keine Kontrollkompetenzen. Die Feststellung der „persönlichen" Eignung stellt das Gericht vor nicht nur geringe Herausforderungen.

Erst das Gesetz zur Bekämpfung sexualisierter Gewalt gegen Kinder (2021) defi- 30
nierte schließlich die geforderte persönliche und fachliche Eignung des Verfahrensbeistands (§ 158a Abs. 1 Satz 1 und Abs. 2 Satz 1 und 2 FamFG) umfassend. „Hauptanliegen"[95] – es kann auch vom „Herzstück" der Neuregelung der Verfahrensbeistandschaft gesprochen werden – ist die nähere gesetzliche **Definition der geforderten persönlichen und fachlichen Eignung** des Verfahrensbeistands.

Dieser überfällige gesetzliche Schritt brachte einerseits Entlastung hinsichtlich der Definition der fachlichen und persönlichen Eignung, führte andererseits zu umfassenden und unterschiedlichen Verpflichtungen für die umsetzungspflichtigen Familienrichter, wobei die Qualifikationsanforderungen nahezu identisch ausfallen: Für die Letztgenannten übernimmt der Gesetzgeber im Gesetz zur Bekämpfung sexualisierter Gewalt gegen Kinder (2021)[96] im Wesentlichen das Anforderungsprofil aus § 158a Abs. 1 Satz 1 FamFG als Regelvoraussetzung auch für die richterliche Tätigkeit an den Familiengerichten (§ 23b Abs. 3 Satz 3 GVG); erst die entsprechende Profilierung auf Seiten der Richterschaft in der Familiengerichtsbarkeit befähigt die Familienrichter, insbesondere der vom Gesetz geforderten Geeignetheitsprüfung sowie den Kontrollaufgaben hinsichtlich der Verfahrensbeistandschaft gerecht zu werden: Bereits für die zu treffende Auswahl der als Verfahrensbeistand zu bestellenden Person sind die auch für diese Tätigkeit beim Familiengericht vorausgesetzten Kenntnisse aus § 23b Abs. 3 Satz 3 GVG ausschlaggebend.

Diese nachholende und lernende Gesetzgebung folgt der **Praxis im Kinderschutz**, 31
die beachtliche Anstrengungen unternimmt, um aus Fehlern zu lernen: Kann es doch

94 BVEB, Standards Verfahrensbeistandschaft (Stand 22.4.2022), 2.1.
95 Menne, NZFam 2020, 1033, 1034.
96 BGBl I 2021, Bonn am 22.6.2021, Art. 3.

„mangels fehlender gesetzlicher Vorgaben noch immer dazu kommen, dass auch Personen (zum Verfahrensbeistand) bestellt werden, welche für die verantwortungsvolle Aufgabe nicht ausreichend qualifiziert sind, so dass nicht hinreichend gewährleistet ist, dass in einer vielfach für das Kind schwierigen und belastenden Situation die Interessen des Kindes festgestellt und im Verfahren zur Geltung gebracht werden".[97]

Die gemeinsame Klammer und das übergreifende Anliegen dieses Artikelgesetzes mit Wirkungen in das materielle (StGB) wie in das förmliche (StPO, JGG[98]) Strafrecht und eben in den Bereich des zivilrechtlichen Kindesschutzrechts im FamFG sowie des GVG war der Schutz besonders vulnerabler Kinder.[99] Der anhaltende Fachdiskurs um die Qualifikation sowie damit zusammenhängend die Aufarbeitung von Fehlverläufen in der Familiengerichtsbarkeit hinterließen deutliche Spuren bereits im Regierungsentwurf,[100] welcher insbesondere hinsichtlich der persönlichen Eignung der Verfahrensbeistände den Feinschliff im beratenden Rechtsausschuss des Deutschen Bundestages vor der Verabschiedung durch diesen erhielt.[101]

Der Gesetzgeber erwartet vom Einsatz von Verfahrensbeiständen mit dem gesetzlichen Anforderungsprofil nicht nur die verbesserte Unterstützung des Kindes beim Formulieren und Einbringen seines Willens, das Erkennbar-Werden seiner Bindungen, seiner Ängste und seiner Befürchtungen sowie auch die Berücksichtigung möglicher Gefährdungen („Wahrnehmung der Interessen des Kindes"), sondern mittels des Einsatzes solchermaßen qualifizierter Verfahrensbeistände insgesamt auch eine **Qualifizierung der familiengerichtlichen Entscheidungsfindung**.[102]

Erst mittels einer solchen Doppelstrategie der Gesetzgebung, welche die Richterschaft an den Familiengerichten und zugleich die dort tätigen Verfahrensbeistände in einer „Qualifikationsoffensive"[103] fokussiert, könnte dieses Ziel erreicht werden.

32 **Familiengerichtliche Verfahren** stellen spezifische Anforderungen auch an die Interessenvertretung Minderjähriger. Diesen muss der Gesetzgeber mit entsprechenden Regelungen gerecht werden, um die individuelle Persönlichkeit des Kindes sowie seine spezifischen (materiell- wie verfahrensrechtlichen) Rechte zur Geltung zu bringen. Die prekäre Situation des Kindes, die zum Gerichtsverfahren vor dem Familiengericht führt, darf das Kind nicht zu einem bloßen Objekt staatlicher Besorgnis werden lassen („Wächteramt"); ein nur auf Vertretung der rechtlichen Interessen des Kindes fokussierter Ansatz würde diesen ganzheitlichen Anspruch verfehlen:

97 Siehe RegE, BT-Drucks. 19/23707, S. 47 f., 54.
98 § 37 JGG sieht seither ebenfalls für an den Jugendgerichten tätige Richter und Staatsanwälte ein Anforderungsprofil vor.
99 Siehe RegE eines Gesetzes zur Bekämpfung sexualisierter Gewalt gegen Kinder, BT-Drucks. 19/23707, S. 2. Zu Umsetzungsdefiziten siehe Salgo, NZFam 2024, 697, 701 ff.; ders. FF 2025, 2–5.
100 Siehe § 158a Abs. 1 i.d.F. des RegE, Drucks. 19/23707.
101 Beschlussempfehlung, BT-Drucks. 19/27928, S. 29 f.
102 BT-Drucks. 19/23707, S. 25.
103 Siehe Stellungnahme des DFGT, Die Richterschaft in der Familiengerichtsbarkeit – Plädoyer für eine Qualitätsoffensive, März 2018 sowie zum Referentenentwurf eines Gesetzes zur Bekämpfung sexualisierter Gewalt gegen Kinder (hier: Art. 3 [GVG] und Art. 5 [FamFG], 13.9.2020).

„Die Regelung beruht auf der Erkenntnis der Praxis, dass die Erfüllung der Aufgaben des Verfahrensbeistands von einer Kombination aus juristischen, pädagogischen und psychologischen Kenntnissen und Fähigkeiten abhängig ist. Daraus folgt, dass die im Wege einer klassischen Berufsbildung in einem dieser drei Bereiche erworbenen Qualifikationen regelmäßig eine wichtige, aber allein nicht ausreichende fachliche Grundlage darstellt, um das gesamte Spektrum der an den Verfahrensbeistand zu stellenden Anforderungen abzudecken".[104]

An diesem hybriden Mix (siehe auch Rn.24) von Anforderungen an Kenntnisse und Fähigkeiten[105] wird ein deutlicher Trend zu einer professionell wahrzunehmenden spezifischen, interdisziplinär geprägten Tätigkeit deutlich.[106] § 158 Abs. 2 und Abs. 3 FamFG benennen die am häufigsten vorliegenden personensorgerechtlichen Fallkonstellationen, die zur Bestellung führen, jedoch nicht abschließend, weil eine Bestellung auf Grundlage der Generalklausel in Abs. 1 auch in anderen nicht explizit benannten Konstellationen möglich ist. Erst diese **interdisziplinäre Profilierung** des Verfahrensbeistands ermöglicht seinen gewinnbringenden Beitrag im Prozess der Bestimmung und Individualisierung des hier stets maßgeblichen Rechtsbegriffs „Kindeswohl" aus einer unabhängigen und nur auf die Interessen des Kindes fokussierten Perspektive der Verfahrensbeistandschaft.

Für den Gesetzgeber ist die Verwendung unbestimmter Rechtsbegriffe kaum vermeidbar, weshalb deren Anwendung verfahrensrechtlich sowie durch fachlich qualitative Anforderungen „an das Personal" vom Gesetzgeber gesteuert werden muss.

Hinweis

Diese Informationsverdichtung zur Qualifizierung der herausfordernden Entscheidungsfindung in Kindschaftssachen erfährt durch die Beiträge der Verfahrensbeistände einen inzwischen allseits anerkannten Gewinn wie Stimmen aus der Justiz, der Kinder- und Jugendhilfe wie der Wissenschaft bestätigen.

Eine sozialpädagogische, pädagogische, juristische oder psychologische Berufsqualifikation (Grundqualifikation) wird kaum einmal die vom Gesetz geforderten notwendigen Kenntnisse und Fähigkeiten (§ 158a Abs. 1 Satz 1 FamFG) bereits vermittelt haben, weshalb der Gesetzgeber vom Verfahrensbeistand hier den Nachweis des Erwerbs **spezifischer Zusatzqualifikationen** für die Tätigkeit beim Familiengericht fordert (§ 158a Abs. 1 Satz 3 FamFG). Sollten bereits in der Grundqualifikation oder ausnahmsweise anderweitig die vom Gesetz geforderten spezifischen Zusatzqualifikationen vermittelt worden sein, so ist dieser Wissenserwerb entsprechend nachzuweisen. In jedem Fall muss vor der Bestellung des Verfahrensbeistands das positive Ergebnis der Feststellung des Vorhandenseins der spezifischen Zusatzqualifikation ebenso aktenkundig gemacht werden wie der Bestellungsakt. **33**

104 BT-Drucks. 19/23707, S. 54.

105 Ebenso Prütting/Helms/Hammer, § 158a FamFG, Rn 5: „Kombination aus juristischen, pädagogischen und psychologischen Kenntnissen und Fähigkeiten" erforderlich. Dutta/Jacoby/Schwab/Lack § 158a Rn 3 spricht ganz zu Recht von „Mindestanforderungen".

106 Zur Bedeutung von Kenntnissen aus den Human-/Sozialwissenschaften für das Kindschaftsrecht siehe Salgo, ZfF, 2016, 191; Menne, NZFam 2020, 1033, 1040.

▶ *Zu den notwendigen Kenntnissen*

- *des Kindschaftsrechts siehe Teil 2/Wierse, Rn. 365 ff.,*
- *des Familienverfahrensrechts siehe Teil 4/Heilmann, Rn. 1 ff.,*
- *des Kinder- und Jugendhilferechts siehe Teil 4/Kepert, Rn. 320 ff.*
- *Zu Kenntnissen der Entwicklungspsychologie des Kindes siehe Teil 3, Rn. 1 ff.*
- *Zu Kenntnissen über kindgerechte Gesprächstechniken siehe Teil 4/Nordstern, Rn. 162 ff.*

3. Fortbildungspflicht

34 Angesichts rasanter Entwicklungen in der Gesetzgebung, Rechtsprechung, insbesondere aber auch in den relevanten humanwissenschaftlichen Bereichen (Teil 2/*Salgo*, Rn. 66, 71) kann das erworbene Wissen schnell veralten, weshalb regelmäßige einschlägige Fortbildung somit auch zum Anforderungsprofil der Verfahrensbeistandschaft gehört. Mit der Einführung der Verpflichtung zu einer regelmäßigen, **mindestens alle zwei Jahre** stattfindenden Fortbildung (§ 158a Satz 4 FamFG) entspricht der Gesetzgeber schon seit langem vorgebrachten Forderungen.[107] Zwar trifft der Gesetzgeber hier keine inhaltlichen Vorgaben an die Fortbildungsinhalte, indes sollten sich die Themen der nachzuweisenden Fortbildungen am gesetzlich geforderten Profil aus § 158a Abs. 1 Satz 1 FamFG orientieren (zu Inhalten siehe Teil 2/*Salgo*, Rn. 55 ff.). Bedauerlicherweise sieht § 23b Abs. 3 Satz 3 GVG für die an Familiengerichten und Familiensenaten tätigen Richter:innen im Gegensatz zu den Verfahrensbeiständen keine regelmäßige Fortbildungspflicht (§ 158a Abs. 1 Satz 4) vor.

Forderungen nach gesetzlicher Bestimmung des **zeitlichen Umfangs** der Fortbildung sind nachvollziehbar.[108] Allerdings müsste damit auch zugleich eine zeitliche Bestimmung für den Erwerb der vom Gesetz geforderten spezifischen Zusatzqualifikationen erfolgen. Warnungen vor einer „Schnellbleiche"[109] sind keineswegs unberechtigt; so bietet z.B. die Hessische Rechtsanwaltschaft für die „Fachliche Qualifizierung und Fortbildung nach § 158a FamFG (Präsenzseminar 10 H) plus Klausur (2 H)" an.

4. Persönliche Anforderungen an die Tätigkeit als Verfahrensbeistand

35 Der Regierungsentwurf des Gesetzes zur Bekämpfung sexualisierter Gewalt gegen Kinder (2021) nahm zwar bereits als Voraussetzung einer Bestellung die fachliche und persönliche Geeignetheit (§ 158 Abs. 1 Satz 1 FamFG-E) auf und benannte hinsichtlich der fachlichen Eignung die Qualifikationsanforderungen, Nachweis- und Fortbildungspflichten, verzichtete aber darauf, das Erfordernis der persönlichen Eignung ins Gesetz aufzunehmen. Lediglich in der regierungsamtlichen Begründung fin-

---

107 Siehe u.a. Verfahrensbeistandschaft, 4. Aufl., Rn 39, 51.
108 Dutta/Jacoby/Schwab/Lack § 158a Rn 10.
109 Menne, NZFam 2020, 1033, 1042.

den sich hinsichtlich der persönlichen Eignung Hinweise[110]. Erst die Beschlussempfehlung des Rechtsausschusses[111] schlug dem Bundestag die schließlich Gesetz gewordene Fassung des Abs. 2 mit expliziten **gesetzlichen Umschreibungen der persönlichen Eignung** sowie die Verpflichtung des Gerichts, sich ein erweitertes Führungszeugnis von der für die Bestellung zum Verfahrensbeistand in Aussicht genommenen Person vorlegen zu lassen, vor.

Eine solche explizite und in das Gesetz aufzunehmende Konkretisierung der „persönlichen" Eignung (Teil 2/*Salgo*, Rn. 73 ff.) war dem Rechtsausschuss ein besonderes Anliegen:

> „Mit der Formulierung konkreter Kriterien für die persönliche Eignung des Verfahrensbeistands soll die der Bestellung zugrundeliegende Prognoseentscheidung des Gerichts auf eine noch fundiertere Grundlage gestellt und die Ausbildung eines professionellen Bewusstseins – mithin die Qualifikation – von Verfahrensbeiständen gefördert werden. Zudem ist eine nähere Regelung der persönlichen Voraussetzungen geeignet, das Vertrauen der Beteiligten und insbesondere auch des Kindes in die Person und Arbeit des Verfahrensbeistands zu erhöhen und den präventiven Kinderschutz zu verbessern."[112]

Die **Vorlagepflicht erweiterter Führungszeugnisse** in beruflich ausgeübten Handlungsfeldern der Kinder- und Jugendhilfe gehört inzwischen zum Selbstverständnis (§ 72a SGB VIII) und war schon seit langem auch für die Tätigkeit als Verfahrensbeistand gefordert worden. Dass erst der Rechtsausschuss diese Verpflichtung der Verfahrensbeistände und die entsprechenden Kontrollpflichten des Gerichts in die Beschlussempfehlung aufnahm und dies nicht bereits der Regierungsentwurf beinhaltete, war befremdlich. Hingegen war es keineswegs selbstverständlich, dass diese Beschlussempfehlung zudem „allgemeine persönliche Eignungskriterien" in dem Gesetz für „erforderlich" hielt, weil solche „zur Erfüllung der dem Verfahrensbeistand übertragenen Aufgaben und zur Entwicklung eines Vertrauensverhältnisses zwischen Kind und Verfahrensbeistand" beitragen.[113] Ethnie, interkulturelle Kompetenz, Sprachkenntnisse, Alter, Geschlecht u.ä. könnten hinsichtlich der Eignung im Einzelfall zu berücksichtigende Gesichtspunkte sein, auch wenn sie nicht explizit im Gesetz benannt werden. **36**

Deshalb hielt der Rechtsausschuss es für geboten, dass das Familiengericht nur eine Person auswählen darf, „die Gewähr dafür bietet, die Interessen des Kindes **gewissenhaft, unvoreingenommen und unabhängig** wahrzunehmen" (§ 158a Abs. 2 Satz 1 FamFG).[114] Ein solches aufgabenspezifisches (Selbst-)Verständnis ergibt sich aus der verantwortungsvollen Aufgabe. Der Gesetzgeber regelt hier Berufsausübung i.S.v. Art. 12 Abs. 1 Satz 2 GG, auch wenn nur von „Ausbildung eines professionellen Bewusstseins" in der regierungsamtlichen Begründung die Rede ist.[115] Dass der Staat letztendlich verfassungsrechtlich begründete und sensibel zu handhabende

110 BT-Drucks. 19/23707, S. 52.
111 BT-Drucks. 19/27928, S. 29 f.
112 BT-Drucks. 19/27928, S. 29.
113 BT-Drucks. 19/27928, S. 29.
114 BT-Drucks. 19/27928, S. 29.
115 BT-Drucks. 19/27928, S. 29.

Kontroll- und Qualitätsgewährleistungspflichten hat, lässt sich kaum bezweifeln. Gleichzeitig müssen alle Überlegungen hierzu vom ebenfalls zu beachtenden Ziel, nämlich der Wahrung der Unabhängigkeit des Verfahrensbeistands, bestimmt sein.

Es handelt sich hier keineswegs um unvereinbare Ziele. Allerdings bedarf es eines durchdachten Systems zur gleichzeitigen Sicherung von **Qualität und Unabhängigkeit**.

37 Die (ex ante) zu erfolgende Überprüfung dieser in das Gesetz aufgenommenen Kriterien der persönlichen Eignung, die Voraussetzung der Bestellung ist, gehört zu den herausforderndsten Aufgaben, könnten doch i.d.R. diese geforderten Eigenschaften erst nach Beobachtung und Kooperationserfahrung (ex post) beurteilt werden. Nur eine gewisse Entlastung hinsichtlich der zu treffenden „Prognoseentscheidung"[116] könnten Zertifizierungen von Fortbildungsträgern erbringen, soweit diese im Rahmen der Fortbildung auch persönliche Eignungsvoraussetzungen und entsprechende Vorgehensweisen vermitteln bzw. deren Aneignung überprüfen. Das Vorhandensein dieser persönlichen Eigenschaften könnte aus bereits ausgeübten Tätigkeitsfeldern belegt sein.

38 Gewissenhaftigkeit

> „Die gewissenhafte Vertretung der Kindesinteressen beinhaltet die Pflicht des Verfahrensbeistands, die ihm übertragenen Aufgaben zuverlässig, sorgfältig und zeitnah wahrzunehmen".[117]

Diese Definition des Rechtsausschusses erleichtert die Auswahlentscheidung nicht unbedingt. Auch die Beurteilung dieses Eignungskriteriums – „gewissenhaft" – steht als der Bestellung vorausgehende (ex ante) Prognoseentscheidung, soweit noch keine Erfahrungen des bestellenden oder eines anderen Familiengerichtes mit dem in Betracht kommenden Verfahrensbeistand vorliegen, vor erheblichen Schwierigkeiten. Hier könnte bei der erstmaligen Bestellung der Nachweis dieser persönlichen Qualifikation auch zu einer gewissenhaften Aufgabenwahrnehmung die Auswahl und Bestellung etwas erleichtern; auch anderweitige bezüglich einer gewissenhaften Aufgabenwahrnehmung aussagekräftige **Belege** (z.B. Zeugnisse mit Tätigkeitsbeschreibungen) aus anderen Arbeitsfeldern könnten hilfreich sein.

Die in Weiterbildungsgängen empfohlene und an manchen Familiengerichten bereits praktizierte Vorgehensweise einer **persönlichen Vorstellung** eines neu tätig werden wollenden Verfahrensbeistands unter Vorlage einschlägiger Qualifikationsnachweise wie des erweiterten Führungszeugnisses kann die zu treffende Prognose erleichtern.

39 Unvoreingenommenheit

Der Bedeutung der Unvoreingenommenheit misst die Beschlussempfehlung des Rechtsausschusses des Bundestages ebenfalls erhebliches Gewicht bei:

116 BT-Drucks. 19/23707, S. 48.
117 BT-Drucks. 19/27928, S. 29.

> „Eine unvoreingenommene Vertretung beinhaltet die Pflicht, offen und möglichst unabhängig von vorgefassten Meinungen und Einstellungen die Interessen des Kindes zu ermitteln und unter Berücksichtigung des Kindeswohls zu vertreten. Nur wenn der Verfahrensbeistand etwa im Hinblick auf soziale Stellung, Bildung, Geschlecht, sexuelle Orientierung, Religion oder Kultur offen und unvoreingenommen dem Kind begegnet, kann das Kind Vertrauen fassen".[118]

„Unvoreingenommenheit" zielt auf ideologische oder mentale **Einstellung und Haltung** der Verfahrensbeistände. Wer z.B. eine geschlechtsspezifisch orientierte Arbeit mit Männern und Jungen oder Frauen und Mädchen in den Mittelpunkt seiner Tätigkeit gestellt hat, sollte in diesem wichtigen Arbeitsfeld mit Betroffenen weiterarbeiten, könnte aber u.U. für eine unvoreingenommene Interessenvertretung von Minderjährigen im kindschaftsrechtlichen Verfahren nicht geeignet sein. Jedenfalls sollte die Fähigkeit der spezifischen Aufgabenstellung zur parteilichen Wahrnehmung der Kindesinteressen im familiengerichtlichen Verfahren gegeben sein.

Wer meint, ein wissenschaftlich nicht begründbares „PAS"[119] (vgl. auch Teil 3/*Fegert*, Rn. 119 ff) bekämpfen zu müssen, hat nicht die auch in dieser Hinsicht geforderte Unvoreingenommenheit. *Wolfgang Hammer* berichtet über einseitige Ausrichtung in Weiterbildungsgängen zum Verfahrensbeistand etwa am PAS-Erklärungsmodell und darüber, dass einzelne Gerichte bevorzugt entsprechend weitergebildete Verfahrensbeistände oder auch entsprechend ausgerichtete Gutachter bestellen würden;[120] es sollen hier regelrechte „Seilschaften" bestehen. Hier wäre ggf. bereits an der richterlichen Unabhängigkeit zu zweifeln; ein unter diesen Vorgaben ausgewählter Verfahrensbeistand kann nicht als „unvoreingenommen" gelten.

Dasselbe gilt für Personen, die pauschale Meinungen vertreten wie etwa „Umgang ist immer gut" oder „Blut ist dicker als Wasser" oder „das schlechteste Elternhaus ist immer besser als jedes Heim" oder ein „Wechselmodell" sei – selbst bei Hochstrittigkeit – hinsichtlich der Betreuung des Kindes immer das Beste für ein Kind. Auch wer wegen Kindesentziehung vorbestraft ist, scheidet als Verfahrensbeistand regelmäßig aus.

Diese Beispiele sind der bundesrepublikanischen Praxis entnommen. Teils könnten bereits die gesetzlichen Qualifikationsanforderungen (§ 158a Abs. 1 Satz 1 FamFG) und die Fortbildungspflichten (§ 158a Abs. 1 Satz 4 FamFG) einer Voreingenommenheiten und Vorurteilen solcher u.ä. Art entgegenwirken.

> „The practitioner should maintain up to date knowledge of current research, legislation, theory and social policy (...)".[121]

118 BT-Drucks. 19/27928, S. 29.

119 Vgl. hierzu BVerfG, FamRZ 2024, 278; Bruch, FamRZ 2002, 1304 ff.; Fegert, KindPrax 2001, 3 ff. und 39 ff.; Dettenborn, Kindeswille und Kindeswohl, 2001, S. 124; Kostka, FamPra.ch 2005, 802; Fegert, ZKJ 2013, 190 f.; grundlegend äußern sich Zimmermann/Fichtner/Walper/Lux/Kindler, ZKJ 2023, 43 ff. und 83 ff.

120 Wolfgang Hammer (2022), S. 26 f. bezeichnet solche Verbindungen als „Allianzen".

121 Punkt 5.6 fordert der Code of Ethics NAGALRO aus dem Jahre 2003.

40 **Unabhängigkeit**

Die Unabhängigkeit der Interessenvertretung Minderjähriger – von Eltern, Gerichten und Behörden – gehört, neben der unbedingt erforderlichen Zusatzausbildung, zu den essenziellen Voraussetzungen einer solchen Tätigkeit und ist ein wesentlicher Bestandteil der persönlichen Eignung. Natürlich könnte man zwar Familiengerichte, die es bei der Zusammenarbeit mit einigen wenigen, aus ihrer Sicht bewährten Verfahrensbeiständen belassen wollen, verstehen. Diese Nähe oder auch die wirtschaftliche Abhängigkeit könnte aber die geforderte Unabhängigkeit des Verfahrensbeistands vom Gericht und nicht nur von Jugendamt und Eltern kompromittieren.

Es soll auch vorkommen, dass nur dem Gericht „genehme" Verfahrensbeistände bestellt werden, das könnte u.U. auch heißen, nur solche, die stets der Auffassung des Gerichts folgen, solche, die Verfahrensfehler und -verzögerungen nicht rügen, keine Beschwerde einlegen und auch sonst keine Schwierigkeiten machen. Es sollen Familienrichter vor der Bestellung nach grober Schilderung des Falles die Meinung des in Frage kommenden Verfahrensbeistandes erfragt haben und je nach Antwort bestellt oder nicht bestellt haben.

Angehörige der Kinder- und Jugendbehörden, die ohnehin schon mit den Fällen befasst sind oder waren, aber auch wenn das nicht der Fall ist, sollten, selbst wenn sie sich zusätzlich für die Aufgaben der Verfahrensbeistandschaft qualifiziert haben, zumindest in ihrem Bezirk nicht zum Verfahrensbeistand bestellt werden.[122] Dieser Standpunkt scheint sich in Deutschland durchgesetzt zu haben. In der Forschungsarbeit von *Münder* u.a. wird die zu enge Partnerschaft zwischen Richtern und „ihrem" Verfahrensbeistand angesprochen, auf die von der Bestellung finanziell abhängigen Verfahrensbeistände hingewiesen und vor einem korporativen Verständnis im Hinblick auf die Neutralität und die Unabhängigkeit gewarnt.[123] Berufliche Vorbefassung im Rahmen einer anderen Aufgabenwahrnehmung oder auch „persönliche Nähebeziehung"[124] stehen der unabhängigen Interessenvertretung entgegen. Auch wird von Häufungen der Bestellungen bei einzelnen Verfahrensbeiständen berichtet.

Hinweis

! *Vorschläge zur Entkoppelung der Bestellung vom für den Fall zuständigen Richter[125] müssten auf Praktikabilität geprüft werden. Der Entstehung bequemer „Seilschaften" zwischen Gericht und Verfahrensbeistand muss entgegengewirkt werden. Die Unabhängigkeit des qualifizierten Verfahrensbeistandes von Eltern, vom Jugendamt, aber auch vom bestellenden Gericht ist essenzielle Voraussetzung und wesentliche Bedingung einer gelingenden Interessenvertretung.*

122 MünchKomm-FamFG/Schumann (2018) § 158 Rn. 18.
123 Bindel-Kögel, in Münder u.a., (2017), S. 310 f. weist auf die „ökonomischen Abhängigkeiten" hin.
124 Dutta/Jacoby/Schwab/Lack, § 158a Rn 12.
125 Heilmann, ZKJ 2023, Heft 8/9 Editorial.

Der Befund, dass „nur eine Minderheit der interviewten Verfahrensbeistände (...) explizit Wert darauf legt, ihr Vorgehen nach Prinzipien der Neutralität und Fairness zu gestalten"[126], belegt die Notwendigkeit für die erfolgte gesetzgeberische Umschreibung der persönlichen Eignung. Professionelle Unabhängigkeit meint auch die ideologische und mentale Einstellung und Haltung der Verfahrensbeistände (siehe Teil 2/*Salgo*, Rn. 75). **Unabhängigkeit und Unvoreingenommenheit** sind nicht immer eindeutig abgrenzbar oder können sich auch gegenseitig bedingen.

5. Keine relevanten Vorstrafen

Der Gesetzgeber hat mit § 158a Abs. 2 Satz 2 FamFG endlich einen Tätigkeitsausschluss einschlägig vorbestrafter Personen als Verfahrensbeistand beschlossen: Sie sind „persönlich ungeeignet". Eine entsprechende gesetzliche Vorgabe gilt als Beschäftigungsverbot bereits seit Inkrafttreten des KJHG im Trägerbereich der öffentlichen und freien Jugendhilfe (§ 72a SGB VIII). **41**

Einzelne Fortbildungsträger im Bereich der Qualifizierung zum Verfahrensbeistand bestanden schon seit langem auf die Vorlage entsprechender **erweiterter Führungszeugnisse als Teilnahme- und Zertifizierungsvoraussetzung**. Die gesetzliche Vorgabe an die Verfahrensbeistände (Vorlagepflicht) und an die Familiengerichte (Überprüfungs-, Kontroll- und Dokumentations- ggf. besondere Verwahrpflichten) war notwendig geworden: Gerichte hatten zuvor von Verfahrensbeiständen nicht regelmäßig die Vorlage von aktuellen Führungszeugnissen gefordert.[127] In einer Umfrage des BVEB e.V. ließ sich erstaunlicherweise ein Desinteresse in der Familiengerichtsbarkeit an der Umsetzung an der hier in aller Regel bestehenden Verpflichtung an die Adresse des Gerichts erkennen, sich ein erweitertes Führungszeugnis vorlegen zu lassen.[128] Die „Sollensverpflichtung" (§ 158a Abs. 2 Satz 3 FamFG), die ein Organ des Staates in Pflicht nimmt und der Gesetzgebungskontext (Einholungspflichten eingeführt durch das Gesetz zur Bekämpfung sexualisierter Gewalt gegen Kinder, 2021) verdichten ein „sollen" in aller Regel zu einem „müssen".

Wegen seiner von Verfassungs wegen bestehenden besonderen Schutzpflichten Minderjährigen gegenüber bleibt der Staat auch hinsichtlich der Qualität der Arbeit wie der „persönlichen Eignung" von Verfahrensbeiständen in der Verantwortung, erst recht hinsichtlich der notwendigen Vorkehrungen, damit Minderjährige nicht etwa durch eben jene zu ihrem Schutze bestellten Verfahrensbeistände zu Schaden kommen. So verwundert es nicht, dass es für den Gesetzgeber

> „unerlässlich (war), so weit wie möglich sicherzustellen, dass von der bestellten Person keine Gefahr für das Kind ausgeht, Opfer eines sexuellen Übergriffs zu werden".[129]

---

126 Bindel-Kögel, in Münder u.a., (2017), S. 295.
127 Dahm, Die Geeignetheit von Verfahrensbeiständen gemäß § 158 FamFG, 2017, Grafik XI: Nur 2,23 % haben ein erweitertes Führungszeugnis vorgelegt.
128 ZKJ 2025, 156; es handelt sich um eine Mitgliederbefragung.
129 BT-Drucks. 19/27928, S. 30.

Ob alle Personen mit pädosexuellen Neigungen durch die regelmäßige Vorlagepflicht entsprechender Führungszeugnisse aus diesem Tätigkeitsfeld herausgehalten werden können, ist eine andere Frage – es bleibt die Hoffnung auf die Abschreckungswirkung.[130]

42 Die Frage der „persönlichen Eignung" kann aber auch nicht auf das erweiterte Führungszeugnis reduziert werden. So mussten Fortbildungsträger in eigener Verantwortung wiederholt Teilnehmenden an Weiterbildungskursen die Zertifizierung verweigern, bei denen aus unterschiedlichen Gründen eine „persönliche Eignung" (z.B. wegen Sucht, Vorstrafen wegen Kindesentziehung, psychischer Beeinträchtigungen oder Auffälligkeiten) nicht bestätigt werden konnte.

Zugleich darf diese sensibel zu handhabende Kontrollpflicht nicht zur Entpflichtung unbequemer Verfahrensbeistände instrumentalisiert werden.

6. Unabhängigkeit und Kontrollen

43 Auch müsste sichergestellt werden, etwa durch verbindliche Listen, dass jeder/jede, der/die bestimmten Qualifikationsanforderungen erfüllt sowie persönlich geeignet ist, in diese aufgenommen werden muss, und das Gericht verpflichtet wäre, nur in diese Liste aufgenommene Verfahrensbeistände zu bestellen. Der Staat unterwirft zum Schutz seiner Bürger auch freiberufliche Tätigkeiten bestimmten **Regularien** (z.B. durch Zwangsmitgliedschaften in Kammern), wobei die Anwendung und Umsetzung dieser den Berufsgruppen zunächst überlassen ist, der Staat aber im Hintergrund seine Zuständigkeiten und Berufsgerichte bereithält.

Über diesen Weg ließe sich die regelmäßige Vorlage der erweiterten Führungszeugnisse regeln. So könnten auch neue[131] qualifizierte Bewerber Chancen auf Bestellungen bekommen; zugleich könnte hiermit sichergestellt werden, dass es nicht zu Bestellungshäufungen bei einigen wenigen Verfahrensbeiständen kommt, wie es derzeit vorkommen kann.

Manche Verfahrensgegenstände, z.B. Unterbringungssachen, ebenso wie die unterschiedlichen Altersstufen von Kindern bedürfen spezieller Qualifikationen, welche ebenfalls zu überprüfen wären. (Zur Verfahrensbeistandschaft in Unterbringungssachen siehe Teil 2/*Bauer*, Rn. 249 ff.) In manchen Gerichtsbezirken haben die Gerichte allerdings auch keine Auswahlmöglichkeit mangels geeigneter Verfahrensbeistände. Zudem ist auch nicht jeder Verfahrensbeistand für jeden Verfahrensgegenstand geeignet.

Auch das **Modell der Koordinierungsstelle** für Verfahrensbeistandschaften des Trägers „Anwalt des Kindes München e.V." oder die Berliner und Hamburger Erfahrungen mit Vermittlungsstellen wären auf ihre Vor- und Nachteile und auf die Übertragbarkeit hin zu überprüfen.

---

130 Münder/Smessaert (2022), § 72a SGB VIII Rn. 2.
131 Prütting/Helms/Hammer, FamFG, 4. Aufl., § 158 Rn. 27.

Deshalb gilt es hier, jenseits der Entpflichtungsmöglichkeit mit wirksameren Mitteln Fachlichkeit, **Qualitätsstandards**[132] und Unabhängigkeit zu sichern, damit es möglichst nicht zu Situationen kommt, in denen sich die Frage einer Entpflichtung[133] stellt. Solche Mittel, die inzwischen teils gesetzliche Berücksichtigung erfahren haben, könnten u.a. sein: 44

Sicherung von Qualität und Unabhängigkeit

- Verpflichtende Mitgliedschaft in einem Berufsverband;[134]
- Herausbildung eines eigenständigen Berufsrechts;
- Verpflichtung zur Zusatzqualifikation, verbunden mit turnusmäßiger Fortbildungsverpflichtung bei dafür anerkannten Fortbildungsträgern und Pflicht zum regelmäßigen Nachweis der erfolgreichen Teilnahme;
- Selbstverpflichtende Standards;
- Regelmäßige Vorlage von erweiterten Führungszeugnissen;
- Zulassungs- bzw. Abberufungsverfahren mit Beschwerdemöglichkeit;
- Beschwerdemöglichkeit für Eltern, Kinder u.a. bei Unzufriedenheit mit der Vorgehensweise des Verfahrensbeistandes;
- Obligatorische „Peersupervision" der ersten Fälle;
- Supervision.

VII. Die Wille-Wohl-Debatte im FamFG

> „Der Entwurf hält daran fest, dass der Verfahrensbeistand dem Interesse des Kindes verpflichtet ist und nicht allein dem von diesem geäußerten Willen. Zwar hat der Verfahrensbeistand den Kindeswillen in jedem Fall deutlich zu machen und in das Verfahren einzubringen, es steht ihm jedoch frei, darüber hinaus weitere Gesichtspunkte und auch etwaige Bedenken vorzutragen. Der Verfahrensbeistand hat daher bei seiner Stellungnahme sowohl das subjektive Interesse des Kindes (Wille des Kindes) als auch das objektive Interesse des Kindes (Kindeswohl) einzubeziehen. Dieses Verständnis der Aufgaben des Verfahrenspflegers entspricht der Wertung des materiellen Rechts, das vom Zentralbegriff des Kindeswohls geprägt ist (vgl. § 1697a BGB)."[135] 45

Mit dieser eindeutigen Stellungnahme positioniert sich der deutsche Gesetzgeber bereits 2007 in einer im In- und Ausland intensiv geführten Auseinandersetzung. Er hat sich nicht für ein Modell rechtsanwaltlicher Interessenvertretung entschieden, weil es eben um die Interessenvertretung Minderjähriger geht, die sich von der Inte-

132 Mustergültig sind hier die Standards des BVEB e.V.: https://www.bveb-ev.de/der-verband/verfahrensbeistandschaft/ (Abruf am 30.4.2025).
133 Güssow, S. 101.
134 Denkbar wäre hier eine Zwangsmitgliedschaft für alle berufsmäßig tätigen Interessenvertreter Minderjähriger (Verfahrensbeistände, Vormünder/Pfleger) ähnlich den Kammern freiberuflich Tätiger.
135 BT-Drucks. 16/6308, S. 239, Hervorhebungen vom Autor.

ressenvertretung Erwachsener deutlich unterscheidet. Zu Recht weist die frühere Verfassungsrichterin *Hohmann-Dennhardt* darauf hin, dass exakte Trennlinien zur Präzisierung der Rolle des Verfahrenspflegers zwar in der Theorie gezogen werden können, dass diese aber in der Praxis oft keinen Bestand haben können.[136]

46 Bei der Verfahrensbeistandschaft im kindschaftsrechtlichen Kontext wird sich eine gewisse konzeptionelle Ambiguität[137] zwischen advokatorischer und vormundschaftlicher Interessenvertretung[138] nicht gänzlich vermeiden lassen.[139] Wenn diese offengelegt ist[140] und kontrolliert wird, kann sie positive Wirkungen haben.

Hinweis

> *Den richtigen Weg zwischen Beteiligung („Wille") und Schutz („Wohl") zu finden, stellt eine enorme Herausforderung dar.*

Diese Position hat die grundlegende Arbeit von *Zitelmann*[141] untermauert; die BAG (BundesarbeitsgemeinschaftVerfahrensbeistandschaft/Interessenvertretung für Kinder und Jugendliche) hatte sich mit der Verabschiedung von Standards (vgl. Anhang/*Weber, Nordstern*) diesem Standpunkt angeschlossen. So sehr das Modell anwaltlicher Interessenvertretung wichtige Orientierungen für das Rollenbild eines Verfahrensbeistands abzugeben vermag,[142] so wenig dürfen doch entscheidende **Unterschiede zum typischen Rechtsanwalts-Mandanten-Modell** übersehen werden:

Es geht um die „Interessenvertretung" oft erheblich belasteter oder zumindest in schweren Loyalitätskonflikten stehender Kinder und Jugendlicher. Diese haben sich „ihren" Verfahrensbeistand zudem nicht ausgesucht, ebenso wenig können sie ihn ohne Weiteres „loswerden".[143] Nur wenn ein über 14 Jahre altes Kind (§ 9 Abs. 1 Nr. 3 FamFG) einen Verfahrensbevollmächtigten bestellen könnte,[144] dann könnte dies im

---

136 Hohmann-Dennhardt, ZfJ 2001, 77, 80.

137 Murch u.a., S. 18, sprechen von einer konzeptionellen Ambiguität der „Guardian ad litem"-Rolle in Großbritannien – diese ist mit den Aufgaben des Verfahrensbeistands (§ 158 FamFG) vergleichbar. Sie kritisieren diese jedoch keineswegs, sondern sehen eben gerade hierin das Geheimnis des Erfolges dieses Konzepts: „Vielleicht sind es gerade diese Ambiguität und der Facettenreichtum dieser Rolle, welche den guardian ad litem zu einem unersetzlichen und von allen geschätzten Beteiligten gemacht haben, auch wenn nach der Logik vieles dafür spricht, die unterschiedlichen Funktionen nicht zu vermischen."

138 Vgl. hierzu bereits Fricke, ZfJ 1999, 51, 55: „Was spricht dagegen, diese verschiedenen Ansätze zu verknüpfen und sich mit einer solchen ‚multifunktionalen', im Einzelnen durchaus widersprüchlichen und pragmatischen Funktionsbeschreibung zu begnügen?"

139 Dieses „Dazwischen" der Verfahrenspflegerrolle bringt auch die Überschrift des Editorials von Meysen, JAmt 2001, 381 zum Ausdruck: „Verfahrenspfleger zwischen Mediator und Anwalt des Kindes."

140 Hierzu Münder (2017), S. 433 berichtet über Enttäuschungen Jugendlicher, denen die Rolle des Verfahrensbeistandes nicht transparent gemacht worden war.

141 Zitelmann, 2001.

142 Vgl. etwa Steindorff-Classen, S. 295 ff. sowie Bauer/Schimke/Dohmel, S. 211 ff.

143 Vgl. OLG Stuttgart, OLGR 2001, 305.

144 Vgl. hierzu Güssow m.w.N., S. 173 ff. sowie zur anwaltlichen Vertretung des Kindes im Kinderschutzverfahren: Ivanits in Gute Kinderschutzverfahren, S. 613 ff., abrufbar unter https://link.springer.com/book/10.1007/978-3-662-66900-6 (Abruf am 7.10.2024).

Einzelfall zur Aufhebung einer bereits erfolgten Verfahrensbeistandsbestellung führen; allerdings müsste das Gericht zuvor prüfen, ob auch die Interessen des Kindes nach wie vor angemessen ins Verfahren eingebracht werden. Nach geltender Rechtslage kann indes ein verfahrensfähiges Kind wegen mangelnder Geschäftsfähigkeit einen Rechtsanwalt nicht wirksam mandatieren.[145]

In der alles andere als nur akademischen Debatte um „Kindeswohl" und „Kindeswillen" bzw. um „Beteiligung" und „Kindesschutz" wird nur allzu gerne abstrakt, apodiktisch, prinzipiell und ideologisch diskutiert. Ebenso werden zu wenig die sehr unterschiedlichen Fallkonstellationen und die Entwicklungs- und Altersstufen der betroffenen Minderjährigen berücksichtigt. Dass ein Verfahrensbeistand so authentisch wie nur möglich den „Willen des Kindes" ins Verfahren einzubringen hat,[146] darüber besteht Einigkeit. Nur: Was ist dieser vielbeschworene „Wille des Kindes"? **47**

> „There is no ‚true and authentic' voice of the child that exists independently of the child's situation and family circumstances, and the context in which they are giving their voice."[147]

Ebenso sollte aber Einigkeit darüber bestehen, dass „die Durchsetzung selbstgefährdender Wünsche des Kindes"[148] unter keinen Umständen zu den Aufgaben eines Verfahrensbeistands zählen kann. Nach Presseberichten soll im Breisgauer Missbrauchsfall der betroffene Minderjährige anfangs den Wunsch geäußert haben, zu seiner Mutter zurückkehren zu wollen.[149] Dies ist auch in anderen **Kindeswohlgefährdungsfällen** nicht selten.

Hinweis

> *Werden dem Verfahrensbeistand im Rahmen seiner Tätigkeit das Wohl des Kindes erheblich beeinträchtigende Umstände, die bis dahin nicht Gegenstand des Verfahrens waren, bekannt, so darf er hierüber nicht hinweggehen, sondern muss das Gericht hierüber informieren (Garantenstellung auf gesetzlicher Grundlage).*

Ein Blick auf die verfassungsrechtliche Herleitung[150] eigenständiger Interessenwahrnehmung könnte hilfreich für die Bestimmung des notwendigen Rollenbildes sowie der **Ziele eigenständiger Interessenvertretung** für Minderjährige sein: **48**

> „Aus der verfassungsrechtlichen Verankerung des Kindeswohls in Art. 6 Abs. 2 und Art. 2 Abs. 1 GG i.V. mit dem Anspruch auf rechtliches Gehör (Art. 103 Abs. 1 GG) ergibt sich die Pflicht, das Kindeswohl verfahrensrechtlich dadurch zu sichern, dass den Kindern bereits im familienrechtlichen Verfahren ein Pfleger zur Wahrung ihrer In-

145 Prütting/Helms/Hammer, FamFG § 158, 13; Zum Problem und zu dessen nur lege ferenda möglichen Lösung m.w.N. Güssow, S. 180 ff.
146 Salgo (1996), S. 564 f.
147 Parkinson/Cashmore, S. 201.
148 Zitelmann (2001), S. 393.
149 STERN Nr. 24/2018, Interview mit der den Jungen als Nebenkläger im Strafverfahren vertretenden Rechtsanwältin, siehe www.stern.de/panorama/stern-crime/staufen-im-breisgau--wie-geht-es-dem-missbrauchsopfer-inzwischen--8116314.html (Abruf am 7.10.2024).
150 Salgo, 1996, S. 405 ff.; Walter, FamRZ 2001, 1.

> teressen zur Seite gestellt wird, wenn zu besorgen ist, dass die Interessen der Eltern in einen Konflikt zu denen ihrer Kinder geraten."[151]

Einerseits geht es um die Sicherung des Anspruchs auch Minderjähriger auf **„rechtliches Gehör"**, andererseits geht es um die verfahrensrechtliche **Sicherung des Kindeswohls**, wobei sich die Verpflichtung des Staates zur Wahrung der Kindesbelange in Gerichtsverfahren auch aus dem „staatlichen Wächteramt" ergibt. An dieser Herleitung des BVerfG wird die Besonderheit der Interessenwahrung Minderjähriger deutlich. Eines Hinweises auf Art. 6 Abs. 2 GG hätte es, wenn es „lediglich" um das rechtliche Gehör wie bei einem Erwachsenen ginge, nicht bedurft; im Übrigen ließ das BVerfG keinen Zweifel über das Ziel und die Aufgabe der Verfahrenspflegschaft aufkommen:

Es geht um die **verfahrensrechtliche Sicherung des „Kindeswohls"** – ein Ausgangspunkt, der Rolle und Aufgabe auch des Verfahrensbeistands wie aller anderen am Verfahren Mitwirkenden und Beteiligten prägt (§ 1697a BGB).

49 Es wird allzu oft übersehen, dass ein Kind kein Erwachsener ist und dass gerade die Notwendigkeit zur Durchführung eines zivilrechtlichen Kindesschutzverfahrens noch nicht „mündig" macht[152] – eher eine beeinträchtigte Entwicklung zu vermuten sein wird. Dass Kinder und Jugendliche nicht ohne ihren Lebenszusammenhang gedacht – also nur im Kontext zu verstehen sind, dass Kindesrecht, Kindeswohl und Kindeswille **ineinander verflochtene, untrennbare Kategorien** sind – all das wird nur zu oft bei der heftig geführten Auseinandersetzung um die Rollen- und Aufgabenbestimmung der Verfahrensbeistandschaft übersehen oder je nach ideologischer Ausrichtung nur selektiv wahrgenommen.

> „Damit das Kind nicht zu einem bloßen Verfahrensobjekt wird, muss sichergestellt sein, dass die eigenständigen Interessen des Kindes in das Verfahren eingebracht werden, insbesondere in denen das Kind besonders schutzbedürftig ist."[153]

Die Lebensumstände und die persönlichen Erfahrungen der Minderjährigen, die auf eine eigenständige Vertretung ihrer Interessen angewiesen sind, stellen in jedem Einzelfall eine enorme Herausforderung dar; ihre Rechte und Interessen sind regelmäßig bereits verletzt, wenn Jugendhilfe und Justiz „zum Einsatz" kommen.

50 Die Suche nach dem „richtigen" Rollenverständnis eigenständiger Interessenvertretung Minderjähriger sollte nicht auf das Niveau der Kinderrechte-Diskussion der 60er Jahre des 20. Jahrhunderts zurückfallen. Die „Gleichbehandlung" von Kindern mit Erwachsenen in zahlreichen Rechtsgebieten, man denke nur an das Straf- oder Arbeitsrecht, war bereits im Zuge der Aufklärung allmählich überwunden worden – was nicht bedeutet, dass die strafrechtliche Verantwortung Minderjähriger oder die Kinderarbeit kein rechtspolitisch relevantes Thema mehr wären.

Die Herausbildung der **eigenständigen Kategorien von Kindheit und Jugend** ist eine Errungenschaft der Neuzeit[154] und jede Gleichsetzung von Kindern und Jugendlichen

---

151 BVerfG FamRZ 1999, 85.
152 Zitelmann (2001), S. 56; Keidel/Engelhardt, FamFG § 158, Rn. 21.
153 Vgl. BT-Drucks. 13/8511, S. 68 und insbesondere BT-Drucks. 16/6308, S. 239.
154 Hierzu grundlegend Schwab, AcP 172 (1972), 266.

mit Erwachsenen wäre ein Rückfall, auch wenn sie auf den ersten Blick manche Vorteile verspricht. Bei der Entwicklung und Bestimmung von Kinderrechten führt die Orientierung an der Erwachsenen-Kind-Dichotomie nicht weiter, vielmehr ist nichts Geringeres als ein „eigenständiges kindschaftsrechtliches Denken“[155] jenseits dieser alten Kategorienbildung gefordert, eine Sichtweise, die der Subjektstellung des Kindes ebenso Rechnung trägt wie seiner Schutzbedürftigkeit:

> „The tension between protection and participation is not one that can be resolved by argument and nor should it be determined on a win-lose basis. Both perspectives are important to determining the issue of children's participation, and neither is free from detriment or difficulties. The challenge is to work through how best to manage the tension, rather than resolving it through disregarding one or other orientation.“[156]

Die 1989 von der Generalversammlung der Vereinten Nationen verabschiedete Konvention über die Rechte des Kindes schlägt eben diesen Weg eines „Sowohl-als-auch“ ein, den die Bundesrepublik mit der Ratifizierung als verbindlich akzeptiert und in der FGG-Reform bestätigt hat.

VIII. Implikationen der UN-Kinderrechtskonvention und des Europäischen Übereinkommens über die Ausübung von Kinderrechten

Mit der Einführung der Verfahrenspflegschaft im Jahre 1998 kam die Bundesrepublik Deutschland nicht nur dem Verfassungsgebot des Grundrechtsschutzes durch Verfahrensrecht,[157] sondern als Vertragsstaat der UN-Konvention über die Rechte des Kindes auch den Verpflichtungen aus Art. 12 dieser Konvention nach. Dieser Artikel bringt den weltweit verbreiteten Konsens über die Notwendigkeit einer Kindesbeteiligung zum Ausdruck: 51

> **Art. 12 UN-Übereinkommen über die Rechte des Kindes**
>
> (1) Die Vertragsstaaten sichern dem Kind, das fähig ist, sich eine eigene Meinung zu bilden, das Recht zu, diese Meinung in allen das Kind berührenden Angelegenheiten frei zu äußern, und berücksichtigen die Meinung des Kindes angemessen und entsprechend seinem Alter und seiner Reife.
>
> (2) Zu diesem Zweck wird dem Kind insbesondere Gelegenheit gegeben, in allen das Kind berührenden Gerichts- und Verwaltungsverfahren entweder unmittelbar oder durch einen Vertreter oder eine geeignete Stelle im Einklang mit den innerstaatlichen Verfahrensvorschriften gehört zu werden.

Bereits im Jahre 1980 führte das Gesetz zur Neuregelung des Rechts der elterlichen Sorge[158] die verpflichtende Kindesanhörung in § 50b FGG[159] ein. Dies geschah be- 52

155 Vgl. Münder, ZfJ 1988, 10.
156 Parkinson/Cashmore, S. 61.
157 Vgl. hierzu m.w.N. Salgo (1996), S. 405 ff.
158 Gesetz vom 24.7.1979, Inkrafttreten 1.1.1980.
159 Vgl. hierzu insb. Lempp/Braunbehrens/Ernst/Eichner/Röcker, Die Anhörung des Kindes gemäß § 50b FGG, Köln 1987; Fehmel, in: Baumeister u.a. (Hrsg.), Familiengerichtsbarkeit, Erl. vor §§ 50a ff. FGG und zu § 50b FGG, Berlin 1992; Keidel/Engelhardt, Freiwillige Gerichtsbarkeit, Erl. zu § 50b FGG, München 2003.

reits neun Jahre vor der Verabschiedung der UN-Kinderrechtskonvention. Ob das den Gesetzesmachern damals bewusst war – die alte Bundesrepublik war damit auch im internationalen Maßstab führend. Das gleichzeitig mit der **Verpflichtung zur Kindesanhörung** abgegebene Versprechen des deutschen Gesetzgebers, die Richter für die Anhörung eigens zu qualifizieren,[160] ist jüngst mit § 23b Abs. 3 Satz 3 GVG verwirklicht worden (Rn. 25).[161] Der Deutsche Bundestag und das BVerfG hatten dies ebenfalls schon seit langem gefordert.[162] Art. 15 der Istanbul-Konvention verpflichtet die Vertragsstaaten ebenfalls zu **Aus- und Fortbildungsmaßnahmen**.

Immer wieder, bis in die jüngste Zeit, bestätigen Untersuchungen Verstöße seitens der Gerichte gegen die Anhörungspflicht,[163] die nunmehr in § 159 FamFG durch das Gesetz zur Bekämpfung sexualisierter Gewalt gegen Kinder[164] eindeutiger und übersichtlicher gesetzlich verankert ist. Immerhin: Die Bundesrepublik sichert **Beteiligungsrechte des Kindes** im familiengerichtlichen Verfahren mehrfach:

- gesetzlich verbindliche Pflicht zur richterlichen Kindesanhörung und
- Sicherstellung der Interessenvertretung durch den Verfahrensbeistand.

Bemerkenswert bleibt auch, dass in der rechtspolitischen Debatte um die Einführung eigenständiger Kindesvertretung das Vorhandensein der bereits seit 1980 eingeführten Kindesanhörung nicht als Gegenargument vorgebracht worden war. Angesichts der Kinderrechtsdiskurse[165] der letzten Jahre wäre ein deutliches Anwachsen der **Anhörungsquote** zu erwarten gewesen: Über alle Altersstufen hinweg lag sie in zivilrechtlichen Kindesschutzverfahren gemäß §§ 1666, 1666a BGB nach der Untersuchung von *Münder* im Jahre 2014 bei 39, 2 % (im Jahre 1996/97 bei 42,8 %).[166]

Hoffentlich lässt sich dieser Rückgang bei einem an sich bereits zu niedrigen Anhörungsniveau nicht mit der Bestellung von Verfahrensbeiständen erklären. Angesichts der Äußerungen von Richterinnen und Richtern verwundern diese Anhörungsquoten kaum, wenn diese „eine Anhörung möglichst zu vermeiden suchen, um das betroffene Kind zu schonen" und auf den Verfahrensbeistand verwiesen.[167] Hier offenbarten sich Fortbildungsdefizite hinsichtlich der Wirkung fachgerechter Kindesanhörungen, aber offensichtlich auch eine generelle Unsicherheit mit der gesetzlich verpflichtenden Kindesanhörung (siehe hierzu auch Teil 3/*Ivanits*, Rn. 383 ff.).

Die Anhörungsquoten müssten angesichts der eindeutig formulierten Verpflichtung im reformierten § 159 FamFG und auch aufgrund der neuen Verpflichtung zum Kenntniserwerb über „kindgerechte Gesprächsführung" (§ 23b Abs. 3 Satz 3 GVG, § 158a Abs. 1 Satz 1 FamFG) deutlich ansteigen.

160 BT-Drucks. 8/2788, S. 30. Vgl. hierzu die rechtstatsächliche Untersuchung von Lempp/Braunbehrens/Eichner/Röcker, Die Anhörung des Kindes gemäß § 50 FGG, Köln 1987.
161 Zum Stand der Umsetzung siehe Veit, 2024, 104; Salgo, NZFam 2024, 697, 701 ff.; ders. FF 2025, 2–5.
162 BT-Drucks. 8/2788, S. 42; BVerfGE 55, 171, 180.
163 Vgl. Stötzel/Hannemann, ZKJ 2009, 58, 61, Tabelle 3.
164 Prütting/Helms/Hammer, FamFG § 159 Rz 3.
165 Ausführlich Röthel/Heiderhoff (Hrsg.), Mehr Kinderrechte? Nutzen und Nachteil.
166 Münder (2017), S. 168 f.
167 Münder (2017), S. 168 f.

Ebenso bemerkenswert ist aber zugleich, dass diese mehrfache Absicherung Kindern bei **Trennung/Scheidung** ihrer Eltern vollkommen verweigert wird, solange die Eltern keine Anträge auf eine sorgerechtliche Regelung stellen, obwohl erwiesen ist, dass Kinder in diesen Situationen einen erheblichen Beratungs- und Unterstützungsbedarf haben.[168] In § 159 Abs. 4 Satz 3 FamFG werden diese beiden Vorkehrungen – Anhörung und Interessenvertretung – sogar zusammengebracht: **53**

> „Hat das Gericht dem Kind nach § 158 FamFG einen Verfahrensbeistand bestellt, soll die persönliche Anhörung und die Verschaffung eines persönlichen Eindrucks in dessen Anwesenheit stattfinden."

Die Anwesenheit des bereits bestellten Verfahrensbeistands bei der Kindesanhörung war in der Praxis keineswegs selbstverständlich: Obwohl Verfahrensbeistände inzwischen in 84,6 % der Kindesschutzverfahren bestellt worden waren, lag die Anwesenheitsquote der Verfahrensbeistände bei lediglich 58,5 %.[169] Während der Richter in der Kindesanhörung eher die Aussagen des Kindes, d.h. den „Kindeswillen" fokussiert, müssen Verfahrensbeistände einen ganzheitlichen Blick auf das Kind haben: Betrachtungen der Gesamtsituation, des Lebensumfeldes, sowie Informationen über die Bedürfnisse und Bindungen des Kindes versetzen diesen in eine bessere Lage, den geäußerten „Kindeswillen" einschätzen zu können. Erfolgen nur eine isolierte Betrachtung und Verwertung des geäußerten **Kindeswillens ohne eine Kontextualisierung** in die Lebenssituation des Kindes, dann können aus solcher Art verkürzten Verwertungen Gefahren für das Kind entstehen. Diese Herausforderung wird ohnehin nur von einem hierfür qualifizierten Verfahrensbeistand zu erfüllen sein.

Das Kind wird somit ein aktives **Subjekt mit Mitwirkungs- und Beteiligungsrechten**; **54**
der Status des Kindes als Individuum mit Menschenrechten, mit eigenen Sichtweisen und eigenen Gefühlen wird hervorgehoben. Damit räumt Art. 12 UN-KRK dem Kind aber nicht das Recht zur Selbstbestimmung ein, postuliert vielmehr das Recht des Kindes, in Entscheidungsprozesse unbedingt einbezogen zu werden:

> „Being taken seriously, not making the decision, is the crux of the participation principle (Art. 12) in the UN-Convention on the Rights of the Child."[170]

Die UN-Konvention stellt somit klar, dass der Sichtweise des Kindes eine zentrale Bedeutung zukommt. Dieser Grundsatz des Art. 12 UN-KRK hebelt jedoch nicht den in Art. 3 Abs. 1 UN-KRK festgelegten Grundsatz aus:

> „Bei allen Maßnahmen, die Kinder betreffen (...), ist das Wohl des Kindes ein Gesichtspunkt, der vorrangig zu berücksichtigen ist."

Nach der UN-Konvention kommt folglich sowohl dem „Wohl des Kindes" als auch seiner Meinung, also seinem „Willen", seinen „Willensäußerungen" jeweils eine zentrale Bedeutung zu.

> „There is no tension between articles 3 and 12, only a complementary role of the two general principles: one establishes the objective of achieving the best interests of the child and the other provides the methodology for reaching the goal of hearing either

168 Salgo, IzKK-Nachrichten 2009, Heft 1, 25 ff.
169 Münder (2017), S. 170.
170 Parkinson/Cashmore, S. 199.

> the child or the children. In fact, there can be no correct application of article 3 if the components of article 12 are not respected. Likewise, article 3 reinforces the functionality of article 12, facilitating the essential role of children in all decisions affecting their lives."[171]

55 Auch das Europäische Übereinkommen vom 25.1.1996 über die Ausübung von Kinderrechten[172] teilt diesen Standpunkt in aller Deutlichkeit in seinem Art. 10:

> (1) In einem ein Kind berührenden Verfahren vor einer Justizbehörde hat der Vertreter, sofern dies nicht dem Wohl des Kindes widersprechen würde,
>
> a) dem Kind, wenn es nach innerstaatlichem Recht als hinreichend verständig angesehen wird, alle sachdienlichen Auskünfte zu erteilen;
>
> b) dem Kind, wenn es nach innerstaatlichem Recht als hinreichend verständig angesehen wird, Erläuterungen zu den möglichen Folgen einer Berücksichtigung seiner Meinung und zu den möglichen Folgen einer Handlung des Vertreters zu geben;
>
> c) die Meinung des Kindes festzustellen und der Justizbehörde diese Meinung vorzutragen.

Der Wortlaut des Art. 10 Abs. 1 dieses Übereinkommens wie der erläuternde amtliche Bericht lassen keinen Zweifel darüber aufkommen, „dass dieser Verpflichtung [...] nachzukommen ist, soweit dies nicht mit dem Kindeswohl offensichtlich unvereinbar ist."[173]

56 Das „Wohl des Kindes" ist aber auch im innerstaatlichen Recht Schutzgegenstand der zentralen kindschaftsrechtlichen Generalklauseln (z.B. in den §§ 1666, 1671, 1684, 1697a BGB), weil das Kind zu einer Selbstbestimmung seiner Interessen häufig faktisch und rechtlich noch nicht in der Lage ist und deshalb sein objektiv zu bestimmendes „wohlverstandenes Interesse" nie in den Hintergrund treten darf.[174]

Kindesschutz und damit auch zivilrechtliche Verfahren in Kindschaftssachen (§ 151 FamFG) dienen letztlich der Wahrung der Grundrechte des Kindes und seiner Entwicklung zu einer selbstständigen, eigenverantwortlichen Persönlichkeit (Art. 1 Abs. 1 und Art. 2 GG). Nur wenn und weil dieser Entwicklungsprozess des Kindes schwerwiegend beeinträchtigt ist oder sein könnte, kommen **zivilrechtliche Kindesschutzverfahren** in Gang, die auch eine eigenständige Interessenwahrnehmung notwendig werden lassen. Der subjektive „Wille" des Kindes kann jedoch bei der Konkretisierung seines Wohls nicht unberücksichtigt bleiben.[175]

Kindern muss die Möglichkeit geschaffen werden, anstehende Entscheidungen zu verstehen und u.U. Alternativen mitzuentwickeln – dies gilt auch und gerade dann, wenn Entscheidungen anders ausfallen, als sie es sich gewünscht hätten. Nur so

---

171 UN COMMITTEE ON THE RIGHTS OF THE CHILD – GENERAL COMMENT NO. 12 (2009) Fifty-first session, Geneva, 25 May–12 June 2009.

172 Vgl. Entwurf eines Gesetzes zu dem Europäischen Übereinkommen vom 25. Januar 1996 über die Ausübung von Kinderrechten, BT-Drucks. 14/5438.

173 BT-Drucks. 14/5438, S. 32.

174 Staudinger/Coester (2020) § 1666 BGB, Rn. 65, 74–80 und § 1671 BGB, Rn. 233–249. Vgl. insb. zu dieser Frage grundlegend mit zahlreichen Nachweisen und überzeugend Zitelmann (2001), S. 97 ff.

175 Staudinger/Coester (2020) § 1666 BGB, Rn. 74.

werden Kinder und Jugendliche zu aktiven Partnern, mit entsprechend sich entwickelnden **Fähigkeiten zur Beteiligung**. Die UN-KRK geht in den Art. 5 und 14 – wie auch § 1 Abs. 1 SGB VIII – vom Recht des Kindes auf Entwicklung aus und respektiert damit die wachsende Fähigkeit des Kindes zur Selbstbestimmung und Eigenentscheidung. Hierbei handelt es sich um einen bereits seit dem 1.1.1980 in § 1626 Abs. 2 BGB[176] verankerten und wenn auch längst nicht überall, so doch zunehmend berücksichtigten Grundsatz auch des deutschen Familienrechts:

> **§ 1626 BGB Elterliche Sorge, Grundsätze**
>
> (...)
>
> (2) Bei der Pflege und Erziehung berücksichtigen die Eltern die wachsende Fähigkeit und das wachsende Bedürfnis des Kindes zu selbstständigem verantwortungsbewusstem Handeln. Sie besprechen mit dem Kind, soweit es nach dessen Entwicklungsstand angezeigt ist, Fragen der elterlichen Sorge und streben Einvernehmen an.
>
> (...)

Es hat sich gezeigt, dass die **Einbeziehung des Kindes** („inclusion") bessere und nachhaltigere Entscheidungen hervorbringt, die Nichtbeteiligung des Kindes hingegen erhebliche Gefahren in sich birgt (vgl. Teil 3/*Ivanits*, Rn. 374 ff.).[177] Die Berücksichtigung und Auseinandersetzung mit den Wünschen der Kinder qualifizieren die Entscheidungsfindung und das Ergebnis. **57**

Der **Paradigmenwechsel** liegt deutlich zutage: Während man lange Zeit glaubte, Kinder so weit wie nur möglich von solchen Auseinandersetzungen und Foren fernhalten zu müssen, geht es nunmehr um adäquate, d.h. die Kinder nicht schädigende Formen der Partizipation und Interessenvertretung.

IX. Kindeswohl und Kindeswille – die Voraussetzungen und Grenzen der Fähigkeit zur Selbstbestimmung

Selbstbestimmung und damit einhergehend die „allmähliche Verflüchtigung"[178] des elterlichen Bestimmungsrechts ist das Ziel von Erziehung und Sozialisation (§ 1 SGB VIII). Diese Fähigkeit zur Selbstbestimmung kann gerade bei Kindern, die zur Wahrung ihrer Entwicklungschancen und Grundrechte auf zivilrechtliche Kindesschutzverfahren angewiesen sind, nicht vorausgesetzt werden, geht es doch erst um die Sicherung einer „normalen" Entwicklung. Auch und gerade Verfahrensbeistände sind mit solchen Umständen in einer Vielzahl von Fällen konfrontiert. **58**

Was für die „Hilfen zur Erziehung" gemäß §§ 27 ff. SGB VIII treffend festgestellt wurde, gilt erst recht für **Minderjährige in Gerichtsverfahren**, wo es um ihr künftiges „Schicksal"[179] geht:

> „Für die Adressaten der Hilfen zur Erziehung ist nun aber gerade charakteristisch, dass sie die für das Aushandeln notwendigen Kompetenzen noch nicht oder nicht

176 Vgl. hierzu grundlegend Staudinger/Lettmair (2020), § 1626 BGB, Rn. 326 ff.
177 Vgl. auch Ivanits (2012) m.w.N.
178 Gernhuber/Coester-Waltjen (2020), § 58 Rn. 74.
179 BVerfGE 72, 122, 134.

> mehr haben – sie ringen um ihre Selbstbestimmtheit und Einsichtsfähigkeit. Würden sie das nicht tun, wären Hilfen zur Erziehung nicht nötig."[180]

Verfahrensbeistände würden nicht bestellt, wären die betroffenen Minderjährigen selbstbestimmte Subjekte, die auf der Grundlage von Einsicht und in Kenntnis der Alternativen[181] ihre Angelegenheit selbst zu regeln im Stande wären.

59 So kommt dem Verfahrensbeistand in jedem Einzelfall die Aufgabe zu, explizite Wünsche und den „Willen" des Minderjährigen zunächst zu eruieren, um diese so authentisch wie nur möglich dem Gericht zu übermitteln – keinem der anderen am Verfahren Beteiligten kommt diese Aufgabe in solcher Eindeutigkeit zu[182] – und im **Konfliktfall zwischen Kindeswillen und Kindeswohl** dafür Sorge zu tragen, dass beides aus einer unabhängigen Position[183] ins Verfahren eingebracht wird:[184]

> „Dies bedeutet nicht, dass er sich nur zum Sprachrohr des – häufig wandelbaren und beeinflussten – Kindeswillens machen sollte. Bei richtigem Verständnis seiner Aufgabe hat der Verfahrenspfleger auch die objektiven Kriterien des Kindeswohls ins Blickfeld zu nehmen."[185]

An die **Beachtlichkeit des Kindeswillens** werden zuweilen überzogene Anforderungen gestellt: Dieser sollte vernünftig, nicht durch Manipulationen, nicht auf Druck oder sonstige Beeinflussung zustande gekommen sein. Dabei gerät leicht ins Hintertreffen, dass der „Wille" des Kindes nur ein Faktor unter vielen bei der Entscheidungsfindung ist. Zudem kann die Konzentration auf den „Kindeswillen" gerade in Fällen des Elternstreits um Sorge und/oder Umgang das Kind wie das Gericht in eine Falle geraten lassen. Im Mittelpunkt stehen hier die sich gegenseitig widersprechenden Elternanträge:

> „When the focus is on the parents' competing proposals, children are not being asked to offer their perspectives, views and experiences of the world as they see it but to express a choice about an issue as adults see it."[186]

Die Frage nach dem „Willen" des Kindes verharrt zu sehr bei den streitigen Erwachsenenpositionen, bleibt bipolar. Jedoch:

> „Children's participation should not be adult-centric".[187]

Hier zeigt sich auch die Begrenztheit einer adversarialen Herangehensweise: Es geht hier nicht um die Zielverwirklichung/-erreichung zweier streitender Parteien, sondern um das Kindeswohl.

Die Perspektive des Kindes ist ein wichtiger Teil eines noch zu gewinnenden Gesamtbildes mit zahlreichen weiteren Gesichtspunkten, welches eine fundierte Entschei-

---

180 Klatetzki (Hrsg.), S. 16.
181 Vgl. hierzu insb. Art. 10 Abs. 1b des Europäischen Übereinkommens über die Ausübung von Kinderrechten.
182 Vgl. BT-Drucks. 13/4899, S. 129, 129 f.: „Es fehlt bislang im Verfahren (...) an einer Person, die allein die Interessen des Kindes wahrnimmt."
183 Zum Jugendamt vgl. Salgo, 1996, S. 39 ff. und 496 ff.
184 Salgo, 1996, S. 564 f. und Zitelmann (2001), S. 393.
185 Motzer, FamRZ 1999, 1101, 1105. Grundlegend Zitelmann (2001).
186 Parkinson/Cashmore, S. 203.
187 Parkinson/Cashmore, S. 203.

dung ermöglicht. Die eigenständige Interessenvertretung von Kindern in zivilrechtlichen Kindesschutzverfahren ist nur ein – wenn auch ein wichtiger – Teil der Sicherung der Präsenz der Minderjährigen und ihrer Interessen in Gerichtsverfahren.

Was bringen Eltern, Stellungnahmen von Jugendämtern und Gutachtern an zusätzlichen Informationen ins Verfahren ein?

Sich auf die Perspektive und Einstellung des Kindes anstatt auf seinen „Willen" nur 60
bezüglich der im Streit stehenden elterlichen Optionen zu konzentrieren, könnte auch für die Interessenvertretung einen möglichen Ausweg aus dem **Vertretungsdilemma** weisen: Die Kindeswohlorientierung allein läuft Gefahr, das konkrete Kind und seine Stimme auszublenden, wohingegen das Rechtsanwaltsmodell einer „Willensvertretung" geradewegs in die Falle führen kann, in welche die Kinder oftmals gerade nicht geraten wollen, nämlich sich auf die eine oder andere Seite im Streit der Eltern schlagen zu müssen.

Eine Rollenwahrnehmung solcher Art, mit Konzentration und dezidiertem Einbringen der kindlichen Perspektive in einem umfassenderen Sinn als eine „Willensvertretung", könnte die Chancen erhöhen, dass sich die im Streit untereinander befindlichen Parteien auf die Perspektive des Kindes einlassen können; dies würde auch der gesetzgeberischen Intention hinsichtlich einer „Mitwirkung (des Verfahrensbeistands) am Zustandekommen einer einvernehmlichen Regelung über den Streitgegenstand" (§ 158b Abs. 2 Satz 1 FamFG) entsprechen. Mit einer Konzentration auf die „Perspektive des Kindes" anstelle einer Fokussierung auf den „Kindeswillen" verschont man Kinder auch vor Loyalitätskonflikten. Viele Kinder streitender Eltern wollen gehört werden, aber nicht entscheiden müssen (**„voice not choice"**[188]).

Auch in Kinderschutzfällen entlastet es Kinder, wenn stets klargestellt bleibt, dass das Gericht und nicht sie die Entscheidungen treffen:

> „It is crucial then that children know that their views will be taken seriously – but that the decisions are made based on all relevant information and the needs of all involved."[189]

Entscheidungen mit Kindesbeteiligung sind bestandsfester, entlastender,[190] wenn nicht das Kind zum „Entscheider" gemacht wird (vgl. Teil 3/*Ivanits*, Rn. 394). Aber ältere Kinder bei hohem Konfliktniveau, Gewalt, Missbrauch etc. wollen auch bestimmte Lösungen. Für sie ist es wichtig, dies auch einem Verfahrensbeistand und einem Richter sagen zu können. Die Nichtbeteiligung und Nichtbeachtung von Kindern, die Nichtbeachtung von Präferenzen, Bindungen und/oder dezidierter Ablehnung gegenüber bestimmten Personen und vorgeschlagenen Lösungen oder die Außerachtlassung von häuslicher Gewalt bergen erhebliche Gefahren.[191]

Einzelne Gerichte formulieren die **Aufgabenstellung** sehr deutlich: Der Verfahrens- 61
beistand hat sowohl „den tatsächlichen Kindeswillen den Beteiligten kundzutun als

188 Parkinson/Cashmore, S. 198 f.
189 Parkinson/Cashmore, S. 199.
190 Prütting/Helms/Hammer, FamFG, 4. Aufl., § 158 Rn. 12.
191 Kaltenborn (2001), 81, 102, 110 f.

auch eine objektive Einschätzung der bestehenden Situation" zu geben, die „von den Eltern und anderen Beteiligten unabhängig ist".[192]

In fataler Weise erinnert die Kontroverse um Kindeswohl und Kindeswillen im Kontext der Verfahrensbeistandschaft auch an die inzwischen als „kontraproduktiv"[193] eingeschätzte Diskussion um „Aushandlungsprozess kontra Diagnose" in der Jugendhilfe. In der jugendhilferechtlichen Diskussion sind inzwischen die „Grenzen der Aushandlung" erkannt,[194] dennoch war und ist es nach wie vor enorm wichtig, dass die Subjektstellung der Kinder und Jugendlichen in den §§ 8, 17 Abs. 3 Satz 1, 36, 42 Abs. 1 Nr. 1 SGB VIII gesetzliche Anerkennung gefunden hat.

Im durch das KJSG reformierten SGB VIII erhielten Rechtsansprüche und diesen entsprechende Verpflichtungen auf Beteiligung, Beratung, Schutz, Beschwerdemöglichkeiten als ein das Gesetz durchziehendes Strukturprinzip einen zuvor in diesem Umfang noch nicht vorhandenen Stellenwert. So sind die subjektiven Wünsche des Kindes oder Jugendlichen in jedem Fall der Ausgangspunkt einer Interessenwahrnehmung auch durch den Verfahrensbeistand.

Jedoch:

> „Für den Interessenvertreter des Kindes im Verfahren reicht es nicht aus, einfach nur das Kind danach zu fragen, was es will oder mit wem es leben will, ohne zunächst ein Verständnis für die psychologischen Zusammenhänge zu haben, welche die Entscheidung des Kindes beeinflussen."[195]
>
> „Um ein Kind in seinem Lebenszusammenhang zu verstehen, bedarf es eines längeren Prozesses, welcher weit mehr Zeit in Anspruch nimmt als ein Zweiminutengespräch, in welchem der Anwalt das Kind danach befragt, was es will [...]. Der Anwalt muss sich sobald wie möglich die Zeit nehmen, um sich vollkommen in die Welt des Kindes hineinzuversetzen. Hierfür reichen ein oder zwei kurze Begegnungen während der Mittagspause des Anwalts nicht. [...] Anwälte, die sich wirklich für die Eigenständigkeit ihrer Klienten einsetzen wollen, sollten ihre Interessenvertretung nicht auf isolierten direkten Äußerungen des Kindes aufbauen. [...] Vielmehr müssen die Wünsche des Kindes aus seinem gesamten Lebenszusammenhang verstanden werden; so erst werden sie für den Anwalt nachvollziehbar."[196]

Siehe auch „Das Kind als „Mandant" des Verfahrensbeistands?" unter Rn. 75 ff.

X. Informationsbeschaffung als Aufgabe des Verfahrensbeistands

62 Manche Oberlandesgerichte schienen – im vergütungsrechtlichen Zusammenhang – die Komplexität dieser Aufgabe verkannt zu haben, indem sie etwa meinten, Verfahrenspfleger als „reine" „Parteivertreter"[197] dürften mit niemand anderem als

192 Vgl. OLG Naumburg, NJW-RR 2000, 1532 f. zum Verfahrenspfleger.
193 So der Zehnte Kinder- und Jugendbericht, BT-Drucks. 13/11368, S. 262.
194 Vgl. hierzu insb. Zehnter Kinder- und Jugendbericht, BT-Drucks. 13/11368, S. 178 und S. 185.
195 Keough, S. 62.
196 Koh Peters, S. 15.
197 OLG Frankfurt a.M. FamRZ 1999, 1293, 1294; OLG Hamburg FamRZ 2001, 34; OLG Brandenburg FamRZ 2001, 692; OLG Braunschweig FamRZ 2001, 776; KG FamRZ 2000, 1300.

mit dem Kind kommunizieren. Taten sie dies dennoch, so wurde das damit „abgestraft", dass der vom Verfahrenspfleger geltend gemachte Aufwendungsersatz und die geforderte Vergütung zusammengestrichen wurde, weil angeblich die Zeiten für eine solche Tätigkeit nicht „die vom Gesetz dem Verfahrenspfleger zugewiesenen Tätigkeiten betreffen".[198]

Mit § 158c Abs. 1 Satz 1 FamFG wäre solchen Standpunkten unter der erweiterten Aufgabenstellung Einhalt geboten, soweit die Pauschalen endlich dem Aufwand entsprechend erhöht würden,

In einem vergütungsrechtlichen Zusammenhang sah sich das BVerfG veranlasst, deutlich auf die übereinstimmende gesetzgeberische Konzeption der Verfahrenspflegschaft nach dem Betreuungsgesetz wie dem Kindschaftsrechtsreformgesetz hinzuweisen.[199]

> „Der Verfahrenspfleger ist – nach der gesetzlichen Ausformung dieses Instituts – ein besonderer Pfleger, der für seine Aufgaben anwaltliche Qualifikationen mitbringen kann, aber nicht notwendig mitbringen muss. Da das geltende Recht keine Klassifizierung von Verfahrenspflegern kennt, erscheint es naheliegend, auch für die Vergütung von Verfahrenspflegern einheitliches Recht zur Anwendung zu bringen.[200] [...] Nach dieser Konzeption des Gesetzgebers ist die Verfahrenspflegschaft keine anwaltsspezifische oder dem Anwaltsberuf vorbehaltene Tätigkeit. Der Verfahrenspfleger ist ein Vertreter eigener Art, für den der Gesetzgeber keine besondere berufliche Qualifikation oder Ausbildung fordert und kein eigenes Berufsbild geschaffen hat. Er überlässt es vielmehr den Gerichten, geeignete Personen auszuwählen. [...] Es geht dem Gesetzgeber in erster Linie nicht darum, dem Betroffenen einen Rechtsberater für das konkrete Verfahren zu schaffen, sondern ihm – mit Hilfe einer geschäftsfähigen und in der Organisation der alltäglichen Geschäfte erfahrenen Person – einen gesetzlichen Vertreter zur Durchsetzung von tatsächlich formulierten oder auch nur zu ermittelnden Interessen und Wünschen im Verfahren zur Seite zu stellen. Die dem Verfahrenspfleger obliegenden Pflichten gegenüber dem Betroffenen sind andere als die Aufgaben des Rechtsanwalts nach § 3 Abs. 1 BRAO.[201] [...] Es gibt keine durchsetzbare Verpflichtung zur Übernahme von Verfahrenspflegschaften und es gibt auch kein Überangebot an Personen, die wegen einer Spezialausbildung darauf angewiesen wären, gerade als Verfahrenspfleger zu arbeiten."[202]

Dieses Zitat hat angesichts der Neufassung in den §§ 158–158c FamFG dennoch nicht nur eine rechtshistorische Bedeutung. Die Verfahrensbeistandschaft ist weiterhin aus guten Gründen keine anwaltsspezifische oder dem Anwaltsberuf vorbehaltene Tätigkeit. Allerdings beinhalten die reformierten gesetzlichen Anforderungen deutliche Hinweise dahingehend, dass die Aufgabe nur noch **berufsmäßig** wahrgenommen werden kann: In der Beschlussempfehlung des Ausschusses für Recht und Verbraucherschutz wird auf die „Ausbildung eines professionellen Bewusstseins"

198 OLG Brandenburg MDR 2001, 573; KG FamRZ 2000, 1300.
199 BVerfG FamRZ 2000, 1280, 1281 = Kind-Prax 2000, 190, 192.
200 Wörtliche Wiedergabe aus dem Regierungsentwurf zum BtÄndG, BT-Drucks. 13/7158, S. 17.
201 § 3 Abs. 1 BRAO: „Der Rechtsanwalt ist der berufene unabhängige Berater und Vertreter in allen Rechtsangelegenheiten."
202 BVerfG, KindPrax 2000, 190, 192 = FamRZ 2000, 1280, 1281. Zum notwendigen Anforderungsprofil des Verfahrenspflegers vgl. Salgo, FPR 1998, 91, 92 f.

hingewiesen.[203] In der Praxis ist schon längst die „berufsmäßige" Aufgabenwahrnehmung die Regel.[204]

63 Der geschilderten verengenden Sicht[205] mancher Oberlandesgerichte hinsichtlich der Aufgaben des Verfahrenspflegers („reiner Parteivertreter")[206] wurde – bereits vor Inkrafttreten des FamFG – von einem Teil der fachgerichtlichen Rechtsprechung deutlich widersprochen: Zu den Aufgaben des Verfahrenspflegers

> „gehören auch eine außergerichtliche Vorbereitung und Ermittlung der Interessen des Kindes, wozu auch ausführliche Unterhaltungen mit diesem und die Auseinandersetzung mit ihm und seinen Wünschen und Vorstellungen notwendig sind. Ferner müssen in die Ermittlungen die Darstellungen der Eltern, vorliegend der leiblichen Mutter und der Pflegefamilie sowie hier die Haltung von Herrn M., bei dem M. unbedingt wohnen wollte, aufgenommen werden. (...) Mit dem Jugendamt sind erzieherische und soziale Gesichtspunkte zur Entwicklung des Kindes und ggf. weitere Hilfemöglichkeiten gemäß § 50 Abs. 2 SGB VIII zu erörtern, (...) hier geschehen im Hilfeplangespräch mit dem Jugendamt. Nur durch diese umfangreichen Ermittlungen wird die Verfahrenspflegerin in die Lage versetzt, eine eigenständige, ganz auf die Interessen des Kindes abgestellte, ggf. von den Vorstellungen des Jugendamtes abweichende Lösung zu finden."[207]

Allenfalls mit einem **erweiterten Aufgabenkreis** i.S.d. § 158b Abs. 2 Satz 1 a.F. i.V.m. § 158c Abs. 1 Satz 2 FamFG a.F. konnte ein Verfahrensbeistand dieser Aufgabenbeschreibung – am ehesten zu erhöhten Pauschalen – entsprechend tätig werden.

Soweit überhaupt unter Berücksichtigung dieser Grundkonstante (ein Kind im Lebenszusammenhang verstehen) noch Raum für eine herabgesetzte Vergütung bestand, sollte die erhöhte Pauschale den Regelvergütungssatz abbilden und die Bestellung mit Vergütung zum herabgesetzten Vergütungssatz begründungspflichtig die Ausnahme sein.

64 Das „Kindeswohl" beeinflusst in vielfältiger Weise stets auch die Interessenvertretung von Eltern bzw. Elternteilen durch einen Rechtsanwalt in einem familiengerichtlichen Verfahren. Kein Interessenvertreter von Eltern würde es sich nehmen lassen, soweit er dies für erforderlich hält, eigenständige Ermittlungen nach Absprache mit seinem Mandanten anzustellen, weil **eigene Informationsbeschaffung im ureigensten Interesse** seines Mandanten liegen kann. Ebenso wenig würde es sich ein Rechtsanwalt verbieten lassen, etwa in einem Strafverfahren oder in einem Verwaltungsverfahren sich umfassend zu informieren oder erforderlichenfalls Erkundungen bei der zuständigen Behörde einzuholen. Allerdings wird i.d.R. ein Rechtsanwalt zunächst bei der von ihm vertretenen Partei die notwendigen Informationen anfordern können:

> „Es ist dann Sache der Partei, auf eigene Kosten die hierfür nötigen Ermittlungen anzustellen. Diese Möglichkeit hat das minderjährige Kind nicht. Vielmehr müsste auch

203 BT-Drucks. 19/27928, S.29.
204 Hannemann/Stötzel, ZKJ 2009, 58, 60, Tabelle 1
205 KG FamRZ 2000, 1300: „Seine Aufgabenstellung in dem Verfahren ist vergleichbar der eines Rechtsanwalts (RA) als Verfahrensbevollmächtigter."
206 OLG Brandenburg, MDR 2001, 573; OLG Frankfurt a.M. FamRZ 1999, 1293, 1294.
207 OLG Karlsruhe FamRZ 2001, 1166 mit Anm. Bienwald und Luthin.

> ein für das Kind bestellter Rechtsanwalt den Sachverhalt in eigener Verantwortung aufklären. (...) Der Verfahrenspfleger kann daher auch nach Auffassung des Senats seiner Aufgabe nur gerecht werden, wenn er auch im Umfeld des von ihm betreuten Kindes Erkundigungen einzieht, um sie auf ihre sorgerechtliche Relevanz hin zu überprüfen und gegebenenfalls in das Verfahren einzubringen."[208]

Diese bis in Einzelheiten gehenden Beschreibungen der Tätigkeiten waren nur vor dem Hintergrund der vergütungsrechtlichen Auseinandersetzungen im Rahmen von § 50 FGG nachvollziehbar und sind durch die pauschalierte Vergütung obsolet geworden.

Auch die von einzelnen Oberlandesgerichten zur früheren Rechtslage vertretene Auffassung, dass sich alles für den Verfahrenspfleger Relevante aus den **Akten**[209] ergibt oder dass die **Anhörungen**[210] gemäß §§ 50a, 50b, 50c FGG a.F. alles zutage bringen,[211] sodass weitere Informationsbeschaffungen durch den Verfahrenspfleger obsolet und deshalb auch nicht zu vergüten sind[212] – dies soll auch für Kontakte mit dem Jugendamt gelten[213] –, verkannte die spezifische Situation der Interessenvertretung[214] für einen Minderjährigen, der ja nicht nur strukturell unterlegen, sondern auch hinsichtlich der Informationsbeschaffung und der Artikulationsfähigkeit tatsächlichen und rechtlichen Beschränkungen unterworfen ist. **65**

Dies alles könnte als nur noch für die „Rechtsgeschichte" interessante Thematik durch das FamFG als erledigt zu betrachten sein. Dies ist aber keineswegs der Fall: Die **regelmäßig erforderlichen Tätigkeiten** eines Verfahrensbeistands sind allenfalls mit der erweiterten Aufgabenstellung abgedeckt. Darüber hinaus übersahen solche Gerichtsentscheidungen die vielfältigen Grenzen richterlicher Informationsbeschaffung zum äußerst sensiblen Thema des Kindeswohls. Der örtliche und zeitliche Rahmen, die persönlichen Fähigkeiten, die unterschiedlich vorhandenen entwicklungspsychologischen Kenntnisse des Richters und seine Kommunikationsfähigkeiten (hierzu Teil 2/*Salgo*, Rn. 60)[215] können den Erkenntnisgewinn richterlicher Ermittlun- **66**

---

208 OLG Frankfurt a.M. vom 23.2.2000, 2 WF 32/00.

209 Nach dem Motto: Quod non est in actis, non est in mundo: Was nicht in den Akten steht, ist nicht in der Welt. Vgl. hierzu Vismann, S. 89 f. zu den Quellen dieses Sprichwortes: „Ob es in Rom bereits kursierte, ist nicht nachzuweisen; die Wortwahl deutet eher auf eine Entstehung im Mittelalter ... [seit dem] 4. nachchristlichen Jahrhundert [und steht] für die Herrschaft des Bürokratischen überhaupt [...]. Die zitierte Sentenz ohne Referenz gleicht einem Gerücht. An ihr selbst hat sich ereignet, wovon sie handelt. Das Sprichwort ist in der Welt und niemand vermag zu sagen, wie es dort hingekommen ist außer durch beständiges Wiederholen."

210 An denen die Verfahrenspfleger zweifelsohne i.d.R. teilnehmen müssen und dürfen; vgl. OLG Bremen FamRZ 2000, 1298 bezüglich der Teilnahmeberechtigung des Verfahrenspflegers an der Kindesanhörung gem. § 50b FGG. Inzwischen ist dieser Streit durch die Einführung des § 159 Abs. 4 Satz 3 FamFG erledigt.

211 OLG Brandenburg FamRZ 2000, 1295, 1296.

212 KG FamRZ 2000, 1300 f.

213 SchlHOLG, Kind-Prax 2001, 31.

214 Vgl. hierzu Willutzki, KindPrax 2001, 107, 110: „Dem Verfahrenspfleger (müssen) eigene Ermittlungen zugestanden werden. [...] zur sachgerechten Wahrnehmung seiner Aufgabe, um diese Abhängigkeit von den Ermittlungen des Gerichts, zu denen es nach § 12 FGG verpflichtet ist, aufzuheben."a.F.a

215 § 23b Abs. 3 Satz 3 GVG.

gen und Kindesanhörungen erheblich einschränken. Geradezu absurd erscheint demgegenüber die Ansicht,

> „es sei nicht Sache des Verfahrenspflegers [...], durch eigene Ermittlungen im familiären Umfeld des Kindes den wirklichen Kindeswillen zu ermitteln."[216]

Immer wieder berichten Stimmen aus der Richterschaft, dass erst durch den Einsatz des Verfahrenspflegers/-beistands neue bislang nicht ins Verfahren eingebrachte Gesichtspunkte von erheblicher Relevanz, aber auch bis dahin nicht bedachte **Lösungsmöglichkeiten** eingebracht worden waren.

67 Die mit der „Rechtsfigur" des Verfahrensbeistands verknüpfte Rolle ist also nicht so einfach zu rubrizieren; die Orientierung an bestehenden Rollenmodellen stößt bei der Bestimmung dieser Aufgabe immer noch an deutliche Grenzen.

> „Mit seiner Einführung ist das gesamte Gefüge der am Verfahren Beteiligten in Bewegung geraten und verlangt nach Neufindung."[217]

Ermittlungen in einem zivilgerichtlichen Kindesschutzverfahren sind zuallererst grundsätzlich **Aufgabe des Gerichts** gemäß § 26 FamFG. Nur dem Gericht stehen hierfür eine Vielzahl von Instrumenten zur Verfügung (vgl. Teil 4/*Heilmann*, Rn. 8). Kommt das Gericht dieser ureigenen Verpflichtung, die sich letztendlich aus dem verfassungsrechtlichen Schutzauftrag des Staates aus Art. 2, 6 Abs. 2 Satz 2 GG herleitet, nicht oder nur ungenügend nach – das gilt auch für die Unterstützungs- und Unterrichtungspflichten des Jugendamtes dem Gericht gegenüber gemäß § 50 Abs. 1 und 2 SGB VIII –, wird der Verfahrensbeistand zunächst das Gericht auf diese Verpflichtungen mit Nachdruck hinzuweisen haben.

Hinweis

! *Je weniger das Gericht seiner Ermittlungsfunktion nachkommt, umso mehr kann dem Verfahrensbeistand eine solche zuwachsen, immerhin beruht seine Bestellung verfassungsrechtlich auch auf Art. 6 Abs. 2 Satz 2 GG.[218] Hierin liegt letztendlich seine Befugnis begründet, grundsätzlich im Umfeld des von ihm betreuten Kindes Erkundigungen einzuziehen.[219]*

XI. Verfahrensbeistandschaft und Vermittlung

68 ▶ *Vgl. Teil 4/Heilmann, Rn. 38 ff.*

Gesetzlich war explizit festgelegt, dass dem Verfahrensbeistand die Aufgabe übertragen werden kann, „am Zustandekommen einer einvernehmlichen Regelung über den Verfahrensgegenstand" mitzuwirken" (§ 158b Abs. 2 Satz 1 FamFG a.F.): Diese Regelung war insbesondere vor dem Hintergrund der vergütungsrechtlichen Vor-

---

216 SchlHOLG, KindPrax 2001, 31.
217 Editorial, JAmt 2001, 157.
218 BVerfG FamRZ 1999, 85.
219 OLG Frankfurt a.M. vom 23.2.2000, 2 WF 32/00.

schriften zu sehen.[220] Nunmehr gibt der Gesetzgeber diese Aufteilung zwischen originärem und erweitertem Aufgabenkreis zu Gunsten einheitlicher Aufgaben auf, zu denen insbesondere auch Gespräche mit Eltern und anderen Bezugspersonen (§ 158b Abs. 1 Satz 2 Nr. 1 FamFG) und in geeigneten Fällen das Mitwirken am Zustandekommen einer einvernehmlichen Regelung (§ 158b Abs. 1 Satz 2 Nr. 2 FamFG) gehört.[221] Somit bedarf es nunmehr keiner „gesonderten Aufgabenübertragung durch das Gericht".[222]

Auf den Verfahrensbeistand als parteilichen Interessenvertreter kann nach wie vor eine nicht leichte Aufgabe zukommen. Der Verfahrensbeistand muss auch hierfür geeignet sein. Darüber hinaus ist für den Erfolg einer solchen Tätigkeit eine frühzeitige Bestellung von erheblicher Bedeutung: „Je länger" und „verfahrener" ein Verfahren ist, desto geringer sind die Chancen für einvernehmliche Regelungen, auch deshalb ist der Verfahrensbeistand „so früh wie möglich" zu bestellen" (§ 158 Abs. 1 Satz 2 FamFG).[223]

Trotz dieser Möglichkeit, die nunmehr keine vergütungsrechtlichen Voraussetzungen und Folgen hat, bleibt festzuhalten, dass Verfahrensbeistände **keine neutralen Mediatoren**, sondern parteiliche Interessenvertreter des Kindes bleiben. Maßstab ist und bleibt für sie die Wahrung oder Wiederherstellung der Kindesinteressen. **69**

In den meisten Verfahren um Umgangs- und Sorgerecht bei Elterntrennung kommt es zu Kompromissen unter den Erwachsenen – häufig ohne Einbezug des Kindes. Immer wieder stellt sich hier die Frage nach der Klärung, Bedeutung und Vertretung der kindlichen Interessen beim Zustandekommen solcher einvernehmlichen Lösungen (vgl. Teil 3/*Ivanits*, Rn. 374 ff.). Zudem sind die Grenzen für einvernehmliche Lösungen in den Fallkonstellationen mit erheblicher Kindeswohlgefährdung oft noch enger: Die Kindeswohlgefährdung und die Sicherheit des Kindes sind nicht – wie etwa ein Mehr oder Weniger an Umgang – verhandelbar und deshalb im Rahmen der Erörterung der Kindeswohlgefährdung gemäß § 157 FamFG vorrangig und nach strengen Maßstäben und von Amts wegen (§ 26 FamFG) zu prüfende Gesichtspunkte.

Hinweis

Bei festgestellter akuter Kindeswohlgefährdung bleibt, solange die Sicherheit des Kindes nicht gewährleistet ist, kein Raum für langwierige Verhandlungen zur Steigerung der Hilfeakzeptanz.[224]

„Gleichzeitig kann es Fälle geben, in denen ein Hinwirken auf eine einvernehmliche Regelung nicht angezeigt ist, wie insbesondere in Fällen häuslicher Gewalt."[225]

220 BT-Drucks. 16/6308, S. 249.
221 BT-Drucks. 20/14264, 68 f.
222 BT-Drucks. 20/14264, 68.
223 Bereits gefordert vom 18. Deutscher Familiengerichtstag (2010), AK 11, S. 119 Nr. 5.
224 Wie etwa im „Osnabrücker (Todes-)Fall", vgl. Bringewat.
225 BT-Drucks. 20/14264, 69.

Art. 48 Istanbulkonvention

(1) Die Vertragsparteien treffen die erforderlichen gesetzgeberischen oder sonstigen Maßnahmen, um verpflichtende alternative Streitbeilegungsverfahren, einschließlich Mediation und Schlichtung, wegen aller in den Geltungsbereich dieses Übereinkommens fallenden Formen von Gewalt zu verbieten.

(...)

Zudem haben in der Regel die **Jugendämter** in diesen Fällen mit Kindeswohlgefährdung die Möglichkeiten für einvernehmliche Lösungen ausgeschöpft[226] und die Anrufung des Gerichts wegen Kindeswohlgefährdung ist oft der Ausdruck des Scheiterns oder Nichtzustandekommens von einvernehmlichen Lösungen.

70 Anders zu beurteilen sind Fallkonstellationen, in denen das Gericht deshalb vom Jugendamt angerufen werden musste, weil **Eltern** nicht bereit oder in der Lage waren, bei der Abschätzung von Gefährdungsrisiken mitzuwirken (§ 8a Abs. 2 Satz 1, 2. Hs. SGB VIII).

Es gibt Eltern, die erst unter dem erheblichen Druck eines Gerichtsverfahrens Bereitschaft zur Erzielung von Einvernehmen bzw. zur Annahme von Hilfen zur Erziehung zeigen.

> „Im Rahmen der Gespräche mit Kind, Eltern und gegebenenfalls auch weiteren Bezugspersonen wird der Verfahrensbeistand häufig ausloten können, ob und welche Spielräume für eine Verständigung zwischen den Eltern bestehen“[227].

Die frühzeitige Teilnahme des Verfahrensbeistands an den Verfahren gemäß §§ 156 und 157 FamFG, die zunächst auf das Hinwirken auf ein Einvernehmen bzw. auf die Gefährdungsabwendung mit den Eltern fokussiert ist, eröffnet nunmehr ein vom Gesetz geradezu erwünschtes Betätigungsfeld für den Verfahrensbeistand – eine verfahrensrechtlich auch für das Gericht, die Verfahrensbeistandschaft und nicht nur für die Kinder- und Jugendhilfe **herausfordernde Konstellation**.[228]

71 Soweit es zu einem gerichtlich zu billigenden **Vergleich** kommen soll (§ 156 Abs. 2 Satz 1 FamFG) oder das Gericht im Verfahren gemäß §§ 1666, 1666a BGB im Rahmen der Erörterung (zum Verfahren gemäß § 157 FamFG siehe Teil 4/*Berneiser*, Rn. 184 ff.) gemäß § 157 FamFG von einer Maßnahme absehen will, weil die Eltern sich für Hilfen gemäß §§ 27 ff. SGB VIII zugänglich zeigen, muss das Gericht im Beschlusswege entscheiden. Hier ist die **Zustimmung oder die Ablehnung des Verfahrensbeistands** von essenzieller Bedeutung.

Verfahren wegen Kindeswohlgefährdung können nicht mit einem „Vergleich“ enden,[229] ggf. mit eindeutigen Geboten gemäß §§ 1666 Abs. 3 BGB[230] oder, wenn das

226 Vgl. Münder/Mutke/Schone, Kindeswohl zwischen Jugendhilfe und Justiz, 2000, S. 113 ff.
227 BT-Drucks. 20/14264, 69.
228 Zu „Möglichkeiten und Grenzen von Geboten nach § 1666 III Nr. 1 BGB“ vgl. Arbeitskreisergebnis des AK 21 des 24. DFGT.
229 Vgl. OLG Brandenburg, Beschl. v. 21.5.2019, 9 WF 11/19 – juris = BeckRS 2019, 11065.
230 Vgl. Arbeitskreisergebnis des AK 21 des 24. DFGT.

Gericht gemäß § 166 Abs. 3 FamFG von Maßnahmen absieht, mit einer präzisen Festlegung der von den Eltern umzusetzenden Schritte, von Fristen und entsprechenden Rückmeldungen des Hilfeträgers.[231] Solches ist für Kompromisse dieser Art stets erforderlich, weil das Kind nicht ein Gegenstand dieser Einigungsversuche oder Gebote ist, sondern ein Verfahrenssubjekt, welches hieran möglichst aktiv zu beteiligen ist.

Deshalb muss der Verfahrensbeistand soweit möglich mit dem Kind die vorgeschlagenen Kompromisse abwägen und das Gericht vor Billigung des Vergleichs das Kind unabhängig von seinem Alter persönlich anhören bzw. sich einen persönlichen Eindruck vom Kind verschaffen (§ 159 Abs. 1 FamFG, ausführlich Teil 3/*Ivanits*, Rn. 378).[232] Widersprechen die vorgeschlagenen Lösungen dem Kindeswohl, so könnten diese zunächst nicht ohne Weiteres vom Gericht gebilligt werden. Stimmt der Verfahrensbeistand den vorgeschlagenen Kompromissen aus sachlichen Gründen nicht zu, so ist das Gericht im Rahmen seiner Amtsermittlungspflicht zu einer intensiven Auseinandersetzung mit den Bedenken und Einwänden des Verfahrensbeistands bzw. des Minderjährigen verpflichtet.

Gerade das Absehen von Schutzmaßnahmen setzt eine gründliche **Ermittlung und Risikoabwägung** voraus und muss deshalb in einem förmlichen Beschluss, in welchem auch die Erwartungen an Eltern und Behörden unmissverständlich formuliert sind, zum Ausdruck kommen. Als Beteiligter kann der Verfahrensbeistand den Beschluss mit Rechtsmitteln angreifen. **72**

Hält das Gericht den vorgeschlagenen gerichtlichen Vergleich nach sorgfältiger Prüfung gemäß § 156 Abs. 2 Satz 2 FamFG für mit dem Kindeswohl vereinbar, weil dieser dem Kindeswohl nicht widerspricht (§ 156 Abs. 2 S. 2 FamFG), und der Verfahrensbeistand als Beteiligter verweigert seine Zustimmung, so kann es zwar nicht zum Vergleich kommen, dem Gericht steht es jedoch frei, den Inhalt des Vergleiches in eine Beschlussfassung umzuwandeln. Gegen diese Entscheidung könnte der Verfahrensbeistand erforderlichenfalls Rechtsmittel einlegen.

Für seine Rolle als Verfahrensbeistand wird es zudem für die Aufgabenwahrnehmung von Vorteil sein, auch über **Vermittlungskompetenzen**[233] zu verfügen – eine Fähigkeit, die inzwischen allen mit familienrechtlichen Verfahren professionell Befassten abverlangt wird: Rechtsanwälten, Richtern, gerichtlich bestellten Gutachtern und Jugendamtsmitarbeitern. Dies deshalb, weil sich alle an einer einvernehmlichen Konfliktlösung zu orientieren haben,[234] soweit dies möglich und realistisch ist und vor allem nicht zu Lasten des Kindes – des strukturell Schwächsten im Verfahren – **73**

---

231 Prütting/Helms/Hammer, FamFG, § 166 Rn. 19 f.

232 MünchKomm-FamFG/Schumann (2018) § 156 Rn. 17 ff.

233 Willutzki, KindPrax 2001, 107, 110; Köckeritz, KindPrax 2001, 16, 23; Salgo, FPR 1998, 91, 93; OLG München FamRZ 1999, 667: Der Verfahrenspfleger „hat auch auf die kindgerechte Verfahrensgestaltung hinzuwirken, wozu auch das Bemühen um eine schnelle und einverständliche Konfliktlösung gehört."

234 Nach Auffassung des OLG Frankfurt a.M. FamRZ 1999, 1293, 1294 gehöre es unter keinem Umstand zu den Aufgaben des Verfahrenspflegers zu vermitteln.

geht. Das FamFG sichert an zahlreichen Stellen diese Sichtweise ab. Nach wie vor bedürfen indessen bestimmte Fallkonstellationen gerichtlicher Entscheidungen.[235]

Eine Vielzahl moderner Gesetze[236] akzentuiert nicht nur diesen Vermittlungsaspekt, sondern zieht Konsequenzen hieraus bis hin zum Verfahrens- und Gebührenrecht. Bereits die regierungsamtliche Begründung zu § 50 FGG wies darauf hin, dass der Verfahrenspfleger darauf zu achten habe, das **Konfliktpotenzial** nicht weiter zu erhöhen:

> „Hier wird sich eine Verfahrenspflegschaft oftmals an dem Interesse des Kindes an einer schnellen und einverständlichen Konfliktlösung zu orientieren haben."[237]

Gerade hinsichtlich der Auswirkungen möglicher „einvernehmlicher Lösungen" auf das Kind muss dem Verfahrensbeistand auch eine kontrollierende Funktion zukommen, weil es immer wieder zu Kompromissen unter Erwachsenen kommen könnte, welche die kindliche Position zu wenig oder gar nicht berücksichtigen.

Keineswegs ist die Einigung immer das „Königsziel".[238] Im Übrigen: Eine Vollmachtserteilung, welche die personensorgeberechtigten Eltern zur Abwendung von Kindesschutzmaßnahmen an das Jugendamt erteilen wollen, kommt nicht in Betracht.[239]

74 Deshalb räumt die Rechtsprechung in Großbritannien den dortigen *guardian ad litem* (Verfahrenspflegern) ausdrücklich das Recht ein, **Rechtsmittel** gegen die Rücknahme des behördlichen Interventionsantrages einzulegen und auf einer gerichtlichen Weiterbehandlung des Falles zu bestehen, sofern weiterhin eine Kindeswohlgefährdung vorliegt[240] – der Amtsermittlungsgrundsatz in § 26 FamFG verpflichtet den Richter im deutschen Recht hierzu ohnehin: Eine „Rücknahme" einer zunächst für „erforderlich" gehaltenen (§ 8a Abs. 2, 1. Hs. SGB VIII) Anregung zum Tätigwerden des Familiengerichts führt erst nach gerichtlicher Überprüfung der Umstände, die zum Meinungsumschwung seitens des Jugendamtes geführt haben, zum Abschluss des Verfahrens mittels eines rechtmittelfähigen Beschlusses.

Auch diese Konstellation belegt die Notwendigkeit, den Verfahrensbeistand „so früh wie möglich zu bestellen" (§ 158 Abs. 1 Satz 2 FamFG); nur gegen einen Beschluss könnte er erforderlichenfalls „im Interesse des Kindes Rechtsmittel einlegen" (§ 158 b Abs. 3 Satz 2 FamFG).

Auch eine Umgangsregelung darf das Gericht nur dann billigen, wenn diese dem Wohl des Kindes nicht widerspricht (§ 156 Abs. 2 Satz 2 FamFG). Allerdings müssen sich Verfahrensbeistände vor **Rollen- und Aufgabenüberschreitungen** penibel in Acht nehmen. Sie sind keine Gutachter, mögen sie in anderen Verfahren als Psycho-

---

235 Siehe Art. 48 Istanbul-Konvention (Verbot verpflichtender alternativer Streitbeilegungsverfahren).

236 Vgl. hierzu insb. zu Vermittlung oder anderen Verfahren zur Beilegung von Streitigkeiten Art. 13 des Europäischen Übereinkommens über die Ausübung von Kinderrechten.

237 BT-Drucks. 13/4899, S. 130.

238 Münder u.a. (2017), S. 305.

239 Lack, NJW 2024, 805 ff.

240 Salgo, 1996, S. 201 m.w.N.

logen Gutachten erstattet[241] haben, und auch nicht Mediatoren[242], sondern parteiliche Interessenvertreter der Kinder.[243] Da der Verfahrensbeistand ein formell am Verfahren Beteiligter ist, muss seine Zustimmung – wie die der anderen formell Beteiligten – zu einem vom Gericht zu billigenden Vergleich (§ 156 Abs. 2 Satz 1 FamFG) zuvor auch bei ihm eingeholt werden. Zum Einvernehmen siehe auch Teil 4/*Heilmann*, Rn. 40 ff.

XII. Das Kind als „Mandant" des Verfahrensbeistands?

Zuweilen bestehen auch undifferenzierte Vorstellungen insbesondere unter den Befürwortern eines „reinen" Anwaltsmodells bezüglich der Besonderheiten eines familienrechtlichen Mandats für Elternteile in Fällen, in denen Minderjährige von den Zielperspektiven der (volljährigen) Mandanten betroffen sind. Wenn ein erwachsener Mandant eine Anwaltskanzlei betritt und den Anwalt auffordert, dies oder jenes zu tun, dann muss jeder Rechtsanwalt zunächst einmal überprüfen, ob der Mandant sich genau darüber im Klaren ist, welche Optionen bestehen und welche Folgen sie jeweils haben könnten. **75**

Hier können Fragen des Kindeswohls im Mittelpunkt der Beratung stehen. Auch wenn die Beratung hierüber kurz ausfallen mag, muss sie in jedem Falle stattfinden.[244] Der „autonome Erwachsene" kann und muss dann selbstständig entscheiden, aber auch die Folgen seiner Entscheidung tragen. Und hierin liegt letzten Endes der **Unterschied zwischen Minderjährigen und Erwachsenen**: Die Letzteren dürfen, solange sie mit dem Recht nicht in Konflikt geraten, auch schwerwiegende Fehlentscheidungen treffen, Minderjährigen steht dieses nicht zu.

Hinweis

Jedenfalls sind „zuvörderst" die Eltern, bei deren „Versagen" dann aber auch der Staat (ggf. ein Vormund) verpflichtet, Minderjährige vor Fehlentscheidungen mit schwerwiegenden Folgen möglichst zu bewahren.

Will etwa eine erwachsene Person in einem von Gewalt bestimmten Lebenszusammenhang mit einer Gewalt ausübenden Partner leben, so hat der Staat diese Entscheidung zu respektieren. Außer Schutz- und Hilfsangeboten stehen ihm keinerlei Befugnisse gegen den Willen des unter diesen Umständen lebenden Erwachsenen

241 Salzgeber/Stadler, JAmt 2001, 382.

242 Verpflichtende alternative Streitbeilegungsverfahren kommen in bestimmten Fallkonstellationen nicht in Betracht; vgl. Art. 48 Abs. 1 Istanbul-Konvention; BT-Drucks. 16/6308, S. 236: z.B. in Fällen häuslicher Gewalt.

243 Vgl. den zutreffenden Titel des Editorials von Meysen, JAmt 2001, 38.

244 Koh Peters, S. 16; ebenso Margulies, Fordham Law Review 64 (1966), 1473, 1503: „Mechanically following the child's preference, regardless of the child's age, is an abdication of the lawyers obligation to counsel her clients."

zu:[245] Erwachsene Menschen haben das Recht, ihre eigenen Fehler zu machen und aus diesen zu lernen oder auch nicht. Diese Freiheit kann aber wesentliche Einschränkungen erfahren, wenn ein minderjähriges Kind mit im selben Haushalt lebt.[246]

76 Aufgrund seiner sich aus der Verfassung ergebenden besonderen **Schutzpflichten** Minderjährigen gegenüber darf und muss der Staat Kinder und Jugendliche anders als Erwachsene behandeln (Art. 6 Abs. 2 Satz 2 und Art. 1 Abs. 1 und Art. 2 Abs. 1 und 2 GG). Die Entscheidungsfreiheit eines Kindes, gegen welches Gewalt ausgeübt wird[247] oder welches Gewaltanwendungen gegen andere Familienmitglieder miterleben muss, erfährt Einschränkungen. Einem gewaltsamen Milieu während der Kindheit ausgesetzt zu sein, beeinträchtigt in vielfältiger Weise die Entwicklungschancen. Die Wahrscheinlichkeit langfristiger Beschädigung und weiterer Viktimisierung ist sehr groß. Dies gilt auch für die Wahrscheinlichkeit, dass später andere Opfer eines solchen Opfers werden könnten.[248]

So kann ein Verfahrensbeistand in einer solchen Situation nicht einfach dem Gericht mitteilen, dass das vom Jugendamt gemäß § 42 Abs. 1 Nr. 2 SGB VIII in Obhut genommene Kind sich nichts anderes wünscht, als nach Hause zurückzukehren[249] und in diesem Milieu leben zu wollen.[250] Um das „Richtige" herauszufinden und um „erwachsen" zu werden, müssen Kinder zwar auch Fehler machen dürfen; dies ist ein zentrales Element von Sozialisation. Kinder erlangen ihre **Entscheidungsfähigkeit** auch und gerade durch Fehler, die sie machen. Das Recht der Moderne respektiert dies und billigt solche Fehler Minderjährigen in unterschiedlicher Weise zu, keinesfalls aber mit denselben weitreichenden rechtlichen Konsequenzen wie bei Erwachsenen.

77 Dieses nach wie vor geltende Grundmodell von Minderjährigkeit hat auch Auswirkungen auf die Interessenwahrnehmung in gerichtlichen Verfahren: Hätte der Gesetzgeber eine rechtsanwaltliche Interessenvertretung Minderjähriger – wie eines erwachsenen, unbeschränkt geschäftsfähigen Mandanten – gewollt, hätte er dies aus Gründen der Rechtssicherheit explizit zum Ausdruck bringen müssen, wäre dies doch eine partielle Mündigkeit mit einer erheblichen Abweichung vom Grundmodell der Minderjährigkeit.

---

245 Der Schutzmechanismus des Gewaltschutzgesetzes kommt nur auf Antrag in Gang, vgl. BT-Drucks. 14/5429 und hierzu Schuhmacher, FamRZ 2001, 953 mit umfangreichen Nachweisen.

246 Hierzu Salgo, ZKJ 2019, 217 ff.

247 Vgl. Salgo, 2001, 55, 60.

248 Zu diesem fatalen Kreislauf und zu den Folgekosten vgl. Gravenhorst, Einleitung der Tagungsdokumentation, Gewaltfreies Erziehen in Familien – Schritte zur Veränderung; in: Materialien zur Familienpolitik Nr. 8, BMFSFJ (Hrsg.), Berlin 2000, S. 8.

249 Margulies, Fordham Law Review 64 (1966), 1473, 1479; so auch Söpper, FPR 2001, 269, 272; das war zuerst auch der Wunsch des in Obhut genommenen Jungen im Breisgauer Missbrauchs-Fall; STERN Nr. 24/2018, Interview mit der den Jungen als Nebenkläger im Strafverfahren vertretenden Rechtsanwältin, siehe www.stern.de/panorama/stern-crime/staufen-im-breisgau--wie-geht-es-dem-missbrauchsopfer-inzwischen--8116314.html (Abruf am 7.10.2024); siehe zum AG Freiburg, Beschl. v. 6.4.2017, ZKJ 2018, 187 f.; OLG Karlsruhe, Beschl. v. 27.7.2017, ZKJ 2018, 189 f., dazu Salgo, ZKJ 2018, 168.

250 Margulies, Fordham Law Review 64 (1966), 1473.

Deshalb ist die eindeutige und klarstellende Positionierung hierzu in der regierungsamtlichen Begründung von 2007 zu § 158 FamFG a.F. zu begrüßen.[251] Eltern wie Verfahrensbeistände – aber auch die Kinder- und Jugendhilfe wie auch das Familiengericht – werden stets „den Kindeswillen" berücksichtigen müssen, weil dieser ein essenzielles Element seines Wohls[252] ist. In manchen Fällen erfordern indes die Grundbedürfnisse eines Kindes (vgl. zu den sog. „basic needs" Teil 3/*Ziegenhain, Köhler-Dauner, Zwönitzer*, Rn. 185 ff.), dass am besten Eltern (wie ggf. auch ein Vormund und/oder ein Verfahrensbeistand) intervenieren, um das Kind davor zu bewahren, dass es **Fehler mit irreversiblen Folgen** schwerwiegender Art macht:[253]

> „Einige Fehler sind irreversibel; sie machen eine weitere Entwicklung und Erziehung des Kindes unmöglich. Ein Anwalt, der ein Kind vertritt, muss diese Art von Fehlern zu verhindern suchen und sie dabei von solchen Fehlern zu unterscheiden wissen, aus denen das Kind lernen kann."[254]

XIII. Jenseits der Dichotomie zwischen Kindeswohl und Kindeswille

Zu Recht wurde angezweifelt, ob die vor allem in den USA, aber auch in Deutschland **78**
geführte **Kontroverse um „Wille" versus „Wohl"** die Debatte überhaupt vorangebracht hat.[255] Auffallend ist, dass nur zu gerne dieser Streit abstrakt bzw. grundsätzlich geführt wird, die Opponenten hingegen hinsichtlich der Vorgehensweise in konkreten Fällen gar nicht so weit auseinander liegen.

- Fast alle, die nicht müde werden zu betonen, dass sich der Verfahrensbeistand strikt auf das „Wohl des Kindes" konzentrieren müsse, sind darum bemüht, das Kind in den Mittelpunkt zu stellen und die Bedeutung seiner Wünsche zu betonen.
- Fast alle, die sich auf die Wünsche oder den „Willen" des Kindes konzentrieren, erkennen an, dass Kinder unter einem bestimmten Alter bzw. ohne bestimmte Kompetenzen in einer Art und Weise vertreten werden müssen, die sich von der herkömmlichen anwaltlichen Vertretung eines Erwachsenen unterscheidet.
- Man wird kaum jemand aus den „Lagern" finden, der sich jeweils auf ein „reines" Kindeswohl-Modell bezogen hätte oder auf ein „reines" Kindeswillen-Modell bezieht.[256]

Sofern die Kontrahenten bereit sind, anzuerkennen, dass ein Kind nicht ohne sein Alter, sein Geschlecht, seine Lebensgeschichte, seine Entwicklung, also **niemals ohne Kontext** gedacht werden kann, wird sich diese Kontroverse als eine von gestern[257]

251 BT-Drucks. 16/6308, S. 239; siehe auch Büchner/Mach-Hour, NZFam 2016, 597: „Diese Diskussion um Kindeswohl und Kindeswille ist durch Art. 10 I des Europäischen Abkommens über die Ausübung von Kinderrechten obsolet geworden."
252 Staudinger/Coester (2020), § 1666 BGB Rn. 74 ff.
253 Margulies, Fordham Law Review 64 (1966), 1473, 1478.
254 Margulies, Fordham Law Review 64 (1966), 1481.
255 Koh Peters, S. 40.
256 Koh Peters, S. 40.
257 Koh Peters, S. 41.

und vorgestern erweisen. Diesen Ausgangspunkt in der deutschen Kontroverse untermauert zu haben, ist nicht zuletzt das Verdienst der Arbeit von *Maud Nordstern (vormals Zitelmann)*.[258] Der Gesetzgeber des FamFG untermauert diesen Standpunkt.

79 Nach einer über 25-jährigen Geschichte eigenständiger Interessenvertretung in Verfahren vor den Familiengerichten – zunächst durch Verfahrenspfleger, inzwischen durch Verfahrensbeistände – kann inzwischen die Bewährungszeit dieser überfälligen **Modernisierung** insgesamt „als erfolgreich abgelaufen" gelten.

Die Beobachtungen von *Münder* u.a. (Rn. 20) müssen allerdings ernstgenommen werden und Konsequenzen haben. Insbesondere müssen die Erfahrungen der betroffenen Minderjährigen hinsichtlich der nicht von ihnen selbst gewählten Interessenvertretung immer wieder erhoben und berücksichtigt werden. Die inzwischen ebenfalls zur Fortbildung verpflichtete an den Familiengerichten tätige Richterschaft steht nunmehr in der eindeutigen Pflicht, nur „fachlich und persönlich geeignete" Verfahrensbeistände zu bestellen. Verfahrensbeistände, die dem hier aufgestellten Anforderungsprofil (Rn. 24 ff.) entsprechen, könnten noch am ehesten den Herausforderungen dieser Aufgabe gerecht werden.

Im Umfeld der Tätigkeit der Verfahrensbeistände nehmen die Forderungen nach mehr Qualität und nach Fortbildungspflichten deutlich zu:

- bei den Gutachten,
- bei den Familiengerichten wie
- bei den jugendamtlichen Stellungnahmen.

Gut aufgestellte Verfahrensbeistände und Familiengerichte könnten und müssten sich an die Spitze dieser „Qualitätsoffensive"[259] stellen. Angesichts der bundesweit noch längst nicht umgesetzten Ziele hinsichtlich der Qualifikation der Verfahrensbeistände wie die der an Familiengerichten tätigen Richterinnen und Richter bleibt noch viel zu tun.[260]

258 Zitelmann, 2001.
259 Heilmann, FamRZ 2018, 666 ff.; siehe auch Deutscher Bundestag, Kommission zur Wahrnehmung der Belange der Kinder (Kinderkommission), Kommissionsdrucksache 19/04 vom 9.11.2018.
260 Veit, 2024.

B Empirisches Wissen zur Verfahrenspflegschaft/ Verfahrensbeistandschaft

Übersicht Rn.

Verfahrenspflegschaft gemäß § 50 FGG und Verfahrensbeistandschaft gemäß § 158 ff. FamFG[1] war lange Zeit ein eher wenig bedachter Forschungsgegenstand. Mittlerweile liegen jedoch durch **80**

- ein Forschungsprojekt an der Technischen Universität Berlin,[2]
- ein teilweise darauf aufbauendes Forschungsprojekt zur Geeignetheit von Verfahrensbeiständen der Hochschule für angewandte Wissenschaft und Kunst Hildesheim/Holzminden/Göttingen,[3]
- ein in Kooperation der Technischen Universität Berlin, der Fachhochschule Münster und der Ostbayerischen Technischen Hochschule Regensburg durchgeführtes Forschungsprojekt zu Verfahren bei Gefährdung des Kindeswohls, das unter anderem die Aufgabenwahrnehmung der Verfahrensbeistandschaft untersuchte[4], sowie

---

1 Bei der Darstellung der Studien und Projekte wird im vorliegenden Kapitel die jeweilige Begrifflichkeit („Verfahrenspflegschaft" bzw. „Verfahrensbeistandschaft") verwendet, die für die Rechtsfigur zum Durchführungszeitpunkt gültig war.

2 Von der VW-Stiftung gefördertes Forschungsprojekt „Innovationsprozesse in Wirtschaft und Gesellschaft. Untersuchung am Beispiel der Rechtsinstitution Anwalt des Kindes" unter Leitung von Prof. Dr. Johannes Münder, Ergebnisse in: Rabe, ZJK 2007, 437 ff.; Hannemann/Stötzel, ZKJ 2009, 58 ff.; vgl. Münder/Hannemann/Bindel-Kögel.

3 In Kooperation mit und gefördert vom Berufsverband der Verfahrensbeistände, Ergänzungspfleger und Berufsvormünder für Kinder und Jugendliche e.V. (BVEB); Dahm, ZKJ 2017, 341 ff.

4 Münder (Hrsg.) 2017: Kindeswohl zwischen Jugendhilfe und Justiz. Zur Entwicklung von Entscheidungsgrundlagen und Verfahren zur Sicherung des Kindeswohls zwischen Jugendämtern und Familiengerichten. Weinheim/Basel: Beltz-Juventa; Bindel-Kögel, uj 2018, 72 ff. Das eng an die gleichnamige Studie aus den Jahren 1996 bis 1999 (Münder/Mutke/Schone 2000) anschließende Forschungsprojekt wurde gefördert durch das Bundesministerium für Familie, Senioren, Frauen und Jugend.

- den Abschlussbericht der durch das Bundesministerium der Justiz und für Verbraucherschutz in Auftrag gegebenen Evaluierung der FGG-Reform[5]

vier **regional übergreifende Untersuchungen** vor. Darüber hinaus gibt es eine Reihe von vielfältigen inhaltlich oder **regional begrenzten Untersuchungen** mit unterschiedlichen Schwerpunkten, Forschungszielen und Ausmaßen, die das Erfahrungsbild zur Etablierung der Interessenvertretung von Kindern durch Verfahrenspflegschaft bzw. Verfahrensbeistandschaft vervollständigen.

81 Im Folgenden werden zunächst frühe Untersuchungen und **Erfahrungsberichte** zur Verfahrensbeistandschaft (bzw. bis 2009 sog. Verfahrenspflegschaft) in chronologischer Reihenfolge ihrer Veröffentlichung dargestellt und auf die zuvor benannten und umfassenden Forschungsvorhaben eingegangen.

In einem separaten Abschnitt wird ein Blick auf die Erfahrungen aus **Sicht der vertretenen Kinder** geworfen. Es ist nach wie vor zu beklagen, dass die Perspektive der vertretenen Kinder und Jugendlichen viel zu wenig in die Auswertung und politische Debatte zur Weiterentwicklung des Rechtsinstituts einbezogen wird.

Abschließend folgt ein Blick auf die **amtliche Statistik** zur Anzahl der Bestellungen an den Amtsgerichten, die mittlerweile für zwei Jahrzehnte ausgewertet werden kann, sowie eine resümierende Betrachtung der Forschungslage.

I. Erste Erfahrungsberichte zur Verfahrenspflegschaft

82 Schon 1999 wurde an der Evangelischen Fachhochschule Bochum ein erstes Forschungsprojekt durchgeführt,[6] in dessen Rahmen Mitarbeitende der Jugendhilfe sowie Familienrichter befragt wurden. Sie gaben eine Einschätzung zu ihren Erfahrungen mit der Verfahrenspflegschaft, zu Vorstellungen zur Ausgestaltung der Verfahrenspflegerrolle sowie zu damit verbundenen Wünschen und Bedenken ab. Insgesamt waren die Erfahrungen der Richter mit der Verfahrenspflegschaft zum Befragungszeitpunkt jedoch noch eher gering. So betrug die Zahl der Bestellungen im Durchschnitt nur etwa vier Fälle seit der Einführung im Juli 1998. Insgesamt war eine große Verunsicherung zu Aufgaben und Tätigkeiten des Verfahrenspflegers festzustellen.

83 Etwa eineinhalb Jahre nach Inkrafttreten des § 50 FGG wurde beim Institut Gericht & Familie Berlin/Brandenburg eine Analyse der **Anzahl der Verfahrenspflegerbestellungen** durchgeführt.[7] Bei insgesamt 140 analysierten Bestellungen zeigten sich drei große Gruppen:

1. In 45 Fällen war ein Verfahren nach §§ 1666, 1666a BGB (Entzug der elterlichen Sorge) Anlass der Bestellung gewesen.

---

5 Ekert/Heiderhoff 2018, Die Evaluierung der FGG-Reform, Abschlussbericht zum Forschungsvorhaben; https://www.bmj.de/SharedDocs/Publikationen/DE/Fachpublikationen/2018_Evaluierung_FGG-Reform.pdf?__blob=publicationFile&v=2 (Abruf am 7.10.2024).

6 Peters/Schimke, KindPrax 1999, 143.

7 Walter, 2000.

2. 42 Verfahren hatten die Regelung der elterlichen Sorge nach Trennung der Eltern (§§ 1671, 1672 a.F. BGB) zum Gegenstand.
3. In 38 Fällen war die Regelung des Umgangs des Kindes mit seinen Eltern (§ 1684 BGB) Verfahrensgegenstand.

Im Rahmen einer Untersuchung an der Freien Universität Berlin[8] wurden qualitative Interviews mit 13 Verfahrenspflegern geführt und dabei unter anderem ihr **Rollenverständnis** erfragt. Ein zentrales Ergebnis war, dass Verfahrenspfleger sozialpädagogischer und psychologischer Grundprofessionen eine „große Ambivalenz bezüglich ihrer Rollenvorstellung und Positionierung im Falle eines Gegensatzes zwischen Wohl und Wille" signalisierten. Angehörige juristischer Grundprofessionen berichteten hingegen, ihre Tätigkeit eher am Modell einer rechtsanwaltlichen Vertretung zu orientieren, wenngleich auch diese Berufsgruppe die Interessenvertretung nicht gleichsetzte mit der reinen Wiedergabe des geäußerten Willens des Kindes. **84**

Jeweils vier Verfahrenspfleger und Richter wurden in einem Forschungsprojekt an der Universität Lüneburg zu ihren **Arbeitsweisen** befragt.[9] Neben eher intuitiven Verhaltensweisen in der individuellen Fallarbeit konnten sowohl bei Richtern als auch Verfahrenspflegern standardisierte und wiederkehrende Arbeitsschritte identifiziert werden (z.B. Auswahl eines geeigneten Verfahrenspflegers durch den Richter, Aktenstudium durch den Verfahrenspfleger nach Fallübernahme). **85**

Die **rechtstatsächliche Untersuchung zur Reform des Kindschaftsrechts** im Auftrag des Bundesministeriums der Justiz[10] beschäftigte sich insbesondere mit Fragen zur Situation der von Scheidung betroffenen Eltern und Kinder und damit verbundenen Aspekten der Beziehung, Kommunikation, Kooperation und Zufriedenheit der Betroffenen. Auch wenn darüber hinaus als Ziel des Vorhabens formuliert wurde, auch Wirkungen mit der Regelung zum Verfahrenspfleger zu eruieren,[11] standen diese Aspekte eher im Hintergrund der Untersuchung. Dennoch beruht diese auf einer bundesweiten und umfassenden Datenbasis und hebt sich in dieser Hinsicht deutlich von bis dahin vorliegenden anderen Forschungsbefunden ab. **86**

In der ersten Befragungswelle gaben insgesamt 72,4 % der befragten **Eltern** mit gemeinsamer elterlicher Sorge und 68,5 % der Eltern mit alleiniger elterlicher Sorge an, keine Kenntnis vom Verfahrenspfleger zu haben. Dabei kannten Mütter diese Regelung besser als Väter; sie wurde von Eltern, bei denen die Kinder nicht leben – unabhängig von der Form des Sorgerechts –, besser beurteilt als von Eltern mit bei ihnen lebenden Kindern.

Im Rahmen der zweiten Befragung gaben mehr Eltern mit alleiniger Sorge als mit gemeinsamer Sorge an, dass für ihr Kind ein Verfahrenspfleger bestellt worden sei. Mehrheitlich seien Umgangs- oder Unterhaltskonflikte Anlass für die Bestellung gewesen.

8 Lehmann-Gerstel/Unger, 2000.
9 Baier, KindPrax 2002, 154.
10 Proksch, 2002, KindPrax 2003, 3.
11 Proksch, 2002, S. 29 f.; Kostka, FamRZ 2004, 1924 ff.

Im Ergebnis der Befragung der **Fachkräfte** gaben 45,1 % der befragten Familienrichter an, im Jahr 2000 in „bis 5 Verfahren" einen Verfahrenspfleger bestellt zu haben. Anlass für die Bestellung sei in 53,8 % die „Entziehung der gesamten Personensorge", in 47,9 % die „Trennung des Kindes von seiner Familie", in 46,6 % „Streit der Eltern um Änderung der elterlichen Sorge" sowie in 46,2 % „Streit der Eltern wegen verweigerten Umgangs" gewesen. 58,6 % der befragten Richter bewerteten die Tätigkeit des Verfahrenspflegers als „sehr hilfreich/hilfreich", 94,2 % betrachteten „kommunikative Fähigkeiten" des Verfahrenspflegers und 71,9 % „allgemeine psychologische Kenntnisse" als notwendige Qualifikation. Beurteilt wurde diese von 52,7 % der Familienrichter als „sehr gut/gut", von 30,9 % als „zufriedenstellend".[12]

87 Eine erste empirische Betrachtung der **Wirksamkeit und Effektivität** von Verfahrenspflegschaft erfolgte auf der Basis einer Analyse von 40 durchgeführten Verfahrenspflegschaften und unter dem Gesichtspunkt, inwieweit es „gelungen ist, dem kindlichen Willen in der gerichtlichen Entscheidung zur Geltung zu verhelfen".[13] Im Ergebnis entsprach in 60,9 % der Fälle die gerichtliche Entscheidung dem Votum der Verfahrenspflegschaft, wobei in 37,5 % der Fälle auch die Anregungen des Jugendamtes damit übereinstimmten. In 40 % der untersuchten Fälle, in denen zwar aus der Sicht der Verfahrenspflegschaft eine Konvergenz mit der gerichtlichen Entscheidung, aber eine Divergenz zur Einschätzung des Jugendamtes vorgelegen habe, fand kein Gespräch zwischen Jugendamt und Kind statt. Zusätzlich vorliegende Sachverständigengutachten entsprachen in 66,7 % der Position der Verfahrenspfleger vollständig, im Wesentlichen in weiteren 11,1 % der Fälle.

Im Rahmen einer in Thüringen durchgeführten Untersuchung[14] wurden zum einen die **Amtsgerichte** sowie das **Oberlandesgericht** in Jena mittels eines postalischen Fragebogens befragt. Von den 54 kontaktierten Richtern sendeten 23 einen bearbeiteten Fragebogen zurück und berichteten im Durchschnitt über den Einsatz eines Verfahrenspflegers in 19 % ihrer Fälle. Die gesetzlichen Normen für die Voraussetzung der Bestellung hielten 65,21 % der Befragten „nicht für ersatz- oder ergänzungsbedürftig", 34,78 % sahen jedoch Probleme bei der Finanzierung der Verfahrenspflegschaft.

Die Bewertung der Leistungen der Verfahrenspflegschaft durch die **Familiengerichte** war heterogen. Die darüber hinaus befragten 12 Verfahrenspfleger gaben an, eine spezifische Fortbildung für diese Tätigkeit absolviert zu haben, insbesondere um juristische Wissensmängel zu beheben. Die Zufriedenheit wurde von allen Verfahrenspflegern eher schlecht bewertet, was insbesondere mit Problemen bei der Leistungsabrechnung begründet wurde.

Eine Fragebogenuntersuchung bei Familiengerichten in Nordrhein-Westfalen[15] zeigte, dass 26 von 27 befragten Familienrichtern den Verfahrenspfleger als eine nicht nur dem Kindeswillen, sondern auch dem Kindeswohl verpflichtete Instanz be-

12 Proksch, 2002, S. 129 ff.
13 Lipinski-Wollenberg/Raack, KindPrax 2003 (Spezial), 3.
14 Moritz, 2004.
15 Gummersbach, 2005; Grüttner (geb. Gummersbach), 2006.

trachteten. 55,55 % der Befragten sahen im Verfahrenspfleger zumindest als Nebeneffekt auch einen Ermittlungsgehilfen, die verbleibenden 44,45 % stuften dies überhaupt nicht als Aufgabe des Verfahrenspflegers ein. Vermittelnde Tätigkeiten betrachteten 18,51 % der Richter als wesentliche Hauptaufgabe, 55,56 % bewerteten diese als Nebenaufgabe und die restlichen 25,93 % ordneten dies überhaupt nicht in den Aufgabenkreis des Verfahrenspflegers ein.

Auf der Basis von halbstandardisierten Interviews mit zwei betroffenen Kindern, je- **88**
weils zwei Müttern und Vätern, vier Verfahrenspflegern, zwei Familienrichtern sowie einer Jugendamtsmitarbeiterin und einem Anwalt wurde in einem weiteren Vorhaben[16] ein dreistufiges **Handlungsmodell von Verfahrenspflegschaft** entwickelt, das deren Ziele und Handlungsstrategien drei Ebenen zuordnet. Eine erste Ebene beschreibt dabei die „anwaltliche Vertretung der Kindesinteressen im familienrechtlichen Verfahren“, eine zweite das „Aufdecken der Fallkonstellationen für das Familiengericht“ und eine dritte die „Sozialgeflechtsarbeit als unmittelbar lebensweltbezogene Aktivierung der Eltern“.[17]

Für das Bundesland Sachsen hat eine weitere im Jahr 2005 durchgeführte Erhe- **89**
bung[18] untersucht, wie sich Qualifikation und Kompetenz des Verfahrenspflegers, die Bestellpraxis der Gerichte, die Zusammenarbeit zwischen Verfahrenspflegern und Gerichten, die Aufgaben und Vergütung des Verfahrenspflegers sowie dessen Arbeitsorganisation aus der **Perspektive von Richtern und Verfahrenspflegern** darstellen. Dabei wurde deutlich, dass sich in den ersten Jahren nach Implementierung des neuen Rechtsinstituts ein durchaus differenziertes Aufgaben- und Funktionsverständnis des Verfahrenspflegers entwickelt hat. Grundlage für die Ausübung der Tätigkeit sollte interdisziplinäres Wissen sein, das auf der Basis einer interdisziplinären Ausbildung in Form einer formalen Zusatzqualifikation erworben wird. In Sachsen waren zum Erhebungszeitpunkt die meisten Verfahrenspfleger nebenberuflich in Ergänzung zu anderen Aufgaben tätig.

Eine 2020 abgeschlossene explorative bundesweite Studie[19] widmete sich der spezi- **90**
fischen Frage, wie der durch das Gericht übertragbare Auftrag, am **Zustandekommen einer einvernehmlichen Regelung** mitzuwirken, umgesetzt wird und ob hierbei Unterschiede zwischen den verschiedenen eingesetzten Berufsgruppen festzustellen sind.

An der mittels eines Fragebogens durchgeführten Untersuchung nahmen 98 Verfahrensbeistände teil, von denen 62 % Sozialpädagogen und 27 % Anwälte waren. Auch wenn fast alle Befragten den vermittelnden Ansatz als wichtig erachteten, wurde er nur von weniger als der Hälfte auch aktiv umgesetzt – entweder durch Vorbereitung einer Vermittlung durch andere Fachkräfte oder eigene Aktivitäten, insbesondere Gespräche mit den Eltern. Festgestellt werden konnte, dass Anwälte in diese Aufgaben

16 Schulze, KindPrax 2005, 98; Schulze 2007a; Schulze, ZKJ 2007b, 88.
17 Schulze, ZKJ 2007b, 90.
18 Böttcher 2008.
19 Lehmann, 2020, Dissertation, vorgelegt bei der Fakultät für Psychologie und Sportwissenschaft der Universität Bielefeld, https://pub.uni-bielefeld.de/download/2950109/2950638/DissVB2020.pdf (Abruf am 7.10.2024).

signifikant weniger Zeit investierten als beauftragte Sozialpädagogen, wobei in dieser Gruppe jene besonders aktiv waren und versuchten gemeinsame Regelungen zu finden, die über eine systemische Weiterbildung verfügen.

II. Erstes bundesweites Forschungsprojekt zur Verfahrenspflegschaft

91 Die erste umfassende und bundesweite Untersuchung zur Verfahrenspflegschaft nach § 50 FGG wurde im Erhebungszeitraum 2005–2006 an der Technischen Universität Berlin durchgeführt.[20] Im Zentrum stand eine quantitative Fragebogenerhebung, an der 512 Familienrichter (aus 306 verschiedenen Familiengerichten bundesweit), 219 Verfahrenspfleger und 123 Jugendämter (144 Jugendämter wurden kontaktiert, dies entspricht einer geschichteten repräsentativen Stichprobe von ca. 20 % aller Jugendämter bundesweit) teilnahmen.

Zusätzlich wurden 20 qualitative Interviews mit Familienrichtern, 20 mit Verfahrenspflegern und 10 mit Mitarbeitern von Jugendämtern geführt. Vertretene Kinder und Jugendliche waren nicht aktiv in die Untersuchung eingebunden. Darüber hinaus erfolgte eine Auswertung der Datensätze der 16 Statistischen Landesämter über die in 2005 an den Familiengerichten erledigten Verfahren mit Verfahrenspflegern sowie eine Analyse von Gerichtsakten in drei ausgewählten Oberlandesgerichtsbezirken.

92 Die Erhebungen und Auswertungen orientierten sich an den folgenden **Forschungsfragen**:[21]

- Wie häufig werden Verfahrenspfleger bestellt?
- In welchen Verfahren werden Verfahrenspfleger bestellt?
- Wer wird als Verfahrenspfleger bestellt?
- Wird das Instrument des Verfahrenspflegers von den Richtern angenommen und genutzt?
- Welche Aufgaben hat der Verfahrenspfleger aus Sicht der einzelnen Akteure wahrzunehmen?
- Welche konkreten Tätigkeiten sind für eine qualifizierte Umsetzung der Verfahrenspflegschaft aus Sicht der Akteure wichtig?
- Welche Wirkung hat die Verfahrenspflegschaft aus Sicht der beteiligten Akteure?

---

20 Das Projekt „Innovationsprozesse in Wirtschaft und Gesellschaft – Untersuchung am Beispiel der Rechtsinstitution Anwalt des Kindes" unter der Leitung von Prof. Dr. Johannes Münder, Lehrstuhl für Sozial- und Zivilrecht, wurde gefördert von der Volkswagen-Stiftung. Münder/Hannemann/Bindel-Kögel, 2010; Rabe, ZKJ 2007, 437 ff., Hannemann/Stötzel, ZKJ 2009, 58 ff.

21 Hannemann/Stötzel, ZKJ 2009, 58 ff.

Auswertung der Länderstatistiken aus dem Jahre 2005 93

Ausgewertet wurden alle 8.669 Verfahren, in denen Verfahrenspfleger nach § 50 FGG bestellt waren (vgl. Teil 1/*Salgo*, Rn. 3 sowie Rn. 120).[22] Mit 5.755 Verfahren stellten solche mit dem Inhalt der Übertragung oder Entziehung der elterlichen Sorge (wird in der Statistik gemeinsam ausgewiesen) den größten Anteil. Verfahren zur Regelung des Umgangs des Kindes mit den Eltern waren deutlich seltener (1.954 Verfahren), gefolgt von Scheidungssachen (268 Verfahren), der Herausgabe des Kindes (163 Verfahren) und „sonstigen" Verfahren (z.B. Verbundverfahren zum Unterhalt, Hausrat).[23]

Teilnehmende Verfahrenspfleger 94

Mit Ausnahme des Saarlandes nahmen an der Untersuchung Verfahrenspfleger aus allen Bundesländern teil. 78 % der 219 Befragten waren weiblich, 22 % männlich. Die 219 Befragten waren zwischen 28 und 70 Jahren alt (Durchschnitt: 46,8 Jahre) und gehörten folgenden **Grundprofessionen** an (Mehrfachzuordnungen möglich):[24]

- Sozialpädagogen/-arbeiter: 95
- Juristen: 76
- Psychologen: 17
- Diplom-Pädagogen: 13
- Lehrer: 8
- Sonstige: 25
- Verwandte: 3

59 % der befragten Verfahrenspfleger hatten darüber hinaus an einer Weiterbildung teilgenommen, um sich spezifische Kenntnisse für die Tätigkeit anzueignen. Über 60 % der Befragten waren bis zu 20 Stunden im Monat als Verfahrenspfleger tätig, nur 4,5 % mehr als 80 Stunden. Bei den Juristen lag der Anteil derjenigen, bei denen die Verfahrenspflegschaft das Haupttätigkeitsfeld darstellt (über 50 % der Gesamttätigkeit), deutlich unter dem der Sozialpädagogen (4,2 % im Vergleich zu 27,9 %).[25]

Perspektive der Familienrichter 95

Aus Sicht der Familienrichter waren die Grundprofession und die Erfahrung des Verfahrenspflegers die wichtigsten Kriterien für seine Auswahl. In der Befragung ergaben sich folgende Schwerpunkte zur Grundprofession im Bestellungsverhalten der Richter:[26]

- Sozialpädagogen: 60,7 %
- Juristen: 49,3 %

---

22 Diese Zahl stimmt nicht mit der Bundesstatistik für das Jahr 2005 überein, sie weist 8.765 Bestellungen aus.
23 Hannemann/Stötzel, ZKJ 2009, 59.
24 Hannemann/Stötzel, ZKJ 2009, 59 f.
25 Hannemann/Stötzel, ZKJ 2009, 60.
26 Hannemann/Stötzel, ZKJ 2009, 60.

- Psychologen: 22,1 %
- Sonstige: 3,2 %
- Lehrer: 1,4 %

Der größte Teil der befragten Familienrichter (60 %) gab an, dass durch den Verfahrenspfleger eine Verbesserung der Interessenvertretung des Kindes erfolge.[27] 90 % gaben an, dass die Arbeit des Verfahrenspflegers **hilfreich** für die Entscheidungsfindung sei, 9 % beurteilten dies als neutral und lediglich 1 % empfand die Tätigkeit als störend. Auswirkungen auf die Verfahrensdauer sahen 56 % der befragten Richter nicht, 27 % gaben sogar an, dass der Einsatz eines Verfahrenspflegers beschleunigende Wirkung auf das Verfahren habe. Darüber hinaus wurde er von den Richtern überwiegend (78 %) als **konfliktmildernd** bewertet. 20 % sahen keine Auswirkungen auf den Konflikt und nur 3 % beurteilten die Tätigkeit als konfliktverschärfend.[28]

Zum **Aufgabenverständnis** des Verfahrenspflegers bejahten 83 % der befragten Richter, dass er die subjektiven Interessen des Kindes vertreten solle, 81 % stimmten aber auch der Aussage zu, dass es auch um eine Vertretung des objektiven Kindeswohls gehe. In der überwiegenden Praxis der Familiengerichte besteht also die Auffassung, dass sowohl subjektive als auch objektive Interessen des Kindes vom Verfahrenspfleger wahrgenommen werden sollen. Zur Umsetzung dieses Auftrages hielten 99 % der befragten Richterinnen und Richter Gespräche mit dem Kind, 90 % Gespräche mit den Eltern und 82 % Gespräche mit dritten Personen für erforderlich.[29]

96 **Analyse der Gerichtsakten**

Um repräsentative Angaben zur **rechtstatsächlichen Situation** in der Praxis der Familiengerichte zu erhalten, wurde über die Befragungen der zentralen Akteure hinaus eine Aktenanalyse durchgeführt. Bekanntermaßen erfolgte die Rechtsprechung zum Verfahrenspfleger insbesondere hinsichtlich des vergütungsfähigen Tätigkeitsgebiets und Aufgabenkreises in regional sehr heterogenem Ausmaß.[30] Da die Veröffentlichung obergerichtlicher Rechtsprechung aber von verschiedenen Faktoren beeinflusst wird, muss die dort transportierte Sichtweise nicht zwingend die Situation auf der Ebene der Amtsgerichte und damit den familiengerichtlichen Alltag widerspiegeln.

Fraglich ist daher, wie hoch der Anteil der streitigen Verfahren über Kostenfragen in der Praxis der Familiengerichte tatsächlich war. Darüber hinaus ist es nur durch eine Aktenanalyse möglich, Informationen zum gerichtlichen Verfahren exakt abzubilden. Daher wurden neben der Analyse der Kostenentscheidungen auch Basisdaten zum jeweiligen familiengerichtlichen Verfahren, zu Geschlecht und Qualifikation des Ver-

27 Hannemann/Stötzel, ZKJ 2009, 61 f.
28 Rabe, ZKJ 2007, S. 441; Hannemann/Stötzel, ZKJ 2009, 63.
29 Hannemann/Stötzel, ZKJ 2009, 62 f.
30 Vgl. dazu folgende Übersichten: Carl/Schweppe, FPR 2002, 251; Kiesewetter/Schröder, FPR 2006, 20; Krille, KindPrax 2003, 12; Menne, FamRZ 2005, 1035; Menne, JAmt 2005, 274; Söpper, FamRZ 2002, 1535; Söpper, FamRZ 2005, 1787; Stötzel 2005 zu § 158 FamFG.

fahrenspflegers, zu Geschlecht und Alter der Kinder sowie Daten zur Praxis der persönlichen Anhörung des Kindes erhoben.

Die Akten wurden in drei Oberlandesgerichtsbezirken gezogen:

- OLG-Bezirk Brandenburg mit einer eher engen Definition des vergütungsfähigen Aufgabenbereichs: Gerichte A bis D;
- OLG-Bezirk Karlsruhe mit einer eher weiten Definition des vergütungsfähigen Aufgabenbereichs: Gerichte E bis G;
- OLG-Bezirk Hamm mit kaum veröffentlichter Rechtsprechung zum vergütungsfähigen Aufgabenbereich: Gerichte H und I.

Erwähnenswert ist zunächst, dass es trotz Sichtung mehrerer Jahrgänge in einigen Amtsgerichten nicht möglich war, eine Zielgröße von 50 Akten pro Gericht mit Verfahrenspflegern zu finden. Insgesamt wurden in 9 Amtsgerichten 280 Verfahren mit Verfahrenspflegern nach § 50 FGG gesichtet, die im Zeitraum von 2002 bis 2006 anhängig wurden.[31]

1. Wofür werden Verfahrenspfleger bestellt? 97

In der Gesamtbetrachtung aller Amtsgerichte ergaben sich drei große Gruppen von Verfahren, in denen Verfahrenspfleger bestellt wurden, nämlich zur

- Regelung des Sorgerechts nach Trennung und Scheidung (§§ 1671, 1672 BGB),
- Regelung des Umgangsrechts (§§ 1684, 1685 BGB) sowie
- Kindeswohlgefährdung (§§ 1666, 1666a BGB).[32]

2. Welche Kinder werden vertreten? 98

Das **Alter** der vertretenen Kinder (zu Beginn des Verfahrens) variierte deutlich zwischen den einzelnen Amtsgerichten. Die jüngsten Kinder gab es in Amtsgericht A (Durchschnitt 7 Jahre, Median[33] sechs Jahre), die ältesten in Amtsgericht B (Durchschnitt 10 Jahre, Median 11 Jahre).

Unter den insgesamt 410 Kindern, die von den 280 analysierten Verfahren mit Verfahrenspflegern nach § 50 FGG betroffen waren, fanden sich insgesamt 198 Mädchen und 210 Jungen, bei zwei Kindern war das **Geschlecht** des Kindes nicht aus der Akte ersichtlich.[34]

31 Darüber hinaus wurden auch 70 Akten mit Verfahrenspflegerbestellungen nach § 70b FGG ausgewertet; die Ergebnisse werden hier nicht dargestellt.

32 In Einzelfällen kam es auch zur Bestellung eines Verfahrenspflegers nach § 50 FGG zur Wahrnehmung der Vermögenssorge (z.B. Regelung von Erbangelegenheiten). Hannemann/Stötzel, ZKJ 2009, 64.

33 Zentralwert, der die Grenze zwischen zwei Stichprobenhälften kennzeichnet; über und unter dem Median liegen jeweils 50 % der Stichproben.

34 Hannemann/Stötzel, ZKJ 2009, 64 f.

99 **3. Wer vertritt die Kinder?**

Wie bereits aus der Stichprobe der befragten Verfahrenspfleger vermutbar, ergab auch der tatsächliche Blick in die Gerichtsakten, dass in sämtlichen Amtsgerichten mehr Frauen als Männer bestellt wurden. Präferenzen für juristisch oder psychosozial ausgebildete Verfahrenspfleger, die örtlich durchaus vorlagen, waren in der Gesamtbetrachtung über alle Amtsgerichte nicht mehr festzustellen.[35]

100 **4. Wie werden die Kindesinteressen in das Verfahren eingebracht?**

In allen Amtsgerichten wurden **schriftliche Stellungnahmen** der Verfahrenspfleger in mindestens jedem zweiten Fall erstellt, in Amtsgericht F sogar in 93 % der gesichteten Verfahren. Dabei vergingen in Amtsgericht A im Durchschnitt 6 Wochen, in Amtsgericht E jedoch 23 Wochen bis zur Abgabe der Stellungnahme.

Die Bestellung eines Verfahrenspflegers nach § 50 FGG ging keinesfalls regelhaft mit der Einholung eines **Sachverständigengutachtens** einher. Dies geschah in Amtsgericht H in 52 % der Fälle, in Amtsgericht E nur in 10 %.[36] In allen Amtsgerichten der Stichprobe wurden die Kinder in einem beträchtlichen Anteil der Verfahren überhaupt nicht persönlich durch das Gericht angehört. In einzelnen Gerichten betraf dies sogar 70 % aller gesichteten Verfahren. In der Mehrzahl der Fälle fanden die **Anhörungen** auch nicht in Begleitung des Verfahrenspflegers statt. In den Amtsgerichten A und B wurde nicht eine Akte gefunden, in der eine Anhörung mit Verfahrenspflegern stattfand (Amtsgericht A ohnehin nur in 30 % Anhörungen).[37]

101 **5. Was kostet eine Verfahrenspflegschaft?**

In der folgenden Tabelle ist aufgeführt, welche Kosten in den einzelnen Amtsgerichten durch die Verfahrenspfleger in Rechnung gestellt wurden.

Verteilungsmaße der vom Verfahrenspfleger nach § 50 FGG in Rechnung gestellten Kosten im Vergleich der Amtsgerichte (in EUR, ohne MwSt., 280 Akten)

	OLG Brandenburg				OLG Karlsruhe			OLG Hamm	
Amtsgericht	**A**	**B**	**C**	**D**	**E**	**F**	**G**	**H**	**I**
Mittelwert	373	367	359	606	889	876	1.049	349	347
Median	281	265	340	617	417	853	919	283	254
Minimum	76	70	45	103	16	246	79	38	33
Maximum	1.254	1.124	930	1.419	2.422	2.184	3.826	1.467	1.486

35 Hannemann/Stötzel, ZKJ 2009, 65.
36 Hannemann/Stötzel, ZKJ 2009, 65.
37 Hannemann/Stötzel, ZKJ 2009, 66.

Eine vertiefende Analyse ergab, dass psychosoziale Verfahrenspfleger im Vergleich zu juristischen Verfahrenspflegern höhere Rechnungen stellten (Juristen im Durchschnitt 390,00 EUR/ohne MwSt., psychosoziale im Durchschnitt 677,00 EUR/ohne MwSt., ein statistisch hoch signifikantes Ergebnis). Die Vertretung von Kindern in den unterschiedlichen Verfahrensgegenständen unterscheidet sich zwar hinsichtlich des Aufwandes in manchen Amtsgerichten, aber nicht mit Blick auf die Gesamtstichprobe.[38]

6. Wie strittig sind die Kosten im gerichtlichen Alltag tatsächlich? 102

Die folgende Übersicht zeigt für die jeweiligen Amtsgerichte auf der Basis der Akten, in denen eine Rechnung des Verfahrenspflegers zu finden war, den Fortgang des Vergütungsverfahrens:[39]

- OLG Brandenburg:
  - A: 5 von 9 Verfahren strittig nach einer informellen Stellungnahme, 3-mal endgültige Kürzungen (25,50 EUR bis 1.253,50 EUR)
  - B: 1 von 6 Verfahren strittig nach einer informellen Stellungnahme, endgültige Kürzung 182,30 EUR
  - C: 11 von 43 Verfahren strittig nach einer informellen Stellungnahme, 10-mal endgültige Kürzungen (2,53 EUR bis 377,21 EUR)
  - D: 29 von 29 Verfahren strittig nach einer informellen Stellungnahme, 25-mal endgültige Kürzungen (40,75 EUR bis 988,50 EUR)
- OLG Karlsruhe (E-G): keine Hinweise auf Vergütungs-Auseinandersetzungen in den Akten
- OLG Hamm:
  - H: 4 von 25 Verfahren Einigung durch eine informelle Stellungnahme, im Ergebnis keine Kürzungen
  - I: keine Hinweise auf Vergütungs-Auseinandersetzungen in den Akten

Mehr als deutlich wird hier, dass im OLG-Bezirk Brandenburg wesentlich mehr **Kürzungen** der von den Verfahrenspflegern in Rechnung gestellten Kosten erfolgten als in den OLG-Bezirken Karlsruhe und Hamm. Insgesamt lag der Anteil der Verfahren mit Kürzungen in Amtsgericht D bei 90 %, in Amtsgericht A bei 56 %, in Amtsgericht C bei 23 %, in Amtsgericht B bei 17 % sowie in den Amtsgerichten E bis I bei 0 %.

Für den OLG-Bezirk Brandenburg ist also eindeutig zu formulieren, dass das in der veröffentlichten Rechtsprechung gezeichnete Bild eines sehr restriktiven Aufgabenverständnisses den gerichtlichen Alltag in den Amtsgerichten tatsächlich prägt. Dabei schlägt sich dieser Umstand auch in der Zeit nieder, die bis zur Anweisung der

38 Hannemann/Stötzel, ZKJ 2009, 66.
39 Hannemann/Stötzel, ZKJ 2009, 67.

Vergütung verging: in Amtsgericht D im Durchschnitt 33 Wochen (Maximum 85 Wochen) und in Amtsgericht E 1 Woche (Maximum 5 Wochen).[40]

III. Forschungsprojekt zur „Geeignetheit" von Verfahrensbeiständen gemäß § 158 FamFG

103 Das vom BVEB (Berufsverband der Verfahrensbeistände, Ergänzungspfleger und Berufsvormünder für Kinder und Jugendliche e.V.) geförderte und im Zeitraum 2016–2017 durchgeführte Forschungsprojekt untersuchte, welche Konsequenzen für die Anforderungen an Verfahrensbeistände sowie für die Auswahl durch die Familiengerichte aus dem in § 158 FamFG genannten Merkmal der „Geeignetheit" gezogen werden müssen. Das Vorhaben sollte klären,

- inwieweit bei der Bestellung des Verfahrensbeistandes eine Prüfpflicht der Familiengerichte im Hinblick auf dessen „Geeignetheit" besteht sowie
- welche Mindestanforderungen an die „fachliche Eignung" und „persönliche Eignung" zu stellen sind.[41]

Damit wurde auch an Fragestellungen des Forschungsprojekts der Technischen Universität Berlin (siehe Rn. 91 f.) angeknüpft.

Methodisch arbeitete die Untersuchung mit einem Fragebogen, der per E-Mail an alle 639 Familiengerichte versendet wurde. Darüber hinaus wurden eine postalische Fragebogen-Erhebung bei 42 niedersächsischen Jugendämtern sowie eine Online-Befragung von Sachverständigen in familiengerichtlichen Verfahren durchgeführt. Erkenntnisgrundlage waren Daten von 404 Familienrichten, 92 Vertretungen der niedersächsischen Jugendämter sowie 24 Sachverständigen.

104 **Aussagen zur „Geeignetheit" der Verfahrensbeistände**

Übereinstimmend gaben die befragten Gruppen an, dass in der Praxis insbesondere staatlich anerkannte Sozialarbeiter, Sozialpädagogen sowie Volljuristen (Rechtsanwälte) bestellt werden. Die Familiengerichte legen bei der Auswahl insbesondere auf Erkenntnisse über Erscheinungsformen von Kindeswohlgefährdung Wert (87,38 %). Diese erachten auch die Sachverständigen für zentral (95,38 %), während bei den Jugendämtern Kenntnisse zu den Grundlagen der Bindungstheorie (92,39 %) an vorderster Stelle stehen.[42]

Die Autorin der Studie stellt hierzu kritisch fest, dass die geforderten Kenntnisse nicht Gegenstand der juristischen Ausbildung sind und auch nicht selbstverständlich zum Kompetenzprofil von Sozialarbeiten und -pädagogen gehören. Der größte Teil der Familienrichter verlangt bei der Bestellung jedoch keinen Nachweis von entsprechenden Weiter- oder Fortbildungen, was die notwendige Überprüfung der fachlichen Eig-

40 Hannemann/Stötzel, ZKJ 2009, 67.
41 Dahm, ZKJ 2017, 341.
42 Dahm, ZKJ 2017, 342.

nung für den konkreten Fall sehr erschwert.[43] Bei den allermeisten Bestellungen durch das Familiengericht spielen auch nicht diese Kenntnisse, sondern konkrete Erfahrungen mit dem Verfahrensbeistand eine Rolle (94,55 %).[44]

Für die Überprüfung der persönlichen Eignung kommt als ein mögliches – wenngleich nicht ausreichendes – Instrument die **Vorlage eines erweiterten Führungszeugnisses** nach § 30a BZRG im Betracht, um beispielsweise Personen, die wegen Gewalthandlungen zum Nachteil von Kindern vorbestraft sind, auszuschließen. Nur 2,23 % der befragten Familienrichter gaben jedoch an, hiervon Gebrauch zu machen. Hier bilden die einschlägigen Berufsordnungen allerdings keine lückenlose Sicherheit. Diese wäre nur durch die gesetzliche Regelung einer Vorlagepflicht beim bestellenden Gericht gegeben.[45] Teilweise verlangen die Aus-/Fortbildungsinstitute bei der Anmeldung zum Kurs die Vorlage eines aktuellen erweiterten Führungszeugnisses.

Neben der aus Sicht der Autorin eindeutig notwendigen Überprüfung der fachlichen und persönlichen Eignung durch das bestellende Gericht kommt auch die Einrichtung einer Kammer oder Kommission in Betracht, die Verfahrensbeistände zulässt und kontrolliert (siehe auch Teil 1/*Salgo*, Rn. 43 f.). Erforderliche Anforderungen an die **persönliche und fachliche Eignung** des Verfahrensbeistandes sind seit 2022 direkt in § 158a FamFG präzisiert worden (siehe Teil 2/*Salgo* zu § 158a FamFG, Rn. 55 ff.).

Tätigkeitsfeld der Verfahrensbeistände 105

81,95 % der von August 2016 bis Februar 2017 befragten Familienrichter gaben an, zwischen 80 und 100 % der Fälle mit dem erweiterten Aufgabenkreis (und damit der „großen Pauschale") zu bestellen. 99,50 % halten ein Gespräch mit dem Kind für erforderlich, 97,03 % eine Teilnahme an den gerichtlichen Terminen und 87,87 % eine Teilnahme an der Anhörung des Kindes.[46] 86,14 % befürworten ein Hinwirken auf einvernehmliche Lösungen.

IV. Rechtstatsachenstudie u.a. zur Verfahrensbeistandschaft in Fällen der Kindeswohlgefährdung nach § 1666 BGB

Das vom Bundesministerium für Familie, Senioren, Frauen und Jugend geförderte 106
Kooperationsprojekt der Technischen Universität Berlin, der Fachhochschule Münster und der Ostbayerischen Technischen Hochschule Regensburg[47] untersuchte in Fortsetzung einer Studie aus den Jahren 1996 bis 1999[48], wie die gesetzlichen Rege-

43 Dahm, ZKJ 2017, 345, 347.
44 Dahm, ZKJ 2017, 343.
45 Dahm, ZKJ 2017, 348 f.
46 Dahm, ZKJ 2017, 343.
47 Münder (Hrsg.), 2017: Kindeswohl zwischen Jugendhilfe und Justiz. Zur Entwicklung von Entscheidungsgrundlagen und Verfahren zur Sicherung des Kindeswohls zwischen Jugendämtern und Familiengerichten. Weinheim/Basel: Beltz-Juventa.
48 Münder/Mutke/Schone, 2000: Kindeswohl zwischen Jugendhilfe und Justiz. Professionelles Handeln in Kindeswohlverfahren. Münster: Votum.

lungen des FamFG in Verfahren bei Gefährdung des Kindeswohls umgesetzt werden und wie die Akteure der Kinder- und Jugendhilfe sowie der Familiengerichtsbarkeit ihre jeweiligen Aufgaben und ihre verpflichtende Zusammenarbeit gestalten.

Das Rechtsinstitut der Verfahrensbeistandschaft wurde neu in die Untersuchung einbezogen. An 20 ausgewählten Standorten wurden die Verfahren durch quantitative (Analyse der Daten des Statistischen Bundesamtes, Online-Erhebung von 318 Fallverläufen bei Jugendämtern) sowie qualitative (Experteninterviews mit 44 Fachkräften des Allgemeinen Sozialen Dienstes, 30 Familienrichtern und 20 Verfahrensbeiständen sowie 20 problemzentrierte Interviews mit Eltern und Jugendlichen) Methoden untersucht.[49]

107 Bestellpraxis der Verfahrensbeistandschaft

Die Einzelfallerhebung von 318 Fallverläufen ergab, dass in etwa einem Viertel der Verfahren nach § 1666 BGB keine Bestellung eines Verfahrensbeistandes erfolgte, obwohl dies nach dem damals geltenden § 158 Abs. 2 FamFG a.F. obligatorisch gewesen wäre.[50] Je weiter die Verfahren vorangeschritten waren, desto höher lag der Anteil der Verfahrensbeistandschaften, was dadurch erklärt wurde, dass die Bestellung oft erst dann erfolgte, wenn abzusehen war, dass es nicht bei einer Erörterung der Gefährdung und den Möglichkeiten ihrer Abwendung nach § 157 FamFG bleibt.

Bei den bestellten Verfahrensbeiständen handelte es sich meist um Frauen mit juristischem oder sozialpädagogischem Hintergrund, wobei die juristisch ausgebildeten Verfahrensbeistände deutlich seltener eine entsprechende Fortbildung vorweisen konnten als die sozialpädagogischen Kollegen und dies mehrheitlich für nicht notwendig erachteten.[51]

Die bestellenden Richter erwarteten insbesondere zügige Erkenntnisse über Interessen und Lebenslage des Kindes. In den meisten Fällen spielten bei der Auswahl **persönliche Erfahrungen** mit den Verfahrensbeiständen eine Rolle. Darüber hinaus orientierten sich diese Entscheidungen auch an den von einer bestimmten Berufsgruppe erwarteten Kompetenzen sowie dem vor Ort zur Verfügung stehenden Angebot.[52]

108 Aufgaben der Verfahrensbeistandschaft

Kern des Aufgabenverständnisses bildete die Vertretung des subjektiven sowie objektiven Interesses des Kindes, für dessen Ermittlung ein breites Spektrum an Vorgehensweisen geschildert wurde. Als zentral wurden auch die Begleitung, Beratung und Information des Kindes während des Verfahrens erachtet.[53] Wenn in den Verfahren nach § 1666 BGB dem Willen des Kindes nicht gefolgt werden könnte, wurde die Erörterung dazu mit dem Kind als besondere, aber wichtige Herausforderung beschrieben.

49 Münder, 2017, 92 ff.; Bindel-Kögel, uj 2018, 72 f.
50 Münder, 2017, 166; Bindel-Kögel, uj 2018, 76 f.
51 Münder (Hrsg.), 2017, 281 f., 308; Bindel-Kögel, uj 2018, 76.
52 Münder (Hrsg.), 2017, 283 ff., 309; Bindel-Kögel, uj 2018, 77.
53 Münder (Hrsg.), 2017, 296 ff., 310; Bindel-Kögel, uj 2018, 78.

Die Sensibilisierung der Eltern für die Interessen der Kinder und die Motivation zur Hilfeannahme wurden als **Mitwirken an einer einvernehmlichen Regelung** von etwa der Hälfte der Verfahrensbeistände verstanden. Jugendämter und Gerichte sahen hierin eine Möglichkeit, verfahrene Situationen mit einer weiteren Rolle neu anzugehen, was jedoch auch die Gefahr eines zu weit verstandenen Aufgabenfeldes birgt.[54]

Begrüßt wurden von den meisten Verfahrensbeiständen die Fallpauschalen nach § 158 Abs. 7 FamFG, wenngleich bei weiten Fahrtwegen und oft langandauernden Verfahren nach § 1666 BGB auch Nachteile einer pauschalen Regelung benannt wurden.[55]

V. Erkenntnisse zum Verfahrensbeistand aus der Evaluierung der FGG-Reform von 2009

Die im Auftrag des Bundesministeriums der Justiz und für den Verbraucherschutz durchgeführte Evaluierung der in 2009 erfolgten FGG-Reform[56] sollte eruieren, ob die zentralen Reformziele aus Sicht der Rechtspraxis erreicht werden konnten und wie sich das FamFG in der praktischen Erprobung bewährt hat.[57] Mit Blick auf die Verfahrensbeistandschaft ist dabei insbesondere das Ziel der Stärkung der konfliktvermeidenden und konfliktlösenden Elemente im familiengerichtlichen Verfahren relevant. 109

Umgesetzt wurde das Vorhaben neben der Analyse der Familiengerichtsstatistik[58] und einer Befragung von BGH-Senaten durch überwiegend standardisierte Online-Befragungen der unterschiedlichen mit dem Verfahren befassten Akteure im Jahr 2016 – 447 Richter erster und 145 zweiter Instanz, 199 Anwälte, 447 Rechtspfleger und 96 Notare, 100 im Betreuungsrecht tätige Verfahrenspfleger, 230 Mitarbeitende von Jugendämtern sowie 246 Verfahrensbeistände.[59]

Die Einbeziehung der Verfahrensbeistände war ursprünglich mit der Beauftragung wohl nicht vorgesehen, erfolgte dann aber in Rücksprache mit dem Auftraggeber, um für das Ziel der **Konfliktvermeidung und -lösung** auch diese für die Wahrung der Rechte des Kindes zentrale Berufsgruppe einbezogen zu haben und ihr einen zentralen Stellenwert einzuräumen.[60]

Bestellpraxis und Auswahl der Verfahrensbeistände 110

Die im Jahr 2016 befragten Richter der ersten Instanz gaben an, Verfahrensbeistände in etwa 73 % der Sorgerechtsverfahren und 65 % der Umgangsrechtsverfah-

54 Münder (Hrsg.), 2017, 292 f., 296 ff. 309, 311 f.; Bindel-Kögel, uj 2018, 79.
55 Münder (Hrsg.), 2017, 282; Bindel-Kögel, uj 2018, 78.
56 Ekert/Heiderhoff, 2018, Die Evaluierung der FGG-Reform, Abschlussbericht zum Forschungsvorhaben; einsehbar unter: www.bmjv.de/SharedDocs/Artikel/DE/2018/020218_Uebergabe_Bericht_FGG_Reform.html (Zugriff: 30.4.2019).
57 Ekert/Heiderhoff, S. 1 f.
58 Ekert/Heiderhoff, S. 98 ff. da die Statistik im vorliegenden Abschnitt ebenso und aktueller analysiert wurde, wird auf die Darstellung dieser Ergebnisse der Evaluation verzichtet.
59 Ekert/Heiderhoff, S. 9 ff.
60 Ekert/Heiderhoff, S. 11 f., 14, 97.

ren zu bestellen. In der Beschwerdeinstanz lagen diese Anteile etwas höher (83 % in Sorgerechtsverfahren, 75 % in Umgangsrechtsverfahren). Etwa ein Drittel der Richter in erster und zweiter Instanz berichteten, bei Vorliegen eines Regelbeispiels nach § 158 Abs. 2 FamFG auf die Bestellung verzichtet zu haben. Als Gründe wurden hierfür insbesondere Reife und Alter des Kindes, relative Bedeutungslosigkeit des Verfahrensgegenstandes sowie die Hoffnung auf eine schnelle Einigung benannt. Befragte Anwälte benannten hingegen auch die damit verbundenen Kosten als Grund für den Verzicht auf die Bestellung.

Während Richter der ersten Instanz zu einem großen Anteil (über 90 %) der Auffassung waren, dass sich diese Regelung in der Praxis bewährt habe, fiel das Urteil bei den Anwälten hierzu skeptischer aus: Fast 20 % waren nicht dieser oder geteilter Meinung.[61] Auch die Einschätzung zum frühen Zeitpunkt der Bestellung fiel durch die Anwender unterschiedlich aus. Während die Richter der ersten Instanz zu knapp 67 % erklärten, fast nie oder in der Minderheit der Fälle die erste Anhörung vor der Bestellung abzuwarten, gab etwa ein Fünftel der befragten Verfahrensbeistände oder Anwälte an, dass in der Mehrheit der Fälle oder fast immer zunächst abgewartet werde. Entsprechend hoch war die Zustimmung bei den Richtern, dass der **Zeitpunkt** der Bestellung früh genug erfolgte (ca. 80 %) und geringer bei Verfahrensbeiständen und Anwälten. Als Grund für ein Abwarten wurde insbesondere die Aussicht auf eine schnelle gütliche Einigung angegeben.[62]

Nach Angaben der Richter erfolgte die **Auswahl** der Verfahrensbeistände auf Basis des Verhaltens in Verfahren und von Erfahrungen in der Zusammenarbeit sowie bei Vorliegen von psychologischen oder juristischen Kenntnissen. Sie gaben ebenso wie Anwälte und Verfahrensbeistände an, dass diese insbesondere über Kenntnisse in Bezug auf kindliche Entwicklungen, optimale Willensermittlung des Kindes sowie Fähigkeiten im Aufbau eines Vertrauensverhältnisses zum Kind verfügen sollten.[63]

111 **Rolle und Aufgaben der Verfahrensbeistandschaft**

Weitgehend einheitlich bejahten die befragten Berufsgruppen, dass die Verfahrensbeistandschaft das rechtliche Gehör des Kindes verbessere (ca. 90 %).[64] Alle befragten Berufsgruppen schätzten es als sehr hoch ein, dass die Verfahrensbeistandschaft sachdienliche Beiträge zur **Entscheidungsfindung** einbringe.[65]

Die mit dem FamFG im Jahr 2009 eingeführte pauschale Vergütungsregelung hat sich laut zwei Dritteln der Befragten bewährt, wobei das Urteil der Rechtspfleger hierzu besonders positiv ausfällt (ca. 75 % stimmen voll und ganz oder eher zu, die Mehrheit sieht sehr positive Auswirkungen) und das der Verfahrensbeistände etwas durchwachsener (ca. 60 % stimmen voll und ganz zu, 34 % stimmen eher nicht oder

61 Ekert/Heiderhoff, S. 100 ff.; die Angaben zur Bestellung mit einfachem oder erweitertem Aufgabenkreis waren in etwa übereinstimmend mit der Familiengerichtsstatistik.
62 Ekert/Heiderhoff, S. 104 ff.
63 Ekert/Heiderhoff, S. 108 ff.
64 Ekert/Heiderhoff, S. 106.
65 Ekert/Heiderhoff, S. 115 f.

überhaupt nicht zu, Urteile zu den Auswirkungen sind insbesondere im Hinblick auf die Qualifikation der Verfahrensbeistände gemischt).[66]

Auswirkungen der Verfahrensbeistandschaft auf eine einvernehmliche Lösung **112**

Die Bewertung der befragten Berufsgruppen, ob die Verfahrensbeistände sich ausschließlich auf die Beschreibung der Bedürfnisse des Kindes konzentrieren, fielen unterschiedlich aus. Während die Richter dies eher in der Minderheit oder nie wahrnahmen, taten dies die Jugendämter in der Mehrheit oder fast immer, und bei den Anwälten sowie den Verfahrensbeiständen selbst lagen zwei etwa gleich große Gruppen vor, die dieser Aussage zustimmten oder sie ablehnten.

Einheitlich war das Urteil der Verfahrensbeistände (und tendenziell auch der Richter und Jugendämter), dass die Verfahrensbeistände passende Lösungen vorschlagen. Richter und Verfahrensbeistände bewerteten ihren Einfluss auf die Eltern als eher groß, Anwälte und Jugendämter sahen ihn hingegen begrenzt. Alle Berufsgruppen maßen der Verfahrensbeistandschaft insgesamt jedoch eher einen großen Einfluss zu. Insbesondere Verfahrensbeistände und Richter waren der Auffassung, dass sich die Verfahrensbeistandschaft positiv auf das Finden einer einvernehmlichen Regelung auswirke, zurückhaltender zeigten sich hier hingegen Anwälte und Jugendämter.

Als förderlich wurde dafür bewertet, dass im Gespräch mit den Eltern ein **Bewusstsein für die Bedürfnisse des Kindes** geschaffen werden könne und die Verfahrensbeistandschaft als neutrale und fachkompetente Institution Vertrauen genieße.[67]

VI. Interessenvertretung aus Sicht der betroffenen Kinder

Das Erleben der von einem Verfahrensbeistand vertretenen Kinder und Jugendlichen **113**
stand im Zentrum einer im Jahr 2003 durchgeführten Untersuchung, die also wenige Jahre nach Implementierung des Rechtsinstituts (damals noch Verfahrenspflegschaft) an der Klinik für Kinder- und Jugendpsychiatrie/Psychotherapie der Universität Ulm durchgeführt wurde.[68] Vor dem Hintergrund der beständigen Aktualität des Partizipationsdiskurses verwundert es, dass Kinder und Jugendliche selbst als zentrale Akteure bis heute kaum in Untersuchungen zur Verfahrensbeistandschaft einbezogen wurden. Andererseits scheint dies angesichts der zahlreichen methodischen und ethischen Fragen, die sich aus einem solchen Vorgehen ergeben, durchaus nachvollziehbar. So lag bisher nur eine sehr begrenzte Untersuchung vor, in deren Rahmen von einem Verfahrensbeistand vertretene Kinder zu ihren Erfahrungen befragt wurden.[69] Ausgehend von dieser ersten im Jahr 2000 durchgeführten

66 Ekert/Heiderhoff, S. 117 ff.
67 Ekert/Heiderhoff, S. 288 ff.
68 Stötzel 2005a, Stötzel, Frühe Kindheit 2005b; Stötzel, FPR 2006; Stötzel, FamPra.ch 2008; Stötzel/Fegert, KindPrax 2005a; Stötzel/Fegert, ZKJ 2005b; Stötzel/Fegert, FamPra.ch 2005c; Stötzel/Fegert, Representing Children 2005d; Stötzel/Fegert, International Journal of Law, Policy and the Family 2006; Stötzel/Wolff 2006.
69 Balloff/Stötzel, PdR 2001; KindPrax 2002.

Untersuchung wurden folgende **Fragestellungen** formuliert, um einen Einblick in das Verstehen und Erleben des Kindes zum Verfahrensbeistand gewinnen:

- Welches Verständnis haben Kinder von der Verfahrensbeistandschaft?
- Wie nehmen Kinder die Problematik Kindeswille – Kindeswohl wahr?
- Wie erleben und bewerten Kinder die Vertretung durch einen Verfahrensbeistand?
- Welche Zusammenhänge zwischen der Tätigkeit des Verfahrensbeistandes und dem Verstehen und Erleben des Kindes sind identifizierbar?
- Welche Schlussfolgerungen für die Tätigkeit des Verfahrensbeistandes sind ableitbar?

114 **Untersuchungsdesign**

Als Untersuchungsmethode wurde eine postalische Fragebogenerhebung gewählt, um die Studie nicht auf eine regional begrenzte Stichprobe einschränken zu müssen. Nach einer Pilotstudie zur Erprobung und Optimierung des Vorgehens wurden im Sommer 2003 etwa 1.250 Exemplare der Untersuchungsmaterialien an etwa 1.000 verschiedene damals sog. Verfahrenspfleger in Deutschland verteilt: Fragebögen jeweils für Verfahrenspfleger und Kinder, Informationsmaterial und Einverständniserklärungen jeweils für Verfahrenspfleger, Kinder und Eltern, Rückmeldungen zur Nichtteilnahme sowie mit einem Freimachungsvermerk versehene Rückumschläge. Darüber hinaus wurden weitere 79 Kinder direkt über die Berliner Familiengerichte kontaktiert.

Da es über die Grundgesamtheit der Kinder, die von einem Verfahrenspfleger vertreten werden, keine Daten hinsichtlich zentraler Merkmale wie Alter und Geschlecht gibt, war eine repräsentative Stichprobe von vornherein nicht erzielbar. Darüber hinaus stellte sich die Rekrutierung einer ausreichend großen Stichprobe von Kindern und Jugendlichen als sehr problematisch dar. Der Weg der Kontaktaufnahme über die Gerichte in einem bundesweiten Ansatz erschien aufgrund der dafür notwendigen aufwendigen Organisation nicht umsetzbar.

Daher wurde der **Kontakt** zu den Kindern **über** ihre **Verfahrenspfleger** hergestellt – wenn auch mit diesem Vorgehen in Kauf genommen werden musste, dass damit vermutlich eher gut verlaufene Fälle in die Stichprobe aufgenommen und die Ergebnisse in eine positive Richtung verzerrt wurden. Für eine Auswertung standen schließlich 160 Fragebögen von 82 Verfahrenspflegern zur Verfügung, die sich insgesamt auf 137 verschiedene gerichtliche Verfahren bezogen.

52 Kinder sendeten ihre Fragebögen zurück. Davon lag in 50 Fällen auch eine Antwort des Verfahrenspflegers vor, sodass Fragebogenpaare von 50 Kindern und ihren Verfahrenspflegern in die Auswertung einbezogen werden konnten.

115 **Merkmale von Verfahrenspflegern, Kindern und gerichtlichen Verfahren**

Von den insgesamt teilnehmenden 82 Verfahrenspflegern waren 65 (79 %) weiblich, nur 17 (21 %) männlich, das durchschnittliche Alter betrug etwa 45 Jahre. Über die Hälfte (53 %) der Verfahrenspfleger waren Sozialpädagogen oder/und Sozialarbeiter.

Pädagogen, Psychologen und Erzieher/Lehrer machten jeweils einen Anteil von weniger als 10 % aus. Der Anteil von 11 % Juristen unterschätzt sicher die Bedeutung dieser Berufsgruppe in der Praxis und ist auf den Weg der Kontaktaufnahme insbesondere über Weiterbildungsinstitutionen, Verbände und Arbeitskreise zurückzuführen.

8 der 82 Verfahrenspfleger verfügten über eine doppelte **Grundqualifikation**, einer sogar über eine dreifache. 70 der 82 Verfahrenspfleger (85 %) gaben an, an einer entsprechenden **Weiterbildung** zum Verfahrenspfleger teilgenommen zu haben; auch dieser hohe Anteil von Verfahrenspflegern und -beiständen mit Zusatzqualifikationen hängt sicherlich mit der Kontaktaufnahme über die Weiterbildungsinstitution zusammen. 5 der 11 Verfahrenspfleger (also fast 50 %), die dies gemäß den eigenen Angaben nicht getan haben, waren Juristen. Die **berufliche Erfahrung** als Verfahrenspfleger streute etwa 5 Jahre nach Inkrafttreten der Rechtsvorschrift sehr weit im Bereich zwischen einem und 368 übernommenen sowie 185 abgeschlossenen Fällen. Der Durchschnitt lag bei einer Anzahl von 30 übernommenen und 22 abgeschlossenen Fällen.

Verfahrensgegenstand waren in 39 der insgesamt erfassten 137 Gerichtsverfahren (29 %) Maßnahmen wegen Gefährdung des Kindeswohls (§§ 1666, 1666a BGB). Verfahren mit Schwerpunkten in den Bereichen Sorgerecht (§§ 1671, 1672 BGB; 24 %) und Umgangsrecht (§§ 1684, 1685 BGB; 20 %) sowie beiden Aspekten gemeinsam (14 %) stellten weitere zentrale Gruppen dar. Darüber hinaus war in 7 Fällen (5 %) die Wegnahme des Kindes von der Pflegeperson (§ 1632 IV BGB) und in einem Fall die Wegnahme von einem Stiefelternteil (§ 1682 BGB) Gegenstand des Verfahrens und Grund für die Verfahrenspflegerbestellung. Die durchschnittliche **Dauer** der Verfahren betrug 12 Monate, 26 % der Verfahren dauerten länger als ein Jahr.

Der **Altersdurchschnitt** der 160 vertretenen Kinder und Jugendlichen, über die die Verfahrenspfleger berichteten, lag zum Untersuchungszeitpunkt bei etwa 13 Jahren. Das Alter der tatsächlich teilnehmenden 52 Kinder streute in einem Bereich von 7 bis 18 Jahren und lag im Durchschnitt ebenfalls bei 13 Jahren. Diese Daten sind sicher im Vergleich zur tatsächlichen Gruppe vertretener Kinder nach oben verzerrt und vor dem Hintergrund des Anspruchs der Untersuchung und der Methode der schriftlichen Befragung zu betrachten, die einen gewissen Entwicklungsstand voraussetzen, Kinder zu ihrem Erleben zu befragen. Zum **Geschlecht** der Kinder war für alle 160 beschriebenen Vertretungen ein Mädchenanteil von 57 % zu verzeichnen, wobei der große weibliche Anteil insbesondere im Bereich von 12 bis 17 Jahren lag und besonders gehäuft in der Gruppe der Umgangsrechtsverfahren auftrat.

Für 50 der insgesamt 52 an der Untersuchung teilnehmenden Kinder sendete auch der Verfahrenspfleger seinen bearbeiteten Fragebogen zurück. In dieser Stichprobe war der Mädchenanteil noch höher als in der Gesamtstichprobe und lag bei 63 %. Der hohe Mädchenanteil bestand insbesondere im mittleren Altersbereich der Stichprobe zwischen 11 und 15 Jahren. Möglicherweise haben die Verfahrenspfleger eher vertretene Mädchen als Jungen für die Untersuchung kontaktiert.[70] Von den 30 Verfahrenspflegern, die gemeinsam mit einem vertretenen Kind an der Untersuchung teilnahmen, waren 28 weiblich und nur 2 männlich.

Im Verhältnis zur Gesamtstichprobe waren in dieser Teilstichprobe relativ viele Juristen vertreten (fast 20 %), und die Verfahrenspfleger verfügten tendenziell über eine größere Berufserfahrung. Auffällig war auch, dass die Verfahrenspfleger mit diesen Fällen besonders zufrieden waren und diese **erhöhte Zufriedenheit** des Verfahrenspflegers statistisch nachweisbar mit einem positiven Erleben des Kindes einherging. Dies ist bei der Bewertung der Ergebnisse zu berücksichtigen.

116 **Das Erleben der vertretenen Kinder**

Im Folgenden sollen insbesondere zwei Variablen zum Erleben der Kinder betrachtet werden, die besonders zentral erscheinen:

- Was wissen vertretene Kinder zur Rolle des Verfahrenspflegers? Wovon hängt ein hoher Informationsstand ab?
- Wie zufrieden sind Kinder mit der Vertretung? Wovon hängt ein positives Erleben des Kindes ab?

117 **1. Wissen/Informationsstand der Kinder**

Zum Informationsstand der Kinder zeigt die folgende Tabelle, welche durchschnittlichen Werte die befragten 52 Kinder (und ihre 50 Verfahrenspfleger) zum Kriterium[71] Informationsstand („Wissen") und den dafür als relevant erachteten Prädiktoren[72] erzielten. Prädiktor 1 – Aufklärung über Rolle und Tätigkeit – meint dabei die Übermittlung von grundlegenden Informationen an das Kind. Aufklärung über Gesetzesverankerung und Bestellung durch Richter (Prädiktor 2) bezieht sich darüber hinaus auf zwei Aspekte, die sich im Ergebnis einer vorangegangenen explorativen Studie als besonders zentral darstellten.[73]

Durchschnittliche Ausprägungen zum Thema „Wissen" des Kindes

	Variablenbezeichnung	Kinder	Verfahrenspfleger
Kriterium	Informationsstand des Kindes	2,36	nicht erhoben
Prädiktor 1	Aufklärung über Rolle und Tätigkeit	2,53	2,48
Prädiktor 2	Aufklärung über Gesetzesverankerung und Bestellung durch Richter	2,37	2,94

Anmerkung: Dargestellt sind jeweils Mittelwerte aus dem möglichen Wertebereich 0 bis 3.

70 Auf eine diesbezügliche Bevorzugung von Mädchen gegenüber Jungen weisen Ergebnisse einer englischen Untersuchung hin: Thomas/Beckford/Lowe/Murch 1999, S. 13.
71 Statistische Bezeichnung für die abhängige Variable bei einem Zusammenhang.
72 Statistische Bezeichnung für die unabhängige Variable bei einem Zusammenhang.
73 Balloff/Stötzel, PdR 2001, 82 f., KindPrax 2002, 50 f.

Sowohl die objektiven Werte zum Wissen der Kinder (Kriterium) als auch die Angaben der Kinder zu den beiden Prädiktoren lagen bei dieser quantitativen Betrachtung im oberen Bereich der Antwortskala.

Im Folgenden sind nun ergänzend dazu auf qualitativer Ebene weitgehend wörtlich beispielhafte Antworten wiedergegeben, die die Kinder zu **Rolle und Aufgabe des Verfahrenspflegers** aus ihrer Sicht formulierten:

> **Was ist ein Verfahrenspfleger?**
>
> Stell dir vor, ein Freund oder eine Freundin fragt dich, was ein Verfahrenspfleger ist und was der macht. Was würdest du antworten?
>
> Ein Verfahrenspfleger ...
>
> ... ist eine Person, die vom Staat bezahlt wird, ein Kind bei Verfahren vertritt und es über seine Rechte und Pflichten aufklärt.
>
> ... unterstützt meine Gefühle und das, was ich will, und teilt es dem Gericht mit – so etwas wie ein Anwalt.
>
> ... hilft dir in familiären Schwierigkeiten und berät dich, was das Beste für dich ist. Verfahrenspfleger sind gute Freunde, mit denen du über alles reden kannst.
>
> ... ist wie ein Anwalt für Kinder, jemand, der ihre Meinung und das Wohl des Kindes aus seiner Sicht vertritt.
>
> ... vertritt die eigene Meinung bei Gericht für dich, weil man selber noch zu jung ist, um einen eigenen Anwalt zu haben.
>
> ... ist der Anwalt der Kinder und kümmert sich um die Kinder bei Gerichtsverfahren und Streit der Eltern um das Sorgerecht. Er hört die Meinung der Kinder an und versucht, beim Richter die Meinung zu vertreten.
>
> ... ist eine Person vom Richter, die dir verspricht zu helfen und es dann doch nicht tut.
>
> ... vertritt die Eltern vorm Gericht.

Folgende **drei Aspekte** wurden mit Blick auf alle Antworten von den Kindern besonders häufig genannt:

- die Vertretung im engeren Sinne („vertritt"/„verteidigt" die „Meinung"/„Wünsche"/ „Rechte" des Kindes bei Gericht),
- über die Vertretung hinausgehende unterstützende Tätigkeiten des Verfahrenspflegers („steht zur Seite", „unterstützt", „berät", „weist auf Möglichkeiten hin"),
- der Begriff des „Anwalts".

2. Zufriedenheit der Kinder mit der Vertretung 118

Mit dem Kriterium Positives Erleben beim Kind („Zufriedenheit") wurde ein globales Urteil des Kindes erhoben, insgesamt froh zu sein, einen Verfahrenspfleger gehabt zu haben und sich diesen auch für andere Kinder zu wünschen. Darüber hinaus wurden sechs möglicherweise mit dem Erleben des Kindes in Zusammenhang stehende Prädiktoren betrachtet.

1. Prädiktor 1 (Erlebte Sympathie und Freundlichkeit) beschreibt persönliche Eigenschaften des Verfahrenspflegers,

2. der mit Respektierung als Subjekt und Individuum bezeichnete Prädiktor 2 Aspekte der Arbeitsbeziehung zwischen Kind und Verfahrenspfleger (beispielsweise, ob das Kind an der Terminabsprache beteiligt war).
3. Prädiktor 3 (Aufklärung zum Gerichtsverfahren) meint die vom Verfahrenspfleger gemachten Erklärungen zum gerichtlichen Verfahren,
4. während sich die als Prädiktor 4 erhobene Unterstützung bei Gericht speziell auf die Situation der persönlichen Anhörung des Kindes bezieht.
5. Prädiktor 5 (Meinung wiedergegeben) beschreibt das ausdrückliche Einbringen der kindlichen Wünsche und Vorstellungen in das gerichtliche Verfahren, und
6. Prädiktor 6 erfasst den Interessengegensatz zum gesetzlichen Vertreter.

Die folgende Tabelle zeigt die jeweiligen durchschnittlichen Antwortausprägungen der 52 Kinder und ihrer 50 Verfahrenspfleger.

Durchschnittliche Ausprägung zum Thema „Zufriedenheit" des Kindes

	Variablenbezeichnung	Kinder	Verfahrenspfleger
Kriterium	Positives Erleben beim Kind	2,46****	2,43****
Prädiktor 1	Erlebte Sympathie und Freundlichkeit	1,26	nicht erhoben
Prädiktor 2	Respektierung als Subjekt und Individuum	2,36	2,83
Prädiktor 3	Aufklärung zum Gerichtsverfahren	2,32*	2,64*
Prädiktor 4	Unterstützung bei Gericht	2,09	2,82
Prädiktor 5	Meinung wiedergegeben	2,46	2,92
Prädiktor 6	Interessengegensatz zum gesetzlichen Vertreter	1,46	2,55

*Anmerkung: Dargestellt sind jeweils Mittelwerte aus dem möglichen Wertebereich 0 bis 3; sehr gute Übereinstimmungen zwischen Kind und Verfahrenspfleger: * $p < 0{,}05$; ****$p < 0{,}0001$.*

Auch zur Zufriedenheit der Kinder, für die quantitativ ein durchschnittlich sehr gutes Gesamturteil ermittelt werden konnte, wurden die Kinder ergänzend um eine freie Formulierung ihrer Meinung gebeten:

> **Wie war dein Verfahrenspfleger?**
>
> Stell dir vor, ein Freund oder eine Freundin möchte deine persönliche Meinung zu deinem Verfahrenspfleger wissen. Er oder sie möchte wissen, was dir gut gefallen hat und was dir nicht so gut gefallen hat. Was würdest du deinem Freund oder deiner Freundin antworten?

Ich fand ...

... gut, dass mein Verfahrenspfleger supernett war und immer zugehört hat. Vertrauen und Sympathie waren sofort vorhanden, die Unterstützung hat mir sehr geholfen.

... meinen Verfahrenspfleger sehr gut, weil er mir sehr geholfen und mich unterstützt hat. Mir hat nicht gefallen, dass ich nur sehr wenig Zeit hatte, meinem Verfahrenspfleger meine Situation zu schildern.

... erst, dass ich keinen Anwalt brauchte. Dann war es aber gut zu wissen, dass jemand da ist, an den man sich wenden könnte, wenn man es braucht.

... gut, dass ich mal mit meinem Verfahrenspfleger Eis essen war. Dass nichts bei der Verfahrenspflege herausgekommen ist, fand ich nicht gut.

... es gut, dass er genau das dem Richter sagte, was ich ihm erzählte, und dass er ihm auch nur das sagte, was ich wollte, dass er es erzählte.

... gut, dass mein Verfahrenspfleger immer da war und mir geholfen hat, sich mit den Eltern zu verständigen. Schlecht war, dass der Verfahrenspfleger einem juristisch nicht weiterhelfen konnte.

... dass wir zu persönlichen Gesprächen immer gut klargekommen sind. Zum Schluss hat er dann doch nur dem Richter zu Munde geredet.

... gut, dass mein Verfahrenspfleger mir immer aufmerksam zugehört hat, mich verstanden hat – bzw. mir das Gefühl gegeben hat – und meine Meinung gut vertreten hat.

Ausschließlich positive Aspekte erwähnten 30 der insgesamt 52 befragten Kinder, während 2 Kinder ausschließlich Kritik übten. 12 Kinder berichteten sowohl über Dinge, die ihnen gut gefallen hatten, als auch über solche, die aus ihrer Sicht nicht gut waren oder keine eindeutige Bewertung beinhalteten. Während die Antworten von 2 Kindern inhaltlich nicht einzuordnen waren, machten jeweils 3 Kinder keine Angaben oder kommentierten, zur Frage nichts sagen zu können.

Zentrale Elemente der positiven Beurteilungen waren:

- beistehende und unterstützende Tätigkeiten des Verfahrenspflegers („hat sich eingesetzt", „war auf meiner Seite", „stellte gute Fragen", „gut zu wissen, dass jemand da ist"),
- positive Beziehungsaspekte („hat zugehört", „hat mich verstanden", „man konnte über alles reden"),
- persönliche Eigenschaften des Verfahrenspflegers („war nett", „wir sind gut miteinander klargekommen").

Als problematisch wurde benannt:

- schwierige Bedingungen der Vertretung („zu wenig Zeit zur Schilderung der Situation", „schwierig, alles so zu vermitteln", „hat nicht gefragt, was wichtig ist"),
- Verrat oder diesbezügliche Unsicherheiten („zum Schluss dann doch nur dem Richter zu Munde geredet", „Gefühl, dass später alles erzählt wird"),

- mangelnde Effektivität der Verfahrenspflegschaft („nichts herausgekommen", „konnte juristisch nicht helfen"),
- persönliche Eigenschaften des Verfahrenspflegers („war patzig", „war genervt").

119 **3. Zusammenhänge zwischen Verhalten des Verfahrenspflegers und Erleben des Kindes**

Um Schlussfolgerungen für die Tätigkeit des Verfahrenspflegers ableiten zu können, wurden schließlich mittels statistischer Methoden Zusammenhänge zwischen den untersuchten Variablen analysiert. Dabei ergaben sich folgende zentrale Ergebnisse in dieser im Jahr 2003 durchgeführten Studie:

- Das Wissen der Kinder war umso höher, je mehr sie auch darüber berichteten, entsprechende Informationen vom Verfahrenspfleger erhalten zu haben. Die untersuchten Kinder konnten diese Informationen also offensichtlich aufnehmen, in ihr Wissen integrieren und in der Befragung wiedergeben.

Praxistipp

▶ *Dieses Ergebnis sollte Verfahrenspfleger und Verfahrensbeistände ermutigen, eine umfassende Aufklärung und Information als selbstverständlichen Bestandteil ihrer Tätigkeit zu verstehen.*

- Die Kinder waren umso zufriedener, je deutlicher sie angaben, dass ihr Verfahrenspfleger sie bei ihrer Anhörung durch den Richter unterstützt und darüber hinaus ihre Meinung gegenüber dem Gericht deutlich gemacht hatte. Die Rolle des Verfahrenspflegers bei der persönlichen Anhörung scheint also für die Kinder zentral gewesen zu sein.

Zur Wiedergabe der kindlichen Meinung ist festzuhalten, dass für das Erleben des Kindes nicht die objektiv bestimmbare Wiedergabe seiner Wünsche entscheidend war, sondern seine **subjektive Gewissheit** darüber. Daher sollten Verfahrensbeistände versuchen, dem Kind diese Gewissheit beispielsweise durch eine Rückmeldung über ihre Arbeit zu geben.

VII. Statistik zur Verfahrenspfleger-/Verfahrensbeistandsbestellung

120 Die amtliche Statistik des Statistischen Bundesamtes führt für jedes Geschäftsjahr auf, in wie vielen der im jeweiligen Jahr an den Amtsgerichten abgeschlossenen Verfahren ein Verfahrenspfleger nach § 50 FGG bzw. seit 2009 ein Verfahrensbeistand nach § 158 FamFG bestellt war.[74]

74 Statistisches Bundesamt 2000–2021, seit 2022 als Berichtslegung erfasst: https://www.destatis.de/DE/Themen/Staat/Justiz-Rechtspflege/Publikationen/Downloads-Gerichte/statistischer-bericht-familiengerichte-2100220237005.html (Abruf am 7.10.2024, für Statistik 2023); Salgo/Stötzel, ZKJ 2013, 349 (zu den statistischen Entwicklungen bis zum Jahr 2011).

Überblick zur Anzahl der Verfahrenspfleger-/Verfahrensbeistandsbestellungen 1999 bis 2023

	Deutschland	Früheres Bundesgebiet	Neue Länder
1999	2.544	1.977	567
2000	3.757	2.921	836
2001	5.483	4.409	1.074
2002	6.418	5.132	1.286
2003	7.121	5.577	1.544
2004	7.868	6.174	1.721
2005	8.765	6.917	1.848
2006	12.525	9.855	2.670
2007	13.657	11.600	2.057
2008	18.125	14.408	3.717
2009[75]	14.409	11.575	2.834
2010	ca. 45.235* (21 %)	ca. 37.061* (19,8 %)	ca. 8.187* (29 %)
2011	ca. 59.179* (25,5 %)	ca. 48.633* (24,2 %)	ca. 10.329* (33,2 %)
2012	ca. 66.314* (28,5 %)	Die Differenzierung „Früheres Bundesgebiet/Neue Länder" wird seit der Statistik für das Jahr 2012 nicht mehr ausgewiesen.	
2013	ca. 73.078* (30,4 %)		
2014	ca. 77.318* (30,9 %)		
2015	ca. 80.082* (27,9 %)		
2016	ca. 84.031* (28 %)		
2017	ca. 88.475* (34,3 %)		
2018	ca. 97.450* (38,5 %)		
2019	ca. 108.572* (42%)		
2020	ca. 111.727* (44,5%)		
2021	ca. 116.278* (45,5%)		
2022	116.770 (45,6%)		
2023	125.216 (48,2%)		

** Ausgewiesen werden in der Statistik ab dem Erhebungsjahrgang 2010 (mit Inkrafttreten des FamFG) nicht mehr wie in den Vorjahren zum FGG die absoluten Zahlen der Bestellung, sondern der prozentuale Anteil der abgeschlossenen Verfahren in Kindschafts-, Abstammungs- oder Adoptionssachen, in denen ein Verfahrensbeistand bestellt war. Zur Veranschaulichung sind in der Übersicht für die Jahre 2010 ff. auch absolute Zahlen berechnet worden, die allerdings in der Summe von alten und neuen Ländern (diese Differenzierung weist die Statistik für die Jahre 2010 und 2011 noch aus, für ab 2012 nicht mehr) nicht exakt mit der Gesamtzahl für das Bundesgebiet übereinstimmen (was bei den zu-*

75 In die Statistik für das Jahr 2009 ist nur der Erhebungszeitraum von Januar bis August eingegangen. Mit Inkrafttreten des FamFG am 1.9.2009 wurde die Statistik für dieses Berichtsjahr abgeschlossen, die Zahlen sind daher nicht mit den anderen Jahrgängen vergleichbar.

grunde gelegten Größen auf Rundungsungenauigkeiten zurückzuführen und damit bei der Auswertung zu vernachlässigen ist).

121 Der Blick auf diese Zahlen zeigt insbesondere, dass es von Beginn der Erhebungen 1999 an bis in das aktuell vorliegende Erhebungsjahr 2023 hinsichtlich der absoluten Zahlen einen beständigen **Zuwachs der Bestellungen** gab. Im historischen Blick auf den kontinuierlichen Anstieg der Zahlen zu Zeiten des FGG fallen zwei deutliche Entwicklungsschübe auf (von dem Jahr 2005 zu 2006 sowie von dem Jahr 2007 zu 2008), die durch Veränderungen in der statistischen Erhebung und den der Statistik zugrunde gelegten Berichtskreis erklärbar sind und die Vergleichbarkeit mit den Erhebungen zu den Vorjahren einschränken.

Zusammenfassend bleibt für die Entwicklung des Verfahrenspflegers zu Zeiten des FGG festzuhalten, dass alle Zahlen für das gesamte Bundesgebiet bis zum Jahr 2009 deutlich hinter den Schätzungen zurückbleiben, die auf der Basis von für den Einsatz eines Verfahrenspflegers angezeigten Verfahren bei etwa 30.000 Bestellungen pro Jahr lagen.[76]

122 Für das Jahr 2010 liegen erstmals **Zahlen zu den Bestellungen** eines Verfahrensbeistands nach § 158 FamFG vor. Für die Beobachtung und Bewertung der Statistik hilfreich ist, dass mit dieser Änderung nun stets auch unmittelbare prozentuale Angaben veröffentlicht werden, in welchem Anteil der im Berichtszeitraum abgeschlossenen relevanten Verfahren in Kindschafts-, Abstammungs- oder Adoptionssachen Verfahrensbeistände bestellt waren.[77]

Relevant sind also bei diesen Zahlen neben dem Verfahrensbeistand gemäß § 158 FamFG (in **Kindschaftssachen**) auch der Verfahrensbeistand nach § 174 FamFG (in **Abstammungssachen**) sowie nach § 191 FamFG (in **Adoptionssachen**), die jeweils auf die Vorschrift in § 158 FamFG verweisen. Die Vergleichbarkeit zu den Vorjahren ist daher auch an dieser Entwicklungsstufe eingeschränkt.

123 Zunächst ist festzustellen, dass im ersten Jahr des FamFG (2010) nur in ca. jedem fünften Verfahren (21 %) ein Verfahrensbeistand bestellt war – dies entspricht allerdings einer **absoluten Zahl** von ca. 45.325 Bestellungen, die damit gegenüber den Vorjahren deutlich angestiegen ist. Auf den ersten Blick und im Rückblick auf die Bestellzahlen nach § 50 FGG scheint diese Zahl hoch zu sein. Angesichts des engen Ermessensspielraums, den der Gesetzgeber bei den Voraussetzungen der Bestellung in § 158 FamFG geschaffen hat („hat zu bestellen – soweit zur Wahrnehmung seiner Interessen erforderlich") erscheint der **prozentuale Anteil** der Verfahren mit Verfahrensbeistand jedoch eher niedrig.

76 Balloff, ZfJ 1998, 441 (442); Balloff, FPR 1999, 221 (222); Balloff/Koritz, 2006, S. 92; Salgo, KindPrax 2002, 187 (189); Salgo, FPR 2006, 7 (9 f.)

77 Statistisches Bundesamt 2010, Rechtspflege Familiengerichte, Fachserie 10/Reihe 2.2, S. 30, Lfd. Nr. 13–16.

Für das Jahr 2011 ist ein weiterer deutlicher Zuwachs zu verzeichnen: Bundesweit wurde im Jahr 2011 bereits in ca. jedem vierten Verfahren in Kindschafts-, Abstammungs- oder Adoptionssachen (25,5 %) ein Verfahrensbeistand bestellt. Dies entspricht einer absoluten Zahl von ca. 59.179 Bestellungen. Die absoluten Bestellzahlen stiegen für die folgenden Jahre (2012 bis 2018) jeweils in Größenordnungen von zunächst ca. 7.000 (bis 2013), dann von jeweils ca. 3.000 bis fast 4.500 (bis 2017) und in den Jahren 2018 bis 2020 noch einmal deutlich an auf über 97.000 Bestellungen für das Jahr 2018, über 108.000 im Jahr 2019, fast 112.000 im Jahr 2020 und über 116.000 für die Jahre 2021 und 2022.

Der prozentuale Anteil der Bestellungen erreichte einen vorläufigen Höhepunkt im Jahr 2014: Hier waren nach stetigem relativem Zuwachs in 30,9 % der abgeschlossenen einschlägigen Verfahren Verfahrensbeistände bestellt worden. Für die Jahre 2015 und 2016 lag dieser Wert annähernd gleich bei ca. 28 % und ging damit wieder leicht zurück, um für die Jahre 2017 bis 2021 erneut deutlich zuzulegen: In 2017 erfolgt in 34,3 % der Verfahren eine Bestellung, in 2018 in 38,5 % der Verfahren, in 2019 in 42%, in 2020 in 44,5% und im Jahr 2021 in 45,5 % sowie 2022 in 45,6 % der Verfahren. Für das Jahr 2023 steigt der Anteil der Bestellungen auf über 48 %.

Es ist also festzustellen, dass nach aktuellen vorliegenden Zahlen – die sich für die im Berichtsjahr 2023 abgeschlossenen Verfahren erstmals in nennenswertem Umfang auf die ab 1.7.2021 gültige Rechtslage und damit die verbindlicheren Voraussetzungen für die Bestellung nach § 158 Abs. 2 FamFG beziehen – in fast jedem zweiten Kindschafts-, Abstammungs- oder Adoptionsverfahren ein Verfahrensbeistand bestellt wurde. Auch wenn diese stete Entwicklung als durchaus positiv zu bewerten ist und die Verfahrensbeistandschaft mit deutlich über 100.000 Bestellungen in den seit dem Jahr 2019 abgeschlossenen Verfahren (für 2023 sogar in 125.000 Verfahren) eine feste Größe im familiengerichtlichen Alltag geworden ist, verwundern diese Zahlen angesichts des **engen Ermessensspielraums**, den der Gesetzgeber bereits nach § 158 Abs. 1 und 2 FamFG in der bis 30.6.2021 geltenden Fassung geschaffen hatte („hat zu bestellen – soweit zur Wahrnehmung seiner Interessen erforderlich"). 124

Absolut folgerichtig und überzeugend ist daher die **verbindlichere Normierung** in § 158 Abs. 2 FamFG in der seit 1.7.2021 geltenden Fassung, nach der die Bestellung in bestimmten Fallkonstellationen „stets erforderlich" ist. Offenbar hat sich die neue Rechtslage in den im Jahr 2022 abgeschlossenen Verfahren noch nicht abgebildet und auch für das Jahr 2023 ist zwar eine deutliche Entwicklung, aber kein „Sprung" zu verzeichnen. Es bleibt abzuwarten, wie sich diese Zahlen weiter entwickeln, wenn in die Berichtslegung vor allem Verfahren nach neuer Rechtslage einfließen werden.[78]

78 Die bisherige Fachserie Familiengerichte wurde mit dem Erhebungsjahr 2021 eingestellt; fortgeführt als Statistischer Bericht sind die Angaben zu finden unter: https://www.destatis.de/DE/Themen/Staat/Justiz-Rechtspflege/Publikationen/Downloads-Gerichte/statistischer-bericht-familiengerichte-2100220237005.html (Abruf für Statistik 2023 am 7.10.2024).

125 Bezogen auf die **Bestellung nach erweitertem Aufgabenkreis** gemäß § 158 Abs. 4 Satz 3 FamFG (bis 30.6.2021 gültige Fassung) ergibt sich eine weitere interessante Entwicklung. Während im Jahr 2010 bundesweit noch in nur 8 % aller Verfahren mit erweitertem Aufgabenkreis bestellt wurde (das sind ca. 38 % aller Bestellungen, zum Vergleich: 13 % mit einfachem Aufgabenkreis, das sind 62 % aller Bestellungen), ist für das Jahr 2011 das Verhältnis in etwa ausgeglichen (12,7 % erweiterter Aufgabenkreis, 12,8 % einfacher Aufgabenkreis, das sind jeweils ca. 50 % der Bestellungen).

Seit dem Jahr 2012 ist ein **kontinuierlicher Zuwachs** der Bestellungen mit erweitertem Aufgabenkreis zu verzeichnen: Für das Jahr 2017 erfolgte bereits in 23,9 % aller Verfahren eine Bestellung mit erweitertem Aufgabenkreis, was einem Anteil von mehr als 70 % entspricht. Bei den im Jahr 2023 abgeschlossenen Verfahren wurde in 73,37 % der Bestellungen ein erweiterter Aufgabenkreis beauftragt – also in deutlich mehr als zwei Drittel aller Bestellungen.

Es ist erfreulich, dass sich diese Entwicklung der berechtigten Forderung nach einer regelhaft notwendigen Beauftragung zu weiteren Befugnissen durch das Gericht annähert, wenngleich nach wie vor verwundert, dass nicht noch konsequenter davon Gebrauch gemacht wird.[79] Denn zu Recht wird in der Fachpraxis seit langem und deutlich darauf hingewiesen, dass die Trennung zwischen der Feststellung kindlicher Interessen auf der einen und Gesprächen mit weiteren Personen aus dem Lebensumfeld des Kindes auf der anderen Seite vor dem Hintergrund eines umfassenden Verständnisses der kindlichen Interessen und ihrer Vertretung lebensfremd und künstlich ist.[80] Wie dargestellt, zeigen auch Rückmeldungen aus der Praxis (für den Verfahrensbeistand) deutlich, dass Gespräche mit den Eltern und weiteren Bezugspersonen in den allermeisten Fällen vom Gericht für notwendig erachtet werden.[81]

VIII. Zusammenfassung der empirischen Erkenntnisse

126 Mit Blick auf die im Einzelnen dargestellten Forschungsergebnisse lassen sich folgende zusammenfassende Schlussfolgerungen zur Situation der Verfahrensbeistandschaft in Deutschland formulieren:

Übersicht: Verfahrensbeistandschaft in Deutschland

- **Bestellpraxis**

  Verfahrensbeistände werden (mittlerweile) in fast jedem zweiten relevanten Kindschaftsverfahren bestellt. In den Regelbeispielen der bis zum 30.6.2021 gültigen Fassung des § 158 Abs. 2 FamFG erfolgte eine Bestellung in etwa zwei Drittel bis drei Viertel der Verfahren. Dieses Bild zeichnen die amtliche Statistik sowie Rechtsanwenderbefragungen.

79 Holzer/Menne, § 158 Rn. 110; Menne, ZKJ 2009, 68 (71); Trenczek, ZKJ 2009, 196 (198 f.)
80 Veit, FF 2008, 476 (479)
81 Rabe, ZKJ 2007, 437 (439); Hannemann/Stötzel, ZKJ 2009, 58 (63)

Für das aktuell vorliegende Berichtsjahr 2023 verzeichnet die amtliche Statistik zwar weiterhin kontinuierliche Zuwächse der Bestellpraxis – ein „Sprung" ist allerdings mit Blick auf die seit dem 1.7.2021 gültige und für bestimmte Fallkonstellationen verpflichtende Bestellung nach § 158 Abs. 2 FamFG noch nicht zu verzeichnen.

- **Auswahl und Qualifikation**

  Konkrete (persönliche) Erfahrungen mit einem Verfahrensbeistand bestimmen insbesondere die Entscheidung, wer durch das Gericht (erneut) bestellt wird. Als weitere Faktoren werden das Vorliegen bestimmter Fachkenntnisse sowie pragmatische Umstände des Angebots beschrieben. Nach wie vor dominieren Juristen sowie Sozialpädagogen und -arbeiter die Praxis. Juristisch ausgebildete Verfahrensbeistände verfügen seltener über eine spezifische Weiterbildung.

  Die Einrichtung von geeigneten Strukturen wäre hilfreich für die Überprüfung der Eignung der Verfahrensbeistände sowie im Hinblick auf die Unabhängigkeit der Bestellung.

- **Aufgabenkreis**

  Während die amtliche Statistik für die aktuellen Berichtsjahre fast drei Viertel der Verfahren eine Bestellung mit erweitertem Aufgabenkreis nach § 158 Abs. 4 Satz 3 FamFG ausweist, nehmen Rechtsanwender einen etwas höheren Anteil wahr (ca. vier Fünftel). Eine umfassende Vertretung der subjektiven und objektiven Interessen des Kindes auf der Basis insbesondere von Gesprächen mit dem Kind und seiner Begleitung im Verfahren, einer Mitwirkung bei der Herstellung von Einvernehmen sowie eine Teilnahme an Terminen und Anhörungen werden als zentrale Aufgaben des Verfahrensbeistandes beschrieben.

- **Auswirkungen**

  Verfahrensbeistände werden von Rechtsanwendern überwiegend geschätzt und als hilfreich für die (einvernehmliche) Entscheidungsfindung sowie als konfliktmildernd wahrgenommen.

- **Vergütung**

  Die 2009 mit § 158 Abs. 7 FamFG a.F. eingeführte und seit 2025 in § 158c Abs. 1 FamFG auf 690 EUR festgesetzte pauschale Vergütungsregelung scheint sich insgesamt bewährt und zu einer Beruhigung der in der Vergangenheit teilweise hochstrittigen Praxis beigetragen zu haben.

- **Erleben der vertretenen Kinder und Jugendlichen**

  Nach wie vor wird die Forschung von Befragungen der am Verfahren Beteiligten – also Richterschaft, Jugendamt, Verfahrensbeistände selbst – dominiert. Einzelne Befragungen von vertretenen Kindern und Jugendlichen geben Hinweise darauf, dass Kinder und Jugendliche die Verfahrensbeistandschaft als positiv erleben, wenn sie hierüber Informationen und Transparenz zum Verfahren sowie eine bedürfnisgerechte Begleitung im Verfahren erhalten.

C Erste Einblicke, Erfahrungen und Fallbeispiele

Übersicht Rn.

„Es könnte doch ganz nützlich sein." **127**

Seit 2013 arbeiten die Autorinnen in engem kollegialem Austausch in einer Hamburger Rechtsanwalts-Bürogemeinschaft. Die im Folgenden wiedergegebenen Fallbeispiele entstammen stets der Bestellung einer der Autorinnen als Verfahrensbeistand. Nach deutschem Recht wird immer eine Einzelperson als Verfahrensbeistand bestellt. Um einen möglichst an der Realität abgeglichenen Einblick zu gewährleisten, haben sich die Autorinnen für die Darstellungen aus der singulären Erzählperspektive entschieden.

Nachdem Sorgen über die Einführung des FamFG in der Vorauflage an dieser Stelle schon leiser geworden waren, lässt sich fast zehn Jahre später feststellen, dass diese Gesetzesnovelle nahezu keinen Einfluss auf die Art und Weise unserer Tätigkeit genommen hat. Erfreulicherweise hat es keine weiteren Sparpläne der Justiz gegeben. Wir wurden in der Praxis meist mit großem Aufgabenkreis bestellt, sodass wir unserem Qualitätsanspruch aufgrund angemessener Pauschaldurchschnittsvergütung zu unserer Zufriedenheit gerecht werden konnten.

128 Mit diesem Beitrag soll mit teils aktualisierten Fallbeispielen Einblick in die Arbeit eines Verfahrensbeistands gegeben werden. Es geht dabei weniger darum, mit dem Anspruch auf Vollständigkeit umfassend die unterschiedlichsten Erfordernisse, die bei einer Verfahrensbeistandschaft auftreten können, zu schildern. Diesbezüglich geben *Weber/Nordstern* in den „Standards für Verfahrenspfleger/innen" eine ausgezeichnete Grundlage (siehe Anhang). Die „Standards" stellen aus meiner Sicht eine Art „Checkliste" dar. Im Einzelfall können dort beschriebene Vorgehens- und Verhaltensweisen während einer Verfahrenspflegschaft/Verfahrensbeistandschaft auch entfallen, was aber gerade nicht heißt, dass sie in die Überlegungen zur Vorgehensweise nicht unbedingt einzubeziehen wären.

Vielmehr soll mit den Fallbeschreibungen dem Leser die Möglichkeit geboten werden, sich in die **Tätigkeit und die persönliche Haltung** eines Verfahrensbeistands bei der Interessenvertretung von Kindern einzufühlen. Es soll gezeigt werden, wie – punktuell ganz unterschiedlich – Verfahrensbeistandschaften aussehen können und wie mit schwierigen Situationen umgegangen werden kann. Eigene Denkabläufe werden geschildert, damit Grundlagen des eigenen Handelns bei der Wahrnehmung der Aufgabe eines Verfahrensbeistands erkennbar werden.

Wichtig ist den Autorinnen der Hinweis, dass die von ihnen beschriebenen Situationen und „Lösungsstrategien" nicht als eine generelle Handlungsanweisung verstanden werden dürfen. Jede Verfahrensbeistandschaft ist so individuell anders und besonders, dass selbst in auf den ersten Blick ähnlich wirkenden Situationen im konkreten Einzelfall gänzlich andere Herangehensweisen erforderlich sein können. Gerade dies ist es, was unsere Tätigkeit jedes Mal aufs Neue zu einer Herausforderung macht.

I. Die Bestellung

129 Im Rahmen eines Falles, den wir hier *„Die eilige Urlaubsreise"* nennen, erging folgender Beschluss des Amtsgerichts:

Muster: Bestellung des Verfahrensbeistands

Amtsgericht ...

Geschäfts-Nr. ...

Beschluss

In der Sache

– Antragstellerin –

gegen

– Antragsgegner –

beschließt das Amtsgericht ... durch den Richter am Amtsgericht ... am 6.2.2023:

1. Frau Rechtsanwältin S. T., ... (nähere Anschrift), wird für die Kinder Ben S., geb. 30.4.2022 und Oliver S., geb. 12.12.2019 als Verfahrensbeistand bestellt.

   Ihr wird gemäß § 158b Abs. 2 FamFG der erweiterte Aufgabenkreis übertragen.

2. Ein Termin für eine mündliche Anhörung wird für den 9.2.2023 um 09.30 Uhr anberaumt.

> Das persönliche Erscheinen der Antragstellerin und des Antragsgegners wird angeordnet.
>
> 2.a. Der Verfahrensbeistand wird gebeten, die ihm bekannten Kindeseltern über die erfolgte Ladung zu informieren, da nicht zu erwarten steht, dass eine postalische Zustellung rechtzeitig erfolgen kann.

Verfahrensgegenstand war folgender: Die Kindesmutter begehrte im einstweiligen Anordnungsverfahren vor dem Familiengericht eine sofortige richterliche Entscheidung, die ihr die Befugnis erteilen sollte, einen bereits wenige Tage vor der Antragstellung gebuchten sechswöchigen Urlaub mit ihren beiden Kindern antreten zu dürfen. Gebuchter Abflugzeitpunkt war der 11.02.2023 um 13:00 Uhr. Die Kindesmutter beantragte den sofortigen Erlass eines schriftlichen Beschlusses zur Vorlage am Flughafen. Den Antrag stellte die Kindesmutter am Tag vor meiner Bestellung zu Protokoll der Geschäftsstelle, ohne weitere Nachweise wie z.B. Buchungsunterlagen vorzulegen. **130**

Die Familie – mithin auch die beiden Kinder – waren mir bereits aus einem parallel laufenden Hauptsacheverfahren zur elterlichen Sorge bekannt. Gegenstand des Hauptsacheverfahrens war ein Antrag der Kindesmutter auf **Übertragung des alleinigen Aufenthaltsbestimmungsrechtes**. In diesem Hauptsacheverfahren hatte die Kindesmutter mitgeteilt, dass sie nach der Trennung von dem Kindesvater im April 2022 beabsichtige, in ihre Heimat nach Fuerteventura zurückzukehren. Sie ginge in Hamburg keiner Erwerbstätigkeit nach und hätte hier auch kein soziales Umfeld. Mir war bereits bekannt, dass die Kinder seit der Trennung der Eltern einvernehmlich im wöchentlichen Wechselmodell von ihnen betreut wurden.

Der **Verfahrensablauf** war folgendermaßen: Nahezu zeitgleich mit Eingang des Bestellungsbeschlusses per Telefax erhielt ich **131**

- einen Anruf der Kindesmutter,
- einen Anruf der zuständigen Fachkraft des ASD und
- eine E-Mail mit sofortiger Rückrufbitte vom Kindesvater, der mich darauf hinwies, dass die Kindesmutter ihn über die Antragstellung informiert hätte, ihm dazu jedoch keinerlei Dokumente vorlägen.

Erfreulicherweise hatte der Familienrichter – wie nach unserer Erfahrung mittlerweile durchaus üblich – mich vorab nach meiner Bereitschaft zur Fallübernahme gefragt und den Termin mit mir abgesprochen.

Ich entschied, als Erstes mit der Fachkraft des ASD zu telefonieren, was sich im Nachhinein als richtig erwies: So konnte ich in Erfahrung bringen, dass die Kindeseltern sich in der vergangenen Woche in einem mehrstündigen **Vermittlungsgespräch beim ASD** bereits auf einen fünfwöchigen Urlaub der Antragstellerin mit den gemeinsamen Kindern geeinigt hatten. Ursprünglich hatte die Kindesmutter mindestens 8 Wochen in ihre Heimat fliegen und der Kindesvater einem Urlaub lediglich für zwei Wochen in den Schulferien der Vorschule des älteren Sohnes zustimmen wollen. Der Kindesvater konnte im Vermittlungsgespräch beim ASD seine große Sorge, ob die

Kindesmutter mit den Kindern überhaupt zurückkehren würde, um des Versuchs willen wieder eine Vertrauensbasis zu finden, zurückstellen.

Die aufgeregte Kindesmutter teilte mir in unserem Telefonat mit, dass sie nicht verstehe, warum sie bei Gericht nicht umgehend einen Beschluss erhalten habe. Sie sei die Kindesmutter und man könne ihr nicht verwehren, mit den Kindern in den Urlaub zu fahren. Ein inhaltliches Gespräch mit mir wurde mit dem Hinweis abgelehnt, dass sie die Urlaubssachen packen müsse.

Der Kindesvater teilte mir mit, dass es eine Vielzahl von Flugalternativen für den vereinbarten Zeitraum von fünf Wochen geben würde, er nunmehr aber auch diesem Zeitraum nicht mehr zustimmen wolle, weil er der Kindesmutter erneut nicht vertraue.

Ausnahmsweise entschied ich mich gegen einen Hausbesuch bei den Kindern. Die Brüder waren mir von meinem Besuch anlässlich des Hauptsacheverfahrens wenige Wochen zuvor persönlich bekannt. Unstreitig war, dass beide Brüder sich über eine Reise mit ihrer Mutter an den Strand und in die Sonne freuen würden.

In der **gerichtlichen Anhörung** nur drei Tage nach Antragstellung betonte die Kindesmutter mehrfach, den gebuchten Urlaub nicht verschieben zu können. Der Antrag der Kindesmutter wurde, unter Hinweis auf die gemeinsame elterliche Sorge, dennoch abgewiesen. Der entsprechende Beschluss ging bereits am Folgetag um 10.30 Uhr in meinem Büro ein mit der zusätzlichen Bitte, den Kindeseltern die Möglichkeit der persönlichen Abholung auf der Geschäftsstelle mitzuteilen.

Am folgenden Montag informierte mich der Kindesvater, dass er sich am Wochenende mit der Kindesmutter auf einen Urlaub von 5 Wochen und 2 Tagen geeinigt habe. Eine Umbuchung sei erfolgt, die Kinder seien mit ihrer Mutter fröhlich in die Ferien geflogen.

Anmerkung

132 In einstweiligen Anordnungsverfahren gilt es oftmals, binnen kürzester Zeit zu überlegen, was zu tun ist:

- Ist der übersandte Aktenauszug vollständig?
- Gibt es Vor- oder Parallelverfahren?
- Wie ist eine zeitnahe Kontaktaufnahme zu den Beteiligten möglich? Wie kann der Vorbesuch beim Kind stattfinden?

Praxistipp

▶ *In Eilverfahren gilt es, vor allem Ruhe und Sorgfalt zu bewahren.*

Von außen wird oftmals der Eindruck vermittelt, als sei man als Verfahrensbeistand die „ausführende Feuerwehr" des Gerichts und müsse unverzüglich, notfalls ohne schriftliche Informationen über den Hintergrund, zum Kind eilen und es „retten".

Ich habe mir zur **Prämisse** gemacht: Je höher der Druck von außen, desto gründlicher prüfe ich als Erstes das tatsächliche Eilbedürfnis und sein Zustandekommen. Oft befinden sich die Beteiligten seit Langem in einem Streit, welcher sich womöglich im Eilverfahren nur erneut zugespitzt hat. Ich behalte mir stets vor, eine Terminverlegung bei Gericht zu beantragen, wenn sich herausstellt, dass noch erforderliche und zielführende Vorgespräche zu führen sind.

II. Die Erwartungshaltung der Beteiligten

Regelmäßig Mitte Januar eines jeden Jahres ereilt die Familiengerichte eine Vielzahl an Eilanträgen **gleichen Verfahrensgegenstands**: Bei gemeinsamer elterlicher Sorge beantragen die Kindeseltern, **meist gegenläufig**, die Übertragung der alleinigen Entscheidungsbefugnis für die Auswahl der Grund- oder weiterführenden Schule. Wir haben das Fallbeispiel deshalb *„Die eilige Schulauswahl"* genannt. **133**

Die Zwillinge dieses Fallbeispiels lebten seit drei Jahren im Wechselmodell und pendelten zwischen den Haushalten ihrer Eltern, welche nicht nur in unterschiedlichen Stadtteilen, sondern sogar in unterschiedlichen Bundesländern (Hamburg/Schleswig-Holstein) gelegen waren.

Rechtshängig war bereits ein Hauptsacheverfahren, in welchem beide Elternteile die Beendigung des Wechselmodells und das alleinige Sorgerecht beantragten. Eine Begutachtung lief seit mehreren Monaten.

Die zehnjährigen Zwillinge hatten sich bereits in einem früheren Sorgerechtsverfahren nach der Trennung der Eltern dafür ausgesprochen, ausschließlich bei ihrer Mutter leben und ihren Vater am Wochenende und in den Ferien besuchen zu wollen.

Als Verfahrensbeistand im laufenden Hauptsacheverfahren hatte ich bereits drei gerichtlichen Anhörungen über jeweils mehrere Stunden beigewohnt. Die Kindeseltern hatten bereits beide den Beratungskurs „Kinder im Blick" durchlaufen, waren bereits in einem der Vorverfahren begutachtet worden und hatten Beratungsangebote des Jugendamtes mehrfach wahrgenommen. Beide Kindeseltern waren von Fachanwälten des Familienrechts langjährig dauerhaft vertreten worden.

Der **Verfahrensablauf** war folgendermaßen: Bereits in den Antragschriften der Fachanwälte wurden konkrete „Arbeitsanweisungen" an den *für die Kinder zu bestellenden Verfahrensbeistand* gerichtet: **134**

> „Der Verfahrensbeistand hat, noch vor der unverzüglich anzuberaumenden, gerichtlichen Anhörung, die Kinder in der derzeitigen Schule aufzusuchen und dort auch Gespräche mit der Schulleitung und der Schulpsychologin zu führen. Weiter müssen die Eltern der engen Freunde der Brüder persönlich befragt werden, auf welcher Schule deren Kinder angemeldet werden würden. Auch mit diesen besten Freunden der Zwillinge sollte der Verfahrensbeistand persönlich sprechen."

Über diesen „Arbeitsauftrag" hinaus fehlte es in beiden Anträgen nahezu gänzlich an einer Sachverhaltsdarstellung. Die Position des jeweiligen Elternteils wurde ausführlich dargelegt und begründet. Ob es außergerichtliche Einigungsversuche gegeben hatte, blieb unerwähnt.

Unmittelbar nach Einreichung des Antrags bei Gericht ging in meinem Büro eine Vielzahl von Telefonanrufen (Eltern, Anwälte der Eltern, ASD) ein. Beide Elternteile forderten von mir den sofortigen Besuch der Kinder in ihrem Haushalt, *„bevor der andere Elternteil die Kinder wieder manipulieren kann."*

Die Erwartungshaltung der Eltern, getragen von ihren Rechtsanwälten, war massiv. Die Kindesmutter teilte mir mit, ihr Anwalt habe vorgeschlagen, dass sie mir erlauben sollte, an einer Unterrichtsstunde ihrer Söhne teilzunehmen, um mir einen „persönlichen Eindruck" machen zu können.

Ich beantragte als Erstes eine Terminverlegung. Meine Rücksprache mit der Schule hatte ergeben, dass die mündliche Verhandlung wenige Tage vor Ausgabe der Halbjahreszeugnisse anberaumt worden war. Erst mit dem Halbjahreszeugnis würde jedoch die offizielle Empfehlung zur weiteren Schullaufbahn seitens der Grundschule erteilt werden. Diese Empfehlung hielt ich für entscheidungsrelevant. Die Schule teilte mir im Übrigen mit, sie beabsichtige nicht, ein inhaltliches Gespräch mit mir zu führen, weil sie „nicht mehr als Spielball für den Streit der Eltern zur Verfügung" stünde. Ihr täten die Kinder leid; das Wohl der Kinder hinge nicht von der Schulwahl, sondern vom Umgang der Eltern untereinander ab.

Im Rahmen meiner weiteren Vorermittlungen ergab sich, dass die Kinder klare Vorstellungen hatten, in welche Schule sie jeweils eingeschult werden wollten. Sie begründeten ihren Wunsch mit den sportlichen/sprachlichen Schwerpunkten der Schulen und dem Wunsch, mit ihren jeweils besten Freunden zusammenbleiben zu wollen.

Vor dem Familiengericht einigten sich die Kindeseltern sodann in einer zwanzigminütigen Anhörung, dem Wunsch ihrer Söhne zu entsprechen.

Anmerkung

135 Es ist schon erstaunlich, wie jährlich vermeintlich überraschend eine Welle von Eilanträgen bei den Familiengerichten eingeht:

- wenige Tage vor den Schulanmeldungen,
- wenige Tage vor den Sommerferien und
- am häufigsten wenige Tage vor Weihnachten.

Obwohl diese Ereignisse seit „ewigen Zeiten" feststehen, präsentieren sich die Kindeseltern überrascht und hilflos. Für sie handelt es sich um einen Notfall.

In diesen Momenten halte ich als Verfahrensbeistand inne. **Kritisch** hinterfrage ich bei den Beteiligten, welche Bemühungen sie auf sich genommen hätten, um rechtzeitig eine außergerichtliche Einigung herbeizuführen. Oft ist die Antwort: „Ich frage ihn/sie gar nichts mehr, weil ich die Antwort ohnehin kenne." Dies lässt fast vermuten, dass die Eltern sich direkt und geradewegs vor das Gericht begeben wollen.

Während eines laufenden Hauptsacheverfahrens wird jede weitere gerichtliche Entscheidung dann von den Eltern als „Sieg" oder „Niederlage" wahrgenommen und als Argument gegen die Erziehungsfähigkeit des anderen Elternteils in der Hauptsache verwendet.

Praxistipp

Eilverfahren entfalten oftmals eine große Dynamik. Hier gilt es ganz besonders, sich die Rolle als Verfahrensbeistand zu vergegenwärtigen:

- *Ich bleibe emotional und gedanklich beim Kind.*
- *Ich bin nicht die Vermittlerin der Eltern, dies ist Aufgabe der kompetenten Beratungsstellen des ASD.*
- *Vor allem „streite" ich nicht mit den Eltern.*
- *Als Verfahrensbeistand benenne ich objektive Gesichtspunkte und betone, welche Erwägungen für das Kind bedeutsam sind, damit es nicht aus dem Blick gerät und das Familiengericht eine kindgerechte Entscheidung treffen kann.*

Sind Rechtsanwälte am Verfahren beteiligt, heißt es in der Regel für den Verfahrensbeistand, sich „warm anzuziehen" gegenüber der Seite, deren Interessen mit der eigenen (Kindes-)Position kollidieren. Vorwürfe der Inkompetenz, des falschen Vorgehens und des Nicht-richtig-erkennen-Könnens sind häufig und manchmal scharf. **136**

Manchmal scheint es, als hätte die „Erwartungshaltung" an den Verfahrensbeistand, insbesondere in der Anwaltschaft, in den vergangenen Jahren zugenommen. Dadurch ist es oftmals erforderlich, den Eltern erst einmal ausführlich zu erklären, dass es keine formalen „Besuchs- und Gesprächspflichten" jedweder Art für den Verfahrensbeistand gibt, sondern er nach freiem Ermessen entscheiden würde, welche Arbeitsschritte ihm sinnvoll erschienen, um einen objektiven Einblick in die Gefühls- und Gedankenwelt ihres Kindes zu erhalten.

Ein Kriterium der Geeignetheit eines Verfahrensbeistandes ist u.a. eine strukturierte und unabhängige Arbeitsweise, ausgerichtet am Interesse des Kindes. Die Ergebnisse des Forschungsprojekts „Geeignetheit von Verfahrensbeiständen" von *Dr. jur. Sabine Dahm*[1] zeigen deutlich auf, welch unterschiedliche Erwartungen auch die weiteren Beteiligten der Rolle des Verfahrensbeistandes zuschreiben.

Erwartungshaltung des Gerichts und Problematik: Erinnert sei nochmals an den Fall „Die eilige Urlaubsreise" (siehe Rn. 129 ff.): Das Gericht hatte es mir übertragen, Informationen an die Kindeseltern zu geben, was eigentlich ureigene Aufgabe des Gerichts gewesen wäre. Im geschilderten Fall handelte es sich um eine ergebnisoffene Anfrage des Gerichts an mich, geschuldet dem Eilbedarf. **137**

Teilweise gehen seitens eines Richters ganz andere, überraschende Aufforderungen an mich, wie z.B. einen vollständigen Umgang zu begleiten. Wie soll ich damit umgehen? Zu meiner originären Aufgabe als Verfahrensbeistand gehört so etwas nicht. Sollte ich die Vorgehensweise des Gerichts nicht akzeptieren, die Übernahme der Verfahrensbeistandschaft womöglich ablehnen? Was würde der Richter dann ma-

1 Online abrufbar unter www.hawk.de/sites/default/files/2018-07/s_17_06_16_bros_web.pdf (Zugriff: 22.8.2024).

chen? Einen anderen Verfahrensbeistand auswählen und mich in Zukunft nicht wieder ansprechen?

An dieser Stelle ist eine Problematik anzusprechen, die in einigen – und eben auch in kindschaftsrechtlichen – Rechtsbereichen von Bedeutung ist: Der Richter sucht sich „seinen" Verfahrensbeistand (ebenso wie „seinen" Sachverständigen") selbst aus.[2] Problematisiert worden ist diese Konstellation bereits an anderen Stellen.

Als vor langer Zeit das Institut des Verfahrenspflegers im Betreuungsrecht seinen Eingang fand, wurde die Befürchtung geäußert, ob nicht die Gerichte aus Gründen der Verfahrensökonomie vor allem auf Verfahrenspfleger zurückgreifen würden, die weniger den Interessen der Betroffenen als vielmehr der Funktionstüchtigkeit der Rechtspflege den Vorrang einzuräumen bereit sind.[3]

Der renommierte Strafrechtsreporter *Gerhard Mauz* hat in seinem Buch „Die Justiz vor Gericht"[4] – durchaus vergleichbar – die Rolle der Sachverständigen vor den Strafgerichten und ihren Umgang mit den „heimlich korrumpierenden Erwartungen der jeweiligen Verfahrensbeteiligten" beschrieben.

Diese Problematik gilt es, sich – auch als Verfahrensbeistand – immer wieder zu vergegenwärtigen:

- Wie gehe ich damit um, dass ich meine Aufträge von einem einzelnen Richter erhalte und im Rahmen meiner Berufstätigkeit darauf auch angewiesen bin? Werde ich möglicherweise nicht zuletzt deshalb gern bestellt, weil ich mich als jemand erweise, mit dem sich „gut zusammenarbeiten" lässt? Weil ich jemand bin, mit dem es „keine Schwierigkeiten" gibt? Jemand, der die Rolle, die ihm zugewiesen wird, im Sinne der Gerichte begreift?[5]
- Was sind meine eigenen professionellen Ansprüche für die Übernahme einer Verfahrensbeistandschaft und wie gehe ich damit um, wenn das Gericht offensichtlich andere Vorstellungen hat?

  Sich – gerade als selbstständiger „Einzel-Verfahrensbeistand" – eine Arbeitsatmosphäre zu schaffen, in der ein gewisses Maß an Harmonie und Übereinstimmung mit dem Gericht und den sonstigen üblichen Beteiligten (Sachverständige und ASD) besteht, ist verlockend. Es ist schwierig, dem entgegenzuwirken und in jedem Einzelfall wieder von Neuem dem Gericht und den weiteren Beteiligten gegenüber kritisch und streitbar die Interessen des Kindes zu vertreten.

---

2 Salgo, FPR 1999, S. 313 (316); Zitelmann 2001, S. 364 ff.; Knieper, 1999, S. 169 f.
3 Schumacher, ZRP 1989, S. 7 ff., 9.
4 Mauz, 1990, S. 152 ff., 160 ff.
5 Mauz, 1990, S. 154.

Praxistipp

▶ *Ich muss meine eigene Befindlichkeit und seelische Situation deshalb immer wieder reflektieren, will ich die Bedürfnisse der Kinder in jedem neuen Fall umfassend und offen wahrnehmen und den übrigen Beteiligten und Beurteilenden mit dem notwendigen Nachdruck vermitteln. Hierfür sind Aus- und Weiterbildung, kritische Selbstkontrolle und Supervision eine notwendige Grundlage.*

Mindestens ebenso wichtig ist es aber, sich mit Berufskollegen zusammenzuschließen, um problematische Fragen erörtern und fachlichen Rat bzw. fachliche Unterstützung einholen zu können.

Erwartungshaltung versus Elternautonomie: Die Hemmschwelle von Eltern, sich an das Familiengericht zu wenden, scheint immer niedriger zu werden. Oft steht in Umgangsstreitigkeiten gar nicht der Umgang an sich in Frage, sondern die Eltern verfallen vor Gericht in Diskussionen darüber, ob das Kind besser zehn Minuten vor oder nach der vollen Stunde und besser in der Bäckerei als in der Bücherhalle übergeben werden sollte. **138**

Es ist zuerst einmal Aufgabe des Familiengerichts, derartige Diskussionen zu unterbinden. Einem solchen Streitverhalten von Eltern sollte keine „Bühne" geboten werden.

In diesen Momenten nämlich gerät das Kind aus dem Blick. In gerichtlichen Verfahren ist es dann auch Aufgabe des Verfahrensbeistandes, an dieser Stelle zu **intervenieren**. Das Wohlergehen eines Kindes ist nicht von Detailfragen zu Übergabemodalitäten, sondern vom tatsächlichen Verhalten der Eltern in der Übergabesituation abhängig. Gerne appelliere ich hier an die Kindeseltern, ob sie wirklich glaubten, dass ein Familienrichter, dem das gemeinsame Kind nahezu unbekannt sei, an ihrer Stelle eine solche Entscheidung für das Kind treffen sollte. Womöglich gefiele dem Kind eine Übergabe im Januar besser in der Bücherhalle und wenige Monate später besser auf dem Spielplatz. Diese Flexibilität könnten Eltern sich zum Wohle ihres Kindes aber nur erhalten, wenn sie aufhörten, derartige Entscheidungsbefugnisse an Dritte zu delegieren.

Auch ein Verfahrensbeistand hat **keine Entscheidungsbefugnis** über die Kinder, für welche er bestellt ist. Das rechtliche Rollenverständnis ist hier zielführend. Den Kindern erkläre ich in Fällen wie den oben geschilderten sehr deutlich, dass weder ich noch das Familiengericht über den Ausgang des Streits entscheiden werden, sondern lediglich einem Elternteil die alleinige Befugnis zur Einzelfallentscheidung übertragen werden wird. **139**

Es ist richtig, dass es in der Elternverantwortung bleibt, Entscheidungen für ihre Kinder zu treffen. Ich wünsche keinem Kind, mit dem Gefühl in einer neuen Klasse zu sitzen, das Familiengericht und eben nicht seine Eltern/sein Elternteil hätten insoweit über sein Leben bestimmt.

III. Die Kontaktaufnahme

140 ***Praxistipp***

Ist der Erstkontakt schwierig und für das Kind belastend, hilft es sehr, gemeinsam etwas zu tun: zusammen spazieren gehen, zusammen ein Eis zu essen, zusammen spielen usw.

Darüber hinaus habe ich es mir zur Regel gemacht, dem Kind und mir in komplizierten, „hochstreitigen" Verfahren **Zeit** zu **geben**. Ich bespreche, nachdem ich mich vorgestellt und meine Rolle erklärt habe, mit den Kindern in diesen Fällen als Erstes, dass wir uns über das eigentliche, „schwierige Thema" (lieber bei Mama, bei Papa, in der Pflegefamilie; Besuche bei Mama, bei Papa; misshandelt von Mama, Papa usw.) an diesem Tage gar nicht unterhalten müssen, es sei denn, dass sie selbst, von sich aus, mir dazu etwas würden sagen wollen.

Ich erkläre den Kindern, dass es auch für mich kaum zu schaffen sei, mit ihnen gleich beim ersten Mal die kompliziertesten Fragen zu erörtern. In der Regel ernte ich ein verständnisvolles Lächeln für dieses Eingeständnis. Das „Kennenlern-Gespräch" verläuft so gelöster und gibt die Grundlage dafür, sich **gemeinsam an schwierige Fragen heranzutasten**.

141 In den meisten Verfahren gibt es eine Vielzahl von Beteiligten, oft mit gänzlich unterschiedlichen Auffassungen und Interessen.

Sofern keine konkreten Gründe entgegenstehen, sollte eine Einarbeitung in den Fall – nach Akteneinsicht! – m.E. auch in Hinsicht auf die eigene Vorgehensweise bewusst „kindzentriert" erfolgen.

1. Wenn irgend möglich, suche ich als Erstes das Kind auf bzw. bitte den Jugendlichen, sollte er dies vorziehen, in mein Büro.
2. Von diesem „Kernkontakt" ausgehend, wende ich mich den dem Kind wichtigen Bezugspersonen zu; meist in der Reihenfolge, in der sie aktuell und im Erleben des Kindes von Bedeutung sind. Diese Vorgehensweise hilft mir, die Wünsche und den Willen des Kindes bei meinen Kontakten und Überlegungen immer wieder in den Mittelpunkt zu stellen.
3. Nach meinem Gespräch mit dem Kind unterhalte ich mich in aller Regel, sofern das Kind einverstanden ist, hinterher noch zusammen mit dem Kind und der Person, bei der ich das Kind besucht habe. Wir sprechen zusammen darüber, was Inhalt meines Gesprächs mit dem Kind gewesen ist. Diese Transparenz ist mir wichtig, um nicht dem Kind die Verantwortung aufzubürden, die bohrenden Fragen: „Wie war's denn? Was habt ihr denn besprochen?", zu beantworten. Sofern mein Gespräch mit dem Kind belastend für dieses war, ist es der Bezugsperson so auch besser möglich, hinterher auf Fragen oder Befürchtungen des Kindes einzugehen.

1. Fallbeispiel „Klara"

Beispiel 142

Klara war elf Jahre alt, als ich für sie zum Verfahrensbeistand bestellt wurde. Ihre ersten drei Lebensjahre hatte sie mit ihrem Vater und ihrer Mutter zusammengelebt. Dann trennten sich die Eltern. Klaras Vater kämpfte seit bereits sechs Jahren um ein geregeltes Umgangsrecht mit seiner Tochter. Zwar war ihm ein Umgangsrecht vor einem Jahr gerichtlich zugesprochen worden, Klara lehnte aber jeglichen Kontakt strikt ab.

Klaras Mutter, mit dem Vater aufs Heftigste zerstritten, vertrat seit Jahren unverrückbar den Standpunkt, ihre Tochter zu nichts zwingen zu wollen.

Als ich versuchte, zu Klara Kontakt aufzunehmen, erklärte mir ihre Mutter, Klara wolle mich nicht sehen und nicht sprechen.

Meinen Besuch in ihrer Wohnung lehnte die Mutter für sich selbst strikt ab. Zu einem Treffen „auf neutralem Boden" (Café o.Ä.) sei ihre Tochter nicht bereit. Schließlich einigten wir uns darauf, dass sie, die Mutter, mit Klara zu mir ins Büro kommen würde.

Klara begrüßte mich am Tag unseres Gesprächs in meinem Büro zurückhaltend und scheu. Ihre Mutter lehnte es bereits ab, mir zur Begrüßung die Hand zu geben.

Klara weigerte sich sodann, mit mir allein in einen Raum zu gehen. Wir setzten uns daraufhin zu dritt in mein Besprechungszimmer. Klara blätterte demonstrativ in ihrem Pferde-Heft, ohne mich anzusehen. Als ich sie auf ihre offensichtliche Zuneigung für Pferde ansprach, hatte ich für einen Moment das Gefühl, die Situation würde sich etwas entspannen. Ich bat die Mutter daraufhin, jetzt nach nebenan zu gehen, und meinte zu Klara, sie könne sie jederzeit rufen, sobald sie das Bedürfnis dazu habe. Klara schwieg zu diesem Vorschlag, sodass ich die Mutter bat, es so zu versuchen. Die Mutter jedoch blieb sitzen und meinte entschieden, nicht eher zu gehen, als bis ihre Tochter dies wünsche. Es ginge schließlich um das Kindeswohl und ihre Tochter habe zu der Frage ihres Hinausgehens noch nicht „ja" gesagt. Der leise Hauch einer eigenständigen „Verfahrensbeistand-Kind-Beziehung" war vollständig verflogen. Klara wollte von nun an weder mit mir über ihr Pferde-Heft noch über sonst irgendetwas sprechen. Nach weiteren fünf Minuten beendete ich das Zusammensein.

Die Mutter erklärte mir beim Hinausgehen, sie könne eben kein Vertrauen zu mir haben, da ich letztlich „im Feindeslager" stünde.

Einigermaßen entsetzt blieb ich zurück.

Was hätte ich tun können, als eine Kontaktaufnahme zum Kind nicht zustande kam? 143
Seine Hauptbezugsperson lehnte diesen Kontakt ab. Das Kind konnte einen eigenen Standpunkt altersbedingt noch nicht vertreten.

Aus meiner Sicht sind Überlegungen, die vor einem solchen Hintergrund die notfalls **gerichtliche Durchsetzung** von Rechten des Verfahrensbeistands auf Kontakte mit dem Kind diskutieren, zwar eindrucksvoll, in der Sache und vor allem in der täglichen Praxis jedoch **wenig förderlich**. Mir ist nicht vorstellbar, wie es gelingen sollte, das Vertrauen eines Kindes gegen den massiven Widerstand der Person, mit der dieses Kind zusammenlebt, zu gewinnen.

Eine Verfahrensbeistandschaft muss aber notwendigerweise einen positiven, entlastenden Aspekt für das mit ihr konfrontierte Kind haben, wenn dieses Institut überhaupt seinen Sinn und Zweck erfüllen soll. Als Verfahrensbeistand dem Kind gegenüber die Autorität und Identifikationskraft der Hauptbezugsperson in Frage zu stellen, solange nicht eine Situation der notwendigen Trennung entstanden ist, schien mir ein zu hohes Risiko zu bergen.

Zweifellos gibt es Fälle von Kindeswohlgefährdung, in denen dies nicht das größte Risiko und ein Kontakt zum Kind unbedingt notwendig ist. Im Fall von Klara habe ich davon Abstand genommen, weiter zu versuchen ein alleiniges Gespräch mit Klara zu führen. Auch ohne ein inhaltliches Gespräch zum Verfahrensgegenstand wurde mir Klaras Not deutlich. Ich sah meine Rolle nicht darin, das Kind durch erneute Kontaktversuche weiter zu belasten.

Praxistipp

▶ *Vielmehr halte ich es in diesen Fällen für die Aufgabe der Verfahrensbeistandschaft, auch ohne einen explizit geäußerten Kindeswillen die Belastung des Kindes und sein daraus erwachsenes Interesse im Verfahren hervorzuheben und zu vertreten.*

2. Fallbeispiel „Frederico"

144 ***Beispiel***

Der 16-jährige Frederico verweigerte schon seit einigen Monaten den Schulbesuch. Nach Aktenlage spielte er den ganzen Tag im abgedunkelten Zimmer an seinem Computer.

Die alleinerziehende und selbst an einer schweren Depression erkrankte Mutter hatte auf Anraten des Jugendamtes beantragt, die psychiatrische stationäre Unterbringung ihres Sohnes zu genehmigen. In zwei getrennten Briefen an den Jugendlichen und die Mutter kündigte ich meinen Hausbesuch an. Die Kindesmutter öffnete mir die Tür und stellte mir in einem Gespräch in der Küche die Familiensituation aus ihrer Sicht mit knappen Worten dar. Es wurde deutlich, dass sie nicht hinter ihrem eigenen Antrag stand, weil sie aus eigener Erfahrung nicht in der Erwartung war, ihrem Sohn könnte in einem Krankenhaus adäquat geholfen werden.

Meine Bitte an die Mutter ihrem Sohn mitzuteilen, dass ich anwesend wäre und gerne mit ihm sprechen würde, lehnte sie ab. Sie dürfe das Zimmer ihres Sohnes nicht betreten und ihn nicht ansprechen, wenn das Gespräch nicht von ihm aufgenommen würde. Sie halte sich an diese Regeln ihres Sohnes, weil sie die Konflikte nicht ertragen könne und Angst vor ihrem Sohn habe.

Ich klopfte mithin selbst an der verschlossenen Kinderzimmertür. Eine Antwort blieb aus. Ich sprach durch die verschlossene Tür und stellte mich und mein Anliegen vor. Eine Antwort blieb aus. Es waren deutliche Geräusche aus dem Zimmer zu hören, sodass ich davon ausgehen konnte, Frederico würde mich hören. Ich kündigte Frederico an, dass ich noch fünf Minuten in der Küche warten würde, weil ich sehr gerne mit ihm würde sprechen wollen. Nachdem die fünf Minuten verstrichen waren, vermerkte ich auf der Rückseite meiner Visitenkarte eine Handynummer mit dem Angebot an Frederico, sich über WhatsApp an mich zu wenden.

Zwanzig Minuten später kehrte ich an meinen Schreibtisch zurück. Frederico hatte mir bereits drei Nachrichten auf mein Handy geschickt. Er hatte sich dafür entschuldigt, dass er mir die Tür nicht geöffnet hatte, und sich bedankt, dass ich nicht ohne seine Erlaubnis eingetreten war. Er teilte mir mit, dass er das als Respekt verstehe und er darum auch Respekt vor mir habe.

Über WhatsApp konnten wir recht schnell ein Treffen außerhalb der Wohnung vereinbaren, welches unproblematisch stattgefunden hat. Frederico hat während des Verfahrens noch regelmäßig über WhatsApp Rückfragen an mich gestellt. Er hat sich begutachten lassen und im Ergebnis einen Erziehungsbeistand angenommen, welcher den Erstkontakt, über mich vermittelt, ebenfalls über WhatsApp aufgenommen hatte.

Die Erziehungsbeistandschaft trug die gewünschten Früchte. Ein stationärer Aufenthalt wurde nicht erforderlich. Die Mutter schrieb mir zum Abschluss des Verfahrens, ebenfalls per SMS, wie froh sie sei, dass sie ihren Antrag habe zurücknehmen können.

Die genutzte Handynummer aus der obigen Fallbeschreibung gehört zu einem Diensthandy, das nur in meinem Büro liegt. Ich nutze dieses **Handy wie eine Mailadresse** für die Jugendlichen. Es dient nicht dazu, eine dauerhafte Erreichbarkeit herzustellen. Meine zuverlässige, ausreichende Erreichbarkeit für Beteiligte und Gerichte ist zu Bürozeiten über unsere Angestellten gewährleistet. eine **Rund-um-die-Uhr-Erreichbarkeit** halte ich **nicht** für **erforderlich**. Dafür sind Kinder- und Jugendnotdienste die richtige Anlaufstelle. **145**

Meine Erfahrung zeigt, dass es gerade Jugendlichen oft schwerfällt, direkt in einem Büro anzurufen und ihr Anliegen zu schildern. Mithin bietet das Handy eine für meine „Klienten" leichte Brücke zur Kontaktaufnahme mit mir. In dem Fall von Frederico war ich sehr erfreut, durch diesen medialen Erstzugang einen positiven Einstieg in die Verfahrensbeistandschaft erhalten zu haben. Einen Zugang zu Frederico zu erreichen, indem ich ohne seine Erlaubnis in seine Privatsphäre eindrängte, schien mir nicht der richtige Weg für den Aufbau einer vertrauensvollen Zusammenarbeit zu sein. In anderen Fällen mag es aus guten Gründen anders sein.

Wichtig ist mir, den Jugendlichen über das Diensthandy leichter die Möglichkeit zu geben, mich im laufenden Verfahren mit dem Hinweis auf Gesprächsbedarf zu kontaktieren. Teilweise dauern Verfahren viele Monate an, sodass es ein schöner Weg ist, den Jugendlichen eine jederzeit **hürdenfreie Kontaktaufnahme** anzubieten und so auf dem aktuellen Stand der Entwicklungen zu bleiben. Für mich erübrigen sich damit aufwändige telefonische Rückfragen über Dritte.

IV. Das Recht im Blick aufs Kind

146 Auf hoher See und vor Gericht ist man in Gottes Hand. Nimmt man sich dieses Sprichwort zu Herzen, so übernimmt der Verfahrensbeistand womöglich den Job des Lotsen, damit das schutzlose Schiff – hier das betroffene Kind – trotz zerstrittener Besatzung wieder im sicheren Hafen anlegen kann.

Beispiel

Die Kindesmutter hatte, trotz gemeinsamen Sorgerechts, die drei Kinder nach ihrem Umzug mit ihnen an einer neuen Schule angemeldet. Die Kinder waren bereits vor dem Umzug mit dem Auto zur Schule gefahren worden. Die Schulwegstrecke wäre nach dem Umzug lediglich 5 Minuten länger gewesen. Allerdings war der Kindesvater an der alten Schule als Lehrer angestellt.

Die anwaltliche Vertretung der Mutter hatte diese, rechtlich fehlerhaft, dahingehend beraten, dass ein Umzug kurz hinter die Landesgrenze von Hamburg nach Schleswig-Holstein schulrechtlich einen weiteren Schulbesuch in Hamburg verbieten würde. Erstinstanzlich wurde das Recht zur Entscheidung in schulischen Angelegenheiten einstweilig dem Kindesvater übertragen. Das Oberlandesgericht erteilte, auf die Beschwerde der Kindesmutter dagegen, den rechtlichen Hinweis, dass die Kinder bis zu einer Entscheidung verpflichtet seien, weiterhin ihre ursprüngliche Schule zu besuchen.

Die Kinder verblieben dennoch als „Gastschüler" auf der neuen Schule. In der Kindesanhörung positionierten sie sich eindeutig dahingehend, dass sie die „Schule von Papa" nie mehr betreten würden.

147 Noch heute fühle ich die Bauchschmerzen, die mir dieses Verfahren bereitet hat. Sogar für mich als Unbeteiligte war es schwer auszuhalten, wie die Kindesmutter hier rechtsfehlerhaft Fakten geschaffen hatte. Dennoch galt es hier ganz besonders, das Wohl der Kinder im Blick zu behalten.

Für das Erleben der Kinder kam es nicht auf die Frage der Rechtmäßigkeit ihrer Umschulung an. Sie erlebten erstmalig, nach vier Jahren anhaltendem Dauerstreit ihrer Eltern, eine klare Trennung zwischen der Alltagswelt bei Mama und den Besuchen bei Papa. Die Erleichterung der Kinder darüber war offensichtlich.

Ich empfahl mithin, zum Wohle der Kinder, die Rechtsgrundlage für die Beschulung an der neuen Schule zu schaffen. In meinem ausführlichen Schriftsatz und abschließend auch in der gerichtlichen Verhandlung vor dem Oberlandesgericht konnte ich dennoch nicht umhin, deutlich zum Ausdruck zu bringen, wie sehr es mir an Verständnis für die Vorgehensweise der Kindesmutter mangelte: Wenn ihre Kinder erleben müssten, dass man durch bewusst rechtswidriges Verhalten, entgegen richterlicher Hinweise seine eigenen Ziele erreichen könne, welche Vorbildfunktion stellte dies für die Kinder dar?

Meine Aufgabe als Verfahrensbeiständin war es jedoch nicht, an der Wiederherstellung des Rechts mitzuwirken, was eine „Rückabwicklung" der Vorgehensweise der Kindesmutter bedeutet hätte. Ein erneuter und prognostisch nur vorübergehender Schulwechsel lag keinesfalls im Interesse der Kinder. Ich hatte den **Willen der Kinder** – auf der neuen Schule zu bleiben – in den Vordergrund zu stellen und auf dieses Ergebnis hinzuwirken.

V. Das Unterbringungsverfahren

1. Fallbeispiel „Zeli" – Krankenhaus

Für Krankenhausbehandlungen auf einer geschlossenen Station gibt es in vielen vor allem größeren Städten spezielle psychiatrische Kinder- und Jugendstationen. 148

Beispiel

Die fünfzehnjährige Zeli war, aus Anlass heftigster nachbarschaftlicher Auseinandersetzungen, gemäß § 1631b BGB auf einer geschlossenen psychiatrischen Station „gelandet".

Als umgehend bestellter Verfahrensbeistand im familiengerichtlichen Unterbringungsverfahren nahm ich am darauffolgenden Tag an der richterlichen Anhörung teil.

Dort stellten sich sehr schnell die schwierigen und alle Beteiligten hilflos machenden Umstände heraus. Zeli, körperlich groß und kräftig, hatte einen Nachbarn mit einer Gaspistole bedroht und war, auch am Tage der richterlichen Anhörung noch, fest entschlossen, ihn zu töten. Zeli befand sich bereits seit ihrem 12. Lebensjahr in nervenärztlicher Behandlung. Die Ärzte gingen, mit der erforderlichen Zurückhaltung angesichts des jungen Alters ihrer Patientin, von dem Vorliegen einer Psychose oder Borderline-Persönlichkeitsstörung aus.

Es erging ein einwöchiger Unterbringungsbeschluss, mit dem Zeli sich auch einverstanden erklärte: „Meine Mordgedanken sollen weggehen."

Was ist in solchen Fällen die Aufgabe eines – gemäß §§ 158, 167 FamFG lediglich für das Unterbringungsverfahren bestellten – Verfahrensbeistands? 149

- Zum einen, die Voraussetzungen des § 1631b BGB ganz selbstständig und gewissenhaft zu **prüfen**. Eine Unterbringung gemäß § 1631b BGB kann und darf nur „Ultima Ratio" sein. Unverzichtbar ist an dieser Stelle für den Verfahrensbeistand die fundierte Kenntnis der Kommentierung des Paragrafen in den einschlägigen juristischen Standardkommentaren sowie regelmäßige Lektüre der aktuellen Rechtsprechung.[6]

- Zum anderen gilt es in den freiheitsentziehenden Verfahren natürlich ganz besonders, dem Kind bzw. Jugendlichen als Verfahrensbeistand jederzeit ein Ansprechpartner zu sein, ihm das Verfahren zu **erklären** und vor allem auch die Beschwerdemöglichkeiten mit ihm gemeinsam zu besprechen. Gerade im Rahmen eines Freiheitsentzuges sollte einem Kind/Jugendlichen die Rechtmäßigkeit einer derartigen Maßnahme, ggf. sogar gegen seinen Willen, nachvollziehbar erklärt werden.

2. Fallbeispiel „Marco" - Heim

150 Nicht alle Bundesländer halten geschlossene Heimeinrichtungen vor. Über die Richtigkeit und den Erfolg geschlossener pädagogischer Heime kann lange gestritten werden, was an dieser Stelle nicht Thema sein soll.[7] Durch das aktuelle Kinder- und Jugendstärkungsgesetz (KJSG) wird die Bedeutsamkeit der Partizipation junger Menschen an der Ausgestaltung ihrer eigenen Hilfen hervorgehoben. Unterbringungsverfahren gemäß § 1631b BGB sind für den Verfahrensbeistand herausfordernd. Es gilt grundsätzlich, sowohl die stets vorhandene gravierende Kindeswohlgefährdung einerseits, als auch den schwerwiegenden Grundrechtseingriff durch Freiheitsentzug andererseits im Blick zu haben.

Beispiel

Marcos Mutter war beim Familiengericht erschienen und hatte die Genehmigung seiner Unterbringung in der geschlossenen Kinder- und Jugendpsychiatrie beantragt. Marco, gerade 16 Jahre alt, sei drogenabhängig und gehe nicht zur Schule. Er begehe vermehrt Straftaten. Er brauche dringend eine stationäre Therapie und lehne dies ab.

Acht Tage vor dem Verhandlungstermin wurde ein Kollege zum Verfahrensbeistand bestellt. Eine Kontaktaufnahme zu Marco vor dem Gerichtstermin, zu dem Marco in Begleitung seines Familienhelfers erschien, gelang nicht. Marco kam mit tief ins Gesicht gezogener Kapuze. Er wirkte schmächtig und blass, vermied Blickkontakt und blieb einsilbig und misstrauisch.

Das Ergebnis der Verhandlung war ein Beschluss über eine sechswöchige Unterbringung in der Kinder- und Jugendpsychiatrie zum Zwecke der Begutachtung über die Ursachen seiner Problematik und zur Beantwortung der Frage nach geeigneten Hilfen.

Während der sechs Wochen im Krankenhaus konnte sich Marco nach und nach in die Abläufe der Station einfinden. Es gelang ihm, von den Ausgängen zuverläs-

6 So z.B. Grüneberg/Diederichsen; MünchKomm-BGB/Huber und Staudinger/Salgo in den jeweils aktuellen Auflagen.

7 Vgl. Fegert/Späth/Salgo (Hrsg.): Freiheitsentziehende Maßnahmen in der Jugendhilfe und Kinder- und Jugendpsychiatrie, Münster 2001.

sig zurückzukommen. Zum Ende des stationären Aufenthalts wollte er unbedingt wieder zu seiner Mutter zurück, einen weiteren Unterstützungsbedarf sah er für sich nicht.

Der beauftragte Sachverständige dagegen kam in seinem Gutachten zu dem Ergebnis, dass Marco, dessen Kindheit im Elternhaus durch Streit, Gewalt und Alkohol geprägt gewesen sei, seine Situation kaum reflektieren könne. Er zeige keine ausreichende Motivation, sich zu verändern. Von den Strukturen und Vorgaben der Station profitiere er; er sei lebhafter und kontaktfreudiger geworden. Um seiner erheblichen sozialen Beeinträchtigung und Entwicklungsstörung angemessen entgegenwirken zu können, sei seine Unterbringung in einer pädagogischen Heimeinrichtung für vorerst ein Jahr notwendig.

Der klinischen Unterbringung folgte – nach erneuter Anhörung Marcos, bei der er abermals seine Ablehnung einer Heimunterbringung zum Ausdruck brachte – ein Unterbringungsbeschluss zur Heimaufnahme für vorerst ein Jahr. Von diesen Weiterungen hatte mein Kollege erst Tage später erfahren! Weder war ihm das Sachverständigengutachten übersandt worden, noch hatte er von der erneuten Anhörung Marcos etwas erfahren.

Auf Nachfragen bei Marcos Mutter stellte sich heraus, dass Marco bereits direkt aus der Klinik in eine geschlossene Jugendhilfeeinrichtung gekommen war. Marco erzählte, als mein Kollege ihn dort anrief, er würde unverändert nach Hause wollen. Er habe viel zu wenig Freiheiten, keine Privatsphäre und benötige die dortigen therapeutischen Angebote nicht. Ein Familienhelfer zu Hause reiche aus.

Auch wenn mein Kollege an Letzterem Zweifel hatte: An der Richtigkeit einer Beschwerde gegen diesen einjährigen Unterbringungsbeschluss zweifelte er nicht. Zum einen waren die Verfahrensvorschriften des FamFG in Hinsicht auf ein ausreichendes rechtliches Gehör – mit der Möglichkeit einer eingehenden Auseinandersetzung mit dem Gutachten und einer Ladung des Verfahrensbeistands zum Termin – nicht eingehalten worden. Zum anderen ist es das gute Recht eines jeden Minderjährigen, der nicht eingesperrt sein möchte, sich gegen gerichtliche Eingriffe in seine persönliche Freiheit zur Wehr zu setzen. Und es ist Aufgabe des Verfahrensbeistands, dieses Recht so gut es geht zur Geltung zu bringen.

Die für Marco eingelegte Beschwerde hatte ganz unterschiedliche Echos:

- *Marco freute sich über die Beschwerde und konnte die Entscheidung des Oberlandesgerichts kaum erwarten.*
- *Die Einrichtung befand, Marcos Hoffnung, dass er „rauskomme", habe zur Folge, dass er nun noch weniger mitzumachen bereit sei.*
- *Marcos Mutter war über die Beschwerde ungehalten und konnte nicht verstehen, wieso sie angesichts der Probleme ihres Sohnes überhaupt eingelegt worden war.*

Das OLG entschied schnell, schlank und ohne erneute Anhörung: Das Gutachten sei schlüssig, die Auswahl der Einrichtung obläge der Sorgeberechtigten und von einer erneuten Anhörung des Minderjährigen seien keine neuen Erkenntnisse zu erwarten. Der einjährige Unterbringungsbeschluss blieb also aufrechterhalten.

Mein Kollege hat die Situation daraufhin mit Marco sehr genau erörtert. Wäre es gut für ihn, Marco, durch eine Rechtsbeschwerde beim Bundesgerichtshof (BGH) möglicherweise noch viele Wochen weiterhin in einer ungeklärten Situation zu leben? Wäre es nicht vielleicht besser, sich jetzt auf das Konzept der Einrichtung einzulassen und in ein paar Monaten, gegebenenfalls mit einem Unterbringungs-Aufhebungsantrag, neu zu gucken, ob die geschlossene Unterbringung vorzeitig beendet werden könnte?

Marco wollte den „Gang nach Karlsruhe". Es galt also nun, einen BGH-Anwalt zu finden und, damit dieser tätig werden konnte, einen isolierten und gut begründeten Verfahrenskostenhilfe-Antrag zu stellen. Wieder gab es unterschiedliche Resonanzen:

- *Das Jugendamt und die Kindesmutter warfen meinem Kollegen vor, er ließe Marco „nicht zur Ruhe kommen". Es ginge Marco in der Einrichtung gut.*
- *Die Einrichtung sah dies ebenso.*
- *Marco dagegen war ob des weiteren Rechtsmittels „frohen Mutes".*

Der BGH gewährte Verfahrenskostenhilfe. Er ordnete Marco den zuvor von meinem Kollegen ausgesuchten und zur Übernahme des Verfahrens bereiten BGH-Rechtsanwalt bei. Dieser wiederum reichte die förmliche Rechtsbeschwerde ein.

Kurz nachdem mein Kollege Marco von dieser Entwicklung in Kenntnis gesetzt hatte, erhielt er von der Einrichtung ein Schreiben zur Kenntnisnahme übersandt, mit dem Marco gegenüber dem BGH seinen „Widerspruch" zurückgenommen hatte. Zum Hintergrund erfuhr er, dass die Kindesmutter Marco, der sich mittlerweile sieben Monate in der Einrichtung befand, zum einen versprochen hatte, keinen Verlängerungsantrag mehr zu stellen, wenn er jetzt die Rechtsbeschwerde zurücknähme. Zum anderen hatte die Kindesmutter Marco verboten, mit meinem Kollegen zu telefonieren, was von der Einrichtung und dem Jugendamt ohne Weiteres akzeptiert und umgesetzt worden war!

Marco konnte als Minderjähriger die Rechtsbeschwerde nicht wirksam zurücknehmen. Es bedurfte eines erheblichen Insistierens meines Kollegen bei den anderweitigen Beteiligten, bis er mit Marco wieder sprechen konnte.

Da mit einer Entscheidung des BGH in allernächster Zeit zu rechnen war, vereinbarten Marco und sein Verfahrensbeistand, diese Entscheidung jetzt abzuwarten. Es wurde, was den Ausgang des Rechtsbeschwerdeverfahrens, aber wichtiger noch, was die weitere Entwicklung Marcos betraf, ein „Erfolg auf ganzer Linie". Der BGH hob den Beschluss des OLG unter Hinweis auf die diversen schwerwiegenden Verfahrensfehler auf und verwies das Verfahren an das OLG zurück. Der BGH hob vor allem aber auch die vom Amtsgericht im Unterbringungsbeschluss angeordnete sofortige Wirksamkeit auf.[8]

Der Unterbringungsbeschluss war damit außer Kraft gesetzt und Marco war „frei". Unter diesen „freien" Bedingungen konnte sich nun entwickeln, was meinen Kollegen als Verfahrensbeistand mit Zufriedenheit erfüllte. Zwar bekam Marcos Mutter sofort vom Jugendamt zu hören, dass sie Gefahr liefe, ihr Sorgerecht zu verlieren, wenn sie nicht erneut und schnellstmöglich für die weitere geschlossene Unterbringung ihres Sohnes Sorge trage. Marcos Mutter empfand dies als „Drohung". Die Einrichtung und Marco konnten die Mutter und das Jugendamt am Ende aber dafür gewinnen, Marcos weiterem Verbleib in der Einrichtung unter nunmehr offenen Bedingungen zuzustimmen.

- *Marco konnte sich dort jetzt frei bewegen und sich erstmalig selbst (und „täglich neu") dafür entscheiden, dort zu wohnen und die interne Schule zu besuchen.*
- *Die Kindesmutter stand noch immer auf dem Standpunkt, möglichst wenig Kontakt zwischen ihrem Sohn und seinem Verfahrensbeistand für richtig zu erachten. Sie konnte sich aber über die Entwicklung freuen und kündigte an, ihren ursprünglichen Unterbringungsantrag nicht mehr aufrechterhalten zu wollen (wodurch sich das weitere Verfahren vor dem OLG erübrigte).*
- *Die Einrichtung berichtete Wochen später, dass Marco seit einiger Zeit erfreulich gut mitarbeite und Erfolge erkennbar seien. Sein freiwilliger Aufenthalt dort wäre „eindeutig die bessere Wahl".*
- *Marco selbst meinte zum Schluss, es gehe ihm „ganz gut". Er bleibe in der Einrichtung, weil seine Mutter es ihm gesagt habe. Die Schule sei anstrengend, aber die Freizeitgestaltung mache Spaß, auch mit den anderen Jugendlichen zusammen sei es gut.*

Mein Kollege und auch ich haben viel aus dem Verfahren gelernt. Es ist für Nichtjuristen wohl sehr schwer zu akzeptieren, dass **Rechtsmittel gegen staatliche Eingriffe** in unserer freiheitlich-demokratischen Grundordnung von elementarer Bedeutung für jeden Einzelnen von uns sind. Dies gilt umso mehr, wenn durch Entscheidungen in Freiheitsrechte eingegriffen wird. **151**

In Unterbringungsverfahren werden mit Vehemenz weitere „Störungen" in der pädagogischen Arbeit abgelehnt mit Hinweis darauf, dass sich der Minderjährige nicht „einlassen" könne, wenn er die Situation nicht als unabänderbar erlebe. Dem kann aus meiner Sicht nur bedingt gefolgt werden.

- Zum einen ist es nicht meine originäre Aufgabe als Verfahrensbeistand, unabhängig vom Wunsch und Willen des betroffenen Minderjährigen dafür zu sorgen, dass die pädagogischen Maßnahmen „optimal greifen". Dies gilt umso mehr, als

8 BGH FamRZ 2012, 1556 ff. m. Anm. Salgo.

nicht selten gar keine einheitliche Auffassung dazu unter den beteiligten Fachkräften besteht.

- Zum anderen berührt die zwangsweise geschlossene Unterbringung einen derart sensiblen Rechtsbereich, dass ihre Genehmigung nach einhelliger Rechtsauffassung nur rechtlich zulässig ist, wenn sie „Ultima Ratio" (letztes Mittel für den kürzest möglichen Zeitraum) ist.

Praxistipp

▶ *Die strikte Beachtung dieser rechtlichen Voraussetzung einzufordern, und zwar an der Seite des Minderjährigen, der von einer solchen Maßnahme betroffen ist und sie für sich nicht akzeptieren kann, ist unsere Aufgabe. Sie ist es auch dann, wenn sich anderweitig Beteiligte in ihrem Bemühen um den Jugendlichen gestört fühlen.*

Zur positiven Entwicklung eines gefährdeten Minderjährigen tragen meist mehrere Aspekte bei. Wenn einer davon ist, dass ein Minderjähriger erlebt, sich mit Unterstützung seines Verfahrensbeistands erfolgreich gegen sein „Weggesperrt-Sein" wehren zu können, ist der Verfahrensbeistand seiner Aufgabe sicher gerecht geworden.

152 In dem Fall von Marco arbeitete mein Kollege auf ausdrücklichen Wunsch und in Absprache mit dem Jugendlichen. Er hatte nahezu einen minderjährigen „Mandanten", dessen Rechte er vertrat. Aus unserer Sicht hat ein Verfahrensbeistand eine **Beschwerde** sogar in den Fällen **auf ausdrücklichen Wunsch des Jugendlichen** zu erheben, in denen er selbst die erstinstanzliche Entscheidung für richtig erachtet. Der Jugendliche hat immer ein Beschwerderecht, welches es zu erörtern gilt. Ein Verfahrensbeistand hat nicht das Recht, einem Jugendlichen einen Rechtsweg abzuschneiden. Jedoch hat er die Sinnhaftigkeit und Erfolgsaussichten einer Beschwerde mit dem Jugendlichen eingehend zu erörtern.

Auch ein Kleinkind hat ein eigenes Beschwerderecht, welches es als Verfahrensbeistand nach sorgfältiger Prüfung ggf. auszuüben gilt. Über die Beschwerdeinstanz hinaus hat der Verfahrensbeistand das Recht und mithin auch die Pflicht, eine eigene **Verfassungsbeschwerde** zu erheben, soweit seiner Ansicht nach die Grundrechte eines Kindes verletzt sind. Dies hat das Bundesverfassungsgericht 2017 ausdrücklich bestätigt:

> „Die Verfassungsbeschwerde ist zulässig. Insbesondere ist die Beschwerdeführerin aufgrund ihrer Bestellung als Verfahrensbeiständin befugt, Verfassungsbeschwerde einzulegen und mit dieser – ausnahmsweise – fremde Rechte in eigenem Namen geltend zu machen (so zur Position des Verfahrenspflegers im Betreuungsverfahren bei ähnlicher Interessenlage und gesetzlicher Ausgestaltung BVerfG, Beschluss der 3. Kammer des Ersten Senats vom 22. Mai 2013 – 1 BvR 372/13 –, juris, Rn. 4 ff.; ebenso Engelhardt, in: Keidel, FamFG, 18. Auflage 2014, § 158 Rn. 44a)."[9]

Dieser „Ritterschlag" für den Verfahrensbeistand verdeutlicht einmal mehr, wie bedeutsam unsere Rolle als „Interessenvertreter des Kindes" ist, welche wir stets nach

9 BVerfGE ZKJ 2017, 225.

eigenem Ermessen und unabhängig von den Erwartungen anderer Beteiligter auszuüben haben.

VI. Aufgaben und Herausforderungen

1. Fallbeispiel „eilige Schulauswahl“ – Akzente setzen

Beispiel 153

Anlässlich des Eilverfahrens wegen des anstehenden Schulwechsels besuchte ich die mir bereits aus dem Hauptsacheverfahren (siehe Fallbeispiel Rn. 133) bekannten Kinder erneut. Der Besuch war so ernüchternd, wie ich ihn erwartet hatte: Zunächst spielten wir erneut im Tobekeller eine Runde Fußball. Nur schwer waren die Jungen zu einem Gespräch zu motivieren. Einzig die Aussicht auf ein anschließendes „Rückspiel“ bot den Jungen eine Brücke zur „Halbzeitbesprechung“.

Die Schulauswahl stand für beide Brüder seit den Besichtigungen am Tag der offenen Tür fest. Mads brachte auf den Punkt: „Mama und Papa brauchen halt wieder was zu streiten. Uns hört keiner zu. So ist es doch immer, ich verstehe nur gar nicht, warum uns die Erwachsenen immer fragen, wenn unsere Antworten doch gar keinen interessieren?“ Eine Antwort auf seine Frage zu geben, war schwierig. Denn es war das, was die Kinder seit der Trennung ihrer Eltern erlebten: Sie, die Kinder, hatten ganz konkrete Vorschläge, aber die Gerichtsverfahren ihrer Eltern zogen sich aufgrund von Befangenheitsanträgen, Terminverlegungen und Begutachtungen über Jahre ohne Ergebnis hin.

Was sollte ich tun? Durch meinen Terminverlegungsantrag, den ich für sachdienlich hielt (Abwarten der schulischen Empfehlung im Zwischenzeugnis), hatte nun auch ich dazu beigetragen, dass ein Verfahren mehr Zeit in Anspruch nahm als geplant.

Zwei Sätze aus meiner Weiterbildung zum Verfahrensbeistand gingen mir durch den Kopf – zwei Sätze, die mir zu Kernsätzen bei meiner Arbeit geworden sind: „Sich ‚andocken‘ an die Gefühle des Kindes, dann führt es einen durch“, lautet der eine, „Fürsprecher für das Kind zu sein, heißt auch, immer wieder zu überlegen, wie das Kind – durch alle Beteiligten – bewusst entlastet werden könnte“, der andere.

Die Verärgerung der Zwillinge war offensichtlich: Sie fühlten sich nicht gehört. Was könnten alle am Gerichtsverfahren Beteiligten tun, um dieses Gefühl der „Ohnmacht“ geringer werden zu lassen, um die Jungen bewusst zu entlasten? In wenigen Tagen stand der Anmeldetag an den Schulen bevor. Die Brüder hatten Sorge, dass ihre Eltern ihre geäußerten Wünsche ignorieren würden.

Mir wurde klar, dass ich sehr schnell und aktiv versuchen müsste, das Verfahren so zu gestalten, dass die Brüder sich wahrgenommen fühlten. Aus diesem Grund regte ich eine Kindesanhörung noch vor der Anhörung der weiteren Betei-

ligten an. Diese Idee hatte ich mit Mads und seinem Bruder Peter besprochen und entgegen der Befürchtung ihrer Eltern, dass ihre Söhne eine Anhörung verweigern würden – hier waren die Kindeseltern ausnahmsweise einmal einig –, kamen Mads und Peter sichtlich motiviert zum Anhörungstermin und verließen mit mir gemeinsam, sichtlich stolz, ihre Meinung kundgetan zu haben, den Raum des Richters. Sie hegten für sich keinen Zweifel mehr, dass sie nun an den von ihnen ausgewählten Schulen angemeldet würden (siehe Rn. 134 ff.).

154 Verfahrensbeistand zu sein heißt, sich im Verlauf des Gerichtsverfahrens, auch zu einzelnen Verfahrensabschnitten, immer wieder neu zu fragen, wie dem wohlverstandenen Interesse des Kindes bzw. Jugendlichen gedient werden könnte im Sinne der „*am wenigsten schädlichen Alternative*"[10] und die eigenen Erkenntnisse zeitnah in das Verfahren einzubringen.

Gleichzeitig heißt es natürlich auch sehr rechtzeitig zu erkennen, wann die eigenen professionellen Grenzen erreicht sind und es weiterer sachverständiger Klärung bedarf. Ohne zusätzliche Weiter- und regelmäßige Fortbildung dürfte dies, d.h. gerade auch das Erkennen der eigenen Grenzen, von keinem Verfahrensbeistand zufriedenstellend zu leisten und zu vermitteln sein.

2. Fallbeispiel „Daniela" – Mitgestalten

155 ***Beispiel***

Daniela war sechseinhalb Jahre alt, als ich sie kennenlernte. Sie lebte mit ihrer Mutter, bei der das Jugendamt eine psychische Erkrankung vermutete, in einer mittlerweile völlig vermüllten Wohnung.

Daniela wurde von ihrer Mutter liebevoll, aber wie ein Baby und von anderen Menschen völlig isoliert, versorgt. Daniela ging weder in den Kindergarten, noch sahen Nachbarn sie draußen spielen. Selten sah man die Mutter mit Daniela in der „Karre" aus der Haustür kommen und zum Einkaufen fahren.

Als dem Jugendamt, nach vorangegangenen vergeblichen Bemühungen um Hilfestellung – ein älterer Bruder des Mädchens hatte schon aus der Familie herausgenommen werden müssen (s.u.) –, erkennbar wurde, dass von der Mutter auch die anstehende Einschulung Danielas verweigert werden würde, regte es beim Familiengericht die Einrichtung einer Ergänzungspflegschaft für das Aufenthaltsbestimmungs- und Erziehungsrecht an.

Auch im Rahmen des gerichtlichen Verfahrens war es nicht möglich, die Kindesmutter dazu zu bewegen, für Daniela Außenkontakte und ärztliche Untersuchungen zu ermöglichen. Nachdem dies deutlich geworden war, wurde gerichtlicherseits die Einrichtung einer vorläufigen Ergänzungspflegschaft in Aussicht gestellt und ich zum Verfahrensbeistand bestellt.

10 Zu diesem Begriff als Maßstab siehe Goldstein/Freud/Solnit, 1991, S. 49 ff., S. 149 ff.

Bei meinem Besuch bei Daniela saß diese in einem Kinder-Gitterbettchen. Sie war sehr ängstlich und schüchtern und bat mich zu gehen, wie es ihre Mutter sage. Im Gegensatz zum Rest der Wohnung waren Daniela, ihre Kleidung und auch ihr Bettchen tadellos sauber und gepflegt.

Nachdem auch mir dringender Handlungsbedarf im Sinne einer Trennung von Mutter und Kind zu bestehen schien, wurde der vorläufige Pflegschaftsbeschluss erlassen.

Das Gericht lehnte jedoch meinen Antrag, zusätzlich einen Herausgabebeschluss zu fassen und die Anwendung von Gewalt anzuordnen, formlos mir gegenüber ab. Einen derartigen Beschluss hatten sowohl das Jugendamt als auch ich für notwendig erachtet, da bereits zehn Jahre zuvor eine Trennung zwischen der Mutter und Danielas sehr viel älterem Bruder nicht ohne Gewaltanwendung abgelaufen war. Dennoch meinte das Gericht, der Grundsatz der Verhältnismäßigkeit erfordere es, die Herausnahme Danielas „erst einmal so" zu versuchen. Das Gericht berücksichtigte dabei offensichtlich nicht die unabsehbaren Folgen, die eine gescheiterte Herausnahme bei der Mutter auslösen könnte.

Es „erst einmal so" zu versuchen, schien dem Jugendamt und mir unkalkulierbar und deshalb inakzeptabel. So furchtbar eine notfalls gewaltsame Trennung von Mutter und Kind sein würde, so notwendig schien uns doch die Möglichkeit zu sein, die Herausnahme in jedem Fall, d.h. gegebenenfalls auch unter Zuhilfenahme von Polizeibeamten, zu einem Ende bringen zu können.

Was nun? Sollte ich einen meinen Antrag abweisenden Beschluss erwirken, danach in die Beschwerde gehen und damit weitere Zeit verstreichen lassen, wo mir doch ein erheblicher Handlungsbedarf – ohne Alternative zur Kindesherausnahme – zu bestehen schien? Ich beschloss, „den Ball" des weiteren Vorgehens direkt an das Amtsgericht „zurückzugeben". Das Jugendamt konnte ich für meine Überlegungen gewinnen. Gemeinsam würden wir die Mutter und Daniela noch einmal besuchen. Vor Ort wollte ich Danielas Mutter bitten, zusammen mit ihrer Tochter und uns ins Amtsgericht zu fahren, um noch einmal mit einem Richter über den Pflegschaftsbeschluss, seine Richtigkeit und seine Folgen zu sprechen.

Tatsächlich war Danielas Mutter, die mit dem Beschluss nicht einverstanden war, nach einem stundenlangen Gespräch schließlich bereit, mit uns ins Gericht zu fahren. Die aus meiner und der Sicht der Jugendamtsmitarbeiterin bevorstehende Trennung hatten wir im Gespräch nicht erwähnt.

Es berührte mich schmerzhaft zu sehen, wie die Mutter Daniela für die Fahrt liebevoll, aber kleinkindhaft anzog und aus dem Kinderbett hob. Die 6½-jährige Daniela konnte nicht gut laufen und war nicht in der Lage, Treppenstufen zu gehen, ohne festgehalten zu werden.

Im Gericht angekommen, war die zuständige Richterin nicht anwesend. Ich bemühte mich sofort um ein Gespräch mit dem für diesen Tag zuständigen Eilrichter. Ich bat ihn, Akteneinsicht zu nehmen, und erklärte ihm, dass Mutter und

Kind heute getrennt werden sollten, wir jedoch befürchten würden, dass dies nicht ohne Gewaltanwendung möglich wäre.

Der Richter konnte sich nach Akteneinsicht mit meinem Vorschlag, im Hintergrund eine Polizeibereitschaft zu organisieren und dann mit der Mutter ein Gespräch über die Kindesherausgabe zu führen, einverstanden erklären. Er konnte es kraft seiner „Amtsautorität" erreichen, dass die Mutter Daniela für die Zeit des Gesprächs mit der Mitarbeiterin des Jugendamts in ein Nachbarzimmer gehen ließ. Die Anwesenheit der herbeigerufenen Polizeibeamten wurde erforderlich, als der Richter Danielas Mutter schließlich erklärte, dass Daniela jetzt in ein Kinderhaus gebracht werden würde.

Daniela konnte auf diese Weise von ihrer Mutter getrennt werden, ohne körperliche Gewalt und eine völlig verzweifelte und der Situation gegenüber verständnislose Mutter unmittelbar erleben zu müssen.

156 Ich sah es in dieser besonderen Konstellation, die aus meiner Sicht für das Kind kein weiteres Zuwarten verantwortbar machte, als meine Aufgabe an, die Interessen des Kindes nicht nur im Rahmen der gerichtlichen Entscheidungsfindung zu vertreten, sondern das Kind auch bei der Umsetzung der Entscheidung zu begleiten.

3. Fallbeispiel „Daniela, fortgesetzt" – aus Fehlern lernen

157 ***Beispiel***

Die Verfahrensbeistandschaft für Daniela hatte ich vor der Zeit meiner Weiterbildung zum Verfahrensbeistand übernommen. Emotional erschöpft und gleichzeitig froh über die zumindest für Daniela doch „glimpflich" abgelaufene Trennung, herrschte bei mir in der Folgezeit lange der Gedanke vor, etwas Gutes für Daniela erreicht zu haben. Daniela war jetzt in einer kindgerechten Umgebung angekommen, sie erfuhr die erforderliche krankengymnastische Behandlung und konnte bereits nach kurzer Zeit Besuche ihrer Mutter erhalten. Alle waren der Auffassung, Daniela mache große Fortschritte und entwickle sich gut.

Unter diesem Eindruck stehend, erklärte ich der in Kindschaftssachen nicht erfahrenen, im Übrigen aber von mir geschätzten psychiatrischen Sachverständigen, die mittlerweile vom Gericht mit der Begutachtung der Mutter zur Frage ihrer Erziehungsfähigkeit beauftragt worden war, anlässlich unseres ersten Telefonats, dass aus meiner Sicht keine besondere Eile bei der Begutachtung notwendig wäre. Daniela ginge es gut und eine Rückkehr in den Haushalt der Mutter wäre aus meiner Sicht ohnehin nicht vorstellbar.

Es dauerte daraufhin über ein Jahr, bis das – außerordentlich sorgfältige – ärztliche Gutachten erstellt und bei Gericht eingegangen war. Wie erwartet wurde empfohlen, Daniela in eine Pflegefamilie zu vermitteln.

Es dauerte sodann noch einmal acht Monate, bis für Daniela endlich eine geeignete Pflegefamilie gefunden worden war.

Auch wenn mir damals nach einigen Monaten, die Daniela bereits im Kinderhaus lebte, doch klar geworden war, dass Daniela „eigentlich" feste Bezugspersonen brauchte und sich nach einem Familienleben sehnte, habe ich – aus heutiger Sicht – meine Überlegungen keineswegs klar genug als einen Auftrag, auch **für** ihre **Umsetzung** zu **sorgen**,[11] empfunden. Vielmehr habe ich Danielas Lebenssituation bis zur Fertigstellung des Gutachtens mitgetragen und mich erst im Anschluss daran für eine umgehende Suche nach einer Pflegefamilie starkgemacht. Angesichts Danielas Alter dauerte die Suche länger als gehofft. **158**

Daniela ist heute, wie mir das Jugendamt im Nachhinein berichtete, in ihrer Pflegefamilie glücklich. Sie hat einen ihren Bedürfnissen entsprechenden Kontakt zu ihrer Mutter, der die Pflegeeltern mit viel Verständnis begegnen.

Ich meinerseits denke häufig noch an mein wenig professionelles „Abwarten" in Bezug auf Danielas Kinderhaus-Aufenthalt zurück. Ich hätte viel eher erkennen müssen, wie wichtig für dieses kleine siebenjährige Mädchen familiäre Bezugspersonen sind und wie wenig ihr davon in dem fraglos gut geführten Kinderhaus gegeben werden konnte. Der am Ende fast zweijährige Aufenthalt Danielas im Kinderhaus hätte abgekürzt werden können und müssen. Ich habe mich an dieser Stelle über ein Jahr lang aus Unkenntnis nicht genug für Danielas Interessen eingesetzt. Es fehlte mir, wie allen anderen in dieser Phase, an **Problembewusstsein**.

Nicht unproblematisch war sicherlich auch meine Vorgehensweise, Daniela und ihre Mutter mit zu Gericht zu nehmen, ohne sicherzustellen, dass der zuständige Richter vor Ort sein wird.

VII. Die Verabschiedung

Ein in unserer Supervisionsgruppe wiederholt **diskutiertes Thema** ist die Frage des Verfahrensabschlusses. **159**

Soll ein Abschlussgespräch mit dem Kind der Regelfall sein? Dies ist nunmehr in § 158b Abs. 1 Satz 5 FamFG geregelt.

Immerhin gilt es, mit dem Kind ggf. das Interesse an einem Beschwerdeverfahren zu prüfen. Wie jedoch verfahren, wenn die Eltern eine Einigung getroffen haben? Ist es dann nicht originäre Elternaufgabe, diese Einigung auch gegenüber ihrem Kind zu vertreten? Würde ein erneutes Auftreten des Verfahrensbeistandes als „Person des Gerichtsverfahrens" das Kind verunsichern? Wo sollte das Abschlussgespräch stattfinden? Im gewohnten Kinderzimmer? Aus paritätischen Gründen spätestens jetzt im Haushalt des anderen Elternteils? Als Gegenbesuch des Kindes in unseren Büroräumen?

Für manche Kinder sind Büroräume abschreckend, für andere sehr interessant. Ich habe schon viele Kinder erlebt, denen es geholfen hat zu sehen, wie viele Akten bei

11 Vgl. hierzu auch den Erfahrungsbericht zum Fallbeispiel „Sabine", Niestroj, in Salgo, 1996, S. 503–540.

uns hängen. Die Kinder erlebten, dass sie mit ihren Problemen der zerstrittenen Eltern bei Weitem nicht alleine sind.

Ist, bei entsprechendem Alter des Kindes, ein telefonisches Abschlussgespräch für alle Beteiligten ein gangbarer Weg und eventuell sogar die am wenigsten belastende Variante?

160 Die Frage, ob, wann und wie ein meine Tätigkeit abschließendes Gespräch stattfindet, ist meiner Ansicht nach ebenso individuell zu betrachten wie die Frage nach dem Wie der ersten Kontaktaufnahme. Zu jeder Zeit unserer Tätigkeit ist die **Leitlinie das individuelle Bedürfnis** des betroffenen Kindes.

Beispiel

Noch heute ist mir in Erinnerung, wie mir ein zehnjähriger Junge bei meiner Verabschiedung erklärte, wie zufrieden er auf seiner neuen Schule sei. Ich fragte ihn, ob er meine Visitenkarten bekommen wolle für den Fall, dass er wieder einmal Probleme habe. Er lächelte mich an. „Es könnte doch ganz nützlich sein", meinte er und ließ sich von mir die Karte geben. Mit festem Blick gaben wir uns die Hand.

VIII. Fazit: Professionalität ist unumgänglich

161 Die Arbeit eines Verfahrensbeistands kann schwer sein, manchmal kaum aushaltbar, die Tränen in die Augen treibend:

Beispiele

Dennis, 5 Jahre

Dennis war ein winziger, in seiner Herkunftsfamilie von seiner Mutter schwer misshandelter Junge. Sein Minderwuchs stellte sich nach seiner Inpflegegabe als seelisch bedingt heraus; in seinem neuen Zuhause wuchs er binnen weniger Monate um mehrere Zentimeter. Bei meinem Besuch in der Pflegefamilie erzählte Dennis von sich aus, dass seine Mutter gestorben sei. Auf meine Nachfrage, wer ihm dies gesagt habe, meinte er nach kurzem Überlegen: „Das habe ich mir selber erlaubt."

Lilly, 4 Jahre

Gegen Ende unseres Gesprächs begann ich Lilly zu fragen, was sie sich von einer Fee wünschen würde. Lilly unterbrach mich und sagte sichtlich resigniert: „Du brauchst mich nicht zu fragen, was ich mir wünsche, weil es in echt gar keine Feen gibt und niemand es schön zaubern kann. Aber es war trotzdem schön, mit dir zu reden, weil du gut zuhören kannst. Du bist nett."

Lara, 17 Jahre

„Ich bin jetzt fast volljährig, für mich ist es zu spät. Aber wenn meine Geschwister zu unserer Mutter zurück möchten und das Jugendamt meint, dass Mama

es jetzt auch wieder schafft, sollte es schnell gehen. Die Zeit arbeitet nicht für uns Kinder."

Louise, 6 Jahre

Louise lebte nach der Trennung der Eltern für kurze Zeit bei ihrem Vater, dann bei der Mutter und wollte nun wieder zu ihrem Vater zurück. „Mama soll es aber nicht wissen, weil ich glaube, dass sie traurig ist, wenn ich sage, ich will lieber bei Papa wohnen. Sie sagt auch: ‚Ich will Dich nicht noch einmal verlieren.' Dabei hat sie mich doch noch nie verloren, ich war doch nur bei Papa!"

Bendix, 7 Jahre

Bendix fragte mich, ob ich nähen könnte. Ich verneinte seine Frage etwas erstaunt und Bendix führte aus: „Das ist schade, denn ich brauche einen Reißverschluss, damit man mich zwischen Mama und Papa aufteilen kann. Denn es fühlt sich so an, als ob Mama und Papa mich zerreißen wollen und ich habe Angst, dass ich dabei verbluten kann."

Tannaz, 9 Jahre

„Mama und Papa sollen sich an einen Tisch setzen und vorher auf einen Zettel schreiben, was sie alles doof finden. In der Schule machen wir das auch so. Aber bei Mama und Papa musst du mit am Tisch sitzen bleiben, weil die sich nicht an die Gesprächsregeln halten können."

Justin, 13 Jahre

Bei meinem Abschlussbesuch erklärte ich Justin, dass sein Umzug in eine Wohngruppe entschieden worden sei, weil seine Mutter eine Suchterkrankung habe. Justin fragte, was „Sucht" bedeute. Nach meiner Erklärung stand Justin auf, ging zum Schrank und zeigte mir seine von seiner Mutter zerschlagene Star-Wars-Spardose: „Oh, also macht Mama das hier alles gar nicht mit Absicht kaputt, sondern weil sie krank ist? Kannst du mich bitte zum Jugendamt fahren, damit die mich jetzt gleich dahin bringen? Dann kann Mama sofort ins Krankenhaus gehen und gesund werden."

Erkan, 4 Jahre

Erkan erlebte schon Jahre den heftigen Streit seiner Eltern um sein Umgangsrecht mit dem Vater. Seine Mutter übergab mir eine Skizze ihres Sohnes. Erkan dazu: „Das ist ein trauriges Männchen, und das bin ich."

Die Arbeit eines Verfahrensbeistands ist herausfordernd. Sie ist aber auch ausfüllend mit ihrer Möglichkeit, im Einzelfall perspektivisch die „am wenigsten schädliche Alternative"[12] mitentwickeln und neue, günstigere Lebensformen für Kinder mitgestalten zu können. 162

12 Goldstein/Freud/Solnit, 1991, S. 49 ff., S. 149 ff.

Praxistipp

Der Anspruch an die eigene Professionalität muss hoch sein und die Wahrnehmung von Weiterbildung und regionalem Austausch einschließen!

Nur so kann es gelingen, die Position der Kinder und Jugendlichen, um die es für uns Verfahrensbeistände einzig geht, im gerichtlichen Verfahren – und damit auch in ihrer Lebenswirklichkeit – zu stärken.

Teil 2

Gesetzliche Grundlagen

A Die Verfahrensbeistandschaft gemäß § 158 FamFG

Übersicht Rn.

I. Zur Einführung der Verfahrensbeistandschaft nach § 158 FamFG

§ 158 1
Bestellung des Verfahrensbeistands

(1) Das Gericht hat dem minderjährigen Kind in Kindschaftssachen, die seine Person betreffen, einen fachlich und persönlich geeigneten Verfahrensbeistand zu bestellen, soweit dies zur Wahrnehmung der Interessen des Kindes erforderlich ist.

Der Verfahrensbeistand ist so früh wie möglich zu bestellen.

(2) Die Bestellung ist stets erforderlich, wenn eine der folgenden Entscheidungen in Betracht kommt:

1. die teilweise oder vollständige Entziehung der Personensorge nach den §§ 1666 und 1666a des Bürgerlichen Gesetzbuchs,

2. der Ausschluss des Umgangsrechts nach § 1684 des Bürgerlichen Gesetzbuchs oder

3. eine Verbleibensanordnung nach § 1632 Absatz 4 oder § 1682 des Bürgerlichen Gesetzbuchs.

(3) Die Bestellung ist in der Regel erforderlich, wenn

1. das Interesse des Kindes zu dem seiner gesetzlichen Vertreter in erheblichem Gegensatz steht,

2. eine Trennung des Kindes von der Person erfolgen soll, in deren Obhut es sich befindet,

3. Verfahren die Herausgabe des Kindes zum Gegenstand haben

oder

4. eine wesentliche Beschränkung des Umgangsrechts in Betracht kommt.

Sieht das Gericht in den genannten Fällen von der Bestellung eines Verfahrensbeistands ab, ist dies in der Endentscheidung zu begründen.

(4) Die Bestellung endet mit der Aufhebung der Bestellung, mit Rechtskraft der das Verfahren abschließenden Entscheidung oder mit dem sonstigen Abschluss des Verfahrens.

Das Gericht hebt die Bestellung auf, wenn

1. der Verfahrensbeistand dies beantragt und einer Entlassung keine erheblichen Gründe entgegenstehen

oder

2. die Fortführung des Amtes die Interessen des Kindes gefährden würde.

(5) Die Bestellung eines Verfahrensbeistands oder deren Aufhebung sowie die Ablehnung einer derartigen Maßnahme sind nicht selbständig anfechtbar.

2 Mit dem Kindschaftsrechtsreformgesetz im Jahr 1996 ist mit dem § 50 FGG erstmals eine eigenständige Interessenvertretung für Minderjährige in Kindschaftsverfahren unter dem Begriff des **Verfahrenspflegers** im Gesetz verankert worden.

Das mit Wirkung zum 1.9.2009 in Kraft getretene FamFG ersetzte das FGG und regelte in der Vorschrift des § 158 FamFG unter dem neuen Namen der **Verfahrensbeistandschaft** die Interessenvertretung des Kindes im kindschaftsrechtlichen Verfahren umfassender (vgl. Teil 4/*Heilmann*, Rn. 1 ff.). § 158 Abs. 1 FamFG enthielt nicht mehr nur eine Kann-Bestimmung, sondern statuierte eine Verpflichtung des Gerichts zur Bestellung eines Verfahrensbeistands, wenn das Kriterium der Erforderlichkeit erfüllt ist („[...] hat dem minderjährigen Kind [...] einen geeigneten Verfahrensbeistand zu bestellen."). Dies entsprach zwar in der Sache bereits der herrschenden Auffassung zu § 50 Abs. 1 FGG,[1] die Klarstellung im Gesetzeswortlaut hatte aber

1 Vgl. Keidel/Kuntze/Winkler-Engelhardt, Freiwillige Gerichtsbarkeit, 15. Aufl. 2003, Rn. 33 zu § 50 FGG m.w.N.

ausweislich stetig steigender Zahlen angeordneter Verfahrensbeistandschaften eine nicht zu unterschätzende Bedeutung in der gerichtlichen Umsetzungspraxis (vgl. Teil 1/*Salgo*, Rn 4 zur stetigen Steigerung der Zahlen bestellter Verfahrensbeistände).

Mit Wirkung ab 1.7.2021 sind die Vorschriften der §§ 158 ff. FamFG durch das Gesetz zur Bekämpfung sexualisierter Gewalt gegen Kinder vom 16.6.2021 (BGBl I 2021, 1810, 1815) wesentlich geändert und konkretisiert worden. Die seitdem geltenden §§ 158 bis 158c FamFG enthalten klarere Regelungen insbesondere zu den **Voraussetzungen zur Bestellung** eines Verfahrensbeistandes (§ 158 FamFG), zu der fachlichen und persönlichen **Eignung** des Verfahrensbeistandes (§ 158a FamFG), zu den **Aufgaben** und der **Rechtsstellung** des Verfahrensbeistandes (§ 158b FamFG) sowie zu seiner **Vergütung** (§ 158c FamFG) (zur Entwicklung und Vorgeschichte der Norm vgl. Teil 1/*Salgo*, Rn. 1 ff.).[2]

Mit Wirkung zum 11.4.2025 sind die Aufgaben und die Vergütung der Verfahrensbeistände (§§ 158b und 158c FamFG) durch das Kosten- und Betreuervergütungsrechtsänderungsgesetz 2025 (**KostBRÄG 2025**) vom 7.4.2025 wiederum neu gefasst worden.[3] § 158c FamFG n.F. enthält nunmehr neben einer Neuregelung der Vergütungssätze in § 158c Abs. 1 FamFG im neuen Abs. 2 der Norm erstmals auch eine lange überfällige Regelung zur **Kostenerstattung für die Inanspruchnahme eines Sprachmittlers** (u.a. eines Dolmetschers), soweit das Gericht die Hinzuziehung des Sprachmittlers nach § 158b Abs. 2 FamFG zuvor gestattet hatte. Dabei gilt die **Neufassung der Vergütungsbestimmung** in § 158c Abs. 1 FamFG n.F. nach der **Übergangsbestimmung** des § 493 Abs. 4 Satz 2 FamFG n.F. allerdings nur für Verfahrensbeistandschaften, die **seit 11.4.2025** angeordnet wurden. Auf Verfahrensbeistandschaften, die bis einschließlich 10.4.2025 angeordnet wurden, ist hingegen insoweit § 158c Abs. 1 FamFG in der bis dahin geltenden Fassung weiter anzuwenden.

Aufgabe des Verfahrensbeistands ist es, die **Subjektstellung** des vom Verfahren be- **3**
troffenen Kindes zu stärken, indem der Verfahrensbeistand zum Schutz des betroffenen Kindes für ein „**kindzentriertes Verfahren**" vor Gericht eintritt.

Der Verfahrensbeistand hat gemäß § 158b Abs. 1 Satz 1 FamFG das Interesse des Kindes festzustellen und im gerichtlichen Verfahren zur Geltung zu bringen. Der Verfahrensbeistand ist daher allein den Interessen (d.h. Wohl und Wille) des Kindes verpflichtet. Der Verfahrensbeistand ist selbst Beteiligter im Verfahren (vgl. § 158b Abs. 3 Satz 1 FamFG). Seine Bestellung hat keinen Sorgerechtsentzug zur Folge, denn er wird – im Gegensatz zu einem Ergänzungspfleger oder Vormund – nicht gesetzlicher Vertreter des Kindes (vgl. so ausdrücklich § 158b Abs. 3 Satz 3 FamFG).

---

2 Vgl. Lack, FamRZ 2023, 1249, zur Entwicklung der Verfahrensbeistandschaft seit Inkrafttreten des Gesetzes zur Bekämpfung sexualisierter Gewalt gegen Kinder.

3 Vgl. Art. 2 Nr. 1 des Gesetzes zur Neuregelung der Vormünder- und Betreuervergütung und zur Entlastung von Betreuungsgerichten und Betreuern sowie zur Änderung des Rechtsanwaltsvergütungsgesetzes und des Justizkostenrechts (Kosten- und Betreuervergütungsrechtsänderungsgesetz 2025 – KostBRÄG 2025) in BR-Drucksache 89/25 vom 28.2.25. Vgl. auch die Übergangsbestimmung des § 493 Abs. 4 Satz 2 FamFG zur Vergütungspauschale gemäß § 158c Abs. 1 FamFG.

Der Verfahrensbeistand handelt somit im eigenen Namen, aber im Interesse des Kindes.

Begrifflich ist zu berücksichtigen, dass der bis 2009 geltende § 50 FGG den Interessenvertreter für das Kind als Verfahrenspfleger bezeichnete und der seither geltende § 158 FamFG als „Verfahrensbeistand“. In anderen Rechtsbereichen, wie etwa **im Betreuungs- und Unterbringungsrecht für Erwachsene**, wird weiterhin der Begriff des Verfahrenspflegers verwendet (vgl. §§ 276, 317 FamFG).

II. Bestellung des Verfahrensbeistandes (§ 158 FamFG)

4 Voraussetzung für die Bestellung eines Verfahrensbeistands ist nach § 158 Abs. 1 Satz 1 FamFG, dass dies zur Wahrnehmung der Interessen des Kindes erforderlich ist. Konkretisiert wird die Erforderlichkeit durch die seit 1.7.2021 neu geregelten Absätze 2 und 3 zur **zwingenden Erforderlichkeit** und zu **Regelbeispielen für die Erforderlichkeit** der Bestellung eines Verfahrensbeistandes.

Die Norm gilt für Hauptsacheverfahren sowie für Eilverfahren, die im Wege der einstweiligen Anordnung entschieden werden.[4]

▶ *Zum Verfahren der einstweiligen Anordnung siehe Teil 4/Heilmann, Rn. 77 ff.*

Aus der Formulierung des § 158b Abs. 1 Satz 1 FamFG wird deutlich, dass die Aufgaben des Verfahrensbeistands strikt auf das konkrete Verfahren, für das er bestellt wurde, beschränkt sind („... im gerichtlichen Verfahren zur Geltung zu bringen“). Der Bestellungsbeschluss des Gerichts hat daher das jeweilige Verfahren und damit den genauen Verfahrensgegenstand sowie das vom Verfahrensbeistand zu vertretende Kind so konkret wie möglich zu bezeichnen.

Beispiel für ein einstweiliges Anordnungsverfahren zum Umgangsrecht

„Aktenzeichen 455 F 4031/18 UGEA: Frau/Herr ... wird zum Verfahrensbeistand für das Kind ..., geb. am ... bestellt ...“.

1. Bestellung des Verfahrensbeistands

a) Zeitpunkt der Bestellung

5 § 158 Abs. 1 Satz 2 legt ausdrücklich fest, dass die Bestellung des Verfahrensbeistands **so früh wie möglich** erfolgen soll, wobei zunächst Zeit für Anfangsermittlungen zur Erforderlichkeit der Bestellung bleiben muss, nicht zuletzt zum Schutz der mit den Kosten der Verfahrensbeistandschaft (§ 80 FamFG i.V.m. FamGKG Nr. 2013) belasteten Verfahrensbeteiligten.

4 Vgl. OLG Koblenz FamRZ 2021, 46–48, für ein einstweiliges Anordnungsverfahren zum Sorgerecht.

b) Rechtliches Gehör vor der Bestellung

Das Gericht hat den Beteiligten vor Bestellung eines Verfahrensbeistandes regelhaft rechtliches Gehör zu geben, um unnötige Bestellungen von Verfahrensbeiständen zu vermeiden. Nach einer bereits unter Geltung von § 50 FGG a.F. anerkannten Rechtsprechung gehört zu den Anfangsermittlungen insbesondere auch, dass den Beteiligten vor einer beabsichtigten Verfahrensbeistandsbestellung rechtliches Gehör gewährt wird.[5] Die Gewährung rechtlichen Gehörs dient der Steigerung von **Effizienz und Zielgerichtetheit** des kindschaftsrechtlichen Verfahrens: Denn mit der Aufforderung an die Eltern, binnen kürzester Fristen (§ 155 Abs. 1 FamFG) zur beabsichtigten Bestellung eines Verfahrensbeistands Stellung zu nehmen, wird ihnen die Möglichkeit eröffnet, sich zur **Auswahl des Verfahrensbeistands** und dessen eventuellen, im konkreten Fall erforderlichen besonderen Fähigkeiten zu äußern und z.B. auf die Notwendigkeit besonderer Sprachkenntnisse, einer besonderen Kultursensibilität oder den Umgang mit behinderten Kindern etc. hinzuweisen.[6] **6**

Auch unter Geltung von § 158 FamFG ist deshalb allgemein anerkannt, dass den Beteiligten regelmäßig zunächst rechtliches Gehör zu gewähren ist:[7] Elementare Verfahrensgrundsätze wie die Gewährung rechtlichen Gehörs nach Art. 103 Abs. 1 GG können grundsätzlich nicht durch das Vorrang- und Beschleunigungsgebot (§ 155 Abs. 1 FamFG) ausgehebelt werden. Das Übergehen des rechtlichen Gehörs hat nach der obergerichtlichen Rechtsprechung aber **kostenrechtliche Konsequenzen** – etwa, dass die entstandenen Kosten als unrichtige Sachbehandlung angesehen und nach § 20 FamGKG niedergeschlagen werden[8] oder dass von einer Kostenerhebung abgesehen wird, weil sich durch eine vorherige kurze Nachfrage bei den Beteiligten eine Bestellung erübrigt hätte.[9]

Ein **Verzicht** auf eine vorgängige Anhörung der Beteiligten kommt nur in Betracht, wenn die Sache besonders dringlich ist – etwa, weil das eingeleitete einstweilige Anordnungsverfahren ein sofortiges Tätigwerden erfordert (§ 49 Abs. 1 FamFG), so dass noch nicht einmal eine auf wenige Tage zu bemessende Stellungnahmefrist in Betracht kommt – oder wenn sich erst aus dem Anhörungstermin heraus die Notwendigkeit ergibt, ein (gesondertes, § 51 Abs. 3 Satz 1 FamFG) einstweiliges Anordnungsverfahren einleiten zu müssen, in dem der in der Hauptsache bereits bestellte, im Termin anwesende Verfahrensbeistand ebenfalls tätig werden soll.[10] **7**

---

5 Vgl. OLG Köln FamRZ 2002, 968; OLG Dresden FamRZ 2000, 1296, jeweils zu § 50 FGG.

6 Vgl. Menne, NZFam 2020, 1033, 1045 f.

7 Vgl. OLG Frankfurt FamRB 2021, 241–243; OLG Braunschweig FamRB 2021, 491–493; OLG München FamRZ 2016, 160 = FamRB 2015, 458 m. Anm. Menne sowie Zorn in Bork/Jacoby/Schwab, FamFG, 3. Aufl. 2018, § 158 Rn. 30.

8 OLG Braunschweig FamRB 2021, 491–493; OLG Karlsruhe FamRZ 2019, 630 = FamRB 2019, 105 m. Anm. Menne; OLG München v. 30.10.2014 – 11 WF 1349/14.

9 Vgl. OLG Frankfurt FamRB 2021, 241–243; OLG Frankfurt FamRZ 2017, 543 = FamRB 2016, 388 m. Anm. Menne.

10 Vgl. beispielsweise die Fallgestaltung von OLG Frankfurt FamRZ 2021, 48 = FamRB 2020, 483 m. Anm. Menne.

8 Anfangsermittlungen können angesichts des zeitaufwändige Ermittlungen ausschließenden **Vorrang**- und **Beschleunigungsgebots** des § 155 FamFG zu Zielkonflikten führen.[11] Der Verfahrensbeistand bzw. das Kind mit dessen Unterstützung sollen Einfluss auf die Gestaltung und den Ausgang des Verfahrens nehmen können, weshalb nach dem Zeitpunkt, zu dem das Vorliegen der Voraussetzungen nach § 158 Abs. 1 bis 3 FamFG klar ist, ein weiteres Zuwarten nicht mehr gerechtfertigt ist. Ansonsten würde ein effektiver Rechtsschutz des Kindes verhindert werden.

2. Erforderlichkeit der Bestellung (§ 158 Abs. 2 und 3 FamFG)

a) Zwingend erforderliche Bestellung (§ 158 Abs. 2 FamFG)

9 § 158 Abs. 2 FamFG zählt **Konstellationen** auf, in denen die Bestellung eines Verfahrensbeistands stets und zwingend, also ausnahmslos, zu erfolgen hat. Hierbei handelt es sich – wie in § 68 Abs. 5 FamFG – um besonders grundrechtsrelevante Verfahren. In diesen Fällen ist stets davon auszugehen, dass ein Verfahrensbeistand zur Wahrnehmung der Interessen des Kindes erforderlich ist.

In den Fällen des Absatz 2 ist ein **Verzicht** auf die Bestellung eines Verfahrensbeistandes schlicht unzulässig, d.h. **rechtswidrig**. Das Absehen von der Bestellung kann in den genannten Fällen auch nicht durch eine Begründung des Verzichtes (nach Absatz 3 Satz 2) „geheilt" werden. Denn die Möglichkeit einer Begründung der Ausnahme von der Bestellungspflicht ist nur für die sog. Regelbeispiele des Absatzes 3 Satz 1 vorgesehen.

In folgenden Fallgruppen ist gemäß § 158 Abs. 2 FamFG die Bestellung eines Verfahrensbeistandes stets erforderlich:

- **Nr. 1** benennt die teilweise oder vollständige **Entziehung der Personensorge** nach den §§ 1666, 1666a BGB. Eine solche Maßnahme hat für das Kind typischerweise erhebliche Auswirkungen. Grundlage für ein Verfahren nach den §§ 1666, 1666a BGB ist die Vermutung einer Kindeswohlgefährdung, die die Eltern nicht abwenden können oder wollen. In einer derartigen Konfliktsituation benötigt das Kind Unterstützung durch eine geeignete und unabhängige dritte Person, um seine Interessen hinreichend deutlich zum Ausdruck bringen zu können.
- **Nr. 2** betrifft den kompletten **Ausschluss des Umgangsrechts** nach § 1684 BGB. Eine bloße Beschränkung mit Erhalt eines Mindestumfanges an Umgangskontakten fällt hingegen unter das Regelbeispiel nach § 158 Abs. 3 Satz 1 Nr. 4 FamFG. Der Ausschluss des Umgangsrechts kommt i.S.d. Norm „in Betracht", wenn eine solche Maßnahme etwa vom Jugendamt oder einem Verfahrensbeteiligten gefordert oder durch das Gericht ernsthaft erwogen wird.[12]

11 Sternal-Schäder, § 158 FamFG Rn 29; Menne, ZKJ 2009, 68, 69; Jaeger, FPR 2006, 410, 414; vgl. auch OLG Frankfurt a. M. FamRZ 2017, 543–545.

12 OLG Saarbrücken, Beschl. v. 28.6.2021, 6 UF 58/21, Rn 19; BT-Drucks. 16/6308, S. 239; ebenso Hk-ZPO/Kemper, 5. Aufl., § 158 Rn. 11; Sternal/Schäder, FamFG, 21. Aufl., § 158, Rn. 17; Müko-FamFG/Schumann, § 158, Rn. 12; Prütting/Helms/Hammer, FamFG, 6. Aufl., § 158, Rn. 33; Schulte-Bunert/Weinreich/Ziegler, FamFG, 6. Aufl., § 158, Rn. 21; Thomas/Putzo/Hüßtege, ZPO, 42. Aufl., § 158 FamFG, Rn. 19; Zöller/Lorenz, ZPO, 33. Aufl., § 158 FamFG, Rn. 8, jeweils m.w.N.

- **Nr. 3** benennt eine **Verbleibensanordnung**. Eine solche Verbleibensanordnung regeln die Vorschriften der §§ 1632 Abs. 4 und 1682 BGB.

b) Regelhaft erforderliche Bestellung (§ 158 Abs. 3 FamFG)

§ 158 Abs. 3 Satz 1 FamFG benennt beispielhaft Fälle einer besonderen Erforderlichkeit einer Verfahrensbeistandschaft, in denen die Bestellung eines Verfahrensbeistandes in der Regel erforderlich ist (sog. **Regelbeispiele**). 10

Dabei handelt es sich um die 2021 in § 158 Abs. 2 FamFG (a.F.) enthaltenen Regelbeispiele, soweit sie nach der neuen, seit 2021 geltenden Regelung des § 158 Abs. 2 FamFG nicht zu einer obligatorischen Bestellung führen. Die 2021 in § 158 Abs. 3 Satz 2 FamFG enthaltene Pflicht des Gerichts, das Absehen von der Bestellung bei Vorliegen eines einschlägigen Regelbeispiels zu begründen, wird wegen des unmittelbaren Zusammenhangs als Satz 2 in § 158 Abs. 3 FamFG n.F. aufgenommen. Die Neuordnung soll die Regelungen besser sichtbar machen und zu einer konsequenteren Anwendung der Norm beitragen.[13]

Die Bestellung eines Verfahrensbeistandes ist nach § 158 Abs. 3 FamFG in der Regel erforderlich, wenn 11

1. das Interesse des Kindes zu dem seiner gesetzlichen Vertreter in erheblichem Gegensatz steht,
2. eine Trennung des Kindes von der Person erfolgen soll, in deren Obhut es sich befindet,
3. Verfahren die Herausgabe des Kindes zum Gegenstand haben oder
4. eine wesentliche Beschränkung des Umgangsrechts

in Betracht kommt.

Nr. 1 gilt im Falle eines Interessengegensatzes. Die Bestellung eines Verfahrensbeistands ist in dieser Fallgruppe regelmäßig erforderlich, „wenn das Interesse des Kindes zu dem seiner gesetzlichen Vertreter in erheblichem Gegensatz steht."[14] Bei gemeinsamer Sorge genügt ein erheblicher Interessengegensatz nur zu einem Sorgeberechtigten.[15] Wird ein solcher Gegensatz festgestellt, dann steht damit auch fest, dass keiner der gesetzlichen Vertreter mehr geeignet ist, allein die **Interessen des Kindes** im Verfahren zu vertreten, sodass grundsätzlich ein selbstständiger Interessenvertreter zu bestellen ist.[16]

Die unterlassene Bestellung eines Verfahrensbeistands in einem Regelfall des § 158 Abs. 3 Nr. 1 FamFG führt zur Aufhebung der erstinstanzlichen Entscheidung über

---

13 BT-Drs 19/23707, 53.

14 Vgl z.B. OLG Bamberg, Beschl. v. 4.8.2023, 7 WF 153/23.

15 Vgl. Sternal/Schäder, FamFG, 21. Aufl., § 158 FamFG Rn. 20; Musielak/Borth § 158 Rn. 8; Prütting/Helms/Hammer § 158 Rn. 36.

16 BT-Drucks. 13/4899, S. 131; Sternal/Schäder, FamFG, 21. Aufl., § 158 FamFG Rn. 20, unter Hinweis auf Staudinger/Coester § 1671 BGB Rn. 291.

das Sorgerecht und gemäß § 69 Abs. 1 Satz 3 FamFG zur Zurückverweisung der Sache an das Familiengericht.[17]

Nr. 2 enthält die Konstellation, dass eine **Trennung des Kindes** von der Person erfolgen soll, in deren Obhut es sich befindet. Dabei ist „Trennung" so zu verstehen wie in § 1666a Abs. 1 Satz 1 BGB. Der Begriff der „Obhut" wird in verschiedenen Vorschriften des Familienrechts im BGB gleichbedeutend verwendet. Für die Anwendung der Regelung ist es ohne Belang, wer die Trennung anstrebt, insbesondere ob es das Kind selbst, das Jugendamt, ein Elternteil oder ein außenstehender Dritter ist oder ob das Gericht eine derartige Maßnahme in Betracht zieht.

§ 158 Abs. 3 Satz 1 Nr. 2 FamFG enthält keine Beschränkung auf Verfahren nach den §§ 1666, 1666a BGB. Hierfür maßgebend ist die Erwägung, dass es für die Auswirkungen einer entsprechenden Maßnahme ohne Bedeutung ist, auf welcher Rechtsgrundlage sie erfolgt. Beispielhaft hierfür sei auf die Entscheidung des OLG Saarbrücken, Beschluss vom 7.9.2018, 6 UF 100/18, mit folgendem Leitsatz hingewiesen:

> „Das Gericht hat dem minderjährigen Kind – und zwar grundsätzlich auch in einstweiligen Anordnungsverfahren (§ 51 Abs. 2 S. 1 FamFG) – wegen § 158 Abs. 2 Nr. 3 FamFG einen Verfahrensbeistand zu bestellen, wenn ein zuvor geregeltes Wechselmodell durch gerichtliche Entscheidung beendet und das Kind in die Obhut nur noch eines Elternteils gegeben werden soll."[18]

Das Bundesverfassungsgericht[19] hat zur Begründung des Erfordernisses eines Verfahrensbeistandes im Fall einer Rückführungsentscheidung unter anderem darauf abgestellt, dass die Entscheidung das soziale Umfeld des Kindes bestimmt und zu einer Herauslösung des Kindes aus der unmittelbaren Zuwendung des gegenwärtig betreuenden Elternteils führen kann. Dem trägt die Bestimmung der Nr. 2 Rechnung.

Nr. 3 nennt Verfahren, die die **Herausgabe des Kindes** zum Gegenstand haben. Auch hierbei geht es um den grundsätzlichen Aufenthalt des Kindes. Verfahren auf Herausgabe des Kindes sind in erster Linie solche nach § 1632 Abs. 1, 4 BGB.

Nr. 4 benennt Verfahren, in denen eine **wesentliche Beschränkung des Umgangsrechts** (vgl. § 1684 Abs. 4 Satz 1, 2 BGB) in Betracht kommt.

c) Absehen von der Bestellung in einem Regelfall nach § 158 Abs. 3 FamFG

12 Soll trotz Vorliegens eines Regelbeispiels von einer Bestellung abgesehen werden, bedarf dies besonderer, nachprüfbarer Gründe, die das Gericht in der Endentscheidung im Einzelnen darzulegen hat (§ 158 Abs. 3 Satz 2 FamFG). Wird das Absehen von der Bestellung nicht oder nur unzureichend begründet, liegt darin ebenso wie in dem Unterbleiben der Beistandsbestellung selbst ein wesentlicher Verfahrensver-

17 OLG Bamberg, Fn. 14; OLG Brandenburg, Beschl. v. 19.10.2022, 13 UF 148/22.
18 Ebenso OLG Brandenburg, Beschl. v. 30.1.2019, 13 UF 1/19, juris.
19 Beschl. v. 29.10.1998, NJW 1999, 631, 633.

stoß, der im Beschwerdeverfahren zur Aufhebung der Hauptsacheentscheidung führen kann.[20]

Denkbar ist ein zulässiger Verzicht auf die Bestellung eines Verfahrensbeistandes insbesondere bei **Entscheidungen von geringer Tragweite**, die sich auf die Rechtspositionen der Beteiligten und auf die künftige Lebensgestaltung des Kindes nicht in erheblichem Umfang auswirken. Bei den vom Gesetzgeber aufgeführten Regelbeispielen wird ein Absehen von der Bestellung eines Verfahrensbeistandes aber nur in sehr seltenen Fällen – ausnahmsweise – in Betracht kommen. Die Erforderlichkeit kann weiter fehlen, wenn alle beteiligten Personen und Stellen gleich gerichtete Verfahrensziele verfolgen.

Aber auch wenn die Interessen des Kindes in anderer Weise ausreichend im Verfahren zur Geltung gebracht werden, kommt ein Absehen von der Bestellung eines Verfahrensbeistands nicht in Betracht. Dies kann z.B. dann der Fall sein, wenn das Kind bereits durch einen **Ergänzungspfleger** angemessen vertreten wird, wobei aber auch der Aufgabenkreis des Ergänzungspflegers zu beachten ist: Seine Aufgabe ist es, die ihm übertragenen sorgerechtlichen Entscheidungen für das Kind zu treffen. Die Bestellung eines Ergänzungspflegers nur für die Durchführung des familiengerichtlichen Verfahrens scheidet aber aus, weil hier die Bestellung eines Verfahrensbeistands das mildere Mittel darstellt (siehe auch Teil 4/*Heilmann*, Rn. 138). Denn mit der Bestellung eines Ergänzungspflegers geht ein teilweiser Sorgerechtsentzug einher, während der Verfahrensbeistand nicht gesetzlicher Vertreter des Kindes wird, auch nicht für die Dauer des familiengerichtlichen Verfahrens (§ 158b Abs. 3 Satz 3 FamFG).[21] **13**

Entbehrlich war die Bestellung eines Verfahrensbeistandes nach dem bis 30.6.2021 geltenden Recht immer dann, wenn die Interessen des Kindes von einem **Rechtsanwalt** oder einem anderen geeigneten Verfahrensbevollmächtigten angemessen vertreten wurden (§ 158 Abs. 5 FamFG a.F.). Diese Regelung, nach der die Bestellung eines Verfahrensbeistands unterbleiben oder aufgehoben werden soll, wenn die Interessen des Kindes von einem Rechtsanwalt oder einem anderen geeigneten Verfahrensbevollmächtigten angemessen vertreten wurden, entfällt in Konsequenz zu den in § 158a FamFG eingeführten konkreten **Qualifikationsanforderungen**. **14**

Mit § 158a FamFG werden Voraussetzungen für die Bestellung als Verfahrensbeistand eingeführt, die sich nicht auf eine juristische Grundqualifikation beschränken. Wie alle anderen in § 158a Abs. 2 FamFG genannten Berufsgruppen können auch Rechtsanwältinnen und Rechtsanwälte künftig nur noch als Verfahrensbeistände bestellt werden, wenn sie über die entsprechende **Zusatzqualifikation** verfügen. Aus diesem Grund läuft die Annahme des § 158 Abs. 5 FamFG a.F. ins Leere, dass Rechtsanwältinnen und Rechtsanwälte die Interessen des Kindes stets in ebenso ge-

20 OLG Brandenburg, Beschl. v. 5.11.2021, 13 UF 122/21, juris; Saarländisches OLG Saarbrücken, Beschl. v. 28.6.2021, 6 UF 58/21 – Rn 25, juris; OLG Frankfurt, Beschl. v. 8.6.2021, 6 UF 79/21, juris; OLG Brandenburg, NJW-RR 2019, 453; vgl. Zorn in: Bork/Jakobi/Schwab, FamFG, 2. Aufl., § 158 Rn. 16 m.w.N.

21 BGH FamRZ 2011, 1788; Salgo, FPR 2011, 315 ff.; Lack, FamFR 2011, 527.

eigneter Weise vertreten können wie ein Verfahrensbeistand. Im Übrigen soll durch die Streichung künftig verhindert werden, dass Sorgeberechtigte die fehlende Anfechtbarkeit der Bestellung des Verfahrensbeistands dadurch umgehen, dass anstelle eines nicht gewünschten Verfahrensbeistands für das Kind ein selbst gewählter Rechtsanwalt oder eine Rechtsanwältin mandatiert wird.[22]

Die Erforderlichkeit der Bestellung eines Verfahrensbeistandes entfällt demnach nicht dadurch, dass sich für das Kind ein Rechtsanwalt zum Verfahren meldet. Da ein Rechtsanwalt Willensvertreter ist, besteht die Gefahr, dass er bei Beauftragung durch die Eltern nicht zuallererst das Kindeswohl im Blick hat, sondern als weisungsgebundener Interessensvertreter seiner Mandanten vorrangig deren Willen.[23]

15 Beauftragt ein über 14-jähriger Jugendlicher (§ 9 Abs. 1 Nr. 3 FamFG) eigenständig einen eigenen Anwalt mit der Wahrnehmung seiner Verfahrensinteressen, kann das in den Regelbeispielen des § 158 Abs. 3 Satz 1 FamFG die Erforderlichkeit eines Verfahrensbeistandes entfallen lassen. Das Gericht hat den Verzicht auf eine Verfahrensbeistandschaft dann aber nach § 158 Abs. 3 Satz 2 FamFG in der Endentscheidung des betreffenden Verfahrens zu begründen.

3. Bestellungsbeschluss

16 Der Bestellungsbeschluss musste nach bisherigem Recht den Aufgabenkreis des Verfahrensbeistandes benennen, also ob die Bestellung mit dem erweiterten Aufgabenkreis nach § 158b Abs. 2 FamFG a.F. erfolgte oder nicht (dazu auch Rn. 116 ff.). Nach § 158b Abs. 1 FamFG n.F.[24] gehören – soweit dies erforderlich ist – **Gespräche mit den Eltern und weiteren Bezugspersonen des Kindes** und in geeigneten Fällen die **Mitwirkung am Zustandekommen einer einvernehmlichen Regelung** über den Verfahrensgegenstand zum originären Aufgabenkreis jeder Verfahrensbeistandschaft.

Das Gericht war dabei aber – schon nach bisheriger Rechtslage – nicht befugt, darüberhinausgehend den **Aufgabenkreis** des Verfahrensbeistandes zu erweitern oder einzuschränken.

Unzulässig sind – und waren auch schon nach der bisherigen Rechtslage – in der Gerichtspraxis immer wieder anzutreffende **Zusatzaufträge** wie „Begleitung bzw. Beförderung des Kindes zur gerichtlichen Anhörung", „Begleitung bzw. Beobachtung von Umgangskontakten eines Elternteiles mit dem Kind", „Sachkundige Stellungnahme zur Erziehungsfähigkeit eines Elternteiles" etc. Die seit April 2025 geltende neue Fassung der §§ 158b und 158c FamFG lässt für solche rollenfremden gerichtlichen Zusatzaufträge nunmehr keinerlei Anordnungsbefugnisse mehr zu.

22 Vgl. BT-Drucks 19/23707, 53.

23 OLG Bamberg, Beschl. v. 4.8.2023, 7 WF 153/23.

24 Vgl. Art. 2 Nr. 1 des Gesetzes zur Neuregelung der Vormünder- und Betreuervergütung und zur Entlastung von Betreuungsgerichten und Betreuern sowie zur Änderung des Rechtsanwaltsvergütungsgesetzes und des Justizkostenrechts (Kosten- und Betreuervergütungsrechtsänderungsgesetz 2025 – KostBRÄG 2025) in BR-Drucksache 89/25 vom 28.2.25. Vgl. auch die Übergangsbestimmung des § 493 Abs. 4 Satz 2 FamFG zur Vergütungspauschale gemäß § 158c Abs. 1 FamFG.

Praxistipp

Der Verfahrensbeistand sollte solche zusätzlichen Aufträge aus Haftungsgründen und aus Gründen der Rollenklarheit (der Verfahrensbeistand ist weder sachverständiger Gutachter noch Umgangsbegleiter oder Umgangspfleger) dem Gericht gegenüber unter Hinweis auf die sich allein aus §§ 158, 158b FamFG ergebenden zulässigen Aufgaben und die Eignungskriterien des Verfahrensbeistandes (§ 158a FamFG) schriftlich zurückweisen.

Auch einen **Entzug von einzelnen Aufgaben** sieht das Gesetz nicht vor, so dass eine mittelbare Kontrolle über die Tätigkeit des Verfahrensbeistandes auf diese Weise nicht ausgeübt werden darf. Die gesetzlich definierte Aufgabe heißt regelmäßig „*Wahrnehmung der Interessen des Minderjährigen im gerichtlichen Verfahren*" und ergibt sich für den Regelfall aus dem Gesetzeswortlaut des § 158 Abs. 1 Satz 1 FamFG. Näher konkretisiert wird diese Aufgabenstellung durch § 158b Abs. 1 Satz 1 bis 5 FamFG.

4. Ende der Bestellung (§ 158 Abs. 4 FamFG)

Gemäß § 158 Abs. 4 Satz 1 FamFG endet die Verfahrensbeistandschaft mit **Rechtskraft** der das Verfahren abschließenden Entscheidung oder mit dem sonstigen Abschluss des Verfahrens, soweit sie nicht ausnahmsweise schon vorher aufgehoben wird. Kriterien für die Aufhebung regelt § 158 Abs. 4 Satz 2 FamFG. **17**

a) Durch Verfahrensbeendigung (§ 158 Abs. 4 Satz 1 FamFG)

Die Bestellung gilt bis zum Abschluss des Verfahrens. Der erstinstanzlich bestellte Verfahrensbeistand ist daher auch vom Beschwerdegericht am **Beschwerdeverfahren** beteiligt. **18**

Das Einlegen einer Verfassungsbeschwerde gehört nach der Rechtsprechung des BVerfG auch nach Eintritt der formellen Rechtskraft noch zu den Aufgaben eines bestellten Verfahrensbeistands:

> „Die Verfassungsbeschwerde ist zulässig, insbesondere ist die Beschwerdeführerin bereits aufgrund ihrer bisherigen einfachgerichtlichen Bestellung als Verfahrensbeiständin befugt, Verfassungsbeschwerde einzulegen und mit dieser – ausnahmsweise – Rechte des Kindes in eigenem Namen geltend zu machen."[25]

Der **sonstige Abschluss** des Verfahrens kann durch Rücknahme des Antrages erfolgen, mit dem das Verfahren eingeleitet worden ist (z.B. Rücknahme eines Sorgerechtsantrages nach § 1671 BGB) oder auch durch einen das Verfahren abschließenden Vergleich, dem der Verfahrensbeistand zugestimmt hat (vgl. Teil 4/*Heilmann*, Rn. 138).

25 BVerfG FamRZ 2017, 206–208 = ZKJ 2017, 104–108, unter Hinweis auf BVerfG v. 22.5.2013, BtPrax 2013, 150, zum betreuungsrechtlichen Verfahrenspfleger gem. insoweit gleichlautendem § 276 Abs. 5 FamFG.

b) Durch Aufhebung der Bestellung (§ 158 Abs. 4 Satz 2 FamFG)

19 Für die Aufhebung der Bestellung auf Anregung eines Elternteils hat die obergerichtliche Rechtsprechung einen restriktiven Prüfungsmaßstab betont und größte Zurückhaltung angemahnt.[26]

Ein Verfahrensbeistand kann grundsätzlich nicht wegen der Art und Weise, in der er seine Tätigkeit ausübt, entlassen werden.[27] Die Aufhebung der Bestellung kommt aber im Rahmen einer eng begrenzten Abberufungskompetenz in Betracht, wenn er ungeeignet ist oder durch gewichtiges Fehlverhalten auffällt bzw. eine sachgerechte Wahrnehmung der Interessen des Kindes unterlässt.[28]

In § 158 Abs. 4 Satz 2 FamFG ist geregelt, unter welchen **Voraussetzungen** die Bestellung des Verfahrensbeistands ausnahmsweise aufgehoben werden kann.

(1) Aufhebung auf Antrag des Verfahrensbeistandes (§ 158 Abs. 4 Satz 2 Nr. 1 FamFG)

20 Gemäß § 158 Abs. 4 Satz 2 Nr. 1 FamFG ist eine Aufhebung möglich, wenn der Verfahrensbeistand seine Entlassung beantragt und dieser **keine erheblichen Gründe** entgegenstehen. Erhebliche Gründe können vorliegen, wenn das Amt zur Unzeit, etwa kurz vor Verfahrensabschluss oder zur Vermeidung besonderer Anforderungen aufgegeben werden soll. Eine Entlassung darf nicht die Interessen des Kindes verletzen und auch nicht dem Beschleunigungsgebot des § 155 Abs. 1 FamFG widersprechen.[29]

Die Bestellung zum Verfahrensbeistand sollte das Gericht mit der dafür ausgewählten Person absprechen. Denn ohne die Zustimmung der zum Verfahrensbeistand bestellten Person ist diese nicht verpflichtet, die Verfahrensbeistandschaft zu übernehmen. Das Gericht kann in diesem Falle die Bestellung aber aufheben und einen anderen zur Aufgabenwahrnehmung bereiten Verfahrensbeistand bestellen.[30] Das ist nunmehr in § 158 Abs. 4 Satz 2 Nr. 1 FamFG ausdrücklich geregelt. Danach hebt das Gericht die Bestellung auf Antrag des Verfahrensbeistandes auf, wenn einer Entlassung keine erheblichen Gründe entgegenstehen. Zu Beginn einer Verfahrensbeistandschaft werden solche, eine Aufhebung verhindernden schwerwiegenden Gründe aber regelmäßig nicht vorliegen.

Aus diesem Grund bedarf es nach fast einhelliger Meinung in der Literatur auch für den Verfahrensbeistand selbst keiner Ausnahme von der in §§ 158 Abs. 5, 58 FamFG bestimmten Nichtanfechtbarkeit der grundsätzlich unanfechtbaren Zwischenentscheidung über die Bestellung des Verfahrensbeistandes.[31]

---

26 KG FamRZ 2022, 212.

27 OLG Braunschweig, Beschl. v. 21.7.2022, 1 UF 115/21; OLG Koblenz, Beschl. v. 20.8.2018, 9 UF 247/18.

28 OLG Braunschweig, Beschl. v. 28.7.2018, 2 UF 57/18, juris.

29 OLG Bamberg FamRZ 2023, 375 m. Anm. Splitt; BT-Drucks 19/23707, 53.

30 Vgl. nur Prütting/Helms/Hammer, § 158 FamFG Rn. 46, 50.

31 Vgl. nur Prütting/Helms-Hammer, § 158 FamFG Rn. 46; a.A. Pütting/Helms-Fröschle, § 276 FamFG Rn. 68: anfechtbare Endentscheidung.

Weigert sich das Gericht aber, die Bestellung auf entsprechenden Antrag des Verfahrensbeistandes aufzuheben, kann der Verfahrensbeistand gegen die ohne oder gegen seinen Willen erfolgte Bestellung (nach hier schon zur alten Rechtslage vertretener Auffassung) binnen einer **Beschwerdefrist** von einem Monat Beschwerde einlegen (§§ 58 ff., 63, 64 Abs. 1 FamFG). Das muss erst recht nach der Einführung des Antragsrechtes des gegen seinen Willen bestellten Verfahrensbeistandes auf Aufhebung der Verfahrensbeistandschaft gemäß § 158 Abs. 4 Satz 2 Nr. 1 FamFG gelten. Denn nach § 59 Abs. 1 und 2 FamFG ist der die Aufhebung beantragende Verfahrensbeistand bei Ablehnung seines Antrages eindeutig beschwerdebefugt. Das setzt freilich zunächst eine entsprechende Beschlussfassung des Gerichts über den Aufhebungsantrag voraus, auf den der Verfahrensbeistand in solchen Fällen drängen sollte (eine Rechtsprechung zu § 158 Abs. 4 Satz 2 Nr. 1 FamFG ist – soweit ersichtlich – bislang nicht ergangen). **21**

Die Beschwerde kann sich zulässigerweise nur gegen die Auswahl seiner Person als Beistand, nicht gegen die Anordnung der Verfahrensbeistandschaft als solche richten. Denn der bestellte Verfahrensbeistand wird durch die Bestellung auch nur insoweit beschwert, als sie sich auf seine Person bezieht.

Ob ein **förmliches Rechtsmittel** überhaupt statthaft ist, war vor Einführung des förmlichen Aufhebungsantrages (also bis 2021) des § 158 Abs. 4 Satz 2 Nr. 1 FamFG deswegen fraglich gewesen, weil es sich bei der Bestellungsentscheidung grundsätzlich nicht um eine „Endentscheidung" i.S.d. § 58 Abs. 1 FamFG handelt. Auch § 158 Abs. 5 FamFG scheint einer Anfechtbarkeit der Bestellung entgegenzustehen, wonach die Bestellung eines Verfahrensbeistandes oder deren Aufhebung und die Ablehnung einer derartigen Maßnahme nicht selbstständig, sondern nur inzident mit der Endentscheidung über den Gegenstand des Verfahrens anfechtbar ist. Der Ausschluss der Anfechtbarkeit soll umfassend sein und sich auf alle Verfahrensbeteiligten erstrecken.[32] Die Entwurfsbegründung des Gesetzes zur Bekämpfung sexualisierter Gewalt zu § 158 Abs. 4 und 5 FamFG[33] führt insoweit lediglich aus, § 158 Abs. 5 FamFG enthalte die bislang in § 158 Abs. 3 Satz 4 FamFG a.F. enthaltene Regelung, nach der die Bestellung eines Verfahrensbeistands, deren Aufhebung und die Ablehnung einer Bestellung bzw. Aufhebung derselben nicht selbstständig anfechtbar sind. **22**

Für den nicht zur Übernahme der Verfahrensbeistandschaft bereiten Verfahrensbeistand stellt sich der Bestellungsbeschluss auf seine Person bezogen allerdings als **Endentscheidung** dar,[34] sodass für ihn selbst ein Rechtsmittel zulässig sein muss, andernfalls der Verfahrensbeistand in seinem durch Art. 1 und 2 GG geschützten Persönlichkeitsrecht, seiner durch Art. 12 GG garantierten Berufsfreiheit und die Rechtsweggarantie des Art. 19 Abs. 4 GG verletzt wäre.[35] Ein Rechtsmittel hat der Gesetzgeber insoweit offenkundig versehentlich nicht bestimmt.

32 Sternal/Schäder, § 158 FamFG Rn. 42; BT-Drucks 16/6308, S. 239.
33 BT-Drucks 19/23707, 53.
34 Prütting/Helms/Fröschle, § 276 FamFG Rn. 68.
35 Ebenso AG Neuruppin FamRZ 2012, 1090.

23 Die **Beschwerdebefugnis** besteht nach Einführung des Antrages des Verfahrensbeistandes auf Aufhebung der ihm übertragenen Verfahrensbeistandschaft jedenfalls für eine Entscheidung, mit der der Entlassungsantrag des Verfahrensbeistandes zurückgewiesen wird (vgl. § 59 Abs. 1 und 2 FamFG).[36]

Die Beschwerde muss bei dem Gericht eingelegt werden, das den Verfahrensbeistand bestellt hat (§ 64 Abs. 1 FamFG). Dadurch wird dem Eingangsgericht die zeitsparende Möglichkeit gegeben, die Auswahl der Person des Verfahrensbeistands unbeschadet des mit der Beschwerde anhängig werdenden Beschwerdeverfahrens zu überprüfen und ggf. einen anderen Verfahrensbeistand zu bestellen. Soweit das Ausgangsgericht die Bestellung des Beschwerdeführers nicht zurücknimmt, muss das erstinstanzliche Gericht die Beschwerde von Amts wegen an das übergeordnete Gericht zur Entscheidung weiterleiten, da es zu einer Abhilfeentscheidung in Familiensachen nicht befugt ist (§ 68 Abs. 1 Satz 2 FamFG).

Hält das den Verfahrensbeistand bestellende Gericht eine Beschwerde des Verfahrensbeistandes aus o.g. Gründen nicht für zulässig, so wird dies regelmäßig unschädlich sein, denn es wird sich wegen der vom Verfahrensbeistand zu ihrer Begründung vorgebrachten Gründe regelmäßig veranlasst sehen, einen zur Vertretung des Kindes bereiten anderen („geeigneten", § 158 Abs. 1 Satz 1 FamFG) Verfahrensbeistand zu bestellen (vgl. zum Kriterium der Eignung des Verfahrensbeistandes Rn. 55 ff.).

▶ *Zu Einzelheiten der Rechtsmittel im Verfahren der Familiengerichte vgl. Teil 4/ Heilmann, Rn. 90 ff.*

(2) Aufhebung wegen Verletzung der Interessen des Kindes durch den Verfahrensbeistand (§ 158 Abs. 4 Satz 2 Nr. 2 FamFG)

24 Gemäß § 158 Abs. 4 Satz 2 Nr. 2 FamFG hat das Gericht die Bestellung aufzuheben, wenn die Fortführung des Amtes durch den bestellten Verfahrensbeistand die Interessen des Kindes gefährden würde. Ein Verfahrensbeteiligter kann somit die Prüfung anregen, ob der bisherige Verfahrensbeistand zu entlassen und ein neuer zu bestellen ist. Aus dieser Anregung erwächst dem Familiengericht die Pflicht zu prüfen, ob die Voraussetzungen für eine Auswechslung des Verfahrensbeistands gegeben sind.[37]

Gründe für die Entpflichtung können vorliegen,

- wenn der Verfahrensbeistand seine Tätigkeit krankheitsbedingt nicht fortführen kann,
- wenn er nur ganz unzureichend oder sehr unzuverlässig tätig wird oder
- seine Aufgaben in einer die Kindesinteressen offenkundig und erheblich verkennenden oder missachtenden Weise wahrnimmt.[38]

---

36 Vgl. so schon zur alten Rechtslage Prütting/Helms/Fröschle, § 276 FamFG Rn. 68.
37 Vgl. Saarländisches OLG Saarbrücken NJW-RR 2019, 327; KG Berlin, Beschl. v. 20.8.2021, FamRZ 2022, 212.
38 BT-Drucks. 19/23707, 53.

Vgl. insoweit die Entscheidung des KG (Berlin) vom 20.8.2021 (UF 2/21, FamRZ 2022, 212):

> „Bei der Auslegung des Prüfungsmaßstabes der „Gefährdung der Kindesinteressen" nach § 158 Abs. 4 Satz 2 Nr. 2 FamFG, bei deren Vorliegen die Bestellung des Verfahrensbeistands aufzuheben ist, hat das Familiengericht das Spannungsverhältnis zu berücksichtigen zwischen seiner Pflicht, dem minderjährigen Kind zur Wahrnehmung seiner verfahrensrechtlichen Interessen in persönlicher und fachlicher Hinsicht geeigneten Verfahrensbeistand zu bestellen und dem Umstand, dass der Verfahrensbeistand ein einseitiger Vertreter des Kindes ist, der seine Aufgaben eigenständig, frei von Weisungen wahrnimmt und weder unter der „Oberaufsicht" des Familiengerichts steht noch zur Objektivität oder Neutralität verpflichtet ist. Dieser „advokatorische Charakter" des Anwalts des Kindes macht es erforderlich, den **Prüfungsmaßstab für eine Aufhebung der Bestellung äußerst restriktiv und mit größter Zurückhaltung zu handhaben**." (Fettdruck durch den Autor).

Denn es liegt grundsätzlich im Ermessen des Verfahrensbeistandes, wie er die Interessen des Kindes wahrnimmt und wie er verfährt, um einen möglichst unverfälschten Eindruck vom Kind zu erlangen. Dazu gehört auch die Entscheidung, ob und vor allem wie er ein Kind anhört.[39] Lernt ein Verfahrensbeistand ein Kind allerdings nicht oder nur zur Kindesanhörungen kennen, wird er seiner Aufgabe gemäß § 158b Abs. 1 S. 1 FamFG, das Interesse des Kindes zu ermitteln und im Verfahren zur Geltung zu bringen und das Kind durch das Verfahren zu begleiten, kaum gerecht werden können, sodass seine Entlassung gerechtfertigt sein kann.

▶ *Einzelheiten zu den Rechten und Pflichten des Verfahrensbeistands siehe Teil 2/ Bauer, Rn. 84 ff.*

Ebenso sollte bei unüberbrückbarer **Ablehnung des Verfahrensbeistands durch das Kind** ausnahmsweise ein Wechsel in der Person des Verfahrensbeistands in Betracht gezogen werden.[40] Wird dem Verfahrensbeistand zu Beginn oder während der Vertretung klar, dass ein Kind eine Abneigung gegen ihn hat, **25**

> „wegen der es sich nicht anvertrauen kann, und dass diese trotz aller Bemühungen bestehen bleibt, sollte eine vorzeitige Aufhebung der Bestellung in Betracht gezogen werden. Bezieht sich die Ablehnung des Kindes nicht primär auf die eigene Person, lassen sich aus ihr hingegen Hinweise zum Verständnis seiner Beziehungserfahrungen folgern. Ein Abbruch der Vertretung erscheint dann kaum angebracht."[41]

Nach einer Entscheidung des OLG Karlsruhe vom 1.8.2013 (5 UF 62/13, FamRZ 2014, 1136) soll eine Aufhebung der Verfahrensbeistandschaft bzw. ein Wechsel in der Person des Verfahrensbeistands auch in Betracht kommen, wenn **zwischen dem Verfahrensbeistand und einem Elternteil** beidseitig unüberbrückbare, im Persönlichen begründete Differenzen bestehen, die eine fortgesetzte, am Kindeswohl orien-

---

39 OLG Braunschweig NZFam 2018, 931, zur unbeanstandeten Aufforderung der Verfahrensbeiständin an die Kindesmutter, das Kind zur Kontaktaufnahme mit der Verfahrensbeiständin an den Gerichtsort oder in ihre Kanzlei zu bringen. Vgl. auch OLG Braunschweig, Beschl. v. 21.7.2022, 1 UF 115/21, und OLG Koblenz, Beschl. v. 20.8.2018, 9 UF 247/18.

40 Marquardt, MDR 2000, 1323, 1324, unter Hinweis auf OLG Köln FamRZ 2001, 845; OLG Stuttgart OLGR 2001, 305; OLG Düsseldorf FPR 1999, 355.

41 So Pkt. 1.3 der Standards für VerfahrenspflegerInnen der BAG Verfahrenspflegschaft für Kinder und Jugendliche e.V. in der Fassung von 2001.

tierte Wahrnehmung der Kindesinteressen, insbesondere auch die Durchführung der im Kindeswohl liegenden Gespräche des Verfahrensbeistands mit den Eltern, unmöglich erscheinen lassen. Dies gelte nach der Entscheidung beispielsweise, wenn ein Verfahrensbeistand – berechtigt oder nicht – Strafanzeige gegen einen Elternteil erstattet hat.

Diese Entscheidung ist im Hinblick auf die **Unabhängigkeit des Verfahrensbeistands** gegenüber dem Gericht und gegenüber den Eltern des vom Verfahrensbeistand vertretenen Kindes nicht unproblematisch, eröffnet sie doch provozierendem und den Verfahrensbeistand aggressiv ablehnendem Verhalten der Eltern Tür und Tor, sich eines ihnen missliebigen Beistands entgegen der Interessenlage des Kindes zu entledigen. Hinzu kommt ggf. eine Verfahrensverzögerung infolge der Auswechslung des Verfahrensbeistandes.

26 Bei der **Entpflichtung** ist dringend Zurückhaltung geboten, um dem Grundsatz der eigenständigen Stellung des Verfahrensbeistandes als Verfahrensbeteiligtem aus eigenem Recht nach § 158b Abs. 3 Satz 1 FamFG Rechnung zu tragen, zumal er auch nicht wie ein Sachverständiger wegen Besorgnis der Befangenheit nach § 6 FamFG i.V.m. § 42 ff. ZPO abgelehnt werden kann[42] (Siehe Teil 4/*Heilmann*, Rn. 109).

Praxistipp

▶ *Die Entpflichtung des Verfahrensbeistandes sollte ein seltener, allein an den Interessen des Kindes orientierter Einzelfall bleiben (vgl. auch den Wortlaut des § 158 Abs. 4 S. 2 Nr. 2 FamFG), der eine Aufhebung der Verfahrensbeistandschaft nur bei Gefährdung der Interessen des Kindes zulässt. Dieser Aufhebungsgrund ist klar von einer möglichen Gefährdung der Interessen der Sorgeberechtigten oder anderer Verfahrensbeteiligter zu unterscheiden.*

Ist ein **fachlich oder persönlich ungeeigneter** Verfahrensbeistand bestellt worden, ist diese Bestellung verfahrensrechtlich wie eine **Nichtbestellung** zu behandeln. Stellt sich die fehlende Qualifikation heraus, so hat dies eine individuelle Bedeutung hinsichtlich einer dadurch möglicherweise entstehenden Gefährdung, somit ist hier die Aufhebung zwingend.[43] Im Beschwerdeverfahren muss die Endentscheidung wegen der fehlerhaften Bestellung als rechtswidrig aufgehoben werden, soweit die Erforderlichkeit der Anordnung einer Verfahrensbeistandschaft zu bejahen ist (§ 58 Abs. 2 FamFG).

27 Der Beschluss, mit dem der Verfahrensbeistand entpflichtet wird, ist **nicht anfechtbar**. Da der **Vergütungsanspruch** des entlassenen Verfahrensbeistands mit Entfaltung seiner Tätigkeit bereits entstanden ist und zu den Verfahrenskosten zählt, kann das Gericht die Vergütung des entlassenen Verfahrensbeistands im Rahmen der Kostenentscheidung niederschlagen, um die Verfahrensbeteiligten nicht mit doppel-

---

42 OLG Braunschweig, Beschl. v. 28.7.2018, 2 UF 57/18, juris: „Eng begrenzte Abberufungskompetenz des Gerichts"; OLG München FamRZ 2005, 635; OLG Celle FGPrax 2003, 128; Sternal/Schäder, Rn. 41.

43 Prütting/Helm/Hammer, § 158 Rn. 47, 53.

ten Kosten zu belasten. Für zukünftige Bestellungen wird der entlassene Verfahrensbeistand nicht mehr in Betracht kommen, es sei denn, er hatte die Gefährdung der Kindesinteressen durch seine unzureichende Interessenvertretung nicht zu verantworten (wie z.B. im Falle einer – inzwischen überstandenen – Erkrankung).

Ist ein Verfahrensbeistand entlassen und ein neuer bestellt worden, fällt die **Pauschalentschädigung** nach § 158c Abs. 1 FamFG in diesem Fall für beide Verfahrensbeistände an, da die genannte Regelung Ausnahmetatbestände nun einmal nicht vorsieht. Das Gericht hat aber die Möglichkeit, die Kosten für einen Verfahrensbeistand niederzuschlagen, damit die Kostenschuldner nicht Kosten für beide Verfahrensbeistände zu tragen haben. In diesem Falle trägt dann die Staatskasse die Kosten für einen Verfahrensbeistand.

(3) Keine Aufhebung „wegen Befangenheit des Verfahrensbeistandes"

Ein Verfahrensbeistand kann nicht wegen Besorgnis der Befangenheit abgelehnt werden. **28**
Denn die Vorschriften über die Ablehnung von Gerichtspersonen und von Sachverständigen (§§ 6, 30 FamFG, §§ 41–49, 406 ZPO) finden auf Verfahrensbeteiligte wie den Verfahrensbeistand (§ 158b Abs. 3 Satz 1 FamFG) keine Anwendung.[44]

Hinweis

> *Befangenheitsanträge sind nur gegenüber Richtern und Sachverständigen zulässig (vgl. §§ 6 FamFG, 41 bis 49, 406 ZPO).*[45]

Anders als z.B. ein Sachverständiger ist der Verfahrensbeistand gerade nicht zur Neutralität, sondern dem Kindeswohl verpflichtet.[46] Dass sich daraus bisweilen Konflikte mit anderen Verfahrensbeteiligten ergeben können, liegt in der Natur der Sache und kann deshalb allein noch nicht als Beleg für eine vermeintlich nicht ordnungsgemäße Aufgabenerfüllung herangezogen werden.[47]

Den gesetzlichen Vertretern des Kindes bleibt es aber unbenommen, die Erforderlich- **29**
keit einer **Entpflichtung des Verfahrensbeistandes** durch das Gericht gemäß § 158 Abs. 4 Satz 2 Nr. 2 FamFG prüfen zu lassen, wenn sie der Auffassung sind, die Interessen des Kindes würden durch die (Un-)Tätigkeit oder die Art und Weise des Vorgehens des Verfahrensbeistandes gefährdet.

Aus dieser Anregung erwächst dem Familiengericht die Pflicht zu prüfen, ob die Voraussetzungen für eine Auswechslung des Verfahrensbeistands gegeben sind.[48]

44 OLG Köln, Beschl. v. 18.3.2025, 1 Ws 1/25.

45 OLG Braunschweig, Beschl. v. 28.7.2018, 2 UF 57/18, juris; KG Beschluss ZKJ 2014, 285 unter Hinweis auf OLG Hamm FamRZ 2008, 427 sowie Menne, ZKJ 2008, 111 ff.

46 OLG Braunschweig, Beschl. v. 21.7.2022, 1 UF 115/21; OLG Koblenz, Beschl. v. 20.8.2018, 9 UF 247/18.

47 KG Berlin, Beschl. v. 19.2.2014, 17 UF 5/14; ZKJ 7/2014, 285, unter Hinweis auf OLG Hamm, Beschl. v. 16.7.2007, 4 WF 126/07, FamRZ 2008, 427, bei juris Rn. 22, sowie Menne, ZKJ 2008, 111 ff.; vgl. auch OLG Braunschweig, unter Rn. 26.

48 Vgl. Saarländisches OLG Saarbrücken v. 22.11.2018, 6 UF 120/18, NJW-RR 2019, 327.

5. Rechtsmittel gegen die Bestellung oder Aufhebung (§ 158 Abs. 5 FamFG)

30 Gemäß § 158 Abs. 5 FamFG ist die Bestellung eines Verfahrensbeistands, deren Aufhebung und die Ablehnung einer Bestellung **nicht selbstständig anfechtbar**. Diese Maßnahmen unterliegen aber der Beurteilung des Beschwerdegerichts als der der angefochtenen Endentscheidung vorausgegangene Zwischenentscheidungen (§ 58 Abs. 2 FamFG).

Der Ausschluss der selbstständigen Anfechtbarkeit nach Bestellung eines Verfahrensbeistandes durch Entscheidung eines Richters soll **Verfahrensverzögerungen verhindern**. Angesichts der Ausgestaltung des Rechtsinstituts des Verfahrensbeistands liegt weder in der Bestellung noch im Fall des Unterlassens der Bestellung ein derart schwerwiegender Eingriff in Rechte der Beteiligten vor, dass eine isolierte Anfechtbarkeit geboten wäre. Dies gilt insbesondere für die Eltern des betroffenen Kindes. Diese bleiben im Fall der Bestellung eines Verfahrensbeistands – anders etwa als bei der Anordnung einer Ergänzungspflegschaft – weiterhin in vollem Umfang zur Vertretung des Kindes berechtigt.

Auch der Gesichtspunkt einer möglichen **Kostenbelastung** rechtfertigt eine selbstständige Anfechtbarkeit nicht.[49] In einer Konstellation, in der die Erforderlichkeit einer Verfahrensbeistandschaft nach § 158 Abs. 1 FamFG nicht ohne Weiteres zu bejahen ist, ist es daher aber geboten, den Eltern vor der Bestellung eines Verfahrensbeistandes rechtliches Gehör (Art. 103 Abs. 1 GG) zu gewähren, um sie ggf. vor unnötigen Kosten zu schützen (siehe Teil 4/*Heilmann*, Rn. 15).[50]

31 Der Ausschluss der Anfechtbarkeit ist umfassend und insbesondere nicht auf eine Anfechtung durch einzelne Personen oder Beteiligte beschränkt. Erfasst ist damit lediglich die isolierte Anfechtbarkeit einer entsprechenden Entscheidung; ein **Rechtsmittel gegen die Endentscheidung** kann weiterhin auch damit begründet werden, dass das Gericht einen Verfahrensbeistand zu Unrecht bestellt oder abberufen hat oder dass es die Bestellung eines Verfahrensbeistands zu Unrecht unterlassen oder abgelehnt hat (vgl. § 58 Abs. 2 FamFG).

Anders verhält es sich jedoch, wenn der **Rechtspfleger** (z.B. in einem Verfahren nach § 1686 BGB) über die Bestellung des Verfahrensbeistands entschieden hat. In diesem Fall verlangt der von Art. 19 Abs. 4 GG gewährleistete Schutz gegen die Verletzung der Rechtssphäre des Einzelnen durch Eingriffe der öffentlichen Gewalt, dass den betroffenen Eltern bereits vor Abschluss des Verfahrens eine Möglichkeit zur Verfügung steht, die Entscheidung des Rechtspflegers gerichtlich überprüfen zu lassen.[51]

---

49 BGH, Beschl. v. 22.3.2017, XII ZB 391/16, FamRZ 2017, 979 ff., unter Hinweis auf Schulte-Bunert/Weinreich/Ziegler, FamFG 5. Aufl. § 158 Rn. 28; und BT-Drucks. 16/6308, S. 239.

50 OLG Frankfurt FamRB 2021, 241–243; OLG Braunschweig FamRB 2021, 491–493; OLG Frankfurt/Main FamRZ 2017, 543–545; vgl. insoweit auch Borth/Grandel, § 158 FamFG Rn. 11.

51 BGH, Beschl. v. 22.3.2017, XII ZB 391/16, FamRZ 2017, 979 ff., unter Aufhebung der Entscheidung OLG Stuttgart FamRZ 2016, 1696, und unter Hinweis auf Bork/Jacoby/Schwab, FamFG, 2. Aufl., § 158 Rn. 17; Bumiller/Harders/Schwamb, FamFG, 11. Aufl., § 158 Rn. 19.

III. Verhältnis zwischen Verfahrensbeistand und den übrigen Beteiligten und Institutionen

1. Verhältnis zwischen Verfahrensbeistand und Kind

Der Verfahrensbeistand ist neben dem Kind ein selbstständiger Beteiligter im Verfahren, der die Interessen des Kindes vertritt, aber **keine Vertretungsmacht**, also keine sorgerechtlichen Befugnisse für das Kind hat. 32

Die Auswahl eines geeigneten Verfahrensbeistands steht im pflichtgemäßen Ermessen des Gerichts, das den Verfahrensbeistand bestellt. Ein **Recht auf Auswahl** des Verfahrensbeistands steht dem Kind nach § 158 FamFG nicht zu. Folglich steht dem Kind – ebenso wenig wie auch den sonstigen Verfahrensbeteiligten einschließlich der gesetzlichen Vertreter des Kindes – auch kein förmliches Ablehnungsrecht gegen die Bestellung und die getroffene Auswahl des Familiengerichts zu.

Der Verfahrensbeistand ist an Weisungen und Wünsche des Kindes nicht gebunden, dazu fehlt es an einer Beauftragung des ja vom Gericht bestellten Verfahrensbeistands durch das Kind (**fehlendes Mandatsverhältnis**).[52] Der Verfahrensbeistand hat vielmehr die subjektiven und objektiven Interessen des Kindes, d.h. dessen objektiv verstandenes Wohl und dessen Willen, wahrzunehmen (vgl. § 158 Abs. 1 und § 158b Abs. 1 Satz 1 FamFG: „Interessenwahrnehmung"; ... hat „das Interesse des Kindes festzustellen und im Verfahren zur Geltung zu bringen."). 33

Das zeigt sich am deutlichsten daran, dass er zur **Einlegung eines Rechtsmittels** von dem von ihm vertretenen Kind nicht gezwungen werden kann, wenn er die ergangene Entscheidung für mit dem Kindeswohl vereinbar ansieht (vgl. § 158b Abs. 3 Satz 2 FamFG). Rechtsmittel „kann" (nicht: „muss") der Verfahrensbeistand „im Interesse des Minderjährigen" ohnehin stets nur in eigenem Namen einlegen, da er nach § 158b Abs. 3 Satz 3 FamFG nicht gesetzlicher Vertreter des Kindes ist.[53]

Dem steht daher nicht entgegen, dass das Kind, welches das 14. Lebensjahr vollendet hat, nach § 60 FamFG ein eigenständiges Beschwerderecht ausüben kann. Der Verfahrensbeistand hat jedoch ihm erkennbare Anliegen des Kindes in jedem Falle vorzubringen, damit diese vom Gericht berücksichtigt werden können.[54] Falls das Interesse des Kindes es erfordert, ist er auch zur Einlegung von Rechtsmitteln verpflichtet.

Dem Kind gegenüber hat der Verfahrensbeistand **keine Erziehungs- oder Weisungsbefugnisse**. Bei der Erfassung der Wünsche und Vorstellungen des Kindes ist der Verfahrensbeistand also weitgehend auf die Kooperationsbereitschaft des Kindes 34

52 Der Verfahrensbeistand darf sich aber als „Kinder- und Jugendanwalt" bezeichnen, vgl. Ziegler in Schulte-Bunert/Weinreich, § 158 FamFG Rn. 29, unter Hinweis auf OLG Düsseldorf FamRZ 2015, 694.

53 BGH, Beschl. v. 27.3.2019, XII ZB 71/19.

54 Vgl. RegE zum Betreuungsgesetz, BT-Drucks. 11/4528, S. 171, zur insoweit gleichlautenden Vorschrift des § 67 Abs. 1 Satz 1 FGG a.F.

angewiesen, ohne dessen Bereitschaft zur Mitwirkung und Willensbekundung erzwingen zu können.

Als auch dem Kind gegenüber weisungsunabhängiger Interessenvertreter soll der Verfahrensbeistand das Selbstbestimmungsrecht von Kindern im gerichtlichen Verfahren schützen.[55] Es wäre widersinnig, diese Aufgabe mit Zwang gegenüber dem Kind erfüllen zu wollen. Eine Rechtsgrundlage dafür existiert folgerichtig auch nicht. Der Verfahrensbeistand hat also zu akzeptieren, wenn das Kind die Mitarbeit verweigert oder zu keiner Willensbekundung bereit ist.

Ansonsten ist der vom Kind geäußerte **Wille** dem Gericht möglichst wortgetreu mitzuteilen. Bei der Anhörung des Kindes durch das Gericht hat der zur Anwesenheit berechtigte und zum Anhörungstermin zu ladende Verfahrensbeistand (§ 159 Abs. 4 Satz 3 FamFG)[56] sicherzustellen, dass das Kind auch Gelegenheit hat, seine Sicht der Dinge, seine Wünsche, Ängste und Zukunftsvorstellungen dem Gericht mit seinen eigenen Worten und Gesten vorzutragen. Nur so erfährt das Gericht möglichst unverfälscht von den für die Beurteilung der Persönlichkeit und der Person des beteiligten Kindes wesentlichen Umständen.

2. Verhältnis zwischen Verfahrensbeistand und sorgeberechtigter Person

35 Als sorgeberechtigte Person kommen Eltern, Ergänzungspfleger, Vormünder oder Pflegeeltern, denen die elterliche Sorge nach § 1630 Abs. 3 BGB übertragen worden ist, in Betracht.

Der Verfahrensbeistand ist als **reiner Beistand des Kindes** im Verfahren nicht dessen gesetzlicher Vertreter (§ 158b Abs. 3 Satz 3 FamFG). Er verdrängt also nicht – auch nicht für die Vertretung im gerichtlichen Verfahren – die leiblichen Eltern, die Adoptiveltern oder andere gesetzliche Vertreter (Ergänzungspfleger, Vormund) aus der Position als gesetzliche Vertreter des Kindes. Jedenfalls so lange nicht, als nicht das Gericht den Eltern oder sonstigen Sorgeberechtigten das Sorgerecht ganz oder teilweise (z.B. für die Vertretung im Verfahren oder für die Entscheidung über die Entbindung von der ärztlichen Schweigepflicht) entzogen und zusätzlich auf die Person des Verfahrensbeistands als Ergänzungspfleger nach § 1809 BGB übertragen hat.[57]

36 Folglich hat der Verfahrensbeistand regelmäßig **keine weitergehenden sorgerechtlichen Befugnisse**: Der Verfahrensbeistand **kann nicht**

- für das Kind Leistungen nach dem SGB VIII beim Jugendamt beantragen,
- die Zustimmung erteilen, dass das Kind vom gerichtlich bestellten Sachverständigen untersucht und befragt wird,

---

55 Vgl. Stadler/Salzgeber, FPR 1999, 329, 336.

56 Vgl. BT-Drucks. 16/9733, S. 369; Sternal/Schäder, § 159 FamFG Rn. 27 ff.

57 Die Übernahme solcher zusätzlichen Aufgaben eines Ergänzungspflegers sollte der Verfahrensbeistand schon wegen der damit verbundenen Rollenkonflikte gut überdenken! Vgl. Pkt. 2.3 der Standards der BAG Verfahrensbeistandschaft/Interessenvertretung für Kinder und Jugendliche e.V., online abrufbar unter www.bveb-ev.de (> Der Verband > Verfahrensbeistandschaft).

- den behandelnden Arzt des Kindes von der ärztlichen Schweigepflicht entbinden,
- eine ärztliche Untersuchung des Kindes veranlassen oder
- mit bindender Wirkung für und gegen das Kind auf dessen Kosten eine ärztliche Stellungnahme anfordern.

Er kann auch nicht den **Umgang** des Kindes mit Dritten oder den Sorgeberechtigten regeln oder verbieten, selbst wenn dies im Einzelfalle für den Schutz des Kindes in einem laufenden Gerichtsverfahren dringend angezeigt wäre.

In all diesen Fällen muss sich der Verfahrensbeistand an das Gericht wenden und die **gerichtliche Regelung anregen**.

3. Abgrenzung zwischen Verfahrensbeistandschaft und Ergänzungspflegschaft für das gerichtliche Verfahren

Gemäß §§ 1629 Abs. 2 Satz 3, 1789 Abs. 2 Satz 3 und 4 BGB kann das Gericht dem 37
gesetzlichen Vertreter des Kindes, d.h. den sorgeberechtigten Eltern bzw. Adoptiveltern, dem Vormund oder dem Pfleger des Kindes, die gesetzliche **Vertretungsmacht für das gerichtliche Verfahren** ganz oder teilweise entziehen. Voraussetzung dafür ist, dass das verfahrensrechtliche Interesse des Minderjährigen zum Interesse des bzw. der Sorgeberechtigten „in erheblichem Gegensatz steht".

Das kommt z.B. hinsichtlich der gemeinsam sorgeberechtigten Elternteile in Betracht, wenn im Falle des sexuellen Missbrauchs der Tochter durch den Vater die Mutter des Kindes unter Umständen die zu Gunsten der Tochter erfolgte Anwaltsbevollmächtigung widerrufen würde.[58]

Dem betroffenen Kind ist dann regelmäßig ein **Ergänzungspfleger** – Wirkungskreis: Vertretung des Kindes im jeweiligen familiengerichtlichen Verfahren – zu bestellen (§ 1809 BGB). Der Ergänzungspfleger (mit entsprechendem Aufgabenkreis) bzw. der Vormund tritt für die gesetzliche Vertretung des Kindes im gerichtlichen Verfahren an die Stelle der zuvor Sorgeberechtigten.

Hinweis

Der BGH hat dazu allerdings entschieden, dass die Bestellung eines Verfahrensbeistands nach § 158 FamFG den Entzug der elterlichen Sorge hinsichtlich der Vertretung im gerichtlichen Verfahren in aller Regel überflüssig und damit unzulässig macht, auch wenn der Verfahrensbeistand nach § 158b Abs. 3 Satz 3 FamFG nicht gesetzlicher Vertreter des Kindes im Verfahren ist.[59]

58 OLG Frankfurt FamRZ 1980, 927; vgl. OLG Hamburg ZKJ 2014, 70 ff. für eine Ergänzungspflegschaft für das Kind in einem staatsanwaltschaftlichen Ermittlungsverfahren nach § 52 Abs. 2 Satz 2 StPO gegen die Mutter des Kindes.

59 BGH FamRZ 2011, 1788; Salgo, FPR 2011, 315 ff.; Lack, FamFR 2011, 527.

4. Abgrenzung Verfahrensbeistand und Ergänzungspflegschaft, Umgangspflegschaft sowie Umgangsbestimmungspflegschaft

38 Der **Ergänzungspfleger** nach §§ 1809 ff. BGB und der Vormund nach § 1773 BGB sind gesetzliche Vertreter des Kindes und für die gesamte elterliche Sorge (Vormund) oder bestimmte Teile der elterlichen Sorge (Ergänzungspflegschaft) zuständig.

Die **Umgangspflegschaft** ist in § 1684 Abs. 3 BGB geregelt und betrifft die vom Gericht übertragene Aufgabe, die Durchführung gerichtlich konkret angeordneter Umgangskontakte sicherzustellen.

Im Fall einer **Umgangsbestimmungspflegschaft** erfolgt hingegen ein Teilentzug der elterlichen Sorge in einem gesondert betriebenen Verfahren nach §§ 1666, 1666a BGB einher (vgl. Teil 2/*Wierse,* Rn. 463 m.w.N.),[60] mit der Folge einer Ergänzungspflegschaft nach § 1809 BGB[61]. Der Umgangsbestimmungspfleger bestimmt in diesem Fall selbst die Modalitäten bei der Vorbereitung des Umganges, bei der Übergabe und der Rückgabe des Kindes und bestimmt die konkrete Ausgestaltung des Umganges (vgl. Teil 2/*Wierse,* Rn 464 unter Hinweis auf OLG Frankfurt a.M., FamFR 2013, 381).[62]

Der **Verfahrensbeistand** nach § 158 FamFG ist hingegen ein „Pfleger eigener Art", auf den die Vorschriften des BGB nicht anwendbar sind. Dem trägt das FamFG durch die Bezeichnung „Verfahrensbeistand" Rechnung und bestimmt in § 158b Abs. 3 Satz 3 FamFG ausdrücklich, dass der Verfahrensbeistand nicht gesetzlicher Vertreter des Kindes ist.

39 Diese Unterscheidung ist nicht nur akademischer Natur: Als gesetzlicher Vertreter des Kindes ist der **Ergänzungspfleger bzw. Vormund** entweder für den auf den Wirkungskreis der Pflegschaft beschränkten Vertretungsumfang (Ergänzungspfleger, § 1809 BGB) oder für sämtliche personen- und vermögenssorgerechtlichen Angelegenheiten des Mündels (Vormund) im Rahmen der ihm übertragenen (gesetzlichen) Vertretungsmacht ermächtigt, **anstelle von Eltern**.

Beispiele

Ergänzungspfleger (mit entsprechendem Aufgabenkreis) bzw. Vormünder sind ermächtigt, in eine ärztliche oder psychologische Begutachtung und eine medizinische Untersuchung des Kindes einzuwilligen oder die entsprechende Einwilligung zu versagen, einer Aussage des Kindes vor dem Familien- und/oder Strafrichter zuzustimmen oder die Aussage für das Kind zu verweigern, einer Akteneinsicht Dritter (z.B. der Staatsanwaltschaft, des Strafgerichtes) in die familiengerichtlichen Akten für das Kind zuzustimmen oder die Zustimmung

60 BGH ZKJ 2016, 419; OLG Frankfurt a. M. FamFR 2013, 381; OLG Frankfurt a. M. NJW-RR 2009, 4; Grüneberg/Götz, § 1684 BGB Rn. 21, m.w.N.; a.A. OLG Braunschweig, Beschl. v. 28.7.2018, 2 UF 57/18, juris; OLG Köln, FamFR 2012, 109; OLG Celle FamRZ 2011, 574.

61 § 1632 Abs. 2 BGB; vgl. Grüneberg/Götz, § 1632 BGB Rn. 8, 9.

62 KG Berlin FamRZ 2013, 308; OLG Hamm, BeckRS 2012, 18153.

dazu zu versagen, Strafanzeige für den Minderjährigen zu stellen, eine Entbindung von der Schweigepflicht des das Kind behandelnden Arztes zu erklären oder zu verweigern, Rechtsmittel im Namen des Kindes einzulegen etc.

Vormund und Ergänzungspfleger stehen unter der **Aufsicht und Kontrolle des Gerichtes** (§§ 1802 ff., 1862 ff., 1813 Abs. 1 BGB), dem gegenüber sie zur Auskunft, zur Berichterstattung und zur Rechnungslegung verpflichtet sind. Zudem unterliegen sie den familiengerichtlichen Genehmigungsvorbehalten der § 1631b i.V.m. §§ 1795, 1798 Abs. 2, 1802, 1862 ff. BGB, § 3 Abs. 2 Satz 2 RelKErzG.

Dem **Verfahrensbeistand** stehen die o.g. Rechte eines gesetzlichen Vertreters hingegen nicht zu. Andererseits unterliegt er aber auch nicht der Kontrolle und der Aufsicht des Gerichts, dem er auch nicht zur Auskunft oder zur Rechenschaft verpflichtet ist. Das Gericht hat daher keine Möglichkeit, auf die Art und Weise der Wahrnehmung der Aufgaben durch den Verfahrensbeistand Einfluss zu nehmen. **40**

Das Gericht kann den Verfahrensbeistand jedoch entpflichten, wenn die Voraussetzungen des § 158 Abs. 4 Satz 2 Nr. 2 FamFG vorliegen (siehe Rn. 19 ff. zur Aufhebung der Bestellung). Denn das Gericht hat selbstverständlich auf die Einhaltung der zum Schutz des Kindes geltenden Verfahrensvorschriften zu achten und kann seine verfahrensleitende Zwischenverfügung, zu der auch die Bestellung des Verfahrensbeistands zählt, grundsätzlich jederzeit abändern.[63]

5. Verhältnis zwischen Verfahrensbeistand und Jugendamt

Der Verfahrensbeistand ist allein den Interessen des verfahrensbetroffenen Kindes verpflichtet und hat somit eine dem Jugendamt gegenüber unabhängige Stellung im Verfahren, die er für das betroffene Kind voll zur Geltung bringen muss. **41**

Das Jugendamt wiederum hat eine vom Verfahrensbeistand **unabhängige Funktion im Verfahren**, nämlich die, als sozialpädagogische Fachbehörde nach § 50 Abs. 2 SGB VIII Gesichtspunkte des Kindeswohles in das jeweilige Verfahren einzubringen und bei Entscheidungen, die dem Wohle des Kindes nicht gerecht werden, die ihm als Amt – unabhängig von der Verfahrensbeistandschaft – zur Verfügung stehenden Rechtsmittel zu ergreifen (vgl. § 162 Abs. 3 FamFG).

Beide Verfahrensbeteiligten (§§ 158b Abs. 3 Satz 1, 162 Abs. 2 FamFG; das Jugendamt wird – außer in Verfahren nach §§ 1666, 1666a BGB – nur auf eigenen Antrag zum förmlich Beteiligten) handeln also frei von Weisungen der jeweils anderen Seite.[64]

Der Verfahrensbeistand soll – wenn nötig – auch darauf hinwirken, dass das Jugendamt das Kind mit allen zu Gebote stehenden Mitteln unterstützt.[65] Hier kann auch der eigene Beratungsanspruch des Kindes gegenüber dem Jugendamt nach § 8 **42**

63 Sternal/Schäder, § 158 FamFG Rn. 40, unter Hinweis auf KG ZKJ 2008, 120; Menne, ZKJ 2008, 111; vgl. auch OLG Hamm FamRZ 2007, 2002.

64 OLG Frankfurt a.M., Beschl. v. 23.2.2000, 2 WF 32/00 (veröffentlicht auf hefam.de). Zur Beteiligtenstellung des Jugendamtes vgl. Lack, ZKJ 2010, 189 ff.; Heilmann, FamRZ 2010, 1391 ff.

65 OLG Frankfurt, Beschl. v. 23.2.2000, 2 WF 32/00 (veröffentlicht auf hefam.de).

SGB VIII von Bedeutung sein. Der Verfahrensbeistand kann zwar mangels Sorge- bzw. Vertretungsrecht für das Kind keine Anträge nach SGB VIII beim Jugendamt stellen, jedoch kann er auf entsprechende Bedarfe des Kindes **hinweisen** und das Kind dazu **beraten**.

Es ist auch nicht Aufgabe des Verfahrensbeistands oder des Jugendamtes, anstelle des jeweils anderen Verfahrensbeteiligten zu agieren, wenn dieser seiner Aufgabe nicht in vollem Umfang nachkommt. Zu verschieden sind die den Verfahrensbeteiligten vom Gesetz jeweils zugewiesenen Aufgaben und Funktionen. Jede Rollenvermischung kann nicht nur zur Konfusion auf Seiten des Kindes und der Sorgeberechtigten führen und unnötige Konflikte zwischen Verfahrensbeistand und Jugendamt erzeugen, sondern verwischt auch die eigenständige Rolle und Aufgabenstellung der Verfahrensbeistandschaft. Bitten der Gerichte an den Verfahrensbeistand, anstelle des Jugendamtes dessen Aufgaben oder die freier Träger der Jugendhilfe mit wahrzunehmen (z.B. Umgangskontakte zu begleiten, Erziehungsberatung zu leisten etc.), sollte der Verfahrensbeistand aus den genannten Gründen entgegentreten.

Der Verfahrensbeistand kann und soll das Jugendamt – soweit aus Sicht des beteiligten Kindes entscheidungserheblich – aber z.B. dazu **auffordern**, ihm alle Informationen, die auf eine Gefährdung des Kindes hinweisen, zur Verfügung zu stellen und mitzuteilen, welche Hilfen nach dem SGB VIII es erbracht oder angeboten hat oder aus welchen Gründen auf ein solches Angebot verzichtet worden ist. Falls erforderlich, soll der Verfahrensbeistand auf das Gericht **einwirken**, damit es das Jugendamt dazu veranlasst, seine Stellungnahme im jeweiligen Verfahren fachlich näher zu begründen, seiner Verpflichtung aus § 50 Abs. 2 Satz 2 und 3 SGB VIII nachzukommen, den erstellten **Hilfeplan** (§ 36 Abs. 2 Satz 2 SGB VIII) zur Akte zu reichen etc.[66]

43 An Hilfeplangesprächen des Jugendamtes kann der Verfahrensbeistand nicht an Stelle der Sorgeberechtigten als gesetzlicher Vertreter des Kindes teilnehmen. Ob ihm als Verfahrensbeistand des betroffenen Kindes ein Recht zur Teilnahme daran zusteht, ist nicht ausdrücklich geregelt. Das VG Gelsenkirchen[67] hat ein solches auf dem Verwaltungsgerichtsweg einklagbares Teilnahmerecht mangels Rechtsgrundlage verneint. Es hängt also von der Kooperationsbereitschaft des jeweiligen Jugendamtes ab, ob eine **Teilnahme an Hilfeplangesprächen** zustande kommt oder nicht. Nicht selten begrüßen Jugendämter die Bereitschaft von Verfahrensbeiständen, an Hilfeplangesprächen teilzunehmen.

Einsicht in **Akten des Jugendamtes** wird der Verfahrensbeistand – wenn überhaupt – im Streitfall nur auf Umwegen erzwingen können.[68] Die Zivilgerichte einschließlich der Familien- und Betreuungsgerichte wären für eine Klage auf Akteneinsicht sachlich nicht zuständig. Vielmehr ist der Rechtsweg zu den **Verwaltungsgerichten** gegeben, die sich bislang allerdings mit dieser in der Literatur hoch umstrittenen Frage noch nicht unter dem spezifischen Aspekt der Kindeswohlge-

---

66 Wiesner/Schmid-Obkirchner, SGB VIII, § 36 Rn. 87.

67 JAmt 2002, 524.

68 Vgl. § 25 SGB X, §§ 61, 63, 67 KJHG i.V.m. § 83 SGB X; vgl. auch BVerwG NJW 1989, 2960 (für die Einsicht in Kranken- und Psychiatrieakten).

fährdung im Kontext der Wahrnehmung des staatlichen Wächteramtes befasst haben.[69]

Werden **Auskünfte aus Akten** des Jugendamtes verweigert und legt das Jugendamt entgegen der Verpflichtung von § 50 Abs. 2 Satz 2 SGB VIII die Hilfepläne (§ 36 Abs. 2 Satz 2 SGB VIII) im Gerichtsverfahren nicht vor, sollte sich der Verfahrensbeistand an das Familiengericht mit der Anregung wenden, die gewünschten Auskünfte beim Jugendamt anzufordern bzw. Mitarbeiter des Jugendamtes dazu zu hören oder förmlich als Zeugen zu vernehmen.

6. Verhältnis zwischen Verfahrensbeistand und Sachverständigen

Sachverständiger und Verfahrensbeistand haben im gerichtlichen Verfahren unterschiedliche Funktionen: **44**

- Der Verfahrensbeistand vertritt **parteiisch** die Kindesinteressen im Verfahren, es ist nicht seine Aufgabe ein „kleines" Sachverständigengutachten abzugeben, sondern die Interessen des Kindes festzustellen und ins Verfahren einzubringen (§ 158b Abs. 1 Satz 1 FamFG).
- Der Sachverständige hingegen ist ein Beweismittel, er hat **neutral** zu agieren. Der Sachverständige bringt besonderen Sachverstand in das Verfahren ein, wenn die bisherigen Ermittlungen des Gerichts unter Hinzuziehung u.a. die Stellungnahme des Verfahrensbeistandes und des Jugendamtes noch zu keiner zuverlässigen Grundlage für eine am Kindeswohl orientierte Entscheidung bieten.

Alternativen zur **Einholung eines Sachverständigengutachtens** (vgl. § 163 Abs. 1 FamFG zur Qualifikation des Gutachters[70]) muss der Verfahrensbeistand kritisch auch wegen der Belastungen des Kindes durch die Begutachtung und wegen des Zeitaufwandes für die Erstellung des Gutachtens prüfen. Ob unter Berücksichtigung des kindlichen Zeitempfindens und der besonderen Lebenssituation des Kindes die Einholung eines Gutachtens angemessen ist, um den Belangen des Kindeswohles gerecht zu werden, hat der Verfahrensbeistand ebenfalls kritisch zu hinterfragen. Auf die nach § 30 FamFG i.V.m. § 411 ZPO dem Sachverständigen durch das beauftragende Gericht zu setzende **Frist zur Fertigstellung und Einreichung eines schriftlichen Gutachtens** sollte der Verfahrensbeistand in dem genannten Sinne Einfluss nehmen. **45**

Er sollte auch dazu Stellung nehmen, ob der Sachverständige nach § 163 Abs. 2 FamFG bei der Erstellung des Gutachtens auch auf die **Herstellung eines Einvernehmens zwischen den Beteiligten** hinwirken soll oder nicht. Zeitliche Verzögerungen durch diesen Zusatzauftrag werden gegenüber den Chancen und Risiken eines sol-

69 Wiesner/Mörsberger, Anhang § 61 SGB VIII, § 83 SGB X Rn. 1 f.; zur Problematik vgl. auch Münder u.a., 2000, S. 220 ff.; Fischer in Schellhorn, SGB VIII/KJHG, §§ 61–68; Kunkel, LPK-SGB VIII, § 61 Rn. 106 ff., 229 ff., § 68 Rn. 10 ff.

70 Hierzu Lack/Hammesfahr, Psychologische Gutachten im Familienrecht, Rn. 41 ff., 202 ff.; siehe Mindestanforderungen an die Qualität von Sachverständigengutachten im Kindschaftsrecht, 2019, abrufbar auf www.bmj.de.

chen Sonderauftrages abzuwägen sein.[71] Dass der Sachverständige beim Bemühen um Einvernehmen der Eltern **Kindeswohlaspekte** hintanstellen könnte,[72] ist vom Verfahrensbeistand mit in seine Stellungnahme einzubeziehen.

Praxistipp

▶ *Der Verfahrensbeistand sollte darauf achten, dass auch bei einer lösungsorientierten Begutachtung die individuellen Interessen des Kindes nicht aus dem Blick geraten.*

In Fällen einer akuten oder wiederholten Kindeswohlgefährdung (z.B. Misshandlung, sexueller Missbrauch, Vernachlässigung, eine das Kindeswohl beeinträchtigende krankhafte Persönlichkeitsstörung, Drogensucht) sollte die Zusatzbeauftragung des Sachverständigen unterbleiben. Das Gericht ist in diesen Fällen vielmehr auf eine zügige, alle Maßnahmen zum Schutz des Kindes treffende Verfahrensführung hinzuweisen.[73]

46 Der Verfahrensbeistand sollte darauf achten, wer als Sachverständiger bestellt wird, da dies regelmäßig von großer Bedeutung für das weitere Verfahren ist. Auf die **Qualifikation** des auszuwählenden Gutachters sollte größter Wert gelegt werden. In Verfahren über die elterliche Sorge, das Umgangsrecht und die Herausgabe eines Kindes i.S.d. § 151 Nr. 1 bis 3 FamFG soll der Sachverständige mindestens über eine psychologische, psychotherapeutische, kinder- und jugendpsychiatrische, psychiatrische, ärztliche, pädagogische oder sozialpädagogische Berufsqualifikation verfügen. Bei einer pädagogischen oder sozialpädagogischen Berufsqualifikation ist zusätzlich der Erwerb ausreichender diagnostischer und analytischer Kenntnisse durch eine anerkannte Zusatzqualifikation nachzuweisen (vgl. § 163 Abs. 1 FamFG). Der Verfahrensbeistand sollte personelle **Gegenvorschläge** machen, wenn gegen die vom Gericht als Sachverständiger in Aussicht genommene Person Bedenken bestehen (vgl. zu Einzelheiten § 163 Abs. 1, §§ 29, 30 FamFG in Verbindung mit § 404 ZPO).

47 Besteht die Besorgnis **der Befangenheit des Sachverständigen**, kann der Verfahrensbeistand den Sachverständigen bei Vorliegen der Voraussetzungen der §§ 406, 42 ZPO ablehnen. Der Ablehnungsantrag ist unverzüglich (§ 44 Abs. 4 Satz 2 ZPO) anzubringen, spätestens jedoch binnen zwei Wochen ab Kenntnis der Gründe, die Zweifel an der Unbefangenheit des Sachverständigen begründen. Fristbeginn kann somit z.B. die Verkündung oder Zustellung des Beschlusses bzw. der Verfügung über die Ernennung des Sachverständigen durch das Gericht, kritische Handlungen des Sachverständigen während der Gutachtentätigkeit, die Zustellung des Gutachtens, wenn diese Gründe an der Unvoreingenommenheit zweifeln lassen, sein. Die Ablehnung sollte jedenfalls vor der Vernehmung des Sachverständigen zu seinem Gutachten erfolgen (vgl. zu Einzelheiten § 30 Abs. 1 FamFG i. V. mit § 406 ZPO).

---

71 Vgl. zu Einzelheiten BT-Drucks. 16/6308, S. 242; Balloff, FPR 2011, 12, 13.
72 MüKo-FamFG/Schumann, 2018, § 163 Rn 15.
73 Sternal/Schäder, § 163 FamFG Rn. 16; Balloff, FPR 2011, 12, 13, 14.

Die vom Sachverständigen zu begutachtende Fragestellung[74] wird vom Gericht festgelegt (§ 30 Abs. 1 FamFG i.V.m. § 404a ZPO). Es ist die Pflicht des Verfahrensbeistands, den Inhalt des **Begutachtungsauftrages** zu prüfen und gegebenenfalls bei Gericht auf eine Abänderung und Ergänzung hinzuwirken, wenn und soweit dies im Interesse des Kindes erforderlich ist. **48**

Die psychologische **Begutachtung** bedarf als Eingriff in das Persönlichkeitsrecht des Kindes dessen **Einwilligung und der seiner/seines Sorgeberechtigten**. Die Einwilligung des einwilligungsfähigen Kindes kann nicht ersetzt werden.[75] Feste Altersgrenzen für das Bestehen der nötigen Verstandesreife und Einsichtsfähigkeit in die Bedeutung der Begutachtung existieren nicht. Hat das Kind das 14. Lebensjahr erreicht, kann hiervon aber regelmäßig ausgegangen werden. Der Verfahrensbeistand hat daher das von ihm im Verfahren vertretene Kind über diese Rechtslage kindgemäß aufzuklären (§ 158b Abs. 1 Satz 3 FamFG). Falls das Kind die Begutachtung tatsächlich verweigert, sollte dies dem Gericht umgehend mitgeteilt werden.

Das Sachverständigengutachten hat der Verfahrensbeistand im Hinblick auf **49**

- die Vollständigkeit des entscheidungserheblichen Sachverhaltes,
- Verstöße gegen die Denkgesetze,
- die Nachvollziehbarkeit und
- das zur Beurteilung des erhobenen Datenmaterials angewandte Verfahren etc.

einer **kritischen Beurteilung** zu unterziehen.[76] Gegen- oder Obergutachter ist der Verfahrensbeistand damit aber keinesfalls, selbst dann nicht, wenn und soweit er im Einzelfall tatsächlich über die dafür erforderliche Sachkunde und berufliche Erfahrung verfügen sollte. Eine entsprechende Position sollte der Verfahrensbeistand nicht ansatzweise einnehmen, einen dementsprechenden Eindruck bei den anderen Verfahrensbeteiligten erst gar nicht aufkommen lassen. Zu verschieden ist die Funktion des Gutachters als „Gehilfe des Richters" gegenüber der Aufgabe des Verfahrensbeistands als Interessenvertreter des Kindes im gerichtlichen Verfahren. Gleichwohl ist der Verfahrensbeistand berechtigt, **ergänzende Fragestellungen** an das Gericht zu übermitteln und im Termin zur Erörterung des Gutachtens vorzubringen.

Der Verfahrensbeistand kann – wie alle Beteiligten – beantragen, dass der Gutachter sein Gutachten im Verhandlungstermin mündlich erläutert und ergänzt oder zusätzlich sachverständige Zeugnispersonen zu ihren besondere Sachkunde voraussetzenden Feststellungen vernommen werden (§ 414 ZPO: Erzieher, Krankenpfleger, Therapeuten, Ärzte etc.). Die entscheidungserheblichen Fragen sollte der Verfahrensbeistand dem Gericht schriftlich vorab mitteilen mit dem **förmlichen Antrag**, den Gutachter zur Erläuterung und Ergänzung seines Gutachtens oder den Zeugen zur **50**

74 Hierzu Lack/Hammesfahr, Psychologische Gutachten im Familienrecht, Rn. 59 ff.
75 OLG Stuttgart OLGZ 1975, 132; OLG München FamRZ 1984, 75; OLG Karlsruhe FamRZ 1993, 1479, 1480; vgl. auch Marquardt in der Anm. zu OLG Naumburg MDR 2000, 1322, 1323, 1324.
76 Zu den inhaltlichen und formalen Anforderungen eines psychologischen Sachverständigengutachtens Lack/Hammesfahr, Psychologische Gutachten im Familienrecht, Rn. 170 ff.; vgl auch OLG Zweibrücken FamRZ 2018, 199; OLG Hamm FamRZ 2017, 540.

Einvernahme zur mündlichen Verhandlung zu laden. Sollte im seltenen Einzelfall ein ergänzendes Gutachten oder ein **Obergutachten** nach Auffassung des Verfahrensbeistands erforderlich sein,[77] ist ein entsprechender Antrag mit den maßgebenden gutachtlichen Fragestellungen an das Gericht zu stellen.

Auch hierbei wird der Verfahrensbeistand die dadurch eintretenden Belastungen – auch durch die zeitliche Verzögerung – für das Kind berücksichtigen und sorgfältig Alternativen zu einem weiteren Gutachten prüfen müssen. Auf eine dem kindlichen Zeitempfinden entsprechende **Fristsetzung** des Gerichts gegenüber dem Gutachter zur Einreichung des Gutachtens nach § 30 FamFG i.V.m. § 411 ZPO sollte der Verfahrensbeistand hinwirken.

▶ *Zum Verhältnis des Verfahrensbeistands zum Gutachter siehe auch Teil 5/Fegert, Rn. 60 ff.*

7. Verhältnis zwischen Verfahrensbeistand und Gericht

51 Das Gericht ist in Kindschaftsverfahren von Amts wegen verpflichtet, die **Interessen aller Beteiligten** (also insbesondere der Kinder und ihrer Eltern) in einem Konfliktfall zu berücksichtigen, also neben den Kindesinteressen auch diejenigen der Eltern (vgl. Art. 6 GG). Zwar ist der Richter zur **Wahrung des Kindeswohles** und damit zu einer vorrangigen Berücksichtigung der Interessen des Kindes verpflichtet (§ 1697a BGB). Eine Interessenwahrnehmung durch den Verfahrensbeistand kann hierdurch aber nicht ersetzt werden, weil der Richter **Neutralität** wahren muss.[78]

In Fällen eines erheblichen Interessengegensatzes zwischen dem Kind und seinen gesetzlichen Vertretern wird der Verfahrensbeistand somit bestellt, um allein die Interessen des Kindes in das Verfahren einzubringen.[79] Im Rahmen seiner Tätigkeit soll der Verfahrensbeistand neben den Gesprächen mit dem Kind (§ 158b Abs. 1 S. 2 FamFG) insbesondere auch **Gespräche mit den Eltern** und weiteren Bezugspersonen des Kindes zu führen und in geeigneten Fällen am Zustandekommen einer einvernehmlichen Regelung des Verfahrensgegenstandes mitwirken (§ 158b Abs. 1 S. 4 FamFG).

52 Das Gericht ist in allen durch § 158 Abs. 1 FamFG berührten Verfahren nach § 26 FamFG zur Ermittlung des entscheidungserheblichen Sachverhaltes von Amts wegen verpflichtet (**Amtsermittlungspflicht**). Das Gericht hat sich deshalb eine möglichst zuverlässige Grundlage für eine am Kindeswohl orientierte Entscheidung zu verschaffen.[80] Dazu gehört es als besondere Art der Sachaufklärung und zur Gewährleistung einer kindeswohlorientierten Entscheidungsfindung (§ 1697a BGB), das Kind persönlich richterlich anzuhören (§ 159 FamFG, „Anhörungspflicht"). Denn nicht nur die Angaben des Kindes in seiner persönlichen Anhörung, sondern auch der

---

77 Hierzu Lack/Hammesfahr, Psychologische Gutachten im Familienrecht, Rn.176 f.
78 BT-Drucks. 13/4899, S. 130; BVerfG FamRZ 1999, 85, 87; Salgo (1996), S. 41 f.; Bauer/Schaus, epd-Dokumentation 19/1998, 24, 25.
79 Vgl. BT-Drucks. 13/4899, S. 129 ff.; BVerfG a.a.O.
80 BVerfGE 55, 171 = FamRZ 1981, 124; ZKJ 2009, 207 = FamRZ 2009, 399; BGH FamRZ 2010, 720.

persönliche unmittelbare Eindruck von dem Kind sind ein wichtiger Teil der **Sachverhaltsermittlung** in Kindschaftssachen und können für die Frage, ob und welche gerichtliche Regelung dem Kindeswohl am besten entspricht, erheblich sein. Die Pflicht zur **Anhörung des Kindes** hat Verfassungsrang,[81] sie schützt die Stellung des Kindes als Subjekt im Verfahren[82] als auch seine Grundrechte aus Art. 6 Abs. 2, Art. 2 Abs. 1 GG und sein verfassungsrechtlich verbürgtes Recht auf Gewährung rechtlichen Gehörs (Art. 103 Abs. 1 GG).[83]

Die Anhörung des Kindes dient vorrangig aber eben auch dazu, durch die **Verschaffung eines unmittelbaren Eindruckes** vom betroffenen Kind und der unmittelbaren Wahrnehmung seiner Äußerungen und Reaktionen überhaupt eine am Kindeswohl orientierte gerichtliche Entscheidung treffen zu können.

Durch die zum 1.1.2023 in Kraft getretene Neufassung des § 159 FamFG wird in Kindschaftssachen die Pflicht zur persönlichen Anhörung des Kindes noch stärker betont und erweitert. Zusätzlich wird nunmehr im Gesetz die wichtige weitere Funktion der persönlichen Anhörung benannt und bestimmt, dass das Gericht sich einen persönlichen Eindruck von dem Kind zu verschaffen hat. Um das Recht des Kindes auf rechtliches Gehör zu betonen und aufgrund der Wichtigkeit der persönlichen Anhörung für die Sachverhaltsermittlung, wird in § 159 Absatz 1 FamFG eine grundsätzliche, **altersunabhängige Pflicht** zur persönlichen Kindesanhörung und zur Verschaffung eines unmittelbaren Eindrucks vom Kind geregelt.

Die **Ausnahmeregelungen** zu dem Grundsatz werden abschließend in Absatz 2 geregelt und sind in Kinderschutzverfahren, welche die Person des Kindes betreffen, besonders streng. Insbesondere hat das Gericht sich in diesen Verfahren einen persönlichen Eindruck vom Kind auch dann zu verschaffen, wenn das Kind nicht in der Lage ist, seine Neigungen und seinen Willen kundzutun. Hiervon ausgenommen sind nur die Fälle, in denen – wie bei Gefahr in Verzug – der vorherigen Verschaffung eines persönlichen Eindrucks ein schwerwiegender Grund entgegensteht.

Nach gefestigter **höchstrichterlicher Rechtsprechung** sind Kinder bereits ab einem Alter von drei Jahren regelmäßig anzuhören, da schon in diesem Alter zumindest aus der Beobachtung des Kindes Rückschlüsse auf beachtenswerte Wünsche, Tendenzen und Bindungen abzuleiten sind.[84] Da solche Rückschlüsse gegebenenfalls auch bei jüngeren Kindern möglich sind, kann es je nach Verfahrensgegenstand und den Umständen des Einzelfalles geboten sein, auch bei jüngeren Kindern einen Termin zur persönlichen Anhörung oder zur Verschaffung eines persönlichen Eindrucks durchzuführen.

▶ *Zur Kindesanhörung gemäß § 159 FamFG siehe Teil 4/Heilmann, Rn. 145 ff.*

81 BVerfG FamRZ 2008, 1737; FamRZ 2007, 1078; Sternal/Schäder, § 159 FamFG Rn. 1, 2.
82 OLG Oldenburg FamRZ 2010, 44.
83 BGH FamRZ 1985, 169, 172.
84 BT-Drucks. 19/23707, 56 ff., unter Hinweis auf BGH NJW 2016, S. 2497, und BVerfG FamRZ 2010, S. 1622; vgl. auch BVerfG FamRZ 2007, 1078; OLG Braunschweig, Beschl. v. 28.7.2018, 2 UF 57/18, juris; OLG München FamRZ 2015, 602; OLG Hamm FamRZ 2011, 55; OLG Frankfurt FamRZ 1998, 1042.

53 Aus vielerlei Gründen kommen Gerichte ihren sog. **Amtsermittlungspflichten** nicht selten nur in begrenztem Umfang nach.[85] Auch die persönliche richterliche Anhörung des Kindes – als Teil der Pflicht zur Amtsermittlung – wurde in der Vergangenheit nicht selten unter Hinweis auf die angeblich nicht mögliche oder keinen Erkenntnisgewinn versprechende Anhörung gerade von kleineren Kindern unterlassen. Dasselbe gilt für die Beachtung des **Vorrang- und Beschleunigungsgebotes** nach § 155 FamFG.

In diesen Fällen ist es die Aufgabe des Verfahrensbeistands, das Gericht auf die Erfüllung seiner Pflichten hinzuweisen, indem er auf die noch ermittlungsbedürftigen Tatsachen, die Pflicht zur richterlichen Anhörung des Kindes, die Verschaffung eines persönlichen Eindruckes vom Kind und das Beschleunigungsgebot aufmerksam macht.

Praxistipp

▶ *Autoritätsgläubigkeit gegenüber niemandem, auch nicht dem Gericht gegenüber, ist im Übrigen das richtige Motto, wenn es darum geht, mit Durchsetzungs- und Beharrungsvermögen die Interessen des Kindes vor Gericht effektiv wahrzunehmen.*[86]

Das entspricht auch der Bestimmung des § 158a Abs. 2 Satz 1 FamFG zur **persönlichen Eignung des Verfahrensbeistandes** i.S.d. § 158 Abs. 1 Satz 1 FamFG, wonach der Verfahrensbeistand die Gewähr bieten muss, die Interessen des Kindes „unabhängig" – auch gegenüber dem Gericht – wahrzunehmen.

54 Das Gericht sollte es als seine Aufgabe verstehen, dem von ihm für die Interessenvertretung des Kindes bestellten Verfahrensbeistand den Rücken zu stärken und die sonstigen Verfahrensbeteiligten ggf. deutlich darauf hinzuweisen, dass der Verfahrensbeistand lediglich dem **Interesse des Kindes** verpflichtet ist, das er als unabhängiger Verfahrensbeteiligter i.S.d. § 7 FamFG engagiert zu vertreten und im Verfahren zur Geltung zu bringen hat (§ 158b Abs. 1 S. 1 FamFG)[87] und dass er – anders als z.B. ein Sachverständiger – daher nicht zur Neutralität verpflichtet ist. Dass sich daraus Konflikte mit anderen Verfahrensbeteiligten ergeben können, liegt in der Natur der Sache und kann deshalb auch nicht als Beleg für eine vermeintlich nicht ordnungsgemäße Aufgabenerfüllung herangezogen werden.[88]

Das Gericht muss darauf achten, den Verfahrensbeistand in seiner Rolle als parteilicher Vertreter des Kindes zu respektieren und diese Funktion nicht mit rollenfremden Aufträgen – wie der Anhörung von Zeugen (z.B. Erzieher, Ärzte, Bezugspersonen) – zu belasten. Seine Aufgabenstellung ergibt sich vielmehr eindeutig nur aus dem Gesetz (§ 158b Abs. 1 FamFG). Aufgrund seiner Stellung als selbstständiger, eigenver-

85 So z.B. auch im sog. „Staufener Missbrauchsfall", vgl. hierzu Salgo, ZKJ 2018, 168 (169).
86 Vgl. auch Bauer, Was macht den guten Anwalt des Kindes aus? Protokolldienst Nr. 4/2000 der Evangelischen Akademie Bad Boll.
87 Vgl. auch OLG Braunschweig, Beschl. v. 28.7.2018, 2 UF 57/18, juris.
88 KG, ZKJ 2014, 285, 289; OLG Hamm FamRZ 2008, 427.

antwortlich tätiger Verfahrensbeteiligter, der in seiner Tätigkeit nicht der Aufsicht oder Anleitung des Gerichts unterliegt, kommt bis zur Grenze des offensichtlichen Missbrauchs eine gerichtliche Überwachung seiner Arbeit nicht in Betracht.[89]

Gleichwohl hat das Gericht darauf zu achten, dass dem Kind aus Untätigkeit, mangelnder Eignung oder einem offenkundigen Fehlverhalten seiner Vertretung kein Nachteil erwächst.[90] Nur in diesen restriktiv anzunehmenden **Ausnahmefällen** ist das Gericht nach § 158 Abs. 4 Satz 2 Nr. 2 FamFG befugt, den **Verfahrensbeistand zu entlassen** und dessen Verfahrensbeistandschaft aufzuheben.[91] (Siehe zur Aufhebung der Bestellung des Verfahrensbeistandes Rn. 19 ff.).

89 OLG Koblenz, Beschl. v. 20.8.2018, 9 UF 247/18, m.w.N.; OLG Köln NZFam 2016, 1051; KG ZKJ 2014, 285; KG FamRZ 2013, 46, 47; KG, ZKJ 2008, 120; Sternal/Schäder, § 158 FamFG Rn. 40.

90 BT-Drucks. 19/23707, 52, 53.

91 OLG Braunschweig, Beschl. v. 28.7.2018, 2 UF 57/18, juris: „Eng begrenzte Abberufungskompetenz“; KG ZKJ 2014, 285; KG ZKJ 2008, 120; OLG Hamm FamRZ 2007, 2002; Entscheidungen je nach § 158 FamFG a.F.

B Eignung des Verfahrensbeistandes gemäß § 158a FamFG

Übersicht Rn.

§ 158a Eignung des Verfahrensbeistands 55

(1) Fachlich geeignet im Sinne des § 158 Absatz 1 ist eine Person, die Grundkenntnisse auf den Gebieten des Familienrechts, insbesondere des Kindschaftsrechts, des Verfahrensrechts in Kindschaftssachen und des Kinder- und Jugendhilferechts, sowie Kenntnisse der Entwicklungspsychologie des Kindes hat und über kindgerechte Gesprächstechniken verfügt. Die nach Satz 1 erforderlichen Kenntnisse und Fähigkeiten sind auf Verlangen des Gerichts nachzuweisen. Der Nachweis kann insbesondere über eine sozialpädagogische, pädagogische, juristische oder psychologische Berufsqualifikation sowie eine für die Tätigkeit als Verfahrensbeistand spezifische Zusatzqualifikation erbracht werden. Der Verfahrensbeistand hat sich regelmäßig, mindestens alle zwei Jahre, fortzubilden und dies dem Gericht auf Verlangen nachzuweisen.

(2) Persönlich geeignet im Sinne des § 158 Absatz 1 ist eine Person, die Gewähr bietet, die Interessen des Kindes gewissenhaft, unvoreingenommen und unabhängig wahrzunehmen. Persönlich ungeeignet ist eine Person insbesondere dann, wenn sie rechtskräftig wegen einer Straftat nach den §§ 171, 174 bis 174c, 176 bis 178, 180, 180a, 181a, 182 bis 184c, 184e bis 184g, 184i bis 184l, 201a Absatz 3, den §§ 225, 232 bis 233a, 234, 235 oder § 236 des Strafgesetzbuchs verurteilt worden ist. Zur Überprüfung der Voraussetzungen des Satzes 2 soll sich das Gericht ein erweitertes Führungszeugnis von der betreffenden Person (§ 30a des Bundeszentralregistergesetzes) vorlegen lassen oder im Einverständnis mit der betreffenden Person anderweitig Einsicht in ein bereits vorliegendes erweitertes Führungszeugnis nehmen. Ein solches darf nicht älter als drei Jahre sein. Aktenkundig zu machen sind nur die Einsichtnahme in das erweiterte Führungszeugnis des bestellten Verfahrensbeistands, das Ausstellungsdatum sowie die Feststellung, dass das erweiterte Führungszeugnis keine Eintragung über eine rechtskräftige Verurteilung wegen einer in Satz 2 genannten Straftat enthält.

I. Zweck der Qualifikation

56 Bereits in den Vorarbeiten zur Etablierung einer eigenständigen Interessenvertretung Minderjähriger im familiengerichtlichen Verfahren in den 1990er Jahren war belegt worden, dass der Erfolg eines solchen Reformschrittes mit der Qualifikation der einzusetzenden Person steht und fällt.[1] Diese zentrale Voraussetzung fand im Kindschaftsrechtsreformgesetz (1998) dennoch keinerlei Berücksichtigung. Zudem war die Bestellung eines „Verfahrenspflegers“ (§ 50 Abs. 1 FGG) noch in das Ermessen[2] („kann“) des Gerichts gestellt worden. Das FGG-Reformgesetz (2009) reagierte noch zaghaft auf diesen offensichtlichen Mangel der Regelung: Das Gericht „hat (...) einen geeigneten Verfahrensbeistand zu bestellen“ (§ 158 Abs. 1 FamFG a.F.).

Erst das Gesetz zur Bekämpfung sexualisierter Gewalt gegen Kinder (2021) definiert die geforderte persönliche und fachliche Eignung des Verfahrensbeistands (§ 158a Abs. 1 Satz 1 und Abs. 2 Satz 1 und 2 FamFG). Diese gesetzliche Bestimmung als „Hauptanliegen der Neuregelung“[3] übernimmt weitgehend das bereits in der Vorauflage dieses Handbuchs[4] (siehe auch die Gegenüberstellung Teil 1/*Salgo*, Rn. 25) aufgestellte Anforderungsprofil[5] (Teil 1/*Salgo*, Rn. 24). Übernommen werden auch

- die vorgeschlagene Regelverpflichtung („soll“) zur Erstattung einer schriftlichen Stellungnahme (§ 158b Abs. 1 Satz 2 FamFG) und zur Erörterung der Endentscheidung mit dem Kind (§ 158b Abs. 1 Satz 3 FamFG),
- die geforderte gesetzliche Verpflichtung zur Vorlage eines aktuellen erweiterten Führungszeugnisses (§ 158a Abs. 2 Satz 2 FamFG) und
- die Verpflichtung zur Fortbildung (§ 158a Abs. 1 Satz 4 FamFG).

Die benannten Wissensgebiete und Fähigkeiten sind nicht abschließend („insbesondere“), erwartet doch der Gesetzgeber von Verfahrensbeiständen u.a. auch die Fähigkeit, am Zustandekommen einvernehmlicher Regelungen mitzuwirken[6] (§ 158b Abs. 1 Satz 4 Nr. 2 FamFG), was entsprechende Kompetenzen voraussetzt und somit zum Anforderungsprofil gehört, auch wenn diese Fähigkeit nicht im Anforderungsprofil von § 158a Abs. 1 Satz 1 FamFG aufgenommen wurde.

57 Fast wortidentisch übernimmt der Gesetzgeber in diesem Artikelgesetz das Anforderungsprofil aus § 158a Abs. 1 Satz 1 FamFG als **Regelvoraussetzung auch für die richterliche Tätigkeit an den Familiengerichten** (§ 23b Abs. 3 Satz 3 GVG)[7]; erst die entsprechende Profilierung auf Seiten der Richterschaft in der Familiengerichtsbarkeit befähigt die Familienrichter:innen, insbesondere bei Auswahl und Bestellung des

1 Salgo (1996), insb. S. 560 ff.
2 Auch davor war deutlich gewarnt worden, ebd. 558 ff.
3 So Menne, NZFam 2020, 1033, 1034.
4 HB-VB/Salgo (2020), Rn 39 ff.
5 Vgl. RegE, BT-Drucks. 19/23707, S. 54: „das in der Praxis weitgehend anerkannte Anforderungsprofil“.
6 Prütting/Helms/Hammer, § 158a FamFG Rn 3.
7 Siehe RegE, BT-Drucks. 19/23707, S. 47 f. mit überzeugender Begründung.

Verfahrensbeistands der vom Gesetz geforderten Geeignetheitsprüfung sowie den Kontrollaufgaben gerecht zu werden.

Die nachholende und lernende Gesetzgebung folgt der Praxis im Kinderschutz, die beachtliche Anstrengungen unternimmt, um aus Fehlern[8] zu lernen: Kann es doch

> „mangels fehlender gesetzlicher Vorgaben noch immer dazu kommen, dass auch Personen (zum Verfahrensbeistand) bestellt werden, welche für die verantwortungsvolle Aufgabe nicht ausreichend qualifiziert sind, so dass nicht hinreichend gewährleistet ist, dass in einer vielfach für das Kind schwierigen und belastenden Situation die Interessen des Kindes festgestellt und im Verfahren zur Geltung gebracht werden".[9]

Ob und in welchem Umfang inzwischen Verfahrensbeistände nur dann bestellt werden, wenn sie über die vom Gesetz geforderten und nachzuweisenden Qualifikationsanforderungen verfügen, lässt sich noch nicht übersehen[10] (§ 158a FamFG wie auch § 23b Abs. 3 Satz 3 GVG ist „erst" am 1.1.2022 in Kraft getreten).

> „Die Bestellpraxis soll insbesondere hinsichtlich der Qualifikation der Verfahrensbeistände evaluiert werden."[11]

Bis das stimmige verfahrensrechtliche Gesamtkonzept in Kindschaftssachen[12] umgesetzt ist, dürfte es noch Jahre dauern; Hinweise auf Nichtbeachtung von zentralen Verfahrensregeln häufen sich.[13]

Nur **Familienrichter** mit einem entsprechenden **fachspezifischen Anforderungsprofil** – wie das Gesetz auch für Verfahrensbeistände vorsieht – werden diese den auch für sie gleichermaßen hohen Herausforderungen des Verfahrens gerecht,[14] um die Beiträge des Verfahrensbeistands (des Jugendamtes, ggf. wie auch von Sachverständigen) einschätzen und in die Entscheidung einfließen lassen können. Bereits für die zu treffende Auswahl der als Verfahrensbeistand zu bestellenden Person sind die auch für diese Tätigkeit beim Familiengericht vorausgesetzten Kenntnisse ausschlaggebend. 58

Der Gesetzgeber erwartet vom Einsatz der Verfahrensbeistände mit dem gesetzlichen Anforderungsprofil nicht nur die verbesserte Unterstützung des Kindes beim Formulieren und Einbringen seines Willens, seiner Bindungen, seiner Ängste wie seiner Befürchtungen in das Verfahren sowie auch die Berücksichtigung möglicher Gefährdungen („Wahrnehmung der Interessen des Kindes") und damit auch eine Verbesserung des Kinderschutzes, sondern mittels seines Einsatzes auch eine Qualifi-

8 Salgo, ZKJ 2018, 168 zu einem extremen Fall mit Fehlerhäufung auf Seiten der Justiz.
9 Siehe RegE, BT-Drucks. 19/23707, S. 47 f., 54.
10 Menne, ZKJ 2023, 357, 364 mit Hinweis zum unterschiedlichen Versorgungsgrad in Metropolen- und Landregionen.
11 Siehe 24. DFGT (2023), Arbeitskreisergebnis AK 1 sowie Salgo, FF 2025, 2 ff.
12 Bewertung von Menne, ZKJ 2023, 357, 367.
13 Exemplarisch siehe Hoffmann/Salgo, ZKJ 2023, 436; Heilmann, NJW 2023, 3267; Keuter, NZFam 2023, 1026. Selbst hinsichtlich der gesetzlichen Verpflichtung gemäß § 158a Abs. 2 Satz 3 FamFG, sich erweiterte Führungszeugnisse vorlegen zu lassen, BVEB e.V., ZKJ 2025, 156.
14 BT-Drucks. 19/23707, S. 24; 24. DFGT (2023), Arbeitskreisergebnis AK 1. Zum Stand der Umsetzung des § 23b Abs. 3 GVG siehe insb. Veit, ZKJ 2024, 104 ff.

zierung der familiengerichtlichen Entscheidungsfindung.[15] Nachweislich profitieren nicht nur die betroffenen Kinder, sondern auch die Familiengerichtsbarkeit vom Einsatz qualifizierter Verfahrensbeistände in vielfältiger Hinsicht (vgl. Teil 1/*Salgo*, Rn. 6).

59 Die Prüfung der **Nachweise der fachlich-beruflichen Qualifizierung** wie auch der **persönlichen Eignung** im Hinblick auf ein Nichtvorliegen strafrechtlicher Verurteilungen erscheint verhältnismäßig einfach, weil Nachweise vorgelegt werden müssen. Die zu prüfenden Fähigkeiten hinsichtlich der persönlichen Eignung, die Interessen des Kindes **„gewissenhaft"**, **„unvoreingenommen"** und **„unabhängig"** (§ 158a Abs. 2 Satz 1 FamFG) wahrzunehmen, ist weit herausfordernder.

II. Fachliche Eignung

1. Relevante Kenntnisse und Fähigkeiten, spezifische Zusatzqualifikation

60 Das Gesetz fordert für die Tätigkeit „insbesondere" nachfolgende Kenntnisse und Fähigkeiten:

Grundkenntnisse auf den Gebieten

- des Familienrechts, insbesondere des Kindschaftsrechts,
- des Verfahrensrechts in Kindschaftssachen,
- des Kinder- und Jugendhilferechts,
- Kenntnisse der Entwicklungspsychologie des Kindes und
- Kenntnisse über kindgerechte Gesprächstechniken.

61 Die grundsätzliche Eignung als Rechtsanwalt[16] – oder bei anderen Berufen als Pädagoge, Sozialarbeiter, Psychologe oder Lehrer – reicht für sich noch nicht, um den **spezifischen Anforderungen der Interessenvertretung Minderjähriger** in Gerichtsverfahren vor dem Familiengericht gerecht zu werden:

> „Die Regelung beruht auf der Erkenntnis der Praxis, dass die Erfüllung der Aufgaben des Verfahrensbeistands von einer Kombination aus juristischen, pädagogischen und psychologischen Kenntnissen und Fähigkeiten abhängig ist. Daraus folgt, dass die im Wege einer klassischen Berufsbildung in einem dieser drei Bereiche erworbenen Qualifikationen regelmäßig eine wichtige, aber allein nicht ausreichende fachliche Grundlage darstellt, um das gesamte Spektrum der an den Verfahrensbeistand zu stellenden Anforderungen abzudecken."[17]

15 BT-Drucks. 19/23707, S. 25.

16 Menne, ZKJ 2023, 357, 363 verweist m.w. N. auf die geringe Anzahl von als Verfahrensbeiständen bestellten Anwälten mit der erforderlichen Zusatzqualifikation. „Auch ein Rechtsanwalt kann ohne entsprechende Zusatzqualifikation nicht mehr als Verfahrensbeistand tätig sein", BT-Drucks. 20/14264, 70.

17 BT-Drucks. 19/23707, S. 54.

An diesem hybriden Mix von Anforderungen an Kenntnisse und Fähigkeiten[18] wird ein deutlicher Trend zu einer professionell wahrzunehmenden spezifischen Tätigkeit deutlich.[19] Die Bestellung eines nicht berufsmäßigen Verfahrensbeistandes kommt nicht mehr in Betracht.[20] § 158 Abs. 1 und Abs. 2 FamFG benennen die am häufigsten vorliegenden personensorgerechtlichen Fallkonstellationen, die zur Bestellung führen können, jedoch nicht abschließend, weil eine Bestellung auf Grundlage der Generalklausel in Abs. 1 auch in anderen nicht explizit benannten Konstellationen möglich ist. **Materiell-rechtliche** Entscheidungen in Kindschaftssachen, die die Person des Kindes betreffen, sind umfangreich, hinzu kommen selten Verfahren in **Abstammungs-** (§ 174 FamFG) und **Adoptionssachen** (§ 191 FamFG):

Hinweis

Stets sind die Unterstützung des Kindes und die Vertretung[21] der Kindesinteressen im Verfahren durch einen Verfahrensbeistand erforderlich, wenn eine eigenständige am Kindeswohl zu orientierende Prüfung vorzunehmen ist.[22]

Der Gesetzgeber benennt diese **interdisziplinäre Profilierung**, damit das Kind und seine Interessen auch durch eine unabhängige, nur auf seine Interessen fokussierte Vertretung mit den benannten Kenntnissen und Fähigkeiten – im verfahrensrechtlichen Status eines Beteiligten – während des gesamten Verfahrens präsent sind.

Der Prozess der Bestimmung des unbestimmten Rechtsbegriffs „Kindeswohl" im **62**
kindschaftsrechtlichen Verfahren erfährt eine **Individualisierung durch die Kindesanhörung** (§ 159 FamFG) und durch die gesetzlich konkretisierten Beiträge des nur auf die Interessen („Wille und Wohl") des Kindes ausgerichteten Verfahrensbeistands (Kommunikation, Stellungnahme, Transferleistung aufgrund interdisziplinärer Profilierung).

Zu den anderen vom Familiengericht ebenfalls auszuschöpfenden **Erkenntnisquellen** gehören

- die Anhörungen der Eltern, ggf. der Pflegeeltern, eines Vormunds oder Ergänzungspflegers,
- die Einholung der fachlichen Stellungnahme des Jugendamtes und
- erforderlichenfalls eines Sachverständigengutachtens und, weil der Amtsermittlungsgrundsatz das Verfahren bestimmt, soweit erforderlich weiterer Beweise.

18 Ebenso Prütting/Helms/Hammer, § 158a FamFG Rn 5: „Kombination aus juristischen, pädagogischen und psychologischen Kenntnissen und Fähigkeiten" erforderlich. Dutta/Jacoby/Schwab/Lack, § 158a Rn 3 spricht ganz zu Recht von „Mindestanforderungen".

19 Zur Bedeutung von Kenntnissen aus den Human-/Sozialwissenschaften für das Kindschaftsrecht siehe Salgo, ZfF 2016, 191; Menne, NZFam 2020, 1033, 1040.

20 BT-Drucks. 20/14264, 70.

21 Auch wenn der Verfahrensbeistand „nicht gesetzlicher Vertreter des Kindes" ist (§ 158b Abs. 3 Satz 2 FamFG).

22 Dutta/Jacoby/Schwab/Lack, § 158a Rn 4; zu den zahlreichen Fallkonstellationen Sternal/Schäder FamFG, § 158 Rn 4 bis 6; Prütting/Helms/Hammer, § 158 FamFG Rn 3 bis 6.

Diese **Informationsverdichtung zur Qualifizierung der herausfordernden Entscheidungsfindung** in Kindschaftssachen als „Legitimation durch Verfahren“[23] erfährt durch die Beiträge der Verfahrensbeistände einen inzwischen allseits anerkannten Gewinn wie Stimmen aus der Justiz, der Kinder- und Jugendhilfe und der Wissenschaft bestätigen.

63 Verfahrensbeistände müssen die am häufigsten auftretenden **Fallkonstellationen** (aus § 158 Abs. 1 und Abs. 2 FamFG), d.h. die Tatbestands- wie die Rechtsfolgenseite, Sinn und Zweck der jeweiligen materiell-rechtlichen Regelung und ihre Reichweite **kennen**, um ihrer gesetzlichen Aufgabe einer Interessenvertretung gerecht werden zu können[24].

Die vom Gesetz festgelegten Aufgaben,

- „das Interesse des Kindes festzustellen und im gerichtlichen Verfahren zur Geltung zu bringen“,
- „das Kind über Gegenstand, Ablauf und möglichen Ausgang des Verfahrens in geeigneter Weise zu informieren“,
- eine „schriftliche Stellungnahme“ zu erstatten sowie
- bei Beendigung des Verfahrens durch eine Endentscheidung „den Beschluss mit dem Kind zu erörtern“ (§ 158b Abs. 1 FamFG),

wären ohne Kenntnis der relevanten materiell-rechtlichen Regelungen und der vom Gesetz geforderten **kindgerechten Gesprächstechniken** nicht möglich.

64 Hierfür muss ein Verfahrensbeistand zudem Kenntnisse über das Verfahren in Familiensachen, insbesondere über das **Verfahren** in Kindschaftssachen (§§ 151 ff. FamFG) haben, über

- die Verfahrensgrundsätze,
- die Möglichkeiten und Grenzen der Verfahren zur Herstellung von Einvernehmen (§ 156 FamFG),
- das Verfahren zur Erörterung der Kindeswohlgefährdung (§ 157 FamFG),
- die Pflichten des Gerichts hinsichtlich der verfahrensrechtlichen Stellung des Kindes wie der anderen Beteiligten,
- zu den Anhörungen,
- zum Beschleunigungsgrundsatz,
- zur Rolle und Aufgabe eines bestellten Sachverständigen,
- zur Rolle und Aufgabe des Jugendamtes im familiengerichtlichen Verfahren,

um sachgerechte Anregungen im Sinne seines Auftrags geben zu können und schließlich auch, um über die Einlegung von Rechtsmitteln entscheiden zu können.

---

23 Siehe Luhmann (1983).
24 BT-Drucks. 19/23707, 54.

Jugendhilfe und Justiz[25] stehen in einem interdependenten Verhältnis zueinander. 65
Dieses Verhältnis wird auch als eine „**Verantwortungsgemeinschaft**" bezeichnet, was auch verwirrend sein kann, bleiben doch diese jeweils für die eigene Entscheidung verantwortlich. Dennoch ist das Jugendamt auf das Familiengericht verwiesen, wenn es um Eingriffe von Dauer in Grundrechte geht, wie umgekehrt die Fachbehörde Jugendamt ausschließlich über Leistungen der Kinder- und Jugendhilfe entscheidet.

Verfahrensbeistände brauchen **Kenntnisse über die zahlreichen Berührungspunkte zwischen Jugendhilfe und Justiz**, z.B.

- zur Anrufung des Familiengerichts im Kontext einer Kindeswohlgefährdung (§§ 8a Abs. 2, 42 SGB VIII),
- zum Leistungsspektrum der Kinder- und Jugendhilfe im Kontext von Gefährdung (§§ 8a Abs. 1, 16 Abs. 1 Satz 3, 27 ff., 42, 50 SGB VIII),
- zur Beratung bei Konflikten in Partnerschaften, bei Trennung und Scheidung, im Bereich von Sorgerecht und Umgang (§§ 17, 18 SGB VIII).

Das Kindschafts-, das Kinder- und Jugendhilfe- wie das familiengerichtliche Verfahrensrecht weisen vielfältig auf die **gegenseitigen Bezüge**, auf die verpflichtende Mitwirkung in den Verfahren vor den Familiengerichten sowie auf die verpflichtende Einbeziehung des Jugendamtes hin (z.B. §§ 1666, 1666a BGB, § 50 SGB VIII, §§ 156, 157, 162 FamFG). So müssen z.B. Verfahrensbeistände **Kenntnisse über Hilfeplanung** (§ 36 Abs. 2 Satz 2 SGB VIII) haben, weil die zentralen Ergebnisse der Hilfeplanung dem Familiengericht vorgelegt werden (§ 50 Abs. 2 Satz 2 SGB VIII), soweit es um Verfahren des Familiengerichts im Kontext von Gefährdungsabwendung geht.

Eingeforderte **„Kenntnisse der Entwicklungspsychologie des Kindes"** umfassen 66
auch das Jugendalter bis zur Volljährigkeit. Diese Kenntnisse sind Voraussetzung einer gelingenden altersadäquaten Kommunikation mit dem häufig bereits belasteten Kind (**„kindgerechte Gesprächsführung"**). Zur Erschließung des „Kindeswohls" in den Verfahren vor dem Familiengericht sind diese Kenntnisse von besonderer Bedeutung. Es wird „nur" um basics gehen können, ansonsten stellt sich für Verfahrensbeistände die Frage, ob nicht die Anregung zur Einholung eines entsprechenden Sachverständigengutachtens (§ 163 FamFG) erforderlich ist – was in einigen Konstellationen ohnehin zwingend ist. Allerdings sind Begutachtungen mit Verfahrensverzögerungen verbunden, zudem sind zusätzliche Belastungen durch Begutachtung nicht auszuschließen.

Für das Verständnis dieser möglichen und nicht unwahrscheinlichen **psychischen Belastungen** dieser Minderjährigen sollte ein Verfahrensbeistand über ein (entwicklungs)psychologisches Grundlagenwissen verfügen, diese Umstände in der Kommunikation mit dem Kind/Jugendlichen berücksichtigen und je nach Bedarf in das Verfahren und in die nunmehr verpflichtende **schriftliche Stellungnahme** (§ 158b Abs. 1 Satz 2 FamFG) hinsichtlich der vom Gericht zu treffenden Maßnahme einbringen.

25 Hierzu grundlegend Sommer (2012).

Beispiele für Konstellationen mit psychischen Belastungen bei Minderjährigen

streitiges Sorge- und/oder Umgangsrecht, häusliche Gewalt, Misshandlung, Vernachlässigung, sexuelle Ausbeutung, Fremdplatzierung, Herausgabe/Verbleib, nicht-einvernehmliche Adoption, freiheitsentziehende/-beschränkende Maßnahmen rechtfertigende Ausgangslagen, Belastungen durch Bedarf nach einer Geschlechtsangleichung eines nicht einwilligungsfähigen Kindes etc.

Dieses **Grundlagenwissen** versetzt den Verfahrensbeistand zudem in die Lage, zur Notwendigkeit und Auswahl eines Sachverständigen und zu dessen Gutachten Stellung zu nehmen und sich zu den jugendamtlichen Vorschlägen und Stellungnahmen sowie zu in Betracht kommenden Geboten[26] gemäß § 1666 Abs. 3 Nr. 1 BGB zu äußern. Die vom Gesetz geforderten Kenntnisse sollten Verfahrensbeistände in die Lage versetzen, zu **verstehen**,

- was unter Traumatisierung, Triggern, Flashbacks, Entwicklungsstörung u.v.a.m. verstanden wird,
- welche Bedeutung Bindung, Bindungsstörung, Bindungsqualität, Kontinuität, das kindliche Zeitempfinden, Hochstrittigkeit sowie das Miterleben häuslicher Gewalt[27] für die Kindesentwicklung haben können,
- welche Risiken ein erzwungener Umgang[28] mit sich bringt etc.

Dieses Wissen hilft auch bei der Einschätzung der **Beurteilung** der vom Jugendamt vorgeschlagenen Hilfen aus der Perspektive des Kindes (§§ 157 Abs. 1, 162 Abs 1 FamFG; § 50 Abs. 1 und 2 SGB VIII). Entwicklungspsychologisches Wissen hilft dem Verfahrensbeistand als Interessenvertreter des Kindes insbesondere beim Umgang mit einem **Konflikt** zwischen dem geäußerten Willen und seinem Wohl (Teil 3/*Nordstern*, Rn. 11 ff.).

67 Nur eine **kindgerechte Gesprächsführung** eröffnet einen Zugang zu Kindern und Jugendlichen und ist die unabdingbare Voraussetzung jeglicher erfolgreichen Interessenvertretung. Die notwendige Kenntnis der Akten (Alter, Geschlecht, mögliche Belastungen) ist zur Vorbereitung und Sicherung eines angemessenen Settings für das Gespräch und dessen Ablaufs wichtig. Wissende Unvoreingenommenheit, Empathie[29], Respekt und eine kindgerechte, altersadäquate Sprache erleichtern den **Zugang zum Kind** und den notwendigen **Aufbau von Vertrauen**. Auch Verfahrensbei-

26 Hierzu insb. Arbeitskreisergebnisse 24. DFGT (2023), Arbeitskreisergebnis AK 21.

27 Siehe hierzu Arbeitskreisergebnisse 24. DFGT (2023), Arbeitskreisergebnis AK 1: Zum Grundlagenwissen von Verfahrensbeiständen gehören auch Kenntnisse über Strukturen, Erscheinungsformen und Auswirkungen häuslicher Gewalt; siehe auch Volke, FamRZ 2025, 481–485.

28 Siehe § 90 Abs. 2 FamFG: „Anwendung unmittelbaren Zwanges gegen ein Kind darf nicht zugelassen werden, wenn das Kind herausgegeben werden soll, um das Umgangsrecht auszuüben. Im Übrigen darf unmittelbarer Zwang gegen ein Kind nur zugelassen werden, wenn dies unter Berücksichtigung des Kindeswohls gerechtfertigt ist und eine Durchsetzung der Verpflichtung mit milderen Mitteln nicht möglich ist."

29 Auch Sternal/Schäder, § 158a FamFG Rn 4 fordert u.a. das notwendige Einfühlungsvermögen.

stände müssen mit Kindern stets in einer für sie **wahrnehmbaren, nachvollziehbaren und verständlichen Form**[30] kommunizieren.

▶ *Zur kindgerechten Gesprächsführung vgl. Teil 4/Nordstern, Rn, 62 ff.; Teil 5/Niestroj, Rn. 31 ff., Teil 3/Ivanits, Rn. 372, Teil 3/Fegert, Rassenhofer, Rn. 505 f. sowie den Praxisleitfaden zur Anwendung kindgerechter Kriterien für das familiengerichtliche Verfahren.*[31]

2. Berufsqualifikation und Nachweis der Zusatzqualifikation

Zunächst muss geprüft werden, ob die in Betracht gezogene Person insbesondere über eine sozialpädagogische, pädagogische, juristische oder psychologische **Berufsqualifikation** (Grundqualifikation) verfügt. Obwohl in der Reihenfolge der Anforderungen im Gesetzeswortlaut die Berufsqualifikation nicht an erster Stelle erfolgt, sollte diese zuerst geprüft werden. In aller Regel fordern Träger einer zertifizierten Weiterbildung zum Verfahrensbeistand als Zugangsvoraussetzung bereits den Nachweis eines erfolgreichen einschlägigen Hochschulabschlusses. **68**

Eine fehlende akademische Berufsqualifikation z.B. bei einer Erzieherin könnte ausnahmsweise („insbesondere") bei Nachweis entsprechender beruflicher Tätigkeiten und Erfahrungen ausreichen, allerdings wären diese Nachweise sorgfältig zu prüfen und zudem würden „erst recht – höhere Anforderungen an den Nachweis des Erwerbs von Zusatzqualifikationen erforderlich sein".[32] Dass bereits in den vom Gesetz benannten Grundqualifikationen die vom Gesetz ebenfalls enumerativ benannten zusätzlichen Kenntnisse und Fähigkeiten (**„spezifische Zusatzqualifikation"**[33]) erworben wurden, könnte – eher selten – der Fall sein und müsste sich aus den Zeugnissen der Weiterbildungseinrichtung oder Tätigkeitsfeldern eindeutig ergeben; d.h., dass die in Betracht gezogene Person im Einzelnen den Erwerb dieser vom Gesetz benannten zusätzlichen Kenntnisse und Fähigkeiten durch Vorlage entsprechender Nachweise wie z.B. eines Dokumentes des Bildungsträgers (Zertifikat, Modulbeschreibung) der Grundqualifikation belegt.[34]

Die **aktenkundig zu machende** und der Bestellung vorausgehende **Eignungsüberprüfung** hätte bereits seit der Reform im Jahre 2009 erfolgen müssen, nach der geltenden Rechtslage kommt das Familiengericht nun nicht mehr um diese herum. In jedem Fall muss vor der Bestellung des Verfahrensbeistands das positive Ergebnis der Feststellung des Vorhandenseins der spezifischen Zusatzqualifikation wie der

30 Eine im SGB VIII fortlaufend eingeforderte Voraussetzung gelingender Kommunikation (z.B. §§ 8 Abs. 4, 10a Abs. 1, 36 Abs. 1 Satz 2 SGB VIII).

31 https://www.bmfsfj.de/resource/blob/203942/a765c689a83ace6f964135162ba46c35/praxisleitfaden-zur-anwendung-kindgerechter-kriterien-fuer-das-familiengerichtliche-verfahren-data.pdf (Abruf am 28.4.2025).

32 Prütting/Helms/Hammer, § 158a FamFG Rn 6; BT-Drucks. 19/23707, 54.

33 BT-Drucks. 19/23707, 29, 53, 54 f.

34 BT-Drucks. 19/23707, 54; Prütting/Helms/Hammer, § 158a FamFG Rn 4: „eigenständige Prüfung der Eignungsvoraussetzungen anhand einer geeigneten Tatsachengrundlage."

Nachweis der ebenfalls gesetzlich geforderten Fortbildung ebenso aktenkundig gemacht werden[35] wie der Bestellungsakt.

69 Soweit der Nachweis der Kenntnisse und Fähigkeiten der in Betracht gezogenen Person nicht bereits in einem anderen Verfahren erfolgte und dies aktenkundig gemacht wurde und dies dem bestellenden Gericht bekannt ist, muss dieses Gericht bereits vor der Bestellung **nachvollziehbare Nachweise**[36] für den Erwerb der vom Gesetz genannten Kenntnisse, aus denen sich der Qualifikationserwerb eindeutig ergibt, anfordern und überprüfen.

Das positive (ggf. negative) Ergebnis dieser zwingenden Überprüfung muss in einem **Aktenvermerk** ebenso festgehalten werden wie das Ergebnis der erfolgten Einsichtnahme in ein – nicht älter als drei Jahre altes – erweitertes Führungszeugnis (§ 158a Abs. 2 Satz 4 FamFG) mit der negativen Feststellung, dass dieses keine einschlägigen Verurteilungen enthält, aktenkundig zu machen ist.[37]

Diese vom Gericht angeforderten Nachweise sind von der in Betracht gezogenen Person beizubringen. Das Gericht hat hinsichtlich dieser positiv wie negativ zu treffenden zwingenden Feststellungen keinen Ermessenspielraum. Während der Gesetzgeber den Präsidien der Gerichte in § 23b Abs. 3 Satz 3 GVG die Möglichkeit einräumt, die Aufgabe eines Familienrichters ausnahmsweise auch einem Richter ohne die geforderten Qualifikationen zuzuweisen, „wenn der Erwerb der Kenntnisse alsbald zu erwarten ist", bleibt bei der Bestellung eines Verfahrensbeistands diese umstrittene Ausnahme einer „Flucht ins Alsbald" ausnahmslos versagt.

70 Mit der ausnahmslos zu führenden **Verpflichtung des Gerichts** zur Überprüfung der notwendigen Kenntnisse und Fähigkeiten hat der Hinweis im Gesetz, dass der Nachweis „auf Verlangen des Gerichts" zu führen ist, nur insoweit Bedeutung, als dass diese Nachweise und Überprüfungen bereits in anderen Verfahren vorgelegt bzw. durchgeführt worden waren. Dieser Hinweis im Gesetz macht im Übrigen keinen Sinn, erhöht die Gefahr der Bestellung von nicht den gesetzlichen Anforderungen entsprechenden Verfahrensbeiständen und kann zudem zu Verfahrensverzögerungen führen und sollte entfallen.[38]

Selbst, wenn das Familiengericht aufgrund langjähriger Tätigkeit eines Verfahrensbeistands von dessen Eignung überzeugt ist, reicht das nicht mehr für die Bestellung. Der Gesetzgeber reagiert auf schlechte Erfahrungen; allein aus bisheriger Tätigkeit oder einer Berufsqualifikation darf nicht auf das Vorhandensein der vom Gesetz geforderten **zusätzlichen Qualifikationsanforderungen** geschlossen werden.[39]

---

35 Siehe Heilmann, ZKJ 2023, Heft 9/10, Editorial.
36 BT-Drucks. 19/23707, 54: das Gericht ist „auf eine geeignete Tatsachengrundlage angewiesen."
37 Auf erhebliche diesbezügliche Defizite der familiengerichtlichen Praxis weist der BVEB e.V. hin, ZKJ 2025, 156.
38 So auch Arbeitskreisergebnisse 24. DFGT (2023), Arbeitskreisergebnis AK 1.
39 Prütting/Helms/Hammer, § 158a FamFG Rn 6; BT-Drucks. 19/23707, 54.

Hinweis

Falls ein entsprechender Nachweis der geforderten Zusatzqualifikation nicht erbracht werden kann, kommt eine Bestellung trotz Berufsqualifikation nicht in Betracht.[40]

3. Pflicht zur Fortbildung

Der Gesetzgeber geht davon aus, dass eine Notwendigkeit zur kontinuierlichen Fortbildung trotz nachgewiesener Grundqualifikation und spezifischer Zusatzqualifikation **alle zwei Jahre** (§ 158 FamFG Abs. 1 Satz 4) besteht. Diese Fortbildungspflicht führt dazu, dass bei einem länger als zwei Jahre zurückliegenden Erwerb der Zusatzqualifikation stets von Amts wegen zusätzlich auch die erfolgte Fortbildung zu überprüfen und nachzuweisen ist, weil der Gesetzgeber nur regelmäßig fortgebildete Verfahrensbeistände für fachlich geeignet und damit für bestellungsfähig hält. Auch insoweit besteht kein Ermessensspielraum des Gerichts.[41] **71**

Das Familiengericht ist nicht nur berechtigt, sondern auch verpflichtet auch diesen Nachweis einzufordern. Der wiederholte Hinweis im Gesetz „auf Verlangen"[42] adressiert die Verpflichtung des Verfahrensbeistands zur regelmäßigen Fortbildung und zur Vorlage des entsprechenden Nachweises.

Inhalt und Umfang der kontinuierlichen Fortbildungspflicht sollten sich ausschließlich am gesetzlich geforderten Profil aus § 158a Abs. 1 Satz 1 FamFG orientieren; insoweit bestehen **inhaltliche Vorgaben**.[43] Die Fortbildungspflicht bezieht sich auf die dort benannten rechtlichen wie außerrechtlichen Profilierungen hinsichtlich der Kenntnisse und Fähigkeiten. **72**

Gesetzgebung und fachgerichtliche Rechtsprechung in den benannten Bereichen (Kindschaftsrecht, FamFG, SGB VIII) sind ständigen Veränderungen unterworfen. Zudem ist für die gerichtliche und behördliche Praxis die Rechtsprechung des BVerfG von hoher Relevanz und auch für den Bereich „Entwicklungspsychologie des Kindes" wie auch für „kindgerechte Gesprächstechniken" ergeben sich fortlaufend neue wissenschaftliche Erkenntnisse.[44] Angesichts von Berichten aus der Praxis, dass lediglich das erweiterte polizeiliche Führungszeugnis vorgelegt werden musste, hingegen keinerlei Nachweise der fachlichen Qualifikation vom bestellenden Gericht eingefordert wurden, besteht keine Veranlassung zu einer großzügigen Handhabung der ge-

40 Siehe, Heilmann, ZKJ 2023, Heft 9/10, Editorial; siehe auch Arbeitskreisergebnisse 24. DFGT (2023), Arbeitskreisergebnis AK 1: „Möglichkeit der Zurückverweisung gemäß § 69 FamFG bei Bestellung nicht hinreichend qualifizierter Verfahrensbeistände sollte verstärkt in Erwägung gezogen werden."

41 Dass für an den Familiengerichten(-senaten) tätige Richter:innen nicht gleichermaßen eine regelmäßige gesetzlich explizit geforderte Fortbildungspflicht trifft, bleibt angesichts der Qualifikationsoffensive befremdlich.

42 Siehe auch Arbeitskreisergebnisse 24. DFGT (2023), Arbeitskreisergebnis AK 1.

43 A.A. Prütting/Helms/Hammer, § 158a FamFG Rn 7, 9: keine inhaltlichen Vorgaben, irgendein Bezug zu Abs. 1 Satz 1 reicht, großzügiger Maßstab, keine überzogenen Anforderungen.

44 Zu diesen auch gesellschaftlichen Veränderungen siehe Prütting/Helms/Hammer, § 158a FamFG Rn 7.

setzlichen Anforderungen. Der bestehende **Beurteilungsspielraum** ist eher **eng**,[45] weil durch § 158a Abs. 1 Satz 1 FamFG begrenzt.

Eine Orientierung zum **Zeitumfang** der geforderten Fortbildung gibt § 15 FAO mit 15 Zeitstunden kalenderjährlich,[46] wovon bis zu fünf Stunden im Wege des Selbststudiums mit Lernkontrollen gemäß § 15 Abs. 4 FAO absolviert werden können.[47]

> „Der Umfang der regelmäßigen zu erbringenden Fortbildungen i.S.v. § 158a Abs. 1 Satz 4 FamFG sollte definiert werden."[48]

III. Persönliche Eignung

1. Kriterien

73 Bereits das FGG-Reformgesetz (2009) nimmt zwar das Kriterium einer Eignung in den Gesetzeswortlaut (§ 158 Abs. 1 FamFG a.F.) auf, ein Hinweis, dass nur eine Person zum Verfahrensbeistand bestimmt werden kann, die „persönlich und fachlich geeignet ist", findet sich damals jedoch lediglich in der regierungsamtlichen Begründung.[49] Der Regierungsentwurf des Gesetzes zur Bekämpfung sexualisierter Gewalt gegen Kinder (2021) nahm zwar als Voraussetzung einer Bestellung die fachliche und persönliche Geeignetheit (§ 158 Abs. 1 Satz 1 FamFG-E) auf[50] und benannte hinsichtlich der fachlichen Eignung zentrale („insbesondere") Qualifikationsanforderungen, Nachweis- und Fortbildungspflichten, verzichtete aber noch darauf, das Erfordernis der persönlichen Eignung ins Gesetz aufzunehmen.[51] Lediglich in der regierungsamtlichen Begründung finden sich hinsichtlich der persönlichen Eignung Hinweise.[52] Erst die Beschlussempfehlung des Rechtsausschusses schlug dem Bundestag die Gesetz gewordene Fassung des § 158a Abs. 2 mit expliziten **gesetzlichen Umschreibungen der persönlichen Eignung** sowie die Verpflichtung des Gerichts, sich ein erweitertes Führungszeugnis von der für die Bestellung zum Verfahrensbeistand in Aussicht genommenen Person vorlegen zu lassen, vor.[53]

---

45 A.A. Prütting/Helms/Hammer, § 158a FamFG Rn 9.

46 Dutta/Jacoby/Schwab/Lack, § 158a Rn 10.

47 Prütting/Helms/Hammer, § 158a FamFG Rn. 9 halten diesen Zeitumfang als Maßstab für überzogen; ebenso Sternal/Schäder, § 158a Rn. 7.

48 Arbeitskreisergebnisse 24. DFGT (2023), Arbeitskreisergebnis AK 1; Menne, NZFam 2020, 1033, 1042 warnt ganz zu Recht vor „einer in wenigen Tagen erworbenen „Schnellbleiche".

49 BT-Drucks. 16/6308, S. 238.

50 RegE, BT-Drucks. 19/23707.

51 BT-Drucks. 19/27928, S. 29. Dass mit gesetzlich vorzugebenden Qualifikationsanforderungen an die Interessenvertretung Minderjähriger deren Erfolg steht und fällt, war bereits spätestens seit 1993 auch in Deutschland bekannt; siehe Bundesanzeiger Jg. 45, Nr. 183a, ausgegeben am 29.9.1993; Salgo (1996), insb. S. 560 ff.

52 „Die persönliche Eignung betrifft etwa die zuverlässige und zeitnahe Erfüllung der dem Verfahrensbeistand übertragenen Aufgaben und seine Integrität. (...) Im Übrigen kann das Gericht den Verfahrensbeistand zur Vorlage eines aktuellen Führungszeugnisses auffordern", BT-Drucks. 19/23707, 52; hierzu Menne NZFam 2020, 1033, 1040.

53 BT-Drucks. 19/27928, S. 29f.

Um das verfolgte Ziel des Gesetzes – Verbesserung des Kinderschutzes – erreichen zu können, hielt der Rechtsausschuss eine „Formulierung konkreter Kriterien für die persönliche Eignung des Verfahrensbeistands" im Gesetzestext für erforderlich.[54] Die Interessenvertretung des Kindes muss „gewissenhaft, unvoreingenommen und unabhängig" erfolgen[55] (§ 158a Abs. 2 Satz 1 FamFG). Den Schutzbedarf des Kindes, welches keine Mitsprache und damit auch kein Ablehnungsrecht hat[56], will der Gesetzgeber auch durch Erwartungen an die Wahrnehmung der Aufgabe sichern, weshalb die **74**

> „zugrundeliegende Prognoseentscheidung des Gerichts auf eine noch fundiertere Grundlage gestellt und die **Ausbildung eines professionellen Bewusstseins** – mithin die Qualifikation – von Verfahrensbeiständen gefördert werden".[57]

Ein solches aufgabenspezifisches (Selbst-)Verständnis ergibt sich aus der verantwortungsvollen Aufgabe. Der Gesetzgeber regelt hier Berufsausübung i.S.v. Art. 12 Abs. 1 Satz 2 GG, auch wenn nur von „Ausbildung eines professionellen Bewusstseins" in der regierungsamtlichen Begründung die Rede ist.[58] Diese Anforderungen an die persönlichen Voraussetzungen wurden – wie auch an die fachlichen – in das Gesetz aufgenommen, um

> „das Vertrauen der Beteiligten und insbesondere auch des Kindes in die Person und Arbeit des Verfahrensbeistands zu erhöhen und den präventiven Kinderschutz zu verbessern."[59]

Die (ex ante zu erfolgende) **Überprüfung** dieser in das Gesetz aufgenommenen Kriterien der persönlichen Eignung, die Voraussetzung der Bestellung ist, gehört zu den herausforderndsten Aufgaben, könnten doch i.d.R. diese geforderten Eigenschaften erst nach Beobachtung und Kooperationserfahrung (ex post) beurteilt werden. Nur eine gewisse Entlastung hinsichtlich der zu treffenden **„Prognoseentscheidung"**[60] könnten Zertifizierungen von Fortbildungsträgern erbringen, soweit diese im Rahmen der Fortbildung auch persönliche Eignungsvoraussetzungen und entsprechende Vorgehensweisen vermitteln und deren Aneignung überprüfen. Die gewissenhafte Vertretung der Kindesinteressen beinhaltet die Pflicht des Verfahrensbeistands, die ihm übertragenen Aufgaben **zuverlässig**, **sorgfältig** und **zeitnah** wahrzunehmen.[61]

---

54 BT-Drucks. 19/27928, S. 29.

55 BT-Drucks. 19/27928, S. 29; Sternal/Schäder FamFG § 158a Rn: „verantwortungsvolle Tätigkeit".

56 BT-Drucks. 19/27928, S. 29.

57 BT-Drucks. 19/27928, S. 29.

58 BT-Drucks. 19/27928, S.29. Angesichts dieser Entwicklung erübrigt sich eigentlich der Hinweis in § 158c Abs. 1 Satz 1 FamFG („berufsmäßig"), wird die geforderte fachliche und persönliche Eignung in aller Regel ansonsten kaum nachgewiesen werden können.

59 BT-Drucks. 19/27928, S. 29.

60 BT-Drucks. 19/23707, 48.

61 BT-Drucks. 19/27928, S. 29; Menne, NZFam 2020, 1033, 1041. Dutta/Jacoby/Schwab/Lack § 158a Rn 12, „persönliche Integrität".

a) Unabhängigkeit

75 In der Forschungsarbeit von *Münder* u.a. wird die zu enge Partnerschaft zwischen Richtern:innen und „ihrem" Verfahrensbeistand angesprochen, auf die von der Bestellung finanziell abhängigen Verfahrensbeistände hingewiesen und vor einem korporativen Verständnis im Hinblick auf die Neutralität und die Unabhängigkeit gewarnt.[62] Berufliche Vorbefassung im Rahmen einer anderen Aufgabenwahrnehmung oder auch „persönliche Nähebeziehung"[63] stehen der unabhängigen Interessenvertretung entgegen. Auch wird von Häufungen der Bestellungen bei einzelnen Verfahrensbeiständen berichtet. Vorschläge zur Entkoppelung der Bestellung[64] vom für den Fall zuständigen Richter müssten auf Praktikabilität geprüft werden.

Der Entstehung bequemer „Seilschaften" zwischen Gericht und Verfahrensbeistand muss entgegengewirkt werden.

Hinweis

Die Unabhängigkeit des qualifizierten Verfahrensbeistandes von Eltern, vom Jugendamt, aber auch vom bestellenden Gericht ist essenzielle Voraussetzung und wesentliche Bedingung einer gelingenden Interessenvertretung.

Dass „nur eine Minderheit der interviewten Verfahrensbeistände (...) explizit Wert darauf legt, ihr Vorgehen nach **Prinzipien der Neutralität und Fairness** zu gestalten"[65] belegt die Notwendigkeit für die gesetzgeberische Umschreibung der persönlichen Eignung. Professionelle Unabhängigkeit meint auch die ideologische und mentale Einstellung und Haltung der Verfahrensbeistände. Unabhängigkeit und Unvoreingenommenheit sind nicht immer eindeutig abgrenzbar oder können sich auch gegenseitig bedingen.

b) Unvoreingenommenheit

76 *Wolfgang Hammer* berichtet über einseitige Ausrichtung in Weiterbildungsgängen zum Verfahrensbeistand, etwa am PAS-Erklärungsmodell und darüber, dass einzelne Gerichte bevorzugt entsprechend weitergebildete Verfahrensbeistände (und/oder entsprechend ausgerichtete Gutachter) bestellen würden.[66] Wer z.B. meint, ein wissenschaftlich nicht begründbares „PAS"[67] (siehe Teil 3/*Fegert*, Rn. 119 ff.) bekämpfen zu müssen oder ein „Wechselmodell" sei hinsichtlich der Betreuung des Kindes immer das Beste für ein Kind, hat nicht die auch in dieser Hinsicht geforderte Unvoreingenommenheit. Der Bedeutung der Unvoreingenommenheit misst die Beschluss-

62 Bindel-Kögel, in Münder u.a., (2017), S. 310 f. weist auf die „ökonomischen Abhängigkeiten".
63 Dutta/Jacoby/Schwab/Lack § 158a Rn 12.
64 Heilmann, ZKJ 2023, Heft 8/9 Editorial.
65 Bindel-Kögel, in Münder u.a., (2017), S. 295.
66 Wolfgang Hammer (2022), S. 26 f. bezeichnet solche Verbindungen als „Allianzen".
67 Vgl. hierzu Bruch, FamRZ 2002, 1304 ff.; Fegert, Kind-Prax 2001, 3 ff. und 39 ff.; Dettenborn, Kindeswille und Kindeswohl, München 2001, S. 124; Kostka, FamPra.ch 2005, 802; Fegert, ZKJ 2013, 190 f.; Zimmermann/Fichtner/Walper/Lux/Kindler, ZKJ 2023, 43 ff. und 83 ff.; Altendorfer-Kling/Kliemann/Fegert, FF 2024, 98, 107.

empfehlung des Rechtsausschusses des Bundestages ebenfalls erhebliches Gewicht bei:

> „Eine unvoreingenommene Vertretung beinhaltet die Pflicht, offen und möglichst unabhängig von vorgefassten Meinungen und Einstellungen die Interessen des Kindes zu ermitteln und unter Berücksichtigung des Kindeswohls zu vertreten. Nur wenn der Verfahrensbeistand etwa im Hinblick auf soziale Stellung, Bildung, Geschlecht, sexuelle Orientierung, Religion oder Kultur offen und unvoreingenommen dem Kind begegnet, kann das Kind Vertrauen fassen."[68]

c) Gewissenhaftigkeit

> „Die gewissenhafte Vertretung der Kindesinteressen beinhaltet die Pflicht des Verfahrensbeistands, die ihm übertragenen Aufgaben zuverlässig, sorgfältig und zeitnah wahrzunehmen."[69] **77**

Diese Definition des Rechtsausschusses erleichtert die Auswahlentscheidung nicht unbedingt. Auch die Beurteilung dieses Eignungskriteriums – „gewissenhaft" – steht als der Bestellung vorausgehende (ex ante) **Prognoseentscheidung**, soweit noch keine Erfahrungen des bestellenden oder eines anderen Familiengerichts mit dem in Betracht kommenden Verfahrensbeistand vorliegen, vor erheblichen Schwierigkeiten.

Hier könnte bei der erstmaligen Bestellung die **zertifizierte und nachgewiesene Qualifikation** auch zu einer gewissenhaften Aufgabenwahrnehmung die Auswahl und Bestellung etwas erleichtern. Auch anderweitige bezüglich einer gewissenhaften Aufgabenwahrnehmung **aussagekräftige Belege** (z.B. Zeugnisse mit Tätigkeitsbeschreibungen) aus anderen Arbeitsfeldern könnten hilfreich sein. Die in Weiterbildungsgängen empfohlene Vorgehensweise einer persönlichen Vorstellung[70] eines neu tätig werden wollenden Verfahrensbeistands beim Familiengericht unter Vorlage einschlägiger Qualifikationsnachweise kann die zu treffende Prognose erleichtern.

2. Keine relevanten Vorstrafen

Der Gesetzgeber hat mit § 158a Abs. 2 Satz 2 einen Tätigkeitsausschluss solcher **78**
einschlägig vorbestraften Personen als Verfahrensbeistände beschlossen, wie dies für Personen im Bereich der Kinder- und Jugendhilfe gilt (§ 72a Abs. 1 Satz 1 SGB VIII). So war es seit der 2. Auflage (2010) dieses Handbuchs gefordert worden, siehe auch die regierungsamtliche Begründung.[71]

Für den Gesetzgeber ist es „unerlässlich, so weit wie möglich sicherzustellen, dass von der bestellten Person keine Gefahr für das Kind ausgeht, Opfer eines sexuellen Übergriffs zu werden"[72]. Zur Verringerung entsprechender Risiken führt der Gesetzgeber eine Einholungspflicht für ein **erweitertes Führungszeugnis** ein, gleichzeitig

68 BT-Drucks. 19/27928, S. 29.
69 BT-Drucks. 19/27928, S. 29. Die Standards des BVEB e.V. (siehe Anhang) fördern und unterstreichen auch diese Erwartung.
70 Prütting/Helms/Hammer, § 158a FamFG Rn 12.
71 Auch BT-Drucks. 19/27928, S. 30.
72 BT-Drucks. 19/27928, S. 30.

wird der Verpflichtungsgrad verringert: Das Gericht „soll (...) vorlegen lassen" bzw. „Einsicht nehmen". Diese Lockerung der Einholungs- und Einsichtsnahmepflicht vermag nicht zu überzeugen,[73] werden inzwischen mit überschaubarem Aufwand für das Gericht qualifizierte Verfahrensbeistände kurzfristig zu finden sein, die bereits ein Führungszeugnis vorgelegt haben oder ein solches vorlegen können[74] und somit zeitnah bestellt werden können.[75] Auf erhebliche Defizite in der familiengerichtlichen Praxis im Umgang mit diesen Verpflichtungen weist der BVEB e.V. hin.[76]

79 Die in § 158a Abs. 2 Satz 2 FamFG genannten Straftatbestände sind nicht abschließend („insbesondere"). Der Eintrag einer rechtskräftigen Verurteilung wegen der explizit benannten und anderer Straftaten,[77] welche ebenfalls die Person als ungeeignet erscheinen lassen, führen ausnahmslos („ist ungeeignet") zum **Ausschluss einer Bestellung**.

Auch hier empfiehlt sich die **Überprüfung dieser Ungeeignetheit wegen Vorstrafen** vorzuziehen und das Ergebnis zu dokumentieren und erst dann in die Überprüfung der persönlichen Eignungsvoraussetzungen aus § 158a Abs. 2 Satz 1 FamFG einzutreten, weil sich bei Vorliegen einschlägiger Vorstrafen jede weitere Überprüfung gemäß § 158a Abs. 2 Satz 1 FamFG erübrigt.

3. Überprüfung des erweiterten Führungszeugnisses und der weiteren Anforderungen

80 Die **Vorlagepflicht** trifft den Verfahrensbeistand (§ 158a Abs. 2 Satz 3 FamFG); er kann dieser Verpflichtung auch dadurch entsprechen, dass er sein Einverständnis mit der Heranziehung eines in einer Sonderakte bereits abgelegten Führungszeugnisses erklärt.

Dem Antrag auf Erteilung eines Führungszeugnisses ist die Verpflichtung („schriftliche Aufforderung") zur Vorlage beim Familiengericht vorzulegen (§ 30a Abs. 2 Satz 1 BZRG). Die Übermittlung des erweiterten Führungszeugnisses an das Gericht ist in der Praxis nicht einheitlich.[78] Das liegt u.a. daran, dass bereits Weiterbildungsträger entsprechender Kurse die Vorlage erweiterter Führungszeugnisse als Teilnahme- bzw. Zertifizierungsvoraussetzung einfordern, somit könnte ein Verfahrensbeistand ein bereits vor noch nicht drei Jahren erteiltes Führungszeugnis (§ 158a Abs. 2 Satz 4 FamFG) dem Familiengericht zur Überprüfung der Eignungsvoraussetzung

73 Dutta/Jacoby/Schwab/Lack § 158a Rn 16.

74 Prütting/Helms/Hammer, § 158a FamFG Rn. 17; Dutta/Jacoby/Schwab/Lack § 158a Rn 16.

75 Insoweit vermag die Beschlussempfehlung mit der Begründung für die Sollvorschrift nicht zu überzeugen (BT-Drucks. 19/27928, S. 30).

76 ZKJ 2025, 156.

77 Dutta/Jacoby/Schwab/Lack, § 158a Rn 13; Prütting/Helms/Hammer, § 158a FamFG Rn 15 benennt Beispielfälle, die in den Katalogtatbeständen nicht genannt sind; weitere Eintragungen wie z.B. rechtskräftige Verurteilungen in den Bereichen der §§ 171, 235, 263, 267, 281 StGB können auf eine Ungeeignetheit schließen lassen.

78 Prütting/Helms/Hammer, § 158a FamFG Rn 18. Der Rechtsausschuss geht als Regelfall von der Vorlage durch den Verfahrensbeistand aus, Beschlussempfehlung, BT-Drucks. 19/27928, S. 30.

vorlegen. Die Übersendung an die antragstellende Person ist zulässig (§ 30a Abs. 2 Satz 2 i.V.m. § 30 Abs. 4 BZRG).

Aktenkundig zu machen (§ 158a Abs. 2 Satz 5 FamFG) sind: **81**

- das Ergebnis der Eignungsüberprüfung gemäß § 158a Abs. 2 Satz 1 FamFG (gewissenhaft, unvoreingenommen und unabhängig),
- die Feststellung (keine Eintragung) der Prüfung des Führungszeugnisses – des erst nach Abschluss der Überprüfungen zu bestellenden Verfahrensbeistands – sowie
- das Ausstellungsdatum.

Aus datenschutzrechtlichen Gründen[79] muss das vom Verfahrensbeistand eingereichte Führungszeugnis bzw. eine Kopie an den Verfahrensbeistand zurückgegeben werden, weil diese nicht zu den Akten des Verfahrens genommen werden darf.

Hinweis

Die Verfahrensbeteiligten haben keinen Rechtsanspruch auf Einsicht in das Führungszeugnis, sondern nur in die Verfahrensakte, in welcher die positiven Feststellungen (gemäß § 158a Abs. 2 FamFG) aktenkundig gemacht sein müssen.

Soweit von Amts wegen im Rahmen der Eignungsprüfung eingeholte oder vom Verfahrensbeistand vorgelegte Führungszeugnisse vorhanden sind, müssen diese in einem Sonderheft abgelegt werden,[80] welches nicht der Akteneinsicht zugänglich ist.

Das Vorhandensein von Strafregistereinträgen zu den Katalogtatbeständen oder zu anderen hinsichtlich der Eignung relevanten Vorstrafen („insbesondere") muss zur Ablehnung der Bestellung führen; diese Entscheidung darf aber nicht in der Verfahrensakte kundig gemacht werden[81].

Checkliste: Überprüfung der Eignung **82**

Aktenkundig zu machen sind:

- die nachgewiesene Grundqualifikation,
- die erfolgte Prüfung der Nachweise hinsichtlich zusätzlicher spezifischer fachlicher Kenntnisse nach § 158a Abs. 1 Satz 1 bis 3 FamFG,
- die erfolgte Prüfung der Nachweise der Erfüllung der Fortbildungspflicht nach § 158a Abs. 1 Satz 4 FamFG,
- die erfolgte Prüfung hinsichtlich persönlicher Eignung nach § 158a Abs. 2 Satz 1 FamFG,

79 BT-Drucks. 19/27928, 30.
80 Prütting/Helms/Hammer, § 158a FamFG Rn 21.
81 Beschlussempfehlung, BT-Drucks. 19/27928, S. 30; Dutta/Jacoby/Schwab/Lack, § 158a Rn 18.

- die erfolgte Prüfung hinsichtlich persönlicher Eignung nach § 158a Abs. 2 Satz 2 FamFG sowie
- die Überprüfung des Ausstellungsdatums des vorliegenden Führungszeugnisses.

Da die Bestellung des Verfahrensbeistands im **Beschwerdeverfahren** fort gilt (§ 158 Abs. 4 Satz 1 FamFG), müssen von Amts wegen diese bereits in der ersten Instanz aktenkundig zu machenden Feststellungen überprüft werden. Soweit fehlende oder nicht aktenkundig gemachte Nachweise zeitnah erbracht werden können, bleibt es bei der Bestellung, weil die Mängel geheilt werden konnten, ansonsten muss die unwirksame Bestellung aufgehoben werden (§ 158 Abs. 4 Satz 2 Nr. 2 FamFG) und umgehend eine wirksame Neubestellung erfolgen. Eine Zurückverweisung könnte im Einzelfall zu nicht mehr hinnehmbaren Verfahrensverzögerungen führen[82].

Zu einer Entlastung der Familiengerichte hinsichtlich der **Erleichterung der Überprüfungen und Feststellungen** dieser gesetzlichen Anforderungen konnte sich der Gesetzgeber nicht durchringen; die praktische Umsetzung ist den Gerichten überlassen. Dies führt dazu, dass das Familiengericht in jedem Einzelfall die Nachweise vor der Bestellung einholen, bewerten und aktenkundig machen muss, was Verzögerungen mit sich bringen kann.[83] Diese Situation versuchen anerkennungswerterweise einzelne Gerichte durch untergesetzliche Maßnahmen[84] zur Erleichterung und Verbesserung der Bestellpraxis zu entlasten, wobei einzelne Vorschläge Probleme aufwerfen könnten.

4. Konsequenzen von Eignungsmängeln

83 Die isolierte Anfechtung der Bestellung des Verfahrensbeistands durch die Beteiligten (§ 158 Abs. 5 FamFG) ist nicht möglich.[85] Im Beschwerdeverfahren kann auch das Fehlen der Voraussetzungen zur Bestellung vorgebracht werden. Soweit sich **erhebliche Zweifel** hinsichtlich fachlicher und persönlicher Eignung ergeben, ist das bestellende Gericht (AG, OLG) zur erneuten Überprüfung der Bestellungsvoraussetzungen von Amts wegen verpflichtet.

Falls die Fortführung des Amtes die **Interessen des Kindes** gefährdet, müsste die Bestellung ohnehin aufgehoben werden (§ 158 Abs. 4 Nr. 2 FamFG). Diese Voraussetzung dürfte z.B. bei einem Verfahrensbeistand, der ordnungsgemäß seine gesetzlichen Pflichten erfüllt und lediglich den Nachweis der Fortbildungspflicht versäumt, nicht gegeben sein. Geboten ist hier eine angemessene Fristsetzung von Seiten des Gerichts zum Nachholen der Erfüllung der Vorlagepflicht, könnten doch Entpflichtun-

82 Siehe Freitag/Jokisch, FuR 2022, 556, 562.

83 Wie viele andere Stimmen aus der Praxis fordert auch Menne, NZFam 2020, 1033, 1042 bundeseinheitliche Regelungen. Siehe auch 24. DFGT (2023), Arbeitskreisergebnis AK 1.

84 Zu Vorschlägen und Praxisberichten s. Dutta/Jacoby/Schwab/Lack § 158a Rn 20 – 22; Prütting/Helms/Hammer, § 158a FamFG Rn 21 f.; Menne ZKJ 2023, 357, 364 m.w.N.; Verfahrensbeistände müssen sich zur Bestellungspraxis am jeweiligen Gericht kundig machen.

85 Prütting/Helms/Hammer, § 158a FamFG Rn 23.

gen in dieser Konstellation Gründe entgegenstehen; allerdings steht dieses Versäumnis einer Neubestellung entgegen.

Praxistipp

Verfahrensbeistände sollten von sich aus rechtzeitig vor Ablauf der drei Jahre (§ 158a Abs. 2 Satz 5 FamFG) ein aktuelles Führungszeugnis beantragen, um dieses dem bestellenden Gericht vorlegen zu können.

Legt der Verfahrensbeistand kein aktuelles Führungszeugnis vor bzw. verweigert er die Zustimmung zur Einholung, muss das zur Entpflichtung führen. Erweist sich im Laufe des Verfahrens ein Verfahrensbeistand als persönlich oder fachlich nicht geeignet, ist die Aufhebung angezeigt. Lediglich eine Unzufriedenheit seitens der Eltern bzw. des sie vertretenden Rechtsanwalts oder des Jugendamtes darf nicht zur **Entpflichtung** führen, kann und muss die gesetzlich gebotene Interessenvertretung des Kindes erforderlichenfalls auch mit Bewertungen verbunden sein, die nicht von allen Beteiligten geteilt werden. Aus guten Gründen ist die Entpflichtung an strenge Voraussetzungen geknüpft, ansonsten würde die zentrale Voraussetzung gelingender parteilicher Interessenvertretung des Kindes auch vom Gericht, nämlich die Unabhängigkeit, verletzt.[86]

86 Mit sorgfältiger Abwägung und grundsätzlicher Beschreibung der Aufgabe unabhängiger Interessenvertretung durch den Verfahrensbeistand KG, Beschl. v. 20.8.2021 – 16 UF 2/21 (AG Pankow). Hingegen verletzt das AG Kiel den selbst zitierten Grundsatz, „eine Aufhebung der Verfahrensbeistandschaft äußerst restriktiv und zurückhaltend zu handhaben", FF 2025, 170 f. mit zu Recht kritischer Anm. von Weichert.

C Rechtsstellung und Aufgaben des Verfahrensbeistandes gemäß § 158b FamFG

Übersicht Rn.

§ 158b
Aufgaben und Rechtsstellung des Verfahrensbeistands

(1) Der Verfahrensbeistand hat das Interesse des Kindes festzustellen und im gerichtlichen Verfahren zur Geltung zu bringen. Er soll zu diesem Zweck auch eine schriftliche Stellungnahme erstatten. Der Verfahrensbeistand hat das Kind über Gegenstand, Ablauf und möglichen Ausgang des Verfahrens in geeigneter Weise zu informieren. Ferner soll er insbesondere

1. Gespräche mit den Eltern und weiteren Bezugspersonen des Kindes führen, soweit dies erforderlich ist, und

2. in geeigneten Fällen am Zustandekommen einer einvernehmlichen Regelung über den Verfahrensgegenstand mitwirken.

Endet das Verfahren durch Endentscheidung, soll der Verfahrensbeistand den gerichtlichen Beschluss mit dem Kind erörtern.

(2) Ist es zur Verständigung mit dem Kind, seinen Eltern oder weiteren Bezugspersonen erforderlich, so gestattet das Gericht dem Verfahrensbeistand die Hinzuziehung eines Dolmetschers oder Übersetzers oder eines anderen geeigneten Sprachmittlers, insbesondere eines Gebärdensprachendolmetschers. Die Gestattung soll zum frühestmöglichen Zeitpunkt erfolgen. Sie ergeht durch nicht selbständig anfechtbaren Beschluss.

(3) Der Verfahrensbeistand wird durch seine Bestellung als Beteiligter zum Verfahren hinzugezogen. Er kann im Interesse des Kindes Rechtsmittel einlegen. Der Verfahrensbeistand ist nicht gesetzlicher Vertreter des Kindes.

84 § 158b Abs. 1 FamFG regelt die allgemeinen Aufgaben des Verfahrensbeistands im Verfahren und enthält in Satz 1 seine zentrale Aufgabe, das Interesse des Kindes festzustellen und im gerichtlichen Verfahren zur Geltung zu bringen.

Die Vorschrift macht deutlich, dass der Verfahrensbeistand dem **Interesse des Kindes** verpflichtet ist und damit nicht allein dem von diesem geäußerten Willen. Zwar hat der Verfahrensbeistand den Kindeswillen in jedem Fall deutlich zu machen und in das Verfahren einzubringen („im Verfahren zur Geltung zu bringen"), es ist jedoch darüber hinaus Aufgabe des Verfahrensbeistands, weitere Gesichtspunkte des objektiven Interesses des Kindes, mithin dessen Wohl, und auch etwaige Bedenken für den Fall der Umsetzung des Willens des Kindes vorzutragen.[1]

85 ***Aufgabe des Verfahrensbeistandes***

Aufgabe des Verfahrensbeistandes ist es, Defizite bei der Wahrung der Interessen Minderjähriger aufgrund eigener Interessen der beteiligten Erwachsenen und die strukturelle Unterlegenheit des Minderjährigen gegenüber den formell am Verfahren beteiligten Erwachsenen und deren Verfahrensbevollmächtigten (regelmäßig Rechtsanwälte) im gerichtlichen Verfahren auszugleichen.

Es soll mit Hilfe des Verfahrensbeistands „Waffengleichheit" und ein faires Verfahren für das Kind gewährleistet werden. Seine Interessen sollen mit Unterstützung durch den Verfahrensbeistand in einer Weise in das am Kindeswohl orientierte Verfahren eingebracht werden, die seiner grundrechtlichen Position hinreichend Rechnung trägt, und zwar insbesondere dann, wenn die gesetzlichen Vertreter des Kindes wegen erheblichen Interessengegensatzes an einer effektiven Wahrnehmung der Interessen des Kindes im Verfahren gehindert sind.[2]

I. Beteiligtenstellung des Verfahrensbeistandes (§ 158b Abs. 3 FamFG)

86 § 158b Abs. 3 Satz 1 FamFG bestimmt, dass der Verfahrensbeistand mit dem Akt der Bestellung zum eigenständigen **Verfahrensbeteiligten** i.S.d. § 7 FamFG wird.[3] Die Regelung entspricht § 274 Abs. 2 FamFG und § 315 Abs. 2 FamFG für Verfahrenspfleger in Betreuungs- und Unterbringungsverfahren. Dies bedeutet, dass der

1 Saarländisches OLG Saarbrücken Beschl. v. 28.6.2021, 6 UF 58/21, juris.
2 BT-Drucks. 13/4899, S. 129 ff., unter Hinweis auf BVerfGE 55, 171, 179; siehe auch Praxisleitfaden zur Anwendung kindgerechter Kriterien für das familiengerichtliche Verfahren, hrsg. v. BMFSFJ und UBSKM, abzurufen unter https://www.bmfsfj.de/resource/blob/203942/d136eeb8ef868396b219a3bdb5d4f518/praxisleitfaden-zur-anwendung-kindgerechter-kriterien-fuer-das-familiengerichtliche-verfahren-data.pdf (Abruf am 5.9.2024).
3 Vgl. OLG Köln Beschl. v. 18.3.2025, 1 Ws 1/25: VerfB ist in Kindschaftsverfahren weder Zeuge noch Sachverständiger.

Verfahrensbeistand nicht „im Namen des Kindes“, sondern **im eigenen Namen** und im Interesse des Kindes zu handeln hat.

§ 158b Abs. 3 Satz 2 FamFG stellt klar, dass der Verfahrensbeistand im Interesse des Kindes **Rechtsmittel** einlegen kann. Ein „im Namen des Kindes“ eingelegtes Rechtsmittel ist also unzulässig. Bei dieser Formulierung fehlt dem Verfahrensbeistand die Beschwerdeberechtigung, weil er gerade nicht gesetzlicher Vertreter des Kindes ist. Vielmehr bedarf es der Einlegung der Beschwerde ausdrücklich im eigenen Namen und „im Interesse des Kindes“.

§ 158b Abs. 3 Satz 3 FamFG stellt klar, dass der Verfahrensbeistand **nicht gesetzlicher Vertreter** des Kindes ist. Die Norm bringt klar und eindeutig zum Ausdruck, dass eine gesetzliche Vertretungsmacht des Verfahrensbeistands für das Kind nicht besteht. Der Verfahrensbeistand kann also keine sorgerechtlichen Entscheidungen treffen und hat nicht das Recht, rechtlich verbindliche Willenserklärungen für das Kind abzugeben oder entgegenzunehmen. Ein Eingriff in das Sorgerecht ist demnach mit der Bestellung des Verfahrensbeistandes nicht verbunden. Auf diese Weise wird der Eingriff in das Elternrecht möglichst gering gehalten und eine sachwidrige Verlagerung von Aufgaben auf den Verfahrensbeistand vermieden.

Gegenstück zu dem mit der Bestellung eines Verfahrensbeistandes nicht verbundenen Eingriff in das elterliche Sorgerecht ist die **Unanfechtbarkeit der Anordnung einer Verfahrensbeistandschaft** nach § 158 Abs. 5 FamFG.

Der Verfahrensbeistand ist **nicht weisungsgebunden** und unterliegt nicht der Aufsicht des Gerichts.[4] Weder das Kind, die Eltern noch das Gericht können dem Verfahrensbeistand daher Weisungen erteilen. Zwischen dem betroffenen Kind und dem Verfahrensbeistand handelt es sich daher nicht um ein Mandatsverhältnis (vgl. Teil 1/*Salgo*, Rn. 75 ff.) wie bei der Beauftragung eines Rechtsanwaltes, auch wenn im Einzelfall ein Rechtsanwalt zum Verfahrensbeistand bestellt wird. Sondern der Verfahrensbeistand hat im Verfahren eine eigenständige und unabhängige Stellung, die er allein zum Wohle des von ihm vertretenen Kindes auszufüllen hat.[5]

Der Verfahrensbeistand ist in die einzelnen Verfahrensschritte einzubeziehen. Dabei **87**
hat er **volles Akteneinsichtsrecht** (§ 13 Abs. 1 FamFG; vgl. zu Einzelheiten Rn. 121 ff.) und Anspruch auf rechtliches Gehör (Art. 103 Abs. 1 GG). Ihm sind z.B. Sachverständigengutachten rechtzeitig vor dem abschließenden Verhandlungstermin zugänglich zu machen.[6] Einem gerichtlich gebilligten Vergleich nach § 156 Abs. 2 FamFG muss der Verfahrensbeistand zustimmen, ansonsten kann der Vergleich nicht wirksam zustande kommen.[7]

---

4 OLG Koblenz, Beschl. v. 20.8.2018, Az. 9 UF 247/18.
5 OLG Braunschweig, Beschl. vom 28.7.2018, 2 UF 57/18, juris.
6 Vgl. RegE zum Betreuungsrecht für den Verfahrenspfleger, BT-Drucks. 11/4528, S. 171.
7 Sternal/Schäder, § 158b FamFG Rn 15, § 156 FamFG Rn 13.

88 Als Verfahrensbeteiligter muss der Verfahrensbeistand zu allen **Anhörungs- und Beweisaufnahmeterminen** geladen werden. Zu übersenden sind ihm

- die Anträge oder Anregungen der Beteiligten,
- die vom Gericht eingeholten Stellungnahmen anderer Verfahrensbeteiligter,
- die fachliche Einschätzung des Jugendamtes,
- die Gutachten der vom Gericht beauftragten Sachverständigen zur Stellungnahme.

Der „so früh wie möglich" am Verfahren zu beteiligende Verfahrensbeistand (vgl. § 158 Abs. 1 Satz 2 FamFG) ist selbst Beteiligter und kann somit im Interesse des Kindes durch eigene **Anträge und Anregungen** sowie durch Einlegung von Rechtsmitteln (§ 158b Abs. 3 Satz 2 FamFG) maßgeblich Einfluss auf den Ablauf des Verfahrens nehmen und so für ein **kindzentriertes Verfahren** (vgl. § 1697a BGB) sorgen. Dabei hat er auch ein Hauptaugenmerk darauf zu richten, dass das Gericht den für eine am Kindeswohl ausgerichtete Entscheidung erheblichen Sachverhalt von Amts wegen (§ 26 FamFG) erschöpfend ermittelt.

Er wird es regelmäßig als seine besondere Pflicht verstehen, alle Verfahrensbeteiligten und insbesondere das Gericht auf die Bedeutung eines zügigen kindzentrierten Verfahrens für das Wohl des Kindes hinzuweisen und das **kindliche Zeitempfinden** in das Verfahren einfließen zu lassen, indem er Alternativen zu verzögernden Verfahrensschritten aufzeigt.[8] So wird der Hinweis des Verfahrensbeistands auf die Notwendigkeit einer zügigen persönlichen richterlichen **Anhörung des Kindes** (§ 159 FamFG) und seiner unmittelbaren Bezugspersonen (Eltern, Pflegepersonen; §§ 160, 161 FamFG) und auf das **Vorrang- und Beschleunigungsgebot** des § 155 FamFG mit der Pflicht zur Terminbestimmung binnen eines Monates nach Einleitung des Verfahrens die Entscheidungsfindung des Gerichts erfahrungsgemäß oft wesentlich beschleunigen.

Auch das Hinwirken auf eine dem Sachverständigen zur Erstattung des Gutachtens zu setzende Frist (§ 30 FamFG, § 411 ZPO) kann zur Beschleunigung des Verfahrens dienen.

▶ *Einzelheiten zum Beschleunigungsgebot siehe Teil 4/Heilmann, Rn. 11 f.*

Soll ein **Vergleich** der Beteiligten nach § 156 Abs. 2 FamFG geschlossen werden, kann das Gericht den Vergleich nur dann gerichtlich billigen, wenn auch der Verfahrensbeistand diesem zugestimmt hat (siehe hierzu unter Teil 4/ *Heilmann*, Rn. 40 ff. sowie Teil 3/*Ivanits*, Rn. 376).

89 Eine Verpflichtung zur **Kostentragung** kann dem Verfahrensbeistand nicht auferlegt werden, auch nicht für die – allein im Interesse des von ihm vertretenen Kindes – erfolglos gebliebene Einlegung eines Rechtsmittels (§ 158c Abs. 4 FamFG). Da der Verfahrensbeistand nicht gesetzlicher Vertreter des Kindes, sondern selbst Beteiligter im Verfahren ist (vgl. § 158b Abs. 3 Satz 2 FamFG), kann er ein Rechtsmittel nur

8 Vgl. zu Einzelheiten Heilmann, Kindliches Zeitempfinden und Verfahrensrecht, 1998.

im eigenen Namen und im Interesse des Kindes (also nicht im Namen des Kindes!) einlegen.[9]

II. Aufgaben des Verfahrensbeistandes (§ 158b Abs. 1 FamFG)

1. Feststellen und zur Geltung bringen des Interesses des Kindes (§ 158b Abs. 1 Satz 1 FamFG)

Der Verfahrensbeistand hat stets das Recht und die Pflicht, die Probleme, Wünsche und Vorstellungen des Kindes in das Verfahren einzubringen (§ 158b Abs. 1 Satz 1 FamFG). **90**

Der Verfahrensbeistand hat sowohl das subjektive Interesse des Kindes **(Wille des Kindes)** als auch das objektive Interesse des Kindes **(Kindeswohl)** zum Ausdruck zu bringen.[10] Dieses Verständnis der Aufgaben des Verfahrensbeistands entspricht der Wertung des materiellen Rechts, das vom Zentralbegriff des Kindeswohls geprägt ist (vgl. § 1697a BGB). Es entspricht auch der eigenständigen Stellung des Verfahrensbeistands, der, anders als ein in fremdem Namen handelnder Verfahrensbevollmächtigter, eigenständiger Verfahrensbeteiligter ist (vgl. § 158b Abs. 3 Satz 1 FamFG).

Soweit der vom Kind geäußerte Wille vom Verfahrensbeistand als mit dem Wohl des Kindes – zumindest teilweise – nicht vereinbar angesehen werden muss, hat der Verfahrensbeistand dem Gericht im Anschluss an die Darstellung des Willens des Kindes in klar und deutlich davon abgegrenzter Form mitzuteilen, wie er diesen bewertet (siehe hierzu Teil 1/*Salgo*, Rn. 46). Auf Zweifel an der **Authentizität der Willensäußerungen** des Minderjährigen hat der Verfahrensbeistand das Gericht dabei hinzuweisen.[11] Auch insofern wird es regelmäßig erforderlich sein, die Lebensgeschichte des Kindes unter Benennung der wichtigsten Bezugspersonen, zu denen das Kind im Laufe seines Lebens Bindungen entwickelt hat, mit Blick auf die geäußerten Wünsche und die objektiven Interessen des Kindes darzustellen.

2. Informieren und Begleitung des Kindes (§ 158b Abs. 1 Satz 3 und 5 FamFG)

§ 158b Abs. 1 Satz 3 FamFG enthält **Informationspflichten des Verfahrensbeistands**. Bei der Informationspflicht handelt es sich um das Gegenstück zur Geltendmachung der Interessen des Kindes gegenüber dem Gericht. Dieses wäre ohne Unterstützung oftmals nicht in der Lage, den Verfahrensgegenstand und den Ablauf des Verfahrens zu verstehen. **91**

---

9 BGH, Beschl. v, 27.3.2019, XII ZB 71/19.

10 BT-Drucks. 16/6308, S. 239; Standards der BAG Verfahrensbeistandschaft/Interessenvertretung für Kinder und Jugendliche e.V. vom 24.4.2012, Ziffer 1; vgl. auch Ziffer 3.2 der Standards der BAG vom 29.4.2022.

11 SchlHOLG Kind-Prax 2001, 31; vgl. auch Pkt. 3.2 der Standards der BAG Verfahrensbeistandschaft/Interessenvertretung für Kinder und Jugendliche e.V.

Eine altersgemäße Information, ggf. auch über den wesentlichen Inhalt der Verfahrensakten, erleichtert dem Kind die Wahrnehmung der eigenen Position und dem Verfahrensbeistand die Geltendmachung der Interessen des Kindes im Verfahren. Der Verfahrensbeistand hat das Kind über Gegenstand, Ablauf und möglichen Ausgang des Verfahrens in geeigneter Weise zu informieren. Der Verfahrensbeistand hat das Kind also auch im Rahmen **persönlicher Kontakte** über den jeweiligen Verfahrensstand zu informieren, es zu beraten und zu Terminen bei Gericht, beim Sachverständigen, beim Jugendamt etc. zu begleiten, wenn und soweit es das Kind wünscht.

Soweit der Verfahrensbeistand gemäß § 158b Abs. 1 Satz 4 FamFG **Gespräche mit den Eltern und weiteren Bezugspersonen des Kindes** zu führen beabsichtigt, und am Zustandekommen einer einvernehmlichen Regelung über den Verfahrensgegenstand mitzuwirken gedenkt, wird er dies dem Kind ebenfalls in altersangemessener Art und Weise mitteilen.

92 In § 158b Abs. 1 Satz 5 FamFG ist geregelt, dass in Fällen, in denen das Verfahren durch Endentscheidung endet, der Verfahrensbeistand den **Beschluss des Gerichts mit dem Kind besprechen** soll. Dies entspricht der Praxis vieler Verfahrensbeistände und ist grundsätzlich geboten, um sicherzustellen, dass das Kind von dem Ergebnis des Verfahrens in neutraler und kindgerechter Weise informiert wird und die Möglichkeit hat, Fragen zu äußern. Zugleich kann ein entsprechendes Gespräch auch wichtig für die Entscheidung sein, ob im Interesse des Kindes ein **Rechtsmittel** eingelegt werden soll. Ausnahmsweise („Soll-, nicht Muss-Vorschrift"!) kann insbesondere dann von einer Besprechung abgesehen werden, wenn aufgrund des Kindesalters eine Besprechung noch nicht möglich ist oder eine dem Kindeswillen entsprechende Endentscheidung dem verfahrensfähigen Kind selbst zugestellt wird.[12]

3. Kontaktaufnahme mit dem Kind

93 Zur Vorbereitung der gerichtlichen Vertretung des Kindes muss der Verfahrensbeistand die Interessen des Kindes anhand von dessen Lebensgeschichte ermitteln.[13]

Zur sachgerechten Erfüllung dieser Aufgaben gehört dabei der **persönliche Kontakt** des Verfahrensbeistandes zum betroffenen Kind. Denn ohne persönlichen Kontakt wird der Verfahrensbeistand kaum das individuelle Kindeswohl feststellen und ins Verfahren einbringen und auch das Kind nicht informieren und begleiten können. Dabei steht dem Verfahrensbeistand ein Ermessensspielraum zu, wie und wie oft er Kontakt zum Kind aufnimmt.[14] Es sind indes kaum Fälle denkbar, in denen in Verfahrensbeistand keinen Kontakt zum Kind aufnimmt und sich keinen unmittelbaren Eindruck vom Kind (entsprechend § 159 Abs. 1 FamFG) verschafft, und gleichwohl die Interessen des individuellen Kindes wirksam vertreten zu könnte.

94 Grundsätzlich sollte der Verfahrensbeistand das Kind in seinem **vertrauten Umfeld** besuchen und kennenlernen. Die Entscheidung des Verfahrensbeistandes, Kontakt

12 BT-Drs. 19/23707, 55.
13 Vgl. dazu auch Balloff, DAVorm 1995, 813, 818.
14 OLG Braunschweig, Beschl. v. 28.7.2018, 2 UF 57/18, juris.

zum Kind ausschließlich außerhalb des Haushaltes des betreuenden Elternteiles aufzunehmen, stellt deshalb keinen Pflichtverstoß dar, wenn dafür ein sachlicher Grund (z.B. manipulierender betreuender Elternteil) vorliegt.[15]

Lässt sich ein Verfahrensbeistand ohne sachlichen Grund das Kind lediglich in sein **Büro** bringen, um ausschließlich dort in persönlichen Kontakt zum Kind zu treten, kann darin im Einzelfall ein Pflichtverstoß zu sehen sein, der zur Aufhebung der Verfahrensbeistandschaft nach § 158 Abs. 4 Satz 2 Nr. 2 FamFG führen kann, wenn trotz entsprechender Hinweise des Gerichts zur Erforderlichkeit von Kontakten mit dem Kind in dessen üblichen Umfeld der Verfahrensbeistand seine Vorgehensweise nicht ändert und daraus eine Gefährdung der Interessen des Kindes erwächst.

▶ *Zur restriktiven Anwendung der Möglichkeit der Aufhebung der Verfahrensbeistandschaft nach § 158b Abs. 4 Satz 2 Nr. 2 FamFG vgl. Rn. 19 ff.*

Eine angemessene Interessenvertretung vor Gericht setzt den Aufbau eines **tragfähigen Verhältnisses** des Verfahrensbeistands zu dem von ihm vertretenen Kind voraus. Die dazu erforderliche Vorgehensweise hat allein der Verfahrensbeistand zu bestimmen. Er sollte allerdings darauf achten, dem Kind gegenüber **keine uneinlösbaren Versprechungen** im Hinblick auf möglichen Entscheidungen des Gerichts, des Jugendamtes, der Sorgeberechtigten etc. zu machen oder beim Kind unangemessene Beziehungserwartungen aufkommen zu lassen. Auch sollte er sich nicht als Konfliktlöser der Familie präsentieren.[16] Je nach Alter und Einsichtsfähigkeit des Kindes hat der Verfahrensbeistand dessen Vertretung vor Gericht mit ihm abzustimmen. 95

4. Zugang zum Kind gegen den Willen des Sorgeberechtigten

Zugang zu dem von ihm vertretenen Kind kann der Verfahrensbeistand gegen den Willen des gesetzlichen Vertreters des Kindes nicht erzwingen. Er kann nicht an Stelle und gegen den Willen der Sorgeberechtigten anordnen, dass er Zugang zu dem verfahrensbetroffenen Kind bekommt, damit er es sehen, sich einen unmittelbaren Eindruck von ihm verschaffen und es befragen kann.[17] Wünschen der Sorgeberechtigten, wo und wie der Verfahrensbeistand Kontakt zum Kind aufnimmt, kann und wird der Verfahrensbeistand hingegen im Rahmen des ihm insoweit eröffneten Ermessensspielraumes nachkommen, wenn dies der sachgerechten Wahrnehmung seiner Aufgaben nicht entgegensteht. 96

Der Verfahrensbeistand kann das Kind also nicht gegen den Willen des gesetzlichen Vertreters treffen und mit ihm sprechen, um dem Gericht das Gesprächsergebnis mitteilen zu können.[18] Auch das Gericht hat außerhalb eines gerichtlichen Anhörungstermins nach § 159 FamFG keine Rechtsgrundlage für eine zwangsweise

15 OLG Braunschweig, Beschl. v. 28.7.2018, UF 57/18, juris.
16 Stadler/Salzgeber, FPR 1999, 329, 332.
17 KG ZKJ 2008, 120; OLG Brandenburg FamRZ 2000, 1295, 1296; Söpper, FPR 2001, 269, 271; a.A. Fricke, ZfJ 1999, 51, 56; Schön, FuR 2001, 349, 353.
18 OLG Brandenburg FamRZ 2000, 1295, 1296; Söpper, FPR 2001, 269, 271.

durchzusetzende Anordnung gegenüber dem gesetzlichen Vertreter des Kindes, dem Verfahrensbeistand ein Treffen mit dem Kind zu ermöglichen.

Praxistipp

▶ *Falls gesetzliche Vertreter des Kindes dem Verfahrensbeistand Zutritt zum Kind, Begegnung, Möglichkeiten eines persönlichen Eindrucks vom Kind verweigern, so ist dies unverzüglich dem Familiengericht mitzuteilen.*

97 Befürchtet der Verfahrensbeistand das Vorliegen einer Kindeswohlgefährdung, sollte er dies dem Gericht mitteilen. Der Verfahrensbeistand könnte auch beim Jugendamt eine Abschätzung des Gefährdungsrisikos nach § 8a SGB VIII (Schutzauftrag des Jugendamtes bei Kindeswohlgefährdung) anregen.

In aller Regel genügt es, dass das Gericht die Sorgeberechtigten des Kindes bzw. deren Verfahrensbevollmächtigten eindringlich auf die Notwendigkeit eines Kontaktes zwischen Verfahrensbeistand und Kind schon vor bzw. bei der Bestellung des Verfahrensbeistands oder nochmals im laufenden Verfahren hinweist. **Ausnahmsweise** kann es dem Verfahrensbeistand auch ausreichen, mit dem Kind lediglich im Rahmen einer – erforderlichenfalls vom Verfahrensbeistand angeregten – (erneuten) richterlichen Anhörung des Kindes nach § 159 FamFG Kontakt aufzunehmen und mit ihm sprechen zu können. Allerdings reicht dies nicht aus, um die Interessen des Kindes wirksam zur Geltung bringen zu können und das Kind durch das Verfahren begleiten zu können. Die Anwesenheit des Verfahrensbeistands bei einer solchen richterlichen Anhörung können die Sorgeberechtigten jedenfalls nicht verhindern.

98 Im Falle einer **völligen Verweigerung des Kontaktes** könnte den Sorgeberechtigten zwar das Recht zur Vertretung des Kindes im Verfahren entzogen und auf eine andere Person als Ergänzungspfleger übertragen werden (§§ 1789 Abs. 2 Satz 3, 1629 Abs. 2 Satz 3, 1809 BGB). Voraussetzung dafür ist aber, dass das Interesse des Minderjährigen zum Interesse der Sorgeberechtigten „in erheblichem Gegensatz steht". Dass dies grundsätzlich der Fall sein mag, wenn Sorgeberechtigte den Kontakt des Verfahrensbeistands zum Kind verweigern, rechtfertigt einen Sorgerechtsentzug nicht. Der erhebliche Interessengegensatz muss vielmehr konkret festgestellt werden, die bloße Möglichkeit eines solchen reicht nicht aus.[19]

Im Regelfall wird der (teilweise auf die Vertretung des Kindes im Verfahren oder gegenüber dem Gutachter gerichtete) **Entzug des Sorgerechts** allerdings auch aus anderen Gründen nicht geeignet sein, den Verfahrensbeistand zum Ziel gelangen zu lassen, das Kind sehen zu können oder die Einwilligung des Kindes zur Teilnahme an der Begutachtung oder zur Aussage im Rahmen der persönlichen richterlichen Anhörung nach § 159 FamFG herbeizuführen: Wegen des Eingriffes in das nach Art. 6 Abs. 2 GG geschützte Sorgerecht stehen den Sorgerechtsinhabern sämtliche Rechtsmittel und letztendlich die Verfassungsbeschwerde gegen den Teilsorgerechtsentzug zur Verfügung. Die endgültige Entscheidung über den vom Verfahrens-

19 Grüneberg/Diederichsen, § 1629 BGB Rn 13 ff., § 1796 BGB Rn 2, unter Hinweis auf OLG Frankfurt, NJW-RR 2005, 1382; vgl. auch OLG Stuttgart FamRZ 1983, 831.

beistand ausgelösten Zwischenstreit wäre also regelmäßig auf lange Zeit vertagt und würde eine zeitnahe Entscheidung im Ausgangsverfahren, in dem der Verfahrensbeistand bestellt wurde, unmöglich machen.

Der Verfahrensbeistand muss sich bewusst sein, dass das Gericht zu solchen Konflikt verschärfenden Interventionen den Sorgeberechtigten gegenüber nur in absoluten Ausnahmefällen bereit sein wird. Vielleicht will sich das Gericht auch mit der Verweigerungshaltung der Sorgeberechtigten abfinden und dieses Verhalten der Sorgeberechtigten inzident bei der Endentscheidung über den Ausgang des Verfahrens berücksichtigen und würdigen. Vielleicht aber sieht das Gericht bei einem bestimmten Verfahrensstand eine Intervention im Sinne des Verfahrensbeistands auch nicht mehr als entscheidungserheblich an und will darauf verzichten. Im Einzelfall mag es aber auch Erfolg versprechende **Interventionsmöglichkeiten** Dritter (z.B. von Verwandten der Sorgeberechtigten) oder z.B. des Jugendamtes, von Mitarbeitern von Beratungsstellen etc. geben, die eine gerichtliche Intervention entbehrlich machen. 99

5. Möglichkeiten und Grenzen des Verfahrensbeistandes

Mangels Sorgerechtsbefugnissen kann der Verfahrensbeistand **nicht** 100

- für das Kind Leistungen nach dem SGB VIII beim Jugendamt beantragen,
- die Zustimmung erteilen, dass das Kind vom gerichtlich bestellten Sachverständigen untersucht und befragt wird,
- den behandelnden Arzt des Kindes von der ärztlichen Schweigepflicht entbinden,
- eine ärztliche Untersuchung des Kindes veranlassen oder mit bindender Wirkung für und gegen das Kind auf dessen Kosten eine ärztliche Stellungnahme anfordern.

Er kann auch nicht wie die Sorgeberechtigten den Umgang des Kindes mit Dritten oder den Sorgeberechtigten regeln oder verbieten, selbst wenn dies im Einzelfalle für den Schutz des Kindes in einem laufenden Gerichtsverfahren dringend angezeigt wäre.

Der Verfahrensbeistand ist allerdings berechtigt und gegebenenfalls auch verpflichtet, das Gericht zum Zwecke gerichtlicher Intervention über entsprechende **Gefährdungen des Kindes** zu unterrichten. Sollte der Verfahrensbeistand Bedenken gegen die Entscheidungen der gesetzlichen Vertreter haben, sollte er hierzu Stellung nehmen und ggf. den (Teil-)Entzug der gesetzlichen Vertretungsmacht und die Einrichtung einer **Ergänzungspflegschaft anregen**. In einem solchen Falle kann die nach § 158 FamFG vorgenommene Beiordnung als Verfahrensbeistand unter den strengen Voraussetzungen des § 1666 BGB (Gefährdung des Kindeswohles) bzw. der §§ 1629 Abs. 2 Satz 3, 1789 Abs. 2 Satz 3 und 4 BGB (erheblicher Interessengegensatz) ggf. – in einem gesondert zu betreibenden Verfahren – in eine Ergänzungspflegschaft nach § 1809 BGB überführt werden mit dem Wirkungskreis „Vertretung des Kindes im gerichtlichen Verfahren" und z.B. dem Zusatz „einschließlich Entschei- 101 dung über die Zustimmung des Kindes zur Teilnahme an der gerichtlich angeordneten Begutachtung".[20]

Es liegt in solchen Fällen nahe, dass sich der Verfahrensbeistand dem Gericht auch zur Übernahme der Ergänzungspflegschaft anbietet. In den meisten Fällen wird es jedoch gute Gründe geben, für die Übernahme der Ergänzungspflegschaft eine andere Person als den Verfahrensbeistand zu bestellen, so z.B., wenn es einer Person mit besonderen professionellen Kenntnissen bedarf oder es aus Sicht des Kindeswohls angezeigt erscheint, dass der Verfahrensbeistand seine Person aus dem Streit über bestimmte Fragestellungen heraushält. Es droht auch eine Vermischung der Rollen zwischen Verfahrensbeistand und Ergänzungspfleger.

102 In Umgangsrechtsverfahren ist es generell nicht unproblematisch, wenn der Verfahrensbeistand auf einem **Umgangskontakt** zwischen der das Umgangsrecht begehrenden Person und dem Kind besteht, um sich von der Interaktion der Beteiligten einen unmittelbaren Eindruck zu verschaffen. So erkenntnisreich eine solche Interaktionsbeobachtung auch sein mag, solche Kontakte sind gerade Gegenstand des Verfahrens und ihre Herbeiführung durch den Verfahrensbeistand kann die Hauptsacheentscheidung des Gerichtes vorwegnehmen. Des Weiteren wird sich der solche Kontakte ablehnende Beteiligte regelmäßig in seinen Bedenken übergangen fühlen, die dem Verfahren zugrunde liegende Konfliktlage wird sich nicht selten zu Lasten des beteiligten Kindes massiv verschärfen.

Davon abgesehen droht hier auch ein **Rollenkonflikt**, da es im Bedarfsfall die Aufgabe eines psychologischen Sachverständigen ist, die Interaktion der Eltern mit dem Kind im Auftrag des Gerichtes zu begutachten.

6. Erstellen der schriftlichen Stellungnahme (§ 158b Abs. 1 Satz 2 FamFG)

103 Mit § 158b Abs. 1 Satz 2 FamFG wird festgelegt, dass der Verfahrensbeistand seine Stellungnahme gegenüber dem Gericht nicht nur mündlich im Termin, sondern auch schriftlich erstatten soll. Die **schriftliche Stellungnahme** des Verfahrensbeistands dokumentiert die Feststellung und Vertretung der Kindesinteressen durch den Verfahrensbeistand, was unter anderem für ein etwaiges Beschwerdeverfahren oder ein späteres Abänderungs- oder Überprüfungsverfahren nach § 1696 BGB, § 166 FamFG wichtig ist.

Praxistipp

▶ *Die Stellungnahme des Verfahrensbeistands sollte so verfasst sein, dass sie nicht mit einer gutachterlichen Stellungnahme verwechselt werden kann. In der Praxis nicht selten zu beobachtenden Funktionalisierungstendenzen der Justiz, der Verfahrensbeistand möge doch „im Interesse des Kindes eine gutachterliche oder sachverständige Beurteilung der Sachlage vornehmen", muss der Ver-*

20 Vgl. OLG München FamRZ 1984, 76; OLG Karlsruhe FamRZ 1993, 1479.

fahrensbeistand aus Gründen der Rollenklarheit entschieden und konsequent entgegentreten.

Der Verfahrensbeistand sollte die entscheidungsrelevanten Äußerungen des Kindes möglichst **wortgetreu** dem Gericht vermitteln. Eine abweichende Vorgehensweise mag etwa dann angemessen sein, wenn das Kind den Verfahrensbeistand, z.B. aus Gründen der Loyalität einem nahen Angehörigen oder einer sonstigen engen Bezugsperson (Pflegemutter) gegenüber, ausdrücklich um eine andere Verfahrensweise bittet. Ggf. ist die Auffassung des Kindes dann in eigenen Worten des Verfahrensbeistands darzustellen.

Die Wiedergabe von Angaben des Verfahrensbeistands in einem gemäß § 28 Abs. 4 **104**
Satz 1 FamFG gefertigten gerichtlichen Vermerk über einen Termin oder eine persönliche Anhörung und Ausführungen hierzu in den Entscheidungsgründen sind hierfür nicht gleichermaßen gut geeignet.

Daher ist eine allein **mündliche Stellungnahme** des Verfahrensbeistands **nur ausnahmsweise** möglich. Dies betrifft etwa Fälle, in denen das Gericht kurzfristig terminieren musste oder es zu für den Verfahrensbeistand unverschuldeten Schwierigkeiten kam, rechtzeitig Kontakt zum Kind zu bekommen.[21]

Eine mündliche Stellungnahme zu Protokoll des Erörterungstermins wird daher insbesondere nur noch dann in Betracht kommen, wenn der Termin i.S.d. § 155 Abs. 2 FamFG zeitnah nach der Bestellung des Verfahrensbeistands erfolgt. Der Verfahrensbeistand sollte dem Gericht indes auch in diesem Fall seine Stellungnahme in verschriftlichter Form nachträglich zukommen lassen und damit deutliche „Spuren" in der Gerichtsakte hinterlassen – im Falle der Beschwerde sollte auch dem OLG die Einschätzung des Verfahrensbeistands zugänglich sein. Dies gilt auch für ein eventuell später durchzuführendes **Überprüfungs- oder Abänderungsverfahren**, da Wechsel des ordentlichen Dezernenten an Amtsgerichten keine Seltenheit darstellen.

7. Einlegung von Rechtsmitteln (§ 158b Abs. 3 Satz 2 FamFG)

Endet das Verfahren durch **Endentscheidung**, soll der Verfahrensbeistand den ge- **105**
richtlichen Beschluss mit dem Kind u.a. auch im Hinblick auf die Einlegung von Rechtsmitteln (§ 58 Abs. 1 FamFG) erörtern (§ 158b Abs. 1 Satz 5 FamFG). Dies entspricht der Praxis vieler Verfahrensbeistände und ist grundsätzlich geboten, um sicherzustellen, dass das Kind von dem Ergebnis des Verfahrens in neutraler und kindgerechter Weise informiert wird und die Möglichkeit hat, Fragen zu äußern. Zugleich kann ein entsprechendes Gespräch auch wichtig für die Entscheidung sein, ob im Interesse des Kindes ein Rechtsmittel eingelegt werden soll. Ausnahmsweise kann insbesondere dann von einer Besprechung abgesehen werden, wenn aufgrund des Kindesalters eine Besprechung noch nicht möglich ist oder eine dem Kindeswillen entsprechende Endentscheidung dem verfahrensfähigen Kind selbst zugestellt wird.[22]

21 BT-Drucks. 19/23707, 55.
22 BT-Drucks. 19/23707, 55.

106 Rechtsmittel kann der Verfahrensbeistand im Interesse des von ihm vertretenen Kindes nur **im eigenen Namen** einlegen (vgl. § 158b Abs. 3 Satz 2 FamFG). Rechtsmittel im Namen des Kindes einzulegen ist ihm nicht gestattet, da er nach § 158b Abs. 3 Satz 3 FamFG nicht gesetzlicher Vertreter des Kindes ist.[23] Ein solch unzulässig eingelegtes Rechtsmittel darf jedoch nicht zum Nachteil des Kindes führen, weshalb ein entsprechender Hinweis des Gerichts geboten ist.

Rechtsmittel des nach § 60 FamFG beschwerdefähigen Minderjährigen (vgl. Rn. 113) kann der Verfahrensbeistand daher seinerseits auch nicht zurücknehmen.

107 Kosten erfolglos gebliebener Rechtsmittel, die seitens des Verfahrensbeistandes im Interesse des Kindes eingelegt wurden, dürfen dem Verfahrensbeistand nach § 158c Abs. 4 FamFG nicht auferlegt werden. Die **Kostenfreiheit des Verfahrensbeistandes** gilt umfassend und auch im Rechtsbeschwerdeverfahren. Grund dafür ist die Rechtsstellung des Verfahrensbeistandes, der nach seiner Aufgabenstellung gemäß §§ 158, 158b FamFG ausschließlich fremde Interessen des vom Verfahren betroffenen Kindes wahrzunehmen hat.

Deshalb kann auch weder nach § 81 Abs. 1 und 2 FamFG noch nach §§ 83, 84 FamFG eine Kostenentscheidung zu Lasten des Verfahrensbeistandes ergehen, wenn er die Interessen des Betroffenen vertritt.[24]

Aus diesem Grunde kann dem Verfahrensbeistand im Rechtsmittelverfahren auch keine Verfahrenskostenhilfe bewilligt werden.[25]

108 Das allein statthafte Rechtsmittel **gegen vorläufige Entscheidungen** im Wege der einstweiligen Anordnung ist die binnen einer Frist von zwei Wochen bei dem Gericht, das die Entscheidung erlassen hat (§ 64 Abs. 1 FamFG) einzulegende **Beschwerde** (§ 63 Abs. 2 Nr. 1 FamFG). Diese ist nach der ausdrücklichen Bestimmung des § 57 Satz 2 FamFG in den dort genannten Fällen – anders als die Rechtsbeschwerde zum BGH, vgl. § 70 Abs. 4 FamFG – auch gegen Entscheidungen in Verfahren der einstweiligen Anordnung statthaft.

Die Anfechtbarkeit setzt allerdings voraus, dass die Entscheidung aufgrund mündlicher Erörterung (§ 32 FamFG) ergangen ist.[26] Ist die vorläufige Entscheidung ohne mündliche Verhandlung ergangen, ist gemäß § 54 Abs. 2 FamFG eine erneute Entscheidung des erstinstanzlichen Gerichts aufgrund mündlicher Erörterung zu beantragen, gegen die dann wieder eine Anfechtbarkeit nach § 57 Abs. 2 FamFG besteht.

109 Gegen endgültige Entscheidungen in **Hauptsacheverfahren** ist die auf einen Monat befristete **Beschwerde** zulässig (§ 63 Abs. 1 FamFG). Auch diese Beschwerde kann

23 BGH, Beschl. v. 27.3.2019, XII ZB 71/19; BGH FamRZ 2018, 1512 Rn 13 m.w.N.

24 BGH FamRZ 2022, 123, Rn 9, unter Hinweis auf Prütting/Helms/Fröschle, FamFG, 5. Aufl., § 276 Rn 71, je zum Verfahrenspfleger im Betreuungsrecht gemäß gleich lautendem § 276 Abs. 8 FamFG.

25 BGH FamRZ 2022, 123; BGH Beschl v. 25.1.2017, XII ZB 534/15; BT-Drucks. 16/6308, 240, je zum Verfahrenspfleger im Betreuungsrecht; aA. noch BGH Beschl. v. 27.3.2019, XII ZB 71/19; BGH FamRZ 2011, 633 Rn 14 ff.

26 Sternal/Giers, § 57 FamFG Rn 6 f.; Prütting/Helms/Hammer, § 167 FamFG Rn 82, unter Hinweis auf BT-Drucks. 17/10490, 18.

fristwahrend gemäß § 64 Abs. 1 FamFG nur bei dem Gericht eingelegt werden, das die endgültige Entscheidung getroffen hat. Wird die Beschwerde beim übergeordneten OLG oder bei einem anderen unzuständigen Gericht eingelegt, wird die Beschwerdefrist nur dann gewahrt, wenn die Beschwerde innerhalb der Beschwerdefrist zu dem Gericht gelangt, das die Endentscheidung erlassen hat.

Der Lauf der **zweiwöchigen bzw. einmonatigen Beschwerdefristen** gemäß § 63 Abs. 1 und 2 FamFG beginnt jeweils mit der schriftlichen Bekanntmachung der Entscheidung an die verschiedenen Verfahrensbeteiligten (§ 63 Abs. 3 FamFG). Für den betroffenen Minderjährigen und den Verfahrensbeistand können also – je nach dem für ihre Person geltenden Bekanntmachungszeitpunkt – unterschiedliche Zeitpunkte gelten, bis zu denen die Beschwerde bei dem Gericht eingelegt sein muss, das die anzufechtende Endentscheidung erlassen hat. **110**

Das zur Entscheidung über die Beschwerde berufene **Beschwerdegericht** ist in den vom Familiengericht entschiedenen Verfahren das OLG (§ 119 Abs. 1 Nr. 1a) GVG). Gegen die Beschwerdeentscheidung des OLG ist – unter den Voraussetzungen des § 70 Abs. 1 und 2 FamFG (Zulassung der Rechtsbeschwerde durch das Beschwerdegericht) – die binnen einer Frist von einem Monat beim Bundesgerichtshof (BGH) einzulegende **Rechtsbeschwerde** zulässig (§§ 71 FamFG, § 133 GVG). Die Rechtsbeschwerde findet aber nur gegen Hauptsacheentscheidungen, nicht aber gegen Entscheidungen im Verfahren der einstweiligen Anordnung statt (§ 70 Abs. 4 FamFG) und sie muss durch einen bei BGH zugelassenen Rechtsanwalt eingelegt werden.

Die Einlegung einer **Verfassungsbeschwerde** gehört nach der Rechtsprechung des BVerfG noch zu den Aufgaben eines erstinstanzlich bestellten Verfahrensbeistands.[27] **111**

Nach § 62 Abs. 3 FamFG ist dem Verfahrensbeistand auch der sog. **Fortsetzungsfeststellungsantrag** eröffnet. Er kann also nach Erledigung der angefochtenen Entscheidung in der Hauptsache vor Erlass einer Entscheidung im Beschwerdeverfahren auf seinen Antrag hin feststellen lassen, dass die Entscheidung des Familiengerichts den Minderjährigen in seinen Rechten verletzt hat.

▶ *Weitere Einzelheiten des Beschwerdeverfahrens siehe Teil 4/Heilmann, Rn. 90 ff. und zum Gang des Beschwerdeverfahrens siehe Teil 4/Heilmann, Rn. 123 ff. verwiesen.*

Besteht der noch nicht selbst beschwerdefähige, also jünger als 14 Jahre alte Minderjährige (vgl. § 60 Satz 3 FamFG) darauf, die Entscheidung des Gerichtes nicht akzeptieren zu wollen, die der Verfahrensbeistand aber aus Sicht des objektiven Kindeswohls für richtig hält, so hat der Verfahrensbeistand gleichwohl das Rechtsmittel für den Minderjährigen abzufassen und an das Gericht fristgerecht zu übermitteln. **112**

27 Vgl. BVerfGE vom 22.5.2013, 1 BvR 372/13 zum betreuungsrechtlichen Verfahrenspfleger gemäß insoweit gleich lautendem § 276 Abs. 5 FamFG; BVerfG NJW 2017, 1295 m. Anm. Lack betreffend die Rückführung eines Pflegekindes zu seinen leiblichen Eltern.

Da der Verfahrensbeistand nicht berechtigt ist, Rechtsmittel im Namen des Minderjährigen einzulegen (vgl. Rn. 106), muss er auch in diesem Falle das Rechtsmittel im eigenen Namen einlegen, kann aber seine von der Auffassung des Kindes **abweichende Meinung** dem Gericht mitteilen, muss dabei aber deutlich machen, dass das von ihm vertretene Kind die Aufhebung der angefochtenen Maßnahme begehrt (Stichwort: Geltendmachung der Interessen, also **Wohl und Wille des Minderjährigen**, § 158b Abs. 1 Satz 1 FamFG).

113 Dem beschwerdefähigen Jugendlichen muss der Verfahrensbeistand bei der Formulierung und Übermittlung seiner eigenständig zulässigen Beschwerde (§§ 59 Abs. 1, 60 FamFG) behilflich sein. Der Verfahrensbeistand hat den Jugendlichen bei der Auswahl und Beauftragung eines Rechtsanwaltes zu unterstützen, der ihn im Rechtsmittelverfahren unabhängig vom Verfahrensbeistand vertritt. Diesen Rechtsanwalt kann der Jugendliche unabhängig von den Sorgeberechtigten wirksam beauftragen, da der beschwerdebefugte Minderjährige insoweit als rechtsgeschäftsfähig gilt.[28]

Auf Antrag ist dem Jugendlichen auch **Verfahrenskostenhilfe** unter Beiordnung des vom Jugendlichen gewählten Rechtsanwaltes (§ 78 Abs. 2 FamFG) zu gewähren. Die Bestellung eines Verfahrensbeistands nach § 158 Abs. 1 FamFG steht dem nicht entgegen, da sich Funktion und Stellung von Verfahrensbeistand und beigeordnetem verfahrensbevollmächtigten Anwalt unterscheiden. Nur den Rechtsanwalt kann sich der Jugendliche selbst auswählen, nur ihm gegenüber besitzt er ein Weisungsrecht.[29]

114 *§ 158 Abs. 5 FamFG a.F.*

*Folge der Beauftragung und Beiordnung eines eigenen Verfahrensbevollmächtigten war gemäß § 158 Abs. 5 FamFG a.F. regelmäßig, wenn auch nicht zwingend (§ 158 Abs. 5 FamFG a.F. war eine „Soll-Vorschrift"), die **Aufhebung der Verfahrensbeistandschaft**.*[30]

*Die Regelung des § 158 Abs. 5 FamFG a.F., nach der die Bestellung eines Verfahrensbeistands unterbleiben oder aufgehoben werden soll, wenn die Interessen des Kindes von einem **Rechtsanwalt** oder einem anderen geeigneten Verfahrensbevollmächtigten angemessen vertreten werden, ist aber in Konsequenz zu den in § 158a FamFG eingeführten konkreten **Qualifikationsanforderungen** an den Verfahrensbeistand entfallen. Mit dieser Vorschrift wurden Voraussetzungen für die Bestellung als Verfahrensbeistand eingeführt, die sich nicht auf eine juristische Grundqualifikation beschränken. Wie alle anderen in § 158a Abs. 2 FamFG genannten Berufsgruppen können auch Rechtsanwältinnen und Rechts-*

28 OLG Schleswig FamRZ 2019, 1700, mit Hinweis auf eigenes materielles Recht des Jugendlichen aus §§ 1626 Abs. 1 und 1631 Abs. 1 BGB; OLG Karlsruhe FamRZ 2016, 567; OLG Dresden NJW 2014, 2451; Sternal/Jokisch, § 60 FamFG Rn 16 ff.; a.A. BGH NJW 2021,2734, in Verfahren nach § 1666 BGB, da dem Jugendlichen in diesem Verfahren kein eigenes materielles Recht zustehe, § 9 Abs. 1 Nr. 2 und 3 FamFG.

29 OLG Dresden FamRZ 2014, 1042; OLG Stuttgart ZKJ 2014, 289–290 = FamRZ 2014, 1482–1483.

30 OLG Stuttgart ZKJ 2014, 289–290 = FamRZ 2014, 1482–1483, zu § 158 Abs. 5 FamFG a.F.

anwälte nur noch als Verfahrensbeistände bestellt werden, wenn sie über die entsprechende Zusatzqualifikation verfügen.

Aus diesem Grund lief die Annahme des § 158 Abs. 5 FamFG a.F. ins Leere, dass Rechtsanwältinnen und Rechtsanwälte die Interessen des Kindes stets in ebenso geeigneter Weise vertreten können wie ein Verfahrensbeistand. Im Übrigen sollte durch die Streichung verhindert werden, dass Sorgeberechtigte die fehlende Anfechtbarkeit der Bestellung des Verfahrensbeistands dadurch umgehen, dass anstelle eines nicht gewünschten Verfahrensbeistands für das Kind ein selbst gewählter Rechtsanwalt oder eine Rechtsanwältin mandatiert wird.[31]

Dem Verfahrensbeistand steht es selbstverständlich frei – und es entspricht seiner **115**
Pflicht, die Interessen des Kindes umfassend zu vertreten –, neben dem Jugendlichen zusätzlich auch seinerseits Beschwerde einzulegen, wenn die anzugreifende gerichtliche Entscheidung aus Sicht des Verfahrensbeistandes dem Interesse des Minderjährigen widerspricht.

III. Gespräche mit den Eltern und weiteren Bezugspersonen des Kindes und Mitwirkung an einer einvernehmlichen Konfliktlösung (§ 158b Abs. 1 Satz 4 FamFG)

Gemäß § 158b Abs. 2 Satz 1 FamFG a.F. konnte das Gericht, soweit erforderlich, dem **116**
Verfahrensbeistand die zusätzliche Aufgabe übertragen,

- Gespräche mit den Eltern und weiteren Bezugspersonen des Kindes zu führen sowie
- am Zustandekommen einer einvernehmlichen Regelung über den Verfahrensgegenstand mitzuwirken.

Das Gericht hatte die Art und den Umfang der Beauftragung konkret festzulegen (§ 158b Abs. 2 Satz 2 FamFG a.F.).

Diese seit 1.7.2021 bis ins Jahr 2025 hinein geltende systematische Regelung machte die Abgrenzung der unterschiedlichen Aufgabenkreise besser sichtbar. Die Gegenüberstellung des in Absatz 1 geregelten Grundsatzes und der zusätzlichen Aufgabe nach Absatz 2 konnte insoweit zur Klärung des Rollenverständnisses beitragen.[32]

Regelmäßig wird es für die Feststellung des Willens und vor allem des Wohls des Kindes unverzichtbar sein, **Gespräche mit den Eltern** und mit sonstigen wesentlichen Bezugspersonen des Kindes zu führen. § 158b Abs. 1 Satz 4 Nr. 1 FamFG n.F.

31 Vgl. BT-Drucks. 19/23707, 53; vgl. auch OLG Bamberg, Beschl. v. 4.8.2023, 7 WF 153/23: Dass sich für das Kind ein Rechtsanwalt anzeigt, lässt die Erforderlichkeit der Bestellung eines Verfahrensbeistandes nicht entfallen. Da der Rechtsanwalt Willensvertreter ist, besteht die Gefahr, dass er bei Beauftragung durch die Eltern nicht zuallererst das Kindeswohl im Blick hat, sondern als weisungsgebundener Interessensvertreter seiner Mandanten vorrangig deren Willen.

32 BT-Drucks. 19/23707, 55.

erhebt diese Verpflichtung nunmehr im Rahmen einer „Soll-Vorschrift" zum originären Pflichtprogramm für die Tätigkeit der Verfahrensbeistände, von dem nur in Ausnahmefällen abgewichen werden kann. Nach Nr. 2 des § 158b Abs. 1 Satz 4 FamFG soll der Verfahrensbeistand darüber hinaus kraft Gesetzes „in geeigneten Fällen" am **Zustandekommen einer einvernehmlichen Regelung** über den Verfahrensgegenstand mitwirken.

Die bisherige Aufteilung der Aufgabenkreise in einen originären Aufgabenkreis und erweiterten Aufgabenkreis, die maßgebliche Bedeutung für die Höhe der Pauschalvergütung hatte, wurde in § 158b FamFG n.F. aufgegeben. Denn eine effektive Interessenwahrnehmung des Kindes macht in aller Regel auch Gespräche mit Eltern und/bzw. weiteren Bezugspersonen des Kindes notwendig; insbesondere bei jüngeren Kindern, auf die das Aufgabenprofil der Verfahrensbeistandschaft vornehmlich zugeschnitten ist,[33] ist ein Gespräch mit den Eltern in aller Regel unumgänglich. Das Kind und seine Interessen können grundsätzlich **nur im gesamten familiären Kontext** sachgerecht betrachtet werden. Deshalb ist eine Einschätzung der kindlichen Lebenslage in der Regel nicht ohne Gespräche mit den Eltern und ggf. weiteren Bezugspersonen denkbar. Die nicht abschließende Aufzählung der einzelnen Tätigkeiten des Verfahrensbeistandes, die in Anbetracht seiner Aufgabenerfüllung im Einzelfall erforderlich sein können, dient vornehmlich der Rechtsklarheit und stellt insoweit keine Rangfolge oder eine Eingrenzung dar.

Hinweis

Durch die Neufassung des § 158b Abs. 1 FamFG wird klargestellt, dass das Führen von Gesprächen mit den Eltern und weiteren Bezugspersonen allgemein zur Aufgabenwahrnehmung gehört, wenn dies nach Einschätzung des Verfahrensbeistands zur Feststellung der Interessen des Kindes erforderlich ist. Einer gesonderten Aufgabenübertragung des Gerichts bedarf es insoweit nicht mehr.[34]

117 Die Pflicht zur Führung von Gesprächen mit den Eltern und wesentlichen Bezugspersonen des Kindes gilt in allen das Kind persönlich betreffenden Verfahren, unabhängig davon, ob die Eltern bzw. Sorgeberechtigten Antragsteller im förmlichen Sinne sind oder nicht. Denn die Persönlichkeiten, Motive, Haltungen, Erziehungsdefizite oder -ressourcen der Sorgeberechtigten werden regelmäßig von wesentlicher Bedeutung für die Interessen des Kindes im gerichtlichen Verfahren sein, für das der Verfahrensbeistand bestellt ist. Das gilt aber vor allem auch in **Unterbringungsverfahren** nach §§ 1631b Abs. 1 und 2, 1795 Abs. 1 Satz 3, 1813 BGB; §§ 151 Nr. 6, 167 Abs. 1 FamFG, da in diesen Fällen die Personensorgeberechtigten als Antragsteller auf Genehmigung des Freiheitsentzugs zu ihren Gründen für die Antragstellung zu

33 Vgl. Bundestagsdrucksache 16/9733, S. 294.

34 Referentenentwurf des Bundesministeriums der Justiz – Entwurf eines Gesetzes zur Verbesserung des Schutzes von gewaltbetroffenen Personen im familiengerichtlichen Verfahren, zur Stärkung des Verfahrensbeistands und zur Anpassung sonstiger Verfahrensvorschriften, S. 40.

befragen und mit ihnen und den Bezugspersonen des Kindes Alternativen zum Freiheitsentzug zu erörtern sind.

Praxistipp

Der Verfahrensbeistand muss es daher regelmäßig als seine Pflicht ansehen – u.a. aus Gründen des effektiven Rechtsschutzes der betroffenen Kinder – Gespräche mit den Eltern und sonstigen Bezugspersonen des Kindes zu führen und in hierfür geeigneten Verfahren und – soweit mit dem Kindeswohl vereinbar – am Zustandekommen einer einvernehmlichen Regelung über den Verfahrensgegenstand mitzuwirken.

Der Verfahrensbeistand hat in diesem Kontext alles zu unterlassen, was eine einvernehmliche, mit dem Kindeswohl übereinstimmende Regelung des Verfahrensgegenstands gefährdet, und zusätzlich die Aufgabe, andere Beteiligte dabei zu unterstützen, eine einvernehmliche Regelung des Verfahrensgegenstands herzustellen und in diesem Rahmen die anderen Beteiligten, insbesondere die Eltern, für die **Interessen des Kindes** zu sensibilisieren.[35]

Aufgabe des Verfahrensbeistands ist es hingegen **nicht**, Streit schlichtende und mediative Aufgaben gegenüber den übrigen Verfahrensbeteiligten in eigener Person durchzuführen. Diese Aufgabe obliegt ihm weder kraft Gesetzes noch kann sie ihm vom Gericht zusätzlich übertragen werden.

▶ *Einzelheiten zur Rolle des Verfahrensbeistandes am Zustandekommen einer einvernehmlichen Regelung siehe Teil 3/Ivanits, Rn. 374 ff.*

Bei Gesprächen mit nicht am Verfahren beteiligten Bezugspersonen (z.B. Erzieher, Lehrer, Ärzte) sind ggf. entsprechende Erklärungen der Sorgeberechtigten zur **Schweigepflichtsentbindung** einzuholen. **118**

Wurden dem Verfahrensbeistand nach der bis April 2025 geltenden Gesetzesfassung diese zusätzlichen Aufgaben übertragen, hatte dies die **vergütungsrechtliche Auswirkung**, dass er die große Fallpauschale nach § 158c Abs. 1 Satz 2 FamFG a.F., also 550 EUR erhielt. Nach §§ 158b Abs. 1 Satz 4 FamFG n.F. hingegen gehören Gespräche mit den Eltern und anderen Bezugspersonen des Kindes sowie die Mitwirkung an der Herstellung von Einvernehmen über den Verfahrensgegenstand kraft Gesetzes zur Standardtätigkeit des Verfahrensbeistandes, die nach § 158c Abs. 1 FamFG n.F. einheitlich mit 690 EUR je Rechtszug für das erste und weiteren 555 EUR je weiteres Kind im selben Haushalt vergütet wird.

Die **Unterscheidung von originärem und erweitertem Aufgabenkreis**, die nach bisherigem Recht entschädigungsrechtliche Relevanz hinsichtlich der Höhe der Fallpauschale hatte (vgl. § 158c Abs. 1 FamFG a.F.), ist ab April 2025 entfallen.

35 Stötzel, FPR 2009, 332, 333.

IV. Zur Vorgehensweise des Verfahrensbeistandes ab Erhalt der Bestellung

1. Prüfung der Fallübernahme

119 Der Verfahrensbeistand sollte bei Fallübernahmen prüfen, ob er für den Fall geeignet ist.

Zur Vorbereitung der eigenen Vorgehensweise sollte der Verfahrensbeistand die Entscheidung zur Bestellung des Verfahrensbeistands samt der übersandten Anfangsinformationen auf Bedenken **prüfen**, die sich auf die Punkte in der nachfolgenden Checkliste beziehen können.

Checkliste: Prüfung nach Bestellung

- die eigene persönliche oder fachliche Eignung bzw. Nichteignung als Verfahrensbeistand im spezifischen Fall,
- die eigene (zeitliche, emotionale) Belastbarkeit, insbesondere im Hinblick auf die Eilbedürftigkeit des Falls,
- die Vertretung mehrerer Geschwisterkinder (aus ein- und demselben oder verschiedenen Haushalten, vgl. § 158c Abs. 1 FamFG),

  (Bestellungsbeschluss nach § 158 FamFG gesondert für jedes einzelne zu vertretende Kind als Vorbedingung einer gesonderten Fallpauschale für jedes vertretene Kind nach § 158c Abs. 1 FamFG; vgl. in diesem Sinne die obergerichtliche Rechtsprechung und die sich dazu äußernde Literatur),[36]
- die Vertretung mehrerer Kinder stark unterschiedlichen Alters, sehr unterschiedlicher Biografien, vor allem sehr verschiedener Bindungen zu Bezugspersonen oder Interessenlagen oder mit verschiedenen Vätern,
- die Angabe des Aktenzeichens des jeweiligen Verfahrens, für das der Verfahrensbeistand bestellt worden ist

  (eigenes Aktenzeichen jeweils für Hauptsacheverfahren und Verfahren der einstweiligen Anordnung eines jeden Verfahrensgegenstandes vgl. § 51 Abs. 3 Satz 1 FamFG: einstweiliges Anordnungsverfahren als selbstständi-

---

36 BGH FamRZ 2010, 1893; FamRZ 2010, 1896; OLG Stuttgart, Beschl. v. 21.1.2010, 8 WF 14/10; vgl. ebenso: OLG Frankfurt FamRZ 2010, 666; OLG München, Beschl. v. 20.5.2010, 11 WF 570/10; OLG Oldenburg, Beschl. v. 28.4.2010, 11 WF 64/10; Sternal/Schäder, § 158 FamFG Rn 52; MünchKomm-ZPO/Schumann, § 158 Rn 48 m.w.N.; Menne, ZKJ 2009, 68, 74; in diesem Sinne auch BVerfG, 2. Kammer des Ersten Senats, Beschl. v. 9.11.2009, 1 BvR 2146/09, ZKJ 2010, 70 mit Anmerkung Menne.

ges Verfahren neben dem entsprechenden Hauptsacheverfahren mit demselben Verfahrensgegenstand),[37]

- unzulässige Zusatzaufträge, die aus Haftungsgründen oder aus Gründen der Rollenklarheit zurückzuweisen sind

  (z.B. „Transport des Kindes zum Anhörungstermin", „Auftrag zur sachverständigen Begleitung von Umgangskontakten").

Praxistipp

▶ *Siehe im Einzelnen die Standards für Verfahrensbeistände unter www.bveb-ev.de.*

120 Fehlen Anfangsinformationen, die eine Prüfung ermöglichen sollen, ob der „Fall" übernommen werden kann, so ist auf **Übersendung weiterer Informationen** aus der Akte zu drängen. Dabei sollten telefonische Rückfragen beim zuständigen Richter auf ein Mindestmaß beschränkt werden, da sie regelmäßig nur dann Erfolg versprechend sind, wenn gewährleistet ist, dass dem Richter die einschlägige Akte gerade vorliegt oder vom Personal der Geschäftsstelle/Serviceeinheit eigens zum Telefonat vorgelegt wird. Telefax-Anfragen unter Angabe der eigenen Rückrufnummer (Telefon/Fax/E-Mail) sind aus den genannten Gründen regelmäßig wesentlich sinnvoller.

Praxistipp

▶ *Sofern der Verfahrensbeistand den Fall nicht übernehmen will oder kann, besteht die Möglichkeit, gemäß § 158 Abs. 4 Satz 2 Nr. 1 FamFG die Aufhebung der Bestellung zu beantragen, siehe oben Rn. 20.*

---

37 BGH, Beschl. v. 17.11.2010, XII ZB 478/10, FamRZ 2011, 199; ebenso OLG Saarbrücken ZKJ 2010, 378: Da Hauptsacheverfahren und einstweilige Anordnungsverfahren gemäß § 51 Abs. 3 Satz 1 FamFG jeweils selbstständige Verfahren mit gesonderten Aktenzeichen darstellen, ist die Pauschale in diesen Verfahren auch jeweils gesondert festzusetzen, wenn der Verfahrensbeistand in beiden Verfahren bestellt worden ist. Eine Anrechnung der für das eine Verfahren zu gewährenden Pauschale auf die für das andere Verfahren anfallende Pauschale findet mangels entsprechender Anrechnungsvorschriften nicht statt. Vgl. auch OLG München FamRZ 2017, 466: Im Bestellungsbeschluss ist die Frage zu klären, ob die Verfahrensbeistandschaft beruflich geführt wird oder nicht, die Festlegung der genauen Aufgaben vorzunehmen, ferner ist die Frage zu klären, für welches von mehreren Kindern die Beistandschaft bestehen soll, und schließlich ist insbesondere deutlich zu bestimmen, in welchem Verfahren genau ein Verfahrensbeistand erforderlich ist, ob etwa auch ein Eilverfahren erfasst werden soll. Der Verfahrensgegenstand, auf den sich die Beistandschaft bezieht, ist genau zu bezeichnen, denn die Vergütungspauschale nach § 158 Abs. 7 FamFG ist keine „Fallpauschale", sondern knüpft an einen „Verfahrensgegenstand" an.

2. Akteneinsicht

a) Allgemeines

121 Das Recht auf (volle, d.h. grundsätzlich auch die vom Gericht im Rahmen der Amtsermittlung beigezogene Akten) umfassende Akteneinsicht ergibt sich für den Verfahrensbeistand als Verfahrensbeteiligtem (vgl. § 158b Abs. 3 Satz 1 FamFG) aus § 13 Abs. 1 FamFG. Das gilt nicht nur für das laufende, sondern – für frühere Verfahrensbeteiligte – **auch für rechtskräftig abgeschlossene Verfahren**.[38] Der Verfahrensbeistand hat also das Recht auf Akteneinsicht in sämtliche gerichtliche Akten die Person des Kindes betreffender Verfahren.

Das Recht des Verfahrensbeistands auf Akteneinsicht umfasst auch das Recht, diese Einsicht durch selbstgefertigte **Notizen oder Abschriften** (z.B. mittels eines Fotoapparates oder des Handys) zu dokumentieren. Das wird nicht durch das mit dem Recht auf Akteneinsicht einhergehende Recht auf Erteilung von Ausfertigungen, Auszügen und Abschriften nach § 13 Abs. 3 FamFG ausgeschlossen.[39] Die Glaubhaftmachung eines berechtigten Interesses an der Einsicht in die Gerichtsakten (§ 13 Abs. 2 FamFG) ist bei Verfahrensbeteiligten wie dem Verfahrensbeistand regelmäßig entbehrlich.

122 Über den **Umfang** und die **Form** der Akteneinsicht (durch Mitnahme oder Übersendung der Akten in das Büro des Verfahrensbeistands, das Fertigen von Ablichtungen etc.) hat der zuständige Richter nach pflichtgemäßem Ermessen zu entscheiden (§ 13 Abs. 7 FamFG).

Akten sind grundsätzlich während der üblichen Geschäftsstunden auf der Geschäftsstelle des Gerichts einzusehen (§ 13 Abs. 1 FamFG). Über eine andere Form der Akteneinsicht entscheidet das Gericht nach pflichtgemäßem Ermessen.[40] Akteneinsicht kann nach Versendung der Akten an ein anderes – für den Berechtigten ortsnäheres – Gericht auch auf der dortigen Geschäftsstelle gewährt werden. Auf Versendung der Akten nach Hause oder in das Büro des Verfahrensbeistands haben auch zu Verfahrensbeiständen bestellte **Rechtsanwälte** grundsätzlich keinen Anspruch, auch nicht unter dem Gesichtspunkt der Gewährung rechtlichen Gehörs.[41] Vgl. zu Einzelheiten der Akteneinsicht durch Rechtsanwälte die „Kann-Vorschrift" des § 13 Abs. 4 FamFG.

123 Eine **Versendungspflicht Anwälten gegenüber** kann aber bestehen, wenn

- die Akten voraussichtlich vom Gericht nicht ständig zur Bearbeitung benötigt werden,

---

38 Sternal/Sternal, § 13 FamFG Rn 23 m.w.N.

39 Vgl. Sternal/Sternal, § 13 FamFG Rn 66, unter Hinweis auf OLG Schleswig, SchlHA 2010, 407 und BGH NJW 1989, 2818.

40 Vgl. OLG Frankfurt Rpfleger 1991, 460.

41 BVerfG vom 26.8.1981, 2 BvR 637/81, HFR 1982, 77; BFH NJW 1979, 1728; BGH NJW 1961, 559; OLG Hamm FGPrax 2013, 105; OLG Frankfurt RPfleger 1991, 460: „Ermessensentscheidung"; vgl. zu weiteren Einzelheiten Sternal/Sternal, § 13 FamFG Rn 70.

- datenschutzrechtliche Gesichtspunkte sowie akten- und personenbezogene Umstände nicht entgegenstehen und
- besondere Gründe für eine Einsichtnahme in der Kanzlei des Anwaltes sprechen.

Hier sollten Gerichte großzügig verfahren: Die Möglichkeit, die Verfahrens- und die Sachakten im Büro durchzugehen, ist für den mit Art. 103 Abs. 1 GG verfolgten Zweck, auf die Willensbildung des Gerichts Einfluss zu nehmen, von großer Bedeutung, weil die Durchsicht der Akten auf der Geschäftsstelle nur bei sehr einfach gelagerten Sachverhalten zur Vorbereitung weiterer prozessualer Schritte genügen wird. In der Regel bedarf es für eine gute **Vorbereitung des Verfahrens** der ungestörten Akteneinsicht. Sie hat der Gesetzgeber gerade Rechtsanwälten ermöglicht, weil sie aufgrund ihrer von gesetzlichen Pflichten geprägten Rechtsstellung innerhalb der Rechtspflege (vgl. § 1 BRAO), wegen des für sie geltenden Disziplinarrechts sowie der Aufsicht durch die Rechtsanwaltskammer im Umgang mit überlassen Akten besonders zuverlässig sind.[42]

Stellungnahme

Es ist abzuwarten, ob diese bislang nur auf Rechtsanwälte als „Organe der Rechtspflege" bezogene Rechtsprechung in Zukunft auch auf Verfahrensbeistände anderer beruflicher Herkunft ausgedehnt werden wird. Ein kooperatives Verhalten der Justiz ist insoweit wünschenswert, um den Verfahrensbeiständen ihre verantwortungsvolle Aufgabe im Interesse der von ihnen vertretenen Kinder nicht unnötig zu erschweren.

Gegenstand der Akteneinsicht und der Erteilung von Abschriften/Ablichtungen nach **124** § 13 Abs. 3 FamFG sind die vollständigen Gerichtsakten mit allen darin befindlichen Urkunden, unabhängig davon, ob sie dauernd oder nur vorübergehend (als Beweismittel) Aktenbestandteile oder Beiakten sind. **Kein Einsichtsrecht** besteht in Entscheidungsentwürfe des Gerichtes (§ 13 Abs. 6 FamFG).

Die **Einsicht in beigezogene Akten** aus anderen Verfahren kann nicht ohne Weiteres gewährt werden. Darüber hat vielmehr die aktenführende Stelle (Gericht, Verwaltungsbehörde) nach den für sie maßgeblichen Vorschriften (z.B. § 299 ZPO, § 99 VwGO) zu entscheiden. Das um Einsicht angegangene Gericht hat die Genehmigung zur Akteneinsicht bei der aktenführenden Stelle einzuholen. Beigezogene Ehescheidungsakten dürfen grundsätzlich **nicht ohne Einverständnis** beider Beteiligter des Scheidungsverfahrens zur Einsicht überlassen werden.[43] Bei Verweigerung der Zustimmung durch einen der Beteiligten entscheidet das verfahrensführende Gericht.

Die Erteilung von **Abschriften bzw. Ablichtungen** aus der Akte (§ 13 Abs. 3 FamFG) **125** kann nur insoweit verweigert werden, als der Verfahrensbeistand sie offensichtlich für seine Rechtsverfolgung ganz oder teilweise nicht benötigt. Dies kann der Fall

42 BGH, Beschl. v. 22.6.2021, XIII ZB 59/20, Rn 11, unter Hinweis auf BVerfG, AnwBl. 1998, 410, 411; OLG Frankfurt RPfleger 1991, 460.

43 Sternal/Sternal, § 13 FamFG Rn 58, unter Hinweis auf BVerfGE 34, 205; 27, 443.

sein, wenn die begehrten Schriftstücke sich bereits im Besitz des Verfahrensbeistands befinden müssen, z.B. weil ihm bereits Abschriften von Anlagen, Protokollen und Entscheidungen übersandt worden sind oder weil er über Kopien eigener Anträge verfügen muss. Eine kleinliche Handhabung ist aber zu vermeiden.

Ein berechtigtes Interesse an Abschriften von innerdienstlichen Verfügungen, Terminbestimmungen, Zustellungsurkunden etc. kann aber nicht ohne Weiteres bejaht werden.[44] Die zur Erteilung von Abschriften vertretene engere Auffassung, wonach der Einsichtsberechtigte weitgehend auf die **Einsichtnahme** der Akten **anstelle der Erteilung von Abschriften** verwiesen werden könnte, ist in Übereinstimmung mit OLG Düsseldorf[45] ausdrücklich abzulehnen. Sie habe – so OLG Düsseldorf – „offenbar auf der damaligen unzureichenden Ausstattung der Gerichte beruht". Ob die heutigen Verhältnisse der Gerichte angesichts des nicht unerheblichen Personalabbaus im nichtrichterlichen Bereich bei gleichzeitig gestiegener Belastung der Betreuungs- und Familiengerichte besser als in den 50er Jahren sind, mag dahingestellt sein.[46] Jedenfalls ist die Ausstattung mit Fotokopiergeräten (die allerdings bedient sein wollen!) mit Sicherheit besser als damals.

Ausstattungsprobleme der Gerichte dürfen jedenfalls nicht länger als Begründung für eine restriktive Handhabung bei der Erteilung von Ablichtungen dienen.

126 § 13 Abs. 5 FamFG regelt die **Akteneinsicht bei elektronischer Aktenführung** (§ 14 FamFG) durch Verweisung auf § 299 Abs. 3 und 4 ZPO:

Nach § 299 Abs. 3 ZPO gewährt die Geschäftsstelle bei elektronisch geführten Akten Akteneinsicht durch Bereitstellung des Inhalts der Akten zum Abruf oder durch Übermittlung des Inhalts der Akten auf einem sicheren Übermittlungsweg. Auf besonderen Antrag wird Akteneinsicht durch Einsichtnahme in die Akten in Diensträumen gewährt. Ein Aktenausdruck oder ein Datenträger mit dem Inhalt der Akte wird auf besonders zu begründenden Antrag nur übermittelt, wenn der Antragsteller hieran ein berechtigtes Interesse darlegt. Stehen der Akteneinsicht in der nach Satz 1 vorgesehenen Form wichtige Gründe entgegen, kann die Akteneinsicht in der nach den Sätzen 2 und 3 vorgesehenen Form auch ohne Antrag gewährt werden. Eine Entscheidung über einen Antrag nach Satz 3 ist nicht anfechtbar.

Dabei ist gemäß § 299 Abs. 4 ZPO durch technisch-organisatorische Maßnahmen sicherzustellen, dass bei elektronischer Einsichtnahme die Berechtigung des Abfragenden zweifelsfrei feststeht (**Authentisierung und Autorisierung**); ebenso muss der Schutz vor einer unbefugten Einsichtnahme durch Dritte während der Übertragung gewährleistet sein (**Verschlüsselung**).[47]

127 Bleiben auch nach erfolgter Akteneinsicht Fragen offen, so sollten diese durch Rücksprache mit dem Gericht geklärt werden. Da Gerichtsverfahren aktenmäßig geführte Verfahren sind, in denen wegen des Grundrechtes der Verfahrensbeteiligten auf

44 OLG Düsseldorf R & P 1997, 40, 42.
45 R & P 1997, 40, 42.
46 Vgl. dazu nur Bauer, BtPrax 1994, 56, für das Betreuungsrecht.
47 Vgl. zu weiteren Einzelheiten Sternal/Sternal, § 13 FamFG Rn 59 ff. mit Hinweis auf BT-Drs 18/9416, 78.

rechtliches Gehör (Art. 103 Abs. 1 GG) Transparenz und Nachvollziehbarkeit der Fakten herrschen müssen, auf die das Gericht seine Entscheidungen stützt, sollten die Rückfragen grundsätzlich schriftlich erfolgen.

▶ *Zur Akteneinsicht des Verfahrensbeistandes in Akten des Jugendamtes vgl. Rn. 161.*

b) Kosten der Akteneinsicht

Nach § 1 FamGKG (Gesetz über Gerichtskosten in Familiensachen) bestehen die Gerichtskosten aus **128**

- Gerichtsgebühren und
- gerichtlichen Auslagen.

Zu den gerichtlichen Auslagen zählen nach §§ 16, 23 FamGKG auch Kosten für das Versenden der Akte auf Antrag und die Fertigung von Abschriften/Ablichtungen von Aktenbestandteilen als „bestimmte sonstige Auslagen".

Zu beachten ist die ohnehin bestehende gesetzlich bestimmte Kostenfreiheit bestimmter Schreibauslagen für Verfahrensbeteiligte wie den Verfahrensbeistand nach KV 2000 Nr. 1 bis 3 FamGKG (Ziffer 2000 Abs. 2 Nr. 1 bis 3 des Teiles 2 des Kostenverzeichnisses des FamGKG), z.B. für das Protokoll der gerichtlichen Verhandlung und die Abschrift der gerichtlichen Entscheidung oder eines gerichtlichen Vergleiches.

Praxistipp

▶ *Verfahrensbeistände dürfen mit Kosten – welcher Art auch immer – nicht mehr belastet werden (§ 158c Abs. 4 FamFG), sodass auch Kostenfreiheit hinsichtlich der Auslagen für die Akteneinsicht besteht.*

Sollten solche Kosten in Anwendung des § 13 Abs. 3 FamFG („auf ihre Kosten") vorab erhoben worden sein, so muss in Anwendung des § 158 Abs. 4 FamFG folgerichtig eine Rückerstattung an den Verfahrensbeistand erfolgen.

3. Ermittlungen zum Sachverhalt

Seit der Einführung der pauschalierten Entschädigung des berufsmäßig tätigen Verfahrensbeistands durch § 158 Abs. 7 FamFG a.F. zum 1.9.2009 (vgl. jetzt § 158c Abs. 1 FamFG) ist der Streit darüber obsolet, ob der Verfahrensbeistand berechtigt und verpflichtet ist, zur effektiven Wahrnehmung der Interessen des Kindes eigene Ermittlungen bei Dritten (Eltern, sonstigen Angehörigen, Nachbarn, Vermieter, Polizeibehörden, Arzt etc.) anzustellen. **129**

Stellt er entsprechende Ermittlungen an, so hat dies jedenfalls **keine Auswirkungen auf** die Höhe seiner gemäß § 158c Abs. 1 FamFG feststehenden **Entschädigung**.

Die Rechte und Pflichten des Verfahrensbeistands zur Ermittlung des für das Kindesinteresse relevanten Sachverhaltes bei Dritten sind weder durch §§ 158 und 158b FamFG i.d.F. des zum 1.7.2021 in Kraft getretenen Gesetzes zur Bekämpfung sexua- **130** lisierter Gewalt gegen Kinder[48] noch durch das am 11.4.2025 in Kraft getretene aktuelle Gesetz erschöpfend geregelt, auch wenn § 158b Abs. 1 Satz 4 FamFG n.F. in seiner Nr. 1 nunmehr immerhin Gespräche mit den Eltern und sonstigen Bezugspersonen des Kindes (wie Geschwistern, Großeltern, Pflegepersonen, Kindergärtnern, Lehrern etc.) als einen weiteren Baustein zur Ermittlung des Kindesinteresses benennt. Die Frage, ob die genannten Personen und Stellen berechtigt und verpflichtet sind, dem Verfahrensbeistand die entsprechenden Auskünfte zu erteilen, ist dadurch aber nicht beantwortet. Die damit angesprochenen **Probleme**

- des Datenschutzes,
- des informationellen Selbstbestimmungsrechts des betroffenen Kindes (Art. 1, 2 GG)[49] und
- der (ärztlichen) Schweigepflicht

sind auch durch die aktuellen Neufassungen des FamFG nicht gelöst worden.[50]

Gerade weil der Verfahrensbeistand weder der Kontrolle noch der Aufsicht des Gerichts unterliegt, obliegt es seinem **pflichtgemäßen Ermessen**, ob er über den aus der Akte ersichtlichen Informationsstand hinaus eigene Ermittlungen im Sinne einer sachgerechten Interessenvertretung des betroffenen Kindes für notwendig erachtet. Ob er dafür Gespräche mit den Eltern und weiteren Bezugspersonen des Kindes für erforderlich hält und durchführt, obliegt ebenfalls allein der Entscheidung des Verfahrensbeistands.

Die „Soll-Vorschrift" des § 158b Abs. 1 Satz 4 Nr. 1 FamFG bestimmt zwar für den Regelfall in Übereinstimmung mit den fachlichen Standards,[51] dass Gespräche mit den wesentlichen Bezugspersonen des Kindes regelmäßig zur Feststellung der Kindesinteressen i.S.d. § 158b Abs. 1 Satz 1 FamFG erforderlich sind, lässt aber eben insbesondere in Eilfällen und bei Verweigerung von Gesprächen durch die Bezugspersonen fallangemessene Ausnahmen zu.

131 Nach § 158b Abs. 1 Satz 1 FamFG ist es Aufgabe des Verfahrensbeistands, das Interesse des Kindes und dabei in erster Linie auch den Willen des Kindes zu ermitteln, festzustellen und im jeweiligen gerichtlichen Verfahren zur Geltung zu bringen.[52] Es ist mithin zuvörderst Aufgabe des Verfahrensbeistandes, den authentischen Willen des Kindes zu ermitteln und in das Verfahren einzuführen.[53] Er hat den wesentlichen Aufwand seiner Tätigkeit gerade auf die Ermittlung der besonderen Bedürfnisse und

48 BGBl I 2021, 1810 ff.
49 Vgl. das „Volkszählungsurteil" des BVerfG in NJW 1984, 419, 422.
50 Ebenso Pohl, BtPrax 1992, 25, 26, für das BtG; zur ärztlichen Schweigepflicht und ihren Durchbrechungen vgl. Dickmeis, Keine Schweigepflicht der Ärzteschaft bei Gewalttaten an Frauen und Kindern, ZfJ 1995, 474. Gegenüber dem Jugendamt sieht § 4 Abs. 3 KKG unter den dort genannten Voraussetzungen eine Befugnisnorm vor, die eine Mitteilung durch die in § 4 Abs. 1 KKG genannten Berufsgeheimnisträger ermöglicht.
51 Vgl. 3.1.1 der Standards der Verfahrensbeistandschaft des BVEB e.V. (Stand 29.4.2022).
52 Saarländisches OLG Saarbrücken, Beschl. v. 28.6.2021, 6 UF 58/21, juris.
53 Vgl. BVerfG FamRZ 2010, 109; OLG Saarbrücken, Beschl. v. 28.6.2021, 6 UF 58/21, juris; und OLG Saarbrücken FamRZ 2011, 1153).

des Willens des einzelnen Kindes zu verwenden.[54] Ein effektives Tätigwerden im Interesse des Kindes wäre sonst auch kaum möglich.

§ 158b Abs. 1 Satz 1 FamFG hält daran fest, dass der Verfahrensbeistand dem **Interesse** des Kindes verpflichtet ist und **nicht allein** dem von diesem **geäußerten Willen**. Zwar hat der Verfahrensbeistand den Kindeswillen in jedem Fall deutlich zu machen und in das Verfahren einzubringen, es steht ihm jedoch frei, darüber hinaus weitere Gesichtspunkte und auch etwaige Bedenken in Bezug auf das objektive Interesse des Kindes vorzutragen.[55]

▶ *Vgl. hierzu Teil 1/Salgo, Rn. 45, 58 ff.*

Der Verfahrensbeistand hat daher bei seiner – im Regelfall schriftlichen – Stellungnahme (§ 158b Abs. 1 Satz 2 FamFG) sowohl das subjektive Interesse des Kindes (Wille des Kindes) als auch das objektive Interesse des Kindes **(Kindeswohl)** einzubeziehen (siehe hierzu Teil 1/*Salgo*, Rn. 45). Ob er dafür Gespräche mit den Eltern und weiteren Bezugspersonen des Kindes für erforderlich hält und deswegen auch durchführt, obliegt – bis zur Grenze der Gefährdung der Kindesinteressen i.S.d. § 158 Abs. 4 Satz 2 Nr. 2 FamFG – grundsätzlich nicht der Kontrolle des Gerichtes.

Wenn der Verfahrensbeistand für seine Stellungnahme die **Auskünfte von weiteren** 132
Dritten einholen will, die er nach seiner Auffassung zur effektiven Wahrnehmung der Interessen des Kindes unbedingt benötigt, so muss er sich – soweit erforderlich – an das zur Amtsermittlung (§ 26 FamFG) verpflichtete Familiengericht mit der Anregung wenden, die über die Informationen verfügenden Personen und Stellen zur Auskunft aufzufordern bzw. förmlich als Zeugen zu vernehmen. So kann das Gericht das Jugendamt z.B. auffordern, dem Gericht **Hilfepläne** zu übersenden (§ 50 Abs. 2 Satz 2 SGB VIII), welche dann Aktenbestandteil werden und allen Verfahrensbeteiligten zuzuleiten sind.

Eigener Ermittlungen des Verfahrensbeistands wird es insbesondere dann bedürfen, wenn das Gericht seiner Pflicht zur Ermittlung des kindeswohlerheblichen Sachverhaltes von Amts wegen (§ 26 FamFG) nicht in ausreichendem Umfang nachkommt.[56] Zur Vorbereitung der gerichtlichen Vertretung des Kindes muss der Verfahrensbeistand ohnehin bereits außergerichtlich tätig werden und die Interessen des Kindes an Hand von dessen Lebensgeschichte ermitteln.[57] Dies setzt den persönlichen Kontakt mit dem Kind voraus, und zwar möglichst nicht unter der „Aufsicht" eines – insbesondere das Kind manipulierenden – Elternteils.[58]

Der Verfahrensbeistand wird in seine Ermittlungen regelmäßig auch die **Darstellun-** 133
gen der Eltern und anderer wesentlicher Bezugspersonen einbeziehen müssen, die

54 BGH FamRZ 2010, 1896, juris Rz. 28; 2010, 1893, juris Rz. 30.
55 Sternal/Schäder, § 158b FamFG Rn 4 ff. m.w.N.
56 Ebenso OLG Frankfurt, Beschl. v. 23.2.2000, 2 WF 32/00 (unveröffentlicht); vgl. auch BVerfG FamRZ 1999, 85 ff.
57 Vgl. dazu auch Balloff, DAVorm 1995, 813, 818.
58 Vgl. OLG Braunschweig, Beschl. v. 28.7.2018, 2 UF 57/18; zur Beobachtung der Eltern-Kind-Interaktion bei Säuglingen und Kleinkindern vgl. 3.1.2 der Standards der Verfahrensbeistandschaft des BVEB e.V. (Stand 29.4.2022).

er durch Gespräche mit ihnen oder, wenn sie solche verweigern, durch deren Sachdarstellung im Verfahren sowie aus den Akten oder im Gespräch mit deren Prozessbevollmächtigten erfährt.[59] Vgl. insoweit die Neufassung des § 158b Abs. 1 Satz 4 Nr. 1 FamFG.

134 Die Tätigkeit des Verfahrensbeistands nach § 158 FamFG unterscheidet sich nach einer Entscheidung des OLG Frankfurt von der eines von den Eltern beauftragten Rechtsanwaltes[60]

> „schon deshalb grundlegend, weil der Verfahrensbevollmächtigte der Parteien die für die Entscheidung des Familiengerichts erforderliche Sachaufklärung nicht selbst vornehmen muss, sondern bei der von ihm vertretenen Partei nähere Informationen anfordern kann. Es ist dann Sache der Partei, auf eigene Kosten die hierfür nötigen Ermittlungen anzustellen. Diese Möglichkeit hat das minderjährige Kind nicht. Vielmehr müsste auch ein für das Kind bestellter Rechtsanwalt den Sachverhalt in eigener Verantwortung aufklären."

Der Verfahrensbeistand kann nach der zitierten Entscheidung seiner Aufgabe nur gerecht werden,

> „wenn er auch im Umfeld des von ihm betreuten Kindes Erkundigungen einzieht, um sie auf ihre rechtliche Relevanz hin zu überprüfen und gegebenenfalls in das Verfahren einzubringen. Hierzu gehört auch, dass sich der Verfahrenspfleger durch Gespräche mit dem Kind einen Eindruck über dessen Lage und Umfeld verschafft. Dem Verfahrenspfleger als dem Kind zunächst fremde Person wird es daher vielfach auch zuzugestehen sein zu versuchen, in unbefangener Atmosphäre, – notfalls auch bei gemeinsamen Unternehmungen – das Vertrauen des Kindes zu erwerben."

Noch klarer und deutlicher sagt es das OLG Karlsruhe in der Entscheidung vom 27.12.2000:[61]

> „Die Verfahrenspflegerin hat die Aufgabe, die Interessen des Kindes wahrzunehmen, sie gegenüber den Interessen der Eltern sowie der weiteren Beteiligten unabhängig von diesen zu vertreten und in das Verfahren einzuführen. Sie hat im gerichtlichen Verfahren insbesondere die Vorstellungen und Wünsche des Kindes vorzutragen, wenn und soweit dies einem Kind aufgrund seiner Interessen- und Loyalitätskonflikte und ggf. des Alters nicht selbst möglich ist, und auf deren Berücksichtigung zu achten [...]. Hierzu gehören auch eine außergerichtliche Vorbereitung und Ermittlung der Interessen des Kindes, wozu ausführliche Unterhaltungen mit diesem und die Auseinandersetzung mit ihm und seinen Wünschen und Vorstellungen notwendig sind. Ferner müssen in die Ermittlungen die Darstellungen der Eltern, vorliegend der leiblichen Mutter, und der Pflegefamilie sowie hier die Haltung von Herrn M., bei dem M. unbedingt wohnen wollte, aufgenommen werden. Insoweit ist – im Hinblick auf die vom Pflegevater geäußerte Art der Begrüßung und Verabschiedung von Herrn M. und M. – auch die Beobachtung der Interaktion zwischen M. und der Person, bei der er ggf. wohnen soll, erforderlich. Mit dem Jugendamt sind erzieherische und soziale Gesichtspunkte zur Entwicklung des Kindes und ggf. weitere Hilfemöglichkeiten gemäß § 50 Abs. 2 SGB VIII zu erörtern [...], hier geschehen im Hilfeplangespräch mit dem Jugendamt. Nur durch diese umfangreichen Ermittlungen wird die Verfahrenspflegerin

59 Ebenso bereits FamRefK-Maurer, § 50 FGG Rn 8.

60 Beschl. v. 23.2.2000, 2 WF 32/00 (unveröffentlicht).

61 OLG Karlsruhe FamRZ 2001, 1166, unter Hinweis auf Maurer, FamRefK, § 50 FGG, Rn 6, Schwab/Maurer, Handbuch des Scheidungsrechts, 4. Aufl., I, Rn 418, und Dickmeis, DAVorm 1996, 553, 566.

in die Lage versetzt, eine eigenständige, ganz auf die Interessen des Kindes abgestellte, ggf. von den Vorstellungen des Jugendamtes abweichende Lösung zu finden."

Hält beispielsweise der Verfahrensbeistand eine über den Sachstand der Gerichtsakten hinausgehende Sachverhaltsermittlung für erforderlich, kommt das von Amts wegen dazu berufene Gericht (§ 26 FamFG) einer entsprechenden Anregung aber nicht in einem angemessenen Zeitraum oder in erforderlichem Umfang nach, so kann der Verfahrensbeistand nicht dazu verpflichtet sein, die Endentscheidung abzuwarten und anzufechten, um auf diese zeitraubende Art und Weise dem Interesse des betroffenen Kindes zum Durchbruch zu verhelfen (zur sog. **Untätigkeitsbeschwerde** vgl. hier Teil 4/*Heilmann*, Rn. 104 ff.). So würde der Verfahrensbeistand in einem solchen Falle seinerseits das kindliche Zeitempfinden missachten und schlimmstenfalls zu einer weiteren Gefährdung des Kindeswohles beitragen. **135**

Mit einer effektiven und eigenständigen Interessenvertretung für Kinder vor Gericht, d.h. einem fairen Verfahren, ließe sich eine gerichtlich angeordnete **Beschränkung der Ermittlungstätigkeit** der Verfahrensbeistandschaft jedenfalls nicht in Einklang bringen.[62] Vielmehr beförderte sie die Befürchtung, die Verfahrensbeistandschaft könne zum allein Kosten verursachenden „zahnlosen Papiertiger" werden, der nur gut genug dazu ist, die Verfahrensführung des Gerichtes „abzunicken", um sich neue Beiordnungen als Verfahrensbeistand zu sichern.

Das Recht und die Pflicht des Verfahrensbeistands, im Zweifel auch eigene Ermittlungen aufzunehmen, wenn anders Erkenntnisse nicht zu gewinnen sind, die für die sachgerechte Wahrnehmung der Interessen des Kindes im Verfahren unverzichtbar sind, folgt zwar nicht unmittelbar aus dem Text des Gesetzes. Aufgabe des Verfahrensbeistands ist es aber nach §§ 158b Abs. 1 Satz 1, 158 Abs. 1 Satz 1 FamFG, die **Interessen des Kindes im Verfahren effektiv wahrzunehmen**. Dabei handelt es sich um mehr als die bloße Geltendmachung von Verfahrensrechten. Es geht vielmehr um die Wahrnehmung der subjektiven, aber auch der objektiven Gesamtinteressen der Kinder in dem Umfang, wie sie durch den Gegenstand des gerichtlichen Verfahrens (Sorgerecht, Umgang, etc.) in ihrer Person betroffen sind.[63] **136**

Dabei hat der Verfahrensbeistand aber andererseits zur **Vermeidung von Rollenkonflikten** darauf zu achten, dass er nicht die Rolle und die Aufgaben des Jugendamtes als sozialpädagogische Fachbehörde oder die eines Sachverständigen übernimmt und den Willen des Kindes durch eigene gutachterliche oder sachverständige Tätigkeit ermittelt. Hält er eine sachverständige Klärung für erforderlich, hat er vielmehr die Pflicht, bei Gericht die Einholung eines Gutachtens anzuregen.[64]

62 Ebenso BVerfG FamRZ 1999, 85 ff., OLG Karlsruhe, Entsch. v. 27.12.2000, 2WF 126/00; Söpper, FPR 2001, 269, 271 f.; Willutzki, Kind-Prax 2001, 107, 110 ff.

63 Vgl. BVerfG FamRZ 2010, 109; vgl. so schon Bienwald, Betreuungsrecht, zum Verfahrenspfleger nach § 67 FGG Rn 6 und 42, für das Betreuungsrecht; in dem hier vertretenen Sinne vgl. auch OLG Frankfurt, Beschl. v. 23.2.2000, 2 WF 32/2000; Bauer/Schaus, Betrifft Justiz 1997, 162, 165.

64 OLG München FamRZ 2002, 563; Borth, Kind-Prax 2000, 48, 51; Sternal/Schäder, § 158b FamFG Rn 3.

▶ *Zum Verhältnis des Verfahrensbeistands zu Eltern bzw. Sorgeberechtigten und anderen Bezugspersonen des Kindes siehe auch Teil 2/Bauer, Rn. 35 ff.*

4. Anwesenheit bei der Kindesanhörung

137 Die Rechtsstellung als Verfahrensbeistand schließt grundsätzlich das Recht auf Anwesenheit bei der richterlichen Anhörung des Kindes, der Verfahrensbeteiligten (§§ 159, 160 ff. FamFG) und der Anhörung bzw. Vernehmung anderer Auskunftspersonen ein.[65] Anders als den anderen Beteiligten und ihren Verfahrensbevollmächtigten kann dem Verfahrensbeistand nicht entgegengehalten werden, das Gericht könne von dem Kind nur in Abwesenheit der beteiligten Erwachsenen einen unbefangenen Eindruck erhalten.[66] Denn als **Interessenvertreter des Kindes** im Verfahren ist es ja gerade Aufgabe und Funktion des Verfahrensbeistands, dem Kind bei der Überwindung der Schwellenangst gegenüber dem Gericht zu helfen, damit das Gericht einen möglichst authentischen Eindruck von der Persönlichkeit des Kindes erhalten kann.

Diese Auffassung wird durch § 159 Abs. 4 Satz 3 FamFG bekräftigt, wonach die gerichtliche Anhörung des Kindes im Regelfall in Anwesenheit des Verfahrensbeistands stattfinden soll. Der Verfahrensbeistand ist folglich zu Terminen zur gerichtlichen Anhörung des Kindes zu laden.[67]

Soweit die Bestellung eines Verfahrensbeistands zur Wahrnehmung der Interessen eines minderjährigen Kindes geboten ist, darf das Familiengericht den Verfahrensbeistand also von der Anwesenheit bei der (z.B. im Beisein des Sachverständigen) durchgeführten persönlichen Anhörung des Kindes grundsätzlich nicht ausschließen, weil andernfalls die Wahrnehmung der Kindesinteressen, insbesondere bei Kleinkindern, durch den Verfahrensbeistand insoweit nicht mehr gewährleistet ist.[68]

138 Allerdings kann es geboten sein, auf die Anwesenheit des Verfahrensbeistands bei der Anhörung des Kindes zu **verzichten, wenn das Kind dies ausdrücklich und nachhaltig wünscht**. In diesem Falle ist aber sicherzustellen, dass der Verfahrensbeistand seine Aufgabe, dem Willen und den Interessen des Kindes Geltung zu verschaffen, sinnvoll erfüllen kann,[69] z.B. indem dem Verfahrensbeistand die Gelegenheit gegeben wird, vor der Anhörung des Kindes schriftlich Fragen zur Akte zu reichen, die das Gericht mit dem Kind im Rahmen seiner gerichtlichen Anhörung erörtert. Ebenso wie allen anderen Verfahrensbeteiligten ist dem Verfahrensbeistand ohnehin der Vermerk mit dem Ergebnis der richterlichen Anhörung des Kindes zur Wahrung des rechtlichen Gehörs zur Stellungnahme zu übermitteln.[70]

---

65 KG FamRZ 2000, 1300; Sternal/Schäder, § 158b FamFG Rn 18.
66 Vgl. BGH FamRZ 1986, 895, 896 und BVerfG FamRZ 1981, 124, 126, für den Ausschluss der Sorgeberechtigten und deren Bevollmächtigten von der Kindesanhörung; a.A. FamRefK/Maurer, § 50 FGG Rn 8 für den Ausschluss des Verfahrenspflegers nach altem Recht.
67 BT-Drucks. 16/9733, S. 369; Sternal/Schäder, § 159 FamFG Rn 27.
68 OLG Bremen FamRZ 2000, 1298.
69 BGH FamRZ 2012, 1556; Sternal/Schäder, § 159 FamFG Rn 27.
70 MünchKomm-FamFG/Schumann, § 159 FamFG Rn 17.

Praxistipp

▶ *Eine Anwesenheit des Verfahrensbeistands bei der Kindesanhörung gegen den ausdrücklichen Willen des von ihm vertretenen Kindes sollte gut reflektiert und dem Gericht mit nachvollziehbarer Begründung mitgeteilt werden, damit das Gericht diese Überlegungen bei seiner verfahrensleitenden Verfügung zur Form der Kindesanhörung (vgl. § 159 Abs. 4 Satz 4 FamFG) berücksichtigen kann.*

Es ist darüber hinaus Aufgabe des Verfahrensbeistands, dem Gericht „fachliche **Empfehlungen hinsichtlich des Zeitpunktes, des Ortes und der Dauer** der Kindesanhörung"[71] zu geben. Das gilt ggf. auch für die Anwesenheit von Vertrauenspersonen des Kindes bei der richterlichen Anhörung. **139**

Der Verfahrensbeistand sollte in diesem Zusammenhang unbedingt darauf achten und dem Gericht gegenüber darauf dringen, dass die Anhörung von Kindern keinesfalls im Termin zur Anhörung der Eltern oder anderer Erwachsener und auch nicht in zeitlicher Nähe dazu stattfindet.

Praxistipp

▶ *Der Termin zur Kindesanhörung und der zur Anhörung der (übrigen) Beteiligten sollten nicht unmittelbar hintereinander stattfinden.*

Die direkte Konfrontation von Kindern mit erwachsenen Verfahrensbeteiligten (und sei es „nur" auf den Gerichtsfluren) ist insbesondere in Verfahren von Kindeswohlgefährdung dringend zu vermeiden. Die Ladungsverfügungen des Gerichts sind insoweit von großer Bedeutung für das vom Verfahrensbeistand vertretene Kind. Sie sollten deutlich getrennte Termine für die Anhörungen von Erwachsenen und Kindern bestimmen und den Zweck der jeweiligen Terminbestimmung bezeichnen.

Ist das nicht der Fall, sollte der Verfahrensbeistand insoweit Informationen bei der Geschäftsstelle des Gerichts einholen und ggf. schriftlich auf die dringende Erforderlichkeit einer Trennung der Anhörungstermine für Erwachsene und Kinder hinweisen.

5. Verfahrensrechte in der mündlichen Verhandlung

An mündlichen Erörterungsterminen ist der Verfahrensbeistand als Verfahrensbeteiligter (§ 158b Abs. 3 Satz 1 FamFG) allumfassend zu beteiligen und hierzu förmlich zu laden.[72] Das gilt insbesondere auch für die richterliche Anhörung des vom Verfahrensbeistand vertretenen Kindes nach § 159 Abs. 4 Satz 3 FamFG. Ebenso wie den anderen Verfahrensbeteiligten steht dem Verfahrensbeistand das Recht zu, um eine **Terminverlegung** bei Gericht nachzusuchen, wenn er an der Wahrnehmung des anberaumten Termins aus „erheblichen Gründen" (ohne Verschulden) verhindert ist (§ 32 Abs. 1 Satz 1 FamFG, § 227 Abs. 1 ZPO). Ob seinem Verlegungsantrag stattge- **140**

71 Vgl. dazu ausführlich Zitelmann, 2001, S. 195 ff.
72 KG FamRZ 2000, 1300.

geben wird, hat das Gericht durch unanfechtbare verfahrensleitende Anordnung zu entscheiden (§ 227 Abs. 4 ZPO).[73]

141 Die dem **Vorrang- und Beschleunigungsgebot** des § 155 Abs. 1 FamFG unterliegenden und spätestens einen Monat nach Beginn des Verfahrens anzuberaumenden Erörterungstermine, die den Aufenthalt des Kindes, das Umgangsrecht oder die Herausgabe des Kindes betreffen, sowie in Verfahren wegen Gefährdung des Kindeswohles nach §§ 1666, 1666a BGB, können in Abweichung zu § 32 Abs. 1 Satz 2 FamFG, § 277 Abs. 1 ZPO nur aus „zwingenden Gründen" (z.B. krankheitsbedingte Verhinderung) verlegt werden (§ 155 Abs. 2 Satz 4 FamFG). **Terminkollisionen** mit anderen Erörterungsterminen sind grundsätzlich kein zwingender Grund, es sei denn, die Kollision besteht mit einem ebenfalls dem Vorrang- und Beschleunigungsgebot unterliegenden Verfahren.

Praxistipp

▶ *Bei Terminkollision ist also vorrangig ein Verlegungsantrag im anderen kollidierenden Verfahren zu stellen, dem das andere Gericht wegen des Vorrangs der Kindschaftssache stattzugeben hat.*[74]

Der (zwingende) Verlegungsgrund ist zusammen mit dem Verlegungsantrag glaubhaft zu machen (§ 155 Abs. 2 Satz 5 FamFG). Als Mittel der **Glaubhaftmachung** sind alle präsenten Beweismittel i.S.d. §§ 355 bis 455 ZPO und die Versicherung an Eides statt zugelassen (§ 31 FamFG). In der Regel werden

- die Vorlage einer Kopie der Ladung zu dem kollidierenden Termin,
- ein ärztliches Attest oder
- die Ablichtung der Buchungsunterlagen im Falle einer Urlaubsverhinderung

genügen.

142 Die mündliche Verhandlung wird erstinstanzlich von dem Familienrichter am Amtsgericht (§ 23b Abs. 3 GVG) geleitet, der auch die sitzungspolizeilichen Befugnisse ausübt (§ 136 ZPO, § 176 GVG). Die Verhandlungen in Familien- und Kindschaftssachen sind **nicht öffentlich** (§ 170 GVG), d.h. nur den Beteiligten und ihren Bevollmächtigten und Beiständen sowie dem Verfahrensbeistand und dem Jugendamt ist die Teilnahme an der Sitzung kraft Gesetzes erlaubt. Weiteren Personen, z.B. wichtigen Vertrauenspersonen, Therapeuten, Ärzten, Psychologen, die das Kind neben dem Verfahrensbeistand zur Kindesanhörung begleiten, kann das Gericht die Teilnahme gestatten (§ 175 Abs. 2 Satz 1 GVG).

73 OLG Hamm RPfleger 1995, 161.
74 BT-Drucks. 16/6308, S. 236; vgl. auch Sternal/Schäder, § 155 FamFG Rn 21.

Praxistipp

▶ *Der Verfahrensbeistand sollte das Gericht schon rechtzeitig vor dem Termin auf den Umstand hinweisen, dass das Kind eine zusätzliche Begleitung wünscht oder benötigt.*

In mündlichen Erörterungsterminen steht dem Verfahrensbeistand selbstverständlich das Recht zu, sich zu Wort zu melden und zur Sache Stellung zu nehmen (**Rederecht** des Verfahrensbeistands). Üblicherweise wird das Rederecht vom Vorsitzenden zunächst allen Verfahrensbeteiligten und/oder den Verfahrensbevollmächtigten, der die Durchführung des Verfahrens begehrt, gewährt. Sodann erhalten die weiteren Verfahrensbeteiligten das Wort. **143**

Über jede mündliche Erörterung in FamFG-Sachen ist ein **Sitzungsvermerk** anzufertigen, meistens per Diktat auf Tonaufnahmegerät (§ 28 Abs. 4 FamFG). In den Sitzungsvermerk sind die wesentlichen Vorgänge der Verhandlung aufzunehmen, insbesondere in Antragsverfahren die Anträge der Beteiligten und des Verfahrensbeistands (vgl. § 160 Abs. 2, 3 ZPO). Über die Aufnahme bestimmter (wesentlicher) Vorgänge in den Sitzungsvermerk entscheidet das Gericht im pflichtgemäßen Ermessen (§ 28 Abs. 4 FamFG). **144**

Wird dem Verfahrensbeistand das **Rederecht** vom Gericht beschnitten oder ganz **verwehrt**, so empfiehlt es sich, den förmlichen Antrag zu stellen, diesen Vorgang als wesentlich für den Verhandlungsgang in den Sitzungsvermerk aufzunehmen. Das gilt auch für den Fall, dass das Gericht sich weigern sollte, den Antrag des Verfahrensbeistands zur verhandelten Sache selbst in den Sitzungsvermerk aufzunehmen. Dann ist der möglicherweise vom Rechtsmittelgericht als wesentlich einzustufende Verfahrensfehler wenigstens dokumentiert. **145**

Weigert sich das Gericht, die Protokollierung vorzunehmen, kann jederzeit nach Schluss der mündlichen Verhandlung ein Antrag auf Ergänzung bzw. Berichtigung des Protokolls gestellt werden (§ 42 FamFG analog).[75]

Auch ein **Befangenheitsantrag** gegen den das Verfahren führenden Richter kommt in solchen Fällen in Betracht (vgl. § 6 FamFG, §§ 41 ff. ZPO), sollte aber vom Verfahrensbeistand unter Berücksichtigung des kindlichen Zeitempfindens wegen des dadurch verzögerten Verfahrensablaufes gut überlegt sein.

Wird das **Rederecht** des Verfahrensbeistands durch die anderen Verfahrensbeteiligten bzw. deren Bevollmächtigte, durch Zeugen oder Auskunftspersonen beschnitten oder **gestört**, so kann das Gericht vom Verfahrensbeistand jederzeit zu einer sitzungs- und verfahrensleitenden Verfügung aufgefordert werden, die dem Rederecht des Verfahrensbeistands Geltung verschafft (vgl. §§ 136, 176 ff. ZPO analog).

75 Da § 164 ZPO auf den Sitzungsvermerk keine Anwendung finden soll (vgl. BT-Drucks. 16/6308, S. 187), soll § 42 FamFG analoge Anwendung finden, vgl. Sternal/Sternal, § 28 FamFG Rn 36.

6. Berücksichtigung des Datenschutzes

146 Das vom Verfahrensbeistand vertretene Kind und dessen Sorgeberechtigte werden für den Verfahrensbeistand nicht zum „gläsernen Menschen“, dessen Daten ihm beliebig verfügbar sind. Das würde auch dem durch das „Volkszählungsurteil“ des BVerfG[76] bestätigten „Recht auf informationelle Selbstbestimmung“ der Betroffenen widersprechen.

Gleichwohl gibt es **keine spezielle datenschutzrechtliche Regelung** für die Tätigkeit des Verfahrensbeistands. Für den Verfahrensbeistand sind – anders als für freie Träger der Jugendhilfe nach § 61 Abs. 3 SGB VIII – die Regelungen des Sozialdatenschutzes nach §§ 61 ff. SGB VIII, § 35 SGB I, §§ 67 ff. SGB X nicht anwendbar. Für eine analoge Anwendung fehlt es zum einen an einer vergleichbaren Tätigkeit: Der Verfahrensbeistand ist kein Jugendhilfeträger, er ist kein förmlich Beteiligter im jugendhilferechtlichen Verfahren, sondern ausschließlich im familiengerichtlichen Verfahren.[77]

Daneben fehlt es auch an einer Regelungslücke, weil für den Verfahrensbeistand grundsätzlich die Regelungen des Bundesdatenschutzes (BDSG)[78], seit 25.5.2018 mit dem Inkrafttreten der EURpäischen Datenschutz-Grundverordnung (EU DS-GVO) die für die Datenverarbeitung maßgeblichen Vorschriften der DS-GVO (vgl. Art 2 Abs. 1 DS-GVO) anzuwenden sind.[79]

Insofern gelten für den Verfahrensbeistand weder die besonderen Regelungen des § 65 SGB VIII (besonderer Vertrauensschutz), noch die entsprechenden Regelungen für den Amtsvormund/Amtsbeistand des Jugendamtes nach § 68 SGB VIII.

147 Die EU-DS-GVO enthält den **Grundsatz des Verbotes mit Erlaubnisvorbehalt**. Es gilt, dass alles verboten ist, es sei denn, es ist erlaubt.[80]

Die Voraussetzung der Rechtsmäßigkeit der Verarbeitung findet sich in den Art. 5 Abs. 1 lit. a und 6 EU-DS-GVO. Darüber hinaus gibt es noch weitere Grundprinzipien für die Verarbeitung.

---

76 NJW 1984, 419, 422.

77 A.A. Röchling/Kunkel, Anwalt des Kindes, § 9 Rn 1 ff. (zum Datenschutz), Rn 19 (zu § 68 SGB VIII); Kunkel, FPR 2000, 111.

78 § 1 Abs. 4 S. 2 BDSG; so auch Mayer, Die rechtliche Stellung sowie Aufgaben des Verfahrensbeistands, jM 2017, 140.

79 Balloff/Vogel, Verfahrensbeistandschaft und die Datenschutzgrundverordnung (EU-DSGVO), ZKJ 2021, 292, 293; Hoffmann, Tätigkeit von Verfahrensbeistand und Sachverständigen in kindschaftsrechtlichen Verfahren ZKJ 2020, 249, 251; Heinz, Das neue Datenschutzrecht und seine Auswirkungen auf Sachverständige und Verfahrensbeistände, Recht und Psychiatrie 2019, 6, 17 ff.; vgl. für den rechtlichen Betreuer nach § 1896 BGB a.F. (ab 1.1.2023: § 1814 BGB n.F.): Spieker, EU-Datenschutzgrundverordnung (DSGVO): Die Auftragsdatenverarbeitung und die Fremddatenspeicherung in der betreuungsrechtlichen Praxis, BtPrax 2018, 63 ff.

80 Balloff/Vogel, ZKJ 2021, 292, 293; Treichel, NZFam 2018, 823, 825.

Grundprinzipien der Datenverarbeitung

- das Gebot der Zweckbindung der Datenverarbeitung, wonach nur Daten zu einem bestimmten Zweck erhoben werden dürfen (Art. 5 Abs. 1 lit. b und 6 Abs. 1 Satz 1 lit. a und Abs. 4 EU-DS-GVO);
- das Gebot der Transparenz, wonach die Datenverarbeitung nachvollziehbar, mithin verständlich und vollständig sein muss (Art. 5 Abs. 1 lit. a und 14 EU-DS-GVO);
- das Prinzip der Datenminimierung, wonach die Datenerhebung auf das notwendige Maß zu beschränken ist (Art. 5 Abs. 1 lit. c EU-DSGVO27);
- der Grundsatz der Richtigkeit der Datenerhebung (Art. 5 Abs. 1 lit. d EU-DS-GVO);
- der Grundsatz der Speicherbegrenzung (Art. 5 Abs. 1 lit. e EU-DS-GVO);
- der Grundsatz der Integrität und Vertraulichkeit der Datenerhebung, wonach die Datenverarbeitung vor unbefugter Verarbeitung geschützt werden muss (Art. 5 Abs. 1 lit. f EU-DS-GVO).[81]

Nach Bestellung zum Verfahrensbeistand, erhebt dieser bereits mit der Anlage seiner **Handakte** personenbezogene Daten, wie z.B. Name, Geburtsdatum, Wohnort, Telefonnummer und E-Mail-Adresse des Minderjährigen. Diese regelmäßig auf einen Datenträger gespeicherten Informationen beziehen sich auf eine identifizierbare natürliche Person i.S.d. Art. 4 Nr. 1 EU-DSGVO. **148**

Praxistipp

Die Pflicht zum Datenschutz beginnt also bereits beim Empfang von Daten aus den Gerichtsakten und der Terminverarbeitung am Telefon.[82]

Darüber hinaus können in die noch besondere personenbezogene Daten einfließen. Das sind nach Art. 9 Abs. 1 EU-DSGVO **sensible Daten**, wie z.B. Gesundheitsdaten, das Vorliegen von körperlichen und geistigen Behinderungen.[83]

Der Verfahrensbeistand darf **personenbezogene Daten** nur dann verarbeiten (also erheben, speichern oder übermitteln, Art. 4 Nr. 2 DS-GVO), wenn eine der in Art. 6 Abs. 1 DS-GVO genannten Bedingungen erfüllt ist. Da die Aufgaben des Verfahrensbeistands nach §§ 158, 158b FamFG öffentliche Aufgaben sind bzw. die Aufgabe im öffentlichen Interesse liegt, ist nach Art. 6 Abs. 1 lit. e DS-GVO eine Datenverarbeitung des Verfahrensbeistands zu seiner Aufgabenerfüllung grundsätzlich zulässig. **149**

Grundsätzlich hat auch der Verfahrensbeistand nach dem allgemeinen datenschutzrechtlichen Grundsatz eine Datenerhebung zunächst beim Betroffenen (hier: dem be-

81 Balloff/Vogel, ZKJ 2021, 292, 293.
82 Vgl. Hoffmann, ZKJ 2020, 249; Balloff/Vogel, ZKJ 2021, 292, 293.
83 Hoffmann, ZKJ 2020, 249, 253; Balloff/Vogel, ZKJ 2021, 292, 293.

troffenen Kind oder jungen Menschen, für den er bestellt ist) durchzuführen. Denn er hat nach § 158b Abs. 1 Satz 1 FamFG in erster Linie das Interesse des Kindes festzustellen und im gerichtlichen Verfahren zur Geltung zu bringen.

Ist der Verfahrensbeistand nach § 158b Abs. 2 Satz 1 FamFG a.F.(bis 10.4.2025 geltendes Recht) für weitere Aufgaben bestellt, so gehören auch Gespräche mit den Eltern und weiteren Bezugspersonen des Kindes zu seinem Aufgabenkreis. Nach dem seit 11.4.2025 geltenden neuen Recht gehört dies zum originären Aufgabenbereich des Verfahrensbeistandes (§ 158b Abs. 1 S. 4 Nr. 2 FamFG). In diesem Zusammenhang ist auch das Erheben der für die Wahrnehmung dieser (Zusatz-)Aufgabe erforderlichen Daten zulässig.[84] Eine Ermittlung von **personenbezogenen Daten bei Dritten** gehört aber nicht regelhaft zu seinem Aufgabenkreis, zumal Dritte (z.B. Jugendhilfeträger, Ärzte, aber auch das Jugendamt) keine Auskunfts- und Übermittlungspflichten gegenüber dem Verfahrensbeistand haben.

150 Verfahrensbeistände müssen ihre **Klienten** (das gilt auch für Kinder) darüber **informieren**, was mit ihren Daten passiert. Dies muss in der Regel zum Zeitpunkt der Datenerhebung erfolgen. Die Information muss in erster Linie Angaben zum Zweck sowie zur Rechtsgrundlage der Datenverarbeitung enthalten. Auch die Kontaktdaten der Praxis und ggf. des Datenschutzbeauftragten der eigenen Gemeinschaftspraxis sind aufzuführen.

Praxistipp

▶ *Um alle Klienten und Ratsuchende zu erreichen, empfiehlt sich ein Aushang in der Praxis und Büro. Auch ein Informationsblatt, das im Wartebereich ausgelegt wird, ist denkbar. Diese Informationen können zusätzlich auf der Website der Praxis veröffentlicht werden. Eine persönliche Information, z.B. bei der ersten Kontaktaufnahme am Telefon, ist nicht erforderlich.*

Das Erfassen, Bearbeiten, Speichern etc. von Klienten-Daten ist gesetzlich gestattet. Klienten in der Verfahrensbeistandschaft müssen aber ihre Einwilligung erteilt und am besten und sichersten für beide Seiten eine **Einwilligungserklärung zur Datenverarbeitung** unterschrieben haben. Das gilt für jeden Verfahrensgegenstand und das diesen betreffende jeweilige gerichtliche Verfahren gesondert (also EA- und Hauptsacheverfahren jeweils gesondert je Verfahrensgegenstand). Gleichzeitig muss eine derartige Erklärung einen Hinweis darauf enthalten, dass Klienten ihr Einverständnis jederzeit widerrufen können. Das gilt auch für verfahrensfähige Jugendliche ab 14 Jahren nach § 9 FamFG.[85]

151 Dem verfahrensfähigen Jugendlichen (§ 9 Abs. 1 Nr. 3 FamFG, § 7 Abs. 1 Nr. 2 SGB VIII) steht ein **Recht auf Auskunft** zu den erhobenen und gespeicherten Daten gegenüber dem Verfahrensbeistand als Datenverantwortlichen zu (Art. 12 Abs. 3 und

84 Balloff/Vogel, ZKJ 2021, 292, 293 ff; Hoffmann, ZKJ 2020, 249, 251.

85 Balloff/Vogel, ZKJ 2021, 292, 295, mit weiteren Praxistipps zum Datenschutz durch Verfahrensbeistände.

15 EU-DS-GVO). Auf Verlangen hat er ihm eine Kopie über die gespeicherten Daten auszuhändigen (Art. 15 Abs. 3 EU-DS-GVO).[86]

Weder Jugendamt, Jugendhilfeträger, Ärzte, Kindergarten, Lehrer noch Sachverständige treffen Auskunfts- und Übermittlungspflichten gegenüber dem Verfahrensbeistand.[87] Personenbezogene Daten können hier nur im Rahmen von Erklärungen zur **Schweigepflichtsentbindung** erhoben werden (vgl. zur Schweigepflichtentbindungserklärung Teil 2/*Wierse*, Rn. 438).

Nach § 158 Abs. 4 Satz 3 FamFG a.F. konnte das Gericht, soweit nach den Umständen des Einzelfalles ein Erfordernis bestand, dem Verfahrensbeistand die **zusätzliche Aufgabe** übertragen, Gespräche mit den Eltern und weiteren Bezugspersonen des Kindes zu führen sowie am Zustandekommen einer einvernehmlichen Regelung über den Verfahrensgegenstand mitzuwirken. Das gehört nach § 158b Abs. 1 Satz 4 FamFG n.F. nunmehr zum originären Aufgabenbereich des Verfahrensbeistandes. In diesem Zusammenhang ist auch das Erheben der für die Wahrnehmung dieser Aufgabe erforderlichen Daten zulässig.[88] **152**

Eine (zulässige) Datenübermittlung seitens des Verfahrensbeistands ist regelmäßig auf Mitteilungen an das Familiengericht im Rahmen des ihm übertragenen Aufgabenkreises im konkreten Verfahren, für das er bestellt ist, beschränkt.

Widerspricht ein – insoweit einsichtsfähiger – Minderjähriger der Weitergabe von Angaben, so ist der Verfahrensbeistand daran grundsätzlich gebunden, es sei denn, eine der Bedingungen des Art. 6 DSGVO über die Rechtmäßigkeit der Verarbeitung der Daten ist erfüllt, z.B. die Verarbeitung ist erforderlich, um lebenswichtige Interessen des betroffenen Kindes oder einer anderen natürlichen Person zu schützen; oder die Verarbeitung ist zur Wahrung der berechtigten Interessen des Datenverantwortlichen (des Verfahrensbeistandes) oder eines Dritten (Wohl des vom Verfahrensbeistand vertretenen Kindes) erforderlich, sofern nicht die Interessen oder Grundrechte und Grundfreiheiten der betroffenen Person, die den Schutz personenbezogener Daten erfordern, überwiegen, insbesondere dann, wenn es sich bei der betroffenen Person um ein Kind handelt. **153**

Stellungnahme

Die Frage ist strittig. Ob der Minderjährige die Möglichkeit hat, sein Widerspruchsrecht nach Art. 21 EUDSGVO mit der Konsequenz auszuüben, dass der Verfahrensbeistand die erhaltenen Daten nicht mehr verwenden darf,[89] ist einer anderen Auffassung nach zu verneinen. Denn bei konsequenter Anwendung des Widerspruchsrechts werde der Verfahrensbeistand gehindert, seine Aufgaben gegenüber dem Gericht zu erfüllen. Insoweit stehe dieses Widerspruchsrecht der vorrangigen Erfüllung einer Rechtspflicht dem Gericht gegenüber entge-

86 Balloff/Vogel, ZKJ 2021, 292, 293, mit Hinweis auf Engeler/Quiel, NJW 2019, 2201.
87 Hoffmann, ZKJ 2020, 249, 252.
88 Balloff/Vogel, ZKJ 2021, 292, 293.
89 Treichel, NZFam 2018, 823, 828.

gen.[90] Das kann nach hier vertretener Ansicht das Grundrecht des Minderjährigen auf informationelle Selbstbestimmung (Art. 1 und 2 GG)[91] im Regelfall aber nicht überspielen.

154 Allerdings hat der Jugendliche in jedem Fall einen Anspruch auf **Berichtigung unrichtiger personenbezogener Daten** (Art. 16 EU-DS-GVO). Der Verfahrensbeistand hat dann die Unrichtigkeit zu überprüfen.

Der Jugendliche hat auch ein **Recht auf Löschung** der vom Verfahrensbeistand erhobenen Daten, wenn sie nicht mehr benötigt werden (Art. 17 EU-DS-GVO). Hat das Kind das 14. Lebensjahr noch nicht vollendet, stehen diese Rechte seinen Eltern zu. Die dadurch erlangten Informationen unterliegen ebenfalls den Art. 15 ff. EU-DS-GVO.[92]

155 Für die Einhaltung dieser Grundsätze ist der Verfahrensbeistand verantwortlich (Art. 4 Nr. 7, Art. 5 Abs. 2 und 24 Abs. 1 EU-DS-GVO – **Rechenschaftspflicht**.[93] Er hat bei der Erfüllung seiner Aufgaben sicherzustellen, dass die Datenverarbeitung gemäß dieser Verordnung erfolgt (Art. 24 Abs. 1 EU-DS-GVO). Für die Einhaltung dieser Grundsätze trägt der Verfahrensbeistand die **Beweislast** (Art. 5 Abs. 2 EU-DS-GVO).[94]

Bei Datenschutzverstößen durch einen Verfahrensbeistand kann sich der Betroffene an die zuständige Aufsichtsbehörde wenden (Art. 77 Abs. 1 DS-GVO). Diese hat die Möglichkeit, Bußgelder zu verhängen (Art. 83 DS-GVO). Daneben haftet der Verfahrensbeistand für mögliche Schäden, die dem Betroffenen durch eine datenschutzrechtliche Pflichtverletzung entstanden sind (**Schadensersatz**, vgl. Art. 82 Abs. 1 DS-GVO).[95] Davon auszugehen, dass bei schuldhafter Pflichtverletzung des Verfahrensbeistands eine **Haftung** entsprechend den Grundsätzen der Haftung eines Ergänzungspflegers in Betracht komme,[96] ist daher nach Inkrafttreten der DS-GVO obsolet.

156 Die Einhaltung des Datenschutzes muss in einem **Verarbeitungsverzeichnis** nachgewiesen werden. In dem Verarbeitungsverzeichnis werden Tätigkeiten bzw. Vorgänge erfasst, bei denen personenbezogene Daten verarbeitet werden. Die Aufstellung und Beschreibung der Tätigkeiten sind auf Verlangen der Datenschutz-Aufsichtsbehörde nachzuweisen. Liegt kein Verzeichnis vor, drohen Geldstrafen.

Es kann sogar eine **Datenschutz-Folgenabschätzung** erforderlich sein, wenn angesichts des Umfangs und des Zwecks der Datenverarbeitung ein hohes Datenschutzrisiko besteht, weil es sich bei der Datenerhebung bei Eltern und Kindern um besonders geschützte personenbezogene Daten handelt. Bestehen möglicherweise hohe Risiken bei der Datenverarbeitung, ist eine **externe Datenschutzprüfung** zu empfeh-

90 Balloff/Vogel, ZKJ 2021, 292, 293; Heinz, RPsych 2019, 6, 24.
91 BVerfG NJW 1984, 419, 422.
92 Balloff/Vogel, ZKJ 2021, 292, 293.
93 Balloff/Vogel, ZKJ 2021, 292, 293, mit Verweis auf Heinz, RPsych 2019, 6, 8, und Reinhardt, JAmt 2018, 74, 75.
94 Balloff/Vogel, ZKJ 2021, 292, 293; Heinz, RPsych 2019, 6, 9.
95 Balloff/Vogel, ZKJ 2021, 292, 293.
96 MünchKomm-FamFG/Schumann, § 158 FamFG Rn 35 m.w.N.; Kunkel, FPR 200, 111.

len. Sollten Zweifel bestehen, ob dies im Einzelfall nötig ist, empfiehlt es sich, dies beim Landesdatenschutzbeauftragten zu erfragen.[97]

Mit folgenden **Vorkehrungen** lässt sich ein Missbrauch von personenbezogenen Daten vermeiden: 157

Checkliste Datenschutz

- Klienten-Daten werden niemals unverschlüsselt über das Internet versendet, z.B. niemals unverschlüsselt per E-Mail (also immer anonymisiert oder pseudonymisiert).
- Zugriffsberechtigungen sind nur an eine namentlich erfasste Personenzahl zu vergeben (z.B. Büroangestellte). Somit ist klar geregelt, wer in der Praxis auf Dateien und Ordner zugreifen kann.
- In den Praxisräumen/Büros wird auf Diskretion geachtet: Die Anmeldung sollte getrennt zum Wartebereich angeordnet sein. Klienten sind z.B. mit einem Schild darauf hinzuweisen, dass sie am Empfang Abstand halten sollen, wenn mehrere Personen dort warten.
- Gerichts-, Jugendamts- und Sachverständigenakten (z.B. Handakten, Kopien von Schriftstücken, Epikrisen, Entwicklungsberichte, Gerichtsakten) werden sicher – am besten in einem fest verschließbaren Stahlschrank – verwahrt.
- Der/die Computer sind passwortgeschützt, die automatische Bildschirmsperre ist aktiviert.
- Klienten-Unterlagen werden stets so positioniert, dass nicht berechtigte Personen oder Klienten diese nicht einsehen können.
- Vertrauliche Klientengespräche finden stets in geschlossenen Räumen statt, sodass es keine Zuhörer geben kann.
- Bei Auskünften im Telefonat mit Professionellen (z.B. Sachverständige, Jugendamt) oder Beteiligten des Gerichtsverfahrens wird die Identität des Anrufers gesichert, z.B. durch gezielte Zusatzfragen (Dienststelle, Adresse, Telefon) und bei Privatpersonen (Großeltern, andere Angehörige) z.B. durch Fragen nach Alter, Geburtsdatum, Wohnadresse mit Postleitzahl oder Bitte um einen Rückruf.
- Es wird festgelegt, wann und durch wen personenbezogene Daten gelöscht bzw. vernichtet werden, sobald z.B. die Aufbewahrungsfrist unter Beachtung der im StGB genannten Ruhens- und Verjährungsfristen abläuft.

  Die Ruhe- und Verjährungsfristen sind nach den einschlägigen Vorschriften im Strafgesetzbuch zu beachten (vgl. §§ 78–78b ff. StGB; vgl. z.B. § 78 b Abs. 1 StGB zur Ruhensfrist: „(1) Die Verjährung ruht 1. bis zur Vollendung

97 Vgl. Balloff/Vogel, ZKJ 292, 294, mit weiteren Praxistipps zum Datenschutz in der Praxis des Verfahrensbeistandes.

des 30. Lebensjahres des Opfers bei Straftaten nach den §§ 174 bis 174c, 176 bis 178, 182, 184b Absatz 1 Satz 1 Nummer 3, auch in Verbindung mit Absatz 2, §§ 225, 226a und 237.")

Es folgen nach Ablauf der Ruhensfrist noch – je nach Schwere der Tat und Deliktsart – die Verjährungsfristen von 3 bis 30 Jahre gemäß § 78 StGB.

- Klienten- und ebenso Begutachtungsakten werden nach den üblichen DIN-Normen vernichtet.[98]

158 Auf einer Internet- oder Facebook-Seite des Verfahrensbeistandes muss eine **Datenschutzerklärung** eingestellt sein. In dieser Datenschutzerklärung muss u.a. darauf hingewiesen werden, dass

- personenbezogene Daten, wie Name, Postanschrift, E-Mail-Adresse, Telefonnummer oder das Geburtsdatum ausschließlich in Übereinstimmung mit dem jeweils geltenden Datenschutzrecht erhoben und genutzt werden,
- Daten nur gespeichert werden, wenn sie freiwillig und aktiv übermittelt werden,
- Daten z.B. auch zur Beantwortung von Anfragen verwendet werden.

159 Bei der Beauftragung externer Dienstleister zur **Wartung der EDV-Anlage** des Verfahrensbeistandes mit Zugriff auf die Software des Verfahrensbeistandes ist sicherzustellen, dass der Dienstleister zertifiziert ist (z.B. ISO/IEC 27001) und den Schutz der vom Verfahrensbeistand gespeicherten Daten vertraglich gewährleistet.[99]

160 Dem Verfahrensbeistand als Interessenvertreter des Kindes vor Gericht fehlt die Stellung eines gesetzlichen Vertreters des Kindes (vgl. § 158b Abs. 3 Satz 3 FamFG). Gegen den Willen der Sorgeberechtigten und/oder des Kindes kann der Verfahrensbeistand also dem Datenschutz unterliegende Informationen (z.B. Auskünfte von Ärzten, vom Kindergarten, von den Lehrern und Therapeuten des Kindes und der Eltern) nicht erlangen (vgl. zur Schweigepflichtentbindungserklärung Teil 2/*Wierse*, Rn. 438). Wird eine Schweigepflichtentbindung erteilt, muss diese den schriftlichen Hinweis enthalten, dass sie jederzeit widerrufen werden kann.

Damit sind die um Informationsübermittlung angegangenen Personen und Stellen aber nicht automatisch zur Auskunft berechtigt oder verpflichtet. Ob das der Fall ist, bestimmt sich vielmehr nach den für deren Aufgaben- und Kompetenzbereich geltenden Datenschutzvorschriften und gesetzlich geregelten **Schweigepflichten** unter Beachtung berechtigter Interessen des Betroffenen, Dritter oder der Allgemeinheit. Es hängt also davon ab, ob irgendwelche Geheimhaltungsinteressen Dritter entgegenstehen (z.B. die ärztliche Schweigepflicht nach § 203 Abs. 1 Nr. 1 StGB oder § 25 Abs. 3 SGB X auf Seiten des Jugendamtes).[100]

---

98 Balloff/Vogel, ZKJ 2021, 292, 295.
99 Zu Einzelheiten vgl. Balloff/Vogel, ZKJ 2021, 292, 295.
100 Balloff/Vogel, ZKJ 2021, 292, 293.

Ein Anspruch des Verfahrensbeistandes auf **Einsicht in die Akten des Jugendamtes** besteht nicht.[101] Ein Anspruch auf Akteneinsicht und Auskunft aus den Akten des Jugendamtes hat zur Grundvoraussetzung, dass die Auskunft begehrende Person förmlich am jugendhilferechtlichen Verwaltungsverfahren beteiligt ist und die Kenntnis des Akteninhaltes für den Verfahrensbeteiligten zur Geltendmachung oder Verteidigung seiner rechtlichen Interessen erforderlich ist (§ 25 Abs. 1 Satz 1 SGB X). Da der Verfahrensbeistand des Kindes aber an dem vom Jugendamt eingeleiteten jugendhilferechtlichen Verwaltungsverfahren – anders als am familiengerichtlichen Verfahren – nicht förmlich beteiligt ist, unterliegt sein Interesse auf Auskunft aus den Akten des Jugendamtes dem **Ermessen des Jugendamtes** in entsprechender Anwendung des § 25 SGB X (sog. Ermessensanspruch auf Auskunft und Akteneinsicht). Das gilt auch für bereits abgeschlossene jugendhilferechtliche Verwaltungsverfahren.[102] 161

Der Ermessensanspruch auf Auskunft gegenüber dem Jugendamt steht unter dem Vorbehalt, dass der Gewährung von Akteneinsicht **Geheimhaltungsinteressen Dritter** nicht entgegenstehen (§ 25 Abs. 3 SGB X). Das Interesse der am jugendhilferechtlichen Verfahren beteiligten Eltern und anonym bleiben wollender Informanten oder Hinweisgeber an einer Geheimhaltung ist daher gegenüber dem Informationsinteresse des Verfahrensbeistands abzuwägen. Das vom Jugendamt auszuübende staatliche Wächteramt aus Art. 6 Abs. 2 Satz 2 GG zum Schutze der ihm anvertrauten Kinder und Jugendlichen wird es daher regelmäßig rechtfertigen, dass die Daten anonym bleiben wollender Hinweisgeber auf mögliche Gefährdungen des Kindeswohles regelmäßig weder dem Verfahrensbeistand noch den am Verwaltungsverfahren des Jugendamtes beteiligten Eltern offenbart werden müssen.[103]

Ein behandelnder Arzt ist an die **ärztliche Schweigepflicht** nach § 203 Abs. 1 Nr. 1 StGB auch dem Gericht gegenüber gebunden, selbst wenn das Gericht ihm einen Gutachtenauftrag erteilt hat oder ihn als sachverständigen Zeugen vernehmen will. Denn nur die Sorgeberechtigten des betroffenen Kindes oder – bei entsprechender Verstandesreife – dieses selbst (in der Regel ab dem 14. Lebensjahr) können den Arzt wirksam von der Schweigepflicht entbinden. 162

Ob der Schweigepflicht unterliegende Informationen dennoch an das Gericht weitergegeben werden, hat der Arzt nach den allgemeinen strafrechtlichen Vorschriften des rechtfertigenden Notstandes (§ 34 StGB) zu entscheiden.[104] Gemäß § 4 Abs. 3 KKG will der Gesetzgeber den Arzt bei dieser Entscheidung unterstützen. Soweit es also um eine nicht anders abwendbare **Kindeswohlgefährdung** geht, darf der Arzt das Jugendamt oder das Gericht über seine entsprechenden Erkenntnisse informieren.

101 Ebenso Balloff/Vogel, ZKJ 2021, 292, 296.
102 Vgl. DIJuF-Rechtsgutachten vom 27.10.2010, JAmt 2010, 552.
103 Vgl. DIJuF-Rechtsgutachten vom 27.10.2010, JAmt 2010, 552; vgl. auch DIJuF-Rechtsgutachten vom 13.12.2000, JAmt 2001, 79; vgl. auch VG Schleswig JAmt 2010, 150; VG Oldenburg JAmt 2010, 152.
104 Vgl. Dickmeis, Keine Schweigepflicht der Ärzteschaft bei Gewalttaten an Frauen und Kindern, ZfJ 1995, 474.

Praxistipp

Ist von einem erheblichen Interessenkonflikt hinsichtlich der Schweigepflichtsentbindung zwischen dem Kind und seinem gesetzlichen Vertreter auszugehen, so sollte der Verfahrensbeistand bei Gericht die Anordnung einer Ergänzungspflegschaft nach §§ 1629 Abs. 2 Satz 3, 1789 Abs. 2 Satz 3 und 4 BGB anregen.

7. Verschwiegenheitspflicht und Zeugnisverweigerungsrecht

163 Nicht speziell geregelt ist das **Zeugnisverweigerungsrecht** des Verfahrensbeistands, das sich nach § 29 Abs. 2 FamFG i.V.m. § 383 Abs. 1 Nr. 6 ZPO richtet.[105] Weiterhin fehlt eine spezielle datenschutzrechtliche Regelung für die Tätigkeit des Verfahrensbeistands; insoweit kann auch § 68 SGB VIII nicht analog angewandt werden.[106] Es gilt vielmehr das BDSG i.V.m. der EU-DS-GVO (vgl. zu Einzelheiten des Datenschutzes Rn. 146 ff.).

Widerspricht ein – insoweit einsichtsfähiger – Minderjähriger der Weitergabe von Daten, so ist der Verfahrensbeistand regelmäßig daran gebunden, soweit keine Anhaltspunkte für eine Kindeswohlgefährdung vorliegen (strittig; vgl. weiter Rn. 153).[107] Bei einer schuldhaften Pflichtverletzung des Verfahrensbeistands kommt eine Haftung nach Art. 82 Abs. 1 DS-GVO in Betracht (vgl. weiter Rn. 155).[108]

164 Tatsachen, die ein zum Verfahrensbeistand bestellter **Rechtsanwalt** im Rahmen der Ausübung seiner Tätigkeit als Verfahrensbeistand erlangt hat, unterliegen **nicht** der anwaltlichen Verschwiegenheitspflicht aus § 43a Abs. 2 BRAO, weil der Verfahrensbeistand diese Tatsachen nicht in seiner spezifischen Eigenschaft als Angehöriger der Berufsgruppe der Rechtsanwälte erlangt hat. Die **Verschwiegenheitspflicht** soll sich aber für alle (auch für die nicht anwaltlichen) Verfahrensbeistände aus §§ 158 und 158b FamFG iVm. Art. 2 Abs. 1, 1 Abs. 1 GG ergeben.[109]

165 Dem Verfahrensbeistand – egal welcher berufsspezifischer Qualifikation (also auch einem Sozialarbeiter oder einem Sozialpädagogen) – steht in Bezug auf Tatsachen, die er in Ausübung dieser Tätigkeit zur Kenntnis genommen hat, ein **Zeugnisverweigerungsrecht** aus §§ 29 Abs. 1 FamFG iVm. 383 Abs. 1 Nr. 6 ZPO zu, weil er als parteilicher Interessenvertreter des Kindes tätig geworden ist und ihm in dieser Funktion ein zu schützendes Vertrauen des Kindes und von Familienangehörigen entgegenge-

---

105 OLG Braunschweig FamRZ 2012, 1408, 1410 = FamFR 2012, 187; so auch Fricke ZfJ 2002, 41 ff.; Kunkel FPR 2000, 113; Hannemann/Kunkel FamRZ 2004, 1837 f. Dazu auch Gummersbach S. 355 ff.; Röchling/Kunkel § 9 Rn 24.

106 A.A. Röchling/Kunkel, Anwalt des Kindes, § 9 Rn 1 ff. (zum Datenschutz), Rn 19 (zu § 68 SGB VIII); Sternal/Schäder.

107 Strittig; vgl. Sternal/Schäder, § 158b FamFG Rn192; Kunkel, FPR 2000, 111.

108 A.A. MünchKomm-FamFG/Schumann, § 158 FamFG Rn 35: §§ 1909 Abs. 1 S. 1, 1915 Abs. 1 S. 1 i.V.m. § 1833 Abs. 1 S. 1 BGB; vgl. dazu auch Koritz, FPR 2012, 568, 569 f.: Haftung entsprechend den Grundsätzen der Haftung eines Ergänzungspflegers.

109 Sternal/Schäder, § 158b FamFG Rn 19, unter Hinweis auf OLG Frankfurt, Beschl. v. 24.8.2010, 7 UF 54/10, BeckRS 2011, 3360, Hannemann/Kunkel, FamRZ 2004, 1833, 1837, und Salgo, FPR 1999, 317.

bracht wird. Dem steht nicht entgegen, dass der Verfahrensbeistand nicht der Strafbarkeit nach § 203 StGB (Verletzung von Privatgeheimnissen durch bestimmte Berufsgruppen oder Amtsträger) unterliegt. Denn der Anwendungsbereich des § 383 Abs. 1 Nr. 6 ZPO deckt sich nicht mit dem des § 203 StGB.[110] Ein Verfahrensbeistand kann sich daher z.B. in einem nachehelichen Unterhaltsverfahren unter Berufung auf sein Zeugnisverweigerungsrecht aus § 383 Abs. 1 Nr. 6 ZPO weigern, als Zeuge über die Gründe für ein Unterbleiben von Umgangskontakten des Vaters zu seinen Kindern auszusagen.[111]

Zweifelhaft ist, ob das Zeugnisverweigerungsrecht auch für **Strafverfahren** gilt. Denn ein Zeugnisverweigerungsrecht ergibt sich weder aus § 52 noch aus § 53 StPO.[112]

110 OLG Braunschweig FamRZ 2012, 1408; Zöller/Greger, 29. Aufl., § 383 ZPO, Rn 16; so auch Fricke, ZfJ 2002, 41 ff.; Kunkel, FPR 2000, 113; Hannemann/Kunkel, FamRZ 2004, 1837 f.; vgl. dazu auch Gummersbach S. 355 ff.; Röchling/Kunkel § 9 Rn 24.

111 Vgl. OLG Braunschweig FamRZ 2012.

112 OLG Frankfurt, Beschl. v. 15.12.2016, 2 Ws 119/16, ZKJ 2017, 200.

D Überblick über die Entschädigung von Verfahrensbeiständen

Übersicht Rn.

I. Vergütung und Aufwendungsersatz des Verfahrensbeistandes (§ 158c FamFG)

§ 158c Vergütung; Kosten 166

(1) Der Verfahrensbeistand erhält für die Wahrnehmung seiner Aufgaben in jedem Rechtszug jeweils eine einmalige Vergütung von 690 Euro. Bestellt das Gericht denselben Verfahrensbeistand für mehrere in demselben Haushalt lebende Kinder, erhält er ab dem zweiten Kind jeweils eine Pauschale in Höhe von 555 Euro.

(2) Dem Verfahrensbeistand sind die Kosten für die Beauftragung eines Dolmetschers oder Übersetzers oder eines anderen geeigneten Sprachmittlers zu ersetzen, wenn das Gericht die Zuziehung nach § 158b Absatz 2 gestattet hat. Die Höhe der zu ersetzenden Kosten ist auf die nach dem Justizvergütungs- und -entschädigungsgesetz zu zahlenden Beträge beschränkt. Im Übrigen deckt die Vergütung alle weiteren Ansprüche

auf Ersatz der anlässlich der Verfahrensbeistandschaft entstandenen Aufwendungen ab.

(3) Vergütung und Aufwendungsersatz sind stets aus der Staatskasse zu zahlen. Der Vergütungsanspruch und der Anspruch auf Aufwendungsersatz erlöschen, wenn sie nicht binnen 15 Monaten nach ihrer Entstehung beim Gericht geltend gemacht werden. § 292 Absatz 1 und 5 ist entsprechend anzuwenden.

(4) Dem Verfahrensbeistand sind keine Kosten aufzuerlegen.

Die Wertschätzung einer beruflichen Tätigkeit zum Wohl von Kindern und Jugendlichen vor Gericht zeigt sich nicht nur, aber eben auch an der Höhe der Vergütung von Verfahrensbeiständen.

Diese war seit ihrer Einführung durch § 158 Abs. 7 Satz 2 bis 4 FamFG (a.F.) am 1.9.2009 bis März 2025 der Höhe nach unverändert geblieben. Auch das zum 1.7.2021 in Kraft getretene Gesetz zur Bekämpfung sexualisierter Gewalt gegen Kinder vom 16.6.2021 hatte es verabsäumt, die seit über 15 Jahren (!) unverändert gebliebenen Fallpauschalen in Höhe von 350 EUR und 550 EUR auch nur den gestiegenen Lebenshaltungskosten anzupassen (vgl. § 158c Abs. 1 FamFG a.F.). Wegen der viel zu lange unverändert gebliebenen Vergütungspauschalen befürchteten Fachleute und Fachverbände bereits in der Vergangenheit zu Recht die **Gefährdung einer sachgerechten Interessenvertretung** von Minderjährigen vor Gericht.[1]

Dabei ist zu berücksichtigen, dass ab 1.7.2021 mit § 158a FamFG erhöhte Anforderungen an die fachliche Eignung der Verfahrensbeistände eingeführt worden sind, welche auch eine Fortbildungspflicht mindestens alle zwei Jahre beinhaltet. Allein wegen der hierdurch anfallenden **Fortbildungskosten** war es jetzt höchste Zeit, die Höhe der Fallpauschalen den seit September 2009 zu verzeichnenden Steigerungen der Lebenshaltungskosten und den seit 1.7.2021 gestiegenen fachlichen Anforderungen an die Tätigkeit von Berufsverfahrensbeiständen anzupassen.

Die obergerichtliche Rechtsprechung zur Vergütung der Verfahrensbeistände hat in der Vergangenheit im Übrigen auch dazu beigetragen, dass der BGH die Vergütungsregelung in § 158 Abs. 7 Satz 2 bis 4 FamFG (a.F.) noch für eine insgesamt auskömmliche Mischkalkulation halten konnte.[2]

167 Die seit 2009 unveränderte Vergütung der Verfahrensbeistände wurde mit der im April 2025 aktualisierten Rechtslage insgesamt angehoben und als **Einheitspauschale** ausgestaltet (§ 158c Absatz 1 Satz 1 FamFG n.F.). Aufgegeben wurde zudem die Abhängigkeit der Gewährung der Vergütung von der berufsmäßigen Führung der Verfahrensbeistandschaft. Eingeführt wurde eine **reduzierte Geschwisterpauschale** ab dem zweiten vom selben Verfahrensbeistand vertretenen Geschwisterkind aus demselben Haushalt (Absatz 1 Satz 2). Zudem gibt es jetzt eine Ausnahme vom Grundsatz der Auslagendeckung durch die Pauschale und eine **Erstattung von Dolmetscherauslagen** (§ 158c Abs. 2 FamFG n.F. i.V.m. § 158b Abs. 2 Satz 1 und 2 FamFG

1 Vgl. nur Salgo ZKJ 2009, 49; Wacker/Prenzlow, FPR 2011, 15; Bode, ZKJ 2009, 410, 412; Menne, ZKJ 2008, 461.

2 BGH NJW 2013, 3724 Rn 16 ff.

n.F.). Klargestellt wurde außerdem, wann der Vergütungsanspruch des Verfahrensbeistandes erlischt (§ 158c Abs. 3 Satz 2 FamFG n.F.).

§ 158c Abs. 1 Satz 1 FamFG regelt weiterhin die Vergütungspauschale. Das mit dem Gesetz zur Reform des Verfahrens in Familiensachen und in den Angelegenheiten der freiwilligen Gerichtsbarkeit (FamFG) 2009 eingeführte **Pauschalvergütungssystem** habe sich in der Praxis bewährt. Es ermögliche eine schnelle und unbürokratische Abrechnung und werde allseits als praktikabel angesehen und akzeptiert. An der Pauschalvergütung wurde daher insgesamt festgehalten.[3] Aufgegeben wurde dagegen die Staffelung der Aufgabenkreise in originären und erweiterten Aufgabenkreis (vgl. § 158b Absatz 1 FamFG n.F.).

Mit der neuen Fassung des § 158b Abs. 1 FamFG wird die bisherige Aufteilung in ei- **168**
nen originären (Abs. 1 a.F.) und erweiterten Aufgabenkreis (Abs. 2 a.F.) aufgehoben. Abs. 1 stellt nunmehr klar, dass die Gespräche mit den Eltern und anderen Bezugspersonen, wie auch das Mitwirken an einer einvernehmlichen Regelung zu den Tätigkeiten des Verfahrensbeistandes zum Zwecke seiner originären Aufgabenerfüllung gehören.

Der neue Absatz 2 regelt die Voraussetzungen und den Zeitpunkt der **Hinzuziehung eines Dolmetschers** durch den Verfahrensbeistand.

§ 158c Abs. 1 FamFG n.F. wurde infolgedessen neu gefasst. Es gibt jetzt nur noch einen Aufgabenkreis, denn eine effektive Interessenwahrnehmung des Kindes macht in aller Regel auch **Gespräche mit Eltern und/bzw. weiteren Bezugspersonen des Kindes** notwendig. Insbesondere bei jüngeren Kindern, auf die das Aufgabenprofil der Verfahrensbeistandschaft vornehmlich zugeschnitten ist,[4] ist ein Gespräch mit den Eltern in aller Regel unumgänglich.

Mit diesen Änderungen gibt es die gestaffelte Vergütung nicht mehr, sondern nur noch eine einheitliche Vergütung in Form einer **Einheitspauschale**.

Die bisherige Grundpauschale im einfachen Aufgabenkreis orientierte sich an der Vergütung für einen in einer Kindschaftssache tätigen Rechtsanwalt nach dem **Rechtsanwaltsvergütungsgesetz – RVG**.[5] Die Vergütung des Verfahrensbeistands wurde bewusst an der gebührenorientierten Vergütung der Rechtsanwälte orientiert, um einen Gleichlauf mit der Vergütung der Rechtsanwälte in Kindschaftssachen herzustellen. An dieser Orientierung wird mit dem neuen Recht festgehalten. Grundlage der Bemessung der Vergütung sollen die Regelwertgebühren sein, die ein beigeordneter Rechtsanwalt in einer Kindschaftssache aus der Staatskasse verlangen kann. Diese sind bis zu einem Gegenstandswert von 4.000 EUR mit den Gebühren des Wahlanwalts identisch.

3 Entwurf BMJ eines Gesetzes zur Verbesserung des Schutzes von gewaltbetroffenen Personen im familiengerichtlichen Verfahren, zur Stärkung des Verfahrensbeistands und zur Anpassung sonstiger Verfahrensvorschriften, S. 40 ff. mit Hinweis auf Ekert/Heiderhoff, Die Evaluierung der FGG-Reform, 2018, 117 ff.

4 Entwurf BMJ, Rn. 285 – mit Hinweis auf BT-Drucks 16/9733, S. 294.

5 Entwurf BMJ, Rn. 285 – mit Hinweis auf BT-Druks. 16/9733, S. 294.

Ein Rechtsanwalt kann in einer Kindschaftssache regelmäßig folgende Gebührensätze nach § 13 RVG bzw. § 49 RVG aus dem geltenden Gegenstandswert verlangen: 1,3 Verfahrensgebühr (Nr. 3100 VV RVG) und 1,2 Terminsgebühr (Nr. 3104 VV RVG). Bei einem derzeitigen Gegenstandswert von 4.000 EUR in einer Regelkindschaftssache (§ 45 Abs. 1 FamGKG i.V.m. §§ 3 Abs. 1, 32 Abs. 1 RVG) entspricht das aktuell einer Vergütungshöhe von 695 EUR (361,40 EUR + 333,60 EUR). Der Rechtsanwalt erhält daneben eine Pauschale für Post und Telekommunikation (Nr. 7002 VV RVG) und 19 % MwSt (Nr. 7008 VV RVG).

Mit Blick auf den **gewünschten Gleichlauf der Vergütungen** soll die neue Einheitspauschale den vollen Regelgebührensätzen von 2,5 (1,3 Verfahrens- und 1,2 Terminsgebühr) unter Wegfall der bisherigen Beschränkung auf den Gebührensatz von 2,0 entsprechen. Damit stellt die nicht nur fachlich gewünschte Orientierung an der Rechtsanwaltsvergütung auch für zukünftige Vergütungsanpassungen eine solide und kalkulierbare Grundlage für alle Beteiligten dar.[6]

1. Vergütung des Verfahrensbeistandes (§ 158c Abs. 1 FamFG)

169 158c Abs. 1 FamFG n.F. bestimmt für den berufsmäßig tätigen Verfahrensbeistand eine einmalige Pauschalvergütung i.H.v. **690 EUR** (**Einheitspauschale**), die sich für jedes weitere Kind ab dem zweiten zu vertretenden Kind, das in demselben Haushalt lebt, auf **555 EUR** reduziert. Die Fallpauschale entsteht bei entsprechender Bestellung des Verfahrensbeistandes und bildet nunmehr auch **Gespräche mit den Eltern** und anderen wichtigen Bezugspersonen des Kindes ab; das gilt auch für die Mitwirkung des Verfahrensbeistandes an der Herstellung von Einvernehmen über den Verfahrensgegenstand (vgl. § 158b Abs. 1 Satz 4 FamFG n.F.).

Gemäß der **Übergangsbestimmung** des § 493 Abs. 4 Satz 2 FamFG n.F. ist § 158c Abs. 1 FamFG **n.F.** mit den neuen Pauschalvergütungssätzen allerdings nicht anzuwenden auf Verfahrensbeistandschaften, die vor dem 10.4.2025 angeordnet wurden; insoweit ist § 158c Abs. 1 FamFG in der bis dahin geltenden Fassung mit den Fallpauschalen in Höhe von 350 EUR oder – bei erweitertem Aufgabenkreis – 550 EUR weiter maßgeblich.

170 Der gerichtlichen Praxis erschien es für eine effektive Wahrnehmung der Interessen der betroffenen Kinder seit Jahren in immer mehr Fällen geboten, die Führung von Gesprächen mit den Eltern und sonstigen Bezugspersonen des Kindes für erforderlich zu halten und damit – nach bisherigem Recht – einen Anspruch des Verfahrensbeistands auf die große Entschädigungspauschale von 550 EUR zu begründen (§§ 158b Abs. 2, 158c Abs. 1 Satz 2 FamFG a.F.). Im Befragungszeitraum August 2016 bis Februar 2017 haben fast 82 % der im Rahmen eines Forschungsprojektes

6 Entwurf BMJ eines Gesetzes zur Verbesserung des Schutzes von gewaltbetroffenen Personen im familiengerichtlichen Verfahren, zur Stärkung des Verfahrensbeistands und zur Anpassung sonstiger Verfahrensvorschriften, S. 40 ff.

befragten 404 Familienrichter angegeben, zwischen 80 und 100 % ihrer Fälle mit der sog. großen Fallpauschale vergütet zu haben.[7]

Durch die zum 11.4.2025 erfolgte Neufassung des § 158b Abs. 1 FamFG wird nunmehr klargestellt, dass das Führen von Gesprächen mit den Eltern und weiteren Bezugspersonen allgemein zur Aufgabenwahrnehmung gehört, wenn dies nach Einschätzung des Verfahrensbeistands zur Feststellung der Interessen des Kindes erforderlich ist. Einer gesonderten Aufgabenübertragung des Gerichts bedarf es insoweit nicht mehr.[8]

Die Einheitspauschale entsteht gemäß § 158c Abs. 1 Satz 1 FamFG **in jedem** 171
Rechtszug. Dies gilt auch für eine Verfassungsbeschwerde.

Die Pauschale fällt für jeden Verfahrensgegenstand (Umgangs-, Sorgerechts-, Kinderschutzverfahren) gesondert an. Wird der Verfahrensbeistand also bei mehreren unterschiedlichen Verfahrensgegenständen betreffend ein Kind (z.B. Sorge- und ein Umgangsrechtsverfahren) tätig, hat gesondert **für jeden Verfahrensgegenstand** die Bestellung zu erfolgen; dies gilt auch dann, wenn diese Verfahren zur gemeinschaftlichen Verhandlung zu einem Verfahren verbunden werden.[9] Maßgeblich dafür, ob es sich um verschiedene Angelegenheiten handelt, ist nicht die Aktenführung des Gerichts, sondern die Einheitlichkeit oder Verschiedenheit der Angelegenheiten, zu welchen die Bestellung als Verfahrensbeistand erfolgte.[10]

Sind von einem Verfahrensgegenstand mehrere Kinder betroffen, ist ggf. **für jedes** 172
Kind eine Verfahrensbeistandschaft anzuordnen, die ggf. von demselben Verfahrensbeistand übernommen wird. Es entsteht dann gemäß inzwischen gefestigter Rechtsprechung der Obergerichte der Anspruch auf mehrere Fallpauschalen, also

7 So die Ergebnisse des Forschungsprojektes der Hochschule für angewandte Wissenschaft und Kunst Hildesheim/Holzminden/Göttingen, Fakultät Soziale Arbeit und Gesundheit, Mai 2017: Die ‚Geeignetheit' von Verfahrensbeiständen gemäß § 158 FamFG, Hildesheim 2017, in Soziale Arbeit und Gesundheit im Gespräch Nr. 7/2017, www.hawk.de/sites/default/files/2018-07/s_17_06_16_bros_web.pdf (Abruf am 9.9.2024); dazu Dahm, ZKJ 2017, 341 ff.

8 Vgl. OLG Braunschweig FamRZ 2012.

9 BGH Rpfleger 2014, 81, 82, Rn 17; NJW 2012, 3100 = FamRZ 2012, 1630 Rn 12; NJW 2011, 455 und 1451; OLG München ZKJ 2013, 260, unter Aufgabe seiner anderslautenden Entscheidung in NJW 2012, 3735; Menne, ZKJ 2009, 68, 74.

10 OLG Frankfurt ZKJ 2014, 113–114: Wenn die Bestellung des Verfahrensbeistands in verschiedenen Angelegenheiten erfolgt ist, kann der Verfahrensbeistand die Vergütung in jeder Angelegenheit, in der er bestellt ist, beanspruchen. Verschiedene Angelegenheiten liegen etwa dann vor, wenn das Gesetz – wie etwa beim Verfahren auf Erlass einer einstweiligen Anordnung im Verhältnis zum Hauptsacheverfahren (§ 51 Abs. 3 Satz 1 FamFG) – die Verfahren jeweils als selbstständige Verfahren definiert (BGH, Beschl. v. 17.11.2010, XII ZB 478/10, FamRZ 2011, 199). Aber auch dann, wenn von der Bestellung verschiedene Kindschaftssachen betroffen sind, fällt die Vergütung hinsichtlich jeder Angelegenheit gesondert an, selbst wenn diese verschiedenen Angelegenheiten in einem einzigen Verfahren betrieben werden (BGH, Beschl. v. 1.8.2012, XII ZB 456/11, FamRZ 2012, 1630).

gesonderte Pauschalen für jedes Kind.[11] Bestellt das Gericht denselben Verfahrensbeistand für mehrere in **demselben Haushalt** lebende Kinder, erhält er allerdings ab dem zweiten Kind nur jeweils eine reduzierte Pauschale in Höhe von 555 EUR (§ 158c Abs. 1 Satz 2 FamFG).[12]

Im Hinblick auf die Vergütung nach altem Recht (bis 10.4.2025) hatte der BGH entschieden, dass dem Verfahrensbeistand eine Vergütungspauschale für jedes Kind zu gewähren ist, da der Verfahrensbeistand das Interesse jedes Kindes einzeln festzustellen und im Verfahren zur Geltung zu bringen hat[13] (vgl. weiter Rn. 296). Dies lasse jedoch außer Acht, dass für den Verfahrensbeistand bei der Vertretung mehrerer **Geschwisterkinder** einer Familie in aller Regel gewisse **Synergieeffekte** entstehen. So ergibt sich laut Entwurfsbegründung im Rahmen der Elterngespräche eine gewisse Zeitersparnis, weil die grundsätzliche Familiensituation und das soziale Umfeld in der Regel für alle beteiligten Kinder identisch, jedenfalls häufig vergleichbar sind. Auch hinsichtlich der Fahrtkosten bei der Wahrnehmung der Hausbesuche und gerichtlichen Termine sowie des Verfassens seiner Stellungnahme entstehen gewisse Zeit- und Kostenersparnisse.

Demgegenüber muss der Verfahrensbeistand trotz dieser Synergieeffekte die Interessen jedes einzelnen Kindes gesondert feststellen. Dies wird umso wichtiger, wenn die **Interessen der Geschwisterkinder auseinanderfallen** und sich möglicherweise sogar widersprechen, die Kinder an unterschiedlichen Orten leben oder auch, wenn ein erheblicher Altersunterschied zwischen den Kindern besteht. Dann sind ggf. unterschiedliche Fragestellungen mit den Eltern und zum Teil auch unterschiedlichen weiteren Bezugspersonen zu erörtern. Letztlich könnte das Gericht jedem Kind auch einen eigenen Verfahrensbeistand bestellen.

Insofern sind die zu erwartenden Synergieeffekte nicht von einer Erheblichkeit, die einen Abzug von der Grundpauschale von mehr als 20 Prozent für jedes weitere Geschwisterkind zuließe. Vor diesem Hintergrund wurde der Betrag für weitere Kinder auf 555 EUR je weiteres in demselben Haushalt lebende Kind festgesetzt.[14]

173 Lebt das zu vertretende weitere Kind allerdings in einem **anderen Haushalt** als das erste zu vertretende Kind, so entfallen die in der Entwurfsbegründung für die reduzierte Grundpauschale genannten zeit- und kostenreduzierenden Synergieeffekte, so dass auch für das weitere zu vertretende Kind eine (weitere) Pauschale in Höhe von 690 EUR anfällt. Im Einzelfall wird es in solchen Fällen voraussichtlich einen Auslegungsstreit mit den Vertretern der Staatskasse geben, ob sich der Lebensmittelpunkt des Geschwisterkindes in demselben oder in einem anderen Haushalt befindet.

---

11 In diesem Sinne BGH FamRZ 2014, 373, 374; FamRZ 2010, 1893; FamRZ 2010, 1896; vgl. bereits OLG Stuttgart, Beschl. v. 21.1.2010, 8 WF 14/10; OLG Frankfurt a.M. FamRZ 2010, 666; OLG München, Beschl. v. 20.5.2010, 11 WF 570/10; OLG Oldenburg, Beschl. v. 28.4.2010, 11 WF 64/10; Sternal/Schäder, § 158c FamFG Rn. 6; MünchKomm/Schumann, § 158 FamFG, 2018, Rn 48 m.w.N.; Menne, ZKJ 2009, 68, 74; in diesem Sinne auch BVerfG, 2. Kammer des Ersten Senats, Beschl. v. 9.11.2009, 1 BvR 2146/09; m. Anm. Menne, ZKJ 2010, 70.

12 Vgl. OLG Braunschweig FamRZ 2012.

13 BGH, Beschl. v. 15.9.2010, XII ZB 209/10.

14 Vgl. OLG Braunschweig FamRZ 2012.

Praxistipp

Bei der Geltendmachung der Vergütung für mehrere vertretene Kinder ist zu prüfen, ob die Geschwisterkinder in demselben oder in einem anderen Haushalt leben. Von einem anderen Haushalt und einer Vergütung mit der höheren Fallpauschale von 690 EUR – statt 555 EUR – ist auszugehen, wenn sich die beschriebenen Synergieeffekte weitgehend, d.h. nahezu komplett reduzieren (z.B.: Wechselmodell mit auch räumlich entfernt liegenden Elternhaushalten und anderen Bezugspersonen des weit älteren oder jüngeren Geschwisterkindes). Bei einer solchen Abrechnung der Vergütung sollte auf die oben ausgeführte Begründung des Gesetzentwurfes zu § 158c Abs. 1 Satz 2 FamFG verwiesen werden; es muss allerdings mit Widerstand der Staatskasse gerechnet werden, da die Auslegung des Begriffes desselben Haushaltes im Einzelfall umstritten sein wird. Dazu ergehende Rechtsprechung sollte dringend beachtet werden.

Auch für Verfahren des **einstweiligen Rechtsschutzes** (einstweiliges Anordnungsverfahren) ist eine gesonderte Verfahrensbeistandschaft anzuordnen, da es sich bei dem Verfahren auf Erlass einer einstweiligen Anordnung und dem Hauptsacheverfahren nach § 51 Abs. 3 Satz 1 FamFG auch dann um jeweils eigenständige Verfahren handelt, wenn ein Hauptsacheverfahren bei Stellung des Antrages auf Erlass einer einstweiligen Anordnung bereits beim Gericht anhängig war.[15] Eine Anrechnung der für das eine Verfahren zu gewährenden Pauschale auf die für das andere Verfahren anfallende Pauschale findet mangels entsprechender Anrechnungsvorschriften nicht statt.[16] **174**

Die Fallpauschalen deckten nach § 158 Abs. 7 Satz 4 FamFG a.F. (also bis 2021) auch Ansprüche der Verfahrensbeistandschaft auf **Aufwendungsersatz** und die auf die Vergütung entfallende **Umsatzsteuer** ab. Nach der Entscheidung des BFH vom 17.7.2019 war die damalige Gesetzesformulierung dahingehend auslegbar, dass die Umsatzsteuer nur dann als Bestandteil der Vergütung zu sehen ist, wenn sie nach Umsatzsteuerrecht geschuldet wird. Weiter hatte der BFH festgestellt, dass die Tätigkeit des Verfahrensbeistandes **umsatzsteuerfrei** ist.[17] **175**

Die Neuregelung der Vergütung des Verfahrensbeistandes durch § 158c FamFG bestimmt nunmehr in Übereinstimmung mit der obergerichtlichen Rechtsprechung des BFH, dass die Vergütungspauschalen des berufsmäßig tätigen Verfahrensbeistandes – unter Wegfall der auf die Vergütung entfallenden Umsatzsteuer – nur noch die Ansprüche auf Ersatz anlässlich der Verfahrensbeistandschaft entstandener Aufwendungen abdecken. **Fahrt**- und vor allem auch **Dolmetscherkosten** (für Gespräche mit der deutschen Sprache nicht mächtigen Kindern) sind allerdings – auch nach der Neufassung der Vergütungsbestimmungen – nicht gesondert erstattungs-

15 Ebenso Menne, ZKJ 2009, 68, 74.
16 BGH RPfleger 2014, 81, 82; Beschl. v. 17.11.2010, XII ZB 478/10, FamRZ 2011, 199 Rn. 13 ff.; ebenso OLG Saarbrücken, ZKJ 2010, 378; Menne, ZKJ 2009, 68, 74.
17 BFH, Urt. v. 17.7.2019, V R 27/17, juris.

fähig, soweit nicht das Gericht im Einzelfall die Übernahme der entsprechenden Aufwendungen (für einen Dolmetscher) ausdrücklich zugesichert hatte.[18]

§ 158c Abs. 2 FamFG n.F. regelt weiterhin den Ersatz von Aufwendungen des Verfahrensbeistandes. Am Grundsatz, dass die Pauschale alle Ansprüche auf Aufwendungen abdecken soll, die im Rahmen der Führung der Verfahrensbeistandschaft entstehen, wird mit **Ausnahme von Dolmetscher- und Übersetzerkosten** festgehalten. Auslagen für die notwendige Hinzuziehung eines Dolmetschers oder Übersetzers sollen folglich unter besonderen Voraussetzungen erstattet werden können. Voraussetzung hierfür ist, dass das Gericht die Notwendigkeit der Hinzuziehung eines Dolmetschers oder Übersetzers für die Kommunikation des Verfahrensbeistands mit dem Kind oder weiterer Bezugspersonen des Kindes **vorab durch Beschluss** feststellt (§ 158b Abs. 2 Satz 1 FamFG n.F.). Eine entsprechende Zuziehungsgestattung kann auch bereits im Bestellungsbeschluss des Verfahrensbeistandes formuliert werden.

Hierdurch wird die Abrechnung der Dolmetscherkosten als besondere **gerichtliche Auslagen** eröffnet. Die Höhe der zu ersetzenden Kosten beschränkt sich auf die nach Justizvergütungs- und -entschädigungsgesetz (JVEG) für die Hinzuziehung eines Dolmetschers oder Übersetzers zu zahlenden Beträge (§ 158c Abs. 2 Satz 2 FamFG). Aufgrund einer aktuellen Änderung des § 9 Abs. 5 JVEG beträgt die Obergrenze des Dolmetscherhonorars nun 93 EUR je Stunde. Einen **Vorschuss auf die Kosten** für die Beauftragung eines Sprachmittlers sieht das Gesetz hingegen nicht vor.

Die Regelung ist vor dem Hintergrund der uneinheitlichen Rechtsprechung erforderlich.[19] Um Rechtssicherheit zu schaffen und eine bundeseinheitliche Rechtsanwendung in einer derart bedeutsamen Angelegenheit zu sichern, war eine gesetzliche Klarstellung dringend geboten. Mit der Auslagenerstattung soll ein Absenken der Standards bei der Interessenvertretung verhindert und vermieden werden, dass Ver-

---

18 Strittig; vgl. BGH FamRZ 2014, 191–192 im Anschluss an Senatsbeschluss vom 9.10.2013, XII ZB 667/12, NJW 2013, 3724; Fortführung von Senatsbeschluss vom 15.9.2010, XII ZB 209/10, BGHZ 187, 40, 49 f. = FamRZ 2010, 1893 Rn. 32 f.: Mit den Fallpauschalen des § 158c FamFG sind sämtliche Aufwendungen des Verfahrensbeistands abgegolten. Dies gilt auch bei im Einzelfall erheblichen Fahrtkosten. OLG Frankfurt, Beschl. v. 17.10.2013, 5 WF 249/13; OLG Braunschweig, Beschl. v. 20.6.2023, 1 WF 61/23: Dolmetscherkosten gesondert erstattungsfähig. Dagegen sah das OLG Hamm die Kommunikation des Verfahrensbeistandes als „ureigensten" Teil seiner Aufgabenwahrnehmung an, so dass die Dolmetscherkosten vollumfänglich von der Pauschale abgedeckt seien (vgl. OLG Hamm, Beschl. v. 14.4.2023 – 6 WF 15/23; so auch OLG München, Beschl. v. 28.10.2015, 11 WF 1365); BGH, Beschl. v. 25.9.2024, XII ZB 110/23: Gesonderte Zusicherung von Dolmetschergebühren ist unzulässig!

19 In diesem Sinne BGH FamRZ 2014, 373, 374; FamRZ 2010, 1893; FamRZ 2010, 1896; vgl. bereits OLG Stuttgart, Beschl. v. 21.1.2010, 8 WF 14/10; OLG Frankfurt a.M. FamRZ 2010, 666; OLG München, Beschl. v. 20.5.2010, 11 WF 570/10; OLG Oldenburg, Beschl. v. 28.4.2010, 11 WF 64/10; Sternal/Schäder, § 158c FamFG Rn. 6; MünchKomm/Schumann, § 158 FamFG, 2018, Rn 48 m.w.N.; Menne, ZKJ 2009, 68, 74; in diesem Sinne auch BVerfG, 2. Kammer des Ersten Senats, Beschl. v. 9.11.2009, 1 BvR 2146/09; m. Anm. Menne, ZKJ 2010, 70.

fahrensbeistände ggf. Fälle, in der ein Dolmetscher erforderlich wird, gar nicht erst mehr annehmen.[20]

Praxistipp

Vor der Beauftragung eines Dolmetschers ist ein gesonderter Beschluss des Gerichts zur Gestattung bzw. der Erforderlichkeit der Hinzuziehung eines Sprachmittlers herbeizuführen, um die Erstattungsfähigkeit der entsprechenden Aufwendungen zu sichern!

2. Ersatz von Aufwendungen des nicht berufsmäßigen Verfahrensbeistandes (§ 158c Abs. 2 FamFG a.F.)

§ 158c Abs. 2 FamFG a.F. verwies für den ehrenamtlich tätigen Verfahrensbeistand auf § 277 Abs. 1 FamFG und damit auf den Anspruch des Verfahrensbeistands auf Aufwendungsersatz nach §§ 1877 Abs. 1 BGB. Allerdings blieb für die ehrenamtliche Tätigkeit des Verfahrensbeistandes kaum noch Raum, erforderte es doch in aller Regel einer berufsmäßigen Tätigkeit eines entsprechend qualifizierten Verfahrensbeistandes. **176**

Die Regelung über den Vergütungsanspruch des nicht berufsmäßigen Verfahrensbeistands ist daher mit der im April 2025 in Kraft getretenen Neuregelung der §§ 158b und 158c FamFG entfallen. Bereits vor Einführung der besonderen Eignungsanforderungen für Verfahrensbeistände in § 158a FamFG wurden Verfahrensbeistandschaften fast ausschließlich von berufsmäßigen Verfahrensbeiständen geführt. Mit Einführung der besonderen Eignungsvoraussetzungen ist klargestellt, dass der Verfahrensbeistand eine **besondere Berufsqualifikationen** mitbringen muss. Aus diesem Grund kommt die Bestellung eines ehrenamtlichen Verfahrensbeistands nicht mehr in Betracht. Ein Verfahrensbeistand, der die Eignungsvoraussetzungen an die Verfahrensbeistandschaft erfüllt, soll, auch wenn er nicht berufsmäßig im Sinne des Vormünder- und Betreuervergütungsgesetzes (VBVG) tätig ist, dieselbe Vergütung erhalten. Ein bloßer Ersatz von Aufwendungen wäre dem Anforderungs- und Aufgabenprofil des Verfahrensbeistandes nicht angemessen. Die besondere Regelung zum Auslagenersatz des nicht berufsmäßigen Verfahrensbeistands konnte daher gestrichen werden.[21]

3. Aufwendungsersatz und Vergütung durch die Staatskasse (§ 158c Abs. 3 Satz 1 FamFG)

§ 158c Abs. 3 Satz 1 FamFG bestimmt, dass die Entschädigung des Verfahrensbeistands stets aus der **Staatskasse** zu zahlen ist. Der Aufwendungsersatz (z.B. für Dol- **177**

20 Vgl. Entwurf BMJ eines Gesetzes zur Verbesserung des Schutzes von gewaltbetroffenen Personen im familiengerichtlichen Verfahren, zur Stärkung des Verfahrensbeistands und zur Anpassung sonstiger Verfahrensvorschriften, S. 40 ff.

21 Vgl. Referentenentwurf des Bundesministeriums der Justiz eines Gesetzes zur Verbesserung des Schutzes von gewaltbetroffenen Personen im familiengerichtlichen Verfahren, zur Stärkung des Verfahrensbeistands und zur Anpassung sonstiger Verfahrensvorschriften, S. 42.

metscherkosten) und die Vergütung des Verfahrensbeistandes sind also stets aus der Staatskasse zu zahlen. Diese Kosten sind Teil der **Gerichts- bzw. Verfahrenskosten**.

Die Entscheidung über die Verfahrenskosten, die auch die Vergütung des Verfahrensbeistandes beinhalten, bestimmt sich nach §§ 80 ff. FamFG. Hiernach kann das Gericht auch von der Erhebung von Gerichtskosten absehen und damit (bestimmte) Verfahrensbeteiligte entlasten. Dies ist für den **Vergütungsanspruch** des Verfahrensbeistandes (§ 158c FamFG) jedoch irrelevant. Denn der Vergütungsanspruch bleibt davon unberührt, da er sich gemäß § 158c Abs. 3 Satz 1 FamFG stets gegen die Staatskasse richtet und von dieser unabhängig von einer Kostentragungspflicht sonstiger Verfahrensbeteiligter befriedigt wird.

178 Ein Beteiligter (z.B. die Eltern), dem die Verfahrenskosten nach §§ 80 ff. FamFG auferlegt worden sind, kann im Verfahren auf Kostenfestsetzung **keine Mängelrüge**, der Verfahrensbeistand habe schlecht gearbeitet, vorbringen. Denn mit der Erinnerung gegen den Kostenansatz können lediglich im Kostenrecht wurzelnde Einwendungen geltend gemacht werden.

Zudem wird die Vergütung des Verfahrensbeistandes vom Gesetz pauschaliert (§ 158c Abs. 1 FamFG), so dass die einzelnen Tätigkeiten des Verfahrensbeistands und deren „Qualität" nicht zu bewerten sind. Die Rüge, der Verfahrensbeistand habe schlecht gearbeitet oder sei ungeeignet gewesen, kann **nur im Hauptsacheverfahren** geltend gemacht werden, weil – ähnlich wie bei einem Sachverständigen – allein das mit der Sachentscheidung befasste Gericht beurteilen kann, inwieweit es sich von den Argumenten des Verfahrensbeistands und eventuellen, von den Beteiligten gegen die Qualität seiner Arbeit vorgebrachten Bedenken überzeugen lässt (vgl. zur Aufhebung der Bestellung Rn. 24 ff.).[22]

179 § 158c Abs. 3 Satz 3 FamFG nimmt für das Verfahren auf **Festsetzung** der Entschädigung auf das betreuungsgerichtliche Festsetzungsverfahren gemäß § 292 Abs. 1 FamFG Bezug. § 168 FamFG a.F. hingegen ist mit Inkrafttreten des Gesetzes zur Reform des Vormundschafts- und Betreuungsrechts (BGBl I 2021, S. 882) zum 1.1.2023 entfallen.

4. Keine Kostentragungspflicht des Verfahrensbeistandes (§ 158c Abs. 4 FamFG)

180 § 158c Abs. 4 FamFG bestimmt, dass dem Verfahrensbeistand **keine Verfahrenskosten** auferlegt werden können. Dies ist sachgerecht, da er allein im Interesse des Kindes tätig wird. Die Regelung gilt sowohl für das erstinstanzliche Verfahren wie auch für ein Rechtsmittelverfahren.

22 Vgl. OLG München v. 25.11.2011, 11 WF 1577/11, Rpfleger 2021, 205.

Eine entsprechende Regelung enthält § 21 Abs. 1 Satz 2 Nr. 4 FamGKG hinsichtlich der **Gerichtskosten**.[23] Das gilt allerdings entsprechend der Zwecksetzung der Norm nur, soweit der Verfahrensbeistand nicht in seinen ureigenen Angelegenheiten (z.B. seiner eigenen Entschädigung) handelt.

Legt der Verfahrensbeistand im Interesse des Kindes Verfassungsbeschwerde ein, werden ihm die Kosten regelmäßig nicht auferlegt werden, da dann allenfalls eine sog. **Missbrauchsgebühr** erhoben wird.

II. Vergütung und Aufwendungsersatz

1. Entschädigungsansprüche ehrenamtlicher Verfahrensbeistände

Soweit eine ehrenamtliche Tätigkeit angesichts der nach §§ 158a Abs. 1 Satz 1, 158 **181**
Abs. 1 Satz 1 FamFG erforderlichen Grundkenntnisse für eine Bestellung als Verfahrensbeistand[24] überhaupt praxisrelevant ist,[25] soll hier kurz auf die Vergütungsansprüche ehrenamtlicher Verfahrensbeistände eingegangen werden. Denn es ist immerhin nicht auszuschließen, dass Personen mit sozialpädagogischer, pädagogischer, juristischer oder psychologischer Berufsqualifikation oder einer für die Tätigkeit als Verfahrensbeistand spezifischer Zusatzqualifikation[26] – mit ihrer Zustimmung – eine Verfahrensbeistandschaft **im Ausnahmefall** auch einmal ehrenamtlich führen.[27]

Ein Verfahrensbeistand, der die Eignungsvoraussetzungen an die Verfahrensbei- **182**
standschaft erfüllt, soll, auch wenn er nicht berufsmäßig im Sinne des Vormünder- und Betreuervergütungsgesetzes (VBVG) tätig ist, **dieselbe Vergütung** wie ein berufsmäßiger Verfahrensbeistand erhalten. Ein bloßer Ersatz von Aufwendungen wäre dem Anforderungs- und Aufgabenprofil des Verfahrensbeistandes (§§ 158a, 158b FamFG) nicht angemessen. Die besondere Regelung zum Auslagenersatz des

23 Vgl. Sternal/Schäder, FamFG, 21. Aufl., § 158c FamFG Rn. 17; OLG Frankfurt, Beschl. v. 17.10.2013, 5 WF 249/13, FamRZ 2014, 1135 – hiergegen erhobene Rechtsbeschwerde unzulässig: BGH, Beschl. v. 15.4.2015, XII ZB 642/13, juris.

24 „Grundkenntnisse auf den Gebieten des Familienrechts, insbesondere des Kindschaftsrechts, des Verfahrensrechts in Kindschaftssachen und des Kinder- und Jugendhilferechts, sowie Kenntnisse der Entwicklungspsychologie des Kindes." Vgl. zu Einzelheiten BT-Drucks. 19/ 23707, 54.

25 Vgl. insoweit bestätigend BT-Drucks. 19/ 23707, 56, zu § 158c FamFG: Entsprechend der größeren praktischen Relevanz der berufsmäßig geführten Verfahrensbeistandschaft enthält Absatz 1 der Vorschrift die bislang in § 158 Abs. 7 Satz 2 bis 4 FamFG enthaltenen Regelungen zur Vergütung des berufsmäßig tätigen Verfahrensbeistands.

26 Vgl. § 158a Abs. 1 Satz 3 FamFG für den Nachweis fachlicher Eignung nach § 158a Abs. 1 Satz 1 FamFG.

27 Ein Vorrang ehrenamtlicher vor beruflich geführter Verfahrensbeistandschaft ließ sich schon der alten Fassung des § 158 FamFG nicht eindeutig entnehmen, vgl. OLG Frankfurt, FamRZ 2013, 1331.

nicht berufsmäßigen Verfahrensbeistands konnte daher mit der Neufassung des § 158c FamFG mit Wirkung 11.4.2025 gestrichen werden.[28]

183 Dienste, die der ehrenamtliche Verfahrensbeistand im Rahmen seines Gewerbes oder Berufes erbringt (§ 1877 Abs. 3 BGB), sind hier insbesondere **bei Rechtsanwälten** denkbar, die die Verfahrensbeistandschaft allerdings regelmäßig berufsmäßig führen. Für sie ist ein Vergütungsanspruch in Höhe der Gebühren des RVG regelmäßig ausgeschlossen, weil § 1877 Abs. 3 BGB keine Anwendung findet; denn § 158c Abs. 1 FamFG trifft eine abgeschlossene Vergütungsregelung für berufliche Verfahrensbeistände (vgl. in diesem Sinne § 1 Abs. 2 Satz 2 RVG).

Das gilt analog auch für Angehörige sonstiger freier Berufe, z.B. Psychologen, die eine Verfahrensbeistandschaft ehrenamtlich führen. Sie können ebenfalls nicht nach den für sie geltenden Gebührenordnungen abrechnen.

2. Berufsmäßig geführte Verfahrensbeistandschaft

184 Die Verfahrensbeistandschaft wurde nach Rechtslage bis 10.4.2025 entgeltlich geführt, wenn das Gericht bei der Bestellung des Verfahrensbeistands festgestellt hatte, dass der Verfahrensbeistand die Verfahrensbeistandschaft berufsmäßig führt (Berufsverfahrensbeistand, §§ 158c Abs. 1, 167 Abs. 1 Satz 2, 174 Satz 2, 191 Satz 2 FamFG FamFG).

§ 158c Abs. 1 FamFG i.d.F. des Gesetzes zur Bekämpfung sexualisierter Gewalt gegen Kinder vom 16.6.2021 sieht die gesonderte **Feststellung der Berufsmäßigkeit** zwar inzident als Voraussetzung des Vergütungsanspruchs vor, regelte aber – ebenso wenig wie die betreuungsrechtliche Vorschrift des Verfahrenspflegers nach § 277 Abs. 2 FamFG i.d.F. des Gesetzes zur Reform des Vormundschafts- und Betreuungsrechts – nicht die Voraussetzungen, nach denen sich diese Feststellung richtet.

Damit galt, dass eine als Berufsverfahrensbeistand antretende Person vom Gericht regelmäßig auch nur als solcher zu bestellen war. Die Bestellung als ehrenamtlich und damit vergütungslos tätiger Verfahrensbeistand in einem einzelnen Verfahren kam demnach – ausnahmsweise – nur mit Zustimmung eines solchen Verfahrensbeistandes in Betracht.

Eine ausdrückliche Feststellung der berufsmäßigen Führung der Beistandschaft war jedenfalls für alle Beistandschaften nach §§ 158, 167, 174, 191 FamFG a.F. **unverzichtbar**, um keine Unklarheiten aufkommen zu lassen, ob die Beistandschaft ehrenamtlich oder berufsmäßig geführt wurde. Der berufsmäßig bestellte Verfahrensbeistand hatte in diesem Fall nach § 158c Abs. 1 Satz 1 und 2 FamFG einen **Anspruch auf Zahlung einer Vergütung**, der sich nach §§ 158c Abs. 3 Satz 1, 167 Abs. 1 Satz 2 FamFG **gegen die Staatskasse** richtete.

---

28 Vgl. Referentenentwurf des Bundesministeriums der Justiz eines Gesetzes zur Verbesserung des Schutzes von gewaltbetroffenen Personen im familiengerichtlichen Verfahren, zur Stärkung des Verfahrensbeistands und zur Anpassung sonstiger Verfahrensvorschriften, S. 42.

Das gleiche galt für die nach §§ 174, 191 FamFG in Abstammungs- und Adoptionsverfahren bestellten berufsmäßig tätigen Verfahrensbeistände. Für das Verfahren auf **Festsetzung der Zahlung** der Vergütung galt § 168 Abs. 1 FamFG entsprechend (vgl. § 158c Abs. 3 Satz 2 FamFG a.F.).

Das im April 2025 in Kraft getretene Kosten- und Betreuervergütungsrechtsänderungsgesetz 2025 (**KostBRÄG 2025**) vom 7.4.2025 (BGBl. 2025 I Nr. 109) hat das Erfordernis der Feststellung der Berufsmäßigkeit der Führung der Verfahrensbeistandschaft als Voraussetzung eines Vergütungsanspruches im Hinblick auf die **Eignungsvoraussetzungen** gemäß § 158a FamFG, die eine vergütungslose Ehrenamtlichkeit ausschließen, gänzlich entfallen lassen (vgl. zu Einzelheiten Rn. 177). Das gilt allerdings nach der **Übergangsbestimmung** des § 493 Abs. 4 Satz 2 FamFG n.F. nur für Verfahrensbeistandschaften, die **ab 11.4.2025** angeordnet wurden. Auf Verfahrensbeistandschaften, die bis einschließlich 10.4. 2025 angeordnet wurden, ist insoweit § 158c Abs. 1 FamFG in der bis dahin geltenden Fassung weiter anzuwenden. Vgl. insoweit weiter zu Rn. 185 bis 189.

a) Pflicht zur Feststellung der Berufsmäßigkeit

Die Verfahrensbeistandschaft wurde nach bisherigem Recht vergütet, wenn sie nach **185**
der entsprechenden Feststellung des den Verfahrensbeistand bestellenden Gerichts berufsmäßig geführt wurde (§ 158c Abs. 1 FamFG a.F.). Wer wegen seiner besonderen beruflichen Qualifikation i.S.d. § 158a Abs. 1 FamFG eine Verfahrensbeistandschaft übertragen bekommen hatte, hatte daher auch bei erstmaliger („**Berufseinsteiger**") oder einmaliger Bestellung Anspruch darauf, dass seine Tätigkeit als berufsmäßig festgestellt wird.[29]

Schon **bei der Bestellung** des Verfahrensbeistands (§ 158 Abs. 1 FamFG) sollte das **186**
Gericht nach bisheriger Rechtslage feststellen, ob der Beistand die Beistandschaft berufsmäßig führt. Aus praktischen Gründen wurde die entsprechende Feststellung direkt in den Tenor oder zumindest in die Gründe des Beschlusses über die Bestellung aufgenommen, auch wenn dies in §§ 158 ff. FamFG a.F. so nicht vorgesehen war:

Formulierungsbeispiele für a.F.

„Zum berufsmäßig tätigen Verfahrensbeistand wird nach § 158 bzw. nach § 167 Abs. 1 FamFG Frau/Herr ... bestellt."

oder

„Der Verfahrensbeistand übt die Beistandschaft berufsmäßig aus."

oder

„Gründe: Da Frau/Herr ... die Verfahrensbeistandschaft im Rahmen ihrer/seiner Berufsausübung führt, ist dies nach § 158c Abs. 1 FamFG entsprechend festzustellen."

29 OLG Brandenburg FamRZ 2003, 935; Zorn in: Bork/Jacoby/Schwab, FamFG, Kommentar, § 158 FamFG Rn 34.

Möglich war aber auch ein die Entscheidung über die Bestellung zum Verfahrensbeistand interpretierender **Begleitbeschluss**, in dem die Feststellung der berufsmäßigen Führung der Verfahrensbeistandschaft getroffen und begründet wurde.

b) Unterbliebene Feststellung der Berufsmäßigkeit

187 Einige Gerichte sind mit den betreuungsrechtlich geprägten Vergütungsvorschriften nicht vertraut und vergaßen deshalb nach bisheriger Rechtslage die Feststellung, dass die Verfahrensbeistandschaft berufsmäßig geführt wird, weil das Gericht **rechtsirrtümlich** und entgegen der BGH-Rechtsprechung davon ausging, mit der Berufsbezeichnung des Verfahrensbeistands (insbesondere als Rechtsanwalt) sei bereits die Berufsmäßigkeit der Verfahrensbeistandschaft festgestellt.[30]

Eine nachträgliche Feststellung oder Bestätigung, dass die Verfahrensbeistandschaft als berufsmäßige entgeltlich geführt wird, sieht das FamFG zwar nicht ausdrücklich vor. Sie ist aber auf entsprechende **Beschwerde** des (Berufs-)Verfahrensbeistands gegen den die Feststellung nicht treffenden Bestellungsbeschluss möglich: Die Feststellung der berufsmäßigen Führung der Verfahrensbeistandschaft hatte für die (Pflicht-)Vergütung bzw. die Fallpauschale nach § 158 Abs. 7 Satz 2 und 3 FamFG konstitutive Wirkung. Ohne sie wurde eine Vergütung auch ex post nicht gewährt. Die darin liegende Beschwer legitimierte den Verfahrensbeistand zur Beschwerde gegen einen Beschluss über die Bestellung zum Verfahrensbeistand, der ihm nach bisheriger Rechtslage eine Vergütung als Berufsverfahrensbeistand nicht eröffnete.[31]

Das gilt für **Kindschafts-, Adoptions- und Abstammungssachen**, weil in dem entsprechenden Bestellungsbeschluss zugleich eine anfechtbare Endentscheidung i.S.d. § 58 Abs. 1 FamFG zu sehen ist, mit der dem Verfahrensbeistand eine Vergütung als Berufsverfahrensbeistand verwehrt wurde.[32] Folgt man dieser Auffassung nicht, kann der Berufsverfahrensbeistand sofort nach Erlass des Bestellungsbeschlusses und Beginn der Wahrnehmung der Interessen des Kindes die Festsetzung der Fallpauschale des § 158c Abs. 1 Satz 2 und 3 FamFG gegen die Staatskasse nach § 292 FamFG beantragen und den die Festsetzung abweisenden Beschluss als Endentscheidung über die Vergütung (vgl. § 58 Abs. 1 FamFG) mit der **Beschwerde** bzw. mit der **Rechtspflegererinnerung** angreifen.

188 In der Regel wird das Gericht die Feststellung der Berufsmäßigkeit der Verfahrensbeistandschaft tatsächlich nur irrtümlich unterlassen haben. In diesem Fall kommt neben einer Beschwerde auch eine (ergänzende) **Berichtigung des Bestellungsbeschlusses** nach § 42 FamFG in Betracht. Das setzt aber eine offenbare Unrichtigkeit

30 Keidel/Giers, § 277 FamFG Rn. 5, unter Hinweis auf BGH, FamRZ 2014, 736.

31 Strittig, HK-BUR/Bauer, § 277 FamFG; HK-BUR/Deinert, § 1877 BGB; vgl. bejahend BGH BtPrax 2014, 76, 77, für den Berufsbetreuer, allerdings nur mit Wirkung für die Zukunft.

32 Strittig; wie hier MünchKomm-FamFG/Schumann, § 158 FamFG Rn. 45; Damrau/Zimmermann, § 276 FamFG Rn. 64; HK-BUR/Bauer, § 277 FamFG Rn. 37; a.A. BGH FGPrax 2013, 207 = FamRZ 2013, 1301; Keidel/Budde, § 277 FamFG Rn. 5; ebenso wohl auch Keidel/Giers, § 277 FamFG Rn. 5.

des Bestellungsbeschlusses voraus, die sich aus dem Beschluss selbst oder den auch für Dritte erkennbaren Umständen seines Erlasses ergeben kann.[33]

Der **Berichtigungsantrag** sollte zum Beleg der offenbaren Unrichtigkeit den Hinweis samt Belegen dazu enthalten (z.B. durch Vorlage der an das Gericht übermittelten Nachweise zur fachlichen Eignung gemäß § 158a Abs. 1 Satz 2 FamFG), dass sich der Verfahrensbeistand dem Gericht generell nur unter den Bedingungen der Berufsmäßigkeit der Tätigkeit und unter keinen Umständen als Ehrenamtler zur Verfügung gestellt hatte. Das wird dem den Verfahrensbeistand bestellenden Gericht regelmäßig auch bekannt sein, sodass die Berichtigung unproblematisch möglich sein wird.

Sollte die Berichtigung des Bestellungsbeschlusses dennoch verweigert werden, ist der zurückweisende Beschluss **nicht anfechtbar** (§ 42 Abs. 3 Satz 1 FamFG). Der eine Berichtigung aussprechende Beschluss hingegen ist z.B. für die Staatskasse nach §§ 567 bis 572 ZPO analog anfechtbar (§ 42 Abs. 3 Satz 2 FamFG).

Praxistipp

▶ *Anzuraten ist nach alledem, vorrangig einen – jederzeit auch neben einem Beschwerdeverfahren zulässigen – Berichtigungsantrag zu stellen und im Falle der Zurückweisung eine Beschwerde gegen den Bestellungsbeschluss einzulegen. Ein bedingtes, also nur hilfsweise eingelegtes Rechtsmittel für den Fall der Zurückweisung des Berichtigungsantrages ist hingegen unzulässig.*[34]

▶ *Zu Einzelheiten der Rechtsmittel vgl. unten Rn. 301 ff.*

Eine die Vergütung unter Hinweis auf das Fehlen der Feststellung der Berufsmäßigkeit versagende Entscheidung ist nach § 63 Abs. 1 FamFG mit der befristeten Beschwerde binnen eines Monates ab Bekanntmachung bzw. Zustellung an den Verfahrensbeistand anfechtbar. Ein Berichtigungsantrag nach § 42 FamFG ist hingegen an eine **Frist** nicht gebunden und jederzeit zulässig.

Regelmäßig hatte das den Verfahrensbeistand bestellende Gericht nach Rechtslage **189**
vor dem 11.4.2025 die Feststellung der berufsmäßigen Führung der Verfahrensbeistandschaft also bereits **für die erste übertragene Verfahrensbeistandschaft** dann zu treffen, wenn der Verfahrensbeistand die Beistandschaft wegen seiner besonderen beruflichen Qualifikation zur Vertretung von Kindesinteressen vor Gericht übertragen bekommen hat.[35] Das ist insbesondere dann der Fall, wenn sich eine Person dem Gericht mit einem Zertifikat eines von dem Bundesverband der Verfahrensbeistände anerkannten Fortbildungsträgers als Berufsverfahrensbeistand angeboten hatte.

33 BGH FGPrax 2013, 207; Keidel/Giers, § 277 FamFG Rn. 5; HK-BUR/Bauer/Deinert, § 1836 BGB a.F. Rn. 37a ff.
34 Keidel/Meyer-Holz, § 42 FamFG Rn. 30, mit Hinweis auf OLG Nürnberg FamRZ 2014, 1395 und OLG Zweibrücken FamRZ 2014, 1111.
35 Vgl. nur OLG Brandenburg FamRZ 2003, 935; Zorn in: Bork/Jacoby/Schwab, FamFG, Kommentar, § 158 FamFG Rn 34.

Das gilt erst recht dann, wenn der Verfahrensbeistand dem Gericht zu erkennen gibt, dass er – wegen seiner besonderen Qualifikation i.S.d. § 158a Abs. 1 FamFG – über die erste übernommene Beistandschaft hinaus auch für weitere Verfahrensbeistandschaften zur Verfügung steht, weil er beabsichtigt, Verfahrenspflegschaften bzw. -beistandschaften im Rahmen seiner **Berufsausübung** auf der Basis seiner beruflichen Qualifikation (als Rechtsanwalt, als Pädagoge, Sozialpädagoge, Sozialarbeiter, Psychologe etc.) zu führen.

3. Anspruch des (Berufs-)Verfahrensbeistands auf Vergütung in Kindschaftssachen (§ 151 Nr. 1 bis 5 FamFG), in Abstammungssachen (§ 174 FamFG) und in Adoptionssachen (§ 191 FamFG)

190 In der familiengerichtlichen Praxis hat sich die **berufsmäßig** geführte Verfahrensbeistandschaft aus guten Gründen ganz überwiegend durchgesetzt. Dem hatte bereits der Gesetzgeber des Gesetzes zur Bekämpfung sexualisierter Gewalt gegen Kinder vom 16.6.2021 mit der Fassung des § 158c FamFG zur Vergütung der Verfahrensbeistandschaft Rechnung getragen.[36]

Mit Wirkung zum 11.4. 2025 sind die **Voraussetzungen einer Vergütung der Verfahrensbeistände** (§§ 158b und 158c FamFG) durch das Kosten- und Betreuervergütungsrechtsänderungsgesetz 2025 (**KostBRÄG 2025**) vom 7.4.2025 erneut verändert worden: Ein Verfahrensbeistand, der die **Eignungsvoraussetzungen** des § 158a FamFG an die Verfahrensbeistandschaft erfüllt, soll, auch wenn er nicht berufsmäßig im Sinne des Vormünder- und Betreuervergütungsgesetzes (VBVG) tätig ist, dieselbe Vergütung erhalten. Ein bloßer Ersatz von Aufwendungen (wie für einen ehrenamtlich tätigen Verfahrensbeistand nach bisherigem Recht) wäre dem Anforderungs- und Aufgabenprofil des Verfahrensbeistandes nicht angemessen. Die besondere Regelung zum Auslagenersatz des nicht berufsmäßigen Verfahrensbeistands ist daher gestrichen werden.

191 Wird die Verfahrensbeistandschaft bei Bestellung zum Verfahrensbeistand bis 10.4.2025 „berufsmäßig" geführt, erhält der Beistand eine pauschale Vergütung **(Fallpauschale)** in Höhe von mindestens 350 EUR, die auch den **Ersatz von Aufwendungen** abgilt (§ 158c Abs. 1 Satz 1 und 3 FamFG a.F.).[37] Das gilt bei Bestellung seit 11.4.2025 nach der Neufassung des § 158c Abs. 1 Satz 1 FamFG auch ohne Feststellung der Berufsmäßigkeit der Führung der Verfahrensbeistandschaft mit einer

36 Vgl. BT-Drucks. 19/23707, 56, zu § 158c FamFG: Entsprechend der größeren praktischen Relevanz der berufsmäßig geführten Verfahrensbeistandschaft enthält Absatz 1 der Vorschrift die bislang in § 158 Absatz 7 Satz 2 bis 4 FamFG enthaltenen Regelungen zur Vergütung des berufsmäßig tätigen Verfahrensbeistands.

37 Vgl. BT-Drucks. 19/23707, 56, zu § 158 Abs. 7 FamFG a.F.: In Satz 3 wird der zweite Halbsatz gestrichen, wonach die Vergütung bislang auch eine auf die Vergütung anfallende Umsatzsteuer abdeckt. Mit dieser Streichung wird die Rechtsprechung des BFH in seinem Urt. v. 17.7.2019 (V R 27/17) nachvollzogen, wonach an der Tätigkeit eines Verfahrensbeistands ein besonderes Gemeinwohlinteresse besteht und daher die Leistungen des Verfahrensbeistands nach unionsrechtlichen Grundsätzen steuerfrei sind.

gegenüber dem bisherigen Recht erhöhten **Einheitspauschale in Höhe von nunmehr 690 EUR** für das erste zu vertretende Kind.

Nach § 191 Satz 2 FamFG gilt das auch für den Verfahrensbeistand in **Adoptionsverfahren** und nach § 174 Satz 2 FamFG für den Verfahrensbeistand in **Abstammungssachen**. Dies gilt auch für Rechtsanwälte, die zum Verfahrensbeistand bestellt werden; sie können nicht nach dem RVG abrechnen (vgl. § 1 Abs. 2 Satz 2 RVG), weil § 158c Abs. 1 FamFG die Vergütung des Verfahrensbeistands abschließend regelt.[38]

Umsätze aus der Tätigkeit als Verfahrensbeistand nach § 158c FamFG sind nach EU-Recht von der **Umsatzsteuer** befreit. Der BFH hat mit seinem Urteil vom 17.7.2019 festgestellt, dass an der Tätigkeit des Verfahrensbeistands ein besonderes Gemeinwohlinteresse besteht. Folglich bleibt diese bei der Berechnung der Umsatzsteuergrenze des § 19 Abs. 1 UStG außer Betracht.[39] Das hatte die Neufassung der Vergütungsvorschrift in § 158c Abs. 1 FamFG bereits nach bisheriger Rechtslage nachvollzogen. 192

Im Falle der gerichtlichen Übertragung zusätzlicher Aufgaben nach § 158 Abs. 2 FamFG (Gespräche mit den Eltern und weiteren Bezugspersonen des Kindes sowie Mitwirkung am Zustandekommen einer einvernehmlichen Regelung des Verfahrensgegenstandes) erhöht sich die dem Beistand zu zahlende Vergütungspauschale nach bisheriger Rechtslage auf 550 EUR (§ 158c Abs. 1 Satz 2 FamFG a.F.; sog. **große Vergütungspauschale**).[40] 193

Bei Bestellung als Verfahrensbeistand seit 11.4.2025 entfällt die Aufteilung in einen originären und einen – höher vergüteten – erweiterten Aufgabenkreis der Verfahrensbeistandschaft: Gespräche mit den Eltern und weiteren Bezugspersonen des Kindes sowie die Mitwirkung am Zustandekommen einer einvernehmlichen Regelung des Verfahrensgegenstandes gehören vielmehr bei Erforderlichkeit bzw. in geeigneten Fällen zum originären Aufgabenkreis des Verfahrensbeistandes („**Einheitspauschale**").

Für die Rechtslage bei **Bestellung des Verfahrensbeistandes bis 10.4.2025** gilt: Mit der Schaffung der Fallpauschalen des § 158c FamFG wurde eine eigenständige und abschließende Regelung für Vergütung und Aufwendungsersatz des berufsmäßig tätigen Verfahrensbeistands geschaffen.[41] Eine **Abrechnung nach Stunden- und Kostenaufwand** ist nach der maßgeblichen Entscheidung des BGH auch in solchen Einzelfällen nicht zulässig, in denen die Abrechnung nach Fallpauschalen keine angemessene Vergütung für den tatsächlich geleisteten Aufwand darstellt. Die Vergütung des Verfahrensbeistands ist in § 158 Abs. 7 FamFG (a.F.) vielmehr abschließend so 194

38 BGH FamRZ 2017, 231–233 unter Hinweis auf BGH FamRZ 2013, 1967 Rn. 7; BGH FamRZ 2014, 191–192 = RPfleger 2014, 139; vgl. ebenso Volpert, Anwaltsvergütung für die Tätigkeit als Verfahrenspfleger und Verfahrensbeistand, NJW 2013, 2491 ff.

39 BFH, Urt. v. 17.7.2019, V R 27/17, juris.

40 Vgl. AK 10 des 16. Deutschen Familiengerichtstages, S. 117.

41 BGH, FamRZ 2017, 231–233 unter Hinweis auf BGH FamRZ 2013, 1967 Rn. 7.

geregelt, dass seine Tätigkeit einschließlich sämtlicher Aufwendungen durch die in Satz 2 und Satz 3 vorgesehenen Fallpauschalen vollständig abgegolten wird.[42]

Der Gesetzgeber habe sich – so der BGH unter Hinweis auf die BT-Drucksache 16/9733, S. 294 – ganz bewusst gegen ein aufwandsbezogenes Vergütungssystem entschieden und die Abrechnung rein nach Fallpauschalen als vorzugswürdig angesehen, weil sie eine unaufwändige und **unbürokratische Handhabung** ermögliche. Sie erspare sowohl dem Verfahrensbeistand als auch der Justiz einen erheblichen Abrechnungs- und Kontrollaufwand und ermögliche es dem Verfahrensbeistand, sich auf seine eigentliche Tätigkeit – die Wahrnehmung der Kindesinteressen – zu konzentrieren. Außerdem bewirke sie eine wünschenswerte Annäherung der Vergütung von Verfahrensbeiständen an die gebührenorientierte Vergütung der Rechtsanwälte.[43]

Der Gesetzgeber habe sich bei der Höhe der Fallpauschalen an den Gebührensätzen für einen in einer Kindschaftssache tätigen Rechtsanwalt unter Zugrundelegung des Regelstreitwertes von seinerzeit 3.000 EUR orientiert. Er habe für berufsmäßig tätige Verfahrensbeistände eine **Mischkalkulation** aus einfach und komplex gelagerten Fällen eröffnen wollen. Vergütungspauschalen auf der Grundlage von Mischkalkulationen führten – so der BGH unter Hinweis auf die Rechtsprechung des BVerfG[44] – zwangsläufig dazu, dass die gesetzlich festgelegte Vergütung in einzelnen Fällen nicht leistungsäquivalent sei. Diese Fälle würden aber durch solche ausgeglichen, bei denen die Pauschale den erbrachten Leistungs- und Aufwendungsumfang übersteigt. So falle die Vergütung bereits mit Beginn der Wahrnehmung der Tätigkeit im Interesse des Kindes an und setze den Abschluss eines Verfahrens, für das der Verfahrensbeistand bestellt ist, nicht voraus.

195 Diese Rechtsprechung ist leider auch für Fälle maßgeblich, in denen wegen hoher Aufwendungen für Fahrtkosten[45] oder für den Einsatz von Dolmetschern[46] die Fallpauschalen kaum eine den Ersatz der Aufwendungen übersteigende angemessene Vergütung erbringen. In diesen Fällen einen zur Übernahme der Verfahrensbeistandschaft bereiten und geeigneten Verfahrensbeistand zu finden, bereitet in der gerichtlichen Praxis durchaus Probleme. Das hat teilweise dazu geführt, z.B. hohe **Dolmetscherkosten** gesondert und unabhängig von der zu gewährenden Fallpauschale abzurechnen, nachdem das Gericht dem Verfahrensbeistand die Hinzuziehung eines Dolmetschers für die erforderlichen Gespräche mit den Eltern des Kindes ausdrücklich genehmigt hat.[47]

42 BGH RPfleger 2014, 81 f.; bestätigt durch BGH, Beschl. v. 13.11.2013, XII ZB 612/12, ZKJ 2014 70 (LS), für den Fall erheblicher Fahrtkosten des Verfahrensbeistands.
43 BT-Drucks. 16/9733, S. 294.
44 BVerfG FamRZ 2011, 1642 Rn. 22; FamRZ 2007, 622, 625.
45 BGH RPfleger 2014, 81 ff; BGH ZKJ 2014, 70.
46 OLG Hamm, FamRZ 2023, 1144 m. Anm. Hammer; OLG München FamRZ 2016, 571; OLG Hamm FamRZ 2014, 2024.
47 A.A.: BGH, Beschl. v. 25.9.2024, XII ZB 110/23, FamRZ 2025, 128.

Hat das Gericht aber in einem Sorgerechtsverfahren in einem ergänzenden Beschluss dem Verfahrensbeistand gestattet, zu den Gesprächen mit der Kindesmutter einen Dolmetscher hinzuzuziehen, kommt dies in einem Amtsermittlungsverfahren einer **Beauftragung durch das Gericht** selbst gleich. Der Verfahrensbeistand darf dann darauf vertrauen, dass er von den entsprechenden Aufwendungen, die ihm durch die Beauftragung entstehen, freigestellt wird. Die insoweit aufgrund der Ermächtigung des Gerichts entstandenen Aufwendungen sind **gesonderte Auslagen** des gerichtlichen Verfahrens.[48]

Hat die Staatskasse gegen die separate Festsetzung der Kosten des Dolmetschers, den der Verfahrensbeistand hinzugezogen hat, Erinnerung eingelegt, welcher nicht abgeholfen wurde, und hat das OLG daraufhin die Beschwerde der Staatskasse zurückgewiesen, so ist die gegen die Entscheidung des OLG eingelegte Rechtsbeschwerde gemäß § 4 Abs. 4 Satz 3 JVEG nicht statthaft. Ob die Festsetzung zu Recht erfolgt ist oder die Dolmetscherkosten allein im Rahmen der Vergütung des Verfahrensbeistands hätten geltend gemacht werden können, musste vom BGH deshalb nicht entschieden werden.[49] Dieser Vorgehensweise hat der BGH allerdings inzwischen mit seiner Entscheidung vom 25.9.2024 widersprochen:

Die Aufwendungen für einen vom Verfahrensbeistand in Anspruch genommenen Dolmetscher sind mangels gesetzlicher Grundlage auch dann **keine Kosten des gerichtlichen Verfahrens**, wenn das Gericht dem Verfahrensbeistand die Hinzuziehung des Dolmetschers gestattet hat.[50]

Mit Wirkung seit 11.4.2025 besteht nunmehr die Möglichkeit der gesonderten **Erstattung von Dolmetscherkosten** nach § 158c Abs. 2 Satz 1 und 2 FamFG n.F., soweit das Gericht mit unanfechtbarem Beschluss zuvor die Hinzuziehung eines Dolmetschers oder sonstigen Sprachmittlers nach § 158b Abs. 2 FamFG n.F. gestattet hat. Vgl. zu weiteren Einzelheiten Rn. 175.

Verfassungsrechtliche Bedenken,[51] die ausnahmslose Vergütung der Berufsverfah- 196
rensbeistandschaft durch Fallpauschalen sei ggf. nicht auskömmlich und für Berufsverfahrensbeistände im Hinblick auf Art. 12 Abs. 1 GG unzumutbar, teilte der BGH[52] mit Hinweis auf die Mischkalkulation einfach und komplex gelagerter Fälle und auf

48 Strittig; wie hier OLG Braunschweig FamRZ 2023, 1307; OLG Frankfurt FamRZ 2014, 1135–1136; Hammer, in Prütting/Helms, FamFG, 6. Aufl. 2022, § 158c FamFG, Rn. 7; von Bülow, in: BeckOK Kostenrecht, Stand 1.1.2023, § 158c FamFG, Rn. 20; Sternal/Schäder, FamFG, 21. Aufl. 2023, § 158c FamFG, Rn. 11; Zöller/Lorenz, ZPO, 34. Aufl. 2022, § 158c FamFG, Rn. 1; Keuter, FamRZ 2014, 1971; a.A. BGH, Beschl. v. 25.9.2024, XII ZB 110/23; OLG Hamm, Beschl. v. 14.4.2023 (Rn 38), mit Verweis auf OLG Hamm FamRZ 2014, 2024, Rn. 7, und Toussaint/Felix, Kostenrecht, 52. Aufl. 2022, § 158c FamFG, Rn. 36.

49 BGH NZFam 2015, 837 (red. LS, Kurzwiedergabe). Vorgehend OLG Frankfurt, Beschl. v. 17.10.2013, 5 WF 249/13, FamRZ 2014, 1135, dem vorgehend AG Frankfurt a.M., Beschl. v. 26.3.2013, 460 F 9343/12 (nicht veröffentlicht).

50 BGH, Beschl. v. 25.9.2024, XII ZB 110/23.

51 Vgl. dazu Salgo, ZKJ 2009, 49 (57); OLG Celle FamRZ 2010, 1182, 1183; Prenzlow, ZKJ 2013, 236 ff.; a.A. MünchKomm-FamFG/Heilmann (2018), § 167 FamFG Rn. 28: Pauschalierung angemessen.

52 BGH, Beschl. v. 9.10.2013, XII ZB 667/12, RPfleger 2014, 81, 82, bestätigt durch BGH ZKJ 2014, 70 (LS).

die nachfolgend dargestellte obergerichtliche Rechtsprechung zum mehrfachen Anfall der Pauschalvergütung nicht. Ob diese Auffassung nach inzwischen weiteren Jahren ohne Anhebung der Fallpauschalen noch vertretbar war, durfte gerade angesichts der damals herrschenden Inflation bezweifelt werden.

Mit Wirkung seit 11.4.2025 hat der Gesetzgeber die Vergütungs- und Entschädigungsvorschriften des § 158c Abs. 1 und 2 FamFG wie folgt neu gefasst:

> (1) Der Verfahrensbeistand erhält für die Wahrnehmung seiner Aufgaben in jedem Rechtszug jeweils eine einmalige Vergütung von 690 EUR. Bestellt das Gericht denselben Verfahrensbeistand für mehrere in demselben Haushalt lebende Kinder, erhält er ab dem zweiten Kind jeweils eine Pauschale in Höhe von 555 EUR.
>
> (2) Dem Verfahrensbeistand sind die Kosten für die Beauftragung eines Dolmetschers oder Übersetzers oder eines anderen geeigneten Sprachmittlers zu ersetzen, wenn das Gericht die Zuziehung nach § 158b Absatz 2 gestattet hat. Die Höhe der zu ersetzenden Kosten ist auf die nach dem Justizvergütungs- und -entschädigungsgesetz zu zahlenden Beträge beschränkt. Im Übrigen deckt die Vergütung alle weiteren Ansprüche auf Ersatz der anlässlich der Verfahrensbeistandschaft entstandenen Aufwendungen ab.

§ 158b Abs. 2 FamFG in der ab 11.4.2025 geltenden Fassung lautet:

> (2) Ist es zur Verständigung mit dem Kind, seinen Eltern oder weiteren Bezugspersonen erforderlich, so gestattet das Gericht dem Verfahrensbeistand die Hinzuziehung eines Dolmetschers oder Übersetzers oder eines anderen geeigneten Sprachmittlers, insbesondere eines Gebärdensprachendolmetschers. Die Gestattung soll zum frühestmöglichen Zeitpunkt erfolgen. Sie ergeht durch nicht selbständig anfechtbaren Beschluss.

197 ***Hinweis***

Die nachfolgenden Ausführungen gelten sowohl für die bis 10.4.2025 als auch für die seit 11.4.2025 geltende Rechtslage zur Entschädigung der Verfahrensbeistände. Die alte Rechtslage ist jeweils mit a.F. für alte Fassung des Gesetzes gekennzeichnet; Änderungen durch die neue Rechtslage (n.F.) sind vermerkt.

Synergieeffekte wie der Wegfall mehrfachen Aufwandes für das Aktenstudium, für die Fertigung von Schriftsätzen oder für die Zeit für die Wahrnehmung von Terminen seien – so der BGH – in den folgenden Fällen mehrfachen Anfallens der Fallpauschale naheliegend:

§ 158 Abs. 1 FamFG geht davon aus, dass ein Verfahrensbeistand für **jedes Geschwisterkind** gesondert bestellt wird, auch wenn es sich im Einzelfall um ein und dieselbe Person des Verfahrensbeistands handelt. Für jede einzelne Verfahrensbeistandschaft eines jeden Kindes wird daher eine gesonderte Fallpauschale nach § 158c Abs. 1 FamFG fällig. Das entspricht der gefestigten obergerichtlichen Rechtsprechung und wird in der Literatur einhellig bejaht.[53] Vgl. aber § 158c Abs. 1 FamFG **n.F.**: Bestellt das Gericht denselben Verfahrensbeistand für mehrere **in demselben Haushalt** lebende Kinder, erhält er ab dem zweiten Kind jeweils eine reduzierte Pauschale in Höhe von 555 EUR; für weitere Kinder in **anderen Haushalten** aber jeweils 690 EUR.

Die Fallpauschale ist im Falle mehrerer **unterschiedlicher Verfahrensgegenstände** (wie in Verfahren zum Sorge- und Umgangsrecht oder Verfahren nach §§ 1631b, 1666, 1666a BGB) gesondert für jeden Verfahrensgegenstand festzusetzen. Eine Anrechnung der für den einen Verfahrensgegenstand gezahlten Pauschale auf den anderen Verfahrensgegenstand findet nicht statt.[54] Andererseits fällt die Vergütungspauschale nur einmal an, wenn der Gegenstand zweier selbstständig geführter Verfahren dieselbe Angelegenheit betrifft; z.B. bei wechselseitigen Anträgen der Eltern auf Übertragung des Aufenthaltsbestimmungsrechts oder wenn die vom Jugendamt und der Großmutter des Kindes eingeleiteten Verfahren jeweils die Frage betreffen, ob die Mutter die elterliche Sorge selbst ausüben kann.[55] Der Umstand, dass nur ein Verfahren mit einem Aktenzeichen vorliegt, steht der Annahme mehrerer Verfahrensgegenstände aber nicht entgegen: Der BGH stellt nicht auf das Verfahren im formalen Sinne, vielmehr auf Verfahrensgegenstände ab.[56]

Die Bestellung zum Verfahrensbeistand kann für einen bestimmten Verfahrensgegenstand auch **konkludent** ohne förmlichen Beschluss erfolgen, z.B. durch Ladung und aktive Teilnahme des Verfahrensbeistands an Erörterungsgesprächen des Gerichts über einen Verfahrensgegenstand, für den es ein förmliches Zweitverfahren nicht gibt oder für das der Verfahrensbeistand förmlich nicht bestellt wurde, zu dem aber unter Beteiligung des Verfahrensbeistandes eine Erörterung des Verfahrensgegenstandes erfolgte oder mit protokollmäßig vermerkter Zustimmung des Verfahrensbeistands ein Vergleich der übrigen Beteiligten geschlossen wurde. **198**

In diesen Fällen besteht ein **Vergütungsanspruch** sowohl für das Verfahren, in dem der Verfahrensbeistand förmlich bestellt worden ist (z.B. für ein Sorgerechtsverfahren), als auch für den Verfahrensgegenstand (z.B. Umgangsrecht), für den der Ver-

53 BGH FamRZ 2010, 1893; FamRZ 2010, 1896; OLG Frankfurt FamRZ 2010, 666; OLG Celle NJW 2010, 2446; OLG Stuttgart NJW-RR 2010, 1448; OLG München, Beschl. v. 20.5.2010, 11 WF 570/10, FamRZ 2010, 1757; OLG Saarbrücken, Beschl. v. 13.4.2010, 9 WF 28/10, juris; OLG Oldenburg, Beschl. v. 28.4.2010, 11 WF 64/10; Keidel/Engelhardt, § 158 FamFG Rn. 48; MünchKomm-FamFG/Schumann (2018), § 158 Rn. 52 m.w.N.; Menne, ZKJ 2009, 68, 74; in diesem Sinne auch BVerfG, Beschl. v. 9.11.2009, 1 BvR 2146/09, JAmt 2010, 33; m. Anm. Menne, ZKJ 2010, 70.

54 Ebenso BGH NJW 2012, 3100; NJW 2012, 3728; NJW 2011, 455 und 1451; OLG München ZKJ 2013, 260, unter Aufgabe seiner anderslautenden Entscheidung in NJW 2012, 3735; Menne, ZKJ 2009, 68, 74.

55 OLG Sachsen-Anhalt FamRZ 2015, 1218; OLG Frankfurt ZKJ 2014, 113, 114.

56 OLG München, Beschl. v. 18.10.2023, 11 WF 892/23 e, mit Hinweis auf BGH, Beschl. v. 1.8.2012 – XII ZB 456/11 Tz. 12 ff.; vgl. dazu den dieser Entscheidung folgenden Beschl. des BGH v. 27.2.2013 – 11 WF 250/13, = FamRZ 13, 966.

fahrensbeistand konkludent bestellt worden ist.[57] Für die Annahme der „konkludenten" Bestellung eines Verfahrensbeistands kann im Hinblick auf die – gerade in Vergütungsfragen notwendige – Klarheit hinsichtlich der Einzelheiten der Beauftragung (u.a.: Welches konkrete Verfahren? Für welches Kind? Bei Bestellungen bis zum 10.04.2025: Erweiterter Aufgabenkreis gemäß § 158b Abs. 2 FamFG a.F.?), aber auch wegen der gesetzlich vorgesehenen Erforderlichkeitsprüfung (§ 158 Abs. 1 Satz 1, Abs. 2 FamFG) nur in eindeutigen **Ausnahmefällen** Raum sein.[58]

199 Vgl. instruktiv die **Entscheidung des OLG Frankfurt/Main** vom 30.7.2020, 8 WF 108/20[59] (Leitsätze) zu einem Hauptsacheverfahren in einer Sorgerechtssache, in dessen Erörterungstermin in Anwesenheit des Verfahrensbeistandes ein e.A.-Verfahren zu demselben Verfahrensgegenstand eröffnet und erörtert worden ist:

Auch wenn die Bestellung eines Verfahrensbeistands aus Gründen der Rechtsklarheit besser förmlich erfolgen sollte, ist eine konkludente Bestellung durch das Gericht möglich. Erforderlich dafür ist, dass das Gericht dem Verfahrensbeistand eine Einflussnahme auf das Verfahren ermöglichen will und dies zumindest konkludent zum Ausdruck bringt.[60]

Eine nach Verfahrensabschluss erfolgte förmliche Bestellung entfaltet keine Wirkungen, ebenso wenig wie der Aufgabenkreis des Verfahrensbeistands nach Verfahrensabschluss noch erweitert werden kann.[61]

Wenn zum Zeitpunkt der konkludenten Bestellung keine anderen Anhaltspunkte erkennbar sind, richtet sich die **Höhe der Vergütung** des Verfahrensbeistands nach dem originären Aufgabenkreis der §§ 158c Abs. 1 Satz 1, 158b Abs. 1 FamFG). Hier kurz ein Auszug **aus den Gründen** der Entscheidung des OLG Frankfurt/Main:

Auch unter Berücksichtigung der Wirkungen der Bestellung des Verfahrensbeistands bedarf diese keiner besonderen Form, sondern sie kann auch konkludent erfolgen.[62]

---

57 OLG München, Beschl. v. 18.10.2023, 11 W 892/23 e; OLG Frankfurt/Main, Beschl. v. 30.7.2020, 8 WF 108/20, FGPrax 2020, 224; OLG Schleswig, Beschl. v. 19.4.2016, 15 W 170/15, juris; OLG Nürnberg MDR 2015, 100–101 = ZKJ 2015, 77–79.

58 OLG München, Beschl. v. 18.10.2023, 11 WF 892/23 e; OLG München FamRB 2017, 90, 91.

59 FGPrax 2020, 224.

60 Vgl. zur konkludenten Hinzuziehung eines Kann-Beteiligten im Betreuungsrecht BGH, Beschl. v. 13.3.2019 – XII ZB 523/18, FamRZ 2019, 915, Rn. 7.

61 OLG Frankfurt, FGPrax 2020, 224, im Anschluss an OLG München, Beschl. v. 19.8.2015 – 11 WF 1028/15, FamRZ 2016, 160; OLG Oldenburg, Beschl. v. 21.4.2015 – 4 WF 30/15, MDR 2016, 774, Rn. 6.

62 Vgl. den Verweis des OLG Frankfurt auf OLG Brandenburg, FamRZ 2018, 1855; OLG Schleswig, FamRZ 2016, 1695; OLG Nürnberg, ZKJ 2015, 77 = FamRZ 2015, 694 [LSe]; Hammer, in: Prütting/Helms, FamFG, 4. Aufl. 2018, § 158 Rn. 30; Keidel/Engelhardt, FamFG, 20. Aufl. 2020, § 158 Rn. 36; Borth/Grandel, in: Musielak/Borth, FamFG, 6. Aufl. 2018, § 158 Rn. 12; Schlünder, in: BeckOK FamFG, 35. Edition, Stand 1.7.2020, § 158 Rn. 32; Zöller/Lorenz, § 158 FamFG Rn. 3; Ziegler, in: Schulte-Bunert/Weinreich, FamFG, 6. Aufl. 2020, § 158 Rn. 24; so auch zum vergleichbaren Verfahrenspfleger nach § 276 FamFG: Günter, in: BeckOK FamFG, § 276 Rn. 18; ohne eigene inhaltliche Positionierung: MünchKomm/Schumann, FamFG, 3. Aufl. 2018, § 158 Rn. 21; Keuter, in: Heilmann, § 158 FamFG Rn. 26; a.A. nur in Ausnahmefällen: OLG München, FamRZ 2016, 160, m. Anm. Menne; a.A. stets förmlicher Beschluss nötig: Bumiller, in: Bumiller/Harders/Schwamb, FamFG, 12. Aufl. 2019, § 158 Rn. 15; Kemper, in: Saenger, ZPO, 8. Aufl. 2019, § 158 FamFG Rn. 13; Staudinger/Dürbeck, BGB, 2019, Stand 22.7.2020, § 1684 Rn. 426).

Es ist allgemein anerkannt, dass die Hinzuziehung von Beteiligten auch konkludent erfolgen kann, etwa durch das Übersenden von Schriftstücken oder die Ladung zu Terminen.[63] Für das Betreuungsverfahren hat der **BGH**[64] dabei für die konkludente Beteiligung ausgeführt:

> „die Nichterwähnung im Entscheidungsrubrum [steht] einer tatsächlichen Hinzuziehung nicht entgegen ... Andererseits genügt die bloße Bekanntgabe der die Instanz abschließenden Entscheidung für eine Beteiligung ... nicht. Denn eine Beteiligung setzt notwendigerweise die Möglichkeit voraus, dass die beteiligte Person – in welcher Art und Weise auch immer – auf das Verfahren in derselben Instanz Einfluss nehmen kann ... Erforderlich ist mithin, dass das Gericht dem Beteiligten eine solche Einflussnahme ermöglichen will und dies zumindest konkludent zum Ausdruck bringt. Es bedarf daher immer eines vom Gericht gewollten Hinzuziehungsaktes, unabhängig davon, ob es sich um einen Muss-Beteiligten im Sinne von § 271 Abs. 1 FamFG oder ... um einen Kann-Beteiligten nach § 274 Abs. 4 FamFG handelt."

Für **Kindschaftssachen** und den Verfahrensbeistand als Beteiligten kraft gerichtlicher Bestellung gelten diese Ausführungen entsprechend.

Das Amtsgericht hat dadurch, dass es den Erlass einer konkreten Regelung einer einstweiligen Anordnung zum Sorgerecht im Termin mit dem Verfahrensbeistand erörtert und dem Verfahrensbeistand den diesbezüglichen Beschluss zugestellt hat, zum Ausdruck gebracht, dass es dem Verfahrensbeistand eine Einflussnahme auf das Verfahren in erster Instanz ermöglichen will und den Verfahrensbeistand so bereits am 13.9.2019 konkludent zum Verfahrensbeistand bestellt.

Aus den in der Person des Verfahrensbeistands liegenden Gründen ergebe sich dabei – so das OLG Frankfurt/Main zur Rechtslage bis 10.4.2025 weiter – dass diese Verfahrensbeistandsbestellung berufsmäßig erfolgte, weil gerichtsbekannt sei, dass der Verfahrensbeistand Verfahrensbeistandschaften „berufsmäßig" führe.

Der Verfahrensbeistand wurde mit der Erörterung der einstweiligen Anordnung im Termin auch nach konkludenter Bestellung im Kindesinteresse tätig.

Die **Höhe der Vergütung** richtet sich dabei – nach Rechtslage bis 10.4.2025 – **nach dem originären Aufgabenkreis**, nicht dem erweiterten Aufgabenkreis des § 158 Abs. 4 Satz 3 FamFG (in der bis 1.7.2021 geltenden Fassung), mit der Folge, dass der Verfahrensbeistand für jedes Kind nur 350 EUR, nicht 550 EUR abrechnen könne. Der originäre Aufgabenkreis war derzeit der gesetzliche Regelfall. Im Zeitpunkt der konkludenten Bestellung habe es keine Anhaltspunkte dafür gegeben, dass das Gericht irgendwie zum Ausdruck gebracht habe, dass es dem Verfahrensbeistand weitere Aufgaben nach § 158b Abs. 2 FamFG (i.d.F. ab 1.7.2021 bis 10.4.2025 bzw. § 158 Abs. 4 Satz 3 FamFG i.d.F. bis 30.6.2021) übertragen möchte. Wenn aber keine Anhaltspunkte für einen erweiterten Aufgabenkreis vorliegen, ist der Verfahrensbei-

63 Verweis des OLG Frankfurt auf die Gesetzesbegründung zu § 7 Abs. 3 S. 2 FamFG, BT-Drucks. 16/6308, S. 179; BGH FamRZ 2017, 50 Rn. 14, m. Anm. Fischer, zur Hinzuziehung des Jugendamts als Beteiligten nach § 7 Abs. 2 Nr. 1 FamFG; BGH FamRZ 2014, 1099 Rn. 11, zu § 303 Abs. 2 Nr. 1 FamFG.

64 FamRZ 2019, 915 Rn. 7 f.

stand bei konkludenter Bestellung nur mit dem Regelsatz für den originären Aufgabenkreis zu vergüten.[65]

Auch wenn mit förmlichem Beschluss vom 17.10.2019 noch (nachträglich nach Abschluss des e.A.-Verfahrens) eine Bestellung mit erweitertem Aufgabenkreis erfolgte, konnte dieser gemäß § 158 Abs. 3 Satz 4 FamFG nicht isoliert anfechtbare Beschluss nach Abschluss des Verfahrens keine Wirkungen mehr entfalten.[66] Wenn man die **nachträgliche Festlegung des Aufgabenkreises nach Beendigung des Verfahrens** zuließe, würde dies der dem Gericht zugedachten Kontroll- und Steuerungsfunktion zuwiderlaufen. Hinzu kommt, dass im Interesse der Rechtssicherheit und -klarheit für alle Beteiligten rechtzeitig feststehen muss, ob und welche Ansprüche dem Verfahrensbeistand aufgrund seiner Bestellung erwachsen und welche Lasten mit der Bestellung für die Beteiligten und die Staatskasse verbunden sind.[67]

200 Eine einen Vergütungsanspruch auslösende **rückwirkende Bestellung** eines Verfahrensbeistandes ist im Gesetz jedenfalls nicht vorgesehen und deshalb unzulässig.[68] Das gilt auch für eine rückwirkende, eine große Fallpauschale begründende Erweiterung des Umfanges seines Auftrages.[69]

Praxistipp

▶ *Um Unklarheiten, die später zu Lasten des Verfahrensbeistands gehen würden, zu vermeiden, sollte er spätestens im Termin darauf hinweisen, noch keinen Bestellungsbeschluss erhalten zu haben, und um eine entsprechende Beschlussfassung – möglichst schon zu Protokoll des Erörterungstermines – bitten.*

201 Da **Hauptsacheverfahren und einstweilige Anordnungsverfahren** gemäß § 51 Abs. 3 Satz 1 FamFG jeweils selbstständige Verfahren darstellen, ist die Pauschale in diesen Verfahren auch jeweils gesondert festzusetzen, wenn der Verfahrensbeistand in beiden Verfahren bestellt worden ist. Eine Anrechnung der für das eine Verfahren zu gewährenden Pauschale auf die für das andere Verfahren anfallende Pauschale findet mangels entsprechender Anrechnungsvorschriften nicht statt.[70]

202 Die Fallpauschale ist jeweils für **jeden Rechtszug** gesondert zu gewähren (§ 158c Abs. 1 FamFG). Der Verfahrensbeistand hat also in der zweiten und dritten Instanz Anspruch auf jeweils eine weitere Fallpauschale in Höhe von 350 EUR oder – im Falle der Übertragung zusätzlicher Aufgaben nach § 158b Abs. 2 FamFG – in Höhe von 550 EUR (sog. große Vergütungspauschale i.S.d. § 158c Abs. 1 Satz 2 FamFG a.F.).

---

65 Verweis des OLG Frankfurt auf Keuter, FamRZ 2018, 14, 16; OLG Brandenburg, FamRZ 2018, 1855; OLG Schleswig, FamRZ 2016, 1695; OLG Nürnberg, ZKJ 2015, 77 = FamRZ 2015, 694 [LSe].

66 Verweis des OLG Frankfurt auf OLG Oldenburg, MDR 2016, 774, Rn. 6; Zöller/Lorenz, § 158 FamFG Rn. 3.

67 Verweis des OLG Frankfurt auf OLG Oldenburg, MDR 2016, 774.

68 OLG München FamRZ 2016, 160, 161.

69 OLG Oldenburg MDR 2016, 774.

70 BGH FamRZ 2011, 199 = NJW 2011, 455; ebenso OLG Saarbrücken ZKJ 2010, 378; Menne, a.a.O.

Nach neuer Rechtslage **seit 11.4.2025 und einer Bestellung seither**: Jeweils Anspruch auf eine weitere Fallpauschale in Höhe von 690 EUR (Einheitspauschale). Vgl. zu weiteren Einzelheiten Rn. 169 ff.

Ein Beschwerdeverfahren gegen einen Verfahrenskostenhilfe abweisenden Beschluss gehört jedoch noch zur ersten Instanz, sodass es insoweit nur bei der Pauschale des ersten Rechtszuges für den Verfahrensbeistand verbleibt.[71]

Wird eine Sache von der **Beschwerdeinstanz** an das Familiengericht zurückverwiesen, soll es sich nach einer Entscheidung des OLG Saarbrücken vom 10.12.2012 um ein neues Verfahren handeln, für das der Verfahrensbeistand eine weitere Vergütungspauschale beanspruchen können soll.[72] Richtig wäre wohl eher der Rückgriff auf § 21 Abs. 1 RVG, der für die Vergütung der Rechtsanwälte bestimmt, dass ein Verfahren nach der Rückverweisung ein neuer Rechtszug ist. Der zusätzliche Vergütungsanspruch würde dann aus § 158c Abs. 1 Satz 1 FamFG folgen, wonach die Fallpauschale für die Wahrnehmung der Kindesinteressen „in jedem Rechtszug" zu gewähren ist.[73] 203

Diese Auffassungen hat der BGH allerdings zurückgewiesen[74]: Der Verfahrensbeistand erhält **nach Zurückverweisung** der Sache durch das Beschwerdegericht für das Verfahren vor dem Ausgangsgericht demnach **keine erneute Pauschale**. Dass die Fallpauschale für jeden Rechtszug gewährt wird – so der BGH unter Hinweis auf BT-Drucks. 16/12717, S. 61 –, sollte dem Verfahrensbeistand, der im zweiten und dritten Rechtszug tätig wird, im Unterschied zur Fassung im FGG-Reformgesetz einen zusätzlichen Vergütungsanspruch verschaffen, da er andernfalls nur eine einmalige Fallpauschale erhielte. Damit zielte die Erweiterung der Vergütung ausschließlich auf Rechtsmittelverfahren. Anhaltspunkte dafür, dass der Gesetzgeber für das an die erste Instanz zurückverwiesene Verfahren einen weiteren Vergütungsanspruch des Verfahrensbeistands begründen wollte, bestehen dagegen – so der BGH, der auch einen Rückgriff auf § 21 Abs. 1 RVG ablehnt – nicht.

Die Pauschale wird **fällig**, sobald der Verfahrensbeistand mit der Wahrnehmung der Interessen des von ihm vertretenen Kindes begonnen hat. Dazu muss er nach der Rechtsprechung des BGH – über die bloße Entgegennahme des Bestellungsbeschlusses hinaus – im Kindesinteresse bereits „in irgendeiner Weise tätig geworden sein."[75] Das ist z.B. der Fall, wenn der Verfahrensbeistand zur Besprechung des Verfahrensgegenstandes Kontakt zu dem von ihm vertretenen Kind und/oder dessen Eltern aufzunehmen versucht. Ob das gelingt und tatsächlich erfolgt, ist dagegen für die Entstehung des Vergütungsanspruches nach der zitierten Rechtsprechung des BGH unerheblich. 204

71 OLG Köln FamRZ 2013, 2003.

72 OLG Saarbrücken ZKJ 2013, 131, m. krit. Anm. und Hinweis von Gottschalk auf § 21 Abs. 1 RVG, S. 132.

73 OLG Saarbrücken ZKJ 2013, 131.

74 Vgl. wie der BGH (FGPrax 2018, 24 = FamRB 2018, 23 = FamRZ 2018, 48) auch OLG Hamm FuR 2015, 483 f.; Haußleiter/Eickelmann, FamFG 2. Aufl. § 158 Rn. 31.

75 BGH FamRZ 2010, 1896 Rn. 30; NJW 2011, 558; vgl. auch OLG München NJW-RR 2010, 1448.

Hatte das erstinstanzliche Gericht auf die Übertragung der **Zusatzaufgabe** nach § 158b Abs. 2 FamFG (in der Fassung bis 10.4.2025) verzichtet, können die nachfolgenden Beschwerde- und Rechtsbeschwerdeinstanzen diese Aufgabe zu den Bedingungen einer erhöhten Fallpauschale (550 EUR, § 158c Abs. 1 Satz 2 FamFG a.F.) zusätzlich übertragen.

Praxistipp

Auf diese Zusatzbeauftragung sollte der Verfahrensbeistand gegenüber dem Beschwerdegericht unter Hinweis auf die besondere Bedeutung des Beschwerdeverfahrens für das Kind und die deswegen in besonderem Maße erforderlichen Gespräche des Verfahrensbeistandes mit dessen Eltern und dessen sonstigen Bezugspersonen drängen.

205 Hat das erstinstanzliche Gericht die in § 158b Abs. 2 FamFG (i.d.F. bis zum 10.4.2025) genannten Zusatzaufgaben übertragen, dauert diese Aufgabenzuweisung auch in den folgenden Instanzen mit der **erhöhten Fallpauschale** nach § 158c Abs. 1 Satz 2 FamFG (a.F.) fort, da die konkrete Bestellung des Beistands erst mit Rechtskraft der das Verfahren abschließenden Entscheidung oder mit dem sonstigen Abschluss des Verfahrens endet (§ 158 Abs. 4 Satz 1 FamFG). Das OLG Stuttgart hat – bestätigt durch den BGH[76] – konkretisierend bestimmt:

1. Wird die erstinstanzliche Bestellung eines Verfahrensbeistands durch das Gericht zweiter Instanz nicht aufgehoben oder abgeändert, so gelten die Bedingungen des erstinstanzlichen Bestellungsbeschlusses fort.
2. Enthält der erstinstanzliche Beschluss die Übertragung weiterer Aufgaben nach § 158b Abs. 2 FamFG (§ 158 Abs. 4 Satz 3 FamFG a.F.), bleibt es auch in zweiter Instanz hierbei, sodass der Verfahrensbeistand die erhöhte Vergütungspauschale von 550 EUR auch für die Beschwerdeinstanz beanspruchen kann.

Praxistipp (zur bis 10.4.2021 geltenden Fassung)

Zur Absicherung der erhöhten Fallpauschale gegen mögliche Anfechtungen durch die Staatskasse ist dem Verfahrensbeistand aber zu empfehlen, dem Beschwerdegericht nach Eingang der Mitteilung von der Einlegung der Beschwerde mitzuteilen, man gehe davon aus, dass die erstinstanzliche Übertragung der Zusatzaufgaben nach § 158b Abs. 2 FamFG fortgelte.

Reagiert das Beschwerdegericht darauf nicht, kann im Rahmen des Vertrauensschutzes von der Fortgeltung der Zusatzaufgaben ausgegangen werden.

206 Die **weitere Fallpauschale** für die zweite Instanz wird dann fällig, wenn der Beistand im Interesse des von ihm vertretenen Kindes in eigener Person Rechtsmittel eingelegt hatte, auch wenn das Rechtsmittel im weiteren Verlaufe, z.B. auf schriftliche Hin-

76 OLG Stuttgart FamRZ 2011, 1533; bestätigt durch BGH NJW 2012, 691 = FamRZ 2012, 728; ebenso OLG Frankfurt NJW 2017, 574.

weise des Beschwerdegerichts, zurückgenommen wird. Denn die Einlegung von **Rechtsmitteln** im Interesse des Kindes gehört zu den gesetzlich bestimmten Aufgaben des Verfahrensbeistands, vgl. § 158b Abs. 3 S. 2 FamFG.[77]

Seine Aufgaben nach § 158b FamFG nimmt der Verfahrensbeistand im Rechtsmittelzug im Übrigen nicht bereits dann wahr, wenn er die ihm seitens des (Rechts-)Beschwerdegerichtes übermittelte Rechtsmittelschrift anderer Verfahrensbeteiligter bloß zur Kenntnis nimmt und den Inhalt des eingelegten Rechtsmittels würdigt. Er muss nach der Rechtsprechung des BGH vielmehr im Beschwerdeverfahren „in irgendeiner Weise im Kindesinteresse tätig geworden sein".[78] Das ist z.B. der Fall, wenn der Verfahrensbeistand wegen der Besprechung der Beschwerde nachweisbar Kontakt zu dem von ihm vertretenen Kind und/oder dessen Eltern aufzunehmen versucht. Ob das gelingt und tatsächlich erfolgt, ist dagegen für die Entstehung des Vergütungsanspruches nach der zitierten Rechtsprechung des BGH unerheblich.[79]

Auch im **Beschwerdeverfahren** entsteht ein Vergütungsanspruch des Verfahrensbeistands also erst durch ein konkretes Tätigwerden im Kindesinteresse. Die bloße Entgegennahme und das Lesen der eine Begründung noch nicht enthaltenden Beschwerdeschrift durch den Verfahrensbeistand reichen hierfür nicht aus. Andererseits muss die Tätigkeit des Verfahrensbeistands aber nicht nach außen sichtbar geworden sein.[80] **207**

Die **Kostenprivilegierung** des Verfahrensbeistandes nach § 158c Abs. 4 FamFG erstreckt sich im Übrigen nicht auch auf ein Beschwerdeverfahren, das allein den Vergütungsanspruch des Verfahrensbeistands zum Gegenstand hat.[81]

Legt der Verfahrensbeistand **Verfassungsbeschwerde** ein, steht ihm ebenfalls eine Vergütung entsprechend § 158c Abs. 1 FamFG zu, selbst wenn es sich nicht mehr um eine Tatsacheninstanz handelt.[82] Der Vergütung ist weiterhin der im Bestellungsbeschluss enthaltene Aufgabenkreis zugrunde zu legen, sofern der Beschluss nicht wegen der Bedeutung einer Verfassungsbeschwerde auf die Zusatzaufgabe nach § 158b Abs. 2 FamFG (a.F.) die Vergütung erhöhend abgeändert wurde. Lässt der Verfahrensbeistand sich durch einen Anwalt vertreten, werden ihm bei gewonnener Verfassungsbeschwerde erfahrungsgemäß die Anwaltskosten erstattet. **208**

77 Vgl. OLG Sachsen-Anhalt FamRB 2105, 212, 213, unter Hinweis auf BT-Drucks. 16/12717, S. 61, zu § 158 Abs. 4 Satz 5 FamFG a.F.

78 BGH FamRZ 2010, 1896 Rn. 30; BGH, Beschl. v. 19.1.2011, XII ZB 400/10, FamRZ 2011, 558; OLG Celle NJOZ 2013, 505.

79 Vgl. aber OLG München, Beschl. v. 26.11.2024, 11 WF 1069/24: Für – von dem zuständigen Familiensenat nicht veranlasste – Aktivitäten auf eine noch gar nicht begründete Beschwerde, deren Ziel unklar ist, entsteht keine Vergütung des Verfahrensbeistandes (siehe dazu OLG München, Beschl. v. 18.10.2023, 11 WF 892/23, FamRZ 2024, 136; Beschl. v. 8.8.2022, 11 WF 780/22).

80 OLG München NJW-RR 2010, 1448; vgl. aber OLG München, Beschl. v. 26.11.2024, 11 WF 1069/24: Für – von dem zuständigen Familiensenat nicht veranlasste – Aktivitäten auf eine noch gar nicht begründete Beschwerde, deren Ziel unklar ist, entsteht keine Vergütung des Verfahrensbeistandes (siehe dazu OLG München, Beschl. v. 18.10.2023, 11 WF 892/23, FamRZ 2024, 136; Beschl. v. 8.8.2022, 11 WF 780/22).

81 OLG Celle, Beschl. v. 7.8.2012, 10 UF 158/12, ZKJ 2012, 489.

82 Lack, NJW 2017, 1301.

209 Das **Abhilfeverfahren** nach § 68 Abs. 1 FamFG gehört noch zu demselben Rechtszug, in dem die mit der Beschwerde angefochtene Entscheidung ergangen ist. Wird einer Beschwerde abgeholfen, ist die Tätigkeit des Verfahrensbeistands im Abhilfeverfahren daher noch mit der ursprünglichen Pauschale abgegolten.[83] Ein Abhilfeverfahren kommt allerdings bei Beschwerden gegen Endentscheidungen (§ 38 FamFG) in Familiensachen (vgl. § 111 FamFG: u.a. Kindschaftssachen i.S.d. § 151 FamFG, Abstammungs- und Adoptionssachen) grundsätzlich ohnehin nicht in Betracht (vgl. § 68 Abs. 1 Satz 2 FamFG).

210 Im **Überprüfungsverfahren** nach § 166 FamFG wird die bloße Anfrage des Gerichts noch zum alten Verfahren erfolgen. Sofern Anhaltspunkte für eine familiengerichtliche Maßnahme oder die Aufhebung bzw. Änderung einer bereits getroffenen gerichtlichen Maßnahme bestehen, wird ein neues Verfahren eingeleitet, für das der Verfahrensbeistand dann ggf. auch bestellt werden sollte und einen Vergütungsanspruch erlangt.

4. Vergütungsanspruch des Vereinsverfahrensbeistandes

211 Dem **Jugendamt** oder einem **Verein** (jeweils als juristischer Person) steht als Verfahrensbeistand in Kindschaftssachen weder eine Vergütung noch ein Aufwendungsersatz zu. Das entspricht der alten Rechtslage nach §§ 277 Abs. 1 Satz 3, Abs. 2 FamFG i.V.m. § 1836 Abs. 3 BGB a.F., soweit die Behörde oder der Verein als **juristische Personen** bestellt waren. Die Systematik der §§ 158 ff. FamFG n.F., insbesondere § 158a FamFG zur fachlichen und persönlichen Eignung des Verfahrensbeistandes, legen den Schluss nahe, dass – entsprechend § 276 Abs. 4 Satz 2 FamFG n.F. zum betreuungsrechtlichen Verfahrenspfleger – nur **natürliche Personen** (nicht aber juristische Personen wie Vereine oder Behörden) zu Verfahrensbeiständen bestellt werden dürfen.

212 Wird allerdings der **Mitarbeiter eines anerkannten Betreuungsvereines** (vgl. § 1819 Abs. 3 BGB) zum berufsmäßigen Verfahrensbeistand in einer Kindschaftssache bestellt, stand der sich nach § 158 Abs. 7 Satz 2 und 3 FamFG a.F. ergebende Vergütungsanspruch laut BGH entsprechend § 277 Abs. 4 Satz 1 FamFG a.F. dem (Betreuungs)Verein zu.

Diese Rechtsprechung wird man auch auf die hauptamtlichen Mitarbeiter eines Vereines (vgl. den vom Landesjugendamt anerkannten Vormundschaftsverein nach § 1774 Abs. 1 Nr. 3 BGB n.F.) erstrecken können, der sich außerhalb des Betreuungsrechts auf die berufsmäßige Führung von Verfahrensbeistandschaften für Minderjährige spezialisiert hat. Denn die Tätigkeit von Vereinen im Rahmen der Verfahrensbeistandschaft widersprach schon nach bisherigem Recht nicht der Gesetzessystematik. § 158 Abs. 7 Satz 1 FamFG a.F. ordnete für den Aufwendungsersatz des nicht berufsmäßigen Verfahrensbeistands die entsprechende Anwendung von § 277 Abs. 1 FamFG a.F. an, der sich wiederum in seinem Satz 3 unter anderem mit dem Verein als Verfahrenspfleger befasste. Mithin ging das Gesetz von der Möglichkeit

83 Vgl. OLG Köln FamRZ 2013, 2003, für eine Beschwerde in einem Verfahrenskostenhilfeverfahren.

aus, dass auch eine Verfahrensbeistandschaft durch einen Verein geführt werden kann.

Vereine werden in diesem Bereich aber natürlich durch Mitarbeiter tätig. Das widerspricht auch nicht der Systematik der neuen §§ 158 bis 158c FamFG, soweit Gerichte Mitarbeiter der Vereine als natürliche Personen zu Verfahrensbeiständen bestellen.

Die zum 1.1.2023 neu gefassten betreuungsrechtlichen Vorschriften der §§ 276, 277 FamFG gehen offenkundig davon aus, dass auch Mitarbeiter von anerkannten Betreuungsvereinen – als natürliche Personen – als Verfahrenspfleger bestellt werden können, und die **Vergütung** aus ihrer Tätigkeit **gemäß § 5 VBVG** allein den Vereinen zusteht. Weder aus der Systematik der neuen Vorschriften über den Verfahrensbeistand nach § 158 bis 158c FamFG noch aus der Begründung des Regierungsentwurfes eines Gesetzes zur Bekämpfung sexualisierter Gewalt gegen Kinder zur Bestellung und Vergütung von Verfahrensbeiständen nach §§ 158 ff. FamFG ergibt sich, dass – anders als im Betreuungsrecht für Erwachsene – eine Bestellung von Vereinsbeiständen und – nach Maßgabe der zitierten Rechtsprechung des BGH – ein **Vergütungsanspruch des Vereines** für die Tätigkeit seiner Mitarbeiter ausgeschlossen sein sollte. 213

Auch das mit Wirkung zum 11.4.2025 in Kraft getretene Kosten- und Betreuervergütungsrechtsänderungsgesetz 2025 – KostBRÄG 2025) vom 7.4.2025 hat daran nichts geändert.

Anderes gilt allerdings für **Mitarbeiter von Jugendämtern**. Sie sollen offenbar – analog der Regelung für den betreuungsrechtlichen Verfahrenspfleger – nicht als Verfahrensbeistände bestellt und demzufolge nicht vergütet werden können. Vgl. BT-Drucksache 19/24445, S. 329, zum Verfahrenspfleger im Betreuungsrecht: 214

> „Demgegenüber soll mit der Streichung der speziellen Regelung bezüglich der Vergütung eines als Verfahrenspfleger bestellten Bediensteten der Betreuungsbehörde in § 277 Abs. 4 Satz 3 eine solche Bestellung in Zukunft nicht mehr möglich sein. Denn ein Abhängigkeitsverhältnis zur Betreuungsbehörde steht nicht im Einklang mit der von dem Gericht wie den weiteren Beteiligten und damit auch von der Betreuungsbehörde unabhängigen Stellung und Aufgabe des Verfahrenspflegers."

Das kann und muss auch im Verhältnis von Jugendamt und Verfahrensbeistand nach § 158 ff. FamFG gelten.

5. Vergütung des (Berufs-)Verfahrensbeistands in Unterbringungsverfahren

Für den nach § 167 Abs. 1 Satz 1 FamFG in einem Unterbringungsverfahren nach § 1631b BGB oder nach den Landesunterbringungsgesetzen (landesrechtliche PsychKHG-Verfahren, § 151 Nr. 6 und 7 FamFG) bestellten Verfahrensbeistand gilt § 167 Abs. 1 Satz 2 FamFG: 215

An die Stelle eines Verfahrenspflegers tritt in Unterbringungssachen der Verfahrensbeistand i.S.d. § 158 FamFG. Aus dieser Einschränkung der Verweisung des § 167 Abs. 1 Satz 1 FamFG auf die betreuungsrechtlichen Verfahrensvorschriften der

§§ 313 ff. FamFG und die „betreuungsrechtliche" Vergütung nach §§ 277, 318 FamFG folgt nach herrschender Meinung die **Pauschalierung der Vergütung** nach § 158c Abs. 1 FamFG für den berufsmäßigen Verfahrensbeistand.[84]

216 Ob die Anwendung der §§ 317, 318 FamFG und damit eine stundenmäßige **Vergütung nach Zeitaufwand** nach den betreuungsrechtlichen Grundsätzen des § 277 FamFG ausgeschlossen ist und die Vergütung nach § 158c Abs. 1 FamFG pauschal erfolgt, ist aber durchaus nicht eindeutig geregelt. Denn andererseits verweist § 167 Abs. 1 Satz 1 FamFG auf die für die betreuungsrechtlichen Unterbringungssachen geltenden Verfahrensvorschriften der §§ 313 ff. FamFG und damit über § 318 FamFG auf die Entschädigungsregelungen des betreuungsrechtlichen Verfahrenspflegers nach § 277 FamFG.

Eine Mindermeinung ist daher der Auffassung, aus der Rechtsgrundverweisung des § 167 Abs. 1 FamFG folge die Vergütung nach Zeitaufwand nach § 277 FamFG, es bestehe neben dem Anspruch auf Aufwendungsersatz nach § 1835 BGB auch ein Anspruch auf Vergütung des Zeitaufwandes nach §§ 1, 2, 3 Abs. 1 und Abs. 2 VBVG.[85]

Soweit ersichtlich, hat die obergerichtliche **Rechtsprechung** diesen Streit bislang nicht entscheiden müssen, weil Vergütungsansprüche in der gerichtlichen Praxis bisher offenbar nur selten auf eine Abrechnung nach Zeitaufwand gestützt wurden. Soweit das OLG Oldenburg über die Vergütung in einer Unterbringungssache zu entscheiden hatte, konnte es ohne Auseinandersetzung mit der Mindermeinung entscheiden, weil es im konkreten Abrechnungsfall (nur) um die Höhe der vom Verfahrensbeistand nach § 158 Abs. 7 Satz 3 FamFG a.F. geltend gemachten (großen) Fallpauschale ging.[86] Der BGH hingegen hatte bislang nur über die (vom BGH bejahte) Frage zu entscheiden, ob – wie vom Verfahrensbeistand verlangt – zwei Fallpauschalen fällig werden, wenn die Tätigkeit des Verfahrensbeistandes sowohl die Vertretung des Kindes in einem Unterbringungsverfahren als auch in einem Sorge- oder Umgangsverfahren umfasst.[87] Vergleiche auch den vom OLG Sachsen-Anhalt entschiedenen Fall: Bei dem Erlass einer einstweiligen Anordnung auf vorläufige Genehmigung der Unterbringung eines minderjährigen Kindes und der nachfolgenden im Wege einer einstweiligen Anordnung erfolgten **Verlängerung der Unterbringung** handelt es sich um zwei selbstständige einstweilige Anordnungsverfahren, für die der hierfür bestellte Verfahrensbeistand die Vergütungspauschale nach jeweils gesondert beanspruchen kann.[88]

---

84 Vgl. h.M.: Sternal/Schäder § 167 FamFG Rn. 19; MünchKomm-FamFG/Heilmann, § 167 FamFG 42; Meysen/Balloff, Das Familienverfahrensrecht – Praxiskommentar, § 167 FamFG Rn. 11; a.A. Bumiller/Harders/Schwamb, § 167 FamFG Rn. 15; Diekmann in Jurgeleit, Freiwillige Gerichtsbarkeit, Handbuch, 2010, § 17 Rn. 75, § 16 Rn. 187.

85 Bumiller/Harders/Schwamb, § 167 FamFG Rn. 15, 11. Aufl. 2015; Diekmann in Jurgeleit, Freiwillige Gerichtsbarkeit, Handbuch, 2010, § 17 Rn. 75, § 16 Rn. 187.

86 Vgl. OLG Oldenburg FamRZ 2016, 1098, 1099.

87 BGH FamRZ 2011, 467; FamRZ 2011, 199.

88 OLG des Landes Sachsen-Anhalt, Beschl. v. 15.8.2011, 8 WF 192/11, FamRZ 2012, 574 (LS).

Trotz der zitierten Rechtsprechung und trotz des Entstehens der Pauschale in jedem Rechtszug bestehen durchaus **verfassungsrechtliche Bedenken**, ob die Pauschalvergütung nicht den mit dem Rechtsinstitut des Verfahrensbeistands beabsichtigten „Grundrechtsschutz durch Verfahren" gerade in den besonders grundrechtsrelevanten Unterbringungsverfahren konterkariert.[89]

Jedenfalls war es gerade in Unterbringungsverfahren aus den eben genannten Gründen unerlässlich, dem Verfahrensbeistand die **Zusatzaufgabe nach § 158 Abs. 2 FamFG** a.F. zu übertragen, mit den Eltern und weiteren Bezugspersonen des Kindes Gespräche zu führen, um Alternativen zum Freiheitsentzug auszuloten und in das Verfahren einzubringen. Vergütungsrechtliche Folge davon war in Unterbringungssachen die Gewährung der großen Vergütungspauschale je Rechtszug in Höhe von 550 EUR pro betroffenem und vom Verfahrensbeistand vertretenem Kind (§ 158c Abs. 1 Satz 2 FamFG). **217**

Mit Bestellung als Verfahrensbeistand ab 11.4.2025 gilt nunmehr die neue **Einheitspauschale** in Höhe von 690 EUR gemäß § 158c Abs. 1 Satz 1 FamFG (n.F.) auch die genannten Zusatzaufgaben ab. Die **Erstattung von Dolmetscherkosten** ist nach §§ 158c Abs. 2 Satz 1 und 2 i.V.m. 158b Abs. 2 FamFG n.F. zusätzlich möglich, wenn das Gericht dem Verfahrensbeistand die Hinzuziehung eines Dolmetschers oder Übersetzers oder eines anderen geeigneten Sprachmittlers, insbesondere eines Gebärdensprachendolmetschers zuvor mit unanfechtbarem Beschluss gestattet hatte, weil dessen Hinzuziehung zur Verständigung mit dem Kind, seinen Eltern oder weiteren Bezugspersonen erforderlich war. Vgl. zu weiteren Einzelheiten Rn. 169 ff.

Folgt man der – in der gerichtlichen Praxis weitgehend unbeachteten – **Mindermeinung** zur Vergütung in Unterbringungssachen, gilt: **218**

§ 318 FamFG nimmt für den Verfahrensbeistand nach § 167 Abs. 1 FamFG Bezug auf die Vergütung des Verfahrenspflegers in Betreuungssachen gemäß § 277 FamFG. § 277 FamFG seinerseits nimmt Bezug auf Vorschriften des VBVG, d.h., die Vergütung des Verfahrensbeistands in den Kindschaftssachen des § 151 Nr. 6 und 7 FamFG orientiert sich an der Vergütung eines Vormundes bzw. eines gesetzlichen Betreuers. Es ist also grundsätzlich nach dem für die Führung der Verfahrensbeistandschaft erforderlichen **Zeit- und Sachaufwand** abzurechnen.

Die Abrechnung nach Zeitaufwand (gemäß Mindermeinung) gilt regelmäßig auch für **Rechtsanwälte**, die zu Verfahrensbeiständen bestellt werden. Eine Abrechnung der Verfahrensbeistandschaft nach den Gebühren des RVG ist also unzulässig (vgl. § 1 Abs. 2 Satz 2 RVG).

Die **Höhe des Stundensatzes** des Verfahrensbeistands in Unterbringungssachen bestimmt sich nach den Stundensätzen des § 3 Abs. 1 VBVG i.V.m. § 277 Abs. 2 S. 2 FamFG, ohne dass es darauf ankäme, ob der Betroffene mittellos oder vermögend ist. Das gilt auch für als Verfahrensbeistände beigeordnete Rechtsanwälte.

89 So Salgo, ZKJ 2009, 49, 57.

Das BVerfG[90] hielt den Stundensatz von 31,00 EUR nach § 1 Abs. 1 Satz 2 Nr. 2 BVormVG (Vorgängerregelung vor § 3 Abs. 1 Nr. 2 VBVG: 33,50 EUR) für Verfahrenspfleger mit abgeschlossener Hochschulausbildung (z.B. Anwälte) unter Bezugnahme auf die Entscheidung des BVerfG vom 15.12.1999 zur Verfassungsgemäßheit der Betreuervergütung[91] für verfassungsgemäß. Wie bei der Übernahme einer Betreuung handele es sich bei der beruflichen Ausübung von Verfahrenspflegschaften regelmäßig um einen „Zweitberuf", bei dem die Vergütung nicht am Hauptberuf orientiert sei und die Kostenstruktur einer Anwaltskanzlei nicht berücksichtigt werden müsse.

Mit dem Gesetz zur Anpassung der Betreuer- und Vormündervergütung hat der Gesetzgeber den Stundensatz mit Wirkung ab Juli 2019 auf 39,00 EUR erhöht; ab 1.1.2026 gemäß **KostBRÄG 2025** auf 44,00 EUR.[92]

219 Ausnahmsweise – so das BVerfG – könne ein zum Verfahrenspfleger bestellter Rechtsanwalt auch nach BRAGO (jetzt RVG) abrechnen, soweit im konkreten Fall **„rechtsanwaltsspezifische Tätigkeiten"** bei der Führung der Verfahrenspflegschaft anfallen.[93] Unter Bezugnahme auf die Begründung des Gesetzgebers des BtÄndG zur Neufassung des § 1 Abs. 2 BRAGO[94] hielt das BVerfG die Anwaltsvergütung nach § 1 Abs. 1 BVormVG unter der Bedingung für verfassungsgemäß, dass der Anwalt rechtsanwaltstypische Tätigkeiten im Rahmen von Verfahrenspflegschaften über § 1877 Abs. 3 BGB auch nach § 118 BRAGO (jetzt RVG) abrechnen kann.

Rechtsanwälte können Verfahrenspflegschaften danach in solchen Fällen nach BRAGO (jetzt RVG) abrechnen,

> „in denen ein Laie in gleicher Lage vernünftigerweise einen Rechtsanwalt hinzuziehen würde."

Das muss das den Anwalt zum Verfahrensbeistand bestellende Gericht schon bei der Bestellung aussprechen.[95]

220 Für die auch nach Betreuungsrecht zulässige **Vergütungspauschale** nach §§ 277 Abs. 3, 318, 167 Abs. 1 FamFG gilt: Hinter der Pauschalierung der Vergütung steckt eine **verdeckte Zeitlimitierung** für die Tätigkeit als Verfahrensbeistand. Nach Sinn und Zweck der Verfahrensbeistandschaft kann demnach von der Vergütungspauschalierung nur nach Absprache mit den Verfahrensbeiständen Gebrauch gemacht werden.

221 **Vorschuss** auf die zu erwartenden Aufwendungen kann weder der ehrenamtliche noch der berufsmäßig tätige Verfahrensbeistand verlangen. Das stellt nunmehr § 277 Abs. 1 Satz 3 FamFG für alle Beistände klar.

---

90 BVerfG FamRZ 2000, 1280, 1281, 1282.
91 BVerfG FamRZ 2000, 345.
92 BT-Drucks. 19/8694.
93 BVerfG FamRZ 2000, 1280, 1282.
94 BT-Drucks. 13/7158, S. 41; vgl. jetzt § 1 Abs. 2 RVG.
95 Vgl. zu Einzelheiten HK-BUR/Deinert, § 1877 Abs. 3 BGB.

Bei der Bestimmung des vergütungsfähigen Zeitaufwandes der Verfahrensbeistandschaft ist dem gesetzlich bestimmten Zweck der Verfahrensbeistandschaft als einem wesentlichen Instrument des Verfahrensrechtsschutzes Rechnung zu tragen: Die Höhe der Vergütung bemisst sich in diesem Ausnahmefall nach der Zahl der aufgewandten, für die Führung der Verfahrensbeistandschaft erforderlichen Stunden, die mit dem in § 3 VBVG geregelten, nach Ausbildungsabschlüssen gestaffelten Stundensatz zu multiplizieren ist (vgl. § 3 Abs. 1 VBVG, § 277 Abs. 3 Satz 2 FamFG). **222**

Vergütet wird der für die sachgemäße „Wahrnehmung der Interessen des Betroffenen" (§ 167 Abs. 1 Satz 2, 317 Abs. 1 Satz 1 FamFG) im jeweiligen Verfahren erforderliche **Zeitaufwand**. Die für die Verfahrensbeistandschaft erforderliche Zeit ist dabei nach den Umständen des konkreten Falles anhand der Darstellung des Verfahrensbeistands zu ermitteln. Eine Herabsetzung auf den durchschnittlich erforderlichen Zeitaufwand ist nicht zulässig.[96]

Welcher Zeitaufwand für die einzelne Verfahrensbeistandschaft anfällt, bestimmt der Verfahrensbeistand danach, was er an Zeitstunden für die **effektive und sachgemäße Wahrnehmung der Interessen** des Betroffenen für erforderlich hält. Der Verfahrensbeistand hat hierbei ein weites Ermessen, was unmittelbar aus seiner Aufgabenstellung folgt, die Interessen des Betroffenen im Verfahren effektiv wahrzunehmen und dabei auch das Gericht in seiner Vorgehensweise und Entscheidung im Sinne der Interessen des betroffenen Kindes zu beeinflussen und zu kontrollieren. Das Gericht hat sich deswegen einer kleinlichen Handhabung bei der Prüfung der Erforderlichkeit der abgerechneten Stunden zu enthalten. **223**

Die vom Verfahrensbeistand als erforderlich abgerechneten Stunden können folglich nur einer **Missbrauchsprüfung** unterzogen werden. Soweit der Verfahrensbeistand zulässigerweise eigene Ermittlungen des für eine am Kindeswohl orientierte Entscheidung erheblichen Sachverhaltes vornimmt, ist der dafür abgerechnete Zeitaufwand zu vergüten.

Der Verfahrensbeistand kann eine Vergütung für seine Tätigkeit allerdings nur insoweit verlangen, als ein inhaltlicher Zusammenhang mit dem Verfahren besteht, für das er bestellt ist. **224**

> „Er kann nur das abrechnen, was zur Vorbereitung einer allein am Kindeswohl orientierten Entscheidung des Gerichts erforderlich ist. Hierzu gehören alle Maßnahmen, die ein verständig und allein am Kindeswohl orientiert handelnder Verfahrenspfleger im Hinblick hierauf für nötig erachten würde."[97]

Den Zeitaufwand für die **Erstellung der Vergütungsabrechnung** kann der Verfahrensbeistand nicht ersetzt verlangen, da diese Tätigkeit allein im Interesse des Verfahrensbeistands selbst erfolgt.[98]

---

96 OLG Köln FamRZ 2000, 1307 (LS).

97 OLG Frankfurt, Beschl. v. 23.2.2000, 2 WF 32/2000, www.hefam.de; wesentlich einschränkender hingegen: OLG Frankfurt FamRZ 1999, 1293, 1294; KG FamRZ 2000, 1300; SchlHOLG OLGR 2000, 177 ff.: Kein eigenes Ermittlungsrecht des Verfahrenspflegers.

98 OLG Schleswig FamRZ 1999, 462.

6. Entstehung des Anspruches auf Vergütung

225 Der Anspruch aus § 158c Abs. 1 FamFG auf Vergütung entsteht in dem Moment, in dem der Verfahrensbeistand mit der **Wahrnehmung seiner Aufgaben** nach § 158b FamFG begonnen hat, sodass die bloße Entgegennahme des Bestellungsbeschlusses nicht ausreichend ist. Es genügt jedoch, dass der Verfahrensbeistand in irgendeiner Weise im Kindesinteresse tätig geworden ist,[99] z.B. indem er wiederholt – selbst wenn vergeblich – versucht hat, Kontakt mit der Kindesmutter aufzunehmen. Dass eine solche Tätigkeit in dem Moment ihrer Aufnahme objektiv nicht mehr möglich bzw. erfolgversprechend war, ist unerheblich.[100]

226 Nach § 158c Abs. 1 Satz 1 FamFG erhält der Verfahrensbeistand für die „Wahrnehmung seiner Aufgaben" i.S.d. § 158b Abs. 1 FamFG a.F. (**bis 10.4.2025**) die Grundpauschale von 350 EUR, soweit er bis einschließlich 10.4.2025 zum Verfahrensbeistand bestellt worden ist, vgl. die Übergangsbestimmung des § 493 Abs. 4 Satz 2 FamFG. Demgegenüber stellt § 158c Abs. 1 Satz 2 FamFG a.F. für die erhöhte Pauschale allein auf die „Übertragung von Aufgaben" nach § 158b Abs. 2 FamFG a.F. ab[101] und verlangt gerade kein Tätigwerden im erweiterten Aufgabenkreis. Nach der gesetzlichen Regelung stellt das **Tätigwerden** im Rahmen der gemäß § 158b Abs. 2 FamFG a.F. übertragenen (Zusatz-)Aufgaben zudem keinen eigenständigen, von der Grundpauschale unabhängigen Vergütungstatbestand dar. Vielmehr soll (allein) die Aufgabenübertragung eine Erhöhung des ohne sie 350 EUR betragenden Vergütungssatzes auf 550 EUR begründen. Eine Aufteilung in erledigte „Basisaufgaben" und solche des erweiterten Aufgabenkreises sei weder praktikabel noch durch das Gesetz vorgegeben.[102]

Eine nachträgliche Erweiterung des Aufgabenkreises des Verfahrensbeistands nach (rechtskräftiger) Beendigung des Verfahrens gemäß § 158 Abs. 4 FamFG entbehrt einer gesetzlichen Grundlage, sodass ein Anspruch auf die große statt der kleinen Pauschale nach § 158 Abs. 7 Satz 3 FamFG in einem solchen Fall nicht entstehen kann.[103]

Ist der Verfahrensbeistand **nach dem 10.4.2025** bestellt worden, entsteht der Anspruch auf die **Einheitspauschale** in Höhe von 690 EUR gemäß § 158c Abs. 1 Satz 1 FamFG n.F. (ab 10.4.2025) nach denselben oben beschriebenen Grundsätzen wie nach bisherigem Recht, wobei der originäre Aufgabenkreis der Verfahrensbeistandschaft die Führung von Gesprächen mit den Eltern und anderen Bezugspersonen des Kindes und – in geeigneten Fällen – auch die Mitwirkung am Zustandekommen einer einvernehmlichen Regelung des Verfahrensgegenstandes bereits kraft Gesetzes um-

99 BGH FamRZ 2014, 373–374; FamRZ 2012, 1630 Rn. 18; FamRZ 2011, 558 Rn. 7; FamRZ 2010, 1896 Rn. 30.
100 BGH FamRZ 2011, 558 Rn. 7.
101 Vgl. auch Prütting/Helms/Hammer, FamFG 3. Aufl. § 158 Rn. 60.
102 BGH FamRZ 2014, 373–374 = NZFam 2014, 166, 167; OLG Frankfurt, Beschl. v. 16.8.2010 – 5 UF 236/10 – juris Rn. 8.
103 OLG Oldenburg MDR 2016, 774.

fasst (vgl. § 158b Abs. 1 Satz 4 FamFG n.F), ohne dass es insoweit einer gerichtlich angeordneten Zusatzaufgabe bedarf.

Zwar erfolgt die **Bestellung eines Verfahrensbeistands** in der Regel durch gerichtlichen Beschluss. Einer besonderen Form bedarf die Bestellung allerdings nicht, sondern sie kann auch **konkludent** erfolgen.[104] 227

Anhaltspunkte für eine konkludente Bestellung zum Verfahrensbeistand z.B. in einem neben einem Sorgerechtsverfahren geführten Umgangsverfahren können sich z.B. ergeben, wenn

- in einem Anhörungstermin zum Sorgerecht ausweislich des Sitzungsvermerkes nicht nur der Aufgabenkreis „elterliche Sorge" mit den Beteiligten ausführlich erörtert worden ist, sondern darüber hinaus auch verfahrensfördernde Gespräche mit den Kindeseltern und dem beteiligten Jugendamt sowie dem Verfahrensbeistand über eine Regelung des zukünftigen Umgangs des Kindesvaters mit den gemeinsamen Kindern geführt worden sind;
- in diesem zusätzlichen Kontext die Erörterung über den Verfahrensgegenstand „Umgang" nicht nur in seinem Beisein, sondern unter der aktiven Mitwirkung des Verfahrensbeistandes stattfand;
- beide Verfahrensgegenstände von den anwesenden Beteiligten gemeinsam erörtert wurden und schließlich in einen protokollierten Vergleich über Umgangskontakte mündeten, den der Verfahrensbeistand ausdrücklich genehmigt bzw. seine Zustimmung hierzu erteilt hat;
- durch die ausdrückliche Beteiligung des Verfahrensbeistands an der schließlich im Vergleichswege getroffenen Umgangsvereinbarung deutlich wurde, dass in diesem Zusammenhang die Interessen der beteiligten Kinder wahrgenommen werden sollten;[105]
- wobei das Gericht – aus dem gesamten Verfahrensablauf konkludent erkennbar – im Interesse des betroffenen Kindes eine Einflussnahme des Verfahrensbeistandes auf den zusätzlichen Verfahrensgegenstand ermöglichen wollte.[106]

Die konkludent erfolgte Bestellung als Verfahrensbeistand beschränkt sich – nach bisherigem Recht – jedoch regelmäßig auf den **originären Wirkungskreis**, soweit das Gericht gegenüber dem Verfahrensbeistand in keiner Weise zum Ausdruck gebracht hat, dass dieser bezogen auf den Verfahrensgegenstand über den originären Aufgabenkreis hinaus auch die (Zusatz-)Aufgaben nach § 158b Abs. 2 Satz 1 FamFG a.F. wahrnehmen soll. Insoweit steht ihm lediglich eine Vergütung in Höhe der Grundpauschale in Höhe von 350 EUR (§ 158c Abs. 1 Satz 1 FamFG a.F., bis 10.4.2025) 228

104 OLG Frankfurt, FGPrax 2020, 224; OLG Schleswig, Beschl. v. 19.4.2016, 15 W 170/15; juris; OLG Nürnberg, MDR 2015, 100; Musielak/Borth/Grandel, FamFG, § 158 FamFG Rn. 11; Zöller/Lorenz, ZPO, § 158 FamFG Rn. 3.

105 Vgl. den Fall des OLG Schleswig, Beschl. v. 19.4.2016, 15 W 170/15, juris.

106 OLG Frankfurt, FGPrax 2020, 224. Vgl. zur konkludenten Hinzuziehung eines Kann-Beteiligten im Betreuungsrecht BGH, Beschl. v. 13.3.2019, XII ZB 523/18, FamRZ 2019, 915, Rn. 7.

zu.[107] Die Unterscheidung nach originärem und erweitertem Aufgabenkreis ist nach § 158b FamFG und § 158c FamFG n.F. hingegen entfallen.

Die Vergütung bestimmt sich ohnehin nicht danach, ob verschiedene Verfahrensgegenstände in getrennt geführten Akten mit verschiedenen Aktenzeichen oder in einem einzigen Verfahren geführt werden. Entscheidend ist vielmehr, ob sich die – ggf. auch konkludente – Bestellung als Verfahrensbeistand auf den jeweiligen **Verfahrensgegenstand** (Sorgerecht, Umgang, Unterbringung) und das jeweils zu vertretende Kind bezieht.[108]

Praxistipp

▶ *Zur Vermeidung von Unklarheiten und unnötigem Aufwand bei der Geltendmachung der Vergütungsansprüche ist in diesen – in der gerichtlichen Praxis nicht seltenen Fällen – dringend anzuraten, dem Gericht gegenüber darauf zu bestehen, einen förmlichen Bestellungsbeschluss für das Zweitverfahren im Termin zu verkünden und die Bestellung für den Gegenstand des Zweitverfahrens ausdrücklich im Sitzungsvermerk aufzunehmen.*

Soweit (nach bis 10.4.2025 geltendem Recht) auch der erweiterte Aufgabenkreis nach § 158b Abs. 2 Satz 1 FamFG a.F. für das Zweitverfahren anzuordnen ist, weil der Verfahrensbeistand vor dem oder anlässlich des Anhörungs-/Erörterungstermines auch Gespräche mit den Eltern über den Verfahrensgegenstand des Zweitverfahrens geführt hat, so ist das durch das Gericht ebenfalls ausdrücklich zu bestimmen. Denn eine (konkludente) Bestellung kommt wegen der erforderlichen Rechtsklarheit hinsichtlich der Entstehung eines Vergütungsanspruches nur in eindeutigen **Ausnahmefällen** in Betracht[109] (vgl. dazu oben Rn. 198 f., 227).

229 Die am Ende eines Anhörungs-/Erörterungstermins in einem Verfahren wegen elterlicher Sorge durch amtsgerichtlichen Beschluss vorgenommene Erstreckung der Verfahrensbeistandschaft auf den „Verfahrensgegenstand Umgang" führt allerdings nicht zu einem (weiteren) Vergütungsanspruch des Verfahrensbeistands für den Tätigkeitsbereich Umgang, wenn im Laufe des Verfahrens weder ein Umgangsrecht begehrt wurde noch das Gericht ein Verfahren mit dem Gegenstand Umgangsrecht von Amts wegen eingeleitet hat.[110] Ebenso fällt auch nur eine einzige Vergütungspauschale an, wenn der Verfahrensbeistand zwar in mehreren selbstständig geführten Verfahren bestellt wurde, diese aber **denselben Verfahrensgegenstand** betreffen.[111]

107 OLG Frankfurt FGPrax 2020, 224; OLG Schleswig, Beschl. v. 19.4.2016, 15 W 170/15, juris.
108 BGH FamRZ 2012, 1630; FamRZ 2011, 467; OLG München FamRZ 2013, 966.
109 OLG Frankfurt, a.a.O.; OLG München FamRB 2017, 90, 91.
110 OLG Dresden FamRZ 2016, 2030, 2031.
111 OLG Sachsen-Anhalt FamRZ 2015, 1218: wechselseitige Sorgerechtsanträge der Eltern; OLG Frankfurt ZKJ 2014, 113, 114: von Jugendamt und Großmutter eingeleitete Verfahren zur Eignung der Mutter des Kindes, die elterliche Sorge selbst auszuüben.

7. Anspruch auf Vergütung nach Aufhebung der Verfahrensbeistandschaft

Wie sich die Aufhebung der Verfahrensbeistandschaft (§ 158 Abs. 4 FamFG) auf die Vergütungsansprüche nach § 158c FamFG auswirkt, hat der Gesetzgeber **nicht** ausdrücklich **geregelt**. Die Begründungen zu §§ 158 Abs. 4 und 158c Abs. 1 und 2 FamFG a.F.[112] äußern sich dazu mit keinem Wort. 230

Daraus kann nach der Systematik der §§ 158 bis 158c FamFG nur der Schluss gezogen werden, dass bis zur Aufhebung der Verfahrensbeistandschaft bereits entstandene Ansprüche auf Vergütung und Aufwendungsersatz nach § 158c FamFG (vgl. zu Einzelheiten des Entstehens Rn. 225 ff.) auch nach Aufhebung der Verfahrensbeistandschaft regelmäßig fortbestehen. Der sodann ggf. – anstelle der aufgehobenen Beistandschaft – neu bestellte Verfahrensbeistand hat dann nach Beginn seiner Tätigkeit ebenfalls einen Vergütungsanspruch nach § 158c FamFG.

Je nach den für eine Aufhebung gemäß § 158 Abs. 4 Satz 2 Nr. 1 oder 2 FamFG maßgebenden Gründen kann aber in Ausnahmefällen durchaus eine zulässige **Verweigerung** der Zahlung der Vergütung oder eine **Rückzahlungsforderung** durch die Staatskasse (§ 158c Abs. 3 S. 1 FamFG) in Betracht kommen, nämlich dann, wenn der Verfahrensbeistand seine Entlassung vorsätzlich, z.B. durch schlichte Untätigkeit oder in Kauf genommene Gefährdung der Interessen des von ihm vertretenen Kindes verursacht hat. Vgl. insoweit die Entwurfsbegründung zu § 158 Abs. 4 S. 2 Nr. 2 FamFG, soweit nicht auf eine krankheitsbedingte Untätigkeit abgestellt wird:[113] 231

> „Zum anderen hat das Gericht die Bestellung aufzuheben, wenn die Fortführung des Amtes durch den bestellten Verfahrensbeistand die Interessen des Kindes gefährden würde. Dies kann etwa der Fall sein, wenn der Verfahrensbeistand seine Tätigkeit krankheitsbedingt nicht fortführen kann, wenn er nur ganz unzureichend oder sehr unzuverlässig tätig wird oder seine Aufgaben in einer die Kindesinteressen offenkundig und erheblich verkennenden oder missachtenden Weise wahrnimmt."

Wegen des insoweit restriktiv anzuwendenden Prüfungsmaßstabes für die **Entlassung des Verfahrensbeistandes** unter Aufhebung der Verfahrensbeistandschaft gemäß § 158 Abs. 4 Satz 2 Nr. 2 FamFG wird auf die Ausführungen zu Rn. 19 ff., 24 ff. verwiesen.

8. Ausschlussfrist für die Geltendmachung des Vergütungsanspruches

Auf den Vergütungsanspruch des berufsmäßigen Verfahrensbeistands in einer Kindschaftssache fand nach der Rechtsprechung des BGH schon nach bisherigem Recht die **Ausschlussfrist von 15 Monaten** nach § 1877 Abs. 4 S. 1 FamFG (§ 1835 Abs. 1 Satz 3 BGB a.F.) entsprechende Anwendung. 232

Es liege – so der BGH – nahe, dass im Zuge der Einführung der Fallpauschalen des § 158 Abs. 7 FamFG a.F. die Regelung einer Ausschlussfrist oder die Aufnahme einer

112 BT-Drucks. 19/23707, 53 und 56.
113 BT-Drucks. 19/23707, 53.

auf eine solche verweisenden Vorschrift übersehen wurde und es sich insoweit um eine planwidrige Regelungslücke handele.[114] Die für eine **Analogie** erforderliche Vergleichbarkeit einer Vergütung eines Verfahrensbeistands mit der gesetzlich in § 1877 Abs 4 BGB geregelten Ausschlussfrist für den Aufwendungsersatzanspruch des Betreuers ergibt sich laut BGH aus einer Gegenüberstellung mit allen anderen gerichtlich zu bestellenden Personen wie

- Vormund,
- Betreuer,
- Verfahrenspfleger in Unterbringungs- und Betreuungssachen sowie
- Umgangspfleger.

Alle für die vorgenannten Ämter bestellten Personen haben bei der Geltendmachung ihrer Aufwendungs- und/oder Vergütungsansprüche eine Ausschlussfrist von 15 Monaten zu beachten. Dies gilt sowohl unabhängig davon, ob sie ihre Tätigkeit berufsmäßig oder ehrenamtlich ausüben, als auch unabhängig davon, ob sie ihre Ansprüche zunächst gegen den Mündel – bei Ersatzhaftung der Staatskasse – oder direkt gegen die Staatskasse geltend machen.

Dabei gilt für den Vormund und den Betreuer die 15-monatige Ausschlussfrist gemäß § 2 Satz 1 VBVG, welcher für den berufsmäßigen Verfahrenspfleger in Betreuungssachen gemäß § 277 Abs. 2 Satz 2 FamFG ebenfalls Anwendung findet. Der in Betreuungssachen ehrenamtlich tätige Verfahrenspfleger ist auf Grund der §§ 276, 277 Abs. 1 FamFG i.V.m § 1835 Abs. 1 Satz 3 BGB an eine Ausschlussfrist gebunden, während sich für den Verfahrenspfleger in Unterbringungssachen die Geltung der Ausschlussfrist aus §§ 317, 318, 277 Abs. 1 FamFG i.V.m. § 1835 Abs. 1 Satz 3 BGB ergibt. Für den Umgangspfleger ist die Ausschlussfrist in § 1684 Abs. 3 Satz 6 BGB i.V.m. § 277 FamFG und i.V.m. § 1835 Abs. 1 Satz 3 BGB geregelt.[115]

233 Dieser BGH-Rechtsprechung kann aber nach hier vertretener Auffassung nach Neufassung des § 158c FamFG mit Wirkung zum 1.7.2021 nicht mehr gefolgt werden. Denn in Kenntnis der oben zitierten Rechtsprechung des BGH zur planwidrigen Lücke hat der Gesetzgeber des Gesetzes zur Bekämpfung sexualisierter Gewalt gegen Kinder vom 16.6.2021 – damals offenbar bewusst – auf eine Bestimmung einer **Ausschlussfrist** für die Geltendmachung der Fallpauschalen des § 158c Abs. 1 FamFG **verzichtet**. Nur für den nicht berufsmäßig tätigen ehrenamtlichen Verfahrensbeistand und dessen Anspruch auf Aufwendungsersatz wurde in § 158c Abs. 2 FamFG

114 BGH FamRZ 2017, 231–233, unter Hinweis auf BGH FamRZ 2014, 373 Rn. 13, zur analogen Anwendung von § 277 Abs. 4 Satz 1 FamFG für den Mitarbeiter eines Betreuungsvereins als Verfahrensbeistand. A.A. KG ZKJ 2017, 38–39 = FamRZ 2017, 242–243: Der Vergütungsanspruch des Verfahrensbeistands erlischt gem. §§ 158 Abs. 7 Satz 6, 168 Abs. 1 FamFG, 2 Abs. 1 Satz 1, Satz 2 Nr. 2 JVEG, wenn er nicht binnen 3 Monaten nach Beendigung seiner Tätigkeit geltend gemacht wird.

115 BGH FamRZ 2017, 231–233 = NJW 2017, 574–575 = ZKJ 2017, 67–69, unter Aufhebung von OLG Frankfurt FGPrax 2016, 78; Bestätigung von OLG Hamm und OLG Zweibrücken, je MDR 2015, 772 (Rn. 15), entgegen OLG Köln JurBüro 2015, 494 und OLG München FamRZ 2015, 1830.

über die Verweisung in § 277 Abs. 1 FamFG die Ausschlussfrist des § 1877 Abs. 4 Satz 1 BGB bestimmt.

Gerade angesichts der zuletzt genannten Regelung muss dem Gesetzgeber aber bewusst gewesen sein, dass für den Vergütungsanspruch des berufsmäßig tätigen Verfahrensbeistand nach § 158c Abs. 1 FamFG eine Ausschlussfrist zu bestimmen gewesen wäre, wäre sie gewollt gewesen.

Praxistipp

Den bis einschließlich 10.4.2025 bestellten berufsmäßig tätigen Verfahrensbeiständen wird dringend angeraten, ihre Vergütungsansprüche – wie bisher – binnen der Ausschlussfrist des § 1877 Abs. 4 Satz 1 BGB von 15 Monaten geltend zu machen.

Hinweis: Die BGH-Rechtsprechung zur Erlöschensfrist von 15 Monaten ab Entstehen der Ansprüche des Verfahrensbeistandes auf Vergütung und Aufwendungsersatz ist mit Wirkung seit dem 11.4.2025 ausdrücklich ins Gesetz aufgenommen worden (vgl. § 158c Abs. 3 Satz 2 FamFG n.F.).

Ob für den **Fristbeginn** der Ausschlussfrist auf das Entstehen des Vergütungsan- 234
spruchs mit Aufnahme der Tätigkeit als Verfahrensbeistand[116] oder auf deren Ende[117] abzustellen ist, hatte der BGH in seiner zuvor zitierten Entscheidung vom 5.10.2016 allerdings noch offengelassen.[118] Nach § 1877 Abs. 4 S. 1 BGB (§ 1835 Abs. 1 Satz 3 BGB a.F.) bzw. nach § 16 Abs. 3 S. 1 VBVG erlischt der Vergütungsanspruch, wenn er nicht binnen 15 Monaten nach seiner Entstehung geltend gemacht wird.

Grundsätzlich entsteht der Vergütungsanspruch demnach mit Beginn der vergütungspflichtigen Tätigkeit, bei einer auf Dauer angelegten Amtsführung wie beispielsweise der gesetzlichen Betreuung also tageweise. Für dieses Verständnis der „Entstehung" des Anspruchs ist allerdings dort kein Raum, wo das Gesetz die Vergütung des (Berufs-)Betreuers nicht mehr an eine bestimmte Tätigkeit oder überhaupt an ein Tätigwerden anknüpft, sondern eine vom konkreten Arbeitseinsatz losgelöste und nur noch formal an die fortbestehende Dauer der Betreuung anknüpfende (pauschalierte) Vergütung nach §§ 8, 9 VBVG (§§ 4, 5 VBVG a.F.) zugebilligt wird.[119]

Gleiches könnte für die pauschalierte Vergütung des berufsmäßigen Verfahrensbeistands gelten. Damit würde die Ausschlussfrist nicht mit dem (ersten) Tätigwerden des Verfahrensbeistands, sondern (frühestens) mit der **Beendigung der Verfahrensbeistandschaft** zu laufen beginnen.[120] Die Beistandschaft endet allerdings ohne Wei-

116 BGH FamRZ 2012, 1630 Rn. 18.
117 BGH FamRZ 2008, 1611 Rn. 29 zur Betreuervergütung; OLG Zweibrücken MDR 2015, 772, 773, und OLG Hamm, Beschl. v. 6.11.2015, 6 WF 106/15 Rn. 11, juris, jeweils für die Vergütung des Verfahrensbeistands.
118 Vgl. BGH FamRZ 2017, 231–233.
119 BGH, Beschl. v. 28.5.2008, XII ZB 53/08, Rn 29, juris, zur Vergütung des Betreuers.
120 Ebenso OLG Zweibrücken MDR 2015, 772, 773; OLG Hamm, Beschl. v. 6.11.2015, 6 WF 106/15, juris Rn. 11.

teres mit Eintritt der Volljährigkeit des Betroffenen; für die Beendigung bedarf es keines förmlichen Aufhebungsbeschlusses, welcher ohnehin nur deklaratorischen Charakter hätte.[121]

Den Beginn der Ausschlussfrist ab Beendigung der Tätigkeit des Verfahrensbeistandes hat der BGH allerdings in zwei Entscheidungen vom 27.2.2019 mit folgendem Leitsatz **verworfen**:

> „Die 15-monatige Ausschlussfrist für die Geltendmachung der Vergütung des Verfahrensbeistands in einer Kindschaftssache beginnt zu laufen, wenn der Verfahrensbeistand seine Tätigkeit aufnimmt."[122]

235 Daher wird unter Beachtung der Entscheidung des BGH zum Beginn der 15-monatigen Ausschlussfrist dringend empfohlen, die Vergütungspauschalen spätestens binnen 15 Monaten ab **Beginn der Tätigkeit** geltend zu machen. Denn bei der Ausschlussfrist des § 1877 Abs. 4 S. 1 BGB (§ 1835 Abs. 1 Satz 3 BGB a.F.), handelt es sich um eine echte **Erlöschensfrist**, deren Beginn keine Kenntnis voraussetzt[123] und bei der keine Wiedereinsetzung in den vorigen Stand bei unverschuldeter Nichteinhaltung der Frist möglich ist.[124]

Es ist in der Praxis ohnehin durchaus üblich, den Antrag auf Vergütung zeitgleich mit dem ersten Tätigwerden zur Wahrnehmung der Interessen des zu vertretenden Kindes (erster Bericht an das Gericht oder Wahrnehmung des ersten Gerichtstermines) zur Akte zu reichen.

9. Ersatz von Aufwendungen

236 Die Erstattung gesondert geltend gemachter Aufwendungen kommt nach bisherigem Recht nur bei **ehrenamtlicher** Führung der Verfahrensbeistandschaft nach §§ 158c Abs. 2 Satz 1, 277 Abs. 1 FamFG (a.F.) i.V.m. § 1877 Abs. 1 und 2 BGB in Betracht.

Nach von der Mindermeinung[125] vertretenen Auffassung gilt dies auch für Berufsverfahrensbeistände nach §§ 277, 318 FamFG in **Unterbringungsverfahren** Minderjähriger nach § 151 Nr. 6 und 7 FamFG (Freiheitsentziehende Unterbringung nach § 1631b BGB und PsychKG). Die familiengerichtliche Praxis hingegen entschädigt auch in Unterbringungsverfahren fast ausnahmslos mit den Fallpauschalen nach § 158c Abs. 1 FamFG. Soweit im Einzelfall einmal nach Zeitaufwand und Ersatz entstandener Einzelaufwendungen abgerechnet werden sollte, wird zur Erläuterung auf die einschlägige Kommentierung der Vergütungsansprüche nach §§ 1, 2 und 3 VBVG

---

121 OLG Zweibrücken MDR 2015, 772. Im Ergebnis ebenso: KG ZKJ 2017, 38–39 = FamRZ 2017, 242–243.

122 BGH v. 27.2.2029, XII ZB 495/18 und XII ZB 496/18.

123 OLG Schleswig FamRZ 2002, 1288; HK-BUR/Deinert, § 1835 BGB, m.w.N. zur Rechtsprechung.

124 BGH FamRZ 2011, 558 Rn. 7.

125 Bumiller/Harders, § 167 FamFG Rn. 12; Diekmann in Jurgeleit, Freiwillige Gerichtsbarkeit, Handbuch, 2010, § 17 Rn. 75, § 16 Rn. 187.

im Rahmen des Betreuungsrechts und des Anspruches auf Aufwendungsersatz nach § 1877 BGB verwiesen.[126]

In den übrigen Kindschaftssachen (§ 151 Nr. 1 bis 5 FamFG) erfolgt die Vergütung des berufsmäßig tätigen Verfahrensbeistands in pauschalierter Form, wobei die **Pauschale** den Ersatz von Aufwendungen nach Rechtslage bis 10.4.2025 mitumfasst (vgl. § 158c Abs. 1 Satz 3 FamFG a.F.). **237**

Nach dem seit 11.4.2025 geltenden neuen Entschädigungsrecht gilt die Einheitspauschale des § 158c Abs. 1 FamFG n.F. zwar grundsätzlich auch alle Aufwendungen (wie etwa **Fahrt- und Dolmetscherkosten**) mit ab (§ 158c Abs. 2 Satz 3 FamFG n.F.). Dem Verfahrensbeistand sind die Kosten für die **Beauftragung eines Dolmetschers** oder Übersetzers oder eines anderen geeigneten Sprachmittlers nach § 158c Abs. 2 Satz 1 und 2 FamFG n.F. allerdings zu ersetzen, wenn das Gericht die Zuziehung nach § 158b Absatz 2 FamFG vorab gestattet hat. Die Höhe der zu ersetzenden Kosten ist in diesem Falle auf die nach dem Justizvergütungs- und -entschädigungsgesetz zu zahlenden Beträge beschränkt.

Das gilt auch für den Verfahrensbeistand in Abstammungs- und Adoptionssachen (vgl. §§ 174 Satz 2, 191 Satz 2 FamFG).

▶ *Zur Umsatzsteuerbefreiung siehe Rn. 175.*

Das gilt nach herrschender Meinung[127] und ganz überwiegender familiengerichtlicher Praxis auch für die Kindschaftssachen des § 151 Nr. 6 und 7 FamFG, d.h. für Unterbringungsverfahren nach § 1631b BGB und nach den Landesunterbringungsgesetzen (PsychKHG).

10. Vergütungsverfahren

Die Festsetzung der Vergütung erfolgt gemäß § 158c Abs. 3 Satz 2 FamFG a.F. bzw. § 158c Abs. 3 Satz 3 FamFG n.F.nach den entsprechend anwendbaren Regeln des § 292 Abs. 1 und 5 FamFG: **238**

Auf **Antrag des Verfahrensbeistands** oder von Amts wegen, wenn das Gericht die Festsetzung nach eigenem Ermessen für angemessen hält, setzt das Gericht fest:

- den Ersatz von Aufwendungen (§§ 158c Abs. 2, 277 Abs. 1 FamFG, § 1877 BGB),
- die zu bewilligende Vergütung, eine Abschlagszahlung auf die Vergütung (§§ 158c Abs. 1 FamFG).

Von Amts wegen wird das Gericht die Festsetzung für angemessen halten und vornehmen müssen, wenn

- Berufsverfahrensbeistände durch höhere Gewalt (z.B. plötzliche schwere Erkrankung) unverschuldeterweise daran gehindert sind, die 15-monatige **Ausschluss-**

126 Z.B. im Heidelberger Kommentar zum Betreuungs- und Unterbringungsrecht (HK-BUR); siehe auch Deinert/Lütgens, Die Vergütung des Betreuers.

127 Vgl. nur Sternal/Schäder, § 167 FamFG Rn. 35; § 158c FamFG Rn. 3; MünchKomm-FamFG/Heilmann (2018), § 167 Rn. 42; Meysen/Balloff, Das Familienverfahrensrecht – Praxiskommentar, § 167 FamFG Rn. 11.

frist des § 158c Abs. 3 Satz 2 FamFG für die Geltendmachung der Vergütungsansprüche einzuhalten,

- ggf. bei Aufhebung der Verfahrensbeistandschaft (§ 158 Abs. 4 FamFG).

239 Erfolgt keine Festsetzung durch gerichtlichen Beschluss nach § 292 Abs. 1 FamFG, so kann die Auszahlung der Vergütung durch den **Urkundsbeamten der Geschäftsstelle** nach Vorprüfung und Zuweisung durch den Rechtspfleger analog den Vorschriften über das Verfahren bei der Entschädigung von Zeugen hinsichtlich ihrer baren Auslagen nach JVEG erfolgen (§ 292 Abs. 5 FamFG). Diese den Verwaltungsaufwand mindernde Verfahrensweise ohne Einschaltung des Vertreters der Staatskasse ist für **einfach gelagerte Vergütungsanträge** gegen die Staatskasse vorgesehen.

Ein solch einfach gelagerter Fall liegt vor, wenn die Höhe der Vergütung außer Streit ist (z.B. im Falle der Fallpauschalen nach § 158c Abs. 1 S. 1 und 2 FamFG und der Vergütungspauschale nach § 277 Abs. 3 FamFG) und Regressansprüche der Staatskasse nach § 1880 BGB gegen die Kostenschuldner nicht geltend gemacht werden können.[128]

240 Für das Verfahren auf Festsetzung der **Entschädigung durch die Staatskasse** gelten durch die Verweisung in § 292 Abs. 5 FamFG die Verfahrensvorschriften des JVEG. Es entscheidet der Urkundsbeamte der Geschäftsstelle des Amtsgerichtes im Verwaltungswege. Das heißt, der Betrag der Entschädigung wird in einer **Kassenanordnung** zur Zahlung angewiesen.[129] Einer Anhörung des Vertreters der Landeskasse (Bezirksrevisor) oder einer Bekanntmachung bedarf es nicht, soweit nicht landesrechtliche Bestimmungen für Kassenanordnungen dies vorsehen (z.B. in Hessen gemäß Nr. 40 JVBKR). Es erfolgt lediglich eine Prüfung im Rahmen der jeweiligen Landeshaushaltsordnungen.[130] Für die Auszahlung der Beträge ist eine allgemeine Auszahlungsanordnung erteilt (z.B. in NRW gemäß Nr. 14.1 der Anlage Nr. 3 zu Nr. 5.2 der VV zu § 79 LHO).

11. Rechtsmittel gegen die Festsetzung der Vergütung

a) Rechtsmittel bei unterlassener Feststellung der Berufsmäßigkeit der Verfahrensbeistandschaft

241 Eine die Vergütung unter Hinweis auf das Fehlen der Feststellung der Berufsmäßigkeit versagende Entscheidung ist nach § 63 Abs. 1 FamFG mit der **befristeten Beschwerde** binnen eines Monats ab Bekanntmachung/Zustellung an den Verfahrensbeistand anfechtbar (strittig; Rechtslage bei Bestellung bis 10.4.2025).

b) Rechtsmittel gegen den Festsetzungsbeschluss

242 Die Gerichtsentscheidung ist mit der (Rechtspfleger-)**Erinnerung** anfechtbar, soweit der Beschwerdewert von über 600 EUR nicht erreicht ist und das Familiengericht die

128 BR-Drucks. 339/98, S. 4.
129 Meyer/Höver/Bach, ZSEG § 15 Rn. 21.
130 Bach, BtPrax 1993, 182/185.

Beschwerde mangels grundsätzlicher Bedeutung der Rechtssache nicht zulässt (§ 11 Abs. 2 RPflG i.V.m. § 61 FamFG). Funktionell zuständig für die Entscheidung über die Zulassung der Beschwerde ist der **Rechtspfleger**.[131] Lässt der Rechtspfleger die Beschwerde nicht zu, kann er der Erinnerung abhelfen; hilft er ihr nicht ab, legt er sie dem Richter zur abschließenden Entscheidung vor (§ 11 Abs. 2 Satz 2 und 3 RPflG).[132] Die Erinnerung ist innerhalb von einem Monat nach Zugang des Beschlusses zu erheben (§ 11 RpflG i.V.m. §§ 58, 63 FamFG).

Gegen einen den Verfahrensbeistand beschwerenden Festsetzungsbeschluss findet bei Erreichen des Beschwerdewertes von **über 600 EUR** die **Beschwerde** statt (§§ 61 FamFG i.V.m. § 11 Abs. 1 RPflG). Das gilt bei Unterschreiten des Beschwerdewertes auch im Falle der Zulassung des Rechtsmittels durch den Rechtspfleger wegen der grundsätzlichen Bedeutung der Rechtssache. **243**

Die Beschwerde ist binnen einer **Frist von einem Monat** ab Bekanntgabe bzw. Zustellung des Festsetzungsbeschlusses an den Beschwerdeführer einzulegen (§§ 63 Abs. 1 und 3, 41 Abs. 1 Satz 2 FamFG). **244**

Die Beschwerde muss bei dem erstinstanzlichen Gericht, dessen Verfügung angefochten wird, eingelegt werden (§ 64 Abs. 1 FamFG).

Die Einlegung erfolgt durch Einreichung einer Beschwerdeschrift oder durch Erklärung zu Protokoll der Geschäftsstelle des Gerichts, dessen Verfügung angefochten wird (§ 64 Abs. 2 FamFG).

c) Rechtsmittel gegen die Vergütungsentscheidung im vereinfachten Verfahren

Entscheidungen des Urkundsbeamten der Geschäftsstelle über Vergütungszahlungen im vereinfachten Verfahren nach §§ 292 Abs. 5, 158c Abs. 3 Satz 2 FamFG können nicht mit der Erinnerung bzw. nicht mit der Beschwerde angegriffen werden. Insoweit bleibt nur die Möglichkeit, gegen den im vereinfachten Verfahren angewiesenen Vergütungsbetrag die **förmliche Festsetzung** nach § 292 Abs. 1 i.V.m. § 158c Abs. 3 Satz 2 FamFG a.F. bzw. § 158c Abs. 3 S. 3 FamFG n.F. zu beantragen. **245**

Gegen die im (förmlichen) Festsetzungsverfahren getroffenen Entscheidungen des Rechtspflegers sind dann wieder die in § 58 ff. FamFG i.V.m. § 11 Abs. 1 und 2 RPflG bestimmten Rechtsmittel (Beschwerde) zulässig.

12. Kostenregress der Staatskasse

Die Staatskasse kann die an den Verfahrensbeistand gezahlten Beträge in Familiensachen des § 111 FamFG (z.B. in Sorgerechts-, Umgangsverfahren, auch solche im Scheidungsverbund) **in voller Höhe** gegenüber den Kostenschuldnern des jeweiligen Gerichtsverfahrens (vgl. §§ 21, 24, 26 FamGKG) geltend machen (vgl. Nr. 2013 KV **246**

131 Vgl. OLG Frankfurt OLG-Report 2000, 272; OLG Hamm BtPrax 2000, 129, unter ausdrücklicher Zurückweisung der a.A. des LG Passau BtPrax 1999, 158, das nur den Richter für entscheidungsbefugt hält.

132 BayObLG BtPrax 2001, 75.

FamGKG). Denn die an den Verfahrensbeistand gezahlten Beträge zählen gemäß Teil 2 des Kostenverzeichnisses zu § 3 Abs. 2 FamGKG zu den „Auslagen" des Verfahrens i.S.d. §§ 1 und 3 FamGKG.

Die Bestellung des Verfahrensbeistands und die Aufhebung der Bestellung hingegen sind als Teil des Verfahrens, für das der Beistand bestellt wurde, **gebührenfrei** (vgl. Nr. 1310 KV FamGKG).[133]

247 Minderjährige selbst können zwar nach § 21 Abs. 1 Nr. 3 FamGKG Kostenschuldner in Verfahren sein, die ihre Person betreffen. Sie haften aber für die durch die Verfahrensbeistandschaft entstehenden Kosten „nur" im Rahmen der nach § 1880 Abs. 1 und 2 BGB (Vorschrift i.d.F. des Gesetzes zur Reform des Vormundschafts- und Betreuungsrechts vom 4.5.2021 (BGBl I, S. 882) mit Wirkung ab 1.1.2023) i.V.m. § 90 SGB XII gezogenen **Grenzen ihrer Leistungsfähigkeit**, d.h. ihres einzusetzenden Vermögens[134] (vgl. Nr. 2013 KV FamGKG).[135] § 90 SGB XII lautet (auszugsweise):

§ 90 SGB XII – Einzusetzendes Vermögen

(1) Einzusetzen ist das gesamte verwertbare Vermögen.

(2) Die Sozialhilfe darf nicht abhängig gemacht werden vom Einsatz oder von der Verwertung

(...)

3. eines sonstigen Vermögens, solange es nachweislich zur baldigen Beschaffung oder Erhaltung eines Hausgrundstücks im Sinne der Nummer 8 bestimmt ist, soweit dieses Wohnzwecken von Menschen mit einer wesentlichen Behinderung oder einer drohenden wesentlichen Behinderung (§ 99 Absatz 1 und 2 des Neunten Buches) oder von blinden Menschen (§ 72) oder pflegebedürftigen Menschen (§ 61) dient oder dienen soll und dieser Zweck durch den Einsatz oder die Verwertung des Vermögens gefährdet würde,

4. eines angemessenen Hausrats; dabei sind die bisherigen Lebensverhältnisse der nachfragenden Person zu berücksichtigen,

5. von Gegenständen, die zur Aufnahme oder Fortsetzung der Berufsausbildung oder der Erwerbstätigkeit unentbehrlich sind,

6. von Familien- und Erbstücken, deren Veräußerung für die nachfragende Person oder ihre Familie eine besondere Härte bedeuten würde,

7. von Gegenständen, die zur Befriedigung geistiger, insbesondere wissenschaftlicher oder künstlerischer Bedürfnisse dienen und deren Besitz nicht Luxus ist,

8. eines angemessenen Hausgrundstücks, das von der nachfragenden Person oder einer anderen in den § 19 Abs. 1 bis 3 genannten Person allein oder zusammen mit Angehörigen ganz oder teilweise bewohnt wird und nach ihrem Tod von ihren Angehörigen bewohnt werden soll. Die Angemessenheit bestimmt sich nach der Zahl der

---

133 Vgl. OLG Frankfurt FamRZ 2013, 1331 ff.; Keidel/Engelhardt, § 158 FamFG Rn. 54.

134 HK-BUR/Deinert, § 1880 BGB Rn. 35: Seit 1.1.2023 ist durch Änderung der VO zu § 90 SGB XII (Gesetz vom 16.12.2022, BGBl I S 2328, als Folgeänderung zum Bürgergeldgesetz) das kleine Barvermögen (Schonvermögen) in der Sozialhilfe einheitlich auf je 10.000 € für Volljährige und alleinstehende Minderjährige sowie weitere 500 € für von ihnen unterhaltene Minderjährige festgelegt worden. Vgl dort zu Rn. 16 ff. zum Begriff des Vermögens in Abgrenzung zum Einkommen und zur Berücksichtigung einzelner Vermögenswerte wie Immobilien, Bausparguthaben etc.

135 Vgl. auch die amtliche Vorbemerkung 2. III. Satz 3 zu Teil 2. Auslagen.

Bewohner, dem Wohnbedarf (zum Beispiel behinderter, blinder oder pflegebedürftiger Menschen), der Grundstücksgröße, der Hausgröße, dem Zuschnitt und der Ausstattung des Wohngebäudes sowie dem Wert des Grundstücks einschließlich des Wohngebäudes,

9. kleinerer Barbeträge oder sonstiger Geldwerte; dabei ist eine besondere Notlage der nachfragenden Person zu berücksichtigen,

(...)

§ 1 der VO zur Durchführung des § 90 Abs. 2 Nr. 9 des Zwölften Buches Sozialgesetzbuch vom 11.2.1988 (BGBl. I, S. 150), zuletzt geändert durch G. v. 16.12.2022 (BGBl. I S. 2328) lautet:

„Kleinere Barbeträge oder sonstige Geldwerte im Sinne des § 90 Absatz 2 Nummer 9 des Zwölften Buches Sozialgesetzbuch sind:

1. für jede in § 19 Absatz 3, § 27 Absatz 1 und 2, § 41 und § 43 Absatz 1 Satz 2 des Zwölften Buches Sozialgesetzbuch genannte volljährige Person sowie für jede alleinstehende minderjährige Person, 10.000 Euro,

2. für jede Person, die von einer Person nach Nummer 1 überwiegend unterhalten wird, 500 Euro.

Eine minderjährige Person ist alleinstehend im Sinne des Satzes 1 Nummer 1, wenn sie unverheiratet und ihr Anspruch auf Leistungen nach dem Zwölften Buch Sozialgesetzbuch nicht vom Vermögen ihrer Eltern oder eines Elternteils abhängig ist."

Im Rahmen des Kostenansatzverfahrens ist der Kostenschuldner einer Kindschaftssache **mit Einwänden** gegen die Auswahl des bestellten Verfahrensbeistands jedenfalls dann ausgeschlossen, wenn – wie insbesondere angesichts der Eignungsanforderungen des § 158a Abs. 1 FamFG in aller Regel – kein geeigneter ehrenamtlicher Verfahrensbeistand zur Verfügung stand. Mit Einwänden gegen die Art und Weise der Tätigkeit des Verfahrensbeistands ist er ebenfalls ausgeschlossen. **248**

Die durch die Bestellung eines Verfahrensbeistands verursachten Kosten sind wegen unrichtiger Sachbehandlung (§ 20 Abs. 1 FamGKG) lediglich dann nicht zu erheben, wenn die in § 158 Abs. 1 bis 3 FamFG normierten Voraussetzungen für die Bestellung eines Verfahrensbeistands ersichtlich nicht vorlagen.[136] Bestellt das Familiengericht vor der Anhörung des Antragsgegners in einer Kindschaftssache einen Verfahrensbeistand und geht dabei ohne aktive Überprüfung der Notwendigkeit davon aus, dass die Wahrnehmung der Interessen des Kindes eine Bestellung i.S.d. § 158 FamFG erforderlich erscheinen lässt, so besteht nach obergerichtlicher Rechtsprechung Anlass, gemäß § 81 Abs. 1 Satz 2 FamFG von der Erhebung der auf die Vergütung des Verfahrensbeistandes entfallenden **Gerichtskosten** abzusehen.[137]

136 OLG Frankfurt FamRZ 2013, 1331 ff.; OLG Schleswig, Beschl. v. 3.2.2014, 15 WF 445/13, SchlHA 2014, 329–330; vgl. auch OLG München RPfleger 2012, 205, je zu § 158 FamFG a.F.

137 OLG Frankfurt FamRZ 2017, 543–545.

E Die Verfahrensbeistandschaft gemäß § 167 Abs. 1 Satz 2 FamFG

Übersicht Rn.

I. Einführung in das Recht des Freiheitsentzugs Minderjähriger

§ 167 249

FamFG Anwendbare Vorschriften bei Unterbringung Minderjähriger und bei freiheitsentziehenden Maßnahmen bei Minderjährigen

(1) In Verfahren nach § 151 Nr. 6 sind die für Unterbringungssachen nach § 312 Nr. 1 und 2, in Verfahren nach § 151 Nr. 7 die für Unterbringungssachen nach § 312 Nr. 4 geltenden Vorschriften anzuwenden. An die Stelle des Verfahrenspflegers tritt der Verfahrensbeistand. Die Bestellung eines Verfahrensbeistands ist stets erforderlich.

(2) Ist für eine Kindschaftssache nach Abs. 1 ein anderes Gericht zuständig als dasjenige, bei dem eine Vormundschaft oder eine die Unterbringung erfassende Pflegschaft für den Minderjährigen eingeleitet ist, teilt dieses Gericht dem für das Verfahren nach

Abs. 1 zuständigen Gericht die Anordnung und Aufhebung der Vormundschaft oder Pflegschaft, den Wegfall des Aufgabenbereichs Unterbringung und einen Wechsel in der Person des Vormunds oder Pflegers mit; das für das Verfahren nach Abs. 1 zuständige Gericht teilt dem anderen Gericht die Unterbringungsmaßnahme, ihre Änderung, Verlängerung und Aufhebung mit.

(3) Der Betroffene ist ohne Rücksicht auf seine Geschäftsfähigkeit verfahrensfähig, wenn er das 14. Lebensjahr vollendet hat.

(4) In den in Abs. 1 Satz 1 genannten Verfahren sind die Elternteile, denen die Personensorge zusteht, der gesetzliche Vertreter in persönlichen Angelegenheiten sowie die Pflegeeltern persönlich anzuhören.

(5) Das Jugendamt hat die Eltern, den Vormund oder den Pfleger auf deren Wunsch bei der Zuführung zur Unterbringung zu unterstützen.

(6) In Verfahren nach § 151 Nr. 6 und 7 soll der Sachverständige Arzt für Kinder- und Jugendpsychiatrie und -psychotherapie sein. In Verfahren nach § 151 Nr. 6 kann das Gutachten auch durch einen in Fragen der Heimerziehung ausgewiesenen Psychotherapeuten, Psychologen, Pädagogen oder Sozialpädagogen erstattet werden. In Verfahren der Genehmigung freiheitsentziehender Maßnahmen genügt ein ärztliches Zeugnis; Satz 1 gilt entsprechend.

(7) Die freiheitsentziehende Unterbringung und freiheitsentziehende Maßnahmen enden spätestens mit Ablauf von sechs Monaten, bei offensichtlich langer Sicherungsbedürftigkeit spätestens mit Ablauf von einem Jahr, wenn sie nicht vorher verlängert werden.

§ 1631b
BGB Freiheitsentziehende Unterbringung und freiheitsentziehende Maßnahmen

(1) Eine Unterbringung des Kindes, die mit Freiheitsentziehung verbunden ist, bedarf der Genehmigung des Familiengerichts. Die Unterbringung ist zulässig, solange sie zum Wohl des Kindes, insbesondere zur Abwendung einer erheblichen Selbst- oder Fremdgefährdung, erforderlich ist und der Gefahr nicht auf andere Weise, auch nicht durch andere öffentliche Hilfen, begegnet werden kann. Ohne die Genehmigung ist die Unterbringung nur zulässig, wenn mit dem Aufschub Gefahr verbunden ist; die Genehmigung ist unverzüglich nachzuholen.

(2) Die Genehmigung des Familiengerichts ist auch erforderlich, wenn dem Kind, das sich in einem Krankenhaus, einem Heim oder einer sonstigen Einrichtung aufhält, durch mechanische Vorrichtungen, Medikamente oder auf andere Weise über einen längeren Zeitraum oder regelmäßig in nicht altersgerechter Weise die Freiheit entzogen werden soll. Abs. 1 Satz 2 und 3 gilt entsprechend.

§ 1631b BGB in der Fassung des zum 1.10.2017 in Kraft getretenen Gesetzes zur Einführung eines familiengerichtlichen Genehmigungsvorbehaltes für freiheitsentziehende Maßnahmen bei Kindern vom 17.7.2017[1] erweitert die **gerichtliche Genehmigungspflicht** des Absatz 1 der Norm (Freiheitsentziehende Unterbringung) durch den neu eingefügten Abs. 2 auf freiheitsentziehende Maßnahmen in geschlossenen und offenen Einrichtungen i.S.d. § 1831 Abs. 4 BGB.

1 BGBl. I S. 2424.

Unterbringungen von Minderjährigen, die mit Freiheitsentziehung verbunden sind, unterlagen bereits nach alter Rechtslage gemäß § 1631b BGB der Genehmigung des Familiengerichts.[2] Für sonstige freiheitsentziehende Maßnahmen bei Minderjährigen sah das Kindschaftsrecht dagegen – anders als das Betreuungsrecht für Volljährige – ein Genehmigungserfordernis nicht vor.

So hatte auch der BGH durch Beschluss vom 7.8.2013[3] – entgegen der hier in den Vorauflagen vertretenen Auffassung einer analogen Anwendung der Genehmigungspflicht nach § 1906 Abs. 4 BGB a.F. (jetzt § 1831 Abs. 4 BGB) – klargestellt, dass die **Eltern** für die Entscheidung über die Fixierung ihres minderjährigen autistischen Kindes in einer offenen Heimeinrichtung nach dem bis 31.9.2017 geltenden Recht keiner familiengerichtlichen Genehmigung gemäß § 1631b BGB bedurften. De lege ferenda hatte es der BGH vielmehr dem Gesetzgeber überlassen zu entscheiden,

> „ob die Anordnung eines familiengerichtlichen Genehmigungsvorbehalts das geeignete, erforderliche und verhältnismäßige Mittel ist, Kinder vor ungerechtfertigten unterbringungsähnlichen Maßnahmen zu schützen."[4]

- ▶ *Zum Zweck und Inhalt der Neufassung der Vorschrift siehe die Ausführungen zu Rn. 271 ff.*
- ▶ *Vgl. auch Rn. 260 zur Kritik daran, dass die zwangsweise ärztliche Behandlung Minderjähriger – anders als nach § 1832 BGB für Volljährige – nach wie vor ohne gerichtliche Genehmigungspflicht allein in der Verantwortung der gesetzlichen Vertreter von Minderjährigen verbleibt.*

Mit dem o.g. Reformgesetz wurde neben § 1631b BGB und § 151 FamFG (bloße Fol- **250**
geänderung) auch die Verfahrensvorschrift des § 167 FamFG in wesentlichen Teilen neu gefasst und an die Änderung des § 1631b BGB angepasst. Eine freiheitsentziehende Unterbringung Minderjähriger, für die zwingend ein Verfahrensbeistand nach § 167 FamFG zu bestellen ist, kann – neben der **zivilrechtlichen Unterbringung** gemäß § 1631b BGB – aber auch auf der Rechtsgrundlage der Landesgesetze zur **öffentlich-rechtlichen Unterbringung** psychisch gestörter Personen auf Anordnung eines sozialpsychiatrischen Dienstes, eines Klinikarztes oder einer sonst nach dem jeweiligen Landesrecht zuständigen Person oder Behörde erfolgen. Denn die sogenannten landesrechtlichen PsychKHG sehen **keine Mindestaltersgrenze** der zur Abwehr von Eigen- und Fremdgefahren unterzubringenden Personen vor.[5]

Das Rangverhältnis beider Unterbringungsformen ist nicht eindeutig geklärt, da weder § 1631b BGB noch die Landesgesetze einheitliche Bestimmungen dazu enthalten. Allgemein wird aber u.a. wegen der Vertretungsbefugnis der gesetzlichen Vertreter des Minderjährigen, deren Befugnis im Falle personensorgeberechtigter Eltern zu-

2 Vgl. Rohmann, Das Sachverständigengutachten im Fall der Unterbringung von Kindern und Jugendlichen, FPR 2011, 561; Vogel, Die juristischen Mindeststandards bei der mit Freiheitsentziehung verbundenen Unterbringung in der Behandlung von Jugendlichen, FPR 2012, 462.

3 BGH ZKJ 2013, 449 ff. = FamRZ 2013, 1646 ff.; kritisch Salgo FamRZ 2013, 1719 f.

4 Vgl. BR-Drucks. 793/16, S. 1.

5 Die Landesunterbringungsgesetze (PsychKHG) sind abgedruckt in HK-BUR-Ordner 6 zu 4000 Länderrecht.

dem unter dem Schutz von Art. 6 Abs. 2 GG steht, zu Recht davon ausgegangen, dass der zivilrechtlichen Unterbringung nach § 1631b BGB der Vorrang einzuräumen ist.[6]

251 Unterlassen Sorgeberechtigte bzw. Vormünder/Ergänzungspfleger die Anordnung eines Freiheitsentzuges und gefährden sie damit zugleich erheblich das Wohl des Minderjährigen, so kommen zum **Schutz des Kindeswohls**

- Maßnahmen des Entzuges des Sorgerechtes nach §§ 1666, 1666a BGB (ggf. i.V.m. §§ 1795 Abs. 1 Satz 3, 1809, 1813 Abs. 1 BGB für Vormünder/Ergänzungspfleger) ebenso in Betracht wie
- (vor allem in Fällen akuter Krisenintervention bei Gefahr im Verzug) die Anordnung von Freiheitsentzug durch das Jugendamt im Rahmen einer Inobhutnahme des Kindes nach § 42 Abs. 5 SGB VIII sowie
- die Anordnung einer öffentlich-rechtlichen Unterbringung nach Landesrecht gegen den Willen des gesetzlichen Vertreters des Kindes.[7]

II. Verhältnis der Vorschrift zur Verfahrensbeistandschaft nach § 158 FamFG

252 § 167 FamFG vollzieht die mit dem Gesetz zur Einführung eines familiengerichtlichen Genehmigungsvorbehaltes für freiheitsentziehende Maßnahmen bei Kindern vom 17.7.2017 (BGBl. I S. 2424) bestimmte Erweiterung der materiell-rechtlichen Eingriffsnorm des § 1631b BGB auf die Genehmigungspflicht freiheitsentziehender Maßnahmen verfahrensrechtlich nach und regelt in seinem Abs. 1 Satz 1, dass in den Fällen des § 151 Nr. 6 FamFG (Genehmigung freiheitsentziehender Unterbringung und freiheitsentziehender Maßnahmen nach § 1631b BGB) die für Unterbringungssachen nach § 312 Nr. 1 und 2 FamFG und in Verfahren nach § 151 Nr. 7 FamFG (Unterbringung nach den PsychKHG der Bundesländer) die für Unterbringungssachen nach § 312 Nr. 4 FamFG geltenden Verfahrensvorschriften der §§ 312 ff. FamFG anzuwenden sind.

Damit würde u.a. § 317 FamFG über die Bestellung eines Verfahrenspflegers entsprechend anzuwenden sein.

6 OLG Dresden, FamRZ 2017, 621, 622 ff.; MünchKomm-BGB/Huber, § 1631b BGB Rn. 3; Beermann, FPR 2011, 535, 537, 538; Wille, ZfJ 2002, 85; vgl. auch Rüth, FPR 2011, 554, 556, aus kinder- und jugendpsychiatrischer Sicht. Vgl. den Vorrang des § 1631b BGB ausdrücklich oder mittelbar bestimmend: § 9 Abs. 3 PsychKHG Hessen: „Der Vollzug einer gleichfalls angeordneten Unterbringung nach den §§ 1906 oder 1631b des Bürgerlichen Gesetzbuches ist vorrangig." Vgl. ausdrücklich so auch Art. 5 Abs. 1 Satz 3 BayPsychKHG; vgl. weiter § 13 Abs. 2 PsychKHG Baden-Württemberg; § 8 Abs. 2 PsychKHG Hamburg; § 10 Abs. 2 PsychKG NRW; § 9 Abs. 2 PsychKG Mecklenburg-Vorpommern; § 8 Abs. 1 PsychKG Brandenburg. Der Vorrang der zivilrechtlichen Unterbringung entspricht auch der bislang h.M. zum Betreuungsrecht, vgl. HK-BUR/Bauer/Braun, § 1906 BGB Rn. 78 ff.

7 Staudinger/Salgo, § 1631b, Rn. 3; Trenzcek, ZfJ 2000, 121; vgl. weiter auch die in Fn. 7 genannten Landesunterbringungsgesetze (PsychKHG).

Satz 2 modifiziert dies aber insoweit, als in Unterbringungsverfahren Minderjähriger an die Stelle des Verfahrenspflegers der **Verfahrensbeistand** nach § 158 FamFG tritt. Ein solcher ist in den genannten Unterbringungsverfahren nach Satz 3 der neu gefassten Norm **stets zu bestellen**. Das gilt unabhängig davon, ob der Minderjährige in den Freiheitsentzug einwilligt oder nicht und damit auch unabhängig davon, ob im Einzelfall ein erheblicher Interessensgegensatz zu den Eltern bzw. Personensorgeberechtigten besteht, die den Freiheitsentzug betreiben.[8]

Aus § 317 FamFG aus dem Verfahrensrecht für Erwachsene wird damit für Unterbringungsverfahren Minderjähriger von einer Soll-Vorschrift mit Begründungspflicht bei Nichtbestellung (§ 317 Abs. 2 FamFG) zu einer verbindlichen Vorschrift zur zwingenden Bestellung eines Verfahrensbeistandes in Unterbringungsverfahren Minderjähriger verändert. Zur Begründung dieser Änderung der bisherigen Rechtslage heißt es in der BR-Drucksache 793/16, S. 14 und 15: **253**

> „Der Verfahrensbeistand ist nach § 158 Abs. 1 Satz 1 FamFG zu bestellen, wenn dies zur Wahrnehmung der Interessen des Kindes erforderlich ist. Die Bestellung ist im Regelfall des § 158 Abs. 2 Nr. 1 FamFG dann erforderlich, wenn das Interesse des Minderjährigen zu dem seiner gesetzlichen Vertreter in erheblichem Gegensatz steht. Daher soll in den Verfahren zur Genehmigung einer freiheitsentziehenden Unterbringung oder freiheitsentziehenden Maßnahme bei einem Minderjährigen die Bestellung eines Verfahrensbeistandes zukünftig obligatorisch sein, um auch seine Interessenvertretung in diesen besonders grundrechtsrelevanten Bereichen besser sicherzustellen als bisher."

Bei § 167 Abs.1 FamFG handelt es sich – soweit nicht § 167 FamFG spezielle Vorschriften für das Unterbringungsverfahren bei Minderjährigen enthält – um eine **umfassende Rechtsgrundverweisung** auf die entsprechend anzuwendenden Vorschriften über die Unterbringung von Erwachsenen. Damit finden die Verfahrensvorschriften der §§ 312 ff. FamFG aus dem Unterbringungsrecht der Volljährigen, soweit sie nicht durch die Bestimmungen des § 167 Abs. 1 bis 7 FamFG ihre Änderungen speziell für Unterbringungsverfahren Minderjähriger erfahren, auf die freiheitsentziehende Unterbringung und die freiheitsentziehenden Maßnahmen Minderjähriger nach § 1631b BGB entsprechend Anwendung.

Somit gelten für Unterbringungsverfahren Minderjähriger die folgenden wesentlichen **Verfahrensgarantien** (in Klammern die Mindestanforderungen im Eilverfahren des einstweiligen Anordnungs-/Genehmigungsverfahrens):

- ärztliches Gutachten, in Verfahren nach § 1631b Abs. 2 BGB: ärztliches Zeugnis genügt, § 321 FamFG (Verfahren der einstweiligen Anordnung: ärztliches Zeugnis, §§ 331 Nr. 2, 332 FamFG);
- obligatorische Bestellung und Anhörung des Verfahrensbeistands;
- persönliche richterliche Anhörung des Minderjährigen, §§ 319, 331 Nr. 4 FamFG (bei Gefahr im Verzuge auch vor der Anhörung von Minderjährigem und Verfahrensbeistand, Anhörungen sind aber unverzüglich nachzuholen, § 332 FamFG);

8 Sternal/Schäder, § 167 FamFG Rn 19, mit Hinweis auf BT-Drucks. 18/11278, 27 ff.

- Anhörung von Jugendamt und personensorgeberechtigten Eltern, Pflegern, Pflegeeltern, § 167 Abs. 4 FamFG, abweichend von §§ 320, 315 FamFG (verzichtbar in Eilverfahren);
- Beschluss: Anordnung oder Genehmigung der Unterbringung bzw. der freiheitsentziehenden Maßnahme mit
  - näherer Angabe der Unterbringungsmaßnahme: Kinder- und Jugendpsychiatrie oder Kinder- und Jugendhilfeeinrichtung; konkrete Bezeichnung der freiheitsentziehenden Maßnahme: Fixierung durch Bauchgurt, Bettgitter etc., § 323 Abs. 1 Nr. 1 FamFG.
  - zeitlicher Befristung: bis 6 Monate oder bis zu einem Jahr (§ 167 Abs. 7 FamFG; abweichend von § 329 Abs. 1 Satz 1 FamFG: ein Jahr bzw. zwei Jahre; Verfahren der einstweiligen Anordnung: im Regelfall bis sechs Wochen, verlängerbar bis höchstens bis drei Monate, § 333 Abs. 1 FamFG).

254 Folgende **Abweichungen** vom Verfahrensrecht in Unterbringungssachen der Erwachsenen (§§ 312 ff. FamFG) sieht § 167 FamFG vor:

- § 167 Abs. 1 FamFG: Ein Verfahrensbeistand ist stets und ohne Ausnahme zu bestellen (Abweichung von § 317 FamFG: Bestellung eines Verfahrenspflegers, bei ausnahmsweiser Nichtbestellung besteht Begründungspflicht).
- § 167 Abs. 2 FamFG: Gegenseitige Unterrichtungs- und Mitteilungspflichten des für die Vormundschaft/Pflegschaft und des für die Unterbringungsentscheidung zuständigen Gerichtes bei unterschiedlicher örtlicher Zuständigkeit der mit der jeweiligen Sache befassten Gerichte (Abänderung von § 313 Abs. 4, 338 FamFG).
- § 167 Abs. 3 FamFG: Der von einem Unterbringungsverfahren betroffene Minderjährige ist ohne Rücksicht auf seine Geschäftsfähigkeit voll verfahrensfähig i.S.d. § 9 FamFG erst mit Vollendung des 14. Lebensjahres (Abänderung und Einschränkung von § 316 FamFG).
- § 167 Abs. 4 FamFG: In Unterbringungsverfahren Minderjähriger sind die Elternteile, denen die Personensorge zusteht, die gesetzlichen Vertreter (Ergänzungspfleger) in persönlichen Angelegenheiten und die Pflegeeltern persönlich richterlich anzuhören (Abänderung von § 315, 320 FamFG).
- § 167 Abs. 5 FamFG: Das Jugendamt hat die Eltern, den Vormund oder den Ergänzungspfleger auf deren Wunsch bei der Zuführung zu der nach § 1631b Abs. 1 BGB genehmigten Unterbringung zu unterstützen (Abänderung von § 326 FamFG: Unterstützungspflicht der Betreuungsbehörde).
- § 167 Abs. 6 FamFG:

  Sätze 1 und 2: Der Gutachter soll Arzt für Kinder- und Jugendpsychiatrie und -psychotherapie sein; in Verfahren nach § 151 Nr. 6 FamFG (Genehmigung von freiheitsentziehender Unterbringung nach § 1631b Abs. 1 BGB und von freiheitsentziehenden Maßnahmen nach § 1631b Abs. 2 BGB) kann der Sachverständige auch ein in Fragen der Heimerziehung ausgewiesener Psychotherapeut, Psychologe, Pädagoge oder Sozialpädagoge sein (Abänderung von § 321 FamFG).

Satz 3: In Verfahren der Genehmigung freiheitsentziehender Maßnahmen nach § 1631b Abs. 2 BGB genügt ein ärztliches Zeugnis (ebenso § 321 Abs. 2 FamFG für eine freiheitsentziehende Maßnahme nach § 1831 Abs. 4 BGB).

- § 167 Abs. 7 FamFG: Die Höchstfrist der freiheitsentziehenden Unterbringung und freiheitsentziehender Maßnahmen beträgt sechs Monate, bei offensichtlich langer Sicherungsbedürftigkeit ein Jahr, wenn sie nicht vorher verlängert wird (Abänderung von § 329 FamFG).

Soweit die durch § 167 FamFG bestimmten Abweichungen das Verfahrensrecht der Unterbringung Volljähriger nach §§ 312 bis 339 FamFG nicht abändern, bleiben die letztgenannten Verfahrensvorschriften ergänzend auch im Unterbringungsverfahren Minderjähriger wirksam.

Strittig bleibt insoweit aber nach wie vor, ob für die Entschädigung der beruflich tätigen Verfahrensbeistände die Vergütungspauschale nach § 158c Abs. 1 Satz 1 FamFG anfällt (so die herrschende Meinung und die allgemeine gerichtliche Praxis) oder insoweit über § 318 FamFG die Entschädigungsregelungen des § 277 FamFG Anwendung finden. Einzelheiten dazu siehe Rn. 215 ff.

Dieselben Verfahrensgrundsätze gelten auch für die Anordnung einer freiheitsentziehenden Unterbringung eines Minderjährigen nach den Landesgesetzen über die Unterbringung psychisch kranker Personen (sog. **landesrechtliche PsychKHG**), die eine Altersgrenze nicht kennen (vgl. §§ 151 Nr. 7, 167 Abs. 1 FamFG). In beiden Fällen (Freiheitsentzug nach § 1631b BGB und PsychKHG) ist aber für Minderjährige statt des für Volljährige zu bestellenden Verfahrenspflegers stets, d.h. obligatorisch und ohne Ausnahme, ein sog. Verfahrensbeistand zu bestellen (§ 167 Abs. 1 Satz 2 und 3 FamFG). **255**

Anwendung findet die Vorschrift des § 167 FamFG daher selbstverständlich auch auf die zahlenmäßig häufigsten Fallgestaltungen der **vorläufigen Unterbringung** oder vorläufiger freiheitsentziehender Maßnahmen durch einstweilige Anordnung nach §§ 331 ff. FamFG i.V.m. § 1631b BGB (vgl. §§ 331 Nr. 3 und 332 Satz 1, 334 FamFG). Auch in diesen Fällen besteht – wie in Hauptsacheverfahren – ohne Ausnahme die Pflicht des Gerichts, dem von einem Unterbringungsverfahren betroffenen Minderjährigen einen Verfahrensbeistand zu bestellen (§§ 167 Abs. 1 Satz 2 und 3, 158 FamFG). **256**

III. Anwendungsbereich: Verfahrensbeistandschaft in Unterbringungsverfahren

257 § 167 FamFG findet Anwendung auf **Hauptsache- und einstweilige Anordnungsverfahren** nach §§ 312 ff. FamFG für zivilrechtliche Maßnahmen des Freiheitsentzuges und die öffentlich-rechtliche Unterbringung, d.h. auf Verfahren

- zur freiheitsentziehenden Unterbringung in einer Einrichtung der Kinder- und Jugendhilfe,[9]
- zur Unterbringung in der Kinder- und Jugendpsychiatrie (nach § 1631b Abs. 1 BGB).[10]
- betreffend sonstige freiheitsentziehende Maßnahmen in offenen und geschlossenen Einrichtungen nach § 1631b Abs. 2 BGB (zivilrechtliche Maßnahmen des Freiheitsentzugs einschließlich körpernaher Fixierungsmaßnahmen),[11]
- betreffend freiheitsentziehende Maßnahmen nach § 1631b Abs. 2 BGB bei bereits genehmigter freiheitsentziehender Unterbringung nach § 1631b Abs. 1,[12]

  – wobei der Genehmigungsvorbehalt nach § 1631b BGB in allen Fällen Anwendung findet, in denen personensorgeberechtigte Eltern, Vormünder oder Ergänzungspfleger den Freiheitsentzug anordnen oder ihm zustimmen, also zu erkennen geben, dass sie dafür die familiengerichtliche Genehmigung begehren[13] –,
- betreffend die Unterbringung und weitere freiheitsentziehende Maßnahmen sowie die ärztliche Zwangsbehandlung nach den Landesunterbringungsgesetzen (§ 151 Nr. 7 FamFG), die – ohne Altersgrenze – auch auf Minderjährige Anwendung finden (PsychKG-Unterbringung oder sog. öffentlich-rechtliche Unterbringung)[14] betreffend die körpernahe Fixierung nach den PsychKHGs der Länder.[15]

---

9 Vgl. Hoffmann, Freiheitsentziehende Unterbringung in einer Einrichtung der Kinder- und Jugendhilfe, FamRZ 2017, 337; Hoffmann/Trenczek, Freiheitsentziehende Unterbringung „minderjähriger" Menschen in Einrichtungen der Kinder- und Jugendhilfe, JAmt 2011, 177; dies, Freiheitsentziehende Unterbringung in Einrichtungen der Kinder- und Jugendhilfe in gemeinsamer Verantwortung von gesetzlichen Vertretern Jugendamt und Familiengericht, FamRZ 2013, 1346; Hoops, Geschlossene Unterbringung von Kindern und Jugendlichen in der Heimerziehung, FPR 2011, 538; Permien, FPR 2011, 542; Hoops/Permien, „Mildere Maßnahmen sind nicht möglich", freiheitsentziehende Maßnahmen nach § 1631b BGB in Jugendhilfe und Psychiatrie (2006); Bauer, Neue Gesichtspunkte zum Thema Freiheitsentzug und geschlossene Unterbringung in der Jugendhilfe, Evangelische Jugendhilfe Heft 2/2001, 80.

10 Vgl. OLG Naumburg JAmt 2002, 538.

11 Vgl. OLG Hamburg, NZFam 2021, 166, zur körpernahen (5-bis 11-Punkt-)Fixierung einer Minderjährigen mit einer emotional instabilen Persönlichkeitsstörung mit schwerem Krankheitsverlauf.

12 Vgl. die Gesetzesbegründung zu § 1631b Abs. 2 BGB in BR-Drs 793/16, S. 12/13; ebenso BGH, FamRZ 2015, 1707-1709, für § 1906 Abs. 4 BGB.

13 OLG Hamburg, NZFam 2021, 166; OLG Frankfurt 10.11.1999, 6 UF 236/00; Staudinger/Salgo (2020), § 1631b BGB Rn. 4; BT-Drucks 8/2788, 50, 51; BR-Drucks. 93/16, S. 12.

14 Vgl. BR-Drucks. 18/11278, 25.

15 Vgl. BVerfGE 149, 293 = NZFam 2018, 724 mit Anm. Stell, vgl. BT-Drucks. 19/11070, 25.

Das gilt aber auch

- für zivilrechtliche Unterbringungsmaßnahmen, die das **Familiengericht** nach §§ 1802 Abs. 2 Satz 3, 1867 BGB (i.V.m. § 1631b BGB) im Falle der (rechtlich oder tatsächlichen) Verhinderung der Eltern oder im Falle des noch nicht bestellten oder des verhinderten Vormunds/Pflegers (§ 1813 Abs. 1 BGB) zum Wohle des Minderjährigen als einstweilige Maßregeln anordnet (vgl. § 334 FamFG), und
- für freiheitsentziehende Maßnahmen, die zum Wohle von Minderjährigen im Rahmen von Inobhutnahmen nach § 42 Abs. 5 SGB VIII auf Anordnung des **Jugendamtes** (§ 42 Abs. 2 Satz 4 SGB VIII) oder des sonst Personensorgeberechtigten erforderlich werden:

  Die Unterbringung durch das Jugendamt ist nach § 42 Abs. 5 Satz 2 SGB VIII nur bis zum Ablauf des Tages nach ihrem Beginn – d.h. längstens für 48 Stunden – möglich. Das Jugendamt ist also gehalten, unverzüglich nach Anordnung freiheitsentziehender Maßnahmen eine gerichtliche Entscheidung herbeizuführen.[16]

Für den weiteren Ablauf des Verfahrens gelten dann die nachfolgenden **Alternativen**:[17] **258**

- Stimmen die sorgeberechtigten **Eltern** dem Freiheitsentzug nicht zu oder nehmen sie ihren ursprünglichen Antrag zurück und wäre das Kindeswohl ohne den Freiheitsentzug gefährdet, muss ihnen zunächst in einem gesonderten Eilverfahren nach § 1666 BGB zumindest das Aufenthaltsbestimmungsrecht entzogen und auf einen Pfleger übertragen werden, der dann seinerseits den Unterbringungsantrag stellen muss.[18]
- Soweit ein **Ergänzungspfleger/Vormund** nicht rechtzeitig bestellt werden kann, kann das Gericht selbst die Zustimmung auch nach §§ 1802 Abs. 2 Satz 3, 1813 Abs. 1 BGB i.V.m. § 1867 BGB vorläufig erteilen. Das Gericht darf aber nicht ohne (einstweiligen) Sorgeentzug die Zustimmung unmittelbar auf §§ 1802 Abs. 2 Satz 3, 1813 Abs. 1 i.V.m. § 1867 BGB stützen.[19] Eine Anordnung der Unterbringung nach den genannten BGB-Vorschriften kommt nur bei Verhinderung der Eltern aus tatsächlichen oder rechtlichen Gründen in Betracht.
- Eine unmittelbare Anordnung der freiheitsentziehenden Unterbringung durch das **Gericht** ist auch nach § 151 Nr. 7 FamFG i.V.m. dem jeweiligen PsychKHG im Wege der öffentlich-rechtlichen Unterbringung möglich, die dann aber im Hinblick auf die Formenstrenge in Freiheitsentziehungssachen ausdrücklich auf die ent-

16 Vgl. zu weiteren Einzelheiten Staudinger/Salgo (2020), § 1631b BGB Rn. 16 ff. Vgl. auch Trenczek, ZfJ 2000, 121, 124, 128: Freiheitsentziehung im Kinder- und Jugendhilferecht allein im Rahmen der Krisenintervention; zu Sachverhalten die zur freiheitsentziehenden Unterbringung in einer Einrichtung der KJH führen können vgl Hoffmann, FamRZ 2017, 337, 338.

17 Vgl. Prütting/Hammer, § 167 FamFG Rn. 9.

18 BVerfG FamRZ 2007, 1627 = FamRB 2007, 296; OLG Naumburg, FamRZ 2009, 431 = JAmt 2009, 40; FK-SGB VIII/Trenczek, § 42 Rn. 58; Staudinger/Salgo, § 1631b, Rn. 26.

19 BVerfG a.a.O. zu § 1693 BGB alter Fassung.

sprechenden gesetzlichen Grundlagen gestützt werden muss[20] und ggf. einen Antrag der nach Landesrecht zuständigen Behörde oder Stelle voraussetzt.

259 In Übereinstimmung mit der hier zusammen mit Teilen der Literatur bereits in der Vorauflage vertretenen Meinung finden § 1631b BGB, § 167 FamFG nach der Neufassung des Gesetzes entgegen der bisher herrschenden Auffassung in der obergerichtlichen Rechtsprechung Anwendung auch auf sog. **unterbringungsähnliche Maßnahmen** bzw. freiheitsentziehende Maßnahmen i.S.d. § 1831 Abs. 4 BGB wie Bettgitter, Bauchgurte oder sonstige körpernahe Fixierungsmaßnahmen im Rahmen einer offenen oder geschlossenen Unterbringung (vgl. insoweit die zum 1.10.2017 in Kraft getretene Neufassung des § 1631b Abs. 2 BGB).[21]

▶ *Zu Einzelheiten freiheitsentziehender Maßnahmen nach § 1631b Abs. 2 BGB siehe Rn. 291 ff.*

260 Auf **ärztliche Zwangsbehandlungsmaßnahmen**, z.B. zur Durchführung einer Zahn- oder Tumorbehandlung gegen den Willen des betroffenen Kindes oder sogar auf eine Entscheidung über den Verzicht auf eine künstliche Beatmung eines schwerstkranken Minderjährigen am Lebensende, finden § 1631b BGB, § 167 FamFG zum zivilrechtlichen Freiheitsentzug hingegen **keine Anwendung**, da diese vom Anwendungsbereich der genannten Normen nicht erfasst werden und solche Maßnahmen einer familiengerichtlichen Genehmigung nach wie vor nicht bedürfen.

Das hat der Gesetzgeber im Zusammenhang mit der Einführung des Absatzes 2 des § 1631b BGB nicht geändert.[22] Das gilt auch für einwilligungsfähige Minderjährige ab dem 14. Lebensjahr mit entsprechender Einsichtsfähigkeit für ihre Krankheit. Die zwangsweise ärztliche Behandlung Minderjähriger gegen deren sog. natürlichen Willen liegt – anders als nach § 1832 BGB für Volljährige – nach wie vor ohne jegliche gerichtliche Genehmigungskontrolle allein in der **Verantwortung der gesetzlichen Vertreter** von Minderjährigen. Da die Missbrauchskontrolle zum Schutz des Kindeswohles nach §§ 1666, 1666a BGB unzureichend erscheint, ist de lege ferenda aus verfassungsrechtlichen Gründen eine vorgelagerte gerichtliche Genehmigungskontrolle der Entscheidungen der personensorgeberechtigten Vertreter des Kindes erforderlich.[23]

Allerdings hat das Familiengericht im Rahmen der Genehmigung einer freiheitsentziehenden Unterbringung in der Kinder- und Jugendpsychiatrie nach § 1631b Abs. 1

---

20 BVerfG FamRZ 2007, 1627 = FamRB 2007, 296.

21 Vgl. OLG Hamburg, NZFam 2021, 166, zur körpernahen (5-bis 11-Punkt-)Fixierung einer Minderjährigen mit einer emotional instabilen Persönlichkeitsstörung mit schwerem Krankheitsverlauf. Vgl. zur Rechtsprechung nach § 1631b BGB a.F.: BGH, Beschluss vom 7.8.2013, XII ZB 559/11, FamRZ 2013, 1646, Bestätigung des OLG Oldenburg FamRZ 2012, 39 = JAmt 2011, 670; ebenso OLG Frankfurt FamRZ 2013, 1225. Vgl. kritisch zur BGH-Entscheidung vom 7.8.2013 Salgo, FamRZ 2013, 1719 f. sowie juris, Die Monatszeitschrift 2014, 99 ff. mit Anm. von Breidenstein; a.A. auch Beermann, FPR 2011, 535.

22 Vgl. OLG Dresden, FamRZ 2017, 621; BGH, Beschluss vom 7.8.2013, XII ZB 559/13, juris; OLG Brandenburg FamRZ 2000, 1033, 1034; DIJuF-Rechtsgutachten vom 13.4.2010 und 15.3.2010, JAmt 2010, 236, 237; 239 und 240; vgl. weiter auch Schwedler, NJOZ 2014, 1 ff.

23 Götz, FamRZ 2017, 1289; Hoffmann, NZFam 2015, 985; Vgl. kritisch zur jetzigen Rechtslage auch Grotkopp, BtPrax 2013, 83.

BGB die Zulässigkeit der mit der Unterbringung bezweckten ärztlichen Zwangsmaßnahme nach den Maßgaben des BVerfG zur Zwangsbehandlung Volljähriger und damit nach den Maßgaben des § 1832 BGB zu prüfen.[24]

Das Fehlen einer vorgelagerten Genehmigungskontrolle gilt erst recht auch für die **Beendigung lebenserhaltender Maßnahmen** durch die Sorgeberechtigten bei einwilligungsunfähigen minderjährigen Patienten.[25] Auch diese Entscheidungen über Leben und Tod unterliegen – entgegen § 1829 Abs. 2 BGB für Volljährige – keinem familiengerichtlichen Genehmigungserfordernis. Eine analoge Anwendung der §§ 1829 (1904 a.F.), 1631 Abs. 2, 1631b BGB scheide mangels planwidriger Regelungslücke aus.[26]

Zu beachten ist dabei allerdings, dass die (öffentlich-rechtliche) ärztliche Zwangsbehandlung Minderjähriger auf der Grundlage der **PsychKHG** der Länder (Kindschaftssache gemäß § 151 Nr. 7 FamFG) der familiengerichtlichen Genehmigung nach diesen Landesgesetzen bedarf.[27]

IV. Bestellung und Stellung des Verfahrensbeistands im Unterbringungsverfahren

Die Stellung des Verfahrensbeistands in Unterbringungsverfahren nach § 1631b BGB **261**
oder nach den Landesunterbringungsgesetzen (PsychKHG) i.V.m. § 167 FamFG entspricht der nach § 158 FamFG, denn § 167 Abs. 1 FamFG bestimmt, dass in Unterbringungsverfahren Minderjähriger zwingend ein Verfahrensbeistand nach § 158 FamFG mit den dort genannten Rechten und Pflichten zu bestellen ist.[28] Der Verfahrensbeistand hat als im Unterbringungsverfahren **förmlich Beteiligter**, zu dem er mit seiner Bestellung wird (§ 158b Abs. 3 Satz 1 FamFG), daher dieselben Verfahrensrechte wie der nach § 158 FamFG bestellte Verfahrensbeistand in sonstigen Kindschaftssachen des § 151 FamFG.

Auch die **Entschädigung** des Verfahrensbeistands erfolgt über § 158c Abs. FamFG und nicht über §§ 318, 277 FamFG nach den Bestimmungen des Verfahrenspflegers für Erwachsene (strittig, aber herrschende Meinung und gängige gerichtliche Praxis).[29] Auf die Ausführungen zu Rn. 215 ff. wird verwiesen.

Die Bestellung und Anhörung des Verfahrensbeistands muss bei Erlass einer einst- **262**
weiligen Unterbringungsentscheidung zur Abwehr einer Gefahr im Verzuge für den Minderjährigen unverzüglich nachgeholt werden (§ 332 Satz 2 FamFG; sog. **„einstweilige Anordnung bei gesteigerter Dringlichkeit“**). Daraus folgt, dass der Verfahrensbeistand in allen anderen, weniger eiligen Unterbringungssituationen (vgl. § 331

24 Marschner in Marschner/Lesting/Stahmann, § 1631b BGB Rn. 8, mit Verweis auf Hoffmann, NZFam 2015, 985.
25 Vgl. Schwedler, Die Beendigung lebenserhaltender Maßnahmen bei minderjährigen Patienten, NJOZ 2014, 1 ff.
26 OLG Brandenburg, FamRZ 2000, 1034; vgl. dazu auch OLG Hamm, NJW 2007, 2704.
27 Vgl. nur § 20 Abs. 5 Hess. PsychKHG.
28 MünchKomm-FamFG/Heilmann, § 167 FamFG Rn. 28; Sternal/Schäder, § 167 FamFG Rn. 2.
29 MünchKomm-FamFG/Heilmann, § 167 FamFG Rn. 28; Sternal/Schäder, § 167 FamFG Rn. 2.

Satz 1 Nr. 3 FamFG für die einfache einstweilige Anordnung) und erst recht im Hauptsacheverfahren zur endgültigen Entscheidung über die freiheitsentziehende Unterbringung regelmäßig **vor Erlass** der Unterbringungsentscheidung zu bestellen und anzuhören ist (vgl. § 1631b Abs. 1 Satz 3, 1. Hs. BGB).

Denn die Bestellung des Verfahrensbeistands hat insbesondere bei den besonders schweren Eingriffen in das Grundrecht der Freiheit der Person (Art. 2 Abs. 2 GG) so **frühzeitig** zu erfolgen, dass der Verfahrensbeistand noch effektiv Einfluss auf die Unterbringungsentscheidung nehmen kann. Er ist daher bereits vor der abschließenden richterlichen Anhörung des Minderjährigen so rechtzeitig zu bestellen, dass er an der Anhörung des Kindes, zu der er immer zu laden ist, teilnehmen kann.

Erfolgt die Anhörung dennoch ohne die Möglichkeit einer Beteiligung des Verfahrensbeistands, ist sie grob **verfahrensfehlerhaft** und verletzt den Minderjährigen in seinem Anspruch auf rechtliches Gehör aus Art. 103 Abs. 1 GG.[30] Das ergibt sich hinsichtlich des Bestellungszeitpunktes im Übrigen ausdrücklich schon aus § 158 Abs. 1 Satz 2 FamFG, wonach der Verfahrensbeistand **„so früh wie möglich"** zu bestellen ist, wenn sich dem Gericht die Anordnung oder die Genehmigung eines Freiheitsentzuges auch nur als wahrscheinlich darstellt. Die unter Verstoß gegen Art. 103 Abs. 1 GG getroffene Anordnung oder Genehmigung eines Freiheitsentzugs ist rechtswidrig und sollte regelmäßig vom Verfahrensbeistand mit dem Rechtsmittel der Beschwerde (§§ 57 ff. FamFG) angegriffen werden.

263 Besonderes Augenmerk sollte der Verfahrensbeistand auf die Bestimmungen des § 167 Abs. 6 FamFG über die **Qualifikation des Sachverständigen** legen:[31] Der Gutachter soll regelmäßig Arzt für Kinder- und Jugendpsychiatrie und -psychotherapie sein, da im Regelfall eine psychiatrische Erkrankung vorliegen wird, die eine psychiatrische Diagnostik und Gefährdungseinschätzung erforderlich machen wird.[32] In Verfahren nach § 151 Nr. 6 FamFG (Genehmigung von freiheitsentziehender Unterbringung nach § 1631b Abs. 1 BGB und von freiheitsentziehenden Maßnahmen nach § 1631b Abs. 2 BGB) kann und sollte der Sachverständige dann, wenn im Einzelfall eine Unterbringung in einer Einrichtung der Kinder- und Jugendhilfe in Betracht kommt, ein in Fragen der Heimerziehung ausgewiesener Psychotherapeut, Psychologe, Pädagoge oder Sozialpädagoge sein.

---

30 Vgl. BGH BtPrax 2012, 116, 117, und BtPrax 2011, 125, 126; ebenso OLG Naumburg FamRZ 2008, 186; OLG Hamm FamRZ 2000, 494, 496, jeweils für den Verfahrenspfleger im betreuungsrechtlichen Unterbringungsverfahren.

31 Kannegießer, Arbeitsgruppe familienrechtliche Gutachten, Mindestanforderungen an die Qualität von Sachverständigengutachten nach § 1631b BGB (und zur freiheitsentziehenden Unterbringung von Minderjährigen nach den Landesgesetzen über die Unterbringung psychisch Kranker), FamRZ 2021, 654-660, die die 2. Auflage der Mindestanforderungen an Gutachten in Kindschaftssachen, FamRZ 2019, 1765 ff., ergänzt. Vgl. auch Rohmann, Das Sachverständigengutachten im Fall der Unterbringung von Kindern und Jugendlichen, FPR 2011, 561; Vogel, Die juristischen Mindeststandards bei der mit Freiheitsentziehung verbundenen Unterbringung in der Behandlung von Jugendlichen, FPR 2012, 462.

32 Vgl. BT-Drucks. 16/6308, S. 243; Sternal/Schäder, § 167 FamFG Rn. 25: „psychiatrische Hochrisikogruppe."

Soweit § 167 Abs. 6 Satz 3 FamFG in Verfahren der Genehmigung freiheitsentziehender Maßnahmen nach § 1631b Abs. 2 BGB ein **ärztliches Zeugnis** genügen lässt, soll der das Zeugnis ausstellende Arzt ebenfalls Angehöriger der in Satz 1 genannten Berufsgruppe (Arzt für Kinder- und Jugendpsychiatrie und -psychotherapie) sein. Ein allgemeinärztliches Zeugnis oder das eines Facharztes für Allgemeinmedizin reichen nicht aus. Denn insoweit gilt Satz 1 der Norm ausdrücklich entsprechend. Der Arzt muss den Minderjährigen vor der Erstattung des Gutachtens ärztlichem Standard entsprechend persönlich untersucht oder befragt haben; ein Zeugnis nach Aktenlage genügt nicht.[33]

Für eine **einstweilige Anordnung** von freiheitsentziehender Unterbringung und sonstigen freiheitsentziehenden Maßnahmen genügt ein ärztliches Zeugnis (§ 331 Satz 1 Nr. 2 FamFG). Es ist Aufgabe des Gerichts, auf ein aussagekräftiges ärztliches Zeugnis hinzuwirken; ggf. muss es das ärztliche Zeugnis im Rahmen der Amtsermittlung selbst einholen.

Das ärztliche Zeugnis soll für eine einstweilige freiheitsentziehende Unterbringung nach §§ 1631b Abs. 1 BGB und eine Unterbringung nach den Landesunterbringungsgesetzen von einem **Arzt für Kinder- und Jugendpsychiatrie und -psychotherapie** erstellt werden; der Arzt muss in jedem Fall Erfahrung auf dem Gebiet der Kinder- und Jugendpsychiatrie haben (§ 331 Satz 1 Nr. 2 i.V.m. § 167 Abs. 6 Satz 1 FamFG). Bei einer Unterbringung in einer geschlossenen Jugendhilfeeinrichtung genügt auch das Zeugnis eines in Fragen der Heimerziehung ausgewiesenen Psychotherapeuten, Psychologen, Pädagogen oder Sozialpädagogen (§ 167 Abs. 6 Satz 2 FamFG).

Nicht eindeutig geregelt ist die Qualifikation des Arztes, der das ärztliche Zeugnis für eine **sonstige freiheitsentziehende Maßnahme** i.S.d § 312 Nr. 2 und 4 FamFG (§ 1631b Abs. 2 BGB, sonstige freiheitsentziehende Maßnahme gemäß Landes-PsychKHG) abgeben soll. Der über § 167 Abs. 1 Satz 1 FamFG entsprechend anwendbare § 331 Satz 1 Nr. 2 Hs. 2 FamFG sieht vor, dass die Qualifikationsanforderungen für die freiheitsentziehende Unterbringung nicht gelten, weil § 321 Abs. 2 FamFG auch in Hauptsacheverfahren für das bei freiheitsentziehenden Maßnahmen ausreichende ärztliche Zeugnis keine besondere Qualifikation des Arztes vorsieht.[34] Da § 167 Abs. 6 S. 3 FamFG für freiheitsentziehende Maßnahmen bei Minderjährigen jedoch abweichend von § 321 Abs. 2 FamFG ausdrücklich fordert, dass der ausstellende Arzt Facharzt für Kinder- und Jugendpsychiatrie sein soll,[35] dürfte § 331 Satz 1 Nr. 2 Hs. 2 FamFG nicht entsprechend anwendbar sein. Daher ist auch hier im Regelfall ein fachärztliches Zeugnis erforderlich; der ausstellende Arzt muss aber in jedem Fall über Erfahrung auf dem Gebiet der Psychiatrie verfügen, was im Einzelfall auch bei einem Arzt für Kinder- und Jugendmedizin (Kinderarzt) der Fall sein kann.[36]

---

33 Sternal/Schäder, § 167 FamFG Rn. 24; BT-Drucks. 18/11278, S. 19; BR-Drucks. 793/16, S. 21.

34 BT-Drucks. 19/9767, S. 15.

35 BT-Drucks. 18/11278, S. 19.

36 Kannegießer, Arbeitsgruppe familienrechtliche Gutachten, Mindestanforderungen an die Qualität von Sachverständigengutachten nach § 1631b BGB (und zur freiheitsentziehenden Unterbringung von Minderjährigen nach den Landesgesetzen über die Unterbringung psychisch Kranker), FamRZ 2021, 654, 657.

264 Ein Gutachten setzt einen förmlichen **Beweisbeschluss** voraus; die Auswahl des Gutachters erfolgt durch das Gericht. Der Beweisbeschluss sollte im Hinblick auf ein Sachverständigengutachten folgende **Fragestellungen** enthalten:

- Art und Ausmaß der konkreten Gefährdung des Kindeswohls, insbesondere durch eine erhebliche Fremd- oder Selbstgefährdung.
- Anlass der freiheitsentziehenden Unterbringung/Maßnahme(n).
- Welche möglichen Schäden bestehen oder drohen dem Minderjährigen im Falle der Unterlassung der freiheitsentziehenden Unterbringung/Maßnahme(n)?
- Können die Schäden oder Gefahren durch die freiheitsentziehende Unterbringung/Maßnahme abgewendet werden?
- Einschätzung, ob der Gefahr nicht auf andere Weise, auch nicht durch öffentliche Hilfen oder z.B. deeskalierende Maßnahmen, Einzelbetreuung oder andere einrichtungsinterne Möglichkeiten begegnet werden kann.
- Darstellung/Einschätzung etwaiger Beeinträchtigungen durch die freiheitsentziehende(n) Unterbringung/Maßnahme(n) für den Minderjährigen.
- Ziel der freiheitsentziehenden Unterbringung/Maßnahme(n).

Dabei sollte dem Sachverständigen aufgegeben werden, auf folgende Punkte einzugehen:

- Art und Schwere der Erkrankung, Verhaltensstörung und/oder Behinderung.
- Art der zu genehmigenden freiheitsentziehenden Unterbringung/Maßnahme(n) (z.B. geschlossene Station oder Wohngruppe, wiederholte Fixierungen oder Isolierungen, Medikation zur Ruhigstellung, Festhalten, nächtliches Verbringen in ein Kayser-Bett, Posey-Bett oder Gitterbett ohne Möglichkeit des Verlassens, nächtlicher Einschluss, Lochgittertür u.a.m.).
- Frequenz und jeweilige Dauer sowie Gesamtdauer der freiheitsentziehenden Unterbringung/Maßnahme(n).
- Notwendigkeit zur freiheitsentziehenden Behandlung/Intervention bei der vorliegenden Störung.
- Frage nach der Art der Einrichtung für die freiheitsentziehende Unterbringung (v.a. Krankenhaus, Rehabilitationseinrichtung, Jugendhilfeeinrichtung, Behinderteneinrichtung).
- Kriterien für die Beendigung der Freiheitsentziehung.
- Wenn das Gericht eine rechtswirksame Einwilligung des Minderjährigen für rechtlich möglich hält und dieser seine Einwilligung erklärt, muss der Sachverständige die Einsichtsfähigkeit des Minderjährigen im Hinblick auf die Tragweite seiner Einwilligung und auf die Tragfähigkeit der Entscheidung prüfen.

Eine enge Kommunikation der Sachverständigen mit dem Gericht, z.B. bei Unklarheiten hinsichtlich der zu treffenden Feststellungen, ist empfehlenswert. Dem Sachverständigen ist eine **Frist** zur Erstellung des Gutachtens zu setzen (§ 30 FamFG i.V.m.

§ 411 ZPO).[37] Das gilt vor allem in den Fällen, in denen eine freiheitsentziehende Unterbringung oder Maßnahme auf Anordnung oder mit Zustimmung der Sorgeberechtigten bereits praktiziert wird.

Ein ärztliches Zeugnis wird dem Gericht zumeist schon mit dem (Eil-)Antrag vorgelegt. Ansonsten ist es durch das Gericht von Amts wegen einzuholen. Inhaltlich müssen **ärztliche Zeugnisse** zu den gleichen Fragen Stellung nehmen wie ein Sachverständigengutachten, allerdings – angesichts schmalerer Befundlage und mit Rücksicht auf die Eilbedürftigkeit – weniger ausführlich. Für eine einstweilige Anordnung soll das ärztliche Zeugnis auch qualifizierte Angaben zur Dringlichkeit der empfohlenen Maßnahme enthalten.[38]

Praxistipp

▶ *Aufgabe des Verfahrensbeistandes ist es, die Beweisbeschlüsse der Gerichte zur Einholung ärztlicher Sachverständigengutachten und die zur Grundlage gerichtlicher Entscheidungen gemachten ärztlichen Zeugnisse auf die empfohlenen Fragestellungen und die dazu ergangenen ärztlichen Stellungnahmen zu überprüfen.*

Bei kindeswohlrelevanten Abweichungen bzw. Unterlassungen hat der Verfahrensbeistand gegenüber dem Gericht auf Abänderungen des Beweisbeschlusses oder ergänzende Stellungnahmen des ärztlichen Sachverständigen zu drängen.

Der Verfahrensbeistand hat auch besonders auf die zwingende und vom Unterbringungsrecht der Erwachsenen nach § 329 FamFG abweichende **Befristung des Freiheitsentzugs** (§ 323 Abs. 1 Nr. 2 FamFG) zu achten: § 167 Abs. 7 FamFG bestimmt insoweit, dass die Höchstfrist der freiheitsentziehenden Unterbringung und freiheitsentziehender Maßnahmen sechs Monate beträgt, wenn sie nicht vorher verlängert wird. **265**

Bei offensichtlich langer Sicherungsbedürftigkeit kann eine Höchstdauer bis zu einem Jahr bestimmt werden. Dies soll nur in **Ausnahmefällen** möglich sein, wenn ein offensichtliches Bedürfnis für eine Unterbringung bzw. freiheitsentziehende Maßnahme über sechs Monate hinaus besteht. Ein Ausnahmefall (des § 1631b Abs. 2 BGB) kann beispielsweise vorliegen, wenn es erforderlich ist, ein dauerhaft körperlich schwerstbehindertes Kind vor einer Selbstgefährdung durch Stürze aus einem Rollstuhl oder Bett zu sichern. Die Abweichung von der regelmäßigen Höchstdauer ist zu begründen (§ 38 Abs. 3 FamFG).

37 Kannegießer, Arbeitsgruppe familienrechtliche Gutachten, Mindestanforderungen an die Qualität von Sachverständigengutachten nach § 1631b BGB (und zur freiheitsentziehenden Unterbringung von Minderjährigen nach den Landesgesetzen über die Unterbringung psychisch Kranker), FamRZ 2021, 654, 658.

38 Kannegießer, Arbeitsgruppe familienrechtliche Gutachten, Mindestanforderungen an die Qualität von Sachverständigengutachten nach § 1631b BGB (und zur freiheitsentziehenden Unterbringung von Minderjährigen nach den Landesgesetzen über die Unterbringung psychisch Kranker), FamRZ 2021, 654, 658.

Mit der Neubestimmung der Höchstdauer der freiheitsentziehenden Unterbringung und der freiheitsentziehenden Maßnahme kann der Dynamik der Entwicklung von Kindern und Jugendlichen besser Rechnung getragen werden. Dies ist auch aufgrund erheblicher Unterschiede zu oft altersbedingten und nicht heilbaren Erkrankungen bei Erwachsenen (Beispiel Demenz) geboten.

266 Insbesondere soll die Dauer von Freiheitsentziehungen in Jugendhilfeeinrichtungen, die häufig mit einer räumlichen Entfernung zu Bezugspersonen und eingeschränkten Kommunikationsmöglichkeiten einhergehen, vom Gericht in kürzeren Zeitabständen überprüft werden.[39]

Für das **Verlängerungsverfahren** gilt § 329 Abs. 2 FamFG, d.h. alle Verfahrensgarantien aus dem Verfahren der erstmaligen Anordnung oder Genehmigung des Freiheitsentzugs (Verfahrensbeistand, ärztliche Begutachtung, richterliche Anhörungen etc.) gelten entsprechend. Ob die Verlängerung des Freiheitsentzuges unvermeidlich ist und wenn ja, für welche zusätzliche Dauer, ist im Verlängerungsverfahren auch vom Verfahrensbeistand einer besonders kritischen Prüfung der Erforderlichkeit und Verhältnismäßigkeit zu unterziehen. Es gilt, dieselben Fragen zu stellen und zu beantworten, die im Folgenden auch für die Verlängerung einer einstweiligen Anordnung gelten.

Bei **Verlängerung einstweiliger Anordnungen** gemäß §§ 167 Abs. 1 Satz 2, 329 Abs. 2 FamFG ist nach § 333 Abs. 1 Satz 2 FamFG die „Anhörung eines Sachverständigen" erforderlich. Es bedarf gegenüber dem im Erstverfahren erstatteten ärztlichen Zeugnis aber ausführlicherer, fundierterer Angaben zu den inhaltlich gleichen Fragen wie zuvor.

Auf folgende Aspekte ist in der Regel **gesondert** einzugehen:

- Erkenntnisse aus der bisherigen freiheitsentziehenden Unterbringung/Maßnahme müssen dargelegt und beurteilt werden.
- Die Notwendigkeit der Fortsetzung der Unterbringung/Maßnahmen ist zu thematisieren.
- Die zeitliche Perspektive der Unterbringung/Maßnahme (ggf. Notwendigkeit eines Hauptsacheverfahrens mit umfassenderer ärztlicher Begutachtung?) sowie die Entwicklungsperspektive.
- Erfolgsperspektive und Selbstbefähigung nach der Unterbringung/Maßnahme.
- Wesentliche zwischenzeitliche Entwicklungen und Erkenntnisse: Wie hat der betroffene Minderjährige auf die bisherige(n) Unterbringung/Maßnahme(n) reagiert? Sind Veränderungen im Umgang damit eingetreten? Wie hat sich die Anlass-Störung entwickelt? Wie gut haben sich die Verhaltensauffälligkeiten des Minderjährigen als beeinflussbar gezeigt?[40]

267 Die **Bekanntmachung der Unterbringungsentscheidung** (Genehmigung der Unterbringung durch den Sorgeberechtigten nach § 1631b BGB) und der Anordnung der

39 BR-Drucks. 793/16, S. 21.
40 Kannegießer, FamRZ 2021, 654, 658.

sofortigen Wirksamkeit der Entscheidung können dem Verfahrensbeistand gegenüber erfolgen, sodass die Entscheidung im Zeitpunkt der Bekanntmachung wirksam wird (§ 324 Abs. 2 Nr. 1 FamFG). Diese Regelung gilt auch für die eiligen und gesteigert eiligen einstweiligen Unterbringungsanordnungen nach §§ 331 und 332 FamFG und einstweilige Maßregeln der Unterbringung nach §§ 1802 Abs. 2 Satz 3, 1813 Abs. 1 i.V.m. § 1867 BGB, § 334 FamFG.[41]

Soweit Unterbringungsentscheidungen anderen Gerichten, Behörden oder sonstigen öffentlichen Stellen (z.B. Straßenverkehrsbehörde, Polizei) mitgeteilt werden müssen, weil dies unter Beachtung berechtigter Interessen des betroffenen Minderjährigen erforderlich ist, um eine erhebliche Gefahr für das Wohl des Betroffenen, für Dritte oder für die öffentliche Sicherheit abzuwenden (§ 338 Satz 1 FamFG), ist der Verfahrensbeistand unter Angabe des Inhaltes und des Empfängers der Mitteilung darüber zu unterrichten.

Die **Unterrichtung des Verfahrensbeistands** ist aktenkundig zu machen (§§ 338, 308 Abs. 3 und 4 FamFG). Diese Regelungen gelten auch für Mitteilungen des Gerichtes aus dem Unterbringungsverfahren zum Zwecke der Verfolgung von Straftaten oder Ordnungswidrigkeiten (§§ 311, 338 Satz 1 FamFG).

Die Bestellung des Verfahrensbeistands durch den Richter der ersten Instanz (Amts- **268**
gericht) bleibt nach § 158 Abs. 4 Satz 1 FamFG bis zur Rechtskraft der verfahrensbeendigenden Entscheidung oder bis zum sonstigen Abschluss des Verfahrens (z.B. nach Rücknahme des Unterbringungsantrages) wirksam. Der Verfahrensbeistand vertritt die Interessen des Kindes also auch im hier allein zulässigen (familiengerichtlichen) **Rechtsbeschwerdeverfahren** beim OLG (vgl. § 1631b BGB, § 70 Abs. 3 FamFG, § 119 Abs. 1 Nr. 1a) GVG).

Der Verfahrensbeistand ist gemäß § 62 Abs. 3 FamFG nach Erledigung der Hauptsache – nach Beendigung des Freiheitsentzuges vor oder während des Beschwerdeverfahrens – zur Fortsetzung seiner Beschwerde im Rahmen eines Fortsetzungsfeststellungsantrags befugt, mit dem er die Feststellung der Rechtswidrigkeit des Freiheitsentzugs begehrt. Die Einlegung einer **Verfassungsbeschwerde** gehört nach der Rechtsprechung des BVerfG noch zu den Aufgaben eines erstinstanzlich bestellten Verfahrensbeistands.[42] Zuletzt führte des BVerfG explizit aus:

> „Der Verfahrensbeistand im fachgerichtlichen Kinderschutzverfahren ist befugt, Verfassungsbeschwerde einzulegen und mit dieser – ausnahmsweise – fremde Rechte in eigenem Namen geltend zu machen."[43]

Kritisch festzustellen ist, dass die Verfahrensbeistandschaft (nach Eintritt der **269**
Rechtskraft der Unterbringungsentscheidung) nicht auch während der gesamten Dauer der Unterbringung fortdauert, sodass die Rechte des untergebrachten Kindes gegenüber der Unterbringungseinrichtung nur von den Sorgeberechtigten vertreten

---

41 Zu Einzelheiten vgl. HK-BUR/Hoffmann, (bis 148. Aktualisierung), zu §§ 1631b, 1846 BGB.

42 Vgl. BVerfGE vom 22.5.2013, BtPrax 2013, 150, zum betreuungsrechtlichen Verfahrenspfleger gem. insoweit gleich lautendem § 276 Abs. 5 FamFG; für Verfahren betreffend die Rückführung eines Pflegekindes vgl. BVerfG NJW 2017, 1295 m. Anm. Lack.

43 BVerfG, Beschluss vom 30.04.2018, 1 BvR 393/18 = BeckRS 2018, 9535.

werden, die ihrerseits hinsichtlich der von ihnen betriebenen Unterbringung in einem Interessenkonflikt stehen. Das ist aus verfassungsrechtlicher Sicht (Art. 1 und 2 GG) besonders bedenklich in den Fällen, in denen Ärzte und Eltern eine **Zwangsbehandlung** des Minderjährigen entgegen seinem natürlichen Willen für erforderlich halten. Denn diese obliegt – anders als nach § 1832 BGB für Erwachsene – allein der Entscheidung der Sorgeberechtigten, ohne dass ihre Entscheidung insoweit der familiengerichtlichen Genehmigung bedarf.[44]

Das gilt bedauerlicherweise – entgegen § 1829 Abs. 2 BGB für Volljährige – auch für die **Beendigung lebenserhaltender Maßnahmen** durch die Sorgeberechtigten bei einwilligungsunfähigen minderjährigen Patienten. Auch diese Entscheidungen über Leben und Tod unterliegen keinem familiengerichtlichen Genehmigungserfordernis. Eine analoge Anwendung der §§ 1829 (§ 1904 a.F.), 1631 Abs. 2, 1631b BGB scheide mangels planwidriger Regelungslücke aus.[45]

Die fehlende familiengerichtliche Genehmigungsbedürftigkeit – und damit auch die fehlende Genehmigungsfähigkeit[46] – der angesprochenen sorgerechtlichen Entscheidungen begegnet erheblichen Bedenken, da die Entscheidungslast und die Befürchtung schwerwiegender juristischer Konsequenzen u.a. für das eigene Sorgerecht (Sorgerechtsentzug wegen Kindeswohlgefährdung?) in diesen Fällen allein den sorgerechtlich zuständigen Eltern oder Vormündern aufgebürdet werden.

Der Gesetzgeber ist daher aufgerufen, durch die Einführung eines familiengerichtlichen Genehmigungsvorbehaltes für Rechtssicherheit zu sorgen.[47]

270 Für die **Entschädigungsansprüche** des Verfahrensbeistands in Unterbringungssachen (Ansprüche auf Aufwendungsersatz und Vergütung) nimmt § 167 Abs. 1 FamFG Bezug auf die Bestimmung des § 158c FamFG über die Entschädigung des Verfahrensbeistands in Kindschaftssachen. Damit ist – nach herrschender Meinung und allgemeiner gerichtlicher Praxis, aber keinesfalls unstrittiger Auffassung – eine Entschädigung gemäß §§ 277, 318 FamFG nach den Grundsätzen der Entschädigung des Verfahrenspflegers im Betreuungsrecht ausgeschlossen (vgl. zu Einzelheiten der keineswegs eindeutigen Rechtslage Rn. 215 bis 218)[48] und die Entschädigung erfolgt in Höhe der in § 158c Abs. 1 FamFG vorgesehenen **Fallpauschalen** (Recht bis 10.4.2025: 350 EUR bzw. 550 EUR pro Kind in jeder Instanz und jedem Verfahren; bei Bestellung des Verfahrensbeistandes ab 11.4.2025: 690 EUR **Einheitspauschale**).

▶ *Einzelheiten der Entschädigung des Verfahrensbeistands in Unterbringungsverfahren siehe Teil 2/Bauer, Rn. 176 ff.*

---

44 Vgl. DIJuF-Rechtsgutachten vom 13.4.2010 und 15.3.2010, JAmt 2010, 236, 237; 239 und 240; kritisch zu dieser Rechtslage Grotkopp, BtPrax 2013, 83.

45 OLG Brandenburg, FamRZ 2000, 1034; vgl. dazu auch OLG Hamm, NJW 2007, 2704.

46 OLG Brandenburg, FamRZ 2000, 1034, 1035.

47 Vgl. ebenso Schwedler, Die Beendigung lebenserhaltender Maßnahmen bei minderjährigen Patienten, NJOZ 2014, 1, 3.

48 MünchKomm-FamFG/Heilmann, § 167 FamFG Rn. 28.

V. Freiheitsentziehende Unterbringung nach § 1631b BGB

1. Zweck der Norm, Verfahrensrechtsschutz, Freiwilligkeitserklärung

Das **Genehmigungserfordernis** des § 1631b Abs. 1 BGB soll sicherstellen, dass Eltern ihr Kind nicht in eine geschlossene Einrichtung verbringen, obwohl bei sinnvoller Wahrnehmung des Erziehungsrechts eine Problemlösung auch mit milderen Mitteln, u.a. durch vorrangige Inanspruchnahme öffentlicher Hilfen nach §§ 27 ff. SBG VIII, erreicht werden kann. **271**

Durch die Erweiterung des § 1631b BGB um einen Abs. 2 wird ein familiengerichtliches Genehmigungserfordernis für (sonstige) **freiheitsentziehende Maßnahmen** eingeführt. Auf diese Weise soll auch die elterliche Entscheidung für ein Kind, das sich in einem Krankenhaus, einem Heim oder einer sonstigen Einrichtung aufhält und dem durch mechanische Vorrichtungen, Medikamente oder auf andere Weise über einen längeren Zeitraum oder regelmäßig in nicht altersgerechter Weise die Freiheit entzogen werden soll, unter den Vorbehalt der Genehmigung durch das Familiengericht gestellt werden. Der Entscheidungsprimat der Eltern in Bezug auf die grundsätzliche Anwendung und die Art und Weise von freiheitsentziehenden Maßnahmen bleibt dabei in vollem Umfang erhalten.

Mit den Regelungen trägt der Gesetzgeber einer mehrpoligen Grundrechtssituation Rechnung: Auf Seiten des Kindes sind zum einen die grundrechtlich geschützten Interessen berührt, die mit der freiheitsentziehenden Maßnahme gewahrt werden sollen (körperliche Unversehrtheit, ggf. sogar Leben, Art. 2 Abs. 2 Satz 1 GG). Zum anderen ist das **Freiheitsgrundrecht des Kindes** aus Art. 2 Abs. 2 Satz 2 GG betroffen. Andererseits greift der Genehmigungsvorbehalt in das **Elterngrundrecht** (Art. 6 Abs. 2 Satz 1 GG) ein. Dieser Eingriff ist aber verfassungsrechtlich gerechtfertigt. Art. 6 Abs. 2 Satz 1 GG steht unter dem Vorbehalt, dass seine Ausübung dem Kindeswohl dient. Wird das Kindeswohl gefährdet, sind Eingriffe durch das Wächteramt des Staates nach Art. 6 Abs. 2 Satz 2 GG gerechtfertigt.[49]

Freiheitsentziehende Maßnahmen i.S.d. § 1631b Abs. 2 BGB (Stichwort: körpernahe Fixierung) können mindestens ebenso schwerwiegend und belastend sein wie eine gemäß § 1631b Abs. 1 BGB genehmigungspflichtige freiheitsentziehende Unterbringung. Solche Maßnahmen sind daher ebenfalls der Kontrolle des Familiengerichts unterstellt. Durch die Einführung eines Genehmigungstatbestandes für freiheitsentziehende Maßnahmen auch jenseits der freiheitsentziehenden Unterbringung wird ein **Gleichlauf des Kindesschutzes und des Erwachsenenschutzes** gewährleistet. Im Betreuungsrecht besteht gemäß § 1831 Abs. 4 BGB (§ 1906 Abs. 4 BGB a.F.) bereits seit 1992 ein entsprechendes Genehmigungserfordernis für freiheitsentziehende Maßnahmen auch in offen geführten Einrichtungen.[50] **272**

49 BR-Drucks. 793/16, 4.
50 Vgl. BR-Drucks. 793/16, 4, 5.

273 Durch das bereits bestehende Kontrollsystem der **Heimaufsicht** (§§ 45 ff. SGB VIII) wird nach Auffassung des Gesetzgebers dem gesetzgeberischen Handlungsbedarf nicht Rechnung getragen. Im Unterschied zur Notwendigkeit einer Erlaubnis für den Betrieb einer Einrichtung und zur laufenden Kontrolle im Rahmen der Aufsichtsbefugnisse der zuständigen Behörde mit Überprüfungs- und Eingriffsmöglichkeiten der Behörde sowie Beteiligungs- und Beschwerderechten der Betroffenen, die eine präventive Kontrolle von Einrichtungen gewährleisten, geht es hier um Maßnahmen zur Sicherung des Wohles des einzelnen Kindes. Die Heimaufsicht dient demgegenüber der **abstrakten Gefahrenabwehr** ohne konkreten Bezug auf die persönlichen Voraussetzungen, Bedürfnisse und Diagnosen des einzelnen Kindes.

Aufgrund des gänzlich anderen Ansatzes kann daher die Heimaufsicht allein **keinen umfassenden Kindesschutz** gewährleisten und macht familienrechtliche Maßnahmen auch nicht entbehrlich. Das Erfordernis der richterlichen Genehmigung nach dem neuen § 1631b Abs. 2 BGB ist wie nach § 1631b Abs. 1 BGB auch eine angemessene Beschränkung des Elternrechts, d.h. deren Anordnung oder Genehmigung ist in beiden Fallkonstellationen nicht ausreichend.

In beiden Fällen wird durch die familiengerichtliche Genehmigung der besonderen Schutzbedürftigkeit des Kindes im Hinblick auf Freiheitsentziehungen Rechnung getragen.[51]

274 Die Genehmigung ist jeweils an das **Kindeswohl** geknüpft, d.h., nur wenn die Freiheitsentziehung nicht dem Kindeswohl entspricht, kann das Gericht eine Genehmigung ablehnen. In allen übrigen Fällen ist dem Elternwunsch zu entsprechen. Über die §§ 1795 Abs. 1 Satz 3 und 1813 Abs. 1 BGB gilt § 1631b BGB für den Vormund und den Pfleger entsprechend.

Das Schutzbedürfnis des Kindes ist bei allen gesetzlichen Vertretern dasselbe. Bei einem Vormund oder Pfleger drängt sich die Notwendigkeit einer Genehmigungspflicht sogar noch mehr auf, weil er im Hinblick auf das Näheverhältnis zum Kind eher einem rechtlichen Betreuer i.S.d. § 1814 BGB ähnelt als einem sorgeberechtigten Elternteil.[52]

275 Die verfahrensrechtliche Umsetzung beider Formen des Freiheitsentzuges folgt den Bestimmungen der §§ 312 ff. FamFG in Verbindung mit den jeweiligen Besonderheiten des § 167 FamFG. Allerdings mit der durchaus gravierenden **Einschränkung des Verfahrensrechtsschutzes** durch § 167 Abs. 6 Satz 3 FamFG. Danach reicht für die Anordnung und Genehmigung freiheitsentziehender Maßnahmen i.S.d. § 1631b Abs. 2 BGB ein **ärztliches Zeugnis** statt eines in Verfahren nach § 1631b Abs. 1 BGB erforderlichen ärztlichen Gutachtens.

Das entspricht zwar der auch für das Verfahrensrecht für Erwachsene geltenden Rechtslage (vgl. § 321 Abs. 2 FamFG), ist aber auch dort – ebenso wie hier für Minderjährige – wegen der oft ungleich höheren Intensität und Eingriffsqualität des körpernahen Freiheitsentzuges **verfassungsrechtlich bedenklich**. Denn ein ärztliches

51 Vgl. BR-Drucks. 793/16, 5.
52 BR-Drucks. 793/16, S. 2, 4 bis 6.

Zeugnis unterscheidet sich von einem ärztlichen Gutachten wesentlich u.a. dadurch, dass es nicht durch einen förmlichen Beweisbeschluss nach §§ 321 Abs. 1 i.V.m. § 30 Abs. 2 FamFG vom Gericht bei einem Sachverständigen eingeholt wird, dessen Person das Gericht bestimmt. Das ärztliche Zeugnis kann demgegenüber auch von Verfahrensbeteiligten wie den Eltern als Antragstellern einer Genehmigung von Freiheitsentzug wirksam ins Verfahren eingebracht werden.

Praxistipp

Das sollte Verfahrensbeistände für Minderjährige dazu veranlassen, im Zweifel auf einer Einordnung der jeweiligen freiheitsentziehenden Maßnahme als freiheitsentziehende Unterbringung nach § 1631b Abs. 1 BGB oder zumindest auf die gerichtliche Einholung eines ärztlichen Gutachtens auch in Verfahren des § 1631b Abs. 2 BGB zu drängen.

Es ist insoweit ohnehin nicht nachvollziehbar, wieso der meist körpernähere und damit regelmäßig ungleich belastendere Eingriff in die Grundrechte der Betroffenen ein Weniger an Verfahrensrechtsschutz erfordert als die freiheitsentziehende Unterbringung nach § 1631b Abs. 1 BGB.

Eine sog. **Freiwilligkeitserklärung** von Minderjährigen (Einwilligung in den Freiheitsentzug), die das Genehmigungserfordernis nach § 1631b BGB entfallen lässt, ist grundsätzlich unbeachtlich.[53] Insoweit wird auf die Ausführungen zu Rn. 318 ff. verwiesen. **276**

2. Freiheitsentziehende Unterbringung nach § 1631b Abs. 1 BGB

Der Begriff der Unterbringung setzt eine **Fremdplatzierung**, und sei es in einer fremden Familie, voraus.[54] Im Haushalt der eigenen Familie des Kindes kann eine freiheitsentziehende Unterbringung schon begrifflich nicht stattfinden, wohl aber in **277**

- der Pflegefamilie,[55]
- einer Einrichtung der Kinder- und Jugendhilfe,
- der Kinder- und Jugendpsychiatrie,
- einem Krankenhaus,
- einem betreuten Wohnen für behinderte Kinder,
- einem Wohnheim,
- einer Wohngruppe etc.[56]

53 Janssen, Rechtsgutachten zum Thema „Freiheitsentziehende Maßnahmen und geschlossene Unterbringung nach § 1631b BGB in der Kinder- und Jugendhilfe", 8/2021, S. 16, Bundesnetzwerk Ombudschaft in der Jugendhilfe e.V; OLG Sachsen-Anhalt, Beschl. v. 10.07.2012 – 8 UF 144/12 m. w. N.; Vogel, NZFam 2019, S. 1041 ff.

54 Vgl. OLG Celle ZKJ 2013, 502; Staudinger/Salgo (2020), § 1631b BGB Rn. 11; Janssen, Fn. 45, S. 23; Hoffmann, FamRZ 2013, 1346 ff.

55 Strittig, ablehnend Staudinger/Salgo (2020), Rn. 7d; BeckOK BGB/Veit BGB § 1631b Rn. 16; a.A. entgegen dem eindeutigen Wortlaut Kirsch FamRZ 2019, 933, 934 f.

56 BR-Drucks. 793/16, S. 11 ff., zu § 1631b Abs. 2 BGB n.F.

278 Freiheitsentziehende Maßnahmen können in **Pflegefamilien**, insbesondere in Formen der Pflegefamilie für besonders entwicklungsbeeinträchtigte Kinder und Jugendliche gemäß § 33 Satz 2 SGB VIII erforderlich sein. Etliche dieser Minderjährigen wurden wegen der Schwere ihrer Beeinträchtigungen und des besonderen erzieherischen und pädagogischen Bedarfs früher überwiegend in Einrichtungen untergebracht. Inzwischen liegen Berichte über positiv verlaufende Unterbringungen auch dieser Minderjährigen in Familienpflege vor. Die Bezeichnungen bei diesen Unterbringungsarrangements sind unterschiedlich (z.B. „Erziehungsstellen"; „Sonderpflegestellen"). Das ändert aber nichts daran, dass die Personensorgeberechtigten nach fachlicher Beratung durch das Jugendamt, durch die Behindertenhilfe u.a. sich für die Unterbringung in einer Familienpflege (§ 33 SGB VIII) und nicht für die Unterbringung in einer Einrichtung (§ 34 SGB VIII) entschieden haben.[57]

Daraus wird von einigen Stimmen gefolgert, freiheitsentziehende Maßnahmen unterlägen bei Unterbringung von Minderjährigen in Pflegefamilien nicht den Genehmigungsvorbehalten des § 1631b Abs. 1 und 2 BGB, obwohl ein Schutzbedarf auch dieser Minderjährigen hinsichtlich des Einsatzes freiheitentziehender Maßnahmen zweifellos bestehe. Diesem Schutzbedarf bei Unterbringung in einer „Familie" könne aber wegen des eindeutigen Wortlautes „Einrichtungen" in § 1631b Abs. 2 BGB nicht durch einen nur für „Einrichtungen" geltenden Erlaubnisvorbehalt entsprochen werden.[58]

279 Auch die Unterbringung in Pflegefamilien wird jedoch nach hier vertretener Auffassung von den **Genehmigungsvorbehalten** des § 1631b BGB erfasst, soweit dort eine freiheitsentziehende Unterbringung i.S.d. § 1631b Abs. 1 BGB und sonstige freiheitsentziehende Maßnahmen i.S.d. § 1631b Abs. 2 BGB praktiziert werden. Den Einrichtungsbegriff in Fällen von Freiheitsentzug weit auszulegen, gebietet der Schutzzweck der Norm (vgl. Rn. 271 bis 276) und die auch von der gegenteiligen Auffassung bestätigte **besondere Schutzbedürftigkeit** des in der Familienpflege untergebrachten Personenkreises von Minderjährigen.[59]

Hier allein die Personensorgeberechtigten und die leistungserbringende Behörde in der Verantwortung für den aufgrund von sozialpädagogischer, ggf. medizinischer u.a. Diagnostik in einem Hilfeplanverfahren festzustellenden Bedarf an Freiheitsentzug, für fortlaufende Überprüfungen, Fortschreibungen und Anpassungen (§§ 27, 33, 36 Abs. 2, 45 SGB VIII) unter Beteiligung der Minderjährigen, der Personensorgeberechtigten sowie mehrerer Fachkräfte zu sehen, wird dem besonderen Schutzbedürfnis der von Freiheitsentzug betroffenen stark entwicklungsbeeinträchtigten Minderjährigen nicht gerecht. Das Jugendamt hat zwar die Pflicht zur **Pflegekinderaufsicht**, die Pflegeperson muss das Jugendamt über wichtige Ereignisse unterrichten (§ 37 Abs. 3 Satz 2 SGB VIII). Die Erforderlichkeit für freiheitsentziehende Maßnahmen fällt

57 Staudinger/Salgo (2020), § 1631b BGB Rn. 7d.

58 Staudinger/Salgo (2020), § 1631b BGB Rn. 7d; Münder/Struck/Trenczek § 33 Rn. 18, BeckOK BGB/Veit BGB § 1631b Rn 16.

59 Ebenso Kirsch, FamRZ 2019, 933, 934 f.; vgl. ebenso im Betreuungsrecht: Damrau/Zimmermann, § 1906 BGB Rn. 85; Jürgens/Marschner § 1906 BGB Rn. 36.

unter die Unterrichtungspflicht, sollte dieser Umstand nicht schon im Hilfeplanungsverfahren bereits berücksichtig worden sein.[60]

Den Bedarf für einen Einsatz freiheitsentziehender Maßnahmen bei in Familienpflege untergebrachten Kindern und Jugendlichen nur in diesem Kontext zu erörtern, überprüfen und sodann – angeblich mangels Alternativen – nur von den Personensorgeberechtigten und nicht vom FamG genehmigen zu lassen, sollte der Verfahrensbeistand jedoch im Interesse des von ihm vertretenen Kindes nicht hinnehmen.

Praxistipp

▶ *Der Verfahrensbeistand sollte das Gericht vielmehr auf die Anwendbarkeit des § 1631b BGB auch in diesen Fällen des Freiheitsentzuges hinweisen und auf der Einleitung eines gerichtlichen Genehmigungsverfahrens nach dieser Norm bestehen.*

Der vom familienrechtlichen Gesetzgeber bezweckte Gleichlauf des Minderjährigenschutzes mit dem betreuungsrechtlichen Erwachsenenschutz[61] gebietet eine solche weite Auslegung des § 1631b BGB unter dem Stichwort „Grundrechtsschutz in Institutionen" geradezu. Denn zumindest Teile der betreuungsrechtlichen Rechtsprechung und Literatur wenden den nach seinem Wortlaut ebenfalls nur auf „Einrichtungen" begrenzten Genehmigungsvorbehalt des § 1831 Abs. 4 BGB (§ 1906 Abs. 4 BGB a.F.) auch auf die ambulante Versorgung von Betroffenen in deren eigener Wohnung an, wenn diese Versorgung ausschließlich oder überwiegend von professionellen Pflegekräften in einem freiheitsentziehenden Setting geleistet wird.[62]

Die Unterbringung ist aber nur dann genehmigungspflichtig, wenn sie mit einer **Freiheitsentziehung** verbunden ist. Eine Freiheitsentziehung liegt vor, wenn eine Maßnahme einem Menschen umfassend den Gebrauch der persönlichen Freiheiten nimmt, indem sie ihm die Möglichkeit entzieht, seinem natürlichen Willen folgend einen Raum zu verlassen.[63] **280**

Abzustellen ist daher darauf, ob das Kind die tatsächliche Möglichkeit hat, sich frei zu bewegen und selbst zu entscheiden, wohin es sich fortbewegen möchte. Maßgeblich ist dabei lediglich der eingetretene Erfolg, nicht das eingesetzte Mittel oder der Zweck der Maßnahme.[64] Eine freiheitsentziehende Unterbringung in diesem Sinn ist jedenfalls gegeben, wenn der Betroffene gegen seinen Willen oder im Zustand der Willenlosigkeit in einem räumlich begrenzten Bereich eines geschlossenen Krankenhauses, einer anderen geschlossenen Einrichtung oder dem abgeschlossenen Teil

60 Aus diesen Gründen die Anwendbarkeit des § 1631b BGB verneinend Staudinger/Salgo (2020), § 1631b BGB Rn 7d.
61 BR-Drucks. 793/16, 5.
62 Vgl. BayObLG FamRZ 2003, 325; OLG Hamburg, FamRZ 1995, 1019; LG München I, FamRZ 2000, 1123; AG Tempelhof-Kreuzberg, BtPrax 1998, 194; HK-BUR/Bauer-Braun, § 1906 BGB Rn. 190 m.w.N.; Klie, BtPrax 2010, 109 ff.
63 OLG Celle, a.a.O., unter Hinweis auf BVerfGE 10, 302, 309 ff.; BGHSt 14, 314, 315 ff.; 32, 183, 188 ff.
64 OLG Celle a.a.O.; OLG Hamm FamRZ 1962, 302, 309 ff.

einer solchen Einrichtung festgehalten, sein Aufenthalt ständig überwacht und die Kontaktaufnahme mit Personen außerhalb des Bereiches eingeschränkt wird.[65]

281 Die Definition der freiheitsentziehenden Unterbringung in § 1631b Abs. 1 BGB („Eine Unterbringung des Kindes, die mit Freiheitsentziehung verbunden ist, ...") umfasst – schon nach dem Wortlaut der Norm – nicht nur baulich/räumlich geschlossene Formen der Unterbringung, sondern auch halboffene, fakultativ geschlossene sowie „offene" Einrichtungen, in denen die Fortbewegungsfreiheit des Minderjährigen überwacht und nach allen Seiten hin entzogen wird.[66]

Die freiheitsentziehende Unterbringung erfolgt in sog. **halboffenen geschlossenen Einrichtungen**, wenn der Minderjährige sich innerhalb einer größeren Einrichtung frei bewegen, den Einrichtungskomplex aber nicht – frei seinem Willen folgend – verlassen kann.[67] Bei der Unterbringung in einer **„fakultativ geschlossenen Einrichtung"** (Station einer kinder- und jugendpsychiatrischen Klinik, die nach Bedarf offen oder geschlossen betrieben werden kann und in der einige Minderjährige freiheitsentziehend, andere ohne Freiheitsentziehung untergebracht sind) ist maßgeblich, ob der jeweilige Minderjährige faktisch am Verlassen der Einrichtung gehindert ist oder nicht.[68]

Maßgeblich ist jedenfalls nicht die Bezeichnung der Einrichtung oder deren äußerlicher Eindruck, sondern, ob der Aufenthalt des Minderjährigen auf einen gewissen räumlichen Bereich begrenzt und/oder so überwacht ist, dass ein Entweichen verhindert werden kann.[69] Entscheidend ist also, dass die **Bewegungsfreiheit** der betroffenen Person in einem räumlich begrenzten Bereich in jede Richtung aufgehoben wird.[70] Unter dem räumlich begrenzten Bereich (Aufenthaltsort) sind die Räumlichkeiten, in denen sich die betroffene Person befindet, zu verstehen, so etwa ihr Zimmer, das Stockwerk oder die Abteilung einer Einrichtung, in der sich dieses Zimmer befindet, oder die Einrichtung selbst.[71]

In baulich/technisch **offenen** Einrichtungen können altersinadäquate Ausgangsbeschränkungen[72] wie überwachter Ausgang nur in Gruppen bei über 16-Jährigen zu einer Unterbringung führen, die mit Freiheitsentzug verbunden ist,[73] vor allem, wenn diese Maßnahme von weiteren Überwachungsmaßnahmen, z.B. durch den freiheitsbeschränkenden Einsatz von Personal oder Überwachungstechnik, gestützt wird. Zu-

65 Vgl. die Legaldefinition in § 415 Abs. 2 FamFG; BVerfGE 105, 239 = NJW 2002, 3161; BGH, Beschl. v. 11.10.2000 – XII ZB 69/00; BT-Drucks. 18/11278 v. 22.02.2017 S. 14; BGH FamRZ 2008, 866; BGH, Beschluss vom 7.8.2013, XII ZB 559/11, juris, unter Hinweis auf BGH FamRZ 2001, 149 ff.; Vogel, NZFam 2019, S. 1041 ff.
66 Grüneberg-Götz, § 1631b BGB Rn. 2.
67 Staudinger/Salgo, § 1631b BGB Rn. 12; AG Kamen, FamRZ 1983, 299.
68 Staudinger/Salgo, § 1631b BGB Rn. 12a.
69 Ebenso Janssen, Fn. 45, S. 23;
70 Janssen, Fn. 54, S. 23; Hoffmann, R & P 2009, S. 121 ff.
71 Janssen, Fn. 54, S. 23; mit Hinweis auf BT-Drucks. 18/11278 v. 22.02.2017, S. 17, unter Verweis auf BT-Drucks. 11/4528, S. 149.
72 Vgl. zur Altersinadäquanz BR-Drucks. 793/16, S. 13.
73 OLG Celle ZKJ 2013, 502, unter Hinweis auf BT-Drucks. 8/2788, S. 51.

mindest liegt dann aber eine freiheitsentziehende Maßnahme i.S.d. § 1631b Abs. 2 BGB vor.

Insoweit stellt § 1631b Abs. 2 BGB einen Auffangtatbestand dar, der solche freiheitsentziehenden Maßnahmen einer familiengerichtlichen Genehmigungspflicht unterzieht, die sich nicht eindeutig dem Abs. 1 zuordnen lassen.

Familiengerichtliche Rechtsprechung zur Abgrenzung freiheitsentziehender Unter- 282
bringung i.S.d. § 1631b Abs. 1 BGB von nach § 1631b Abs. 2 BGB ebenfalls genehmigungspflichtigen freiheitsentziehenden Maßnahmen gibt es noch nicht. Hier kann aber die Rechtsprechung und die Literatur zum Betreuungsrecht (§ 1906 BGB a.F./ § 1831 BGB n.F.) entsprechend herangezogen werden: Der BGH will – ohne nähere Begründung und deswegen wenig überzeugend – auf die reine Dauer des Freiheitsentzuges abstellen und ab einem mehr als 30-minütigen Freiheitsentzug von dem mit § 1631b Abs. 1 vergleichbaren § 1831 Abs. 1 BGB ausgehen.[74] Richtigerweise ist aber mit der überwiegenden Rechtsprechung und Literatur darauf abzustellen, ob die Maßnahme nur den einzelnen Betroffenen/Minderjährigen (dann **personenbezogene freiheitsentziehende Maßnahmen** nach § 1631b Abs. 2 BGB) oder alle Bewohner/Minderjährige der Einrichtung/Station/Wohngruppe erfasst (**einrichtungsbezogene freiheitsentziehende Unterbringung** nach § 1631b Abs. 1 BGB).[75]

Bedeutung hat die Abgrenzung nicht für die generell bestehende Genehmigungsbedürftigkeit der Maßnahme, die sowohl bei § 1631b Abs. 1 BGB als auch bei § 1631b Abs. 2 BGB stets zu beachten ist.

Sie ist aber – zumindest im Hauptsacheverfahren – verfahrensrechtlich bedeutsam, weil der Schutz durch das Verfahrensrecht bei Maßnahmen nach § 1631b Abs. 2 BGB vermindert ist. Denn für deren Genehmigung genügt bereits ein ärztliches Zeugnis anstelle eines ärztlichen Gutachtens, das für die Genehmigung einer freiheitsentziehenden Unterbringung nach § 1631b Abs. 1 BGB unverzichtbar ist (vgl. § 167 Abs. 6 Satz 3 FamFG; Gutachten nach § 321 Abs. 1 FamFG).

Praxistipp

▶ *Der Verfahrensbeistand sollte daher regelmäßig für eine Einordnung der zu prüfenden Maßnahme unter § 1631b Abs. 1 BGB plädieren oder das Gericht auch bei unter Abs. 2 des § 1631b BGB subsumierbaren Maßnahmen auf die Einholung eines ärztlichen Gutachtens verweisen.*

---

74 Vgl. für Volljährige BGH FamRZ 2015, 567 = FamRB 2015, 139, der die Abgrenzung von freiheitsentziehender Unterbringung und sonstigen freiheitsentziehenden Maßnahmen nach § 1906 Abs. 1 oder Abs. 4 BGB wenig nachvollziehbar danach unterscheiden will, ob die nachts abgeschlossene Stationstür auf Verlangen innerhalb von 30 Minuten oder erst später aufgeschlossen wird; ablehnend: vgl. nur HK-BUR/Bauer/Braun, § 1906 BGB Rn. 71, 73 mwN zur a.A.

75 LG Ulm BtPrax 2010, 245, 246 = FamRZ 2010, 1764; AG Hildesheim BtMan 2009, 161; AG Stuttgart-Bad Cannstadt FamRZ 1997, 704; HK-BUR/Bauer/Braun, § 1906 BGB Rn. 71; Kreicker, NJW 2009, 890, 893 ff.; Dodegge/Roth, Betreuungsrecht, Teil G Rn. 11).

Ein Mehr an Verfahrensrechtsschutz ist nicht nur zulässig, sondern bei Abgrenzungsschwierigkeiten zwischen Abs. 1 und 2 des § 1631b BGB nach dem **Amtsermittlungsgrundsatz** (§ 26 FamFG) geradezu geboten.

283 Als **Mittel für den Freiheitsentzug** kommen in erster Linie bauliche und raumgestaltende Maßnahmen wie Gitter, Zäune, Mauern, gesicherte Türen und Fenster sowie Überwachungs- und Kontrollsysteme (z.B. GPS-Überwachung), aber auch technische oder personelle Mittel in Betracht, wenn dadurch ein Verlassen des Aufenthaltsortes effektiv verhindert wird.[76] Sind lediglich bestimmte (alters)übliche Schranken zu überwinden, liegt keine Freiheitsentziehung vor, wobei wertend auf den Einzelfall (und die Möglichkeiten des jeweiligen Minderjährigen) abzustellen ist.[77] Letztlich kommt es auf die Beschaffenheit und die Praxis der Einrichtung und den damit für den jeweiligen Minderjährigen verbundenen Grad der Einschränkung der Fortbewegungsfreiheit an, was im Einzelfall durch das Gericht von Amts wegen zu ermitteln ist (§ 26 FamFG).

Was für einen nichtbehinderten Minderjährigen nur eine nichtgenehmigungsbedürftige bloße Freiheitsbeschränkung sein mag, kann im Einzelfall für einen Minderjährigen mit körperlicher oder geistiger Behinderung ein genehmigungspflichtiger Freiheitsentzug i.S.d. § 1631b BGB sein.

Bei geschlossenen Anstalten oder geschlossenen Abteilungen solcher Einrichtungen liegt regelmäßig eine Freiheitsentziehung i.S.d. § 1631b Abs. 1 BGB vor. Die Unterbringung in einer dauernd geschlossenen Einrichtung stellt selbst dann einen Freiheitsentzug dar, wenn überwachter Ausgang, Telefonkontakte, Besuchskontakte etc. gewährt werden. Aber auch in offenen Einrichtungen kann das Festhalten auf einem beschränkten Raum eine genehmigungspflichtige Freiheitsentziehung darstellen.[78]

Eine aus wiederkehrenden Anlässen (Auftreten von Unruhezuständen mit Eigen- und Fremdgefährdung) angeordnete regelmäßige Verbringung in einen sog. Time-out-Raum[79] fällt unter die Genehmigungspflicht nach § 1631b Abs. 2 BGB. Dauert der Aufenthalt dort mehr als 30 Minuten, handelt es sich bei Minderjährigen aller Altersstufen um eine untypische Maßnahme der freiheitsentziehenden Unterbringung, die nach Abs. 1 des § 1631b BGB § Abs. genehmigungspflichtig ist.[80]

284 **Nicht genehmigungspflichtig** – weder nach § 1631b Abs. 1 noch nach § 1631b Abs. 2 BGB – sind dagegen typische **altersadäquate Freiheitsbeschränkungen** partieller Art, wie sie zwangsläufig mit der Unterbringung von Minderjährigen in Einrich-

76 OLG Celle, a.a.O., Staudinger/Salgo, § 1631b BGB Rn. 12.

77 Prütting/Helms/Hammer, § 167 FamFG Rn. 2, unter Hinweis auf OLG Celle ZKJ 2013, 502: Keine Freiheitsentziehung bei einem 11-Jährigen, wenn zum Verlassen der Station das Drücken eines auf Schulterhöhe angebrachten Druckknopfes erforderlich ist.

78 OLG Celle Fn. 41, a.a.O., unter Hinweis auf BT-Drucks. 8/2788, S. 51.

79 Ein dem Abbau von Aggressionen dienender, jegliche Verstärkerreize vermeidender, geschlossener Schutzraum.

80 So für Volljährige BGH, FamRZ 2015, 567 = FamRB 2015, 139, wenn die Tür auf Verlangen erst später als innerhalb von 30 Minuten aufgeschlossen wird. BT-Drucks. 18/11278 v. 22.02.2017, S. 14. Strittig, vgl. Janssen, Fn. 45, S. 24, mit Verweis auf BT-Drucks. 18/11278 v. 22.02.2017 S. 14.

tungen einhergehen, insbesondere begrenzte Ausgangszeiten, Ausgehverbote, Hausarbeitsstunden oder auch Stuben- bzw. Hausarrest. Das OLG Celle hat daher eine genehmigungspflichtige Freiheitsentziehung verneint, wenn ein 11-Jähriger die Station einer Kinder- und Jugendpsychiatrie nur verlassen kann, wenn er einen in üblicher Schalterhöhe angebrachten Türentriegelungsknopf betätigt.[81] Gleiches gilt, wenn junge (z.B. unter 14-jährige) Minderjährige die Einrichtung nicht jederzeit verlassen können, z.B. weil das Haus nachts zu altersüblichen Zeiten abgeschlossen wird.[82]

Dabei ist aber in jedem Einzelfall auf die **Altersadäquanz** der Maßnahme besonders zu achten. So wird man bei 17-Jährigen das abendliche Abschließen der Haustür der Einrichtung oder Wohngruppe ab bereits 18:00 Uhr wohl kaum als altersadäquat bezeichnen können.

Es macht dementsprechend einen Unterschied, ob von den Eltern für ein 9-jähriges oder ein 17-jähriges Kind ein Grundrechtseingriff genehmigt wird. Je älter der Betroffene ist, und je näher er an die Grenze der Volljährigkeit herangewachsen ist, desto weniger beruhen die Rechtsbefugnisse auf dem natürlichen Elternrecht und desto mehr rückt – wie im Betreuungsrecht – eine staatliche Entscheidung bei der Bewertung des Grundrechtseingriffs in den Vordergrund, die eine familiengerichtliche Genehmigungsbedürftigkeit nach den Grundsätzen der öffentlich-rechtlichen Unterbringung auslöst.[83]

Bei der Abgrenzung zwischen der **genehmigungsbedürftigen Freiheitsentziehung** und der **genehmigungsfreien** bloßen **Freiheitsbeschränkung** verschiebt sich die Grenze mit zunehmendem Alter des Kindes, ohne dass es bestimmte, feste Altersgrenzen gibt. So kann sich eine Maßnahme für ein Kleinkind als Freiheitsbeschränkung darstellen, für einen Jugendlichen jedoch eine Freiheitsentziehung bedeuten. Abzustellen ist darauf, ob die Freiheitsbeschränkung über das in diesem Alter übliche Maß hinausgeht, also altersadäquat ist oder nicht.[84] 285

Ein Vergleich mit typischen altersüblichen Maßnahmen im Haushalt von Sorgeberechtigten bietet sich zwar an. Da es sich aber um einen unbestimmten Rechtsbegriff handelt, sind sowohl die UN-Behindertenrechtskonvention (Art. 14) als auch die UN-Kinderrechtskonvention (Art. 3, 12) in dessen Auslegung miteinzubeziehen. Allein ein – häufig pauschales – Abstellen auf einen Vergleich mit dem rein biologischen Alter erscheint vor dem Hintergrund der unterschiedlichen Entwicklungsgeschwindigkeit bei Kindern und der Ausrichtung am Wohl des jeweils konkret betroffenen Kindes nicht opportun.[85]

81 OLG Celle, Fn. 41 a.a.O., unter Hinweis auf BT-Drucks., a.a.O., S. 38.

82 OLG Celle, Fn. 41 a.a.O., Staudinger/Salgo, § 1631b BGB Rn. 13.

83 OLG Hamburg, NZFam 2021, 166, 169, 170.

84 OLG Celle, Fn. 41 a.a.O., unter Hinweis auf BT-Drucks. 8/2788, S. 51; MünchKomm-BGB/Huber, 8. Aufl. 2020, § 1631b BGB Rn. 5; OLG Düsseldorf NJW 1963, 365, 367.

85 Janssen, Fn. 54, S. 26; Kirsch, FamRZ 2019, S. 933 ff.

Im Zweifel ist wegen des mit der Norm bezweckten effektiven Grundrechtsschutzes (Art. 1, 2, 104 Abs. 1 GG) stets von Freiheitsentzug (und sei es i.S.d. § 1631b Abs. 2 BGB als Auffangtatbestand) auszugehen. Das gilt auch für die Frage, ob dem Minderjährigen wegen einer krankheits- oder behinderungsbedingten Einschränkung seiner Fortbewegungsfähigkeit die Fortbewegungsfreiheit überhaupt entzogen werden kann und damit ein genehmigungsbedürftiger Freiheitsentzug vorliegt. Von der Fähigkeit zur willkürlichen Bewegung ist vielmehr so lange auszugehen, wie das Gegenteil nicht zuverlässig festgestellt werden kann.[86] Allein die Tatsache, dass ein Minderjähriger bislang keine Anzeichen dafür gezeigt hat, sich in Richtung des umgrenzten Bereiches nach außerhalb begeben zu wollen, lässt die Freiheitsentziehung nicht entfallen. Denn geschützt ist die Entschließungsfreiheit zur Fortbewegung im Sinne der Aufenthaltsfreiheit.

Es reicht also für die Annahme von Freiheitsentzug aus, dass dem Minderjährigen die Fortbewegungsfreiheit für den Fall genommen würde, dass er beabsichtigen würde, den umgrenzten Bereich zu verlassen.[87] **Maßstab der Genehmigungsfähigkeit** der Unterbringung ist schon nach dem Wortlaut des § 1631b Abs. 1 Satz 2, Abs. 2 Satz 2 BGB allein das Wohl des Minderjährigen.

286 Im Mittelpunkt der Norm und damit des Genehmigungsverfahrens nach § 1631b BGB steht die Prüfung, ob das **Kindeswohl** nur mittels eines Freiheitsentzuges gewahrt werden kann – ob also mit dem Freiheitsentzug die Voraussetzungen für eine gedeihliche, altersgerechte Entwicklung des Kindes in jeder Hinsicht sichergestellt sind, um eine allseitige und harmonische Entwicklung des Kindes zu einer Gesamtpersönlichkeit zu ermöglichen und derart die Kindeswohlgefährdung abzuwenden. Denn das Kindeswohl ist vorrangig zu berücksichtigen, und der Staat ist verpflichtet, dem Kind den Schutz und die Fürsorge zu gewähren, die zu seinem Wohlergehen notwendig sind (Art. 3 Abs. 2 KRK).[88] Die Unterbringung bzw. die freiheitsentziehende Maßnahme muss im wohlverstandenen Interesse des Kindes liegen, auf die Motivation der Eltern oder auf den von ihnen verfolgten Zweck kommt es nicht an.[89]

Eine **Gefahr für das Kindeswohl** wird dann angenommen, wenn eine gegenwärtige Gefahr für das körperliche, geistigen und/oder seelische Wohl eines Kindes in einem solchen Maße vorhanden ist, dass sich bei der weiteren Entwicklung eine erhebliche Schädigung mit ziemlicher Sicherheit voraussehen lässt.[90]

---

86 BGH, FamRZ 2012, 1372.

87 Strittig; wie hier BGH, FamRZ 2017, 1342; BtPrax 2015, 65, 66; vgl. zum Streitstand ausführlich HK-BUR/Bauer/Braun, § 1906 BGB Rn. 45, 187.

88 Janssen, Fn. 54, S. 28, mit Verweis auf OLG Sachsen-Anhalt, Beschl. v. 10.07.2012 – 8 UF 144/12; wieso die Wortwahl des OLG Saarbrücken, Beschl. v. 18.03.2010 – 6 UF 134/09, „ob das Kind wegen seines körperlichen, geistigen oder seelischen Zustandes gerade der Pflege, Erziehung oder Verwahrung in einer mit Freiheitsentziehung verbundenen Form bedarf", im Hinblick auf die Zielsetzung des Genehmigungsverfahrens ungeeignet erscheine, wird nicht begründet.

89 Staudinger/Salgo (2020), § 1631b BGB Rn. 22.

90 Janssen, Fn. 54, S. 28, mit Verweis auf die ständige Rechtsprechung, vgl. etwa BVerfG, Beschl. v. 19.11.2014 – 1 BvR 1178/14.

Gegenwärtig ist die Gefahr, wenn

- die Einwirkung des schädigenden Ereignisses bereits begonnen hat oder
- unmittelbar oder in allernächster Zeit mit einer an Sicherheit grenzenden Wahrscheinlichkeit bevorsteht,

sodass es sich um eine konkrete und erhebliche, d.h. qualitativ gesteigerte, gegenwärtige Gefahr für das Kindeswohl handelt.

Damit setzt ein Freiheitsentzug eine akute Krise bzw. einen „Akutfall" voraus. Der Freiheitsentzug ist demnach nur als **akute Krisenintervention** zulässig. Liegt eine akute Krise nicht oder nicht mehr vor, ist der Freiheitsentzug – freiheitsentziehende Unterbringung oder freiheitsentziehende Maßnahme – unzulässig, mithin nicht (mehr) genehmigungsfähig und ggf. zu beenden.[91]

Es wurde vom Gesetzgeber bewusst davon abgesehen, Gründe für eine geschlossene Unterbringung aufzuzählen, da diese Gründe zu vielschichtig sind, um abschließend aufgezählt werden zu können. Es wird daher in § 1631b Abs. 1 Satz 2 BGB beispielhaft („insbesondere") die Abwendung einer **erheblichen Selbst- oder Fremdgefährdung** genannt.[92] **287**

Ein **erheblicher Schaden** ist anzunehmen bei einem besonderen Gewicht der drohenden Schädigung durch

- eine Gefährdung besonders gewichtiger Rechtsgüter,
- einen besonders großen Umfang oder
- eine besondere Intensität des drohenden Schadens,[93]
- einem Schadenseintritt in unmittelbarer oder in allernächster Zeit mit einer an Sicherheit grenzenden Wahrscheinlichkeit.

Hinweis

Es gilt: Je schwerer der drohende Schaden, desto geringer die Anforderungen an die Wahrscheinlichkeit des Schadenseintritts.[94]

Im Fall der **Fremdgefährdung** (Tötungsversuch, schwere – versuchte – Körperverletzung,[95] Beschädigung erheblicher Sachwerte) kann die Unterbringung des Kindes geboten sein, wenn das Kind sich sonst dem Risiko von Notwehrmaßnahmen, Er-

91 Janssen, Fn. 54, S. 29, mit Verweis auf BGH, Urt. v. 20.06.2020 – VI ZR 377/99, und BVerfG, Urt. v. 24.07.2018 – 2 BvR 309/15, 2 BvR 502/16; BGH, Beschl. v. 23.11.2016 – XII ZB 149/16.

92 Vgl. Janssen, Fn. 54, S. 29, mit Verweis auf OLG Saarbrücken, Beschl. v. 13.09.2007 – 2 UF 8/07 – m.w.N.; OLG Saarbrücken, Beschl. v. 18.03.2010 – 6 UF 134/09.

93 Janssen, Fn 54, S. 28, mit Verweis auf BVerfG, Urt. v. 24.07.2018 – 2 BvR 309/15, 2 BvR 502/16.

94 Janssen, Fn. 54, S. 28, mit Verweis auf BGH, Beschl. v. 06.02.2019 – XII ZB 408/18.

95 BT-Drucks. 16/6815 v. 24.10.2007 S. 14.

satzansprüchen und (Straf- und Zivil-)Prozessen aussetzt.[96] Eigen- und Fremdgefährdung sind insoweit eng miteinander verbunden.

Dass Minderjährige ohne freiheitsbeschränkende Unterbringung ab **Deliktsfähigkeit** u.U. Ersatzansprüchen und dadurch verursachten Prozessen oder ab Strafmündigkeit (14 Jahre) Strafverfahren ausgesetzt sein könnten, muss stets unter Beachtung des Verhältnismäßigkeitsgrundsatzes besonders sorgfältig geprüft werden; damit allein kann eine freiheitsentziehende Unterbringung i.S.d. § 1631b BGB nicht begründet werden.[97]

Ob die „pädagogische Erwägung", anderen Menschen nicht zu schaden, eine freiheitsentziehende Unterbringung aus erzieherischen Gründen rechtfertigt, erscheint fraglich. Ob gerade die freiheitsentziehenden Bedingungen zu einer Verhaltensänderung führen könnten – insbesondere die Überprüfung der Erfolglosigkeit anderweitiger bisheriger pädagogischer Bemühungen –, unterliegt hier der strengen richterlichen Abwägung und Prüfung, auf die der Verfahrensbeistand drängen sollte. Dritte haben Belästigungen durch Minderjährige i.d.R. hinzunehmen, im Übrigen stehen Dritten vielfältige Rechtsschutzmöglichkeiten offen; mit bloßen Belästigungen ließe sich eine mit Freiheitsentziehung verbundene Unterbringung jedenfalls niemals begründen.[98]

Nur wenn überwiegende Belange des **Gemeinwohls**, wie sie mit den Schranken des Art. 2 Abs. 1 GG bestimmt sind, es zwingend gebieten, muss der Freiheitsanspruch des Einzelnen zurücktreten.[99]

In der **Kinder- und Jugendhilfe** ist indes nachgewiesen worden, dass für eine Vielzahl von Kindern und Jugendlichen mit personalintensiven sozialpädagogischen Maßnahmen und Angeboten in Einrichtungen auf geschlossene Unterbringungen – u.U. sogar auf die Untersuchungshaft – oft verzichtet werden kann.[100] Das gilt bei entsprechender Personalausstattung und Therapiekonzepten grundsätzlich auch für die Kinder- und Jugendpsychiatrie.[101]

Nicht ausreichend für eine freiheitsentziehende Unterbringung jedenfalls sind laute und verbal aggressive Verhaltensweisen,[102] zerstörerische Handlungen gegen das

---

96 OLG Saarbrücken, Beschl. v. 18.03.2010 – 6 UF 134/09 m.w.N.

97 Staudinger/Salgo (2020), § 1631b BGB Rn. 25, mit Verweis auf BVerfGE 58, 208, 226; BGH 24.10.2012 – XII ZB 386/12; MünchKomm/Huber Rn 12.

98 Staudinger/Salgo, a.a.O., mit Hinweis auf BGB-RGRK/Wenz Rn 12, und Soergel/Preisner, Rn 29.

99 Staudinger/Salgo, a.a.O., mit Verweis auf BVerfGE 58, 208, 225.

100 Staudinger/Salgo, a.a.O., mit Verweis auf v.Wolffersdorf/Sprau/Kuhlen 341: Einerseits ist „geschlossene Unterbringung in der Jugendhilfe im Einzelfall nachvollziehbar und notwendig", andererseits ist der „Nachweis dafür, dass auch mit sehr problematischen Jugendlichen offene Arbeitsformen möglich sind" (v. Wolffersdorf/Sprau/Kuhlen, 345) erbracht.

101 Staudinger/Salgo, a.a.O., mit Verweis auf Lempp, Gerichtliche Kinder- und Jugendpsychiatrie 195. Treczek u.a. S 313 m.w.N. hingegen halten die Vorstellung, geschlossene Stationen in der Kinder- und Jugendpsychiatrie seien aufgrund von Personalaufstockung und pädagogisch-therapeutischen Könnens gänzlich ersetzbar, für unrealistisch.

102 Janssen, Fn. 54, S. 29, mit Verweis auf BVerfG, Beschl. v. 17.07. 2019 – 2 BvL 11/19.

Eigentum Dritter oder der Allgemeinheit, sofern es nicht um Güter von erheblichem Wert geht.

Eine geschlossene Unterbringung allein zu Zwecken einer Sanktionierung des Minderjährigen ist nicht zulässig.[103]

Dabei ist auch zu bedenken, dass die **Herauslösung** des Minderjährigen **aus delinquentem Milieu** und Verhalten zu seinem Wohl geboten sein und – im Ausnahmefall als letztes Mittel der Wahl – nach Ausschöpfung aller Erfolg versprechender, ohne Freiheitsentzug auskommender Hilfen nach SGB VIII die freiheitsentziehende Unterbringung erforderlich machen kann. Die freiheitsentziehende Unterbringung muss z.B. zur Abwendung einer erheblichen Eigen- und/oder Fremdgefahr erforderlich sein, ohne dass die Gefahren durch mildere Mittel (z.B. durch Hilfen nach SGB VIII), d.h. ohne Freiheitsentzug auskommende Maßnahmen, abwendbar wären (Freiheitsentzug als „Ultima Ratio“).[104]

Eine freiheitsentziehende Unterbringung kommt nur als **letztes Mittel** und nur für die kürzeste angemessene Zeit bzw. Dauer in Betracht (vgl. auch Art. 37b UN-Kinderschutzkonvention).[105] Erziehungsprobleme, die das Einwirken auf den Minderjährigen in geschlossenen Räumen erforderlich machen, reichen dafür nicht aus.[106] Als **mildere Mittel** kommen z.B. die Verbringung des Kindes aus kriminellem Milieu **288**

- in eine entfernt lebende Pflegefamilie,
- in die Erziehung in einer Tagesgruppe (§ 32 SGB VIII),
- in eine intensive sozialpädagogische Einzelbetreuung (§ 35 SGB VIII) oder
- in die Hilfe zur Erziehung in einer offen geführten Kinder- und Jugendhilfeeinrichtung oder
- in eine sonstige betreute Wohnform i.S.d. § 34 SGB VIII in Betracht.[107]

Praxistipp

▶ *Das Hinweisen auf mildere, den Freiheitsentzug verkürzende oder entbehrlich machende Optionen, die das Kindeswohl insbesondere durch öffentliche Hilfen zur Erziehung nach §§ 27 ff. SGB VIII gewährleisten (vgl. § 1631b Abs. 1 Satz 2 BGB), ist wesentliche Aufgabe des Verfahrensbeistands bei dem vom Gericht aus verfassungsrechtlichen Gründen zu beachtenden Verhältnismäßigkeitsprinzip.*

---

103 BT-Drucks. 16/6815, S. 13 ff.; BGH ZKJ 2012. 444, 445.
104 OLG Frankfurt JA 15, 334; BGH FamRZ 2013, 115; 2013, 1646 und 1719; 2012, 1556, mit Anm. Salgo.
105 BGH ZKJ 2012, 444, 445.
106 So aber OLG Naumburg JAmt 13, 48, 50; kritisch zu Recht Grüneberg-Götz, § 1631b BGB Rn. 3.
107 BGH ZKJ 2012, 444, 446.

Die Einschränkung der Freiheit ist stets der strengen **Prüfung der Verhältnismäßigkeit** nach den folgenden Kriterien zu unterziehen:

Verhältnismäßigkeitsprüfung: Kriterien

- Legitimer Zweck, der mit der Freiheitsentziehung verfolgt wird,
- Freiheitsentzug als geeignetes Mittel zur Zweckerreichung,
- Freiheitsentzug als erforderliches Mittel zur Zweckerreichung (Zweck-Mittel-Relation) sowie
- angemessenes Mittel zur Zweckerreichung.[108]

Der **Grundsatz der Verhältnismäßigkeit** erfordert demnach, dass

- der drohende Schaden einen erheblichen Schweregrad erreichen muss, damit ein Eingriff in das Freiheitsgrundrecht überhaupt gerechtfertigt werden kann,
- ein Freiheitsentzug nur so lange erfolgen kann, wie der Zweck es unabweisbar erfordert und
- zu seiner Erreichung weniger belastende Maßnahmen nicht genügen,
- je länger der Freiheitsentzug andauert, umso strenger die Voraussetzungen für die Verhältnismäßigkeit werden, denn das Freiheitsgrundrecht gewinnt wegen des sich verschärfenden Eingriffs immer stärkeres Gewicht für die Wertungsentscheidung.[109]

289 Die Praxis der **Kinder- und Jugendpsychiatrie** geht von der Notwendigkeit einer mit Freiheitsentziehung verbundenen Unterbringung dementsprechend nur in wenigen begründeten **Ausnahmefällen** aus,[110] wie z.B.

- bei einer chronifizierten, sehr schweren Form paranoider Schizophrenie,[111]
- erheblichen Selbst- oder Fremdgefährdung aufgrund vorliegender Störung der psychosexuellen Entwicklung,[112]
- Gefährdung der Sozial- und Persönlichkeitsentwicklung aufgrund festgestellter Dissozialität und Verwahrlosung und Gefahr der Rückkehr ins „Straßenkindmilieu",[113]
- Verlängerung der Unterbringung bei Anpassungsstörung, selbstverletzendem Verhalten, Weglauftendenzen, aggressiven Impulsdurchbrüchen,[114]

108 Janssen, Fn. 54, S. 30.
109 Janssen, Fn. 54, S. 31, mit Verweis auf BVerfG, Beschl. v. 08.10.1985 – 2 BvR 1150/80 und 1504/82.
110 Staudinger/Salgo (2020), § 1631b BGB Rn. 24, mit Verweis auf Rüth, FPR 2011, 554, 556 f; Rohmann, FPR 2011, 561, 563; Schepker, FPR 2011, 570.
111 Staudinger/Salgo, a.a.O., mit Verweis auf OLG Köln 8.11.2012 – 26 UF 188/12.
112 Staudinger/Salgo, a.a.O., mit Verweis auf OLG Hamm 21.5.2012 – 8 UF 46/12.
113 Staudinger/Salgo, a.a.O., mit Verweis auf OLG Sachsen-Anhalt 11.12.2009 – 8 UF 208/09.
114 Staudinger/Salgo, a.a.O., mit Verweis auf OLG Köln 11.3.2009, II – 4 UF 43/09.

- akuten psychotischen Störungen, ausgeprägten depressiv-suizidalen Syndromen, gelegentlich auch schweren Erregungszuständen nicht psychotischer Genese z.B. im Rahmen einer dissozialen Entwicklung, Schulphobie aufgrund pathologischer Trennungsangst, psychotisch auffälligen, verwahrlosten Jugendlichen mit Weglauftendenzen und delinquenten Verhaltensweisen, Wahn, halluzinatorischem Erleben.[115]

Als **„letztes Erziehungsmittel"** soll Freiheitsentziehung gerechtfertigt sein, um Minderjährige vor der Prostitution zu bewahren:[116] z.B. bei Mädchen – Babystrich –, die nach erzwungener Entgiftung eine weitere Therapie ablehnen, bei S-Bahn- oder Aufzug-Surfen (Selbstgefährdung) oder bei den sog. „Crash-Kids", die mit entwendeten Autos durch die Straßen jagen (Selbst- und Fremdgefährdung).[117]

Ob eine Unterbringung im Heim bei „Störung des Sozialverhaltens" gerechtfertigt ist,[118] dürfte zweifelhaft sein, soweit durch die Verhaltensstörung nicht erhebliche Gefahren für die Gesundheit des Minderjährigen oder anderer Personen oder für erhebliche Sachwerte verursacht werden.

Der Maßstab der **Erforderlichkeit** und der **Verhältnismäßigkeit** trägt dem Umstand Rechnung, dass das Familiengericht im Verfahren nach § 1631b BGB eine Entscheidung der sorgeberechtigten Eltern überprüft, denen im Rahmen ihres Interpretationsprimats (Art. 6 Abs. 2 Satz 1 GG) ein Spielraum bei der Ausübung des Aufenthaltsbestimmungsrechts zufällt. Die Entscheidung des Gerichts hat aber zugleich dem Freiheitsrecht des Minderjährigen Rechnung zu tragen.[119] Der Freiheitsentzug stellt sich i.S.d. Verhältnismäßigkeit als nicht geeignet dar, wenn er z.B. mit anderweitigen erheblichen Beeinträchtigungen des Kindeswohls einhergeht, die durch die Beseitigung der festgestellten Gefahr nicht aufgewogen werden können.[120] **290**

Das gilt erst recht im Verfahren zur **Verlängerung einer freiheitsentziehenden Unterbringung**. Denn der durch Art. 2 Abs. 2 Satz 2 und 3 i.V.m. Art. 104 Abs. 1 Satz 1 GG verfassungsrechtlich geschützte Anspruch auf persönliche Freiheit gewinnt mit

---

115 Staudinger/Salgo, a.a.O., mit Verweis auf Freisleder/Martinius 57, 60; Fegert DVJJ-Journal 1994, 309, 311; zu möglichen akuten Gefährdungslagen Rüth, ZfJ 2001, 372, 374; ders, Indikationen zur geschlossenen Unterbringung in der Jugendhilfe aus der Sicht des jugendpsychiatrischen Gutachters, in: Rüth/Pankofer/Freisleder, 47; sowie Hoops/Permien 31; vgl auch die Leitlinie der Bundesarbeitsgemeinschaft der Leitenden Klinikärzte für Kinder- und Jugendpsychiatrie und Psychotherapie, in: Fegert/Späth/Salgo, S. 281 ff; Schnoor/Schepker/Fegert 815; Fischer 36; Brünger/Naumann/Schepker, JAmt 2010, 345; Möhler, 23. DFGT, S. 43 mit Beispielen).

116 Staudinger/Salgo, aaO., mit Verweis auf Wille, ZfJ 2002, 85, 87 Fn. 13. Vgl. Ludyga, ZKJ 2009, 201.

117 Staudinger/Salgo, aaO., mit Verweis auf Trenczek, ZfJ 2000, 121, 127. Zum hartnäckigen Verweigern des Schulbesuchs sowie zu exzessivem Drogen- und Alkoholkonsum vgl. PK-BGB/Hamdan Rn 11. 2-11. 3 m.w.N. Zu Problemkonstellationen der geschlossenen Unterbringung in der Jugendhilfe vgl. Rüth, ZfJ 2001, 372, 378.

118 AG Coesfeld 4.9.2015 – 5 F 154/15.

119 BGH, Fn. 94 a.a.O.; 444, 445; Grüneberg-Götz, § 1631b BGB Rn. 4; BT-Drucks. 16/6815, S. 14. Vgl. auch Janssen, Fn. 45, S. 31, mit Verweis auf OLG Schleswig, Beschl. v. 27.12.2018 – 10 UF 176/18, zu Beeinträchtigungen durch eine Unterbringung nach § 1631b Abs. 1 BGB.

120 Janssen, a.a.O., mit Verweis auf OLG Schleswig, Beschl. v. 27.12.2018 – 10 UF 176/18, zu Beeinträchtigungen durch eine Unterbringung nach § 1631b Abs. 1 BGB.

Fortdauer der zivilrechtlichen Unterbringung an Gewicht, weil die Intensität des Grundrechtseingriffs zunimmt.

Die Dauer der zivilrechtlichen Unterbringung beeinflusst mithin ebenfalls die **Anforderungen an die Begründung** der gerichtlichen Entscheidung. Für die im Rahmen des § 1631b Abs. 1 BGB zu treffende Prognose, welcher Gefährdung von Leib oder Leben der Minderjährige ohne eine (weitere) freiheitsentziehende Unterbringung ausgesetzt wäre, muss die bereits verstrichene Unterbringungszeit berücksichtigt und geprüft werden, ob angesichts des Zeitablaufs die Gefährdung in der für eine Unterbringung erforderlichen Intensität fortbesteht. Die die Gefährdungsprognose ursprünglich tragenden tatsächlichen Umstände werden mit wachsendem zeitlichen Abstand nicht selten an Gewicht verlieren, während die Entwicklung des Betroffenen in der Unterbringung Anhaltspunkte für eine geringere Wahrscheinlichkeit des Eintritts erheblicher Gesundheitsschäden oder gar einer Lebensgefahr außerhalb der Unterbringung liefern kann.

Dies kann letztlich dazu führen, dass allein wegen des Zeitraums, in dem der Minderjährige untergebracht war, eine hinreichend sichere **Gefährdungsprognose** nicht mehr möglich und daher die Beendigung der Unterbringung geboten ist. Zugleich wird sich im Rahmen der Verhältnismäßigkeit bei der Prüfung des Vorliegens milderer Mittel in Fällen einer lang andauernden Unterbringung die Frage aufdrängen, inwieweit es inzwischen vertretbar und praktisch durchführbar ist, dass der Betroffene – etwa in einer betreuten, aber offenen Wohnform mit entsprechend engmaschiger Begleitung – wieder ein Leben außerhalb der Unterbringung führt.

Die tatrichterliche Entscheidung muss im Einzelnen offenlegen, dass der erkennende Richter diese Einflussmöglichkeiten der bereits verstrichenen Unterbringungsdauer auf die Frage des Fortbestehens der Unterbringungsvoraussetzungen erkannt und wie er sie in deren Prüfung hat einfließen lassen.[121]

Diese Grundsätze gelten auch für freiheitsentziehende Maßnahmen i.S.d. § 1631b Abs. 2 BGB.

3. Freiheitsentziehende Maßnahmen nach § 1631b Abs. 2 BGB

291 § 1631b Abs. 2 BGB bestimmt ebenso wie § 1831 Abs. 4 BGB im Betreuungsrecht Volljähriger, dass das **Genehmigungserfordernis** nur gilt, wenn die elterliche Entscheidung zur Anwendung freiheitsentziehender Maßnahmen für ein Kind getroffen wird, das sich in einem Krankenhaus, einem Heim oder einer sonstigen Einrichtung aufhält. Zum Einrichtungsbegriff kann also auf die Kommentarliteratur zum Betreuungsrecht verwiesen werden.[122] Die freiheitsentziehende Maßnahme ist demnach nur genehmigungspflichtig, wenn sich der Minderjährige **außerhalb des elterlichen**

121 Vgl. BGH FamRZ 2020, 1406, Rn. 16, unter Hinweis auf BGH, FamRZ 2018, 950 Rn. 17 ff. m.w.N., zur Verlängerung einer betreuungsgerichtlichen Unterbringung.

122 Vgl. nur HK-BUR/Bauer/Braun, § 1906 BGB Rn. 189 ff.

Haushaltes aufhält, also auch nur für kürzere Zeit (z.B. während eines Krankenhausaufenthaltes) fremdplatziert ist.[123]

Das Genehmigungserfordernis gilt daher insbesondere dann nicht, wenn sich das Kind **im elterlichen Haushalt** aufhält. Dort haben die Eltern selbst die Kontrollmöglichkeit, anders, als wenn sich das Kind in einer Einrichtung befindet und die Eltern die Kontrollmöglichkeit abgeben müssen.[124] Ein Genehmigungstatbestand wäre zudem in solchen Fällen kaum praktisch umsetzbar, da die Kontrolle durch das Familiengericht davon abhinge, ob die Eltern auch für solche Maßnahmen in ihrem eigenen Haushalt tatsächlich das Familiengericht einschalten. Auch insoweit besteht jedoch keine Schutzlücke, da – falls erforderlich – über § 1666 BGB der **Kindesschutz** auch in diesem Fall gewährleistet werden kann. Wenn das Kind mit dem Vormund in einem Haushalt lebt, bieten die Bestimmungen der §§ 1802 Abs. 2, 1804 BGB (§§ 1837 und 1886 BGB a.F.) i.V.m. § 1666 BGB einen ausreichenden Schutz.[125]

Es muss sich um eine Freiheitsentziehung durch **mechanische Vorrichtungen** (Bett- **292**
gitter, Bauchgurte im Stuhl oder Bett, Therapietischbretter am Rollstuhl, Schutzanzüge[126], Time-out-Maßnahme etc.), **Medikamente oder auf andere Weise** handeln.

Das Tatbestandsmerkmal „auf andere Weise" dient dabei als Auffangtatbestand für alle freiheitsentziehend wirkenden Maßnahmen, die keine mechanischen Vorrichtungen oder Medikamente sind: Personaleinsatz zur Verhinderung des Entweichens, Wegnahme von Fortbewegungsmitteln wie Rollstühle, Prothesen, Sehhilfen etc., Wegnahme von Kleidung, Trickschlösser, versteckte Türöffnungsanlagen, Täuschungshandlungen, verbale oder körperliche Drohgebärden[127] etc.

Auch insoweit verfolgt die Neufassung einen Gleichlauf mit dem Betreuungsrecht, weswegen auch diesbezüglich auf die Rechtsprechung und Kommentarliteratur zum Betreuungsrecht verwiesen werden kann.[128]

Das Mittel der Freiheitsentziehung ist letztlich unerheblich; maßgeblich ist vielmehr, **293**
dass das Kind oder der Jugendliche durch die Maßnahme am Verlassen seines Aufenthaltsortes gehindert wird.[129] Ob die Verwendung von GPS-Ortungsanlagen, Lichtschranken, Türkontakten, Sendechips in der Bekleidung oder am Körper etc. freiheitsentziehende Wirkung entfaltet, ist nach betreuungsrechtlichen Grundsätzen differenziert zu beurteilen:

123 Kritisch zu diesem Ausschlusskriterium einer Genehmigungsbedürftigkeit Götz, FamRZ 2017, 1289; vgl. differenzierend auch HK-BUR/Bauer/Braun, § 1906 BGB Rn. 190 ff., unter Hinweis auf OLG Hamburg FamRZ 1994, 1019, LG München FamRZ 2000, 1123, BayObLG BtPrax 2003, 37 = FamRZ 2003, 325, wonach § 1906 Abs. 4 BGB für solche Volljährige entsprechend anwendbar ist, deren Pflege zu Hause in der eigenen Wohnung von Pflegediensten wesentlich mitgeleistet wird.

124 Vgl. zur Genehmigungsbedürftigkeit freiheitsentziehender Maßnahmen in der Familienpflege Rn. 279, 273.

125 BR-Drucks. 793/16, S. 11, 12.

126 BT-Drucks. 793/16 v. 30.12.2016, S. 9. Vgl. weiter Janssen, Fn. 45, S. 24.

127 Janssen, Fn. 54, S. 24.

128 Vgl. nur HK-BUR/Bauer/Braun, § 1906 BGB Rn. 200 ff. mit Nachweisen zur Rechtsprechung.

129 BR-Drucks. 793/16, S. 12, unter Hinweis auf den Entwurf eines Betreuungsgesetzes, BT-Drucks. 11/4528, S. 148 f.

Dienen diese **Maßnahmen der Ortung und dem Auffinden des Minderjährigen**, damit er sodann im Zweifel auch gegen seinen Willen mit unmittelbarem Zwang in die Einrichtung zurückgeführt werden kann, so handelt es sich um eine freiheitsentziehende Maßnahme i.S.d. § 1631b Abs. 2 BGB. Soll er aber nur aufgefunden werden können, um Ausgang und Rückkehr in die Einrichtung seinem Willen entsprechend zu begleiten, so hat die Maßnahme keinen freiheitsentziehenden Charakter.[130] Sieht man in der Verwendung solcher Ortungstechnik generell einen Verstoß gegen die Menschenwürde (Art. 1 GG), wäre sie allerdings schon nicht genehmigungsfähig.[131] Dient die Anbringung eines RFID-Funkchips im Schuhwerk unmittelbar dazu, das Öffnen der Eingangstür der Einrichtung zu verhindern, so liegt eine freiheitsentziehende Maßnahme i.S.d. § 1631b Abs. 2 BGB vor.[132]

294 Soweit eine Mindermeinung zu § 1906 Abs. 4 BGB a.F. (bis 31.12.2022 geltende Fassung, seit 1.1.2023: § 1831 Abs. 4 BGB) und die Gesetzesbegründung zu § 1631b Abs. 2 BGB[133] davon ausgehen, es komme für die Bejahung einer Genehmigungsbedürftigkeit insbesondere bei Heilbehandlungsmaßnahmen auf den mit dem Freiheitsentzug verfolgten **Zweck der Maßnahme** an,[134] kann dem nicht gefolgt werden. Denn damit würde der Anwendungsbereich der Norm weitgehend entleert und insbesondere bei medizinisch-medikamentöser Behandlung gegen Null tendieren.

Es bestehen Abgrenzungsschwierigkeiten und dem Missbrauch durch Unterlaufen des Schutzzweckes der Norm, den auch die entgegengesetzte Auffassung zu Recht befürchtet,[135] wäre Tür und Tor geöffnet. Die einschränkende Auffassung entspricht auch nicht der von der Gegenmeinung vielfach nur unvollständig zitierten Begründung des Betreuungsgesetzes zu § 1831 Abs. 4 BGB (§ 1906 Abs. 4 BGB a.F., siehe oben), die ausdrücklich nicht die Genehmigungsbedürftigkeit einer Maßnahme von einem subjektiven Merkmal wie dem einer „guten Absicht" oder Zweckbestimmung des Anwenders (oder im Falle von Heilbehandlung der des Arztes) abhängig machen wollte.[136]

---

130 DIJuF-Rechtsgutachten, JAmt 2017, 124; OLG Brandenburg FamRZ 2006, 1481; LG Ulm FamRZ 2009, 544; AG Meißen BtPrax 2007, 187 = FamRZ 2007, 1911; AG Coesfeld FamRZ 2008, 34 = BtPrax 2007, 268; a.A. Freiheitsentzug schon bei bloßer Verwendung der Ortungsanlage: AG Bielefeld BtPrax 1996, 232; AG Stuttgart-Bad Cannstadt FamRZ 1997, 704; vgl. ausführlich HK-BUR/Bauer/Braun, § 1906 BGB Rn. 206 ff.

131 AG Hannover BtPrax 1992, 113.

132 Janssen, Fn. 54, S. 24, mit Verweis auf AG Hildesheim, Beschl. v. 22.9.2008 – 42 XVII W 128. Gleiches gilt für den Einsatz sog. Signalmatten, die ein Verlassen des Raumes oder des Gebäudes verhindern sollen.

133 BR-Drucks. 793/16, S. 12; OLG Hamm BtPrax 1999, 64 = FamRZ 1998, 190 (LS).

134 Prütting/Helms/Hammer, § 167 FamFG Rn. 3e; Janssen, Fn. 54, S. 20, 21, mit Verweis auf OLG München, Beschl. v. 14.1.2019 – 12 UF 1397/18, und AG Rosenheim, Beschl. v. 23.11.2018 – 1 F 1504/18; Staudinger/Salgo (2020), § 1631b BGB Rn. 7b.

135 Staudinger/Salgo, aaO: Die hier geforderte Abgrenzung dürfte nicht einfach zu treffen sein (Prütting/Hammer § 167 Rn. 3b; zu „doppeldeutigen" Maßnahmen s BeckOK BGB/Veit BGB § 1631b Rn. 17; Hoffmann, JAmt 2020, 100, 101 f).

136 Vgl. die Gegenäußerung der BReg in BT-Drucks. 11/4528, S. 228, auf den einschränkenden Vorschlag des Bundesrates, BT-Drucks. 11/4528, S. 209, „ohne dass diese Maßnahmen zu Heilzwecken erfolgen." Vgl. dazu eingehend: HK-BUR/Bauer/Braun, § 1906 BGB Rn. 218 ff., m.w.N. zur Literatur.

Es kommt folglich – wie bei der Auslegung der freiheitsentziehenden Unterbringung nach § 1631b Abs. 1 BGB allgemein anerkannt – nicht auf den mit dem Freiheitsentzug verfolgten Zweck, sondern allein auf den mit ihm – bei objektiver Betrachtung – verwirklichten Erfolg, den Freiheitsentzug, an. Nur diese Auslegung wird dem aus verfassungsrechtlichen Gründen des Schutzzweckes der Norm (Art. 1, 2 und 104 Abs. 2 GG) weiten Anwendungsbereich des § 1631b BGB gerecht.[137] Eine von einem Arzt ohne therapeutische Absicht „verordnete" Freiheitsentziehung dürfte im Übrigen strafrechtlich relevant sein (Freiheitsberaubung gemäß § 239 StGB).

Die Maßnahme, die die Einschränkung der Bewegungsfreiheit und der Entschließungsfreiheit zur Fortbewegung des Kindes oder des Jugendlichen bewirken soll, **295**
muss auf einen längeren Zeitraum gerichtet sein oder die Freiheitsentziehung muss regelmäßig erfolgen. Auch insoweit können Begründung, Rechtsprechung und Literatur zum Betreuungsgesetz herangezogen werden.

Das **zeitliche Erfordernis** bietet die Gewähr dafür, dass nicht jede geringfügige, lediglich im Ausnahmefall anlassbezogene kurze Beschränkung der Freiheit das Genehmigungserfordernis auslöst.[138] **Längerer Zeitraum** i.S.d. § 1631b Abs. 2 BGB ist laut Gesetzesbegründung zum Betreuungsrecht (§ 1906 Abs. 4 BGB a.F.) ein Zeitraum, der länger als der Tag nach Beginn der freiheitsentziehenden Maßnahme andauert. In der betreuungsrechtlichen Praxis hat sich ein Zeitraum von 2 bis 3 Tagen und länger nach Beginn der Maßnahme eingebürgert.[139]

Ob diese Auslegung noch mit der Entscheidung des BVerfG vom 24.7.2018[140] zu körpernahen 5-Punkt- oder 7-Punkt-Fixierungen im Rahmen bereits angeordneter landesrechtlicher PsychK(H)G-Unterbringung kompatibel ist oder eine Neufassung bzw. Neuauslegung der Norm erforderlich macht, ist allerdings fraglich.[141] In der besagten Entscheidung hat das BVerfG für die Abgrenzung einer Freiheitsentziehung zu einer bloßen Freiheitsbeschränkung i.S.d. Art. 104 Abs. 2 GG bei einer **Dauer von 30 Minuten** und mehr die Grenze gezogen. Ab dieser Dauer liege eine Freiheitsentziehung vor, die dem gesonderten Richtervorbehalt des Art. 104 Abs. 2 Satz 1 GG unterliege. Da nicht ersichtlich ist, wieso für Fixierungen (Fesselungen) nach BGB gerade bei den besonders vulnerablen und des Rechtsschutzes bedürftigen Minderjährigen andere Zeitvorgaben gelten sollen und warum die nach § 1631b Abs. 2 BGB fixierten Personen anders als nach PsychKHG untergebrachte Personen behandelt werden sollen,[142] ist nach hiesiger Auffassung jedenfalls für **körpernahe Fesselungen** von einer

137 Vgl. BGH BtPrax 2015, 65 zu § 1906 Abs. 4 BGB; OLG Celle ZKJ 2013, 502, zu § 1631b BGB.
138 BR-Drucks. 793/16, S. 12 mit Hinweis auf BT-Drucks. 11/4528, S. 149, zum Betreuungsrecht.
139 RegE zum Betreuungsrecht, BT-Drucks. 11/4528, S. 149; HK-BUR/Bauer/Braun, § 1906 BGB Rn. 196 m.w.N.
140 NJW 2018, 2169ff, Rn 67, 68 ff.
141 Vgl. eine Neuauslegung bzw. Neufassung fordernd Schneider, FamRZ 2019, 89 ff., zu § 1906 Abs. 4 BGB (a.F.).
142 Vgl. im hier vertretenen Sinne OLG Hamburg, NZFam 2021, 166, zur körpernahen (5-bis 11-Punkt-)Fixierung einer Minderjährigen mit einer emotional instabilen Persönlichkeitsstörung mit schwerem Krankheitsverlauf.

richterlichen Genehmigungspflicht gemäß § 1631b Abs. 2 BGB bereits ab einer Dauer einer solchen Maßnahme von 30 Minuten auszugehen.[143]

Regelmäßig findet ein genehmigungspflichtiger Freiheitsentzug statt, der stets zur gleichen Zeit (zur Nachtzeit) oder aus gleichem Anlass (wiederkehrende Unruhe mit autoaggressiven Handlungen) erforderlich wird, ohne dass es auf die Dauer des jeweiligen Freiheitsentzuges ankäme, sodass auch wiederkehrende Freiheitsentzüge von der Dauer eines „Vater-unser-Gebetes" ausreichen.[144]

296 Nur **altersinadäquate Maßnahmen** lösen nach dem Wortlaut der Norm („in nicht altersgerechter Weise") die Genehmigungspflicht aus. Pädagogischen Konzepten, die freiheitsentziehende Maßnahmen bei „erziehungsschwierigen" Jugendlichen als angemessenes und altersgerechtes Erziehungsmittel und als Reaktion auf vermeintliches Fehlverhalten erachten, soll auf diese Weise eine Absage erteilt werden.

Erziehungsschwierigkeiten allein rechtfertigen es nicht, eine Maßnahme als altersgerecht einzustufen, die unter Kindern und Jugendlichen derselben Altersgruppe sonst nicht mehr angemessen wäre.[145] (Alters-)adäquate und übliche Maßnahmen, die im Rahmen der Erziehung insbesondere gegenüber besonders der Aufsicht bedürfenden Kleinkindern zur Anwendung gelangen, sollen hingegen nicht vom Anwendungsbereich der Norm erfasst sein.

Dementsprechend wird die freiheitsentziehende Maßnahme nur dann unter den **Vorbehalt der Genehmigung** durch das Familiengericht gestellt, wenn dem Kind oder Jugendlichen „in nicht altersgerechter Weise" die Freiheit entzogen werden soll. Diese Beschränkung nimmt Maßnahmen wie Laufställe oder Hochstühle für Kleinkinder z.B. in Kindertagesstätten vom Anwendungsbereich der Vorschrift aus, da eine staatliche Kontrolle für solche Fälle nach Auffassung des Gesetzgebers unverhältnismäßig wäre.[146] Eine aus wiederkehrenden Anlässen (Auftreten von Unruhezuständen mit Eigen- und Fremdgefährdung) angeordnete regelmäßige Verbringung in einen sog. Time-out-Raum auch nur für bis zu 30 Minuten ist demnach bei Minderjährigen aller Altersstufen als unübliche Maßnahme zumindest als freiheitsentziehende Maßnahme i.S.d. § 1631b Abs. 2 BGB genehmigungspflichtig.

Über die §§ 1795, 1813 BGB gilt § 1631b BGB für den Vormund und den Pfleger entsprechend. Das Schutzbedürfnis des Kindes ist bei allen gesetzlichen Vertretern dasselbe.[147]

---

143 Ebenso Janssen, Fn. 54, S. 26: Für Minderjährige kann keine andere Auslegung erfolgen, da ein Gleichlauf des Kindesschutzes und des Erwachsenenschutzes gewährleistet werden soll, BT-Drucks. 18/11278 v. 22.2.2017, S. 10.

144 BT-Drucks. 11/4528, S. 149; HK-BUR/Bauer/Braun, § 1906 BGB Rn. 197, mit Hinweis auf BGH BtPrax 2015, 65. Laut Vogel, NZFam 2019, 1041 (1045), setzt „regelmäßig" eine mindestens zweimalige Anwendung voraus.

145 BR-Drucks. 793/16, S. 13; vgl. ebenso Janssen, Fn. 45, S. 21, mit dem Hinweis, dass dies auch für die Unterbringung nach Abs. 1 gilt.

146 BR-Drucks. 793/16, S. 12: so bereits bisher die Auffassung der Bundesregierung für die freiheitsentziehende Unterbringung, vergleiche Antwort der Bundesregierung, BT-Drucksache 9/1299, S. 11.

147 BR-Drucks. 93/16, S. 12.

Praxistipp

▶ *Aus Gründen eines effektiven Grundrechtsschutzes (Art. 1, 2, 104 Abs. 2 GG) des von ihm vertretenen Kindes sollte der Verfahrensbeistand in Übereinstimmung mit der obergerichtlichen Rechtsprechung zum betreuungsrechtlichen Unterbringungsrecht bei Zweifeln über den freiheitsentziehenden Charakter einer bestimmten Maßnahme regelmäßig von einer genehmigungspflichtigen Freiheitsentziehung ausgehen.*[148]

Dabei sollte er das Gericht auf die besondere Schutzbedürftigkeit des vom Verfahrensbeistand vertretenen Minderjährigen und das vom Erwachsenen(recht) abweichende kindliche Zeitempfinden[149] *hinweisen.*

Nur so ist auch gewährleistet, dass der Verzicht auf detaillierte Vollzugsregelungen bei der zivilrechtlichen Unterbringung nach § 1631b BGB den verfassungsrechtlichen Vorgaben entspricht.[150]

Auch wenn eine nach § 42 Abs. 3 Satz 2 SGB VIII im Rahmen der **Inobhutnahme** eines Kindes durch das Jugendamt vorgenommene Freiheitsentziehung i.S.d. § 1631b Abs. 1 oder 2 BGB fortgesetzt werden soll, ist ebenfalls ein Verfahren nach § 1631b BGB einzuleiten und dementsprechend ein Verfahrensbeistand nach § 167 FamFG zu bestellen.[151] **297**

Der Genehmigungstatbestand des § 1631b Abs. 2 BGB gilt sowohl für Minderjährige, die bereits (mit Genehmigung des Gerichts gemäß § 1631b Abs. 1 BGB) freiheitsentziehend untergebracht sind, als auch für solche, die (in einer **offen geführten Einrichtung**) nicht freiheitsentziehend untergebracht sind. Das Schutzbedürfnis ist dasselbe. Freiheitsentziehende Maßnahmen nach § 1631b BGB Abs. 2 sind demnach zusätzlich zu einer bereits nach Absatz 1 der Norm genehmigten Unterbringung genehmigungsbedürftig.[152] **298**

Dies entspricht auch der Rechtslage im Betreuungsrecht, da § 1906 Abs. 4 BGB (a.F; bis zur Neufassung mit Wirkung zum 22.7.2017, aktuelle Fassung seit dem 1.1.2023: § 1831 BGB) zwar ausdrücklich auf Betreute Bezug nahm, die sich in Einrichtungen aufhalten, „ohne untergebracht zu sein". Der BGH hatte aber bereits für diese inzwi-

148 Vgl. BGH FamRZ 2012, 1372; BGH FamRZ 2017, 1342; BGH BtPrax 2015, 65, 66; vgl. ausführlich HK-BUR/Bauer/Braun, § 1906 BGB Rn. 45, 187.

149 Staudinger/Salgo (2020), § 1631b BGB Rn 7c.

150 Vgl. BVerfG NJW 2007, 3560; Marschner/Volckart/Lesting, Freiheitsentziehung und Unterbringung, 2010, Kapitel A, S. 5 Rn. 5, S. 15 Rn. 34; Lesting, Recht und Psychiatrie 2010, 137, 138; Hauk, Recht und Psychiatrie 2009, 174, 176; Gutachten des Abgeordnetenhauses von Berlin – Wissenschaftlicher Parlamentsdienst – vom 18.7.2013 zur Frage der Erforderlichkeit einer gesetzlichen Regelung für den Vollzug einer freiheitsentziehenden Maßnahme nach § 1631b BGB.

151 Vgl. zu Einzelheiten Hoffmann, Recht und Psychiatrie 2009, 121, 125 ff., Beermann, FPR 2011, 535, 537.

152 Vgl. Gesetzesbegründung zu § 1631b Abs. 2 in BR-Drucks. 793/16, S. 13, mit Verweis auf BGH, FamRZ 2015, 1707–1709.

schen überholte Fassung des § 1906 Abs. 4 BGB in ständiger Rechtsprechung eine Genehmigungspflicht für beide Fälle des Freiheitsentzuges angenommen.[153]

299 Die Genehmigung ist jeweils an das **Kindeswohl** geknüpft, d.h., nur wenn die Freiheitsentziehung nicht dem Kindeswohl entspricht, kann das Gericht eine Genehmigung ablehnen. Insoweit kann auf die Ausführungen oben zu Rn. 286 verwiesen werden. In allen übrigen Fällen ist dem **Elternwunsch** zu entsprechen, soweit der Freiheitsentzug zur Gefahrenabwehr erforderlich und geeignet und als letztes Mittel der Wahl auch verhältnismäßig ist. Dabei ist aber auch dem Freiheitsrecht des Minderjährigen Rechnung zu tragen.[154]

300 Die Genehmigungsfähigkeit einer freiheitsentziehenden Maßnahme hängt – wie die der freiheitsentziehenden Unterbringung – davon ab, ob die Maßnahme als **Ultima Ratio** das mildeste geeignete Mittel ist, die vom Minderjährigen ausgehende **erhebliche Eigen- oder Fremdgefahr** für sein Wohl abzuwehren. Denn § 1631b Abs. 2 Satz 2 BGB verweist auf die Genehmigungsvoraussetzungen des § 1631b Abs. 1 Satz 2 BGB.

Dabei sind auch die mit einem körpernahen Freiheitsentzug regelmäßig verbundenen gesundheitlichen Nachteile nach längerer Immobilisierung der Betroffenen zu beachten, die einer (weiteren) Genehmigung entgegenstehen können: Gelenkversteifung, Aufliegegeschwüre (Dekubiti), Inkontinenz, Blutungen, Herz-Kreislauf-Probleme, Depressionen, Aggression, gesteigerte Unruhe etc.[155]

Das ist insbesondere im Rahmen von Verfahren zur **Verlängerung freiheitsentziehender Maßnahmen** zu berücksichtigen. Je länger der Freiheitsentzug andauert, umso strenger sind die Voraussetzungen für die Verhältnismäßigkeit zu prüfen, denn das Freiheitsgrundrecht gewinnt wegen des sich verschärfenden Eingriffs immer stärkeres Gewicht für die Wertungsentscheidung.[156]

301 Optionen zur **Vermeidung freiheitsentziehender Maßnahmen** kommt daher besondere Bedeutung zu. Neben persönlichen präventiven Förderungsmaßnahmen wie Kraft- und Balancetraining, Sport-, Spiel-, Sing- und Malkreise, alters- und krankheitsadäquates Einbeziehen in die Aufgaben des Alltages, regelmäßige Anleitung zum Toilettengang etc. kommen als Optionen zur Vermeidung von Freiheitsentzug in Betracht: Anti-Rutsch-Socken, Helme, Ellenbogen-/Knieschoner, Hüftprotektoren (weich und hart), Niedrig-Pflegebetten, Teilbettgitter, Gehfrei-Hilfen, Anti-Rutsch-Matte für Stühle, Ortungssysteme ohne freiheitsentziehende Folgemaßnahmen etc., wie sie im Rahmen z.B. der „Redufix"-Projekte 1 und 2 bei Erwachsenen eingesetzt wurden.[157]

---

153 BR-Drucks. 793/16, S. 13, unter Hinweis auf BGH FamRZ 2015, 1707; FamRZ 2012, 1866; FamRZ 2010, 1726 m. w. N.

154 BR-Drucks. 793/16, S. 13; BGH ZKJ 2012, 444, 446.

155 Vgl. ausführlich HK-BUR/Bauer/Braun, § 1906 BGB Rn. 228 ff. Vgl. auch Janssen, Fn. 45, S. 31, mit Verweis auf OLG Schleswig, Beschl. v. 27.12.2018 – 10 UF 176/18, zu Beeinträchtigungen durch eine Unterbringung nach § 1631b Abs. 1 BGB.

156 Janssen, Fn. 45, S. 31, mit Verweis auf BVerfG, Beschl. v. 8.10.1985 – 2 BvR 1150/80 und 1504/82. Vgl. auch BGH FamRZ 2020, 1406, für die Verlängerung einer freiheitsentziehenden Unterbringung nach § 1906 Abs. 1 BGB.

157 Vgl. HK-BUR/Bauer/Braun, § 1906 BGB Rn. 227 ff.

Auch eine Veränderung des Umganges des Minderjährigen mit Bezugspersonen oder des Aufenthaltsortes kann möglicherweise eine freiheitsentziehende Maßnahme überflüssig machen.

Als weitere Möglichkeiten der **Gefahrabwendung** kommen z.B. eine Eins- bzw. Zwei-zu-eins-Betreuung durch therapeutisches oder pflegerisches Personal oder der Einsatz eines Deeskalationsteams, dessen Tätigkeit sich in erster Linie auf den Schutz des Kindeswohls bezieht, in Betracht.[158] Daher sollte auch Berücksichtigung finden, inwieweit im Vorfeld mildere, zielorientierte(re) und/oder flankierende Maßnahmen zur Abwendung der Kindeswohlgefahr unternommen wurden.[159]

Voraussetzung ist ferner, dass der Freiheitsentzug mit der akuten und erheblichen Kindeswohlgefährdung in einem engen Zusammenhang steht und in jeweils kurzen Abständen neu eingeschätzt wird.[160] Letzteres setzt eine ständige Beobachtung durch das Betreuungs- und/ oder Pflegepersonal voraus[161] – auch, um möglichen Gesundheitsgefahren vorzubeugen.[162]

Praxistipp

▶ *Das Gericht sollte vom Verfahrensbeistand dazu angehalten werden, den Gutachtenauftrag (§§ 321, 167 Abs. 6 FamFG) mit Fragen an den Sachverständigen auch zu möglichen Optionen zur Vermeidung von freiheitsentziehenden Maßnahmen zu ergänzen.*

Vgl. zu weiteren Einzelheiten der ärztlichen Begutachtung unter Rn. 309, 323.

VI. Unterbringungsverfahren

1. Grundrechtsschutz durch Verfahrensrecht

Der Einhaltung der verfahrensrechtlichen Regelungen kommt bei Freiheitsentzug und vor allem im Falle des Freiheitsentzugs Minderjähriger besondere Bedeutung zum Schutz der Grundrechte des Betroffenen zu („**Grundrechtsschutz durch Verfahren**").[163] Die Freiheit sichernde Funktion des Art. 2 Abs. 2 Satz 2 GG sowie das staatliche Amt, über die Betätigung der Eltern zu wachen,[164] verlangen, dass Entscheidungen, die den Entzug der persönlichen Freiheit betreffen, auf zureichender richterlicher Sachaufklärung im Rahmen der Amtsermittlungspflicht nach § 26 FamFG beruhen. 302

158 Janssen, Fn. 45, S. 32, mit Verweis auf AG Bergisch Gladbach, Beschl. v. 22.12.2017 – 24 F 364/17.
159 Janssen, a.a.O., mit Verweis auf OLG Frankfurt a. M., Beschl. v. 18.3.2011 – 2 Ss 413/10.
160 Janssen, a.a.O., S. 33, mit Verweis auf BVerfG, Urt. v. 24.7.2018 – 2 BvR 309/15, 2 BvR 502/16.
161 Janssen, a.a.O., mit Verweis auf LG Berlin, Beschl. v. 27.9.1990 – 83 T 265/90.
162 Janssen, a.a.O., mit Verweis auf BVerfG, Urt. v. 24.7.2018 – 2 BvR 309/15, 2 BvR 502/16 m.w.N.
163 BR-Drucks. 793/16, S. 11; BVerfG NJW 2007, 3560.
164 Vgl. Art. 6 Abs. 2 Satz 2 GG.

Wesentliche Elemente der **Sachaufklärung** sind die Einholung eines Sachverständigengutachtens (statt nur eines ärztlichen Zeugnisses) und die persönliche **Anhörung** des von der Unterbringung betroffenen Minderjährigen. Aus den hohen verfassungsrechtlichen Anforderungen an eine freiheitsentziehende Unterbringung oder freiheitsentziehende Maßnahme folgt bereits, dass Unterbringungsverfahren vorrangig und beschleunigt zu betreiben sind. Dies gilt insbesondere für die Durchführung von persönlichen Anhörungen, vor allem des betroffenen Minderjährigen als Grundrechtsträger, und für die Einholung und Erstattung von Sachverständigengutachten, die regelmäßig noch zügiger erfolgen müssen als in beschleunigten Kindschaftssachen. Das gilt insbesondere dann, wenn der zur Genehmigung anstehende Freiheitsentzug bei Einleitung des Genehmigungsverfahrens bereits stattfindet und währenddessen fortdauert.

Insoweit können nämlich wegen der besonderen Bedeutung des Kindeswohls in diesen Verfahren die Wertungsgrundsätze des Verfahrens in Kindschaftssachen der §§ 151 ff. FamFG und hier insbesondere das **Vorrang- und Beschleunigungsgebot** des § 155 Abs. 1 FamFG in Unterbringungsverfahren des § 167 Abs. 1 FamFG auslegend herangezogen werden.[165]

Hinweis: Verfahrensgarantien

Die mit besonderen Verfahrensgarantien zum Schutze der Grundrechte der betroffenen Minderjährigen (Art. 1, 2, 104 Abs. 2 GG) abgesicherte materiell-rechtlich verankerte Genehmigungspflicht dient nicht dazu, freiheitsentziehende Unterbringungen oder Maßnahmen „abzunicken", sondern ihre Erforderlichkeit zu prüfen, insbesondere nach weniger beeinträchtigenden Alternativen zu suchen und die Einhaltung von fachlichen Mindeststandards zu gewährleisten.[166]

Insoweit kommt der Einhaltung der Verfahrensgarantien auch eine gewisse „Richtigkeitsgewähr" für die zu treffende materiell-rechtliche Unterbringungsentscheidung zu.

2. Einleitung des Unterbringungsverfahrens

303 Das Unterbringungsverfahren wird **auf Antrag** der Sorgeberechtigten oder (im Ausnahmefall) auch **von Amts wegen** eingeleitet. Bei mitsorgeberechtigten Elternteilen ist gemäß §§ 1629 Abs. 1 Satz 2, 1687 Abs. 1 Satz 1 BGB ein übereinstimmender Antrag beider Sorgeberechtigter erforderlich. Zumindest muss eine wirksame Vollmacht des anderen Elternteils vorliegen. Nur im Falle von Gefahr im Verzuge für das Wohl des Kindes, also nur im Falle, dass die Zustimmung des anderen Elternteiles nicht rechtzeitig eingeholt werden kann, ist jeder Elternteil auch allein berechtigt, die

165 BGH ZKJ 2013, 74, 75, m.w.N.

166 Prütting/Helms/Hammer, § 167 FamFG Rn. 1b, m.w.N., u.a. mit Hinweis auf BGH FamRZ 2013, 118.

freiheitsentziehende Unterbringung oder Maßnahme anzuordnen (§ 1629 Abs. 1 Satz 4 BGB).

304 Zur Einholung der familiengerichtlichen Genehmigung zu der elterlichen Entscheidung bedarf es **keines förmlichen Antrages** i.S.d. § 23 FamFG. Das Verfahren vor dem Familiengericht wird von Amts wegen eingeleitet, in der Regel allerdings aufgrund einer Anregung der Eltern oder der Einrichtung (§ 24 Abs. 1 FamFG).

Das Familiengericht trägt auf diese Weise dem Fürsorgecharakter solcher Verfahren in besonderer Weise Rechnung. Ein **Genehmigungsverfahren**, das durch förmlichen Antrag der Eltern oder der Einrichtung eingeleitet werden müsste, würde die Frage einer gerichtlichen Genehmigung demgegenüber in das Belieben des Antragstellers stellen, sodass die Gefahr bestünde, dass dem betroffenen Kind oder Jugendlichen womöglich in einer Situation, in der eine gerichtliche Überprüfung besonders dringend angezeigt wäre, mangels förmlichen Antrags der erforderliche Schutz versagt bliebe.

Der gesetzliche Vertreter, in der Regel also die Eltern, muss zu erkennen geben, dass er die Genehmigung der freiheitsentziehenden Maßnahme wünscht, denn das Familiengericht genehmigt lediglich die von ihm **gewünschte freiheitsentziehende Maßnahme**. Die Entscheidungsbefugnis liegt also weiterhin beim gesetzlichen Vertreter, insbesondere bei den Eltern. Lehnen sie von Anfang an oder im Laufe des Verfahrens eine freiheitsentziehende Maßnahme für ihr Kind ab, fehlt es an einer Entscheidungsgrundlage für das Familiengericht. Eine Genehmigung kann dann nicht erteilt werden.

Nur wenn sie sich für eine freiheitsentziehende Maßnahme bei ihrem Kind entscheiden wollen, muss diese zusätzlich durch das Familiengericht genehmigt werden. Auch dann tritt das Familiengericht aber nicht an die Stelle der Eltern, sondern nur zusätzlich neben sie. Im Ergebnis ist damit sichergestellt, dass fortan eine unabhängige Instanz in der Regel vor der Erstanwendung einer solchen Maßnahme und sodann in regelmäßigen Abständen prüft, ob sie gerechtfertigt ist.[167]

3. Zuständigkeit: sachliche, funktionelle und örtliche

305 Für die Kinder betreffende Unterbringungsmaßnahmen sind – anders als für Erwachsene – nicht die Betreuungs-, sondern gemäß §§ 151 Nr. 6 und 7, 111 Nr. 2 FamFG die **Familiengerichte** sachlich zuständig. Funktionell zuständig ist wegen Art. 104 Abs. 2 GG der Familienrichter, nicht jedoch der Rechtspfleger.[168]

306 Die **sachliche Zuständigkeit** der Familiengerichte ergibt sich für die zivilrechtliche Unterbringung aus dem eindeutigen Wortlaut des § 1631b Abs. 1 Satz 1 BGB. Die sachliche Zuständigkeit der Familiengerichte für die Unterbringung nach den landesrechtlichen Unterbringungsgesetzen (öffentlich-rechtliche Unterbringung nach § 151

167 BR-Drucks. 793/16, S. 11.

168 HK-BUR/Hoffmann, (bis 148. Aktualisierung), § 1631b BGB Rn. 27, mit näherer Begründung unter Hinweis auf die in § 3 Nr. 2a, § 14 Abs. 1 Nr. 6 RPflG nicht auf den Rechtspfleger übertragenen Unterbringungssachen. Staudinger/Salgo (2020), § 1631b BGB Rn. 32.

Nr. 7 FamFG) setzt die materiell- oder verfahrensrechtliche Zuweisung dieser Verfahren an die Familiengerichte voraus.[169]

Diese eindeutige Zuweisung ist aber z.B. auch nach dem zum 24.12.2021 in Kraft getretenen Änderungsgesetz vom 15.12.2021 des Hessischen Psychisch-Kranken-Hilfe-Gesetz (PsychKHG) bislang immer noch nicht erfolgt (vgl. §§ 16, 17 PsychKHG Hessen;[170] vgl. mit ausdrücklicher Zuweisung an das FamFG hingegen § 17 Abs. 1 Niedersächsisches PsychKG).[171] Soweit also nach den **Landesunterbringungsgesetzen** derzeit eine Zuweisung an die Familiengerichte (noch) nicht erfolgt ist, könnten die Betreuungsgerichte – wohl entgegen der im Gesetz nicht klar genug zum Ausdruck kommenden Zielsetzung des FamFG-Gesetzgebers – auch für die landesrechtliche Unterbringung Minderjähriger nach § 151 Nr. 7 FamFG sachlich zuständig sein (strittig).[172]

Im Ergebnis steht dem allerdings § 151 Nr. 7 FamFG selbst mit seiner Bestimmung entgegen, dass die Anordnung der freiheitsentziehenden Unterbringung, die Anordnung einer freiheitsentziehenden Maßnahme und die Anordnung einer ärztlichen Zwangsmaßnahme eines Minderjährigen nach den Landesgesetzen über die Unterbringung psychisch Kranker zu den dem Familiengericht zugewiesenen Kindschaftssachen gehört.[173]

307 **Örtlich zuständig** ist vorrangig das Familiengericht, bei dem eine Vormundschaft oder (Ergänzungs-)Pflegschaft (§ 1809 BGB) für das betroffene Kind anhängig ist (§ 313 Abs. 1 Nr. 1 analog § 167 Abs. 1 Satz 1 FamFG).[174] Ist das – wie regelmäßig – nicht der Fall, finden für die örtliche Zuständigkeit des Familiengerichts die allgemeinen Zuständigkeitsregeln des betreuungsgerichtlichen Unterbringungsverfahrens (§ 313 Abs. 1 bis 4 FamFG) entsprechende Anwendung:

Örtlich zuständig ist also das Familiengericht, in dessen Bezirk der betroffene Minderjährige zur Zeit des Befasstwerdens des Gerichtes seinen gewöhnlichen Aufenthalt hat (§ 313 Abs. 1 Nr. 2 FamFG).[175] Maßgeblich ist hier gemäß § 11 BGB der **Wohnsitz der Eltern** und nicht etwa der Sitz der Anstalt, in welcher das Kind unterge-

169 Ebenso Sternal/Schäder, § 151 FamFG Rn. 19.

170 § 20 Abs. 5 PsychKHG Hessen bestimmt für die Genehmigung ärztlicher Zwangsbehandlung ausdrücklich die Zuständigkeit der Betreuungsgerichte.

171 Die Texte der Landesunterbringungsgesetze finden sich im Heidelberger Kommentar zum Betreuungs- und Unterbringungsrecht unter Ordnungsziffern 4000 ff. und in Marschner/Volckart, Freiheitsentziehung und Unterbringung.

172 Vgl. § 20 Abs. 5 PsychKHG Hessen: Genehmigung der ärztlichen Zwangsbehandlung ist ausdrücklich den Betreuungsgerichten zugewiesen. A.A. Hoffmann, Recht und Psychiatrie 2009, 121, 125 ff.: FamG seit 1.9.2009 zuständig für öffentlich-rechtliche Unterbringung von Minderjährigen; ebenso Beermann, ZKJ 2011, 535, 538.

173 Ebenso Hoffmann und Beermann, jeweils a.a.O. Vgl. zur Fassung und zum Anwendungsbereich des § 151 Nr. 7 FamFG BT-Drucks. 18/11278, 25.

174 Vgl. OLG Brandenburg FamRZ 2010, 2019, für den Fall einer bindenden Abgabe an das für die Vormundschaft zuständige Familiengericht nach §§ 313 Abs. 1 Nr. 1, 167 Abs. 1 FamFG.

175 Vgl. zu den Voraussetzungen des gewöhnlichen Aufenthaltes HK-BUR/Bauer, §§ 272 FamFG Rn. 15, 313 FamFG Rn. 38: Entscheidend ist der tatsächliche Lebensmittelpunkt des Kindes, nicht die ordnungsbehördliche Meldung.

bracht werden soll.[176] Dies führt i.d.R. zur örtlichen Zuständigkeit des Familiengerichts am Wohnsitz des Minderjährigen. Hat das Kind im Inland keinen gewöhnlichen Aufenthalt oder ist ein solcher nicht feststellbar, so ist das Gericht zuständig, in dessen Bezirk das Bedürfnis für eine freiheitsentziehende Unterbringung auftritt (§ 313 Abs. 1 Nr. 3 FamFG).[177] Für Minderjährige mit deutscher Staatsangehörigkeit, für die eine örtliche Zuständigkeit nach o.g. Vorschriften nicht begründet ist (z.B.: **Kind lebt im Ausland,** wo auch das Bedürfnis für eine Unterbringung auftritt), ist das Familiengericht Berlin-Schöneberg zuständig (§ 313 Abs. 1 Nr. 4 FamFG; Auffangzuständigkeit).

Das Familiengericht des **Ortes des Unterbringungsbedürfnisses** ist – neben den Familiengerichten, die ansonsten örtlich zuständig sind – auch für solche freiheitsentziehenden Unterbringungen Minderjähriger zuständig, die im Rahmen vorläufiger Maßregeln nach § 1867 BGB angeordnet werden müssen (§ 313 Abs. 2 FamFG): Betroffen sind Minderjährige, für die ein Vormund oder ein Ergänzungspfleger noch nicht bestellt oder nach seiner Bestellung an der Erfüllung seiner Pflichten gehindert ist.

Das örtlich zuständige Familiengericht kann das Verfahren nach Anhörung des gesetzlichen Vertreters (Sorgeberechtigte oder Vormund/Ergänzungspfleger) mit bindender Wirkung an ein anderes Familiengericht abgeben, wenn dafür wichtige Gründe bestehen, z.B. wenn sich der Minderjährige im Bezirk des anderen Familiengerichts aufhält und die Unterbringungsmaßnahme dort vollzogen werden soll (vgl. §§ 4, 314 FamFG; „**Abgabe aus wichtigem Grund**").[178] **308**

Vorschnell sollte eine Abgabe aber nicht erfolgen. Minderjährige würden, entgegen der gesetzgeberischen Intention, – ohne vorausgehende **rechtsstaatliche Kontrolle** am Ort des bisherigen Lebenszusammenhangs – zunächst einmal in geschlossenen Anstalten außerhalb untergebracht werden können. Das kontrollierende Gericht am bisherigen Lebensmittelpunkt des Kindes oder Jugendlichen kann die Erforderlichkeit und die Erreichbarkeit von Alternativen grundsätzlich besser überprüfen als das Gericht am Sitz der geschlossenen Einrichtung (vgl. §§ 1631b Abs. 1 und Abs. 2 Satz 2 Hs. 2, 1666, 1666a BGB).[179]

Deshalb wird stets vor der Anordnung einer Unterbringung bzw. der Genehmigung der beantragten freiheitsentziehenden Maßnahmen gemäß § 1631b BGB eine **Überprüfung der Verhältnisse und Möglichkeiten** der zur Erziehung berechtigten und

---

176 Staudinger/Salgo (2020), § 1631b BGB Rn. 32 mit Verweis auf OLG Bremen, FamRZ 1980, 928, 929; BayObLG, FamRZ 1982, 1133, 1134; OLG Brandenburg, FamRZ 2003, 175; OLG München, FamRZ 1988, 969, 970: Wenn das Kind seit mehr als 10 Jahren außerhalb des Wohnorts der Eltern untergebracht ist, ist davon auszugehen, dass am Sitz der Anstalt durch die Eltern ein Wohnsitz begründet wurde.

177 Gerichtsort des Unterbringungsbedürfnisses, vgl. HK-BUR/Bauer, §§ 272 FamFG Rn. 19, 313 FamFG Rn. 40ff: Der auch nur zeitweilige Aufenthaltsort des Kindes oder der Ort der Einrichtung, in der das Kind bereits freiheitsentziehenden Maßnahmen unterworfen ist.

178 Vgl. zu Bedenken gegen eine vorschnelle Abgabe Staudinger/Salgo (2020), § 1631b BGB Rn. 33 m.w.N. Andererseits gilt § 319 Abs. 4 FamFG: Anhörungen der Minderjährigen sollen i.d.R. nicht im Wege der Rechtshilfe durch das FamG am Unterbringungsort erfolgen.

179 Staudinger/Salgo (2020), § 1631b BGB Rn. 33; MünchKomm FamFG/Heilmann, § 167 Rn. 7.

verpflichteten Eltern notwendig sein. In diese Abwägung – unter strikter Beachtung der Verhältnismäßigkeit – einzugehen hat auch, ob und welche Erziehungshilfen aufgrund des SGB VIII am Wohnort bereitgestellt bzw. von den Eltern gemäß §§ 27 ff. SGB VIII beansprucht worden sind (§ 50 Abs. 2 SGB VIII i.V.m. § 162 FamFG). Erst dann[180] kann darüber befunden werden, ob eine Erziehung, u.U. mit entsprechender Unterstützung, außerhalb einer geschlossenen Anstalt oder ohne freiheitsentziehende Maßnahmen tatsächlich noch möglich oder als eine realistische Perspektive nicht mehr in Betracht zu ziehen sein wird und ob dies etwa mit einem Gebot gemäß § 1666 Abs. 3 Nr. 1 BGB angeordnet werden kann.

Keinesfalls darf aber den Interessen des an sich zuständigen Richters am Wohnsitzgericht des gesetzlichen Vertreters bzw. solchen der Justizverwaltung zur Vermeidung eines „Reiserichtertums“ Vorrang vor den Interessen des betroffenen Minderjährigen eingeräumt werden.[181]

Vor der geplanten **Abgabe** sollen die Verfahrensbeteiligten, so auch der Verfahrensbeistand, angehört werden (§ 4 Abs. 2 FamFG), sodass er ggf. bestehende Bedenken gegen die Abgabe äußern und z.B. im Falle der dennoch erfolgten Abgabe an ein weit entfernt liegendes Familiengericht seine **Entpflichtung** aus der Aufgabe als Verfahrensbeistand und eine Neubestellung eines anderen Verfahrensbeistands am Ort des übernehmenden Gerichts anregen kann (§§ 158 Abs. 4 Satz 2 Nr. 1, 167 Abs. 1 FamFG).

Praxistipp

▶ *Eine Abgabe des Verfahrens gegen seinen Willen kann der Verfahrensbeistand zwar nicht verhindern. Nach Übernahme des Verfahrens kann er aber auf Entlassung und Neubestellung eines ortsansässigen Verfahrensbeistands hinwirken.*

4. Verfahrensgarantien: Überblick

309 Wesentliche Verfahrensgarantie des Unterbringungsverfahrens ist u.a. die **Einholung eines Sachverständigengutachtens** zur Unterbringungsnotwendigkeit (§ 321 FamFG), das gemäß § 167 Abs. 6 Satz 1 FamFG von einem Arzt für Kinder- und Jugendpsychiatrie und -psychotherapie erstattet werden soll.

In Verfahren nach § 1631b BGB (§ 151 Nr. 6 FamFG) kann das Gutachten auch durch einen in Fragen der Heimerziehung ausgewiesenen Psychotherapeuten, Psychologen, Pädagogen oder Sozialpädagogen erstattet werden (§ 167 Abs. 6 Satz 2 FamFG).[182]

In Verfahren zur Genehmigung freiheitsentziehender Maßnahmen nach § 1631b Abs. 2 FamFG genügt aber ein **ärztliches Zeugnis** eines Arztes für Kinder- und Ju-

180 Staudinger/Salgo (2020), a.a.O.: Zutreffend OLG Bremen FamRZ 1980, 928, 929.
181 Staudinger/Salgo (2020), § 1631b BGB Rn. 33, mit Verweis auf OLG Stuttgart, FamRZ 1980, 825; OLG Köln, FamRZ 1980, 481; BayObLG, FamRZ 1982, 343.
182 Vgl. zu Einzelheiten Rohmann, FPR 2009, 30.

gendpsychiatrie und -psychotherapie (§ 167 Abs. 6 Satz 3 und 4 FamFG). Vgl. zur Kritik daran unter Rn. 275.

Praxistipp

Der Verfahrensbeistand sollte aber auch in diesen Fällen für ein Mehr an Rechtsschutz für die betroffenen Minderjährigen und damit für die Einholung eines ausführlichen ärztlichen Gutachtens plädieren, das auch zu Alternativen zu freiheitsentziehenden Maßnahmen Stellung nimmt (vgl. Rn. 323).

Weitere Verfahrensgarantien sind die persönliche richterliche **Anhörung** **310**

- des Minderjährigen (§ 319 FamFG),
- seiner Personensorgeberechtigten,
- seiner Pflegeeltern (§ 167 Abs. 4 FamFG) und
- die Anhörung des Jugendamtes (§ 320 Satz 2 FamFG)

sowie die (obligatorische) **Bestellung und Anhörung eines Verfahrensbeistands** (§ 167 Abs. 1 Satz 2 und 3 FamFG).

Die Einholung eines Gutachtens, die persönliche richterliche Anhörung des Minderjährigen und die Bestellung und Anhörung des Verfahrensbeistands sind regelmäßig zwingend auch bei vorläufigen Unterbringungen, die im Wege einstweiliger Anordnungen ergehen (§ 331 FamFG).[183] Diese Verfahrenshandlungen sind insbesondere dann, wenn der Freiheitsentzug bereits stattfindet und fortdauert, zügig vorzunehmen. Auch hier gilt das **Vorrang- und Beschleunigungsgebot** des § 155 FamFG.

Die Anhörung des Kindes hat regelmäßig in Anwesenheit des Verfahrensbeistands **vor der Entscheidung** über den Freiheitsentzug zu erfolgen. Andernfalls ist sie verfahrensfehlerhaft.[184] Vgl. insoweit ausdrücklich §§ 319 Abs. 2 Satz 2, 159 Abs. 4 Satz 3 FamFG.

Der **Inhalt der Genehmigungsentscheidung** des FamG ergibt sich aus § 38 FamFG. **311**
Hierbei muss stets berücksichtigt werden, dass es sich um eine Genehmigung zu einer von den Eltern zu treffenden bzw. ausnahmsweise bereits getroffenen Entscheidung handelt: Nicht das Gericht ordnet die Unterbringung oder freiheitsentziehende Maßnahme i.S.d. § 1631b BGB an.

Aus der näheren Bezeichnung der Unterbringungsmaßnahme muss sich eindeutig ergeben, dass es sich nicht um eine gerichtlich angeordnete Unterbringung, vielmehr um eine **vom Gericht genehmigte Unterbringung** bzw. Maßnahme durch die Eltern (bzw. Vormund oder Pfleger) handelt, denen auch die Auswahl der Anstalt oder Ein-

183 Vgl. zu Einzelheiten HK-BUR/Hoffmann, (bis 148. Aktualisierung), § 1631b BGB Rn. 25 ff.; Wille, Freiheitsentziehung bei Kindern und Jugendlichen nach § 1631b BGB in der familiengerichtlichen Praxis, Der Amtsvormund 2000, 449; dort auch zur Abgrenzung des Freiheitsentzuges nach § 1631b BGB zur öffentlich-rechtlichen Unterbringung nach den Landesunterbringungsgesetzen, PsychKGs; Bauer, Ev. Jugendhilfe Heft 2/2001, S. 80, 84 ff.

184 BGH BtPrax 2012, 116, 117; BtPrax 2011, 125, 126 zur betreuungsrechtlichen Unterbringung.

richtung (psychiatrische Klinik bzw. geschlossene Einrichtung der Kinder- und Jugendhilfe) bzw. der konkreten freiheitsentziehenden Maßnahme obliegt. Mit der Auswahl der Einrichtung könnten sie auch das Jugendamt betrauen.[185]

Wird eine Unterbringungsmaßnahme angeordnet oder genehmigt, hat das Familiengericht in der Unterbringungsentscheidung

- neben der verpflichtenden zeitlichen Befristung der Unterbringung (§ 323 Nr. 2 FamFG) nach § 323 Nr. 1 FamFG
- zwingend auch die nähere Bezeichnung der Unterbringungsmaßnahme anzugeben.

Es ist also in der Entscheidungsformel anzugeben, dass die freiheitsentziehende Unterbringung entweder in einer Einrichtung der Kinder- und Jugendhilfe oder in einer der Kinder- und Jugendpsychiatrie erfolgt.[186] Eine konkrete Bezeichnung der Einrichtung (Name, Ort) muss nicht erfolgen, weil die Auswahlmöglichkeit (innerhalb einer Art der Unterbringung) nicht eingeschränkt werden soll; bei der freiheitsentziehenden Maßnahme eines Minderjährigen durch die Eltern bzw. des Mündels durch den Vormund obliegt die Auswahl der Einrichtung also den Eltern/dem Vormund, nicht dem Familiengericht.[187]

312 Unter Berücksichtigung der auf den zivilrechtlichen Freiheitsentzug übertragbaren Entscheidung des BVerfG zur körpernahen Fixierung nach PsychKHG[188] und unter Berücksichtigung der Rechtsprechung des BGH zu den vergleichbaren Anforderungen gemäß § 323 Abs. 2 FamFG an eine Tenorierung eines Beschlusses zur Genehmigung einer ärztlichen Zwangsmaßnahme[189] hat der Tenor einer gemäß § 1631b Abs. 2 BGB zu genehmigenden körpernahen Fixierung grundsätzlich eine „Eins-zu-Eins Betreuung durch pflegerisches oder therapeutisches Personal" anzuordnen. Eine „stetige Erreichbarkeit des Personals" genügt nicht.

Es bedarf darüber hinaus einer Festlegung im Beschlusstenor der amtsgerichtlichen Genehmigungsentscheidung, dass die einzelne **Anordnung der Fixierung** nur durch einen Arzt erfolgen darf. Enthält der Genehmigungsbeschluss diese Anordnungen nicht, macht er die freiheitsentziehende Maßnahme insgesamt rechtswidrig.[190]

5. Pflicht zur Bestellung eines Verfahrensbeistands

313 Ein Verfahrensbeistand für das Unterbringungsverfahren ist wegen der Intensität des Eingriffes in Form des Freiheitsentzugs in die Grundrechte des Minderjährigen (Art. 1 und 2 GG) **stets** zu bestellen (§ 167 Abs. 1 Satz 2 und 3 FamFG). Die Möglichkeit zur

185 Staudinger/Salgo (2020), § 1631b BGB Rn. 41.
186 OLG Naumburg OLGR Naumburg 2004, 57; OLG Naumburg JAmt 2002, 538 zu § 70f Abs. 1 Nr. 2 FGG;
187 OLG Naumburg JAmt 2002, 538 f; OLG Koblenz 27.2.2015 – 11 UF 114/15, Rn 14: Keine Bezeichnung des Ortes, nur der Art der Unterbringungsmaßnahme; Staudinger/Salgo (2020), § 1631b Rn. 41.
188 BVerfGE 149, 293 = NZFam 2018, 724 mit Anm. Gietl.
189 BGH NJW 2015, 1019.
190 OLG Hamburg, Beschl. vom 17.11.2020, 12 UF 101/20, NZFam 2021, 166 mit Anm. Braun.

Begründung einer Nichtbestellung besteht nicht; ein Verfahrensbeistand ist in Fällen von Freiheitsentzug zwingend zu bestellen.

Da Gespräche mit den die Unterbringung ihres Kindes betreibenden Eltern oder dem Vormund/Ergänzungspfleger und weiteren Bezugspersonen des Kindes sowie das Mitwirken an einer einvernehmlichen Regelung der Unterbringungssituation zum Standard einer effektiven Kindesvertretung vor Gericht gerade auch in den für das Kind besonders belastenden Unterbringungsverfahren gehören, war die gerichtliche Übertragung dieser **Zusatzaufgaben regelmäßig** erforderlich (vgl. § 158b Abs. 2 Satz 1 FamFG a.F.). Vgl. insoweit nun aber § 158b Abs. 1 Satz 4 Nr. 1 FamFG, der für ab dem 11.4.2025 bestellte Verfahrensbeistände Gespräche mit den Eltern und sonstigen Bezugspersonen des Kindes auch ohne gesonderte gerichtliche Übertragung zum originären Aufgabenbereich der Verfahrensbeistandschaft bestimmt.

Der Verfahrensbeistand ist generell **so zeitig** zu bestellen, dass der mit seiner Bestel- **314**
lung verbundene Rechtsschutz für den Minderjährigen in effektiver Form wahrgenommen werden kann.[191] Die Bestellung hat daher regelmäßig **bereits mit dem Eingang** des Unterbringungsantrags der/des gesetzlichen Vertreter/s zu erfolgen, spätestens aber vor der persönlichen richterlichen (Erst-)Anhörung des Minderjährigen durch das Familiengericht.

Ist der Minderjährige bereits mit Sofortanordnung seines gesetzlichen Vertreters, der Polizei oder des Aufnahmearztes (nach PsychKG) in die Klinik oder in eine sonstige Einrichtung in freiheitsentziehender Weise aufgenommen worden (§ 1631b Abs. 1 Satz 2 BGB), ist die sofortige Beiordnung eines Verfahrensbeistands geboten, sobald dem Gericht der Unterbringungsantrag vorliegt oder das Gericht an eine einstweilige Maßregel nach §§ 1867, 1802 Abs. 2 Satz 3 BGB denken muss.

Die **Auswahl des Verfahrensbeistands** obliegt wie bei der Bestellung nach § 158 **315**
FamFG dem Familiengericht. Zum Verfahrensbeistand darf im Interesse des von der freiheitsentziehenden Unterbringung besonders schwer betroffenen Minderjährigen nur bestellt werden, wer für das Gebiet des Freiheitsentzugs von Minderjährigen einschlägige juristische, kinder- und jugendpsychiatrische oder pädagogisch-psychologische Kenntnisse und Erfahrungen mitbringt (vgl. §§ 158 Abs. 1 Satz 1, 158a Abs. 1 Satz 1 FamFG).[192]

Angehörige des Kindes, die die Verfahrensbeistandschaft nur laienhaft betreiben können, sind angesichts ihrer mangelnden Kenntnis der juristischen, pädagogischen, psychiatrischen und psychologischen Bedeutung eines Freiheitsentzuges für das Kind und die Komplexität des Unterbringungsverfahrens als Verfahrensbeistände re-

191 Vgl. § 158 Abs. 1 Satz 2 FamFG.
192 § 158 Abs. 1 S. 1 FamFG: Das Gericht hat dem minderjährigen Kind in Kindschaftssachen, die seine Person betreffen, einen fachlich und persönlich geeigneten Verfahrensbeistand zu bestellen, ...

gelmäßig ungeeignet.[193] Aus diesen Gründen kommt regelmäßig die Beiordnung **ehrenamtlicher Verfahrensbeistände** nicht in Betracht, soweit diese nicht nachweislich die zuvor genannten Kenntnisse erworben haben. Einen Vorrang ehrenamtlicher Verfahrensbeistände (vor Berufsverfahrensbeiständen) sehen die §§ 158, 167 FamFG demzufolge – anders als § 317 Abs. 4 Satz 2 FamFG für Volljährige in betreuungsrechtlichen Unterbringungsverfahren – auch nicht vor.

Gänzlich scheiden wegen des in ihrer Person angelegten **Interessenkonfliktes** als Verfahrensbeistände die Mitarbeiter der Einrichtung oder des Trägers der Einrichtung aus, in der der Minderjährige wohnt, in der er untergebracht oder freiheitsentziehenden Maßnahmen nach § 1631b Abs. 2 BGB unterworfen werden soll. Auch Mitarbeiter des fallzuständigen Jugendamtes sollten aus diesen Gründen nicht zu Verfahrensbeiständen bestellt werden.

316 Die Bestellung eines Verfahrensbeistands darf nicht mehr unterbleiben oder aufgehoben werden, wenn der Minderjährige durch einen (eigenen) **Rechtsanwalt** oder einen anderen geeigneten Verfahrensbevollmächtigten vertreten wird (vgl. zu den verbliebenen Aufhebungsgründen § 158 Abs. 4 Satz 2 Nr. 1 und 2 FamFG).

Die bisherige Regelung des § 158 Abs. 5 FamFG, nach der die Bestellung eines Verfahrensbeistands unterbleiben oder aufgehoben werden sollte, wenn die Interessen des Kindes von einem Rechtsanwalt oder einem anderen geeigneten Verfahrensbevollmächtigten angemessen vertreten werden, ist in Konsequenz zu den in § 158a FamFG eingeführten konkreten Qualitätsanforderungen an Verfahrensbeistände entfallen. Mit dieser Vorschrift wurden Voraussetzungen für die Bestellung als Verfahrensbeistand eingeführt, die sich nicht auf eine juristische Grundqualifikation beschränken. Wie alle anderen in § 158a Abs. 1 FamFG genannten Berufsgruppen können auch Rechtsanwältinnen und Rechtsanwälte künftig nur noch als Verfahrensbeistände bestellt werden, wenn sie über die entsprechende **Zusatzqualifikation** verfügen und dies nachweisen können. Aus diesem Grund läuft die Annahme des bisherigen § 158 Abs. 5 FamFG ins Leere, dass Rechtsanwältinnen und Rechtsanwälte die Interessen des Kindes stets in ebenso geeigneter Weise vertreten können wie ein Verfahrensbeistand.

Im Übrigen sollte durch die Streichung verhindert werden, dass Sorgeberechtigte die fehlende Anfechtbarkeit der Bestellung des Verfahrensbeistands (§ 158 Abs. 5 FamFG) dadurch umgehen, dass anstelle eines nicht gewünschten Verfahrensbeistands für das Kind ein selbst gewählter Rechtsanwalt oder eine Rechtsanwältin mandatiert wird.[194] Die Ablösung einer am Kindeswohl orientierten Verfahrensbeistandschaft durch eine am Mandatsverhältnis orientierte Verfahrensbevollmächti-

193 Vgl. § 158a Abs. 1 Satz 1 FamFG: Fachlich geeignet i.S.d. § 158 Abs. 1 ist eine Person, die Grundkenntnisse auf den Gebieten des Familienrechts, insbesondere des Kindschaftsrechts, des Verfahrensrechts in Kindschaftssachen und des Kinder- und Jugendhilferechts, sowie Kenntnisse der Entwicklungspsychologie des Kindes hat und über kindgerechte Gesprächstechniken verfügt.

194 Vgl. BT-Drucks. 19/23707, S. 53.

gung liegt gerade in Freiheitsentzugsverfahren auch nicht im Interesse des Minderjährigen.[195]

▶ *Vgl. zur Rolle des Verfahrensbeistandes Teil 2/Stötzel, Rn. 11 und der Wille-Wohl-Debatte Teil 1/Salgo, Rn. 45 ff.*

Einen eigenen **Verfahrensbevollmächtigten** kann dennoch jeder betroffene Minderjährige wirksam beauftragen, der das 14. Lebensjahr vollendet hat. Das folgt aus § 167 Abs. 3 FamFG, wonach der Betroffene ohne Rücksicht auf seine Geschäftsfähigkeit als voll verfahrensfähig gilt, der das genannte Alter vollendet hat.[196] Der Minderjährige kann dann auch Verfahrenskostenhilfe unter Beiordnung des Rechtsanwalts beantragen. **317**

Die Vertretung durch einen Verfahrensbevollmächtigten der Eltern oder des Vormunds, der die Unterbringung des Minderjährigen betreibt, reicht demnach nicht zur Unterlassung der Bestellung oder der Aufhebung einer allein dem Interesse des Minderjährigen verpflichteten Verfahrensbeistandschaft. Das Gleiche gilt wegen der Abhängigkeit vom erwachsenen Auftraggeber auch für solche Verfahrensbevollmächtigte, die von den die Unterbringung betreibenden Eltern bzw. Vormündern entschädigt werden.

▶ *Wegen der Stellung des Verfahrensbeistandes im Unterbringungsverfahren wird auf die Ausführungen zu Rn. 261 ff. und zu Rn. 366 bis 369 und die Erläuterungen zu § 158 FamFG verwiesen. Zu den Aufgaben des Verfahrensbeistandes im Unterbringungsverfahren vgl. Rn. 352 ff.*

6. Freiwilligkeitserklärung des Minderjährigen

Ob ein betroffener Minderjähriger im Ausnahmefall unter Berücksichtigung bestehender psychischer Störungen bzw. geistiger Behinderung das nötige Urteilsvermögen und die erforderliche Einsichtsfähigkeit in die Konsequenzen seiner Erklärung besitzt, um wirksam in seinen Freiheitsentzug einwilligen zu können, hat der Verfahrensbeistand besonders kritisch zu überprüfen.[197] Schließlich **entfällt** bei Annahme einer wirksamen Freiwilligkeitserklärung nach Auffassung einiger Familiengerichte die **richterliche Genehmigungskontrolle**.[198] **318**

Die Frage, ob die richterliche Kontrolle von Freiheitsentzug bei Minderjährigen überhaupt zurückgenommen werden kann, wird im Hinblick auf die Grundrechtsgarantie bei Freiheitsentzug nach Art. 104 Abs. 2 GG wegen der besonderen Schutzbedürftig-

195 Vgl. so schon Pkt. 5.5 der Standards für Verfahrensbeistände der BAG-Verfahrensbeistandschaft für Kinder und Jugendliche e.V., Fassung 2001.

196 Vgl. nur in Sternal/Schäder, § 167 FamFG Rn. 21; Bassenge/Roth, § 167 FamFG Rn. 4.

197 Vgl. ausführlich Amelung, Recht und Psychiatrie 1995, 20.

198 „Freiwilligkeitserklärung" mit der Folge, dass eine gerichtliche Genehmigung mangels Freiheitsentzuges nicht erfolgen kann, vgl. HK-BUR/Hoffmann, (bis 148. Aktualisierung), § 1631b BGB Rn. 5 ff.; Saage/Göppinger, Freiheitsentziehung und Unterbringung, § 1631b BGB Anm. 4; Marschner in Marschner/Lesting/Stahmann, § 1631 B BGB Rn. 9; BayObLGZ 1994, 302; vgl. auch Gollwitzer/Rüth, Die geschlossene Unterbringung Minderjähriger aus kinder- und jugendpsychiatrischer Sicht, FamRZ 1996, 1388.

keit von Minderjährigen in der Literatur äußerst **kontrovers** diskutiert.[199] Es wird die Auffassung vertreten, dass es immer einer richterlichen Entscheidung bedürfe, da nur der Richter über die Zulässigkeit und Fortdauer eines Freiheitsentzuges entscheiden könne.[200] In diesem Sinne auch Salgo:

> „Auch bei älteren Minderjährigen ist die familiengerichtliche (vormals: vormundschaftsgerichtliche) Genehmigung in aller Regel erforderlich, da gemeinsames Merkmal für freiheitsentziehende Unterbringungen Minderjähriger zumeist – in Anbetracht des engen Anwendungsbereiches des § 1631b – eine wesentliche Gefährdung, Erkrankung oder Störung und damit einhergehend eine Beeinträchtigung oder Einschränkung der Steuerungs-, Einsichts- und Entscheidungsfähigkeit ist, sodass eine so schwerwiegende Entscheidung, bei der zudem auch Eltern dem richterlichen Genehmigungserfordernis unterworfen sind, kaum je allein von der Einwilligung des Minderjährigen abhängig sein kann (vgl. insb. Gollwitzer-Rüth, a.a.O.). Das Persönlichkeitsprofil der hier in Betracht zu ziehenden Minderjährigen spricht in aller Regel eben nicht für das Vorhandensein einer entsprechenden Einsichtsfähigkeit in eine so folgenreiche Entscheidung."[201]

319 Ob das jeweils betroffene Kind – unabhängig von seinem Alter – in seiner konkreten Situation tatsächlich in der Lage ist, die **Konsequenzen** einer Freiwilligkeitserklärung zu überblicken, davon hat sich der Verfahrensbeistand vor Ort im Rahmen eines persönlichen Kontaktes zum Kind selbst zu überzeugen. Auch das Gericht muss vom Verfahrensbeistand dazu veranlasst werden, von einer tragfähigen Freiwilligkeitserklärung erst dann auszugehen, wenn es sich von dem betroffenen Kind vor Ort in der Einrichtung einen persönlichen Eindruck verschafft und ein Gespräch mit dem Kind geführt hat. Nur so kommt das Gericht seiner **rechtsstaatlichen Kontrollfunktion** nach.[202]

Der Verfahrensbeistand wie auch das Gericht werden bei dieser Einschätzung alle fallspezifischen Umstände – insbesondere aber die unerlässlichen Ausführungen des Sachverständigengutachtens zur **Einwilligungsfähigkeit** – zu berücksichtigen haben. Wegen des (Erwartungs-)Drucks der Sorgeberechtigten bzw. der Einrichtung, des Krankheitsbildes, des Einflusses von Medikamenten oder aufgrund anderer Umstände werden regelmäßig **Zweifel** an der Freiheit der natürlichen Willensbildung oder der Einsichtsfähigkeit des psychisch gestörten oder sich jedenfalls in einer Ausnahmesituation befindlichen Minderjährigen verbleiben.[203]

---

199 Vgl. zu Einzelheiten MünchKomm-ZPO/Heilmann, § 167 FamFG Rn. 31 m.w.N. zum Streitstand in Fn. 24; Vogel, FamRZ 2015, 1; Salgo, FPR 2011, 546ff.; HK-BUR/Hoffmann, (bis 148. Aktualisierung), § 1631 BGB Rn. 9ff., 15ff, 35ff.

200 Schwab, FamRZ 1990, 687; a.A., aber mit starken Einschränkungen hinsichtlich alters- und krankheitsgem.er Erkenntnis- und Entscheidungsmöglichkeiten Marschner in Marschner/Lesting/Stahmann, § 1631b BGB Rn. 9.

201 Staudinger/Salgo, § 1631b BGB Rn. 8; Salgo, FPR 2011, 546, 548; vgl. auch Fink, in Heilmann/Lack, Die Rechte des Kindes, S. 151 ff.

202 Vgl. ebenso BVerfG FamRZ 2007, 1627, 1628; MünchKomm-ZPO/Heilmann, § 167 FamFG Rn. 31; Wille, Zentralblatt für Jugendrecht 2002, 85 ff.; Wille, Der Amtsvormund 2000, 449.

203 So auch Wille, a.a.O., mit der Forderung, dass der Richter sich „in jedem Fall" durch persönliche Anhörung des Kindes von der Wirksamkeit der Freiwilligkeitserklärung zu überzeugen hat; vgl. aus kinder- und jugendpsychiatrischer Sicht Rüth, FPR 2011, 554, und Gollwitzer/Rüth, FamRZ 1996, 1388, 1389.

7. Richterliche Anhörung des Minderjährigen

Die persönliche richterliche Anhörung des Kindes vor Erlass einer Unterbringungsentscheidung ist die vom Familiengericht **zwingend** zu beachtende zentrale Verfahrensgarantie eines jeden Unterbringungsverfahrens (vgl. §§ 319, 167 Abs. 1 FamFG). Das gilt **auch** und **in** besonderem Maße in den in der gerichtlichen Praxis zahlenmäßig weit überwiegenden **Eilfällen**, in denen Familiengerichte wegen der besonderen Eilbedürftigkeit nicht selten grob verfahrensfehlerhaft auf persönliche richterliche Anhörungen der Kinder verzichten. Insoweit wird auf §§ 331 Satz 1 Nr. 4, 167 Abs. 1 FamFG und die Ausführungen zu den Verfahrensgarantien in Eilfällen unter Rn. 310 verwiesen. 320

Ist ein Verfahrensbeistand bestellt worden, hat die richterliche Anhörung des Minderjährigen und die Verschaffung eines persönlichen Eindrucks regelmäßig in dessen Anwesenheit stattzufinden (§ 159 Abs. 4 Satz 3 FamFG). Vgl. zu weiteren Einzelheiten Rn. 310 und 322.

Die vorherige persönliche richterliche Anhörung ist regelmäßig auch dann unverzichtbar, wenn Zwangsmaßnahmen zur Durchsetzung der psychiatrischen oder psychologisch-pädagogischen Begutachtung nach § 167 Abs. 6 FamFG erforderlich werden (vgl. §§ 322, 283 Abs. 1 Satz 2, 284 Abs. 1 Satz 2, 167 Abs. 1 FamFG; hierzu auch Teil 5/*Fegert*, Rn. 66). Insoweit wird auf die Ausführungen zur **Zwangsvorführung zum Sachverständigen** und zur freiheitsentziehenden Beobachtungsunterbringung (dazu unten Rn. 324) verwiesen. 321

In Verfahren, welche die Genehmigung einer freiheitsentziehenden Unterbringung eines Kindes betreffen, welches das **14. Lebensjahr vollendet** hat, ist das nach § 321 Abs. 1 FamFG eingeholte Sachverständigengutachten mit seinem vollen Wortlaut dem betroffenen Kind im Hinblick auf seine Verfahrensfähigkeit (§ 167 Abs. 3 FamFG) grundsätzlich rechtzeitig vor dem Anhörungstermin zu überlassen, um ihm Gelegenheit zu geben, sich zu diesem und den sich hieraus ergebenden Umständen zu äußern.

Von der **Bekanntgabe des Sachverständigengutachtens** kann in diesen Verfahren auch unter den Voraussetzungen des § 164 Satz 2 FamFG abgesehen werden. Dem betroffenen Kind ist dann jedoch der Inhalt des Gutachtens entsprechend seinem Alter und Entwicklungsstand durch den Verfahrensbeistand mitzuteilen.[204]

Ist bei Fällen von **Gefahr im Verzug** i.S.d. § 332 FamFG – ausnahmsweise – zu Recht auf die vorherige richterliche Anhörung des Kindes vor Anordnung oder Genehmigung der freiheitsentziehenden Unterbringung verzichtet worden, so ist die richterliche **Anhörung** des Minderjährigen (in Anwesenheit des Verfahrensbeistandes) unverzüglich, d.h. ohne schuldhaftes Zögern (Definition in § 121 Abs. 1 Satz 1 BGB) umgehend **nachzuholen** (§ 1631b Abs. 1 Satz 3, 2. Hs. BGB), sobald die Anhörung tatsächlich möglich geworden ist (vgl. § 332 Satz 2 FamFG). Darauf hat der Verfahrensbeistand dem Gericht gegenüber wegen der Bedeutung der persönlichen Anhö- 322

204 BGH, Beschl. v. 6.11.2024, XII ZB 368/24 (im Anschluss an BGH, Beschl. v. 9.10.2024, XII ZB 253/24, juris).

rung für die Einschätzung der Erforderlichkeit einer Unterbringungsmaßnahme dringend hinzuwirken.

▶ *Wegen der Aufgabe des Verfahrensbeistands, die Einhaltung der Verfahrensgarantien durch das Gericht zu kontrollieren und das Kind bzw. den Jugendlichen auf die richterliche Anhörung vorzubereiten, wird auf die Ausführungen unter Rn. 352 bis 360 verwiesen.*

8. Sachverständige Begutachtung

323 Anders als § 1831 BGB für die Erwachsenen stellt § 1631b BGB für das Bedürfnis des Freiheitsentzugs nicht auf eine Erkrankung bzw. Behinderung ab, sondern auf das „Wohl des Kindes". Der Sachverständige wird sich daher in der Mehrzahl der Fälle mit Entwicklungsstörungen bzw. Erziehungsdefiziten beschäftigen müssen, die nicht notwendigerweise Krankheitscharakter haben. Wegen des eindeutigen Wortlautes des § 70e FGG musste nach altem Recht zwar jedenfalls ein Gutachten mindestens eines (jugend-)psychiatrieerfahrenen Mediziners eingeholt werden. Zusätzlich war aber regelmäßig auch die sachverständige Stellungnahme eines Pädagogen und/oder Psychologen erforderlich. Dieser sollte die Erforderlichkeit und Geeignetheit der freiheitsentziehenden Unterbringung als letztes Mittel der ärztlichen und/oder pädagogisch-erzieherischen Einflussnahme auf den Minderjährigen erörtern und die evtl. noch verbleibenden Alternativen zur Beseitigung der Kindeswohlgefährdung durch Maßnahmen der offenen Jugendhilfe darlegen.

Diesen Anforderungen der gerichtlichen Praxis ist der Gesetzgeber des FamFG mit der Bestimmung des § 167 Abs. 6 Satz 2 FamFG nachgekommen – allerdings mit der durchaus kritikwürdigen Regelung (vgl. Rn. 275), dass für die Genehmigung freiheitsentziehender Maßnahmen i.S.d § 1631b Abs. 2 BGB statt eines ärztlichen Gutachtens auch ein ärztliches Zeugnis ausreichen soll.

Praxistipp

▶ *Mit einem (einfach-)**ärztlichen Zeugnis** zur Notwendigkeit des Freiheitsentzuges, wie es nach § 167 Abs. 6 Satz 3 FamFG für freiheitsentziehende Maßnahmen nach § 1631b Abs. 2 BGB und §§ 321 Abs. 2, 331 Nr. 2, 312 Nr. 2 FamFG, §§ 1867, 1802 Abs. 2 Satz 3 BGB für Maßnahmen der vorläufigen Unterbringung bzw. für einstweilige freiheitsentziehende Maßregeln ausreicht (Freiheitsentzug für die Dauer von sechs Wochen bzw. höchstens drei Monaten, § 333 FamFG), sollte sich der Verfahrensbeistand im Interesse des von ihm vertretenen Minderjährigen regelmäßig nicht abfinden und auf der umgehenden Einholung weiterer fachkundiger Stellungnahmen im Rahmen eines **förmlichen Gutachtens** i.d.S. § 167 Abs. 6 Satz 1 und 2 FamFG durch das Gericht bestehen.*

324 **Sonderfall: Beobachtungsunterbringung**

Im Falle der **Verweigerung der Begutachtung** durch das Kind stehen dem Familiengericht die Zwangsmaßnahmen

- der Zwangsvorführung und

- der freiheitsentziehenden Unterbringung zur Begutachtung (sog. Beobachtungsunterbringung; zu befristende Dauer: 6 Wochen, § 284 Abs. 2 FamFG)

zur Verfügung (§§ 322, 167 Abs. 1, 283, 284 FamFG). Für die zwangsweise Vorführung und die Unterbringung zur Begutachtung (§ 322 FamFG) gelten die §§ 283 und 284 FamFG entsprechend, d.h., auch in diesen Fällen ist eine vorherige richterliche Anhörung des Kindes im Beisein des immer so frühzeitig wie möglich zu bestellenden Verfahrensbeistands Pflicht (im Falle der Unterbringung zur Begutachtung, vgl. § 284 Abs. 1 Satz 2 FamFG) oder zumindest soll sie – wenn möglich – vor einer Zwangsvorführung zur Begutachtung stattfinden (§ 283 Abs. 1 Satz 2 FamFG).

Solche Zwangsmaßnahmen zu vermeiden und Alternativen dazu aufzuzeigen, ist im Interesse des von ihm vertretenen Kindes Aufgabe des Verfahrensbeistands. Er soll das Kind über die Zulässigkeit dieser Zwangsmaßnahmen bei Verweigerung der Begutachtung informieren und auf die Folgen und möglichen Alternativen hinweisen (vgl. §§ 158b Abs. 1 Satz 3, 167 Abs. 1 Satz FamFG).

Erfahrungen der gerichtlichen Praxis zeigen, dass bei der Anordnung der sog. Beobachtungsunterbringung nach §§ 322, 284 FamFG – aus welchen Gründen auch immer – nicht selten auf die nach § 284 Abs. 1 Satz 2 FamFG zwingende richterliche **Anhörung des Kindes** in Anwesenheit des Verfahrensbeistands „verzichtet" wird und damit die Verfahrensrechte des Kindes massiv verletzt werden (Verletzung des Anspruches des Kindes auf die Gewährung rechtlichen Gehörs, Art. 103 Abs. 1 GG; Verletzung der Amtsermittlungspflicht nach § 26 FamFG).

Praxistipp

▶ *Aufgabe des Verfahrensbeistands ist es in einem solchen Falle, das Gericht dringend auf seine Pflicht zur Anhörung des Kindes vor Anordnung der Beobachtungsunterbringung hinzuweisen.*

Schließlich ist mit der Beobachtungsunterbringung bis zu einer Höchstdauer von sechs Wochen ein Freiheitsentzug und damit ein erheblicher Eingriff in die grundgesetzlich geschützte Freiheit der Person (Art. 2 Abs. 2 Satz 2 GG) verbunden.[205]

Ist die Beobachtungsunterbringung bereits ohne richterliche Anhörung des Kindes oder zwar nach Anhörung, aber **in Abwesenheit des Verfahrensbeistands** beschlossen worden, ist es die dringende Pflicht des Verfahrensbeistands, unverzüglich die nach §§ 284 Abs. 3 Satz 2, 322 FamFG zulässige **sofortige Beschwerde** gegen den Unterbringungsbeschluss einzulegen. Denn nicht selten wird in der Praxis die Beobachtungsunterbringung überhaupt nicht für die ihr zugedachte Funktion genutzt, die Erstellung des nach § 321 FamFG vor einer Unterbringungsentscheidung zwingend erforderlichen ärztlichen Gutachtens zu ermöglichen. Vielmehr wird oft genug spätestens nach Ablauf der Frist für die Beobachtungsunterbringung (§ 284 Abs. 2 FamFG) der weitere Unterbringungsbedarf verneint, die Unterbringung für beendet erklärt und auf die Erstattung eines ärztlichen Gutachtens von allen Verfahrensbetei-

205 BGH BtPrax 2012, 116, 117; BGH BtPrax 2011, 125, 126.

ligten und seitens des Familiengerichts verzichtet. Da diese Praxis eine klare Umgehung des Gesetzeszweckes zu Lasten der betroffenen Kinder darstellt, ist es Pflicht des Verfahrensbeistands, das Kind gegen solche rechtswidrigen gerichtlichen Praktiken zu schützen.

Praxistipp

Der Verfahrensbeistand muss bei Anordnung einer Beobachtungsunterbringung stets darauf achten, dass das Familiengericht die höchstens zulässige ***Unterbringungsdauer*** *so stark wie möglich abkürzt (Höchstdauer sechs Wochen mit Möglichkeit der Verlängerung auf drei Monate; vgl. § 284 Abs. 2 FamFG) und darauf drängen, dass das im Rahmen der Unterbringung zu erstellende Gutachten möglichst zeitnah (binnen weniger Tage) schriftlich erstattet wird.*

Auf eine zeitgleich mit dem Auftrag zur Begutachtung festzusetzende möglichst kurze Frist von nur wenigen Tagen nach § 30 FamFG i.V.m. § 411 Abs. 1 ZPO zur ***Erstellung des Gutachtens*** *ist das Familiengericht dringend hinzuweisen.*

Organisatorische Defizite der die Beobachtungsunterbringung durchführenden Einrichtung (wie fehlende Schreibkräfte zum Schreiben des Gutachtens) können nicht als Legitimation für eine unnötig lange dauernde Unterbringungszeit dienen. Auf solche Defizite sollte der Verfahrensbeistand das Familiengericht hinweisen und auf Abhilfe drängen.

9. Genehmigung/Anordnung des Freiheitsentzugs

325 Nach § 1631b BGB erteilt das Familiengericht eine „Genehmigung" einer freiheitsentziehenden Unterbringung oder einer freiheitsentziehenden Maßnahme, die vom Sorgeberechtigten beabsichtigt oder – im Falle des Abs. 1 Satz 3 bei Gefahr des Aufschubes – bereits von ihm angeordnet und veranlasst wurde.

Hinweis

Eine gerichtliche Anordnung zur freiheitsentziehenden Unterbringung im Sinne eines Unterbringungsbefehles oder -auftrages ist mit der Genehmigung also nicht verbunden.

Die Entscheidung, ob von der einmal erteilten Genehmigung tatsächlich auch Gebrauch gemacht wird, liegt allein beim Sorgeberechtigten. Soweit dieser bei Ausübung seiner Entscheidungsbefugnisse das Kindeswohl gefährdet, muss ggf. unter Einschaltung des Jugendamtes ein Sorgerechtsverfahren eingeleitet werden.

Unterlassungen der Umsetzung der vom Familiengericht genehmigten Maßnahmen – wie auch der Unterbringung – können also Verfahren gemäß §§ 1666, 1666a BGB zur Folge haben, ging es doch bei den Genehmigungen um Maßnahmen, mit denen nicht anders abzuwendenden Gefährdungen begegnet werden sollte. Jedoch kann sich die Ausgangssituation verändert haben, sodass auf die Durchführung der genehmigten Maßnahmen u.U. verzichtet werden kann bzw. muss.[206]

Voraussetzung sowohl für die Erteilung als auch für die Verlängerung der familiengerichtlichen Genehmigung einer mit Freiheitsentziehung verbundenen Unterbringung eines Minderjährigen ist jeweils ein entsprechender **Antrag** des bzw. der zur Aufenthaltsbestimmung berechtigten Sorgeberechtigten. Sind also beide Elternteile insoweit mitsorgeberechtigt, bedarf es gemäß §§ 1629 Abs. 1, 1687 Abs. 1 Satz 1 BGB des Antrages beider Elternteile, weil es um eine Entscheidung von erheblicher Bedeutung geht.[207] Andernfalls liegt schon kein ausreichender Antrag auf Genehmigung vor. Zumindest muss eine wirksame Vollmacht des anderen Elternteils vorliegen. Ein **förmlicher Antrag** i.S.d. § 23 FamFG ist nicht erforderlich; es bedarf aber mindestens einer entsprechenden Anregung eines von Amts wegen einzuleitenden Verfahrens (§ 24 FamFG; vgl. unter Rn. 303 f.). **326**

In jedem Fall ist **von Amts wegen** auch nach erfolgter Einleitung des Verfahrens zu prüfen, ob die Eltern (bzw. der für das Kind bestellte Vormund oder Pfleger) mit der freiheitsentziehenden Unterbringung oder Maßnahme einverstanden sind, da das Gericht lediglich eine von den Sorgeberechtigten gewünschte Maßnahme genehmigt. Es kann nicht gegen den Willen des gesetzlichen Vertreters eine Genehmigung erteilen oder gar selbst die Unterbringung anordnen. Maßgeblich ist der Wille des bzw. der zur Aufenthaltsbestimmung Berechtigten.

Eine **Verlängerung der Genehmigung** einer freiheitsentziehenden Unterbringung kommt ohne entsprechende „Anträge“ der Sorgeberechtigten ebenfalls nicht in Betracht. Das folgt schon daraus, dass eine Verlängerung der Genehmigung unzulässig ist, wenn der Sorgeberechtigte die Unterbringung nicht mehr will.[208] **327**

Die Anordnung oder Verlängerung einer Unterbringung durch das Gericht selbst ohne oder gegen den Willen der Aufenthaltsbestimmungsberechtigten ist zur Abwendung einer erheblichen Gefahr für das Kindeswohl in Fällen einer akuten Krisenintervention nur nach dem Landesgesetz über die Unterbringung psychisch Kranker (PsychKHGs) zulässig, wenn dem Minderjährigen in Fällen von Gefahr im Verzug durch das Unterlassen oder die Verweigerung der gesetzlichen Vertreter ohne Freiheitsentzug ein erheblicher Schaden drohen und ein Eilverfahren für einen Entzug des Aufenthaltsbestimmungsrechts zu spät kommen würde.

Da das Gericht mit der Unterbringungsgenehmigung keine eigene Anordnung zur Unterbringung erlässt, kann die Einrichtung mit Zustimmung des Sorgeberechtigten und unter Einbeziehung des an der Hilfeplanung beteiligten Jugendamtes – ggf. auch unter Mitwirkung des Verfahrensbeistands – den Vollzug der Genehmigung (ggf. unter Auflagen an den Minderjährigen) aussetzen, um die Überführung bzw. Rückführung des Minderjährigen in das ohne Freiheitsentzug arbeitende Setting auszuprobieren. **328**

206 Staudinger/Salgo (2020), § 1631b BGB Rn 1b.
207 Staudinger/Salgo, § 1687 BGB, Rn. 45.
208 OLG Bremen FamRZ 2013, 1227; OLG Naumburg FamRZ 2009, 431; BR-Drucks. 793/16, S. 11.

Jede auch nur kurzzeitige **Aussetzung des Vollzugs der Unterbringungsgenehmigung** ist dem Gericht mitzuteilen, damit es zur Prüfung in der Lage ist, ob die Unterbringungsgenehmigung wegen Wegfalles der Unterbringungsvoraussetzungen zurückzunehmen ist (§ 330 Satz 1 FamFG). Die die Unterbringung vollziehende Einrichtung hat – schon aus Gründen der eigenen Haftung – dafür Sorge zu tragen, dass der Sorgeberechtigte der Mitteilungsverpflichtung dem Gericht gegenüber auch tatsächlich nachkommt.

Anderes gilt nur für solche freiheitsentziehenden Unterbringungen Minderjähriger, die im Rahmen vorläufiger Maßregeln nach §§ 1802 Abs. 2 S. 3, 1867 BGB angeordnet werden müssen (§ 334 FamFG). Betroffen sind Minderjährige, für die ein **Vormund/Ergänzungspfleger noch nicht bestellt** oder nach seiner Bestellung an der Erfüllung seiner Pflichten gehindert ist. In diesem Falle wird die Unterbringung vom Familiengericht selbst angeordnet, vollzogen und der Vollzug bei Bedarf ausgesetzt.

Eine Anordnung (statt einer Genehmigung) einer freiheitsentziehenden Unterbringung erfolgt auch bei einer Unterbringung nach den Landesgesetzen über die Unterbringung psychisch Kranker (PsychKHG), die auf Antrag einer dafür nach Landesrecht zuständigen Behörde, Stelle oder Klinik erfolgt.

329 Wird eine Unterbringungsmaßnahme angeordnet oder genehmigt, hat das Familiengericht in die Unterbringungsentscheidung neben der verpflichtenden zeitlichen **Befristung der Unterbringung** (§§ 167 Abs. 7 i.V.m. 323 Nr. 2 FamFG) nach § 323 Nr. 1 FamFG zwingend auch die nähere **Bezeichnung der Unterbringungsmaßnahme** anzugeben: Unterbringung in einer psychiatrischen oder jugendhilferechtlichen Einrichtung.

Eine geschlossene psychiatrische Unterbringung **bei rein pädagogischem Förderbedarf** ist **unzulässig**. Die geschlossene Unterbringung eines Minderjährigen in der Kinder- und Jugendpsychiatrie ist auch bei vorliegenden Anzeichen für eine psychische Störung unverhältnismäßig, wenn bei dem Minderjährigen im Schwerpunkt pädagogische Defizite bestehen, die nur die Unterbringung in einer Jugendhilfeeinrichtung rechtfertigen. Das gilt auch bei Fehlen eines (regionalen) Angebots an geeigneten Jugendhilfeeinrichtungen.[209]

Bei der Festsetzung des Zeitraums innerhalb der Höchstgrenzen des § 167 Abs. 7 FamFG werden die diesbezüglichen Angaben des Sachverständigen gemäß § 321 Abs. 1 FamFG Orientierungen geben. Die richterliche Entscheidung muss eine **kalendermäßige Bestimmung in der Entscheidungsformel** enthalten. Die **Höchstdauer** für die Unterbringung und einer freiheitsentziehenden Maßnahme beträgt 1/2 Jahr (§ 167 Abs. 7 FamFG) bzw. ausnahmsweise ein Jahr (nur unter besonderen Voraussetzungen kann sie bis zur Dauer von einem Jahr genehmigt werden). Diese Zeitrahmen sollten bei Minderjährigen nur ausnahmsweise und nur bei Vorliegen entsprechender gutachterlicher Befürwortung ausgeschöpft werden.[210]

209 BGH v. 27.11.2024 – XII ZB 164/24 (Fortführung v. BGH Beschl. v. 18.7.2012 – XII ZB 661/11, FamRZ 2012, 1556 = FamRB 2012, 309 (Stößer).

210 Staudinger/Salgo (2020), § 1631b BGB Rn. 42.

Zudem ist in der Entscheidungsformel anzugeben, ob die freiheitsentziehende Unterbringung in einer **Einrichtung** der Kinder- und Jugendhilfe oder einer Klinik der Kinder- und Jugendpsychiatrie erfolgt. Das bedeutet allerdings nicht, dass das Familiengericht ein bestimmtes Krankenhaus oder eine bestimmte Anstalt oder Einrichtung anzugeben hätte. Denn die Auswahl der konkreten Einrichtung, in der der Minderjährige untergebracht werden soll, obliegt insoweit den Sorgeberechtigten bzw. dem Vormund, nicht dem Familiengericht.[211]

Im Falle der Genehmigung oder Anordnung einer freiheitsentziehenden Maßnahme i.S.d. § 1631b Abs. 2 BGB ist diese Maßnahme nach Art und Umfang ebenfalls möglichst **konkret** zu bezeichnen.

Beispiele

„… wird die Anbringung eines beidseitigen Bettgitters zur Nachtzeit von 20.00 Uhr bis 7.00 Uhr bis zum (konkretes Ablaufdatum, vgl. § 167 Abs. 7 FamFG) genehmigt."

oder

„wird die körpernahe Fixierung im Bett mittels Bauch- und Beckengurtes für jeweils von … bis … Uhr bis zum … (konkretes Ablaufdatum) genehmigt."

Der **Vollzug der gerichtlichen Entscheidung** erfolgt durch den Personensorgeberechtigten.[212] Nur aufgrund einer ausdrücklichen gerichtlichen Anordnung ist die Gewaltanwendung gegenüber dem Minderjährigen zulässig (§ 326 Abs. 2 Satz 1 FamFG). Das Jugendamt darf nicht selbst Gewalt anwenden, sondern muss um Unterstützung der Polizei bitten (§ 326 Abs. 2 Satz 2 FamFG). **330**

VII. Einstweilige Anordnung einer vorläufigen Unterbringung; Einstweilige Maßregel der Unterbringung

Unterbringungsverfahren werden nach **drei Gefahrenstufen** unterteilt, die unterschiedliche Verfahrensabläufe nach sich ziehen: **331**

- einfache Gefahr,
- dringende Gefahr oder
- gesteigert dringende Gefahr.

Diese Unterscheidung der Gefahrenstufen ergibt sich schon aus dem unterschiedlichen Wortlaut

- der §§ 313 bis 330 FamFG (Hauptsacheverfahren bei einfacher Gefahr) und
- der §§ 331, 332, 334 FamFG (Verfahren der einstweiligen Anordnung oder der einstweiligen Maßregel der Unterbringung).

---

211 BVerfG FamRZ 2007, 1627; OLG Koblenz FamRZ 2015, 2069; OLG Naumburg JAmt 2002, 538; zu § 70f Abs. 1 Nr. 2 FGG.

212 Staudinger/Salgo, a.a.O., Rn. 46; vgl. Zimmermann FamRZ 1990, 1308, 1315.

In der gerichtlichen Praxis werden sich die meisten betroffenen Kinder oder Jugendlichen auf Betreiben ihrer Eltern oder Vormünder/Ergänzungspfleger wegen sog. „Gefahr im Verzuge" zur Abwendung einer akuten Gefahr bereits in der freiheitsentziehenden Unterbringung befinden. Oder es werden bereits freiheitsentziehende Maßnahmen nach § 1631b Abs. 2 BGB praktiziert.

▶ *Zum Begriff der freiheitsentziehenden Unterbringung siehe Rn. 272 ff.*

332 Eine solche – vorläufig ohne familiengerichtliche Genehmigung – von den gesetzlichen Vertretern des Kindes angeordnete Unterbringung oder freiheitsentziehende Maßnahme ist ausnahmsweise zulässig, wenn mit dem Aufschub der familiengerichtlichen Genehmigung **Gefahr für das Kind** verbunden ist. Die gerichtliche Genehmigung der Unterbringung ist in diesen Fällen aber „unverzüglich" (d.h. ohne schuldhaftes Zögern, vgl. die Legaldefinition in § 121 Abs. 1 BGB) nachzuholen (§ 1631b Abs. 1 Satz 3, Abs. 2 Satz 2 BGB), indem die gesetzlichen Vertreter unmittelbar nach Veranlassung der Unterbringungsmaßnahme einen Genehmigungsantrag nach § 1631b BGB beim Familiengericht stellen. Das gilt analog auch in Fällen der sog. Freiheitsentziehenden Inobhutnahme nach § 42 Abs. 5 SGB VIII, in denen das Jugendamt eine freiheitsentziehende Unterbringung im Rahmen der Inobhutnahme anordnet.

333 In allen diesen Fällen wird das Gericht die **Unterbringungsmaßnahme** zumindest im Wege einer vorläufigen Unterbringung durch einstweilige Anordnung nach § 331 FamFG **genehmigen, wenn**

1. dringende Gründe für die Annahme bestehen, dass die Voraussetzungen für die Genehmigung oder Anordnung eines Freiheitsentzuges oder einer Unterbringung nach § 1631b BGB gegeben sind und ein dringendes Bedürfnis für ein sofortiges Tätigwerden besteht;
2. ein ärztliches Zeugnis (oder nach § 167 Abs. 6 Satz 2 FamFG ein entsprechendes Zeugnis eines in Fragen der Heimerziehung ausgewiesenen Psychologen, Psychotherapeuten, Pädagogen oder Sozialpädagogen bei Unterbringung nach § 1631b BGB) über den Zustand des Minderjährigen vorliegt;
3. nach § 167 Abs. 1 Satz 3 FamFG ein Verfahrensbeistand bestellt und angehört worden ist und
4. die/der Minderjährige persönlich richterlich angehört worden ist, wobei die Anhörung – abweichend von § 319 Abs. 4 FamFG – auch im Wege der Rechtshilfe durch das Familiengericht erfolgen darf, an dessen Ort sich die Unterbringungseinrichtung befindet, in der das Kind untergebracht worden ist.

334 Bleibt für die Durchführung der in § 331 FamFG genannten Verfahrenshandlungen keine Zeit, ohne dass sich die für das Kind ohne die Unterbringung bzw. ohne die freiheitsentziehende Maßnahme bestehende Gefahr akut realisieren würde – besteht also „Gefahr im Verzuge" – kann das Familiengericht nach § 332 FamFG eine vorläufige Unterbringung bzw. einen vorläufigen Freiheitsentzug durch einstweilige Anordnung (bei gesteigerter Dringlichkeit) bereits **vor der richterlichen Anhörung** des Kindes sowie vor Bestellung und Anhörung eines Verfahrensbeistands beschließen.

In diesem Fall sind aber die zunächst unterbliebenen Verfahrenshandlungen der Anhörung des Kindes und der Bestellung und Anhörung des zu bestellenden Verfahrensbeistands „unverzüglich nachzuholen" (§ 332 Satz 2 FamFG), worauf der Verfahrensbeistand unbedingt zu achten hat.

Ein **(ärztliches) Zeugnis** über den Zustand des Kindes und dringende Gründe für die Annahme des Bestehens der Gründe für den Freiheitsentzug sind aber auch in den Fällen von Gefahr im Verzuge i.S.d. § 332 FamFG stets Zulässigkeitsvoraussetzungen für eine entsprechende einstweilige Anordnung des Gerichts. Ohne entsprechendes ärztliches Zeugnis (beachte aber § 167 Abs. 6 Satz 2 FamFG!) ist eine einstweilige Anordnung einer Unterbringung also in keinem Falle zulässig.

Diese Verfahrensgrundsätze gelten zwingend analog auch dann, wenn das Familiengericht nach §§ 1867, 1802 Abs. 2 BGB (i.V.m. § 1631b BGB) im Interesse des Kindes eine einstweilige Unterbringungsmaßregel treffen muss, weil die sorgeberechtigten Eltern an der Ausübung der elterlichen Sorge gehindert sind und ein Vormund/Ergänzungspfleger noch nicht bestellt oder ebenfalls an der Erfüllung seiner Pflichten verhindert ist (§ 334 FamFG).

Höchstdauer der auch im Falle einer einstweiligen Anordnung immer zu befristen- **335**
den vorläufigen Unterbringungsentscheidung ist – unabhängig von der Gefahrenstufe – im Regelfall sechs Wochen (§ 333 Abs. 1 FamFG). Die Höchstdauer des § 167 Abs. 7 FamFG gilt nur in einem Hauptsache-, nicht in einem Eilverfahren der einstweiligen Anordnung nach §§ 331 ff. FamFG.

Gemeinsame Voraussetzung aller drei Verfahrensarten ist, dass die freiheitsentzie- **336**
hende Unterbringung bzw. die freiheitsentziehende Maßnahme nach § 1631b BGB zum **Wohl des Kindes**, insbesondere zur Abwendung einer erheblichen Selbst- oder Fremdgefährdung des Kindes, zwingend erforderlich ist und dieser Gefahr nicht auf andere Weise, insbesondere auch nicht durch andere öffentliche Hilfen (z.B. im Rahmen einer Heimerziehung in einer offen geführten Einrichtung), begegnet werden kann (vgl. § 1631b Abs. 1 Satz 2, Abs. 2 Satz 2 BGB) oder im Falle einer Unterbringung nach den PsychKG (§§ 167 Abs. 1, 151 Nr. 7 FamFG) die in den jeweiligen Landesunterbringungsgesetzen genannten Unterbringungsvoraussetzungen der erheblichen und nicht anders abwendbaren Eigen- oder Fremdgefahren zu bejahen sind.

Liegt eine gesteigerte Gefahr für das betroffene Kind nicht vor, kann also die für die **337**
Durchführung des Hauptsacheverfahrens erforderliche Zeit genutzt werden, ohne dass sich die Gefahrenlage für das Kind drastisch verschärft, so richtet sich das vom Familiengericht zu beachtende Verfahren nach §§ 313 bis 330 FamFG:

- **Einholung eines ärztlichen Gutachtens** (§§ 167 Abs. 6, 321 FamFG), statt bloß eines ärztlichen Zeugnisses in Eilverfahren, für die Unterbringung nach § 1631b Abs. 1 BGB oder die Vorlage/Einholung eines ärztlichen Zeugnisses für freiheitsentziehende Maßnahmen nach § 1631b Abs. 2 BGB (vgl. § 167 Abs. 6 Satz 3 FamFG).
- Richterliche **Anhörung des Kindes** (§ 319 FamFG); soll nicht im Wege der Rechtshilfe erfolgen (§ 319 Abs. 4 FamFG); im Eilverfahren gilt diese Einschränkung nicht (§ 331 Satz 2 FamFG).

- **Anhörung sonstiger Beteiligter** (Eltern mit Recht zur Personensorge, Vormund, Ergänzungspfleger, Pflegeeltern) und des Jugendamtes (§ 167 Abs. 4 FamFG; in Eilverfahren nicht erforderlich).
- **Befristete Unterbringungsentscheidung** bis zu sechs Monaten oder höchstens einem Jahr (§§ 323, 329 Abs. 1, 167 Abs. 7 FamFG) (in Eilverfahren regelmäßig nur 6 Wochen, § 333 FamFG).

338 Nicht zu verwechseln mit Eilentscheidungen nach §§ 331 ff. FamFG über vorläufige Unterbringungsmaßnahmen sind die in § 322 FamFG geregelten **Zwangsmaßnahmen** der Zwangsvorführung und der Unterbringung zur Begutachtung zur Erzwingung der ärztlichen Begutachtung nach §§ 283, 284 FamFG, die im Falle der sog. Beobachtungsunterbringung zur Vorbereitung eines ärztlichen Gutachtens nach § 284 Abs. 1 Satz 2 FamFG die vorherige persönliche richterliche Anhörung des Minderjährigen zwingend voraussetzen.

Hinweis

Die vorherige richterliche Anhörung der Minderjährigen wird in der familiengerichtlichen Praxis nicht selten „vergessen", obwohl sie angesichts des mit der Beobachtungsunterbringung bereits praktizierten Freiheitsentzugs verfassungsrechtlich zwingend geboten ist.

In solchen Fällen gravierender Verstöße gegen zwingende Verfahrensvorschriften muss der Verfahrensbeistand die **Einlegung von Rechtsmitteln** gegen die entsprechenden Beschlüsse prüfen (vgl. für die Beobachtungsunterbringung die sofortige Beschwerde nach §§ 284 Abs. 3 Satz 2, 322 FamFG i.V.m. §§ 567 bis 572 ZPO binnen einer sog. Notfrist von zwei Wochen ab Zustellung der Entscheidung an den Verfahrensbeistand). Zum Gang des mit Einlegung der sofortigen Beschwerde beginnenden Beschwerdeverfahrens vgl. § 572 ZPO: Abhilfe durch das erstinstanzliche Gericht oder im Falle der Nichtabhilfe Vorlage der Akten an das Beschwerdegericht.

Bei erheblicher, irreversibler Grundrechtsbeeinträchtigung (Unterlassung der vorgesehenen persönlichen Anhörung) ist gegen objektiv willkürliche Zwischenentscheidungen ausnahmsweise auch eine gesetzlich nicht vorgesehene Beschwerde möglich.[213]

VIII. Rechtsmittel

339 Endet das Verfahren durch Endentscheidung, so soll der Verfahrensbeistand den gerichtlichen Beschluss gemäß § 158b Abs. 1 S. 4 FamFG mit dem Kind erörtern. Dies ist grundsätzlich geboten, um sicherzustellen, dass das Kind von dem Ergebnis des Verfahrens in neutraler und kindgerechter Weise informiert wird und die Möglichkeit hat, Fragen zur Entscheidung zu äußern. Zugleich kann ein entsprechendes Gespräch auch wichtig für die Entscheidung sein, ob im Interesse des Kindes ein

213 Staudinger/Salgo (2020), § 1631b BGB Rn. 46, mit Verweis auf Thüringer OLG, Beschl. v. 21.5.2015, 1 UF 198/15.

Rechtsmittel eingelegt werden soll. Ausnahmsweise kann insbesondere dann von einer Besprechung abgesehen werden, wenn aufgrund des Kindesalters eine Besprechung noch nicht möglich ist oder eine dem Kindeswillen entsprechende Endentscheidung dem verfahrensfähigen Kind selbst zugestellt wird.[214]

Rechtsmittel kann der Verfahrensbeistand im Interesse des von ihm vertretenen Kin- **340**
des auch im Unterbringungsverfahren nur **im eigenen Namen** einlegen (vgl. § 158b Abs. 3 Satz 2 FamFG). Dafür kann er allerdings keine Verfahrenskostenhilfe beantragen, weil ihm ohnehin – auch bei erfolglos gebliebenem Rechtsmittel – **keine Verfahrenskosten** auferlegt werden dürfen, § 158c Abs. 4 FamFG.[215]

Rechtsmittel im Namen des Kindes einzulegen ist ihm hingegen nicht gestattet, da er nach § 158b Abs. 3 Satz 3 FamFG nicht gesetzlicher Vertreter des Kindes ist.[216] Eigene Rechtsmittel des nach § 60 FamFG beschwerdefähigen Minderjährigen kann der Verfahrensbeistand daher seinerseits auch nicht zurücknehmen.

Gravierende **Verstöße** gegen zwingendes Verfahrensrecht können nur in den selte- **341**
nen Fällen schon vor Erlass einer Endentscheidung i.S.d. § 58 Abs. 1 FamFG mit Rechtsmitteln angegriffen werden, in denen ein Rechtsmittel ausdrücklich für zulässig erklärt wird. Vgl. insoweit §§ 284 Abs. 3 Satz 2, 322 FamFG i.V.m. §§ 567 bis 572 ZPO (sofortige Beschwerde) für die Unterbringung zur Vorbereitung eines ärztlichen Gutachtens („Beobachtungsunterbringung“, vgl. Rn. 333). Ansonsten sind **Zwischenentscheidungen** (z.B. die Zwangsvorführung des Minderjährigen zum Sachverständigen oder zur Anhörung durch das Familiengericht nach §§ 283, 322 bzw. § 319 Abs. 5 FamFG nur mit der Endentscheidung zusammen anfechtbar und werden dann vom Beschwerdegericht zusammen mit der Endentscheidung mit überprüft (§ 58 Abs. 2 FamFG).[217]

Ob eine freiheitsentziehende Unterbringung oder Maßnahme materiell-rechtlich ge- **342**
nehmigt werden kann, bedarf einer strikt am Wohl des betroffenen Minderjährigen orientierten gerichtlichen Einzelfallprüfung, die den Vorrang ohne Freiheitsentzug arbeitender kinder- und jugendhilferechtlicher Hilfen sowie den Vorrang von Optionen zur Vermeidung freiheitsentziehender Maßnahmen anerkennt und feststellt, dass die im Einzelfall nötigen und möglichen Hilfen der „offenen“ Jugendhilfe bis hin zur intensiven sozialpädagogischen Einzelbetreuung nach § 35 SGB VIII erfolglos geblieben sind oder nicht Erfolg versprechend sein werden (Freiheitsentzug als Ultima Ratio; vgl. § 1631b Abs. 1 Satz 2, Abs. 2 Satz 2 BGB).

---

214 BT-Drucks. 19/23707, 55.

215 BGH, Beschl. v. 20.10.2021, XII ZB 371/21, für den betreuungsrechtlichen Verfahrenspfleger; vgl. anders noch BGH, Beschluss vom 27.3.2019, XII ZB 71/19, unter Hinweis auf BGH FamRZ 2011, 633 Rn. 14 ff. zum Vormund; Prütting/Helms/Dürbeck FamFG 4. Aufl. § 76 Rn. 10; vgl. auch Keuter in: Heilmann Praxiskommentar Kindschaftsrecht § 158 FamFG Rn. 39.

216 BGH, Beschl. v. 27.3.2019, XII ZB 71/19, unter Hinweis auf BGH FamRZ 2018, 1512 Rn. 13 m.w.N.

217 Vgl. aber Staudinger/Salgo (2020), § 1631b BGB Rn. 46, mit Verweis auf Thüringer OLG, Beschl. v. 21.5.2015, 1 UF 198/15, für die Zulässigkeit einer Beschwerde bei objektiv willkürlicher Zwischenentscheidung bei pflichtwidrig unterlassener Anhörung des Minderjährigen.

Praxistipp

▶ *Optionen zur Vermeidung freiheitsentziehender Maßnahmen (§ 1631 Abs. 2 BGB) sind vom Verfahrensbeistand mit Nachdruck ins Verfahren einzubringen, da insbesondere körpernahe Fixierungen als besonders belastend erlebt werden können und tief in die Grundrechte der Minderjährigen eingreifen.*

Steht die vom Gericht entschiedene Anordnung bzw. Genehmigung eines Freiheitsentzugs aus Sicht des Verfahrensbeistands mit dem Wohl des von ihm vertretenen Minderjährigen nicht in Einklang (z.B. weil das die freiheitsentziehende Maßnahme anordnende oder genehmigende Gericht Optionen zur Vermeidung von Freiheitsentzug unter Verstoß gegen den Amtsermittlungsgrundsatz (§ 26 FamFG) nicht ermittelt oder fälschlich für unwirksam erklärt hat), muss der Verfahrensbeistand die Einlegung von Rechtsmitteln prüfen. Diese kann er – unabhängig davon, wie sich der Minderjährige zu der Entscheidung verhält – **in eigenem Namen** selbstständig einlegen (§ 335 Abs. 2 FamFG). Das gilt auch dann, wenn das Gericht die freiheitsentziehende Maßnahme für eine längere Dauer als für das Wohl des Kindes unbedingt erforderlich anordnet oder genehmigt. Denn eine freiheitsentziehende Maßnahme i.S.d. § 1631b BGB kommt nur als letztes Mittel und nur für die kürzeste angemessene Zeit in Betracht.[218]

343 Ob dem Verfahrensbeistand gegen eine die freiheitsentziehende Unterbringung ablehnende Entscheidung des Familiengerichts (anders als – unstreitig – den die Unterbringung betreibenden Sorgeberechtigten oder dem Jugendamt) ein **Beschwerderecht** zusteht, ist **umstritten**. Es geht um die bislang überwiegend verneinte Frage, ob der Betroffene (und dementsprechend sein Verfahrensbeistand) durch die Ablehnung einer zivilrechtlichen Unterbringung beschwert und damit beschwerdebefugt ist.

Soweit ersichtlich, ist diese Frage für den Freiheitsentzug i.S.d. § 1631b BGB – anders als im Betreuungsrecht für Volljährige – vom BGH für Minderjährige noch nicht entschieden worden.[219]

Praxistipp

▶ *Soweit der Verfahrensbeistand die ablehnende Entscheidung als eine Gefahr für das Wohl des Kindes verstehen muss, sollte er unter Hinweis auf die die Beschwerdebefugnis bejahenden BGH-Entscheidungen zum betreuungsrechtlichen Unterbringungsrecht Beschwerde einlegen.*

218 BGH FamRZ 2013, 115, Rn. 24; vgl. auch Art. 37 Buchstabe b der UN-Kinderrechtekonvention.

219 Vgl. für eine Beschwer des Betroffenen: BGH, Beschl. v. 2.2.2022, XII ZB 530/21, und BGH, FamRZ 2020, 1868, je zur betreuungsrechtlichen Unterbringung nach §§ 1906, 1906a BGB; ablehnend bisher HK-BUR-Bauer, § 317 FamFG Rn. 104, Sternal/Giers, § 335 FamFG Rn. 4, jeweils mit Hinweis auf BayObLG BtPrax 2002, 165; vgl. so auch OLG Frankfurt OLG-Report 2000, 14: Beschwerdebefugnis des Verfahrenspflegers (§ 317 FamFG) beschränkt auf den Umfang der Beschwer des Betroffenen selbst.

Jeder **Genehmigungsbeschluss** nach § 1631b Abs. 1 BGB hat anzugeben, ob die freiheitsentziehende Unterbringung in einer Klinik der Kinder- und Jugendpsychiatrie oder in einer Einrichtung der Kinder- und Jugendhilfe genehmigt wird (§ 323 Nr. 1 FamFG). **344**

Die geschlossene Unterbringung eines Minderjährigen in der Kinder- und Jugendpsychiatrie ist auch bei vorliegenden Anzeichen für eine psychische Störung unverhältnismäßig, wenn bei dem Minderjährigen im Schwerpunkt pädagogische Defizite bestehen, die nur die Unterbringung in einer Jugendhilfeeinrichtung rechtfertigen. Das gilt auch bei Fehlen eines (regionalen) Angebots an geeigneten Jugendhilfeeinrichtungen.[220] Die Auswahl der konkreten Einrichtung oder Klinik, in der die Unterbringung durchgeführt werden soll, ist hingegen allein Sache des/der Sorgeberechtigten bzw. des Vormundes/Pflegers. Auch die nach § 1631b Abs. 2 BGB genehmigten freiheitsentziehenden Maßnahmen sind nach Art und Umfang so konkret wie möglich zu benennen. Vgl. insoweit Rn. 329.

Jeder Genehmigungsbeschluss ist darüber hinaus zwingend mit einer **zeitlichen Befristung** zu versehen (§§ 323 Abs. 1 Nr. 2, 167 Abs. 7, 329 Abs. 1 FamFG: sechs Monate oder höchstens ein Jahr; §§ 333 Abs. 1, 323 FamFG: sechs Wochen bei einstweiliger Anordnung; nach Verlängerung höchstens drei Monate). Ohne eine solche Befristung ist der Beschluss rechtswidrig.

Praxistipp

▶ *Der dem Kind bestellte Verfahrensbeistand hat unbedingt dafür Sorge zu tragen, dass der Beschluss eine Befristung enthält oder nachträglich entsprechend ergänzt wird. Lehnt das Gericht eine Befristung endgültig ab, sind im wohlverstandenen Interesse des Minderjährigen immer Rechtsmittel einzulegen, damit in der Rechtsmittelinstanz rechtsstaatliche Zustände hergestellt werden können.*

Besteht der noch nicht selbst beschwerdefähige, also jünger als 14 Jahre alte Minderjährige (vgl. § 60 Satz 3 FamFG) darauf, die Entscheidung des Gerichtes nicht akzeptieren zu wollen, die der Verfahrensbeistand aber aus Sicht des objektiven Kindeswohls für richtig hält, so hat der Verfahrensbeistand gleichwohl das Rechtsmittel für den Minderjährigen abzufassen und in eigenem Namen (vgl. Rn. 340) an das Gericht fristgerecht zu übermitteln. Der Verfahrensbeistand kann seine **von der Auffassung des Kindes abweichende Meinung** dem Gericht mitteilen, muss dabei aber deutlich machen, dass das von ihm vertretene Kind die Aufhebung der angefochtenen Maßnahme begehrt. **345**

Dem zur eigenständigen Beschwerde fähigen Jugendlichen muss der Verfahrensbeistand bei der Formulierung und Übermittlung seiner eigenen zulässigen **Beschwerde** (§§ 59 Abs. 1, 60 FamFG) behilflich sein. Der Verfahrensbeistand hat den Jugendlichen bei der Auswahl und Beauftragung eines Rechtsanwaltes zu unterstützen, der

220 BGH Beschl. v. 27.11.2024 – XII ZB 164/24 (Fortführung v. BGH Beschl. v. 18.7.2012 – XII ZB 661/11, FamRZ 2012, 1556 = FamRB 2012, 309 (Stößer).

ihn im Rechtsmittelverfahren unabhängig vom Verfahrensbeistand vertritt. Diesen Rechtsanwalt kann der Jugendliche unabhängig von den Sorgeberechtigten wirksam beauftragen, da er nach § 167 Abs. 3 FamFG als voll verfahrensfähig gilt. Auf Antrag ist dem Jugendlichen auch Verfahrenskostenhilfe unter Beiordnung des vom Jugendlichen gewählten Rechtsanwaltes (§ 78 Abs. 2 FamFG) zu gewähren.

Die Bestellung eines Verfahrensbeistands nach § 167 Abs. 1 FamFG steht dem nicht entgegen, da sich Funktion und Stellung von Verfahrensbeistand und beigeordnetem verfahrensbevollmächtigten **Anwalt** unterscheiden. Nur den Rechtsanwalt kann sich der Jugendliche selbst auswählen, nur ihm gegenüber besitzt er – im Rahmen des entstandenen Mandatsverhältnisses – ein **Weisungsrecht**.[221]

▶ *Zur Abgrenzung zwischen Verfahrensbeistand und (beigeordnetem) verfahrensbevollmächtigten Anwalt für den Minderjährigen siehe Teil 1/Salgo, Rn. 75 ff.*

Entspricht die ergangene Entscheidung nach Auffassung des Verfahrensbeistandes nicht dem Interesse des von ihm vertretenen Minderjährigen, hat der Verfahrensbeistand selbstverständlich das Recht, seinerseits Beschwerde – zusätzlich zu der des Minderjährigen – einzulegen.

346 Das allein statthafte Rechtsmittel gegen vorläufige Unterbringungsentscheidungen im Wege der **einstweiligen Anordnung** (§§ 331, 332, 334 FamFG) ist die binnen einer Frist von zwei Wochen bei dem Gericht einzulegende Beschwerde (§ 63 Abs. 2 Nr. 1 FamFG), das die Unterbringungsentscheidung erlassen hat (§ 64 Abs. 1 FamFG). Diese ist nach der ausdrücklichen Bestimmung des § 57 Satz 2 FamFG i.V.m. §§ 111 Nr. 2, 151 Nr. 6 und 7 FamFG – anders als die Rechtsbeschwerde zum BGH (vgl. § 70 Abs. 4 FamFG) – auch gegen Entscheidungen in Verfahren der einstweiligen Anordnung statthaft.

Anders als bei den anderen in § 57 Satz 2 FamFG genannten Kindschaftssachen setzt die Anfechtbarkeit nicht voraus, dass die Entscheidung aufgrund mündlicher Erörterung (§ 32 FamFG) ergangen ist.[222] Unerheblich ist nach der Vorschrift auch, ob es sich um eine „gewöhnliche" einstweilige Anordnung nach § 331 FamFG oder eine „eilige" einstweilige Anordnung nach § 332 FamFG handelt. Es gilt gemäß § 63 Abs. 2 Nr. 1 FamFG eine verkürzte Beschwerdefrist von zwei Wochen. Daneben besteht wahlweise die Möglichkeit, gemäß § 54 Abs. 2 FamFG eine erneute Entscheidung des erstinstanzlichen Gerichts aufgrund mündlicher Erörterung zu beantragen, wenn die einstweilige Anordnung ohne eine solche ergangen ist.[223]

347 Gegen endgültige, auf höchstens sechs Monate bzw. ein Jahr zu befristende Unterbringungsentscheidungen im **Hauptsacheverfahren** (§§ 167 Abs. 7, 329 Abs. 1 FamFG) ist die auf einen Monat befristete Beschwerde zulässig (§ 63 Abs. 1 FamFG). Auch diese Beschwerde kann fristwahrend gemäß § 64 Abs. 1 FamFG nur bei dem Gericht eingelegt werden, das die endgültige Unterbringungsentscheidung getroffen

221 OLG Dresden FamRZ 2014, 1042; OLG Stuttgart ZKJ 2014, 289–290 = FamRZ 2014, 1482–1483.

222 Prütting/Helms/Hammer, § 167 FamFG Rn. 82, unter Hinweis auf BT-Drucks. 17/10490, 18.

223 Prütting/Helms/Hammer, a.a.O., unter Hinweis auf OLG Naumburg JAmt 2013, 48.

hat. Wird die Beschwerde beim übergeordneten OLG oder bei einem anderen unzuständigen Gericht eingelegt, wird die Beschwerdefrist nur dann gewahrt, wenn die Beschwerde innerhalb der Beschwerdefrist zu dem Gericht gelangt, das die Unterbringungsentscheidung erlassen hat.

Die ebenfalls binnen eines Monats einzulegende **Rechtsbeschwerde** zum BGH gegen die Beschwerdeentscheidung des OLG ist zulassungsfrei statthaft (§ 70 Abs. 3 Satz 1 Nr. 2 FamFG). **348**

Der Lauf der zweiwöchigen bzw. einmonatigen Beschwerdefristen gemäß § 63 Abs. 1 und 2 FamFG beginnt jeweils mit der schriftlichen Bekanntmachung der Entscheidung (§§ 324 Abs. 2, 15, 16 FamFG) an die verschiedenen Verfahrensbeteiligten (§ 63 Abs. 3 FamFG). Für den betroffenen Minderjährigen und den Verfahrensbeistand können also – je nach dem für ihre Person geltenden Bekanntmachungszeitpunkt – unterschiedliche Zeitpunkte gelten, bis zu denen die Beschwerde bei dem Gericht eingelegt sein muss, das die Unterbringungsentscheidung erlassen hat. **349**

Der Minderjährige – und sein Verfahrensbeistand – können die Beschwerde allerdings auch bei dem Amtsgericht einlegen, in dessen Bezirk der Minderjährige bereits untergebracht ist (§§ 167 Abs. 1, 336 FamFG).

Das zur Entscheidung über die Beschwerde berufene **Beschwerdegericht** ist in den vom Familiengericht entschiedenen Unterbringungsverfahren der §§ 151 Nr. 6 und 7, 111 Nr. 2 FamFG das OLG, § 119 Abs. 1 Nr. 1a) GVG. Soweit im Einzelfall über eine öffentlich-rechtliche Unterbringung eines Minderjährigen nach den Landesunterbringungsgesetzen durch das Betreuungsgericht – statt richtigerweise durch das Familiengericht – entschieden wurde, ist das zuständige Beschwerdegericht allerdings das LG (vgl. §§ 72 Abs. 1, 119 Abs. 1 b) GVG). **350**

Gegen die Beschwerdeentscheidung des OLG ist die zulassungsfreie, binnen einer Frist von einem Monat beim BGH einzulegende Rechtsbeschwerde zulässig (§§ 70 Abs. 3 Satz 1 Nr. 2, 71 FamFG, § 133 GVG). Sie findet aber nur gegen Hauptsacheentscheidungen, nicht aber gegen Entscheidungen im Verfahren der einstweiligen Anordnung statt (§ 70 Abs. 4 FamFG).

Die Einlegung einer **Verfassungsbeschwerde** gehört nach der Rechtsprechung des BVerfG noch zu den Aufgaben eines erstinstanzlich bestellten Verfahrensbeistands.[224] **351**

Nach § 62 Abs. 3 FamFG ist dem Verfahrensbeistand auch der sog. **Fortsetzungsfeststellungsantrag** eröffnet. Er kann also nach Beendigung des Freiheitsentzuges vor Erlass einer Entscheidung im Beschwerdeverfahren auf seinen Antrag hin feststellen lassen, dass die Entscheidung des Familiengerichts über den Freiheitsentzug den Minderjährigen in seinen Rechten verletzt hat.

224 Vgl. BVerfGE v. 22.5.2013, 1 BvR 372/13 zum betreuungsrechtlichen Verfahrenspfleger gem. insoweit gleich lautendem § 276 Abs. 5 FamFG; BVerfG NJW 2017, 1295, m. Anm. Lack betreffend die Rückführung eines Pflegekindes zu seinen leiblichen Eltern.

IX. Aufgaben des Verfahrensbeistands

1. Aufklärung und Information des Minderjährigen

352 „Der Verfahrenspfleger im Unterbringungsverfahren [...] muss [...] das Wohl des Kindes vertreten, was ihn nicht der Aufgabe enthebt, explizite Wünsche und den Willen des Minderjährigen so authentisch wie nur möglich dem Gericht zu übermitteln, und im Konfliktfall zwischen Kindeswohl und Kindeswillen dafür Sorge zu tragen, dass beides ins Verfahren eingebracht wird."[225]

Aufgabe des Verfahrensbeistands in Unterbringungsverfahren ist daher insbesondere die Aufklärung des Minderjährigen über

- den Verfahrensgegenstand,
- den Ablauf und den möglichen Ausgang des Verfahrens sowie
- die gesetzlichen Verfahrensrechte des Kindes (vgl. §§ 167 Abs. 1, 158b Abs. 1 Satz 3 FamFG).

Dazu gehört es auch, den Minderjährigen über die Rolle der übrigen Verfahrensbeteiligten (Jugendamt, Sachverständiger) in Kenntnis zu setzen. Dadurch soll der Minderjährige in die Lage versetzt werden, seine **Partizipationsrechte** und **Mitwirkungsmöglichkeiten** im Verfahren offensiv wahrzunehmen.

353 Jugendliche ab dem vollendeten 14. Lebensjahr sind über die ihnen nach § 167 Abs. 3 FamFG zugestandene volle Verfahrensfähigkeit für das Unterbringungsverfahren und damit über ihr Recht zu informieren,

- selbstständig, ohne Beistand und ohne Vertretung durch einen Erwachsenen auf das Verfahren bezogene Anträge jeglicher Art zu stellen,
- trotz erfolgter Bestellung eines Verfahrensbeistands einen eigenen Bevollmächtigten für das Verfahren selbstständig zu beauftragen und dafür Verfahrenskostenhilfe unter Beiordnung des vom Jugendlichen ausgewählten Rechtsanwalts zu beantragen,[226]
- selbstständig und unabhängig von der Entscheidung des Verfahrensbeistands eigene Rechtsmittel gegen Entscheidungen des Gerichts einzulegen (§ 60 FamFG).

225 Staudinger/Salgo, § 1631b BGB Rn. 38.
226 OLG Dresden FamRZ 2014, 1042; OLG Stuttgart ZKJ 2014, 289–290 = FamRZ 2014, 1482–1483; HK-BUR/Hoffmann (bis 148. Aktualisierung), § 1631b BGB Rn. 29c und d.

2. Kontrolle der Einhaltung der Verfahrensgarantien

Aufgabe des Verfahrensbeistands im Unterbringungsverfahren ist es insbesondere, auf die Einhaltung der dem Schutze des betroffenen Minderjährigen dienenden gesetzlichen Verfahrensgarantien durch das Gericht zu achten.[227] Dazu gehört die **Pflicht des Gerichtes**, **354**

- das Gutachten eines sachkundigen Sachverständigen einzuholen (§§ 167 Abs. 6, 321 FamFG; in Verfahren der Genehmigung freiheitsentziehender Maßnahmen reicht allerdings ein ärztliches Zeugnis, § 167 Abs. 6 Satz 3 FamFG),
- das Jugendamt zu hören (§ 320 Satz 2 FamFG),
- das betroffene Kind zeitnah persönlich richterlich anzuhören und sich dabei einen unmittelbaren Eindruck von ihm zu verschaffen (§ 319 FamFG), bevor es eine Unterbringungsentscheidung trifft.

Bei einer Unterbringung nach § 1631b Abs. 1 BGB, die als Hilfe zur Erziehung in einer Einrichtung der Kinder- und Jugendhilfe erfolgen soll (§§ 27 ff. SGB VIII), muss vor der gerichtlichen Entscheidung jedenfalls im Hauptsacheverfahren auch ein **Hilfeplan** nach §§ 50 Abs. 2 Satz 2, 36 Abs. 2 SGB VIII vorliegen (zum Hilfeplanverfahren siehe Teil 4/*Kepert*, Rn. 337 ff.).[228]

Praxistipp

▶ *Der Verfahrensbeistand sollte also dem Gericht gegenüber darauf drängen, dass ein Hilfeplan beim Jugendamt angefordert wird und zur Akte gelangt, bevor eine Entscheidung über eine längerfristige Unterbringung oder eine Verlängerung einer bereits genehmigten Unterbringung ergeht.*

Die Pflicht zur persönlichen richterlichen **Anhörung des Minderjährigen** besteht regelmäßig auch bei vorläufigen Unterbringungen nach § 331 Nr. 4 FamFG, über die wegen Eilbedürftigkeit im Wege einstweiliger Anordnungen entschieden wird.[229] Eine verfassungsrechtlich bedenkliche Ausnahme[230] ist nur bei Gefahr im Verzug bzw. im Falle gesteigerter Dringlichkeit der Unterbringungsentscheidung (§§ 332, 334 FamFG) vorgesehen. Dann ist die persönliche Anhörung des Minderjährigen aber unverzüglich, d.h. ohne schuldhaftes Zögern des Gerichts (vgl. die Definition in § 121 Abs. 1 Satz 1 BGB) nachzuholen (§§ 332 Satz 2, 334 FamFG).[231] **355**

227 Vgl. nur BVerfG FamRZ 2007, 1627, 1628.
228 Bauer, Ev. Jugendhilfe 2001, 80; ebenso HK-BUR/Hoffmann (bis 148. Aktualisierung), § 1631b BGB Rn. 33a, die als weitere Voraussetzung einer Unterbringungsentscheidung das Vorliegen der Zusage einer Einrichtung zur Aufnahme des Kindes verlangt.
229 Vgl. BVerfGE 58, 208, 222; BVerfG FamRZ 2007, 1627; MünchKomm-ZPO/Heilmann, § 167 FamFG, Rn. 9 ff.
230 Vgl. BVerfGE 58, 208, 222.
231 Vgl. BayObLG FamRZ 2000, 566, 567, zur betreuungsrechtlichen Unterbringung.

Praxistipp

Die unverzügliche Nachholung der persönlichen richterlichen Anhörung des Minderjährigen hat der Verfahrensbeistand vom Gericht nach Erlass einer vorläufigen Unterbringungsentscheidung ohne vorherige Anhörung dringend einzufordern.

Auf einer zügigen persönlichen richterlichen Anhörung des Kindes sollte der Verfahrensbeistand dem Gericht gegenüber immer und auch dann bestehen, wenn sich das Kind nach Darstellung der die freiheitsentziehende Maßnahme durchführenden Einrichtung angeblich freiwillig dort aufhält, sodass es einer gerichtlichen Genehmigung nach § 1631b BGB mangels eines Freiheitsentzuges nicht (mehr) bedürfe (sog. **„Freiwilligkeitserklärung“**; vgl. zu Einzelheiten oben Rn. 318 f.). Die Anhörung des Kindes im Wege der Rechtshilfe durch einen ersuchten Richter soll dabei möglichst unterbleiben (§ 319 Abs. 4 FamFG): Der anhörende Richter soll auf der Grundlage seines unmittelbaren persönlichen Eindrucks von dem Minderjährigen über dessen Freiheitsentziehung entscheiden. Darauf sollte der Verfahrensbeistand dem Gericht gegenüber bestehen.

356 Soll die persönliche richterliche Anhörung des Minderjährigen nach § 34 Abs. 2 FamFG unterbleiben, weil davon erhebliche Nachteile für die Gesundheit des Minderjährigen zu befürchten sind, darf diese Entscheidung nur auf der Grundlage eines ärztlichen Gutachtens ergehen (§ 319 Abs. 3 S. 1 FamFG). Ist der Minderjährige angeblich äußerungsunfähig, so hat sich das Gericht davon im Rahmen eines Anhörungsversuches durch **Verschaffung eines unmittelbaren Eindruckes** persönlich richterlich zu überzeugen, es sei denn, auch darauf muss wegen drohender gesundheitlicher Nachteile verzichtet werden.[232]

357 Das Gericht hat ein für die Entscheidung nach § 1631b BGB relevantes **Gutachten** einzuholen (§§ 321, 167 Abs. 6 FamFG). Regelmäßig reicht ein Gutachten eines Arztes für Psychiatrie bzw. eines psychiatrieerfahrenen Arztes zur Sachverhaltsaufklärung nach § 26 FamFG (Amtsermittlungspflicht) bei Minderjährigen nicht aus, sofern der Arzt nicht auch besondere Kenntnisse im Bereich der Kinder- und Jugendpsychiatrie, der Jugendpsychologie oder der Pädagogik aufweist[233] (§ 167 Abs. 6 FamFG).

Es ist die Aufgabe des Verfahrensbeistands, dem Gericht gegenüber auf der Bestellung eines unabhängigen und für Fragestellungen der Kinder- und Jugendpsychiatrie (in Verfahren nach den Landesunterbringungsgesetzen gemäß § 151 Nr. 7 FamFG) bzw. für Fragen der Heimerziehung qualifizierten Gutachters (Gutachten eines Psychotherapeuten, Psychologen,[234] Pädagogen oder Sozialpädagogen in Verfahren nach § 1631b BGB, § 151 Nr. 6 FamFG) zu bestehen (§ 167 Abs. 6 FamFG).

232 BT-Drucks. 16/3608, S. 192; MünchKomm-ZPO/Heilmann, § 167 FamFG Rn. 10. Vgl. § 319 Abs. 3 Satz 2 FamFG zur Ausnahmeregelung bei erheblichen gesundheitl. Nachteilen.
233 HK-BUR/Hoffmann (bis 148. Aktualisierung), § 1631b BGB Rn. 33.
234 OLG Saarbrücken FamRZ 2010,1920.

Der Verfahrensbeistand sollte das Gericht auch auf die Notwendigkeit einer angemessenen pädagogisch-psychologischen Begutachtung der bei der Mehrzahl der Minderjährigen vorliegenden **Entwicklungsstörungen** bzw. **Erziehungsdefizite** hinweisen, sodass es bei der Einholung lediglich eines kinder- und jugendpsychiatrischen Gutachtens jedenfalls in Verfahren nach § 1631b BGB nicht bleiben sollte, wenn pädagogische Gesichtspunkte wie etwa die Erreichbarkeit pädagogischer Ziele im Vordergrund und eine Unterbringung in einer Einrichtung der Kinder- und Jugendhilfe im Raum stehen.

In Fragen der Heimerziehung **ausgewiesener Sachverständiger** i.S.d. § 167 Abs. 6 Satz 2 FamFG ist ein Gutachter, der über mehrjährige Erfahrungen einer wissenschaftlichen und praktischen Tätigkeit in Zusammenhang mit freiheitsentziehenden Unterbringungen in Einrichtungen der Kinder- und Jugendhilfe verfügt und dessen Fähigkeiten und Erfahrungen das durchschnittliche Können anderer in diesem Bereich tätiger Personen übertreffen.[235]

Praxistipp

▶ *In Verfahren zur Genehmigung freiheitsentziehender Maßnahmen nach § 1631b Abs. 2 BGB sollte der Verfahrensbeistand auf der Einholung eines unabhängigen Gutachtens (statt nur eines nach § 167 Abs. 6 Satz 3 FamFG ausreichenden ärztlichen Zeugnisses) bestehen, insbesondere dann, wenn das ärztliche Zeugnis (zulässigerweise) von Verfahrensbeteiligten vorgelegt wird, die sich – wie die Antragsteller eines Genehmigungsverfahrens – in einem Interessenkonflikt befinden.*

▶ *Vgl. Rn. 263, 264 zur Qualifikation des ärztlichen Sachverständigen und zu den Inhalten des einzuholenden Gutachtens.*

3. Vorbereitung des Minderjährigen auf die richterliche Anhörung

Dem Minderjährigen bei der Vorbereitung auf die richterliche Anhörung zu helfen, **358**
Ängste vor der Anhörung abzubauen und die Voraussetzungen zu schaffen, dass der Minderjährige seine Interessen und Vorstellungen in das Gespräch mit dem Gericht einbringen kann, ist eine wichtige Aufgabe des Verfahrensbeistands. Dabei hat der Verfahrensbeistand dem Minderjährigen den Inhalt und die Bedeutung des Sachverständigengutachtens und der Stellungnahme des Jugendamtes in einer seiner Situation und seinem Entwicklungsstand angemessenen Weise zu erläutern. Das gilt auch für das Ergebnis der Anhörung der Sorgeberechtigten und anderer Personen und Institutionen (Schule, Polizei etc.).

Ehe das Gericht eine freiheitsentziehende Maßnahme genehmigt oder anordnet, muss es sorgfältig prüfen, ob alternativ dazu andere, weniger einschneidende Maß-

235 HK-BUR/Hoffmann (bis 148. Aktualisierung), § 1631b BGB Rn. 31b, unter Hinweis auf PK-Kindschaftsrecht/Fink, § 167 FamFG Rn. 31.

nahmen möglich sind, die die Gefährdung des Minderjährigen zu beseitigen in der Lage sind (vgl. § 1631b Abs. 1 Satz 2, Abs. 2 Satz 2 BGB). Aufgabe des Verfahrensbeistands (und selbstverständlich auch die des Jugendamtes und des Sachverständigen) ist es, dem Gericht ggf. geeignete Jugendhilfeangebote nach SGB VIII darzulegen, die im Einzelfall – alternativ zum Freiheitsentzug – eine positive Einwirkung auf den Minderjährigen erwarten lassen.[236] Das gleiche gilt für Optionen zur Vermeidung freiheitsentziehender Maßnahmen nach § 1631b Abs. 2 BGB.

4. Altersadäquate Unterbringungsform

359 Nicht selten werden Minderjährige (sei es durch die Sorgeberechtigten, sei es im ersten Zugriff durch polizeiliche Sofortanordnung nach den PsychKG) in einer Einrichtung der Erwachsenenpsychiatrie untergebracht. Das begegnet erheblichen fachlichen Bedenken, auch wenn manche PsychKG dies für den begründeten Ausnahmefall kurzzeitig durchaus zulassen sollten.

Praxistipp

▶ *Der Verfahrensbeistand hat darauf zu drängen, dass der Minderjährige umgehend in eine auf Minderjährige spezialisierte Einrichtung – je nach Diagnose und Hilfebedarf – der Jugendhilfe oder der Kinder- und Jugendpsychiatrie überführt wird.*[237]

Jeder Genehmigungsbeschluss nach § 1631b BGB hat deshalb anzugeben, ob die freiheitsentziehende Unterbringung in einer Klinik der Kinder- und Jugendpsychiatrie oder in einer Einrichtung der Kinder- und Jugendhilfe genehmigt wird (§ 323 Nr. 1 FamFG).[238]

360 Besonderes Augenmerk ist darauf zu richten, dass im Rahmen einer freiheitsentziehenden Unterbringung nach § 1631b Abs. 1 BGB eine **bloße Verwahrung** des Minderjährigen **vermieden** wird. Es bedarf in der Unterbringungseinrichtung vielmehr einer intensiven pädagogisch-erzieherischen Einflussnahme auf die Minderjährigen und einer konstanten Beziehungsarbeit mit den Kindern und Jugendlichen. Ideal wäre, dass der Bezugsbetreuer/-pädagoge für den Minderjährigen weiterhin zuständig bleibt, wenn ein Wechsel des Minderjährigen von der freiheitsentziehenden in die offene Unterbringung und andersherum erfolgt. Die dafür erforderlichen baulichen, konzeptionellen, personellen und sächlichen Voraussetzungen sollte die Unterbringungseinrichtung erfüllen.

236 Ebenso Späth in Fegert/Späth/Salgo, S. 59 ff.; vgl. auch BGH ZKJ 2012, 444 ff.
237 Vgl. zu den Indikatoren für die eine oder andere Unterbringungsform: Permien, Recht und Psychiatrie 2006, 111 ff.; DIJuF-Rechtsgutachten vom 19.7.2013, JAmt 2013, 573 ff.
238 BVerfG FamRZ 2007, 1627, 1629; OLG Naumburg JAmt 2002, 538, 539; MünchKomm-ZPO/Heilmann, § 167 FamFG Rn. 14; Hoffmann, Recht und Psychiatrie 2009, 121, 125 ff.

X. Ende der Verfahrensbeistandschaft

Die Verfahrensbeistandschaft endet – soweit sie nicht nach §§ 158b Abs. 4 Satz 2, 167 Abs. 1 FamFG vorher aufgehoben wird – mit der **Rechtskraft** der das Verfahren abschließenden Entscheidung (nach Ablauf der Rechtsmittelfrist) oder mit dem sonstigen **Abschluss des Verfahrens** (z.B. mit der Rücknahme des Unterbringungsantrages). 361

Der Verfahrensbeistand ist daher – ohne erneute Beiordnung durch das Beschwerdegericht bzw. das Rechtsbeschwerdegericht selbst – berechtigt, ein **Rechtsmittel** gegen die Unterbringungsentscheidung einzulegen, zu begründen und den Minderjährigen auch in dem ggf. von ihm durch eigene Beschwerde initiierten Beschwerdeverfahren zu vertreten.

In der Praxis überwiegen zahlenmäßig eindeutig die Fälle vorläufiger Unterbringungen in Verfahren der einstweiligen Anordnung, in denen die Verfahrensbeistandschaft schon nach Ablauf der **zweiwöchigen Beschwerdefrist** des § 63 Abs. 2 Nr. 2 FamFG nach Bekanntmachung der Unterbringungsentscheidung endet, wenn Rechtsmittel nicht eingelegt werden.

Umso kritischer ist festzustellen, dass die Verfahrensbeistandschaft (nach Eintritt der Rechtskraft der Unterbringungsentscheidung) nicht auch während der gesamten **Dauer der Unterbringung** fortdauert, sodass die Rechte des untergebrachten Kindes gegenüber der Unterbringungseinrichtung „nur" von den Sorgeberechtigten vertreten werden, die ihrerseits hinsichtlich der von ihnen betriebenen Unterbringung in einem Interessenkonflikt stehen. Durch die Neufassung des § 1631b Abs. 2 BGB ist nunmehr aber immerhin eindeutig geregelt, dass freiheitsentziehende Maßnahmen auch im Rahmen einer bereits nach § 1631b Abs. 1 BGB genehmigten freiheitsentziehenden Unterbringung zusätzlich genehmigungspflichtig sind.

Die Beendigung der Verfahrensbeistandschaft mit Eintritt der Rechtskraft der Unterbringungsentscheidung ist aus verfassungsrechtlicher Sicht (Art. 1 und 2 GG) besonders bedenklich in den Fällen, in denen Ärzte im Einvernehmen mit den Sorgeberechtigten im Rahmen der vom Gericht genehmigten freiheitsentziehenden Unterbringung – anders als bei Volljährigen nach § 1832 BGB – eine rechtsstaatlich nicht kontrollierte **Zwangsbehandlung** des Minderjährigen betreiben. 362

Praxistipp

▶ *Wird dies dem Verfahrensbeistand im Laufe des Unterbringungsverfahrens bekannt, muss er darauf drängen, dass das Gericht die Zulässigkeit des Freiheitsentzuges zum Zwecke der Zwangsbehandlung nach den strengen Maßstäben des § 1832 BGB für Volljährige prüft.*[239]

239 Ebenso Hoffmann, NZFam 2015, 985; Marschner in Marschner/Lesting/Stahmann, § 1631b BGB Rn. 8. Vgl. zu Einzelheiten der Voraussetzungen einer Zwangsbehandlung HK-BUR/Hoffmann (bis 148. Aktualisierung), § 1631b BGB Rn. 38 ff.; Hoffmann, Recht und Psychiatrie 2009, 121, 123 ff.; OLG Naumburg JA 2002, 538; Wille, ZfJ 2002, 85 ff.

Soweit das dem Verfahrensbeistand erst nach Zustellung des das Verfahren abschließenden Beschlusses, aber noch vor Eintritt der Rechtskraft der Unterbringungsentscheidung bekannt wird, sollte er die **Einlegung einer Beschwerde** gegen die Unterbringungsentscheidung in Betracht ziehen, um eine erneute gerichtliche Überprüfung zu eröffnen, ob die freiheitsentziehende Unterbringung des Minderjährigen auch unter Berücksichtigung der Zwangsbehandlung noch dem Wohl des Minderjährigen entspricht.[240]

363 Nach Eintritt der Rechtskraft der Unterbringungsentscheidung kommt eine vom Verfahrensbeistand initiierte **Überprüfung des Freiheitsentzuges** nach § 1696 Abs. 2 BGB, der auch Genehmigungen nach § 1631b BGB als kindesschutzrechtliche Maßnahme erfasst, in Betracht.

Hierzu hat das Gericht die Unterbringungsmaßnahme **fortlaufend** zu überprüfen, was sich aus allgemeinen Grundsätzen des Unterbringungsverfahrens („Verfahrensbeobachtungspflicht", vgl. § 330 FamFG) sowie ergänzend aus der Wertung des § 166 Abs. 2 FamFG i.V.m. § 1696 Abs. 2 BGB ergibt.[241]

Praxistipp

Der Verfahrensbeistand kann in diesen Fällen bei Bedarf auch ein Sorgerechtsverfahren nach § 1666 BGB anregen.

XI. Entschädigung des Verfahrensbeistands

364 Wegen der Entschädigung des Verfahrensbeistands verweist § 167 Abs. 1 Satz 2 FamFG auf die Regelungen über die Entschädigung des Verfahrensbeistands in Kindschaftssachen in § 158c FamFG. Die Entschädigung erfolgt daher (nach herrschender Meinung und gängiger familiengerichtlicher Praxis) in der Form und der Höhe der in § 158c Abs. 1 Satz 1 und 2 FamFG a.F. (in der bis 10.4.2025 geltenden Fassung) bestimmten **Fallpauschalen** von 350 EUR bzw. 550 EUR pro Kind und für jede Instanz, in der das Kind vom Verfahrensbeistand vertreten wird. Bei Bestellung des Verfahrensbeistandes ab 11.4.2025 gilt die neue Einheitspauschale in Höhe von 690 EUR pro Kind aus verschiedenen Haushalten, für weitere Kinder aus demselben Haushalt 555 EUR für jede Instanz.

Eine Entschädigung nach (Zeit-)**Aufwand** über die Bestimmungen des Verfahrenspflegers in Betreuungssachen gemäß § 277 FamFG ist demnach ausgeschlossen (strittig). Insoweit kann auf die Ausführungen zu Rn. 215 bis 224 verwiesen werden.

365 Gespräche mit den die Unterbringung ihres Kindes betreibenden Eltern oder dem Vormund/Ergänzungspfleger und weiteren Bezugspersonen des Kindes sowie das Mitwirken an einer einvernehmlichen Regelung der Unterbringungssituation gehören

240 Vgl. HK-BUR/Hoffmann (bis 148. Aktualisierung), § 1631b BGB Rn. 38 ff.; Marschner in Marschner/Lesting/Stahmann, § 1631b BGB Rn. 8.

241 Prütting/Helms/Hammer, § 167 FamFG; Staudinger/Salgo, § 1631b BGB Rn. 29; Hoffmann, FamRZ 2017, 337, 344.

zum Standard einer effektiven Kindesvertretung vor Gericht, gerade auch in den für das Kind besonders belastenden Unterbringungsverfahren. Daher ist es gerade in Unterbringungsverfahren unerlässlich, dem Verfahrensbeistand nach dem bis einschließlich 10.4.2025 geltenden Recht die **Zusatzaufgabe** nach § 158b Abs. 2 Satz 1 FamFG zu übertragen, mit den Eltern und weiteren Bezugspersonen des Kindes **Gespräche** zu führen, insbesondere auch, um Alternativen zum Freiheitsentzug auszuloten und in das Verfahren einzubringen. Entschädigungsrechtliche Folge davon ist die Gewährung der **großen Entschädigungspauschale** je Rechtszug in Höhe von 550 EUR pro betroffenem und vom Verfahrensbeistand vertretenen Kind, § 158c Abs. 1 Satz 2 FamFG.

Die Bestellung des Verfahrensbeistandes seit 11.4.2025 hat nach neuem Recht eine Entschädigung durch eine **Einheitspauschale in Höhe von 690 EUR** zur Folge (§ 158c Abs. 1 Satz 1 FamFG n.F.), die Gespräche mit den Eltern und wichtigen Bezugspersonen des Kindes bereits umfasst.

▶ *Ausführlich zur Entschädigung/Vergütung des Verfahrensbeistands in Unterbringungsverfahren siehe Teil 2/Bauer, Rn. 215 ff.*

F Rechte und Pflichten des Verfahrensbeistands – Übersichten

Übersicht Verfahrensrechte 366

Beteiligter des Verfahrens	Der Verfahrensbeistand wird durch seine Bestellung Beteiligter des Verfahrens (§ 158b Abs. 3 Satz 1 i.V.m. §§ 7, 27 FamFG). Er genießt alle Verfahrensrechte, die das Gesetz den Verfahrensbeteiligten gewährt.
Akteneinsicht	Der Verfahrensbeistand hat das Recht auf volle (kostenlose) Akteneinsicht (§ 13 Abs. 1 FamFG) und damit u.a. auch das Recht auf Einsicht in das ärztliche, psychologische oder pädagogische Gutachten (§§ 30 Abs. 4, 37 Abs. 2 FamFG).[1] Er ist über den jeweiligen Verfahrensstand zu informieren.
Anwesenheit bei Anhörungen und Beweiserhebungen	Der Verfahrensbeistand hat das Recht, bei Anhörungen und förmlichen Beweiserhebungen (z.B. Kindesanhörung, Zeugeneinvernahme) anwesend zu sein. Er kann die Beeidigung von Zeugen beantragen. Er ist u.a. zur richterlichen Anhörung des Kindes zu laden (§ 159 Abs. 4 Satz 3 FamFG).
Anhörung des Kindes – Vorschläge für Ort	Für den Termin zur richterlichen Anhörung des Kindes kann (und sollte) der Verfahrensbeistand für den Ort und die Umstände der Anhörung Vorschläge machen (z.B. die Anwesenheit einer Vertrauensperson des Kindes bei der Anhörung).
Informationen einholen (Ermittlungsrecht)	Der Verfahrensbeistand kann Informationen über die persönlichen und psychosozialen Verhältnisse des betroffenen Kindes und seiner Eltern einholen (Ermittlungsrecht). Hierzu kann er, soweit erforderlich, die Personen des näheren Umfeldes des Kindes (nahe Angehörige mit Kontakt zum Kind, Pflegepersonen, Vertrauenspersonen, Erzieher, Lehrer etc.) mit einbeziehen.

1 Sternal/Schäder, § 158b FamFG Rn 18, unter Hinweis auf OLG Bamberg ZKJ 2010, 412; Keidel/Engelhardt, § 158 FamFG Rn. 39a; vgl. BGH, FamRZ 2012, 1556 Rn 16; BGH, NJW-RR 2011, 1505, Rn 11, je für die Übersendung eines Sachverständigengutachtens an einen verfahrensfähigen Minderjährigen.

Begutachtung anregen/ beantragen	Der Verfahrensbeistand kann eine ärztliche, psychologische, (sozial-)pädagogische Begutachtung anregen bzw. beantragen, sich zu Fragestellungen der Begutachtung äußern und Sachverständige vorschlagen. Er hat das Recht, sich zu dem Gutachten zu äußern und die mündliche Erläuterung des schriftlichen Gutachtens in einem Verhandlungstermin zu beantragen.
Anhörung bestimmter Personen beantragen	Der Verfahrensbeistand kann die Anhörung bzw. förmliche Vernehmung bestimmter Personen aus dem Umfeld des Kindes beantragen.
Einvernehmen widersprechen	Der Verfahrensbeistand kann einem Einvernehmen (insbesondere einem Vergleich) der übrigen Verfahrensbeteiligten über den Verfahrensgegenstand widersprechen und damit eine beschwerdefähige gerichtliche Entscheidung erzwingen, wenn das beabsichtigte Einvernehmen aus Sicht des Verfahrensbeistands dem Kindeswohl widerspricht (vgl. § 156 Abs. 2 FamFG).
Stellungnahme zur Notwendigkeit einer Zwangsvorführung	Der Verfahrensbeistand kann in Verfahren nach § 1631b BGB zur Notwendigkeit einer Zwangsvorführung wegen Anhörung und Untersuchung bzw. einer freiheitsentziehenden Beobachtungsunterbringung (§§ 167 Abs. 1, 312 Nr. 1, 319 Abs. 5, 322 FamFG) Stellung nehmen und Vorschläge zur Vermeidung solcher Zwangsmaßnahmen unterbreiten.
Stellungnahme zum Umfang des Sorgerechtsentzuges	Der Verfahrensbeistand kann Stellung nehmen zum Umfang des Sorgerechtsentzuges, d.h. u.a. zu den Wirkungskreisen der Ergänzungspflegschaft nach Teilsorgerechtsentzug bzw. zum Umfang und zur Form eines Umgangskontaktes.
Sachverständige vorschlagen/ablehnen	Der Verfahrensbeistand kann bestimmte Stellen oder Personen als Sachverständige oder Vormünder/Ergänzungspfleger vorschlagen oder von anderer Seite vorgeschlagene Stellen oder Personen im Rahmen seiner Stellungnahme ablehnen.

Auf Abänderung drängen	Der Verfahrensbeistand kann auf eine Abänderung gerichtlicher Anordnungen/Genehmigungen oder Vergleiche drängen, wenn und soweit dies aus triftigen, das Wohl des Kindes nachhaltig berührenden Gründen angezeigt erscheint, bzw. auf eine Aufhebung von Maßnahmen nach den §§ 1666, 1631b BGB hinwirken, wenn eine Gefahr für das Wohl des Kindes nicht mehr besteht (§ 1696 BGB).
Auf Überprüfung von Maßnahmen hinweisen	Der Verfahrensbeistand kann das Gericht bei länger dauernden Maßnahmen nach §§ 1631b, 1666, 1666a BGB auf seine von Amts wegen einzuhaltende Verpflichtung hinweisen, diese Maßnahmen in angemessenen Zeitabständen zu überprüfen. Angemessene Zeitabstände können drei Monate oder auch zwei Jahre sein. Entscheidend ist der Einzelfall, das Alter des Kindes und die Frage, in welchem Zeitraum eine Veränderung zu erwarten ist (sechs Monate bis höchstens ein Jahr, § 1696 BGB, vgl. auch § 166 FamFG). Dabei hat das Gericht dem kindlichen Bedürfnis nach dauerhaften und stabilen Lebensumständen Rechnung zu tragen.
Rechtsmittel einlegen/ zurücknehmen	Der Verfahrensbeistand kann im Interesse des von ihm vertretenen Kindes eigene Rechtsmittel einschließlich eines Fortsetzungsfeststellungsantrages (§ 62 Abs. 3 FamFG) – erforderlichenfalls sogar bis zur Verfassungsbeschwerde – einlegen oder zurücknehmen (§ 158b Abs. 3 Satz 2 FamFG) – nicht aber Rechtsmittel des betroffenen Kindes selbst, welches das 14. Lebensjahr vollendet hat (vgl. § 60 FamFG).
Interessen des Kindes vertreten	Der Verfahrensbeistand darf auch neben einem für das Kind auftretenden Verfahrensbevollmächtigten weiter die Interessen des Kindes vertreten, solange nicht das Gericht die Verfahrensbeistandschaft aufgehoben hat (§§ 158 Abs. 4, 167 Abs. 1 Satz 2 FamFG).

Fallpauschale/ Einheitspauschale und Dolmetscherkosten geltend machen	Bei Bestellung des Verfahrensbeistandes seit 11.4.2025 gilt: Anspruch auf die Einheitspauschale in Höhe von 690 EUR, die Gespräche mit den Eltern bereits umfasst, § 158c Abs. 1 FamFG n.F. (für jedes weitere Kind 690 EUR oder zumindest 555 EUR). Erstattung von Kosten für Dolmetscher bzw. Sprachmittler geltend machen, wenn das Gericht die Hinzuziehung eines Sprachmittlers gestattet hatte. Bei Bestellung des Verfahrensbeistands bis 10.4.2025 gilt: Er kann als Berufsverfahrensbeistand mindestens die kleine Fallpauschale (350 EUR) pro Kind in jeder Instanz nach §§ 158c Abs. 1 Satz 2, 167 Abs. 1 Satz 2 FamFG a.F. für jeden Verfahrensgegenstand, für den er bestellt ist, geltend machen. Nach gerichtlicher Übertragung der Zusatzaufgabe nach § 158b Abs. 2 Satz 1 FamFG a.F., Gespräche mit den Eltern und weiteren Bezugspersonen des Kindes zu führen, kann der Verfahrensbeistand die große Fallpauschale (550 EUR) beanspruchen (§ 158c Abs. 1 Satz 2 FamFG a.F.).
Beschwerde gegen Auswahl und Bestellung seiner Person einlegen	Er hat das Recht, gegen die Auswahl und die Bestellung seiner Person zum Verfahrensbeistand (einfache, unbefristete) Beschwerde einzulegen (§§ 58 ff. FamFG analog z.B. bei Überlastung oder fehlender Eignung für die Fallübernahme); strittig, da keine Endentscheidung nach § 58 Abs. 1 FamFG.

367 Der Verfahrensbeistand ist **nicht gesetzlicher Vertreter** des betroffenen Kindes im Verfahren (vgl. §§ 158b Abs. 3 Satz 3, 167 Abs. 1 Satz 2 FamFG). Er ist daher unabhängig von der Einsichtsfähigkeit des Minderjährigen z.B. nicht berechtigt,

- den Arzt des Kindes von seiner Schweigepflicht zu entbinden (auch nicht dem Gericht gegenüber zu Zwecken der ärztlichen Begutachtung),
- ärztliche, psychologische oder pädagogische (Zusatz-)Gutachten namens und auf Rechnung des Kindes in Auftrag zu geben.

Er ist auch nicht befugt, Rechtsmittel „im Namen des Minderjährigen" einzulegen oder zurückzunehmen, sondern nur im eigenen Namen und im Interesse des Minderjährigen.[2]

2 BGH, Beschl. v. 27.3.2019, XII ZB 71/19.

Übersicht Pflichten des Verfahrensbeistands 368

Mitteilung ans Gericht	Der Verfahrensbeistand hat dem Gericht mitzuteilen, wenn und soweit die Übernahme der Verfahrensbeistandschaft aus fachlichen oder zeitlichen Gründen (z.B. längerer Urlaub, Krankheit, Überlastung) den Interessen des betroffenen Kindes nicht gerecht würde.
Persönlichen Kontakt aufnehmen	Der Verfahrensbeistand hat persönlichen Kontakt zum betroffenen Kind, zu den das Kind versorgenden Erwachsenen bzw. zu den Personen aufzunehmen, die ihrerseits Umgang mit dem Kind oder andere gerichtliche Maßnahmen beantragen (z.B. Sorgerechtsübertragung, freiheitsentziehende Unterbringung des Kindes oder freiheitsentziehende Maßnahmen). Rechtslage bis 10.4.2025: Das sollte – soweit im Einzelfall in besonderem Maße erforderlich – auch dann zu den verfahrensbeistandschaftlichen Pflichten gehören, wenn sich die gerichtliche Beauftragung nicht auf die Zusatzaufgaben nach § 158b Abs. 2 Satz 1 FamFG a.F. erstreckt.
Kontaktverweigerung dem Gericht mitteilen	Der Verfahrensbeistand hat dem Gericht umgehend mitzuteilen, wenn der persönliche Kontakt zum Kind nicht zugelassen wird oder das Verhältnis zum Kind erheblich gestört ist, sodass es deshalb nicht (mehr) angemessen vertreten werden kann.
Das Kind über Verfahren aufklären und informieren	Der Verfahrensbeistand hat das Kind über die Bedeutung des Verfahrensgegenstandes aufzuklären, es über den jeweiligen Verfahrensstand und über den Ablauf und möglichen Ausgang des Verfahrens zu informieren (vgl. § 158b Abs. 1 Satz 3 FamFG). Das Kind ist auch über den Ausgang/das Ergebnis des Verfahrens zu informieren (vgl. § 158b Abs. 1 Satz 5 FamFG für die Beendigung des Verfahrens durch gerichtliche Endentscheidung).
Subjektive und objektive Interessen des Kindes ermitteln und wahrnehmen	Der Verfahrensbeistand hat die subjektiven und objektiven Interessen des Kindes im Verfahren wahrzunehmen (vgl. §§ 158 Abs. 1, 158b Abs. 1 Satz 1 FamFG, Geltendmachung von Wohl und Wille des Kindes im gerichtlichen Verfahren).

Erkennbare Anliegen des Kindes vorbringen	Der Verfahrensbeistand hat ihm erkennbare Anliegen (Anträge, Anregungen, Wünsche und Befürchtungen) des Minderjährigen vorzubringen, ggf. mit einer eigenen Darstellung und Bewertung, soweit dies aus Sicht der (objektiven) Interessen des Kindes erforderlich erscheint.
Auf Verfahrensgarantien achten	Der Verfahrensbeistand hat auf die Einhaltung der zum Schutz des Minderjährigen bestimmten Verfahrensgarantien zu achten (z.B. persönliche richterliche Anhörung des Minderjährigen, ggf. angemessene psychologische, pädagogische oder ärztliche Begutachtung des Kindes; in Verfahren nach § 1631b BGB: Begutachtung durch einen Arzt für Kinder- und Jugendpsychiatrie oder durch einen in Fragen der Heimerziehung ausgewiesenen Psychotherapeuten, Psychologen, Pädagogen oder Sozialpädagogen, vgl. § 167 Abs. 6 FamFG), die Sachverhaltsermittlung des Jugendamtes und des Gerichts (§ 26 FamFG) sowie das psychologische, pädagogische oder ärztliche Sachverständigengutachten einer kritischen Beurteilung in Bezug auf das angewandte Verfahren, die Vollständigkeit, die Wahrhaftigkeit, die Nachvollziehbarkeit und auf Verstöße gegen die Denkgesetze etc. zu unterziehen.
An Terminen teilnehmen	Der Verfahrensbeistand hat an Gerichtsterminen oder Terminen und Gesprächen mit dem Jugendamt, dem Sachverständigen oder anderen Personen/Stellen teilzunehmen, wenn und soweit dies nach dem gesetzlichen Auftrag (§ 158b Abs. 1 Satz 4 Nr. 1 FamFG) zur sachgerechten Wahrnehmung der Interessen des Kindes erforderlich ist (einschließlich Begleitung des Kindes zu den Terminen, wenn vom Kind gewünscht).
Auf kindzentriertes Verfahren achten und Entscheidungen erläutern/ beraten	Der Verfahrensbeistand hat auf ein kindzentriertes, das kindliche Zeitempfinden berücksichtigendes Verfahren gegenüber allen Verfahrensbeteiligten und dem Gericht hinzuwirken, die gerichtlichen (Zwischen-)Entscheidungen und die gerichtlichen Vergleiche mit dem Kind zu beraten und sie dem Kind zu erläutern, u.a. zur Abklärung, ob Rechtsmittel gegen die Gerichtsentscheidungen einzulegen sind (vgl. §§ 158b Abs. 3 Satz 2, 60 FamFG).

Einvernehmlichen Regelungen gegen das Kindeswohl widersprechen	Der Verfahrensbeistand hat einvernehmlichen Regelungen des Verfahrensgegenstandes durch die übrigen Beteiligten zu widersprechen und so eine beschwerdefähige Entscheidung des Gerichtes herbeizuführen, soweit das Einvernehmen dem Kindeswohl widersprechen würde.
Alternativen zum Freiheitsentzug ermitteln/Kindgerechte Unterbringung	Der Verfahrensbeistand hat im Unterbringungsverfahren Alternativen zum Freiheitsentzug zu ermitteln und dem Gericht mitzuteilen, sowie auf eine kindgerechte Unterbringung zu drängen, die dem konkreten Hilfebedarf des Minderjährigen gerecht wird.
Rechtsmittel einlegen	Der Verfahrensbeistand hat die ergangene gerichtliche Entscheidung mit dem Kind zu erörtern (§ 158b Abs. 1 Satz 5 FamFG) und mit den dafür zur Verfügung stehenden Rechtsmitteln (vgl. §§ 58 ff. FamFG) anzugreifen, wenn sie mit dem Wohl des Kindes nicht vereinbar ist.
Unterstützung bei Einlegung von Rechtsmitteln	Der Verfahrensbeistand hat den verfahrensfähigen Jugendlichen bei der Einlegung der von ihm gewünschten Rechtsmittel zu unterstützen.

Die hier dargestellten Anforderungen an die Tätigkeit des Verfahrensbeistands sind nicht als abschließende Aufzählung zu verstehen. Je nach Fallgestaltung und beteiligtem Kind können andere bzw. weitere oder ein Weniger an Anforderungen maßgeblich sein. **369**

▶ *Ergänzend zu den Rechten und Pflichten wird auf die Standards Verfahrensbeistandschaft des Berufsverbands der Verfahrensbeistände, Ergänzungspfleger u. Berufsvormünder (BVEB e.V.) verwiesen: https://www.bveb-ev.de/verfahrensbeistandschaft/*

G Materielles Kindschaftsrecht

Übersicht Rn.

I. Einleitung

370 Kenntnisse des materiellen Kindschaftsrechts sind für den Verfahrensbeistand als „Anwalt des Kindes" unverzichtbar und nach § 158a Abs. 1 FamFG wesentliches fachliches Eignungskriterium für seine Auswahl (vgl. Teil 1/*Salgo*, Rn. 25), schließlich ist Aufgabe des Verfahrensbeistandes, dem Kind in einer seinem Alter und Reife entsprechenden Weise das Verfahren und seine Rechte zu erklären und die Interessen des Kindes im Verfahren zur Geltung zu bringen.

Gerade das Sorge- und Umgangsrecht ist einem **gesellschaftlichen und rechtspolitischen Wandel** unterworfen und in jüngster Zeit Gegenstand zahlreicher Gesetzesnovellierungen und höchstrichterlicher nationaler und europäischer Rechtsprechung. Das Bundesministerium der Justiz hat im Dezember 2024 einen Diskussionsentwurf für ein Kindschaftsrechtsmodernisierungsgesetz (KiMoG) vorgelegt, mit dem eine Reform des Kindschaftsrechts im Sinne einer Modernisierung von Sorgerecht, Umgangsrecht und Adoptionsrecht angestrebt wird.[1]

Die folgende Darstellung der **Grundlagen** des materiellen Kindschaftsrechts orientiert sich an den verschiedenen verfahrensrechtlichen Konstellationen, in denen Verfahrensbeistände gewöhnlich tätig sind.[2] Ziel ist es, Verfahrensbeiständen die für die tägliche Arbeit vor den Familiengerichten nötigen rechtlichen Grundkenntnisse zu vermitteln.

1 BMJ, Diskussionsentwurf v. 9.12.2024, https://www.bmj.de/SharedDocs/Downloads/DE/Gesetzgebung/DiskE/DiskE_Kindschaftsrecht.pdf?__blob=publicationFile&v=3 (Abruf am 18.3.2025).

2 Einen umfassenden Überblick über das materielle Kindschaftsrecht geben Schwab/Dutta, Familienrecht, 32. Aufl. 2024, S. 290 ff.; Gernhuber/Coester-Waltjen, S. 644 ff., Völker/Clausius, Sorge- und Umgangsrecht, 8. Aufl. 2021, sowie die Kommentierung von §§ 1626 ff. BGB in Heilmann (Hrsg.), Praxiskommentar Kindschaftsrecht.

II. Elterliche Sorge

1. Verfassungsrechtlicher Hintergrund

Art. 6 Abs. 2 GG garantiert das natürliche Recht der Eltern auf Pflege und Erziehung der Kinder. Das den Eltern als Rechtsträger zugewiesene Grundrecht ist sowohl als **Abwehrrecht,** als **Institutsgarantie** und schließlich als **wertentscheidende Grundsatznorm** ausgestaltet.[3] Erfasst sind dabei sämtliche Bereiche der elterlichen Sorge. 371

Art. 6 Abs. 2 Satz 1 GG ist jedoch ein **pflichtengebundenes Grundrecht**, das von den Eltern als Rechtsträger nicht um seiner selbst willen, sondern quasi treuhänderisch zum **Wohl des Kindes** auszuüben ist.[4] Kinder sind nicht nur Grundrechtsträger des allgemeinen Persönlichkeitsrechts (Art. 2 Abs. 1 GG), das ihnen das Recht auf freie Entfaltung der Persönlichkeit und Entwicklung vermittelt, sondern auch des Rechts auf Leben und auf körperliche Unversehrtheit (Art. 2 Abs. 2 Satz 1 GG). Darüber hinaus leitet das Bundesverfassungsgericht aus Art. 2 Abs. 1 GG i.V.m. Art. 6 Abs. 2 Satz 1 GG ein subjektives Recht des Kindes auf Erziehung durch und Leben mit seinen Eltern[5] und aus Art. 2 Abs. 1 und Abs. 2 Satz 1 GG i.V.m. Art. 6 Abs. 2 Satz 2 GG einen Anspruch des Kindes auf staatlichen Schutz ab, wenn die Eltern ihrer Pflege- und Erziehungsverantwortung nicht gerecht werden oder wenn sie ihrem Kind den erforderlichen Schutz und die notwendige Hilfe aus anderen Gründen nicht bieten können.[6]

Kinder bedürfen des Schutzes und der Hilfe, um sich zu eigenverantwortlichen Persönlichkeiten innerhalb der sozialen Gemeinschaft entwickeln und gesund aufwachsen zu können. Diese Schutzverantwortung teilt das Grundgesetz in Art. 6 Abs. 2 GG zwischen Eltern und Staat auf: Während die Pflege und Erziehung zuvörderst die den Eltern obliegende Pflicht ist (Art. 6 Abs. 2 S. 1 GG), obliegt dem Staat eine Kontroll- und Sicherungsverantwortung dafür, dass sich ein Kind in der Obhut seiner Eltern tatsächlich zu einer eigenverantwortlichen Persönlichkeit entwickeln und gesund aufwachsen kann (Art. 6 Abs. 2 Satz 2 GG).[7] Neben dem **staatlichen Wächterauftrag** (Art. 6 Abs. 2 Satz 2, Abs. 3 GG) wird das Elternrecht auch durch den staatlichen Erziehungsauftrag im Bereich des Schulwesens (Art. 7 GG) Schranken unterwiesen.[8] Im Bereich der **Europäischen Menschenrechtskonvention** ist Art. 8 EMRK (Recht auf Achtung des Privat- und Familienlebens) zu beachten, die jedoch nur den Rang eines einfachen Bundesgesetzes und einer Auslegungshilfe für die nationale Verfassung[9] hat. Auch der Europäische Gerichtshof für Menschenrechte betreibt, ohne dass die EMRK selbst ein ausdrückliches Kindergrundrecht enthalten würde, unbe-

3 BeckOK-GG/Uhle, Art. 6 Rn 46 ff.
4 BVerfG NJW 1982, 1379; FamRZ 1968, 2233.
5 BVerfG FamRZ 2013, 521 Rn 41 ff.; FamRZ 2014, 907 Rn 22.
6 BVerfGE 60, 79 (88); BVerfG NJW 2017, 1295 Rn 40; BVerfG FamRZ 2021, 672 (Schutzpflicht zugunsten des Kindes auch bei Betreuung durch Pflegeeltern); BVerfG FamRZ 2022, 1776; FamRZ 2025, 274.
7 BVerfG FamRZ 2025, 274;
8 Zum Recht des Kindes auf schulische Bildung BVerfG FamRZ 2022, 99.
9 BVerfG NJW 1987, 2427; JAmt 2004, 601.

streitbar einen sehr effektiven und weitreichenden Schutz von Kinderrechten.[10] Schließlich ist im Rahmen der internationalen Rechtsquellen auch die **UN-Kinderrechtskonvention** zu beachten.[11]

2. Inhalt und Bestandteile des Sorgerechts

372 Im Rahmen der elterlichen Sorge unterscheidet man (§ 1626 Abs. 1 BGB) zwischen

- der Sorge für die Person des Kindes (**Personensorge**) und
- der Sorge für das Vermögen des Kindes (**Vermögenssorge**).

Da § 158 Abs. 1 FamFG in Sorgerechtsangelegenheiten, die sich ausschließlich auf das Vermögen beziehen, die Bestellung eines Verfahrensbeistands nicht zulässt,[12] bedarf es insoweit an dieser Stelle keiner weiteren Erörterung der Vermögenssorge.[13] In diesen Fällen ist bei einem erheblichen Interessengegensatz zwischen Kind und sorgeberechtigten Eltern nach §§ 1629 Abs. 2 Satz 3, 1789 Abs. 2 Satz 3 und 4, 1809 BGB ein **Ergänzungspfleger** zu bestellen.

373 Gegenstand der Personensorge ist nach § 1631 Abs. 1 BGB die gesamte **Pflege, Erziehung, Beaufsichtigung** des Kindes und die **Bestimmung seines Aufenthalts**. Umfasst werden insbesondere

- die Bereiche der Gesundheitsfürsorge,
- die Bestimmung der schulischen Angelegenheiten sowie Fragen der Ausbildungs- und Berufswahl (§ 1631a BGB),
- das Recht zur Bestimmung des Umgangs des Kindes mit Dritten (§ 1632 Abs. 2 BGB) und
- der Anspruch auf Herausgabe des Kindes (§ 1632 Abs. 1 BGB).

Das Recht zur Regelung des Umgangs des Kindes wird dabei nicht vom Aufenthaltsbestimmungsrecht umfasst, sondern ist selbstständiger Teil der Personensorge.[14]

In § 1631d BGB findet sich eine spezialgesetzliche Regelung zur Beschneidung bei Kindern männlichen Geschlechts.[15] Durch das Gesetz zum Schutz von Kindern mit **Varianten der Geschlechtsentwicklung** vom 12.5.2021[16] wurde § 1631e BGB eingefügt.[17] Danach umfasst die Personensorge nicht das Recht, in eine Behandlung eines nicht einwilligungsfähigen Kindes mit einer Variante der Geschlechtsentwicklung einzuwilligen oder selbst diese Behandlung durchzuführen, die, ohne dass ein weiterer Grund für die Behandlung hinzutritt, allein in der Absicht erfolgt, das körperliche

10 Siehe die Factsheets des EGMR zu seiner Rechtsprechung zum Kinderschutz, zu Kinderrechten und Elternrechten, https://www.echr.coe.int/factsheets (Abruf am 11.10.2024).
11 BGBl II 1992, S. 121.
12 Vgl. Lack in: Dutta/Jacoby/Schwab, FamFG, 4. Aufl. 2022, § 158 FamFG, Rn 3.
13 Vgl. insoweit etwa Wunderlich, in: Oberloskamp/Dürbeck, Vormundschaft, § 11 Rn 1 ff.
14 BGH ZKJ 2016, 419 = FamRZ 2016, 1752 m. Anm. Lack; OLG Frankfurt ZKJ 2013, 167.
15 Ausführlich Staudinger/Salgo, § 1631d BGB Rn 1 ff.; Lack, ZKJ 2012, 336; Spickhoff, FamRZ 2013, 337; Klinkhammer, FamRZ 2012, 1913.
16 BGBl I 2021, 1082.
17 Ausführlich Coester-Waltjen, FamRZ 2021, 1589 ff.

Erscheinungsbild des Kindes an das des männlichen oder des weiblichen Geschlechts anzugleichen.

Das Kind hat ein Recht auf Pflege und Erziehung unter **Ausschluss von Gewalt**, körperlichen Bestrafungen, seelischen Verletzungen und anderen entwürdigenden Maßnahmen (§ 1631 Abs. 2 BGB). Das Gewaltverbot bindet Eltern und Vormund gleichermaßen (§ 1788 Nr. 2 BGB).[18] **374**

Schließlich sollen Eltern bei der Erziehung nach § 1626 Abs. 2 und 3 BGB auch das Bedürfnis des Kindes zu selbstständigem verantwortungsbewussten Handeln entsprechend dessen Alter und Reifegrad berücksichtigen und möglichst im Rahmen eines **Dialogs mit dem Kind** einvernehmliche Lösungen erzielen (vgl. auch § 1631a BGB für Fragen der Ausbildung und des Berufs).

Einschränkungen bei der Ausübung des elterlichen Sorgerechts enthält das Gesetz etwa bei der geschlossenen Unterbringung des Kindes einschließlich freiheitsbeschränkender Maßnahmen (§ 1631b Abs. 1 und 2 BGB; vgl. Teil 2/*Bauer*, Rn. 244 ff.), in bestimmten Fällen der Vertretung des Kindes (vgl. §§ 1629 Abs. 2 und 2a, 1789 Abs. 2 Satz 1 i.V.m. §§ 1824, 1789 Abs. 2 Satz 3 und 4, 112, 113 BGB), beim Umgangsbestimmungsrecht nach Maßgabe von §§ 1684 ff. BGB und im Rahmen des Herausgabeanspruches durch eine mögliche Verbleibensanordnung nach § 1632 Abs. 4 BGB (vgl. dazu Rn. 499, 515 ff.). **375**

Schließlich schränkt auch die nach §§ 8a Abs. 2 S. 2, 42 Abs. 1 Satz 1 Nr. 2b SGB VIII vorgesehene Inobhutnahme von Kindern das Sorgerecht insoweit ein, als das Jugendamt für den Fall, dass eine familiengerichtliche Entscheidung nicht rechtzeitig ergehen kann, im Rahmen einer Notkompetenz bis zum Vorliegen einer solchen berechtigt ist, trotz Herausgabeverlangens der Eltern, den Aufenthalt des Kindes während dieses Zeitraums zu bestimmen und seine Herausgabe zu verweigern.[19]

3. Kategorisierung sorgerechtlicher Angelegenheiten (§ 1687 BGB)

Sorgerechtsrelevante Entscheidungen liegen insbesondere dann vor, wenn die betreffende **Angelegenheit von erheblicher Bedeutung** für das Kind ist (§ 1687 Abs. 1 Satz 1 BGB). Eine Angelegenheit ist in der Regel dann von erheblicher Bedeutung, wenn sie erhebliche, nur schwer abänderbare Auswirkungen auf die Entwicklung des Kindes hat oder haben kann (Umkehrschluss aus § 1687 Abs. 1 Satz 3 BGB). Bei sorgerechtsrelevanten Fragestellungen von erheblicher Bedeutung wie z.B. bei der **376**

18 Zur Entwicklung Peschel-Gutzeit, FPR 2012, 195; Staudinger/Salgo, § 1631 BGB Rn 66. Neufassung und Erstreckung des Gewaltverbots auch auf die Pflege durch das Gesetz zur Reform des Vormundschafts- und Betreuungsrechts v. 4.5.2021, BGBl I 2021, 873.

19 OLG Frankfurt ZKJ 2019, 185; OLG Brandenburg FamRZ 2019, 1060; FK-SGB VIII/Trenczek/Beckmann, § 42 SBG VIII Rn. 39; Heilmann/Köhler, § 42 SGB VIII Rn 13; Staudinger/Salgo, § 1632 BGB Rn 16.

Schulwahl[20], der Wahl des Kindergartens,[21] der Taufe/Kommunion des Kindes,[22] der Impfung des Kindes[23] oder bei einer mit Gefahren verbundenen Urlaubsreise[24] kann nach § 1628 BGB bei dem Familiengericht die Übertragung der Entscheidung auf einen Elternteil beantragt werden (vgl. Rn. 405 ff.).

Hiervon unterscheidet das Gesetz in § 1687 Abs. 1 Satz 2 BGB zunächst die **Angelegenheiten des täglichen Lebens**.[25] Während Angelegenheiten von erheblicher Bedeutung für das Kind bei gemeinsamem elterlichen Sorgerecht einvernehmlich von den Eltern zu entscheiden sind, sind alltägliche Angelegenheiten wie gewöhnliche Fragen des Schullebens, der Gesundheit, der Ernährung, der Kleidung oder des Medienkonsums nach § 1687 Abs. 1 Satz 2 BGB demjenigen Elternteil zugewiesen, bei dem sich das Kind überwiegend aufhält.[26] Bei getrenntlebenden Eltern kann in Streitfällen hier nach § 1687 Abs. 2 BGB das Familiengericht angerufen werden.

Als dritte Art sorgerechtsrelevanter Entscheidungen enthält § 1687 Abs. 1 Satz 4 BGB die **Angelegenheiten der tatsächlichen Betreuung** (wie z.B. Freizeitgestaltung, Dauer des Medienkonsums, Ernährung, Umgang mit Dritten), die dem Umgangselternteil für die Zeit seines berechtigten Umgangs zugewiesen sind.[27] Auch in diesem Fall kann bei Streit gemeinsam Sorgeberechtigter nach § 1687 Abs. 2 FamFG das Familiengericht angerufen werden.

Bei **alleinigem Sorgerecht** gelten gemäß § 1687a BGB die Bestimmungen von § 1687 Abs. 1 Satz 4 und 5 BGB entsprechend.

4. Das Sorgerecht miteinander verheirateter Eltern

a) Entstehung und Ausübung des gemeinsamen Sorgerechts

377 Aus dem Wortlaut von § 1626 Abs. 1 BGB[28] und einem Umkehrschluss aus § 1626a Abs. 1 und 2 BGB folgt, dass zum Zeitpunkt der Geburt des Kindes miteinander verheirateten Eltern die elterliche Sorge gemeinsam zusteht. Diese Rechtsfolge tritt ungeachtet der biologischen Vaterschaft des Ehemannes der Mutter ein (vgl. § 1592 Nr. 1 BGB).

---

20 OLG Hamburg FamRZ 2022, 107 (weiterführende Schule); OLG Rostock FamRZ 2020, 102 (Grundschule); Onstein, FuR 2017, 131.

21 OLG Hamm ZKJ 2018, 464; KG ZKJ 2018, 230; OLG Karlsruhe FamRZ 2020, 1380 (Betreuung durch Tagesmutter).

22 OLG Karlsruhe FamRZ 2019, 1697; OLG Stuttgart FamRZ 2016, 1378; OLG Hamm FamRZ 2014, 1712.

23 BGH ZKJ 2017, 316 (Impfung); OLG Frankfurt ZKJ 2021, 315 (Standardimpfungen) und ZKJ 2021, 420 (Corona-Impfung).

24 OLG Frankfurt FuR 2019, 39 und ZKJ 2016, 361 (jeweils Türkei); vgl. auch KG FamRZ 2017, 1061 (Thailand); ausführlich Stockmann, FamRB 2017, 315.

25 Zur Kritik an der Unterscheidung Staudinger/Dürbeck, § 1687 BGB Rn 22 ff.

26 Vgl. dazu mit weiteren Beispielen Heilmann/Gottschalk, § 1687 BGB Rn 11 ff.; MünchKomm-BGB/Hennemann, § 1687 BGB Rn. 18 ff.; OLG Dresden FamRZ 2019, 1334 (Abholung von Kita); OLG Brandenburg FamRZ 2020, 1654 (Schulweg).

27 Vgl. dazu MünchKomm-BGB/Hennemann, § 1687 BGB Rn. 21 ff.; Heilmann/Gottschalk, § 1687 BGB Rn 16 ff.

28 Völker/Clausius, § 1 Rn 32.

Zu einem gemeinsamen Sorgerecht der Eltern kommt es aber auch dann,

- wenn der rechtliche Vater die Mutter des inzwischen geborenen Kindes später heiratet (§ 1626a Abs. 1 Nr. 2 BGB),
- bei einer gemeinschaftlichen Adoption (§ 1741 Abs. 2 Satz 2 BGB) oder
- einer ergänzenden Einzeladoption (§§ 1741 Abs. 2 Satz 1 BGB, 9 Abs. 7 Satz 1 LPartG).[29]

Bei dem gemeinsamen Sorgerecht der Eltern verbleibt es grundsätzlich auch im Falle ihrer **Trennung** oder der **Scheidung** der Ehe (vgl. § 1671 Abs. 1 Satz 1 BGB).

Gemäß § 1627 Satz 1 BGB ist die elterliche Sorge **eigenverantwortlich** und in **gegenseitigem Einvernehmen** zum **Wohl des Kindes** auszuüben. Bei Meinungsverschiedenheiten müssen sich gemeinsam sorgeberechtigte Eltern nach § 1627 Satz 2 BGB einigen. Gelingt dies in einer einzelnen Angelegenheit von erheblicher Bedeutung (z.B. Schulwahl) nicht, kann nach § 1628 BGB das Familiengericht angerufen werden und einem Elternteil alleine die Entscheidungsbefugnis übertragen werden.

Im Bereich der Vertretung des Kindes haben gemeinsam sorgeberechtigte Eltern ebenfalls nur **gemeinschaftliche Vertretungsmacht** (§ 1629 Abs. 1 Satz 2 Hs. 1 BGB). **Ausnahmen** bestehen in Eilfällen bei Gefahr im Verzug (§ 1629 Abs. 1 Satz 4 BGB: Einzelvertretungsmacht) und bei der Entgegennahme einer an das Kind gerichteten Willenserklärung (§ 1629 Abs. 1 Satz 2 Hs. 2 BGB). Weitere gesetzliche Ausnahmeregelungen finden sich für die Geltendmachung von Unterhaltsansprüchen des Kindes gegen einen mitsorgeberechtigten Elternteil in § 1629 Abs. 2 Satz 2 und Abs. 3 BGB.

b) Tod oder sonstiger Ausfall eines Elternteils (§ 1680 BGB)

Stirbt bei miteinander verheirateten Eltern ein Elternteil, so fällt nach § 1680 Abs. 1 **378**
BGB die elterliche Sorge dem überlebenden Elternteil kraft Gesetzes alleine zu. Gemäß § 1681 Abs. 1 BGB gilt dies entsprechend, wenn ein Elternteil für tot erklärt oder seine Todeszeit nach dem **Verschollenengesetz** festgestellt worden ist.

Sterben beide Elternteile, muss nach § 1773 BGB ein **Vormund** für das Kind bestellt werden. Schließlich gilt die Rechtsfolge von § 1680 Abs. 1 BGB nach dessen Absatz 3 auch für den Fall, dass einem mitsorgeberechtigten verheirateten Elternteil das Sorgerecht gemäß § 1666 BGB durch eine Entscheidung des Familiengerichts wegen einer Gefährdung des Kindeswohls entzogen worden ist, sodass auch hier der andere Elternteil, der von der Entscheidung nicht betroffen ist, allein sorgeberechtigt wird.

29 Nach BVerfG ZKJ 2013, 244 gilt dies auch für die ergänzende Adoption des Adoptivkindes des anderen Lebenspartners, was sich durch die zwischenzeitliche Öffnung der Ehe für gleichgeschlechtliche Paare erübrigt hat.

c) Ruhen der elterlichen Sorge (§§ 1673, 1674 BGB)

379 Die elterliche Sorge ruht, wenn ein oder beide sorgeberechtigte Elternteile aus **rechtlichen** (§ 1673 BGB) oder **tatsächlichen Gründen** (§ 1674 BGB) an der Ausübung des Sorgerechts verhindert ist oder sind. Die elterliche Sorge der Eltern ruht nach § 1674a BGB für ein nach § 25 Abs. 1 Schwangerschaftskonfliktgesetz vertraulich geborenes Kind. Die Rechtsfolge ergibt sich zunächst aus § 1675 BGB: Für die Dauer des Ruhens darf die elterliche Sorge nicht ausgeübt werden.

380 Aus **rechtlichen Gründen** ruht das Sorgerecht nach § 1673 Abs. 1 BGB, wenn ein Elternteil **geschäftsunfähig** ist. Dies ist nach § 104 Nr. 2 BGB in Fällen krankhafter Störung der Geistestätigkeit anzunehmen, wenn eine freie Willensbestimmung dadurch dauerhaft nicht mehr gewährleistet ist.[30]

Die elterliche Sorge eines **beschränkt geschäftsfähigen** Elternteils (d.h. nach §§ 2, 106 BGB unter 18-Jährige) ruht in den Bereichen Vermögenssorge und Vertretungsrecht des Kindes (§ 1673 Abs. 2 Satz 1 BGB). Die tatsächliche Personensorge steht ihm aber gemeinsam mit dem gesetzlichen Vertreter des Kindes zu (§ 1673 Abs. 2 Satz 2 BGB), so dass der beschränkt geschäftsfähige Elternteil insoweit ein eigenes Antrags- (z.B. nach § 1632 Abs. 1 BGB) und Beschwerderecht hat.[31]

Gesetzlicher Vertreter des Kindes ist in diesen Fällen entweder der volljährige andere Elternteil (aufgrund vorgeburtlicher gemeinsamer Sorgeerklärung, §§ 1626a Abs. 2 Nr. 1, 1678 Abs. 1 Hs. 1 BGB oder nach Sorgerechtsübertragung gem. § 1678 Abs. 2 BGB) oder der Vormund (§ 1773 BGB).[32] Bei Meinungsverschiedenheiten zwischen Elternteilen gelten hier §§ 1627, 1628 BGB, bei solchen mit dem Vormund kommt dem minderjährigen Elternteil der Vorrang zu (§ 1673 Abs. 2 Satz 3 BGB), wobei Entscheidungen, die das Kindeswohl gefährden, mit Maßnahmen nach § 1666 BGB zu begegnen ist.

381 Fälle einer **tatsächlichen Verhinderung** von sorgeberechtigten Eltern nach § 1674 Abs. 1 BGB liegen vor, wenn die elterliche Sorge auf längere Zeit tatsächlich nicht ausgeübt werden kann, was nach § 1674 Abs. 1 BGB durch einen **Beschluss des Familiengerichts**[33] festzustellen ist. Fälle von tatsächlicher Verhinderung sind etwa

- längere Strafhaft[34],
- Krankheit oder
- der unbekannte Aufenthalt von Sorgeberechtigten im Ausland.[35]

Im Einzelfall kann auch bei Ruhen der elterlichen Sorge ein rechtlich schützenswertes Interesse für einen Antrag des anderen Elternteils nach § 1671 Abs. 1 BGB beste-

30 Vgl. zu den Voraussetzungen etwa BGH WM 1965, 895.
31 Grüneberg/Götz, § 1773 BGB Rn 3.
32 Grüneberg/Götz, § 1773 BGB Rn 3 i.V.m. 1.
33 Zuständig ist nach § 3 Nr. 2a und 14 RpflG der Rechtspfleger.
34 OLG Brandenburg FamRZ 2009, 237; OLG Dresden FamRZ 2003, 1038; a.A.: OLG Frankfurt FamRZ 2007, 753; OLG Düsseldorf FamRZ 2020, 260.
35 MünchKomm-BGB/Hennemann, § 1674 BGB Rn 5.

hen.[36] Die gerichtliche Feststellung des Ruhens der elterlichen Sorge ist aber unter Verhältnismäßigkeitsgesichtspunkten der Sorgerechtsübertragung gegenüber vorrangig.[37]

Nicht ausreichend sind Fälle vorübergehender Abwesenheit wie Untersuchungshaft[38] oder schwere Erreichbarkeit.[39] **382**

Von erheblicher praktischer Bedeutung sind hier diejenigen Fälle, in denen **minderjährige Kinder aus dem Ausland unbegleitet** von ihren Eltern in die Bundesrepublik Deutschland einreisen, um hier Asyl oder ein sonstiges Aufenthaltsrecht zu erlangen.[40] Sind die Eltern – wie in den meisten Fällen in der Praxis – unbekannten Aufenthalts und auch sonst nicht erreichbar, liegt eine **tatsächliche Verhinderung** an der Ausübung der elterlichen Sorge vor. Dies ist auch dann anzunehmen, wenn bei schwierigen Verkehrsverbindungen und/oder politischen Verhältnissen fernmündlicher oder elektronischer Kontakt zu den im Heimatland lebenden Eltern besteht[41] oder eine Sorgerechtsvollmacht für einen erwachsenen Mitreisenden erteilt worden ist.[42]

Nach der Einreise werden die betroffenen Kinder vom zuständigen Jugendamt zunächst vorläufig nach § 42a SGB VIII und nach der im Verteilungsverfahren nach § 42b SGB VIII zu treffenden Entscheidung gemäß § 42 Abs. 1 Nr. 3 SGB VIII (endgültig) in Obhut genommen.[43] Sowohl im jugendhilferechtlichen Kontext (vgl. § 42f SGB VIII) als auch im Verfahren vor dem Familiengericht ist die – mangels regelmäßigen Vorhandenseins von Ausweispapieren – schwierige Frage der Feststellung des genauen Alters zu prüfen, was im Zweifelsfall auch die Veranlassung medizinischer Untersuchungen erforderlich macht,[44] wobei bei fortbestehenden Zweifeln an der Volljährigkeit nach erfolgter Sachaufklärung zugunsten des Jugendlichen von dessen Minderjährigkeit auszugehen ist.[45]

Hinsichtlich der **Volljährigkeit** verweist Art. 24 Abs. 1 EGBGB in der seit dem 1.1.2023 geltenden Fassung – wie die ihn weitgehend verdrängenden staatsvertrag-

36 OLG Karlsruhe FamRZ 2017, 41.
37 OLG Naumburg FamRZ 2002, 258; MünchKomm-BGB/Hennemann, § 1674 BGB Rn 5; OLG Saarbrücken NZFam 2022, 598: Vorrang auch gegenüber § 1666 BGB bei Strafhaft.
38 OLG Köln FamRZ 1978, 623; Staudinger/Coester, § 1674 BGB Rn 14.
39 OLG Koblenz FamRZ 2011, 1517.
40 Ausführlich Lack, in: Heilmann/Lack, Die Rechte des Kindes, S. 85; Dürbeck, FamRZ 2018, 553; ders., ZKJ 2014, 266.
41 OLG Karlsruhe FamRZ 2014, 1790; OLG Hamm FuR 2016, 421 und BeckRS 2015, 20704; OLG Karlsruhe FamRZ 2012, 1955.
42 DIJuF-Rechtsgutachten JAmt 2016, 194; KG ZKJ 2012, 450.
43 Vgl. dazu Lack, in: Heilmann/Lack, Die Rechte des Kindes, S. 85, 103 f.
44 Vgl. aus der Rspr.: Minderjährigkeit verneint: OLG Koblenz NJW 2017, 2208; OLG Karlsruhe FamRZ 2015, 2182 und IPRspr 2015, Nr. 129, 332; bejaht: OLG Hamm JAmt 2019, 112; FamRZ 2015, 1635 und BeckRS 2014, 19258; OLG Oldenburg FamRZ 2013, 1317; vgl. auch zu den Anforderungen an die Amtsermittlungspflicht OLG Frankfurt FamRZ 2017, 244; OLG München FamRZ 2012, 1958; KG ZKJ 2012, 450. Zur Altersfeststellung insgesamt Achterfeld, JAmt 2019, 294 ff.
45 OLG Karlsruhe FamRZ 2024, 1790; OLG Hamm, NJW-RR 2019, 262; vgl. auch BGH JAmt 2015, 395 (Strafrecht); OVG Bremen, Beschl. v. 12.5.2023 – 2 B 324/22 –, NZFam 2024, 93.

lichen Sonderregelungen des Haager Kinderschutzabkommens (KSÜ) und des Haager Minderjährigenschutzabkommens (MSA) sowie auch Art. 12 der Genfer Flüchtlingskonvention (GFK) – nicht mehr auf das Heimatrecht des Betroffenen, sondern auf das Recht des Staates des gewöhnlichen Aufenthaltes.

Hinweis

Für die Frage der Beendigung der Vormundschaft ist es damit unerheblich, ob das Heimatrecht der betroffenen Mündel andere Altersgrenzen für die Volljährigkeit vorsieht. Auch bedarf es keiner Klärung mehr durch das Familiengericht, ob der Betroffene Flüchtling i.S.v. Art. 12 GFK ist.[46]

383 Nach Feststellung des Ruhens der elterlichen Sorge ist sodann gemäß § 1773 BGB **Vormundschaft** anzuordnen,[47] wobei bei der nach §§ 1778, 1779 BGB zu treffenden Entscheidung zur Auswahl der Person des Vormunds[48] im Inland lebende Verwandte (§ 1774 Abs. 1 Nr. 1 BGB),[49] Berufs- oder Vereinsvormünder (§ 1774 Abs. 1 Nr. 2 und 3 BGB)[50] oder – wie häufig – das Jugendamt als Amtsvormund (§ 1774 Abs. 1 Nr. 4 BGB) in Betracht kommt. § 1779 Abs. 2 BGB etabliert den Vorrang des ehrenamtlichen Vormunds.[51]

Fehlt dem Amtsvormund einschlägige juristische Sachkunde, etwa im Hinblick auf die notwendige **Vertretung des Kindes in asyl- und ausländerrechtlichen Angelegenheiten**, hat sich dieser um geeignete Rechtsberatung und im gerichtlichen Verfahren um eine anwaltliche Vertretung für sein Mündel zu bemühen. Die unter dem bis zum 31.12.2022 geltenden Recht teilweise gewählte Lösung der Bestellung eines Rechtsanwaltes als Mitvormund (§§ 1775 Satz 2, 1787 Abs. 2 BGB a.F.) oder Ergänzungspfleger (§§ 1909 Abs. 1, 1795, 1796 BGB a.F.) ist nach der Rechtsprechung des BGH unzulässig.[52] Das Institut der Mitvormundschaft wurde durch die Vormundschaftsreform abgeschafft. Der seit dem 1.1.2023 geltende § 1776 Abs. 1 BGB sieht nunmehr aber (allein) für den ehrenamtlichen Vormund mit dessen Einverständnis die Möglichkeit der Bestellung eines zusätzlichen Pflegers für einzelne oder bestimmte Arten von Sorgeangelegenheiten durch das Familiengericht vor, wenn dies dem Wohl des Mündels dient.[53]

46 Oberloskamp/Dürbeck/Schwarz, § 10 Rn. 99 ff.; zur Rechtslage vor der Reform: BGH FamRZ 2018, 457; Dürbeck, FamRZ 2018, 553, 561 f.

47 Zuständig ist der Rechtspfleger, § 3 Nr. 2a RPflG, der Richtervorbehalt des § 14 Abs. 1 Nr. 1 RPflG ist durch das Gesetz zur Reform des Vormundschafts- und Betreuungsrechts v. 4.5.2021, BGBl I 2021, 882 mit Wirkung zum 1.1.2023 entfallen.

48 Ausführlich zu den Auswahlkriterien OLG Celle ZKJ 2016, 135 und Oberloskamp/Dürbeck/Schwarz, § 10 Rn. 104 ff.

49 OLG Hamm MDR 2017, 948: Vorrang gegenüber Jugendamt; zu Recht kritisch DIJuF-Rechtsgutachten JAmt 2016, 195.

50 Beide ohne Vorrang ggü. dem Amtsvormund, vgl. OLG Schleswig ZKJ 2016, 303; OLG Celle FamRZ 2016, 647.

51 Ausführlich zum neuen Recht Veit, FamRZ 2021, 1501 ff. und Bartels, FamRB 2021, 113 ff.

52 BGH ZJK 2018, 15 (Mitvormund); ZKJ 2013, 413 (Ergänzungspfleger).

53 Ausführlich zu den Voraussetzungen der Bestellung MünchKomm-BGB/Lettmaier, § 1776 BGB Rn. 6 ff.

Ist lediglich **ein Elternteil tatsächlich verhindert**, so bestimmt § 1678 Abs. 1 BGB, dass für die Zeit des Ruhens die elterliche Sorge von dem anderen mitsorgeberechtigten und nicht verhinderten Elternteil alleine ausgeübt wird. Entfällt das tatsächliche Hindernis, z.B. weil der betreffende Elternteil nach Deutschland zurückgekehrt ist, so hat das Familiengericht – mit rechtsgestaltender Wirkung[54] – nach § 1674 Abs. 2 BGB – von Amts wegen – festzustellen, dass dessen elterliches Sorgerecht wieder auflebt. **384**

Im Falle der **vertraulichen Geburt** lebt die elterliche Sorge nach § 1674a Satz 2 BGB wieder auf, wenn das Familiengericht feststellt, dass ein Elternteil ihm gegenüber die für den Geburtseintrag ihres Kindes erforderlichen Angaben gemacht hat.[55]

d) Begründung alleiniger Sorge nach Trennung oder Scheidung (§ 1671 BGB)

Leben die miteinander verheirateten und gemeinsam sorgeberechtigten Eltern nicht nur vorübergehend voneinander getrennt, so kann jeder Elternteil nach § 1671 Abs. 1 Satz 1 BGB beantragen, dass ihm das Familiengericht die elterliche Sorge oder einen Teil davon allein überträgt.[56] Die Frage der Trennung der Eltern beurteilt sich alleine nach § 1567 Abs. 1 BGB,[57] sodass entscheidend ist, ob zwischen ihnen keine häusliche Gemeinschaft mehr besteht und zumindest ein Ehegatte sie erkennbar auch nicht mehr herstellen will. Eine Trennung in der Ehewohnung ist entsprechend § 1567 Abs. 1 Satz 2 BGB möglich. **385**

Weiterhin ist zwingend ein (verfahrenseinleitender) **Antrag eines Elternteiles** erforderlich, weder das Jugendamt noch das betroffene Kind sind antragsberechtigt.[58] Das Familiengericht ist außerhalb von § 1671 Abs. 4 BGB (von Amts wegen zu berücksichtigende Gefährdungen des Kindeswohls) an den oder die wechselseitig gestellten Antrag/Anträge der Eltern gebunden, da es sich insoweit um **echte Sachanträge** handelt,[59] kann also z.B. bei einer Beschränkung des Antrages auf das Aufenthaltsbestimmungsrecht nicht weitere Teile des Sorgerechts übertragen.

(aa) Einvernehmliche Begründung der Alleinsorge (§ 1671 Abs. 1 Satz 2 Nr. 1 BGB)

Gemäß § 1671 Abs. 1 Satz 2 Nr. 1 BGB hat das Familiengericht dem Antrag auf Übertragung der alleinigen Sorge stattzugeben, wenn der andere Elternteil zustimmt, es sei denn, dass das Kind das 14. Lebensjahr vollendet hat und der Übertragung widerspricht. Die Vorschrift ist Ausdruck des grundsätzlichen Vorrangs der Elternautonomie.[60] **386**

54 Grüneberg/Götz, § 1674 BGB Rn 3.
55 Vgl. dazu MünchKomm-BGB/Hennemann, § 1674a BGB Rn 10 ff.; OLG Köln ZKJ 2018, 426.
56 Vgl. dazu Splitt, FF 2017, 47; Rake FuR 2019, 194.
57 Schwab, FamRZ 1998, 457.
58 Völker/Clausius, § 1 Rn 228.
59 Johannsen/Henrich/Althammer/Lack, § 1671 BGB Rn 20.
60 MünchKomm-BGB/Hennemann, § 1671 BGB Rn 87.

387 Die **Zustimmungserklärung** muss sich inhaltlich auf einen bestimmten Antrag beziehen und ist grundsätzlich gegenüber dem Gericht abzugeben.[61] Pauschale oder lediglich außergerichtlich abgegebene Erklärungen genügen nicht.[62]

Die Zustimmung kann formlos, insbesondere mündlich in der – ohnehin notwendigen – persönlichen Anhörung nach § 160 FamFG erklärt werden.[63] Das Gericht hat sich nämlich im Rahmen seiner Verpflichtung zur Aufklärung des Sachverhalts von Amts wegen (§ 26 FamFG) von Wirksamkeit, Reichweite, Ernsthaftigkeit und Freiwilligkeit der Zustimmung zu überzeugen.[64]

Die Zustimmung kann auch in einer vor dem Familiengericht geschlossenen **Vereinbarung der Eltern** enthalten sein, bedarf dann aber mangels der vertraglichen Disposition und wegen des Charakters des Sorgerechts gleichwohl einer Regelung durch Gerichtsbeschluss nach § 1671 Abs. 1 Satz 2 Nr. 1 BGB.[65] Da es sich um eine höchstpersönliche Willenserklärung handelt, kann die Zustimmung nicht durch den Verfahrensbevollmächtigten für den Antragsgegner abgegeben werden.[66] Sie ist zudem unbedingt zu erklären.[67]

Die Zustimmung ist bis zur abschließenden gerichtlichen Sachentscheidung, also auch noch im Beschwerdeverfahren, **frei widerruflich**.[68] Sie kann sich auch auf Teile der beantragten Sorgerechtsregelung, etwa das Aufenthaltsbestimmungsrecht, beschränken. Im Umfang der Zustimmung hat das Familiengericht – von der Ausnahme der Erforderlichkeit von Maßnahmen nach §§ 1671 Abs. 4, 1666 BGB abgesehen – dem Antrag zu entsprechen und das Sorgerecht auf den antragstellenden Elternteil zu übertragen. Eine **Kindeswohlprüfung** sieht das Gesetz vorbehaltlich des Widerspruchs des über 14-jährigen Kindes nicht vor.[69] Soweit keine vollumfängliche Zustimmung vorliegt, ist im Übrigen eine Entscheidung nach § 1671 Abs. 1 Satz 2 Nr. 2 BGB zu treffen.[70]

388 **Widerspricht** das betroffene Kind, das bereits das 14. Lebensjahr erreicht hat, der Übertragung, so ist das Familiengericht zunächst an einer Entscheidung aufgrund der Elternautonomie nach § 1671 Abs. 1 Satz 2 Nr. 1 BGB gehindert. Es hat vielmehr nun eine **umfassende Prüfung des Kindeswohls** nach § 1671 Abs. 1 Satz 2 Nr. 2 BGB zu erfolgen (vgl. Rn. 389 ff.).

---

61 Staudinger/Coester, § 1671 BGB Rn 75f.
62 Staudinger/Coester, § 1671 BGB Rn 76; Grüneberg/Götz, § 1671 BGB Rn 8.
63 Johannsen/Henrich/Althammer/Lack, § 1671 BGB Rn 23.
64 OLG Koblenz FamRZ 2016, 475; OLG Saarbrücken FamRZ 2010, 1680; MünchKomm-BGB/Hennemann, § 1671 BGB Rn 88.
65 Vgl. BGH DAVorm 2000, 704.
66 OLG Koblenz, FamRZ 2016, 475; Johannsen/Henrich/Althammer/Lack, Familienrecht, § 1671 BGB Rn 23; Heilmann/Keuter, § 1671 BGB Rn 8; vgl. aber Staudinger/Coester, § 1671 BGB Rn 73 (Stellvertretung in der Erklärung); a.A. Dürbeck in der Vorauflage, Rn 604.
67 OLG Koblenz, FamRZ 2016, 475.
68 BGH DAVorm 2000, 704; OLG Brandenburg NJW-Spezial 2014, 549; OLG Zweibrücken FamRZ 2011, 992.
69 BGH DAVorm 2000, 704; OLG Hamm FamRZ 2018, 1844.
70 Staudinger/Coester, § 1671 BGB Rn 76.

Kommt das Familiengericht zum Ergebnis, dass die Übertragung des Sorgerechts auf den antragstellenden Elternteil trotz des entgegenstehenden Kindeswillens dem Kindeswohl entspricht, z.B. weil es den Eltern nach den durchgeführten Ermittlungen an einer tragfähigen sozialen Beziehung zueinander fehlt, so verbleibt der Widerspruch des Kindes im Ergebnis unbeachtlich.[71]

Hinweis

Da auch das Widerspruchsrecht höchstpersönlicher Natur und der Verfahrensbeistand nicht gesetzlicher Vertreter des Kindes ist (§ 158b Abs. 3 Satz 3 FamFG), kann der Verfahrensbeistand nicht für das Kind widersprechen.[72] Es ist Aufgabe des Verfahrensbeistandes, dem Kind diese ihm selbst zukommenden Rechte zu erklären.

(bb) Gerichtliche Entscheidung bei fehlendem Einvernehmen (§ 1671 Abs. 1 Satz 2 Nr. 2 BGB)

Gemäß § 1671 Abs. 1 Satz 2 Nr. 2 BGB ist dem Antrag eines Elternteils auf Übertragung der elterlichen Sorge oder eines Teils der elterlichen Sorge auch bei fehlender Zustimmung des anderen Elternteiles stattzugeben, wenn zu erwarten ist, dass die Aufhebung der gemeinsamen Sorge bzw. eines Teilbereichs von dieser und die Übertragung auf den antragstellenden Elternteil dem **Wohl des Kindes** am besten entspricht. Die danach vorzunehmende Prüfung umfasst nach dem Gesetzeswortlaut zwei prognostische Elemente (sog. **doppelte Kindeswohlprüfung**): **389**

1. die Erwartung, dass die Aufhebung der gemeinsamen Sorge dem Wohl des Kindes am besten entspricht, und
2. die Erwartung, dass die Übertragung der Sorge (gerade) auf den Antragsteller dem Wohl des Kindes am besten entspricht.[73]

Maßstab für die vom Familiengericht zu treffende Entscheidung ist allein das Kindeswohl (§§ 1671 Abs. 1, 1697a BGB), nicht das Elterninteresse.

(1) Aufhebung der gemeinsamen Sorge

Es besteht keine gesetzliche Vermutung dafür, dass bei einer Trennung der Eltern die gemeinsame elterliche Sorge die beste Form der Wahrnehmung der elterlichen Verantwortung ist. Ihr ist deshalb weder aus verfassungsrechtlichen Gründen noch aus der Regelung in § 1671 Abs. 1 BGB ein Vorrang vor der Alleinsorge eines Elternteils **390**

71 BT-Drucks. 13/4899, S. 99; Heilmann/Keuter, § 1671 BGB Rn 10.
72 Heilmann/Keuter, § 1671 BGB Rn 10.
73 OLG Brandenburg FamRZ 2020, 1726; OLG Bremen ZKJ 2019, 25; BeckOK-BGB/Veit, § 1671 BGB Rn 47; Johannsen/Henrich/Althammer/Lack, Familienrecht, § 1671 BGB Rn 32; Grüneberg/Götz, § 1671 BGB Rn 12 jeweils mwN; krit. zur Vornahme zweier isolierter Prüfungsschritte Staudinger/Coester, § 1671 BGB Rn 103f.; für ein Entfallen der doppelten Kindeswohlprüfung bei einseitigem Elternantrag Dürbeck in der Vorauflage, Rn 606 mit Verweis auf Völker/Clausius, § 1 Rn 259.

einzuräumen.[74] Es mag durchaus einem gesellschaftlichen oder rechtsethischen **Idealbild** entsprechen, dass Eltern auch nach der Beendigung ihrer Lebensgemeinschaft verantwortungsbewusst und im gegenseitigen Zusammenwirken die Belange des Kindes weiterhin gemeinsam wahrnehmen. Dies kann etwa der bereits angesprochenen gesetzlichen Bestimmung von § 1627 BGB entnommen werden. Auch fordert das verfassungsrechtlich in Art. 6 Abs. 2 Satz 1 GG geschützte Elternrecht, dass Entscheidungen zur Aufhebung des gemeinsamen Sorgerechts nach § 1671 Abs. 1 BGB, die im Ergebnis einen Verlust des Sorgerechts für den anderen Elternteil darstellen, dem **Verhältnismäßigkeitsgrundsatz** genügen und auf eine hinreichende, vom Familiengericht von Amts (§ 26 FamFG) wegen ermittelte Tatsachengrundlage für eine **am Kindeswohl orientierte Entscheidung** gestützt werden müssen.[75]

Schließlich hat auch der Gesetzgeber im Rahmen der Entstehung des Gesetzes zur Reform der elterlichen Sorge nicht miteinander verheirateter Eltern[76] ausdrücklich erklärt, er verfüge über ein **„neues Leitbild"**, wonach die gemeinsame Ausübung des Sorgerechts den Bedürfnissen des Kindes nach Beziehungen zu beiden Eltern entspreche.[77] Gleichwohl vermag dies wegen des Vorrangs des Kindeswohls entgegen manchen Stimmen in der Literatur[78] und der früheren Rechtsprechung[79] keine Abkehr von der bisherigen Rechtsprechung zum Verhältnis gemeinsamer und alleiniger Sorge begründen,[80] was auch vom BGH in seiner Entscheidung zu § 1626a Abs. 2 BGB[81] (dazu Rn. 411 ff.) bestätigt worden ist.

391 Die Ausübung der gemeinsamen elterlichen Sorge setzt, wie auch der Gesetzgeber konzediert,[82] in jedem Fall eine **tragfähige soziale Beziehung der Eltern** voraus und erfordert ein **Mindestmaß an Übereinstimmung**, die sich am Kindeswohl auszurichten hat.[83] Leitfrage im Rahmen der Entscheidung nach § 1671 BGB ist insoweit, ob eine Verständigung der Eltern über wichtige Sorgerechtsfragen noch in einer Art und Weise möglich ist, die auch bei einem Dissens der Eltern eine dem Kindeswohl dienliche Entscheidung gewährleisten kann.[84] Das setzt insbesondere voraus, dass die Eltern über die für eine gemeinsame Ausübung des Sorgerechts unverzichtbare **Fähigkeit und Willigkeit zur Kooperation** verfügen,[85] da sich elterliches Zusammenwirken praktisch nicht verordnen lässt.[86] Notwendige Bedingung ist die Fähigkeit, mit dem anderen Elternteil zu kommunizieren. Erfolgt eine Verständigung wegen der Zerrüt-

74 BVerfG ZKJ 2018, 373; FamRZ 2004, 354; 2003, 285; BGH NJW 2005, 2080.
75 BVerfG FamRZ 2019, 802; FamRZ 2004, 1015; BGH FamRZ 2020, 1171.
76 BGBl. I 2013, 795.
77 BT-Drucks. 17/11048, S. 12 unter Bezugnahme auf BVerfGE 107, 150, (155).
78 Willutzki, FPR 2013, 236 (239); Coester, FamRZ 2012, 1337 (1339).
79 Vgl. etwa OLG Brandenburg FuR 2016, 417; OLG Celle ZKJ 2014, 206.
80 Vgl. OLG Celle FamRZ 2016, 385; OLG Frankfurt BeckRS 2015, 06313; OLG Stuttgart FamRZ 2015, 674; Dürbeck, ZKJ 2013, 330 (332).
81 BGH ZKJ 2016, 414 Rn 11 ff. = FamRZ 2016, 1439 m. Anm. Lack.
82 BT-Drucks. 17/11048, S. 17.
83 BVerfG ZKJ 2018, 373; FF 2009, 416; FamRZ 2004, 354; NJW 2003, 955; BGH ZKJ 2016, 414.
84 BVerfG FamRZ 2004, 354.
85 BVerfG FamRZ 1982, 1179; BGH FamRZ 2008, 592; OLG Frankfurt FamRZ 2014, 317; OLG Köln FamRZ 2013, 47; vgl. auch Wanitzek, FamRZ 2013, 1169 mit weiterer Rspr. hierzu.
86 BGH FamRZ 1999, 1646.

tung der Beziehung der Eltern nur über das Kind oder Rechtsanwälte oder auch nur per SMS, WhatsApp oder E-Mail, wird dies im Regelfall kaum eine tragfähige soziale Beziehung für ein gemeinsames Sorgerecht darstellen.[87]

Fehlende Kooperationsbereitschaft und -fähigkeit eines Elternteils kann aber auf der anderen Seite im Hinblick auf das Erfordernis der Verhältnismäßigkeit des Eingriffs in das Elternrecht nicht bereits dann angenommen werden, wenn diese durch die **einseitige Verweigerung der Kommunikation** und ein pauschales Ablehnen des gemeinsamen Sorgerechts durch den antragstellenden Elternteil mit dem anderen Elternteil verursacht wird.[88] Dass Eltern in Einzelfragen verschiedener Meinung sind und ihre Meinungsverschiedenheiten im Einzelfall streitig ausgetragen haben, genügt grundsätzlich ebenfalls nicht, um die gemeinsame elterliche Sorge abzulehnen.[89] Dabei ist es unerheblich, ob und wenn ja, welchen Elternteil ein Verschulden an der fehlenden Kooperation der Eltern untereinander trifft.[90]

Indizien für das Fehlen einer hinreichenden Kooperationsfähigkeit und -willigkeit der Eltern sind neben Kommunikationsproblemen vor allem massiv auftretende Trennungskonflikte, Uneinigsein bei zahlreichen sorgerechtsrelevanten Fragen in der Vergangenheit,[91] das Empfinden von Hass gegenüber dem anderen Elternteil oder schwerwiegende Beleidigungen auch während des Verfahrens.[92]

Auch **Gewalterfahrungen** des antragstellenden Elternteils durch den Antragsgegner können der Annahme einer hinreichenden Kooperationsbasis der Eltern entgegenstehen;[93] in diesem Zusammenhang ist Art. 31 der sog. **Istanbul-Konvention**[94] zu berücksichtigen.[95] Von einem Elternteil verübte häusliche Gewalt, Nachstellungen und Bedrohungen gegenüber dem anderen Elternteil können es im Einzelfall im Hinblick auf Art. 31 Istanbul-Konvention gebieten, das gemeinsame Sorgerecht aufzuheben und dieses auf den betreuenden Elternteil allein zu übertragen. Dabei ist die von einem Kind miterlebte Gewalt gegen den betreuenden Elternteil als eine spezielle Form der Kindesmisshandlung zu bewerten.[96] Auch kann Gewalt eines Elternteils gegenüber einem (Stief-)Geschwisterkind den Entzug des Sorgerechts – und auch den Um-

87 BVerfG FamRZ 1993, 941; Johannsen/Henrich/Althammer/Lack, § 1671 BGB Rn 36; a.A.: OLG Frankfurt FamRB 2012, 338 bei einer ausschließlichen Kommunikation über das Kind.

88 BGH ZKJ 2016, 414 = FamRZ 2016, 1439 m. Anm. Lack; OLG Frankfurt, Beschl. v. 7.3.2012, 2 UF 211/10, juris.

89 BGH ZKJ 2016, 414 = FamRZ 2016, 1439; OLG Karlsruhe, Beschl. v. 2.4.2015, 18 UF 253/14, juris.

90 BGH FamRZ 2008, 592.

91 Heilmann/Keuter, § 1671 BGB Rn 14.

92 OLG Hamm FamRZ 2012, 1064.

93 BVerfG FamRZ 2004, 354; OLG Saarbrücken FamRZ 2011, 385; OLG Saarbrücken, Beschl. v. 5.12.2011 – 9 UF 135/11, juris, FamRZ 2012, 1064 (Ls.).; OLG Karlsruhe FamRZ 2002, 1209; instruktiv auch bereits die Gesetzesbegründung BT-Drucks. 13/4899, 99.

94 Gesetz zu dem Übereinkommen des Europarats v. 11.5.2011 zur Verhütung und Bekämpfung von Gewalt gegen Frauen und häuslicher Gewalt, BGBl II 2017, 1026.

95 EGMR FamRZ 2023, 277; OLG Frankfurt NZFam 2024, 1031; OLG Nürnberg FamRZ 2024, 1369.

96 OLG Frankfurt FamRZ 2024, 1937.

gangsausschluss – betreffend ein anderes Kind begründen, weil dem anderen Elternteil ein Zusammenwirken mit ersterem nicht zuzumuten ist.[97]

Schließlich können **Suchterkrankungen**[98] oder **psychische Erkrankungen** Grund für die Auflösung der gemeinsamen Sorge sein.[99]

Gegen eine Beendigung der gemeinsamen Sorge sprechen dagegen eine durch die Passivität oder Gleichgültigkeit des anderen Elternteils bereits in der Vergangenheit bestehende faktische Alleinsorge des Antragstellers[100] oder die Erteilung einer ausreichenden Sorgerechtsvollmacht[101] durch den anderen Elternteil (vgl. unten Rn. 402).

Neben den vorgenannten Umständen und Indizien werden das während des familiengerichtlichen Verfahrens erkennbare Verhalten der Eltern, z.B. in der gemeinsamen Anhörung nach § 160 FamFG, die Kindesanhörung nach § 159 FamFG und die Berichte von Verfahrensbeistand und Jugendamt eine **hinreichende Tatsachengrundlage** für die Prüfung der Frage der hinreichend tragfähigen Beziehung ermöglichen.

392 Bei der Annahme einer nicht hinreichend tragfähigen sozialen Beziehung der Eltern wird im Regelfall davon auszugehen sein, dass bei einer Beibehaltung der gemeinsamen Sorge **mehr Nachteile als Vorteile** für die Kinder bestehen.[102] Es gilt jedoch für den konkreten Einzelfall zu prüfen, welche Auswirkungen die mangelnde Einigungsfähigkeit der Eltern bei einer Gesamtbeurteilung der Verhältnisse auf die Entwicklung und das Wohl des Kindes haben wird.

Dabei kann sich die Gefahr einer erheblichen Belastung des Kindes im Einzelfall auch aus der Nachhaltigkeit und der **Schwere des Elternkonflikts** ergeben. Nicht erforderlich ist, dass bereits eine Belastung für das Kind eingetreten ist. Es genügt die begründete Befürchtung, dass es zu einer solchen Belastung kommt. Dafür genügt die begründete Besorgnis, dass die Eltern auch in Zukunft nicht in der Lage sein werden, ihre Streitigkeiten in wesentlichen Bereichen der elterlichen Sorge konstruktiv und ohne gerichtliche Auseinandersetzungen beizulegen. Denn ein fortgesetzter destruktiver Elternstreit führt für ein Kind zwangsläufig zu erheblichen Belastungen.[103] Ist diese Besorgnis zu bejahen, so ist in solchen Fällen der Alleinsorge gegenüber dem Fortbestand der gemeinsamen Sorge der Vorzug zu geben.

Der **Kindeswille** ist demgegenüber bei der Beurteilung der Frage der Kooperationsfähigkeit und Kooperationswilligkeit der Eltern nicht von ausschlaggebender Bedeutung. Er kann aber gerade bei älteren Kindern der Annahme einer schädlichen Auswirkung auf das Kindeswohl entgegenstehen.

---

97 OLG Köln NZFam 2022, 1069 (elterliche Sorge); OLG Köln FamRZ 2022, 1933 (Umgang).

98 Aber nur wenn sie Auswirkungen auf die Erziehungsfähigkeit haben, vgl. OLG Brandenburg NZFam 2019, 133.

99 OLG Celle NZFam 2018, 528; OLG Naumburg FamRZ 2009, 433; Scharl/Schmid, FamRB 2013, 224; zum Verhältnis von § 1671 BGB zu § 1674 BGB OLG Karlsruhe FamRZ 2017, 41.

100 OLG Köln ZKJ 2011, 472; OLG Frankfurt FamRB 2012, 338.

101 BGH FamRZ 2020, 1171.

102 OLG Saarbrücken NZFam 2019, 45.

103 Insgesamt zum Vorstehenden BGH ZKJ 2016, 414 = FamRZ 2016, 1439; vgl. auch BGH FamRZ 2008, 592.

Praxistipp

Der Bericht des Verfahrensbeistandes sollte sich zu der Frage der Wahrnehmung des elterlichen Konfliktes durch das Kind und der konkreten sowie prognostisch befürchteten Auswirkungen desselben auf das Kind verhalten und etwa erkennbare Belastungsfaktoren sowie ggf. vorhandene Schutzfaktoren benennen.

Beanspruchen beide Eltern jeweils das **Aufenthaltsbestimmungsrecht** für sich, ist eine Aufhebung der gemeinsamen elterlichen Sorge jedenfalls in diesem Teilbereich regelmäßig geboten, wenn – über die Frage bloßer Betreuungsanteile hinausgehend (vgl. zum Wechselmodell Teil 3/*Kostka, Charles*, Rn. 338 ff.) – der Lebensmittelpunkt des Kindes Gegenstand einer anhaltenden elterlichen Auseinandersetzung ist und davon auszugehen ist, dass die Eltern in dieser Frage auch in absehbarer Zukunft nicht zu einer Verständigung in der Lage sein werden.[104] **393**

(2) Übertragung der Sorge auf den Antragsteller – Prüfungskriterien

Führt die Prüfung zu dem Ergebnis, dass die gemeinsame elterliche Sorge ganz oder in Teilen aufzuheben ist, weil die Eltern voraussichtlich auch in der Zukunft nicht in der Lage sein werden, gemeinsam am Kindeswohl orientierte Entscheidungen (in Teilbereichen) zu treffen, ist weiter zu prüfen, ob die Zuweisung der Alleinsorge (gerade) auf den Antragteller dem Kindeswohl am besten entspricht. Hierbei greift die Rechtsprechung im Regelfall auf folgende fünf Kriterien[105] zurück, die in einer Gesamtschau zu gewichten und gegeneinander abzuwägen sind: **394**

- Kontinuitätsgrundsatz (1.),
- Förderungsgrundsatz (2.),
- Bindungen des Kindes an seine Eltern (3.),
- Bindungen des Kindes an seine Geschwister (4.),
- Kindeswille (5.).

1. Kontinuitätsgrundsatz

Dem Kontinuitätsgrundsatz liegt die Erkenntnis zugrunde, dass die Fortdauer familiärer und sozialer Bindungen wichtig für eine **stabile psychosoziale Entwicklung** des Kindes ist, wobei insbesondere die **Kontinuität der Betreuungsperson**[106] und weniger der Wohnort hervorzuheben ist. Ein häufiger Wechsel der Hauptbezugsperson und des sozialen Umfelds gilt gerade bei jüngeren Kindern als schädlich.[107] Dem Kriterium der Kontinuität kommt vor allem bei im Übrigen gleicher Erziehungseignung **395**

104 BVerfG FamRZ 2004, 1015; OLG Frankfurt FamRZ 2019, 976; FamRZ 2014, 317; OLG Brandenburg NZFam 2016, 955.
105 BGH FamRZ 2020, 252; FamRZ 2016, 1439; FamRZ 2010, 1060; OLG Frankfurt NJW-RR 2020, 1394.
106 Salzgeber, Familienpsychologische Gutachten, Rn 1115 ff.
107 BVerfG NJW 1983, 101; Salzgeber, Familienpsychologische Gutachten Rn. 1121.

der Eltern, nicht entgegenstehendem Kindeswillen und gleich starken Bindungen zu beiden Eltern entscheidende Bedeutung zu.[108]

Besonderes Gewicht erfährt der Kontinuitätsgrundsatz auch in Fällen, in denen der betreuende Elternteil beabsichtigt, mit dem Kind auszuwandern oder im Inland umzuziehen. Hier hat der BGH[109] entschieden, dass angesichts der allgemeinen Handlungsfreiheit des betreuenden Elternteiles dessen Motive für seinen **Auswanderungs- bzw. Umzugswunsch** nicht zur Überprüfung des Familiengerichts stehen. Solange der betreuende Elternteil sich nicht davon leiten lässt, durch seinen Wegzug den Kontakt des anderen Elternteiles zu vereiteln oder zu erschweren, kommt eine Einschränkung des Sorgerechts dahin, den Wohnsitz des Kindes nicht zu verlegen, grundsätzlich nicht in Betracht.[110] Eine bloße Zurückweisung des Antrages des betreuenden Elternteiles auf Übertragung des Aufenthaltsbestimmungsrechts nach § 1671 Abs. 1 Nr. 2 BGB kann insoweit nicht erfolgen.[111] Stellt auch der andere Elternteil einen Antrag auf Übertragung des Aufenthaltsbestimmungsrechts nach § 1671 Abs. 1 Nr. 2 bzw. Abs. 2 Nr. 2 BGB, ist zu unterstellen, dass der auswanderungs- bzw. umzugswillige Elternteil seinen Entschluss und sind unter dieser Prämisse im Rahmen der Kindeswohlprüfung die hier genannten Kriterien umfassend abzuwägen und zu gewichten.[112] Insoweit kann die Frage des Umzuges auch nicht über eine Entscheidung nach § 1628 BGB geklärt werden.[113] Unzulässig dürfte es auch sein, das Aufenthaltsbestimmungsrecht auf den umzugswilligen Elternteil erst zu einem späteren Zeitpunkt, z.B. nach Beendigung der Grundschule[114], zu übertragen.

Wurde der Umzug bereits widerrechtlich vollzogen, stellt dies gleichwohl die tatsächliche Ausgangslage für die Beurteilung des Kindeswohls und für die Abwägung der beiderseitigen Elternrechte dar, wobei die eigenmächtige Trennung des Kindes vom anderen Elternteil Rückschlüsse auf eine Einschränkung der Erziehungsfähigkeit zulässt.[115]

2. Förderungsgrundsatz

396 Beim Förderungsgrundsatz geht es um die Frage, welcher Elternteil besser dazu in der Lage ist, das Kind bei dem Aufbau seiner Persönlichkeit, insbesondere seiner seelischen, geistigen und körperlichen Entwicklung, zu unterstützen.[116] Im Vorder-

108 OLG Hamm FamRZ 2017, 1225; OLG Köln FamRZ 2011, 1151; OLG Brandenburg ZKJ 2013, 31; BeckRS 2012, 14952.
109 BGH FamRZ 2010, 1060 (sog. Mexiko-Entscheidung); 2011, 796; OLG Frankfurt NZFam 2022, 422; allgemein zur Problematik in Bezug auf das Sorge- und Umgangsrecht Coester-Waltjen, ZKJ 2013, 4; Faber, FuR 2012, 464.
110 OLG Dresden FamRZ 2017, 1834; OLG Frankfurt FamRZ 2014, 323; OLG Köln FamRZ 2011, 490.
111 BGH FamRZ 2010, 1060 Rn 24; a. A. zu Unrecht: OLG Frankfurt FamRZ 2017, 806.
112 BGH FamRZ 2010, 1060 Rn 36.
113 OLG Stuttgart ZKJ 2019, 150; OLG Koblenz FamRZ 2019, 804; Staudinger/Coester, § 1671 BGB Rn 56; a.A.: AG Erfurt FamRZ 2018, 1671.
114 So das OLG Koblenz FamRZ 2019, 804 = ZKJ 2019, 312.
115 OLG Stuttgart FamRZ 2023, 702.
116 BVerfG FamRZ 1981, 124; Staudinger/Coester, § 1671 BGB Rn 178.

grund stehen damit Fragen der **Erziehungsfähigkeit** der Eltern. Dabei geht es insbesondere darum,

- ob ein Elternteil ein „überlegenes" Erziehungskonzept[117] besitzt,
- wer von beiden eine verlässlichere und stabilere Betreuungsperson ist,[118]
- das Ausmaß der Bereitschaft zur Übernahme von Verantwortung für das Kind,[119]
- die Wahrung der Einheitlichkeit und Gleichmäßigkeit der Erziehung[120] und schließlich
- die Bindungstoleranz[121] des jeweiligen Elternteils (vgl. § 1626 Abs. 3 BGB, § 17 SGB VIII).

Zu berücksichtigen sind dabei die jeweiligen **Betreuungsmöglichkeiten** unter Einschluss etwaiger vorhandener persönlicher Defizite beider Elternteile, wie z.B. durch Erkrankungen, Sucht oder Neigung zu Gewalt, und die unterschiedlichen Erziehungsstile. Maßgeblich ist die innere Bereitschaft, die Verantwortung für die Versorgung und Erziehung des Kindes zu übernehmen. Dabei ist auch zu berücksichtigen, inwieweit der Elternteil selbst bereit und in der Lage ist, die Betreuung des Kindes zu gewährleisten. Angesichts der grundlegenden Änderung des Betreuungsunterhaltsrechts (§ 1570 BGB) und der staatlichen Förderung der Kinderfremdbetreuung besteht aber kein Raum für die Annahme eines im Zweifelsfall bestehenden Vorzugs der **persönlichen Betreuung** durch einen Elternteil gegenüber der Fremdbetreuung.[122]

Der **Bindungstoleranz**, d.h. Fähigkeit und Bereitschaft eines Elternteils, als Sorgeberechtigter dem Kind ein positives Bild vom anderen Elternteil zu belassen (oder zu vermitteln) und dessen Kontakte mit dem Kind spannungsfrei zu ermöglichen, möglichst sogar zu fördern,[123] kann im Einzelfall bei im Übrigen gleicher Erziehungseignung besondere Bedeutung zukommen.[124]

Stets hat jedoch eine sorgfältige einzelfallbezogene Abwägung *aller* Kindeswohlkriterien zu erfolgen und sind im Rahmen der Gesamtabwägung die Auswirkungen der Entscheidung in die Abwägung einzubeziehen.[125] Die Bindungen des Kindes und der Wille des Kindes können für das (alleinige) Aufenthaltsbestimmungsrecht des zwar bindungsintolerant(eren), ansonsten aber gleich erziehungsgeeigneten Elternteils

117 OLG Dresden FamRZ 2017, 1834; KG NJW-RR 1982, 138.
118 OLG Frankfurt FamRZ 1994, 920.
119 OLG Brandenburg NJW-Spezial 2017, 5; BayObLG FamRZ 1968, 267.
120 OLG Zweibrücken FamRZ 2001, 186.
121 Salzgeber, Familienpsychologische Gutachten Rn 1187 ff.
122 OLG Brandenburg FamRZ 2009, 1759; FamRZ 2016, 1945; BeckOK-BGB/Veit, § 1671 BGB Rn. 71; zur früheren Auffassung: BVerfG FamRZ 1981, 124; OLG Köln FamRZ 2010, 139; Becker-Stoll, FamRZ 2010, 77.
123 Staudinger/Coester, § 1671 BGB Rn 207; BGH NJW 2011, 2360 Rn 57.
124 OLG Köln ZKJ 2019, 69; OLG Celle NZFam 2018, 528; OLG Brandenburg NZFam 2016, 808; OLG Köln FamRZ 1994, 924; Salzgeber, Familienpsychologische Gutachten, Rn 1187.
125 Vgl. Schäder, FamRZ 2019, 1672 ff.

streiten.[126] Zu berücksichtigen gilt auch hier, dass ein auf bewusster oder unbewusster Beeinflussung beruhender Wille des Kindes beachtlich sein kann, wenn er nicht den wirklichen Bindungsverhältnissen widerspricht.[127]

Eine besondere Herausforderung stellen in diesem Kontext Fälle dar, die mit **Umgangsboykott** oder **Eltern-Kind-Entfremdung**[128] beschrieben werden, besser jedoch als **Eltern-Kind-Kontaktprobleme** bzw. -Kontaktabbruch zu bezeichnen sind.[129] Hier gilt es besonders den Maßstab des Kindeswohls als Orientierungspunkt im Blick zu behalten, da die Sorgerechtsentscheidung nicht der Sanktionierung elterlichen Verhaltens dient.[130] Das sog. **Parental Alienation Syndrome** (PAS = Elternentfremdungssyndrom) ist kein tauglicher Begründungsansatz für eine Sorgerechtsentscheidung. PAS ist kein diagnostizierbares psychisches Krankheitsbild.[131] Auch können „entfremdende Verhaltensweisen" nicht generell als psychische Misshandlung eingeordnet werden.[132] Ferner gibt es keinen wissenschaftlich fundierten Nachweis, dass die Wiederherstellung des Kontaktes zum anderen Elternteil durch einen Sorgerechtstransfer oder einen unfreiwilligen Obhutswechsel die Entwicklung des Kindes besser fördert, als die Beibehaltung des status quo oder dass sie auch nur effektiv für eine Verminderung der Entfremdung ist.[133]

Die Befunde der **sozialwissenschaftlichen Forschung** zu den Ursachen von Eltern-Kind-Kontaktproblemen/-abbrüchen verweisen vielmehr auf die Notwendigkeit eines **multifaktoralen Ansatzes** für ein Verständnis von Kontaktverweigerung und zeigen dadurch auf, dass auch im familiengerichtlichen Verfahren das Abstellen auf lediglich einen Faktor (z.B. Beeinflussung durch einen Elternteil) oder einen Prozess (z.B. konfligierende Loyalitätskonflikte) in der Regel zu kurz greift, um den Bedürfnissen des Kindes in der komplexen Wirklichkeit des Familiensystems gerecht zu werden.[134] Von zentraler Bedeutung für die Entwicklung von den Kindesbedürfnissen gerechten Handlungsoptionen ist danach die differenzierte Analyse der Familiendynamik und der individuellen Einstellungen, Perspektiven, Verhaltensweisen und Kompetenzen beider Eltern.

---

126 KG, Beschluss v. 24.07.2014 – 13 UF 143/14; Heilmann/Keuter, § 1671 BGB Rn 36; MüKoBGB/Hennemann, § 1671 BGB Rn 49.

127 BVerfG ZKJ 2016, 457; ZKJ 2015, 319.

128 Baumann/Michel-Biegel/Rücker/Serafin/Wiesner, ZKJ 2022, 244 ff. und 292 ff.

129 Zimmermann/Fichtner/Walper/Lux/Kindler, ZKJ 2023, 43 ff.

130 BVerfG ZKJ 2024, 61; OLG Frankfurt, Beschl. v. 29.1.2025 – 1 UF 186/24 –, juris; Heilmann/Keuter, § 1671 BGB Rn 36.

131 BVerfG FamRZ 2024, 278; Fegert ZKJ 2013, 19.

132 Zimmermann/Fichtner/Walper/Lux/Kindler, ZKJ 2023, 83 ff. (Ziff. 6.1); vgl. OLG Frankfurt FamRZ 2024, 1289.

133 Zimmermann/Fichtner/Walper/Lux/Kindler, ZKJ 2023, 83 ff. (Ziff. 6.2);

134 Zimmermann/Fichtner/Walper/Lux/Kindler, ZKJ 2023, 43 ff. und 83 ff. (Ziff. 3.3 und 5.2).

Praxistipp

Neben der Kindesanhörung ist die Stellungnahme des Verfahrensbeistands für die differenzierte Abklärung des Kindeswillens, seiner Ziele, Intensität, Beharrlichkeit und Fundierung in Erfahrung von zentraler Bedeutung.[135]

3. Bindungen des Kindes an seine Eltern

Der Begriff der Bindung nimmt im Kontext des § 1671 BGB Bezug auf die Beziehungsumwelt des Kindes und verweist darüber hinaus auf das Konzept der Bindungstheorie. Es geht hier zunächst um die Frage, zu welchem Elternteil das Kind die emotional stärkere Bindung hat,[136] d.h. eine in den Emotionen verankerte besondere Beziehung.[137] Im Sinne der Bindungstheorie[138] bezeichnet der Begriff der Bindung demgegenüber über eine bloße „Beziehung" hinaus – und damit enger gefasst – ein biologisch verankertes Verhaltenssystem, welches darauf abzielt, dem Kind lebensnotwendige Sicherheit und Schutz durch die Betreuungsperson zu vermitteln.[139] In beiden Dimensionen hat das Kind als Grundrechtsträger das Recht, dass die staatliche Entscheidung nach § 1671 Abs. 1 Satz 2 Nr. 2 BGB eine in ihm entstandene Bindung zu seinen Eltern möglichst wenig beeinträchtigt.[140] **397**

Da es sich bei dem Kriterium der Bindung um eine innere, in der Psyche des Kindes wurzelnde Tatsache handelt, bereitet die gerichtliche Ermittlung dieses durchaus bedeutsamen Kindeswohlkriteriums gerade bei kleineren Kindern, die sich in den ersten sechs Lebensjahren nur eingeschränkt zu ihren Emotionen äußern können,[141] nicht unerhebliche Probleme. Die Kindesanhörung und auch die nunmehr erforderliche **Verschaffung eines persönlichen Eindrucks** vom Kind (§ 159 FamFG) kann hierzu oft nur von begrenztem Aussagewert sein.

Praxistipp

Hier kommen insbesondere den Berichten des Verfahrensbeistands und des Jugendamtes große Bedeutung für den Erkenntnisgewinn des Familiengerichts zu, die auch die Einholung eines psychologischen Sachverständigengutachtens entbehrlich machen können. Dies gilt insbesondere – aber nicht ausschließlich – dann, wenn sich aus von den Fachbeteiligten eingebrachten Informationen keine Anhaltspunkte für eine engere Bindung an einen Elternteil ergeben.[142]

---

135 Zimmermann/Fichtner/Walper/Lux/Kindler, ZKJ 2023, 83 ff. (Ziff. 7).
136 Eingehend Brisch, FPR 2013, 183; Walter, FPR 2013, 177; aus der Rspr. vgl. etwa OLG Hamm FamRZ 2017, 1225.
137 Johannsen/Henrich/Althammer/Lack, § 1671 BGB Rn. 68.
138 Zurückgehend auf die Forschung von Ainsworth, Patterns of attachment, 1978 und Bowlby, Attachment and loss, 1980, vgl. Salzgeber, Familienpsychologische Gutachten, Rn. 1241.
139 Lack/Hammesfahr, Psychologische Gutachten im Familienrecht, Rn. 380.
140 Johannsen/Henrich/Althammer/Lack, § 1671 BGB Rn 69.
141 Völker/Clausius, § 1 Rn 301.
142 VGH Brandenburg BeckRS 2011, 5119; BeckOGK/Fuchs, § 1671 BGB; vgl. auch Staudinger/Coester, § 1671 BGB Rn. 222.

Bei gleichstarken Bindungen des Kindes zu seinen Eltern kann entscheidend sein, ob ein Elternteil – etwa wegen Fehlens anderer Bezugspersonen, wie eines neuen Lebensgefährten oder eines weiteren Kindes – in größerem Umfang dazu in der Lage ist, sich emotional dem Kind zuzuwenden.[143] Ebenso können in diesem Fall außerfamiliäre Bindungen (Freundeskreis, Großeltern etc.) an Bedeutung gewinnen und den Ausschlag geben.[144] Insbesondere treten bei gleichstarken Bindungen die übrigen Kindeswohlkriterien in den Vordergrund. Im Übrigen sind Bindungen des Kindes auch dann zu beachten, wenn diese durch Beeinflussung des betreffenden Elternteils entstanden sind.[145]

4. Bindungen des Kindes an seine Geschwister

398 Ebenfalls anerkannt als Kindeswohlkriterium ist der Umstand, dass das Kind emotionale Bindungen zu seinen Geschwistern – unabhängig davon, ob es sich um Voll- oder Halbgeschwister handelt[146] – aufgebaut hat. Eine Trennung des Kindes von seinen Geschwistern, zu denen eine emotionale Bindung aufgebaut worden ist, soll grundsätzlich nicht erfolgen.[147]

Dem liegt die Erkenntnis zugrunde, dass es für die Entwicklung des Kindes förderlich ist, wenn es gemeinsam mit Geschwistern aufwächst und erzogen wird,[148] weil auch ein gewisses Maß an Rivalität die soziale Kompetenz und Entwicklung des Kindes fördert. Auch kann es die mit einer Trennung der Eltern verbundene psychische Belastung des Kindes mindern, wenn ihm die übrige Familie erhalten bleibt.[149] Insoweit kann es sogar zur Wahrung der Geschwisterbindung im Einzelfall erforderlich sein, dem weniger erziehungsgeeigneten Elternteil den Vorzug zu geben.[150]

Hier kann dem vorhandenen **Kindeswillen** – je nach Alter und Reifegrad – unter Umständen gewichtige Bedeutung zukommen. Nicht ausgeschlossen ist es jedoch im Einzelfall, eine **Geschwistertrennung** vorzunehmen. Solche Gründe können bestehen in einer konfliktbehafteten, negativen Beziehung der Kinder untereinander[151] oder aber auch in unterschiedlich stark ausgeprägten Bindungen der Kinder zu den beiden Elternteilen. Gerade bei älteren Kindern kann es auch der Kindeswille gebieten, z.B. bei fehlender Bindung zwischen den Geschwistern, im Rahmen der Gesamtabwägung eine Trennung von Geschwistern in Kauf zu nehmen.[152]

143 OLG Düsseldorf FamRZ 1995, 1511.
144 OLG Brandenburg FamRZ 2008, 1474.
145 BVerfG ZKJ 2015, 319; BGH FamRZ 1985, 169; OLG Brandenburg FamFR 2011, 525.
146 OLG Brandenburg FamRZ 2008, 1472; Staudinger/Coester, § 1671 BGB Rn 229.
147 BGH FamRZ 1985, 169; OLG Brandenburg NZFam 2023, 904; OLG Nürnberg NZFam 2017, 185.
148 OLG Köln FamRZ 2010, 139: OLG Hamm FamRZ 2000, 1039.
149 OLG Brandenburg FamRZ 2009, 1759.
150 OLG Bamberg FamRZ 1998, 498; Salzgeber, Familienpsychologische Gutachten, Rn 1224 ff.
151 OLG Frankfurt FamRZ 1994, 920; Heilmann/Keuter, § 1671 BGB Rn 43.
152 MünchKomm-BGB/Hennemann, § 1671 BGB Rn 61; Heilmann/Keuter, § 1671 BGB Rn 43; OLG Frankfurt FamRZ 1994, 920.

5. Kindeswille

Schon weil das Kind selbst Träger der Grundrechte auf Achtung seiner Menschenwürde und seines allgemeinen Persönlichkeitsrechts ist (vgl. Rn. 371), ist es geboten, bei staatlichen Entscheidungen über das Sorgerecht den Willen des Kindes mit zu berücksichtigen.[153] Er ist insoweit nicht nur **Ausdruck seiner Bindungen und Neigungen** und von daher bereits beachtlich, sondern auch – zumindest ab einem gewissen Alter – ein **Akt der Selbstbestimmung**.[154] Ob ihm in dieser Hinsicht gewichtige Bedeutung zukommen kann, hängt zum einem vom Alter und Reifegrad des Kindes ab, zum anderen aber auch von der Intensität des geäußerten Willens.[155] Feste Altersgrenzen existieren insoweit nicht.[156] **399**

Die gesetzliche Regelung der Verfahrens- und Beschwerdefähigkeit des Kindes (§§ 9 Abs. 1 Nr. 3, 60 FamFG; vgl. auch § 1671 Abs. 1 Satz 2 Nr. 1 BGB) zeigt auf, dass bei einem Alter von **14 Jahren** in jedem Fall dem Willen des Kindes gewichtige Bedeutung beizumessen ist. Im Übrigen kann bei entsprechendem Reifegrad auch dem Willen jüngerer Kinder, etwa die Frage ihres künftigen Aufenthalts betreffend, erhebliche Beachtung zu schenken sein.[157] Ist der Kindeswille erkennbar von einem Elternteil, etwa durch gezielte Geschenke, Versprechungen oder sonstige Verhaltensweisen, beeinflusst, kann seine Erheblichkeit im Einzelfall zurücktreten[158] (vgl. im Übrigen Teil 3/*Nordstern*, Rn. 11 ff.). Dabei gilt jedoch, dass die Nichtbeachtung des Kindeswillens nur dann gerechtfertigt ist, wenn er den wirklichen Bindungsverhältnissen nicht entspricht.[159]

Mittel richterlicher Erkenntnisgewinnung sind hinsichtlich des Kindeswillens naturgemäß die **persönliche Kindesanhörung** des Kindes und der persönliche Eindruck von ihm gemäß § 159 FamFG, der Bericht des anzuhörenden oder zu beteiligenden **Jugendamtes** und die **Einschätzung des Verfahrensbeistands**, der als „Anwalt des Kindes" in besonderer Art und Weise den Willen des Kindes in das Verfahren einzubringen und zu vertreten hat (vgl. Teil 4/*Heilmann*, Rn. 146 f.).

Praxistipp

▶ *Insbesondere bei Säuglingen, Kleinkindern und auch noch bei Kindern im Grundschulalter kommt dem Verfahrensbeistand bei der Ermittlung und Vertretung der subjektiven und objektiven Kindesinteressen eine zentrale Rolle zu und sind Gespräche mit den Eltern und weiteren Bezugspersonen (§ 158b Abs. 1 Satz 4 Nr. 1 FamFG) angezeigt, weil Kinder in diesen Altersstadien entwicklungsbedingt*

153 BVerfG FamRZ 2021, 1201; 2018, 266; 1981, 124; siehe auch Art. 12 UN-KRK.
154 BVerfG ZKJ 2024, 61; FamRZ 2018, 266; FamRZ 2009, 1389; Staudinger/Coester, § 1671 BGB Rn 235.
155 OLG Jena FamRZ 2016, 2126; OLG Frankfurt FamRZ 1997, 573.
156 Staudinger/Coester, § 1671 BGB Rn. 238; so aber OLG Brandenburg NZFam 2023, 904 und FamRZ 2015, 1214 („regelmäßig erst ab dem zwölften Jahr").
157 BGH FamRZ 1990, 992.
158 BGH ZKJ 2020, 140; OLG Frankfurt FamRZ 2019, 206; OLG Brandenburg MDR 2015, 1305; Kritisch Schwarz, S. 44.
159 BVerfG ZKJ 2024, 61; ZKJ 2016, 457; ZKJ 2015, 319.

nicht oder nur begrenzt in der Lage sind, ihren Willen auszudrücken, und eine Einordnung desselben vor dem Kindeswohl nur in Kenntnis des Familiensystems möglich ist.[160]

(3) Gerichtliche Entscheidung

400 Die **Kindeswohlkriterien** (siehe oben Rn. 394 ff., ergänzend Teil 3/*Nordstern*, Rn. 36 ff.) stehen nicht wie Tatbestandsmerkmale kumulativ nebeneinander. Jedes von ihnen kann im Einzelfall mehr oder weniger bedeutsam für die Beurteilung sein, was dem Wohl des Kindes am besten entspricht.[161]

Die Frage der Bindungen des Kindes zu einem Elternteil und ggf. auch der dahin gehende **Kindeswille** finden ihre Grenzen dort, wo ein Elternteil in der Erziehungsfähigkeit so erheblich eingeschränkt ist,[162] dass eine Übertragung des Sorgerechts auf ihn nicht verantwortet werden kann.

Maßgeblich sind im Übrigen jeweils die konkreten **Umstände des Einzelfalles**, nach denen der Familienrichter die zukünftige Entwicklung des Kindes und seines Wohlergehens prognostizieren muss. Sind mehrere Kinder von der Entscheidung betroffen, hat sich die Kindeswohlprüfung auf jedes einzelne Kind zu beziehen.[163] In einstweiligen Anordnungsverfahren (vgl. Teil 4/*Heilmann*, Rn. 77 ff.) erscheint es nur bei Vorliegen besonderer Umstände angezeigt, bereits vollzogene erstinstanzliche Entscheidungen abzuändern und vor einer Entscheidung in der Hauptsache das Kind einem erneuten Obhutswechsel auszusetzen.[164]

401 Dadurch, dass es sich bei dem Antrag nach § 1671 Abs. 1 BGB um einen echten Sachantrag (im Unterschied zu einem bloßen Verfahrensantrag, dazu oben Rn. 385) handelt, ist der gerichtliche Entscheidungsspielraum durch die Antragstellung begrenzt. Wird nur die Übertragung eines Teils der elterlichen Sorge beantragt, beschränkt sich die gerichtliche **Regelungskompetenz** – vorbehaltlich der von Amts wegen eröffneten Prüfung nach §§ 1671 Abs. 4, 1666 BGB – auf diesen Teilbereich.

Aus der Antragsbindung folgt ferner, dass das Gericht auch nur demjenigen Elternteil elterliche Sorge übertragen kann, der die Alleinsorge beantragt hat.[165] Das bedeutet jedoch nicht, dass im Falle eines einseitigen Übertragungsantrages sich auch die gerichtliche Sachverhaltsermittlung zur Kindeswohlprüfung nur auf die Person und Eignung des antragstellenden Elternteils beschränkt. Vielmehr gebietet der sich aus der Norm ergebende **Bestmaßstab** für die Kindeswohlprüfung (§ 1761 Abs. 1 Satz 2 Nr. 2 BGB: „am besten entspricht"), dass auch der nicht antragstellende Elternteil ver-

160 Prütting/Helms/Hammer, § 158b FamFG Rn 12; Dutta/Jacoby/Schwab/Lack, § 158b FamFG Rn 14.
161 BGH FamRZ 2010, 1060.
162 BGH FamRZ 1985, 169; Johannsen/Henrich/Althammer/Lack, § 1671 BGB Rn 83.
163 KG FamRZ 2005, 1768; BeckOK-BGB/Veit, § 1671 BGB Rn 47.1.
164 BVerfG ZKJ 2022, 227; OLG Brandenburg FamRZ 2015, 1515; OLG Celle ZKJ 2012, 446; OLG Saarbrücken NJOZ 2011, 841; OLG Jena FamRZ 2010, 1830; Prütting/Helms/Dürbeck, § 49 FamFG Rn 11.
165 OLG Saarbrücken ZKJ 2010, 452; Staudinger/Coester, § 1671 BGB Rn 101.

gleichend in die Prüfung einzubeziehen ist, „ob das Kind bei dem Antragsteller besser aufgehoben ist."[166].

Gelangt das Gericht im Rahmen seiner amtswegigen **Sachverhaltsermittlung** (§ 26 FamFG) zu dem Ergebnis, dass dem nichtantragstellenden Elternteil der Vorzug im Kindeswohlinteresse gebührt, so hat es im Rahmen seiner Verfahrensleitung (§ 28 FamFG) – auch auf Anregungen von **Verfahrensbeistand** und/oder Jugendamt hin – ggf. auf eine entsprechende Antragstellung des anderen Elternteils hinzuwirken. Stellt dieser Elternteil gleichwohl keinen eigenen Antrag, kann eine Entscheidung gestützt auf § 1671 BGB zu seinen Gunsten nicht ergehen. Steht nach der Prüfung fest, dass das elterliche Verhältnis zerrüttet ist und die Eltern prognostisch nicht zu einer am Kindeswohl orientierten Entscheidungsfindung gemeinsam in der Lage sind, kann es in diesem Fall aber auch nicht bei der gemeinsamen elterlichen Sorge verbleiben. Vielmehr ist dann dem Antrag des alleinantragstellenden Elternteils stattzugeben, es sei denn, es fehlt ihm jegliche Erziehungseignung, so dass mit seiner Alleinsorge Kindeswohlgefährdung einherginge (dann Entscheidung nach §§ 1671 Abs. 4, 1666 BGB).[167]

Der familiengerichtliche Entscheidungsumfang wird weiterhin durch den **Verhältnismäßigkeitsgrundsatz** begrenzt. Das Gericht hat daher hinter dem Antrag zurückzubleiben und sich bei der Übertragung der elterlichen Sorge mit Teilentscheidungen, d.h. Übertragung nur von einzelnen Teilbereichen der elterlichen Sorge, als milderes Mittel zu begnügen, wo immer dies dem Kindeswohl Genüge tut.[168] **402**

Die Erteilung einer **Sorgerechtsvollmacht** kann unter dem Gesichtspunkt der Verhältnismäßigkeit eine Sorgerechtsentscheidung entbehrlich machen, wenn sie dem bevollmächtigten Elternteil eine ausreichend verlässliche Handhabe zur alleinigen Wahrnehmung der Kindesbelange gibt.[169] Für die Erteilung einer solchen Vollmacht bedarf es nach der Rechtsprechung des BGH keiner gesonderten Elternvereinbarung, vielmehr ergibt sich das erforderliche Grundverhältnis bereits aus der gemeinsamen elterlichen Sorge.

Allerdings erfordert auch bei Vorliegen einer Vollmacht der Fortbestand der gemeinsamen elterlichen Sorge eine gewisse **Kooperationsfähigkeit und -bereitschaft der Eltern**, soweit diese zur wirksamen Ausübung der Vollmacht im Interesse des Kindeswohls erforderlich ist. Wird die Vollmacht etwa im Rechtsverkehr nicht anerkannt oder führt diese zu Unsicherheiten, so dass Dritte (Ärzte, Behörden etc.) eine Zustimmung des bevollmächtigenden Elternteils einfordern, muss dieser gewillt und auch in Lage sein, eigenverantwortlich und im Interesse des Kindes zeitnah zu handeln und

166 BT-Drucks. 13/4899, 99; vgl. Staudinger/Coester, § 1671 BGB Rn 105; Johannsen/Henrich/Althammer/Lack, § 1671 BGB Rn 43.

167 Vgl. zum Vorstehenden Johannsen/Henrich/Althammer/Lack, § 1671 BGB Rn 43; Staudinger/Coester, § 1671 BGB Rn 101f., 105.

168 BVerfG FamRZ 2004, 1015; FamRZ 2019, 802: weniger strenger Maßstab als bei § 1666 BGB; BGH FamRZ 2020, 1171.

169 BGH FamRZ 2020, 1171 = ZKJ 2020, 364; OLG Frankfurt ZKJ 2021, 274.

mitzuwirken. Ob dies prognostisch der Fall ist, ist unter Abwägung aller Kindeswohlkriterien zu beurteilen.[170]

Praxistipp

▶ *Verbleiben danach Unsicherheiten (etwa aufgrund hoher Konflikthaftigkeit oder mangelnden Kontaktes), sollte sich der Verfahrensbeistand im Kindeswohlinteresse für eine klare Sorgerechtsregelung einsetzen.*

Der Umstand, dass eine **Vollmacht nicht unwiderruflich** erteilt werden kann, steht der Berücksichtigung dieser nach der Rechtsprechung des BGH nicht entgegen, so dass es auch keiner – ohnedies unsicheren – Prognose bedarf, mit welcher Wahrscheinlichkeit die Vollmacht vom vollmachtgebenden Elternteil künftig widerrufen werden könnte.[171] Ist allerdings aufgrund konkreter Anhaltspunkte absehbar, dass der bevollmächtigende Elternteil weiterhin bestimmend einwirken möchte, gar Entscheidungen des Bevollmächtigten aktiv unterläuft oder hintertreibt,[172] oder die Widerruflichkeit der Vollmacht gegen den bevollmächtigten Elternteil als Druckmittel einsetzt,[173] kann nicht von einer Entbehrlichkeit einer Sorgerechtsentscheidung ausgegangen werden.

403 Ist es zu physischer oder psychischer **Gewalt in der Partnerschaft** oder im familiären Kontext gekommen oder wird mit solcher gedroht, kann dies der Berücksichtigung der Vollmacht entgegenstehen. Nach 1697a Abs. 1 BGB i.V.m. **Art. 31 Istanbul-Konvention** kann regelmäßig von einem bevollmächtigten Elternteil eine (Rest-)Kooperation mit einem gewaltausübenden Elternteil nicht verlangt werden und sollte dieser auch nicht auf eine weitere Kooperation mit dem gewaltausübenden Elternteil angewiesen sein.[174]

404 Entscheidend ist die Prognose, ob durch Erteilung der Vollmacht künftig Streit zwischen den Eltern vermieden werden kann und das Kindeswohl durch den elterlichen Konflikt nicht mehr beeinträchtigt wird.[175]

Praxistipp

▶ *Im Interesse des Kindes sollte der Verfahrensbeistand darauf achten und hinwirken, dass eine möglichst verlässliche und stabile Sorgerechtslösung gefunden wird.*

---

170 BGH FamRZ 2020, 1171 = ZKJ 2020, 364, Rn 26, 28 ff.; vgl. OLG Hamburg ZKJ 2021, 149 zu Mitwirkungsanforderungen.
171 BGH FamRZ 2020, 1171 = ZKJ 2020, 364 Rn 35.
172 Splitt, FF 2020, 413.
173 OLG Karlsruhe ZKJ 2016, 59; OLG Nürnberg MDR 2011, 1237; vgl. auch OLG Saarbrücken FamRZ 2019, 1985.
174 OLG Dresden FamRZ 2022, 1201; OLG Köln FamRZ 2022, 1930.
175 OLG Frankfurt ZKJ 2023, 303; ZKJ 2021, 274; Splitt FF 2020, 413 (414).

Die bloße Ankündigung einer Vollmachterteilung lässt die Erforderlichkeit einer Sorgerechtsübertragung nicht entfallen, da die Vollmachterteilung weder vom Familiengericht ausgesprochen noch angeordnet werden kann.[176]

e) Meinungsverschiedenheit in einer Angelegenheit (§ 1628 BGB)

Können sich gemeinsam sorgeberechtigte – nicht notwendigerweise voneinander getrenntlebende – Eltern in einer einzelnen Angelegenheit oder in einer bestimmten Art von Angelegenheiten der elterlichen Sorge, die für das Kind **von erheblicher Bedeutung** ist, nicht einigen, so kann das Familiengericht nach § 1628 Satz 1 BGB auf Antrag eines Elternteiles die Entscheidung einem Elternteil übertragen. **405**

Wichtig ist dabei, dass nicht das Familiengericht selbst dazu berufen ist, die zwischen den Eltern streitige Entscheidung zu treffen.[177] Es hat vielmehr die **Entscheidungsbefugnis** demjenigen Elternteil zu übertragen, dessen Vorschlag für das **Wohl des Kindes** (§ 1697a BGB) die beste Lösung darstellt.

Die in der Praxis auftretenden **Fälle** betreffen zunächst Fragen der **Schulwahl**, z.B. die Entscheidung, ob das Kind in einer privaten oder staatlichen Schule angemeldet wird.[178] Bei der Entscheidung über die Wahl der Schule ist insbesondere die Auswirkung der jeweiligen Schulwahl auf das soziale Umfeld des Kindes in die Erwägung mit einzubeziehen.[179] Soweit das Konzept des nicht überwiegend betreuenden Elternteils nicht offenkundig vorzugswürdig ist, ist im Zweifel dem betreuenden Elternteil die Entscheidungsbefugnis zu übertragen, da dieser ganz überwiegend von den Folgen der zu treffenden Entscheidung betroffen ist, da das Kind seinen dauerhaften Lebensmittelpunkt bei ihm hat.[180] Schwieriger ist die Entscheidung in Bezug auf die Schulwahl dann, wenn das Kind in einem Wechselmodell betreut wird.[181] Auch die Wahl des Kindergartens kann Gegenstand eines Verfahrens von § 1628 BGB sein.[182] **406**

Weiter stehen Fragen von religiöser Bedeutung im Vordergrund,[183] so etwa die Frage der Anmeldung des Kindes für den schulischen **Religionsunterricht**[184] oder die Teilnahme des Kindes an der **Kommunion.**[185] Ob es dabei aus Gründen des Kindeswohls im Einzelfall auch geboten sein kann, von einer Übertragung der Entscheidungsbefugnis auf einen Elternteil ganz abzusehen und die Anträge der Eltern zurückzuwei-

---

176 BGH FamRZ 2020, 1171 = ZKJ 2020, 364 Rn 30.
177 BVerfG NJW 2003, 1031.
178 OLG Dresden FamRZ 2017, 39; OLG Schleswig NJW-RR 2011, 581.
179 BVerfG FamRZ 2003, 511; OLG Brandenburg NZFam 2024, 1085; OLG Hamburg NZFam 2021, 876; KG ZKJ 2018, 230.
180 OLG Schleswig NJW-RR 2011, 581; OLG Frankfurt, Beschl. v. 22.4.2013, 5 UF 16/13.
181 KG FamRZ 2018, 502 m. Anm. Köhler: Vorrang der Kontinuität.
182 OLG Hamm ZKJ 2018, 464; KG ZKJ 2018, 230.
183 OLG Stuttgart, Beschl. v. 15.8.2017, 16 UF 139/17, FamRZ 2018, 354 (Taufe); OLG Karlsruhe FamRZ 2016, 1376 (Taufe); OLG Hamm FamRZ 2014, 1712 (Kommunion); vgl. dazu auch das Gesetz über die religiöse Kindererziehung (RKEG), das in § 2 Abs. 1 bei fehlendem Elternkonsens auf die sorgerechtlichen Bestimmungen verweist und in § 2 Abs. 3 die Möglichkeit der Anrufung des Familiengerichts vorsieht, Einzelheiten bei Staudinger/Salgo, § 2 RKEG Rn 3 ff.; Schwab, FamRZ 2014, 1.
184 Bejaht von OLG Köln FamFR 2013, 257.
185 Bejaht von OLG Hamm FamFR 2012, 94.

sen,[186] erscheint zweifelhaft. Es kann aber in Ausnahmefällen an der Erheblichkeit einer Angelegenheit für das Kindesinteresse fehlen.[187]

Andere Schwerpunkte bilden in der Praxis im Bereich der Gesundheitsfürsorge Streitigkeiten von Eltern über die Notwendigkeit von **Schutzimpfungen**[188]**, kieferorthopädische Behandlungen**[189]**, der Gabe von ADHS-Medikation**[190] oder **Operationen**.[191] Hinsichtlich Schutzimpfungen besteht im Regelfall ein Vorrang des Elternteils, der diese befürwortet.[192]

Schließlich sind auch Meinungsverschiedenheiten über Fragen der **Namensgebung** oder -änderung zu nennen[193] und im Bereich der neuen Medien über die Veröffentlichung von Fotos eines Kindes auf einer kommerziellen Zwecken dienenden Internetseite[194] oder über die Löschung von in das Internet eingestellter Bilder des Kindes.[195]

In Zeiten von Terroranschlägen, internationalen Konflikten und der Corona-Pandemie gewinnen auch Meinungsverschiedenheiten über **Urlaubsreisen** mit dem Kind zunehmend an Bedeutung.[196]

407 Gemäß § 1628 Satz 2 BGB kann die Übertragung der Entscheidungsbefugnis mit **Beschränkungen oder Auflagen** verbunden werden, die auch den Zweck verfolgen können, die Umsetzung der von den begünstigten Eltern beabsichtigten Maßnahmen zu kontrollieren, wie dies z.B. bei einer beabsichtigten ärztlichen Maßnahme der Fall sein kann.[197]

5. Das Sorgerecht nicht miteinander verheirateter Eltern

a) Alleiniges Sorgerecht der Mutter

408 Das Sorgerecht nicht miteinander verheirateter Eltern stand lange Zeit im Mittelpunkt der rechtspolitischen Diskussion. Gemäß § 1626a Abs. 2 BGB in der vor dem 19.5.2013 geltenden Fassung hatte die Mutter bei der Geburt eines nicht ehelichen

---

186 OLG Düsseldorf FamRZ 2010, 1255 zu einer katholischen Taufe bei Eltern verschiedener Konfession.

187 OLG Köln NJW-RR 2012, 453: Besuchsreise nach Russland, sehr zweifelhaft.

188 OLG Frankfurt ZKJ 2021, 315 (Standardimpfungen) und ZKJ 2021, 420 (Corona-Impfung); OLG Dresden, Beschl. v. 28. Januar 2022 – 20 UF 875/21 –, zur erforderlichen Aufklärung des über 14-jährigen Kindes bei Corona-Impfung. Allgemein: Brissa, JR 2012, 401.

189 AG Lemgo FuR 2015, 365.

190 OLG Karlsruhe NJW 2024, 1260.

191 Vgl. Schilling, NJW 2007, 3235. Denkbar sind auch Auseinandersetzungen zur beabsichtigten Beschneidung des männlichen Kindes (§ 1631d BGB).

192 BGH ZKJ 2017, 316; OLG Frankfurt ZKJ 2016, 105.

193 BGH ZKJ 2017, 64; OLG Brandenburg StAZ 2016, 111; OLG Dresden FamRZ 2004, 164.

194 OLG Oldenburg FamRZ 2018, 1517.

195 AG Stolzenau FamRZ 2018, 35; zur Geltendmachung des Löschungsanspruchs vgl. OLG Karlsruhe FamRZ 2016, 2138.

196 OLG Frankfurt FuR 2019, 39 und ZKJ 2016, 361 (jeweils Türkei); KG FamRZ 2017, 1061 (Thailand); OLG Karlsruhe FamRZ 2015, 150 (Ukraine); OLG Hamburg FamRZ 2012, 562 (Kasachstan); zu Reisen während der Pandemie: OLG Koblenz, FamRZ 2022, 197 (Türkei); OLG Dresden ZKJ 2021, 467 (USA); OLG Frankfurt ZKJ 2021, 316 (Nicaragua).

197 Grüneberg/Götz, § 1628 BGB Rn 9.

Kindes das alleinige Sorgerecht. Bis zur Kindschaftsreform zum 1.7.1998[198] war bei nicht ehelichen Kindern eine **Beteiligung des Vaters** an der elterlichen Sorge überhaupt nicht vorgesehen. Erst ab diesem Zeitpunkt wurde die gesetzliche Möglichkeit geschaffen, durch gemeinsame Abgabe von Sorgeerklärungen die elterliche Sorge gemeinsam auszuüben (vgl. Rn. 410). Anders als der eheliche Vater konnte allerdings bis zum 21.7.2010 der Vater eines nicht ehelichen Kindes – außerhalb von Fällen nach § 1666 BGB – das Sorgerecht weder gemeinsam mit der Mutter noch zur alleinigen Ausübung durch eine am Kindeswohl orientierte Entscheidung des Familiengerichts erhalten, wenn die Mutter ihr Einverständnis hierzu verweigerte. Diese Regelung hielt das BVerfG in seiner Entscheidung vom 29.1.2003[199] zunächst noch ausdrücklich für verfassungsgemäß.

Erst nachdem der EGMR in seiner Entscheidung vom 3.12.2009[200] das deutsche Recht als unvereinbar mit der EMRK erklärt hatte, schloss sich dem das BVerfG in seiner Entscheidung vom 21.7.2010[201] an, erklärte die deutsche Gesetzeslage für verfassungswidrig und schuf bis zur Neuregelung durch den Gesetzgeber eine **Übergangsregelung** dahin, dass Vätern der Weg zu den Familiengerichten zu eröffnen sei, um das alleinige oder gemeinsame Sorgerecht für ihr nicht eheliches Kind nach Maßgabe des Kindeswohls zu erhalten.[202] Am 19.5.2013 ist das Gesetz zur **Reform der elterlichen Sorge** nicht miteinander verheirateter Eltern[203] in Kraft getreten. Der Gesetzgeber konnte sich zu einer „großen Lösung" dahingehend, nicht eheliche Kinder bereits bei der Geburt mit ehelichen Kindern gleichzustellen und das gemeinsame Sorgerecht der Eltern mit Geburt oder Anerkennung der Vaterschaft entstehen zu lassen, nicht durchringen.[204]

Auch **nach heutigem Recht** verbleibt es nach § 1626a Abs. 3 BGB dabei, dass die unverheiratete Mutter mit der Geburt alleiniger Träger der elterlichen Sorge des von ihr geborenen Kindes ist, soweit die Eltern nicht bereits zuvor Sorgeerklärungen (§ 1626a Abs. 1 Nr. 1 BGB) abgegeben haben (dazu Rn. 410).[205]

---

198 BGBl. I 1997, S. 2942.

199 BVerfG JAmt 2003, 90.

200 EGMR FamRZ 2010, 103 – „Zaunegger" –. Auch die vergleichbare Rechtslage in Österreich wurde vom EGMR beanstandet, vgl. FamRZ 2012, 357.

201 BVerfG FamRZ 2010, 1403; zu beiden Entscheidungen ausführlich Hohmann-Dennhardt, FF 2011, 181.

202 Zur darauf folgenden Rechtsprechung vgl. Leeb/Weber, ZKJ 2012, 388; Büte, FuR 2013, 418.

203 BGBl. 2013 I, 795; zur Geschichte des Gesetzgebungsverfahrens und den verschiedenen diskutierten Modellen Dürbeck, ZKJ 2013, 330.

204 Zur Kritik Heilmann, NJW 2013, 1473: „Irrweg".

205 Der Entwurf eines Gesetzes zur Reform des Kindschaftsrechts – Modernisierung von Sorgerecht, Umgangsrecht und Adoptionsrecht (Kindschaftsrechtsmodernisierungsgesetz – KiMoG) des Bundesjustizministeriums vom 9.12.2024 sieht insoweit umfassende Neuerungen – insbesondere eine Widerspruchsregelung in Bezug auf die Entstehung gemeinsamer Sorge kraft Vaterschaftsanerkennung – vor, https://www.bmj.de/SharedDocs/Downloads/DE/Gesetzgebung/DiskE/DiskE_Kindschaftsrecht.pdf?__blob=publicationFile&v=2 (Abruf am 31.12.2024).

b) Gemeinsame elterliche Sorge – Entstehung

(aa) Heirat der Eltern

409 Die Begründung gemeinsamer elterlicher Sorge für ein nicht ehelich geborenes Kind kann durch spätere Heirat der Eltern erfolgen (§ 1626a Abs. 1 Nr. 2 BGB, siehe auch Rn. 377). **Voraussetzung** ist aber, dass die Vaterschaft bereits zu diesem Zeitpunkt rechtlich durch Anerkennung oder gerichtliche Feststellung begründet war (§ 1592 Nr. 2 oder 3 BGB). Sie wird nicht durch die Heirat begründet. Wird die Vaterschaft erst nach der Heirat rechtswirksam anerkannt, führt dies aber zu einem rückwirkenden Erwerb des gemeinsamen Sorgerechts zum Zeitpunkt der Heirat.[206]

(bb) Gemeinsame Sorgeerklärungen

410 Gemäß § 1626a Abs. 1 Nr. 1 BGB kann die gemeinsame Sorge auch im Rahmen der Elternautonomie rechtsgeschäftlich durch Abgabe gemeinsamer Sorgeerklärungen begründet werden, wobei nicht erforderlich ist, dass die Erklärungen von Vater und Mutter gleichzeitig abgegeben werden. Nach zutreffender Ansicht handelt es sich dabei der Rechtsnatur nach um einseitige, formgebundene, nicht empfangsbedürftige Willenserklärungen.[207] Sie können von den Eltern bereits **vor der Geburt** abgegeben werden (§ 1626b Abs. 2 BGB), sind höchstpersönlich zu erklären (§ 1626c BGB) und bedingungs- und befristungsfeindlich (§ 1626b Abs. 1 BGB).

Die Erklärungen sind nach § 1626d Abs. 1 BGB **öffentlich zu beurkunden**, was in der Praxis kostenlos bei der zuständigen Urkundsperson des Jugendamtes (§ 59 Abs. 1 Satz 1 Nr. 8 SGB VIII)[208] oder aber – dann kostenauslösend – bei einem Notar möglich ist. Die Form wird auch gewahrt durch eine **gerichtlich protokollierte Vereinbarung** (§ 155a Abs. 5 FamFG).[209]

Nach § 1626b Abs. 3 BGB ist **keine Sorgeerklärung mehr möglich**, soweit eine gerichtliche Entscheidung über die elterliche Sorge nach § 1626a Abs. 1 Nr. 3, 1671 BGB getroffen oder eine solche nach § 1696 BGB geändert wurde. Hierdurch soll der Gefahr eines mit dem Kindeswohl unvereinbaren „Hin und Her" der elterlichen Sorge begegnet werden.[210] Über den Wortlaut hinaus gilt dies auch für Entscheidungen nach §§ 1678 Abs. 2, 1680 Abs. 3 und 1681 Abs. 1 BGB.[211] Wurde der Mutter vor der Abgabe der Sorgeerklärung bereits das Sorgerecht ganz oder in Teilbereichen nach § 1666 BGB entzogen, ist sie insoweit nicht verfügungsbefugt und die Übertragung auf den Vater geht ins Leere.[212] Beschränkt geschäftsfähige Elternteile bedürfen nach § 1626c Abs. 2 Satz 1 BGB der Zustimmung ihres gesetzlichen Vertreters.[213]

---

206 OLG Celle MDR 2014, 1105.
207 MünchKomm-BGB/Huber, BGB § 1626a Rn 26 mwN; a.A.: Gernhuber/Coester-Waltjen, § 57 Rn 138: geschäftsähnliche Handlung.
208 Wiesner/Dürbeck, § 59 SGB VIII Rn 16.
209 BGH NJW 2011, 2360.
210 BT-Drucks. 13/4899, 94.
211 Heilmann/Fink, § 1626a BGB Rn 8.
212 BGH FamRZ 2005, 1469.
213 Weitere Einzelheiten bei Fröschle, Rn 187 ff.

Leider nicht nachgekommen ist der Gesetzgeber der berechtigten Forderung,[214] Sorgeerklärungen auch für Teilbereiche der elterlichen Sorge, wie z.B. das Aufenthaltsbestimmungsrecht, zu öffnen.[215] Nach der gegenwärtigen Gesetzeslage können **Teilbereiche des Sorgerechts** nicht durch eine gemeinsame Sorgeerklärung der gemeinsamen Sorge zugänglich gemacht werden.[216] Teilbereiche des Sorgerechts der Mutter können daher – auch bei einem Konsens der Eltern – nur durch gerichtliche Entscheidung nach § 1626 Abs. 1 Nr. 3 BGB („soweit") zur gemeinsamen Ausübung bzw. nach § 1671 Abs. 2 BGB zur alleinigen Ausübung auf den Vater übertragen werden.

(cc) Entscheidung des Familiengerichts

Gemäß § 1626a Abs. 1 Nr. 3 BGB kann das gemeinsame Sorgerecht für ein nicht eheliches Kind auch auf Antrag des Vaters oder der Mutter durch Entscheidung des Familiengerichts übertragen werden. **411**

Ebenso wie das Verfahrensrecht[217] (vgl. Teil 4/*Heilmann*, Rn. 58 ff.) unterscheidet auch das materielle Recht in § 1626a Abs. 2 BGB danach, ob das Familiengericht eine Entscheidung im vereinfachten schriftlichen Verfahren nach § 155a Abs. 2 und 3 FamFG trifft oder aber nach § 155a Abs. 4 FamFG eine persönliche Anhörung der Eltern stattzufinden hat.

1. Vermutung des § 1626a Abs. 2 Satz 2 BGB

Nach § 1626a Abs. 2 Satz 2 BGB wird vermutet, dass die gemeinsame elterliche Sorge dem Kindeswohl nicht widerspricht, wenn der andere Elternteil im Rahmen seiner schriftlichen Anhörung nach § 155a Abs. 2 FamFG binnen der ihm gesetzten Frist keine Gründe vorträgt, die der Übertragung der gemeinsamen elterlichen Sorge entgegenstehen können, und solche Gründe auch sonst nicht ersichtlich sind. **412**

Die Regelung war sowohl das Kernstück als auch der Hauptkritikpunkt der gesetzlichen Reform des Sorgerechts von Eltern nicht ehelicher Kinder. Die **gesetzliche Vermutung** kommt zunächst dann zur Anwendung, wenn der andere Elternteil auf die Zustellung der Antragsschrift binnen der ihm gesetzten Frist zur schriftlichen Stellungnahme schweigt. Damit hat der Gesetzgeber im Rahmen des vom Amtsermittlungsgrundsatz (§ 26 FamFG) geprägten Kindschaftsverfahrens eine Art „Versäumnisbeschluss" i.S.d. von dem Beibringungsgrundsatz bestimmten Zivilprozesses geschaffen. Schweigen gilt insoweit hier als Zustimmung.[218]

214 Vgl. Bundesrat BT-Drucks. 17/11048, S. 40 und Coester, FamRZ 2012, 1337 (1344).
215 Befürwortend auch ohne gesetzliche Regelung Staudinger/Coester, § 1626a BGB Rn 60; zu Recht ablehnend Knittel, Rn 709 f.; Grüneberg/Götz, § 1626a BGB Rn 15. Der Diskussionsentwurf des BMJ für ein Kindschaftsrechtsmodernisierungsgesetz v. 9.12.2024 sieht die Möglichkeit von Vereinbarungen zur elterlichen Sorge vor (§§ 1640 ff. BGB-E), https://www.bmj.de/SharedDocs/Downloads/DE/Gesetzgebung/DiskE/DiskE_Kindschaftsrecht.pdf?__blob=publicationFile&v=3 (Abruf am 18.3.2025).
216 BGH NJW 2008, 662; OLG Nürnberg ZKJ 2014, 201; Wiesner/Dürbeck, § 59 SGB VIII Rn 38.
217 Schumann, FF 2013, 339.
218 Zu Recht kritisch: Salgo, FPR 2012, 409 (410).

Schließlich kommt die Vermutung auch dann zum Tragen, wenn – meist steht die Mutter auf der Antragsgegnerseite – der andere Elternteil keine zumindest potenziell kindeswohlrelevanten Gründe gegen die Begründung der gemeinsamen elterlichen Sorge vorbringt. Als nicht kindeswohlrelevante Gründe nennt die Gesetzesbegründung beispielhaft Argumente wie „lieber alleine entscheiden zu wollen", „bereits mit anderen Vätern schlechte Erfahrungen gemacht zu haben", „dem Vater bereits umfassende Vollmachten erteilt zu haben" und das „Fehlen absehbarer wichtiger Entscheidungen für das Kind".[219] Empirische Untersuchungen haben jedoch gezeigt, dass die **Gründe für die Ablehnung** einer gemeinsamen elterlichen Sorge bei betroffenen Müttern oft vielschichtig sind.[220]

Nennt die Mutter auch nur einen Grund, der potenziell kindeswohlrelevant sein kann (z.B. gestörte Beziehung zum Vater, Gewalterfahrungen,[221] Kommunikationsprobleme),[222] kommt die Vermutung nicht zum Tragen und es ist in materiell-rechtlicher Hinsicht eine ausführliche und umfassende **Kindeswohlprüfung** nach § 1626a Abs. 2 Satz 1 BGB durchzuführen.[223] Dabei sind auch erkennbare sprachliche oder intellektuelle Defizite nicht anwaltlich vertretener Mütter zu berücksichtigen. Schließlich greift die Vermutung auch dann nicht ein, wenn dem Familiengericht anderweitig (z.B. aus in der Vergangenheit oder parallel geführten Umgangs- oder Gewaltschutzverfahren) Gründe bekannt sind, die der Übertragung der gemeinsamen Sorge entgegenstehen.

Unklar ist auch in materiell-rechtlicher Hinsicht, wie im Verfahren nach § 155a Abs. 2 und 3 FamFG der **Kindeswille** bei der Entscheidung zu berücksichtigen ist. Jedenfalls ist das betroffene Kind auch im vereinfachten Verfahren nach § 159 FamFG anzuhören.[224] Die Bestellung eines **Verfahrensbeistandes** ist im schriftlichen Verfahren aber nicht vorgesehen. Ergeben sich dabei Gesichtspunkte, die auf eine nicht tragfähige soziale Beziehung der Eltern hinweisen, gilt die Vermutung des § 1626a Abs. 2 Satz 2 BGB nicht und hat das Gericht vom vereinfachten Verfahren in das reguläre Verfahren zu wechseln (§ 155a Abs. 4 FamFG). Dann ist unter Beachtung des § 158 Abs. 3 Nr. 1 FamFG in der Regel auch die Bestellung eines Verfahrensbeistandes erforderlich.

2. Negative Kindeswohlprüfung § 1626a Abs. 2 Satz 1 BGB

413 Liegen aus den oben aufgezeigten Fällen zumindest potenziell kindeswohlrelevante Gründe vor, die gegen die Begründung einer gemeinsamen elterlichen Sorge sprechen, so bestimmt § 1626a Abs. 2 Satz 2 BGB als materiell-rechtliches Pendant zu § 155a Abs. 4 FamFG, dass das Familiengericht auf Antrag eines Elternteils das ge-

219 BT-Drucks. 17/11048, S. 18.
220 Langmeyer/Walper in Jurczyk/Walper, S. 172 f.
221 OLG Saarbrücken ZKJ 2024, 300 (Istanbul-Konvention).
222 OLG Frankfurt, Beschl. v. 18.12.2018, 5 UF 234/18, BeckRS 2018, 33653 und ZKJ 2014, 123; Dürbeck, ZKJ 2013, 330 (332).
223 BGH ZKJ 2016, 414 Rn 34 = FamRZ 2016, 1439 m. Anm. Lack.
224 BGH ZKJ 2016, 424 Rz. 44; OLG Bremen FamRZ 2015, 2170; Johannsen/Henrich/Althammer/Döll, § 155a FamFG, Rn 11; Heilmann, NJW 2013, 1473 (1476); BT-Drucks. 17/11048, S. 23.

meinsame Sorgerecht oder eines Teilbereichs davon überträgt, wenn die Übertragung dem Kindeswohl nicht widerspricht.

Damit hat eine **negative Kindeswohlprüfung** zu erfolgen. Die gewählte Formulierung des Gesetzes ist nach den Gesetzesmaterialien Ausdruck eines „neuen Leitbildes" des Gesetzgebers, dass das gemeinsame Sorgerecht grundsätzlich den Bedürfnissen von Kindern nach Beziehungen zu beiden Elternteilen entspricht und in möglichst vielen Fällen das gemeinsame Sorgerecht für Kinder begründet werden soll[225] (vgl. bereits Rn. 389). Ungeachtet dessen ist die Formulierung dieses Leitbildes nicht normativer, sondern rechtspolitischer Natur.[226] Der in Rechtsprechung und Literatur vertretenen Ansicht, nach der die Neuregelung ein Regel-Ausnahme-Verhältnis, einen Vorrang oder eine Vermutung zugunsten der gemeinsamen elterlichen Sorge begründe,[227] ist der BGH mit der wohl überwiegenden Ansicht zu Recht nicht gefolgt.[228] Ein gesetzlicher **Vorrang der gemeinsamen elterlichen Sorge** besteht mithin **nicht**, wenn das Familiengericht gemäß § 155a Abs. 4 FamFG vom vereinfachten Verfahren in das herkömmliche kindschaftsrechtliche Verfahren übergeht, da das Familiengericht gemäß § 26 FamFG von Amts wegen zu ermitteln hat, ob aus Sicht des Kindeswohls im konkreten Einzelfall der gemeinsamen elterlichen Sorge der Vorrang gegenüber der Alleinsorge durch die Mutter gebührt.

Entscheidendes Kriterium ist auch im Rahmen des § 1626a Abs. 2 Satz 1 BGB – wie bei § 1671 Abs. 1 Satz 2 Nr. 2 BGB (vgl. Rn. 391) –, ob die Eltern eine hinreichend tragfähige soziale Beziehung zueinander haben und insbesondere die für eine gemeinsame Ausübung des Sorgerechts unverzichtbare **Kooperationsfähigkeit und Kooperationswilligkeit** besitzen.[229] Dabei kann unter Anwendung der Grundsätze der BGH-Rechtsprechung zu § 1671 BGB auch eine – für den Fall der Begründung der gemeinsamen Sorge aufschiebend bedingt – erteilte **Sorgerechtsvollmacht** des Vaters Bedeutung erlangen,[230] wobei hier besonderes Augenmerk auf die Prüfung zu legen sein wird, inwieweit der bevollmächtigende Elternteil, der mit der Vollmacht gerade erst die Mitsorge erstrebt, tatsächlich bereit ist, den anderen Elternteil mit voller Handlungsmacht auszustatten, oder ob konterkarierendes Elternverhalten zu erwarten ist.

225 BT-Drucks. 17/11048, S. 30; zustimmend: Willutzki, FPR 2013, 236 (238).
226 Soergel/Hilbig-Lugani, § 1626a BGB Rn 36; Staudinger/Coester, § 1626a BGB Rn 5; a. A.: OLG Brandenburg MDR 2016, 32.
227 OLG Brandenburg NZFam 2015, 935; OLG Celle FamRZ 2014, 857; OLG Stuttgart FamRZ 2014, 1715; MünchKomm-FamFG/Schumann, 2. Aufl., § 155a FamFG Rn 16; zur Entwicklung der Rspr. vgl. Lack, FamRZ 2014, 1337.
228 BGH ZKJ 2016, 414 = FamRZ 2016, 1439 m. Anm. Lack; OLG Frankfurt FamRZ 2014, 1120; NJW 2014, 2201; OLG Saarbrücken FamRZ 2016, 1858; Soergel/Hilbig-Lugani, § 1626a BGB Rn 36 f.; Dürbeck, ZKJ 2013, 330, (332).
229 BGH ZKJ 2016, 414 = FamRZ 2016, 1439 m. Anm. Lack; OLG Karlsruhe FamRZ 2015, 2168; OLG Frankfurt ZKJ 2014, 123; OLG Brandenburg ZKJ 2014, 27; KG FamRZ 2013, 1409; BeckOK-BGB/Veit, § 1626a BGB Rn 30.1; Lohse, JAmt 2013, 298 (299); Dürbeck, ZKJ 2013, 330 (332).
230 OLG Brandenburg NZFam 2022, 1131.

c) Begründung alleinigen Sorgerechts

414 § 1671 Abs. 2 BGB ersetzt den zwischenzeitlich durch das BVerfG aufgehobenen § 1672 BGB und ermöglicht dem nicht sorgeberechtigten Vater eines nicht ehelichen Kindes, die alleinige elterliche Sorge auf **Antrag** durch eine Entscheidung des Familiengerichts zu erhalten. Wie bei § 1671 Abs. 1 BGB (vgl. Rn. 386) kann der Vater nach § 1671 Abs. 2 Nr. 1 BGB im Rahmen der **Elternautonomie** das alleinige Sorgerecht für sein Kind erhalten, wenn die Mutter dem zustimmt, es sei denn, das Kind hat das 14. Lebensjahr vollendet und widerspricht der Übertragung. Anders aber als bei der Begründung alleiniger elterlicher Sorge nach § 1671 Abs. 1 Satz 2 Nr. 1 BGB hat auch bei **Zustimmung** der Mutter und fehlendem Widerspruch des 14-jährigen Kindes die Übertragung der Alleinsorge zu unterbleiben, wenn diese dem Wohl des Kindes widerspricht (**negative Kindeswohlprüfung**), was wegen der Bedeutung eines Austausches des Sorgeberechtigten, der meist auch mit einem Aufenthaltswechsel verbunden sein wird,[231] zu begrüßen ist. Die Zustimmung des anderen Elternteils ist bis zum Abschluss des Beschwerdeverfahrens frei **widerruflich**.[232]

Stimmt die Mutter nicht zu oder widerspricht das mindestens 14-jährige Kind, so ist dem Antrag des Vaters auf Übertragung des alleinigen Sorgerechts gemäß § 1671 Abs. 2 Nr. 2 BGB stattzugeben, wenn eine gemeinsame Sorge nicht in Betracht kommt und zu erwarten ist, dass die Übertragung auf den Vater dem Kindeswohl **am besten** entspricht (**positive Kindeswohlprüfung**). Wie bei § 1671 Abs. 1 Satz 2 Nr. 2 BGB hat eine **doppelte Kindeswohlprüfung**[233] zu erfolgen.

Bei der allein am Kindeswohl auszurichtenden Frage, welchem der Elternteile die elterliche Sorge zu übertragen ist, sind auch hier

- die Erziehungseignung der Eltern,
- die Bindungen des Kindes – insbesondere an seine Eltern und Geschwister –,
- die Prinzipien der Förderung und der Kontinuität sowie
- der Kindeswille

als entscheidende Gesichtspunkte zu berücksichtigen.[234] Auf die auch insoweit hier geltenden Ausführungen zu § 1671 Abs. 1 Satz 2 Nr. 2 BGB (Rn. 394 ff.) ist Bezug zu nehmen. § 1671 Abs. 2 Nr. 2 BGB kommt in der Praxis in Fällen z.B. der Auswanderung bzw. des Umzugs des bisher allein Sorgeberechtigten (siehe oben Rn. 395), bei einer in der Obhut des Betreuungselternteils drohenden Kindeswohlgefährdung oder des Wunsches eines bereits älteren Kindes, zum anderen Elternteil zu wechseln,[235] in Betracht.[236]

---

231 Vgl. zum Verlauf des Gesetzgebungsverfahrens insoweit: Huber/Antomo, FamRZ 2012, 1257 (1261)
232 BGH DAVorm 2000, 704; OLG Brandenburg NJW-Spezial 2014, 549; Heilmann/Keuter, § 1671 BGB Rn 8.
233 Heilmann, NJW 2013, 1473 (1478).
234 OLG Celle FamRZ 2014, 857; OLG Karlsruhe ZKJ 2012, 317; OLG Brandenburg FamFR 2012, 499; BeckOK-BGB/Veit, BGB § 1671 Rn 117.
235 OLG Hamm NZFam 2014, 430; OLG Celle FamRZ 2014, 857.
236 Vgl. dazu Staudinger/Coester, § 1671 BGB Rn 263 ff.

Auch in Fällen von **Eltern-Kind-Kontaktproblemen** bzw. -Kontaktabbrüchen wird häufig eine Sorgerechtsregelung nach § 1671 Abs. 2 Satz 2 Nr. 2 BGB bemüht. Hier gilt es in besonderer Weise die Situation des Kindes im Familiengefüge unter Einbeziehung aller Einflussfaktoren und Umstände aufzuklären und zu würdigen (siehe oben Rn. 396). Auch wenn Kontaktschwierigkeiten und Kontaktverweigerung die Rechte des Kindes und des anderen Elternteils verletzen, wird ein Obhutswechsel in der Regel nicht in Betracht kommen und nur bei gewichtigen weiteren Gründen dem Kindeswohl am besten entsprechen.[237]

Praxistipp

▶ *Ebenso wie im Rahmen von § 1671 Abs. 1 BGB ist es Aufgabe des Verfahrensbeistandes in Fallkonstellationen nach § 1671 Abs. 2 BGB dem Kind die ihm zustehenden Rechte zu erklären und es bei seiner Entscheidungsfindung zu begleiten.*

d) Tod oder sonstiger Ausfall der allein sorgeberechtigten Mutter

Stirbt die nach § 1626a Abs. 3 BGB allein sorgeberechtigte Mutter, so hat das Famili- **415**
engericht nach § 1680 Abs. 2 BGB die elterliche Sorge dem überlebenden Elternteil zu übertragen, wenn dies dem **Wohl des Kindes** nicht widerspricht. Damit erfolgt über eine **negative Kindeswohlklausel** ein (scheinbar) erleichterter Zugang des Vaters zum alleinigen Sorgerecht. Gleichwohl hat von Amts wegen eine Überprüfung der Eignung des Vaters zur Ausübung der alleinigen Sorge zu erfolgen. Voraussetzung ist aber, dass der Vater auch tatsächlich die Verantwortung übernehmen will.[238]

Gemäß § 1680 Abs. 3 BGB gelten die gleichen Grundsätze, wenn der allein sorgeberechtigten Mutter das Sorgerecht nach § 1666 BGB entzogen wurde. Ruht die elterliche Alleinsorge der Mutter aus rechtlichen oder tatsächlichen Gründen (§§ 1673, 1674 BGB, vgl. Rn. 379 ff.) und besteht keine Aussicht, dass der Grund des Ruhens wegfallen wird, so hat das Familiengericht nach § 1678 Abs. 2 BGB die elterliche Sorge dem Vater zu übertragen, wenn dies dem Wohl des Kindes nicht widerspricht.[239]

e) Begründung alleiniger Sorge bei gemeinsamer elterlicher Sorge

Haben die nicht miteinander verheirateten Eltern durch Sorgeerklärungen (§ 1626a **416**
Abs. 1 Nr. 1 BGB) die gemeinsame elterliche Sorge begründet, so kann diese nach der Trennung der Eltern auf Antrag eines Elternteiles nach § 1671 Abs. 1 BGB in ein alleiniges Sorgerecht des antragstellenden Elternteiles durch eine Entscheidung des Familiengerichts umgewandelt werden.

237 KG, Beschl. v. 24.07.2014 – 13 UF 143/14; vgl. auch OLG Braunschweig, Beschl. v. 22.7.2022 – 1 UF 180/20, NZFam 2022, 1083; ausführlich Schäder FamRZ 2019, 1672 ff.
238 BT-Drucks. 17/11048, S. 30.
239 Vgl. dazu Heilmann, NJW 2013, 1473 (1478).

Es gelten hier die Ausführungen zur Rechtslage bei miteinander verheirateten Eltern entsprechend (Rn. 385 ff.). Zur Rechtslage bei einer durch familiengerichtliche Entscheidung nach § 1626a Abs. 1 Nr. 3 und Abs. 2 BGB begründeten gemeinsamen elterlichen Sorge vgl. Rn. 410.

6. Schutz bei Kindeswohlgefährdungen

a) Verfassungsrechtlicher Kontext

417 Das nach Art. 6 Abs. 2 Satz 1 GG als „natürliches" **Grundrecht** gewährte Recht der Eltern auf Pflege und Erziehung ihres Kindes ist gleichzeitig als Pflicht der Eltern ausgestaltet und hat sich als oberste Richtschnur am Wohl des Kindes zu orientieren[240] (vgl. Rn. 371). Auch wenn der Staat das Elternrecht und das Familienleben (vgl. Art. 8 EMRK) zu achten hat, hat er nach Art. 6 Abs. 2 Satz 2 GG die Aufgabe, über die Betätigung der Elternrechte zu wachen. Die Erziehung des Kindes ist damit primär in die Verantwortung der Eltern gelegt. Die Eltern können grundsätzlich frei von staatlichen Eingriffen nach eigenen Vorstellungen darüber entscheiden, wie sie die Pflege und Erziehung ihrer Kinder gestalten und damit ihrer Elternverantwortung gerecht werden wollen.

Das **Erziehungsprimat** der Eltern endet aber dort, wo das Wohl des Kindes gefährdet ist. Im Rahmen der Ausübung des **staatlichen Wächteramtes** bestimmt Art. 6 Abs. 3 GG, dass gegen den Willen der Erziehungsberechtigten Kinder nur aufgrund eines Gesetzes von der Familie getrennt werden dürfen, wenn die Eltern versagen oder wenn die Kinder aus anderen Gründen zu verwahrlosen drohen. Das elterliche Fehlverhalten muss dabei ein solches Ausmaß erreichen, dass das Kind bei einem Verbleiben in der Familie in seinem körperlichen, geistigen oder seelischen Wohl nachhaltig gefährdet ist.[241]

Alle staatlichen Eingriffe in das Sorgerecht, insbesondere die in Art. 6 Abs. 3 GG erwähnte Entziehung der elterlichen Sorge, sind nur unter strikter Beachtung des **Grundsatzes der Verhältnismäßigkeit** zulässig.[242] Dieser gebietet es, dass der gewählte staatliche Eingriff geeignet und notwendig zur Abwehr einer Gefährdung für das Kindeswohl sein muss. Außerdem muss der Staat insoweit das mildeste in Betracht kommende Mittel zur Einschränkung des Sorgerechts wählen und nach Möglichkeit versuchen, durch helfende und unterstützende Maßnahmen, die einfachgesetzlich vor allem in §§ 27 ff. SGB VIII vorgesehen sind, die nötige Elternverantwortung her- bzw. wiederherzustellen.[243] Genügen allerdings solche Maßnahmen zum Schutz des Kindes nicht, dann ist den Eltern die Erziehungs- und Pflegeverantwortung vorübergehend und ggf. auch dauernd zu entziehen.[244]

---

240 BVerfGE 60, 79 (88); FamRZ 2021, 1699.
241 BVerfG FamRZ 2023, 49; FamRZ 2021, 104; FamRZ 2017, 1577; ZKJ 2017, 225; FamRZ 2015, 112; FamRZ 1982, 576.
242 BVerfG FamRZ 2023, 49; FamRZ 2021, 753; FamRZ 2009, 1472; BGH FamRZ 2014, 543.
243 BVerfG FamRZ 2025, 274; 2014, 242; FamRZ 2003, 296; BGH FamRZ 2016, 1752
244 BVerfG ZKJ 2017, 225.

Kinderschutz durch das **Familiengericht** wird einfachgesetzlich durch §§ 1666, 1666a BGB gewährleistet. Im Bereich der Exekutive wird das Wächteramt vor allem durch das **Jugendamt** ausgeübt, das bei einer akuten Gefährdung des Kindeswohls Kinder gemäß §§ 8a, 42 SGB VIII auch gegen den Willen der Eltern in Obhut nehmen kann.[245]

b) Tatbestandsvoraussetzungen

Durch das zum 12.7.2008 in Kraft getretene Gesetz zur Erleichterung familiengerichtlicher Maßnahmen bei Gefährdung des Kindeswohls[246] wurde § 1666 BGB neu gefasst. Nicht mehr erforderlich ist heute insbesondere, dass elterliches Erziehungsversagen ursächlich für die eingetretene Gefährdung des Kindeswohls ist, was sich in der früheren Fassung der Norm als hohe Hürde für die der Amtsermittlung unterliegenden Familiengerichte erwiesen hatte.[247] Voraussetzung für die Ergreifung familiengerichtlicher Maßnahmen bei einer Kindeswohlgefährdung ist nach § 1666 Abs. 1 BGB nunmehr, dass **418**

(1) das körperliche, geistige oder seelische Wohl des Kindes (oder seines Vermögens) gefährdet ist und

(2) die Eltern nicht gewillt oder nicht in der Lage sind, die Gefahr abzuwenden.

Zur Auslegung des unbestimmten **Rechtsbegriffs des Kindeswohls** wird § 1 Abs. 1 SGB VIII herangezogen, der das Recht jedes jungen Menschen auf Förderung seiner Entwicklung und auf Erziehung zu einer eigenverantwortlichen und gemeinschaftsfähigen Persönlichkeit normiert und sich seinerseits an dem in der verfassungsgerichtlichen Rechtsprechung herausgearbeiteten Ziel der Erziehung zu einem gesunden, zur Selbstbestimmung und -verantwortung fähigen Menschen orientiert.[248] **419**

Den Begriff der Gefährdung definiert die Rechtsprechung als eine gegenwärtige, in einem solchen Maße vorhandene Gefahr, dass bei der weiteren Entwicklung eine erhebliche Schädigung mit ziemlicher Sicherheit zu erwarten ist.[249] Der **Gefährdungsbegriff** wird demnach durch drei Dimensionen konkretisiert:[250]

- in zeitlicher Hinsicht („gegenwärtig"),
- im Hinblick auf die Qualität der Rechtsgutsbeeinträchtigung („erhebliche Schädigung") und
- bezogen auf die Wahrscheinlichkeit des Schadenseintritts („mit ziemlicher Sicherheit zu erwarten").

245 Zur Inobhutnahme Köhler, ZKJ 2019, 12; Zimmermann, NZFam 2021, 64; Hohmann-Dennhardt, FF 2019, 289; Zitelmann, ZKJ 2011, 236.
246 BGBl. 2008 I, 1188; vgl. dazu Veit, FPR 2008, 598.
247 BT-Drucks. 16/6815, S. 9.
248 BVerfG, NJW 1968, 2233
249 BVerfG, NZFam 2021, 212; FamRZ 2017, 524, FamRZ 2015, 112 Rn. 23; außerdem BGH, FamRZ 2019, 598; FamRZ 2016, 1752; FamRZ 1956, 350.
250 Kepert u.a. (Hrsg.), Praxishandbuch Kinderschutz, S. 31.

420 Grundsätzlich muss es sich zunächst um eine **konkrete**, d.h. gerade in dem zu betrachtenden Einzelfall bestehende Gefahr handeln. Eine rein abstrakte, d.h. allgemein bestehende Gefährdung genügt nicht.[251] In zeitlicher Hinsicht muss es sich zudem um eine **gegenwärtige Gefahr** handeln. Dies erfordert einen im Moment der Betrachtung drohenden (weiteren) Schaden. Ein schon eingetretener Schaden ist weder erforderlich, noch hinreichend.[252] Zwar formuliert das BVerfG regelmäßig, dass die Annahme einer nachhaltigen Gefährdung des Kindes voraussetzt, dass bereits ein Schaden des Kindes eingetreten ist oder eine Gefahr gegenwärtig in einem solchen Maße besteht, dass sich bei ihrer weiteren Entwicklung eine erhebliche Schädigung mit ziemlicher Sicherheit voraussehen lässt.[253] Erforderlich ist aber auch danach stets ein **Gegenwartsbezug** in der Form, dass weitere Schädigungen des Kindes bzw. eine Vertiefung des bereits eingetretenen Schadens zu befürchten stehen.[254] Denn der Eingriff in das Elternrecht dient allein dem präventiven Schutz des Kindeswohls und nicht der Sanktionierung vergangenen elterlichen Fehlverhaltens.

Dem **Schadenseintritt** kommt allerdings eine Indizfunktion für künftige Schäden zu. Eine bloß künftige Gefährdung[255] im Sinne einer **„latenten Gefahr"** rechtfertigt hingegen ebenso wenig eine staatliche Intervention,[256] vielmehr bedarf es auch insoweit eines Gegenwartsbezugs.

Hinweis

Ausreichend ist jedoch, wenn für einen in absehbarer, nicht erst in fernerer Zukunft liegenden Zeitpunkt zu erwarten ist, dass die zur Beeinträchtigung des Kindeswohls führende Entwicklung ohne den hoheitlichen Eingriff nicht mehr aufgehalten oder umgekehrt werden kann.[257]

Die Gefahr einer Kindeswohlschädigung durch **Vernachlässigung** ist somit gegenwärtig, sobald die auf einen Schaden zulaufende Entwicklung begonnen und ohne Intervention nicht mehr aufgehalten werden kann (siehe auch Teil 3/*Fegert* u.a., Rn. 206, 215 ff.).[258]

421 Ferner muss eine qualifizierte, nämlich erhebliche Rechtsgutsbeeinträchtigung drohen. Wegen des elterlichen Erziehungsprimats verlangt die Rechtsprechung, dass das Kindeswohl nachhaltig und schwerwiegend gefährdet sein muss.[259] Nicht vom

251 BGH ZKJ 2023, 28.
252 Staudinger/Coester, § 1666 BGB Rn 82a; BeckOK-BGB/Veit, § 1666 BGB Rn 18; BeckOGK/Burghart, BGB § 1666 Rn 92.
253 BVerfG ZKJ 2014, 242; FamRZ 2014, 907; FamRZ 2014, 1266; FamRZ 2014, 1270; FamRZ 2015, 112; OLG Karlsruhe FamRZ 2022, 115.
254 BVerfG ZKJ 2014, 242 Rn 34.
255 BVerfG NJW 1982, 1379.
256 BVerfG FamRZ 2012, 1127 (1129); ZKJ 2014, 242; Staudinger/Coester, § 1666 BGB Rn 82a; BeckOK-BGB/Veit, § 1666 BGB Rn 18.
257 OLG Brandenburg FamRZ 2016, 1180.
258 OLG Brandenburg FamRZ 2016, 1180; BeckOGK/Burghart, § 1666 Rn 92; zur Vernachlässigung als Kindeswohlgefährdung Kindler, NZFam 2016, 872.
259 BVerfG ZKJ 2017, 225; FamRZ 1982, 567; BayObLG FamRZ 1998, 1044.

staatlichen Wächteramt umfasst ist aber insoweit die Aufgabe, für eine bestmögliche Förderung der Kinder zu sorgen, weil die Persönlichkeit der Eltern und deren soziale und wirtschaftliche Verhältnisse zum Schicksal und Lebensrisiko des Kindes zählen.[260]

Praxistipp

▶ *Es gilt daher den Gefährdungsmaßstab bei der Ermittlung des Sachverhaltes und der Feststellung der drohenden Gefahren zu beachten: Unmaßgeblich ist, ob bestimmte Maßnahmen dem Kindeswohl dienen oder welche Lösung dem Kindeswohl am ehesten gerecht werden.*[261]

Um Missverständnissen vorzubeugen, sollten solche Formulierungen und auch der Begriff der latenten Gefahr in den Stellungnahmen von Verfahrensbeistand und Jugendamt nicht verwendet werden.

Die Beurteilung, ob eine Kindeswohlgefährdung vorliegt, verlangt schließlich eine alle Umstände des Einzelfalls wertende **Prognoseentscheidung**.[262] Das erforderliche Maß der Gefahr kann angesichts des Umstandes, dass der Begriff der Kindeswohlgefährdung eine Vielzahl von Fallgestaltungen erfasst, nicht abstrakt generell festgelegt werden.[263] Der Grad der Wahrscheinlichkeit und die erwartete Schwere der Kindeswohlbeeinträchtigung kennzeichnen gemeinsam das Ausmaß der Gefahr.[264] Grundsätzlich gehen dabei sowohl der BGH als auch das BVerfG von einem relativen Gefahrbegriff aus (sog. **je-desto-Formel**): An die Wahrscheinlichkeit des Schadenseintritts sind umso geringere Anforderungen zu stellen, je schwerer der drohende Schaden wiegt.[265] **422**

Dabei nimmt der BGH in seiner jüngeren Rechtsprechung hinsichtlich des Gefahrbegriffes eine Unterscheidung zwischen der **Tatbestands- und der Rechtsfolgenseite** vor.[266] Auf der Tatbestandsebene genügt danach die auf konkreten Verdachtsmomenten beruhende Feststellung, dass bei der weiteren Entwicklung der Dinge eine erhebliche Schädigung des geistigen oder leiblichen Wohls des Kindes mit hinreichender Wahrscheinlichkeit zu erwarten ist. Auf der Rechtsfolgenebene ist bei der Prüfung der Verhältnismäßigkeit einer gerichtlichen Maßnahme nach § 1666 BGB zusätzlich das Verhältnis zwischen der Schwere des Eingriffs in die elterliche Sorge und dem Grad der Wahrscheinlichkeit eines Schadenseintritts für das Kind zu beachten und nach der Rechtsprechung des BGH daher wie folgt zu differenzieren:

---

260 BVerfGE 60, 79; FamRZ 2014, 907; FamRZ 2015, 112; FamRZ 2017, 1577; OLG Braunschweig MDR 2023, 441.
261 Staudinger/Coester, § 1666 BGB Rn 82.
262 BVerfG ZKJ 2021, 146.
263 BGH FamRZ 2017, 212.
264 BeckOGK/Burghart, BGB § 1666 Rn 95.
265 BVerfG, ZKJ 2021, 146; BGH FamRZ 2017, 212; ZKJ 2019, 225. Vgl. zum relativen Gefahrbegriff bei § 1666 BGB Kepert, in: Kepert/Dexheimer et. al. (Hrsg.), S. 26 ff.
266 BGH ZKJ 2019, 225; ZKJ 2023, 28.

- Der vollständige oder auch nur teilweise Entzug der elterlichen Sorge ist nur bei einer erhöhten Wahrscheinlichkeit des Schadenseintritts, nämlich bei ziemlicher Sicherheit, verhältnismäßig.[267]
- Demgegenüber können weniger einschneidende Eingriffe in die elterliche Sorge, zu denen die im Katalog des § 1666 Abs. 3 Nr. 1 bis 4 BGB exemplarisch aufgeführten Maßnahmen zählen, bereits im Fall einer nicht überwiegend wahrscheinlichen Gefahr angemessen sein, soweit es um die Abwehr einer massiven Rechtsgutsbeeinträchtigung geht.[268]

In der Zusammenschau bedeutet dies, dass die Annahme einer ziemlichen Sicherheit jedenfalls die Feststellung einer überwiegenden Wahrscheinlichkeit voraussetzt.[269]

Die vom BGH vorgenommene Differenzierung der Wahrscheinlichkeitsgrade auf der Tatbestandsebene und der Rechtsfolgenseite hat zu Recht **Kritik** erfahren, führte sie doch zugespitzt zu dem Ergebnis, dass letztlich das Kind das verbleibende Restrisiko eines schweren, jedoch „nur" hinreichend wahrscheinlichen Schadens zu tragen hätte.[270] Dem vom BGH verfolgten Ziel der Verhinderung übermäßiger Eingriffe in das Sorgerecht trägt bereits der relative Gefahrbegriff Rechnung: Übermäßigen Eingriffen ist mit einer konsequenten Beachtung des Verhältnismäßigkeitsgrundsatzes (§ 1666a BGB, Art. 6 Abs. 3 GG) zu begegnen.[271]

423 Das **BVerfG** unterscheidet demgegenüber nicht zwischen Tatbestands- und Rechtsfolgenseite. Eine i.S.d. Art. 6 Abs. 3 BGB nachhaltige Gefährdung des Kindeswohls liegt nach der regelmäßig verwendeten Formulierung des BVerfG vor, wenn sich eine erhebliche Schädigung „mit ziemlicher Sicherheit" voraussehen lässt.[272] Dabei formuliert die insoweit missverständliche Wortwahl „ziemliche Sicherheit" keine starre Grenze für die erforderliche Eintrittswahrscheinlichkeit des Schadens. Vielmehr wendet das BVerfG konsequent und einheitlich die **„je-desto-Formel"** an, nach der desto geringere Anforderungen an den Grad der Wahrscheinlichkeit zu stellen sind, je gewichtiger der zu erwartende Schaden für das Kind ist. In Reaktion auf die Rechtsprechung des BGH hat das BVerfG inzwischen wiederholt festgestellt, dass die verfassungsrechtliche Verhältnismäßigkeitsprüfung darüber hinaus keine weitere, eine höhere Sicherheit des Schadenseintritts erfordernde Prognose verlange.[273] Insbe-

267 BGH ZKJ 2019, 225; ZKJ 2023, 28.
268 BGH ZKJ 2023, 28.
269 Billhardt, FamRZ 2023, 55 (56).
270 Vgl. Heilmann NJW 2019, 1417: „Schutzlücken"; Salgo, ZKJ 2019, 217; Meysen/Krutzinna, FF 2020, 14 (17): „'experimentelle' Konstruktionen"; Katzenstein, in: Ernst/Lohse, Kinderschutz, 23 (35f.); Schäder, NZFam 2019, 605 (608f.); ferner zur berechtigten Kritik an dem vom BGH (ZKJ 2019, 225) formulierten Kontrollauftrag der Jugendhilfe: Kepert, JAmt 2019, 378; Lohse Jamt 2021, 546.
271 Vgl. BeckOK BGB/Veit, § 1666 BGB Rn 45; Schäder, NZFam 2019, 605.
272 BVerfG ZKJ 2022, 449 m.w.N.
273 BVerfG FamRZ 2023, 1542; ZKJ 2021, 146; ZKJ 2023, 22; vgl. BVerfG FamRZ 2025, 274: desto geringere Anforderungen an den Grad der Wahrscheinlichkeit und an die Belastbarkeit der Tatsachengrundlage; vgl. auch OLG Köln, Beschl. v. 21.1.2021 – 14 UF 162/20.

sondere wird keine überwiegende Wahrscheinlichkeit verlangt.[274] Dementsprechend kommt es für die **Verhältnismäßigkeitsprüfung** maßgeblich darauf an, dass der entsprechende Eingriff sich als geeignet, erforderlich und angemessen erweist (vgl. unten Rn. 440).[275]

Umgekehrt betonte das BVerfG in jüngeren Entscheidungen, dass bei Bestehen von Anhaltspunkten dafür, dass bei einem Verbleiben in der Familie oder bei einer Rückkehr dorthin das körperliche, geistige oder seelische Wohl des Kindes nachhaltig gefährdet sein könnte, ein Absehen von einer Trennung des Kindes von seiner Familie ein hohes Maß an Prognosesicherheit verlange, dass dieser Schaden nicht eintrete bzw. warum mildere Mittel in Gestalt von ambulanten Maßnahmen nach einer Rückführung des Kindes in den Haushalt der Eltern ausreichen sollen, um einer Kindeswohlgefahr dort dauerhaft entgegenzuwirken. Dies schlage sich in hohen Begründungsanforderungen einer Entscheidung nieder.[276]

Dabei hat es auch der **Einschätzung des Verfahrensbeistands** wesentliche Bedeutung beigemessen und diesem das Recht zuerkannt, Verfassungsbeschwerde gegen eine letztinstanzliche Fachgerichtsentscheidung einzulegen[277] (vgl. Teil 4/*Heilmann*, Rn. 129).

Zweite (negative) Voraussetzung von § 1666 Abs. 1 BGB ist es, dass anzunehmen **424**
sein muss, dass die **Eltern nicht gewillt** oder **nicht in der Lage** sind, die Gefahr abzuwenden. Nicht erforderlich ist es, dass die Gefahr von den Eltern verursacht wurde (vgl. Rn. 418), sie kann insoweit z.B. auch von Dritten ausgegangen sein. In diesem Zusammenhang kommt es auch nicht darauf an, ob den Eltern ein Verschuldensvorwurf an dem Eintritt der Gefahr und dem Unvermögen zur Beseitigung der Gefahr zu machen ist,[278] sodass der Tatbestand auch dann erfüllt ist, wenn die Eltern z.B. krankheitsbedingt zur Abhilfe nicht fähig sind.

Die sog. Subsidiaritätsklausel[279] soll gewährleisten, dass es den Eltern als primär Verantwortliche selbst obliegt, Gefahren für ihre Kinder zu beseitigen. Demnach sind die Familiengerichte zur Prüfung verpflichtet, ob Eltern nicht ggf. mit **unterstützenden Maßnahmen der Kinder- und Jugendhilfe** (§ 1 Abs. 3 Nr. 2 SGB VIII) selbst dazu in die Lage versetzt werden können, Abhilfe zu schaffen. Bei der Beurteilung der Frage, ob eine ausreichende Veränderungsbereitschaft und -fähigkeit der Eltern gegeben ist und Bekundungen künftiger Kooperationswilligkeit tragfähig sind, kommt naturgemäß dem Umstand große Bedeutung zu, ob Eltern in der Vergangenheit öffentliche Hilfen in Anspruch genommen und mit dem öffentlichen Träger der Kinder- und Jugendhilfe kooperiert haben.[280]

274 Billhardt, FamRZ 2023, 55 (56); Schäder, NZFam 2019, 605 (606).
275 BVerfG ZKJ 2021, 146; ZKJ 2023, 22.
276 BVerfG FamRZ 2025, 280; ZKJ 2023, 22; ZKJ 2017, 225 = NJW 2017, 1295 m. Anm. Lack; vgl. auch BVerfG FamRZ 2021, 595.
277 BVerfG ZKJ 2023, 22; ZKJ 2017, 225.
278 BayObLG FamRZ 1998, 1044; Johannsen/Henrich/Althammer/Jokisch, § 1666 BGB, Rn 79.
279 Vgl. Johannsen/Henrich/Althammer/Jokisch, § 1666 BGB Rn. 80 ff.
280 BGH, FamRZ 2016, 1752 Rn 27, 32; BVerfG FamRZ 2017, 1055 Rn 27; vgl. Kindler, NZFam 2020, 376.

Schließlich kann im Einzelfall auch die Erteilung einer umfassenden **Sorgerechtsvollmacht für das Jugendamt** oder einer dritten Person gegenüber eine hinreichende Bereitschaft der Eltern zur Gefahrenabwehr darstellen und damit einen Sorgerechtseingriff entbehrlich machen.[281] Der jederzeit mögliche Widerruf der Vollmacht steht ihrer Eignung nicht grundsätzlich entgegen.[282] Insbesondere im Rahmen von Fallgestaltungen nach § 1666 BGB bedarf es jedoch eingehender Prüfung, ob eine Vollmacht tatsächlich geeignet ist, der festgestellten Gefahrenlage zu begegnen. Bei Erteilung einer Sorgerechtsvollmacht bleiben die Eltern in sorgerechtlicher Verantwortung. Daher bedarf es prognostischer Beurteilung, ob die Eltern das Handeln des Bevollmächtigten unterstützen und nicht konterkarieren werden. Die Vollmacht entbindet sie aber vor allem auch nicht ihrer elterlichen Verantwortung zu Kooperation und Kommunikation mit der bevollmächtigten Person bzw. dem Jugendamt, zur Mitwirkung im Hilfeplanverfahren (§ 36 SGB VIII) und insbesondere zur Mitwirkung an erforderlichen sorgerechtlichen Entscheidungen, wenn die Vollmacht im Rechtsverkehr nicht anerkannt und daher die Zustimmung der sorgeberechtigten Person verlangt wird. Dies erfordert, dass die Eltern für die bevollmächtigte Person erreichbar sein müssen.[283]

Fehlt es – wie häufig – an diesen Voraussetzungen, bedarf es trotz der Bereitschaft der Eltern, eine Vollmacht zu erteilen, eines Eingriffs in das Sorgerecht.[284] Im Übrigen steht die Entscheidung der Annahme einer Sorgerechtsvollmacht im pflichtgemäßen Ermessen des Jugendamtes, das in Ermangelung einer entsprechenden Anordnungskompetenz durch das Familiengericht nicht zur Annahme verpflichtet werden kann.[285]

Praxistipp

▶ *Der Verfahrensbeistand sollte dafür eintreten, dass die zu treffende Sorgerechtsregelung gewährleistet, dass erforderliche Entscheidungen für das Kind zeitnah und zuverlässig an seinem Wohl orientiert getroffen werden können.*

---

281 OLG Oldenburg FamRZ 2021, 523; OLG Bremen FamRZ 2018, 689; OLG Hamm, Beschl. v. 25.3.2015 – II-13 UF 19/13, juris = FamRZ 2015, 1906 (Ls.); Rake, NZFam 2022, 344 (348); Staudinger/Coester, § 1666 BGB Rn 175; kritisch Heilmann, NJW 2012, 16 (19).

282 Splitt, FF 2021, 92 (95); Staudinger/Coester, § 1666 Rn 175; vgl. BVerfG FamRZ 2015, 2120 Rn 24; vgl. zu § 1671 BGB BGH FamRZ 2020, 1171 Rn 35.

283 Rake, NZFam 2022, 344 (349); zur grds. erforderlichen „Restkooperation" auch bei § 1671 BGB BGH FamRZ 2020, 1171.

284 OLG Bremen ZKJ 2018, 189; OLG Hamm FamRZ 2015, 1906; DIJuF-Rechtsgutachten JAmt 2016, 82; Staudinger/Coester, § 1666 BGB Rn 175; nach zu kritisierender Ansicht des OLG Oldenburg FamRZ 2021, 523 soll aber auch bei Passivität der Eltern der Sorgerechtsentzug unverhältnismäßig sein.

285 Vgl. VG Köln FamRZ 2023, 286: Mögliche Rechtsgrundlage für die Hilfegewährung durch Vollmachtsannahme ist § 18 Abs. 1 Nr. 1 SGB VIII. Vgl. zum Ganzen Hoffmann, JAmt 2023, 370.

Sind die sorgeberechtigten Eltern mit der Fremdunterbringung des Kindes einverstanden, kommt ein Entzug der elterlichen Sorge im Regelfall nicht in Betracht.[286] Ist den Eltern das Sorgerecht bzw. das Aufenthaltsbestimmungsrecht bereits entzogen, gilt allerdings der strenge Prüfungsmaßstab des Art. 6 Abs. 3 GG auch dann, wenn die Eltern mit der Fremdunterbringung ihres Kindes durch den Sorgerechtsinhaber einverstanden sind.[287]

Die Prüfung der Voraussetzungen des § 1666 BGB hat für jedes betroffene Kind und für jeden Elternteil gesondert zu erfolgen. Das *BVerfG* hat die **Anforderungen an den Entzug des elterlichen Sorgerechts**, soweit mit diesem eine Trennung des Kindes von seinen Eltern verbunden ist, mit seiner im Jahr 2014 geänderten Rechtsprechung zum Prüfungsumfang entsprechender Verfassungsbeschwerden[288] erheblich erhöht.[289] Danach unterliegen die fachgerichtlichen Annahmen, ob die Voraussetzungen für einen auf die Trennung des Kindes von seinen Eltern gerichteten Sorgerechtsentzug nach §§ 1666, 1666a BGB vorliegen, wegen der hohen Eingriffsintensität einer strengen verfassungsgerichtlichen Überprüfung, die sich auch auf einzelne Auslegungsfehler und deutliche Fehler bei der Feststellung und Würdigung des Sachverhalts erstreckt.[290] **425**

Um den verfassungsrechtlichen Anforderungen zu genügen, müssen die fachgerichtlichen Entscheidungen die dem Kind drohenden Schäden ihrer Art, Schwere und Eintrittswahrscheinlichkeit nach konkret **benennen** und diese vor dem Hintergrund des grundrechtlichen Schutzes vor der Trennung des Kindes von seinen Eltern **bewerten**. Dabei dürfen nicht nur die elterlichen Erziehungsmängel benannt werden, sondern es muss konkret dargelegt werden, welche schwerwiegenden **Konsequenzen** sich für das Kind daraus ergeben.[291] Ferner muss sich die Entscheidung konkret mit den Folgen der Trennung für das Kind auseinandersetzen und darlegen, dass eine hinreichende Aussicht dafür besteht, dass die Beseitigung der Gefahr die Folgen der Trennung aufwiegt.[292]

Verfahrensrechtlich sind zudem hohe Anforderungen an die **Sachverhaltsermittlung** zu stellen. Das Verfahren muss so gestaltet werden, dass es geeignet ist, eine möglichst zuverlässige Grundlage für eine am Kindeswohl orientierte Entscheidung zu er-

---

286 BVerfG ZKJ 2018, 59 = FamRZ 2017, 1577; OLG Brandenburg, Beschl. v. 14.10.2016, 10 UF 29/16, juris.
287 BVerfG FamRZ 2024, 529.
288 BVerfG ZKJ 2014, 242: Erstreckung auf Auslegungsfehler und Fehler bei der Feststellung und Würdigung des Sachverhalts; ZKJ 2014, 281; FamRZ 2014, 1266; FamRZ 2014, 1270; FamRZ 2014, 1772; JAmt 2014, 419; FamRZ 2015, 112; FamRZ 2016, 439. Zum Prüfungsmaßstab soweit mit der fachgerichtlichen Entscheidung keine Trennung des Kindes von seinen Eltern verbunden ist BVerfG FamRZ 2021, 1969.
289 Zur Kritik vgl. Hammer, FF 2014, 1005; Lack/Heilmann, ZKJ 2014, 308; Heilmann, NJW 2014, 2904.
290 BVerfG NZFam 2014, 734.
291 BVerfG ZKJ 2022, 303; FamRZ 2021, 104 und 749; 2020, 1562; 2016, 439; JAmt 2014, 419. Vgl. auch BGH ZKJ 2023, 22; ZKJ 2019, 225.
292 BVerfG, ZKJ 2021, 146.

langen.[293] Dazu hat das Gericht das Kind (§ 159 FamFG), die Eltern (§ 160 FamFG), die Pflegepersonen (§ 161 FamFG) und das Jugendamt (§ 162 FamFG) und den für das Kind bestellten Verfahrensbeistand (§ 158 FamFG) anzuhören und den Sachverhalt auch entsprechend der sich aus diesen Erkenntnisquellen ergebenden Hinweise weiter aufzuklären (§ 26 FamFG).

Die Einholung eines **Sachverständigengutachtens** (§ 163 FamFG) ist dabei – auch in einem Hauptsacheverfahren und entgegen einer vielfach gehörten Überzeugung – nicht stets erforderlich; allerdings muss das Gericht, wenn es kein Gutachten einholt, darlegen, dass es bereits anderweit über eine möglichst zuverlässige Entscheidungsgrundlage verfügt.[294]

Praxistipp

▶ *Neben der fachlichen Stellungnahme des Jugendamtes kommt hier dem Bericht des Verfahrensbeistandes eine besondere Bedeutung zu, wobei beide an Gewicht gewinnen, wenn sie sich an den verfassungsrechtlichen Anforderungen an die konkrete Darlegung der Kindeswohlgefährdung orientieren.*

Will das Gericht der Einschätzung eines Sachverständigen oder der beteiligten Fachkräfte (insbesondere Verfahrensbeistand, Jugendamt, Familienhilfe, Vormund) nicht folgen, bedarf dies eingehender Begründung und Offenlegung der anderweitigen verlässlichen Grundlage für eine am Kindeswohl ausgerichtete Entscheidung.[295] Auf eine Verweigerung der Bewilligung öffentlicher Hilfen i.S.d. §§ 27 ff. SGB VIII durch das Jugendamt kann sich das Familiengericht nicht stützen, ohne die Geeignetheit von Hilfen zur Abwendung einer Trennung des Kindes von seinen Eltern selbstständig und eigenverantwortlich geprüft zu haben.[296] Für den **Umgang mit und die Verwertung von familienpsychologischen Sachverständigengutachten** liegen bereits mehrere Entscheidungen vor.[297] Auf Initiative des Bundesjustizministeriums hat eine interdisziplinäre Arbeitsgruppe Mindestanforderungen an die Qualität von Sachverständigen in Kindschaftsverfahren erarbeitet, die mittlerweile in zweiter Auflage vorliegen[298] und zur Prüfung erstellter Gutachten herangezogen werden sollten.

426 Unter Berücksichtigung des Charakters des Eilverfahrens gilt hinsichtlich der Verfahren der **einstweiligen Anordnung**, dass die Tatsachengrundlage umso sicherer sein muss, je stärker der Eingriff ist und umso mehr die Maßnahme vollendete Tatsachen schafft.[299] Insoweit hat das BVerfG in jüngeren Entscheidungen anerkannt, dass

293 BVerfG FamRZ 2023, 944 Rn 14; BVerfGE 55, 171 (182) st. Rspr.; „Legitimation durch Verfahren", vgl. Salgo, ZKJ 2017, 254 (255).

294 BVerfG NZFam 2023, 402; ZKJ 2022, 17; NZFam 2014, 1043.

295 BVerfG ZKJ 2022, 449.

296 BVerfG ZKJ 2014, 242; vgl. auch BVerfG ZKJ 2014, 327.

297 BVerfG FamRZ 2015, 112 (Unverwertbarkeit wegen Befangenheit); ZKJ 2017, 225 (unzulässige Abweichung von einem Gutachten); ZKJ 2017, 313 (zulässige Abweichung von mangelhaften Gutachten).

298 Arbeitsgruppe Familienrechtliche Gutachten 2019 FamRZ 2019, 1765 ff. = NZFam 2019, 804 ff.

299 BVerfG ZKJ 2014, 281; FamRZ 2014, 1772.

Sachverständigengutachten oder ausführliche ärztliche Stellungnahmen in diesen Verfahren regelmäßig nicht eingeholt werden können.[300]

c) Fallgruppen

Da § 1666 BGB sehr allgemein als Generalklausel gefasst ist, hat es sich in der Rechtswissenschaft eingebürgert, bestimmte Fallgruppen einer Kindeswohlgefährdung zu unterscheiden, wobei hier nur auf wesentliche in der Praxis im Vordergrund stehende Konstellationen eingegangen werden kann. Eine Gefährdung des Kindeswohls bezieht sich, wie oben festgestellt, auf alle **schwerwiegenden Beeinträchtigungen der Integritäts- und Entfaltungsinteressen** des minderjährigen Menschen. **427**

- Die **Integritätsinteressen** umfassen die körperliche und psychische Gesundheit, die Versorgung mit Nahrung, Kleidung und Wohnung und ein Mindestmaß an emotionaler Zuwendung.
- Die **Entfaltungsinteressen** beziehen sich auf die Entwicklung des Kindes durch Erziehung, durch geeignete soziale Kontakte, Schul- und Berufsausbildung, Pflege und Förderung geistiger und kultureller Interessen und mit zunehmendem Alter auch auf die Möglichkeit der Selbstbestimmung.

(aa) Gesundheitsgefährdungen

Wie der Wortlaut von § 1666 Abs. 1 BGB zeigt, ist der Begriff der Gesundheit des Kindes nicht rein körperlich zu verstehen, sondern es sind auch geistige und seelische Beeinträchtigungen mit einzubeziehen. Im Vordergrund stehen zunächst gezielte Eingriffe in die körperliche Integrität des Kindes, die zumeist nicht einmalig stattfinden, sondern in regelmäßiger Weise von einem Elternteil oder ggf. auch Dritten (z.B. Lebensgefährte der Mutter) verübt werden.[301] In diesem Zusammenhang ist Art. 31 der sog. **Istanbul-Konvention**[302] zu beachten, wonach sicherzustellen ist, dass die Rechte und Sicherheit von Kindern in Fällen von Gewalt bei sorgerechtlichen Entscheidungen hinreichend zu berücksichtigen sind.[303] **428**

Das Problem ist in der Praxis häufig die **Feststellung der hierzu erforderlichen Tatsachen**.[304] Kindesmisshandlungen werden häufig als Unfälle getarnt, Zeugen oder ärztliche Befunde fehlen nicht selten oder sind wenig ergiebig. Beruht der Verdacht der Kindesmisshandlung allein auf der Aussage des betroffenen Kindes und bestreiten die Eltern den Vorwurf, das Kind regelmäßig zu schlagen, muss zumindest in einem Hauptsacheverfahren der Vorwurf des Kindes durch ein Glaubwürdigkeits- bzw.

300 BVerfG FamRZ 2020, 1562; ZKJ 2018, 312 = FamRZ 2018, 1084; ebenso EGMR FamRZ 2019, 594 („Zwölf Stämme").

301 Vgl. etwa OLG Karlsruhe, Beschl. v. 3.3.2017, 18 UF 159/16, NJOZ 2018, 7; BayObLG FamRZ 1997, 572; Heilmann/Cirullies, § 1666 BGB Rn 21.

302 Gesetz zu dem Übereinkommen des Europarates v. 11.5.2011 zur Verhütung und Bekämpfung von Gewalt gegen Frauen und häuslicher Gewalt, BGBl. 2017 II 1026.

303 EGMR FamRZ 2023, 277.

304 Zu den besonderen Anforderungen an die Verfahrensgestaltung: Schirrmacher/Meysen FamRZ 2021, 1929 ff.

aussagepsychologisches Gutachten überprüft werden.[305] Auch gezielte und noch nicht eingetretene Schädigungen, die auf religiösen oder kulturellen Vorstellungen beruhen, wie z.B. trotz der Regelung in § 1631d BGB zu Beschneidungen von männlichen Kindern[306] oder auch Mädchen afrikanischer Herkunft,[307] können Kindeswohlgefährdungen darstellen.

Schließlich kann auch ein **Unterlassen der Eltern** eine Gefährdung des Kindeswohls begründen, wenn sie etwa nicht dazu in der Lage sind, Gefahren durch krankhafte Selbstverletzungen, Abmagerung oder sonstige körperliche oder psychische Erkrankungen oder Verhaltensauffälligkeiten zu begegnen,[308] oder aber aus religiösen Gründen notwendige Heilmaßnahmen für das Kind, z.B. Bluttransfusionen, verweigern.[309]

429 Immer bedeutsamer werden auch seelische Gesundheitsgefährdungen des Kindes durch das **Miterleben von Gewalt**, vor allem durch Misshandlungen der Mutter durch den Vater.[310] Auch der der Mutter drohende Ehrenmord durch ihre Angehörigen ist hier zu nennen.[311] Schließlich gehört hierher auch der – in der Praxis nicht selten vorkommende – Vorwurf des sexuellen Missbrauchs des Kindes,[312] der im Bereich der Tatsachen- und Beweisermittlung oft kaum lösbare Probleme mit sich bringt (Stichwort: sexualisiertes Verhalten). Gerade hier muss bei einer Nichtaufklärung des Vorwurfs eine **kindeswohlorientierte Wahrscheinlichkeits- und Risikoabwägung** erfolgen.[313]

430 Immer mehr in den Blickwinkel der Öffentlichkeit geraten auch Fälle, in denen das Kind Kontakt zu **pädo- oder hebephilen** Bezugspersonen wie etwa seinem Vater oder dem Lebensgefährten der Mutter[314] hat. Gerade der Breisgauer Fall des sexuellen Missbrauchs eines 9-jährigen Jungen durch das Zusammenwirken der Mutter mit ihrem pädophilen und einschlägig vorbestraften Lebensgefährten zeigt, welch dramatische Konsequenzen richterliche Fehlprognosen in Bezug auf die Gefähr-

305 EGMR FamRZ 2013, 845; vgl. BVerfG FamRZ 2020, 422 zum erforderlichen Maß richterlicher Überzeugung.
306 Vgl. hierzu OLG Hamm FamRZ 2013, 1818; Lack, ZKJ 2012, 336 ff.
307 OLG Karlsruhe FamRZ 2009, 1599; OLG Bremen ZKJ 2008, 338; AG Delmenhorst, Beschluss v. 10.7.2012, 18 F 146/12, ZKJ 2018, 79.
308 OLG Brandenburg FamRZ 2017, 966; Staudinger/Coester, § 1666 BGB Rn 96.
309 So bei Verweigerung von Eltern, die den Zeugen Jehovas angehören, vgl. OLG Celle NJW 1995, 792; Staudinger/Coester, § 1666 BGB Rn 82 und 102.
310 BVerfG FamRZ 2010, 1742; OLG Hamm FamRZ 2010, 1742; Ernst, FPR 2011, 195; Kindler, FPR 2012, 422 m.w.N. der Rspr.; zum Umgangsausschluss bei häuslicher Gewalt KG Berlin FamRZ 2021, 693. Zum Sorgerechtsentzug im Falle der Tötung der Mutter durch den Vater OLG Brandenburg FamRZ 2022, 275; OLG Frankfurt ZKJ 2021, 231; FamRZ 2024, 1937 (zu § 1671 BGB).
311 OLG Köln ZKJ 2018, 426.
312 BGH ZKJ 2017, 108; OLG Brandenburg JurBüro 2017, 612; FamRB 2012, 6; OLG Hamm NZFam 2014, 474.
313 OLG Hamm NZFam 2023, 743; OLG Karlsruhe FamRZ 2013, 1237 zum Umgangsausschluss.
314 Vgl. die Fälle von BGH FamRZ 2019, 598; FamRZ 2017, 212; OLG Karlsruhe JAmt 2019, 405 mit Anm. Kepert, JAmt 2019, 378 und NZFam 2018, 1027 m. Anm. Salzgeber; ZKJ 2018, 188; OLG Frankfurt FamRZ 2019, 1425 und ZKJ 2018, 315; OLG Koblenz ZKJ 2020, 469 mit Anm. Dürbeck; Salgo, ZKJ 2019, 217 ff.

dungseinschätzung für Kinder haben können (zur Bestimmung des Gefahrenbegriffs vgl. oben Rn. 419).[315]

Auch im Fall des Konsums **kinderpornografischen Materials** bedarf es einer umfassenden, einzelfallbezogenen Risikoabwägung. Das BVerfG hat klargestellt, dass aufgrund der anzuwendenden je-desto-Formel betreffend die Gefährdungsprognose eine Kindeswohlgefährdung in diesem Fall nicht bereits unter Hinweis darauf ausgeschlossen werden darf, dass statistisch „lediglich" ein Anteil von bis zu 12% wegen Besitzdelikten auffällig gewordener Personen auch reale Missbrauchshandlungen (sog. hands-on-Delikte) begeht.[316] Besteht eine Gefährdung durch eine haushaltsnahe Person und möchte ein Elternteil das Kind gleichwohl weiterbetreuen, ist bei der Gefährdungseinschätzung einzubeziehen, ob dieser Elternteil sich klar von der anderen Person und seinen Taten distanziert, eigene Verantwortung übernimmt und einen sicheren Schutz für das Kind gewährleisten kann.[317]

Als kindeswohlgefährdend können sich schließlich auch **psychische Kindesmisshandlungen**[318] und nur von einem Elternteil eingebildete Erkrankungen des Kindes darstellen, so beim sog. Münchhausen-by-proxy-Syndrom (siehe hierzu Teil 3/*Fegert*, Rn. 215 ff.).[319] Auch **Vernachlässigungen** bei der Ernährung, Hygiene und Körperpflege können, gerade auch bei Säuglingen und Kleinkindern, zu Gefährdungen führen.[320] Ebenso zu nennen sind seelische Gefährdungen aufgrund emotionaler Vernachlässigung des Kindes.[321] Gefährdungen der seelischen Gesundheit können aber auch durch ein Übermaß an Fürsorge (Fälle von sog. overprotection)[322] entstehen. **431**

Problematisch ist im Hinblick auf Art. 6 Abs. 2 Satz 1 GG auch der Umgang mit Verstößen der Eltern bei der Wahrnehmung der in den Ländern geregelten **Pflicht zur Wahrnehmung von ärztlichen Vorsorgeuntersuchungen** (sog. U-Untersuchungen), wie z.B. im Hessischen Kindergesundheitsschutzgesetz geregelt.[323] Die Nichtwahrnehmung von Terminen kann nicht allein Grundlage für Eingriffe in das elterliche Sorgerecht nach § 1666 BGB sein. Das Familiengericht muss vielmehr seiner Amtsermittlungspflicht nachkommen und **Ermittlungsmaßnahmen** (z.B. Nachfragen im Kindergarten oder beim Hausarzt) ergreifen, um die erforderliche Risikoeinschätzung vornehmen zu können.[324] **432**

---

315 Dazu ausführlich Salgo, ZKJ 2018, 168.
316 BVerfG FamRZ 2023, 1542.
317 BVerfG NZFam 2022, 1023.
318 Zur Erkennung und Bewertung: Dettenborn, FPR 2012, 447.
319 OLG Dresden FamRZ 2008, 712; OLG Celle FamRZ 2006, 1478; Salzgeber, Familienpsychologische Gutachten, Rn 1056; vgl. auch den Fall von OLG Schleswig FamRZ 2018, 109.
320 OLG Brandenburg FamRZ 2009, 2100; 2008, 713; grundlegend zur Vernachlässigung als Kindeswohlgefährdung Kindler, NZFam 2016, 872.
321 BVerfG ZKJ 2017, 313; OLG Brandenburg FamRZ 2016, 1180; KG FamRZ 2015, 1906; OLG Braunschweig, Beschl. v. 14.10.2021 – 2 UF 74/21 = NZFam 2022, 319 (red. Leitsatz, Kurzwiedergabe).
322 Staudinger/Coester, § 1666 BGB Rn 121 m.w.N. der Rspr.; vgl. dazu auch BVerfG FamRZ 2014, 1270.
323 Vgl. ausführlich zu den einzelnen landesrechtlichen Regelungen Lack, 2012, S. 521 ff.
324 OLG Frankfurt ZKJ 2023, 422; ZKJ 2014, 31.

In Bezug auf das gerichtliche Verfahren vor dem Familiengericht ist bei Kinderschutzverfahren auf den **zwingenden frühen Erörterungstermin** nach § 157 FamFG hinzuweisen (vgl. Teil 4/*Berneiser*, Rn. 184 ff. und Teil 4/*Heilmann*, Rn. 49 ff.).

(bb) Schule und Ausbildung

433 Häufig treten in der Praxis Fälle auf, in denen Kinder der staatlichen Schulpflicht nicht nachkommen. Weigern sich Eltern beharrlich, ihre schulpflichtigen Kinder der öffentlichen Schule oder einer anerkannten Ersatzschule zuzuführen, um ihnen stattdessen selbst **„Hausunterricht"** zu erteilen, so kann darin ein Missbrauch der elterlichen Sorge liegen, der das Wohl der Kinder nachhaltig gefährdet und deshalb zum Eingriff in das Sorgerecht (z.B. Gebot, für die Einhaltung der Schulpflicht zu sorgen nach § 1666 Abs. 3 Nr. 2 BGB oder Ersetzung der Schulanmeldung nach § 1666 Abs. 3 Nr. 5 BGB) bis hin zum Entzug von Teilbereichen der elterlichen Sorge (Regelung der Schulangelegenheiten, Aufenthaltsbestimmungsrecht) führen kann.[325]

Da § 1666 BGB allerdings immer eine konkrete Gefahr im Einzelfall voraussetzt und nicht der Durchsetzung einer bestmöglichen Förderung des Kindes dient, rechtfertigt die bloße **Schulverweigerung** als solche als abstrakte Gefährdung keine sorgerechtlichen Eingriffe. Erforderlich ist stets eine Gefährdung im Einzelfall, die bei aus der Schulverweigerung oder mit dieser einhergehenden Gefährdungsmomenten wie etwa sozialer Isolation, Verhaltensauffälligkeiten u.ä. bejaht werden kann.[326]

Hinweis

Die Möglichkeit schulrechtlicher Maßnahmen entbindet die Familiengerichte nicht von der Pflicht, eine Kindeswohlgefährdung im konkreten Einzelfall zu prüfen.[327]

Grundsätzlich steht die Durchsetzung der Schulpflicht, die auf die Integration von Kindern in die Gesellschaft und die Vermeidung von Parallelgesellschaften zielt, im Einklang mit der EMRK,[328] auch soweit der Schulbesuch oder Teile hiervon aus religiösen Gründen verweigert werden (z.B. Schwimmunterricht bei muslimischen Mädchen[329]).

Sorgerechtsmaßnahmen nach § 1666 BGB kommen auch dann in Betracht, wenn das schulpflichtige Kind **eigenmächtig dem Unterricht** fernbleibt und die Eltern nicht willens oder dazu in der Lage sind, hier gegenzusteuern.[330] Schließlich fallen aber auch Sachverhalte unter diese Fallgruppe, in denen Eltern bei der Wahl von Schule

---

325 BGH FPR 2008, 115.
326 OLG Bamberg FamRB 2022, 57 mit Anm. Clausius; OLG Celle FamRZ 2021, 427; OLG Düsseldorf FamRZ 2019, 35; OLG Hamm FamRZ 2020, 344; a.A. (abstrakte Gefahr) OLG Nürnberg FamRZ 2017, 454; OLG Frankfurt BeckRS 2013, 16988; OLG Köln ZKJ 2013, 175; vgl. auch BVerfG FamRZ 2015, 27.
327 OLG Karlsruhe NZFam 2023, 269.
328 EGMR FamRZ 2019, 449 ff. m. Anm. Salgo und Grohmann.
329 EGMR NVwZ-RR 2018, 505.
330 OLG Hamm FamRZ 2013, 165; OLG Celle ZKJ 2008, 428; OLG Koblenz NJW-RR 2005, 1164; OLG Köln JAmt 2003, 548; Raack, FPR 2012, 467; Diederichsen, FPR 2012, 202.

oder Ausbildung (vgl. § 1631a BGB) die **persönlichen Neigungen und Fähigkeiten** in kindeswohlgefährdender Weise **negieren.**[331]

(cc) Kinder- und Jugenddelinquenz – Umgang mit neuen Medien

Kindeswohlgefährdungen können sich auch aus (wiederholtem und erheblichem) **strafrechtlich relevanten Verhalten von Kindern und Jugendlichen** ergeben.[332] Dieses kann sich in Extremfällen auch in Form von Gewalthandlungen des Kindes gegenüber seinen Eltern darstellen.[333] Maßnahmen nach § 1666 BGB kommen hier in Betracht, wenn die Eltern nicht dazu willens oder imstande sind, die zur Gefahrabwendung nötigen Maßnahmen, wie z.B. eine stationäre Behandlung des Kindes[334], zu veranlassen. **434**

Relevante Kindeswohlgefährdungen i.S.d. § 1666 BGB können sich auch aus **Umgang des Kindes mit neuen/sozialen Medien**[335] ergeben, etwa durch pornographische oder gewaltverherrlichende Inhalte im Internet oder auf Spielkonsolen,[336] durch eine Kommunikation mit Dritten mit Gefährdungspotenzial (z.B. mit Pädophilen, Stalkern, Mobbing von Mitschülern in Netzwerken)[337] oder aber bei Gefahren durch eine sexualisierte Selbstdarstellung im Internet (sog. Sexting[338]). Es obliegt in diesen Fällen grundsätzlich dem Primat des Erziehungsvorrangs der Eltern, für das Kind schädlichen Wirkungen im Umgang mit neuen Medien entgegenzuwirken. Bei Uneinigkeit der Eltern steht der Zugang zu den Familiengerichten nach Maßgabe von §§ 1628, 1671 BGB offen.[339]

Nur bei einer **konkreten und gegenwärtigen Gefahr** für das Kind, welche die Eltern nicht abwenden wollen oder können, kommen – im Regelfall – niedrigschwellige familiengerichtliche Maßnahmen, wie z.B. Weisungen oder Auflagen, in Betracht.[340] Im Fall des Einwirkens konkret identifizierbarer Dritter auf das Kind kommen auch Maßnahmen gegen diese nach § 1666 Abs. 4 BGB in Betracht.

(dd) Störungen der Erziehungs- und Bindungskontinuität

Störungen der Erziehungs- und Bindungskontinuität im Leben des Kindes können in vielfältiger Weise zu einer Gefährdung seines Wohls führen. Meist sind sie verursacht durch Erziehungsfehler oder sonstige Unzulänglichkeiten in der Person der Erzie- **435**

331 BVerfG FamRZ 2021, 1969 (schulische Überforderung) mit Anm. Kischkel; OLG Koblenz FamRZ 2007, 1680; BeckOK-BGB/Veit, § 1666 Rn 61 m.w.N.
332 BVerfG FamRZ 2003, 296; vgl. ausführlich dazu Matzke/Fritsch, FPR 2012, 459; Fegert/Kistler Fegert, ZKJ 2023, 166 ff.
333 Ernst, FPR 2011, 195 (197).
334 OLG Brandenburg, Beschl. v. 29.10.2013, 13 UF 208/13, juris.
335 Vgl. dazu Onstein, jM 2017, 95.
336 AG Bad Hersfeld NZFam 2018, 414: Playstation.
337 Vgl. dazu Rake, FamRZ 2017, 1733.
338 Vgl. dazu Döll, FamRZ 2017, 1728.
339 Dazu Lack, FamRZ 2017, 1730; Grisse, NZFam 2022, 189.
340 OLG Frankfurt ZKJ 2018, 432; Götz, FamRZ 2017, 1725 (1727); vgl. die sehr weitgehende Rechtsprechung des AG Bad Hersfeld zum Umgang mit Messengerdiensten in FamRZ 2016, 2114 und ZKJ 2017, 282; zu Recht aber bei Umgang mit gewaltverherrlichenden Spielen AG Bad Hersfeld NZFam 2018, 414.

hungsberechtigten.[341] In der Praxis spielen hier insbesondere **psychische Erkrankungen** von Eltern,[342] aber auch elterlicher **Drogen- oder Alkoholsuchterkrankungen** eine Rolle, wobei diese Umstände als solche selbst keine Kindeswohlgefährdung begründen, wohl aber ihre konkret festzustellenden Auswirkungen auf das Wohl des Kindes, z.B. in Form mangelnder Versorgung, Erziehung oder Zuwendung.[343]

Hierzu können im Ausnahmefall auch Fälle zählen, in denen die *gewachsene* Bindung zu einem Elternteil durch einen vom anderen Elternteil verweigerten Umgang beeinträchtigt wird,[344] wenn sich daraus eine konkrete Gefährdung des Kindeswohls ergibt. Die verfassungsrechtlichen Anforderungen für einen darauf gestützten Entzug der elterlichen Sorge sind jedoch sehr hoch anzusetzen, sodass im Regelfall ein Entzug der Personensorge nicht in Betracht kommt.[345] Im Allgemeinen können eine (mutmaßlich) unberechtigte **Umgangsverweigerung** und die dieser Haltung zugrundeliegende **fehlende Bindungstoleranz** beim Obhutselternteil allein nicht dazu führen, dass eine Kindeswohlgefährdung angenommen und ein Kind über eine Fremdunterbringung etwa dazu gebracht werden kann, den Umgang wieder aufzunehmen oder zu dem Elternteil zu wechseln, mit dem es aktuell jeden Umgang ablehnt.[346] Vgl. zum Ganzen auch oben Rn. 396 und unten Rn 466.

Ist wegen des **Herausgabeverlangens** der sorgeberechtigten Eltern gegenüber einer das Kind betreuenden Pflegeperson eine Gefährdung des Kindeswohls zu befürchten, ist vorrangig auf die Möglichkeit einer Verbleibensanordnung nach § 1632 Abs. 4 BGB abzustellen[347] (vgl. dazu Rn. 499, 515 ff.). Schließlich zählen hierzu auch Fälle, in denen ein Sorgeberechtigter, z.B. wegen häufiger Umzüge und/oder Wechsel von Lebenspartnern, **Lebenskontinuität** für das Kind verhindert. Hinzukommen müssen bei häufigem Partnerwechsel aber auch Mängel in der Betreuung des Kindes.[348]

(ee) Störungen in der Persönlichkeitsentwicklung des Kindes

436 Zu kindeswohlgefährdenden Störungen in der Persönlichkeitsentwicklung kann es kommen, wenn Eltern die auch in § 1626 Abs. 2 BGB statuierte Pflicht verletzen, die Entwicklung des Kindes zu einer selbstverantwortlichen und gemeinschaftsfähigen Persönlichkeit zu ermöglichen und zu fördern. Dieses Ziel wird z.B. dann verfehlt, wenn das Kind infolge einer **symbiotischen Eltern-Kind-Beziehung** von der Außen-

341 Vgl. dazu die Übersicht bei BeckOK-BGB/Veit, § 1666 BGB Rn 41 ff.
342 OLG Karlsruhe NZFam 2017, 1132: Gefahr der Parentifizierung des Kindes; OLG Köln FF 2016, 150.
343 OLG Braunschweig, Beschl. v. 14. Oktober 2021 – 2 UF 74/21 (psychische Erkrankung, Vernachlässigung); OLG Schleswig NJW-RR 2019, 1289 (Suchtmittelabhängigkeit); OLG Dresden Sozialrecht aktuell 2016, 167; OLG Schleswig ZKJ 2014, 330; OLG Hamm FamRZ 2013, 1989; BeckOGK/Burghart, § 1666 BGB Rn 87.
344 Vgl. etwa OLG Frankfurt, Beschl. v. 28.3.2011, 2 UF 109/10, juris; Splitt, FF 2019, 94.
345 BVerfG FamRZ 2021, 753; ZKJ 2012, 250; BGH ZKJ 2012, 107; OLG Brandenburg FamFR 2013, 301; OLG Saarbrücken ZKJ 2012, 115; OLG Frankfurt FamRZ 2014, 396; zu sorgerechtlichen Maßnahmen bei Umgangsvereitelung Schäder, FamRZ 2019, 1672.
346 OLG Frankfurt FamRZ 2024, 1289 und Beschl. v. 29.1.2025 – 1 UF 186/24, juris.
347 BVerfG FamRZ 1989, 145; FamRZ 2017, 1577; BGH FamRZ 2014, 543; OLG Frankfurt DAVorm 2000, 1014.
348 OLG Frankfurt FamRZ 2003, 1317.

welt abgeschnitten wird[349] oder aber eine sog. **Parentifizierung** (Rollentausch zwischen Elternteil und Kind) vorliegt.[350]

Gerade bei älteren Kindern ist ein Mindestmaß an Teilhabe an Entscheidungen und Kontakten zur sozialen Außenwelt unverzichtbar. Hier haben – etwa bei Mädchen im geschlechtsreifen Alter – auch kulturelle oder religiös motivierte Anschauungen zurückzutreten.[351] Hierzu zählen aber auch Defizite der Eltern in der nötigen Erziehung, die ggf. auch sucht- oder krankheitsbedingt sein können,[352] und in der emotionalen Zuwendung gegenüber dem Kind.[353]

Immer mehr werden auch Fragen der **Intersexualität von Kindern** und Jugendlichen relevant. Der zum 1.1.2023 in Kraft getretene § 1631e BGB regelt das Verfahren für eine Behandlung von Kindern mit Varianten der Geschlechtsentwicklung. Operative Eingriffe sind danach nur im Ausnahmefall und nur dann für die Eltern einwilligungsfähig, wenn mit ihnen nicht bis zu einer selbstbestimmten Entscheidung des Kindes zugewartet werden kann. Die elterliche Einwilligung in operative Maßnahmen bedarf der familiengerichtlichen Genehmigung.[354] Das Transsexuellengesetz wurde durch das zum 1.11.2024 in Kraft getretene Selbstbestimmungsgesetz (SBGG) abgelöst.

d) Rechtsfolgen

Soweit die Tatbestandsvoraussetzungen von § 1666 Abs. 1 BGB erfüllt sind, hat das Familiengericht die Maßnahmen zu treffen, die zur Abwendung der Gefahr erforderlich sind. Schutzmaßnahmen (z.B. Gebote im Bereich der Gesundheitssorge) können dabei auch bereits **vor der Geburt** des Kindes getroffen werden, nicht allerdings der Entzug des Sorgerechts.[355] Insoweit kann auch dem noch nicht geborenen Kind ein **Verfahrensbeistand** bestellt werden.[356] **437**

§ 1666 Abs. 3 BGB nennt als mögliche Schutzmaßnahmen – nicht abschließend[357] – folgende mögliche Anordnungen: **438**

- Nr. 1: **Gebote**, die gemäß §§ 11 bis 40 SGB VIII zur Verfügung stehenden **Leistungen der Jugendhilfe** oder der **Gesundheitsfürsorge** anzunehmen.

349 BVerfG FamRZ 2014, 1270; OLG Hamburg, BeckRS 2018, 24269; AG Moers ZfJ 1986, 13; BeckOK-BGB/Veit, § 1666 BGB Rn 18.

350 OLG Karlsruhe NZFam 2017, 1132; OLG Brandenburg 15.2.2016, 10 UF 216/14; MünchKomm-BGB/Lugani, § 1666 BGB Rn 111, 114.

351 Ausführlich Staudinger/Coester, § 1666 Rn 160 ff., etwa auch zu Fällen der Zwangsverheiratung von Kindern.

352 BVerfG ZfJ 2000, 475; zur ggf. erforderlichen Begutachtung psychisch gestörter Eltern Wiedemann, ZKJ 2013, 6.

353 OLG Saarbrücken FamRZ 2010, 746.

354 AG Mannheim FamRZ 2024, 782; zur alten Rechtslage: OLG Dresden ZKJ 2018, 149 = FamRZ 2018, 32: Vorläufiger Sorgerechtsentzug.

355 OLG Frankfurt ZKJ 2017, 381; Staudinger/Coester, § 1666 BGB Rn 22 ff.; a.A. OLG Hamm FamRZ 2020, 1355: vorgeburtlicher Sorgerechtsentzug werde mit Geburt wirksam; vgl. auch BeckOGK/Burghart, § 1666 BGB Rn 57f.

356 AG Bad Iburg ZKJ 2017, 383.

357 BGH FamRZ 2017, 212.

Das Familiengericht kann das Jugendamt aber nach h.M. nicht zur Erbringung solcher Leistungen verpflichten.[358] Das führt in der Praxis zu Problemen, wenn das Familiengericht im Hinblick auf den Verhältnismäßigkeitsgrundsatz eine bestimmte Leistung der Jugendhilfe zur Gefahrenabwehr als geeignet ansieht, das Jugendamt diese aber (z.B. wegen fehlender Finanzierung) nicht zur Verfügung stellen kann oder will. Gleichwohl fordert das BVerfG in diesen Fällen auch bei abweichender Einschätzung des Jugendamtes eine eigenverantwortliche Prüfung der Geeignetheit von Maßnahmen der Kinder- und Jugendhilfe durch die Familiengerichte (vgl. oben Rn. 425).[359]

- Nr. 2: **Gebote**, für die **Einhaltung der Schulpflicht** zu sorgen.

  Hier kommen insbesondere Gebote gegenüber den Eltern, für die Einhaltung der Schulpflicht zu sorgen, in Betracht. Kündigen die Eltern allerdings an, solche Gebote nicht umsetzen zu wollen, kann dies die Notwendigkeit für einen unmittelbaren Eingriff in das Sorgerecht nach § 1666 Abs. 3 Nr. 6 BGB begründen.[360]

- Nr. 3: **Verbote** – gemäß § 1666 Abs. 4 BGB auch an **Dritte** (z.B. Nachbarn, Lebensgefährten) gerichtet – die **Wohnung zu benutzen** (sog. **Go-Order**) oder sich an Orten aufzuhalten, an denen sich das Kind regelmäßig aufhält.[361]

  Wegen damit einhergehender Umgangsbeschränkungen ist zusätzlich § 1684 Abs. 4 BGB zu beachten.[362] Im Verhältnis sorgeberechtigter Eltern zu ihren Kindern ist § 1666 Abs. 3 Nr. 3 und 4 BGB vorrangig gegenüber § 1 **GewSchG** (vgl. § 3 GewSchG).[363] Mit § 1666 Abs. 3 BGB können jedoch die gleichen Maßnahmen wie nach § 1 GewSchG, also auch ein Wohnungsbetretungsverbot oder das Verbot eines Kontakts des Kindes mit dem Lebensgefährten der Mutter,[364] getroffen werden.[365] Ist allerdings das **Kind Täter** gegenüber einem Elternteil, kommt § 1 GewSchG zur Anwendung.[366] Kontakt- und Näherungsverbote gegenüber Lebensgefährten und damit verbundenen Weisungen gegenüber dem betreffenden Elternteil kommen vor allem dann in Betracht, wenn von Ersterem die Gefahr einer körperlichen Misshandlung oder eines sexuellen Missbrauchs des Kindes aus-

---

358 BVerfG FamRZ 2015, 1686 (zum begleiteten Umgang); offengelassen von BVerfG ZKJ 2014, 242 (Kinderschutz); BGH FamRZ 2021, 1402 (zur fehlenden Kompetenz der Untersagung einer Inobhutnahme); OVG Lüneburg JAmt 2012, 271; Meysen, NZFam 2016, 580; Grüneberg/Götz, § 1666 BGB Rn 34; zu diesem traditionellen Konfliktfall zwischen Jugendamt und Familiengericht ausführlich Sommer, Das Verhältnis von Familiengericht und Jugendamt, S. 156 ff. und Heilmann/Heilmann, § 36a SGB VIII Rn 1 ff.

359 Zum Umgang mit und den Folgen unterschiedlicher Einschätzung von Jugendamt und Familiengericht Wierse, JAmt 2024, 400.

360 OLG Celle FamRZ 2021, 427; MünchKomm-BGB/Volke, § 1666 BGB Rn 190 ff.

361 BGH ZKJ 2023, 28; OLG Frankfurt FamRZ 2019, 1425 (pädophiler Vater); BGH FamRZ 2019, 598; OLG Koblenz FamRZ 2020, 1648 (Kontaktverbot, Kinderpornographie). Zum Breisgauer Missbrauchsfall Salgo, ZKJ 2018, 168.

362 BGH ZKJ 2023, 28.

363 OLG Bamberg FamRZ 2012, 459; Heilmann/Cirullies, § 1666 BGB Rn 47.

364 BGH FamRZ 2017, 212.

365 Cirullies/Cirullies, Rn 350; Grüneberg/Götz, § 1666 BGB Rn 36.

366 Johannsen/Henrich/Althammer/Dürbeck, § 3 GewSchG Rn 7.

geht.[367] Lebt der (potentielle) Täter mit dem Kind in häuslicher Gemeinschaft ist die Wegweisung jedoch nur geeignet, wenn sie effektiv kontrolliert werden kann[368] und von der Mutter mitgetragen wird.[369]

Ist es aus Kindeswohlgesichtspunkten geboten, gegen einen **nichtsorgeberechtigten Elternteil** ein Kontaktaufnahme- bzw. Näherungsverbot zu verhängen, ergibt sich die Ermächtigungsgrundlage hierfür weder aus dem Gewaltschutzgesetz noch aus § 1666 BGB, sondern aus § 1684 Abs. 4 BGB, da es sich um eine Ausgestaltung des (ausgeschlossenen) Umgangs handelt (zum Gewaltschutz vor nichtsorgeberechtigten Eltern siehe auch Rn. 445).[370]

- Nr. 4: **Kontaktverbote** mit dem Kind (vgl. oben zu Nr. 3).
- Nr. 5: **Ersetzung von Erklärungen** des Inhabers der elterlichen Sorge, insbesondere Einwilligung in die Begutachtung oder Therapie des Kindes,[371] oder die notwendige Erklärung zur Inanspruchnahme öffentlicher Hilfen:

  Ersetzt werden kann auch die Zustimmung der Eltern zur Erteilung einer Schweigepflichtentbindungserklärung gegenüber Dritten (wie z.B. Ärzte, Therapeuten des Kindes) im Rahmen der Begutachtung durch einen Sachverständigen[372] oder zur Teilnahme eines Kindes an der Begutachtung selbst.[373] Ebenso kann eine Entscheidung in Bezug auf eine erforderliche ärztliche Maßnahme für das Kind (z.B. die Durchführung einer Chemotherapie)[374] ersetzt werden.
- Nr. 6: die teilweise oder vollständige **Entziehung der elterlichen Sorge.**

Als **sonstige**, nicht in § 1666 Abs. 3 ausdrücklich genannte **Maßnahmen**, können in Betracht kommen der Nachweis der Erfüllung bestimmter Auflagen oder Weisungen gegenüber dem Jugendamt,[375] Ermahnungen, Verwarnungen oder Verbote.[376] An einen Elternteil gerichtete Auflagen, an einer **Therapie** teilzunehmen, sind jedoch mangels Bestehens einer Rechtsgrundlage unzulässig.[377] Zulässig sind aber Auflagen, dem Kind eine Therapie zu ermöglichen.[378]

---

367 BGH ZKJ 2017, 108; OLG Brandenburg FamRZ 2016, 1282 (dort verneint).
368 Vgl. Heilmann/Cirullies, § 1666 BGB Rn 63 m.w.N zur Diskussion der Umsetzung und Kontrolle gerichtlicher Anordnungen angestoßen durch den Breisgauer Missbrauchsfall.
369 Heilmann/Cirullies, § 1666 BGB Rn 50; Kepert, JAmt 2019, 378; Heilmann NJW 2019, 1417.
370 OLG Frankfurt FamRZ 2024, 124; FamRZ 2019, 1865 und ZKJ 2013, 298; Staudinger/Dürbeck, § 1684 BGB Rn 336; für Anwendung von § 1666 Abs. 3 Nr. 3 und 4 BGB: Heilmann/Cirullies, § 1666 BGB Rn 13; Grüneberg/Götz, § 1666 BGB Rn 36.
371 BVerfG NJW 2011, 1661; OLG Brandenburg FamRZ 2018, 829; OLG Hamm FamRZ 2021, 109.
372 OLG Schleswig FamRZ 2018, 109; Heilmann/Heilmann, § 163 FamFG Rn 42.
373 BGH FamRZ 2010, 720; OLG Bremen FamRZ 2014, 1376; OLG Hamm NZFam 2014, 810; Prütting/Helms/Hammer, § 163 FamFG Rn 22.
374 OLG Naumburg VersR 2014, 507.
375 Ernst, FPR 2008, 602.
376 Vgl. die Beispiele bei Grüneberg/Götz, § 1666 BGB Rn 40.
377 BVerfG NJW 2011, 1661; OLG Stuttgart ZKJ 2019, 370; OLG Bamberg, Beschl. v. 28.3.2022 – 2 UF 10/22 (Auflage zur Mitwirkung an Urinkontrollen).
378 BVerfG ZKJ 2011, 133; FamRZ 2012, 1227; Heilmann/Cirullies, § 1666 BGB Rn 62.

439 § 1666 Abs. 4 BGB eröffnet die Möglichkeit, Anordnungen auch gegenüber Dritten zu treffen (z.B. ein Kontaktverbot gegenüber dem Kind), wenn von diesen eine Gefahr für das Kindeswohl ausgeht, so dass Eltern nicht gezwungen sind, zur Gefährdungsabwehr den Zivilrechtsweg zu beschreiten.[379]

Kein Dritter im Sinne der Norm sind jedoch **Behörden** und sonstige Träger staatlicher Gewalt. Die gerichtliche Kontrolle des Behördenhandelns obliegt allein der Verwaltungsgerichtsbarkeit.[380] Es besteht daher keine Zuständigkeit der Familiengerichte für (infektionsschutzrechtliche) Maßnahmen gegen Schulbehörden;[381] auch können die Familiengerichte Jugendämter nicht zur Unterlassung von Maßnahmen der Jugendhilfe, wie etwa einer Inobhutnahme, verpflichten.[382]

440 Bei der Auswahl der Maßnahmen hat das Familiengericht den **Verhältnismäßigkeitsgrundsatz** zu beachten (§ 1666a Abs. 1 Satz 1 und Abs. 3 BGB, zu den strengen Anforderungen siehe oben Rn. 425).[383] Ein vollständiger oder teilweiser Entzug der elterlichen Sorge, verbunden mit der Trennung des Kindes von seinen Eltern, darf nur erfolgen, wenn alle anderen möglichen Maßnahmen, insbesondere öffentliche Hilfen nach dem SGB VIII, entweder vergeblich versucht wurden oder sicher voraussehbar ist, dass sie zur Abwendung der Gefahren für das Kind nicht ausreichend sind, z.B. weil die Eltern bereits in der Vergangenheit nicht mit dem Jugendamt kooperiert haben. Auch die Schwere der Verfehlung der Eltern oder die fortdauernde Beeinträchtigung des Erziehungsdefizits (z.B. der Drogensucht) kann andere mildere Maßnahmen als die Trennung des Kindes von seinen Eltern als aussichtslos erscheinen lassen.

Von mehreren geeigneten Maßnahmen ist diejenige zu wählen, die am wenigsten in das Elternrecht eingreift. Auch die Dauer der Maßnahme ist unter Beachtung des Verhältnismäßigkeitsgrundsatzes zu bestimmen.

Die **Prüfung** der Verhältnismäßigkeit als Ausfluss des Rechtsstaatsprinzips (Art. 20 Abs. 1 GG) und der Begrenzung von staatlichen Grundrechtseingriffen beinhaltet **drei Stufen**:[384]

(1) Die getroffene Maßnahme muss **geeignet** sein, der Gefährdung des Kindeswohls entgegenzutreten. Geeignet sind nur **effektive** Maßnahmen.

Dies ist etwa nicht der Fall, wenn beabsichtigt ist, trotz Entzugs des Aufenthaltsbestimmungsrechts das Kind in der Familie zu belassen (sog. Vorratsbeschluss).[385] Hier stellt sich auch die bereits angesprochene Frage der Umsetzbarkeit und Kontrolle gerichtlicher Anordnungen.[386]

379 BGH FamRZ 2017, 212; Grüneberg/Götz, § 1666 BGB Rn 41.
380 BVerwG FamRZ 2021, 1382.
381 BGH ZKJ 2022, 22; BVerfG FamRZ 2022, 528.
382 BGH FamRZ 2021, 1402.
383 Vgl. BVerfG NJW 1982, 1379.
384 BVerfGE 24, 119.
385 BVerfG FamRZ 2014, 1177; Splitt FF 2021, 92 (96).
386 Vgl. Splitt FF 2021, 92 (96).

(2) Die getroffene Maßnahme muss **erforderlich** sein. Das bedeutet, dass innerhalb des Spektrums von geeigneten Maßnahmen diejenige zu wählen ist, die am wenigsten in das Elternrecht nach Art. 6 GG eingreift **(Gebot des geringstmöglichen Eingriffes)**.

Das Familiengericht hat in eigener Verantwortung zu prüfen und zu entscheiden, ob mildere Mittel zur Verfügung stehen. Es ist an eine Einschätzung des Jugendamtes nicht gebunden, hat sich jedoch mit dieser begründet auseinanderzusetzen.[387]

(3) Die getroffene Maßnahme muss **verhältnismäßig im engeren Sinn** sein, d.h., auch die „erforderliche" Maßnahme in vorstehendem Sinn ist noch einmal abzuwägen gegen das mit dem vorgesehenen Eingriff verbundene Schadenspotenzial einerseits und die Risiken für das Kind bei Nichteingriff andererseits.

Im Fall der Trennung des Kindes von seinen Eltern sind die negativen Auswirkungen dieser und der damit einhergehenden Fremdunterbringung zu berücksichtigen und müssen durch die hinreichend gewisse Aussicht auf Beseitigung der festgestellten Gefahr aufgewogen werden, so dass sich die Situation des Kindes in der Gesamtbetrachtung verbessert.[388]

Ist der Entzug der elterlichen Sorge als **Ultima Ratio** dennoch unverzichtbar, so verlangt § 1666a Abs. 3 BGB eine Prüfung dahin, ob es zur Abwendung der Gefahr ausreicht, **nur Teilbereiche des Sorgerechts** zu entziehen.

Bei der Unterbringung des Kindes in einer Pflegefamilie wird es aber im Regelfall nicht ausreichend sein, den Eltern lediglich das Aufenthaltsbestimmungsrecht zu entziehen, da dies zu erheblichen Problemen bei der Hilfegewährung nach §§ 27, 33 SGB VIII führen kann und die Entscheidungsbefugnisse der Pflegepersonen (§ 1688 BGB) im Bereich der Alltagssorge nicht hinreichend sind.[389] Daher wird regelmäßig auch das **Recht zur Antragstellung nach dem SGB VIII** zu entziehen sein. **441**

Demgegenüber ist die **Mitwirkung an der Hilfeplanung** nach § 36 Abs. 2 SGB VIII kein eigenständiger Teilbereich der elterlichen Sorge, sondern in erster Linie Ausfluss der Personensorgeberechtigung, die die Leistungsberechtigung nach § 27 Abs. 1 SGB VIII begründet. Die Mitwirkung am Hilfeplan folgt der Leistungsberechtigung, die als subjektiv-rechtlicher Anspruch besteht, wenn neben dem Aufenthaltsbestimmungsrecht das Recht zur Antragstellung nach dem SGB VIII bzw. zur Geltendmachung von Sozialleistungen innegehalten wird.[390] Zu beachten gilt zudem, dass auch nicht sorgeberechtigte Elternteile gemäß § 36 Abs. 5 SGB VIII unter bestimmten Voraussetzungen am Hilfeplan beteiligt werden sollen.

---

387 BVerfG ZKJ 2014, 242.

388 BVerfG FamRZ 2020, 1562; FamRZ 2018, 1084; FamRZ 2014, 1270.

389 Vgl. Staudinger/Salgo, § 1631 BGB Rn 58a.

390 BeckOGK/Bohnert, § 27 SGB VIII Rn 12; Heilmann/Köhler, § 27 SGB VIII Rn 2; Schönecker/Meysen, in: Münder/Meysen/Trenczek, § 36 SGB VIII, Rn 25: ausreichend ist Übertragung des Rechts zur Antragstellung; a.A. Kunkel/Kepert, in: Kunkel/Kepert/Pattar, § 27 Rn 20 SGB VIII: Mitwirkungsrecht sei gesondert zu entziehen.

Im Übrigen ist § 1666 BGB gegenüber § 1671 Abs. 1 und 2 BGB nachrangig, wenn von dem anderen Elternteil keine Gefahr für das Kind ausgeht (sonst § 1671 Abs. 4 BGB) und auch die weiteren Voraussetzungen von § 1671 BGB (Antrag, Kindeswohldienlichkeit) vorliegen.[391]

Praxistipp

Im Kindeswohlinteresse sollte auch der Verfahrensbeistand bei Vorliegen der Voraussetzungen auf die entsprechende Möglichkeit der Antragstellung eines Elternteils hinweisen.

e) Vormundschaft/Pflegschaft

442 Entzieht das Familiengericht gemäß § 1666 Abs. 3 Nr. 6 BGB beiden sorgeberechtigten Eltern (ggf. auch vorläufig durch einstweilige Anordnung nach §§ 49 ff. FamFG) das Sorgerecht, so ist nach § 1773 BGB ein **Vormund** zu bestellen.[392] Wird nur ein Teilbereich der elterlichen Sorge entzogen, so ist ein **Ergänzungspfleger** (§ 1809 BGB) für die betroffenen Bereiche zu bestellen.[393]

Bei der Auswahl des Vormunds (§§ 1774, 1778 BGB) oder Pflegers hat das Familiengericht als milderes Mittel **vorrangig Verwandte** zu berücksichtigen (§§ 1778 Abs. 2, 1779 Abs. 2 BGB).[394] Dies gilt aber nur dann, wenn sie, insbesondere zur Abwendung der Gefahr, auch **geeignet** sind.[395] Geht von den betroffenen Eltern eine Gefahr für das Kind aus (z.B. wegen vorangegangener Misshandlungen) und distanzieren sich die betreffenden Verwandten nicht von den Eltern, so kommen z.B. die Großeltern als Vormund im Regelfall nicht in Betracht.[396]

443 Eine natürliche Person, die geeignet und bereit ist, die Vormundschaft ehrenamtlich zu übernehmen hat nach § 1779 Abs. 2 Satz 1 BGB Vorrang gegenüber dem Berufs-, Vereins- und Amtsvormund. Besondere Bedeutung kommt der ehrenamtlichen Vormundschaft bei **Pflegepersonen** zu, die zur Übernahme der Vormundschaft geeignet und bereit sind. Denn grundsätzlich kann eine Vormundschaft oder Ergänzungspflegschaft ihren Sinn dann am besten erfüllen, wenn das Kind erlebt, dass die Person, die es täglich erzieht, auch rechtlich zu dieser Erziehung befugt ist.[397]

391 OLG Frankfurt FamFR 2012, 359; Heilmann/Cirullies, § 1666 BGB Rn 6.

392 Durch das Gesetz zur Reform des Vormundschafts- und Betreuungsrechts (BGBl I 882), das zum 1.1.2023 in Kraft trat, wurde das Vormundschafts- und Betreuungsrecht umfassend neugestaltet.

393 Zum Verfahren bei der Bestellung und Auswahl: Oberloskamp/Dürbeck, Vormundschaft, § 3 Rn 168 ff.

394 BVerfG ZKJ 2015, 70; ZKJ 2014, 435; FamRZ 2014, 1843; ZKJ 2012, 306; FamRZ 2009, 291.

395 OLG Düsseldorf FamRB 2019, 143.

396 Vgl. OLG Frankfurt ZKJ 2021, 231: Amtsvormundschaft im Falle der Tötung der Mutter durch den Vater.

397 OLG Rostock ZKJ 2016, 365; OLG Nürnberg FamRZ 2012, 1959; Dürbeck in Anmerkung zu KG Veit, FamRZ 2021, 1501 (1508); zu den Vor- und Nachteilen der Bestellung von Pflegeeltern vgl. auch DIJuF-Gutachten JAmt 2013, 205 und JAmt 2012, 325.

Liegen die Voraussetzungen vor, sollte der **Verfahrensbeistand** auf eine entsprechende Bestellung hinwirken. Der Vorrang der ehrenamtlichen Vormundschaft soll auch durch die Möglichkeit gefördert werden, dem ehrenamtlichen Vormund einen zusätzlichen Pfleger zur Seite zu stellen, dem einzelne oder eine bestimmte Art von Sorgeangelegenheiten übertragen wird § 1776 BGB.[398]

Ein im Sorgerechtsverfahren tätiger **Verfahrensbeistand**, der das Amt des Vormunds ehrenamtlich selbst übernehmen möchte, wird trotz des Vorrangs der ehrenamtlichen Vormundschaft nicht auszuwählen sein, wenn er infolge der ablehnenden Haltung des Kindes und seiner Eltern nicht als geeignet angesehen werden kann.[399]

Steht kein geeigneter oder bereiter ehrenamtlicher Vormund zur Verfügung, so ist – wie in der Praxis zumeist – das **Jugendamt als Amtsvormund** nach § 1774 Abs. 1 Nr. 4 BGB zu bestellen.[400] Innerhalb des Jugendamts wird die Ausübung der Vormundschaft auf einen einzelnen Mitarbeiter nach § 55 Abs. 2 SGB VIII übertragen.[401] Ein Vorrang der Vereins- oder Berufsvormundschaft gegenüber der Amtsvormundschaft besteht – auch nach der Reform – für das Familiengericht nicht.[402]

§ 1777 BGB sieht vor, dass das Familiengericht auf Antrag des Vormunds oder der Pflegeperson einzelne oder eine bestimmte Art von Sorgeangelegenheiten auf die Pflegeperson überträgt, wenn das Kind seit längerer Zeit bei der Pflegeperson lebt oder bereits bei Begründung des Pflegeverhältnisses eine persönliche Bindung besteht und dies dem Wohl des Kindes dient. Sind für die Auswahl und Bestellung des Vormunds weitere Ermittlungen erforderlich, kann künftig für eine Interimszeit von maximal sechs Monaten das Jugendamt oder ein Vereinsvormund zum vorläufigen Vormund bestellt werden (§ 1781 BGB). Das Bestellungsverfahren wurde in §§ 168 ff. FamFG weiter ausgestaltet.[403]

Ist bei gemeinsamem Sorgerecht nur einem Elternteil das Sorgerecht entzogen worden, so kommt es gemäß § 1680 Abs. 3 und 1 BGB zur alleinigen elterlichen Sorge des anderen Elternteils. Wurde dem allein sorgeberechtigten Elternteil das Sorgerecht entzogen, so hat das Familiengericht nach § 1680 Abs. 2 BGB die elterliche Sorge dem anderen Elternteil zu übertragen (§ 1680 Abs. 3 und 2 BGB), wenn dies dem Wohl des Kindes nicht widerspricht, ansonsten einen Vormund zu bestellen. **444**

f) Gewaltschutz vor nichtsorgeberechtigten Eltern

Kommt es nach dem Entzug der elterlichen Sorge zu (kindeswohlgefährdenden) Handlungen eines Elternteils gegenüber dem Kind, die unter § 1 GewSchG fallen, z.B. **Stalking** gegenüber dem in einer Pflegefamilie lebenden Kind (§ 1 Abs. 2 Nr. 2 **445**

398 Strube, in: Oberloskamp/Dürbeck, Vormundschaft, § 7 Rn 8.
399 BVerfG FamRZ 2018, 1092.
400 Vgl. zur Kritik an Ausgestaltung und Handhabung der Amtsvormundschaft: Salgo/Zenz, FamRZ 2009, 1378.
401 Vgl. dazu Wiesner/Walther, § 55 SGB VIII Rn 78 ff.; Heilmann/Dürbeck, § 55 SGB VIII Rn 7 ff.
402 OLG Schleswig ZKJ 2016, 303; OLG Celle ZKJ 2016, 135; BT-Drucks. 19/24445, 130.
403 Vgl. Strube, NZFam 2022, 957.

GewSchG), so stellt sich die Frage, nach welchen Vorschriften der Gefahr zu begegnen ist.

Während eine Ansicht das GewSchG für anwendbar hält, da § 3 GewSchG nur in Bezug auf Gewalt durch sorgeberechtigte Eltern die sorgerechtlichen Vorschriften für vorrangig erkläre,[404] will eine andere Ansicht § 1666 Abs. 3 Nr. 3 und 4 BGB zur Anwendung bringen.[405] Nach zutreffender Auffassung betreffen Näherungs- und Kontakteverbote gegenüber dem nichtsorgeberechtigten Elternteil dessen Umgangsrecht, sodass diese unter Beachtung des § 1684 Abs. 4 BGB zu ergehen haben.[406]

III. Umgangs- und Auskunftsrecht

1. Elterliches Umgangsrecht

a) Rechtsnatur

446 Das Umgangsrecht eines Elternteils steht wie die elterliche Sorge unter dem Schutz des Art. 6 Abs. 2 Satz 1 GG[407] und auch von Art. 8 Abs. 1 EMRK.[408] Es hat insoweit neben dem Sorgerecht eine **eigenständige Rechtsposition.**[409] Das Umgangsrecht ist ein absolutes Recht i.S.d. § 823 Abs. 1 BGB.[410] Seine Verletzung kann zu Schadensersatzansprüchen nach § 823 Abs. 1 und § 280 Abs. 1 BGB (gesetzliches Schuldverhältnis) führen.[411]

Seine Bedeutung erlangt es in den meisten Fällen dadurch, dass vor dem Hintergrund des Getrenntlebens der Eltern ein hinreichender sozialer Kontakt auch zwischen dem Kind und dem nicht überwiegend betreuenden Elternteil gewährleistet sein soll (vgl. § 1626 Abs. 3 Satz 1 BGB). Es kann aber auch dann – für beide Elternteile gleichermaßen – zur Geltung kommen, wenn das Kind, z.B. nach erfolgtem Sorgerechtsentzug, nicht mehr bei den Eltern lebt.[412] Das Umgangsrecht soll im Übrigen nach seinem traditionellen Verständnis dem umgangsberechtigten Elternteil ermöglichen, sich von dem körperlichen und geistigen Befinden des Kindes und seiner Entwicklung durch persönliche Begegnungen und Gespräche fortlaufend zu überzeugen und insoweit auch wechselseitigen emotionalen Bedürfnissen Rechnung tragen.[413]

404 So Johannsen/Henrich/Götz, 6. Aufl. 2015, § 3 GewSchG Rn 3.

405 Cirullies/Cirullies Rn 321; Heilmann/Cirullies, § 1666 BGB Rn 13; Grüneberg/Götz, § 1666 BGB Rn 36; Staudinger/Coester, § 1666 BGB Rn 232; Rake FamRZ 2023, 63; offengelassen in BGH ZKJ 2023, 28.

406 OLG Frankfurt FamRZ 2024, 124; ZKJ 2019, 309; ZKJ 2013, 298; Staudinger/Dürbeck, § 1684 BGB Rn 335.

407 BVerfGE 31, 194.

408 EGMR FamRZ 2011, 1125; NLMR 2016, 436.

409 BVerfG FamRZ 1989, 1159; 2004, 1166.

410 RGZ 141, 320; BGH FamRZ 2002, 1099.

411 BGH FamRZ 2002, 1099; KG FamRZ 2020, 1731; FamRZ 2020, 997 und 998; OLG Bremen ZKJ 2018, 103; KG FamRZ 2018, 270; OLG Frankfurt FamRZ 2016, 387; OLG Köln FamRZ 2015, 151.

412 BVerfG ZKJ 2013, 120.

413 BVerfGE 31, 194 (206); BGH FamRZ 1965, 130.

Mit der umgangsrechtlichen **Anerkennung des Wechselmodells** durch den BGH[414] (unten Rn. 451 f.) ist dieser ursprüngliche Zweck des Umgangsrechts aber gegenwärtig nur noch als Mindestgarantie zu verstehen, da es im Einzelfall auch dazu geeignet ist, eine Mitbetreuung des Kindes bis hin zu einem paritätischen Verhältnis zu ermöglichen.[415] Ob § 1684 BGB darüber hinaus auch die Umkehr einer bisher praktizierten Betreuungsregelung mit der Begründung eines neuen Lebensmittelpunktes erlaubt,[416] ist mit Blick darauf, dass Wahl von Wohnort und Wohnung – also des Lebensmittelpunktes – den Kernbereich des Aufenthaltsbestimmungsrechts betreffen, fraglich.[417] **447**

Ein durch ein Umgangsverfahren begründetes **Wechselmodell** kann allerdings nach dem BGH nur durch eine neue Umgangsregelung und nicht durch eine sorgerechtliche Entscheidung aufgehoben werden,[418] was zwangsläufig die Begründung eines neuen Lebensmittelpunktes umfasst. Insoweit dürfte auch entscheidend sein, ob Gegenstand der elterlichen Auseinandersetzung lediglich die Ausgestaltung der Betreuungsregelung ist (Umgang) oder weitere Umstände wie ein beabsichtigter Umzug hinzutreten, die sorgerechtliche Implikationen haben.[419]

Der Elternteil, bei dem das Kind überwiegend lebt, muss im Übrigen den persönlichen Umgang des Kindes mit dem anderen Elternteil fördern[420] (vgl. § 1684 Abs. 2 BGB). Das Umgangsrecht ist – weil auch das Kind als Grundrechtsträger ein Recht zum Umgang mit beiden Elternteilen hat[421] – **Recht und Pflicht beider Eltern** zugleich (vgl. § 1684 Abs. 1 BGB). **448**

Das elterliche Umgangsrecht knüpft dabei grundsätzlich an die abstammungsrechtliche Elternschaft i.S.d. §§ 1591 ff. BGB an. Umgangsrechte des **sozialen Vaters** (§ 1685 Abs. 2 BGB) oder des **biologischen Vaters** (§ 1686a BGB) sind von schwächerer Bedeutung als das Umgangsrecht des **rechtlichen Vaters**, wie ein Vergleich der Kindeswohlvoraussetzungen der genannten Normen belegt.

Nach einer **Adoption** verlieren die leiblichen Eltern ihren rechtlichen Elternstatus (vgl. § 1755 Abs. 1 BGB). Ob hier noch ein Umgangsrecht nach § 1685 Abs. 2 BGB in Betracht kommen kann, ist umstritten, jedoch nach vorzugswürdiger Ansicht zu bejahen (vgl. Rn. 483). **449**

Gemäß § 1684 Abs. 2 BGB haben beide Elternteile alles zu unterlassen, was das Verhältnis zum jeweils anderen Elternteil beeinträchtigt (sog. **Wohlverhaltensgebot**).

414 BGH ZKJ 2017, 190.
415 Eine gemeinsame Sorgeberechtigung stellt hierfür keine notwendige Voraussetzung dar, vgl. BGH FamRZ 2020, 255; 2022, 601.
416 So KG ZKJ 2018, 374; OLG Frankfurt, ZKJ 2023, 70: bei Streit um die Aufteilung von Betreuungszeiten; ablehnend Scharl/Schmid, FamRB 2020, 247; vgl. auch AG München NJW 2020, 2039 mit krit. Anm. Rake, FamRZ 2020, 1178.
417 Der Streit um den Lebensmittelpunkt ist nach BGH ZKJ 2017, 190 Rn 19 im Rahmen eines Verfahrens zur Regelung des Aufenthaltsbestimmungsrechts zu klären.
418 BGH FamRZ 2022, 601.
419 Vgl. OLG Dresden, FamRZ 2021, 691; OLG Karlsruhe, FamRZ 2021, 688; Hammer, FamRZ 2022, 603.
420 BVerfG ZKJ 2013, 162; OLG Saarbrücken ZKJ 2015, 117.
421 BVerfG FamRZ 2008, 845; Horndasch, FPR 2012, 208.

Können sich Eltern über die Frage und Ausgestaltung des Umgangs nicht einigen, müssen die Familiengerichte sich um eine **Konkordanz** der kollidierenden Rechte der Eltern und des Kindes bemühen.[422]

Praxistipp

▶ *Der Verfahrensbeistand ist nach § 158b Abs. 1 Satz 4 Nr. 2 FamFG in geeigneten Fällen dazu berufen, am Zustandekommen einer einvernehmlichen Regelung mitzuwirken und die Interessen des Kindes in diese effektiv einzubringen.*

450 Aus Art. 6 und 8 EMRK leitet der EGMR auch einen Anspruch ab, dass in einer **angemessenen Frist** von den Gerichten über das Umgangsrecht entschieden wird[423]

▶ *Zum allgemeinen Beschleunigungsgebot in Kindschaftssachen nach § 155 FamFG und zu den Beschleunigungsrechtsbehelfen nach §§ 155b, 155c FamFG vgl. Teil 4/Heilmann, Rn. 11 ff.*

Eine (längere) **Einschränkung** oder gar ein gänzlicher **Ausschluss des elterlichen Umgangsrechts** ist nach § 1684 Abs. 4 Satz 2 BGB nur dann rechtlich zulässig, wenn der Schutz des Kindes es erfordert, eine Gefahr für sein Wohl abzuwehren.[424]

Da es sich bei Umgangsverfahren um Amtsverfahren i.S.d. § 24 FamFG handelt,[425] kann auch der betreuende Elternteil – obwohl es sich bei der elterlichen Umgangspflicht um ein höchstpersönliches Recht des Kindes handelt[426] – eine gerichtliche Umgangsregelung anregen.[427] Gleiches gilt für das Jugendamt[428] und den in einem anderen Verfahren (etwa einem Sorgerechtsverfahren) bestellten **Verfahrensbeistand**. Das nach § 9 Abs. 1 Nr. 3 FamFG in diesem Ausnahmefall selbst verfahrensfähige Kind kann ebenfalls selbst die positive Regelung seines Umgangsrechts anregen.[429]

b) Gestaltung der Kindesbetreuung nach Trennung der Eltern – Wechselmodell

451 Nach der (auch räumlichen) Trennung der Eltern stellt sich naturgemäß auch die Frage, in wessen Haushalt das gemeinsame Kind seinen gewöhnlichen Aufenthalt haben soll. Die Entscheidungsbefugnis folgt insoweit aus dem Sorgerecht, hier insbesondere dem Aufenthaltsbestimmungsrecht (§ 1631 Abs. 1 BGB). Im Streitfall sind Anträge nach § 1671 Abs. 1 oder 2 BGB beim Familiengericht zu stellen (vgl. Rn. 385 ff.). Einigen sich die Eltern dahin, dass das Kind seinen gewöhnlichen Aufenthalt bei einem Elternteil allein haben soll (sog. **Residenzmodell**), ist der nicht betreu-

422 BVerfG FamRZ 1993, 662; ZKJ 2015, 319; EGMR NJW 2004, 3397.
423 EGMR FamRZ 2015, 469; 2011, 533; 1125; 1283; 2009, 1037; JAmt 2010, 37.
424 BVerfGE 31, 194 (209).
425 BGH ZKJ 2017, 190; Heilmann/Gottschalk, § 1684 BGB Rn 85.
426 BGH FamRZ 2008, 1334.
427 Vgl. Staudinger/Dürbeck, § 1684 BGB, Rn 381_1; OLG Karlsruhe, FamRZ 2019, 1794; OLG Koblenz, FamRZ 2020, 177.
428 BeckOGK/Altrogge, § 1684 BGB Rn 140 ff.
429 Köhler, ZKJ 2018, 50.

ende Elternteil auf sein Recht (und die Pflicht) nach § 1684 Abs. 1 BGB zum Umgang zu verweisen.

In der Praxis häufen sich – auch vor dem Hintergrund sich verändernder Arbeitsbedingungen, z.B. durch zunehmende Heimarbeit oder berufliche Selbstständigkeit, veränderten Vorstellungen von Lebensführung und Ausgestaltung von Elternschaft – jedoch Fälle, in denen sich Eltern die Betreuung des Kindes hälftig aufteilen[430] (sog. **Wechselmodell**). Hier stellt sich bei elterlichem Konsens die Frage des Umgangsrechts nicht. Liegt ein Konsens nicht vor, bedarf es für die Anordnung eines Wechselmodells einer gerichtlichen Entscheidung. **452**

Die rechtliche Diskussion darüber, ob die **Anordnung eines paritätischen Wechselmodells** gegen den Willen eines Elternteils durch eine sorgerechtliche (Übertragung des Aufenthaltsbestimmungsrechts) oder umgangsrechtliche Regelung erfolgen kann, hat der BGH mit einer grundlegenden Entscheidung aus dem Jahr 2017[431] zugunsten der umgangsrechtlichen Lösung entschieden, wobei er allerdings offenließ, ob auch eine sorgerechtliche Begründung möglich ist. Eine Vorgabe, in welchem Umfang ein Umgang maximal angeordnet werden könne, enthalte das Gesetz nicht, sodass auch eine Betreuungsregelung bis hin zu einem hälftigen Wechselmodell möglich sei. Während in Sorgerechtsverfahren (§§ 1666, 1671 BGB) die Frage der Rechtszuständigkeit der Eltern für die elterliche Sorge oder Teile davon in Rede stehe, betreffe die Umgangsregelung die tatsächliche Ausübung der elterlichen Sorge und schränke insoweit die Befugnisse des Sorgeberechtigten entsprechend ein, ohne in das Sorgerecht als Status einzugreifen.[432]

Diese Linie hat der BGH in zwei weiteren Entscheidungen von 2019 und 2022 fortgeführt und sich zum **Verhältnis von Aufenthaltsbestimmungsrecht und Umgangsregelung** geäußert: Mit der Übertragung des Aufenthaltsbestimmungsrechts auf einen Elternteil sei keine gerichtliche Entscheidung für ein bestimmtes Betreuungsmodell verbunden, insbesondere nicht für ein Residenzmodell. Gegenstand der Übertragung des Aufenthaltsbestimmungsrechts sei nämlich allein die entsprechende rechtliche Befugnis des Elternteils, nicht jedoch eine bestimmte Betreuungsregelung.[433] Der Umstand, dass in einer vorausgegangenen Entscheidung das Aufenthaltsbestimmungsrecht auf einen Elternteil übertragen wurde, führt nicht dazu, dass in einem zeitlich nachfolgenden Umgangsverfahren, in dem um das Wechselmodell gestritten wird, der strengere Abänderungsmaßstab des § 1696 BGB anzuwenden wäre.[434]

Mit der Anfang 2022 ergangenen Entscheidung hat der BGH klargestellt, dass die **Abänderung** eines in einem Umgangsverfahrens beschlossenen oder mit familiengerichtlicher Billigung vereinbarten **Wechselmodells nur in einem Umgangsverfah-**

430 Vgl. Steinbach/Augustijn/Helms/Schneider FamRZ 2021, 729 ff.
431 BGH FamRZ 2017, 532 Rn 16; a.A. OLG Frankfurt (2. Fams.) NZFam 2020, 249.
432 BGH FamRZ 2017, 532 Rn 20; FamRZ 2020, 255 Rn 14.
433 BGH FamRZ 2020, 255 Rn 15.
434 BGH FamRZ 2020, 255. War der Umgang jedoch zuvor gerichtlich durch Beschluss oder gebilligten Vergleich geregelt, ist für eine nachfolgend begehrte paritätische Betreuung auch umgangsrechtlich der Abänderungsmaßstab des § 1696 Abs. 1 BGB entscheidend, vgl. Schwonberg, FamRZ 2020, 258 (259).

ren erfolgen kann.[435] Ob eine auf das Wechselmodell gerichtete Umgangsregelung in bestimmten Fallkonstellationen, wenn der umgangsberechtigte Elternteil nicht mitsorgeberechtigt ist, zu einer vorherigen sorgerechtlichen Regelung möglicherweise in Widerspruch treten kann, stellt sich – so der BGH[436] – als eine im jeweiligen Einzelfall zu beantwortende Frage der inhaltlichen Folgerichtigkeit der im jeweiligen Verfahren zu treffenden Entscheidung dar. Auch in dem Fall, dass die **Eltern nicht gemeinsam sorgeberechtigt** sind, ist damit eine umgangsrechtliche Anordnung des paritätischen Wechselmodells eröffnet.

Die Umsetzung und die Konsequenzen der BGH-Rechtsprechung, insbesondere des darin angelegten Verständnisses von Sorge- und Umgangsrecht, beschäftigen die Rechtsprechungspraxis weiterhin intensiv.[437] Dies gilt insbesondere auch noch für die Frage, ob das Begehren paritätischer Betreuung auch in einem Sorgerechtsverfahren durchgesetzt werden kann,[438] da der BGH diese Möglichkeit in seinen Entscheidungen von 2017 und 2019 offenließ.[439] Auch die Frage der **Aufhebung** eines außergerichtlich einvernehmlich begründeten und praktizierten **Wechselmodells** ist obergerichtlich noch nicht geklärt.[440]

Schließlich stellt sich die bereits angesprochene Frage, ob im Wege einer umgangsrechtlichen Regelung **Betreuungsanteile umgekehrt** und damit ein neuer Lebensmittelpunkt begründet werden kann (Rn. 447).[441] Auf der Grundlage der vom BGH in den obengenannten Entscheidungen entwickelten systematischen Abgrenzung von Sorge- und Umgangsrecht sowie der Eigenständigkeit beider Verfahrensgegenstände ist der elterliche Streit um Betreuungsanteile letztlich jedoch eindeutig und konsequent allein dem **Regelungsbereich des Umgangsrechts** zuzuordnen.[442]

---

435 BGH FamRZ 2022, 601.

436 BGH FamRZ 2017, 532 Rn 21; FamRZ 2020, Rn 255 Rn 17; FamRZ 2022, 601 Rn 14.

437 Vgl. den Überblick bei Hammer, Anm. zu OLG Brandenburg FamRZ 2021, 34 und FamRZ 2021, 905; Opitz, NZFam 2021, 191.

438 Vgl. OLG Frankfurt (2. FamS) NZFam 2020, 249 (allein sorgerechtliche Begründung); OLG Frankfurt (6. FamS) NJW 2021, 2442; OLG Brandenburg FamRZ 2020, 1655 (jeweils Übertragung des Aufenthaltsbestimmungsrechts auf den das Wechselmodell befürwortenden Elternteil).

439 BGH FamRZ 2017, 532 Rn 17 (ausdrücklich offengelassen); FamRZ 2020, 255 Rn 16 (Übertragung des Aufenthaltsbestimmungsrechts auf den Elternteil, der eine zuverlässige Durchführung des Wechselmodells eher gewährleistet).

440 Für eine umgangsrechtliche Lösung: OLG Frankfurt (6. FamS) NZFam 2023, 162; OLG Frankfurt (1. FamS) NZFam 2023, 31; OLG Frankfurt (8. FamS) ZKJ 2021, 308; OLG Saarbrücken ZKJ 2021, 75; für eine – auch – sorgerechtliche Lösung: OLG Frankfurt (1. FamS) NZFam 2022, 926; OLG Karlsruhe NJW-RR 2021, 324.

441 Befürwortend: KG FamRZ 2018, 1329 (Abänderung von 9:5 in 5:9); Hammer FamRZ 2022, 603; ablehnend: OLG Frankfurt (3. FamS) FamRZ 2022, 614 (Regelungsgrenze liege bei 50% Betreuungsanteil); Johannsen/Henrich/Althammer/Rake, § 1684 BGB Rn 46; Dürbeck ZKJ 2018, 380.

442 Vgl. KG FamRZ 2023, 606; OLG Frankfurt NZFam 2023, 162; Staudinger/Dürbeck (2019) BGB § 1684, Rn 260_6; Bussian, ZKJ 2023, 90.

Das BVerfG[443] hat entschieden, dass der Gesetzgeber nicht gehalten ist, der paritätischen Betreuung von Trennungskindern den Vorzug einzuräumen und den Familiengerichten bei der Prüfung von Wechselmodellen im Rahmen von §§ 1671, 1684 BGB eine Kindeswohlprüfung im Einzelfall aufgegeben.

Im Unterschied zu dem weiten Begriffsverständnis in der Familienrechtspsychologie, **453**
wonach bereits bei einem Betreuungsanteil beider Eltern von über 30 % Betreuungszeit von einem (asymmetrischen) Wechselmodell gesprochen wird,[444] liegt in rechtlicher Hinsicht – nach der zum Unterhaltsrecht ergangenen Rechtsprechung des BGH – derzeit nur dann ein Wechselmodell vor, wenn die Eltern das Kind (fast) hälftig betreuen. **Wechselmodell im rechtlichen Sinne**, mit den sich ergebenden rechtlichen Folgen etwa im Unterhalts-[445], Sozial-[446], Melde-[447] und Verfahrensrecht[448] ist daher nur ein **paritätisches Wechselmodell**.

In sachlicher Hinsicht ist das Wechselmodell dann anzuordnen, wenn die geteilte Betreuung durch beide Eltern im Vergleich mit anderen Betreuungsmodellen dem Kindeswohl im konkreten Einzelfall am besten entspricht, was unter Berücksichtigung der **anerkannten Kriterien des Kindeswohls** zu entscheiden ist. Die im Sorgerecht entwickelten Gesichtspunkte des Kindeswohls – Erziehungseignung der Eltern, Bindungen des Kindes, Prinzipien der Förderung und Kontinuität, Wille des Kindes – bilden dabei auch für die Regelung des Umgangsrechts den Maßstab.[449] Unabdingbare **Voraussetzung** sind neben geeigneten äußeren Rahmenbedingungen (räumliche Nähe der Haushalte, Erreichbarkeit von Betreuungseinrichtungen) insbesondere **erhöhte Kooperations- und Kommunikationsfähigkeiten** der Eltern, ohne die ein Wechselmodell nicht zum Wohl des Kindes gelebt werden kann.[450]

Bei hohem Konfliktniveau kommt ein Wechselmodell daher nicht in Frage,[451] wobei aber auch hier Ausnahmen denkbar sind[452] und etwa in akuten Trennungssituationen im Einzelfall eine zunächst versuchsweise Anordnung bei starker Bindung der Kinder an beide Eltern zur Wahrung der Kontinuität in Betracht kommen kann.[453] Da-

443 BVerfG ZKJ 2015, 419; vgl. dazu Heilmann, NJW 2014, 3346; nunmehr auch bestätigt durch BVerfG FamRZ 2018, 593 vor dem Hintergrund der Entscheidung des BGH ZKJ 2017, 190.

444 Mit der weiteren Differenzierung als symmetrisch bei hälftiger Betreuung und allen anderen Aufteilungen von Betreuungszeiten als asymmetrischem Wechselmodell, Salzgeber, Familienpsychologische Gutachten, Rn 623; Steinbach/Augustin/Helms/Schneider, FamRZ 2021, 729 mwN.

445 BGH FamRZ 2017, 437.

446 BGH FamRZ 2016, 1053 (Kindergeldausgleich).

447 BVerwG ZKJ 2016, 30 (Hauptwohnsitz).

448 BGH FamRZ 2022, 639 (Unterhaltsfreibetrag bei VKH).

449 BGH FamRZ 2017, 532 Rn 25, 27; FamRZ 2020, 255 Rn 20.

450 BGH FamRZ 2020, 255 Rn 24; OLG Frankfurt FamRZ 2022, 362; NZFam 2022, 698: gleiche Anforderungen für das asymmetrische wie das paritätische Wechselmodell.

451 BGH ZKJ 2017, 190; OLG Brandenburg Beschl. v. 19.11.2024 – 13 UF 93/24, juris und NJW-RR 2019, 1218; Hammer, FamRZ 2015, 1433, 1441; Kindler/Walper, NZFam 2016, 820; Kostka, ZKJ 2014, 54.

452 Vgl. KG FamRZ 2018, 1324; OLG Bamberg NZFam 2019, 574; zu weitgehend aber OLG Hamm ZKJ 2018, 465: Wechselmodell trotz Hochkonflikthaftigkeit und weiter Entfernung der Elternwohnsitze bei einem Kleinkind.

453 BGH FamRZ 2020, 255 Rn 24.

bei gilt auch hier zu berücksichtigen, dass das **Konfliktniveau** und das Konfliktgebaren der Eltern die maßgebliche Variable für das Wohlergehen des Kindes in einem gewählten Betreuungsmodell ist. Die jüngst in Deutschland durchgeführte quantitative empirische **Studie** „Familienmodelle in Deutschland (FAMOD)" zeigt auf, dass sich das elterliche Konfliktniveau am stärksten auf Kinder im symmetrischen Wechselmodell und am schwächsten auf Kinder im asymmetrischen Wechselmodell auswirkt. Die Ergebnisse der Studie liefern Anhaltspunkte dafür, dass sich ein (symmetrisches) Wechselmodellarrangement in hochkonflikthaften Familienbeziehungen als schädlich für das Kind erweisen könnte. Ein Indiz hierfür ist der Umstand, dass sich Loyalitätskonflikte nach den Studienergebnissen auf Kinder im Wechselmodell nur negativ auswirkten, während häufige Loyalitätskonflikte keinen messbaren Einfluss auf die psychische Gesundheit von Kindern im Residenzmodell hatten.[454]

c) Ausgestaltung einer Vereinbarung oder gerichtlichen Regelung

454 Gemäß § 1684 Abs. 3 Satz 1 BGB ist das Familiengericht dazu berufen, über den Umfang des Umgangsrechts zu entscheiden und seine Ausübung näher zu regeln. Das Verfahren kann insoweit **auf Anregung** des umgangswilligen Elternteiles, des betreuenden Elternteils (vgl. Rn. 448) oder des Kindes eingeleitet, aber auch infolge einer Anregung eines in einem anderen (etwa sorgerechtlichen) Verfahren bestellten Verfahrensbeistands sowie einer Anregung durch das Jugendamt vom Familiengericht **von Amts** wegen eröffnet werden[455] (vgl. Teil 4/*Heilmann*, Rn. 25).

455 Bei der Regelung des Umgangs sind die Familiengerichte nicht an die von den Eltern zuvor geschlossenen **außergerichtlichen Vereinbarungen** zu Umfang und Ausübung des Umgangsrechts gebunden. Nach zutreffender Auffassung sind derartige Vereinbarungen frei widerruflich.[456] Hat die Vereinbarung sich aber in der Vergangenheit bewährt, so kann ihr unter Berücksichtigung von Kontinuitätsgesichtspunkten durchaus indizielle Bedeutung für die Entscheidung zukommen.[457]

Schließen die Eltern im gerichtlichen Termin eine Vereinbarung zum Umgang, so kann diese vom Familiengericht **durch Beschluss gebilligt** und somit als Vollstreckungstitel ausgestaltet werden, wenn sämtliche weitere Verfahrensbeteiligte, insbesondere regelmäßig der bestellte **Verfahrensbeistand** (unabhängig von dem beauftragten Aufgabenkreis),[458] der Vereinbarung zustimmen und diese dem Kindeswohl nicht widerspricht (§ 156 Abs. 2 FamFG; vgl. Teil 4/*Heilmann*, Rn. 40).

456 Das Umgangsverfahren kann nur durch eine **vollstreckbare Umgangsregelung** beendet werden, unabhängig davon, ob sie in einem gerichtlich gebilligten Vergleich (§ 156 Abs. 2 FamFG) oder einem Beschluss des Familiengerichts enthalten ist.

---

454 Steinbach/Augustijn/Helms/Schneider, FamRZ 2021, 729, 740.
455 Vgl. OLG Frankfurt ZKJ 2013, 127.
456 Staudinger/Dürbeck, § 1684 BGB Rn 154; a.A. BeckOK-BGB/Veit, § 1684 BGB Rn 13 mwN.
457 Staudinger/Dürbeck, § 1684 BGB Rn 156; BGH ZKJ 2011, 220 zum Sorgerecht. Der Abänderungsmaßstab des § 1696 BGB ist nur im Falle einer gerichtlich gebilligten Vereinbarung anwendbar, vgl. OLG Brandenburg, Beschl. v. 10.06.2020 – 13 WF 98/20.
458 Prütting/Helms/Hammer, § 156 FamFG Rn 52.

Die Vereinbarung oder Entscheidung muss das Umgangsrecht detailliert und unmissverständlich nach **Ort, Zeitpunkt, Dauer und Modalitäten der Übergabe des Kindes** und seiner **Rückführung** bei Beendigung des Umgangs[459] regeln. Dazu gehört regelmäßig die Festlegung konkreter Uhrzeiten.[460] Anders als die in §§ 1685, 1686a BGB geregelten Umgangsrechte ist beim elterlichen Umgangsrecht grundsätzlich nicht zu prüfen, ob ein Umgang mit dem anderen Elternteil dem **Kindeswohl** entspricht – hiervon geht der Gesetzgeber vielmehr (im Sinne einer widerlegbaren Vermutung, § 1684 Abs. 4 BGB) aus (vgl. §§ 1626 Abs. 3, 1684 Abs. 1 BGB). Für die Entscheidung des Gerichts gilt gleichwohl § 1697a BGB, sodass das Gericht diejenige Umgangsregelung zu wählen hat, die dem Wohl des Kindes am besten entspricht und den besten Ausgleich etwaiger kollidierender Rechte der Eltern schafft.

Hierbei gibt es **keine festen Regeln**. In der Vergangenheit vorherrschend war die Praxis einer Umgangsregelung im zweiwöchigen Rhythmus an den Wochenenden mit meist zwei Übernachtungen und einer hälftigen Aufteilung der Schul- oder Kindergartenferien.[461] Diese Praxis wird aber durch das gesteigerte Bedürfnis von vielen getrenntlebenden Eltern, an der Entwicklung ihrer Kinder teilzuhaben, immer mehr zu Recht in Frage gestellt. Allgemein gültige Regeln lassen sich nicht aufstellen.[462] Zu berücksichtigen sind

- die Wohnverhältnisse des umgangsberechtigten Elternteils,
- das Alter des Kindes,
- die Entfernung der Wohnsitze der Eltern voneinander,
- das Konfliktniveau zwischen den Eltern,
- die Belastbarkeit und Gesundheit des Kindes und schließlich auch
- das Vorhandensein einer Bindung oder vertrauten Beziehung zwischen umgangsberechtigtem Elternteil und Kind.[463]

Die zu § 1671 BGB entwickelten **Kindeswohlkriterien** der Kontinuität, der Förderung der Bindungen zu Eltern und Geschwistern und natürlich der Kindeswille sind auch für die Regelung des Umgangs von Bedeutung.[464] Bei Kleinkindern ist es häufig vorzugswürdig, dass die Kontakte häufiger, aber weniger lang stattfinden.[465]

Bei der Frage der **Übernachtungen** gibt es keine festen Altersgrenzen,[466] allerdings bedarf der Ausschluss von Übernachtungen besonderer Rechtfertigung, weil Übernachtungen des Kindes beim umgangsberechtigten Elternteil in der Regel dem Kin-

459 BGH ZKJ 2012, 190; OLG Frankfurt NZFam 2014, 610.
460 OLG Karlsruhe FamRZ 2023, 1026; OLG Bamberg FamRZ 2013, 1759.
461 Vgl. BVerfG FamRZ 2007, 105; KG FF 2011, 127; OLG Zweibrücken FamRZ 2009, 134; Horndasch, NZFam 2014, 884.
462 Vgl. Salzgeber, Familienpsychologische Gutachten, Rn 622 ff.
463 Vgl. dazu Heilmann/Gottschalk, § 1684 BGB Rn 29.
464 BGH ZKJ 2017, 190.
465 OLG Koblenz FamRZ 2017, 1844; Balloff/Vogel, FF 2017, 98 (100); Kindler/Walper, NZFam 2016, 820, 821.
466 OLG Frankfurt FamRZ 2021, 1125; OLG Saarbrücken FuR 2018, 371; ZKJ 2013, 218; OLG Zweibrücken FamRZ 2000, 134; Balloff/Vogel, FF 2019, 4.

deswohl entsprechen.[467] Ein Umgangsrecht besteht im Übrigen auch mit Kleinkindern,[468] wobei auch hier bei entsprechenden Bindungen des Kindes zum Umgangselternteil und adäquaten Wohnverhältnissen auch Übernachtungen des Kindes in Betracht kommen.[469] Natürlich ist auch der **Kindeswille** – je nach Alter und Reifegrad des betroffenen Kindes – unter Umständen von gewichtiger Bedeutung für die Ausgestaltung der Umgangsregelung.[470]

Das **Persönlichkeitsrecht des Kindes** erfordert es, bei der familiengerichtlichen Regelung des elterlichen Umgangsrechts seinen Willen in angemessener Weise zu berücksichtigen.[471] Hier kann sich vor allem bei einer gänzlichen Verweigerungshaltung des Kindes gegenüber Kontakten mit dem nicht betreuenden Elternteil die Frage der Autonomie, der Stabilität und Intensität des Kindeswillens stellen, der im äußersten Fall sogar zum Umgangsausschluss führen kann (vgl. Rn. 479).[472]

Praxistipp

▶ *Gerade in diesen Kontexten ist die Aufgabe des Verfahrensbeistands, den geäußerten Kindeswillen einzubringen und das objektive, am Kindeswohl orientierte Kindesinteresse zur Geltung zu bringen, von besonderer Bedeutung.*

457 Für die Frage des **Orts der Ausübung des Umgangs** gilt der Grundsatz, dass dieser durch den Umgangsberechtigten bestimmt wird. Soweit z.T. formuliert wird, dass Ort des Umgangs die Wohnung des Umgangsberechtigten ist,[473] verweist dies lediglich darauf, dass grundsätzliche keine Einschränkung auf neutrale oder überwachte Räumlichkeiten vorzunehmen ist[474] und auch im Übrigen der Umgang weder in Anwesenheit des anderen Elternteils noch sonstiger, nicht vom Berechtigten bestimmter Dritter erfolgt.[475] Eine Ausnahme kann ggf. bei Säuglingen oder kranken Kindern gemacht werden.[476] Einschränkungen sind im Übrigen nur nach Maßgabe von § 1684 Abs. 4 BGB gerechtfertigt.

458 Das elterliche Umgangsrecht umfasst auch das Recht, einen Teil der **Ferien** mit dem Kind zu verbringen, was grundsätzlich auch dem Wohl des Kindes entspricht.[477] Hier wird häufig – soweit dies die Arbeitstätigkeit des umgangsberechtigten Elternteils zulässt – eine hälftige Aufteilung der Ferien erfolgen können. Ausnahmen können bei

---

467 BVerfG FamRZ 2007, 105; OLG Köln FamRZ 2020, 106; OLG Saarbrücken ZKJ 2013, 218.
468 OLG Koblenz FamRZ 2017, 1844; OLG Karlsruhe FamRZ 1999, 184.
469 OLG Saarbrücken NZFam 2018, 469.
470 BVerfG FamRZ 1999, 641; OLG Zweibrücken JAmt 2001, 43; vgl. dazu im Einzelnen Staudinger/Dürbeck, § 1684 BGB Rn 202.
471 BVerfG ZKJ 2016, 457; ZKJ 2007, 201.
472 BVerfG NJW-RR 2005, 801; FamRZ 2015, 1093; Heilmann/Gottschalk, § 1684 BGB Rn 31.
473 BGH FamRZ 1969, 148; MünchKomm-BGB/Hennemann, § 1684 Rn 28.
474 Staudinger/Dürbeck, § 1684 BGB Rn. 213 m.w.N.
475 KG ZKJ 2016, 25; Burschel, NZFam 2016, 395.
476 BVerfG FamRZ 2005, 429 (Umgang in der Wohnung der Mutter bei krankem Kind); OLG Frankfurt FamRZ 2022, 1860 (Umgang in der Wohnung des Obhutselternteils); AG Eschwege FamRZ 2001, 1162 (Säugling).
477 OLG Düsseldorf FamRZ 2018, 1759; OLG Saarbrücken ZKJ 2014, 75; OLG Frankfurt FamRZ 2007, 664; Balloff/Vogel, FF 2019, 4.

geringer Belastbarkeit des Kindes, fehlender Vertrautheit zwischen Kind und Elternteil oder entgegenstehendem und nachvollziehbarem Kindeswillen zu machen sein.

Die Bestimmung des Ortes des Ferienaufenthaltes und der Art der Ferien obliegt grundsätzlich dem Umgangsberechtigten.[478] Ob beabsichtigte **Ferienreisen ins Ausland** der Zustimmung des anderen betreuenden Elternteiles bedürfen, ist eine Frage des Sorgerechts nach § 1687 Abs. 1 Satz 1 oder 4 BGB (vgl. oben Rn. 376).[479] Reisen in das europäische Ausland oder in das Heimatland des Umgangselternteils gehören nach heutiger gesellschaftlicher Anschauung – ohne Hinzutreten weiterer Umstände – nicht zu den Angelegenheiten von wesentlicher Bedeutung i.S.d. § 1687 Abs. 1 Satz 1 BGB, für die der Umgangsberechtigte die Zustimmung des anderen Elternteils benötigt.[480] Ist die Reise danach zulässig, kann der Umgangsberechtigte vom anderen Elternteil auch den Reisepass in entsprechender Anwendung von §§ 1632 Abs. 1, 1684 Abs. 2 BGB verlangen.[481]

Streit besteht zwischen Eltern auch häufig bei der Frage, bei wem das Kind die **Feiertage,** insbesondere an Weihnachten, verbringen soll. Eine Teilung der mehrtägigen Feiertage ist in der Praxis üblich geworden. Ob eine starre Zuweisung der Festtage an einen Elternteil erfolgt (z.B. 24.12. immer bei Elternteil 1) oder eine jährlich alternierende Regelung gewählt wird (z.B. 24.12. in geraden Jahren bei Elternteil 1, in ungeraden bei Elternteil 2), wird entsprechend den in der Familie gelebten Traditionen, dem Streitniveau und den Bindungen des Kindes zu entscheiden sein.[482] Gleiches sollte gelten für den **Geburtstag** des Kindes.[483] Auch auf die Geburtstage der Eltern ist Rücksicht zu nehmen.[484] **459**

Eine generelle Pflicht des Familiengerichts zur Ausgestaltung von **Ersatzregelungen für ausgefallene Termine**, z.B. infolge Erkrankungen, besteht jedenfalls ohne ausreichenden Anlass nicht.[485] Die Regelung von Nachholterminen ist dann sinnvoll, wenn in der Vergangenheit ausgefallene Termine zu Streit geführt haben. Bei der Anordnung sollte aber auf eine klare Regelung geachtet und eine Überforderung des Kindes und der Eltern durch eine zu große Dichte von Terminen vermieden werden.[486] **460**

Das elterliche Umgangsrecht nach § 1684 Abs. 1 BGB umfasst grundsätzlich alle Mittel der Kommunikation,[487] sodass auch Regelungen betreffend **Brief-, E-Mail-, Skype-, Social Media- und Telefonkontakte** getroffen werden können und im Streit- **461**

478 KG FamRZ 2020, 1731.
479 Vgl. den Fall von OLG Frankfurt ZKJ 2019, 30 zur Vereitelung einer Urlaubsreise des Vaters mit dem Kind durch die Mutter mittels Einschaltens der Bundespolizei; ausführlich dazu Staudinger/Salgo, § 1687 BGB Rn 40.
480 BVerfG FamRZ 2010, 109; KG FamRZ 2020, 1731; Staudinger/Dürbeck, § 1684 BGB Rn. 35.
481 BGH ZKJ 2019, 303.
482 Heilmann/Gottschalk, § 1684 BGB Rn 42; Staudinger/Dürbeck, § 1684 BGB Rn 236.
483 BT-Drucks. 13/4899, S. 105.
484 OLG Brandenburg, Beschl. v. 1.7.2015, 10 UF 8/15, juris; OLG Karlsruhe FamRZ 2014, 1124.
485 OLG Saarbrücken FamRZ 2011, 824; FamRZ 2012, 646; Staudinger/Dürbeck, § 1684 BGB Rn 240.
486 Grüneberg/Götz, § 1684 BGB Rn 14.
487 BT-Drucks. 13/4899, S. 104 f.; KG FamRZ 2006, 878.

fall ggf. sogar getroffen werden müssen.[488] Sinnvoll sind solche Regelungen bei größerer räumlicher Entfernung der Elternwohnsitze oder bei einer Inhaftierung des umgangsberechtigten Elternteils.[489] Im Übrigen ist auch hier Zurückhaltung angezeigt, weil die Einhaltung bestimmter Termine für Telefonate zu häufigen Konflikten führen kann und ggf. dem digitalen Kommunikationsbedürfnis älterer Kinder zuwiderlaufen.

Problematisch ist auch der rechtliche Umgang mit zwischen den Eltern streitigen **Geschenken** des Umgangsberechtigten zum Zwecke der Kommunikation, z.B. bei der Überlassung eines Mobiltelefons.[490] Die Überlassung eines Mobiltelefons gehört nicht zu den Angelegenheiten der tatsächlichen Betreuung i.S.d. § 1687 Abs. 1 Satz 4 BGB, sondern ist eine **Entscheidung von erheblicher Bedeutung** nach § 1687 Abs. 1 Satz 1 BGB und ohne die Zustimmung des anderen Elternteils nicht zulässig.[491] In Konfliktfällen sollte vom Familiengericht § 1684 Abs. 2 und 3 BGB entsprechend angewendet werden.[492]

462 Auch die **Modalitäten des Abholens und des Bringens** des Kindes sollten in einer Umgangsregelung enthalten sein, obgleich sie für die Frage der Vollstreckbarkeit einer Regelung nach § 89 FamFG grundsätzlich nicht zwingend sind.[493] Erforderlich ist jedoch in jedem Fall die Festlegung von konkreten Zeiten. Grundsätzlich ist es **Sache des Berechtigten**, das Kind abzuholen und nach Beendigung des Umgangstermins wieder zurückzubringen.[494] Dabei steht ihm auch die Entscheidung darüber zu, wie das Kind von Hort oder Kita abgeholt wird (einschließlich der Möglichkeit, dass das Kind alleine läuft), wenn geregelt ist, dass der Umgang nach der Schule/der Betreuung beginnt.[495] Zur Sicherstellung der Vollstreckbarkeit bedarf es bei dieser Regelung auch einer Bestimmung für den Fall, dass Schule/Kita geschlossen sind oder das Kind diese nicht aufsucht.[496]

Es besteht grundsätzlich keine Obliegenheit des betreuenden Elternteiles, an der Umsetzung des Umgangsrechts, z.B. durch Transport des Kindes zum Bahnhof oder Flughafen, mitzuwirken. Seine Pflicht beschränkt sich darauf, das Kind zur Übergabe an den Berechtigten bereitzuhalten. Ausnahmen können jedoch angezeigt sein bei so großer Entfernung zwischen den Wohnsitzen der Eltern, dass ohne seine Mitwirkung das Umgangsrecht nicht realisierbar wäre,[497] was z.B. auch in Fällen der **Auswanderung oder des Wegzuges des betreuenden Elternteils** gegeben sein kann. Dies kann auch dann der Fall sein, wenn der Umgangsberechtigte sich in Haft befin-

---

488 OLG Karlsruhe NZFam 2017, 1129; KG FamRZ 2006, 878; Heilmann/Gottschalk, § 1684 BGB Rn 51.
489 OLG Hamm FamRZ 2003, 951.
490 Vgl. Burschel, NZFam 2016, 395, 396.
491 Staudinger/Dürbeck, § 1684 BGB Rn 104 ff.; MünchKomm-BGB/Huber, § 1626 BGB Rn 68; Götz, FamRZ 2017, 1725, 1726.
492 Johannsen/Henrich/Althammer/Rake, § 1684 BGB Rn 42.
493 BGH FamRZ 2012, 533.
494 OLG Hamm FamRZ 2004, 560; Menne, ZKJ 2006, 135.
495 OLG Brandenburg FamRZ 2020, 1654; OLG Dresden FamRZ 2019, 1334.
496 OLG Karlsruhe FamRZ 2023, 1026.
497 BVerfG FamRZ 2002, 809; OLG Saarbrücken ZKJ 2019, 314.

det.[498] Die **Inhaftierung** schließt grundsätzlich das Umgangsrecht nicht aus – auch wenn hier in besonderer Weise die Kindeswohldienlichkeit zu prüfen ist –, lässt eine Regelung des Umgangs aber nur unter Berücksichtigung der tatsächlichen Möglichkeiten und der konkreten Situation zu, wobei die familiengerichtliche Regelung für die Haftanstalt keine Bindungswirkung entfaltet.[499]

Die Grundsätze bezüglich der Beteiligung des betreuenden Elternteils an der Umsetzung des Umgangs gelten im Ergebnis auch für die Frage der **Kosten des Umgangs** (z.B. für die Fahrtkosten). Auch diese hat grundsätzlich allein der Umgangsberechtigte zu tragen[500] und kann sie jedenfalls bis zur Grenze des ihm verbleibenden Kindergeldanteils auch nicht als Abzugsposten beim Kindesunterhalt berücksichtigen.[501] Ausnahmen hinsichtlich der Kostentragung bestehen aber z.B. dann, wenn der betreuende Elternteil die Entstehung erheblicher Mehrkosten durch einen Wegzug veranlasst hat und ohne seine Beteiligung an den Umgangskosten das elterliche Umgangsrecht des anderen Elternteils vereitelt wäre.[502] Im Übrigen können einkommensschwache Elternteile umgangsbedingte Fahrtkosten auch nach § 21 Abs. 6 SGB II als sozialrechtlichen Mehrbedarf geltend machen.[503] **463**

Einer gerichtlichen **Regelung der Übergabemodalitäten** bedarf es aber dann zwingend, wenn dem umgangsberechtigten Elternteil gemäß § 1 GewSchG untersagt ist, sich der Wohnung des betreuenden Elternteils zu nähern. Hier kann das Familiengericht die Frage der Realisierung der Kindesübergabe nicht offenlassen[504] und muss ggf. eine dritte mitwirkungsbereite Person oder ggf. einen **Umgangspfleger** (§ 1684 Abs. 3 Satz 3 BGB) bestimmen, der das Kind bei dem betreuenden Elternteil abholt und sodann dem Berechtigten übergibt.

d) Ausübung des Umgangsrechts

Die Ausgestaltung der Umgangskontakte liegt grundsätzlich allein in der Sphäre des umgangsberechtigten Elternteils. Dies gilt z.B. auch für die Frage der **Anwesenheit dritter Personen**, also etwa der Großeltern oder des neuen Lebenspartners.[505] Dies folgt schon aus §§ 1687a, 1687 Abs. 1 Satz 4 BGB und beruht im Übrigen auf dem Gedanken, dass das Kind auch an das soziale Umfeld des nicht betreuenden Elternteils gewöhnt werden soll.[506] Ausnahmsweise kann bei einer nicht anders abwendbaren Gefährdung des Kindeswohls (z.B. beharrliche Ablehnung des neuen Partners **464**

498 Vgl. OLG Hamburg ZKJ 2017, 277; OLG Hamm 2003, 951; BVerfG FamRZ 2002, 809.
499 OLG Brandenburg FamRZ 2019, 985.
500 BGH NJW 1995, 717; FamRZ 2014, 917; OLG Brandenburg NZFam 2020, 976.
501 Vgl. zur Rechtslage im Unterhaltsrecht Lettmaier/Dürbeck, FamRZ 2019, 81; Liceni-Kierstein, FamRB 2012, 346.
502 BVerfG FamRZ 2002, 809; OLG Saarbrücken ZKJ 2019, 314; OLG Nürnberg FamRZ 2014, 858; BeckOK-BGB/Veit, § 1684 Rn 14.
503 Vgl. Staudinger/Dürbeck, § 1684 BGB Rn 170 ff. auch zu weiteren Möglichkeiten der sozialrechtlichen Absicherung der Umgangskosten, etwa im Rahmen der temporären Bedarfsgemeinschaft oder der Wohnkosten.
504 OLG Frankfurt BeckRS 2014, 17407; Sächsisches OVG, Beschl. v. 17.7.2013, 5 B 345/13, juris; Heilmann/Gottschalk, § 1684 BGB Rn 46.
505 BGH FamRZ 1969, 148.
506 Johannsen/Henrich/Althammer/Rake, § 1684 BGB Rn 37.

durch das Kind) eine vorübergehende Regelung dahingehend geboten sein, dass der Umgang in Abwesenheit des Partners durchzuführen ist.[507]

Der umgangsberechtigte Elternteil hat im Übrigen auf die Erziehungsvorstellungen des betreuenden Elternteils und die gesundheitlichen Belange des Kindes **Rücksicht** zu nehmen. Zu denken ist dabei je nach Einzelfall an eine Einschränkung des Rauchens in den Wohnräumen,[508] in denen sich das Kind aufhält, gefährlicher Unternehmungen wie Motorradfahren[509] oder die Anwesenheit von für das Kind gefährlichen Haustieren.[510]

e) Erzwingbarkeit des Umgangs

(aa) Gegen den Umgangsberechtigten

465 Da auch das Kind selbst ein Recht zum Umgang mit beiden Elternteilen hat und es auch selbst im familiengerichtlichen Umgangsverfahren eine Regelung nach § 1684 Abs. 3 BGB beanspruchen kann (vgl. Rn. 448), stellt sich die Frage, ob dieses auch nach §§ 89 ff. FamFG durch die dort vorgesehenen Ordnungsmittel gegen den umgangsunwilligen Elternteil erzwungen werden kann. Zwar ist es nach Ansicht des BVerfG[511] wegen der den Eltern durch Art. 6 Abs. 2 Satz 1 GG auferlegten Verantwortung für ihr Kind und dessen Recht auf Pflege und Erziehung gerechtfertigt, einen Elternteil **zum Umgang** mit seinem Kind zu **verpflichten**.[512] Insoweit verletzt auch der Hinweis nach § 89 Abs. 2 FamFG den Umgangsberechtigten nicht in seinen Rechten.[513]

Ein Umgang mit dem Kind, der nur mit Ordnungsmitteln gegen seinen umgangsunwilligen Elternteil durchgesetzt werden kann, dient aber in der Regel nicht dem **Kindeswohl** und kann den Eingriff in das Persönlichkeitsrecht des Elternteils nicht rechtfertigen. Im Vollstreckungsverfahren findet im Rahmen von § 89 Abs. 1 FamFG grundsätzlich keine erneute Kindeswohlprüfung statt,[514] die obige Erwägung ist jedoch im Rahmen des von § 89 Abs. 1 FamFG vorgesehenen Ermessens („kann") zu berücksichtigen.[515] Das Umgangsrecht des Kindes ist daher im Regelfall nicht durchsetzbar, es sei denn, es bestehen konkrete Anhaltspunkte, dass auch ein erzwungener Umgang dem Wohl des Kindes dient.[516]

507 OLG Nürnberg FamRZ 1998, 976; vgl. auch KG FamRZ 2016, 1780 m. Anm. Dürbeck (Ausschluss der Großmutter).
508 KG FamRZ 2011, 825; a.A. OLG Bamberg FamRZ 2024, 1549 mit zu Recht krit. Anm. Hamdan, jurisPR-FamR 20/2024 Anm. 4.
509 OLG München FamRZ 1998, 974.
510 OLG Frankfurt FamRZ 2021, 359; OLG Köln FamRZ 2003, 112.
511 BVerfG FamRZ 2008, 845; FamRZ 2022, 794.
512 Vgl. auch OLG Frankfurt FamRZ 2021, 432.
513 BVerfG FamRZ 2002, 794.
514 BGH FamRZ 2012, 533.
515 BGH FamRZ 2011, 1729; OLG Frankfurt BeckRS 2013, 17103.
516 Bejaht im Fall von OLG Oldenburg FamRZ 2017, 390; verneint von OLG Hamm NJW 2017, 3455. Vgl. auch BVerfG FamRZ 2022, 794 (Umgangsberechtigter wünscht Umgang, aber in geringerem Umfang).

Eine Umgangsregelung, mit der die Umgangsberechtigung zu bestimmten Zeiten festgelegt wird, enthält darüber hinaus nicht das Verbot, sich in den übrigen Zeiten eines Umgangskontaktes mit dem Kind zu enthalten. Ein solches Gebot muss sich stets ausdrücklich und eindeutig aus der Umgangsregelung ergeben und von dem nach § 89 Abs. 2 FamFG zu erteilenden Hinweis umfasst sein, um taugliche Grundlage für die Anordnung eines Ordnungsmittels zu sein.[517]

(bb) Gegen den betreuenden Elternteil

Die Notwendigkeit der Erzwingung einer Umgangsregelung kann zunächst daraus resultieren, dass der betreuende Elternteil den Umgang des Kindes mit dem anderen Elternteil gänzlich ablehnt (**sog. Umgangsboykott**[518]). Hier ist grundsätzlich zunächst die Erzwingung des Umgangsrechts durch die Mittel des Vollstreckungsrechts nach §§ 89 ff. FamFG zu versuchen (vgl. Teil 4/*Heilmann*, Rn. 134 ff.), soweit nicht neue Tatsachen die Abänderung der getroffenen Umgangsregelung (§ 1696 BGB) erforderlich machen. **466**

Dem betreuenden Elternteil obliegt dabei die **Pflicht**, das Kind zur Übergabe an den anderen Elternteil bereitzuhalten und bei einer Verweigerung durch das Kind alle ihm zur Verfügung stehenden Möglichkeiten auszuschöpfen, um den Umgang tatsächlich durchzuführen. Hierzu gehört es auch, erzieherisch auf das Kind einzuwirken.[519] Führt die Vollstreckung der Umgangsregelung – wie in der Praxis häufig zu beobachten – nicht zu einer Änderung des Verhaltens, kann gleichwohl nur unter sehr engen Voraussetzungen eine Änderung des Sorgerechts nach § 1671 Abs. 1 Nr. 2 oder Abs. 2 Nr. 2 bzw. § 1666 BGB (vgl. Rn. 385 ff.; zum Entzug des Umgangsbestimmungsrechts siehe Rn. 469) in Betracht kommen.

Nicht an dieser Stelle vertieft werden sollen weitere verfahrensrechtliche Möglichkeiten wie das Vermittlungsverfahren (§ 165 FamFG, vgl. Teil 4/*Heilmann*, Rn. 136) und unterhalts- oder vermögensrechtliche Auswirkungen von Fällen unberechtigter Umgangsverweigerung.[520]

Beruht die Ursache des fehlgeschlagenen Umgangs dagegen auf dem **Widerstand des Kindes**, so werden die Gründe hierfür – falls der betreuende Elternteil seinen vorbezeichneten erzieherischen Obliegenheiten nachkommt – unter Einschluss aller familiärer Faktoren und Umstände zu ermitteln sein.[521] Insoweit ist zu berücksichtigen, dass ein gegen den ernsthaften Widerstand des Kindes erzwungener Umgang durch die Erfahrung der Missachtung der eigenen Persönlichkeit unter Umständen mehr Schaden verursachen als Nutzen bringen kann. Selbst ein auf einer bewussten oder unbewussten **Beeinflussung** beruhender Wunsch kann beachtlich sein, wenn er Ausdruck echter und damit schützenswerter Bindungen ist. Das Außerachtlassen des **467**

517 BGH NJW 2024, 1820.
518 Vgl. Splitt, FF 2019, 94; Gottschalk, FPR 2007, 308; Heilmann, ZKJ 2012, 105; zu den Ursachen bei betreffenden Eltern: Maywald, FPR 2013, 200.
519 BGH ZKJ 2014, 251; ZKJ 2012, 190; OLG Frankfurt FamFR 2013, 327.
520 Vgl. etwa MünchKomm-BGB/Hennemann, § 1684 Rn 98 ff.; Gottschalk, FPR 2007, 308.
521 Vgl. Zimmermann/Fichtner/Walper/Lux/Kinder, ZKJ 2023, 43 ff. und 83 ff.

beeinflussten Willens ist daher nur dann gerechtfertigt, wenn die manipulierten Äußerungen des Kindes den wirklichen Bindungsverhältnissen nicht entsprechen.[522]

Es kann sich auch die Frage stellen, ob die Ablehnungshaltung des Kindes nicht unter dem Gesichtspunkt einer Gefährdung seines Wohls eine Beschränkung oder gar den Ausschluss des Umgangsrechts nach § 1684 Abs. 4 BGB erfordert (vgl. Rn. 479).[523] In diesen Fällen ist ein neues Umgangsverfahren zur **Überprüfung** der Abänderung der bestehenden Umgangsregelung (§ 1696 BGB, Rn. 523 ff.) von Amts wegen oder auf Anregung einzuleiten. Auch ein Vormund oder Ergänzungspfleger ist nicht befugt, selbst eine Entscheidung über die Aussetzung gerichtlich angeordneter Umgänge zu treffen.[524] Eine **zwangsweise Vollstreckung** des Umgangs unter Anwendung unmittelbaren Zwangs gegen das Kind ist **unzulässig** (§ 90 Abs. 2 Satz 1 FamFG).

(cc) Umgangspflegschaft/Umgangsbestimmungspflegschaft

468 Im materiellen Kindschaftsrecht geregelt, nämlich in § 1684 Abs. 3 Sätze 3 bis 6 BGB, ist die Möglichkeit der Bestellung eines Umgangspflegers.[525] Nach § 1684 Abs. 3 Satz 3 BGB kann eine – nach Satz 5 zu befristende – **Pflegschaft zur Durchführung des Umgangs** dann angeordnet werden, wenn die Wohlverhaltenspflicht nach § 1684 Abs. 2 BGB dauerhaft oder wiederholt erheblich verletzt wurde. Gemäß § 1684 Abs. 3 Satz 4 BGB umfasst die Umgangspflegschaft das Recht, die Herausgabe des Kindes zur Durchführung des Umgangs zu verlangen und für die Dauer des Umgangs dessen Aufenthalt zu bestimmen.

Der Umgangspfleger ist jedoch nicht berechtigt, den Umgang selbst zu regeln.[526] Die (vollstreckbare) Ausgestaltung des Umgangs obliegt allein dem Familiengericht. Vielmehr sichert die Umgangspflegschaft den Umgang „organisatorisch ab“,[527] indem der Umgangspfleger die konkrete Ausgestaltung des Umgangs, also Ablauf und Inhalt, mit den Eltern vorbereitet, bei Meinungsverschiedenheiten zwischen diesen vermittelt und letztlich bestimmen kann. Durch seine **Anwesenheit bei Übergaben** sowie seine Berichtspflicht gegenüber dem Gericht kann er Druck zur Verwirklichung des Umgangs ausüben.[528]

Das Familiengericht kann ferner dann, wenn die **Anwesenheit** des Umgangspflegers **bei der Durchführung des Umgangs** notwendig ist, damit er seine ihm aus § 1684 Abs. 3 Satz 3 und 4 BGB übertragenen Aufgaben sachgerecht wahrnehmen kann, und die weiteren Voraussetzungen des § 1684 Abs. 4 Satz 3 BGB vorliegen, anord-

---

522 Zum Vorstehenden insgesamt BVerfG ZKJ 2016, 457; ZKJ 2024, 61. Die Diagnose eines „Syndroms“ (Parental-Alienation-Syndrom), das wegen Krankheitswertes zur Unbeachtlichkeit des beeinflussten Willens führt, gibt es nicht, vgl. Fegert, ZKJ 2013, 190; Lack, in: Lack/Hammesfahr, Psychologische Gutachten im Familienrecht, Rn 585.

523 BVerfG FamRZ 2023, 525; OLG Köln Beschl. v. 7.11.2024 – 14 UF 62/24, juris; OLG Koblenz FamRZ 2019, 298.

524 OLG Schleswig ZKJ 2022, 105.

525 Zur Abgrenzung zum Verfahrensbeistand: Kuleisa-Binge, FPR 2012, 363.

526 OLG Frankfurt FamFR 2013, 381; KG FamRZ 2013, 308; OLG Hamm BeckRS 2012, 18153.

527 OLG Celle ZKJ 2011, 182.

528 Zivier, ZKJ 2010, 306; Heilmann/Gottschalk, § 1684 BGB Rn 58.

nen, dass der Umgangspfleger auch den Umgang begleitet.[529] Im Übrigen stellt die Umgangspflegschaft lediglich eine **Sorgerechtseinschränkung** und keinen Sorgerechtseingriff dar, weshalb sie umgangsrechtlicher Natur ist[530] und die Schwelle der Kindeswohlgefährdung nicht überschritten sein muss.

Will das Familiengericht dagegen einer dritten Person die Regelung des Umgangsrechts überlassen, kann dies nur durch die Bestellung eines **Umgangsbestimmungspflegers** nach § 1809 BGB erfolgen (sog. „großer Umgangspfleger“).[531] Diesem muss insoweit gemäß § 1809 BGB das elterliche **Recht zur Bestimmung des Umgangs** als Teilbereich der elterlichen Sorge übertragen werden, was jedoch nur unter den erschwerten Voraussetzungen des § 1666 BGB (Kindeswohlgefährdung) möglich ist.[532] Die Bestellung eines (sog. „kleinen“) Umgangspflegers nach § 1684 Abs. 3 BGB stellt in jedem Fall aber das mildere Mittel gegenüber einem Teilentzug der elterlichen Sorge[533] und natürlich auch gegenüber einem Ausschluss des Umgangsrechts[534] dar. **469**

Wenn es auch im Einzelfall praxistauglicher erscheint, einem Dritten die Befugnis zur (flexiblen) Bestimmung des Umgangs zu überantworten, dürfte die Umgangsbestimmungspflegschaft bei Lichte besehen kaum ein geeignetes Mittel zur Abwendung der als Voraussetzung festzustellenden **Kindeswohlgefährdung** darstellen.[535] Die Kindeswohlgefährdung muss nämlich gerade darin bestehen, dass die Eltern eine mit einer Gefährdung des Kindeswohls verbundene Umgangsbestimmung zu treffen drohen. Dies wird in erster Linie in Situationen der Fremdunterbringung anzunehmen sein, mag in Situationen eskalierter Elternkonflikte aber auch in Betracht kommen. Gerade in diesen Konfliktkonstellationen greift eine Umgangsbestimmungspflegschaft jedoch im Zweifel zu kurz. Das elterliche Umgangsrecht ist nämlich selbstständiger Teil des in Art. 6 Abs. 2 GG verbürgten Elternrechts und steht den Eltern unabhängig vom Sorgerecht zu. Die zwangsweise Durchsetzbarkeit einer getroffenen Umgangsbestimmung wird daher nur durch die gerichtliche Regelung nach § 1684 Abs. 3 und 4 BGB i.V.m. § 89 FamFG eröffnet.[536]

---

529 BGH FamRZ 2019, 199; OLG Düsseldorf FamRZ 2020, 178 mit zu Rech krit. Anm. Hammer, soweit für die Begleitung die Schwelle des § 1684 Abs. 4 Satz 3 BGB als nicht erforderlich angesehen wurde; vgl. Grüneberg/Götz, § 1684 BGB Rn 22.

530 OLG Schleswig ZKJ 2016, 464 OLG Hamm FamRZ 2017, 47; Prütting/Helms/Dürbeck, § 57 FamFG Rn 5.

531 BGH ZKJ 2016, 419.

532 BGH ZKJ 2016, 419; OLG Celle FamRZ 2022, 611 mit Anm. Götz (Voraussetzungen verneint); OLG Frankfurt ZKJ 2018, 22; FamRZ 2016, 68 (Voraussetzungen verneint); Beschl. v. 13.5.2015, 4 UF 385/14, juris (Voraussetzungen bejaht); vgl. auch BVerfG NJW-RR 2006, 1.

533 BGH ZKJ 2016, 419; OLG Frankfurt ZKJ 2018, 22; OLG Hamm NJW-RR 2011, 1150.

534 BVerfG ZKJ 2012, 186; OLG Frankfurt BeckRS 2013, 15961.

535 Kritisch ebenfalls MünchKomm-BGB/Hennemann, § 1684 BGB Rn 106; Splitt, FF 2019, 94, 99.

536 OLG Frankfurt, Beschluss v. 13.05.2015, 4 UF 385/14, BeckRS 2015, 11333.

Praxistipp

▶ *Bei der Auswahl eines (kleinen oder großen) Umgangspflegers sollte wegen der unterschiedlichen Aufgaben unbedingt darauf geachtet werden, dass dieser nicht identisch mit dem Verfahrensbeistand ist.*[537]

f) Einschränkungen des Umgangsrechts – Begleiteter Umgang

470 Gemäß § 1684 Abs. 4 Satz 1 BGB kann das Familiengericht das Umgangsrecht oder den Vollzug früherer Entscheidungen über das Umgangsrecht einschränken oder ausschließen, soweit dies zum **Wohl des Kindes erforderlich** ist. § 1684 Abs. 4 Satz 2 BGB bestimmt dagegen, dass eine gerichtliche Entscheidung, die das Umgangsrecht oder seinen Vollzug für längere Zeit oder auf Dauer einschränkt oder ausschließt, nur ergehen darf, wenn andernfalls das **Wohl des Kindes gefährdet** würde. Da das BVerfG wegen der besonderen Bedeutung des Umgangsrechts als Teil des von Art. 6 Abs. 2 Satz 1 GG geschützten Elternrechts Einschränkungen oder einen Ausschluss des Umgangsrechts nur für zulässig hält, wenn nach den Umständen des Einzelfalls der Schutz des Kindes dies erfordert, um eine Gefährdung seiner seelischen oder körperlichen Entwicklung abzuwenden,[538] kommt der Bestimmung von § 1684 Abs. 4 Satz 1 BGB praktisch keine nennenswerte Bedeutung zu.

Von einer Umgangseinschränkung nach § 1684 Abs. 4 BGB und nicht von einer bloßen Umgangsregelung i.S.v. § 1684 Abs. 3 Satz 1 BGB ist auszugehen, wenn der Umgang auf ein so geringes Maß reduziert ist, das keine kontinuierliche Entwicklung des Eltern-Kind-Verhältnisses ermöglicht wird. Dies ist etwa bei fehlender Übernachtungs- und/oder Ferienregelung der Fall.[539]

Zur Bestimmung, ab wann von **„einer längeren Zeit“** auszugehen ist, die den strengeren Maßstab des § 1684 Abs. 4 Satz 2 BGB auslöst, ist auf die Umstände des Einzelfalls, die bisherige Umgangsfrequenz und insbesondere das Alter und das Zeitempfinden des Kindes abzustellen.[540] Bei jüngeren Kindern ist schon ab einem Zeitraum von ein bis zwei Monaten eine „längere Zeit“ anzunehmen,[541] bei älteren Kindern ab etwa drei Monaten,[542] längstens jedoch bei Zeiträumen von mehr als sechs Monaten.[543]

---

537 Kuleisa-Binge, FPR 2012, 363.
538 BVerfG FamRZ 2023, 525; FamRZ 2008, 856.
539 BVerfG FamRZ 2024, 946.
540 BVerfG FamRZ 2024, 946; OLG Bremen FF 2018, 165; OLG Nürnberg FamRZ 2017, 298; OLG Karlsruhe FamRZ 2009, 130; Johannsen/Henrich/Althammer/Rake, § 1684 BGB Rn 54; Splitt, FF 2016, 146.
541 Staudinger/Dürbeck § 1684 BGB, Rn 285; BeckOK-BGB/Veit, § 1684 BGB Rn 59.1.
542 Heilmann/Gottschalk, § 1684 BGB Rn 66; Staudinger/Dürbeck § 1684 BGB, Rn 285.
543 Johannsen/Henrich/Althammer/Rake, § 1684 BGB Rn 54. Zu weitgehend (Höchstmaß ein Jahr ab dem 12. Lebensjahr) BeckOK-BGB/Veit, § 1684 BGB Rn 59.1.

Hinweis

Die für einen lang andauernden Umgangsausschluss geltenden Anforderungen können nicht durch wiederholte kurze Umgangsausschlüsse im Wege der einstweiligen Anordnung umgangen werden, vielmehr ist der Gesamtzeitraum maßgebend.[544]

Als Einschränkung des elterlichen Umgangsrechts nennt das Gesetz insbesondere in § 1684 Abs. 4 Satz 3 BGB die gerichtliche Anordnung, dass der Umgang nur stattfinden darf, wenn ein **mitwirkungsberechtigter Dritter** anwesend ist (**sog. begleiteter Umgang**[545]). Der Umgangsbegleitung kommt gerade unter dem Gesichtspunkt der Verhältnismäßigkeit staatlicher Eingriffe in das elterliche Umgangsrecht herausragende Bedeutung zu, weil sie im Vergleich zum gänzlichen Ausschluss des Umgangsrechts das mildere Mittel darstellt.[546] **471**

Die **Anordnung** begleiteter Umgangskontakte ist aber – mit Ausnahme begleiteter Kontakte angeordnet für einen kurzen Zeitraum, etwa zur (Wieder-)Anbahnung des Umgangs (vgl. § 1684 Abs. 4 Satz 1 BGB) – stets nur dann zulässig, wenn ohne sie das **Kindeswohl gefährdet** ist.[547] Die Anordnung ist – entgegen verbreiteter Praxis – nicht zulässig aus Kompromisserwägungen, weil ein Elternteil seine Verweigerungshaltung nur dann aufgeben will, wenn Kontakte in begleiteter Form durchgeführt werden.[548] Denn eine längerfristige Anordnung begleiteten Umgangs beschränkt nicht nur das Elternrecht, sondern greift auch intensiv in das Recht des Kindes ein, mit seinem umgangsberechtigten Elternteil grundsätzlich ohne Beobachtung durch Dritte Umgang zu pflegen.[549]

Begleiteter Umgang kommt indes vor allem dann in Betracht, wenn nach einem längeren Kontaktabbruch zwischen Elternteil und Kind eine zwischenzeitlich bei dem Kind eingetretene **Entfremdung** zunächst überwunden werden muss,[550] und bei von dem betroffenen Elternteil für das Kind ausgehenden **Gefahren** wie z.B.:

- Absicht zur Entführung des Kindes,[551]
- Alkoholismus oder Drogensucht des Umgangsberechtigten,[552]

544 BVerfG FamRZ 2024, 524.
545 Umfassend: Fthenakis (Hrsg.), Begleiteter Umgang von Kindern; Dürbeck (Hrsg.), Handbuch Begleiteter Umgang; Staudinger/Dürbeck, § 1684 BGB Rn 350 ff.
546 BVerfG FamRZ 2005, 1057.
547 BVerfG FamRZ 2010, 1622; FamRZ 2008, 494; OLG Frankfurt ZKJ 2013, 421; Heilmann/Gottschalk, § 1684 BGB Rn 69; Johannsen/Henrich/Althammer/Rake, § 1684 Rn 63.
548 Heilmann, NJW 2012, 16 (21).
549 BVerfG FamRZ 2023; 525; FamRZ 2008, 494.
550 OLG Köln FamRB 2017, 299; OLG Brandenburg FamRZ 2014, 1124; OLG Düsseldorf FamRZ 2011, 822; natürlich auch bei erstmaligem Kontakt, vgl. OLG Hamm FamRZ 2011, 826.
551 OLG Köln ZKJ 2006, 259; OLG Brandenburg NJW-RR 2010, 148.
552 OLG Koblenz FamRZ 2007, 926; aber nur bei konkreter Gefahr für das Kind, vgl. auch OLG Dresden ZKJ 2017, 112; Weber, NZFam 2018, 510, 514.

- psychische Erkrankung des Umgangsberechtigten,[553]
- Verdacht des sexuellen Missbrauchs[554] oder Pädophilie,[555]
- Gefahr sonstiger drohender Übergriffe auf das Kind, wie z.B. durch Gewalt oder auch Genitalverstümmelung,[556]
- Straf- oder Untersuchungshaft des Umgangsberechtigten,[557]
- Ängste des Kindes oder Loyalitätskonflikte des Kindes durch das Verhalten des Umgangsberechtigten.[558]

472 Die **Auswahl und Bestimmung der Begleitperson** obliegen allein dem Familiengericht. Sie können nicht dem Jugendamt überlassen werden, weil es dann schon an einer vollstreckungsfähigen Endentscheidung fehlen würde.[559] Da § 1684 Abs. 4 Satz 3 BGB ausnahmslos die **Mitwirkungsbereitschaft** der Begleitperson – sei sie privater Dritter, eine Fachkraft des Jugendamtes oder eines freien Trägers (vgl. § 1684 Abs. 4 Satz 4 BGB) – voraussetzt, kann das Familiengericht das Jugendamt auch nicht zur Mitwirkung verpflichten.[560]

Unabhängig davon haben die Eltern gegenüber dem Jugendamt einen Anspruch auf Beratung und Unterstützung bei der Ausübung des Umgangsrechts (§ 18 Abs. 3 SGB VIII). Benennt das zuständige Jugendamt einen zur Durchführung des begleiteten Umgangs bereiten **(freier) Träger der Kinder- und Jugendhilfe** und ordnet das Familiengericht auf dieser Grundlage begleiteten Umgang an, hat es gleichzeitig eine vollständige und damit vollstreckbare Umgangsregelung (vgl. Rn. 456) zu treffen;[561] diese kann nicht der Begleitperson überlassen werden.[562] Ist dem Jugendamt/dem freien Träger eine konkrete Benennung von Umgangsterminen/eines Umgangsrhythmus nicht möglich oder soll der Umgang flexibel ausgebaut werden, kann im Einzelfall und nur dann das Verfahren ohne gestaltende Umgangsregelung durch feststellenden Beschluss, dass keine familiengerichtlichen Maßnahmen erforderlich sind, beendet werden, wenn sich die Eltern tragfähig zur Beantragung und Durchführung begleiteter Umgänge nach den Maßgaben des Konzepts des Jugendamtes bereit er-

---

553 OLG Köln BeckRS 2013, 07154; OLG München FamRZ 2014, 1385; Hermann/Dietrich NZFam 2018, 500 (506 ff.).

554 OLG Hamburg FamRZ 1996, 422; vgl. auch BVerfG FamRZ 2005, 1816 und OLG Karlsruhe FamFR 2013, 213 zu den hohen Anforderungen der Verdachtsprüfung.

555 OLG Koblenz FamRZ 2020, 1648; BVerfG NZFam 2015, 234; OLG Schleswig FamRZ 2014, 1385.

556 BVerfG FamRZ 2017, 620 (mangelnde Impulskontrolle); OLG Karlsruhe FamRZ 2009, 130; OLG Oldenburg FamRZ 2005, 925; hier ist aber die Gefahr einer Retraumatisierung des Kindes zu bedenken, vgl. DIJuF-Rechtsgutachten JAmt 2016, 435, 437.

557 OLG Hamburg ZKJ 2017, 277; AG Pankow-Weißensee ZKJ 2006, 265; Menne, ZKJ 2006, 250.

558 OLG Saarbrücken, ZKJ 2015, 117; OLG Jena FamRZ 2007, 661.

559 OLG Frankfurt NZFam 2014, 610; FuR 2014, 307: OLG Saarbrücken NJW-RR 2010, 1446.

560 BGH FamRZ 2021, 1622; BVerfG ZKJ 2015, 463; OLG Frankfurt ZKJ 2015, 240; OLG Frankfurt FamRZ 1999, 617; Heilmann/Heilmann, § 18 SGB VIII Rn 3b.

561 OLG Frankfurt FuR 2014, 307.

562 OLG Celle FamRZ 2013, 1237.

klärt haben und infolgedessen auch prognostisch eine einvernehmliche Umgangsgestaltung möglich erscheint.[563]

Nach der Konzeption des § 1684 Abs. 4 BGB handelt es sich bei begleitetem Umgang grundsätzlich nicht um eine nur vorübergehende Maßnahme;[564] vielmehr ist in jedem Einzelfall in Ansehung der anlassgebenden Umstände und unter Beachtung des Verhältnismäßigkeitsgrundsatzes eine dem Kindeswohl entsprechende Regelung zu finden. Dabei kann sich ein Bedürfnis auch für eine **zeitlich unbefristete Umgangsbegleitung** ergeben,[565] wenn auch in vielen Fällen Ziel des begleiteten Umgangs die Ermöglichung zukünftiger unbegleiteter Umgänge ist.[566] Hierauf zielen überwiegend auch die Konzepte zum begleiteten Umgang der örtlichen Jugendämter ab, die in Übereinstimmung mit der überwiegenden jugendhilferechtlichen Literatur[567] begleiteten Umgang als eine zeitlich befristete, zielorientierte Intervention verstehen und daher begleitete Umgänge nur für kurze Zeiträume (bis zu sechs Monate) oder in begrenzter Anzahl (5–10 Termine) anbieten.[568] **473**

Der **Umfang der Anordnungsmöglichkeiten** durch das Familiengericht wird insoweit durch den Umfang der Mitwirkungsbereitschaft des Dritten begrenzt. Es stellt sich dann die Frage, wie verfahrensrechtlich damit umzugehen ist, dass häufig im Zeitpunkt der Entscheidung über den begleiteten Umgang keine hinreichend sichere Prognose für die kindeswohldienliche Ausgestaltung einer Anschlussregelung oder dafür getroffen werden kann, dass den Eltern infolge der durch den begleiteten Umgang hinzugewonnenen Fähigkeiten und Erfahrungen nach dessen Abschluss eine einvernehmliche Regelung gelingen wird.[569] Eine schlichte, befristete Anordnung begleiteten Umgangs liefe in diesem Fall auf eine **unzulässige Teilentscheidung** hinaus.[570] Ist im Hauptsacheverfahren die Anschlussperspektive (noch) ungewiss, kann die befristete Anordnung von begleiteten Umgängen im Wege einstweiliger Anordnung einen Lösungsweg darstellen.[571] **474**

Wird die Bewilligung begleiteter Umgangskontakte von dem nach § 18 Abs. 3 Satz 3 und 4 SGB VIII zuständigen Jugendamt verweigert und findet das Familiengericht keinen ehrenamtlich tätigen Umgangsbegleiter,[572] so verbleibt nur die Aussetzung des Umgangsverfahrens während der Dauer eines vom Umgangsberechtigten zu

563 Vgl. Staudinger/Dürbeck, § 1684 BGB Rn. 189; OLG Frankfurt ZKJ 2024, 229.
564 Staudinger/Dürbeck, § 1684 BGB Rn 358; Heilmann/Gottschalk, § 1684 BGB Rn 69.
565 OLG Frankfurt ZKJ 2015, 240 (paranoide Schizophrenie); OLG Brandenburg FamRZ 2015, 1818; vgl. auch BVerfG NZFam 2015, 234.
566 OLG Brandenburg FamRZ 2015, 1818.
567 Tammen, in: Münder/Meysen/Trenczek, § 18 SGB VIII Rn 41; DIJuF JAmt 2019, 618, 619.
568 Staudinger/Dürbeck, § 1684 BGB Rn 358 f.
569 OLG Frankfurt ZKJ 2019, 72 (befristete Anordnung begleiteter Umgänge bei bestehender Perspektive einer anschließenden einvernehmlichen Elternregelung) bestätigt durch BGH ZKJ 2019, 417.
570 OLG Frankfurt FamRZ 2023, 305; OLG Hamburg FamRZ 2022, 360.
571 OLG Frankfurt FamRZ 2021, 1718.
572 OLG Hamburg FamRZ 2022, 360 (keine Kostentragung aus der Staatskasse).

führenden Verwaltungsprozesses[573] oder aber der (befristete) Ausschluss des Umgangs.[574]

475 Ordnet das Familiengericht bei Vorliegen der Voraussetzungen sowohl des § 1684 Abs. 3 Satz 3 und 4 und Abs. 4 Satz 3 BGB die **Anwesenheit des Umgangspflegers** an, steht diesem ein Vergütungsanspruch auch für die Begleitung des Umgangs zu.[575] Dies hat zur Konsequenz, dass die betroffenen Eltern – anders als bei der über das Jugendamt erfolgten Umgangsbegleitung – die Auslagen des Gerichts für die Vergütung der Umgangsbegleitung durch den Umgangspfleger zu tragen haben, soweit ihnen in der Endentscheidung nach § 81 FamFG die Gerichtskosten auferlegt und nicht von der Erhebung dieser abgesehen wurde.[576]

476 **Lehnt** der **zum Umgang berechtigte Elternteil** die Durchführung des begleiteten Umgangs **generell ab**, so wird der Umgang nur auszuschließen sein, wenn ansonsten eine Gefährdung des Kindeswohls droht.[577] Ist dies nicht der Fall, genügt schon aus Gründen der Verhältnismäßigkeit die Feststellung, dass es einer Umgangsregelung nicht bedarf. Die regelmäßig gebotene gerichtliche Bestimmung des Umgangs kann ausnahmsweise unterbleiben, weil der Umgangsberechtigte durch die im Feststellungsbeschluss genannten Gründe für die für erforderlich gehaltene Umgangsregelung nicht in Unkenntnis über die Voraussetzungen eines ihm offenstehenden Umgangs verbleibt und Gründe für einen künftigen Ausschluss des Umgangsrechts nicht vorliegen.[578]

Da das Umgangsverfahren als Amtsverfahren ausgestaltet ist, darf sich das Familiengericht jedoch nicht darauf beschränken, den „Antrag“ des Umgangsberechtigten mangels Kindeswohldienlichkeit zurückzuweisen.[579] Der dadurch im Unterschied zur Situation eines feststellenden Beschlusses zu den Gründen einer unterbliebenen Regelung eintretende regelungslose Zustand wäre wegen seiner Ungewissheit im Gegensatz zu einem etwaigen Umgangsausschluss für die Betroffenen nach Ansicht des BVerfG „unerträglich“.[580] Das Familiengericht kann also nur den Umgang **regeln oder ausschließen**, andernfalls wird seine Entscheidung im Beschwerdeverfahren nach § 69 Abs. 1 Satz 2 FamFG aufzuheben und an das Amtsgericht zurückzuverweisen sein.[581]

573 BGH ZKJ 2021, 459; BVerfG ZKJ 2015, 463; OLG Schleswig FamRZ 2015, 1040.
574 BGH ZKJ 2019, 143 abweichend von OLG Köln ZKJ 2018, 101; OLG Frankfurt ZKJ 2015, 240; Dürbeck, ZKJ 2015, 457, 459; insgesamt zu Problematik und Reformbedarf der Regelungen zum begleiteten Umgang Prinz, NZFam 2022, 477 ff.
575 BGH FamRZ 2019, 199.
576 Dürbeck, ZKJ 2019, 141.
577 OLG Brandenburg FamRZ 2010, 740; Heilmann/Gottschalk, § 1684 BGB Rn 74.
578 BGH FamRZ 2005, 1471; OLG Frankfurt NZFam 2023, 221; FamRZ 2021, 1125; OLG Brandenburg, ZKJ 2020, 472; OLG Frankfurt FamRZ 2016, 479; Dürbeck, FamRZ 2016, 1784.
579 OLG Frankfurt ZKJ 2013, 421; vgl. OLG Frankfurt FamRZ 2020, 1109 und FamRZ 2022, 798.
580 BVerfG FamRZ 2006, 1005; BGH FamRZ 1994, 158.
581 OLG Frankfurt ZKJ 2013, 427.

g) Ausschluss des Umgangsrechts

Würde es durch die Ausübung des elterlichen Umgangsrechts zu einer **Gefährdung der seelischen oder körperlichen Entwicklung des Kindes** kommen[582] und kann diese Gefahr nicht durch mildere Maßnahmen, wie z.B. die Anordnung einer Umgangspflegschaft oder begleiteter Umgangskontakte abgewendet werden, so muss der Umgang nach § 1684 Abs. 4 Satz 2 BGB ausgeschlossen werden. 477

Unter dem Gesichtspunkt der **Verhältnismäßigkeit** ist dabei stets zu prüfen, ob die bestehende Kindeswohlgefährdung den Ausschluss des Umgangs in allen Formen erfordert oder aber der Ausschluss etwa nur auf den persönlichen Kontakt zu beziehen und Briefkontakt zuzulassen ist.[583] Ein genereller Ausschluss des beiderseitigen elterlichen Umgangsrechts kommt im Übrigen ohne konkrete Gefahr für das Kindeswohl auch dann nicht in Betracht, wenn beiden Eltern nach § 1666 BGB das Sorgerecht entzogen wurde und die Kinder in einer Pflegefamilie wohnen (zur Problematik siehe Rn. 509 ff.). Zum Begriff der „Gefährdung" des Kindeswohls kann auf Rn. 419 ff. verwiesen werden.

1. Elternbezogene Ausschlussgründe

Elternbezogene Gründe, die den Ausschluss des Umgangsrechts rechtfertigen können, sind die bereits im Rahmen der Gründe für die Anordnung von begleiteten Umgangskontakten erwähnten Fälle von drohenden oder bereits erfolgten Kindesentführungen[584] oder Gewalt[585], sexuellem Missbrauch[586] oder Pädophilie.[587] Hier kann auch bereits ein **Verdacht** genügen, wobei dann hinsichtlich der Intensität des Verdachts eine umfassende Untersuchung und Abwägung vorzunehmen ist.[588] 478

Das Umgangsrecht kann weiterhin auszuschließen sein, wenn der Umgangsberechtigte öffentlich zu **Terrorakten** aufgerufen hat.[589] Auch Straftaten gegen die körperliche Integrität des anderen Elternteils, die zum Teil von Kindern auch miterlebt werden, geben Anlass den Ausschluss des Umgangsrechts zu prüfen, weil insoweit auch mittelbar erlebte Gewalt die Gefahr von Belastungsstörungen und einer Retraumatisierung des Kindes begründen.[590] Eine den Umgangsausschluss rechtfertigende Kindeswohlgefährdung liegt auch dann vor, wenn eine konkrete Gefährdung der körperli-

582 BVerfG FamRZ 2023, 525; FamRZ 2008, 856; BGH FamRZ 1980, 132.
583 KG NZFam 2023, 222.
584 BVerfG FamRZ 2010, 109; OLG Köln FamRZ 2005, 1770.
585 OLG Hamburg FamRZ 2011, 822; AG Bremen ZKJ 2008, 214; Heilmann/Gottschalk, § 1684 BGB Rn 78.
586 BVerfG FamRZ 2023, 525; OLG Karlsruhe NZFam 2017, 1132; FamRB 2014, 7; Splitt, FF 2016, 146, 149.
587 BGH ZKJ 2023, 28; BVerfG NZFam 2015, 234; FamRZ 2008, 494; OLG Düsseldorf FamRZ 2009, 1685; Wallner, NZFam 2015, 610.
588 BGH ZKJ 2023, 525; BVerfG FamRZ 2005, 1816; 2008, 494; OLG Karlsruhe Beschl. v. 29.7.2019 – 20 UF 164/18; FamRZ 2019, 2009 und FamFR 2013, 213.
589 OLG Köln ZKJ 2013, 302: „Salafist".
590 OLG Saarbrücken NJW 2025, 668; OLG Frankfurt FamRZ 2022, 1939; FamRZ 2020, 2010; OLG Saarbrücken ZKJ 2017, 152; OLG Hamburg FamRZ 2011, 822; OLG Köln FamRZ 2011, 571; Kindler, in: Kavemann/Kreyssig, 27 ff.; Schmid, FamRB 2012, 317; Becker/Büchse, ZKJ 2011, 292.

chen und/oder psychischen Unversehrtheit des betreuenden Elternteils gegeben und dadurch das Wohl des Kindes betroffen ist.[591] Auch Gewalt oder Missbrauch gegenüber einem (Halb-)Geschwister kann einen Umgangsausschluss rechtfertigen.[592] Besonders schwerwiegend sind Fälle der vorsätzlichen Tötung der Mutter durch den Vater.[593]

Grundsätzlich gilt es, verstärktes Augenmerk auf die Wertungen des Art. 31 Abs. 2 **Istanbul-Konvention** zu richten, wonach sicherzustellen ist, dass die Ausübung des Besuchs- oder Sorgerechts nicht die Rechte und Sicherheit des Opfers oder der Kinder gefährdet.[594] Das Familiengericht ist hier nicht nur in Umgangs- und Sorgeverfahren, sondern insbesondere auch im Rahmen von **Gewaltschutzverfahren** gefordert, das staatliche Wächteramt wahrzunehmen. Stehen im Gewaltschutzverfahren erhebliche Körperverletzungen der Mutter im Raum und haben Täter und Opfer gemeinsame minderjährige Kinder, wird die Einleitung eines Umgangsverfahrens von Amts wegen zu erfolgen haben.[595]

Weiter zu nennen sind **psychische Erkrankungen** des betreffenden Elternteils[596] und **Alkohol- und Drogensucht.**[597] Die Zugehörigkeit zu einer religiösen Sekte wird nur in Ausnahmefällen einen Umgangsausschluss rechtfertigen können.[598] Ist der umgangsberechtigte Elternteil in **Straf- oder Untersuchungshaft**, stellt dies allein noch kein zureichendes Kriterium für einen Ausschluss des Umgangs dar.[599] Anders wird naturgemäß zu verfahren sein, wenn die Straftat zu Lasten des Kindes oder des anderen Elternteils begangen worden ist (s.o.). Auch der Umstand, dass der Vater der **rechtsradikalen Szene** angehört und die Mutter, die sich hiervon losgesagt hat und sich aus begründeter Furcht vor Racheakten des Vaters mit den Kindern in staatlicher Obhut verborgen hält, kann zu Lasten des Vaters den gänzlichen Ausschluss des Umgangs aus Gründen der Gefährdung des Kindeswohls erfordern.[600]

Einen Umgangsausschluss nicht rechtfertigen können allein Spannungen oder gar eine Verfeindung der Eltern untereinander.[601] Wird aber dadurch eine **schwerwiegende seelische Belastung** des unter einem Loyalitätskonflikt leidenden Kindes ver-

591 KG FamRZ 2021, 693; BVerfG ZKJ 2013, 162.
592 BVerfG FamRZ 2023, 946; OLG Köln 2022, 1933.
593 OLG Brandenburg FamRZ 2022, 275; DIJuF JAmt 2020, 78; vgl. BGH FamRZ 2016, 1058 m. krit. Anm. Heilmann (Verfahrenskostenhilfe für den Vater im Umgangsverfahren); OLG Frankfurt, Beschl. v. 7.6.2011, 4 UF 123/08.
594 KG ZKJ 2023, 103.
595 Zur Verfahrensgestaltung vgl. Staudinger/Dürbeck, § 1684 BGB Rn 324. Vgl. zur Frage des effektiven Kinderschutzes in diesen Konstellationen Schirrmacher/Meysen, FamRZ 2021, 1929 ff.
596 Vgl. OLG Bremen FF 2018, 165; OLG Saarbrücken JAmt 2011, 167; Vogel FF 2014, 150.
597 KG FamRZ 2002, 412; vgl. aber zu den Anforderungen an die Feststellung einer Gefahr für das Kindeswohl OLG Dresden ZKJ 2017, 112; OLG Frankfurt FamRZ 2016, 482.
598 EGMR OstEuR 2013, Nr. 2, 234; vgl. auch zu Fällen religiöser Beeinflussung KG FamRZ 1968, 260.
599 BVerfG FamRZ 2006, 1822; BGH FamRZ 1984, 1084.
600 BVerfG ZKJ 2013, 531 mit Anm. Salgo, FamRZ 2013, 531.
601 BGH FamRZ 1984, 1084; OLG Brandenburg FamRZ 2003, 111.

ursacht, kann der Umgang als letztes Mittel auszuschließen sein.[602] Auch bei einem **fehlgeschlagenen begleiteten Umgang**, wie dies etwa bei Fehlen eines mitwirkungsbereiten Dritten (siehe Rn. 474)[603] oder bei Einstellung der Umgangsbegleitung wegen eines Fehlverhaltens des Umgangselternteils[604] der Fall ist, kommt ein Ausschluss des Umgangs in Betracht.

2. Kindesbezogene Ausschlussgründe

Der **Wille des betreffenden Kindes** (zur Bedeutung vgl. Rn. 456 und 466 f.) und die daraus resultierende Ablehnungshaltung gegenüber Umgangskontakten mit dem nicht betreuenden Elternteil können so gewichtig sein, dass ein befristeter Ausschluss des Umgangsrechts nach § 1684 Abs. 4 Satz 2 BGB in Betracht kommen kann.[605] Hier sind vor allem Alter und Reifegrad des Kindes, die Gründe seiner Ablehnungshaltung, die Frage der Autonomie des gebildeten Willens und die Intensität und Stabilität des Willens von entscheidender Bedeutung.[606] Sind diese Kriterien erfüllt, gebietet es die **Achtung des Persönlichkeitsrechts** des Kindes, seinen Willen zu berücksichtigen und ihn nicht zum Umgang mit dem anderen Elternteil zu zwingen,[607] was sich bereits aus § 90 Abs. 2 Satz 1 FamFG verbietet. **479**

3. Dauer

Schließt das Familiengericht den Umgang aus, so ist dieser grundsätzlich zu **befristen**,[608] wobei möglichst das genaue Datum zu nennen ist.[609] **480**

Ein **unbefristeter Umgangsausschluss** kommt aber in solchen Ausnahmenfällen in Betracht, in denen bereits mit hinreichender Sicherheit feststeht, dass nur ein dauerhafter Ausschluss eine Gefährdung des Kindeswohls abwenden kann.[610] Aus Art. 8 Abs. 1 EMRK leitet der EGMR ab, dass Beschränkung und Ausschluss des Umgangs grundsätzlich jährlich zu überprüfen sind, wobei auch längere Überprüfungsfristen konventionskonform sind, wenn allein durch die Überprüfung das Kindeswohl gefährdet wird.[611]

---

602 EGMR FamRZ 2017, 891; BVerfG ZKJ 2013, 120; OLG Nürnberg NZFam 2016, 1206; KG ZKJ 2015, 235; OLG Saarbrücken FamRZ 2007, 945.
603 Staudinger/Dürbeck, § 1684 BGB Rn 340.
604 OLG Bremen FF 2018, 165; OLG Saarbrücken ZKJ 2017, 152; vgl. auch OLG Koblenz FamRZ 2017, 301 m. Anm. Dürbeck.
605 BVerfG ZKJ 2016, 457; NZFam 2015, 319; ZKJ 2013, 320; OLG Köln, Beschl. v. 7.11.2024 – 14 UF 62/24, juris; OLG Stuttgart ZKJ 2024, 398; OLG Brandenburg, NZFam 2022, 699; Staudinger/Dürbeck, § 1684 BGB Rn 302 ff.
606 BVerfG ZKJ 2013, 120; OLG Brandenburg FamRZ 2018, 1757; OLG Koblenz NZFam 2023, 261; FamRZ 2019, 298 und FamRZ 2014, 2010; Dettenborn/Walter, Familienrechtspsychologie, S. 83 f.
607 BVerfG ZKJ 2016, 457; BGH FamRZ 1980, 131; OLG Karlsruhe FamRZ 2024, 1280 (auch zu sog. Erinnerungskontakten); OLG Nürnberg FamRZ 2009, 1687; Heilmann/Gottschalk, § 1684 BGB Rn 30; BeckOK-BGB/Veit, § 1684 Rn 55.
608 BVerfG FamRZ 2023, 438; FamRZ 2005, 1815; ausführlich Staudinger/Dürbeck, § 1684 BGB Rn 295 f.
609 BVerfG FamRZ 2006, 1005; BGH FamRZ 1984, 1084.
610 BVerfG FamRZ 2016, 1917; KG ZKJ 2015, 235; OLG Brandenburg FamRZ 2010, 1357; vgl. auch EGMR FamRZ 2017, 891 unter Hinweis auf §§ 166 Abs. 2 FamFG, 1696 Abs. 2 BGB.
611 EGMR FamRZ 2011, 1484.

2. Das Umgangsrecht anderer Bezugspersonen nach § 1685 BGB

481 Das Umgangsrecht anderer Bezugspersonen des Kindes ist in § 1685 BGB geregelt. Nach dessen Absatz 1 haben **Großeltern** und **Geschwister** ein Recht auf Umgang mit dem Kind, wenn dieser dem Wohl des Kindes entspricht. Gleiches gilt nach § 1685 Abs. 2 BGB für andere **enge Bezugspersonen** des Kindes, wenn diese für das Kind tatsächliche Verantwortung tragen oder getragen haben (sog. sozial-familiäre Beziehung).

Anders als bei § 1684 Abs. 1 BGB im Verhältnis des Kindes zu seinen (rechtlichen) Eltern besteht bei dem Umgangsrecht der in § 1685 BGB genannten Verwandten und sonstigen sozialen Bezugspersonen ungeachtet der Regelung von § 1626 Abs. 3 Satz 2 BGB keine gesetzliche Vermutung dafür, dass dieser dem Kindeswohl förderlich ist.[612] Voraussetzung ist vielmehr die positive Feststellung, dass der Umgang dem Kindeswohl tatsächlich dient (**positive Kindeswohlprüfung**). Hierdurch wollte der Gesetzgeber den Umgang des Kindes außerhalb der Elternbeziehung begrenzen.[613] Die Feststellungslast – auch für die Kindeswohldienlichkeit – liegt bei den Umgangsberechtigten; verbleibende Zweifel gehen zu ihren Lasten.[614]

482 Anders als die in § 1685 Abs. 2 BGB genannten weiteren Personen brauchen die in § 1685 Abs. 1 BGB genannten Geschwister und Großeltern des Kindes ihre tatsächliche Stellung als Bezugsperson nicht darzulegen, weil insoweit durch das Verwandtschaftsverhältnis vermutet wird, dass eine Beziehung des Kindes zu ihnen in seinem Interesse liegen kann.[615]

Fälle, in denen der Umgang des Kindes mit seinen Geschwistern – umfasst sind nicht nur leibliche, sondern **auch Adoptiv-**[616] **und Halbgeschwister**[617] – vom Familiengericht zu regeln ist, sind in der Praxis selten. Sie können aber dann von Bedeutung sein, wenn die Eltern z.B. nach der Trennung die Kinder aufteilen[618] oder Geschwister nach der Trennung von den Eltern in unterschiedlichen Pflegefamilien leben. Im Rahmen der Hilfeplanung ist der Geschwisterbeziehung Rechnung zu tragen (§ 36 Abs. 2 Satz 3 SGB VIII). Wird eines von zwei leiblichen Geschwistern dagegen adoptiert, erlischt nach § 1755 Abs. 1 Satz 1 BGB das wechselseitige Umgangsrecht nach § 1685 Abs. 1 BGB.[619]

Häufig sind dagegen Fälle, in denen – meist nach einer Trennung der Eltern – die **Großeltern** des nicht betreuenden Elternteils Umgang mit dem Kind beanspru-

612 BGH ZKJ 2017, 463.
613 BT-Drucks. 13/4899, S. 107.
614 OLG Brandenburg, NZFam 2022, 988; Johannsen/Henrich/Althammer/Rake, § 1685 BGB Rn 7.
615 Johannsen/Henrich/Althammer/Rake, § 1685 BGB Rn 2.
616 Campbell, NJW-Spezial 2011, 644.
617 KG FamRZ 2017, 899; Grüneberg/Götz, § 1685 BGB Rn 7.
618 Vgl. EGMR FamRZ 2010, 1046.
619 OLG Dresden ZKJ 2012, 69, das auch ein Umgangsrecht nach § 1685 Abs. 2 BGB verneinte; Heilmann/Gottschalk, § 1685 BGB Rn 7.

chen.[620] Auch bei Pflegekindern kommt ein Umgang mit Großeltern in Betracht.[621] Hier werden in der Praxis Umgangsregelungen häufig deshalb nicht getroffen, weil der Umgang mit den Großeltern dem Kindeswohl nicht dient. Bestehen nämlich zwischen dem betreuenden Elternteil und den Großeltern starke Spannungen oder Zerwürfnisse, so ist zu vermuten, dass ein erzwungener Umgang zu seelischen Belastungen und/oder Loyalitätskonflikten des Kindes führen würde.[622] Auch in Fällen, in denen Großeltern den **Erziehungsvorrang der Eltern missachten** oder deren Erziehungsfähigkeit in Zweifel stellen, wird im Regelfall die **Kindeswohldienlichkeit** des Umgangs **zu verneinen** sein.[623] Anders kann natürlich zu verfahren sein, wenn das Kind den Umgang ausdrücklich wünscht. Trotzdem kann auch in diesem Fall die Kindeswohldienlichkeit fehlen, wenn z.B. durch den Umgang mit den Großeltern die Gefahr bestünde, dass das Kind Umgang auf diesem Weg mit einem vom Umgang ausgeschlossenen Elternteil erhielte.

Eine Notwendigkeit zur Regelung eines eigenständigen Umgangsrechts der Großeltern fehlt im Regelfall auch dann, wenn diese im Rahmen der Umgangskontakte des umgangsberechtigten Elternteils über ausreichend eigene Kontakte mit dem Kind verfügen.[624] Umgekehrt wird die Kindeswohldienlichkeit meist zu bejahen sein, wenn zwischen Kind und Großeltern eine **enge Bindung** besteht, insbesondere weil die Großeltern das Kind **in** der Vergangenheit selbst betreut haben.

Zum Kreis der Umgangsberechtigten nach § 1685 Abs. 2 BGB können sowohl weitere **Verwandte** des Kindes wie Tanten/Onkel,[625] der **frühere Lebensgefährte** eines Elternteils,[626] aber auch die (früheren) **Pflegeeltern des Kindes**[627] (vgl. hierzu Rn. 509 ff.) gehören. **483**

Ob auch ein **leiblicher Elternteil nach einer erfolgten Adoption** sich auf ein Umgangsrecht nach § 1685 Abs. 2 BGB berufen kann, ist umstritten. Zum Teil wird vertreten, dass § 1685 Abs 2 BGB im Hinblick auf die rechtlichen Folgen der Adoption nach §§ 1751 Abs 1 Satz 2, 1755 BGB schon nicht auf leibliche Eltern nach der Adop-

620 Etwa BGH ZKJ 2017, 463; OLG Brandenburg NJW-RR 2019, 130; OLG Saarbrücken ZKJ 2017, 379; OLG Brandenburg FamRZ 2016, 1092; OLG Frankfurt FamRZ 2013, 1994; BeckRS 2014, 118955; MDR 2017, 1128; OLG Hamm ZKJ 2011, 227; OLG München FamRZ 2011, 1804; OLG Brandenburg BeckRS 2010, 12593; KG FamRZ 2009, 1229.

621 OLG Frankfurt BeckRS 2014, 118955; OLG Brandenburg FamRZ 2017, 1675.

622 BGH ZKJ 2017, 463; OLG Brandenburg NJW-RR 2019, 130; JAmt 2011, 419; OLG Saarbrücken ZKJ 2017, 379; Heilmann/Gottschalk, § 1685 BGB Rn 11; kritisch Giers, FamRB 2011, 229, nicht ausreichend allein ist aber eine pauschale Ablehnungshaltung des betreuenden Elternteils.

623 BGH ZKJ 2017, 463; OLG Oldenburg ZKJ 2018, 234; OLG Dresden FamRZ 2010, 310; Staudinger/Dürbeck, § 1685 BGB Rn 39; Johannsen/Henrich/Althammer/Rake, § 1685 BGB Rn 8.

624 OLG Hamm BeckRS 2011, 06401.

625 OLG Bremen ZKJ 2012, 494.

626 OLG Braunschweig FamRZ 2021, 195; OLG Frankfurt FamRZ 2020, 1923: Umgang der vormaligen Lebenspartnerin der Mutter, die sich einer Geschlechtsumwandlung unterzogen hat; OLG Karlsruhe NJW 2011, 1012; OLG Frankfurt BeckRS 2013, 03348.

627 BVerfG FamRZ 2000, 413; BGH NJW 2001, 3337; OLG Frankfurt FamRZ 2025, 119; OLG Schleswig ZKJ 2019, 187.

tion anwendbar sei.[628] Die vorzugswürdige und wohl inzwischen überwiegende Meinung bejaht hingegen die Anwendbarkeit von § 1685 Abs. 2 BGB auf die leiblichen Eltern und zwar unabhängig davon, ob sie der Adoption zugestimmt haben und vor der Adoption auch rechtliche Eltern waren.[629] §§ 1751 Abs. 1 Satz 2, 1755 BGB entfalten nur Wirkung in Bezug auf das Umgangsrecht nach § 1684 Abs. 1 Hs. 2 BGB, schließen jedoch ein vom Elternrecht unabhängiges Umgangsrecht nach §§ 1685 Abs. 2, 1686a Abs. 1 Nr. 1 BGB nicht aus, da dieses nicht im Verwandtschaftsverhältnis, sondern einer faktischen Lebenswirklichkeit wurzelt.[630] Neuere **sozialwissenschaftliche Forschungsergebnisse** belegen zudem, dass Kontakte bzw. der Austausch von Informationen zwischen Adoptivfamilie und Herkunftsfamilie förderlich für die kindliche Entwicklung sein und zur Identitätsfindung beitragen können.[631] § 8a AdVermG weist der Adoptionsvermittlungsstelle die Aufgabe zu, mit den Adoptionsbewerbern und Eltern Informationsaustausch und Kontakt zum Kind noch vor Beginn der Adoptionspflege zu erörtern. Im Rahmen der erforderlichen Kindeswohlprüfung ist der Vorrang der Adoptionsfamilie[632] zu berücksichtigen, wobei die Anforderung der Kindeswohldienlichkeit des Umgangs eine hinreichend hohe Hürde begründet, um die Störungsfreiheit der Familie von rechtlichen Eltern und Kind zu gewährleisten.[633]

Auch der **biologische, aber nicht rechtliche Vater** gehört trotz Einführung des § 1686a BGB zum Kreis der Umgangsberechtigten nach § 1685 Abs. 2 BGB. Beide Umgangsrechte stehen nach der überwiegenden Ansicht nebeneinander,[634] wofür bereits die Genese des § 1686a BGB spricht, der geschaffen wurde, um dem biologischen Vater ein Umgangsrecht auch dann einzuräumen, wenn die Voraussetzungen des § 1685 Abs. 2 BGB nicht erfüllt sind. Gibt es allerdings keinen anderen rechtlichen Vater, kann der biologische, aber nicht rechtliche Vater ein Umgangsrecht weiterhin nur unter den Voraussetzungen des § 1685 Abs. 2 geltend machen.[635]

484 Wesentliche Voraussetzung für ein Umgangsrecht von Bezugspersonen nach § 1685 Abs. 2 BGB ist, dass diese für das Kind tatsächliche Verantwortung tragen oder getragen haben, mithin gegenwärtig oder früher eine **sozial-familiäre Beziehung** zwischen ihnen und dem Kind besteht oder bestanden hat. Nach § 1685 Abs. 2

---

628 OLG Schleswig, FamRZ 2004, 1057; BeckOGK/Altrogge, § 1685 BGB Rn 35ff.; Johannsen/Henrich/Althammer/Rake, § 1685 BGB Rn 6.

629 BGH FamRZ 2021, 1375 Rn. 40 für den Fall der privaten Samenspende; OLG Köln FamRZ 2013, 1150; OLG Stuttgart FamRZ 2006, 1865; BeckOK-BGB/Veit, § 1685 BGB Rn 9; Keuter, NZFam 2021, 816 (817); MünchKomm-BGB/Hennemann, § 1685 BGB Rn 7; Staudinger/Helms, § 1751 BGB, Rn 13; Staudinger/Dürbeck, § 1685 BGB, Rn 25.

630 BGH FamRZ 2021, 1375; BeckOK BGB/Veit, § 1685 BGB Rn 9; Keuter NZFam 2021, 816, 817.

631 DJI, Empfehlungen des Expertise- und Forschungszentrums Adoption zur Weiterentwicklung des deutschen Adoptionswesens und zu Reformen des deutschen Adoptionsrechts, (EFZA-Empfehlungen) S. 52 f. mwN; Helms, Gutachten zum 71. DJT 2016, S. 85 ff.; OLG Frankfurt FamRZ 2020, 1923.

632 Staudinger/Dürbeck, § 1685 BGB Rn 25.

633 BGH FamRZ 2021, 1375 Rn 43.

634 BGH FamRZ 2021, 1375 Rn 13; BeckOK.BGB/Veit, § 1685 BGB Rn 12; a.A. OLG Frankfurt FamRZ 2019, 37; Splitt, FamRZ 2021, 341 jeweils für Vorrang von § 1686a BGB.

635 Splitt, FamRB 2021, 341.

Satz 2 BGB wird dies vermutet, wenn die Person mit dem Kind längere Zeit in häuslicher Gemeinschaft zusammengelebt hat. Damit hat das Familiengericht sowohl das Bestehen einer (zumindest früheren) sozial-familiären Beziehung zu dem Kind als auch die Kindeswohldienlichkeit des Umgangs festzustellen.

Der **Zeitfaktor** einer zurückliegenden sozialen Beziehung zu dem Kind kann aber durchaus gegen einen Umgang sprechen, da § 1685 Abs. 2 BGB nicht dazu dient, abgebrochene Beziehungen des Kindes wieder neu zu beleben.[636] An dem Vorliegen einer sozial-familiären Beziehung wird es meist fehlen, wenn die Adoption kurz nach der Geburt erfolgte.[637] In diesen Fällen ergibt sich ein offener Wertungswiderspruch zwischen der Situation des nur biologischen Vaters und der biologischen Mutter nach der Adoption, da ersterem gerade bei Nichtvorliegen der Voraussetzungen des § 1685 Abs. 2 BGB ein Umgangsrecht über § 1686a BGB eröffnet wird. Die Voraussetzungen für eine analoge Anwendung von § 1686a BGB auf die biologische Mutter sind angesichts des klaren Wortlauts und Ziels der Norm allerdings nicht gegeben.[638]

Die **Kindeswohldienlichkeit** des Umgangs ist allein aus dem **Blickwinkel des Kindes** zu beurteilen. Dabei reicht die abstrakte Möglichkeit, dass der Kontakt des Kindes förderlich sein kann, nicht aus. Vielmehr muss feststehen, dass der Umgang für die Entwicklung des Kindes und sein Wohl unter Berücksichtigung der gesamten Lebenssituation des Kindes, aller seelischen, körperlichen und erzieherischen Aspekte sowie vorhandener Bindungen dienlich ist.[639] Eine Kindeswohldienlichkeit lässt sich in der Regel nicht feststellen, wenn das Verhältnis zwischen dem Umgangsbegehrenden und den Eltern des Kindes nachhaltig zerrüttet ist und Umgangskontakte das Kind daher in erhebliche Loyalitätskonflikte stürzen würden.[640] Belastungen des Kindes durch Konflikte zwischen seinen Eltern und den Umgangsberechtigten sind zu vermeiden.[641] Dies gilt im besonderen Maße auch in Fällen der Adoption, bei denen die Integration in die neue Familie Vorrang genießt.[642] Ein kindeswohldienlicher Umgang wird hier in der Regel nur mit entsprechendem Einvernehmen der Adoptiveltern und Willen des Kindes anzunehmen sein.

Praxistipp

▶ *In diesen wie auch in allen anderen Fällen des § 1685 BGB ist daher der Suche nach Möglichkeiten einer tragfähigen einvernehmlichen Lösung besonderes Gewicht zu geben. Der Verfahrensbeistand hat hier besonders sensibel Wille und Interesse des Kindes aufzuklären und einzubringen.*

636 BVerfG FamRZ 2000, 413; vgl. auch OLG Karlsruhe FamRZ 2009, 1229; OLG Frankfurt FamRZ 2025, 119 (Kontaktunterbrechung von einem Jahr bei vorherigem fünfjährigem Zusammenleben unschädlich).
637 BGH FamRZ 2021, 1375 Rn 43.
638 Keuter, NZFam 2021, 816 (819).
639 OLG Brandenburg FamRZ 2018, 584.
640 OLG NZFam 2022, 988.
641 OLG Karlsruhe NJW 2022, 2418; OLG Frankfurt, FamRZ 2020, 1923; Splitt, FamRB 2021, 341 (343).
642 BeckOK-BGB/Veit, § 1685 BGB Rn 33.

485 Dient der Umgang dem Kindeswohl, ist eine Regelung zu finden, die eine Überforderung des Kindes vermeidet,[643] wobei ein Umgangsrecht nach § 1684 BGB dem nach § 1685 BGB vorgeht.[644] Verneint das Gericht die Kindeswohldienlichkeit, genügt anders als im Rahmen von § 1684 BGB die schlichte Zurückweisung des „Antrages".[645]

Ein **Umgangsausschluss** ist nur dann nach § 1685 Abs. 3 BGB i.V.m. § 1684 Abs. 4 BGB auszusprechen, wenn zu erwarten ist, dass die Bezugsperson durch unzulässige Kontaktaufnahmen das Wohl des Kindes gefährden wird.[646] Eine **Umgangspflegschaft** i.S.d. § 1684 Abs. 3 Satz 3 BGB kann nach § 1685 Abs. 3 Satz 2 BGB nur angeordnet werden, wenn durch das Unterbleiben des Umgangs eine Kindeswohlgefährdung droht (§ 1666 BGB).[647] Erzielen die Verfahrensbeteiligten Einvernehmen, ist mit ihrer Zustimmung der Abschluss eines gerichtlich gebilligten Vergleichs möglich (§ 156 Abs. 2 FamFG).

Praxistipp

▶ *Der Vergleich bedarf der Zustimmung des Verfahrensbeistandes, der regelmäßig zu bestellen ist, wenn das Interesse des Kindes zu dem seines gesetzlichen Vertreters in erheblichem Gegensatz steht (§ 158 Abs. 3 Satz 1 Nr. 1 BGB) oder eine wesentliche Beschränkung des Umgangsrechts in Betracht kommt (§ 158 Abs. 3 Satz 1 Nr. 4 BGB).*

3. Das Auskunftsrecht nach § 1686 BGB

486 Gemäß § 1686 Satz 1 BGB kann jeder Elternteil vom anderen Elternteil bei berechtigtem Interesse **Auskunft über die persönlichen Verhältnisse des Kindes** verlangen, soweit dies dem Kindeswohl nicht widerspricht. Bei Streitigkeiten entscheidet nach Satz 2 der Vorschrift das Familiengericht in Person des Rechtspflegers (§ 3 Nr. 2a RpflG).

Der grundsätzlich gegen den anderen Elternteil, in dessen Obhut sich das Kind befindet,[648] gerichtete Anspruch kommt nicht nur dann zum Tragen, wenn der die Auskunft begehrende Elternteil vom Umgang mit dem Kind nach § 1684 Abs. 4 Satz 1 oder 2 BGB ausgeschlossen wurde oder sein Umgangsrecht sonst eingeschränkt worden ist.[649] Anspruchsberechtigt ist auch ein privater Samenspender, soweit dieser rechtlicher Vater ist.[650]

Ein **berechtigtes Interesse** des Elternteils, unabhängig auch von der Frage des Sorgerechts, an der Erteilung von Auskünften über das Kind kann auch dann bestehen,

643 OLG Brandenburg FamRB 2024, 402; FamRZ 2010, 1991; OLG Hamm ZKJ 2011, 227.
644 BVerfG FamRZ 2017, 335; Grüneberg/Götz, § 1685 BGB Rn 6.
645 BGH FamRZ 2017, 1668; krit. unter Hinweis auf den Charakter des Amtsverfahrens Köhler, ZKJ 2018, 9 (10).
646 Heilmann/Gottschalk, § 1685 BGB Rn 21; Köhler, ZKJ 2018, 9 (10).
647 Splitt, FamRB 2021, 341 (344); Osthold, FF 2017, 347.
648 Grüneberg/Götz, § 1686 BGB Rn 3.
649 Was gleichwohl den häufigsten Anwendungsfall darstellt, vgl. etwa OLG Köln FamRZ 2005, 1276; Dürbeck, ZKJ 2017, 457, 458.
650 OLG Düsseldorf FamRZ 2017, 809 m. Anm. Hammer.

wenn das Kind selbst Kontakte zu ihm ablehnt und dies akzeptiert wird,[651] wenn der betreffende Elternteil, z.B. wegen großer räumlicher Entfernung nach einem Wegzug oder nach der Auswanderung des anderen Elternteils mit dem Kind, an der Wahrnehmung von Umgangskontakten tatsächlich gehindert ist oder diese nur in größeren Zeitabständen wahrgenommen werden können.[652]

Nach § 1790 Abs. 4 BGB besteht ein Auskunftsanspruch auch **gegen den Vormund oder Pfleger** des Kindes. Gegenüber Obhutspersonen besteht kein Auskunftsanspruch, eine entsprechende Anwendung der Auskunftsnormen kommt nicht in Betracht.[653]

Voraussetzung ist stets, dass das Auskunftsrecht **nicht rechtsmissbräuchlich** ausgeübt wird, was insbesondere dann der Fall ist, wenn sich der an sich berechtigte Elternteil die erforderlichen Informationen anderweitig verschaffen kann.[654]

Der Anspruch ist vom Inhalt her auf **alle relevanten Informationen über die persönlichen Verhältnisse** des Kindes gerichtet, insbesondere auf schulische oder berufliche Belange, etwaige Krankheiten oder Schutzmaßnahmen wie Impfungen und persönliche Interessen des Kindes.[655] Mit der Auskunft können etwaige Zeugnisse, Atteste und ggf. auch Lichtbilder des Kindes verlangt werden.[656] **Maß und Häufigkeit** sind im Einzelfall entsprechend des Zwecks, den Elternteil in die Lage zu versetzen, einen Überblick über die Entwicklung und das Befinden des Kindes zu erhalten, zu bestimmen.[657] **Zu weitgehend** wäre jedoch eine kleinteilige Verpflichtung zur Übermittlung von Fotokopien von Meldebestätigungen, Mitgliedsbescheinigungen von Krankenkassen, Krankenversicherungskarten oder des Impfpasses des Kindes, zur Bekanntgabe von Arztterminen, zur Übersendung detaillierter Berichte über ärztliche Untersuchungen oder Diagnosen, zur Bekanntgabe von Terminen von Lernentwicklungs- und Elterngesprächen oder deren Ergebnisse und auch zur Unterrichtung über beantragte und bewilligte Hilfen einschließlich der entsprechenden Anträge und Erklärungen.[658]

Die Geltendmachung des Anspruchs muss nicht dem Kindeswohl dienen, sondern **487**
darf ihm nach der negativen Formulierung des Gesetzes nur nicht widersprechen (**negative Kindeswohlprüfung**).[659] Dies kann im Einzelfall gegeben sein z.B. bei erheblichen Konflikten der Eltern, die eine Belastung für das Kind darstellen,[660] oder wenn der vom Umgang ausgeschlossene Elternteil die Informationen zu dem Zweck erhalten will, einen dem Kindeswohl abträglichen Kontakt herzustellen bzw. ein Kontaktverbot zu umgehen,[661] einen kindeswohlabträglichen Einfluss auf die elterliche

651 OLG Hamm FamRZ 2003, 1583; Grüneberg/Götz, § 1686 BGB Rn 4.
652 BGH ZKJ 2017, 146; OLG Brandenburg FamRZ 2008, 638; BayObLG FamRZ 1983, 1169.
653 BGH ZKJ 2017, 146; ZKJ 2017, 466; Dürbeck, ZKJ 2017, 457, 458.
654 BGH ZKJ 2017. 146.
655 Heilmann/Gottschalk, § 1686 BGB Rn 9 f.
656 OLG Bamberg FamRZ 2022, 1788.
657 Vgl. etwa BeckOK-BGB/Veit, § 1686 Rn 12: viertel- bis halbjährlich.
658 OLG Bremen FamRZ 2024, 1034.
659 OLG Bamberg FamRZ 2022, 1788; vgl. BT-Drucks. 13/4899, S. 107.
660 OLG Brandenburg FamRZ 2008, 638.
661 Vgl. OLG Bamberg ZKJ 2022, 261OLG Naumburg FamRZ 2001, 513; BT-Drucks. 8/2788, S. 55.

Sorge zu nehmen[662] oder das Informationsmaterial z.B. durch Veröffentlichung zu missbrauchen.[663]

Der Auskunft entgegenstehen kann auch das Persönlichkeitsrecht des schon älteren Kindes und dessen geäußerter Wille.[664] Auch bei vorausgegangener Kindesentführung oder der konkreten Gefahr einer solchen sind solche **Auskünfte** zu **versagen**, die es dem Berechtigten ermöglichen, den Aufenthalt des Kindes zu ermitteln, was etwa auch bei Übersendung eines Fotos des Kindes der Fall sein kann.[665]

488 Die Bestellung eines **Verfahrensbeistandes** zur Wahrnehmung der Interessen des Kindes ist auch im Rahmen von § 1686 BGB stets zu prüfen und wird insbesondere bei hochkonflikthaften Elternauseinandersetzungen erforderlich sein (§ 158 Abs. 3 Satz 1 Nr. 1 FamFG).

489 Verweigert der betreuende Elternteil die Erfüllung der Auskunft, kommt nach ergebnisloser Vollstreckung auch ein **Teilentzug der elterlichen Sorge** in Betracht, damit ein Ergänzungspfleger die Auskunft erteilen kann.[666]

4. Das Umgangsrecht des biologischen Vaters nach § 1686a BGB

490 Das deutsche Familienrecht kannte ursprünglich ein allein an die biologische Vaterschaft eines Kindes geknüpftes Umgangsrecht nicht (vgl. Rn 478). Das elterliche Umgangsrecht knüpft nach § 1684 BGB nicht an die biologische, sondern die rechtliche Vaterschaft an. § 1685 Abs. 2 BGB kann zu einem Umgangsrecht des biologischen (und gleichzeitig sozialen) Vaters führen, setzt aber voraus, dass Vater und Kind zumindest zeitweise bereits in einem Haushalt zusammengelebt oder der biologische Vater bereits anderweitig tatsächlich Verantwortung für das Kind übernommen hat.

491 Zum Verständnis der Problematik ist weiter zu beachten, dass der biologische Vater die Vaterschaft des rechtlichen Vaters (meist der Ehemann der Mutter, vgl. § 1592 Nr. 1 BGB) nicht anfechten kann, wenn zwischen rechtlichem Vater und Kind eine sozial-familiäre Beziehung besteht (vgl. § 1600 Abs. 1 Nr. 2, Abs. 2 und 4 BGB).[667] Diese Rechtslage und damit der Umgangsausschluss des biologischen Vaters, der nie mit dem Kind zusammengelebt hat, vom Umgang mit dem Kind aber ausgeschlossen war, wurde von BVerfG und BGH nicht beanstandet.[668] Der EGMR hat jedoch in mehreren Entscheidungen[669] hierin eine **Verletzung von Art. 8 EMRK** gesehen, weil auch ein beabsichtigtes Familienleben mit dem Kind zu schützen sei, und die Möglichkeit

662 BGH ZKJ 2017, 466.
663 OLG Hamm FamRZ 2010, 909.
664 BGH ZKJ 2017, 466; OLG Köln NZFam 2023, 908; OLG München FamRZ 2022, 1536; OLG Bamberg ZKJ 2022, 261; Dürbeck, ZKJ 2017, 457, 459.
665 Vgl. Staudinger/Dürbeck, § 1686 BGB Rn 11.
666 Vgl. OLG Frankfurt FamRZ 2002, 1585; 2004, 1311.
667 Vgl. zuletzt BVerfG NZFam 2014, 45 m. Anm. Lack; hiergegen hat auch der EGMR keine Bedenken, vgl. FuR 2012, 473; vgl. aber nunmehr BVerfG ZKJ 2019, 177 zur Frage der Konkurrenz von zwei sozialen Vaterschaften im Abstammungsrecht.
668 BVerfG FamRZ 2004, 1705; 2003, 816; BGH NZFam 2017, 1127; FamRZ 2005, 705; zur Vorgeschichte Staudinger/Dürbeck, § 1686a BGB Rn 1 ff.; Peschel-Gutzeit, NJW 2013, 2465.
669 FamRZ 2011, 3565; 2011, 1715; FuR 2012, 473.

einer einzelfallabhängigen Prüfung des Umgangsrechts des mutmaßlichen biologischen Vaters nach Kindeswohlkriterien angemahnt.

Ungeachtet der Rechtsprechung des EGMR zum Umgangsrecht des leiblichen Vaters ließ aber das deutsche Abstammungsrecht keine inzidente Klärung der Vaterschaft in einem Umgangsverfahren zu.[670] Hierauf hat der Gesetzgeber reagiert und mit dem Gesetz zur Stärkung der Rechte des leiblichen, nicht rechtlichen Vaters vom 4.7.2013,[671] das am 13.7.2013 in Kraft getreten ist, ein **Umgangs- und Auskunftsrecht des biologischen Vaters** geschaffen.[672]

Materiell-rechtlich ist das **Umgangs- und Auskunftsrecht des biologischen Vaters** in **§ 1686a BGB** geregelt. Es wird flankiert durch die verfahrensrechtliche Bestimmung von § 167a FamFG.[673] Nach § 1686a BGB hat der leibliche Vater, der ein ernsthaftes Interesse an dem Kind gezeigt hat, solange die (rechtliche) Vaterschaft eines anderen Mannes besteht, ein Recht zum Umgang mit dem Kind, wenn der Umgang dem Kindeswohl dient, und darüber hinaus ein **Recht auf Auskunft von jedem Elternteil über die persönlichen Verhältnisse des Kindes**, soweit er ein berechtigtes Interesse hat und dies dem Wohl des Kindes nicht widerspricht. Die von § 1686a Abs. 1 BGB vorausgesetzte anderweitige rechtliche Vaterschaft muss nicht durch gesetzliche Abstammung, sondern kann auch durch Adoption begründet worden sein.[674] 492

Der potenzielle leibliche Vater hat im Streitfall nach § 167a Abs. 1 FamFG an Eides statt zu versichern, dass er der Mutter in der gesetzlichen Empfängniszeit beigewohnt hat. Das wird auch bei einem **Samenspender** außerhalb von § 1600 Abs. 4 BGB anzunehmen sein,[675] wobei sich die Glaubhaftmachung nach § 167a FamFG auf die Urheberschaft für die Samenspende und deren Verwendung zur Zeugung des Kindes beziehen muss.[676] Wird die Vaterschaft von der Mutter bestritten oder in Frage gestellt, weil sie auch mit anderen Männern in der Empfängniszeit Geschlechtsverkehr hatte, so hat das Familiengericht die Vaterschaft gemäß § 167a Abs. 2 FamFG inzident zu klären.[677]

Die Einholung eines **Abstammungsgutachtens** sollte – um eine Belastung für das Kind zu vermeiden – grundsätzlich vor der **Kindesanhörung** erfolgen, worauf der **Verfahrensbeistand** ggf. hinwirken sollte.[678] Lässt sich die fehlende Kindeswohldienlichkeit ohne größeren Ermittlungsaufwand feststellen, bedarf es der Klärung der Abstammung nicht.[679] Nicht entscheidend ist, ob die Vaterschaft des rechtlichen Vaters

670 Letztmals bestätigt durch BVerfG FamRZ 2013, 1195 = ZKJ 2013, 407.
671 BGBl. I 2013, 2176.
672 Vgl. dazu ausführlich Hammer, FamRB 2013, 298; Peschel-Gutzeit, NJW 2013, 2465; Keuter, ZKJ 2014, 16.
673 Vgl. dazu MünchKomm-FamFG/Heilmann, § 167a FamFG Rn 1 ff.
674 BGH FamRZ 2021, 1375.
675 BGH ZKJ 2013, 410; Hoffmann, FamRZ 2013, 1077 (1078); Hammer, FamRB 2013, 298, 299.
676 BGH FamRZ 2021, 1375.
677 Kritisch hierzu (aber zu Unrecht): Peschel-Gutzeit, NJW 2013, 2465 (2466).
678 MünchKomm-FamFG/Heilmann, § 167a Rn 12; differenzierend BVerfG ZKJ 2015, 72.
679 EGMR FamRZ 2018, 1423; OLG Frankfurt FamRZ 2019, 1254.

wegen einer fehlenden sozial-familiären Beziehung (§ 1600 Abs. 2 BGB) noch angefochten werden könnte.[680]

493 Erforderlich ist damit ein **ernsthaftes Interesse** des biologischen Vaters an dem Kind. Hierbei sind keine zu hohen Anforderungen an dieses Tatbestandsmerkmal zu stellen, es dient lediglich dazu, Anträge auszuschließen, bei denen das Interesse des Vaters offenkundig gering[681] oder gar rechtsmissbräuchlich ist. Dabei ist eine **Prognose** zu stellen, ob der Antragsteller längerfristig an der Teilhabe am Leben des Kindes interessiert ist.[682] Kriterien sind etwa nach der Gesetzesbegründung[683] bereits außergerichtlich geäußerte Wünsche auf Umgang oder des Erhalts von Informationen über das Kind. Der Umstand, dass der potenzielle Vater in der Vergangenheit zunächst kein Interesse an dem Kind gezeigt hat, reicht für sich genommen zur Ablehnung der Ernsthaftigkeit nicht aus, zumal eine solche Zurückhaltung auch zum Wohl des Kindes erfolgt sein kann.[684]

494 Schließlich ist es neben der **Feststellung der biologischen Vaterschaft**, die nicht wie im Abstammungsverfahren nach § 177 Abs. 2 Satz 1 FamFG förmlich festgestellt werden muss und von den Beteiligten unstreitig gestellt werden kann,[685] notwendig, dass der begehrte Umgang dem Kindeswohl dient (§ 1686a Abs. 1 Nr. 1 BGB).

Es ist daher eine **Kindeswohlprüfung** wie bei § 1685 Abs. 1 BGB (vgl. Rn. 481) durchzuführen, eine Vermutung wie bei § 1626a Abs. 2 Satz 2 BGB besteht hier nicht.[686] Die Annahme der Kindeswohldienlichkeit setzt voraus, dass die von dem Umgang zu erwartenden Vorteile für das Kind die zu erwartenden Nachteile eindeutig überwiegen.[687] In die ergebnisoffene Abwägung einzubeziehen sind

- familiäre Situation,
- Stabilität und Belastbarkeit des Familienverbands,
- Beziehungskonstellation bzw. Konfliktniveau zwischen den betroffenen Erwachsenen,
- Alter und Resilienz des Kindes,
- Grad der Bindung des Kindes an seine rechtlich-sozialen Eltern,
- Dauer der Kenntnis von der Existenz eines biologischen Vaters.[688]

Beziehungsstörungen zwischen Erzeuger und Mutter dürfen nur wie bei § 1685 Abs. 1 BGB gegen einen Umgang im Interesse des Kindes sprechen, wenn die Bezie-

---

680 BR-Drucks. 666/12, S. 12; Hoffmann, FamRZ 2013, 1077 (1079).
681 Hammer, FamRB 2013, 298 (299); vgl. auch OLG Bremen FamRZ 2015, 266.
682 OLG Frankfurt ZKJ 2019, 65; Lang, FPR 2013, 233 (235).
683 BT-Drucks. 17/13269, S. 5.
684 Hoffmann, FamRZ 2013, 1077 (1080).
685 MünchKomm-FamFG/Heilmann, § 167a FamFG Rn 14.
686 KG, Beschluss v. 26.11.2021 – 13 UF 120/19 –, = NZFam 2023, 222 (Leitsatz und Kurzwiedergabe).
687 OLG Frankfurt FamRZ 2017, 307: Dieser Maßstab ist konform mit den vom EuGHMR zu Art. 8 EMRK aufgestellten Anforderungen.
688 BT-Drucks. 17/12163, S. 13; BGH ZKJ 2017, 21; ausführlich Lack, in: Lack/Hammesfahr, Psychologische Gutachten im Familienrecht, Rn 705 ff.

hung schwerwiegend geschädigt ist.[689] Die Kindeswohldienlichkeit kann nicht mit der Begründung abgelehnt werden, dass das Kind noch nichts über die Existenz eines anderen biologischen Vaters wisse, hier muss bei einer Verweigerung der Eltern ggf. das Familiengericht mit sachverständiger Hilfe das Kind informieren.[690] Von besonderer Bedeutung ist aber, ob der biologische Vater den Erziehungsvorrang der rechtlichen Eltern respektiert und ob sich das Kind bei etwaigen Konflikten in einem Loyalitätskonflikt befindet.[691]

Bejaht das Familiengericht die Kindeswohldienlichkeit eines Umgangs zwischen Erzeuger und Kind, so gelten nach § 1686a Abs. 2 BGB die Vorschriften des § 1684 Abs. 2 bis 4 BGB entsprechend, wobei hinsichtlich des Umfangs der Maßstab des § 1685 Abs. 2 BGB heranzuziehen ist[692] und auch hier eine Umgangspflegschaft i.S.d. § 1684 Abs. 3 Satz 3 BGB nur unter den Voraussetzungen des § 1666 BGB angeordnet werden darf. Entspricht ein persönlicher Umgang nicht dem Kindeswohl, kann gleichwohl ein brieflicher Kontakt in Frage kommen.[693]

Das in § 1686a Abs. 1 Nr. 2 BGB geregelte **Auskunftsrecht** des biologischen Vaters[694] wird vor allem dann beansprucht werden, wenn das Familiengericht die Kindeswohldienlichkeit des Umgangsrechts nach Nr. 1 verneint hat. Insoweit ist damit zu rechnen, dass dieses oft **hilfsweise** für den Fall der Ablehnung des Umgangsrechts vor dem Familiengericht geltend gemacht werden wird. Es kann – wie bei § 1686 BGB (Rn. 486) – nur abgelehnt werden, wenn dies dem Kindeswohl widerspricht (negative Kindeswohlprüfung), aber auch dann, wenn es – wie bei § 1686a Abs. 1 Nr. 1 BGB – ausnahmsweise an einem berechtigten Interesse des Antragstellers fehlt. Der Anspruch hat den gleichen Inhalt wie der Auskunftsanspruch des § 1686 BGB, richtet sich aber sowohl gegen die Mutter als auch den rechtlichen Vater des Kindes. Er wird – wie bei § 1686 BGB – nur in seltenen Fällen abgelehnt werden können.[695] Seine Geltendmachung kann dann aber ebenso wie beim Umgangsrecht zur **inzidenten Feststellung der biologischen Vaterschaft** des Antragstellers führen. 495

689 BVerfG, Beschl. v. 9.3.2017, 1 BvR 401/17; OLG Frankfurt ZKJ 2019, 65; OLG Jena FamRZ 2017, 410; Hammer, FamRB 2013, 298 (300).

690 BGH ZKJ 2017, 21; zu Recht krit. MünchKomm-FamFG/Heilmann, § 167a FamFG Rn 6b; vgl. auch OLG Frankfurt FamRZ 2021, 756.

691 BGH FamRZ 2021, 137; OLG Frankfurt ZKJ 2019, 65; FamRZ 2017, 307; OLG Jena FamRZ 2017, 410; Heilmann/Gottschalk, § 1686a BGB Rn 17.

692 OLG Frankfurt FamRZ 2019, 2008.

693 KG, Beschl. v. 26.11.2021 – 13 UF 120/19 –, = NZFam 2023, 222 (Leitsatz und Kurzwiedergabe).

694 Vgl. dazu Clausius, NZFam 2017, 893.

695 Staudinger/Dürbeck, § 1686a BGB Rn 23; Hoffmann, FamRZ 2013, 1077 (1081); Clausius, NZFam 2017, 893 (895).

IV. Herausgabe des Kindes (§ 1632 BGB)

1. Voraussetzungen

496 Gemäß § 1632 Abs. 1 BGB umfasst die Personensorge das Recht, die Herausgabe des Kindes von jedem zu verlangen, der es den Eltern oder einem Elternteil widerrechtlich vorenthält. Der Anspruch folgt insbesondere dem Recht zur Bestimmung des Aufenthalts des Kindes (§ 1631 Abs. 1 BGB).[696] Steht das Aufenthaltsbestimmungsrecht einem Elternteil alleine zu, kann nur dieser das Recht geltend machen. Anspruchsgegner kann in diesem Fall aber auch der andere Elternteil sein, bei dem sich das Kind ohne hinreichende Rechtsgrundlage (z.B. Umgangsregelung oder im Fall einer Entführung) befindet.[697]

Haben die Eltern gemeinsam das elterliche Sorgerecht inne, so müssen beide oder einer mit Zustimmung des anderen die Herausgabe an beide verlangen. Sind sie sich uneinig, ist der Antrag unbegründet, da dann zunächst eine Entscheidung nach § 1628 BGB einzuholen ist.[698]

Anspruchsinhaber kann auch der **Vormund** (§ 1795 Abs. 1 Satz 3 BGB) oder **Pfleger** (§§ 1813 Abs. 1, 1795 Abs. 1 Satz 3 BGB) sein, wenn ihm das Aufenthaltsbestimmungsrecht zusteht,[699] so z.B. auch der nach § 1684 Abs. 3 Satz 3 BGB bestellte **Umgangspfleger** für die Zwecke des Umgangs.

497 Verfahrensrechtlich handelt es sich um ein **eigenständiges Verfahren** nach § 151 Nr. 3 FamFG,[700] für das in der Regel auch ein **Verfahrensbeistand** bestellt werden muss (§ 158 Abs. 3 Satz 1 Nr. 3 FamFG). Es ist ein Antrag eines Elternteils nach § 1632 Abs. 3 BGB erforderlich. Beantragt bei gemeinsamer elterlicher Sorge ein Elternteil das Aufenthaltsbestimmungsrecht wegen Dringlichkeit im Wege einstweiliger Anordnung nach § 1671 Abs. 1 Satz 2 Nr. 2 BGB, so kann in Ausnahmefällen ein daneben gestellter Antrag nach § 1632 Abs. 1 BGB ebenfalls veranlasst sein, auch wenn der Anspruch erst mit der Entscheidung über das Sorgerecht entstehen kann.[701]

Ein **widerrechtliches Vorenthalten** setzt in der Regel ein aktives Tun (Einsperren, Verheimlichen des Aufenthaltsortes, Unterbringung bei Dritten, Verwehren des Zutritts etc.) voraus, ein rein passives Verhalten, wie etwa Dulden des Aufenthaltes des Kindes, genügt nicht.[702] Widerrechtlich ist das Vorenthalten, wenn der Anspruchsgegner das Kind ohne Rechtfertigungsgrund, insbesondere Einwilligung des oder der Sorge-

---

696 BayObLG FamRZ 1990, 1379; Staudinger/Salgo, § 1632 BGB Rn 9.
697 BGH FamRZ 1990, 666; OLG Brandenburg FamRZ 2007, 1350; Heilmann/Fink, § 1632 BGB Rn 8.
698 BeckOK-BGB/Veit, § 1632 BGB Rn 3.
699 OLG Brandenburg FamRZ 2000, 1038.
700 Einzelheiten bei MünchKomm-FamFG/Heilmann, § 151 FamFG Rn 35 ff.
701 Siehe auch BeckOK-BGB/Veit, § 1632 BGB Rn 15.
702 Dürbeck, in: Oberloskamp/Dürbeck, Vormundschaft, Kap. 2 Rn 109; Grüneberg/Götz, § 1632 BGB Rn 3.

berechtigten, in seiner Gewalt hat und die Wiedererlangung durch den Berechtigten verhindert.[703]

Hat das Jugendamt das Kind nach § 42 SGB VIII **in Obhut genommen**, stellt dies bis zu einer unverzüglich herbeizuführenden sorgerechtlichen Entscheidung des Familiengerichts einen Rechtfertigungsgrund gegen den Herausgabeanspruch der Eltern dar.[704]

Bei gemeinsam sorgeberechtigten Eltern ist **Maßstab der Entscheidung allein das Kindeswohl**.[705] Da § 1632 Abs. 1 BGB allein auf das Aufenthaltsbestimmungsrecht abstellt, steht der Anspruch auch Eltern gegen die Pflegeeltern zu, wenn sich das Kind im Einverständnis der Eltern und ohne Sorgerechtsentzug in Vollzeitpflege (§ 33 SGB VIII) befindet. Das Familiengericht kann von Amts wegen oder auf Antrag der Pflegeeltern eine Verbleibensanordnung nach § 1632 Abs. 4 BGB erlassen (Rn. 499 und 515 ff.). Ggf. ist bis zur Entscheidung in der Hauptsache – für die ebenfalls ein Verfahrensbeistand zu bestellen ist – eine vorläufige Regelung im Wege der einstweiligen Anordnung zu treffen.

§ 1632 Abs. 1 BGB i.V.m. § 1684 Abs. 2 BGB werden im Übrigen entsprechend ange- **498**
wendet, wenn der betreuende Elternteil oder der Umgangselternteil die Herausgabe **persönlicher Gegenstände** des Kindes, insbesondere dessen **Reisepass** zum Zweck des Antritts einer Urlaubsreise, vom jeweils anderen Elternteil verlangt.[706]

2. Verbleibensanordnungen

a) § 1632 Abs. 4 BGB

Lebt das Kind in einer **Pflegefamilie** und wollen die (sorgeberechtigten) Eltern das **499**
Kind von dort wegnehmen (also nach § 1632 Abs. 1 BGB vorgehen), kann das Familiengericht von Amts wegen oder auch auf Antrag der Pflegeperson anordnen, dass das Kind bei der Pflegeperson verbleibt, wenn und solange das **Kindeswohl** durch die Wegnahme gefährdet würde.[707]

Der Begriff der Kindeswohlgefährdung entspricht demjenigen von § 1666 BGB. Im Verhältnis zu § 1666 BGB ist wegen des **Verhältnismäßigkeitsprinzips** § 1632 Abs. 4 BGB allerdings vorrangig,[708] schließt aber daneben Maßnahmen nach § 1666 BGB nicht aus, soweit sie – z.B. wegen fehlender Kooperation der Eltern mit dem Jugendamt und der Pflegeperson – erforderlich sind.[709] Wegen der besonderen Bedeutung der Pflegekindschaftsverhältnisse wird die dort bestehende Problematik von

703 Grüneberg/Götz, § 1632 BGB Rn 4; Staudinger/Salgo, § 1632 BGB Rn 14.
704 OLG Frankfurt ZKJ 2019, 185; OLG Brandenburg FF 2019, 172; OLG Zweibrücken FamRZ 1996, 1026; Staudinger/Salgo, § 1632 Rn 5; Heilmann/Dürbeck, § 42 SGB VIII Rn 25.
705 OLG Brandenburg FamRZ 2007, 1350.
706 BGH ZKJ 2019, 303.
707 Ausführlich Splitt, FamRB 2018, 416; Balloff/Vogel, FamRB 2018, 408.
708 BVerfG ZKJ 2018, 59; FamRZ 1989, 145; BGH FamRZ 2014, 543; OLG Koblenz FamRZ 2005, 1923.
709 OLG Frankfurt FamRZ 2015, 2172; OLG Bamberg DAVorm 1987, 664; Völker/Clausius, § 4 Rn 24.

Verbleibensanordnungen nach § 1632 Abs. 4 BGB umfassend in einem gesonderten Abschnitt (vgl. Rn. 515) erörtert.

b) § 1682 BGB

500 Eine weitere Begrenzung erfährt § 1632 Abs. 1 BGB durch die Möglichkeit von Verbleibensanordnungen nach § 1682 BGB.[710] Hat das Kind **seit längerer Zeit in einem Haushalt mit einem Elternteil** und dessen Ehegatten gelebt und will der andere Elternteil, der wegen Ruhens der elterlichen Sorge, Tod oder Sorgerechtsentzug des bisher betreuenden Elternteils (§§ 1678, 1680, 1681 BGB) den Aufenthalt des Kindes nunmehr (sorgerechtlich) allein bestimmen kann, das Kind von dem Ehegatten wegnehmen, so kann das Familiengericht von Amts wegen oder auf Antrag des Ehegatten ebenfalls anordnen, dass das Kind bei ihm verbleibt, wenn und solange das **Kindeswohl** durch die Wegnahme gefährdet würde.

Die Regelung gilt nach Satz 2 entsprechend, wenn das Kind seit längerer Zeit in einem Haushalt mit einem Elternteil und dessen Lebenspartner oder einer nach § 1685 Abs. 1 BGB umgangsberechtigten volljährigen Person (also Großeltern und Geschwister[711]) gelebt hat. Eine Verbleibensanordnung kann zugunsten der Großeltern nicht stattfinden, wenn diese lediglich einen erweiterten Umgang mit den Kindern hatten, die Kinder aber nicht länger im Haushalt der Großeltern gelebt haben.[712] Der nichteheliche Lebensgefährte kann sich allerdings nicht auf § 1682 BGB berufen.[713]

501 Damit finden aber gleichwohl auch **Stiefkind- bzw. Patchworkverhältnisse** und Beziehungen des Kindes zu ihm nahestehenden volljährigen Verwandten Berücksichtigung bei der Frage der Begrenzung der elterlichen Sorge i.S.d. pflichtengebundenen Elternrechts (Art. 6 Abs. 2 Satz 1 GG) zugunsten des allgemeinen Persönlichkeitsrechts des Kindes (Art. 2 Abs. 1 i.V.m. Art. 1 Abs. 1 GG). Nach zutreffender Auffassung[714] kommt aber auch den Rechten der Stiefeltern bzw. der sonstigen in § 1682 Satz 2 BGB genannten Bezugspersonen **verfassungsrechtlicher Schutz** zu, wie sie das Bundesverfassungsgericht auch der aus Pflegekindern und Pflegeeltern folgenden Pflegefamilie aus Art. 6 Abs. 1 gewährt.[715]

Im Verhältnis zu § 1632 Abs. 4 BGB stellt § 1682 BGB eine **Sonderregelung** dar.[716] Trotz hoher Scheidungsraten und gesteigerter Bedeutung von Patchworkfamilien hat § 1682 BGB die obergerichtliche Rechtsprechung bisher, soweit erkennbar, nicht beschäftigt.

---

710 Ausführlich dazu Salgo, FPR 2004, 83; Oberloskamp, ZKJ 2008, 484.
711 Nicht ausreichend sind minderjährige Geschwister, vgl. Grüneberg/Götz, § 1682 BGB Rn 2.
712 AG Dortmund FamRZ 2017, 538.
713 BVerfG FamRZ 2019, 1061.
714 Staudinger/Salgo, § 1682 BGB Rn 8; zur Erstreckung des Familienbegriffs des Art. 6 Abs. 1 GG auf die Stieffamilie vgl. auch BVerfGE 151, 101 Rn 56; 18, 97.
715 BVerfG FamRZ 2023, 1714; NJW 1985, 423; NJW 1989, 519; Groß, FPR 2004, 411.
716 BeckOK-BGB/Veit, § 1632 BGB Rn 33.

Der in § 1682 Satz 1 BGB erwähnte Antrag des Stiefelternteils kann dabei bereits dann gestellt werden, wenn der sorgeberechtigte Elternteil außergerichtlich die Herausgabe des Kindes verlangt hat.[717]

Wie § 1632 Abs. 4 BGB setzt die Verbleibensanordnung nach § 1682 BGB zunächst voraus, dass das Kind **„längere Zeit"** mit der Bezugsperson in einem Haushalt gemeinsam mit dem früher betreuenden Elternteil zusammengelebt hat. Der Begriff ist nicht absolut nach bloßer tatsächlicher Dauer, sondern unter **besonderer Berücksichtigung des kindlichen Zeitempfindens**[718] zu bestimmen. Dabei kommt insbesondere dem Alter des Kindes besondere Bedeutung zu, da jüngere Kinder wesentlich schneller als ältere Kinder Bindungen zu Bezugspersonen aufbauen können.[719] **502**

Schließlich ist weiterhin erforderlich, dass durch eine Wegnahme, d.h. eine Überführung in den Haushalt des sorgeberechtigten Elternteils, das Wohl des Kindes gefährdet würde. Hinsichtlich des Maßstabes ist auf die Ausführungen zu § 1632 Abs. 4 BGB (vgl. Rn. 499) Bezug zu nehmen. Von besonderer Bedeutung ist auch hier, in welchem Ausmaß das Kind Bindungen zur Bezugsperson aufgebaut hat und wie die Bindungsqualität zum allein sorgeberechtigten Elternteil einzustufen ist.[720] Sind **gesicherte Bindungen zu der Bezugsperson** entstanden, so kann im Regelfall davon ausgegangen werden, dass die Trennung des Kindes von der Bezugsperson mit einer erheblichen psychischen Belastung für das Kind verbunden ist, und es ist danach zu fragen, ob eine Herausnahme des Kindes zum gegenwärtigen Zeitpunkt zu erheblichen Schäden für seine weitere Entwicklung führen würde.

Insoweit ist – wie im Rahmen des § 1632 Abs. 4 BGB – eine **Abwägung** zwischen dem **Elternrecht** des die Herausgabe verlangenden Elternteils nach Art. 6 Abs. 2 Satz 1 GG und dem **Recht des Kindes** aus Art. 2 Abs. 1 GG vorzunehmen, wobei dem Bedürfnis des Kindes nach Sicherung der Kontinuität seiner Lebensbedürfnisse stets zentrale Bedeutung zukommt.[721] Ein vorhandenes Risiko für den Eintritt psychischer oder körperlicher Schädigungen ist für das Kind nicht hinnehmbar,[722] wobei insbesondere in einstweiligen Anordnungsverfahren nach §§ 49 ff. FamFG die Gefahr eines mehrfachen Aufenthaltswechsels des Kindes zu vermeiden ist.[723] Im Übrigen spielt bei der – wegen des staatlichen Wächteramtes nicht im Ermessen des Familiengerichts stehenden[724] – Entscheidung des Familiengerichts das Verhältnis des Kindes zu dem sorgeberechtigten Elternteil und, wie bei Pflegekindern, auch dessen Erziehungskompetenz für das Abwägungsergebnis eine gewichtige Rolle. **503**

717 MünchKomm-BGB/Hennemann, § 1682 BGB Rn 8.
718 Heilmann, Kindliches Zeitempfinden und Verfahrensrecht, S. 71 ff.
719 Staudinger/Salgo, § 1682 BGB Rn 15 f.; Balloff, FPR 2013, 208, (211); Kindler, FPR 2013, 194 (195), vgl. auch zur Rspr. OLG Celle FamRZ 1990, 191.
720 MünchKomm-BGB/Hennemann, § 1682 BGB Rn 14.
721 OLG Frankfurt ZKJ 2014, 292; Staudinger/Coester, § 1666 BGB Rn 129 ff. und Staudinger/Salgo, § 1682 BGB Rn 29.
722 BVerfG JAmt 2010, 192.
723 BVerfG ZKJ 2022, 227.
724 OLG Bamberg FamRZ 1993, 726; Staudinger/Salgo, § 1682 BGB Rn 24.

Entgegen der wohl h.M.[725] beschränkt sich weder der Zweck noch der Gestaltungsspielraum von §§ 1682, 1632 Abs. 4 BGB darauf, zeitlich befristete Verbleibensanordnungen zu treffen, um das Kind auf einen Wechsel zum sorgerechtlichen Elternteil vorzubereiten. Das Bedürfnis des Kindes nach Stabilität und Kontinuität kann es im Einzelfall gebieten, von einer Befristung abzusehen, um dem Kind und der „Stieffamilie" eine dauerhafte Perspektive zu schaffen.[726] Das Institut der **Dauerverbleibensanordnung** nach § 1632 Abs. 4 Satz 2 BGB gilt mangels Verweisungsnorm nicht im Rahmen des § 1682 BGB.

504 Ordnet das Familiengericht eine Verbleibensanordnung an, so hat das Familiengericht in jedem Fall auch eine **Regelung des Umgangs mit dem sorgeberechtigten Elternteil** zu treffen, deren Ausmaß vom Einzelfall und vor allem von der Perspektive der Rückkehr des Kindes zu dem betreffenden Elternteil abhängt (vgl. dazu Rn. 509 ff.). Wurde die Anordnung befristet, ist rechtzeitig vor Ablauf der Frist neu zu überprüfen, ob das Kindeswohl durch eine Herausgabe an den Elternteil noch gefährdet wäre.

V. Pflegekindschaftsverhältnisse

1. Bedeutung und verfassungsrechtlicher Rahmen

505 Obwohl das materielle Kindschaftsrecht des BGB **nur vereinzelt Vorschriften** über Kinder enthält, die in Pflegefamilien betreut werden bzw. aufwachsen (vgl. §§ 1630 Abs. 3, 1632 Abs. 4, 1688, 1697a Abs. 2 BGB), soll ihnen angesichts der gesteigerten Bedeutung von Konfliktfällen betreffend Pflegekinder in der Familiengerichtspraxis und der besonderen Schwierigkeiten ihrer rechtlichen Bewältigung ein besonderer Abschnitt gebühren.

Zum 31.12.2023 lebten in Deutschland rund 87.000 minderjährige Kinder in Vollzeitpflege in einer anderen Familie.[727] Im Jahr 2018 wurde mit 91.640 Vollzeitpflegefällen ein vorläufiger Höchststand erreicht und etwa jede dritte Vollzeitpflege war mit einem Sorgerechtseingriff verbunden.[728] In den meisten Fällen waren die betroffenen Kinder bei ihren Eltern Gefährdungen ausgesetzt und ambulante Erziehungshilfen nach §§ 27 ff. SGB VIII waren vor der Fremdplatzierung ohne Erfolg angeboten oder eingesetzt worden.[729] Die Begründung des Pflegekindschaftsverhältnisses basiert dabei meist auf jugendhilferechtlichen Erziehungshilfen nach § 33 SGB VIII, kann aber auch privat und ohne Mitwirkung des Jugendamtes zustande kommen.[730] Im

725 Grüneberg/Götz, § 1682 BGB Rn 3; BeckOK-BGB/Veit, § 1682 BGB Rn 6; BeckOGK/Theile, § 1682 BGB Rn 20 (dauerhafter Verbleib nur über § 1666 BGB).
726 BGH FamRZ 2014, 543 zu § 1632 Abs. 4 BGB; Salgo, FPR 2004, 76 (83); MünchKomm-BGB/Hennemann, § 1682 BGB Rn 13.
727 Statistisches Bundesamt (Destatis), Pressemitteilung Nr. 435 v. 19.11.2024, www.destatis.de.
728 Seidenstücker JAmt 2020, 414 (415).
729 Seidenstücker JAmt 2020, 414 (415); vgl. auch Köckeritz/Diouani-Streek ZKJ 2019, 93 (98); Salgo/Lack in: Prenzlow, Handbuch Elterliche Sorge und Umgang, S. 400.
730 Ohne Eingang in die öffentlichen Statistiken.

Durchschnitt dauerte eine im Jahr 2023 beendete Vollzeitpflege 4,2 Jahre.[731] Dabei gilt zu berücksichtigen, dass die überwiegende Anzahl der Kinder zu Beginn der Pflege unter sechs Jahre alt ist (im Jahr 2017 betraf dies jedes zweite Kind).[732]

Wegen der **besonderen Schutzbedürftigkeit** von Pflegekindern, wie dies auch in Art. 20 Abs. 1 der UN-Konvention über die Rechte des Kindes als Recht des Pflegekindes und als staatlicher Schutzauftrag niedergelegt ist, kommen **Auswahl und Überwachung der Pflegeperson** durch den öffentlichen Träger der Kinder- und Jugendhilfe (§§ 37b, 44 ff. SGB VIII) entscheidende Bedeutung zu. Versäumnisse hierbei können, wie die Fälle Chantal in Hamburg oder der sexuelle Missbrauchsfall von Lügde zeigen,[733] dramatische Folgen für betroffene Pflegekinder haben. Von zentraler Bedeutung für die Entwicklung eines jeden Kindes, vor allem aber eines Pflegekindes, ist ein stabiles und kontinuierliches Erziehungsumfeld.[734]

Das Pflegekindschaftsverhältnis stellt eine komplexe Lebenswirklichkeit dar, deren Beziehungsgeflecht rechtlichen Spannungen unterliegt. Um diese Spannungen abzumildern, werden seit Jahren Reformen des Pflegekindschaftsrechts gefordert.[735] Mit dem Kinder- und Jugendstärkungsgesetz (**KJSG**) vom 3.6.2021,[736] das im Wesentlichen zum 10.6.2021 in Kraft trat, und mit dem Gesetz zur **Reform des Vormundschafts- und Betreuungsrechts** vom 12.5.2021,[737] das zum 1.1.2023 in Kraft getreten ist, wurden einige zentrale Reformforderungen aufgegriffen.[738] Durch das KJSG wurde das Institut einer **Dauerverbleibensanordnung** rechtlich ausgestaltet und die Frage der für die Pflegekinder so wichtigen **Perspektivklärung** erstmals auch im BGB verortet (§§ 1634 Abs. 4 Satz 2, 1697a Abs. 2 BGB) sowie im SGB VIII im Rahmen der Hilfeplanung stärker ausgeprägt. Die Reform des Vormundschafts- und Betreuungsrechts stellt insbesondere die Erziehungsverantwortung des Vormunds heraus und stärkt die Rechte der Pflegeperson.

In verfassungsrechtlicher Hinsicht stehen vor allem in streitigen Fragen um die **506**
Rückführung des Pflegekindes zu den Eltern (§ 1632 Abs. 4 BGB bzw. Aufhebung einer Anordnung nach §§ 1666, 1696 Abs. 2 BGB) und in Fragen des **elterlichen Umgangsrechts** die Grundrechte der Eltern aus Art. 6 Abs. 2 Satz 1 GG in einem **Konflikt** mit dem Grundrecht des Kindes auf freie Entfaltung seiner Persönlichkeit (Art. 2 Abs. 1 GG, 1 Abs. 1 GG) und ggf. auch Schutz seiner körperlichen Unversehrtheit (Art. 2 Abs. 2 GG) auf der einen Seite, aber auch mit den ebenfalls verfassungsrechtlichen geschützten Rechten von Pflegeeltern aus Art. 6 Abs. 1 GG.[739]

---

731 Statistisches Bundesamt (Destatis), Pressemitteilung Nr. 435 v. 19.11.2024, www.destatis.de.
732 Seidenstücker, JAmt 2020, 414; Statistisches Bundesamt (Destatis), Genesis Online, Conde 22517-0001, Erzieherische Hilfen/Beratungen: Deutschland, Jahre, Geschlecht, Altersjahre, Art der Hilfe (verfügbarer Zeitraum 2008–2017).
733 Vgl. Salgo, ZKJ 2013, 150 zum Fall Chantal.
734 KRK, FamRZ 2014, 891, 892 f.; BT-Drucks. 19/26107, 91, 128.
735 Vgl. KRK FamRZ 2014, 891; 9. Familienbericht, BT-Drucks. 19/27200, 102f.
736 BGBl I 2021, 1444.
737 BGBl I 2021, 882.
738 Einen Überblick liefern Veit, FamRZ 2021, 1501 und Bartels, FamRB 2021, 113 ff.
739 BVerfG 79, 51 (60); FamRZ 2010, 1622; ausführlich Groß, FPR 2004, 411.

Auch nach Ansicht des EGMR fällt die Pflegefamilie in den Schutzbereich des „Familienlebens“ nach Art. 8 Abs. 1 EMRK, wenn zwischen den Pflegeeltern und dem Pflegekind eine enge zwischenmenschliche Verbindung im Sinne einer familienähnlichen Beziehung besteht.[740] In Fragen der Prüfung einer Gefährdung des Kindeswohls durch Rückführung des Kindes zu seinen Eltern und in Fragen des Ausschlusses oder der Beschränkung des Umgangsrechts nach § 1684 Abs. 4 BGB kommt der **staatliche Wächterauftrag** nach Art. 6 Abs. 2 Satz 2 und Abs. 3 GG, der hier durch das Familiengericht wahrgenommen wird, hinzu.

2. Sorge- und umgangsrechtlicher Rahmen

a) Sorgerecht

507 Soweit sich Kinder in Pflegefamilien befinden, sind die Pflegepersonen nicht kraft Gesetzes mit der Ausübung des Sorgerechts in Bezug auf die erheblichen Kindesbelange i.S.d. § 1687 Abs. 1 Satz 1 BGB betraut. Falls die Eltern der Vollzeitpflege ihrer Kinder ohne vorausgegangenen Sorgerechtsentzug nach §§ 27, 33 SGB VIII freiwillig zugestimmt haben, sind sie weiterhin alleiniger Träger der elterlichen Sorge.

§ 1630 Abs. 3 Satz 1 BGB gibt aber Eltern und Pflegeeltern die Möglichkeit, bei dem Familiengericht die **Übertragung von Angelegenheiten der elterlichen Sorge** auf die Pflegeeltern zu beantragen. Die Übertragung ist nach § 1630 Abs. 3 Satz 2 BGB aber ohne Ausnahme von der Zustimmung der Eltern abhängig und verleiht nach Satz 3 der Vorschrift der Pflegeperson die Rechte und Pflichten eines Pflegers (§§ 1809 ff. BGB). Nach zutreffender Ansicht ist auch die Übertragung der gesamten elterlichen Sorge möglich.[741] Da aber Erziehung ohne Kompetenzen nicht möglich ist, sieht § 1688 Abs. 1 BGB vor, dass bei einer auf längere Zeit angelegten Pflege die Pflegeperson berechtigt ist, in **Angelegenheiten des täglichen Lebens** zu entscheiden und das Kind insoweit zu vertreten. Nach § 1688 Abs. 3 BGB gilt aber auch hier ein Vorrang der sorgeberechtigten Eltern oder des Vormunds, soweit dieser etwas anderes zu der betreffenden Angelegenheit erklärt.

508 Ist die elterliche Sorge den Eltern vollständig entzogen worden, wird diese von einem **Vormund** wahrgenommen.[742] Die Reform des Vormundschaftsrechts stärkt dessen Erziehungsverantwortung und betont, dass der Vormund auch dann vollumfänglich für die Personensorge persönlich verantwortlich ist, wenn das Mündel nicht in seinem Haushalt lebt (§ 1795 Abs. 1 Satz 2 BGB).[743] Da eine Pflichterfüllung nur im Umfeld des Mündels praktisch möglich ist, gestaltet die Reform das Rechtsverhältnis von Vormund und Pflegeperson erstmals dezidiert aus (§ 1796 BGB). In Anlehnung

740 EGMR FamRZ 2012, 429.

741 OLG Düsseldorf ZKJ 2021, 121; OLG Celle ZKJ 2017, 149; KG FamRZ 2006, 191; MünchKomm-BGB/Huber, § 1630 BGB Rn 26; BeckOK-BGB/Veit, § 1630 BGB Rn 42; a. A.: OLG Jena FamRZ 2009, 992; Grüneberg/Götz, § 1630 BGB Rn 11.

742 Ausführlich zu Inhalt und Ausgestaltung der Vormundschaft und Ergänzungspflegschaft Oberloskamp/Dürbeck, Vormundschaft, 5. Aufl. 2023 sowie Horn, Gesetzliche Vertretung im BGB, 2023.

743 Zur Kritik, dass damit erneut die Realität des Berufsvormunds ausgeblendet wird Veit, FamRZ 2021, 1501 (1506).

an § 1688 BGB kann die Pflegeperson nach § 1797 Abs. 1 BGB in Alltagsangelegenheiten entscheiden und den Vormund insoweit vertreten, wobei dieser – anders als bei § 1688 BGB – diese Befugnis nur im Kindeswohlinteresse einschränken kann.

Darüber hinaus können der Pflegeperson nach § 1777 BGB einzelne Sorgeangelegenheiten oder eine bestimmte Art von Sorgeangelegenheiten zur Wahrnehmung durch das Familiengericht übertragen werden, wodurch die Pflegeperson selbstständig agieren kann. Mit der Vorschrift will der Gesetzgeber die **Stellung der Pflegeperson** im Falle stabil einzuschätzender Pflegeverhältnisse mit gefestigter persönlicher Beziehung zwischen Kind und Pflegeperson stärken. Das Mündel könne die Pflegeperson als Erziehungsperson mit rechtlicher Vertretungsbefugnis für seine Angelegenheiten erfahren, wodurch die tatsächlichen Verhältnisse rechtlich abgebildet würden.[744]

Die nunmehr bestehenden unterschiedlichen Möglichkeiten der Aufteilung des Sorgerechts und der Entscheidungsbefugnisse zwischen Vormund/Ergänzungspfleger, Pfleger und Pflegeperson birgt allerdings auch die Gefahr von Konflikten und – auch aus Sicht Dritter – Unklarheiten betreffend die Zuständigkeit. Die Möglichkeit der **Übertragung der Vormundschaft/Ergänzungspflegschaft auf die Pflegeperson**, die mit der Reform vergrößert wurde,[745] kann hier Klarheit bieten und dem Kindeswohl dienen. Der geeigneten Pflegeperson gebührt nach § 1779 Abs. 2 BGB der Vorrang vor einem ebenfalls geeigneten beruflichen Vormund, weil sie den Alltag mit dem Mündel erlebt und es ihre Aufgabe ist, Zeit und persönliche Zuwendung für das Mündel aufzubringen.[746] Für das Kind kann es ein wichtiges Zeichen für Stabilität und Verlässlichkeit sein, dass seine Pflegeeltern es nicht nur tatsächlich betreuen, sondern auch rechtlich für es zuständig sind. Die Vormundschaft erfüllt am ehesten ihren Sinn, wenn das Kind erlebt, dass die Person, die es täglich erzieht, auch rechtlich befugt ist, es zu erziehen.[747]

b) Umgangsrecht

Das durch § 1684 BGB gewährte Umgangsrecht eines Elternteils mit seinem (nicht bei ihm lebenden) Kind erwächst aus dem natürlichen Elternrecht und der damit verbundenen Elternverantwortung und steht somit unter dem Schutz des Art. 6 Abs. 2 GG. Es gilt daher – **unabhängig vom Sorgerecht** – auch bei einer Fremdunterbringung des Kindes.[748] Im Rahmen der umgangsrechtlichen Entscheidung sind dementsprechend sowohl das Elternrecht, als auch das Grundrecht des Kindes aus Art. 2 Abs. 1 GG i.V.m. Art. 1 Abs. 1 GG und – bei Dauerpflegeverhältnissen – auch das Grundrecht der Pflegefamilie aus Art. 6 Abs. 1 GG zu berücksichtigen und im Wege praktischer Konkordanz zum Ausgleich zu bringen, wobei letztlich bestimmend das **509**

744 BT-Drucks. 19/24445, 192.
745 Eingehend hierzu und zur neuen Verantwortungsgemeinschaft von Vormund und Pflegeperson Veit, FamRZ 2021, 1501 (1507 ff.).
746 Strube, in: Oberloskamp/Dürbeck, Vormundschaft Kap. 2 Rn 10.
747 OLG Rostock ZKJ 2016, 365; OLG Nürnberg FamRZ 2012, 1959.
748 BVerfG FamRZ 2023, 438 Rn. 12; FamRZ 2013, 316 Rn. 19.

Kindeswohl sein muss.[749] Dies gebietet es, bei der Entscheidung der besonderen und ungleich komplexeren Situation des fremduntergebrachten Kindes – die sich maßgeblich von der von Kindern, die von einer Trennung ihrer Eltern betroffen sind, unterscheidet – gebührendes Gewicht beizumessen und dieser Rechnung zu tragen.

Die Regelvermutung von § 1626 Abs. 3 BGB, wonach der Umgang mit beiden Eltern in der Regel dem Wohl des Kindes dient, kann nicht ohne Weiteres auf Kinder in Vollzeitpflege übertragen werden.[750] Bestimmender Ausgangspunkt für die Überlegungen zum Kindeswohl ist insofern der **Grund der Fremdunterbringung** des Kindes und die damit eng verbundene Frage, ob für das Kind eine realistische **Perspektive** auf Rückkehr in die elterliche Obhut (vgl. Rn. 521) besteht (§ 1697a Abs. 2 Satz 1 BGB).[751] Denn diese beeinflusst den Zweck und damit auch Art und Umfang des Umgangs.

510 Sofern und solange eine **realistische Rückkehroption** besteht, dient der Umgang (auch) dem Zweck, die Rückkehr des Kindes vorzubereiten. Hieran sind Art und Umfang des Umgangs auszurichten. Der Umgang ist so auszugestalten, dass die Eltern-Kind-Beziehung erhalten bleibt und gestärkt wird und Kind und Eltern – mit fachlicher Beratung und Unterstützung (§ 37a SGB VIII) – auf den Wechsel vorbereitet werden können.[752]

Besteht eine solche **Rückkehrperspektive prognostisch nicht mehr**, stehen die Stabilität und Kontinuität der Lebensverhältnisse in der Pflegefamilie und damit etwaig neu entstandene Bindungen des Kindes zu seinen Pflegeeltern stärker im Vordergrund (vgl. § 1697a Abs. 2 Satz 2 BGB). Der Umgang bezweckt dann weder die Rückkehr zu den Eltern noch die Aufrechterhaltung qualitativ gleichwertiger Bindungen zu ihnen.[753] Bei fehlender Rückkehrperspektive dienen die Beratung und Unterstützung der Eltern sowie die Förderung ihrer Beziehung zum Kind der Erarbeitung und Sicherung einer anderen, dem Wohl des Kindes oder Jugendlichen förderlichen und auf Dauer angelegten Lebensperspektive (§ 37 Abs. 1 Satz 3 SGB VIII).

511 Im Weiteren ist der **Grund der Fremdunterbringung** auch insoweit ein die Kindeswohlprüfung maßgeblich beeinflussender Aspekt, als in Fällen schwerwiegenden elterlichen Fehlverhaltens – wie etwa bei vorausgegangener elterlicher Gewalt, sexuellen Übergriffen oder schwerer Vernachlässigung – die Gefahr besteht, dass Besuchskontakte zu einer **schweren Belastung** des Kindes und darüber hinausgehend einer **Retraumatisierung** führen können.[754] Die im Einzelfall konkret festgestellte Ge-

---

749 BVerfG FamRZ 2005, 783; BeckOK-BGB/Veit, § 1684 BGB Rn. 246.

750 Staudinger/Dürbeck, § 1684 BGB Rn. 275: Anwendbarkeit zweifelhaft; BeckOK-BGB/Veit, § 1684 BGB Rn. 244: Regelvermutung nicht anwendbar; ebenso Obermann, NZFam 2019, 293; Heilmann, ZKJ 2014, 48; a.A. BVerfG FamRZ 2023, 438; FamRZ 2013, 316.

751 BT-Drucks. 19/26107, 132.

752 BT-Drucks. 19/26107, 132; Ivanits, NZFam 2022, 813, 820; BeckOK-BGB/Veit, § 1684 BGB Rn. 248; Meysen, FamRZ 401, 404.

753 OLG Frankfurt FamRB 2023, 459.

754 Brisch, 17. DFGT, 2007, 89, 108 ff; Salzgeber, Familienpsychologische Gutachten, Rn. 827, 831; Castellanos, Sachverständigengutachten, Rn. 1030; BeckOK-BGB/Veit, § 1684 BGB Rn. 251.

fahr solcher Belastungen bzw. einer Retraumatisierung rechtfertigt eine auch **längerfristige Einschränkung oder auch den Ausschluss** des Umgangsrechts.[755]

Verfassungsrechtlich ist der Umgangsausschluss der Eltern im Verhältnis zu ihrem fremduntergebrachten Kind dabei an dem strengeren Prüfungsmaßstab des Art. 6 Abs. 3 GG zu messen. Entsprechend den Anforderungen, die für einen Entzug der elterlichen Sorge gegenüber beiden Elternteilen gelten, ist das Gericht gehalten, eine möglichst zuverlässige Grundlage für eine am Kindeswohl orientierte Entscheidung zu erlangen, was jedoch auch im Hauptsacheverfahren nicht stets die Einholung eines Sachverständigengutachtens erfordert.[756]

Weitere Kindeswohlgesichtspunkte für eine Regelung des Umgangs des fremduntergebrachten Kindes mit seinen Eltern sind auf Seiten des Kindes 512

- das Bestehen einer besonderen Vulnerabilität des Kindes, die sich aus dem Grund der Fremdunterbringung, aber auch einer besonderen, davon unabhängigen Prädisposition des Kindes ergeben kann,[757]
- erhebliche Entwicklungsstörungen und Verhaltensauffälligkeiten, nicht nur, aber auch im Zusammenhang mit Elternumgängen,
- die Bindungen des Kindes zu seinen Herkunftseltern, etwaigen Geschwistern und zu seinen Pflegeeltern und
- der Wille des betroffenen Kindes.[758]

Verweigert das Kind den Umgang mit den Eltern und hat es ggf. Trennungs- und Verlustängste wegen der Vorstellung einer Rückkehr zu den Eltern bei gleichzeitigem Verlust der Pflegefamilie entwickelt, kann dies einen Umgangsausschluss rechtfertigen.[759]

Auf Seiten der **Herkunftseltern** sind neben ihren **erzieherischen und empathischen Fähigkeiten**[760] insbesondere die **Bindungstoleranz** und die **Akzeptanz der Fremdunterbringung** von Bedeutung, da diese die seelische Verfassung des Kindes durch Verursachung von Loyalitätskonflikten und auch die Stabilität der Pflegefamilie beeinträchtigen können.[761] Lehnen die Eltern die Betreuung des Kindes in der Pflegefamilie ab, nutzen sie den Umgang, um entsprechend auf das Kind einzuwirken, und bestehen zwischen Eltern und Pflegeeltern **erhebliche Konflikte**, kann bei einer zwei- 513

---

755 BVerfG FamRZ 2023, 438 im Nachgang zu OLG Celle, Beschl. v. 6.9.2022 – 19 UF 92/22; OLG Frankfurt FamRZ 2024, 49; OLG Saarbrücken ZKJ 2017, 152; Staudinger/Dürbeck, § 1684 BGB Rn 276c.

756 BVerfG FamRZ 2023, 438.

757 Salzgeber, Familienpsychologische Gutachten, Rn. 831; OLG Karlsruhe ZKJ 2022, 356; OLG Celle ZKJ 2013, 250.

758 Zu den vorstehenden Aspekten Staudinger/Dürbeck, § 1684 BGB Rn. 276c; BeckOK-BGB/Veit, § 1684 BGB Rn. 251 ff.

759 BVerfG FamRZ 2013, 361; vgl. dazu Salgo, FamRZ 2013, 343; Gottschalk/Heilmann, ZKJ 2013, 113; Lack, FamFR 2013, 73; OLG Karlsruhe ZKJ 2022, 356.

760 OLG Frankfurt FamRZ 2024, 49.

761 Staudinger/Dürbeck, § 1684 BGB Rn. 276c.

felhaften Rückkehroption ein Umgangsausschluss oder eine auch längerfristige Beschränkung des Umgangs durch eine Begleitung in Betracht kommen.[762]

Auch die **Pflegeeltern** sind dem Wohl des ihnen in Pflege gegebenen Kindes verpflichtet und unterliegen insoweit wie die Eltern der Wohlverhaltenspflicht (§ 1684 Abs. 2 BGB).[763] Sie haben den Kontakt des Kindes zur Herkunftsfamilie zu dessen Wohl zu unterstützen, wobei organisatorische Schwierigkeiten hinter dem Umgangsrecht zurücktreten müssen.[764]

514 Verpflichtete der gerichtlichen Umgangsregelung sind gleichermaßen die Herkunfts- wie die Pflegeeltern, zusätzlich der Pfleger, wenn ihm das Aufenthalts- und Umgangsbestimmungsrecht übertragen wurde.[765] Im Fall eines auf Dauer angelegten Pflegeverhältnisses wird der Umgang in der gerichtlichen Praxis in der Regel als stundenweise stattfindender **begleiteter Umgang** angeordnet, wobei hinsichtlich der Frequenz der Kontakte eine Taktung zwischen monatlichen und im Höchstmaß vierteljährlichen Kontakten erfolgt.[766] Besteht eine Rückkehrperspektive bedarf es einer häufigeren Taktung sowie einer sukzessiven Ausweitung von Umgangskontakten.[767]

Haben beide getrenntlebende Eltern Umgang mit ihrem in Familienpflege lebenden Kind, so ist trotz der Notwendigkeit enger zeitlicher Abstände der jeweiligen Termine darauf zu achten, dass das Pflegekind nicht durch den Besuchsplan überfordert wird und seine Integration in die Pflegefamilie nicht gestört wird.[768]

1684 Abs. 4 Satz 1 BGB ermöglicht es schließlich auch bei einer **fehlenden Kindeswohlgefährdung**, den Umgang beschränkt auf eine kurze Dauer auszuschließen, um dem Pflegekind eine **ungestörte Integration in die Pflegefamilie** zu ermöglichen.[769]

3. Verbleibensanordnung und die Frage der Perspektive

515 Lebt ein Kind längere Zeit in Familienpflege und wollen die Eltern das Kind von der Pflegefamilie wegnehmen, so kann das Familiengericht gem. § 1632 Abs. 4 Satz 1 BGB von Amts wegen oder auf Antrag anordnen, dass das Kind bei der Pflegefamilie verbleibt, wenn und solange das Kindeswohl durch die Wegnahme gefährdet wäre.

---

762 OLG Köln ZKJ 2019, 148; OLG Koblenz FamRZ 2017, 301; OLG Saarbrücken NZFam 2017, 25; OLG Celle ZKJ 2013, 250.

763 BeckOK-BGB/Veit, § 1684 BGB Rn. 258; vgl. BVerfG FamRZ 2023, 280: gestörtes Vertrauensverhältnis und bestehende Spannungen dürfen nicht ohne Weiteres zu Lasten der Herkunftseltern gehen.

764 BVerfG FamRZ 2007, 335; Staudinger/Dürbeck, § 1684 BGB Rn. 276c.

765 Staudinger/Dürbeck, § 1684 BGB Rn. 278.

766 OLG Hamm FamRZ 2016, 1778 (alle drei Monate ausreichend); Oldenburg FamRZ 2010, 1356 (vierteljährlich noch ausreichend); OLG Hamm ZKJ 2011, 175 (vierteljährlich bei 4-jährigem Kind nicht ausreichend, daher sechs Termine im Jahr); OLG Hamm Celle FamRZ 2000, 48 (alle sechs Wochen); OLG Köln ZJK 2017, 148 (monatlich).

767 OLG Celle, Beschl. v. 8.10.2028 – 10 UF 91/18; vgl. auch BVerfG FamRZ 2014, 1266 Rn. 35.

768 OLG Frankfurt, Beschl. v. 12.10.2015 – 5 UF 195/15, juris.

769 OLG Nürnberg ZKJ 2017, 33; Grüneberg/Götz, § 1684 BGB Rn. 34; Staudinger/Dürbeck, § 1684 BGB Rn. 277.

Hinweis

Die Wahrnehmung der Kindesinteressen in der verfassungsrechtlich hoch brisanten „Dreieckskonstellation"[770] zwischen Eltern-, Kinder- und Pflegeelternrechten und der Ausübung des staatlichen Wächteramtes gehört auch für den Verfahrensbeistand zu den schwierigsten Fallkonstellationen.[771] In jedem Fall muss in der Abwägung der Grundrechtspositionen das Wohl des Kindes letztlich ausschlaggebend sein,[772] weil Eltern- und Familienrechte pflichtgebunden sind.[773] Insoweit kommt es auch nicht entscheidend darauf an, ob dem Elternrecht generell gegenüber dem Recht der Pflegeeltern der Vorrang zukommt.[774]

Familienpflege i.S.d. § 1632 Abs. 4 BGB ist nicht nur die Dauer-, sondern auch die Bereitschafts- und Adoptionspflege,[775] sowie auch Pflegeverhältnisse, die vom Jugendamt nicht als solche anerkannt und nicht über § 33 SGB VIII unterstützt werden. Auch Kinder, die sich in Heimerziehung i.S.d. § 34 SGB VIII oder in stationärer Eingliederungshilfe (§ 35a Abs. 2 Nr. 4 SGB VIII) befinden, können erfasst sein (vgl. § 1697a Abs. 2 Satz 3 BGB), wenn Versorgung, Erziehung und Betreuung ein familienähnliches Gepräge aufweisen und schützenswerte Bindungen bei dem Kind entstanden sind.[776] Die Familienpflege muss seit längerer Zeit bestehen. Der Begriff ist nicht absolut nach bloßer tatsächlicher Dauer, sondern unter besonderer **Berücksichtigung des kindlichen Zeitempfindens**[777] zu bestimmen. Dabei kommt insbesondere dem Alter des Kindes besondere Bedeutung zu, da jüngere Kinder wesentlich schneller als ältere Kinder Bindungen zu Bezugspersonen aufbauen können.[778]

Der **Herausgabeanspruch** steht dem Inhaber des Aufenthaltsbestimmungsrechts zu. Neben den gemeinsam oder allein sorgeberechtigten Eltern, können dies auch der Vormund bzw. der Pfleger sein, soweit ihm die elterliche Sorge bzw. das Aufenthaltsbestimmungsrecht übertragen worden ist (§§ 1795 Abs. 1 Satz 3, 1809, 1813 BGB).[779] Ist das Aufenthaltsbestimmungsrecht zuvor nach § 1630 Abs. 3 BGB auf die Pflegeperson übertragen worden, kann die Kindesherausgabe nicht ohne vorherige oder gleichzeitige Aufhebung dieser Anordnung durch das Familiengericht verlangt werden.[780] **516**

770 MünchKomm-BGB/Huber, § 1632 BGB Rn 38; Staudinger/Salgo, § 1632 BGB Rn 44.
771 Vgl. die erfolgreichen Verfassungsbeschwerden von Verfahrensbeiständen gegen die Rückführung von Kindern aus Pflegefamilien: BVerfG ZKJ 2022, 449; NJW 2017, 1295.
772 BVerfG FamRZ 2010, 865; Staudinger/Salgo, § 1632 BGB Rn 44.
773 BVerfG FamRZ 1968, 2233; NJW 1982, 1375; FamRZ 2008, 845.
774 So die h.M., vgl. BVerfG FamRZ 2006, 1593; BeckOK-BGB/Veit, § 1632 BGB Rn 26.
775 Grüneberg/Götz, § 1632 BGB Rn 13.
776 Staudinger/Salgo, § 1632 BGB Rn 65; Heilmann/Fink, § 1632 BGB Rn 31, Vgl. auch DIJuF-Rechtsgutachten, JAmt 2014, 388.
777 Heilmann, Kindliches Zeitempfinden und Verfahrensrecht, S. 71 ff.
778 Staudinger/Salgo, § 1682 BGB Rn 15 f.; Balloff, FPR 2013, 208, (211); Kindler, FPR 2013, 194 (195), vgl. auch zur Rspr. OLG Celle FamRZ 1990, 191.
779 BVerfG FamRZ 2004, 771; OLG Brandenburg FamRZ 2016, 314; BeckOK-BGB/Veit, § 1632 BGB Rn 78 f.
780 Heilmann/Fink, § 1632 BGB Rn 38.

Es genügt die ernstliche Ankündigung des Herausgabeverlangens, ein Verfahren nach § 1632 Abs. 1 BGB muss für den Erlass einer Verbleibensanordnung nicht eingeleitet sein. Wurde das Kind bereits aus der Familienpflege herausgenommen, kann aus § 1632 Abs. 4 BGB für die Pflegeperson auch ein **Anspruch auf Rückführung** gegenüber dem Sorgerechtsinhaber folgen,[781] wenn zwischen der Herausnahme des Kindes aus ihrem Haushalt und der Einleitung des Verfahrens auf Anordnung des Verbleibs ein unmittelbarer zeitlicher Zusammenhang besteht.[782]

Ein solcher **enger zeitlicher Zusammenhang** muss auch zwischen Herausnahme des Kindes und dem Zeitpunkt der letzten Sachentscheidung über den Antrag auf Herausgabe bestehen, da sonst der Zweck von § 1632 Abs. 4 BGB, das Kind vor einem abrupten Bindungsabbruch zu schützen, nicht mehr erreicht werden kann.[783] Besteht ein solcher zeitlicher Zusammenhang, kann gleichwohl die Rückführung des Kindes nicht verlangt werden, wenn im Haushalt der vormaligen Pflegeeltern eine Gefährdung für das Wohl des Kindes i.S.v. § 1666 BGB besteht.[784]

517 Erforderlich ist weiter, dass durch die Herausnahme des Kindes aus der Pflegefamilie das **Kindeswohl gefährdet** wird. Der Begriff der Kindeswohlgefährdung entspricht insoweit demjenigen von § 1666 BGB.[785] § 1632 Abs. 4 BGB gebietet es, die bei dem Kind entstandenen Bindungen zu seinen Pflegepersonen zu berücksichtigen und eine durch eine Trennung mögliche körperliche oder seelische Beeinträchtigung des Kindes zu verhindern.[786] Allerdings darf die Belastung des Kindes infolge der Trennung von seinen unmittelbaren Pflege- und Bezugspersonen die Wiederzusammenführung von Kind und Eltern nicht immer schon dann ausschließen, wenn das Kind in den Pflegeeltern seine „sozialen“ Eltern gefunden hat.[787]

Es bedarf einer einzelfallbezogenen **Abwägung** der kollidierenden Interessen und im Hinblick auf die Gefährdungsfrage einer **Prognoseentscheidung**. Dabei wird mit Blick auf die betroffenen Grundrechtspositionen und das Kindeswohl zwischen der Rückführung des Kindes in den elterlichen Haushalt und einem beabsichtigten Pflegestellenwechsel differenziert.[788] Das Elternrecht nach Art. 6 Abs. 2 Satz 1 GG verlangt, dass grundsätzlich auch bei längerer Fremdunterbringung eine Rückkehr zu den Eltern möglich bleiben muss.[789]

Geht es um die Frage der **Rückführung des Kindes zu seinen Eltern,** so ist dem Herausgabebegehren stattzugeben, wenn die körperlichen, geistigen oder seelischen

781 BVerfG FamRZ 2021, 672.
782 BGH ZKJ 2017, 142: dort verneint – vgl. hierzu Lack, NJW 2017, 474; OLG Frankfurt FamRZ 2020, 348; OLG Koblenz ZKJ 2019, 181; OLG Braunschweig ZKJ 2018, 270.
783 OLG Koblenz ZKJ 2019, 181.
784 OLG Braunschweig ZKJ 2018, 270; OLG Hamm BeckRS 2015, 116240 (Vorinstanz zu BGH ZKJ 2017, 142).
785 BVerfG FamRZ 2006, 1593; BT-Drucks. 13/4899, S. 96.
786 Zu den Gefahren einer Trennung von Kind und Bindungspersonen aus psychologischer Sicht: Köckeritz/Diouani-Streek, ZKJ 2019, 93; Brisch, 17. DFGT, 2008, S. 89 ff.; Kindler, FPR 2013, 194; Balloff, FPR 2013, 208.
787 BVerfG FamRZ 2023, 280; FamRZ 2014, 1266 m.w.N.
788 BVerfG FamRZ 2023, 1714; FamRZ 2004, 771; Grüneberg/Götz, § 1632 BGB Rn 14.
789 BVerfG FamRZ 2023, 280; 2022, 1616 m.w.N.

Beeinträchtigungen des Kindes als Folge der Trennung von seinen bisherigen Bezugspersonen unter Berücksichtigung der Grundrechtsposition des Kindes noch hinnehmbar sind.[790] Die Risikogrenze hinsichtlich der Prognose möglicher Beeinträchtigungen des Kindes ist allerdings auch bei der Entscheidung über eine Rückführung des Kindes zu seinen Eltern dann überschritten, wenn unter Berücksichtigung der Umstände des Einzelfalls mit überwiegender Wahrscheinlichkeit nicht auszuschließen ist, dass die Trennung des Kindes von seinen Pflegeeltern psychische oder physische Schädigungen nach sich ziehen kann. Ein solches Risiko ist für das Kind nicht hinnehmbar,[791] wobei eine Restmöglichkeit, dass solche Störungen nicht eintreten, außer Acht zu bleiben hat.

Anders formuliert bedeutet dies, dass maßgebend ist, ob eine überwiegende Wahrscheinlichkeit dafür besteht, dass die Trennung des Kindes von seiner Pflegefamilie und eine Rückkehr zu den Herkunftseltern zu einer nachhaltigen seelischen oder körperlichen Schädigung des Kindes führen kann.[792]

Geht es dagegen um die Frage des **Wechsels der Pflegeperson**, muss mit hinreichender Sicherheit auszuschließen sein, dass die Wegnahme des Kindes aus der **518** Pflegefamilie zu Schädigungen bei dem Kind führen kann.[793] Anders formuliert ist eine Verbleibensanordnung in dieser Konstellation schon immer dann zu erlassen, wenn auch nur die Möglichkeit besteht, dass durch den Wechsel der Pflegestelle eine Kindeswohlgefährdung eintritt.

Birgt hingegen sowohl der Wechsel als auch der Verbleib in der bisherigen Pflegefamilie die **Möglichkeit einer Kindeswohlgefährdung**, hat eine **kindeswohlorientierte Abwägung** der möglichen Risiken bzw. des jeweiligen Gefährdungspotenzials zu erfolgen. Maßgebend kommt es dann darauf an, ob die mögliche Gefährdung durch die Herausnahme aus der bisherigen Pflegefamilie gegenüber einer prognostisch erheblicheren Gefährdung im Fall des Verbleibs zurücktritt.[794] Die Feststellung des Bestehens einer konkreten Kindeswohlgefährdung i.S.v. § 1666 Abs. 1 BGB in der bisherigen Pflegefamilie ist dabei verfassungsrechtlich nicht Voraussetzung für eine Herausnahme des Kindes aus dieser. Die Pflegefamilie steht unter dem Schutz des Art. 6 Abs. 1 GG.[795] Die Trennung des Pflegekindes von seinen Pflegeeltern ist hingegen nur in Ausnahmefällen – etwa bei einer jahrelangen Dauerpflege – am Maßstab des Art. 6 Abs. 3 GG zu messen.[796]

Verfassungsrechtlich genügt es daher, dass für den Wechsel des Kindes von einer Pflegefamilie in die andere **wichtige, das Wohl des Kindes betreffende Gründe** vor-

790 BVerfG FamRZ 2023, 280; 2022, 1616; 2017, 524; 2014, 1266.
791 BVerfG FamRZ 2010, 865; OLG Frankfurt JAmt 2013, 218; OLG Hamm FamRZ 2010, 1747.
792 OLG Frankfurt JAmt 2013, 218.
793 BVerfG FamRZ 2004, 771; FamRZ 2010, 713; vgl. auch OLG Saarbrücken ZKJ 2016, 269 zum Wechsel des Kindes von Bereitschaftspflege in Dauerpflege.
794 Vgl. OLG Braunschweig ZKJ 2018, 270. BeckOK-BGB/Veit, § 1632 BGB Rn 83.
795 Vgl. BVerfG NJW 1985, 423; BVerfG NJW 1989, 519; FamRZ 2010, 1622; Johannsen/Henrich/Althammer/Dürbeck, § 1632 BGB Rn 27.
796 BVerfG FamRZ 2023, 1714; ablehnend Heilmann, NJW 2023, 3267; Hoffmann/Salgo ZKJ 2023, 436.

liegen, wobei auch mögliche (latente) Gefährdungsmomente wie etwa eine erhebliche Entwicklungsgefährdung ins Gewicht fallen können.[797] Die verfassungsrechtlich gebotene Ausrichtung am Kindeswohl und das eigene Grundrecht des Kindes aus Art. 2 Abs. 1 GG i.V.m. Art. 1 Abs. 1 GG erfordern jedoch, bei der erforderlichen Abwägung den gewachsenen Bindungen des Kindes an seine bisherigen Pflegeeltern hinreichend Bedeutung beizumessen,[798] so dass ein Pflegestellenwechsel nur dann in Betracht kommen wird, wenn mit hinreichender Sicherheit auszuschließen ist, dass die Trennung des Kindes von seinen Pflegeeltern mit psychischen oder physischen Schädigungen verbunden sein kann.[799]

Im Zentrum der Prüfung nach § 1632 Abs. 4 BGB steht im Falle eines Wechsels der Pflegeperson danach das Kindeswohl im Sinne einer fokussiert kindzentrierten Folgenabwägung.[800] Diese kann auch ergeben, dass ein Verbleib des Kindes in der bisherigen Pflegestelle unter Gewährung weitgehender Hilfen kindeswohldienlicher ist als ein Wechsel.[801]

519 Die Entscheidung über eine Trennung des Kindes von seiner sozialen Familie wird in der Hauptsache häufig nicht ohne ein **psychologisches Sachverständigengutachten** zu treffen sein.[802] Von Bedeutung für die Frage der Wahrscheinlichkeit von nachhaltigen Schädigungen des Kindeswohls im Falle der Herausnahme können bei der erforderlichen einzelfallbezogenen Gesamtabwägung sein[803]

- die Intensität der Bindungen des Kindes an die Pflegepersonen und deren Umfeld, wie z.B. Pflegegeschwister,[804]
- die Dauer des Pflegeverhältnisses[805] unter Berücksichtigung des kindlichen Zeitempfindens,
- die Erziehungseignung der Eltern,[806]
- der Anlass der Trennung von den Eltern (unverschuldete Umstände wie Krankheit auf der einen oder zielgerichtete Schädigungen des Kindes oder vorwerfbare Vernachlässigung auf der anderen Seite)[807],

797 BVerfG FamRZ 2023, 1714; 1987, 786; kritisch Keuter, NZFam 2023, 1024.
798 BVerfG FamRZ 2023, 1714 Rn. 14 m.w.N.
799 BVerfG FamRZ 2010, 713; FamRZ 1989, 31; FamRZ 1987, 125; vgl. Keuter, NZFam 2023, 1024, 1027; Volke, FF 2024, 186, 189.
800 Vgl. Witt, FamRZ 2023, 1717; BVerfG FamRZ 2023, 1714: „§ 1632 IV BGB dient weniger der Stärkung der Stellung von Pflegeeltern als vielmehr der Durchsetzung des Kindeswohls."
801 Witt, FamRZ 2023, 1717.
802 OLG Frankfurt FamRZ 2022, 1119.
803 Eingehend zu den Abwägungskriterien BeckOK-BGB/Veit, § 1632 BGB Rn 86 ff.
804 BVerfG NJW 2017, 1295; OLG Schleswig FamRZ 2017, 718; MünchKomm-BGB/Huber, § 1632 BGB Rn 52.
805 OLG Frankfurt FamRZ 1994, 720; Heilmann/Fink, § 1632 BGB Rn 32; vgl. auch BT-Drucks. 19/26107, S. 130.
806 BVerfG NJW 2017, 1295; OLG Stuttgart FamRZ 2014, 320 (hier bejaht); OLG Schleswig FamRZ 2017, 718.
807 MünchKomm-BGB/Huber § 1632 BGB Rn 54; BeckOK-BGB/Veit, § 1632 BGB Rn 88; zweifelhaft bei OLG Schleswig FamRZ 2017, 718 (Schütteltrauma).

- der Wille des Kindes zu einer Rückkehr zu seinen Eltern[808] und eine etwaige vorhandene Bindung zu seinen Eltern,[809]
- sein Gesundheitszustand und eine etwaige noch vorhandene Traumatisierung des Kindes.[810]

In jedem Fall sollten zumindest in Fällen, in denen ein schwerwiegendes Elternversagen zur Begründung des Pflegschaftsverhältnisses geführt hat, „experimentelle" Rückführungen vermieden werden,[811] da solche dem Kind nicht zumutbar sind. Im Fall einer Rückführung müssen die leiblichen Eltern i.d.R. über weit über das übliche Maß hinausgehende besondere elterliche Kompetenzen (ggf. auch unterstützt und vermittelt durch öffentliche Hilfen) verfügen, um sicherzustellen, dass sie den rückführungsspezifischen Belastungen Rechnung tragen und den Bedürfnissen des Kindes gerecht werden können.[812]

Die erforderlichen **Bedingungen für die Rückführung** müssen bereits vor der Rückführung geschaffen sein, weil das Kind in ein geschütztes und stabiles Umfeld wechseln können muss.[813] Kommt eine Rückführung des Kindes in Betracht, besteht auch die Möglichkeit eines gleitenden Übergangs nach Ablauf einer Übergangsphase.[814] Bestehen dagegen hinreichende Anhaltspunkte für das Fortbestehen einer Kindeswohlgefährdung für den Fall der Rückführung des Kindes zu seinen Eltern, kommt eine Rückübertragung des Sorgerechts auf die Eltern nicht in Betracht.[815]

Kommt das Familiengericht in seiner Abwägung zum Ergebnis, dass eine **Kindes-** **520**
wohlgefährdung überwiegend wahrscheinlich ist, so besteht trotz der Formulierung „kann" kein Ermessensspielraum.[816] Vielmehr ist dann eine Verbleibensanordnung zu erlassen. Bei der Entscheidung hat das Gericht das kindliche Bedürfnis nach kontinuierlichen und stabilen Lebensverhältnissen zu berücksichtigen (§ 1697a Abs. 2 Satz 2 BGB).

Im Rahmen des hier besonders zu beachtenden Verhältnismäßigkeitsgrundsatzes ist vor allem die Frage der **Befristung der Anordnung** von Bedeutung. Nach der Neufassung von § 1632 Abs. 4 BGB durch das KJSG (Rn. 505) kommt nunmehr nicht nur eine befristete oder eine unbefristete Verbleibensanordnung[817], sondern ausdrücklich auch eine **Dauerverbleibensanordnung** in Betracht. Diese kann nach § 1632 Abs. 4 Satz 2 BGB von Amts wegen oder auf Antrag der Pflegeperson, jedoch nur zusätzlich zu einer Verbleibensanordnung nach Abs. 4 Satz 1 angeordnet werden. Sie

808 OLG Saarbrücken FamFR 2011, 549.
809 BVerfG FamRZ 2010, 865; zu den Aspekten der Bindung in diesen Fällen vgl. Köckeritz/Diouani-Streek, ZKJ 2019, 93.
810 BVerfG FamRZ 2010, 865; OLG Karlsruhe FamRZ 2004, 722; vgl. auch BT-Drucks. 19/26107 S. 130.
811 Salgo/Lack in: Prenzlow, Handbuch Elterliche Sorge und Umgang, S. 375 ff.
812 Lack, in: Lack/Hammesfahr, Psychologische Gutachten im Familienrecht, S. 254.
813 Lack, in: Lack/Hammesfahr, Psychologische Gutachten im Familienrecht, S. 256.
814 OLG Saarbrücken NZFam 2016, 719.
815 BVerfG NJW 2017, 1295 m. Anm. Lack.
816 Staudinger/Salgo, § 1632 BGB Rn 81.
817 BGH FamRZ 2014, 543; OLG Frankfurt FamRZ 2015, 2172.

setzt daher ein Verfahren nach § 1632 Abs. 4 Satz 1 BGB, also ein Herausgabeverlangen der Eltern, voraus.[818]

521 Eine Dauerverbleibensanordnung darf zudem nur unter der kumulativen **Voraussetzung** des § 1632 Abs. 4 Satz 2 BGB ergehen, dass

- sich innerhalb eines im Hinblick auf die Entwicklung des Kindes vertretbaren Zeitraums die Erziehungsverhältnisse bei den Eltern in der Vergangenheit – trotz Hilfen – nicht verbessert haben und auch in Zukunft eine Verbesserung der Erziehungsbedingungen mit hoher Wahrscheinlichkeit nicht zu erwarten ist (Nr. 1) und darüber hinaus
- die Anordnung zum Wohl des Kindes erforderlich ist (Nr. 2).

Mit der danach erforderlichen retrospektiven und prognostischen Prüfung und Bewertung der Erziehungsverhältnisse der Eltern hat der Gesetzgeber erstmals Kriterien für die sog. **Perspektivklärung** – im Gleichlauf mit dem SGB VIII[819] – im BGB gesetzlich verankert und diese in zeitlicher Hinsicht an die Entwicklungsbedürfnisse des Kindes geknüpft.

Welcher **Zeitraum** in den Blick zu nehmen ist, hängt danach von dem kindlichem Zeitempfinden im jeweiligen Einzelfall, seinem Bedürfnis nach stabilen und kontinuierlichen Erziehungsverhältnissen und seinen ganz eigenen Entwicklungsaufgaben ab (vgl. auch § 1697a Abs. 2 Satz 2 BGB).[820] Durch den ebenfalls durch das KJSG neugefassten § 37 Abs. 1 Satz 2 SGB VIII haben die Eltern, unabhängig von einer Sorgeberechtigung gegenüber dem Jugendamt einen umfassenden **Beratungs- und Unterstützungsanspruch**, um ihre Erziehungsverhältnisse so zu verbessern, dass sie das Kind oder den Jugendlichen wieder selbst erziehen können. Bevor eine Dauerverbleibensanordnung ergehen kann, müssen alle konkret in Betracht kommenden Unterstützungsmöglichkeiten ausgeschöpft sein.[821] Neben den Leistungen der Kinder- und Jugendhilfe sind auch andere Unterstützungsformen in Betracht zu ziehen, wie etwa Suchtberatung, Anti-Gewalt-Trainings, psychosoziale Beratung oder Psychotherapie,[822] zu denen das Jugendamt beraten muss (§ 10a Abs. 2 Satz 1 Nr. 3 SGB VIII).[823]

818 Zweck ist die Vermeidung einer Verunsicherung des Kindes durch ein neues, isoliertes Verfahren gerichtet auf eine Dauerverbleibensanordnung, BT-Drucks. 19/26107, 128.
819 Meysen, FamRZ 2021, 401 (403).
820 Lohse, in: Meysen/Lohse u.a., Kap. 5 Rn 60; BT-Drucks. 19/26107, 129.
821 BT-Drucks. 19/26107, 128; Grüneberg/Götz, § 1632 BGB Rn 18b; s. auch EGMR FamRZ 2021, 850 m.Anm. Helms.
822 BT-Drucks. 19/26107, 129.
823 Lohse, in: Meysen/Lohse u.a., Kap. 5 Rn 60. Auch wenn § 37 Abs. 1 Satz 2 SGB VIII als Anspruch ausgestaltet ist, setzt die Beratung und Unterstützung keine bereits vorhandene Motivation der Eltern etwa in Form einer Antragstellung voraus; vielmehr handelt es sich um eine vom Jugendamt wahrzunehmende, in der Sache herausfordernde Aufgabe vgl. Meysen, FamRZ 2021, 401 (405); Gallep, in: Meysen/Lohse u.a., Kap. 5 Rn 34.

Das Gericht muss **Erfolg und auch Eignung bisheriger Unterstützungsleistungen** prüfen.[824] Von einer nachhaltigen Erfolglosigkeit dieser ist u.a. auszugehen, wenn im konkreten Einzelfall keine geeigneten Leistungen in Betracht kommen, die Eltern nicht ernsthaft gewillt und in der Lage waren, die angebotenen Leistungen anzunehmen, oder nicht durchgeführten Maßnahmen nicht den notwendigen Erfolg hatten.[825] Auch im Hinblick auf die – gegenüber den Vorgaben des SGB VIII zusätzlich[826] – erforderliche **Zukunftsprognose** betreffend die Verbesserung der Erziehungsverhältnisse bedarf es insbesondere einer Einschätzung und Bewertung der **Veränderungsbereitschaft und -fähigkeit** der Eltern, das Vorhandensein (weiterer) geeigneter Hilfen und einer Perspektiveinschätzung, innerhalb welches zeitlichen Horizonts eine ausreichende Verbesserung möglich erscheint.

Grundlage hierfür ist die Auswertung des bisherigen Hilfeverlaufs und der bestehenden elterlichen Defizite.[827] Wichtige Erkenntnisquelle bleibt auch nach Einführung der Verpflichtung zur **Vorlage des Hilfeplans** (§ 50 Abs. 2 Satz 2 SGB VIII) die fachliche Stellungnahme des Jugendamtes.[828] Bezugsgrößen dafür, wann die Wahrscheinlichkeit des Ausschlusses einer zukünftigen Verbesserung als „hoch" einzustufen ist, fehlen.[829] Eingefügt wurde dieser Maßstab, um dem Elterngrundrecht und dem Vorrang öffentlicher Hilfen zur Ermöglichung einer Rückführung Rechnung zu tragen.[830] Im Hinblick auf das kindliche Bedürfnis nach Stabilität und Kontinuität der Lebensverhältnisse (§ 1697a Abs. 2 Satz 2 BGB) und die weiterhin bestehende Gefahr für das Kindeswohl sollten jedoch keine überzogenen Anforderungen an die graduelle Einstufung der Wahrscheinlichkeit gestellt werden.[831] Nach der Gesetzesbegründung ist der dauerhafte Verbleib des Kindes bei seiner Pflegeperson im Einzelfall anzuordnen, wenn mit dem Wechsel eine Kindeswohlgefährdung einhergeht, der auch langfristig nicht durch öffentliche Hilfen begegnet werden kann, vor allem wenn die Eltern nicht mitwirkungsbereit sind.[832]

Neben der nachhaltigen Verbesserung der Erziehungsverhältnisse setzt der Erlass einer Dauerverbleibensanordnung voraus, dass die Anordnung auch **zum Wohle des Kindes erforderlich** ist. Einzubeziehen in die **positive Kindeswohlprüfung** sind alle Umstände des konkreten Einzelfalls, insbesondere die psychische Verfassung des Kindes, seine anstehende Identitätsfindung unter Einbeziehung der Herkunftseltern,

824 Zur neu eingeführten Verpflichtung des Jugendamtes zur Vorlage des Hilfeplans: § 50 Abs. 2 Satz 2 SGB VIII. Für die erforderliche Prüfung und Prognose dürfte jedoch eine fachlich begründete Stellungnahme des Jugendamtes nach § 50 Abs. 2 Satz 1 SGB VIII aussagekräftiger sein.

825 BT-Drucks. 19/26107, 129.

826 Nach §§ 37 Abs. 1 Satz 2, 37c Abs. 2 Satz 2 SGB VIII genügt die Erfolglosigkeit der bisherigen Unterstützungsleistungen, um die Hilfeplanung und Unterstützung der Eltern auf die Erarbeitung einer anderen dauerhaften Lebensperspektive hin neu auszurichten.

827 Grüneberg/Götz, § 1632 BGB Rn 18b.

828 Vgl. Meysen FamRZ 2021, 401 (406 ff.); Grüneberg/Götz, § 1632 BGB Rn 18b.

829 Meysen/Salgo FamRZ 2021, 13 (14).

830 BT-Drucks. 19/26107, 129; vgl. BVerfG FamRZ 2014, 1266.

831 BeckOK-BGB/Veit, § 1632 BGB Rn 117; Lohse, in: Meysen/Lohse u.a., Kap. 5 Rn 60.

832 BT-Drucks. 19/26107, 129.

seine Resilienz und sein Bedürfnis nach kontinuierlichen[833] und stabilen Lebensverhältnissen (§ 1697a Abs. 2 Satz 2 BGB).[834]

522 Eine (Dauer-)Verbleibensanordnung scheidet aus, wenn keine Kindeswohlgefährdung bei den Herkunftseltern festgestellt wird und der **Rückführungsprozess** – ggf. durch gerichtliche Anordnung – so ausgestaltet werden kann, dass sich das Kind ohne Gefährdung seines Wohls einerseits von seiner Pflegeperson lösen und andererseits in seine Herkunftsfamilie wieder integrieren kann.[835] In diesem Fall hat das Gericht auch zu prüfen, ob das Wohl des Kindes nach dem Wechsel zu seinen Eltern oder dem Wechsel in ein neue Pflegefamilie[836] eine **Umgangsregelung mit seinen vormaligen Pflegeeltern** (und ggf. Pflegegeschwistern) nach § 1685 Abs. 2 BGB erfordert, was auch vom Verfahrensbeistand angeregt werden kann.

Gegenüber dem **Vormund** kann keine Dauerverbleibensanordnung ergehen, da § 1795 Abs. 1 Satz 2 BGB nur auf § 1632 Abs. 4 Satz 1 BGB, mithin die einfache Verbleibensanordnung, verweist.[837] Zum Schutze des Kindes vor einer kindeswohlwidrigen Herausnahme aus der Pflegefamilie durch den Vormund können neben dem Erlass einer einfachen Verbleibensanordnung auch gerichtliche Aufsichtsmaßnahmen gegenüber dem Vormund bis hin zu dessen Entlassung ergriffen werden (§§ 1802 Abs. 2, 1804 Abs. 1 Nr. 1 BGB).[838]

VI. Abänderung gerichtlicher Entscheidungen und gebilligter Vergleiche (§ 1696 BGB)

523 Da Sorgerechts- und Umgangsentscheidungen biographische Sachverhalte regeln, Lebensverhältnisse aber der steten Wandlung unterliegen, müssen diese der Abänderung zugänglich sei. Dementsprechend werden Sorgerechts- und Umgangsentscheidungen zwar **formell rechtskräftig**, können also nach Ablauf der Rechtsmittelfrist nicht mehr zur Überprüfung des Rechtsmittelgerichts gestellt werden, erwachsen jedoch **nicht in materielle Rechtskraft**.[839] § 1696 BGB eröffnet die Möglichkeit der Abänderung formell rechtskräftiger Entscheidungen zur Anpassung dieser an veränderte Umstände.[840] Demgegenüber dient § 1696 BGB nicht dazu formell rechtskräftige Entscheidungen zu überprüfen, ohne dass eine Veränderung im Hin-

833 Zur Kritik am Kriterium der Kontinuität DJI, Stellungnahme zum Referentenentwurf des Kinder- und Jugendstärkungsgesetzes – KJSG vom 31.10.2020, 54; Meysen, FamRZ 2021, 401 (404).
834 BT-Drucks. 19/26107, 129.
835 BT-Drucks. 19/26107, 129.
836 Vgl. den Fall von OLG Schleswig ZKJ 2019, 187.
837 BT-Drucks. 19/28870, 113 (Beschlussempfehlung, auf dessen Empfehlung diese Änderung zurückgeht); Veit, FamRZ 2021, 1501 (1506).
838 So z.B. KG NZFam 2024, 499; Ivanits, NZFam 2022, 813, 819.
839 BGH NJW-RR 1986, 1130.
840 Zur Kritik an der Normfassung Staudinger/Coester, § 1696 BGB Rn 4 ff.

blick auf die Ausgangslage zum Zeitpunkt der Erstentscheidung eingetreten ist.[841] Verfahrensrechtlich tritt die Regelung des § 166 FamFG hinzu.[842]

Nach § 1696 Abs. 1 Satz 1 BGB kann eine Entscheidung zum Sorge- und Umgangsrecht abgeändert werden, wenn dies **aus triftigen, das Wohl des Kindes nachhaltig berührenden Gründen** angezeigt ist. Es reicht also insoweit für eine Abänderung nicht, dass sie dem Kindeswohl entspricht. Diese hohe Schwelle für die Abänderung formell rechtskräftiger Entscheidungen beruht auf dem Bedürfnis, die Stabilität von Gerichtsentscheidungen zu sichern und auch für das Kind kontinuierliche und stabile Erziehungs- und Lebensverhältnisse zu schaffen.[843]

Ausdrücklich **ausgenommen** vom Anwendungsbereich der Abänderung nach § 1696 **524**
Abs. 1 Satz 1 BGB sind Entscheidungen nach § 1626a Abs. 2 BGB, durch die die gemeinsame Sorge unverheirateter Eltern hergestellt wurde. Für diese sieht § 1696 Abs. 1 Satz 2 BGB die Abänderung, d.h. die Wiederauflösung der gemeinsamen Sorge, unter Anwendung des § 1671 Abs. 1 BGB vor.[844] **Spezialregelungen** bestehen im Übrigen in §§ 1678 Abs. 2, 1680 Abs. 2, 1681 Abs. 1 und 2 BGB (vgl. § 1696 Abs. 1 Satz 3 BGB).

§ 1696 Abs. 1 Satz 1 BGB gilt für **Erst- und Abänderungsentscheidungen** sowie im Beschwerdeverfahren getroffene Entscheidungen[845] und nach zutreffender Auffassung auch für die Abänderung von **Entscheidungen, die einen Antrag auf eine Sorgerechtsregelung zurückgewiesen** haben.[846] Ferner unterfallen gerichtlich nach § 156 Abs. 2 FamFG gebilligte Vergleiche der Abänderung nach § 1696 Abs. 1 BGB. Auf außergerichtliche Vereinbarungen oder solche, die nicht in der nach § 156 Abs. 2 FamFG vorgesehenen Form gebilligt wurden, findet § 1696 Abs. 1 BGB hingegen keine Anwendung.

Die umgangsrechtliche Anordnung eines Wechselmodells durch gerichtliche Entscheidung oder gebilligten Vergleich kann nur durch eine Umgangsentscheidung abgeändert werden und unterliegt dem Maßstab des § 1696 Abs. 1 BGB.[847] Wurde nach Wirksamwerden einer Umgangsregelung das Aufenthaltsbestimmungsrecht auf den umgangsberechtigten Elternteil übertragen, so ist ein Antrag des vormals betreuenden Elternteils am Maßstab des § 1684 Abs. 1 BGB und nicht an § 1696 Abs. 1 BGB zu messen.[848]

841 OLG Frankfurt FamRZ 2018, 597; Heilmann/Gottschalk, § 1696 BGB Rn 3.
842 Ausführlich Bartels, FF 2019, 77.
843 Coester, FamRZ 2012, 1337 (1340); BVerfG FamRZ 2015, 210; zur Vereinbarkeit mit der EMRK: EGMR FamRZ 2013, 431.
844 Zur Kritik Dürbeck, ZKJ 2013, 330 (335).
845 Grüneberg/Götz, § 1696 GB Rn 4.
846 KG FamRZ 2011, 122; OLG Frankfurt FamRZ 2014, 1120; Grüneberg/Götz, § 1696 BGB Rn 4; Staudinger/Coester, § 1696 Rn 35 und 55; a.A.: OLG Oldenburg FamRZ 2019, 807.
847 BGH FamRZ 2022, 601; KG FamRZ 2019, 363.
848 Zutreffend Völker/Clausius, § 3 Rn 6.

Für die Abänderung im Wege **einstweiliger Anordnung** (§§ 49 ff. FamFG) getroffener Regelungen zum Sorgerecht gilt § 1696 BGB nicht, sondern der speziellere § 54 FamFG.[849]

525 Der von § 1696 Abs. 1 Satz 1 BGB statuierte **Abänderungsmaßstab** ist deutlich strenger als das allgemeine Kindeswohlerfordernis nach § 1697a Abs. 1 BGB. Die begehrte Abänderung muss nicht nur dem Kindeswohl dienen, sondern aus triftigen, das Wohl des Kindes nachhaltig berührenden Gründen angezeigt sein. Im Hinblick auf den zu beachtenden Grundsatz der Erziehungskontinuität müssen die für eine Abänderung sprechenden Umstände deutlich die mit der Veränderung verbundenen Nachteile für die Entwicklung des Kindes überwiegen.[850]

Solche **triftigen Gründe** können etwa auf einer Änderung der Rechtslage[851] oder auf geänderten tatsächlichen Umständen beruhen. Ausreichend ist, dass Umstände nachträglich bekannt werden, die im Erstverfahren noch keine Berücksichtigung finden konnten.[852] Solche **Umstände** können

- in einer Veränderung der sozialen Beziehung der Eltern zueinander (Stichwort: Kooperation der Eltern),
- in einseitiger Veränderung der Betreuungssituation oder
- in sonstigen Lebensumständen wie Wiederverheiratung, Umzug, Auswanderung oder Krankheit liegen.

Im Hinblick auf eine Umgangsentscheidung kann auch die Veränderung tatsächlicher Rahmenbedingungen wie z.B. durch das Alter des Kindes und seine veränderten kindlichen Bedürfnisse[853] oder seine Schul- und Betreuungssituation relevant sein.[854] Auch Veränderungen auf der Ebene der Umsetzung des **Umgangsrechts** (z.B. Ausfall einer Umgangspflegerin[855], Umgangsboykott)[856] können einen Abänderungsgrund darstellen, wobei der Vorrang der Vollstreckung der Umgangsregelung nach §§ 89 ff. FamFG (Ordnungsmittel) zu bedenken ist.[857]

Nicht maßgeblich ist allein der Wunsch eines Elternteiles zur Abänderung der Entscheidung. Demgegenüber ist entsprechend der Wertung des § 1671 Abs. 1 und Abs. 2 jeweils Nr. 1 BGB dem gemeinsamen Elternwunsch indizielle Bedeutung für eine Abänderung beizumessen, es sei denn, triftige, das Kindeswohl nachhaltig berührende Gründe sprechen dagegen.[858] Schließlich kann auch ein **geänderter Kindeswille** die Abänderung rechtfertigen, wobei hier die Frage seiner Beeinflussung

849 OLG Hamm FamRZ 2018, 830; Prütting/Helms/Dürbeck, § 54 FamFG Rn 2.
850 OLG Hamburg FamRZ 2021, 204; OLG Frankfurt FamRZ 2018, 597; Grüneberg/Götz, § 1696 BGB Rn 8.
851 BVerfG FamRZ 1982, 1179; 2005, 783.
852 Heilmann/Gottschalk, § 1696 BGB Rn 21.
853 Weitere Beispiele bei Heilmann/Gottschalk, § 1696 BGB Rn 21.
854 OLG Saarbrücken FamRZ 2012, 646 (Einschulung).
855 AG Frankfurt FamRZ 2020, 839 (Covid 19-Pandemie).
856 OLG München FamRZ 1997, 45.
857 BGH NJW-RR 1986, 1264.
858 OLG Hamm BeckRS 2016, 16747; Grüneberg/Götz, § 1696 BGB Rn 10; ausführlich zur Dogmatik: Staudinger/Coester, § 1696 BGB Rn 71 ff.

und Vereinbarkeit mit den Belangen des Kindeswohls von besonderer Bedeutung ist.[859] Auch behauptete **Verfehlungen** gegenüber dem Kind (z.B. sexueller Missbrauch, körperliche Misshandlung) können Gründe für eine geänderte Sorgerechtsverteilung liefern, wobei hier jedoch § 1666 BGB vorrangig ist.[860]

Soweit die abzuändernde Entscheidung eine Maßnahme nach § 1666 BGB oder den Ausschluss oder die Beschränkung des Umgangs nach § 1684 Abs. 4 BGB betrifft, gilt die Sonderregelung des § 1696 Abs. 2 BGB. Eine dem Grundsatz der Verhältnismäßigkeit im besonderen Maße unterliegende Entscheidung, mit der nach § 1666 BGB in das elterliche Sorgerecht eingegriffen oder nach § 1684 Abs. 4 BGB das Umgangsrecht beschränkt oder ausgeschlossen wurde, ist aufzuheben, wenn eine **Gefahr für das Kindeswohl nicht mehr besteht** oder die **Erforderlichkeit der Maßnahme entfallen** ist. **526**

Diese materiell-rechtliche Regelung wird verfahrensrechtlich unterstützt durch § 166 Abs. 2 FamFG, wonach eine Regelüberprüfung von länger dauernden kindesschutzrechtlichen Maßnahmen für das Familiengericht obligatorisch ist.[861] § 166 Abs. 3 FamFG verlangt darüber hinaus eine Überprüfung von Entscheidungen, wonach von Maßnahmen nach § 1666 BGB abgesehen wurde. Es kommt bei der Anwendung von § 1696 Abs. 2 BGB nicht darauf an, ob eine ursprünglich bei der Anordnung einer Maßnahme nach § 1666 BGB vorhandene Gefahr für das Kind in Wegfall geraten ist (z.B. durch die Wiederherstellung eines Erziehungsdefizits bei einem Elternteil). Es ist bei der **Gefahreneinschätzung** vielmehr auf den gegenwärtigen Zeitpunkt der Entscheidung abzustellen, sodass eine Änderungsentscheidung nur ergehen kann, wenn im **Entscheidungszeitpunkt** keine – auch im Verhältnis zur Erstentscheidung anderen – Gründe vorliegen, die zu einer Gefährdung des Kindes führen.[862] Daher ist auch eine für das Kind mit der Herausnahme aus seiner Pflegefamilie verbundene Gefahr für sein körperliches oder seelisches Wohl mit zu berücksichtigen.[863] In letzterem Fall kann z.B. auch eine Verbleibensanordnung nach § 1632 Abs. 4 BGB in Betracht zu ziehen sein (vgl. Rn. 515 ff.).

Für **Verbleibensanordnungen** nach § 1632 Abs. 4 BGB wurden durch das Kinder- und Jugendstärkungsgesetz (KJSG)[864] die Abänderungsvoraussetzungen speziell in dem neueingeführten § 1696 Abs. 3 BGB geregelt. Von der Norm wird **527**

- sowohl die (neue) Dauerverbleibensanordnung nach § 1632 Abs. 4 Satz 2 BGB
- als auch die einfache Verbleibensanordnung nach § 1632 Abs. 4 Satz 1 BGB

erfasst. Danach ist eine Verbleibensanordnung ausschließlich auf Antrag der Eltern und nur dann aufzuheben, wenn die Wegnahme des Kindes von der Pflegeperson das Kindeswohl nicht gefährdet. Ein Wechsel des Kindes zu seinen Herkunftseltern

859 BGH FamRZ 2020, 252; OLG Brandenburg FamRZ 2010, 911 und 1993; vgl. aber auch OLG Hamm FPR 2002, 270 und FamRZ 2005, 746; Grüneberg/Götz, § 1696 BGB Rn 10.
860 Heilmann/Gottschalk, § 1696 BGB Rn 14.
861 Der EGMR fordert mindestens jährliche Überprüfungen, vgl. FamRZ 2011, 1484.
862 Grüneberg/Götz, § 1696 BGB Rn 14.
863 BVerfGE 88, 187.
864 BGBl 2021 I, 1444.

ist demnach ausgeschlossen, wenn weiterhin eine Gefährdung bei der Herkunftsfamilie besteht, sei es, dass die bisherigen Umstände, die zur Fremdplatzierung geführt haben, weiter bestehen, sei es, dass sich neue **kindeswohlgefährdende Umstände** ergeben haben.[865]

Besteht im Zeitpunkt der Abänderungsentscheidung keine Kindeswohlgefährdung bezogen auf die Herkunftsfamilie, ist weiter zu prüfen, ob durch den Bindungsabbruch zur Pflegeperson eine solche eintritt.[866] Gesichtspunkte und **Abwägungen**, die zu berücksichtigen sind, sind u.a.

- die Dauer der Fremdplatzierung,
- die Qualität der Beziehung zur Pflegeperson und zu den Eltern und deren jeweilige Bindungstoleranz,
- mögliche Entwicklungsdefizite des Kindes,
- das Alter des Kindes zum Zeitpunkt der Fremdplatzierung sowie zum Entscheidungszeitpunkt,
- die Zahl und Häufigkeit bisheriger Bindungsabbrüche und
- der Kindeswille.[867]

Bei bestehender Kindeswohlgefährdung durch den Bindungsabbruch ist vor dem Hintergrund des Elterngrundrechts und des geltenden Verhältnismäßigkeitsprinzips weiter zu prüfen, ob dieser durch öffentliche Hilfen, insbesondere im Wege eines behutsam gestalteten **Rückführungsprozesses** begegnet werden kann.[868] Ist dies nicht der Fall, kommt allenfalls noch eine befristete Verbleibensanordnung zur Absicherung des Rückführungsprozesses in Betracht.[869]

528 Das **Abänderungsverfahren** nach § 1696 Abs. 1 und 2 BGB wird vom Familiengericht **von Amts** wegen geführt. Anträge der Eltern sind insoweit lediglich Anregungen.

Anders ist es mit Blick auf die grundrechtlich verbürgte Elternautonomie im Falle der Abänderung **gerichtlich gebilligter Vergleiche**: Diese sind nur auf Antrag mindestens eines Elternteils und von Amts wegen nur unter den Voraussetzungen des § 1666 abänderbar.[870] Auch die Abänderung einer **Verbleibensanordnung** nach § 1632 Abs. 4 BGB erfolgt gem. § 1696 Abs. 3 BGB nach dem gesetzgeberischen Willen ausschließlich auf Antrag der Eltern, um eine Verunsicherung des Kindes durch ein von Amts wegen eingeleitetes Verfahren zu vermeiden.[871] Ausgeschlossen wird damit – lediglich – die ansonsten nach § 166 Abs. 2 FamFG in regelmäßigen Abstän-

865 BT-Drucks. 19/26107, 130.
866 BVerfG FamRZ 2017, 524.
867 BT-Drucks. 19/26107, 130; Grüneberg/Götz, § 1696 BGB Rn 15.
868 BT-Drucks. 19/26107, 130; BVerfG FamRZ 2015, 524; Grüneberg/Götz, § 1696 BGB Rn 15.
869 BT-Drucks. 19/26107, 130.
870 Heilmann/Gottschalk, § 1696 BGB Rn 33; BeckOK-BGB/Veit, § 1696 BGB Rn 65; BT-Drucks. 16/6308, 346.
871 BT-Drucks. 19/26107, 131.

den durchzuführende amtswegige Überprüfung der länger dauernden Kinderschutzmaßnahme mit dem Ziel der Rückführung des Kindes zu den Herkunftseltern.[872]

Hat das Kind in der Pflegefamilie **Kindeswohlgefährdungen** zu gewärtigen, obliegt es dem Inhaber des Aufenthaltsbestimmungsrechts – also im Falle von Verbleibensanordnungen regelmäßig den Eltern –, die Herausgabe des Kindes zu verlangen (§ 1632 Abs. 1 BGB). Kommt dieser seiner Schutzpflicht nicht nach und liegen die Voraussetzungen des § 1666 Abs. 1 BGB vor, bleibt das Gericht im Rahmen seiner **staatlichen Wächterfunktion** nach § 1666 Abs. 1 BGB verpflichtet, effektive Maßnahmen zum Schutz des Kindeswohls zu ergreifen, entweder gegenüber dem Sorgerechtsinhaber (Entzug des Aufenthaltsbestimmungsrechts wegen Untätigkeit bei bestehender Gefahr)[873] oder unmittelbar gegenüber den Pflegeeltern,[874] insbesondere auch durch Aufhebung der Verbleibensanordnung nach § 1666 Abs. 4 BGB, um einen Wechsel der Pflegefamilie zu ermöglichen.[875]

Insoweit verbleibt auch beim **Jugendamt** im Rahmen seiner staatlichen Wächterfunktion trotz der Regelung des § 1696 Abs. 3 BGB ein Initiativrecht, die Einleitung eines Kinderschutzverfahrens anzuregen.[876]

872 Vgl. Ivanits, NZFam 2022, 813 (819).
873 Vgl. Lohse, in: Meysen/Lohse u.a., Kap. 5 Rn 77.
874 Vgl. Ivanits, NZFam 2022, 813 (819).
875 BVerfG NJW 1988, 125; vgl. Ivanits, NZFam 2022, 813 (819).
876 Zu Unrecht einen Ausschluss des Initiativrechts befürchtend: Meysen, FamRZ 2021, 401 (404).

Teil 3

Beiträge aus Pädagogik, Psychologie und Psychiatrie

A Kindeswille und Kindeswohl

Übersicht Rn.

I. Die Aufgaben der Interessenvertretung

Die Einführung der Interessenvertretung für Kinder und Jugendliche wurde von einer höchst kontroversen Fachdiskussion über deren Zielsetzung und Aufgaben begleitet. Diese Diskussion erfolgte ohne Beteiligung betroffener Kinder und Jugendlicher (siehe auch Teil 1/*Stötzel*, Rn. 80 ff.)[1] oder die Perspektive erwachsener Betroffener und findet heute auch unter den erwachsenen professionellen Akteuren kaum noch statt. Erledigt haben sich damit die zugrunde liegenden Unklarheiten und streitigen Positionen jedoch nicht, denn die Aufgaben eines Verfahrensbeistands werden unterschiedlich verstanden und erfüllt, und damit das Recht der Kinder auf eine einheitlich praktizierte Ermittlung, Begleitung und unabhängige Vertretung ihrer gesamten Interessen verletzt. **1**

Unstrittig ist die Aufgabe des Verfahrensbeistands,

- eine verständliche Information des Kindes über Anlass, Verlauf und den Ausgang des Verfahrens zu leisten und
- die Kindesanhörung persönlich zu begleiten (§ 159 Abs. 4 Satz 3 FamFG).
- Auch die Aufgabe, den Kindeswillen zu ermitteln und im Verfahren präsent zu halten, ist in der Fachöffentlichkeit nicht kontrovers diskutiert worden[2] und wurde mit § 158b Abs. 1 FamFG, ergänzt durch das Anforderungsprofil des § 158a Abs. 1 FamFG (Entwicklungspsychologie; „kindgerechte Gesprächstechniken") weiter konturiert.

Jenseits dieser minimalen Übereinkunft stellte sich bei Einführung der Interessenvertretung vor allem die Grundsatzfrage, ob diese sich auf die **Vertretung des Kindeswillens** beschränken oder auch für das persönliche **Wohl des Kindes** eintreten soll. **2**

1 Vgl. jedoch Stötzel 2005; Lampe, Wiebke: Die Sicht und das Erleben von Jugendlichen in Kindeswohlverfahren. In Münder: Kindeswohl zwischen Jugendhilfe und Justiz, 2017, S. 375 ff. Eine Übersicht zur Partizipation in der Rechtsdiskussion bietet: Graf-van Kesteren, Annemarie: Kindgerechte Justiz. Wie der Zugang zum Recht für Kinder und Jugendliche verbessert werden kann. Deutsches Institut für Menschenrechte, Berlin 2015.

2 Auch wenn dieses Recht in der Praxis durchaus verletzt wird, vgl. Hoffmann, S. 210. In Münder: Kindeswohl zwischen Jugendhilfe und Justiz, 2017.

Hinweis

Aus dieser Entscheidung ergeben sich jeweils andere fachliche Anforderungen, Befugnisse und Pflichten einer Interessenvertretung für Minderjährige und bei erfolgreicher Durchsetzung bei Gericht auch andere Folgen für das betroffene Kind.

Entsprechend war diese Grundsatzfrage schon früh in der Reformdiskussion von *Salgo* aufgeworfen worden, der in Kenntnis der im Ausland langjährig geführten Debatten um die Orientierung des sog. Kindesanwaltes an „Kindeswillen" und „Kindeswohl" eine eindeutige gesetzliche Regelung forderte (siehe hierzu auch Teil 1/*Salgo*, Rn. 1 ff.).

3 Als dann im Jahr 1998 die Verfahrenspflegschaft eingeführt wurde, war im Gesetzestext nur pauschal von den „Interessen" des Kindes die Rede. In der Folge blieb unklar, ob dieser Interessenbegriff einzig die subjektiv vom Kind definierten Interessen meinte oder auch die objektiven, also das persönliche Wohl und den Schutz des Kindes umfassenden Interessen meinte.

Erst bei Einführung des FamFG stellte die regierungsamtliche Begründung klar, dass von den nun als „Verfahrensbeistand" bezeichneten Personen eine **Ermittlung und Vertretung des Kindeswillens und des Kindeswohls** erwartet wird. Doch bis in die Gegenwart ist eine Vielfalt an Vertretungspraktiken zu finden, die dieser Vorgabe nicht entsprechen. Eine wirksame Kontrolle der Gerichte fehlt.[3]

In der Gesetzesfassung von 2021 ist erneut lediglich von einer Vertretung der „Interessen" die Rede, allerdings gibt die regierungsamtliche Begründung dem Verfahrensbeistand vor,

> „die Interessen des Kindes zu ermitteln und unter Berücksichtigung des Kindeswohls zu vertreten"[4].

4 Nach Einführung der Interessenvertretung bildeten sich in Deutschland zum Nachteil betroffener Kinder und Jugendlicher neben guten fachlichen Standards auch viele nicht akzeptable oder sogar schädigende Praktiken heraus. Dies wurde durch den **uneindeutig formulierten gesetzlichen Auftrag** befördert. Der Begriff der Kindesinteressen lässt diesen Interpretationsraum auch weiterhin zu, auch wenn die regierungsamtlichen Begründungen bei näherer Hinsicht klar auf eine auch am Kindeswohl orientierte Praxis zielen. In der Familienrechtswissenschaft besteht überhaupt kein Zweifel, dass im kindschafts- wie betreuungsrechtlichen Kontext „Interessen" stets den Willen wie das Wohl umfasst.

Für die Kinder und Jugendlichen hat dies **weitreichende Folgen**:

- Einige Verfahrensbeistände sehen ihre einzige Aufgabe in der Ermittlung und Vertretung des Kindeswillens.

---

3 Zur Fachdiskussion Zitelmann 2001, zur aktuellen Praxis vgl. Bindel-Kögel in Münder: Kindeswohl zwischen Jugendhilfe und Justiz, 2017.

4 BT Drucks. 19/27928.

- Andere verstehen sich zutreffend auch dem Wohl bzw. Schutz der Kinder verpflichtet, übergehen jedoch die Wünsche der Kinder.
- Andere Verfahrensbeistände „beraten" die von ihnen vertretenen Kinder und Jugendlichen in problematischer Weise oder sie verlassen die Vertretungsrolle und betreiben Mediation (zur Rolle des Verfahrensbeistandes im Rahmen der Bemühungen um ein Einvernehmen siehe Teil 3/*Ivanits*, Rn. 374 ff.).[5]

Von den Kindern und Jugendlichen ist die Kontrolle ihrer erwachsenen Vertreter aufgrund ihrer Entwicklung und Abhängigkeit von den Eltern sowie grundlegend des Machtgefälles zwischen Laien und Professionellen nicht zu erhoffen. Die **Qualitätssicherung** liegt also bei dem Familiengericht, das den jeweiligen Verfahrensbeistand bestellt. Eine hinreichende Lösung ist dies jedoch nicht, denn Familienrichtern fehlt insbesondere im Kinderschutz und der Pflegekindschaft das spezifische Fachwissen, das Grundlage einer Beurteilung der Arbeitsweise und Empfehlungen des Verfahrensbeistands wäre.

Leitende **Kriterien bei der Auswahl des Verfahrensbeistandes** durch das Gericht 5
waren nicht unbedingt, dem gesetzlichen Auftrag einer Vertretung von Kindeswohl und Kindeswille folgend, entsprechende fachliche Kompetenzen. Der Studie von *Bindel-Kögel* zufolge greifen Richter auf Anwälte zurück, weil ihnen die Verständigung mit Juristen leichter fällt und sie sich eine reibungslose Kooperation wünschen, aus der „enge Partnerschaften zwischen Richtern und ‚ihrem' Verfahrensbeistand"[6] erwachsen. Die Eigeninteressen der Familienrichter, mit deren Verfahrensgestaltung und Beschlüssen sich jedoch die Kindesvertretung kritisch zu befassen und gegen die sie erforderlichenfalls Rechtsmittel einzulegen hat, wurden entscheidender Maßstab.

Die Eigeninteressen der Kinder und Jugendlichen aber, für die diese Vertretung eigentlich etabliert wurde, waren durch das Auswahlverfahren und die geringe Fachkontrolle der Familiengerichte nicht gewahrt.[7] 2021 wurde mit § 158 Abs. 1 Satz 1 FamFG klargestellt, dass dem Kind ein „fachlich und persönlich geeigneter Verfahrensbeistand" zu bestellen ist. Wie sich diese Neuregelung auf die Ermittlung und Vertretung der Kindesinteressen auswirkt, bleibt zu untersuchen.

Die **dominante Position des Familiengerichtes** wurde durch § 158b FamFG in Bezug 6
auf die Aufgaben des Verfahrensbeistands weiter ausgebaut. Lag die Ermittlung der Interessen des Kindes und das hierfür erforderliche Vorgehen zunächst ganz im fachlichen Ermessen der Kindesvertretung, hat nun der Richter zu beschließen, ob und ganz konkret mit welchen Personen der Verfahrensbeistand zur Wahrnehmung seiner Aufgabe sprechen kann. Ebenso kann der Richter die Erwartung zur Mitwirkung an einer einvernehmlichen Regelung vorgeben, die durchaus mit den Interessen des Kindes in Konflikt stehen kann. Die Interessen des individuellen Kindes als zen-

5 Vgl. ausführlich Bindel-Kögel In Münder: Kindeswohl zwischen Jugendhilfe und Justiz, 2017, S. 286 ff.; 309, 312
6 Bindel-Kögel. in Münder: Kindeswohl zwischen Jugendhilfe und Justiz, 2017, S. 310.
7 Zu Strukturen im Ausland, die eine Schulung, Auswahl, Vermittlung und Unterstützung und damit die Unabhängigkeit vom Gericht eher sichern, vgl. schon Salgo 1997, auch Zitelmann 2001.

traler Maßstab der Kindesvertretung wären dann durch spezifische Erwartungen bestimmt, die der Richter „seinem" Verfahrensbeistand vorgibt.

II. Der Kindeswille als Leitprinzip der Interessenvertretung?

7 Die Entwicklung der Praxis erfordert es, die Grundsatzdebatte um die **Vertretungsziele und Aufgaben der Kindesvertretung** zu einer verbindlichen Klärung zu bringen, so dass es nicht dem Zufall überlassen bleibt, ob und wie der Kindesschutz und das Kindeswohl die Tätigkeit des Verfahrensbeistandes anleiten und wie der „Kindeswille" verstanden und in das Verfahren eingebracht wird.

Dieser Beitrag setzt sich zunächst kritisch mit der in der Praxis immer noch verbreiteten Reduktion der Interessenvertretung auf eine vom Kind instruierte anwaltliche Vertretung auseinander. Auch wenn dieses Konzept im Ergebnis nicht befürwortet wird, ist eine berufsethische und fachliche Begründung zu leisten, weshalb die Kindesvertretung nicht allein dem Kindeswillen verpflichtet sein darf, sondern im Sinne einer „advokatorischen Ethik"[8] auch ohne Zustimmung, notfalls sogar gegen den erklärten Willen der vertretenen Kinder und Jugendlichen für deren eigene Interessen einzutreten hat.

8 In der **Diskussion zur Kindesvertretung** wurde angeführt, dass sich Richter, Jugendamt und auch die Gutachter bereits mit dem Wohl des Kindes befassen. Es brauche keine weitere Person, die für den Schutz und das Wohl des Kindes im Verfahren eintrete, wohl aber eine an den individuellen Willen des Kindes gebundene Vertretung.[9] Diese auf den ersten Blick radikal an den Rechten des Kindes orientierte Position lässt allerdings die Kindesrechte auf Schutz, Fürsorge, Entwicklung und Bildung unbeachtet. Sie vereinseitigt das durch die Entwicklung und Abhängigkeit des Kindes vorgegebene **Spannungsfeld von Kindeswille und Kindeswohl** und gibt dem Kind letztlich die Position eines eigenverantwortlichen erwachsenen Mandanten (siehe hierzu Teil 1/*Salgo*, Rn. 75 ff.).

Dabei ist offenkundig, dass Säuglinge und Kleinkinder zur eigenverantwortlichen „Instruktion" ihrer Vertretung noch unfähig sind. Vergleichbar schwierig wäre die Vertretung von geistig beeinträchtigten Kindern und Jugendlichen. Auch bei der Vertretung älterer Kinder kann ein ganz auf den Kindeswillen eingeengtes Vertretungskonzept nachteilige und schädigende Folgen für das weitere Leben des Kindes haben, besonders wenn dieses Kind bei vermeintlichem „Erfolgsfall" seiner Vertretung auch weiterhin der Vernachlässigung, seelischer bzw. körperlicher Misshandlung oder sexualisierter Gewalt oder das Kind schädigenden Besuchskontakten ausgesetzt wäre.[10]

9 Bis zur Adoleszenz sind **Eltern die wichtigsten Bezugspersonen** des Kindes, das seine Welt mit den Eltern als Kompass einordnet und Entscheidungen auch in der mittleren Kindheit meist in enger Verbundenheit trifft. Bei misshandelten Kindern ist

---

8 Vgl. Brumlik 2018.
9 Vgl. ausführlich und mit vielen Nachweisen Zitelmann 2001.
10 Hierzu Lack/Hammesfahr, Psychologische Gutachten im Familienrecht, S. 193 f., 376 f.

zudem mit einer „angstmotivierten Anpassung" an die Eltern zu rechnen, durch die „Identifikation mit dem Aggressor" erfolgt die Übernahme der feindseligen Zuschreibungen und die Rechtfertigung von Misshandlung.[11]

Zunehmende Unabhängigkeit von den Eltern und die Suche nach eigener Identität erlauben erst im Jugendalter eine kritische Distanz. Die im familiengerichtlichen Verfahren sehr bedeutsame Frage einer Trennung von den Eltern stellt sich für jüngere Kinder vom Entwicklungsstand her noch nicht: kritische Distanzierung und die Frage nach eigenständigen Lebensentwürfen ist keine Entwicklungsaufgabe des Kindesalters, sondern der Adoleszenz und kann bei einem Kind mit normal verlaufender Entwicklung nicht erwartet werden.

Im **Sorgerechtsverfahren** zwischen erziehungsfähigen Eltern erzwingt die Forderung, das Kind oder der Jugendliche solle seine Vertretung instruieren, eine schwierige und seelisch belastende Positionierung. Das Kind oder der junge Mensch wird in solchen Fällen einen Elternteil bevorzugen und einen anderen Elternteil enttäuschen müssen. **10**

Eigene Bedürfnisse des Kindes können dabei leitend sein, aber auch übergangen werden, sei es aus Mitgefühl für einen der Elternteile oder aber aus Angst vor den Folgen einer den Elternteil kränkenden Zurückweisung, zumal die weitere Perspektive seiner Beziehungen durch das schwebende Verfahren für das Kind noch offen ist.

Eine zweite diesen **Loyalitätskonflikt** reduzierende Möglichkeit bleibt dem Kind, indem es für die „gerechte Aufteilung" des eigenen Lebens im Wechselmodell votiert. Die Praxis zeigt, dass manche Kinder ihre Bedürfnisse dabei weit hinter die der Eltern stellen, um die sie sich sorgen, die sie nicht kränken oder im Stich lassen und „ungerecht" behandeln wollen (vgl. Teil 3/*Kostka, Charles*, Rn. 347).

Als dritte Option bleibt dem Kind nur der Ausweg, erst gar keinen Willen zu äußern, was vielleicht Entlastung bringt, eine Willensvertretung jedoch handlungsunfähig macht und entsprechend Druck auf das Kind erzeugen kann, sich doch zu positionieren.

III. Kinderschutz: Der selbstgefährdende Kindeswille

Scheint die tiefe Verstrickung in das Familiensystem schon bei hochstreitigen Verfahren um das Sorgerecht und Umgangsrecht hochproblematisch, in denen Eltern zwar erziehungsfähig sind, aber in einem Interessenkonflikt mit ihrem Kind stehen,[12] entfaltet das Konzept des vom Kind instruierten Anwaltes in ethischer und in fachlicher Sicht schädigende Wirkungen, sobald es um ein durch die Eltern geschädigtes Kind geht. **11**

11 Grundlegend: Nienstedt/Westermann 2007.

12 Zum Kindeswohl und auch der Interessenvertretung des Kindes bei Trennung und Scheidung der Eltern in rechtsvergleichender und erziehungswissenschaftlicher Perspektive vgl. Kostka 2004.

In der unrealistischen Hoffnung, deren dringend benötigte Wertschätzung doch noch zu erhalten, klammern sich schwer vernachlässigte, misshandelte und sexuell missbrauchte Kinder oft gerade an jene Personen, die ihre Bedürfnisse nicht zu befriedigen vermögen oder ihnen Gewalt antun. Die Identifikation mit allmächtig und rücksichtslos erlebten Eltern führt zur Übernahme ihrer Sichtweise und Moralvorstellungen. Dies **verhindert** zugleich die **Entwicklung von Selbstwert, Integrität und Autonomie** und geschieht um den Preis der Schuldübernahme durch das Kind.

12 Das Überleben eines Kindes hängt davon ab, dass es sich mit seinen Eltern arrangiert, so *Arno Gruen*, und zwar umso mehr, wenn Eltern kalt oder grausam sind:

> „... das Kind kann die Eltern nur unter der Voraussetzung als liebevoll erleben, dass es ihre Grausamkeit als Reaktion auf sein eigenes Wesen interpretiert – die Eltern sind grundsätzlich gut; wenn sie einmal schlecht sind, dann ist es unsere eigene Schuld. ... Damit übernimmt das Kind die lieblose Haltung der Eltern sich selbst gegenüber. Alles, was ihm eigen ist, wird abgelehnt und entwickelt sich zur potentiellen Quelle eines inneren Terrors. Seine Gefühle, seine Bedürftigkeit, seine Art der Wahrnehmung werden zu einer existentiellen Bedrohung, weil sie die Eltern dazu veranlassen könnten, ihm die lebensnotwendige Fürsorge zu entziehen. Die Folge ist eine Identifikation mit den Eltern. Das Eigene wird als etwas Fremdes verworfen, stattdessen übernehmen wir die kinderfeindliche Haltung der Eltern." [13]

Von im Kindesschutz ungeschulten Personen werden solche aus Angst getriebenen, eng verstrickten Bindungen selbst bei sehr schwerer Misshandlung immer wieder als „liebevoll" und damit als vermeintlich rechtlich schutzwürdige Eltern-Kind-Beziehung beschrieben. Erst bei näherer Hinsicht wird die angstvolle Überanpassung des Kindes deutlich und zeigen projektive Testverfahren[14], dass es bei dieser Eltern-Kind-Beziehung um eine **Täter-Opfer-Beziehung** geht. Diese zeichnen sich gerade dadurch aus, dass Angst, Ohnmacht, Wut und Hass auf die Eltern nicht erlebt und verarbeitet werden können. Das Kind verharrt in einer angstmotivierten Überanpassung an die unberechenbaren Eltern und wendet sich gegen eigene Bedürfnisse – jedenfalls: solange es sich nicht dauerhaft und wirksam vor seinen Peinigern beschützt erfährt.[15]

Betroffene Kinder sind in die Primärbeziehungen der Familien intensiv verstrickt und misshandelnden oder sexuell missbrauchenden Eltern bis zur **Selbstaufgabe** verbunden. Sie sorgen sich häufig mehr um die Sorgen der Eltern und Geschwister als um sich selbst, haben einen gestörten Zugang zu den eigenen Bedürfnissen, häufig verbunden mit einem kaum entwickelten Selbstwertgefühl. Zur Zeit des Verfahrens hatten sie noch gar keine Chance, Mangel- bzw. Gewalterfahrungen zu verarbeiten, sich kritisch von schädigendem Verhalten der Eltern zu distanzieren und damit auch Eigenverantwortung zu entwickeln.

13 Gefährdete Kinder sind häufig einer weitgehenden Verleugnung, Rationalisierung[16], **Manipulation und Schweigegeboten**, mitunter auch **Erpressungen und Drohungen**

---

13 Gruen, Arno (2002): Der Fremde in uns. München. Klett Cotta – DTV, 14 f.

14 Vgl. Nienstedt 2018, S. 109; auch Stürmer 2018, 87 ff.

15 Nienstedt/Westermann 2007; Garbe 2017.

16 Steffes-enn: Neutralisierung und Täterschaft. In: Steffes-enn, Rita/Hoffmann, Jens: schwere Gewalt gegen Kinder. Verlag für Polizeiwissenschaft, Frankfurt 2010, S. 92–108.

ausgesetzt. Dies ist besonders wahrscheinlich, wenn die Eltern ein Strafverfahren zu befürchten haben. Das Kind jedoch muss zur Zeit des Verfahrens noch mit seinem Verbleib in der Familie oder einer Rückführung zu den als unberechenbar oder gewalttätig erlebten Eltern rechnen und wird bei Umgangskontakten mit deren Haltung und Erwartungen konfrontiert. Eine von den Eltern/Tätern innere kritische Distanzierung und erst recht eine unabhängige Positionierung des Kindes oder Jugendlichen etwa durch Bitte um Inobhutnahme sind bei der Risikoeinschätzung überaus ernst zu nehmen, können aber von Kindern in dieser Situation nicht regelhaft erwartet werden.

Orientiert sich die Vertretung eines solchen Kindes nun ausschließlich an dem von ihm geäußerten Willen, wird sie über das Kind in die angstbesetzte Eltern-Kind-Beziehung eingebunden, verstrickt in Loyalitätskonflikte und schädigende Rollen des Kindes (Parentifizierung usw.) und wäre sogar zur Geheimhaltung von Missbrauch oder Misshandlungen genötigt. **14**

Hinweis

Ein allein dem Kindeswillen verpflichteter Anwalt ist vom Gesetzgeber aus gutem Grund nicht gewollt. Er würde – pädagogisch verheerend – zum erwachsenen Mitwisser und zum Akteur in einem das Kind schädigenden Familiensystem.

> „Dem Kindeswillen zu folgen, könnte dann bedeuten, dass Lebensbedingungen hergestellt werden, die in einem Missverhältnis zur objektiven Bedürfnislage des Kindes stehen",

mit der Folge einer Schädigung des Kindes.[17]

Während einer vorläufigen **Fremdunterbringung** und in der Schwebe des langwierigen Verfahrens äußern viele Kinder zumindest verbal den Wunsch, „zu Hause" zu leben.[18] Häufig sorgen sich Kinder um die Eltern oder zu Hause lebende Geschwister. Oft halten sie chronisch erlebte schwere Vernachlässigung, sexuellen Missbrauch oder Gewalterfahrungen für ganz normal, manche traumatische Erfahrungen sind abgespalten, eingekapselt und der Erinnerung nicht ohne Weiteres zugänglich. Entsprechend bereitwillig klammern sich die Kinder an oft ernst gemeinte Beteuerungen der Eltern, das Kind bald nach Hause zu holen und wenigstens künftig gut für seine Bedürfnisse sorgen zu wollen. **15**

Ein „Anwalt des Kindes", der sich zum Fürsprecher des Kindeswillens macht und in Kenntnis der bereits erfolgten und drohender Schädigung des Kindes seine Rückführung zu den Eltern verlangt, vermittelt dem Kind die Billigung des elterlichen Verhaltens. Mit dem Kind werden vom Täter genannte Neutralisierungen und Rationalisierungen (zumindest teilweise) nachvollzogen, mitunter sogar nachempfunden: Das Kind in der Rolle des Provokateurs, das ewig schreiende Kind usw. scheint die Gewalt

---

17 Dettenborn 2014, S. 82; Lack/Hammesfahr, S. 276 f.
18 Zum Verständnis des Kindeswillens und projektiven Verfahren vgl. https://psg.nrw/interdisziplinaerer-kinderschutz/inobhutnahme-und-diagnostik/ (Abruf am 10.9.2024).

als Augenblicksversagen zu rechtfertigen. Es kommt zur **Polarisierung im Netzwerk der Helfer**, die besonders bei unklarer Beweislage (junge Opfer) trotz unglaubwürdigster Ablaufschilderungen der Eltern Wirkung entfaltet.[19]

16 Ein Anwalt kann Distanz zu seinem Auftrag, seiner Berufsrolle einnehmen. Ein Kind kann dies aber erst nachvollziehen, wenn es ein Rollenverständnis erworben hat und die **Trennung von Rolle und Person** nachvollziehen kann. Wie genau und mit welchen Folgen das Kind einen Erwachsenen erlebt, der sich auf seinen Wunsch mit der ganzen Autorität eines Rechtsanwaltes für eine gerichtliche Entscheidung einsetzt, die dem Kind weiter schaden wird, ist nicht erforscht. Aus Sicht der Verfasserin verbietet sich ein solches Experiment auch.

17 Um diesem berufsethischen Dilemma zu entgehen, liegt eine **eingehende Beratung des Kindes** durch den Anwalt über seine wohlverstandenen Interessen nahe. In den Fachveröffentlichungen des In- und Auslandes gibt es entsprechende Empfehlungen, Hinweise und Erfahrungsberichte hinsichtlich eines solchen „beratenen" Kindeswillens.[20] Für das bereits beziehungsgeschädigte, hochangepasste und oft manipulierte Kind bedeutet dies eine Fortsetzung seiner Fremdbestimmung, es soll seine Wünsche aufgeben und wird „beraten", bis es will, was es nach Ansicht seiner Vertretung wollen soll.

Lassen sich Kinder und Jugendliche nach solcher „Beratung"[21] auf die Position ihrer Vertretung ein, dürfte der entscheidende Faktor vielfach nicht Einsicht sein. Das Kind wird nicht plötzlich mündig. Anwaltliche Beratung taugt auch nicht zur Verarbeitung von Deprivation oder Gewalt. Jedoch haben seelisch misshandelte Kinder ein sehr ausgeprägtes Gespür für die Erwartungen und Probleme der Erwachsenen – auch des Verfahrensbeistands – und zugleich wenig entwickelte Fähigkeiten, um den Überzeugungsversuchen eines „Kinderanwaltes" die Stirn zu bieten.

Die Position, die nach solcher Beeinflussung aber bei Gericht vertreten wird, ist weder das fachlich begründete „Wohl" noch ist es der authentische „Wille" des Kindes oder Jugendlichen, sondern es sind **als Kindeswillen getarnte Vorstellungen** seines Anwaltes **vom Kindeswohl**.

Als in der Fachliteratur vorgeschlagener Ausweg bliebe damit einzig die Möglichkeit, das Gericht um die eigene Entlassung zu bitten – was für den Verfahrensbeistand eine Lösung sein mag, für seinen Nachfolger und damit auch für das betroffene Kind jedoch nicht.

18 Auch wenn und gerade, weil der Verfahrensbeistand nur bei Vereinbarkeit mit den wohlverstandenen Interessen des Kindes zur Durchsetzung des Kindeswillens verpflichtet ist, hat er sich eingehend und differenziert mit den Wünschen und Befürchtungen des Kindes auseinanderzusetzen und in seinen Stellungnahmen für eine

19 Vgl. näher Steffes-enn 2010, S. 106.
20 Näher: Zitelmann 2001, S. 307 ff.
21 Zur Bedeutung in der Praxis und problematischen Beeinflussungsversuchen vgl. Münder 2017, S. 302 ff.

möglichst **authentische Dokumentation des Kindeswillens** zu sorgen (siehe hierzu die Einleitung zu den Standards für die Interessenvertretung im Anhang).

Zur Achtung des Kindeswillens gehört auch das engagierte **Eintreten** des Verfahrensbeistands **für die richterliche Anhörung des Kindes**, verbunden mit Empfehlungen zum Ort und zur Gestaltung der Anhörungssituation. Die Gespräche mit dem Verfahrensbeistand sind kein Ersatz für die persönliche Begegnung zwischen Richter und Kind (vgl. § 159 Abs. 2 FamFG).

Kinder und Jugendliche haben während des Verfahrens das Recht, „über Gegenstand, Ablauf und möglichen Ausgang des Verfahrens in geeigneter Weise" durch den Verfahrensbeistand informiert zu werden (§ 158b Abs. 1 Satz 2 und 3 FamFG). Auch das Jugendamt hat das Kind auf seine **Rechte im gerichtlichen Verfahren** hinzuweisen (§ 8 Abs. 1 und Abs. 3 SGB VIII). Nicht zuletzt ist das Kind vom Familiengericht **19**

> „über den Gegenstand, Ablauf und möglichen Ausgang des Verfahrens in einer geeigneten und seinem Alter entsprechenden Weise zu informieren, soweit nicht Nachteile für seine Entwicklung, Erziehung oder Gesundheit zu befürchten sind" (§§ 158b Abs. 1, 159 Abs. 4 Satz 1 FamFG).

Auch die Sorgeberechtigten haben das Kind entsprechend seinem Entwicklungsstand zu informieren und an ihren Entscheidungen zu beteiligen (§ 1626 Abs. 2 BGB bzw. § 1790 Abs. 2 BGB)

Dieser **mehrfache Beratungsauftrag** zeigt: Das Kind soll die Chance haben, seine Rechte auszuüben, und verstehen können, was in dem Verfahren vorgeht, das seine Person schließlich existenziell betrifft, und ein Mindestmaß an Kontrolle in einer ungewissen Lebenssituation erlangen. Alle Kinder und Jugendlichen haben das Recht, ihrem Entwicklungsstand entsprechend über das Spektrum möglicher Beschlussinhalte aufgeklärt zu werden und dem Gericht mitzuteilen, welche Entscheidung aus ihrer Sicht für sie selbst gut, weniger schlimm bzw. nicht akzeptabel wäre. Deren Position ist im Verfahren immer beachtlich, zu vertreten, notfalls auch durch Rechtsmittel, aber nur, soweit dies auch im wohlverstandenen Interesse des Kindes liegt. **20**

Diese **Prüfung des möglichen Schutzbedarfes**, betont der Psychologe *Dettenborn*, bedarf einer Güterabwägung:

> „Auf der einen Seite sind die möglichen Gefährdungsfolgen zu prüfen, die auftreten, wenn dem kindlichen Willen stattgegeben wird. Die andere Seite betrifft die Prüfung möglicher Gefährdungsfolgen, wenn dem Kindeswillen nicht gefolgt wird, z.B. Resignation, Hilflosigkeit, Labilisierung des Selbstwertgefühls."[22]

Nichts spricht dagegen, wenn fachlich qualifizierte Erwachsene mit einem Kind, das einen selbst gefährdenden Willen äußert, seine **Ambivalenz ausloten, widersprüchliche Bedürfnisse aufgreifen** und versuchen, ein „Bündnis" mit jenen inneren Anteilen zu schließen, mit denen das Kind sich nach einem Leben sehnt, in dem es sich von (Ersatz-)Eltern geliebt und versorgt weiß, als deren Kind es seine Fähigkeiten entwickeln und seine Persönlichkeit entfalten kann. **21**

22 Dettenborn 2014, S. 82. Zur Güterabwägung vgl. ausführlich: Zitelmann 2001, S. 78 ff.

Hinweis

Die Begleitung des Kindes bei der Realisierung des bereits erlebten Leides und bei der meist seelisch extrem schwierigen Lösung aus schädigenden Beziehungen ist nicht Sache der Verfahrensvertretung, kann aber mit ihrer Hilfe eingeleitet und auf den Weg gebracht werden.

22 Die Interessenvertretung ist nicht berechtigt, gezielt Einfluss auf den Willen des einzelnen Mädchens oder Jungen zu nehmen, so schädigend sich die Verwirklichung dieser Vorstellungen auch auswirken kann. Seine Willensäußerungen sind zu **dokumentieren** und mündlich wie schriftlich in das Verfahren **einzubringen** (§ 158b Abs. 1 Satz 1 und 3 FamFG).

Zugleich, deutlich abgetrennt, müssen aus Sicht des Verfahrensbeistands bestehende **Risiken aufgezeigt** und Hinweise gegeben werden, wie diese Willensäußerungen zu verstehen sind und ob den im Kindeswillen zum Ausdruck gebrachten Bedürfnissen des Kindes in anderer Weise entsprochen werden kann.

IV. Verfahrensbeistandschaft im FamFG

23 Mit dem Gesetz zur Bekämpfung sexualisierter Gewalt gegen Kinder sind die **Aufgaben des Verfahrensbeistands** erstmals konkreter gefasst worden. Demnach ist es die Aufgabe des Verfahrensbeistands, „das Interesse des Kindes festzustellen und im gerichtlichen Verfahren zur Geltung zu bringen" (§ 158b Abs. 1 Satz 1 FamFG). Der Begründung, die zum Gesetzestext veröffentlicht wurde, ist zweifelsfrei zu entnehmen, dass dieser Interessenbegriff die subjektiven und die **wohlverstandenen Interessen des Kindes** umfasst. Sie stellt klar

> „[...], dass der Verfahrensbeistand dem Interesse des Kindes verpflichtet ist und nicht allein dem von diesem geäußerten Willen. Zwar hat der Verfahrensbeistand den Kindeswillen in jedem Fall deutlich zu machen und in das Verfahren einzubringen, es steht ihm jedoch frei, darüber hinaus weitere Gesichtspunkte und auch etwaige Bedenken vorzutragen. Der Verfahrensbeistand hat daher bei seiner Stellungnahme sowohl das subjektive Interesse des Kindes (Wille des Kindes) als auch das objektive Interesse des Kindes (Kindeswohl) einzubeziehen. Dieses Verständnis der Aufgaben des Verfahrenspflegers entspricht der Wertung des materiellen Rechts, das vom Zentralbegriff des Kindeswohls geprägt ist (vgl. § 1697a BGB)."[23]

Für eine andere Sicht bietet die gesetzlich geregelte Ausgangslage, nämlich der anzunehmende erhebliche Interessenkonflikt zwischen Kind und Sorgeberechtigten, auch gar keinen Anhaltspunkt.

Die Fälle, in denen eine nur dem Willen des Kindes verpflichtete anwaltliche Vertretung einzusetzen wäre, wären konsequent gedacht nämlich jene, in denen Eltern erkennbar den Willen ihres Kindes im Verfahren nicht oder nicht nachhaltig genug vertreten. Dann aber würde in Situationen, in denen ein Elternteil oder beide Eltern die

23 BT-Drucks. 16/6308 S. 239.

elterliche Sorge durchaus verantwortlich, wenn auch gegen den Willen des Kindes ausüben, stets ein Anwalt für das Kind eingesetzt.

Demgegenüber würden die wohlverstandenen Interessen des Kindes nicht ermittelt und im Verfahren vertreten, wenn sich Kind und Eltern in ihrer Position einig sind, selbst wenn diese Position nicht mit dem Kindeswohl vereinbar ist. Diese **Problematik** wird **am Kindesschutzverfahren** nach §§ 1666, 1666a BGB besonders deutlich. **24**

Als dem Kindeswohl über § 1628 i.V.m. § 1627 BGB verpflichtete gesetzliche Vertreter fallen die Eltern in diesen Fällen faktisch aus. Oft müssen sie nicht nur mit Sorgerechtsentzug oder Beschränkungen ihres Umgangs rechnen, sondern auch mit Strafverfahren wegen Körperverletzung (§§ 223, 224, 225 StGB), Verletzung der Fürsorgepflicht (§ 171 StGB) oder Sexualstraftaten (§§ 174, 176 ff. StGB) und mit Entschädigungsansprüchen des Kindes. Diesen Ausfall kann nur eine dem Kindesschutz verpflichtete Vertretung kompensieren.

Den Willen des Kindes betreffend geht die Regelung über die Aufgaben der gesetzlichen Vertretung hinaus. § 1626 Abs. 2 BGB verpflichtet die gesetzlichen Vertreter des Kindes zur **Rücksichtnahme auf die wachsende Fähigkeit und das wachsende Bedürfnis** des Kindes **zu selbstständigem verantwortungsbewusstem Handeln**. Sie haben mit dem Kind, soweit es nach dessen Entwicklungsstand angezeigt ist, Fragen der elterlichen Sorge zu besprechen und Einvernehmen anzustreben. **25**

Der Verfahrensbeistand allerdings ist jedoch nicht ausschließlich zur Rücksichtnahme auf den Willen des Kindes angehalten, vielmehr hat er „den Kindeswillen in jedem Fall deutlich zu machen und in das Verfahren einzubringen“[24]. Dabei kommt es nicht darauf an, ob und wie weitgehend sich diese Wünsche mit den fachlichen Empfehlungen des Verfahrensbeistands decken.

Die Vorgabe, dass der Verfahrensbeistand die Interessen des Kindes, das persönliche Wohl und den Willen des Kindes zu ermitteln und im gerichtlichen Verfahren zu vertreten hat, könnte nur von einem i.S.v. § 158a Abs. 1 FamFG qualifizierten Verfahrensbeistand sichergestellt werden. Die Herausforderung liegt darin, die durch die Pauschalierung bedingten engen Zeitressourcen effektiv zu nutzen. **26**

Galt bis zum FamFG eine Vergütungsregelung, die der notwendigen Ermittlung der Interessen dem individuellen Fall entsprechend Rechnung trug, gilt nun die Pauschalierung, die geradezu den Anreiz für eine mangelhafte Praxis setzt: einmalige Gespräche in der Kanzlei in Anwesenheit des Elternteils, Erstbegegnungen auf dem Gerichtsflur statt im vertrauten Umfeld des Kindes, Akzeptanz „praktischer“ Terminierung der Verhandlung mit „eingeschobener“ Kindesanhörung, welche die Begleitung des Kindes durch seinen Verfahrensbeistand vor und nach der Anhörung unmöglich macht, fehlende Ermittlungen (trotz erweiterter Aufgabe gemäß § 158 Abs. 2 und 3 FamFG a.F.) etwa durch Gespräche mit wichtigen Auskunftspersonen im Kindergarten oder der Schule, der Bereitschaftspflege oder im Kinderheim sowie mit den oft langjährig mit der Familie befassten Fachkräften des Jugendamtes und ambulanter Erziehungshilfen.

24 BT-Drucks. 16/6308, S. 239.

Ob in manchen Umgangs- und Sorgerechtsverfahren die pauschale Vergütung eine sinnvolle Regelung ist, kann dahinstehen. Weit komplexer und nach Überzeugung der Verfasserin pauschal nicht abzubilden sind die Aufgaben des Verfahrensbeistands in jenen Verfahren, in denen eine Gefahreneinschätzung erfolgen bzw. der Verbleib fremdplatzierter Kinder geklärt werden muss. Die gegenwärtige Höhe der Fallpauschale entspricht ungefähr sechs Fachleistungsstunden einer ambulanten Familienhilfe oder dem Honorar eines Jugendtherapeuten für sechs Stunden in der Spieltherapie.

Hinweis

Diese Pauschalierung wird den Qualifikationsanforderungen, der Fortbildungspflicht, dem fachlich gebotenen Handeln im Kinderschutz nicht gerecht. Sie widerspricht dem Auftrag des Verfahrensbeistandes, die subjektiven und objektiven Interessen des Kindes fachgerecht zu ermitteln, zu gewichten und wirksam zu vertreten.

Man denke nur an

- das oft umfangreiche Aktenstudium,
- die Information und Beratung des gefährdeten, vielleicht traumatisch belasteten Kindes im persönlichen Umfeld,
- das Abfassen schriftlicher Stellungnahmen,
- ausführliche Gespräche mit beiden Eltern sowie mit den Bezugspersonen im Heim bzw. Pflegeeltern,
- notwendige Gespräche mit Fachkräften (ASD, BSD, PKD, Frühe Hilfen, Ambulante Erziehungshilfen, Kinderschutzmedizin, Psychotherapeuten) und
- ggf. weitere Recherchen bei Experten und in der Fachliteratur zur belastbaren Risikoeinschätzung und Prognose (Suchtmittelabhängigkeit u.a. psychiatrisch relevante Störungen, Sektenzugehörigkeit, Reichsbürger, etc.).

Hinzu kommen die Begleitung des Kindes zur richterlichen Anhörung, der Zeitaufwand für alle anderen Verhandlungen und alle hiermit verbundenen Fahrten.

27 Der Trend zur Vertretung des Kindeswillens, die nicht nur geringe Qualifikation erfordert, sondern auch kaum Kosten verursacht, wird durch das Vergütungsrecht forciert. Diese dem **Kostendruck der Justizkassen** folgende Praxis trifft indes die bereits geschädigten, daher schutzbedürftigen Kinder und Jugendlichen, die unter dem besonderen Schutz des Staates stehen müssten, in besonders schwerem Maße. Dass Einsparungen in diesem Bereich kurzsichtig sind, weil sie auf lange Sicht vielfach höhere Kosten verursachen, hat die Forschung inzwischen nachgewiesen.[25]

25 Vgl. Habetha u.a. 2012: Deutsche Traumafolgenkostenstudie. https://beauftragte-missbrauch.de/fileadmin/user_upload/Publikation_-_Abschlussberichte/Publikat_Deutsche_Traumafolgekostenstudie_final.pdf (Abruf am 10.9.2024).

Stellungnahme

Damit Verfahrensbeistände die ihnen entstehenden Aufwendungen zur qualifizierten Vertretung der Kinder wie z.B. Fahrtkosten abrechnen können, bedarf es einer weiteren Änderung des Vergütungsrechtes, das sich am gesetzlich vorgesehenen Anforderungsprofil und der Komplexität von Fallkonstellationen, weiter gedacht an den Grundrechten der Kinder und Jugendlichen zu orientieren hat – und nicht am Kostendruck der Justiz.

V. Das „Kindeswohl" als Leitprinzip

Die Verfahrensbeistandschaft unterscheidet sich grundlegend von der anwaltlichen Rechtsvertretung für Erwachsene, deren Ausgangspunkt der Erhalt oder die Wiederherstellung einer selbstbestimmten Lebenspraxis des zur Eigenverantwortung fähigen Klienten ist. Beim professionellen Handeln für das noch nicht mündige Kind geht es vorrangig um sein Recht auf Förderung seiner Entwicklung und auf Erziehung zu einer eigenverantwortlichen und gemeinschaftsfähigen Persönlichkeit (vgl. § 1 Abs. 1 SGB VIII). **28**

Die noch fehlende Autonomie des Kindes wird hier durch das **stellvertretende Abwägen, Entscheiden und Handeln** des Erwachsenen ersetzt. Das Kindeswohl hat im Familienrecht eine Auffangfunktion für den Willen des Kindes, bis die Eigenentscheidung des minderjährigen Kindes als Teilmündigkeit oder individuelle Einsichtsfähigkeit in die zu treffende Entscheidung zur rechtlichen Anerkennung kommt.[26]

Das Kindeswohl ist das zentrale Leitprinzip des Kindschaftsrechtes in Deutschland. **29**
Diese **Generalklausel** bedarf der **kindzentrierten Auslegung im Einzelfall** und errichtet eine Sperre gegenüber den Interessen und Rechten aller anderen Personen und den Interessen der Politik oder des Staates.

Wenn Kinder oder Jugendliche einen Verfahrensbeistand brauchen, wirkt der Begriff des Kindeswohls verharmlosend, denn die meisten Kinder befinden sich ja in extrem belastenden Situationen, durch akute Vernachlässigung oder Misshandlung, durch Infragestellung des Lebens in der Pflegefamilie oder durch hochstreitige Sorgerechts- und Umgangsverfahren.[27]

Womöglich sollte daher **im Kontext der Verfahrensbeistandschaft** nicht vom Kindeswohl, sondern von der am „wenigsten schädlichen Alternative für die Entwicklung und das weitere Aufwachsen des Kindes"[28] die Rede sein.

26 Vgl. zu berufsethischen Aspekten Zitelmann 2001, S. 78 ff.
27 Vgl. Paul: Aktueller Stand nationaler und internationaler Forschung zu Folgen für Kinder durch hochkonflikthafte Trennungen. DJI (Hrsg.), Anhang 17. www.dji.de/fileadmin/user_upload/bibs/6_Anhang17FolgenKinder.pdf (Abruf am 0.9.2024).
28 Diesen Begriff schlug das interdisziplinäre Autorenteam Goldstein/Freud/Solnit 1973 in seinem lesenswerten Buch (Jenseits des Kindeswohls) vor: „The least detrimental available alternative for the child's growth and development", S. 53 ff.

30 Der Kindeswohlbegriff prägt internationale Übereinkommen wie die UN-Konvention über die Rechte des Kindes, ist für die Reform der deutschen Verfassung vorgeschlagen[29] und wird seit über hundert Jahren in § 1666 BGB als die zentrale Generalklausel des materiellen Kindschaftsrechtes verwendet.

Der Begriff des Kindeswohls kommt in einer Vielzahl gesetzlicher Regelungen vor und steht hier für ganz unterschiedliche Lebenslagen von Kindern. Je nach Formulierung wird der Begriff mit einer **positiven oder negativen Bestimmung** verbunden. So ist zu fragen, ob eine Maßnahme

- dem Wohl des Kindes am besten entspricht,
- dem Wohl des Kindes nicht widerspricht,
- zum Wohl des Kindes erforderlich ist oder
- ob das Kindeswohl gefährdet wäre.

Das Kindeswohl ist Leitprinzip der elterlichen Sorge, seine Wahrung ist primär den Eltern übertragen, sie haben gemäß § 1627 BGB die elterliche Sorge als Pflichtrecht

> „in eigener Verantwortung und in gegenseitigem Einvernehmen zum Wohl des Kindes auszuüben".

31 Das Konstrukt des Kindeswohls schafft zugleich die **Legitimation staatlicher Eingriffsbefugnis** in die Rechte der Eltern – und wo nötig – auch in die Rechte des Kindes selbst und ist zentraler Maßstab der Familiengerichtsbarkeit. Soweit das Gesetz nichts anderes bestimmt, muss das Familiengericht diejenige Entscheidung treffen,

> „die unter Berücksichtigung der tatsächlichen Gegebenheiten und Möglichkeiten sowie der berechtigten Interessen der Beteiligten dem Wohl des Kindes am besten entspricht" (§ 1697a Abs. 1 BGB).

Dem verfahrensleitenden Prinzip des Kindeswohls[30] hat auch die Gestaltung des Verfahrens, sei es durch Beschleunigung, die kindgerechte Information und Anhörungspraxis, eine am Kind orientierte Amtsermittlung und Verhandlungsführung vollständig Rechnung zu tragen.

32 Bereits das Bürgerliche Gesetzbuch von 1900 nannte die Gefährdung des körperlichen oder geistigen Wohls des minderjährigen Kindes als Anlass für gerichtliche Eingriffe in das Recht der damals noch geltenden „Väterlichen Gewalt". Schon in der ersten Hälfte des 20. Jahrhunderts diente die Klausel aber nicht nur dem Schutz der Minderjährigen, sie war zugleich ein **Instrument der Sozialkontrolle** und diente als Einfallstor politischer Interessen. Behördliche Eingriffe und die Fremdplatzierung der Kinder trafen schon bald die Kommunisten, Sozialdemokraten, religiös verfolgte Minderheiten, rassisch stigmatisierte Familien und Homosexuelle. Das Risiko politisch

---

29 Deutscher Bundestag: Kinderrechte in die Verfassung WD3 – 317/06.
30 Vgl. grundlegend Coester 1983.

motivierter Eingriffe besteht fort und fordert stets aufs Neue eine selbstkritische Auseinandersetzung.[31]

Nicht nur im historischen Rückblick, sondern bis heute erfolgen Eingriffe des Jugendamtes und der Familiengerichte überwiegend bei **sozioökonomisch benachteiligten Familien**. Da diese Familien häufig auf staatliche Transferleistungen angewiesen sind, geraten sie schnell ins Blickfeld staatlicher Kontrollen. Der Schutz von Kindern der Mittelschicht und in privilegierten Lebenslagen erfolgt weit seltener, was auf bessere Entlastung vermögender Eltern sowie auf eine stärkere Abschirmung gegenüber dem Staat zurückgehen dürfte. Aktuelle Erhebungen zur Gefährdungseinschätzung nach § 8a SGB VIII zeigen zudem, dass die in Ein-Eltern-Familien lebenden Kinder deutlich überrepräsentiert sind.[32] **33**

In der zweiten Hälfte des 20. Jahrhunderts erlangte der Rechtsbegriff des Kindeswohls im gesamten Familienrecht zunehmend an Bedeutung. Dies galt besonders für das **Scheidungsrecht**, gefolgt vom zivilrechtlichen **Kindesschutz**. In beiden Rechtsgebieten ist in den 1970er Jahren das „Verschulden" als Anknüpfungspunkt für die Sorgerechtsregelung nach der Scheidung bzw. für staatliche Eingriffe in die elterliche Sorge beseitigt worden. **34**

Mit dem Entfall des Schuldprinzips als vorher maßgeblichem Kriterium gewann das Kindeswohl weiter an Bedeutung und wurde zum Entscheidungsmaßstab der Gerichte, ohne jedoch für eine entsprechende Qualifikation der Richter zu sorgen. Mittlerweile fordert § 23b Abs. 3 Satz 3 GVG zumindest, dass Richter in Familiensachen

> „über belegbare Kenntnisse auf den Gebieten des Familienrechts, insbesondere des Kindschaftsrechts, des Familienverfahrensrechts und der für das Verfahren in Familiensachen notwendigen Teile des Kinder- und Jugendhilferechts sowie über belegbare Grundkenntnisse der Psychologie, insbesondere der Entwicklungspsychologie des Kindes, und der Kommunikation mit Kindern verfügen"

sollen. Grundlegende **Fachkenntnis im Kinderschutz** aber wird weder vom Familienrichter (s.o.) oder Verfahrensbeistand (vgl. § 158a Abs. 1 FamFG) verlangt, noch kommt sie regelhaft in der Qualifikation der Fachkräfte des Jugendamtes vor.[33]

Mit dem Bedeutungszuwachs der Generalklausel „Kindeswohl" wurden **Sachverständigengutachten** die Regel, es kam zu einer Verlagerung auf Gutachter und das Jugendamt und einer anderen Rolle des nun mit Fragen der Erziehung und Sozialisation befassten Familiengerichtes. Damit setzte eine heute noch immer bedeutsame Entwicklung von Kriterien ein, die Richtern helfen sollen, das persönliche Wohl des einzelnen Kindes fachgerecht einzuschätzen.[34] **35**

---

31 Vgl. ausführlich Zitelmann 2001, S. 113 ff.; aktuell auch zum Salafismus: www.bpb.de/politik/extremismus/radikalisierungspraevention/257455/aufwachsen-in-salafistischen-familien-zwischen-religionsfreiheit-und-moeglicher-kindeswohlgefaehrdung (Abruf am 10.9.2024).

32 Vgl. Münder 2017; 2013, S. 4, S. 129 ff.; zur Geschichte: Coester 1983, Zenz 1981; Zitelmann 2001, S. 133 ff.

33 Unabhängige Beauftragte für Fragen des sexuellen Kindesmissbrauchs: Kinderschutz in der Lehre Sozialer Arbeit, Berlin 2023.

34 Wegweisend war die interdisziplinäre Trilogie von Goldstein/Freud/Solnit in den 1970er und 1980er Jahren.

VI. Kriterien der Kindeswohlbestimmung

36 Die durch Gesetzgebung, Rechtsprechung und die Fachliteratur über Jahrzehnte entwickelten Kriterien zur Bestimmung des „Kindeswohls" haben sich unsystematisch, vor allem aber **orientiert an Scheidungskindern** herausgebildet. Damals wurde bei jeder Scheidung immer auch das Sorgerecht als Alleinsorge zugeteilt und das Umgangsrecht geregelt. Es ging also nicht speziell um hochstreitige Verfahren, sondern um das Sorgerecht aller geschiedenen Eltern, die in der Regel ja durchaus zur bedürfnisbefriedigenden, liebevollen Eltern-Kind-Beziehung in der Lage sind.

Diese Kriterien durchziehen bis heute die familienrechtliche Fachliteratur und werden generalisierend und damit **fachlich riskant** auch auf Kinder in Gefährdungssituationen und Pflegekinder angewendet.

37 Bei ungenügender Qualifikation juristischer und psychosozialer Fachkräfte birgt die Generalklausel des Kindeswohls bzw. der Kindeswohlgefährdung in Kombination mit diesen Kriterien also ein hohes Risiko nicht fachgerechter und für das Kind und seine Familie nachteiliger Entscheidungen. Es bleibt zu hoffen, dass die in § 23b Abs. 3 Satz 3 GVG und § 158a Abs. 1 Satz 1 FamFG **Qualifikationsanforderungen** zu einer verbesserten Beurteilung auch von Fällen mit Bezug zum Kinderschutz (Umgang, Pflegekindschaft, Sorgerecht, Adoption usw.) führen, von Gesetzes wegen sichergestellt ist dieses Fachwissen nicht.

38 Als **Kindeswohlkriterien** gelten z.B.

- die Kontinuität und Stabilität von Erziehungsverhältnissen,
- die Beachtung der Bindungen des Kindes,
- die individuelle Förderung des Kindes,
- die Achtung seiner Selbstbestimmungsfähigkeit und
- der Umgang mit beiden Elternteilen.[35]

Die Vertretung des Kindes sollte diese durch die Rechtsprechung und Fachöffentlichkeit entwickelten Kriterien kennen und in der Lage sein, mit ihnen zu argumentieren.[36] Häufig wird jedoch eine **kritische Auseinandersetzung** mit diesen Kriterien erfolgen müssen.

Für das misshandelte oder vernachlässigte Kind spielen die in Scheidungskonstellationen tatsächlich wichtige „Kontinuität und Stabilität" der Betreuungsverhältnisse eine problematische, nicht selten sogar schädigende Rolle. Gleiches gilt für den „Erhalt der Bindung" an die primäre Bezugsperson, die bei misshandelten Kindern oft angstmotiviert und intensiv, aber eben schädigend ist und irreversible Bindungsstörungen im Sinne des ICD-11 zur Folge haben kann. Auch der „Kindeswille" betroffener Kinder ist anders als oft im Sorgerechtsstreit nicht per se Indikator des Kindeswohls,

35 Ausführlich vgl. Kostka 2004, S. 107 ff.

36 Zum Familienrecht (BGB) vgl. insbesondere die Kommentierung bei Staudinger/Coester; zum SGB VIII bieten die Kommentare von Wiesner, aber auch Münder/Meisen/Trenczeck, Frankfurter Kommentar SGB VIII gute Argumentationshilfen.

sondern vielfach selbstgefährdend und nicht selten auch durch die Parentifizierung der Kinder oder sogar die Manipulation, Schweigegebote und Drohungen misshandelnder oder sexuell missbrauchender Eltern beeinflusst.

Auch im Verfahren um den **Verbleib des Pflegekindes** sind die gängigen am Scheidungsverfahren orientierten Kindeswohlkriterien irreführend. Hier bedarf es vielmehr fundierter fachlicher Kenntnisse, um die oft traumatischen Erfahrungen und hieraus resultierenden Ängste, Probleme und Bedürfnisse von Pflegekindern fachlich einzuschätzen und in das Zentrum des Verfahrens zu bringen. Sie bilden zusammen mit der Einschätzung der bisherigen Sozialisation des Pflegekindes in der Ersatzfamilie in fachlicher Kenntnis der Integrationstheorie[37] eine entscheidende Grundlage für die vom Familiengericht anzustellende Prognose über mögliche Gefährdungen des Kindeswohls durch Umgangs- oder Rückführungswünsche der leiblichen Eltern. **39**

Allgemeingültige Kriterien zur Bestimmung des Kindeswohls sind **nicht möglich** und vom Gesetzgeber auch nicht intendiert. Das Kindeswohl ist Generalklausel, um der individuellen Entwicklung und persönlichen Entfaltung des Kindes und seiner Lebenssituation in der Familie angemessen Rechnung tragen zu können. Allgemeine Kriterien zur Bestimmung des Kindeswohls helfen hier nur bedingt weiter. Sie bieten keine „Anleitung" für Laien, eher eine **Anregung**, zum umfassenden Fallverstehen verschiedene typische Aspekte bestimmter Fallkonstellationen in die Ermittlung und die notwendige Güterabwägung im Einzelfall einzubeziehen. **40**

Aus kinder- und jugendpsychiatrischer Sicht kommt der Vorschlag, das Kindeswohl in Bezug auf **kindliche Grundbedürfnisse** zu definieren.[38] Zentrale Anknüpfungspunkte bilden die Konvention der Vereinten Nationen über die Rechte des Kindes und das entwicklungspsychologische Konzept der sog. „Basic Needs". Zu den elementaren Bedürfnisbereichen zählen: **41**

- das Bedürfnis nach Liebe, Bindung und Welterkundung;
- das Bedürfnis nach Versorgung, Ernährung und Gesundheitsfürsorge;
- das Bedürfnis nach Bildung, Erziehung und Vermittlung hinreichender Erfahrungen;
- das Bedürfnis nach Schutz vor Gewalt und Gefahren.

Ebenso wird orientiert an Fallgruppen für eine konkretere **Klärung des Gefährdungsbegriffes** plädiert, um die interdisziplinäre Verständigung zwischen dem medizinischen Bereich und dem der Jugendhilfe/Justiz zu erleichtern (siehe auch Teil 3/*Ziegenhain*, Rn. 185 ff.).[39]

37 Grundlegend aus Sicht psychologischer Sachverständiger: Nienstedt/Westermann 2007; auch 8. Jahrbuch der Stiftung zum Wohl des Pflegekindes (2023) mit einschlägigen Beiträgen aus Recht, Psychologie und Pädagogik.

38 Pädiatrische und psychiatrische Perspektive: Greenspan, Berry T./Brazelton, Stanley: Die sieben Grundbedürfnisse von Kindern.

39 Vgl. Fegert 2000, ders. Stellungnahme zu BT-Drucks. 2011.

42 Aus Sicht der Familienrechtspsychologie, so *Dettenborn*, kann der Begriff des Kindeswohls als eine

> „für die Persönlichkeitsentwicklung eines Kindes oder Jugendlichen günstige Relation zwischen seiner Bedürfnislage und seinen Lebensbedingungen"

verstanden werden.[40] Er legt hier in Bezug auf die Kindeswohlgefährdung eine Tabelle vor, in der wichtige Bedürfnisbereiche und Entwicklungsaufgaben sowie Risikofaktoren bzw. dysfunktionale Beziehungen zusammengestellt sind:

Übersicht: Kindeswohl – Bedürfnislage und gefährdende Lebensbedingungen

Bedürfnis	Gefährdung (soziale Risikofaktoren)
Körperliche Zufriedenheit durch Nahrung, Pflege, Versorgung	Fehlernährung, mangelnde Gesundheitsvorsorge, Verhinderung notwendiger Heilmaßnahmen, mangelnder Schutz vor Suchtstoffen
Sicherheit	Stärke oder Häufung nicht vorhersehbarer unbeeinflussbarer Ereignisse mit negativen Folgen (Bindungsabbrüche, Personenverluste), Diskontinuität der Lebensbedingungen, massive Defizite, eingeengter Wohn- und Lebensraum, Lärm
Emotionale Zuwendung in stabilen sozialen Beziehungen	Häufig wechselnde Bezugspersonen, Erleben von Feindseligkeit, Ablehnung, Gleichgültigkeit, Desinteresse seitens der Bezugspersonen, Fehlerziehungsformen, Instrumentalisierung für Erwachseneninteressen, Belastung mit Konflikten anderer, unnötige emotionale Konflikte, Angstinduzierung, Misshandlung, Missbrauch
im Kern: sichere Bindungen	Instabile emotionale Beziehungen, Mangel an Empathie und feinfühliger Fürsorge durch Bezugspersonen, Trennungsangst, Vorschädigung durch Trennung und Bindung
Umwelterkundung	Misslingen sicherer Bindung, mangelnde Anregung, inadäquate Reaktion auf Neugierverhalten bzw. Erkenntnisstreben, Missachtung von Fragephasen
Zugehörigkeit	Ausgrenzung, (Selbst-)Isolierung, Loyalitätskonflikte, unklare Grenzen oder Rollen im Familiensystem, dysfunktionale Regeln, Außenseiterpositionen in Gruppierungen, unangemessene Anforderungen für Zugehörigkeit

40 Vgl. Dettenborn 2014, S. 50; Zitelmann 2001, S. 118 ff.

Bedürfnis	Gefährdung (soziale Risikofaktoren)
Anerkennung	Unangemessenes Anspruchsniveau, inadäquate Rückmeldung auf Sozial- und Leistungsverhalten, Kumulation von Misserfolgen im Sozial- und Leistungsverhalten, Überforderung
Orientierung	Pendelerziehung, zu starre oder unklare Grenzen zwischen Kind und Erwachsenem, mangelnde Vermittlung von Moral- und Leistungsnormen, von Pflicht- und Verantwortungsbewusstsein, mangelnde Gelegenheit zur Übernahme von Verantwortung, zur angemessen Konfliktaustragung, mangelnde Identifikationsmöglichkeit und Vorbildwirkung von Bezugspersonen, chaotische Lebensbedingungen
Selbstbestimmung	Ausnutzung von Abhängigkeiten, übermäßige Kontrolle, Missachtung und Vereitelung angemessener Interessen und Verhaltensintentionen sowie Handlungen, Verhinderung von Verantwortungsübernahme und Partizipation, Falschplatzierung durch Behörden
Selbstverwirklichung	Verhinderung von Individuation, Selbstreflexion, Selbstkontrolle, Einengung von Kreativität
Wissen/Bildung	Mangelnde Anregung und Förderung, Verletzung der Aufsichtspflichten, Demotivierung im Leistungsbereich, Mängel in Bildungs- bzw. Ausbildungsinstitutionen

Psychosoziales Fallverstehen– mehr als „Check-Listen-Output" 43

Mit der Klarstellung der strafrechtlichen Verantwortlichkeit von Fachkräften mit **Garantenstellung** für das Kindeswohl sind zu deren Absicherung zahlreiche „Diagnose-Tabellen" und sog. „Gefährdungs-Checklisten" entwickelt worden. Sie dienen als praxisbezogene Handreichungen und sind in den letzten Jahrzehnten in vielen Jugendämtern zusammengetragen und erprobt, meist aber nicht wissenschaftlich entwickelt, erforscht und validiert worden.

Ampel-Tabellen und Checklisten basieren also oft auf Annahmen und Erfahrungswissen der Praxis und müssen kritisch betrachtet werden, zumal die federführenden Fachkräfte im Jugendamt häufig im Studium selbst nur unzureichend qualifiziert wurden.[41]

41 Kommission Kinderschutz Bd. II; Materialien IV; DJI / NZFH 2019, S. 3. https://sozialministerium.baden-wuerttemberg.de/fileadmin/redaktion/m-sm/intern/downloads/Publikationen/Abschlussbericht_Kommission-Kinderschutz_Band-II.pdf (Abruf am 10.9.2024).

Praxistipp

▶ *Checklisten können die Anamnese anleiten und helfen, die Umstände, Belastungen und Ressourcen in ihrer Gesamtheit im Blick zu halten, die bei der Einschätzung von Gefährdungslagen bedeutsam sind.*

Manche Manuale beziehen auch Erkenntnisse aus der Forschung (Hochrisiko, Vulnerabilität, Salutogenese, Resilienz, sequenzielle Traumatisierung usw.) ein. Evaluierte Handreichungen bieten z.B.

- das Bayerische Landesjugendamt mit der „Sozialpädagogischen Diagnose“[42],
- der „Stuttgarter Kinderschutzbogen“[43] und
- die „KiWo-Skala“ für das Kindergarten- und Schulalter[44] sowie
- die inzwischen inklusiv erweiterte Kindeswohl-Matrix[45] von *Radewagen*.

Alle diese Manuale setzen vor ihrem Einsatz mehrtägige Schulungen voraus.

Die Bestimmung des weiteren Schicksals eines Kindes, die Beachtung seiner Lebensgeschichte und Beziehungen und seiner eigenen Sicht und Wünsche, begünstigende und mildernde Faktoren bei vorhandenen Risiken oder Gefahren, die hierauf bezogene Einschätzung der Erziehungsfähigkeit der beiden Eltern und anderer Bezugspersonen – dies alles ist **kein Ergebnis simpler Fragen** im Ankreuztest wie „Ja“ oder „Nein“, „Mehr“ oder „Weniger“ oder „rot“, „gelb“ oder „grün“. Die Bestimmung des Kindeswohls verlangt mehr als das Ausfüllen von Tabellen, die z.B. witterungsentsprechende Kleidung, altersgemäße Aufsicht oder die Verletzungsspuren und medizinische Versorgung eines Kindes abfragen, sondern setzt ein interdisziplinär fundiertes Studium und einschlägige Weiterbildungen im jeweiligen Fachgebiet voraus.

Viel spricht aber dafür, dass der vermehrte **Einsatz standardisierter Checklisten in der Jugendhilfe** dazu verleitet, ein am Kind orientiertes, emphatisches und damit erst fachlich fundiertes Fallverstehen der Fachkräfte nicht erst zu entwickeln. Es ist gerade die Fähigkeit zur **passageren Identifikation** (siehe hierzu Teil 5/*Niestroj*, Rn. 31 ff.) mit dem Kind, also die Bereitschaft und Kompetenz, seinen Alltag aus seiner Perspektive und in seinem mutmaßlichen Erleben nachzuvollziehen, die eine Einschätzung des Kindeswohls erlaubt. Zugleich muss die Fachkraft in der Lage sein, sich aus dieser Identifikation auch zu lösen und die Perspektive eines Erwachsenen einzunehmen, um handlungsfähig zu werden und nicht mit in der Ohnmacht des Kindes zu verharren.

---

42 Download unter: www.blja.bayern.de/service/broschueren/neue/27607/index.php (Abruf am 10.9.2024).

43 Vgl. Kindler/Lukasczyk/Reich 2008.

44 Vgl. Stuttgart u.a. (2019), Orientierungskatalog: https://www.stuttgart.de/medien/ibs/orientierungskatalog-kinderschutzdiagnostik-ankerbeispiele.pdf (Abruf am 10.9.2024)), hierzu: https://www.socialnet.de/lexikon/Stuttgarter-Kinderschutzbogen (Abruf am 10.9.2024).

45 Radewagen, Christof: Schutzauftrag des Jugendamtes bei Kindeswohlgefährdung. ZKJ 2023, 295–300.

Die Folgen eines auf die Eltern fokussierten oder auch auf Checklisten und auf ein Allgemeinwissen reduzierten „Fallverstehens“ sind für Kinder und Jugendliche fatal. Fachlichkeit in der Jugendhilfe und im Familiengericht erfordert nur in akuten Notsituationen einen schnellen „Fakten-Check“, sonst aber ausgeprägte interdisziplinär fundierte Kompetenzen. Es geht in komplexen Fällen um das **Fachwissen und** die **Methoden mehrerer Disziplinen** (Recht, Entwicklungspsychologie, Pädagogik, Psychiatrie, Kindermedizin), die bezogen auf das einzelne Kind, seine Beziehungen und deren gesellschaftliche Lebensumstände verstanden, angewendet und integriert werden müssen.

Hierzu bedarf es auch der Fähigkeit des Verfahrensbeistands, grundsätzlich oder fallbezogen die eigenen fachlichen Grenzen anzuerkennen und dafür Sorge zu tragen, dass das einzelne Kind eine qualifizierte Vertretung erhält.

Fallverstehen bedeutet auch eine angemessene Kenntnis und Einschätzung der in verschiedenen Kulturen und sozialen Schichten bedeutsamen Geschlechterrollen, Erziehungsvorstellungen und des dort praktizierten Umgangs mit Kindern und Jugendlichen.[46]

Praxistipp

▶ *Verfahrensbeistände brauchen dabei die gut entwickelte Fähigkeit zur Mentalisierung und zur Interpretation kindlicher Bedürfnisse, Äußerungen und Verhaltensweisen sowie zur ergebnisoffenen, non-suggestiven Verständigung mit dem Kind, um die Bedeutung zu erfassen, die es seinen Erfahrungen selbst gibt, und um zu erfahren, was es braucht, was es sich wünscht und was es befürchtet.*

VII. Konsequenzen für den Verfahrensbeistand

Gerade weil das Kindeswohl betreffende Verfahren vielgestaltig sind und eine Aus- **44**
einandersetzung mit dem individuell situierten Einzelfall erfordern, bedürfen die Bestimmung des Kindeswohls und die Einschätzung von Gefahren des Einbezugs **außerjuristischen Fachwissens**. Bestellt ein insoweit nicht qualifizierter Richter dem Kind einen ebenso wenig qualifizierten Verfahrensbeistand, sind die Rechte des Kindes verletzt. Angesichts der noch mangelhaften Ausbildung aller am Kindesschutz beteiligten Berufsgruppen[47] verfügen auch andere Akteure oft meist über kein kinderbezogenes Fachwissen.

Das Soziologenteam um *Bühler-Niederberger*[48] u.a. fanden, dass in **Fallschilderun-** **45**
gen zum Kinderschutz die Perspektive der Eltern übernommen wird, während das Kind mit seinem Leid, seinen Erfahrungen und Bedürfnissen selbst kaum in den Schilderungen vorkommt.

46 Vgl. hierzu Keller, Kinderalltag. Weitere Literatur: www.nifbe.de/nifbe-publikationen (Abruf am 10.9.2024).
47 Vgl. Baz Bartels/Berneiser, ZKJ 2016, 440 ff. und ZKJ 2017, 4 ff.
48 Bühler-Niederberger, Doris: Kinderschutz: Wie kindzentriert sind Programme, Praktiken, Perspektiven? Beltz, Weinheim 2014.

Zentral für die Gefährdungseinschätzung war das Verhalten der Eltern gegenüber den Sozialarbeitern des Jugendamtes (Compliance), nicht ihr Verhalten gegenüber dem Kind. In den Fallschilderungen der Fachkräfte wurden die Compliance und Lebensführung der Eltern zum Thema, Misshandlung und Vernachlässigung ursächlich als Überforderung konstruiert.

Der **Fokus auf die Eltern** war „derart auffällig", dass eine „prinzipielle Zurückweisung kindbezogenen Wissens"[49] konstatiert wurde. Nur in der Hälfte der 58 Fälle wurde deutlich, dass die Kinder oder ihre Bezugspersonen im Kindergarten als Auskunftsquelle in Betracht gezogen wurden. Außer Angaben zum Alter und Geschlecht der Kinder wurde etwa in der Hälfte der Pflegezustand zum Thema, sonst wurden Verhaltensprobleme berichtet. Das kindliche Erleben der misshandelten oder vernachlässigten Kinder kam nur in 40 % der Fallberichte vor, eine kindbezogene Fachsprache fehlte ganz, der einzige professionelle Kode der Sozialarbeiter lautete „verhaltensauffällig" und zeigte „eindeutig ein deviantes oder bösartiges Kind" an.

> „Auch das Ansprechen des Erlebens oder Leidens des Kindes geschah meist unter Verwendung alltäglicher Wendungen wie: „die kam eigentlich ganz gut klar mit der Situation", „die liebten natürlich ihre Mutter", „die waren schon etwas blass um die Nase"."[50]

46 **Verfahrensbeistände** können den offenkundig **notwendigen Ausgleich** einer auf das Kind zentrierten Ermittlung sowie eine fachlich qualifizierte Beschreibung des Falles und notwendiger Maßnahmen im familiengerichtlichen Verfahren sicherstellen. Dies allerdings setzt fachliche Fähigkeiten voraus, dass die gemäß § 23b Abs. 3 Satz 3 GVG qualifizierten Familiengerichte überhaupt gemäß § 158a Abs. 1 Satz 1 FamFG qualifizierte Verfahrensbeistände bestellen und den Justizkassen wieder eine angemessene Vergütung ihrer Tätigkeit ermöglicht wird.

Für die **qualifizierte Verfahrensvertretung** des Kindes stellt sich die Frage:

- Welche Lebensgeschichte haben Eltern und Kind? Welches sind die Ursachen der Probleme oder Gefahren? Welche Folgen hat das Kind bereits davon getragen? Welche Risiken bestehen weiterhin?
- Was ist im Auftrag des Kindeswohls mit den Eltern zu klären? Übernehmen sie Verantwortung für die Leiderfahrungen und Zukunft des Kindes? Kann mit ihnen eine dauerhafte Perspektive entwickelt werden, ggf. auch in einer anderen Familie?[51]
- Welche Gestaltung des Verfahrens und – noch wichtiger – welche Entscheidung des Gerichtes bedeuten die geringste seelische Belastung für dieses Kind?
- Welche Maßnahmen tragen dazu bei, diesem Mädchen oder Jungen eine geschützte Verarbeitung seiner bisherigen Lebenserfahrungen zu ermöglichen?

---

49 Bühler-Niederberger, Doris: Kinderschutz: Wie kindzentriert sind Programme, Praktiken, Perspektiven? Beltz, Weinheim 2014, S. 44.

50 Bühler-Niederberger, Doris: Kinderschutz: Wie kindzentriert sind Programme, Praktiken, Perspektiven? Beltz, Weinheim 2014, S. 46.

51 Lesenswert: Janning, Martin: Zur Arbeit mit Herkunftseltern, in: 7. Jahrbuch des Pflegekinderwesens. Hrsg. Stiftung zum Wohl des Pflegekindes. S. 169–204.

- Wie kann das Kind vor weiteren Schädigungen bewahrt, wie in seiner weiteren seelischen Entwicklung durch das Familiengericht unterstützt werden?

Die Bestimmung des „Kindeswohls" hat unabhängig von berechtigten Interessen der Geschwister oder der Eltern zu erfolgen. Diese vom Rechtswissenschaftler *Michael Coester* als „Sperrfunktion"[52] bezeichnete Kindzentrierung besteht auch gegenüber möglichen Kostenbedenken oder sonstigen Eigeninteressen der Jugendbehörde und der Justiz. **47**

Die Verfahrensvertretung des Kindes ist die einzige Fachkraft im Verfahren, die nicht den Rechten der Eltern oder den Maßgaben einer Behörde oder des Gerichtes, sondern allein dem Kindeswillen und den wohlverstandenen Interessen des Kindes verpflichtet ist. Aus diesem Auftrag des Gesetzgebers ergibt sich die Verpflichtung, im Verfahren jene Positionen zu kennzeichnen und zurückzuweisen, die als Kindeswohl ausgegeben werden, um den Interessen ihrer Mandanten bzw. eigenen Interessen zur besseren Durchsetzung zu verhelfen.

Nicht bereits der Verfahrensbeistand, wohl aber das **Familiengericht** hat dann im Weiteren auch die **Interessen anderer Verfahrensbeteiligter** in die Abwägung einzubeziehen. Auch hier bleibt die vorrangige Orientierung im Regelfall

> „diejenige Entscheidung, die unter Berücksichtigung der tatsächlichen Gegebenheiten und Möglichkeiten sowie der berechtigten Interessen der Beteiligten dem Wohl des Kindes am besten entspricht" (§ 1697a BGB).

Anscheinend bestellen Gerichte häufig pauschal eine einzige Fachkraft zur Interessenvertretung mehrerer **Geschwister** (hierzu Teil 2/*Bauer*, Rn. 119, 191). Dies erhöht das Risiko einer unzureichenden Ermittlung und auch Vertretung des persönlichen Wohls und der Wünsche jedes einzelnen Kindes. Dabei weisen die Situation, Rolle und das Erleben von Geschwistern in derselben Familie große Unterschiede auf und es müssen die erforderlichen Ermittlungen und Maßnahmen des Gerichts für jedes einzelne Kind bedacht werden.[53] Dem individuellen **Rechtsanspruch des einzelnen Kindes** auf eine von den Geschwisterinteressen unabhängige Wahrnehmung und Vertretung seiner Interessen kann eine einzelne Person, vermutlich auch im Erleben der Geschwister selbst, nur schwer oder gar nicht entsprechen. **48**

Die Stellungnahme dieser Vertretung wird stattdessen eine eigene fachlich fundierte, parteiliche Darstellung der Kindesinteressen beinhalten, die inhaltlich keine Rücksicht auf die Bedürfnisse anderer Familienmitglieder nimmt, sondern aufzeigt, welcher Verlauf und Ausgang des Verfahrens den rechtlichen Rahmen schaffen, damit dem Kind weitere Belastungen und Schädigungen möglichst erspart bleiben und es alle Beziehungsangebote und pädagogisch-therapeutischen Hilfen erhält, die zur Bewältigung seiner belastenden oder traumatischen Erfahrungen geeignet und erforderlich sind.

52 Vgl. grundlegend schon Coester 1983, S. 240 ff., 252 ff.

53 Hilfeplanung für Geschwister: Podcast „Kindeswohl" (2023) Folge 5. https://podcasters.spotify.com/pod/show/stiftung-zum-wohl-d/embed/episodes/Folge-5-Teaser-Geschwister-in-der-Pflegekinderhilfe-e1uao87 (Abruf am 10.9.2024).

49 Neben grundlegenden Kenntnissen über die Kindesentwicklung und Erziehungsfähigkeit von Eltern müssen dem Verfahrensbeistand die **Möglichkeiten und Grenzen** der Beratung sowie vieler anderer Jugendhilfeleistungen bekannt sein. Auch ist eine Kompetenz zur Kommunikation mit Kindern und Jugendlichen vorauszusetzen. Abhängig von der jeweiligen Fallkonstellation bedarf es guter Kenntnis der Forschung und Praxis im betreffenden Fachgebiet (hochkonflikthafte Verfahren zwischen Eltern, häusliche Gewalt, Adoption, Pflegekindschaft, Misshandlung, Vernachlässigung, Missbrauch, Autonomiekonflikte).

▶ *Zum Anforderungsprofil von Verfahrensbeiständen siehe auch Teil 1/Salgo, Rn. 23 ff.*

50 In manchen Fällen sind **zusätzlich Recherchen** anzustellen, etwa über die Auswirkungen bestimmter psychischer Krankheiten, Folgen und Therapierbarkeit von Substanzenmissbrauch, Zugehörigkeit zu bestimmten religiösen oder weltanschaulichen Gruppierungen der Eltern. Auch in Bezug auf das Kind müssen Folgen und Behandlungsbedarf bestimmter Schädigungen mit Hilfe der Fachliteratur oder auch von Experten eingeschätzt werden.

Beispiele

Welchen Betreuungs- und Förderbedarf hat ein Kind mit einer Alkoholembryopathie?

Kann denn ein einjähriges Kind ohne Umgang einen Elternteil über Wochen in Erinnerung halten und aus Sicht des Kindes von einer „Rückführung" noch gesprochen werden?

Was bedeutet es, ein Kind zu vertreten, das in einer Familie der Sinti oder Roma aufwächst?

Welche Prognose haben Eltern, die am Methadonprogramm teilnehmen, wie wahrscheinlich ist Beigebrauch und mit welchen Folgen für das Kind?

Wie ist eine psychiatrische Diagnose („Borderline-Syndrom"; „Dissoziale Persönlichkeitsstörung") zu verstehen, was bedeutet sie im konkreten Fall zur Einschätzung der Erziehungsfähigkeit des Elternteils?

Welche Hilfen gibt es für Kinder, die bei Eltern mit geistiger Behinderung aufwachsen, wann reichen diese nicht mehr aus?

Welche Folgen hat ein Schütteltrauma, wie ist das Risiko der Wiederholung einzuschätzen, welchen Behandlungs- und Hilfebedarf hat ein derart misshandeltes Kind und wie werden die Eltern womöglich auf seine Behinderung reagieren?

Schon diese wenigen Praxisbeispiele lassen erkennen, dass die Bestimmung des „Kindeswohls" auf Seiten der Fachkräfte und Familienrichter die Bereitschaft und fachliche Kompetenz voraussetzt, sich gezielt und systematisch in die einschlägige Fachliteratur einzuarbeiten bzw. den **fachlichen Rat anderer Professioneller einzuholen**, die sich speziell in dem jeweiligen Fachgebiet auskennen.

Soweit sich das Familiengericht trotz der zu befürchtenden Verfahrensverzögerung entschließt bzw. dazu angeregt wird, ein ergänzendes **Gutachten durch Sachverständige** einzuholen, wird es für den Verfahrensbeistand zwingend darum gehen, entsprechende Fragen und Überlegungen im Interesse des Kindes möglichst präzise zu formulieren und in das Verfahren einzubringen, damit sie das Gericht bereits bei der Auswahl und Beauftragung des Gutachters berücksichtigen kann. 51

Entsprechend der jeweiligen Fallkonstellation wird der **zeitliche Aufwand** eigenständiger Recherchen und Berichte stark variieren, dies gilt besonders, wenn der begründete oder erwiesene Verdacht auf eine Kindeswohlgefährdung besteht und es damit im Verfahren um eine umsichtige Gefahreneinschätzung sowie um eine Prognose der weiteren Entwicklung und Beziehungen des Kindes und hieraus resultierender Schutzmaßnahmen und Hilfen geht. 52

Stellungnahme

Auch die in § 158c Abs. 1 FamFG erhöhte pauschale Vergütung des Verfahrensbeistands trägt diesem Umstand weiterhin nicht vollumfänglich Rechnung und konterkariert insbesondere durch die nach wie vor geringe Vergütung (aktuell 690 EUR) den gesetzlichen Kindeswohlauftrag.

Es wird zu überprüfen sein, ob die nun endlich erhöhte Pauschale den Aufwand für umfangreiche Ermittlungen in komplexeren Fallkonstellationen abdeckt.

▶ *Zur Entwicklung der Vergütung seit Inkrafttreten des FamFG vgl. Teil 1/Salgo, Rn. 11 ff. und Teil 2/Bauer, Rn. 166 ff.*

VIII. Der Kindeswille im Recht

Die rechtliche Anerkennung der eigenen Entscheidungen von Kindern und Jugendlichen erfolgt in der deutschen Rechtsordnung sehr zurückhaltend. Hintergrund ist nicht nur die eigennützige Sicherung der Vormachtstellung Erwachsener oder die Sicherheit des Rechtsverkehrs, sondern auch und gerade die „wohlverstandenen" Interessen der Kinder und Jugendlichen selbst. 53

Hierzu zählen der Schutz des Kindes vor irreversiblen Fehlentscheidungen sowie überfordernden Entscheidungszwängen „für" oder „gegen" Elternteile oder andere Bezugspersonen sowie das nicht von der Hand zu weisende Risiko einer verstärkten Beeinflussung oder Manipulation des Kindes durch die am Sorgerechtsverfahren beteiligten Erwachsenen.

So behalf und behilft sich der Gesetzgeber mit einer Individualisierung des Problems, indem das Kind seinem Entwicklungsstand gemäß an Entscheidungen der Sorgeberechtigten und Gerichte beteiligt und seine **Selbstbestimmungsfähigkeiten** berück- 54 sichtigt werden sollen. Aus verfassungsrechtlicher Sicht heißt es hierzu in Bezug auf streitige Konflikte zwischen den Eltern:

> „Der Wille des Kindes ist zu berücksichtigen, soweit das mit seinem Wohl vereinbar ist. Voraussetzung hierfür ist, dass das Kind in dem gerichtlichen Verfahren die Möglichkeit erhält, seine persönlichen Beziehungen zu den Eltern erkennbar werden zu lassen. Die Gerichte müssen ihr Verfahren deshalb so gestalten, dass sie möglichst zuverlässig die Grundlage einer am Kindeswohl orientierten Entscheidung erkennen können (vgl. BVerfGE 55, 171 <182>). Mit der Kundgabe seines Willens macht das Kind zum einen von seinem Recht zur Selbstbestimmung Gebrauch. Denn jede gerichtliche Lösung eines Konflikts zwischen den Eltern, die sich auf die Zukunft des Kindes auswirkt, muss nicht nur auf das Wohl des Kindes ausgerichtet sein, sondern das Kind auch in seiner Individualität als Grundrechtsträger berücksichtigen, weil die sorgerechtliche Regelung entscheidenden Einfluss auf das weitere Leben des Kindes nimmt und es daher unmittelbar betrifft (vgl. BVerfGE 37, 217 <252>; 55, 171 <179>)."[54]

55 Das **gesetzgeberische Konzept** folgt insoweit dem **Grundsatz**: Beachtlichkeit des Kindeswillens als wesentliches Entscheidungskriterium, aber zugleich so weit wie möglich Schonung und Schutz des Kindes bei der Ermittlung und Berücksichtigung seiner Haltung.

Diesen Grundsätzen kann die Kindesvertretung durch eine flexible Orientierung am Kindeswohl und Kindeswillen durchaus Rechnung tragen, freilich mit dem Risiko, dass fachliche Fehleinschätzungen oder Ignoranz dazu führen, weitgehend über den Kopf des Kindes hinweg zu agieren, seinen Willen erst gar nicht zu ermitteln oder nicht zur Kenntnis des Gerichtes zu bringen.[55]

Eine entsprechende Verpflichtung zur **möglichst authentischen Übermittlung des Kindeswillens** wird deshalb in Deutschland als Mindeststandard einer vorrangig am „Kindeswohl" orientierten Vertretung gesehen. Angesichts der nach wie vor bestehenden Umsetzungsdefizite bedarf aber wohl auch dies einer Klarstellung im FamFG.

56 Gerade weil ihre vorrangige Orientierung das Wohl des Kindes ist, muss die Vertretung des Kindes die am Verfahren beteiligten Personen über die Sicht und die Erwartungen sowie Befürchtungen des Kindes **informieren** und dafür sorgen, dass es Resonanz erhält.

Vielfach ist diese Aufgabe metaphorisch als **„Sprachrohr"** bezeichnet worden: Das Kind sagt, was es will oder nicht will, und seine Vertretung verschafft ihm – in Ergänzung zur Kindesanhörung – das Gehör des Gerichtes und anderer Verfahrensbeteiligter.

Stellungnahme

Ein „Sprachrohr" ist ein Blechstück, das allenfalls Lautstärke und Klang der Stimme verändert. Eine solch authentische Übermittlung ist bei komplexen Inhalten des familiengerichtlichen Verfahrens unmöglich. Auch bleiben die vorange-

54 BVerfG, FamRZ 2009, 1389 ff.

55 Vgl. mit negativen Beispielen: Bindel-Kögel/Hoffmann/Schone 2017, S. 262 ff.

hende Interaktion zwischen Kind und Vertretung und der Zweck der Begegnung nicht ohne Folgen.

Die Verfasserin dieses Beitrages schlägt folgendes Verständnis vor:

„Der Begriff des Kindeswillens umfasst die Gesamtheit vielfältiger, teils unvereinbarer, unterschiedlich dringlicher, veränderlicher Präferenzen, die das Kind in Interaktionssituationen schriftlich, sprachlich oder nonverbal ausdrückt bzw. auszudrücken scheint. Seine Erwägungen und Motive können dem Kind verborgen sein, erst der Zugang zu seiner inneren Welt – Konflikten, Emotionen, Phantasien und Urteilen – ermöglicht dem Gericht ein Verständnis."

Erlaubt die Verständigung zwischen Menschen immer nur ein begrenztes Verstehen, **57** stellt die **Kommunikation zwischen Kindern und Erwachsenen** spezifische Anforderungen. Nicht nur, weil Kinder noch lange nach dem Spracherwerb dazu neigen, eher zu handeln als zu „verwörtern". Vielmehr auch, weil das gesprochene Wort sowohl intersubjektiv mit verschiedenen Bedeutungen belegt ist als auch Sprach- und Begriffssystem von Kind und Erwachsenem aufgrund ihrer Entwicklung sowie lebensgeschichtlichen und soziokulturellen Erfahrung variieren.

Erschwerend kommt hinzu, dass es bei dieser Verständigung um für das Kind hochbedeutsame, teils auch ängstigende, überfordernde oder konfliktreiche Themen geht, deren direkte Erörterung sich unter Umständen verbietet. In den fraglichen Verfahren geht es meist um eine der schmerzlichsten Fragen, mit denen ein Kind konfrontiert sein kann. Zum Beispiel, ob sich das Kind vorübergehend oder dauerhaft von seiner (Ersatz-)Familie und der ihm vertrauten Umgebung trennen muss. Also um eine Frage, die weit jenseits des „normalen" Erwartungs- und Entscheidungshorizontes eines Kindes liegt und entwicklungspsychologisch und soziokulturell betrachtet nicht in der Phase der Kindheit und der frühen Pubertät, sondern erst während der Verselbstständigung in der späten Adoleszenz an- bzw. entsteht und selbst dann noch eine enorme Entwicklungsaufgabe darstellt. Ohne Zweifel birgt diese Fragestellung, wenn ein Kind mit vier, acht oder dreizehn Jahren mit ihr konfrontiert wird, ein großes **Überforderungspotenzial**.

Abhängig von Entwicklungsstand, Veranlagungen, intellektuellen Möglichkeiten, **58** Temperament, der Stabilität früherer Beziehungen etc. sind Kinder bisweilen sehr dezidiert, bisweilen überhaupt nicht in der Lage, in einer juristischen Konfliktsituation, die auch sie betrifft, ihren Willen zu artikulieren.

Häufig sind **kindliche Wünsche und Vorstellungen** zudem von **Ambivalenzen** geprägt. Kleinen Kindern ist es oft nicht möglich, ihren Willen auszudrücken, und ihre Willensäußerungen sind eher durch die Situation beeinflusst. Ebenso dauere es bei psychisch schwer traumatisierten Kindern zum Teil Jahre, bis sie durch intensive therapeutische Behandlung wieder in der Lage sind, verbal Zeugnis von ihren Erfahrungen abzulegen oder auch nur ihren Willen zu artikulieren.[56]

---

56 Vgl. Fegert 1995, S. 311 ff.

Die meisten Kinder und Jugendlichen, stellt *Dettenborn* aus gutachterlicher Erfahrung fest, haben den Prozess der **Willensbildung**[57] hinter sich und können sich eindeutig verbal und nonverbal artikulieren. Methodische Zugänge sind das Gespräch und die Beobachtung, standardisierte Instrumente auch für Gutachter sind derzeit nicht verfügbar.

> „In der Mehrzahl der Fälle ist es nicht sehr problematisch den Kindeswillen auf direktem Weg zu erfahren, vorausgesetzt, er wird in angemessener Weise erkundet."[58]

59 Sobald der Kindeswille in Konflikt mit der Zielorientierung anderer Verfahrensbeteiligter gerät, kommt die Frage der möglichen **Beeinflussung** des Kindes auf. Zunächst ist als Erziehungswissenschaftlerin zu betonen, dass äußere Beeinflussung und deren Verinnerlichung durch das Kind unverzichtbar in jeder Eltern-Kind-Beziehung erfolgt. Das Kind eignet sich seine Werte, Fähigkeiten und Ziele an, es sucht sich Vorbilder und identifiziert sich mit seinen Eltern, es wird beeinflusst und will normalerweise auch beeinflusst werden.

Nicht die Beeinflussung des Kindes an sich ist daher problematisch und sie darf nicht zur Entwertung führen. Auch Erwachsene treffen ihre Entscheidungen beeinflusst durch ihre Partner, Freunde und ihr soziales Umfeld. Die Verinnerlichung der vom Kind zunächst nicht geteilten Ansichten von einem oder beiden Elternteilen erfolgt im Vertrauen auf deren Urteilsvermögen und hilft ihm, gegebene Dissonanzen mit der geliebten Person zu überwinden, es entsteht eine neue psychische Realität, die seine eigenen Strebungen fortan bestimmt.[59]

Hinweis

! *Auch der beeinflusste Wille eines Kindes muss daher in die Würdigung und Abwägung der im Verfahren beachtlichen Positionen einbezogen werden.*

Nicht vom Familiengericht gewichtet wird der Kindeswille bei **rein äußerlicher Anpassung** des Kindes an die Erwartungen von Bezugspersonen/Tätern, die im Erleben des Kindes keine Entsprechung hat. Motive des Kindes können Ratlosigkeit, Schuldgefühle, die Hoffnung auf Vorteile oder die Vermeidung negativer Konsequenzen bis hin zum Entzug von Liebe, Drohungen oder Terror sein. Eine solche Feststellung ist in der Regel mit Hilfe eines psychologischen Sachverständigen zu treffen.[60]

---

57 Hierzu Dettenborn 2014, S. 65; ausführlich auch Zitelmann 2001, S. 217 ff.

58 Dettenborn 2014, S. 99.

59 Vgl. ausführlich Dettenborn 2014, S. 94, 96.

60 Vgl. ausführlich Dettenborn 2014, auch Staudinger/Coester, § 1671, Rn 239, 244; Staudinger/Coester, § 1666, Rn 63, 74, 77. Bei Jugendlichen käme es nur dann, wenn Fremdsteuerung die eigenen Entscheidungen praktisch verdrängt habe, auf den geäußerten Willen nicht an. Doch setze eine verhärtete Kindesposition, dem Grundsatz der Verhältnismäßigkeit entsprechend, auf der Durchsetzungsebene gegebenenfalls beachtliche Grenzen. Auch Schwab meint, ein durch Beeinflussung gebildeter Wille sei die psychische Realität des Kindes und als solche beachtlich. Er warnt davor, den Kindeswillen „psychologisch wegzuinterpretieren". Vgl. Schwab 1995, § 59 Rn 523, vgl. auch Ell, 1990, S. 54 ff.

Erleben die Kinder ihre Eltern als überwältigend und rücksichtslos, entwickeln sie in der Folge oft eine (eventuell durch Größenphantasien und Pseudounabhängigkeit kompensierte) Überzeugung, selbst hilflos, ohnmächtig und ohne Einfluss zu sein.[61] Sie neigen aufgrund ihrer Vorgeschichte jedoch auch zur **angstmotivierten Überanpassung** an Eltern oder zunächst auch die Pflegefamilie. In diesem Fall sind die tatsächlichen Wünsche und Bedürfnisse des Kindes, auch seine aus traumatischen Erfahrungen resultierenden Überzeugungen, Ängste und Aggressionen wenig sichtbar. 60

Bis das Kind seine Wünsche und Bedürfnisse als berechtigt und erlaubt erleben und sich entsprechend mitteilen kann, braucht es die Erfahrung von Sicherheit und Schutz vor den Angst auslösenden Eltern sowie genügend Zeit, Sicherheit und die Unterstützung einfühlsamer, belastungsfähiger und zuverlässiger Erwachsener.

Bedingungen also, die während eines Kindesschutzverfahrens oder bei Umgangs- und Rückführungswünschen der Herkunftsfamilie in der Regel alle nicht erfüllt sind.

Praxistipp

Die Kommunikation mit einem Kind erfordert also mehr als nur das gesprochene Wort, um seine Sicht und seine Erwartungen kennenzulernen und zu verstehen.

Die Aufmerksamkeit des Verfahrensbeistands muss sich also ebenfalls stets auch auf jene Wünsche und Abneigungen oder Befürchtungen richten, die das Kind nonverbal ausdrückt und die emotional oft stimmiger sein können als das gesprochene Wort.

Zu der Frage, wie die **Begegnungen** des Verfahrensbeistands mit Kindern und Jugendlichen gestaltet sein sollten, gibt es wenig Literatur. Was **Rahmenbedingungen** angeht, fällt die Forschung ernüchternd aus. *Bindel-Kögel* zufolge umfasst die Anzahl persönlicher Kontakte mit der Person, welche über die Zukunft und Sicherheit des Kindes mitbestimmt, selbst im Verfahren nach §§ 1666, 1666a BGB in der Regel nur zwei Treffen ohne Eltern. In der Regel werde das Kind in das Büro/die Kanzlei eingeladen, gelegentlich erfolgten auch Hausbesuche oder Gespräche mit einem vorläufig fremdplatzierte Kind im Heim, eher aber mit seinen Erziehern, besonders Jurist:innen suchten das Kind „aus pragmatischen Gründen der Arbeitsersparnis" aber selbst zur Gefahreneinschätzung nicht auf.[62] Neben der fast jede Form der Praxis beliebig abdeckenden Fallpauschale ist hier erneut nach der fachlichen Eignung der Verfahrensbeistände zu fragen. 61

Die folgende Zusammenstellung gibt einige **Hinweise zur Gesprächsführung**, wichtiger aber noch als Ratschläge für die individuell sehr unterschiedliche „richtige Kommunikation" mit den Kindern und Jugendlichen ist aus Sicht der Verfasserin eine Vertrautheit des Verfahrensbeistands sowohl mit eigenen Abwehrmechanismen wie 62

61 Vgl. Nienstedt/Westermann 2007, Kap. 1 und 2.

62 Vgl. Bindel-Kögel 2017, S. 296. Diese geringe Kontaktzahl scheint auch die Mitteilung über den Ausgang des Verfahrens zu umfassen, bei der die Frage notwendiger Rechtsmittel zu besprechen ist.

auch mit unangemessenen Methoden der Gesprächsführung, besonders in Verfahren mit möglicherweise strafrechtlichem Bezug.[63]

- Hilfreich ist zunächst eine **freundliche, zugewandte Haltung**, die den Kindern mit dem notwendigen **Respekt und Ernst**, aber unbelastet von eigenen Emotionen und Wertungen begegnet. Häufig, so *Dettenborn*, werden gerade jüngere Kinder in ihrem Verständnis unterschätzt:

  > „Einem altersgerecht entwickelten fünfjährigen Kind kann z.B. zugetraut werden, folgender Argumentation zu folgen, wenn sie vom Gutachter oder Verfahrensbeistand vorgebracht wird: Der Richter wird entscheiden. Dann müssen alle machen, was der Richter bestimmt hat. Wenn du könntest, würdest du vorher dem Richter noch etwas sagen wollen?"[64]

- Das Gespräch sollte gut vorbereitet sein. *Dettenborn* empfiehlt zur Entlastung von Verfahrensbeistand und Kind sowie zur besseren Fokussierung einen Gesprächsleitfaden, für den auch Hypothesen (u.a. zur möglichen Kontaktverweigerung) hilfreich sein können.[65] In der Regel sollte das Gespräch mit dem Kind allein und **in vertrauter Umgebung** geführt werden. Bei starker Verunsicherung des Kindes muss notfalls eine **vertraute Person** einbezogen werden. Die Begegnung kann (sprechen weder Datenschutz noch Stigmatisierung des Kindes dagegen), mit Einwilligung der Sorgeberechtigten im Kindergarten oder der Schule stattfinden. Auch in einem Heim oder in Bereitschaftspflege lebende Kinder profitieren von einer Begegnung im vertrauten Umfeld. Muss die Begegnung in der elterlichen Wohnung stattfinden, kann sich ein gemeinsamer Besuch auf dem Spielplatz oder ein Spaziergang empfehlen, um ungestört auch über die Beziehung zu den dort lebenden Personen zu sprechen.

- Kindern im Vorschulalter kann es helfen, nebenher zu spielen oder zu malen. Es kann sinnvoll sein, **zunächst über den Alltag des Kindes ins Gespräch zu kommen**, über den Kindergarten oder die Schule, Interessen und Fähigkeiten, Freunde usw. Schwierige Themen sollten nicht aus Angst vor einer Belastung der Kinder vermieden, sondern eigeninitiativ angesprochen werden. Die in einer Studie zur Kindesanhörung befragten Kinder waren verstört, dass (aus Sorge des Richters um die seelische Belastung) die wichtigen Themen gar nicht zur Sprache kamen und den Kindern keine Äußerung zum Verfahren selbst ermöglicht wurde.[66]

- Die Beteiligung des Kindes am Verfahren ist keine Pflicht, sondern ein Recht des Kindes, über dessen Ausübung es allein entscheiden darf. Kinder, die sich nicht (zu bestimmten Themen und Erfahrungen) äußern möchten, dürfen daher **nicht bedrängt** werden. **Wertungen und Kritik** am Kind sind ebenfalls zu **unterlassen**. Hilfreich sind Einfühlung und ein Verständnis für die Gefühle und Konflikte des Kindes.

---

63 Vgl. hierzu Niehaus/Volbert/Fegert 2017, Entwicklungsgerechte Befragung von Kindern in Strafverfahren.

64 Dettenborn 2014, S. 106.

65 Vgl. Dettenborn 2014, S. 101.

66 Lempp, Reinhart u.a. 1987: Die Anhörung des Kindes gemäß § 50b FGG.

- *Dettenborn* rät dazu, nur dann nach Willensinhalten oder Motiven zu fragen, wenn das Kind eine Bereitschaft zeigt, vielleicht sogar froh über das Gespräch ist. Ansonsten schreibt er, wohl mit Bezug auf den Umgangs- oder Sorgerechtsstreit, „sind eher **indirekte Fragen** effektiv, z.B. danach, was das Kind in bestimmten Situationen oder bei Erlebnissen (z.B. Übergabesituation, Urlaub mit einem Elternteil) gefühlt, gedacht, gewünscht hat, was es getan hat, gestört hat oder angenehm war."[67]
- Über starke Affekte sollte dem Kind durch den Verfahrensbeistand inhaltlich oder spielend hinweggeholfen werden, ohne den Affekt zum Thema zu machen. Mitteilungen sollen aus **kurzen, einfachen Sätzen** bestehen. Jede Frage sollte nur einen Gedanken aufgreifen, Doppelfragen sind zu vermeiden.
- Bei altersgerecht entwickelten Kindern empfiehlt es sich bis zum Ende des Grundschulalters nicht, geschlossene spezifische Fragen zu formulieren. Auch Antwortmöglichkeiten vorzugeben kann einen suggestiven Effekt haben, ebenso die Wiederholung bereits gestellter Fragen, bei denen das Kind somit befürchtet, „falsch" geantwortet zu haben. Eine ganz grobe Orientierung zur Vermeidung von Suggestivfragen bieten **offene W-Fragen** (Was? Wann? Wer? Wie? Wo? – bei Schuldgefühlen des Kindes jedoch nicht: Warum?). Es kann notwendig sein, das Kind auch wissen zu lassen, dass es nicht Schuld trägt (etwa an der Elterntrennung) und seine damit verbundenen Gefühle und Konflikte normal sind. Gleiches gilt für den Widerwillen gegen wiederholte Befragungen.[68]

Die **Dokumentation** der Mitteilungen des Kindes erfolgt, gerade wenn seine Angaben auch für laufende oder spätere Strafverfahren oder die Opferentschädigung bedeutsam sind, am besten in Form einer **Aufzählung**. Fließtext verleitet widersprüchliche Erzählungen und Brüche in der Erzählung zu glätten. Dies nimmt ihr die Authentizität und stellt leicht Kohärenz und Zusammenhänge her, die das Kind so nicht geäußert hat. Notiert werden sollten unmittelbar nach dem Gespräch als **Gedächtnisprotokoll** – ohne Beschönigung eigener, vielleicht unbedachter Fragen und Reaktionen, folgende Punkte: **63**

Inhalt Gedächtnisprotokoll

- Datum, Zeit und Dauer
- Anwesende Personen
- Umstände, wie das Gespräch zustande kam
- Verlauf des Gespräches
- Angaben des Kindes, inklusive gestellte Fragen
- Eindruck der psychischen Verfasstheit des Kindes[69]

67 Dettenborn 2014, S. 103.
68 Vgl. Dettenborn 2014, S. 102.
69 Volbert, in: Fegert u.a. (Hrsg.): Sexueller Missbrauch von Kindern und Jugendlichen, S. 185–194.

64 Für Kinder und Jugendliche kann es Entlastung bieten, dass auch nach der Begegnung mit ihrer Vertretung oder nach einer Anhörung durch das Familiengericht die leicht zu verwirklichende Chance besteht, bisherige Mitteilungen um **vergessene Gesichtspunkte** zu **ergänzen** oder sich bei Bedarf zu korrigieren. Bevor die Sicht des Kindes an das Gericht übermittelt wird, sollte Gelegenheit sein, diesen Teil der schriftlichen Stellungnahme durchzusprechen und Missverständnisse zu klären.[70]

65 Der Teil der fachlichen, schriftlich abzufassenden **Stellungnahme** (§ 158b Abs. 1 Satz 2 FamFG), der dem Familiengericht eine fachliche Einordnung und ein vertieftes Verständnis der vom Kind geäußerten Befürchtungen und Wünsche ermöglichen soll, ist von der Dokumentation der Auskünfte und Willensäußerungen des Kindes deutlich abzusetzen.

Zur Wahrung der Persönlichkeitsrechte des Kindes sollte das Familiengericht dazu aufgefordert werden, dem von der Entscheidung betroffenen Kind selbst und nicht nur durch den Verfahrensbeistand die für das Kind als Subjekt des Verfahrens so wichtige Resonanz zu geben.

66 Nach *Dettenborn*, der eine eindrucksvolle Übersicht entwicklungspsychologischer Studien erarbeitet hat, kommt dem Kindeswillen ab dem Entwicklungsstand eines dreijährigen Kindes eine Bedeutung für das familiengerichtliche Verfahren zu.[71] § 159 FamFG ermöglicht zudem, dass der Richter auch von noch jüngeren Babys und Kleinkindern einen **persönlichen Eindruck** gewinnt, soweit ihre Bindungen, Neigungen oder ihr Wille für die Entscheidung maßgeblich sind.

In Deutschland ist eine **Anhörung** unabhängig vom Alter des Kindes in allen Kindesschutzverfahren sowie in Sorgerechtsverfahren bei Trennung oder Scheidung der Eltern **zwingend** vorgesehen (vgl. § 159 FamFG) – sie darf nur aus schwerwiegenden Gründen unterbleiben (§ 159 Abs. 2 Satz 1 Nr. 1 FamFG).

> „Nach gefestigter höchstrichterlicher Rechtsprechung sind Kinder bereits ab einem Alter von drei Jahren regelmäßig anzuhören, da schon in diesem Alter zumindest aus der Beobachtung des Kindes Rückschlüsse auf beachtenswerte Wünsche, Tendenzen und Bindungen abzuleiten sind. [...] Nicht nur die Angaben des Kindes in seiner persönlichen Anhörung, sondern auch der persönliche Eindruck von dem Kind, einschließlich der Beobachtung seines Verhaltens, sind ein wichtiger Teil der Sachverhaltsermittlung in Kindschaftssachen und können für die Frage, ob und welche gerichtliche Regelung dem Kindeswohl am besten entspricht, erheblich sein."[72]

Dieser vom BVerfG gut abgesicherte Rechtsanspruch auch des jüngeren Kindes auf Anhörung wird jedoch seit Jahrzehnten von einem Teil der Richterschaft nicht eingelöst[73] und von Jugendämtern und Verfahrensbeiständen nicht gefordert.

---

70 Hinweise zur Gesprächsführung finden sich in der Studie zur Kindesanhörung von Lempp 1987; auch bei Fegert 1999, Dettenborn m.w.N. 2014 und Zitelmann 2001.

71 Vgl. Dettenborn 2015, S. 71 ff.

72 BT-Drucks. 19/23707, S 58.

73 Vgl. Münder 2000; 2017; Zitelmann 2009, S. 90 f.; Hannemann/Stötzel 2009.

Nicht begründete[74] oder nicht begründbare **Unterlassungen der Kindesanhörung** sind ein Grund, um **Rechtsmittel** einzulegen. Seit Einführung der Kindesanhörung verstoßen Familiengerichte immer wieder gegen die Rechte der Kinder. Dies mag auch in guter Absicht geschehen, um jüngere oder gefährdete Kinder vor den Belastungen einer persönlichen Anhörung zu schützen. Wie Studien zu entnehmen ist, steigt die Anhörungsquote von Kindern durch Richter, die sich zur Kindesanhörung zusätzlich qualifiziert haben und Richter sehen sogar von Kindesanhörungen ab, wenn sie ihre eigene Ausbildung als hierfür nicht genügend einschätzen.[75]

Praxistipp

▶ *Die Unterlassung der Anhörung kann vom Verfahrensbeistand im Beschwerdeverfahren als schwerwiegender Verfahrensfehler gerügt werden.*

An dieser Stelle ist vor einer Praxis zu warnen, bei der ausgerechnet die Tatsache, **67**
dass dem Kind oder Jugendlichen eine unabhängige Interessenvertretung im Verfahren zur Seite gestellt werden muss, zum Anlass genommen wird, von einer persönlichen Anhörung des Kindes durch das Gericht abzusehen. Ob diese Praxis durch Verfahrensbeistände korrigiert wird, bleibt abzuwarten. In der Vergangenheit war dies nicht hinreichend der Fall.[76] Manche Verfahrensbeistände und Richter führen an, die Wünsche des Kindes seien „bereits im Vorfeld vom Verfahrensbeistand erhoben und eingebracht worden"[77]. Allerdings lässt sich erst absehen, was das Kind dem Richter mitzuteilen hat, wenn es diese Chance auch erhält.[78]

Mit *Reinhard Lempp* ist auch zu betonen, dass der **Sinn der Anhörung**

> „nicht nur eine Verpflichtung des Richters ist, sich einen persönlichen Eindruck von dem Kinde und seiner Person zu machen, sondern auch dem Kinde frühzeitig die Erfahrung zu vermitteln, dass es in einer so wichtigen, seine eigene Person betreffenden Angelegenheit auch als Person respektiert und angehört wird."[79]

Besonders das in seinen Bedürfnissen übergangene oder in seiner Familie schwer **68**
traumatisierte Kind hat **Anspruch auf**

- rechtliches Gehör,

---

74 Wenig selbstkritisch der Untersuchungsbericht der „Arbeitsgruppe Staufen" (2018) zum Fall eines Kindes, das ohne Anhörung zu den pädosexuellen Eltern zurückgeführt und im Darknet zur Vergewaltigung angeboten wurde. „Die Kindesanhörung und die Bestellung eines Verfahrensbeistands sind im gerichtlichen Verfahren in Fällen der vorliegenden Art als gesetzlicher Regelfall vorgesehen. Wird auf die Bestellung eines Verfahrensbeistands und die Anhörung des Kindes im Einzelfall verzichtet, wird angeregt, die Gründe hierfür zu dokumentieren." Vgl. auch Salgo, ZKJ 2018, 168.

75 Karle/Gathmann/Klosinski, 2010, S. 59.

76 Vgl. Bindel-Kögel/Hoffmann/Schone 2017, S. 262 ff.; Münder 2017, S. 437.

77 Bindel-Kögel/Hoffmann/Schone 2017, S. 263.

78 Zu den Aufgaben des Verfahrensbeistands bei der Kindesanhörung vgl. Zitelmann 2001, S. 174 ff. (https://stiftung-pflegekind.de/literatur/ (Abruf am 10.9.2024)).

79 Lempp 1983, S. 126.

- auf eine Resonanz in Bezug auf seine Schutzbedürftigkeit bei selbstgefährdendem Kindeswillen und
- eine kindgerechte Begründung der Beschlüsse.

Dies gilt für seine Interessenvertretung, mehr noch aber für den Richter, der im Verfahren über den Schutz und weiteren Lebensweg dieses Kindes entscheidet.

Die **Richter** am Familiengericht sind gefordert, sich ein unmittelbares Bild von dem Kind zu machen, in dessen Leben sie die entscheidenden Weichen stellen, und ihre Entscheidungen persönlich zu verantworten.

Dem **Verfahrensbeistand** wächst hier die Aufgabe zu, durch die gute Vorbereitung des Kindes oder Jugendlichen sowie fachliche Anregungen an das Familiengericht sowie durch eigene Mitwirkung beim Termin zum Gelingen der Kindesanhörung beizutragen – und diese, wenn nötig, auch unter Hinweis auf Beschwerderechte auf den Weg zu bringen.

B Der „Wille des Kindes“

Übersicht Rn.

I. Emotionale und kognitive Faktoren

In der Verfahrensbeistandschaft ist es zentrales Prinzip, den Willen von Kindern systematisch in Entscheidungen einzubeziehen. Dabei unterliegt der „Wille“ eines Kindes im Sinne einer selbstbestimmten und (zeitlich) stabilen Entscheidung, die kognitiv ausgereift und emotional begründet ist, einem **Entwicklungsprozess**. 69

Die Fähigkeit, selbstbestimmte Entscheidungen zu treffen, lässt sich bei Jugendlichen gewöhnlich voraussetzen, während sie bei Kleinkindern noch nicht nach diesem Verständnis angenommen werden kann. Dennoch haben auch sie bereits einen „Willen“. Bereits Babys haben Bedürfnisse und können durchaus deutlich zeigen, was sie „wollen“. Dies lässt sich beispielsweise an ihrem Ärger ablesen, wenn ihnen etwas nicht gelingt oder wenn sie etwas nicht bekommen, das sie haben möchten. Dies lässt sich auch daraus schließen, dass sie überrascht reagieren, wenn etwas Unerwartetes geschieht.

Inwieweit und wie ein Kind seine Bedürfnisse und „Willensbekundungen“ äußert, ist allerdings von seinem Alter abhängig und seinem Verständnis über die jeweilige Situation. Dabei geht es nicht nur um die eigenen Bedürfnisse und Gefühle, Absichten oder Vorstellungen eines Kindes, sondern ebenso um seine **Fähigkeiten**, die Bedürfnisse, Gefühle, Absichten und Vorstellungen anderer Menschen zu verstehen.

Diese Fähigkeiten wirken sich darauf aus, wie selbstbestimmt ein Kind seinen Willen zeigen und zunehmend kognitiv nachvollziehen kann.

70 Dass und inwieweit Kinder und Jugendliche ihren Willen im beschriebenen Sinne selbstbestimmt äußern und für sich nachvollziehen können, lässt sich zum einen an so genannten Entwicklungsaufgaben oder Entwicklungsmeilensteinen festmachen, die Kinder zunehmend bewältigen, und zum anderen an individuellen Unterschieden, die zwischen ihnen bestehen.

Entwicklungsaufgaben sind universell und lassen sich als alterstypische Anforderungen an *alle* Kinder beschreiben, ihre Entwicklung zu meistern. Die Bewältigung einer jeweils typischen Entwicklungsaufgabe im Verlauf ist Voraussetzung dafür, die jeweils folgende Aufgabe zu bewältigen. Insbesondere in der frühen Kindheit unterliegen Entwicklungsaufgaben biologischen Reifungsprozessen. Entwicklungsaufgaben erstrecken sich etwa von der frühen Bindungsentwicklung sowie der emotionalen und Verhaltensregulation, dem Ausbau kognitiver Kompetenzen, der sprachlichen Kommunikation, Selbststeuerung, Moral- und Gewissensbildung bis hin zu sozialer Verantwortung und Autonomie.

71 Dabei bestehen große **interindividuelle Unterschiede** zwischen Kindern. Diese sind temperamentsbedingt oder auch geschlechtsspezifisch. Sie lassen sich zudem auf unterschiedliche Lern- und Interaktionserfahrungen von Kindern in Beziehungskontexten zurückführen. Insbesondere bei kleinen Kindern lässt sich davon ausgehen, dass ihr Wohlbefinden bzw. ihre psychische Gesundheit maßgeblich von den Erziehungs- und Beziehungskompetenzen ihrer Eltern mit beeinflusst wird. Tatsächlich besteht in den meisten **Entwicklungstheorien** weitgehend Übereinstimmung darüber, dass die Eltern-Kind-Beziehung einen wesentlichen Einfluss auf eine positive Persönlichkeitsentwicklung bzw. auch auf eine psychopathologisch verlaufende Entwicklung haben kann.[1]

Biologische bzw. reifungsbedingte und erfahrungsbedingte Faktoren interagieren und beeinflussen sich also gegenseitig und erhöhen die Vielfalt von Unterschieden bei Kindern.

1 DeKlyen/Greenberg, 2016

1. Erlebens- und Verarbeitungsweisen von Kindern auf unterschiedlichen Entwicklungsstufen – Wie zeigen Kinder, was sie verstehen und was sie wollen?

a) Erstes Lebensjahr

Bereits **Neugeborene**[2] haben eine Präferenz für Vertrautes gegenüber Unvertrautem. Sie kommen mit dieser Disposition auf die Welt. Sie bevorzugen Personen bzw. das menschliche Gesicht und die Stimme gegenüber Gegenständen. Allerdings lässt sich daraus nicht schließen, dass sie zwei Personen (begrifflich) voneinander unterscheiden können. Vielmehr scheinen sie eher zwischen Eigenschaften von Menschen zu unterscheiden. Ihre emotionalen Ausdrucksverhaltensweisen sind, in Abhängigkeit ihres individuellen Temperaments, noch eher reflexhafte Reaktionen auf das Ausmaß an Stimulation, dem sie ausgesetzt sind. Neugeborene zeigen klare Signale von Unbehagen (noch keine klar differenzierbaren Emotionen wie etwa Ärger oder Furcht) und Wohlbefinden. Ihre Reaktionen sind noch nicht auf eine bestimmte Person bezogen.[3] **72**

Jenseits der Neugeborenenperiode verknüpfen **Säuglinge** emotionales Verhalten, wie Vergnügen, Vorsicht oder Frustration mit Inhalten und Bedeutungselementen. Zudem beginnen Säuglinge zunehmend Verständnis über Gefühle und Befindlichkeiten anderer Menschen zu entwickeln. **73**

Experimentelle Studien zeigten, dass Säuglinge ab dem dritten bis vierten Lebensmonat gezielt einen fröhlichen Gesichtsausdruck von anderen emotionalen Ausdrucksverhaltensweisen unterscheiden konnten.[4] Fünf Monate alte Säuglinge sind in der Lage, zwischen verschiedenen Gefühlsäußerungen (Lächeln, Stirnrunzeln) zu unterscheiden. Zu diesem Zeitpunkt lässt sich allerdings noch nicht klar erschließen, inwieweit damit auch eine emotionale Reaktionsfähigkeit verbunden ist. Bei sechs Monate alten Säuglingen lassen sich differenzierte Emotionen wie Ärger oder Überraschung deutlich ablesen. Dabei drücken die Kinder nicht nur mit Gesichtsausdruck, sondern mit ihrem gesamten Verhalten den jeweiligen Gefühlsausdruck stimmig aus. Ihr Verhalten lässt sich damit zumindest für freudige, interessierte, traurige oder ärgerliche Reaktionen bereits als spezifisch und bedeutungsvoll interpretieren.[5]

Im **letzten Drittel des ersten Lebensjahres** lassen sich Emotionen als präzise, unmittelbare und mit spezifischer Bedeutung versehene Reaktionen beobachten. Neben Freude, Ärger oder Traurigkeit taucht auch Furcht erst zu diesem Zeitpunkt als deutliche Reaktion auf. Zudem lassen sich auf dieser Entwicklungsstufe erstmals auch negative Emotionen wie Furcht und Ärger als deutlich voneinander abgegrenzte Verhaltensreaktionen unterscheiden. **74**

2 Die folgenden Altersangaben dienen nur als grobe Orientierung. Sie entstammen unterschiedlichen Untersuchungen, die hier nach Alter geordnet wurden. Im Übrigen sind immer auch individuelle Unterschiede von Kindern zu berücksichtigen.
3 Geary/Bjorklund, 2000; Bjorklund, 2008.
4 Bölte, 2013.
5 Rauh, 1995.

Die Fähigkeit, am Ende des ersten Lebensjahres emotionale Reaktionen mit spezifischer Bedeutung und Inhalt zu verknüpfen, geht auch mit neuen kognitiven Kompetenzen einher. Dazu gehört die Objekt- bzw. **Personpermanenz**. Das ist die Fähigkeit, sich Dinge und Menschen dann vorstellen zu können, wenn sie sich nicht im direkten Wahrnehmungsfeld des Kindes befinden. Dazu gehört außerdem, dass das Langzeitgedächtnis funktionsfähig wird. Der damit verbundene zunehmende Zugriff auf vorangegangene Erfahrungen steuert die Aufmerksamkeit des Kindes. Schließlich kann das Kind gegen Ende des ersten Lebensjahres sich selbst vom Erwachsenen unterscheiden, ebenso sein Verhalten von dem des Erwachsenen.

75 Kinder entwickeln zunehmend Entwicklungskompetenzen, diese spiegeln sich beispielsweise darin, dass das Kind zunehmend nonverbal kommuniziert und die Bezugsperson mit Zeigegesten z.B. auf interessante Gegenstände aufmerksam macht (*Joint Attention*). Rudimentäres Verständnis einer **Selbst-Anderen-Unterscheidung** zeigt sich zudem in sozial rückversichernden Blicken des Kindes (*Social Referencing*), wenn es sich der Aufmerksamkeit der Bezugsperson versichert, oder aber bei Verunsicherung, um das eigene Verhalten zu steuern.[6]

Emotionale Signale der Bezugsperson wie Freude oder Gefahr bzw. Ängstlichkeit werden adäquat erfasst und beeinflussen die Verhaltensreaktionen des Kindes. Das Kind orientiert sich besonders in unvertrauten Situationen systematisch an Verhalten und Ausdruck der Bezugsperson. Ist der Gesichtsausdruck der Mutter z.B. angesichts eines nahenden Hundes ängstlich, wird auch das Kind ängstlich und krabbelt nicht weiter bzw. zur Mutter zurück. Besonders eindrucksvoll bestätigt dies auch das Studiendesign der sogenannten „visuellen Klippe" (eine durchsichtige, mit Glas abgedeckte Fläche, die für sechs Monate alte Kinder den Eindruck erwecken kann, in die Tiefe zu fallen). Danach zeigte sich, dass der emotionale Gesichtsausdruck der Bezugsperson, nämlich ein freudiger oder aber ängstlicher Gesichtsausdruck, maßgeblich beeinflusste, ob das Kind über die Glasfläche krabbelte oder nicht bzw. wie sich das Kind in dieser Anforderungssituation verhalten wird.[7]

76 Die rudimentäre Unterscheidungsfähigkeit zwischen dem Selbst und der Umwelt lässt sich als Voraussetzung interpretieren, überhaupt eine Beziehung zwischen eigener Erfahrung und Umwelt herzustellen. Damit wird letztlich eine Form sozialen Lernens ermöglicht. Das Kind lernt, individuell unterschiedlich, angemessene emotionale Reaktionsweisen, die vermutlich auch die Ausbildung eigener emotionaler Reaktionen fördern. Die Bedeutung eigener Erfahrung und das Verhalten anderer Menschen werden miteinander verknüpft.

Diese **interpersonale Emotionsregulation**, welche vorwiegend durch die Bezugsperson des Kindes initiiert und gesteuert wird, zeigt sich dann im Laufe des zweiten Lebensjahres darin, dass es seine Emotionen selbstständiger regulieren kann bzw. nach und nach auch aktiv die Unterstützung seiner Bezugspersonen einfordert, wenn es nicht allein zurechtkommt.[8]

---

6 Bolten/Schneider, 2010.
7 Sorce et al., 1985.
8 Holodynski, 2004.

b) Kindergarten- und Vorschulalter

Mit etwa **zwei bis drei Jahren** erkennen Kinder dann die Selbstwertrelevanz von Handlungen und deren Ergebnissen (**intrapersonale Regulation**). Es entwickeln sich sogenannte selbstbewertende Emotionen.[9] Die Kinder fühlen sich betroffen, wenn sie etwas falsch gemacht haben, oder schämen sich, wenn sie bei etwas Verbotenem ertappt werden. Sie beginnen, sich an sozialen Standards zu orientieren. Kognitiv setzt dies voraus, dass sie sich intuitiv der Wirkung ihres eigenen Verhaltens auf andere Menschen bewusst sind. 77

Außerdem reagieren Kinder dieses Alters nicht einfach mehr nur auf die emotionalen Befindlichkeiten anderer Menschen. Sie sind vielmehr aktiv in der Lage, andere Menschen sowohl zu trösten, sich aber auch verletzend zu verhalten. Im Alter zwischen dem **dritten und vierten Lebensjahr**, verbunden mit der Entwicklung der verbalen Ausdrucksfähigkeit, sind Kinder zunehmend in der Lage, eigene Gefühle und die Gefühle anderer auch zu verbalisieren.

Bereits hier aber zeigen sich **große individuelle Unterschiede** zwischen Kindern darin, wie sie auf die Gefühle und Befindlichkeiten anderer Menschen reagieren. Dies hängt wesentlich mit ihren bisherigen sozialen Vorerfahrungen zusammen und dabei insbesondere mit ihren bisherigen **Bindungsvorerfahrungen** mit den Eltern. 78

Dabei zeigte sich in Untersuchungen, dass Kinder insbesondere dann andere Kinder bei Kummer trösteten, wenn die Eltern klare Verhaltensregeln zeigten und diese auch unter Berücksichtigung der Perspektive des anderen Kindes begründeten. Wenn demgegenüber Eltern kindliche Signale ignorieren, emotionale Befindlichkeiten falsch oder unangemessen benennen oder nicht ernst nehmen, so die Interpretation, gelingt es Kindern schwerer, eigene Gefühle zu äußern und die Gefühle anderer nachzuvollziehen. Dies kann mit verzerrter Selbstwahrnehmung einhergehen oder mit geringer oder fehlender emotionaler Beteiligung.

Wenn Eltern schließlich überwiegend schwer vorhersagbar reagieren, entwickeln Kinder emotional heftige Reaktionen und fordern anhaltende Aufmerksamkeit. Im Falle von massiv kritischem Elternverhalten, nämlich dann, wenn Kinder misshandelt werden, waren diese anderen Kindern gegenüber meist aggressiver als nicht misshandelte Kinder. **Misshandelte Kinder** reagierten zudem auf den Kummer eines anderen Kindes nicht bzw. negativ, nämlich ängstlich oder aggressiv. Schließlich fällt es Kindern aus ungünstigen Familienverhältnissen schwer, insbesondere positive Gefühle adäquat den passenden Ereignissen zuzuordnen. 79

Unabhängig von individuellen Unterschieden aber entwickeln Kinder zunehmend mehr psychologisches Verständnis. Diese Fähigkeiten setzen gleichermaßen neue emotionale und auch kognitive Kompetenzen voraus. Dazu gehört die Fähigkeit, auch über nicht vorhandene und hypothetische Situationen nachzudenken. 80

Die Kinder stellen sich **Wünsche oder Überzeugungen** vor oder handeln „als ob". Sie können diese vorgestellten Wünsche oder Überzeugungen klar von der Realität un-

9 Holodynski, 2004; Holodynski/Friedlmaier, 2006.

terscheiden und sie können sie auf „andere" übertragen. Beispielsweise zeigte sich dies im Spiel, wenn etwa eine Puppe bestimmte Ziele verfolgt oder Wünsche hat. Kinder dieses Alters können auf einer psychologischen Verständnisebene nachvollziehen, was ein anderer Mensch wahrnimmt oder was er wünscht. Sie verstehen zunehmend, dass zwei verschiedene Personen eine Situation unterschiedlich erleben bzw. verschiedene Wünsche und Vorstellungen haben können.[10] Sie können sich in die Gefühle des anderen hineinversetzen, und zwar wahrscheinlich dadurch, dass sie die tatsächliche Situation mit den vermutlichen Wünschen des anderen vergleichen.

81 Die emotionale Gefühlsqualität dieser Teilhabe an den Gefühlen oder Intentionen eines anderen Menschen ist **Empathie** (ab ca. 18 Monaten). Dabei ist wesentlich, dass das Gefühl des anderen Menschen als dessen Gefühl erkannt wird. Das Kind erfasst das Gefühl eines anderen Menschen, auch wenn dieses Gefühl nicht seinem eigenen entspricht. Damit geht wiederum die kognitive Kompetenz einher, sich selbst vom anderen unterscheiden zu können. Diese wird durch die Entwicklung eines Selbstkonzeptes ermöglicht, wie es sich in der neu erworbenen Fähigkeit des Selbst-Erkennens im Spiegel zeigt. Durch diese Art der Selbstobjektivierung unterscheiden sich entstehende Emotionen und Gefühlsäußerungen von der bloßen Gefühlsansteckung, wie sie sich bereits beim Neugeborenen beobachten lässt.[11]

82 Ein weiterer Entwicklungsmeilenstein ist dann erreicht, wenn Kinder nicht nur ihre eigenen Gefühle von denen anderer Menschen unterscheiden können, sondern darüber hinaus verstehen können, dass Menschen auch **Absichten und Überzeugungen** haben, die sich von ihren eigenen unterscheiden können – und die auch falsch sein können. Kinder können sozial die Perspektive anderer Menschen einnehmen und deren mentale Verfassung und Wissen verstehen und vorhersagen:

Die so genannte „Theory of Mind"[12] ist eine kognitive „Wasserscheide", die alle Kinder etwa **ab vier Jahren** überschreiten. Mit Erreichen dieser Entwicklungskompetenz sind Kinder dann auch in der Lage zu lügen. Gute sprachliche Fähigkeiten und Gespräche über Emotionen mit den Bezugspersonen helfen, die Entwicklung der „Theory of Mind" zu fördern.[13]

c) Vorschul- und Schulalter

83 Zwischen etwa **vier und zehn Jahren** erschließt sich Kindern zunehmend auch ein psychologisches Verständnis für komplexere Gefühlsqualitäten. Dazu gehören selbstwertrelevante Gefühle wie **Stolz, Scham oder Schuldgefühle** (so genannte sekundäre Emotionen). Dies setzt erneut erweiterte kognitive Kompetenzen voraus. Danach wird das Erleben von Menschen nicht mehr nur in Abhängigkeit von erfolgreichem bzw. nicht erfolgreichem Handeln aufgefasst. Vielmehr verstehen Kinder nun zunehmend auch, dass die Einschätzung und Bewertung von Verhalten und Handeln das Erleben und die Gefühle in einer Situation beeinflussen.

10 Harris, 2004.
11 Bischof-Köhler, 2009.
12 Verstehen des „falschen Glaubens"; Wimmer/Perner, 1983.
13 Sodian/Kirsten 2014.

Dabei scheint es zunächst, dass die Einschätzung und Bewertung anderer ihr eigenes Erleben beeinflussen. Kinder sind stolz, wenn die Eltern sie loben, weil sie sich beispielsweise um das jüngere Geschwisterkind gekümmert haben. Sie schämen sich, wenn die Eltern verärgert und enttäuscht sind, weil sie gelogen haben. Zunehmend verstehen sie dann, dass auch sie selbst ihr eigenes Verhalten nach **sozialen Normen oder Verhaltensstandards** einschätzen. Auch ohne elterliche Intervention verspüren sie Schuldgefühle, wenn sie etwas falsch gemacht oder jemanden gekränkt haben.

Darüber hinaus lassen sich entwicklungsaltersbezogene Verletzlichkeiten bei Kindern im Umgang mit Schuldgefühlen beobachten. Insbesondere Kinder im Vorschulalter neigen häufig dazu, „schwieriges“ Verhalten ihrer Eltern schuldhaft auf sich zu beziehen und zu verarbeiten. Dies ist nicht selten der Fall, wenn Eltern sich aggressiv oder bedrohlich verhalten und/oder emotional nicht „präsent“ sind („Der Papa schreit und schlägt die Haustür hinter sich zu, weil ich nicht brav war“ / „Die Mama weint, ich bin schuld“). **84**

Dies geht mit der Entwicklung sogenannter **selbstbewertender Emotionen** in diesem Alter einher.[14] Grundschulkinder fühlen sich häufig schuldig, wenn sie sich „einmischen“ oder „Partei ergreifen“. Dies lässt sich damit interpretieren, dass sie „wissen“, den jeweils anderen Elternteil zu „enttäuschen“ und ggf. dessen Ärger auf sich ziehen.

Untersuchungen legen nahe, dass das **Verständnis** von Kindern dieser Altersstufe für soziale Normen und Standards **individuell unterschiedlich** ist und von der Art der elterlichen Vermittlung dieser Normen abhängt. Dabei scheinen Erklärungen und Appelle an kindliche Einsicht beispielsweise das psychologische Verständnis für Verantwortlichkeit und Schuldgefühle zu fördern. Allerdings ist solches Verständnis nicht ausschließlich „sozial konstruiert“. Vielmehr fließen gleichermaßen die eigenen Erfahrungen von Kindern mit solchen selbstwertrelevanten Gefühlen in ihr Verständnis einer Situation ein. **85**

Von besonderer klinischer Bedeutung ist der Umgang mit **Schuldgefühlen** bei sexuell missbrauchten Kindern vor allem im Schulalter. Schuldgefühle sind hier in engem Zusammenhang mit Selbstentwertung zu sehen, die zu erheblichen Selbstzweifeln bis hin zu Störungen der Identität führen können. **86**

Fegert (1999) verweist darauf, dass Täter ihren Opfern häufig eine aktive Beteiligung suggerieren und ihnen dabei angebliche oder tatsächliche Lust unterstellen. Eine solche vermeintliche Verantwortung löst bei den betroffenen Kindern dann Schuldgefühle aus. Ebenso empfinden Kinder zumeist Schuldgefühle, wenn der Täter ihnen Folgen für sich oder die Familie androht, falls der Missbrauch aufgedeckt würde. Die Vorstellung, dass der Missbrauch aufgedeckt werden könnte, führt bei den Kindern außerdem zu Gefühlen von Peinlichkeit und damit zum Erleben einer Entwertung und Verspottung durch andere Menschen.

14 interpersonale Regulation; Holodynski/Friedlmeier, 2006.

d) Jugendalter

87 Mit Erreichen des Jugendalters schließlich entspricht das kognitive Verständnis der Jugendlichen zunehmend dem von Erwachsenen. Nach *Piagets* Entwicklungsmodell sind Jugendliche mit Beginn der formal-operatorischen Phase in der Lage, theoretische Vorstellungen über hypothetische Sachverhalte nach formal-logischen Regeln zu entwickeln. Dazu gehört auch, miteinander unvereinbare Standpunkte oder Befindlichkeiten zu erfassen und gegeneinander abzuwägen.

Mit diesen neuen Kompetenzen ist außerdem eine verbesserte Fähigkeit verbunden, über sich selbst nachzudenken und **eigene Gefühle und eigenes Verhalten** zu **bewerten**. Dies geschieht allerdings häufig in einer stark auf die eigene Person und die eigene Perspektive (ego-)zentrierten Weise.[15] Die Folge sind häufig unausgewogene Einschätzungen, die die Perspektive anderer nicht oder nur unzureichend berücksichtigen sowie wechselnde Gefühle von eigener Unzulänglichkeit oder besonderer Einzigartigkeit.

88 Häufige **emotionale Unausgeglichenheit und Verunsicherung** wird verstärkt durch nicht unerhebliche körperliche Veränderungen und Anpassungsleistungen sowie durch Entwicklungsanforderungen wie die Aufgabe, sich in verschiedenen sozialen Rollen zu bewähren oder die eigene Identität und Persönlichkeit zu stabilisieren.[16] Diese **Stabilisierung** lässt sich beschreiben als

- emotionale Autonomie in der Beziehung mit den Eltern,
- Widerstandsfähigkeit gegenüber Konformitätsdruck aus der Gleichaltrigengruppe,
- ein subjektives Gefühl von Autonomie gegenüber Abhängigkeit bzw. dem Gefühl, aktive Kontrolle über das eigene Leben zu haben.[17]

89 Die Fähigkeiten von Jugendlichen, mit solcherart unterschiedlichen Entwicklungsanforderungen zurechtzukommen, sind individuell unterschiedlich und u.a. abhängig von der Qualität der Bindungsbeziehung mit den Eltern.

Eine angespannte und belastete Beziehung mit den Eltern dürfte aber charakteristisch für die Situationen sein, in denen Verfahrensbeistände hinzugezogen werden. Daher bedürfen auch Jugendliche trotz fortgeschrittener kognitiver und emotionaler Kompetenzen besonderer Unterstützung in belastenden Lebenssituationen.

2. Gemischte Gefühle

90 Kinder, die die Unterstützung eines Verfahrensbeistands benötigen, befinden sich in einer Lebenssituation, in der sie insbesondere gemischten und sich widersprechenden Gefühlen ausgesetzt sind. Der Entwicklungspsychologe *Paul Harris* hat zusammengefasst, wie Kinder ab dem Alter von sechs bis sieben Jahren zunehmend begin-

15 Elkind, 1967.
16 Vgl. Erikson, 1961; Oerter & Dreher, 1995.
17 Steinberg/Silverberg, 1986.

nen, ein Verständnis darüber zu entwickeln, dass sie gemischte Gefühle erleben.[18] Dieses Verständnis entwickelt sich relativ langsam, obwohl Kinder gemischte Gefühle durchaus schon früh auszudrücken vermögen.

Bereits Kinder im **Kindergarten- und Vorschulalter** drücken gemischte Gefühle aus. 91
Häufig lässt sich dies in Interaktionen von Geschwistern beobachten. Dabei pendeln ältere Geschwister beispielsweise zwischen liebevollen und feindseligen Gefühlen hin und her. Zärtliche Gefühle gegenüber dem jüngeren Geschwister werden nicht selten von negativen Gefühlen abgelöst und auch ausgedrückt.

Kindern im Kindergarten- und Vorschulalter ist es aber kognitiv noch nicht möglich, zwei Gefühlsqualitäten zu erfassen, die sie entweder gleichzeitig oder nacheinander erleben. Sie können Situationen beschreiben, in denen bestimmte einfache Gefühle hervorgerufen werden. Sie „leugnen" aber, dass es möglich ist, zwei Gefühle gleichzeitig zu fühlen. Je jünger Kinder sind, desto größer war die Wahrscheinlichkeit, dass sie auf Nachfrage nur eines von zwei vermuteten Gefühlen berichteten.[19] Für ihr psychologisches Verständnis beispielsweise der Trennung ihrer Eltern bedeutete das, dass sie ihre verständlicherweise ambivalenten Gefühle diesen gegenüber jeweils nur getrennt voneinander erfassen können.

Mit dem Übergang in die **Grundschule** (also etwa ab sechs Jahren) beginnen Kinder 92
Situationen zu beschreiben, die zwei verschiedene Gefühle hervorrufen können. Dabei folgt allerdings ein Gefühl auf das andere:

> „Ich habe mich gefreut, dass Papa gekommen ist, und dann war ich sauer, weil er nicht immer da ist."

Auch Kinder dieses Alters bezweifeln also noch, dass man gleichzeitig mehrere Gefühle haben kann. Erst mit etwa sieben oder acht Jahren beginnen Kinder dann auch Situationen zu beschreiben, in denen sie zwei Gefühle gleicher Qualität erleben, und zwar zwei positive oder zwei negative Gefühle:

> „Wenn Dein Bruder Dich schlägt, bist Du sauer und auch traurig."

Ungefähr **ab dem zehnten Lebensjahr** können Kinder im Allgemeinen verstehen, 93
dass unterschiedliche oder gar sich widersprechende Gefühle gleichzeitig erlebt werden können und sie können sie als solche beschreiben:

> „Ich habe mich schlecht gefühlt wegen all der Verantwortung, aber ich war glücklich, dass ich so gut war".[20]

Mit etwa elf Jahren gelingt es ihnen schließlich, kognitiv zu erfassen, dass eine Situation unterschiedliche Gefühle hervorrufen kann:

> „Ich war glücklich, meinen Vater zu sehen, aber sauer, dass er uns verlassen hat."

---

18 Harris, 1992.
19 Fatherington et al., 2021.
20 Fried, 2008; Fatherington et al., 2021.

Hinweis

> ! *Eigene gemischte Gefühle wahrnehmen zu können ist eine wichtige Voraussetzung dafür, auch gemischte Gefühle von anderen Personen wie z.B. den Eltern (an) zu erkennen.*[21]

3. Verbergen von Gefühlen

94 Kinder sind häufig Situationen ausgesetzt, in denen der spontane Ausdruck ihrer Gefühle nachteilig für sie ist, bzw. ihnen von den beteiligten Erwachsenen – direkt oder indirekt – untersagt wird. Während man die Emotionen und Gefühle jüngerer Kinder zumeist anhand des nonverbalen Ausdrucks ableiten kann, gelingt es Kindern zunehmend auch, Gefühle zu verbergen.

Für den Umgang mit Kindern **ab dem sechsten Lebensjahr** insbesondere in für sie konflikthaften Situationen und bei psychischer Belastung bedeutet dies, dass ihr Verhalten oder ihr Gesichtsausdruck nicht immer einfache Rückschlüsse auf ihre Befindlichkeit zulässt. Dabei unterliegt die Fähigkeit von Kindern, ihre Gefühle zu verbergen und von ihren Emotionsausdrücken zu entkoppeln, gleichermaßen einem Entwicklungsverlauf als auch jeweils individuellen Unterschieden.

95 Klinisch interpretierbar sind sogenanntes **inhibiertes und ausdrucksloses Verhalten**, ggf. auch Regungslosigkeit (Freezing, siehe hierzu auch Teil 3/*Ziegenhain*, Rn. 165) und/oder (pseudo) positives Verhalten (z.B. übertriebene Freude ohne erkennbaren Anlass, positive Reaktion auf ein langweiliges Spielangebot, „aufhellendes“ Verhalten). Vordergründig wirkt solches Verhalten häufig unauffällig oder lässt sich erst auf der Basis von Kriterien herausarbeiten, die als sogenanntes „überangepasstes Verhalten“ im Beobachtungsverfahren „CARE-Index“ enthalten und empirisch abgesichert sind.[22]

Überangepasstes Verhalten findet sich empirisch gehäuft bei Kindern, die potenziell traumatischem Verhalten ausgesetzt sind, wie massiv feindseliges, bedrohliches oder aggressiv übergriffiges Verhalten. Während gemäß *Crittendens* entwicklungspsychobiologischer Interpretation sehr junge Säuglinge bei massiver Bedrohung umfassend erstarren bzw. einfrieren, gelingt es älteren Säuglingen und Kleinkindern zunehmend einzelne Köperteile zu inhibieren (z.B. den Impuls zu unterdrücken, mit der Hand das sich bedrohlich nähernde Gesicht der Mutter wegzuschieben).

Mit zunehmendem Entwicklungsalter gelingt es kleinen Kindern dann außerdem auch psychologisch, „unerwünschte“ Gefühle zu unterdrücken. Darüber hinaus beginnen Kinder gegen Ende des zweiten Lebensjahres (Beginn der präoperativen Phase), dann überdies übertriebenes und (pseudo) positives Verhalten gegenüber der bedrohlichen Bindungsperson zu zeigen.[23]

---

21 Fergusson et al., 2020.
22 Crittenden, 2007.
23 Vgl. Crittenden 2007, Care-Index Coding Manual. Unpublished Manuscript. Miami, F.L: Family Relations Institute.

Bereits bei **einjährigen Kindern**, die zurückweisende oder feindselige Beziehungserfahrungen gemacht haben, entspricht ihr neutrales und vordergründig unbekümmertes Verhalten in einer belastenden Situation nicht ihrer – physiologisch gemessenen – inneren Erregung. Dies lässt sich als frühe intuitive Anpassung an einen kritischen Beziehungskontext interpretieren (Unterdrücken negativen Gefühlsausdrucks; operantes Konditionieren). 96

Mit etwa **drei bis vier Jahren** gelingt es dann allen Kindern, unter bestimmten Umständen ihre wahren Gefühle zu verbergen. Allerdings ist gewöhnlich für einen Beobachter sichtbar, dass das gezeigte Gefühl nicht dem tatsächlich empfundenen Gefühl entspricht. Die Kinder scheinen noch eher den Forderungen und Wünschen der Eltern nachzugeben. Ab dem **Vorschulalter** lässt sich zudem beobachten, dass Kinder einen Emotionsausdruck vortäuschen oder auch übertreiben können, wenn sie etwas haben wollen.

Mit **etwa sechs Jahren** scheinen sie allmählich zu verstehen, dass das Verbergen von Gefühlen auch einer Funktion dient, nämlich der, sich entweder selbst zu schützen, wie beispielsweise davor, ausgelacht zu werden, oder der, andere Menschen zu schützen. Beispielsweise verbergen Kinder ihren Kummer bei der Trennung von einem Elternteil, um diesem wiederum Kummer oder Schuldgefühle zu ersparen.

Mit der weiteren Entwicklung wird die Fähigkeit von Kindern, ihre spontanen Gefühle mit einem „sozial adäquateren" Gefühl zu überdecken und ihre **Gefühlswelt** gewissermaßen mehr und mehr zu **privatisieren**, dann zunehmend verfeinert. 97

Kinder im Alter von **sieben, neun und elf Jahren** unterschieden sich in einer experimentellen Situation in ihrer Reaktion auf ein enttäuschendes und nicht altersentsprechendes Geschenk, das sie als Belohnung für eine zuvor gelöste Aufgabe erhielten. Dabei reagierten die älteren Kinder positiver als die jüngeren und die Mädchen positiver als die Jungen. Demgegenüber ließ sich aber auch in der Mimik älterer Kinder Enttäuschung ablesen, wenn sie sich unbeobachtet glaubten.[24]

Vortäuschen von Gefühlen wird auch durch **elterliche Erwartungen** verstärkt, sich etwa auch über Geschenke zu freuen, die ein Kind sich nicht gewünscht hat oder eher langweilig findet.[25] Auch älteren Kindern ebenso wie Erwachsenen gelingt es nicht immer, ihren spontanen Gefühlsausdruck mit einem anderen zu überdecken. Vielmehr kommt es bisweilen zu so genannten Überblendungen von Gefühlen, wenn spontanes und „sozial adäquates" Gefühl gleichzeitig ausgedrückt werden.

Fazit

▶ *Zusammenfassend unterliegt das psychologische Verständnis von Kindern und Jugendlichen für ihr eigenes Verhalten, für ihre Bedürfnisse und Gefühle oder Absichten einem Entwicklungsprozess ebenso wie auch ihr Verständnis für das Verhalten anderer und deren Gefühle und Absichten. Dies sind wichtige Voraus-*

24 Vgl. Fegert, 1999.
25 Holodynsky/Oerter, 2012.

setzungen dafür, ihren „Willen" systematisch in familiengerichtlichen Entscheidungen zu berücksichtigen.

Nach moderner entwicklungspsychologischer Auffassung ist dieser Entwicklungsprozess das Ergebnis einer Koordinationsleistung kognitiver und emotionaler Aspekte. Diese wird wiederum sowohl von neuronalen Entwicklungsfortschritten beeinflusst als auch sozial und dabei insbesondere durch die Qualität ihrer Beziehungserfahrungen mit den Eltern.

Dabei sind es gerade Kinder in schwierigen Beziehungskonstellationen mit wenig Selbstwirksamkeit, die ihren Willen nicht immer gut kennen und ihn nicht immer eindeutig formulieren können, und zwar unabhängig von ihrem Entwicklungsstand. Bei ihnen ergeben sich häufig die stärksten Interessenkonflikte. Demgegenüber haben gut geförderte Kinder ohne Entwicklungsdefizite, Behinderungen und/oder psychische Störungen die besten Voraussetzungen, um bei Entscheidungen zu partizipieren.[26]

In der familiengerichtlichen Praxis geht es also besonders darum, die eigenständige Beteiligung und selbstbestimmte Willensäußerungen von besonders belasteten Kindern zu unterstützen.

II. Wünsche und Phantasien

98 Wie bei Erwachsenen sind auch bei Kindern und Jugendlichen Willensbildung und Entscheidungsfindung nicht nur abhängig von rationalen Überlegungen, sondern sind wesentlich beeinflusst von emotional begründeten Wünschen, Phantasien und Vorstellungen der Kinder. Dabei muss zunächst jedoch vorrangig hinterfragt werden, ob die Altersgruppe der vermeintlich vernünftigen, reifen Erwachsenen ihre Überlegungen und Güterabwägungen Kindern, Jugendlichen oder jungen Erwachsenen als Norm vorsetzen können.

99 Entwicklungspsychologisch sind z.B. das Jugendalter und junge Erwachsenenalter durch eine **sehr viel höhere Risikobereitschaft** als andere Entwicklungsphasen charakterisiert. Diese große Bereitschaft, Risiken in Kauf zu nehmen, führt bisweilen zu schnellen Wechseln in Orientierungen oder Beziehungsverhältnissen und ist auch für die beobachtete höchste Ausprägung dissozialer krimineller Aktivitäten im Jugendalter und jungen Erwachsenenalter sicher mit verursachend. Andererseits werden viele weitreichende Entdeckungen, Veränderungen etc. von jungen Menschen gemacht, die noch bereit sind, Risiken auf sich zu nehmen und Bestehendes in Frage zu stellen.

Hinweis

Der Versuch, so genannte vernünftige Willensäußerungen von scheinbar irrationalen Wünschen von Kindern und Jugendlichen zu trennen, ist deshalb oft eher Ausdruck einer gewissen Erwachsenenperspektive.

26 Beteiligungsparadoxon; Fegert, 1998.

Ebenso wie das Jugendalter sich durch eine **relative Veränderungsbereitschaft und Experimentierfreude** auszeichnet, sind viele Kinder bis zur Vorpubertät eher „konservativ“ und veränderungsängstlich. Ihre Wünsche in Trennungssituationen beziehen sich häufig auf traditionelle Rollenmodelle und die Wiederherstellung früher, harmonischer oder wenigstens als heil wahrgenommener Elternbeziehungen. Das Anhören solcher Phantasiegeschichten, welche nicht selten auch beim Einsatz projektiver Verfahren, wie z.B. im TAT oder TGT, bei Wunschproben oder in so genannten „Story-Stem-Verfahren“ wie beispielsweise dem Geschichten-Ergänzungsverfahren[27] deutlich werden, löst bei vielen Helfern massive **Gegenübertragungsgefühle** aus. 100

Angesichts der häufig krassen Realität zerstrittener Elternpaare halten es die involvierten Helfer häufig schwer aus, wenn Kinder ihre Wunschbilder und reparativen Phantasien ausbreiten. Vielmehr fühlen sich viele Helfer zu schnell aufgerufen, hier das Realitätsprinzip einzuführen und solchen Vorstellungen nicht weiter Raum zu geben, um die Kinder davor zu bewahren, unrealistischen Hoffnungen nachzuhängen.

Doch ähnlich wie bei anderen in verschiedenen Entwicklungsphasen typischerweise auftauchenden Phantasien, wie z.B. die Vorstellung von anderen Eltern abzustammen, wie z.B. als verheimlichte Abstammung aus einem Königshaus etc., symbolisieren solche Phantasien **emotionale Bedürfnisse nach Achtung** und geben Auskunft über **Ideal- und Realselbst** von Kindern. Solche „Happy-End“-Phantasien aus Angst vor notwendiger Trauer und Enttäuschung, wenn häufig bittere Realität wahrgenommen wird, können durchaus auch für erfahrene Berater beängstigend sein. Allerdings müssen gerade große Diskrepanzen zwischen Idealvorstellungen und Realitäten wahrgenommen werden und eventuell auch als Ursache für manifeste Abwehrvorgänge oder geglückte Copingleistungen im Umgang mit Konflikten berücksichtigt werden.

Die scheinbare emotionale Unengagiertheit, mit der sich Kinder teilweise mit ihrem Schicksal arrangieren oder sich in bestehende Verhältnisse fügen oder sich wegen eines Loyalitätskonfliktes überhaupt nicht äußern wollen, resultiert nicht selten aus der starken emotionalen Besetzung jener Wunsch- und Phantasiewelten. Diese werden zuweilen aber auch von den betroffenen Kindern als unrealistisch erkannt. 101

Praxistipp

▶ *Nur wenn es helfenden Erwachsenen gelingt, auch zu dieser emotionalen Welt einen Zugang zu finden, kann eine realistische Willensbildung unter Einbezug von Trauer und emotionaler Verarbeitung gelingen.*

Solcherart beschriebene Phantasien müssen von anders gearteten Phänomenen unterschieden werden. Ein Charakteristikum der beschriebenen Phantasien ist, dass sich Kinder über deren Irrealität weitgehend bewusst sind. **Andere Phänomene**, die bisweilen als Phantasiegeschichten bezeichnet werden, haben eine andere psycho- 102

27 GEV-B, Gloger-Tippelt & König, 2008.

pathologische Natur und müssen deshalb auch in Entscheidungsprozessen deutlich anders bewertet werden.

Dies gilt insbesondere für die Extremform der so genannten *Pseudologia phantastica* (siehe auch Rn. 129), einem Phänomen, bei welchem Kinder in einer besonderen emotionalen Problematik bei diagnostizierbar niedrigem Selbstwert gerade in Situationen sozialer Beachtung ständig neue z.T. auch widersprüchliche Geschichten erzählen, die sie in einem besonderen Lichte erscheinen lassen sollen. Eine solche Pseudologie weckt in der Gleichaltrigengruppe und auch bei Erwachsenen zunächst vielleicht starkes Interesse und auch Anteilnahme und Mitleid, je mehr dann aber Widersprüche auftreten und ständig immer weiter besondere Ereignisse sich auftun, desto mehr distanzieren sich die Adressaten von den betroffenen Kindern. Dies führt nur zu einer neuen Welle noch absurderer Phantasiegeschichten.

Eine solche Problematik tritt nicht selten bei schwer im Selbstwert gekränkten traumatisierten Kindern auf, die von ihren Peinigern häufig über längere Zeit auch aktiv zum **Lügen** angehalten wurden. Dies führt dazu, dass solchen Kindern, die ständig irgendwelche so genannten „Phantasiegeschichten" erzählen, auch nicht geglaubt wird, wenn sie einmal die **Wahrheit** sagen. Das Phänomen der phantastischen Pseudologie ist kein Alltagsphänomen, sondern Ausdruck deutlich **behandlungsbedürftiger Psychopathologie**.

103 Bisweilen wird auch geschildert, dass die Phantasien eines Kindes immer wieder um traumatische Ereignisse kreisen und dass sich solche Gedanken kaum eindämmen oder abschütteln lassen. Hierbei handelt es sich häufig um so genannte **„Flashback"-Erinnerungen,** die für posttraumatische Belastungsreaktionen typisch sind. Es sind nicht Phantasien, sondern die immer gleichen Erinnerungen an massive Auseinandersetzungen oder andere traumatische Ereignisse, die solche Kinder belasten. Die Kinder erleben solche Erinnerungen als Kontrollverlust, da sie ihr emotional überflutendes Auftreten nicht oder nicht hinreichend steuern können und sich damit diesen Eindrücken ausgeliefert sehen.

104 ***Praxistipp***

▶ *Insgesamt ist es also bei der Ermittlung des Kindeswillens wichtig, auf Phantasien von Kindern einzugehen und übliche alters- und situationsadäquate Phantasien und Tagträume von expliziten psychopathologischen Phänomenen zu unterscheiden.*

Gerade die Beschreibung einer entsprechenden Phantasiewelt mag manches Verhalten in der Gerichtsverhandlung für alle Verfahrensbeteiligten verstehbarer machen. Gerade weil die einzelnen Phantasiegeschichten uns direkt emotional anrühren, haben sie ihren Platz auch in der scheinbar sachlichen, gerichtlichen Erörterung, weil sie dazu führen können, dass der Persönlichkeit des Kindes deutlich Rechnung getragen wird.

105 **Wunschproben und Satzergänzungstests** gehören mit zu den ältesten und weitverbreitetsten projektiven Verfahren, die häufig auch ohne psychodynamischen Hintergrund als Explorationsergänzung eingesetzt werden. Im tiefenpsychologisch-psychotherapeutischen Kontext geben sie nicht nur Aufschluss über Phantasien und Herangehensweisen an Problemsituationen, sondern sie geben Einblick in spezifische Persönlichkeitsbereiche. Züge wie z.B. Gier oder die Unfähigkeit zuzugreifen, wenn man doch wünschen kann, zeigen sich ebenso wie der Wunsch, Optionen festzuhalten etc.

Klosinski (1997) hat darauf hingewiesen, dass die klassische Form der Wunschprobe (drei Wünsche) für viele Kinder in Entscheidungsdilemmata eine Belastung darstellt. Er empfiehlt deshalb eine ausführlichere Form mit zehn Wünschen, die sich gerade in belastenden Entscheidungssituationen bei der projektiven Explorationsergänzung in der Praxis sehr bewährt hat.

III. Loyalität und Kindeswille

Verfahrensbeistände sollten bestehende Loyalitäten und in manchen Fällen vorhandene Loyalitätskonflikte eines Kindes erkennen. Auf diese Weise sind sie besser in der Lage, den geäußerten Willen des Kindes vor dem Hintergrund seiner bedeutsamen Beziehungen bzw. Bindungen einzuordnen und zu verstehen. **106**

Der Begriff Loyalität leitet sich vom französischen Wort „*loi*" (Gesetz) ab und bezeichnet im engen Sinne Gesetzestreue. Die Bedeutung von Loyalität geht jedoch weit über das bloße Einhalten oder Respektieren von Gesetzen hinaus. Die Besonderheit liegt in der ethischen Komponente, in der inneren Verpflichtung gegenüber denen, die diese Gesetze oder Regeln verkörpern. Loyalität beschreibt somit ein verpflichtendes Band, ein verinnerlichtes Treuegebot zwischen zwei Menschen, aber auch von Einzelpersonen gegenüber Gruppen wie z.B. (Teil-)Familien, Parteien, kulturellen oder religiösen Gemeinschaften oder dem Staat.

Loyalitäten führen zu erwartbaren Handlungen. Sie erhöhen die Vorhersagbarkeit und Zuverlässigkeit von Geschehensabläufen, schaffen Sicherheit und stehen im Dienst einer inneren Ordnung der menschlichen Welt. Loyalität appelliert an das Pflichtbewusstsein und an den Sinn für Fairness und Gerechtigkeit. Loyales Verhalten wird mit Anerkennung und Bestätigung der Zugehörigkeit belohnt. Die Nichterfüllung von Verpflichtungen – **Illoyalität** – führt zu Unwohlsein und Schuldgefühlen. Weitere Folgen können Sanktionen sein, bis hin zur Ausstoßung aus dem loyal miteinander verbundenen Gruppenverband.

1. Loyalität in Familien

Unter dem Stichwort der „unsichtbaren Bindungen" (*Invisible Loyalties*) hat *Boszormenyi-Nagy* das generationenübergreifende Loyalitätsprinzip in Familien und anderen sozialen Gruppen herausgearbeitet: **107**

> „Das Loyalitätsprinzip ist eine grundlegende Voraussetzung für das Verständnis der Moral, das heißt der tiefer liegenden Beziehungsstruktur von Familien und anderen sozialen Gruppen. (...) Loyalitätsbindungen gleichen unsichtbaren, aber starken Fasern, welche die komplizierten Teilchen des Beziehungs-‚Verhaltens' in Familien wie auch in der Gesellschaft zusammenhalten. Um die Funktionen einer Gruppe zu verstehen,

muss man vor allem wissen, wer mit wem durch Loyalität verbunden ist und was Loyalität für die so Verbundenen bedeutet."[28]

108 Ein großer Teil der in den Familien herrschenden ungeschriebenen Gesetze – alles das, was in einer Situation gesagt oder verschwiegen, getan oder unterlassen werden soll – wird **unbewusst** vermittelt und ist für den Außenstehenden nur schwer einsichtig. Familiäre Regeln werden häufig über Generationen weitergegeben. Neu hinzukommende Mitglieder können durch Modifikationen des Regelwerks in den Loyalitätsverband integriert werden. Selbst dort, wo sich ein Familienmitglied typischerweise weigert, bestehende Regeln einzuhalten, kann diese Haltung zu einer regelhaften Erwartung führen. Ein Beispiel hierfür ist die Rolle eines Familienmitglieds als Sündenbock, dessen Loyalität sich in der regelmäßigen Missachtung von Verhaltensstandards zeigt.

109 Aufgrund ihres angeborenen **Bedürfnisses nach Bindung und Zugehörigkeit** sind Kinder gerne bereit, bestehende Familienregeln wahrzunehmen, diese zu internalisieren und sich loyal gegenüber den ihnen nahe stehenden Personen zu verhalten. Sie lernen früh zu erkennen, was von ihnen erwartet wird, und richten ihr Verhalten darauf aus. Das im Alltag immer wieder geübte loyale Verhalten wird durch ein System wechselseitiger Bestätigung in Gang gehalten und verstärkt. Als Lohn winken Anerkennung, Schutz und Trost. Der Preis für illoyales Verhalten sind Missbilligung, Ausgrenzung und Strafe.

110 Individuelle Unterschiede ergeben sich durch die unterschiedliche **Qualität von Loyalitätsbeziehungen** zwischen Eltern und Kindern.

An dem einen Ende eines Kontinuums stehen rigide elterliche Verhaltenserwartungen, die dem loyal sich verhaltenden Kind keinen Raum für eigene Gestaltung offenlassen. Von dem Kind wird das Ausfüllen einer Rolle verlangt, die durch starre Vorgaben und undurchlässige Grenzen bestimmt ist. Eltern haben in diesem Fall unverrückbare Vorstellungen davon, wie ihr Kind sein soll, und versuchen, es ganz nach ihrem Bilde zu formen und zu beeinflussen.

Am anderen Ende des Kontinuums stehen Eltern, die an das Verhalten ihres Kindes unklare, wechselnde und unvorhersehbare Erwartungen knüpfen. Rollendiffusität, unklare Grenzziehung und starke Ambivalenzen kennzeichnen diese Haltung. Sich den Eltern gegenüber loyal zu verhalten, bedeutet hier für das Kind, stets auf der Hut zu sein und sich den je nach Stimmung wechselnden Erwartungen der Eltern anzupassen.

In einem **Mittelbereich** zwischen diesen beiden Extremen bewegen sich elterliche Erwartungen, bei denen Klarheit mit situationsangemessener Flexibilität verbunden ist. In diesen Familien gibt es Regeln, die aber veränderbar sind, wenn die Umstände es erfordern. Den Kindern wird die Botschaft vermittelt, sich auf bewährte Verhaltensweisen verlassen zu können und zugleich einen ausreichenden Spielraum für die Ausgestaltung eines eigenen altersangemessenen Verantwortungsbereichs zu besitzen. Loyalität kombiniert in diesem Fall eine Sicherheit gebende Zuverlässigkeit

---

28 Boszormenyi-Nagy/Spark 1981, S. 66.

mit der für die Bewältigung neuer Situationen notwendigen Offenheit. Erziehungsziele in diesem für Kinder förderlichen Mittelbereich sind Rollenklarheit, Balancierung unterschiedlicher Erwartungen, Konfliktfähigkeit, Toleranz und Respekt vor den Unterschieden zwischen Menschen.

2. Loyalitätskonflikte

Aus Sicht des Kindes bestehen in der Familie **gleichzeitig mehrere Loyalitäten**: zur leiblichen Mutter und zum leiblichen Vater, zu eventuell existierenden Geschwistern, zu den Großeltern, eventuell zu Stief-, Pflege- bzw. Adoptiveltern oder -geschwistern, zu anderen in der Familie bedeutsamen Personen, zu familiären Subgruppen (z.B. zur mütterlichen und väterlichen Herkunftsfamilie) und zu der Familie als Ganzes. Jede Loyalitätsbeziehung ist für das Kind mit eigenen Regeln und Rollenerwartungen verbunden, die sich mehr oder weniger von den anderen unterscheiden. Feine Unterschiede, offene und verdeckte Differenzen, konkurrierende Erwartungen und Konflikte sind hier selbstverständlich. **111**

Loyalitätskonflikte – also das Nebeneinander unterschiedlicher Loyalitäten – sind für Kinder **nicht per se schädigend**. Solange diese ein bestimmtes Ausmaß nicht überschreiten, gehören sie zu den normalen Lebenserfahrungen, die sogar Reifung fördernd sind. Wenn beispielsweise Mutter und Vater in ähnlichen Situationen unterschiedliche Erwartungen haben, lernt das Kind zu differenzieren und Alternativen zu akzeptieren, aus denen es auf je eigene Weise Gewinn ziehen kann. Eine kritische Schwelle wird dann erreicht, wenn die Parallelität unterschiedlicher Regelanforderungen im Sinne eines „Sowohl-als-auch" in ein „Entweder-oder" umschlägt. Sobald Konkurrenz zur Rivalität wird, in der kein Platz mehr für die Regeln des anderen bleibt (der andere also frontal bekämpft wird), können Loyalitätskonflikte für Kinder mit schädigenden Folgen verbunden sein. **112**

Klassische Konstellationen für Loyalitätskonflikte mit möglichem negativem Ausgang sind der **Scheidungskampf** auf dem Rücken des Kindes und die Rivalität zwischen leiblichem Elternteil und Stiefelternteil bzw. zwischen leiblicher **Familie und Pflege- oder Adoptivfamilie**. Gemeinsam ist diesen Konflikten, dass sich ein Kind mehreren Erwachsenen loyal verbunden fühlt, diese Erwachsenen in Konflikt miteinander geraten und versuchen, die Loyalität des Kindes im Kampf gegen den oder die anderen Erwachsenen auszunutzen. **113**

Die **Folgen** für das Kind, das dadurch regelmäßig in Konflikt mit einem Teil seiner Gefühlswelt gebracht wird, können gravierend sein. Viele Kinder neigen dazu – manchmal bis zur Selbstverleugnung –, sich den jeweils wechselnden Erwartungen anzupassen, um es auf diese Weise so weit wie möglich „allen recht zu machen". Der Preis, den sie dafür bezahlen, zeigt sich in Zurückgezogenheit und depressiver Gereiztheit, in starken Selbstzweifeln oder psychosomatischen Beschwerden. Andere Kinder tendieren dazu, den inneren Konflikt zu externalisieren und durch erhöhte Aggressivität, Schulverweigerung u.Ä. sozial auffällig zu werden. **114**

Da Loyalität ein interaktionales Geschehen darstellt und im Zusammenspiel zwischen zwei und mehr Partnern entsteht, hängt die subjektiv empfundene Intensität einer Verpflichtung ebenfalls von mindestens zwei Personen – Sender und Empfänger – ab. In Bezug auf Kinder ist dies insofern von Bedeutung, als diese eine starke loyale Verbundenheit zu einer Person empfinden können, auch ohne, dass eine entsprechende Verhaltenserwartung immer wieder erneuert wird. Dies ist häufig der Fall bei einem abwesenden (z.B. verstorbenen) Elternteil, dem sich das Kind besonders verbunden fühlt. Das Loyalitätsempfinden verhindert dann, dass sich das Kind unbefangen auf neue Beziehungen einlassen kann.

115 Ein spezieller Fall des Loyalitätskonflikts liegt bei der so genannten **Double-Bind-Situation** vor. Hier werden dem Kind widersprüchliche, sich gegenseitig ausschließende Botschaften von einer (Eltern-)Person vermittelt. Viele hochambivalente Beziehungen sind durch Double-Bind-Situationen geprägt, die auch als Beziehungsfallen bezeichnet werden.

Ein Beispiel für eine solche doppelte Botschaft ist, wenn ein Elternteil einerseits durch starke Ablehnung und Missbilligung des Verhaltens dem Kind signalisiert, nicht erwünscht zu sein, andererseits aber das Kind an sich klammert durch Vermittlung der Botschaft, schwer zu leiden oder sogar krank zu werden, sobald es sich anderen Menschen zuwendet. Da das Kind nicht zugleich beide Verhaltenserwartungen (den Elternteil zu verlassen und ihm zugleich als Stütze zu dienen) erfüllen kann, handelt es sich hier um eine schwerwiegende Beziehungsstörung, die das Kind in seiner seelischen Entwicklung massiv gefährden kann.[29]

3. Loyalität und Kindeswille

116 Loyales Verhalten von Kindern gegenüber ihnen nahestehenden Personen aus Vergangenheit und Gegenwart gehört zu den normalen Verhaltensweisen, die es zu respektieren und zu schützen gilt. Das Erkennen von Loyalitätsbeziehungen gibt wichtige Hinweise auf die Position des Kindes in der Familie und auf seine Beziehung (Nähe und Distanz, Intensität und Qualität) zu den einzelnen Familienmitgliedern bzw. Teilfamilien. Rigide oder widersprüchliche Verhaltenserwartungen sowie die Instrumentalisierung loyalen Verhaltens gegen andere für das Kind wichtige Personen dagegen bergen erhebliche Entwicklungsrisiken und gefährden das Kindeswohl.

Im Einzelfall gilt es zu unterscheiden – unter Umständen mit Unterstützung von psychologisch geschulten Fachkräften –, wo es sich um Loyalitätsbeziehungen handelt, die für das Kind eine wichtige **Ressource** darstellen, und wo andererseits ein Kind unter dem **Druck** von Loyalitätskonflikten leidet und Entlastung benötigt.

117 **Entlastung** gelingt am einfachsten **durch wechselseitige Wertschätzung** aller Personen, denen sich das Kind loyal verbunden fühlt. In einem zweiten Schritt kann dann versucht werden, das Kind aus einer übergroßen Loyalitätsverpflichtung (z.B. zu seiner Herkunftsfamilie) zu entbinden und ihm dadurch die Chance zu geben, sich an dem neuen Ort (z.B. in einer Pflegefamilie) einzuleben und Fuß zu fassen. In manchen Fällen – besonders wenn es sich um unverarbeitete Verlusterfahrungen oder

29 Watzlawik 1969, S. 195.

um widersprüchliche, das Kind verwirrende Verhaltenserwartungen handelt – kann eine therapeutische Unterstützung notwendig sein.

Loyalitäten haben Einfluss auf die **kindliche Willensbildung**. Das, was Kinder wollen, wird beeinflusst durch ihre Verbundenheit zu anderen Personen und durch Gefühle von Verpflichtung diesen für sie bedeutsamen Menschen gegenüber. Hier zeigt sich die generelle **Kontextabhängigkeit** des menschlichen Willens (was im Übrigen für Kinder und für Erwachsene gilt). Im Umkehrschluss bedeutet dies, dass wir uns von der Vorstellung eines vollständig unabhängigen (autonomen) Willens verabschieden müssen. **118**

Was „**freier Wille**“ genannt wird, entpuppt sich bei näherem Hinsehen als mehrschichtige Konstruktion des Individuums auf der Basis seiner bisher gemachten Erfahrungen.

Dies bedeutet allerdings nicht, dass wir den Begriff des freien Willens gänzlich aufgeben müssen. Entscheidend ist, dass Willensäußerungen immer eine aktive Leistung des Subjekts voraussetzen und daher keineswegs aus den kontextuellen Einflüssen allein erklärbar sind. Kinder haben gemäß Art. 12 UN-KRK das Recht, ihre Sichtweise zu äußern, gehört zu werden und dass ihre Meinung reife- und altersgemäß berücksichtigt wird. Dem geäußerten Willen eines Kindes kommt daher – unabhängig von dessen Beeinflussung im Rahmen von Loyalitätsbeziehungen – eine hohe Bedeutung bei der Bestimmung des Kindeswohls zu (siehe auch Teil 1/*Salgo*, Rn. 58 ff. und Teil 3/*Nordstern*, Rn. 7 ff.).

IV. Suggestibilität, Beeinflussung und induzierte kindliche Äußerungen

1. „Gehirnwäsche“, „Programmierung“, „Mutter-Kind-Entfremdung“, „PAS“

Angebliche und reale Beeinflussung und Fragen der Beeinflussbarkeit von Kindern spielen in vielen zugespitzten Sorgerechtsauseinandersetzungen und vor allem in Umgangsfragen eine Rolle. Allerdings bestehen **Zweifel**, ob Kinder à la longue tatsächlich die negative Meinung eines Elternteils über den anderen übernehmen. *Wallerstein*[30] bzw. *Wallerstein* und *Lewis* (1998) berichten aus ihrer 25-Jahre-Katamnese über Scheidungskinder, dass Kinder, vor allem im jüngeren Alter, zuweilen Partei für eine Seite ergriffen, und zwar meistens für die, um die sie sich am meisten Sorgen machten bzw. die sie am meisten bemitleideten. Keine dieser Allianzen hätte die mittlere Adoleszenz überdauert. Die meisten Kinder hätten ihre Einschätzung über die Eltern auf der Grundlage eigener Beobachtungen revidiert. **119**

> „Es gibt keinen Beleg in unserer Studie, dass eine elterliche Stimme das Denken des Kindes auf Dauer völlig dominieren könnte:“[31]

30 FamRZ 2001, 65 ff.
31 Wallerstein 2000, S. 10.

Zimmermann et al. beschreiben in ihrem Artikel „Verdorbener Wein in neuen Schläuchen“[32] zum Thema allzu vereinfachter Vorstellungen von „Eltern-Kind-Entfremdung“, dass

> „aus dem Naturrecht stammende gesetzliche Vermutungen, wie es sie zur Vaterschaft ehelich geborener Kinder (§ 1592 Ziffer 1 BGB) oder zur Kindeswohldienlichkeit des Kontakts zu beiden Elternteilen (§ 1626 Abs. 3 BGB) im Recht gibt“

nicht einfach in die Sozialwissenschaften übernommen werden können. Es gibt klare Zusammenhänge zwischen dem Engagement getrenntlebender Väter in Bezug auf ihre Kinder und deren Wohlergehen[33] und auch darüber, wie Elternteile den Zugang zum Kind kontrollieren.[34] Zimmermann et al. empfehlen **bessere Alternativen zu Begriffen wie Entfremdung oder Parental Alienation** wie z.B. die neutrale Beschreibung Eltern-Kind-Kontaktprobleme (*Johntson/Sullivan* 2020) oder das Vorgehen in den großen Klassifikationssystemen, in denen Stress in der Elternbeziehung als deskriptive Belastungssituation kodifiziert werden kann. Einstellungen von Elternteilen, die den Zugang zum Kind beeinflussen wollen, werden häufig mit dem Begriff „Gatekeeping“ bezeichnet; *Lux* et al. 2021 , *Walter* et al. 2020 führen mehrere Faktoren für solches „Gatekeeping“ an:

- mütterliche Einstellungen zum Geschlecht und zur Bedeutung von Vätern,
- mütterliche Zweifel an der Fürsorgefähigkeit und Zuverlässigkeit,
- Unsicherheiten und Ängste von Müttern in der Elternrolle.

Sie betonen aber, dass man in vielen Fällen mit ausgeprägtem mütterlichen „Gatekeeping“ „sowohl gut verborgene, aber reale Gefahren durch Umgang als auch stark verzerrte Wahrnehmungen“ vorfinden könne. Daher sei es unabdingbar, im Einzelfall solche Kontrollwünsche der Umgangssituation zuzuschreiben.

120 **Seit mehr als 30 Jahren** geistern Begrifflichkeiten wie Gehirnwäsche, Brainwashing oder Programmierung, PAS und Eltern-Kind-Entfremdung durch die familienrechtliche Literatur. Aktuell greifen z.B. *Baumann* et al. (2022, Teil 1 und 2) diese Begrifflichkeiten unhinterfragt auf. Sie definieren diese Dynamik als „sich sukzessive, steigernde Dynamik bis ein Kontakt des Kindes zu beiden Eltern nicht mehr möglich erscheint.“ Mit Bezug auf *Berens, Jensen* und *Nelson* (2017) behaupten sie, dass von sogenannter „Eltern-Kind-Entfremdung“ betroffene Kinder höhere Vulnerabilitäten für nahezu „das gesamte Spektrum von psychischen und Verhaltensauffälligkeiten aufweisen“. Tatsächlich empfehlen sie eine Eskalationstreppe staatlicher Interventionen die von der Anordnung zur Erfüllung der Wohlverhaltenspflicht (§ 1648 Abs. 3 Satz 2 BGB) über Umgangspflegschaft (§ 1648 Abs. 3 Satz 3 BGB) über die Umgangsbegleitung (§ 1648 Abs. 4 Satz 3 BGB) schließlich zum Obhutswechsel und Übertragung der Alleinsorge bei getrennt lebenden Eltern auf den umgangsbegehrenden Elternteil (§ 1671 BGB) führt. Mit Bezug auf das Urteil vom 29.10.2019 des Europäischen Gerichtshof für Menschenrechte wird ebenfalls postuliert, dass die „(vorübergehende)

32 ZKJ, 2023, 43.
33 Adamson/Johnson 2013, Amato/Gilbret 1999.
34 Ganong et al. 2016 zitiert nach Zimmermann et al. 2023.

Trennung des Kindes von beiden Eltern, als eine vertretbare Maßnahme erachtet" werden könne. Verschwörungstheoretische Annahmen wie Gehirnwäsche, Mind Control, Programmierung, welche sich z.B. auch in den Texten von in der Corona-Phase besonders aktiven Gruppierungen wie QAnon finden, werden hier unverändert als Ursache und Entstehungsmechanismus für ein so genanntes „Parental Alientation Syndrom" oder eine Eltern-Kind-Entfremdung angesehen. Verwiesen wird auf die einschlägigen Publikationen von *Gardner* 1992, *Kodjoe* und *Koeppel* 1998 und auf die besondere Rolle von *Jopt* und *Behrend* im deutschsprachigen Raum.[35]

In der Jurisdatenbank waren seit dem Jahr 2000 36 höchstrichterliche Entscheidungen zu finden, die ein PAS zum Gegenstand hatten; neun dieser Entscheidungen ergingen vom Europäischen Gerichtshof für Menschenrechte (*Baumann* 2022, Teil 1 und 2), seitdem und bis ins Jahr 2022 ließen sich in juris und beck-online allerdings lediglich vier weitere obergerichtliche Entscheidungen mit konkreter Befassung mit dem PAS finden. Bezugnahmen auf ein PAS in diesen Gerichtsentscheidungen finden sich in der Wiedergabe des **Parteienvortrages**, im vom Gericht eingeholten Gutachten, aber auch in den **Entscheidungsgründen**. Einige Gerichtsentscheidungen setzten sich kritisch mit der Frage des Vorliegens eines PAS in der Sache auseinander,[36] andere bauen ihre Begründung explizit auf PAS auf.[37] Allen Entscheidungen gemein ist, dass sie die Existenz dieses „Syndroms" nicht in Frage stellen. Das BVerfG hat das PAS mit Beschluss vom 17.11.2023 – 1 BvR 1076/23 als ein überkommenes und fachwissenschaftlich als widerlegt geltendes Konzept bezeichnet, das nicht als hinreichend tragfähige Grundlage für eine am Kindeswohl orientierte Entscheidung genüge.[38]

2013 hat die Amerikanische Fachgesellschaft APA (American Psychiatric Association), die das in Nordamerika geltende, in der Forschung meistverbreitete Klassifikationssystem DSM herausgibt, im Rahmen der Entscheidungen zu DSM-5 den Antrag von PAS-Befürwortern endgültig abgelehnt, „Parental Alienation" als diagnostizierbares, psychiatrisches Störungsbild aufzunehmen.[39] Nachdem *Bernet* (2011) zusammen mit 70 Co-Autor:innen aus Medizin, Psychologie, Sozialarbeit und Jurisprudenz in einem Sammelband den Eindruck erweckt hatten, dass PAS dringend in einen **Diagnosekatalog** aufgenommen werden müsste und *Andritzki* (2012) im Deutschen Ärzteblatt auch schon den medizinischen Störungsbegriff (Parental Alienation – keine geringfügige Störung) verwendet hatte, war diese definitive Entscheidung für Experten, die an das Konstrukt „glauben", offensichtlich eine große Enttäuschung.

Boch (2013) legte nun dar, dass zwar nicht das PAS im DSM-5 aufgenommen worden sei, aber erhebliche Trennungskonflikte etc. als belastende Merkmale doch jetzt klassifiziert werden könnten. PAS sei ja nur nicht aufgenommen worden, weil es an Daten fehle. *Klenner* (1995) spricht beschreibender von „Umgangsvereitelung", wobei diese neutralere Begriffswahl meines Erachtens den Vorteil hat, dass sie nicht ein

35 Jopt 2002, Behrend 2009.
36 Vgl. VerfG Bbg, Beschl. v. 12.12.2014 – VfGBbg 23/14, BeckRS 2015, 40011.
37 Exempl. OLG Koblenz, Beschl. v. 9.7.2008, FamRZ 2008, 1973.
38 BVerfG, FamRZ 2024, 278 = NZFam 2024, 220.
39 Vgl. Fegert, 2013a.

psychopathologisches Störungsbild unterstellt, welches quasi mit psychotherapeutischen Kompetenzen diagnostiziert werden müsse oder könne. Andererseits birgt die Formulierung die Gefahr, dass die unbewusste Natur vieler Loyalitätsprobleme und Ambivalenzen auch der Kindeseltern unter einer solch klar finalen Formulierung, die ein bewusstes Handeln unterstellt, plakativ zugedeckt wird.

121 Dies ist genau das zentrale Problem, denn für eine empirisch gestützte Klassifikation von Störungsbildern braucht es eine **empirische Datengrundlage**.[40] Es war sicher kein Zufall, dass sich schon 1998 in der Zeitschrift Child Maltreatment *Kathleen Coulborn Faller*, die sich viele Jahre mit Missbrauchsvorwürfen in Scheidungsverfahren auseinandergesetzt hat, mit dem PAS-Begründer *R.A. Gardner* beschäftigte. *Faller* versuchte Forschungsergebnisse zu einzelnen Teilkonstrukten, die sie in Gardners Beschreibung zu erkennen glaubte, darzustellen, um dann den Nutzen der Verwendung des PA-Syndrom-Begriffs im medizinischen und juristischen Kontext kritisch zu evaluieren. *Gardner* warf ihr vor, ihn weitgehend missverstanden zu haben. Sie habe sich mit Begrifflichkeiten auseinandergesetzt, die in seinem Werk nur eine marginale oder überhaupt keine Rolle spielten.[41]

122 Offensichtlich haben Experten, die sich wissenschaftlich mit sexuellen Missbrauchsvorwürfen in Sorgerechtsstreitigkeiten und Umgangsfragen befasst haben, auch etwas zur Debatte um das sogenannte „PAS" beizutragen.[42] Trotz zunehmender Bemühungen einer differenzierteren und kritischen Betrachtungsweise der praktischen Anwendbarkeit dieses Konstruktes[43] blieb lange Zeit zu befürchten, dass ähnlich wie diese Debatte in den USA, so auch in Europa ideologisch entgleist und zu vielen nicht mehr überwindbaren Polarisierungen führt und auch der „PAS"-Begriff wieder eine Einteilung in „Lager" mit sich bringen könnte.

Solche **Lagerbildungen** sind letztendlich nicht nur der Wissenschaft, sondern auch der Klärungs- und Befriedungsfunktion von Gutachten abträglich. Denkt man zurück an Debatten wie um den „Missbrauch mit dem Missbrauch" oder den Einsatz des Polygraphen in Missbrauchsfällen, so war jeweils eine Rückbesinnung auf Grundprinzipien der Epidemiologie und der Begutachtungsmethodik klärend und hilfreich.

Insofern liegt es nahe, sich im Kontext des „PAS" hier einmal näher mit **Fragen der Suggestibilität, Beeinflussung und Induktion** im klinisch-psychopathologischen Sinne auseinanderzusetzen.

2. Kindliche Zeugenaussagen: Suggestionseffekte

123 Die Debatte um den sexuellen Missbrauch an Kindern und die Verwertbarkeit von Kinderaussagen im forensischen Bereich hat in den letzten 25 Jahren zu einer gründ-

---

40 Fegert, 2013 b.

41 Gardner 1998, Faller 1998 a und b, The Parental Alienation Syndrome: What is it and what data support it?.

42 Vgl. die schon Mitte der 90er-Jahre über 100 Seiten umfassende kommentierte Bibliographie zu dieser Thematik von Deaton et al. 1995.

43 Vgl. Bond 2008, Kennedy 2009.

licheren **Erforschung** von Suggestionseffekten geführt,[44] doch schon *Stern* (1904) unterschied zwischen

- aktiver Suggestion als Handlung der einflussnehmenden Personen und
- passiver Suggestion als einen psychischen Zustand bei der beeinflussten Person.

Volbert (1997) beschreibt diesen Zustand passiver Suggestion als „Empfänglichkeit für Suggestionen“, die in gewisser Weise auf Bedürfnisbefriedigung ausgerichtet sei und von aktiv suggestiven Einflüssen unabhängig sein könne. Mit Bezug auf ältere Literatur,[45] nennt sie drei Arten von unerfüllten Bedürfnissen als **Grundlage passiver Suggestion**:

1. Affektive Bedürfnisse (Mangel an Liebe, Vertrauen, Sicherheit, Selbstwertgefühl),
2. Kognitive Bedürfnisse (Mangel an Erinnerung, Wissen, logischem Denken und Verständnis),
3. Strukturelle Bedürfnisse (ungenügende Klarheit der Situation).

In Bezug auf kindliche Zeugenaussagen stellte die in dem von *Doris* 1991 herausgegebenen Buch geführte Debatte über Beeinträchtigungen von **Gedächtnisleistungen** einen wichtigen Meilenstein dar. Umstritten blieb allerdings, ob Kinder und hier insbesondere Vorschulkinder besonders stark durch suggestiv eingebrachte falsche Informationen zu falschen Erinnerungen und Falschaussagen verleitet werden können. Die Widersprüche zwischen den experimentellen Ergebnissen von *Ceci et al.* (1987) und *Zaragoza* (1987) blieben umstritten. *Zaragoza* (1991) blieb auf der Basis der Untersuchung von über 260 Vorschulkindern der Meinung, dass sie keine spezifischen Faktoren herausfinden konnte, welche Erinnerungsfehler prädizierten. *Steller* (1991) schlug im selben Band vor, sich eher von der Frage der Suggestibilität als Persönlichkeitszug zu entfernen und sich mehr mit der deutschen Tradition der **Aussagepsychologie** zu beschäftigen, d.h. eben nicht individuelle Unterschiede zwischen Kindern zu suchen, die erhöhte Suggestibilität vermuten lassen, sondern relevante motivationale und Kontextvariablen im Interview und in der Entstehung von Aussagen stärker in den Blick zu nehmen. 124

In vielen experimentellen Untersuchungen spielten spezifische und unspezifische Fehlinformationen, welche Kindern gegeben wurden, eine Rolle. *Volbert* (1997) resümiert diese Experimente folgendermaßen: 125

> „Zusammengefasst kann festgestellt werden, dass Fehlinformationen häufig ohne Effekt bleiben, wenn sie wirksam werden, können sie Aussagen aber erheblich verändern. Von daher können auf der Basis derselben Daten zwei gegensätzliche Argumentationen erfolgen: Man kann sowohl belegen, dass Suggestionen in Kinderaussagen ein sehr ernst zu nehmendes Problem sind (da sie sich auch auf Aussagen über Sachverhalte beziehen, die im tatsächlichen Leben möglicherweise Aktivitäten von Ermittlungsbehörden, Jugendämtern oder Familiengerichten ausgelöst hätten); es lässt sich aber auch argumentieren, dass Aussageveränderungen durch suggestive Einflussnahmen seltenere Ereignisse sind, da sie nur bei sehr wenigen kindlichen Versuchspersonen zu beobachten waren. Aussageveränderungen durch suggestive Ein-

44 Für einen ausführlichen Überblick siehe Volbert und Steller 2004.
45 Z.B. Gheorghiu 1989.

flussnahmen finden sich sowohl für Teilaspekte eines tatsächlich erlebten Ereignisses sowie für überhaupt nicht erlebte Geschehnisse."[46]

126 *Ceci* (1993) bestätigte *Stellers* Annahme, indem er zeigen konnte, dass auch die suggestive Beeinflussung von Interviewern, ohne dass direkt im Experiment suggestiv auf die Kinder eingewirkt wurde, zur Aussageveränderung führen konnte. *Fegert* (1995) hat eine phänomenologische Beschreibung von Verfälschungsgründen in der Gutachtensituation vorgelegt. Ausgehend von den üblichen Kriterien in hypothesenüberprüfenden Verfahren werden Möglichkeiten der Übereinstimmung bzw. Nichtübereinstimmung von **Aussage und Wirklichkeit** diskutiert.

3. Kindliche Zeugenaussagen: falschnegative und falschpositive Einschätzungen

127 **Richtige Befunde:** Die Äußerungen des Kindes werden vom Gutachter als wahrheitsgemäß angesehen und decken sich tatsächlich mit der Wirklichkeit. Diese Übereinstimmung kann sowohl Ergebnis gründlicher Untersuchungsmethodik wie auch ein Zufallstreffer sein.

Als **Falschnegative** bezeichnet man Befunde, bei denen man zu dem Schluss kommt, es sei nichts vorgefallen, tatsächlich ist aber etwas vorgefallen. **Falschpositiv** wären z.B. die dargelegten Suggestionsbefunde, d.h., real ist nichts vorgefallen, aber Suggestionseffekte oder andere Effekte führen dazu, dass bei der Bewertung von Kinderaussagen von realen Vorfällen ausgegangen wird.

128 *Fegert* (1997) nennt gezieltes Schweigen, häufig bedingt durch große Angst der Kinder, sich mitzuteilen, häufig bedingt durch vorangegangene negative Erfahrungen oder Enttäuschung bei Mitteilungsversuchen, als **Ursache für falschnegative Ergebnisse** bei der Wahrnehmung kindlicher Traumatisierung. Auch unbewusste Phänomene wie Verdrängung, Bagatellisieren etc. können psychopathologisch zu falschnegativen Beurteilungen führen. Kinder- und jugendpsychiatrische Störungsbilder wie der Mutismus oder andere Formen der Kommunikationsstörung können ebenfalls die Folge haben, dass die tatsächlichen Verhältnisse nicht erhoben werden können.

129 **Ursachen** bei Kindern **für falschpositive Bewertungen** durch Erwachsene liegen in gezielten Falschaussagen oder Lügen, wobei festgestellt werden muss, dass bei gesteigertem Befragungsdruck durch Erwachsene die Konfabulationsneigung von Kindern steigen kann. *Bernett* (1993) beschreibt verschiedene Phänomene, die zu sogenannten Falschaussagen führen. Er nennt Phantasietätigkeit, Täuschungsphänomene, Trugwahrnehmungen, Konfabulation und Pseudologia phantastica (siehe Rn. 102), wahnhafte Phänomene etc.

Psychopathologisch wichtig erscheint dabei, zu differenzieren, dass Phantasietätigkeit und wahnhafte Phänomene bei explizit psychopathologischen Problemen, z.B. im Zusammenhang mit einer Schizophrenie, nicht interaktiv sind, sondern in der Person des betroffenen Kindes oder Jugendlichen anzusiedeln sind, während das Konfabulieren oder gar die Pseudologie die Interaktion und Kommunikation mit anderen

46 Volbert 1997, S. 153.

bedingt. Hierin liegt offensichtlich eine wesentliche Unterscheidung zwischen interaktionell induzierten Phänomenen und intrapsychischen Vorgängen.

Allerdings reicht es nicht allein, Kinder und Jugendliche im Hinblick auf Verfälschungsgründe zu betrachten, vielmehr sind solche Möglichkeiten der **Nichtwahrnehmung** bzw. der **Überbewertung** auch bei Eltern, erwachsenen Bezugspersonen und Professionellen wie Lehrern, Sozialarbeitern, Ärzten, Psychologen, Verfahrensbeiständen, Anwälten etc. zu beobachten. Manipulative Tendenzen wie Übertreiben oder Abwiegeln können hier genauso eine Rolle spielen wie die Fehlinterpretation eigentlich verständlichen kindlichen Verhaltens und insbesondere die unzulässige kausale Zuordnung für bestimmte Verhaltensfolgen auf die Umgangssituation. **130**

4. Wissenschaftlich fragwürdige Begriffsbestimmungen – fragwürdige Sorgerechts- und Umgangsentscheidungen

Schon 1988 behauptete *Hechler* für die amerikanischen Verhältnisse ein „Sexual Abuse Syndrome“ habe sich in ein „Sexual Accuse Syndrome“ vor allem in Sorgerechts- und Umgangsfragen verwandelt. Der **Missbrauchsvorwurf** sei zur taktischen Waffe geworden. *Fegert* (1997) stellt in Bezug auf eine eigene Stichprobe und auf die Stichprobe von *Deberding* und *Klosinski* (1995) allerdings kritisch fest, dass diese pointierte Formulierung von einem „Sexual Accuse Syndrome“ als generalisierte Unterstellung sicher zu weit gehe. Allerdings war schon sehr früh[47] die damals in den USA verbreitete Annahme eines so genannten Verhaltenssyndroms des sexuellen Missbrauchs oder *„Sexual Abuse Syndrome“* auf nachhaltige Kritik gestoßen, weil es keine empirischen Befunde dafür gab, dass es sich wirklich um einen stabilen Symptomkomplex handele, welcher die regelmäßige interraterreliable zuverlässige Diagnostik sexuell missbrauchter Kinder aus der Analyse von Verhaltenssymptomen ermögliche. **131**

Die jüngere Debatte um sexuellen Missbrauch in Institutionen und Familie zeigte mit der Auswertung des bislang weltweit größten Datensatzes der Anlaufstelle der Unabhängigen Beauftragten der Bundesregierung, *Dr. Christine Bergmann,*[48] wie vielfältig und unterschiedlich die kurz-, mittel- und langfristigen Folgen sexuellen Missbrauchs für Betroffene sein können. Vielen Betroffenen war nicht geglaubt worden. Häufig war unterstellt worden, dass ihnen das eingeredet worden sei etc.

Die **Unterstellung**, etwas sei nicht wirklich erlebt worden, sei eingeredet worden, ist eine Argumentation, die viele betroffene Kinder sprachlos gemacht hat und die ihre sprachlichen Äußerungen und anderen Willensäußerungen komplett negiert. **132**

Das so genannte „Parental Alienation Syndrome“ („PAS“) ist hier nur die Spitze eines Eisbergs und Begrifflichkeiten wie die so genannte „Umgangsvereitelung“ (*Klenner*, 1995) führen zur **Polarisierung in der Fachwelt**, welche wiederum zu erzieherisch oder didaktisch gemeinten gerichtlichen Entscheidungen führen, die häufig nicht nur an den Interessen und Bedürfnissen von Kindern vorbeigehen, sondern oft auch die

47 Vgl. Fegert 1987.
48 Rassenhofer et al., 2013; Fegert et al., 2013.

reale Gefahr für z.B. von häuslicher Gewalt betroffene Familienmitglieder übersehen, denen vom Familiengericht auch unter dem Stichwort „Bindungstoleranz“ auferlegt wird, Umgang mit einem gewalttätigen Familienmitglied zu dulden. Dies steht in klarem „Widerspruch zum Grundgesetz, zur UN-Kinderechtskonvention, zur Istanbul-Konvention und zum Kinder- und Jugendhilfegesetz“.[49] Nach einem aktuellen Bericht von GREVIO, dem Expertengremium des Europarats, das die Umsetzung der Istanbul-Konvention überwacht,

> „steht die Verharmlosung von häuslicher Gewalt in familiengerichtlichen Verfahren in engem Zusammenhang mit der zunehmenden Verwendung des Konzepts der ‚Parental Alienation', mit dem versucht wird, die Glaubwürdigkeit der vom Kind geäußerten Ängste vor dem Umgang mit dem gewaltausübenden Elternteil zu untergraben.“[50]

133 Der in der klinisch-psychiatrischen Literatur – überhaupt in der Medizin – klar umschriebene **Syndrombegriff** trifft wohl auch wenig auf den hier gemeinten Gegenstand zu.[51] Deshalb haben manche erfahrenen psychologischen Gutachter, z.B. *Salzgeber* und *Stadler* (1998) oder *Gerth* (1998), „PAS“ und das entsprechende Vokabular „Programmierender Elternteil“, „Gehirnwäsche“ etc. als unzulässige **Vereinfachung** und unbewiesene Unterstellung, ja gar als „Allheilmittel“ oder „psychologisch verbrämte Keule“[52] oder „Superkriterium“[53] bezeichnet. Offensichtlich soll der Syndrombegriff der eher trocken deskriptiven Kategorie der „Umgangsvereitelung“ nun eine klinische Relevanz und wissenschaftliche Aura geben. Und dies verfehlt nicht seine Wirkung, taugt es doch in hochstrittigen Sorge- und Umgangsverfahren immer mal wieder als vermeintlich wissenschaftlich fundierter Einwurf, dem aufenthaltsbestimmungsberechtigten Elternteil mangelnde Bindungstoleranz zu unterstellen und die Sache damit für sich zu entscheiden.

134 Auffallend ist aber, dass auch in der groß angelegten Übersicht von *Bernet* (2011) nach wie vor **wenig empirische Belege** für ein systematisch auftretendes Parental Alienation Syndrome zu finden sind. Die Literatur bleibt deskriptiv kasuistisch phänomenologisch und deutet Fälle aus der Sicht von Expertinnen und Experten, die von der Existenz eines Parental Alienation Syndromes überzeugt sind.

Als Therapie wird dann meist der Wechsel des Kindes in eine nicht „gehirnwaschende“ Beziehung bzw. in eine nicht induzierende Umgebung, d.h. meist zum anderen Elternteil, vorgeschlagen. Eine überzeugende empirische Evaluation dieses Lösungsansatzes liegt nicht vor. Dagegen wird nicht selten unter der Formulierung „Leuchtturmentscheidungen“ auf den einschlägigen Homepages von Organisationen der so genannten Väterbewegung auf entsprechende OLG-Entscheidungen hinge-

49 Vgl. auch die Studie von Hammer 2022: „Familienrecht in Deutschland – Eine Bestandsaufnahme“, S. 4, frei zugänglich unter https://www.familienrecht-in-deutschland.de/studie/ (Abruf am 12.9.2024).
50 BT-Drucks. 20/4562 v. 22.11.2022; GREVIO: 3rd General Report in GREVIO's activities, S. 46, https://is.gd/DK84Ge (Abruf am 12.9.2024).
51 Vgl. Kennedy 2009.
52 Salzgeber/Stadler 1998, S. 168.
53 Salzgeber/Stadler 1998, S. 170.

wiesen, wobei Einzelentscheidungen, in denen ein so genanntes „PAS“ in der Begründung direkt angeführt wurde, meist wörtlich zitiert werden.

So ist es offensichtlich gelungen, im **juristischen Schrifttum** in der familienrechtlichen Debatte eine rhetorische Figur einzuführen, die alle unangenehmen Affekte heftig geführter Umgangsauseinandersetzungen oder Sorgerechtsauseinandersetzungen aufgreift, sie zum Wesen einer meist mütterlichen Pathologie macht und die generelle Lösung in einer Entfernung aus der „Gehirnwäschesituation“ sieht, d.h., weitgehende Entscheidungen bis hin zum Sorgerechtsentzug vorschlägt.

Dass sich die obergerichtlichen Entscheidungen, die sich überhaupt mit dem PAS befasst haben, in den letzten knapp 10 Jahren deutlich dezimiert haben, lässt hoffen: In der Jurisdatenbank waren lediglich vier solcher Entscheidungen zu finden, die sich zwar mit dem PA-„Syndrom“ durch entsprechende Gutachtenäußerungen befassten, welches aber für die Urteilsfindung zumeist irrelevant war.[54] Auch die rechtswissenschaftliche Literatur setzt sich in den letzten Jahren zunehmend kritisch mit dem PAS auseinander und bescheinigt diesem Konstrukt Pseudowissenschaftlichkeit und „kindeswohlfernen Rigorismus“[55] sowie fehlende Evidenz und Wissenschaftlichkeit,[56] die in Sachverständigengutachten auch so darzulegen sei.[57]

Wegen der **weitreichenden Konsequenzen** einer solchen rhetorischen Floskel und nicht wegen der vorgelegten Befunde lohnt es sich dennoch im Kontext eines solchen Buches, sich näher mit der **Frage „PAS“** auseinanderzusetzen. Selbstverständlich bedeutet die Aufnahme dieses Schlagwortes in ein Handbuch gleichzeitig die Gefahr, einer nur scheinbar wissenschaftlichen Kategorisierung weitere akademische Anerkennung und Weihen zu geben. **135**

Hinweis

Deshalb sei aus kinder- und jugendpsychiatrischer und psychotherapeutischer Sicht hier noch einmal gesagt, dass im Gegensatz zu den in der internationalen Klassifikation der Erkrankungen (ICD-11) beschriebenen Störungsbildern und Syndromen das „PAS“ keine reliable evidence base hat, wie sie z.B. es von einigen einschlägigen Gruppen gefordert wird.

Die diesbezügliche Entscheidung des DSM-Kommittees[58] (siehe Rn. 120) zieht einen vorläufigen Schlussstrich, weil, wie selbst von Verfechtern des PAS-Begriffs vielleicht unfreiwillig zugegeben,[59] die empirische Grundlage fehlt.

Der Begriff „PAS“ wurde von dem Psychoanalytiker *Gardner* im Zusammenhang mit **136**
beschreibenden Darstellungen der Psychodynamik von Umgangsvereitelungen

54 Vgl. exempl. OVG Berlin-Brandenburg Urt. v. 3.5.2016, OVG 3 B 13/15, BeckRS 2016, 47956.
55 BVerfG, FamRZ 2024, 278 = NZFam 2024, 220; Staudinger/Coester, BGB 2020, § 1696 Rn 86.
56 Schäder, FamRZ 2019, 1672 ff.; Schnitzler/Arens/Klinkhammer, Münchener Anwaltshandbuch Familienrecht, 2020, Rn 249; Staudinger/Dürbeck, BGB, 2019, § 1684 Rn 54.
57 Heilmann, Praxiskommentar Kindschaftsrecht, 2020, § 163 FamFG Rn 55; Heuchemer, FuR 2017, 368 ff.
58 Vgl. Fegert, 2013a+b.
59 Boch, 2013.

quasi als theoretisches Modell eingeführt. *Gardner* verwendet diesen Begriff seit ca. Mitte der 80er Jahre des 20. Jahrhunderts, er wurde aber erst mit Erscheinen des Buches populär.[60] *Jopt* (1999) hat auf die z.T. unfruchtbare Empirie-Theorie-Debatte hingewiesen und unterstreicht die theoretische Bedeutung des „PAS"-Modells mit der zutreffenden Formulierung „Empirie ersetzt keine Theorie".[61] Demgegenüber verweist *Gardner* klar auf die Begrifflichkeiten der empirisch fundierten Klassifikation der WHO oder der amerikanischen psychiatrischen Vereinigung, indem er sein theoretisches Konstrukt *„Parental Alienation Syndrome" „a disorder"*, also ein Störungsbild nennt.[62] Diese Anspielung auf ein bei Psychoanalytikern eher unbeliebtes Kategoriensystem kann nur den Zweck haben, hier eine empirische Fundierung suggerieren zu wollen. Er definiert:

> „The parental alienation syndrome (PAS) is a disorder that arises primarily in the context of child-custody disputes. Its primary manifestation is the child's campaign of denigration against a parent, a campaign that has no justification. It results from the combination of a programming (brainwashing) parent's indoctrinations and the child's own contributions to the vilification of the target parent. When true parental abuse and/or neglect is present the child's animosity may be justified, and so the parental alienation syndrome explanation for the child's hostility is not applicable."

Das heißt, selbst der **Urheber der Begrifflichkeit** legt zunächst einmal nahe zu prüfen, ob es sich wirklich um suggerierte oder induzierte Vorwürfe handelt oder ob tatsächlich massive Belastungsfaktoren wie Vernachlässigung, Misshandlung oder Missbrauch die Beziehung geprägt haben. Für die letzteren Fälle verneint er eine mögliche Anwendung seines Terminus. Dies scheint eine entscheidende Feststellung zu sein, da in der deutschen Rechtsprechung und in manchen Literaturstellen der so genannte Missbrauchsvorwurf im Umgangsrechtsverfahren als Extremform des so genannten „PAS" und quasi als Taktik der Umgangsvereitelung dargestellt wird.

Syndrome werden in der klinischen Literatur „Symptomkomplexe" genannt, die gerade durch das gesetzmäßige gemeinsame Auftreten mehrerer Symptome diagnostiziert werden können. Deshalb ist es wichtig, aus *Gardners* Texten die Beschreibung einzelner Hinweissymptome, die den **Symptomkomplex** darstellen sollen, zu diskutieren. Als Symptome beschreibt er

- Verunglimpfung,
- vage absurde Erklärungen oder Rationalisierungen für die Herabsetzung des anderen Elternteils,
- Fehlen der sonst in solchen Konflikten typischen Ambivalenz der Kinder,
- reflexartige Unterstützungen des entfremdenden Elternteils im elterlichen Konflikt,

60 „The Parental Alienation Syndrome – A Guide for Mental Health and Legal Professionals", 1992, 2. Auflage 1998.

61 Vortrag vor der Katholischen Akademie Trier auf der Homepage der Väterinitiative.

62 Gardner, 1992.

- Abwesenheit von Schuldgefühlen wegen Grausamkeiten und/oder Ausbeutung des entfremdeten Elternteils,
- Ausbreitung der Feindseligkeit und Ablehnung auf Freunde oder die erweiterte Familie des entfremdeten Elternteils und
- der Rekurs auf entlehnte Szenarien.

5. „PAS“ und Kindeswille

137 Deutlich wird, dass die Annahme eines „PAS“ in einem solchen Sinne quasi die völlige Außerkraftsetzung des vom Kind dargelegten Kindeswillens bedeutet.

So entschied z.B. das OLG Zweibrücken[63]: Die Kinder litten

> „unter einer ausgeprägten psychischen Störung [...], die bereits Krankheitswert erreicht hat und in der Fachliteratur als so genanntes PAS (Parental Alienation Syndrome) bezeichnet wird.“

Vor diesem Hintergrund müsse davon ausgegangen werden, dass die Äußerung der Kinder, keinen Kontakt mit ihrem Vater zu wollen, manipuliert sei und nicht ihrem natürlichen Willen entspreche. Kinder werden so als Opfer eines Programmierungsprozesses, als Opfer einer Hirnwäsche dargestellt, so dass es nur logisch erscheint, dass auf ihre Äußerungen in diesem Kontext keine Rücksicht genommen werden kann.

Welche Gefahr in solchen Konzepten für tatsächlich stark betroffene und geängstigte Kinder lauert, kann jeder ermessen, der mit traumatisierten Kindern arbeitet. Auch verwundert, dass nicht die in Extremfällen durchaus **praktikable diagnostische Lösung**, nämlich die Verbringung des Kindes in ein relativ beeinflussungsarmes neutrales Umfeld zur Exploration der Beziehung zu beiden Elternteilen in einer stützenden entlastenden Umgebung diskutiert wird, sondern als Lösung dieser hochstrittigen Konflikte die Umplatzierung zum anderen Elternteil entgegen den Äußerungen der Kinder scheinbar das Allheilmittel darstellt.

So wurde z.B. 2012 vom OLG Hamm dem Kindesvater das Aufenthaltsbestimmungsrecht – bei ansonsten verbleibendem gemeinsamen Sorgerecht – für drei minderjährige Kinder u.a. aufgrund festgestellter fehlender Bindungstoleranz der Kindesmutter zugesprochen.[64] Ebenfalls 2012 erhielt der Vater eines 2004 geborenen Kindes, das seit der Trennung der Eltern 2005 nicht mehr mit ihm zusammenlebte, das alleinige Sorgerecht aufgrund der Erziehungsdefizite der Mutter, die u.a. mit fehlender Bindungstoleranz gegenüber dem Vater begründet wurden. Das Kind lebte danach allerdings in einer Kinder- und Jugendhilfeeinrichtung und der Vater wollte es zunächst auch nicht zu sich holen.[65]

138 Sicher müssen manche Entscheidungen orientiert am Kindeswohl auch über den artikulierten Kindeswillen in begründeter Form hinweggehen können. Doch bleibt der

---

63 OLG Zweibrücken v. 9.5.2005, 6 UF 4/05, FamRZ 2006, 144.
64 OLG Hamm, FamFR 2012, 454.
65 Brandenburgisches OLG, FamFR 2012, 284.

geäußerte Kindeswille ein konstitutiver Anteil des Kindeswohlbegriffs (siehe auch Rn. 145).[66] Es ist fragwürdig, ob aus Inhalten wie Ablehnung etc. monokausal auf „Gehirnwäsche" oder „Programmierung" zurückgeschlossen werden darf. Selbst die Annahme sozialer Erwünschtheit ist keine alles erklärende Generalhypothese.

Hinweis

Vielmehr müssen im Einzelfall die subjektive Befindlichkeit und die innere Logik von Kindesäußerungen beachtet und respektiert werden. Deshalb führt die letztendlich von der Heftigkeit der vielmehr ideologisch geführten Auseinandersetzung abgeleitete, eher interaktionelle „PAS"-Hypothese in Begutachtungsfragen nicht weiter.[67]

6. Sorge- und Umgangsrechtsentscheidungen – Kriterien wissenschaftlich abgesicherten Vorgehens

139 Für eine differenzierte und seriöse Entscheidungsgrundlage gilt es daher, die **Willensäußerungen** des Kindes ausführlich **als Freitext** zu erfassen. Dabei ist es durchaus möglich, auch kleinere Kinder schon zu befragen, wie die Elternteile und andere Erwachsene über diese Frage denken und was diese ihnen zu dieser Frage gesagt haben. Eine Textanalyse ergibt dann Anhaltspunkte, ob bestimmte Argumente stereotyp wiederholt werden oder ob sich differenzierte emotional nachvollziehbare Gefühle und Argumentationsketten auffinden lassen. Zusammen mit der Interpretation von Familienbeziehungsverfahren oder Skulpturverfahren oder zur Explorationsergänzung auch projektive Verfahren, wie dem Thematischen Apperzeptionstest (TAT) oder Thematischen Gestaltungstest (TGT), ergibt sich dann eine gutachterliche Basis zur Einschätzung der Willensäußerungen des Kindes.

140 Ohne die detaillierte Formulierung und Überprüfung von Einzelhypothesen kann eine intendierte Umgangsvereitelung nicht angenommen werden. Wird in einem Gerichtsverfahren vielleicht auch von einem psychologischen Sachverständigen oder vom Verfahrensbeistand oder von einem Anwalt allein aufgrund der Heftigkeit der Auseinandersetzung, aufgrund der Äußerung des Kindes dahinterliegende „Gehirnwäsche" vermutet und ein sogenanntes „PAS" scheinbar „diagnostiziert", ist damit ein hohes Risiko fachlichen Fehlverhaltens verbunden.

1999 hat der BGH in Strafsachen in Bezug auf die Glaubhaftigkeitsbegutachtung eine viel beachtete Entscheidung getroffen, die zum ersten Mal aus höchstrichterlicher Sicht zur Begutachtungsmethodik Stellung nimmt.[68] Generell ist selbstverständlich der Sachverständige in der Wahl seiner Mittel frei. Erhebliche Mängel in strafrechtlichen Glaubhaftigkeitsgutachten haben den BGH aber nach der Anhörung von zwei Sachverständigen dazu veranlasst, sich prinzipiell zur wissenschaftlichen Bearbeitung solcher Fragestellungen zu äußern. Der Erste Senat des BGH in Strafsa-

66 Vgl. Fegert, 2000; Münch-Komm BGB/Hennemann, BGB 2021, § 1671 Rn 50.
67 Vgl. auch BT-Drucks. 20/4562 20 v. 22.11.2022.
68 BGH v. 30.6.1999, 1 StR 168/98.

chen folgte dabei der Darstellung beider Gutachter und stellte klar, dass im Hinblick auf das im Strafverfahren zentrale Prinzip der Unschuldsvermutung die wissenschaftlichen Prüffragen so formuliert werden müssen, dass entsprechende entlastende Hypothesen (vom BGH etwas missverständlich als Nullhypothese bezeichnet) durch eine Fülle von Realkennzeichen und Befunden widerlegt werden. Dies setzt allerdings voraus, dass Grund für die Vergabe des Gutachtens nicht eine generelle Erledigungsstrategie der Gerichte war, sondern ein konkreter Zweifel an einer Aussage. Prinzipiell sind die hier betonten methodischen Vorgehensweisen durchaus zu begrüßen, solange die Methoden nicht mechanistisch, sondern mit klinisch versiertem Blick auf die individuellen und situativen **Besonderheiten des Einzelfalles** angewendet werden.[69]

Übertragen auf unseren Kontext, in dem der zentrale Wert, um dessen Schutz es in dem Verfahren geht, das Kindeswohl darstellt, müsste also analog geschlossen werden, dass zunächst einmal der **Verdacht einer Kindeswohlgefährdung** durch – nennen wir es einmal – „Gehirnwäsche“, d.h. eine massive Beeinflussung durch ein Elternteil, z.B. durch Leugnung der Existenz des anderen Elternteils, Wegschneiden des anderen Elternteils aus gemeinsamen Erinnerungsfotos etc., besteht. **141**

In einem solchen begründeten Zweifel wären dann einzelne Hypothesen zu überprüfen, wobei durch eine gründliche Überprüfung die falschpositive Annahme eines sog. „Parental Alienation“-Zusammenhangs ausgeschlossen werden sollte. Ebenso wie im Strafrecht muss hier im familienrechtlichen Zusammenhang zunächst einmal das Fehlerrisiko benannt und abgewogen werden. Während im Strafrecht falschpositive Ergebnisse, d.h. das bejahende Ergebnis einer Glaubhaftigkeitsbegutachtung, obwohl der Angeschuldigte keine Tat begangen hat, die Verurteilung Unschuldiger das maximal zu fürchtende Ergebnis darstellt, sind in Verfahren, wo es um das Kindeswohl geht, primär **falschnegative Ausgänge** zu besorgen. Das heißt, das Strafverfahren hebt in der Glaubhaftigkeitsbegutachtung auf die Spezifität ab und nimmt damit Mängel in der Sensitivität in Kauf.

Geht es um Kindeswohlgefährdung im familienrechtlichen Verfahren, muss eine völlig andere Akzentsetzung erfolgen. Hier ist **größtmögliche Sensitivität**, d.h. die Frage „Handelt es sich um eine Kindeswohlgefährdung?“ vorrangiger als der spezifische Nachweis eines Täter-Opfer-Zusammenhangs.

Bei einer unterstellten Umgangsvereitelung sind deshalb folgende **Fragestellungen** zu überprüfen: Gibt es Hinweise auf Induktion oder so genannte „Gehirnwäsche“? Diese Hinweise dürfen nicht aus dem Verhalten von Kindern geschlossen werden, wie dies die Autoren des „PAS“ unterstellen, sondern sie müssen sich ähnlich wie die in der aussagepsychologischen Glaubhaftigkeitsbegutachtung aus dem Text, d.h. aus den Aussagen der Kinder sowie der Analyse der Aussagenentstehung herleiten lassen, da die angegebenen Verhaltenssymptome unspezifisch sind und sich eben bei realen Ängsten, begründeten Ablehnungen bei Misshandlungserfahrungen etc. genauso zeigen. Eine differenzierte situative und einzelfallbezogene Analyse erweist

69 Zu positiven wie negativen Auswirkungen des BGH-Urteils auf die Praxis der Glaubhaftigkeitsbegutachtung siehe König/Fegert, 2009.

sich hier als unabdingbar, da die Verhaltensbeobachtung des Kindes mit der Beschreibung von Ablehnung, Zurückweisung etc. alleine keine Argumentationsbasis darstellen kann.

Als Dimension zur Exploration einer möglichen Suggestion oder Beeinflussung können aus der PAS-Literatur[70] folgende Fragen als **explorationsbedürftige Themen** entnommen werden:

- Gibt es in den Explorationen beider Elternteile Hinweise auf eine gegenseitige Dämonisierung und eine Verstärkung der Loyalitätskonflikte des Kindes?
- Lassen sich in empirisch abgesicherten und ergänzend in projektiven Verfahren Hinweise auf Beeinflussung oder Loyalitätskonflikte erkennen?
- Wie stark ist das Kind in der Untersuchungssituation beeinflussbar und suggestibel?
- Welche Verhaltensbeobachtungen lassen sich in einem geschützten Kontext in der Interaktion des Kindes mit dem einen und anderen Elternteil machen?
- Welcher Realgehalt steht hinter den Äußerungen des Kindes?
- Wie verhalten sich die angenommenen Beeinflussungseffekte zum Entwicklungsstand des Kindes und zu seinen intellektuell kognitiven Fähigkeiten?
- Wie stark zeigt das Kind in verschiedenen Situationen wie z.B. der Untersuchungssituation oder in testpsychologischen Untersuchungen Antworttendenzen im Sinne sozialer Erwünschtheit?

142 Sind Kriterien für explizite psychopathologische Phänomene wie eine „Folie à deux" induzierte Psychose nach ICD-11 erfüllt, dann ist eine Krankenbehandlung des Kindes, die in der Regel eine Trennung von der ebenfalls erkrankten induzierenden Person voraussetzt, unbedingt erforderlich. Häufig kann erst in einem solchen stationären veränderten Kontext gesehen werden, ob induzierte wahnhafte Phänomene weiter bestehen und somit eine eigene behandlungsbedürftige Erkrankung besteht oder ob die **„Folie à deux"-Symptomatik** schon durch den Milieuwechsel nachlässt.

Nicht zuletzt muss grundsätzlich überprüft werden, inwieweit das Kind zu einer eigenen Willens- und Meinungsbildung in der Lage ist, ob es die einschlägigen Fragestellungen verstanden hat etc.

Zwar zeigt die referierte Literatur nachweisbare z.T. massive **Suggestionseffekte in Aussagen** von vor allem kleineren Kindern, dennoch muss festgestellt werden, dass solche Effekte nicht häufig und schon gar nicht die Regel sind, sondern als eher seltene Ereignisse wegen ihrer Tragweite im forensischen Kontext eine besondere Bedeutung haben. Der Umkehrschluss, kleine Kinder seien völlig willenlos und suggestibel, „Gehirnwäsche" sei deshalb ein generell häufiges Phänomen, trifft gerade auf Kinder, die bislang in sehr positiven und fördernden Umweltbedingungen aufgewachsen sind, nicht zu.

---

70 Vgl. Turkat, 2002 bzw. Weigel/Donovan, 2006.

Deshalb ist zu prüfen, ob aufgrund von vorausgegangenen schweren Bindungsenttäuschungen, anderen Traumata sowie Vernachlässigungsfolgen etc. besondere Beeinträchtigungen bei den Möglichkeiten zur kindlichen Willensäußerung bestehen. Allein der Bezug auf das junge Alter des Kindes reicht nicht, um eine erhöhte Suggestibilität anzunehmen, und schon gar nicht, um die Empfänglichkeit für „Gehirnwäsche“ zu postulieren – und darauf folgenschwere familiengerichtliche Entscheidungen zu stützen.

7. Praxistipp: Umgang mit unterstellter Beeinflussung

Die angegebene nicht abgeschlossene Liste von Einzelfragen verdeutlicht, dass die phänomenologische Beschreibung von Verhaltensweisen, wie sie von *Gardner* als „Symptome“ des „PAS“ dargestellt wurden, nicht zur Klärung entsprechender Fragestellungen beiträgt.[71] Gerade Verfahrensbeistände haben in ihrer Möglichkeit zum Beziehungsaufbau zu dem Kind eine große Chance, einen wichtigen Beitrag im Einzelfall dadurch zu leisten, dass das Kind gegenüber ihnen Loyalitätskonflikte und Ambivalenzen offenbart. **143**

Betont ein Kind auch im Umgang mit dem Verfahrensbeistand immer wieder Ängste und negative Erlebnisse oder Traumata, die durch einen Elternteil ausgelöst wurden, und zwar insbesondere als eigene Erfahrung und nicht als Wahrnehmung des anderen Elternteils, so muss diesen Hinweisen nachgegangen werden und muss im Zweifel eine weitere Beunruhigung des Kindes vermieden werden.

Zwar wird häufig im **begleiteten Umgang** durch den somit installierten physischen Schutz ein probates Lösungsmittel für diese Konfliktsituationen gesehen, doch muss kritisch eingewandt werden, dass hier die emotionalen Kosten und die starke psychische Belastung des Kindes in entsprechenden Entscheidungen bislang wenig Berücksichtigung finden. Unseres Erachtens hat begleiteter Umgang als **Übergangsphase** oder Lösungsstrategie durchaus seinen Platz, als Dauerbelastung ist er abzulehnen.[72] **144**

Allerdings sind die nach der Kindschaftsrechtsreform und dem Kinder- und Jugendstärkungsgesetz gestärkten Rechte des Kindes auf Beziehungen nur ein Teil seiner Menschenwürde und des Kindeswohls, welches substanziell ja auch immer den Kindeswillen miteinschließt. Widersprechen sich Willensäußerungen von Kindern und Umgangswünsche Erwachsener, so scheint es problematisch, generell davon auszugehen, dass mit Bezug auf die Menschenwürde des Kindes sein Wille zugunsten von Beziehungserhalt bzw. Beziehungswünschen der Erwachsenen zu brechen sei. **145**

71 Siehe auch BVerfG, FamRZ 2024, 278 = NZFam 2024, 220.

72 Zur praktischen Umsetzung des begleitenden Umgangs siehe Deutsche Standards zum begleiteten Umgang 2008 sowie Fegert, 2004, bzw. Kölch/Fegert, 2008.

Praxistipp

Der Erhalt von Beziehungen und auch die Ermöglichung des Erhalts von Beziehungen durch Elternteile sind wichtige Kriterien mit Bezug auf das Kindeswohl, und jeder wohlmeinende Verfahrensbeistand wird darauf hinwirken, dieser Beziehungsebene Chancen zu eröffnen.

Teilweise werden in manchen Verfahren Beziehungsdebatten aber sehr theoretisch geführt – auch in Situationen, wo quasi keine Bindungen vorhanden sind oder vorangegangene **häusliche Gewalt** als reale Kindeswohlgefährdung zur nachvollziehbaren Ablehnung von Kontakt zum gewalttätigen Elternteil geführt hat. Die oben bereits zitierte Entscheidung des OLG Zweibrücken[73] zeigt eindrücklich, wie unzureichend die gerichtliche und behördliche Praxis aus psychologischer Sicht mit dem Vorwurf häuslicher Gewalt im Rahmen von Umgangsstreitigkeiten umgeht. Das Familiengericht hat Gewalterfahrungen als Ursache von Belastung und Traumatisierung von Kindern zu sehen und zu klären und häuslichen Gewaltvorwürfen stets nachzugehen.[74] Stattdessen kommen dann jedoch eher alte abstammungsrechtliche Fragen der Blutsverwandtschaft etc. zum Tragen als Fragestellungen der sozialen Elternschaft, die für Beziehungsfragen und Bindungsfragen bei weitem relevanter sind.[75]

Hinweis

Hier kann festgestellt werden, dass in jeder Eltern-Kind-Beziehung Beeinflussung und in jedem Elternkonflikt Loyalitätskonflikte bei den Kindern regelhaft anzutreffen sind. Induktionsphänomene oder die hier häufig erwähnte „Gehirnwäsche" sind sowohl aus Gründen, die in den Elternpersönlichkeiten liegen, wie auch aufgrund von Kindvariablen relativ selten.

146 Der Aufbau eines massiv induzierenden Umfelds setzt quasi eine **psychische Störung beim induzierenden Elternteil** voraus, z.B. eine wahnhafte Störung, eine Psychose oder eigene unbearbeitete posttraumatische Belastungsreaktionen. Solche psychiatrischen Krankheitsbilder lassen sich bei Elternteilen nach den gängigen Diagnosemanualen absichern.

Psychotische Störungen, schwere Persönlichkeitsstörungen, massive depressive Erkrankungen und Suizidalität bei Elternteilen stellen auch eine Entwicklungsbelastung für Kinder dar und können zur Kindeswohlgefährdung werden. Die Untersuchung solcher Phänomene wie auch komorbid auftretende oder allein auftretende Suchterkrankungen spielt eine weit größere Rolle bei der Abklärung und kann in klare von einem psychiatrischen Gutachter beantwortbare **Fragestellungen** übergeführt werden.

73 OLG Zweibrücken v. 9.5.2005, 6 UF 4/05, FamRZ 2006, 144.
74 Vgl. Deutsche Standards zum begleiteten Umgang 2008; Ausführlich zum Thema häusliche Gewalt und Umgangsrecht Salgo 2003, 108 ff.
75 Vgl. auch Fegert/Kliemann, 2014, S. 173 ff.; Zimmermann et al., 2023; Kepert et al. 2023.

So kann eine solche Frage z.B. lauten: Liegt eine psychiatrische Erkrankung vor, wenn ja, welche, und im Fall des Vorliegens einer solchen Erkrankung: resultiert daraus eine Beeinflussung und Induktion des Kindes oder eine Gefährdung des Kindes bzw. eine Einschränkung der Fähigkeiten, für das Kind zu sorgen.

Für tatsächliche induzierte wahnhafte Prozesse existiert sowohl im DSM-IV wie in der ICD-11 eine Diagnosekategorie. Demgegenüber ist das so genannte „PAS" ein beziehungsdynamisches Erklärungsmodell und keine operationalisierbare Diagnosestellung.

C Das Wohl der Kinder und Jugendlichen

Übersicht Rn.

I. Bindung als zentrales Grundbedürfnis

147 Verfahrensbeistandschaft dient der Wahrnehmung der individuellen Interessen des Kindes in Fällen, in denen Interessensgegensätze zwischen dem Kind und den Eltern oder anderen gesetzlichen Vertretern vorliegen. Gewöhnlich handelt es sich um Sorgerechtsaspekte, wie sie etwa bei Kindeswohlgefährdung bzw. Umgangsregelungen und -gestaltung auftreten. Damit gehen kurz- oder längerfristige Trennungen eines Kindes von einem seiner Eltern oder ggf. von beiden Eltern einher.

Trennungen können Grundbedürfnisse bzw. so genannte „Basic Needs" von Kindern verletzen, wie hier das Bedürfnis nach Bindung und sozialen Beziehungen.[1] Grundbedürfnisse lassen sich entwicklungspsychologisch als Minimalanforderungen für gelingende Entwicklung konzeptualisieren.[2] Dabei steht Bindung als Grundbedürfnis prominent neben anderen Bedürfnissen bzw. Rechten auch in der UN-Kinderrechtskonvention (VN-KRK) ebenso wie u.a. auch die Achtung vor der Meinung und dem Willen des Kindes. Letzteres Recht ist auch zentrales Prinzip im Kontext von Verfahrensbeistandschaft und berührt das Rechtsgut des Kindeswohls.

1. Bindung als universelle Verhaltensausstattung

148 Bindungen sind soziale Beziehungen und kleine Kinder binden sich an diejenigen Menschen, die im Alltag zur Verfügung stehen. Dies sind meist die Eltern, aber auch Pflegeeltern oder auch Erzieherinnen bzw. Erzieher, wenn diese sich als Bezugspersonen anbieten. Kinder binden sich auch an Menschen, die sie vernachlässigen und/oder misshandeln. Dies spricht für die Stärke des **biologisch disponierten Bindungsbedürfnisses**. Umgekehrt bedeutet dies, dass ein extrem deprivierender Beziehungskontext vorliegen muss, wenn es Kindern nicht gelingt, sich an eine Bezugsperson zu binden.[3]

149 Bindung ist tief in der Evolution verankert, um das Überleben von kleinen Kindern zu sichern. Sie beschreibt die gleichermaßen körperliche wie psychologische **Angewiesenheit** von kleinen Kindern **auf Schutz und Sicherheit** innerhalb einer emotional verlässlichen und beständigen Beziehung. Bindung reduziert Angst. Es handelt sich um einen psychobiologischen Mechanismus, über den Emotionen und Stress in engen Beziehungen reguliert werden. Er wird insbesondere in verunsichernden bzw. belastenden Situationen wie etwa in einer neuen und unvertrauten Situation und/oder bei Trennung von der Bindungsperson ausgelöst. Damit geht innere Erregung beim Kind einher, die erst im (Körper-)Kontakt mit einer Bindungsperson wieder abklingt. Beteiligt sind Kreisläufe der Stressregulation, unter anderem die so genannte HPA-Achse und das autonome Nervensystem.

150 Kinder entwickeln in dieser **psychobiologisch regulierten Bindungsbeziehung** zunehmend Kompetenzen, die Intensität ihrer Gefühle und Impulse zu regulieren.[4]

---

1 Maslow, 1978.
2 Brazelton & Greenspan, 2008.
3 Vgl. Ziegenhain, Kliemann/Fegert, 2021.
4 „Relational Emotional Regulation System", Guttmann-Steinmetz/Crowell, 2006.

Wichtig festzuhalten ist, dass dieser psychobiologische „Automatismus" daran geknüpft ist, dass das Kind eine Bindung mit einer nahestehenden Bezugsperson etabliert hat.

Hinweis

Fremde bzw. nicht vertraute Menschen können ein Kind nicht trösten und es in seiner physiologischen und emotionalen Regulation bzw. bei Stress nicht unterstützen.

Dies hat weitreichende Implikationen für die interdisziplinäre Praxis, nämlich dann, wenn Trennungen im Kontext von Sorgerechtsentscheidungen und -regelungen getroffen werden.

Risiken für die psychische Entwicklung von Kindern bestehen, wenn Kinder **abrupte** 151
Trennungen erleben und zudem keine alternative Bindungsperson zur Verfügung steht. Dies gilt für alle Kinder.

Für die Praxis wichtig ist, dass Kinder mit schwierigen Beziehungsvorerfahrungen, und dabei Erfahrungen von Misshandlung und/oder Vernachlässigung, vordergründig unauffällig bzw. unbelastet wirken. Häufig handelt es sich um Kinder mit Bindungsstörungen. Es lässt sich gerade bei diesen Kindern davon ausgehen, dass sie starke Dysregulationen in ihrer Stressreagibilität aufweisen. Bei längeren, abrupten Trennungen und ohne eine vertraute Bezugsperson lassen sich zudem Reaktionen von Verzweiflung und Trauer und besonders bei kleinen Kindern häufig auch Orientierungsverlust und depressionsähnliche Reaktionen beobachten.

Tatsächlich lässt sich davon ausgehen, dass es zu einem „Bindungsabbruch" kommen kann, wenn Kontakte nicht fortbestehen.[5] Es bestehen **enge Zeitfenster** von vermutlich wenigen Wochen bei Säuglingen und kleinen Kindern, um ihre Bindungsperson als innere Vorstellung zu „repräsentieren". Voraussetzung hierfür ist, dass die so genannte Objekt- bzw. Personpermanenz einsetzt (ab ca. 78 Monaten) und das Langzeitgedächtnis aktiv wird (ab ca. 9 Monaten).

Insofern besteht z.B. im Rahmen von Umgangsregelungen bei hochstrittigen Eltern und/oder bei Inpflegenahme etc., das Risiko eines Bindungsabbruchs, wenn Kinder ein Elternteil nicht engmaschig sehen. Umgekehrt bedeutet dies, dass sich kleine Kinder in sehr kurzer Zeit an neue Menschen binden. Gemäß Befunden aus der Pflegekinderforschung lässt sich von einem Zeitraum zwischen vier und sechs Wochen ausgehen.[6] Dies bedeutet im Übrigen auch, dass im Falle einer Rückkehroption auch die Trennung von den Pflegeeltern zu einem Bindungsabbruch verbunden mit hohen psychischen Belastungen bei einem Kind führen kann; diese sind noch dadurch verstärkt, wenn auch die Bindung zu den Herkunftseltern abgebrochen ist.

5 Robertson/Robertson, 1971; Grossmann/Grossmann, 2013.
6 Ausgehen Dozier/Stovall, 2000; Stovall-McClough/Dozier, 2004; Ziegenhain 2014; Ziegenhain et al. 2014.

2. Unterschiedliche Qualitäten von Bindung

152 Wichtig ist, dieses universell angelegte Bindungsbedürfnis von der Qualität von Bindungen zu unterscheiden, wie sie sich bei Kindern individuell unterschiedlich in ihren jeweiligen Beziehungs- und Lebenskontexten entwickeln. Qualitäten von Bindung beziehen sich darauf, wie Bindungspersonen interindividuell unterschiedlich emotional verfügbar sind. Qualitäten von Bindung lassen sich als (Anpassungs-)Strategien von kleinen Kindern beschreiben, wie sie sich im **Umgang mit Belastung und emotionaler Verunsicherung** in organisierter Weise auf mehr oder weniger zuverlässige und feinfühlige Bindungspersonen beziehen (können).

Tatsächlich gehört feinfühliges Verhalten zum wesentlichen Kern von Kompetenzen und Betreuungsanforderungen, die für eine gelingende Entwicklung von Kindern unentbehrlich sind. Nach *Mary Ainsworth*, Protagonistin der Bindungsforschung, beschreibt **Feinfühligkeit** die Signale und Bedürfnisse des Kindes wahrzunehmen, sie richtig zu interpretieren und darauf altersentsprechend angemessen und prompt zu reagieren.[7] Es geht darum, das Kind in seiner physiologischen, emotionalen und Verhaltensregulation bei kleineren und größeren Belastungen zuverlässig und kontinuierlich zu unterstützen. Wesentlich dabei ist emotionale Wärme im Umgang mit dem Kind.

153 **Feinfühliges Verhalten** konnte als ein durchweg robuster, wenn auch als mäßiger Prädiktor für die Entwicklung einer sogenannten sicheren Bindung belegt werden.[8]

Feinfühliges Verhalten bezieht jeweils die unterschiedlichen Kompetenzen eines Kindes auf unterschiedlichen Entwicklungsstufen mit ein, berücksichtigt seine individuellen Bedürfnisse und Kompetenzen sowie seine familiäre Situation bzw. den Kontext seines Verhaltens. Dabei bedeutet feinfühliges Verhalten nicht perfektes Verhalten zu zeigen. Vielmehr bedeutet es, über die Zeit hinweg ausreichend feinfühlig zu sein, und dabei zuverlässig und erwartbar zu reagieren.

154 Bei **Säuglingen** geht es etwa darum, Zeichen beginnender Belastung überhaupt wahrzunehmen, und zwar nicht erst dann, wenn das Baby unüberhörbar schreit, sondern dann, wenn es unruhig wird, das Gesicht verzieht oder sich körperlich anspannt. Angemessen wäre es dann, dem Baby Ruhe zu verschaffen. Unangemessen wäre es, für mehr Abwechslung zu sorgen und ihm beispielsweise mehr Spielangebote zu machen. Ein solches Verhalten wäre dann wahrscheinlich, wenn die Bezugsperson die körperliche Überforderung und Überstimulation des Babys als mangelnde Abwechslung missversteht. Schließlich bedeutet feinfühliges Verhalten auch, so rechtzeitig zu reagieren, dass die Hilfe für das Kind auch erkennbar und spürbar ist.

Bei einem **älteren Kind** wiederum wäre es feinfühlig, seine zunehmende Verschlossenheit oder Gereiztheit als Zeichen einer Verhaltensänderung zu bemerken. Angemessen wäre es dann, sein Verhalten, beispielsweise im Zusammenhang mit aktuellen Partnerproblemen der Eltern, als Hinweis auf Verunsicherung oder Ängste vor einer Trennung der Eltern zu deuten. Eine feinfühlige Reaktion bestünde darin, mit dem

7 Ainsworth/Bell/Stayton, 1974.
8 DeWolff/van IJzendoorn, 1997; Thompson, 2016.

Kind in einer einigermaßen entspannten Situation über seine Befürchtungen offen zu reden und ihm Verständnis für seine Gefühle zu signalisieren, ohne aber die Realität, also die Situation der elterlichen Beziehung oder aber mögliche Trennungsüberlegungen, zu beschönigen.

Dabei ist es sicher auch Ausdruck feinfühligen Verhaltens, in welchem Ausmaß ein Elternteil das Kind über den Partnerkonflikt informiert. In Abhängigkeit von dessen Entwicklungsalter kann eine mehr oder weniger umfassende Information grenzüberschreitend sein bzw. die Rollen von Eltern und Kind umkehren und damit emotional genauso überfordernd für das Kind sein wie umgekehrt mangelnde Beteiligung und die damit einhergehende emotionale Verunsicherung. In diesem Zusammenhang ist es daher ganz besonders wichtig, zwischen der **Elternrolle** auf der einen und der **Paarbeziehung** auf der anderen zu unterscheiden und dem Kind altersentsprechend zu vermitteln, dass die Gründe für eine Trennung in der Paarbeziehung liegen. Für das Kind wichtig ist, dass seine je individuelle Beziehung mit Mutter und Vater davon nicht beeinflusst wird.

Sichere Bindung gilt als maßgeblicher Schutzfaktor für die psychische Gesundheit und gelingende sozial-emotionale Entwicklung. Zahlreiche Forschungsergebnisse belegten Zusammenhänge zwischen sicherer Bindung und positiven sozial-emotionalen Kompetenzen, die es Kindern erleichtern, in sozialen Situationen, aber auch bei sozial-kognitiven Anforderungen zurechtzukommen. Hierzu gehören z.B. **155**

- Empathie,
- soziale Fähigkeiten beim Aufbau und im Erhalt von Freundschaften mit Gleichaltrigen,
- autonomes und zielorientiertes Verhalten oder
- Flexibilität, Ausdauer und Frustrationstoleranz.

Zunehmende Befunde belegten auch kognitive Entwicklungsvorteile sicher gebundener Kinder. Dazu gehören etwa Schulerfolg oder sprachliche Kompetenzen.[9]

Umgekehrt steht eingeschränktes feinfühliges Verhalten in empirischem Zusammenhang mit **unsicherer Bindung** und weitergehend negativen Entwicklungskonsequenzen. Es werden **zwei Typen** unsicherer Bindung unterschieden: **156**

1. unsicher-vermeidende Bindung und
2. unsicher-ambivalente Bindung.

Gemäß vorliegenden Studien zeigte sich eingeschränktes feinfühliges Verhalten bei Eltern von unsicher-vermeidend gebundenen Kindern in überwiegend emotional zurückweisendem Verhalten und bei Eltern von unsicher-ambivalent gebundenen Kindern in überwiegend emotional inkonsistentem, für das Kind situativ nicht vorhersagbarem Verhalten. Unsichere Bindung gilt als Risikofaktor etwa für die Entwicklung eingeschränkter und sozial-emotionaler Kompetenzen oder mangelnden Selbstwerts.

9 Vgl. Ziegenhain/Gloger-Tippelt, 2013.

3. Geschwisterbeziehungen

157 Auch zwischen Geschwistern entstehen Bindungen, und zwar in unterschiedlicher Qualität. Dies betrifft im Falle von Sorgerechtsentscheidungen und -regelungen auch die Situation von Geschwistern und inwieweit Trennungen unter Geschwistern stattfinden oder nicht.

Geschwisterbeziehungen gehören zu denjenigen Beziehungen, die gewöhnlich von der Kindheit über die gesamte Lebensspanne hinweg andauern und sowohl sozial-emotionale als auch kognitive Entwicklung mit beeinflussen, und zwar gleichermaßen **positiv wie negativ**.

Geschwister können im Umgang mit widrigen Lebensereignissen unterstützen, wie etwa bei Problemen mit Gleichaltrigen oder bei Partnerschaftskonflikten im späteren Leben und sie beeinflussen insgesamt Anpassungsprozesse positiv.[10] Geschwisterbeziehungen sind aber nicht selten auch von Rivalitäten und Konflikten geprägt, die auch sogenanntes „Bullying" einschließen können. Gemäß neueren Studien sind bis zu 40 % von Kindern Bullying im Sinne wiederholten und aggressiven Verhaltens durch Geschwister in der Familie ausgesetzt. Bullying unter Geschwistern birgt ein erhöhtes Risiko für die betroffenen Kinder emotionale Probleme, wie depressive Symptome oder selbstverletzendes Verhalten zu entwickeln.[11]

158 Die Qualität der Beziehungen zwischen Geschwistern scheint überwiegend durch die Qualität ihrer Beziehung mit den Eltern beeinflusst zu werden. Eltern können aufgrund ihrer unterschiedlichen Beziehungs- und Erziehungskompetenzen den Umgang ihrer Kinder untereinander unterschiedlich angemessen moderieren und entweder in einem kooperierenden oder rivalisierenden Miteinander fördern bzw. negativ beeinflussen.

Eltern sind unterschiedlich kompetent, ihren Kindern Einfühlungsvermögen und Verständnis für die Perspektive und die Gefühle des jeweils anderen Geschwisterkindes zu vermitteln. Banale Situationen, wie beispielsweise die Auseinandersetzung von Geschwistern um ein Spielzeug, werden von Eltern durchaus unterschiedlich „geschlichtet". Kommentare, die den Kindern die Perspektive und die Gefühle des jeweils anderen Kindes vermitteln, helfen ihnen, sich in die Perspektive des anderen Kindes einzufühlen, ohne aber befürchten zu müssen, dass ihre eigene Perspektive unberücksichtigt bleibt (vgl. oben Rn. 152):

Beispiel

„Schau mal, das gehört eigentlich Deinem Bruder, und Du müsstest ihn vorher fragen, wenn Du damit spielen willst", und zum anderen Kind gewandt: „Das ist

10 Vgl. Lange, S./Lehmkuhl, U. 2012. Kann eine Geschwisterbeziehung bei der Bewältigung kritischer Lebensereignisse protektiv wirken? Praxis der Kinderpsychologie und Kinderpsychiatrie, 61 7., 524–538; Gass, K./Jenkins, J.,/Dunn, J., 2007, Are sibling relationships protective? A longitudinal study. Journal of Child Psychology and Psychiatry, 48: 167–75.

11 Wolke et al., 2015.

nicht in Ordnung, wenn Du Deinen Bruder schlägst, das tut ihm ganz schön weh, er weint jetzt".

Demgegenüber werden **Empathie und Perspektivenübernahme** nicht gefördert, wenn Verhalten und Gefühle der Kinder nicht verdeutlicht werden („Hört sofort mit diesem Krach auf!"). Noch schwieriger sind **Parteinahmen** der Eltern für ein Geschwisterkind, ohne die Position des anderen Kindes zu berücksichtigen. Solches Verhalten fördert Rivalität und Eifersucht unter Geschwistern und erhöht die Wahrscheinlichkeit einer unsicheren Geschwisterbeziehung (vgl. oben Rn. 157).

Dabei lässt sich aus Untersuchungen ableiten, dass die Bindungsqualität von Kindern mit ihren Eltern ihre Beziehung mit ihren Geschwistern beeinflusst. Danach waren ältere Geschwister, die eine sichere Bindung mit der Mutter hatten, weniger eifersüchtig und trösteten ihre jüngeren Geschwister häufiger als ältere Geschwister, die mit der Mutter unsicher gebunden waren. Sicher gebundene ältere Geschwister wurden auch von ihren kleinen Geschwistern häufiger aktiv aufgesucht, wenn diese bekümmert waren und Trost brauchten. Und die jüngeren Geschwister, die mit der Mutter sicher gebunden waren, akzeptierten im Unterschied zu unsicher gebundenen jüngeren Geschwistern die älteren Geschwister problemlos als „Trostersatz", wenn die Mutter nicht da war. **159**

Hinzu kommt, dass in einem dysfunktionalen Familiensystem Geschwister sehr eng auf spezifische Rollen beschränkt werden, die sie in ihrem Verhalten und in ihrer Persönlichkeitsentwicklung stark beeinträchtigen können. Ein Beispiel ist so genanntes **parentifizierendes Verhalten**. Es lässt sich meist in familiären Kontexten beobachten, in denen Eltern emotional nicht ansprechbar sind (etwa bei vernachlässigendem Verhalten und/oder bei Intoxikations- oder Rauschzuständen von Eltern). Entwicklungspsychologisch interpretieren lässt sich, dass Kinder aufgrund ihrer hohen Angewiesenheit auf Responsivität, versuchen ihre Eltern emotional zu erreichen. Sie entwickeln dann eine Strategie, ihre Mutter oder ihren Vater zu „erfreuen", zu „unterhalten" bis hin zu fürsorglichem Verhalten.[12] Sie übernehmen eine ihrem Entwicklungsstand nicht entsprechende „Erwachsenen"-Rolle. Dazu gehört, dass sie die Eltern oder auch ihre jüngeren Geschwister versorgen und sich emotional verantwortlich fühlen. **160**

Bei der Frage nach einer **gemeinsamen oder getrennten Unterbringung** von Geschwistern im Falle einer Fremdplatzierung bzw. bei Umgangskontakten geht es darum, in jedem Einzelfall zwischen dem Erhalt ihrer Bindungsbeziehung auf der einen Seite und einer möglichen Entwicklungseinschränkung oder gar Gefährdung durch ein Geschwisterkind auf der anderen Seite abzuwägen. **161**

Wenn etwa ausgeprägtes parentifizierendes Verhalten gegenüber einem Geschwister auch in einer Pflegefamilie weiter besteht, kann dies bedeuten, dass das Kind in seiner sozial-emotionalen Entwicklung massiv behindert wird. Hier könnte ein Aufwachsen ohne Geschwister in einer neuen und fürsorglichen Umgebung, in der es

12 Crittenden, 1994.

sich altersentsprechend entfalten kann, eine gelingende sozial-emotionale Entwicklung begünstigen. Ebenso wäre der Erhalt von Geschwisterbeziehungen dann zu hinterfragen, wenn es um gegenseitiges aggressives Verhalten geht oder wenn eines der Geschwister Opfer von Aggression bzw. Bullying durch das andere ist.

Letztlich dürfte es bei einer **Abwägung** über gemeinsame oder getrennte Unterbringung von Geschwistern insbesondere auch darum gehen, inwieweit Pflege- oder Adoptiveltern hinreichend gut unterstützt werden, um gemeinsam untergebrachten Geschwisterkindern alternative positive Beziehungen und Verhaltensmodelle zu ermöglichen, sich aus ihren negativen und eingeengten Verhaltensmustern zu lösen.

Fazit

Für die Praxis lässt sich folgern, dass auch Geschwisterbindungen enge Bindungen sind, und zwar unabhängig von ihrer Qualität. Kinder leiden daher nicht nur unter der Trennung von den Eltern, sondern auch unter der Trennung von den Geschwistern. Insbesondere dann, wenn solche Trennungen abrupt stattfinden, können sie sich, ebenso wie Trennungen von den Eltern, negativ auf die weitere sozial-emotionale Entwicklung des Kindes auswirken.

4. Bindung im normalen Entwicklungskontext und im Kontext von Hochrisikokonstellationen

162 Dass sichere Bindung mit einer gelingenden psychischen Entwicklung assoziiert ist, ist sowohl empirisch sehr gut abgesichert als auch in der klinischen Praxis Allgemeingut. Demgegenüber wird unsichere Bindung klinisch häufig missverständlich entwicklungspsychopathologisch interpretiert. Bindungsunsicherheit ist vielmehr eine normale Anpassungsstrategie gegenüber einer mehr oder weniger förderlichen Beziehungsumwelt.

Dies lässt sich auch aus den **Auftretenshäufigkeiten von unsicherer Bindung** ableiten, wie sie in vielen Studien gefunden wurden. Danach wurden über alle Studien hinweg ca. 30% der untersuchten Kinder in Normalpopulation als unsicher klassifiziert (20% unsicher-vermeidend, 10% unsicher-ambivalent). Demgemäß sind etwa 70% der Kinder sicher gebunden.

Hinweis

Es besteht kein eindeutiger empirischer Zusammenhang zwischen unsicherer Bindungsqualität und spezifischen psychiatrischen Störungsbildern. Vielmehr sind die beiden Formen unsicherer Bindung ebenso wie sichere Bindung normale Entwicklungsvarianten.[13]

163 Demgegenüber ist sogenannte hochunsichere bzw. atypische Bindung klinisch interpretierbar. Tatsächlich ließen sich Verhaltensauffälligkeiten von Kindern bzw. Indika-

13 Vgl. Ziegenhain/Fegert, 2022.

toren für einen psychopathologischen Entwicklungsverlauf insbesondere aus sogenannten hochunsicheren Bindungsvorerfahrungen voraussagen.[14]

Hochunsichere Bindung weist klinische Nähe zu Bindungsstörungen auf. Während aber Bindungsstörungen eine voll ausgebildete psychische Störung des Kindesalters sind, beschreibt hochunsichere Bindung ein Kontinuum, das Intensität und Ausprägungsgrad von Belastetheit abbildet. Danach lassen sich Hinweise hochunsicheren Verhaltens bei kleinen Kindern als vorübergehendes bzw. „flüchtiges" Phänomen (z.B. familiäre Krisen, Geburt eines Geschwisterkindes etc.) genauso beobachten wie als chronisches Verhalten in familiären Konstellationen mit vielfältigen und schwerwiegenden psychosozialen und/oder gesundheitlichen Belastungen. Dabei gibt es bei einigen wenigen Kindern mit schwerwiegenden Belastungen klinisch durchaus Überlappungen. Bei ihnen kann gleichermaßen die Klassifikation einer hochunsicheren Bindung als auch die einer **Bindungsstörungsdiagnose** vergeben werden.

Tatsächlich unterscheiden sich die Symptome von Bindungsstörungen und die Symptome von hochunsicherer Bindung in ihrem Schweregrad sowie in ihrer Auftretenshäufigkeit. Letztere liegt für Bindungsstörungen bei ca. 1% in so genannten Normalstichproben, für hochunsichere Bindung bei ca. 15–20%.[15]

Studien belegten einen statistisch bedeutsamen Zusammenhang zwischen hochun- **164**
sicherer Bindung beim Kind und sogenanntem „dysfunktionalen" Verhalten bei Eltern (Metaanalyse mit 12 Studien und 851 Mutter-Kind-Paaren).[16]

Dysfunktionales Verhalten beschreibt qualitativ andere Verhaltensweisen als „lediglich" unzureichendes oder fehlendes feinfühliges Verhalten im Umgang mit dem Kind. Ist dysfunktionales Verhalten massiv ausgeprägt, können Eltern ihre Elternverantwortung nicht oder nur eingeschränkt wahrnehmen. Letztlich geht es in solchen schwerwiegenden Fällen um (emotionale und/oder körperliche) Misshandlung oder Vernachlässigung. Insbesondere geht es um Eltern, die ihr Kind in belastenden Situationen nicht trösten können, die sich übermäßig harsch, aggressiv oder bestrafend verhalten und vermehrt negativ übergriffig sind (Nachäffen des Kindes oder sich über das Kind lustig machen).

Dazu gehören auch sogenannte Rollenkonfusion („Abgeben" der Elternrolle), emotional ausgeprägt zurückgezogenes Verhalten oder auch Kommunikationen, die ein Kind widersprüchlich erleben muss (z.B. verbal einladen: „*komm zu mir*") und sich gleichzeitig körperlich abwenden). Schließlich gehört dazu sogenanntes **dissoziatives oder desorientiertes Verhalten**, z.B. dann, wenn Eltern verwirrt wirken, sich zögernd oder furchtsam gegenüber dem Kind verhalten (mit Stimme, Mimik, Köperhaltung) oder „Einfrieren" bzw. sich wie in „Trance" („trance-like") bewegen. Die letztge-

14 Fearon/Bakermans-Kranenburg/van IJzendoorn/Lapsley/Roisman, 2010.
15 Van IJzendoorn et al., 1999; Ziegenhain/Fegert, 2022.
16 Madigan, S./Bakermans-Kranenburg, M. J./Van Ijzendoorn, M. H./Moran, G./Pederson, D. R./Benoit, D., Unresolved states of mind, anomalous parental behavior, and disorganized attachment: A review and meta-analysis of a transmission gap. Attachment & Human Development, 2006, 8(2), 89–111.

nannten Verhaltensweisen werden klinisch mit traumatischen Vorerfahrungen assoziiert.[17]

165 Interpretiert werden diese und andere Verhaltensweisen von Kindern dahingehend, dass sie häufig **Episoden von Angst** erleben bzw. dass sie Angst gar als chronischen Bestandteil ihrer Beziehungserfahrungen erleben. Bindungstheoretisch betrachtet befinden sich gerade kleine Kinder in einem **unlösbaren emotionalen Konflikt**: Angst aktiviert, biologisch vorprogrammiert, das kindliche Bindungssystem. Das Kleinkind muss daher unweigerlich Nähe und Kontakt zur Bindungsperson suchen. Ist aber die Bindungsperson, bei der das Kind Schutz und regulative Unterstützung sucht, gleichzeitig diejenige, die seine Angst verursacht, dann kollabieren seine Verhaltensstrategien und seine Aufmerksamkeit.

Sind solche konflikthaften Erfahrungen nachhaltig und/oder stark angstauslösend, beinträchtigen sie offenbar seine Bewältigungskompetenzen und seine Fähigkeiten, seine Gefühle flexibel zu regulieren. Insbesondere kleine Kinder zeigen **bizarres Konfliktverhalten** gegenüber der Bindungsperson. Dies zeigt sich etwa in Verhaltensweisen wie starke Gehemmtheit, körperliches Erstarren über mehrere Sekunden oder Furchtreaktionen („Freezing"). Dieses Konfliktverhalten tritt insbesondere bei kleinen Kindern auf und wird als hochunsicher-desorganisiert bezeichnet.

166 Bei **älteren Kindern und Jugendlichen** zeigt sich neben ihrer Angst zunehmend auffälliges und unangemessen kontrollierendes Verhalten. Dazu gehören übertrieben fürsorgliches Verhalten gegenüber der Bindungsperson bis hin zur Rollenkonfusion bzw. Parentifizierung.[18]

Parentifizierendes Verhalten beschreibt eine „intuitive" Strategie, die Mutter oder den Vater zu erfreuen bzw. sich um sie oder ihn zu kümmern. Wichtig hervorzuheben ist es, dass parentifizierendes Verhalten ein Kontinuum beschreibt. Am unteren Ende des Kontinuums dürfte es z.B. schwer sein, liebevolle Zuwendung eines Kindes bzw. seinen Wunsch, der Mutter eine Freude zu machen von beginnender Parentifizierung zu unterscheiden. Im „mittleren" Bereich" ließe sich etwa Parentifizierung aufgrund äußerer „Notwendigkeiten" einordnen wie die Dolmetscherfunktion von Kindern in Migrantenfamilien bei Behörden oder Ärzten. Hierbei ist es durchaus unterschiedlich, inwieweit dabei die Funktion des Übersetzens zunehmend von entwicklungsunangemessener Sorge und Verantwortungsübernahme eines Kindes überlagert wird. Am oberen Ende des Kontinuums übernehmen Kinder eine ihrem Entwicklungsstand nicht entsprechende „Erwachsenenrolle" (z.B. Einkauf von Zigaretten, Alkohol, die nicht alters- und situationsgerechte Betreuung von Geschwistern, das eigenständige Übernehmen von Schul- und Behördenkontakten etc.). Dies geht mit hoher emotionaler Belastung und Überforderung einher.[19]

167 Die **Risiken hochunsicher gebundener Kinder** liegen in der Entwicklung aggressiver Verhaltensauffälligkeiten im Kindergartenalter, depressiver Symptomatik, aber auch Verzögerungen in der kognitiven Entwicklung von der frühen Kindheit bis ins Jugend-

17 Vgl. Ziegenhain/Fegert, 2022.
18 Cassidy/Marvin, 1992; Crittenden, 2007.
19 Vgl. Ziegenhain, 2022.

alter.[20] Gewöhnlich führt aber hochunsichere Bindung dann nicht für sich allein genommen zu späteren Entwicklungs- und Verhaltensauffälligkeiten, sondern in **Kombination mit anderen Risikofaktoren**. Zu solchen Risiken gehören z.B. Armut, Arbeitslosigkeit, familiale und psychosoziale Belastungen wie Trennung bzw. Scheidung der Eltern oder die des Alleinerziehens, und zwar besonders dann, wenn die Familien materiell wenig abgesichert sind und sozial wenig unterstützt werden. Weitere Risikofaktoren sind psychische Belastungen und Störungen oder Alkohol-, Drogen- und Medikamentenmissbrauch der Eltern. Auch negative Kindheitserfahrungen der Eltern können sich auf die Beziehung mit ihrem Kind auswirken, wie beispielsweise aus der Misshandlungsforschung bekannt ist.

Angenommen werden hier zugrundeliegende Risikomechanismen, wie mangelnde Impulskontrolle bei Eltern, Schwierigkeiten tragfähige Beziehungen mit anderen Menschen einzugehen oder ihnen zu vertrauen, sowie chronische Probleme den Alltag zu bewältigen bzw. das Kind zu versorgen, tiefgreifende Gefühle von Hoffnungslosigkeit sowie insgesamt mangelnde Bewältigungs- und mangelnde Problemlösestrategien.[21] Häufig lassen sich solche **tiefgreifenden Probleme von Eltern** auf eigene schwerwiegende bzw. traumatisierende Kindheitserfahrungen zurückführen (sog. „Adverse Childhood Experiences", ACE).[22]

Derzeit wird diskutiert, dass **einige Kinder verletzlicher** gegenüber Belastungs- und **168**
Stresserfahrungen sind als andere Kinder und dass sie gefährdeter sind, eine hochunsichere Bindung zu entwickeln. Es wird angenommen, dass eine solche Verletzlichkeit temperamentsabhängig und/oder genetisch bedingt ist. In neueren Studien wurde der Einfluss des Polymorphismus des 7-repeat allels des DRD4-Gens (bereits assoziiert mit aggressivem und hyperaktivem Verhalten) sowie der Serotonin-Transmitter-Polymorphismus (assoziiert mit der Regulation von Furcht und Angst) untersucht. Hochunsicher-desorganisierte Bindung ließ sich etwa aus der Wechselwirkung zwischen kritischem mütterlichem Verhalten und dem DRD4-Polymorphismus voraussagen, aus der zwischen wenig responsivem mütterlichen Verhalten und dem Serotonin-Transmitter-Polymorphismus sowie aus der Wechselwirkung früher unverarbeiteter Verluste oder früher Traumatisierung der Mutter und dem DRD4-Polymorphismus beim Kind.

Es scheint wohl so zu sein, dass die **genetische Ausstattung** eines Kindes mit darüber bestimmt, wie stark sich kritisches Verhalten von Eltern auf die Entwicklung hochunsicherer-desorganisierter Bindung auswirkt.

5. Bindungsstörungen

Bindungsstörungen sind eine voll ausgebildete **psychische Störung** und im internati- **169**
onalen Klassifikationssystem der WHO, der sogenannten ICD definiert. Im Zuge des

---

20 Vgl. Lyons-Ruth/Jacobwitz, 2016.
21 Ziegenhain/Ostler, 2007.
22 Siehe Witt, A./Sachser, C./Plener, P. L./Brähler, E./Fegert, J. M., (2019). The Prevalence and Consequences of Adverse Childhood Experiences in the German Population, Deutsches Ärzteblatt 2019, 116(38): 635–642. doi: 10.3238/arztebl.2019.0635.

Wechsels des Klassifikationssystems von der Version ICD-10 zu ICD-11 (1.1.2022) wurden Bindungsstörungen neu unter sogenannten traumaindizierten Störungsbildern gruppiert („Trauma Stressor-Related Disorders"). Die beschriebenen bizarren Konfliktverhaltensweisen, wie etwa „Erstarren" („Freezing") bei der Klassifikation hochunsicher-desorganisierter Bindung lassen sich hier konzeptuell als Symptome traumatisierter Kinder einordnen.

170 Es werden zwei Formen von Bindungsstörungen unterschieden:

1. „Reaktive Bindungsstörung im Kindesalter" (extrem furchtsames oder gehemmtes bzw. ambivalentes und widersprüchliches Verhalten; ICD-10: F94.1; ICD-11:6B44) und
2. „Bindungsstörung des Kindesalters mit Enthemmung" (ICD-10: F94.2).

Neu ist, dass die letztgenannte Form im ICD-11 als „Störung enthemmter sozialer Beziehungsaufnahme" („disinhibited social engagement disorder"; ICD-11: 6B45) definiert wird. Damit geht ein verändertes konzeptuelles Verständnis der Störungsform einher: Sie beschreibt im Kern sozial distanzloses Verhalten gegenüber fremden und unvertrauten Erwachsenen. Solches Verhalten, so die Argumentation, lässt sich nicht ausschließlich auf Störungen in der primären Bindungsbeziehung zurückführen. Vielmehr kann es bei fehlender oder bei abweichender Bindung ebenso wie in positiven Bindungsbeziehungen auftreten, etwa in Pflege- oder Adoptionsbeziehungen.[23] Während die beiden Formen der Bindungsstörungen im ICD-10 noch als zwei Subtypen einer Störungsform definiert wurden, werden sie im ICD-11 als voneinander unabhängige Störungen definiert.

Beide Störungsbilder werden als Folge eines **extrem inadäquaten Beziehungskontextes** begründet. Mit Einführung des ICD-11 wird extrem unzureichende Fürsorge („insufficient care") spezifisch als Vernachlässigung, häufige Wechsel von Bezugspersonen oder Deprivation im Kontext von unzureichender Betreuung in stationären Settings spezifiziert.[24] Letztlich sind damit Situationen umschrieben, die es Kindern erschweren, exklusive Bindungen zu nahestehenden Bezugspersonen aufzunehmen bzw. in einer hinreichend guten Bindungsbeziehung aufzuwachsen.

171 Für die **Diagnostik** von Bindungsstörungen gilt, dass beide Störungsbilder schon vor dem fünften Lebensjahr des Kindes begonnen haben. Bindungsstörungen in der frühen Kindheit stehen in einem engen Zusammenhang mit der Entwicklung vieler weiterer psychischer Erkrankungen in der mittleren Kindheit sowie in der Adoleszenz.[25]

Für die Diagnose einer **Reaktiven Bindungsstörung** sind neben übermäßig ängstlichem und wachsamem Verhalten, widersprüchliche oder ambivalente Reaktionen in unterschiedlichen sozialen Situationen kennzeichnend. Weitere Kriterien sind emotionale Auffälligkeiten, die sich in verminderter Ansprechbarkeit, Furchtsamkeit, Rückzugsverhalten sowie aggressivem Verhalten gegenüber sich selbst oder gegenüber anderen als Reaktion auf das eigene Unglücklichsein beobachten lassen. Gegenüber

23 Vgl. Ziegenhain/Fegert, 2022.
24 AACAP, 2016; vgl. Ziegenhain/Fegert, 2022.
25 Schmid/Petermann/Fegert, 2013.

Bindungspersonen sind die Symptome ambivalenter Reaktionen beispielsweise durch wechselnde Suche von Nähe und Vermeidung von Körperkontakt oder Trostversuchen gekennzeichnet, auch oder insbesondere in für das Kind belastenden Situationen. Kennzeichnend für Kinder mit reaktiver Bindungsstörung ist außerdem ein gleichermaßen aggressives wie stark zurückgenommenes Verhalten gegenüber Bindungspersonen. Dennoch lassen sich in der Interaktion mit adäquat reagierenden Bezugspersonen soziale Gegenseitigkeit und Ansprechbarkeit beobachten. Die Interaktion mit Gleichaltrigen, wie z.B. soziales Spielen, ist eingeschränkt.

Die Diagnose einer **Störung enthemmter sozialer Beziehungsaufnahme** wird vergeben, wenn Kinder diffuse bzw. mangelnde exklusive Bindungen während der ersten fünf Lebensjahre haben, wenn sie situationsübergreifend wenig modulierte und distanzlose Interaktionen mit unvertrauten Personen zeigen sowie anklammerndes Verhalten oder extreme Suche nach Aufmerksamkeit. Diffuse Bindungen mit Bezugspersonen zeigen sich darin, dass insbesondere Bindungsbedürfnisse, wie die Suche nach Trost oder Nähe, unterschiedslos gegenüber Bezugspersonen und unvertrauten Personen gezeigt werden. Auch für diese Störungsform sind aggressives Verhalten (gegen sich selbst und gegen andere) sowie eingeschränkte Interaktion mit Gleichaltrigen und eingeschränktes soziales Spiel kennzeichnend.

Das **Verhalten von Kindern** mit Bindungsstörungen lässt sich als Verletzung der **172**
grundlegenden Organisation des Bindungssystems verstehen. Es kommt zu einer Abweichung des biologisch angelegten Verhaltens, gemäß dem Kinder unter Belastung unweigerlich Nähe und Kontakt zu einer Bindungsperson suchen.

Dabei lässt sich das Verhalten von Kindern mit einer reaktiven Bindungsstörung als Hemmung ihres Bindungsverhaltens interpretieren. Sie adressieren ihre Bindungsperson unter offensichtlicher Belastung nicht. Dies widerspricht der bindungstheoretischen Erwartung.

Demgegenüber lässt sich das Verhalten von Kindern mit einer Störung enthemmter sozialer Beziehungsaufnahme als eine Überaktivität des Bindungssystems interpretieren. Diese zeigt sich im Unvermögen des Kindes, differenziertes und persönlich bezogenes Bindungsverhalten gegenüber einer Bezugsperson zu zeigen. Das Verhalten eines Kleinkindes beispielsweise, das in einer unvertrauten Situation bereitwillig und ohne soziale Rückversicherung bei der Bindungsperson mit einem fremden Menschen mitgeht, widerspricht der bindungstheoretischen Erwartung, nach der das Kind sich bei Verunsicherung oder Belastung an eine exklusive Bindungsperson wendet.

Bindungsstörungen gehörten über viele Jahre hinweg zu denjenigen kinder- und ju- **173**
gendpsychiatrischen Störungsbildern, die empirisch wenig abgesichert waren. Studien aus der Begleitforschung über rumänische Heimkinder ebenso wie Studien über Kinder in stationären Heimeinrichtungen bzw. über Kinder in Pflegefamilien haben das Wissen über die Entwicklung von Bindungsstörungen erheblich erweitert.[26] Da-

26 Smyke et al., 2012, Olivera et al., 2012, Oosterman/Schuengel, 2007; Zeanah/Gleason, 2015; Zeanah et al., 2016.

nach entwickeln sie sich in der **Folge schwerwiegender unzureichender Fürsorge**, und zwar im Kontext von gravierender sozialer Vernachlässigung bzw. Deprivation, im Kontext häufigen Wechsels von engen Bezugspersonen oder von unzureichender Fürsorge, wenn Kinder institutionell betreut werden.

Dies impliziert, dass auch **unzureichende institutionelle Reaktionen**, wie etwa fehlende klare Hilfe- und Perspektivplanung[27] und damit einhergehend Abbrüche von Betreuungsverhältnissen bzw. Betreuungswechsel, gerade für hochbelastete Kinder und Jugendliche eine enorme Belastung darstellen, die zu Verunsicherung und Destabilisierungen führen. Letztlich tragen sie zur Entwicklung bzw. zur Chronifizierung von Bindungsstörungen bei.[28] Tatsächlich erleben viele bindungsgestörte Kinder sowohl Gewalt bzw. Vernachlässigung als auch in der Folge institutionell bedingte Beziehungsabbrüche und -wechsel.

6. Missverständnisse in der Verwendung des Bindungsbegriffs

174 In der Praxis lassen sich häufig missverständliche Auffassungen des Bindungsbegriffs beobachten. Danach wird die Qualität hochunsicherer Bindung, wie sie gehäuft bei Kindern mit vielfältigen Risiken aufritt, mit „fehlender" bzw. nicht etablierter Bindung gleichgesetzt. Tatsächlich lässt sich bei diesen Kindern, ebenso wie sicher und unsicher gebundenen Kindern davon ausgehen, dass eine Bindungsbeziehung etabliert wurde.

Missverständlich werden **Verhaltensweisen von Kindern**, die – zumindest vordergründig – ruhig und gelassen wirken, mit „fehlender" Bindung gleichgesetzt. Verhalten oder der Gesichtsausdruck von Kindern lassen nicht immer direkte Rückschlüsse auf ihre Befindlichkeit zu. Das Fehlen von Kummerreaktionen kann vielmehr Ergebnis unsicherer Beziehungsvorerfahrungen sein bzw. Ergebnis dessen, dass die Kinder gelernt haben, Kummeräußerungen eher zu unterdrücken. Vordergründig unauffälliges Verhalten von Kindern erlaubt zunächst keine Rückschlüsse auf ihre tatsächliche mögliche Belastetheit (dysregulierte physiologische Stressreaktivität: Cortisolausschüttung, autonomes Nervensystem). Ebenso wenig lässt sich daraus auf eine fehlende Bindung schließen.

Umgekehrt lassen sich heftige oder gar panische Reaktionen, wie z.B. starkes Klammern, das sich häufig bei misshandelten Kindern beobachten lässt, nicht als Ausdruck „starker Bindung" interpretieren. Solches Verhalten lässt keine Rückschlüsse auf die Intensität einer Bindung zu bzw. gar auf eine „gute" Bindung. Dieses Verhalten ist vielmehr teilweise sogar auch als pathologisches Phänomen einzuordnen.[29]

175 Eine abweichende Auffassung vom bindungstheoretischen Konzept und den darauf aufbauenden, empirisch gut abgesicherten Befunden, findet sich **im rechtlichen Kontext** und lässt sich unter den Begriff der „**Bindungstoleranz**" fassen. Danach werden (Herkunfts-)Beziehungen mit engen Bindungen gleichgesetzt und „Bindungstoleranz" wird auf das natürliche Grundrecht jedes Kindes auf Bindungen bezogen.

27 Siehe hierzu Diouani-Streek, 2015.
28 Gulde/Henn/Fegert/Ziegenhain, 2021; Schmid, 2013.
29 Vgl. Ziegenhain/Kliemann/Fegert, 2020.

Konkret wird darunter die Toleranz der Betreuungsperson gegenüber Kontakten des Kindes mit dem umgangsberechtigten Elternteil verstanden. Es geht um die Kooperation und das Aufrechterhalten von Beziehungen und Bindungen des Kindes mit dem anderen Elternteil und allen anderen für das Kind bedeutsamen Personen.

„Bindungstoleranz" wird mittlerweile quasi als ein Sorgerechtskriterium verstanden. Das Vorliegen von „Bindungstoleranz" deute auf eine verantwortete Elternschaft hin, so die Argumentation. Für die rechtliche Beurteilung spielt eine Rolle, welches Elternteil die beste Gewähr bietet, dass dem Kind der andere Elternteil als Bezugsperson erhalten bleibt und ob dieser Elternteil zudem bereit ist, die Kontakte aktiv zu unterstützen. Unterstellte fehlende „Bindungstoleranz" kann den Entzug des Sorgerechts oder den Wechsel von Betreuungsverhältnissen begründen (zum PAS siehe Teil 3/ *Fegert*, Rn. 137 ff.).[30]

In der Praxis treffen die kategorialen Prinzipien, die der Auffassung von Bindungstoleranz unterliegen, auf eine Realität, die ggf. dem Wohl und dem Willen von Kindern entgegensteht. Wenn Kinder den **Umgang** mit einem Elternteil **verweigern**, kann dies gemäß einer jüngeren und umfassenden Literaturrecherche unterschiedliche Gründe haben.[31]

- Danach verweigern etwa Kinder mit posttraumatischen Symptomen nach vorhergehenden Übergriffen und Eskalationen den Umgang, wenn sie keinen (emotionalen) Schutz erlebt haben.
- Ebenso verweigert eine andere Gruppe von Kindern häufig den Umgang, wenn sie ein verwickeltes Bindungsmuster mit dem betreuenden und psychisch belasteten Elternteil entwickelt haben. Diese Kinder sind hoch belastet und damit überfordert Beziehungen mit anderen Bezugspersonen zu halten.
- Darüber hinaus identifizierten die Autorinnen und Autoren eine Gruppe von Kindern mit einem sogenannten „Ermüdungsbruch" in der Beziehung zwischen dem Kind und dem getrennt lebenden Elternteil. Vorausgegangen sind meist fortgesetzte Streitigkeiten der Eltern und damit einhergehend beim Kind eine anhaltende Beeinträchtigung seiner emotionalen Sicherheit.
- Des Weiteren fand sich Umgangsverweigerung auch als Teil von Enttäuschung bzw. Protest des Kindes gegenüber dem Verhalten des getrennt lebenden Elternteils.
- Schließlich lässt sich Umgangsverweigerung auf „Gatekeeping" des hauptbetreuenden Elternteils zurückführen, welches insbesondere eine Abkehr bisheriger familiärer Gemeinsamkeiten impliziert.

30 Fegert/Besier, 2013; Fegert/Kliemann, 2014;
31 vgl. Zimmermann et al., 2023.

Hinweis

Wenn Kinder den Kontakt mit einem Elternteil explizit ablehnen, ist dies ernst zu nehmen, und zwar auch dann, wenn dies relativ zur jeweiligen Einschätzung der familiären Situation nicht immer unbedingt nachvollziehbar ist.

Kinder fühlen sich zerrissen zwischen ihren Eltern, sie leiden unter den familiären Konflikten bzw. haben massive Loyalitätskonflikte oder sie haben Angst vor einem gewaltausübenden Elternteil. Und die hohe psychische Belastung bei Kindern bleibt auch dann bestehen bzw. kann ggf. sogar noch verstärkt werden, wenn beide Eltern versuchen das Kind zu instrumentalisieren.[32]

7. Implikationen für die Praxis

176 Für die Praxis der Verfahrensbeistandschaft sind insbesondere Annahmen und empirische Befunde rund um die Trennung von Bindungspersonen, etwa im Kontext von Kindeswohlgefährdung und/oder Umgangsregelungen und -gestaltung, bedeutsam.

Im Familienrecht sind die Bedeutung bzw. der Erhalt von Beziehungen zu primären Bindungspersonen nach einer Trennung als sogenannte **Regelvermutung** festgeschrieben. Danach diene „in der Regel der Umgang mit beiden Eltern" dem Wohl des Kindes (§ 1626 Abs. 3 BGB). Dies dürfte für die Lebenssituation der meisten Kinder zutreffen. Tatsächlich gelingt es den meisten Eltern auch bei Trennung bzw. Scheidung im Sinne sogenannter **Ko-Elternschaft** hinreichend gut in der Betreuung und Erziehung ihrer Kinder zu kooperieren und qualitativ guten und eigenständigen Umgang mit beiden Eltern sicherzustellen.

177 Allerdings ist insbesondere im Fall von **Hochstrittigkeit** oder auch in **Kontexten von Misshandlung und/oder Vernachlässigung** eine kindeswohldienliche Kooperation zwischen den Eltern häufig nicht gegeben. Betroffene Kinder leben in einem familiären Klima, das von Loyalitätskonflikten und ggf. von Drohungen und Kontrolle bzw. schlimmstenfalls auch von (körperlicher oder emotionaler) Gewalt geprägt ist. Sie leiden darunter und ängstigen sich. Hier bestehen Risiken für die psychische Gesundheit der Kinder. Bei (potenzieller) Kindeswohlgefährdung – im Falle von Hochstrittigkeit bzw. ggf. auch in anderen Kontexten von Misshandlung und/oder Vernachlässigung – kann die Regelvermutung der Kindeswohldienlichkeit von Umgang mit den Eltern nicht selbstverständlich angewendet werden.

Tatsächlich geht es hier um eine **Güterabwägung** zwischen zwei sich widersprechenden, und jeweils entwicklungspsychologisch gut begründeten Voraussetzungen:

- Auf der einen Seite leiden Kinder insbesondere unter abrupten Trennungen von Bindungspersonen; hinzukommt, dass die Gefahr eines Bindungsabbruchs besteht, wenn jüngere Kinder länger getrennt sind bzw. keinen engmaschigen Kontakt haben. Dies entspricht der Regelvermutung.

32 Fegert, 2013; Ziegenhain, 2022.

- Auf der anderen Seite gibt es zunehmend Hinweise, dass Kinder, die in der Beziehung mit einem Elternteil bzw. beiden Eltern Gewalt erleben, Symptome posttraumatischer Belastung bei Umgangskontakten zeigen. Dies gilt insbesondere für Säuglinge und Kleinkinder.

  Danach zeigten in Studien etwa 10–15% der Pflegekinder mit Misshandlungs- und Vernachlässigungserfahrungen Zeichen posttraumatischer Belastung. Unter Kindern im Kontext häuslicher Gewalt waren es 15–30% der untersuchten Kinder. Bei mehreren Besuchskontakten in der Woche waren die Belastungszeichen bei Kleinkindern deutlich ausgeprägt.[33] Die Regelvermutung zur Kindeswohldienlichkeit von Umgang kann in diesen Konstellationen also nicht in jedem Falle Geltung beanspruchen. Sie muss im Einzelfall und relativ zu den jeweiligen Belastungen von Kindern abgewogen werden.[34]

Tatsächlich lassen sich **keine (unmittelbaren) Rechte auf Umgang** ableiten. Es be- **178**
steht das subjektive Recht des Kindes auf Umgang mit seinem Elternteil (§ 1684 Abs. 1 Hs. 1 BGB) sowie das Recht und die Pflicht von Eltern, Umgang mit dem Kind wahrzunehmen (§ 1684 Abs. 1 Hs. 2 BGB). Gleichzeitig ist es auch möglich, Umgangseinschränkungen anzuordnen, wenn dies zum Wohle des Kindes erforderlich ist (§ 1684 Abs. 4 Satz 1 BGB). Dazu gehört das Instrument des „begleiteten Umgangs". Dieser kann länger oder dauerhaft, aber nur bei (potenzieller) Kindeswohlgefährdung angeordnet werden (§ 1684 Abs. 4 Satz 2 BGB).[35]

Im Kontext von **(potenzieller) Kindeswohlgefährdung** durch die Umgangskontakte **179**
bzw. der Gefahr einer Retraumatisierung des Kindes durch die Umgangskontakte ist zu prüfen, ob Umgangskontakte stattfinden können oder auszuschließen sind. Sofern Umgangskontakte stattfinden sollen, dürfte die fachliche Begleitung der Umgangskontakte zwingend sein.

Praxiserfahrungen zeigen, dass auch bei begleitetem Umgang Belastungen von Kindern nicht gesehen bzw. häufig bagatellisiert werden.[36] Insgesamt besteht noch ein großer Spielraum, begleitete Umgänge kindgerecht auszugestalten. **Fachlich qualifizierte Begleitung von Umgängen** bedeutet mehr als nur „Anwesenheit" bei Besuchskontakten. Neben einer bindungssensiblen Gestaltung (entwicklungsangemessene Zeitabstände, vertraute Bezugspersonen als Begleitung, kein Wechsel), bedeutet es Vorgespräche zu führen, um abzuklären, inwieweit Gewaltpotential besteht bzw. um den Ablauf abzusprechen. Im Einzelfall geht es um Risikoeinschätzung (Kriterien wie Impulskontrolle, Empathie und Perspektivenübernahme bei Eltern bzw. ggf. auch „Einräumen" von Fehlverhalten sowie Hinweise auf posttraumatische Belastungszeichen bzw. angstassoziierte Verhaltensweisen (z.B. Freezing) beim Kind).

Im Falle von **häuslicher Gewalt** geht es auch darum die Schutzbedürfnisse des gewaltbetroffenen Elternteils zu berücksichtigen, und zwar dann, wenn es bei Übergaben zu Drohungen oder Gewalt kommt oder der gewaltausübende Elternteil ver-

33 Schofield/Simmonds, 2011; Tepper, 1997; vgl. Kindler et al., 2017.
34 Fegert, 2020; Fegert/Besier, 2013.
35 Meysen/Lohse, 2022
36 Fegert, 2013.

sucht, Umgangskontakte zu nutzen, um etwa den Aufenthaltsort von Mutter und Kind zu erfahren. Gerade im Gewaltkontext ließe sich hier auch im Einzelfall prüfen inwieweit ein eigenständiges Schutzrecht des gewaltbetroffenen Elternteils im Rahmen der sogenannten „Wohlverhaltenspflicht" des gewaltausübenden Elternteils als Einschätzungskriterium bei Umgangsausschlussverfahren herangezogen werden kann (§ 1684 Abs. 3 BGB).[37]

Praxistipp

▶ *Begleiteter Umgang bietet eine hohe Chance für Psychoedukation und dabei, im Verlauf von Umgangskontakten ggf. dysfunktionales oder bedrohliches Verhalten von Eltern zu identifizieren bzw. ihr feinfühliges Verhalten während des Umgangs zu fördern. Hier lassen sich etablierte Beobachtungsverfahren[38] heranziehen ebenso wie auch bewährte Programme zur Förderung elterlicher Beziehungs- und Erziehungskompetenzen.[39]*

Übergreifend geht es im Sinne des Kindeswohls darum, Umgänge als „sicheren Ort" für Kinder zu gestalten, und zwar gleichermaßen emotional als auch physisch.[40] Hier besteht durchaus Verbesserungsbedarf.

II. Bedürfnis nach Versorgung, Ernährung und Gesundheitsfürsorge

1. Einleitung

180 Dass Kinder emotional und körperlich sowie gesundheitlich versorgt sind, gehört zu den Minimalanforderungen für eine gelingende Entwicklung. Sie werden als so genannte **Grundbedürfnisse** konzeptualisiert.[41] Wenn diese Grundbedürfnisse nicht erfüllt werden, werden Kinder vernachlässigt. Vernachlässigung ist neben den Formen körperliche Misshandlung, psychische Misshandlung und sexueller Missbrauch eine Form von Kindeswohlgefährdung.

Vernachlässigung wird definiert als die

> „mangelnde Erfüllung der grundlegenden körperlichen, emotionalen oder bildungsbezogenen Bedürfnisse des Kindes durch die Bezugsperson und/oder die mangelnde Gewährleistung der kindlichen Sicherheit durch unzureichende Beaufsichtigung oder die fehlende Herausnahme aus einer gewalttätigen Umgebung".[42]

37 Vgl. Meysen/Lohse, 2022.
38 Z.B. Ziegenhain et al., 2010; Künster et al., 2019.
39 Z.B. Entwicklungspsychologische Beratung, EPB, Ziegenhain et al., 2006; Pillhofer et al., 2015; Steps Toward Effective Enjyable Parenting STEEP., Suess et al., 2017; Entwicklungspsychologische Beratung und Therapie Gloger-Tippelt et al., 2014.
40 Ziegenhain, 2022.
41 Basic Needs; Brazelton/Greenspan, 2008.
42 Leeb et al., 2008, S. 11–16, eigene Übersetzung; Ziegenhain/Kindler, 2022.

Vernachlässigung hat einen Übergangsbereich zu Formen unterdurchschnittlicher Fürsorge, die nur einen Anlass zu Hilfe, aber keine Kindeswohlgefährdung darstellt. Um Vernachlässigung als **Kindeswohlgefährdung** zu definieren, wird vorausgesetzt, dass die grundlegenden Bedürfnisse eines Kindes in schwerwiegendem Maße nicht erfüllt werden oder seine Sicherheit in schwerwiegender Weise nicht gewährleistet wird. Vorausgesetzt wird, dass mit ziemlicher Sicherheit eine erhebliche Schädigung des Kindes vorherzusehen ist oder eine solche Schädigung bereits eingetreten ist und die Gefahr fortbesteht.

- Unter **körperlicher Vernachlässigung** ist die nicht hinreichende Versorgung und Gesundheitsfürsorge zu verstehen, die zu massiven Gedeih- und Entwicklungsstörungen führen kann (bis hin zum psychosozialen Minderwuchs). Dabei geht es um Mängel im Hinblick auf Nahrung, Trinken, Kleidung, Wärme oder Hygiene. Gesundheitliche Vernachlässigung bezieht sich etwa auch darauf, dass Eltern die Zahnhygiene ihrer Kinder vernachlässigen, sie einseitig ernähren, oder ärztlich verordnete Diäten missachten.[43]
- **Emotionale Vernachlässigung** stellt ein nicht hinreichendes oder ständig wechselndes und dadurch nicht ausreichendes emotionales Beziehungsangebot dar und ist von der emotionalen Misshandlung, die sich durch intrusive Methoden auszeichnet, wie Terrorisieren, Herabsetzen etc., zu unterscheiden. Emotionale Vernachlässigung ist immer interpersonell. Sie findet in engen Bindungsbeziehungen in der Familie statt. Besonders betroffen sind Kinder zwischen 0 bis 14 Jahren, wobei ein Risiko gravierender Schädigungen insbesondere bei Kindern in den ersten Lebensjahren besteht.[44]

Generell betrifft emotionale ebenso wie körperliche Vernachlässigung **eher jüngere** **181**
Kinder. Tatsächlich hat Vernachlässigung die schwersten Folgen bei Säuglingen und Kleinkindern, da diese am elementarsten auf eine allumfassende Grundversorgung angewiesen sind. Kleine Kinder sind in hohem Maße von elterlicher Fürsorge, Zuwendung und Trost abhängig.

Entwicklung in dieser frühen Zeit vollzieht sich in engen Bindungsbeziehungen, in denen Grundlagen für Selbstvertrauen bzw. Selbstwirksamkeit gelegt werden.[45] Ihre chronische Unterversorgung kann zu einer Schädigung der körperlichen, geistigen und seelischen Entwicklung führen, sie kann darüber hinaus akut auch zu lebensbedrohlichen Situationen führen. Beispielsweise gibt es immer wieder Fälle schwerer Unterernährung oder schweren Flüssigkeitsmangels von Säuglingen aufgrund von Vernachlässigung. Generell betrifft körperliche Vernachlässigung eher jüngere Kinder.

43 Z.B. bei Stoffwechselstörungen; vgl. Ziegenhain/Kindler, 2022.
44 Kindler, 2016.
45 Ziegenhain, 2019; Ziegenhain/Kindler, 2022.

2. Die Bedeutung des familialen und sozialen Umfelds

182 Vernachlässigung lässt sich aus dem Zusammenspiel von **multiplen Risikofaktoren** erklären, die sich unterschiedlichen Bereichen zuordnen lassen. Gemäß einer vor einigen Jahren publizierten Metaanalyse, die 36 Studien umfasste, ließen sich 15 statistisch bedeutsame Risikobereiche identifizieren (*Mulder* et al., 2018). Dazu gehören die familiäre soziale Lage (Alleinerziehen, niedriger sozio-ökonomischer Status, Familiengröße (> zwei Kinder) oder dysfunktionales familiäres Verhalten), elterliche Charakteristika (antisoziale bzw. kriminelle Vergangenheit, psychiatrische Probleme, körperliche Probleme, niedriger Bildungsstand) und dabei auch die transgenerationale Weitergabe eigener Vernachlässigungs- und Misshandlungsvorerfahrungen von Eltern sowie Charakteristika der Kinder (perinatale gesundheitliche Probleme, Verhaltensprobleme).

183 Die aussagekräftigsten Risiken, die Vernachlässigung prädizierten, zeigten sich im Bereich **elterlicher Charakteristika**, wie in einer Vorgeschichte von antisozialem bzw. kriminellem Verhalten, von psychiatrischen Problemen und von Misshandlungsvorerfahrungen in der eigenen Kindheit sowie niedrigem Bildungsstand. Diese Befunde lassen sich klinisch interpretieren. *Polansky* (1981) beschreibt beispielsweise mit Blick auf die Persönlichkeitsstruktur vernachlässigender Eltern das Phänomen des so genannten „Apathienutzlosigkeitssyndroms". Eltern, die häufig in schweren sozialen Problemen stecken oder selbst an einer Depression erkrankt sind, sind wenig in der Lage, die notwendige Empathie für die Bedürfnisse eines Säuglings zu entwickeln.

In eigenen Untersuchungen (*Fegert*, 1997) zeigten wir in einer kinder- und jugendpsychiatrischen Inanspruchnahmepopulation, dass die Kombination von Mangel an Aufsicht und einem „Mangel an Wärme" in der Eltern-Kind-Interaktion nach den Kriterien der Achse 5 der WHO gerade bei Eltern aus der untersten **sozioökonomischen Schicht** kumulieren. Eine logistische Regressionsgleichung, die diese beiden Variablen als abhängige Variablen und die übrigen Variablen der 5. Achse der WHO sowie Schicht und Alter als unabhängige Variablen annahm, machte deutlich, dass massive Not, d.h. nach den WHO-Kriterien Lebensbedingungen mit direkter psychosozialer Gefährdung, hochsignifikant mit einer *Odds Ratio* von 3,1 ein relativ höheres Vernachlässigungsrisiko mit sich bringt. Deutlich wurde dabei auch, dass, je besser die materiellen Ressourcen sind, desto mehr eventuelle Mängel an Basisbedürfnissen offensichtlich durch Einsatz fremder Hilfe kompensiert werden können. Dennoch behalten psychische und Suchterkrankungen eines Elternteils auch bei höherer Schicht ein erhöhtes Gefährdungsrisiko für Vernachlässigung der Kinder. Zum multiaxialen Klassifikationsschema vgl. Teil 3/*Fegert, Köhler-Dauner, Zwönitzer*, Rn. 234)

184 Im Zusammenhang mit den beschriebenen Risikobereichen bzw. der darunter subsumierten Risiken ist das **Risiko des Alleinerziehens** (familiäre soziale Lage) von besonderer Bedeutung für die Praxis. Wichtig hierbei ist, das Alleinerziehen im Kontext der psychosozialen Situation und damit verbundenen Not von der Beziehungsform Alleinerziehen zu unterscheiden. Diese stellt nicht per se ein Risiko dar.

In einer Literaturübersicht und Datenanalyse in unserer Rostocker Inanspruchnahmepopulation (*Fegert*, 2000) zeigte sich, dass ganz unterschiedliche Familienformen prinzipiell mit einem psychisch gesunden Aufwachsen von Kindern verbunden sein können. Während Alleinerziehen bis in die 70er Jahre durch die Stigmatisierung der betroffenen so genannten illegitimen Kinder noch tatsächlich ein psychosoziales Vernachlässigungsrisiko darstellte, hat die **veränderte Realität familialer Lebenswelten** hier einige korrigierende Einschränkungen dringend erforderlich gemacht. Als Risiko für Vernachlässigung ist Alleinerziehen vor allem bei sehr jungen unerfahrenen Teenagermüttern anzusehen. Überall da, wo die alleinerziehende Mutter durch eine psychische Erkrankung und/oder eine Suchterkrankung an der Empathie und Wahrnehmung kindlicher Bedürfnisse gehindert ist, stellt das Alleinerziehen auch ein erhöhtes Risiko dar.

3. Die kindlichen Basisbedürfnisse

Für Verfahrensbeistände ist es wichtig, zur Abschätzung einer Gefährdungssituation 185
eines Kindes, Kenntnisse über kindliche Basisbedürfnisse und deren Altersabhängigkeit zu haben. Die Beschreibung solcher „Basic Needs" als Einschätzungskriterien (vgl. *Fegert*, 1997) kann hier hilfreich sein. Auch die Metapher der Bedürfnispyramide[46] macht deutlich, dass Kinder, je jünger sie sind, umso stärker von der direkten Bedürfnisbefriedigung in den Bereichen Versorgung, Ernährung, Gesundheitsfürsorge abhängen, wenngleich natürlich Liebe und Zuwendung, d.h. die emotionale Seite, in der Interaktion mit dem Kind bei der Beurteilung von Gedeihstörungen sowie körperlichen und psychischen Deprivationsfolgen nie zu vernachlässigen ist.

Häufig sind die **Versorgungsdefizite** nicht von einem Empathiedefizit zu trennen. *Steele* (1997) spricht davon, dass dieses **Empathiedefizit** verhindert, dass die Pflegepersonen tatsächlich die Hungerschreie der Kinder „hören". Es fehlen innere Maßstäbe und das Empathiedefizit verhindert, dass sie „sehen", dass Kinder nicht zunehmen etc. *Cantwell* (1997) und andere[47] beschreiben Grundbedürfnisse, deren Befriedigung ein kleines Kind von den es umgebenden Versorgungspersonen erwarten darf.

a) Ernährung 186

Essen und Flüssigkeit muss in hinreichendem Ausmaß zur Verfügung stehen. Konsistenz und Nährwert der Nahrung muss altersangemessen sein. Frühkindliche Gedeihstörungen sind häufig hinweisend auf unzureichende Ernährung oder Schwierigkeiten in der Eltern-Kind-Interaktion. Als **Gedeihstörung** wird ein Gewicht unter der dritten Perzentilkurve (das bedeutet, dass nur 3 % aller Kinder in sogenannten Normalpopulationen im gleichen Alter weniger wiegen)[48] oder der deutliche Abfall des Gewichts unter die für jeweils altersentsprechende Perzentilkurve verstanden.[49] Die Definition ist also abhängig vom Ausgangsgewicht und erfordert eine regelmäßige

46 Vgl. Maslow, 1978.
47 Vgl. Übersicht in Schone, 1997.
48 Cantwell, 1997.
49 Koletzko/Koletzko, 2008.

Gewichtskontrolle. In Deutschland werden die Gewichtskurven über das **U-Untersuchungsheft** für Säuglinge und Kleinkinder regelmäßig erfasst. Werden ärztliche Untersuchungen regelmäßig wahrgenommen, lässt sich der Gewichtsverlauf gut dokumentieren.

Weitere diagnostische Anhaltspunkte einer Mangelernährung lassen sich aus dem Zustand der **Haut, Zähne und Haare** ableiten. Steigt das Gewicht nach Aufnahme angemessener Ernährung und unter positiven emotionalen Anregungsverhältnissen an, liegt der Verdacht nahe, dass vorher keine ausreichende Ernährung stattfand. Solche Situationen sind häufig nach der Aufnahme in eine Kinderklinik zu beobachten und sind in der Regel auch in Arztbriefen und Entlassungsberichten dokumentiert. Gleichzeitig werden in der Kinderklinik häufig unspezifische Entwicklungsverzögerungen festgestellt, die schon im stationären Milieu durch die dort vorhandene Anregung, z.B. durch das Pflegepersonal und durch spezifische Maßnahmen durch Ergotherapie, Logopädie etc. sich rasch zurückbilden. Differentialdiagnostisch müssen organisch begründete Krankheiten ausgeschlossen werden.

Eine Extremform solcher Gedeihstörungen ist der **psychosoziale Minderwuchs**, welcher im Gegensatz zu den relativ häufigen Gedeihstörungen (zwischen ein und fünf Prozent der Aufnahmen in Kinderkliniken) ein relativ seltenes, aber in diesem Kontext relevantes Phänomen darstellt.[50] Kriterien sind ausgeprägte Wachstumsverzögerungen mit einer Körpergröße unterhalb der dritten Perzentile und verzögerte Epiphysenreifung, schwere psychische Störungen mit hochgradig abnormem Essverhalten, Störungen des Schlaf-Wach-Rhythmus, herabgesetzte Schmerzempfindlichkeit und ausgeprägte Entwicklungsverzögerung. Die beschriebenen Symptome sind in der Regel durch Aufhebung der deprivierenden Bedingungen **reversibel**. Endokrine Funktionen, Serumbefunde, radiologische Zeichen können auffällig sein. In der stationären Beobachtung fällt auf, dass diese Kinder, obwohl normale Nahrung zugänglich ist, große Mengen Wasser, z.T. auch aus dem Waschbecken oder Toilettenbecken etc., zu sich nehmen (Polydipsie; andere Ursachen derselben müssen ausgeschlossen werden, z.B. Diabetes insipidus). Auch wird bisweilen ein ungesteuertes Essverhalten, Sammeln von Essensresten etc. wahrgenommen.

187 **b) Schlaf**

Die Sicherstellung eines hinreichenden Schlaf-Wach-Rhythmus ist für die Entwicklung eines Kindes unbedingt erforderlich.

188 **c) Kleidung und Hygiene**

Kinder brauchen eine adäquate Bekleidung, die sie weder zu starker Wärme noch Kälte aussetzt und sie somit vor Witterungsbedingungen schützt. Die Kleidung muss hinreichend sauber sein, Hygiene und Körperpflege sind wichtige Kriterien für die Einschätzung eines Pflegezustandes eines Säuglings und können z.B. beim Wickeln gut beobachtet werden.

50 Vgl. Steinhausen, 1981, 1985.

Regelmäßiges Wickeln eines Säuglings verhindert Infektionen im Windelbereich. Solche Infektionen sind aber nicht selten. Ein zentrales Kriterium ist eher der Umgang mit diesen Infektionen (also z.B.: Was wird gegen einen Windelsoor getan? Wird hier dann auf besondere Hygiene geachtet? Wird der Kinderarzt aufgesucht? etc.). Lebt eine Mutter mit ihrem Kind auf der Straße oder in anderen extremen Notverhältnissen, dann kann auch ausreichende Kleidung nicht einen hinreichenden **Wärmeschutz**, z.B. in einem strengen Winter oder bei starker Nässe, bieten. Auch lebensnotwendige Wärme gehört zu den Grundbedürfnissen.

d) Generelle Schutzbedürfnisse 189

Schutz vor Gefahren (z.B. Kampfhunde in der Wohnung, offenes Feuer, ungesicherte Treppen), Schutz vor Witterungsbedingungen (vgl. Kleidung), Schutz vor Reizüberflutung (d.h. z.B. die Bereitstellung eines Schlafplatzes, in dem das Kind in Ruhe einschlafen kann, ohne z.B. gleichzeitig dem Fernsehprogramm und Zigarettenrauch ausgesetzt zu sein).

Das Schutzbedürfnis geht aber noch dahingehend weiter, dass von den erwachsenen Bezugspersonen auch **beschützende**, in Schutz nehmende **Handlungen** verlangt werden, die Gefahren für das Kind antizipieren. Gerade wenn Kinder durch Krabbeln oder Laufen einen größeren Bewegungsradius entwickelt haben, benötigen sie eine Fülle von elterlichen Hinweisen, um selbst ein Verhalten zu entwickeln, was einerseits ihre Neugier befriedigt und andererseits ihrer persönlichen Sicherheit Rechnung trägt. Immer wieder müssen Kinder darauf hingewiesen werden, dass Herdplatten heiß sind. Begrifflichkeiten wie heiß, kalt etc. müssen eingeübt und auch emotional verstanden werden.

e) Empathiefähigkeit und „Nurturance" 190

„Nurturance" bezeichnet im Englischen aufmerksames und reaktionsbereites Verhalten, welches Eltern ihren Kindern gegenüber zeigen, um damit eine gedeihliche Entwicklung und den Aufbau positiver Bindungen zu den primären Beziehungspersonen zu unterstützen. Die Befriedigung solcher Bedürfnisse nach Verständnis ist zentral für den Aufbau von Selbstwertgefühl, Interesse und damit auch für die kognitive Entwicklung.[51]

f) Anregung zur Entwicklung von Kindern 191

Es ist auch unbedingt eine Anregung durch **Interaktion** und durch **Spielmaterialien** erforderlich. Kinder benötigen kognitive Stimulation und Entwicklungsförderung. Hierbei geht es insbesondere auch um die Förderung sogenannter exekutiver Funktionen. Exekutive Funktionen umfassen kognitive und emotional relevante Fähigkeiten, die es erlauben sich unter Einsatz von Gedächtnisprozessen, Regeln und Aufmerksamkeitssteuerung zielgerichtet zu verhalten. Es geht darum, Handlungen selbstständig zu steuern, Informationen im Gedächtnis behalten zu können, sich zu konzentrieren, negative Impulse zu kontrollieren oder Frustrationen zu tolerieren. Die

51 Farah et al., 2008.

Entwicklung exekutiver Funktionen ist entscheidend mit der Gehirnreifung verbunden, insbesondere mit dem Aufbau des präfrontalen Cortex. Dessen Entwicklung wiederum steht im Zusammenhang mit frühen Beziehungserfahrungen, und zwar gleichermaßen mit positiven wie negativen. Als Belege für negative Beziehungserfahrungen lassen sich Studien über die Entwicklung von Kindern mit massiven Deprivationserfahrungen heranziehen, bei denen sowohl funktionale wie strukturelle Einschränkungen in der Gehirnentwicklung gefunden wurden und die etwa in ihrer Impulshemmung oder in ihrer Aufmerksamkeitssteuerung beeinträchtigt waren.[52]

Zudem benötigen Kinder für eine gelingende Entwicklung eine verlässliche Strukturierung im Alltag bzw. **Grenzsetzung**. Solche Grenzsetzungen müssen hinreichend zuverlässig sein, so dass sie eine Orientierung im Leben für das Kind ermöglichen. Die ersten zentralen Aufgaben in der Erziehung und Grenzsetzung sind die Füttersituation, die Schlafsituation sowie später die Sauberkeitserziehung. Um diese zentralen Interaktionen kann sich eine Fülle von Konflikten ranken, deshalb ist es sehr hilfreich, sowohl während der Säuglingsphase als auch später retrospektiv, diese ersten Entwicklungsaufgaben zwischen Eltern und Kindern und ihre Bewältigung näher unter die Lupe zu nehmen.

Selbstverständlich ist **Kommunikation** eine zentrale Voraussetzung für die sprachliche Entwicklung. Eine reziproke Kommunikation, ein sprachliches Vorbild gehört zur Anregung von Kindern. Dasselbe gilt für die Gewährleistung **motorischer Bedürfnisse**. Hier sind grobmotorische und feinmotorische Bedürfnisse zu unterscheiden, die beide adäquat gefördert werden müssen. Kinder müssen sich austoben können und ihre Kraft spüren und dosieren lernen können. Sie müssen Erschöpfung lernen und dabei auch lernen, wie sie sich erholen und zur Ruhe kommen können. Die Feinmotorik wird vor allem durch Spielzeug, durch das Malen etc. angeregt. Auch hier sind vor allem durch die primären Bezugspersonen zentrale Entwicklungsanreize zu geben.

192 **g) Gesundheitsfürsorge**

Gesundheitsfürsorge ist eine der zentralen Aufgaben einer guten Versorgung von Kindern. Hierzu gehört die regelmäßige Wahrnehmung der entwicklungsdiagnostischen **Routineuntersuchungen** ebenso wie der zuverlässige Aufbau eines **Impfschutzes** für das Kind. Wichtig ist, dass die entsprechenden Unterlagen, Untersuchungsheft und Impfpass aufbewahrt werden und im Zweifelsfall zur Verfügung stehen.

Der Gesundheitszustand des Kindes muss aufmerksam erfasst werden. Infektionskrankheiten, Fieber etc. müssen wahrgenommen, entsprechende Pflegemaßnahmen ergriffen werden bzw. bei Ausbleiben von entsprechendem Erfolg muss ein Arztbesuch erfolgen. Verschleppte Vorstellungen führen zu besonders schweren Verläufen und teilweise vermeidbaren Folgeerkrankungen, z.T. mit Defektheilungen. Eine notwendige Medikamenteneinnahme muss sichergestellt werden, Verbände müssen hygienisch hinreichend vorgenommen bzw. gewechselt werden.

52 Vgl. Ziegenhain/Gloger-Tippelt, 2013.

4. Zur Anwendung der Basisfürsorgekriterien

Zentral für die Anwendung der Basisfürsorgekriterien ist ihre **Entwicklungsabhängigkeit**. Das heißt, je älter und fortgeschrittener Kinder in ihrer Entwicklung sind, desto eher werden sie in der Lage sein, sich Grundbedürfnisse selbst zu sichern bzw. einige Tage ohne elterliche Aufsicht und Versorgung zu überleben. 193

Beispiel

Bei einem zehnjährigen Kind ist, wenn die Mutter durch Alkoholexzesse für mehrere Tage als Versorgerin ausfällt, in der Regel nicht zu befürchten, dass eine Lebensgefahr durch Unterernährung oder Verdursten besteht. Vielmehr wird wahrscheinlich das Kind quasi parentifiziert und sich um den suchtkranken Elternteil kümmern.

Die **Planung der Hilfe** und die Notwendigkeit schnellen Einschreitens sind also je nach Entwicklungsstand und in Abhängigkeit von der Gefährdung im elementaren Bedürfnisbereich bei kleinen Kindern und Schulkindern völlig unterschiedlich, denn die gleiche eben skizzierte Situation könnte für einen Säugling schon lebensbedrohlich werden (*Ziegenhain* et al., 2007). Deshalb können auch für Maßnahmen des Kinderschutzes und für Interventionen durch Erwachsene in Garantenpositionen keine für alle Altersstufen gleichermaßen verbindlichen generellen Regeln oder Schwellen des Einschreitens definiert werden. Grundkenntnisse über die absolute Hilfsbedürftigkeit von Säuglingen sollten aber von allen Personen, die in diesem Bereich Verantwortung tragen, erwartet werden.[53]

5. Reaktive Bindungsstörung und Bindungsstörung mit Enthemmung

Die psychischen Folgen schwerer Vernachlässigung und/oder anderer Traumatisierungen im frühen Kindesalter werden häufig noch durch ungenügende und ebenfalls belastende institutionelle Reaktionen[54] verstärkt. Gerade der rasche und häufige Wechsel zwischen vernachlässigender Herkunftsfamilie, Kurzzeitpflegestellen, Dauerpflegestellen oder stationären Jugendhilfeeinrichtungen etc. kann den Schaden vertiefen, den Vernachlässigung und Misshandlung gesetzt haben. Hier geht es nicht zuletzt auch um unzureichende institutionelle Hilfeplanung bzw. unzureichende Klärung möglicher bzw. nicht möglicher Rückkehroptionen (siehe auch Teil 3/*Diouani-Streek*, Rn. 449 ff.). 194

Insofern sind die Krankheitsbilder der Reaktiven Bindungsstörung des Kindesalters und der Bindungsstörung des Kindesalters mit Enthemmung (ICD-10 F94.1 und F94.2) nicht selten die **psychischen Folgezustände**, die im jungen Kindesalter kinderpsychiatrisch dann nach den Kriterien der WHO bei von Vernachlässigung und/

53 Vgl. Fieseler, 2000.
54 Vgl. Fegert, 1998; Ziegenhain, Fegert et al., 2014.

oder Misshandlung betroffenen Kindern festgestellt werden müssen (vgl. Teil 3/*Ziegenhain*, Rn. 170 ff.).

195 Frühen Vernachlässigungserfahrungen wird in den jüngst überarbeiteten Kriterien zur Diagnose und Ätiologie von frühkindlichen Bindungsstörungen gemäß DSM-5 bzw. ICD-11 eine gewichtige Bedeutung beigemessen. Danach werden Bindungsstörungen spezifisch auf extrem unzureichende Fürsorge („insufficient care") zurückgeführt und weitergehend als Vernachlässigung definiert. Diese Definition wird neben Vernachlässigung im familiären Kontext erweitert um häufige **Wechsel von Bezugspersonen** oder **Deprivation** im Kontext von unzureichender Betreuung in stationären Settings.[55]

Wichtig ist, dass diese in ihrer klinischen Bedeutung anerkannten Krankheitsbilder nicht mit den traditionellen bindungstheoretischen Klassifikationen[56] verwechselt werden. Dies gilt auch für die in einzelnen Fällen durchaus entwicklungspsychopathologisch interpretierbare Klassifikation desorganisierter Bindung.[57] Die hier referierten **Krankheitsbegriffe** beziehen sich auf voll ausgebildete Störungsbilder mit

- einer eher ungünstigen Prognose,
- einem hohen Risiko der Entwicklung späterer Persönlichkeitsstörungen und
- einem häufig hohen individuellen Förder- und Hilfebedarf.

196 Da neben dem auffälligen Beziehungsverhalten die meist gravierende Vorgeschichte mit häufigen Betreuungswechseln, Deprivation etc. eine wesentliche Rolle bei der Diagnosestellung spielt, ist es wichtig, diese genau zu recherchieren. Allerdings ist dies gerade aufgrund der häufigen Betreuungswechsel schwierig bzw. unzureichend. Eine rechtzeitige kinder- und jugendpsychiatrische/-psychologische Diagnosestellung, eine fachlich kompetente Pflegeeltern-, Eltern- oder Institutionsberatung sind unabdingbar, um den Kindern in stabilen Betreuungsverhältnissen bessere Aufwachsensbedingungen zu sichern. Gleichzeitig ist das **Wissen um die Vorgeschichte** auch bedeutsam, um das Erleben und Verhalten der Kinder besser einschätzen zu können und adäquat darauf reagieren zu können.[58]

III. Bedürfnis nach Schutz vor Gewalt

1. Recht auf gewaltfreie Erziehung und Umfang der Gewalt gegen Kinder

197 **a) Recht auf gewaltfreie Erziehung**

Die Auffassung, dass Kinder ein Recht auf Schutz vor Gewalt in der Erziehung haben, ist **historisch jung** und auch heutzutage im Bewusstsein vieler Menschen nicht fest

55 Vgl. Ziegenhain/Fegert, 2012.
56 Sicher-unsicher; Ainsworth et al., 1978.
57 Main/Solomon 1990.
58 Vgl. Fegert 1998; Ziegenhain et al., 2014.

verankert – die Konvention über die Rechte des Kindes der Vereinten Nationen wurde erst 1989 verabschiedet und 1992 von Deutschland ratifiziert. Nach der Aufnahme eines Rechts von Kindern auf gewaltfreie Erziehung in das Bürgerliche Gesetzbuch am 8.11.2000 ist nunmehr zumindest auf der gesetzlichen Ebene klargestellt, dass Gewalt kein akzeptables Mittel der Erziehung sein darf. Die Neufassung des § 1631 Abs. 2 BGB lautet:

§ 1631 Abs. 2 BGB

„Das Kind hat ein Recht auf Pflege und Erziehung unter Ausschluss von Gewalt, körperlichen Bestrafungen, seelischen Verletzungen und anderen entwürdigenden Maßnahmen."

Nach § 1631 Abs. 2 BGB haben also alle in Deutschland lebenden Kinder ein Recht auf gewaltfreie Erziehung. Das bedeutet, dass das Kind als Inhaber von Grundrechten – nämlich als Person mit eigener Würde – die Achtung seiner Persönlichkeit auch von den eigenen Eltern verlangen kann. Korrespondierend zu diesem Recht normiert § 1631 Abs. 2 BGB ein Verbot an die Eltern. Sie dürfen bei der Ausübung der Personensorge körperliche Bestrafungen, seelische Verletzungen und andere entwürdigende Maßnahmen nicht mehr einsetzen.

Die ausdrückliche Benennung des **Leitbildes einer Erziehung** ohne Gewalt bezeichnet einen Wendepunkt im Verhältnis zwischen Eltern und Kindern. Nachdem die körperliche Züchtigung des Gesindes durch die Herrschaft, der Lehrlinge durch die Lehrherren, der Schüler durch die Lehrer und der Ehefrau durch den Ehemann verboten worden war, beseitigte das Recht auf gewaltfreie Erziehung das letzte Refugium gesetzlich legitimierter körperlicher Gewaltanwendung. Mit der Reform des § 1631 Abs. 2 BGB ist der Berufung auf ein angeblich bestehendes elterliches Züchtigungsrecht endgültig der Boden entzogen worden. Gewalt in jeder Form darf nicht mehr als legitimes Mittel der Erziehung angesehen werden.

Verstoßen die Eltern gegen dieses Verbot, soll ihnen und den betroffenen Kindern und Jugendlichen vor allem Hilfe angeboten werden. Denn Ziel des Gesetzes ist die **Ächtung von Gewalt** in der Erziehung und nicht – wie es in der Begründung für das Gesetz ausdrücklich heißt – die Kriminalisierung der Familie. Nicht die Strafverfolgung oder der Entzug der elterlichen Sorge sollen in Konfliktlagen im Vordergrund stehen, sondern **Hilfen** für die betroffenen Familienmitglieder. Ergänzend wurde daher in § 16 Abs. 1 SGB VIII die Pflicht der Kinder- und Jugendbehörden angefügt,

„Wege aufzuzeigen, wie Konfliktsituationen in der Familie gewaltfrei gelöst werden können."[59]

Nach der Verabschiedung eines Rechts von Kindern auf Erziehung ohne Gewalt genügt Deutschland zumindest auf der gesetzlichen Ebene nun auch den in der **UN-Kinderrechtskonvention** formulierten internationalen Ansprüchen. In Artikel 19 Abs. 1 der von Deutschland 1992 ratifizierten Konvention heißt es:

„Die Vertragsstaaten treffen alle geeigneten Gesetzgebungs-, Verwaltungs-, Sozial- und Bildungsmaßnahmen, um das Kind vor jeder Form körperlicher oder geistiger Ge-

59 Vgl. Salgo, 2001, Vom langsamen Sterben des elterlichen Züchtigungsrechts.

waltanwendung, Schadenszufügung oder Misshandlung, vor Verwahrlosung oder Vernachlässigung, vor schlechter Behandlung oder Ausbeutung einschließlich des sexuellen Missbrauchs zu schützen, solange es sich in der Obhut der Eltern oder eines Elternteils, eines Vormunds oder anderen gesetzlichen Vertreters oder einer anderen Person befindet, die das Kind betreut."

Mit der Einführung eines gesetzlichen Gewaltverbots in der Erziehung gehört Deutschland zu den inzwischen 65 Staaten weltweit,[60] die den in Artikel 19 der UN-Kinderrechtskonvention festgelegten Gewaltschutz in **nationales Recht** umgesetzt haben.

198 **b) Umfang der Gewalt gegen Kinder**

Der gesetzlichen Ächtung steht die tatsächlich gegen Kinder ausgeübte Gewalt gegenüber. Aufgrund des Dunkelfeldes und der Schwierigkeit einer einheitlichen Definition lässt sich das gesamte **Ausmaß nicht seriös ermitteln**. Es liegen mittlerweile aber Hinweise darauf vor, dass seit der Einführung des Gesetzes im Jahr 2000 ein **Einstellungswandel** in der Bevölkerung eingesetzt hat. So ist eine Abnahme der Befürwortung von Körperstrafen in Deutschland zu beobachten. Während in einer Umfrage aus dem Jahr 2005 76,2% der befragten Eltern angaben, ihr Kind schon einmal auf den Po geschlagen zu haben, waren es im Jahr 2007 in Deutschland noch 68%.[61] Im Jahr 2016 gaben 53,7% der Befragten in einer repräsentativen Stichprobe der deutschen Bevölkerung an, einen Klaps auf den Po angebracht zu finden, im Jahr 2020 lag die Zustimmung bei nur noch 52,4%.[62] Insgesamt liegt die Zustimmung zu Körperstrafen damit aber immer noch deutlich über der 40%-Marke.

Die **Schwelle zur Kindesmisshandlung** wird ebenfalls in einem Umfang überschritten, die beunruhigen muss. Für Deutschland liegen mittlerweile Daten zum Hell-, wie auch zum Dunkelfeld vor. Informationen zum Hellfeld stammen z.B. aus der Polizeilichen Kriminalstatistik (PKS), die jährlich Daten zum Straftatbestand Sexueller Missbrauch (§ 176 StGB) bereitstellt und der Statistik zur Gefährdungseinschätzung nach § 8a SGB VIII, in der jährlich Daten zu Gefährdungseinschätzungen der Jugendämter zusammengetragen werden. Werden die Daten zu Opfern von §§ 176, 176a, 176b StGB seit 1994 zusammengetragen, so zeigt sich zum einen eine deutliche Abnahme der Opfer strafrechtlich verfolgten sexuellen Kindermissbrauchs zu Beginn des ersten Jahrzehnts im 21. Jahrhundert. Seit 2017 steigen die Zahlen der Straftatopfer insgesamt jedoch wieder kontinuierlich an.[63] **Daten zu Gefährdungseinschätzungen** nach § 8a SGB VIII werden seit 2012 in der Kinder- und Jugendhilfestatistik veröffentlicht. Hier zeigt sich seit Beginn der Erhebung eine stetige Zunahme der Verfahren zur Gefährdungseinschätzung bei Verdacht auf Kindeswohlgefährdung über die

60 Stand: November 2023, Information unter https://endcorporalpunishment.org/ (Abruf am 16.9.2024).

61 Bussman/Erthal et al., 2011.

62 Clemens/Sachser, et. al., 2020; 20 Jahre gewaltfreie Erziehung im BGB „Aktuelle Einstellungen zu Körperstrafen und elterliches Erziehungsverhalten in Deutschland", Ein Blick auf Veränderungen seit der parlamentarischen Entscheidung von 2000; download-studie-gewalt-data.pdf, unicef.de.

63 Jud/Kindler, 2020; https://beauftragte-missbrauch.de/fileadmin/user_upload/Publikationen__Expertisen_und_Studien/Expertise_UBSKM_Hellfeld_2022.pdf (Abruf am 16.9.2024).

Jahre hinweg. Für das Jahr 2022 entfielen von den insgesamt rund 203.700 Kindeswohlgefährdungsverfahren 33.400 auf akute und 28.900 auf latente Kindeswohlgefährdung, in rund 62.300 Verfahren ergab sich keine Kindeswohlgefährdung, es wurde aber ein Hilfebedarf festgestellt.

Zur **Abschätzung des Dunkelfeldes** liegt in Deutschland mittlerweile eine Reihe von bevölkerungsrepräsentativen Studien vor. Zwei Studien wurden im Abstand von etwa 20 Jahren vom kriminologischen Forschungsinstitut Niedersachsen (KFN) durchgeführt.[64] In beiden Studien liegt der Fokus der Untersuchung überwiegend auf sexuellem Missbrauch. Darüber hinaus ist in mehreren bevölkerungsrepräsentativen Studien in Zusammenarbeit mit dem Sozial- und Meinungsforschungsinstitut USUMA das Ausmaß von Kindesmisshandlung mit standardisierten Fragebögen retrospektiv erhoben worden.[65] In der Untersuchung von 2016[66] berichteten insgesamt fast 31% der Befragten, irgendeine Form von Misshandlung erlebt zu haben. Von schwerer emotionaler Misshandlung berichteten 2,6% (3,9% Frauen, 1,2% Männer) aller Befragten, 3,3% (3,4% Frauen, 3,3% Männer) berichteten von schwerer körperlicher Misshandlung, 2,3% (3,7% Frauen, 0,7% Männer) von schwerem sexuellen Missbrauch, 7,1% (8,1% Frauen, 5,9 % Männer) von schwerer emotionaler Vernachlässigung und 9,0% (9,2% Frauen, 8,9% Männer) von schwerer körperlicher Vernachlässigung. Frauen berichteten häufiger von mindestens moderatem sexuellem Missbrauch und emotionaler Misshandlung als Männer. In Abhängigkeit der gewählten Cut-Off-Werte zeigt sich im Vergleich zu Angaben in Metaanalysen eine eher geringere Ausprägung der Rate sexuellen Missbrauchs.[67] Die Prävalenz für körperliche Misshandlung liegt dagegen über den Angaben aus internationalen Metaanalysen.[68] Werden weitere Definitionen von Vernachlässigung mit einbezogen, so liegen die Raten deutlich über den Angaben von *Stoltenborgh* und Kollegen (2015).

2. Kindesmisshandlung und sexueller Missbrauch

a) Definitionen von Kindesmisshandlung

Bei allen epidemiologischen Untersuchungen, die auf das Ausmaß von Kindesmisshandlung zielen, hängen die Ergebnisse stark von den definitorischen Vorgaben ab.[69] Darüber, wann auf einem Kontinuum aller möglichen Verhaltensweisen im Verhältnis zu Kindern die Schwelle zur Misshandlung überschritten wird, finden sich weiterhin sehr unterschiedliche definitorische Zugänge.[70] In der Praxis sind vor allem **zwei Arten** von Definitionen von Bedeutung: 199

1. einerseits ein an (straf-)rechtliche Bestimmungen angelehnter (eng gefasster) Begriff von Kindesmisshandlung,

64 Wetzels, 1997; Stadler et al., 2012.
65 Witt et al., 2018.
66 Witt et al., 2017.
67 Stoltenborgh et al., 2015.
68 Stoltenborgh et al., 2015.
69 Jud u.a. 2016, S. 24–27.
70 Jud/Voll, 2019.

2. andererseits eine an medizinisch-sozialwissenschaftlichen Kriterien orientierte (weiter gefasste) Definition.

Rechtliche Definitionen berücksichtigen nicht nur die Schwelle zur Kindesmisshandlung, sondern halten primär fest, wann ein (staatlicher) Eingriff in die Privatsphäre der Familie gerechtfertigt ist und sind daher enger gefasst. Zu beachten ist, dass sowohl bei rechtlichen als auch bei medizinisch-sozialwissenschaftlichen Definitionszugängen auch **kulturelle Werturteile** eine Rolle spielen, die ihrerseits historischen Veränderungen unterliegen.

200 **Strafrechtlich** wird die „Misshandlung von Schutzbefohlenen" in § 225 StGB erfasst. Sexueller Missbrauch wird strafrechtlich in §§ 174 ff. StGB behandelt. Die Regelungen sind mit dem Gesetz zur Bekämpfung sexualisierter Gewalt gegen Kinder vom 16.6.2021 näher konkretisiert und verschärft worden. Die dort benutzten Definitionen von Misshandlung und sexuellem Missbrauch orientieren sich sämtlich an dem strafrechtlichen Rechtsgüterschutz mit dem Ziel der Ermittlung und Verfolgung des Täters.

201 Im **Familienrecht** sind „Kindeswohlgefährdung" (§§ 1666, 1666a BGB) und die für eine Meldung beim Jugendamt notwendigen „gewichtigen Anhaltspunkte" (§ 8a Abs. 1 SGB VIII) unbestimmte Rechtsbegriffe, d.h. ihre Auslegung erfolgt fallbezogen mit Blick auf den notwendigen Schutz und die angebrachten Hilfen. Der aktuelle Stand wissenschaftlicher Erkenntnisse soll dabei berücksichtigt werden.

202 Aus **medizinisch-sozialwissenschaftlicher Perspektive** stellen die in einem Konsensprozess verschiedener Disziplinen erarbeiteten Definitionen des US-amerikanischen Centers for Disease Control and Prevention (CDC) zu Kindesmisshandlung[71] einen wichtigen Fortschritt dar. Sie fokussieren auf die Handlung und bieten für die verwendeten Begriffe Operationalisierungen. Übergreifend wird festgehalten:

Definition Kindesmisshandlung

▶ *Unter Kindsmisshandlung werden einzelne oder mehrere Handlungen oder Unterlassungen durch Eltern oder andere Bezugspersonen verstanden, die zu einer physischen oder psychischen Schädigung des Kindes führen, das Potential einer Schädigung besitzen oder die Androhung einer Schädigung enthalten (Übersetzung der Autoren).*

Die Umschreibung der **Folgen** von Kindesmisshandlung verweist darauf, dass die Handlungen und Unterlassungen auf einem Kontinuum geringfügiger bis hin zu massiver Schädigung stattfinden und mitunter auch eine einmalige Misshandlung eine nachhaltige Schädigung zur Folge haben kann.

b) Formen von Kindesmisshandlung

203 Die Misshandlung eines Kindes besteht nur selten in einer einmaligen gewaltsamen Handlung, auch wenn ein einzelner Vorgang (z.B. das Schütteln eines Säuglings mit

71 Leeb u.a., 2008, S. 11–13.

der Folge eines Hirntraumas) mit erheblichen Verletzungen für das Kind oder gar dessen Tod verbunden sein kann. Typischerweise ist Kindesmisshandlung ein **aus mehreren Elementen zusammengesetztes Syndrom** negativer Einwirkungen – Handlungen und Unterlassungen – auf ein Kind.

Auch wenn es für eine diagnostische Fokussierung sinnvoll ist, verschiedene Formen der Misshandlung zu unterscheiden, kommen diese in der Praxis **selten isoliert** vor; unterschiedliche Handlungen und Unterlassungen finden parallel oder zeitlich versetzt statt. Besonders in schweren Misshandlungsfällen sind häufig **komplexe Mischformen** zu beobachten, die sich gegenseitig überlappen und verstärken. Typischerweise werden **vier Hauptformen** von Kindesmisshandlung unterschieden:

1. körperliche Misshandlung,
2. Vernachlässigung,
3. sexueller Missbrauch,
4. psychische (emotionale) Misshandlung.

Neben diesen direkten Formen der Gewalteinwirkung, erleben Kinder auch **indirekt** 204
Gewalt, durch das Miterleben von Paargewalt in ihrer Familie. Die unterschiedliche, indirekte Gewalteinwirkung und die hohe Prävalenz des Phänomens rechtfertigen eine eigenständige Kategorie, auch wenn das Phänomen in verschiedenen definitorischen Zugängen der psychischen Misshandlung zugeordnet wird. Im medizinischen Kontext wird darüber hinaus das so genannte Münchhausen-Syndrom by proxy (Münchhausen-Stellvertreter-Syndrom) diagnostiziert, bei welchem Eltern bei ihrem Kind eine Krankheit simulieren. Die seltene, aber oft mit schweren Folgen für das betroffene Kind verbundene Diagnose verbindet Elemente körperlicher und psychischer Misshandlung.

aa) Körperliche Misshandlung

Unter körperlicher Misshandlung wird die intentionale, nicht zufällige Anwendung 205
physischer Gewalt von Bezugspersonen auf ein Kind verstanden, die in physischen Verletzungen mündet oder das Potenzial für eine derartige Verletzung besitzt.[72]

Körperliche Misshandlung umfasst damit alle Handlungen, vom einzelnen Schlag mit der Hand, über Prügeln, Treten, Festhalten, Schütteln und Würgen bis hin zum gewaltsamen Angriff mit Gürteln, Stöcken, anderen Gegenständen und Waffen, die zu einer nicht zufälligen körperlichen Verletzung eines Kindes führen, wobei es vor allem zu Blutergüssen, Prellungen, Schädel- und Knochenbrüchen, aber auch zu inneren Verletzungen und zu Verbrennungen und Verbrühungen kommt. Sie sind einerseits die Folge gezielter Gewaltausübung, z.B. bei exzessiven Kontrollmaßnahmen. Andererseits stellen körperliche Misshandlungen eine Form impulsiver sowie reaktiver Gewalttätigkeit dar. Dies ist vor allem in zugespitzten Stress-Situationen der Fall. In diesen Fällen ist davon auszugehen, dass die körperliche Misshandlung mit einer psychischen Misshandlung einhergeht (vgl. auch Rn. 208).

72 Leeb u.a., 2008, S. 14, Übersetzung der Autoren.

bb) Vernachlässigung

206 Bei Vernachlässigung von Kindern werden zwei Unterformen unterschieden:[73]

- Bezugspersonen unterlassen es, grundlegende physische, emotionale, medizinische und erzieherische Bedürfnisse eines Kindes angemessen zu versorgen.
- Bezugspersonen gewähren einem Kind entsprechend seiner Entwicklung und seiner emotionalen Bedürfnisse ungenügenden Schutz und Sicherheit innerhalb und außerhalb des Wohnraums.

Diese **Unterlassungen** können bewusst oder unbewusst, aufgrund unzureichender Einsicht oder unzureichenden Wissens erfolgen. Da sich Bedürfnisse von Kindern in Abhängigkeit ihres Alters stark verändern, sind auch Akte der Vernachlässigung stark altersabhängig. Während bei Kleinkindern die adäquate Versorgung basaler körperlicher Bedürfnisse wie Nahrung und Hygiene im Fokus sind, treten bei Jugendlichen Bedürfnisse wie Orientierung und Selbstbestimmung in den Vordergrund. Entsprechend ist z.B. auch eine mangelnde Vermittlung von Pflicht- und Verantwortungsbewusstsein, das wiederholte Zulassen von Fehlzeiten etc. unter der Vernachlässigung von Bedürfnissen zu berücksichtigen.

cc) Sexueller Missbrauch

207 Sexueller Missbrauch umfasst jeden versuchten oder vollendeten sexuellen Akt und Kontakt von Bezugspersonen an einem Kind, aber auch sexuelle Handlungen, die ohne direkten körperlichen Kontakt stattfinden (z.B. Exhibitionismus, pornografische Aufnahmen).[74]

Die Ächtung jeglicher sexualisierter Gewalt an Kindern[75] ist unbestritten und die unterschiedlichen, vorhandenen Definitionen stimmen in den umschriebenen Handlungen weitestgehend überein. Jedoch sollten unterschiedliche Phänomene der sexualisierten Gewalt definitorisch voneinander unterschieden werden, da sich sexueller Missbrauch durch **Bezugspersonen** – Eltern, Lehrpersonen, Leitungspersonen in Freizeitvereinen etc. – in seinen **Ursachen und Folgen** klar von sexualisierter Gewalt durch **Fremdtäter**, aber auch durch Gleichaltrige unterscheidet,[76] auch wenn alle Formen körperliche und nachhaltige psychosoziale Schädigungen mit sich bringen können.

dd) Psychische Misshandlung

208 Bei psychischer Misshandlung vermitteln Bezugspersonen einem Kind, dass es wertlos, fehlerhaft, ungeliebt, nicht gewollt, bedroht oder nur für die Erfüllung von Interessen und Bedürfnissen anderer von Wert ist.[77]

---

73 Leeb u.a., 2008, S. 17 f., Übersetzung der Autoren.

74 Leeb u.a., 2008, S. 14 f., Übersetzung der Autoren.

75 Zur Auseinandersetzung mit den unterschiedlichen Begriffen des sexuellen Missbrauchs, der sexuellen Misshandlung und der sexualisierten Gewalt an Kindern wird auf die Webseite der Unabhängigen Beauftragten für Fragen des Sexuellen Kindesmissbrauch UBSKM verwiesen.

76 Black u.a., 2001.

77 Leeb u.a., 2008, S. 16, Übersetzung der Autoren.

Die direkte psychische Gewalt an Kindern und Jugendlichen durch Bezugspersonen umfasst Akte des Herabsetzens, Beschämens und Geringschätzens, des Ängstigens, Einschüchterns und Terrorisierens, des Isolierens, des Ausgrenzens, des Korrumpierens und der Ausbeutung. Sie ist oft verdeckter als Gewalt mit körperlicher Schädigung. Dennoch können die **Folgen** ähnlich nachhaltig und weitreichend sein wie bei anderen Formen der Kindesmisshandlung.

Chronische psychische Misshandlungen führen, soweit kompensatorische Erfahrungen nicht gemacht werden, in der Regel zu erheblichen Verhaltens-, Persönlichkeits- und Entwicklungsstörungen, vor allem zu einem schwachen Selbst, zu unsicher-ambivalenten oder desorganisierten Bindungsmustern, zu irritierter Selbst- und Fremdwahrnehmung und zu einer Einschränkung sozialer und kognitiver Kompetenzen und Potentiale.

ee) Miterleben häuslicher Gewalt

Neben den Handlungen und Unterlassungen, die unmittelbar auf sie gerichtet sind, **209**
erleben Kinder auch Gewalt indirekter Art. So können sie in ihrer weiteren Entwicklung gefährdet sein, weil sie **Zeug:innen von Gewalt** zwischen ihren engsten Bezugspersonen werden.[78] Das Miterleben von Paargewalt ist oft auch mit direkten Formen des Gewalterlebens verknüpft.

c) Ursachen von Kindesmisshandlung

Kindesmisshandlung ist **nicht monokausal** erklärbar. Vielmehr handelt es sich um **210**
ein vieldimensionales, prozesshaftes Geschehen, das in einen familiären, institutionellen und gesellschaftlich-kulturellen Kontext eingebettet ist. Misshandlungen entstehen multifaktoriell. Ihr Auftreten wird durch das Aufeinandertreffen von **Risikofaktoren** auf unterschiedlichen Ebenen begünstigt. Jedoch führen vergleichbare Misshandlungen nicht bei jedem Kind oder Jugendlichen zu denselben Auswirkungen, da protektive Faktoren wie z.B. soziale Unterstützung durch Gleichaltrige oder die finanzielle Sicherheit der Familie die Folgen dieser Gefährdung mildern können.

Fachkräfte im Kinderschutz sind daher bei der Suche nach angemessenem Schutz und geeigneter Unterstützung darauf angewiesen, sowohl Risiken als auch **protektive Faktoren** zu berücksichtigen. Kindesmisshandlung ist nicht allein ein Unterschichtsproblem. Sie kommt aber in sozial benachteiligten Milieus aufgrund der größeren psychosozialen Belastung gehäuft vor. Soziale Not verringert die Kapazitäten, für ein Kind gut sorgen zu können. Trotz vielfältiger und im Einzelfall sehr unterschiedlicher Faktoren, die für die Entstehung von Kindesmisshandlung ursächlich sind, gibt es **typische Muster**, soziale Bedingungen, Beziehungskonstellationen und Krisensituationen, die sich wechselseitig verstärken und als Risikofaktoren an der Entstehung von Misshandlungen beteiligt sind.

Auf Ebene des **familiären Umfelds** sind u.a. finanzielle und materielle Notlagen (sozi- **211**
aler Abstieg), soziale Isolation, Delinquenz und sehr enge Wohnverhältnisse als Risikofaktoren zu nennen. Kulturelle Anpassungsschwierigkeiten und damit verbundene

78 Kindler, 2002.

Überforderungen z.B. aufgrund sprachlicher Hürden erhöhen das Risiko einer Misshandlung besonders dann, wenn eine mangelnde Verwurzelung in der Herkunftskultur begleitet wird von geringen Chancen der Integration in die Aufnahmekultur.

Wichtig in solchen Fällen sind eine migrations- und kultursensible Herangehensweise sowie eine gut ausgebaute soziale Unterstützung, ohne dabei die universelle Gültigkeit des Rechts jedes Kindes auf ein Aufwachsen ohne Gewalt (Art. 19 UN-Kinderrechtskonvention) zu relativieren oder gar in Frage zu stellen.

212 **Elterliche Risikofaktoren** sind akute und chronische Belastungen wie Krankheit oder Sucht, Gewalterfahrungen in der eigenen Kindheit und mangelnde Bewältigungsstrategien sowie gravierende Beziehungs- und Partnerkonflikte. Gefährdungen entstehen auch, wenn Eltern einen rigiden (z.B. bei vehementer Befürwortung eines elterlichen Züchtigungsrechts) oder inkonsistenten Erziehungsstil verfolgen und wenn sie überhöhte oder unrealistische Erwartungen an das Kind stellen.

213 Faktoren, die mit der Geschichte und **Konstitution des Kindes** zusammenhängen, erhöhen oder verringern ebenso das Risiko einer Misshandlung. So sind Kinder mit einer Behinderung aufgrund des zumeist größeren Pflegeaufwands und weil sie erhöhte Anforderungen an die Erziehungsfähigkeit ihrer Betreuungspersonen stellen, signifikant häufiger von Misshandlungen betroffen. Ein fröhliches Temperament kann protektiv wirken, da Erwachsene bereitwilliger positiv in die Interaktion mit dem Kind gehen.

d) Anlässe für Kindesmisshandlungen

214 Einfaktorielle Erklärungsmodelle, die im Wesentlichen einzelne Ursachen (z.B. elterliche Überforderung) für Kindesmisshandlung annehmen, gelten aktuell als überholt. Gegenüber den einfaktoriellen Erklärungsmodellen gehen „ökologische" Theorien,[79] die die **Wechselwirkungen** zwischen Eltern und ihrer Lebenswelt in den Blick nehmen, eher von einer Kumulation von Belastungsfaktoren in mehreren Lebensbereichen aus. Das Zustandekommen von Misshandlung oder Vernachlässigung wird dabei über die Kumulation von Belastungen in Verbindung mit Eigenschaften des Kindes und überdauernden Risiken gesehen.

So ist eher davon auszugehen, dass verschiedene **Risikofaktoren** im Zusammenspiel mit **Resilienzfaktoren** zu Misshandlungs- oder Vernachlässigungssituationen führen. Kommen mehrere dauerhafte Belastungen zusammen, ohne dass ausreichend Kompensation zur Verfügung steht, kommt es zu Krisensituationen, die in psychischen Überforderungen gipfeln. Geringfügige Anlässe können zum Zusammenbruch des psychischen Gleichgewichts führen. In einem **Krisenzyklus** werden typischerweise wie in einem Teufelskreis die äußere Realität überschätzt, die eigenen Handlungsmöglichkeiten dagegen unterschätzt. Ein Gefühl der Hilflosigkeit stellt sich ein, das sich in Aggression wandelt, die sich dann als Misshandlung auf dem Rücken des Kindes entlädt.

79 Belsky 1980, Cicchetti/Rizley 1981.

3. Diagnostik: Kindesmisshandlung, Vernachlässigung, sexueller Missbrauch, Verdacht auf Münchhausen-Syndrom by proxy

a) Vorbemerkungen

Die medizinische Diagnostik und Differentialdiagnostik setzen z.T. hoch spezialisierte Fachkenntnisse über Verletzungsmuster und weitergehende apparative Diagnostik voraus.[80] In einem Handbuch für Verfahrensbeistände ist es sicher nicht sinnvoll, hier quasi in einem Schnellkurs wie für „Barfußärzte" scheinbare diagnostische Kompetenz ausbilden zu wollen. Vielmehr geht es darum, **Sensibilität** dafür zu **wecken**, welche Fragen vom Arzt mit welchen Mitteln beantwortet werden können, sodass es nicht dazu kommt, dass wesentliche Erkenntnisse zum Schutz von Kindern nicht erhoben oder nicht in Entscheidungen mit einbezogen werden. **215**

Um die in medizinisch-psychiatrischen Gutachten häufig verwendeten Fachbegriffe zu verstehen, empfiehlt es sich, ein **Fachwörterbuch** wie z.B. den Pschyrembel zu Rate zu ziehen. Gerade vor dem Einsatz apparativer Diagnostik, z.B. Röntgen, Szintigraphie, Computertomographie, Magnetresonanztomographie, bestehen teilweise irrationale kritische Einstellungen bei Helfern, die die verständlichen Ängste misshandelter Kinder vor apparativer Diagnostik noch verstärken können. Es ist deshalb nicht nur historisch wichtig zu wissen, dass einer der Väter der modernen Kinderschutzbewegung *Henry Kempe*[81] pädiatrischer Radiologe war. **216**

Gerade in einem Feld, wo häufig große Unsicherheit besteht, weil im intimen Nahbereich der Familie keine Zeugenaussagen außer den Schilderungen der Kinder zur Verfügung stehen, bekommen medizinische Befunde von stark hinweisendem oder beweisendem Charakter eine besondere Bedeutung.

Hinweis

Ohne bildgebende Verfahren sind manche Misshandlungsformen, die schwerste Entwicklungsbeeinträchtigungen nach sich ziehen können wie z.B. Schütteltraumen bei Babys, kaum nachzuweisen.

Indizierte **apparative Diagnostik** stellt also keine weitere unnötige Belastung ohnehin schwer geschädigter Kinder dar, sondern ist Befunderhebung, Befundsicherung und Ausgangspunkt für therapeutische Interventionen.

Neben dem Spezialwissen des Facharztes gehören zur Diagnostik bei Kindesmisshandlungen auch die einfache **Wahrnehmung von Verletzungen und Veränderungen am Körper** bzw. am körperlichen Zustand des Kindes und die Beschreibung der Vorgeschichte. Für Letztes bedarf es keiner spezifischen medizinischen Ausbildung. *Feldman* (1997) nennt fünf einfache Fragen, die hier zu stellen sind: **217**

80 Siehe Jacobi, 2008 oder Egle/Hoffmann/Joraschky, 2008.
81 Vgl. Helfer/Kempe/Krugmann 2002.

Praxistipp: Fünf Fragen

1. *Was ist vorgefallen? (Verletzungsart, Schädigungsvorgang etc.)*
2. *Wie? (z.B.: Misshandlung, Schädigungsmechanismus, d.h. welche Typen von Verletzungen treten auf? Wie stark ist das Ausmaß, wie stark ist die Gefährdung?)*
3. *Wann?*
4. *Wer?*
5. *Warum?*

218 Ganz typisch ist der **Widerspruch** zwischen unerklärten **Befunden** und den zur Erklärung von den Eltern dargestellten **Geschichten**. Immer wieder muss deshalb die Frage überprüft werden, ob die zu einer Verletzung oder zu einem bestimmten Zustand eines Kindes angebotenen Erklärungsansätze plausibel sind. Charakteristischerweise werden viele Verletzungen, die Folge von Misshandlungen sind, verzögert wahrgenommen oder einer Behandlung zugeführt.

Wie wir auch aus dem Modellprojekt „Guter Start ins Kinderleben" wissen, sind hierfür neben fehlendem Wissen und mangelndem Zuständigkeitsgefühl u.a. auch defizitäre bzw. nicht vorhandene interdisziplinäre Netzwerke ursächlich verantwortlich.[82] Insofern ist neben der Frage nach dem Zeitpunkt des Auftretens bisweilen eine über den eigenen professionellen Auftrag hinausblickende Verantwortlichkeit ebenfalls von großer Bedeutung. Zielführend erscheinen zudem systematische Fehleranalysen.[83] Durch derartiges Wissen erschließen sich auch dem Verfahrensbeistand zentrale, für seine Arbeit wichtige Zusammenhänge.

219 Ärztliche Untersuchungen sind gerade für misshandelte oder stark vernachlässigte Kinder häufig angstbesetzte Situationen.

Praxistipp

Ist es dem Verfahrensbeistand gelungen, eine vertrauensvolle Beziehung zum Kind aufzubauen, kann er die notwendige Diagnostik dadurch unterstützen, dass er das Kind zur Untersuchung begleitet bzw. die Begleitung des Kindes durch eine Vertrauensperson sicherstellt.

Diese **Vertrauensperson** kann dafür sorgen, dass gerade bei solchen irritablen und meist stark geängstigten Kindern Grundprinzipien des ärztlichen Umgangs eingehalten werden. So sollte z.B. vor einer Untersuchung dem angezogenen Kind der bevorstehende Untersuchungsgang erläutert werden und auch die eingesetzten Instrumente bzw. Apparate sollten gezeigt werden.[84]

82 Ziegenhain/Fegert, 2008; Ziegenhain et al., 2010.
83 Fegert et al., 2008 und Fegert et al., 2010.
84 Vgl. Fegert et al., 2013.

Selbstverständlich ist es im Kontext von Misshandlungsfragen notwendig, das Kind am ganzen Körper zu untersuchen. Insbesondere da Misshandlungsspuren, wie z.B. Brandnarben von Zigaretten, nicht selten im Bereich des Höschens zu finden sind, da sie dann nicht andernorts, z.B. beim Sportunterricht oder im Kindergarten, auffallen. Massiv geängstigte Kinder werden in dieser Situation steuernde, hilfreiche, sichere Unterstützung gebende Erwachsene brauchen, um Untersuchungen nicht als zusätzliches Trauma zu erleben.

Bisweilen kann es nötig werden, Wunden auch **fotografisch** zu dokumentieren. Auch dies sollte Kindern erklärt werden, nicht zuletzt, weil nicht auszuschließen ist, dass manche Kinder auch Opfer von Video- oder fotografischen Aufnahmen im Rahmen pädophiler sexueller Ausbeutung geworden sind.

Berichtet der Arzt nicht unaufgefordert über die Ergebnisse seiner Untersuchung, so **220** sollte die Begleitperson die Frage stellen, ob nun alles in Ordnung sei oder was zur Heilung unternommen werden müsse. Wichtig ist es, in solchen Untersuchungen **entsetzte Bemerkungen** und große **Betroffenheit** zu **vermeiden**, weil sie den Kindern wiederum häufig noch mehr Scham zumuten und sie in starke Loyalitätskonflikte stürzen können. Es ist schädlich, sich vor den Kindern ausfallend oder negativ über die Handlung missbrauchender oder misshandelnder Eltern auszulassen. Solche emotionalen Bewertungen müssen den Kindern überlassen bleiben, da sie meist auch eine positive Beziehung oder wenigstens Beziehungshoffnung mit den misshandelnden Elternteilen verbinden.

b) Kindesmisshandlung

Kinder mit Misshandlungserfahrungen haben meist Angst vor der Untersuchung und **221** zeigen in der **Untersuchungssituation** deutliche Stresssymptome.

Wichtig ist es, z.B. ein ängstliches Zusammenzucken bei der Untersuchung der Reflexe mit dem Reflexhammer oder bei anderem einfachen Instrumenteneinsatz zu beobachten und zu dokumentieren.

Zentral ist die gründliche Inspektion der Haut. **Hämatome und Hautwunden** sind ge- **222** nerell die häufigsten Befunde, die bei Misshandlungen beobachtet werden können. Striemen, insbesondere Doppelstriemen, z.B. bei Stockschlägen oder Gürtelschlägen, lassen häufig Rückschlüsse auf das Misshandlungswerkzeug zu. Auch Hämatome können eindeutig geformt sein, sodass z.B. die Formen von Schlagringen, Gürtelschnallen etc. im Hämatom zu erkennen sind.

Generell ist die **Lokalisation** von Hämatomen, Striemen und Narben zu beachten, da Misshandlungsspuren häufig an nicht exponierten Körperstellen zu finden sind. So sind z.B. Hämatome an den Schienbeinen gerade bei Jungen im Vorschul- und Grundschulalter eher ein Normalbefund, für den Stürze, Keilereien, Fouls beim Fußball etc. auch hinreichende Erklärungen bieten. Hämatome in verschiedenen an unterschiedlicher Verfärbung erkennbaren Stadien im Gesicht, am Rücken, am Gesäß, an den Innenseiten der Oberarme, im Brustbereich oder auf dem Bauch deuten eher auf Misshandlung hin. Bei der Abwehr von Schlägen finden sich Hämatome an den Streckseiten der Unterarme, so genannte „Parierverletzungen".[85]

Differentialdiagnostisch muss natürlich bei Hämatomen unterschiedlichen Alters auch an **Blutgerinnungsstörungen** etc. gedacht werden. Insofern muss eine ärztliche Untersuchung wenigstens bei einem scheinbaren Missverhältnis von Gewalteinwirkung und wahrnehmbaren Hämatomen auch Blutuntersuchungen, insbesondere Gerinnungsuntersuchungen mit einbeziehen.[86]

223 Auch **Verbrennungen und Verbrühungen** betreffen üblicherweise typische Lokalisationen wie Hals, Brust, Schultern und Gesicht, wenn z.B. ein kleines Kind sich einen Topf vom Herd oder vom Tisch herabzieht und die heiße Flüssigkeit über sich gießt. Beim Baden in einem viel zu heißen Bad verletzt sich ein Kind, was alleine in die Badewanne steigt, höchstens an der Hand oder an einem Fuß.

Befinden sich die Verbrühungsspuren am ganzen Körper oder an ausgedehnten Körperflächen, ist das Kind absichtlich in ein zu heißes Bad gedrückt worden. Charakteristisch sind große runde Verbrennungsmuster am Gesäß, die dadurch entstehen, dass Kinder auf die heiße Herdplatte gesetzt werden. Über Jahre und Jahrzehnte hinaus noch sichtbar sind kreisförmige Verbrennungsspuren, die durch das Ausdrücken von Zigaretten auf der Haut von Kindern verursacht werden, welche an allen denkbaren und undenkbaren Körperstellen, wie z.B. Innenseiten der Oberschenkel etc., gefunden werden können.[87]

224 Im Gegensatz zu den USA und z.B. der Schweiz wurde in Deutschland erst spät und immer noch wenig zur Information der Allgemeinbevölkerung über **Schütteltraumata** unternommen. Schütteltraumata bei kleinen Kindern führen durch das Hin- und Herschwingen des Kopfes zu einem Abriss der Blutgefäße unter der harten Hirnhaut (Dura mater). Man spricht in der Folge von einem subduralen Hämatom. Akut können die Kinder nach dem Schütteln schläfrig sein, sie wirken benommen oder werden bewusstlos, z.T. kommt es zum Erbrechen oder es treten Krampfanfälle auf. Äußerlich ist häufig am Kopf überhaupt nichts zu sehen. Bisweilen sind am ehesten Griffmarken an der Brustwand zu beobachten. Hinweisend sind bei der Untersuchung der Augen Retinablutungen.

Die entwicklungsneurologischen Folgen sind häufig fatal. Viele Kinder leiden ihr Leben lang unter einer deutlichen Intelligenzminderung, starken Störungen der motorischen Entwicklung, des Sehvermögens oder der Sprachentwicklung etc. Häufig entwickeln sich Anfallsleiden.

225 Unterschiedliche **Frakturen** verschiedenen Alters deuten, abgesehen von differentialdiagnostisch in Betracht zu ziehenden seltenen Erkrankungen der Knochendichte,

---

85 Vgl. Fegert et al., 2013.

86 Vgl. Leitlinie der AWMF zur Diagnostik und Behandlung von Misshandlung, Vernachlässigung und sexuellem Missbrauch 2009; Blesken u.a., 2019; Bayerisches Staatsministerium für Arbeit und Sozialordnung, Familie und Frauen (Hrsg.): Gewalt gegen Kinder und Jugendliche – Erkennen und Handeln. Leitfaden für Ärztinnen und Ärzte; Leitfaden für Kinderarztpraxen des Berufsverbandes der Ärzte für Kinderheilkunde und Jugendmedizin Landesverband Bayern 2001.

87 Vgl. Fegert et al., 2013.

fast immer auf Misshandlung hin. Auf dieser quasi beweisenden radiologischen Befundlage beruhte die Beschreibung des „Battered-Child-Syndrome" (*Helfer/Kempe*). Jedes Auftreten von Knochenbrüchen ohne klare Erklärungsansätze bei Säuglingen und Kleinkindern ist hoch verdächtig und muss die Untersuchung nach weiteren anderen alten Frakturen unbedingt nach sich ziehen.

Zum Ausschluss **innerer Blutungen** sollte wenigstens eine Sonographie durchgeführt werden. Gerade in unklaren Fällen wird man nicht um ausgedehnte Laboruntersuchungen und im Zweifelsfall eine radiologische Abklärung des Skeletts sowie eine bildgebende Darstellung des Schädels und Gehirns herumkommen.

Laboruntersuchungen sind auch zum Ausschluss von **Intoxikationen** unabdingbar. Während der Nachweis mancher Substanzen im Urin oder im Blut nur relativ kurzzeitig möglich ist, können bestimmte rechtsmedizinische Institute aus Haaren bestimmte Substanzen (insbesondere auch Drogen) noch lange später nachweisen.

c) Vernachlässigung

Bei der Schilderung der Basisbedürfnisse sind schon die hinweisenden Symptome **226**
bei Vernachlässigung ausführlich erwähnt worden (siehe Teil 3/*Fegert, Ziegenhain, Köhler-Dauner, Zwönitzer*, Rn. 180).

Bei der körperlichen Untersuchung ist vor allem die Erfassung des Gewichts und des Längenwachstums wesentlich. Bei der Differentialdiagnose von Gedeihstörungen müssen Stoffwechselerkrankungen, neuromuskuläre Erkrankungen usw. differentialdiagnostisch ausgeschlossen werden.

Deshalb sind auch im Kontext von scheinbaren Vernachlässigungsfragen eine ärztliche Abklärung und ein pädiatrisch begleiteter Kostaufbau, eine vernünftige Immunisierung durch ein Impfprogramm etc. unabdingbar.

d) Sexueller Missbrauch

Häufig wird in Zusammenhang mit dem Verdacht des sexuellen Missbrauchs viel zu **227**
schnell an eine gynäkologische Untersuchung der Kinder gedacht. Dabei wird von falschen Voraussetzungen ausgegangen, wie z.B. der Annahme, dass sich eine Penetration eindeutig nachweisen ließe. Die Variabilität des Hymens ist aber groß, und auch andere, früher als scheinbar sichere Hinweiszeichen angesehene Befunde (wie z.B. der so genannte anale Dilatationsreflex) sind zwar zu beachten, aber haben sicher keinen Beweischarakter.

Jede Infektion mit Geschlechtserkrankungen bei Säuglingen, Kleinkindern oder vorpubertären Kindern oder das Auftreten von Kondylomen im Genitalbereich bei diesen Kindern bedarf einer gründlichen Abklärung. In den meisten Fällen kann das Kind aber **ohne Eile** auf die körperliche Untersuchung vorbereitet werden. Es muss nicht in einer Nacht-und-Nebel-Aktion, z.B. in der Begleitung der Polizei, gynäkologisch „überrumpelt" werden.

Eile ist nur geboten, wenn sich direkt nach einer Tat möglicherweise noch Sperma asservieren lässt, innerhalb von 48, maximal 72 Stunden nach der Tat (auch auf das

Höschen oder andere eventuell beschmutzte Kleidungsstücke achten!). Durch moderne genetische Methoden wie den sogenannten genetischen Fingerabdruck ist im Gegensatz zu allen anderen Untersuchungsbefunden nicht nur eine Erörterung der Tat, sondern eine Identifizierung des Täters mit hoher Sicherheit möglich. Dies erspart dem Kind unnötige lange Verhöre und eine unklare Beweissituation.

Hinweis

Deshalb sollte immer dann, wenn ein sexueller Missbrauch unmittelbar vorausgegangen ist oder wenn akute Verletzungen zu versorgen sind, selbstverständlich eine sofortige Untersuchung mit hinreichender Befunddokumentation und Asservierung von Abstrichen in forensisch hinreichender Qualität erfolgen.

228 In jedem anderen Fall sollte das Kind auf die Untersuchung vorbereitet werden, in größeren Städten gibt es **Kinderschutzambulanzen** und spezielle Kindergynäkologinnen, die sich auch in ihrer Untersuchungsmethodik auf Bedürfnisse und Ängste von Kindern eingestellt haben und z.B. zur Inspektion des Genitales häufig auf den Untersuchungsstuhl verzichten und die Kinder in einer Seitenlage von hinten inspizieren. Auch der Einsatz von Spekula kann teilweise durch andere Instrumente vermieden werden.

Bei der Inspektion des Genitales müssen Verletzungen im Bereich von Klitoris, großen und kleinen Labien, Vulvarändern, Urethralbereich, Hymenalbereich, Leisten- und Analbereich beschrieben und beurteilt werden.

229 In vielen Fällen werden sich aber keine eindeutigen ärztlichen Befunde erheben lassen, sodass der „Königsweg" in der Diagnostik des sexuellen Missbrauchs das **Zuhören** bleibt. Manche Verfahrensbeistände fürchten aus Angst vor Vorwürfen, z.B. die Kinder suggestiv befragt zu haben, überhaupt die Unterhaltung über diese Thematik. Beachtet man einige wichtige **Grundregeln**, kann gar nicht so viel falsch gemacht werden, und grundsätzlich ist sehr viel größerer Schaden für das Kind zu befürchten, wenn wichtige Mitteilungen nicht respektiert oder nicht in Entscheidungen einbezogen werden.

Praxistipp

Ganz wichtig ist es, Kinder frei erzählen zu lassen und diesen Bericht möglichst wörtlich, gleichzeitig oder gleich im Anschluss an das Gespräch aus der Erinnerung zu dokumentieren.

Rebernig (unveröffentlichte Dissertation) konnte in ihrer experimentellen Arbeit zeigen, dass schon drei- und vierjährige Kinder mit gut ausgeprägtem Wortschatz detailreich über Ereignisse berichten können. Die Kinder berichteten in dieser Untersuchung mehr als bei geschlossenen Fragestellungen. Spielrequisiten wurden von drei- und vierjährigen Kindern zur Vervollständigung ihrer Berichte kaum herangezogen. Gleichzeitig verfälschten aber auch Spielrequisiten kaum die Berichte der Kinder.

Besonders kritisch in Bezug auf Suggestionseffekte sind **Ja/Nein-Antworten** zu bewerten. Solche Vorhaltfragen beeindrucken vor allem Kleinkinder und Kinder im Grundschulalter, die von der Autorität des Befragers auf die scheinbare Richtigkeit seiner Vorhalte schließen. Insofern sollte, wenn eine Vertiefung oder Nachfragen notwendig sind, eher das vom Kind Gesagte kurz resümiert und eine Verständnisfrage gestellt werden. Müssen Nachfragen nach Personen gestellt werden, sollte nie die primär in Verdacht stehende Person als erste genannt werden. Die Frageformulierung sollte nicht als Ja-Nein-Frage, sondern eher wie in der Form der Multiple-Choice-Fragen gewählt werden.

▶ *Zur Kommunikation mit Kindern siehe Teil 3/Fegert, Rassenhofer 505 ff.*

Wichtig ist, dass auch die **Entstehungsgeschichte der Aussage** hinreichend dokumentiert wird, sodass deutlich wird, in welcher Situation sich das Kind dem Verfahrensbeistand anvertraut hat und ob das Kind dies spontan oder auf Nachfrage getan hat. Bei der **Protokollierung** der Aussage eines Kindes sollte auf keinen Fall interpretiert oder in Erwachsenensprache übersetzt werden. Gerade die bildhaften Darstellungen von Kindern und die Beschreibungen, die zeigen, dass sie die Bedeutung mancher Vorgänge noch gar nicht verstanden haben etc., sind wichtige diagnostische Kriterien zur Bewertung der Kinderaussage.[88] **230**

e) Münchhausen-Syndrom by proxy

Die Kinder, bei denen ein Münchhausen-Syndrom by proxy[89] (zur Definition siehe Rn. 204) vermutet werden muss, befinden sich meistens schon in ärztlicher, häufig in stationärer Behandlung. Regelhaft werden bei ihnen schwere Krankheitsbilder vermutet. Verschiedenste medizinische Experten sind schon involviert. Eine Unzahl von differentialdiagnostischen und apparativen Untersuchungen war auch schon Teil der Belastungen und Schädigungen, die dieses Krankheitsbild kennzeichnen. **231**

Da sich der Zustand dieser Kinder teilweise so zuspitzt, dass eine direkt lebensbedrohliche Situation eintreten kann, muss bisweilen massiv für ihren Schutz gesorgt werden, z.B. durch kontinuierliche Videoüberwachung (auch zur Überführung des Täters), durch Eingipsen und Beschriften intravenöser Zugänge, sodass nicht an ihnen unkontrolliert manipuliert werden kann etc.

Ganz zentral ist der klinische und toxikologische **Nachweis von Vergiftungen**. Da die scheinbar zum Wohle des Kindes entfaltete diagnostische Aktivität der Ärzte kausaler Faktor bei der Misshandlung ist, löst allein die Unterstellung des Verdachts des Münchhausen-Syndroms by proxy auch bei den behandelnden Ärzten häufig massive emotionale Reaktionen aus. **232**

Deshalb ist es diagnostisch sehr wichtig, die **Vorgeschichte minutiös zu dokumentieren** und den häufigen Arztwechsel sowie das Immer-wieder-Auftreten neuer seltener, unbekannter Erkrankungen und Komplikationen zu beschreiben. Erst dann wird plausibel, dass diese „Expertenkiller" keine narzisstische Herausforderung an die

88 Vgl. Köhnken, 1982, 2001; Fegert, 1993.
89 Definition siehe Jacobi, 2008.

speziellen Leistungen des nächsten Experten darstellen und dass nicht nach noch selteneren Krankheitsbildern, sondern nach einfachen Außeneinwirkungen gesucht werden muss.

f) Zur Einschätzung von Belastungssituationen

233 aa) Diagnoseschlüssel

Für die Beschreibung der Belastungssituation haben sich in der Medizin international anerkannte Diagnoseschlüssel eingebürgert. Das in Europa verbreitetste Diagnoseschema ist die internationale Klassifikation von Krankheiten der Weltgesundheitsorganisation (International classification of diseases) – derzeit in der 11. Überarbeitung als ICD-11.

Die in Deutschland im Sozialgesetzbuch V abgesicherten Ansprüche auf Krankenbehandlung setzen eine **fachgerechte Diagnostik** nach den Kriterien der WHO voraus. Im psychiatrischen Bereich findet neben dieser Klassifikation der WHO häufig auch das Klassifikationsschema der Amerikanischen Psychiatrischen Gesellschaft (APA American Psychiatric Association) DSM, aktuell in fünfter Auflage, Anwendung.

234 bb) Das multiaxiale Klassifikationsschema

In der Kinder- und Jugendpsychiatrie und Psychotherapie hat sich seit Jahren die multiaxiale Klassifikation der Störungsbilder, die bei Kindern und Jugendlichen angetroffen werden, eingebürgert.[90]

- **Achse 1: Die psychiatrischen Störungsbilder**

Die erste Achse erfasst die psychiatrischen Störungsbilder nach den Definitionen der Weltgesundheitsorganisation. Die drei deutschen Fachgesellschaften der Kinder- und Jugendpsychiatrie und Psychotherapie haben bezogen auf diese Diagnosen im Kapitel 06 der ICD-11 Leitlinien zur Diagnostik und Therapie verfasst. In diesen Leitlinien werden die einzelnen Krankheitsbilder definiert, ihre Leitsymptome dargestellt, Schweregradeinteilungen vorgenommen, Untergruppen diskutiert und Verwechslungsmöglichkeiten im Sinne von Ausschlussdiagnosen dargelegt. Wichtig ist auch die Erläuterung von häufigen sogenannten Komorbiditäten, d.h. Störungsbildern, die statistisch gehäuft gemeinsam auftreten. Die übliche und fachlich anerkannte störungsspezifische Diagnostik zur Erfassung der Symptomatik der Entwicklungsgeschichte des Problems, der problemaufrechterhaltenden störungsrelevanten Rahmenbedingungen werden ebenso dargelegt wie möglicherweise apparative Labor- und testdiagnostische Verfahren.

Zur Vermeidung von unnötigen Belastungen von Kindern wird auch jeweils auf entbehrliche diagnostische Maßnahmen eingegangen. Entscheidungsbäume erleichtern das diagnostische Vorgehen und die Planung von Interventionen. Die Auswahl des Interventionsettings, die Hierarchie von Behandlungsentscheidungen und -beratungen sowie die Besonderheiten bei ambulanter, teilstationärer und stationärer Behandlung, die notwendigen Schnittstellen mit der Jugendhilfe für rehabilitative Maß-

---

90 WHO, 2006; Remschmidt/Schmidt/Poustka, 2008.

nahmen und Hilfen zur Erziehung sowie Eingliederungshilfen werden ebenfalls für jedes Krankheitsbild ausführlich dargestellt. Abschließend wird auf überholte und entbehrliche Therapiemaßnahmen eingegangen.

Derzeit liegen Leitlinien zu 34 Störungsbildern oder Problembereichen vor.[91] Ständig aktualisiert werden diese *Leitlinien* auch auf der Homepage der Arbeitsgemeinschaft der Wissenschaftlichen Medizinischen Fachgesellschaften (AWMF, www.AWMF.org) *im Internet kostenlos* zur Verfügung gestellt.

- **Achsen 2 bis 4**

Die zweite Achse ermöglicht die Einschätzung von spezifischen Entwicklungsrückständen, z.B. der Motorik, der Sprache, oder von Teilleistungsstörungen wie der Lese-Rechtschreib-Störung (Achse 2 des multiaxialen Klassifikationsschemas).

Die dritte Achse stellt die Beschreibung des Intelligenzniveaus der Kinder dar, da ihre Reflexions- und Entscheidungsmöglichkeiten vom Entwicklungsstand und den intellektuellen Fähigkeiten abhängig sind.

Die vierte Achse beschreibt körperliche Grund- und Begleiterkrankungen, welche eine spezifische belastende Situation noch in einem völlig anderen Licht erscheinen lassen können.

- **Achse 5: Psychosoziale Belastungsfaktoren**

Ganz *zentral für Verfahrensbeistände* ist eine gute Kenntnis der fünften Achse, welche die psychosozialen Belastungsfaktoren systematisch zusammenfasst.[92] Der große Vorteil solcher Glossare besteht in der Konkretisierung einzelner Unterscheidungsmerkmale bei der Beschreibung psychosozialer Belastungen in der Lebensumwelt von Kindern.

1. Problematische innerfamiliäre Beziehungen

Der erste Abschnitt dieser Achse beschreibt problematische innerfamiliäre Beziehungen. Zunächst wird ein Mangel an Wärme in der Eltern-Kind-Beziehung festgestellt, wenn mehrere Punkte, wie z.B. abweisender Elternteil, wenig einfühlsamer Elternteil, Mangel an Interesse am Kind, kein Mitgefühl für Schwierigkeiten des Kindes, selten Lob und Ermutigung, gereizte Reaktion auf Ängste des Kindes, kaum körperliche Nähe bei Nöten des Kindes etc., zutreffen.

Ebenso operationalisiert sind Faktoren wie Disharmonie in der Familie, zwischen Erwachsenen oder Geschwistern über 16, feindliche Ablehnung oder Sündenbockzuweisung gegenüber dem Kind durch einen oder beide Elternteile, körperliche Misshandlung und sexueller Missbrauch innerhalb der engeren Familie. So wird z.B. Disharmonie in der Familie im Extremfall beschrieben, wenn Auseinandersetzungen mit gravierenden Kontrollverlusten enden oder persistierend eine Atmosphäre gravierender Gewalttätigkeit in der Familie herrscht, wenn Partner das Haus in Wut verlassen oder sich gegenseitig aussperren. Eine Generalisierung ablehnender und kritischer

91 Deutsche Gesellschaft für Kinder- und Jugendpsychiatrie und Psychotherapie et al., 2000.
92 Van Goor-Lambo et al., 1990; van Goor-Lambo et al., 1994; Poustka, 1990; Poustka, 1991; Poustka, 1994 sowie Poustka/van Goor-Lambo, 2000.

Gefühle zwischen den Erwachsenen liegt vor, wenn eine Beleidigung der anderen Familie, der Freunde des Partners, seiner Herkunft etc. vorgenommen wird, wenn irrelevante vergangene Geschehnisse zur Herabsetzung verwendet werden, wenn als Reaktion auf Streitigkeiten getrennt geschlafen wird, länger in der Familie nach Streitigkeiten nicht miteinander gesprochen wird etc.

Unter *körperlicher Kindesmisshandlung* werden Handlungen mit Verletzungsfolgen, Schläge mit harten, scharfen Gegenständen, Bestrafungen mit schwerwiegendem Kontrollverlust und Gewalt Handlungen mit anderen körperlichen Traumata, Verbrennungen, Fesselungen, Schütteltrauma etc. erfasst. *Sexueller Missbrauch* beinhaltet jeglichen Genitalkontakt zwischen Erwachsenem und Kind, Manipulation an Brüsten oder Genitalien des Kindes durch Erwachsene, Nötigen des Kindes, Genitalien des Erwachsenen zu berühren, absichtliches Entblößen der Genitalien vor dem Kind, Versuch, die Genitalien des Kindes zu entblößen, sowie physischen Kontakt zwischen Erwachsenem und Kind mit sexueller Erregung.

2. *Innerfamiliäre Belastungen*

Die zweite zentrale Kategorie der innerfamiliären Belastung, die ein potenzielles Risiko für das Kind darstellt, bilden psychische Störungen, abweichendes Verhalten oder Behinderungen in der Familie. Während *Suchterkrankungen* oder schwere *psychische Erkrankungen* von *Eltern* oder auch Sinnesbehinderungen durchaus als Beeinträchtigung für Kinder in der Familie erkannt werden, werden häufig die Belastungen durch die Anwesenheit eines behinderten *Geschwisterkindes* übersehen. Auch solche Einschränkungen des sozialen Lebens, z.B. die Überforderung durch altersinadäquate Verantwortung für behinderte Geschwister etc., werden hier erfasst.

3. *Inadäquate/verzerrte innerfamiliäre Kommunikation*

Der dritte Bereich der psychosozialen Belastungen der Achse 5 der WHO bezieht sich auf inadäquate oder verzerrte innerfamiliäre Kommunikation. Allerdings wird man feststellen müssen, dass diese Kategorie in vielen Fällen ohnehin der Anlass zum Einsatz eines Verfahrensbeistands war, sodass hier wenig Neues erfasst werden wird.

4. *Abnorme Erziehungsbedingungen*

Der vierte Abschnitt erfasst abnorme Erziehungsbedingungen wie elterliche Übervorsorge, unzureichende elterliche Aufsicht und Steuerung, Erziehung, die eine unzureichende Erfahrung vermittelt sowie unangemessene Forderung und Nötigung durch einen oder beide Elternteile.

5. *Abweichende Elternsituationen*

Im fünften Abschnitt werden belastende Ereignisse im Rahmen institutioneller Erziehung oder Erziehung in sogenannten abweichenden Elternsituationen beschrieben. Allerdings mag hier kritisch eingewandt werden, dass Situationen von Alleinerziehenden, von Müttern nach künstlicher Befruchtung, von homosexuellen Paaren etc. nicht ohne Weiteres in einer Kategorie zusammengefasst werden können. Die Kategorien „isolierte Familie", insbesondere z.B. Verbote für das Kind, andere Kinder einzuladen, und „Verbote, andere zu besuchen", sind ebenso bedeutend wie Lebensbedingungen mit möglicher psychosozialer Gefährdung.

6. *Akute belastende Lebensereignisse*

Der Abschnitt 6 erfasst akute belastende Lebensereignisse wie den Verlust einer liebevollen Beziehung, bedrohliche Umstände infolge von Fremdunterbringung (z.B. in Pflegestelle, Kinderheim oder Krankenhausaufnahme), negativ veränderte familiäre Beziehungen durch neue Familienmitglieder sowie die Erfassung von Ereignissen, die zur Herabsetzung der Selbstachtung führen, die Erfassung von sexuellem Missbrauch außerhalb der Familie und die Erfassung unmittelbar beängstigender Erlebnisse wie Entführung, Naturkatastrophen mit Lebensgefahr, direkte Anwesenheit bei schweren Unfällen, persönliche Bedrohung etc.

7. *Gesellschaftliche Belastungsfaktoren*

Der Abschnitt 7 beschreibt gesellschaftliche Belastungsfaktoren wie Verfolgung oder Diskriminierung, Migration und soziale Verpflanzung.

8. *Chronisch zwischenmenschliche Belastungen*

Im achten Abschnitt werden chronisch zwischenmenschliche Belastungen im Zusammenhang mit Schule und Arbeit erfasst. Dazu gehören abnorme Streitbeziehungen mit Mitschülern, Sündenbockzuweisung durch Lehrer oder Ausbilder etc. Abschließend werden belastende Lebensereignisse der Situation infolge von Verhaltensstörungen oder Behinderungen des Kindes wie institutionelle Erziehung, bedrohliche Umstände infolge von Fremdunterbringung und abhängige Ereignisse, die zur Herabsetzung der Selbstachtung führen, im Zusammenhang mit den beschriebenen Störungsbildern erfasst.

- **Achse 6**

Als sechste Achse hat sich die Beschreibung des Funktionsniveaus im Alltag eingebürgert. Das heißt, hier wird beschrieben, wie stark Kinder im Alltag auf Unterstützung, Betreuung oder ständige Supervision angewiesen sind. Eine vernünftige Evaluation der Lebensumstände eines Kindes wird selbstverständlich auch die vorhandenen Ressourcen wie z.B. eine unterstützende Großmutter, eine gute Integration in die Peergroup oder in einen Sportverein etc. erfassen.

Die Vorgeschichte der Hilfeplanungen, bisher gewährte institutionelle Hilfen ebenso wie Behandlungsversuche gehören zu einer korrekten Abwägung der Umstände, denn allein eine solche umfassende Berücksichtigung positiver wie negativer Faktoren kann zu präziseren Prognoseabschätzungen führen.

cc) Zur Anwendung des multiaxialen Klassifikationsschemas **235**

Poustka und *van Goor-Lambo* (2000) haben in einem Fallbuch anhand von 30 konkreten einzelnen Fallgeschichten die Bedeutung psychosozialer Umstände für den Verlauf und die Behandlung psychischer Störungen im Kindes- und Jugendalter dargelegt und dabei die Praxis der Anwendung dieses multiaxialen Klassifikationsschemas an jedem einzelnen Fall verdeutlicht. Ihr Buch zeigt, dass sich diese Kategorisierung, welche die Arbeitsgruppe im Auftrag der WHO beschrieben hat, hervorragend zur Erörterung multipler psychosozialer Belastungen eignet.

4. Hilfen und Interventionen zum Schutz vor Gewalt

a) Interdisziplinäre Gefährdungseinschätzung: Wissen, Können, Haltung

236 Nachdem in den vorangegangenen Kapiteln die physischen und psychischen Grundbedürfnisse von Kindern, die Folgen ihrer Versagung sowie Definition, mögliche Prävalenz und Diagnostik verschiedener Formen der Kindesmisshandlung dargelegt wurden, werden hieran anschließend im Folgenden Implikationen für die Auswahl und Einleitung von Hilfen und Interventionen zum Schutz von Kindern und Jugendlichen mit Gewalt- und/oder Vernachlässigungserfahrungen formuliert.

In entsprechenden Verfahren nach §§ 1666, 1666a, 1684 Abs. 4 sowie § 1632 Abs. 4 BGB ist durch Rechtsreformen seit 2021 gemäß § 158 Abs. 2 FamFG die **Bestellung** eines fachlich und persönlich geeigneten **Verfahrensbeistandes** (§ 158 a FamFG) nun stets erforderlich (siehe Teil 2/*Salgo*, Rn. 9). Seine Aufgabe ist es, die Wahrnehmung der Kindesinteressen im Rahmen der Sachverhaltsermittlung sowie bei der Einschätzung der zur Abwendung der Kindeswohlgefährdung „geeigneten" und „erforderlichen" Maßnahmen zu gewährleisten.

Im Rahmen seines **Amtsermittlungsgrundsatzes** (siehe Teil 4/*Heilmann*, Rn. 8 ff.) ist das **Gericht** in jedem Einzelfall auf außerjuristische Wissensbestände angewiesen und holt im zivilrechtlichen Kindesschutzverfahren von diesen Professionen entsprechende Informationen über den Entwicklungsstand und die Gefährdungslage des vom Verfahrensbeistand zu vertretenden Kindes ein.

Praxistipp

▶ *Verfahrensbeistände benötigen deshalb für die Vertretung vernachlässigter, misshandelter, missbrauchter oder von häuslicher Gewalt betroffener Minderjähriger grundsätzlich eine solide Kenntnis*

- *über die diesbezüglichen kindesschutzspezifischen Wissensbestände,*
- *über Methoden und Zuständigkeiten für Gefährdungseinschätzungen,*
- *über die Möglichkeiten und Grenzen familienunterstützender Hilfen und familienersetzender Interventionen sowie persönlicher Kontakte zwischen Kind und Eltern(teil).*

Eine Orientierung hierüber soll im Folgenden gegeben werden.

Interdisziplinäres empirisches Wissen[93] sowie aus der Kindesschutzpraxis generierte Erfahrungen 237

- zu den verschiedenen Erscheinungsformen der Kindesmisshandlung[94],
- ihrer medizinischen (Differential-)Diagnostik (siehe Teil 3/*Fegert/Köhler-Dauner/Zwönitzer*, Rn. 215 ff.),
- zu sozialen und psychologischen Aspekten der Familiensituation,[95]
- zu Misshandlung auslösenden Momenten (siehe Teil 3/*Maywald*, Rn. 210 ff.),
- zur Wiederholungstypik[96],
- zu kurz- und langfristigen Folgen für misshandelte Kinder[97] und
- auch zur Wirksamkeit von Interventionen[98] (wenngleich in geringerem Maße)

liegen heute vor. Studium und Weiterbildung sollten Verfahrensbeistände insbesondere dazu befähigen, „gesichertes Wissen", d.h. **Forschungsbefunde**, die immer auch die Grenzen ihrer Aussagekraft und ihre Irrtumsrisiken erkennbar machen, von **Theorien** zu unterscheiden. Das bedeutet zwar nicht, dass sich aus der gründlichen Aneignung wissenschaftlicher Erkenntnisse schlichte „Wenn-dann-Diagnosen" oder die Bestimmung der (einzig) richtigen Hilfe für den Einzelfall – für diese Familie und dieses Kind – ableiten ließen. Jedoch kann die Wahrnehmung geschärft, das Spektrum der Verständnis- und Erklärungsmöglichkeiten erweitert und die **Wahrscheinlichkeit zutreffender Diagnosen und Prognosen** erhöht werden.

Praxistipp

▶ *Wissen kann also Irrtumsrisiken in der Praxis nicht ausschließen, diese aber reduzieren und einer begründeten Abwägung sowie intersubjektiv nachvollziehbaren Entscheidung zugänglich machen. Hierzu kann auf für die behördliche und gerichtliche Kindesschutzpraxis komprimiert aufbereitete Befunde mit Anwendungsbezug teilweise kostenfrei zugegriffen werden.*[99]

---

93 Deegener/Körner (Hrsg.), 2005: Kindesmisshandlung und Vernachlässigung, Handbuch; Fegert et al., 2015: Sexueller Missbrauch von Kindern und Jugendlichen, Handbuch.

94 Jacobi, 2008.

95 Steele, 2002.

96 Behnisch/Dilthey, ZKJ 2016.

97 Egle et al. (Hrsg.), 2015: Sexueller Missbrauch, Misshandlung, Vernachlässigung; Fegert et al. (Hrsg.), 2015: Sexueller Missbrauch von Kindern und Jugendlichen; Jacobi, 2008; Nienstedt/Westermann, 2013; Ziegenhain/Fegert (Hrsg.), 2007: Kindeswohlgefährdung und Vernachlässigung.

98 Dornes, 1997, Kapitel 8; Macsenaere/Esser (Hrsg.), 2012.

99 Deutsches Jugendinstitut (DJI) 2006: Handbuch Kindeswohlgefährdung nach § 1666 BGB und Allgemeiner Sozialer Dienst. Quelle: https://www.dji.de/veroeffentlichungen/literatursuche/detailansicht/literatur/7182-handbuch-kindeswohlgefaehrdung-nach-1666-bgb-und-allgemeiner-sozialer-dienst-asd.html (Abruf am 17.9.2024). Zu beachten ist, dass die rechtlichen Aspekte des Handbuches überholt sind, die fachlichen Ausführungen zu Formen, Folgen und Erkennungsmerkmalen von Kindeswohlgefährdung sowie insbesondere zur Einschätzung der elterlichen Erziehungs- und Veränderungsfähigkeit sind jedoch nach wie vor empfehlenswert.

238 Die Forschung hat Risikofaktoren identifiziert, die ein frühzeitiges Erkennen sowie eine differenzierte Gewichtung und Dokumentation von gewichtigen Anhaltspunkten für eine Kindeswohlgefährdung erlauben.[100] Auf diesem Hintergrund sind schließlich auch in Deutschland in den letzten fünfzehn Jahren **Arbeitshilfen zur Einschätzung familiärer Risiken und kindlicher Gefährdungslagen** entstanden. Je nach Handlungsfeld werden

- Risiko-Screening-Bögen (z.B. für ungeborene Kinder/Frühe Hilfen),
- sog. Ampelbögen (z.B. im Bereich der Krippen- und Kindertagesbetreuung),
- „8a-Checklisten/Verfahren" oder
- Kinderschutzbögen (z.B. in Jugendämtern, stationären Erziehungshilfen und durch insoweit erfahrene Fachkräfte)

in der Kindesschutzpraxis breit eingesetzt.[101] Nur wenige dieser Instrumente sind evaluiert[102] und sie können ein komplexes Fallverstehen im Kinderschutz nicht ersetzen. Gleichwohl strukturiert und vervollständigt der Einsatz von Einschätzungshilfen die Aufmerksamkeit von Fachkräften, erhöht die Vollständigkeit und intersubjektive Nachvollziehbarkeit von Einschätzungen und erleichtert die gebotene **Trennung von Beschreibung und Bewertung der Gefährdungslage und Ressourcen**.[103]

Abgesehen von erstmaligen adhoc-Inobhutnahmen durch das Jugendamt oder Eilanrufungen des Familiengerichtes wegen akuter Gefährdungslage, sollte für jedes in einem §§ 1666, 1666a BGB-Verfahren vertretene Kind mindestens eine fachlich fundierte Gefährdungseinschätzung vorliegen, da sie im Rahmen eines regelgerechten Fallverlaufs zeitlich im Vorfeld eines Hauptsacheverfahrens angesiedelt ist (§ 8a SGB VIII).

Praxistipp

Für den Verfahrensbeistand wird es deshalb hilfreich sein, neben der Kenntnis über im Feld eingesetzte Verfahren über Fähigkeiten zur Auswertung der vorliegenden Informationen über das je zu vertretende Kind zu verfügen.

Vor allem jedoch ist das methodische Können zur Ordnung und Bewertung der zum Kind oder zum Jugendlichen bereits vorliegenden Informationen über die von diesem erlebten oder ihm drohenden Gefährdungen wichtig, um die noch offenen, unklaren Aspekte zur Einschätzung seiner Interessen erkennen zu können, und diese entweder im Kontakt mit dem Kind und seinen Eltern selbst zu explorieren oder im Verfahren deren fachgerechte Einholung durch Dritte (z.B. Gutachter) anregen zu können.

100 Siehe DJI, 2006, Kap. 59–73.
101 Z.B. der „Stuttgarter Kinderschutzbogen" mit Ankerbeispielen für verschiedene Altersgruppen: Jugendämter Stuttgart und Düsseldorf (Hrsg.) 2019.
102 Vgl. Kindler/Lukasczyk/Reich, ZKJ 2008.
103 Ebd.

Neben spezifischem Wissen und methodischem Können – auch in der Gesprächsführung mit belasteten Kindern und Jugendlichen (siehe hierzu Teil 3/*Nordstern*, Rn. 62 ff. sowie Teil 3/*Fegert*, Rn. 505 ff.)[104] –, welche durch kontinuierliche Fortbildung vertieft werden sollten, ist für Fallverstehen und Interessenvertretung im Kinderschutz eine klare – und dies heißt kindorientierte – **fachliche Haltung** notwendig. Diese sollte vor der Übernahme eigener Fälle ausgebildet werden und mindestens von den Aspekten des Kindeswohlprinzips (§ 1697a BGB), der an Alter, Entwicklungsstand und individueller Lebenssituation des zu vertretenen Kindes ausgerichteten Balance seines Wohls und seines Willens (siehe hierzu Teil 3/*Nordstern*, Rn. 1 ff. und Teil 3/*Ziegenhain, Köhler-Dauner, Zwönitzer*, Rn. 69 ff.), seiner angemessenen Beteiligung sowie unbedingte Wertschätzung getragen sein. **239**

Ebenfalls vor der Übernahme eigener Fälle, spätestens jedoch vor der Übernahme von Vertretungen für vernachlässigte, missbrauchte oder misshandelte Kinder oder Jugendliche, sind zudem die **Einübung analytischer Reflexions- und Selbstreflexionsfähigkeiten** dringend zu empfehlen. Zuvörderst sind diese für das Verstehen des Kindes oder Jugendlichen und „seines“ Falles sowie des Kontaktes zu ihm notwendig. Aber auch während des Verfahrens ablaufende Identifikationen oder Interaktionsdynamiken, in deren Zuge z.B. eine familien- bzw. elternzentrierte Sichtweise in den Vordergrund rückt und das zu vertretende Kind in seiner Notlage und Entwicklungsperspektive aus dem Blick zu geraten droht[105], können so eher erkannt und benannt werden.

Praxistipp

▶ *Ein in seiner Rolle, seinem Auftrag und seinem Selbstverständnis klar orientierter Verfahrensbeistand kann in Jugendamts- oder familiengerichtlichen Verfahren sodann daran erinnern, dass dem Kindeswohl nach Gesetz und Rechtsprechung des BVerfG und des Europäischen Gerichtshofs für Menschenrechte oberste Priorität zukommt.*[106]

Schließlich sind die Fähigkeiten zur Reflexion ebenfalls wichtig für die eigene **Psychohygiene**. Wie aus der Praxis der Verfahrensbeistandschaft geschildert, ist diese Tätigkeit grundsätzlich herausfordernd, doch sie kann auch „schwer sein, manchmal kaum aushaltbar, die Tränen in die Augen treibend“ (aus der Praxis von Verfahrensbeiständinnen vgl. Teil 1/*Rogalla, Tiemann*, Rn. 127 ff.). Die professionelle Wahrnehmung der übernommenen Aufgabe erfordert somit schließlich neben Wissen, Können und Haltung auch professionelle **Strukturen zur Reflexion in einem kollegialen Verbund**, z.B. durch Inter- und Supervision.

---

104 Hierzu Deflos, 2015a, 2015b.

105 Nach den Befunden von Bühler-Niederberger/Alberth/Eisentraut, 2014, ein häufiges „Phänomen“ in der Kinderschutzpraxis.

106 BVerfG, Beschl. v. 3.2.2017, 1-BvR 2569/16, ZKJ 2017, 225 und v. 23.4.2018, 1-BvR 383/18, ZKJ 2018, 312; zur Fremdunterbringung siehe Rechtsprechung des EuGHMR bei Pintens, FamRZ 2016, 341, 345 m.w.N.

240 Durch die Konkretisierung des Schutzauftrags der Jugendhilfe im Jahr 2005 wurden mit § 8a SGB VIII die Vorgaben zum Umgang mit Hinweisen auf oder gewichtigen Anhaltspunkten für eine Kindeswohlgefährdung für die öffentliche und freie Jugendhilfe verbindlich geregelt. **Jugendämter** sind zu einer qualifizierten psychosozialen Diagnostik inklusive Erhebung der Risiko- und Schutzfaktoren, Gefährdungslage und Hilfe- sowie Schutzbedarfe gefährdeter Kinder und Jugendlicher durch das Zusammenwirken mehrerer Fachkräfte verpflichtet (§ 8a Abs. 1 SGB VIII).

Dienste und Einrichtungen der **freien Jugendhilfe** sind bei Hinweisen auf eine Kindeswohlgefährdung ebenfalls verpflichtet, eine Gefährdungseinschätzung vorzunehmen und hierbei den fachlichen Rat einer mit Kindesschutzfällen „insoweit erfahrenen Fachkraft" einzuholen (§ 8a Abs. 4 SGB VIII). Erhärten sich dadurch die Hinweise auf eine Kindeswohlgefährdung und wird festgestellt, dass diese nicht anders abgewendet werden kann (§ 8a Abs. 4 Satz 2 SGB VIII), ist dem Jugendamt eine entsprechende Mitteilung zu machen.

Daraufhin wird das **Jugendamt** von Amts wegen tätig und **prüft die Gefährdungslage**. Das Jugendamt prüft ebenfalls, ob die Gefährdung durch die Inanspruchnahme von Hilfen zur Erziehung abgewendet werden kann oder das Familiengericht einzuschalten ist. Bei dringender Gefahr und sofern eine gerichtliche Eilentscheidung nicht rechtzeitig eingeholt werden kann, ist das Jugendamt verpflichtet, das Kind in Obhut zu nehmen (§ 8a Abs. 2 SGB VIII).

Praxistipp

▶ *Eine fundierte psychosoziale Diagnostik zu Familiensituation und Entwicklungsprognose des Kindes oder Jugendlichen auf der Basis fachlicher Risikoanalyse, Gefährdungseinschätzung und Fallverstehen sollte also für jeden von einem Verfahrensbeistand zu vertretenden Minderjährigen vorliegen und ist im Einzelfall ggf. um pädiatrische, psychologische oder psychiatrische Diagnostik zu ergänzen, deren Einholung auch der Verfahrensbeistand bei Gericht anregen kann.*

241 Das **Gebot des multidisziplinären Austausches** gilt nicht nur für Sozialpädagogen und Sozialarbeiter, sondern ebenso für Psychologen, Psychiater und Kinder(zahn)ärzte, die im Kontext von Verfahren nach §§ 1666, 1666a, 1684 Abs. 4 BGB beratend oder gutachterlich tätig sind. Von ihnen darf erwartet werden, dass sie mit dem spezifischen Wissen ihres Faches zur Kindesmisshandlung vertraut sind. Hinsichtlich ihrer rechtlichen Möglichkeiten und Verpflichtungen, bei Hinweisen auf eine Kindeswohlgefährdung zum Schutz des Kindes tätig zu werden und Informationen an Jugendamt oder Gericht weiterzugeben, hat das Bundeskinderschutzgesetz für eine höhere Rechtssicherheit gesorgt.

§ 4 KKG normiert den **Beratungsanspruch** dieser Personen gegenüber dem Jugendamt sowie die Befugnis zur Übermittlung von Informationen durch Geheimnisträger bei Kindeswohlgefährdung. Auch für die längerfristige Hilfeplanung sieht § 36 Abs. 2 Satz 1 SGB VIII ausdrücklich das „Zusammenwirken mehrerer Fachkräfte" sowie die Beteiligung anderer Personen (wie z.B. auch der Pflegeeltern), Dienste oder Einrichtungen an der Hilfeplanung vor, sofern diese in die Erbringung der Hilfe einbezogen sind (§ 36 Abs. 3 SGB VIII). Hierunter fallen z.B. Ärzte, Fachkräfte aus sozialpädiatrischen Zentren oder Frühförder- und Beratungsstellen.

Praxistipp

▶ *Ein Beratungsanspruch durch eine insoweit erfahrene Fachkraft (iseF) steht gemäß § 8b Abs. 1 SGB VIII zudem auch Verfahrensbeiständen gegenüber dem örtlichen Jugendhilfeträger zu. Diese in der Praxis sog. iseF-Beratung muss mit Blick auf Kind und Familie anonym bzw. pseudonymisiert erfolgen, das heißt, der Verfahrensbeistand muss gegenüber der Fachkraft nicht Daten und Informationen zum Kind mitteilen, wenn Beratungsbedarf zu einer spezifischen Frage im aktuellen Fall besteht.*

In zivilrechtlichen Kindesschutzverfahren eingesetzte **psychologische Sachverständige** müssen gemäß § 163 Abs. 1 FamFG ihre Eignung nachweisen, indem sie mindestens über eine psychologische, psychotherapeutische, kinder- und jugendpsychiatrische, psychiatrische, ärztliche, pädagogische oder sozialpädagogische Berufsqualifikation sowie „ausreichende" diagnostische und analytische Kenntnisse verfügen. **242**

Verfahrensbeistände werden sich gerade mit Blick auf die seit einigen Jahren verstärkt geführte Diskussion um die Qualität und Standards von **Sachverständigengutachten** in familiengerichtlichen Verfahren möglichst genau informieren müssen.[107]

Praxistipp

▶ *Wie der Richter, sollte auch der Verfahrensbeistand darauf achten, dass im konkret in Auftrag gegebenen Gutachten eine Passung zwischen den im Einzelfall virulenten Fragen – etwa zum Bindungsstatus oder zu einer Traumatisierung des Kindes oder zur Erziehungsfähigkeit der Eltern –, den im Gutachten eingesetzten Methoden zur Exploration dieser Fragen und den schließlich generierten diagnostischen Einsichten und aus diesen abgeleiteten Schlussfolgerungen gegeben ist.*

Eine Untersuchung zur Qualität von Gutachten im Kontext familiengerichtlicher Verfahren legt diesbezüglich eine erhöhte Aufmerksamkeit nahe.[108]

b) Implikationen für wirksamen Schutz

Früher wurde unter „Kindesmisshandlung" vor allem die körperliche Misshandlung verstanden. Heute subsummiert der Begriff alle Formen der Gewalt an Kindern, also **243**

107 Vgl. Arbeitsgruppe Familienrechtliche Gutachten 2019 sowie Stürmer 2017, S. 87 ff.

108 Vgl. Salewski/Stürmer, 2015, S. 4–9. Eine differenzierte und qualifizierte Übersicht über die Anforderungen an Psychologische Gutachten im Familienrecht bieten Lack/Hammesfahr, 2024.

auch die psychische Misshandlung, das Miterleben von Partnerschaftsgewalt, die Vernachlässigung oder Gefährdung durch das Münchhausen-by-proxy.

▶ *Zu Definition und Häufigkeit der verschiedenen Formen von Kindesmisshandlung und des sexuellen Missbrauchs siehe Teil 3/Maywald, Rn. 203 ff.; zu Vernachlässigung und emotionaler Misshandlung siehe Teil 3/Fegert, Köhler-Dauner, Zwönitzer, Rn. 180 ff.*

Die Ursachenzusammenhänge und auch die langfristigen Folgen sind für die betroffenen Kinder durchaus vergleichbar.[109] Sexuelle Übergriffe sowie sexualisierte Cyber- und Peer-Gewalt werden in der Regel in den Begriff der sexualisierten Gewalt gegen Kinder und Jugendliche gefasst, während der zumeist langjährige sexuelle Missbrauch innerhalb von Bindungsbeziehungen in der Familie oder am Lebensort des Kindes weiterhin als sexueller (Kindes-)Missbrauch bezeichnet wird.[110]

244 Zu vergegenwärtigen ist sich, dass **Kindeswohlgefährdung** immer ein **komplexes Geschehen** ist, da misshandelte Kinder in aller Regel multiple Gefährdungen erleiden: „Kinder werden nicht wortlos verprügelt“[111], nicht ohne psychische Manipulation sexuell missbraucht und ihre grundlegenden Bindungs- und Schutzbedürfnisse werden verletzt, wenn die Eltern immer wieder aufeinander losgehen.

Die neuere Forschung zu **Risikofaktoren** für Kindeswohlgefährdung hat zu einem differenzierten Verständnis der Hintergründe und Auslöser von Bedürfnisversagung und Übergriffen auf Kinder und Jugendliche beigetragen und beschreibt Eltern-, Kind- und Umfeldvariablen sowie deren kumulierende Wechselwirkungen.[112] Demnach besteht ein deutlich erhöhtes Risiko für Vernachlässigung und Misshandlung von Kindern, die aufgrund ihres sehr jungen Alters, prä-, peri- und postnataler Schädigungen, Regulations- und Verhaltensstörungen sowie Behinderungen erhöhte Erziehungsanforderungen stellen und auf Eltern treffen, deren Erziehungsfähigkeit wegen psychischer Belastungen, Erkrankungen oder Abhängigkeitserkrankungen, eigenen Deprivations-, Misshandlungs- oder Missbrauchserfahrungen eingeschränkt sowie durch negative Gefühle zur Elternrolle und unangemessene Erwartungen an das Kind geprägt ist.[113]

245 Die **körperliche Misshandlung** gilt nach wie vor als die am ehesten, nicht zuletzt durch bildgebende Verfahren, erkennbare Schädigungsform. Sie umfasst alle Formen der körperlichen Übergriffe seitens der Eltern, von „erzieherisch“ gemeinten Schlägen, bei denen die Verletzung des Kindes nicht intendiert ist, bis hin zur schweren Misshandlung, bei der die Verletzung des Kindes in Kauf genommen wird oder sogar intendiert ist, etwa das Traktieren mit Gegenständen, Verbrennen oder Verbrühen des Kindes u.a.m. Eine besondere Form der Kindesmisshandlung stellt das affektartige Schütteln von Säuglingen dar, welches mit schwerwiegenden Folgen ein-

109 Siehe Egle, 2015; Joraschky/Pöhlmann, 2015.
110 Grundlegend Fegert et al., 2015, Handbuch sexueller Missbrauch.
111 Wie die renommierte Familienrechtlerin und Psychoanalytikerin Prof. Dr. Dr. Gisela Zenz ihren Studierenden eindrücklich erläuterte.
112 Vgl. Deegener/Körner, 2011, S. 211.
113 Vgl. Lengning/Zimmermann, 2009, S. 14.

hergeht. Etwa ein Drittel der Babys mit **Schütteltrauma** verstirbt, mindestens zwei Drittel tragen Langzeitschäden davon, wobei diese als solche häufig unentdeckt bleiben können und im weiteren Leben als Behinderungen oder Entwicklungsbeeinträchtigungen firmieren.[114] (Zur Diagnostik siehe Teil 3/*Fegert* u.a., Rn. 215 ff.)

Praxistipp

▶ *Ist demnach ein (Klein-)Kind wegen gewichtiger Anhaltspunkte auf eine akute körperliche Misshandlung zu vertreten, welches zudem eine nach der Geburt erworbene Behinderung oder Entwicklungsbeeinträchtigung aufweist, sollte im Rahmen des Verfahrens der Ursprung letzterer ebenfalls geprüft werden.*

Tatsächlich erlauben die Daten der Polizeilichen Kriminal- sowie der Jugendhilfestatistik allein keine reliablen Aussagen zur Prävalenz einzelner Misshandlungsformen in Deutschland.[115] In der durch *Münder* u.a. durchgeführten Fallerhebung in Jugendämtern war in fast zwei Dritteln aller Fälle allerdings **Vernachlässigung** die Gefährdungslage, die zur Anrufung des Gerichts geführt hat.[116] Auch nach der Konkretisierung des Schutzauftrags der Jugendhilfe ist der Hinweis von *Schone* u.a. relevant, dass zudem mit einer erheblichen Anzahl unbemerkter Vernachlässigungsfälle gerechnet werden muss, insbesondere in subtileren Formen (emotionale Vernachlässigung) und bei sehr kleinen Kindern dadurch, dass sie sich vorwiegend innerhalb der Familie aufhalten.[117] **246**

Körperliche und emotionale Vernachlässigung birgt gerade für Säuglinge und Kleinkinder eine existentielle seelische Bedrohung und weist in diesem Alter die schwersten Deprivationsfolgen auf (siehe hierzu Teil 3/*Fegert, Köhler-Dauner, Zwönitzer,* Rn. 180 ff.).

Praxistipp

▶ *In der Vertretung von Kindern, deren körperliche Entwicklung bereits Hinweise auf sichtbare Vernachlässigungsspuren etwa in Form eines kariösen Gebisses, Unterernährung oder gar psychosozialen Minderwuchs aufweist, muss der Exploration der Bindungsentwicklung und möglicher Bindungsstörungen des Kindes inklusive klinischer Diagnostik einer ggf. vorliegenden und kaum reversiblen reaktiven Bindungsstörung sowie der Prüfung etwaiger Eingliederungshilfen stets erhöhte Aufmerksamkeit zukommen.*

▶ *Zu Bindungsentwicklung und Bindungsstörungen siehe Teil 3/Ziegenhain, Rn. 147 ff. sowie zu Prognosen bei Vorliegen dieses Störungsbildes Teil 3/Fegert u.a., Rn. 194 ff.)*

---

114 Vgl. Matschke et al., Deutsches Ärzteblatt 2009.
115 Pillhofer et al., in: Kindheit und Entwicklung 2011, 70.
116 Vgl. Münder/Mutke/Schone, 2000; siehe aktuell Münder 2017.
117 Vgl. Schone/Gintzel/Jordan/Kalscheuer/Münder, 1997.

247 Zur **häuslichen Gewalt** sind Wissensbestand und Interventionsempfehlungen in den vergangenen zwanzig Jahren deutlich angewachsen. Sie umfasst die von den Kindern mittelbar und unmittelbar miterlebte oder mitgehörte Partnergewalt, die Demütigung, Bedrohung, körperliche und sexuelle Misshandlung, Vergewaltigung oder Tötung der Mutter, die Zeugung eines Kindes durch Vergewaltigung oder die gewaltvoll (frühzeitig) ausgelöste Geburt sowie das Miterleben der Bedrohung und Misshandlung von Geschwistern.[118] Eine für Deutschland repräsentative Studie zur häuslichen Gewalt aus dem Jahr 2004 zeigt die hohe Eingebundenheit der Kinder in Partnergewalt durch Miterleben und -hören der Gewaltausbrüche (57 %), Hineingezogenwerden (21 %), Versuche, die Mutter aktiv zu schützen (25 %), und schließlich selbst angegriffen werden (10 %).[119]

Heute wird häusliche Gewalt im Sinne wiederholter, verletzungsträchtiger Gewalttaten als gewichtiger Anhaltspunkt für eine Kindeswohlgefährdung angesehen, da die umfassenden entwicklungsbeeinträchtigenden Folgen sowie die Weitergabe der Gewalterfahrungen zwischen den Generationen empirisch nachgewiesen sind.[120]

Allerdings umfasst häusliche Gewalt viel mehr als die körperlichen oder sexuellen Angriffe und Verletzungen in der Regel der Mutter. Sie umfasst das zumeist langjährige Erleben psychischer Manipulation und Bedrohung, sozialer Isolation von Freunden und Familie, wirtschaftlicher Isolation, das Einsperren und „Halten wie eine Sklavin" bis hin zur ausgesprochenen Bedrohung ihres Lebens.

Praxistipp

▶ *Als Implikation für die Vertretung betroffener Kinder ergibt sich eine erhöhte Aufmerksamkeit für eine ggf. (nicht ausgesprochene) existentielle Angst, dass sie oder ihre Mutter das Leben verlieren könnten, sollten sie sich mit Hilfe Dritter aus der familiären Bindung zum gewalttätigen Vater/Partner und seiner Familie lösen (wollen).*

Leben Mutter und Kind(er) in einer Schutzeinrichtung und nehmen während des Verfahrens ggf. Beratung oder Kindertherapie in Anspruch ist es somit geboten im Verfahren darauf zu bestehen, nicht nur die Adresse des Wohnortes, sondern auch die Adresse der helfenden Institutionen nicht in die Akte, sondern in eine Schutzakte zu notieren, um die sicheren Orte für die Kinder zu erhalten.

248 Das Erleben anhaltender Kindesmisshandlung in ihren unterschiedlichen Formen und/oder häuslicher Gewalt steht nicht nur nachweislich mit der Ausbildung verschiedener Verhaltensauffälligkeiten, Bindungsstörungen, Entwicklungsbeeinträchtigungen und psychosomatischer Erkrankungen in Verbindung[121], sondern kann zur seelischen Traumatisierung der Kinder führen. Nicht selten ergeben sich daraus die

118 Vgl. umfassend Beiträge in Kavemann/Kreyssig, 2013; zur rechtlichen Definition siehe Art. 3b IK.
119 Vgl. m.w.N. Kavemann 2013, S. 15 ff.
120 Vgl. Übersicht bei Kindler in Kavemann/Kreyssig, 2013, S. 27–46.
121 Vgl. Sroufe/Egeland/Carlson/Collins, 2005.

nachhaltigsten Schädigungsfolgen und diese komplexen **Traumafolgestörungen** können mit den gängigen klinischen Diagnoseinventaren nur unzureichend abgebildet werden.[122] Allerdings hat das in Deutschland im Jahr 2015 veröffentlichte DSM-5 eine wesentliche Veränderung hinsichtlich der Anerkennung traumatischer Ereignisse in der Kindheit gebracht, da direkt erlebte oder miterlebte Ereignisse, die objektiv als traumatisch gelten müssen, nun als traumatisch anerkannt werden und nicht vorrangig auf die subjektive, emotionale Reaktion des betroffenen Kindes abgestellt wird. Für bis sechsjährige Kinder werden als traumatische Ereignisse z.B. das einmalige oder wiederholte direkte Erleben sowie Miterleben von (drohendem) Tod, schwerer Verletzung oder sexueller Gewalt beim Kind bzw. seiner/n primären Bezugsperson/en aufgeführt.[123]

Praxistipp

▶ *Die Komplexität der kindlichen Entwicklung und Kindesmisshandlung erfordert mit Blick auf eine sachgerechte Diagnostik der schweren, langfristigen Folgen interpersoneller Traumatisierung im Kindes- und Jugendalter ein eigenständiges Konzept, wie es in der Traumaentwicklungsstörung im In- und Ausland diskutiert wird.*[124]

Die diesbezüglichen Entwicklungen sollte der Verfahrensbeistand im Auge behalten.

In jedem bekanntwerdenden Fall von Vernachlässigung, Misshandlung, Missbrauch oder miterlebter häuslicher Gewalt muss die **Reaktion so sicher und wirksam wie möglich** erfolgen. Das heißt, es müssen die zur Bewertung der Gefährdungslage erforderlichen Informationen eingeholt und Entscheidungen über das weitere Vorgehen getroffen werden. Liegen gewichtige Anhaltspunkte für schwere körperliche Schädigungen durch Vernachlässigung, Misshandlung inkl. Schütteln oder sexuellen Missbrauch des Kindes vor, kann angenommen werden, dass eine spezialisierte medizinische Diagnostik, trotz der damit möglicherweise kurzfristig einhergehenden seelischen Belastung grundsätzlich im Interesse des betroffenen Kindes liegt (vgl. Teil 3/*Fegert, Köhler-Dauner, Zwönitzer*, Rn. 215 ff.). **249**

Der Exploration psychischer Schädigungen, möglicher interpersoneller Traumatisierung sowie von Bindungsstörungen kommt stets eine besondere Bedeutung zu, da anhaltende Kindesmisshandlung nicht nur häufig zu dauerhaften körperlichen Schädigungen, sondern regelmäßig auch zu schweren Beeinträchtigungen der Persönlichkeitsentwicklung und der sozialen Anpassung von Kindern und Jugendlichen führt, die später auch in Gewalttätigkeit münden können, nicht zuletzt in die Misshandlung eigener Kinder.[125] Dementsprechend sind elterliche Gewalterfahrungen in der eigenen Kindheit ein gewichtiger Anhaltspunkt für Kindesmisshandlung.

122 Van der Kolk/Pynoos/Cicchetti u.a., 2009.
123 Vgl. DSM-5 2015, S. 1112.
124 Vgl. van der Kolk u.a., 2009, s.o.; Schmid/Fegert/Petermann, 2010.
125 Speziell zur späteren Misshandlung eigener Kinder: Wetzels, 1997, S. 246 ff.; Jacobi, 2008, S. 76 ff. m.w.N.; Egle 2015, S. 42 ff.; Zenz 1979, S. 227 ff.

250 Kinder mit Gefährdungserfahrungen haben „gute Gründe"[126] für Fehlanpassungen in der Entwicklung, weil sie zwischen der für ihre gesunde Entwicklung notwendigen Zuwendung und Fürsorge und ihren real erlebten widrigen Fürsorgebedingungen tatsächlich und zumeist ab Geburt oder zumindest über längere Zeit keine Passung erlebt haben:

> „Tatsächlich zeigen Untersuchungen an Kinderschutzfällen in Deutschland wie international, dass betroffene Kinder vor der Einleitung ausreichender Schutzmaßnahmen nicht nur zum Teil wiederholte und vielfältige Gefährdungserfahrungen machen müssen, sondern häufig darüber hinaus mit verschiedenen Profilen elterlicher Erziehungsfähigkeit und unterschiedlichen familiären Lebensbedingungen konfrontiert sind."[127]

Dieser überaus ernüchternde Befund impliziert in Verbindung mit der in § 1 Abs. 3 Ziff. 3 KKG neu ausformulierten staatlichen Mitverantwortung folgende **Learnings**:

- Das Fachwissen zu besonders und chronisch misshandlungsgefährdeten Kindern muss rechtzeitig angewendet werden und es müssen die Strukturen zur Einleitung erforderlicher Schutzmaßnahmen anstelle nicht geeigneter Hilfen rechtzeitig genutzt werden – also passgenaue Prävention im Sinne von Vermeidung der Gefährdungsrealisierung (§ 1 Abs. 3 Ziff. 3 Hs. 1 KKG).
- Haben sich die Risiken hingegen bereits in schwerer oder anhaltender Gefährdung realisiert, so stellt das Bundeskinderschutzgesetz erstmals klar, dass die staatliche Mitverantwortung – zuvörderst also das Handeln von Jugendämtern und Gerichten – im Einzelfall darauf auszurichten ist, eine weitere Gefährdung oder Schädigung des Kindes oder Jugendlichen abzuwenden (§ 1 Abs. 3 Ziff. 3 Hs. 2 KKG).

Praxistipp

Der Verfahrensbeistand ist in einer zentralen Position für ein von ihm vertretenes Kind auf beiden Ebenen

1. *passgenaue Prävention oder*
2. *passgenaue Intervention*

wirksamen Kinderschutz im Einzelfall auf den Weg zu bringen.

Hierfür richten sich die weiteren Ausführungen zunächst auf die Erkennung von Hochrisikokindern, sodann auf die Differenzierung von Hilfen und Interventionen.

c) Hochrisikokinder

251 Der aus der Medizin stammende Begriff der Hochrisikogruppe bzw. Hochrisikopopulation beschreibt in der Entwicklungspsychopathologie Kinder, deren Risiko für psychische Fehlanpassungen bzw. für Beeinträchtigungen ihrer sozial-emotionalen Entwicklung gegenüber Gleichaltrigen signifikant erhöht ist. Diese Fehlanpassungen

126 Vgl. anschaulich Hardenberg/Rodriguez/Stotz, 2021.
127 Kindler et al., 2010, 197; ähnlich Fegert, 2007, 201.

können im weiteren Entwicklungsverlauf klinische Relevanz, d.h. ein **behandlungsbedürftiges Ausmaß**, erlangen.[128]

Aufgrund kumulierter psychosozialer Risiken und realer Gefährdungserfahrungen sind **misshandelte Kinder und Jugendliche besonders vulnerabel** für das Auftreten und die Chronifizierung psychischer Störungen und psychosomatischer Erkrankungen.[129] Im Kindesschutzkontext ist es in pädagogischer Sichtweise deshalb bedeutsam, auffälliges Verhalten im Kindes- und Jugendalter und ggf. zu aufgetretenen „Störungen" vergebene Diagnosen grundsätzlich als Hinweisschilder auf eine ggf. seit längerer Zeit bestehende Notlage des Kindes und seine akute oder bereits chronische seelische Belastung zu verstehen zu suchen. Die Risiken für die sukzessive Ausbildung fehlangepassten Verhaltens lassen sich nach heutigem Wissenstand bereits früh entlang beschreibbarer, realer Erfahrungen gefährdeter Kinder ausmachen und sind in hohem Maße in der (Klein-)Kind-Eltern-Beziehung verortet.[130]

Alle Formen körperlicher Gewalt an Säuglingen und kleinen Kindern sind als Misshandlung zu werten.[131] Liegen für einen **Säugling** oder ein **Kleinkind** Hinweise auf oder gewichtige Anhaltspunkte für eine Misshandlung oder Vernachlässigung vor, ist sein Risiko innerhalb kürzester Zeit folgenschwere, auch irreversible körperliche Schäden zu erleiden oder zu sterben, desto höher, je jünger das Kind ist.[132] **252**

Hinweis

Je jünger das Kind, desto schneller müssen deshalb wirksame Maßnahmen zu seinem Schutz ergriffen werden, auch und gerade, wenn das Risiko nicht schnell geklärt werden kann.

Sind die Eltern damit nicht einverstanden, ist eine (zumindest kurzfristige) **Trennung im Interesse effektiven Kinderschutzes** jedoch unvermeidbar, so ist eine eilige Unterbringung außerhalb der Familie auf einstweilige Anordnung des Familiengerichts möglich.[133] Falls auch diese nicht abgewartet werden kann, ist das Jugendamt berechtigt, das Kind in Obhut zu nehmen und entsprechende diagnostische Schritte zur Abklärung des Misshandlungsverdachtes einzuleiten (§§ 8a Abs. 2, 3; 42 SGB VIII).

Da es sich bei der Inobhutnahme oder familiengerichtlichen Trennung des Kindes um einen gravierenden Eingriff in das Elternrecht und, je jünger das Kind ist, desto schwerwiegenderen Eingriff in die kindlichen Bindungen handelt, bedürfen diese Interventionen stets einer sorgfältigen fachlichen Begründung.[134] Jedenfalls wird der

128 vgl. Sroufe et al., 2005.
129 Vgl. Fegert, 2007.
130 vgl. Sroufe et al., 2005, 285.
131 Vgl. Dornes, 1999, 215.
132 Zu Erkennungsmerkmalen und Handlungsempfehlungen siehe die interdisziplinär erarbeitete AWMF Kinderschutzleitlinie S3+, 2022.
133 Vgl. Staudinger/Coester, 2020, BGB § 1666 Rn. 305; § 1666a Rn. 9, 27; BVerfG v. 23.4.2018, 1-BvR 383/18, ZKJ 2018, 312.
134 Zu den auch in Eilrechtsverfahren sowie Inobhutnahmen trotz Dringlichkeit notwendig darzulegenden Sachverhalten, die eine Trennung rechtfertigen, siehe BVerfG, Beschl. v. 26.4.2022 – 1 BvR 674/22.

Verhältnismäßigkeitsgrundsatz verletzt, wenn nach einer solchen Eilmaßnahme nicht unverzüglich alles Nötige zur Überprüfung der Entscheidung getan wird.[135] In jeder dieser Verfahrensphasen müssen Verfahrensbeistände daher im Interesse des Kindes auf **Beschleunigung** drängen.

▶ *Zum Beschleunigungsgebot vgl. Teil 4/Heilmann, Rn. 11 ff.*

253 Internationale sowie Studien aus Deutschland haben gezeigt, dass **Kinder in öffentlicher Ersatzerziehung**, also Pflegekinder und Kinder, die im Heim aufwachsen, eine Hochrisikogruppe für Fehlanpassungen ihrer Entwicklung sowie für psychische und psychosomatische Erkrankungen sind. Ihre Risikogesamtbelastung, die sich aus prä-, peri- und postnatalen Risiken oder Schädigungen, beeinträchtigten Elternkompetenzen, sogenannten widrigen Fürsorgeerfahrungen, aus Bindungsarmut oder -störungen sowie psychosozialen Belastungen der Familie ergibt, ist gegenüber Gleichaltrigen deutlich erhöht. Realisieren sich Deprivations-, Misshandlungs- oder Missbrauchsrisiken in erlebter Gefährdung und werden die Kinder (schließlich) in Pflegefamilie oder Heim aufgenommen, sind zwar zumeist Leib und Leben der Kinder geschützt, ihre seelischen Belastungen und damit eben auch Auffälligkeiten im Verhalten bestehen jedoch in der Regel fort.

Mehrfache Lebensortwechsel vor der aktuellen Unterbringung sowie sogenannte Platzierungswechsel erhöhen die Belastungen der Kinder zusätzlich.[136] Die Versorgungslage hochbelasteter Kinder in Pflegefamilien und Heimen mit Psychotherapie ist in Deutschland hingegen immer noch unzureichend.[137] Deshalb ist schon bei der Unterbringung von Kindern aus gewaltbelasteten oder vernachlässigenden Familien in der Hilfeplanung das Augenmerk in jedem Einzelfall auf eine **differenzierte psychosoziale und traumasensible Diagnostik** zu richten, um für das einzelne Kind bedarfsgerechte Hilfen und Beziehungskontinuität einzurichten.[138]

254 Katamnestische Studien und Fallvignetten zu jungen, psychisch hochbelasteten Menschen **in therapeutischen Wohngruppen der Jugendhilfe** weisen eine hohe Konsistenz in der retrospektiven Schilderung ihrer Lebenswege auf: Nach ambulanten Hilfen, Kriseninterventionen und Inobhutnahmen aus der Herkunftsfamilie, der Rückführung dorthin und/oder anschließender Unterbringung bei Verwandten „wechseln" sie wegen verstörtem und (ver)störendem Verhalten später zwischen Pflegefamilien, Kinderheim und therapeutischen Einrichtungen und ihre psychiatrische Versorgung oder intensivpädagogische Betreuung wird schließlich notwendig.[139] Diese jungen Menschen lebten in der Regel seit Geburt in sich kumulierenden psychosozialen Risikolagen, doch die frühen, widrigen Fürsorge- bis hin zu traumatischen Beziehungserfahrungen sind charakteristische Familienerfahrungen emotio-

---

135 Vgl. Staudinger/Coester, 2020, BGB § 1666a Rn. 9.
136 Vgl. ausführlich Diouani-Streek 2015, Kap. IV. B.
137 Vgl. DJI Handbuch Pflegekinderhilfe, 2010, S. 209 sowie 868; Fegert/Ziegenhain/Goldbeck, 2013; Gahleitner, 2013.
138 Gahleitner 2013, S. 228 ff.; vgl. schon Nienstedt, 1998, S. 52 ff.; Tenhumberg/Michelbrink, 1998, S. 106 ff.
139 Vgl. Fremmer-Bombik, 2003; Gahleitner, 2008; Oswald/Goldbeck, 2013.

nal und sozial hochbelasteter Jugendlicher in familienersetzenden Maßnahmen (ebd.).

Praxistipp

Sind Jugendliche, auch wenn sie noch zu Hause leben, aufgrund von massiver Fremd- oder Selbstgefährdung zu vertreten, etwa weil sie sich immer wieder in gewaltvollen Peer-Beziehungen wiederfinden, sexualisierte Übergriffe ausüben oder Missbrauch erleben, weil internalisierte psychische Belastungen wie Ängste und Depression sie in der Lebensführung einschränken u.a.m., dann ist von Seiten des Verfahrensbeistandes im Rahmen des Verfahrens auf eine umfassende und traumasensible Anamnese der Lebens- und Bindungsgeschichte des jungen Menschen hinzuwirken.

Die **schützende Intervention** muss zuvörderst auf die Bereitstellung korrigierender Beziehungserfahrungen für die oder den Jugendlichen im Rahmen einer haltenden, zugewandten und stabilen (therapeutischen) Beziehung orientiert sein (siehe hierzu Rn. 270).

d) Familienunterstützende Hilfen bei Risiken schwerwiegender Kindeswohlgefährdung

Seit der Jahrtausendwende sind eine Reihe von Gesetzen zum Schutz von Kindern und Jugendlichen vor Gewalt in Kraft getreten, indem u.a. das Recht von Kindern auf gewaltfreie Erziehung formuliert (§ 1631 Abs. 2 BGB, 2000), der Schutzauftrag der öffentlichen und freien Jugendhilfe konkretisiert (§ 8a SGB VIII, 2005) und die Kooperation im Kinderschutz normiert wurden (BKiSchG, 2012). Den Jugendämtern wurde aufgegeben, Eltern Wege aufzuzeigen, „wie Konfliktsituationen in der Familie gewaltfrei gelöst werden können" (§ 16 Abs. 1 Satz 3 SGB VIII). Die Jugendhilfe sollte zur Verwirklichung dieses gesetzlichen Auftrages verstärkt „Programme mit therapeutischen und beraterischen Elementen entwickeln"[140]. Hinsichtlich durch die Forschung belegter Risiken für eine gesunde Kindesentwicklung hat der Gesetzgeber mit dem **Ausbau der Frühen Hilfen** reagiert, um möglichst für alle Familien mit vorliegenden Risiken primär- und selektivpräventive Unterstützung und Begleitung vorzuhalten. Der **Ausbau von Präventionsprogrammen** im Kontext der Frühen Hilfen ist in Deutschland seither stark vorangeschritten und deren Evaluation ist mit dem Bundeskinderschutzgesetz seit dem Jahr 2012 gesetzlich verankert worden. 255

Prävention dient zum einen dazu, allen Eltern Hilfe und Orientierung anzubieten, um sie in der Erziehung ihrer Kinder zu unterstützen (**Primärprävention**). Bei früh erkennbaren Risiken für Fehlentwicklung oder Kindeswohlgefährdung sind zum anderen spezifische und teilweise evaluierte Programme z.B. der Bindungsförderung in den ersten Lebensjahren implementiert worden, um gefährdete Kinder gezielt zu errei- 256

140 Salgo in: Kohl/Landau, 2001, S. 55 ff.; Staudinger/Salgo, 2015, Erl. § 1631 Rn. 66 ff.; vgl. inbes. hierzu die Staatenverpflichtung zur Bereithaltung entsprechender Leistungen in den Art. 15, 16, 31 Istanbul-Konvention.

chen (**Selektivprävention**). Theoretisch sind auch die im SGB VIII gefassten Hilfen sowie § 1666 BGB präventiv orientiert, indem Hilfen, Verfahren oder Interventionen bereits bei Hinweisen auf oder gewichtigen Anhaltspunkten für eine Kindeswohlgefährdung eingeleitet werden sollen, um die drohende – noch nicht realisierte – nachhaltige Schädigung des Kindes möglichst durch Aktivierung des elterlichen Abwendungsprimats und mit Hilfe schützender Institutionen rechtzeitig abzuwenden.[141]

In der Praxis können jedoch Fallstricke für einen effektiven und nachhaltigen Schutz schwer und chronisch gefährdeter sowie durch das Erleben von Kindesmisshandlung, Missbrauch oder Miterleben langjähriger häuslicher Gewalt bereits beeinträchtigter Kinder (**Tertiärprävention**) auftreten, um die Verfahrensbeistände wissen sollten und die im Folgenden deshalb zumindest schlaglichtartig beleuchtet werden.[142]

257 Der generelle Vorrang öffentlicher Hilfen gegenüber Eingriffen in die elterliche Sorge ist nicht zeitlich zu verstehen. Der **Verhältnismäßigkeitsgrundsatz** regelt nicht die zeitliche Abfolge, sondern die Schwere des Eingriffs in das Elternrecht und muss zur Erreichung des Zieles geeignet, mit milderen Mitteln nicht gleich effektiv erreichbar und deshalb in der Schwere erforderlich und verhältnismäßig sein.[143] Dies wird auch im Wortlaut des § 1666a Abs. 2 BGB deutlich, der den Entzug der gesamten Personensorge auch dann legitimiert, wenn absehbar ist, dass der Schutz des betroffenen Kindes mit milderen Mitteln nicht zu erreichen ist.[144]

Die Aufarbeitung der gescheiterten Kindesschutzverläufe für Kevin in Bremen und für Yagmur in Hamburg hat offengelegt, dass die bereits rund um die Geburt bei den Eltern offenkundig vorliegenden Risiken für die Gesundheit und das Wohlergehen eines neugeborenen Kindes hinreichend für intervenierenden Schutz durch eine Trennung von den Eltern gewesen wären. Spätestens jedoch durch die bei beiden Kleinkindern medizinisch mehrfach festgestellten schweren Verletzungen wurden die Nichtgeeignetheit zeitlich begrenzter Inobhutnahmen bzw. der Rückführung aus der Familienpflege augenscheinlich.[145]

Die **Entscheidung über die Erforderlichkeit** einer, wenn auch drastischen, Intervention zum Schutz eines akut und/oder chronisch gefährdeten (Klein-)Kindes hat sich unmittelbar **nach dem Gefährdungsgrad** des Kindes, also dem ihm konkret drohenden, erheblichen Schaden,[146] zu richten und nicht nach einer sequentiellen Systematik, nach der niedrigschwellige Hilfen für Kinder mit hohem Gefährdungsrisiko zu installieren wären, ehe eine bereits zum aktuellen Verfahrenszeitpunkt absehbar notwendige Trennung des Kindes von den Eltern(teilen) erfolgen könnte. Hier stellte das BVerfG 2022 erneut klar:

---

141 Vgl. Staudinger/Coester, 2020, BGB § 1666 Rn. 4a, 82, 86, 304a.
142 Vgl. ausführlich Diouani-Streek, 2015.
143 Vgl. Heilmann, ZfJ 2000, 41/44 f.
144 Staudinger/Coester, 2020, BGB § 1666a, Rn. 9; 25.
145 „Fall Kevin" vgl. Bremische Bürgerschaft Drucks. 16/1381, 2007; zu „Fall Yagmur" vgl. Hamburgische Bürgerschaft Drucks. 20/14100, 2015.
146 BGH, Beschl. v. 21.9.2022 – XII ZB 150/19 in ZKJ 2023, 28/29.

„Ob eine Trennung des Kindes von der Familie verfassungsrechtlich geboten ist, hängt danach regelmäßig von einer Gefahrenprognose ab."[147]

Auch unter Berücksichtigung des **Vorrangs öffentlicher Hilfen vor intervenierenden Schutzmaßnahmen** sind die gesetzlichen Novellierungen der letzten Dekaden nicht als Auftrag an Jugendhilfe, Gesundheitswesen oder Gerichte misszuverstehen, durch den (ggf. gerichtlich verordneten) Einsatz Früher Hilfen oder Hilfen zur Erziehung prinzipiell das Ziel zu verfolgen, durch die Aktivierung des elterlichen Abwendungsprimats den Verbleib schwer gefährdeter Kinder in der Geburtsfamilie (so lange wie möglich) zu gewährleisten. Auch die Grundsätze der Subsidiarität und Verhältnismäßigkeit im Kinderschutz legen hier nicht eine zeitliche oder prinzipielle Rangordnung in der Durchführung von unterstützenden Hilfen oder intervenierenden Maßnahmen nahe, sondern eine **gründliche, einzelfallbezogene Abwägung** ihrer 258

- Angemessenheit,
- Erforderlichkeit und
- erwartbaren Effektivität.

Praxistipp

▶ *Sind bei nachweislicher Kindeswohlgefährdung durch eine oder mehrere der o.g. genannten Misshandlungsformen im Vorfeld des anhängigen Verfahrens in der Familie des jeweils zu vertretenden Kindes oder Jugendlichen bereits Hilfen zur Erziehung erbracht worden, so ist es notwendig, sich als Verfahrensbeistand einen möglichst genauen Überblick über ihren Verlauf, ihre Erfolge oder auch Wirkungslosigkeit zur Abwendung der Gefährdungslage zu verschaffen.*

Es ist dabei vorrangig zu prüfen, welche Veränderungen sich im Interesse des Kindes beschreiben lassen und die Wahrnehmung des Minderjährigen zu diesen Versuchen, die Gefährdung abzuwenden, zu explorieren.

Einfache Methoden der Visualisierung, wie z.B. ein Zeitstrahl oder ein Genogramm, können dem Fallverstehen zuträglich sein, da sie z.B. Wiederholungen von Gewalterfahrungen, (erfolglosen) Hilfen oder Interventionen, intergenerationale Transmissionen u.a.m. sichtbar machen.

Eine zentrale Dimension der fachlichen Einschätzung über die geeignete und erforderliche Maßnahme zur Abwendung der kindlichen Gefährdungslage ist die Einschätzung der Kooperations- und vor allem Veränderungsfähigkeit der Eltern(teile). Insbesondere mit Blick auf den elterlichen Abwendungsprimat bei Gefährdung ist eine **signalisierte Kooperationsbereitschaft nicht hinreichend**, um eine Prognose über mögliche Erfolge oder Misserfolge in Anspruch genommener Unterstützung zu treffen. Die geäußerte Bereitschaft, eine von Jugendamt oder Gericht mit Nachdruck 259

147 BVerfG v. 16.9.2022, 1 BvR 1807/20, Rn. 44.

„angebotene" Hilfe zur Abwendung von Kindeswohlgefährdung anzunehmen, sichert dem Sozialarbeitenden u.U. noch nicht einmal Zugang zum (Klein-)Kind.[148]

Psychologische Sachverständige werden häufig mit der Begutachtung der elterlichen Erziehungsfähigkeit betraut. Die darin zusammengefassten Dimensionen müssen die Eltern im Sinne eines Mindeststandards jedenfalls erfüllen, die gefährdungsbezogenen Aspekte bildet das Konzept der Erziehungsfähigkeit hingegen nicht ab.[149] Hierfür bedarf es zusätzlich einer intersubjektiv nachvollziehbaren Darlegung der **elterlichen Veränderungsfähigkeit**, die konkret auf die Gefährdungslage des zu vertretenden Kindes und die Auslotung der Chancen, diese tatsächlich nachhaltig abwenden zu können, gerichtet ist.

- Die Kooperationsfähigkeit von Eltern(teilen) (prognostisch) einzuschätzen bedeutet zu prüfen, ob sie in ihrer Lebenssituation und Lebensführung in der Lage sind, ein verbindliches Arbeitsbündnis im Interesse ihres Kindes einzugehen und durchzuhalten.
- Die elterliche Veränderungsfähigkeit prognostisch einzuschätzen bedeutet, mindestens die Dimensionen ihrer eigenen biografischen Gefährdungserfahrungen, ihrer psychischen Gesundheit, ihrer Persönlichkeit, ihrer Einstellung zum Kind und zu ihrer Elternrolle sowie zu bereits erbrachten und konkret angebotenen öffentlichen Hilfen einer kritischen Analyse zu unterziehen.[150]

Wenn die Entscheidung über die nächsten Schritte bereits vor dem Familiengericht verhandelt wird, sollte eine **fachliche Einschätzung** über die Kooperations- und Veränderungsfähigkeit beider Elternteile vorliegen oder spätestens dann eingeholt werden. Beide Aspekte müssen prognostisch eingeschätzt und im Verlauf installierter Hilfen engmaschig auf ihr Zutreffen überprüft und neu bewertet werden. Ohne eine intersubjektiv nachvollziehbar dargelegte Einschätzung dieser gefährdungsbezogenen Aspekte kann eine **Prognose** über die Chancen und Grenzen unterstützender Hilfen zur Abwendung von drohender (Verdacht auf) oder nachgewiesener Kindesmisshandlung kaum erfolgen.

Praxistipp

▶ *Die Differenzierung zwischen „signalisierter Kooperationsbereitschaft" und tatsächlicher „Veränderungsfähigkeit" gefährdender Eltern im Verfahren offenzulegen und auf die Überprüfung letzterer zu drängen, ist zentral für die Vertretung betroffener Kinder.*

260 Die systematische **Entwicklung und Evaluation wirksamer Hilfen** bei festgestellter Kindesmisshandlung, auf die Familiengerichte im Rahmen von Verfahren nach §§ 1666, 1666a BGB zurückgreifen könnten, steht noch weitestgehend aus. **Wirksamkeitsstudien** aus dem Ausland sowie inländische Erfahrungsberichte zur Arbeit

148 Tragisch vor Augen geführt durch den Tod des vernachlässigten Babys Lydia, siehe „Osnabrücker Fall" in Bringewat, 1997.

149 Hierzu Kindler in DJI, 2006, Kap. 62–67.

150 Vgl. Kindler in DJI, 2006, Kap. 72.

mit gewaltbelasteten Familien zeigen jedoch, dass therapeutische und sozialpädagogische Hilfen keineswegs immer erfolgreich in der Abwendung von Kindesmisshandlung sind.[151] Insbesondere bei Familien mit einer generationenübergreifenden Geschichte von Misshandlung und/oder schwerwiegender Vernachlässigung verändert sich die Familiendynamik kaum jemals innerhalb einer akzeptablen Zeitspanne so weit, dass dem u.U. bereits traumatisierten Kind ein Verbleiben in der Familie oder eine baldige Rückkehr aus dem Heim oder der Pflegefamilie zugemutet werden kann.[152]

Gezielte Studien zum Therapieerfolg bei Eltern misshandelter, missbrauchter oder vernachlässigter Kinder haben ergeben, dass, selbst wenn sich in der Therapie deutliche Veränderungen in der Persönlichkeit und den Lebensumständen der Eltern abzeichnen, in einer großen Zahl der Fälle Misshandlungen, Missbrauch oder Vernachlässigung der Kinder sich noch über Jahre fortsetzen bzw. nach einer Rückführung des Kindes wieder einstellen.[153]

Praxistipp

▶ *Verfahrensbeistände sollten deshalb in diesen Fällen die erwartbaren Erfolge der elterlichen Inanspruchnahme von Hilfen oder Interventionsprogrammen, die ggf. vom Gericht anstelle einer Fremdunterbringung oder mit dem Ziel einer baldigen Rückführung in Erwägung gezogen werden, in die Abwägung miteinbeziehen (lassen).*

Die durchaus ernüchternden Befunde des Auslandes zur (Un-)Wirksamkeit von fami- **261**
lienunterstützenden Hilfen bei schwerer Kindesmisshandlung sprechen nicht gegen therapeutische und beraterische Bemühungen um die Eltern. Abgesehen davon, dass Eltern hierauf einen Rechtsanspruch haben (§ 37 Abs. 2, § 37c SGB VIII) und Eingriffe gemäß § 1666a BGB nur in Verbindung mit Bemühungen zur „Refunktionalisierung" der Familie zulässig sind,[154] können Erfolge später geborenen Kindern zugutekommen. Für ein bereits beeinträchtigtes oder traumatisiertes Kind aber sind die notwendigen Veränderungen meist nicht schnell und nicht stabil genug zu erreichen, um es vor weiterer Schädigung zu schützen und seine seelischen Verletzungen und Entwicklungsdefizite auszugleichen. Wie lange Gespräche mit misshandelnden oder missbrauchenden Eltern über Beratungs- und Unterstützungsmöglichkeiten der Jugendhilfe hilfreich sind und welche Kontroll- und Schutzmaßnahmen sofort zu ergrei-

151 Vgl. Forschungsübersicht bei Köckeritz, 2016, S. 374 ff.; zum Einsatz der SPFH im Vorfeld der Anrufung des Familiengerichtes wegen einer Kindeswohlgefährdung Bindel-Kögel/Seidenstücker, 2017, S. 146 f.

152 Vgl. Diouani-Streek, 2015.

153 Vgl. Dornes 1997, S. 239 ff.; Jones/LaLiberte, 2010; Kimberlin/Anthony/Austin, 2008; Terling, 1999.

154 Staudinger/Coester, 2020, BGB § 1666a, Rn. 10/12.

fen sind, muss nicht nur im Hinblick auf die akute Gefahr für Körper und Leben des Kindes, sondern auch unter **Berücksichtigung** der

- Zeitperspektive des Kindes,
- der bereits erlebten Schädigung(en) und
- ihrer Auswirkungen auf die seelische Entwicklung,

entschieden werden.

262 Immer wieder weisen Fachleute darauf hin, dass die absehbaren Folgen der Traumatisierung von Kindern durch anhaltende Misshandlungen, sexuellen Missbrauch und insbesondere auch bei schwerwiegender Vernachlässigung in hochproblematischen Familienverhältnissen rechtzeitig wahrgenommen und gegenüber den oft absolut gesetzten Trennungsrisiken nicht unterschätzt werden dürfen.[155] Forschungsergebnisse zur unterschiedlichen Qualität von Bindungen[156] und den „schweren und lang anhaltenden Folgen von multipler, interpersoneller, Traumatisierung im Kindes- und Jugendalter"[157] müssen jedoch insbesondere von den Familiengerichten noch stärker zur Kenntnis genommen werden.

Die Auswahl eines wirksamen Hilfeangebotes oder einer gerichtlichen Intervention in das Elternrecht wegen Kindesmisshandlung – Kindesschutzhandeln insgesamt – ist stets auch ein prognostisches Handeln,[158] das der Entwicklungstatsache und -perspektive des individuellen Kindes verpflichtet ist.

Entsprechend zentral ist es im Sinne effektiver und nachhaltiger Kindesschutzinterventionen ab dem ersten Auftreten gewichtiger Anhaltspunkte für eine Kindeswohlgefährdung eine **lebenslauforientierte Sichtweise** einzunehmen und ab der ersten Gefährdungsmeldung auf eine gründliche psychosoziale Diagnostik und Prognose der langfristigen Lebensperspektive des Kindes hinzuwirken.[159]

e) Fremdunterbringung als Kindesschutzintervention

263 Bei schwerwiegender Schädigung bzw. Traumatisierung eines Kindes durch die leiblichen Eltern und hohem Wiederholungsrisiko für Misshandlung in der Familie wird im Einzelfall zumeist seine dauerhafte Fremdunterbringung erforderlich. Von der Forschung als bedeutsam für zukünftige weitere Misshandlungen belegte Faktoren – und somit Hinweise auf ein **erhöhtes Wiederholungsrisiko** – sind:

- wiederholte Misshandlungen dieses Kindes oder eines Geschwisters in der Vergangenheit,
- elterliche Wahrnehmungsverzerrung hinsichtlich eigener Verantwortung oder kindlicher Merkmale (verzerrtes Bild vom Kind),
- fehlende Selbstkritik/Einsicht sowie

155 Vgl. Nienstedt/Westermann, 2013, S. 215 ff.
156 Hierzu Solomon/George, 2011; Crittenden, 1995; Brisch in: 17. DFGT 2007, S. 89, 99 ff.
157 Fegert/Dieluweit/Thurn/Ziegenhain/Goldbeck, 2013, S. 9–26, 21.
158 Vgl. BVerfG v. 16.9.2022, 1 BvR 1807/20, Rn. 44.
159 Hierzu grundlegend Diouani-Streek, 2015, Kap. VII.

- fehlende Veränderungsbereitschaft bzw. Bereitschaft zur Zusammenarbeit mit dem Jugendamt.[160]

Aus der medizinischen sowie Jugendhilfepraxis wird zudem berichtet, dass die Leugnung des Misshandlungsgeschehens und alternative, variierende Darstellungen des Verletzungshergangs ernst zu nehmen sind.[161] In solchen Fällen ist eine **mehrdimensionale psychosoziale Diagnostik** mit besonderem Augenmerk auf die gewaltausübende Person unumgänglich. Um das Wiederholungsrisiko im Einzelfall hinreichend prognostizieren zu können, ist die Kombination valider Risikoeinschätzungsverfahren mit verschiedenen psychologischen Verfahren, der Exploration der elterlichen Lebensgeschichte inkl. möglicher eigener Misshandlungs- oder Vernachlässigungserfahrungen, Aktenanalyse, Fremdauskünften sowie Verlaufsanalysen früherer Hilfen/Kooperation erforderlich.[162]

Die Herausnahme eines misshandelten, missbrauchten oder vernachlässigten Kin- **264**
des aus der Herkunftsfamilie stellt, auch wenn die Trennung von den leiblichen Eltern mit einer zeitweisen Belastung einhergeht, gegenüber dem langfristigen Verbleib in schädigenden Familienstrukturen für das Kind „die **weniger schädliche Alternative**" dar.[163] Die auch im Familienrecht anerkannte hohe Bedeutung der Eltern-Kind-Bindung spricht in diesen Fällen deshalb nicht gegen eine Trennungsentscheidung, weil es sich hier in der Regel um Angstbindungen des Kindes an die Eltern handelt, die Ausdruck hochambivalenter bzw. desorientierter Bindungsmuster sind, welche die Persönlichkeitsentwicklung des Kindes schwer und langfristig schädigen.[164]

Auch nach erwiesenen Gewalterfahrungen des Kindes in der Herkunftsfamilie und **265**
unabhängig davon, ob es aktuell Inobhut genommen ist oder nicht, gibt es **zwei Wege in die Fremdunterbringung** des Kindes oder Jugendlichen in Pflegefamilie oder Heim:

1. durch die freiwillige Inanspruchnahme von öffentlicher Ersatzerziehung durch Antrag der Eltern auf Hilfen zur Erziehung im Jugendamt (§§ 33, 34, 36 SGB VIII) oder
2. durch familiengerichtliche Eingriffe in die Personensorge gegen den Willen der Eltern (§§ 1666, 1666a BGB).

Insbesondere letztere ist eine **Kindesschutzintervention**, wodurch Jugendamt und Familiengericht als Vertreter des Staates angehalten sind, „zugleich positiv die Le-

160 Vgl. Kindler, 2006, 70-5 m.w.N.
161 Steele, 2002, 126.
162 Deegener/Körner, 2006, 61 weisen darauf hin, dass sogar der Einsatz des weltweit empirisch am besten überprüften Fragebogens zum Screening von Misshandlungsrisiken CAPI (Child Abuse Potential Inventory, Milner 1980) im Einzelfall nur in Kombination mit weiteren diagnostischen Maßnahmen eine hinreichend hohe Wahrscheinlichkeit für eine zutreffende individuelle Klassifikation bietet. Ebd. sowie bei Kindler, 2006, 70 ff. m.w.N. finden sich Hinweise zum methodischen Prozess, zu Kriterien und Bewertungsregeln der Bestimmung des Misshandlungsrisikos im Einzelfall.
163 Goldstein/Freud/Solnit, 1991, S. 49 ff.
164 Sroufe u.a. 2005; Zum „desorientierten Bindungsverhalten" als Folge traumatischer Interaktionen vgl. Main 2011; Solomon/George 2011, S. 25 ff.; Nienstedt/Westermann 2013, S. 222 ff.

bensbedingungen für ein gesundes Aufwachsen des Kindes (zu) schaffen", wie das BVerfG bereits 1968 klarstellte.[165] Hierzu gehören

- die prognostische Klärung des Zieles der Hilfe, also die Entscheidung zwischen einer Rückkehr in die Herkunftsfamilie oder dem langfristigen Aufwachsen außerhalb der Herkunftsfamilie sowie
- die Klärung der Vereinbarkeit von persönlichen Kontakten zwischen Eltern und Kind mit dem Kindeswohl.

266 Mit dem Ziel der behördlichen Erarbeitung einer sicheren und langfristig tragfähigen Lebensperspektive auch für gefährdete Kinder und Jugendliche hat bereits der Gesetzgeber des SGB VIII 1990/1991 **differenzierte Regelungen** für die Fremdunterbringung verabschiedet. Demnach sollte diese im Interesse des kindlichen Bedürfnisses nach **Bindungskontinuität** entweder durch eine zeitnahe Rückführung in die Herkunftsfamilie oder durch den dauerhaften Verbleib in Pflegefamilie, im Heim oder in Adoption gewährleistet werden.

Die **fachliche Einschätzung** zwischen diesen Alternativen im Einzelfall wurde der öffentlichen Jugendhilfe überantwortet:

> „Kommt das Jugendamt deshalb nach einer sorgfältigen Prüfung der Situation in der Herkunftsfamilie zu der Überzeugung, dass Bemühungen zur Verbesserung der Erziehungsbedingungen (...) mit dem Ziel der Rückführung des Kindes innerhalb eines angemessenen Zeitraums offensichtlich erfolglos sind oder sein werden, dann ändert sich sein ‚Auftrag'"[166]

der Rückführungsbemühungen. In diesen Fällen dienen

> „die Beratung und Unterstützung der Eltern sowie die Förderung ihrer Beziehung zum Kind der Erarbeitung und Sicherung einer anderen, dem Wohl des Kindes oder Jugendlichen förderlichen und auf Dauer angelegten Lebensperspektive" (§ 37 Abs. 1 S. 3 SGB VIII)

außerhalb der Herkunftsfamilie.

Dieser bereits vor vierzig Jahren formulierte **Entscheidungszwang** ist durch das KJSG im Jahr 2021 **erweitert und differenziert** worden[167], mit dem Ziel, die Stabilität und Kontinuität des Lebensmittelpunktes fremduntergebrachter Kinder sowie die Transparenz im Hilfeplanungsprozess zu erhöhen[168]. Mit der Einführung des § 37c SGB VIII ist bei Hilfen außerhalb der eigenen Familie in jedem Einzelfall prozesshaft die **Perspektive der Unterbringung** zu klären und im Hilfeplan zu dokumentieren. Dabei ist maßgeblich, ob durch öffentliche Hilfen für die Eltern während der Fremdunterbringung die

> „Entwicklungs-, Teilhabe- oder Erziehungsbedingungen in der Herkunftsfamilie innerhalb eines im Hinblick auf die Entwicklung des Kindes oder Jugendlichen vertretbaren Zeitraums so weit verbessert werden, dass die Herkunftsfamilie das Kind oder

---

165 BVerfGE 24, 119/144.
166 BT-Drucks. 11/5948, S. 75.
167 KJSG, BGBl I 2021, 1444 ff.
168 BT-Drucks. 19/26107, S. 2.

> den Jugendlichen wieder selbst erziehen, betreuen und fördern kann" (§ 37 c Abs. 2 S. 1 SGB VIII).

Die **Prüfung der Rückführungsoption** ist demnach neben den auf die Eltern bezogenen Aspekten wegen ihrer gesetzlichen Bindung an das kindliche Zeiterleben fachlich insbesondere an

- Alter,
- Entwicklungsstand und
- den kindlichen Bindungsbedürfnissen

auszurichten. § 37c Abs. 2 Satz 2 SGB VIII konkretisiert dies dahingehend, dass eine „andere, dem Wohl des Kindes oder Jugendlichen förderliche und auf Dauer angelegte Lebensperspektive" zu erarbeiten ist, wenn in der Herkunftsfamilie eine „nachhaltige Verbesserung" innerhalb eines im Hinblick auf die Entwicklung des Kindes oder Jugendlichen vertretbaren Zeitraums nicht erreichbar ist.

Entsprechend wird in § 37c Abs. 2 Satz 3 SGB VIII ausdrücklich „insbesondere" die **267**
Prüfung der Adoptionsoption „vor und während" langfristig außerhalb des Elternhauses zu erbringender Hilfen expliziert. Sobald sich im Hilfeplanungsprozess die Längerfristigkeit der Hilfe außerhalb des Elternhauses abzeichnet und eine Rückführung nicht zu erwarten steht, ist demnach die Adoptionsfachkraft in die weitere Hilfeplanung einzubeziehen, um die Prüfung der Adoptionseignung vorzunehmen.[169]

Im Zuge der Adoptionsoptionsprüfung durch das Jugendamt ist im Interesse des Kindes nach langfristig tragfähigen Bindungen ebenfalls abzuwägen, ob die gerichtliche Prüfung der Voraussetzungen zur Ersetzung der elterlichen Einwilligung in die Adoption erforderlich erscheint.[170] Die fachliche Prüfung, ob dem jeweiligen Kind eine Adoption ein höheres Maß an Stabilität und Kontinuität seiner persönlichen Bindungen stiften würde, als allein seine Fremdunterbringung, ist nicht nur vor, sondern regelmäßig auch während derselben vorzunehmen.

Diese gesetzlichen Vorgaben zur sogenannten **kontinuitätssichernden Hilfeplanung** **268**
für Kinder in Pflegefamilien und Heimen sind in der Praxis deutscher Jugendämter und Gerichte noch heute mit vielfältigen Umsetzungsproblemen behaftet. Nicht ohne Gründe hat der Gesetzgeber des KJSG die **Perspektivklärung** in einer neuen Norm expliziert, damit

> „Transparenz für das Kind bzw. den Jugendlichen in allen Phasen des Hilfeprozesses hergestellt und die rechtlichen Möglichkeiten des Schutzes der kindlichen Bindungen erweitert werden"[171].

Somit ist bereits bei Unterbringung eine **Prognose über die Rückkehr- bzw. Verbleibensperspektive** des Kindes oder Jugendlichen auf fachlich nachvollziehbarer Grundlage zu formulieren und während der Hilfeplanung prozesshaft zu überprüfen und zu dokumentieren.

169 Vgl. Berneiser in LPK-SGB VIII, 2022, § 37c, Rn. 30.
170 Vgl. Salgo, ZfJ 2004, S. 410 ff.
171 BT-Drucks. 19/26107, S. 2.

Praxistipp

Eine fundierte Prognoseentscheidung im Einzelfall ist auf der Grundlage von im Ausland forschungsbasiert entwickelten Kriterien der Entscheidungsfindung und -begründung durchaus möglich und sollte vom Verfahrensbeistand eingefordert werden.[172]

Durch die **Vorlageverpflichtung von Hilfeplänen** (§ 50 Abs. 2 Satz 2 und 3 SGB VIII) im gerichtlichen Kindesschutz- bzw. Unterbringungsverfahren von Kindern mit Gefährdungserfahrungen werden fachlich fundierte Perspektivklärungen durch Fachkräfte aus den Jugendämtern auch Familiengerichten zunehmend vertraut werden.

Zur spezifischen Bedeutung von Bindung und Trennung für das Kindeswohl, Indikatoren für Rückführungsprognosen und Perspektivklärung sowie gerichtlichen Herausgabekonflikten siehe Teil 3/Diouani-Streek, Rn 449 ff. (Konflikte um Pflegekinder).

269 Ob es sich um ein behördliches Unterbringungs- oder ein gerichtliches Kindesschutzverfahren handelt: Die regelmäßige und regelgerechte – d.h. kindorientierte und traumasensible – Exploration der Auswirkungen erfahrener Gewalt, miterlebter häuslicher Gewalt und möglicher Bindungsstörungen beim konkret betroffenen Kind oder Jugendlichen ist notwendig, um den Bedarf an tertiärpräventiven Hilfen, also gezielten Therapien für besonders belastete Kinder, zu eruieren und ihnen die entsprechenden Hilfen zukommen zu lassen.

Bei Hinweisen auf die Traumatisierung des Kindes sind traumapädagogische oder psychotherapeutische Hilfen zur Bearbeitung der Belastungen oder Traumatisierung einzuleiten. Die therapeutische Versorgungslage hoch belasteter und traumatisierter Kinder und Jugendlicher ist in der deutschen Jugendhilfe immer noch unzureichend.[173]

f) Dauerhafte Beziehungsperspektiven für Hochrisikokinder

270 Unter den **Schutzfaktoren**, die Entwicklungsrisiken für belastete Kinder sowie Folgen von Gefährdungserfahrungen mildern können und somit das Risiko von Psychopathologie im weiteren Lebenslauf hinsichtlich Schwere und Chronifizierung moderieren, ist in internationalen Studien übereinstimmend als wichtigster Faktor die stabile Beziehung zu mindestens einer verlässlichen und liebevoll zugewandten erwachsenen Person herausgestellt worden.[174] Bei Kindern, die eine solche Beziehung erstmals nach einer Fremdunterbringung außerhalb ihrer Herkunftsfamilie finden, sind daher die Stabilisierung und Erhaltung dieser Beziehung, d.h. die **Beziehungskontinuität**, von ganz entscheidender Bedeutung für ihre weitere Entwicklung.

172 Vgl. ausführlich Diouani-Streek, 2015.
173 Vgl. DJI Handbuch Pflegekinderhilfe 2010, S. 209 sowie 868; Fegert/Ziegenhain/Goldbeck, 2013; Gahleitner 2013.
174 Vgl. Sroufe et al. 2005; vgl. Forschungsübersicht bei Werner 2007.

Diese Erkenntnis greift im fachwissenschaftlichen Diskurs in Deutschland Raum und bildete eine wesentliche Grundlage für die auf die Förderung verlässlicher Bindungen für Kinder in öffentlicher Ersatzerziehung gerichteten Reformen durch das KJSG.[175]

Bei der Entscheidung über die Fremdunterbringung eines traumatisierten Kindes oder Jugendlichen muss daher in jedem Falle die Gewährleistung von Beziehungskontinuität, d.h. eine für das Kind erkennbare sichere Verbleibensperspektive, der zentrale **Fokus in der Hilfeplanung** sein.[176] Die umfangreiche Pflegekinderforschung des angloamerikanischen Sprachraums belegt, dass mit mehrfachen Wechseln der Unterbringung das Risiko der Kinder, internalisierende und externalisierende Verhaltensauffälligkeiten sowie Entwicklungsbeeinträchtigungen davonzutragen, deutlich zunimmt und ihre Bindungs- und Beziehungsfähigkeit schwer beeinträchtigt oder sogar zerstört wird.[177] In der Hilfeplanung ist seit der KJSG-Reform zudem der **Beziehungskontinuität zu Geschwistern** während der Fremdunterbringung Rechnung zu tragen (§ 36 Abs. 2 S. 3 SGB VIII). **271**

Da Beziehungskontinuität am ehesten in der **Pflegefamilie** gewährleistet werden kann, muss sie so weit wie möglich Vorrang haben vor anderen stationären Erziehungsformen.[178] Für Kleinkinder ist das eine weitgehend anerkannte Praxis. Manche **älteren Kinder oder Jugendliche** mit langjährigen traumatisierenden Beziehungserfahrungen halten allerdings die Intensität einer Familie nicht aus oder überfordern sie mit ihren Verhaltensschwierigkeiten, sodass sie im Heim oder in einer betreuten Wohngruppe besser untergebracht sind – manchmal auch nur vorübergehend.[179] Auch für sie ist aber, was oft übersehen wird, die Beziehungskontinuität von nicht geringerer Bedeutung. Im Gegenteil: Für sie ist die stabile Beziehung zu einer verlässlichen und liebevoll zugewandten Person oft die allerletzte Chance zur Entwicklung von Selbstvertrauen und Beziehungsfähigkeit. **272**

Wegen der besonderen Anforderungen, die betroffene Kinder beim Aufbau neuer Bindungen an Pflegeeltern oder Erzieher stellen, ist eine sorgfältige Auswahl geeigneter Pflegefamilien, Heime oder Wohngruppen notwendig und verlangt eine spezifische Planung pädagogischer Unterstützung für Pflegeeltern und Erzieher. Im Ausland hierzu eingesetzte **Programme der Bindungsförderung** geben Impulse für die Entwicklung spezifischer Hilfen auch in Deutschland.[180] Diese sind jedoch noch nicht in der Jugendhilfe implementiert.

▶ *Zur Verbleibensanordnung im Heim siehe Teil 2/Wierse, Rn. 504 ff.*

Die **Rückführung** eines misshandelten, missbrauchten oder chronisch vernachlässigten Kindes in seine Herkunftsfamilie kann in Deutschland von den Personensorgeberechtigten grundsätzlich jederzeit beim Familiengericht beantragt werden. Es **273**

175 Vgl. DFGT 2014; Diouani-Streek/Salgo, RdJB 2016; Wissenschaftlicher Beirat für Familienfragen am BMFSFJ, 2016.
176 Ausführlich Diouani-Streek, 2015.
177 Vgl. die Nachweise bei Zenz, 1982, S. 38 sowie Diouani-Streek, 2015, Kap. IV.
178 Vgl. Dozier, 2005.
179 Vgl. dazu Nienstedt/Westermann, 2013, S. 278 ff.
180 Dozier/Dozier/Manni, 2002, S. 7 ff.

gibt Fälle, in denen unter besonders zu begründenden Umständen und mit sehr spezifischer Unterstützung und Kontrolle eine Rückführung schon zum Zeitpunkt einer befristeten Unterbringung ins Auge gefasst werden kann. Dies kann zum Beispiel der Fall sein, wenn der Gewalt ausübende Elternteil nicht mehr im Haushalt lebt, keinen Zugang zum Kind erhält und der verbleibende Elternteil bereit und in der Lage ist, das Kind zu schützen und gut zu versorgen.

Lebt das Kind hingegen seit längerer Zeit in Pflegefamilie oder Heimgruppe, müssen gerichtliche Entscheidungen zu **Herausgabeverlangen** wegen der hohen Bedeutung der kindlichen Bindungs- und Beziehungskontinuität an spezifischen Kriterien ausgerichtet sein, die durch Gesetz und die Rechtsprechung des BVerfG definiert sind.[181]

▶ *Ausführungen zu spezifischen Fallkonstellationen siehe Teil 3/Diouani-Streek, Rn. 449 ff.*

g) Umgang

274 Die Praxis des Umgangsrechts traumatisierter Kinder mit ihren Eltern, von denen sie misshandelt oder vernachlässigt wurden, stellt ein besonders schwieriges Problem dar und verlangt völlig andere Überlegungen als Umgangsregelungen für Kinder im Trennungs- und Scheidungskontext.[182] Fachleute sehen hier regelmäßig die Gefahr einer fortdauernden Schädigung des Kindes durch ständiges Wiederaufleben traumatischer Ängste.

Wenn hochambivalente Bindungswünsche der Kinder immer wieder – ohne Rücksicht auf Signale von Angst und posttraumatischen Belastungssymptomen – durch Besuche des vormals misshandelnden oder häusliche Gewalt ausübenden Elternteils belebt werden, führt das zu einer Fortsetzung der psychischen Gefährdung des Kindes und konterkariert wirksamen Kinderschutz. Während die Regelvermutung der Kindeswohldienlichkeit persönlicher Kontakte zwischen Kind und Eltern(teil) in Theorie und Praxis des Kinderschutzes bereits seit der Kindschaftsrechtsreform kritisch diskutiert wird,[183] liegen (erst) aktuell konkrete reformpolitische Forderungen für die **Anpassung der familien- und familienverfahrensrechtlichen Vorgaben** an die Situation von Kindern vor, die häusliche Gewalt erlebt haben.[184]

Praxistipp

▶ *Bis zu einer Gesetzesänderung obliegt es deshalb dem Verfahrensbeistand, die bei Familiengerichten weit verbreitete Regelvermutung der Kindeswohldienlichkeit persönlicher Kontakte für die hier besprochenen Fälle in jedem Einzelfall und auch gegenüber dem zuständigen Gericht kritisch in Frage zu stellen.*

181 Vgl. Staudinger/Coester, 2020, § 1666 BGB, Rn. 49 f.
182 Salgo, FPR 2004, 419; Salgo ZKJ 2013, S. 150 ff.; Heilmann, ZKJ 2014, 48 ff.
183 Vgl. Diouani 2005; AG § 78 SGB VIII „Die Rechte der Kinder" Frankfurter Leitfaden „Umgang nach häuslicher Gewalt?", 2016.
184 Deutscher Verein 2022.

Falls Eltern(teile) gewaltbelasteter Kinder auf Besuchen bestehen, kann das Familiengericht nach § 1684 Abs. 4 BGB den **Umgang einschränken oder ausschließen**, soweit dies „zum Wohl des Kindes erforderlich" ist. Dies kann auch auf längere Zeit oder auf Dauer geschehen, wenn andernfalls „das Wohl des Kindes gefährdet" wäre. **275**

Die im Gesetz vorgesehene Möglichkeit der Anordnung begleiteten oder beschützten Umgangs bzw. eine Umgangspflegschaft stellen in diesen Fällen kaum einen Ausweg dar, da die Anwesenheit einer begleitenden Person allenfalls vor äußerer, nicht aber vor psychischer Einwirkung schützen kann.

Praxistipp

▶ *Setzt das Gericht begleiteten Umgang nach erwiesenen Gewalterfahrungen durch Misshandlung oder häusliche Gewalt dennoch ein, so sollte der Verfahrensbeistand darauf bestehen, dass der sogenannte mitwirkungsbereite Dritte, also der die Umgänge begleitende Träger, traumapädagogisch oder traumatherapeutisch ausgebildete Mitarbeiterinnen einsetzt. Dies ist die Voraussetzung dafür, dass häufig subtile Signale von (sehr) kleinen sowie von traumatisierten Kindern überhaupt wahrgenommen und fachlich eingeordnet werden können.*

Zeigt das Kind während der „beschützten Kontakte" oder anschließend Belastungssymptome, läuft es weg oder bringt seinen Widerwillen in irgendeiner Form zum Ausdruck, ist dies dem Gericht unmittelbar zur Kenntnis zu geben.

Die Kindschaftsrechtsreform 1998 hat das Umgangsrecht als „Recht des Kindes" ausgestaltet, womit zugleich klargestellt ist, dass es nicht zu seinem Schaden durchgesetzt werden darf.

D Spezifische Bedürfnisse, Belastungs- und Risikofaktoren

Übersicht Rn.

I. Sucht und psychische Erkrankungen der Eltern – Risiken für das Kind

1. Ausgangslage

276 In der kinder- und jugendpsychiatrischen Risikoforschung sind die Einflüsse elterlicher psychischer Erkrankung, körperlicher Erkrankung und Behinderung sowie von Suchterkrankungen seit den 70er Jahren nachhaltig untersucht worden.[1] Psychische Erkrankungen im Erwachsenenalter sind häufig: In Deutschland sind jedes Jahr 27,8 % der erwachsenen Bevölkerung von einer psychischen Erkrankung betroffen.[2]

1 Vgl. z.B. Rutter/Quinton, 1984; zu rechtlichen Aspekten vgl. Münder 1995.
2 Jacobi et al., 2014.

Elterliche psychische Erkrankungen können umfassende **Auswirkungen auf Kinder und Jugendliche** haben.[3] Neben der Erhöhung des Risikos für psychische Auffälligkeiten bei Kindern psychisch kranker Eltern sind signifikant häufiger auch körperliche Erkrankungen zu beobachten.[4] Auch das Risiko für Kindesmisshandlung ist erhöht.

Hinweis

Festzuhalten ist aber, dass nicht jede psychische Erkrankung eines Elternteils zwangsläufig zu einer eingeschränkten Erziehungskompetenz führt oder eine zwingende Handlungsimplikation für Außenstehende nach sich zieht.

Kinder von psychisch- und suchterkrankten Eltern sind unterversorgt. Sie benötigen **277** **vielfältige und interdisziplinär zusammengesetzte Hilfen** und Leistungen. Es geht gewöhnlich um chronische und multiple Problemlagen, die unterschiedlich intensive bzw. schwankende Unterstützung und Versorgungen von Geburt über die gesamte Kindheit erfordern, und zwar für die gesamte Familie. Daraus ergibt sich zwingend, Lösungsansätze für ein interdisziplinäres und flächendeckendes Unterstützungs- und Versorgungssystem zu entwickeln, welches ein breites Spektrum an qualifizierten Hilfen und Leistungen abdeckt.

Die interdisziplinär besetzte Arbeitsgruppe „Kinder psychisch kranker Eltern" konstituierte sich am 12.3.2018 unter Federführung des Bundesministeriums für Familie, Senioren, Frauen und Jugend (BMFSFJ). In ihrem Abschlussbericht werden u.a. individualisierte, leicht zugängliche und flächendeckende Unterstützungsangebote und eine bessere Vernetzung bestehender Hilfs- und Unterstützungsangebote gefordert.[5] Neben dem nicht gedeckten Bedarf existieren jedoch noch weitere Gründe für die nachgewiesenerweise eher **niedrige Inanspruchnahme von Hilfen** bei Familien mit psychischer Erkrankung.[6] Eltern mit psychischen Erkrankungen haben, obwohl sie sich eigentlich Unterstützung wünschen, oft Hemmungen, sich notwendige Hilfe zu suchen. Gründe hierfür sind u.a. Sorge vor Stigmatisierung, Ängste vor Bevormundung und vor dem Entzug des Sorgerechtes.[7]

2. Psychische Erkrankungen

Generell kann festgestellt werden, dass psychische Erkrankungen in der Elterngene- **278** ration mit einem erhöhten Risiko der Kinder verbunden ist, auch psychische oder Verhaltensprobleme zu bekommen.[8] Wichtig ist, dass die meisten elterlichen Störungen **unspezifische kindliche psychiatrische Störungen** zur Folge haben[9] – das Vorliegen einer Persönlichkeitsstörung bei der Mutter hat demnach nicht unbedingt eine Persönlichkeitsstörung des Kindes zur Folge. Stattdessen kommt es häufig zu ande-

3 Vgl. Graham et al., 1999, Kölch et al., 2008.
4 Sills et al., 2007.
5 BT-Drucks. 19/16070.
6 Kölch et al., 2008, 27: 533–539.
7 Kölch et al., 2008, Praxis der Kinderpsychologie und Kinderpsychiatrie, 5710, 774-788c.
8 Ravens-Sieberer, 2007, Wiegand-Grefe, 2011.
9 Van Santvoort, 2015.

ren unspezifischen Verhaltensauffälligkeiten wie z. B. zu einer Depression oder einer Störung des Sozialverhaltens.

Bei den Gründen für dieses erhöhte Risiko stellt sich die Frage nach der Genetik. Genetische Transmissionsfaktoren sind beispielsweise bei der Schizophrenie und anderen Störungsbildern unumstritten. Allerdings kann mit *Graham* et al. (1999) oder *Gladstone* (2011) unterstrichen werden, dass die **Umwelt**, wie beispielsweise der familiäre Kontext sowie die sozialen Umstände bei der Beeinflussung der Ausprägung von Verhaltensproblemen bei Kindern von höherer Relevanz sind.

279 Die Bewältigung der eigenen Erkrankung neben der Erziehung der Kinder kann viel Kraft erfordern. Die gesellschaftliche Stigmatisierung psychischer Erkrankungen kann hier zusätzlich belastend sein. Doch es existieren auch **erkrankungsspezifische Risiken**.

Bei Elternteilen mit einer schizophrenen Erkrankung kann es beispielsweise zu einer Beteiligung von Kindern in Wahnvorstellungen kommen und konsekutiv unpassenden Affekten, die tiefe Verunsicherungen in Kindern auslösen können.[10] Verschiedene Studien, z.B. *Mills* et al. (1984), zeigten, dass depressive Mütter deutlich weniger auf die Bedürfnisse ihrer Kinder reagieren, weniger Grenzen setzen und weniger bereit sind, Interaktionen zu initiieren. Sie sind im Vergleich zu gesunden Müttern durchschnittlich weniger emotional erreichbar und verhalten sich insgesamt distanzierter den Kindern gegenüber, was zu Beeinträchtigungen im Bindungsverhalten der Kinder führen kann.[11] *Hammen* (1999) gibt eine Übersicht der Studien über Kinder depressiver Mütter aus den letzten 25 Jahren. Im Vergleich zu Kindern von chronisch körperlich kranken Eltern zeigte sich in mehreren Studien, dass die Kinder unipolar depressiver Eltern schlechter zurechtkamen. *Lyons-Ruth* (1995) wies darauf hin, dass die Schwierigkeiten der Kinder depressiver Mütter nicht selten aber auf Kontextvariablen wie massiven Beziehungsstörungen, chronischem Ehestreit oder Bindungsproblemen zwischen Mutter und Kind zurückzuführen sind.

In der Tat **kumulieren häufig Belastungen** in Familien mit psychisch erkrankten Elternteilen. Betroffene Familien haben häufiger einen niedrigen sozioökonomischen Status, weniger soziale Unterstützung und häufiger sind Elternteile alleinerziehend.[12] Oft bestehen Komorbiditäten, z. B. mit Suchterkrankungen. Zudem kommt es in betroffenen Familien häufiger zu häuslicher Gewalt.[13]

3. Alkohol

280 *Spohr und Steinhausen* (2008) beschreiben die Risikosituation von Kindern alkoholkranker Eltern. Zunächst verweisen sie auf das **fetale Alkoholsyndrom (FAS)**, welches 1973 erstmals von *Jones* und *Smith* beschrieben wurde. Das fetale Alkoholsyndrom ist mit einer hohen Rate intellektueller Beeinträchtigung und hyperkinetischer

10 Bosanac et al., 2003.
11 Riley et al., 2008.
12 Oysermann et al., 2000.
13 Helfrich et al., 2008.

Verhaltensauffälligkeit verbunden. Es kann durch typische körperliche Stigmata schon in der Neonatalperiode diagnostiziert werden.

Neben Verhaltensauffälligkeiten und körperlichen Beeinträchtigungen beeinflusst das Krankheitsbild auch die alltägliche Lebensrealität der Betroffenen: Nach § 1666 BGB kann Müttern, deren Kinder die Diagnose FAS erhalten haben, das **Sorgerecht** für ihr Kind entzogen werden. Dies liegt begründet im Verdacht, dass Eltern, die unter einer Suchterkrankung leiden, nicht fähig sind, das körperliche, seelische und geistige Wohl des Kindes zu garantieren. Dieser Sachverhalt schlägt sich auch in den Daten nieder, die berichten, dass etwa 64 % der Kinder mit FAS-Diagnose in Pflegefamilien oder Heimen leben (*Loser* et al., 1999).

Zusätzlich leiden betroffene Kinder vor allem in sozialen Situationen: Sie haben Schwierigkeiten, sich auszudrücken oder soziale Signale richtig zu interpretieren.[14] Dies bedingt unter anderem, dass sie bereits früh Erfahrungen mit sozialer Ausgrenzung machen. Alkohol in der Familie ist generell ein Risikofaktor für die Entwicklung von psychischen Problemen und Verhaltensauffälligkeiten bei den Kindern. Als Folge von Intoxikation oder Entzug können bei suchterkrankten Eltern Inkonsistenzen in der Versorgung und im allgemeinen Umgang mit den Kindern vorkommen. Die Impulskontrolle kann bei suchterkrankten Eltern herabgesetzt sein.[15] Das **Risiko für Kindesmisshandlung ist** bei Kindern suchterkrankter Eltern deutlich erhöht.[16]

Viele Studien unterstreichen den starken Zusammenhang zwischen elterlichem Al- **281**
koholismus und Störungen des Sozialverhaltens.[17] Aber auch hyperkinetische Störungen, emotionale Störungen, Somatisierungsstörungen (Kopfschmerzen, Schlafstörungen, Essprobleme) und eigene Alkohol- bzw. Drogenkonsumprobleme der Kinder werden in Zusammenhang mit elterlichen Suchterkrankungen gebracht.[18]

4. Drogen

Drogenabhängige Eltern leben meist noch in einer deutlich prekäreren Situation als **282**
alkoholabhängige. Eine Suchterkrankung eines Elternteils geht meist einher mit unterschiedlichsten Risiken für die gesunde Entwicklung des Kindes: Neben schlechten soziodemographischen Bedingungen oder auch Ausgrenzung, besteht unter anderem das Risko für **ungünstiges Erziehungsverhalten** (körperliche und psychische Gewalt).

Auch die Kinder drogenabhängiger Mütter haben ähnlich wie Kinder alkoholabhängiger Mütter deutlich erhöhte **biologische Risiken** beim Start in das Leben. Sie machen oft nach der Geburt einen Entzug durch und müssen häufig gleichzeitig mit einer weniger unterstützenden psychosozialen Umgebung zurechtkommen. Wie bereits zuvor beschrieben, wird in diesen Situationen den Eltern häufig unter dem

14 Malbin, 2004.
15 Beck/Heinz, 2013.
16 Brockington et al., 2011.
17 Vgl. Steinhausen, 1999; zu rechtlichen Aspekten vgl. Zenz, 1998.
18 Vgl. Klein/Quinten, 2002.

Verdacht der Kindeswohlgefährdung das **Sorgerecht** für ihre Kinder entzogen. Dies kann bereits kurz nach der Geburt erfolgen.

283 Schwierig gestaltet sich in diesen Fällen ebenfalls der Versuch der **Rückführung** zu den Herkunftseltern. Im März 2022 entschied das OLG Frankfurt, dass eine Rückführung von mehreren Faktoren abhängig sei:[19] Einerseits müssten hierbei „regelmäßig" psychologische Sachverständigengutachten eingeholt werden, um zu beurteilen, ob die Rückführung im Hinblick auf die zu den Pflegeeltern entwickelte Bindung, nicht eine zu große psychische Belastung darstellt. Gleichzeitig muss sichergestellt werden, dass „die Eltern zur Ausübung des Sorgerechts ohne Gefährdung des Kindeswohls" fähig sind.

284 Kinder, welche pränatal Kokain ausgesetzt waren, zeigten in verschiedenen Untersuchungen deutlich schlechtere Raten der kognitiven Entwicklung und auch einen Rückstand in der Sprachentwicklung. Pränatal heroin-, methadon- und kokainexponierte Kinder zeigten ebenfalls erhebliche **Entwicklungsrisiken**.[20] In der Amsterdamer Studie der Autorin *Van Baar* hatten im Vorschulalter etwa 50 % der im Mutterleib drogenexponierten Kinder starke Auffälligkeiten in ihrer Entwicklung.[21]

Interessant sind die Ergebnisse der Studie von *Davies* und *Templer* (1988), die Kinder, die pränatal Drogen exponiert waren, mit pränatal nicht exponierten Kindern verglichen, die aber mit einem suchtkranken Vater aufwuchsen. Die Leistungen dieser Kinder waren in der testpsychologischen Untersuchung deutlich besser. Sie zeigten weniger Schwierigkeiten in der Wahrnehmung, in der Feinmotorik und im Bereich der Aufmerksamkeit als die Kinder, welche in utero Drogen ausgesetzt waren.

Biologische und psychosoziale Faktoren sind gerade bei der Problematik der Drogenabhängigkeit kaum voneinander zu trennen. Das **Risiko für Kindesmisshandlung** ist erhöht.[22]

5. Körperliche Erkrankungen

285 Körperliche Erkrankungen von Eltern sind mit einem geringen, aber über viele Untersuchungen konsistent nachweisbar erhöhten Risiko für Verhaltensauffälligkeiten und psychischen Störungen bei den Kindern verbunden.[23] Häufig sind solche Kinder in die Versorgung der Eltern eingebunden und müssen teilweise für ihr Alter nicht angemessene verantwortungsvolle Aufgaben übernehmen.

Die **Kommunikation** innerhalb betroffener Familien kann sehr auf Krankheit, bevorstehenden Tod etc. eingeengt sein, so dass dies auch deutliche Auswirkungen auf die emotionale Entwicklung der Kinder haben kann.

---

19 OLG Frankfurt a. M., Beschl. v. 3.3.2022, 6 UF 225/21, abrufbar unter https://www.rv.hessenrecht.hessen.de (Abruf am 17.9.2024).

20 Vgl. Habash, 2012.

21 Van Baar, 1999.

22 Forrester, 2000.

23 Vgl. Graham et al., 1999, Romer 2007.

Fazit 286

Alles in allem wird deutlich, dass die gesundheitliche Situation der Eltern bisweilen direkt biologisch-genetisch, aber meist vermittelt über psychosoziale und Erziehungsvariablen auf Probleme von Kindern „durchschlägt".

Die besondere Beachtung des elterlichen Gesundheitszustands und der möglichen Auswirkungen auf die Kinder muss Teil einer verantwortungsvollen Einschätzung kritischer Situationen sein. Nur auf dieser Basis können fundierte prognostische Überlegungen in schwierigen Entscheidungssituationen angestellt werden.

II. Psychische Störungen und Erkrankungen von Kindern und Jugendlichen

1. Einleitung

In stark belastenden Entscheidungssituationen zeigen viele Kinder auffällige Verhaltensweisen. Dabei ist es dann wichtig festzustellen, ob bestimmte Schwierigkeiten auch schon bei nicht akuten Belastungssituationen bestanden oder ob bestimmte Auffälligkeiten z.B. erst nach der Trennung der Eltern aufgetreten sind. Eine **zeitliche Chronologie der Ereignisse** und der Verhaltensweisen des Kindes ist hier diagnostisch sehr hilfreich.[24] 287

In dem Fall der Herausnahme eines Kindes aus der Herkunftsfamilie sollte vor oder zu Beginn der stationären Unterbringung in einer Pflegefamilie oder Einrichtung (§§ 27, 33, 34 SGB VIII) eine umfassende Erfassung des Gesundheitsstatus des Kindes die Regel sein. Diese Information sollte den künftig für das Kind faktisch Verantwortlichen (z.B. Einrichtung oder Pflegeeltern) zugänglich gemacht werden, damit sie sich auf den Bedarf des Kindes einrichten können.

Wichtig ist, nicht jede – zumal in einem Belastungskontext getätigte – emotionale Äußerung oder trotzige Reaktion eines Kindes zu pathologisieren. Andererseits ist es für die Hilfeplanung, für die Entscheidungsfindung und für prognostische Aussagen unabdingbar, tatsächlich bestehende psychische Erkrankungen von Kindern mit in die Überlegungen einzubeziehen und eben nicht quasi selbstverständlich davon auszugehen, dass mit der Klärung eines Konfliktes auch das psychische Problem behoben sein wird.

Erkrankungen werden in Deutschland nach der International Classification of Diseases (**ICD**) verschlüsselt. In der ICD sind auch die Kriterien für Erkrankungen festgeschrieben. Die ICD wird von der Weltgesundheitsorganisation WHO verabschiedet. Aktuell erfolgt ein Wechsel von der 10. Revision der ICD (ICD-10) auf die 11. Revision (ICD-11). 288

24 Vgl. Fegert/Kölch 2013.

Es ist selbstverständlich nicht möglich, im Rahmen eines Handbuchs für Verfahrensbeistände einen gesamten Überblick über die Klassifikation, Diagnostik und Behandlung psychischer Störungen im Kindesalter zu geben. Hier sei auf die einschlägigen Lehrbücher sowie die Leitlinien der AWMF, sowie die diagnostischen Manuale ICD-10 bzw. zukünftig ICD-11 verwiesen. Als besonders hilfreich ist hierbei der „Taschenführer zur ICD–10–Klassifikation psychischer Störungen", da er sowohl die diagnostischen Kriterien als auch Kommentare zu diesen enthält.

Praxistipp

▶ *Allerdings ist es wichtig, dass Verfahrensbeistände so viel Wissen über psychische Störungen im Kindesalter haben, dass sie im Zweifelsfall an die Notwendigkeit einer kinder- und jugendpsychiatrischen und psychotherapeutischen Abklärung denken.*

Hierbei kann auch die Anwendung von normierten Verhaltenslisten, wie z.B. der **Child-Behaviour-Checklist** (CBCL), dem entsprechenden Lehrerfragebogen TRF und der Selbstreportform für Jugendliche YSR oder auch dem Strengths and Difficulties Questionnaire (SDQ), von dem eine Version für die Eltern und eine für die Jugendlichen/Kinder selber existiert, hilfreich sein. Diese **standardisierten Instrumente** ermöglichen es Expertinnen und Experten, eine Fülle von Verhaltensproblemen zu erfassen und gleichzeitig aufgrund der empirisch abgesicherten Normwerte eine Einschätzung, ob das Verhalten in der Summe schon auffällig zu nennen ist oder nicht, zu treffen. Diese Skalen können jedoch immer nur eine **Orientierung** ermöglichen.

Hinweis

! *Der persönliche Eindruck des Kindes ist zentral. Beim Verdacht auf eine Verhaltensauffälligkeit ist immer eine kinder- und Jugendpsychiatrische bzw. -psychotherapeutische Vorstellung notwendig.*

2. Überblick über diagnostische Kategorien mit Relevanz im Kindes- und Jugendalter

289 Mit der Einführung eines einheitlichen Behinderungsbegriffs im Sozialgesetzbuch IX hat der Gesetzgeber verschiedene Widersprüche zwischen den einzelnen Sozialgesetzbüchern zu beseitigen versucht. Prinzipiell zu begrüßen ist, dass nun nach dem **Kinder- und Jugendstärkungsgesetz** im Rahmen des Kinder- und Jugendhilferechts (SGB VIII) auf standardisierte Instrumente bei der Feststellung der Teilhabebeeinträchtigung, angelehnt an die ICF (International Classification of Functioning) verwiesen wird:[25] Allerdings bleibt im Kinder- und Jugendhilferecht – im Gegensatz zu den Regelungen für Erwachsene im SGB IX – die heilberufliche Feststellung der An-

25 Vgl. Fegert 2022.

spruchsgrundlage auf der Basis einer Diagnose nach ICD-10 (bzw. zukünftig ICD-11) erforderlich.

Nach § 35a SGB VIII wird auf die jeweils im Krankenkassenrecht (SGB V) geltende Klassifikation der Krankheiten und psychischen Störungen als Grundlage auch für die Anspruchsbegründung nach § 35a SGB VIII zurückgegriffen. Mit dem **Bundesteilhabegesetz** (seit 1.1.2012) wurden zudem neue Rahmenbedingungen und Vorgaben zur Verfahrensregelung eingeführt, die für alle Rehabilitationsträger verbindlich sind. Dazu gehören Maßnahmen zur früheren Bedarfserkennung (§ 12 SGB IX) und Instrumente, die zur Ermittlung des Rehabilitationsbedarfs eingesetzt werden (§ 13 SGB IX). Neben einer möglichst nahtlosen Leistungserbringung liegen hier Chancen einer „gemeinsamen Sprache" system- bzw. disziplinübergreifender Diagnostik und Hilfeplanung.

Die gesetzlichen Vorgaben sowie die (entwicklungs-) spezifischen Bedürfnisse von Kindern und Jugendlichen nach § 35a SGB VIII sind in einem neu entwickelten Instrument zur Bedarfsermittlung von Teilhabebeeinträchtigungen systematisch berücksichtigt.[26] Gerade für die jetzt explizit geforderte Übergangsplanung in der Adoleszenz für die Transition (z.B. wie bei Careleavern aus dem Kinder- und Jugendhilfesystem) in die Hilfen zur Teilhabe im Erwachsenenalter, ist ein **gemeinsamer Bezugspunkt** im Sinne der ICF dringend **erforderlich**. Das Kinder- und Jugendstärkungsgesetz hat für die Phase der Umsetzung der inklusiven Lösung befristet auch eine Person mit Lotsenfunktion, zur Orientierung bei der Koordination der Hilfebedarfe, vorgesehen. Die Entfristung der Verfahrenslotsen wird bereits angestrebt.[27]

Neben der Feststellung eines psychischen Störungsbildes ist die sozialpädagogische Feststellung, ob dieses beschreibbare definierte Störungsbild zu **Beeinträchtigungen bei der Teilhabe am gesellschaftlichen Leben** führt, entscheidend für die Beurteilung einer Teilhabebeeinträchtigung. Diese Feststellung hat mit standardisierten Instrumenten zu erfolgen. Für Kinder bedeutet dies konkret, dass es festzustellen gilt, ob z.B. das Störungsbild zu einer Reduktion des Freundeskreises, zu sozialer Isolation, oder Ausschluss aus altersentsprechenden Aktivitäten, wie Ausgrenzungen bei Klassenfahrten etc. führt. **290**

Zu den **häufigsten Störungen** im Kinder- und Jugendalter gehören unter anderem

- Angststörungen,
- depressive Störungen,
- hyperkinetische Störungen (Hyperaktivität),
- ebenso wie dissoziale Störungen, die sich beispielsweise durch aggressives Verhalten zeigen.[28]

---

26 https://www.uniklinik-ulm.de/fileadmin/default/Kliniken/Kinder-Jugendpsychiatrie/Dokumente/Teilhabe_Instrument_Rechtsexpertise_2019.pdf (Abruf am 17.9.2024).

27 Referentenentwurf des Bundesministeriums für Familie, Senioren, Frauen und Jugend (16.9.2024). Entwurf eines Gesetzes zur Ausgestaltung der Inklusiven Kinder- und Jugendhilfe; https://www.bmfsfj.de/resource/blob/245688/6886fbb47899b5f57a23aff9729403d4/entwurf-ikjhg-gesetz-data.pdf (Abruf am 22.1.2025).

28 Ihle/Esser, 2002.

Während bei Kleinkindern bis zum vierten Lebensjahr mehr als zwei Drittel der psychischen Erkrankungen Entwicklungsstörungen darstellen, erhöht sich im Schulalter der Anteil von Kindern mit Ängsten und Depressionen.

Die Beeinträchtigungen bei der Teilhabe sind also in **unterschiedliche Funktionsbereiche** gegliedert und im Einzelfall konkret unter Einsatz standardisierter Instrumente in Bezug auf ihr Ausmaß zu beschreiben. Sie müssen in einem kausalen Zusammenhang mit dem Störungsbild stehen.

291 Betrachtet man die übliche Klassifikation der ICD-10 bzw. ICD-11, so lassen sich psychiatrische Krankheitsbilder, die vorwiegend in Kindheit und Jugend auftreten, von Erkrankungen unterscheiden, die generell auch im Erwachsenenalter beschrieben werden können. Während die Trennungsangst, eine spezifische Form der Angststörung, häufig im Kindesalter auftreten, treten Depressive Störungen sowohl im Kindes- und Jugendalter als auch im Erwachsenenalter auf.[29] Für diese Krankheitsbilder, erfolgt keine spezifische Definition oder Beschreibung der Symptomatik im Kindes- und Jugendalter. Dennoch unterscheiden sich Auftretenshäufigkeiten bestimmter Anteile der Symptomatik, aber auch behandlungsrelevante Details wie das Ansprechen auf bestimmte pharmakotherapeutische Interventionen in verschiedenen Altersgruppen.

Die Symptomatik von **Depression** kann bei Jugendlichen sehr ähnlich derer Erwachsenen sein, aber sich beispielsweise in den betroffenen Bereichen und Anliegen, die von der jeweiligen Lebensrealität bestimmt werden, unterscheiden. So kann sich eine Depression bei Kindern durch Traurigkeit oder erhöhte Reizbarkeit äußern.

Neben der geistigen Entwicklung kann unter anderem auch die **körperliche Entwicklung** durch psychische Erkrankungen schwer beeinträchtigt werden: Verhaltensweisen wie Alkoholmissbrauch,[30] Selbstverletzung aber auch restriktives Essverhalten[31] bei Magersucht kann die Gesundheit des Kindes nachhaltig beeinträchtigen. Besonders bei Kindern, die unter diesen Störungen leiden, kann ein unterstützendes und einfühlsames Umfeld von großer Hilfe sein.

Insofern ist entwicklungspsychopathologisches Fachwissen für die Diagnostik von psychischen Störungen im Kindes- und Jugendalter eine unabdingbare Voraussetzung.

292 Häufig hängt die Beeinträchtigung der Teilhabe neben der Ausprägung des Störungsbildes aber zentral auch von den **psychosozialen Bedingungen** ab, in denen ein Kind aufwächst. Viele Familien können mit manchen psychischen Belastungen und psychiatrischen Erkrankungen von Kindern sehr gut umgehen und bedürfen kaum weiterer Unterstützung, so dass hier insbesondere Krankenbehandlung und Psychotherapie gefragt sind. Andere Familien haben so wenig eigene Ressourcen, dass schon Krankheitsbilder, die von anderen Familien mit den eigenen Kräften bewältigt werden können, zu einem Risiko der Ausgrenzung werden. Einer solchen Ausgliederung soll

29 Steffen et al., 2019.
30 Karow et al., 2013.
31 Herpetz-Dahlmann/Hagenah, 2015.

die früher so genannte **Eingliederungshilfe** vorbeugen bzw. entgegenwirken. Deshalb sind Hilfen zur Teilhabe immer in Abhängigkeit vom Störungsbild und dessen immanenter Verlaufsdynamik, aber auch von der psychosozialen Situation zu gestalten.

Im Folgenden werden einzelne wichtige Störungsbilder, wie sie z.B. von niedergelassenen Kinder- und Jugendpsychiatern oder Institutsambulanzen an Versorgungskliniken (§ 118 SGB V) festgestellt werden können, dargestellt. **293**

3. Psychische und Verhaltensstörungen durch psychotrope Substanzen (ICD-10 F1)

Substanzgebrauch und Konsum psychotroper Substanzen wird im Jugendalter derzeit nach den gleichen diagnostischen Kriterien wie im Erwachsenenalter erfasst. Allerdings gibt es in den Konsummustern wesentliche Unterschiede und glücklicherweise sind viele Verhaltensweisen noch nicht chronifiziert als Suchtverhalten eingeschliffen, so dass therapeutische Interventionen noch leichter möglich sind. **294**

In den letzten Jahren hat sich gerade bei jugendlichen Neueinsteigern und schon bei Kindern ab 11 oder 12 Jahren der Konsum von Partydrogen oder zunehmend auch der Mischkonsum von **Alkohol, Cannabinoiden und sog. Designerdrogen** gezeigt. Da die sogenannten Designerdrogen auch Schüchternheit und Unsicherheit reduzieren und gleichzeitig als Appetitzügler wirken, ist es wenig verwunderlich, dass zunehmend mehr Mädchen ebenfalls zu den neuen Konsument:innen gehören. **295**

Substanzkonsum ist gerade im Jugendalter häufig kein isoliertes Phänomen, sondern ist oft mit anderen psychischen Problemen vergesellschaftet. Aus der Kombination oder so genannten Komorbidität resultieren häufig auch soziale Probleme wie **Schulabsentismus** etc. Zu den akuten Drogenproblemen können akute **Intoxikationen, Delirien, Wahrnehmungsstörungen, Krampfanfälle** etc. gehören.

Die WHO unterscheidet **verschiedene Stufen des Umgangs** mit Substanzen: **296**

- „Schädlicher Gebrauch" wird ein Konsumverhalten genannt, das zu einer Gesundheitsschädigung führt.
- „Abhängigkeitssyndrome" dagegen werden körperliche Verhaltens- und kognitive Phänomene genannt, die mit einem starken Wunsch oder einer Art Zwang, Substanzen oder Alkohol zu konsumieren, einhergehen.

Charakteristisch ist eine verminderte Kontrollfähigkeit bezüglich des Beginns, der Beendigung und der Menge des Substanz- und Alkoholkonsums. Weiterhin ist der Gebrauch der Substanzen häufig mit dem Ziel verbunden, Entzugssymptome zu mildern, körperliche Entzugssyndrome oder eine Toleranz gegenüber der Substanz zu vermindern. Nicht selten können auch schwere psychische Störungen im Zusammenhang mit Substanzkonsum auftreten. Häufig ist dann nicht klar, ob eine Schizophrenie durch den Substanzkonsum ausgelöst wurde (Flashback-Psychose) oder ob im Substanzkonsum schon eine Art Selbstmedikation oder Selbstheilungsversuch lag.

Kinder und Jugendliche, die schwere **Traumata** erlebt haben, haben ein höheres Risiko für Substanzkonsumprobleme. Auch in belastenden innerfamiliären Situationen kann es verstärkt zu Substanzkonsum oder schädlichem Gebrauch kommen. Verschiedene internationale Studien zeigten, dass früher Drogenkonsum einer der stärksten Prädiktoren für Substanzgebrauch im Erwachsenenalter ist.[32] Scheinbar kontrollierter Partydrogenkonsum auf Raves etc. muss nicht harmlos sein und kann teilweise massive körperliche Folgen nach sich ziehen.

Praxistipp

▶ *Eine adäquate Wahrnehmung, Beschreibung und der Versuch der Sicherstellung oder einer Vermittlung an eine spezialisierte Drogenentwöhnungseinrichtung in der Behandlung durch den Verfahrensbeistand ist bei solchen Problemen deshalb dringend anzuraten.*[33]

4. Schizophrenie, schizotype und wahnhafte Störungen (ICD-10 F2)

297 Schizophrenien sind im Kindesalter **extrem selten** und im Jugendalter immer noch eher seltene, aber schwere psychische Erkrankungen. Viele Jugendliche zeigen lange Vorlaufphasen mit Leistungseinbruch, Rückzug aus der sozialen Gruppe, teilweise läppischem inadäquaten Affektverhalten etc. bis zum Ausbruch produktiver, z.B. halluzinatorischer Phänomene. Wahnhafte Störungen, deutliche formale Denkstörungen wie Gedankenabreißen, Neologismen sind charakteristisch für floride schizophrene Erkrankungen, die dringend einer psychiatrischen Behandlung bedürfen. Schizophrenien gehen mit einem deutlich **erhöhten Suizidrisiko** einher, auch die wahnhafte Symptomatik kann zu akuten Gefährdungen für die Betroffenen und das Umfeld führen.

298 Bei der Behandlung der Schizophrenie spielt die medikamentöse **Behandlung** mit Neuroleptika eine zentrale Rolle. Unterschieden wird hier zwischen den neueren, „atypischen" und den älteren „klassischen" Neuroleptika.

Die atypischen Neuroleptika führen zu weniger Nebenwirkungen. Neuere Untersuchungen zeigen jedoch, dass eine frühzeitige medikamentöse Intervention mit atypischen **Neuroleptika** auf längere Sicht zwar zu günstigeren Ergebnissen auch im Hinblick auf die psychosoziale Integration führen, die Prognose hingegen bei einem frühen Erkrankungsalter jedoch allgemein häufig schlechter ist.[34] Durch eine frühzeitige medikamentöse Behandlung konnte auch die häufig mit der Krankheit einhergehende kognitive Beeinträchtigung deutlich verringert werden.

Wie in vielen Bereichen der Kinder- und Jugendmedizin sind auch diese neueren Medikamente für die Behandlung an Kindern und Jugendlichen arzneimittelrechtlich nicht zugelassen, so dass die Behandlung als individueller Heilversuch erfolgen

32 Vgl. Kaminer/Tarter, 1999.
33 Hellenschmidt/Ludolph, 2013.
34 Vgl. Müller/Kölch, 2013; McClellan et al., 2013.

muss. Bei gemeinsamem Sorgerecht, müssen also auch in der Trennungssituation z.B. für eine medikamentöse Behandlung **beide Elternteile aufgeklärt** werden und ihre Zustimmung erteilen (zur rechtlichen Situation siehe Teil 2/*Wierse*, Rn. 376 ff.).[35]

5. Affektive Störungen (ICD-10 F3)

Zu den affektiven Störungen zählen manische, depressive und bipolare affektive Erkrankungen. Alle drei Krankheitsbilder sind im Kindes- wie Jugendalter eher selten, wobei die Depression am häufigsten vorkommt. **299**

Eine **Depression** zeichnet sich durch eine gedrückte Stimmungslage und Traurigkeit aus, die mit Interessen- und Freudlosigkeit einhergeht. Eine **Manie** hingegen ist durch eine gehobene, inadäquate Stimmung, kombiniert mit expansivem Verhalten, einem erhöhten Antrieb und Rededrang gekennzeichnet.

Bei **bipolaren Erkrankungen** kommt es abwechselnd zu manischen und depressiven Phasen. Insgesamt haben depressive Störungen bei Mädchen in der Vorpubertät und Pubertät eine höhere Remissionschance als z.B. Störungen des Sozialverhaltens oder Dissozialität, die überwiegend bei Jungen auftreten. Affektive Störungen treten aber auch bei Jungen auf und werden mit zunehmendem Alter häufiger, kommen also bei Jugendlichen häufiger vor als bei Kindern.

6. Neurotische Belastungs- und somatophorme Störungen (ICD-10 F4)

Angststörungen und gezielte Phobien mit oder ohne Panikstörungen sind im Kindes- und Jugendalter **häufig**. Starke soziale Isolation bis hin zur sozialen Phobie ist nicht selten mit der emotionalen Störung mit Trennungsangst verbunden. Diese Kinder, früher häufiger als **Schulphobiker** bezeichnet, können vor dem Hintergrund einer massiven häuslichen Problematik nicht mehr am gesellschaftlichen Leben teilnehmen und auch nicht mehr die Schule besuchen. Sie schwänzen aber nicht die Schule, sondern fehlen in der Regel mit Wissen der Eltern oder eines Elternteils, um den sie sich gleichzeitig panische Sorgen machen. Sie befürchten z.B. schon bei kurzer Trennung, dem Elternteil könne etwas Schlimmes zustoßen. **300**

Die generalisierte **Angststörung** zeichnet sich durch eher diffuse Ängste und Sorgen im Sinne einer ängstlichen Erwartungshaltung aus, die sich auf verschieden Lebensbereiche beziehen. Bei der **Phobie** ist das Objekt oder die Situation der Angst konkreter. Bei der sozialen Phobie sind dies z.B. bestimmte soziale Situationen, bei der Agoraphobie Orte oder Situationen, von denen ein Rückzug an einen sicheren Platz schwierig ist. Eine Panikstörung zeichnet sich durch das Auftreten nicht vorhersehbarer, ausgeprägter Angstattacken aus.

Für Betreuungspersonen ist es hierbei von besonderer Bedeutung den betroffenen Kindern ein sicheres Umfeld zu vermitteln, das möglichst wenig Druck in bereits angstbelasteten Situationen ausübt. Beispielsweise wird bei einer Panikattacke dazu geraten, zunächst eine weitere Eskalation der Stresssituation zu unterbinden, z.B.

35 Vgl. Fegert 2000; Müller/Kölch, 2013

durch Unterstützung von ruhiger Atmung oder gemeinsamer Ausführung von Entspannungsübungen.[36] Wichtig ist dabei auch den Betroffenen zu vermitteln, dass es sich bei der Panikattacke um einen vorübergehenden Zustand handelt.

301 Auch **Zwangsstörungen** (F42) sind schwer beeinträchtigende Krankheitsbilder, die dringend einer Behandlung bedürfen. Unterschieden werden Zwangshandlungen, die sich häufig auf Reinlichkeit (z.B. ein Waschzwang) beziehen, und Zwangsgedanken, also zwanghafte Ideen, Vorstellungen oder Impulse. Beides ist für die Betroffenen extrem quälend. Die Kinder und Jugendlichen, die darunter leiden, wissen meist sehr wohl, wie „unsinnig" ihre Handlungen sind, können diese aber nicht unterlassen – meist aus Furcht, dass sonst etwas Schlimmes passieren würde.

Für die medikamentöse Behandlung mit Antidepressiva ist eine Wirksamkeit nachgewiesen. Die medikamentöse Therapie muss aber, wie bei allen psychischen Störungen im Kindes- und Jugendalter, mit einer Psychotherapie kombiniert werden.

302 Eine zentrale diagnostische Kategorie, die jede:r Verfahrensbeistand:in erkennen können sollte, stellen die Reaktionen auf **schwere Belastungen und Anpassungsstörungen** dar (F43). Vorausgegangen ist bei Anpassungsstörungen immer ein belastendes Ereignis, eine belastende Situation oder eine Lebenskrise von außergewöhnlichem Ausmaß.

Dies ist sozusagen **typisch** für die Situationen, in denen **Verfahrensbeistände** eingesetzt werden. Beobachtet werden kurze depressive Reaktionen, längere depressive Reaktionen, eine Mischung von Angst und depressiver Reaktion oder aber auch Mischbilder mit verschiedenen affektiven Qualitäten wie Angst, Depression, Sorgen, Anspannung, Ärger bis hin zur Kombination mit regressivem Verhalten wie Bettnässen, Daumenlutschen bei kleineren Kindern. Manche Kinder reagieren vorwiegend mit Störungen im Sozialverhalten, werden aggressiv oder zeichnen sich durch einen Wechsel in ihren Gefühlen aus.

Solche Reaktionen auf Familien- und Lebenskrisen sind relativ normale Anpassungsprozesse. Viele Kinder bedürfen aber in solchen Krisen der psychotherapeutischen oder beraterischen Unterstützung zur Stabilisierung und Sicherung ihrer Lebenssituation.[37] Dauern solche Anpassungsreaktionen länger als sechs Monate an, sollte unbedingt fachliche Unterstützung aufgesucht werden.

303 Von Anpassungsstörungen abzugrenzen sind posttraumatische Belastungsstörungen und akute Belastungsreaktionen. **Akute Belastungsreaktionen** sind Krisenzustände, welche rasch remittieren, in denen die Betroffenen aber akut Hilfe und die Nähe einer wesentlichen Bezugsperson brauchen. **Posttraumatische Belastungsstörungen** (PTBS) sind schwere Erkrankungen, die in der Regel innerhalb von sechs Monaten nach schweren Traumata auftreten.

Charakterisiert sind diese durch das Wiedererleben des traumatischen Ereignisses, häufig als plötzlich auftretende „Flashback"-Erinnerung Vermeidung von Reizen und

36 Siehe https://www.aok.de/pk/magazin/koerper-psyche/psychologie/was-ist-eine-panikattacke-und-was-hilft-dagegen (Abruf am 17.9.2024).
37 Vgl. Kirsch/Izat, 2013.

Situationen, die an die traumatische Situation erinnern, sowie eine allgemeine Übererregung, die sich u.a. in Schlafstörungen und einer erhöhten Schreckhaftigkeit manifestieren kann. Hingegen die komplexe Belastungsstörung kann einen Wechsel auf die ICD-11 bedeuten, also als ein zusätzliches Krankheitsbild diagnostiziert werden. Bei der **komplexen posttraumatischen Belastungsstörung** kommen zusätzlich zu diesen Symptomen noch Veränderungen der Emotionsregulation und Impulskontrolle, eine negative Selbstwahrnehmung und Schwierigkeiten in Beziehungen zu anderen hinzu.

Bei den Betroffenen besteht bekanntermaßen ein deutlich **erhöhtes Risiko für Alkohol- und Substanzkonsumprobleme**, aber auch für **selbstverletzendes Verhalten**. Viele Kinder, die Opfer von sexuellem Missbrauch oder protrahierter Misshandlung wurden, sind von diesem Störungsbild betroffen. Man findet es auch bei Flüchtlingskindern aus Kriegs- und Krisenregionen, Entführungsopfern oder nach Naturkatastrophen. Allerdings ist die traumatische Wirkung umso größer, je mehr die Traumatisierung von einer Beziehungsperson ausging, und umso geringer, je mehr das traumatisierende Ereignis wie eine Naturkatastrophe oder z.B. ein Flugzeugabsturz als ein Schicksalsschlag angesehen werden kann.

Posttraumatische Belastungsstörungen sind schwere psychische Erkrankungen, die einer professionellen Diagnostik und Behandlung bedürfen. So verständlich diese schweren Belastungsreaktionen sind, reicht einfaches Verständnis oder gar der Versuch, die belastenden Erlebnisse mit den Betroffenen immer wieder durchzusprechen, nicht aus. Vielmehr ist es für viele Betroffene wichtig, durch bestimmte **trainierbare Techniken** wieder Kontrolle über ihre Gefühlswelt zu erlangen, um nicht länger Opfer von nicht kontrollierbaren Erinnerungen etc. zu sein.

Nicht selten verstricken sich Helfer aus dem psychosozialen Feld mit diesen betroffenen Patientinnen und Patienten, was zu neuen Kränkungen und Enttäuschungen **304**
und bisweilen auch zu sehr gefährlichen Situationen führen kann. Viele Notaufnahmestellen, Krisenstellen und andere Anlaufstellen haben häufig mit solchen Patientinnen und Patienten zu tun. Gerade weil die traumatischen Erlebnisse der Betroffenen so viel Verständnis wecken, neigen Helfer und helfende Organisationen zur Selbstüberforderung oder zur verspäteten Grenzsetzung, welche dann häufig zum Beziehungsabbruch und zur erneuten Selbstschädigung führen kann. In solchen Beziehungskrisen sind dann die Betroffenen nicht selten akut **suizidal**.

Praxistipp

▶ *Im Umgang mit solchen Kindern und Jugendlichen sollten Verfahrensbeistände eher*

- *Distanz wahren,*
- *klar auf Regeln und Absprachen achten,*
- *keine nicht erfüllbaren Beziehungsangebote machen,*

- *nicht Teile ihrer Privatheit preisgeben (Herausgabe der Privattelefonnummer, Übernachtung beim Verfahrensbeistand in Krisensituationen etc. sind Kunstfehler).*

Supervision oder Balintgruppenarbeit ist bei der Betreuung solcher Kinder für die Helfenden dringend anzuraten.

305 Auch **dissoziative Störungen**, wie z.B. die zu Freuds Zeiten häufigen klassischen hysterischen Phänomene wie Lähmungen etc. gehören zur Gruppe der neurotischen Störungen. Konversionsstörungen oder dissoziative Störungen sind klassische Indikationen für ambulante psychotherapeutische Behandlungen, wobei immer eine klare medizinische Differentialdiagnose erfolgen muss, damit nicht z.B. Tumorleiden etc. übersehen werden.

Dasselbe gilt für die so genannten **somatischen Belastungsstörungen**, also anhaltende körperliche Beschwerden mit meist verschiedenen Symptomen ohne zugrundeliegende körperliche Erkrankung, durch die die Symptome verursacht werden. Häufig gibt es in der Familie (z.B. bei Elternteilen) Muster oder Vorbilder für das Störungsbild.

7. Verhaltensauffälligkeiten mit körperlichen Störungen und Faktoren (ICD-10 F5)

306 Hierzu zählen die **Essstörungen,** die nach wie vor sehr viel häufiger bei Mädchen als bei Jungen auftreten. Die **Magersucht** oder Anorexia nervosa ist charakterisiert durch einen signifikanten Gewichtsverlust, auffällige Verhaltensweisen, die zum Gewichtsverlust führen sollen, wie Diät, Abführmittelmissbrauch, exzessive Gymnastik und der Missbrauch von Appetitzüglern, Diurethika etc. Auffällig ist ein gestörtes Körperbild, der Body-Mass-Index (BMI – Körpergewicht in kg durch Körpergröße im Quadrat) hilft, das Ausmaß des Störungsbildes einzuordnen.[38] Ein BMI unter 17,5 weist auf die Diagnose „Magersucht" hin. In stationärer Behandlung befinden sich Mädchen mit einem BMI häufig unter 15.

Starkes Untergewicht und Mangelernährung können bei Mädchen unter anderem zu einem Aussetzen der Regelblutung führen. Resultierende Störungen des Hormonhaushalts können vor allem in Wachstumsphasen auch zu Beeinträchtigungen kognitiver Funktionen führen.[39]

Steinhausen (2002, 2009) hat eine Fülle von internationalen Verlaufsstudien zur Anorexie zu einer **Übersicht** integriert. Auf der Basis der Untersuchung von insgesamt 4.786 Patienten aus 108 Studien aus aller Welt kommt er zu einer durchschnittlichen Todesrate (durch Suizid oder körperliche Folgeerkrankungen) von 5,49 % im Verlauf. Weniger als die Hälfte der Patientinnen und Patienten schafft es, später frei von klinischen Symptomen zu sein, ein Drittel zeigt eine deutliche Besserung, der Rest behält eine chronifizierte Essstörung.

38 Vgl. Schulze/Kölch, 2013.
39 Herpertz-Dahlmann/Hagenah, 2015.

Während beginnende Magersuchtsverläufe noch **ambulant** behandelt werden können (dabei sollten objektive Einweisungskriterien abhängig von BMI-Werten vereinbart und überprüft werden), müssen schwerere Formen **stationär** behandelt werden (siehe zu freiheitsentziehenden bzw. freiheitsbeschränkenden Maßnahmen Teil 2/ *Bauer*, Rn. 249 ff.). In einem verhaltenstherapeutischen Regime müssen bei der stationären Behandlung zunächst einmal Gewichtszunahme und gleichzeitig eine Bearbeitung der Körperschemastörung erfolgen.

Immer häufiger trifft man auch im Jugendalter die Bulimia nervosa, die so genannte **307**
„Fress-Kotz-Sucht", an. Bei der **Bulimie** gibt es normalgewichtige, untergewichtige wie auch übergewichtige Verläufe. Sehr häufiges Erbrechen kann zu Verschiebungen in den Elektrolyten, insbesondere Kalium führen und kann damit Ursache für kardiale Komplikationen bis zum Herzstillstand sein. Durch das chronische Erbrechen wird das Gebiss in der Regel stark in Mitleidenschaft gezogen.

Die Effekte stationärer Behandlung sind deutlich weniger positiv als bei der Magersucht. Wegen der starken Beschämung über die Erkrankung sind viele bulimische Patientinnen und Patienten bisweilen suizidgefährdet oder zeigen gleichzeitig anderes selbstschädigendes Verhalten.

In vielen Städten haben sich mittlerweile Selbsthilfegruppen für Patientinnen und Pa- **308**
tienten mit Essstörungen gebildet. Die Teilnahme an solchen Gruppen kann sehr zur Stabilisierung beitragen.

8. Verhaltensstörungen und emotionale Störungen mit Beginn in der Kindheit und Jugend (ICD-10 F9)

Zu den häufigsten Störungen gehören hier die **hyperkinetischen Störungen**. Das so **309**
genannte hyperkinetische Syndrom oder Aufmerksamkeitsdefizitsyndrom (ADS) oder Aufmerksamkeitsdefizithyperaktivitätssyndrom (ADHS) oder Attention Deficit Disorder (ADD) ist eine Erkrankung, die überwiegend Jungen betrifft. Bei Felduntersuchungen finden sich Geschlechtsrelationen zwischen 2:1 oder 4:1, in klinischen Populationen steigt dieses Missverhältnis auf 4:1 bis auf 8:1 zu Ungunsten der Jungen an.[40] Noch heute werden betroffene Kinder häufig als „Zappelphilipp" bezeichnet. Meistens wird die Erkrankung im Grundschulalter diagnostiziert, wenn den unruhigen Kindern die ersten Anpassungsleistungen beim Schulbesuch nicht gelingen.

Die **Behandlungsleitlinien** empfehlen eine medikamentöse Behandlung sowie gezielte verhaltenstherapeutische Interventionen und eine Eltern- und Lehrerberatung.[41] Kinder und Jugendliche mit ADHS haben ein erhöhtes Risiko für Frustrationserlebnisse in der Schule, Abwertungen durch Erwachsene und Ausgrenzungen bei der Peer-Group. Dies kann zu einer **Negativspirale** von Schulabbrüchen, Depressionen und anderen psychischen Erkrankungen, Substanzabusus und Delinquenz füh-

40 Vgl. Bandelow et al. 2006; Ravens-Sieber et al., 2008, Ludolph/Pfalzer, 2013.
41 Ludolph/Pfalzer, 2013.

ren. Hochwertige Studien zeigen, dass all diese Risiken durch eine frühzeitige Behandlung signifikant erniedrigt werden können.[42]

Eine eindeutige **Ursache** von ADHS kann bis dato nicht genannt werden, da die Entstehung von mehreren miteinander interagierenden Faktoren abhängt (S3 Leitlinie zur Diagnostik und Behandlung von ADHS bei Kindern, Jugendlichen und Erwachsenen Bundespsychotherapeutenkammer). Dazu gehören einerseits genetische Dispositionen sowie prä-, peri- oder postnatale Umwelteinflüsse: Viel in der Forschung diskutierte Risikofaktoren sind dabei Nikotinexposition oder Alkoholkonsum während der Schwangerschaft, Frühgeburtlichkeit und geringes Geburtsgewicht. Auch nach der Geburt haben bestimmte Umweltfaktoren einen Einfluss auf das ADHS-Risiko: Deprivation wie extreme Vernachlässigung können dies besonders erhöhen.[43]

Für Eltern von Kindern mit ADHS vor dem Einschulungsalter ist es besonders wichtig ein Elterntraining/eine Elternschulung/Elternberatung (einschließlich Psychoedukation) in Anspruch zu nehmen. Diese Interventionen sollen das Verständnis der Eltern für die Symptomatik schärfen und ihr Erziehungsverhalten optimieren, um letztendlich die Verhaltensprobleme und die Folgen für das soziale Umfeld zu minimieren.

Wichtig ist, dass Aufmerksamkeitsstörungen und unruhiges Verhalten auch in Belastungssituationen, z.B. in einem Scheidungskontext, auftreten können und dann eine eher **psychosoziale Ursache** haben. Deshalb ist eine genaue Anamneseerhebung, die schon das kindliche Temperament mit einbezieht, unabdingbar, um abzuklären, ob das Aufmerksamkeitsdefizit oder die Unruhe neuerdings unter Belastung, z.B. durch eine Trennungssituation, aufgetreten ist oder ob es sich um eine seit der frühen Kindheit bestehende hyperkinetische Störung handelt.

310 **Störungen des Sozialverhaltens** (F91) haben häufig eine ungünstige Prognose und führen zu erheblichen Konflikten und Belastungen mit dem Lebensumfeld der Betroffenen. Auf den familiären Rahmen beschränkte Störungen des Sozialverhaltens kommen nicht selten in Scheidungskrisen oder ähnlichen familiären Konfliktsituationen vor. Diese früher sogenannte „Neurotische Delinquenz", bei der sich die Kinder geradezu absichtlich beim Klauen erwischen lassen und nur in einem überschaubaren Rahmen speziell in der Familie, z.B. aus dem Portemonnaie der Mutter etc., stehlen, signalisiert deutlich ihr scheinbares Zu-kurz-Kommen in der familiären Situation und hat wenig mit einem Verstoß gegen allgemein gültige gesellschaftliche Normen zu tun.

Bei den anderen Störungen des Sozialverhaltens ist es wichtig zu ermitteln, ob es den Betroffenen überhaupt gelingt, soziale Beziehungen aufrechtzuerhalten und ob Normen von ihnen akzeptiert werden. Deshalb unterscheidet man auch Störungen des Sozialverhaltens mit **vorhandener Prosozialität**/vorhandenen sozialen Bindungen (z.B. in einer gleichaltrigen Gang, in der zwar alle Jugendlichen dissoziales Verhalten zeigen, die sich aber an einen Gruppenkodex und damit auch an soziale Nor-

42 Boland et al., 2020; Lichtenstein et al., 2013.
43 Kreppner et al, 2007; Kenney et al., 2016.

men halten) von Störungen des Sozialverhaltens mit **begrenzter Prosozialität**/fehlenden sozialen Bindungen.

Die häufig schwer gestörten Jugendlichen mit begrenzter Prosozialität/fehlenden sozialen Bindungen zeigen die schlechteste Prognose. Häufig sind solche Störungen auch kombiniert mit einer depressiven Störung. Je älter diese betroffenen Menschen werden, desto häufiger werden bei ihnen Persönlichkeitsstörungen diagnostiziert. Oft benötigen sie Hilfen aus dem therapeutischen wie aus dem pädagogischen Sektor, nicht selten wollen aber weder kinder- und jugendpsychiatrische noch Jugendhilfeeinrichtungen sich ihrer annehmen. Deshalb ist es oft die Justiz, welche sich wohl oder übel ihrer wegen des **delinquenten Verhaltens** annehmen muss – das einzige System, in dem sie längere Zeit Betreuung oder Kontinuität erleben. Nicht selten sind die Betroffenen aber auch in Haftanstalten wieder Opfer in Gruppensituationen, da es ihnen nicht gelingt, soziale Bindungen herzustellen.

Verglichen mit der eher ungünstigen Prognose von Sozialstörungen im Kindes- und Jugendalter haben **emotionale Störungen** ein deutlich besserer Outcome und sind eine klassische Domäne der ambulanten psychotherapeutischen Maßnahmen und Hilfen, wie Eingliederungshilfe etc.

Tic-Störungen sind als monosymptomatische Tics, d.h. allein als beispielsweise **311**
Blinzeltic oder Zwinkertic, im Grundschulalter nicht seltene und eher harmlose vorübergehende Symptome. Schwere Krankheitsbilder sind die chronische, motorische oder vokale Tic-Störung und insbesondere die kombinierte vokale und multiple motorische Tic-Störung, das so genannte „Gilles de la Tourette"-Syndrom. Diese schwere Tic-Erkrankung, die auch so genannte distale Tics, d.h. Zuckungen der Gliedmaßen und des Schultergürtels, mit beinhaltet, führt häufig zur völligen sozialen Isolation, da die Betroffenen auch durch laute Vokalisationen oder gar durch Koprolalie (unkontrollierbarer Gebrauch von Fäkalausdrücken) auffallen. In der Schule werden diese Kinder als extrem störend erlebt und nicht selten massiv ausgeschlossen oder ungerecht bestraft.

Solche Tic-Störungen bedürfen dringend einer fachärztlichen Behandlung, die Deutsche Tourette-Gesellschaft bietet auch Selbsthilfegruppen in den meisten Städten an. Tic-Erkrankungen haben häufig einen wellenartigen, unvorhersehbaren Verlauf. Unter Stress nehmen Tic-Symptome aber häufig zu.

Ebenfalls unter Stress kann ein sekundäres **Einnässen** bei kleineren Kindern wieder **312**
auftreten. Es ist zu unterscheiden von einem primären Einnässen, d.h., dabei handelt es sich um Kinder, die noch nie trocken waren. Hier ist die Ursache häufig eher eine allgemeine Entwicklungsverzögerung. Die probate Behandlungsmaßnahme sind unspezifische Mittel wie Kalenderführung. Sollte dies nicht helfen, müssen verhaltenstherapeutische Methoden, wie Klingelhose oder Klingelmatte, mit sehr hohen Erfolgsaussichten eingesetzt werden. Eine schwer behandlungsbedürftige Symptomatik ist das **Einkoten.** Einkoten und Kotschmieren ruft immer starke emotionale Reaktionen hervor. Nicht selten werden diese Kinder in verzweifelnden Auseinander-

setzungen geschlagen. 30–50 % aller Fälle weisen komorbid weitere psychische Erkrankungen auf.[44]

313 Auf die Reaktiven Bindungsstörungen des Kindesalters wurde schon in den Beiträgen zur Vernachlässigung ausführlich eingegangen (vgl. Teil 3/*Ziegenhain*, Rn. 169 ff; Teil 3/*Fegert, Ziegenhain, Köhler-Dauner, Zwönitzer*, Rn.194 ff ; Teil 3/*Diouani-Streek*, Rn. 246). Erwähnenswert ist noch der ((s)elektive) **Mutismus,** d.h. eine Erkrankung, in der die Kinder Kommunikation mit ihrer Umwelt verweigern und nur noch mit einer Person, meist der Mutter, oder überhaupt nicht mehr mit ihrem Umfeld kommunizieren. Ein solcher Mutismus ist dringend behandlungsbedürftig. Eine stationäre Aufnahme in einer Kinder- und Jugendpsychiatrie und damit die Trennung von einem Milieu, das zur Aufrechterhaltung der Symptomatik beigetragen hat, ist oft dringend zu empfehlen.[45] Zwar können Traumata beim sogenannten totalen Mutismus durchaus eine Rolle spielen, wobei anzumerken ist, dass diese seltene Form oft mit weiteren Störungen wie beispielsweise einer endogenen Depression oder Psychose auftritt.[46] Die Diagnose kann gravierende Folgen für die kognitive Entwicklung des Kindes aber auch für die Entwicklung von Ich-Identität und Selbstbewusstsein haben. Hierbei ist jedoch anzumerken, dass totaler Mutismus nur äußerst selten auftritt.

314 Kombiniert mit diesen psychiatrischen Diagnosen oder als alleinstehende Problematik spielen häufig noch **Entwicklungsstörungen** eine Rolle.

Bei kleineren Kindern können **Artikulationsstörungen** ihre Verfahrensbeteiligung massiv beeinträchtigen. Logopädische Behandlung und eine vernünftige Diagnostik, die die Ursachen der Sprachstörung abklärt (wichtig auch Abklärung des Hörvermögens), sind hier unbedingt zu fordern.

Umschriebene Entwicklungsstörungen schulischer Fertigkeiten wie die **Lese-Rechtschreib-Störung** oder Rechenstörung können Kinder in ihrer Leistungsmotivation nachhaltig beeinträchtigen, führen nicht selten zu schweren Selbstwertproblemen und reaktiv zu emotionalen Störungen oder dissozialem Verhalten.

Alle Entwicklungsstörungen, sei es die Sprache, die Motorik oder die schulischen Fertigkeiten, lassen sich durch standardisierte diagnostische Methoden relativ eindeutig abklären.

Praxistipp

▶ *Bei Verdacht auf solche Probleme sollten Verfahrensbeistände dafür sorgen, dass den Kindern eine kompetente Diagnostik und anschließende Förderung ermöglicht wird. Nur eine solche Förderung im Bereich ihrer Grundproblematik wird auch die Freiheitsgrade ihrer Beteiligungsmöglichkeiten im Verfahren steigern können.*

44 Gontard, 2004.
45 Plener/Spröber, 2013.
46 Kristensen, 2000.

Tiefgreifende Entwicklungsstörungen beginnen sehr früh in der Kindheit, Kennzeichen ist eine Verzögerung der Entwicklung des Kindes. Im DSM-5 und im ICD-11 wird der Begriff „tiefgreifende Entwicklungsstörung" durch „Autismus-Spektrum-Störung" ersetzt. 315

Die **Autismus-Spektrum-Störung** ist u.a. durch umfassende Probleme bei der wechselseitigen sozialen Interaktion gekennzeichnet. Unterschieden werden Autismus-Spektrum Störungen insbesondere nach dem Vorliegen und Ausmaß der intellektuellen Entwickelung sowie der sprachlichen Fähigkeiten. Autismus ist eine schwere Erkrankung, die eine möglichst frühe Behandlung erfordert. In Abhängigkeit der intellektuellen und sprachlichen Fähigkeiten kann die Teilhabe Betroffener sehr eingeschränkt sein – bei schweren Beeinträchtigungen kann eine lebenslange Unterstützung notwendig sein. Die Folgen der Störung sind dabei stets abhängig von dem Grad der Ausprägung. Beispielsweise ist der Besuch einer Regelschule und eine darauffolgende Berufslaufbahn durchaus möglich, sollten Intelligenz und Sprachentwicklung eine unauffällige Ausprägung vorweisen.[47]

III. Trennungs- und Verlustsituationen

Gegenstand der gerichtlichen Verfahren, in denen dem Kind oder Jugendlichen ein Verfahrensbeistand zur Seite gestellt ist, sind in der überwiegenden Zahl der Fälle Entscheidungen, die mit der Trennung des Kindes von einem oder beiden Elternteilen bzw. Pflegepersonen verbunden sind. Einigen Kindern steht damit zum ersten Mal in ihrem Leben die Trennung oder sogar der Verlust einer wichtigen Bindungsperson bevor. Andere haben bereits vor Beginn des Verfahrens gravierende Trennungs- und Verlusterfahrungen machen müssen. Die Frage, ob das Kind die möglicherweise bevorstehende Trennung von nahestehenden Personen in sein Leben integrieren und für seine Entwicklung positiv nutzen kann oder ob traumatische Folgen und eventuell länger anhaltende Störungen zu erwarten sind, ist für das Kindeswohl von zentraler Bedeutung. 316

Die **Begriffe** Trennung und Verlust beinhalten, dass die Bindungsfigur einer Person zeitlich begrenzt (Trennung) oder für immer (Verlust) unzugänglich ist. Von jemandem getrennt zu leben, heißt, nicht demselben Haushalt anzugehören. Ablösung schließlich steht für einen inneren Prozess, bei dem psychische Energie allmählich von der geliebten Person abgezogen und auf neue Objekte verteilt wird. Der Ablösungsprozess geht ähnlich dem Trauerprozess zeitlich weit über das unmittelbare Ereignis der Trennung bzw. des Verlustes hinaus. 317

1. Typologie von Trennung und Verlust

Für die Bedeutung einer Trennung sind neben Alter, Entwicklungsstand und Vorerfahrungen des Kindes Art und Dauer sowie die Begleitumstände der Trennung entscheidend. *Yarrow* (1977) unterscheidet in einer Typologie von Trennung und Verlust **sechs Hauptarten** der Trennung des Kindes von seinen Eltern: 318

47 Sünkel, 2013.

1. **Eine einzelne kurze Trennung, gefolgt von Wiedervereinigung mit den Eltern**

   Hierzu gehören

   a) vollständige Trennung ohne begleitende äußere Beeinträchtigung, wenn die Eltern z.B. verreisen und das Kind bei einer Pflegeperson und womöglich in der vertrauten Umgebung belassen;

   b) vollständige Trennung mit begleitender äußerer Beeinträchtigung, wie z.B. kurzer Unterbringung des Kindes im Krankenhaus oder ein Krankenhausaufenthalt eines Elternteils;

   c) teilweise Trennung ohne begleitende Beeinträchtigung, wenn das Kind z.B. in den Kindergarten geht;

   d) teilweise Trennung mit begleitender äußerer Beeinträchtigung, z.B. Krankenhausunterbringung, bei der Kontakt mit den Eltern beibehalten wird.

2. **Wiederholte kurze Trennungen mit Wiedervereinigung**

   Hierzu zählen

   a) wiederholte vollständige Trennungen ohne begleitende äußere Beeinträchtigung;

   b) wiederholte vollständige Trennungen mit begleitender äußerer Beeinträchtigung;

   c) wiederholte teilweise Trennungen ohne begleitende äußere Beeinträchtigung;

   d) wiederholte teilweise Trennungen mit begleitender äußerer Beeinträchtigung.

3. **Eine einzelne längerdauernde Trennung mit Wiedervereinigung**

   Dieser Trennungstypus unterscheidet sich von den ersten beiden durch seine relativ lange Dauer. Er ist häufig mit gleichzeitiger äußerer Beeinträchtigung verbunden, wie z.B. bei einem Krankenhausaufenthalt wegen chronischer Erkrankungen oder im Falle ernster Familienkrisen.

4. **Wiederholte langdauernde Trennungen mit Wiedervereinigung**

   Diesen Typ von Trennungserfahrungen erleiden Kinder in Familien mit wiederholten Krisen. Es ist der Typus, mit dem sich häufig die sozialen Dienste zu befassen haben, von denen das Kind vorübergehend in Pflegestellen oder Heimen untergebracht wird, wo es aber einen gewissen Kontakt zu seiner Familie beibehält.

5. **Einmalige dauernde Trennung**

   Dieser Trennungstypus ergibt sich gewöhnlich beim Tod oder bei dauernder physischer oder geistiger Unfähigkeit der Eltern, oder weil die Eltern nicht in der Lage sind, adäquat für das Kind zu sorgen. Das Kind wird dann dauerhaft in einer Pflege- oder Adoptivfamilie oder in einem Heim untergebracht.

6. **Wiederholte dauernde Trennungen**

   Dies ist der extremste Typus von Trennungserfahrung. Nach dauernder Trennung wird das Kind etwa in einem Heim oder in einer Pflegefamilie untergebracht. Zumeist bleibt es dort nicht ausreichend lange, um Ersatzbeziehungen zu entwickeln, sondern erfährt eine Serie von Wechseln der Heime oder Pflegefamilien. Der Eindruck des ursprünglichen Verlustes der Eltern wird durch immer neue Trennungserfahrungen verstärkt. Die jeweils folgenden Erfahrungen führen häufig zu **Deprivation** (seelischen Mangelerscheinungen) und verschiedenen Arten von Traumata.

Die Gefahr **traumatischer Trennungsfolgen** sieht *Yarrow* besonders für diejenigen Kinder, die zusätzlich zu (wiederholten) Trennungen mit einer deprivierenden Umwelt fertig werden müssen. Als wichtigstes Ergebnis einer Zusammenschau verschiedener retrospektiver Untersuchungen führt er an, dass die Trennung selbst nicht als einzige ätiologische Variable für die Entstehung von Psycho- und Soziopathien angesehen werden darf: **319**

> „Ihre Auswirkungen sind zweifellos abhängig von einer Reihe von Faktoren, deren wichtigster wahrscheinlich das Alter des Kindes zur Zeit dieses Erlebnisses ist, vom Ausmaß des dabei bewirkten Traumas und vom Ausmaß, in dem die Folgeerfahrungen das ursprüngliche Trauma verstärken oder abschwächen. Eine Trennung, der die Unterbringung in einem Heim oder in einer schlechten Pflegestelle folgt oder die der Prolog einer Reihe von Wechseln oder Verlusten von Mutterfiguren ist, erhöht die Wahrscheinlichkeit von Persönlichkeitsstörungen".[48]

2. Zwischen Trauma und Chance

Auszug aus einem Referat beim 54. Deutschen Juristentag von *Reinhart Lempp* zu kinderpsychologischen und -psychiatrischen Aspekten der Rechtsstellung des Pflegekindes: **320**

> „Es kann kein Zweifel sein, dass viele Kinder eine solche Trennung von der Bezugsperson in ihrer früheren oder späteren Kindheit durchmachen mussten und bis heute noch müssen, ohne dass später allgemein erkennbare psychische Schäden und Störungen, also psychische Krankheiten im weitesten Sinne, nachzuweisen wären. Es kann also kein Zweifel sein, dass viele Kinder ein solch psychisches Trauma der Trennung und des Beziehungsverlustes offenbar folgenlos bewältigen. Möglicherweise trügt hier der Schein insofern, als es zwar bei diesen Menschen nicht zu psychischen Krankheiten und manifesten Störungen kommt, dass aber eine nachhaltige verletzende Erfahrung sie ihr ganzes Leben begleitet und ihre Einstellung zur Umwelt mitbestimmt. Ich halte es für möglich, ja sogar für wahrscheinlich, dass jede solche Erfahrung in gewisser Weise die Lebensqualität vermindert. Von dieser Feststellung bleibt unberührt, dass auch solche negativen Erfahrungen von manchen Menschen in positiver Weise verarbeitet werden können und sie zu einer reiferen Form der Lebensbewältigung und Lebensbewährung befähigt. Nur können wir nicht eine solche Fähigkeit bei jedem Kinde für die Zukunft getrost voraussetzen und uns darauf verlassen, dass das Kind schon das Beste daraus machen werde. Wir müssen vielmehr von der Vorstellung ausgehen, dass es mit solchen negativen Früherfahrungen ähnlich ist wie mit der Belastung mit Röntgenstrahlen. Der menschliche Körper ‚vergisst' keine Bestrahlung mit ionisierenden Strahlen und zählt sie gewissermaßen von Geburt bis zum Tode in jeder seiner Zellen zusammen, und eine im Alter erfolgte geringdosige Röntgenbestrahlung kann dazu führen, dass die kritische Grenze überschritten wird und die krebsige Entartung der Zellen in Gang kommt. In ähnlicher Weise müssen wir wohl davon ausgehen, dass sich auch negative Lebenserfahrungen beim einzelnen Menschen addieren, und zwar mit Sicherheit auch solche Erfahrungen, an die sich

48 Yarrow, 1977, S. 139.

> der Heranwachsende und der erwachsene Mensch dann im Einzelnen gar nicht mehr erinnern kann. Wir wissen auch, dass gerade eine Folge ähnlicher psychisch verletzender Ereignisse summativ zu einer psychisch krank machenden Belastung werden kann."[49]

321 Unter der Voraussetzung eines quantitativ und qualitativ ausreichenden Bindungsangebots können Kinder altersangemessene Trennungen gut für ihre Entwicklung nutzen. Insofern sind **Trennungen nicht per se schädigend**. Risiken und Gefahren ergeben sich erst durch das kumulative Zusammenspiel einer Reihe von im Einzelfall zu gewichtenden Variablen.

322 Neben der individuellen **Vulnerabilität bzw. Resilienz des Kindes** zum Zeitpunkt der Trennung sind **Alter und Entwicklungsstand** bedeutsam. Während bei einem Säugling bereits die kurzzeitige Nichtverfügbarkeit einer Bindungsperson zu einem Gefühl großer Hilflosigkeit und Verlassenheit führt, erweitert sich mit zunehmendem Alter das Zeitverständnis und damit die Toleranz für überschaubare Trennungen.

Besonders trennungsempfindlich sind Kinder im Alter zwischen etwa sechs Monaten und drei Jahren. In dieser Zeit binden sie sich in der Regel intensiv an eine, manchmal auch zwei oder drei Hauptbindungspersonen und zugleich ist ihr Verständnis für Zeit/Dauer und die Gründe von Trennungen noch nicht sehr entwickelt.

323 Eine zweite Variable betrifft die **Intensität der Bindung** und damit die emotionale Nähe zu der Person, von der das Kind getrennt wird. Wenn seine Hauptbindungsperson z.B. die Großmutter ist, wird die Reaktion auf eine Trennung von Mutter oder Vater weniger schwerwiegend sein. Zum emotionalen Kontext gehören auch vertraute Gegenstände (Bett, Kleidung, Spielzeug), Gewohnheiten (Essensrituale, Schlaflied) und die sozialräumliche Umgebung (Kindergarten, Schule, Freundeskreis), deren weitere Verfügbarkeit bzw. Aufrechterhaltung Trennungsreaktionen lindern können.

324 Weiterhin spielen die Vorgeschichte des Kindes insbesondere im Hinblick auf **frühere Trennungserfahrungen oder Traumatisierungen** sowie die **Qualität der Ersatzbeziehungen** eine wichtige Rolle. Ängste aufgrund zurückliegender, nicht verarbeiteter Trennungen können in der aktuellen Situation reaktiviert und verstärkt werden. Zu den Erfahrungen nach der Trennung, die eine Bewältigung erleichtern oder erschweren können, gehört, ob eine spezielle Person kontinuierlich zur Verfügung steht, wie die Rahmenbedingungen der Ersatzbetreuung sind (Qualität der Einzel- oder Gruppenbetreuung), die materielle Ausstattung und Versorgung und inwieweit Erinnerungen an die Personen, von denen das Kind getrennt ist, akzeptiert und gefördert werden.[50]

325 Zusammenfassend hängt die Bedeutung einer Trennung auf einem Kontinuum zwischen Trauma und Chance davon ab,

> „wie groß der reale Verlust ist, welche Ängste dadurch reaktiviert werden, wie tragfähig die neuen Beziehungen sind und inwiefern es gelingt, für den Zusammenhang von altem und neuem Zustand einen lebensgeschichtlichen Sinn zu erschließen."[51]

49 Lempp, 54. DJT 1982, I 48 f.
50 Robertson/Robertson, Psyche 1975.
51 Maywald, 1997, S. 30.

Der **Begriff des Traumas** bezieht sich dabei auf das Zusammenspiel von objektivem Ereignis und subjektiver Verarbeitung, er bezeichnet

> „die objektive Gewalt, die dem Subjekt angetan wird, und zugleich die individuell höchst unterschiedliche Art, in der das Subjekt auf diese äußere Zumutung reagiert."[52]

Das infantile Trauma (Verletzung) ist durch einen Erregungszuwachs aus inneren und ggf. auch äußeren Quellen gekennzeichnet, denen das Kind hilflos gegenübersteht, weil seine noch unzureichend entwickelten Ich-Funktionen versagen und seine psychische Handlungsfähigkeit darnieder liegt. Die traumatische Situation tritt meist plötzlich und unerwartet ein, sie setzt die Ich-Funktionen außer Kraft und es kommt zur Reizüberschwemmung.

Entwicklungstraumata, so *Mertens*, sind dadurch gekennzeichnet, dass nicht allein eine einzelne Situation die integrativen Fähigkeiten des mehr oder minder entwickelten Ichs überfordert, sondern dass eine angemessene Reaktion auf die für verschiedene Lebensalter spezifischen Entwicklungsbedürfnisse ausbleibt, so dass

> „das Kind nicht oder nur unzureichend lernen kann, seine phasenadäquaten Bedürfnisse in der Interaktion mit seinen Bezugspersonen zu regulieren und auszuhandeln".[53]

Bei richtiger, **altersgemäßer „Dosierung"** können Kinder Trennungen gut verkraften **326**
und für ihre Entwicklung positiv nutzen. Im Spiel lernen sie, ihr hilfloses Ausgeliefertsein gegenüber Trennungen in Aktion umzusetzen und den erlittenen Schmerz erträglich zu halten, indem sie z.B. das Verschwinden und Wiederkommen von Gegenständen aktiv in Szene setzen.

Sigmund Freud berichtet von einem eineinhalbjährigen Jungen, der aus seinem zugehängten Bett immer wieder eine Holzspule hinauswirft, die mit einem Bindfaden versehen ist, dessen Ende er in der Hand hält. Nach dem Verschwinden, das der Junge mit einem lauten und lang gezogenen o-o-o-o („Fort") begleitet, zieht er die Spule an dem Faden wieder in sein Bett. Das Wiedererscheinen wird dann mit einem freudigen „Da" begrüßt.[54] Auf diese Weise spielt der Junge die Trennung und die erwartete Wiedervereinigung mit der Mutter immer wieder durch, gleichsam in einer Mischung aus Selbstversicherung und Bemächtigung.

Bevor ein Kind vorübergehende Trennungen und das anschließende Wiederkommen der Bindungsperson verstehen und integrieren kann, spielen – wie *Winnicott* (1974) beschreibt – Übergangsobjekte eine wichtige Rolle für die emotionale Verarbeitung. Ein Kuscheltier, der Zipfel einer Decke, ein Kleidungsstück o.Ä. erinnern an die abwesende Person und erleichtern so dem Kind die Trennung.

Wenn **Trennungen unvorbereitet** eintreten und über **lange Zeit andauern**, stellen sie **327**
besonders für kleine Kinder eine erhebliche Gefährdung dar. *Anna Freud* hat die Reak-

52 Ehlert/Lorke, 1988, S. 503.
53 Mertens, 1998, S. 246, 243 f.
54 Sigmund Freud, GW Bd. XIII, S. 11 ff.

tionen einjähriger Kinder beschrieben, die während des Krieges evakuiert und dadurch plötzlich und für lange Zeit von ihren Familien getrennt wurden:

> „Das Kind fühlt sich plötzlich von allen ihm wichtigen Personen seiner Umwelt verlassen. Seine neu erworbene Liebesfähigkeit findet sich ohne die Objekte, auf die sie gerichtet waren; sein Verlangen nach Zärtlichkeit bleibt unbeantwortet. Die Sehnsucht nach der Mutter steigert sich unter diesen Umständen ins Unerträgliche und erzeugt Ausbrüche von Verzweiflung, wie wir sie bei hungrigen Säuglingen sehen können, wenn die Mahlzeit auf sich warten lässt. Dieses gesteigerte Verlangen des verlassenen Kindes, sein psychischer Hunger nach der Mutter überwiegt oft für Stunden oder Tage alle körperlichen Bedürfnisse. Manche Kinder dieses Alters verweigern nach der Trennung Nahrung und Schlaf; die Mehrzahl sträubt sich gegen die sonst lustvollen Vornahmen der Körperpflege, gegen Trost oder Zärtlichkeiten von Seiten fremder Ersatzpersonen. [...] Wie schwer der Schock der Trennung für das Kind dieser Entwicklungsstufe ist, lässt sich auch indirekt aus seinem Verhalten bei der Wiedervereinigung mit der Mutter schließen. Viele Kinder erkennen die Mutter nicht wieder, wenn sie erst nach Ablauf der Eingewöhnungsperiode zurückkehrt. Die Mütter selbst sind sich klar darüber, dass die rasche Entfremdung des Kindes nichts mit einer Schwäche des kindlichen Erinnerungsvermögens selbst zu tun hat."[55]

3. Hospitalismus

328 Wenn zu der Trennung von den wichtigen Bindungspersonen eine affektive Mangelversorgung hinzukommt, verschlechtert sich der Zustand der Kinder beträchtlich. *Spitz* (1976) hat dieses Bild als anaklitische Depression bzw. als Hospitalismus-Syndrom beschrieben. Bei Kindern eines Findelhauses, die zwischen dem sechsten und achten Lebensmonat von der Mutter getrennt wurden und seitdem im Durchschnitt nur ein Zehntel der affektiven Zufuhr bekamen, die sie in einer üblichen Mutter-Kind-Beziehung bekommen hätten, beobachtete er eine **typische Symptomfolge** von u.a. anspruchsvoller Weinerlichkeit, anhaltendem Schreien, Kontaktverweigerung, Schlaflosigkeit, Gewichtsverlust, motorischer Verlangsamung sowie nach dem dritten Monat beginnender Lethargie und dem Absinken des Entwicklungsquotienten. Da der sich bildende starre Gesichtsausdruck stark an das Erscheinungsbild erwachsener Depression erinnert, nannte er diesen Zustand anaklitische Depression.

Wenn dieser beinahe totale **Entzug affektiver Zufuhr** länger anhielt, stellte *Spitz* einen zunehmenden körperlichen und seelischen Verfall der Kinder fest, den er als Hospitalismus oder auch emotionelles Verhungern bezeichnete:

> „Alsbald, nach der relativ kurzen Zeit von drei Monaten, zeigte sich ein neues klinisches Bild: Die Verlangsamung der Motorik kam voll zum Ausdruck; die Kinder wurden völlig passiv; sie lagen in ihrem Bettchen auf dem Rücken. Sie erreichten nicht das Stadium motorischer Beherrschung, das notwendig ist, um sich in die Bauchlage zu drehen. Der Gesichtsausdruck wurde leer und oft schwachsinnig, die Koordination der Augen ließ nach. (...) Klinisch werden diese Säuglinge unfähig, Nahrung zu verdauen; sie leiden an Schlaflosigkeit; später können diese Kinder sich selbst aktiv angreifen, indem sie mit dem Kopf gegen die Gitterstäbe ihres Bettchens schlagen, sich mit den Fäusten auf den Kopf schlagen und sich die Haare büschelweise ausreißen.

55 Freud/Burlingham, 1982, S. 38, 40.

Wenn der Entzug total ist, wird der Zustand zum Hospitalismus; der Verfall schreitet unerbittlich fort und führt zu Marasmus und Tod."[56]

4. Kindlicher Trauerprozess

Bowlby (1983) hat als Schlüsselkonzept zum Verständnis kindlicher Trennungsreaktionen den Begriff der Trauer vorgeschlagen. Am Beispiel eines zweijährigen, von seiner Mutter getrennten Kindes unterscheidet er drei Hauptphasen des kindlichen Trauerprozesses: **329**

Zuerst protestiert das Kind gegen die Trennung und ist energisch bestrebt, wieder mit der Mutter zusammenzukommen:

> „Es wird häufig laut schreien, an seinem Bett rütteln, sich hin- und herwerfen und eifrig auf jede Bewegung und auf jedes Geräusch achten, die ihm die Rückkehr der Mutter anzeigen könnten. Dieses Verhalten kann mit Intensitätsschwankungen eine Woche oder länger andauern. Während dieser ganzen Zeit scheint das Kind durch die Hoffnung und Erwartung, dass seine Mutter zurückkehren wird, in seinen Anstrengungen angefeuert zu werden."[57]

Es folgt eine **Phase der Verzweiflung**, in der die Sehnsucht nach der Mutter zwar nicht geringer wird,

> „aber es schwindet die Hoffnung auf ihre Erfüllung. Schließlich werden die ständigen lautstarken Forderungen eingestellt; das Kind wird apathisch und zurückgezogen, es gerät in einen Zustand der Verzweiflung, der vielleicht nur durch ein zeitweiliges monotones Wimmern unterbrochen wird. Es fühlt sich unendlich elend."[58]

Die dritte Phase ist gekennzeichnet durch eine **Entfremdung** von der bisherigen Bindungsperson **und** durch eine **schrittweise Anpassung** an die Bedingungen der neuen Situation.

> „Diese Phase lässt sich regelmäßig beobachten, wenn ein Kind im Alter zwischen etwa sechs Monaten und drei Jahren eine Woche oder länger nicht von seiner Mutter gepflegt worden ist und auch keine spezielle Ersatzpflege genossen hat. Sie ist gekennzeichnet durch eine fast vollständige Abwesenheit von Bindungsverhalten, wenn es seine Mutter zuerst wiedersieht."[59]

5. Trennungsreaktionen

Auch wenn ältere Kinder nicht mit dieser Intensität auf Trennungen reagieren, so hinterlässt das Verlassenwerden durch die Eltern und die Unterbringung im Heim oder in einer Pflegefamilie auch bei ihnen in der Regel **schwere seelische Wunden**. **330**

Aufgrund ihrer Ich-Bezogenheit glauben sie häufig, dass sie selbst und ihr Verhalten die Ursache für das Verlassenwerden sind. Sie halten sich für wenig liebenswert und sehen darin den Grund, warum die Eltern weggegangen sind oder sie weggegeben haben. Manchmal war dies auch tatsächlich die Botschaft von Eltern, die ihr Kind damit erziehen wollen („Du musst ins Heim, weil du so böse bist."). Für die Kinder ist es

56 Spitz, 1976, S. 290, 297.
57 Bowlby, 1983, S. 20.
58 Bowlby, 1983, S. 20 f.
59 Bowlby, 1983, S. 34.

mit dieser Zuschreibung der Erwachsenen sehr schwer, ein positives Selbstwertgefühl zu entwickeln.

Nach einer Fremdunterbringung ist die Angst eines Kindes vor erneutem Verlassenwerden zunächst sehr hoch, es wird neuen Personen eher misstrauisch begegnen und längere Zeit zuverlässige und positive Beziehungserfahrungen brauchen, um sich auf neue Bindungen einlassen zu können.

331 In der Folge traumatischer Trennungserlebnisse verweigern sich viele Kinder neuen Bindungsangeboten. Sie fühlen sich wertlos, suchen die Schuld für die Trennung in Eigenschaften ihrer Person und reagieren – besonders wenn sie in ihren Trauerreaktionen keine Unterstützung durch andere Menschen erhalten – mit **Abstumpfung, Passivität und Depression** bis hin zu Selbstverletzung und Suizidalität und/oder kompensatorischer Hyperaktivität, verfrühtem Autonomiestreben und Selbstverwahrlosung.

332 Aufgrund von Überfürsorglichkeit („Helikopter-Eltern"), extremer Verwöhnung, doppelten Botschaften oder infolge starker Ambivalenzen können Schäden aber auch dadurch angerichtet werden, dass Trennungen von wichtigen Bindungspersonen nicht zugelassen und die natürliche Loslösung und Individuation nicht akzeptiert und gefördert werden. In der Folge dieser **symbiotischen Verklammerungen**, z.B. im Falle psychisch schwer erkrankter Eltern, die die Autonomieentwicklung ihres Kindes massiv beeinträchtigen, kann es zu notorischer Unselbstständigkeit und Retardierung, psychosomatischen Beschwerden und Pseudodebilität bis hin zu schweren kindlichen Psychosen kommen.

6. Reaktionen auf die Trennung/Scheidung der Eltern

333 Im Gegensatz zur Fremdunterbringung von Kindern außerhalb des Elternhauses haben Scheidungskinder lediglich unter der (partiellen) Trennung bzw. dem Verlust eines Elternteils zu leiden. Aber auch bei ihnen können sich starke Reaktionen auf die Trennung der Eltern zeigen. Insbesondere jüngere Kinder und Jugendliche fühlen sich oft schuldig für das Scheitern der Paarbeziehung, identifizieren sich stark mit den Eltern (oder einem von beiden) und geraten nicht selten in **Loyalitätskonflikte**.

334 *Wallerstein* und *Kelly* (1980) gehen davon aus, dass die Scheidung der Eltern je nach dem Alter des Kindes unterschiedliche Störungsmuster verursacht.

Wenn Kinder die Scheidung ihrer Eltern im **Vorschulalter** erleben, reagieren sie häufig mit starken Ängsten. Sie fürchten, auch den noch verbliebenen Elternteil zu verlieren, und leiden unter angstbesetzten, teilweise verleugnenden Phantasien. In magischer Weise fühlen sie sich für die Trennung der Eltern verantwortlich.

Im **Schulalter** werden sich die Kinder zunehmend der sozialen Konsequenzen der Scheidung bewusst. Sie klammern sich nicht an den verbliebenen Elternteil, sondern suchen aktiv nach einer neuen Form der Familienidentität, die beide Elternteile einschließt. In diesem Alter sind Kinder besonders anfällig für Loyalitätskonflikte. Sie wollen es beiden Eltern „recht" machen und schämen sich der Handlungsweisen ihrer Eltern.

Im **Jugendalter** kann durch eine Scheidung der Eltern die Identitätsfindung und schrittweise Ablösung empfindlich beeinträchtigt werden. *Wallerstein* und *Kelly* (1980) beobachteten zwei Reaktionsweisen: Während eine Gruppe Jugendlicher Kontakt mit jüngeren Kindern suchte, Leistungseinbrüche in der Schule zeigte und die emotionale Unterstützung der Familienmitglieder einforderte, wandte sich eine andere Gruppe verstärkt Gleichaltrigen zu und bemühte sich, möglichst schnell unabhängig zu werden.

Bezüglich möglicher **Geschlechtsunterschiede** bei der Reaktion von Kindern auf Trennung und Scheidung der Eltern kommen die Autoren zu folgenden Schlussfolgerungen: In der Akutphase der Scheidung reagieren Mädchen und Jungen gleichermaßen belastet. Nach eineinhalb Jahren sind die Mädchen im Durchschnitt emotional stabiler und zeigen im Vergleich zu den Jungen weniger Auffälligkeiten. Diese Unterschiede waren im Rahmen einer Nachuntersuchung nach fünf Jahren nicht mehr nachweisbar. Nach zehn Jahren hatte sich das Bild umgekehrt. Während die Jungen zumeist emotional stabiler waren, litten viele Mädchen unter mangelndem Selbstvertrauen und depressiven Verstimmungen. **335**

Wallerstein und *Lewis* (2001, S. 71) zeichnen aufgrund ihres 25 Jahre langen Kontaktes zu 130 betroffenen Familien ein viel komplexeres Bild der **Langzeitwirkungen** von Trennung und Scheidung, als dies aufgrund der Momentaufnahmen der meisten bisher vorliegenden Studien möglich ist. Sie erheben auch Zweifel gegenüber vielen landläufigen Annahmen und Erwartungen der Rechtspolitik: **336**

> „Unsere Ergebnisse erzählen jedoch eine andere Geschichte. Sie zwingen uns zu einem grundlegenden Umdenken. Im Gegensatz zu den Erfahrungen der Erwachsenen erreicht das kindliche Leiden nicht seinen Höhepunkt während der akuten Krise, um danach sukzessiv abzunehmen. Im Gegenteil, die Scheidung ist für das Kind eine kumulative Erfahrung. Ihre Auswirkungen nehmen im Laufe der Zeit zu. Auf jeder Stufe der Entwicklung werden die Folgen erneut und auf verschiedene Weise erlebt. Kinder haben uns erzählt, wie sie in den Jahren unmittelbar nach der Scheidung unter Einsamkeit und einem gravierenden Verlust an elterlicher Fürsorge litten. Sie erinnern sich an diese Jahre noch lange, nachdem die Zeit der Ehekrise und Scheidung im Gedächtnis verblasst ist. Die Auswirkungen der Scheidung gewinnen an Stärke, wenn die Kinder in die frühe Adoleszenz eintreten und oft ungenügend beaufsichtigt und beschützt werden, und wenn zusätzlich (falls dies nicht schon früher geschah) von ihnen verlangt wird, sich an neue Stiefeltern und Stiefgeschwister anzupassen. Die Auswirkungen werden in der Spätadoleszenz nochmals verstärkt, wenn finanzielle Nöte die Kinder daran hindern, eine Berufswahl zu treffen oder Bildungschancen wahrzunehmen, die dem sozioökonomischen Status der Eltern entsprechen würden. Und nochmals, wenn bei den jungen Erwachsenen die Angst wächst, die eigenen erwachsenen Beziehungen könnten wie jene der Eltern scheitern. Die Auswirkungen der elterlichen Scheidung werden in den ersten drei Jahrzehnten des Lebens dieser Kinder immer und immer wieder durchgespielt. Natürlich bedeutet das nicht, dass daraus immer unglückliche oder scheiternde Kinder bzw. Erwachsene werden. Aber eine Reihe von speziellen und schwierigen Aufgaben überlagert zusätzlich die ganz normalen Aufgaben, die in den verschiedenen Entwicklungsphasen zu bewältigen sind. Viele Kinder, die dazu fähig waren, frühere Entwicklungsstadien erfolgreich zu durchlaufen, kommen in einem späteren Entwicklungsstadium nicht zurecht, weil ihre Ressourcen erschöpft sind."

337 Auch wenn davon auszugehen ist, dass Verfahrensbeistände in vielen Fällen Kinder erleben, die von ihren Eltern in massive Paarstreitigkeiten verwickelt und häufig sogar für erwachsene Zwecke instrumentalisiert werden, so muss doch betont werden, dass eine Trennung oder Scheidung der Eltern für das betroffene Kind nicht per se eine Katastrophe sein muss. Denn der Wechsel von einer unglücklichen, konfliktreichen Familiensituation in eine harmonischere und weniger stressbelastete Lebenswelt ist auch für die Kinder von Vorteil. Trotz vor allem zu Beginn regelmäßig auftretender Anpassungsprobleme zeigen die meisten Kinder infolge Trennung oder Scheidung ihrer Eltern **nur wenige ernsthafte nachhaltige Probleme** und „funktionieren" innerhalb der normalen Bandbreite. Kinder glücklich aufwachsen zu lassen, ist daher, wie *Largo* und *Czernin* (2004, S. 12) zusammenfassen,

> „weit weniger eine Frage des Familienmodells als vielmehr der Art und Weise, wie mit ihnen umgegangen wird. Es geht darum, ihre Bedürfnisse wahrzunehmen und zu erfüllen, egal, innerhalb welchen Familienmodells, welcher Form des Zusammenlebens oder welcher Lebensart. Die Gretchenfrage ist also nicht „Scheidung – ja oder nein?,"
>
> sondern
>
> „Wie können wir als verheiratete oder geschiedene Eltern das Verhalten unserer Kinder richtig lesen und ihre Bedürfnisse angemessen befriedigen?"

IV. Das Wechselmodell nach Trennung und Scheidung: Die Rolle der Verfahrensbeistandschaft

338 Das Wechselmodell nach Trennung und Scheidung von Eltern erfährt seit nunmehr geraumer Zeit ein zunehmendes gesellschaftliches Interesse, das im fachlichen, wissenschaftlichen und politischen Diskurs kontrovers zum Tragen kommt. Die gestiegene Aufmerksamkeit zeigt sich beispielweise in einer hohen **medialen Präsenz** sowie an der Vervielfachung von Fachartikeln, die zu dieser Thematik alleine in der letzten Dekade veröffentlicht wurden.[60]

Auch Berichten aus der Praxis zufolge ist das Wechselmodell äußerst präsent: Sei es in

- Jugendämtern, die sich im Rahmen von Beratungsgesprächen mit Eltern oder in Stellungnahmen für Gerichte damit auseinandersetzen,
- bei Anwält:innen, die von sich häufenden Anfragen danach berichten,
- in Erziehungsberatungsstellen oder eben auch bei Verfahrensbeiständen und Verfahrensbeiständinnen.

---

60 Vgl. hierzu die Übersicht in Berman, R./Daneback, K., 2022, Children in dual-residence arrangements: a literature review, Journal of Family Studies, 28:4, 1448–1465; Steinbach, A., 2019, Children's and Parents' Well-Being in Joint Physical Custody: A Literature Review. Fam Process.58(2): S. 353–369.

Zudem kommen Analysen der jüngeren Rechtsprechung zu dem Ergebnis, dass sich seit der Grundsatzentscheidung des BGH[61] eine wachsende **gerichtliche Akzeptanz** des Wechselmodells abzeichnet.[62]

Trotz dieser Präsenz können auf Basis der Datenlage[63] allerdings weiterhin wenig verlässliche Aussagen darüber getroffen werden, von wem, in welcher Form und in welchem Ausmaß das Modell in Deutschland tatsächlich praktiziert wird. Zwischen 2015 und 2021 liegt die **Häufigkeit** verschiedenen Studien zufolge unverändert bei **ca. 5 %**;[64] es handelt sich also auch weiterhin nicht um ein „Standardmodell",[65] sondern vielmehr um eines, dessen Verbreitung im Wissenschaftsdiskurs als ein „westliches Phänomen" bezeichnet wird und dessen Entwicklung sich im Ländervergleich erheblich voneinander unterscheidet.[66] Zu dieser Schlussfolgerung kommt auch der zehnte Familienbericht. Darin wird nunmehr sichtbar, dass der prognostizierte Bedeutungszuwachs des Wechselmodells in der Praxis auch heute noch nicht verzeichnet werden kann, wohingegen die Prämisse, dass es sich beim Wechselmodell um ein „voraussetzungsreiches" Betreuungsmodell handelt, kontinuierlich erhalten bleibt.[67] **339**

61 BGH, FamRZ 2017, 532.

62 Vgl. Schneider, S. 2021, Bedingungen für die kindeswohldienliche Praktizierung des Wechselmodells, Frankfurt, S. 113 ff.

63 Vgl. Institut für Demoskopie Allensbach, 2017, Getrennt gemeinsam erziehen. Allensbach: IfD-Umfrage 7255; Walper, S. 2016, Arrangements elterlicher Fürsorge nach Trennung und Scheidung: Das Wechselmodell im Licht neuer Daten aus Deutschland. In: Deutscher Familiengerichtstag e.V. (Hrsg.). Band 19: 21. Deutscher Familiengerichtstag, Bielefeld, S. 99–143; Walper, S., Entleitner-Phleps, C./Langmeyer-Tournier, A., 2020, Betreuungsmodelle in Trennungsfamilien: Ein Fokus auf das Wechselmodell. Zeitschrift für Soziologie der Erziehung und Sozialisation, 40(1), 62–80.; 9. Familienbericht der Bundesregierung, 2021, Eltern sein in Deutschland – Ansprüche, Anforderungen und Angebote bei wachsender Vielfalt, S. 262 ff.; Steinbach, A./Augustijn, L./ Helms, T./Schneider, S., Erste Ergebnisse der Studie „Familienmodelle in Deutschland" (FAMOD): Zur Bedeutung des Wechselmodells für das kindliche Wohlbefinden nach elterlicher Trennung oder Scheidung, FamRZ 2021, 729–740.

64 Bei einer Zeiteinteilung von mind. 40/60- bis hin zu 50/50-Regelungen; vgl. Walper, 2016, S. 120 ff.; Walper et al., 2020, S. 75; Steinbach et al., FamRZ 2021, 729–740; Walper, S./Kreyenfeld, M./Beblo, M./Hahlweg, K./Nebe, K./Schuler-Harms, M./Fegert, J. M. und der Wissenschaftliche Beirat für Familienfragen, 2021), Gemeinsam getrennt erziehen. Gutachten des Wissenschaftlichen Beirats für Familienfragen beim BMFSFJ, Berlin: Wissenschaftlicher Beirat für Familienfragen beim BMFSFJ, S. 35.

65 Im internationalen Kontext wird das Wechselmodell zwar teils häufiger als in Deutschland praktiziert, ist aber auch dort keinesfalls die Regel. Zudem ist nicht automatisch von einer paritätischen Betreuung die Rede, sondern es wird häufig schon ab einer 30/70-Regelung vom Wechselmodell gesprochen. Vgl. mit zahlreichen Daten: Fehlberg, B./Smyth, B. 2011, Caring for children after parental separation: would legislation for shared parenting time help children? University of Oxford. Department of Social Policy and Intervention, Family Policy Briefing 7, S. 3 f.; 9. Familienbericht der Bundesregierung, 2021, S. 262.

66 Berman/Daneback, 2020, S. 1; Campo, M./ Fehlberg, B./Natalier, K./Smyth, B., 2020, The Meaning of Home for Children and Young People after Separation, Journal of Social Welfare and Family Law. 42:3, S. 299–318.

67 Zehnter Familienbericht, 2025. Unterstützung allein- und getrennterziehender Eltern und ihrer Kinder – Bestandsaufnahme und Handlungsempfehlungen mit Stellungnahme der Bundesregierung. Drucksache 20/14510, S. 117. https://www.bmfsfj.de/bmfsfj/service/publikationen/zehnter-familienbericht-254310 (Abruf am: 5.3.2025).

Der vorliegende Beitrag nimmt in Bezug auf das Wechselmodell psychosoziale Aspekte im Zusammenhang mit dem Wohlergehen der jungen Menschen in den Fokus – also jene Aspekte, die Grundlage der Tätigkeit von Verfahrensbeiständen und Verfahrensbeiständinnen sind. In Bezug auf deren Rolle werden zunächst anhand von Rechtsprechung einige relevante Themen herausgearbeitet; anschließend werden zentrale Forschungserkenntnisse dargestellt, um schließlich **Herausforderungen für die Verfahrensbeistandschaft** zu resümieren.

1. Rechtsprechung

340 Im Fokus dieses Kapitels steht Rechtsprechung, welche exemplarische Spannungsfelder in der Tätigkeit von Verfahrensbeiständen und Verfahrensbeiständinnen benennt.[68] Einführend soll erinnert werden, dass der BGH – durchaus überraschend für den juristischen Diskurs[69] – die Möglichkeit einer gerichtlichen **Anordnung** des Wechselmodells **auch gegen den Willen eines Elternteils** im Rahmen des Umgangsrechts eröffnet hat.[70] Während mittlerweile von Einigkeit insofern ausgegangen werden kann,

> „dass die Wahl eines bestimmten Betreuungsmodells in Bezug auf das Kindeswohl nicht pauschal bestimmt werden kann und eine hälftige Aufteilung der Betreuung für das Kind Chancen und Risiken mit sich bringt“[71],

herrscht in der familienrechtlichen Praxis jedoch weiterhin Verunsicherung darüber, ob und in welchen Fällen eine Anordnung oder Auflösung des Wechselmodells durch Entscheidungen im Umgangs- oder eher im Sorgerecht erfolgen sollte.[72] Diese **Unsicherheit** führt **in der Praxis** sogar dazu, dass z.T. parallele Sorge- und Umgangsverfahren eingeleitet werden.[73] Neben einem damit einhergehenden quantitativen Effekt auf die Anzahl der Verfahren zum Wechselmodell, wird darüber hinaus das Risiko erhöht, dass es zu divergenten Entscheidungen im selben Fall kommt.[74]

---

68 Die Suche in juris online wurde mit den Schlagworten „Wechselmodell“ und „Verfahrensbeistand“ durchgeführt und dann nach Augenschein zusammengestellt. Die dargestellten Fälle erheben weder Anspruch auf Vollständigkeit, noch sind sie zu generalisieren.

69 Vgl. hierzu für einen Überblick Hammer, S., Die gerichtliche Anordnung des Wechselmodells, FamRZ 2015, 1433–1444.

70 Vgl. BGH, Beschl. v. 1.2.2017, XII ZB 601/15, juris; siehe dazu Gottschalk, Y./Heilmann, S., 2017, Anordnung eines paritätischen Wechselmodells gegen den Willen eines Elternteils? In: ZKJ (5), S. 181–183; DFGT, Stellungnahme vom 9.3.2017, FamRZ 2017, 584 ff.; sowie die Anmerkung zum Beschl. v. 1.2.2017 von Schwonberg, A., FamRZ 2017, 536 ff.

71 J. von Staudingers Kommentar zum Bürgerlichen Gesetzbuch: Staudinger BGB – Buch 4: Familienrecht: §§ 1684–1717 (Elterliche Sorge – Umgangsrecht), 2019, BGB § 1684, 255 (zitiert als: Staudinger BGB/Dürbeck).

72 Vgl. Ebd., 260.2.

73 Ebd., 260.5.

74 In Fällen, in welchen die Elternteile Umgangs- und Sorgerechtsverfahren parallel führen, besteht das Risiko, dass Familiengerichte voneinander abweichende Entscheidungen treffen. Siehe hierzu z.B. die Entscheidung des OLG Brandenburg 6.7.2020, 13 UF 26/20, ZKJ 2021, 71–74; zur Kritik Dürbeck, ZKJ 2021, 74; Hammer, S., FamRZ 2021, 34–39 (37), zum Stand der Diskussion, ob das Wechselmodell über Sorge- oder Umgangsverfahren geregelt werden soll, siehe ausführlich Staudinger/Dürbeck,2023, BGB § 1684 Umgang des Kindes mit den Eltern; VIII. Das Wechselmodell; 7. Sorgerechtliche Bezüge des Wechselmodells; a) Begründung des Wechselmodells nach § 1671 Abs. 1 2023.

Unter Berücksichtigung der bestehenden Uneinheitlichkeit in der Verfahrensweise und dem auch in Deutschland prinzipiell gestiegenen Interesse getrennter Eltern an einer (annähernd) paritätisch geteilten Betreuung der gemeinsamen Kinder,[75] ist also mit einem **Anstieg diesbezüglicher Verfahren**[76] und entsprechender Tätigkeit von Verfahrensbeiständen und Verfahrensbeiständinnen auch weiterhin zu rechnen.

Entscheidender Maßstab bleibt dabei, dass das Wechselmodell im konkreten Einzelfall dem **Kindeswohl** am besten entsprechen muss.[77] Um dies zu gewährleisten, haben Verfahrensbeistände und Verfahrensbeiständinnen eine bedeutsame Rolle im Verfahren inne. Diesbezüglich kann jedoch bereits bei einem Blick in ausgewählte Rechtsprechung ganz grundlegend festgestellt werden, dass nicht automatisch allen Beteiligten **Rolle und Auftrag der Verfahrensbeistandschaft** bekannt sind. 341

Spezifisch hiermit hat sich das OLG Köln beschäftigt. In einem Fall von „heillos zerstrittenen Eltern" wurde dargelegt, dass ein umfassendes Wechselmodell mit dem Kindeswohl nicht vereinbar sei. In Bezug auf die Rolle der Verfahrensbeiständin wurde der Auffassung des Beschwerdeführers (des Vaters) nicht gefolgt: Es könne nicht nachvollzogen werden, dass die Verfahrensbeiständin bewusst falsche Tatsachen zu seinem Nachteil eingeführt oder einseitig für die Kindesmutter Partei genommen habe. Vielmehr habe sie versucht, zugunsten des Kindes ihre Schlüsse zu ziehen – ihr Auftrag sei ausschließlich, die Interessen des Kindes wahrzunehmen, für dieses Partei zu ergreifen. Verfahrensbeistände und Verfahrensbeiständinnen hätten weder eine Mediator:innenstellung noch sollten sie neutral die Interessen der Eltern begutachten.[78]

Praxistipp

▶ *Deutlich wird hier, dass die Rolle der Verfahrensbeiständin anscheinend dem Vater nicht bewusst war und somit Aufklärungsbedarf bestehen kann – den Kindern wie den Eltern gegenüber, auch, um eine weitere Verhärtung der Fronten im Verfahren möglichst zu vermeiden.*

Auch das Kammergericht Berlin (KG) setzt sich mit der Rolle eines Verfahrensbeistands auseinander, der in diesem Fall unkritisch die Position des Vaters übernehme. Im Weiteren lehnt der Senat die Anordnung eines Wechselmodells bei den hoch strittigen Eltern ab, die sich bei den geringsten Alltagsangelegenheiten nicht einigen konnten und gerichtliche Klärung wünschten (Übergabe von Fahrkarten, Schülerausweis, Mobiltelefon etc.). Beide Eltern haben neue Partner:innen mit jeweils anderen Wohnorten, d.h., für den 13-jährigen J. findet das Leben an vier verschiedenen Wohnorten statt.[79] Zahlreiche Umgangsbegleiter:innen haben die Zusammenarbeit mit der Mutter abgebrochen, weil diese den Umgang behindert habe. Hier hatte neben dem 342

75 Institut für Demoskopie Allensbach, 2017.
76 Eine Übersicht neuerer Rechtsprechung zum Wechselmodell findet sich in Schneider, 2021, S. 113 ff.
77 Vgl. BGH, Beschl. v. 1.2.2017, a.a.O., Rn 29, 31.
78 Vgl. OLG Köln, Beschl. v. 21.2.2012, II-4 UF 258/11, juris.
79 Vgl. KG, Beschl. v. 22.5.2015, 18 UF 133/14, juris.

Vater auch der Verfahrensbeistand Beschwerde gegen den das Wechselmodell ablehnenden Beschluss des Amtsgerichts eingelegt. Beide wollten, unterstützt vom Jugendamt, eine gerichtliche Anordnung des Wechselmodells. In der Argumentation von Verfahrensbeistand und Jugendamt sind diese sich einig, dass beide Eltern ihre Kinder (J. und seine kleine Schwester) gänzlich aus dem Blick verloren haben und ohne Rücksicht auf deren Wohl ihre eigenen Interessen verfolgen. Dennoch habe sich aus Sicht des Verfahrensbeistands im Wechselmodell die Situation von J. verbessert und der Wille des Jungen spreche dafür.[80]

Diese Einschätzung erörtert der Senat kritisch, insbesondere anhand der schwierigen Abwägung von Kindeswille und Kindeswohl, die der Verfahrensbeistand einseitig zugunsten des Willens auslege:

> „J [...] hat sich zwar [...] mehrfach dahin geäußert, dass er **bei beiden Eltern gleich viel Zeit** verbringen will. [...] Dabei ist bei der Anhörung vor dem Senat deutlich geworden, dass er sich grundsätzlich sowohl beim Vater als auch bei der Mutter wohl fühlt. [...] Wichtig ist ihm vor allem, dass der Streit zwischen den Eltern aufhören möge. Da J [...] seine Präferenz, gleich viel Zeit bei Vater und bei Mutter zu leben, kontinuierlich äußert, ist davon auszugehen, dass dies sein eigener Wille ist.
>
> Wie er jedoch bei seiner Anhörung vor dem Amtsgericht [...] auch zum Ausdruck gebracht hat, steht dahinter die Vorstellung, dass er damit **beiden Elternteilen gerecht werden** will. **Er sorgt sich um seine Eltern**, weil der wöchentliche Wechsel für sie anstrengend sei. Die Frage, ob für ihn das Wechselmodell anstrengend sei, verneint er hingegen. Vor dem Senat hat er seinen Wunsch damit begründet, dass er **beide Eltern gleich liebhabe**. Seine eigenen Interessen stellt er zurück. Mit der Amtsrichterin hat er deswegen auch überlegt, dass ein gegenüber dem Wechselmodell verkürzter Umgang mit dem Vater weniger anstrengend für die Eltern und deswegen vielleicht besser sei.
>
> Nach Einschätzung des Senats **nimmt das Kind hierbei vor allen Dingen Verantwortung für seine Eltern wahr**. Dies ist bedenklich, denn das ist nicht die Aufgabe des Kindes. J [...] hat aber dem Senat auch erklärt, dass er auch einverstanden sei damit, wenn er überwiegend bei der Mutter lebt."[81]

343 Sehr differenziert erörtert der Senat hier die Problematik von **Loyalitätskonflikten** und Verantwortungsübernahme von Kindern, die sich in der Abwägung von Wille und Wohl herauskristallisiert. Diese Abwägung wird z.B. in Australien unter dem Stichwort „*voice, not choice*" diskutiert: Beteiligung und Anhörung sind unerlässlich – das darf aber nicht mit einer Verantwortungsübergabe an die Kinder verwechselt werden (vgl. auch Teil 1/*Salgo*, Rn. 60 und Teil 3/*Ivanits*, Rn. 394, 416).[82]

Dem Gericht zufolge entsteht zudem der Eindruck, dass der Verfahrensbeistand einseitig die Position des Vaters einnehme und dessen Angaben über die Mutter unüberprüft übernehme.[83] Diese Bedenken werden insofern gestützt, als die Argumente des Verfahrensbeistands für das Wechselmodell vage bleiben und bei Nachfragen des Gerichts nicht erhärtet werden. Die Parteilichkeit für den Jungen wird somit nicht

80 Vgl. KG, Beschl. v. 22.5.2015, 18 UF 133/14, juris, Rn. 16 ff.

81 KG, Beschl. v. 22.5.2015, 18 UF 133/14, juris, Rn. 23 (Hervorhebung Kostka).

82 Vgl. Cashmore, J./Parkinson, P., 2009, Children's participation in family law disputes. The views of children, parents, lawyers and counsellors, Family Matters No. 82, 15 ff.

83 Vgl. KG, Beschl. v. 22.5.2015, 18 UF 133/14, juris, Rn. 20.

deutlich ersichtlich, obwohl der Verfahrensbeistand sieht, dass beide Eltern ihn aus dem Blick verloren haben – eine Situation, in der der Junge anscheinend versucht, stellvertretend für die Erwachsenen eine Lösung zu finden.

Deutlich wird hieran auch, wie herausfordernd es für Verfahrensbeistände und Verfahrensbeiständinnen sein kann, sich nicht in elterliche Dynamiken verstricken zu lassen. Soweit sie sich im Zuge der Informationsbeschaffung mit beiden Elternteilen auch persönlich auseinandersetzen, kann es durchaus zu (unbewussten) Parteinahmen kommen, je nachdem, welcher Elternteil „glaubwürdiger", „kooperationsbereiter" usw. erscheint.

Praxistipp

▶ *Hier bedarf es fachlicher Reflexion, die mögliche eigene emotionale Verstrickungen, Abwehrreaktionen, vorschnelle Deutungen u.a.m. aufgreifen kann. Vor allem gilt es aber, sich der eigenen Rolle immer wieder bewusst zu sein: Interessenvertretung und Parteilichkeit für den jungen Menschen.*

Weitere Fragen kommen anhand des Falls auf:

- Wurde dem jungen Menschen gut erklärt, was Auftrag und Rolle der Verfahrensbeistandschaft sind?
- Ist bei ihm vielleicht der Eindruck entstanden, dass Vater und Verfahrensbeistand zusammenarbeiten?
- Das Gericht erfährt anscheinend recht schnell anhand von Nachfragen, dass es dem Jungen v.a. um seine Eltern geht – wieso findet dies keine Erwähnung in der Stellungnahme des Verfahrensbeistands?
- Wurde danach gefragt, wurde offen zugehört oder hat der Junge sich evtl. nicht frei geäußert, weil der Verfahrensbeistand nicht als „neutral" wahrgenommen wurde?

In einem Fall vor dem Thüringer Oberlandesgericht (OLG) wiederum argumentiert der **344** Verfahrensbeistand deutlich parteilich für das Kind. Der Kindesvater beantragte anlässlich der Schuleinführung eine gerichtliche Anordnung des Wechselmodells, weil seine Tochter einer gezielten schulischen Förderung durch ihn bedürfe. Der Verfahrensbeistand spricht sich aufgrund der massiven Spannungen der Kindeseltern auch im Beschwerdeverfahren gegen ein Wechselmodell aus (ebenso die Kinderpsychologin und das Jugendamt):

> „Aus der belasteten und gestörten Beziehungsebene der Eltern resultiere eine erhebliche Gefahr, dass das Kind zunehmend zwischen den Eltern zerrieben werden könne."[84]

Interessant ist hier und in weiteren Beschlüssen zudem insbesondere die Bezugnahme auf **Fragen der „Gerechtigkeit"**. Das Gericht betont, dass Entscheidungen im Kindschaftsrecht keinen „übergeordneten Gerechtigkeitserwägungen und Sanktio-

84 Thüringer OLG, Beschl. v. 12.9.2016, 4 UF 678/15, juris, Rn. 17.

nierungsbestrebungen zugänglich" seien, da Elterninteressen immer dem Kindeswohl unterzuordnen seien.[85] Auf Elternebene ausgefochtene Kämpfe oder Motivationen (nach „Gerechtigkeit") könnten für die Entscheidung nicht relevant sein. Das Gericht habe sich davon überzeugen können, dass eine sachgerechte Kommunikation zwischen den Eltern kaum möglich sei – eine Einschätzung, die vom Verfahrensbeistand geteilt wurde. Das 7-jährige Kind hatte sich für einen hälftigen Aufenthalt bei beiden Elternteilen ausgesprochen. Die Tragweite eines Wechselmodells sei jedoch, so der Senat, für das Kind nicht ansatzweise zu erfassen; dem Willen komme hier wegen der fehlenden Rahmenbedingungen kein erhebliches Gewicht zu.[86]

345 An dieser Stelle ist zudem die Entscheidung des BVerfG in Erinnerung zu rufen, der zufolge das Wechselmodell nicht als Regelfall vorgesehen sein müsse: Art. 6 Abs. 2 GG bedeute nicht, dass „allen Müttern und Vätern stets die gleichen Rechte im Verhältnis zum Kind eingeräumt werden müssen"; es sei auch nicht ersichtlich, dass Männer hier diskriminiert würden.[87]

Auch weitere Gerichte differenzieren deutlich zwischen „Gleichbehandlung"[88] oder „**Gleichberechtigung**" der Eltern und den Bedürfnissen des Kindes im Einzelfall. So betont das OLG Dresden:

> „Festzuhalten ist allerdings, dass es einen etwa auf Gleichbehandlungsgesichtspunkte gegründeten Rechtsanspruch von Eltern auf rechnerisch exakte Halbteilung von Betreuungs- und Erziehungszeiten unabhängig vom Kindeswohl im Einzelfall nicht gibt."[89]

Das OLG Nürnberg führt an,

> „dass sich der Wunsch des Vaters nach einem Wechselmodell mehr am eigenen Bedürfnis, ein gleichberechtigter Elternteil zu werden, als an den Bedürfnissen des gemeinsamen Kindes orientiert."[90]

346 Ersichtlich wird, dass das **Wechselmodell** somit **nicht automatisch** das **Kindeswohl** im Fokus hat. Vielmehr geht es stellenweise explizit um die „Gleichbehandlung" der Eltern bzw. die Ansprüche der Eltern auf „gerechte" Aufteilung des – ja was, des „Besitzes" Kind? *Bahr-Jendges* (2017) stellt pointiert dar, wie Sprache Dahinterliegendes offenbaren kann:

85 Vgl. Thüringer OLG, Beschl. v. 12.9.2016, 4 UF 678/15, juris, Rn. 47.
86 Vgl. Thüringer OLG, Beschl. v. 12.9.2016, 4 UF 678/15, juris, Rn. 52.
87 BVerfG, Nichtannahmebeschl. v. 24.6.2015, 1 BvR 486/14, juris.
88 „While policies tend to adopt a gender-neutral approach to parenting, much has been written about the existence of gender biases in child protection and child custody proceedings (Harrison 2008; Krane 2003; Maher et al. 2021; Scourfield 2003; Stewart and Arnull 2023)"; Lapierre, S./Ladouceur, P./Abrahams, N./Vincent, A./Frenette, M., 2024, Abused Women as 'Alienating' Mothers and Violent Men as 'Good' Fathers: Double Standards in Child Protection and Child Custody Proceedings. Child & Family Social Work. https://doi.org/10.1111/cfs.13260. Der vielfach dokumentierte Gender-Bias in familiengerichtlichen Verfahren hatte insbesondere Auswirkungen in Verfahren im Kontext von häuslicher Gewalt; vgl. hierzu auch Altendorfer-Kling, U./Kliemann, A./Fegert, J. M., 2024: Fachtermini aus Medizin und Psychologie als Plädierformeln im Recht – PAS und andere Mythen ohne Evidenzbasierung, Forum Familienrecht (ff) 2024, S. 98–107.
89 OLG Dresden, Beschl. v. 8.2.2017, 20 UF 853/16, juris, Rn. 6.
90 OLG Nürnberg, FamRZ 2016, 2119 f.

„[...] das Kind gehört mir, [...] und was mir gehört, gebe ich nicht her!!! Und das findet sich trefflich in der Sprache wieder: von ‚Haben" ist die Rede. ‚Es ist jedes Mal ein Kampf, das Kind länger zu haben" schreibt ein Vater, ‚Wir wollen sie eigentlich beide mehr haben", und deshalb ‚haben wir uns dann in der Mitte geeinigt", sagt eine Mutter, ‚wir machen halbe/halbe". Nur, wo, was ist die Mitte und wer wird halbiert? [...] Und wer traut sich noch, ein ‚salomonisches Urteil" zu fällen, das nicht ‚halbiert"?"[91]

Vorstellungen des Kindes als „Besitz" glaubte man überholt – aktuelle Debatten stellen das jedoch zumindest in sprachlicher Hinsicht teils in Frage.

Das OLG Stuttgart beispielsweise ordnet aus „Gerechtigkeitsüberlegungen" eine Umgangsregelung im Sinne eines paritätischen Wechselmodells gegen den Willen eines Elternteils an.[92] In diesem Fall nahmen die Kinder bereits ein ausgedehntes Umgangsrecht wahr, die Eltern konnten kommunizieren und Lösungen finden, die Kinder fühlten sich in beiden Haushalten wohl, beide Eltern seien erziehungsfähig. Der Verfahrensbeistand hatte sich in beiden Instanzen für ein Wechselmodell ausgesprochen; beide Kinder würden den Wechsel positiv erleben und das Wechselmodell würde die nötige Klarheit bringen, wann sie bei welchem Elternteil seien (unklar bleibt, warum das sonst nicht möglich wäre). **347**

Im Gegensatz dazu hatte sich das Jugendamt in beiden Instanzen für die Beibehaltung der bisherigen Umgangsregelung ausgesprochen, da sich die Zwillinge in einem Loyalitätskonflikt befinden würden. Ein Mädchen habe sich für den Standpunkt der Mutter, das andere für den Standpunkt des Vaters ausgesprochen.

Interessant ist hier nun die Begründung des Gerichts, die ähnlich wie das KG Berlin (siehe Rn. 342) auch auf den Willen der Kinder rekurriert, aber mit Blick auf „Gerechtigkeit" eine gänzlich anders gelagerte Schwerpunktsetzung vornimmt:

„Die Kinder haben sich bei ihrer getrennten Anhörung durch den Senat beide dafür ausgesprochen, dass sie gerne abwechselnd jeweils gleich lang bei Mama und Papa wären. Dieser übereinstimmende Wille beider Mädchen beruht nach der Einschätzung des Senats nicht maßgeblich auf Manipulationen oder Beeinflussungen durch den Kindesvater, wie die Mutter vermutet. Zwar hat L. gesagt, dass es **gemein für Papa sei, dass die Mama sie länger habe**. Sie hat auf Nachfrage bejaht, dass der Papa das auch selber sage, dass das ungerecht sei. Allerdings wurde deutlich, dass es auch L. **eigenem Gerechtigkeitsempfinden** entspricht, gleich viel Zeit bei Mutter und Vater zu verbringen. Sie hat diesen Wunsch damit begründet, dass sie **Mama und Papa gleich lieb** habe ... Offenkundig wird die **gleichmäßige Aufteilung** der Betreuungszeiten zwischen Mutter und Vater von ihr als **natürliche und angemessene Problemlösung** in der Trennungssituation empfunden.

Genauso sieht das auch L. Auch sie hat erklärt, dass sie es richtiger finden würde, wenn die Eltern sich bei der Betreuung gleichmäßig abwechseln würden. Dieses **Gerechtigkeitsempfinden** ist gerade für Grundschulkinder und Jugendliche eine zentrale und grundsätzlich positive Eigenschaft, die es zu stützen gilt [...] Die Ermittlung des Kindeswillens dient auch dazu, die Selbstbestimmung des heranwachsenden Kindes zu fördern [...] Diesem übereinstimmenden **Willen** der immerhin schon 8 Jahre und 10 Monate alten Kinder kommt hinsichtlich der hälftigen Betreuung eine **besondere Bedeutung** zu. Es wäre den Kindern nur schwer zu vermitteln, warum man sie

91 Bahr-Jendges, J., Das Wechselmodell – Ein Konstrukt, Streit 2017, S. 105.
92 Vgl. OLG Stuttgart, Beschl. v. 23.8.2017, 18 UF 104/17, juris.

> zwar bei Gericht mehrfach anhört, sich letztlich aber dennoch über ihren klar formulierten Willen hinwegsetzt. Eine den Kindeswillen einfach **ignorierende Entscheidung** des Beschwerdegerichts würde daher zu einer **Beeinträchtigung des Selbstwertgefühls** der Kinder führen und würde daher **nicht ihrem Wohl entsprechen**.
>
> Demgegenüber ist ein fester Lebensmittelpunkt bei einem Elternteil im vorliegenden Fall keine Voraussetzung für das Wohlergehen der Mädchen. Die Verfahrensbeiständin hat hierzu [...] überzeugend ausgeführt, dass sowohl L. als auch L. die bereits bisher praktizierten ausgedehnten Umgangskontakte zum Vater und den Wechsel positiv erleben und sich gut auf die jeweiligen Haushalte einlassen können. Das paritätische Wechselmodell bringe im Unterschied zur aktuellen Regelung noch mehr Klarheit für die Kinder, wann sie bei welchem Elternteil sind. Die Verfahrensbeiständin befürwortet daher das Wechselmodell."[93]

Hier findet sich die oben von *Bahr-Jendges* angeführte Begrifflichkeit, die Besitzansprüche und die Notwendigkeit einer „gerechten" Aufteilung impliziert (es sei „gemein", wenn die Mutter das Kind mehr „habe"); dies wird vom Gericht durchaus kritisch konnotiert. Anhand der Ausführungen des Gerichts wird allerdings nicht ersichtlich, ob gefragt wurde, ob die Mädchen es sich auch anders vorstellen können oder ihnen vermittelt wurde, dass sie ihre Eltern selbstredend gleich liebhaben können, wenn sie nicht exakt gleich viel Zeit mit ihnen verbringen. Die „Beeinträchtigung des Selbstwertgefühls" durch eine Missachtung des geäußerten Kindeswillens wird hier im Sinne einer Bestimmung des Kindeswohls außerordentlich hoch gewertet.

348 Interessant ist dabei die Aussage des Gerichts „es wäre nur schwer zu vermitteln ...": Zum Spannungsfeld im **Kontext von Kindeswille und Kindeswohl**, gehört gerade, dass mit den jungen Menschen gesprochen, ihnen erklärt werden, und für ihr Verständnis geworben werden muss, warum ggf. ihrem geäußerten Willen nicht entsprochen werden kann. Es geht dezidiert nicht um eine „den Kindeswillen einfach ignorierende Entscheidung". Vielmehr besteht ein Unterschied zwischen Ignorieren und sorgfältigem Abwägen aller Faktoren (darunter auch dem geäußerten Willen), um dann zu einer wohlbegründeten Entscheidung zu gelangen.

Praxistipp

▶ *Diese Entscheidung muss kindgerecht erklärt werden; unter anderem muss sehr deutlich gemacht werden, dass es nicht Aufgabe der Kinder ist, für „Gerechtigkeit" zwischen den Eltern zu sorgen.*

Mit der **Bezugnahme auf das „Gerechtigkeitsempfinden"** wird vom Gericht sogar das Bedürfnis der Kinder, im Interesse der Eltern für Gerechtigkeit zu sorgen, benannt, dies aber nicht als bedenklich empfunden, sondern sogar unterstützt als „natürliche und angemessene Problemlösung" – und insofern auch implizit ein Anspruch der Eltern auf eine für sie „gerechte" Lösung gestützt. Der vom Jugendamt formulierte dahinterliegende Loyalitätskonflikt der Kinder wird nicht erörtert, stattdessen wird die Wahrnehmung der Kinder, dass sie nun für ein „faires" Ergebnis verantwortlich sind, noch befördert – eine differenzierte Erörterung von möglicherweise

93 OLG Stuttgart, Beschl. v. 23.8.2017, 18 UF 104/17, juris, Rn. 38 ff. (Hervorhebungen Kostka).

unterschiedlichen Interessen von Mutter, Vater und Kindern wird nicht vorgenommen und sich somit auch nicht kritisch mit dem Gedanken einer vorgeblich gerechten Lösung auseinandergesetzt – die hier vor allem bedeutet, dass die Kinder sich in der Verantwortung sehen, ihre Zeit und Liebe exakt paritätisch zu verteilen.

Relevant sind hier zudem sehr grundsätzliche Überlegungen dahingehend, welche Kriterien eigentlich einer „gerechten" Lösung zugrunde liegen könnten:

- Geht es darum, dass die Betreuungssituation vor der Trennung „gerecht" abgebildet wird?
- Geht es um abstrakt „gerechte" – im Sinne von hälftiger – Aufteilung der Zeit der Kinder?[94]
- Inwieweit ist „Gerechtigkeit" für das Wohlergehen der Kinder relevant – außer dahingehend, dass sie durch vorgebliche „Gerechtigkeit" den Streit der Eltern schlichten wollen?[95]

Im Sinne einer **Entlastung von jungen Menschen** kann auch ein anderer Umgang mit dem Gerechtigkeitsgedanken am Beispiel der konkreten Schlussfolgerungen in drei unterschiedlichen Fällen des OLG Frankfurt aufgezeigt werden. Anhand dieser Auszüge aus unterschiedlichen Beschlüssen wird anschaulich, wie gerichtliche Begründungen formuliert sein können, wenn sie maßgeblich auf das Wohl des konkret betroffenen Kindes abstellen: **349**

> „Maßgeblich bei der Umgangsregelung ist allein das Wohl des Kindes und nicht vermeintliche Gerechtigkeits- und Gleichberechtigungserwägungen eines Elternteils (vgl. Gottschalk in Heilmann, Praxiskommentar Kindschaftsrecht, 2. Aufl., § 1684, Rn 11)."[96]

> „Die Umgangspläne des Kindesvaters zeigen, dass dieser versucht, eine mathematische Gerechtigkeit nach Betreuungsstunden herzustellen. Zum einen ist aber die Kindeswohldienlichkeit eines Umgangs des Kindes mit Vater oder Mutter weniger von der Quantität als von der Qualität der gemeinsam verbrachten Zeit abhängig. Zum anderen kann eine echte mathematische Parität der Betreuung schon deshalb nicht hergestellt werden, weil das Kind – glücklicherweise – während der dem Vater oder der Mutter zugewiesenen oder zwischen diesen vereinbarten Betreuungszeiten die Schule besucht, Freizeitaktivitäten nachgeht, Freunde trifft etc. Im Hinblick darauf dürfte die vom Amtsgericht getroffene Regelung aus Sicht des Kindes bereits einer gleichen Verteilung von Vater- und Mutterzeit deutlich nahekommen. Die tatsächliche Verteilung der Betreuungsstunden mag dann unterhaltsrechtlich eine Rolle spielen, kindeswohlerheblich ist sie in einem Fall wie vorliegendem aber nicht."[97]

---

94 Siehe hierzu auch Kostka, K.,2016, Wechselmodell hin, Residenzmodell her? Zur Stärkung der Subjektstellung des Kindes bei Trennung der Eltern. In: Heilmann, S./Lack, K. (Hrsg.), 2016, Die Rechte des Kindes. Festschrift für Ludwig Salgo zum 70. Geburtstag, Köln. S. 159–188.

95 Spannend wäre es auch, die Beurteilung von Gerechtigkeit anhand moralischer Entwicklungsstufen zu erörtern. So beschreibt z.B. Kohlberg die Stufe, die zum Alter dieser Kinder passen würde, als „instrumentell-relativistische Orientierung": Als richtige Handlung wird die bewertet, die zur Befriedigung eigener (oder anderer) Bedürfnisse dient; Beziehungen sind mit „Handelsgeschäften" vergleichbar und Ideen von Fairness werden „materiell-pragmatisch" ausgelegt; vgl. Kohlberg, L., 1997, Die Psychologie der Moralentwicklung, 2. Aufl., Frankfurt, S. 51.

96 OLG Frankfurt, FamRB 2021, 495–496.

97 OLG Frankfurt, Beschl. v. 24.3.2021, 7 UF 111/20, juris.

> „Vielmehr ist bei seiner [des Wechselmodells] Anordnung eine gewisse Zurückhaltung geboten. Häufig ist das Verlangen nach einer solchen Regelung durch den Wunsch der Eltern nach Verteilungsgerechtigkeit motiviert, die jedoch bei nach dem Kindeswohl (§ 1697a BGB) zu treffenden Entscheidungen kein beachtlicher Gesichtspunkt sein kann."[98]

Das in den Beschlüssen genannte Kindeswohlprinzip ist auch ausgehend von der UN-Kinderrechtskonvention (UN-KRK) stets in einem wechselseitigen Verhältnis zwischen **Kindeswohl (Art. 3 UN-KRK) und Kindeswille (Art. 12 UN-KRK)** zu denken.[99]

Nachfolgend wird der Stellenwert des Kindeswillens im spezifischen Kontext des Wechselmodells und der Berücksichtigung weiterer Kindeswohlkriterien anhand weiterer Beispiele aus der Rechtsprechung diskutiert.

350 Gerade im Zusammenhang mit dem Wechselmodell kommt dem Kindeswillen eine erhebliche Bedeutung zu. Das OLG Thüringen stellt in einer Entscheidung auf **zwei Funktionen** dieses Willens ab:

1. als Hinweis auf die (stärksten) Bindungen des Kindes wie auch
2. als Ausdruck seiner Selbstbestimmung.[100]

Dem Willen sei nur insoweit zu entsprechen, als er dem Kindeswohl entspreche. Im vorliegenden Fall fühle sich der 8-jährige T. bei Vater und Mutter wohl, wichtig sei ihm jedoch

> „vor allem, dass der Streit zwischen den Eltern aufhören möge. Wie er jedoch damit bei seiner Anhörung vor dem Amtsgericht auch zum Ausdruck gebracht hat, steht dahinter die Vorstellung, dass er beiden Elternteilen gerecht werden will. T. hat aber [...] auch erklärt, dass er eine Trennung von seiner Mutter über einen Zeitraum von einer Woche als zu lange empfinde."[101]

Hier stellen sich grundlegende Fragen in der Tätigkeit von Verfahrensbeiständen und Verfahrensbeiständinnen, nämlich danach, wie sich Wille und Wohl des Kindes zueinander verhalten.

- Welche Kriterien werden in der Interpretation angesetzt?
- Wie stark wird der geäußerte Wille eines Kindes im Kontext anderer Faktoren gewichtet?

Eine Befragung von *Cashmore* und *Parkinson* bestätigt dahingehend die Ergebnisse zahlreicher anderer Studien: Kinder wollen, dass ihre Ansichten gehört und ernst genommen werden; sie wollen jedoch **nicht die Entscheidung** über Wohnort und Umgangskontakte **treffen** müssen.[102] Zum einen ist also eine starke Gewichtung des Kindeswillens im Sinne der Subjektstellung von Kindern prinzipiell positiv zu bewer-

98 OLG Frankfurt, Beschl. v. 8.6.2020, 6 UF 2/20, juris.
99 Vgl. hierzu Ivanits, N., 2016, Kindeswohl und Kinderrechte bei Einvernehmen. In: Heilmann/Lack, 2016, S. 255–277.
100 Vgl. OLG Thüringen, FamRZ 2016, 2122 ff.
101 OLG Thüringen, FamRZ 2016, 2124
102 Vgl. Cashmore/Parkinson, 2009, S. 20 f.

ten. Zum anderen dürfen nichtsdestotrotz Überlegungen zu Kindeswohl(-gefährdung) – anhand einschlägiger Kriterien – nicht außen vor bleiben.

Illustriert werden kann dies anhand eines Falls vor dem Schleswig-Holsteinischen OLG. Hier wird weder die genaue Grundlage einer in der Vergangenheit vermuteten „vermeintlichen Kindeswohlgefährdung"[103] wie auch einer aktuell drohenden Kindeswohlgefährdung, die die Verfahrensbeiständin einbringt, erörtert.[104] Diese formuliert, dass es zwar besser wäre, das Sorgerecht einem Elternteil allein zu übertragen, sie sei allerdings „ratlos", welcher der Elternteile besser geeignet sei. Der Senat erklärt schließlich zur Beibehaltung des Wechselmodells, dass die Nichtbeachtung des Willens des 10 1/2-jährigen Kindes A. (das sich das Wechselmodell wünsche) „die Gefahr einer Kindeswohlschädigung" berge. **351**

Dabei geht der Senat nicht genauer auf den Wunsch des Bruders B. ein, der die meiste Zeit bei der Mutter verbringen möchte. Auch der Bericht einer Klinik, dass B. durch die Konflikte belastet sei, und des Verfahrensbeistands dahingehend, dass sich B.s Zustand verschlechtert habe, werden größtenteils übergangen. Stattdessen heißt es:

> „Das Risiko für beide Kinder, durch Kommunikationsprobleme zwischen der Kindesmutter und dem Kindesvater Belastungen mit kindeswohlgefährdendem Ausmaß zu erleben, hält der Senat derzeit für geringer als die Gefahr der nachhaltigen Verletzung des Selbstwertgefühls der Kinder."[105]

Sowohl hier als auch im Beschluss des OLG Stuttgart (siehe Rn. 347) wiegt eine **mögliche Kindeswohlgefährdung** durch „Verletzung des Selbstwertgefühls" wesentlich stärker als z.B. die wissenschaftlich vielfach nachgewiesene Belastung von Kindern durch dauerhafte Konflikte der Eltern oder weitere einschlägige Anzeichen von Kindeswohl(-gefährdung).[106] Dies überrascht umso mehr, als zur Bestimmung von Kindeswohl wie auch dessen Gefährdung in der juristischen wie auch sozialwissenschaftlichen Literatur mannigfaltige Anhaltspunkte vorliegen.[107] **352**

Genau auf solche, auch evidenzbasierte **Kriterien** greifen gleichwohl zahlreiche Gerichte zurück und sind sich insbesondere der Belastung, denen Kinder bei dauerhaften Konflikten der Eltern ausgesetzt sind, sehr bewusst. Das KG Berlin formuliert dies folgendermaßen:

> „Für N. wäre es wichtig, wenn sich beide Eltern darüber klar werden könnten, welche **Belastung die Streitigkeiten** für sie bedeuten. Sie erlebt immer wieder, wie ihre beiden von ihr geliebten Eltern sich gegenseitig verletzen. Dieses Verhalten schadet N. sehr und ist ihrem Wohl abträglich. [...] Die Feststellung der Verfahrenspflegerin, dass jede Veränderung des gegenwärtigen Zustands zur Folge hätte, dass N. sich für die

103 Schleswig-Holsteinisches OLG, Beschl. v. 19.12.2013, 15 UF 55/13, juris, Rn. 17.
104 Schleswig-Holsteinisches OLG, Beschl. v. 19.12.2013, 15 UF 55/13, juris, Rn. 39.
105 Schleswig-Holsteinisches OLG, Beschl. v. 19.12.2013, 15 UF 55/13, juris, Rn. 48.
106 Vgl. z.B. MünchKomm-BGB/Olzen, 7. Aufl. 2017, BGB § 1666 Rn 47–116, sowohl zur Abwägung der Beachtlichkeit des Kindeswillens wie auch der möglichen Ursachen einer Kindeswohlgefährdung.
107 Hier reicht ein kurzer Blick in BGB- wie auch SGB VIII-Kommentare sowie in Literatur zu Risikoeinschätzung; vgl. stellvertretend mit einem guten Überblick Alle, F. (2024). Kindeswohlgefährdung. Das Praxishandbuch. 5., aktual. Aufl. Freiburg im Breisgau.

dadurch zwangsläufig geringere Intensität der Kontakte zu einem Elternteil verantwortlich und letztlich schuldig fühlen würde, zeigt eine bedenkliche Entwicklung. Auch die Anhörung des Kindes hat den **Loyalitätskonflikt** deutlich gemacht. [...] Bei N. hatte man [...] deutlich den Eindruck, dass sie sich nicht äußern wollte, um die Gefahr zu vermeiden einen Elternteil dadurch zurückzusetzen."[108]

353 Erkennbar werden bei diesem kurzen Blick in ausgewählte Gerichtsbeschlüsse die bekannten **Spannungsfelder**

- zwischen Kindesinteressen und Elterninteressen,
- Kindeswille und Kindeswohl.

Wenn Verfahrensbeistände und Verfahrensbeiständinnen sich gemäß den Standards des BVEB e.V. (Berufsverband der Verfahrensbeistände, Ergänzungspfleger und Berufsvormünder für Kinder und Jugendliche)[109] als Vertretung von „wohlverstandenen Interessen" verstehen, bewegen sie sich immer in diesen Spannungsfeldern: Zwar kommt dem Willen des jungen Menschen, auch im gerichtlichen Verfahren, mit steigendem Alter zunehmende Bedeutung zu; er setzt aber nicht unabhängige Überlegungen zu seinem Wohl außer Kraft.

Im Zusammenhang mit dem Wechselmodell werden der Wille wie auch mögliche Belastungen im Kontext einer Einschätzung des Kindeswohls in den hier vorgestellten Begründungen sowohl von der Verfahrensbeistandschaft wie auch den Gerichten sehr unterschiedlich gewertet.

Als Bewertungsgrundlage müssen neben allgemeinen Kriterien zur Feststellung von Kindeswohl(-gefährdung) auch Wissensbestände zum Wechselmodell herangezogen werden. In Letztere soll im Folgenden ein kurzer Einblick gegeben werden.

2. Ausgewählte Forschungserkenntnisse

354 Die Erkenntnisse[110] zum Wechselmodell beruhen auf einer Datenlage aus **überwiegend internationalen Studien**, die in einem Zeitraum von ca. 35 Jahren publiziert wurden. Hinsichtlich der Heranziehung und Vergleichbarkeit der Ergebnisse ist relevant, dass die Forschungsdaten zum einen in unterschiedlichen gesellschaftlichen,

108 KG Berlin, Beschl. v. 21.2.2006, 13 UF 115/05, FamRZ 2006, 1626.

109 So heißt es in der Präambel der Standards: „Die im Berufsverband der Verfahrensbeistände, Ergänzungspfleger und Berufsvormünder für Kinder und Jugendliche e.V. vereinigten Personen respektieren die eigenständigen und wohlverstandenen Interessen von Kindern und Jugendlichen und verpflichten sich deshalb, diese in familiengerichtlichen Verfahren parteilich und unabhängig zu vertreten. Dabei wird die Notwendigkeit anerkannt, das konkrete Erleben des Kindes bzw. Jugendlichen genauso zu berücksichtigen, wie die zur Verfügung stehenden und relevanten wissenschaftlichen Erkenntnisse aus Psychologie, Pädagogik, Soziologie und Recht." https://www.bveb-ev.de/customers/BVEB_e.V/Der_Verband/KatjaSeck_Standards_Broschuere_DIGITAL.pdf (Abruf am 27.1.2025).

110 Im Folgenden werden ausgewählte Schlaglichter gesetzt. Für eine eingehendere Diskussion sowohl von Forschungserkenntnissen wie auch der Subjektstellung der Kinder siehe auch Kostka, K. Das Wechselmodell als Leitmodell? Umgang und Kindeswohl im Spiegel aktueller internationaler Forschung. Streit 4/2014, S. 147–157; Kostka, K., Neue Erkenntnisse zum Wechselmodell? – Zugleich eine Rezension von Hildegund Sünderhauf: „Wechselmodell: Psychologie – Recht – Praxis", ZKJ 2014, S. 54–61.

politischen und vor allem auch rechtlichen Kontexten erhoben wurden und zum anderen, dass in diesem Zeitraum länderspezifisch zahlreiche legislative und exekutive Veränderungen stattgefunden haben.

Vor diesem Hintergrund ist eine globale Erkenntnis, dass der Gegenstand der Forschung zwar eine (annähernd) egalitär verteilte Betreuung der Kinder nach der Trennung der Eltern ist, es jedoch **keine einheitliche Definition** eines Wechselmodells gibt. Schlussfolgerungen aus der bestehenden Forschung sind somit nur unter Beachtung der divergenten Methoden und mit Vorsicht zu treffen.[111] Insbesondere fällt ins Gewicht, dass eine Evidenz dafür fehlt, dass es sich dabei regelhaft um das beste Modell für alle Kinder handelt.[112]

Über andere Aspekte besteht in der Fachliteratur weitgehender Konsens: Es handelt sich um ein sehr **voraussetzungsreiches Modell** und ein gelingendes Praktizieren – im Sinne positiver Auswirkungen auf Kinder und ihr Wohlergehen – hängt maßgeblich von begünstigenden Faktoren und psychosozialen Bedingungen ab (siehe Rn. 368).[113] Weiterhin besteht Einigkeit darüber, dass die Wahl für das Wechselmodell im Zusammenhang mit dem Bildungsstand und der sozioökonomischen Ausstattung einer **hoch selektiven Gruppe von Eltern** besteht, die über förderliche Ressourcen wie z.B. familienkompatible Arbeitszeiten, berufliche Flexibilität und finanzielle Unabhängigkeit verfügen.[114] Insbesondere sei darauf verwiesen, dass die überwiegenden Studienergebnisse, die zu generalisierten Aussagen über das Wechselmodell führen, auf der Teilnahme dieser selektiven Gruppe von Eltern basieren.[115] **355**

Die einschlägigen **quantitativen und qualitativen Studien** fokussieren auf unterschiedliche Aspekte im Zusammenhang mit dem Wechselmodell. Während quantitative Studien häufig Vergleiche zwischen Kindern im Wechselmodell, im Residenzmodell und Kindern in Kernfamilien ziehen, wird der Fokus in qualitativen Studien auf Interaktionen zwischen Familienmitgliedern, auf die Gestaltung des Alltags und der Beziehungen und auf Mobilitätsaspekte gelegt. **356**

---

111 Im Forschungsüberblick bei Berman/Daneback, 2020, S. 12 wird folgende Prämisse formuliert: „When research is used to inform decisions for policy and practice, we particularly stress the need for reflection when seeking to apply studies onto other national contexts, and the necessity to reflect on contextual aspects such as the perception of family, divorce and parenting."

112 Vgl. Berman/Daneback, 2020, S. 12; Steinbach/Helms, 2020, S. 11 f.

113 Vgl. Berman/Daneback, 2020, S. 12; Steinbach/Helms, 2020, S. 12, Walper et al., 2020, S. 65 ff.

114 Vgl. Steinbach et al., FamRZ 2021, 729–740 (730); Steinbach/Helms, 2020, S. 11; Walper et al., 2020, S. 65; Sigurdardóttir, S./Júlíusdóttir, S./Pálsdóttir, D., 2018, Children's voices on equal time-sharing arrangement following parents' divorce, Journal of Social Welfare and Family Law, 40:2, S. 164–180; Kindler, H./Walper, S. (2016). Das Wechselmodell im Kontext elterlicher Konflikte, NZFam 2016, 823.

115 Vgl. Steinbach/Helms, 2020.

Hinweis

Nur wenige Studien widmen sich den subjektiven Einschätzungen und Erfahrungen von Kindern und Jugendlichen.[116]

Insbesondere die Erkenntnisse zu den Auswirkungen und Effekten auf sehr junge Kinder sind noch nicht ausreichend fundiert.[117] Dies gilt auch für Auswirkungen auf Kinder mit hoch konflikthaften Eltern im Kontext des Wechselmodells.[118] Zudem sind die Befunde im internationalen Vergleich nicht einheitlich.[119]

357 Gerade **Hochstrittigkeit** ist äußerst komplex und in der Arbeit für Fachkräfte herausfordernd. Für Verfahrensbeistände und Verfahrensbeiständinnen gilt jedoch, besonderes Augenmerk gerade auf die konflikthaften Fälle zu richten, da in familiengerichtlichen Verfahren in der Regel nicht diejenigen Eltern anzutreffen sind, die kooperative und einvernehmliche Lösungen im Zuge der Trennung respektive Scheidung finden. Zudem bestätigen Forschungsergebnisse, dass hochstrittige Eltern im Vergleich zu Eltern, die ein moderates Konfliktniveau aufweisen, an signifikant mehr Gerichtsverfahren beteiligt sind.[120]

Bezugnehmend auf die Gruppe der Kinder mit hochstrittigen Eltern wird nachfolgend diskutiert, weshalb das übergewichtete Abstellen auf eine Egalität der Eltern den Blick auf die betroffenen Kinder und deren fortdauernde emotionale Belastung versperren kann. So zeigt eine Expertise bezogen auf Elternkonflikte,

> „dass diese unabhängig von der Familienstruktur zu den Faktoren mit der höchsten Prädiktionskraft für eine negative kindliche Entwicklung zählen. Das bedeutet, dass die oft berichteten negativen Folgen einer Trennung oder Scheidung der Eltern nicht durch das Ereignis an sich erklärt werden können. Vielmehr hat sich herausgestellt, dass die Belastungen der Kinder zu einem erheblichen Teil aus den Auseinandersetzungen der Eltern resultieren."[121]

358 Von denjenigen, die ein **Wechselmodell als Regelfall** fordern, wird angeführt, dass es auch und gerade bei hochstrittigen Eltern geeignet sei. Die Eltern hätten dann kei-

---

116 U.a. Fransson, E., Hjern, A./Bergström, M., 2018, What Can We Say Regarding Shared Parenting Arrangements for Swedish Children?, Journal of Divorce & Remarriage, 59:5, 349–358; vgl. Sigurdardottir, 2018.

117 Auch nicht in den neusten Ergebnissen der FAMOD Studie: Steinbach et al., FamRZ 2021, 740; Steinbach/Helms, 2020, S. 2; Fransson et al., 2018, S. 354.

118 Ebd.

119 Walper et al., 2021. S. 48.

120 Vgl. Ergebnisse im Abschlussbericht der DJI-Studie; Fichtner, J./Dietrich, P. S./Halatcheva, M./Hermann, U./Sandner, E., 2010, Kinderschutz bei hochstrittiger Elternschaft. Wissenschaftlicher Abschlussbericht, Deutsches Jugendinstitut, S. 43 f.

121 Paul, S., 2008, Expertise im Rahmen des Forschungsprojektes „Kinderschutz bei hochstrittiger Elternschaft". Anhang 17: Aktueller Stand der nationalen und internationalen Forschung zu Folgen bei Kindern durch hochkonflikthafte Trennungen sowie Sammlung und kritische Bewertung von psychodiagnostischen Verfahren und wissenschaftlichen Erhebungsinstrumenten zur Erfassung von Folgen bei Kindern aus hochkonflikthaften Trennungsfamilien. Deutsches Jugendinstitut, S. 5.

nen Grund mehr zu streiten,[122] weil das Kind annähernd gleich viel Zeit mit jedem Elternteil verbringe; die Ursache des Konfliktes sei somit beigelegt.

Bezugsrahmen ist somit der **Aspekt der „Gerechtigkeit"** (ausführlich dazu vgl. Rn. 344 ff.) – es wird davon ausgegangen, dass die Herstellung von „Gerechtigkeit" für die Eltern deren Konflikte beilege. Dabei wird anscheinend die Existenz einer „objektiven" Gerechtigkeit angenommen, dass es also in der Regel eine Lösung gibt, die beide Eltern als gerecht empfinden. Dabei zeigt bereits ein Blick in die Rechtsprechung, dass gerade dies – also eine Lösung, die beide als ‚gerecht" empfinden – und insbesondere bei hochstrittigen Eltern häufig nicht funktioniert. Konflikte werden anhand immer neuer Themen fortgeführt.

Auch vor diesem Hintergrund muss die zugrunde liegende Annahme – dass nämlich der Streit um das Kind die einzige **Konfliktursache** der Eltern ist –einem kritischen Blick unterworfen werden. So war auch in einer Studie von hochkonflikthaften Eltern bei diesen zwar sehr wohl das Bewusstsein um die Bedeutung einer sachlichen Kommunikation vorhanden, letztlich wurde aber doch das „Unvermögen hochkonflikthafter Mütter und Väter" festgestellt, dies umzusetzen. Dies wird folgendermaßen erörtert:[123] **359**

> „Zwischen Paar- und Elternebene zu unterscheiden, ist ein Leitprinzip in der professionellen Arbeit mit hochkonflikthaften Familien. Für hochkonflikthafte Eltern erweist sich jedoch genau dies als besonders schwierig. Dies zeigt sich daran, dass die Mütter und Väter nicht in der Lage sind, die negativen Gefühle für den ehemaligen Partner zurückzustellen, um zugunsten der gemeinsamen Kinder zu kooperieren. [...] Dieses Unvermögen hochkonflikthafter Mütter und Väter erschwert enorm die Suche nach einvernehmlichen Regelungen. Darüber hinaus ist es mit einer Instrumentalisierung des Kindes verbunden."[124]

Beschrieben wird dort, dass diese Eltern typischerweise **verschiedene Konfliktthemen** haben, die zudem häufig wiederkehren:

> „I. Die gemeinsamen Kinder (1. Aufenthaltsbestimmungsrecht, 2. Umgang, 3. Finanzielle Fragen), II. Die elterliche Beziehung (1. Das Scheitern, 2. Wunsch nach Klärung)."[125]

Daran zeigt sich bereits, dass einige der Themen gar nicht mit dem Wechselmodell „bearbeitet" werden und gerade die finanziellen Fragen beim Wechselmodell ggf. erst „hochkochen" können, wenn nämlich der besserverdienende Elternteil davon ausgeht, dass er bei paritätischer Betreuung keinen oder weniger Kindesunterhalt zahlen muss (siehe auch Rn. 364).

---

122 Vgl. stellvertretend Sünderhauf; H., 2013, Wechselmodell: Psychologie – Recht – Praxis. Wiesbaden, S. 347.

123 Dietrich, P. S./Fichtner, J./Halatcheva, M./Sandner, E., 2010, Arbeit mit hochkonflikthaften Trennungs- und Scheidungsfamilien: Eine Handreichung für die Praxis. München: Deutsches Jugendinstitut, S. 14 f. Dort werden auch individuelle Merkmale und Beziehungsdynamik dieser Eltern detailliert beschrieben.

124 Dietrich et al., 2010, S. 14.

125 Dietrich et al., 2010, S. 16.

360 Somit scheint es illusorisch zu glauben, dass durch das Wechselmodell sämtliche Streitigkeiten beigelegt werden könnten, zumal diese ihre Ursache häufig in tiefer liegenden (unbearbeiteten) **Konflikten auf Paarebene** haben, die sich jedoch massiv auf die elterliche Kommunikation auswirken können:[126]

> „Die Kommunikation zwischen hochkonflikthaften Müttern und Vätern zeichnet sich durch hohe emotionale Beteiligung und Feindseligkeit aus. [...] Hochkonflikthafte Eltern sind tendenziell nicht in der Lage, eine Kommunikation aufrechtzuerhalten, die den Bedürfnissen der Kinder dient."[127]

Selbst wenn ein Konfliktthema „befriedet" wäre, bleiben weitere oder der Konflikt sucht sich andere Ventile. Somit ist eine Grundannahme des Wechselmodells auf zwei Ebenen zu hinterfragen:

- Erstens die Annahme, dass eng begrenzt ist, worüber gestritten wird (über die Kinder, aber nicht über Finanzen oder die elterliche Beziehung) und
- zweitens, dass der Konflikt sich auflöst, wenn man eine – vorgeblich – gerechte Lösung findet.[128]

Auch die Forschung zeigt bisher **nicht**, dass das **Wechselmodell konfliktreduzierend** wirkt, sondern dass vielmehr die Konflikte bei hochstrittigen Eltern bestehen bleiben.[129]

Wenn die Eltern mit Wechselmodell durch die erhöhten Anforderungen an die Kommunikation aber in ständigem Kontakt stehen müssen, sind die jungen Menschen den Konflikten gerade dann massiv und kontinuierlich ausgesetzt. Dass dies **deutliche negative Auswirkungen**[130] hat, ist gut empirisch belegt und einer der am wenigsten strittigen Befunde der Scheidungsfolgenforschung.[131] Begründet wird dies u.a. damit, dass hochstrittige Eltern im Besonderen dafür prädestiniert sind, die Entwicklung und das Wohlbefinden der minderjährigen Kinder aus dem Blick zu verlieren und

126 Vgl. Dietrich et al., 2010, S. 16.

127 Dietrich et al., 2010, S. 15.

128 Eine Auswahl an Befunden zu hoch konflikthafter Elternschaft u.a. bei Retz, E., 2015, Hochstrittige Trennungseltern in Zwangskontexten. Evaluation des Elternkurses Kinder im Blick. Wiesbaden; Weber, M./Schilling, H. (Hrsg.), Eskalierte Elternkonflikte: Beratungsarbeit im Interesse des Kindes bei hoch strittigen Trennungen, 2. Aufl. 2012, Weinheim; Basel; Walper, S./ Fichtner, J./Normann, K. (Hrsg.), Hochkonflikthafte Trennungsfamilien. Forschungsergebnisse, Praxiserfahrungen und Hilfen für Scheidungseltern und ihre Kinder. Weinheim, Basel 2013.

129 Vgl. z.B. Fehlberg/Smyth, 2011, S. 8; McIntosh, J./Smyth, B./Kelaher, M./Wells, Y./Long, C. (2011). Post-separation parenting arrangements: Patterns and developmental outcomes. Studies of two risk groups. Family Matters, Issue No. 86, S. 41 ff.

130 Zu den Auswirkungen von destruktiven elterlichen Konflikten auf Kinder siehe u.a. Bodenmann, G., Lehrbuch Klinische Paar- und Familienpsychologie. 2. Aufl. 2016, Göttingen.

131 Vgl. z.B. Dietrich et al., 2010, S. 19 f.; Fehlberg/Smyth 2011, S. 8; McIntosh et al. 2011, S. 41 ff.; Walper, S./Lux, U., Das Wechselmodell nach Trennung und Scheidung in der Diskussion. In: frühe kindheit 2016, 19. Jg., H. 2, S. 6-15., S. 14; Walper, S., Kontextmerkmale gelingender und misslingender Entwicklung von Kindern in Einelternfamilien. In: Fegert, J./Ziegenhain, U. (Hrsg.). Hilfen für Alleinerziehende. Die Lebenssituation von Einelternfamilien in Deutschland. Weinheim, Basel, Berlin 2003, S. 154 f.; Weber, M., Hoch strittige Elternschaft: Orientierungen für ein differenziertes und strukturiertes Vorgehen zur Erfassung kindlicher Befindlichkeit. ZKJ 2015, S. 14–23.

sie in die fortwährenden Konflikte einzubeziehen.[132] Zudem wirkt sich die psychische Verfassung der Eltern, die unter einem hohen Konfliktniveau leidet und zu vermehrtem Stress führt, vice versa auf ihre Kinder aus. Das Stresslevel der Eltern kann dann in erhöhtem Stressempfinden und Selbstvorwürfen der Kinder münden.[133]

Neben den – angeblich positiven – Auswirkungen auf die Konflikte der Eltern ist das **361**
weitere zentrale Argument für das Wechselmodell, dass es das beste Modell für die jungen Menschen sei, da ihnen beide Eltern gleichermaßen erhalten bleiben.[134] Auch hier gibt es allerdings aus der Scheidungsfolgenforschung zahlreiche Erkenntnisse dahingehend, dass ein **Fokus auf die Kontakthäufigkeit** (und darum geht es letztlich) für Kinder viel weniger relevant ist, als lange Zeit vermutet. Für deren Wohlergehen scheint vielmehr die **Qualität der Kontakte** – die positive Gestaltung – ausschlaggebend zu sein.[135]

Umgekehrt können die immer wieder proklamierten deutlich negativen Folgen von fehlendem Kontakt[136] so nicht aufrechterhalten werden. Eher im Gegenteil, so *Walper*:

> „Weder in der Befindlichkeit noch in der Sozialentwicklung der Kinder und Jugendlichen lassen sich Nachteile derer aufzeigen, die nur seltene oder keine Kontakte zum getrennt lebenden Vater berichten."[137]

Gerade bei hochstrittigen Eltern kann ein (häufiger und) ungeschützter Umgang sogar negative Auswirkungen haben und mit Entwicklungsrisiken in Verbindung stehen;[138] hier kann es sich positiv auswirken, wenn es keinen Kontakt gibt.[139]

Einige Grundannahmen des Wechselmodells halten also einer genaueren Überprü- **362**
fung anhand einschlägiger Empirie nicht gut stand. Dazu zählt auch die Annahme, dass ein (annähernd) paritätisch ausgeübtes Wechselmodell dem mehrheitlich praktizierten Familien- und Rollenmodell vor der Trennung entspräche. In der realen **Aufteilung von Care-Arbeit** erweist sich weiterhin, dass diese nach wie vor zum Großteil

---

132 Vgl. Ergebnisse im Abschlussbericht der DJI-Studie. Fichtner, J et al., 2010, S. 9.

133 Van Dijk, R./van der Valk, I. E./Deković, M./Branje, S., A meta-analysis on interparental conflict, parenting, and child adjustment in divorced families: Examining mediation using meta-analytic structural equation models. In: Clinical Psychology Revue Vol. 79 (2020) 101861.

134 Vgl. z.B. Sünderhauf, 2013, S. 46, 366 ff.

135 Siehe hierzu einschlägig Amato, P. R./Gilbreth J. G. (1999). Nonresident Fathers and Children's Well-Being: A Meta-Analysis. Journal of Marriage and Family. Vol. 61, No. 3, pp. 557–573; siehe auch Fehlberg/Smyth, 2011, S. 6.

136 Vgl. z.B. Sünderhauf, 2013, S. 233.

137 Walper, S., 2006, Umgangsrecht im Spiegel psychologischer Forschung. In Deutscher Familiengerichtstag e.V. (Hrsg.). Brühler Schriften. Band 14: Sechzehnter Deutscher Familiengerichtstag, S. 121.

138 Vgl. Gödde, M./Fthenakis, W. E. (2008). Zur Bedeutung des Fortbestands der Eltern-Kind-Beziehung nach einer elterlichen Trennung und Scheidung: Stand der Forschung. In: Fthenakis, W. E. (2008) (Hrsg.). Begleiteter Umgang von Kindern: ein Handbuch für die Praxis. München, S. 84 ff.; Walper, 2006, S. 121. Vgl. auch Walper, 2003, S. 160 ff., insbesondere in Bezug auf Depressivität bei Kindern und Jugendlichen.

139 Vgl. Gödde/Fthenakis, 2008, S. 86; Walper, 2006, S. 121; Walper, 2003, S. 163.

von Müttern übernommen wird.[140] Beispielsweise zeigt der deskriptive Überblick in der Publikation „Aktive Vaterschaft im Kontext unterschiedlicher Familienphasen und Erwerbskonstellationen" von *Walper* und *Lien* (2017), dass der zeitliche Umfang der Kinderbetreuung von Müttern deutlich höher ist als der von Vätern. Darüber hinaus besteht diese Diskrepanz in allen Betreuungsbereichen und bleibt unabhängig davon, ob es sich um Wochentage oder Wochenenden handelt, bestehen.[141]

Die **Asymmetrie** setzt sich erst recht nach einer Trennung fort.[142] In 88 % der Fälle ist der alleinerziehende Elternteil die Mutter.[143] Betrachtet man die Ausgestaltung der Elternschaft von Vätern, kann eine Trennung/Scheidung dazu führen, dass Väter erstmalig damit konfrontiert sind, alle Aspekte der Erziehungs- und Betreuungsarbeit (anteilig) übernehmen zu müssen. Gemäß Forschungsergebnissen kann die dann tatsächlich ausgeübte (physische und emotionale) Care-Arbeit, im Sinne eines „learning by doing", zu positiven Effekten auf das Selbstverständnis von Vaterschaft führen und eine Entwicklung der Vaterrolle auch in der Alltagspraxis positiv bedingen.[144]

Allerdings: Auch wenn sich das **Bild von Vaterschaft** und der Vater-Kind-Beziehung in den letzten Jahrzehnten deutlich verändert hat[145] und Geschlechterrollen sowie das familiäre Engagement von Vätern zunehmend in den Mittelpunkt des wissenschaftlichen und medialen Interesses gerückt sind, sprechen die genannten Verweise für ein Fortbestehen tradierter Rollenmuster, die insbesondere infolge der Covid-19 Pandemie eine „vertiefte Traditionalisierung" zum Effekt gehabt haben.[146]

Hinweis

! *Eine tatsächliche paritätische Verteilung der Betreuung und Fürsorge in der Familie ist weiterhin nur Teilgruppen vorbehalten und bleibt somit die Ausnahme.*

Ferner ist die weitere Grundannahme, dass die Quantität der Vater-Kind-Kontakte unweigerlich zu einer guten Vater-Kind-Beziehung führe und damit in einem deutlich po-

140 Selbst dann, wenn sie Vollzeit berufstätig sind, vgl. Institut für Demoskopie Allensbach, S. 23 ff.; siehe auch BT-Drucks. 18/12840 v. 21.6.2017. Deutscher Bundestag: Unterrichtung durch die Bundesregierung. Zweiter Gleichstellungsbericht der Bundesregierung, S. 87 f., 96 ff.

141 Walper, S./Lien, S., 2017, Aktive Vaterschaft im Kontext unterschiedlicher Familienphasen und Erwerbskonstellationen. In: Wie die Zeit vergeht. Analysen zur Zeitverwendung in Deutschland. Beiträge zur Ergebniskonferenz der Zeitverwendungserhebung 2012/2013 am 5./6. Oktober 2016 in Wiesbaden. S. 91–116.

142 Vgl. Institut für Demoskopie Allensbach, 2017, 11 f.

143 Monitor Familienforschung. Beiträge aus Forschung, Statistik und Familienpolitik, 2021, Ausgabe Nr. 43: Allein- oder getrennterziehen – Lebenssituation, Übergänge, Herausforderungen. S. 10; Bertelsmann Stiftung, 2021, Factsheet Alleinerziehende in Deutschland. Bertelsmann Stiftung: Gütersloh.

144 Vgl. Graf, T. E./Wojnicka, K., 2021, Post-separation fatherhood narratives in Germany and Sweden: between caring and protective masculinities. Journal of Family Studies.

145 Vgl. hierzu eingehender und mit weiteren Verweisen Kostka, 2016, S. 168 ff.

146 Vgl. z.B. Kohlrausch, B./Zucco, A., 2020, Die Corona-Krise trifft Frauen doppelt. Weniger Erwerbseinkommen und mehr Sorgearbeit. In: Hans-Böckler-Stiftung (Hrsg.): Policy Brief des Wirtschafts- und Sozialwissenschaftlichen Instituts (WSI), Nr. 40, Mai 2020.

sitiven Zusammenhang mit dem Kindeswohl stehe, nicht de facto haltbar.[147] Auch gemäß der aktuellen Datenlage[148] wird expliziert, dass nicht die Quantität einer physisch gleich verteilten Zeit, sondern die **Qualität der gemeinsamen Zeit** und der Beziehung – im besten Fall zu beiden Elternteilen – gewichtigere Kindeswohlindikatoren sind (siehe auch Rn. 361).

Ungeachtet einer gelebten Familienpraxis, in der eine tradierte Verteilung von Care-Aufgaben vor und nach der Trennung weiterhin vorherrschend ist, sind Forderungen, das Wechselmodell als gesetzlichen Regelfall einzuführen, deutlich geprägt vom **Argument einer gleichberechtigten Elternschaft**. Beispielhaft hierfür sind der Antrag der FDP[149] aus dem Jahr 2018 oder die von der parlamentarischen Versammlung des Europarates 2015 beschlossene Resolution 2079. Unter dem Titel „Equality and shared parental responsibility: the role of fathers"[150] fordert die EU-Kommission alle Mitgliedsstaaten dazu auf, als gleichberechtigte Nachtrennungsoption den gesetzlichen Grundsatz eines Wechselmodells einzuführen.[151] **363**

Sowohl der Titel als auch weitere Resolutionspunkte[152] machen eine **primäre Orientierung an Eltern** deutlich. Auch im 2021 geschlossenen Koalitionsvertrag von SPD, BÜNDNIS 90/DIE GRÜNEN und FDP[153] wurde die Absicht „insbesondere das Wechselmodell in den Mittelpunkt [zu] stellen" abgebildet.

Angesichts der weiterhin vorherrschenden regelhaft ungleichen Verteilung von Care-Arbeit erschließt sich die Motivation, das Wechselmodell nicht nur im passenden Einzelfall, sondern z.T. sogar als Regelfall für alle zu fordern, allerdings nicht wirklich.

- Wieso wird gerade bei der Trennung der Eltern angesetzt, eine „neue Wirklichkeit"[154] zu konstruieren, die in bestehenden Beziehungen noch lange nicht regelhaft vorzufinden ist? Gäbe es zur umfassenden Veränderung der Geschlechterverhältnisse (so sie denn tatsächlich gewünscht ist) nicht offensichtlichere Orte und Zeitpunkte als den der Auflösung einer Beziehung?

---

147 Vgl. Kindler, H./Walter, C./Friedrich-Bäker, V., 2017, Begleiteter Umgang und Kindeswohl. Eine Forschungsübersicht. In: Klinkhammer, M./Prinz, S. M. (Hrsg.): Handbuch Begleiteter Umgang. Pädagogische, psychologische und rechtliche Aspekte, Köln, S. 33–67.

148 Vgl. Steinbach et al., FamRZ 2021, 734; Geisler, E./Köppen, K./Kreyenfeld, M./Trappe, H./Pollmann-Schult, M., 2018, Familien nach Trennung und Scheidung in Deutschland. Forschungsbericht. In: Hertie School of Governance (Hrsg.), Otto von Guericke University Library, Magdeburg.

149 Deutscher Bundestag, 19. Wahlperiode, Drucksache 19/1175. Am Donnerstag, dem 20. Mai 2021, hat der Bundestag den Antrag mit der Forderung, das familienrechtliche Wechselmodell zum Regelfall zu machen (19/1175), mit einer breiten Mehrheit zurückgewiesen. (https://www.bundestag.de/dokumente/textarchiv/2021/kw20-de-familienrecht-840238).

150 Resolution des Europarats zum Wechselmodell 2015, Resolution 2079.

151 Resolution 2079, Punkt 5.5: „(...) introduce into their laws the principle of shared residence following a separation (...)". Punkt 1: „equality between parents." 55 Resolution 2079 unter Punkt 2: „to respect the right of fathers."

152 Resolution des Europarats zum Wechselmodell 2015, Resolution 2079, Punkt 1und 2: „equality between parents", „respect the right of fathers".

153 Koalitionsvertrag 2021–2025 zwischen SPD, BÜNDNIS 90/DIE GRÜNEN und FDP.

154 Vgl. auch eingehend hierzu Bahr-Jendges, 2017, S. 99.

- Wie passt ein solch massiver staatlicher Eingriff in Beziehungen überhaupt zum Gedanken der Autonomie des Einzelnen wie auch der Privatheit der Familie? Wer würde sich in bestehenden Beziehungen vorschreiben lassen, wie die Betreuung geregelt werden soll, und mit welcher Berechtigung sollte dies regelhaft nach einer Trennung möglich sein?

364 Interessant ist in diesem Zusammenhang: Praxisberichten zufolge ist häufig der **Kindesunterhalt** das zentrale Thema im Zusammenhang mit dem Wechselmodell – genauer: die Hoffnung eines Elternteils auf den damit einhergehenden Wegfall von Unterhaltszahlungen. Nur: Während sich das Thema Kindesunterhalt (sowie weitere finanzielle Fragen) deutlich in einem Anstieg diesbezüglicher Gerichtsverfahren niederschlägt und auch schon eingehend Gegenstand juristischer Fachaufsätze ist, wird es in einschlägigen Forderungen nach dem Wechselmodell als Regelfall kaum explizit thematisiert. Gerade in der öffentlich-medialen Debatte geht es dem Anschein nach allein oder vorrangig um das Wohl der Kinder – anscheinend wird aber etwas anderes (mit) verhandelt; dies bleibt jedoch schwer greifbar, da nur am Rande benannt.[155]

Im internationalen Bereich ist dieser mögliche Zusammenhang schon explizit diskutiert. Dort gibt es zahlreiche Berichte über das Vorkommen eines strategischen „Handels" um Betreuungszeiten und Kindesunterhalt. Erste Forschungsergebnisse deuten allerdings darauf hin, dass solche Versuche des „Handels" vor allem im Zusammenhang mit Wissenslücken oder Falschinformationen der Eltern zustande kommen.[156]

365 Verwiesen sei an dieser Stelle für Deutschland zumindest auf einen einschlägigen Beschluss des BGH vom 11.1.2017 in Bezug auf den Unterhaltsanspruch des Kindes: Beim Wechselmodell hätten zunächst beide Elternteile für den Barunterhalt einzustehen; dieser bemesse sich nach dem beiderseitigen Einkommen der Eltern. Er umfasse dabei auch die „infolge des Wechselmodells entstehenden Mehrkosten". Der im Rahmen des Wechselmodells geleistete Naturalunterhalt führe also nicht dazu, dass ein Barunterhaltsanspruch nicht geltend gemacht werden könne; vielmehr könne dieser gegen den besserverdienenden Elternteil geltend gemacht werden.[157]

Hier werden also zu erwartende **Mehrkosten** formuliert, was nachvollziehbar ist: Schließlich benötigt das Kind bei einer annähernd paritätischen Betreuung vieles zweimal, wenn es sich an beiden Orten zuhause fühlen soll und nicht bei jedem Wechsel ein kleiner Umzug vonstattengehen soll.

155 So taucht z.B. im Wahlprogramm der FDP oder der Erklärung „Deutschland braucht ein zeitgemäßes Familienrecht" auch das Thema Unterhalt auf – aber eher versteckt, während das Kindeswohl zentral postuliert wird, vgl. FDP (2017): Denken wir neu. Unser Programm zur Bundestagswahl, https://www.fdp.de/wp-modul/btw17-wp-a-119 (Abruf am 17.9.2024); Gemeinsame Erklärung (2017): Deutschland braucht ein zeitgemäßes Familienrecht. Wir fordern ein gesetzliches Leitbild der Doppelresidenz, https://www.doppelresidenz.org/page/news/gemeinsame-erklaerung-leitbild-doppelresidenz.php (Abruf am 17.9.2024).

156 Vgl. mit zahlreichen Nachweisen Smyth, B./Chisholm, R./Rodgers, B./Son, V., 2014, Legislating for Shared-Time Parenting After Parental Separation: Insights from Australia? Law and Contemporary Problems, Vol. 77. S. 109–149 (S. 143 f.).

157 Vgl. BGH, Beschl. v. 11.1.2017, JAmt 4/2107, 197 ff.

Gleichzeitig ist hinlänglich bekannt, dass eine Trennung der Eltern häufig eine deutliche **Verschlechterung der sozio-ökonomischen Situation** mit sich zieht, dass Kindesunterhalt häufig nicht oder nicht vollständig gezahlt wird. Der Armutsbericht 2021 bestätigt erneut, dass Armut insbesondere Alleinerziehenden-Familien trifft und dass insbesondere Frauen von benachteiligten Lebenslagen betroffen sind.[158] **366**

Die sozio-ökonomische Situation ist von zentraler Bedeutung für den jungen Menschen: Die z.T. erheblichen finanziellen Einschränkungen können zunächst eine Gefährdung der existenziellen Grundversorgung mit Essen, Kleidung, Unterkunft bedeuten. Im Weiteren können sie dazu führen, dass Kinder und Jugendliche kein Geld haben für Ausflüge, Klassenfahrten, Sportverein oder sonstiges, und ihnen damit eine gelungene Teilhabe an der Gesellschaft verwehrt bleibt. In der medialen Argumentation für das Wechselmodell hört man jedoch selten etwas über die sozio-ökonomischen Folgen einer Scheidung und ihre Auswirkungen auf die jungen Menschen – vielmehr geht es um eine „Anpassung" von Unterhalt an den Kindesaufenthalt, ohne dass hier mögliche **Auswirkungen auf das Kind** thematisiert würden, so z.B.:

> „Entsprechend wollen wir auch das Unterhaltsrecht [...] überprüfen und dort anpassen, wo individuelle Lösungen von elterlicher Betreuung und Kindesaufenthalt dies erfordern."[159]

Es wäre lohnend, sich mit der Unterrepräsentation der finanziellen Fragen[160] in der öffentlich-medialen Debatte auseinanderzusetzen – vor allem bedarf es hier jedoch der Empirie, die mögliche Zusammenhänge genauer untersucht.

Hinweis **367**

> **!** *Festzuhalten bleibt: Aus der Datenlage deutet bisher nichts darauf hin, dass das Wechselmodell (oder irgendein anderes Betreuungsmodell) pauschal für alle betroffenen Kinder und Jugendlichen, Mütter und Väter das Beste sein könnte.*[161]

Mit der Sorgerechtsreform von 1979 wurde verankert, dass es bei Trennung und Scheidung der Eltern der **Betrachtung des Einzelfalls** bedarf – unter Berücksichtigung von Wohl und Wille des individuellen Kindes. Dass diese Erkenntnis nichts an Aktualität verloren hat, stützt eine Studie von *Fortin*, *Hunt* und *Scanlan (2012)*, die

158 Vgl. Bundesregierung, 2021, Lebenslagen in Deutschland. Der Sechste Armuts- und Reichtumsbericht der Bundesregierung, S. XXXVII, 45 ff. Im Armuts- und Reichtumsbericht wird nicht nach Sorgeformen unterschieden, hier gibt es die Kategorien „alleinlebend" (ohne Kinder), „alleinerziehend", „Paar mit 1 (2, 3, ...) Kind". Siehe zur finanziellen Situation Alleinerziehender auch BT-Drucks. 18/12840 vom 21.6.2017. Deutscher Bundestag: Unterrichtung durch die Bundesregierung. Zweiter Gleichstellungsbericht der Bundesregierung, S. 88.

159 FDP, Denken wir neu. Unser Programm zur Bundestagswahl. online unter https://www.fdp.de/wp-modul/btw17-wp-a-119 (Abruf am 17.9.2024).

160 Zu Fragen der Existenzsicherung von Kindern getrennter Eltern siehe bspw. das Grundsatzpapier des Verbands alleinerziehender Mütter und Väter e.V. (VAMV), 2022.

161 Vgl. mit zahlreichen Nachweisen Kostka, Streit 4/2014, S. 148 ff. Anderslautende Behauptungen basieren auf einer fragwürdigen Datenlage; vgl. zur kritischen Auseinandersetzung mit einigen Aspekten: Kostka, ZKJ 2014, S. 54 ff.

junge Menschen retrospektiv zur Kontaktgestaltung nach der Trennung der Eltern befragten. Zentrales Ergebnis war, dass jedes Kind und jede Familie anders ist und dass es daher keine „Schablone" geben könne, die für alle oder auch nur die Mehrheit der Familien passen würde.[162]

368 Es bleibt die Frage: Wann kann ein Wechselmodell im Sinne des Kindes funktionieren? Hier lassen sich, basierend auf Forschungserkenntnissen, einige **zentrale Voraussetzungen** ausmachen:[163]

Wechselmodell – Voraussetzungen

- Die Eltern sind in der Lage, ihre Elternschaft kooperativ und konfliktarm auszuüben.
- Ein Mindestmaß an Kommunikationsfähigkeit bzgl. grundlegender kindbezogener Themen.
- Kindzentrierung: Wohl, Wille und Bedürfnisse der Kinder werden berücksichtigt.
- Anpassung der Regelung an die sich ändernden Bedürfnisse des Kindes.
- Flexible Handhabung der aktuellen Betreuungsregelung.

Weitere mögliche Faktoren für ein Funktionieren:

- Bildungsstand der Eltern, sozio-ökonomisch gute Ressourcen.
- Die Eltern haben flexible Arbeitszeiten.
- Die Wohnorte liegen nahe beieinander.
- Die Kinder sind im Grundschulalter.
- Eine aktive Involvierung beider Elternteile in der täglichen Fürsorge schon vor der Trennung.
- Kontinuität in Abhängigkeit des Lebens- und Betreuungsmodells vor der Trennung.

Angesichts der genannten, doch recht hohen Anforderungen ist zu vermuten, dass das Wechselmodell nur für eine Minderheit der Familien passt.[164] Generell bleibt es

162 Vgl. Fortin, J./Hunt, J./Scanlan, L., 2012, Taking a longer view of contact: The perspectives of young adults who experienced parental separation in their youth. University of Sussex, S. 13 f.

163 Vgl. für das Folgende Fehlberg/Smyth, 2011, S. 6; McIntosh et al., 2011, S. 42; Staudinger-BGB/Dürbeck, 2019, § 1684, 255; Bermann/Daneback, 2020, S. 10; Rohmann, J.A. (2013). Billigung nach § 156 FamFG. Kindeswohlprüfung und Grenzen der Billigung, FPR 2013, 310 f.; Salzgeber, J. (2014). Das Wechselmodell, NZFam 2014, 928; Deutsche Liga für das Kind/DKSB/VAMV (2005) (Hrsg.), Wegweiser für den Umgang nach Trennung und Scheidung. Wie Eltern den Umgang am Wohl des Kindes orientieren können. Auszug abgedruckt in: frühe kindheit 03/2005, S. 70; siehe auch mit zahlreichen Nachweisen Kostka, Streit 4/2014, 147 ff.

164 Vgl. Fehlberg/Smyth, 2011, S. 6, dazu, dass diese Eltern gerade nicht typisch für die Trennungs-Population seien.

bei einer **Einzelfallregelung**, die zudem immer einer **regelmäßigen Überprüfung** unterzogen werden sollte.

Unbedingt einzubeziehen sind die sich ändernden **Bedürfnisse von Kindern und Jugendlichen**: Ein einjähriges Mädchen benötigt in seinem Entwicklungsstadium etwas anders als ein siebenjähriger Junge; eine Dreizehnjährige etwas anderes als ein siebzehnjähriger junger Mann. Vielleicht kann das Wechselmodell für einige Jahre geeignet sein, dann aber nicht mehr. Vielleicht passt es für ein Kind in der Familie, aber nicht für ein anderes.

In der Literatur finden sich zudem deutliche Hinweise, wann vom Wechselmodell ab- **369**
zuraten ist:[165]

Wechselmodell – Ausschlusskriterien

- Die Eltern sind dauerhaft in starke Konflikte verstrickt.
- Das Modell wird sehr rigide praktiziert.
- Die Gestaltung und Ausübung werden nicht an die Wünsche und Bedürfnisse, an Alter und Entwicklungsstand des Kindes angepasst.
- Das Modell wird gegen den Willen des Kindes durchgeführt.
- Das Kind hat besondere Bedürfnisse oder Belastungen oder ist ggf. sehr jung.
- Vorliegen von Partnerschaftsgewalt.

In einer australischen Studie ließen sich beim Praktizieren des Wechselmodells bei Kindern unter vier Jahren auch dann signifikante schädliche Auswirkungen im Bereich der emotionalen und verhaltensbezogenen Regulation feststellen, wenn zahlreiche der oben genannten positiven Faktoren vorlagen. Die **Entwicklungsstufe des Kindes** war hier ein signifikanter Faktor, der im Vorschulalter die anderen Faktoren übertrumpfen konnte[166] – ein weiterer deutlicher Hinweis darauf, dass Kinder in unterschiedlichen Entwicklungsstufen unterschiedliche Bedürfnisse haben und dies entsprechend berücksichtigt werden muss.

---

165 Vgl. stellvertretend Fehlberg/Smyth, 2011, S. 8, mit zahlreichen weiteren Nachweisen; Rohmann, FPR 2013, 311; Salzgeber, NZFam 2014, 928.

166 Vgl. McIntosh et al., 2011, S. 45 f.; siehe im Weiteren Walper/Lux, 2016, S. 14, zu uneinheitlichen Ergebnissen bzgl. der Auswirkungen auf jüngere Kinder und der Schlussfolgerung, dass „konsistente und robuste Vorteile von jungen Kindern, die häufig bei ihrem Vater übernachten, nicht auszumachen sind. Im Gegenteil sprechen einige Studien für stärkere Belastungen dieser Kinder."

3. Anforderungen an Verfahrensbeistände und Verfahrensbeiständinnen

370 Was bedeutet das nun für die Verfahrensbeistandschaft? Zunächst nichts anderes als das, was ohnehin Kennzeichen der Tätigkeit ist: im Einzelfall parteilich für den jungen Menschen dessen wohlverstandene **Interessen in das Verfahren einbringen**.

Die oben genannten Kriterien können dabei eine erste Orientierung für eine Einschätzung im Einzelfall geben. Das zentrale Spannungsfeld der Tätigkeit bleibt das von Wille und Wohl und die Frage danach, wann dem Willen des jungen Menschen gefolgt werden kann oder wann eine Empfehlung ggf. dem geäußerten Willen zuwiderlaufen muss – in dessen wohlverstandenem Interesse.

371 **Ambivalenzen und Loyalitätskonflikte** von Kindern und Jugendlichen sind in den Verfahren, mit denen es Verfahrensbeistände und Verfahrensbeiständinnen zu tun haben, eher die Regel als die Ausnahme, sei es nun in Kinderschutzverfahren oder bei Sorgerechts- und Umgangsstreitigkeiten. Insofern ist das Prozedere in Bezug auf eine Einschätzung zum Wechselmodell kein anderes. Das illustrieren auch die oben angeführten Gerichtsbeschlüsse.

Diese deuten auch an, worauf es in der Literatur erste Hinweise gibt: dass nämlich Kinder beim Wechselmodell noch stärker in Loyalitätskonflikte geraten können. Vielleicht „wünschen" sie sich eher das Wechselmodell, da es die „fairste", die „gerechte" Lösung zu sein scheint, fühlen sich verantwortlich für das Glück der Eltern.[167] In einer australischen Studie zu Hochkonflikteltern mit Mediation waren die Kinder im Wechselmodell am wenigsten glücklich mit der Regelung und wollten sie am ehesten ändern; nach vier Jahren fühlten sie sich am meisten in der Mitte des Konflikts gefangen und 43 % dieser Kinder wollten mehr Zeit mit der Mutter verbringen.[168]

Es kann sein, dass insbesondere Kinder im Wechselmodell sich nicht trauen, es zu sagen, wenn sie sich eine Veränderung wünschen – aus Angst, einen Elternteil zu verletzen und verantwortlich für neue Streitigkeiten zu sein, aus Verantwortungsgefühl gegenüber dem „Glück" der Eltern.[169]

372 **Große Herausforderungen sind** also:

- Wie können Wille und Bedürfnisse des jungen Menschen wirklich erfasst werden?
- Wer befragt das Kind, wem gegenüber kann es offen sein?
- Welchen Rahmen/welches Setting braucht es für junge Menschen, um sich öffnen zu können?

Verfahrensbeistände und Verfahrensbeiständinnen sind hier in einer prädestinierten Rolle, sie haben den originären Auftrag und sind der Parteilichkeit dem jungen Menschen gegenüber verpflichtet. Viel Gewicht liegt dabei auf der gelungenen Ge-

167 Vgl. Fehlberg/Smyth, 2011, S. 8.
168 Vgl. McIntosh et al., 2011.
169 Diese Angst kann sich, wie Salzgeber beschreibt, z.B. darin ausdrücken, dass genau mitgezählt wird, wie viele Küsschen man Mama und Papa gibt, damit niemand zu kurz kommt, vgl. Salzgeber, NZFam 2014, 921 (925 f.).

sprächsführung und -gestaltung,[170] die alters- und entwicklungsgerecht verschiedene Aspekte berücksichtigen muss.

Aspekte gelungener Gesprächsführung

- Wie können Loyalitätskonflikte von Kindern aufgegriffen werden?
- Wie kann dem jungen Menschen vermittelt werden, dass er/sie sich nicht aus Verantwortungsbewusstsein für die Eltern für ein Wechselmodell aussprechen muss – und dies, ohne suggestiv zu wirken?
- Was sind Anzeichen dafür, beim geäußerten Willen nach einem Wechselmodell genauer nachzuhaken?
- Wie können Verfahrensbeistände und Verfahrensbeiständinnen (altersangemessen) die eigene Rolle vermitteln, d.h. sowohl die Parteilichkeit für den jungen Menschen, aber auch die Notwendigkeit von Gesprächen mit den Eltern?

Verfahrensbeistände und Verfahrensbeiständinnen sind in der Regel gut geschult in der **Gesprächsführung mit Kindern und Jugendlichen** und haben ein klares Verständnis vom Spannungsfeld zwischen Kindeswille und Kindeswohl.

Im Kontext des Wechselmodells gilt es nun, Äußerungen des jungen Menschen für oder gegen das Wechselmodell zu „füllen":

- mit Fragen danach, warum der Wunsch entsprechend geäußert wird, aber auch
- mit Fragen nach dem „Wie" (Vorstellungen zur Umsetzung).

Dies sind Fragen, die in den oben angeführten Beschlüssen (siehe Rn. 342 ff.) dem Anschein nach nicht immer von den Verfahrensbeiständen, sondern teils erst vom Gericht gestellt wurden. Grundsatz bleibt dabei immer das bereits angeführte Prinzip **„voice, not choice"** – niemals darf es darum gehen, den Kindern und Jugendlichen die Verantwortung für eine Entscheidung aufzubürden, die die Erwachsenen nicht treffen können.[171]

Fazit 373

Die Idee, gerade bei hochstrittigen Eltern, also den Eltern, mit denen es auch Verfahrensbeistände und Verfahrensbeiständinnen häufig zu tun haben, eine vorgebliche Lösung durch das Wechselmodell herbeizuführen, scheint zunächst ver-

170 Vgl. hierzu z.B. Delfos, M. F., 2015, „Sag mir mal ...": Gesprächsführung mit Kindern (4 bis 12 Jahre). Weinheim u.a. sowie Delfos, M. F., 2015, „Wie meinst du das?": Gesprächsführung mit Jugendlichen (13 bis 18 Jahre), Weinheim u.a.

171 Siehe auch den oben angeführten Gerichtsbeschluss, in dem der Verfahrensbeistand „ratlos" war. Viele dieser hochstrittigen Fälle sind dadurch gekennzeichnet, dass nicht nur die Eltern zu keiner Einigung kommen, sondern angesichts der Verfahrenheit der Situation letztlich auch die beteiligten Professionen ratlos scheinen, was eine „gute" Lösung (oder wohl eher gemäß Goldstein, J./Freud, A./Solnit, A. (1979). Beyond the Best Interests of The Child. New Edition with Epilogue. New York, S. 53 ff. die „am wenigsten schädliche Alternative") sein könnte.

führerisch: Implizit klingen Gedanken der „Gerechtigkeit" an, die dann, so wünscht man es sich, zu einer deutlichen Minimierung der Konflikte führen müssten.

Nur: Der Schein trügt in der Regel. Das Wechselmodell kann – immer im Einzelfall – geeignet sein für Eltern,

- *die kommunizieren und kooperieren können,*
- *die sich gut über die Belange des Kindes verständigen können und alleine zu einer Regelung der Betreuung des Kindes gelangen,*
- *die fortdauernd flexibel auf die sich ändernden Bedürfnisse der Kinder eingehen können.*

Dies sind regelhaft gerade nicht die Eltern, die sich – durch mehrere Instanzen – vor Gericht streiten, und bei denen Verfahrensbeistände und Verfahrensbeiständinnen ins Spiel kommen.

*Deutlich wird anhand der dargestellten Gerichtsbeschlüsse: **Zentrale Themen** sind die von Kindeswille und Kindeswohl sowie die von „Gerechtigkeit".*

Dabei wird dem Kindeswillen sehr unterschiedliches Gewicht zugesprochen. Mal wird er als zwar beachtlich, aber nachrangig beurteilt, da stark von Loyalitätskonflikten geprägt; mal wird einer möglichen Nichtbeachtung des geäußerten Kindeswillens eine so große Kindeswohlgefährdung zugeschrieben, dass dieser Faktor vor alle anderen tritt. Einer vorgeblich gerechten Lösung für die Eltern wird teilweise der Vorrang vor einschlägigen Kindeswohlkriterien gegeben.

*Eine zentrale Prämisse für die Tätigkeit von Verfahrensbeiständen und Verfahrensbeiständinnen besteht daher auch in der eigenen **Rollenklarheit** und dem aktiven Schärfen des Blicks dafür, wann Elterninteressen, -wünsche und -befindlichkeiten im Verhältnis zu denen der jungen Menschen, im Vordergrund stehen – insbesondere bei Hochkonflikthaftigkeit. Dieser Omnipräsenz gilt es dann eine Sichtbarmachung des betroffenen jungen Menschen entgegenzusetzen.*

*Hier liegt nun der **Auftrag** der Verfahrensbeistandschaft: In jedwedem Fall parteilich für den jungen Menschen, unter Bezugnahme auf interdisziplinäre Erkenntnisse, dessen wohlverstandene Interessen in das Verfahren einzubringen.*

V. Einvernehmen: Rolle des Verfahrensbeistands und Beteiligung des Kindes

1. Einleitung

374 Sind infolge einer Trennung oder Scheidung die elterliche Sorge und/oder der Umgang hinsichtlich gemeinsamer Kinder zu regeln, will das moderne Familienrecht die Eltern mit verschiedenen Instrumenten veranlassen, eine Einigung zu erzielen, anstatt das Gericht entscheiden zu lassen.[172] Dies beruht auf der Annahme, dass insbesondere in Familiensachen eine Vermittlung für die Beteiligten besser als ein herkömmliches Gerichtsverfahren sei: Eine Vermittlung soll die **Kommunikation zwischen den Eltern verbessern** können und **vereinbarte Regelungen** sollen **nachhaltiger** sein, insbesondere soll eine Einigung der Eltern dem Kindeswohl besser dienen und die Situation des Kindes verbessern.

Daher soll das **Gericht** gemäß § 156 FamFG auf eine Einigung hinwirken und das **Jugendamt** soll die Eltern bei der Erarbeitung einvernehmlicher Regelungen unterstützen (§ 17 Abs. 2 SGB VIII). Bestellt das Gericht einen Sachverständigen, kann es ihm anordnen, bei Erstellung des Gutachtens auf ein Einvernehmen hinzuwirken (§ 163 Abs. 2 FamFG).[173]

Es stellt sich die Frage, welche **Rolle** der **Verfahrensbeistand** bei Erarbeitung eines Einvernehmens übernimmt. Originäre Aufgabe des Verfahrensbeistands ist gemäß § 158b Abs. 1 Satz 1 FamFG, das Interesse des Kindes festzustellen und ins Verfahren einzubringen. Er hat das Kind über Gegenstand, Ablauf und möglichen Ausgang des Verfahrens in geeigneter Weise zu informieren und es zur Anhörung zu begleiten. Er ist eigenständiger Beteiligter im Verfahren (§ 158b Abs. 3 Satz 1 FamFG) und in dieser Rolle ausschließlich zuständig für das Kind. **375**

Dabei ist er nicht gesetzlicher Vertreter des Kindes – dies bleiben die Eltern, der Ergänzungspfleger oder der Vormund. Der Verfahrensbeistand kann daher keine Erklärungen im Namen des Kindes abgeben, sondern er tritt als eigenständiger Interessenvertreter des Kindes neben die Eltern.[174] Aber er kann Erklärungen im eigenen Namen abgeben und Anträge stellen sowie **Rechtsmittel** gegen eine Gerichtsentscheidung einlegen (§ 158b Abs. 3 Satz 2 FamFG).

▶ *Zu Rechtsmitteln siehe Teil 4/Heilmann, Rn. 90 ff.*

Soll ein **Einvernehmen über den Umgang** getroffen und nach § 156 Abs. 2 FamFG gerichtlich gebilligt werden, ist auch die **Zustimmung** des Verfahrensbeistands zur Umgangsvereinbarung erforderlich, da er eigenständiger Beteiligter des Verfahrens ist. Stimmt der Verfahrensbeistand nicht zu, kann das Gericht die Umgangsregelung nicht billigen, sondern muss ggf. unter Berücksichtigung der Stellungnahme des Verfahrensbeistands streitig entscheiden. **376**

▶ *Zu den Anforderungen an eine gerichtlich zu billigende Umgangsvereinbarung siehe Teil 2/Wierse, Rn. 455.*

Nicht nur gegen einen verfahrensabschließenden Beschluss des Gerichts in der Sache (z.B. Umgang), sondern auch gegen einen Billigungsbeschluss zu einer Umgangsvereinbarung ist die **Beschwerde** statthaft;[175] dabei ist auch ein Elternteil, der der Umgangsregelung zugestimmt hat, zur Beschwerde befugt.

---

172 Siehe zur Beteiligung des Kindes in der Mediation auch Carl/Ivanits, ZKM 2020, 124 (Teil 1) und 181 (Teil 2).
173 Zum lösungsorientierten Gutachten siehe Lack/Hammesfahr, Psychologische Gutachten im Familienrecht, 2. Aufl. 2024, Rn. 67 ff, 318 ff.
174 Staudinger/Coester (2020), § 1671 BGB Rn. 306.
175 BGH NJW 2020, 687.

377 Gemäß § 158b Abs. 1 Satz 4 Nr. 2 FamFG soll der Verfahrensbeistand in geeigneten Fällen am Zustandekommen einer einvernehmlichen Regelung über den Verfahrensgegenstand mitwirken. Fraglich ist, was „mitwirken" genau bedeutet. Der Gesetzesbegründung ist zu entnehmen, dass der Verfahrensbeistand selbst entscheiden könne, ob er von dieser Befugnis Gebrauch macht.[176] Festzuhalten ist, dass die **Mitwirkung an einem Einvernehmen** nichts an den originären Aufgaben des Verfahrensbeistands – also der Interessenvertretung des Kindes – ändern sollte.

Hinweis

Auch im Bemühen um ein Einvernehmen ist der Verfahrensbeistand neben den Eltern und dem Kind selbst Beteiligter im Verfahren und hat hierbei die Aufgabe, für das Kind da zu sein und dessen Interessen zur Geltung zu bringen.

378 Der BGH[177] bestärkte mit Beschluss vom 10.9.2019 die **eigenständige Position des Kindes** im Rahmen eines Einvernehmens über den Umgang nach § 156 Abs. 2 FamFG. Der BGH stellt ausdrücklich klar, dass nach dem Wortlaut des § 156 Abs. 3 Satz 3 FamFG das Kind vor dem Erlass einer einstweiligen Anordnung zum Umgang vom Gericht persönlich anzuhören ist. Aber auch vor der gerichtlichen Billigung einer Umgangsvereinbarung nach § 156 Abs. 2 FamFG müsse das Kind persönlich angehört werden.[178] Denn § 159 FamFG verpflichte das Gericht vor einer Entscheidung in einer Kindschaftssache, also insbesondere in allen die Person des Kindes betreffenden Angelegenheiten, das Kind grundsätzlich persönlich anzuhören. Hierzu zähle auch das Verfahren nach § 156 Abs. 2 FamFG, da die gerichtliche Billigung eine – wenn auch gegenüber § 1697a BGB eingeschränkte – Kindeswohlprüfung erfordere und in seinen Wirkungen einer (streitigen) gerichtlichen Entscheidung zum Umgangsrecht gleichstehe.

Haben die Eltern eine Umgangsvereinbarung getroffen und hat das Gericht das Kind vor der Billigung der Vereinbarung nicht persönlich angehört, ist die Billigung verfahrensfehlerhaft und die Beschwerde gegen die Billigung statthaft.[179]

379 In Anbetracht der Funktion und Rolle des Verfahrensbeistands im Verfahren verbietet sich eine echte **vermittelnde Tätigkeit des Verfahrensbeistands**, da ihm als Interessenvertreter des Kindes die erforderliche Neutralität und **Allparteilichkeit** zur Vermittlung zwischen den Eltern **fehlt**.[180] Dies geht auch aus dem Wortlaut des Gesetzes hervor.

176 BT-Drucks. 16/6308, S. 240.
177 BGH, Beschl. vom 10.7.2019, XII ZB 507/18 = NJW 2020, 687.
178 BGH, Beschl. vom 10.7.2019, XII ZB 507/18 = NJW 2020, 687 Rn. 30.
179 BGH, Beschl. vom 10.7.2019, XII ZB 507/18 = NJW 2020, 687 Rn. 29.
180 Prütting/Helms/Hammer, 6. Aufl., 2023, § 158b FamFG Rn. 14; MünchKomm-FamFG/Schumann (2018), § 158 FamFG Rn. 33 mit Verweis auf § 1 Abs. 2 MediationsG, wonach ein Mediator eine neutrale Person sein muss.

- Betreffend das Gericht, den Sachverständigen und das Jugendamt wählt das Gesetz die Formulierung „hinwirken“[181] auf ein Einvernehmen, also auf eine Einigung hinarbeiten.
- Der Verfahrensbeistand hingegen soll an einem Einvernehmen „mitwirken“[182].

Es ist somit davon auszugehen, dass der Verfahrensbeistand die Vermittlungsbemühungen des Gerichts, des Jugendamts und des Sachverständigen unterstützen und ggf. Anstöße hierzu geben soll[183] – wenn dies im Interesse des Kindes ist.

Praxistipp

▶ *Er kann gewissermaßen als „Katalysator“ für eine Einigung wirken, indem er die Eltern über die Gefühlslage des Kindes, seine Wünsche und Vorstellungen informiert, die Folgen andauernder Streitigkeiten verdeutlicht und hierdurch im Idealfall die Einigungsbereitschaft der Eltern fördert.*[184]

Dabei sollte er immer penibel seine **Rolle als Interessenvertreter des Kindes** wahren und nicht in die Rolle eines Vermittlers schlüpfen. Denn als Vermittler läuft er Gefahr, sich eher auf eine Einigung der Eltern zu fokussieren, anstatt stets parteiisch für das Kind da zu sein und seine Bedürfnisse und Interessen zu vertreten. Ansonsten würde das Kind seinen designierten Interessenvertreter verlieren.

Gegen eine echte vermittelnde Tätigkeit des Verfahrensbeistands spricht auch die **380**
hierdurch verursachte Verwirrung und Vermischung der Rollen und Aufgaben. Eine **Rollenunklarheit** führt zur Verunsicherung insbesondere der Eltern und des Kindes. In Sorge- und Umgangsrechtsverfahren nehmen bereits Beratungsstellen, das Jugendamt, Gutachter bei entsprechender Anordnung des Gerichts (§ 163 Abs. 2 FamFG) und auch das Gericht grundsätzlich vermittelnde Aufgaben wahr und wirken auf ein Einvernehmen hin.

Würde nun auch der Verfahrensbeistand zwischen den Eltern vermitteln wollen, würden die Eltern alle am Verfahren Beteiligte so erleben, dass sie auf eine (wohl möglichst schnelle, eventuell schon vorgefasste) Einigung hinarbeiten. Hierdurch droht aber die Gefahr, dass konkrete Interessen, Ängste und Defizite nicht gehört, aufgedeckt und hinreichend berücksichtigt werden.

---

181 Duden Eintrag „hinwirken“: u.a. Anstrengungen unternehmen, sich einsetzen, um etwas zu veranlassen; Synonyme: alle Kräfte anspannen/mobilisieren/aufbieten/aufwenden, alles daran setzen (www.duden.de, Stand 2024).

182 Duden Eintrag „mitwirken“: mit [einem, einer] anderen zusammen bei der Durchführung o.Ä. von etwas wirken, tätig sein; mitarbeiten; als Mitspieler/-in bei etwas dabei sein; bei etwas mit eine Rolle spielen, mit eine Wirkung haben (www.duden.de, Stand 2024).

183 BT-Drucks. 16/6308, 416; Vogel, FF 2014, 299.

184 Vgl. Prütting/Helms/Hammer, § 158b FamFG Rn. 14.

Praxistipp

▶ *Vor allem besteht aber die Gefahr, dass das Kind dann keine Person mehr hat, die es vertritt und die allein für seine Fragen und Interessen zuständig ist. Daher ist es enorm wichtig, dass die Rollenklarheit gewahrt wird und der Verfahrensbeistand sich ausschließlich auf seine Rolle als Interessenvertreter für das Kind konzentriert.*

381 Betreffend das Vorgehen eines Sachverständigen wird zu Recht vertreten, dass dieser immer zuerst die **Diagnostik und Exploration des Familiensystems** durchführen und abschließen muss und sich erst danach der ihm ggf. gemäß § 163 Abs. 2 FamFG zusätzlich übertragenen Aufgabe widmet, auf ein Einvernehmen der Beteiligten hinzuwirken.[185]

Praxistipp

▶ *Auch der Verfahrensbeistand sollte zunächst eine umfassende Einschätzung der Situation, der Befindlichkeit und der Interessen des betroffenen Kindes sowie seiner Familie vornehmen und erst danach an einem Einvernehmen mitwirken – sofern der Fall dazu geeignet ist (§ 158b Abs. 1 Satz 4 Nr. 2 FamFG).*

Denn erst nach Kenntnis des Sachverhaltes kann er verantwortungsvoll und einzelfallgerecht einschätzen, welche Lösung die Interessen des Kindes hinreichend berücksichtigt.

382 Festzuhalten ist, dass in Verfahren wegen **Kindeswohlgefährdung** (§ 1666 BGB) nicht auf ein Einvernehmen der Eltern hinzuwirken ist (§ 157 FamFG). § 156 FamFG findet hier keine Anwendung. Ebenso sind in Fällen von Gewalt zwischen den Eltern und **Hochkonflikthaftigkeit** die Grenzen von Vermittlungsverfahren und Bemühen um Einvernehmen schnell erreicht (vgl. auch § 36a Abs. 1 Satz 2 FamFG; Art. 48 Abs. 1 Istanbul-Konvention). Der Kinderschutz hat dann eindeutig Vorrang vor der Elternautonomie.[186]

Da es auch im Rahmen der Bemühungen um ein Einvernehmen Aufgabe des Verfahrensbeistands ist, sicherzustellen, dass die Interessen des Kindes im Verfahren gewahrt werden, soll im Folgenden zunächst dargestellt werden, weshalb, wann und wie das Kind in Kindschaftsverfahren beteiligt werden sollte. Sodann sollen Möglichkeiten und Grenzen von Einvernehmen sowie die Rolle des Verfahrensbeistands hierbei untersucht werden.

---

185 Ausführlich zu § 163 Abs. 2 FamFG s. Prütting/Helms/Hammer, § 163 FamFG Rn. 15 ff.; Lack/Hammesfahr, Psychologische Gutachten im Familienrecht, Rn. 70, 319.

186 BT-Drucks. 16/6308, S. 236: „Die Ausgestaltung als Soll-Vorschrift stellt klar, dass ein Hinwirken auf ein Einvernehmen insbesondere in den Fällen nicht in Betracht kommt, in denen dies dem Kindeswohl nicht entsprechen würde, z.B. in Fällen häuslicher Gewalt."; Vogel, FF 2014, 399; vgl. OLG Brandenburg, Beschl. v. 21.5.2019, 9 WF 11/19, juris = BeckRS 2019, 11065.

2. Anhörung, Beteiligung und Beratung des Kindes

a) Rechtsgrundlagen

Anhörungs- und Beteiligungsrechte des Kindes sind auf völkerrechtlicher wie nationaler Ebene sowohl für das Gerichtsverfahren als auch für das Verfahren beim Jugendamt und auch innerhalb der Familie bereits fest im Gesetz verankert.[187] **383**

aa) Anhörung und Beteiligung gemäß Art. 12 UN-Kinderrechtskonvention

Art. 12 Abs. 1 UN-KRK verpflichtet die Vertragsstaaten sicherzustellen, dass dem Kind, das fähig ist, sich eine eigene Meinung zu bilden, das **Recht** zusteht, diese **Meinung** in allen das Kind berührenden Angelegenheiten **zu äußern**, und dass diese Meinung angemessen und entsprechend seinem Alter und seiner Reife berücksichtigt wird. Art. 12 Abs. 2 UN-KRK spezifiziert dieses Recht für Gerichts- und Verwaltungsverfahren. **384**

Art. 12 UN-KRK räumt dem Kind nicht das Recht zur gänzlichen Selbstbestimmung ein, vielmehr soll sichergestellt werden, dass es **in die Entscheidungsprozesse einbezogen** wird.[188] Nach Auffassung des UN-Ausschusses für die Rechte des Kindes (§ 43 UN-KRK) bildet das Kindeswohlprinzip (Art. 3 UN-KRK) die Maxime bei den Entscheidungen und Art. 12 UN-KRK gibt die Methode vor.[189] Die Kenntnis der Meinung des Kindes ist hiernach erforderlich, um das Kindeswohl zu bestimmen und zu wahren. **385**

In Art. 12 Abs. 1 UN-KRK sind keine Beschränkungen, bestimmte Situationen oder Kontexte genannt,[190] sodass auch außergerichtliche Angelegenheiten erfasst sind. Das Recht des Kindes, gehört zu werden, ist daher nach den Vorgaben der UN-KRK sowohl in streitigen Gerichtsverfahren als auch in Mediationen sicherzustellen.[191]

Der UN-Ausschuss hebt hervor, dass Art. 12 UN-KRK **keine Altersgrenze** bestimmt, und appelliert ausdrücklich an die Vertragsstaaten, weder gesetzlich noch in der Praxis eine Altersgrenze einzuführen, da dies das Anhörungsrecht des Kindes einschränkt.[192] Es dürfe nicht unterstellt werden, dass das Kind nicht fähig sei, sich eine eigene Meinung zu bilden.[193] Vielmehr sei grundsätzlich davon auszugehen, dass es ab jüngstem Alter fähig ist, sich eine Meinung zu bilden, und sei es allgemein anzuerkennen, dass das Kind das Recht hat, diese Meinung zu äußern. **386**

Es sei nicht Aufgabe des Kindes, vorab zu beweisen, dass es sich eine eigene Meinung bilden kann. Das Kind habe das **Recht**, seine Meinung zu äußern, **nicht die Pflicht**, Erwachsene von seiner Fähigkeit, sich eine Meinung zu bilden, zu überzeu-

187 Zur Geschichte der Kinderrechte und der Kindesanhörung siehe Carl/Clauß/Karle, Kindesanhörung (2015), S. 1 ff., 13 ff.
188 Salgo, Kind-Prax 1999, 179 (179).
189 Committee on the Rights of the Child (UN), Abs. 74.
190 Vgl. Committee on the Rights of the Child (UN), Abs. 26, 27.
191 Vgl. Committee on the Rights of the Child (UN), Abs. 52.
192 Committee on the Rights of the Child (UN), Abs. 21; Salgo, Kind-Prax 1999, 179, 180.
193 Committee on the Rights of the Child (UN), Abs. 20.

gen.[194] Auch ein Erwachsener müsse vor einer Äußerung nicht beweisen, reif genug zu sein, die „richtige" Meinung zu haben.[195] Die Ausführungen des UN-Ausschusses lassen erkennen, dass Art. 12 UN-KRK möglichst weit ausgelegt und das Recht des Kindes, bei es betreffenden Entscheidungen gehört und beteiligt zu werden, möglichst uneingeschränkt gewährt werden soll.

Der UN-Ausschuss unterstreicht auch die Pflicht der Staaten, die Eltern zu ermutigen, den Kindern zuzuhören und sie bei Entscheidungen zu beteiligen.[196]

bb) Europäisches Übereinkommen über die Ausübung von Kinderrechten vom 25.1.1996 (EÜAK)

387 Auf europäischer Ebene ist in Art. 3 EÜAK geregelt, dass einem Kind vor einer Justizbehörde die **Rechte** zu gewähren sind,

- alle sachdienlichen Auskünfte zu erhalten,
- angehört zu werden und
- seine Meinung zu äußern sowie
- über die möglichen Folgen einer Berücksichtigung seiner Meinung und die möglichen Folgen einer Entscheidung unterrichtet zu werden.

388 Spiegelbildlich regelt Art. 6b EÜAK die **Pflicht des Staates**, dem Kind diese Rechte zu gewähren.[197] Des Weiteren formuliert Art. 4 EÜAK das Recht des Kindes, die Bestellung eines besonderen Vertreters für das Kind zu beantragen sowie Art. 9 EÜAK die Möglichkeit des Gerichts, dem Kind einen **Interessenvertreter** zu bestellen.

cc) Anhörung gemäß Art. 103 Abs. 1 GG und § 159 FamFG

389 Auf bundesrechtlicher Ebene ergibt sich das Anhörungsrecht des Kindes in Gerichtsverfahren aus dem **Anspruch auf rechtliches Gehör** gemäß Art. 103 Abs. 1 GG, das einfachgesetzlich in § 159 FamFG ausgestaltet ist. Hiernach gilt der Grundsatz, dass jedes Kind unabhängig von seinem Alter zwingend anzuhören ist bzw. sich das Gericht einen persönlichen Eindruck vom Kind zu verschaffen hat (§ 159 Abs. 1 und 2 FamFG; siehe hierzu ausführlich Teil 4/*Heilmann*, Rn. 15 ff.).

Das BVerfG hat bereits mit Entscheidung vom 5.11.1980 klargestellt, dass Kindern als Träger des Persönlichkeitsrechts und der Menschenwürde (Art. 2 Abs. 1 i.V.m. Art. 1 Abs. 1 GG) die Möglichkeit eingeräumt werden muss, in Sorgerechtsverfahren dem Gericht ihre persönlichen Beziehungen zu den übrigen Familienmitgliedern erkennbar zu machen.[198] Für Umgangsverfahren kann nichts anderes gelten, da dort erst recht die Lebensgestaltung des Kindes geregelt wird, sodass **Neigungen, Bindungen und der Wille** des Kindes für die Entscheidung immer von Bedeutung sind

194 Archard/Skivenes, International Journal of Children's Rights 2009, 1, 20.
195 Flekkøy, Children's Participation and Monitoring Children's Rights, in: Verhellen, Monitoring Children's Rights, The Hague (1996), S. 57, 59.
196 Committee on the Rights of the Child (UN), Abs. 92–94.
197 Siehe auch BT-Drucks. 14/5438.
198 BVerfGE 55, 171 (182) = BVerfG NJW 1981, 217 = FamRZ 1981, 126.

bzw. sein müssen.[199] So stellte der BGH für Umgangsverfahren 2019 klar, dass das Kind grundsätzlich sowohl vor einer Gerichtsentscheidung als auch vor der Billigung eines Einvernehmens der Eltern gem. § 156 Abs. 2 FamFG angehört werden muss.[200]

Dabei kommt es nicht darauf an, wer letztlich die Entscheidung trifft. Ob die Eltern sich einigen können oder nicht, ändert nichts an der Betroffenheit des Kindes durch das Verfahren und die getroffenen Regelungen. Außerdem ist auch bei einem elterlichen **Einvernehmen** häufig noch eine gerichtliche Entscheidung erforderlich, damit die vereinbarten Regelungen konstitutive Wirkung entfalten (wie etwa beim Sorgerecht) oder vollstreckt werden können (wie etwa bei der gerichtlichen Billigung einer Umgangsvereinbarung, §§ 86 Abs. 1 Nr. 2, 156 Abs. 2 FamFG).

dd) Beteiligungs- und Beratungsrechte nach dem SGB VIII

Auch die **Kinder- und Jugendhilfe** hat Kinder und Jugendliche gemäß § 8 Abs. 1 **390**
SGB VIII an allen sie betreffenden Entscheidungen angemessen zu beteiligen. § 8 Abs. 2 SGB VIII normiert das Recht der Kinder und Jugendlichen, sich in allen Angelegenheiten der Erziehung und Entwicklung an das Jugendamt zu wenden. Im Fall der Trennung oder Scheidung hat sie die Eltern bei der Entwicklung eines einvernehmlichen Konzeptes für die Wahrnehmung der elterlichen Sorge zu unterstützen und auch hierbei sind Kinder und Jugendliche entsprechend ihrem Entwicklungsstand zu beteiligen (§ 17 Abs. 2 SGB VIII).

Gemäß § 18 Abs. 3 Satz 1 SGB VIII haben Kinder und Jugendliche einen eigenen An- **391**
spruch auf Beratung und Unterstützung bei der Ausübung des Umgangsrechts sowie nach § 8 Abs. 3 SGB VIII einen **Anspruch auf Beratung** ohne Kenntnis des Personensorgeberechtigten, solange durch die Mitteilung an den Personensorgeberechtigten der Beratungszweck vereitelt würde. Gemäß § 8 Abs. 4 SGB VIII haben die Beteiligung und Beratung von Kindern und Jugendlichen in einer für sie **verständlichen, nachvollziehbaren und wahrnehmbaren** Form zu erfolgen. Dies gilt grundsätzlich auch für den Verfahrensbeistand.

Auch bei der **Erstellung eines Hilfeplanes** soll das Kind beteiligt werden (§ 36 Abs. 2 Satz 2 SGB VIII). Nicht vorgesehen ist jedoch eine dem Verfahrensbeistand entsprechende Interessenvertretung des Kindes im Rahmen der Kinder- und Jugendhilfe.

▶ *Zur Notwendigkeit des Verfahrensbeistandes im Rahmen der Jugendhilfe Teil 4/ Kepert, Rn. 362 ff.*

199 Ausführlich zur Kindesanhörung siehe Carl/Clauß/Karle, Kindesanhörung (2015).
200 Vgl. auch BGH, Beschl. vom 10.7.2019, XII ZB 507/18 = NJW 2020, 687.

ee) Beteiligungsrecht innerhalb der Familie gemäß § 1626 Abs. 2 Satz 2 BGB

392 Nach § 1626 Abs. 2 Satz 2 BGB sind ferner die Eltern innerfamiliär verpflichtet, Fragen der elterlichen Sorge mit dem Kind zu besprechen und nach seinem Entwicklungsstand mit ihm Einvernehmen anzustreben:

> **§ 1626 Abs. 2 BGB**
>
> Bei der Pflege und Erziehung berücksichtigen die Eltern die wachsende Fähigkeit und das wachsende Bedürfnis des Kindes zu selbstständigem verantwortungsbewusstem Handeln. Sie besprechen mit dem Kind, soweit es nach dessen Entwicklungsstand angezeigt ist, Fragen der elterlichen Sorge und streben Einvernehmen an.

b) Humanwissenschaftliche Erkenntnisse zur Kindesbeteiligung

393 Trotz eindeutiger gesetzlicher Regelungen sowie der höchstrichterlichen Rechtsprechung, welche die Anhörung von Kindern in sie betreffenden Verfahren fordert, zeigen Studien, dass eine Kindesanhörung selbst vor einer familiengerichtlichen Entscheidung oft unterbleibt. In außergerichtlichen Vermittlungsverfahren wie der Mediation sowie bei den meisten interdisziplinären Modellen in Kindschaftsverfahren nach dem Vorbild der Cochemer Praxis[201] ist die Beteiligung des Kindes oft nicht einmal vorgesehen.[202] Da die Argumente, die gegen die Kindesbeteiligung vorgebracht werden (z.B. dass das Kind zu jung oder zu unreif sei, um sinnvoll beteiligt werden zu können) weniger rechtlich begründet sind, sondern sich auf vermeintlich mangelnde Fähigkeiten des Kindes beziehen, werden diese **Vorbehalte** im Folgenden aus humanwissenschaftlicher Sicht überprüft.

394 Zunächst ist klarzustellen, dass **Zweck der Anhörung** des Kindes und der Einbeziehung seiner Äußerungen in die Entscheidungsfindung sowie die Verschaffung eines persönlichen Eindrucks vom Kind nicht ist, dass das Kind irgendwelche Entscheidungen selbst treffen soll. Dies überfordert das Kind in der Regel und verstärkt seine Loyalitätskonflikte.[203] Eine „Berücksichtigung der Meinung des Kindes" bedeutet nicht, dass das Kind sich klar positionieren soll, sagen soll, wo es wohnen will oder ob und wie es den Umgang wünscht. Es bedeutet nicht, zwingend im Sinne der Äußerung des Kindes zu entscheiden.[204] Die **Entscheidungsverantwortung** muss **bei den Erwachsenen** bleiben.

Die Anhörung des Kindes soll die Entscheidungsfindung bereichern, nicht aber die Aufgabe der Erwachsenen ersetzen.[205] Der **Fokus** sollte daher weniger auf den „Willen" des Kindes bezüglich der im Streit stehenden elterlichen Optionen, sondern auf

- seine persönliche Befindlichkeit,
- seine Sichtweise,

---

201 Zu unterschiedlichen Vermittlungsverfahren siehe Kostka, FamPra.ch 2009, 634–657.
202 Siehe zur Beteiligung des Kindes in der Mediation auch Carl/Ivanits, ZKM 2020, 124 (Teil 1) und 181 (Teil 2).
203 Vgl. Parkinson/Cashmore, The Voice of a Child in Family Law Disputes (2008), S. 204.
204 Vgl. Ivanits, NZFam 2016, 7 (12).
205 Parkinson/Cashmore, S. 16.

- seine unmittelbare Situation,
- seine Wünsche und
- seine Bedenken

gelegt werden (**„voice not choice"**).[206] Das Kind sollte also nicht lediglich als schützenswertes Objekt, sondern vielmehr als Familienmitglied mit eigenen Vorstellungen und Rechten gesehen werden.[207]

Durch die persönliche Beteiligung des Kindes soll seinem Status als Individuum mit Menschenrechten, mit eigenen Sichtweisen und Gefühlen Rechnung getragen werden.[208] Eine schonende Einbeziehung des Kindes in den Konfliktlösungsprozess trägt für Kinder meist erheblich zur **Stärkung des Selbstwertgefühls** und des Gefühls der **Selbstwirksamkeit** bei.[209] **395**

Die Äußerungen des Kindes sollen entsprechend seinem Alter und seiner Reife verstanden und in den Familienkontext gesetzt, also im Zusammenhang mit den Äußerungen, Wünschen und Fähigkeiten der anderen Familienmitglieder verstanden werden. Es geht darum, in Erfahrung zu bringen, wie es dem Kind geht, also das individuelle Kind in seiner spezifischen Situation zu verstehen, ihm das Gefühl zu geben, dass es wahrgenommen und berücksichtigt wird und dass nicht über seinen Kopf hinweg über sein Leben entschieden wird. Denn Kinder wollen wissen, was um sie herum geschieht. Auch kann es für Kinder entlastend sein, mit einer dritten Person zu sprechen und sich mitteilen zu können.

Praxistipp

▶ *Der Begriff „Beteiligung" soll betonen, dass die Einbeziehung des Kindes nicht nur ein einmaliger Akt, sondern der Ausgangspunkt für einen intensiven Austausch zwischen Kindern und Erwachsenen ist.[210] Daher sollte die Beteiligung auch umfassen, Fragen des Kindes zu beantworten und das Kind über das Verfahren und das Ergebnis des Verfahrens zu informieren (§ 158b Abs. 1 Satz 3 FamFG), und zwar unabhängig davon, ob der Richter entscheidet oder die Eltern sich einigen.*

Die Kindesanhörung dient auch der **Sachverhaltsermittlung**. In Kindschaftsverfahren ist das Gericht verpflichtet, von Amts wegen den Sachverhalt umfassend zu ermitteln (§ 26 FamFG; siehe hierzu Teil 4/*Heilmann*, Rn. 8 ff.). Durch das Gespräch mit dem Kind oder einen unmittelbaren Eindruck von ihm können wertvolle Informationen über seine Person, über die Familiensituation und über das Verhältnis des Kindes zu den anderen Familienmitgliedern gewonnen werden. Ferner lernt der Richter das **396**

206 Parkinson/Cashmore, S. 202 f.
207 Vgl. Prütting/Helms/Hammer, § 156 FamFG Rn. 44. „Children are people, not objects of concern", Butler-Sloss, The Guardian, 12. November 2004.
208 Salgo, Kind-Prax 1999, 179 (179).
209 Prütting/Helms/Hammer, § 156 FamFG Rn. 44; Bernhardt, FPR 2005, 95 (97); Salzgeber, FamRZ 2008, 658 (659).
210 Committee on the Rights of the Child (UN), Abs. 13.

Kind kennen, über das er entscheidet, was den Fokus der Entscheidung mehr auf das Kind lenken kann.

397 Ohne die persönliche Beteiligung des Kindes kann nur auf die Aussagen der Eltern über das Kind und auf allgemeine Kindeswohlkriterien abgestellt werden. Es besteht dann die Gefahr, dass von pauschalen Einschätzungen über das vermeintliche Wohl aller Kinder ausgegangen wird und das konkrete Kind und seine Stimme ausgeblendet werden. **Aufgabe des Verfahrensbeistands** ist daher, die Stimme des Kindes im Verfahren zur Geltung zu bringen und sicherzustellen, dass die Interessen des Kindes hinreichend berücksichtigt werden.

Die **Bestellung eines Verfahrensbeistands** und die Anhörung des Kindes auch bei elterlicher Einigkeit sollten nicht als gerichtliche Kontrolle der elterlichen Pflichten aus § 1626 Abs. 2 Satz 2 BGB gesehen werden. Im Mittelpunkt steht vielmehr die Sicherstellung der Beteiligungsrechte des Kindes, die unabhängig davon bestehen, ob die Eltern sich einig sind oder der Richter entscheidet.

▶ *Zur Durchführung der Kindesanhörung siehe Teil 4/Nordstern, Rn. 180 ff.*

aa) Bedeutung des Alters des Kindes

398 Für einen Großteil der Richter sowie Mediatoren, aber auch für viele Eltern ist das Alter und die Reife des Kindes häufig ein Argument, von der Anhörung und der Einbeziehung des Kindes abzusehen. Allerdings nennt das Gesetz **keine Mindestaltersgrenze für die Anhörung des Kindes** (siehe Art. 12 UN-KRK, Art. 103 Abs. 1 GG). § 159 FamFG – wie auch Art. 12 UN-KRK – nennt keine untere Altersgrenze. Vielmehr lautet der Wortlaut der seit 1.7.2021 in Kraft getretenen Fassung, dass das Gericht das Kind

> „persönlich anzuhören und sich einen persönlichen Eindruck von dem Kind zu verschaffen"

hat, was selbst Säuglinge einbezieht. Auch humanwissenschaftliche Studien zeigen, dass die Beteiligung des Kindes bereits ab dem jüngsten Alter erfolgen kann.

399 Kinder haben bereits einen eigenen Willen sowie Neigungen, Präferenzen und Bindungen, bevor sie fähig sind, diese zu artikulieren. Kinder sind demnach von Geburt an altersgemäß an den sie betreffenden Entscheidungen zu beteiligen.[211] Das Alter und die Reife des Kindes dürfen **nicht** entscheidend sein für die Frage, **ob** das Kind angehört wird, sie müssen **aber** dafür entscheidend sein, **wie** es angehört wird.[212] Entscheidend sind die **Kompetenzen der** das Kind **anhörenden Person** (§§ 158 Abs. 1 Satz 1, 158a FamFG, § 23b Abs. 3 Satz 3 GVG): Diese muss sich auf das Alter und die Reife des Kindes einstellen und ihm ermöglichen können, seine Meinung in einer seinem Alter und seiner Reife gerecht werdenden Weise zu äußern, und das Kind in seinem Lebenszusammenhang verstehen.

---

211 Vgl. auch Maywald, FPR 2012, 460 (461); Committee on the Rights of the Child (UN), CRC/C/GC/12, Abs. 29 f.; Bernhardt, FPR 2005, 95 (97).

212 Ausführlich zur Kommunikation mit dem Kind siehe Carl/Clauß/Karle, Kindesanhörung (2015), S. 101 ff.

bb) Bedeutung der Reife des Kindes

Eng verknüpft mit der Problematik des Alters des Kindes ist auch dessen Reife. Hält man das Kind für zu jung für eine Anhörung bzw. Einbeziehung, hängt dies damit zusammen, dass das Kind als noch nicht reif genug angesehen wird, um sinnvoll einbezogen werden zu können. Argumentiert wird damit, dass Kinder meist nicht fähig seien, die Situation vernünftig einzuschätzen und sich wohlüberlegt und rational zu äußern. Oft sollen sie nur irreale Vorstellungen und Wünsche haben, wie z.B. die Eltern wieder zusammenzubringen, ihre Meinung ändern, Lügen erzählen oder die Eltern nur gegeneinander ausspielen wollen. **400**

Hinweis

Aber was auch immer das Kind äußert, kann Aufschluss geben über seine Befindlichkeit, seine Interessen und Bedürfnisse sowie seine Situation in der Familie und somit wertvolle Hinweise für die zu treffenden Regelungen geben.

- Hat ein junges Kind realitätsferne Meinungen, wie z.B. die Eltern wieder zusammenbringen zu wollen, spricht dies nicht zwingend für die Unreife des Kindes, sondern kann ein Zeichen dafür sein, dass es den Kontakt zu beiden Eltern aufrechterhalten will.
- Ändert das Kind seine Meinung, spricht dies nicht gleich für die Unzuverlässigkeit des Kindes, sondern kann Grund zur Überprüfung der getroffenen Regelungen geben, die ggf. nicht (mehr) den Bedürfnissen des Kindes entsprechen.

Auch das Argument, dem Kind könne z.B. der Begriff der elterlichen Sorge nicht vermittelt werden, kann einer Kindesanhörung nicht entgegenstehen. Denn es ist **Aufgabe der Erwachsenen** (respektive des Verfahrensbeistands und des Gerichts), dem Kind entsprechend seinem Alter und seiner Reife zu erklären, worum es geht.[213]

cc) Loyalitätskonflikte und Manipulierbarkeit des Kindes

Von der Anhörung des Kindes wird auch gerne mit dem Argument abgesehen, dass hiervon keine verwertbaren Informationen zu gewinnen seien. Es wird angenommen, dass das Kind nur versuche, fair zu beiden Eltern zu sein und das zu sagen, was seiner Meinung nach die Eltern – oder zumindest ein Elternteil – hören wollen. Oft wird davon ausgegangen, dass Kinder sich aufgrund von Loyalitätskonflikten nicht offen äußern würden,[214] sowie dass eine Kindesanhörung zu wenig ergiebig sei, weil gerade jüngere Kinder sich nicht genügend eigenständig äußern könnten.[215] **401**

Oft wird vertreten, dass eigene Wünsche des Kindes und seine Erklärungen dann Bedeutung gewinnen sollen, wenn sie frei und unbeeinflusst sind.[216] Äußert sich das Kind und lehnt es einen Elternteil ab, wird oft automatisch davon ausgegangen, dass

213 Vgl. BGH FamRZ 2016, 1439.
214 So 56,4 % der von Karle befragten Richter, siehe Karle u.a., S. 63.
215 So 22,6 % der von Karle befragten Richter, siehe Karle u.a., S. 59.
216 Vgl. nur MünchKomm-BGB/Hennemann (2020), § 1671 BGB Rn. 65; Parkinson/Cashmore, S. 120.

es von dem anderen Elternteil manipuliert sei und keine eigene Meinung äußere, daher das Geäußerte nicht zu berücksichtigen sei. Dies hat zur Folge, dass die Äußerungen des Kindes nur dann Berücksichtigung finden, wenn diese der Einschätzung der anhörenden Person entsprechen, andernfalls Gründe gesucht werden, weshalb die Äußerungen des Kindes nicht zu berücksichtigen sind, z.B. wegen angeblicher Manipulation oder angenommener Loyalitätskonflikte.

Hinweis

! *Aber Kinder haben meist – ebenso wie in der Regel auch Erwachsene – Gründe für ihre Ansichten und Verhaltensweisen, selbst wenn diese von einem Erwachsenen zunächst beeinflusst, unlogisch, unvernünftig oder unreif erscheinen.*

402 Zunächst ist festzuhalten, dass **jede Person** – also jedes Kind, aber auch jeder Erwachsene – unweigerlich von den Meinungen seiner Eltern, von seiner Situation und **von seinem Umfeld beeinflusst** ist. Natürlich stehen Kinder in einem gewissen Abhängigkeitsverhältnis zu ihren Eltern, insbesondere zu dem sie betreuenden Elternteil. Gleichzeitig sind **Kinder weit weniger manipulierbar** als gemeinhin angenommen wird. Immer wieder wird überrascht festgestellt, wie frei sich Kinder in der Anhörung äußern, klar sagen, wie sie die Dinge einschätzen, und dabei gern die Chance nutzen, im Gespräch unbeeinflusst ihre Position zu erläutern.[217] Kinder sollten daher nicht unterschätzt werden.

403 Lehnt das Kind einen Elternteil ab, zeugt dies nicht zwingend von der Beeinflussung durch den anderen Elternteil, sondern kann auch auf eigenen schlechten Erfahrungen mit dem Elternteil beruhen. Es kann Selbstschutz und der Versuch des Kindes sein, mit den zwischen den Eltern herrschenden Konflikten umzugehen – insbesondere, wenn diese sehr zerstritten sind. Die **Ablehnung des getrennt lebenden Elternteils** kann daher auch darin begründet sein, dass es das Kind schlichtweg überfordert, den Kontakt mit beiden Eltern aufrechtzuerhalten, insbesondere wenn noch viele Konflikte zwischen den Eltern bestehen – so wie es auch Erwachsene überfordern kann, mit zwei zerstrittenen Personen Kontakt zu halten.

Auch wenn sich Äußerungen des Kindes mit den Äußerungen eines Elternteils decken, kann das Geäußerte den Bedürfnissen des Kindes entsprechen. Ein sich mit dem Wunsch eines Elternteils deckender Kinderwunsch ist nicht zwangsläufig „eingeimpft".[218] Es kann die tatsächliche und authentische Meinung des Kindes sein.[219] Somit kann auch eine **Umgangsverweigerung** durchaus vom tatsächlichen Willen des Kindes getragen und sein Wille höchst vernünftig sein.[220]

404 In der **Studie** von *Wallerstein* und *Lewis* ergriffen insbesondere jüngere Kinder zuweilen im Trennungsverfahren Partei für einen Elternteil, und zwar meist für den, um den

217 MünchKomm-BGB/Hennemann, § 1671 BGB Rn. 65.
218 Vgl. Klußmann/Stötzel, S. 59.
219 Parkinson/Cashmore, S. 121.
220 Klußmann/Stötzel, S. 195.

sie sich am meisten Sorgen machten oder den sie am meisten bemitleideten.[221] Solche Allianzen haben aber die mittlere Adoleszenz meist nicht überdauert.[222] Ferner hatte kein Kind der Studie durchgehend die negative Meinung eines Elternteils über den anderen übernommen, vielmehr revidierten die meisten ihre Meinung später aufgrund eigener Beobachtungen.[223] Einige haben später sogar den Kontakt zum anderen Elternteil von sich aus gesucht und oft eine gute Beziehung zu diesem Elternteil aufbauen können.

Wurde aber der **Umgang gegen den Willen des Kindes** beschlossen, oft auch gerade mit der Begründung der drohenden Entfremdung, waren diese Besuche meist nicht nur völlig ungeeignet, eine engere Beziehung zwischen dem Elternteil und dem Kind zu fördern, sondern gerade das Gegenteil ist eingetreten.[224]

405 Wenn hingegen tatsächlich ein Elternteil oder sogar beide das **Kind unter Druck setzen** oder es bewusst oder unbewusst durch Geschenke, Versprechungen, gar Drohungen oder Heraufbeschwören von Schuldgefühlen manipulieren oder instrumentalisieren wollen, kann dies dafür sprechen, dass starke Konflikte zwischen den Eltern bestehen und die Eltern das Kind in den Konflikt mit hineinziehen. Dies kann es dem Kind erheblich erschweren, zu beiden Elternteilen unbeschwert Kontakt zu haben.[225]

▶ *Zum Thema Entfremdung siehe ausführlich Teil 3/Fegert, Rn. 119.*

Verweigert beispielsweise ein Kind den Kontakt mit einem Elternteil, wird es besonders wichtig sein, dem Kind Gehör, Informationen und Unterstützung zu geben, anstatt seine Äußerungen zu disqualifizieren und beispielsweise umfangreiche Umgangsregelungen zu erwirken. Es sind umso mehr die **Kenntnisse und Fähigkeiten der das Kind anhörenden Person** gefragt.

Hinweis

Je größer der Elternkonflikt, desto größer ist die Gefahr, dass sich die fachlich Beteiligten – auch der Verfahrensbeistand – mehr auf die Eltern und ggf. auf eine Einigung, als auf das Kind fokussieren.

Aber je größer der Konflikt ist, desto mehr wird das Kind unabhängige sachliche Informationen, Aufklärung, Unterstützung und Interessenvertretung benötigen.

Der **Verfahrensbeistand** sollte erkennen können, wie es dem Kind geht, wo es in der Familie steht, ob das Kind von einem Elternteil manipuliert, beeinflusst oder unter Druck gesetzt worden ist, ob es aus Angst nicht seine wahren Wünsche, Gefühle und Bedürfnisse äußert oder ob es sagt, was es wirklich sagen will.[226]

221 Wallerstein/Lewis, FamRZ 2001, 65 (70).
222 Wallerstein/Lewis, FamRZ 2001, 65 (70).
223 Wallerstein/Lewis, FamRZ 2001, 65 (70).
224 Wallerstein/Lewis, FamRZ 2001, 65 (69).
225 Ausführlich zur sog. indirekten und direkten Induzierung siehe Lack/Hammesfahr, Psychologische Gutachten im Familienrecht, 2. Aufl. 2024, Rn. 637.
226 Vgl. Lempp u.a., S. 20.

406 Bei der Erörterung, ob die Umgangsverweigerung des Kindes auf existenziellen kindlichen Ängsten oder nur auf kindlichen Launen beruht, können die von *Klußmann* und *Stötzel* aufgelisteten Fragen **Anhaltspunkte** bieten:

> „Gibt es oder gab es Streit zwischen den Eltern? Konnte das Kind genügend davon aufnehmen? Hat der eine oder andere Elternteil Ängste? Könnte das Kind also auch Ängste haben, die Veranlassung zur Weigerung bieten könnten? Hat sich der Umgangsberechtigte während des gemeinsamen Lebens massiv gegenüber dem Kinde fehl verhalten und dadurch Ängste bewirkt? Wie sind ältere Geschwister eingestellt?"[227]

407 Schließlich ist festzuhalten, dass statistisch gesehen die **Anzahl** der Familien sehr **gering** ist, bei denen ein Kind einen Elternteil aufgrund der bewussten Einflussnahme ablehnt.[228] In der Studie von *Parkinson* und *Cashmore*[229] befürchtete ein Drittel der befragten Eltern eine Beeinflussung des Kindes durch den anderen Elternteil. Gleichzeitig bezweifelte ein Drittel der Eltern, dass Kinder leicht manipulierbar seien; Kinder wären keine Puppen und es sei nicht so einfach, sie zu nötigen, etwas zu denken oder zu glauben.[230] Einige Eltern gaben später zu, dass sie zeitweilig von Manipulationen und Hetze des anderen Elternteils ausgegangen sind, aber im Nachhinein erkannt haben, dass dies nicht der Fall war.

In einer Studie von *Johnston* wiesen ein Fünftel der Kinder in Trennung und Scheidung gewisse Anzeichen von Ablehnung eines Elternteils auf, aber nur 6 % dieser Kinder waren stark distanziert.[231] Bei den Ablehnungen zeigte sich aber, dass die Gründe der Kinder hierfür oft im negativen Verhalten des jeweiligen Elternteils lagen.

408 ***Hinweis***

> ! *Die Äußerungen des Kindes dürfen im kindschaftsrechtlichen Verfahren nie ohne Resonanz bleiben.*

Insbesondere dann, wenn aus Kindeswohlgründen erwogen wird, **gegen den Willen des Kindes** zu entscheiden, wird es in der Regel erforderlich sein, dem Kind Hilfe und Unterstützung zu bieten, damit es die Entscheidung verkraften und verstehen kann. Werden hingegen Regelungen beschlossen, die nicht dem Willen des Kindes entsprechen und die die Interessen und Bedürfnisse des individuellen Kindes nicht berücksichtigen, wird der Umgang in der Regel seinen Zweck – die langfristige Aufrechterhaltung des Kontaktes des Kindes mit dem umgangsberechtigten Elternteil – nicht erfüllen können. Oft brechen die Kinder, sobald sie sich stark genug dazu fühlen, den Kontakt zu diesem Elternteil ab und dies hält bis ins Erwachsenenalter an.[232]

---

227 Klußmann/Stötzel, S. 215; siehe auch die jeweiligen Fragenkataloge zu jedem kindschaftsrechtlichen Themenbereich in Lack/Hammesfahr, Psychologische Gutachten im Familienrecht, 2. Aufl. 2024.
228 Salzgeber, ZKJ 2010, 399 (400).
229 Parkinson/Cashmore, S. 83.
230 Parkinson/Cashmore, S. 83.
231 Salzgeber, ZKJ 2010, 399 (400).
232 Wallerstein/Blakeslee/Lewis (2002), S. 318.

Lempp et al. stellen richtig fest, dass es nicht darum gehen kann,

> „vom Kind eine Stellungnahme unter Berücksichtigung aller Umstände und Möglichkeiten nach ausgiebiger rationaler Abwägung des Für und Wider zu bekommen, sondern um das Wissen um seine spontane, möglichst ausschließlich emotional bestimmte Tendenz."[233]

Es geht in der Kindesanhörung schließlich **nicht** darum, **Wahrheitsfindung** zu betreiben. Das Kind ist im Sorgerechts- und Umgangsverfahren kein Zeuge (§ 163a FamFG), sodass eine Zeugenbeeinflussung die Wahrheit verzerren könnte.[234] Es geht nicht darum, mit Hilfe des Kindes Schuldfragen zwischen den Eltern oder Zuordnungsansprüche der Eltern zu klären. Es geht **vielmehr darum**, die Neigungen, Präferenzen und Bindungen des Kindes in Erfahrung zu bringen, zu respektieren und angemessen zu berücksichtigen.[235]

dd) Berücksichtigung der Weigerung des Kindes, sich zu äußern

Weigert sich das Kind, sich zu äußern, muss dies zwar grundsätzlich respektiert werden, da es nicht zu einer Äußerung gezwungen werden darf. Das Recht zur Äußerung einer Meinung beinhaltet immer auch das Recht, sich nicht zu äußern.[236] Es empfiehlt sich aber herauszufinden, warum es sich nicht äußern will – wobei auch hierbei Feingefühl gefragt ist.[237] **409**

Oft liegt die Weigerung von Kindern zur Äußerung in der **Angst** begründet, dass

- es sie in eine schwierige Situation bringt,
- sie sich zwischen den Eltern entscheiden müssen,
- sie nicht wissen, wer von ihren Äußerungen erfährt,
- sie die Eltern verletzen könnten und
- sie nicht wissen, was sie bei der Anhörung erwartet.[238]

Gründe für das Schweigen können aber auch vorangegangene **negative Erfahrungen oder Enttäuschung** bei Mitteilungsversuchen sein oder unbewusste Phänomene wie Verdrängen, Bagatellisieren etc. Schließlich kann die Weigerung des Kindes auch in der Angst vor der Reaktion eines Elternteils oder gar beider Elternteile begründet sein. Weitere Gründe können auch Schweigegebote bei oder nach einem Missbrauch sein.

Der Anspruch auf rechtliches Gehör bedeutet nicht nur, die Gelegenheit zu bekommen seine Meinung zu äußern, sondern auch die dafür erforderlichen Informationen zu erhalten (zum Informationsbedürfnis von Kindern siehe auch Teil 1/*Stötzel*, Rn. 113 ff.).[239] Es ist die Aufgabe der Person, die mit dem Kind spricht, also insbeson- **410**

233 Lempp u.a., S. 19.
234 Lempp u.a., S. 20.
235 Klußmann/Stötzel, S. 93.
236 Committee on the Rights of the Child (UN), Abs. 22 f.; Schmahl, UN-Kinderrechtskonvention, Art. 12 UN-KRK Rn. 5.
237 Vgl. Salgo, Kind-Prax 1999, 179 (181).
238 Parkinson/Cashmore, S. 68 ff.
239 Muster für Informationen für Kinder in Carl/Clauß/Karle, Kindesanhörung (2015), S. 240 ff.

dere des Verfahrensbeistands, dem Kind hinreichende **alters- und reifeentsprechende Informationen** zu geben, die Ängste des Kindes zu verstehen und dem Kind diese Ängste möglichst zu nehmen.

- Das Kind muss über sein Anhörungsrecht, über den Sinn und Zweck seiner Beteiligung sowie seine Rolle bei der Entscheidungsfindung aufgeklärt werden.
- Das Kind muss verstehen, dass es keine Entscheidungen treffen und keine Regelungen bestimmen soll, sondern dass die Entscheidungsverantwortung bei den Erwachsenen, den Eltern bzw. dem Richter, verbleibt.[240]
- Es muss wissen, dass seine Rolle darin besteht, dabei zu helfen, die auch für es bestmögliche Lösung zu finden, indem es erzählt, wie es ihm geht, was es sich wünscht, worüber es sich Sorgen macht und was seine Ängste sind.

411 Möchte sich ein Kind nicht äußern, kann dahinter auch die Angst vor einem Elternteil oder gar beiden Elternteilen stecken. Die **Alarmzeichen** hierfür müssen erkannt und ggf. entsprechende Maßnahmen veranlasst werden. Das Kind benötigt dann dringend Informationen zu seinen Möglichkeiten, Hilfe und Unterstützung, anstatt dass vorschnell von seiner Beteiligung abgesehen und es mit seinen Ängsten und Unsicherheiten alleine gelassen wird.

ee) Die Belastungen des Kindes durch die Anhörung

412 Es wird weitläufig davon ausgegangen, dass das Kind zu stark belastet sei, wenn es sich zu Sorgerechts- und Umgangsfragen äußern soll. Um es besser vor dem Konflikt der Eltern zu schützen, wird es daher gar nicht erst am Verfahren beteiligt. In der Studie von *Karle* u.a. war die angenommene Belastung des Kindes der drittmeistgenannte Grund der Richter, auf eine Kindesanhörung zu verzichten.[241] Es widerspricht jedoch jedweder Logik, dem Kind einerseits Anhörungsrechte zu geben, sie ihm aber aufgrund der angeblich zu großen Belastung bei der Ausübung dieser Rechte nicht zu gewähren.

Außerdem ist nachgewiesen, dass die Belastungen des Kindes durch die Anhörung **weit weniger gravierend** sind als gemeinhin angenommen, vorausgesetzt, die Anhörung findet in einer dem Alter und der Reife des Kindes gerecht werdenden Art und Weise statt.

413 Die Belastungen des Kindes bei der Anhörung wurden insbesondere in der Studie von *Karle* et al. untersucht, und zwar durch **Befragung auch der Kinder**.[242] Es zeigt sich, dass die Belastung durch die Anhörung zwar kurz vor dieser hoch ist – wie bei jedem Erwachsenen auch –, aber in der Regel bereits unmittelbar nach der Anhörung schnell wieder absinkt. Ein lege artis durchgeführtes Gespräch mit dem Kind kann indes sogar seiner Entlastung dienen, wenn das Kind sieht, dass es ernst genommen wird und ihm auch benötigte Informationen und Antworten gegeben werden.

240 Vgl. Carl/Eschweiler, NJW 2005, 1681 (1682).

241 Karle et al., S. 65; Carl/Clauß/Karle, Kindesanhörung (2015), S. 144 ff.

242 In der Studie von Lempp et al. wurde zwar auch die Belastung des Kindes durch die Anhörung untersucht, allerdings ohne Befragung der Kinder; es wurden nur die Einschätzungen von Richtern und unabhängigen Beobachtern betreffend die Kinder berücksichtigt.

Es ist offenbar **weniger die Anhörungssituation als solche** als die Trennung der Eltern und deren Folgen sowie Unklarheiten hinsichtlich der Zukunft, die das Kind belasten. Vor dieser weitaus größeren Belastung – dem Konflikt der Eltern und der veränderten Lebenssituation – kann das Kind aber nicht bewahrt werden, da es damit im Alltag ohnehin konfrontiert wird, insbesondere wenn es mit beiden Elternteilen Kontakt halten soll. Die unterlassene Anhörung des Kindes und seine Beteiligung bei der Entscheidungsfindung ändern an dieser Belastung nichts, außer dass seine Rechte verletzt werden, es mit seinen Sorgen und Ängsten alleine gelassen wird und seine subjektive Perspektive bei der Entscheidungsfindung nicht berücksichtigt werden kann.

Eine **sensible Anhörung** ist also für das Kind **in der Regel zumutbar** und die Belastungen sind gegenüber dem möglichen Gewinn der Anhörung angemessen. Hingegen kann durch deutlich ungeschicktes Verhalten seitens der das Kind anhörenden Person eine gewisse bis unzumutbare Belastung entstehen.[243] **414**

Hinweis

Entscheidend für eine gewinnbringende Anhörung sind somit die hinreichende Erfahrung und Ausbildung der das Kind anhörenden Person, damit sie die Anhörung in einer dem Alter und der Reife des Kindes entsprechenden Art und Weise durchführen und den Ängsten und Belastungen des Kindes angemessen begegnen kann.[244]

ff) Mögliche Wirkungen auf die innerfamiliären Beziehungen und die Entscheidungsfindung

Die persönliche Beteiligung des Kindes ist zunächst um des Kindes willen wichtig. **415**
Die Trennung der Eltern ist für das Kind meist ein einschneidendes Erlebnis und mit vielen Änderungen in seinem Leben verbunden. Wird ihm Gelegenheit gegeben sich zu äußern, seine Bedürfnisse und Interessen mitzuteilen, können ihm auch erforderliche Unterstützung und Antworten auf seine Fragen gegeben werden. Von seinen Eltern erhält das Kind oft kaum Informationen und Erklärungen, da es diesen schwerfällt, mit dem Kind über die Trennung und ihre Folgen zu sprechen. Kinder fühlen sich oft zu wenig informiert.[245]

Durch die persönliche Beteiligung können dem Kind Informationen vermittelt und ihm kann verdeutlicht werden, dass es als Persönlichkeit wahrgenommen wird, seine Bedürfnisse und Interessen ernst genommen werden und nicht über seinen Kopf hinweg über sein Leben entschieden wird. Die alters- und reifegerechte Beteiligung kann erheblich zur **Stärkung des Selbstwertgefühls und der Selbstwirksamkeit** des Kin-

243 Vgl. Klußmann/Stötzel, S. 96.

244 Zur kindgerechten Kommunikation mit dem Kind und den erforderlichen Fortbildungsinhalten siehe Carl/Clauß/Karle, Kindesanhörung (2015).

245 Vgl. Deutsches Institut für Menschenrechte, Policy Paper „Kindgerechte Justiz", S. 15, abrufbar unter https://www.institut-fuer-menschenrechte.de/themen/kinderrechte/kindgerechte-justiz (Abruf am 17.9.2024); Praxisleitfaden zur Anwendung kindgerechter Kriterien für das familiengerichtliche Verfahren, abrufbar unter https://www.bmfsfj.de/ (Abruf am 17.9.2024).

des beitragen. Der Verfahrensbeistand muss daher die passenden Qualifikationen haben, um dem Kind entsprechend begegnen zu können

▶ *Zu den Qualifikationsanforderungen siehe Teil 2/Salgo zu § 158a FamFG, Rn. 56 ff.*

416 Im Ausland durchgeführte Befragungen von Kindern ergaben, dass sie durchaus einbezogen werden wollen. In der **Studie** von *Parkinson* und *Cashmore* berichteten viele Kinder, sich besser zu fühlen, wenn sie wussten, was um sie herum vorging, und sie etwas Einfluss auf die Vorgänge hatten und nicht gänzlich den Entscheidungen und Handlungen ihrer Eltern ausgeliefert waren.[246] Einige Kinder bezweifelten ausdrücklich, dass die Eltern wüssten, was die Kinder wollten, und dass sie allein die „richtige" Entscheidung treffen könnten. Die meisten Kinder wollten zwar nicht selbst entscheiden, aber in den Entscheidungsprozess involviert sein (**„voice not choice"**).[247] Sie wollten nicht ignoriert werden und empfanden die Einbeziehung in die Entscheidungen als einen Ausdruck von Respekt ihnen gegenüber.[248]

Kinder, in deren Familie ein höheres Konfliktpotenzial herrschte, wünschten sich sogar ein tatsächliches Mitspracherecht; sie wollten nicht nur eine Stimme im Prozess, sondern explizit Einfluss auf das Ergebnis haben („not just a voice but a choice").[249]

Einige Kinder äußerten Unbehagen gegenüber der Einbeziehung, da sie sich nicht zwischen den Eltern entscheiden wollten und sich über ihre Funktion im Entscheidungsprozess und über die Vertraulichkeit des Gesprächs unsicher waren.[250] Allerdings ist es Aufgabe der Person, die mit dem Kind spricht, das Kind über seine Rolle aufzuklären und das Gespräch mit dem Kind so zu gestalten, dass sich das Kind nicht in der Position sieht, sich zwischen den Eltern entscheiden zu müssen. Aufschlussreich ist es, sich mit den Äußerungen von Kindern zu ihrer Rolle im Gerichtsverfahren und ihrer Zufriedenheit mit der Interessenvertretung auseinanderzusetzen (siehe hierzu Studie von *Murch*, ausführlicher in Teil 1/*Salgo*, Rn. 7).

417 In der **Studie zur richterlichen Anhörung** von Kindern von *Karle* u.a. versprachen sich 10,4 % der befragten Richter von der Kindesanhörung nur ein geringes Maß an Erkenntnissen für das Verfahren.[251] Jeweils weniger als 5 % waren der Ansicht, dass sie sich bereits aufgrund der Beteiligtenvorträge ein Bild vom Kind machen können oder dass Kinder bewusst wichtige Informationen zurückhalten.[252] Auch in *Prokschs* **Studie zur Mediation** in streitigen Familiensachen äußerten einige Vermittler, dass sie Kinder so gut wie nie einbeziehen würden, da das Gespräch mit den Eltern bereits genügend, wenn nicht sogar mehr Informationen über die Kinder und die Familienkonstellation offenbare als ein direktes Gespräch mit dem Kind.[253] Hiergegen sind Zweifel angebracht.

246 Parkinson/Cashmore, S. 67.
247 Parkinson/Cashmore, S. 66.
248 Parkinson/Cashmore, S. 67.
249 Parkinson/Cashmore, S. 76.
250 Parkinson/Cashmore, S. 68.
251 Karle u.a., S. 63.
252 Karle u.a., S. 59.
253 Proksch (1998), S. 78 f.

In *Lempps* Studie zur richterlichen Kindesanhörung zeigte sich, dass viele Richter der Kindesanhörung hohe Bedeutung beimaßen, weil sie sich danach hinsichtlich ihrer Entscheidung sicherer fühlten. Dies gaben 93 % der Richter bei unstreitigen und 84 % der Richter bei streitigen Sorgerechtsverfahren an, allerdings nur 59 % in Verfahren zu Umgangsregelungen.[254] Auch in *Karles* Studie gaben 87,5 % der Richter an, sich nach der Kindesanhörung ein besseres Urteil bilden zu können. 47,4 % der Richterinnen und 39,4 % der Richter erwarteten durch die Kindesanhörung Aufschluss über den Entwicklungsstand des Kindes, teils auch über sein soziales Umfeld.[255] **418**

Ein **Vergleich der Antworten** zu den Erwartungen und dem Nutzen der richterlichen Anhörung zeigt, dass der Nutzen kaum hinter den Erwartungen zurückbleibt,[256] vorausgesetzt, der Richter kann mit einem Kind sprechen und sich auf das Kind einlassen.

Auffällig ist, dass in der Kindesanhörung **fortgebildete Richter** weitaus häufiger als nicht fortgebildete Richter äußerten, dass die Kindesanhörung für die Urteilsfindung von Nutzen war.[257] Richter ohne Fortbildung zweifelten signifikant häufiger am Nutzen der Anhörung als fortgebildete Richter.[258] **419**

Wer also weiß,

- was er von einem Kind erwarten kann,
- wie er mit dem Kind sprechen muss,
- wie er eine Anhörungssituation gestalten kann, in der das Kind sich frei und weiterbringend äußern kann,

verspricht sich auch mehr von dem Gespräch mit dem Kind und nutzt öfter die Chance, das Kind anzuhören, kann das Kind besser befragen und die Antworten besser berücksichtigen. Umso bedeutender ist die gesetzliche Verpflichtung zur entsprechenden Verpflichtung der Richter und Richterinnen am Familiengericht u.a. auch und gerade zur „Kommunikation mit Kindern" (vgl. § 23b Abs. 3 GVG).

▶ *Siehe hierzu auch Teil 1/Salgo, Rn. 16 ff.; Teil 4/Heilmann zur Kindesanhörung, Rn. 145 ff.; Teil 4/Nordstern, Rn. 180.*

Es genügt für eine das Kind betreffende Entscheidung daher nicht, nur die Sicht der Eltern zu kennen.[259] **420**

Die Äußerungen des Kindes können helfen, das **Gesamtbild** der Situation der Familie zu vervollständigen. Es können die wechselseitigen Beziehungen zwischen beiden Elternteilen und dem Kind sowie neben den Kapazitäten der Eltern auch die Bedürfnisse des Kindes und somit die gesamte familiäre Psychodynamik erforscht werden.

254 Lempp u.a., S. 90.
255 Karle u.a., S. 57.
256 Karle u.a., S. 58.
257 Karle u.a., S. 58.
258 Karle u.a., S. 59.
259 Kaltenborn, British Journal of Social Work (2001), 31, 81 (82).

Die Studien von *Parkinson* und *Cashmore* sowie von *McIntosh* zeigen, dass bei gerichtlichen wie außergerichtlichen Vermittlungen gerade durch die Beteiligung des Kindes die Entscheidungsfindung der Eltern bereichert, bessere Ergebnisse erzielt und auch die innerfamiliären Beziehungen verbessert werden können. Wird das Kind nicht persönlich beteiligt, können Projektionen und Annahmen der Eltern hinsichtlich des Kindes ungeprüft beibehalten werden und die vereinbarten Regelungen sind eher solche, von denen die Eltern denken, dass sie gut für das Kind sind. Kennen die Eltern hingegen die tatsächliche Meinung des Kindes, streiten sie weniger darum, wer das Kind besser kennt und wer besser weiß, was das Kind will, sondern sie können sich mit den tatsächlichen, vom Kind benannten Belangen des Kindes auseinandersetzen.

421 Die Kenntnis der Perspektive des Kindes kann die **Palette der Lösungen erweitern**. Auf die Eltern wirkt es oft aufrüttelnd, wenn ihnen das Befinden und die Interessen des Kindes sowie auch die Auswirkungen der Trennung auf das Kind vermittelt werden. Dies kann sie motivieren, von ihrem gegenseitigen Streit Abstand zu nehmen und sich mehr auch auf das Kind und sein Wohl zu konzentrieren. Oft benennen Kinder auch von den Eltern nicht berücksichtigte oder ihnen gar nicht bekannte Punkte als für sie bedeutsam, während von den Eltern umstrittene Punkte teils vom Kind als weniger gravierend eingeschätzt werden.[260]

Die Kenntnis der Sichtweise der jeweils anderen Familienmitglieder kann das **Verständnis füreinander erhöhen**. Oft sind die Eltern eher bereit, Kompromisse einzugehen, wenn sie wissen, dass das Kind mit der Regelung einverstanden ist oder diese sogar wünscht. Ferner kann die Kenntnis der Auswirkungen ihres eigenen Verhaltens auf das Kind die Eltern zu einem **Umdenken im Verhalten** gegenüber dem Kind bewegen. Zum Beispiel kann die Kenntnis dessen, wie die elterliche Trennung, das elterliche Verhalten und die gesamte Familiensituation auf das Kind wirken, bei den Eltern bewirken, dass sie sich z.B. bei der Übergabe entsprechend anders verhalten.

Die Einbeziehung der persönlichen Sichtweise des betroffenen Kindes ist daher regelmäßig eine große Bereicherung und wirkt oft als Katalysator für eine Konfliktlösung.[261]

422 Die Kenntnis der Perspektive des Kindes kann auch helfen, den **Regelungen die notwendige Flexibilität zu geben**, die sie benötigt, um nachhaltig zu sein und auf Veränderungen, die sich bereits durch das zunehmende Alter und die sich ändernden Interessen des Kindes ergeben, reagieren zu können. Die Lebenssituation des Kindes ist schließlich nicht statisch, sondern vielmehr dynamisch, da sie sich aufgrund seiner Erfahrungen sowie interner und externer Faktoren verändert.[262] Die Bedürfnisse eines Kindes können im Alter von drei und zehn Jahren sehr verschieden sein und in den Jahren dazwischen können viele weitere Veränderungen auftreten wie ein Umzug, neue Partner der Eltern, aber auch neue Interessen des Kindes.[263]

---

260 Prütting/Helms/Hammer, § 156 FamFG Rn. 44.
261 Prütting/Helms/Hammer, § 156 FamFG Rn. 44.
262 Kaltenborn, British Journal of Social Work (2001), 31, 81 (81).
263 Parkinson/Cashmore, S. 218.

Sowohl im ersten Entscheidungsfindungsprozess als auch später sollte das Kind einbezogen werden, um die Regelungen flexibel genug zu gestalten und sie den sich verändernden Bedürfnissen aller Beteiligten anpassen zu können.[264]

gg) Verzicht auf die Kindesanhörung bei elterlicher Einigung

In der Studie von *Lempp* gaben die befragten Richter an, in etwa einem Drittel der Verfahren bei Einigung der Eltern auf eine Kindesanhörung zu verzichten.[265] 25 Jahre später erklärten 75,8 % der von *Karle* u.a. befragten Richter selbiges, dabei lag die elterliche Einigung – nach „das Kind sei zu jung" – auf Rang zwei der Argumente, auf die Anhörung des Kindes zu verzichten.[266] **423**

Begründet wird dies damit, dass eine elterliche Einigung angeblich per se im Interesse des Kindes sei. Diese Ansicht beruht auf der Prämisse, dass eine Einigung der Eltern dafür spreche, dass sie sich versöhnt haben und dass sie in Zukunft miteinander (wieder) kooperieren und kommunizieren können, wovon auch das Kind profitiere. Ferner wird angenommen, dass die Eltern die Bedürfnisse des Kindes ohnehin am besten kennen und bei einer Einigung die Interessen des Kindes hinreichend berücksichtigen. Diese Annahmen halten jedoch einer Überprüfung nicht stand.

Lempp et al. erklärten bereits 1987, dass es nicht gerechtfertigt sei, die Anhörung des Kindes davon abhängig zu machen, ob es sich um ein streitiges oder unstreitiges Verfahren handelt.[267] Der Richter habe auch in unstreitigen Verfahren die **Wächteramtsfunktion** zu erfüllen, also mögliche Kindeswohlgefährdungen in den Familien aufzuspüren und notfalls zum Wohl des Kindes anders zu entscheiden, als es die Eltern vereinbart haben.[268] **424**

Eine Einigung der Eltern bedeutet nicht zwangsläufig, dass die Regelung die Interessen des Kindes besser respektiert und berücksichtigt als eine richterliche Entscheidung.[269] Gegebenenfalls verhandeln sie letztlich über das Kind wie über eine Sache und teilen seine Zeit so auf, wie sie es für sich als fair empfinden. **425**

Hinweis

! *Eine aus der Sicht der Eltern einvernehmliche Lösung kann aus der Perspektive des Kindes völlig anders aussehen.*[270]

Die Eltern mögen zwar glauben, das Beste für das Kind zu regeln, meinen dabei aber vielfach sich selbst.[271] Oft können oder wollen die Eltern die wahren Neigungen und tieferen Bindungen des Kindes nicht ermessen.[272] Für das Kind macht es im Ergebnis

264 Parkinson/Cashmore, S. 218.
265 Lempp u.a., S. 88.
266 Vgl. Karle u.a., S. 64.
267 Lempp u.a., S. 106.
268 Lempp u.a., S. 46.
269 Vgl. Parkinson/Cashmore, S. 217.
270 Salgo, FPR 2010, 456 (457).
271 Klußmann/Stötzel, S. 57.
272 Luthin, FamRZ 1981, 111 (113).

keinen Unterschied, ob die Regelung durch gerichtliche Entscheidung oder elterliche Einigung über seinen Kopf hinweg zustande kam, wenn es im Rahmen der Entscheidungsfindung nicht angehört wurde und somit seine individuellen Interessen und Bedürfnisse keine Berücksichtigung fanden (zu den Auswirkungen einer Mediation zwischen Eltern auf ihre Kinder siehe Rn. 435 ff.).

Kinder haben aber im Allgemeinen einen sehr ausgeprägten Sinn dafür, was in ihrer Familie fair und gerecht ist, sodass man eine Chance verschenkt, wenn man den Vorstellungen des Kindes, die oft von den Fairness-Vorstellungen der Eltern abweichen, keinen Platz gibt.[273] In Kenntnis der tatsächlichen Perspektive des betroffenen Kindes können bessere, einzelfallgerechte Regelungen getroffen werden.[274]

426 Hinsichtlich des Ergebnisses kann es wie eine „Nagelprobe" sein, die **Reaktion des Kindes** auf die von den Eltern gewollte Regelung oder die beabsichtigte richterliche Entscheidung zu beobachten, da sie sehr oft deutlich macht, ob das Ergebnis für das Kind in Ordnung ist.[275] Die Kenntnis der Perspektive des Kindes kann den Eltern auch die Sicherheit geben, die richtige Regelung gefunden zu haben.[276] Werden schließlich Regelungen getroffen, in denen sich alle Familienmitglieder – also auch das Kind – hinreichend repräsentiert sehen, kann dies zu einer Verbesserung der innerfamiliären Beziehungen führen.

3. Einvernehmen in Kindschaftssachen

427 Eine Einigung über die das Kind betreffenden Belange kann für viele Familien eine gute Alternative gegenüber einer streitigen Gerichtsentscheidung darstellen. Dies setzt aber voraus, dass die Beteiligten willens und in der Lage sind, miteinander zu verhandeln, und zudem bereit sind, Kompromisse einzugehen.

Praxistipp

▶ *Für den Verfahrensbeistand gilt, dass er als Interessenvertreter des Kindes eigenständiger Beteiligter im Verfahren ist (§ 158b Abs. 3 Satz 1 FamFG). Er ist dafür zuständig sicherzustellen, dass die Interessen, Bedürfnisse, Ängste, Wünsche des Kindes hinreichend berücksichtigt werden – unabhängig davon, ob der Richter entscheidet oder die Eltern eine Einigung treffen. Denn eine Einigung der Eltern ist noch kein Garant dafür, dass die Interessen des Kindes gewahrt sind.*

428 Auch vor einem Einvernehmen ist zunächst der Sachverhalt zu erarbeiten, weil erst danach eingeschätzt werden kann, welche Lösung auch im Interesse des Kindes ist.

273 Krabbe/Thomsen, Familienmediation mit Kindern und Jugendlichen, Rn. 93.
274 Vgl. Parkinson/Cashmore, S. 191.
275 Vgl. Carl/Eschweiler, NJW 2005, 1681 (1686).
276 Vgl. auch Maywald, FPR 2010, 460.

Hinweis

Zu beachten ist: Je schwerwiegender der Konflikt der Eltern ist, desto größer ist die Gefahr, dass sich das Verfahren eher auf die Eltern und ggf. deren Einigung konzentriert als auf das Kind.

Auch für den Verfahrensbeistand gilt daher, dass, je schwerwiegender der Konflikt ist, desto eher müssen der **Schutz des Kindes und die umfassende Sachverhaltsaufklärung** (z.B. betreffend Vorgeschichte der Familie, Bedürfnisse des Kindes, häusliche Gewalt, Konfliktniveau, Alkohol- und Drogenproblematik, psychische Probleme) im Vordergrund stehen.[277] Es ist immer im Einzelfall abzuschätzen, ob der Konflikt einer Vermittlung überhaupt zugänglich ist, also ob bei sämtlichen Beteiligten (noch) eine hinreichende Bereitschaft und Fähigkeit zur Erarbeitung einer einvernehmlichen, nachhaltigen Lösung besteht.[278]

Auch der **Verfahrensbeistand** sollte eine **eigene Einschätzung** darüber treffen, ob im Interesse des Kindes das Bemühen um ein Einvernehmen oder eine gerichtliche Entscheidung das Mittel der Wahl ist, und dies dem Gericht kommunizieren. Eine Gerichtsentscheidung kann für die Beteiligten auch erleichternd und strukturgebend sein. Nehmen Sachaufklärung oder außergerichtliche Vermittlungsbemühungen Zeit in Anspruch, kann es erforderlich sein, eine **Teilvereinbarung** zu treffen oder den Erlass einer einstweiligen Anordnung zu erwirken, um für diesen Zeitraum eine für das Kind erforderliche Stabilität und Verlässlichkeit zu gewährleisten. **429**

Im Folgenden sollen die Rechtsgrundlagen sowie Möglichkeiten und Grenzen von Einvernehmen, schließlich die Beteiligung des Kindes und die Rolle des Verfahrensbeistands erörtert werden.

a) Rechtsgrundlagen

aa) Einvernehmen im familiengerichtlichen Verfahren (§ 156 FamFG)

Grundnorm für das Hinwirken auf ein Einvernehmen in Kindschaftsverfahren ist § 156 Abs. 1 FamFG, wonach das Gericht in Verfahren, die **430**

- die elterliche Sorge bei Trennung und Scheidung,
- den Aufenthalt des Kindes,
- das Umgangsrecht oder
- die Herausgabe des Kindes

betreffen, auf ein Einvernehmen der Beteiligten hinwirken soll, sofern dies dem Kindeswohl nicht widerspricht.

In **Umgangssachen** sieht das Gesetz die gerichtliche Billigung einer Einigung vor (§ 156 Abs. 2 FamFG).[279] Vor der Herstellung eines Einvernehmens hat eine einge- **431**

277 Vgl. auch Prütting/Helms/Hammer, § 156 FamFG Rn. 19.
278 Prütting/Helms/Hammer, § 156 FamFG Rn. 19.
279 Vgl. Ernst, NZFam 2015, 804.

hende Aufarbeitung und Klärung des Sachverhaltes zu erfolgen (§ 26 FamFG).[280] Auch im Rahmen der Bemühungen um ein Einvernehmen bleibt das Anhörungsrecht des Kindes nach § 159 Abs. 1 FamFG unberührt.

Die Pflicht zur Einbeziehung des Kindes betrifft auch Einigungen, die bereits im ersten **frühen Termin** gemäß § 155 FamFG zustande kommen, zu welchem das Kind in der Regel nicht geladen wird. Sofern nicht jedenfalls ein Verfahrensbeistand bereits mit dem Kind gesprochen hat und die Berücksichtigung seiner Perspektive im ersten Termin sicherstellen kann, sollte eine Billigung der Einigung erst nach Anhörung des Kindes erfolgen. Auch vor Erlass einer einstweiligen Anordnung ist das Kind gemäß § 156 Abs. 3 Satz 3 FamFG anzuhören.

Praxistipp

▶ *Der Verfahrensbeistand muss auch dafür Sorge tragen, dem Kind das Ergebnis der mündlichen Verhandlung bzw. des Einvernehmens mitzuteilen und zu erklären (§ 158b Abs. 1 Satz 3 und 5 FamFG).*

432 **Einvernehmen in Verfahren wegen elterlicher Sorge (§ 156 Abs. 1 FamFG, § 1671 BGB)**

Bei einer elterlichen Einigung über die Übertragung der gesamten oder teilweisen elterlichen Sorge auf einen Elternteil kommt hinzu, dass einem 14-jährigen Kind nach § 1671 Abs. 2 Nr. 1 BGB ein **Widerspruchsrecht** zusteht, daher ist ein 14-jähriges Kind zwingend zur elterlichen Einigung zu hören, damit es ggf. sein Widerspruchsrecht ausüben kann. Gemäß § 159 Abs. 1 FamFG hat das Gericht jedoch auch jüngere Kinder anzuhören und sich einen persönlichen Eindruck von ihnen zu verschaffen.[281] Eine elterliche Einigung allein zur Übertragung der elterlichen Sorge genügt nicht, sondern in der Regel ist eine

- gerichtliche Entscheidung,
- gerichtliche Protokollierung oder
- Erklärung beim Jugendamt

erforderlich (vgl. §§ 1671, 1626a, 1666 BGB).

433 **Einvernehmen in Verfahren wegen Umgang (§ 1684 BGB, § 156 Abs. 2 FamFG)**

Erzielen „die Beteiligten" ein Einvernehmen über das Umgangsrecht, ist dieses nach § 156 Abs. 2 FamFG gerichtlich zu billigen, sofern die Regelung dem Kindeswohl nicht widerspricht. Laut der Gesetzesbegründung setzt dies auch die **Zustimmung des Kindes** zur vereinbarten Regelung voraus,[282] da es in Umgangsverfahren Verfahrensbeteiligter ist (§ 7 Abs. 2 Nr. 1 FamFG i.V.m. § 1684 Abs. 1 BGB). Es genügt also nicht, in der einvernehmlichen Regelung der sorgeberechtigten Eltern zugleich (kon-

280 Vgl. Weber, NZFam 2017, 99 (101).
281 Zu spezifischen Fragestellungen im Gespräch mit dem Kind betreffend die elterliche Sorge siehe Carl/Clauß/Karle, Kindesanhörung (2015), S. 164 ff.
282 BT-Drucks. 16/6308, S. 237; MünchKomm-FamFG/Schumann (2018), § 156 FamFG Rn. 30.

kludent) die erforderliche Zustimmung des Kindes zum Vergleich zu sehen.[283] Das Kind ist auf jeden Fall – auch bei einem Einvernehmen der Eltern – persönlich anzuhören (§ 159 FamFG)[284] und an der Erzielung von Einvernehmen zu beteiligen.[285] Hierbei ist dem Kind nicht nur ein Ja oder Nein zur vereinbarten Regelung der Eltern abzugewinnen – zumal das Kind von einer Entscheidungsverantwortung freigehalten werden soll –, sondern es soll ein möglichst dialogisch angelegtes Verfahren gestaltet werden.[286] Ziel ist es, dem Kind rechtliches Gehör zu gewähren und dem Gericht die Einschätzung zu ermöglichen, das Befinden des Kindes zu ermitteln und somit zu überprüfen, ob die Regelung dem Kindeswohl nicht widerspricht (§ 156 Abs. 2 Satz 2 FamFG).[287]

Teilweise wird die Erforderlichkeit der Zustimmung des Kindes davon abhängig gemacht, ob das Kind verfahrensfähig (§ 9 Abs. 1 Nr. 3 FamFG) ist, also mindestens 14 Jahre alt ist und sein Umgangsrecht durchsetzen will (zur Verfahrensfähigkeit von Kindern und Jugendlichen siehe Teil 4/*Heilmann*, Rn. 139 ff.).[288] Festzuhalten ist zunächst, dass das betroffene Kind anzuhören ist bzw. das Gericht muss sich einen persönlichen Eindruck vom Kind verschaffen (§ 159 Abs. 1 FamG); eine untere Altersgrenze nennt das Gesetz nicht. Diese **Anhörungspflicht** besteht nicht nur vor einer gerichtlichen Entscheidung, sondern auch wenn ein Einvernehmen der Eltern über den Umgang erzielt wird.[289]

Teils wird diskutiert, ob **jüngere Kinder** einer Umgangsvereinbarung selbst zustimmen müssen, beziehungsweise ob sie dabei gesetzlich vertreten werden müssen.[290] Dieser Streit wirkt letztlich eher formal-juristisch und orientiert sich wenig am Kindeswohl. Vor allem in Umgangssachen, die das zukünftige Leben des Kindes, seine Zeiteinteilung und seine Beziehungen zu seinen Eltern, Geschwistern, weiteren Bindungspersonen sowie Freunden maßgeblich bestimmen, sollte handlungsleitend sein, Regelungen zu finden, die auch das Kind langfristig gut tragen kann. Ist das Kind mit einer Umgangsvereinbarung nicht einverstanden, kann nicht ohne Weiteres davon ausgegangen werden, dass sie seinem Wohl dient und das Kind gut mit der Regelung wird leben können – welche Gründe auch immer dahinter stehen. Es ist nicht nachvollziehbar, weshalb hier die **Verfahrensfähigkeit oder gesetzliche Vertretung** des Kindes bei Erklärung seiner Ablehnung entscheidend sein soll.

---

283 So jedoch AG Ludwigslust FamRZ 2010, 488; kritisch zu dieser Entscheidung des AG Ludwigslust siehe Haußleiter, FamFG, § 156, Rn. 14.
284 Siehe auch BGH, Beschl. v. 10.7.2019, XII ZB 507/18 = NJW 2020, 687.
285 Zu spezifischen Fragestellungen im Gespräch mit dem Kind zum Umgang siehe Carl/Clauß/Karle, Kindesanhörung (2015), S. 166 ff.
286 Güthoff, in: Güthoff/Sünker, S. 201 (204).
287 MünchKomm-FamFG/Schumann (2013), § 156 FamFG Rn. 20.
288 So z.B. Sternal/Schäder (2023), § 156 FamFG Rn. 13; Köhler ZKJ 2018, 50 (53).
289 BGH NJW 2020, 687.
290 Siehe zum Meinungsstreit Prütting/Helms/Hammer, § 156 FamFG Rn. 51 sowie Ernst, NZFam 2015, 804; Coester, in: Lipp/Schumann/Veit, S. 55; Ivanits, ZKJ 2012, 98.

Praxistipp

Die Ablehnung des Kindes sollte Anlass geben zu prüfen, ob zumindest kurzfristig eine andere Regelung zielführender ist oder was an der Regelung geändert werden kann, damit auch das Kind sie gut umsetzen kann.

Für den **Verfahrensbeistand** gilt, dass er selbst Beteiligter im Verfahren und somit auch seine Zustimmung zu einer Umgangsvereinbarung erforderlich ist.[291]

- Als Interessenvertreter des Kindes ist es seine Aufgabe sicherzustellen, dass die Kindesinteressen in der einvernehmlichen Regelung hinreichend zur Geltung kommen und nicht zugunsten eines Kompromisses der Eltern übergangen werden.[292]
- Eventuelle Bedenken hat der Verfahrensbeistand in das Verfahren einzubringen (§ 158b Abs. 1 Satz 1 FamFG; vgl. Teil 4/*Heilmann*, Rn. 43). Dabei sind durchaus auch Gründe denkbar, die nicht bereits kindeswohlgefährdend sind, aber dennoch ausschlaggebend für eine den Interessen und Bedürfnissen des Kindes gerecht werdende Regelung sein können.

Praxistipp

Auch bei Bemühungen um ein Einvernehmen muss der Verfahrensbeistand als Interessenvertreter des Kindes penibel darauf achten, den Fokus auf das Kind zu wahren und sicherzustellen, dass nicht irgendwie eine Einigung getroffen wird, sondern immer nur eine solche Einigung, die dem Interesse des betroffenen Kindes hinreichend Geltung verschafft.

Die elterliche Einigung bietet keine Rechtfertigung für einen **Verzicht auf die persönliche Anhörung und Beteiligung des Kindes**. Die Eltern (§ 1626 Abs. 2 Satz 2 BGB) und auch die Jugendhilfe (§ 8 Abs. 1, § 17 Abs. 2 SGB VIII) sollen das Kind einbeziehen und mit ihm Einvernehmen anstreben, bei einem gerichtlichen Vergleich kann nichts anderes gelten.[293] Die Erkenntnis, dass es zum einen für die Eltern äußerst hilfreich sein kann, die Sichtweise und das Befinden des Kindes von einem Dritten übermittelt zu bekommen, und dass zum anderen Regelungen, die mit der Zustimmung des Kindes getroffen sind, oft nachhaltiger sind, sollte dazu führen, das Kind auch bei Vermittlungen möglichst früh persönlich zu beteiligen und seine Meinung angemessen zu berücksichtigen, damit ein gesamtfamiliäres Einvernehmen erzielt werden kann.[294] Es ist Aufgabe des Verfahrensbeistands sicherzustellen, dass die Interessen des Kindes in der getroffenen Regelung hinreichend zur Geltung kommen; ansonsten sollte er dem Einvernehmen nicht zustimmen.

291 Vgl. nur Prütting/Helms/Hammer, § 156 FamFG Rn. 52 m.w.N.
292 Hammer, FamRZ 2011, 1268; Salgo, FPR 2012, 456.
293 Staudinger/Coester (2020), § 1671 BGB Rn. 292.
294 Staudinger/Coester (2020), § 1671 BGB Rn. 292; Ivanits, NZFam 2016, 7.

Stimmt ein Beteiligter – also ein Elternteil, das Kind, der Verfahrensbeistand oder das beteiligte Jugendamt – dem Einvernehmen nicht zu, sollte das Gericht den Vergleich nicht billigen, sondern per **Beschluss** (§ 38 FamFG) entscheiden.[295] Vor der Beschlussfassung hat sich das Gericht im Rahmen seiner **Ermittlungspflicht** (§ 26 FamFG) mit den Bedenken und Einwänden intensiv auseinanderzusetzen und den vorgeschlagenen Vergleich gemessen an § 1697a BGB zu überprüfen.

- Ergeben die Ermittlungen, dass die von den Eltern vorgeschlagene Regelung dem Kindeswohl widerspricht, müsste das Gericht die Billigung ohnehin nach § 156 Abs. 2 Satz 2 FamFG versagen.
- Ergeben die Ermittlungen keine Gefahr einer Kindeswohlgefährdung, steht es dem Gericht frei, den Inhalt des Vergleichs in einen Beschluss umzuwandeln.

Der Verfahrensbeistand sowie das beteiligte Jugendamt können also ein Einvernehmen der persönlich am Verfahren Beteiligten scheitern lassen. Erforderlich hierfür ist, dass Gründe vorgetragen werden, die im Interesse des Kindeswohls eine Entscheidung gegen den übereinstimmenden Willen der Eltern erforderlich werden lassen.[296] Trifft das Gericht dann eine Entscheidung, in der der Verfahrensbeistand die Interessen des Kindes nicht hinreichend berücksichtigt sieht, kann er gegen die Entscheidung in **Beschwerde** gehen.

Ist eine elterliche Vereinbarung über den Umgang erarbeitet und hat das Gericht indes das Kind vor der gerichtlichen Billigung der Umgangsvereinbarung nach § 156 Abs. 2 FamFG nicht angehört, ist die Billigung verfahrensfehlerhaft und die Beschwerde gegen sie statthaft.[297]

Verfahren wegen Kindeswohlgefährdung (§ 157 FamFG, § 1666 BGB) 434

In Verfahren wegen Kindeswohlgefährdung **gilt** die Leitidee des Hinwirkens auf ein Einvernehmen gemäß § 156 FamFG **nicht** (siehe auch Teil 4/*Berneiser*, Rn. 199).[298] Denn Gegenstand kindesschutzrechtlicher Verfahren ist die Frage, ob eine Gefährdung des körperlichen, seelischen und geistigen Wohls des Kindes besteht, und wenn ja, ob die Eltern gewillt und in der Lage sind, die Gefährdung abzuwenden (§ 1666 BGB; siehe auch Teil 4/*Berneiser*, Rn. 199 ff.).[299] Es geht um den Schutzanspruch des Kindes gegen den Staat auf Schutz vor Gefährdungen,[300] es kommt das **staatliche Wächteramt** zum Tragen (Art. 6 Abs. 2 Satz 2 GG).

Unter **Gefährdung** sind insbesondere die Misshandlung und Vernachlässigung eines Kindes verstehen (zu den Tatbestandsvoraussetzungen der Kindeswohlgefährdung siehe Teil 2/*Wierse*, Rn. 423 ff.) sowie auch schwere und nachhaltige Beeinträchtigung der Entwicklung eines Kindes zum Beispiel durch Trennung von seiner Pflege-

295 Vgl. Salgo, FPR 2010, 456 (459) und Rn. 1454 ff.
296 Prütting/Helms/Hammer, § 156 FamFG Rn. 54 m.w.N.
297 Vgl. BGH, Beschl. v.10.7.2019, XII 507/18 = NJW 2020, 687.
298 Vgl. auch OLG Brandenburg, Beschl. v. 21.5.2019, 9 WF 11/19, juris = BeckRS 2019, 11065.
299 Staudinger/Coester (2020), § 1671 Rn. 293.
300 BVerfG, ZKJ 2017, 225.

familie, wenn es bereits seit längerer Zeit dort lebt (vgl. § 1632 Abs. 4 BGB, siehe auch Teil 2/*Wierse*, Rn. 502).[301]

Aus dem Verhältnismäßigkeitsgrundsatz (§ 1666a BGB) und dem Gefahrenabwendungsprimat der Eltern (§ 1666 Abs. 1 BGB) ergibt sich die Pflicht zur Erörterung mit den Eltern (§ 157 FamFG). Das gerichtliche **Erörterungsgespräch** nach § 157 FamFG ist jedoch nicht auf ein Einvernehmen gerichtet, sondern auf die Ermittlung, ob die Eltern bereit und in der Lage sind, die Gefährdung abzuwenden, erforderliche Hilfen anzunehmen und mit dem Jugendamt zu kooperieren.[302] Dem Erörterungsgespräch kann daher ein erziehender Charakter und eine Warnfunktion nicht abgesprochen werden.

Das Familiengericht hat in jedem Fall einen **Beschluss** zu treffen, in dem entweder Maßnahmen nach § 1666 BGB angeordnet werden oder festgestellt wird, dass kindesschutzrechtliche Maßnahmen derzeit nicht veranlasst sind.[303] Fokus der Tätigkeit der am Verfahren beteiligten Fachleute, somit auch des Verfahrensbeistands, muss die umfassende Sachverhaltsermittlung und -analyse sowie der Schutz des Kindes vor Gefährdungen sein, nicht ein Einvernehmen.

bb) Einvernehmen im Rahmen einer außergerichtlichen Vermittlung, insbesondere Mediation

435 Eine außergerichtliche Vermittlung bzw. Mediation kann **vor, während oder auch nach einem Gerichtsverfahren** durchgeführt werden, z.B. beim Jugendamt, bei einem freien Träger oder selbstständigen Mediator.[304] Für Vermittlungen des Jugendamtes regelt § 17 Abs. 2 SGB VIII, dass das Kind an der Entwicklung eines einvernehmlichen Konzepts für die Wahrnehmung der elterlichen Sorge angemessen zu beteiligen ist. Allerdings wird dem Kind im Verfahren beim Jugendamt kein dem Verfahrensbeistand vergleichbarer Interessenvertreter zur Verfügung gestellt.

436 Für **Mediationen** gilt das Mediationsgesetz, in diesem ist aber weder die Beteiligung noch die Interessenvertretung des Kindes geregelt. Kinder werden in Mediationen letztlich meist nicht persönlich beteiligt.[305] Dies führt zu einer ungleich **schwächeren Position des Kindes** im Gegensatz zum Gerichtsverfahren. Denn dort steht dem Kind ein Anhörungs- und Beteiligungsrecht sowie ein Interessenvertreter (Verfahrensbeistand) zu. In einer Mediation hingegen wird das Kind in der Regel nicht persönlich beteiligt und kann auch nicht mit einer seine Interessen vertretenden Person Rücksprache halten und dieser Fragen stellen. Vereinzelt wird zwar die Hinzuziehung eines Kinder-Interviewers empfohlen und praktiziert, der zunächst mit den Eltern spricht, dann mit dem Kind und den Eltern, sodann die Perspektive des Kindes zu-

301 Zu den Voraussetzungen einer Verbleibensanordnung siehe BVerfG, ZKJ 2017, 225.
302 BT-Drucks. 16/6308, S. 237. Zu den Möglichkeiten und Grenzen von Geboten nach § 1666 Abs. 3 Nr. 1 BGB s. AK 21, 24. DFGT (2024), S. 145 ff.
303 Vgl. Prütting/Helms/Hammer, § 157 FamFG Rn. 27.
304 Zu außergerichtlicher Konfliktbeilegung siehe Prütting/Helms/Hammer, § 156 FamFG Rn. 20 ff.; Ivanits, in: Heilmann/Lack (Hrsg.), Die Rechte des Kindes, S. 255 (270 ff.).
305 Krabbe/Thomsen, Familienmediation mit Kindern und Jugendlichen, S. 31.

rückmeldet.[306] Allerdings wirkt der Kinder-Interviewer meist nicht bis zum Abschluss des Mediationsverfahrens mit.

Praxistipp

▶ *Eine dem Alter und der Reife angemessene persönliche Beteiligung und Interessenvertretung des Kindes in der außergerichtlichen Vermittlung oder Mediation sollte sichergestellt werden.*

Der Ausschuss für die Rechte des Kindes, der die regelmäßig vorzulegenden Staatenberichte überprüft und Empfehlungen ausspricht, hat ausdrücklich erklärt, dass **Art. 12 UN-KRK** auch dann gilt, wenn im Rahmen des Gerichts- oder Verwaltungsverfahrens alternative Konfliktlösungsverfahren wie Mediation oder Schlichtung durchgeführt werden.[307] Der Staat ist somit verpflichtet sicherzustellen, dass das Kind auch in einer seine Person berührenden Mediation die Gelegenheit erhält, seine Meinung zu äußern, und dass diese Meinung angemessen berücksichtigt wird.

Es stellt sich ferner die Frage, ob die **Voraussetzungen für die gerichtliche Protokollierung** einer in einer Mediation getroffenen Umgangsregelung nach § 156 Abs. 2 FamFG vorliegen, wenn das Kind an der Entscheidungsfindung nicht beteiligt wurde. Denn die Protokollierung eines Umgangsvergleichs setzt ein „Einvernehmen der Beteiligten", also auch des Kindes, voraus.

Die angemessene Einbeziehung und Interessenvertretung des Kindes in der Mediation hätte im **Mediationsgesetz** (MediationsG) verankert werden sollen, um eine Stimmigkeit zwischen Mediationsgesetz und Kindschaftsrecht herzustellen[308] und um die Anforderungen des Art. 12 UN-KRK zu erfüllen. Konventionswidrig dürfte auch die Gesetzesbegründung zum Mediationsgesetz sein, in der erklärt wird, der Mediator sei anders als ein Richter nicht vornehmlich dem Kindeswohl, sondern den Parteien verpflichtet.[309] Nach Art. 3 UN-KRK ist aber bei allen Maßnahmen, die Kinder betreffen, gleichviel ob sie von öffentlichen oder privaten Einrichtungen der sozialen Fürsorge, Gerichten, Verwaltungsbehörden oder Gesetzgebungsorganen getroffen werden, das Wohl des Kindes ein Gesichtspunkt, der vorrangig zu berücksichtigen ist. Somit sollte auch ein Mediator das Kindeswohl vorrangig berücksichtigen. **437**

Die Beteiligung des Kindes an einer Mediation sollte nicht von der Zustimmung der Eltern abhängig gemacht werden, so wie auch die gerichtliche Kindesanhörung nach § 159 FamFG keiner elterlichen Zustimmung bedarf. Den Eltern sollten ausführlich die Vorteile einer angemessenen Beteiligung des Kindes erläutert werden. Betreffend die Interessenvertretung des Kindes in der Mediation könnte ein **Verfahrensbeistand**

306 Bernhardt, FPR 2005, 95 (97).
307 Güthoff, in: Güthoff/Sünker, S. 201 (204).
308 Kinderrechtekommission des Deutschen Familiengerichtstags, Stellungnahme zum Referentenentwurf eines Mediationsgesetzes vom 4.8.2010, S. 5 (https://www.dfgt.de/resources/Stellungnahme_Mediations_G_2010.pdf; Abruf am 17.9.2024).
309 Güthoff, in: Güthoff/Sünker, S. 201 (204).

in derselben Rolle und mit denselben Aufgaben wie im Gerichtsverfahren hinzugezogen werden.

438 Hinsichtlich der **Verschwiegenheitspflicht des Mediators** regelt § 4 Satz 3 Nr. 2 MediationsG, dass diese nicht gilt, soweit die Offenlegung aus vorrangigen Gründen der öffentlichen Ordnung geboten ist, insbesondere um eine Gefährdung des Wohles des Kindes abzuwenden. Die Regelung der Schweigepflicht sowie der Ausnahme bei Kindeswohlgefährdung sind ein wichtiger Schritt für den Schutz des Kindes in einer Mediation.[310]

439 Die für Familienrichter hinsichtlich Kindesanhörung und Kinderschutz zu Recht in § 23b Abs. 3 Satz 3 GVG eingeführte **Fortbildungspflicht** (siehe Teil 1/*Salgo*, Rn. 34) sollte entsprechend auch für Familienmediatoren implementiert werden.[311] Jedenfalls in einer Rechtsverordnung über die Aus- und Fortbildung des zertifizierten Mediators (vgl. § 6 MediationsG) sollten die Gesprächsführung mit Kindern sowie Grundkenntnisse der Entwicklungspsychologie und der familialen Entwicklungsphasen[312] als erforderliche Ausbildungsinhalte aufgenommen werden.[313] Es ist dringend ein Bewusstsein für die Rechte des Kindes sowie für die Vorteile, die durch die Beteiligung des Kindes gewonnen werden können, zu schaffen.

cc) Beteiligungsrecht innerhalb der Familie gemäß § 1626 Abs. 2 Satz 2 BGB

440 Nach § 1626 Abs. 2 Satz 2 BGB sind die Eltern innerfamiliär verpflichtet, Fragen der elterlichen Sorge mit dem Kind zu besprechen und nach seinem Entwicklungsstand mit ihm ein Einvernehmen anzustreben, es also am Zustandekommen eines Einvernehmens zu beteiligen.

b) Humanwissenschaftliche Erkenntnisse zu Einvernehmen

aa) Vermittlung oder herkömmliches Gerichtsverfahren

441 Eine Vermittlung kann den Beteiligten ermöglichen,

- mit Hilfe eines neutralen Dritten (wieder) miteinander ins Gespräch zu kommen,
- die jeweiligen Interessen und Bedürfnisse herauszuarbeiten,
- gegenseitiges Verständnis zu entwickeln

und auf dieser Basis gemeinsam Lösungen für den Konflikt zu finden, mit denen alle Beteiligten gut leben können. Je geringer das Konfliktniveau zwischen den Eltern ist

310 Vgl. auch Salgo, ZKJ 2011, S. 419 ff.

311 Ausführlich auch zu erforderlichen Inhalten der Fortbildung siehe Carl/Clauß/Karle, Kindesanhörung (2015), S. 199 ff.

312 Siehe auch Richtlinien der BAFM für die Mediation in Familienkonflikten, siehe https://www.bafm-mediation.de/ (Abruf am 17.9.2024).

313 In der Verordnung über die Aus- und Fortbildung von zertifizierten Mediatoren (ZMediatAusbV) vom 21.8.2016 (BGBl. I S. 1994) werden zwar allgemeine Anforderungen an die Ausbildung und Zertifikation normiert, allerdings keine speziellen Anforderungen an Familienmediatoren und die Gesprächsführung mit Kindern gestellt.

und je besser sie miteinander und mit der Trennung klarkommen, desto eher verringern sich in der Regel auch die Belastungen des Kindes infolge der Trennung.

Die Indikation für eine **Mediation** ist gegeben, wenn die Eltern grundsätzlich kooperationsbereit und -willig sind, sich über die Trennung einig sind, aber noch Folgefragen organisatorischer Art zu klären sind.[314] Die **Durchführung** einer Vermittlung und der Abschluss einer Einigung stehen indes nicht automatisch für eine bestehende Kooperationsfähigkeit und -bereitschaft der Beteiligten sowie für die Nachhaltigkeit einer getroffenen Regelung. Eine Mediation vermag nicht ohne Weiteres das **Konfliktniveau** zu senken und für eine Verbesserung der Kooperation und Kommunikation der Beteiligten zu sorgen.[315]

Insbesondere bei **Familien mit hohem Konfliktniveau** oder mit Gewalthintergrund **442** kann es für die Beteiligten überfordernd bis unzumutbar sein, gemeinsam zu verhandeln.[316] So verbietet auch Art. 48 Istanbulkonvention verpflichtende alternative Streitbeilegungsverfahren, einschließlich Mediation und Schlichtung, wegen aller in den Geltungsbereich dieses Übereinkommens fallenden Formen von Gewalt. Ein Einvernehmen ist dann ggf. nur bedingt bis gar nicht zielführend bzw. erzielbar. Die Fachleute müssen sich hier mit Fragen beschäftigen, die über die normale Beratung, Mediation hinausgehen.[317] Auch muss sichergestellt sein, dass keiner der Beteiligten physischen oder psychischen Gefahren im Rahmen der Vermittlung ausgesetzt ist. Es muss darauf geachtet werden, dass jeder Beteiligte im Verfahren mit seinen Ängsten und Sorgen hinreichend gehört und ernst genommen wird.

Der **Fokus** muss auf umfassender Sachverhaltsermittlung und -analyse sowie dem Kinderschutz liegen, nicht auf einer elterlichen Einigung. Außergerichtlich können strukturierte, langfristige beraterische Interventionen mit Einzelsitzungen erforderlich und zielführender sein als eine Mediation. Im Gerichtsverfahren kann oft eine gerichtliche Entscheidung erforderlich sein, um die notwendige Klarheit und Struktur zu schaffen[318] und den Beteiligten langwierige, frustrierende und erfolglose Vermittlungsbemühungen zu ersparen.

---

314 Zur außergerichtlichen Konfliktbeilegung siehe Prütting/Helms/Hammer, § 156 FamFG Rn. 20 ff.

315 Zu Möglichkeiten und Grenzen außergerichtlicher Mediation siehe Ivanits, in: Heilmann/Lack (Hrsg.), Die Rechte des Kindes, S. 255 (271)

316 Hierzu BVerfG, Beschl. v.18.12.2003, 1 BvR 1140/03, FPR 2004, 260 f.; Rupp, Rechtstatsächliche Untersuchung zum Gewaltschutzgesetz (2005); Nothhafft, Stellungnahme zum Entwurf eines Gesetzes zur Reform des Verfahrens in Familiensachen und in den Angelegenheiten der freiwilligen Gerichtsbarkeit (FGG-Reformgesetz – FGG-RG) am 8.2.2008.

317 Zur Mediation und Beratung bei Hochstrittigkeit siehe Krabbe, ZKJ 2016, 392.

318 Krabbe, ZKJ 2016, 392; Krabbe, ZKJ 2016, 48; vgl. Deutsches Jugendinstitut (DJI), Arbeit mit hochkonflikthaften Trennungs- und Scheidungsfamilien (2010); Trenczek/Petzold, ZKJ 2011, 409, 410.

443 ***Hinweis***

Von der Erzeugung eines unangemessenen Einigungsdrucks – etwa durch den Richter, den Mediator oder gar einen Sachverständigen oder Verfahrensbeistand – ist abzusehen.

Zwar kann ein gewisser Druck in vielen Situationen unabdingbar sein, um einen Erfolg zu erreichen. Ein angemessener Druck kann Chancen eröffnen und etwas in Bewegung setzen, was sonst vielleicht nicht in Bewegung gekommen wäre.[319] Ein Druck, der sich nur auf die einmalige Kontaktaufnahme mit einem Berater oder Mediator beschränkt, nimmt den Eltern die Entscheidung ab, sich für ein Einvernehmensverfahren zu entscheiden und eventuell den anderen davon überzeugen zu müssen.

Der Vermittler darf aber nicht Druck hinsichtlich des Abschlusses einer Einigung, insbesondere nicht eines bestimmten Inhalts, ausüben. Auch sollte der Widerstand eines Beteiligten nicht vorschnell als Bindungsintoleranz oder mangelnde Kooperationsbereitschaft bewertet werden.[320] Hier gilt es, den Sachverhalt, also neben den Wünschen und Ressourcen auch die **Risiken, Ängste und Defizite** zu erarbeiten und zu berücksichtigen. Andernfalls besteht die Gefahr, dass einer der Beteiligten voreilig nachgibt, weil er sich den Belastungen des Konflikts nicht mehr gewachsen fühlt und das Verfahren so schnell wie möglich beenden[321] oder einfach nur als „guter" Elternteil dastehen will.

444 Ob dem Kind damit gedient ist, ist höchst fraglich. Risiken wie z.B. Alkohol-, Drogen- oder Gewaltproblematiken könnten übersehen werden. Ob Eltern sich einigen können oder nicht, sagt nicht zwingend etwas über ihre individuelle Erziehungsverantwortung und -fähigkeit sowie die Vereinbarkeit der Einigung mit dem Kindeswohl aus. Ein Elternteil kann ein verantwortungsvoller Elternteil sein, auch wenn er sich nicht (mehr) mit dem anderen Elternteil verständigen, geschweige denn einigen kann.[322]

Hinweis

Nicht jeder Konflikt ist einvernehmlich lösbar.

Auch ist zu beachten, dass alltagspsychologische Vorannahmen oder aktuell gesellschaftlich erwünschte Regelungsmodelle immer im Einzelfall zu hinterfragen und mit fachlichem Wissen zu überprüfen sind.[323] Die Beteiligten werden außerdem auch bei einer richterlichen Entscheidung nicht ihrer autonomen Verantwortung enthoben: Selbst wenn sie die Regelungen nicht selbst getroffen haben, müssen sie doch mit

319 Kähler, S. 89.
320 Vgl. Salzgeber, FamRZ 2008, 656 (658).
321 Kriegel, S. 141.
322 Vgl. z.B. BVerfG, Beschl. v.18.12.2003, 1 BvR 1140/03, FamRZ 2004, 354 = FPR 2004, 260 f.
323 Salzgeber, FPR 2013, 299 (303).

den Regelungen leben und sie im Alltag in einer Vielzahl von Einzelentscheidungen autonom und verantwortungsvoll umsetzen.[324]

Praxistipp

▶ *Auch der Verfahrensbeistand sollte immer im Einzelfall einschätzen, ob Bemühungen zur Herstellung eines Einvernehmens unter Berücksichtigung der bereits unternommenen Hilfestellungen, des Konfliktniveaus der Eltern und der Belastungen des Kindes zumutbar und erfolgversprechend sind bzw. dem Kindeswohl dienen.*[325]

Eine Einigung soll immer nur eine **Option und keine Obligation** darstellen.[326]

bb) Bedeutung des Rechts bei einer Einigung – Grenzen der Privatautonomie

Bei Trennungskonflikten wird oft kritisiert, dass **Gerichtsverfahren** den Konflikt verrechtlichen, da sich der Richter nur am Gesetz orientiere und den Bedürfnissen der Beteiligten nicht hinreichend Rechnung trage. Andere befürchten, dass durch das außergerichtliche Verfahren in intimerer Umgebung Gefährdungen und Sicherheitsrisiken nicht ausgeschlossen werden können, denen vor Gericht mit entsprechenden insbesondere Gewaltschutz- oder Kindesschutzmaßnahmen begegnet werden kann. **445**

Selbst wenn Konflikte in **außergerichtlichen Vermittlungen** nicht vorwiegend rechtlich bearbeitet werden, sollten bestehende und den jeweiligen Beteiligten zustehende besondere Verfahrensrechte auch bei außergerichtlichen Vermittlungen nicht übergangen werden.[327] Art. 12 UN-KRK sollte Rechnung getragen werden, der auch in außergerichtlichen Verfahren eine **Beteiligung des Kindes** verlangt.[328] Auch im Hinblick auf die Möglichkeit der gerichtlichen Billigung einer Umgangsvereinbarung nach § 156 Abs. 2 FamFG ist eine Beteiligung des Kindes sinnvoll, da die gerichtliche Billigung nur dann erfolgen sollte, wenn ein Einvernehmen der Beteiligten, somit auch des Kindes, besteht.

cc) Elterliches Einvernehmen und Kindeswohl

Sicherlich kann ein Kind die Trennung der Eltern besser bewältigen, wenn die Eltern die Folgekonflikte der Trennung kooperativ, selbstverantwortlich und einvernehmlich regeln können.[329] Auch ist sicher richtig, dass, je besser das Elternverhältnis ist, desto besser kann das Kind Kontakt zu beiden Eltern pflegen, ohne Loyalitätskonflikten ausgesetzt zu sein. **446**

---

324 Breidenbach, S. 268; Proksch, Familiendynamik (1992), 396.
325 Vgl. zu Grenzen des Hinwirkens auf Einvernehmen: Prütting/Helms/Hammer, § 156 FamFG Rn. 18 f.
326 Kriegel, S. 65.
327 Breidenbach, S. 52.
328 Committee on the Rights of the Child (UN), CRC/C/GC/12, Abs. 90 ff.
329 Proksch, in: Amthor u.a., Kindschaftsrecht 2000, S. 141 (144).

Hieraus kann jedoch nicht der pauschale Umkehrschluss gezogen werden, dass dem Kind immer besser gedient ist, wenn die Eltern ein Vermittlungsverfahren durchlaufen und eine Einigung treffen, anstatt die Entscheidung des Gerichts herbeizuführen. Ein Einvernehmen steht nicht per se für Kooperation und Nachhaltigkeit und dient auch nicht stets dem Kindeswohl. Entscheidend ist, ob beide Elternteile die getroffene Sorgerechts- oder Umgangsregelung tatsächlich akzeptieren und umsetzen können und wollen.[330] Für das Kind wiederum macht es in der Regel keinen Unterschied, ob die Eltern ein Einvernehmen getroffen haben oder das Gericht entschieden hat, solange es sich stumm starren, fremdbestimmten Regelungen fügen muss.[331] Entscheidend für das Kind ist, ob es einbezogen worden ist und ob es die getroffene Regelung auch selbst mittragen kann und will.

447 Die Studien von *McIntosh* und *Long*[332] zeigen, dass mit direkter Beteiligung des Kindes (**child-inclusive Mediation**) nachhaltigere Regelungen getroffen werden können als in den child-focused Mediationen, in denen die Eltern lediglich animiert werden, die Interessen ihres Kindes in den Fokus zu stellen (zur Beteiligung von Kindern an einer Mediation siehe auch Rn. 435 ff.). Die Autoren verglichen in ihren Studien aus den Jahren 2006 und 2009 die Auswirkungen von Mediationen ohne persönliche Beteiligung des Kindes (child-focused) mit den Auswirkungen von Mediationen mit direkter Einbeziehung des Kindes (child-inclusive).

Nach Übermittlung der in einem Einzelgespräch mit dem Kind gewonnenen Informationen waren die Eltern oft gewillt, ihre Verhaltensweisen gegenüber dem Ex-Partner zu ändern, von ihrem gegenseitigen Streit Abstand zu nehmen, sich mehr auch auf das Kind und sein Wohl zu konzentrieren und Kompromisse einzugehen. Selbst wenn das Kind nicht die Sichtweise des jeweiligen Elternteils unterstützte, konnte dieser die Kindesmeinung besser annehmen, wenn er sie über einen unabhängigen Experten anstatt über den Ex-Partner übermittelt bekam.[333]

In den „child-inclusive" Verfahren wurden meist Umgangskontakte mit weniger Übernachtungen vereinbart, aber die Beteiligten waren meist zufriedener mit den Regelungen als in der Vergleichsgruppe.[334] Vier Jahre nach der Mediation kam es bei den Familien mit einer child-inclusive Mediation im Gegensatz zu den Familien mit einer child-focused Mediation zu weniger rechtlichen Streitigkeiten, es fanden mehr und regelmäßigere Übernachtungsbesuche statt, die Beteiligten waren mit der Wohnsituation zufriedener und die Kinder fühlten sich dem getrennt lebenden Elternteil näher.[335] Entscheidend muss also sein, dass die Eltern *und* das Kind die gefundene Lösung akzeptieren.[336]

330 Vgl. Breidenbach, S. 268.
331 Vgl. Wallerstein/Lewis/Blakeslee, S. 222.
332 McIntosh/Long, Child Beyond Dispute. A Prospective Study of Outcomes from Child Focused and Child Inclusive Post-Separation Family Dispute Resolution (2006); McIntosh/Long/Wells, Child Beyond Dispute. A four year follow up study of outcome from Child Focused and Child Inclusive post-separation family dispute resolution (2009).
333 McIntosh/Wells/Smyth/Long, Family Court Review 2008, 105 (118).
334 McIntosh/Wells/Smyth/Long, Family Court Review 2008, 105 (118).
335 McIntosh/Long, Child Beyond Dispute (2009), S. 9 f.
336 Lossen/Vergho, FamRZ 1993, 768 (769).

Fazit 448

- *Kindesrecht, Kindeswohl und Kindeswille sind ineinander verflochten und untrennbar miteinander verbunden. Die Äußerungen des Kindes dürfen im kindschaftsrechtlichen Verfahren nie ohne Resonanz bleiben. Die Frage sollte nicht sein, wie Kinder vor der Einbeziehung, sondern wie sie vor einer Nichteinbeziehung geschützt und bei der Einbeziehung beschützt werden.*[337]

  Die Belastungen der Kinder liegen nicht vornehmlich in der Teilnahme an einer Intervention, sondern vielmehr darin, mit ihren Sorgen alleine gelassen zu werden, abwarten zu müssen, bis andere Entscheidungen über ihr Leben getroffen haben, denen sie sich dann fügen sollen.

- *Wurden die Kinder am Entscheidungsfindungsprozess nicht beteiligt, macht es für sie keinen Unterschied, ob die Entscheidung von den Eltern mit oder ohne Mediator oder von einem Richter getroffen wurde. Die* ***Beteiligung des Kindes*** *und angemessene Berücksichtigung seiner Äußerungen sind nicht nur eine rechtliche Pflicht, sondern müssen auch aus sozialpsychologischer Sicht in der Praxis als* ***höchstes Gebot*** *angesehen und entsprechend umgesetzt werden.*

  Entscheidend für die ***Umsetzung*** *ist, dass die mit Kindern arbeitenden Professionen hinreichend erfahren und ausgebildet in der Arbeit mit Kindern sind sowie dass sie sich auf Besonderheiten des Einzelfalles einlassen und nicht allgemeingültige Annahmen umzusetzen versuchen.*

- *Der Verfahrensbeistand sollte immer zunächst den Sachverhalt erfassen und die individuelle Situation und das Befinden des Kindes klären. Erst danach sollte er an einem Einvernehmen mitwirken, da er erst dann einschätzen kann, welche Lösung die Interessen des betroffenen Kindes tatsächlich hinreichend berücksichtigt.*

  Aufgrund der originären ***Aufgabe des Verfahrensbeistands*** *als Interessenvertreter des Kindes verbietet sich die Übernahme einer echten Vermittlungstätigkeit des Verfahrensbeistands. Aufgabe des Verfahrensbeistands ist es auch im Bemühen um ein Einvernehmen,*

  - *für das Kind da zu sein,*
  - *dem Kind die Gelegenheit zu geben, sich mitzuteilen,*
  - *dem Kind die für es wichtigen Informationen zu geben,*
  - *das Kind zu beraten, seine Fragen zu beantworten und*
  - *sicherzustellen, dass die Interessen des Kindes auch im Vermittlungsverfahren und bei einer Einigung hinreichend zu Geltung kommen.*

Schließlich sollte der Verfahrensbeistand dem Kind das Ergebnis mitteilen und erklären.

337 Parkinson/Cashmore, S. 22.

VI. Konflikte um Pflegekinder

1. Zur Vertretung von Pflegekindern

449 Ende des Jahres 2021 lebten über 73.000 Minderjährige in Deutschland in Vollzeitpflege.[338] Im Verhältnis zu allen in Deutschland lebenden Minderjährigen bilden Pflegekinder somit eine sehr kleine Teilgruppe der jungen Menschen in unserer Gesellschaft. Doch sie stellen

> „unter allen Kindern in Deutschland eine besonders belastete und im Hinblick auf ein psychisch gesundes Aufwachsen eine risikobehaftete Gruppe dar"[339]

– so lautet ein zentrales Ergebnis der bislang größten Pflegekinderstudie Deutschlands. Als Gruppe weisen Pflegekinder eine Traumaexposition von 80–92 % auf.[340] Im Verhältnis zu Gleichaltrigen in der Bevölkerung erleben Pflegekinder ein deutlich erhöhtes Ausmaß an psychischen Belastungen und beeinträchtigten Teilhabechancen,[341] sodass sie eine sogenannte **Hochrisikopopulation** für das Auftreten psychosomatischer und psychischer Erkrankungen repräsentieren[342]. Von diesem Sachverhalt ausgehend, verdienen Pflegekinder als Gruppe in tertiärpräventiver Sichtweise den besonderen Schutz des Staates, um einer möglichen Chronifizierung von Belastungen wirksam gegenzusteuern. Dies fordert auch die UN-Kinderrechtskonvention in Art. 20 Abs. 1.

450 Die **Situation von Pflegekindern** unterscheidet sich deshalb wesentlich von der der (meisten) Scheidungskinder. In der Regel handelt es sich um Kinder mit einer schwer belastenden Familiengeschichte, da es zur Fremdunterbringung nur kommt, wenn ambulante oder teilstationäre Hilfen ausgeschöpft oder ungeeignet sind, die (weitere) Gefährdung des Kindes abzuwenden. Dementsprechend finden die hier dargelegten Ausführungen ihren Bezugspunkt in der in § 1 Abs. 3 Ziff. 3 KKG explizierten staatlichen Mitverantwortung, von Kindern mit Gefährdungserfahrungen durch psychische, körperliche oder sexuelle Gewalt oder Vernachlässigung in der Herkunftsfamilie, weitere Gefährdungen oder Schädigungen abzuwenden.

Damit wird Anschluss an internationale Entwicklungen genommen, die Kindesschutzinterventionen in hochkomplexen Familien dann als wirksam definieren, wenn sie nachweislich einen Beitrag zur Abwendung wiederholter Kindeswohlgefährdung sowie erheblicher Beeinträchtigungen der kindlichen Entwicklung leisten können.[343]

338 Statistisches Bundesamt 2022, ZR S. 61, Zeile 21.
339 DJI Handbuch Pflegekinderhilfe 2010, S. 209.
340 Arnold 2010; Pérez et al. 2011.
341 DJI Handbuch Pflegekinderhilfe 2010.
342 Fegert, 1998.
343 vgl. Thoburn, 2009.

Praxistipp

> *Diese spezifische Ausgangslage zu kennen, sie im Auge zu behalten und erforderlichenfalls auch die übrigen Verfahrensbeteiligten darauf hinzuweisen, ist die erste Aufgabe von Verfahrensbeiständen in Pflegekindschaftssachen.*

Verfahrensbeistände werden sich daher zunächst mit den zentralen Befunden der Bindungs- und Pflegekinderforschung vertraut machen müssen.[344]

Zentrale Konstellationen in Rechtsstreitigkeiten um Pflegekinder sind **451**

- Herausgabekonflikte,
- Streitigkeiten um Sorgerechtsbefugnisse der Pflegeeltern oder ihre Vormundschaft[345] sowie
- Umgangsrechte der leiblichen Eltern (§ 1684 BGB), der Geschwister oder der Großeltern (§ 1685 Abs. 1 BGB).

Die Überprüfung oder Abänderung kindesschutzrechtlicher Maßnahmen gemäß §§ 1696 Abs. 2 und 3, 1697a Abs. 2 BGB, § 166 FamFG kann das Pflegeverhältnis massiv berühren. Schließlich kann es nach Beendigung eines Pflegeverhältnisses, in dem die Pflegeeltern zu wichtigen Bezugspersonen für das Kind geworden sind, auch um deren Umgangsrechte gehen (§ 1685 Abs. 2 BGB). Auch in diesen Fällen wird häufig ein Verfahrensbeistand nach § 158 Abs. 3 Nr. 1 FamFG zu bestellen sein, wenn und soweit

> „das Interesse des Kindes zu dem seiner gesetzlichen Vertreter in erheblichem Gegensatz steht".

Ebenso ist ein Verfahrensbeistand für das Kind zu bestellen, wenn dessen **Sicherheit und Schutz in der Pflegefamilie** in Zweifel stehen.

Im Verfahren wird es darum gehen, die Familiengeschichte des Kindes und die Gefährdungsrisiken für seine weitere Entwicklung einschätzen, und zu bisherigen und aktuellen Hilfeplänen und psychologischen Gutachten bzw. der Notwendigkeit ihrer Einholung fundiert Stellung nehmen zu können. Dies gilt für **452**

- die erstmalige Unterbringung von Säuglingen in einer Pflegefamilie,
- für Kinder mit Gefährdungserfahrung im Rahmen eines Verfahrens nach § 1666 BGB und
- für Pflegekindschaftssachen in länger bestehenden Pflegeverhältnissen.

Deshalb werden im Folgenden zunächst die spezifische Bedeutung von Bindung und Trennung für das Kindeswohl (Rn. 454 ff.), anschließend die kontinuitätssichernde Perspektivklärung im Unterbringungsprozess (Rn. 468 ff.) und abschließend Umgangs- und Herausgabekonflikte besprochen (Rn. 483 ff.).

---

344 Übersichten zur Pflegekinderforschung: Diouani-Streek, 2015; DJI Handbuch Pflegekinderhilfe 2010; Wissenschaftlicher Beirat für Familienfragen am BMFSFJ 2016.

345 Zu beidem siehe Lack/Salgo, 2022, Handbuch elterliche Sorge, Kap. 4.4, S. 442 ff.

453 Die gesetzlichen Regelungen, insbesondere die differenzierten und am Kind orientierten Vorgaben des SGB VIII, ermöglichen im spannungsreichen Konstrukt der Vollzeitpflege grundsätzlich eine individuell angemessene Lösung zu erarbeiten.[346] Auch die maßgeblichen juristischen Kommentierungen halten unter Einbezug der aktuellen einschlägigen Pflegekinderrechtsprechung Hinweise auf sensible Lösungen im Einzelfall bereit.[347]

Maßgeblich ist und bleibt die Priorität im gesamten Kindschafts- und Jugendhilferecht: das **Kindeswohl als Richtschnur** aller Entscheidungen (§ 1697a Abs. 1 BGB). Das Kindeswohl genießt in Interessenkonflikten somit Vorrang vor Eltern- und Pflegeeltern-Interessen ebenso wie vor Jugendamts- oder anderen staatlichen, z.B. fiskalischen Interessen. So klar das Kindeswohl stets als entscheidendes Kriterium benannt ist, so sehr wächst damit doch die Verantwortung der Praxis bei der Bestimmung des Kindeswohls im Einzelfall. Von grundlegender Bedeutung für das Verständnis der Situation und Bindungsprozesse von Pflegekindern sind insbesondere die folgenden, seit Langem in der Fachliteratur geteilten entwicklungspsychologischen Einsichten und Befunde.[348]

2. Die spezifische Bedeutung von Bindung und Trennung für das Kindeswohl

a) Zur Unterbringung von Säuglingen und Kleinkindern

454 Die Bindungstheorie ist der am besten beforschte Bereich der Entwicklungspsychologie. Ein grundlegender Befund ist, dass die frühen, vom Säugling instinktiv gezeigten Bindungsverhaltensweisen sowie Bindung an sich dem **Überleben** der Spezies dienen. Hieraus leiten sich zwei zentrale Erkenntnisse ab, die vielfältig untersucht und belegt worden sind[349]:

- Erstens entstehen Eltern-Kind-Bindungen im täglichen Zusammenleben, aus der täglichen Befriedigung der kindlichen Bedürfnisse nach Nahrung, Pflege sowie körperlichem und psychischem Kontakt. Auf Seiten des neugeborenen Kindes besteht die Bereitschaft, die primäre Eltern-Kind-Bindung zu jedem Menschen herzustellen, der Elternfunktionen in dem hier umschriebenen Sinne übernimmt.

  Das neugeborene Kind ist beim Aufbau der primären Bindung(en) nicht auf biologische Verwandtschaft oder seine leiblichen Eltern festgelegt.[350]

- Zweitens geht mit der Überlebensfunktion von Bindung einher, dass sich Kinder auch an Elternpersonen binden (müssen), die sie harsch, verletzend oder angst-

346 Lack/Salgo, 2022, Handbuch elterliche Sorge.
347 Z.B. Berneiser (2022) in LPK-SGB VIII, §§ 37–37c.
348 Zu den grundlegenden „Klassikern" der Bindungsforschung (Spitz, Bowlby, Yarrow u.a.) vgl. den Überblick bei Zenz, 1982, 30 ff.; mit spezifischem Bezug auf Pflegekinder: Goldstein/Freud/Solnit 1991; sowie insbesondere Nienstedt/Westermann 2013 und Dozier/Rutter 2008, S. 698 ff.
349 Vgl. Cassidy/Shaver (Hrsg.): Handbook of Attachment, 2008.
350 Vgl. Cassidy/Shaver 2008; Hassenstein 2007, S. 155 f./209; Grossmann/Grossmann 2012, S. 72 f.

auslösend behandeln. Dass also zwischen im Säuglingsalter in Pflege vermittelten Kindern und ihren leiblichen Eltern trotz regelmäßiger Besuchskontakte keine primäre Bindung entsteht, während Pflegekinder mit massiven Gewalterfahrungen in ihrer frühen Zeit bei den leiblichen Eltern(teilen) unter Umständen im Gerichtsverfahren „Anzeichen starker Bindung"[351] an diese zeigen, ist Ausfluss der Überlebensfunktion von Bindung.

Eine spezifische Ausprägung und Qualität erhält die Eltern-Kind-Bindung bereits im Laufe des ersten Lebensjahres durch die allmähliche Herausbildung ganz bestimmter, von Persönlichkeit und Lebensumständen der Eltern wie auch von der Konstitution des Kindes geprägter Interaktionsmuster, wodurch **unterschiedliche Bindungsqualitäten** entstehen. Verhaltensweisen in der Alltagsroutine, Ausdrucksformen für Freude, Schmerz, Überraschung und Angst, die beiderseits verstanden werden, schaffen ein zunehmend differenziertes internales Modell, in das reifungsbedingte „Neuerwerbungen" des Kindes (Bewegungs-, Ausdrucks-, Verstehensweisen) eingeordnet werden können, sodass die jeweilige Entwicklung in die Persönlichkeit integrierbar ist. **455**

Die Bindungserfahrungen mit der/n primären Bindungsperson/en in den ersten 18 Lebensmonaten legen den Grundstein nicht nur für die Qualität der Bindung, sondern auch für die **sozial-emotionale Entwicklung** des Kindes und seine weitere Persönlichkeitsentwicklung.

▶ *Zu Bindungsqualitäten und Entwicklungsverläufen siehe Teil 3/Ziegenhain, Rn. 147 ff.*

In den ersten beiden Lebensmonaten zeigt der Säugling Bindungsverhaltensweisen wie Horchen, Anschauen, Schreien, Festsaugen, Umklammern und Anschmiegen fast reflexartig und richtet diese noch nicht spezifisch an eine Person. Diese **„Phase der unspezifischen sozialen Reaktionen"** ermöglicht dem Säugling die Versorgung durch eine bemutternde Person, auch wenn diese nicht die leibliche Mutter ist, solange es eine Kontinuität in der Beantwortung und Regulation der physiologischen Grundbedürfnisse gibt.[352] **456**

Es spricht manches dafür, dass während der ersten Monate der Wechsel der mütterlichen Person jedenfalls dann weniger irritierend empfunden wird, wenn eine Ersatzperson die Funktionen in ähnlicher Weise kontinuierlich wahrnimmt.[353]

Dies ändert sich bereits in der mit sechs bis acht Wochen einsetzenden, zielorientierten **„Phase der unterschiedlichen sozialen Reaktionsbereitschaft"**. In dieser etwa bis zum sechsten Lebensmonat währenden Entwicklungsphase richtet der Säugling

---

351 Regelmäßig ist in psychologischen Gutachten zur Interaktionsbeobachtung zwischen begutachtetem Kind und misshandelndem Elternteil von „Anzeichen starker Bindung" oder „intensiver Bindung" zu lesen und nicht immer werden diese Beobachtungen als möglicher Hinweis auf hochambivalente Bindungserfahrungen des Kindes differenziert.

352 Vgl. Grossmann/Grossmann 2012, S. 117.

353 Vgl. Dornes 1997, S. 190 m.w.N.

sein Bindungsverhalten bereits vorrangig an die primäre Bezugsperson und akzeptiert noch wenige, ihm vertraute Menschen bei aktiviertem Bindungsverhalten.[354]

Hinweis

Es gibt aus der Forschung viele Hinweise darauf, dass die Wahrnehmungen und Empfindungen von Säuglingen in der Interaktion mit den ersten Bezugspersonen lange unterschätzt worden sind, sodass auch Trennungen im ersten Lebenshalbjahr nicht bedenkenlos als „noch risikoärmer" verkannt werden sollten.[355]

457 Ab dem zweiten Lebenshalbjahr stellt sich mit der **„Phase des aktiven und initiierten zielkorrigierten Bindungsverhaltens"** ein deutliches Bild der primären Bindungsperson her und rund um den ersten Geburtstag wissen die meisten Kinder verlässlich, wer diese ist, wo sie zu finden ist und wie sie auf die vom Kind geäußerten Bindungsbedürfnisse voraussichtlich reagieren wird.

Konnte der Säugling im ersten Lebenshalbjahr befriedigende Bindungserfahrungen mit der Fürsorgeperson internalisieren, richtet er seine Bedürfnisse fortan aktiv und eindeutig an diese und zeigt bei ihrer Abwesenheit Reaktionen von Trauer und Belastung, die in der Regel nicht von fremden Personen gelindert werden können.[356] Dieses innere Bild der primären Bindungsperson und ihrer Reaktionen, das sogenannte **internale Arbeitsmodell**, ist allerdings noch stark auf die tatsächliche Präsenz derselben und den engen, regelmäßigen Kontakt zu ihr angewiesen, sodass es bei Abwesenheit schnell verloren geht.

Die damit einhergehenden Trauer- und Verlustreaktionen des Kleinkindes sind in den eindrucksvollen Filmstudien von *James* und *Joyce Robertson* dokumentiert.[357] Wie die neuere, empirische Bindungsforschung aufgezeigt hat, binden sich Kleinkinder in **(Bereitschafts-)Pflege** aufgrund ihrer das Überleben sichernden Bindungsbedürfnisse dementsprechend binnen acht Wochen an die Ersatzperson.[358]

458 Je mehr in den nächsten Lebensjahren die Objektkonstanz bzw. Personenpermanenz im Kind wächst, desto länger kann die Beziehung zur primären Bindungsperson erinnert werden und die **Trennungsangst** geht in alltäglichen Trennungssituationen allmählich zurück. Da aber zugleich die Angewiesenheit auf die körperliche Anwesenheit und psychische Verfügbarkeit der Bindungsperson bis in das vierte Lebensjahr enorm groß ist,[359] entsteht bei länger anhaltender Trennung eine zunehmende Spannung zwischen der Hoffnung auf Rückkehr der Bindungsperson und dem Bedürfnis, eine neue Bindung am neuen Lebensort einzugehen, die Bindung an die abwesende Elternperson also zu ersetzen. Daraus entsteht eine starke Ambivalenz. Die heftigen

354 Vgl. Grossmann/Grossmann 2012, S. 76.
355 Dornes 1997, S. 39 ff.; ders. 1998, S. 190.
356 Vgl. Grossmann/Grossmann 2012, S. 77.
357 Erläuterungen dazu bei J. u. J. Robertson, Psyche 1975, 526 ff.; zur „Objektkonstanz": Goldstein/Freud/Solnit 1979, S. 41, 22.
358 Vgl. Stovall-McClough/Dozier 2004, S. 253 ff.
359 Vgl. Kobak/Madson 2008.

Stimmungsschwankungen von Kindern, die in diesem Alter in Pflege genommen werden, sind Pflegeeltern bekannt:

- Aggressionsdurchbrüche,
- besonderes Anklammern und
- zeitweilige weinerliche Verlorenheit.

b) Zeitpunkt und Dauer von Trennungen

Aufgrund der Interdependenz der kindlichen Entwicklung im affektiven und kognitiven Bereich, in körperlichen und psychischen Funktionen, in der Ausbildung von Selbstbewusstsein, sozialer Beziehungsfähigkeit und Gewissensbildung kann eine Trennung vielfältige Wirkungen in zahlreichen Facetten der kindlichen Entwicklung zeigen. Neben den bereits von *Bowlby* hervorgehobenen **Störungen im Selbstwertgefühl und in der Beziehungsfähigkeit** wurden immer wieder auch **Lern- und Verhaltensstörungen** sowie **psychosomatische Erkrankungen** als Trennungsfolgen bei Pflegekindern belegt.[360] **459**

Kompensatorische Entwicklungen sind in vielen Bereichen möglich, erfordern aber günstige Voraussetzungen auf Seiten des Kindes wie auch der Umwelt und bedeuten immer eine besondere Kanalisierung in der psychischen Strukturbildung, also ein „Weniger“ an Offenheit für die Entwicklung, ein „Mehr“ an psychischer Leistung in einem Bereich, das anderen Bereichen entzogen wird.

Eine Trennung des Kindes von seiner primären Bindungsperson oder engen Bezugspersonen stellt also grundsätzlich ein Entwicklungsrisiko dar, sodass auch kurzfristige Unterbrechungen der Bindungskontinuität des Kindes nur zu dessen Schutz gerechtfertigt sind. Ein Abbruch der Eltern-Kind-Bindung in den ersten Lebensjahren gefährdet die kindliche Entwicklung, indem er dem Kind die Basis für seine Orientierung über die Welt und sich selbst entzieht. Seine Auswirkungen sind umso gravierender, je mehr das Kind auf diese Orientierung noch angewiesen ist zur Aufrechterhaltung eines Grundsicherheitsgefühls oder „Urvertrauens“, das Voraussetzung für die gelingende Bewältigung aller weiteren Entwicklungsschritte ist.[361] **460**

Diese extreme Trennungsempfindlichkeit nimmt ab mit wachsender Autonomie, d.h. mit der zunehmenden Beherrschung von Fähigkeiten, die das Kind in seinem Selbstgefühl von der Bindungsperson unabhängiger machen. Die Bindungsforschung hat eine besondere Trennungsempfindlichkeit für Kinder zwischen etwa sechs Monaten und sieben Jahren festgestellt, mit einer **hochsensiblen Phase** zwischen sechs Monaten und drei Jahren.[362]

▶ *Zur Typologie von Trennung und Verlust im Kindesalter siehe Teil 3/Maywald, Rn. 318 ff.*

---

360 Vgl. Übersicht bei Diouani-Streek 2015, Kap. IV.B.
361 Vgl. Erikson 1973.
362 Vgl. Kobak/Madson 2008, S. 23 ff.

461 Dass eine **traumatische Trennung** die kindliche Entwicklung regelmäßig nachhaltiger schädigt als die psychische Struktur von Erwachsenen, ergibt sich daraus, dass alle späteren Entwicklungsschritte des Kindes nur in dem Maße gelingen können, wie die früheren die Voraussetzungen dafür bereitgestellt haben, also selbst gelungen sind. Die kindliche Entwicklung läuft in Phasen ab, die zwar verzögert werden können, deren Reihenfolge aber nicht umkehrbar ist.

Im Kinderschutz sind Trennungen im Kontext von **Inobhutnahmen** und Fremdunterbringung jedoch unvermeidbar und belasten die von Gewalterfahrungen betroffenen Kinder zusätzlich. Sie sind deshalb besonders behutsam und feinfühlig durchzuführen und durch eine stabile, feinfühlige und pädagogische Begleitung des Kindes am neuen Lebensort in ihren Folgen abzumildern.

Forschung und Dokumentation der kurzfristigen Entwicklungsverläufe von Kleinkindern, die für kurze Zeiträume (2 bis 3 Wochen) von ihren primären Bezugspersonen getrennt und bei Pflegeeltern oder im Heim untergebracht worden sind, haben eindrücklich aufgezeigt, welche wichtige Rolle der **Umgang mit der Trennung** spielt und welche Hilfen dem Kind gegeben werden können, das unvermeidlichen Trennungserfahrungen ausgesetzt ist.[363]

Hinweis

Hilfe bei der Bewältigung der Trennung ist für das Kind immer erforderlich.

Dabei geht es u.a. um die Vorbereitung des Übergangs in eine andere Familie, also um die Gelegenheit für alle Beteiligten, sich darauf einzustellen.[364] Not und Eilfälle, die hierzu keine Zeit lassen, sind im Kinderschutz unvermeidbar. Vermeidbar sind hingegen unvorbereitete Übergänge von Kindern in Pflegefamilien immer dann, wenn die Belastungen der Herkunftsfamilie dem Hilfesystem lange bekannt und die Fremdunterbringung der meist mehreren Kinder absehbar sind.

462 Es wurde bereits dargelegt, dass die primäre Eltern-Kind-Bindung sich unabhängig von der biologischen Verwandtschaft durch den ständigen Interaktionsprozess im ersten Lebensjahr herstellt. Das gilt auch auf Seiten der Eltern. Die in der Regel vorhandene Bindungsbereitschaft ist lediglich die notwendige Voraussetzung dafür, dass die Bindung entstehen kann – wie aus der Perspektive des Kindes bereits skizziert – durch den kontinuierlichen Umgang miteinander, der zur Ausbildung bestimmter Interaktionsmuster, zur wechselseitigen Prägung psychischer Strukturen und zu einem immer stärkeren Aufeinander-Bezogen- und Aufeinander-Angewiesen-Sein führt. Dabei ist nicht zu übersehen, dass das Kind für die Eltern in der Regel zwar ein wichtiges, aber nicht das einzig wichtige „Liebesobjekt" ist und dass die Eltern regelmäßig aufgrund ihrer reiferen psychischen Struktur nicht in gleicher Weise wie das Kind auf diese Bindung angewiesen sind. Auch eine dauerhafte Trennung – der

363 Vgl. eingehend dazu: J. u. J. Robertson, Psyche 1975, 629 ff.
364 Vgl. Nienstedt/Westermann 2013, S. 292 ff.

Verlust bzw. Verzicht – ist daher **für die Eltern oder Pflegeeltern** nicht mit einem vergleichbaren Risiko psychopathologischer Folgen verbunden wie für das Kind.

Aus diesen Gründen ist der Verlust der Eltern-Kind-Bindung den Erwachsenen eher zuzumuten als dem Kind. Es besteht aber auch kein Zweifel daran, dass – wo immer eine Eltern-Kind-Bindung entstanden ist – die Trennung vor allem während der intensiven Verbundenheit im frühen Kindesalter auch für die Erwachsenen eine tiefgehende Verletzung bedeutet, die oft an heftigen und anhaltenden Trauerreaktionen abzulesen ist.

Schließlich ist allgemein anerkannt, dass die Trennung für Kinder nicht nur schwerer **463**
und nachhaltiger, sondern auch schneller wirksam wird. Kinder haben ein anderes Zeiterleben als Erwachsene, die Trennung wird deshalb schneller als dauerhaft und endgültig, also als Verlust erlebt.[365] Hinzu kommt, dass Kinder auf mindestens eine verlässliche Bindung existenziell angewiesen sind und sich somit an die sie versorgenden Erwachsenen rasch anschließen müssen.

Sowohl die Erfahrungen der Kinderpsychologie als auch empirische Befunde der Bindungsforschung lassen Aussagen darüber zu, wie lange Kinder die **Eltern-Kind-Bindung bei Abwesenheit der Eltern** aufrechterhalten können und die Rückkehr in die leibliche Familie noch als „Heimkehr" und nicht nur als erneute Trennung der nunmehr zu den Pflegeeltern hergestellten Eltern-Kind-Bindung erleben.

Aktuelle entwicklungspsychologische Befunde zeigen diesbezüglich, dass **Kleinkinder** bereits binnen acht Wochen spezifische Bindungen an die (Bereitschafts-)Pflegeperson entwickeln, wodurch eine erneute Unterbringung oder Rückführung des Kindes den erneuten Bindungsverlust bedeutet.[366] Bei Kindern zwischen **drei und fünf Jahren** vergeht kaum mehr als ein halbes Jahr, bis sie in der Ersatzpflegeperson ihre enge Bezugsperson gefunden haben und für **ältere Kinder** ist belegt, dass diese in der Regel binnen eines Jahres tragfähige Bindungen in der Pflegefamilie aufgebaut haben.[367] Selbst Schulkinder können demnach infolge einer längeren Trennung gravierende Entfremdungserscheinungen zeigen und entsprechende Schwierigkeiten nach einer Rückkehr in die frühere Umgebung. Erst mit der **Pubertät** gleicht sich das Zeitempfinden, oder genauer: das zeitliche Beziehungserleben des Kindes dem des Erwachsenen an.[368]

Fazit

▶ *Trennungen in der Eltern-Kind-Beziehung stellen also nach übereinstimmender Auffassung aller beteiligten Disziplinen immer ein Risiko für die kindliche Entwicklung dar.*

Art und Ausmaß dieses Risikos – auch darüber besteht seit langem Konsens – sind abhängig von den konkreten Umständen des Einzelfalles, insbesondere von

365 Grundlegend Goldstein/Freud/Solnit 1991.
366 Vgl. Stovall-McClough/Dozier 2004, S. 253 ff.
367 Vgl. DJI Handbuch Pflegekinderhilfe 2010.
368 Goldstein/Freud/Solnit 1991, S. 40; Heilmann, 1998, S. 15 ff.

der Zahl der schon erlebten Trennungen bzw. der sonstigen Vorgeschichte der Eltern-Kind-Beziehung, von der Art der Trennung und der Hilfe bei ihrer Bewältigung.[369] Das Trennungsrisiko muss freilich immer in Relation zu solchen Risiken gesetzt werden, die bei Aufrechterhaltung der Eltern-Kind-Beziehung drohen, und kann somit vollständig zurücktreten, wenn Misshandlung, Vernachlässigung oder Missbrauch die schwerer wiegende Gefährdung des Kindeswohls darstellen. Die Trennung betroffener Kinder von ihren engen Bezugspersonen stellt hier die „weniger schädliche Alternative"[370] dar.

c) Bindungskontinuität und -diskontinuität bei Pflegekindern

464 Es ist aus der skizzierten kindlichen Entwicklung und der Wirkung und Dynamik des Bindungs- und Trennungsprozesses verstehbar, dass **mehrfache Trennungserfahrungen** sich zu immer gravierenderen und bald **irreversiblen Schädigungen** kumulieren, insbesondere, wenn eine dieser Trennungen bereits in der hochsensiblen Entwicklungsphase zwischen einem halben und drei Jahren stattgefunden hat. Kommen dabei Heimaufenthalte ohne ausreichende persönliche Zuwendung oder andere frühe traumatische Erfahrungen (z.B. Misshandlungen) vor, so verschlechtert sich die Entwicklungsprognose erheblich.[371] Insbesondere wird es aufgrund des tiefen Misstrauens und der zunehmend aggressiv getönten Ambivalenz des Kindes, die bei älteren Kindern meist auch in massiven Verhaltensauffälligkeiten zum Ausdruck kommt, für die jeweils neue Pflegefamilie immer schwieriger, eine Eltern-Kind-Beziehung entstehen zu lassen, sodass für das Kind die Gefahr, wieder fallengelassen zu werden, immer größer und sein grundlegendes Misstrauen in menschliche Beziehungen immer neu bestätigt wird.

465 Die internationale Pflegekinderforschung hat die **Auswirkungen mehrfacher „Wechsel"** und der damit einhergehenden Bindungsabbrüche über viele Jahre mit einer großen Anzahl an Pflegekindern in kontrollierten Designs untersucht. Die signifikanten Zusammenhänge zwischen der Anzahl an Platzierungswechseln und dem steigenden Ausmaß an externalisierenden und internalisierenden Verhaltensauffälligkeiten bis hin zu -störungen bei Pflegekindern sind heute ebenso unumstritten[372] wie der positive Effekt stabiler Platzierungen auf die weitere Entwicklung vorbelasteter Kinder.[373]

Als Ergebnis lässt sich festhalten, dass, je mehr Wechsel Kindern zugemutet werden, desto weniger gelingt ihnen ihre psychosoziale Anpassung und desto höher ist ihr Risiko psychischer Belastungen und vielfältiger Entwicklungsbeeinträchtigungen bis in das Erwachsenenalter. Diese schädigenden Effekte kumulieren sich bereits ab zwei bis drei erlebten „Platzierungswechseln".[374]

---

369 Vgl. insbesondere J. u. J. Robertson, in: Psyche 1975, 648 ff. sowie Nienstedt/Westermann 2013, S. 133 ff., 304 ff.

370 Goldstein/Freud/Solnit 1991, S. 49 ff.

371 Vgl. zum Stand der empirischen Forschung Diouani-Streek 2015, Kap. IV.B.

372 Vgl. Newton/Litrownik/Landsverk 2000, S. 1363–1374.

373 Vgl. Rubin/O'Reilly/Luan/Localio 2007, S. 336 ff.

374 Vgl. Übersicht bei Diouani-Streek 2015, Kap. IV.B.

Zu den **tatsächlich erlebten Wechseln** von Pflegekindern in Deutschland liegen nur vereinzelte Befunde vor, deren Hinweise allerdings alarmierend sind. So zeigen **statistische Daten** der begonnenen Hilfen der Jahre 2007 bis 2010, dass jedes fünfte Kind **unter zwölf Monaten** und knapp jedes vierte Kind zwischen einem und sechs Jahren unmittelbar vor der aktuellen Vollzeitpflege bereits anderweitig fremduntergebracht war.[375] Von den am Jahresende 2021 vor der aktuellen Vollzeitpflege Inobhut genommenen Kinder waren fast 40% jünger als sechs Jahre.[376] Diese Säuglinge und (Klein-)Kinder haben also mindestens zwei Wechsel erlebt: aus der Herkunftsfamilie in eine Form der Ersatzerziehung und von dort in die aktuell erfasste Pflegefamilie. **466**

Hinzu kommt, dass vor der Herausnahme von **Kleinkindern** aus gefährdenden Familien in etwa einem Drittel der Fälle diese zuvor in stationären Eltern-Kind-Einrichtungen nicht exklusiv durch ihre Eltern(teile), sondern regelmäßig von Dritten betreut wurden.[377] Ein weiteres aus der Praxis häufig berichtetes Phänomen ist das „Herumreichen" des Babys und kleinen Kindes im sozialen Nahraum. Solche Erfahrungen beeinträchtigen die frühe Bindungsentwicklung des Kindes zutiefst.

Für **ältere Pflegekinder** zeigen explorative Studien, dass über die Hälfte der 16-jährigen Pflegekinder von mindestens zwei oder mehr, ein Viertel unter ihnen von drei oder mehr sowie etwa 5 % von fünf oder mehr Trennungserfahrungen betroffen sind. Ähnliche Verhältniszahlen zeigen sich für 632 Pflegekinder, die durchschnittlich neun Jahre alt waren. Aufgrund methodischer Schwierigkeiten in der Erhebung der tatsächlich erlebten Wechsel geht das Deutsche Jugendinstitut allerdings davon aus, dass

> „die angegebenen Zahlen zwangsläufig das Gesamtausmaß an Diskontinuität im Leben von Pflegekindern bis zur Volljährigkeit"

unterschätzen.[378]

Praxistipp **467**

▶ *Die vom zu vertretenden Kind erlebte Diskontinuität, also die Anzahl seiner Lebensortswechsel und damit verbundenen Bindungsabbrüche und die sich daraus ergebende Notwendigkeit, dem Kind nach der „Fremdunterbringung" eine stabile Bindungsperson langfristig zur Verfügung zu stellen, ist vom Verfahrensbeistand deshalb unbedingt zu beachten, also in Erfahrung und dem Gericht zur Kenntnis zu bringen.*

---

375 Vgl. Statistisches Bundesamt: Statistiken der Kinder- und Jugendhilfe – Hilfen zur Erziehung außerhalb des Elternhauses, Vollzeitpflege; Jahrgänge 2007–2011, Tab. 7.6, eigene Berechnungen.

376 Statistisches Bundesamt 2022, Tab. 4.2, S. 53: vor der Vollzeitpflege in Obhut genommene Kinder: 2.762, davon unter sechs Jahren: 1.082.

377 Vgl. Statistisches Bundesamt: Statistiken der Kinder- und Jugendhilfe – Hilfen zur Erziehung außerhalb des Elternhauses, Vollzeitpflege; Jahrgänge 2007–2011, Tab. 7.6, eigene Berechnungen.

378 Kindler, 2010 in: DJI Handbuch Pflegekinderhilfe 2010, S. 348.

Des Weiteren sind bei der Unterbringungsentscheidung die am kindlichen Bindungsaufbau, Zeiterleben und Bedürfnis nach langfristig tragfähigen persönlichen Bindungen in einer stabilen Lebensform ausgerichteten **sozialrechtlichen Vorgaben zur Fremdunterbringung** von Kindern – also die Aspekte einer kontinuitätssichernden Hilfe- und Perspektivplanung – um die es im Folgenden geht, grundlegend für das Kindeswohl.

3. Kontinuitätssichernde Perspektivklärung im Kontext von Unterbringungsentscheidungen

468 Die Erkenntnisse zur zentralen Bedeutung von Bindung und Trennung für das Kindeswohl haben in den USA in den 1980er-Jahren zu ersten Rechtsreformen hinsichtlich der Unterbringung gefährdeter Kinder in Pflege und zum fachlichen Prinzip des **Permanency Planning** geführt.[379]

Mit Verabschiedung des SGB VIII wurde auch in Deutschland die Vollzeitpflege 1990/1991 im Interesse des kindlichen Bedürfnisses nach lang anhaltenden Bindungen als **„zeit- und zielgerichtete Intervention"** sozialrechtlich normiert, um entweder die baldmögliche Rückkehr des Kindes in seine Herkunftsfamilie zu verwirklichen oder, sofern dies innerhalb eines an Alter und Entwicklungsstand des Kindes bemessenen Zeitraums nicht erreichbar ist, die Dauerhaftigkeit seines Lebensortes außerhalb der Herkunftsfamilie durch Adoption oder eine möglichst rechtlich abgesicherte Form der Vollzeitpflege sicherzustellen (§§ 33, 37 SGB VIII).[380] Diese Vorgaben sollten sorgerechtlichen Schwebezuständen von Pflegekindern sowie absehbaren, vermeidbaren und die kindliche Entwicklung schädigenden Trennungen und Bindungsabbrüchen gegensteuern.

469 Die Umsetzung des Permanency Planning in der frühen Phase in den USA hat durch die Priorisierung auf die rasche Rückführung gefährdeter Kinder jedoch deren Erleben von Diskontinuität erhöht, da die Rückführungen in einer sehr hohen Anzahl nicht stabil verliefen und die Kinder anschließend, teils mehrfach, wieder ins Hilfesystem aufgenommen werden mussten. Die oben komprimiert dargelegten Befunde der internationalen Pflegekinderforschung zu den damit verbundenen spezifischen Entwicklungsrisiken von Pflegekindern haben sodann in den USA und Großbritannien bereits vor 25 Jahren zu grundlegenden Rechtsreformen geführt, sodass seither die Interessen des Kindes auf Bindungskontinuität, Sicherheit und Wohlbefinden unabhängig der Lebensform die **maßgeblichen Kriterien bei gerichtlichen Unterbringungs- und Rückführungsentscheidungen** sind.[381]

Dies bedeutet, dass die zuvor mit Priorität umgesetzte Rückführung fortan gleichberechtigt als auf ihre Realisierbarkeit zu prüfende Option neben die beiden weiteren Lebensformen Adoption und Pflegekindschaft gestellt worden ist. Seither haben Gerichte und Behörden den Auftrag, die für das je unterzubringende Kind mit Eintritt in

---

379 Hierzu grundlegend Salgo, 1987.

380 Vgl. Salgo 1987, 398; BT-Drucks. 11/5948, 71 ff.

381 Adoption and Safe Families Act, Public Law 105-89 (1997) (USA): www.gpo.gov/fdsys/pkg/PLAW-105publ89/html/PLAW-105publ89.htm (Zugriff: 10.2.2023).

das Kindesschutzsystem am ehesten langfristig Stabilität und Bindungskontinuität in Aussicht stellende Lebensform zu erarbeiten.[382]

Auch für die Umsetzung der sozialrechtlichen Vorgaben zur Ausgestaltung von Vollzeitpflege als zeit- und zielgerichteter Intervention im Rahmen behördlicher Unterbringungsverfahren in Deutschland konnten Umsetzungsdefizite hinsichtlich der Perspektivklärung und der Erarbeitung einer auf Dauer angelegten Lebensform außerhalb des Elternhauses aufgezeigt werden.[383] Auch reichte die einzelfallbezogene Möglichkeit einer zeitlich befristeten Verbleibensanordnung gemäß § 1632 Abs. 4 BGB nicht aus, um der besonderen Schutzbedürftigkeit von Pflegekindern Rechnung zu tragen.[384] **470**

Die **fehlende zivilrechtliche Absicherung von Dauerpflegeverhältnissen** konterkarierte die kontinuitätsorientierten Vorgaben für die Hilfeplanung in den Jugendämtern und die Lebensrealität der allermeisten Pflegekinder. Entsprechend wurden im vergangenen Jahrzehnt in Wissenschaft und Praxis der Pflegekinderhilfe **Reformforderungen** laut und der Gesetzgeber des KJSG prüfte in einem mehrstufigen Verfahren deren empirische Berechtigung und Möglichkeiten ihrer Umsetzung.[385] Mit dem Ziel, der zentralen Bedeutung von

> „Stabilität und Kontinuität hinsichtlich seines (des Pflegekindes, MDS) Lebensmittelpunktes und seiner gewachsenen Bindungen und Beziehungen" Rechnung zu tragen, sollten mehr „Transparenz für das Kind bzw. den Jugendlichen in allen Phasen des Hilfeprozesses hergestellt und die rechtlichen Möglichkeiten des Schutzes der kindlichen Bindungen erweitert werden"[386].

Diesbezüglich wurde die **„Perspektivklärung als von zentraler Bedeutung"**[387] erkannt und der Gesetzgeber schuf mit § 37 c SGB VIII eine neue sozialrechtliche Norm, in der der Auftrag zur Perspektivklärung von Pflegeverhältnissen expliziert wurde und erweiterte die zivilrechtliche Möglichkeit für Verbleibensanordnungen zur Absicherung von Dauerpflegeverhältnissen (§§ 1632 Abs. 4 BGB, 1697a BGB).

Mit diesen **im KJSG gefassten Regelungen** für Pflegekinder zeigt der Gesetzgeber ersten Anschluss an die lange empirisch dargelegten Wissensbestände zu den spezifischen Bedürfnissen, Belastungs- und Risikofaktoren fremdunterzubringender und fremduntergebrachter Kinder und Jugendlicher. Ist die Trennung eines Kindes von seinen leiblichen Eltern für dessen Schutz notwendig, so ist fortan **471**

> „bei der Aufstellung und Überprüfung des Hilfeplans nach § 36 Abs. 2 Satz 2 (...) bei Hilfen außerhalb der eigenen Familie prozesshaft auch die Perspektive der Hilfe zu klären. Der Stand der Perspektivklärung nach Satz 1 ist im Hilfeplan zu dokumentieren" (§ 37 c Abs. 1 SGB VIII).

382 Ausführlich Diouani-Streek, 2015.
383 Diouani-Streek, 2011.
384 Vgl. Heilmann/Salgo, FamRZ 2014, 543 ff., FamRZ 2014, 705–711.
385 Zum Prozess und Ergebnispapieren siehe https://www.mitreden-mitgestalten.de/ (Abruf am 17.9.2024).
386 BT-Drucks. 19/26107, S. 2.
387 BT-Drucks. 19/26107, S. 45.

Die folgenden Ausführungen richten sich auf bedeutsame **fachliche Aspekte der Perspektivklärung** und bauen somit auf das Kapitel „Hilfen und Interventionen zum Schutz vor Gewalt" (siehe Teil 3/*Diouani-Streek*, Rn. 236 ff.) auf, in welchem familienunterstützende Hilfen bei Risiken schwerwiegender Kindeswohlgefährdung gegenüber der Fremdunterbringung als Kindesschutzintervention abgewogen, und die grundlegenden sozialrechtlichen Aspekte der kontinuitätssichernden Hilfeplanung bei Hilfen außerhalb des Elternhauses für Kinder in Pflege und Heimen (§§ 37, 37c SGB VIII) dargelegt wurden.

▶ *Zum Vorrang öffentlicher Hilfen vor einer Trennung von den Eltern siehe Teil 3/Diouani-Streek, Rn. 257 f.*

▶ *Zur elterlichen Kooperationsbereitschaft und Veränderungsfähigkeit siehe Teil 3/Diouani-Streek, Rn. 259*

▶ *Zu sozialrechtlichen Aspekten einer kontinuitätssichernden Hilfeplanung siehe Teil 3/Diouani-Streek, Rn. 265 ff.*

a) Prüfung der Rückführungsoption

472 Nach den §§ 33, 36, 37, 37c SGB VIII muss im Rahmen der Hilfeplanung bereits zu Beginn der Vollzeitpflege sorgfältig geklärt und dokumentiert werden, ob eine **Rückkehrmöglichkeit** für das Kind angestrebt werden kann und was zur Erreichung dieses Zieles von Seiten des Jugendamtes angeboten und auf Seiten der Eltern umgesetzt werden muss.[388] Falls die Rückkehroption mit Blick auf das Kind vertretbar ist, soll sie fachlich begleitet **in einem für das Kind vertretbaren Zeitraum** umgesetzt werden.

Welcher Zeitraum vertretbar ist – darauf hat die Entwicklungspsychologie seit Langem hingewiesen –, richtet sich weitgehend nach dem (Entwicklungs-)Alter des Kindes, d.h. nach seinem Vermögen, abwesende Eltern „als Eltern" in Erinnerung zu behalten, und nach seinem Bedürfnis, neue Bindungen einzugehen[389]. Studien zeigen, dass Kinder unter zwei Jahren bereits nach zwei Wochen spezifische Bindungsmuster zur Pflegeperson aufnehmen[390] und Kinder ab dem Grundschulalter nach etwa einem Jahr in der Pflegefamilie gebunden sind.[391] Ist der Aufbau neuer Bindungen in der Pflegefamilie gelungen, stellt eine Rückführung einen erneuten Bindungsabbruch dar und birgt entsprechende Entwicklungsrisiken für das Kind. Ist sie fachlich dennoch vertretbar – etwa weil es vor der Inpflegegabe keine Gefährdung gab und auch aktuell kein Gefährdungsrisiko durch die Eltern(teile) besteht, sondern die Fremdunterbringung aufgrund von Krisen oder Erkrankung der Versorgungspersonen unumgänglich war – ist die Rückkehr des Kindes behutsam **vorzubereiten und** sensibel zu **begleiten**, um Trennungsreaktionen so gering wie möglich zu halten.

---

388 Lack/Salgo, 2022, Handbuch elterliche Sorge, S. 492 ff.

389 Vgl. Goldstein/Freud/Solnit 1991 sowie Heilmann 1998.

390 Vgl. Stovall/Dozier, 2000; Stovall-McClough/Dozier, 2004.

391 Vgl. Kindler et al., 2010; ausführlich zu Bindung und Diskontinuität im Kontext Vollzeitpflege Diouani-Streek 2015, Kap. IV.

Vollzeitpflege wird zunehmend für Kinder und Jugendliche aus Familien notwendig, in denen die Probleme tiefer liegen. Gewalttätigkeit in der Familie, Alkohol- und Drogenmissbrauch der Eltern, Misshandlungen, Missbrauch oder schwerwiegende Vernachlässigung der Kinder über Jahre sind die zentralen Gründe für eine „Hilfe außerhalb der Familie."[392] Dementsprechend weist die amtliche Statistik als **Hauptgründe für die Unterbringung** von Kindern gemäß § 33 SGB VIII **473**

- die eingeschränkten Erziehungskompetenzen der Eltern,
- Kindeswohlgefährdung sowie
- die unzureichende Versorgung und Förderung der Kinder und Jugendlichen aus.[393]

Nur ausnahmsweise, unter besonders günstigen Umständen und mit umfassendem Einsatz, dürfte es möglich sein, die Entwicklungs-, Teilhabe- oder Erziehungsbedingungen in der Herkunftsfamilie innerhalb eines für das Kind vertretbaren Zeitrahmens so „nachhaltig zu verbessern", dass die Voraussetzungen für eine Rückkehr gegeben sind. Entsprechend wird im „Neuen Manifest zur Pflegekinderhilfe" konstatiert, dass vor dem Hintergrund **beständiger psychosozialer und innerfamiliärer Problemlagen** in der ganz überwiegenden Mehrzahl von Inpflegegaben schließlich langfristige Unterbringungen außerhalb des Elternhauses entstehen. Die komplexen Mehrfachbelastungen der Herkunftsfamilien verhindern in den allermeisten Fällen zeitnahe Rückführungen.[394]

Vollzeitpflege in Deutschland ist in aller Regel eine langfristige Hilfe außerhalb des Elternhauses: Die amtliche Statistik weist für alle zum Jahresende 2021 beendeten und bestehenden Pflegeverhältnisse eine durchschnittliche Dauer von 65 Monaten, also etwa fünfeinhalb Jahren, aus.[395]

Demgegenüber nennt die Kinder- und Jugendhilfestatistik zu **Rückführungszahlen** in Deutschland einen durchschnittlichen Wert von **etwa 6 % bis 29 %**, wobei hierunter die auch ungeplante Beendigung von Pflegeverhältnissen mit anschließendem Aufenthalt des Kindes bei einem oder beiden Elternteilen gezählt wird.[396] Betrachtet man zudem die vom Deutschen Jugendinstitut e.V. mittels zusammengeführter Erhebungen bei verschiedenen Jugendämtern zugrunde gelegte Definition von fachlich geplanten und binnen 12 bzw. 18 Monaten nach einer Inpflegegabe realisierten Rückführungen, so zeigt sich eine **Rückführungsrate von 2,5 bis 3 %**.[397] **474**

Der Statistik und bisherigen Studien ist nicht zu entnehmen, wie die Rückkehr dieser Kinder verläuft und was danach geschieht.[398] Aus der Praxis ist bekannt, dass ein nicht geringer Teil dieser Kinder nicht in der Familie bleibt, sondern bald wieder in

392 Vgl. Übersicht bei Diouani-Streek 2015, Kap. II.
393 Statistisches Bundesamt 2022, Tab. 4.2, S. 51.
394 Vgl. IGfH/KZP 2010, S. 13.
395 Statistisches Bundesamt 2022, Tab. 4.2, S. 53.
396 Vgl. Statistisches Bundesamt 2012.
397 DJI Handbuch Pflegekinderhilfe 2010, S. 624 ff.
398 Vgl. dazu die Erfahrungen aus langjähriger Gutachterpraxis: Nienstedt/Westermann 2013, S. 316 ff.

Pflegefamilien, Wohngruppen, Heime oder auch zeitweise in die Psychiatrie überwechselt, dass also die „Rückkehr" häufig nur der Beginn einer immer schwieriger werdenden Reise durch die Einrichtungen der Jugendhilfe ist.[399] Diese Beobachtungen decken sich mit den Befunden der ausländischen Rückführungsforschung, wonach die Wiedereintrittsquote rückgeführter Kinder in das Jugendhilfesystem hoch liegt.[400]

475 Im angloamerikanischen Raum haben sich u.a. aus der Analyse von (gescheiterten) Hilfeverläufen für Kinder aus Hochrisikolebenslagen sowie ihrer Rückführungen Indikatoren, also Hinweise für wahrscheinlich eher gelingende und wahrscheinlich eher misslingende zeitnahe, langfristig stabile Rückführungen zu den leiblichen Eltern entwickelt, die im Folgenden tabellarisch und in einer nicht abschließenden Auswahl vorgestellt werden.

Hinsichtlich **eher günstiger Rückführungschancen** sind die folgenden **Indikatoren** bekannt.

Tabelle 1: Elternbezogene Indikatoren günstiger Rückführungsprognosen[401]

Eltern/ Herkunftsfamilie	Einsicht in die bestehende Gefährdungslage des Kindes
	Bereitschaft, Hilfe anzunehmen
	Körperliche und geistige Gesundheit der/s Eltern/teils
	Selbstdisziplin; Fähigkeit, eigene Affekte zu kontrollieren
	Positives Selbstbild
	Fähigkeit, tragfähige Beziehungen aufzubauen und zu pflegen
	Kommunikationskompetenzen und Problemlösestrategien der betreuenden Erwachsenen
	Veränderungsbereitschaft und -motivation
	Ausrichtung auf Zuwachs an Wissen und Kompetenzen im Blick auf die Kindesentwicklung
	Verständnis für die Entwicklungsbedürfnisse des Kindes
	Bereitschaft, die Verantwortung für die Erfüllung der kindlichen Entwicklungsbedürfnisse wahrzunehmen

399 M.w.N. Kötter 1997, S. 94.
400 Vgl. Kimberlin/Anthony/Austin, 2008; Jones/LaLiberte, 2010.
401 Quelle: Schene 2005, 19 f.; Übersetzung: Diouani-Streek.

	Nachgewiesene Fähigkeit der Eltern, Verantwortung für ihr Verhalten und künftige Veränderungen desselben zu übernehmen
	Fähigkeit, das Kind zu schützen
familiäres/ soziales Umfeld	Nicht misshandelnder Elternteil oder Erwachsener innerhalb der Familie, der fähig und bereit ist, das Kind zu schützen
	Stabilität im sozialen Umfeld
	Soziale Kontakte
	Vorhandensein und Bereitschaft zur Unterstützung
	Einbindung in den Sozialraum

Studien zum **Therapieerfolg bei Eltern** misshandelter, missbrauchter oder vernachlässigter Kinder haben ergeben, dass, selbst wenn sich in der Therapie deutliche Veränderungen in der Persönlichkeit und den Lebensumständen der Eltern abzeichnen, sich in einer großen Zahl der Fälle Misshandlungen, Missbrauch oder Vernachlässigung der Kinder noch über Jahre fortsetzen oder sich nach einer Rückführung wieder einstellen.[402] **476**

Hier ist auch zu berücksichtigen, dass der Umgang mit traumatisierten Kindern aufgrund ihres geschädigten, oft extrem schwierigen Beziehungsverhaltens ganz besondere Anforderungen an die Eltern stellt.[403] Das alles spricht nicht gegen intensive beratende und therapeutische Bemühungen um die Eltern, die insbesondere auch später geborenen Kindern zugutekommen können. Für ein bereits schwer traumatisiertes Kind sind die notwendigen Veränderungen jedoch meist nicht innerhalb eines vertretbaren Zeitraums zu erreichen. Eine **Rückkehroption** im Zusammenhang mit der Vollzeitpflege in dieser Weise belasteter Kinder dürfte daher nur **in einer eng begrenzten Zahl der Fälle** unter sehr spezifischen Bedingungen und mit sehr spezifischer Unterstützung in Betracht kommen.

Darüber hinaus muss die Wahrscheinlichkeit einer erfolgreichen Rückkehr auch in Relation zu der mit einer Rückkehroption zwangsläufig verbundenen **Vorläufigkeit** der geplanten Vollzeitpflege, d.h. der **Ungewissheit** für alle Beteiligten, gesehen und gewichtet werden. **477**

Hinweis

! *Die Zeitspanne, für die eine solche Ungewissheit in Kauf zu nehmen ist, wird umso kürzer sein müssen, je jünger das Kind ist und/oder je größer seine Vorbelastung ist.*

402 Dornes 1997, S. 239 ff.; zu ausländischen Befunden vgl. Kimberlin/Anthony/Austin 2009.
403 Vgl. dazu Scheuerer-Englisch 1998, S. 71 ff.

Besondere **diagnostische Sorgfalt und gesteigerte Begründungspflichten** gelten in solchen Fällen nicht nur für die Jugendämter bei der Hilfeplanung, sondern auch für die Familiengerichte, wenn eine solche Planung gegen den Willen der Eltern mit Hilfe eines Sorgerechtsentzuges durchgesetzt werden muss (§ 1666 BGB) oder wenn später über die Aufhebung eines Sorgerechtsentzuges (§ 1696 BGB) bzw. über einen Herausgabeantrag der leiblichen Eltern (§ 1632 Abs. 1 und Abs. 4 BGB) zu entscheiden ist.

478 Ähnlich wie die Erhebung und Dokumentation gewichtiger Anhaltspunkte für eine Kindeswohlgefährdung in der Praxis der Kinder- und Jugendhilfe in sogenannten „8a-Verfahren" mittlerweile anhand von Einschätzungshilfen systematisiert erfolgt, können aus der Rückführungsforschung generierte Indikatoren hilfreich für die prognostische und intersubjektiv nachvollziehbare **Einschätzung der Rückführungschancen** eines Kindes in der Hilfeplanung sein.

Folgende Indikatoren haben sich dabei als bedeutsam erwiesen:

Tabelle 2: Indikatoren ungünstiger Rückführungsprognosen[404]

Eltern/ Herkunftsfamilie	Vorangegangenes Verlassen des Kindes; Überlassen an Dritte
	Verweigerung der elterlichen Fürsorgeübernahme für das Kind
	Wiederholt gezeigte elterliche Ambivalenzen in Bezug auf die Elternrolle
	Elternteil äußert mehr als einmal, die Elternverantwortung abgeben zu wollen
	Unbeständiger Kontakt zum Kind
	Von Lebensstil und sozialem Umfeld ausgehende Kindeswohlgefährdung
	Zusammenleben mit einer Person, von der Gefahr für das Kind ausgeht
	Elternteil wuchs in öffentlicher Ersatzerziehung auf
	Elternteil ist jünger als 16 Jahre und Hilfe im Rahmen einer gemeinsamen Unterbringung wurde vom Elternteil nicht genutzt
	Kriminalität/Inhaftierung eines Elternteils für mind. sechs Jahre

404 Quelle: Schene/Sparks, 2001, 12; D'Andrade/Berrick, 2006, 44; Übersetzung und Kategorisierung: Diouani-Streek.

	Lebensunterhalt der Familie wird ausschließlich in Illegalität oder durch Kriminalität erworben
	Substanzmittelabhängigkeit; Substanzmittelgebrauch während der Schwangerschaft
	Schwere psychische Erkrankung eines Elternteils ohne bisherige oder derzeitige Behandlungserfolge
	Eingeschränkte Erziehungsfähigkeit, die nicht durch Umfeld kompensiert werden kann
Kind/Geschwister	Schwerwiegende körperliche Misshandlung, Vernachlässigung oder sexueller Missbrauch des Kindes oder eines Geschwisters durch einen Elternteil
	Kind ist Opfer von mehr als einer Misshandlungsform
	Besondere erzieherische Bedarfe
	Vorangegangene Fremdplatzierung dieses Kindes oder eines Geschwisters
	Tötung eines Geschwisters infolge von Misshandlung oder Vernachlässigung durch die Eltern/einen Elternteil
	Entzug der elterlichen Sorge für ein Geschwister, nachdem öffentliche Hilfen nicht zur Abwendung der Kindeswohlgefährdung führten
Vorangegangene Hilfen	Vorangegangene öffentliche Hilfen und/oder therapeutische Behandlung konnten Herausnahme des Kindes nicht vermeiden
	Dokumentierte häusliche Gewalt
	Dokumentierte intergenerationale Transmission von Misshandlungsformen ohne Veränderung der zugrundeliegenden Familiendynamik
	Vorangegangene Kindesschutzinterventionen dieses Kindes oder seiner Geschwister, inklusive Fremdunterbringungen, die länger als sechs Monate dauerten
	Scheitern einer früheren Rückführung/mehrerer Rückführungen

Diese **Indikatoren** sind **nicht isoliert** oder in einer Wenn-Dann-Kausalität bedeutungsvoll für die Einschätzung der Rückführungsoption im Einzelfall, sondern als empiriebasierte Hinweise für eine prognostische Einschätzung zu verstehen, die mit den elterlichen Stärken und der bereitgestellten Unterstützung abzuwägen sind. Methodisch bedeutsam ist, dass **Strukturierungshilfen** eine empathische, wertschätzende Haltung gegenüber den Kindern und Eltern in Not sowie das hieraus erwachsende

Fallverstehen im sozialarbeiterischen Handeln in der Hilfeplanung nicht ersetzen können. Vielmehr dienen sie darauf aufbauend einer transparenten, intersubjektiv – und das heißt auch von Familiengerichten – nachvollziehbaren Entscheidungsfindung.

479 Ein weiterer zentraler Aspekt bei der Umsetzung kontinuitätssichernder Perspektivklärung ist die uneingeschränkte **Offenlegung des Schutzauftrags** und der aus dem Wächteramt von Jugendhilfe und Gericht erwachsenden Verpflichtung, die Lebenssituation des gefährdeten Kindes oder Jugendlichen umfassend zu explorieren und weitere Gefährdungserfahrungen wirksam abzuwenden.

Die **Eltern sind über ihre Rechte und Pflichten** im Unterbringungsprozess des Kindes und über die im geltenden Gesetz in §§ 33, 36, 37, 37c SGB VIII explizierten Aspekte von Seiten des Jugendamtes umfassend zu **informieren**. Hierzu gehört, wenn die Rückführungschancen fachlich als gering eingeschätzt werden und somit die Prognose einer Rückkehroption negativ ausfällt, die Eltern aktiv für die Erarbeitung einer dem Kind langfristige Stabilität stiftenden Lebensform zu gewinnen (§ 37 Abs. 1 S. 3, 37 c Abs. 2 S. 2 SGB VIII).

b) Erarbeitung einer auf Dauer angelegten Lebensform außerhalb der Herkunftsfamilie

480 Sowohl das **Transparenzgebot** gegenüber Eltern und Pflegeeltern, als auch das Interesse des Pflegekindes erfordern, den wissenschaftlichen Einsichten in die Entstehung und Wirkung von Eltern-Kind-Beziehungen auch rechtlich und fachlich Rechnung zu tragen. Das SGB VIII rekurriert hinsichtlich der **Hilfeplanung** auf diese weder rechtlich noch willentlich steuerbaren Bindungsprozesse, indem die Eltern vor der Inpflegegabe

> „zu beraten und auf die möglichen Folgen für die Entwicklung des Kindes oder des Jugendlichen hinzuweisen" sind (§ 36 Abs. 1 Satz 1 SGB VIII).

Durch das KJSG hat dieser **Beratungsauftrag** eine Erweiterung erfahren, indem das Jugendamt sicherzustellen hat,

> „dass Beratung und Aufklärung nach Satz 1 in einer für den Personensorgeberechtigten und das Kind oder den Jugendlichen verständlichen, nachvollziehbaren und wahrnehmbaren Form erfolgen" (§ 36 Abs. 1 S. 2 SGB VIII).

Hier fordern also Sozialrecht und fachliches Transparenzgebot, mit den Eltern über das kindliche Grundbedürfnis nach Bindung und die sich hieraus in der Pflegefamilie absehbar entfaltenden Bindungsprozesse so zu sprechen, dass sie eine realistische Vorstellung vom Prozess und auch den damit verbundenen eigenen (Trauer- und Verlust-)Gefühlen bekommen können.

Praxistipp

▶ *Der Verfahrensbeistand sollte im Unterbringungsverfahren darauf achten, ob den Eltern der Schutzauftrag und die erwartbare Dynamik des Bindungsprozesses in der Pflegefamilie offengelegt wurden.*

Diese Offenlegung kann zudem späteren, gerichtlich ausgetragenen Konflikten gegensteuern. Gemäß § 50 Abs. 2 SGB VIII ist das Jugendamt jedenfalls verpflichtet, in Kindesschutz- (§§ 1666, 1666a BGB) sowie Herausgabeverfahren (§ 1632 Abs. 4 und 5 BGB), den Hilfeplan vorzulegen, sodass die o.g. Aspekte in ihrer Umsetzung nachvollziehbar werden.

Pflegekinder als Gruppe sind einer Vielzahl an Risikofaktoren für eine gesunde Entwicklung ausgesetzt und weisen tatsächlich ein hohes Ausmaß an psychischer Belastung auf (siehe oben Rn. 449 f.). Gleichzeitig ließ sich nachweisen, dass für Pflegekinder „mit längerem Aufenthalt in der Pflegefamilie eher günstige Veränderungen" hinsichtlich ihrer psychosozialen Anpassung zeigen.[405] **481**

Resilienzfaktoren können bei gleichzeitiger Anwesenheit von Risikofaktoren deren Einfluss abschwächen und insoweit als Schutzfaktoren die Bewältigungskompetenz kritischer Lebensereignisse positiv moderieren. Als wichtigster Schutzfaktor für risikobelastete Kinder gilt heute nach übereinstimmenden Ergebnissen internationaler Studien durchgehend die stabile Beziehung zu einer verlässlichen und liebevoll zugewandten erwachsenen Person.[406]

Eine Beziehung, in der das gelungen ist, sollte unabhängig von ihrem rechtlichen Status unantastbar sein. Eine solche Beziehung ist es zudem wert, für Kinder in öffentlicher Ersatzerziehung und ohne realistische Rückkehroption insbesondere durch die **regelmäßige Prüfung der Adoptionsoption** frühzeitig gestiftet zu werden (§ 37c Abs. 2 Satz 3 SGB VIII). Denn die Befunde der ausländischen Adoptionsforschung zeigen in Kohärenz mit der Resilienzforschung, dass diese rechtlich unantastbare Eltern-Kind-Beziehung sich auf die weitere Entwicklung vorbelasteter Kinder positiv auswirkt und im Erwachsenenalter mit einem deutlich höheren Ausmaß an Wohlbefinden und Lebenszufriedenheit einhergeht, als es von Pflegekindern erreicht wird.[407]

Die **Beziehungsfähigkeit** des Kindes wird durch mehrfache Trennungen und Beziehungsabbrüche allmählich zerstört – und damit meist nicht nur die Aussicht auf persönliches Glück in nahen Partner- und Freundschaftsbeziehungen, sondern auch die soziale Anpassungs- und Durchsetzungsfähigkeit, die den Umgang mit Gleichaltrigen, Schul- und Ausbildungserfolge und Befriedigung oder doch materielle Sicherheit im Beruf erst ermöglichen. **482**

Pflegeeltern, denen es gelingt, einem betroffenen Kind in einem befriedigenden Maß Eltern zu sein, sind die entscheidende Hoffnung für eine Milderung der schlimmsten Konsequenzen. Ist das Kind durch die Vorgeschichte nicht zu sehr geschädigt, so kann es durch eine gute neue Eltern-Kind-Beziehung bereits nachhaltig ausgleichend gefördert werden.[408]

Hingegen bestätigt der Neunte Familienbericht für länger andauernde Pflegeverhältnisse häufige **Identitäts- und Loyalitätskonflikte** bei Pflegekindern.[409] Tatsächlich

405 DJI Handbuch Pflegekinderhilfe 2010, S. 868.
406 Vgl. Werner 2007, S. 311–326; Lösel/Bender, 2007, S. 57–78.
407 Vgl. Forschungsübersicht bei Triseliotis 2002, S. 23 ff.
408 Vgl. Nienstedt/Westermann 2013, S. 25.
409 BMFSFJ, Neunter Familienbericht 2021, S. 99 f.

ist die strukturgebende Besonderheit der Pflegekindschaft, dass Pflegekinder mit ihrer Herkunfts- und der Pflegefamilie verbunden sind. Sie dürfen jedoch nicht durch eine angenommene, vermeintliche „Zugehörigkeit" zu zwei Familien „zwischen" die Familien geraten, sondern bedürfen einer klaren, von allen Beteiligten getragenen Zugehörigkeit in der Lebensführung und Identifikation, um vermeidbaren, zusätzlichen psychischen Belastungen gegenzusteuern.

c) Umgangsrecht und Besuchskontakte mit der Herkunftsfamilie

483 Das Umgangsrecht von Eltern mit ihren Kindern gemäß § 1684 BGB ist unabhängig des Sorgerechtsstatus und das staatliche **Gebot zur Unterstützung persönlicher Kontakte** besteht somit auch nach schützenden Interventionen oder Sorgerechtsbeschränkungen fort.[410] Entsprechend explizieren auch die Vorgaben zur Vollzeitpflege im SGB VIII den Anspruch der Eltern „auf Förderung der Beziehung zu ihrem Kind" durch den Jugendhilfeträger (§ 37 Abs. 1 S. 1 SGB VIII).

Diesen Regelungen in BGB und SGB VIII liegt die **Regelvermutung** der **Kindeswohldienlichkeit** persönlicher Kontakte zwischen Kind und Eltern(teil) zugrunde und entsprechend hoch sind die gesetzlichen Hürden zur familiengerichtlichen Beschränkung oder Aussetzung regelmäßigen Umgangs. Diese Regelvermutung trifft im Kontext der Vollzeitpflege dann zu, wenn der Inpflegegabe

- keine Gefährdung des Kindes in der Herkunftsfamilie vorausging,
- sie zeitlich befristet ist und
- die zeitnahe Rückkehr des Kindes in seine Herkunftsfamilie Ziel der Hilfe ist.

Für diese Eltern und Kinder sind die Förderung engmaschiger Kontakte zentral, damit die primäre Eltern-Kind-Beziehung lebendig bleibt. Ebenfalls spricht nichts gegen die Förderung von Kontakten zwischen Kind und nicht gefährdendem Elternteil, wenn die Perspektive für das Kind transparent und von allen Beteiligten getragen auf Dauer in der Pflegefamilie liegt und die Kontakte für das Kind nicht belastend, zuverlässig und von diesem gewünscht sind.

Allerdings trifft die Regelvermutung des Gesetzes auf **Pflegekinder als Gruppe** aufgrund der nachgewiesenen Traumaexposition[411] **nicht** zu und muss auch für nicht traumatisierte sogenannte **Langzeitpflegekinder** im Einzelfall darauf geprüft werden, ob das Kind oder der Jugendliche durch reale, regelmäßige Zusammenkünfte mit seinen leiblichen Eltern(teilen) psychisch belastet wird.

484 Umgangsrechte von Eltern, die mit ihren Kindern nicht oder nicht mehr zusammenleben, gehören seit jeher zu den schwierigsten Kapiteln des Kindschaftsrechts, ganz gleich, ob es sich um geschiedene Eltern, um abgebende Eltern von Adoptivkindern, um nichteheliche Väter oder schließlich um die leiblichen Eltern von Pflegekindern handelt.[412] Die unterschiedliche Bedeutung, die die reale Präsenz eines Menschen im Bindungserleben von Erwachsenen und Kindern hat, die unterschiedliche Zeitspanne

410 Vgl. Staudinger/Coester (2020) § 1666a BGB Rn. 12.
411 Arnold, 2010.
412 Heilmann, ZKJ 2014, S. 48.

für Erinnerung und Entfremdung in Beziehungen birgt immer die Gefahr von Loyalitätskonflikten, die für alle Beteiligten, vor allem aber für Kinder, schwer zu ertragen sind.[413] Psychologisch gesehen konstellieren sich solche **Konflikte in Pflegefamilien** sehr leicht, ohne dass den leiblichen Eltern, den Pflegeeltern oder den Kindern irgendeine „böse Absicht" unterstellt werden darf. Diese Erfahrung wird von erwachsenen Pflegekindern im biografischen Rückblick häufig und eindrücklich beschrieben.

Verständlich wird in diesem Zusammenhang die in der Pflegekinderliteratur häufig **485**
beschriebene Problematik von **Besuchskontakten der leiblichen Eltern**. Für eine bestimmte Zeit können sie dazu beitragen, die Erinnerung an die Eltern-Kind-Beziehung während der Trennung zu unterstützen und damit die Rückkehr zu erleichtern. Mit der Zeit können Pflegekinder jedoch in einen **Loyalitätskonflikt** zwischen der alten und der neuen Bindung geraten, den auf Dauer psychisch auszubalancieren keinem Kind zugemutet werden kann.[414]

Beginnen Pflegekinder, ihre Pflegeeltern als Eltern zu akzeptieren und zu „nutzen", das heißt, sich mit ihren täglichen, grundlegenden Bedürfnissen vertrauensvoll an diese zu wenden, so wächst bei den Besuchen der leiblichen Eltern auch die Angst vor einer erneuten Bedrohung der mühsam neu gewonnenen Bindung, und dies umso mehr, je deutlicher die Eltern ihre Ansprüche auf das Kind zu erkennen geben.

Das BVerfG hat diesbezüglich die **Beachtlichkeit des Kindeswillens** in Umgangsfragen sowie die Unvereinbarkeit der Umgangsansprüche leiblicher Eltern mit dem in der Pflegefamilie primär gebundenen Kind aufgrund der damit einhergehenden „psychischen Destabilisierung des Kindes" hervorgehoben.[415] Die häufig berichteten nächtlichen Angstanfälle nach Elternbesuchen, Essensverweigerung, Wiederauftauchen des Bettnässens bis hin zu psychosomatischen Erkrankungen[416] liegen in der elementaren Bedrohung der emotionalen Sicherheit des Kindes begründet. Aber auch aggressive Abwehr, z.B. von Zärtlichkeiten, das Ignorieren der Eltern bei Besuchen, finden hier eine Erklärung.

Eine Gefahr des früher in der Pflegekinderhilfe verbreiteten theoretischen Konzeptes **486**
der „doppelten Elternschaft" liegt insbesondere für Kleinkinder darin, dass lange aufrechterhaltene **Ambivalenzkonflikte** für das Kind nur so zu lösen sind, dass es eine innere Spaltung in nur als gut erlebte, also idealisierte, und nur als schlecht, also entwertete Eltern vornehmen muss.

Auch die für die weitere Entwicklung der **Autonomie des Kindes** ungünstige übermäßige Anklammerung an die Pflegeeltern hat in ständig aktivierten Verlustängsten gegenüber den neuen Bindungspersonen ihren Grund. Häufig wird eine solche „Neurotisierung" des Kindes den Pflegeeltern angelastet. Selbst wenn sie aber dem Kind hier

413 Z.B. Kunze 2013; Bericht von Kerstin und Anna-Lena in Akademie und Beratungszentrum für Pflege- und Adoptivfamilien und Fachkräfte Baden-Württemberg e.V. 2021, S. 107–122.

414 Robertson/Psyche, 1975, 626 ff.; Goldstein/Freud/Solnit, 1979, S. 44; Nienstedt/Westermann 2013, S. 183 ff.

415 BVerfG v. 29.11.2012, 1 BvR 335/12, Rn. 6.

416 Vgl. Kötter 1997, S. 247; vgl. den Fall „Dennis", für den eine Rückführung ausgeschlossen, regelmäßige Umgangskontakte gegen seinen Willen jedoch durchgesetzt wurden (OLG Celle, 14.5.2013).

besonders entgegenkommen, hat doch die Erscheinung als solche ihre Ursache in der geschilderten Konfliktspannung.

Umgekehrt kann es – insbesondere bei größeren Kindern – zu einer **Idealisierung** der leiblichen Eltern kommen, die den Umgang mit Erziehungskonflikten in der Pflegefamilie erheblich erschwert. In jedem Fall bedeutet dies eine sehr ungünstige Spaltung im Erleben von Gut und Böse, die die menschlichen Beziehungen des Kindes nachhaltig prägen und die Entstehung tragfähiger, realistischer Beziehungen erschweren kann.

487 In Theorie und Praxis der Pflegekinderhilfe trifft man häufig auf das Argument, dass Kinder und vor allem Jugendliche zur **Herausbildung ihres Identitätsgefühls** die Auseinandersetzung mit ihrer Herkunft benötigten, zu der die leiblichen Eltern – wie auch immer sie sind – gehören. Tatsächlich haben Heranwachsende in Ersatzfamilien viele Fragen an ihre Herkunft, die jedoch individuell bearbeitet werden sollten.

Eine zentrale Implikation aus der insgesamt heterogenen Forschungslage zur Auswirkung von Umgangskontakten zwischen leiblichen Eltern und Kindern in Langzeitpflege oder Adoption ist, dass

> „Kontaktregelungen von Fall zu Fall im Sinne des Besten für das Kind entschieden werden sollten"[417]

und die Auswirkungen von Kontaktregelungen auf das emotionale Sicherheitsgefühl der Kinder engmaschig beobachtet und reflektiert werden müssen (ebd.).

Die **Adoptionsforschung** hat schon vor vielen Jahren aufgezeigt, dass die Auseinandersetzung mit der eigenen Herkunft insbesondere von Jugendlichen keineswegs zuvörderst im direkten Kontakt mit den leiblichen Eltern gesucht wird, und vor allem, dass der Fakt der Adoption ohne direkte Auswirkung auf die Entwicklung eines kohärenten Identitätsgefühls ist. Maßgeblich sind diesbezüglich auch für Kinder in Ersatzerziehung das Familienklima und die Erfahrungen mit der sozialen Umwelt.[418] Die Auseinandersetzung mit der eigenen Geschichte ist somit nicht auf reale Konfrontation mit den zu dieser Geschichte gehörenden Personen angewiesen.

Die **Auseinandersetzung mit der eigenen Geschichte** findet eben nicht statt im fortgesetzten Umgang mit den Akteuren, im Handeln und Erleben, sondern in der Reflexion, im Gespräch über das Erlebte und in der allmählichen Wahrnehmung, Unterscheidung und Neuzuordnung positiver und negativer Gefühle. Um es entwicklungspsychologisch auszudrücken: Die **Auseinandersetzung mit traumatischen Erfahrungen** setzt voraus, dass das einmal oder mehrfach überwältigte Ich sich nicht mehr real bedroht fühlt, dass es genügend Sicherheit in der Distanz und in einer haltgebenden Beziehung hat, um sich den angstauslösenden Erfahrungen in der Erinnerung – oder auch in der Übertragung – aussetzen zu können.[419]

---

417 Boyle, 2023, 127.

418 Vgl. Hoopes, 1990 sowie Nickman u.a., 2005.

419 Vgl. Brisch, 1999, S. 97 ff.; Fegert, 1993, S. 137; Westermann, 1990, S. 41 sowie Nienstedt/Westermann, 2013; zu entsprechenden empirischen Befunden siehe Übersicht bei Boyle 2023.

Die **Psychotherapieforschung** belegt, dass die Aufarbeitung extremer Gewalt- und Leiderfahrungen nicht möglich ist ohne eine sichere Distanz zu diesen Erlebnissen und ohne den Beistand eines Menschen, der eindeutig und verlässlich auf Seiten des Patienten steht – sei es in einer therapeutischen oder in einer real gelebten Beziehung wie z.B. einer Pflegefamilie.[420]

Es bedarf im Übrigen keines tiefenpsychologisch geschulten Einfühlungsvermögens, **488**
um zu begreifen, welche **Bedrohung ständige Besuche leiblicher Eltern** in einer Pflegefamilie für schwer traumatisierte Kinder bedeuten müssen.

- Wie soll ein Kind begreifen, dass die Eltern, die es misshandelt, missbraucht oder verlassen haben, von den Pflegeeltern freundlich empfangen werden?
- Wie soll es da sicher sein, dass den Eltern nicht auch erlaubt wird, es wieder mitzunehmen?
- Wie soll ein Kind seine Gefühle sortieren, Zärtlichkeit, Wünsche nach Nähe, nach freundlicher Zuwendung neben Wut, Angst, Erinnerung an Entwertungen und Demütigungen, wenn leibliche Eltern und Pflegeeltern im – pflichtgemäß – freundlichen und „wertschätzenden" Umgang miteinander erlebt werden?[421]

Wenn von Pflegeeltern „im Interesse der Kinder" ein freundschaftlicher Umgang mit Herkunftseltern verlangt wird, die diese Kinder schwer misshandelt haben, so deutet dies zugleich auf eine groteske **Unterschätzung kindlicher Gefühlswahrnehmung** hin – mit der Folge, dass das Vertrauen der Kinder in die Glaubwürdigkeit ihrer Pflegeeltern und von Erwachsenen insgesamt untergraben wird. Zu Recht weisen renommierte Psychotherapeuten darauf hin, dass das Leiden gefährdeter und geschädigter Kinder und die „teilweise unerträglichen Realitäten ihres Lebensalltags" weder verleugnet noch bagatellisiert werden dürfen.[422]

In diesem Zusammenhang stellt auch die **Anordnung des „geschützten Umgangs"** **489**
keinen problemlosen Ausweg dar, weil die Anwesenheit einer begleitenden Person allenfalls vor äußerer Einwirkung, nicht aber vor psychischen Auswirkungen schützen kann. Wie langwierig und schwierig die Aufarbeitung interpersoneller Traumatisierungen auch ohne Retraumatisierungstrigger sind, wissen Pflegeeltern und Therapeuten nur zu gut.[423] Dass dabei quälende Erinnerungslücken auftauchen können und Fragen, die nach Antworten drängen, dass unter Umständen eine Korrektur idealisierender Phantasien notwendig wird und dass in diesem Zusammenhang auch vereinzelt reale Kontakte zu den Personen der Vergangenheit sinnvoll sein können, steht außer Frage. Pflegeeltern wissen, dass dies insbesondere in der Pubertät und danach eine Rolle spielen kann. Darin unterscheiden sich allerdings Pflegekinder nicht von Adoptivkindern oder so manchen Kindern aus geschiedenen Ehen. Gute Lösungen müssen auch insoweit in jedem Einzelfall – und oft zu verschiedenen Zeiten immer wieder neu – gefunden werden.

420 Zur „vertrauensvollen, guten Beziehung" als wichtigstem Schutzfaktor in der Protektionsforschung vgl. Werner, 2007, S. 311–326; Lösel/Bender, 2007, S. 57–78.
421 Vgl. Nienstedt/Westermann, 2013, S. 234 ff.
422 Leuzinger-Bohleber, 2010, S. 185.
423 Vgl. Herman, 1993, S. 215 ff.; Nienstedt/Westermann, 2013, S. 379 ff.

Praxistipp

Für Verfahrensbeistände ist wichtig zu wissen, dass Kontakte zur Herkunftsfamilie jedenfalls dann einer sehr spezifischen – wiederum diagnostisch fundierten – Begründung und Begleitung bedürfen, wenn es um Kinder geht, die aufgrund von traumatisierenden Erfahrungen in eine Dauerpflegestelle vermittelt worden sind und für die eine Rückführung unter fachlichen Gesichtspunkten nicht ins Auge gefasst werden kann.

Der Umgang mit der Herkunftsfamilie darf nur dann und nur so lange aufrechterhalten werden, wie das Kindeswohl dadurch nicht gefährdet ist (§ 1684 Abs. 4 BGB).

Gerade wenn das Kind in der Familie Leid durch Gewalt, Zurückweisung und insbesondere interpersonelle Traumatisierung erfahren hat – wie es bei Pflegekindern als Gruppe nachweislich der Fall ist[424] –, birgt jede Konfrontation ein **Retraumatisierungsrisiko**. Demgemäß weisen auch Studien negative Effekte auf das Wohl von Kindern in Pflegeverhältnissen aus, die regelmäßige Kontakte zu ihren vormals misshandelnden leiblichen Eltern haben.[425]

490 **_Praxistipp_**

Wenn Verfahrensbeistände zur Geeignetheit von Kindesschutzmaßnahmen Stellung nehmen oder solche selbst anregen wollen, sollten sie in ihrer Stellungnahme beachten, dass die Feststellung, dass ein Kind „Bindungen an seine Eltern" hat, kein ausreichendes Argument ist, um ein nachhaltig belastetes oder traumatisiertes Kind in der Familie zu belassen, dorthin zurückzuführen oder regelmäßige Umgangskontakte zu beschließen.

Die Bindung von Kindern etwa an misshandelnde Eltern ist ja deswegen als pathogen, also als krank machend einzustufen, weil hier in Ermangelung anderer Bindungspersonen emotionale Nähe gesucht wird, die zugleich massive Ängste bis hin zur Todesangst hervorruft.[426] Solche **hochambivalenten Bindungswünsche** bei den Kindern immer wieder durch Besuche der Eltern zu beleben, führt zu einer fortgesetzten Verwirrung des ohnehin meist bereits schwer beeinträchtigten Bindungsverhaltens.[427] Gerade Kinder mit Erfahrungen psychischer Traumatisierung und erschüttertem Welt- und Selbstverständnis benötigen zur Regeneration besonderen Schutz, also Rücksicht auf Signale von Angst und weiteren Symptomen der posttraumatischen Belastungsstörung, weil

424 Zur Forschung Arnold, 2010; Pérez/Di Gallo/Schmeck/Schmid, 2011.
425 Vgl. die systematische Übersichtsarbeit von Boyle 2023.
426 Vgl. Herman, 1993, S. 142 ff.; Westermann, 1998, S. 32 ff.; Hesse/Main, 2010, S. 219 ff.
427 Zum „desorientierten Bindungsverhalten" als Folge früher Traumatisierungen siehe Sroufe u.a., 2005; Main, 2011; Solomon/George, 2011.

> „auch durch – äußerlich betrachtet – geringe ‚Dosen' von Retraumatisierung [] der Erholungsprozess unterbrochen werden [kann]."[428]

Lebt das Kind infolge einer schützenden Intervention in einer Ersatzfamilie, können engmaschige Besuche der leiblichen Eltern die **Entwicklung neuer, korrigierender Bindungen** massiv behindern.[429] Zudem wird das Vertrauen in Erwachsene und insbesondere in die neue Familie erschüttert, da es aus der Sicht eines schwer misshandelten Kindes nicht verstehbar ist, weshalb es von den Eltern getrennt werden musste, wenn diese doch weiterhin Zugang zu ihm haben. Praxisberichte zeigen wenig positive Ergebnisse solcher Besuchskontakte für die Kinder und die wenigen empirischen Daten hierzu bestätigen diese Einschätzung.[430] 491

Hinweis

> *Der Umgang eines Kindes, das aufgrund schwerer Schädigung bzw. Traumatisierung in der Herkunftsfamilie dauerhaft in einer Pflegefamilie oder einem Heim lebt, mit den Eltern, die es schwer misshandelt oder vernachlässigt haben, ist nur ausnahmsweise und unter besonderen Voraussetzungen anzustreben.*

Aufgrund des bei Pflegekindern gegenüber Gleichaltrigen exorbitant erhöhten Anteils an Kindern mit Symptomen der posttraumatischen Belastungsstörung[431] ist die Indikation für eine traumafokussierte Psychotherapie häufig gegeben, deren Durchführung das **Aussetzen persönlicher Kontakte mit den traumaauslösenden Elternteilen** jedenfalls erforderlich macht.[432]

d) Gerichtliche Herausgabekonflikte

Pflegekinder, um die vor dem Familiengericht „gestritten" wird, leben häufig bereits seit Langem in der Pflegefamilie, sodass die Frage ins Zentrum rückt, inwieweit diese zu ihrer **(Ersatz-)Familie** geworden ist, die als solche nunmehr **verfassungsrechtlichen Schutz** genießt – auch gegenüber Ansprüchen der leiblichen Eltern.[433] Die grundlegenden Erkenntnisse der Entwicklungspsychologie und der Bindungsforschung haben in den vergangenen Jahrzehnten in zunehmendem Maße Eingang gefunden in neue gesetzliche Regelungen des BGB und des SGB VIII und in die Praxis der Gerichte und Jugendämter. Die Bindungen des Kindes finden ausdrückliche Berücksichtigung in gesetzlichen Vorschriften (§ 1626 Abs. 3 BGB, § 159 Abs. 2 492

428 Fischer/Riedesser, 2020, 105.
429 Vgl. Westermann, 1990, S. 39; Nienstedt/Westermann, 2013, S. 220 ff.
430 Kötter, 1997, S. 247, registriert „mehr Loyalitätskonflikte" sowie „verstärkte Verhaltensstörungen" bei Pflegekindern mit laufenden Besuchskontakten und resümiert: „Insgesamt scheinen die Besuchskontakte insbesondere von den Pflegeeltern, aber auch von den Pflegekindern kurz- und mittelfristig eher negativ verarbeitet zu werden"; vgl. auch Brisch, 2008, S. 89, 109 ff.; Kindler, ZKJ 2009, 110 ff. mahnt dazu weitere Forschung an. Ausführlicher zur Umgangsproblematik: Diouani, 2005.
431 Vgl. Arnold, 2010.
432 Kindler, FPR 2013, S. 199.
433 BVerfG 1 FamRZ 2009, 1653; vgl. insbesondere BVerfG FamRZ 2010, 865; siehe zum verfassungsrechtlichen Schutz der Pflegefamilie: BVerfGE 68, 176/187; Staudinger/Salgo (2020) BGB § 1632, Rn. 44; Staudinger/Coester (2020) BGB § 1666a, Rn. 8.

FamFG) oder sind wesentliche Grundlage ihrer Begründung (§§ 1630 Abs. 3, 1688 Abs. 1, 1632 Abs. 4, 1666a Abs. 1, 1682, 1685 Abs. 2 BGB).

493 Die Berücksichtigung gewachsener Bindungen eines Kindes auch in der Pflegefamilie hat insbesondere das BVerfG in einer Serie eindrucksvoller Entscheidungen in den 1980er Jahren durchgesetzt. Nach einigen weniger klaren Äußerungen[434] hat es später erneut bestätigt, dass

> „die leibliche Elternschaft gegenüber der rechtlichen und sozial-familiären Elternschaft keine Vorrangstellung einnimmt"[435].

Dementsprechend soll die Möglichkeit der gerichtlichen **Verbleibensanordnung** gemäß § 1632 Abs. 4 BGB das Pflegekind vor einem plötzlichen Abbruch der Bindungen in der Pflegefamilie schützen.[436] Die Einschätzung spezifischer Belastungen des Kindes durch einen erneuten Familienwechsel – insbesondere eine Rückkehr in die Herkunftsfamilie – oder durch persönliche Kontakte, sind die zentralen fachlichen Anforderungen in Pflegekindschaftssachen, die sogenannte Langzeitpflegekinder betreffen.[437] § 158 Abs. 2 Nr. 3 FamFG nennt Entscheidungen über eine Verbleibensanordnung gemäß § 1632 Abs. 4 BGB ausdrücklich als einen der Fälle, in denen die Bestellung eines geeigneten **Verfahrensbeistands „stets erforderlich"** ist. Dies ist die zentrale Konstellation in Rechtsstreitigkeiten um Pflegekinder.

494 Mit dem **Gesetz zur Stärkung von Kindern- und Jugendlichen (KJSG)**[438] hat das Kindeswohlprinzip im Juni 2021 durch die Hinzufügung des § 1697a Abs. 2 BGB eine explizite Bezugnahme auf Kinder in Familienpflege, ihr Zeitempfinden und ihr Bedürfnis nach Kontinuität und Stabilität ihrer Lebensverhältnisse erhalten. Seither hat das Gericht diese explizierten Aspekte bei Fallkonstellationen, die den Voraussetzungen einer Verbleibensanordnung entsprechen – in deren Rahmen häufig auch über die Umgangsfrage entschieden wird –, für Kinder in Pflegefamilien, Heimen und stationären Wohnformen in seine Abwägung einzubeziehen.

Des Weiteren würdigt der ebenfalls mit dem KJSG in Kraft getretene § 1696 Abs. 3 BGB das kindliche Bedürfnis nach stabilen Bindungen, indem die Aufhebung einer bestehenden Verbleibensanordnung auf Antrag der Eltern nur ausgesprochen werden kann,

> „wenn die Wegnahme des Kindes von der Pflegeperson das Kindeswohl nicht gefährdet".

---

434 Zur Kontroverse: Heilmann, NJW 2014, 2904 ff.; Heilmann/Salgo, FamRZ 2014, 705 ff.; Britz, FamRZ 2015, S. 793 f.; in dieser Hinsicht inzwischen entschieden durch BVerfG, Beschl. v. 3.2.2017, 1 BvR 2569/16, ZKJ 2017, 225 = FamRZ 2017, 524.

435 BVerfG 1, Beschl. v. 10.8.2009, BvL 15/09, FamRZ 2009, 1653; vgl. insbesondere BVerfG, Beschl. v. 31.3.2010, BvR 2910/09, FamRZ 2010, 865; siehe zum verfassungsrechtlichen Schutz der Pflegefamilie: Staudinger/Salgo, 2022, § 1632 BGB Rn. 44.

436 Vgl. ausführlich Salgo, in: Coester-Waltjen u.a., 2014, S. 53–87.

437 Heilmann, ZKJ 2014, 45 ff.

438 BGBl. I 2021, 1444; zu Reformforderungen im Vorfeld siehe Wissenschaftlicher Beirat für Familienfragen am Bundesministerium für Familie, Senioren, Frauen und Jugend 2016; Diouani-Streek/Salgo, 2016, S. 176 ff.; zum Reformprozess BT-Drucks. 18/12330 sowie Dern/Köckeritz 2018.

Eine Verbleibensanordnung kann indes auch ohne gerichtlichen Herausgabeantrag der Eltern erfolgen, wenn mit Blick auf diese „Zweifel an der dauerhaften Aufrechterhaltung des erklärten Einverständnisses" zur dauerhaften Unterbringung des Kindes in der Pflegefamilie bestehen.[439]

Die nun mit § 1632 Abs. 4 S. 2 BGB gegebene Möglichkeit einer „**Dauerverbleibensanordnung**" ist ein wichtiger zivilrechtlicher Schritt in Richtung höherer Kongruenz der bislang divergenten sozialrechtlichen und zivilrechtlichen Verständnisse von Pflegekindschaft. Demnach ist es möglich, dass das Familiengericht von Amts wegen oder auf Antrag der Pflegeperson den Verbleib des Kindes in der Pflegefamilie auf Dauer anordnet. Als **Voraussetzungen** einer solchen Anordnung werden benannt: **495**

- die trotz „angebotener geeigneter Beratungs- und Unterstützungsmaßnahmen" nicht in einem für das Kind vertretbaren Zeitraum erreichte Verbesserung der Erziehungsverhältnisse bei den Eltern und
- die prognostische Einschätzung, dass „eine derartige Verbesserung auch zukünftig nicht zu erwarten ist" (§ 1632 Abs. 4 Satz 2 Ziff. 1 BGB) sowie
- die Erforderlichkeit im Sinne des Kindeswohls (§ 1632 Abs. 4 Satz 2 Ziff. 2 BGB).

Schon vor Inkrafttreten dieser zivilrechtlichen Neuerungen zum Schutz der Eltern-Kind-Bindungen in der Pflegefamilie hat das BVerfG in den letzten Jahren die **Hürden** für eine Verbleibensanordnung zugunsten von Kindern in länger bestehenden Pflegeverhältnissen **gesenkt**, um der Wahrscheinlichkeit einer Schädigung des Kindes durch eine Wegnahme gegenzusteuern.[440] Demnach ist eine **Rückführung** mit dem Kindeswohl **nur dann** vereinbar, **496**

> „wenn mit hinreichender Sicherheit auszuschließen ist, dass die Trennung des Kindes von seinen Pflegeeltern mit psychischen oder physischen Schädigungen verbunden sein kann." (BVerfGE 75, 201/220).

Die **Risikogrenze** hinsichtlich der Prognose möglicher Beeinträchtigungen des Kindes ist allerdings auch bei der Entscheidung über eine Rückführung des Kindes zu seinen Eltern dann **überschritten**, wenn unter Berücksichtigung der Umstände des Einzelfalls mit überwiegender Wahrscheinlichkeit nicht auszuschließen ist, dass die Trennung des Kindes von seinen Pflegeeltern psychische oder physische Schädigungen nach sich ziehen kann. Ein solches Risiko ist für das Kind nicht hinnehmbar."[441]

Nehmen die Eltern die Signale einer beginnenden Veränderung der – bislang intakten – Eltern-Kind-Beziehung frühzeitig wahr und sind sie nicht nur willens, sondern auch in der Lage, das Kind sehr bald wieder zu sich zu nehmen, kann die Eltern-Kind-Beziehung binnen eines überschaubaren Zeitrahmens wieder lebendig werden. Ist der altersentsprechende Zeitpunkt verpasst und hat das Pflegekind in der Pflegefamilie seine engen Bezugspersonen gefunden, birgt eine Rückführung des Kindes in die leibliche Familie erhebliche **Risiken** emotionaler Verunsicherung des Kindes und akuter Trennungsangst und ist deshalb mit Gefahren für seine Entwicklung verbun- **497**

439 Lack/Salgo, Handbuch elterliche Sorge und Umgang, 2022, S. 466.
440 Maßgeblich BVerfG Beschl. v. 5.12.2016, 1 BvR 2569/16.
441 BVerfG Beschl. v. 31.3.2010, 1 BvR 2901/09 Rn. 27.

den. Ohne größere Schäden gelingen kann sie allenfalls dann, wenn durch freundschaftliche **Zusammenarbeit der Pflegeeltern und der leiblichen Eltern** dem Kind allmählich die leibliche Familie (wieder) vertraut wird, ohne dass es Angst um die Pflegeelternbindung haben muss, wenn ihm also der Wechsel nicht aufgezwungen wird und der Verlust der Pflegeeltern nicht droht.

Eine solche Situation ergibt sich unter den heutigen Bedingungen der Vollzeitpflege, die kaum je an „intakte" Eltern-Kind-Beziehungen anknüpft, eher selten und kann auch durch gesetzliche Appelle und Hilfeplanungen nicht erzwungen werden. Keinesfalls aber kann in einer Kampfsituation beider Familien, die unweigerlich extreme Verlustängste des Kindes auslöst, eine „Umgewöhnung" z.B. durch Kontakthäufung sowie durch einen Heim- oder Klinikaufenthalt gelingen. Beschlüsse dieser Art, mögen sie noch so wohlmeinend oder rechtstreu motiviert sein, sind in pädagogischer und entwicklungspsychologischer Sicht mit dem Kindeswohl unvereinbar.[442]

498 Wie ist die innere **Situation der leiblichen Eltern** zu verstehen, die nach Jahren ihr Kind zu sich holen wollen und die neu entstandene Eltern-Kind-Bindung nicht wahrhaben wollen oder können?

Ihnen sind weder üble Motive, Gefühllosigkeit oder Rücksichtslosigkeit zu unterstellen. Wenn ihre Lebenssituation sich stabilisiert hat und sie sich ein Zusammenleben mit dem Kind künftig vorstellen können, trifft dies auf einen Rechtsanspruch der Eltern auf ein Zusammenleben mit dem Kind. Immer dann, wenn die Einfühlung in die Situation des Kindes nicht hergestellt werden kann, öffnen sich auf dieser Grundlage Tür und Tor für langwierige und für das Kind hochverunsichernde Gerichtsverfahren. Die Rezeption der zentralen Befunde zur Situation von Pflegekindern in Deutschland, ihren weit verbreiteten psychischen Belastungen, ihrem gegenüber allen Gleichaltrigen deutlich erhöhten Risiko, seelisch zu erkranken[443], und den sich hieraus ergebenden spezifischen Schutzbedarfen vor vermeidbaren zusätzlichen Belastungen, wie sie Gerichtsverfahren und der drohende Verlust ihrer neuen Beheimatung jedenfalls mit sich bringen, sind dann im Einzelfall auf ihr Zutreffen zu prüfen.

Hinweis

Anerkannt werden sollte vor dem Hintergrund von nur 3 % geplant und sicher durchführbaren Rückführungen zudem[444], dass Vollzeitpflege in Deutschland für Kinder, die langfristig nicht in ihrer Herkunftsfamilie aufwachsen können, faktisch die Funktion einer die Herkunftsfamilie dauerhaft ersetzenden Lebensform hat.

Die Eltern dieser Kinder benötigen in jedem Fall eine eigene **Begleitung**, um die vielfältigen Gefühle des Verlusts, des Versagens, der Schuld und Trauer und der sich häufig hieraus speisenden Wiedervereinigungswünsche zu bearbeiten und neben der eigenen Gefühlssituation Raum zu finden, sich in ihr Kind, die zur Trennung füh-

442 Goldstein/Freud/Solnit, 1979, S. 44 ff.
443 Kindler/Scheuerer-Englisch/Gabler/Köckeritz, 2010, S. 209.
444 Vgl. DJI Handbuch Pflegekinderhilfe, 2010, S. 624 ff.

renden Erfahrungen, seine aktuelle Lebenssituation und gute Perspektive einfühlen zu können.

Wenn Eltern die Überwindung der zur Herausnahme des Kindes führenden Lebensumstände und Dynamiken gelingt und sie dann nach Jahren der Trennung auf Rückführung drängen, so sind ihre Motive nachvollziehbar und oft ist auch der gute Wille unbezweifelbar. Dennoch: Wenn niemals eine Eltern-Kind-Bindung entstanden war, weil es kein (oder zu wenig) Zusammenleben gegeben hatte, oder wenn ein traumatisiertes Kind bei Pflegeeltern seine Ersatzfamilie gefunden hat, kann den leiblichen Eltern nicht auf Kosten des Kindes geholfen werden. **Hilfe für die Eltern** besteht vielmehr in solchen Fällen darin, sie so weit wie möglich von Schuldgefühlen zu entlasten, die sie zum blinden Kampf um das Kind treiben können. Das wird allerdings nur dann möglich sein, wenn auch der Berater selbst im Interesse des Kindes einen Verzicht auf dieses als die menschlich schwere, Achtung gebietende Leistung anerkennen kann, die er tatsächlich darstellt.[445]

VII. Prognostische Entscheidungen

In schweren Konfliktsituationen werden pädagogisch-psychologische und kinder- **499**
und jugendpsychiatrische prognostische Überlegungen mit herangezogen, um bei der Wahl zwischen unterschiedlichen, nur eingeschränkt positiven oder schlechten, die **am wenigsten schädliche Alternative** auszuwählen. Nicht selten verbergen sich hinter prognostischen Empfehlungen aber ideologische Überzeugungen, so dass auch Prognosestellungen bisweilen nur eine Fortführung des vorangegangenen Konflikts mit anderen Mitteln und gelegentlich in einer Fachsprache darstellen.

Jede vernünftige Prognose basiert auf einer Analyse der Ausgangssituation. Zunächst einmal müssen Risiken und Belastungsfaktoren, Krankheitssymptome, familiäre Risiken und Ressourcen ebenso wie außerfamiliäre Ressourcen erfasst werden (siehe *Ostler* und *Ziegenhain* 2007, *Meysen* et al. 2008).

- *Zu Sucht und psychischen Erkrankungen der Eltern vgl. Teil 3/Fegert, Clemens, Rn. 276 ff.*
- *Zu psychischen Störungen und Erkrankungen von Kindern und Jugendlichen vgl. Teil 3/Fegert, Clemens, Rn. 287 ff.*

Leider mangelt es in Bezug auf viele pädagogische Konzepte und Interventionen an **500**
methodisch gut abgesicherten **Evaluationen**. Insgesamt fehlen gut kontrollierte langzeitlich angelegte Prospektivstudien. Doch auch wenn wie in Bezug auf manche oben erwähnte kinder- und jugendpsychiatrische Krankheitsbilder, wie z.B. Magersucht, eine sehr gute Datenlage besteht, können statistische Verhältniszahlen im Einzelfall nur begrenzt zur Entscheidungsfindung beitragen. Denn wie will man wissen, ob im konkreten Fall die vorhandene Problematik einen günstigeren oder ungünstigeren Verlauf nehmen wird. Einfacher ist die Prognose für kurzfristigere Entwicklung.

445 Hierzu grundlegend Goldstein/Freud/Solnit, 1988.

Werden dringend behandlungsbedürftige Symptome wie Selbstmordgefährdung, starker Gewichtsverlust, Drogenkonsum etc. nicht wahrgenommen, drohen massive und konkrete Folgen. In solchen Situationen bleiben häufig kaum Entscheidungsalternativen.

Praxistipp

▶ *Immer dann, wenn Entscheidungsalternativen vorhanden sind, sollten diese dargestellt und die Haltung des Kindes übermittelt werden.*

Sind sich unterschiedliche Helfende nicht über die Prognose und die zu ergreifenden Maßnahmen einig, sollte in der Regel zunächst das Konzept versucht werden, welches sich an der **Vorstellung des betroffenen Kindes** oder Jugendlichen orientiert und diesem am nächsten kommt. Selbst wenn diese Intervention sich im Nachhinein als nicht hinreichend erweist, wird die helfende Person, die noch Hoffnung hatte, am ehesten in der Lage sein, dem Kind zu vermitteln, dass andere weiter reichende Maßnahmen dringend erforderlich sind.

501 Zentral für eine Prognosestellung ist auch die **Ausgangssituation** vor der jetzigen Konfliktlage. Hatte das Kind die Chance, über Jahre in geschützten Verhältnissen gut gefördert aufzuwachsen, oder war sein bisheriges Leben von Vernachlässigung, Misshandlung, starker Entwicklungsverzögerung etc. bestimmt?

Kurzzeitige oder mittelfristige schwere Belastungssituationen z.T. mit heftigen Symptomen haben eine günstigere Prognose, wenn klare Auslöser, wie eine heftige Scheidungsauseinandersetzung etc., identifiziert werden können und vorher eine lange Zeit günstigere Aufwachsensbedingungen bestanden. Zur **Qualifizierung** der Prognose gehört auch ggf. die Berücksichtigung bisheriger Hilfen und Therapieverläufe, weshalb die Einbeziehung zentraler Ergebnisse und Inhalte der Hilfeplanung (§ 50 Abs. 2 Satz 2 und 3 SGB VIII) im Gefährdungskontext die Regel sein sollte.

In sehr vielen Studien hat sich das Verbalisationsvermögen und die **Intelligenz von Kindern** als prognostisch günstiger Faktor erwiesen. Kinder mit Intelligenzminderung, Kinder mit spezifischen Teilleistungsstörungen etc. werden stärker von anderen belastenden Faktoren erfasst. Sie haben Schwierigkeiten ihre Bedürfnisse auszudrücken oder in bestimmten Situationen mit Autoritätspersonen zu kooperieren.[446] Dies muss bei Entscheidungen in Belastungssituationen stets mitbedacht werden.

Bei manchen oben beschriebenen Störungsbildern, wie z.B. den **Reaktiven Bindungsstörungen** und den **Bindungsstörungen mit Enthemmung** bzw. zukünftig der Störung sozialer Beziehungsaufnahme, ist die generell eher ungünstigere Prognose bekannt. Solche schweren Beeinträchtigungen müssen angesprochen werden, damit z.B. Pflegeeltern nicht zu schnell aufgeben und ihre manchmal bescheidenen Erfolge nicht geringschätzen.

446 Zum Fetalen Alkoholsyndrom siehe Malbin, 2004.

Gerade weil eine redliche Prognosestellung mit vielen unbekannten Variablen arbeiten muss, sollten ganz eindeutige Zukunftsvorhersagen immer eher skeptisch stimmen und auch vom Verfahrensbeistand kritisch hinterfragt werden.

Praxistipp

Die Aufgabe des Verfahrensbeistands ist es, auf der Basis der Vorgeschichte und einer detaillierten Beschreibung günstiger wie ungünstiger Faktoren eine kritische Bilanz zu ziehen.

Wichtig ist es dabei, die Beschreibung von der Bewertung zu trennen, so dass z.B. das Gericht die wertvollen Elemente der Beschreibung und Analyse der Vorgeschichte verwenden kann, ohne sich vielleicht der prognostischen Bewertung anzuschließen.

Soweit kontroverse Prognosen in Abhängigkeit von unterschiedlichen Theorien und „Schulen" im Raum stehen, sollten diese offengelegt und die eigene Präferenz begründet werden.

Überall da, wo aus wissenschaftlichen Untersuchungen klare Daten über Risiken vor- **502** liegen, z.B. bei bekannten Risiken des Drogenkonsums etc., gehört es meines Erachtens auch zu den Pflichten des Verfahrensbeistands, die **betroffenen Kinder und Jugendlichen über solche Risiken aufzuklären** und sicherzustellen, dass diese prognostischen Faktoren auch vom Kind bzw. Jugendlichen verstanden wurden. Insbesondere bei konfligierenden „Wille-Wohl-Konstellation" ist dies von erheblicher Bedeutung.

Dies ist eine notwendige Voraussetzung für eine vernünftige Einbeziehung von Kindern und Jugendlichen in die Hilfeplanung. In letzter Zeit gibt es einen immer stärkeren Trend zu Checklisten, um eine soziale Prognosestellung zu erleichtern. Die Gefahr dabei ist, dass eine Pseudowissenschaftlichkeit eine Pseudosicherheit vortäuschen kann, die überhaupt nicht realem Wissen und realen Voraussagemöglichkeiten entspricht.

Glücklicherweise birgt Entwicklung positive wie negative Chancen und Risiken, die **503** auch nicht unbedingt vorhersehbar sind. Vor allem die kindliche Entwicklung ist durch eine sehr große Plastizität und viele erfreuliche „Überraschungen" bzw. positive Entwicklungsverläufe gekennzeichnet. Auf dieser Basis ist es durchaus legitim, dass Verfahrensbeistände auch **prognostische Aussagen anderer Berufsgruppen**, z.B. psychologischer oder kinder- und jugendpsychiatrischer Gutachter, **kritisch hinterfragen** bzw. die zugrunde liegende Datenbasis überprüfen.

Da Prognosestellung sehr viel mit Maßnahmen, Hilfeplanung und Intervention zu tun **504** hat, hängt das Eintreffen einer gewissen Prognose auch von der Umsetzung von Hilfen ab. Insofern sollten mit der Formulierung prognostischer Kriterien auch Zeitpunkte für die **Überprüfung** solcher Vorhersagen und damit die Überprüfung der Effizienz geplanter Maßnahmen direkt benannt werden. In relevanten Konstellationen sollten daher in die Überprüfung der Hilfen zur Erziehung auch die gesundheitlichen Aspekte einbezogen werden.

VIII. Kommunikation mit Kindern

1. Einleitung

505 Offensichtlich ist es gerade im Zusammenhang justizieller sowie jugendamtlicher Verfahren schwierig, betroffenen Kindern und Jugendlichen eine ihnen zustehende Beteiligung am Verfahren wirklich sicherzustellen und ihnen Gehör zu verleihen.

Überlegung

▶ *Kommunikation mit Kindern – muss sie wirklich so anders sein als die Kommunikation mit Erwachsenen? Oder geht es wenigstens z.T. auch darum, elementare Selbstverständlichkeiten der Kommunikation zwischen erwachsenen Gesprächspartnern auch im Gespräch mit Kindern zu berücksichtigen?*

Dass in Bezug auf Kinder ein **spezifisches Vorgehen** erforderlich ist, zeigen Formulierungen wie z.B.: Die Unterrichtung des Kindes über den Gegenstand und möglichen Ausgang des Verfahrens bei der richterlichen Anhörung gemäß § 159 Abs. 4 FamFG habe „in geeigneter Weise" zu erfolgen. Es geht u.a. um die Relativierung eines Machtgefälles, es geht aber auch um eine situationsadäquate, alters- bzw. entwicklungsadäquate und auf die individuelle Befindlichkeit des Kindes abgestimmte Gesprächsführung.

Weiterführende Informationen

- Grundlagen zu Gesprächen mit Kindern finden sich in einer vom Deutschen Jugendinstitut in Kooperation mit dem Nationalen Zentrum für Frühe Hilfen erstellten Expertise zum Thema.[447]
- Orientierung für Aufbau und Vorgehen in einem Gespräch, in dem Informationen über belastende Erfahrungen gewonnen werden sollen, bietet das NICHD-Protokoll für forensische Interviews mit Kindern.[448]
- „Praxisleitfaden zur Anwendung kindgerechter Kriterien für das familiengerichtliche Verfahren", der im Rahmen der Arbeit des Nationalen Rates gegen sexuelle Gewalt an Kindern und Jugendlichen entwickelt wurde und online zugänglich ist.[449]

447 Kindler, 2019, online verfügbar: https://www.kvjs.de/fileadmin/dateien/Jugend_Mitglieder/Qualitaetsentwicklung_Kinderschutz/E05_Expertise_Gespraeche_mit_Kindern.pdf (Abruf am 23.9.2024).

448 Deutsche Version: Franke et al., 2017, online verfügbar: https://dgkim.de/wp-content/uploads/2023/07/2018_DGKiM_Deutsche-Version-des-forensischen-Interviewprotokolls-NICHD.pdf (Abruf am 4.11.2024).

449 https://www.bmfsfj.de/resource/blob/203942/d136eeb8ef868396b219a3bdb5d4f518/praxisleitfaden-zur-anwendung-kindgerechter-kriterien-fuer-das-familiengerichtliche-verfahren-data.pdf (Abruf am 23.9.2024).

- Zur entwicklungsgerechten Befragung von Kindern in Strafverfahren siehe Niehaus, Volbert und Fegert (2017).[450]

Die Berücksichtigung der **Perspektive des Kindes**, also der „Nutzerperspektive", kann wertvolle Hinweise darüber liefern, welche Aspekte in der Kommunikation von den betroffenen Kindern selbst als entlastend oder belastend erlebt werden. Im Rahmen einer von der VW-Stiftung geförderten Untersuchung[451] wurden ausführliche qualitative Interviews mit Kindern durchgeführt.[452] Die Kinder wurden zu ihren persönlichen Erfahrungen bei Gesprächen und zur Bewertung der Institutionskontakte befragt. 506

Eine qualitative Inhaltsanalyse zeigt, dass Kinder sowohl in den außergerichtlichen als auch gerichtlichen Institutionen belastende und entlastende Faktoren benannt haben, so dass berufsgruppenübergreifend in sehr anschaulicher Weise diejenigen Aspekte herausgearbeitet werden können, die unmittelbar zur Bewältigung der konkreten Situation beitragen.

Deutlich wird, dass das situative Belastungserleben der Kinder im engen Zusammenhang mit dem individuellen Verhalten befragender Experten steht.

Hinweis

Eine freundliche, zugewandte Haltung kann als Basisvariable entlastenden Expertenverhaltens herausgestrichen werden.

Je stärker der Kontext des Gespräches beängstigend ist (z.B. im Rahmen einer polizeilichen Vernehmung oder einer Gerichtsverhandlung), umso deutlicher wirken Faktoren entlastend, die zu einer unmittelbaren **Angstreduktion und Kontrollerleben** in der Situation beitragen. Dazu zählen z.B.

- die Begleitung durch eine Vertrauensperson (vgl. § 10a SGB VIII),
- Verfahrensbeistand in der Kindesanhörung (sofern das Kind dem Verfahrensbeistand bereits vertraut),
- die Erklärung und Strukturierung der bevorstehenden Situation als verständlich, wahrnehmbar und nachvollziehbar durch den erwachsenen Gesprächspartner und
- insbesondere der Verzicht auf zu schwere oder unverständliche Fragen und situative Überforderung.

2. Bedingungen des Gesprächs

Es ist von zentraler Bedeutung, dass zu Beginn des Gespräches der Gesprächspartner sich vorstellt und über den zeitlichen wie auch inhaltlichen Rahmen des zu führenden Gesprächs Auskunft gibt. Dabei sollte den Kindern explizit erklärt werden, 507

450 Niehaus, N./Volbert, R./Fegert, J. M. (2017). Entwicklungsgerechte Befragung von Kindern in Strafverfahren. Berlin: Springer.
451 Fegert et al. 2001; Fegert 1997.
452 Fegert u. Gerwert 1993.

dass sie die die Beantwortung bestimmter Fragen ablehnen können. Zusätzlich muss darauf hingewiesen werden, dass manche Fragen vielleicht zu schwierig sind und dass es wichtig ist, dass Kinder – im Gegensatz zu dem in der Schule üblichen Verhalten – immer Rückmeldungen geben sollten, wenn sie etwas nicht verstanden haben. Sie sollen auf jeden Fall lieber nicht antworten oder noch einmal nachfragen, als irgendetwas zu sagen, um es dem Gesprächspartner recht zu machen oder gar sich dementsprechend zu äußern, wovon sie ausgehen, dass er oder sie dies hören möchte.

Insgesamt sollte den Kindern die Angst genommen werden, dass hier, wie sie es aus der Schule üblicherweise gewohnt sind, ihre Leistung bewertet wird. Es sollte betont werden, dass stattdessen ihre Sicht der Dinge, ihre Wünsche, Ängste, Gedanken erfragt werden.

Hilfreich ist zudem, bereits beim Gesprächseinstieg anzumerken, dass der Gesprächspartner häufig solche Gespräche mit Kindern führt, um damit die Situation zu normalisieren und das Kind zu entlasten.[453]

508 Da Kinder von ihren Gesprächspartnern häufig Beziehungsangebote erwarten oder bestimmte Situationen als Beziehungsangebot wahrnehmen, ist es wichtig deutlich zu machen, wie sich die **Beziehung** zwischen Erwachsenem und Kind gestalten wird. Dazu gehört die Klärung von Fragen wie Terminvereinbarung, Erreichbarkeit, was ist erlaubt und was ist im Kontakt nicht erlaubt.

Ähnlich wie zu Beginn einer Psychotherapie, wo auch die Regeln und jeweiligen Rechte und Pflichten klarifiziert werden müssen, gilt dies für jede Gesprächssituation in einem strukturellen Abhängigkeitsverhältnis. Im familiengerichtlichen Verfahren gehört die Aufklärung des Kindes zum **Arbeitsauftrag** des Verfahrensbeistandes.

Die Tatsache, dass sich in der genannten Untersuchung einige Kinder über enttäuschende, unzureichende Beziehungsangebote und reglementierende Maßnahmen beschwerten, legt den Verdacht nahe, dass zunächst einmal von der Vertrauensperson eine eher „kumpelhafte", freundschaftliche Beziehung suggeriert wurde und erst im Verlauf der Zusammenarbeit die Regeln explizit festgelegt und kommuniziert wurden. Dies unterstreicht ganz klar, wie wichtig es ist, sich eindeutig zu verhalten und in der Kontaktaufnahme einer späteren Enttäuschung vorzubeugen.

Gerade weil viele Kinder in dieser Situation scheinbar sehr auf die Hilfe der Erwachsenen angewiesen sind, fällt es auch erfahrenen Expertinnen und Experten häufig schwer, diese **Grenzziehungen** klar zu treffen. Dies kann wiederum zu Überlastungen, ja bis zum „Burn-out" der Erwachsenen führen. *Thurn* und *Wils* (1998) haben dieses Spannungsfeld von Rettungs- und Größenphantasien der Helfer einerseits und ihrem Ohnmachtserleben andererseits deutlich herausgearbeitet. Gesprächsangebote an Kinder müssen im Wissen um diese Gefahren stets das wirklich Leistbare vor Augen haben. Zwar grenzt das Gesetz die Aufgaben des Verfahrensbeistandes

453 Vgl. Kindler, H. (2019). Gespräche mit Kindern. Expertise. München: DJI. online verfügbar: https://www.kvjs.de/fileadmin/dateien/Jugend_Mitglieder/Qualitaetsentwicklung_Kinderschutz/E05_Expertise_Gespraeche_mit_Kindern.pdf (Abruf am 23.9.2024).

ein, dennoch bestehen auch im Rahmen seiner Tätigkeit die Gefahr von Grenzüberschreitung sowie Rettungs- und Allmachtsphantasien, weshalb er sich immer wieder auf seinen Aufgabenkreis besinnen muss.

Zu einem verantwortlichen Gesprächskontakt mit Kindern gehört **Geduld**. Die befragten Kinder äußerten sich kritisch über bedrängende, „bohrende" Fragen. Teilweise erlebten sie die Weitergabe von Informationen oder den Umgang der Erwachsenen mit ihren Informationen als Vertrauensmissbrauch. **509**

Auch deshalb ist es wichtig, diese Fragen ernst zu nehmen und sich diesbezüglich im Gespräch klar und transparent zu diesen Aspekten zu äußern und somit auch dazu, was mit den **Äußerungen des Kindes** passiert.

Eine häufige Falle für den Erwachsenen ist dabei das frühe Sichanvertrauen des Kindes, die **Mitteilung eines Geheimnisses.** Gerade vernachlässigte oder misshandelte Kinder bzw. Kinder in emotionalen Drucksituationen können Bindungen darüber herzustellen versuchen, dass sie sich dem erwachsenen Experten voll anzuvertrauen versuchen. Sie versuchen, eine exklusive Beziehungssituation herzustellen, indem sie anbieten, über ein Geheimnis zu sprechen, welches sie noch keinem Fremden anvertraut haben. Dies schmeichelt dem Experten und verleitet ihn zu Vertraulichkeitszusagen, welche ihn später in erhebliche Konflikte bringen können, wenn aus Kinderschutzgründen eine Information an das Gericht erfolgen muss.

Alle Erwachsenen, die mit Kindern Gespräche führen wollen, müssen sich darüber klar sein, dass sehr viele Kinder im Vorfeld der Kontaktsituation **Angst** haben. Die in der benannten Studie befragten Kinder begründeten diese Ängste vor allem mit **510**

- Unwissenheit,
- Fremdheit der Situation,
- Versagensängsten,
- Angst vor Bestrafung,
- Angst vor Ablehnung.

Hinzu kommen Vorstellungen, die sich Kinder durch die Rezeption bestimmter Berufsgruppenrollen durch die Medien machen. Einige wörtliche Protokolle aus der Befragung mögen dies verdeutlichen:

> „Ich hatte gedacht, ich werde verhaftet." …
>
> „Ich dachte, da sind nur Männer, da muss man alles sagen." …
>
> „Die meckern dann, kannst du mal ein bisschen lauter reden?" …
>
> „Muss man lange dastehen, wie bei der Armee." …
>
> „… dass man von Zigaretten eingeräuchert wird …" …
>
> „Ich hatte Angst, dass mir nicht geglaubt wird." …
>
> „Ich hatte Angst vor den Fragen und vor Hypnose und so." …
>
> „Ich hatte Angst vor den Fragen des Anwalts, ich kenne so was nur aus dem Fernsehen, ich hatte Angst, dass ich verliere." …
>
> „Ich wollte nicht zur Polizei." …

> „Ich hatte Angst vor dem Gericht." ...
>
> „Ich habe angefangen zu weinen und zu zittern vor dem Haus. Hinterher war ich aber ganz froh, dass ich nur einmal hin musste." ...
>
> „Ich bin nicht so abgehärtet, wenn er eine Träne verlieren würde und sagen würde: ‚Ich habe dich lieb' würde ich nicht ertragen." ...[454]

Insofern erscheint es geboten, zu Beginn der Gesprächssituation die Kinder bei diesen Ängsten im Vorfeld „abzuholen", indem sie gefragt werden, wer sie über den bevorstehenden Gesprächskontakt informiert hat und welche Gedanken, Ängste, Befürchtungen, Hoffnungen sie sich vor dem Gespräch gemacht haben.

511 Darüber hinaus ist es wichtig, sich im ersten Gespräch einen Überblick darüber zu verschaffen, welche Personen mit dem Kind zu tun haben und vom Kind selbst als wesentliche Entscheidungs- oder Vertrauenspersonen angesehen werden. Häufig sind Kinder sehr gut in der Lage zu berichten, wer welche Interessen hat bzw. wer welche Lösung für das Problem bevorzugen würde. In der Regel empfiehlt es sich, zuerst über diese Punkte zu sprechen, bevor man das Kind nach seiner eigenen Meinung zu einem Konflikt befragt. Aufgrund dessen kann es dann in seinen individuellen **Loyalitätskonflikten und Befangenheiten** besser verstanden werden, wenn es die widerstreitenden Interessen auf der Erwachsenenebene zunächst einmal als scheinbar objektive Gegebenheiten darstellen konnte. Bei kleineren Kindern können illustrative Hilfsmittel wie der Einsatz von Figuren und Zeichnungen oder sonstige spielerische Darstellungen es erleichtern, die sozialen Beziehungen des Kindes zu erkennen.

512 Ganz wichtig auch für das Scheitern oder Gelingen der helfenden Beziehung zum Kind ist es, eine Vorstellung von den **Beziehungserfahrungen des Kindes** zu bekommen.

- Was hat das Kind bislang in Beziehungen mit nahestehenden Personen oder auch mit weniger bekannten Personen erlebt?
- Welche Erfahrungen haben seine Überzeugungen hinsichtlich anderer Menschen sowie sein Interaktionsverhalten geprägt?

Die Kenntnis und das Verständnis für diesbezügliche Erfahrungen des Kindes sowie sein Interaktionsverhalten, erleichtern den Aufbau einer unterstützenden, helfenden Beziehung.

513 Zur Vorbereitung der gemeinsamen Arbeit gehört auch die **Klärung der Motivationslage**. Es geht darum herauszufinden, welche Erwartungen, Bedürfnisse und welchen Willen das Kind hat und dies in das Verfahren einzubringen. Sofern die Einschätzung des Verfahrensbeistandes zum Wohl des Kindes vom Kindeswillen abweicht, trifft ihn die Verpflichtung dies mit dem Kind zu besprechen und auch dem Gericht mitzuteilen. Ganz klar sollte herausgearbeitet werden, welche Interessen sich dabei vertragen und welche sich direkt widersprechen. Das Kind muss wissen, „wobei will der

454 Zu den Vorstellungen, die sich Kinder vom Gericht und den Verfahrensbeteiligten machen, vgl. Zitelmann 2001, S. 183 ff.

Verfahrensbeistand mich unterstützen und wo kann er mich nicht unterstützen". Der Auftrag sollte deshalb möglichst genau präzisiert werden.

Auch in diesem Fall erscheint es als grundlegend, sich über das Verständnis des Kindes bzw. des Jugendlichen zu vergewissern, um späteren Missverständnissen bzw. Enttäuschungen vorzubeugen.

Bei der Befragung von Kindern als „Kunden" von Institutionen wurde deutlich, dass die Kinder sehr häufig überhaupt nicht nach ihren Intentionen gefragt wurden. Über bevorstehende Handlungsschritte wurde zu wenig aufgeklärt. Dies bedeutet, dass viele Erwachsene, wenn sie meinen, den Interessen des Kindes entsprechend zu handeln, das Kind selbst nach seinen Erwartungen und Wünschen gar nicht mehr befragen. Die Frage nach **Erwartungen und Wünschen** stellte sich aber in der Untersuchung als idealer Einstieg ins Interview, in den Dialog mit dem Kind dar.

3. Ethische Grundprinzipien für die Kommunikation

Beauchamp und *Childress* (1977, 1994) und insbesondere der Belmont-Report, an dem sie mitwirkten, haben in der Medizinethik der USA nach massiven Übergriffen Grundbedingungen für Interventionen ausformuliert. **514**

- Hierzu gehört das Gebot der **Nichtschädigung**. Kommunikation mit Kindern, insbesondere im Kontext von Beratung oder Verfahrensbeistandschaft, hat prinzipiell sicherzustellen, dass diese Kommunikation nicht zum Schaden von Kindern ausgeht.
- Ein weiteres Gebot, nämlich das der **Besserung und Fürsorge**, leitet sich von der Garantenstellung des Erwachsenen ab und hat vor allem den unterschiedlichen Loyalitätskonflikten Rechnung zu tragen.
- Das dritte Prinzip – **Gerechtigkeit** – meint Verteilungsgerechtigkeit von Ressourcen ebenso wie Einzelfallgerechtigkeit, die es auch in Bezug auf die Ausgestaltung der Kommunikation zu berücksichtigen gilt.

Ein ganz wesentlicher Teilpunkt der von *Beauchamp/Childress* ausformulierten Prinzipien ist das Prinzip der **Autonomie**. Kinder, die einen Verfahrensbeistand brauchen, Kinder, die in Beratungsprozesse kommen, haben häufig wenig eigene Autonomie und Selbstwirksamkeit erlebt. Ihnen Gehör zu verschaffen, ihnen Informationen zu geben, ihnen dadurch Gelegenheit zur Partizipation zu geben und dazu, Entscheidungen wirklich als eigene auch miterleben zu können bzw. bewusst als fremdbewirkte Entscheidungen wahrzunehmen, ist eine wichtige Aufgabe der Kommunikation.

Hinsichtlich der Autonomie gilt es, Folgendes zu **berücksichtigen**: Das Alter bzw. das Entwicklungsalter kann nur *ein* orientierendes Kriterium für Entscheidungen sein. Gut entwickelte, geförderte und psychisch bislang wenig belastete Kinder haben in jedem Alter sehr viel bessere Ressourcen und Möglichkeiten, ihre Interessen in rechtlichen und administrativen Verfahren einzubringen. Entwicklungsverzögerte, deprivierte, psychisch beeinträchtigte Kinder sind demgegenüber häufig schutzlos den vehementesten Interessenkonflikten ausgesetzt und haben die geringsten Möglichkeiten, sich selbst einzubringen. Sie benötigen deshalb zu einem gleichen Grad von Partizipation eine sehr viel stärkere äußere Unterstützung.

4. Voraussetzung für Beteiligung in der Kommunikation

515 Kommunikation kann im Einzelfall hinsichtlich ihrer Voraussetzungen,[455] Strukturelemente und Störungsquellen beschrieben werden. Zu den Voraussetzungen gehören die **kognitiven** Ausgangsbedingungen der Kommunizierenden, die gewisse komplexere Kommunikationen erst möglich machen. Aber auch **emotionale und motivationale** Komponenten spielen hier eine deutliche Rolle.

Wenn man die Störungsquellen und Schwierigkeiten bei der Kommunikation einmal systematisch betrachten will, können die Schwierigkeiten beim Sender und beim Empfänger liegen. Aber auch die dazwischen liegenden Elemente sind störungsanfällig. Störungen, die vom erwachsenen „Sender" ausgehen, haben häufig mit der zu hohen Komplexität von Informationen und Botschaften zu tun.

516 In der Kommunikation mit Kindern gilt es, **einfache, verständliche Signale** zu senden. Diese müssen verbal und nonverbal stimmig vermittelt werden. Kinder nehmen es sehr eindeutig wahr, wenn die nonverbale Signalebene in einem Kontrast zur Information, d.h. der verbalen Botschaft, steht. Es lohnt sich, dass z.B. der Verfahrensbeistand, der sich in einer Kommunikation befindet, sich auch kurz Gedanken macht, wen seine Botschaft erreichen soll und welche Modalität er deshalb wählt. Ist es wirklich sinnvoll, solche Dinge am Telefon zu besprechen?

Zu komplexe Signale können trotz der besten Intentionen zu sehr mangelhaften Kommunikationsergebnissen führen, z.B. unvollständige oder ungenau vermittelte Informationen oder auch Missverständnisse. Dies ist z.B. die Grundlage für angebliche Falschaussagen im Kontext mit zu schwierigen Fragen, etwa im Zusammenhang mit sexuellem Missbrauch. Hier ist dann gar nicht so oft durch die erwachsenen Gesprächspartner bewusst manipulativ vorgegangen worden, sondern die Überforderung durch zu komplexe Fragen hat zu einer allmählichen Veränderung der Aussageinhalte geführt. Komplexe Signale bzw. zu komplexe Fragen beinhalten z.B. mehrere verschiedene zu erfragende Aspekte, die gleichzeitig in einer Frage gestellt werden, sind sprachlich komplex konstruiert, etwa mit mehreren Nebensätzen oder Verneinungen.

5. Emotionen und emotionaler Ausdruck im Gespräch mit Kindern

517 Emotionen und der emotionale Ausdruck haben im Gespräch mit Kindern eine spezielle Bedeutung. Emotionen werden schnell ausgelöst und sind schwer zu kontrollieren. Ein verbreiteter definitorischer Ansatz unterscheidet **primäre Emotionen** (Furcht, Freude, Trauer, Ärger, Interesse, Ekel und Überraschung) von so genannten „sekundären" oder **komplexen Emotionen** (z.B. Neid, Verlegenheit, Stolz, Scham und

455 Vgl. Balloff 2000 und Fegert 1999.

Furcht).[456] Gerade für die primären Emotionen besteht ein hoher Zusammenhang des expressiven Verhaltens mit den zugrunde liegenden Emotionen.

So entsteht das Risiko, generell Emotion und Ausdrucksverhalten gleichzusetzen.

Manche Situationen „verlangen" aber, dass tatsächlich empfundene Emotionen überblendet werden bzw. nicht zur Darstellung gelangen. Im Rahmen des Sozialisationsprozesses lernen Kinder z.B. in bestimmten Situationen ihre tatsächlich empfundenen Gefühle nicht auszudrücken. Man nennt diesen Prozess **„emotionale Selbstregulation"**. Nach *Eisenberg* (1992) oder *Kopp* (1992) bzw. *Maccoby* und *Marty* (1983) kann man feststellen, dass schon ab dem zweiten Lebensjahr eine Orientierung an sozialen Standards erfolgt. Bereits mit drei Jahren können Kinder ihre Mimik willentlich kontrollieren und ihre eigentlichen Gefühle vor anderen verbergen oder auch vortäuschen andere Gefühle als die tatsächlichen zu haben.[457]

Saarni (1984) hat eine experimentelle Untersuchung zu dieser Thematik an Grundschulkindern durchgeführt. Kinder im Alter von sieben, neun und elf Jahren bekamen als Belohnung für eine Aufgabe (Korrektur eines Übungsbuches) ein enttäuschendes, nicht altersentsprechendes Geschenk. Die älteren Kinder zeigten positivere Reaktionen als die jüngeren Kinder. Mädchen zeigten positivere Reaktionen als Jungen. *Cole* (1986) modifizierte dieses Experiment, indem er die Emotionen in Abwesenheit des Versuchsleiters filmte. So konnte nachgewiesen werden, dass die Kinder real über das Geschenk enttäuscht waren und auch, bevor der Versuchsleiter in den Raum eintrat, enttäuschte Mimik zeigten, sich dann aber artig für das ihnen übergebene Geschenk bedankten.

Dieses Überblenden von Emotionen gelingt aber durchaus nicht immer, d.h., bisweilen kommt es zum Durchsickern zugrunde liegender Emotionen (*Ekman* 1988). Die Bindungsforscherin *Crittenden* (1992) sieht dieses Verhalten vor allem bei unsicher-vermeidend-gebundenen Kindern, während sie annimmt, dass sicher-gebundene Kinder ein solches „Durchsickern" weniger zeigen, während unsicher-ambivalent-gebundene Kinder eher übertrieben wirkende emotionale Reaktionen auf Belastung zeigen. *Crittenden* stützt sich bei ihren Ergebnissen auf die Einteilung der Bindungstypen nach *Ainsworth* (1978), welche im Gefolge von *Bowlby* die experimentelle Bindungstheorie erheblich erweitert hat.

Neuere entwicklungspsychologische Untersuchungen zeigen, dass bei der Bewertung von verbalen Aussagen von Kindern, die man in Interviews oder Fragebögen erheben kann, ihr emotionales Ausdrucksverhalten während der Aussage eine große Rolle spielt. Die untersuchte Fragestellung ist auch ein wesentlicher Beitrag zur Grundlagenforschung im Hinblick auf die **Bewertung von Kinderaussagen** im Kontext von Misshandlungs- und Missbrauchsvorwürfen. Bisher hat sich die Aussagepsychologie ausgehend von den Aussagen verbal kompetenter, psychisch gesunder Kinder, die Opfer eines Verbrechens wurden, vor allem am gesprochenen Text orien- **518**

456 Vgl. z.B. Plutchik 1980.
457 Petermann, F./Wiedebusch, S. (2016). Emotionale Kompetenz bei Kindern, 7. Aufl., Göttingen: Hogrefe Verlag.

tiert und anhand textlicher Kriterien[458] die Stimmigkeit von Aussagen analysiert.[459] Die Ergebnisse zeigen u.a., dass abhängig von der Bindungsqualität und der psychischen Belastung das Gesagte mehr oder weniger emotional kongruent ist.

Je stärker die psychische Belastung, desto stärker müsste die emotionale Situation der Kinder beachtet werden. Gerade Emotionen wie **Schuld, Scham, Peinlichkeit und Stolz** spielen in Bezug auf die psychosexuelle Entwicklung von Kindern und die Störungen in dieser Entwicklung eine große Rolle. So beginnen z.B. Kinder mit ungefähr sechs Jahren, Schamgefühl bezogen auf sexuelle Handlungen und Nacktheit zu entwickeln. Bisher sind diese Emotionen im Vergleich zu Traurigkeit und Angst jedoch noch zu wenig beachtet worden. Zwischen den Emotionen Schuld, Scham und Peinlichkeit kann eine gewisse Nähe festgestellt werden. Auch gibt es „gemischte Gefühle" gerade zwischen Scham und Schuld sowie Alters- und Geschlechtsunterschiede im Erleben der drei Emotionen.

> „Peinlichkeit, Scham und Schuld werden offenbar je nach Geschlecht und Alter der untersuchten Personen verschieden erlebt. Prinzipiell scheinen zumindest Peinlichkeits- und Schamgefühle bei Frauen häufiger und/oder intensiver aufzutreten als bei Männern. Bei Kindern im Alter von 6 bis 10 Jahren zeigen sich diese Unterschiede noch nicht (vgl. Roos 1988). Gleichgerichtete geschlechtsspezifische Unterschiede im Schulderleben finden sich lediglich tendenziell. Dieser Befund ist vielleicht ein Hinweis darauf, dass Frauen – wie es geschlechtsstereotype Rollenerwartungen erwarten lassen – über ein reicheres, markanteres Gefühlsleben verfügen. Sie sind schneller von Selbstzweifeln befallen und eher bereit, die eigene Person abzuwerten. Männer hingegen geraten offenbar aufgrund einer von Zweifeln ungetrübten Einschätzung ihrer Kompetenz und ihres Selbstwertes seltener in Situationen, die Peinlichkeit oder Scham zur Folge haben."[460]

Auch aktuellere Forschung zeigt **Geschlechtsunterschiede** im Erleben komplexer Emotionen. So ergab eine groß angelegte Metaanalyse, dass Frauen mehr Schuld, Scham und Peinlichkeit erleben als Männer.[461]

519 **Schuldgefühle** spielen insbesondere bei Kindern ab dem Schulalter bei vorgefallenem sexuellem Missbrauch eine große Rolle. Sehr häufig achten die Täter teilweise sehr geschickt darauf, Kindern eine aktive Beteiligung zu suggerieren, indem ihnen Verantwortung und Beteiligung durch angeblich oder tatsächlich empfundene Lust unterstellt werden. Beispielsweise berichten betroffene Jungen, dass Täter das Vorhandensein einer Erektion als Zeichen der aktiven Beteiligung und als Willensäußerung des Kindes deuteten. Somit schufen sie die Voraussetzungen dafür, dass die Kinder hierfür aufgrund der angenommenen eigenen Verantwortung Scham- oder Schuldgefühle zeigten.

---

458 Vgl. Steller/Köhnken, 1989.

459 Burgsmüller, C. (2015). Zur Bedeutung der Aussagepsychologie für die Rechtsprechung bei Delikten des sexuellen Missbrauchs von Kindern. In: Fegert, J., Hoffmann, U., König, E., Niehues, J., Liebhardt, H. (Hrsg.) Sexueller Missbrauch von Kindern und Jugendlichen. Springer, Berlin, Heidelberg. https://doi.org/10.1007/978-3-662-44244-9_20

460 Roos 1992.

461 Else-Quest, N. M./Higgins, A./Allison, C./Morton, L. C. (2012). Gender differences in self-conscious emotional experience: a meta-analysis. Psychological bulletin, 138(5), 947.

Eine weitere häufige Ursache für Schuldgefühle sind die zu erwartenden oder angedrohten negativen Folgen für den Täter bzw. für die gesamte Familie bei Aufdecken des Missbrauchs. Hinzu kommt, dass damit ein gegen sämtliche soziokulturelle, moralische und gesetzliche Regeln verstoßendes Verhalten an die Öffentlichkeit gelangt und somit definitionsgemäß eine peinliche Situation entstehen muss.

Bei der Einschätzung von Emotionen sind wir häufig auf unsere eigenen Gefühle angewiesen. Diese Gefühle können stark von Beziehungsvariablen beeinflusst werden. Wir können eigene Thematiken in ein Kind hineinprojizieren etc. **520**

Praxistipp

▶ *Insofern ist im Sinne eines adäquaten Umgangs mit kindlichen Emotionen auch die Pflege der eigenen Emotionalität, die Kenntnis der eigenen emotionalen Probleme etc. durch Selbsterfahrung und Supervision ein wichtiges Moment, damit sich nicht eigene Betroffenheit mit der Wahrnehmung kindlicher Interessen vermischt.*

Teil 4

Die Rechtsstellung des Kindes im gerichtlichen und jugendhilferechtlichen Verfahren

A Das Verfahren der Familiengerichte in Kindschaftssachen

Übersicht Rn.

I. Einleitung

1 Das Verfahrensrecht dient als Absicherung dafür, dass das zur Entscheidung berufene Gericht den Weg der Entscheidungsfindung nicht nur auf rechtsstaatliche Weise beschreitet, sondern auch die entscheidungserheblichen Tatsachen nicht übersehen werden. Zudem betont das Bundesverfassungsgericht (BVerfG) gerade im Kindschaftsrecht die besondere Bedeutung des „Grundrechtsschutzes durch Verfahren“.

Die gesetzlichen Grundlagen für das gerichtliche Verfahren in Kindschaftssachen finden sich seit dem 1.9.2009 im Gesetz über das Verfahren in Familiensachen und in den Angelegenheiten der freiwilligen Gerichtsbarkeit (FamFG). Der Gesetzgeber hat damit das Nebeneinander von zwei Verfahrensordnungen (ZPO/FGG) im Wesentlichen beseitigt. An die Stelle einer teilweise unübersichtlichen Verschachtelung mehrerer Verfahrensordnungen trat ein einheitliches Gesetzeswerk, was dem Rechtsanwender den Zugang einerseits erheblich erleichtert, andererseits aber eine Vielzahl ungelöster Probleme aufwirft.

2 Der Gesetzgeber hat (auch) das Verfahrensrecht in Kindschaftssachen seit Inkrafttreten des FamFG reformiert und so den Versuch unternommen, dieses zu optimieren und den gesellschaftlichen Gegebenheiten anzupassen. Teilweise erfolgten die Reformen vor allem vor dem Hintergrund massiver Kritik aus Praxis, Wissenschaft und Politik. Zu nennen sind hierbei vor allem die Reformen zum Sachverständigenrecht (hierzu Rn. 68) und zuletzt durch das Gesetz zur Bekämpfung sexualisierter Gewalt gegen Kinder vom 16.6.2021, welches unter anderem die Regelungen zum Beschwerdeverfahren (hierzu Rn. 123 ff.), zur Verfahrensbeistandschaft (§§ 158 ff. FamFG) und zur Kindesanhörung (§ 159 FamFG; hierzu Rn. 145 ff.) maßgeblich geändert hat.

3 **Kindschaftssachen** sind nach § 151 FamFG unter anderem die dem Familiengericht zugewiesenen Verfahren, die

- die elterliche Sorge (insbesondere §§ 1666, 1671 BGB),
- das Umgangsrecht (z.B. § 1684 BGB) und
- die Kindesherausgabe (vgl. § 1632 Abs. 1 und 4 BGB)

betreffen. Mit der Abschaffung des Vormundschaftsgerichts (vgl. § 23b GVG, § 151 Nr. 4, 5 FamFG), das nach dem Inkrafttreten des FamFG am 1.9.2009 nur noch zur Abwicklung sog. „Altverfahren“ erhalten bleibt, ging eine Erweiterung der Aufgaben des Familiengerichts einher, welches nun u.a. auch für Verfahren zuständig ist, welche

- die Vormundschaft (vgl. §§ 1773 ff. BGB) und
- die Pflegschaft (vgl. §§ 1909 ff. BGB)

betreffen.[1]

Durch die Einführung des Großen Familiengerichts soll eine umfassende Lösung innerfamiliärer Konflikte vor einem sachnahen und grundsätzlich **besonders qualifizierten und spezialisierten Gericht** ermöglicht werden. Freilich kann dies nur gelingen, wenn die Familiengerichte von den Landesjustizverwaltungen die gebotene **sachliche und personelle Ausstattung** erfahren, den Richterinnen und Richtern die (tatsächliche) Möglichkeit zur Wahrnehmung von **Fortbildungsangeboten** eröffnet wird und diese Angebote schließlich von den Familienrichter:innen auch wahrgenommen werden. 4

Nachdem viele Jahre eindringlich gefordert worden ist, die **Eingangsvoraussetzungen** für eine Tätigkeit an den Familiengerichten zu erhöhen, hat der Gesetzgeber mit Wirkung vom 1.1.2022 reagiert. Es genügt nun nach der Vorstellung des Gesetzgebers nicht mehr, wenn ein Richter – wie es nach § 23b GVG alter Fassung zuließ – sich nicht mehr im ersten Jahr der Ernennung befindet, damit ihm die Aufgabe eines Familienrichters übertragen werden kann.[2] § 23b GVG verlangt nun darüber hinaus, dass

> „Richter in Familiensachen ... über belegbare Kenntnisse auf den Gebieten des Familienrechts, insbesondere des Kindschaftsrechts, des Familienverfahrensrechts und der für das Verfahren in Familiensachen notwendigen Teile des Kinder- und Jugendhilferechts sowie über belegbare Grundkenntnisse der Psychologie, insbesondere der Entwicklungspsychologie des Kindes, und der Kommunikation mit Kindern verfügen“

sollen.

Die Zukunft wird zeigen, ob und welche **Auswirkungen** die Norm **in der Praxis** haben wird. Damit dürfte nicht diskutabel sein, dass die Landesjustizverwaltungen entsprechende Fortbildungsangebote zur Verfügung zu stellen haben und diese von den Familienrichter:innen auch anzunehmen sind, wenn sie im familiengerichtlichen Bereich tätig sind bzw. künftig sein wollen. Auch müssen die Präsidien der Gerichte bei Erstellen der jährlichen Geschäftsverteilung ein Auge darauf haben, ob die (weitere) Zuteilung der entsprechenden Aufgaben den gesetzlichen Anforderungen genügt.

Allerdings ist leider auch damit zu rechnen, dass eine Umsetzung in der Praxis nicht in einer vom Gesetzgeber gewünschten Weise erfolgen wird. Zum einen lässt das Gesetz selbst eine „Hintertür“ offen, denn

> „einem Richter, dessen Kenntnisse auf diesem Gebiet nicht belegt sind, dürfen die Aufgaben eines Familienrichters nur zugewiesen werden, wenn der Erwerb der Kenntnisse alsbald zu erwarten ist“.

---

1 Zu den Einzelheiten siehe MünchKomm-FamFG/Heilmann, § 151 FamFG Rn. 6 ff.

2 Näher hierzu Kinderrechtekommission des Deutschen Familiengerichtstages e.V., ZKJ 2018, S. 179.

Damit darf das Amt in einer Übergangszeit – der Gesetzgeber geht hier von ca. sechs Monaten aus – auch bei fehlender Qualifizierung ausgeübt werden. Dies ist ganz sicher nicht im Interesse der betroffenen Kinder und weiteren Beteiligten. Zum anderen fehlt es an **Sanktionsmöglichkeiten** bei Nichtbeachtung der Norm, insbesondere können im konkreten Verfahren keine Eingaben eines Beteiligten gemacht werden, auf Grund derer mit Erfolgsaussicht die Einsetzung eines Richters mit höherer Qualifikation erreicht werden kann. So kann etwa keine Ablehnung wegen Befangenheit erfolgen, da fachliche Unwissenheit keinen Befangenheitsgrund darstellt.

5 Eine Kindschaftssache ist zugleich **Familiensache** (vgl. § 111 Nr. 2 FamFG). Sie wird in der Regel als selbstständiges Verfahren geführt. Etwas anderes gilt ausnahmsweise bei Anhängigkeit eines Scheidungsverfahrens. Eine Kindschaftssache wird Folgesache im Scheidungsverbundverfahren, wenn ein Ehegatte rechtzeitig die Einbeziehung in den Verbund beantragt und es sich um eine Kindschaftssache handelt, die das Sorge- oder Umgangsrecht bzw. die Herausgabe eines gemeinschaftlichen Kindes oder das Umgangsrecht des Stiefelternteils betrifft, es sei denn, das Familiengericht hält die Einbeziehung in den Verbund aus Gründen des Kindeswohls, insbesondere mit Blick auf das Beschleunigungsgebot (siehe Rn. 14), nicht für sachgerecht (vgl. § 137 Abs. 3 FamFG).

6 Nicht Gegenstand dieses Kapitels sind die **internationalen Bezüge** und damit insbesondere die Besonderheiten der Verfahren nach dem Haager Kindesentführungsübereinkommen (HKÜ), der sog. Brüssel-IIb-Verordnung, des Kinderschutzübereinkommens (KSÜ) sowie des Europäischen Sorgerechtsübereinkommens (ESÜ). Verwiesen wird insoweit auf die einschlägigen Veröffentlichungen[3] sowie auf Teil 4/*Schweppe*, Rn. 234 ff.

- ▶ *Zu den gerichtlichen Verfahren mit Auslandsbezug vgl. Teil 4/Schweppe, Rn. 234 ff.*
- ▶ *Zu den Besonderheiten des Unterbringungsverfahrens (§ 151 Ziff. 6 und 7 FamFG) siehe Teil 2/Bauer, Rn. 302 ff.*
- ▶ *Zum Vergütungsfestsetzungsverfahren Teil 2/Bauer, Rn. 238 ff.*

II. Verfahrensgrundsätze in Kindschaftssachen

7 Für das Verständnis des Verfahrensrechts sind seine elementaren Grundsätze von besonderer Bedeutung.

1. Der Amtsermittlungsgrundsatz (§ 26 FamFG)

8 Das Verfahren in Kindschaftssachen wird maßgeblich vom Amtsermittlungsgrundsatz geprägt. Da über die Betätigung des Elternrechts die staatliche Gemeinschaft

---

3 Vgl. insbesondere Niethammer-Jürgens/Erb-Klünemann, Internationales Familienrecht in der Praxis, Frankfurt am Main, 2019; Heilmann/Schweppe, Kapitel 3 (Internationale Übereinkommen) sowie die Kommentierungen zu § 99 FamFG (etwa MünchKomm-FamFG/Rauscher, 3. Auflage [2018]).

wacht (vgl. Art. 6 Abs. 2 Satz 2 GG), ist es nur konsequent, die Verfahrensgestaltung in Kindschaftssachen in die Hände des Familiengerichts zu legen. Dementsprechend regelt der Gesetzgeber in dem auch für Kindschaftssachen anwendbaren § 26 FamFG (vgl. § 12 FGG a.F.), dass das Gericht von Amts wegen die zur Feststellung der Tatsachen erforderlichen Ermittlungen durchzuführen und die geeignet erscheinenden Beweise zu erheben hat.

Damit liegt es in der **Verantwortung des Gerichts** – und nicht etwa bei den Beteiligten wie beispielsweise im Zivilprozess –, den **entscheidungserheblichen Tatsachenstoff zu ermitteln** (siehe § 29 Abs. 1 Satz 2 FamFG). Das Familiengericht entscheidet nicht nur über die Notwendigkeit einer Beweisaufnahme überhaupt, sondern auch über deren Umfang und die Auswahl der Beweismittel (vgl. auch § 30 Abs. 1 FamFG). Es hat folglich einen erheblichen Gestaltungsspielraum bei der Verfahrensleitung und -organisation. Mithin ist es auch nicht an das Vorbringen und etwaige Beweisanträge der Beteiligten gebunden, sondern entscheidet selbst darüber, welche Beweise (näher hierzu unter Rn. 61 ff.) es erhebt.[4] Das Gericht hat ebenfalls darüber zu befinden, ob eine bestimmte Tatsache beweisbedürftig ist oder nicht. 9

„Beweisanträge" in Kindschaftssachen sind daher Anregungen für das Gericht, die dieses nach pflichtgemäßem Ermessen prüfen muss.[5] Das Familiengericht hat – unter gleichzeitiger Berücksichtigung des Beschleunigungsgebots (vgl. unten Rn. 14) – alle Beweise zu erheben, die erforderlich sind, um eine möglichst zuverlässige und am Kindeswohl orientierte (vgl. § 1697a BGB) Entscheidungsgrundlage zu erhalten.[6]

Praxistipp

▶ *Ein „Beweisantrag" sollte vor diesem Hintergrund die Art des zu erhebenden Beweismittels (hierzu unten Rn. 63 ff.) bezeichnen und darlegen, welchen Erkenntnisgewinn man sich von der Erhebung dieses Beweises erwartet.*

Zudem sollte deutlich werden, welchen Einfluss das Ermittlungsergebnis auf das Ergebnis des Verfahrens haben kann und weshalb die Erhebung des Beweises auch unter Berücksichtigung des Beschleunigungsgebotes erforderlich ist.

Beabsichtigt das Familiengericht trotz bereits bestehender Entscheidungsreife im Rahmen des Amtsermittlungsgrundsatzes die Durchführung einer Beweiserhebung, können vom Verfahrensbeistand dem Gericht im Rahmen des gewährten rechtlichen Gehörs die Nachteile einer derartigen Beweiserhebung (Verfahrensverzögerungen und damit verbundene Belastungen des Kindes bzw. Gefahr der faktischen Präjudizierung; vgl. Rn. 12 ff.) dargelegt werden. 10

Unbeschadet dessen hat das Familiengericht eine **Pflicht zur Entscheidung bei Entscheidungsreife** (vgl. § 300 Abs. 1 ZPO analog).[7] Entscheidungsreife tritt ein, wenn dem Gericht alle erforderlichen Informationen für eine am Kindeswohl orientierte

4 Vgl. nur BGH FamRZ 1984, 1084.
5 Vgl. BGH FamRZ 1984, 1084.
6 Vgl. BVerfGE 55, 171 (182).
7 Vgl. MünchKomm-FamFG/Heilmann (2025), § 155 FamFG Rn. 29.

Entscheidung vorliegen und die Verfahrensvorschriften, insbesondere hinsichtlich der durchzuführenden Anhörungen (vgl. unten Rn. 53 ff.), beachtet worden sind.

2. Das Vorrang- und Beschleunigungsgebot (§ 155 FamFG)

11 Zwar muss das Familiengericht auf der einen Seite das Verfahren so gestalten, dass es möglichst zuverlässig die Grundlage einer am Kindeswohl orientierten Entscheidung erkennen kann.[8] Auf der anderen Seite soll es jedoch dem **Beschleunigungsgebot** Rechnung tragen. Dieser Verfahrensgrundsatz hat seinen Ursprung in der interdisziplinären Diskussion,[9] fand Eingang in die Rechtsprechung des BVerfG[10] und hat seit dem 12.7.2008 auch eine gesetzliche Grundlage (vgl. § 50e FGG a.F. sowie § 155 FamFG).[11] Es gilt (in allen Instanzen) insbesondere für Verfahren, die

- den Aufenthalt des Kindes,
- das Umgangsrecht oder
- die Herausgabe des Kindes

betreffen, sowie für Verfahren wegen

- Gefährdung des Kindeswohls (vgl. § 155 Abs. 1 FamFG)

und hat Ausstrahlungswirkung u.a. auf die hiermit im Zusammenhang stehenden Vollstreckungsverfahren. Nach der Reform des Sorgerechts nicht miteinander verheirateter Eltern ist er im Verfahren zur Übertragung der gemeinsamen elterlichen Sorge entsprechend anwendbar (§ 155a Abs. 2 Satz 1 FamFG).[12]

▶ *Zur materiellen Rechtslage siehe auch Teil 2/Wierse, Rn. 371 ff.*

12 **Hintergrund**

Das Beschleunigungsgebot sollte mit Blick auf die Besonderheiten des **kindlichen Zeitempfindens** betrachtet werden:[13] Erst mit zunehmendem Alter erwirbt ein Kind die Fähigkeit zur Wahrnehmung und Schätzung von Zeit und lernt, dass „verschwundene" Personen wieder auftauchen. Jüngere Kinder empfinden daher – auf objektive Zeitspannen bezogen – den Verlust einer Bezugsperson schneller als endgültig als ältere Kinder oder gar Erwachsene. Dies führt dazu, dass zum einen die mit der Durchführung des Verfahrens einhergehenden psychischen Belastungen für das Kind von besonderer Bedeutung sind und zum anderen die **große Gefahr einer faktischen Präjudizierung** besteht, also die Gefahr, dass das Verfahren allein durch Zeitablauf und die dabei entstehenden bzw. sich verändernden tatsächlichen Verhält-

---

8 Vgl. BVerfGE 55, 171 (182); FamRZ 1993, 662 (663).

9 Vgl. Goldstein/Freud/Solnit, Frankfurt a.M. 1974, Heilmann, Kindliches Zeitempfinden und Verfahrensrecht, Neuwied 1998 m.w.N.; ders., ZfJ 1998, 317 ff.; siehe auch Staudinger/Salgo (2015), § 1632 BGB Rn. 104; Gießler, S. 504; Staudinger/Coester (2016), § 1666 BGB Rn. 205; van Els, S. 38 ff.; Motzer, in: Schwab, S. 594.

10 Vgl. BVerfG NJW 2001, 961; FamRZ 2000, 413 (414): „besondere Sensibilität"; FamRZ 1997, 871 ff.

11 Hierzu MünchKomm-FamFG/Heilmann (2025), § 155 FamFG.

12 Zur materiellen Rechtslage siehe Heilmann, NJW 2013, 1473 ff.

13 Vgl. auch BVerfG NJW 2001, 961.

nisse entschieden wird und nicht durch eine das Verfahren förmlich abschließende gerichtliche Entscheidung.[14]

Besonders deutlich wird dies in den Kindschaftssachen, in denen **Bindungen des Kindes** (vgl. Teil3/*Ziegenhain*, Rn. 147 ff.) die Entscheidung maßgeblich beeinflussen können wie z.B. in Verfahren auf Erlass einer Verbleibensanordnung (§ 1632 Abs. 4 BGB), Verfahren wegen Kindeswohlgefährdung (§ 1666 BGB), Sorgerechtsstreitigkeiten (§ 1671 BGB) sowie Umgangsrechtsverfahren (§ 1684 BGB) – mithin Verfahren, die zum überwiegenden Betätigungsfeld des Verfahrensbeistands gehören. In umgangsrechtlichen Verfahren kommt hinzu, dass jede Verfahrensverzögerung faktisch zu einem Umgangsausschluss führen kann.[15]

Das besondere Gebot der Verfahrensbeschleunigung ist **von allen** professionell am Verfahren **Beteiligten** (Gerichte, Jugendamt, Verfahrensbevollmächtigte, Sachverständige) **zu beachten**. Gerade für den Verfahrensbeistand ist es von sehr großer Bedeutung, zumal als eines der Hauptargumente gegen die Einführung der Verfahrenspflegschaft vorgebracht wurde, er verzögere das gerichtliche Verfahren.[16] Eine Befürchtung, die sich im Übrigen nicht bewahrheitet hat.[17]

Praxistipp

Um diesem Verfahrensgrundsatz gerecht zu werden, sollte der Verfahrensbeistand daher

- *zum einen das Gebot der „Selbstkontrolle" beachten, d.h. selbst keine Ursachen für Verfahrensverzögerungen setzen (Gestaltung der Arbeitsbedingungen, Terminverlegungen nur aus zwingendem Grund, Einhalten der Fristen, zügige Abfassung Abgabe eigener Stellungnahmen) und*
- *zum anderen zur Verfahrensbeschleunigung aktiv beitragen („Beschleunigungsfunktion").*[18]

Vorranggebot 13

Das Vorranggebot hat insbesondere Einfluss auf die **Reihenfolge der Aktenbearbeitung durch das Gericht** sowie die Terminanberaumung.[19] Die in § 155 Abs. 1 FamFG genannten Kindschaftssachen sind bevorzugt zu behandeln, sodass das Gericht Termine vorzuhalten und – soweit erforderlich – bereits anberaumte Termine in nicht vorrangig zu bearbeitenden Verfahren zu verlegen hat, um die vorrangige Kindschaftssache innerhalb der gebotenen Monatsfrist (vgl. unten Rn. 45) terminieren zu können.

14 Vgl. BVerfG NJW 2001, 961; FamRZ 1997, 871 (873); hierzu Heilmann, Kindliches Zeitempfinden und Verfahrensrecht, S. 24 ff.
15 Vgl. BVerfG NJW 2001, 961 (962).
16 Vgl. Heilmann, Kindliches Zeitempfinden und Verfahrensrecht, S. 264 ff. m.w.N.
17 Vgl. nur Hannemann/Stötzel, ZKJ 2009, 58 (63).
18 Heilmann, KindPrax, 2000, 79 (82).
19 MünchKomm-FamFG/Heilmann (2025), § 155 FamFG Rn. 23 ff.

14 **Das Beschleunigungsgebot**

Die vom Beschleunigungsgebot im Einzelfall ausgehenden Anforderungen werden

- vom Verfahrensgegenstand,
- dem Alter des betroffenen Kindes,
- der bisherigen Verfahrensdauer,
- dem Ausmaß der Gefahr einer faktischen Präjudizierung sowie
- dem Umfang von Unsicherheiten und Belastungen für die Verfahrensbeteiligten

beeinflusst.[20] Es erlangt ein umso größeres Gewicht, je jünger das vom Verfahren betroffene Kind ist. Insbesondere bei Kindern im Vorschulalter und grundsätzlich bei traumatisierten Kindern besteht eine große Gefahr der faktischen Präjudizierung. Dies muss auch Konsequenzen für die Gestaltung des Verfahrens in zeitlicher Hinsicht haben. Demgegenüber sind etwa Verfahren, in denen lediglich die nähere Ausgestaltung des Umgangs im Streit steht, nicht in derselben Weise beschleunigungsbedürftig wie die Verfahren, in denen darüber zu befinden ist, ob überhaupt Umgang gewährt oder dieser in Gänze ausgeschlossen wird.

Es sollte zwischen ausschließlich kindeswohldienlichen und abwägungsabhängigen **Verfahrensbeschleunigungsfaktoren** unterschieden werden.[21] Erstere dienen uneingeschränkt dem Kindeswohl, insbesondere weil Verfahrensverzögerungen vermieden werden, ohne dass das Kindeswohl hierdurch nachteilig beeinflusst wird (z.B. zeitnahe Terminanberaumung, kurze Stellungnahmefristen, unmittelbare Kommunikation zwischen den Verfahrensbeteiligten). Bei Letzteren bedarf es einer Abwägung, ob der zu erwartende Erkenntnisgewinn bei Erhebung eines Beweises die damit einhergehende Verfahrensverzögerung und die hiermit verbundenen Nachteile (siehe oben Rn. 12) rechtfertigt oder nicht.

So verlangt das Beschleunigungsgebot etwa – im Falle der (seltenen) Aussetzung einer Kindschaftssache i.S.v. § 155 Abs. 1 FamFG zur Durchführung einer Mediation oder eines Verfahrens vor dem Güterrichter (vgl. § 23 Abs. 1 Satz 2 FamFG) – die Wiederaufnahme in der Regel nach drei Monaten, wenn die Beteiligten keine einvernehmliche Regelung erzielen (§ 155 Abs. 4 FamFG).

▶ *Zur Vorgehensweise gegen Untätigkeit des Gerichts siehe unten Rn. 101 ff.*

3. Rechtliches Gehör

15 Nach Art. 103 Abs. 1 GG hat jeder, der von einer gerichtlichen Entscheidung unmittelbar betroffen ist, Anspruch auf rechtliches Gehör. Dazu gehört das Recht, gegenüber dem Gericht zu allen für die Entscheidung relevanten Aspekten

- Stellung zu nehmen,
- Behauptungen aufzustellen und

20 Vgl. MünchKomm-FamFG/Heilmann (2025), § 155 FamFG Rn. 30.
21 Näher hierzu MünchKomm-FamFG/Heilmann (2025), § 155 FamFG Rn. 34 ff.

- den Versuch zu unternehmen, auf den Umfang der Ermittlungen Einfluss zu nehmen.

Die Beteiligten müssen sich folglich **in tatsächlicher und rechtlicher Hinsicht äußern** können (vgl. auch §§ 30 Abs. 4, 37 Abs. 2 FamFG).[22] Insbesondere muss das Gericht ihnen zu diesem Zwecke den Sachverhalt, die Schriftsätze der anderen Beteiligten (hierzu Rn. 21), das Ergebnis von Anhörungen (vgl. Rn. 53 ff.), die Stellungnahmen von Behörden (z.B. des Jugendamtes), des Sachverständigen und des Verfahrensbeistands zur Kenntnis bringen.

Zudem folgt aus diesem Grundsatz, dass der Richter auch über **„informelle" Gespräche** mit den Beteiligten – auch dem Verfahrensbeistand – einen **Aktenvermerk** zu fertigen und diesen den anderen Beteiligten zur Kenntnis zu bringen hat, wenn ihm Tatsachen mitgeteilt werden, die auf die Entscheidung Einfluss nehmen könnten. 16

Da sich diese Pflicht des Gerichts auf die **Beteiligten** beschränkt, ist das Gericht weder berechtigt noch verpflichtet, **Schriftstücke**, insbesondere das **Gutachten** eines Sachverständigen, an das Jugendamt außerhalb eines Verfahrens nach §§ 1666, 1666a BGB zu übersenden, solange dieses seine Beteiligung nicht nach § 162 Abs. 2 FamFG beantragt hat. Etwas anderes gilt nur dann, wenn das Gericht die Einholung einer ergänzenden Stellungnahme des Jugendamtes im Rahmen des § 162 Abs. 1 FamFG für erforderlich erachtet und zu diesem Zweck einen eingegangenen Schriftsatz übersendet. 17

Hinweis

! *Damit das Jugendamt sein Ermessen über die Antragstellung unbeschadet dessen pflichtgemäß ausüben kann, ist es über den Verfahrensstand, insbesondere den Eingang eines Gutachtens, zu unterrichten.*[23]

Gewährung rechtlichen Gehörs bedeutet auch, dass das Gericht die in Ausübung des rechtlichen Gehörs getätigten Äußerungen zur Kenntnis nimmt und im Rahmen seiner Entscheidungsfindung in Erwägung zieht.[24] Daraus lässt sich jedoch für das Gericht **keine Pflicht** dahingehend ableiten, jedes Vorbringen der Verfahrensbeteiligten in den Gründen seiner Entscheidung ausdrücklich zu bescheiden.[25] Lediglich die für die Entscheidung wesentlichen Tatsachenbehauptungen müssen in den **Entscheidungsgründen** verarbeitet werden.[26] 18

Schließlich kann das Gericht in **Ausnahmefällen** auch von der Gewährung rechtlichen Gehörs absehen. Dies gilt insbesondere in **Eilverfahren** (hierzu Rn. 77 ff.).[27] In diesen Fällen ist die Gewährung rechtlichen Gehörs aber unverzüglich nachzuholen, 19

22 Vgl. BVerfGE 81, 123 (126).
23 Siehe auch die Entschließung des AK 11 auf dem 18. Deutschen Familiengerichtstag; vgl. auch MünchKomm-FamFG/Schumann (2025), § 162 Rn. 7.
24 Vgl. BVerfGE 70, 288 (293 f.).
25 Vgl. BVerfGE 42, 364 (368).
26 Vgl. BVerfGE 71, 122 (135).
27 Vgl. BVerfGE 70, 180 (188 f.).

damit die Äußerungen in der Entscheidung zur Hauptsache noch Berücksichtigung finden können (vgl. nur §§ 159 Abs. 3 Satz 2, 160 Abs. 4 FamFG).

4. Öffentlichkeit; Gerichtssprache

20 Das Verfahren in Kindschaftssachen ist **nicht öffentlich** (§ 170 Abs. 1 Satz 1 GVG). Das Gericht kann jedoch die Öffentlichkeit zulassen, wenn kein Beteiligter widerspricht (§ 170 Abs. 1 Satz 2 GVG).

Die Gerichtssprache ist **Deutsch** (§ 184 Satz 1 GVG). Ist ein Beteiligter der deutschen Sprache nicht mächtig, so ist durch das Gericht ein **Dolmetscher** hinzuzuziehen (§ 185 Abs. 1 GVG). In Familiensachen genügt es, wenn der Richter der Sprache, in der sich die Beteiligten erklären, mächtig ist (§ 185 Abs. 3 GVG).

Praxistipp

▶ *Soweit der Dolmetscher auch für die Gespräche des Verfahrensbeistandes mit einem Beteiligten benötigt wird, sollte er sich vom Gericht dazu ermächtigen lassen, um die Dolmetscherkosten nicht selbst tragen zu müssen (siehe hierzu Teil 2/Bauer, Rn. 195).*

5. Beteiligte

21 Beteiligte in Kindschaftssachen sind

- Eltern und Kind (vgl. §§ 7, 8 FamFG),
- der Verfahrensbeistand (§ 7 Abs. 2 Nr. 2 FamFG),
- das Jugendamt in Verfahren nach §§ 1666, 1666a BGB oder (nur), wenn es dies beantragt (§ 162 Abs. 2 FamFG) sowie
- (nach Ermessen des Gerichts) die Pflegepersonen (§ 161 Abs. 1 FamFG).[28]

Hat das Jugendamt Beschwerde eingelegt (vgl. § 162 Abs. 3 Satz 2 FamFG), ist es Beteiligter des **Beschwerdeverfahrens**.[29]

22 Nur der Beteiligte in diesem Sinne kann insbesondere

- Akteneinsicht nehmen,
- Anträge stellen und zurücknehmen,
- Ablehnungsgesuche gegen Richter und Sachverständige vorbringen sowie
- sonstige – vom Gericht zu beachtende – verfahrensrechtliche Erklärungen abgeben, weshalb ihm auch umfassend rechtliches Gehör zu gewähren ist (siehe Rn. 15 f.; vgl. auch § 37 Abs. 2 FamFG).

---

28 Von diesem Ermessen macht die gerichtliche Praxis zu restriktiv Gebrauch, anders zu Recht: OLG Bremen, Beschluss vom 23.7.2013, 4 WF 98/13, juris; siehe auch Prenzlow (Hrsg.), Handbuch Elterliche Sorge und Umgang, S. 474 f.

29 OLG Frankfurt a.M. ZKJ 2013, 167 ff.; Heilmann, FamRZ 2010, 1391 ff.

Für das **Jugendamt** ist außerhalb der Verfahren nach §§ 1666, 1666a BGB zu unterscheiden: 23

Hat das Jugendamt einen **Antrag auf Beteiligung** i.S.v. § 162 Abs. 2 Satz 2 FamFG gestellt, ist es im verfahrensrechtlichen Sinne zu beteiligen.[30] Ein Ermessen hat das Familiengericht nicht. Ein förmlicher Beschluss, also ein konstitutiver familiengerichtlicher Akt zur Begründung der Beteiligtenstellung, ist nicht vorgeschrieben (vgl. § 7 Abs. 5 Satz 1 FamFG). Jedoch bedarf es eines Beschlusses, wenn der Antrag auf Hinzuziehung als Beteiligter gleichwohl zurückgewiesen wird, denn diese Entscheidung ist mit der sofortigen Beschwerde anfechtbar (§ 7 Abs. 5 FamFG).[31] Der Antrag auf Beteiligung kann auch noch in der Beschwerdeinstanz gestellt werden und bedarf keiner besonderen Form.

Hat das Jugendamt **keinen Antrag auf Beteiligung** gestellt, ist es jedenfalls nach § 162 Abs. 1 FamFG anzuhören (näher hierzu Rn. 54). Diese Anhörung kann und muss ggf. mehrfach erfolgen und kann in der Beschwerdeinstanz zu wiederholen sein (vgl. § 68 Abs. 3 FamFG).[32]

Auch zu dem frühen Termin (vgl. § 155 Abs. 2 FamFG) bzw. zum Erörterungstermin (vgl. § 157 FamFG) ist das Jugendamt **unabhängig von seiner Beteiligtenstellung** zu laden (vgl. § 155 Abs. 2 Satz 2 bzw. § 157 Abs. 1 Satz 2 FamFG). Ein gerichtlich gebilligter Vergleich kann jedoch bei fehlender Beteiligtenstellung auch ohne seine Zustimmung geschlossen werden (vgl. § 156 Abs. 2 FamFG).

Auch **als Nicht-Beteiligtem** sind dem Jugendamt die Entscheidungen des Gerichts bekannt zu machen, zu denen es zu hören war (vgl. § 162 Abs. 3 Satz 1 FamFG). Unabhängig von seiner Beteiligtenstellung kann das Jugendamt Verfahrenshandlungen des Gerichts anregen und hat überdies ein Beschwerderecht (vgl. § 162 Abs. 3 Satz 2 FamFG). Legt es Beschwerde ein, ist es Beteiligter des Beschwerdeverfahrens.

Handelt es sich nicht um ein Verfahren nach §§ 1666, 1666a BGB und hat das Jugendamt keinen Antrag auf Beteiligung gestellt, wird das Familiengericht im **Einzelfall prüfen**, welche **Schriftstücke** es dem Jugendamt im Rahmen des § 162 Abs. 1 FamFG mit der Aufforderung zur erstmaligen bzw. ergänzenden fachbehördlichen Stellungnahme übersendet. Besteht eine hinreichende Grundlage für eine am Kindeswohl orientierte Entscheidung, kommt eine Übersendung von Aktenbestandteilen nicht in Betracht. Auf Gesuch des Jugendamtes kann diesem nach Prüfung der Voraussetzungen des § 13 Abs. 2 FamFG Akteneinsicht gewährt werden. 24

▶ *Zur Beteiligtenstellung und Verfahrensfähigkeit des Kindes siehe unten Rn. 139 ff.*

III. Verfahrenseinleitung

Nach der Offizialmaxime (siehe oben Rn. 8) hat das Gericht grundsätzlich die Aufgabe, das Verfahren einzuleiten und in Gang zu halten. Etwas anderes gilt nur dann, 25

30 Hierzu BGH ZKJ 2017, 26 ff.
31 Vgl. nur MünchKomm/Papst, § 7 FamFG Rn. 29 f.
32 Siehe nur BGH FamRZ 1986, S. 895, 896.

wenn ein Antrag gesetzlich vorgeschrieben ist (sog. **Antragsverfahren**), wie beispielsweise für die Entscheidung über die elterliche Sorge nach Trennung (§§ 1671, 1630 Abs. 3 BGB) oder das Verfahren betreffend Umgang bzw. Auskunft des (mutmaßlich) biologischen Vaters (§ 167a FamFG).[33] Verbleibensanordnungen (§ 1632 Abs. 4 BGB: *„von Amts wegen oder auf Antrag"*), Maßnahmen wegen Kindeswohlgefährdung (§ 1666 BGB) und sonstige Umgangsrechtsregelungen (§§ 1684, 1685 BGB) bedürfen hingegen keines Antrages und sind damit sog. **Amtsverfahren**.[34]

26 **Amtsverfahren** beginnen, auch wenn die insoweit – wie in der Praxis häufig in Umgangsverfahren und in Verfahren nach §§ 1666, 1666a BGB – unrichtige Bezeichnung „Antrag" gewählt wird, mit einer an das Gericht herangetragenen **Anregung**, ein entsprechendes Verfahren einzuleiten (vgl. § 24 Abs. 1 FamFG). Es gibt in diesen weder „Antragsteller" noch „Antragsgegner". Die Unterscheidung zwischen Anregung und Antrag ist – auch wenn sie in der Praxis häufig nicht getroffen wird – von Bedeutung, weil es zum einen einer besonderen Befugnis für eine Anregung nicht bedarf, sie mithin jedermann, etwa auch der nicht verfahrensfähige Minderjährige, geben kann. Zum anderen ist derjenige, der ein Verfahren anregt – im Gegensatz zum Antragsteller in Antragsverfahren (vgl. § 21 Abs. 1 Satz 1 FamGKG) –, nicht Schuldner für die Kosten des Verfahrens.

Wichtig ist zudem, dass die Amtsverfahren im Unterschied zu den Antragsverfahren auch dann vom Gericht weiter betrieben werden können (ggf. müssen, vgl. Art. 6 Abs. 2 Satz 2 GG), wenn die Anregung zur Einleitung des Verfahrens zurückgenommen wird (vgl. § 22 Abs. 4 FamFG) oder die Beteiligten das Verfahren für „erledigt" erklären. Daher hat das Familiengericht auch in diesen Fällen das Verfahren grundsätzlich noch durch eine förmliche Entscheidung, die häufig dem übereinstimmenden Willen der Beteiligten entsprechen wird, zu beenden.[35]

Das Gericht soll unbeschadet dessen denjenigen, der die Einleitung eines Verfahrens angeregt hat, darüber unterrichten, wenn es der Anregung nicht Folge leistet. Voraussetzung ist, dass ein berechtigtes Interesse an der **Unterrichtung** ersichtlich ist (vgl. § 24 Abs. 2 FamFG).

IV. Zuständigkeiten

27 Bereits durch das Kindschaftsrechtsreformgesetz sind im Jahre 1998 im Wesentlichen die **Familiengerichte**, bei den Amtsgerichten gebildete **Abteilungen für Familiensachen** (vgl. § 23b Abs. 1 Satz 1 GVG), für kindschaftsrechtliche Verfahren zuständig geworden. Mit der Einführung des Großen Familiengerichts und der damit einhergehenden Abschaffung der Vormundschaftsgerichte durch das FamFG (vgl. insbesondere § 151 FamFG) haben sich nun viele Zuständigkeitsprobleme erledigt.

33 In den Verfahren nach § 167a FamFG gelten besondere Anforderungen an den Antrag (näher hierzu MünchKomm-FamFG/Heilmann (2025), § 167a Rn. 9.

34 Siehe zuletzt BGH ZKJ 2017, 463; vgl. im Übrigen nur OLG Frankfurt a.M. ZKJ 2013, 421 ff. nebst Praxishinweisen m.w.N.

35 Näher hierzu OLG Frankfurt a.M. ZKJ 2013, 127 f.

Damit ist zur Entscheidung über **Rechtsmittel** gegen Beschlüsse des Familiengerichts das **Oberlandesgericht** (Familiensenat, vgl. § 119 Abs. 2 GVG) berufen. Die Beschwerde gegen eine erstinstanzliche Entscheidung ist beim Amtsgericht einzulegen. **28**

Welches Gericht **örtlich zuständig** ist, richtet sich in Kindschaftssachen nunmehr in der Regel nach dem gewöhnlichen Aufenthalt des Kindes (vgl. § 152 Abs. 2 FamFG). Maßgeblich für die Verdichtung des tatsächlichen zum gewöhnlichen Aufenthalt sind insbesondere die Dauer des Aufenthalts sowie Umfang und Intensität der sozialen (familiären, schulischen und freundschaftlichen) Beziehungen am Aufenthaltsort.[36] Ist ein Scheidungsverfahren anhängig, ist das für dieses zuständige Gericht auch für die Kindschaftssache zuständig (vgl. § 152 Abs. 1 FamFG; sog. Zuständigkeitskonzentration). **29**

Ist das angerufene Gericht **örtlich unzuständig**, hat es sich für unzuständig zu erklären und die Sache nach Anhörung der Beteiligten an das zuständige Gericht zu verweisen (§ 3 Abs. 1 FamFG). Hat ein Elternteil den **Aufenthalt des Kindes** ohne vorherige Zustimmung des anderen, der (ebenfalls) Inhaber des Aufenthaltsbestimmungsrechts ist, verändert, kommt eine **Verweisung** an das Gericht des vorherigen gewöhnlichen Aufenthalts in Betracht (vgl. § 154 FamFG). **30**

Die Anwendung dieser Norm, mit welcher der sog. ertrotzten örtlichen Zuständigkeit entgegengewirkt werden soll, setzt aber voraus, dass sich am neuen Aufenthaltsort der tatsächliche Aufenthalt des Kindes bereits zu einem gewöhnlichen Aufenthalt verdichtet hat, denn anderenfalls ist das Verfahren gemäß § 3 Abs. 1 FamFG ohne weitere Prüfung der Voraussetzungen des § 154 FamFG an das Gericht des – noch bestehenden – gewöhnlichen Aufenthaltsortes zu verweisen.[37] Eine Verweisung nach § 154 FamFG scheidet in eng zu begrenzenden Ausnahmefällen dann aus, wenn die Änderung des Aufenthalts zum Schutz des Kindes oder des betreuenden Elternteils erforderlich war (§ 154 Satz 2 FamFG). Bei **Zuständigkeitskonflikten** entscheidet ggf. das OLG (§ 5 FamFG).

Das Gericht kann ein Verfahren darüber hinaus **aus wichtigem Grund** an ein anderes Gericht **abgeben**. Voraussetzung ist jedoch weiterhin, dass das andere Gericht sich zur Übernahme der Sache bereit erklärt hat (vgl. § 4 Satz 1 FamFG). Die Beteiligten (vgl. Rn. 21 ff.) sollen vor der Abgabe angehört werden. In Kindschaftssachen kommt eine Abgabe etwa an das Gericht der Ehesache (vgl. § 153 FamFG) oder bei Geschwisterkindern[38] in Betracht. Können sich die Gerichte nicht einigen, kann das angerufene OLG die örtliche Zuständigkeit bestimmen (§ 5 Abs. 1 Nr. 5 FamFG). **31**

Die **funktionelle Zuständigkeit** (Richter oder Rechtspfleger) für die Kindschaftssache ist im Rechtspflegergesetz (RPflG) geregelt.[39] Insbesondere für Verfahrensmaßnahmen nach § 1666 BGB, Entscheidungen über das Sorgerecht bei Trennung **32**

36 Vgl. OLG Frankfurt a.M. FamRZ 2006, 883, 885. Näheres zum Begriff des gewöhnlichen Aufenthalts insbesondere MünchKomm-FamFG/Lugani (2025), § 122 Rn. 25 ff.

37 Vgl. MünchKomm-FamFG/Heilmann (2025), § 154 FamFG Rn. 6.

38 Vgl. MünchKomm-FamFG/Heilmann (2025), § 152 Rn. 6.

39 Ausführlich hierzu: Heilmann, Praxiskommentar Kindschaftsrecht, §§ 1 ff. RPflG.

(§ 1671 BGB) und Umgangsregelungen (§ 1684 BGB) besteht ein Richtervorbehalt (vgl. §§ 3 Ziff. 2a, 14 RPflG). Hingegen liegen etwa die Verfahren zu Vormundschaft und Pflegschaft (vgl. § 151 Nr. 4 und 5) und zur Regelung der Auskunft über persönliche Angelegenheit (§ 1686 BGB) in der funktionellen Zuständigkeit des Rechtspflegers. Ggf. entscheidet gleichwohl der Richter (vgl. § 6 RPflG).

▶ *Zu Besonderheiten bei der Vergütungsfestsetzung siehe Teil 2/Bauer, Rn. 239.*

▶ *Zum Unterbringungsverfahren nach § 1631b BGB siehe Teil 2/Bauer, Rn. 302 ff.*

V. Besonderheiten des Verfahrensablaufs

33 Das gerichtliche Verfahren in Kindschaftssachen weist weitere Besonderheiten auf, die es von anderen gerichtlichen Verfahren unterscheidet.

▶ *Zum Verfahrensablauf siehe auch die Schaubilder unter Rn. 160 f.*

1. Bestellung des Verfahrensbeistands

34 In einem sehr frühen Stadium des Verfahrens („**so früh wie möglich**", § 158 Abs. 1 Satz 2) – grundsätzlich also vor dem frühen Termin – wird das Gericht auch zu prüfen haben, ob die Bestellung eines Verfahrensbeistands nach § 158 FamFG geboten ist. Nur bei seiner rechtzeitigen Bestellung hat der Verfahrensbeistand die Möglichkeit, hinreichenden Einfluss auf die Gestaltung und den Ausgang des Verfahrens zu nehmen.[40]

Umstritten ist, ob den Verfahrensbeteiligten vor der Bestellung des Verfahrensbeistandes **rechtliches Gehör** zu gewähren ist. Dies wird vom 4. Familiensenat des OLG Frankfurt bejaht.[41] In eindeutigen Fällen der Notwendigkeit einer Verfahrensbeistandsbestellung, insbesondere in den Fällen des § 158 Abs. 2 FamFG (Eingriffe in die Personensorge, Umgangsausschluss, Verbleibensanordnung) ist dies jedenfalls nicht geboten. Liegt ein Interessenkonflikt hingegen nicht offen auf der Hand, dürfte den Verfahrensbeteiligten – auch mit Blick auf die entstehenden Kosten – vor der Bestellung rechtliches Gehör zu gewähren sein (siehe hierzu auch Teil 2/*Bauer*, Rn. 6).

35 Die Bestellung des Verfahrensbeistands muss **spätestens vor der Kindesanhörung** und ggf. vor der Einholung eines Sachverständigengutachtens erfolgen. Ist es dem Verfahrensbeistand nicht möglich, in diesen wichtigen Phasen des kindschaftsrechtlichen Verfahrens für eine hinreichende Wahrnehmung der Kindesinteressen Sorge zu tragen, wäre dem Gebot der Kindeswohlzentrierung des gerichtlichen Verfahrens (hierzu unten Rn. 158 f.) nicht in der gebotenen Weise Rechnung getragen. Die Bestellung des Verfahrensbeistands würde dann lediglich „auf dem Papier" erfolgen.

40 Vgl. BVerfG, Beschluss vom 26.8.1999, 1 BvR 1403/99, S. 7 – abrufbar unter www.bverfg.de; hierzu Heilmann, Kind-Prax 2000, 79 (81 f.)

41 Vgl. BeckRS 2021, 1171.

Auch eine Verletzung der Grundrechte des Kindes steht in den Fällen einer verspäteten Bestellung des Verfahrensbeistands im Raum.[42]

Die Bestellung des Verfahrensbeistands muss, da es sich insoweit um eigenständige Verfahren handelt, für das Verfahren auf Erlass einer **einstweiligen Anordnung** und das **Hauptsacheverfahren** gesondert erfolgen. Die im erstinstanzlichen Verfahren erfolgte Bestellung endet erst mit rechtskräftigem Abschluss des Verfahrens (vgl. § 158 Abs. 4 Satz 1 FamFG), sodass es für das **Beschwerdeverfahren** keiner erneuten Bestellung bedarf. **36**

Die Bestellung des Verfahrensbeistands erfolgt **durch nicht anfechtbaren Beschluss** **37** (vgl. § 158 Abs. 5 FamFG). Dieser hätte nach altem Recht entweder die Bestellung mit originärem Aufgabenkreis oder durch konkrete Festlegung und entsprechende Begründung mit erweitertem Aufgabenkreis (Gespräche mit Eltern und weiteren Bezugspersonen, Mitwirkung am Zustandekommen einer einvernehmlichen Regelung, vgl. § 158b Abs. 2 Satz 1 FamFG a.F.) zur Folge. Auf die Befugnisse des Verfahrensbeistands hatte dies jedoch keinen Einfluss.[43]

Die Unterscheidung von originärem und erweitertem Aufgabenkreis hatte nach altem Recht ausschließlich vergütungsrechtliche Relevanz (vgl. § 158c FamFG a.F.).

In Rechtsprechung und Literatur wird überdies die Ansicht vertreten, die Bestellung des Verfahrensbeistandes könne auch konkludent erfolgen.[44] Aus Gründen der Rechtssicherheit, auch in der Außenwirkung und mit Blick auf die Vergütung, sollte generell auf eine förmliche Bestellung durch Beschluss hingewirkt werden.

2. Die konfliktregulierende Funktion des Familiengerichts

a) Allgemeines

In Kindschaftssachen hat die Suche nach **einvernehmlichen Konfliktlösungen** einen **38** besonderen Stellenwert, denn es ist grundsätzlich davon auszugehen, dass ein Einvernehmen der Beteiligten dem **Kindeswohl** entspricht (vgl. Teil 3/*Ivanits*, Rn. 446 ff.; siehe aber Rn. 40).[45] Die Förderung einvernehmlicher Konfliktlösungen stellte daher auch einen wesentlichen Schwerpunkt der am 1.9.2009 in Kraft getretenen Reform dar. Geltung beanspruchen kann dieser Gedanke freilich in erster Linie in den Verfahren, die der Disposition der Beteiligten nicht entzogen sind, deren Gegenstand also nicht von Amts wegen zu treffende Maßnahmen, wie beispielsweise in Verfahren wegen Kindeswohlgefährdung (§§ 1666, 1666a BGB), sind.[46]

In den anderen Kindschaftssachen (z.B. nach §§ 1671, 1672, 1684 BGB) soll der Gedanke einer **selbstständigen Konfliktlösung durch die Eltern** weiter gestärkt wer-

42 Vgl. BVerfGE 99, 145 (157) = FamRZ 1999, 85.
43 Vgl. Entschließung 5 des AK 11 auf dem 18. Deutschen Familiengerichtstag.
44 Vgl. OLG Frankfurt FGPRax 2020, 224 m.w.N.
45 Vgl. auch BGH FamRZ 2008, 592, 593 m. Anm. Luthin.
46 Vgl. BT-Drucks. 13/4899, S. 133; vgl. auch OLG Brandenburg, Beschluss vom 21.5.2019, 9 WF 11/19 – juris = BeckRS 2019, 11065.

den.[47] Das Gericht soll hier zum Wohle des Kindes auf ein Einvernehmen der Beteiligten hinwirken (vgl. § 156 FamFG). Gelegenheit hierzu ist insbesondere

- im frühen Termin (§ 155 Abs. 2 FamFG) und
- bei den Anhörungen der Beteiligten (vgl. §§ 159 ff. FamFG).

39 Früher Termin, Anhörung der Beteiligten und auch das Erörterungsgespräch nach § 157 FamFG kann das Gericht miteinander verbinden. Korrekterweise ergibt sich aus der Ladung, zu welchem Zwecke das Gericht den Termin im Einzelfall anberaumt hat.

b) Einvernehmen

40 Das Gericht hat auf ein Einvernehmen der Beteiligten hinzuwirken, „wenn dies dem Kindeswohl nicht widerspricht" (§ 156 Abs. 1 Satz 1 FamFG). Hierdurch wird deutlich, dass **keine Lösung des Elternkonflikts „um jeden Preis"** anzustreben ist, sondern das Kindeswohl mit Blick auf § 1697a BGB eine gerichtliche Entscheidung zwingend erforderlich machen kann.

Das Gericht nimmt eine einvernehmliche Regelung zum Umgang oder zur Herausgabe des Kindes gemäß § 156 Abs. 2 FamFG mithin nur dann als Vergleich auf, wenn es diesen billigt (**gerichtlich gebilligter Vergleich**). Dies setzt voraus, dass eine Umgangsregelung dem Wohl des Kindes nicht widerspricht (§ 156 Abs. 2 Satz 2 FamFG). Inzwischen hat sich in Literatur und Rechtsprechung die Ansicht durchgesetzt, dass es nach Vergleichsschluss einer ausdrücklichen **Beschlussfassung** durch das Familiengericht bedarf.[48] Dies hat der BGH nun mit der Folge bestätigt, dass auch der Billigungsbeschluss mit der Beschwerde angefochten werden kann, gleichwohl der beschwerdeführende Beteiligte dem Vergleich ebenfalls zugestimmt hat.[49] Widerspricht die Umgangsregelung dem Kindeswohl, dann muss entweder ein Einvernehmen über eine vom Gericht gebilligte Regelung gefunden werden oder das Gericht entscheidet. Letzteres gilt auch, wenn einer der Beteiligten einem vom Gericht oder den übrigen Beteiligten vorgeschlagenen Vergleich nicht zustimmt (vgl. Rn. 44).

41 Dabei darf jedoch nicht außer Acht gelassen werden, ob der Verfahrensgegenstand überhaupt zur (alleinigen) Disposition der Beteiligten steht. Dies ist vor allem in **Kindesschutzverfahren** i.S.v. §§ 1666, 1666a BGB nicht der Fall, denn diese sind als Amtsverfahren ausgestaltet und mit Blick auf die Bedeutung des staatlichen Wächteramtes i.S.v. Art. 6 Abs. 2 Satz 2 GG einer **verfahrensabschließenden einvernehmlichen Regelung der Verfahrensbeteiligten nicht zugänglich**. Vielmehr muss das Familiengericht hier – unbeschadet etwaiger Erklärungen der Beteiligten – immer einen verfahrensabschließenden Beschluss treffen, der auch in der Feststellung bestehen kann, dass kindesschutzrechtliche Maßnahmen derzeit nicht veranlasst sind.

---

47 Vgl. BT-Drucks. 13/4899, S. 133

48 Siehe nur Zöller/Lorenz, § 156 FamFG Rn. 3 m.w.N. Offengelassen von OLG Koblenz FamRZ 2017, 42.

49 Vgl. BGH NJW 2020, 687.

Erst ein solcher Beschluss könnte vom Jugendamt und/oder vom Verfahrensbeistand mit der Beschwerde angefochten werden (siehe zu § 157 FamFG Teil 4/*Berneiser*, Rn. 184 ff.).

Flankiert wird der Appell an die streitschlichtende Rolle des Familienrichters durch seine Pflicht, auf die Möglichkeiten der **Beratung** durch die Träger der Kinder- und Jugendhilfe hinzuweisen (§ 156 Abs. 1 Satz 2 FamFG). Die Teilnahme an einer entsprechenden Beratung kann der Richter durch unanfechtbaren Beschluss anordnen (§ 156 Abs. 1 Satz 4, 5 FamFG). Zudem kann das Gericht anordnen, dass die Eltern an einem kostenfreien Informationsgespräch über eine Mediation bzw. das güterrichterliche Verfahren teilnehmen und eine Bestätigung hierüber vorlegen (§ 156 Abs. 1 Satz 3 FamFG). **42**

Eine Aussetzung oder sonstige **Verzögerung** des Verfahrens darf nach dem Willen des Gesetzgebers auch mit Blick auf § 155 FamFG hiermit **nicht** verbunden sein (zu § 155 Abs. 4 FamFG siehe Rn. 14).[50] Vielmehr soll das Gericht in Umgangsverfahren den Umgang ggf. durch einstweilige Anordnung regeln (§ 156 Abs. 3 Satz 2 FamFG). Kommt ein Beteiligter einer Anordnung der Beratung nicht nach, kann diese zwar nicht mit Zwangsmitteln durchgesetzt werden, für ihn aber nachteilige Kostenfolgen nach sich ziehen (vgl. § 80 Abs. 2 Ziff. 5 FamFG).

Das Einvernehmen soll **zwischen allen Beteiligten** angestrebt bzw. hergestellt werden. **43**

Praxistipp

▶ *Da auch der Verfahrensbeistand Beteiligter ist, zählt zu seinen Aufgaben als Interessenvertreter des Kindes, ein etwaiges Einvernehmen daraufhin zu überprüfen, ob es mit dem Willen des Kindes und seinem Wohl zu vereinbaren ist, und im Anschluss eventuelle Bedenken in das Verfahren einzubringen (vgl. § 158 Abs. 4 Satz 1 FamFG).*

Denn das Ziel des gerichtlichen Verfahrens ist es grundsätzlich, das Verfahren in einer Weise abzuschließen, die unter Berücksichtigung der tatsächlichen Gegebenheiten und Möglichkeiten sowie der berechtigten Interessen der Beteiligten dem Wohl des Kindes am besten entspricht (§ 1697a BGB). Aus Sicht des Verfahrensbeistands sind freilich auch die mit einer einvernehmlichen Konfliktlösung verbundenen Vorteile für das Kind (insbesondere die Vermeidung der Fortführung eines belastenden gerichtlichen Verfahrens) einzubeziehen.[51]

Lehnt der Verfahrensbeistand oder einer der weiteren Beteiligten eine einvernehmliche Regelung ab, so kann das Verfahren durch diese nicht zum Abschluss gebracht werden. Sie kann insbesondere nicht als verfahrensabschließender Vergleich protokolliert werden. Mithin können neben jedem Elternteil auch das verfahrensfähige **44**

50 Vgl. BT-Drucks. 16/6308, S. 237.
51 Salgo, FPR 2010, 456.

Kind (siehe auch Rn. 139),[52] der Verfahrensbeistand oder das Jugendamt, wenn es seine förmliche Beteiligung beantragt hat (§ 162 Abs. 2 FamFG) **das Zustandekommen einer Einigung blockieren**. Dann bedarf es einer Entscheidung des Gerichts i.S.v. § 38 FamFG.[53]

c) Früher Termin

45 Der frühe Termin i.S.v. § 155 Abs. 2 FamFG soll **spätestens einen Monat nach Verfahrensbeginn** stattfinden (zu möglichen Folgen bei Nichteinhaltung der Frist siehe Rn. 101 ff.). Ein Vertreter des Jugendamtes ist zum Erscheinen verpflichtet. Eine **Verlegung** kommt nur in eng begrenzten Ausnahmefällen, nämlich aus zwingendem Grund, in Betracht.[54] Insbesondere eine Kollision mit anderen Terminen – sei es bei einem Beteiligten, seinem Bevollmächtigten oder auf Seiten des Gerichts – rechtfertigt eine Terminverlegung nur, wenn es sich dort auch um eine beschleunigungsbedürftige Kindschaftssache handelt. Die weiteren (verfahrensfähigen) Beteiligten sind **zum persönlichen Erscheinen verpflichtet**. Zuwiderhandlungen können mit einer Festsetzung von Ordnungsgeld sanktioniert werden (vgl. § 33 Abs. 3 FamFG).

Ob und inwieweit das Familiengericht – unbeschadet seiner Verpflichtung zur persönlichen Anhörung des Kindes – auch das verfahrensfähige **Kind zum frühen Termin** lädt, liegt unter dem Blickwinkel der Kindeswohlzentrierung des Verfahrens (vgl. Rn. 1596) in seinem pflichtgemäßen Ermessen.

46 **Ziel** des frühen Termins ist es, auch wegen des Anspruchs des Kindes auf Schutz vor unnötigen Belastungen,

- eine (weitere) Eskalation des Konflikts zu vermeiden,
- die einvernehmliche Konfliktlösung zu fördern,[55]
- den Sachverhalt frühzeitig aufzuklären[56] und
- in einem frühen Stadium des Verfahrens rechtliches Gehör zu gewähren.

Darüber hinaus dient der Termin selbst – ebenso wie die Einführung der Monatsfrist – zugleich der **Verfahrensbeschleunigung**. Zudem können im Termin ggf. übereinstimmende Strategien für den (weiteren) Ablauf des Verfahrens entwickelt werden. Hierzu kann beispielsweise – wie im englischen Recht üblich[57] – die Erstellung eines Zeitplans für den Ablauf des gerichtlichen Verfahrens gehören, was eine frühzeitige Koordination der Termine (Urlaube, Überschneidungen mit anderen Verfahren etc.) ermöglicht. Daneben kann vielfach bereits in diesem Stadium des Verfahrens geklärt werden, ob die Einholung eines Sachverständigengutachtens im konkreten Fall geboten ist (hierzu unten Rn. 65 ff.).

---

52 Heiter, FamRZ 2009, 89; zur Verfahrensfähigkeit des Kindes vgl. Köhler, ZKJ 2018, 50 ff.
53 Vgl. BT-Drucks. 16/6308, S. 237.
54 Näher hierzu MünchKomm-FamFG/Heilmann (2025), § 155 FamFG Rn. 58 ff.
55 BT-Drucks. 16/6308, S. 236.
56 BT-Drucks. 16/6308, S. 236.
57 Vgl. Heilmann, S. 395 ff.

Kommt es im frühen Termin nicht zu einer einvernehmlichen Regelung, so hat das Gericht mit den Beteiligten und dem Jugendamt, wenn es nicht ohnehin auf seinen Antrag beteiligt wurde (§ 162 Abs. 2 FamFG), den **Erlass einer einstweiligen Anordnung** (hierzu Rn. 77 ff.) zu erörtern, wobei das Kind vor deren Erlass angehört werden soll (§ 156 Abs. 3 Satz 1, 3 FamFG). **47**

48 *Schaubild: Früher Termin*

(Zweck: Eskalationsvermeidung und Verfahrensbeschleunigung)

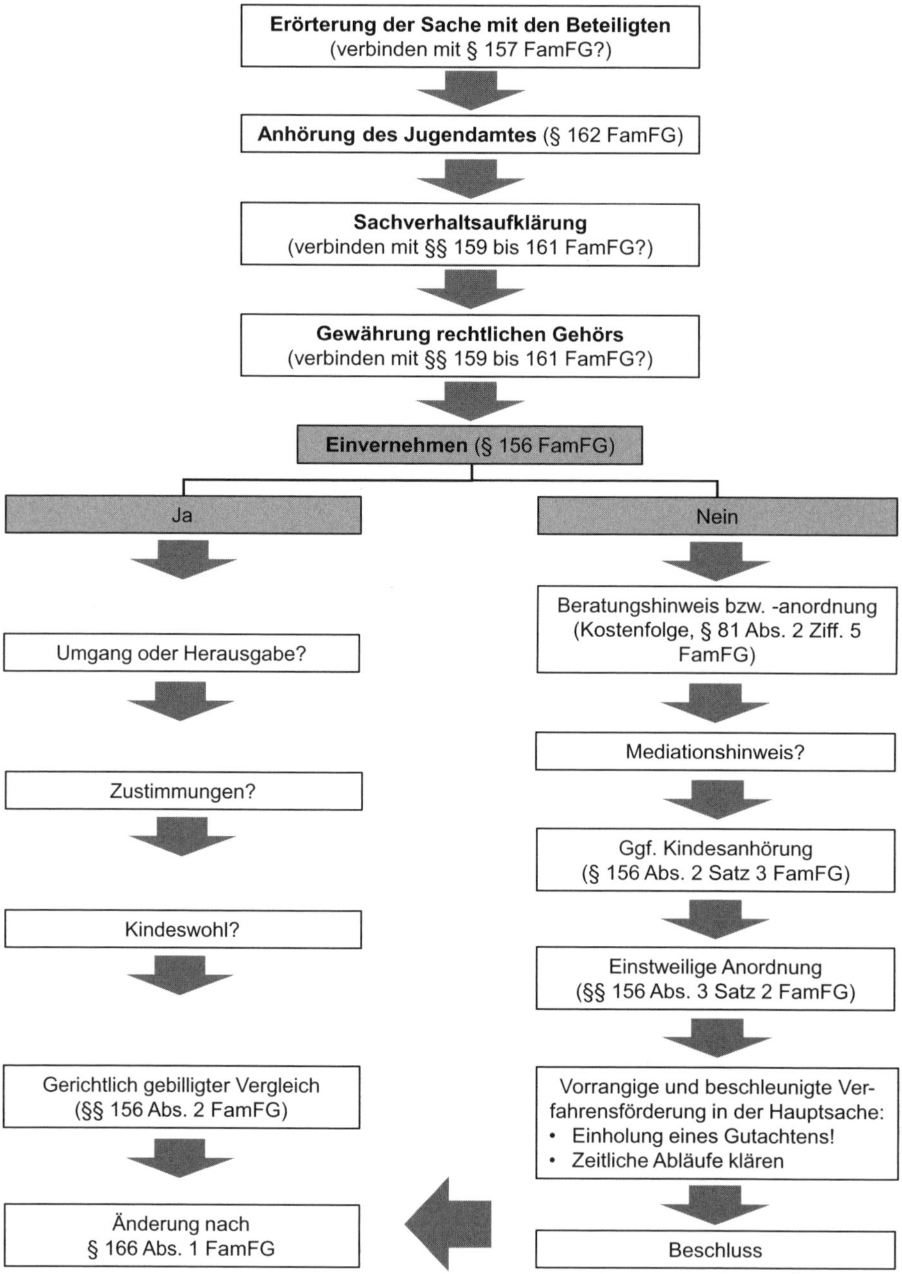

d) Erörterungstermin

In Verfahren nach § 1666 BGB findet ein Erörterungstermin statt, der insbesondere mit dem frühen Termin i.S.v. § 155 Abs. 2 FamFG verbunden werden kann (vgl. § 157 FamFG; hierzu ausführlich Teil 4/*Berneiser*, Rn. 184 ff.). In diesem Termin soll das Gericht in erster Linie **auf die Eltern**, deren persönliches Erscheinen vom Gericht anzuordnen ist (§ 157 Abs. 2 Satz 1 FamFG), **einwirken**, um einer etwaigen Kindeswohlgefährdung hierdurch zu begegnen. Zugleich erhält das Gericht die Gelegenheit, die Eltern auf im Raum stehende rechtliche Konsequenzen hinsichtlich des weiteren Verfahrens bzw. ihres Sorgerechts hinzuweisen und auf eine Kooperation der Eltern mit dem Jugendamt hinzuwirken.[58] **49**

Auch hier sind die **Beteiligten**, in geeigneten Fällen auch das Kind (etwa wenn Verfahrensgegenstand Drogensucht und/oder Straffälligkeiten des Kindes sind) **zum persönlichen Erscheinen verpflichtet**. Unentschuldigtes Nichterscheinen kann ebenfalls mit der Festsetzung von Ordnungsgeld sanktioniert werden. Eine **Terminverlegung** kommt entsprechend § 155 Abs. 2 Satz 3 FamFG **nur aus zwingendem Grund** in Betracht. Unbeschadet dessen hat das Gericht in Verfahren zur Abwehr von Kindeswohlgefährdung unverzüglich (also bereits vor dem Termin) den Erlass einer einstweiligen Anordnung zu prüfen (§ 157 Abs. 3 FamFG). **50**

Durch die Einführung dieser Regelung hat der Gesetzgeber nicht etwa die Eingriffsschwelle für das Einschreiten des Gerichts bei Gefährdungen des Kindeswohls, sondern – auch mit Blick auf die Absenkung der Anrufungsschwelle durch das Jugendamt (vgl. § 8a Abs. 2 SGB VIII) – lediglich die Verfahrenseinleitungsschwelle vorverlagert. Der Erörterungstermin i.S.v. § 157 FamFG ist damit **Teil des Verfahrens nach § 1666 BGB**. **51**

58 BT-Drucks. 16/6815, S. 12; ausführlich hierzu Berneiser, ZKJ 2016, 291 ff.

52 *Schaubild: Erörterungstermin*

(Zweck: Abwehr der Kindeswohlgefährdung, Herabgesetzte Verfahrenseinleitungsschwelle)

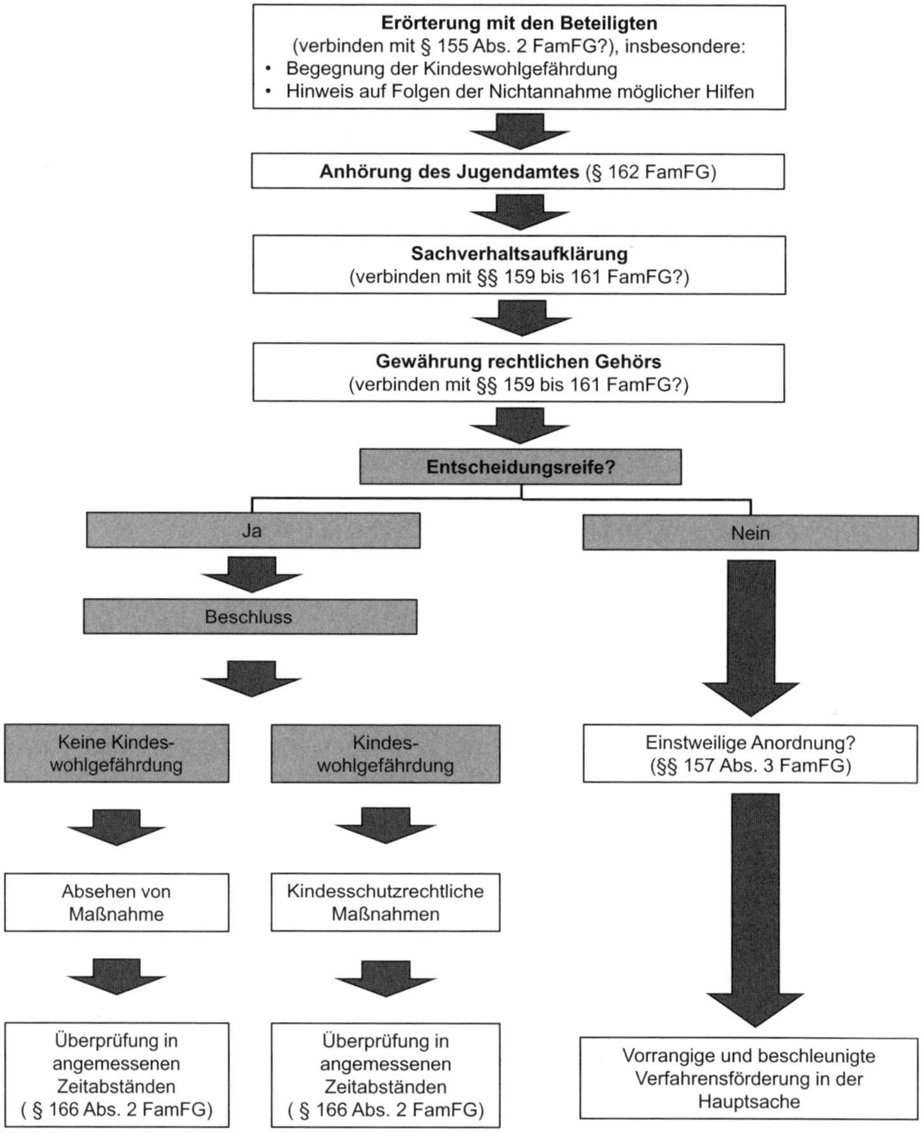

3. Anhörungen

Unabhängig von den in §§ 155 Abs. 2, 157 Abs. 2 FamFG geregelten Erörterungspflichten sieht der Gesetzgeber neben der **Kindesanhörung** in § 159 FamFG (hierzu unten Rn. 145 ff.) eine Pflicht zur Anhörung der **Eltern** (§ 160 FamFG) und der **Pflegepersonen** (§ 161 FamFG) vor, die jedoch anlässlich der genannten Termine durchgeführt werden können (zu der Ausnahme von den Anhörungspflichten im vereinfachten Sorgerechtsverfahren siehe Rn. 58 ff.). In Abweichung von den allgemeinen Grundsätzen (vgl. § 33 Abs. 2 und 3 FamFG) darf insbesondere aus schwerwiegenden Gründen von einer Anhörung des Kindes (vgl. § 159 Abs. 2 Satz 1 Nr. 2 FamFG) oder der Eltern (§ 160 Abs. 3 FamFG) abgesehen werden. 53

Daneben hat das Gericht grundsätzlich das **Jugendamt** anzuhören (vgl. § 162 Abs. 1 Satz 1 FamFG). Diese Anhörungspflicht korrespondiert mit der Mitwirkungspflicht des Jugendamtes nach §§ 50 ff. SGB VIII. Im Rahmen der Anhörung nimmt das Jugendamt schriftlich oder mündlich Stellung.[59] 54

Wenngleich das Jugendamt grundsätzlich frei darüber entscheiden kann, ob es seine Stellungnahme schriftlich oder mündlich abgibt, war die schriftliche Stellungnahme bislang die Regel. Diese enthält neben einem Bericht über die Vorgeschichte und die derzeitige Situation regelmäßig auch einen – für das Gericht freilich nicht bindenden – Entscheidungsvorschlag.[60] Im frühen Termin nach § 155 Abs. 2 FamFG genügt hingegen in der Regel eine mündliche Stellungnahme des Vertreters des Jugendamtes.[61]

Unbeschadet dessen ist das Jugendamt auch verpflichtet, dem Gericht – ggf. schon im frühen Termin – den nach § 36 SGB VIII erstellten **Hilfeplan** (ggf. auf Anforderung) vorzulegen (vgl. § 50 Abs. 2 SGB VIII) vorzulegen. Ist das Jugendamt nicht formell beteiligt (vgl. Rn. 21), sind ihm die Stellungnahmen der anderen Beteiligten bzw. etwaige eingeholte Gutachten in der Regel nicht zu übersenden (vgl. Rn. 24).

Das Gericht kann dem Jugendamt mit Blick auf das Beschleunigungsgebot des § 155 Abs. 1 FamFG (vgl. oben Rn. 14.) für die Einreichung der **schriftlichen Stellungnahme** eine **Frist** setzen. Fristen sind im Hinblick auf die besondere Stellung des Jugendamtes gegenüber dem Gericht zwar nicht mit Zwangsmitteln durchsetzbar, bieten dem Jugendamt aber eine Orientierung über den zeitlichen Handlungsrahmen des Gerichts und ermöglichen diesem, auch vor Eingang der Stellungnahme eine Entscheidung zu treffen, ohne die Anhörungspflicht des § 162 Abs. 1 Satz 1 FamFG zu verletzen, wenn die Sache entscheidungsreif ist. Eine Nichteinhaltung der gesetzten Frist kann zudem, wenn das Jugendamt förmlich Beteiligter ist, Kostenfolgen nach sich ziehen (vgl. § 81 Abs. 2 Ziff. 4 FamFG). 55

Die gesetzlich vorgeschriebenen Anhörungen des Kindes, der Eltern, der Pflegeperson und des Jugendamtes sind ein ganz wesentlicher Bestandteil des gerichtlichen 56

59 Zur Bestimmung des im konkreten Fall sachlich zuständigen Jugendamtes siehe BGH ZKJ 2014, 104 mit Anmerkung Dürbeck, ZKJ 2014, 266 ff.

60 Vgl. Wiesner/Dürbeck, SGB VIII, Anhang § 50 Rn. 9.

61 Vgl. MünchKomm-FamFG/Heilmann (2025), § 155 Rn. 64.

Verfahrens, da sie nicht nur der Verwirklichung rechtlichen Gehörs, sondern auch der Sachverhaltsaufklärung dienen. Die Beteiligten müssen daher – insbesondere, wenn sie bei einer mündlichen Anhörung nicht anwesend waren – den wesentlichen Inhalt der Anhörung zur Kenntnis nehmen können und Gelegenheit zur Äußerung bekommen (Art. 103 Abs. 1 GG; hierzu Rn. 15 ff.).

▶ *Ausführlich zum Zweck der Kindesanhörung siehe Teil 3/Ivanits, Rn. 383 ff. und zur Gestaltung der Kindesanhörung siehe Teil 4/Nordstern, Rn. 180 ff.*

57 Auch muss der Inhalt der Anhörung **vom Rechtsmittelgericht nachgeprüft werden** können. Aus diesen Gründen muss der wesentliche Inhalt einer mündlichen Anhörung vom Gericht ausführlich schriftlich niedergelegt werden (vgl. § 28 Abs. 4 FamFG).[62] In den **Vermerk** sind die wesentlichen Vorgänge des Termins und der persönlichen Anhörungen aufzunehmen, weshalb Formulierungen wie „Die Eltern wurden persönlich angehört" den Anforderungen nicht genügen (vgl. § 28 Abs. 4 Satz 2 FamFG) und auch eine Überprüfung in der Rechtsmittelinstanz nicht ermöglichen.[63] Es ist freilich auch zulässig, den Inhalt einer Anhörung entsprechend §§ 159 ff. ZPO in einem **Protokoll** aufzunehmen, weshalb das Gericht nach seinem Ermessen einen Protokollführer hinzuziehen kann.

In allen Fällen müssen jedenfalls Inhalt und Verlauf der Anhörung(en) vollständig wiedergegeben werden (vgl. § 27 Abs. 4 Satz 2 FamFG). Auf Differenzen zwischen der Anhörung und dem Inhalt des Protokolls bzw. eines richterlichen Vermerks können Beteiligte hinweisen. Gegebenenfalls können wesentliche **Beanstandungen** des Protokolls bzw. Vermerks auch nachträglich schriftsätzlich zu den Akten gereicht werden. Die in der ZPO enthaltenen Vorschriften zur Protokollberichtigung finden in Kindschaftssachen keine Anwendung.

▶ *Zum Absehen von Anhörungen in Eilverfahren siehe Rn. 79.*

▶ *Zur Anhörung des Kindes nach § 159 FamFG siehe Rn. 145 ff.*

4. Ausnahme: Das vereinfachte Sorgerechtsverfahren (§ 155a Abs. 3 FamFG)

58 Mit der Reform des Sorgerechts für die Kinder nicht miteinander verheirateter Eltern (hierzu Teil 2/*Wierse*, Rn. 408) hat der Gesetzgeber auch ein vereinfachtes Sorgerechtsverfahren eingeführt: Beantragt ein Elternteil, ihm die elterliche Sorge oder einen Teil der elterlichen Sorge beiden Eltern gemeinsam zu übertragen, hat das Gericht dem anderen Elternteil diesen Antrag zuzustellen und ihm zugleich eine Frist zur Stellungnahme zu setzen, die für die Mutter frühestens sechs Wochen nach der Geburt des Kindes endet (§ 155a Abs. 2 Satz 2 FamFG). Trägt der andere Elternteil binnen dieser Frist keine Gründe vor, die der Übertragung der elterlichen Sorge entgegenstehen können, und sind solche Gründe auch sonst nicht ersichtlich, dann soll das Familiengericht im schriftlichen Verfahren **ohne Anhörung des Jugendamtes**

62 Vgl. OLG Karlsruhe FamRZ 1997, 688.
63 Siehe hierzu auch KG FamRZ 2017, 1854.

und **ohne persönliche Anhörung der Eltern** entscheiden (§ 155a Abs. 3 Satz 1 FamFG).

Hiervon unberührt bleibt hingegen das Erfordernis, bei Vorliegen der gesetzlichen Voraussetzungen einen Verfahrensbeistand zu bestellen und das Kind persönlich anzuhören (näher hierzu Rn. 145 ff.).

Unbeschadet dessen ist das Familiengericht gehalten, immer dann in das **reguläre Sorgerechtsverfahren** überzugehen, in welchem die allgemeinen Grundsätze gelten (insbesondere verpflichtende Anhörung des Jugendamtes und – ggf. im Rahmen des frühen Termins (hierzu Rn. 45) – persönliche Anhörung der Eltern), wenn die vorgetragenen oder dem Familiengericht auf andere Weise bekannt gewordenen Gründe einer Übertragung der gemeinsamen elterlichen Sorge entgegenstehen können. Diese Voraussetzung ist großzügig zu handhaben, da erst das reguläre Sorgerechtsverfahren dem Familiengericht die – verfassungsrechtlich gebotene – hinreichende Grundlage für eine am Kindeswohl orientierte Entscheidung zu vermitteln vermag.[64] **59**

Die Einführung des sogenannten vereinfachten Sorgerechtsverfahrens führt zu einer Vielzahl erheblicher **praktischer Probleme**. Insbesondere stellt sich die Frage, ob innerhalb der ersten sechs Wochen nach der Geburt des Kindes, in denen die Stellungnahmefrist der Mutter nach § 155a Abs. 2 Satz 2 FamFG nicht enden darf, der Erlass einer einstweiligen Anordnung in Betracht kommen kann. Mit Blick auf die verfassungsrechtliche Stellung des Vaters aus Art. 6 Abs. 2 Satz 1 GG wird man in gewichtigen Fällen, in denen ein dringendes Bedürfnis für ein unverzügliches Einschreiten des Familiengerichtes besteht, auch die grundsätzliche rechtliche Möglichkeit für den Erlass einer einstweiligen Anordnung bejahen müssen.[65] **60**

VI. Ermittlung und Beweiserhebung

Der Umfang von Ermittlungen und Beweiserhebung wird inhaltlich entscheidend vom **Amtsermittlungsgrundsatz** (vgl. oben Rn. 8 ff.) und vom **Beschleunigungsgebot** in Kindschaftssachen (vgl. oben Rn. 14) beeinflusst. Das Gericht kann die Entscheidung über die Erhebung eines bestimmten Beweises durch einen Beweisbeschluss treffen, der aber nicht zwingend vorgeschrieben ist. Dem geht die (formlose) Entscheidung des Gerichts darüber voraus, ob es **61**

- sich mit formlosen Ermittlungen begnügt (sog. Freibeweis, vgl. § 29 Abs. 1 Satz 1 FamFG; z.B. die telefonische Einholung von Auskünften) oder
- förmlich Beweis erheben will (sog. Strengbeweis, vgl. § 30 FamFG).[66]

Die Entscheidung über die Art der Beweiserhebung steht – ebenso wie ihr Umfang – im pflichtgemäßen Ermessen des Gerichts.

64 Näher hierzu Heilmann, NJW 2013, 1473 ff. sowie Dürbeck, ZKJ 2013, S. 330 ff.
65 Zum Problem: Heilmann, NJW 2013, 1473, 1476 m.w.N.
66 Vgl. AG Mönchengladbach-Rheydt FamRZ 1999, 730 (731).

62 Das Familiengericht kann insbesondere dann von der Vornahme einzelner Verfahrenshandlungen absehen, wenn diese bereits im Verfahren der einstweiligen Anordnung vorgenommen wurden und von einer erneuten Vornahme keine zusätzlichen Erkenntnisse zu erwarten sind (§ 51 Abs. 3 Satz 2 FamFG). Macht das Gericht hiervon Gebrauch, so ist sicherzustellen, dass der Anspruch einzelner Beteiligter auf Gewährung rechtlichen Gehörs nicht etwa dadurch verletzt wird, dass ihnen verwertete Tatsachen nicht zur Kenntnis gebracht sind.

1. Beweismittel im Strengbeweisverfahren

63 In Betracht kommen insbesondere folgende Beweismittel:

- Sachverständigengutachten (§ 30 Abs. 1 FamFG i.V.m. §§ 402 ff. ZPO),
- Zeugen (§ 30 Abs. 1 FamFG i.V.m. §§ 373 ff. ZPO),
- Urkunden, insbesondere Schriftstücke (vgl. § 30 Abs. 1 FamFG i.V.m. §§ 415 ff. ZPO),
- Beteiligtenvernehmung (§ 30 Abs. 1 FamFG i.V.m. § 445 ff. ZPO) und
- Augenschein (§ 30 Abs. 1 FamFG i.V.m. §§ 371 ff. ZPO).

In den Verfahren betreffend das Umgangs- oder Auskunftsrecht des (mutmaßlich) biologischen Vaters (vgl. § 1686a BGB; näher hierzu Teil 2/*Wierse*, Rn. 490 ff.) kann auch die Einholung eines **Abstammungsgutachtens** geboten sein (§ 167a Abs. 3 FamFG).

Praxistipp

▶ *Regelmäßig dürfte insoweit ggf. vom Verfahrensbeistand im Interesse des Kindes anzuregen sein, dass die Klärung der Vaterschaft jedenfalls vor der persönlichen Anhörung des Kindes erfolgt.*[67]

64 Daneben ist in der Praxis häufig die **eidesstattliche Versicherung** von großer Bedeutung. Ihrem Zweck nach ist diese in erster Linie im Verfahren der **einstweiligen Anordnung** von Relevanz. Denn mit der eidesstattlichen Versicherung kann eine tatsächliche Behauptung lediglich glaubhaft gemacht werden (vgl. § 31 FamFG).

Die **Glaubhaftmachung** ist eine Art der Beweisführung, durch die dem Gericht nicht die volle Überzeugung, sondern lediglich die erhebliche Wahrscheinlichkeit eines zu beweisenden Sachverhalts vermittelt wird.[68] Eidesstattliche Versicherungen sind zwar nicht formbedürftig, können also schriftlich oder mündlich abgegeben werden, müssen aber eine eigene Darstellung der glaubhaft zu machenden Tatsache enthalten und dürfen insoweit nicht ausschließlich die Angaben oder Schriftsätze Dritter

67 Siehe näher hierzu BGH ZKJ 2017, 21 ff. sowie MünchKomm-FamFG/Heilmann (2025), § 167a FamFG Rn. 12.
68 Vgl. BGHZ 8, 183 (185).

(z.B. des bevollmächtigten Rechtsanwaltes) in Bezug nehmen.[69] Zur Glaubhaftmachung zugelassen sind neben der eidesstattlichen Versicherung auch

- unbeglaubigte Fotokopien von Urkunden, Akten oder Aktenteilen sowie
- Telefonauskünfte von Zeugen, Behörden (z.B. Jugendamt) oder Sachverständigen.[70]

Der Inhalt telefonischer Auskünfte muss den Beteiligten jedoch grundsätzlich zum Zwecke der Gewährung rechtlichen Gehörs – in der Regel durch Übersendung eines entsprechenden Aktenvermerks – vor der Entscheidung zur Kenntnis gebracht werden.

2. Insbesondere Sachverständigengutachten

Hat das Gericht keine hinreichende eigene Sachkunde und kommt es entscheidend 65 auf außerjuristische Erkenntnisse an, so kann die Einholung eines Sachverständigengutachtens geboten sein. Insoweit kann eine förmliche Beweiserhebung (vgl. § 30 Abs. 1 FamFG) erfolgen. Es kann ein Beweisbeschluss ergehen, in welchem insbesondere die Beweisfrage und der Sachverständige benannt und diesem eine **Frist zur Erstellung des Gutachtens** gesetzt wird.

Insbesondere bei der Formulierung der **Beweisfrage** ist unbedingt auf eine konkrete Fragestellung zu achten.[71] Formulierungen wie „Ist das Wohl des Kindes gefährdet?" oder „Welche Sorge-/Umgangsrechtsregelung entspricht/dient dem Kindeswohl (am besten)?" verlagern die richterliche Subsumtionsarbeit auf den Sachverständigen und tragen weder der gerichtlichen Entscheidungsverantwortung noch dem Sinn und Zweck der Einholung eines Sachverständigengutachtens in der gebotenen Weise Rechnung.[72]

Praxistipp

▶ *Der Verfahrensbeistand kann und sollte hier Anregungen geben, die sich auf das „Ob" und das „Wie" (z.B. Person bzw. Qualifikation des Sachverständigen, Fragen, Fristsetzung) beziehen können.*

Nicht immer ist in Kindschaftssachen die Einholung eines Sachverständigengutach- 66 tens jedoch geboten.[73] Eine Ausnahme gilt lediglich im Unterbringungsverfahren nach § 1631b BGB: Hier hat das Gericht das Gutachten eines Sachverständigen generell einzuholen (vgl. § 167 Abs. 1 Satz 1 i.V.m. § 321 Abs. 1 FamFG).

69 Vgl. BGH NJW 1988, 2045.
70 Vgl. van Els, S. 46.
71 Hierzu etwa Dettenborn/Walter, S. 140 ff.; umfassend Lack/Hammesfahr, Psychologische Gutachten im Familienrecht.
72 Weitere Beispiele siehe Lack/Hammesfahr, Psychologische Gutachten im Familienrecht, Rn. 60.
73 BVerfG ZKJ 2013, 120 ff. (näher hierzu Gottschalk/Heilmann, ZKJ 2013, 113 ff.) sowie ZKJ 2012, 306 ff.

▶ *Zu Einzelheiten des Unterbringungsverfahrens betreffend Minderjährige siehe Teil 2/Bauer, Rn. 302 ff.*

67 Vor jeder Beweiserhebung muss das Gericht bei allen anderen Kindschaftssachen mit Blick auf das **Beschleunigungsgebot** zwischen den Nachteilen durch die mit der Einholung des Beweismittels einhergehenden Verfahrensverzögerung – unter Berücksichtigung der Art des Verfahrens, der bisherigen Verfahrensdauer und des Alters des Kindes – und den für das Kind durch die Erhebung des Beweises entstehenden anderweitigen Belastungen einerseits und den Vorteilen des zu erwartenden Erkenntnisgewinns zur Erlangung einer hinreichenden Grundlage für eine am Kindeswohl orientierte Entscheidung andererseits abwägen.

Bei den **„Vorteilen des zu erwartenden Erkenntnisgewinns"** sollte es prüfen, ob unter Berücksichtigung der Besonderheiten des Einzelfalls, der außerjuristischen Fachkenntnisse des Richters sowie der sonstigen Ermittlungsergebnisse – insbesondere Anhörung des Kindes und der Eltern, Stellungnahme des Jugendamtes und des Verfahrensbeistands etc. – noch Anlass besteht, entscheidungserhebliche Fragen auf den Gebieten der Kinderpsychologie bzw. -psychiatrie zu klären. Die Entscheidung darüber, ob das Gutachten eines Sachverständigen eingeholt wird, sollte das Gericht jedenfalls so früh wie möglich treffen.

Auch der Gesetzgeber hat die Problematik nunmehr erkannt, sodass bei Anordnung einer schriftlichen **Begutachtung in Umgangsverfahren** der Umgang durch einstweilige Anordnung zu regeln oder auszuschließen ist (§ 156 Abs. 3 Satz 2 FamFG). Das Gericht soll das Kind zuvor anhören (§ 156 Abs. 3 Satz 3 FamFG).

68 Die **Auswahl des Sachverständigen** obliegt ebenfalls dem Gericht, doch können die Beteiligten – ohne Bindung für das Gericht – einen bestimmten Sachverständigen, der ihrer Ansicht nach über die notwendige Fachkompetenz verfügt und auch die notwendigen zeitlichen Kapazitäten hat, vorschlagen. Mit der am 15.10.2016 in Kraft getretenen Reform des Sachverständigenrechts hat der Gesetzgeber auf die Kritik an der **Qualität** von Gutachten in Kindschaftssachen reagiert und in § 163 Abs. 1 FamFG geregelt, dass ein „geeigneter" Sachverständiger das Gutachten zu erstatten hat, der

> „mindestens über eine psychologische, psychotherapeutische, kinder- und jugendpsychiatrische, psychiatrische, ärztliche, pädagogische oder sozialpädagogische Berufsqualifikation verfügen soll".

In den beiden letztgenannten Fällen bedarf es darüber hinaus einer anerkannten **Zusatzqualifikation** (§ 163 Abs. 1 Satz 2 FamFG). Unabhängig hiervon hat der Sachverständige nach seiner Bestellung unverzüglich zu prüfen, ob der Auftrag in sein Fachgebiet fällt (vgl. § 30 Abs. 1 FamFG i.V.m. § 407a ZPO).

69 Gegebenenfalls kann ein Sachverständiger von einem Beteiligten wegen **Befangenheit**, spätestens binnen zwei Wochen nach Verkündung oder Zustellung des Beschlusses über die Bestellung des Sachverständigen (vgl. § 406 Abs. 2 ZPO),[74] abgelehnt werden (vgl. § 30 Abs. 1 FamFG i.V.m. § 406 ZPO i.V.m. §§ 41, 42 ZPO). Dabei müssen genügend objektive Gründe vorliegen, die nach Meinung eines ruhig und vernünftig denkenden Beteiligten Anlass geben, gegenüber der Unparteilichkeit des Sachverständigen misstrauisch zu sein.[75] Ein Grund hierfür kann insbesondere sein, dass der Sachverständige bei entgegengesetzten Interessen Beteiligter – wie es in Sorgerechts- bzw. Umgangsrechtstreitigkeiten zwischen den beiden Elternteilen oder zwischen diesen und den Pflegeeltern der Fall sein kann – nur einen von ihnen zu der das Gutachten vorbereitenden Tätigkeit heranzieht.[76]

Über das Befangenheitsgesuch ist durch gesonderten Beschluss – und nicht inzident im Rahmen der verfahrensabschließenden Entscheidung – zu befinden (vgl. § 30 Abs. 1 FamFG i.V.m. § 406 Abs. 4 ZPO).

Im Übrigen hat das Gericht dem Sachverständigen eine **Frist zur Erstattung des Gutachtens** zu setzen und für deren Einhaltung Sorge zu tragen (vgl. § 30 Abs. 1 FamFG i.V.m. § 411 Abs. 1 ZPO). Hierdurch soll dem Umstand Rechnung getragen werden, dass die Einholung eines Gutachtens eine wesentliche Ursache für die Verzögerung des Verfahrens darstellt. Eine Nichteinhaltung der Frist kann nach vorheriger Androhung unter Setzung einer Nachfrist zur Verhängung eines Ordnungsgeldes führen (vgl. § 30 Abs. 1, 2 i.V.m. § 411 Abs. 2 ZPO). Hingegen kann ein Elternteil nicht gezwungen werden, zum Zwecke der Begutachtung beim Sachverständigen zu erscheinen. Er kann jedoch in Anwesenheit des Sachverständigen persönlich angehört und seine Anwesenheit kann insoweit erzwungen werden.[77] **70**

Darüber hinaus kann das Gericht in die Person des Kindes betreffenden Kindschaftssachen anordnen, dass der Sachverständige bei der Erstellung des Gutachtenauftrages auch auf die **Herstellung des Einvernehmens** zwischen den Beteiligten hinwirken soll (vgl. § 163 Abs. 2 FamFG). Unter Berücksichtigung des hiermit eingeforderten problematischen Rollenwechsels vom Einigungsförderer zum diagnostischen Entscheider sollte das Gericht hiervon **nur zurückhaltend** Gebrauch machen.[78] Zumal hierdurch – bei Scheitern einer einvernehmlichen Lösung – auch die Gefahr eines Befangenheitsgesuches gegen den Sachverständigen (hierzu Rn. 69) heraufbeschworen werden könnte. **71**

Nach Erstattung des Gutachtens kommt ggf. eine **mündliche Erläuterung des Gutachtens** in Betracht (vgl. § 30 Abs. 1 FamFG i.V.m. §§ 402, 397 ZPO).[79] Einem entsprechenden Antrag eines Beteiligten muss das Gericht grundsätzlich – aber nicht **72**

74 Nach Ablauf der 2-Wochen-Frist ist die Ablehnung nur zulässig, wenn der Beteiligte glaubhaft macht, dass er ohne sein Verschulden gehindert war, den Ablehnungsgrund früher geltend zu machen (vgl. § 406 Abs. 2 Satz 2 ZPO). In diesem Fall muss das Gesuch unverzüglich nach Kenntnis vom Ablehnungsgrund bei Gericht eingereicht werden (vgl. nur BGH NJW 2005, S. 1869).

75 Vgl. BGH NJW 1974, 1363.

76 Vgl. OLG Frankfurt a.M. FamRZ 1986, 1021.

77 Vgl. BGH, Beschl. v. 17.2.2010, XII ZB 68/09, FamRZ 2010, 720.

78 Siehe Coester, in: Lipp et al., S. 54 m.w.N.

79 BGH, NJW 1997, 802.

in jedem Fall – nachkommen. Je wichtiger ein Sachverständigengutachten für das Ergebnis eines Verfahrens ist, desto mehr Gewicht kommt aber dem Recht der Verfahrensbeteiligten zu, Einwendungen dagegen vorzubringen und den Sachverständigen mit ihnen zu konfrontieren.[80]

73 Das Gericht ist bei seiner Entscheidung an das **Ergebnis des Sachverständigen** nicht gebunden, vielmehr ist es seine Aufgabe, das Sachverständigengutachten **kritisch** zu **würdigen**.[81] Zwar gibt es für die Erstattung von Gutachten in Kindschaftssachen keine generell verbindlichen Standards. Von praktischer Bedeutung sind in diesem Zusammenhang jedoch die von der Arbeitsgruppe Familienrechtliche Gutachten im Jahr 2015 formulierten und im Jahre 2019 in zweiter Auflage erschienenen „Mindestanforderungen an die Qualität von Sachverständigengutachten im Kindschaftsrecht".[82] Die dort niedergelegten **Kriterien** können für die Frage herangezogen werden, ob ein Gutachten für die Entscheidungsfindung des Familiengerichts verwertbar ist oder nicht. Im Rahmen der Stellungnahme zu einem Gutachten, die auch dem Verfahrensbeistand möglich ist, sollte daher regelmäßig auf die Frage der Verwertbarkeit eines Gutachtens eingegangen werden.[83]

74 Will das Familiengericht **vom Ergebnis des Gutachtens abweichen**, dann muss es eine anderweitige zuverlässige Grundlage für die am Kindeswohl orientierte Entscheidung haben. Das Abweichen von einem fachpsychologischen Gutachten bedarf daher einer eingehenden Begründung und des Nachweises eigener Sachkunde des Gerichts.[84] Die Einholung eines weiteren Sachverständigengutachtens wird vor allem im Hinblick auf das Beschleunigungsgebot nur in Ausnahmefällen in Betracht kommen. Sie kann aber erforderlich werden, wenn das Gutachten in entscheidungserheblichen Punkten von unzutreffenden tatsächlichen Voraussetzungen ausgeht oder elementare Widersprüche bzw. sonstige grobe Mängel enthält und deswegen in Gänze nicht verwertbar ist.

VII. Entscheidung

75 Gerichtliche Entscheidungen in Kindschaftssachen ergehen regelmäßig in der Form des **mit einer Rechtsbehelfsbelehrung zu versehenden Beschlusses**. Amtsverfahren, insbesondere Verfahren über kindesschutzrechtliche Maßnahmen, sind immer durch förmliche Entscheidung abzuschließen und dürfen nicht – wie es in der Praxis noch immer geschieht – nach der Aktenordnung „weggelegt" werden.

---

80 Vgl. BVerfG NJW 1998, 2273 (2274).
81 Hierzu ausführlich Coester, S. 453 ff.; siehe auch Salzgeber, 2001 sowie Fegert, 1993.
82 Diese sind im Internet abrufbar unter https://www.bmj.de/SharedDocs/Downloads/DE/Themen/Nav_Themen/MindestanforderungenSachverstaendigengutachtenKindschaftsrecht.html (Abruf am 23.9.2024).
83 Zu den Einzelheiten siehe Heilmann, Praxiskommentar Kindschaftsrecht, 2. Aufl., § 163 FamFG Rn. 51 ff.
84 Vgl. BVerfG FamRZ 1999, 1417; BGH NJW 1997, 1446 f.

1. Zwischen- und Endentscheidung

Zwischenentscheidungen (z.B. Beweisbeschlüsse, Terminbestimmungen, Ladungen und die Bestellung des Verfahrensbeistands) dienen der Vorbereitung der Eil- bzw. Endentscheidung. Sie schließen das Verfahren nicht ab und weisen Besonderheiten bei der Frage der Anfechtbarkeit auf (hierzu unten Rn. 93). **76**

Ist das Verfahren hingegen entscheidungsreif, dann hat das Gericht eine Pflicht zu einer das Verfahren abschließenden (End-)Entscheidung.[85]

2. Die einstweilige Anordnung (§§ 49 ff. FamFG)

Das Verfahren auf Erlass einer einstweiligen Anordnung (siehe Schaubild unter Rn. 161) ist seit Inkrafttreten des FamFG ein vom Verfahren der Hauptsache **unabhängiges Verfahren** (vgl. § 51 Abs. 3 Satz 1 FamFG). Daher bedarf es bei Vorliegen der gesetzlichen Voraussetzungen hier der **gesonderten Bestellung eines Verfahrensbeistandes**, damit dieser als Beteiligter im Eilverfahren tätig werden kann und auch entsprechend vergütet wird. **77**

Örtlich zuständig ist in erster Linie das Gericht, das für die Hauptsache im ersten Rechtszug zuständig wäre (vgl. § 50 Abs. 1 FamFG). Ist ein Beschwerdeverfahren anhängig, ist das OLG zuständig (vgl. § 50 Abs. 1 Satz 2 Hs. 2 FamFG).

Nur in Antragsverfahren (siehe oben Rn. 25 f.) bedarf es für den Erlass einer Eilentscheidung eines ausdrücklichen Antrages, ansonsten kann das Gericht sie auch von Amts wegen erlassen (vgl. § 51 Abs. 1 FamFG; siehe auch §§ 156 Abs. 3, 157 Abs. 3 FamFG). Voraussetzung für den Erlass einer Eilentscheidung ist insbesondere, dass ein **dringendes Bedürfnis für ein sofortiges Einschreiten** besteht (vgl. § 49 Abs. 1 FamFG). Dieses besteht, wenn die Endentscheidung in einem Hauptsacheverfahren nicht abgewartet werden kann, weil diese zu spät kommen und die Interessen der Beteiligten nicht mehr genügend wahren würde.[86] Die Notwendigkeit zur Anberaumung des frühen Termins hat keinen Einfluss auf die Erfolgsaussichten eines zuvor gestellten Antrages auf Erlass einer einstweiligen Anordnung: **78**

Eilentscheidungen müssen denknotwendig in kurzer Zeit ergehen. Dies hat Auswirkungen auf die Anforderungen an das gerichtliche Verfahren. Gegenüber dem Hauptsacheverfahren ergeben sich daher Unterschiede vor allem im Hinblick auf die **Ermittlungs- und Anhörungspflichten** des Gerichts. So sind die Ermittlungspflichten eingeschränkt.[87] Der Sachverhalt muss vor Erlass der (Eil-)Entscheidung mithin nicht vollständig aufgeklärt sein, sondern es genügt, dass die Voraussetzungen für den Erlass der einstweiligen Anordnung glaubhaft gemacht werden (vgl. § 51 Abs. 1 Satz 2 FamFG).[88]

▶ *Zur Glaubhaftmachung vgl. oben Rn. 64.*

---

85 Vgl. MünchKomm-FamFG/Heilmann (2025), § 155 FamFG Rn. 29.
86 Vgl. nur BayObLG FamRZ 1995, 975.
87 BVerfG ZKJ 2018, 312.
88 Vgl. KG FamRZ 1990, 1021 (1023).

79 Zudem kann das Gericht im Eilverfahren **auf Anhörungen zunächst verzichten**, wenn dies nötig ist, um den Zweck der einstweiligen Maßnahme nicht zu gefährden.[89] Dementsprechend kann in Kindschaftssachen in diesen Fällen beispielsweise von der Anhörung des Jugendamtes und der Eltern abgesehen werden. Die Anhörungen sind jedoch unverzüglich nachzuholen. Jedoch soll das Gericht das Kind anhören, bevor es eine Eilentscheidung zu seinem Aufenthalt, seinem Umgangsrecht oder seiner Herausgabe erlässt (vgl. § 156 Abs. 3 Satz 3 FamFG). Auch hiervon kann jedoch abgesehen werden, wenn die Umstände des Falles hiernach dringend verlangen.

80 Das Gericht kann **ohne mündliche Verhandlung** bzw. Erörterung entscheiden (vgl. § 51 Abs. 2 Satz 2 FamFG). Fand eine mündliche Erörterung nicht statt, ist diese erst durchzuführen und aufgrund derselben erneut zu entscheiden. Erst diese Entscheidung kann ggf. nach Maßgabe des § 57 Satz 2 FamFG angefochten werden (hierzu Rn. 95 ff.).

Unbeschadet dessen kann das Familiengericht seine einstweilige Anordnung **jederzeit nachträglich aufheben oder ändern**, insbesondere wenn dies aus Sicht des Kindeswohls geboten ist (vgl. § 54 FamFG). Hierfür bedarf es – im Unterschied zum Anwendungsbereich des § 166 FamFG (siehe Rn. 86 ff.) – keiner Änderung der Sach- oder Rechtslage, sondern das Familiengericht kann in einem solchen Abänderungsverfahren die tatsächlichen sowie rechtlichen Grundlagen umfassend neu würdigen.[90]

81 Die einstweilige Anordnung wird grundsätzlich (erst) mit Bekanntgabe an die Beteiligten wirksam (vgl. § 40 Abs. 1 FamFG). Das **Wirksamwerden der Entscheidung** ist grundsätzlich Voraussetzung für ihre Vollstreckung (vgl. § 86 Abs. 2 FamFG). Das Gericht kann jedoch anordnen, dass die Vollstreckung vor der Zustellung wirksam ist; in diesem Fall wird die einstweilige Anordnung bereits mit Erlass wirksam (vgl. § 53 Abs. 2 FamFG).

82 Eilentscheidungen haben in Kindschaftssachen eine hohe praktische Relevanz. Typische **Anwendungsfälle** sind beispielsweise:

- Herausnahme des Kindes aus der Familie bei akuter Gefährdung des Kindeswohls (vgl. § 1666 BGB),
- Übertragung der elterlichen Sorge bzw. des Aufenthaltsbestimmungsrechts bei Trennung der Eltern (vgl. § 1671 BGB),
- Abwehr des elterlichen Herausgabeanspruchs, wenn sich das Kind bei Dritten (z.B. bei Pflegeeltern) befindet (vgl. § 1632 Abs. 4 BGB) sowie
- Ausschluss des Umgangsrechts bei Gefährdung des Kindeswohls (vgl. § 1684 Abs. 4 BGB).

Diese Beispiele verdeutlichen, dass durch die Eilentscheidung Tatsachen geschaffen werden können, die im Hauptsacheverfahren nur schwer oder gar nicht mehr korri-

89 BVerfGE 65, 227 (233 f.).
90 Musielak/Borth, § 54 FamFG Rn. 6.

giert werden können. In Kindschaftssachen gelten daher – sowohl für den Umfang der Sachverhaltsaufklärung als auch für das Absehen von einer Anhörung – immer dann **besonders strenge Anforderungen**, wenn mit der Eilentscheidung neue Tatsachen geschaffen werden, insbesondere dem Kind ein Wechsel des Sorgeberechtigten und ein damit verbundener neuer Lebensmittelpunkt auferlegt wird.[91]

Zudem sollte die **Geltungsdauer** der Eilentscheidung vom Gericht im entsprechenden Beschluss befristet werden.[92] Die Dauer der angemessenen Frist ist nach den Umständen des Einzelfalls zu bestimmen und hängt insbesondere von der Art des Verfahrens, dem Alter des Kindes und seiner Vorgeschichte ab. **83**

Zwar kann das Gericht mit Erlass der einstweiligen Anordnung im Amtsverfahren grundsätzlich eine Frist von bis zu drei Monaten bestimmen, vor deren Ablauf der Antrag auf Einleitung eines Hauptsacheverfahrens unzulässig ist (sog. „**Wartefrist**"; vgl. § 52 Abs. 1 FamFG). Absatz 1 findet jedoch in den Kindschaftssachen, in welche der Beschleunigungsgrundsatz des § 155 Abs. 1 FamFG eingreift, keine Anwendung. Denn hier besteht ein Anspruch der Beteiligten, dass die bislang auf einer lediglich ungesicherten und vorläufigen Tatsachengrundlage getroffene familiengerichtliche Eilentscheidung im Rahmen des Hauptsacheverfahrens auf eine möglichst zuverlässige Entscheidungsgrundlage gestellt wird.[93] Es würde auch den verfassungsrechtlichen Anforderungen nicht gerecht, wenn aufgrund der durch eine Eilentscheidung geschaffenen Tatsachen wegen einer gerichtlich angeordneten „Wartefrist" endgültige Fakten geschaffen werden.[94] Daher hat das Gericht nach pflichtgemäßem Ermessen – trotz der verfahrensrechtlichen Selbstständigkeit des Eilverfahrens – mit Blick auf das ihm übertragene staatliche Wächteramt aus Art. 6 Abs. 2 Satz 2 GG gegebenenfalls nach Erlass einer einstweiligen Anordnung **von Amts** wegen unverzüglich auch das **Hauptsacheverfahren** einzuleiten.

Hingegen kann das Gericht in Verfahren, die nur auf Antrag eingeleitet werden können (insbesondere bei Sorgerechtsstreitigkeiten nach Trennung, § 1671 BGB), mit dem Erlass der einstweiligen Anordnung zugleich bestimmen, dass der Beteiligte, der die einstweilige Anordnung bewirkt hat, binnen einer Frist von bis zu drei Monaten einen Antrag auf Einleitung des Verfahrens zu stellen hat (sog. „**Antragsfrist**", vgl. § 52 Abs. 2 FamFG). Die Frist ist nach dem Ermessen des Gerichts unter Berücksichtigung aller Umstände des Einzelfalles, insbesondere aber mit Blick auf die Gefahren der faktischen Präjudizierung, festzulegen. Wird der Anordnung des Gerichts zur Antragstellung nicht Folge geleistet, hat das Familiengericht die einstweilige Anordnung aufzuheben (vgl. § 52 Abs. 2 Satz 3 FamFG). **84**

Hat das Gericht ein Verfahren auf Erlass einer einstweiligen Anordnung durchgeführt, so kann es im Hauptsacheverfahren **von einzelnen Verfahrenshandlungen** (insbesondere Anhörungen einzelner Beteiligter) **absehen**, wenn diese bereits im Eil- **85**

91 Vgl. BVerfG FamRZ 2009, 189 und FamRZ 1994, 223.
92 Siehe auch OLG Naumburg FamRZ 2001, 770.
93 Im Ergebnis ebenso: Socha, FamRZ 2010, 947 (949).
94 Vgl. nur BVerfG FamRZ 2002, 1021, 1023; siehe auch MünchKomm-FamFG/Heilmann (2025), § 155 Rn. 1 ff.

verfahren vorgenommen wurden und von einer nochmaligen Vornahme – auch nicht wegen Zeitablaufs oder neuer Tatsachen – keine zusätzlichen Erkenntnisse zu erwarten sind (vgl. § 51 Abs. 3 Satz 2 FamFG).

▶ *Zur Frage der Vorgehensweise gegen Eilentscheidungen siehe im Folgenden Rn. 95 ff.*

3. Abänderung und Überprüfung nach § 1696 BGB, § 166 FamFG

86 Die kindeswohlorientierten Entscheidungen des Familiengerichts haben auch **prognostischen Charakter**. Sie müssen daher geänderten Verhältnissen angepasst werden können. Unabhängig davon, ob die Verfahrensbeteiligten ein Rechtsmittel gegen die in einer Kindschaftssache ergangene Entscheidung einlegen, hat das Familiengericht daher seine Entscheidungen in Sorge- und Umgangssachen aufgrund neuer Tatsachen nach § 1696 Abs. 1 BGB von Amts wegen (vgl. § 166 Abs. 1 FamFG) zu ändern, wenn dies aus triftigen, das Wohl des Kindes nachhaltig berührenden Gründen" angezeigt ist.

Die Anwendung der gesetzlichen Regelung in § 1696 BGB, der durch das Gesetz zur Reform des Sorgerechts betreffend die Kinder nicht miteinander verheirateter Eltern ebenfalls geändert worden ist, bereitet in der Praxis erhebliche **Probleme**. Dabei ist in einer erheblichen Anzahl von Fällen umstritten, ob der Anwendungsbereich dieser Norm, welche die Abänderung aufgrund der Notwendigkeit einer Änderung der Verhältnisse sowie unter Einbeziehung des strengen Kindeswohlmaßstabes („triftige Gründe") wesentlich erschwert, eröffnet ist oder nicht. Beruht etwa die Erstentscheidung des Familiengerichts zur Übertragung der (alleinigen) elterlichen Sorge auf einem Konsens der Eltern, weil etwa ein Elternteil der Sorgerechtsübertragung auf den anderen Elternteil nach § 1671 Abs. 1 Satz 2 Nr. 1 BGB zugestimmt hat, so ist der Maßstab des § 1696 BGB nicht angemessen.[95]

87 Das Abänderungsverfahren ist eine neue **(selbstständige) Kindschaftssache** und unterliegt den allgemeinen verfahrensrechtlichen Regeln für Kindschaftssachen, weshalb ggf. auch eine **gesonderte Verfahrensbeistandsbestellung** zu erfolgen hat.

88 Darüber hinaus hat das Gericht eine **kindesschutzrechtliche Maßnahme**, nicht zuletzt um der verfassungsrechtlichen Stellung des Elternrechts (vgl. Art. 6 Abs. 2 Satz 1 GG) Rechnung zu tragen, aufzuheben, wenn eine Gefährdung des Kindeswohls nicht mehr besteht oder die Erforderlichkeit der Maßnahme weggefallen ist (vgl. § 1696 Abs. 2 BGB). Das Gericht hat diese Maßnahme vor diesem Hintergrund in angemessenen Zeitabständen im umfassenden Sinne zu **überprüfen** (vgl. § 166 Abs. 2 FamFG).[96]

Schließlich soll das Gericht seine Entscheidung in der Regel **nach drei Monaten** überprüfen, wenn es von einer Maßnahme zur Abwehr einer Kindeswohlgefährdung absieht (vgl. § 166 Abs. 3 FamFG). Hierdurch will der Gesetzgeber der Gefahr begeg-

95 Vgl. Staudinger/Coester, § 1696 Rn. 60 ff. Zu den Problemen im Anwendungsbereich der Kinder nicht miteinander verheirateter Eltern siehe Dürbeck, ZKJ 2013, S. 330, 334 f.

96 Siehe auch BVerfGE 88, 187, 195.

nen, dass es entgegen der – etwa auf Zusagen der Eltern hinsichtlich der weiteren Annahmen von Hilfen nach dem SGB VIII gestützten – Annahme des Gerichts nicht gelingt, eine Kindeswohlgefährdung auch ohne eine familiengerichtliche Maßnahme abzuwenden.[97] In offensichtlich unbegründeten Fällen muss das Gericht jedoch von einer Überprüfung absehen.[98]

Die **Ausgestaltung** des Überprüfungsverfahrens sowohl nach § 166 Abs. 1 FamFG als auch das nach § 166 Abs. 2 FamFG obliegt dem **Familiengericht**, welches auch dann zuständig ist, wenn das OLG abschließend entschieden hat. In der Regel wird die Einholung einer aktuellen Stellungnahme des Jugendamtes den gesetzlichen Anforderungen genügen.

Das Ergebnis der Überprüfung hält das Gericht in einem Vermerk fest, den es allen Beteiligten übersendet. Stellt das Familiengericht in diesem fest, dass es weitergehender Maßnahmen nicht bedarf, ist das Überprüfungsverfahren beendet.

Stellt das Gericht hingegen fest, dass es weitergehender Maßnahmen bedarf, hat es von Amts wegen ein **Abänderungsverfahren** i.S.v. § 166 Abs. 1 FamFG einzuleiten. Die Beteiligten des Ausgangsverfahrens sind automatisch auch Beteiligte des Prüfungsverfahrens, da das Prüfungsverfahren zwar ein Verfahren eigener Art, aber dem Ursprungsverfahren zuzuordnen ist.[99] Ergibt sich im Prüfungsverfahren die Notwendigkeit zur Abänderung der getroffenen Entscheidung, eröffnet das Gericht ein neues Verfahren (Abänderungsverfahren). In der Regel wird der Verfahrensbeistand des Ausgangsverfahrens auch im Abänderungsverfahren bestellt. 89

Ist das Gericht für das Abänderungsverfahren örtlich nicht mehr zuständig, so wird es die Akten mit einem entsprechenden Vermerk und der hierin enthaltenen Anregung zur amtswegigen Einleitung eines Abänderungsverfahrens zu übersenden haben.

VIII. Rechtsmittel

Die Entscheidung darüber, welches Rechtsmittel – zu dessen Einlegung auch der Verfahrensbeistand berechtigt ist – das zulässige ist, richtet sich nach der angegriffenen Entscheidung. 90

1. Rechtsmittel gegen erstinstanzliche Entscheidungen

In Kindschaftssachen stehen gegen erstinstanzliche Entscheidungen folgende Rechtsmittel zur Verfügung, die grundsätzlich zu einem Verfahren in der zweiten Instanz führen, das im Wesentlichen dem Verfahren der ersten Instanz entspricht: 91

- **Beschwerde** nach §§ 58 ff. FamFG

  Frist: ein Monat bzw. zwei Wochen (vgl. § 63 Abs. 1 und 2 FamFG); keine Abhilfebefugnis

97 Vgl. BT-Drucks. 16/6308, S. 243.
98 Vgl. MünchKomm-FamFG/Heilmann (2025), § 166 Rn. 24 m.w.N.
99 Strittig, so aber etwa OLG Frankfurt v. 20.1.2016, 5 WF 20/16, FamRZ 2016, 926.

- **Sofortige Beschwerde** entsprechend §§ 567 ff. ZPO

  Frist: zwei Wochen; Abhilfebefugnis[100]

- **Erinnerung** nach § 11 Abs. 1 Satz 2 RPflG

  Frist: grds. 1 Monat; Abhilfebefugnis des Rechtspflegers; keine Abhilfe – Richter des Amtsgerichts entscheidet[101]

92 Die Beschwerde ist statthaft gegen Endentscheidungen (näher hierzu Rn. 75 f.). Ob eine Beschwerde im Sinne des FamFG oder eine solche „entsprechend §§ 567 ff. ZPO" statthaft ist, richtet sich nach der jeweiligen gesetzlichen Regelung.

Jede Endentscheidung des Familiengerichts – also auch die einstweilige Anordnung (vgl. Rn. 77 ff.) – muss im Übrigen eine **Rechtsbehelfsbelehrung** enthalten (vgl. § 39 FamFG). Im Verfahren auf Erlass einer einstweiligen Anordnung umfasst die Rechtsbehelfsbelehrung auch das Antragsrecht nach § 52 Abs. 1 FamFG sowie die Möglichkeit eines Antrages auf Durchführung einer mündlichen Erörterung bzw. Verhandlung nach Erlass einer einstweiligen Anordnung ohne Durchführung derselben (vgl. Rn. 97).

a) Zwischenentscheidungen

93 Zwischenentscheidungen (siehe oben Rn. 76) sind in der Regel **nicht anfechtbar**. Sie werden bei Anfechtung der Hauptsacheentscheidung vom Beschwerdegericht (mit-)überprüft (vgl. § 58 Abs. 2 FamFG). Etwas anderes gilt dann, wenn der Gesetzgeber ausdrücklich die Statthaftigkeit eines Rechtsmittels gegen eine Zwischenentscheidung eröffnet.

In diesem Sinne **anfechtbar** sind daher unter anderem die folgenden Zwischenentscheidungen:

- die Ablehnung eines Antrages auf Hinzuziehung als Beteiligter (§ 7 Abs. 5 Satz 2 FamFG i.V.m. §§ 567 ff. ZPO),
- die Aussetzung des Verfahrens (§ 21 Abs. 2 FamFG i.V.m. §§ 567 ff. ZPO),
- die Anordnung von Zwangsmitteln (§ 35 Abs. 5 i.V.m. §§ 567 ff. ZPO) und
- Beschlüsse im Vollstreckungsverfahren (§ 87 Abs. 4 i.V.m. §§ 567 ff. ZPO).

Nicht anfechtbar sind damit insbesondere:

- der Beschluss, der eine Verweisung ausspricht (§ 3 Abs. 3 Satz 1 FamFG),
- der Beschluss, durch den die Zuständigkeit bestimmt wird (§ 5 Abs. 3 FamFG),
- der Beschluss über die Überlassung von Akten in die Geschäftsräume (§ 13 Abs. 4 Satz 2 FamFG),

100 Vgl. Musielak/Borth, § 58 Rn. 1.

101 Die Erinnerung ist immer dann statthaft, wenn eine Beschwerde nicht statthaft oder sonst unzulässig wäre (vgl. BGH FF 2013, 332). Sie ist damit ein „Auffangrechtsmittel", um eine richterliche Überprüfung der Rechtspflegerentscheidung – wenn auch in derselben Instanz – zu ermöglichen. Näher hierzu: Heilmann, Praxiskommentar Kindschaftsrecht, 2. Aufl., § 11 RPflG Rn. 1 ff.

- die Terminbestimmung,
- die Anordnung des persönlichen Erscheinens,[102]
- Ermittlungen im Freibeweisverfahren und
- Beweisbeschlüsse, insbesondere zur Einholung eines Sachverständigengutachtens.[103]

Unanfechtbar sind auch die Entscheidungen über die **Bestellung des Verfahrensbeistands** oder deren Aufhebung sowie die Ablehnung von derartigen Maßnahmen (vgl. § 158 Abs. 5 FamFG). Eine gleichwohl eingelegte Beschwerde hat keine aufschiebende Wirkung, sodass der Verfahrensbeistand bis zu einer anderweitigen gerichtlichen Entscheidung wirksam bestellt ist. **94**

b) Eilentscheidungen

Eilentscheidungen, also einstweilige Anordnungen, des Familiengerichts sind in Kindschaftssachen **grundsätzlich nicht anfechtbar** (vgl. § 57 Satz 1 FamFG). **95**

Etwas anderes gilt **ausnahmsweise** in den Verfahren betreffend die Unterbringung Minderjähriger sowie dann, wenn die einstweilige Anordnung aufgrund mündlicher Erörterung ergangen ist und mit ihr über die elterliche Sorge für ein Kind, die Herausgabe an den anderen Elternteil oder seinen Verbleib bei einer Pflege- oder Bezugsperson befunden wird. Dann kann die einstweilige Anordnung innerhalb von zwei Wochen (vgl. § 63 Abs. 2 Nr. 1 FamFG) mit der Beschwerde angefochten werden (§ 57 Satz 2 FamFG). Damit ist auch die Ablehnung eines Antrages auf Sorgerechtsregelung anfechtbar.

Unanfechtbar sind – entgegen der ursprünglichen Absicht des Gesetzgebers – weiterhin ablehnende oder stattgebende **Eilentscheidungen zum Umgangsrecht**. Auch die Aussetzung oder Beschränkung der Vollstreckung einer einstweiligen Anordnung ist nicht anfechtbar (vgl. § 55 Abs. 1 Satz 2 FamFG).

Soweit das Gericht mit der einstweiligen Anordnung eine **„Wartefrist"** für die Einleitung des Hauptsacheverfahrens bestimmt, ist diese Anordnung zusammen mit der einstweiligen Anordnung **anfechtbar**. Ist die sofortige Beschwerde mit Blick auf § 57 FamFG nicht statthaft, kann gegen die Anordnung der Wartefrist ggf. mit der Beschleunigungsrüge (vgl. Rn. 104) vorgegangen werden. **96**

Ist eine einstweilige Anordnung **nicht aufgrund mündlicher Erörterung ergangen**, ist das Rechtsmittel der Beschwerde immer unzulässig. Dies gilt beispielsweise auch dann, wenn einer der Beteiligten auf Grund nicht ordnungsgemäßer Ladung nicht zum Termin erschienen ist oder nach dem Termin zur Erörterung der Eilentschei- **97**

102 Siehe aber BayObIGZ 1990, 37; KG FGPRax 2006, 262 (jeweils zum alten Recht).
103 Vgl. auch BGH FamRZ 2007, 1728 (zum alten Recht) und OLG Frankfurt ZKJ 2018, 109 ff.; siehe aber: OLG Frankfurt ZKJ 2015, 328, wonach der Beschluss zur Einholung einer Haaranalyse nicht nur ausnahmsweise anfechtbar, sondern auch rechtswidrig ist, weil es insoweit an einer Rechtsgrundlage fehlt.

dung das Ergebnis weiterer Ermittlungen, insbesondere eine Stellungnahme des Jugendamtes oder die Anhörung des Kindes, zu Grunde gelegt wird.[104]

Es muss zunächst ein **Antrag** auf mündliche Erörterung gestellt werden. Dann ergeht aufgrund dieser eine erneute Entscheidung im Verfahren der einstweiligen Anordnung, die dann unter den Voraussetzungen des § 57 Satz 2 FamFG mit der sofortigen Beschwerde im Sinne des FamFG angefochten werden kann. Gegebenenfalls bleibt nur der Antrag auf Einleitung des Hauptsacheverfahrens (vgl. § 52 FamFG).

98 Für das Beschwerdeverfahren bezüglich einer einstweiligen Anordnung gelten die allgemeinen Regeln für die Beschwerde nach dem FamFG (siehe Rn. 99 ff.). Es ist die **Frist von zwei Wochen** zu beachten (vgl. § 63 Abs. 2 Ziff. 1 FamFG). Eine Abhilfebefugnis des Familiengerichts besteht nicht (vgl. § 68 Abs. 1 Satz 2 FamFG).

Schließlich hat das Familiengericht die Möglichkeit, seine Entscheidung in der einstweiligen Anordnungssache aufzuheben oder abzuändern, was ggf. zu beantragen ist (vgl. § 54 FamFG).

c) Endentscheidungen in Hauptsacheverfahren

99 Endentscheidungen in Hauptsacheverfahren können grundsätzlich mit der **Beschwerde** nach §§ 58 ff. FamFG zum OLG angefochten werden, wenn das Familiengericht entschieden hat.

100 Gegen den **Adoptionsbeschluss** des Familiengerichts gibt es **kein Rechtsmittel** (vgl. § 197 Abs. 3 Satz 1 FamFG). Dies gilt unbeschadet von § 194 Satz 2 FamFG, welcher nur die Beschwerdebefugnis des Jugendamtes regelt und damit nicht die Statthaftigkeit des Rechtsmittels eröffnet. Wird die elterliche Einwilligung in die Adoption gemäß § 1748 BGB ersetzt, so kann diese Entscheidung von dem betreffenden Elternteil gemäß § 58 FamFG mit der Beschwerde angegriffen werden.[105] Die Ablehnung der Ersetzung kann das Kind mit der Beschwerde i.S.v. §§ 58 ff. FamFG anfechten.[106]

2. Vorgehensweisen gegen Untätigkeit

101 Eine Untätigkeit des Gerichts muss insbesondere mit Blick auf das Beschleunigungsgebot von den Beteiligten nicht hingenommen werden. Fruchten die (vorrangig zu empfehlenden, aber nicht vorausgesetzten) **informellen Strategien** nicht, wie z.B.

- telefonische und schriftliche Nachfragen nach dem Verfahrensstand,
- Hinweise auf die Bedeutung der Verfahrensdauer (hierzu oben Rn. 12 ff.),
- formlose Rügen und Hinweise auf weitere verfahrensrechtliche Schritte,

dann kann seit dem 15.10.2016 insbesondere **Beschleunigungsrüge** bzw. Beschleunigungsbeschwerde eingelegt (vgl. Rn. 104 ff.) oder der Richter in Ausnahmefällen wegen Besorgnis der **Befangenheit** abgelehnt bzw. Dienstaufsichtsbeschwerde eingelegt werden. In diesem Zusammenhang kann dann auch geklärt werden, ob und

104 Vgl. nur Heilmann/Lack, Praxiskommentar Kindschaftsrecht, 2. Aufl., § 54 FamFG Rn. 13, 14.
105 Vgl. Staudinger/Frank, § 1748 BGB Rn. 69.
106 Vgl. BayObLG FamRZ 1984, 935.

inwieweit die Untätigkeit auf strukturellen Defiziten im Bereich der Personalorganisation beruht oder aus der Sphäre des Richters herrührt.

Praxistipp

Im Interesse des Kindes kann es geboten sein, als Verfahrensbeistand diese Wege zu beschreiten, damit die Gefahren der faktischen Präjudizierung gemindert und die durch das gerichtliche Verfahren hervorgerufenen Belastungen nicht unnötig erhöht werden (näher hierzu Rn. 12 ff.).

Freilich muss bedacht werden, dass diese Vorgehensweisen selbst zu einer **Verzögerung des Verfahrens** führen können. Es muss daher zwischen der zu erwartenden Verzögerung des Verfahrens durch das Gericht und der Dauer des Rechtsmittelverfahrens abgewogen werden. Dabei ist aber zu berücksichtigen, dass die Oberlandesgerichte in der Praxis sehr zügig über entsprechende Rügen entscheiden (sollten). **102**

Ein Vorgehen gegen Untätigkeit könnte etwa bei einem stillschweigenden (experimentellen) „Zuwarten mit dem Verfahrensabschluss“ geboten sein, da sich dieses mit dem Beschleunigungsgebot nicht in Einklang bringen lassen wird.[107] Denn auch durch das mit dem **Zuwarten** verbundene Nichtentscheiden wird die tatsächliche Situation des Kindes, etwa im Hinblick auf den Aufenthalt oder den Umgang, manifestiert und damit eine Entscheidung gefällt. Daher besteht **103**

- entweder eine Pflicht zur Entscheidung bei Entscheidungsreife
- oder eine Pflicht zur Einleitung weiterer Ermittlungen.

Im Übrigen lässt § 166 FamFG in der Regel ohnehin eine **Überprüfung** der Entscheidung durch das Familiengericht in engen Zeitabständen zu und eine Überprüfung in der Rechtsmittelinstanz wird nicht hinausgezögert.

a) Beschleunigungsrüge, Beschleunigungsbeschwerde und Verzögerungsrüge

Mit der Reform des Sachverständigenrechts (hierzu Rn. 65 ff.) wurde zum 15.10.2016 zugleich der lange geforderte **Primärrechtsbehelf** gegen Verfahrensverzögerungen eingeführt.[108] Damit hat nach § 155b FamFG jeder Beteiligte einer vorrangig und beschleunigt zu bearbeitenden Kindschaftssache (hierzu Rn. 11 ff.) die Möglichkeit, eine **Beschleunigungsrüge** zu erheben. Mit dieser kann er sowohl im erstinstanzlichen Verfahren bei dem Amtsgericht als auch im Beschwerdeverfahren vor dem OLG geltend machen, dass die bisherige Verfahrensdauer nicht dem Vorrang- und Beschleunigungsgebot entspricht. **104**

Wichtig ist, dass der Beteiligte zugleich die Umstände darzulegen hat, aus denen sich ergibt, dass das Verfahren nicht vorrangig und beschleunigt durchgeführt worden ist (§ 155b Abs. 1 Satz 2 FamFG).

107 Vgl. MünchKomm-FamFG/Heilmann (2025), § 155 Rn. 32 sowie Entschließung 6 des Arbeitskreises 11 des 18. Deutschen Familiengerichtstages.
108 Näher hierzu: Keuter, FamRZ 2016, 1817 ff.

Spätestens innerhalb eines Monats entscheidet das Gericht (selbst) durch Beschluss über diese Rüge und ergreift, wenn es diese als begründet ansieht, unverzüglich geeignete verfahrensfördernde Maßnahme. Daneben prüft es den Erlass einer einstweiligen Anordnung (§ 155b Abs. 2 FamFG).

105 Insbesondere in den Fällen, in denen das für die Kindschaftssache zuständige Gericht die Beschleunigungsrüge als unbegründet erachtet, kann der Beschluss binnen zwei Wochen mit der **Beschleunigungsbeschwerde** angegriffen werden.[109] Diese ist – wenn die Kindschaftssache noch beim Amtsgericht anhängig ist – beim Amtsgericht einzulegen, welches die Akte dann unverzüglich dem OLG vorlegen muss. Dieses entscheidet spätestens binnen eines Monats nach Aktenlage (§ 155 c Abs. 3 Satz 1 FamFG).

Wird die Verfahrensdauer in einem **Beschwerdeverfahren vor dem Oberlandesgericht** beanstandet, entscheidet ein anderer Senat über die Beschleunigungsbeschwerde. Entsprechendes gilt, wenn die Verfahrensdauer in einem **Rechtsbeschwerdeverfahren vor dem BGH** beanstandet wird.

Die Beschleunigungsbeschwerde wird entweder als **begründet** erachtet, dann hat das Ausgangsgericht das Verfahren nunmehr unter Beachtung dieser rechtlichen Beurteilung vorrangig und beschleunigt durchzuführen. Oder sie wird als **unbegründet** erachtet, dann werden die Akten dem Ausgangsgericht ohne entsprechende Maßgaben zur weiteren Veranlassung übersandt.

106 Schließlich eröffnet das Gesetz den Beteiligten nunmehr ausdrücklich den Weg zu einer echten **Untätigkeitsbeschwerde**: Wenn über die Beschleunigungsrüge i.S.v. § 155b FamFG nicht binnen eines Monats vom Ausgangsgericht entschieden wird, kann ein Beteiligter binnen zwei Monaten, gerechnet vom Zeitpunkt des Eingangs der Beschleunigungsrüge beim Ausgangsgericht, unmittelbar beim Beschwerdegericht die Beschleunigungsbeschwerde einlegen.

107 Unbeschadet der Statthaftigkeit von Beschleunigungsrüge bzw. -beschwerde kann ein Beteiligter des Verfahrens in Kindschaftssachen auch isoliert die so genannte **Verzögerungsrüge** erheben. Mit dieser kann er „bei dem mit der Sache befassten Gericht die Dauer des Verfahrens" rügen (§ 198 Abs. 3 Satz 1 GVG). Die Verzögerungsrüge kann erst erhoben werden, wenn „Anlass zu der Besorgnis besteht, dass das Verfahren nicht in angemessener Zeit abgeschlossen wird"; eine Wiederholung der Verzögerungsrüge ist frühestens nach sechs Monaten statthaft (§ 198 Abs. 3 Satz 2 GVG).

Die Verzögerungsrüge soll zum einen ebenfalls der Verfahrensbeschleunigung dienen und zum anderen eine Klage auf finanzielle Entschädigung für einen Nachteil aufgrund unangemessener Dauer eines Gerichtsverfahrens vorbereiten, die frühestens sechs Monate nach Anbringen der Verzögerungsrüge erhoben werden kann

109 Jedenfalls nach Erlass der instanzbeendenden Entscheidung besteht kein Rechtsschutzbedürfnis (mehr) für den Beschleunigungsrechtsbehelf (vgl. BVerfG BeckRS 2022, 2958). Als Beispiel einer erfolgreichen Beschleunigungsbeschwerde siehe etwa OLG Frankfurt FamRZ 2020, 1117.

(§ 198 Abs. 1 und 5 FamFG). Die Beschleunigungsrüge i.S.v. § 155b FamFG gilt jedoch sogleich als Verzögerungsrüge (§ 155b Abs. 3 FamFG).

Schaubild: Verfahrensverzögerung **108**

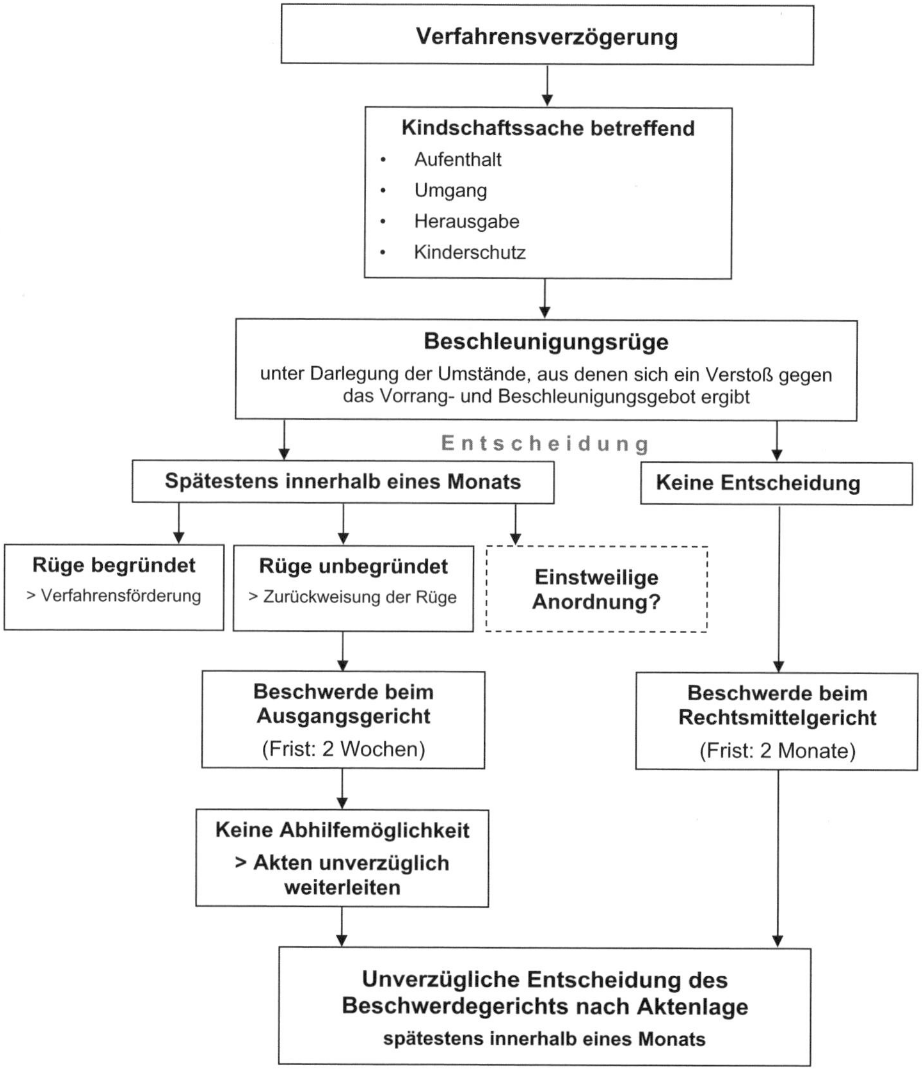

b) Ablehnung wegen Befangenheit

Der Richter kann ggf. wegen Besorgnis der Befangenheit abgelehnt werden (allgemein zum Ausschluss von Gerichtspersonen und zur Ablehnung wegen Befangenheit: § 6 FamFG). Hier handelt es sich um ein formloses Gesuch, das bei dem Gericht anzubringen ist, dem der Richter angehört, z.B. beim Familiengericht (vgl. § 6 Abs. 1 FamFG i.V.m. § 44 Abs. 1 ZPO). **109**

Gemäß § 6 Abs. 1 Satz 1 FamFG i.V.m. § 42 Abs. 1 ZPO muss ein **Grund** vorliegen, der geeignet ist, Misstrauen gegen die Unparteilichkeit des Richters zu rechtfertigen.

Gründe in diesem Sinne sind nur solche, die vom Standpunkt des Ablehnenden aus bei vernünftiger Betrachtungsweise die Befürchtung wecken können, der Richter stehe der Sache nicht unvoreingenommen und damit nicht unparteiisch gegenüber.[110]

Der **Verfahrensbeistand** kann im Übrigen nicht wegen Befangenheit abgelehnt werden (hierzu Teil 2/*Bauer*, Rn. 26).

110 Das Gesuch führt im Erfolgsfalle dazu, dass der abgelehnte Richter von der weiteren Bearbeitung des Verfahrens ausgeschlossen wird und ein anderer an seine Stelle tritt. Über das Ablehnungsgesuch gegen einen Richter des Amtsgerichts entscheidet seit dem 1.1.2002 ein anderer Richter dieses Amtsgerichts (vgl. § 6 Abs. 1 FamFG i.V.m. § 45 Abs. 2 Satz 1 ZPO) und nicht mehr das LG bzw. das OLG (vgl. § 45 Abs. 2 ZPO a.F.).

111 **Verfahrensverzögerung als Befangenheitsgrund**

Die **Erfolgsaussichten** eines solchen Ablehnungsgesuchs wegen Befangenheit mit der Begründung „Untätigkeit" bzw. „Verfahrensverzögerung" sollten nicht unterschätzt werden: Das OLG Hamm entschied beispielsweise schon vor Einführung des Beschleunigungsgebotes, dass ein Richter, der nach einem Antrag auf Erlass einer einstweiligen Anordnung auf Mitteilung des Aufenthaltsortes eines Kindes eine mündliche Verhandlung lediglich auf den regulären nächsten freien Termin (über sieben Wochen später!) anberaumte, wegen Besorgnis der Befangenheit abgelehnt werden kann.[111]

Eine Ablehnung wegen Befangenheit kann auch Erfolg haben, wenn ein Richter ohne ersichtlichen Grund einen Rechtsstreit längere Zeit nicht bearbeitet und beispielsweise auf Akteneinsichtsgesuche nicht reagiert[112] oder wenn schlechterdings kein vernünftiger Grund mehr ersichtlich ist, der den Richter davon abhalten könnte, über einen Antrag auf Erlass einer Eilentscheidung (hier: Einräumung eines Umgangsrechts) in einer diesem Eilantrag angemessenen Zeit zu befinden.[113] Dementsprechend kommt eine Ablehnung wegen Befangenheit ggf. auch bei Nichteinhaltung der Monatsfrist des § 155 Abs. 2 FamFG und bei Anordnung einer Wartefrist i.S.v. § 52 Abs. 1 FamFG (siehe oben Rn. 96) in Betracht.

▶ *Zur Ablehnung des Sachverständigen wegen Befangenheit siehe Rn. 69.*

c) Dienstaufsichtsbeschwerde

112 Schließlich kann bei Untätigkeit des Gerichts auch Dienstaufsichtsbeschwerde eingelegt und der zuständige Richter von der Dienstaufsicht zu „unverzögerter Erledigung der Amtsgeschäfte" angehalten werden (vgl. § 26 Abs. 2 DRiG). Es handelt sich hier um einen **formlosen Rechtsbehelf**, der in der Praxis aufgrund der verfassungsrechtlich geschützten richterlichen Unabhängigkeit (vgl. Art. 97 GG) **selten erfolg-**

---

110 BGH NJW-RR 2003, 1220, 1221.
111 Vgl. OLG Hamm FamRZ 1999, 936; hierzu die zust. Anm. van Els, FamRZ 2000, 295.
112 Vgl. OLG Bamberg FamRZ 2000, 1287.
113 Vgl. OLG Bamberg FamRZ 2001, 552.

reich ist. Im Übrigen geht es hier nicht um den Rechtsschutz des Einzelnen, sondern um eine dienstinterne Kontrolle des richterlichen Handelns durch die Justizverwaltung.[114]

3. Formelle Anforderungen an das Rechtsmittel

Die formellen Anforderungen an das jeweils statthafte Rechtsmittel sind einzuhalten, **113** da es anderenfalls als unzulässig verworfen und damit ohne Erfolg bleiben wird. Da in Kindschaftssachen **regelmäßig die Beschwerde** – und nicht die Berufung – das statthafte Rechtsmittel ist (vgl. Rn. 99), beschränkt sich die Darstellung im Folgenden auf diese.

a) Frist

Eine zu wahrende Frist für die Einlegung der Beschwerde beginnt – unbeschadet der **114** Wirksamkeit der nicht verkündeten Entscheidung **mit der Bekanntgabe an die Beteiligten** (vgl. § 40 Abs. 1 FamFG) – mit der schriftlichen Bekanntgabe des Beschlusses an den anfechtenden Beteiligten (vgl. § 63 Abs. 3 FamFG). Eine **Wiedereinsetzung in den vorigen Stand** ist bei unverschuldetem Versäumnis der Frist möglich, jedoch nur innerhalb einer Frist von zwei Wochen nach Beseitigung des Hindernisses (vgl. §§ 17, 18 FamFG).

▶ *Ein Überblick über die bei der Beschwerde ggf. einzuhaltenden Fristen findet sich oben Rn. 91.*

b) Beschwerdeberechtigung

Nicht jeder darf die in Kindschaftssachen ergangene Entscheidung wirksam mit einem Rechtsmittel angreifen. Hierzu bedarf es einer besonderen Beschwerdeberechtigung, die von der Stellung als Beteiligter unabhängig ist. Eine Beschwerdeberechtigung steht gemäß § 59 FamFG jedem zu, der in eigenen Rechten beeinträchtigt wird, z.B.: **115**

- in Sorgerechtsverfahren dem Elternteil, für den diese nachteilig ist,
- im Verfahren nach § 1632 Abs. 4 BGB den Pflegeeltern (im Falle der Ablehnung des Erlasses einer Verbleibensanordnung) oder
- in umgangsrechtlichen Verfahren demjenigen, der erfolglos den Umgang mit dem Kind begehrt hat.

▶ *Zur Beschwerdeberechtigung des Kindes siehe unten Rn. 143.*

Das **Jugendamt** ist **in Kindschaftssachen** generell beschwerdeberechtigt. Dies gilt **116** auch dann, wenn es keinen Antrag auf förmliche Beteiligung nach § 162 Abs. 2 FamFG gestellt hat (vgl. § 162 Abs. 3 Satz 2 FamFG). Auch wenn **Pflegeeltern** Beteiligte im formellen Sinne sind (vgl. Rn. 21), sind sie nach Auffassung des BGH nicht berechtigt, Beschwerde gegen eine die elterliche Sorge für das Pflegekind betref-

114 Vgl. Schlette, S. 49.

fende Entscheidung des Familiengerichts einzulegen.[115] Auch eine Entscheidung zum Umgangsrecht beeinträchtigt nach wenig überzeugender Ansicht des BGH die Pflegeeltern nicht in ihren Rechten.[116] Hingegen wird man den Pflegeeltern gegen eine Entscheidung, durch welche sie als **Vormund** übergangen werden, eine Berechtigung zur Beschwerde nicht mit überzeugenden Gründen versagen können.[117]

Insgesamt stellt die Rechtsprechung hohe Anforderungen an die Beschwerdeberechtigung.[118]

▶ *Zum Beschwerderecht des Verfahrensbeistands siehe Teil 2/Bauer, Rn. 108 und 343.*

c) Form der Einlegung

117 Die Beschwerde nach §§ 58 ff. FamFG ist bei dem Gericht, dessen Entscheidung angefochten wird, einzulegen (vgl. § 64 Abs. 1 FamFG). Sie wird durch Einreichung einer **unterzeichneten Beschwerdeschrift oder zur Niederschrift der Geschäftsstelle** eingelegt und muss die Bezeichnung des angefochtenen Beschlusses sowie die Erklärung enthalten, dass Beschwerde gegen diesen eingelegt wird (vgl. § 64 Abs. 2 FamFG). Das Amtsgericht muss die Akten in Kindschaftssachen unverzüglich und eilig an das OLG als Beschwerdegericht (vgl. § 119 Abs. 1 Nr. 2 GVG) übermitteln, um Verfahrensverzögerungen zu vermeiden.

118 Die **sofortige Beschwerde** entsprechend §§ 567 ff. ZPO kann bei dem Gericht, dessen Entscheidung angefochten wird, und bei dem Beschwerdegericht (OLG) eingelegt werden (vgl. § 569 ZPO). Grundsätzlich wird sie durch Einreichung einer Beschwerdeschrift eingelegt (vgl. § 569 Abs. 2 Satz 1 ZPO). Soweit in der ersten Instanz kein Anwaltszwang bestand, kann sie auch zu Protokoll der Geschäftsstelle eingelegt werden (vgl. § 569 Abs. 2 Satz 2 ZPO sowie § 25 FamFG).

d) Beschwerdebegründung

119 Die Beschwerde nach §§ 58 ff. FamFG – wie auch die sofortige Beschwerde entsprechend §§ 567 ff. ZPO (vgl. § 571 Abs. 1 ZPO) – soll in Kindschaftssachen innerhalb der Einlegungsfrist begründet werden (vgl. § 65 Abs. 1 FamFG). In der Regel kommt die Setzung einer nachträglichen Frist zur Begründung der Beschwerde nach

---

115 Vgl. BGH FamRZ 2000, 219; FamRZ 2001, 1449; FamRZ 2004, 102.

116 Vgl. BGH FamRZ 2005, 975; anders EuGHMR FamRZ 2012, 429. Näheres hierzu Heilmann, ZKJ 2014, 48, 53.

117 So auch – mit überzeugender Begründung – OLG Karlsruhe, Beschl. v. 26.6.2013, 18 UF 296/11, ZKJ 2013, 454 = FamRZ 2013, 1665; anders hingegen ein anderer Senat desselben Gerichts (vgl. OLG Karlsruhe, Beschl. v. 6.5.2013, 5 WF 170/12, juris), Anm. Salgo, FamRZ 2013, 1668.

118 Beschwerdeberechtigung bejaht: BGH FamRZ 2016, 1146 (Elternteil bei Übertragung des [entzogenen] Sorgerechts vom Amtsvormund auf den anderen Elternteil); BGH FamRZ 2010, 1242 (Vater im Fall des [teilweisen] Entzugs des Sorgerechts). Keine Beschwerdeberechtigung: BGH FamRZ 2009, 222 (nicht sorgeberechtigter Vater des nichtehelichen Kindes bei Ablehnung des Entzugs der mütterlichen Alleinsorge); BGH FF 2013, 332 (Großeltern in dem Verfahren betreffend die Auswahl des Vormundes für ihren Enkel).

§§ 58 ff. FamFG (vgl. § 65 Abs. 2 FamFG) mit Blick auf das Beschleunigungsgebot in Kindschaftssachen (vgl. § 155 Abs. 1 FamFG) nicht in Betracht.

Praxistipp

Eine sorgfältige und ausführliche Begründung innerhalb der Beschwerdefrist ist immer zu empfehlen. Zwar ist die Begründung des Rechtsmittels nicht (mehr) Voraussetzung für seine Zulässigkeit und das OLG hat die angegriffene Entscheidung unabhängig vom Vorliegen einer Beschwerdebegründung auf seine Rechtmäßigkeit zu überprüfen. Unbeschadet dessen könnte ggf. die Erfolgsaussicht des Rechtsmittels durch das Beschwerdevorbringen gesteigert werden.

e) Anwaltszwang?

Anwaltszwang besteht in Kindschaftssachen der ersten und zweiten Instanz grund- **120**
sätzlich weder vor dem Familiengericht noch vor dem OLG (vgl. § 10 Abs. 1 FamFG), wenn es sich bei der Kindschaftssache nicht um eine Folgesache zur Scheidung handelt (vgl. § 114 FamFG). Beteiligte können **in Kindschaftssachen ohne Anwaltszwang** grundsätzlich auch andere Personen zu ihrer Vertretung im Verfahren bevollmächtigen, jedoch können ggf. Personen, die nicht die Befähigung zum Richteramt (= zwei juristische Examina) haben, durch unanfechtbaren Beschluss des Gerichts zurückgewiesen werden (vgl. § 10 Abs. 2 Satz 2 Ziff. 2, Abs. 3 FamFG). Auch kann das Gericht Bevollmächtigten, die nicht in der Lage sind, das Sach- und Streitverhältnis sachgerecht darzustellen, durch unanfechtbaren Beschluss die weitere Vertretung untersagen (siehe § 10 Abs. 3 Satz 2 FamFG).

Das Familiengericht kann einem Beteiligten auf Antrag im Rahmen der **Verfahrens- 121**
kostenhilfe (vgl. §§ 76 ff. FamFG) einen zur Vertretung bereiten **Rechtsanwalt seiner Wahl beiordnen**, wenn wegen der Schwierigkeit der Sach- und Rechtslage die Vertretung durch einen Rechtsanwalt erforderlich erscheint (§ 78 Abs. 2 FamFG). Unbeschadet dessen sollten nicht juristisch ausgebildete Beteiligte vor Einlegung eines Rechtsmittels juristischen Rat im Hinblick auf Zulässigkeit und Erfolgsaussichten des Rechtsmittels einholen.

Für die **Verfahrensbeistandschaft** ist anerkannt, dass diese mit solchen rechtlichen **122**
Schwierigkeiten verbunden sein kann, dass ein Verfahrensbeistand ohne volljuristische Ausbildung rechtliche Unterstützung durch einen Anwalt benötigt.[119]

Dies hat zur Folge, dass im Einzelfall die mit der Einholung der juristischen Beratung entstehenden Kosten als Aufwendungsersatzanspruch vom Verfahrensbeistand geltend gemacht werden können, wenn der Fall rechtliche Schwierigkeiten aufweist bzw. aufwies und die juristische Beratung im Interesse des Kindes geboten ist bzw. war. Allerdings ist diese Frage von den Instanzgerichten noch nicht abschließend geklärt. Die **Kosten der juristischen Beratung** können jedenfalls dann nicht ersetzt ver-

119 Vgl. BVerfG FamRZ 2000, 1280 (1282).

langt werden, wenn das Familiengericht es zuvor durch Beschluss abgelehnt hat, dem Kind einen juristischen Beistand beizuordnen.[120]

4. Beschwerdeverfahren

123 Das Familiengericht hat im Beschwerdeverfahren nach §§ 58 ff. FamFG in Kindschaftssachen **keine Abhilfebefugnis**, kann seine Entscheidung mithin nicht eigenständig korrigieren (vgl. § 68 Abs. 1 Satz 2 FamFG). Etwas anderes kann mit Blick auf § 54 FamFG bei einstweiligen Anordnungen gelten.

124 Das OLG hat die Entscheidung des Familiengerichts auf seine Rechtmäßigkeit zu überprüfen. Es ist eine **zweite Tatsacheninstanz**, sodass grundsätzlich die für das erstinstanzliche Verfahren geltenden Vorschriften ebenfalls Anwendung finden (vgl. § 68 Abs. 3 Satz 1 FamFG). Das OLG kann von der Durchführung einzelner Verfahrenshandlungen (Anhörungen, Termine, Beweisaufnahmen etc.) absehen, wenn diese bereits im ersten Rechtszug vorgenommen wurden und von einer erneuten Vornahme keine zusätzlichen Erkenntnisse zu erwarten sind (vgl. § 68 Abs. 3 Satz 2 FamFG).

In Eilsachen gilt dies generell. In Hauptsacheverfahren gilt dies seit dem 1.7.2021 jedoch nicht, wenn die Beschwerde ein Verfahren betrifft, in welchen eine teilweise oder vollständige Entziehung der Personensorge nach § 1666 BGB, ein Umgangsausschluss oder eine Verbleibensanordnung in Betracht kommt (§ 68 Abs. 5 FamFG). Hier sind insbesondere die **persönlichen Anhörungen des Kindes und der Eltern** im Beschwerdeverfahren zu **wiederholen**, auch wenn dem OLG umfassende Anhörungsvermerke des Amtsgerichts vorliegen und eine Erfolgsaussicht der Beschwerde nach Prüfung durch den Senat nicht gegeben ist. Einzige Voraussetzung ist, dass es sich um eine zulässige Beschwerde handelt. Damit den weiteren Beteiligten und insbesondere dem Kind die Belastungen, die mit einer Fortführung der gerichtlichen Auseinandersetzung regelmäßig verbunden sein werden, so weit wie möglich genommen wird, bleibt der Weg, bei Vorliegen der gesetzlichen Voraussetzungen dem/der beschwerdeführenden Beteiligten die Bewilligung von Verfahrenskostenhilfe zu versagen bzw. auf die **fehlende Erfolgsaussicht** des Rechtsmittels hinzuweisen.

Da der Gesetzgeber nur in den Fällen eines zu gewärtigenden besonders grundrechtsintensiven Eingriffs die Entscheidung im Beschwerdeverfahren auf eine breitere Tatsachengrundlage stellen wollte, ist eine restriktive Auslegung dieser Norm teilweise geboten. Insbesondere werden von der Norm die Fälle eines (isolierten) Entzugs des Umgangsbestimmungsrechts nicht erfasst, obwohl dies dem Wortlaut nach unter § 68 Abs. 5 Nr. 1 FamFG subsumiert werden kann.[121]

125 Da die Entscheidung des Familiengerichts mit der Bekanntgabe wirksam und damit auch vollstreckbar ist, kann das OLG, weil die Einlegung der Beschwerde selbst grundsätzlich **keine aufschiebende Wirkung** hat, selbst eine einstweilige Anordnung

120 Vgl. OLG Hamburg KindPrax 2000, 162.
121 Hierzu OLG Frankfurt, Beschl. v. 17.5.2022, Az.1 UF 31/22, juris.

erlassen und insbesondere – auch ohne Antrag – anordnen, dass die Vollziehung bzw. Wirksamkeit des angefochtenen Beschlusses auszusetzen ist (vgl. § 64 Abs. 3 FamFG).

Praxistipp

▶ *Der Verfahrensbeistand, der die Auffassung hat, dass die amtsgerichtliche Entscheidung den Interessen des Kindes zuwiderläuft, sollte nicht nur ein Rechtsmittel einlegen, sondern unverzüglich einen Schriftsatz bei dem OLG einreichen, mit welchem er die Aussetzung der Vollziehung (etwa in Herausgabe- oder Umgangssachen) bzw. der Wirksamkeit (in Sorgerechtssachen) begehrt und dies in der Sache und hinsichtlich der Eilbedürftigkeit begründet.*

Das OLG entscheidet bei zulässigem Rechtsmittel in der Sache selbst (§ 69 Abs. 1 **126**
Satz 1 FamFG). Anderenfalls wird die Beschwerde als unzulässig verworfen (§ 68 Abs. 2 Satz 2 FamFG). Es kann die Beschwerde als unbegründet zurückweisen oder in Aufhebung bzw. Abänderung der angegriffenen Entscheidung des Familiengerichts eine eigene Sachentscheidung treffen. Eine **Zurückverweisung** (vgl. § 69 Abs. 2 Satz 2, 3 FamFG) kommt mit Blick auf das Beschleunigungsgebot in Kindschaftssachen **nur ausnahmsweise** in Betracht.

Das OLG trifft seine Entscheidungen **durch den Senat** in der Besetzung von drei Richtern (§ 122 GVG), es sei denn, die Entscheidung über die Beschwerde wurde durch Beschluss des Senats einem Richter als **Einzelrichter** zur Entscheidung übertragen (§ 68 Abs. 4 FamFG i.V.m. § 526 ZPO). Dies ist in den Fällen des § 68 Abs. 5 FamFG (hierzu oben Rn. 124) ausgeschlossen.

5. Rechtsmittel gegen Entscheidungen des Oberlandesgerichts

Gegen die Entscheidung des OLG als Beschwerdegericht in Kindschaftssachen, die **127**
auch grundsätzlich eine Rechtsbehelfsbelehrung enthalten muss (vgl. § 69 Abs. 3 i.V.m. § 39 FamFG), ist grundsätzlich die sog. **Rechtsbeschwerde** (vgl. §§ 70 ff. FamFG) zum BGH nur statthaft, wenn sie zugelassen wurde (vgl. § 70 Abs. 1 FamFG). Die Rechtsbeschwerde ist insbesondere dann zuzulassen, wenn die Sache grundsätzliche Bedeutung hat (vgl. § 70 Abs. 2 Satz 1 FamFG). Im Rechtsbeschwerdeverfahren prüft der BGH **nur noch Rechtsfragen** (nach Aktenlage).

Der **Verfahrensbeistand** kann grundsätzlich die Rechtsbeschwerde – wie jedes **128**
Rechtsmittel – nur in eigenem Namen und nicht für das Kind, d.h. in dessen Namen einlegen. Er bedarf hierfür nach Ansicht des BGH der Vertretung eines durch einen beim BGH zugelassenen Rechtsanwaltes.[122] Bei einem mittellosen Kind kann dem Verfahrensbeistand Verfahrenskostenhilfe unter Beiordnung eines Rechtsanwalts für das Rechtsbeschwerdeverfahren bewilligt werden.

122 BGH, Beschl. v. 27.3.2019, XII ZB 91/19; hierzu Dürbeck, ZKJ 2019, 262 ff.

Praxistipp

Es empfiehlt sich daher, binnen der Rechtsbeschwerdefrist einen entsprechenden Antrag auf Bewilligung von Verfahrenskostenhilfe für die beabsichtigte Rechtsbeschwerde zu stellen.

129 Hat das OLG die Rechtsbeschwerde nicht zugelassen, ist eine sog. **Nichtzulassungsbeschwerde** (vgl. etwa § 544 ZPO) **nicht gegeben**.

Gegen die Entscheidung der letzten Instanz (vgl. § 90 Abs. 2 BVerfGG) bleibt unter bestimmten engen Voraussetzungen dann ausnahmsweise noch die Erhebung der **Verfassungsbeschwerde** beim BVerfG, wenn der Beschwerdeführer behauptet,

- in seinen Grundrechten (im vorliegenden Zusammenhang primär dem Allgemeinen Persönlichkeitsrecht des Kindes aus Art. 1 Abs. 1 i.V.m. Art. 2 Abs. 1 GG bzw. dem Elternrecht aus Art. 6 Abs. 2 Satz 1 GG) oder
- in seinem Anspruch auf rechtliches Gehör (vgl. Art. 103 Abs. 1 GG)

verletzt zu sein (vgl. Art. 93 Abs. 1 Nr. 4a GG). Das BVerfG überprüft die fachgerichtlichen Entscheidungen nur dahingehend, ob sie „spezifisches Verfassungsrecht"[123] verletzen. Es ist damit kein weiteres Rechtsmittelgericht, das die fachgerichtliche Entscheidung auf ihre Vereinbarkeit mit dem BGB oder sonstigem einfachen Recht überprüft.

Eine **anwaltliche Vertretung** ist für die Erhebung der Verfassungsbeschwerde, anders als bei der Rechtsbeschwerde (siehe Rn. 127), gesetzlich **nicht vorgeschrieben**.[124] Mit Blick auf § 158 Abs. 4 Satz 5 FamFG ist auch der Verfahrensbeistand befugt, im Interesse des Kindes Verfassungsbeschwerde einzulegen.[125]

Praxistipp

Diese Vorgehensweise ist dem Verfahrensbeistand insbesondere in Kinderschutzfällen dringend anzuraten, wenn er die Grundrechtsposition des Kindes durch die letztinstanzliche Entscheidung nicht hinreichend gewahrt sieht.[126]

IX. Wirksamwerden, Vollziehung und Vollstreckung (§§ 86 ff. FamFG)

130 Ein Beschluss wird grundsätzlich wirksam mit der **Bekanntgabe an den Beteiligten**, für den er seinem wesentlichen Inhalt nach bestimmt ist (vgl. § 40 Abs. 1 FamFG, vgl. aber dort Abs. 2 und 3). Die Bekanntgabe (vgl. § 41 FamFG) kann durch förmliche

123 Vgl. BVerfGE 18, 85 (92).
124 Zu den Zulässigkeitsvoraussetzungen einer Verfassungsbeschwerde siehe z.B. Lechner/Zuck, BVerfGG, zu §§ 90, 92 BVerfGG.
125 Hierzu BVerfG ZKJ 2017, 225 ff. mit der erfolgreichen Verfassungsbeschwerde eines Verfahrensbeistandes.
126 Näheres hierzu Heilmann, ZKJ 2017, 219 f.

Zustellung oder durch Aufgabe zur Post bewirkt werden (vgl. § 15 Abs. 2 FamFG). Anwesenden kann der Beschluss durch das in den Akten zu vermerkende Verlesen der Beschlussformel bekannt gemacht werden (vgl. § 41 Abs. 2 FamFG).

▶ *Zu den Besonderheiten bei der Bekanntgabe der Entscheidung an das Kind vgl. unten Rn. 144.*

Darüber hinaus kann das Gericht in Kindschaftssachen, wenn hierfür ein besonderes Bedürfnis besteht, auch anordnen, dass die Vollstreckung einer einstweiligen Anordnung vor ihrer Zustellung zulässig ist. In diesem Fall wird die **einstweilige Anordnung mit Erlass** wirksam (vgl. § 53 Abs. 2 FamFG).

Sind die Entscheidungen des Familiengerichts wirksam, so entfalten sie ihre **rechtliche Wirkung** und die Beteiligten haben diese **umzusetzen**. Daher ist das Kind beispielsweise nach Abschluss des Sorgerechtsverfahrens auf dessen Verlangen unmittelbar an den durch die gerichtliche Entscheidung Begünstigten herauszugeben oder ein Umgang nach Maßgabe der in einem Umgangsverfahren erlassenen gerichtlichen Entscheidung sofort zu gewähren. 131

Auch ein gegen die entsprechende Entscheidung eingelegtes **Rechtsmittel** steht dieser Rechtslage nicht entgegen (arg. e § 64 Abs. 3 FamFG). Nur die sofortige Beschwerde entsprechend §§ 567 ff. ZPO hat eine so genannte „aufschiebende Wirkung", wenn sie gegen eine Entscheidung gerichtet ist, durch die ein Ordnungs- oder Zwangsmittel (Ausnahme: Zwangshaft) festgesetzt wird (vgl. § 570 Abs. 1 ZPO).

Die **Veränderung der tatsächlichen Gegebenheiten** durch eine (noch) nicht rechtskräftige amtsgerichtliche Entscheidung kann auf juristischem Wege jedoch dadurch verhindert werden, dass (nur) das OLG die Vollziehung der angefochtenen Entscheidung aussetzt (vgl. § 64 Abs. 3 FamFG bzw. § 570 Abs. 2 und Abs. 3 ZPO). Hierzu bedarf es keines Antrages, doch ist es – gerade in Kindschaftssachen – im Zweifel sinnvoll, dem Gericht die Tatsachen zu unterbreiten, die eine **Aussetzung der Vollziehung** und damit die vorläufige Verhinderung der Vollstreckung nahelegen. 132

Wenn dies in der Sache geboten ist, sollte daher Beschwerde gegen die amtsgerichtliche Entscheidung beim Amtsgericht eingelegt und daneben dem OLG – nebst der angegriffenen Entscheidung – unverzüglich ein **Aussetzungsbegehren** übermittelt werden (hierzu Rn. 125). Aus rechtsstaatlichen Gründen darf dann kurzfristig die Umsetzung der amtsgerichtlichen Entscheidung über einige Tage hinausgezögert werden, um dem OLG ein Einschreiten faktisch zu ermöglichen und etwaige Nachteile für das Kind zu verhindern. Das OLG entscheidet dann nach pflichtgemäßem Ermessen.[127] Signalisiert der Senat jedoch, dass er nicht im Eilwege einzuschreiten gedenkt, ist der Entscheidung des Amtsgerichts unverzüglich Folge zu leisten.

Halten sich die Beteiligten nicht an eine gerichtliche Entscheidung, so kann diese **vollzogen** (vgl. § 35 FamFG) bzw. **vollstreckt** (vgl. §§ 88 ff. FamFG) werden. Die Vollziehung, die sich in erster Linie auf Anordnungen mit verfahrensleitendem Charakter beschränkt, erfolgt nach § 35 FamFG durch Festsetzung eines Zwangsgeldes und 133

127 Vgl. Musielak/Borth, § 64 FamFG Rn. 5.

ggf. durch Zwangshaft. Der Beschluss ist anfechtbar mit der sofortigen Beschwerde entsprechend §§ 567 ff. ZPO (vgl. Rn. 93).

Die **Vollstreckung** der nicht lediglich verfahrensleitenden Endentscheidung richtet sich (auch) in Kindschaftssachen nach den §§ 86 ff. FamFG. Das Vollstreckungsverfahren ist **ein eigenständiges Verfahren** und nicht (mehr) Teil des Hauptsacheverfahrens. Die Vollstreckung findet aus dem gerichtlichen Beschluss sowie aus dem gerichtlich gebilligten Vergleich (vgl. § 156 Abs. 2 FamFG) statt. In Amtsverfahren wird das Gericht von Amts wegen tätig, ansonsten auf Antrag. Das Jugendamt leistet in geeigneten Fällen Unterstützung (vgl. § 88 Abs. 2 FamFG).

134 Geht es bei der Vollstreckung einer Entscheidung um die Herausgabe des Kindes und um die Regelung des Umgangs, dann kann das Gericht bei Zuwiderhandlung gegen die gerichtliche Entscheidung **Ordnungsgeld** bis zu 25.000,00 EUR und ggf. **Ordnungshaft** anordnen (§ 89 Abs. 1, 3 FamFG). Die Festsetzung unterbleibt, wenn der Verpflichtete Gründe vorträgt, aus denen sich ergibt, dass er die Zuwiderhandlung nicht zu vertreten hat (vgl. § 89 Abs. 4 FamFG).

Das Ordnungsgeld hat im Unterschied zum Zwangsgeld nicht nur den Sinn, den Willen des Zuwiderhandelnden zu beugen, sondern **auch sanktionierenden Charakter**. Die Vollstreckung hat jedoch zu unterbleiben, wenn der Verpflichtete Gründe vorträgt, aus denen sich ergibt, dass er die Zuwiderhandlung nicht zu vertreten hat (vgl. § 89 Abs. 4 FamFG). Der Gesetzgeber denkt hier insbesondere an die Berufung eines Elternteils auf den entgegenstehenden Willen des Kindes.[128] Dabei darf aber nicht außer Acht gelassen werden, dass ein solcher der Festsetzung von Ordnungsmitteln nur dann entgegensteht, wenn der Elternteil, der den Umgang zu gewähren hat, im Einzelfall substanziierte Gründe dargelegt hat, wie er auf das Kind erzieherisch eingewirkt hat, um dieses zum Umgang zu bewegen.[129]

Eine (nochmalige) Prüfung der bereits im Hauptsacheverfahren einbezogenen Aspekte des Kindeswohls bzw. eine Überprüfung der Rechtmäßigkeit der zu vollstreckenden Entscheidung des Familiengerichts findet jedenfalls im Vollstreckungsverfahren grundsätzlich nicht statt.[130]

135 Das Gericht kann auch durch Beschluss zur Vollstreckung **unmittelbaren Zwang** anordnen (vgl. § 90 FamFG). In erster Linie richtet sich diese Anordnung gegen die Erwachsenen. Die Anwendung unmittelbaren Zwangs gegen das Kind hat der Gesetzgeber nur ausdrücklich untersagt, soweit es um seine Herausgabe zur Ausübung des Umgangsrechts geht (§ 90 Abs. 2 Satz 1 FamFG). Eine Gewaltanwendung gegen das Kind zur Vollstreckung einer sorgerechtlichen Entscheidung wurde bereits in der Vergangenheit für möglich gehalten.[131] Sie ist wegen der Grundrechtsposition des Kindes aus Art. 2 Abs. 1 GG i.V.m. Art. 1 Abs. 1 GG[132] jedoch nur gerechtfertigt, wenn

---

128 BT-Drucks. 16/6308, S. 218. Zu den Problemen der Umgangsdurchsetzung nach altem Recht siehe nur Gottschalk, FPR 2008, 417 ff.

129 Vgl. nur OLG Saarbrücken ZKJ 2011, 104 ff.

130 BGH ZKJ 2012, 190 ff.

131 Vgl. nur Keidel/Zimmermann, FGG, § 33 Rn. 42; Maurer, in: Schwab, S. 218.

132 Vgl. BVerfGE 24, 119 (144).

diese unter Berücksichtigung des Kindeswohls geeignet und eine Durchsetzung der Verpflichtung mit milderen Mitteln nicht möglich ist (vgl. § 90 Abs. 2 Satz 2 FamFG).

Zur Verbesserung der Möglichkeiten einer einvernehmlichen Gestaltung des Umgangsrechts sieht § 165 FamFG ein gerichtliches **Vermittlungsverfahren** vor. Dieses kommt immer dann zum Zuge, wenn Schwierigkeiten bei der Ausübung des Umgangs auftreten und eine gerichtliche Entscheidung bereits vorliegt. Hiermit soll im Interesse des Kindes vor allem das häufig emotionsbeladene Verfahren zwischen den Eltern über die Durchsetzung oder Abänderung des Umgangs sowie eine förmliche – und evtl. sogar mit Gewaltanwendung einhergehende – Vollstreckung der gerichtlichen Entscheidung vermieden werden.[133] 136

Scheitert das Vermittlungsverfahren, dann stellt das Gericht dies fest und prüft von sich aus, ob Ordnungsmittel ergriffen, Änderungen der Umgangsregelung vorgenommen oder Maßnahmen in Bezug auf das Sorgerecht ergriffen werden sollen (§ 165 Abs. 5 Satz 2 FamFG).

X. Rechte von Kindern und Jugendlichen im gerichtlichen Verfahren

Das Kind ist Beteiligter i.S.v. § 7 FamFG. Aufgrund der gebotenen Kindeswohlzentrierung des Verfahrens (vgl. Rn. 158 f.) hat es eine Beteiligtenstellung sui generis, die insbesondere dadurch kenntlich wird, dass das Gericht selbst in der persönlichen Anhörung nach § 159 FamFG das Kind dann nicht umfassend über das Verfahren informieren soll, wenn Nachteile für dessen „Entwicklung, Erziehung oder Gesundheit" zu befürchten sind und trotz bestehendem Beschwerderecht eine vollständige Bekanntgabe der Entscheidungsgründe im Einzelfall unterbleiben soll. 137

Unbeschadet dessen bedarf es – jedenfalls in Kindschaftssachen – **nicht** der Bestellung eines **Ergänzungspflegers**, um die Beteiligungsrechte des Kindes zu sichern, wenn bereits ein Verfahrensbeistand bestellt ist.[134] Eine solche war nach altem Recht nicht geboten und ist es auch nicht nach dem FamFG (siehe auch Teil 2/*Bauer*, Rn. 13). Dies ergibt sich aus dem historischen und verfassungsrechtlichen Hintergrund sowie dem Sinn und Zweck der Institution Verfahrenspflegschaft bzw. -beistandschaft. Diese soll doch im Verfahren gerade in Fällen eines Interessenkonflikts zwischen Kind und Eltern die Vertretung der Interessen des Kindes ermöglichen.[135] Durch § 158 Abs. 4 Satz 6 FamFG bringt der Gesetzgeber im Übrigen zum Ausdruck, dass die Eltern trotz Interessenkonflikt weiter gesetzliche Vertreter sind. Auch das noch nicht 14 Jahre alte Kind muss daher – etwa bei Abschluss eines gerichtlich ge- 138

133 Vgl. BT-Drucks. 13/4899, S. 133.

134 So auch BGH ZKJ 2011, 465 ff.; ebenso bereits OLG Stuttgart ZKJ 2010, 36 f.; Salgo, FPR 2011, 314 ff.; Maurer, FamRZ 2010, 1044; Keuter, NJW 2010, 1851 ff.; Entschließung 3 des Arbeitskreises 11 des 18. Deutschen Familiengerichtstages; a.A. noch Zorn, in: Bork/Jacoby/Schwab, § 158 FamFG Rn. 21; OLG Oldenburg FamRZ 2010, 660 mit abl. Anm. Grün, FF 2010, 45.

135 Vgl. zuletzt BGH, Beschl. v. 28.4.2010, XII ZB 81/09, ZKJ 2010, 327; Lack/Salgo, FPR 2012, 353 ff.

billigten Vergleichs – im Verfahren nicht durch einen Ergänzungspfleger gesetzlich vertreten sein.[136]

1. Verfahrensfähigkeit von Kindern und Jugendlichen?

139 Die Verfahrensfähigkeit umschreibt das Recht, als (formell) Beteiligter in einem gerichtlichen Verfahren aufzutreten und **wirksame verfahrensrechtliche Erklärungen** abzugeben, insbesondere

- wirksame Anträge zu stellen,
- im gerichtlichen Verfahren auch eigene Rechte auszuüben,
- an Terminen teilzunehmen, wenn die gebotene Kindeswohlzentrierung des Verfahrens (vgl. Rn. 158 f.) dem nicht entgegensteht,
- sowie an einem gerichtlich gebilligten Vergleich mitzuwirken.

Es kommt hinzu, dass in Amtsverfahren (siehe Rn. 25 ff.) in der Regel keine förmlichen Anträge gestellt werden müssen. Hier kann das Gericht die Erklärungen eines Verfahrensunfähigen in Anregungen umdeuten und gleichwohl in dessen Sinn entscheiden.[137]

140 Grundsätzlich beginnt die Verfahrensfähigkeit **mit Vollendung des 18. Lebensjahres** (vgl. § 9 Abs. 1 Nr. 1 FamFG). Darüber hinaus ist auch das Kind, welches das **14. Lebensjahr** vollendet hat, dann verfahrensfähig, wenn das Verfahren seine Person betrifft und es ein ihm nach bürgerlichem Recht zustehendes Recht geltend macht (vgl. § 9 Abs. 1 Nr. 3 FamFG). Damit hat beispielsweise das dem Kind nach § 1671 BGB im Sorgerechtsverfahren nach Trennung der Eltern eingeräumte Widerspruchsrecht (vgl. § 1671 Abs. 2 Nr. 1 BGB) seine verfahrensrechtliche Entsprechung.

141 Unbeschadet dessen ist umstritten, wann von einer Verfahrensfähigkeit, insbesondere **in Fällen des Kinderschutzes und in Umgangssachen**, auszugehen ist.[138] Dies hängt mit dem Wortlaut des § 9 Abs. 1 Nr. 3 FamFG und dem damit auch sichtbar werdenden Willen des Gesetzgebers zusammen, die Verfahrensfähigkeit eines über 14 Jahre alten Kindes nur mit Einschränkungen zuzulassen. In den beiden genannten Fällen ist daher in der Regel nicht von einer Verfahrensfähigkeit des Jugendlichen auszugehen, sondern die Rechte des Kindes und dessen Beteiligung im Verfahren werden ausschließlich über dessen persönliche Anhörung und die Bestellung des Verfahrensbeistandes gewährleistet.[139]

Etwas anderes kann mit Blick auf § 1684 Abs. 1 Hs. 1 BGB etwa dann gelten, wenn das Kind selbst Umgang mit einem Elternteil begehrt oder als sog. Selbstmelder (vgl. § 42 Abs. 1 Satz 1 Nr. 1 SGB VIII) um Schutz beim Jugendamt nachsucht und es sodann zur Einleitung eines familiengerichtlichen Verfahrens kommt.

---

136 Siehe auch AG Ludwigslust FamRZ 2010, 488 (490).
137 In diesem Sinne auch Moritz, S. 399.
138 Ausführlich hierzu Köhler, ZKJ 2018, 50 ff.
139 So im Ergebnis nun auch BGH NJW 2021, 2734.

Darüber hinaus ist das Kind in Verfahren betreffend seine **Unterbringung** (§ 151 Nr. 6 und 7 FamFG) ohne Rücksicht auf seine Geschäftsfähigkeit und die im bürgerlichen Recht zugesprochenen Rechte dann verfahrensfähig, wenn es das 14. Lebensjahr vollendet hat (§ 167 Abs. 3 FamFG). **142**

Schließlich kann der Minderjährige ab Vollendung des 14. Lebensjahres in allen seine Person betreffenden Angelegenheiten ohne Mitwirkung seines gesetzlichen Vertreters das **Beschwerderecht** ausüben (vgl. § 60 FamFG). Dieses Beschwerderecht sichert in Verbindung mit der in § 159 FamFG vorgesehenen Anhörung, dass das Kind sowohl im erstinstanzlichen Verfahren als auch im Rechtsmittelverfahren selbstständig auftreten und sich daran beteiligen kann.[140] **143**

▶ *Zum Beschwerderecht des Verfahrensbeistands siehe Teil 2/Bauer, Rn. 108, 343.*

Unbeschadet dessen ist dem Minderjährigen – ebenfalls ab Vollendung des 14. Lebensjahres (vgl. § 164 FamFG) – die gerichtliche Entscheidung (kindgerecht!) bekannt zu machen (vgl. auch § 63 Abs. 3 FamFG, wobei die Mitteilung der Entscheidungsgründe unterbleiben soll, wenn Nachteile für die Entwicklung, die Erziehung oder den Gesundheitszustand des Kindes zu befürchten sind (vgl. § 164 Satz 2 FamFG). Die Bekanntmachung der Entscheidung an den gesetzlichen Vertreter genügt damit nicht. Im Übrigen ist es **Aufgabe des Verfahrensbeistandes**, dem Kind die Entscheidung zu erklären und es ggf. auch über seine Beschwerderechte zu informieren (vgl. § 158 b Abs. 1 FamFG). **144**

2. Anhörung nach § 159 FamFG

Das Kind hat grundsätzlich ein Recht darauf, vor der gerichtlichen Entscheidung in Kindschaftssachen gehört zu werden (vgl. § 159 FamFG).[141] Für das Kind kann die Durchführung der Anhörung jedoch ambivalent sein: Einerseits könnte dem Kind die Tragweite des gerichtlichen Verfahrens besonders bewusst werden und diese Erkenntnis das Kind belasten.[142] Andererseits erhält das Kind aber Gelegenheit, die Person kennen zu lernen, die wichtige – seine Person betreffende – Entscheidungen zu treffen hat, sodass es eine Entlastung bedeuten kann, wenn es sich „in guten Händen" weiß. **145**

Vor allem hat es aber die Gelegenheit, seinem eigenen Willen unmittelbaren Nachdruck zu verleihen. Eine Vernehmung des Kindes als Zeuge findet in Kindschaftssachen nicht statt (vgl. § 163a FamFG). Es hat das Recht, aber nicht die Pflicht, sich zu äußern. Darüber sollte es der Verfahrensbeistand auch informieren. Einzelne Fragen kann es damit unbeantwortet lassen.

140 Vgl. Keidel/Engelhardt, § 159 FamFG Rn. 5.

141 Zur Kindesanhörung siehe insbesondere Carl/Clauß/Karle, Kindesanhörung im Familienrecht, München 2015; Heilmann, Praxiskommentar Kindschaftsrecht, 2. Aufl., § 159 FamFG; Schweppe/Bussian, ZKJ 2012, S. 13 ff.; Carl/Eschweiler, NJW 2005, 1681 ff.; Lempp et al., Köln 1987; Fehmel, in: Baumeister u.a., Familiengerichtsbarkeit, S. 1610 ff.; Zitelmann 2001, S. 172 ff.

142 Vgl. Lempp et al., S. 63 ff.

146 Schließlich dient die Anhörung der Verwirklichung des Anspruchs auf **Gewährung rechtlichen Gehörs** und der **Sachaufklärung**, da sie dem Richter ermöglicht, das Kind und seine Lebensverhältnisse kennenzulernen.[143] Es ist vor allem die Aufgabe des Gerichts und des Verfahrensbeistands, das Kind über Ablauf und Bedeutung der Anhörung zu informieren sowie zu einer Gestaltung der Kindesanhörung beizutragen, bei der diese überwiegenden Vorteile dem Kind auch sichtbar gemacht werden. Dabei sollte der Verfahrensbeistand dem Kind auch erklären, dass es das Recht hat, sich zu äußern oder dies nicht zu tun und die Inhalte unter anderem den Eltern mitgeteilt werden.

147 Mit Wirkung zum 1.7.2021 hat der Gesetzgeber die Regelung zur Kindesanhörung umfassend reformiert. Er bezweckt damit, die bestehende **Pflicht zur persönlichen Anhörung** noch stärker zu betonen und zu erweitern.[144] Eingeführt wurde eine grundsätzliche, altersunabhängige Pflicht zur persönlichen Kindesanhörung und Verschaffung eines unmittelbaren Eindrucks. In Kinderschutzverfahren sind die Anforderungen insoweit besonders streng.

Zugleich führt der Gesetzgeber den **Begriff des „Eindrucks“** wieder ein. Zwar spricht er nun nicht mehr – wie vor dem Inkrafttreten des FamFG im Jahre 2009 noch in § 50b FGG a.F. – von einem „unmittelbaren Eindruck“, sondern von einem „persönlichen Eindruck“. Gemeint ist aber auch hier wieder eine „Anschauung“ des Kindes und seines Verhaltens.[145]

a) Voraussetzungen

148 Nach § 159 Abs. 1 FamFG gilt der Grundsatz, dass das Gericht das Kind persönlich anzuhören und sich von ihm einen persönlichen Eindruck zu verschaffen hat. Hiervon kann es nach § 159 Abs. 2 FamFG nur **absehen, wenn**

- ein schwerwiegender Grund dafür vorliegt (hierzu Rn. 150),
- das Kind offensichtlich nicht in der Lage ist, seine Neigungen und seinen Willen kundzutun, außer es handelt sich um ein Kinderschutzverfahren (hierzu Rn. 149),
- die Neigungen, Bindungen und der Wille des Kindes für die Entscheidung nicht von Bedeutung sind und eine persönliche Anhörung auch nicht aus anderen Gründen angezeigt ist, außer es handelt sich um ein Kinderschutzverfahren (hierzu Rn. 149) oder
- es sich um ein Verfahren betreffend das Vermögen des Kindes handelt und eine persönliche Anhörung nicht angezeigt ist.

149 Damit hat das Kind insbesondere dann ein Recht darauf, gehört zu werden, wenn seine **Neigungen, Bindungen und sein Wille** für die Entscheidung von Bedeutung sind. Aber selbst, wenn dies nicht der Fall ist, darf das Gericht in Verfahren des Kin-

143 Vgl. Heilmann, S. 229 f. m.w.N.
144 BT-Drucks. 19/2307, S. 25f.
145 Vgl. zu § 50b FGG bereits Fehmel, in: Baumeister u.a., Familiengerichtsbarkeit, S. 1618 und so nun auch RegE, S. 67.

derschutzes von einer persönlichen Anhörung und der Verschaffung eines persönlichen Eindruck nicht absehen (§ 159 Abs. 2 Satz 2 FamFG).

Gleiches gilt im Übrigen auch dann, wenn das Kind offensichtlich nicht in der Lage ist, seine Neigungen und seinen Willen kundzutun. Nach Ansicht des Gesetzgebers trägt dies dem Gebot der umfassenden Amtsermittlung und der Subjektstellung des Kindes Rechnung. Durch den **persönlichen Eindruck** könnten sich für das Gericht etwa bei einem Säugling oder Kleinkind Anhaltspunkte für eine Verwahrlosung, Entwicklungsverzögerungen oder Verängstigung des Kindes ergeben und entsprechende Angaben im Verfahren besser beurteilt werden.[146]

Offensichtlich hat der Gesetzgeber hier schon den nach § 23b GVG qualifizierten Richter (vgl. oben Rn. 4) vor Auge. Regelmäßig werden entsprechende Mitteilungen schon im Bericht des Jugendamtes, der Stellungnahme des Verfahrensbeistandes und ggf. auch über einen Sachverständigen dem Gericht vermittelt worden sein. Es erscheint zweifelhaft, dass das Gericht auf Grund weitergehender Sachkunde hier einen zusätzlichen Erkenntnisgewinn haben wird.

Praxistipp

▶ *Es wird daher im Wesentlichen auch Aufgabe des bei der Verschaffung des Eindrucks anwesenden Verfahrensbeistandes sein, seine Erkenntnisse unbeschadet des vom Richter zu fertigenden Vermerks (siehe hierzu unten Rn. 57) ebenfalls in das Verfahren einzubringen.*

Das Gericht kann in allen Kindschaftssachen **aus schwerwiegenden Gründen von der Anhörung absehen** (vgl. § 159 Abs. 2 Nr. 1 FamFG). Schwerwiegende Gründe liegen etwa bei Gefahr im Verzug sowie dann vor, wenn das Kind durch die Anhörung psychisch geschädigt werden könnte oder in sonstiger Weise eine Beeinträchtigung seines Gesundheitszustandes zu besorgen ist.[147] Damit muss es sich um triftige, das Kindeswohl nachhaltig berührende Gründe handeln.[148] Dies ist dann der Fall, wenn die Anhörung des Kindes zu einer **erheblichen Beeinträchtigung** seiner körperlichen oder seelischen Gesundheit führen würde.[149] **150**

Nach Ansicht des BGH ist insoweit eine **Abwägung** zwischen den möglichen Belastungen des Kindes durch die Anhörung und den Vorteilen dieser Art der Sachaufklärung vorzunehmen und dabei auch einzubeziehen, inwieweit es möglich ist, durch die Auskunft anderer Beteiligter, wie etwa des Verfahrensbeistandes, „zu erfahren, ob der Umgang dem Wohl des Kindes entspricht".[150] Maßgeblich sind jedoch immer nur Be-

146 So RegE, S. 68.
147 Vgl. BGH NJW-RR 1986, 1130.
148 BayObLG FamRZ 1988, 871.
149 BGH FamRZ 2019, 115.
150 BGH, a.a.O., ähnlich die Formulierung im RegE, S. 67.

lastungen des Kindes, die durch die richterlicher Anhörung selbst hervorgerufen werden.[151]

- Ordnet das Gericht gleichwohl die Anhörung des Kindes an, dann ist diese Zwischenentscheidung nicht anfechtbar, sondern kann nur mit der Hauptsacheentscheidung überprüft werden. Werden aufgrund der Weigerung hingegen durch einen gerichtlichen Beschluss Zwangsmittel verhängt, kann eine Überprüfung dieses Beschlusses durch das OLG herbeigeführt werden.
- Sieht das Gericht von der persönlichen Anhörung oder der Verschaffung des persönlichen Eindrucks aus den genannten Erwägungen ab, ist dies in der das Verfahren abschließenden Entscheidung zu begründen (§ 158 Abs. 3 Satz 1 FamFG). In den Fällen der Gefahr im Verzug ist sie unverzüglich nachzuholen (§ 158 Abs. 3 Satz 2 FamFG).

151 Unterbleibt die Anhörung, obwohl sie geboten ist, stellt dies einen **schwerwiegenden Verfahrensfehler** dar. Dieser kann nur mit dem Rechtsmittel gegen die Endentscheidung geltend gemacht werden. Die Anhörung ist dann im Beschwerdeverfahren nachzuholen. Eine Zurückverweisung kommt in der Regel nicht in Betracht.

152 Unabhängig davon ist das Kind auch im Beschwerdeverfahren grundsätzlich (ggf. nochmals) anzuhören. Etwas anderes gilt außerhalb der Fälle des § 68 Abs. 5 FamFG (hierzu oben Rn. 124), wenn die Anhörung des Kindes in der gebotenen Weise im ersten Rechtszug vorgenommen wurde und von einer erneuten Vornahme keine zusätzlichen Erkenntnisse zu erwarten sind (vgl. § 68 Abs. 3 Satz 2 FamFG). Dies kann der Fall sein, wenn weder neue entscheidungserhebliche Tatsachen vorgetragen noch eine Änderung des rechtlichen Gesichtspunkts eingetreten sind und auch der Zeitablauf oder sonstige Gründe die nochmalige Anhörung nicht geboten erscheinen lassen.[152]

Jedenfalls sollte das Kind in der Rechtsmittelinstanz in der Regel nur **durch den Berichterstatter** als beauftragten Richter oder Einzelrichter angehört werden, denn es könnte überfordert werden, wenn es mit mehreren Richtern in Kommunikation treten soll.[153] Dies sollte der Verfahrensbeistand erforderlichenfalls unter Hinweis auf § 68 Abs. 4 Satz 2 FamFG dringend anregen. Die Anhörung kann dann bei der Entscheidung des Senats in ihrem objektiven Ertrag und als persönlicher Eindruck des beauftragten Richters verwertet werden.[154]

b) Gestaltung

153 Im Hinblick auf die äußeren Umstände und die Gestaltung der Anhörung ist das Gericht **frei** (vgl. § 159 Abs. 4 Satz 4 FamFG). „Anhörung" ist im vorliegenden Zusammenhang der notwendige persönliche Kontakt des zuständigen Richters mit dem

151 So zutreffend Köhler, FamRZ 2019, 118 f.
152 Vgl. BayObLG FamRZ 1985, 522; OLG Koblenz FamRZ 2001, 515.
153 Vgl. Fehmel, in: Baumeister u.a., Familiengerichtsbarkeit, S. 1623; Eschweiler/Carl, NJW 2005, 1681 ff. Siehe auch BGH FamRZ 1985, 169 (172).
154 Vgl. BGH ZKJ 2010, 327 ff.

Kind. Zugleich ist dem Kind Gelegenheit zur Äußerung zu geben (§ 159 Abs. 4 Satz 2 FamFG).

Welche der vorhandenen verfahrensmäßigen Möglichkeiten der Richter für diese äußerst schwierige Aufgabe wählt, ob er das Kind einmal oder mehrmals, Geschwister einzeln oder zusammen, im Gericht oder in der vertrauten familiären Umgebung, in An- oder Abwesenheit der Eltern und deren Verfahrensbevollmächtigten persönlich anhört und ob er einen Psychologen als Sachverständigen hinzuzieht, muss ihm überlassen bleiben.[155]

Unabhängig davon kann ein Beteiligter, insbesondere der Verfahrensbeistand, durch **schriftliche oder mündliche Anregungen** an das Gericht versuchen, auf die nähere Ausgestaltung der Anhörung, insbesondere im Hinblick auf die Beteiligung weiterer Personen, den Ort der Anhörung sowie deren inhaltliche Gestaltung, durch begründete Anregungen an das Gericht Einfluss zu nehmen.[156]

1. Anwesenheit von anderen Verfahrensbeteiligten 154

In der Regel ist die Anhörung **in Abwesenheit der Eltern**[157] und ihrer Verfahrensbevollmächtigten vorzunehmen. Durch die Abwesenheit der Eltern wird der häufig durch die Auseinandersetzung zwischen den Eltern besonders angespannten seelischen Verfassung des Kindes Rechnung getragen.[158] Auch würde die Unbefangenheit des Kindes in der Regel bei Anwesenheit der (streitenden) Eltern und ihrer Anwälte leiden.[159] Die bloße Anwesenheit der Eltern könnte das Kind daher psychisch beeinflussen und damit den vom Kind in der Anhörung geäußerten Willen in Frage stellen.

Hingegen ist die **Anwesenheit des Verfahrensbeistands grundsätzlich geboten** (vgl. § 159 Abs. 4 Satz 3 FamFG).[160] Bei seiner Abwesenheit wäre regelmäßig die Wahrnehmung der Kindesinteressen durch den Verfahrensbeistand, insbesondere wenn das Kind noch jung ist, nicht mehr gewährleistet.[161] Es könnte zudem die Chance ungenutzt bleiben, sich seitens des Gerichts der Hilfe des Verfahrensbeistands zu bedienen, wenn es darum geht, das vom Kind zum Ausdruck Gebrachte zu verstehen, auf dieser Grundlage präzisere Fragen an das Kind zu richten und so den Erkenntnisgewinn zu steigern.[162] Schließlich kann die Begleitung durch den Verfahrensbeistand dazu beitragen, „Unbehagen, Selbstzweifel oder auch Schuldgefühle (‚Habe ich was Falsches gesagt?') des Kindes zu vermindern".[163] Es sollte daher selbstverständlich sein, dass der Verfahrensbeistand das Kind vor dem Termin zur Kindesanhörung bereits persönlich kennengelernt hat.

---

155 Vgl. BVerfGE 55, 171 (182).
156 Vgl. Zitelmann 2001, S. 195.
157 Vgl. BVerfG, Beschl. v. 5.6.2019, 1 BvR 675, 19, BGH NJW 1987, 1024; vgl. auch Fehmel, in: Baumeister u.a., Familiengerichtsbarkeit, S. 1618 f.
158 Vgl. BVerfGE 55, 171 (182).
159 Vgl. Fehmel, in: Baumeister u.a., Familiengerichtsbarkeit, S. 1619.
160 Siehe auch BGH ZKJ 2010, 327 ff.
161 OLG Bremen FamRZ 2000, 1298.
162 Vgl. Hohmann-Dennhardt, ZfJ 2001, 77 ff.
163 Zitelmann 2001, S. 200.

Die **Anwesenheit des Verfahrensbeistands** bei der Kindesanhörung ist jedoch dann **nicht opportun**, wenn das Kind ansonsten seine Wünsche nicht mehr „ungefiltert" ausdrücken kann[164] oder es die alleinige Anhörung wünscht. Nur so bleibt dem Kind die Möglichkeit eröffnet, dem Richter persönliche Mitteilungen zu machen und sich insbesondere auch kritisch zu seiner Interessenvertretung bzw. deren Stellungnahmen zu äußern.[165] Da das Gericht dem Verfahrensbeistand die Anwesenheit gestatten „soll", kann es vor dem Hintergrund dieser Erwägungen **ausnahmsweise** auch gerechtfertigt sein, das Kind ohne Beisein des Verfahrensbeistands anzuhören. Dies gilt insbesondere, wenn konkrete Gründe dafür sprechen, dass die Sachaufklärung durch die Anwesenheit des Verfahrensbeistands beeinträchtigt wird.[166] Jedenfalls kann der Verfahrensbeistand nach eigenem pflichtgemäßem Ermessen in eng zu begrenzenden Ausnahmefällen auch davon absehen, bei der Kindesanhörung anwesend zu sein.[167] Dann sollte der Verfahrensbeistand aber in einer Stellungnahme aber die Gründe hierfür erläutern.

Nur von Fall zu Fall entscheiden lässt sich, ob das Gericht das Kind alleine oder mit seinen **Geschwistern** anhört. Meistens können die Vorteile einer Geschwisteranhörung einerseits und der Einzelanhörung andererseits dann am besten genutzt werden, wenn die Geschwister zunächst zusammen angehört werden und anschließend den Kindern Gelegenheit gegeben wird, ihre unterschiedlichen Perspektiven auch einzeln deutlich werden zu lassen.[168]

155 **2. Ort der Anhörung**

Neben der Frage, welche Personen bei der Anhörung des Kindes anwesend sind, ist die Entscheidung über den Anhörungsort von Bedeutung. Auch in dieser schwierigen Frage entscheidet das Gericht **nach pflichtgemäßem Ermessen**.

So kann es geboten sein, das Kind in der vertrauten Umgebung (z.B. im Elternhaus, am Wohnsitz der Pflegefamilie oder im Heim) – und nicht im Gericht – anzuhören, wenn dies die Belastungen für das Kind mindert.[169] Jedoch ist eine Anhörung im Gericht in den Fällen angezeigt, in denen das Kind sich in seiner gewohnten Umgebung durch den ihm fremden Menschen bedroht und verunsichert fühlt.[170] Aus diesem Grund wird bei jüngeren Kindern die Anhörung in einem geeigneten Kinderspielzimmer im Gericht häufig der häuslichen Anhörung vorzuziehen sein.[171]

156 **3. Vorgehensweise des Gerichts**

Für die Gestaltung der Anhörung sieht das Gesetz in § 159 Abs. 4 Satz 1 und 2 FamFG vor, dass das Gericht das Kind grundsätzlich in geeigneter Weise über den

164 Vgl. Hohmann-Dennhardt, ZfJ 2001, 77 ff.
165 Vgl. Zitelmann 2001, S. 199.
166 Vgl. BGH, Beschl. v. 28.4.2010, XII ZB 81/09, ZKJ 2010, 327.
167 Vgl. BVerfG FamRZ 2020, 1579.
168 Vgl. Lempp et al., S. 107.
169 Vgl. Zitelmann 2001, S. 195.
170 Vgl. Lempp et al., S. 197.
171 Vgl. Fehmel, in: Baumeister u.a., Familiengerichtsbarkeit, S. 1620.

Gegenstand, Ablauf und den möglichen Ausgang des Verfahrens unterrichtet und ihm Gelegenheit zur Äußerung gegeben wird.[172] Der konkrete **Inhalt** sowie der **Umfang der Unterrichtung** hängen auch davon ab, ob und inwieweit hierdurch Nachteile für das Kindeswohl, insbesondere unter Berücksichtigung der Entwicklung, der Erziehung oder der Gesundheit des Kindes, zu befürchten sind (vgl. § 159 Abs. 4 Satz 1 Hs. 2 FamFG). Dies hat der Richter nach pflichtgemäßem Ermessen zu prüfen und entsprechend vorzugehen.

Die Beteiligten, insbesondere der Verfahrensbeistand, können insoweit vor dem Anhörungstermin **Hinweise und Anregungen** geben. Unbeschadet dessen muss die Anhörung jederzeit **kindgerecht** durchgeführt und dabei auch den jeweiligen Eigenheiten des Kindes sowie seinem persönlichen einzelfallbezogenen Hintergrund Rechnung getragen werden.[173]

Die „Technik" der Anhörung richtet sich dabei in erster Linie nach dem **Alter des Kindes** und seinem **Entwicklungsstand**.[174] Letztlich hängen jedoch

> „das Ergebnis und der Erfolg einer persönlichen Anhörung des Kindes durch das Gericht (...) entscheidend davon ab, in welchem Maße der Richter die Fähigkeit zur Einfühlung in die besondere psychologische Situation des Kindes besitzt und ob es ihm gelingt, mit dem Kind ins Gespräch zu kommen".[175]

Geboten ist dabei eine nicht bedrängende und **einfühlsame Gesprächsführung**, insbesondere wenn die Beziehungen zu den anderen Verfahrensbeteiligten abgeklärt werden bzw. kritische Themen zur Sprache kommen, sowie eine Akzeptanz gegenüber dem grundsätzlichen Unvermögen des Kindes, sich zu entscheiden oder seine Wünsche zu äußern.[176] Dabei muss sich der Richter auch stets der besonderen Belastungssituation bewusst sein, in der sich das Kind befindet.[177]

Hinweis

! *Die Gesprächsführung obliegt dem Richter und nicht dem in der Regel anwesenden Verfahrensbeistand. Der Richter kann nach seinem Ermessen und unter Berücksichtigung der konkreten Situation im Einzelfall entscheiden, ob er Fragen des Verfahrensbeistands zulässt. Eine eigenständige Intervention des Verfahrensbeistands in die Gesprächsführung des Richters mit dem Kind sollte in der Regel unterbleiben.*

172 Hierzu auch Lempp et al., S. 107, Fehmel, in: Baumeister u.a., Familiengerichtsbarkeit, S. 1616 f.
173 Vgl. Fehmel, in: Baumeister u.a., Familiengerichtsbarkeit, S. 1616 f.
174 Vgl. Fehmel, in: Baumeister u.a., Familiengerichtsbarkeit, S. 1616.
175 Vgl. BVerfGE 55, 171, 182 f.
176 Vgl. Zitelmann 2001, S. 193.
177 Hierzu Lempp et al., S. 63 ff.

157 **4. Vermerk**

Für den Vermerk zur Anhörung, die in der Regel nicht in Anwesenheit des Kindes erfolgen sollte,[178] gilt das oben Gesagte (vgl. oben Rn. 56 f.). Wichtig ist insoweit, dass nicht nur die verbalen Äußerungen des Kindes vermerkt werden, denn auch

- die Körperhaltung,
- der Gesichtsausdruck,
- Gestik und
- Sprechweise

des Kindes können für die Entscheidungsfindung von großer Bedeutung sein.[179] Da der Gesetzgeber den **persönlichen Eindruck** als maßgebliche Erkenntnisquelle richterlicher Entscheidungsfindung ansieht (siehe oben Rn. 152), ist auch dieser in den Vermerk aufzunehmen.

Sollte der Verfahrensbeistand nach Erhalt des Vermerks diesen als maßgeblich **unvollständig** erachten, sollte er die entsprechenden Aspekte in einer ergänzenden Stellungnahme zur Akte reichen. Eine Videoaufzeichnung der Kindesanhörung ist jedenfalls unzulässig.[180]

Ergänzend ist zu beachten, dass im **Ausnahmefall** von einer Protokollierung der Aussagen des Kindes abgesehen werden kann, wenn dies aus erheblichen Gründen des Kindeswohls gerechtfertigt ist. Dies kann beispielsweise dann angezeigt sein, wenn das Kind ausdrücklich darum gebeten hat, seine Äußerungen den anderen Verfahrensbeteiligten nicht unmittelbar zur Kenntnis zu bringen und es ohne eine entsprechende Zusicherung nicht Stellung beziehen will. Um in dieser Situation jedoch dem Anspruch der anderen Verfahrensbeteiligten auf Gewährung rechtlichen Gehörs (Art. 103 Abs. 1 GG) gerecht zu werden, darf das Gericht diese Aussagen jedenfalls nur dann zur Grundlage seiner Entscheidung machen, wenn es die Angaben des Kindes durch seine **eigene Sachverhaltsaufklärung** nachgeprüft und den anderen Verfahrensbeteiligten – z.B. den Eltern – auf diesem Wege zugänglich gemacht hat.[181]

3. Kindeswohlzentrierung des Verfahrens

158 Jedes von einem kindschaftsrechtlichen Verfahren betroffene Kind hat schließlich einen Anspruch darauf, dass nicht nur die Endentscheidung inhaltlich dem Prinzip des Kindeswohls gerecht wird (vgl. § 1697a BGB), sondern auch das gerichtliche Verfahren selbst. Dies ergibt sich nicht nur daraus, dass das Kind **Träger des allgemeinen Persönlichkeitsrechts** (Art. 2 Abs. 1 i.V.m. Art. 1 Abs. 1 GG) ist[182] und Eingriffe in dieses Grundrecht dem Grundsatz der Verhältnismäßigkeit Rechnung tragen müssen. Es kommt vielmehr noch hinzu, dass die meisten kindschaftsrechtlichen Verfahren

178 Vgl. Fehmel, in: Baumeister u.a., Familiengerichtsbarkeit, S. 1616.
179 Vgl. Lempp et al., S. 108.
180 BVerfG, Beschl. v. 6.3.2019, 1 BvR 675/19.
181 Ähnlich Maurer, in: Schwab, S. 204 f.
182 Vgl. BVerfGE 24, 119 (144).

ihre Legitimation dadurch erhalten, dass sie in Ausübung des staatlichen Wächteramtes (Art. 6 Abs. 2 Satz 2 GG) gerade zum Wohle des Kindes durchgeführt werden.

Damit wäre es nicht zu vereinbaren, würde die Durchführung des gerichtlichen Verfahrens an sich bereits den Belangen des Kindes zuwiderlaufen. Vielmehr muss der Staat das gerichtliche Verfahren so gestalten, dass eine hinreichende Berücksichtigung der grundrechtlichen Stellung des betroffenen Kindes garantiert ist.[183] Das Kindeswohl muss daher die beherrschende Richtlinie für die gesamte Verfahrensgestaltung sein.[184] Unnötige Belastungen des Kindes sind zu vermeiden.

Folgerungen ergeben sich hieraus nicht nur für die zeitliche Gestaltung des Verfahrens (vgl. oben Rn. 12 ff.). Auch im Übrigen muss das Verfahren zu jedem Zeitpunkt **159**
kindgerecht sein. Die gebotene **Kindeswohlzentrierung** des gerichtlichen Verfahrens muss sich daher darin äußern,

- dass der Verfahrensbeistand in den einschlägigen Verfahren möglichst frühzeitig bestellt wird.
- Sie setzt sich fort in dem Gebot der kindgerechten Gestaltung der Anhörung nach § 159 FamFG (vgl. oben Rn. 153 ff.),
- ist Richtlinie bei den Entscheidungen des Gerichts über Art und Umfang seiner Ermittlungstätigkeit (vgl. oben Rn. 8 ff.) und
- schließlich für die Art und Weise der Bekanntmachung von Beschlüssen (Rn. 144).

Sämtliche Verfahrensschritte sollte der **Verfahrensbeistand** dem Kind erklären und das Kind zum Verfahren begleiten. Gerichtsentscheidungen hat der Verfahrensbeistand dem Kind zu erklären und deren Konsequenzen sowie mögliche Beschwerderechte mit ihm zu besprechen (vgl. § 158b Abs. 1 Satz 3, 4 FamFG).

Jegliche Tätigkeit, die vom Gericht, dem Verfahrensbeistand und den sonstigen Verfahrensbeteiligten entfaltet wird, muss daher insoweit nach dem **Grundsatz des geringstmöglichen Eingriffs** erfolgen.

183 Vgl. BVerfGE 24, 119 (144).
184 Vgl. nur Staudinger/Coester (2016), § 1666 BGB Rn. 258 m.w.N.

XI. Übersicht: Ablauf des Hauptsacheverfahrens in Kindschaftssachen

160 *Schaubild: Hauptsacheverfahren in Kindschaftssachen*

Evtl. Rechtsbeschwerde zum BGH (vgl. §§ 70 ff. FamFG) bzw.
Verfassungsbeschwerde zum BVerfG (vgl. Art. 94 Abs. 1 Ziff. 4a GG)

↑

Beschluss des OLG (§ 69 FamFG)

↑

Beschwerdeverfahren (§ 68 FamFG)

↑

Rechtsmittel: Beschwerde (§§ 58 ff. FamFG)

↑

Endentscheidung des Familiengerichts (vgl. §§ 38 ff. FamFG)

↑

Beweiserhebung (§§ 29, 30 FamFG)?
(Amtsermittlungsgrundsatz, § 26 FamFG)

- Sachverständigengutachten (§ 163 FamFG)
- Vernehmung von Zeugen etc.
  (Beachte: § 51 Abs. 3 Satz 2 FamFG)

↑

Anhörungen (soweit noch nicht erfolgt)

- des Kindes (§ 159 FamFG); grds. in Anwesenheit des Verfahrensbeistands
- der Eltern (§ 160 FamFG) und der Pflegeperson (§ 161 FamFG)
- des Jugendamtes (§ 162 FamFG)
  (Beachte: § 51 Abs. 3 Satz 2 FamFG)

↑

Früher Termin (§ 155 Abs. 2 FamFG) bzw.
Erörterungstermin (§ 157 FamFG)

- Einvernehmen? (§ 157 FamFG)
- Anhörung der Beteiligten (§§ 159 ff. FamFG)?
- Erlass einer einstweiligen Anordnung? (§§ 156 Abs. 3, 157 Abs. 3 FamFG)
  (Beachte: § 51 Abs. 3 Satz 2 FamFG)

↑

Bestellung eines Verfahrensbeistands? (vgl. § 158 Abs. 1 Satz 2 FamFG)

↑

Zuständigkeit?

- sachlich (vgl. § 23b GVG) und örtlich (vgl. § 152 FamFG)
- Funktionell (vgl. § 3 Ziff. 2a, 14 RPflG)

↑

Antrag bzw. Anregung (vgl. §§ 23, 24 FamFG)

XII. Übersicht: Ablauf des Eilverfahrens in Kindschaftssachen

Schaubild: Eilverfahren in Kindschaftssachen **161**

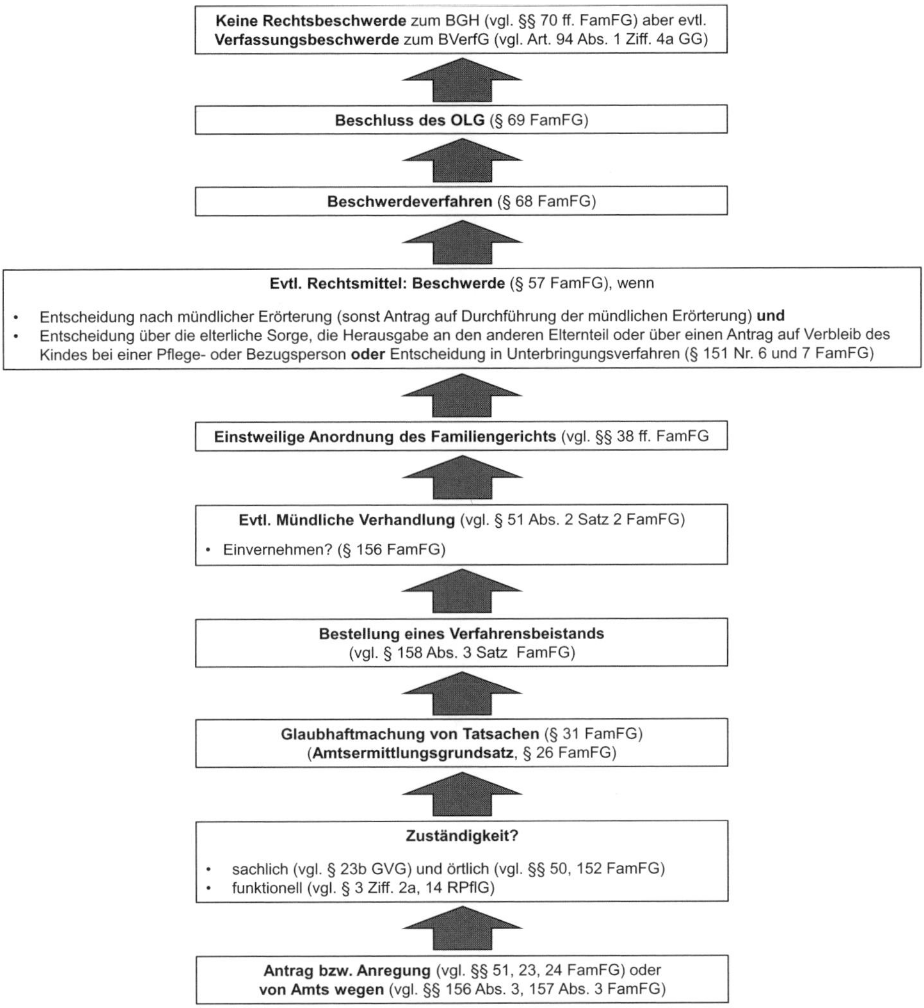

B Kinder in Gerichtsverfahren

Übersicht Rn.

Die Frage, wie Kinder und Jugendliche das zivilrechtliche Kindesschutzverfahren erleben, was ihnen hilft oder sie belastet und was aus ihrer Sicht wichtig ist, ist erst ansatzweise erforscht.[1] Ergänzt werden diese Studien in Bezug auf die Kindesvertretung inzwischen durch eine Untersuchung von *Stötzel*, die betroffene Minderjährige zu ihren Sichtweisen und ihrem Erleben befragte (2004; ausführlich auch Teil 1/*Stötzel*, Rn. 116 ff.). Überregionale Studien speziell zur Praxis von Verfahrensbeiständen im Hinblick auf das Erleben von Kindern finden sich seit Inkrafttreten des FamFG nicht.[2] Das Bundesministerium der Justiz und für Verbraucherschutz (BMJV) veröffentlichte im Jahr 2018 seinen Abschlussbericht zum Forschungsvorhaben „Die Evaluierung der FGG-Reform". Die **Rolle von Verfahrensbeiständen** als Vertreter der Interessen von Minderjährigen wurde hier gesondert untersucht.[3] Eine Evaluierung aus **Sicht der betroffenen Kinder** war hiermit aber nicht verbunden. Längst überfällig ist eine solche Evaluierung insbesondere im Hinblick auf die Wirkungen der Verfahrensbeistandschaft unter der geänderten Gesetzeslage. **162**

Grundsätzlich kommt es bei der Auseinandersetzung des Kindes oder Jugendlichen mit seiner Situation und dem möglichen Verfahrensausgang auf **163**

- den individuellen Entwicklungsstand,
- die individuelle Persönlichkeit und Lebensgeschichte,
- Konfliktlagen und Bewältigungsmöglichkeiten des Kindes

an.

Selbstverständlich ist auch die aktuelle Lebenssituation des Kindes, insbesondere bei Trennung von der Herkunftsfamilie, von immenser Bedeutung. Nicht zuletzt spielt die biographische Tragweite der in Frage stehenden gerichtlichen Beschlüsse eine wesentliche Rolle, da die Entscheidung über eine Umgangsregelung eine ganz andere Dimension hat als eine in Frage stehende Unterbringung oder Rückführung des Kindes.

1 Vgl. hierzu Lempp u.a. 1987, S. 49–85; Münder u.a. 2000, S. 310 ff.; Münder u.a. 2007; 2017.
2 Siehe auch Münder u.a. 2017, S. 81 f.
3 Abschlussbericht, S. 79, 97 ff.

I. Heimunterbringung während des Verfahrens

164 In den in § 158 Abs. 2 und Abs. 3 FamFG genannten Konstellationen geht es vielfach um die Trennung des Kindes von den Eltern und/oder vom sozialen Umfeld, d.h. auch von Freunden, dem Kindergarten, der Schulklasse. Es geht also um eine Frage, die weit jenseits des „normalen" Erwartungs- und Entscheidungshorizontes eines Kindes liegt und entwicklungspsychologisch und soziokulturell betrachtet nicht in die Kindheit, sondern in die Verselbstständigungsphase der späten Adoleszenz fällt und selbst dann noch als enorme Entwicklungsaufgabe gilt.

Nur eine Minderheit jener Kinder und Jugendlichen, die aus der Familie genommen und in einem Heim oder einer sonstigen betreuten Wohnform untergebracht werden, erhält überhaupt einen Verfahrensbeistand, denn nur in vier von fünf Fällen wird das Familiengericht bei Herausnahme des Kindes einbezogen und ein Verfahren nach §§ 1666, 1666a BGB eröffnet. Mehrheitlich erfolgt die **Entscheidung** über die weitere Zukunft des Kindes nach monate-, nicht selten jahrelangen gescheiterten ambulanten Bemühungen oder auch vorausgegangenen Trennungen **ausschließlich im Rahmen der Hilfeplanung** des Jugendamtes,[4] für die die Bestellung eines Verfahrensbeistandes nicht vorgesehen ist (siehe hierzu Teil 2/*Bauer*, Rn. 43).

165 Nach dem Abschlussbericht des BMJV zum Forschungsvorhaben „Die Evaluierung der FGG-Reform" haben mehr als 80 % der befragten Richter, Anwälte, Verfahrensbeistände und Jugendamtsmitarbeiter bestätigt, dass das mit § 155 Abs 1 FamFG implementierte **Vorrang- und Beschleunigungsgebot** (siehe Teil 4/*Heilmann*, Rn. 11 ff.) zu einer Beschleunigung von Kindschaftssachen beigetragen habe.[5]

Positiv bewertet wird die Auswirkung des frühen Termins auf das Konfliktverhalten der Beteiligten. So stimmen die Befragten am häufigsten der Aussage zu, dass **der frühe Erörterungstermin** deeskalierend auf das Konfliktverhalten der Verfahrensbeteiligten wirkt. Fast zwei Drittel der Befragten sind dieser Ansicht, wobei der Großteil „eher" zustimmt. Sechs von zehn Befragten sehen eine konfliktlösende Wirkung des frühen Termins. Immerhin noch rund die Hälfte der Befragten attestiert dem Termin zudem einen konfliktvorbeugenden Effekt.[6]

Ob das Vorrang- und Beschleunigungsgebot fremdplatzierten Kindern und Jugendlichen die erhoffte Erleichterung bringt, wird in dem Abschlussbericht aber nicht weiter thematisiert. Die **Dauer des gerichtlichen Verfahrens**, das dem kindlichen Bedürfnis nach stabilen, gesicherten Beziehungen und Verhältnissen und einer geschützten Aufarbeitung seelischer Verletzungen diametral entgegensteht, ist ein in der Fachliteratur[7] (vgl. auch Teil 4/*Heilmann*, Rn 12) jedenfalls mit Recht immer wieder hervorgehobener Faktor. Tatsächlich bleiben Kinder und Jugendliche oft über viele Monate in Übergangseinrichtungen in einem Zustand der Ungewissheit und Vorläufigkeit sowie unverbindlicher Beziehungen (Schichtdienst, Fluktuation in der

4 Zitelmann, 2009, S. 85 ff.
5 BMJV, Abschlussbericht FamFG, 2018, S. 259.
6 BMJV, Abschlussbericht FamFG, 2018, S. 268.
7 Vgl. nur Heilmann 1998, S. 30 ff., 264 ff.

Gruppe). Bei der Bereitschaftspflege besteht die Möglichkeit, dass sich gerade im Kleinkind- und Vorschulalter sehr rasch neue Bindungen an die Pflegeeltern entwickeln, deren erneuter Abbruch eine erneute seelische Schädigung des Kindes wahrscheinlich macht.[8]

▶ *Zur Dauer von Inhobutnahmen Teil 4/Kepert, Rn. 370, 394, 397, 403 ff.*

Der Aufenthalt eines Kindes in einer **Übergangseinrichtung** kann genutzt werden **166** und zum erklärten **Ziel** haben, dem Kind bei der seelischen Loslösung von seiner Herkunftsfamilie zu helfen und die nötige Unterstützung anzubieten, damit sich das Kind trotz gewaltförmiger, ängstigender Erfahrungen mit den Bindungspersonen überhaupt auf die Integration in einer neuen Familie einzulassen vermag.[9] Dies setzt eine entsprechende Festlegung der dauerhaften Perspektive nach §§ 37 Abs. 1 Satz 2 und 3, 37c Abs. 2 Satz 2 SGB VIII und wo irgend möglich auch entsprechend eindeutige Signale des Familiengerichtes voraus, dass nur ein dauerhafter Entzug des Aufenthaltsbestimmungsrechtes (neben allen anderen offenen Fragen) in Betracht kommt.

Spezielle **Konzepte zur individuellen Anbahnung von Pflegeverhältnissen** sind – trotz Betreuung sehr vieler junger Kinder in Einrichtungen der Inobhutnahme – aber selten. In jeder zweiten Einrichtung, die jüngere Kinder betreut, arbeitet nicht einmal eine einzige Fachkraft, die über Fortbildungen oder Erfahrungen im Pflegekinderbereich verfügt.[10]

In Einrichtungen, die Plätze zur „Inobhutnahme" und „vorläufigen Unterbringung" bie- **167** ten, fehlen oft die erforderliche Personalausstattung und Spezialisierung, um jedes einzelne Kind individuell begleiten, entlasten und ggf. beim Abschied von der Familie unterstützen und neue Perspektiven anbahnen zu können. Durchschnittlich betreuen hier maximal zwei Fachkräfte im Gruppendienst etwa sieben bis acht verhaltensschwierige Kinder bzw. Jugendliche während der Trennung von ihren Familien. Allzu oft wird die Chance vertan, während des gerichtlichen Verfahrens diese Einrichtung systematisch einzubeziehen.

Hinweis

! *Gespräche von Richtern wie auch von Verfahrensbeiständen und Sachverständigen mit den unmittelbaren Betreuungspersonen des Kindes müssen zum Standard werden, sie zu unterlassen ist in der Regel ein schwerer fachlicher Fehler.*

Aus einer repräsentativen Befragung von **Inobhutnahmeeinrichtungen** ging klar hervor, dass diese in vielen Fällen über wichtige und teils auch neue Erkenntnisse zur Einschätzung von Kindeswohlgefährdungen verfügen. Doch mehrheitlich werden diese Heime „selten" oder „nie" vom Familiengericht um **Mitwirkung im Rahmen der Amtsermittlung** gebeten. Auch die Interessenvertreter des Kindes und Sachverstän-

8 Zitelmann, 2018; auch krit. Marquardt/Wilhelm in Heilmann/Lack, Die Rechte des Kindes, FS für Ludwig Salgo, 2016, S. 211 ff.
9 Vgl. Westermann, 2018.
10 Zitelmann, 2009, S. 96; Janning, 2018.

dige sowie Ergänzungspfleger und Vormünder bemühen sich während des Verfahrens in der Mehrheit nicht um direkte Auskünfte und Berichte der Einrichtungen. So bleibt es derzeit dem örtlichen Jugendamt überlassen, ob und wie es dem Familiengericht Mitteilungen der Einrichtung aus „zweiter Hand" übermittelt.[11]

Praxistipp

Soweit Verfahrensbestände bereits bestellt sind, sollten sie beim Familiengericht anregen, wichtige Informationen in diesen Einrichtungen bzw. von der Bereitschaftspflege einzuholen.

Dabei können in der Bereitschaftspflege oder einem Notaufnahmeheim insbesondere Anzeichen seelischer und körperlicher Verletzungen systematisch erkannt und abgeklärt werden. Viele für das behördliche bzw. familiengerichtliche Kindesschutzverfahren bedeutsame Hinweise sind meist nicht oder nur schwer zugängig, solange ein Kind bei misshandelnden Eltern lebt und werden erst während der vorläufigen Unterbringung erkennbar.

168 Genaue Beobachtung, geschulte Wahrnehmung und Fachwissen über traumatypische Hinweise während der vorläufigen Unterbringung sind also unverzichtbar. So muss die Bitte um **schriftliche Dokumentation** aller Hinweise auf eine Kindeswohlgefährdung nicht nur durch Vereinbarungen der Jugendämter sichergestellt, sondern auch **fachlicher Standard des familiengerichtlichen Kinderschutzverfahrens** werden.[12]

Manche Kinder und Jugendliche berichten nach ihrer Trennung von den Eltern spontan von beängstigenden Erfahrungen und Frustrationen in der Herkunftsfamilie, haben quälende Erinnerungen, Albträume oder Flash-Backs. Teils brauchen sie Unterstützung im Umgang mit Geheimhaltung, Schweigegeboten, Versprechen oder Drohungen durch Täter:innen. Pflegeeltern müssen auf solche Situationen vorbereitet und durch Schulungen in die Lage versetzt werden, einfühlsam, aber non-suggestiv mit den Kindern zu kommunizieren und dies fachgerecht zu dokumentieren, damit solche Informationen auch in die behördlichen und familiengerichtlichen Akten kommen.

169 Auch das **Verhalten** der Kinder **während der vorläufigen Heimunterbringung** oder Bereitschaftspflege kann ernst zu nehmende Hinweise auf traumatische Erfahrungen geben. Mögliche Anzeichen sind Regulationsstörungen bei Säuglingen und signifikante Rückstände der sprachlichen, kognitiven und körperlichen Entwicklung. Auch Apathie, schreckhafte Wachsamkeit („*frozen watchfullness*") und das für Misshandlung typische desorganisierte Bindungsverhalten sind mögliche Folge von Deprivation bzw. interpersoneller Gewalt. In der Regel begegnen misshandelte Kinder ihrem (für sie unberechenbaren) sozialen Umfeld mit freundlicher, angstmotivierter Überanpassung. Dies schließt aggressive Impulsdurchbrüche nicht aus, ebenso

11 Zitelmann, 2010.
12 Zitelmann, 2011, 2016.

stark kontrollierende Verhaltensweisen und dissoziative Reaktionen bei Stress und auditiven, visuellen und olfaktorischen Triggern.

Traumatisches Spiel kann von geschulten Personen im Alltag der Bereitschaftspflege gut beobachtet werden. Gleiches gilt für die Re-Inszenierung von Gewalterfahrungen, in die andere Kinder sowie die Betreuungspersonen einbezogen sein können.[13] Das beobachtbare Verhalten bei Kontakten mit Eltern oder auch ein diesbezüglicher Wunsch der Kinder und Jugendlichen könnte aufgrund „instinktiver Täuschung"[14] erfolgen, können doch traumatisierte Kinder krankhaft an traumasetzende Eltern gebunden sein.

Der **körperliche Zustand des Kindes** sollte zu Beginn der Bereitschaftspflege pädiatrisch und ggf. rechtsmedizinisch untersucht werden, um frühzeitig Krankheiten zu behandeln und um zweifelsfrei die zeitliche Einordnung von Misshandlungen zu leisten. Auch dieser Befund sollte vom Familiengericht erfragt werden. Vernachlässigungsfolgen können z.B. Mangel- und Fehlernährung, wunde und offene Hautregionen, Schädlingsbefall, verfaulte Zähne, unbehandelte Krankheiten sowie psychosozialer Minderwuchs sein. Drogen- und Alkoholkonsum der Eltern können vorgeburtliche Schädigungen (FAS) und entzugsbedingtes Verhalten Neugeborener bewirken. Ebenso ist mit der Verabreichung von Drogen und anderen Substanzen an das Kind zu rechnen. Körperliche Misshandlungen oder sexueller Missbrauch können Hämatome, Wunden und Narben an für Unfälle nicht typischen Stellen und geschlechtlich übertragene Krankheiten (Aids, Hepatitis-B), aber auch Hirnschäden (Schütteltrauma) verursacht haben.

Es fehlen Fachbeiträge zur Mitwirkung von Bereitschaftspflegestellen und Inobhutnahmestellen an der **Risikoeinschätzung und Hilfeplanung der Jugendämter** sowie zur Mitwirkung im zivilrechtlichen Kindesschutzverfahren. SGB VIII und FamFG regeln die Einbeziehung von Kind und Eltern in die Gefährdungseinschätzung. Personen, die das Kind aber während der Schutzmaßnahme über Monate betreuen, kommen nicht vor. **170**

Die Einbeziehung der Betreuungspersonen des Kindes bei der Hilfeplanung wird vom Jugendamt „nur in 36,1 % der Fälle immer, und in 31,7 % bei einzelnen Sitzungen praktiziert." Besonders häufig blieb die Gruppe professioneller Betreuungspersonen ausgeschlossen, „45,5 %, also fast die Hälfte, (war) überhaupt nicht in das Hilfeplanverfahren einbezogen".[15] Die zentralen Ergebnisse der Hilfeplanung müssen vom Jugendamt in das familiengerichtliche Verfahren eingebracht werden (§ 50 Abs. 2 Satz 1 bis 4 SGB VIII). Neuere Studien belegen detailliert, wie die Perspektive gewalttätiger Eltern in Fallschilderungen übernommen wird, während das traumatisierte Kind kaum Beachtung findet.[16]

13 Garbe, 2015, Helfer/Kempe, 2002; Nienstedt/Westermann, 2007; Oswald u.a., 2011.
14 Weinberg/Korittko, 2013.
15 Lillig u.a., 2002, S. 305.
16 Bühler-Niederberger/Alberth/Eisentraut, 2014.

Praxistipp

So sollten die direkten Bezugserzieher im Heim bzw. die Bereitschaftspflegeeltern im Rahmen der Amtsermittlung des Familiengerichtes immer persönlich befragt werden. Zudem empfiehlt es sich, die Inobhutnahmeeinrichtung mit Fristsetzung und ggf. entsprechend honoriert (ergänzend oder alternativ zu Sachverständigen) um ein sog. Clearing mit schriftlichem Bericht zu bitten, u.a.

- *zu dem Befinden und zum Verhalten des Kindes,*
- *zu allen Mitteilungen des Kindes über seine Wünsche,*
- *zu allen Anhaltspunkten auf Mangelversorgung, sexuelle Übergriffe, oder (miterlebte) Gewalt,*
- *zur Einschätzung des individuellen Förderbedarfs dieses Kindes,*
- *zu der ggf. im Heim bereits erfolgten Arbeit mit den Herkunftseltern,*
- *ggf. zur Auswirkung von Umgangskontakten auf das Kind,*
- *zu fachlichen Empfehlungen in Hinblick auf die weitere Hilfeplanung, insbesondere zur Frage der Anforderungen an eine Rückführung oder aber zur dauerhaften Platzierung in einer Pflegefamilie oder in einem geeigneten Heim, inklusive Empfehlungen zur Regelung oder zum Ausschluss von Umgang.*

171 Gleiches gilt für die **Auswahl eines geeigneten Ergänzungspflegers bzw. Vormundes**, denn eine Vielzahl von Einrichtungen könnte nach eigener Angabe durchaus Vertrauenspersonen der Kinder und Jugendlichen (z.B. Pädagogen aus Schule, Kindergarten) benennen, die das Gericht als geeignete Ergänzungspfleger bzw. Einzelvormünder anfragen könnte. Doch in der gerichtlichen Praxis kommt es derzeit in Kindesschutzverfahren aus fehlender Kenntnis möglicher Alternativen oftmals nicht zur Bestellung von Einzelergänzungspflegern/-vormündern – obgleich diese Form der Vormundschaft das gesetzliche Leitbild darstellt und im Zweifel Vorrang vor der Amtsvormundschaft hat.[17]

172 Während Familiengerichte also einerseits aufwändige Gutachten in Auftrag geben und damit nicht selten eine Verlängerung des Verfahrens riskieren, verstreicht der oft monatelange Aufenthalt des Kindes bzw. Jugendlichen in der Inobhutnahmeeinrichtung oder in der Bereitschaftspflege ungenutzt, ohne die Erkenntnisse aus dem Betreuungsalltag zur Klärung der Vorgeschichte des Kindes, seiner Familienbeziehungen und erforderlicher Schutzmaßnahmen und Hilfen heranzuziehen.

Familiengerichte und Verfahrensbeistände, ebenso Sachverständige, die sich allein auf die Berichte des Jugendamtes verlassen, riskieren Verzögerungen, Informationslücken und Übermittlungsfehler, die nicht im Interesse des Kindes liegen.

---

17 Zitelmann, 2010; grundlegend Veit in Heilmann/Lack, Die Rechte des Kindes, FS für Ludwig Salgo, 2016, S. 189 ff.; zu ehrenamtlichen Einzelvormundschaften Sommer in Heilmann/Lack, Die Rechte des Kindes, FS für Ludwig Salgo, 2016, S. 437 ff.; zur reformierten Auswahl des Vormundes/Pflegers siehe MüKo/BGB/Lettmaier, § 1779 Rn 12 ff.

Praxistipp

▶ *Der Verfahrensbeistand sollte diese Problematik im Blick behalten und sich sowohl durch eigene Kontakte zu den für das Kind zuständigen Gruppenbetreuern/Bereitschaftspflegeeltern sowie durch entsprechende Anregungen an das Familiengericht um eine sorgfältige Sachverhaltsaufklärung bemühen.*

Dass dies keine Utopie ist, zeigt eine Minderheit an Einrichtungen, die ganz regelmäßig von den Familiengerichten um ein „Clearing" gebeten werden und entsprechend durch schriftlich dokumentierte Beobachtungen und fachliche Hinweise zum Verfahren beitragen.

II. Die Situation in der Familie während des Verfahrens

Besonders bedeutsam werden in dieser Situation regelmäßig die **Haltungen und** 173
Meinungen der Eltern bzw. Pflegepersonen oder die der betreuenden Fachkräfte in Einrichtungen wie Heimen oder Frauenhäusern sein, die sich hilfreich oder belastend auf die Einschätzungen und die Erlebnisverarbeitung des Kindes auswirken können. Letzteres ist offenkundig der Fall, wenn das Kind gezielten Manipulationen oder Drohungen ausgesetzt ist. Doch auch in weniger extremen Situationen erleben Kinder, dass ihre (Pflege-)Eltern selbst belastet, erschüttert, zornig, gekränkt oder sehr besorgt sind. So berichten Verfahrensbeistände von Tränen und Ängsten der sichtlich um Fassung bemühten Eltern oder Pflegeeltern anlässlich von Gesprächen oder der Anhörung ihrer Kinder. Manche Erwachsene reagieren aufgrund ihrer eigenen **verständlichen emotionalen Betroffenheit** auch mit Vorwürfen.

> „Die kindliche Erlebnisverarbeitung spiegelt die Befürchtungen und Ängste der Eltern wider, die dann ihrerseits durch die Beunruhigung des Kindes Bestätigung erhalten, dass ihre Befürchtungen berechtigt sind."[18]

Entsprechende **Wahrnehmungen** können **für das Kind**, das sich in einer extrem un- 174
gewissen Lebenssituation befindet, in der es also besonders auf die Unterstützung, Zuversicht und Gelassenheit seiner (Pflege-)Eltern oder anderer Vertrauenspersonen angewiesen wäre, sehr beängstigend sein. In dieser Situation, in der Kinder intensive Gefühle der Einsamkeit, Schuld, Trauer und Ohnmacht durchleben können, wird die Präsenz einer Person, die sich ganz auf die Probleme und Bedürfnisse des Kindes konzentriert und sich als belastbar erweist, als hilfreich erlebt. Trotz jahrzehntelanger Praxis im Ausland wissen wir zwar nur wenig darüber, wie Kinder und Jugendliche die Aufgaben ihrer Vertretung sehen, deren Verhalten interpretieren, was sie als belastend oder entlastend erleben, sich von ihr wünschen oder an ihr kritisieren. Doch zieht sich die Bedeutsamkeit einer Halt gebenden persönlichen Beziehung gleich einem roten Faden durch die veröffentlichten Interviewstudien mit vertretenen Kindern und Jugendlichen.[19]

18 Lempp u.a., 1987, S. 83.
19 Vgl. Stötzel, 2004; Zitelmann, 2001, S. 321 f.

▶ *Zur Zufriedenheit und zu den Erwartungen der Kinder/Jugendlichen mit oder an ihre Interessenvertreter im familiengerichtlichen Verfahren siehe Teil 1/Salgo, Rn 7 ff.; Teil 1/Stötzel, Rn 113 ff.).*

III. Informationen des Kindes über das Verfahren

175 Für die Kinder ist das Verfahren oft schon deshalb unüberschaubar und verunsichernd, weil sie weder die zeitlichen Dimensionen erfassen können noch in der Lage sind, sich eigenständig Sachstandsauskünfte einzuholen.

> „Insofern wird sich die Arbeit von Verfahrenspflegern auch daran bemessen lassen, ob Kinder genau Bescheid wissen, was wann passiert, was noch auf sie zukommen kann, wie lange welches Verfahren dauert und wer ihnen darüber Auskunft geben kann",

stellte Fegert schon bei Einführung der Interessenvertretung fest.[20] Dies ist ein übrigens immer wieder auch von Kindern und Jugendlichen selbst hervorgehobener Gesichtspunkt, die sich zeitnahe und verständliche Auskünfte über die sie betreffenden Planungen und Entscheidungen wünschen, etwa nach einem Erörterungstermin genau erzählt zu bekommen, was los war, wer wo saß, wer was gesagt hat und selbstverständlich auch, was der Richter entschieden hat und wie alles weitergehen wird.

Das Gesetz verpflichtet deshalb den **Verfahrensbeistand**

> „das Kind über Gegenstand, Ablauf und möglichen Ausgang des Verfahrens in geeigneter Weise zu informieren. Endet das Verfahren durch Entscheidung, soll der Verfahrensbeistand den gerichtlichen Beschluss mit dem Kind (zu) erörtern." (§ 158b Abs. 1 Satz 3 FamFG)

Rechtlich ist allerdings nicht klargestellt, wer (außer den sich im Interessenkonflikt befindenden Sorgeberechtigten) die Kinder laufend über die Vorgänge im behördlichen, familiengerichtlichen und ggf. auch strafrechtlichen Verfahren informiert und ggf. die **Rolle des „Case-Managers"** übernimmt, um interventionsbedingte Schädigungen zu minimieren. Neben dem Jugendamt (§ 8 Abs. 1 SGB VIII) kommt in diesen Fällen gerade auch der Verfahrensbeistand in Frage,[21] dessen rechtliche Handlungskompetenz in § 158 Abs. 4 FamFG geregelt ist.

176 Das den Verfahrensbeistand bestellende Familiengericht sollte aktiv im Blick behalten, ob dieses **Informationsrecht des Kindes** hinreichend eingelöst wird. So zeigte eine Befragung von Inobhutnahmeeinrichtungen noch im Jahr 2005 und damit vor Inkrafttreten des § 158 Abs. 4 FamFG a.F., dass die dort lebenden Kinder oder Jugendlichen während der Gerichtsverfahren nur selten (16,8 %) oder sogar nie (14 %) von ihren Verfahrenspflegern persönlich begleitet und informiert wurden. Die bereits nach § 158 Abs. 4 Satz 2 FamFG a.F. bestehende Informationspflicht wird nicht immer eingehalten, obwohl die Aufklärung der betroffenen Minderjährigen einen zentralen Aspekt ihrer Beteiligung im Verfahren darstellt.[22]

---

20 Fegert, FPR 1999, 327.
21 Vgl. Fegert, FPR 1999, 327.
22 Vgl. Münder u.a., 2017, S. 369 f. und S. 373.

Bei der Information der Kinder im Vor- und Grundschulalter ist zu beachten, dass diese oft über keine, begrenzte oder **falsche Vorstellungen** und Kenntnisse von gerichtsbezogenen Verfahrensweisen verfügen. Mit zunehmendem Alter erhöht sich dieses Wissen. So ist etwa ab dem 9. Lebensjahr mit einem zutreffenden Verständnis der Aufgaben des Richters (die vorher oft mit denen der Polizei gleichgesetzt werden) oder von Anwälten zu rechnen. Die Rolle des Sachverständigen ist vielfach selbst Jugendlichen noch nicht bekannt oder mit irrigen Vorstellungen verbunden: **177**

> „Wenn da so ein neuer Richter kommt, dann guckt der (Sachverständige) zu, ob der (Richter) das gut macht bei Gericht, das ist dann so eine Probe."

> „Der begutachtet, ob der Protokollschreiber das auch richtig schreibt, ob die Protokolle richtig gemacht sind." etc.[23]

Nehmen die gerichtsbezogenen Kenntnisse des Kindes oder Jugendlichen zu, kommt es in einer Übergangsphase vermehrt zu fehlerhaften Zuschreibungen, bis die relevanten Informationen schließlich zutreffend eingeordnet werden können. Eigene Erfahrungen mit und Vorstellungen von dem Gericht können zusätzliche Irritationen hervorrufen. Nicht selten beziehen Kinder und Jugendliche ihre Informationen aus dem Fernsehen, sodass ihre **Vorstellungswelt** von Szenen des **anglo-amerikanischen Strafverfahrens** geprägt sein kann. So rechnen Kinder z.B. damit, dass der Richter ein Mann ist, eine Perücke trägt, mit einem Hammer schlägt, dass Kinder im Zeugenstand (§ 163a FamFG: „Eine Vernehmung des Kindes als Zeuge oder als Beteiligter findet nicht statt.", worüber der Verfahrensbeistand das Kind aufklären sollte) ins Kreuzverhör genommen, bei Falschaussagen bestraft werden etc.[24]

Auch kann nicht davon ausgegangen werden, dass den Kindern (wie übrigens oft auch noch Erwachsenen) der **Unterschied zwischen zivilrechtlichen Kinderschutz- und strafrechtlichen Verfahren** bekannt ist. Bei ihrer Begleitung sollte man deshalb auf entsprechende Ängste vor strafrechtlichen Verurteilungen sowie auf Fehlinformationen und Missverständnisse gefasst sein. Insbesondere gilt dies für misshandelte und sexuell missbrauchte Kinder, die nicht selten mit gezielten Desinformationen und irreleitenden Drohungen über die Reaktionen des Jugendamtes oder Gerichtes aufgewachsen sind. Besonders verwirrend dürften Situationen sein, in denen tatsächlich zugleich ein straf- und ein zivilrechtliches Verfahren anhängig ist.[25]

In Bezug auf das familiengerichtliche Verfahren ist im Übrigen *Coester* zuzustimmen, der fordert, das Kind ggf. bei der richterlichen Anhörung darauf hinzuweisen, dass ein „strafprozessuales Verwertungsverbot" seiner Mitteilungen besteht.[26] Seitens seiner Interessenvertretung sollte dies mit dem Kind bereits im Vorfeld der Anhörung gemäß § 159 FamFG besprochen werden. **178**

---

23 Wolf, 1997, S. 101 f.
24 Wolf, 1997, insbes. S. 45 ff., 101 f., 208 f.
25 Zur sozialpädagogischen Begleitung vgl. Fastie, 1994, S. 129 ff.; auch Fastie, 2004.
26 Staudinger/Coester, § 1666 Rn. 279.

Praxistipp

Um den Kindern in dieser Situation zumindest eine gewisse subjektive Kontrolle zu ermöglichen, kommt es auf ein realistisches Bild über das Verfahren an. Hierzu zählt die Verständigung über die Aufgaben des Verfahrensbeistandes, des Richters und den Ablauf des Verfahrens, das dem Kind „altersgemäß, aber korrekt" erklärt werden sollte.[27]

Zum Verfahrensablauf zählt insbesondere auch die **Gestaltung der Kindesanhörung**. Aufgrund der Unwissenheit der Kinder und Jugendlichen kann die Situation der Anhörung große Angst bereiten, die vom Richter durch die konkrete Ausgestaltung und eine verständnisvolle Haltung aber teilweise genommen werden kann.[28] Zur konkreten Ausgestaltung gehören

- insbesondere der Ort: Dienstzimmer, ggf. ohne Richterrobe, Spielzimmer im Gericht oder u.U. zu Hause;
- der Zeitpunkt: an einem gesonderten Tag oder am Tag des Erörterungstermins mit Vermeidung des Risikos, dass die Kinder bzw. Jugendlichen auf die verfahrensbeteiligten Erwachsenen treffen, stets unter Beachtung der Dauer der Anhörung.

Umgekehrt sollte der Verfahrensbeistand das Gericht vor der Anhörung auf etwaige **Besonderheiten im Umgang mit dem Kind** hinweisen, z.B. auf belastende Gesprächsthemen, aktuelle Vorfälle im Erleben des Kindes o.ä. Bei manchen Kindern kann sich die Notwendigkeit ergeben und zum Gelingen der Kindesanhörung wesentlich beitragen, einen Sprachvermittler bzw. einen Dolmetscher hinzuzuziehen.

179 Erfahrungsgemäß können anschauliche **Erzählungen durch Gleichaltrige**, die sich in einer ähnlichen Situation befanden, den Kindern helfen, sich aktiv mit dem Verfahren auseinanderzusetzen und sich z.B. auf die gerichtliche Anhörung oder eine Begutachtung einzustellen. In sog. Trennungskindergruppen/Spielgruppen für Kinder im Grundschulalter aus Scheidungs- und Trennungsfamilien können betroffene Kinder ihre Erfahrungen mit anderen Kindern in ähnlichen Lebenslagen teilen.

Dieses **Gefühl subjektiver Kontrolle** ist schon deshalb wichtig, weil Kinder und Jugendliche vor dem Hintergrund traumatischer Beziehungs- und Verlusterfahrungen sowie sozialer Benachteiligungen oft kaum in die eigene Wirksamkeit in der Auseinandersetzung mit sich und ihrer Umwelt vertrauen können. Sie tendieren eher dazu, sich als hilflos und ihre Handlungsspielräume als abhängig von den Einflüssen der mit Macht versehenen Personen und Institutionen zu erleben. Sie glauben vergleichsweise weniger daran, eigene Rechte zu haben bzw. sie wirksam durchsetzen zu können.[29]

---

27 Marquardt/Lossen, 1999, S. 150 u. 151.
28 Vgl. Münder u.a. 2017, S. 370 ff.
29 Melton, 1992, S. 168 f.

IV. Kindesanhörung als Chance

§ 159 Abs. 1 FamFG 180

Das Gericht hat das Kind persönlich anzuhören und sich einen persönlichen Eindruck von dem Kind zu verschaffen.

§ 159 Abs. 4 Satz 3 FamFG

Hat das Gericht dem Kind nach § 158 einen Verfahrensbeistand bestellt, soll die persönliche Anhörung und die Verschaffung eines persönlichen Eindrucks in dessen Anwesenheit stattfinden.

Hier zeigt sich, warum der Gesetzgeber (§ 23b Abs. 3 Satz 3 GVG; § 158a Abs. 1 Satz 1 bis 3 FamFG) an die richterliche Tätigkeit beim Familiengericht sowie an die Tätigkeit als Verfahrensbeistand hohe zusätzliche (leider nur auf Verlangen des Gerichts vom Verfahrensbeistand nachzuweisende) **Qualifikationsanforderungen** stellt (Teil 1/*Salgo*, Rn. 23 ff.):

- der Verfahrensbeistand muss u.a. über „kindgerechte Gesprächstechniken",
- die Richterin bzw. der Richter muss u.a. über „belegbare Grundkenntnisse der Kommunikation mit Kindern"

verfügen.

Bemerkenswert ist, dass nunmehr das reformierte Kinder- und Jugendhilferecht durchgängig gesteigerte Ansprüche an die Kommunikation mit Kindern/Jugendlichen stellt:

§ 8 Abs. 4 SGB VIII

Beteiligung und Beratung von Kindern und Jugendlichen nach diesem Buch erfolgen in einer für sie verständlichen, nachvollziehbaren und wahrnehmbaren Form.

Zwar adressiert das SGB VIII lediglich die Fachkräfte der Kinder und Jugendhilfe – nicht Familienrichter und Verfahrensbeistände –, um die Subjektstellung des Kindes und Jugendlichen zu betonen, jedoch gelten diese Voraussetzungen für gelingende Kommunikation vorbehaltlos auch und gerade für das familiengerichtliche Verfahren.

In einer Situation, in der kein Erwachsener dem Kind sagen kann, wie es weitergeht, 181
bietet insbesondere **das persönliche Gespräch mit dem Richter** eine Entlastung und die Chance zur aktiven Einflussnahme. Im Vorfeld der Anhörung bedürfen die Kinder oder Jugendlichen allerdings oft zunächst einer Person, die erklärt,

- weshalb der Richter sie überhaupt kennenlernen will,
- wie solche Gespräche bei anderen Kindern abliefen,
- welche Chancen die Anhörung bietet,

und die deutlich macht, dass das Kind keine Entscheidungsverantwortung hat.

Manche Kinder reagieren unmittelbar nach der Anhörung mit einer Selbstwertsteigerung und einem Hochgefühl über die eigene Leistung. Andere schwanken in ihren Reaktionen oder kämpfen mit Versagensgefühlen und Selbstzweifeln. Kinder, die sich noch ganz in Abhängigkeit ihrer Eltern erleben, sind nach einem solchen Gespräch darauf angewiesen, sich bei Bedarf zurückziehen zu können bzw. einen einfühlsamen Gesprächspartner zu haben. Zuweilen scheinen die Kinder die Tragweite ihrer Äußerungen erst in der Anhörungssituation zu realisieren, zuweilen haben sie dort nicht genügend Zeit, sich verständlich zu machen, oder bleiben mit ihren Gefühlen allein.[30] Die beobachteten und interviewten Kinder waren in der Regel zwar durch die Scheidungsproblematik belastet, mehrheitlich aber nicht schwer traumatisiert.

Da in der Regel der bestellte **Verfahrensbeistand** Gespräche mit dem Kind schon vor der Begegnung des Richters mit dem Kind anlässlich der Kindesanhörung geführt haben muss, sind die genannten und nachfolgenden Gesichtspunkte, Erfahrungen und Empfehlungen bereits für den Verfahrensbeistand gleichermaßen von erheblichem und stets zu beachtendem Gewicht.

182 Bei **misshandelten, vernachlässigten bzw. sexuell missbrauchten Kindern und Jugendlichen** ist eine fachlich kompetente und einfühlsame Begleitung und richterliche Anhörung umso dringlicher. Berührt die Anhörung doch die Unzulänglichkeit der Eltern und anderer Bezugspersonen des Kindes oder Jugendlichen und die Möglichkeit einer Trennung bzw. die bereits erfolgte Herausnahme. Sie erinnert zugleich an traumatische Geschehnisse (Misshandlung, sexuelle Übergriffe) und kann das Kind oder den Jugendlichen zu einer Zeit und in einer Weise mit entsprechenden Erinnerungen und Gefühlen konfrontieren, die überwältigend sein können. Gleiches gilt im Übrigen auch für jene Kinder, die durch das gewalttätige Verhalten eines Elternteiles gezwungen waren, Gewalt gegen den anderen Elternteil oder ihre Geschwister mitzuerleben.[31] Dabei zeigt die neuere Forschung deutlich, dass die individuelle Offenlegung des Gewalterlebens und des „darüber Sprechens" durch staatliche Instanzen dringend erleichtert werden müssen, auch um den betroffenen Kindern und Jugendlichen eine gesellschaftliche Anerkennung ihres Leids und damit eine bessere Verarbeitung ihrer Erfahrungen zu ermöglichen.[32]

Hinweis

Das Familiengericht hat die Aufgabe, auch mit tabuisierten Themen fach- und kindgerecht umzugehen, es sollte sich bei der Anhörung nicht auf eine „Schonung" des Kindes oder Jugendlichen vor den eigentlich wichtigen und zu stellenden Fragen zurückziehen, die es zum Schutz des Kindes und zur Anerkennung seiner Geschichte und seines Leides zu stellen gilt.

183 Der **Verfahrensbeistand** kann auch nach der Anhörungssituation dazu beitragen, Unbehagen, Selbstzweifel oder auch Schuldgefühle („Habe ich was Falsches gesagt?") zu vermindern. Die **Nachbesprechung** mit dem Kind ist für den Verfahrensbeistand in der Regel zwingend, Ausnahmen könnten nur aufgrund des Kindesalters bestehen.

30 So Lempp u.a., 1987, S. 81 ff.
31 Näher hierzu Kavemann/Kreyssig, 2007.
32 Kavemann u.a., 2016.

Das Kind sollte schon bei der Anhörung vom Richter über die Möglichkeit informiert werden, sich mit Hilfe seines Verfahrensbeistandes auch nach der Anhörung noch an das Familiengericht zu wenden. So kann das Kind das Gericht wissen lassen, dass

- sich seine Entscheidung erst während der Anhörung spontan verändert hat,
- dass es wichtige Dinge nicht sagen konnte,
- es Fragen nicht richtig verstanden hat, Missverständnisse befürchtet, Angst oder Wut hatte usw.

Das Kind muss seine während der Anhörung mitgeteilte Position damit **nicht als unumstößliche Entscheidung** und das Geschehen als unwiderruflich verarbeiten, sondern kann auf das Verfahren und die zu treffende gerichtliche Entscheidung aktiv Einfluss nehmen, ob nun mittelbar durch seine Vertretung oder unmittelbar, z.B. durch einen Brief an das Gericht oder die Anregung zur erneuten Anhörung. Dies gilt vor allem in den Verfahren, die den zukünftigen Lebensmittelpunkt des Kindes oder Jugendlichen und die konkrete Umsetzung eines Schutzkonzeptes zum Gegenstand haben.[33]

Noch wichtiger allerdings ist wohl die eindeutige Botschaft an das Kind, dass es allein die Erwachsenen (das sind je nachdem die Eltern, ein Elternteil, Vormund oder Ergänzungspfleger) sind, bei denen die **Verantwortung über** die im oder nach dem Verfahren zu treffende **Entscheidung** liegt.

Auch die Erklärung der weiteren Schritte, die sich aus dem Beschluss ergeben, stellt eine wichtige Schlüsselsituation für den Verfahrensbeistand dar, damit die Minderjährigen das Verfahren umfassend begreifen können.[34] Hierzu kann die Erörterung darüber gehören, ob der Verfahrensbeistand im Interesse des Kindes ein **Rechtsmittel** einlegt bzw. der verfahrensfähige Minderjährige (nach Vollendung des 14. Lebensjahres) selbst das Beschwerderecht wahrnimmt (§ 164 FamFG).

33 Vgl. Münder u.a. 2017, S. 364 f.
34 Münder u.a. 2017, S. 378.

C Die Erörterung der Kindeswohlgefährdung nach § 157 FamFG und die Herausforderungen für den Verfahrensbeistand

Übersicht Rn.

I. Einleitung

§ 157 FamFG 184
Erörterung der Kindeswohlgefährdung; einstweilige Anordnung

(1) In Verfahren nach den §§ 1666 und 1666a des Bürgerlichen Gesetzbuchs soll das Gericht mit den Eltern und in geeigneten Fällen auch mit dem Kind erörtern, wie einer möglichen Gefährdung des Kindeswohls, insbesondere durch öffentliche Hilfen, begegnet werden und welche Folgen die Nichtannahme notwendiger Hilfen haben kann.

(2) Das Gericht hat das persönliche Erscheinen der Eltern zu dem Termin nach Absatz 1 anzuordnen. Das Gericht führt die Erörterung in Abwesenheit eines Elternteils durch, wenn dies zum Schutz eines Beteiligten oder aus anderen Gründen erforderlich ist.

(3) In Verfahren nach den §§ 1666 und 1666a des Bürgerlichen Gesetzbuchs hat das Gericht unverzüglich den Erlass einer einstweiligen Anordnung zu prüfen.

Für den Verfahrensbeistand, der gemäß § 158 Abs. 1 S. 2 FamFG als Interessensvertretung für das Kind „so früh wie möglich" zu bestellen ist, eröffnet das Erörterungsgespräch nach § 157 FamFG die Möglichkeit,

- frühzeitig die Gefahrenlage zu erkennen und
- Schutzmaßnahmen für das Kind bei Gericht festzustellen und in das Verfahren einzubringen.

Erforderlich hierfür ist es zu erkennen, welche **Bedeutung** dem **Erörterungsgespräch** im Verfahren wegen Kindeswohlgefährdung zukommt und inwieweit der Verfahrensbeistand frühzeitig zum Verfahren hinzuzuziehen ist, damit er im gerichtlichen Verfahren die Interessen des Kindes umfassend in den Fokus stellen und diese von Anfang an vertreten kann.

185 Als Bestandteil der **Erziehungsverantwortung** liegt es grundsätzlich im persönlichen Ermessen der Eltern zu bestimmen, wie die kindliche Erziehung gestaltet werden soll. Mit Blick auf den Charakter der elterlichen Sorge als pflichtgebundenes, auf das Wohl des Kindes bezogenes Recht, tragen die Eltern auch die primäre Verantwortung dafür, Gefahren von ihrem Kind abzuwenden.

Viele Eltern erklären sich erst unter dem **Druck des familiengerichtlichen Verfahrens** dazu bereit, die zur Abwendung einer Gefahr für das Wohl ihres Kindes erforderlichen Hilfen anzunehmen, worauf die Vorschrift der Erörterung der Kindeswohlgefährdung nach § 157 FamFG abstellt. Hiernach soll das Gericht mit den Eltern und in geeigneten Fällen auch mit dem Kind in einem Termin bei Gericht erörtern, wie einer möglichen Gefährdung des Kindeswohls begegnet werden kann.[1]

Bei Anhaltspunkten für eine Kindeswohlgefährdung soll das Familiengericht auf die Eltern einwirken, um Vorhandensein und Intensität einer Gefahrenlage abklären und entsprechend reagieren zu können.[2] Richter des Familiengerichts sollen frühzeitig den Eltern die Bedeutung der elterlichen Sorge und den „Ernst der Lage" vor Augen führen, wenn die Eltern mit dem Jugendamt weder kooperieren noch ihr Kind vor Gefahren für sein Wohl schützen können oder wollen. Nach Einschätzung der Gefahrenlage wird vor Gericht geprüft, wie hierauf reagiert werden muss.[3]

▶ *Zum Schutz bei Kindeswohlgefährdungen nach §§ 1666 f. BGB vgl. Teil 2/Wierse, Rn. 417 ff.*

186 Die obligatorische Teilnahme der Eltern am Erörterungstermin nach § 157 FamFG eröffnet auch dem **Verfahrensbeistand** als Interessenvertreter für das Kind (vgl. auch Teil 1/*Salgo*, Rn. 10 ff.)[4] die Möglichkeit, „von Anfang an" an der Gefahrenabwendung

---

1 Vgl. Gesetz zur Erleichterung familiengerichtlicher Maßnahmen bei Gefährdung des Kindeswohls (KiWoMaG) vom 4.7.2008, BGBl. I S. 1188; dort zunächst eingeführt als § 50 f. FGG.

2 Vgl. Berneiser, Die verfahrensrechtliche Neuregelung der Erörterung der Kindeswohlgefährdung.

3 BT-Drucks. 16/6815, S. 12; Schlauß, ZKJ 2007, 9 (10); zu möglichen elterlichen Sorgerechtsmaßnahmen vgl. § 1666 Abs. 3 und 4 BGB.

4 Vgl. zur Entwicklung der Verfahrensbeistandschaft seit Inkrafttreten des FamFG Lack/Salgo, FPR 2012, 353 ff.

sowie Wahrung bzw. Wiederherstellung der Kindesinteressen mitzuwirken und durch die Begegnung mit den Eltern diesen die Belange des Kindes aufzuzeigen.

Nicht eindeutig zeigt der Gesetzgeber allerdings auf, wann und unter welchen Voraussetzungen der Erörterungstermin nach § 157 FamFG zu erfolgen hat[5] und inwieweit der Verfahrensbeistand zum Erörterungstermin nach § 157 FamFG zu laden ist:[6]

Im Gesetzeswortlaut des § 157 Abs. 1 FamFG ist der Verfahrensbeistand nicht erwähnt, das Kind ist nur in „geeigneten Fällen" zur Erörterung der Kindeswohlgefährdung hinzuzuziehen.

Auch ausweislich § 158 FamFG ist die verbindliche **Bestellung des Verfahrensbeistands zum Erörterungsgespräch** nach § 157 FamFG, welches in Verfahren nach den §§ 1666, 1666a BGB erfolgen „soll",[7] nicht garantiert, sondern wird „im Regelfall zu erfolgen haben", denn gemäß § 158 Abs. 1 FamFG hat das Gericht dem minderjährigen Kind in Kindschaftssachen, die seine Person betreffen, einen Verfahrensbeistand – so früh wie möglich (vgl. § 158 Abs. 1 Satz 2 FamFG) – zu bestellen, soweit dies zur Wahrnehmung der Interessen des Kindes erforderlich ist.[8]

Gemäß § 158 Abs. 2 Nr. 1 FamFG ist die Bestellung des Verfahrensbeistands erforderlich, wenn im Verfahren die teilweise oder vollständige Entziehung der Personensorge nach den §§ 1666 und 1666a BGB in Betracht kommt[9], was nicht stets Anlass und Folge des Erörterungstermins sein wird.[10] Mit Blick auf § 158 Abs. 3 Satz 2 FamFG schließt der Gesetzgeber einen **gerichtlichen Handlungsspielraum im Einzelfall** auch nicht aus („Sieht das Gericht in den Fällen des Absatzes 2 von der Bestellung eines Verfahrensbeistands ab, ..."), wenngleich er diesen mit der Verpflichtung verbindet, in der Endentscheidung darzulegen, aus welchen Gründen die Bestellung eines Verfahrensbeistands unterblieben ist.

Die frühzeitige Teilnahme des Verfahrensbeistands an der Erörterung der Kindes- **187**
wohlgefährdung eröffnet ein vom Gesetzgeber geradezu **erwünschtes Betätigungsfeld für den Verfahrensbeistand**, geht es doch um das Kind als Verfahrenssubjekt, das an Entscheidungen als unmittelbar betroffenes Rechtssubjekt zu beteiligen ist und dessen Rechte, Interessen und Befindlichkeiten besonders zum Ausdruck gebracht werden müssen.[11] Als Interessensvertreter für das Kind liegt es in der Verant-

5 Zur gesetzgeberischen Zielsetzung und empirischen Ergebnissen: Berneiser, Die verfahrensrechtliche Neuregelung der Erörterung der Kindeswohlgefährdung, S. 137 ff., 227 ff.; dies., ZKJ 2016, 255 ff., 291 ff.

6 Verneinend etwa Schumann in MünchKomm-FamFG, § 157 FamFG Rn. 6; bejahend Cirullies in Heilmann, § 157 FamFG Rn. 4.

7 Zur Bedeutung und Reichweite des § 157 FamFG als „Soll"-Bestimmung: Berneiser, Die verfahrensrechtliche Neuregelung der Erörterung der Kindeswohlgefährdung, S. 194 ff.

8 Vgl. den Wortlaut des § 158 FamFG seit dem Gesetz zur Bekämpfung von sexualisierter Gewalt gegen Kinder v. 16.6.2021, BGBl. I 2021, S. 1810 ff.

9 Vgl. den Wortlaut des § 158 FamFG seit dem Gesetz zur Bekämpfung von sexualisierter Gewalt gegen Kinder v. 16.6.2021, BGBl. I 2021, S. 1810 ff.

10 Berneiser, Die verfahrensrechtliche Neuregelung der Erörterung der Kindeswohlgefährdung, S. 219 ff.

11 Salgo, FPR 2010, 456 (458).

wortung des Verfahrensbeistands, die Wahrung oder Wiederherstellung der Kindesinteressen zu vertreten. Dies erfordert, dass der Verfahrensbeistand sich auch bereits bei der ersten Erörterung um eine Sachverhaltsaufklärung und eine realistische Prognose für den Schutz des Kindes bemüht.

II. Die Erörterung der Kindeswohlgefährdung nach § 157 FamFG

188 Ausweislich § 157 Abs. 1 FamFG soll das Gericht in Verfahren nach §§ 1666, 1666a BGB mit den Eltern und in geeigneten Fällen auch mit dem Kind erörtern,

- wie einer möglichen Gefährdung für das Wohl des Kindes insbesondere mit öffentlichen Hilfen begegnet werden kann und
- welche Folgen die Nichtannahme notwendiger Hilfen haben kann.

Hierzu hat das Gericht die Eltern, das Jugendamt sowie den Verfahrensbeistand zum Termin zu laden und das persönliche Erscheinen der Eltern anzuordnen (§ 157 Abs. 2 Satz 1 FamFG).

1. Sinn und Zweck der Regelung

189 Veranlasst durch Versäumnisse in der **Zusammenarbeit zwischen Jugendamt und Familiengericht**, intendiert der Gesetzgeber mit § 157 FamFG die stärkere Einbindung des Familiengerichts und die noch engere Verzahnung von jugendhilferechtlichen und familiengerichtlichen Maßnahmen.[12]

Die am Verfahren primär Beteiligten[13], d.h. Eltern, Jugendamt, Verfahrensbeistand und Gericht, sollen zu einem Zeitpunkt, zu dem der Gefahrenlage noch mit öffentlichen Hilfen begegnet werden kann, bei Gericht „an einen Tisch"[14] kommen, damit eine sich abzeichnende Kindeswohlgefährdung frühzeitig abgewehrt werden, (auch) das Gericht auf die Eltern einwirken kann und Perspektiven für die Gewährleistung des Kindeswohls deutlich werden können.[15] Im **Fokus der Sachverhaltsaufklärung**

---

12 Coester, JAmt 2008, 1 ff.; zur Entstehungsgeschichte und zu den Gründen für die Neuregelung vgl. Berneiser, Die verfahrensrechtliche Neuregelung der Erörterung der Kindeswohlgefährdung, S. 68 ff.

13 Zu weiteren Beteiligten vgl. Cirullies in Heilmann, § 157 FamFG Rn. 4; Berneiser, Die verfahrensrechtliche Neuregelung der Erörterung der Kindeswohlgefährdung, S. 206 ff.

14 Vgl. BT-Drucks. 16/6815, S. 12: „Ein wesentliches Ziel der Erörterung bei Gericht ist es, die Beteiligten – Eltern, Jugendamt und in geeigneten Fällen auch das Kind – an einen Tisch zu bringen. Dies soll dazu beitragen, stärker auf die Eltern und erforderlichenfalls auch auf das Kind einwirken zu können. Es ist Aufgabe der Gerichte, in diesem Gespräch den Eltern den Ernst der Lage vor Augen zu führen, auf mögliche Konsequenzen hinzuweisen und darauf hinzuwirken, dass die Eltern notwendige Leistungen der Jugendhilfe annehmen und mit dem Jugendamt kooperieren."; BT-Drucks. 16/6308, S. 238; Schlünder in BeckOK, § 157 FamFG Rn. 4.

15 Ziegler in Schulte-Bunert/Weinreich, § 157 FamFG Rn. 3; zur Besonderheit, dass der frühe Termin ein Erörterungstermin ist und kein Termin der mündlichen Verhandlung vgl. Ernst, NZFam 2020, 313 (315).

stehen die Klärung der Bedürfnisse und Schutzbedürfnisse des Kindes. Es ist eine realistische Gefährdungseinschätzung und Perspektive zu erarbeiten.

Erforderlichenfalls kann sogar die Befriedung von Jugendamt und Eltern durch das Gericht zum Gegenstand der Erörterung werden, wenn sich die Fronten verhärtet haben.[16] Das **Gericht** (d.h. das Familiengericht) soll die Eltern zur Zusammenarbeit mit dem Jugendamt anhalten und die Geeignetheit bzw. Notwendigkeit der Annahme öffentlicher Hilfen erörtern. Das **Jugendamt** hat wiederum seine Einschätzung zur Geeignetheit und Inanspruchnahme von Beratung und Hilfen nach dem SGB VIII einzubringen.[17]

Nach der Intention des Gesetzgebers hat das Gericht die nachfolgenden **Aufgaben im Kindeswohlgefährdungsverfahren**: 190

Es soll mit den Eltern und dem Jugendamt – und in geeigneten Fällen auch mit dem Kind[18] – erörtern, wie der Gefahr zum Wohl des Kindes begegnet werden kann und welche Möglichkeiten der Gefahrenabwehr bestehen. Das Gericht hat den Eltern aufzuzeigen, welche Folgen es hat, wenn Eltern die geeigneten notwendigen Hilfen nicht akzeptieren.[19] Schließlich hat das Gericht notwendigenfalls Eingriffe in das Sorgerecht vorzunehmen, wenn dies zum Schutz des Kindes, insbesondere der Sicherstellung der Fremdunterbringung, erforderlich ist.

2. Durchführung bei „möglicher" Kindeswohlgefährdung

Damit einer Gefahrensituation frühzeitig effektiv mit öffentlichen Hilfen begegnet werden kann, soll das Gericht schon dann eingeschaltet werden, wenn gewichtige Anhaltspunkte für die Gefährdung des Kindeswohls vorhanden sind.[20] Ausreichend ist, dass eine Gefahr für das Wohl des Kindes möglich erscheint, auch wenn sie noch nicht feststeht, womit die Erörterung der Kindeswohlgefährdung mit der Regelung des **§ 8a Abs. 2 Satz 1 SGB VIII** korrespondiert und sich als notwendiges familiengerichtliches Pendant zum sozialrechtlichen Schutzauftrag des Jugendamtes erweist:[21] 191

Gemäß § 8a Abs. 2 Satz 1 Hs. 1 SGB VIII hat das Jugendamt das Gericht anzurufen, wenn es dessen Tätigwerden „für erforderlich hält". Dies ist i.d.R. dann der Fall, wenn entweder eine Gefährdung des Kindeswohls durch die freiwillige Inanspruchnahme von öffentlichen Hilfen nicht abgewendet werden kann oder die Eltern nicht bereit oder in der Lage sind, entsprechende Hilfen anzunehmen.[22]

Darüber hinaus verpflichtet § 8a Abs. 2 Satz 1 Hs. 2 SGB VIII das Jugendamt zur Einschaltung des Familiengerichts auch in Fällen, in denen die Eltern des Kindes nicht

16 Cirullies in Heilmann, § 157 FamFG Rn. 5.
17 Flemming, JAmt 2021, 303, 306.
18 Zum Begriff vgl. Fellenberg, FPR 2008, 125; Büte in Johannsen/Henrich, § 157 FamFG Rn. 2.
19 Zorn in Bork/Jacoby/Schwab, § 157 FamFG Rn. 1, 5.
20 BT-Drucks. 16/6815, S. 1, 7; BT-Drucks. 16/8914, S. 1; Pressemitteilung des BMJ v. 24.4.2008.
21 Zum Erörterungstermin als „verfahrensrechtliches Gegenstück zu § 8a Abs. 2 SGB VIII" siehe OLG Frankfurt v. 11.2.2010, 1 WF 11/10, FamRZ 2010, 1094; Zorn in Bork/Jacoby/Schwab, § 157 FamFG Rn. 6; Fellenberg, FPR 2008, 125 (127).
22 Hammer in Prütting/Helms, § 157 FamFG Rn. 4.

bereit oder in der Lage sind, bei der Abschätzung des Gefährdungsrisikos mitzuwirken. Für das Familiengericht hat das zur Konsequenz,

- von Amts wegen die **Gefahreneinleitungsschwelle**[23] (siehe auch Teil 4/*Heilmann*, Rn. 25 ff.) besonders sorgfältig einzuschätzen und vorzulagern,
- ein Verfahren nach §§ 1666, 1666a BGB zu eröffnen und
- einen Erörterungstermin nach § 157 FamFG anzuberaumen, der bereits Teil des Verfahrens ist – selbst wenn also noch nicht sicher feststeht, ob eine Gefahr für das Wohl des Kindes vorhanden ist.

192 Wendet sich also das Jugendamt an das Familiengericht, weil die Eltern an der Einschätzung des Gefährdungsrisikos nicht mitwirken (können oder wollen), ist das Gericht gehalten, die **Anforderungen für die Eröffnung des Verfahrens** nicht allzu hoch anzusetzen. Das Vorhandensein und die Intensität der Gefahrenlage selbst dürfen nicht zum Kriterium für die Einleitung des Verfahrens werden, sondern sind selbst Gegenstand der Erörterung und der nach § 26 FamFG erforderlichen Amtsermittlung.[24]

Hat das Gericht Zweifel am Vorliegen hinreichender Anhaltspunkte für die Einleitung des Verfahrens, hat es die Befugnis, beschleunigt eine **förmliche Vorprüfung** vorzunehmen. Entsprechend kann das Gericht das Jugendamt ersuchen, über die erfolgte Meldung hinaus weitere Akteninhalte, z.B. das Ergebnis einer kinderpsychiatrischen Diagnostik, ärztliche Stellungnahmen, die zentralen Ergebnisse der Hilfeplanung gemäß § 50 Abs. 2 Satz 2 und 3 SGB VIII oder Verlaufsberichte einer bereits eingesetzten Sozialpädagogischen Familienhilfe, zu übermitteln.[25]

Datenschutzrechtlich ist dies gemäß § 65 Abs. 1 Nr. 2 SGB VIII zulässig.

193 Das Gericht hat den **Termin für die Erörterung** der Kindeswohlgefährdung innerhalb der Monatsfrist des § 155 Abs. 2 FamFG durchzuführen, je nach mitgeteiltem Gefährdungsgrad auch möglichst zeitnah. Zudem hat das Gericht unverzüglich den Erlass einer einstweiligen Anordnung zu prüfen (§ 157 Abs. 3 FamFG).

Hinweis

! *Auch vorgeburtlich kann ein Erörterungstermin erfolgen und ein Verfahrensbeistand bestellt werden,[26] wenn sich bereits ernst zu nehmende Gefahren für das Wohl des Kindes abzeichnen.[27]*

---

23 Coester, JAmt 2008, 1 ff.

24 Hammer in Prütting/Helms, § 157 FamFG Rn. 8; Hüßtege in Thomas/Putzo, § 157 FamFG Rn. 9.

25 Vgl. Hammer in Prütting/Helms, § 157 FamFG Rn. 10, 11.

26 Hammer, FamRZ 2020, 1355, Anm. zu OLG Hamm, Beschl. v. 25.2.2020, 11 UF 253/19.

27 Wenngleich vor der Geburt des Kindes die elterliche Sorge nicht entzogen werden kann, weil die elterliche Sorge erst mit der Geburt des Kindes entsteht und erst dann ausgeübt werden kann; vgl. hierzu OLG Frankfurt, Beschl. v. 12.5.2017, 1 UF 95/17, FamRZ 2018, 190; siehe auch DIJuF-Rechtsgutachten vom 6.6.2014, JAmt 2014, 389 (390); zur Entscheidung des OLG Hamm v. 25.2.2020, 11 UR 253/19 vgl. die krit. Anm. von Hammer, FamRZ 2020, 1355 ff.; vgl. auch Heilmann/Cirullies, § 157 FamFG Rn. 2.

a) Abgrenzung zum frühen ersten Termin

Zwischen § 155 Abs. 2 FamFG und § 157 FamFG fehlt es an einer klaren gesetzlichen Konturierung, da (auch) § 155 Abs. 2 FamFG auf Verfahren wegen Kindeswohlgefährdung Bezug nimmt und es darum geht, die Wahrnehmung der elterlichen Verantwortung sicherzustellen.[28] **194**

Der Gesetzgeber bezeichnet den Termin zur Erörterung der Kindeswohlgefährdung als eigenen Verfahrensabschnitt mit spezifischer Funktion, der mit dem frühen ersten Termin nach § 155 Abs. 2 FamFG verbunden werden bzw. darin aufgehen kann.[29] Die Vorschrift des § 157 FamFG kann folglich als **Modifikation** des allgemeineren § 155 Abs. 2 FamFG angesehen werden, da § 157 FamFG dezidiert Bezug auf Verfahren wegen Kindeswohlgefährdung nach §§ 1666 f. BGB nimmt und dort zu erörternde besondere Aspekte betrifft.

Praxistipp

▶ *In der Praxis ist dies jedoch unerheblich. Es wird grundsätzlich ein Termin anberaumt, der binnen eines Monats stattfinden soll und in dem die Erörterung erfolgt.*[30]

b) Ausgestaltung als Sollvorschrift

Die Ausgestaltung des § 157 Abs. 1 FamFG als Sollvorschrift macht deutlich, dass die Durchführung der Erörterung bei Gericht, wie einer möglichen Kindeswohlgefährdung begegnet werden kann, dem **Regelfall** entspricht.[31] Die Durchführung wird auch nur erfolgversprechend sein, wenn die konstruktive Mitwirkung der Eltern an der Gefährdungsabwendung denkbar ist.[32] **195**

Nur **ausnahmsweise** kann von dem Erörterungstermin abgesehen werden, und zwar wenn etwa das Verfahren offensichtlich unbegründet ist oder von vornherein feststeht, dass die elterliche Sorge entzogen werden muss.[33]

Über den Erörterungstermin ist ein Aktenvermerk anzufertigen (§ 28 Abs. 4 FamFG).[34]

c) Beteiligte und Abgrenzung zur Anhörung

Die **Eltern** sind Beteiligte und im Erörterungstermin auch gemäß § 160 Abs. 1 Satz 1 FamFG anzuhören. Die **Anhörung** dient der Sachverhaltsaufklärung und der Gewäh- **196**

---

28 Vgl. zum Meinungsstand: Berneiser, Die verfahrensrechtliche Neuregelung der Erörterung der Kindeswohlgefährdung, S. 189 ff.

29 BT-Drucks. 16/6815 (Anlage 4), S. 24; Staudinger/Coester, § 1666 Rn. 264.

30 Ausführlich zur Abgrenzung zu § 155 FamFG in der praktischen Anwendung Berneiser, Die verfahrensrechtliche Neuregelung der Erörterung der Kindeswohlgefährdung, S. 316.

31 Vgl. BT-Drucks. 16/6308, 237.

32 Staudinger/Coester § 1666 BGB Rn. 266.

33 BT-Drucks. 16/8914, 13 (zu § 50 f. FGG a.F.).

34 Vgl. etwa Cirullies in Heilmann, § 157 FamFG Rn. 5.

rung rechtlichen Gehörs.[35] Erst nach Aufklärung des Sachverhalts kann auf die Eltern eingewirkt und erörtert werden, ob eine Kindeswohlgefährdung besteht und wie ihr begegnet werden kann.[36]

Als Mussbeteiligte hat das Gericht das **Jugendamt** zum Verfahren hinzuzuziehen (§ 162 Abs. 2 Satz 1 FamFG) und damit auch zum Erörterungstermin nach § 157 FamFG zu laden.

Das **Kind** nimmt nur „in geeigneten Fällen" an der Erörterung teil.[37] Nach Auffassung des Gesetzgebers soll das Kind an dem Erörterungstermin jedenfalls in solchen Fällen persönlich teilnehmen, in denen Drogenabhängigkeit, wiederholte Straffälligkeit oder etwa Schulabstinenz den Anlass zum Verfahren gegeben haben.[38] Entsprechend habe das Gericht im Erörterungstermin auf das gefährdete Kind einzuwirken.

Das Kind ist unabhängig von der Teilnahme an der Erörterung persönlich anzuhören, wobei die **Kindesanhörung** nach § 159 FamFG im Regelfall ohne Eltern und im Beisein des Verfahrensbeistands erfolgt.[39] Damit das Kind nicht aus dem Blickfeld gerät und mit seinen Sorgen allein gelassen wird, ist regelmäßig darauf zu achten, das Kind in das Verfahren einzubinden (vgl. zur Beteiligung von Kindern bei Einvernehmen der Eltern Teil 3/*Ivanits*, Rn. 383 ff.).[40]

Auch mit der werdenden Mutter ist ein Erörterungstermin zulässig, falls sich ernstzunehmende Gefahren für das ungeborene Kind abzeichnen.[41]

Der **Verfahrensbeistand** ist als Beteiligter (§ 158b Abs. 3 FamFG) gemäß § 32 Abs. 1 FamFG zum Erörterungstermin zu laden.[42]

Es können auch **weitere Personen** geladen werden, wie etwa Familienhelfer, Klassenlehrer, Schulsozialarbeiter oder (gesetzliche) Betreuer, wenn dies zur Aufklärung des Sachverhaltes erforderlich ist (vgl. § 26 FamFG).[43]

3. Zielrichtung und Umsetzung des Erörterungsgesprächs

197 In Anlehnung an die bayerische Gesetzesinitiative zur Einführung eines „richterlichen Erziehungsgesprächs" verfolgt die Regelung des § 157 FamFG das Ziel, frühzeitig richterlich auf die Kindeseltern einzuwirken und ihnen Konsequenzen im Hinblick auf die elterliche Sorge aufzuzeigen, wenn sie mit dem Jugendamt nicht kooperieren.

---

35 Kemper in Saenger, ZPO, § 157 FamFG Rn. 4; Hammer in Prütting/Helms, § 157 FamFG Rn. 15.

36 Zu Überschneidungen mit dem Erörterungstermin nach § 155 Abs. 2 FamFG und der Anhörung der Eltern nach § 160 FamFG vgl. Hammer in Prütting/Helms, § 157 FamFG Rn. 14 und 15; vgl. auch Schumann, FPR 2011, 203 (204).

37 BT-Drucks. 16/6308, S. 238.

38 BT-Drucks. 16/6308, S. 238.

39 Zur Kindesanhörung vgl. etwa Wagner, FPR 2008, 605 (607); zum Verfahrensmangel bei mangelnder Darstellung der Kindesanhörung im Tatbestand des Beschlusses vgl. OLG Saarbrücken, Beschl. v. 31.5.2012, 6 UF 20/12, juris.

40 Ivanits, ZKJ 2018, 133 ff. zur Beteiligung von Kindern an einer Mediation.

41 Vgl. OLG Frankfurt am Main FamRZ 2018, 190; AG Bad Iburg FamRZ 2018, 190.

42 Hammer in Prütting/Helms, § 157 FamFG Rn. 21.

43 Vgl. Hammer in Prütting/Helms, § 157 FamFG Rn. 22; Berneiser, Die verfahrensrechtliche Neuregelung der Erörterung der Kindeswohlgefährdung in § 157 FamFG, S. 213.

Das Erörterungsgespräch bei Gericht soll dazu beitragen, die elterliche Befähigung zur Akzeptanz öffentlicher Hilfen zu aktivieren. Bewusst hat der Gesetzgeber von der Bezeichnung als „Erziehungsgespräch" abgesehen mit der Begründung, Familienrichter seien weder Erzieher noch bringe der Begriff des Gesprächs die Bedeutung und Zielsetzung der gerichtlichen Einwirkung auf die Eltern hinreichend zum Ausdruck. Gleichwohl soll das Gericht in einem Erörterungstermin nach § 157 FamFG aufzeigen, welche Folgen und sorgerechtlichen Konsequenzen drohen, wenn die Eltern als primäre Verantwortungsträger der Abwendung von Gefahren nicht nachkommen, sich nicht einsichtig zeigen und mit der Jugendhilfe nicht kooperieren.

Nach der Vorstellung des Gesetzgebers haben Richter des Familiengerichts im Erörterungstermin

- mit „erhobenem Zeigefinger" die Eltern in die Pflicht zu nehmen,
- auf die Einhaltung von Regelungen hinzuwirken und Verbindlichkeit herzustellen,
- an die elterliche Verantwortung zu appellieren und
- die Folgen der Nichtannahme notwendiger Hilfen aufzuzeigen.

Dadurch kommt dem Erörterungsgespräch nicht nur eine **Aufklärungs- und Unterstützungs-**, sondern auch eine **Warnfunktion** zu. Die handelnden Richter erscheinen vor der Drohkulisse möglicher Sorgerechtsmaßnahmen, die zum Einsatz kommen, wenn die Kindeseltern ihrer Gefahrenabwendungsaufgabe keine Folge leisten.

Hinweis

! *Damit die öffentlichen Hilfen in Anspruch genommen werden können, ist es dringend notwendig, dass zwischen Jugendamt und Familiengericht ein Konsens über die zu erbringenden Leistungen besteht, was die entsprechende Kenntnis des jugendhilferechtlichen Aufgabenspektrums durch das Gericht voraussetzt.*

Bei alledem hat das Familiengericht nicht die Aufgabe, den Eltern allgemeine Erzie- **198**
hungshinweise zu erteilen. Nach der Vorstellung des Gesetzgebers soll sich im Erörterungstermin die richterliche Tätigkeit als **Mischung** aus

- interdisziplinärer Erörterung der Situation,
- Klärung der Gefährdungsaspekte für das Kind und
- die Fähigkeit und Bereitschaft der Eltern zur Akzeptanz notwendiger geeigneter Hilfen unter Einbringung richterlicher Autorität

darstellen. Dies setzt voraus, dass auch umfassend geprüft wird, welche Gefährdungen für das Kind bestehen und mit welchen Hilfen diesen Gefährdungen tatsächlich begegnet werden kann.

Das Gericht kann als **Vermittler im Streit zwischen Jugendamt und Eltern** fungieren, da es die Rolle eines neutralen Dritten einnimmt und die jeweiligen Sichtweisen der Beteiligten in den Termin einfließen lässt.[44] Dabei hat das Gericht aber auch die Auf-

---

44 Hammer in Prütting/Helms, § 157 FamFG Rn. 25.

gabe sowie die alleinige Kompetenz und Pflicht, sorgerechtliche Maßnahmen nach § 1666 BGB zu ergreifen, wenn andernfalls die Kindeswohlgefährdung nicht abgewendet werden kann.

199 Im Erörterungstermin darf es allerdings **nicht** darum gehen, auf ein **Einvernehmen zwischen den Beteiligten hinzuwirken**. Zwar ist der Erörterung die Eigenschaft als dialogisches Forum mit mediativen Handlungskomponenten nicht vollends abzusprechen. Bei dem wegen möglicher Kindeswohlgefährdung eingeleiteten Verfahren handelt es sich um ein Verfahren, das in Ausübung des staatlichen Wächteramtes von Amts wegen zu führen ist und gerade **nicht zur Disposition der Eltern** steht. § 156 FamFG findet hier keine Anwendung.[45]

Anders als im Mediationsverfahren oder in einem Verfahren, in dem das Einvernehmen der Beteiligten die Hoffnung begründet, die Grundlage für einen besseren Kommunikations- und Erziehungsprozess bereitzustellen, geht es im Erörterungstermin nach § 157 FamFG weder um die eigenständige Erarbeitung notwendiger Schutzmaßnahmen und Hilfeleistungen durch die Eltern, noch darf es um die etwaige Befriedung zwischen Eltern und Jugendamt unter Außerachtlassung des Schutzes des Kindes gehen.

Hinweis

Im Vordergrund des Verfahrens nach §§ 1666, 1666a BGB und damit des Erörterungsgesprächs nach § 157 FamFG stehen das Kindeswohl und der Schutz des Kindes oder Jugendlichen vor Beeinträchtigungen seiner körperlichen, geistigen und seelischen Integrität[46].

Das **Jugendamt** hat das erforderliche sozialpädagogische Fachwissen aufzuzeigen (§ 50 Abs. 2 SGB VIII) und der **Verfahrensbeistand** hat die Interessen des Kindes festzustellen und im Verfahren zur Geltung zu bringen (§§ 158 Abs. 1, 158b FamFG). Bei festgestellter akuter Gefahrenlage und nicht garantierter Sicherheit des Kindes bleibt kein Raum für langwierige Verhandlungen zur Steigerung der Hilfeakzeptanz der Eltern, wenn diese nicht aus eigener Überzeugung hierzu bereit und in der Lage sind.[47]

200 Das Gericht hat das **persönliche Erscheinen der Eltern** zum Termin anzuordnen, § 157 Abs. 2 FamFG. Auf die Folgen des unentschuldigten Ausbleibens zum Termin sind die Eltern hinzuweisen (§ 33 Abs. 4 FamFG): Das Gericht kann durch Beschluss ein **Ordnungsgeld** verhängen, wobei die Festsetzung des Ordnungsgeldes auch wiederholt werden kann. Im Falle des wiederholten, unentschuldigten Ausbleibens kann auch die **Vorführung** angeordnet werden (§ 33 Abs. 3 FamFG).

45 Wegener, NZFam 2015, 799; wenn auch dem Gericht häufig eine Mittlerrolle zwischen den Sichtweisen der Eltern und des Jugendamtes zufällt, vgl. Heilmann/Cirullies, § 157 FamFG Rn. 2.
46 Berneiser in Heilmann/Lack, Die Rechte des Kindes, S. 293 (306 f.).
47 Salgo, FPR 2010, 456 (458).

Da die Eltern persönlich am Termin teilzunehmen haben, dürfen sie auch nicht unter Hinweis auf ihre Vertretung durch einen Anwalt fernbleiben.[48] Bei bewilligter Verfahrenskostenhilfe ist i.d.R. die **Beiordnung eines Rechtsanwalts** geboten, da bei Eingriffen in das Sorgerecht die Beurteilung der Sach- und Rechtslage schwierig ist und ein Eingriff von erheblichem Gewicht im Raum steht.[49]

Die Anordnung des persönlichen Erscheinens gilt für beide Elternteile gleichermaßen. Von der gemeinsamen Erörterung mit beiden Eltern kann abgesehen werden, wenn dies zum Schutz eines Beteiligten, etwa wegen häuslicher Gewalt im familiären Kontext oder aus anderen Gründen (z.B. längere Ortsabwesenheit eines Elternteils), erforderlich ist.[50] Auch ein **nicht sorgeberechtigter Elternteil** ist zu beteiligen, da gemäß § 1680 Abs. 3 BGB das nachrangige Erziehungsrecht des anderen Elternteils in Kraft treten kann, sollte der sorgeberechtigte Elternteil nicht in der Lage sein, das Kind selbst zu erziehen.[51]

Kosten, die durch die Teilnahme am Termin entstehen, sind notwendige Aufwendungen i.S.d. § 80 FamFG. Hat das Gericht Verfahrenskostenhilfe bewilligt, besteht ein Anspruch auf Bewilligung einer **Reiseentschädigung**.[52] Der Beteiligte hat dem Gericht rechtzeitig vor dem Termin mitzuteilen, dass er die Kosten für die An- und Abreise nicht tragen kann und erhält vom Gericht einen Gutschein für die Fahrt mit der Deutschen Bahn zwischen Wohnort und Gericht. **201**

4. Ergebnis und nachträgliche Überprüfung nach Durchführung der Erörterung

Sind die Sorgeberechtigten bereit und in der Lage, öffentliche Hilfen anzunehmen, wird das Verfahren ohne gerichtliche Maßnahmen durch einen beschwerdefähigen Beschluss mit Kostenentscheidung beendet. Der Abschluss eines **gerichtlich gebilligten Vergleichs scheidet** demgegenüber **aus**, weil der Gegenstand des Verfahrens wegen Kindeswohlgefährdung nicht zur Disposition der Beteiligten steht. Liegt hingegen eine Gefahr für das Wohl des Kindes vor und sind die Eltern nicht gewillt oder nicht in der Lage, die Gefahr von dem Kind abzuwenden, so hat das Gericht Maßnahmen nach §§ 1666, 1666a BGB zu treffen. **202**

Rein vorsorglich darf das Sorgerecht jedoch nicht entzogen werden (sog. Vorratsentscheidung), auch nicht, um jugendamtliche Handlungsmaßnahmen zu erleichtern.[53]

48 Hüßtege in Thomas/Putzo, § 157 FamFG Rn. 5.
49 OLG Bamberg, Beschl. v. 4.12.2013, 7 WF 309/13, FamRZ 2014, 1041 f.; OLG Düsseldorf, Beschl. v. 2.10.2012, II 1 WF 229/12, 1 WF 229/12, FamRZ 2013, 897; vgl. zustimmend Schlemm in Bahrenfuss, § 157 FamFG Rn. 7.
50 Schlemm in Bahrenfuss, § 157 FamFG Rn. 5.
51 Schlünder in BeckOK, § 157 FamFG Rn. 2.
52 BGH, Beschl. v. 19.3.1975, IV ARZ (VZ) 29/74, BGHZ 64, 139.
53 OLG Schleswig ZKJ 2014, 330 mit Anm. Gottschalk; zum Sorgerechtsentzug auf Vorrat BVerfG FamRZ 2014, 1177.

Auch ist es dem Familiengericht verwehrt, als Maßnahme nach § 1666 Abs. 3 BGB das Gebot aussprechen, eine Sorgerechtsvollmacht zu erteilen.[54]

203 Nach dem Abschluss des Verfahrens nach § 1666 BGB trifft das Gericht in angemessenen Zeitabständen eine **Kontroll- und Abänderungsverpflichtung** nach § 166 FamFG.[55] Die Beteiligten des Ausgangsverfahrens sind automatisch auch Beteiligte des Prüfungsverfahrens, da das Prüfungsverfahren zwar ein Verfahren eigener Art, aber dem Ursprungsverfahren zuzuordnen ist. Ergibt sich im Prüfungsverfahren die Notwendigkeit zur **Abänderung der getroffenen Entscheidung**, eröffnet das Gericht ein neues Verfahren (Abänderungsverfahren).

In der Regel wird der Verfahrensbeistand des Ausgangsverfahrens auch im Abänderungsverfahren bestellt werden.

204 Sieht das Gericht von einer familiengerichtlichen Maßnahme ab, hat es aufgrund der ihm obliegenden **Überprüfungsverpflichtung** nach § 166 Abs. 3 FamFG sicherzustellen, dass seine Entscheidung in einem angemessenen Zeitabstand, d.h. nach ca. drei Monaten, überprüft wird. Im Erörterungstermin kann das Gericht auf die Notwendigkeit der nachträglichen Überprüfung hinweisen und den Eltern damit deutlich machen, dass sie sich entsprechend zu verhalten und Hilfen anzunehmen haben, da eine nachträgliche Überprüfung der Situation erfolgen wird.

Wenngleich eine Dauerkontrolle der Familie durch das Familiengericht nicht der Intention des Gesetzgebers entspricht und die Familie vor unzulässigen, engmaschigen und immerwährenden Kontrollmaßnahmen des Staates zu schützen ist, soll der Druck auf die Eltern, die Gefahr von dem Kind abzuwenden und mit der Jugendhilfe zu kooperieren, durch das Hinzutreten des Familiengerichts aufrechterhalten werden.

Ordnet das Gericht eine **länger andauernde kindesschutzrechtliche Maßnahme** an, so muss es seine Entscheidung gemäß § 166 Abs. 2 FamFG in angemessenen Zeitabständen prüfen. Besteht die in der Ausgangsentscheidung festgestellte Kindeswohlgefährdung nicht mehr, ist die kindesschutzrechtliche Maßnahme in einem gesondert durchzuführenden Verfahren aufzuheben. Besteht die Gefährdung in anderer Form fort, ist die Ursprungsentscheidung abzuändern und die nunmehr erforderliche Maßnahme zu treffen.

5. Erlass einer einstweiligen Anordnung gemäß § 157 Abs. 3 FamFG

205 Gemäß § 157 Abs. 3 FamFG trifft das Gericht die Pflicht zur Prüfung, ob zur Abwendung einer Kindeswohlgefährdung der Erlass einer einstweiligen Anordnung erfor-

54 Zur Sorgerechtsvollmacht vgl. Hoffmann, JAmt 2015, 6 (9 f.); vgl. auch DIJuF-Rechtsgutachten v. 17.12.2014 (Einverständnis in eine Hilfe zur Erziehung beim Bestehen einer Sorgerechtsvollmacht für Hilfen zur Erziehung), JAmt 2015, 33 f.; zur Aufhebung der gemeinsamen elterlichen Sorge trotz Sorgerechtsvollmacht vgl. OLG Düsseldorf, Beschl. v. 7.12.2017, II-1 UF 151/17, BeckRS 2017, 134555 mit Anm. Elden, NZFam 2018, 86 ff.

55 BT-Drucks. 16/6815, S. 15; Coester in Lipp/Schumann/Veit (2009), S. 50 ff.; zu ersten Erkenntnissen aus der praktischen Umsetzung vgl. Socha, JAmt 2017, 522 ff.

derlich ist.[56] Das Gericht hat sorgfältig abzuwägen, ob ein dringendes **Bedürfnis für ein sofortiges Einschreiten** besteht, weil ein weiteres Abwarten nicht vertretbar und eine sofortige Maßnahme zur Abwendung einer Gefahrenlage für das Kind erforderlich sind.[57]

Die einstweilige Anordnung kann **ohne Durchführung des Erörterungstermins** erlassen werden. Dann ist auf Antrag aufgrund mündlicher Erörterung erneut zu entscheiden (§ 54 Abs. 2 FamFG). Erst nach mündlicher Erörterung besteht die Möglichkeit, gegen die im Eilverfahren ergangene Entscheidung Beschwerde einzulegen (§ 57 Satz 2 Nr. 1 FamFG).[58] **206**

Sind die Eltern vor Erlass der einstweiligen Anordnung nicht angehört worden, ist die Anhörung unverzüglich nachzuholen (§ 160 Abs. 4 FamFG).

III. Die Rolle des Verfahrensbeistands in Verfahren nach §§ 1666, 1666a BGB

Angesichts der Gefahren- und Belastungssituation für das körperliche, geistige und/oder seelische Wohl des Kindes und der Tragweite einer Entscheidung mitsamt ihren Auswirkungen auf den weiteren Lebensweg des Kindes, ist entscheidend, welche Aufgaben dem Verfahrensbeistand im gerichtlichen Verfahren wegen einer möglichen Kindeswohlgefährdung (§§ 1666 f. BGB) zukommen und welche Rahmenbedingungen der Gesetzgeber dem Verfahrensbeistand bereitstellt, damit dieser in die Lage versetzt wird, die kindlichen Interessen zu vertreten. **207**

1. Voraussetzungen für die Bestellung

In Kindschaftssachen nach § 151 FamFG, die die Person des Kindes betreffen, hat das Gericht gemäß § 158 Abs. 1 FamFG dem Kind einen geeigneten Verfahrensbeistand zu bestellen, soweit dies zur Wahrnehmung seiner Interessen erforderlich ist.[59] Erforderlich ist die Vertretung des Kindes, wenn die Eltern die Interessen des Kindes entweder nicht wahrnehmen wollen oder hierzu nicht in der Lage sind und eine Interessenskollision besteht, weil eigene Interessen vor die des Kindes gestellt werden. **208**

Auf die Bestellung des Verfahrensbeistands kann **nur verzichtet** werden, wenn

- eine anderweitige Interessensvertretung gewährleistet ist,
- die Angelegenheit von nur geringer Bedeutung ist oder
- die Situation keinen erheblichen Einfluss auf die Rechtsposition und die künftige Lebensgestaltung des Kindes nimmt (vgl. Teil 2/*Bauer*, Rn. 12 ff.).

---

56 Zorn in Bork/Jacoby/Schwab, § 157 FamFG Rn. 3.
57 Zorn in Bork/Jacoby/Schwab, § 157 FamFG Rn. 15.
58 Schlemm in Bahrenfuss, § 157 FamFG Rn. 2.
59 Zur Frage der konkludenten Bestellung eines Verfahrensbeistands als Ausnahme vom Regelfall der schriftlichen Bestellung vgl. AG Riesa, Beschl. v. 28.3.2017, 9 F 343/15, juris.

In Verfahren nach **§§ 1666, 1666a BGB** ist die Bestellung des Verfahrensbeistands **verpflichtend** vorgesehen („ist stets erforderlich"), wenn die vollständige oder teilweise Entziehung der Personensorge in Betracht kommt (§ 158 Abs. 2 Nr. 1 FamFG). Die hohe Wahrscheinlichkeit des Interessensgegensatzes besteht in dem Vorwurf gegen die Eltern, sich missbräuchlich gegenüber dem Kind zu verhalten.

2. Die Bestellung eines „geeigneten" Verfahrensbeistands

209 Das Gesetz verlangt die Bestellung eines geeigneten Verfahrensbeistands. In § 158a FamFG werden **Kriterien der Eignung** in fachlicher und persönlicher Hinsicht aufgeführt (vgl. Teil 2/*Salgo*, Rn. 60 ff.). Erstmals werden auch die Notwendigkeit des Nachweises der fachlichen Eignung sowie die regelmäßige Fortbildungsverpflichtung gesetzlich normiert, womit sich die nunmehr im Gesetz benannten Kriterien mit den Anforderungen decken, die in der Literatur an die fachlichen Fähigkeiten des Verfahrensbeistandes gestellt werden und die die familiengerichtliche Praxis voraussetzt (vgl. Teil 1/*Salgo*, Rn. 25 ff., der das entsprechende Qualifikationsprofil schon seit langem für dringend erforderlich erachtet).[60]

Normiert ist nicht weiter, welche Person für die Aufgabe geeignet ist, weshalb das Gericht nach pflichtgemäßem Ermessen eine Person zu bestimmen hat, die hierzu persönlich und fachlich geeignet und in der Lage ist, die Interessen des Kindes festzustellen und sachgerecht in das Verfahren einzubringen.[61] Dementsprechend wird zutreffend die Forderung erhoben[62], das Familiengericht habe die notwendige **Qualifikation** vor der Bestellung des Verfahrensbeistands zu **prüfen**.[63]

210 In Kindeswohlgefährdungsverfahren wird vom Verfahrensbeistand zusätzlich die Fähigkeit zu erwarten sein, das Kind oder den Jugendlichen in dieser hoch belastenden Lebenssituation zu begleiten, die zusätzlich zu einer Grundausbildung in einer juristischen, pädagogischen oder psychologischen Profession sowie praktischer Erfahrung eine **spezifische Weiterbildung** erfordert (hierzu ausführlich die Standards für die Interessenvertretung im Anhang). Damit der Verfahrensbeistand im gerichtlichen Verfahren nach §§ 1666, 1666a BGB das Kindeswohl angemessen feststellen und die Interessen des Kindes in das Verfahren einbringen kann, werden zudem zusätzliche Kenntnisse zum Kinderschutz zu erwarten sein, die sich von Kenntnissen zu Trennungs- und Scheidungskindern unterscheiden.[64]

Konkret sollte der Verfahrensbeistand dringend überfundierte Kenntnisse nicht nur auf dem Gebiet des materiellen Kindschaftsrechts, des Kinder- und Jugendhilfe-

---

60 Menne, NZFam 2020, 1033 (1040).

61 BT-Drucks. 16/6308, 238.

62 Siehe die Empfehlungen des AK 23 des 21. Deutschen Familiengerichtstages, Brühl 2015; Heilmann, ZKJ 2016, 1 (Editorial).

63 Vgl. zu den Anforderungen an die Entscheidung des Gerichts über die Bestellung des Verfahrensbeistands Sternal/Schäder, § 158 FamFG Rn. 27 ff.; auch Dahm, Ergebnisse des Forschungsprojektes „Geeignetheit von Verfahrensbeiständen gem. § 158 FamFG", HAWK und BVEB e.V., ZKJ 2016, 212 ff.

64 BGH, Beschl. v. 28.4.2010, XII ZB 81/09, BGHZ 185, 272.

rechts wie auch des Familienverfahrensrechts verfügen. Erforderlich sind ebensolche

- Fachkenntnisse im Bereich der Entwicklungspsychologie,
- Kenntnisse der unterschiedlichen Erscheinungsformen der Kindeswohlgefährdung und
- des Angebotsspektrums öffentlicher und freier Träger der Kinder- und Jugendhilfe vor Ort (siehe Teil 1/*Salgo*, Rn. 25 ff.).[65]

Der Verfahrensbeistand wird umso eher die Interessen des Kindes vertreten können, je höher seine Sensibilität für pädagogische und psychologische Dimensionen der Fallproblematik und je reflektierter seine Alltagsvorstellungen von Kindeswohl und Kindeswohlgefährdung sind.[66]

Neben der erforderlichen **Konfliktlösungskompetenz** sowie einer persönlichen Eignung, Fähigkeit und Bereitschaft, empathisch und sensibel die Perspektive des Kindes einnehmen und dessen Lebenszusammenhänge begreifen zu können, benötigt der Verfahrensbeistand die Kompetenz zur alters- und reifeangemessenen **Gesprächsführung** mit dem Kind[67] mit besonderem Blick auf und Verständnis für die aktuelle Lebensrealität des Kindes. **211**

3. Die Aufgaben des Verfahrensbeistands in Verfahren wegen Kindeswohlgefährdung

▶ *Zu den allgemeinen Aufgaben des Verfahrensbeistandes siehe Teil 2/Bauer Rn. 90 ff.* **212**

Für das Kind geht die Situation nach einer erfolgten Gefährdung oder Trennung von den Eltern im Regelfall mit einer großen Belastung einher. Hier ist es die Aufgabe des Verfahrensbeistands, sorgfältig den **Bedarf und die Ressourcen** des Kindes zu ermitteln. Für die Einschätzung wird der Verfahrensbeistand sich auch mit den Möglichkeiten und Ressourcen der Eltern auseinandersetzen müssen. Er hat zu hinterfragen,

- ob und inwieweit die Eltern für das betroffene Kind sorgen und verantwortlich sein können,
- ob und inwieweit ihre Erziehungsfähigkeit gegeben ist,
- ob ambulante Unterstützungsangebote geeignet und notwendig sind, um der Gefahrenlage zu begegnen, oder die Trennung des Kindes von den Eltern erforderlich erscheint.

---

65 Mayer, jM 7/2016, 272 (274).

66 Vgl. hierzu „Kindeswohl zwischen Jugendhilfe, Justiz und Gutachtern" von Schneider/Toussaint/Cappenberg 2014, 33 ff. Mit Blick auf die Kommunikationsstrukturen der jeweiligen Professionen wird festgestellt, dass Unsicherheiten des eigenen Berufsverständnisses zu Störungen in der Kommunikation und der Zusammenarbeit führen.

67 Dahm, ZKJ 2016, 212 (213); zur fachlichen Eignung gem. § 158a FamFG vgl. auch Berneiser/Diehl in LPK-SGB VIII, Anhang 6 Anwalt des Kindes Rn. 52 ff.

Der Verfahrensbeistand hat eine eigene Einschätzung im Interesse des Kindes zu treffen, natürlich auch unter Berücksichtigung und kritischer Würdigung der Stellungnahmen der anderen Beteiligten und Fachkräfte.

213 Als Interessenvertreter für das Kind hat der Verfahrensbeistand eine Nähe zum Kind aufzubauen, verbunden mit der Aufgabe, die Umstände des Einzelfalls und die Gedankenwelt des Kindes kennenzulernen sowie Möglichkeiten und Grenzen möglicher Erziehungshilfen einschätzen zu können.

Praxistipp

▶ *Für den Verfahrensbeistand kann es sich als hilfreich erweisen, das Jugendamt im Vorfeld des gerichtlichen Erörterungstermins um die Klärung der Verfügbarkeit und Geeignetheit möglicher Hilfen zur Erziehung nach §§ 27 ff. SGB VIII oder um weitere Informationen zu bitten, die auf eine Kindeswohlgefährdung hindeuten.*[68]

Trägt das Jugendamt keine Informationen an den Verfahrensbeistand heran, verbleibt diesem die Möglichkeit, bei Gericht anzuregen, das Jugendamt um Auskunftserteilung und Vorlage früherer und aktueller Hilfepläne und ggf. Verlaufsberichte hinsichtlich bereits geleisteter Hilfen zu ersuchen (vgl. hierzu auch § 50 Abs. 2 Satz 2 SGB VIII).

Siehe hierzu auch Teil 2/*Bauer*, Rn. 90 ff., 116 ff. und Teil 4/*Kepert*, Rn. 320 ff.

In der Praxis sind häufig zum Zeitpunkt der Anrufung des Familiengerichts öffentliche Hilfen bereits längere Zeit geleistet oder sogar ausgeschöpft worden. Dem **Jugendamt** kommt eine oft schwierige Doppelrolle als **Leistungsbehörde** einerseits und **Eingriffsbehörde** andererseits zu.[69] Im Rahmen des familiengerichtlichen Kinderschutzverfahrens ist das Jugendamt gemäß § 50 SGB VIII in Anbetracht seiner aus § 162 Abs. 2 Satz 1 FamFG resultierenden Teilnahmeverpflichtung gehalten, über bisher angebotene und erbrachte Kinder- und Jugendhilfeleistungen in der Familie zu unterrichten und von der Notwendigkeit der weiteren Bereitstellung öffentlicher Jugendhilfe zu überzeugen.[70] Es verbleibt die Pflicht zur weiteren **Überwachung des Hilfeprozesses**.[71]

Das Jugendamt hat in der Regel eine **konkrete Maßnahme** nicht notwendig vorzuschlagen. Der Verfahrensbeistand ebenso wenig, doch genießt er große Anerkennung durch das Gericht, das ihn selbst ausgewählt hat. Anders als Jugendämter, die sich bei der Beurteilung einer Kindeswohlgefährdung an Verfahrensvorgaben orientieren und im kollegialen Austausch stehen, weil in der Jugendhilfe bei Einschätzung einer möglichen Kindeswohlgefährdung wie bei der Hilfeplanung das Vier-Augen-Prinzip gilt, sind Verfahrensbeistände bei der anspruchsvollen Aufgabe der Erkun-

68 Mayer, jM 2017, 140 (141).
69 Hammer in Prütting/Helms, § 157 FamFG Rn. 4.
70 Dürbeck in Wiesner/Wapler SGB VIII, Anh. 3 Rn. 75 ff.
71 Hammer in Prütting/Helms, § 157 FamFG Rn. 4.

dung der Kindesinteressen und bei der Abwägung von Wille und Wohl des Kindes im familiären Kontext auf sich allein gestellt.[72]

Die **autonome Verfahrensstellung** eröffnet dem Verfahrensbeistand aber die Möglichkeit, 214

- als neutraler und professioneller Dritter zu agieren,
- mit Jugendamt und Gericht zu kooperieren,
- sich für das Kind besonders einzusetzen und dadurch das Kind in den Mittelpunkt des Verfahrens zu rücken.

Der Verfahrensbeistand, der von den Eltern als „neutraler Dritter" im Verfahren wahrgenommen wird, ist besonders gefordert, die **Eltern** stärker für die Interessen ihres Kindes zu **sensibilisieren**. Er leistet insoweit einen wichtigen Beitrag zur Abwendung der Gefahrenlage, wobei er stets seine eigene Aufgabenstellung beachten muss und nicht überschreiten darf, damit die Zusammenarbeit im Verfahren gelingen kann.

Praxistipp

Seinen schriftlichen Bericht (vgl. § 158b Abs. 1 S. 2 FamFG) sollte er bereits vor dem ersten Termin einreichen, damit dem Richter, aber auch den Verfahrensbeteiligten, die notwendigen Informationen vorliegen und die Sitzung effektiv verlaufen und ein fundiertes Ergebnis gefunden werden kann. Aufgrund des zu berücksichtigenden Postlaufs sollte der Bericht rechtzeitig und nicht erst einen Tag vor dem Termin eingereicht werden.

Gerade wenn nicht klar ist, wann und ob das von der Gefährdung betroffene Kind in den Erörterungstermin einzubeziehen ist, ist es von Vorteil, verpflichtend den Verfahrensbeistand einzubinden. Dieser kann, selbst wenn er bis zum Termin noch nicht die Möglichkeit hatte, das Kind und die Familie umfassend kennenzulernen, im Termin durch die eigene **Anwesenheit und Teilnahme** 215

- den Blick auf das Kind lenken,
- an der Diskussion über die Gefahrenlage teilnehmen,
- den bisherigen Hilfeverlauf zur Kenntnis nehmen und
- die Eltern in Interaktion mit dem Jugendamt und dem Gericht erleben.

Für die Eltern kann die Anwesenheit des Verfahrensbeistands von Vorteil sein, um zu erkennen, welche Aufgabe der Verfahrensbeistand hat, der für die Interessen des Kindes einsteht und unabhängig von Jugendamt und Gericht agieren soll. Möglicherweise nehmen die Eltern den Vorschlag des Verfahrensbeistands dann anders an.[73]

Sollte die **Beziehung zwischen den Eltern und dem Jugendamt** verhärtet sein, kann eine Beteiligung des Verfahrensbeistands den Vorteil bieten, dass sich Gericht und Jugendamt nicht (nur) auf das elterliche Fehlverhalten konzentrieren und das Verfah-

72 Münder, Kindeswohl zwischen Jugendhilfe und Justiz, S. 430.
73 So auch das Ergebnis nach Münder, Kindeswohl zwischen Jugendhilfe und Justiz, S. 306.

ren entsprechend lenken, sondern auf das Kind, das im Mittelpunkt des Verfahrens zu stehen hat.

216 Aufgrund seines gesetzlichen Auftrags hat der Verfahrensbeistand eine höhere Chance als das Jugendamt, auf die Eltern einzuwirken.[74] Allerdings darf sich die Tätigkeit des Verfahrensbeistands nicht in einer gerichtsunterstützenden Ermittlungs- und Vermittlungstätigkeit erschöpfen, sondern muss auf das Kind selbst gerichtet sein und dieses in den Mittelpunkt des Verfahrens stellen.

Hinweis

Die Erörterung der Kindeswohlgefährdung darf letztlich nicht der Versuch eines Verhandelns am runden Tisch sein.

Der Wunsch nach Einigung unter den beteiligten Erwachsenen birgt für den Verfahrensbeistand die Gefahr, die **Interessen des Kindes** aus dem Blick zu verlieren, die gerade in Gefährdungsfällen einer besonderen Beachtung bedürfen.[75] Hier bedarf es einer besonderen Aufmerksamkeit für die Situation und eines Bewusstseins für die Gefahr, dass ggf. nur niedrigschwellige Hilfen nicht zu Lasten des Kindes gehen dürfen. Psychisch kranke Eltern, gewalttätige Väter und Mütter, chronisch süchtige Eltern können sich nicht einfach durch Appelle, Beratung und Familienhilfe verändern. In vielen Fällen ist das nicht einmal nach langjährigen Therapien möglich.

Hier gilt es transparent aufzuzeigen, dass die Belange des Kindes im Vordergrund des Verfahrens stehen und nicht die Bedürfnisse und Beweggründe der Elternteile. Dem Verfahrensbeistand kommt die herausfordernde Aufgabe zu, den Beteiligten deutlich aufzuzeigen, welchen **Einfluss** die Gefährdungssituation auf das Kind hat und welche **Folgen** zu befürchten sind, wenn es weiterhin in der Gefahrensituation verbleibt. Eltern, die unfähig sind, für ein Kind zu sorgen, brauchen Hilfe zur Anerkennung ihrer Defizite, statt weitere Hilfen, die zum gleichen Ergebnis führen.

Im Erörterungstermin kann Eltern all das frühzeitig aufgezeigt werden, erforderlich sind allein das entsprechende Verständnis und die fachliche Qualifikation der Beteiligten für die Situation.

4. Zeitpunkt der Bestellung

217 ▶ *Zum Zeitpunkt der Bestellung siehe Teil 2/Bauer, Rn. 5.*

Der Verfahrensbeistand ist gemäß in § 158 Abs. 1 Satz 2 FamFG **„so früh wie möglich"** zu bestellen. Dementsprechend muss die Bestellung des Verfahrensbeistands zu einem Zeitpunkt erfolgen, zu dem es möglich ist sinnvoll Einfluss auf die Gestal-

74 Vgl. hierzu auch die Ergebnisse bei Münder, Kindeswohl zwischen Jugendhilfe und Justiz, S. 285.
75 Münder, Kindeswohl zwischen Jugendhilfe und Justiz, S. 305.

tung und den Ausgang des Verfahrens zu nehmen,[76] geht es doch im Termin nach § 157 FamFG um die Abwendung einer Gefahrenlage für das Kind.

Möchte das Gericht von einer Maßnahme nach §§ 1666, 1666a BGB absehen, weil sich die Eltern im Rahmen des Verfahrens für Hilfen zugänglich zeigen und eine unmittelbare Gefahr für das Kind abgewendet werden kann, der Verfahrensbeistand jedoch ist anderer Meinung, ist das Gericht gehalten, den Bedenken und Einwänden des Verfahrensbeistands im Rahmen seiner **Amtsermittlungspflicht** weiter nachzugehen und diese zu hinterfragen, um die (Verfahrens-)rechte des Kindes nicht zu beschneiden.[77] Jedenfalls hat sich das Gericht im Rahmen seiner Entscheidung damit auseinanderzusetzen.

Für die Frage der Bestellung des Verfahrensbeistands kann es nicht darauf ankommen, ob eine Kindeswohlgefährdung konkret vorliegt oder (nur) möglich erscheint. **218**
Der **Erörterungstermin** nach § 157 FamFG bietet auch nicht die Gewähr dafür, dass von sorgerechtlichen Maßnahmen nach § 1666 BGB abgesehen wird. Als Teil des Verfahrens nach §§ 1666, 1666a BGB handelt es sich um einen **Termin in einem Sorgerechtsverfahren**, in dessen Rahmen oder als dessen Folge ein Sorgerechtseingriff erfolgen kann.[78]

Bestehen Anhaltspunkte für eine Kindeswohlgefährdung und geht die Gefahr von den Eltern aus oder sind diese nicht bereit oder in der Lage, eine Gefahr von ihrem Kind abzuwehren, steht das Interesse des Kindes zu dem seiner Eltern in erheblichem Gegensatz. Damit ist der Anwendungsbereich des § 158 Abs. 2 Nr. 1 und Abs. 3 Nr. 1 FamFG eröffnet und es ist ein **Verfahrensbeistand für den Erörterungstermin** nach § 157 Abs. 1 FamFG zu bestellen. Die Bestellung des Verfahrensbeistands für das Erörterungsgespräch wird aber in der Tat entbehrlich sein, wenn etwa die Gefährdungsmitteilung des Jugendamtes aufgrund einer nicht durchgeführten kinderärztlichen Vorsorgeuntersuchung erfolgt ist und auf sehr vagen Verdachtsmomenten für eine Gefährdung beruht.

IV. Erkenntnisse zur praktischen Umsetzung des § 157 FamFG und zur Interessensvertretung des Kindes in Gefährdungsfällen

1. Qualitative Untersuchung zur Umsetzung des § 157 FamFG in der Praxis

Nach den Ergebnissen einer ersten empirischen Untersuchung[79] zur Frage, wie die **219**
Erörterung der Kindeswohlgefährdung in der Praxis umgesetzt wird und wie sich die

76 BVerfG, Urt. v. 26.8.1999, 1 BvR 1403/99, juris; OLG Saarbrücken, NJW 2011, 2372; Lack/Salgo, FPR 2012, 353 (355).
77 Salgo, FPR 2010, 456 (459).
78 Vgl. OLG Saarbrücken, Beschl. v. 10.2.2012, 6 WF 8/12, ZKJ 2012, 230.
79 Vgl. Berneiser, Die verfahrensrechtliche Neuregelung der Erörterung der Kindeswohlgefährdung in § 157 FamFG.

Zusammenarbeit zwischen Jugendamt und Familiengericht gestaltet, wird deutlich, dass ein Bewusstsein für die Durchführung einer Erörterung zur Begegnung der Gefahrenlage besteht, der Regelung des § 157 Abs. 1 FamFG aber (noch) keine eigenständige Bedeutung zukommt: Anders als das in § 155 Abs. 1 FamFG normierte Vorrang- und Beschleunigungsgebot, das durch die fast regelhafte frühe Terminierung innerhalb eines Monats nach Beginn des Verfahrens (vgl. § 155 Abs. 2 Satz 2 FamFG) ein Bewusstsein der Gerichte für das kindliche Zeitempfinden und die Erforderlichkeit einer beschleunigten Verfahrensführung erkennen lässt, ist die Regelung des § 157 FamFG in ihrer eigentlichen Zielsetzung **häufig noch unbekannt**.

220 Bei der Richterschaft und den Mitarbeitern der Kinder- und Jugendhilfesozialdienste von Jugendämtern fehlt es bereits an der **Einheitlichkeit der Begriffsverwendung**. Es zeigt sich, dass der „Erörterungstermin", in welchem ein „Gespräch" zwischen Gericht, Jugendamt und Eltern erfolgt, jedenfalls nicht als gesonderter Termin anberaumt wird. Ein gezieltes Einwirken auf die Eltern findet ausweislich der Untersuchung ebenfalls nur vereinzelt statt. Es wird nicht hinreichend nach unterschiedlichen Gefährdungsstufen und danach differenziert, ob eine mögliche oder eine bereits eingetretene Kindeswohlgefährdung vorliegt.

Häufig erschöpft sich das Erörterungsgespräch in der Diskussion über mögliche Hilfeleistungen, in der Darstellung der Situation und in dem Hinweis an die Kindeseltern, im Falle der Nichtannahme von Hilfen oder der Nichteinhaltung von Auflagen mit (stärkeren) Eingriffen in die elterlichen Sorgerechte rechnen zu müssen.

221 Die **Einschaltung des Gerichts** erfolgt überwiegend erst dann, wenn die zuvor von den Jugendämtern angebotenen Hilfen von den Eltern nicht angenommen werden und die Schwelle der Kindeswohlgefährdung bereits überschritten ist.[80]

Das Jugendamt ruft das Gericht an, wenn

- ein Kind Inobhut genommen worden ist und die Eltern der Inobhutnahme widersprechen,
- eine Kindeswohlgefährdung droht, die Eltern aber nicht bereit und in der Lage sind, diese abzuwenden, oder
- die Eltern bereits an der Gefährdungseinschätzung nicht mitwirken (vgl. §§ 8a, 42 SGB VIII).

Die Jugendämter erhoffen sich mit Anrufung des Familiengerichts entweder dessen Autorität, um vorgeschlagenen oder bereits gescheiterten öffentlichen Jugendhilfen mehr Nachdruck zu verleihen, oder aber die Jugendämter sehen die Einholung eines gerichtlichen Sachverständigengutachtens als erforderlich an.

Die Untersuchung aus dem Jahr 2015 zeigte, dass sich eine befürchtete Absicherungsmentalität des Jugendamtes nicht bestätigt habe. Die Erörterung entfaltet somit meist eine **Warnfunktion**. Es findet ein Gespräch mit allen Beteiligten „an einem Tisch", nicht ein Verhandeln am „runden Tisch" statt.

80 Vgl. Berneiser, Die verfahrensrechtliche Neuregelung der Erörterung der Kindeswohlgefährdung in § 157 FamFG.

Ausweislich der Untersuchung bezeichnen außerdem zahlreiche **Familienrichter** das Verfahren wegen Kindeswohlgefährdung als „juristisch untypisch", zeitaufwändig, teilweise hoch belastend und schwer greifbar.[81] Richter wünschen sich **mehr Einblick in die Arbeit der Jugendämter**. Sie haben das Bewusstsein, als Entscheidungs- und Autoritätsorgan zu fungieren und eine andere Rolle zu haben als das Jugendamt, doch es fehlen fundierte Begründungen für die Annahme einer Kindeswohlgefährdung. Besonders Familienrichter mit weniger Berufserfahrung geben an, noch nicht über die für das Verfahren erforderlichen Kenntnisse zu verfügen.[82] **222**

Zur Erörterung der Kindeswohlgefährdung ist der **Verfahrensbeistand** im Regelfall bestellt. Deutlich wird durch die Feststellung, dass in sieben der acht in der Untersuchung beobachteten Fälle ein Verfahrensbeistand für das Kind bestellt wird und vier von sechs der befragten Richter einen Verfahrensbeistand bereits zum „ersten Erörterungstermin" hinzuziehen[83] und dass im Verfahren zumindest ansatzweise eine größere Aufmerksamkeit dem Kind gegenüber besteht. In der Bestellung des Verfahrensbeistands scheinen die Richter den Vorteil zu erkennen, auf eine weitere Person im Verfahren zurückgreifen zu können, die für das Kind, das sich in einem schweren Loyalitätskonflikt befindet, einsteht, sich intensiv mit dem Kind auseinandersetzt und für es agieren kann.[84] **223**

Gleichwohl – und das machen die Ergebnisse der in der Untersuchung erfolgten Expertenbefragungen ebenso deutlich – warten Richter auch mit der Bestellung des Verfahrensbeistands ab, bis etwa die Familie kennengelernt oder der Sachverhalt weiter ermittelt worden ist.

2. Studie zur Zusammenarbeit von Jugendhilfe und Justiz (2017)

Auch nach den Ergebnissen von Münder (2017)[85] zur Zusammenarbeit von Jugendhilfe und Justiz in Verfahren wegen Kindeswohlgefährdung bleibt offen, **welche Erwartungen mit der Erörterung** der Kindeswohlgefährdung verknüpft sind und wie der Termin ausgestaltet wird.[86] In nahezu allen im Rahmen der Studie durchgeführten Interviews mit ASD-Fachkräften und Richtern wird deutlich, dass die Erörterung der Kindeswohlgefährdung darauf abzielt, eine mit Entscheidungsmacht ausgestattete Autoritätsperson hinzuzuziehen, damit **Druck auf die Eltern** ausgeübt werden kann:[87] In zahlreichen Fällen äußern die Jugendämter die Erwartung, mithilfe des Ge- **224**

81 Berneiser, Die verfahrensrechtliche Neuregelung der Erörterung der Kindeswohlgefährdung, S. 286 ff.
82 Berneiser, Die verfahrensrechtliche Neuregelung der Erörterung der Kindeswohlgefährdung, S. 286 ff., 300 ff., 303 ff.; kritisch zur Frage der Qualitätsstandards Salgo, ZKJ 2018, 168 ff.; zu den Ausbildungsstandards im Kinderschutz in der Lehre siehe Berneiser/Bartels, ZKJ 2016, 440 (441 f.). Die Kinderrechtekommission des Deutschen Familiengerichtstages e.V., FamRZ 2018, 666 ff. spricht sich deshalb für eine Qualitätsoffensive aus.
83 Vgl. Berneiser, ZKJ 2016, 255 (258, 260).
84 Berneiser, ZKJ 2016, 255 (260).
85 Vgl. Münder, Kindeswohl zwischen Jugendhilfe und Justiz – Zur Entwicklung von Entscheidungsgrundlagen und Verfahren zur Sicherung des Kindeswohls zwischen Jugendämtern und Familiengerichten.
86 Vgl. Münder, S. 96.
87 Münder, S. 246.

richts die Gefährdung feststellen und gemeinsam Maßnahmen zur Abwendung der Gefahrenlage finden und durchsetzen zu wollen. Hierzu biete sich das Erörterungsgespräch an, auch gerade dann, wenn die eigenen jugendhilferechtlichen Handlungsmöglichkeiten erschöpft sind.[88] Dass der Richter die Macht habe, den Eltern die elterliche Sorge zu entziehen, sei den Eltern auch bewusst. Sie benötigten aber eine Person, die ihnen das transparent macht. Der Druck des Verfahrens könne sie aufrütteln.[89]

225 Die Studie zeigt auf, dass auch festgefahrene Kommunikationsstrukturen zwischen dem Jugendamt und den Familien von Richtern gelöst werden können, wenn diese die Eltern „an die Hand nehmen und sie dahin führen, wo sie hin sollen".[90] Erörterungen sollen stattfinden, wenn Jugendämter die Eltern nicht davon überzeugen können, eine Hilfe anzunehmen, die das Jugendamt angesichts einer potenziellen Gefährdung für erforderlich hält. Mit der Erörterung bei Gericht und den justiziellen Möglichkeiten zur **Herstellung von Verbindlichkeit** verknüpfen die Jugendämter die Vorstellung, die Hilfeakzeptanz der Eltern zu erreichen.[91] Entsprechend soll die Regelung des § 157 FamFG dazu beitragen, **Widerstände** der Eltern gegenüber Hilfeangeboten des Jugendamtes **abzubauen** und ggfs. bestehende Hürden bei der Kooperation von Jugendamt und Eltern mithilfe des Gerichts überwinden zu können.

Vor diesem Hintergrund werden Gerichte zunehmend früher informiert.[92] Der Termin wird als Möglichkeit betrachtet,

> „festgefahrene Gespräche im Jugendamt wieder in Bewegung zu bringen [...], er stoße in die Lücke zwischen dem auf Freiwilligkeit und Aushandlung basierenden § 36 SGB VIII und einem richterlichen Sorgerechtseingriff."[93]

Jugendämter ziehen das Gericht aus der Motivation hinzu, mit dem Gericht eine Instanz zu haben, die einen Termin anberaumen kann, zu dem die Eltern erscheinen müssen.[94] Richter würden auf diese Weise in die Maßnahme-Entwicklung mit eingebunden, was Richter entweder begrüßen und als sinnvolle Erweiterung ihres Handlungsspektrums bewerten oder aber mit der Begründung ablehnen, es sei mit Blick auf die Vorgaben des SGB VIII die ureigene Aufgabe der öffentlichen Jugendhilfe, die Gefahrenlage und Reaktion hierauf zu prüfen, bevor das Familiengericht eingeschaltet werden dürfe.[95]

226 Dass ein Richter im Erörterungstermin nicht als Mediator ohne Entscheidungsgewalt und in bloßer Vermittlungsfunktion fungieren darf, ist zumindest einem Teil der Richterschaft bewusst.[96]

---

88 Münder, S. 240, 241.
89 Vgl. Zitate bei Münder, S. 246.
90 Vgl. Zitate bei Münder, S. 247.
91 Münder, S. 241.
92 Münder, S. 241.
93 Münder, S. 245.
94 Vgl. Zitate bei Münder, S. 243.
95 Münder, S. 244.
96 Münder, S. 248, 249.

Zum Teil wird deutlich, dass die Bestellpraxis von einer „guten und bewährten Erfahrung in der Zusammenarbeit" geprägt ist.[97] Nach den Erwartungen des Richters soll der **schriftliche Bericht des Verfahrensbeistands** auch noch vor dem ersten Erörterungstermin „spätestens einen Monat nach Beginn des Verfahrens" fertiggestellt und an alle Beteiligten versendet werden, es sei denn, es handelt sich um eine Inobhutnahme ohne Zustimmung der Eltern, sodass der Bericht nachgeholt werden muss. Für die Richter ist es ein bewährtes Kriterium, im Einzelfall auf Verfahrensbeistände zurückzugreifen, die bereits unter Beweis gestellt haben, einen aussagekräftigen Bericht bis zum Termin anfertigen zu können. Als Grundlage der Stellungnahme dienen die Akte des Gerichts mitsamt der jugendamtlichen Berichterstattung und die Ermittlungserkenntnisse des Verfahrensbeistands zu den Interessen des Kindes, häufig im Bericht getrennt nach Wille und Wohl[98], der auf etwa vorhandene Erfahrungen bei der Mitwirkung an einvernehmlichen Regelungen sowie Gesprächen mit dem Kind, der Familie und dem Umfeld des Kindes zurückgreifen kann.[99]

Auch **informelle Absprachen zwischen Jugendamt und Verfahrensbeistand** sind nicht selten.[100] Im Erstkontakt klärt der Verfahrensbeistand die Kinder altersgemäß darüber auf, dass sie einen „Anwalt" bzw. eine „Anwältin" zur Seite gestellt bekommen haben und sichert ihnen ihre persönliche Unterstützung während des Verfahrens zu.[101]

Nach dem Ergebnis der Studie werden bei der **Auswahl des Verfahrensbeistands** **227**
durch die Richter über die Profession hinausgehend fallspezifische Kriterien wie Geschlecht, Kultur, Sprachkenntnis bis hin zu Durchsetzungskraft und Einfühlungsvermögen berücksichtigt.[102] Verfahrensbeistände sind überwiegend in Verfahren zu Sorgerechtsstreit bei Trennung und Scheidung sowie in Umgangsverfahren einbezogen, Fälle der Kindeswohlgefährdung kommen nicht häufig vor.

Entsprechend fehlt es den Verfahrensbeiständen nicht selten an der besonderen Sachkenntnis zu Fällen nach §§ 1666, 1666a BGB, dem Erörterungsgespräch und der Problematik der Mediation im Kinderschutzverfahren.[103] Widersprüche zwischen Wohl und Wille des Kindes werden zum Teil konstruktiv und in Anlehnung an die Standards des BVEB auch mit Mitteln der kognitiven Verständigung gelöst.[104] Die besonderen Strategien im Umgang mit typischen **Widersprüchen von Wohl und Wille** sind den Verfahrensbeiständen aber nicht immer bewusst. Als problematisch erweisen sich Ansätze, die den Willen eines kleinen Kindes vernachlässigen, mit der Begründung, der Wille sei bei sehr kleinen Kindern noch nicht stark ausgeprägt.[105]

---

97 Vgl. Zitate in Münder, S. 286, 287.
98 Münder, S. 260.
99 Münder, S. 259, 260.
100 Münder, S. 259.
101 Münder, S. 297.
102 Münder, S. 309.
103 Münder, S. 308.
104 Münder, S. 302, 303.
105 Münder, S. 304.

228 Mit der förmlichen **Beendigung des Verfahrens** durch einen Beschluss endet für viele Verfahrensbeistände die Zusammenarbeit mit dem Kind. Nur sehr vereinzelt wird eine nachträgliche Begleitung des Kindes als selbstverständlich erachtet und den Kindern wird angeboten, sich im Bedarfsfalle von sich aus beim Verfahrensbeistand zu melden.[106]

V. Fazit

229 In Verfahren nach § 1666 BGB soll das Gericht nach § 157 FamFG mit den Eltern, dem Jugendamt und dem so früh wie möglich zu bestellenden Verfahrensbeistand erörtern, ob und welche Kindeswohlgefährdung konkret droht oder bereits besteht und wie dieser, insbesondere durch öffentliche Hilfen begegnet werden kann, sowie welche Folgen die Nichtannahme notwendiger Hilfen haben kann, also inwiefern sorgerechtliche Eingriffe nach § 1666 BGB in Betracht kommen.

Die Durchführung der Erörterung im familiengerichtlichen Kinderschutzverfahren eröffnet die Möglichkeit, dem Grundsatz der Verhältnismäßigkeit in besonderer Weise Rechnung zu tragen. Der Erörterungstermin bietet darüber hinaus die Möglichkeit, die Situation des Kindes und die Möglichkeiten und Fähigkeiten der Eltern zur Gefahrenabwehr zu sondieren. Das Erörterungsgespräch kann dann nicht nur einen **Warneffekt** bewirken, sondern auch helfen, eine **Lösung** zur Abwendung der Gefahrenlage zu finden und eine **Hilfebeziehung** zwischen Jugendamt und Eltern zu etablieren.[107]

230 Hierbei ist es wichtig, dass alle Akteure ihre **Aufgabe und Rolle** wahrnehmen, also

- das Jugendamt (Mitteilung über bisherigen Hilfeverlauf, Empfehlung für weitere Hilfen),
- Verfahrensbeistand (Interessenvertreter des Kindes) und
- Gericht (Amtsermittlung, Förderung der Akzeptanz geeigneter Hilfen durch die Eltern, Entscheidung durch Beschluss, wenn Kindeswohl gefährdet)

jeweils die ihnen übertragene Rolle wahrnehmen, sie hierbei ihren Handlungsauftrag kennen und alle gemeinsam mit dem **Blick auf das Kind** und dessen Lebenswelt und Bedürfnisse gerichtet zum Wohle des Kindes zusammenwirken.

231 Erfolgt die Durchführung der Erörterung zu einem Zeitpunkt, zu dem das Gebot der **Inanspruchnahme von öffentlicher Jugendhilfe** gemäß § 1666 Abs. 3 Nr. 1 BGB als mögliche gerichtliche Maßnahme angeordnet werden kann, also geeignet ist, die Gefahr abzuwenden, hat das Gericht von den stärker in das Sorgerecht eingreifenden Maßnahmen des teilweisen oder vollständigen Sorgerechtsentzuges nach § 1666 Abs. 3 Nr. 6 BGB, die im Regelfall mit der Trennung des Kindes von seinen Eltern einhergehen, abzusehen.

232 Es sind der **Sachverhalt aufzuklären** und die Hintergründe des bisherigen elterlichen Verhaltens zu erfragen. Das Jugendamt hat die **Hilfepläne vorzulegen** (§ 50 Abs. 2

106 Münder, S. 299.
107 BT-Drucks. 16/6815, 17; Willutzki, ZKJ 2008, 139 (141).

Satz 2 SGB VIII) und auch damit u.a. für Transparenz zu sorgen. Es kann damit aufgezeigt werden,

- welche Hilfen mit welcher Wirkung bereits zur Verfügung gestellt worden sind,
- wie sich die Mitarbeit der Eltern bislang erwiesen hat,
- welche Hilfen aus welchem Grund auch in Zukunft Erfolg versprechen können oder auch nicht.

Schließlich kann im Beisein von allen Beteiligten geklärt werden, ob und inwieweit die Eltern zukünftig in der Lage sind, ihrer Schutzfunktion zu genügen. Die direkte Konfrontation der Eltern mit der Situation bietet die Möglichkeit, bisherige Versäumnisse zu erkennen. Gericht und Jugendamt können aufzeigen, worauf und aus welchem Grund zukünftig mit Blick auf das Kind geachtet werden muss.

Praxistipp

▶ *Der Verfahrensbeistand kann hierbei die Perspektive des Kindes in den Fokus rücken und deutlich machen, welche Vorgehensweise mit Blick auf das Kindeswohl effektiv, prognostisch realistisch und dem Kind zumutbar ist.*

Der Richter ordnet das **persönliche Erscheinen der Eltern** zum Erörterungstermin an. Die Anordnung kann erforderlichenfalls mit Ordnungsmitteln durchgesetzt werden[108].

Für den Verfahrensbeistand besteht die **besondere Herausforderung** darin, „vom Kind her" zu denken und seine Interessen im Verfahren zu vertreten. Ausgestattet mit gerichtlichem Auftrag wird er im Einzelfall den Eltern gegenüber als höhere Autorität erscheinen und das Kind auch gegen die Interessen seiner Eltern zu vertreten haben.[109] Diese Chance droht zu entgleiten, wenn nicht die Sensibilisierung für die Interessen des Kindes und die Abwehr der Gefährdung im Mittelpunkt des Verfahrens stehen, sondern wenn es lediglich um die Befriedung der Beteiligten (Eltern, Fachkräfte des Jugendamtes, etc.) geht. **233**

Letztlich übernimmt der Verfahrensbeistand im Erörterungstermin nach § 157 FamFG eine **wegweisende Funktion**, da er die Verhältnisse im Sinne des Kindes wenden kann, wenn er fachlich fundiert agiert und im erforderlichen Fall auf geeignete und notwendige Maßnahmen sowie auf Unterstützungsangebote Bezug nimmt.

108 Vgl. § 33 Abs. 3 FamFG: Ordnungsgeld oder Vorführung bei unentschuldigter Teilnahme am Termin trotz ordnungsgemäßer Ladung; hierzu Binschus, ZfF 2008, 112 (115); Jacoby, FamRZ 2007, 1703.

109 Münder, S. 306.

D Gerichtliche Verfahren mit Auslandsbezug

Übersicht Rn.

I. Einleitung

234 Ein erheblicher Anteil der Sorge- und Umgangsverfahren vor deutschen Familiengerichten weist einen Auslandsbezug auf, so etwa, wenn die Beteiligten unterschiedlichen Nationalitäten angehören und/oder eine Familie nicht dauerhaft in Deutschland gelebt hat. Zur Bedeutung dieser Konstellation in der Rechtspraxis ist anzumerken, dass in knapp 40% der in Deutschland lebenden Familien mit Kindern unter 18 Jahren mindestens ein Elternteil einen Migrationshintergrund hat.[1]

235 Streiten Eltern grenzüberschreitend über die Regelung der elterlichen Sorge oder die Ausübung des Umgangs, kommt es nicht selten dazu, dass ein Elternteil das gemeinsame Kind ohne Zustimmung des anderen Elternteils **in einen anderen Staat verbringt**.

Denkbar ist auch, dass ein Elternteil sich in einem anhängigen Verfahren auf die **Sorgerechtsentscheidung** eines ausländischen Gerichts beruft oder ein Elternteil plant, mit dem Kind **auszuwandern**.

Ein Auslandsbezug kann sich weiter ergeben, wenn in einem Sorgerechtsverfahren die **Unterbringung im Ausland**, sei es im Rahmen einer Verwandtenpflege oder als intensivpädagogische Auslandsmaßnahme für Jugendliche, erwogen wird oder die grenzüberschreitende Abgabe einer Vormundschaft zu prüfen ist.[2]

236 In derartigen Konstellationen ist stets zu prüfen, ob die **internationale Zuständigkeit** deutscher Gerichte bzw. des konkret angerufenen Gerichts eröffnet ist und welches Recht materiell auf die Regelung der Sorge- und Umgangskonflikte zur Anwendung gelangt.[3] Darüber hinaus sind auch Unterschiede in den **Rechtskulturen** zu berücksichtigen.

237 Dieser Beitrag soll einen Überblick über dieses von diversen Übereinkommen mit teilweise überschneidenden oder einander ausschließenden Anwendungsbereichen geprägte Rechtsgebiet verschaffen. Dabei gilt ein Vorrang der **EU-Verordnungen**, die gemäß Art. 288 Abs. 2 AEUV unmittelbar in den teilnehmenden Mitgliedstaaten zur Anwendung gelangen, sowie **multilateraler Übereinkommen**, die mit ihrer Ratifizierung innerstaatlich verbindliches Recht werden, gegenüber nationalem Recht.[4] Zu nennen sind hier insbesondere die durch die Haager Konferenz für internationales Privatrecht (www.hcch.net) verabschiedeten Übereinkommen, wie etwa das Haager Kinderschutzübereinkommen und das Haager Kindesentführungsübereinkommen, sowie die Übereinkommen des Europarates (www.coe.int), darunter die Europäische Menschenrechtskonvention, die Istanbul-Konvention und das Europäische Sorge-

1 Statistisches Bundesamt, destatis; Auszug aus dem Datenreport 2021, Familie, Lebensformen und Kinder, 2.1.3, Angaben bezogen auf das Jahr 2019.

2 Hierzu v. Bary, JAmt 2019, 363.

3 Ein Prüfungsschema für die Arbeit an Fällen mit grenzüberschreitenden Bezügen bietet Völker/Clausius, § 11 Rn. 6.

4 Siehe Art. 3 EGBGB sowie § 97 Abs. 1 FamFG.

rechtsübereinkommen. **Bilaterale Abkommen** sind in der Praxis deutscher Gerichte ohne Bedeutung.[5]

Von erheblicher Bedeutung für die familiengerichtliche Praxis sind die **Entscheidungen** des Europäischen Gerichtshofs für Menschenrechte (EGMR bzw. EuGHMR) in Straßburg als Organ des Europarates,[6] sowie die **Rechtsprechung** des Gerichtshofs der Europäischen Union (EuGH) mit Sitz in Luxemburg (www.curia.europa.eu), der als oberstes rechtsprechendes Organ der EU über die Auslegung des Unionsrechts entscheidet.[7]

Im Folgenden werden zunächst die UN-Kinderrechtekonvention, sodann die Brüssel IIb-VO als maßgebliche EU-Verordnung sowie die einschlägigen internationalen Übereinkommen und die Regelungen des nationalen Rechts unter Abgrenzung der jeweiligen Anwendungsbereiche vorgestellt. Im Anschluss werden Fragen der internationalen Zuständigkeit, des anzuwendenden Rechts und der Anerkennung und Vollstreckung von Entscheidungen sowie die grenzüberschreitende Unterbringung von Kindern und Jugendlichen behandelt, bevor auch die Umsetzung des Haager Kindesentführungsübereinkommens (HKÜ) vertieft wird.

Abschließend wird auf die Tätigkeit von Verfahrensbeiständen in Verfahren mit Auslandsbezug eingegangen.

II. Rechtsquellen

1. UN-Kinderrechtekonvention

238 Die UN-Konvention über die Rechte des Kindes vom 20.11.1989 (UN-KRK) ist das grundlegende Kindesinteressen betreffende völkerrechtliche Vertragswerk, gerichtet auf die generelle Stärkung der Kinderrechte, auch in Gerichtsverfahren. Die Konvention enthält kein unmittelbar anwendbares Recht, kann also allein nicht Grundlage eines gerichtlichen Verfahrens sein. Der Konvention kommt jedoch eine **Orientierungsfunktion für Gesetzgebung und Rechtsanwendung** zu. Die in der UN-KRK statuierten Rechte sind für die völkerrechtskonforme Auslegung deutscher Gesetze und damit auch in sämtlichen kindschaftsrechtlichen Verfahren zu beachten.[8]

Nach **Art. 3 Abs. 1** der UN-KRK ist das Wohl des Kindes ein vorrangig zu berücksichtigender Gesichtspunkt bei allen die Interessen von Kindern betreffenden Maßnahmen.

5 Zu nennen ist hier das deutsch-persische Niederlassungsabkommen vom 17.2.1929, das zur Anwendung iranischen Rechts führt, sofern alle Beteiligten ausschließlich die iranische Staatsangehörigkeit besitzen.

6 Siehe etwa zur Impfpflicht für Kinder EGMR NJW 2021, 1657, und zu den Anforderungen an die gerichtliche Aussetzung des Umgangs EGMR FamRZ 2018, 350.

7 Von praktischer Bedeutung sind die sog. Vorabentscheidungsverfahren auf Vorlage nationaler Gerichte nach Art. 267 AEUV; vgl. etwa EuGH FamRZ 2019, 132 zum gewöhnlichen Aufenthalt eines Kindes.

8 Vgl. etwa BGH FamRZ 2015, 240, 242.

Art. 12 der UN-KRK gewährt Kindern abhängig von ihrem Alter und ihrer Reife das Recht zur Meinungsäußerung in ihren Angelegenheiten. Dem Kind ist

> „die Gelegenheit zu geben, in allen das Kind berührenden Gerichts- oder Verwaltungsverfahren entweder unmittelbar oder durch einen Vertreter oder eine geeignete Stelle im Einklang mit den innerstaatlichen Verfahrensvorschriften"

gehört zu werden (Art. 12 Abs. 2 UN-KRK; zur Bedeutung des Art. 12 UN-KRK siehe Teil 1/*Salgo*, Rn. 51 ff., sowie Teil 3/*Ivanits*, Rn. 384 ff.).

2. EU-Recht

239 Zum 1.8.2022 ist für Deutschland wie für alle anderen Mitgliedstaaten der Europäischen Union (mit Ausnahme Dänemarks) die Verordnung (EU) 2019/1111 vom 25.6.2019 über die Zuständigkeit, die Anerkennung und Vollstreckung von Entscheidungen in Ehesachen und in Verfahren betreffend die elterliche Verantwortung und über internationale Kindesentführungen (im Folgenden bezeichnet als **Brüssel IIb-VO**) in Kraft getreten,[9] die auf ab dem 1.8.2022 eingeleitete Verfahren in Ehe- und Kindschaftssachen sowie ab diesem Zeitpunkt errichtete bzw. eingetragene öffentliche Urkunden und Vereinbarungen zur Anwendung gelangt.[10]

Für vor diesem Stichtag eingeleitete Verfahren sowie auf die Anerkennung und Vollstreckung vor diesem Stichtag ergangener Entscheidungen bzw. öffentlicher Urkunden und gerichtlich gebilligter Vereinbarungen greifen gemäß der Übergangsregelung nach Art. 100 Abs. 2 Brüssel IIb-VO weiterhin die Regelungen der **Brüssel IIa-VO** als Vorgängerregelung.[11]

240 Der **sachliche Anwendungsbereich** beider Verordnungen umfasst insbesondere Fragen der elterlichen Sorge und des Umgangsrechts. Dabei ist der Begriff „Zivilsachen" in Art. 1 Abs. 1 b) Brüssel IIb-VO autonom auszulegen und umfasst auch im Rahmen des dem öffentlichen Recht unterliegenden Kinderschutzes erlassene Maßnahmen.[12] Für die Auslegung der Brüssel IIb-VO sind insbesondere die dem Verordnungstext vorangestellten Erwägungsgründe zu beachten; einen ersten Überblick über die Änderungen gegenüber der Brüssel IIa-VO ermöglicht die „Entsprechungstabelle" in Anhang X. **Neuregelungen** finden sich insbesondere in den Bereichen der

9 Dänemark nimmt aufgrund eines erklärten Vorbehalts an den EU-Verordnungen grundsätzlich nicht teil, ist jedoch – ebenso wie Großbritannien – Vertragsstaat des KSÜ, womit dessen Regelungen greifen.

10 Art. 100 Abs. 1 Brüssel IIb-VO. Im Verhältnis zu Großbritannien bleiben für bis zum 31.12.2020 eingeleitete Verfahren die Zuständigkeitsbestimmungen der Brüssel IIa-VO ebenso wie die unionsrechtlichen Anerkennungs- und Vollstreckungsregelungen für Entscheidungen entsprechenden Verfahren maßgeblich; Art. 67 des Abkommens über den Austritt des Vereinigten Königreichs Großbritannien und Nordirland aus der Europäischen Union und der Europäischen Atomgemeinschaft 2019/C 384 I/01.

11 Verordnung EG Nr. 2201/2003 v. 27.11.2003 über die Zuständigkeit und die Anerkennung und Vollstreckung von Entscheidungen in Ehesachen und in den Verfahren betreffend die elterliche Verantwortung und zur Aufhebung der Verordnung (EG) Nr. 1347/2000; auch als EU-EheVO bezeichnet.

12 Vgl. Erwägungsgrund (4) sowie EuGH FamRZ 2009, 843 zur Brüssel IIa-VO.

Anerkennung und Vollstreckung von Entscheidungen, zur Kindesanhörung und grenzüberschreitenden Unterbringung.

Hinweis

Die EU-Verordnungen verdrängen bei Überschneidung der Anwendungsbereiche nationales Recht und völkerrechtliche Übereinkommen, soweit nicht deren Vorrang ausdrücklich geregelt ist.[13]

3. Übereinkommen des Europarats

a) Europäisches Sorgerechtsübereinkommen

Das Europäische Übereinkommen über die Anerkennung und Vollstreckung von Entscheidungen über das Sorgerecht für Kinder und die Wiederherstellung des Sorgeverhältnisses vom 20.5.1980 (Europäisches Sorgerechtsübereinkommen – **ESÜ**) gilt für Deutschland seit dem 1.2.1991. Es regelt im Wesentlichen das **Verfahren für die Anerkennung und Vollstreckung von Entscheidungen anderer Vertragsstaaten**[14] sowie für deren Versagung.[15] **241**

Es gelangt in mehr als 30 Staaten zur Anwendung, darunter den Mitgliedstaaten der Europäischen Union, Großbritannien, der Türkei und der Schweiz, wird in der Praxis bei Überschneidung der Anwendungsbereiche jedoch sowohl durch die EU-Verordnungen[16] als auch durch das Haager Kindesentführungsübereinkommen[17] verdrängt.

b) Europäisches Übereinkommen über die Ausübung von Kinderrechten

Das Europäische Übereinkommen über die Ausübung von Kinderrechten vom 25.1.1996 ist für Deutschland zum 1.8.2002 in Kraft getreten. Es regelt in Art. 3 lit. b) ein von der hinreichenden Einsichtsfähigkeit des Kindes abhängiges **Anhörungsrecht**. **242**

Art. 9 Abs. 2 dieses Übereinkommens betrifft die gesonderte Bestellung eines Vertreters für das Kind in Gerichtsverfahren. Die hierin gewährten Positionen reichen allerdings nicht weiter als die UN-Kinderrechtekonvention oder nationales Recht (zu den Implikationen dieses Übereinkommens vgl. Teil 1/*Salgo*, Rn. 51 ff.).

c) Europäisches Umgangsübereinkommen

Das Europäische Übereinkommen über den Umgang von und mit Kindern vom 15.5.2003 (**EUÜ**) enthält im Wesentlichen allgemeine Grundsätze zur Verfahrensge- **243**

13 Art. 95-98 Brüssel IIb-VO regeln den Vorrang gegenüber dem MSA, ESÜ, HKÜ und KSÜ.
14 Hierzu sieht Art. 7 ESÜ die Erteilung einer Vollstreckungsklausel für die Entscheidungen der Gerichte der Vertragsstaaten vor.
15 Art. 9 und 10 ESÜ.
16 Siehe Art. 95 d) Brüssel IIb-VO.
17 Vgl. § 37 IntFamRVG.

staltung und Gewährung von Umgang, zu deren Umsetzung sich die Vertragsstaaten verpflichten.

Das Übereinkommen wurde bisher jedoch nur durch wenige Staaten ratifiziert und ist insbesondere für die Mitgliedstaaten der EU noch nicht in Kraft.[18]

d) Istanbul-Konvention

244 Das zum 1.2.2018 für Deutschland in Kraft getretene Übereinkommen zur Verhütung und Bekämpfung von Gewalt gegen Frauen und häuslicher Gewalt vom 11.5.2011 (sog. Istanbul-Konvention) zielt auf einen umfassenden Schutz von Frauen vor Gewalt und umfasst nach Art. 31 auch die Verpflichtung der Vertragsstaaten, das **Problem häuslicher Gewalt** bei Entscheidungen über das Umgangs- und Sorgerecht zu berücksichtigen und sicherzustellen, dass die Ausübung des Besuchs- oder Sorgerechts nicht die Rechte und die Sicherheit des Opfers und der Kinder gefährdet.[19]

4. Haager Konventionen

245 Die durch die Haager Konferenz für Internationales Privatrecht entwickelten Übereinkommen[20] zielen primär auf die Vereinheitlichung der Regelungen des internationalen Privatrechts, wobei jedoch das Kindesentführungsübereinkommen ein über kollisionsrechtliche Regelungen hinausgehendes Instrumentarium enthält.

a) Haager Kinderschutzübereinkommen

246 Das Haager Kinderschutzübereinkommen (**KSÜ**)[21] mit über 50 Vertragsstaaten ist als Nachfolgeübereinkommen des Minderjährigenschutzübereinkommens **(MSA)** für die Bundesrepublik Deutschland am 1.1.2011 in Kraft getreten. Es gilt nur im Verhältnis der Vertragsstaaten untereinander. Dies sind insbesondere sämtliche EU-Staaten, die Schweiz, die Türkei und zahlreiche osteuropäische Staaten.[22]

247 Der **Anwendungsbereich** des KSÜ umfasst „Maßnahmen zum Schutz der Person und des Vermögens des Kindes“ und damit insbesondere Verfahren betreffend die elterliche Sorge und Umgang (vgl. Art. 3 KSÜ). Das Übereinkommen enthält Regelungen zur internationalen Zuständigkeit und zum anzuwendenden Recht, aber auch zur Anerkennung und Vollstreckung von Entscheidungen anderer Vertragsstaaten.

---

18 Zu Zielsetzung und Inhalt des Übereinkommens vgl. Völker/Clausius, § 11 Rn. 5, 164 f., sowie Schomburg, KindPraxSpezial 2004, 7.

19 Zu den Zielen und zur Umsetzung der Istanbul-Konvention siehe www.bmfsfj.de: „Verhütung und Bekämpfung von Gewalt gegen Frauen und häusliche Gewalt“ (2018); Entscheidungen mit Berücksichtigung der Istanbul-Konvention: KG FamRZ 2023, 131; OLG Köln NZFam 2022, 1069, OLG Köln FamRZ 2022, 1933.

20 Einen Überblick über die Haager Übereinkommen bietet die Homepage der Haager Konferenz unter www.hcch.net.

21 Haager Übereinkommen vom 19.10.1996 über die Zuständigkeit, das anzuwendende Recht, die Anerkennung, Vollstreckung und Zusammenarbeit auf dem Gebiet der elterlichen Verantwortung und der Maßnahmen zum Schutz von Kindern (KSÜ).

22 Informationen zu KSÜ, ESÜ und HKÜ, zur Zahl der Mitgliedstaaten und dem Zeitpunkt des Inkrafttretens im Verhältnis zur Bundesrepublik Deutschland enthält die Internetseite des Bundesamts für Justiz.

Die **Zuständigkeitsregelungen** des KSÜ greifen nur im Verhältnis zu Vertragsstaaten, die nicht in den Anwendungsbereich der Brüssel IIb-VO fallen. Nach Art. 5 Abs. 1 KSÜ ist Anknüpfungspunkt für die internationale Zuständigkeit der **gewöhnliche Aufenthalt** des Kindes – die Staatsangehörigkeit des Kindes bzw. der Eltern ist nicht relevant. Dabei führt die Begründung eines neuen gewöhnlichen Aufenthaltes auch im laufenden Verfahren zum Wechsel der internationalen Zuständigkeit (Art. 5 Abs. 2 KSÜ).[23] **248**

Art. 7 KSÜ bestimmt für die Fälle des widerrechtlichen Verbringens oder Zurückhaltens eines Kindes eine fortdauernde Zuständigkeit des Vertragsstaates, in dem das Kind unmittelbar vor dem Verbringen oder Zurückhalten seinen gewöhnlichen Aufenthalt hatte. Diese Sonderregelung zielt – ebenso wie die vergleichbare Regelung in Art. 9 Brüssel IIb-VO – auf die Stärkung des Instrumentariums des Haager Kindesentführungsübereinkommens.

Art. 8 und Art. 9 KSÜ ermöglichen ausnahmsweise eine **Abgabe** der Zuständigkeit an die Behörden oder Gerichte eines anderen Vertragsstaates unter der Voraussetzung, dass die dortigen Institutionen besser in der Lage sind, „das Wohl des Kindes im Einzelfall zu beurteilen", und mit der Abgabe einverstanden sind.[24]

Art. 6 ff. KSÜ enthalten besondere Zuständigkeitsregelungen, so etwa eine Anknüpfung an den schlichten Aufenthalt für **Flüchtlingskinder** und Kinder, deren gewöhnlicher Aufenthalt nicht festgestellt werden kann. Art. 10 KSÜ regelt eine Zuständigkeit für die Sorgeregelung im Verbund mit einem anhängigen Scheidungsverfahren.

Eine eng auszulegende Notzuständigkeit ergibt sich aus Art. 11 KSÜ; eine Zuständigkeit für vorläufige Maßnahmen aus Art. 12 KSÜ.[25]

Art. 13 KSÜ bestimmt für den Fall doppelter Rechtshängigkeit den Vorrang des zuerst angerufenen Gerichts.

Bei einem Wechsel des gewöhnlichen Aufenthalts bleiben die nach Art. 5 bis 10 KSÜ getroffenen Maßnahmen so lange in Kraft, bis sie durch die nunmehr zuständigen Gerichte aufgehoben bzw. abgeändert werden (Art. 14 KSÜ).

Hinsichtlich des anzuwendenden Rechts bestimmt Art. 15 Abs. 1 KSÜ i.V.m. Art. 21 Abs. 1 KSÜ den **Gleichlauf von internationaler Zuständigkeit** und anzuwendendem Recht, sodass die Behörden der Vertragsstaaten grundsätzlich ihr eigenes Recht anwenden. Lediglich im Verhältnis zu Nichtvertragsstaaten enthält Art. 21 Abs. 2 KSÜ eine kollisionsrechtliche Verweisung, womit gegebenenfalls auch Rück- und Weiterverweisungen in anderes Recht zu beachten sind.[26] **249**

Nach Art. 16 KSÜ richten sich die Zuweisung oder das Erlöschen der elterlichen Verantwortung kraft Gesetzes stets nach dem Recht des Staates des gewöhnlichen Aufenthalts des Kindes. Dabei kann durch Verlegung des gewöhnlichen Aufenthalts des **250**

23 Vgl. OLG Frankfurt a.M. FamRZ 2020, 1119 (Schweiz); KG FamRZ 2015, 1214 (Russland).
24 Sog. forum conveniens; vgl. hierzu Schulz, FamRZ 2011, 156 (158). Das entsprechende Verfahren ist in § 13a IntFamRVG geregelt.
25 Hierzu Winter, Rn. 477.
26 Siehe hierzu Völker/Clausius, § 11 Rn. 63.

Kindes weiteren Personen nach dem Recht des Staates des neuen gewöhnlichen Aufenthalts die elterliche Verantwortung von Gesetzes wegen mit Wirkung für die Zukunft (ex nunc) zuwachsen (Art. 16 Abs. 4 KSÜ).

Zugleich regelt Art. 16 Abs. 3 KSÜ den Fortbestand eines von Gesetzes wegen erlangten Sorgerechts auch nach dem Wechsel des gewöhnlichen Aufenthalts,[27] womit ein einmal erlangtes **Sorgerecht** auch **nach einem Umzug** in einen anderen Staat erhalten bleibt und nur durch gerichtliche Entscheidung abgeändert werden kann. Von Bedeutung ist dies insbesondere für die Frage der gemeinsamen elterlichen Sorge **nicht miteinander verheirateter Eltern**, da hier auch nach der Reform des deutschen Rechts im internationalen Vergleich erhebliche Unterschiede bestehen. So genügt in vielen Staaten die förmliche Anerkennung der Vaterschaft bzw. die Eintragung des Vaters in der Geburtsurkunde für die Begründung der gemeinsamen elterlichen Sorge,[28] während in Deutschland weiterhin die Abgabe übereinstimmender Sorgeerklärungen oder eine gerichtliche Entscheidung erforderlich ist, um die gemeinsame elterliche Sorge zu begründen (siehe hierzu Teil 2/*Wierse*, Rn. 409 ff.).

b) Haager Minderjährigenschutzübereinkommen

251 Das Haager Minderjährigenschutzübereinkommen vom 5.10.1961 (**MSA**) hat durch den Beitritt der Türkei zum KSÜ praktisch keine Bedeutung mehr.[29]

Auch nach Art. 1 MSA ist der **gewöhnliche Aufenthalt des Kindes maßgeblich** für die Bestimmung der internationalen Zuständigkeit. Art. 4 MSA enthält zudem eine einschränkend auszulegende Heimatzuständigkeit für Maßnahmen, die das Wohl des Minderjährigen erfordert.[30]

c) Haager Kindesentführungsübereinkommen

252 Das Haager Übereinkommen über die zivilrechtlichen Aspekte internationaler Kindesentführung vom 25.10.1980, Haager Kindesentführungsübereinkommen (**HKÜ**), wurde als Rechtshilfeübereinkommen entwickelt, um grenzüberschreitende Auseinandersetzungen über das Sorgerecht zu lösen, in deren Verlauf ein Elternteil das Kind in einen anderen Staat verbringt oder dort nach Ablauf eines vereinbarten Umgangskontakts zurückhält.

---

27 Art. 16 Abs. 3 KSÜ wirkt allerdings nur ex nunc ab Inkrafttreten des KSÜ; eine Rückwirkung auf vor Inkrafttreten des KSÜ erlangte Sorgerechtspositionen lehnte der BGH FamRZ 2016, 1747 ab. Ebenso Grüneberg/Thorn (IPR), Anh. EGBGB 24 Rn. 17; vgl. zu dieser Frage auch OLG Karlsruhe ZKJ 2013, 299, 300 f. (Russland).

28 Vgl. hierzu Schulz, FamRZ 2011, 156 (159 f.). Zu einer rechtsvergleichenden Betrachtung der gemeinsamen elterlichen Sorge für nicht miteinander verheiratete Eltern siehe Jurczyk/Walper, S. 89 ff.

29 Theoretisch verbleibt eine Anwendung im Verhältnis zur chinesischen Selbstverwaltungsregion Macao sowie Aruba und St. Martin (ehemals Niederländische Antillen), hierzu Niethammer-Jürgens/Erb-Klünemann, S. 164. Zur Darstellung des MSA siehe Völker/Clausius, § 11 Rn. 38–58.

30 Vgl. BGH FamRZ 1997, 1070.

Das HKÜ wurde inzwischen durch mehr als 100 Staaten unterzeichnet und findet in Deutschland seit dem 1.12.1990 und aktuell im Verhältnis zu fast 90 Staaten Anwendung.[31]

Der **Anwendungsbereich** des HKÜ erfasst **Kinder unter 16 Jahren** (Art. 4 HKÜ), die widerrechtlich, d.h. unter Verletzung des im Zeitpunkt des Verbringens oder Zurückhaltens bestehenden und tatsächlich ausgeübten Mit- oder Alleinsorgerechts (Art. 3 HKÜ), aus einem Vertragsstaat in einen anderen verbracht wurden oder dort zurückgehalten werden. **253**

Das HKÜ basiert auf der Prämisse, dass die **sofortige Rückführung grundsätzlich im Interesse des Kindes** ist, da sie den vor dem Verbringen bestehenden Zustand wiederherstellt und eine Entscheidung über das Sorgerecht im Herkunftsstaat, d.h. im bisherigen Aufenthaltsstaat des Kindes, ermöglicht. Diesem Rechtsgedanken folgend ermöglicht § 154 FamFG im Falle innerstaatlicher Sorgerechtsauseinandersetzungen eine Verweisung an das Gericht des früheren gewöhnlichen Aufenthalts des Kindes, wenn ein Elternteil den Aufenthalt des Kindes ohne vorherige Zustimmung des anderen geändert hat (siehe hierzu Teil 4/*Heilmann*, Rn. 31). Sofern die beiden beteiligten Staaten dem HKÜ angehören, gelangt ein spezielles Rückführungsverfahren zur Anwendung (siehe Erläuterung unter Rn. 284 ff.). **254**

Anträge zur **Regelung grenzüberschreitenden Umgangs** behandelt Art. 21 HKÜ, wobei die Norm lediglich die Antragstellung und die Tätigkeit der Zentralen Behörden regelt, während die Umgangsregelung auf Grundlage des anzuwendenden Sachrechts erfolgt. **255**

5. Nationales Recht

a) EGBGB

Das Einführungsgesetz zum Bürgerlichen Gesetzbuch (EGBGB) enthält **Bestimmungen zum anzuwendenden Recht**, die jedoch aufgrund des Vorrangs staatsvertraglicher Sonderregelungen (Art. 3 EGBGB) nur subsidiär zur Anwendung gelangen. Dabei gilt eine Gesamtverweisung (Art. 4 EGBGB), womit ggf. auch Rückverweisungen auf deutsches Sachrecht zu beachten sind (Art. 4 Abs. 1 Satz 2 EGBGB, sog. **renvoi**).[32] **256**

Die Frage der **Geschäftsfähigkeit** unterliegt ab dem 1.1.2023 dem Recht des gewöhnlichen Aufenthalts (Art. 7 Abs. 2 EGBGB). Zuvor richtete sich das Personalstatut und damit die Frage des Eintritts der Volljährigkeit nach dem Heimatrecht, wobei etwaige abweichende Volljährigkeitsgrenzen zu beachten waren.[33] Für Personen mit anerkanntem Flüchtlingsstatus hatte der BGH bereits Ende 2017 auf Art. 12 Art. 1

31 Eine Liste der Vertragsstaaten mit Angaben zur Geltung im Verhältnis zur Bundesrepublik Deutschland bietet die Internetseite des Bundesamts für Justiz.

32 Zur Erläuterung der begrifflichen Besonderheiten im internationalen Privatrecht siehe Niethammer-Jürgens/Erb-Klünemann, S. 20 f.

33 Art. 7 EGBGB in der bis zum 31.12.2022 geltenden Fassung; vgl. OLG Bremen FamRZ 2013, 313 (Liberia).

Genfer Flüchtlingskonvention (GFK) abgestellt, womit der Wohnsitz bzw. Aufenthalt des Flüchtlings für den Eintritt der Volljährigkeit maßgeblich ist.[34] Art. 21 EGBGB, der jedoch wegen des Vorrangs des KSÜ nur subsidiär zur Anwendung gelangt, unterstellt das Rechtsverhältnis zwischen einem Kind und seinen Eltern dem Recht des Staates, in dem das Kind seinen gewöhnlichen Aufenthalt hat.

257 Nach Art. 24 Abs. 1 EGBGB in der ab dem 1.1.2023 geltenden Fassung unterliegen **Entstehung, Ausübung, Änderung und das Ende von Fürsorgeverhältnissen** (Vormundschaft, Betreuung, Pflegschaft) dem Recht des Staates, in dem der Fürsorgebedürftige seinen gewöhnlichen Aufenthalt hat. Zuvor war nach nationalem Recht das Recht des Staates, dem der Mündel angehört, maßgeblich. Diese Abkehr vom Heimatrechtsprinzip steht im Einklang mit den entsprechenden kollisionsrechtlichen Regelungen, die sämtlich auf den gewöhnlichen Aufenthalt abstellen.[35] Da Art. 24 EGBGB für den hier maßgeblichen Bereich des Kindschaftsrechts nahezu vollständig durch das KSÜ verdrängt wird, das die Anordnung einer Schutzmaßnahme dem Recht des gewöhnlichen Aufenthalts unterstellt, sind die Auswirkungen dieser Reform in der Praxis gering.[36]

Soweit deutsche Gerichte ausländisches Recht anwenden, erfolgt dies stets unter dem Vorbehalt des **ordre public** (Art. 6 EGBGB), wonach ausländisches Recht keine Anwendung findet, wenn das Ergebnis mit wesentlichen Grundsätzen deutschen Rechts, insbesondere mit Grundrechten, offensichtlich unvereinbar wäre.[37] **Prüfungsmaßstab** ist dabei, ob die durch das anzuwendende Recht vorgesehene Regelung der elterlichen Sorge im konkreten Fall nicht mit deutschem Recht vereinbar ist.[38] Einen entsprechenden Vorbehalt enthält auch Art. 22 KSÜ.

b) FamFG

258 Auch das FamFG enthält **Regelungen zur internationalen Zuständigkeit** in Kindschaftssachen (§ 99 FamFG) sowie zur Anerkennung und Vollstreckbarkeit ausländischer Entscheidungen (§§ 107 ff. FamFG). Diese sind jedoch nachrangig gegenüber EU-Recht und internationalen Übereinkommen, wie sich bereits aus § 97 FamFG ergibt.[39]

34 BGH FamRZ 2018, 457; BGH NZFam 2018, 334.

35 Wagner, FamRZ 2022, 405, 406; siehe etwa Art. 7 Brüssel IIb-VO, Art. 5 KSÜ, ebenso § 152 Abs. 2 FamFG.

36 Zu möglichen Anwendungsbereichen für Art. 24 EGBGB siehe Wagner, FamRZ 2022, 405, 412.

37 Vgl. BGH FamRZ 2016, 1251 zur Mitmutterschaft nach südafrikanischem Recht.

38 Zur Prüfung des ordre public unter Berücksichtigung islamischer Rechtsordnungen, die eine strikte Zuordnung des Sorgerechts auf Vater oder Mutter abhängig von Alter und Geschlecht des Kindes enthalten, ausführlich Staudinger/Henrich, Art. 21 EGBGB Rn. 41 bis 52; sowie BGH FamRZ 1993, 316; FamRZ 1993, 1053.

39 Vgl. hierzu die Übersicht zur internationalen Zuständigkeit bei Sternal/Dimmler, § 99 FamFG Rn. 4.

c) IntFamRVG

Gegenüber dem FamFG vorrangige Regelungen enthält das Internationale Familienrechtsverfahrensgesetz (IntFamRVG),[40] das **zur Umsetzung** 259

- der Brüssel IIa-VO,
- des Haager Kindesentführungsübereinkommens und
- des Europäischen Sorgerechtsübereinkommens

konzipiert und im Hinblick auf die Ratifizierung des Haager Kinderschutzübereinkommens und die Neuregelungen in der Brüssel IIb-VO entsprechend angepasst[41] wurde. Es umfasst u.a. Bestimmungen zur Zentralen Behörde nach diesen Übereinkommen[42] sowie zur Zuständigkeit der Gerichte und enthält besondere Verfahrensvorschriften.

Zentrale Behörde für die Bundesrepublik Deutschland ist das Bundesamt für Justiz.[43] Die Zentrale Behörde ist Anlaufstelle für aus dem Ausland eingehende Anträge und übernimmt Koordinationsaufgaben, das Gesetz weist ihr aber auch die Ermittlung des Aufenthalts betroffener Kinder zu.[44] In Rückführungsverfahren nach dem HKÜ sowie im Rahmen der Tätigkeit zum ESÜ kann die Zentrale Behörde auch selbst als Antragsteller in Verfahren tätig werden (§ 6 Abs. 2 IntFamRVG).

Nach § 12 IntFamRVG i.V.m. § 10 und § 11 IntFamRVG sind für bestimmte Verfahren nur die Familiengerichte örtlich zuständig, in deren Bezirk ein OLG seinen Sitz hat.[45] Ziel dieser **Zuständigkeitskonzentration** ist die Spezialisierung der Gerichte und damit verbunden eine Vereinheitlichung der Praxis sowie die Beschleunigung der Verfahren. 260

40 Gesetz zur Aus- und Durchführung bestimmter Rechtsinstrumente auf dem Gebiet des Internationalen Familienrechts vom 26.1.2005; siehe hierzu Schulz, FamRZ 2011, 1273 ff.

41 Siehe zum KSÜ BT-Drucks. 16/12063 vom 26.2.2009. Zu den Änderungen des IntFamRVG durch die Vorgaben der Brüssel IIb-VO siehe Klinkhammer, FamRZ 2022, 325.

42 Die Aufgaben der Zentralen Behörden ergeben sich aus § 3 ff. IntFamRVG i.V.m. Art. 76ff. Brüssel IIb-VO, Art. 29 ff. KSÜ und 6 f. HKÜ.

43 § 3 IntFamRVG. Zu Informationen über das Bundesamt für Justiz, das insbesondere Aufgaben im internationalen Rechtsverkehr wahrnimmt, siehe www.bundesjustizamt.de; zu den Aufgaben des Bundesamts für Justiz als Zentrale Behörde siehe Schlauß, ZKJ 2023, 251.

44 Vgl. § 7 IntFamRVG.

45 Eine Liste der zuständigen Gerichte ist unter www.bundesjustizamt.de abzurufen. Durch § 13 IntFamRVG wird die Zuständigkeitskonzentration auf alle die elterliche Verantwortung betreffenden Verfahren erstreckt. Das Procedere im Fall des Eingangs von Anträgen bzw. der Anhängigkeit von Verfahren bei einem unzuständigen Gericht ist in § 13 Abs. 3 und 4 IntFamRVG geregelt, siehe hierzu Heilmann/Schweppe, § 13 IntFamRVG Rn. 5 ff.

III. Regelungsbereiche

1. Internationale Zuständigkeit

a) Grundsatz: gewöhnlicher Aufenthalt

261 Die internationale Zuständigkeit deutscher Gerichte ergibt sich primär aus Art. 7 Abs. 1 Brüssel IIb-VO. Danach sind für Entscheidungen betreffend die elterliche Verantwortung die Gerichte des Mitgliedstaates zuständig, in dem das Kind zum Zeitpunkt der Antragstellung seinen gewöhnlichen Aufenthalt hat.

Der Vorrang der Brüssel IIb-VO vor nationalem Recht und kollisionsrechtlichen Übereinkommen ergibt sich aus Art. 94–97 Brüssel IIb-VO; zur Prüfungsreihenfolge siehe nachfolgend Rn. 271.

262 Der **gewöhnliche Aufenthalt des Kindes** ist sowohl für die Bestimmung der internationalen, aber auch der innerstaatlichen (siehe § 152 Abs. 2 FamFG, hierzu Teil 4/*Heilmann*, Rn. 29) gerichtlichen Zuständigkeit und für die Bestimmung des anzuwendenden Rechts maßgeblich. Der gewöhnliche Aufenthalt ist an tatsächliche Merkmale anzuknüpfen[46] und richtet sich nach dem Schwerpunkt der Bindungen des Kindes, seinem Daseinsmittelpunkt.[47]

Die Annahme eines gewöhnlichen Aufenthalts erfordert eine „gewisse soziale und familiäre Integration des Kindes", wofür

> „die Dauer, die Regelmäßigkeit und die Umstände des Aufenthaltes in einem Mitgliedstaat sowie die Gründe für diesen Aufenthalt und den Umzug der Familie in diesen Staat, die Staatsangehörigkeit des Kindes, Ort und Umstände der Einschulung, die Sprachkenntnisse sowie die familiären und sozialen Bindungen des Kindes in dem betreffenden Staat zu berücksichtigen"

sind.[48] Ein bloß vorübergehender oder gelegentlicher Aufenthalt in einem Staat genügt hierfür nicht. In der Rechtsprechung wird häufig eine Aufenthaltsdauer von **sechs Monaten** für die Begründung eines neuen gewöhnlichen Aufenthalts angenommen.[49] Allerdings kann insbesondere bei jüngeren Kindern auch ein kürzerer Zeitraum für die Begründung eines neuen gewöhnlichen Aufenthalts genügen.[50]

263 Dabei ist stets auf die **Umstände im Einzelfall** abzustellen: Einerseits kann die Absicht des betreuenden Elternteils, sich mit dem Kind dauerhaft in einem anderen Staat niederzulassen, ein Indiz für die Verlagerung des gewöhnlichen Aufenthalts darstellen.[51] In jedem Fall erfordert die Begründung eines gewöhnlichen Aufenthalts

---

46 Vgl. EuGH FamRZ 2017, 1506; zu den hierzu durch den EuGH aufgestellten Kriterien vgl. Niethammer-Jürgens/Erb-Klünemann, S. 169 f.

47 Vgl. BT Drucks. 16/6308, S. 226: Der gewöhnliche Aufenthalt ist von einer auf längere Dauer angelegten sozialen Eingliederung gekennzeichnet und ist allein von der tatsächlichen – ggf. vom Willen unabhängigen – Situation gekennzeichnet, die den Aufenthaltsort als Mittelpunkt der Lebensführung ausweist.

48 EuGH FamRZ 2009, 843, 845.

49 Vgl. etwa BGHZ 78, 293, 301; OLG Karlsruhe FamRZ 2016, 248.

50 Vgl. etwa OLG Stuttgart NJW 2012, 2043.

51 So EuGH FamRZ 2011, 617; vgl. aber auch EuGH FamRZ 2018, 1426.

als rein faktischem Vorgang die tatsächliche körperliche Anwesenheit in einem Staat.[52] Ein Kind kann einen gewöhnlichen Aufenthalt auch gegen den Willen der Eltern bzw. eines (mit-)sorgeberechtigten Elternteils begründen.[53] Streitig ist, inwieweit – etwa im Falle eines grenzüberschreitend praktizierten Wechselmodells – ein alternierender oder doppelter gewöhnlicher Aufenthalt möglich ist.[54]

Nach dem Wortlaut von Art. 7 Abs. 1 Brüssel IIb-VO, der auf den **Zeitpunkt der Antragstellung** abstellt, gilt für die internationale Zuständigkeit der Grundsatz der **perpetuatio fori**, wonach die Zuständigkeit eines Gerichts nach Eintritt der Rechtshängigkeit erhalten bleibt, auch wenn eine spätere Änderung der die Zuständigkeit begründenden Voraussetzungen eintritt (zur abweichenden Regelung im KSÜ siehe Rn. 270).[55] Dies schließt jedoch nicht aus, dass ein erst während des Verfahrens begründeter Aufenthalt zur Zuständigkeit des angerufenen Gerichts führt, sofern nicht zuvor ein zuständiges Gericht in einem anderen Mitgliedstaat in derselben Rechtssache angerufen wurde.[56] **264**

b) Besondere Zuständigkeitsregeln nach der Brüssel IIb-VO

Art. 8, 9 und 10 Brüssel IIb-VO enthalten im Verhältnis der Mitgliedstaaten zueinander vorrangige Sonderregelungen für Umgangsregelungen nach Verlegung des gewöhnlichen Aufenthalts, widerrechtliches Verbringen des Kindes sowie die Möglichkeit einer Gerichtsstandsvereinbarung. **265**

Für **Verfahren zur Regelung des Umgangs** nach dem Umzug des Kindes in einen anderen Vertragsstaat bleibt die Zuständigkeit des Gerichts des früheren gewöhnlichen Aufenthaltsstaates für die Dauer von drei Monaten erhalten (Art. 8 Abs. 1 Brüssel IIb-VO). Dies soll verhindern, dass ein Elternteil unmittelbar nach dem Umzug die Abänderung einer bestehenden Umgangsregelung anstrebt. Anderes gilt, wenn der Umgangsberechtigte die Zuständigkeit des neuen Aufenthaltsstaates akzeptiert bzw. sich auf das Verfahren einlässt (Art. 8 Abs. 2 Brüssel IIb-VO).[57]

Art. 9 Brüssel IIb-VO regelt die fortbestehende Zuständigkeit der Gerichte des Herkunftsstaates in Fällen des **widerrechtlichen Verbringens oder Zurückhaltens** eines Kindes. Sonderregelungen für Verfahren im Anwendungsbereich des HKÜ, die bisher **266**

52 EuGH FamRZ 2019, 132, unter Ablehnung eines allein von der subjektiven Intention des betreuenden Elternteils abhängigen gewöhnlichen Aufenthaltes; siehe auch OLG Koblenz NZFam 2022, 472, m. Anm. Erb-Klünemann.

53 Siehe EuGH FamRZ 2017, 1506 zur Frage des gewöhnlichen Aufenthalts eines Säuglings.

54 Bejahend etwa Prütting/Helms/Hau, vor §§ 98–106 Rn. 23; Völker/Clausius, § 11 Rn. 93; ablehnend Grüneberg/Thorn, Art. 5 EGBGB Rn. 10. Zu Art. 3 Brüssel IIa-VO (Ehesachen) hat der EuGH (FamRZ 2022, 215) klargestellt, dass ein Ehegatte, der sein Leben in zwei Mitgliedstaaten verbringt, seinen gewöhnlichen Aufenthalt nur in einem dieser Mitgliedstaaten haben kann, wobei wiederum die tatsächlichen Umstände maßgeblich sind.

55 Der entsprechende Erwägungsgrund (21) verweist hierzu auf die „Rechtssicherheit und die Effizienz der Justiz". Diesem Grundsatz folgt auch § 2 Abs. 2 FamFG für das nationale Recht.

56 So BGH FamRZ 2010, 720.

57 In Abweichung zur Vorgängerregelung Art. 9 Brüssel IIa-VO umfasst die Neuregelung sämtliche Umgangsberechtigte und ist nicht auf den umgangsberechtigten Elternteil beschränkt.

in Art. 11 Brüssel IIa-VO zusammengefasst waren, sind nun in Art. 22 bis 29 Brüssel IIb-VO ausdifferenziert (siehe die nachfolgende Darstellung, Rn. 294).[58]

Art. 10 Brüssel IIb-VO ermöglicht den Abschluss einer Gerichtsstandsvereinbarung, um die Zuständigkeit für die Regelung der elterlichen Verantwortung zu begründen. Einer solchen Vereinbarung müssen sämtliche Verfahrensbeteiligte, mithin auch das Jugendamt und der Verfahrensbeistand zustimmen, bzw. die Zuständigkeit durch Einlassung anerkennen (Art. 10 Abs. 2 Satz 3 und 4 Brüssel IIb-VO). Die Wahrnehmung der Zuständigkeit muss in jedem Fall im Einklang mit dem Kindeswohl stehen.[59]

267 Der **tatsächliche Aufenthalt** ist maßgeblich für Kinder, deren gewöhnlicher Aufenthalt nicht festgestellt werden kann; gleiches gilt für minderjährige Flüchtlinge (Art. 11 Abs. 1 und 2 Brüssel IIb-VO).

Eine eng auszulegende und in der Wirkung auf den Staat, der die Anordnung erlässt,[60] begrenzte Sonderzuständigkeit besteht nach Art. 15 Brüssel IIb-VO für einstweilige Maßnahmen. Insoweit genügt nach der Neufassung durch die Brüssel IIb-VO der tatsächliche Aufenthalt eines Kindes im Erlassstaat.[61]

268 Art. 12 Brüssel IIb-VO gestattet in Ausnahmefällen die **Abgabe einer Kindschaftssache** an das Gericht eines anderen Mitgliedstaates, zu dem das Kind eine besondere Bindung hat, sofern dies dem Wohl des Kindes entspricht. Mit der Neufassung durch die Brüssel IIb-VO ist nun auch das Ersuchen um eine Übernahme der Zuständigkeit geregelt (Art. 13 Brüssel IIb-VO).[62]

269 Bei **parallel anhängigen Sorgerechtsverfahren** in mehreren Mitgliedstaaten der EU hat das zuletzt angerufene Gericht das Verfahren von Amts wegen auszusetzen, bis die Zuständigkeit geklärt ist (Art. 20 Abs. 2 Brüssel IIb-VO), wobei jedoch der Zuständigkeit aufgrund einer Gerichtsstandsvereinbarung Vorrang zukommt.[63] Maßgeblich ist grundsätzlich – abweichend von der Rechtshängigkeit nach deutschem Recht – der Zeitpunkt der Anrufung des Gerichts (Art. 17 Brüssel IIb-VO).[64] Dabei ist keine Verweisung vorgesehen, vielmehr steht es dem Antragsteller frei, seinen Antrag dem zuständigen Gericht vorzulegen.[65]

---

58 Siehe hierzu die Erwägungsgründe (40) bis (53).

59 Hierzu Erwägungsgrund (23) sowie Niethammer-Jürgens/Erb-Klünemann, S. 175 f.

60 Vgl. Erwägungsgrund (30).

61 Zu den engeren Anforderungen nach Art. 20 Brüssel IIa-VO siehe BGH ZKJ 2016, 222 mit Anmerkung Schweppe ZKJ 2016, 220; Schulz FamRZ 2016, 801.

62 Die Neuregelungen enthalten konkrete Vorgaben für das einzuhaltende Verfahren; vgl. Schulz, FamRZ 2020, 1141, 1143. Siehe Erwägungsgründe (26) bis (28). Zum Ausnahmecharakter der Vorschriften siehe OLG Karlsruhe FamRB 2021, 19 mit Anm. Streicher sowie EuGH FamRZ 2019, 53, jeweils zur Vorgängerregelung in Art. 15 Brüssel IIa-VO.

63 Art. 20 Abs. 4 und 5 Brüssel IIb-VO, vgl. Erwägungsgrund (38).

64 Hierzu Erwägungsgrund (35); EuGH FamRZ 2018, 767.

65 Art. 20 Abs. 3 Satz 2 Brüssel IIb-VO. Zum entsprechenden Verfahren siehe Oberloskamp/Dürbeck/Schweppe, § 5 Rn. 107 ff.

c) Sonstige Zuständigkeitsanknüpfungen

Aus dem **KSÜ** folgt die internationale Zuständigkeit deutscher Gerichte nur für Kinder 270
mit gewöhnlichem Aufenthalt in anderen Vertragsstaaten des KSÜ, die nicht der Brüssel IIb-VO angehören (insbesondere Schweiz, Türkei sowie das Vereinigte Königreich), wobei auch Art. 5 KSÜ auf den gewöhnlichen Aufenthalt des Kindes abstellt.

Dabei führt nach Art. 5 Abs. 2 KSÜ die Begründung eines neuen gewöhnlichen Aufenthalts grundsätzlich zu einem Wechsel der internationalen Zuständigkeit. Im Falle eines Umzugs des Kindes in einen Staat außerhalb der EU, der aber Vertragsstaat des KSÜ ist, tritt daher bei Begründung eines neuen gewöhnlichen Aufenthalts ein **Zuständigkeitswechsel** ein. Von einer entsprechenden Bindung an die perpetuatio fori des Art. 7 Abs. 1 Brüssel IIb-VO ist nur im Verhältnis der EU-Mitgliedstaaten zueinander auszugehen, nicht aber im Verhältnis zu Drittstaaten.[66]

Durch den **Vorrang der Brüssel IIb-VO** folgt die Zuständigkeit deutscher Gerichte 271
aus dem FamFG nur, wenn das Kind seinen gewöhnlichen Aufenthalt in einem Drittstaat hat, für den weder die Brüssel IIb-VO noch KSÜ oder MSA greifen,[67] und das Kind entweder die deutsche Staatsangehörigkeit besitzt (§ 99 Abs. 1 Satz 1 Ziffer 1 FamFG), der „Fürsorge durch ein deutsches Gericht bedarf" (§ 99 Abs. 1 Satz 2 FamFG) oder ein Scheidungsverfahren hier anhängig ist (§ 98 Abs 2 FamFG).[68]

Übersicht: Internationale Zuständigkeit

Grundsatz: Gewöhnlicher Aufenthalt des Kindes	
Gewöhnlicher Aufenthalt des Kindes in Deutschland:	**Art. 7 Brüssel IIb-VO**
→ gewöhnlicher Aufenthalt zum Zeitpunkt der Antragstellung → fortdauernde Zuständigkeit bei Wechsel des gewöhnlichen Aufenthalts, nicht aber bei Wechsel in KSÜ-Vertragsstaat (Art. 5 Abs. 2 KSÜ)	
Ausnahme: Sonderregelungen im Verhältnis der EU-Mitgliedstaaten	
Umgang	**Art. 8 Brüssel IIb-VO**
Kindesentführung	**Art. 9 Brüssel IIb-VO**
Gerichtsstandsvereinbarung	**Art. 10 Brüssel IIb-VO**
Eilzuständigkeit	**Art. 15 Brüssel IIb-VO**

66 Siehe OLG Stuttgart FamRZ 2020, 1120 (Marokko); OLG Frankfurt FamRZ 2020, 1119 (Schweiz); Andrae, IPRrax 2021, 153.
67 Sternal/Dimmler, § 99 FamFG Rn. 71.
68 Vgl. BGH FamRZ 2015, 2147 (Volksrepublik China) zur Vollstreckung eines Umgangstitels.

Subsidiär	– Art. 11 Brüssel IIb-VO – Art. 14 Brüssel IIb-VO (falls keine Zuständigkeit eines anderen Mitgliedstaates, Art. 18 Brüssel IIb-VO)
Gewöhnlicher Aufenthalt zum Zeitpunkt der Antragstellung in Vertragsstaat des KSÜ	
→ gewöhnlicher Aufenthalt zum Zeitpunkt der Antragstellung (Art. 5 Abs. 1 KSÜ) → Wechsel des gewöhnlichen Aufenthalts führt zu Zuständigkeitswechsel (Art. 5 Abs. 2 KSÜ)	
Sonderregelungen:	
Kindesentführung	**Art. 7 KSÜ**
Scheidungsverbund	**Art. 10 KSÜ**
Eilzuständigkeit	**Art. 11 bzw. 12 KSÜ**
Bei gewöhnlichem Aufenthalt des Kindes in Drittstaat (Nichtvertragsstaat)	
Zuständigkeit deutscher Gerichte kann sich ergeben aus	
Scheidungsverbund	**§ 98 Abs. 2 FamFG**
deutscher Staatsangehörigkeit	**§ 99 Abs. 1 S. 1 Nr. 1 FamFG**
oder	
Fürsorgebedürfnis	**§ 99 Abs. 1 S. 2 FamFG**
ausnahmsweise Abgabe bzw. Übernahme von Verfahren:	**Art. 12 und 13 Brüssel IIb-VO** **Art. 8 und 9 KSÜ**

2. Anzuwendendes Recht

a) Grundsatz: Art. 15 KSÜ

272 Die Brüssel IIb-VO enthält keine Regelungen zum anzuwendenden Recht. Dieses ergibt sich vielmehr aus völkerrechtlichen Übereinkommen, subsidiär aus nationalem Recht. Insoweit richtet sich das anzuwendende Recht grundsätzlich nach Art. 15

KSÜ, und zwar auch dann, wenn die internationale Zuständigkeit aus der Brüssel IIb-VO folgt.[69] Damit wenden die Gerichte grundsätzlich ihr **eigenes Recht** an.

Aus Art. 15 Abs. 3 i.V.m. Art. 5 Abs. 2 KSÜ folgt, dass bei Begründung eines neuen gewöhnlichen Aufenthalts nicht nur die internationale Zuständigkeit, sondern auch das anzuwendende Recht wechselt. Art. 15 Abs. 2 KSÜ enthält eine eng auszulegende Ausweichklausel, die es gestattet, aus Gründen des Kindeswohls ein für diesen Fall sachnäheres Recht eines anderen Staates anzuwenden oder zu berücksichtigen.[70]

b) Ausnahme: Art. 21 EGBGB

Auch Art. 21 EGBGB knüpft für die Bestimmung des anwendbaren Rechts an den gewöhnlichen Aufenthalt des Kindes an. Die Norm gelangt jedoch nur dann zur Anwendung, wenn das betroffene Kind seinen gewöhnlichen Aufenthalt nicht in einem Mitgliedstaat der EU oder einem Vertragsstaat des KSÜ hat und die Zuständigkeit aus § 99 FamFG folgt.[71] **273**

Da in dieser Konstellation **internationale Zuständigkeit und gewöhnlicher Aufenthalt auseinanderfallen** und Art. 21 EGBGB für das anzuwendende Recht ebenfalls auf den gewöhnlichen Aufenthalt verweist, gelangt materiell nicht deutsches, sondern das Recht des Staates des gewöhnlichen Aufenthalts zur Anwendung.[72] Dabei ist der allgemeine **ordre public** Vorbehalt des Art. 6 EGBGB zu beachten. Eine Anwendung ausländischen Rechts ist danach ausgeschlossen, wenn die sich hieraus ergebende Sorgerechtsregelung im konkreten Fall nicht mit den Grundrechten vereinbar wäre.[73] Weiter gelangt Art. 21 EGBGB zur Anwendung, wenn ein Jugendlicher nach seinem Aufenthaltsrecht, nicht aber nach seinem Heimatrecht volljährig ist.[74]

Übersicht: Anzuwendendes Recht

Internationale Zuständigkeit folgt

– ***aus KSÜ oder Brüssel IIb-VO:***

Für Schutzmaßnahmen (Regelung der elterlichen Sorge):

- Jeder Staat wendet sein eigenes Recht an (Art. 15 Abs. 1 KSÜ);
- Ausnahme: Ausweichklausel (Art. 15 Abs. 2 KSÜ)

69 BGH FamRZ 2018, 457; FamRZ 2011, 796; Grüneberg/Thorn (IPR), Anh. EGBGB Art. 24 Rn. 21; Winter, Rn. 538.
70 Siehe OLG Hamm NJW-RR 2020, 837, sowie OLG Koblenz FamRZ 2019, 367, jeweils zur familiengerichtlichen Genehmigung einer Erbschaftsausschlagung unter Berücksichtigung polnischen Rechts.
71 Zum verbleibenden Anwendungsbereich von Art. 21 EGBGB vgl. Schulz, FamRZ 2020, 797, 803 f.; Völker/Clausius, § 11 Rn. 68.
72 Vgl. OLG Bremen NZFam 2017, 765; AG Regensburg FamRZ 2014, 1556.
73 Vgl. BGH FamRZ 1993, 1053.
74 MünchKommBGB/Helms, Art. 21 EGBGB Rn. 14.

Sorgerechtsstatut ist wandelbar.

→ Wechsel des gewöhnlichen Aufenthaltes führt zu Wechsel im anzuwendenden Recht.

für von Gesetzes wegen erworbenes Sorgerecht:

- gewöhnlicher Aufenthalt maßgeblich (Art. 16 Abs. 1 KSÜ)
- Schutz wohlerworbener Rechte (Art. 16 Abs. 3 KSÜ)
- Hinzuerwerb von Rechten (Art. 16 Abs. 4 KSÜ)

- ***aus § 99 FamFG***: Art. 21 EGBGB

Durch Anknüpfung an gewöhnlichen Aufenthalt ggf. Anwendung ausländischen Sachrechts.

c) Verfahrensrecht

274 In Verfahren vor deutschen Gerichten finden die Verfahrensregeln des FamFG (siehe hierzu Teil 4/*Heilmann*, Rn. 1 ff.) bzw. sich aus dem IntFamRVG ergebende Sonderregelungen Anwendung.

3. Anerkennung und Vollstreckung

275 Die Anerkennung und Vollstreckung ausländischer Entscheidungen betrifft die Frage, ob die Entscheidung eines ausländischen Gerichts in Deutschland Wirkungen entfaltet und gegebenenfalls durchzusetzen ist. Auch insoweit sind die Regelungen in den EU-Verordnungen bzw. im ESÜ und KSÜ und deren Umsetzung durch das IntFamRVG vorrangig.[75]

a) Anerkennung ausländischer Entscheidungen

276 **Art. 30 ff. Brüssel IIb-VO**

Nach Art. 30 Abs. 1 Brüssel IIb-VO sind in einem Mitgliedstaat der EU ergangene Entscheidungen ohne besonderes Anerkennungsverfahren in anderen Mitgliedstaaten anzuerkennen. Art. 30 Abs. 3 Brüssel IIb-VO regelt ein **deklaratorisches Verfahren** auf Feststellung des Nichtvorliegens von Anerkennungsversagungsgründen, Art. 40 Brüssel IIb-VO ein **Verfahren für die Versagung der Anerkennung**.[76]

Art. 39 Brüssel IIb-VO führt abschließend die möglichen Gründe für die Versagung der Anerkennung von Entscheidungen ausländischer Gerichte auf, darunter neben dem allgemeinen Vorbehalt des **ordre public** auch die Versagung der Anerkennung wegen der Verletzung verfahrensrechtlicher Grundsätze, etwa des rechtlichen Gehörs. Neu gefasst ist die Versagung der Anerkennung einer Entscheidung über die

75 Die nachfolgende Darstellung beschränkt sich auf die Neuregelungen für ab dem 1.8.2022 eingeleitete Verfahren. Zu den nach Art. 100 Abs. 2 Brüssel IIb-VO weiterhin anzuwendenden Regelungen der Brüssel IIa-VO ist auf die Darstellung in der Vorauflage zu verweisen.

76 Zum entsprechenden Verfahren siehe § 44j Abs. 1 und 2 IntFamRVG, hierzu Klinkhammer, FamRZ 2022, 325, 328 f.

elterliche Verantwortung wegen der fehlenden Beteiligung des betroffenen Kindes (Art. 39 Abs. 2 i.V.m. Art. 21 Brüssel IIb-VO).

Art. 21 Brüssel IIb-VO etabliert einen verordnungsautonomen Standard[77] für die **Kindesanhörung** und verpflichtet die Mitgliedstaaten, in Verfahren betreffend die elterliche Verantwortung dem Kind die Möglichkeit zu geben, sich zu äußern (Abs. 1) und weiter, der Meinung des Kindes entsprechend seinem Alter und seiner Reife gebührendes Gewicht beizumessen (Abs. 2). Mit der Neufassung ist klargestellt, dass eine Versagung der Anerkennung wegen fehlender Kindesanhörung bzw. unterlassener Beteiligung des Kindes nur bei Nichtbeachtung dieses gemeinsamen europäischen Standards, der sich an Art. 12 der UN-Kinderrechtekonvention orientiert, in Betracht kommt. Damit soll verhindert werden, dass Gerichte bei der Versagung der Anerkennung auf den Maßstab des nationalen Rechts abstellen,[78] wie dies in Entscheidungen deutscher Gerichte zur Brüssel IIa-VO der Fall war.[79]

Zu beachten ist, dass die **Beteiligung von Kindern** in familiengerichtlichen Verfahren in der EU äußerst unterschiedlich ausgestaltet ist und danach insbesondere eine indirekte Beteiligung im Ausgangsverfahren gemäß den dortigen Verfahrensvorschriften, etwa die Anhörung durch einen Sozialarbeiter, den Anforderungen nach Art. 21 Brüssel IIb-VO genügen kann.[80] Die fehlende Bestellung eines Verfahrensbeistands und das Absehen von einer Anhörung des Kindes im Ausgangsverfahren steht der Anerkennung jedenfalls nicht entgegen, soweit es sich um eine Entscheidung im Eilverfahren handelt.[81]

Anerkennung nach ESÜ, KSÜ und FamFG 277

Für die Anerkennung von Entscheidungen, die **außerhalb der EU**, jedoch in einem **Vertragsstaat** des ESÜ oder des KSÜ ergangen sind, enthalten diese Übereinkommen gesonderte Regelungen.[82]

Art. 23 KSÜ regelt die Anerkennung der von den Behörden eines Vertragsstaates getroffenen Maßnahmen. Die Gründe für die Versagung der Anerkennung sind in Art. 23 Abs. 2 KSÜ aufgeführt. Auch die Vollstreckung der Schutzmaßnahmen eines anderen Vertragsstaates darf nur aus einem dieser Gründe abgelehnt werden.[83]

Die Anerkennung außerhalb der genannten Wirkungsbereiche ergangener Entscheidungen erfolgt nach §§ 107 ff. FamFG. Die Ausschlussgründe sind abschließend in § 109 FamFG geregelt, darunter die mangelnde Zuständigkeit des ausländischen Ge-

77 Niethammer-Jürgens/Erb-Klünemann, S. 208
78 Hierzu Erwägungsgrund (57); Erb-Klünemann/Kößler, NDV 2021, 76, 80.
79 So etwa OLG Stuttgart FamRZ 2021, 783; OLG München FamRZ 2015, 602.
80 Hierzu EGMR FamRZ 2024, 1488; Zur unterschiedlichen Ausgestaltung der Beteiligung von Kindern im nationalen Recht der EU-Mitgliedstaaten siehe Schweppe in Heilmann/Lack (Hrsg.), Festschrift Salgo, S. 239 ff. sowie Menne, FamRB 2015, 398.
81 BGH FamRZ 2015, 1011, m. Anm. Hau, FamRZ 2015, 1101; dazu Menne, FamRB 2015, 250.
82 Art. 7 ff. ESÜ, Art. 23 ff. KSÜ; siehe hierzu Niethammer-Jürgens/Erb-Klünemann, S. 222.
83 Art. 26 Abs. 3 KSÜ.

richts nach deutschem Recht sowie die Unvereinbarkeit mit wesentlichen Grundsätzen des deutschen Rechts.[84]

§ 109 FamFG, Art. 39 Brüssel IIb-VO und Art. 23 Abs. 2 KSÜ regeln jeweils abschließend Gründe für die Versagung der Anerkennung wegen Verstoßes gegen den **ordre public**, die sowohl die Unvereinbarkeit mit materiellem Recht als auch Verfahrensverstöße umfassen. Die Versagung der Anerkennung kommt danach nur in Betracht, wenn das Ergebnis der Anwendung ausländischen Rechts im konkreten Fall zu den Grundgedanken der deutschen Regelungen und den in ihnen enthaltenen Gerechtigkeitsvorstellungen in so starkem Widerspruch steht, dass es nach hiesigem Verständnis untragbar erscheint.[85] Eine Anerkennung ist jedenfalls ausgeschlossen, wenn alle Beteiligten ihren gewöhnlichen Aufenthalt in Deutschland haben und die Regelung der elterlichen Sorge im Rahmen eines im Heimatstaat der Eltern durchgeführten Scheidungsverfahrens ohne persönliche Anhörung erfolgte.[86]

b) Abänderung ausländischer Entscheidungen

278 Die Anerkennung einer im Ausland ergangenen Entscheidung zur elterlichen Sorge oder zum Umgangsrecht ist im Übrigen inzident zu prüfen, wenn ein Elternteil einen Antrag auf Übertragung der elterlichen Sorge stellt und der andere Elternteil einwendet, dass bereits eine Entscheidung eines ausländischen Gerichts existiert.

Dabei gilt auch für Entscheidungen ausländischer Gerichte, dass Regelungen über die **elterliche Sorge** oder das **Umgangsrecht** nicht in materielle Rechtskraft erwachsen. Die Abänderung einer solchen Entscheidung ist daher möglich, sofern die Zuständigkeit des deutschen Gerichts zu bejahen ist und die Voraussetzungen für die Abänderung nach § 1696 BGB erfüllt sind, insbesondere „triftige, das Wohl des Kindes nachhaltig berührende Gründe" vorliegen (zum innerstaatlichen Recht vgl. Teil 2/*Wierse*, Rn. 523 ff.).[87] Dies gilt auch dann, wenn die Entscheidung des ausländischen Gerichts nach dortigem Recht rechtskräftig ist.[88] Im Fall des widerrechtlichen Verbringens oder Zurückhaltens eines Kindes untersagt Art. 16 HKÜ den Gerichten des Zufluchtsstaates jedoch eine abändernde Sachentscheidung über die elterliche Sorge.

c) Vollstreckung ausländischer Entscheidungen

279 Entscheidungen zur elterlichen Verantwortung, die im Anwendungsbereich der Brüssel IIb-VO in ab dem 1.8.2022 eingeleiteten Verfahren ergehen, sind ohne förmliche

---

84 Zur Anerkennung ausländischer Entscheidungen und Anerkennungshindernisse nach §§ 108, 109 FamFG siehe Sternal/Dimmler, § 108 Rn. 15 ff. sowie Heilmann/Schweppe, zu §§ 108, 109 FamFG. Zur Versagung der Anerkennung nach § 109 FamFG siehe etwa OLG Bremen FamRZ 2017, 2042.

85 Vgl. BGH FamRZ 2022, 629 (Leihmutter) m. Anm. Köhler, FamRZ 2022, 632; OLG Nürnberg FamRZ 2021, 600 (Abänderung einer Sorgerechtsregelung nach ägyptischem Recht); BGH FamRZ 2015, 1479 (Adoption); BVerwG FamRZ 2013, 547/550 (Visum zum Kindernachzug).

86 Vgl. OLG Frankfurt IPRax 2008, 352; Schleswig-Holsteinisches OLG FamRZ 2008, 1761.

87 Siehe OLG Nürnberg FamRZ 2021, 600 (Abänderung einer Sorgerechtsregelung nach ägyptischem Recht). Zu den Abänderungsvoraussetzungen siehe Völker/Clausius, § 11 Rn. 81 f.

88 Staudinger/Henrich, Art. 21 EGBGB Rn. 253.

Vollstreckbarerklärung vollstreckbar (Art. 34 Abs. 1 Brüssel IIb-VO). **Voraussetzung** für die Vollstreckung ist die Zustellung einer im Ursprungsmitgliedstaat zu erstellenden Bescheinigung (Art. 55 i.V.m. Art. 35 ff. Brüssel IIb-VO).[89] Eine **Aussetzung bzw. Versagung** der Vollstreckung ist nur unter den in Art. 56 bzw. 57 Brüssel IIb-VO vorgesehenen Ausnahmen möglich. Darunter fallen Fälle, in denen die Vollstreckung für das Kind aufgrund – nach Ergehen der Entscheidung eingetretener – Hindernisse oder anderer wesentlicher Änderungen der Umstände eine schwerwiegende Gefahr eines körperlichen oder seelischen Schadens mit sich bringen würde (Art. 56 Abs. 4 Brüssel IIb-VO).[90]

Im Anwendungsbereich der Brüssel IIa-VO, des KSÜ und des ESÜ regeln §§ 16 ff. IntFamRVG ein besonderes **Verfahren zur Erteilung der Vollstreckungsklausel** – sog. Exequaturverfahren – (§ 23 IntFamRVG), wobei Anträge im Anwendungsbereich der Brüssel IIa-VO und des KSÜ ohne Anhörung des Antragsgegners und des betroffenen Kindes zu bescheiden sind.[91] **280**

Die Vollstreckung der Herausgabe bzw. Rückführung des Kindes – mit Ausnahme der Herausgabe zum Zwecke der Durchführung eines Umgangs – erfolgt durch das Gericht von Amts wegen, also unabhängig von einem entsprechenden Antrag (§ 44 Abs. 3 IntFamRVG). Von der Anordnung von Vollstreckungsmaßnahmen soll das Gericht nur auf entsprechenden Antrag der berechtigten Person absehen (§ 44 Abs. 3 S. 2 IntFamRVG). Für die Anordnung der Herausgabe des Kindes ermöglicht § 33 Abs. 1 IntFamRVG im Anwendungsbereich der Brüssel IIa-VO, des ESÜ und des KSÜ, klarstellende Ergänzungen des Titels aufzunehmen, wenn dieser nach dem Recht des Staates, in dem er erstellt wurde, die Herausgabe des Kindes beinhaltet, dies jedoch nicht aus dem Titel selbst hervorgeht.[92] Eine entsprechende Regelung für den **Anwendungsbereich der Brüssel IIb-VO** enthält § 44a Abs. 3 IntFamRVG.

Wie bereits die Brüssel IIa-VO enthält auch die Brüssel IIb-VO **Regelungen für die unmittelbare Vollstreckung** von Entscheidungen über das **Umgangsrecht** und für den Fall der mit der Anordnung der **Herausgabe** (Rückgabe) des Kindes verbundenen Regelung der elterlichen Sorge im Herkunftsstaat nach Ablehnung der Rückführung des Kindes im HKÜ-Verfahren (Art. 47 i.V.m. Art. 42 Brüssel IIb-VO). In diesen Konstellationen erfolgt eine unmittelbare Vollstreckung auf Vorlage einer im Anordnungsstaat erstellten Bescheinigung, welche als Nachweis für die Einhaltung bestimmter Verfahrensgrundsätze dient,[93] sowie einer Ausfertigung der entsprechenden Entscheidung (Art. 46 Abs. 1 Brüssel IIb-VO). **281**

Für außerhalb der Anwendungsbereiche der EU-Verordnungen, des ESÜ und des KSÜ ergangene Entscheidungen erfolgt die Vollstreckung nach Maßgabe des § 110

89 Zum Wegfall des Exequaturverfahrens siehe Schulz, FamRZ 2020, 1141, 1146 f.

90 Zur Umsetzung dieser Verfahren siehe § 44b bis 44e IntFamRVG (Versagung der Vollstreckung) bzw. § 44f und 44g IntFamRVG (Aussetzung der Vollstreckung bzw. Einstellung der Zwangsvollstreckung) siehe Klinkhammer, FamRZ 2022, 325, 327 f.

91 § 18 IntfamRVG, Art. 31 Brüssel IIa-VO.

92 Hierzu Schulz, FamRZ 2011, 156, 160.

93 Art. 47 Abs. 3 Brüssel IIb-VO; siehe hierzu Erb-Klünemann/Kößler, NDV 2022, 179, 182.

FamFG grundsätzlich auf Grundlage innerstaatlichen Rechts; ein förmliches Exequaturverfahren ist nicht vorgesehen.

▶ *Zur Vollstreckung familiengerichtlicher Entscheidungen siehe Teil 2/Heilmann, Rn. 130 ff.*

4. Grenzüberschreitende Unterbringung

282 § 38 SGB VIII regelt unter dem Titel „Zulässigkeit von Auslandsmaßnahmen" die grenzüberschreitende Unterbringung von Kindern und Jugendlichen als eine **Aufgabe der Jugendhilfe**. Hierunter fallen insbesondere intensivpädagogische Auslandsmaßnahmen für Jugendliche (siehe § 27 Abs. 2 Satz 3 SGB VIII i.V.m. § 35 SGB VIII), aber auch Fälle der Familienpflege (siehe Art. 33 KSÜ und Erwägungsgrund (11) zur Brüssel IIb-VO).

§ 38 SGB VIII hebt den Vorrang der Hilfegewährung im Inland hervor und konkretisiert die Anforderungen an die Durchführung von Auslandsmaßnahmen. Damit soll dem besonderen Schutzbedürfnis von im Ausland untergebrachten Kindern und Jugendlichen entsprochen werden. Die hierzu festgelegten einheitlichen Standards für Auslandsunterbringungen umfassen neben der Einhaltung der Rechtsvorschriften des aufnehmenden Staates auch besondere **Prüfungspflichten** der zuständigen Jugendämter zur Vorbereitung und während der Durchführung der Maßnahme.[94]

283 Zu weiteren Anforderungen an die Genehmigung von Auslandsmaßnahmen verweist § 38 Abs. 1 SGB VIII auf das bei Unterbringungen im Anwendungsbereich der Brüssel IIb-VO und des KSÜ durchzuführende **Konsultationsverfahren** (Art. 82 Brüssel IIb-VO sowie Erwägungsgründe (83) und (84), Art. 33 KSÜ).

Für den Fall einer beabsichtigten Unterbringung **aus dem Ausland** in Deutschland ist das Konsultationsverfahren in §§ 45–47 IntFamRVG geregelt und umfasst insbesondere eine Prüfung des Aufnahmeersuchens auf Grundlage des Kindeswohls und eine Genehmigung durch das Familiengericht.[95] Die Erfüllung der formalen Anforderungen ist nach nationalem Recht Voraussetzung für die Kostenübernahme (§ 78b Abs. 2 S. 2 SGB VIII).

Im Anwendungsbereich der EU-Verordnungen und des KSÜ stellt die fehlende Durchführung des Konsultationsverfahrens einen Grund für die Versagung der Anerkennung der Maßnahme dar.[96] Die Notwendigkeit einer Auslandsmaßnahme und die Ein-

---

94 § 38 Abs. 2 SGB VIII; siehe Wiesner/Walper/Gallep, § 38 SGB VIII Rn. 3 ff., 14 ff.; Schlauß, ZKJ 2019, 224 f. sowie „Eckpunkte zu den Auslandsmaßnahmen", Deutscher Verein (2022).

95 Zum Konsultationsverfahren siehe die Merkblätter für die grenzüberschreitende Unterbringung des Bundesamts für Justiz sowie ausführlich die Arbeitshilfe der Landesjugendämter zum „Verfahren bei grenzüberschreitenden Unterbringungen von Kindern und Jugendlichen" (2023) und die „Eckpunkte des Deutschen Vereins zur Durchführung von Auslandsmaßnahmen, insbesondere von intensivpädagogischen Einzelmaßnahmen im Ausland" (2022). Zur Vollzeitpflege im Ausland siehe Eschelbach/Rölke, JAmt 2014, 494. Für seit dem 1.8.2022 eingegangene Ersuchen gilt nach der Neufassung von § 47 IntFamRVG eine § 12 IntFamRVG entsprechende Zuständigkeitskonzentration.

96 Art. 39 Abs. 1 lit. f) Brüssel IIb-VO und Art. 23 Abs. 2 lit. f) KSÜ.

haltung der Formalien sind daher in jedem Einzelfall sorgfältig zu prüfen, da andernfalls ein Abbruch der Maßnahme droht.

Auch außerhalb der Geltungsbereiche von KSÜ und Brüssel IIb-VO kommt eine Aufnahme eines Kindes aus dem Ausland in Betracht, etwa auf Grundlage einer Kafala nach islamischem Recht.[97]

IV. Verfahren nach dem HKÜ

Im Jahr 2022 war die deutsche Zentrale Behörde mit 400 neu eingegangenen Fällen nach dem HKÜ befasst, wobei 343 Ersuchen auf die **Rückführung** von Kindern gerichtet waren.[98] Im Folgenden werden die Ziele und das Instrumentarium des HKÜ, aber auch die sich in der Umsetzung des Rückführungsmechanismus ergebenden Probleme jeweils unter Berücksichtigung der entsprechenden Regelungen der Brüssel IIb-VO und des IntFamRVG erläutert, bevor auf die Tätigkeit von Verfahrensbeiständen in HKÜ-Verfahren eingegangen wird. **284**

1. Ziele und Instrumentarium des HKÜ

Das Verfahren nach dem HKÜ ist nicht als Sorgerechtsverfahren konzipiert, vielmehr soll mit der Rückführung des Kindes erst die Voraussetzung für die Durchführung eines **Sorgerechtsverfahrens im Herkunftsstaat** geschaffen werden. Das HKÜ dient insofern der Durchsetzung der internationalen Zuständigkeit für das Sorgerechtsverfahren.[99] **285**

a) Rückführungsverfahren

Hierzu beantragt der (Mit-)Sorgeberechtigte, der die Verletzung seines Sorgerechts durch ein widerrechtliches Verbringen oder Zurückhalten des Kindes geltend macht, die Rückführung des Kindes. Der **Antrag** ist über die Zentrale Behörde eines Vertragsstaates zu stellen (Art. 8 HKÜ); er kann aber auch unmittelbar beim zuständigen Gericht gestellt werden (Art. 29 HKÜ). **286**

Das Gericht im derzeitigen Aufenthaltsstaat des Kindes (Zufluchtsstaat) hat nun grundsätzlich die **sofortige Rückführung des Kindes anzuordnen** (Art. 12 Abs. 1 HKÜ).[100] Zum Nachweis der Widerrechtlichkeit des Verbringens oder Zurückhaltens **287**

---

97 Die in Art. 33 KSÜ ausdrücklich genannte Kafala ist ein Vormundschafts- und Pflegschaftsverhältnis nach islamischem Recht, das jedoch kein Verwandtschaftsverhältnis begründet (siehe EuGH FamRZ 2019, 832) und damit keine Adoption darstellt; vgl. BVerwG FamRZ 2011, 888; Grüneberg/Thorn (IPR), Anh EGBGB 24 Rn. 16.

98 Hiervon entfiel etwa die Hälfte auf Anträge aus dem Ausland, mit den übrigen Anträgen wurde die Rückführung nach Deutschland begehrt; siehe Bundesamt für Justiz, Tätigkeitsbericht 2022; zur Entwicklung der Fallzahlen siehe auch Schlauß, ZKJ 2024, 203.

99 Der Rückführungsmechanismus des HKÜ ist auf die Wiederherstellung des status quo ante ausgerichtet; zugleich soll präventiv künftigen eigenmächtigen Aufenthaltswechseln entgegengewirkt werden. Vgl. zu den Zielen des HKÜ EGMR FamRZ 2015, 469; BVerfG FamRZ 2016, 1571; FamRZ 1996, 405.

100 Zum Rückführungsmechanismus des HKÜ siehe die Übersicht Heilmann/Schweppe, Art. 12 HKÜ Rn. 21 sowie Erb-Klünemann/Kößler NDV 2022, 111, 114 f.

kann von dem Antragsteller die Vorlage einer sogenannten **„Widerrechtlichkeitsbescheinigung"** (Art. 15 HKÜ) verlangt werden, die durch die zuständige Behörde des bisherigen Aufenthaltsstaats (Herkunftsstaat) ausgestellt wird.[101]

Die Anordnung der Rückführung darf nur bei Vorliegen bestimmter **Ausnahmetatbestände** verweigert werden, etwa wenn der Antragsteller das Sorgerecht tatsächlich nicht ausgeübt oder dem Verbringen oder Zurückhalten zugestimmt oder es nachträglich genehmigt hat (Art. 13 Abs. 1 lit. a HKÜ)[102] oder die Rückführung

> „mit der schwerwiegenden Gefahr eines körperlichen oder seelischen Schadens für das Kind verbunden ist oder das Kind auf andere Weise in eine unzumutbare Lage bringt" (Art. 13 Abs. 1 lit. b HKÜ).[103]

Die zuletzt genannte Fallgruppe wird in der Rechtsprechung etwa angenommen, wenn während des laufenden HKÜ-Verfahrens im dafür zuständigen Herkunftsstaat eine Sorgerechtsentscheidung zugunsten des „entführenden" Elternteils ergeht.[104] Weiter kann der Rückführungsantrag zurückgewiesen werden, wenn das Kind sich der Rückführung widersetzt und

> „ein Alter und eine Reife erreicht hat, angesichts deren es angebracht erscheint, seine Meinung zu berücksichtigen" (Art. 13 Abs. 2 HKÜ).[105]

Zudem kann die Rückführung verweigert werden, wenn der Rückführungsantrag erst nach Ablauf eines Jahres beim Gericht eingeht und das Kind sich in seine neue Umgebung eingelebt hat.[106] Nur in dieser Fallgruppe ist die Frage der Integration des Kindes im Zufluchtsstaat relevant.

288 Der **schnelle Abschluss** des Rückführungsverfahrens wird durch Art. 11 Abs. 2 HKÜ forciert. Danach soll eine Entscheidung über die Rückführung grundsätzlich innerhalb von sechs Wochen nach Eingang des Antrags bei Gericht ergehen. Dieses beschleunigte Verfahren trägt dem Umstand Rechnung, dass Kinder sich während des andauernden Verfahrens in ihre neue Umgebung integrieren. (Für den Anwendungsbereich der Brüssel IIb-VO siehe auch Art. 24 Abs. 2 und 3 Brüssel IIb-VO; hierzu Rn. 295.)

289 Um konkurrierende **Sorgerechtsregelungen** zu verhindern, dürfen Gerichte im Zufluchtsstaat die elterliche Sorge erst regeln, wenn entschieden ist, dass eine Rück-

---

101 In Deutschland erfolgt die Ausstellung durch das nach § 41 IntFamRVG zuständige Familiengericht. Bei der Ermittlung der zuständigen Behörden im Herkunftsstaat unterstützen die Zentralen Behörden.

102 Hierzu Niethammer-Jürgens/Erb-Klünemann, S. 240 f; OLG Nürnberg NZFam 2022, 138 sowie OLG Hamm NZFam 2022, 38 jeweils m. Anm. Schweppe (Zustimmung), OLG Düsseldorf FamRZ 2018, 760 (nachträgliche Genehmigung).

103 Hierzu Winter, Rn. 707 ff. mit zahlreichen Beispielen aus der Rechtsprechung.

104 So etwa OLG Brandenburg NZFam 2022, 564. Allerdings begründet eine lediglich vorläufig vollstreckbare Entscheidung keinen Vertrauensschutz für den begünstigten Elternteil (EuGH FamRZ 2015, 107).

105 Hierzu OLG Stuttgart NZFam 2019, 121 m. Anm. Mankowski.

106 Art. 12 Abs. 2 HKÜ, vgl. hierzu OLG Hamm FamRZ 2017, 1679.

führung nach dem HKÜ nicht erfolgt oder innerhalb angemessener Frist ein Antrag auf Rückführung nicht gestellt wurde (Art. 16 HKÜ).[107]

b) Auslegung der Ausnahmetatbestände

In Verfahren nach dem HKÜ ist der sonst in familiengerichtlichen Verfahren geltende **Amtsermittlungsgrundsatz eingeschränkt**. Bei Anwendung des Art. 13 Abs. 1 lit. a) und b) HKÜ obliegt dem Elternteil, der sich der Rückführung des Kindes widersetzt, jeweils der Nachweis für das Vorliegen der Ausnahmetatbestände.[108] Mit dem Hinweis auf die Konzeption und Zielrichtung des HKÜ wird eine restriktive Auslegung der Ausnahmetatbestände forciert.[109] Ein Verbleib des Kindes im Zufluchtsstaat ist nur bei ungewöhnlich schwerwiegender Beeinträchtigung des Kindes im Falle der Rückführung gerechtfertigt.[110] **290**

Obgleich die gerichtliche Anordnung nach Art. 12 HKÜ allein die Verpflichtung zur Rückgabe des Kindes umfasst, ist es nach der Rechtsprechung dem Elternteil, der das Kind ins Ausland verbracht hat, grundsätzlich zumutbar, das Kind bei der Rückführung in den Herkunftsstaat zu begleiten.[111] **291**

Der EGMR hebt die Verpflichtung der Mitgliedstaaten hervor, Rückführungsentscheidungen auch effektiv durchzusetzen.[112] Allerdings sind die nationalen Gerichte auch zu einer eigenständigen Würdigung der zu den Ausnahmetatbeständen vorgetragenen Argumente und ggf. zur Prüfung etwaiger Schutzmaßnahmen verpflichtet.[113]

Auch im Rahmen des Art. 13 Abs. 2 HKÜ, der den **Widerstand des Kindes** gegen die Rückkehr in den Herkunftsstaat betrifft, kommt dem Kindeswillen nicht die gleiche Bedeutung zu wie in einem innerstaatlichen Sorgerechtsverfahren. Die Versagung der Rückführung kommt nur in Betracht, wenn das Kind eine Rückführung mit Nachdruck ablehnt bzw. sich hiergegen in ungewöhnlich starkem Maße sträubt.[114] **292**

c) Ergänzende Regelungen in Brüssel IIb-VO und IntFamRVG

Sowohl die Brüssel IIb-VO als auch das IntFamRVG enthalten für die Umsetzung des HKÜ ergänzende Regelungen, wobei die Regelungen der Brüssel IIb-VO auf die Anwendung im Verhältnis der Mitgliedstaaten der EU zueinander begrenzt sind. **293**

Art. 9 Brüssel IIb-VO enthält in Anlehnung an die dem HKÜ zugrunde liegenden Fristen eine **fortdauernde Zuständigkeit des Herkunftsstaates** für Sorgerechtsent- **294**

107 Im Anwendungsbereich der Brüssel IIb-VO sind die Sonderregelungen in Art. 29 bzw. Art. 10 Brüssel IIb-VO vorrangig zu beachten.

108 Niethammer-Jürgens/Erb-Klünemann, S. 246; zur Verfassungsmäßigkeit dieser Beweislastverteilung siehe BVerfG FamRZ 2016, 1571.

109 Vgl. BT Drucks. 11/5314, S. 43.

110 BVerfG FamRZ 2016, 1571.

111 So etwa OLG Stuttgart NZFam 2019, 121.

112 EGMR FamRZ 2015, 469.

113 EGMR FamRZ 2022, 959, m. Anm. Guttzeit; FamRZ 2019, 1239; FamRZ 2012, 692; FamRZ 2011, 1482.

114 So OLG Celle, Beschl. v. 27.9.2019 – 15 UF 110/19, BeckRS 2019, 41254; siehe auch OLG Frankfurt a. M., Beschl. v. 22.12.2016 – 1 UF 296/16, BeckRS 2016, 133784. Zur Würdigung des Kindeswillens siehe auch Völker/Clausius, § 11 Rn. 121–123.

scheidungen in Fällen von Kindesentführungen. Dabei verbleibt es auch nach Begründung eines neuen gewöhnlichen Aufenthalts bei der Zuständigkeit des Herkunftsstaates. Diese endet erst, wenn das Kind mindestens ein Jahr im Zufluchtsstaat lebt, nachdem der Sorgeberechtigte diesen Aufenthaltsort kannte oder hätte kennen müssen, während dieses Zeitraums kein Rückführungsantrag gestellt bzw. ein solcher zurückgezogen wurde und das Kind sich in seinem neuen Umfeld eingelebt hat.[115]

Ein **Wechsel** der Zuständigkeit kann allerdings auch nach Abschluss eines Sorgerechtsverfahrens im Herkunftsstaat durch eine den Aufenthaltswechsel faktisch legitimierende Entscheidung eintreten (Art. 9 lit. b) (v) Brüssel IIb-VO).

295 Die Brüssel IIb-VO enthält in Art. 22 bis 29 besondere Bestimmungen, die für bzw. im Anschluss an Rückführungsverfahren nach dem HKÜ im Verhältnis der EU-Mitgliedstaaten untereinander zur Anwendung gelangen.

Die **Beschleunigung des Rückführungsverfahrens** wird durch Art. 24 Brüssel IIb-VO forciert. Danach sind Anträge nach dem HKÜ in jeder Instanz innerhalb von sechs Wochen nach Eingang (Eingangsinstanz) bzw. nach Durchführung aller erforderlichen Verfahrensschritte (höhere Instanz) zu bescheiden.[116] Art. 25 Brüssel IIb-VO fördert die Durchführung alternativer Streitbeilegungsverfahren wie der Mediation.

Art. 27 Abs. 3 Brüssel IIb-VO schränkt die Anwendung des Art. 13 Abs. 1 b) HKÜ ein, indem die Rückführung nicht abgelehnt werden darf,

> „wenn nachgewiesen ist, dass angemessene Vorkehrungen getroffen wurden, um den Schutz des Kindes nach seiner Rückkehr zu gewährleisten".[117]

Art. 27 Abs. 5 Brüssel IIb-VO eröffnet hierzu dem die Rückführung anordnenden Gericht die Möglichkeit zur Anordnung einstweiliger „mitreisender Schutzmaßnahmen".[118]

296 Art. 29 Brüssel IIb-VO forciert im Falle der **Ablehnung der Rückführung** auf Grundlage von Art. 13 Abs. 1 lit. b) 1. Alt. HKÜ (Kindeswohlgefährdung) sowie Art. 13 Abs. 2 HKÜ (Widersetzen des Kindes) die Einleitung eines Sorgeverfahrens im Herkunftsstaat, dessen Entscheidung auch im Zufluchtsstaat umzusetzen ist.[119] Sofern im Herkunftsstaat bereits ein Verfahren anhängig ist, hat das die Rückführung ablehnende Gericht innerhalb eines Monats nach Erlass seiner Anordnung das zuständige Gericht direkt oder über die Zentrale Behörde im Herkunftsstaat über seine Entscheidung zu informieren.

Nach Art. 29 Abs. 6 Brüssel IIb-VO ist schließlich eine spätere Entscheidung des Herkunftsstaates, welche die Herausgabe des Kindes anordnet, im Zufluchtsstaat voll-

---

115 Vgl. zu den Änderungen gegenüber Art. 10 Brüssel IIa-VO Schulz FamRZ 2020, 1141, 1144.
116 Siehe hierzu Erwägungsgrund (41) und (42).
117 Zu entsprechenden Vorkehrungen siehe Erwägungsgrund (45) sowie Erb-Klünemann/Kößler, NDV 2022, 179, 181.
118 Siehe hierzu Erwägungsgrund (46) sowie Schulz, FamRZ 2020, 1141, 1144 f.
119 Sogenannter „übergeordneter Mechanismus"; vgl. hierzu Niethammer-Jürgens/Erb-Klünemann, S. 255.

streckbar, auch wenn im HKÜ-Verfahren die Rückführung des Kindes auf Grundlage des Art. 13 HKÜ abgelehnt wurde.

Das HKÜ selbst enthält keine Vorgaben für die Anhörung der Beteiligten. Zur **Anhörung des Kindes** im Verfahren verweist Art. 26 Brüssel IIb-VO auf Art. 21 Brüssel IIb-VO. Grundsätzlich ist daher auch in HKÜ-Verfahren die richterliche Kindesanhörung durchzuführen.[120] 297

Zur **Anhörung der Eltern** regelt Art. 27 Abs. 1 Brüssel IIb-VO, dass ein Rückführungsantrag nur zurückgewiesen werden darf, wenn zuvor der Antragsteller Gehör erhielt. Die persönliche Anhörung ist in HKÜ-Verfahren vor deutschen Gerichten grundsätzlich üblich.

Erstinstanzlich zuständig für ein Verfahren nach dem HKÜ ist jeweils das Familiengericht am Sitz eines OLG, in dem das Kind bei Antragstellung seinen tatsächlichen Aufenthalt hat.[121] § 9 IntFamRVG regelt die **Mitwirkung des Jugendamtes** am Aufenthaltsort des Kindes und verpflichtet die Jugendämter zur Unterstützung im Gerichtsverfahren sowie im Rahmen der Vollstreckung gerichtlicher Entscheidungen. 298

Neben diesen besonderen Verfahrensregeln gilt in HKÜ-Verfahren grundsätzlich das nationale Verfahrensrecht. Damit finden in Verfahren vor deutschen Gerichten die Regelungen des FamFG und des IntFamRVG Anwendung. Die §§ 37 ff. IntFamVG enthalten Sonderregelungen für Verfahren nach dem HKÜ, etwa zur Verfahrensbeschleunigung (§ 38 IntFamRVG). Die Vollstreckung von Rückführungsentscheidungen erfolgt grundsätzlich von Amts wegen (§ 44 IntFamRVG).[122]

Gegen die Entscheidung in HKÜ-Verfahren ist das **Rechtsmittel der Beschwerde** eröffnet (§ 40 Abs. 2 IntFamRVG), wobei diese abweichend von § 63 Abs. 1 FamFG innerhalb einer Frist von zwei Wochen einzulegen und zu begründen ist (vgl. hierzu Teil 4/*Heilmann*, Rn. 114, 119).[123] Die fehlende Begründung innerhalb der gesetzlichen Frist führt zur Verwerfung der Beschwerde ohne inhaltliche Prüfung.[124] 299

Das Beschwerderecht wird durch § 40 Abs. 2 Satz 3 IntFamRVG beschränkt: Gegen eine Entscheidung, die zur Rückführung eines Kindes verpflichtet, können demnach nur der Antragsgegner, das Kind, soweit es das 14. Lebensjahr vollendet hat, sowie das Jugendamt die Beschwerde einlegen.

---

120 Erwägungsgrund (39) verweist hierzu u.a. auf die Möglichkeit der Durchführung der Kindesanhörung unter Einsatz von Videotechnik nach der EU-Beweisaufnahme-VO in der Neufassung 2020/1783.

121 Diese Zuweisung erfolgt durch § 11 i.V.m. § 12 IntFamRVG.

122 Zum Verfahren der Beschwerde und Vollstreckung in HKÜ-Verfahren siehe die Übersicht Heilmann/Schweppe, § 44 IntFamRVG Rn. 9. Zu den Änderungen im IntFamRVG aufgrund des Inkrafttretens der Brüssel IIb-VO siehe Klinkhammer, FamRZ 2022, 325 ff.

123 § 40 Abs. 2 Satz 2 IntFamRVG. Dies entspricht der verkürzten Beschwerdefrist des § 63 Abs. 2 Ziffer 1 FamFG für Beschwerden gegen Entscheidungen im Verfahren der einstweiligen Anordnung.

124 So OLG Nürnberg FamRZ 2022, 711; OLG Schleswig FamRZ 2021, 1220; OLG Koblenz FamRZ 2017, 135.

d) Vollstreckung von Rückführungsentscheidungen

300 Die Vollstreckung einer die Rückführung des Kindes anordnenden Entscheidung hat durch das Gericht von Amts wegen zu erfolgen, also unabhängig von einem entsprechenden Antrag (§ 44 Abs. 3 IntFamRVG).

Dabei kommt eine **Aussetzung** der Vollstreckung nur ausnahmsweise in Betracht, da im Vollstreckungsverfahren grundsätzlich keine erneute Überprüfung der Rechtmäßigkeit der zu vollstreckenden Entscheidung erfolgt; insbesondere ist von einer abschließenden Prüfung der Ausnahmetatbestände im Erkenntnisverfahren auszugehen (zum innerstaatlichen Recht vgl. Teil 4/*Heilmann*, Rn. 134).[125] Soweit jedoch aufgrund zwischen Erlass der Rückführungsentscheidung und Vollstreckung eingetretener Umstände nachträglich die Voraussetzungen für die Ablehnung der Rückführung zu bejahen sind, so kommt in eng umgrenzten Ausnahmefällen die Aussetzung der Vollstreckung in Betracht.[126]

Strittig ist, inwieweit in derartigen Ausnahmefällen auch eine Überprüfung und ggf. Aufhebung der Rückführungsentscheidung im Wege eines Abänderungsverfahrens in Betracht kommt.[127]

2. Mechanismen zum Schutz des Kindes

301 Der strikte Rückführungsmechanismus des HKÜ kann sich in der Praxis als problematisch erweisen, da das Übereinkommen weder die besondere Belastungssituation der Kinder aufgrund des abrupten Aufenthaltswechsels noch die individuellen Umstände im Herkunftsstaat berücksichtigt. Auch entsprechen die im HKÜ statuierten Fristen nicht dem individuell unterschiedlichen kindlichen Zeitempfinden. Um etwaige mit der Rückführung verbundene **Härten** zu vermeiden bzw. zu **mildern**, wird in der Rechtspraxis häufig versucht, den Elternteil, in dessen Obhut sich das Kind aufhält, zur Rückkehr mit dem Kind zu bewegen.

Da die Entscheidung im Rückführungsverfahren keine Sorgerechtsentscheidung beinhaltet, sondern erst die Durchführung eines Sorgeverfahrens im Herkunftsstaat ermöglichen soll, ist mit der Anordnung der Rückführung nicht notwendig die Herausgabe des Kindes an den antragstellenden Elternteil verbunden. Der „entführende" Elternteil kann zusammen mit dem Kind in den Herkunftsstaat zurückkehren und es dort zunächst bis zum Abschluss des Sorgerechtsverfahrens betreuen. Dies setzt allerdings die Bereitschaft dieses Elternteils voraus, das Kind bei der Rückkehr zu begleiten, da das Instrumentarium des HKÜ nur eine Anordnung über die Rückführung des Kindes vorsieht.[128]

---

125 Vgl. aber OLG Hamburg FamRZ 2015, 64, hierzu kritisch Völker/Clausius, § 11 Rn. 145; zu Entscheidungen ohne Auslandsbezug BGH FamRZ 2012, 533; OLG Hamm FamRZ 2017, 1580.

126 Vgl. OLG Saarbrücken FamRZ 2018, 40 (Kindeswille) sowie KG FamRZ 2022, 222 und OLG Frankfurt FamRZ 2022, 1941. Zur Tenorierung der Entscheidung siehe Winter, Rn. 733.

127 Bejaht von OLG Hamm FamRZ 2021, 1990; kritisch zu dieser Entscheidung: Hüßtege FamRZ 2021, 1994.

128 Vgl. Nehls, ZKJ 2014, 62, 63.

Um eine Rückkehr gemeinsam mit dem Kind zu forcieren, werden in der Praxis **gesetzlich nicht geregelte Verpflichtungserklärungen – „undertakings"** genannt – eingesetzt. Diese beinhalten häufig die Verpflichtung des Antragstellers zu Unterhaltszahlungen nach der Rückkehr in den Herkunftsstaat zumindest für die Dauer des Sorgerechtsverfahrens sowie zur Rücknahme etwaiger wegen Kindesentziehung erstatteter Strafanzeigen gegen den anderen Elternteil.[129] 302

Derartige Verpflichtungserklärungen können durch gerichtlich gebilligte Vereinbarungen der Verfahrensbeteiligten oder gerichtliche Anordnungen in Form von „mirror orders" oder „safe harbour orders" abgesichert werden, die entsprechend im Herkunftsstaat zu erwirken sind.[130] Für den Anwendungsbereich der Brüssel IIb-VO enthält Art. 27 Abs. 3 Brüssel IIb-VO eine entsprechende Regelung. Darüber hinaus ermöglicht Art. 27 Abs. 5 Brüssel IIb-VO dem über die Rückführung entscheidenden Gericht den Erlass einstweiliger Maßnahmen nach Art. 15 Brüssel IIb-VO in Form „mitreisender Schutzmaßnahmen", die auf Antrag gemäß Art. 36 Abs. 1 lit. c) Brüssel IIb-VO auch im Herkunftsstaat vollstreckbar sind.[131]

Denkbar ist auch ein aufschiebender Ausspruch der Vollstreckung, um dem Elternteil zunächst die Möglichkeit einer freiwilligen Rückkehr mit dem Kind zu geben.[132]

Zur **Förderung einvernehmlicher Lösungen** bei grenzüberschreitenden Kindschaftsverfahren und Kindesentführungen unter Berücksichtigung des Zeitfaktors, der unterschiedlichen Rechtskulturen und der meist großen räumlichen Distanz zwischen den Verfahrensbeteiligten wurde ein **System binationaler Co-Mediation**[133] entwickelt, das in Deutschland durch den Verein MiKK e.V. – Mediation bei internationalen Kindschaftskonflikten – gefördert und umgesetzt wird. 303

Im Anwendungsbereich der Brüssel IIb-VO ermöglicht eine Gerichtsstandsvereinbarung auf Grundlage von Art. 10 Brüssel IIb-VO den Kindeseltern, über den Verfahrensgegenstand hinaus Fragen der elterlichen Sorge und des Umgangs verbindlich zu klären.

Praxistipp

▶ *Für die Wirksamkeit der Gerichtsstandsvereinbarung ist die Zustimmung des Verfahrensbeistands als „Partei" erforderlich.*[134]

---

129 Zur Problematik einer möglichen Inhaftierung eines Elternteils im Fall der Rückkehr in den Herkunftsstaat vgl. OLG Hamm FamRZ 2017, 1679.

130 Zur genaueren Erläuterung der Absicherungsmechanismen und entsprechenden Bsp. siehe Carl, FPR 2001, 211 (215 f.); Heilmann/Wegener, Kapitel 6 Rn. 13 ff.; Völker/Clausius, § 11 Rn. 153–155.

131 Vgl. hierzu Erwägungsgrund (46), wobei Umfang und Nutzen dieser Maßnahmen im Einzelnen noch unklar sind.

132 Zur entsprechenden Tenorierung der Rückführungsentscheidung siehe Heilmann/Schweppe, Art. 12 HKÜ Rn. 19.

133 Siehe hierzu „Hinweise zu internationalen Sorgerechtskonflikten" über das Bundesamt für Justiz sowie zu weitergehenden Informationen info@mikk-ev.de.

134 Art. 10 Abs. 1 lit. b) ii) Brüssel IIb-VO, siehe Erb-Klünemann/Kößler, NDV 2021, 76, 77.

3. Verfahrensbeistandschaft in HKÜ-Verfahren

304 Unter Verweis auf Entscheidungen des BVerfG, welches die Einsetzung einer eigenständigen Interessenvertretung für die beteiligten Kinder in Rückführungsverfahren nach dem HKÜ auf Ausnahmefälle – insbesondere Fälle wechselseitiger Kindesverbringungen – beschränkte,[135] wird teilweise die Auffassung vertreten, die Bestellung von Verfahrensbeiständen in HKÜ-Verfahren sei auf besondere Fallkonstellationen begrenzt.[136]

Tatsächlich ist die **Rückführungsentscheidung** für die betroffenen Kinder jedoch **stets von erheblicher Bedeutung**, weil sie ihr soziales Umfeld bestimmt und die Kinder aus der unmittelbaren Zuwendung des sie gegenwärtig betreuenden Elternteiles lösen kann.[137] Das Gericht bestimmt, in welchem Staat das Kind zumindest für einen gewissen Zeitraum – nämlich bis zum Abschluss des im Herkunftsstaat durchzuführenden Sorgerechtsverfahrens – betreut wird.

Wenngleich das HKÜ darauf basiert, die Interessen des Kindes würden durch den Antragsteller vertreten, sind **Interessenkonflikte** zwischen dem Kind und beiden Eltern in HKÜ-Verfahren evident. Zu dem antragstellenden Elternteil hat das Kind seit dem Verbringen – in einigen Fällen auch schon zuvor – keinen oder nur geringen Kontakt. Der Antragsteller kennt die derzeitigen Bedürfnisse des Kindes häufig nicht und fällt zugleich als Vertrauensperson für das Kind aus. Aus dieser Konfliktsituation ergibt sich die Notwendigkeit einer eigenständigen Interessenvertretung.[138]

Hinweis

Art. 16 Brüssel IIb-VO eröffnet ausdrücklich die Möglichkeit, einen Verfahrenspfleger/Verfahrensbeistand auf Grundlage nationalen Rechts einzusetzen.[139] Dementsprechend ist die Bestellung eines Verfahrensbeistands nach § 158 FamFG angezeigt und in der Praxis deutscher Gerichte auch üblich.

V. Verfahrensbeistandschaft in Verfahren mit Auslandsbezug

1. Aufgaben des Verfahrensbeistands

305 Auch in Verfahren mit Auslandsbezug bestimmt sich der Aufgabenkreis des Verfahrensbeistands nach § 158b FamFG. Wenngleich Verfahrensbeistände grundsätzlich nicht an der Entscheidung beteiligt sind, vor welchem Gericht und auf Grundlage wel-

135 BVerfG FamRZ 1999, 85, 88; FamRZ 2006, 1261.
136 So OLG Düsseldorf FamRZ 2008, 1775; OLG Karlsruhe FamRZ 2006, 1403.
137 So BVerfG FamRZ 1999, 85, 88
138 Vgl. Salgo, FPR 1999, 313, 315 f.; Schweppe, Kindesentführungen und Kindesinteressen, S. 243 f. und ZfJ 2001, 169 (174 f.). Auch Winter, Rn. 723, sieht einen Regelfall für die Einsetzung eines Verfahrensbeistands.
139 Schulz, FamRZ 2020, 1141, 1143. Siehe auch Erwägungsgrund (32).

cher Rechtsordnung ein Verfahren eingeleitet wird, da die Einsetzung in einem bereits laufenden Verfahren erfolgt, sollten die in derartigen Konstellationen tätigen Verfahrensbeistände sich den Besonderheiten solcher Verfahren stellen, um die Kindesinteressen umfassend vertreten zu können.

Praxistipp 306

Der Verfahrensbeistand sollte neben der Entwicklung des hiesigen Verfahrens auch etwaige im Ausland durch einen Elternteil eingeleitete Verfahren oder bereits erwirkte Entscheidungen berücksichtigen.

Ist im Ausland bereits ein Verfahren anhängig, so ist ggf. dessen Vorrang nach Art. 20 Abs. 2 Brüssel IIb-VO, Art. 13 KSÜ oder allgemeinen Grundsätzen analog § 261 Abs. 3 Nr. 1 ZPO zu beachten.[140] Dennoch können in grenzüberschreitenden Sorgerechtskonflikten einander widersprechende Entscheidungen über die elterliche Sorge ergehen, die der Rückkehr in den anderen Staat oder der Ausübung grenzüberschreitender Umgangskontakte entgegenstehen können.[141] Die sich hieraus in der Praxis ergebenden Probleme können letztlich nur im jeweiligen konkreten Fall unter Mitwirkung der Verfahrensbeteiligten gelöst werden.

Beantragt ein Elternteil die Übertragung der elterlichen Sorge mit dem Ziel, mit dem Kind ins Ausland auszuwandern, so ist die **Kontinuität** der Beziehung zu diesem Elternteil gegenüber der **Diskontinuität** der übrigen Lebensumstände abzuwägen, wobei die Motive für die Auswanderung nur zu bewerten sind, soweit sie sich nachteilig auf das Kindeswohl auswirken.[142] Zur vorläufigen Absicherung des Aufenthalts kommt eine Einschränkung des Aufenthaltsbestimmungsrechts auf das Hoheitsgebiet der Bundesrepublik Deutschland in Betracht, sofern ein Auslandsbezug vorliegt und ein Wegzug des aufenthaltsbestimmungsberechtigten Elternteils nicht von vornherein ausgeschlossen ist.[143] 307

Bei der Vertretung des Kindes in HKÜ-Verfahren ist zu beachten, dass sich aus der besonderen Struktur des HKÜ auch Vorgaben für die Ermittlung der Kindesinteressen ergeben: Ansatzpunkt ist nicht, welche Entscheidung den Kindesinteressen am besten gerecht wird, sondern ob die **Rückführung** mit einer **Gefährdung des Kindeswohls** verbunden ist und wie ggf. eine solche Gefährdung abgewendet werden könnte.[144] 308

140 Vgl. hierzu OLG Düsseldorf ZKJ 2020, 109 (Israel) m. Anm. Schweppe; OLG Bremen FamRZ 2016, 1189 (USA).

141 So etwa, wenn die Anordnung der Rückführung in einem HKÜ-Verfahren wegen Vorliegen eines Ausnahmetatbestandes verweigert oder nach Erlass einer Rückführungsanordnung deren Vollstreckung aufgehoben bzw. ausgesetzt wird, vgl. hierzu KG FamRZ 2022, 222.

142 Hierzu BGH FamRZ 2011, 796, 799; BGH FamRZ 2010, 1060; siehe auch Coester-Waltjen, ZKJ 2013, 4, und Rölke/Eschelbach, JAmt 2012, 290, auch mit Ausführungen zur Rechtslage im Ausland (ebd. 295 ff.).

143 OLG Stuttgart FamRZ 2021, 686

144 Zur Wahrnehmung der Kindesinteressen in HKÜ-Verfahren vgl. Bergida, RdJB 1/2009, 156 (162 ff.).

Auch ist die Information des Kindes über den Zweck des Verfahrens von besonderer Bedeutung, da Kinder keine genaue Vorstellung über den Umfang der im HKÜ-Verfahren ergehenden Entscheidung haben. So befürchten die Kinder häufig, sofort im Anschluss an die Verhandlung vom betreuenden Elternteil getrennt zu werden und dauerhaft in den Herkunftsstaat zurückzukehren.

Praxistipp

Daher sind dem Kind altersentsprechend der vorläufige Charakter der Entscheidung sowie die Möglichkeit der begleiteten Rückführung und der Durchführung eines Sorgerechtsverfahrens im Herkunftsstaat zu erläutern.

309 Der Verfahrensbeistand sollte **an einvernehmlichen Lösungen mitwirken**, soweit diese den Interessen des betroffenen Kindes entsprechen. So können etwa „undertakings" dazu beitragen, die Kontinuität der Betreuung zu gewährleisten, indem der Obhutsinhaber das Kind in den Herkunftsstaat begleitet.[145]

310 Wenngleich die Tätigkeit des Verfahrensbeistands nach der gesetzlichen Vorgabe mit Abschluss des gerichtlichen Verfahrens endet (§ 158 Abs. 4 S. 1 FamFG), sollte in HKÜ-Verfahren oder anderen Verfahren, die mit einem Wechsel des Kindes zum anderen Elternteil verbunden sind, der Verfahrensbeistand möglichst an der **Umsetzung der Entscheidung im Vollstreckungsverfahren** mitwirken, damit diese in einer für das Kind möglichst schonenden Weise erfolgt.[146]

311 Soweit sich nach Abschluss des Rückführungsverfahrens nach dem HKÜ ein Verfahren zur Regelung des Sorge- oder Umgangsrechts anschließt, sollte der Verfahrensbeistand für das Gericht im Herkunftsstaat einen **Bericht über die Situation des Kindes** erstellen. Wird das entsprechende Verfahren vor einem hiesigen Gericht geführt, sollte der Verfahrensbeistand auch in diesem Verfahren eingesetzt werden.

312 Gegenstand eines solchen Verfahrens kann auch die künftige Gestaltung des Umgangs sein, um einem – erneuten – Verbringen entgegenzuwirken. Art. 10 des noch nicht in Kraft getretenen EUÜ (vgl. Rn. 243) benennt hierzu im Einzelnen mögliche „Schutzmaßnahmen und Garantien" zur Umsetzung von **grenzüberschreitenden Umgangsregelungen**, die etwa die Durchführung begleiteter Umgänge, aber auch die Absicherung durch finanzielle Sicherheiten und Geldbußen umfassen.

Als gerichtliche Sicherungsmaßnahme kommt auch die Einrichtung einer **Grenzsperre** auf Ersuchen des jeweiligen Amtsgerichts in Betracht.[147] Hierbei handelt es

145 Zu weitgehend jedoch die Übertragung der gesamten elterlichen Sorge auf den Verfahrensbeistand zum Zwecke der Umsetzung der Rückführung des Kindes durch OLG Celle FamRZ 2013, 391 (LS).

146 So bereits Carl, FPR 2006, 39 (42). Nach OLG Hamm FamRZ 2018, 1938, m. Anm. Schweppe, 1942, ist im Vollstreckungsverfahren für den Fall der Anordnung unmittelbaren Zwangs gegen das Kind zunächst eine Stellungnahme des Verfahrensbeistands einzuholen.

147 Zuständig für die Ausschreibung zur Grenzfahndung ist das Bundespolizeipräsidium in Potsdam, das entsprechende Ersuchen ist durch das Gericht zu stellen; siehe Heilmann/Schweppe, § 15 IntFamRVG Rn. 2.

sich jedoch um eine zeitlich begrenzte Maßnahme für Fälle, in denen die konkrete Gefahr besteht, dass ein Elternteil das Kind ins Ausland verbringen wird.[148]

2. Qualifikation des Verfahrensbeistands

Für die Tätigkeit in grenzüberschreitenden Sorge- und Umgangsverfahren bzw. in Rückführungsverfahren nach dem HKÜ ist die **Kenntnis** der verfahrensleitenden Grundsätze – damit auch **der internationalen Übereinkommen** und der kindschaftsrechtlichen Regelungen in den beteiligten Staaten – erforderlich, da ein Verfahrensbeistand nur dann die Interessen des Kindes umfassend ermitteln und abwägen kann, wenn er auch die rechtlichen Konsequenzen der Entscheidung berücksichtigt. Hierzu sollte der Verfahrensbeistand bereits über entsprechende Kenntnisse verfügen oder sich den entsprechenden Überblick verschaffen.[149] **313**

Im Idealfall kann der Verfahrensbeistand sich mit dem Kind direkt in der Sprache verständigen, welche dem Kind am vertrautesten ist. Entsprechende **Sprachkenntnisse** sind auch hilfreich für die direkte Kommunikation mit Institutionen im Ausland. Gegebenenfalls kommt die Hinzuziehung einer Vertrauensperson des Kindes für die Übersetzung in Betracht. **314**

Eine Übersetzung durch einen Elternteil bzw. Personen aus dessen Umfeld ist abzulehnen, da andernfalls die unabhängige Vertretung der Kindesinteressen gefährdet wäre. In derartigen Fällen sollte der Verfahrensbeistand für die Übersetzung durch einen neutralen und gerichtlich anerkannten **Dolmetscher** Sorge tragen.

Hinweis

§ 158b Abs. 2 FamFG sieht nunmehr die Erstattung der Kosten für die Beauftragung eines Dolmetschers vor, sofern das Gericht die Hinzuziehung eines Dolmetschers im Bestellungsbeschluss oder durch gesonderten Beschluss gestattet hat.[150]

148 Zu den Anforderungen vgl. OLG Frankfurt FamRZ 2018, 1319, m. Anm. Hammer.

149 Einen Einstieg in das jeweilige Kindschaftsrecht der Mitgliedstaaten der EU bietet das Europäische Justizportal unter www.e-justice.europa.eu. Die Loseblattsammlung Bergmann/Ferid, Internationales Ehe- und Kindschaftsrecht, enthält die familienrechtlichen Regelungen aller Staaten. In Zweifelsfällen und zu Fragen praktischer Anwendung kann die Nachfrage bei der diplomatischen Vertretung des entsprechenden Staates hilfreich sein.

150 Siehe BGH FamRZ 2025, 128. Zur Reform durch das Kostenrechtsänderungsgesetz siehe BT-Drucks. 20/14264, S. 36 f. zu entsprechenden Änderungen in § 158b FamFG und § 158c FamFG.

3. Allgemeine Hinweise

315 Über die **Internetseite des Bundesamts für Justiz** ist die Broschüre „Internationale Kindschaftsverfahren" (2023) erhältlich mit Hinweisen

- zum Verfahren nach dem HKÜ,
- zu grenzüberschreitenden Umgangs- und Sorgerechtskonflikten und
- zur grenzüberschreitenden Unterbringung von Kindern.[151]

Unter der Rubrik „Rechtliche Grundlagen" finden sich die Vertragstexte und erläuternde Berichte zu den Übereinkommen sowie die Texte der einschlägigen EU-Verordnungen. Weiter informiert die „Staatenliste" zu den Vertragsstaaten von HKÜ, KSÜ und ESÜ über den jeweiligen Beitrittsstaat, etwaige Vorbehaltserklärungen und die Geltung im Verhältnis zur Bundesrepublik Deutschland.

316 Die **Internetseite der Haager Konferenz für Internationales Privatrecht** (www.hcch.net) enthält neben einer tagesaktuellen Liste der Vertragsstaaten der Haager Konventionen ebenfalls die Vertragstexte und erläuternde Berichte zu den Übereinkommen. Auch sind die Anschriften der Zentralen Behörden der Vertragsstaaten zum HKÜ (Convention on the Civil Aspects of International Child Abduction) aufgeführt.

Die Internetseite www.incadat.com (International Child Abduction Database) bietet eine Fallsammlung zu HKÜ-Verfahren.

317 In Sorge- und Umgangskonflikten mit internationalen Bezügen ist häufig die Einschaltung von Fachstellen angezeigt, die über entsprechende Erfahrungen und Auslandskontakte verfügen. Innerhalb der Justiz werden die Vernetzung der beteiligten Institutionen und ein Austausch zwischen den Gerichten durch die **Verbindungsrichter** aus dem europäischen bzw. dem Haager Verbindungsrichternetzwerk gefördert.[152] Art. 86 Brüssel IIb-VO regelt ausdrücklich die direkte richterliche Kommunikation zwischen den Gerichten der Mitgliedstaaten.

Die Einschaltung eines Verbindungsrichters bietet sich etwa in Fällen einer **doppelten Rechtshängigkeit** oder der möglichen Abgabe eines Verfahrens an. Sie kann aber auch zur Information über Regelungen zur elterlichen Sorge und zum Umgang bzw. den Gegenstand weiterer (auch abgeschlossener) Verfahren erfolgen. Die Kontaktaufnahme ist dem mit dem Verfahren befassten Gericht vorbehalten, kann jedoch durch die Verfahrensbeteiligten wie den Verfahrensbeistand beim Gericht angeregt werden.[153]

---

151 www.bundesjustizamt.de > Themen > Familie international > Sorgerecht > Rechtliche Grundlagen Infomaterial.

152 Hierzu grundlegend Carl/Menne, Verbindungsrichter und direkte richterliche Kommunikation im Familienrecht, NJW 2009, 3537 sowie aktuell Menne, FamRB 2021, 477; FamRB 2022, 37. Zur Umsetzung in der Praxis siehe AG München NJW 2022, 252; AG Hamm FamRZ 2022, 223 m. Anm. Erb-Klünemann und Menne.

153 Vgl. www.bundesjustizamt.de > Familie International > Sorgerecht > Grenzüberschreitende Amts- und Rechtshilfe > Haager Verbindungsrichternetzwerk und EJN.

Information und Unterstützung für Betroffene und Fachkräfte – auch außerhalb der Vertragsstaaten der Haager Übereinkommen – bietet die „Zentrale Anlaufstelle für internationale Kindschaftskonflikte" beim **Internationalen Sozialdienst** (ISD).[154] Informationen sind über die Internetseite www.zank.de erhältlich. 318

Dem ISD kommt auch die Aufgabe zu, auf Anfrage von Behörden oder Gerichten Kontakt zu den entsprechenden Fachstellen im Ausland aufzunehmen, um Berichte der dortigen Stellen zur Überprüfung der Betreuungssituation oder Gefährdungslage in einem anderen Staat einzuholen. Diese Anfragen, etwa über die Situation im Herkunftsstaat des Kindes, werden über die deutsche Zweigstelle an die Verbindungsstelle im entsprechenden Staat und von dort an die lokale Jugendschutzbehörde weitergeleitet.

Im Anwendungsbereich der Brüssel IIb-VO sind entsprechende Ersuchen zur Einholung von Sozialberichten zwingend über die nationalen Zentralen Behörden zu stellen, in Deutschland über das Bundesamt für Justiz.[155]

Auch die Erfahrungen und Kontakte freier Träger können von Nutzen sein. So bietet der **Verband binationaler Familien und Partnerschaften, iaf e.V.**, über seine Regionalstellen Beratungen für Paare in Trennungskonflikten an.[156] 319

154 Der Internationale Sozialdienst – International Social Service – (www.issger.de) steuert über nationale Zweigstellen und freie Träger die Kooperation zwischen deutschen und ausländischen Trägern der Jugendhilfe, Jugendämtern und Sozialbehörden sowie Familiengerichten. Die deutsche Zweigstelle des ISD ist angesiedelt beim Deutschen Verein für öffentliche und private Fürsorge e.V.

155 Dies folgt aus Art. 80 Brüssel IIb-VO.

156 www.verband-binationaler.de.

E Jugendhilfeverfahren und Interessenvertretung

Übersicht Rn.

I. Kinder- und Jugendhilferecht als Leistungs- und Eingriffsrecht

Wegen der **Interdependenz** zwischen den gesetzlichen Aufgaben des Jugendamtes **320** und des Familiengerichts müssen Verfahrensbeistände die jeweilige gesetzliche Aufgabenzuweisung kennen und beachten. Die Jugendämter sind wegen des Richtervorbehalts auf die Familiengerichte angewiesen, hingegen sind die Familiengerichte gehalten, das spezifische Wissen der Fachbehörde Jugendamt einzubeziehen und die diesen ausschließlich vom Gesetz zugewiesenen Aufgaben, Rechte und Pflichten zu beachten.

Es bestehen jeweils eigenständige Aufgaben und Verpflichtungen. Insbesondere steht dem Familiengericht keine Rechtmäßigkeitskontrolle des Handelns des Jugendamtes zu.

321 Das SGB VIII stellt ein **Leistungsgesetz** dar, dessen Ziel es zuvörderst ist, die Eltern bei ihren Erziehungsaufgaben zu unterstützen und jungen Menschen das Hineinwachsen in die Gesellschaft zu erleichtern. Um diesen Auftrag verwirklichen zu können enthält das Kinder- und Jugendhilferecht mit den §§ 11 bis 41a SGB VIII Regelungen, welche die Erbringung von Sozialleistungen i.S.d. § 11 SGB I vorsehen. Mit dieser Leistungserbringung nimmt das Jugendamt klassische **Aufgaben einer Sozialbehörde** wahr.

322 Kinder[1] haben allerdings nach Art. 2 Abs. 1 GG sowie nach Art. 2 Abs. 2 Satz 1 GG i.V.m. Art. 6 Abs. 2 Satz 2 GG auch einen Anspruch auf den Schutz des Staates, wenn ihre Eltern ihnen nicht den Schutz und die Hilfe bieten, die sie benötigen, um gesund aufzuwachsen und sich zu einer eigenverantwortlichen Persönlichkeit zu entwickeln.[2] Das Jugendamt ist daher als primärer staatlicher Wächter i.S.d. Art. 6 Abs. 2 Satz 2 GG verpflichtet, bei Vorliegen einer **Kindeswohlgefährdung** die zur Gefahrenabwehr erforderlichen Schritte einzuleiten.

Aber auch bei Vorliegen einer Kindeswohlgefährdung ist zunächst zu prüfen, ob die Kindeswohlgefährdung mittels einer **Leistung im Einverständnis mit den personensorgeberechtigten Eltern** abgewendet werden kann (§ 8a Abs. 1 Satz 3 SGB VIII).[3] Das Jugendamt hat keinerlei Befugnis, Leistungen i.S.d. § 2 Abs. 2 SGB VIII bei einem entgegenstehenden Willen der personensorgeberechtigten Eltern anzuordnen. Eine solche Möglichkeit besteht lediglich für die Familiengerichtsbarkeit nach § 1666 Abs. 3 Nr. 1 BGB.

Bei Vorliegen einer Kindeswohlgefährdung muss das Jugendamt aber auch von Amts wegen prüfen, ob es erforderlich ist das **Familiengericht anzurufen**, um auf eine (teilweise) Entziehung der elterlichen Sorge nach § 1666 Abs. 3 Nr. 6 BGB durch eine familiengerichtliche Entscheidung hinzuwirken (§ 8a Abs. 2 Satz 1 SGB VIII).

323 Auch kann es bei Vorliegen einer Kindeswohlgefährdung erforderlich sein gegen den Willen der Eltern eine **Inobhutnahme** zu verfügen und damit Kind und Eltern im Sinne einer kurzfristigen Kriseninterventionen zu trennen (§ 8a Abs. 2 Satz 2 SGB VIII). Das Jugendamt nimmt dann **Aufgaben des besonderen Polizeirechts** wahr, da die Materie der Gefahrenabwehr betroffen ist. Mit der Aufgabenwahrnehmung verbunden sind dann Eingriffe in das Elternrecht aus Art. 6 Abs. 2 Satz 1 und Abs. 3 GG.

---

1 Abweichend vom Kindsbegriff des § 7 Abs. 1 Nr. 1 SGB VIII wird im Folgenden der Kindsbegriff des Grundgesetzes verwendet, sofern ausschließlich vom Kind (und nicht auch vom Jugendlichen) die Rede ist. In Bezug genommen werden dann Menschen bis zur Vollendung des 18. Lebensjahres.

2 BVerfG, Beschl. v. 3.2.2017, 1 BvR 2569/16, juris Rn. 39.

3 Siehe hierzu auch BVerfG, Beschl. v. 24.3.2014, 1 BvR 160/14, juris Rn. 38; BVerfG, Beschl. v. 17.3.2014, juris Rn. 30.

Hinweis

Die Besonderheit des Kinder- und Jugendhilferechts besteht somit darin, dass in einem Gesetz Elemente des Leistungs- und Eingriffsrechts (Ordnungsrecht) enthalten sind. Von besonderer Bedeutung ist dabei die Beantwortung der Frage, wo die Trennlinie zwischen Leistungs- und Eingriffsrecht verläuft.

II. Der derivative Erziehungsauftrag der Kinder- und Jugendhilfe

Gemäß § 1 Abs. 1 SGB VIII hat jeder junge Mensch ein Recht auf Förderung seiner **324**
Entwicklung und auf Erziehung zu einer selbstbestimmten, eigenverantwortlichen und gemeinschaftsfähigen Persönlichkeit. Dies ist elementare **Zielbestimmung der Kinder- und Jugendhilfe**.

Bestimmend für das System des SGB VIII ist aber auch das **elterliche Erziehungsrecht** und die entsprechende Verantwortung. Aus diesem Grunde wurde auch die verfassungsrechtliche Vorgabe aus Art. 6 Abs. 2 Satz 1 GG wortgleich in § 1 Abs. 2 Satz 1 SGB VIII übernommen. Nach Art. 6 Abs. 2 Satz 1 GG steht den Eltern das Recht zur Erziehung ihrer Kinder zu.

Obgleich das **Kindeswohl** in der verfassungsrechtlichen Vorgabe nicht explizit er- **325**
wähnt wird, ist es dennoch „wesensimmanenter Bestandteil" dieses Grundrechts. Diese Auslegung fußt auf dem Gedanken,

> „dass in aller Regel den Eltern das Wohl des Kindes mehr am Herzen liegt als irgendeiner anderen Person oder Institution".[4]

„Zuvörderst" prägt daher die aus Art. 6 Abs. 2 Satz 1 GG folgende Rechtsposition der Eltern die Erziehung und das Aufwachsen eines Kindes.

Die Erziehung des Kindes ist somit nicht primär Aufgabe der Kinder- und Jugendhilfe, sondern liegt in der Elternverantwortung. Die Kinder- und Jugendhilfe – und insbesondere das Jugendamt – hat keinen eigenständigen Erziehungsauftrag. Ihr kommt nur ein von den personensorgeberechtigten Eltern abgeleiteter (derivativer) Erziehungsauftrag zu.[5]

Hinweis

Aus dem primären Erziehungsrecht der Eltern folgt insbesondere auch, dass die öffentliche Jugendhilfe die Interessen des Kindes grundsätzlich nicht gegen den Willen der Eltern wahrnehmen kann.

4 BVerfG, Urt. v. 19.2.2013, 1 BvL 1/11 u.a., juris Rn. 49; siehe hierzu auch Jarass in Jarass/Pieroth GG Art. 6 Rn. 40.

5 Siehe hierzu Entwurf eines Gesetzes zur Neuregelung des Kinder- und Jugendhilferechts, BT-Drucks. 11/5948, S. 47. Siehe hierzu auch Kunkel/Kepert in Kunkel/Kepert/Pattar, LPK-SGB VIII, § 1 Rn. 3 f. sowie Kepert in Kepert/Kunkel, Handbuch Kinder- und Jugendhilferecht, S. 43 f.

326 Wie bereits dargestellt haben Kinder aber nach Art. 2 Abs. 1 GG und Art. 2 Abs. 2 Satz 1 GG i.V.m. Art. 6 Abs. 2 Satz 2 GG auch einen eigenen **Anspruch auf den Schutz des Staates**, wenn ihre Eltern ihnen nicht den Schutz und die Hilfe bieten, die sie benötigen, um gesund aufzuwachsen und sich zu einer eigenverantwortlichen Persönlichkeit zu entwickeln.[6] Diese „grundrechtlich verbürgte Schutzfunktion"[7] wird im Kinder- und Jugendhilferecht insbesondere über

- den mit § 8a SGB VIII normierten Schutzauftrag und
- die Inobhutnahme gemäß § 42 SGB VIII

verwirklicht. Allerdings zielen diese Regelungen über die temporäre Schutzfunktion auch auf die langfristige Verwirklichung des Rechts des Kindes nach § 1 Abs. 1 SGB VIII auf Entwicklung zu einer selbstbestimmten, eigenverantwortlichen und gemeinschaftsfähigen Persönlichkeit.

Fazit

Das System der Kinder- und Jugendhilfe bewegt sich daher zwischen den Polen des Elternrechts und dem Recht des Kindes auf eine hinreichende Förderung und Entwicklung zu einer selbstbestimmten, eigenverantwortlichen und gemeinschaftsfähigen Persönlichkeit.

III. Das Verwaltungsverfahren in der Kinder- und Jugendhilfe

327 Das Verwaltungsverfahren im Kinder- und Jugendhilferecht richtet sich insbesondere nach den Regelungen, die im SGB X normiert sind. Die Regelungen des SGB X enthalten strenge Vorgaben für das Handeln des Jugendamtes in formeller Hinsicht. Allerdings sind diese Vorgaben nicht in jedem Einzelfall behördlichen Handelns zu beachten.

Hinweis

Nur die Tätigkeiten des Jugendamts bringen ein Verwaltungsverfahren in Gang, die sich auf den Erlass eines Verwaltungsakts oder den Abschluss eines öffentlich-rechtlichen Vertrags richten (§ 8 SGB X).

In diesen Fällen sind die verfahrensrechtlichen Regelungen des SGB X zu **beachten**. Weitere Verfahrensregelungen finden sich im SGB I, z.B.

- die Regelung über den Datenschutz in § 35 SGB I oder
- die Regelung über die Handlungsfähigkeit Minderjähriger in § 36 SGB I oder
- die Regelung über die Ausübung des Ermessens in § 39 SGB I sowie
- die Mitwirkungspflicht in § 60 SGB I.

6 BVerfG, Beschl. v. 3.2.2017, 1 BvR 2569/16, juris Rn. 39.
7 VGH BW, Beschl. v. 4.11.2021, 12 S 3125/21, juris Rn. 40.

Insbesondere bei schlicht hoheitlicher Tätigkeit müssen die strengen verfahrensrechtlichen Vorgaben des SGB X **nicht zwingend beachtet** werden. Dies gilt z.B.

- für die Beratungstätigkeit (aber nicht für die Entscheidung über einen Beratungsantrag),
- die Jugendhilfeplanung nach § 80 SGB VIII oder
- die Mitwirkung im gerichtlichen Verfahren gemäß §§ 50, 52 SGB VIII.

Grundsätzlich entscheidet das Jugendamt **nach** seinem **Ermessen**, ob es ein Verwaltungsverfahren durchführt, also einen Verwaltungsakt erlässt (§ 18 Satz 1 SGB X). Das ist anders, wenn im Gesetz bestimmt ist, dass ein **Antrag** notwendig ist. Dann muss die Behörde tätig werden, wenn der Antrag gestellt wird (§ 18 Satz 2 Nr. 1 SGB X). Sie darf dann nicht tätig werden, wenn kein Antrag vorliegt (§ 18 Satz 2 Nr. 2 SGB X). Ein Antragserfordernis ist im SGB VIII bei den Leistungsvorschriften hingegen nicht normiert. Ganz überwiegend wird dennoch vom Erfordernis eines Antrags ausgegangen, um Leistungen rechtmäßig erbringen zu können.[8] **328**

Die **Antragsstellung** ist allerdings an keine bestimmte Form gebunden. Ein mündlicher Antrag ist daher ausreichend. Wird der Antrag bei einem unzuständigen Jugendamt oder bei einem für die Jugendhilfe nicht zuständigen Sozialleistungsträger gestellt, so ist er unverzüglich an den **sachlich und örtlich zuständigen Jugendhilfeträger** weiterzuleiten. Dies bestimmt § 16 Abs. 2 SGB I. Für die Eingliederungshilfe nach § 35a SGB VIII folgt dies aus § 14 Abs. 1 Satz 2 SGB IX.

Auch ist jede Sozialleistungsbehörde gemäß § 16 Abs. 3 SGB I zur Auslegung von Anträgen verpflichtet. Mit § 10a Abs. 2 S. 2 SGB VIII wird das Jugendamt hierüber hinausgehend zur Hilfe bei der Antragstellung und Klärung weiterer möglicher Leistungen verpflichtet.

Praxistipp

▶ *Eine Unterstützung durch das Jugendamt nach § 10a SGB VIII kann vom jungen Menschen sowie Müttern, Vätern sowie Personensorge- und Erziehungsberechtigten eingefordert werden.*

Für die **Führung eines jugendhilferechtlichen Verwaltungsverfahrens** ist insbesondere § 11 SGB X zu beachten: **329**

Der Beteiligte des Verwaltungsverfahrens muss handlungsfähig sein, also in der Lage sein, Verfahrenshandlungen rechtswirksam vorzunehmen. Nach § 11 Abs. 1 Nr. 1 SGB X ist handlungsfähig, wer nach den Regelungen im BGB **geschäftsfähig** ist. Dies ist mit Vollendung des 18. Lebensjahres der Fall (§ 2 BGB).

Nach dieser Regelung bedürfen Personen im Alter von bis zu 17 Jahren daher grundsätzlich eines Vertreters, um Verfahrenshandlungen wirksam vornehmen zu können. Allerdings ist die abweichende Regelung in § 11 Abs. 1 Nr. 2 SGB X i.V.m. § 36 Abs. 1

8 Siehe hierzu Kunkel/Kepert in Kunkel/Kepert/Pattar, LPK-SGB VIII, § 27 Rn. 1.

SGB I zu beachten. Danach ist ein Jugendlicher ab Vollendung des 15. Lebensjahres handlungsfähig, soweit es um die Beantragung von Sozialleistungen geht.

Nicht anwendbar ist § 36 Abs. 1 SGB I beim Erlass von belastenden Verwaltungsakten, also bei der Wahrnehmung einer Reihe von anderen Aufgaben wie z.B. der **Inobhutnahme** nach § 42 Abs. 1 Satz 1 Nr. 1 und 2 SGB VIII.[9] Mit der überwiegenden Auffassung in der Literatur wird ein Rechtsanspruch des Kindes/des Jugendlichen auf Inobhutnahme bejaht.[10]

Abweichend von diesen Grundsätzen hat jedes Kind unabhängig von seinem Alter nach § 8 Abs. 3 SGB VIII einen **Beratungsanspruch**. Der Gesetzeswortlaut des § 8 Abs. 3 Satz 2 SGB VIII ist allerdings missverständlich. Die Formulierung „§ 36 SGB I bleibt unberührt" deutet darauf hin, dass die Einschränkungen des § 36 SGB I auch für den Beratungsanspruch nach § 8 Abs. 3 SGB VIII gelten. Dies ist nicht der Fall. Vielmehr gilt § 8 Abs. 3 SGB VIII unberührt von § 36 SGB I.

Praxistipp

Der Verfahrensbeistand sollte das Kind alters- und reifegemäß, in einer für das Kind verständlichen, nachvollziehbaren und wahrnehmbaren Form (vgl. § 8 Abs. 4 SGB VIII) über diese Rechte aufklären.

330 Jeder Verfahrensbeteiligte kann sich durch einen **Bevollmächtigten** vertreten lassen (§ 13 Abs. 1 SGB X). Das Jugendamt muss sich dann gemäß § 13 Abs. 3 Satz 1 SGB X an den Bevollmächtigten wenden. Gemäß § 13 Abs. 3 Satz 2 SGB X kann es sich aber auch an den Beteiligten selbst wenden, wenn es auf Angaben ankommt, die dieser nur persönlich machen kann.

Zu Besprechungen mit dem Jugendamt kann der Beteiligte auch Freunde und Bekannte als **Beistand** mitbringen (§ 13 Abs. 4 SGB X). Sie sind nur Unterstützer, nicht Vertreter des Beteiligten.

Eine solche Unterstützungsfunktion kann auch der **Verfahrenslotse** nach § 10b SGB VIII wahrnehmen, wenn ein Zusammenhang mit der Leistung der Eingliederungshilfe nach § 35a SGB VIII oder § 99 SGB IX eines jungen Menschen besteht. Ferner schuldet das Jugendamt nach § 10a SGB VIII u.a. eine umfassende Beratung über die Rechte des jungen Menschen und Verwaltungsabläufe im System der Kinder- und Jugendhilfe.

331 Gemäß § 24 Abs. 1 SGB X ist eine **Anhörung** erforderlich, bevor ein Verwaltungsakt erlassen wird, der in Rechte eines Beteiligten eingreift. Dies ist unstrittig bei einem belastenden Verwaltungsakt der Fall. Die Anhörung ist an keine bestimmte Form gebunden; sie kann gemäß § 9 SGB X mündlich (also auch telefonisch) oder schriftlich erfolgen.

Das Jugendamt hat die ihm durch die Anhörung bekannt gewordenen Tatsachen bei der Entscheidung über den Verwaltungsakt zur Kenntnis zu nehmen und aufgrund

9 Siehe hierzu Kepert in Kunkel/Kepert/Pattar, LPK-SGB VIII, § 42 Rn. 123 ff.
10 Siehe hierzu Kepert in Kunkel/Kepert/Pattar, LPK-SGB VIII, § 42 Rn. 22.

der vorgebrachten Tatsachen ernsthaft in Erwägung zu ziehen, eine Entscheidung i.S.d. Anzuhörenden zu treffen (Entscheidungsoffenheit). Nach § 24 Abs. 2 SGB X kann in den dort normierten Fällen aufgrund einer behördlichen Ermessensentscheidung von der Anhörung abgesehen werden.

Gemäß § 33 Abs. 2 Satz 1 SGB X kann der **Verwaltungsakt formfrei**, also auch mündlich, erlassen werden. Unter den Voraussetzungen des § 33 Abs. 2 Satz 2 SGB X, also bei Vorliegen eines berechtigten Interesses und einem unverzüglichen Verlangen des Betroffenen, bedarf ein mündlicher Verwaltungsakt allerdings der schriftlichen Bestätigung. Nur ausnahmsweise sieht das SGB VIII infolge einer spezialgesetzlichen Regelung abweichend von der allgemeinen Regelung zur Formfreiheit in § 33 Abs. 2 Satz 1 SGB X die Schriftform vor. So bedarf die Überleitung von Ansprüchen nach § 95 Abs. 1 SGB VIII der Schriftform. 332

Die Formwahl hängt unmittelbar mit der **Begründungspflicht** zusammen. Gemäß § 35 Abs. 1 Satz 1 SGB X besteht für alle schriftlichen und elektronischen Verwaltungsakte eine Begründungspflicht. Nach § 35 Abs. 1 Satz 2 SGB X müssen die entscheidungserheblichen wesentlichen tatsächlichen und rechtlichen Gründe angegeben werden. Ausschlaggebend sind nur die Gründe, welche die Behörde zu ihrer Entscheidung bewogen haben. Auf die inhaltliche Richtigkeit kommt es im Rahmen der formellen Begründungspflicht nicht an. Dies ist allein eine Frage der materiellen Rechtmäßigkeit. Zur Begründung gehören auch die Erwägungen, die der Adressat des Verwaltungsakts im Rahmen der Anhörung vorgebracht hat, sofern die Behörde diesen nicht folgt. Gemäß § 35 Abs. 1 Satz 3 SGB X muss die Begründung bei Ermessensentscheidungen diejenigen Gesichtspunkte erkennen lassen, von denen die Behörde bei der Ausübung des Ermessens ausgegangen ist. 333

Um gemäß § 39 Abs. 1 SGB X **Wirksamkeit** entfalten zu können, muss der **Verwaltungsakt** gemäß § 37 SGB X **bekannt gegeben** werden. Gemäß § 37 Abs. 1 Satz 1 Alt. 1 SGB X ist der Verwaltungsakt „demjenigen, für den er bestimmt ist", bekannt zu geben. Der Verwaltungsakt ist dabei für denjenigen bestimmt, an den ihn die Behörde richtet, weil ihn die Rechtswirkungen i.S.d. § 31 SGB X treffen sollen. Gemäß § 37 Abs. 1 Satz 1 Alt. 2 SGB X ist der Verwaltungsakt auch demjenigen bekannt zu machen, der von ihm betroffen ist. Unterbleibt die Bekanntgabe des Verwaltungsakts gänzlich oder gegenüber einem Betroffenen, wird der Verwaltungsakt insoweit nicht wirksam. Gemäß § 9 SGB X ist die Bekanntgabe an keine bestimmte Form gebunden; sie kann auch mündlich erfolgen. 334

Bei der **Bekanntgabe gegenüber Minderjährigen** sind Besonderheiten zu beachten. Damit der Verwaltungsakt Rechtswirkungen erzeugen kann, muss er einem handlungsfähigen Beteiligten gegenüber bekannt gegeben werden. Wer handlungsfähig ist, beurteilt sich nach § 11 SGB X (siehe oben Rn. 329). Gemäß § 11 Abs. 1 Nr. 1 SGB X ist handlungsfähig, wer nach bürgerlichem Recht geschäftsfähig ist. Die Geschäftsfähigkeit ist grundsätzlich mit Vollendung des 18. Lebensjahres gemäß § 2 BGB gegeben. Dies bedeutet grundsätzlich, dass im Fall der Geschäftsunfähigkeit des Beteiligten der Verwaltungsakt erst wirksam wird, wenn er seinem besonderen Vertreter bekannt gegeben wird. In diesem Fall ist der Regelungsadressat nicht identisch mit dem Bekanntgabeadressat. 335

Allerdings ist zu beachten, dass zudem gemäß § 11 Abs. 1 Nr. 2 SGB X handlungsfähig ist, wer nach bürgerlichem Recht **beschränkt geschäftsfähig** ist, aber für den Gegenstand des Verfahrens öffentlich-rechtlich als handlungsfähig anerkannt ist. In diesem Zusammenhang ist § 36 SGB I zu beachten. Durch diese öffentlich-rechtliche Norm wird die Handlungsfähigkeit ausgeweitet, da danach ab Vollendung des 15. Lebensjahres Anträge auf Sozialleistungen gestellt und verfolgt werden können, soweit der gesetzliche Vertreter die Handlungsfähigkeit nicht einschränkt.

336 Bei belastenden Verwaltungsakten kann § 36 SGB I allerdings nicht zur Anwendung kommen, da es um keine Sozialleistung i.S.d. § 36 SGB I geht. Insbesondere bei einer **Inobhutnahme** nach § 42 Abs. 1 Satz 1 Nr. 1 und 2 SGB VIII ist daher zu beachten, dass der Verwaltungsakt der Inobhutnahme **erst mit Bekanntgabe** an den gesetzlichen Vertreter **wirksam** wird. Sofern mit der Inobhutnahme in Rechtspositionen der Personensorgeberechtigten eingegriffen wird, ist die Inobhutnahme zudem den Personensorgeberechtigten bekannt zu geben.

Eine grundsätzlich andere Situation liegt allerdings den Regelungen der §§ 42 Abs. 1 Satz 1 Nr. 3 und 42a SGB VIII zugrunde. Reist ein **minderjähriger Flüchtling** alleine, ohne von Personensorgeberechtigten begleitet zu werden, ins Bundesgebiet ein und halten sich diese auch nicht in Deutschland auf, besteht keine familiäre Lebensgemeinschaft im Bundesgebiet i.S.d. Art. 6 GG, in welche mit der Inobhutnahme eingegriffen werden könnte. Sofern der betroffene Minderjährige um die Inobhutnahme bittet oder mit ihr einverstanden ist, ist mit der Maßnahme somit kein Eingriff verbunden. § 36 SGB I ist daher in analoger Anwendung heranzuziehen, sodass der Verwaltungsakt aufgrund der Regelungen in § 11 Abs. 1 Nr. 2 SGB X i.V.m. § 36 SGB I analog gegenüber Jugendlichen im Alter von 15 bis 17 Jahren bekannt gemacht werden kann.[11]

IV. Das Hilfeplanverfahren

337 Im Zusammenhang mit der Entscheidung über die Erbringung bestimmter Leistungen besteht für das Jugendamt die **Verpflichtung einer Hilfeplanung**. Wie sich aus der Stellung im Gesetz („Dritter Unterabschnitt, Gemeinsame Vorschriften für die Hilfe zur Erziehung und die Eingliederungshilfe für seelisch behinderte Kinder und Jugendliche") ergibt, gilt § 36 SGB VIII für die Hilfe zur Erziehung nach § 27 SGB VIII und für die Eingliederungshilfe nach § 35a SGB VIII.

Über den in § 41 Abs. 2 SGB VIII enthaltenen Verweis gilt die Vorschrift des Hilfeplanverfahrens auch für die Hilfe für junge Volljährige gemäß § 41 SGB VIII. Für Hilfen nach §§ 11 ff. SGB VIII besteht keine Verpflichtung, ein Hilfeplanverfahren durchzuführen. Vielfach ist aber auch hier eine Hilfeplanung sehr sinnvoll. Insbesondere für Hilfen nach § 13 Abs. 3 SGB VIII und § 19 SGB VIII sollte i.d.R. eine Hilfeplanung erfolgen.

11 Kepert in Kunkel/Kepert/Pattar, LPK-SGB VIII, § 42 Rn. 123 ff.

Nach § 36 Abs. 2 Satz 1 SGB VIII soll die Entscheidung über die im Einzelfall angezeigte Hilfeart, wenn **Hilfe voraussichtlich für längere Zeit** zu leisten ist, im Zusammenwirken mehrerer Fachkräfte getroffen werden. Voraussetzung für die Verpflichtung zur Aufstellung eines Hilfeplans ist, dass die Hilfe voraussichtlich für „längere Zeit" zu leisten ist. **338**

Der unbestimmte Rechtsbegriff der „längeren Zeit" ist mangels gesetzlicher Legaldefinition im SGB VIII auszulegen. Ein Hilfeplanverfahren ist nach übereinstimmender Auffassung jedenfalls dann erforderlich, wenn bei Beginn der Hilfe ihr Ende noch nicht abzusehen ist. Zudem wird man von einer „längeren Zeit" ausgehen müssen, wenn die Hilfe voraussichtlich länger als sechs Monate zu gewähren ist. Im Einzelfall kann die Aufstellung eines Hilfeplans aber auch angezeigt sein, wenn von einem kürzeren Leistungszeitraum auszugehen ist. Dies ist der Fall, wenn nach fachlicher Einschätzung eine Begleitung und Justierung der Leistungserbringung im Hilfeplanverfahren angezeigt ist.[12]

Aufgrund der in § 36 Abs. 2 Satz 2 SGB VIII gewählten Formulierung („sollen") muss ein Hilfeplan im Regelfall aufgestellt werden, wenn Hilfe voraussichtlich für längere Zeit zu leisten ist. Lediglich in einem durch Vorliegen atypischer Umstände gekennzeichneten Einzelfall kann von der Aufstellung des Hilfeplans abgesehen werden. In der **Rechtsprechung** wird hierzu allerdings vertreten, dass bereits der Wortlaut „sollen" in § 36 Abs. 2 Satz 2 SGB VIII dafür spreche, dass die Erstellung eines Hilfeplans „nicht unverzichtbare Voraussetzung" der Gewährung von Jugendhilfe sei. Entscheidend sei, ob die Geeignetheit und Notwendigkeit der Hilfe auch ohne schriftliche Fixierung in einem Hilfeplan festgestellt werden könne.[13] Allerdings ist diese Rechtsprechung nicht frei von Widersprüchen. So hat das BVerwG im Jahr 2014 – im Gegensatz zu seiner Entscheidung aus dem Jahr 1999 – festgestellt, dass „der Hilfeplan gemäß § 36 SGB VIII eine unverzichtbare Voraussetzung der Gewährung von Jugendhilfe bildet".[14]

Das Hilfeplanungsverfahren hat nach den Regelungen in § 36 Abs. 1 und 2 SGB VIII **339**
in mehreren Schritten zu erfolgen.

1.

Zunächst sind gemäß § 36 Abs. 1 Satz 1 SGB VIII der Personensorgeberechtigte und das Kind oder der Jugendliche vor der Entscheidung über die Inanspruchnahme einer Hilfe und vor einer notwendigen Änderung von Art und Umfang der Hilfe zu **beraten** und auf die möglichen Folgen für die Entwicklung des Kindes oder des Jugendlichen **hinzuweisen**. Infolge Rechtsänderung durch Art. 1 des KJSG mit Wirkung vom 10.6.2021 wird mit Satz 2 nun vorgegeben, dass diese Beratung in einer für den Personensorgeberechtigten und das Kind verständlichen, nachvollziehbaren und wahrnehmbaren Form erfolgen muss. Ferner muss seit 10.6.2021 vor der Beratung nach

12 Siehe hierzu Kunkel/Kepert in Kunkel/Kepert/Pattar, LPK-SGB VIII, § 36 Rn. 26.
13 BVerwG, Urt. v. 24.6.1999, 5 C 24/98, juris Rn. 39.
14 BVerwG, Urt. v. 9.12.2014, 5 C 32/13, juris Rn. 30.

§ 36 Abs.1 SGB VIII nach § 10a SGB VIII eine „vorgeschaltete" **allgemeine Beratung** u.a. über

- das Leistungssystem,
- die Verwaltungsabläufe bei Beantragung einer Hilfe und
- die Folgen der Inanspruchnahme einer Hilfe

erfolgen.

2.

In einem zweiten Schritt treffen – bei einer länger dauernden Hilfe – die Fachkräfte gemäß § 36 Abs. 2 Satz 1 SGB VIII eine **Entscheidung über die Hilfeart**. An dieser Entscheidung sind der Personensorgeberechtigte und der junge Mensch vorbereitend beteiligt, indem sie bei der Aufstellung des Hilfeplans als der Grundlage dieser Entscheidung mitwirken (§ 36 Abs. 2 Satz 2 SGB VIII). Zudem besteht ein **Mitwirkungsrecht** durch Ausübung des Wunsch- und Wahlrechts gemäß § 5 SGB VIII bzw. § 37c Abs. 3 S. 2 SGB VIII. Allerdings steht dieses Recht nur dem Leistungsberechtigten direkt zu. Bei der Hilfe zur Erziehung gemäß § 27 SGB VIII sind dies die Personensorgeberechtigten.

3.

Der Träger der öffentlichen Jugendhilfe trifft sodann im Zusammenwirken mit mehreren Fachkräften nach Prüfung der Geeignetheit und Notwendigkeit der Hilfe eine Entscheidung über die Hilfeart und erlässt in einem dritten Schritt den **Verwaltungsakt**, mit welchem die Leistung bewilligt wird. Allerdings ist die Entscheidung über die Bewilligung der Hilfe auch im dritten Schritt vom Leistungsberechtigten abhängig. Eine Hilfe kann nicht gegen den Willen des Leistungsberechtigten erbracht werden. Wegen dieser **Beteiligung des Leistungsberechtigten** auf allen Stufen des Verfahrens hat sich der Begriff des „Aushandelns" der Hilfe eingebürgert.[15] Dieser Begriff ist allerdings missverständlich, weil er suggeriert, dass das Ob und das Wie der Hilfe vom Leistungsberechtigten ausgehandelt werden kann. Die Entscheidung über die Gewährung der Hilfe und über die Hilfeart wird aber ausschließlich durch die Prüfung der Tatbestandsvoraussetzungen der jeweiligen Leistung bestimmt.

340 Dem **Hilfeplan** kommt eine sehr wichtige Bedeutung zu. Er stellt den „Motor des Leistungsrechts" in der Kinder- und Jugendhilfe dar. Die durch einen Dauerverwaltungsakt zu bewilligenden Leistungen sind im Sinne eines dynamischen Prozesses durch das Hilfeplanverfahren fortlaufend zu **begleiten und** zu **überprüfen**. Insbesondere für die (personensorgeberechtigten) Eltern und das Kind ist das Hilfeplanverfahren unter **Transparenzgesichtspunkten** von zentraler Bedeutung.[16] Die Hilfeplanung ermöglicht einen kooperativen pädagogischen Entscheidungsprozess unter Mitwirkung des Beteiligten.

15 Siehe hierzu Kunkel/Kepert in Kunkel/Kepert/Pattar, LPK-SGB VIII, § 36 Rn. 9.
16 Kunkel/Kepert in Kunkel/Kepert/Pattar, LPK-SGB VIII, § 36 Rn. 1 und 36.

Zentrales Leitbild der Jugendhilfe ist es, junge Menschen nicht als Objekt fürsorgender Maßnahmen zu betrachten, sondern sie in ihrer Subjektstellung zu unterstützen bzw. sie hierzu zu befähigen.[17]

Mit Art. 1 des KJSG ist mit Wirkung zum 10.6.2021 mit § 36 Abs. 3 S. 2 SGB VIII eine sehr wichtige Neuregelung normiert worden, welche eine bedarfsgerechte Leistungserbringung mittels eines **Einbezugs Dritter** sicherstellen soll. **341**

Das Jugendamt muss danach bereits auf der Stufe der Hilfeplanung prüfen, ob der Bedarf des jungen Menschen nur mit Leistungen der Kinder- und Jugendhilfe gedeckt werden kann oder zusätzlich auch andere Institutionen Leistungen zu erbringen haben.

Soweit dies zur Feststellung des Bedarfs, der zu gewährenden Art der Hilfe oder der notwendigen Leistungen nach Inhalt, Umfang und Dauer erforderlich ist, sollen öffentliche Stellen, insbesondere

- Sozialleistungsträger nach § 12 SGB I (z.B. Jobcenter, Arbeitsagenturen usw.),
- Rehabilitationsträger (insbesondere nach § 99 SGB IX) oder
- die Schule

beteiligt werden. Eine Beteiligung dieser Institutionen muss damit in Abhängigkeit von einer vorhergehenden **Prüfung der Bedarfslage** im Einzelfall erfolgen. Mit § 36 Abs. 3 Satz 2 SGB VIII besteht damit eine Verantwortung des Jugendamtes, bei komplexen Bedarfen von Kindern, Jugendlichen und ihren Familien sowie bei jungen Volljährigen andere Leistungssysteme an der Hilfeplanung zur Abstimmung der nach dem individuellen Bedarf erforderlichen Leistungen zu beteiligen. Damit soll der **Leistungsverantwortung** unterschiedlicher Träger und Leistungssysteme Rechnung getragen werden.[18]

Mit § 36b SGB VIII besteht seit 10.6.2021 eine Regelung, welche eine **rechtzeitige Einbindung anderer Sozialleistungsträger** in die Hilfeplanung vorgibt. Damit besteht eine Verantwortung des Jugendamtes mit anderen Sozialleistungsträgern zusammenzuarbeiten und diese bei einem Zuständigkeitsübergang frühzeitig in die Hilfeplanung einzubinden, sodass an den Hilfeprozess der Kinder- und Jugendhilfe nahtlos angeknüpft werden kann. Andere Sozialleistungsträger, auf welche die Zuständigkeit für eine Leistungserbringung übergehen kann, sind durch das Jugendamt frühzeitig in die Hilfeplanung einzubeziehen.[19] Hiermit soll bei einem Zuständigkeitsübergang vom Träger der öffentlichen Jugendhilfe auf andere Sozialleistungsträger eine Kontinuität im Sinne eines lückenlosen Zuständigkeitsübergangs bei der Leistungserbringung gesichert werden. **342**

17 VG München, Beschl. v. 22.4.2022, M 18 E 22.1862.
18 BT-Drucks. 19/26107, S. 85.
19 Siehe hierzu BT-Drucks. 19/26107, S. 87 und 88.

Praxistipp

Mit der Hilfeplanung wird die Subjektstellung des jungen Menschen gestärkt. Eine Entscheidung über den Kopf des jungen Menschen hinweg ist unzulässig. Die Information bzw. Beratung des jungen Menschen muss so umfassend sein, dass der Leistungsberechtigte verstehen und nachvollziehen kann, dass, warum und welche Maßnahme gerade in seinem Bedarfsfall aus pädagogischer Sicht geeignet und notwendig ist.

Dieses Beteiligungsrecht kann vom jungen Menschen bzw. seinem Verfahrensbeistand beim Jugendamt aktiv eingefordert werden.

V. Wie kindzentriert sollte die Kinder- und Jugendhilfe ausgestaltet sein? – Betrachtung der Rechtslage de lege lata und de lege ferenda

343 De lege lata wird das Leistungsrecht der Kinder- und Jugendhilfe von dem Gedanken geprägt, Hilfe für Kinder über eine Unterstützung der Eltern zu leisten. Diese **Ausrichtung des Leistungsrechts** hat der Gesetzgeber wie folgt beschrieben:

> „Im Hinblick auf die grundgesetzlich den Eltern obliegende Erziehungsverantwortung ist es das oberste Ziel öffentlicher Jugendhilfe, Eltern bei ihren Erziehungsaufgaben zu unterstützen und damit indirekt die Erziehungssituation von Kindern und Jugendlichen zu verbessern. Diesem Ziel dient ein an den unterschiedlichen Lebenslagen von Familien orientiertes System von beratenden und unterstützenden Leistungen."[20]

344 Diese stark **elternzentrierte Ausrichtung** der Kinder- und Jugendhilfe wird in jüngerer Zeit in der Fachöffentlichkeit kontrovers diskutiert und hat nicht unerhebliche Kritik erfahren. Es wird eine stärkere Ausrichtung des Kinder- und Jugendhilferechts an den Bedürfnissen und Rechten des Kindes diskutiert. Insbesondere mit der VN-Kinderrechtskonvention (VN-KRK) besteht dabei ein völkerrechtlicher Motor zur Weiterentwicklung der Rechtslage zum Wohle des Kindes.

Von besonderer Bedeutung ist zunächst das in Art. 3 Abs. 1 der VN-KRK normierte **Kindeswohlprinzip**. Mit Art. 3 Abs. 2 VN-KRK werden die Legislative und die Exekutive zudem wie folgt verpflichtet:

> „Die Vertragsstaaten verpflichten sich, dem Kind unter Berücksichtigung der Rechte und Pflichten seiner Eltern, seines Vormunds oder anderer für das Kind gesetzlich verantwortlicher Personen den Schutz und die Fürsorge zu gewährleisten, die zu seinem Wohlergehen notwendig sind; zu diesem Zweck treffen sie alle geeigneten Gesetzgebungs- und Verwaltungsmaßnahmen."

20 Entwurf eines Gesetzes zur Neuregelung des Kinder- und Jugendhilferechts, BT-Drucks. 11/5948, S. 1.

Nach der VN-KRK kommt ferner der Berücksichtigung des **Kindeswillens** bei jedem staatlichen Handeln besondere Bedeutung zu. Art. 12 Abs. 1 VN-KRK enthält nachstehende Vorgabe:

> „Die Vertragsstaaten sichern dem Kind, das fähig ist, sich eine eigene Meinung zu bilden, das Recht zu, diese Meinung in allen das Kind berührenden Angelegenheiten frei zu äußern, und berücksichtigen die Meinung des Kindes angemessen und entsprechend seinem Alter und seiner Reife."

Auch mit Art. 24 Abs. 1 Satz 3 Grundrechtecharta wird europarechtlich vorgegeben, dass die Meinung des Kindes in den Angelegenheiten, die es betreffen, in einer seinem Alter und Reifegrad entsprechenden Weise zu berücksichtigen ist.

Auf Ebene der nationalen Rechtslage wird seit längerer Zeit eine Verankerung von **345** **Kinderrechten in der Verfassung** angestrebt.[21] Zuletzt unternahm im Jahr 2021 die damalige Bundesregierung einen entsprechenden Versuch zur Änderung des Grundgesetzes[22], welcher nicht die erforderliche Zwei-Drittel-Mehrheit im Bundestag fand. Das Ziel der verfassungsrechtlichen Verankerung von Kinderrechten wird dennoch weiterverfolgt und aktuell mit dem Koalitionsvertrag der Bundesregierung wie folgt vorgegeben:

> „Kinder haben eigene Rechte, die wir im Grundgesetz verankern wollen."[23]

Trotz dieser Zielvorgabe wird eine entsprechende verfassungsrechtliche Änderung wohl in der nahen Zukunft nicht zu realisieren sein. Auf einfachgesetzlicher Ebene dürfte aber mit dem Kinder- und Jugendhilfeinklusionsgesetz (IKJHG)[24] die Rechtslage im SGB VIII mit Wirkung zum 1.1.2028 die Rechtslage zum Wohle des Kindes verbessert werden. Es bleibt allerdings abzuwarten, ob das Kind auch bei der Hilfe zur Erziehung gemäß § 27 SGB VIII eine materielle Anspruchsberechtigung erhalten wird. Mit dem Regierungsentwurf des Kinder- und Jugendhilfeinklusionsgesetzes, Stand Dezember 2024, war dies nicht vorgesehen.

1. Materielle Ausrichtung des Leistungsrechts und anderer Aufgaben in der Kinder- und Jugendhilfe nach §§ 11 ff. SGB VIII

Die materielle **Anspruchsinhaberschaft** der Leistungen nach §§ 11 ff. SGB VIII diffe- **346** riert.

So richten sich die Leistungen der Jugendarbeit nach § 11 SGB VIII oder der Jugendsozialarbeit nach § 13 Abs. 1 SGB VIII, welche eine objektiv-rechtliche Pflicht zur Leistungserbringung begründen,[25] an den jungen Menschen i.S.d. § 7 Abs. 1 Nr. 4

21 Siehe hierzu z.B. den Gesetzesentwurf der Fraktion Bündnis 90/Die Grünen zur Stärkung der Kinderrechte in der Verfassung aus dem Jahr 2012, BT-Drucks. 17/11650.

22 Siehe hierzu Entwurf eines Gesetzes zur Änderung des Grundgesetzes zur ausdrücklichen Verankerung der Kinderrechte, BT-Drucks. 19/28138.

23 Koalitionsvertrag 2021–2025 zwischen der Sozialdemokratischen Partei Deutschlands (SPD), BÜNDNIS 90 / DIE GRÜNEN und den Freien Demokraten (FDP), S. 94.

24 Siehe hierzu BT-Drs. 20/14505.

25 Siehe hierzu Kepert/Dexheimer in Kunkel/Kepert/Pattar, LPK-SGB VIII, § 13 Rn. 3.

SGB VIIII selbst. Die Rechtsansprüche nach § 24 Abs. 2 und 3 SGB VIII auf Förderung in Kindertageseinrichtung und Kindertagespflege sehen eine materielle Anspruchsberechtigung **des Kindes** vor. Auch die Eingliederungshilfe nach § 35a SGB VIII steht dem Kind oder Jugendlichen selbst als materiell Anspruchsberechtigten zu. Ferner steht dem Kind nach § 8 Abs. 3 SGB VIII ein Beratungsanspruch ohne Kenntnis des Personensorgeberechtigten zu. Schließlich besteht auch ein Rechtsanspruch des Kindes oder Jugendlichen auf Inobhutnahme gemäß § 42 SGB VIII.[26]

Die Leistung der Hilfe zur Erziehung weist hingegen gemäß § 27 Abs. 1 SGB VIII die Anspruchsinhaberschaft den Personensorgeberechtigten, also in der Regel **den Eltern** zu.

2. Hilfe zur Erziehung de lege lata und de lege ferenda

347 Die Leistung der Hilfe zur Erziehung nach §§ 27 ff. SGB VIII kann in ambulanter, teilstationärer und (voll-)stationärer Form erbracht werden. Insbesondere die **stationäre Leistungserbringung** nach §§ 33 SGB VIII, 34 SGB VIII oder 35 SGB VIII stellt nach der Systematik des SGB VIII die intensivste Form der Leistungserbringung dar.

Soll ein Kind außerhalb der eigenen Familie untergebracht werden, erfolgt das regelmäßig in Form der Leistungsgewährung in

- der Vollzeitpflege nach § 27 SGB VIII i.V.m. § 33 SGB VIII oder
- der Unterbringung in einer betreuten Wohnform nach § 27 SGB VIII i.V.m. § 34 SGB VIII.

Obgleich das Kind im Zentrum der Leistungserbringung steht[27] und mit der stationären Wohnform weitreichende Veränderungen hinsichtlich des Lebensmittelpunkts verbunden sind, steht die Leistungsberechtigung nicht dem Kind, sondern den Personensorgeberechtigten zu. Damit hat das Kind oder der Jugendliche keinen unmittelbaren materiellen Zugriff auf die Leistung und damit auch auf die Entscheidung darüber, in welcher Hilfeform seine stationäre Leistungserbringung zu erfolgen hat.

Insbesondere hat das Kind im Hilfeplanverfahren nach § 36 Abs. 2 Satz 2 SGB VIII lediglich eine Beteiligungsmöglichkeit.[28] Das wesentlich stärkere Wunsch- und Wahlrecht, welches den Ort und die Art und Weise der Leistungserbringung gestalten kann, steht nach § 5 SGB VIII sowie gemäß § 37c Abs. 3 Satz 2 SGB VIII den Leistungsberechtigten – also bei der Hilfe zur Erziehung den Personensorgeberechtigten und nicht dem Kind – zu.

348 Diese sehr starke Ausrichtung der Leistungserbringung an der **elterlichen Rechtsstellung** nach Art. 6 Abs. 2 Satz 1 GG wurde bei Abfassung des SGB VIII im Jahr 1989 bewusst gewählt. Hinsichtlich der Kerntatbestandsvoraussetzung der Hilfe zur Erziehung stellte der Gesetzgeber mit der Gesetzesbegründung auf einen elterlichen Aus-

---

26 Siehe hierzu Kepert/Dexheimer in Kunkel/Kepert/Pattar, LPK-SGB VIII, § 42 Rn. 22.

27 Und daher zu Recht als Leistungsadressat und Koproduzent der Leistung bezeichnet wird.

28 Ausführlich hierzu Kepert, Stellungnahme zum Regierungsentwurf eines Gesetzes zur Stärkung von Kindern und Jugendlichen, 2021, https://www.bundestag.de/resource/blob/822458/255534d25053254a2a92757f86b4de7f/19-13-116l-data.pdf (Abruf am 24.9.2024).

fall von Erziehungsleistung ab. Die Notwendigkeit einer Hilfe zur Erziehung als die Eltern unterstützende Leistung kommt danach dann als staatliche Leistung in Betracht, wenn die Eltern ein **Erziehungsdefizit** aufweisen. Dies betonte der Gesetzgeber wie folgt:

> „Aus diesen Grundentscheidungen folgt, daß der Staat nicht generell die Hilfebedürftigkeit der Familie bei der Wahrnehmung ihrer Erziehungsaufgaben unterstellen kann, sondern für sein Tätigwerden im Bereich der Erziehung (insbesondere bei der Formulierung von Leistungsvoraussetzungen für die Hilfe zur Erziehung) einen Hilfebedarf voraussetzen muß, der durch elterliches Handeln nicht erfüllt wird."[29]

Im Weiteren begründete der Gesetzgeber die Anspruchsinhaberschaft der Personensorgeberechtigten bei der Hilfe zur Erziehung unter Bezugnahme auf die elterliche Rechtsposition nach Art. 6 Abs. 2 Satz 1 GG wie folgt:

> „Adressat des Anspruchs ist der Personensorgeberechtigte. Die Zuordnung dieser Sozialleistung zum Personensorgeberechtigten steht nicht im Widerspruch zur Aussage des § 1 Abs. 1 dieses Entwurfs. Sie ist viel mehr von der Grundentscheidung der Verfassung in Artikel 6 Abs. 2 Satz 1 GG gefordert."[30]

Sowie:

> „Ein eigenständiges, mit der Elternverantwortung konkurrierendes Erziehungsrecht kommt dem Staat aufgrund der Vorrangentscheidung in Artikel 6 Abs. 2 Satz 1 GG nicht zu. Von daher kann der Anspruch auf Hilfe zur Erziehung auch nicht kumulativ oder alternativ dem Kind oder dem Jugendlichen selbst zustehen. In diesem Fall würde sich der Leistungsinhalt von einer Hilfe für den zur Erziehung Berechtigten zu einem Recht des Kindes oder Jugendlichen auf Erziehung gegenüber dem Staat ändern. Damit würde auch das Sorgerechtssubjekt, nämlich die Eltern, ausgetauscht. An die Stelle der Eltern würde der Staat treten. Von ihm würde die Erfüllung einer Aufgabe erwartet, die nach dem Grundgesetz gerade nicht ihm, sondern den Eltern zukommt."[31]

Und:

> „Hilfe zur Erziehung kann jedoch bereits vom Wortsinn her nur demjenigen gewährt werden, der erzieht, nicht dem, der erzogen werden soll. Die Zuweisung des Rechtsanspruchs zum Kind oder zum Jugendlichen ändert zwangsläufig den Charakter der Leistung von einer „Hilfe zur Erziehung" für den Erziehungsberechtigten in die „Erziehung des Kindes oder Jugendlichen" unmittelbar. Die Erfüllung dieses Anspruchs setzt auf der Seite des Verpflichteten nicht mehr die Aufgabe voraus, die Eltern zu unterstützen, sondern das Kind oder den Jugendlichen zu erziehen. Artikel 6 Abs. 2 GG hat die Aufgabe der Erziehung indes gerade nicht dem Staat zugewiesen, sondern sie als Recht zugleich aber auch als Pflicht den Eltern zuerkannt."[32]

---

29 Entwurf eines Gesetzes zur Neuordnung des Kinder- und Jugendhilferechts (Kinder- und Jugendhilfegesetz – KJHG), BT-Drucks. 11/5948, S. 68.

30 Entwurf eines Gesetzes zur Neuordnung des Kinder- und Jugendhilferechts (Kinder- und Jugendhilfegesetz – KJHG), BT-Drucks. 11/5948, S. 68.

31 Entwurf eines Gesetzes zur Neuordnung des Kinder- und Jugendhilferechts (Kinder- und Jugendhilfegesetz – KJHG), BT-Drucks. 11/5948, S. 68.

32 Hierzu BT-Drucks. 11/6002, S. 5.

349 Die nach geltender Rechtslage bestehende Zuweisung der Anspruchsinhaberschaft an die Personensorgeberechtigten bei der Hilfe zur Erziehung wird somit erkennbar von dem Gedanken getragen dem natürlichen und eigenständigen **Recht der Eltern auf Erziehung und Pflege des Kindes** nach Art. 6 Abs. 2 Satz 1 GG Rechnung zu tragen.

Es ist aber kritisch zu hinterfragen, ob diese im Jahr 1989 getroffene Annahme heute noch sachgerecht ist. Zweifellos kommt der Kinder- und Jugendhilfe nur ein derivativer Erziehungsauftrag zu. Aus dem primären Erziehungsrecht der Eltern nach Art. 6 Abs. 2 Satz 1 GG folgt ohne Zweifel, dass die öffentliche Jugendhilfe die Interessen des Kindes grundsätzlich nicht gegen den Willen der Eltern wahrnehmen kann. Eine **Anspruchsberechtigung des Kindes** stünde dennoch nicht im Widerspruch zu dem verfassungsrechtlich garantierten Erziehungsrecht der Eltern nach Art. 6 Abs. 2 Satz 1 GG, solange gewährleistet ist, dass die Leistung nicht ohne Kenntnis der Eltern und nicht gegen deren Willen erbracht werden kann.

350 Eine solche Absicherung folgt bereits de lege lata aus verfahrensrechtlichen Vorgaben. **In verfahrensrechtlicher Hinsicht** ist nämlich zu berücksichtigen, dass zunächst mit § 11 Abs. 1 Nr. 1 SGB X bestimmt wird, dass eine Handlungsfähigkeit erst mit Geschäftsfähigkeit, also mit Vollendung des 18. Lebensjahres gegeben ist (§§ 2, 106 BGB). Allerdings wird mit § 11 Abs. 1 Nr. 2 SGB X i.V.m. § 36 Abs. 1 SGB I die Handlungsfähigkeit für die Beantragung von Sozialleistungen auf die Vollendung des 15. Lebensjahres vorverlagert. Nach § 36 Abs. 2 Satz 1 SGB I kann diese Handlungsfähigkeit aber vom gesetzlichen Vertreter durch schriftliche Erklärung gegenüber dem Leistungsträger eingeschränkt werden.

Junge Menschen im Alter von 0 bis 14 Jahren können damit einen Antrag auf Leitungserbringung nur über ihre Vertreter, i.d.R. also die personensorgeberechtigten Eltern stellen. Im Alter von 15 bis 17 Jahren ist zwar mit § 36 Abs. 1 SGB I eine Antragstellung möglich. Allerdings kann diese Handlungsfähigkeit von den personensorgeberechtigen Eltern jederzeit eingeschränkt werden.

Hinweis

▶ *Leistungen nach §§ 11 ff. SGB VIII, insbesondere auch die Hilfe zur Erziehung, setzen stets einen Antrag auf die Leistung voraus.*[33] *Über die Mitwirkung der personensorgeberechtigten Eltern bei der Antragstellung kann damit der aus Art. 6 Abs. 2 Satz 1 GG folgenden Rechtsposition der Eltern in verfassungskonformer Weise Genüge getan werden.*

351 Seit 1990 hat sich die Ausrichtung der Kinder- und Jugendhilfe mit obenstehend skizzierten Regelungen (§§ 8 Abs. 3, 24, 35a SGB VIII) sukzessive verändert. Insbesondere ist zu berücksichtigen, dass infolge der Neuregelungen durch Art. 1 des KJSG bereits mit Wirkung vom 10.6.2021 in besonderer Weise die **stationäre Leistungserbringung neu akzentuiert** worden ist. Die Leistung beschränkt sich nicht auf eine Ar-

33 Siehe hierzu Kunkel/Kepert in Kunkel/Kepert/Pattar, LPK-SGB VIII, § 27 Rn. 1.

beit mit dem Kind im Rahmen der stationären Unterbringung. Vielmehr ist tatsächlich aktiv Elternarbeit zu leisten, um entweder einen Wechsel des Kindes in den elterlichen Haushalt zu ermöglichen oder aber dem Kind neben der auf Dauer – bzw. bis zur Verselbstständigung – angelegten stationären Hilfe eine gute Elternschaft zu ermöglichen.

So steht nach neuer Rechtslage mit § 37 Abs. 1 SGB VIII den Eltern ein **Rechtsanspruch auf Beratung und Unterstützung** sowie Förderung der Beziehung zu ihrem Kind bei teil- und vollstationären Hilfen zu. Nach diesem Verständnis besteht die Hilfe zur Erziehung bereits nach aktueller Gesetzeslage gewissermaßen aus

- einem Anteil „Leistung für das Kind bei der stationären Unterbringung" und
- einem Anteil „Leistung für die Eltern zur Stärkung ihrer Position" gemäß § 37 Abs. 1 SGB VIII.

Es spricht viel für eine konsequente Fortschreibung dieses eingeschlagenen Weges. De lege ferenda könnte dem Kind die Anspruchsberechtigung für den „Leistungsanteil Kind" zugewiesen werden.

3. Sondersituation beim Tod der Eltern oder bei unbegleiteten minderjährigen Ausländern

Unabhängig von den dargestellten Gründen ist festzustellen, dass die bei Normierung der Hilfe zur Erziehung im Jahr 1990 benannten teleologischen (Stärkung der Eltern bei der Erziehung) und verfassungsrechtlichen Erwägungen (Wahrung des Elterngrundrechts nach Art. 6 Abs. 2 Satz 1 GG) des Gesetzgebers für die Zuweisung der Anspruchsinhaberschaft an die Personensorgeberechtigten kaum greifen, wenn es um Leistungen für Kinder geht, deren Eltern verstorben sind oder es sich um eine Leistungserbringung für unbegleitete minderjährige Ausländer handelt. 352

In diesen Fallkonstellationen erziehen nicht die Eltern, sodass die Hilfe zur Erziehung auch nicht der Stärkung des elterlichen Erziehungsrechts dienlich sein kann. Auch stellen sich dann die verfassungsrechtlichen Fragestellungen nicht in dem beschriebenen Maße. Die Annahme des Gesetzgebers, dass gegen eine Normierung eines Anspruchs des Kindes auf Hilfe das „konkurrierende Erziehungsrecht" der Eltern nach Art. 6 Abs. 2 Satz 1 GG spricht,[34] erweist sich jedenfalls dann nicht als tragfähig, wenn gar keine Eltern (mehr) vorhanden sind. 353

Jedenfalls sofern die Eltern im Bundesgebiet nicht (mehr) leben, weil sie verstorben sind oder im Falle eines unbegleiteten minderjährigen Ausländers sich nicht in Deutschland aufhalten, sprechen daher zwingende Gründe dafür de lege ferenda die **materielle Anspruchsinhaberschaft dem Kind oder Jugendlichen zuzuweisen**. Bei einem Ausfall der Eltern als Erzieher des Kindes fällt nämlich der tragende Gedanke des Gesetzgebers für die Zuweisung der Anspruchsinhaberschaft der Hilfe zur Erziehung an die Personensorgeberechtigten weg.

34 Siehe hierzu Entwurf eines Gesetzes zur Neuordnung des Kinder- und Jugendhilferechts (Kinder- und Jugendhilfegesetz – KJHG), BT-Drucks. 11/5948, S. 68.

354 Mit der Bezugnahme auf die Anspruchsinhaberschaft der Personensorgeberechtigten sollten nach den Gesetzesmaterialien erkennbar die Eltern und gerade nicht ein „Ersatzpersonensorgeberechtigter" wie der Vormund gestärkt werden. Diese Zielsetzung wurde 1989 im Gesetzgebungsverfahren sehr deutlich wie folgt betont:

> „Im Hinblick auf die grundgesetzlich den Eltern obliegende Erziehungsverantwortung ist es das oberste Ziel öffentlicher Jugendhilfe, Eltern bei ihren Erziehungsaufgaben zu unterstützen und damit indirekt die Erziehungssituation von Kindern und Jugendlichen zu verbessern."[35]

Eine Stärkung der Eltern bei der Erziehungsaufgabe ist aus tatsächlichen Gründen in den skizzierten Fallkonstellationen nicht möglich. Und auch das verfassungsrechtliche Abwehrrecht der Eltern nach Art. 6 Abs. 2 Satz 1 GG greift dann nicht mehr.[36]

Stellungnahme

Die Leistungsberechtigung sollte dann auch zwingend dem Kind – und nicht dem Vormund – zugewiesen werden.

4. Rechtsdurchsetzung im Verwaltungs- und Klageverfahren

355 Nach bestehender Rechtslage haben **ausschließlich die Personensorgeberechtigten** die Möglichkeiten einer verwaltungsrechtlichen Überprüfung von Entscheidungen im Rahmen der Hilfe zur Erziehung gemäß §§ 27 ff. SGB VIII. Die Widerspruchsbefugnis gemäß § 42 Abs. 2 VwGO analog und die Klagebefugnis gemäß § 42 Abs. 2 VwGO steht ausschließlich dem Personensorgeberechtigten als nach § 27 Abs. 1 SGB VIII materiell Anspruchsberechtigten zu.

Obgleich bereits de lege lata das Kind im Zentrum der Leistungserbringung steht, kann es damit keine eigene Rechtsverletzung i.S.d. § 42 Abs. 2 VwGO geltend machen. Dies ist insbesondere in den Fällen nicht unproblematisch, in welchen die personensorgeberechtigten Eltern ihre Rechte nicht (mehr) fremdnützig zum Wohle des Kindes oder Jugendlichen wahrnehmen können, weil sie verstorben sind oder sich nicht in Deutschland aufhalten. Aber auch in anderen Fallkonstellationen ist es nicht sachgerecht einerseits das Kind in das Zentrum der Leistungserbringung zu rücken, aber andererseits dem Kind keine eigenen Möglichkeiten der Rechtsdurchsetzung zur Verfügung zu stellen.

Stellungnahme

Auch aus diesem Grunde erscheint es sachgerecht de lege ferenda dem Kind die materielle Anspruchsinhaberschaft für die Leistung zur Unterstützung des Kindes zuzuweisen. Eine solche Rechtsänderung hätte zur Folge, dass das Kind eine eigene Rechtsverletzung geltend machen könnte und damit widerspruchs-

35 Entwurf eines Gesetzes zur Neuordnung des Kinder- und Jugendhilferechts (Kinder- und Jugendhilfegesetz – KJHG), BT-Drucks. 11/5948, S. 1.

36 Siehe hierzu BVerfG, Urt. v. 19.2.2013, 1 BvL 1/11 u.a., juris Rn. 49 sowie Jarass in Jarass/Pieroth, GG, Art. 6 Rn. 40.

und klagebefugt wäre. Die bestehende Regelung zur Prozessfähigkeit nach § 62 VwGO würde wiederum die verfassungskonforme Berücksichtigung des Elternrechts garantieren:

- *Kinder im Alter von 0 bis 14 Jahren sind nämlich nicht zur Vornahme von Verfahrenshandlungen fähig. Erforderlich ist daher eine Vertretung bei der Vornahme von prozessualen Verfahrenshandlungen durch den gesetzlichen Vertreter, also in der Regelung durch die personensorgeberechtigten Eltern.*
- *Jugendliche im Alter von 15 bis 17 Jahren sind gemäß § 62 Abs. 1 Nr. 2 VwGO i.V.m. § 36 SGB I zur eigenständigen Vornahme von Verfahrenshandlungen in der Lage.[37] Allerdings kann dieses Recht nach § 36 Abs. 2 SGB I durch den gesetzlichen Vertreter eingeschränkt werden.*

VI. Besonderheiten bei bestehender Amtspflegschaft und Amtsvormundschaft

Gemäß § 55 Abs. 1 SGB VIII wird das Jugendamt in den durch das BGB vorgesehenen Fällen Amtspfleger und Amtsvormund. Das BGB unterscheidet zwischen **356**

- Vormundschaften, welche kraft Gesetzes unmittelbar entstehen (gesetzliche Amtsvormundschaft) und
- Vormundschaften, die durch das Familiengericht angeordnet werden (bestellte Amtsvormundschaft).

Eine Bestellung durch das Familiengericht erfolgt insbesondere bei einem Entzug der Sorge gemäß § 1666 Abs. 3 Nr. 6 BGB oder beim Tod der Eltern.

Das Jugendamt überträgt die Ausübung dieser Aufgabe gemäß § 55 Abs. 2 Satz 1 SGB VIII einzelnen seiner **Beamten oder Angestellten**. Trotz dieser Übertragung bleibt das Jugendamt in der Verantwortung für eine ordnungsgemäße Aufgabenwahrnehmung.[38] Vor der Übertragung der Aufgaben des Amtspflegers oder des Amtsvormunds soll das Jugendamt gemäß § 55 Abs. 2 S. 2 SGB VIII das Kind oder den Jugendlichen zur Auswahl des Beamten oder Angestellten mündlich anhören, soweit dies nach Alter und Entwicklungsstand des Kindes oder Jugendlichen möglich ist. Gemäß § 55 Abs. 3 Satz 2 SGB VIII ist der jeweilige Mitarbeitende – und nicht das Jugendamt[39] – in dem durch die Übertragung umschriebenen Rahmen gesetzlicher Vertreter des Kindes oder Jugendlichen. **357**

An dieser Ausrichtung der Aufgabenwahrnehmung hat sich auch durch das Gesetz zur Reform des Vormundschafts- und Betreuungsrechts[40] mit Wirkung vom 1.1.2023 **358**

37 Siehe hierzu BeckOK-VwGO/Kintz, § 62 Rn. 7.
38 Siehe hierzu auch Walther in Wiesner/Wapler, SGB VIII, § 55 Rn. 78.
39 Siehe hierzu Walther in Wiesner/Wapler, SGB VIII, § 55 Rn. 82.
40 BGBl I 2021, S. 882. Siehe hierzu auch Kunkel/Leonhardt/Zapp in LPK-SGB VIII, § 55 Rn. 22

keine grundsätzliche Änderung ergeben, auch wenn der Mündel durch die Rechtsänderungen mit seinen Rechten stärker im Zentrum der Vormundschaft stehen soll.[41]

Interessenskollisionen können daraus erwachsen, dass das Jugendamt bei einer Amtsvormundschaft oder Amtspflegschaft gleichzeitig i.d.R. für die Entscheidung über Leistungen zuständig ist. Diese Interessenskollision wird auch durch die Pflicht zur persönlichen Aufgabenwahrnehmung durch einen Beamten oder Angestellten des Jugendamtes[42] kaum beseitigt. Widerstreitende Interessen zwischen

- den Aufgaben des Jugendamtes als Leistungsbehörde und
- dem Handeln als gesetzlicher Vertreter des Kindes oder Jugendlichen

sind unausweichlich.[43]

Hinweis

! *Der zur Führung der Amtsvormundschaft oder Amtspflegschaft bestellte Mitarbeitende des Jugendamtes hat sich nach § 1793 BGB in allen Entscheidungen ausschließlich vom Interesse des Mündels leiten zu lassen. Er hat die Rechtshandlungen vorzunehmen, welche zum Wohl des Kindes oder Jugendlichen erforderlich sind.*

Bei dieser Aufgabenwahrnehmung hat das **Familiengericht** zunächst eine **beratende Funktion**. Zudem hat das Familiengericht gemäß § 1837 Abs. 2 BGB auch eine aufsichtsrechtliche Funktion. Ferner bestehen gemäß §§ 1839 ff. BGB Auskunfts- und Berichtspflichten gegenüber dem Familiengericht.

359 Allerdings übt auch die Jugendamtsleitung mit der **Dienstaufsicht** aufsichtsrechtliche Befugnisse aus.[44] Wie weit dieses Weisungsrecht im Detail geht, ist nach wie vor umstritten. In Teilen der Literatur wird ein „eingeschränktes" **Weisungsrechts** angenommen.[45] Der BGH geht von einem Beurteilungsspielraum des Mitarbeitenden aus,

> „in dessen Grenzen der die Vormundschaft oder Pflegschaft führende Amtsträger Weisungen der Leitung des Jugendamtes nicht entgegenzunehmen braucht".[46]

Deutlich enger wird der Spielraum des handelnden Jugendamtsmitarbeitenden durch das Bundesarbeitsgericht bestimmt. Danach besteht eine **Weisungsgebundenheit**. Die Bindung an Weisungen des Arbeitsgebers Jugendamt sei nur dadurch begrenzt, dass die Weisungen den Mitarbeitenden nicht darin hindern dürften, die Interessen seines Mündels (Pfleglings) zu vertreten.[47]

---

41 Siehe hierzu auch Walther in Wiesner/Wapler SGB VIII, § 55 Rn. 109.
42 Siehe hierzu BT-Drucks. 17/3617, S. 8.
43 Kritisch hierzu auch Lack/Heilmann, ZKJ 2014, 308: Ein Interessenkonflikt des Amtsvormundes/-pflegers gegenüber dem Jugendamt ist umso höher, je enger man die Weisungsgebundenheit des Amtspflegers oder Amtsvormunds bestimmt.
44 Siehe hierzu Walther in Wiesner/Wapler SGB VIII, § 55 Rn. 84.
45 Fröschle in jurisPK-SGB VIII, § 55 Rn. 42. Siehe hierzu auch Walther in Wiesner/Wapler SGB VIII, § 55 Rn. 84 sowie Kunkel, FamRZ 2015, 901 und Kunkel, ZKJ 2011, 204.
46 BGH, Urt. v. 17.6.1999, III ZR 248/98, juris Rn. 11.
47 BAG, Urt. v. 10.4.1991, 5 AZR 128/90, juris Rn. 23.

Gemäß § 55 Abs. 3 Satz 2 SGB VIII ist der jeweilige Mitarbeitende des Jugendamtes im Falle der Amtsvormundschaft – und auch bei bestehender Amtspflegschaft in dem durch die Übertragung umschriebenen Rahmen – gesetzlicher Vertreter des Kindes oder Jugendlichen. Damit steht dem Mitarbeitenden bei der Amtsvormundschaft – und je nach Umfang der Pflegschaft auch dort – das Recht zu, über den **Aufenthalt** des Kindes zu **bestimmen** und **Hilfe zur Erziehung** gemäß §§ 27 ff. SGB VIII zu beantragen. Auch steht dann dem Mitarbeitenden des Jugendamts das **Wunsch- und Wahlrecht** nach § 5 SGB VIII und § 37c Abs. 3 Satz 2 SGB VIII zu.[48] **360**

Damit kann auch einzig dem Amtsvormund oder Amtspfleger die Befugnis zukommen gegen eine Entscheidung des Jugendamts über einen Antrag auf Hilfe zur Erziehung **verwaltungsgerichtlichen Rechtsschutz** in Anspruch zu nehmen. Ob eine solche Durchsetzung aber tatsächlich möglich ist, ist unklar. Hierzu werden in **Rechtsprechung** und Literatur differierende Auffassungen vertreten. So hat das BVerfG mit Entscheidung vom 24.3.2014 die Auffassung vertreten, dass das Jugendamt als Ergänzungspfleger *„den Anspruch auf öffentliche Hilfen im Weigerungsfall nicht gegen sich selbst im Gerichtswege durchsetzen"* kann.[49] Demgegenüber wird insbesondere in der verwaltungsgerichtlichen Rechtsprechung und Teilen der Literatur davon ausgegangen, dass der Amtsvormund oder Amtspfleger einen Anspruch auf Hilfe zur Erziehung verwaltungsgerichtlich durchsetzen könne.[50] **361**

Sofern man mit der Entscheidung des BVerfG vom 24.3.2014 davon ausgeht, dass im Falle einer Amtsvormundschaft oder Amtspflegschaft eine verwaltungsgerichtliche Rechtsdurchsetzung der Hilfe zur Erziehung gemäß § 27 SGB VIII nicht möglich ist, besteht eine im Hinblick auf Art. 19 Abs. 4 GG bedenkliche **Rechtsschutzlücke**.[51]

Auch aus diesem Grund sprechen gute Gründe dafür de lege ferenda die materielle Anspruchsberechtigung der Leistung dem Kind oder Jugendlichen zuzuordnen. Dann könnte das Kind die eigene Leistung vor der Verwaltungsgerichtsbarkeit durchsetzen und bräuchte lediglich bei der Wahrnehmung von Verfahrenshandlungen im Verwaltungsverfahren nach § 11 SGB X und vor der Verwaltungsgerichtsbarkeit nach § 62 VwGO eine Vertretung durch den Amtspfleger oder Amtsvormund.

---

48 Siehe hierzu auch Fröschle in jurisPK-SGB VIII, § 55 Rn. 56 und 57.

49 BVerfG, Beschl. v. 24.3.2014, 1 BvR 160/14, juris Rn. 52.

50 OVG NRW, Urt. v. 25.4.2001, 12 A 924/99, juris Rn. 18 f.; Fröschle in jurisPK-SGB VIII, § 55 Rn. 58.

51 Siehe hierzu BVerfG, Beschl. v. 24.3.2014, 1 BvR 160/14, juris Rn. 52: „Das Jugendamt kann den Anspruch auf öffentliche Hilfen im Weigerungsfall nicht gegen sich selbst im Gerichtswege durchsetzen. Das den Eltern unverändert zustehende Grundrecht aus Art. 6 Abs. 2 Satz 1 GG gebietet indessen, auch in diesem Fall eine effektive Möglichkeit gerichtlicher Überprüfung der behördlichen Entscheidungen zu eröffnen. Mit Art. 6 Abs. 2 Satz 1 GG wäre es nicht zu vereinbaren, wenn im grundrechtssensiblen Bereich des Kindesschutzes eine Situation entstünde, in der behördliche Entscheidungen über die Gewährung öffentlicher Hilfen gerichtlicher Überprüfung entzogen wären."

VII. Die Rolle des Verfahrensbeistands im Verfahren

362 Von besonderer Bedeutung für die Interessenwahrnehmung zugunsten des Kindes ist es, dass der Verfahrensbeistand eine gegenüber dem Jugendamt **unabhängige Stellung** im familiengerichtlichen Verfahren inne hat und keinen Weisungen des Jugendamtes wie des Familiengerichts unterliegt.

Allerdings ist die Rechtsstellung des Verfahrensbeistandes de lege lata auf die Mitwirkung in Kindschaftssachen auf das familiengerichtliche Verfahren begrenzt. Obgleich verwaltungsrechtliche Verfahren der Kinder- und Jugendhilfe und familiengerichtliche Verfahren regelmäßig Überschneidungen aufweisen, hat der Verfahrensbeistand nach geltender Rechtslage im Verwaltungsverfahren gegenüber dem Jugendamt und im verwaltungsgerichtlichen Verfahren **keine eigene Rechtsposition**. De lege lata kann daher der Verfahrensbeistand lediglich ein Handeln des Jugendamtes, z.B. eine Leistungsgewährung nach §§ 11 ff. SGB VIII, anregen (siehe hierzu Teil 2/*Bauer*, Rn. 41 ff.). Er hat aber keine rechtliche Möglichkeit auf das Verfahren zum Wohle des Kindes aktiv Einfluss zu nehmen. So hat der Verfahrensbeistand auch kein einklagbares Recht auf Teilnahme am Hilfeplanverfahren nach § 36 SGB VIII[52] und kein Einsichtsrecht in die Verwaltungsakten (siehe hierzu Teil 2/*Bauer*, Rn. 43).

Stellungnahme

Es wäre sachgerecht, wenn der Verfahrensbeistand in bestimmten verwaltungsrechtlichen Verfahren gegenüber dem Jugendamt eine stärkere Stellung hätte, um die Interessen des Kindes wahrnehmen zu können. Aufgrund der starken Überschneidungen, welche zwischen einem familiengerichtlichen Verfahren und einem verwaltungsrechtlichen Verfahren der Kinder- und Jugendhilfe oftmals bestehen, sollte de lege ferenda eine Mitwirkungsmöglichkeit des Verfahrensbeistandes im verwaltungsrechtlichen Verfahren normiert werden.

So ist gemäß § 158 Abs. 2 Nr. 1 FamFG die Bestellung eines Verfahrensbeistandes im familiengerichtlichen Verfahren nach §§ 1666, 1666a BGB stets erforderlich. Im Anschluss an eine familiengerichtliche Entscheidung, insbesondere nach § 1666 Abs. 3 Nr. 1 und Nr. 6 BGB, ist aber regelmäßig ein weitreichendes Handeln des jeweiligen Jugendamtes notwendig, welches die Rechtsposition des Kindes in erheblichem Umfang berührt. Unabhängig von diesen Überschneidungen der Verfahren ist zu berücksichtigen, dass die Gründe, welche zur Einführung des Verfahrensbeistandes im familiengerichtlichen Verfahren geführt haben im jugendhilferechtlichen Verfahren gleichermaßen gelten.[53]

363 Auch im Hinblick auf die Rechte des Kindes nach Art. 12 Abs. 2 VN-KRK ist eine Begrenzung der Tätigkeit des Verfahrensbeistands auf das familiengerichtliche Verfah-

52 Siehe hierzu VG Gelsenkirchen, Urt. v. 22.2.2002, 19 K 2071/00, juris.
53 Salgo, Der Anwalt des Kindes, S. 496 ff. und 558 ff.

ren nicht angezeigt. Art. 12 Abs. 2 VN-KRK gibt nämlich nachstehende Verpflichtung vor:

> „Zu diesem Zweck wird dem Kind insbesondere Gelegenheit gegeben, in allen das Kind berührenden Gerichts- oder Verwaltungsverfahren entweder unmittelbar oder durch einen Vertreter oder eine geeignete Stelle im Einklang mit den innerstaatlichen Verfahrensvorschriften gehört zu werden."

Aus diesen Bestimmungen folgt eine Pflicht zur Einführung eines Instituts wie des Verfahrensbeistandes (siehe Teil 1/*Salgo*, Rn. 1 ff.). Die Pflicht dem Kind Gehör zu verschaffen, bezieht sich aber nach Art. 3 und 12 VN-KRK gerade nicht nur auf ein (familien-)gerichtliches Verfahren, sondern auch auf das Verwaltungsverfahren. Auch hinsichtlich der Verpflichtung zur **Berücksichtigung des Kindeswohls** nach Art. 3 VN-KRK wird das Handeln der Verwaltungsbehörden dem gerichtlichen Verfahren gleichgestellt.

De lege lata ist das Handeln des Verfahrensbeistandes aber auf das familiengerichtliche Verfahren beschränkt. Ein Handeln im verwaltungsrechtlichen Verfahren vor dem Jugendamt und eine Interessenwahrnehmung vor der Verwaltungsgerichtsbarkeit ist dem Verfahrensbeistand de lege lata nicht möglich. In diesen Verfahren geht es für das Kind aber um äußerst weitreichende Maßnahmen, welche die Rechte des Kindes in erheblichem Maße berühren. Es besteht damit eine besondere Schutzbedürftigkeit des Kindes.

Es erscheint auch nicht sachgerecht, eine Wahrnehmung der Interessen des Kindes ausschließlich durch das Jugendamt bzw. den Amtsvormund oder das Verwaltungsgericht sicherstellen zu lassen. Das **Jugendamt** hat neben dem Wohl des Kindes auch weitere Interessen im Blick (Interessen der Eltern, fiskalische Interessen oder Zwänge, (kommunal-)politische Überlegungen usw.)[54]. Das **Verwaltungsgericht** ist wiederum – so wie auch das Familiengericht – zur Neutralität verpflichtet und kann daher nicht einseitig die Interessen des Kindes wahrnehmen.[55] **364**

Praxistipp

Der Verfahrensbeistand sollte daher umso mehr darauf achten, einem Kind, das bereits von einem familiengerichtlichen Verfahren betroffen ist, jedenfalls über seine Rechte und Möglichkeiten gegenüber dem Jugendamt zu informieren, also insbesondere

- *das eigene Beratungsrecht, insbesondere nach § 10a SGB VIII,*
- *die möglichen Hilfen zur Erziehung sowie das Beteiligungsrecht in der Hilfeplanung und*
- *auch sein Recht, um Inobhutnahme zu bitten.*

54 Siehe hierzu Lack/Fieseler in Salgo/Lack, Verfahrensbeistandschaft, Ein Handbuch für die Praxis, 2019, S. 699 unter Bezugnahme auf Salgo.
55 Siehe hierzu BT-Drucks. 13/4899, S. 130.

365 Zudem ist festzustellen, dass es in Praxis gelegentlich zu erheblichen **Divergenzen zwischen Gesetzeslage und Verwaltungsvollzug** kommt. So ist es in der Verwaltungspraxis eher selten, dass eine umfassende Beratung des Kindes nach § 36 Abs. 1 SGB VIII unter Erläuterung des Wunsch- und Wahlrechtes und Darlegung eines pluralen Angebotes unterschiedlichster Träger der freien Jugendhilfe kommt. Vielmehr „belegen" Jugendämter Träger der freien Jugendhilfe nach eigenen Vorstellungen.

366 Nach geltender Rechtslage steht das für die Leistungsgewährung wichtige **Wunsch- und Wahlrecht** nach § 5 SGB VIII sowie nach § 37c Abs. 3 S. 2 SGB VIII zudem nur dem Leistungsberechtigten, also dem materiell Anspruchsberechtigten zu. Dies ist bei der Hilfe zur Erziehung gemäß § 27 SGB VIII de lege lata der Personensorgeberechtigte und nicht das Kind. Eine Beteiligung des Kindes im Prozess der Leistungsgewährung nach §§ 27 ff. SGB VIII ist ferner bei ambulanten und teilstationären Hilfen gesetzlich überhaupt nicht explizit geregelt.[56] Lediglich für stationäre Hilfen findet sich mit § 37c Abs. 3 S. 1 SGB VIII folgende Vorgabe:

> „Bei der Auswahl der Einrichtung oder der Pflegeperson sind der Personensorgeberechtigte und das Kind oder der Jugendliche oder bei Hilfen nach § 41 der junge Volljährige zu beteiligen."

Im Folgesatz wird dann aber das Kind bereits wieder aus dem Blick verloren und das wichtige Wunsch- und Wahlrecht nicht dem Kind, sondern nur dem Leistungsberechtigten – also bei der Hilfe zur Erziehung dem Personensorgeberechtigten – wie folgt zugesprochen:

> „Der Wahl und den Wünschen des Leistungsberechtigten ist zu entsprechen, sofern sie nicht mit unverhältnismäßigen Mehrkosten verbunden sind."

367 Die Wahrnehmung der Rechte des Kindes wird mit dieser Regelungstechnik weitgehend den gesetzlichen Vertretern des Kindes zugewiesen.[57] Dies mag für den Fall, dass die Personensorge bei den Eltern liegt, noch vertretbar sein. Für den Fall einer Amtsvormundschaft ist dies aber kaum vertretbar.

Das Kind steht im Zentrum der Leistung und letztendlich erfolgen insbesondere bei einer stationären Hilfe in diesem verwaltungsrechtlichen Verfahren für die Zukunft des Kindes einschneidende Entscheidung, beispielsweise hinsichtlich der Hilfeart und des Ortes der stationären Unterbringung. Gerade deshalb ist eine aktive und vollumfängliche Einbeziehung des Kindes dringend erforderlich. Kindern muss die Möglichkeit offenstehen, zu treffende Entscheidung nachvollziehen zu können und Alternativen mitzuentwickeln (siehe hierzu Teil 1/*Salgo*, Rn. 46 ff.). Dies gilt in besonderem Maße, wenn es um weitreichende Entscheidungen wie eine stationäre Unterbringung in einer Pflegefamilie oder einer Jugendeinrichtung geht.

---

56 Siehe hierzu auch Lack/Fieseler in Salgo/Lack, Verfahrensbeistandschaft, Ein Handbuch für die Praxis, 2019, S. 677.

57 Siehe hierzu auch Lack/Fieseler in Salgo/Lack, Verfahrensbeistandschaft, Ein Handbuch für die Praxis, 2019, S. 693: „Auch nicht am Verwaltungsverfahren förmlich beteiligte Minderjährige sind nämlich nicht rechtlos gestellt, jedoch obliegt die Wahrnehmung ihrer Rechte weitgehend ihren gesetzlichen Vertretern…".

Hinweis

368

Insbesondere wenn die Personensorge nicht mehr bei den Eltern liegt und damit diese auch nicht mehr das Wunsch- und Wahlrecht nach § 5 SGB VIII oder § 37c Abs. 3 S. 2 SGB VIII ausüben können, muss ein starker Einbezug des Kindes gesichert sein.

Diese Erforderlichkeit der Interessenswahrnehmung wurde jüngst mit der **KJSG-Gesetzesbegründung** zu § 36 Abs. 1 SGB VIII wie folgt betont:

> „Partizipation von Kindern und Jugendlichen und ihrer Eltern ist ein grundlegendes Gestaltungsprinzip der Kinder- und Jugendhilfe; seine gelingende Umsetzung ist essentiell für die Erfüllung ihres Auftrags der Förderung der Entwicklung junger Menschen, für die deren Akzeptanz und Mitwirkung konstitutiv sind. Im Bereich der Hilfen zur Erziehung wird die Interaktionsintensität personenbezogener Dienstleistungen besonders deutlich. Da erzieherische Hilfen auf die Veränderung des psychischen Dispositionsgefüges von Menschen gerichtet sind, können sie nur mit deren inneren aktiven Beteiligung wirksam sein. Voraussetzung für diese aktive Beteiligung der Leistungsadressatinnen und -adressaten ist, dass sie die Entscheidung über die Inanspruchnahme von Hilfe zur Erziehung eigenverantwortlich treffen und ihre Ausgestaltung mitbestimmen und mittragen können. § 36 Absatz 1Satz 1 SGB VIII verpflichtet daher den Träger der öffentlichen Jugendhilfe zu umfassender Beratung und Aufklärung der Leistungsadressaten und -adressatinnen, bevor diese über die Inanspruchnahme erzieherischer Hilfen bzw. deren Änderung entscheiden. Zu einer eigenverantwortlichen Entscheidung können sie aber nur dann befähigt werden, wenn Beratung und Aufklärung für sie verständlich und nachvollziehbar sind.“[58]

Letztendlich folgt die Pflicht aber auch aus Art. 3 VN-KRK und Art 12 VN-KRK. Diese Vorgaben postulieren die vorrangige Berücksichtigung des Kindeswohls und das Recht des Kindes auf unbedingten Einbezug in Entscheidungsprozesse in Gerichts- und Verwaltungsverfahren. Im Verfahren kommt damit sowohl dem Wohl des Kindes als auch seinen „Willen“ bzw. seinen „Willensäußerungen“ eine wichtige Bedeutung zu (siehe Teil 1/*Salgo*, Rn 45 ff.).

Es wäre daher sachlich gerechtfertigt und zur vollumfänglichen Umsetzung von Art. 3 VN-KRK und Art. 12 VN-KRK auch erforderlich, die **Rechte des Kindes im Hilfeplanverfahren** und bei der weiteren Entscheidungsfindung über die Leistungserbringung nach §§ 27 ff. SGB VIII mit einem Tätigwerden des Verfahrensbeistandes zu stärken.

Fazit

Zusammenfassend kann festgehalten werden, dass gewichtige rechtliche Gründe für die Erweiterung der Aufgaben des Verfahrensbeistandes sprechen. Dieser sollte auch im verwaltungsrechtlichen und verwaltungsgerichtlichen Verfahren das Kind in bestimmten Fällen begleiten und seiner Interessen wahrnehmen.

58 BT-Drucks. 19/26107, S. 84.

Dies gilt insbesondere dann, wenn eine Leistungserbringung zum Schutz des Kindes, insbesondere auch im Anschluss an ein familiengerichtliches Verfahren nach § 1666 BGB erforderlich wird oder aber die Eltern des Kindes, insbesondere aufgrund von Tod oder im Falle unbegleiteter minderjähriger Ausländer, die Rechte des Kindes nicht (mehr) wahrnehmen können.[59]

VIII. Kindeswohlgefährdung, festgestellte Gefährdung: Handeln des Jugendamtes

369 Mit **§ 8a SGB VIII** wird der Schutzauftrag bei Vorliegen einer Kindeswohlgefährdung für das Jugendamt normiert. Das Jugendamt ist zur Sachverhaltsermittlung bereits verpflichtet, wenn gewichtige Anhaltspunkte für eine Kindeswohlgefährdung bekannt werden. Es ist dann zu ermitteln und feststellen, ob eine Kindeswohlgefährdung gegeben ist. Bei einer festgestellten Kindeswohlgefährdung muss das Jugendamt in Form

- des Angebots von Hilfen (§ 8a Abs. 1 S. 3 SGB VIII),
- der Anrufung des Familiengericht nach § 8a Abs. 2 Satz 1 Hs. 1 SGB VIII oder
- der Einschaltung Dritter nach § 8a Abs. 3 SGB VIII

zur Abwehr der Gefährdung handeln.

370 Mit § 42 Abs. 1 Satz 1 Nr. 2a und b SGB VIII besteht zudem eine Verpflichtung zur Verfügung einer **Inobhutnahme** bei Vorliegen einer Kindeswohlgefährdung und der weiteren in Nr. 2a und 2b SGB VIII normierten Tatbestandsvoraussetzungen. Weitere Inobhutnahmetatbestände sind mit Nr. 1 („Selbstmelder) und Nr. 3 (unbegleitete minderjährige Ausländer) normiert.

Die Inobhutnahme ist als **vorläufige Maßnahme** angelegt. Sie berechtigt nur zur vorläufigen Unterbringung des Kindes bei einer geeigneten Person, in einer geeigneten Einrichtung oder in einer sonstigen Wohnform (§ 42 Abs. 1 Satz 2 SGB VIII). Das Handeln des Jugendamts in Form der Inobhutnahme stellt damit eine zeitlich begrenzte Schutzmaßnahme dar.

Das Jugendamt handelt im Rahmen einer „öffentlich-rechtlichen Notkompetenz". **Längerfristige Maßnahmen**, welche zu einer Trennung des Kindes von den Eltern gegen deren Willen führen, unterliegen dem **Richtervorbehalt**. Daher sind sorgerechtlichen Maßnahmen, welche zu einem längerfristigen Eingriff in das Elternrecht aus Art. 6 Abs. 2 Satz 1 und Abs. 3 GG führen können, vom Familienrichter zu treffen.[60] Das Familiengericht hat damit eine – von der Inobhutnahme klar zu trennende –

59 So auch Lack/Fieseler in Salgo/Lack, Verfahrensbeistandschaft, Ein Handbuch für die Praxis, 2019, S. 702: „Nach alledem überwiegen die Vorteile für die Einführung einer Verfahrensbeistandschaft im Verwaltungsverfahren. Dies würde nicht nur der umfassenden Erfüllung des Art. 12 UN-KRK dienen, sondern ist im Rahmen eines zugleich rechtsstaatlichen wie qualifizierten Verfahrens, das vor allem die Entwicklung und das gesamte Leben von Kindern und Jugendlichen betrifft, unerlässlich".

60 BVerfG, Beschl. v. 14.6.2007, 1 BvR 338/07, juris Rn. 32.

eigenständige Entscheidung auf Grundlage der zivilrechtlichen Ermächtigung des § 1666 BGB zu treffen.

Es ist zu betonen, dass weder Inobhutnahme gemäß § 42 SGB VIII noch familiengerichtliche Entscheidung nach § 1666 BGB regelmäßig isoliert zu einem umfassenden Schutz des Kindeswohls führen können. **371**

Nach Beendigung der Inobhutnahme und Abschluss des familiengerichtlichen Verfahrens kann bei einer fortdauernden Gefährdung des Minderjährigen im elterlichen Haushalt ein umfassender Schutz nur durch eine **stationäre Unterbringung** erfolgen. Diese Unterbringung in Form einer Gewährung einer stationären Hilfe zur Erziehung in einer Pflegefamilie, in einer betreuten Wohnform oder einer sozialpädagogischen Einzelbetreuung gemäß § 27 SGB VIII i.V.m. § 33 SGB VIII, § 34 SGB VIIII oder § 35 SGB VIII ist bei einem entgegenstehenden Willen der Personensorgeberechtigten nur möglich, wenn das Familiengericht die **Personensorge** (teilweise) entzieht und auf einen Dritten überträgt.

Hinweis

Das Jugendamt kann aus eigener Kompetenz damit lediglich im Sinne einer kurzfristigen Notintervention handeln. Bei einem entgegenstehenden Willen des Personensorgeberechtigten kann es zu einem weitergehenden Handeln nur aufgrund einer Entscheidung durch das Familiengericht befähigt werden.

IX. Die Rolle des Jugendamtes im familiengerichtlichen Verfahren

1. Aufgabenwahrnehmung nach § 8a Abs. 2 SGB VIII

§ 8a Abs. 2 Satz 1 Hs. 1 SGB VIII bestimmt, dass das Jugendamt das Familiengericht anzurufen hat (also anrufen muss), wenn es das Tätigwerden des Gerichts für erforderlich hält. Der Gesetzesbegründung zu § 8a SGB VIII ist hinsichtlich der Abgrenzung der **Handlungsalternativen** (Gewährung von Hilfen oder Anrufung des Familiengerichts) zu entnehmen, dass das **372**

> „Jugendamt (...) eine Risikoabwägung dahingehend vornehmen muss, ob das Kind besser durch Hilfe für die Familie (...) oder die Einschaltung des Familiengerichts (...) geschützt werden kann ...".[61]

Der Gesetzesbegründung lässt sich damit entnehmen, dass die Alternativen, Hilfen anzubieten oder das Familiengericht anzurufen, danach abzugrenzen sind, **welche Maßnahme das Kind „besser schützt"**. Dies soll im Wege einer Abwägung ermittelt werden.

Eine solche Abwägungsentscheidung ist Kernelement der **Erforderlichkeitsprüfung**. Erforderlich ist eine Maßnahme nämlich nur dann, wenn ein gleich wirksames, den **373**

61 BT-Drucks. 15/3676, S. 30.

betroffenen Bürger aber weniger beeinträchtigendes Mittel nicht zur Verfügung steht.[62] Das bedeutet, dass unter mehreren gleich effektiven Mitteln dasjenige gewählt werden muss, welches den Bürger am wenigsten beeinträchtigt.[63]

Unter Zugrundelegung dieses Maßstabs ist bei einer festgestellten Kindeswohlgefährdung daher zu fragen, ob die Anrufung des Familiengerichts nach § 8a Abs. 2 Satz 1 Hs. 1 SGB VIII erforderlich oder aber die Gewährung von Hilfen vorrangig ist.

1. In einem ersten Schritt ist zu beurteilen, ob beide Mittel im jeweiligen Einzelfall gleich effektiv sind, die Kindeswohlgefährdung abzuwehren.
2. Nur wenn dies der Fall ist, kommt in einem zweiten Prüfungsschritt ein Angebot von Hilfen als ein die Familie weniger belastendes Mittel überhaupt in Betracht.

Über den in der Gesetzesbegründung[64] beschriebenen und in Teilen der Literatur[65] vertretenen Ansatz einer Risikoabwägung hinausgehend ist unter Zugrundelegung des Maßstabs der Erforderlichkeitsprüfung daher nicht nur danach zu fragen, welches Mittel das Kind „besser schützt".[66] Vorrang haben Hilfen vor der Anrufung des Familiengerichts nicht bereits dann, wenn der Kindeswohlgefährdung durch die Inanspruchnahme von Hilfen begegnet werden kann. Vielmehr ist zu klären, ob das Angebot von Hilfen **gleich effektiv** wie die Anrufung des Familiengerichts ist, um die Kindeswohlgefährdung abzuwenden.[67] Lediglich wenn mit dem Angebot und der Gewährung einer Hilfe eine festgestellte Kindeswohlgefährdung gleich wirksam wie mit dem Mittel der Anrufung des Familiengerichts abgewehrt werden kann, scheidet eine Anrufung des Familiengerichts aus. Nach § 8a Abs. 1 Satz 3 SGB VIII müssen dann **Hilfen als milderes Mittel** zwingend angeboten werden.[68]

Sind beide Mittel nicht gleich wirksam, muss das Jugendamt nach hiesiger Auffassung gemäß § 8a Abs. 2 Satz 1 HS 1 SGB VIII das Familiengericht anrufen.

374 Nur wenn die Gefahr für das Kindeswohl durch das Anbieten einer Hilfe gemäß § 8 Abs. 1 Satz 3 SGB VIII also ebenso zielführend und sicher, wie mittels der Anrufung des Familiengerichts abgewehrt werden kann, ist ein Angebot von Hilfen als ein die Familie weniger belastendes Mittel nach § 8a Abs. 1 Satz 3 SGB VIII verwaltungsrechtlich zulässig.

Insbesondere im Fall einer **körperlichen Misshandlung** des Kindes sowie im Fall eines **sexuellen Missbrauchs** kommt daher die Gewährung einer ambulanten Hilfe

62 BVerfG, Urt. v. 14.7.1999, 1 BvR 2226/94 u.a., juris Rn. 219.
63 BVerfG, Beschl. v. 22.9.2014, 1 BvR 2108/14, juris Rn. 19; siehe hierzu auch Reuter, Jura 2009, 511 (513).
64 BT-Drucks. 15/3676, S. 30.
65 Siehe hierzu Bohnert in Hauk/Noftz/Stähr, SGB VIII, § 8 a Rn. 25: Danach verlange das Kriterium der Erforderlichkeit eine Abwägung zwischen dem „leistungsorientierten Ansatz des Kinder- und Jugendhilferechts" und der „aus § 1 Abs. 3 Nr. 3 folgenden Pflicht Minderjährige zu schützen".
66 BT-Drucks. 15/3676 S. 30.
67 Siehe hierzu auch Wiesner, FPR 2007, 6 und 8.
68 Siehe hierzu auch VGH Hessen, Beschl. v. 7.11.2012, 10 B 1973/12, juris Rn. 13: Nach Auffassung des VGH Hessen ist mit der Anrufung des Familiengerichts noch kein Eingriff in ein subjektives Recht des Personensorgeberechtigten verbunden.

nach dem verwaltungsrechtlichen Maßstab des § 8a Abs. 1 Satz 3 SGB VIII oftmals nicht in Betracht.

Hinweis

Entgegen den Ausführungen in vielen Handlungsempfehlungen kann damit die Gewährung von Hilfen bei einer festgestellten Kindeswohlgefährdung nicht in erster Linie davon abhängig gemacht werden, ob die Eltern des Kindes mitwirkungsbereit und mitwirkungsfähig sind.

Vielfach wird bei der Abgrenzung der Handlungsalternativen gemäß § 8a SGB VIII nach hier vertretener Auffassung einer **Mitwirkungsbereitschaft und Mitwirkungsfähigkeit der Eltern** zu starkes Gewicht eingeräumt.[69] Selbst bei bestehender Mitwirkungsbereitschaft und -fähigkeit der Eltern kommt in Fällen einer festgestellten Kindeswohlgefährdung durch körperliche Misshandlung oder Missbrauch oft nur die Anrufung des Familiengerichts nach § 8a Abs. 2 Satz 1 Hs. 1 SGB VIII – ggf. abgesichert durch eine vorherige Inobhutnahme nach § 8a Abs. 2 Satz 2 SGB VIII i.V.m. § 42 Abs. 1 Satz 1 Nr. 2 b SGB VIII – in Betracht.

In diesem Zusammenhang ist insbesondere auch zu beachten, dass das Kind nach Art. 2 Abs. 1 GG und nach Art. 2 Abs. 2 Satz 1 GG i.V.m. Art. 6 Abs. 2 Satz 2 GG einen Anspruch auf den **Schutz des Staats** hat, wenn die Eltern ihm nicht den Schutz und die Hilfe bieten, die es benötigt, um gesund aufzuwachsen und sich zu einer eigenverantwortlichen Persönlichkeit zu entwickeln. Diese Schutzpflicht gebietet dem Staat, das Kind von seinen Eltern zu trennen oder eine Trennung aufrechtzuerhalten, wenn das Kind in der Obhut seiner Eltern in seinem körperlichen, geistigen oder seelischen Wohl nachhaltig gefährdet ist.[70]

Hilfen nach § 8a Abs. 1 Satz 3 SGB VIII können allerdings insbesondere bei einer Kin- **375**
deswohlgefährdung in Form der **Vernachlässigung** des Kindes und einer gegebenen Mitwirkungsbereitschaft und Mitwirkungsfähigkeit der Eltern in Betracht zu ziehen sein. Sofern in diesen Fallkonstellationen die Gefahr durch die Gewährung einer Hilfe ebenso effektiv wie durch die Anrufung des Familiengerichts abgewendet werden kann, muss das Mittel der Hilfegewährung gewählt werden.

Wird auf eine Kindeswohlgefährdung durch Anbieten und Gewährung einer Hilfe **376**
nach § 8a Abs. 1 Satz 3 SGB VIII reagiert, muss die einmal getroffene Einschätzung unter fachlichen und rechtlichen Gesichtspunkten in **regelmäßigen Zeitabständen überprüft** werden. Die jeweilige Gefährdungseinschätzung und rechtliche Beurteilung, ob die Gewährung von Hilfen oder die Anrufung des Familiengerichts die rich-

---

69 So aber z.B. anstelle vieler die Empfehlungen der Bundesvereinigung der kommunalen Spitzenverbände zur Feststellung fachlicher Verfahrensstandards in den Jugendämtern bei Gefährdung des Kindeswohls, S. 11 f., https://www.dji.de/fileadmin/user_upload/dasdji/stellungnahmen/2009/2009-05_Empfehlungen_Kinderschutz.pdf (Abruf am 24.9.2024). Ebenso Gelingensfaktoren bei der Wahrnehmung des Schutzauftrags gemäß § 8a SGB VIII, LVR Landesjugendamt Rheinland, S. 24 f., https://dom.lvr.de/lvis/lvr_recherchewww.nsf/0/9443DFE8991DB1DEC1257EA1002B88ED/$file/Vorlage14_725.pdf (Abruf am 24.9.2024).

70 BVerfG, Beschl. v. 3.2.2017, 1 BvR 2569/16, juris Rn. 38 f.

tige Handlungsoption ist, muss im Laufe der Fallentwicklung an neu bekanntwerdende Sachverhaltsinformationen oder Veränderungen im Verhalten des Kindes oder der Eltern angepasst werden.[71]

Hinweis

In regelmäßigen Zeitabständen ist zu überprüfen, ob die verwaltungsrechtlich und sozialpädagogisch getroffene Entscheidung aufrechterhalten werden kann.

Gemäß § 8a Abs. 2 Satz 1 Hs. 2 SGB VIII ist das Familiengericht durch das Jugendamt auch anzurufen, wenn die Erziehungsberechtigten nicht bereit oder in der Lage sind, bei der Abschätzung des Gefährdungsrisikos mitzuwirken. Diese **Nichtmitwirkung** wird regelmäßig dazu führen, dass das Jugendamt nicht verlässlich feststellen kann, ob eine Kindeswohlgefährdung gegeben ist. Dennoch muss in diesen Fällen der Verweigerungshaltung der Erziehungsberechtigten das Familiengericht angerufen werden, welches nach § 157 FamFG auch bei einer nur möglichen Kindeswohlgefährdung einen Erörterungstermin ansetzen kann.

2. Die Mitwirkung im familiengerichtlichen Verfahren nach § 50 SGB VIII

a) Eigene Aufgabe des Jugendamtes

377 Mit **§ 50 SGB VIII** werden Unterstützungs- und Mitwirkungsaufgaben des Jugendamtes in Verfahren vor den Familiengerichten geregelt. Korrespondierend hiermit wird mit Regelungen im FamFG den Familiengerichten vorgegeben, auf welche Weise das Jugendamt an den jeweiligen Gerichtsverfahren zu beteiligen ist (siehe hierzu §§ 151 ff., 169 ff.; 186 ff.; 200 ff. sowie 210 ff. FamFG). Eine Mitwirkungsobliegenheit des Jugendamtes ergibt sich darüber hinaus aus §§ 156 Abs. 3, 157 Abs. 1, 165 Abs. 2 Satz 4 FamFG.

378 Das Tätigwerden des Jugendamtes im Verfahren vor den Familiengerichten unterliegt den Zielbestimmungen des § 1 SGB VIII. Das Handeln ist daher **dem Kindeswohl verpflichtet**. Das Jugendamt hat im familiengerichtlichen Verfahren eine eigenständige Stellung inne. So hat es auch die Befugnis gegen Entscheidungen des Gerichts Rechtsmittel einzulegen (§ 162 Abs. 3 Satz 2 FamFG). Das **Beschwerderecht** des Jugendamts besteht unabhängig davon, ob es formeller Verfahrensbeteiligter gemäß § 7 FamFG ist.[72]

379 Das Jugendamt wird mit § 50 SGB VIII in seiner Funktion als Behörde verpflichtet. Die Mitwirkungsaufgabe nach § 50 SGB VIII ist daher zu trennen, von der Tätigkeit als Amtsvormund bzw. -pfleger nach § 55 SGB VIII.

---

71 Siehe hierzu Kindler/Gerber/Lillig, Wissenschaftliche Analyse zum Kinderschutzhandeln des Allgemeinen Sozialen Dienstes im Landkreis Breisgau-Hochschwarzwald im Todesfall des Kindes A., 2016, S. 13 f.

72 BT-Drucks. 16/6308, 204.

Die **Mitwirkungspflichten** des Jugendamts nach § 50 Abs. 1 Satz 2 SGB VIII erstrecken sich auf

- Kindschaftssachen gemäß § 151 Nr. 1 bis 8 FamFG,
- Abstammungssachen gemäß § 169 FamFG in den Fällen der Anfechtung nach § 1600 Abs. 1 Nr. 2, 4 und 5 BGB,
- Adoptionssachen gemäß § 186 FamFG,
- Ehewohnungssachen gemäß §§ 204 Abs. 2, 205 FamFG in Verfahren nach § 1361 b und § 1568 a BGB sowie
- in Gewaltschutzsachen gemäß §§ 212, 213 FamFG.

b) Inhaltliche Ausgestaltung der Mitwirkung

Die Mitwirkungsaufgabe des Jugendamtes wird durch § 50 Abs. 2 SGB VIII näher konkretisiert. Nach § 50 Abs. 2 Satz 1 SGB VIII hat das Jugendamt das Familiengericht insbesondere über angebotene und erbrachte Leistungen zu **unterrichten**. Ferner hat es erzieherische und soziale Gesichtspunkte zur Entwicklung des Kindes oder des Jugendlichen **einzubringen** und auf weitere Möglichkeiten der Hilfe **hinzuweisen**. Dazu ist eine gutachtliche Stellungnahme erforderlich.[73] **380**

Infolge Rechtsänderung durch Art. 1 des KJSG mit Wirkung vom 10.6.2021 besteht nach § 50 Abs. 2 Satz 2 SGB VIII nun auch in bestimmten familienrechtlichen Verfahren (insbesondere nach § 1666 BGB) die Verpflichtung des Jugendamtes zur **Vorlage von eingeschränkten Teilen des jugendhilferechtlichen Hilfeplans**. Mit dem Gesetzesentwurf der Bundesregierung zum Kinder- und Jugendstärkungsgesetz war mit § 50 Abs. 2 SGB VIII zunächst vorgesehen, dass das Jugendamt „dem Familiengericht den Hilfeplan nach § 36 Abs. 2 Satz 2 SGB VIII" vorlegt.[74] Mit der Gesetzesbegründung wurde hierzu Folgendes ausgeführt: **381**

> „Der Hilfeplan gibt als Ergebnisdokument des fachlichen Steuerungsprozesses bei Hilfen zur Erziehung qualifiziert Auskunft über die Lebens- und Erziehungssituation des Kindes oder Jugendlichen, begründet Fehlentwicklungen, zählt geleistete Hilfen auf und gibt Auskunft über die im Einzelfall durchgeführten Hilfearten sowie deren Erfolg. Bei Hilfen außerhalb der eigenen Familie benennt der Hilfeplan die Gründe dafür, weshalb Hilfen innerhalb der Herkunftsfamilie nicht in Betracht zu ziehen sind, er beschreibt die Verteilung der Aufgaben zwischen Eltern und Beteiligten, sozialen Diensten, Einrichtungen bzw. Einzelpersonen und klärt auch über mögliche Folgen des Scheiterns der Hilfe auf. Er klärt weiter über mögliche Folgen eines Scheiterns der Hilfe auf. Schließlich beinhaltet der Hilfeplan auch Informationen über getroffene Absprachen und Vereinbarungen von Informations- und Handlungspflichten zur Abwehr einer Kindeswohlgefährdung. Diese Informationen können auch dem Familiengericht zur Erweiterung seiner Erkenntnisgrundlage dienen. Die Vorlage des Hilfeplans in familiengerichtlichen Verfahren ist daher geboten."[75]

73 Ausführlich hierzu Kunkel, FamRZ 1993, 508; Oberloskamp, ZKJ 2016, 336; Trenczek in Münder/Meysen/Trenzcek, FK-SGB VIII § 50 Rn. 29; Münder, Kindeswohl zwischen Jugendhilfe und Justiz 2017, S. 107 ff.
74 BT-Drucks. 19/26107, S. 26.
75 BT-Drucks. 19/26107, S. 104.

Gegen diese unbeschränkte Pflicht zur Vorlage des Hilfeplans gab es im Gesetzgebungsverfahren erheblichen Widerstand. Es wurde insbesondere vorgetragen, dass mit der Vorlage des gesamten Hilfeplans das **Vertrauensverhältnis zur jeweiligen Familie** untergraben und in der Folge eine weitere Leistungserbringung gefährdet werden könnte.[76] Auf diese Kritik hin wurde die Regelung kurz vor Abschluss des Gesetzgebungsverfahrens wie folgt neu gefasst:

> „In Verfahren nach (...) legt das Jugendamt dem Familiengericht den Hilfeplan nach § 36 Absatz 2 Satz 2 vor. Dieses Dokument beinhaltet ausschließlich das Ergebnis der Bedarfsfeststellung, die vereinbarte Art der Hilfegewährung einschließlich der hiervon umfassten Leistungen sowie das Ergebnis etwaiger Überprüfungen dieser Feststellungen."[77]

Damit ist in den Sätzen 2 und 3 des § 50 Abs. 2 SGB VIII sich Widersprechendes normiert worden. Während Satz 2 das Jugendamt verpflichtet, „den Hilfeplan" vorzulegen, ordnet Satz 3 nur noch die Vorlage von Teilen des Hilfeplans[78] an.

Stellungnahme

Nach hiesiger Auffassung ist mit der kurz vor Abschluss des Gesetzgebungsverfahrens erfolgten einschränkenden Regelung zu § 50 SGB VIII nicht hinreichend berücksichtigt worden, dass bereits bei Aufstellung und Fortschreibung des Hilfeplans nach § 36 Abs. 2 SGB VIII der Datenschutz einzuhalten ist. Die im Gesetzgebungsverfahren geäußerte Kritik hinsichtlich einer Vorlage des gesamten Hilfeplans und die diesbezüglich angenommene Gefahr eines Vertrauensverlust zwischen Jugendamt und betroffener Familie resultiert nach hiesiger Auffassung daraus, dass Hilfepläne in der Praxis regelmäßig Daten enthalten, die sich datenschutzrechtlich nicht legitimieren lassen. „Der Hilfeplan ist kein Nacktscanner".

382 Hilfepläne leiden nicht selten an „datenschutzrechtlicher Hypotrophie".[79] Eine **Datenerhebung, Datenspeicherung, Datennutzung oder Datenübermittlung** ist im Hilfeplanverfahren ohne Vorliegen einer wirksamen Einwilligung aller Betroffener nur im Rahmen der Erforderlichkeit für die gesetzliche Aufgabenerfüllung zulässig. Diese Erforderlichkeit ergibt sich für das Hilfeplanverfahren zunächst aus § 36 Abs. 2 Satz 2 und 3 SGB VIII. Danach hat der Hilfeplan Feststellungen „über den Bedarf, die zu gewährende Art der Hilfe sowie die notwendigen Leistungen" zu enthalten.

383 Zudem ist ein Überprüfungszeitpunkt zu vereinbaren. Auch ist eine etwaige Geschwisterbeziehung im Hilfeplanverfahren zu berücksichtigen. Für stationäre Hilfen ergebenen sich mit § 37c SGB VIII weitere Erfordernisse. So sind gemäß § 37c Abs. 1 SGB VIII Feststellungen zur **Perspektive der Hilfe** in den Hilfeplan aufzunehmen. Diese Perspektivklärung bezieht insbesondere auf die Frage, ob eine Rückführung

---

76 Siehe hierzu Wapler in Wiesner/Wapler, SGB VIII § 50 Rn. 54a f.
77 BT-Drucks. 19/28870, S. 45.
78 Siehe hierzu BT-Drucks. 19/28870, S. 96 und Wapler in Wiesner/Wapler, SGB VIII § 50 Rn. 54a f.
79 Kunkel/Kepert in Kunkel/Kepert/Pattar, LPK-SGB VIII, § 36 Rn. 41.

des Kindes in die Herkunftsfamilie in absehbarer Zeit möglich sein wird oder die stationäre Hilfe eine auf Dauer angelegte Hilfeform sein soll.

Schließlich sind gemäß § 37c Abs. 4 SGB VIII im Hilfeplan die Art und Weise der **Zusammenarbeit** zwischen den Eltern des Kindes und der Pflegeperson bzw. den in der Einrichtung für die Erziehung verantwortlichen Personen zu **dokumentieren**. Hierzu gehören auch die diesbezüglich vereinbarten Ziele. Ferner gehört hierzu nach § 37c Abs. 4 Satz 2 SGB VIII der vereinbarte Umfang der Beratung und Unterstützung der Eltern und der Pflegeperson.

Diese Daten sind **für die Entscheidung des Familiengerichts** nach §§ 1666, 1666a BGB von besonderer Bedeutung in Bezug auf die Prüfung einer Kindeswohlgefährdung und insbesondere hinsichtlich des Austarierens der im Einzelfall angezeigten Maßnahme im Rahmen der Verhältnismäßigkeitsprüfung auf Rechtsfolgenseite. In Bezug auf die ursprünglich intendierte Vorlage des gesamten Hilfeplans wurde dies mit der Gesetzesbegründung wie folgt sehr präzise benannt: **384**

> „Die Vorschrift regelt daher die Verpflichtung des Jugendamtes, dem Familiengericht in bestimmten Kindschaftssachen nach § 151 des Gesetzes über das Verfahren in Familiensachen und in den Angelegenheiten der freiwilligen Gerichtsbarkeit (FamFG) einen vorhandenen Hilfeplan vorzulegen. Sie konkretisiert damit die in Absatz 2 Satz 1 geregelte Ausgestaltung der Mitwirkungspflicht des Jugendamtes in Bezug auf Kindschaftssachen. Dies betrifft insbesondere Konstellationen, in denen erzieherische Hilfen allein nicht oder nicht mehr ausreichen, um einer Gefährdung des Kindeswohls entgegenzuwirken, oder die Personensorgeberechtigten deren Inanspruchnahme ablehnen und dadurch das Kindeswohl gefährden (vgl. § 8a Absatz 2 SGB VIII) Durch die Vorlage des Hilfeplans wird die Erkenntnisgrundlage des Familiengerichts vor allem im Hinblick auf die bei sorgerechtlichen Entscheidungen vorzunehmende Verhältnismäßigkeitsprüfung erweitert."

Stellungnahme

Nach hier vertretener Auffassung war die ursprünglich vorgesehene Pflicht zur Vorlage des gesamten Hilfeplans eine sehr sinnvolle Ergänzung der Rechtslage, um Familienrichterinnen und -richter zu befähigen, die Entscheidungen nach §§ 1666, 1666a BGB, welche im Falle einer Trennung des Kindes von den Eltern sehr grundrechtsintensiv wirken, auf einer ausreichend tragfähigen Sachverhaltsgrundlage zu treffen.

Der Vertrauensbeziehung zwischen Eltern, Kind und Jugendamt hätte mittels einer strengen datenschutzrechtlichen Prüfung vor Vorlage des Hilfeplans ausreichend Rechnung getragen werden können. Auch hierauf wurde mit der ursprünglichen Gesetzesbegründung treffend hingewiesen.[80] *Insbesondere wird mit § 64 Abs. 2 SGB VIII sichergestellt, dass eine Übermittlung der Teile des Hilfeplans unterbleibt, welche Daten enthalten, die bei einer Weitergabe den Erfolg einer zu gewährenden Leistung in Frage stellen könnten.*

80 BT-Drucks. 19/26107, S. 104; siehe hierzu auch BT-Drucks. 19/28870, S. 96.

385 Da aufgrund der abschließenden Neufassung des § 50 Abs. 2 SGB VIII de lege lata nur Teile des Hilfeplans gemäß § 50 Abs. 2 Satz 2 und 3 SGB VIII regelhaft vorzulegen sind, ist das Jugendamt umso mehr angehalten, im Rahmen der **Erstellung der Stellungnahme** nach § 50 Abs. 2 Satz 1 SGB VIII zu prüfen, welche Daten gerade auch in rechtlicher Hinsicht die Familienrichter für eine Entscheidung nach §§ 1632 Abs. 4 Satz 2 BGB, 1666, 1666a, 1696 Abs. 2 und 3 BGB benötigen.[81]

386 Insbesondere wenn das Jugendamt das Vorliegen einer Kindeswohlgefährdung bejaht und daher das Familiengericht nach § 8a Abs. 2 Satz 1 Hs. 1 SGB VIII anruft, ist eine **Übermittlung aller Sozialdaten i.S.d. § 64 SGB VIII**, die für das Vorliegen der Kindeswohlgefährdung sprechen, zur Aufgabenerfüllung des Jugendamtes grundsätzlich erforderlich. Dies gilt auch für die Daten, welche zur Beurteilung des Vorliegens der Subsidiaritätsklausel nach § 1666 Abs. 1 BGB (Eltern sind nicht gewillt oder nicht in der Lage die Gefahr abzuwenden) und des Vorrangs ambulanter Hilfen zur Gefährdungsabwendung nach § 1666a Abs. 1 BGB notwendig sind.

Schließlich besteht auch eine Erforderlichkeit für die Aufgabenerfüllung des Jugendamtes hinsichtlich der Sozialdaten, die dem Familiengericht eine Prüfung des Auswahlermessens nach § 1666 Abs. 3 BGB und des die Ermessensentscheidung begrenzenden Verhältnismäßigkeitsgrundsatzes ermöglichen.[82]

Eine Übermittlung dieser Daten ist daher grundsätzlich nach § 69 Abs. 1 Nr. 1 Alt. 2 SGB X i.V.m. § 8a SGB VIII zulässig.

Etwas anderes kann allerdings aus **§ 64 Abs. 2 SGB VIII** folgen. Danach ist eine Übermittlung von Sozialdaten für die Erfüllung von Aufgaben nach § 69 SGB X auch bei einer festgestellten Kindeswohlgefährdung nur zulässig, soweit dadurch der Erfolg einer zu gewährenden Leistung nicht in Frage gestellt wird. Damit kann es de lege lata für das Jugendamt im Einzelfall unzulässig sein, dem Familiengericht bei Vorliegen einer Kindeswohlgefährdung erforderliche personenbezogene Daten zu übermitteln. Dies kann eine sachgerechte Entscheidung des Familiengerichts im Verfahren nach § 1666 BGB erschweren.

c) Förmliche Stellung des Jugendamtes im Gerichtsverfahren

387 Allein durch die Anhörung vor dem Familiengericht wird das Jugendamt noch nicht zum Verfahrensbeteiligten. Dies wird mit § 7 Abs. 6 FamFG klargestellt. Das Jugendamt kann aber in den gesetzlich vorgesehenen Fällen der §§ 162 Abs. 2, 172 Abs. 2, 188 Abs. 2, 204 Abs. 2, 212 FamFG den Antrag stellen, als Beteiligter hinzugezogen zu werden. Das Jugendamt wird dann gemäß § 7 Abs. 2 Nr. 2 FamFG zu einem **Muss-Beteiligten kraft Hinzuziehung**.

388 In Verfahren nach §§ 1666 BGB wird das Jugendamt gemäß § 162 Abs. 2 S. 1 FamFG **von Amts wegen beteiligt** und ist damit immer formell Beteiligter i.S.d. § 7

81 Siehe hierzu Kepert in Praxishandbuch Kinderschutz, S. 84 ff.

82 Ausführlich zum Verhältnismäßigkeitsgrundsatz im Verfahren nach § 1666 BGB Kepert in Kepert/Kunkel. Handbuch Jugendhilferecht, S. 196 ff.

FamFG („Muss-Beteiligung") mit der Folge, dass das Jugendamt in solchen Verfahren mitzuwirken hat und seine Einbeziehung nicht zurückweisen kann.

Allerdings folgen aus der zwingenden Beteiligtenstellung auch Rechte des Jugendamts im Verfahren. So hat es als Beteiligter des Verfahrens

- Recht auf Akteneinsicht (§ 13 Abs. 1 FamFG),
- das Recht Verfahrensanträge zu stellen (§ 25 Abs. 1 FamFG), wie etwa die Bestellung eines Verfahrensbeistandes für das Kind anzuregen.

Auch kann das Jugendamt zum Ergebnis einer förmlichen Beweisaufnahme Stellung nehmen (§ 30 Abs. 4 FamFG) und an einem Umgangsvergleich mitwirken (vgl. § 156 Abs. 2 FamFG).

X. Rechtsverhältnis zwischen dem Handeln des Jugendamtes und des Familiengerichts

Art. 6 Abs. 2 Satz 2 GG bestimmt, dass die staatliche Gemeinschaft über die „Betätigung" des elterlichen Grundrechts auf Pflege und Erziehung der Kinder wacht. Im Bereich des Schutzes von Kindern vor einer Gefährdung des körperlichen, geistigen oder seelischen Wohls sind diesem **staatlichen Wächteramt** insbesondere das Jugendamt und das Familiengericht verpflichtet. **389**

Zunächst sind dabei die Aufgabenbereiche beider Akteure klar voneinander abzugrenzen. Sie handeln eigenständig mit unterschiedlichen Handlungsspielräumen. Allerdings gibt es auch wichtige Verbindungen zwischen dem Handeln des Jugendamtes und des Familiengerichts bei Vorliegen einer Kindeswohlgefährdung.

Aufgrund der Tatsache, dass die Aufgabenbereiche von Jugendamt und Familiengericht zunächst klar voneinander zu trennen sind, andererseits aber wichtige **Verbindungen der Aufgabenbereiche** entstehen, wenn ein Jugendamt ein Kind oder einen Jugendlichen gegen den Willen der Personensorgeberechtigten in Obhut nimmt, weist die gemeinsame Aufgabenwahrnehmung **Schwierigkeiten** besonderer Art auf. Nach hier vertretener Auffassung ist sie weder auf legislativer Ebene noch in der täglichen Verwaltungspraxis hinreichend abgestimmt[83]. Daher kann es nicht verwundern, dass die Zusammenarbeit von Jugendamt und Familiengericht nicht in jedem Einzelfall gelingt und es im Fall des Scheiterns zu gegenseitigen Schuldzuweisungen kommt. **390**

83 So werden bereits die bestehenden gesetzlichen Vorschriften zur Überprüfung familiengerichtlicher Entscheidungen nicht einheitlich gehandhabt; siehe hierzu Socha, JAmt 2017, 522. Auch bestehen Unklarheiten hinsichtlich der Anwendung gesetzlicher Regelungen. Beispielsweise wird regelmäßig die unzutreffende Auffassung vertreten, dass das Familiengericht die Inobhutnahme aufheben oder auf andere Weise beenden könne; siehe hierzu http://www.faz.net/aktuell/gesellschaft/kriminalitaet/freiburger-missbrauchsfall-warum-durfte-christian-l-mit-einem-kind-leben-15401994.html (Abruf am 24.9.2024).

1. Getrennte Aufgabenbereiche von Jugendamt und Familiengericht

391 Jugendamt und Familiengericht haben unterschiedliche Aufgaben wahrzunehmen, die deutlich voneinander zu trennende Handlungsmöglichkeiten aufweisen. Dabei nehmen beide Akteure ihre jeweiligen Aufgaben eigenverantwortlich wahr, ein **wechselseitiges Aufsichtsverhältnis besteht nicht**. Insbesondere kommt dem Familiengericht nicht die Aufgabe zu, eine Inobhutnahme des Jugendamtes zu überprüfen, deren Fortdauer anzuordnen oder eine Inobhutnahme zu beenden. Mit der familiengerichtlichen Entscheidung nach § 1666 BGB erfolgt keine Kontrolle des Handelns des Jugendamtes.[84] Hierüber kann nicht gestritten werden, das BVerfG hat dies bereits im Jahr 2007 mit folgenden Worten klargestellt:

> „Diesem (Anmerkung des Verfassers: das Familiengericht) ist daher dadurch nicht die Aufgabe zugewiesen, die Rechtmäßigkeit der Inobhutnahme zu überprüfen oder deren Fortdauer anzuordnen; vielmehr hat das Gericht die notwendigen sorgerechtlichen Maßnahmen anzuordnen".[85]

Jüngst hat hierzu erneut das Brandenburgische OLG folgende Feststellung getroffen:

> „Die Entscheidung eines Familiengerichts, die Inobhutnahme eines Kindes zu bestätigen, ist prozessual verfehlt, weil die Inobhutnahme als Verwaltungsakt (§ 31 Satz 1 SGB X) einer Bestandsprüfung durch das Familiengericht entzogen ist."[86]

392 ***Hinweis***

Das Familiengericht ist damit keine Kontrollinstanz des Jugendamtes.

Das Jugendamt hat nach § 42 Abs. 1 Satz 1 Nr. 2a oder b SGB VIII die Pflicht, im Sinne einer gebundenen Entscheidung auf eine dringende Gefahr für das Kindeswohl bei Vorliegen der weiteren Tatbestandsvoraussetzungen mit einer Inobhutnahme zu reagieren und damit das Kind vorläufig zu schützen. Es handelt sich um **öffentlich-rechtliches Handeln**, welches präventiv einen in der nahen Zukunft sich abzeichnenden Schaden des Kindeswohles abwehren soll. Im Falle des Vorliegens einer Kindeswohlgefährdung muss das Jugendamt daher von Amts wegen, auch gegen den Willen der Eltern, mit den Mitteln des Eingriffsrechts tätig werden.

393 Die Entscheidung über die Durchführung einer Inobhutnahme durch das Jugendamt stellt einen Verwaltungsakt i.S.d. § 31 SGB X dar.[87] Eine **Überprüfung dieses Verwaltungsaktes** kann daher nur im Widerspruchsverfahren oder durch die Verwaltungs-

84 Das Familiengericht kann daher auch keine Rückführung des Kindes aus einer Inobhutnahmestelle anordnen. Zumindest missverständlich daher AG Freiburg, Beschl. v. 11.4.2017, 46 F 798/17, juris Rn 12.: „Das Gericht geht davon aus, dass angesichts der angeordneten Gebote eine Rückkehr von X. in den mütterlichen Haushalt nichts mehr entgegensteht und eine Rückführung des Kindes aus der Bereitschaftspflegestelle als Inobhutmaßnahme zur Mutter zeitnah durchgeführt wird."

85 BVerfG, Beschl. v. 14.6.2007, 1 BvR 338/07, juris Rn. 32; siehe hierzu auch VG Stuttgart, Beschl. v. 14.12.2017, 7 K 18365/17, juris Rn. 7.

86 OLG Brandenburg, Beschl. v. 10.7.2019, 13 UF 121/19, juris Leitsatz 1 und Rn. 4.

87 Siehe hierzu auch BVerwG, Urt. v. 11.7.2013, 5 C 24/12, juris Rn. 11 f.

gerichtsbarkeit im Klageverfahren nach der VwGO erfolgen. Das öffentlich-rechtliche Handeln des Jugendamtes im Kinderschutz kann ausschließlich einer verwaltungsgerichtlichen Prüfung durch die jeweilige Antragstellerin (i.d.R. die Eltern oder das Kind) mittels eines vorläufigen Rechtsschutzantrags nach § 80 Abs. 5 VwGO (insbesondere bei einer Anordnung der sofortigen Vollziehung einer Inobhutnahme nach § 80 Abs. 2 Nr. 4 VwGO) oder durch den Kläger im Wege der Anfechtungsklage (gegen die Inobhutnahme) zugeführt werden.[88]

Die Inobhutnahme ist als vorläufige Maßnahme angelegt. Sie berechtigt nur zur vorläufigen Unterbringung des Kindes bei einer geeigneten Person, in einer geeigneten Einrichtung oder in einer sonstigen Wohnform (§ 42 Abs. 1 Satz 2 SGB VIII). Das Handeln des Jugendamts in Form der Inobhutnahme stellt damit eine **zeitlich begrenzte Schutzmaßnahme** dar. Das Jugendamt handelt im Rahmen einer „öffentlich-rechtlichen Notkompetenz". 394

Längerfristige Maßnahmen, welche zu einer Trennung des Kindes von den Eltern gegen deren Willen führen, unterliegen dem Richtervorbehalt. Daher sind sorgerechtlichen Maßnahmen, welche zu einem längerfristigen Eingriff in das Elternrecht aus Art. 6 Abs. 2 Satz 1 GG führen können, vom Familienrichter zu treffen.[89] Das **Familiengericht** hat damit eine – von der Inobhutnahme klar zu trennende – **eigenständige Entscheidung** auf Grundlage der zivilrechtlichen Ermächtigung des § 1666 BGB zu treffen.

Aus diesem Grund befasst sich die familiengerichtliche Entscheidung auch nicht mit der Rechtmäßigkeit der Inobhutnahme, sondern allein mit etwaigen notwendigen sorgerechtlichen Maßnahmen aus Anlass einer Kindeswohlgefährdung.

2. Verbindung der Aufgabenbereiche von Jugendamt und Familiengericht

Trotz dieser klaren Trennung des Handelns von Jugendamt und Familiengericht gibt es allerdings auch eine enge Verbindung der Aufgabenbereiche. Gesetzlich angelegt ist diese Verbindung in § 42 Abs. 3 Satz 2 SGB VIII. **Widersprechen die Personensorgeberechtigten** der Inobhutnahme, muss das Jugendamt nach § 42 Abs. 3 Satz 2 Nr. 1 SGB VIII das Kind oder den Jugendlichen diesen unverzüglich übergeben. 395

Diese Handlungsoption kommt allerdings nur in Betracht, wenn der Minderjährige im Falle einer solchen Rückgabe nicht weiterhin gefährdet ist. Bei einer fortbestehenden Kindeswohlgefährdung muss das Jugendamt nach § 42 Abs. 3 Satz 2 Nr. 2 SGB VIII unverzüglich eine Entscheidung des Familiengerichts über die erforderlichen Maßnahmen zum Wohl des Minderjährigen herbeiführen. Es besteht dann also eine **Vorlagepflicht** durch das Jugendamt gegenüber dem Familiengericht.

Das Familiengericht wird in dieser Fallkonstellation aus Anlass der Inobhutnahme durch das Jugendamt tätig. Dennoch kommt dem Familiengericht nicht die Aufgabe zu, die Inobhutnahme durch das Jugendamt zu bewerten. Vielmehr ist das Familien- 396

88 Ebenso Kirchhoff in Schlegel/Voelzke, jurisPK-SGB VIII, § 42 Rn. 177 m.w.N.
89 BVerfG, Beschl. v. 14.6.2007, 1 BvR 338/07, juris Rn. 32.

gericht verpflichtet, eine vom öffentlich-rechtlichen Handeln des Jugendamtes eigenständige zivilrechtliche Entscheidung über die im Einzelfall angezeigte gerichtliche Maßnahme zu treffen. Inobhutnahme und familiengerichtliche Entscheidung ergänzen sich dabei und stehen daher **in keinem Konkurrenzverhältnis**.

Die Inobhutnahme stellt eine kurzfristige Schutzmaßnahme zur Verhinderung eines Schadenseintritts beim Kind oder Jugendlichen dar. Anordnungen des Familiengerichts nach § 1666 BGB befassen sich hingegen mit längerfristigen Maßnahmen zur Gefahrenabwehr. Die **familiengerichtliche Entscheidung** verschafft dem Jugendamt damit den **entsprechenden rechtlichen Handlungsrahmen**, insbesondere durch den (teilweisen) Entzug der Personensorge[90], um das Kind oder den Jugendlichen wirksam schützen zu können.

Insbesondere ist die Erbringung einer Hilfe zur Erziehung nach § 27 SGB VIII i.V.m. § 33 SGB VIII, § 34 SGB VIII oder § 35 SGB VIII gegen den Willen der Personensorgeberechtigten ohne eine gerichtliche Entscheidung nach § 1666 Abs. 1, Abs. 3 Nr. 6 BGB nicht möglich.

397 Es ist daher zu betonen, dass weder Inobhutnahme gemäß § 42 SGB VIII noch familiengerichtliche Entscheidung nach § 1666 BGB regelmäßig isoliert zu einem umfassenden Schutz des Kindeswohls führen können. Nach Beendigung der Inobhutnahme und Abschluss des familiengerichtlichen Verfahrens kann bei einer fortdauernden Gefährdung des Minderjährigen im elterlichen Haushalt ein **umfassender Schutz** nur durch eine stationäre Unterbringung erfolgen. Diese Unterbringung in Form einer Gewährung einer stationären Hilfe zur Erziehung in einer Pflegefamilie, in einer betreuten Wohnform oder einer sozialpädagogischen Einzelbetreuung gemäß § 27 SGB VIII i.V.m. § 33 SGB VIII, § 34 SGB VIIII oder § 35 SGB VIII ist bei einem entgegenstehenden Willen der Personensorgeberechtigten nur möglich, wenn das **Familiengericht die Personensorge (teilweise) entzieht** und auf einen Dritten überträgt.

Hinweis

Das Jugendamt kann aus eigener Kompetenz damit lediglich im Sinne einer kurzfristigen Notintervention handeln. Bei einem entgegenstehenden Willen des Personensorgeberechtigten kann es zu einem weitergehenden Handeln nur aufgrund einer Ermächtigung durch das Familiengericht befähigt werden.

3. Keine Anordnungskompetenz zur Erbringung einer Hilfe nach dem SGB VIII

398 Während mit § 36a Abs. 1 SGB VIII feststeht, dass das Jugendamt die Kosten einer Leistung nach dem SGB VIII nur zu tragen hat, wenn sie aufgrund seiner Entscheidung ergangen ist, ist in **Rechtsprechung** und Literatur nicht abschließend geklärt, ob dem Familiengericht eine Kompetenz gegenüber dem Jugendamt zukommt, die

90 Siehe hierzu § 1666 Abs. 3 Nr. 6 BGB.

Erbringung einer Hilfe nach dem SGB VIII anzuordnen. Dies betrifft insbesondere die Frage, ob das Jugendamt verpflichtet ist, eine Hilfe zu leisten, die vom Familienrichter den Personensorgeberechtigten nach § 1666 Abs. 3 Nr. 1 BGB auferlegt wird.

Eine abschließende Klärung dieser Rechtsfrage ist in der Rechtsprechung bisher nicht erfolgt.[91] Nach hier vertretener Auffassung hat eine solche richterliche Anordnung keine Bindungswirkung gegenüber dem Jugendamt.[92]

Zu berücksichtigen ist diesbezüglich zunächst, dass dem **Jugendamt** hinsichtlich der Beurteilung der Tatbestandsvoraussetzung der Geeignetheit einer Hilfe nach dem SGB VIII ein **Beurteilungsspielraum** zukommt,[93] welcher selbst von der Verwaltungsgerichtsbarkeit nur eingeschränkt gerichtlich überprüfbar ist.[94] Ein solcher „weiter" Beurteilungsspielraum besteht erst recht gegenüber der Familiengerichtsbarkeit.[95] **399**

Insbesondere fehlt zudem für eine entsprechende gerichtliche Anordnung durch das Familiengericht gegenüber dem Jugendamt eine Rechtsgrundlage. Die Entscheidung über die geeignete und notwendige Hilfe obliegt dem Jugendamt. Aus diesem Grund ist es nach hiesiger Auffassung erforderlich, dass der Familienrichter mit dem jeweiligen Mitarbeiter des Jugendamts **Einvernehmen über die Hilfe** erzielt. Der Mitarbeiter des Jugendamts muss die Entscheidung des Richters zu seiner eigenen machen.

Das OLG Nürnberg hat dies mit Entscheidung vom 17.11.214 wie folgt prägnant zusammengefasst:

> „Die Familiengerichte sind insoweit aber auch gar nicht befugt, dem Jugendamt Weisungen zu erteilen. Die Entscheidung über die Erfüllung der Tatbestandsvoraussetzungen und die Leistungserbringung jugendhilferechtlicher Leistungen erfolgt durch den Träger der öffentlichen Jugendhilfe (§ 3 Abs. 2 Satz 2 SGB VIII) als Verwaltungsakt (§ 31 SGB X) oder im Rahmen eines öffentlich-rechtlichen Vertrags (§ 53 SGB X). Die Fach- und Sachkompetenz ist grundsätzlich beim Jugendamt angesiedelt (vgl. OLG Koblenz, NJW 2012, 3108 ff., Rn. 41 im juris-Ausdruck)."[96]

Da eine höchstrichterliche und damit abschließende Klärung dieser Rechtsfrage in der Rechtsprechung allerdings bisher nicht erfolgt ist,[97] wird man zumindest feststellen müssen, dass sich die Familiengerichtsbarkeit nicht ohne Weiteres über die fach- **400**

91 Offengelassen von BVerfG, Beschl. v. 24.3.2014, 1 BvR 160/14, juris Rn. 52 mit Anm. von Kunkel, FamRZ 2015, 901, und OLG Nürnberg, Urt. v. 17.11.2014, 11 UF 1097/14, juris Rn. 36.

92 Ebenso OLG Oldenburg, Beschl. v. 27.11.2007, 4 WF 240/07, juris Rn. 2; AG Rudolstadt, Urt. v. 10.3.2016, 312 Js 24369/15-1 Ls jug, juris Rn. 32; a.A. OLG Koblenz, Beschl. v. 29.5.2012, 11 UF 266/12, juris Rn. 43 und 44. Jedenfalls verneint für den Fall eines begleiteten Umgangs nach § 18 Abs. 3 SGB VIII OLG Frankfurt, Beschl. v. 24.3.2015, 5 UF 270/14, juris Rn. 9.

93 Dies gilt für die Hilfe nach § 19 SGB VIII, die Hilfe zur Erziehung nach § 27 SGB VIII sowie die Eingliederungshilfe gem. § 35a SGB VIII.

94 Siehe hierzu Kunkel/Kepert in Kunkel/Kepert/Pattar, LPK-SGB VIII, § 27 Rn. 13.

95 So ausdrücklich Coester in Staudinger, BGB, § 1666a Rn. 21.

96 OLG Nürnberg, Urt. v. 17.11.2014, 11 UF 1097/14, juris Rn. 36.

97 Zweifelnd BVerfG, Beschl. v. 17.3.2014, 1 BvR 2695/13, juris Rn. 37; offengelassen von BVerfG, Beschl. v. 24.3.2014, 1 BvR 160/14, juris Rn. 52 mit Anm. von Kunkel, FamRZ 2015, 901.

kundige Einschätzung der sozialpädagogischen Fachbehörde Jugendamt hinwegsetzen kann. In der **Literatur** wird hierzu Folgendes vertreten:

> „Ist das Votum des Jugendamtes plausibel begründet, wird sich das FamG hierauf in der Regel verlassen können. Bezweifelt es dessen Richtigkeit oder will gar Hilfen anordnen, die das Jugendamt für ungeeignet hält, so bedarf es hierfür grundsätzlich eines sozialpädagogischen Sachverständigengutachtens als Entscheidungsgrundlage und einer ausdrücklich auch gegen das Jugendamt gerichteten Anordnung."[98]

401 Der Familiengerichtsbarkeit kommt ferner weder gegenüber dem Jugendamt noch gegenüber Trägern der freien Jugendhilfe eine Anordnungskompetenz zur **Begleitung von Umgängen** zu.[99]

4. Keine Anordnungskompetenz des Familiengerichts zur Kontrolle gerichtlicher Entscheidungen

402 Das Jugendamt kann nach hiesiger Auffassung auch nicht zu einem weitergehenden Handeln durch das Familiengericht verpflichtet werden. Insbesondere kann das Familiengericht das Jugendamt nicht zur Überprüfung verpflichten, ob eine familiengerichtliche Entscheidung, etwa ein Verbot gemäß § 1666 Abs. 3 Nr. 3 oder 4 BGB, tatsächlich eingehalten wird. Für eine solche Anordnung des Familiengerichts gegenüber dem Jugendamt fehlt ebenfalls eine Rechtsgrundlage.[100]

5. Wirksamkeit der Inobhutnahme trotz abschlägiger familiengerichtlicher Entscheidung

403 Im Idealfall sind Jugendamt und Familiengericht einer Meinung hinsichtlich des Vorliegens einer Kindeswohlgefährdung und der Ergreifung der geeigneten und notwendigen Maßnahmen. Besondere Probleme beim Handeln der Akteure können aber entstehen, wenn **unterschiedliche Auffassungen hinsichtlich des Kinderschutzfalls** vertreten werden. Fraglich in diesem Zusammenhang kann es insbesondere sein, welche Schritte das Jugendamt bei Durchführung einer Inobhutnahme ergreifen kann und muss, wenn das Familiengericht in 1. Instanz keine Trennung von Eltern und Kind im Verfahren nach § 1666 BGB für erforderlich hält, obgleich das Jugendamt eine stationäre Hilfeleistung zum Schutz des Kindes für geboten erachtet.

In diesem Zusammenhang ist unklar, ob die Wirksamkeit einer Inobhutnahme durch eine familiengerichtliche Entscheidung, mit welcher sorgerechtliche Maßnahmen nach § 1666 Abs. 3 Nr. 6 BGB abgelehnt werden, beendet wird. Konkret stellt sich die Frage, ob ein Jugendamt die Inobhutnahme beenden und das Kind an die Personensorgeberechtigten übergeben muss, wenn das Familiengericht in 1. Instanz eine Entscheidung gemäß § 1666 Abs. 3 Nr. 6 BGB ablehnt und die Eltern mit einer weiteren

98 Staudinger/Coester, BGB, § 1666a Rn. 19.
99 BVerfG, Beschl. v. 29.7.2015, 1 BvR 1468/15, juris Rn. 5; siehe hierzu auch VG Köln, Beschl. v. 17.10.2022, 25 L 1569/22, juris.
100 Nach hiesiger Auffassung kann daher das Familiengericht dem Jugendamt nicht die Kontrolle einer gerichtlichen Auflage auferlegen.

Trennung des Kindes nicht einverstanden sind. Das Brandenburgische OLG hat diese Frage wie folgt aufgeworfen:

> „Daneben könnte es eines Herausgabeverlangens gegen das Jugendamt, das ein Kind wegen von ihm für gegeben gehaltener Kindeswohlgefährdung den Eltern vorenthält, nur dann bedürfen, wenn das Jugendamt gegen den Widerspruch der Eltern und gegen die Gerichtsentscheidung, die elterliche Sorge werde nicht entzogen, das Kind dennoch nicht an die Eltern herausgibt."[101]

Zu fragen ist, ob das Jugendamt eine Inobhutnahme bei Vorliegen eines Widerspruchs der Personensorgeberechtigten weiterhin aufrechterhalten darf, wenn das Familiengericht im Verfahren nach § 1666 BGB von einem (teilweisen) Entzug der Personensorge gemäß § 1666 Abs. 3 Nr. 6 BGB absieht. Rechtlich stellt sich diesbezüglich die Frage, ob eine solche Entscheidung die **Wirksamkeit einer Inobhutnahme beenden** kann, sodass ein Herausgabeanspruch der Personensorgeberechtigten gemäß § 1632 BGB aufgrund widerrechtlichen Vorenthaltens des Kindes durch das Jugendamt entsteht. **404**

Mit Entscheidung vom 22.1.2019 hat der 4. Senat des OLG Frankfurt wohl diese Auffassung vertreten. Zwar obliege dem Familiengericht nicht die Prüfung der Rechtmäßigkeit einer erfolgten Inobhutnahme. Allerdings müsse das Familiengericht im Falle einer Trennung eines Kindes von den Eltern durch eine Inobhutnahme bei einem Herausgabeverlangen der Personensorgeberechtigten die Wirksamkeit der Inobhutnahme prüfen. Sofern das Jugendamt die Inobhutnahme aufrechterhalte, obwohl das Familiengericht die Ergreifung sorgerechtlicher Maßnahmen zur Aufrechterhaltung der Fremdunterbringung wirksam abgelehnt hat, sei von einer Widerrechtlichkeit des Vorenthaltens des Kindes i.S.d. § 1632 Abs. 1 BGB auszugehen.[102]

Es bestehe dann ein **Herausgabeanspruch der Personensorgeberechtigten**, weil die Wirksamkeit der Inobhutnahme nach der Systematik des § 42 SGB VIII mit der Entscheidung des Familiengerichts über die zu ergreifenden sorgerechtlichen Maßnahmen ende.[103]

Stellungnahme

Diese rechtliche Bewertung zur Wirksamkeit einer Inobhutnahme überzeugt nach hiesiger Auffassung aus nachstehenden Gründen nicht. Zunächst ist zu betonen, dass die Fallzuständigkeit des Jugendamtes gemäß § 8a SGB VIII bei Bekanntwerden von gewichtigen Anhaltspunkten für eine Kindeswohlgefährdung nicht mit der Anrufung des Familiengerichts endet.[104] Dies gilt auch dann nicht, wenn das Familiengericht eine Entscheidung nach § 1666 BGB trifft oder eine solche Entscheidung ablehnt. Das staatliche Wächteramt des Jugendamtes wird mit Anrufung und Tätigwerden des Familiengerichts weder unterbrochen noch beendet. Solange gewichtige Anhaltspunkte für eine Kindeswohlge-

101 OLG Brandenburg, Beschl. v. 18.2.2019, 13 WF 210/18, juris Rn. 11.
102 OLG Frankfurt, Beschl. v. 22.1.2019, 4 WF 145/18, juris Rn. 14.
103 OLG Frankfurt, Beschl. v. 22.1.2019, 4 WF 145/18, juris Leitsatz 3.
104 Siehe hierzu auch DIJuf-Rechtsgutachten vom 15.2.2017, JAmt 2017, 184 und Socha, JAmt 2017, 522.

fährdung fortbestehen, bleibt das Jugendamt dem Schutz des Kindeswohls verpflichtet.

Die gesetzlichen Verpflichtungen des Jugendamtes und des Familiengerichts bestehen nebeneinander. Unabhängig von der Entscheidung des Familiengerichts muss das Jugendamt bei Vorliegen von gewichtigen Anhaltspunkten für eine Kindeswohlgefährdung daher weiterhin den Fall begleiten und eine eigenständige verwaltungsrechtliche Entscheidung treffen. Aus diesem Grunde kann es auch erforderlich sein, dass das Jugendamt auch während eines laufenden familiengerichtlichen Verfahrens eigene Maßnahmen, insbesondere eine Inobhutnahme, durchführt.[105] *Auch kann es erforderlich sein, dass das Jugendamt gegen eine erstinstanzliche Entscheidung des Familiengerichts Beschwerde gemäß § 58 FamFG erhebt und die Inobhutnahme bei einer fortwährenden Kindeswohlgefährdung aufrechterhält, bis eine Entscheidung über die Beschwerde ergangen ist.*

Für eine Fortführung einer Inobhutnahme im Anschluss an eine familiengerichtliche Entscheidung 1. Instanz bedarf es daher nach hier vertretener Auffassung auch nicht zwingend einer „Aufrechterhaltung" durch das Familiengericht mittels „Teilentzug von Sorgerechten".[106] *Eines solchen Entzugs der Sorge bedarf es lediglich für eine im Anschluss an die Inobhutnahme folgende stationäre Hilfe nach dem SGB VIII gegen den Willen der Personensorgeberechtigten.*

---

405 Gemäß § 39 Abs. 2 SGB X bleibt ein Verwaltungsakt wirksam, solange und soweit er nicht

- zurückgenommen,
- widerrufen,
- anderweitig aufgehoben oder
- durch Zeitablauf oder auf andere Weise erledigt ist.

Nach der Rechtsprechung des BVerfG kommt der Familiengerichtsbarkeit nicht die Zuständigkeit zu, die Rechtmäßigkeit des Verwaltungsaktes der Inobhutnahme zu prüfen.[107] Dann kann ihr aber auch nicht die Kompetenz der Aufhebung des Verwaltungsaktes zukommen. Nach dem gerichtlichen System der **Aufhebung eines Verwaltungsaktes** ist eine festgestellte Rechtswidrigkeit des Verwaltungsaktes unabdingbare Mindestvoraussetzung für eine gerichtliche Aufhebung.[108] Ferner ist zu berücksichtigen, dass auch ein rechtswidriger Verwaltungsakt wirksam ist. Lediglich ein nichtiger Verwaltungsakt ist unwirksam (§ 39 Abs. 3 SGB X).

406 Die hier in Bezug genommene Rechtsauffassung des 4. Senates des OLG Frankfurt ließe sich daher rechtsdogmatisch nur damit begründen, dass sich der Verwaltungsakt der Inobhutnahme mit einer familiengerichtlichen Entscheidung durch Zeitablauf

105 Siehe hierzu Bringewat in Kunkel/Kepert/Pattar, LPK-SGB VIII, § 8a Rn. 83.
106 Hierzu Salgo, ZKJ 2018, 168, 170.
107 BVerfG, Beschl. v. 14.6.2007, 1 BvR 338/07, juris Rn. 32.
108 Siehe hierzu § 113 Abs. 1 Satz 1 VwGO.

oder auf andere Weise erledigt. Zunächst spricht aber nichts für die Annahme, dass sich die Inobhutnahme mit einer erstinstanzlichen Entscheidung im familiengerichtlichen Verfahren durch Zeitablauf erledigt. Einschlägig kann daher nur die Alternative der Erledigung „auf andere Weise" sein. Für die **Annahme einer** solchen **Erledigung** bleibt nach überwiegender Auffassung ein eng begrenzter Anwendungsbereich.[109] So nimmt das BVerwG eine Erledigung an, wenn alle Beteiligten den Verwaltungsakt als obsolet ansehen und konsensual davon ausgehen, dass die Sach- und Rechtslage neu zu beurteilen ist.[110] Dies wird man nicht annehmen können, wenn das Familiengericht während des Andauerns einer durch das Jugendamt verfügten Inobhutnahme von Maßnahmen gemäß § 1666 Abs. 3 Nr. 6 BGB absieht, obgleich das Jugendamt eine stationäre Hilfeleistung für erforderlich hält.

Ferner geht das BVerwG davon aus, dass die Erledigung eines Verwaltungsaktes eintritt, wenn er aufgrund einer nachträglichen **Änderung der Sach- oder Rechtslage** seinen Regelungszweck nicht mehr erreichen kann.[111] Regelungszweck der Inobhutnahme ist zunächst der kurzfristige Schutz des Kindes vor einer unmittelbar bevorstehenden Schädigung. Sofern nach der Herausnahme des Kindes aus dem familiären Umfeld und einer Klärung i.S.d. § 42 Abs. 2 SGB VIII weiterhin vom Fortbestehen einer Kindeswohlgefährdung bei Rückkehr in die Familie ausgegangen werden muss, zielt das Handeln des Jugendamtes regelmäßig auf den Übergang der Inobhutnahme in eine stationäre Hilfe nach dem SGB VIII (§ 42 Abs. 4 Nr. 2 SGB VIII). Eine solche stationäre Hilfe zum Schutz des Kindes oder Jugendlichen ist bei einem entgegenstehenden Willen der Personensorgeberechtigten nur mittels einer familiengerichtlichen Entscheidung gemäß § 1666 Abs. 3 Nr. 6 BGB möglich.

Regelungszweck der Inobhutnahme ist es dann – über den kurzfristigen Schutz des Kindes hinausgehend – das Kind längerfristig mittels einer der Inobhutnahme folgenden stationären Hilfe nach dem SGB VIII zu schützen.

Aus § 42 Abs. 1 Satz 2 Hs. 1 SGB VIII wird deutlich, dass es sich bei der Inobhutnahme um eine vorläufige Maßnahme handelt. Die Intervention mittels Inobhutnahme ist zeitlich eng begrenzt. Eine Erledigung des Regelungszwecks der Inobhutnahme wird daher angenommen werden müssen, wenn nicht innerhalb weniger Monate nach Verfügung der Inobhutnahme ein Übergang in eine stationäre Hilfe mittels einer familiengerichtlichen Entscheidung gemäß § 1666 Abs. 3 Nr. 6 BGB erreichbar ist. **407**

Die Nichterreichbarkeit dieses Regelungszwecks steht allerdings in der Regel nicht bereits mit der Entscheidung des Familiengerichts 1. Instanz (also des Amtsgerichts gemäß § 23b GVG) fest. Sofern das Amtsgericht von einem (teilweisen) Entzug der Personensorge absieht, besteht für das Jugendamt grundsätzlich die Möglichkeit der **Beschwerdeerhebung**. Das OLG, welches gemäß § 119 Abs. 1 Nr. 1a GVG als Beschwerdegericht in Verfahren nach § 1666 BGB sachlich zuständig ist, hat dann die Möglichkeit, eine Entscheidung über einen (teilweisen) Sorgerechtsentzug gemäß

109 Siehe hierzu Sachs in Stelkens/Bonk/Sachs, VwVfG, § 43 Rn. 209.
110 BVerwG, Urt. v. 23.9.1998, 6 C 2 /98, juris Rn. 21 f.
111 BVerwG, Urt. v. 27.2.2014, 2 C 1/13, juris Rn. 14.

§ 1666 Abs. 3 Nr. 6 BGB zu treffen. Mit einer solchen Entscheidung kann der Regelungszweck der Inobhutnahme im Verfahren der einstweiligen Anordnung innerhalb weniger Wochen erreicht werden.

Erst wenn auch das OLG von einer solchen Maßnahme absieht, wird man in Verfahren der einstweiligen Anordnung von einem **Nichterreichen des Regelungszwecks** ausgehen müssen. Erst dann kann sich nach hiesiger Auffassung eine Erledigung des Verwaltungsaktes der Inobhutnahme und damit der Wirksamkeit im Sinne der Annahme der zitierten Entscheidung des OLG Frankfurt ergeben (siehe Rn. 404). Bis zu diesem Zeitpunkt liegt aber nach hiesiger Auffassung kein widerrechtliches Vorenthalten durch das Jugendamt i.S.d. § 1632 BGB vor.

Teil 5

Das Verhältnis des Verfahrensbeistands zu beteiligten Personen und Organisationen

A Das Verhältnis zum Jugendamt

Übersicht Rn.

I. Vorbemerkung

In der Regel werden Verfahrensbeistände bei der Übernahme eines Falles feststellen, dass das zuständige Jugendamt mit dem Kind und/oder seinen Eltern bereits Kontakt hatte und der Fall dort aktenkundig ist. Auch in den Fällen, wo dies nicht zutrifft, kommt dem Jugendamt aufgrund seiner Unterstützungs- und Mitwirkungspflicht gegenüber dem Familiengericht eine wichtige Rolle im Verfahren zu (siehe § 50 SGB VIII, § 162 FamFG). Es ist daher für den Verfahrensbeistand unabdingbar, 1

- die Stellung des Jugendamts gegenüber Kind und Eltern sowie gegenüber dem Gericht zu kennen,
- die eigene Position in Abgrenzung zu der des Jugendamts zu bestimmen und
- eine für seine Aufgabe schlüssige Strategie der Zusammenarbeit zu entwickeln.

II. Stellung des Jugendamtes gegenüber Kind und Eltern

Nach dem SGB VIII – Kinder- und Jugendhilferecht ist es **Aufgabe der Jugendhilfe**, zur Verwirklichung der Rechte junger Menschen auf Förderung und Erziehung 2

1. junge Menschen in ihrer individuellen und sozialen Entwicklung zu fördern und dazu beizutragen, Benachteiligungen zu vermeiden oder abzubauen,
2. jungen Menschen zu ermöglichen oder zu erleichtern, entsprechend ihrem Alter und ihrer individuellen Fähigkeiten in allen sie betreffenden Lebensbereichen selbstbestimmt zu agieren und damit gleichberechtigt am Leben in der Gesellschaft teilhaben zu können,
3. Eltern und andere Erziehungsberechtigte bei der Erziehung zu beraten und zu unterstützen,
4. Kinder und Jugendliche vor Gefahren für ihr Wohl zu schützen und
5. dazu beizutragen, positive Lebensbedingungen für junge Menschen und ihre Familien sowie eine kinder- und familienfreundliche Umwelt zu erhalten oder zu schaffen

(siehe § 1 Abs. 3 SGB VIII). Beratung von jungen Menschen, Müttern, Vätern, Personen- und Erziehungsberechtigten, soll „in einer für sie verständlichen, nachvollziehbaren und wahrnehmbaren Form" erfolgen (z.B. §§ 8 Abs. 4, 10a Abs. 1 SGB VIII). Als den örtlichen Trägern der öffentlichen Jugendhilfe obliegt es den Jugendämtern, dafür Sorge zu tragen, dass die im Gesetz vorgesehenen Leistungen auch tatsächlich angeboten werden.

3 In der Frage, wer **Adressat der** von den Ämtern oder von freien Trägern der Jugendhilfe angebotenen **Leistungen** ist, legt sich das Gesetz allerdings nicht eindeutig fest. Bereits bei der Definition der Ziele von Jugendhilfe im SGB VIII stehen den Rechten der jungen Menschen auf der einen Seite (§ 1 Abs. 1 SGB VIII) die Rechte und Pflichten der Eltern auf der anderen Seite (§ 1 Abs. 2 SGB VIII) gegenüber.

Das dort beschriebene **Spannungsverhältnis** zwischen Kinderrechten und Elternrechten zieht sich wie ein roter Faden durch das Gesetz. An einigen wenigen Stellen wendet sich der Gesetzgeber direkt an die Kinder und Jugendlichen und garantiert ihnen eigenständige Ansprüche wie etwa das Recht, sich in allen Angelegenheiten der Erziehung und Entwicklung an das Jugendamt zu wenden und dort ggf. auch ohne Kenntnis des Personensorgeberechtigten Beratung in Anspruch zu nehmen (§§ 8 Abs. 2 und 3, 18 Abs. 3 SGB VIII), sowie das Recht auf Inobhutnahme (§ 42 Abs. 1 SGB VIII). An anderen Stellen, darunter insbesondere im gesamten Bereich der Hilfen zur Erziehung (§§ 27 f. SGB VIII), werden die Ansprüche grundsätzlich dem Personensorgeberechtigten und nicht dem Minderjährigen zugeordnet, um dessen Wohl es aber eigentlich geht.

4 Demgegenüber steht in dem historisch jüngeren § 35a Abs. 1 SGB VIII (Eingliederungshilfe für Kinder und Jugendliche mit seelischer Behinderung oder drohender seelischer Behinderung) der Anspruch auf Hilfe den Kindern und Jugendlichen selbst zu; allerdings kann auch dieser Anspruch jeweils nur durch den gesetzlichen Vertreter geltend gemacht werden (vgl. auch § 24 SGB VIII). In § 36 SGB VIII (Mitwirkung, Hilfeplan) schließlich, dem aufgrund der dort geregelten Verfahrensweisen eine zentrale Rolle für eine Vielzahl von Hilfeleistungen zukommt, ist eine direkte Beteiligung der Minderjährigen parallel zu derjenigen der Personensorgeberechtigten vorgesehen.

▶ *Zur Beteiligung von Minderjährigen im Jugendhilfeverfahren siehe Teil 4/Kepert, Rn. 343 ff.*

5 In einer nicht aufzulösenden **Ambivalenz** sind Jugendämter einerseits den Rechten und Belangen der Kinder und Jugendlichen verpflichtet. Andererseits gehört es zu ihren zentralen Aufgaben, die Eltern bei der Erziehung ihrer Kinder zu beraten und zu unterstützen. Es liegt auf der Hand, dass diese unterschiedlichen Ziele – auch wenn sie sich letztlich beide auf das Wohl des Kindes als ausschlaggebenden Bezugspunkt beziehen – im Falle gravierender Familienkonflikte miteinander in Konflikt geraten können. Dies ist regelmäßig der Fall

- in hochstreitigen Sorgerechts- und Umgangsregelungsverfahren bei Trennung/Scheidung (§§ 1671, 1684 BGB),
- bei zivilrechtlichen Kindesschutzverfahren (§§ 1666, 1666a BGB) und
- wenn es um die Wegnahme eines Kindes von seiner Pflegeperson (§ 1632 Abs. 4 BGB) oder von dem Ehegatten oder Umgangsberechtigten (§ 1682 BGB) geht,

also genau in den Fällen, für die in der Regel ein Verfahrensbeistand nach § 158 FamFG zu bestellen ist.

Die Verpflichtung gegenüber den Rechten des Kindes und denen der Eltern führt bei den Jugendämtern zu einer Vielfalt sich ergänzender, zum Teil auch sich widersprechender Aufgaben. In Beratung, Hilfeplanung und bei der Vermittlung und Evaluation von Leistungen müssen jeweils die Perspektiven und Wünsche aller Familienmitglieder berücksichtigt werden (vgl. Teil 4/*Kepert*, Rn. 324 ff.).

Dass das Jugendamt für die Annahme der von ihm angebotenen Leistungen auf die Mitwirkung der Eltern angewiesen ist, befördert die Tendenz, die **Perspektive der Eltern** zu bevorzugen, und sei es nur aus dem Bemühen heraus, den Kontakt zu der Familie nicht abreißen zu lassen. Dies ist besonders problematisch, weil Kinder und Jugendliche betroffen sind, die aufgrund einer besonderen Gefährdungssituation häufig nicht in der Lage sind, ihre Interessen gegenüber dem Jugendamt wirksam zur Geltung zu bringen. Zu Recht ist daher immer wieder kritisch auf die starke Elternorientierung des Kinder- und Jugendhilfegesetzes hingewiesen worden.[1] **6**

Schon aufgrund dieser strukturell bedingten und durch das Gesetz geförderten Orientierung, Hilfen für Kinder und Jugendliche regelmäßig über die Eltern zu vermitteln, muss davon ausgegangen werden, dass das Jugendamt im Rahmen seiner Mitwirkung im gerichtlichen Verfahren die Interessen des Kindes nicht immer in den Vordergrund stellt. Diese **Aufgabe** bleibt dem **Verfahrensbeistand** vorbehalten, dessen Bestellung durch die Notwendigkeit einer parteilichen Interessenwahrnehmung für das Kind legitimiert ist.

III. Aufgaben des Jugendamtes im familiengerichtlichen Verfahren

Auch wenn sowohl das Jugendamt als auch das Familiengericht an erster Stelle dem Kindeswohl verpflichtet sind, unterscheiden sich ihre Aufgaben diesbezüglich dennoch grundlegend voneinander. Aufgabe der **Jugendhilfe** ist es, **7**

- die Ursachen von Problemlagen mit Bezug auf junge Menschen zu erkennen,
- unter Einbeziehung der Betroffenen Lösungsmöglichkeiten zu entwickeln und
- entsprechende Hilfen anzubieten.

Soweit es nicht möglich ist, in Zusammenarbeit mit dem Kind und den Eltern Gefährdungen des Kindeswohls abzuwenden, sind die Gerichte einzuschalten. Diese haben die Aufgabe, den Sachverhalt einer Konflikt- oder Gefährdungslage aufzuklären und zu entscheiden, ob zur Abwendung der Gefahr für das Kindeswohl Eingriffe in das elterliche Sorgerecht erforderlich sind (vgl. § 8a Abs. 2 Satz 1 SGB VIII).

1 Vgl. Fieseler in: Fieseler/Schleicher 1998, § 1 Rn. 1 ff.

8 Die Zusammenarbeit zwischen Jugendamt und Familiengericht ist jugendhilferechtlich in §§ 8a Abs. 2 und 50 SGB VIII geregelt:

§ 8a SGB VIII Schutzauftrag bei Kindeswohlgefährdung

(...)

(2) Hält das Jugendamt das Tätigwerden des Familiengerichts für erforderlich, so hat es das Gericht anzurufen; dies gilt auch, wenn die Erziehungsberechtigten nicht bereit oder in der Lage sind, bei der Abschätzung des Gefährdungsrisikos mitzuwirken. Besteht eine dringende Gefahr und kann die Entscheidung des Gerichts nicht abgewartet werden, so ist das Jugendamt verpflichtet, das Kind oder den Jugendlichen in Obhut zu nehmen.

(...)

§ 50 SGB VIII Mitwirkung in Verfahren vor den Familiengerichten

(1) Das Jugendamt unterstützt das Familiengericht bei allen Maßnahmen, die die Sorge für die Person von Kindern und Jugendlichen betreffen. Es hat in folgenden Verfahren nach dem Gesetz über das Verfahren in Familiensachen und in den Angelegenheiten der freiwilligen Gerichtsbarkeit mitzuwirken:

1. Kindschaftssachen (§ 162 des Gesetzes über das Verfahren in Familiensachen und in den Angelegenheiten der freiwilligen Gerichtsbarkeit),
2. Abstammungssachen (§ 176 des Gesetzes über das Verfahren in Familiensachen und in den Angelegenheiten der freiwilligen Gerichtsbarkeit),
3. Adoptionssachen (§ 188 Absatz 2, §§ 189, 194, 195 des Gesetzes über das Verfahren in Familiensachen und in den Angelegenheiten der freiwilligen Gerichtsbarkeit),
4. Ehewohnungssachen (§ 204 Absatz 2, § 205 des Gesetzes über das Verfahren in Familiensachen und in den Angelegenheiten der freiwilligen Gerichtsbarkeit) und
5. Gewaltschutzsachen (§§ 212, 213 des Gesetzes über das Verfahren in Familiensachen und in den Angelegenheiten der freiwilligen Gerichtsbarkeit).

(2) Das Jugendamt unterrichtet insbesondere über angebotene und erbrachte Leistungen, bringt erzieherische und soziale Gesichtspunkte zur Entwicklung des Kindes oder des Jugendlichen ein und weist auf weitere Möglichkeiten der Hilfe hin. In Verfahren nach den §§ 1631b, 1632 Absatz 4, den §§ 1666, 1666a und 1682 des Bürgerlichen Gesetzbuchs sowie in Verfahren, die die Abänderung, Verlängerung oder Aufhebung von nach diesen Vorschriften getroffenen Maßnahmen betreffen, legt das Jugendamt dem Familiengericht den Hilfeplan nach § 36 Absatz 2 Satz 2 vor. Dieses Dokument beinhaltet ausschließlich das Ergebnis der Bedarfsfeststellung, die vereinbarte Art der Hilfegewährung einschließlich der hiervon umfassten Leistungen sowie das Ergebnis etwaiger Überprüfungen dieser Feststellungen. In anderen die Person des Kindes betreffenden Kindschaftssachen legt das Jugendamt den Hilfeplan auf Anforderung des Familiengerichts vor. Das Jugendamt informiert das Familiengericht in dem Termin nach § 155 Absatz 2 des Gesetzes über das Verfahren in Familiensachen und in den Angelegenheiten der freiwilligen Gerichtsbarkeit über den Stand des Beratungsprozesses. § 64 Absatz 2 und § 65 Absatz 1 Satz 1 Nummer 1 und 2 bleiben unberührt.

(...)

Der Pflicht des Jugendamtes, an dem Familiengerichtsverfahren mitzuwirken, korrespondiert auf der anderen Seite die Pflicht des **Familiengerichts**, 9

- das Jugendamt in Verfahren, die die Person des Kindes betreffen, anzuhören,
- das Jugendamt auf dessen Antrag an dem Verfahren zu beteiligen und
- es über alle Entscheidungen zu informieren, zu denen es zu hören war.

Diese Pflichten des Gerichtes sind in § 162 FamFG geregelt. In Verfahren wegen Kindeswohlgefährdung (§§ 1666, 1666a BGB) ist das Jugendamt stets zu beteiligen.[2]

Die **Mitwirkung des Jugendamtes** in Verfahren vor den Familiengerichten gehört nach § 2 Abs. 3 Nr. 6 SGB VIII zu den sogenannten anderen Aufgaben der Jugendhilfe. Das Jugendamt wird demzufolge von Gesetzes wegen tätig, unabhängig davon, ob die Betroffenen dies wollen oder nicht. Insofern besteht hier kein Wunsch- und Wahlrecht. Die betroffenen Kinder oder Personensorgeberechtigten können keine Anträge auf Leistungen stellen oder eben von der Antragstellung auf solche Leistungen absehen.

Der Zweck dieser Regelung besteht darin, sicherzustellen, dass die Gerichte bei ihren Entscheidungen die soziale und sozialpädagogische Situation der betroffenen Minderjährigen berücksichtigen und sich ein Bild davon machen können, was bisher an Aktivitäten angeboten und realisiert wurde und welche weiteren Möglichkeiten der Hilfe bestehen.

Darüber, wie konkret, ausführlich und Entscheidungen vorprägend die **Stellungnahme des Jugendamtes** gegenüber dem Gericht ausfällt, entscheidet es in eigener Verantwortung als sozialpädagogische Fachbehörde. Das Jugendamt ist nicht verpflichtet, den Familiengerichten Entscheidungsvorschläge zu machen, muss jedoch die gesetzlichen Vorgaben der §§ 8a (Abs. 2) und 50 SGB VIII befolgen. Es muss allerdings darauf bedacht sein, bei der notwendigen Wertung und Gewichtung der familiären Verhältnisse **unnötig diskriminierende Formulierungen** zu **vermeiden**, um die Basis für eine weitere Zusammenarbeit mit Kindern und Eltern so weit wie möglich zu erhalten, und dennoch die Situation nicht zu beschönigen. 10

An fachliche Weisungen des Gerichts ist das Jugendamt generell nicht gebunden. 11 Davon ausgenommen ist die Verpflichtung des Jugendamtes, gemäß § 155 FamFG an dem vom Gericht in der Regel innerhalb eines Monats festzusetzenden Erörterungstermin teilzunehmen. Generell jedoch ist das Jugendamt **kein Organ der Rechtspflege** und keine dem Gericht untergeordnete Behörde.[3]

Für das Jugendamt geht es darum, eine sozialpädagogische Sicht der Situation einzubringen und ggf. auf alternative Vorgehensweisen und Konsequenzen möglicher Entscheidungen des Gerichts hinzuweisen. Die **Eigenständigkeit** der Jugendbehörde gegenüber dem Gericht ergibt sich auch aus der Tatsache, dass das Jugend-

2 Lack, ZKJ 2010, 189 ff.

3 Vgl. entsprechend Schleicher: „Das Jugendamt ist also nicht etwa Hilfs-, Erfüllungs- oder Ausführungsorgan der (…) Familiengerichte oder gar Ermittlungsbehörde der Gerichte und somit auch nicht weisungsgebunden." (Fieseler/Schleicher 1998, § 50 Rn. 16); entsprechend auch Münder u.a. 2009, § 50 Rn. 1-4.

amt unabhängig von der Stellung als Verfahrensbeteiligter Entscheidungen anfechten und gemäß § 162 Abs. 3 FamFG Rechtsmittel einlegen kann und – sofern es der Ansicht ist, dass die Maßnahmen des Gerichts nicht geeignet sind, eine Gefährdung des Kindeswohls abzuwenden – auch einlegen muss.

12 Bei allen Stellungnahmen an das Gericht hat sich das Jugendamt an **datenschutzrechtliche Vorgaben** zu halten. Der in § 65 SGB VIII abgesicherte besondere Vertrauensschutz in der persönlichen und erzieherischen Hilfe gilt auch für die Zusammenarbeit mit den Gerichten. Daten, die z.B. im Rahmen eines Beratungsgesprächs einer Fachkraft im Jugendamt anvertraut wurden, dürfen daher nicht ohne Einwilligung dessen, der die Daten anvertraut hat, an das Gericht weitergegeben werden.

Eine Ausnahme stellt der Fall einer konkreten Gefährdung des Kindeswohls dar, bei dem Daten an das Familiengericht zur Erfüllung der Aufgaben nach § 8a Abs. 2 SGB VIII weitergegeben werden können bzw. müssen,

> „wenn angesichts einer Gefährdung des Wohls eines Kindes oder eines Jugendlichen ohne diese Mitteilung eine für die Gewährung von Leistungen notwendige gerichtliche Entscheidung nicht ermöglicht werden könnte."[4]

▶ *Zum Sozialdatenschutz siehe auch Teil 4/Kepert, Rn. 386.*

IV. Zusammenarbeit des Verfahrensbeistands mit dem Jugendamt

13 Die Aufgaben von Jugendamt und Verfahrensbeistand im gerichtlichen Verfahren überschneiden sich zum Teil, aber es gibt auch deutliche Unterschiede. Sowohl das Jugendamt – dieses nur nach entsprechendem Antrag, sofern es sich nicht um ein Verfahren nach den §§ 1666, 1666a BGB handelt[5] – als auch der Verfahrensbeistand sind **Verfahrensbeteiligte**. Ihr gemeinsames Ziel ist es,

> „die Subjektstellung des Kindes im Verfahren zu garantieren sowie die Grundlage für eine fundierte und tragfähige, an den wohlverstandenen Interessen des Kindes orientierte gerichtliche Entscheidung zu erarbeiten."[6]

Dieses Ziel verfolgen beide jedoch aus einer **unterschiedlichen Perspektive** und in einer spezifischen Verantwortlichkeit für das Kind.

- Aufgabe des Verfahrensbeistands ist es, das Interesse des Kindes festzustellen und im gerichtlichen Verfahren zur Geltung zu bringen.
- Demgegenüber besteht die Rolle des Jugendamtes im Verfahren darin, über bisher angebotene und erbrachte Jugendhilfeleistungen zu informieren, erzieherische und soziale Gesichtspunkte zur Entwicklung des Kindes oder des Jugendlichen einzubringen, sich am Verfahren zu beteiligten und auf weitere Möglichkeiten der Hilfe für Kind und Eltern hinzuweisen (§ 50 Abs. 2 SGB VIII).

---

4 § 65 Abs. 1 Nr. 2 SGB VIII.
5 Vgl. Lack, ZKJ 2010, 189 ff.; Heilmann, FamRZ 2010, 1391 ff.
6 Weber/Zitelmann 1998, Pkt. 4.5.

Zu den ersten **Aufgaben des Verfahrensbeistands** nach seiner Bestellung durch das Gericht gehört es, sich dem Jugendamt in seiner Rolle vorzustellen und erforderlichenfalls auf Gemeinsamkeiten und Unterschiede in den Aufgaben hinzuweisen. Dabei ist davon auszugehen, dass nicht alle Fachkräfte im Jugendamt bereits über Erfahrungen in der Kooperation mit Verfahrensbeiständen verfügen. **14**

Der Verfahrensbeistand muss darauf vorbereitet sein, dass die Information über seine Bestellung durch das Gericht bei den Fachkräften im Jugendamt nicht immer auf ungeteilte Zustimmung stoßen wird. Möglich ist, dass sich das Jugendamt dadurch in seinem Selbstverständnis als „natürliche" Interessenvertretung für Kinder in Frage gestellt fühlt. Inzwischen hat sich das Klima hier gegenüber Verfahrensbeiständen verändert. Möglich ist ebenfalls, dass es sich im Vertrauen auf die Aktivitäten des Verfahrensbeistands – zu Lasten des Kindes – zurückzieht, zumal durch die Einbeziehung eines Verfahrensbeistands und damit eines weiteren Verfahrensbeteiligten zunächst einmal Mehrarbeit entsteht, ohne dass die damit mittelfristig möglicherweise verbundene Entlastung sogleich spürbar ist.

Hinweis

Umso wichtiger sind in diesem Fall eine Verständigung über die unterschiedlichen Aufgaben und eine klare Rollenabgrenzung.

Im Rahmen der Informationsgewinnung haben Verfahrensbeistände kein generelles Recht, die **Akten des Jugendamtes** einzusehen (hierzu Teil 4/*Kepert*, Rn. 362). Sie sollten aber danach fragen, welche Hinweise es auf eine Gefährdung des Kindes gibt sowie welche Hilfen mit welchem Erfolg vom Jugendamt angeboten wurden. Erforderlichenfalls sollten sie beim Familiengericht anregen, dass das Familiengericht das Jugendamt an die Vorlagepflicht nach § 50 Abs. 2 Satz 2 SGB VIII erinnert. **15**

Als Vertreter der Interessen des Kindes sollten Verfahrensbeistände an den **Hilfeplangesprächen** beteiligt sein. Nehmen die Kinder oder Jugendlichen selbst an den Hilfeplangesprächen teil, sollten sie von dem Verfahrensbeistand vorbereitet, begleitet und unterstützt werden. Ob und wie weit sich Verfahrensbeistände selbst am Prozess der Hilfeplanung beteiligen, muss im Einzelfall entschieden werden (siehe hierzu Teil 4/*Kepert*, Rn. 362). Wenn es um bedeutsame Entscheidungen geht, wie z.B. um die Unterbringung des Kindes außerhalb des Elternhauses bzw. die Rückführung in dasselbe oder um den Umgang mit wichtigen Bezugspersonen, ist eine solche Beteiligung in der Regel sinnvoll. Zu beachten ist hierbei, dass sich **16**

> „eine aktive Mitwirkung von Verfahrensbeiständen (im Original: Verfahrenspfleger/innen, J.M.) an der Hilfeplanung hinderlich auf deren kritische Reflexion auswirken (kann), welche aber gerade eine zentrale Grundlage der Empfehlungen der eigenständigen Kindesvertretung an das Gericht ist".[7]

In der abschließenden schriftlichen **Stellungnahme** (§ 158b Abs. 1 Satz 2 FamFG) an das Gericht sollten Verfahrensbeistände auch auf die Position des Jugendamtes ein- **17**

7 Weber/Zitelmann 1998, a.a.O.; Zitelmann 2001, S. 358 ff.

gehen. Eventuell abweichende Informationen und Bewertungen hinsichtlich der Situation des Kindes sowie unterschiedliche Empfehlungen zur gerichtlichen Entscheidung sollten dargestellt und begründet werden.

V. Keine Bestellung von Mitarbeitern des Jugendamtes zu Verfahrensbeiständen

18 Eine Bestellung von Mitarbeiter:innen des Jugendamtes zu Verfahrensbeiständen darf nicht erfolgen. Bei Beteiligtenstellung des Jugendamtes (siehe § 162 Abs. 2 FamFG) verbietet sich die Bestellung eines Jugendamtsmitarbeiters zum Verfahrensbeistand, da das Jugendamt dann doppelt beteiligt wäre.

Zwar schreibt das Gesetz dem Gericht eine bestimmte Auswahl nicht vor, andererseits stehen ihm aber auch keine Druckmittel zur Verfügung, die Bestellung einer bestimmten Person zu veranlassen. Aus fachlicher Sicht kann daher nur die Empfehlung ausgesprochen werden, dass Jugendämter sich nicht von sich aus anbieten und nicht bereit sind, Verfahrensbeistandschaften nach § 158 FamFG zu übernehmen.[8]

19 Folgende **Probleme** stehen einer Bestellung des Jugendamtes oder seiner Mitarbeiter:innen als Verfahrensbeistände entgegen:

- Gemäß § 162 FamFG wird das Jugendamt in Verfahren, die die Person des Kindes betreffen, regelmäßig vor einer Entscheidung des Familiengerichts angehört. Als sozialpädagogische Fachbehörde gibt es eine Stellungnahme ab, in die es aus seiner Sicht auch die Belange und Interessen des Kindes einbringt. Eine weitere Befassung des Jugendamtes in der Rolle als Verfahrensbeistand und damit als ausdrücklicher Vertreter der Kindesinteressen gemäß § 158 FamFG würde das Amt in einen schwierigen **Rollenkonflikt** bringen.
- Auch ist das Jugendamt nicht zur parteilichen Wahrnehmung der Kindesinteressen berufen. Erstens kann es in Fällen, in denen es bereits zuvor für die Familie zuständig war, keine kritische Bewertung seiner eigenen Tätigkeit gewährleisten. Zweitens bleibt die Behörde auch nach Abschluss des Verfahrens oft nicht nur für das Kind, sondern auch für seine Eltern und Geschwister zuständig.[9] Dieser Umstand kann – ebenso wie institutionelle Eigeninteressen und die Beschränkung des behördlichen Handlungsrahmens durch politische Instanzen – einer konsequenten Wahrung der Kindesinteressen entgegenstehen (vgl. auch Teil 4/*Kepert*, Rn. 324 ff.).[10]
- Zu bedenken ist ebenso, dass es dem Jugendamt aus Sicht des betroffenen Kindes wie auch der anderen Verfahrensbeteiligten an der erforderlichen **Unabhängigkeit** und Unvoreingenommenheit fehlen kann.[11]

---

8 Zitelmann 2001, S. 117 Fn. 27 m.w.N., S. 373 ff.
9 Siehe Salgo, BdK, S. 38 ff.
10 Vgl. Zitelmann 2001, S. 17 f. m.w.N.
11 Vgl. Zitelmann 2001, S. 374.

Denkbar ist allenfalls die Übernahme von Verfahrensbeistandschaften durch **ehemalige Mitarbeiter:innen** des Jugendamtes bzw. durch Mitarbeiter:innen, die in Abteilungen tätig sind, zu deren Aufgaben nicht die Zusammenarbeit mit den Familiengerichten gehört. Bedingung im **Einzelfall** ist allerdings, dass sie die von ihnen vertretenen Kinder und deren Familien nicht bereits aus einer ihrer (früheren) Tätigkeiten kennen. 20

Weiterhin denkbar ist die Übernahme einer Verfahrensbeistandschaft durch einen Jugendamtsmitarbeiter, der **nicht** mit der Sache **vorbefasst** und nur in einem anderen Bezirk tätig ist. Darüber hinaus bedarf es der Bereitschaft und Fähigkeit, eine völlig andere Rolle als die eines Jugendamtsmitarbeiters wahrzunehmen, nämlich die völlig parteiliche Interessenvertretung eines Kindes.

B Das Verhältnis zu Eltern und anderen Bezugspersonen des Kindes oder Jugendlichen

Übersicht Rn.

I. Zum Selbstverständnis des Verfahrensbeistands im Verhältnis zu Eltern

Im Rahmen der Interessenvertretung für ein Kind in einem Verfahren mit Anhaltspunkten für Gefährdungen des Kindes hat der Verfahrensbeistand in der Regel mit leiblichen Eltern, Pflegeeltern, Anwälten, Jugendamt und anderen Bezugspersonen des Kindes zu tun. Denn i.d.R. wird er zur erforderlichen genauen Sachverhaltsanalyse ergänzende Informationen über die **Vorgeschichte** und die Lebensumstände des Kindes benötigen bzw. das Wissen über dessen konkreten Alltag aktualisieren müssen, damit er die Kindesinteressen erkennen und im gerichtlichen Verfahren zur Geltung bringen kann (vgl. Teil 2/*Bauer*, Rn. 51 bis 54). **21**

Außerdem sind von ihm vor einer persönlichen Begegnung mit dem Kind die erforderlichen **Absprachen** mit den Eltern bzw. der für das Kind zuständigen Betreuungsperson zu treffen. Auch wird sich der Verfahrensbeistand im Gespräch mit den Eltern[1] einen Eindruck verschaffen wollen von deren Sichtweise über die Situation.

Der umfassende Aufgabenkreis nach § 158b FamFG ermöglicht es dem Verfahrensbeistand im konkreten Einzelfall die Interessen des Kindes realistisch wahrzunehmen. Bei der Feststellung des Kindesinteresses – wozu auch dessen emotionale Bindungen zählen – kommt dem subjektiven Wunsch und Willen des Kindes eine besondere Bedeutung zu, wobei speziell seine Motive von Belang sind (wie ist das Kind dazu gekommen?). Doch ist der Verfahrensbeistand nicht allein dem **subjektiven Kindesinteresse** verpflichtet, sondern zugleich auch den **objektiven Kriterien des Kindeswohls**, d.h. dem wohlverstandenen Kindesinteresse.[2] Dementsprechend hat **22**

1 Zur Notwendigkeit des Elterngesprächs, das (insbesondere) bei jüngeren Kindern zum Aufgabenkernbestand gehört, siehe Menne, ZKJ 2009, 71.

2 Siehe hierzu Zitelmann (2001), S. 27 ff.; Coester (2009), S. 61 f., erinnert an den Fundamentalstreit über die advokatorische oder vormundschaftliche Funktion des Verfahrensbeistands und hebt die Regelung des „Sowohl-als-auch" positiv hervor.

er sich bei Übertragung eines reduzierten Aufgabenkreises zu fragen, ob er – ohne sich mangelnde Sorgfalt vorwerfen zu müssen – tatsächlich in der Lage wäre, den geäußerten Wunsch und Willen des Kindes realitätsgerecht im Kontext des gesamten Geschehens unter der Prämisse des Kindeswohls wahrzunehmen und entsprechend zu gewichten, um seinem rechtlichen Auftrag gewissenhaft nachkommen zu können.

War dies während Gültigkeit des alten Rechts (bis April 2025) nicht der Fall, hatte er das Erfordernis eines erweiterten Aufgabenkreises deutlich zu machen und dem Gericht zu übermitteln,

- dass er zur Aufklärung strittiger Sachverhalte auf weitere konkrete Informationen dringend angewiesen ist,
- inwiefern er sich von gewissen Ansprechpartnern Aufschluss über die fehlenden Fakten erhofft und
- weshalb er das Gespräch mit den Eltern für dringend erforderlich hält.

Jedenfalls muss über den Lebensalltag eines Kindes, das in einer risikobelasteten Familie aufwächst bzw. aufgewachsen ist, ein ausreichend differenziertes Bild entstehen als verlässliche Entscheidungsgrundlage für das Gericht. Auch wenn ein Kind im Trennungs- und Scheidungskonflikt seiner Eltern Streitobjekt geworden und dadurch schwer belastet ist, wird das **Elterngespräch** die Konfliktlage des Kindes erhellen können. In jedem Fall ist zu bedenken, dass bei einer Eingrenzung seiner Funktion allein auf die Wahrnehmung der subjektiven Kindesinteressen der Schutzaspekt des vom Verfahren betroffenen Kindes außer Acht bliebe.

23 Liegen dem Familiengericht sichere Anhaltspunkte[3] dafür vor, dass ein erheblicher **Interessengegensatz** zwischen Kindeswohl und Elternrecht besteht, hat es für das minderjährige Kind einen fachlich und persönlich geeigneten Verfahrensbeistand[4] mit erweitertem Aufgabenkreis nach § 158b Abs. 2 Satz 1 FamFG zu bestellen.

Praxistipp

▶ *Es ist wichtig, dass sich der Verfahrensbeistand schnell einen Überblick darüber verschafft, was das Kind in seiner Beziehung zu den Eltern bereits Schwerwiegendes erlebt hat bzw. worin die Interessenkollision zu sehen ist. Denn nur so kann er für das gegenwärtige und zukünftige Wohlergehen des Kindes im Verfahren verantwortlich eintreten.*

Mit ungetrübtem Blick auf die Wirklichkeit ist von ihm das gesamte Ausmaß des Interessengegensatzes zwischen Kindeswohl und elterlichen Eigenansprüchen zu erfassen, auch wenn er durch sein engagiertes Eintreten für das Kind mit erheblichem Widerstand zu rechnen hat. Dies gilt insbesondere auch für das Verfassen seiner **schriftlichen Stellungnahme** fürs Gericht, da er Sorge zu tragen hat, dass das betroffene Kind mit seinen Entwicklungsbelastungen im Fokus steht. Denn wer sonst hätte

3 Siehe hierzu Salgo, Protokolldienst, Heft 4, 1999, 24; ders. FPR 1999, 319.
4 Siehe hierzu § 158a Abs. 1 u. 2 FamFG.

im Verfahren primär die Funktion, Missstände gegenüber dem Kind aufzudecken und sich beherzt für seine Belange einzusetzen.

Ein Kind muss sich darauf verlassen können, dass andere es nicht schädigen – und zwar nicht nur gegenwärtig, sondern auch in Zukunft. Ein Minimum an wechselseitigem Vertrauen ist eine notwendige Bedingung für das soziale Leben.[5] Deswegen ist für den Verfahrensbeistand im Verhältnis zu Eltern und anderen Bezugspersonen des Kindes ein wichtiger Ansatzpunkt, ihnen die spezielle Konfliktlage zu verdeutlichen und dazu aufzufordern, sich in das Kind mit seiner belastenden Lebensgeschichte einzufühlen und Anteil an seinem Schicksal zu nehmen. Solange das **Einfühlungsvermögen** in das reale Kind niedrig bleibt – Unwissenheit oder auch Unverständnis gegenüber den kindlichen Entwicklungsbedürfnissen (vgl. Teil 3/*Ziegenhain, Köhler-Dauner, Zwönitzer*, Rn. 185 ff.) eingeschlossen –, könnte mit ihm alles geschehen, ohne dass dies den Verfahrensbeteiligten voll bewusst werden müsste. **24**

Die gelegentlich geäußerte Befürchtung, dass mit einer persönlichen Gefühlsbeteiligung des Verfahrensbeistands zugleich eine kindeswohlgemäße Problemlösung gehemmt würde und von daher einer Einstellung der Vorzug zu geben wäre, welche jegliche innere Berührung mit der psychischen Falldynamik zu meiden sucht, ist für den Interessenvertreter des Kindes unzutreffend.

Die Bestellung des Verfahrensbeistandes ist ein deutlicher Hinweis darauf, dass es in diesem familiengerichtlichen Verfahren um den gesamten Lebenszusammenhang und die Zukunftsperspektive eines Kindes bzw. Jugendlichen geht. Dies erfordert, die gesamte Spannbreite dessen, was die kindliche Entwicklung ernsthaft beeinträchtigen oder auf Dauer schädigen könnte, wahrzunehmen und aus der Sicht des Kindes zu unterscheiden zwischen echt und unecht, erträglich und unerträglich, Achtung und Missachtung, Zuneigung und Abneigung, fördernd und schädigend, verantwortlich und unverantwortlich. **25**

Achtet man in solch einem Interessenkonflikt nicht mit Akribie darauf, um welche wesentlichen **Belange des Kindes** es hierbei geht, hebelt die Frage, wessen Interessen auf dem Spiel stehen, Erstere leicht aus. Dies insbesondere dann, wenn widerstreitende erwachsene Personen in den Interessenkonflikt involviert sind. Ein Kind ist darauf angewiesen, dass Eltern ihre eigenen Belange in Einklang bringen mit den Bedürfnissen des Kindes, so dass dieses in seiner Entwicklung keinen Schaden nimmt (vgl. Teil 2/*Wierse*, Rn. 371). Die allgemein anerkannten Werte, wie Achtung vor dem Leben, der Integrität, Recht und Gerechtigkeit, gelten auch und insbesondere für das Kind und sind ihm rechtlich zugesichert. Es ist vollwertiger Träger eigener Menschenwürde und hat als Grundrechtsträger Anspruch auf den Schutz des Staates.[6]

---

5 Nunner-Winkler, in: Edelstein u.a., 289; siehe auch Nucci/Lee, 89 ff.; ebenso Kesselring, S. 20.

6 Zur Bindung des Elternrechts an das Kindeswohl siehe BVerfGE 24, 119, 144, FamRZ 1968, 578; Das Bundesverfassungsgericht (BVerfG, 1 BvR 1620/04, Beschl. v. 1.4.2008, Rn. 71) hebt hervor, dass „das Kind [...] nicht Gegenstand elterlicher Rechtsausübung [ist], es ist Rechtssubjekt und Grundrechtsträger, dem die Eltern schulden, ihr Handeln an seinem Wohl auszurichten". Siehe zuletzt BVerfG v. 3.2.2017, 1 BvR 2569/16, FamRZ 2017, 524 mit Anm. Salgo. Zum Menschenbild des Grundgesetzes siehe Staudinger/Coester, § 1666 BGB, Rn. 11.

26 Ist das körperliche, geistige oder seelische Wohl eines Kindes gefährdet – insbesondere sein Leben, seine Gesundheit oder seine psychische Integrität –, so ist alles daranzusetzen, die **Gefährdungslage** dieses Kindes durch geeignete Maßnahmen abzuwenden und ihm den erforderlichen Schutz zu gewähren.

Dass bei einer Mängellage nur diejenige öffentliche **Hilfe** angebracht ist, die zur Abwehr der Gefährdungslage des Kindes geeignet ist,[7] sollte dem Kindesinteressenvertreter von Anfang an bewusst sein. Auch hat die Wiederherstellung bzw. nachhaltige Verbesserung der Erziehungsbedingungen in einem der kindlichen Entwicklung vertretbaren **Zeitraum** zu geschehen. Kann bzw. konnte dieses Ziel durch ambulante Maßnahmen nicht rechtzeitig erreicht werden oder sind nach Einschätzung des Verfahrensbeistands Veränderungen in der Herkunftsfamilie von vornherein aussichtslos, ist dies dem Familiengericht mit stichhaltigen Sachargumenten deutlich zu machen und auf eine auf Dauer angelegte **Lebensperspektive** hinzuwirken.[8]

Die Verarbeitung eines Traumas kann erst erfolgen, wenn die Traumatisierung endgültig beendet und das Kind nicht weiterhin dem schädigenden Einfluss des Täters ausgesetzt ist.[9] Auch kann eine anhaltende Schädigung des körperlichen, geistigen oder seelischen Wohls des Kindes nicht in Kauf genommen werden, um ihm die schmerzhafte Trennung von seinen Eltern zu ersparen. Denn

> „die häufig gefürchteten Trennungseinschnitte haben insgesamt eine geringere Bedeutung als die jahrelangen negativen Einwirkungen von Misshandlung, Vernachlässigung, Missbrauch oder der Kombination dieser Belastungen."[10]

Im Unterschied zur zeitlich befristeten Erziehungshilfe für Eltern, die durch eine akute Krise vorübergehend an der Ausübung ihrer Erziehungsaufgabe gehindert sind, ist eine auf Dauer angelegte Fremdplatzierung eines Kindes bei komplexen Problemlagen angezeigt, die nicht in einem der kindlichen Entwicklung angemessenen Zeitraum zu verändern sind.[11]

---

7 Die Auffassung, dass mit Blick auf Probleme und Ressourcen zunächst generell (!) den Eltern eine Chance gegeben werden müsse, entspricht kaum den Anforderungen einer realistischen Risikoeinschätzung und Hilfeplanung. Oberloskamp stellt hierzu richtig, dass nicht zunächst die „softeren" Maßnahmen erfolglos erprobt worden sein müssen, ehe zu härteren Anordnungen gegriffen werden könnte; siehe Oberloskamp, in Lipp/Schumann/Veit, S. 55 f.; Heilmann/Salgo (2002), S. 967.

8 Siehe § 37 Abs. 1 KJSG; Heilmann (1998), S. 126 ff.; hierzu auch GK-SGB VIII/Salgo, § 33 Rn. 36. Fischer und Riedesser, S. 227, weisen auf die Notwendigkeit der Unterbrechung des Gewaltzyklus in der Familie mit einer mehrgenerationalen Tradition von Kindesmisshandlung und/oder Missbrauch hin.

9 Zur Trennung bei Gefährdung des Kindeswohls führt Brisch (2008), S. 109, aus: „Die Bindungsentwicklung zwischen Kind und Pflegeeltern wird gestört durch Angst des Kindes vor Drohung einer Rückführung, erzwungene Besuchskontakte, Umgangsrecht der leiblichen Täter-Eltern mit dem Kind. Alle diese Situationen lösen massive Angst bis Panik beim Kind aus und verhindern eine emotionale Heilung."

10 Fegert (1998), S. 22. Zenz (2000), S. 325, hierzu erläuternd: „Die Bindung von Kindern etwa an misshandelnde Eltern ist ja deswegen pathogen, also als krankmachend einzustufen, weil hier in Ermangelung anderer Bindungspersonen emotionale Nähe gesucht wird, die zugleich massive Ängste bis hin zu Todesangst hervorruft."

11 Siehe Zenz (2000), S. 324. Schleiffer (2018), S. 136.

Geht es in einer Kindschaftssache um die **Bindung** eines Kindes **an** seine **Eltern** (vgl. Teil 3/*Ziegenhain*, Rn. 147 ff.), steht auch immer die Frage an, ob es sich hierbei um eine schützenswerte oder schädigende Bindung handelt, beziehungsweise inwieweit es sich um ein innerhalb der familialen Bindung geschädigtes Kind handelt (vgl. Teil 3/*Ziegenhain*, Rn. 169 ff). Dies kann dem Interessenvertreter des Kindes nicht gleichgültig sein. Bliebe er im Verhältnis zu den Eltern neutral und ließe er die mühsame Differenzierung der unterschiedlichen Aspekte außer Acht, müsste dies als Gleichgültigkeit gegenüber den eigenständigen Bedürfnissen und Interessen eines Kindes aufgefasst werden, welches die schwerwiegenden Erfahrungen in der Beziehung zu ihnen nicht ohne negative körperliche und/oder psychische Folgen bewältigen kann.[12] Mit dieser Haltung könnte auch und gerade in Bezug auf die Folgewirkungen irrelevant erscheinen, ob beispielsweise ein hilfloses kleines Kind von schwersten Angst- und Ohnmachtsgefühlen überschwemmt wurde, als es stundenlang allein in der Wohnung eingesperrt war, während seine Mutter volltrunken vor der Haustür lag, oder als es miterleben musste,[13] wie der betrunkene Vater brutal auf die Mutter einschlug und sie dabei schwer verletzte.[14] **27**

Bliebe der Verfahrensbeistand gegenüber den Leiderfahrungen eines schutzlosen Kindes neutral, wäre zu befürchten, dass die Kindesinteressen auf der Strecke blieben,[15] was gleichzeitig möglichen **Bagatellisierungs- oder Leugnungstendenzen der Eltern** bzw. eines Elternteils Tür und Tor öffnet.[16] Eine neutrale Haltung zu einem konflikthaften Geschehen verführt geradewegs dazu, wichtige Differenzierungen bezüglich wesentlicher Wertunterscheidungen zu unterlassen, da Neutralität sich nur bei großer Distanz von den Erlebnis- und Handlungsperspektiven der beteiligten **28**

12 Vgl. hierzu die Definition der Kindeswohlgefährdung von Dettenborn, S. 57 f.

13 Huber (2003), Bd. I, S.95,hebt hervor, dass Kinder, die Zeuge von häuslicher Gewalt geworden sind, zugleich auch Opfer sein können, denn die Folgewirkungen indirekter Viktimisierung entsprechen denen direkter Misshandlungserfahrungen. Nach J. Bauer (2008), S. 117, feuern die Spiegelnervenzellen nicht nur, wenn Schmerz am eigenen Körper erlebt wird, sondern auch dann, wenn „nur" beobachtet wird, wie einem anderen Menschen Schmerz zugefügt wird.

14 Vgl. hierzu den „Fall Sabine", bei welchem erst über die Installation einer Verfahrenspflegschaft die Rechtsposition dieses Kindes gegenüber elterlichen Ansprüchen gestärkt und somit der Weg eröffnet wurde, dass die eigenständigen Interessen und Bedürfnisse dieses Mädchens im gerichtlichen Verfahren entsprechend berücksichtigt werden konnten, Niestroj (1996), S. 503 ff.

15 Wenn eine Eltern-Kind-Beziehung aufgrund von Kindesmisshandlung zu einer Täter-Opfer-Beziehung pervertiert ist, kommt es leicht zu sozialpsychologischen Abwehrstrategien, wozu Fischer und Riedesser, 180 ff., auch die Neutralitätshaltung gegenüber dem Opfer rechnen und hierzu ausführen: „Wer sich in einer Täter-Opfer-Konstellation ‚neutral' verhält, ist natürlich nicht neutral, sondern nimmt Partei für den Täter und gegen das Opfer." Siehe dies., S. 183.

16 Auf die Gefahr, dass professionelle Helfer sich mehr mit den problembelasteten Eltern identifizieren als mit dem Leiden der Kinder, weist Westermann eindringlich hin. Erst mit Einfühlung in die verzweifelte Lage des Kindes und Anerkennung dessen, was es in der Abhängigkeit von den leiblichen Eltern erlebt hat, könne die Strategie der Verleugnung beendet werden; Westermann (2009), S. 170 ff.

Personen aufrechterhalten lässt.[17] Die sozialpsychologischen Abwehrstrategien[18] „Elternschonung", „Neutralitätslösung" und „Opferbeschuldigung" verhindern oder erschweren zumindest eine realistische Wahrnehmung von Kindesgefährdung im Verhältnis zu Eltern.

Die körperliche und/oder seelische Gefährdung bzw. Verletzung eines Kindes erfordert, dass der Verfahrensbeistand sich auf die bestehende Interessenkollision einlässt. Dabei kann er unmöglich neutral bleiben. Zudem ist seine Position im Verhältnis zu Eltern gesetzlich festgelegt: Er ist **parteilicher Interessenvertreter** für das Kind[19] und hat dementsprechend sein Handeln im Kontakt mit den anderen Beteiligten ganz auf das Wohl des Kindes zu richten. Es existiert eine klare gesetzliche Vorgabe, und diese gilt es zu erfüllen.

29 Die Kindeswohlorientierung ist ebenso vorgegeben beim Mitwirken des Verfahrensbeistands am **Zustandekommen einvernehmlicher Regelungen** (vgl. Teil 3/*Invanits*, Rn. 374 ff).[20] Denn es gehört zu seiner Funktion, Sorge dafür zu tragen, dass bei allen Überlegungen zur Konfliktlösung die Person des Kindes präsent ist und es bei den Bewältigungsversuchen seiner schwierigen Lebenssituation keinen (weiteren) Schaden nimmt. Vorhersehbare negative Auswirkungen auf die Persönlichkeitsentwicklung des Kindes durch das Gefährdungspotential bis hin zu bleibenden Schäden dürfen dabei nicht „unter den Teppich gekehrt" werden.[21]

Praxistipp

▶ *Damit das betroffene Kind keine unzumutbaren Belastungen aufgebürdet bekommt, ist es darauf angewiesen, dass sein Verfahrensbeistand dem bestehenden Spannungsfeld im Verhältnis zu Eltern nicht ausweicht, sondern genau hinschaut und in eine lähmende Sprachlosigkeit hinein die Dinge beim Namen nennt.*[22]

17 Fischer/Riedesser, S. 184, 346.

18 Fischer/Riedesser, S. 180–187, 342, 346. Zur Tendenz der Abwehrstrategie „Elternschonung" siehe Jacobi (2008) mit diversen Beispielen, S. 51, 67, 71, 89. Zur „Opferbeschuldigung" des Kindes seitens der Eltern erhellend Jacobi (ebenda, 50): „Bei Kindern unter einem Jahr wird am häufigsten die Diagnose „vom Kind selbst verschuldeter Unfall" gestellt, fast immer aufgrund von falschen Angaben ihrer Eltern über das, was wirklich stattgefunden hat, nämlich eine Misshandlung."

19 Bestätigt OLG Frankfurt am Main, Beschl. v. 17.4.2008 (1 WF 68/08), in dem ausgeführt ist: „Zur Unparteilichkeit gegenüber Eltern des Kindes ist ein Verfahrenspfleger gerade nicht verpflichtet, sondern es sind parteilich die Interessen des Kindes wahrzunehmen, so wie der Verfahrenspfleger sie sieht."; siehe ZKJ 2009, 79. Zur Handlungsmaxime Parteilichkeit mit Kindern und Jugendlichen aus der Perspektive der Jugendhilfe vgl. Köckeritz (2004), S. 347 ff.

20 Zum Streben nach einvernehmlichen Lösungen siehe Coester (2009), in Lipp/Schumann/Veit, S. 52 ff.

21 Vgl. Jacobi, S. 288.

22 Jacobi, S. 140 fordert aufgrund bitterer Erfahrungen: „In Fallkonferenzen müssen alle Teilnehmer, insbesondere die Eltern und eventuell ihr Rechtsbeistand, mit allen Verletzungen und deren Folgen konfrontiert werden und es muss eine Lösung für eine dauerhafte Unterbringung des Kindes gefunden werden."

Dies gilt auch für seine **schriftliche Stellungnahme** ans Gericht, in welcher er die reale Lebenssituation des betroffenen Kindes realistisch beschreibt. Wird die Stellungnahme mit der plastischen Schilderung der realen Situation des Kindes begonnen, steht das Kind – nicht die Eltern – von Anfang an im Mittelpunkt. Sobald kindeswohlferne Interessen in den Vordergrund drängen und es lediglich um ein Einvernehmen „um des lieben Friedens willen"[23] gehen soll, wird er aus seiner Hab-Acht-Stellung heraustreten. Denn echtes Einvernehmen kann nur dann erzielt werden, wenn zuvor die Konfliktlage des Kindes transparent geworden ist (vgl. Teil 4/*Heilmann*, Rn. 40 ff.).

Nach einer kritischen Bestandsaufnahme mit realistischer Einschätzung der spezifischen Situation des Kindes wird der Verfahrensbeistand seine Konzentration darauf richten, den Eltern die Notwendigkeit einer kindzentrierten Lösung zur Minderung seines Leids darzulegen und beim Zustandekommen einer kindeswohlgerechten Regelung darauf hinwirken, dass diese von den Eltern mitgetragen wird.[24] Jeder Elternkonsens hat die Person des Kindes entsprechend zu beachten (vgl. Teil 3/*Ivanits*, Rn. 446).[25]

Gleiches gilt für das **Beschleunigungsgebot** (§ 155 FamFG; vgl. Teil 4/*Heilmann*, Rn. 11 ff.),[26] bei dessen Anwendung das Kind selbst in seiner jeweilig unterschiedlichen Lebenssituation im Blickfeld zu halten ist. Das heißt, der Verfahrensbeistand wird im Interesse des Kindeswohls auf eine sachgemäße, schnelle und ruhige Entscheidung hinwirken.[27] **30**

Auf eine sachgemäße Entscheidung hinzuwirken, bedeutet, eine Konfliktlösung anzustreben, die dem, was ist, Rechnung trägt. Seine Funktionen sind von ihm unter Berücksichtigung des kindlichen Zeitempfindens[28] zügig zu erledigen, um gegebene Chancen für das Kind nicht ungenutzt verstreichen zu lassen. Belastende **Schwebe- und Konfliktzustände** für das Kind müssen schnell beendet werden. Jedoch geht Zuverlässigkeit vor Schnelligkeit. Von daher sollten die Ausführungen seiner Tätigkeit ungestresst erfolgen (auch bei engen Zeitvorgaben seitens des Gerichts), d.h. mit ruhiger Hand und ohne Hektik oder falschen Aktivismus.

---

23 Die Gefahr, dass Eltern weniger aus der Sicht des Kindeswohls als nach dem Grad ihrer Kompromissbereitschaft beurteilt werden, besteht im Fall eines Doppelauftrags nicht nur beim Gutachter, vgl. Coester (2009), S. 54, sondern auch beim Verfahrensbeistand.

24 Janning (2018), S. 187 ff. hebt hervor, wie wichtig es im Kontakt zu Eltern ist, diesen die Sicht des Kindes nahezubringen.

25 Zur Rolle des Kindes im Einigungsprozess führt Coester (2009), S. 55, aus, dass das FamFG nicht erkennen lasse, dass beim Streben nach Einvernehmen die Person des Kindes mitbedacht sei. Der Elternkonsens, flankiert vom Einverständnis des Jugendamts, stehe im Vordergrund; vgl. auch Salgo, FPR 2010, 456.

26 Siehe hierzu Götz, in Lipp/Schumann/Veit, S. 223 f., die in der Konzentration auf (beschleunigt erzieltes) Einvernehmen die Gefahr sieht, dass das Gefährdungspotential für das Kind bei Fallkonstellationen nach § 1666 BGB außer Acht bleiben bzw. sogar eine fortdauernde Gefährdung verschleiern könnte.

27 Zum Beschleunigungsgebot, das durch den Grundsatz des Kindeswohls nach § 1697a BGB geprägt und zugleich begrenzt wird, siehe Coester (2009), in Lipp/Schumann/Veit, S. 46; Götz, in Lipp/Schumann/Veit, S. 218. Coester (2008), S. 31, stellt fest, dass ohne angemessene Personalausstattung sachgerechter, effektiver Individualschutz nicht erreicht werden kann.

28 Siehe Heilmann, Kindliches Zeitempfinden, S. 117 ff.

Wird das Verfahren durch kindeswohlferne Interessen geprägt – wie bei massiven Einschränkungen des Personal-, Zeit- und/oder Kostenaufwands – und geht dies zu Lasten des Kindes, so ist dies offenzulegen.[29] Kindeswohl ist nicht einzubringen durch ein Handeln, das dem Kind selbst durch mangelnde Sorgfalt Schaden zufügt.

II. Die Konzentration auf das Kind als wesentliche Aufgabe

1. Perspektive des Kindes im Interessenkonflikt

31 Allein schon aufgrund der starken Belastung des Kindes wird dem Verfahrensbeistand daran gelegen sein, dass nicht die Anpassung des Kindes an die familiengerichtlichen Belange im Vordergrund steht, sondern umgekehrt eine Anpassung an seine Situation erfolgt, mit dem Ziel, es als Subjekt im Verfahren ernst zu nehmen[30] und seine individuellen Erfahrungen zu berücksichtigen (vgl. Teil 3/*Ziegenhain, Köhler-Dauner, Zwönitzer*, Rn. 69 ff.). Bei einem erheblichen Interessengegensatz gegenüber den Eltern benötigt das Kind ganz besonders einen Menschen, der in der Lage ist, die Kluft zwischen der Erwachsenenwelt und der Welt des Kindes zu erkennen und zur Sprache zu bringen.

32 Um die Perspektive eines Kindes wahrnehmen zu können, ist ein **Perspektivenwechsel** notwendig. Denn für jeden ist die Welt erst einmal seine eigene Welt. Die hierzu erforderliche Änderung des Blickwinkels ist ein bewusster innerer Akt, welcher nur im Wissen um die eigene Perspektive vollzogen werden kann. Ohne **Selbstreflexion** erhöht sich die Neigung, seinen eigenen Blickwinkel als den allein maßgeblichen anzusehen. In Stresssituationen ist in der Regel jeder erst einmal bei sich, dies weiß man aus eigener Erfahrung. Doch haben Erwachsene in der Regel – geistige Anstrengung und Mühe vorausgesetzt – zumindest die Möglichkeit, sich verstandesmäßig in die Situation eines anderen Menschen hineinzuversetzen und ihn innerlich in sich zu repräsentieren. Hingegen sind kleinere Kinder – auch bei einem zuweilen erstaunlich hohen Einfühlungsvermögen – von ihrer Entwicklung her hierzu noch kaum in der Lage.[31]

Dementsprechend könnte die **Haltung** des Verfahrensbeistands gegenüber Eltern besagen: Ich kann das, was Sie mir schildern, verstehen, aber ein Kind kann das nicht begreifen. Dazu fehlt ihm die Erfahrung.

33 Das eigenständige Denken eines Kindes beginnt damit, dass es individuelle Erfahrungen macht und die Dinge von seinem eigenen Standpunkt aus betrachtet (vgl. Teil 3/

---

29 Das Bundesverfassungsgericht (BVerfG, Beschl. v. 26.8.1999, 1 BvR 1403/99) hat festgestellt, dass eine eigenständige Wahrnehmung der Kindesbelange sicherzustellen ist, was jedoch nur gewährleistet werde, „wenn die zur Interessenvertretung für das Kind bestellte Person auch die Möglichkeit hat, Einfluss auf die Gestaltung und den Ausgang des Verfahrens zu nehmen."

30 Wie fachliches Handeln konsequent „vom Kind her gedacht" werden muss und eine kindgerechte Vorgehensweise in strafrechtlichen und familiengerichtlichen Verfahren am Kindeswohl auszurichten ist, zeigen Fegert, Andresen, Salgo und Walper, ZKJ 2016, 324 ff. am Beispiel des skandinavischen „Barnahus-Modells".

31 Siehe hierzu Piaget (1988), S. 23, 47 ff., 114 ff.; Kesselring, S. 96.

Ziegenhain, Köhler-Dauner, Zwönitzer, Rn. 72 ff.) und dementsprechend auch aus seiner eigenen Perspektive beurteilt, wobei sein Denken nie an sich und unabhängig von seiner Umgebung erfasst werden kann.[32] Die soziale Entwicklung eines Kindes geht ebenso wie die seines Denkens erst im Laufe der Zeit vom Egozentrismus zur Gegenseitigkeit über. Die **Fähigkeit zur sozialen Perspektivenübernahme** bedeutet, sich verstandesmäßig auf den Standpunkt einer anderen Person zu stellen.[33] Noch viele Grundschulkinder[34] glauben, dass die Perspektive eines anderen ganz genau mit ihrer eigenen Ansicht übereinstimmt, und ordnen ihm dementsprechend die eigene Sichtweise zu.

Die Fähigkeit, unterschiedliche Perspektiven wahrzunehmen und miteinander zu koordinieren, entwickelt sich erst nach und nach.[35] Zu den widersprüchlichen Gefühlen von Kindern unterschiedlicher Alters- und Entwicklungsstufen in konflikthaften Situationen siehe auch Teil 3/*Ziegenhain, Köhler-Dauner, Zwönitzer*, Rn. 72 ff.

Ist man bereit, sich auf die oftmals durchaus widersprüchliche Gedanken- und Gefühlswelt eines in einer konflikthaften Situation stehenden Kindes einzulassen, ihm zuzuhören und offen nachzufragen, wie es selbst die Dinge sieht (vgl. Teil 3/*Fegert, Rassenhofer*, Rn. 517 ff.), die es erfahren hat, kann man zuweilen Erstaunliches hören. Einige Beispiele mögen dies deutlich machen:

> In einem Gespräch mit mir setzt sich Nina, ein 9-jähriges Mädchen, mit der Scheidung ihrer Eltern auseinander und ist ziemlich erbost darüber, dass diese das gemacht haben, noch dazu, ohne sie selbst zuvor gefragt zu haben. Alle Eltern, die sich scheiden lassen, sollte man ins Gefängnis sperren, resümiert Nina zornig und verleiht ihrer Wut auf diese Art und Weise Ausdruck. Als ich vorsichtig meine Zweifel an ihrem „Lösungsmodell" anmelde und zu bedenken gebe, dass sie in Konsequenz dann ja niemanden hätte, der für sie sorgen würde, fügt sie entschlossen hinzu: „Aber dann wenigstens einen!"

> Der 8-jährige David, ein in seiner Herkunftsfamilie durch Gewalterfahrung schwer traumatisierter Junge, lebte nach einem Heimaufenthalt nun bereits seit fast einem Jahr in seiner Pflegefamilie, als sich folgende kleine Begebenheit in der Therapiestunde zutrug. Im Spielraum entdeckte David das Bilderbuch „Peter, Ida und Minimum",[36] eine Geschichte, die liebevoll über die Ankunft eines Geschwisterchens in der Familie erzählt und dabei die für viele Kinder so wichtige Frage nach der Sexualität der Eltern einbezieht. In der Geschichte zeichnet der Vater seinen beiden wissbegierigen Kindern den Zeugungsakt auf ein Blatt Papier, wobei es im Text heißt: „So haben wir auch das neue Kind gemacht." Am Ende der Stunde – David hatte sich unterdessen längst anderen Dingen zugewandt, so dass ich glauben musste, ihn beschäftige dieses Thema nicht weiter – bat er mich überraschend: „Aber zeige dieses Buch bitte nicht meinen (Pflege-)Eltern. Sonst wissen die, wie das geht, und dann geben sie mich vielleicht wieder her."

---

32 Vgl. Piaget, in: Volkmann-Raue, S. 83 ff., 105, 116, 142 f.; Piaget (1990), S. 133 ff., 142, 145.

33 Anders als Kant nannte Piaget bei Kindern jene Einstellung „heteronom", welche sich die Norm einer Autorität zum Maßstab macht, Kesselring, S. 158 f.; siehe auch Nunner-Winkler, in Garz u.a., S. 334 ff.

34 Piaget selbst benennt ausdrücklich die von ihm gemachten Altersangaben von Kindern als nur äußerst ungefähre Durchschnittswerte, siehe hierzu: Piaget (1990), S. 141.

35 Piaget (1973), S. 222; Selman/Byrne, S. 109 ff.

36 Fagerström/Hansson, S. 17.

34 Das im Verfahren zu vertretende Kind hat oftmals gerade in der Beziehung zu denjenigen Personen schweren Schaden genommen, auf deren Schutz und Hilfe es absolut angewiesen war und denen es Vertrauen und Zuneigung entgegengebracht hat bzw. noch entgegenbringt – also in der Regel seinen Eltern. Diese **Ausgangslage** des Kindes gilt es zu begreifen, um nicht das eigene Selbstverständnis – wie z.B. dass Eltern immer auch (genügend) gute Eltern sind – dem zu vertretenden Kind einfach überzustülpen. Denn ein Kind, das abnorme Erfahrungen mit diesen hat machen müssen, empfände dies als schmerzlich, wäre irritiert in seiner Wahrnehmung, fühlte sich unverstanden und emotional alleingelassen.

Eine **Verzerrungstendenz** besteht allein schon aufgrund der im Allgemeinen emotional positiv besetzten und dementsprechend verwendeten Begriffe wie: „Mama", „Papa", „Eltern", „Oma", „Opa", „Babysitter" etc. Diese sind aus Kindesperspektive zu hinterfragen, da ihr Bedeutungsgehalt abhängig ist von den realen subjektiven Erfahrungen des betroffenen Kindes mit diesen Personen in seinem Lebensalltag. Will man als Verfahrensbeistand von der anscheinend selbstverständlichen zur tatsächlichen Bedeutung für das jeweilige Kind vordringen, ist ein sorgfältiger Umgang mit diesen Begriffen – insbesondere auch gegenüber dem Kind selbst – unumgänglich.[37]

Praxistipp

▶ *Dies erfordert, dass der Verfahrensbeistand immer klärt, welche Begriffe das Kind für wen verwendet, und der Verfahrensbeistand dann ebenfalls dem Kind gegenüber diese Begriffe verwendet und auch in der Kindesanhörung sicherstellt, dass auch das Gericht gegenüber dem Kind diese Begriffe verwendet. Ansonsten besteht die Gefahr von Missverständnissen und Fehlinterpretationen sowie Verunsicherungen des Kindes.*

Hierzu einige **weitere Beispiele**, wobei ich beim ersten – trotz meines Wissens um diese Dinge – der soeben benannten Gefahr selbst erlegen war:

> Eines Tages rief mich der für den 10-jährigen Martin zuständige Sozialarbeiter an und sagte – für mich recht unvermittelt: „Ach, übrigens hat sich Martins Mutter bei mir gemeldet." Meine spontane Antwort lautete: „Schön!" Der für Martin engagierte und auch aus der Ferne mitschwingende Sozialarbeiter glaubte, seinen Ohren kaum zu trauen, als er meine freudige Reaktion vernahm, die mir, kaum war sie ausgesprochen, auch schon leidtat. Denn ich kannte Martins hoch angstbesetzten Gefühle gegenüber den leiblichen Eltern und hatte mich mit dem „Schön!" weit von seinem Erleben entfernt. Als er sich in einer Therapiestunde mit seinen hochbedrohlichen Erfahrungen aus der Herkunftsfamilie einmal bewusst auseinandersetzte und ich ihm in diesem Zusammenhang sagte, dass manche Kinder regelmäßig Kontakt zu den leibli-

37 Der Hinweis von Rakete-Dombek, in Lipp/Schumann/Veit, S. 94, dass die Benutzung der Bezeichnung „Kindesmutter" oder „Kindesvater" in gerichtlichen Verfahren ihr völlig überflüssig erscheint, verbunden mit der Aussage, was diese Elternteile denn sonst seien, trifft kaum zu in einem Kindesschutzverfahren, wo jene unüblichen Formulierungen signalisieren, seine Aufmerksamkeit auf den Bedeutungsgehalt dieser Worte zu lenken – wobei gleichzeitig eine Distanzierungsmöglichkeit angeboten wird gegenüber dem Sog Mitleid erregender Eltern.

chen Eltern hätten, wurde er ganz blass, nahm seine Hand vor den Mund und sagte: „Ach, du großer Schreck!"

Martin erzählte mir eines Tages, dass seine Pflegeeltern sich am Abend zuvor im Kino einen Film angeschaut hätten. Er sei während dieser Zeit bei seiner Oma gewesen. Völlig empört schilderte er dann weiter, dass eigentlich ein Babysitter hätte kommen sollen. Seine heftige und abweisende Reaktion über diese von ihm als absolut negativ wahrgenommene Idee konnte ich spontan weder verstehen noch nachvollziehen. Ich hätte im Gegenteil diese neue Erfahrung für ihn altersentsprechend und von daher nicht uninteressant gefunden. Auf mein Nachfragen erinnerte mich Martin: „Hast du das nicht in der Zeitung gelesen, das mit dem Babysitter in Amerika, wo das Baby vom Babysitter gequält und dann getötet worden ist?" Sein Blick bei diesen Worten wird mir in Erinnerung bleiben, drückte er doch aus, was diese „Zeitungsinformation" für ihn selbst bedeutete. Das Geschehen in Amerika, das war für Martin nicht einfach irgendwo, weit weg. Im Gegenteil, es war bedrohlich nah und könnte jederzeit wieder Realität werden. Das für mich schwer Vorstellbare, dass ein Babysitter bzw. Au-pair-Mädchen in der Lage sein könnte, den ihm anvertrauten Säugling zu töten, löste in Martin Phantasien aus, die sich mit seinen subjektiven Erfahrungen vermengten. Martin erlebte durch die Erinnerung an sein eigenes Erleben tiefste Angst. Es fiel mir wie Schuppen von den Augen, als ich erkannte, dass diese Erfahrungen für ihn permanent präsent sind. Schnell war ich auf seiner Seite und teilte mit ihm das Gefühl, bedroht und unsicher zu sein.

Ein weiteres Beispiel handelt von dem 7-jährigen Tom, der bereits einige Monate nach seiner Geburt nach wiederholten lebensbedrohlichen Misshandlungserfahrungen von seiner leiblichen Mutter getrennt und auf Dauer[38] in einer Pflegefamilie untergebracht werden musste. Solange Tom denken kann, ist seine Pflegemutter für ihn seine Mama und dementsprechend bezeichnet er sie auch. Bei einem gerichtlich angeordneten Besuchskontakt mit der leiblichen Mutter, welcher gegen den erheblichen inneren Widerstand des Jungen[39] durchgeführt wurde, erschreckten die Worte des Umgangsbegleiters den kleinen Jungen zutiefst und lösten in ihm schwere existentielle Ängste aus. Nach der Begrüßung aller Beteiligten auf dem Flur sagte der Umgangsbegleiter zu Tom gewandt: „Wir beide gehen jetzt zusammen mit deiner Mama ins Spielzimmer", woraufhin der Umgangsbegleiter – fernab von Toms eigener Wahrnehmung – statt seiner Mama die leibliche Mutter mit einem Kopfnicken aufforderte, mit ihm und dem Jungen mitzukommen. Als der Umgangsbegleiter die starke Abwehr des Kindes registrierte, versuchte er, Tom in Begleitung seiner Pflegemutter in den Spielraum zu locken, und fügte – ohne sich in dessen Situation hineinzuversetzen – an den Jungen gewandt hinzu: „Oder soll die Frau Zobelan (Toms Pflegemutter) auch mit ins Spielzimmer kommen?"

Im Anschluss an einen Begleiteten Umgang, den die kleine Lisa – im Beisein ihres Pflegevaters – mit versteinerter Miene hatte über sich ergehen lassen, sagte dieser aufmunternd zu ihr: „So, jetzt geht es wieder nach Hause!" Dieser Ausspruch war für Lisa als Entlastung gedacht nach dieser überaus angespannten Begegnung. Stattdessen geriet das kleine Mädchen jedoch in Panik, begann wie wahnsinnig zu schreien

38 Tom wurde kurz nach seiner Geburt auf Dauer in seine Pflegefamilie vermittelt, wo er sich fest verwurzeln konnte. Einige Zeit lang musste er jedoch trotz erheblichen Widerstands Umgangskontakte über sich ergehen lassen, welche zu seiner psychischen Destabilisierung beitrugen. Zum Bedürfnis des Kindes nach kontinuierlichen Lebensbedingungen und der Notwendigkeit eines Umgangsausschlusses siehe Salgo, FamRZ 2013, 344. Zur Kontinuität im Kinderschutz – Perspektivplanung für Pflegekinder ausführlich Diouani-Streek (2015).

39 Coester (2009), in Lipp/Schumann/Veit, S. 60, hebt hervor, dass bei Umgangskonflikten ein Verfahrensbeistand nicht nur bei einem möglichen Ausschluss, sondern auch bei Anordnung des Umgangs gegen den Widerstand des Kindes unverzichtbar sei.

und sich an seinem Pflegevater festzuklammern. Erst mit den Worten: „Komm Lisa, wir gehen jetzt zu Schecki!", d.h. zur Katze der Pflegefamilie, konnte er seine kleine Pflegetochter wieder beruhigen.[40]

Auch die 8-jährige Sabine[41] ging vom Standpunkt ihrer eigenen schlimmen Erfahrungen mit den schwer alkoholabhängigen Eltern aus, als sie mit mir über die richterliche Entscheidung in dem Sorgerechtsverfahren – der Integration in eine Pflegefamilie – sprach. Mit sorgenvoller Miene schaute sie mich an, seufzte tief und fragte mich dann, wie sie das denn schaffen solle: „Mit zwei Eltern, das ist schon so schwer, und jetzt kriege ich dazu auch noch Pflegeeltern." Eine Entlastung durch „zusätzliche Eltern" schien ihr in diesem Augenblick ausgeschlossen. Sie äußerte dann auch Furcht davor, die Pflegeeltern könnten sie schlagen, anbrüllen oder ihr sonst etwas Schlimmes antun.

35 Weil es sich bei der Eltern-Kind-Beziehung um eine für ein Kind existenziell notwendige (Abhängigkeits-) Beziehung handelt, auf die es vollständig angewiesen ist – denn allein ist es unfähig, für sich zu sorgen –, entwickeln kleine Kinder ein absolutes Bedürfnis nach guten Eltern. Auch bei deren grobem Zuwiderhandeln gegen ihre elterlichen Pflichtaufgaben und Verantwortung suchen manche Kinder sich doch so lange als irgend möglich zumindest die Vorstellung zu erhalten, dass diese Eltern irgendwann einmal liebevoll gewesen sind oder es noch werden könnten.[42] Mit negativen, oftmals wenig tragfähigen Grunderfahrungen eines Kindes in den wichtigsten menschlichen Bindungen, welche den Verlust eines positiven Elternbildes zur Folge haben und sich somit auch auf das gesamte Weltbild des Kindes auswirken, soll ein Kind bzw. Jugendlicher sich nun einem **Verfahrensbeistand anvertrauen** können. Wie und wodurch könnte dies gelingen?

- Entscheidend ist, dass das Kind selbst erlebt, in seinem Gefühlsleben ernst genommen zu werden. Zeigt der Verfahrensbeistand seine innere Bereitschaft, sich mit den (Leid-)Erfahrungen des Kindes konfrontieren zu lassen (vgl. Teil 3/ *Diouani-Streek*, Rn. 239), macht er sich dessen Sicht der Dinge zu eigen und versucht, die realen Erfahrungen und die dem Kind eigene Denkweise ans Licht zu bringen, besteht für ihn mit etwas Glück die Chance, in dessen wirklichem Interesse handeln zu können.
- Gleichzeitig sind vom Verfahrensbeistand dabei jedoch auch die eigenen Bewertungsmaßstäbe im Auge zu behalten ebenso wie seine Möglichkeit, die Dinge aus einer anderen Perspektive zu sehen und zu beurteilen. Aus der Perspektive des Kindes etwas zu betrachten bedeutet, dieses eine Kind möglichst umfassend in seinem gesamten Lebenszusammenhang zu begreifen. Zudem ist für den Kindesinteressenvertreter wichtig, wahrzunehmen, wo er selbst das Kind als Objekt erlebt.

---

40 Siehe hierzu bereits Goldstein, Freud, Solnit u. S. Goldstein, S. 162 f., mit entsprechenden Erklärungen der Verhaltensweisen aus der Perspektive des Kindes.

41 Niestroj in Salgo, S. 525; siehe auch Niestroj in Stiftung „Zum Wohl des Pflegekindes", S. 43 ff. mit abschließender Einschätzung.

42 Nach Shengold, S. 46, ist das verzweifelte Bedürfnis, an der Hoffnung auf gute und liebende Eltern festzuhalten, der stärkste Widerstand gegen eine Veränderung.

Damit es im familiengerichtlichen Verfahren zu einer Horizonterweiterung im Interesse des betroffenen Kindes bzw. Jugendlichen kommen kann, bedarf es in jedem Fall eines Austauschs und der Übermittlung der unterschiedlichen Sichtweisen.

2. Die Situation des Kindes aus dem Blickwinkel von Eltern

Als Verfahrensbeistand wird man damit rechnen müssen, dass sich das Gespräch **36**
mit den Eltern über die Situation des Kindes als schwierig erweist, insbesondere wenn bei ihnen selbst entsprechende Risikofaktoren vorliegen[43] wie:

- Biografische Belastungen (eigene Misshandlungserfahrungen, Fremdunterbringung, ausgeprägte emotionale Mangelerfahrung),
- entsprechende Persönlichkeitsmerkmale (geringe Impulskontrolle, beständige Gefühle von Hoffnungslosigkeit, mangelnde Problemlöse-/Stressbewältigungskompetenzen, Intelligenzminderung) oder
- psychische und/oder gesundheitliche Belastungen (psychische Erkrankungen wie depressive Störung, Persönlichkeitsstörung, Suchterkrankung).

Bei eingeschränkter Beziehungs- und Wahrnehmungsfähigkeit seitens der Eltern[44] werden **Missverständnisse in der Kommunikation** mit dem Verfahrensbeistand oder auch Fehlwahrnehmungen kaum auszuschließen sein. Äußern sie sich wenig differenziert zum Kind selbst, kann dies – abgesehen von bewussten Leugnungsstrategien im Hinblick auf drohende Diskriminierung, Strafverfolgung etc. – auch mit deren mangelnder Fähigkeit zu tun haben, das Kind realistisch wahrzunehmen und sein Verhalten entsprechend zu interpretieren.[45]

Mit Eltern über das destruktive Geschehen in der Familie zu sprechen, wird einige Verfahrensbeistände Überwindung kosten, da dies der psychischen Anstrengung bedarf. Denn das, was man in einzelnen Fällen an menschenverachtenden Grausamkeiten erfahren kann, macht sprachlos und stumm. Manchmal ahnt man aufgrund der vorliegenden Informationen bereits, was dem Kind Schlimmes widerfahren ist, fürchtet sich jedoch davor, dies anzusprechen. Fast scheint es, als läge über dem gesamten Thema ein striktes Tabu.[46]

---

43 Zu den hier zitierten Risikofaktoren für Vernachlässigung und Misshandlung des Kindes auf Seiten der Eltern benennt Fegert (2007), S. 198, noch psychosoziale Belastungen (Armut, fehlende soziale Unterstützung, Partnerschaftsgewalt).

44 Steele (2002), S. 128, spricht davon, dass die mangelnde Einfühlung der Pflegepersonen diese daran hindern, das Hungergeschrei eines kleinen Kindes wirklich zu „hören" bzw. zu sehen, dass das Kind nicht im erforderlichen Umfang zunimmt.

45 Vgl. hierzu Oesch/Zachariou, S. 297 f., die zu den zuvor benannten Risikofaktoren auf Seiten der Eltern noch auf deren junges Alter, erstes Baby, schwere Persönlichkeitsstörungen, Psychosen oder Suchtproblematik, übertriebene, unrealistisch hohe Erwartungen bezüglich des Kindes und die Unfähigkeit, das normale Verhalten des Kindes richtig zu deuten, hinweisen. Siehe auch Dornes (2006), S. 333, zu den Risikofaktoren für hohe Aggressivität.

46 Westermann (2009), S. 182, hierzu: „Die Verleugnung traumatischer Erfahrungen von Kindern aufzuheben, ist in unserer Gesellschaft geradezu eine Sisyphusarbeit, die oft vergeblich ist, wenn die Anerkennung der Realität tief verwurzelte Überzeugungen verletzt oder Ideologien in Frage stellt." Hieran anschließend zitiert er Arno Gruen: „Die Liebe von Eltern in Frage zu stellen, ist eines der großen Tabus in unserer Zivilisation."

Hinweis

> *Doch Eltern wollen sich vom Verfahrensbeistand ihres Kindes – trotz allem, was geschehen ist – als Person angenommen und respektiert fühlen.*

Wer trotzdem versucht, das Unaussprechliche in Worte zu fassen, riskiert freilich, dass sich die gesamte Aggression gegen einen selbst richtet. Doch die schwierige Wahrheit über das Geschehen muss zugelassen werden – und das bereitet manch einem Angst.[47] Geht es doch auch um Szenen von unbeschreiblicher Gewalt und Brutalität gegenüber einem Kind oder aber um erschreckende Rücksichtslosigkeiten gegenüber Kindesinteressen in einer Scheidungssituation oder um die Notlage eines Kindes aufgrund fehlender emotionaler Zuwendung oder mangelnder Versorgung, welche die Eltern selbst kaum realistisch wahrnehmen.

- Wie kann ein Verfahrensbeistand mit den zu erwartenden Schwierigkeiten im Kontakt mit Eltern umgehen?[48]
- Ist es möglich, mit diesen offen und ehrlich über die Situation des Kindes zu sprechen und die Dinge beim Namen zu nennen, ohne sie zu kränken, zu beleidigen oder ihnen mit Missachtung gegenüberzutreten?[49]

37 Auf den ersten Blick scheint es so, als befände sich der Verfahrensbeistand mit seinem beruflichen Auftrag in einer **Zwickmühle**:

- Nennt er gegenüber den Eltern die Dinge beim Namen, so fällt eine als Aggression empfundene Aussage auf ihn persönlich zurück und die in ihm hervorgerufenen Schuldgefühle oder auch unterdrückter Ärger oder Wut blockieren ihn und schränken somit seine Handlungsfreiheit ein.
- Spricht der Verfahrensbeistand hingegen eine Gefährdung des Kindeswohls im Kontakt mit Eltern nicht offen an, so stützt er damit deren Bagatellisierungs- oder Leugnungstendenzen gegenüber den kindlichen Interessen und Bedürfnissen, gefährdet das Kind dadurch selbst und lässt es in dem Verfahren mit seinen Nöten allein.

38 Ehe wir uns jedoch den erforderlichen Bewältigungsstrategien für Verfahrensbeistände in dieser misslichen Situation zuwenden, sollte zuvor noch ein Blick auf die

---

47 In ihren Essays „Weil es sagbar ist. Über Zeugenschaft und Gerechtigkeit", begehrt Emcke gegen die Sprachlosigkeit auf und plädiert für Zeugenschaft. „Wenn sie (die schlimmen Erfahrungen) >unbeschreiblich< sind, bleiben sie auch undurchdringlich. Wenn die Erfahrungen nicht, wie immer unvollkommen und gebrochen, beschrieben werden dürfen, wenn nicht einmal der Versuch unternommen wird, ihrer habhaft zu werden, bleiben auch die Opfer für immer damit allein." Siehe Emcke, S. 21.

48 Dass diese Fragestellung auch für andere Berufsgruppen zutrifft, wird transparent, wenn Frank, S. 390, zum Verhältnis zu Eltern in seiner eindrucksvollen Falldarstellung über einen schwer misshandelten Jungen äußert: „Besonders für Kinderärzte ist es sehr schwierig, mit feindseligem Verhalten von Eltern umzugehen."

49 In einem Vortrag zur Reform des KJSG für die Stiftung zum Wohl des Pflegekindes am 9.5.2022 nennt Janning (2023), S. 24 f. drei Haltungen, die gegenüber abgebenden Eltern notwendig sind: „1. Respekt, Interesse und Eltern nicht verurteilen, 2. Wissen um Eltern, die sich nicht einfühlen können, 3. Die Realität des Kindes anerkennen."

Lage der beteiligten Eltern bzw. des betreffenden Elternteils oder Sorgeberechtigten geworfen werden. Denn erst wenn der Verfahrensbeistand auch sein Gegenüber in das Denken einbezieht und mögliche Reaktionen auf das eigene professionelle Vorgehen realistisch einzuschätzen weiß, wird es ihm auch gelingen können, zu einem Zusammenwirken im Interesse des Kindes aufzufordern.

Wenn Eltern ihre persönlichen Interessen und Bedürfnisse an oberste Stelle setzen[50] und das in der Beziehung zu ihnen abhängige Kind hierdurch Schaden nimmt, so trifft sie damit das volle Gewicht einer nur schwer zu tragenden Schulderfahrung[51] – vorausgesetzt natürlich, die Eltern sind aufgrund ihrer Persönlichkeitsentwicklung hierzu in der Lage und können das Leid, das sie dem Kind damit zufügen, auch erfassen. Ist jemand hingegen in seiner gefühlsmäßigen Wahrnehmung stumpf, uneinsichtig oder beispielsweise aufgrund einer psychischen bzw. psychiatrischen Erkrankung unfähig zu Mitgefühl mit dem Kind, kann er die Tragweite seines Tuns kaum voll ermessen, auch wenn ihm starke moralische Vorhaltungen gemacht werden.[52]

Im „Idealfall" würde beim Erkennen der Gefährdung oder Schädigung des Kindes seitens des entsprechenden Elternteils oder beider Eltern eine **Problemeinsicht und Verantwortungsübernahme** mit Anerkennung des realen Geschehens und der Bereitschaft zur Veränderung erfolgen und hierdurch eine Entlastung für das Kind eintreten. Denn nur die Realität kann verändert werden, welche als solche auch anerkannt wird. Doch das Eingeständnis von realer Schuld[53] mit gleichzeitiger Übernahme von Verantwortung für das eigene Handeln fällt schwer und setzt ein starkes Selbst-Wertgefühl mit Integrationskräften des Ichs voraus. Ohne die vermittelnde Funktion eines reiferen Ichs ist eine realitätsgerechte Wahrnehmung oder auch der Umgang mit äußeren Anforderungen, welche nicht der inneren Bedürfnislage entsprechen, nur sehr eingeschränkt möglich.

Eine Anwendung des Modells „Verantwortung statt Schuld" ist von daher nur für jene Personen praktikabel, welche sich ihrer Eigenverantwortung bewusst sind und denen deshalb die selbst verursachte oder nicht verhinderte Gefährdung oder Schädigung des Kindes leidtäte. Siehe hierzu gleich die Übersicht unter Rn. 42.

Läge Eltern beim Erkennen der problembelasteten Situation des Kindes am Herzen, die eigene Schuld einzugestehen und sich bei ihm in aller Form zu entschuldigen, **39**

50 Absolut überfordert sind die Kompetenzen eines Kindes, wenn es als „therapeutisches Mittel" die psychisch schwer kranken oder suchtmittelabhängigen Eltern stabilisieren soll. Im Fall Kevin aus Bremen wertete der Untersuchungsausschuss der Bremischen Bürgerschaft, S. 113 dies folgendermaßen: „Diese Instrumentalisierung des Kindes für die Zwecke der „Eltern" erscheint dem Ausschuss inakzeptabel und in keiner Weise mit dem Auftrag des Staates, das Kindeswohl zu sichern, in Einklang zu bringen."

51 Hirsch (1997), S. 11, 30 ff.; Blasi (1999), S. 71 ff. Nach Boshammer, S. 168, ist es nur gut, wenn jemand, der anderen Gewalt antut, sie herabsetzt oder für seine Zwecke ausnutzt, deswegen ein schlechtes Gewissen habe. Wenn man wolle, dass er damit aufhört, sollte man ihn nicht allzu bereitwillig von der Pflicht entbinden, sich sein Verhalten zum Vorwurf zu machen.

52 Siehe Zenz, FPR 1998, 17 ff.; zu Persönlichkeitsdefiziten von Tätern sexueller Gewalt gegenüber Kindern siehe Marquardt/Lossen, S. 30 f.

53 Blasi (1999), S. 73: „In der Folge einer Handlung, die mit dem eigenen Verantwortungsurteil nicht übereinstimmt, wird Schuld als emotionale Antwort auf die Inkonsistenz innerhalb des Selbst erlebt."

und wären sie weiterhin tatsächlich in der Lage,[54] Sorge dafür zu tragen, dass der Schaden für es so weit als irgend möglich wiedergutgemacht wird, stünde die **Anpassung der Eltern an die Situation des Kindes**[55] im Vordergrund und nicht umgekehrt – wie so oft in kindschaftsrechtlichen Verfahren[56] – die des Kindes an die Eigenansprüche der Eltern.[57] In diesem Fall müsste das Kind nicht vergeblich versuchen, die fehlenden Elternfunktionen durch „Rollenübernahme" auszugleichen,[58] denn mit der Übernahme von elterlichen Aufgaben und Verantwortung ist ein Kind in jeder Beziehung überfordert[59] und würde zudem seiner eigenen Kindheit mit der ihm zustehenden Persönlichkeitsentwicklung beraubt werden.[60]

Gleichzeitig bekäme ein Kind dadurch auch nicht die Schuldgefühle der Eltern wie einen Fremdkörper „implantiert", durch welche es ohne Distanzierungsmöglichkeit Opfer des familialen Beziehungstraumas bleibt.[61] Denn die nicht anerkannte reale Schuld der Eltern ist eine der zentralen Ursachen von Schuldgefühlen des Kindes.[62]

Dies könnte auch beim Verfahrensbeistand einen Niederschlag finden. Denn mit der fehlenden Bereitschaft oder Fähigkeit von Eltern zur Übernahme von Verantwortung erhöht sich die **Gefahr**, dass der Verfahrensbeistand des Kindes in einer Art Rollenumkehr zum Vertreter der Elterninteressen wird. So hat z.B. der Casemanager im Fall Kevin aus Bremen Personen, welche die Leugnungen und Bagatellisierungen der Eltern bzw. der Kindesmutter und des vermeintlichen Kindesvaters nicht mitmachten, sondern das Kindeswohl im Blick hatten, gezielt außen vor gelassen und z.B. nicht zu Fallkonferenzen eingeladen.

---

54 Bei Alkoholabhängigkeit oder Drogensucht der Eltern muss man gefasst darauf sein, dass diese unter Tränen beteuern, von nun an alles nur Erdenkliche zu tun, um ihrem Kind die notwendige Hilfe zukommen zu lassen, dann aber ihr Wort nicht halten (können). Der weitere Verbleib des betroffenen Kindes in völlig unzumutbaren Verhältnissen würde in Wirklichkeit eine Verlängerung der Kindeswohlgefährdung bedeuten, bei der allein das Kind das Risiko zu tragen hätte.

55 Zum Wunsch nach bzw. Verzicht auf Vergeltung siehe Boshammer, 139 ff.

56 Zenz, mit Überlegungen zur Verringerung der Belastungen von Kindern in Verfahren, in: Klosinski, S. 91, 96, 100 f., 106.

57 Zu diesen Überlegungen bereits Ferenczi (1928), S. 212 ff.

58 Siehe Hirsch (1997), S. 144 f.

59 Vgl. hierzu die Fallschilderung über das Kind Sabine, dessen eigene Bedürfnisse der Suchtproblematik der Eltern untergeordnet wurden, wobei die Kindesmutter im Elterngespräch das Thema der Überforderung des Kindes durch Rollenumkehrung zulassen konnte und sich hierzu in Beziehung setzte. Denn sie selbst war als Kind ähnlich schlimmen Erfahrungen ausgesetzt. Niestroj (1996), S. 515 ff.

60 Wenn das Bundesverfassungsgericht in seinem Urteil (BVerfG, Beschl. v. 1.4.2008, 1 BVR 1620/04) hervorhebt: „Die persönliche Beziehung zu seinen Eltern, ihre Pflege, Hilfe wie Zuwendung tragen wesentlich dazu bei, dass sich das Kind zu einer Persönlichkeit entwickeln kann, die sich um ihrer selbst geachtet weiß und sich selbst wie andere zu achten lernt", so gilt umgekehrt zu beachten, zu was für schweren Entwicklungs-, Bindungs- und Persönlichkeitsstörungen es kommen kann bei länger andauernden Erfahrungen durch schwerwiegende Vernachlässigung, Misshandlung oder Missbrauch.

61 Ferenczi (1933), S. 307 ff.; Nienstedt/Westermann (2007), S. 51 ff., 222 ff.; Nienstedt, in: Stiftung zum Wohl des Pflegekindes, S. 60.

62 Hirsch (1997), S. 96. Hierzu interessant die Ausführungen von Flaßpöhler, S. 143 ff.

Bei kritischer Betrachtungsweise und genügend Realitätssinn ist im Fall einer Interessenkollision zwischen Eltern und Kind kaum bzw. nur in seltenen Fällen von solch einem „Idealfall", in dem die Eltern die Verantwortung für Handeln und die Situation des Kindes übernehmen, auszugehen. Vielmehr sollte ein Verfahrensbeistand darauf eingestellt sein, dass Eltern insbesondere in Fällen nach § 1666 BGB alles tun werden, um einer persönlichen Schulderfahrung zu entrinnen. Wird durch Befriedigung ihrer eigenen Bedürfnisse und Interessen die Ausübung der elterlichen Pflicht- und Hilfeaufgaben beeinträchtigt, treten zur Abminderung des Schulderlebens Abwehrstrategien in Kraft.

> „Die Funktion von Abwehr ist es genau, der Befriedigung seiner Bedürfnisse nachgehen und gleichzeitig gegenüber sich selbst den Anschein aufrechterhalten zu können, man habe keine wirkliche Unvereinbarkeit mit den eigenen moralischen Normen auf sich genommen."[63]

Auf die besonders intensiven Abwehrprozesse und Vorurteile, mit denen bei einer familialen Traumatisierung eines Kindes[64] besonders dann zu rechnen ist, wenn zusätzlich noch Tabuthemen angesprochen sind – wie z.B. Kindesmissbrauch –, weisen Traumatologen ausdrücklich hin.[65] Die extremen Erfahrungen des Kindes werden übergangen, in ihrer schwerwiegenden Bedeutung unterschätzt oder völlig ausgeblendet, so dass von Seelenblindheit gegenüber den Opfern gesprochen werden muss.[66] Dass nicht nur das Gewaltgeschehen selbst, sondern auch die vom Täter verunmöglichte Klärung, Auseinandersetzung und Realitätsanerkennung traumatisch wirken, ist in diesem Zusammenhang besonders hervorzuheben.[67] Die **Anerkennung der Realität eines Traumas** ist auch deswegen unerlässlich, weil das Kind selbst leicht an der Realität des Vorgefallenen zweifelt. Seine realistische Wahrnehmung der Wirklichkeit ist jedoch zu bekräftigen, statt zu labilisieren.[68] **40**

Sind Eltern im Rahmen eines behördlichen oder familiengerichtlichen Verfahrens gezwungen, sich mit Überlegungen zur Beeinträchtigung des Kindeswohls auseinan- **41**

63 Blasi (1999), S. 71, in: Garz u.a.; siehe hierzu auch Krebs/Denton, S. 252; Hirsch, (1997), S. 58 ff.; zu den Abwehrmechanismen bereits Freud, A. (1936), S. 193 ff., 234 f.

64 Nach Fischer/Riedesser, 255, erschüttern nicht familiale Traumata das kindliche Verständnis von der Sicherheit einer Welt, in der es selbst als ein von mächtigen Elternfiguren beschütztes Wesen wohlbehütet aufwachsen kann, nicht fundamental.

65 Fischer/Riedesser, S. 184, 180 ff., 340 f.; Herman, S. 11, 20; Hirsch (2000), S. 129 f.

66 Streeck-Fischer, S. 13 ff.; Nienstedt/Westermann, S. 36: „Während die Identifikation mit den Eltern angstabwehrend ist, macht die Identifikation mit dem Kind Angst, weckt frühe Ängste und Ohnmachtsgefühle, die nicht ausgehalten werden, wenn der Erwachsene nicht eine Versöhnung ermöglichende kritische Distanz zu den eigenen Eltern entwickelt hat."

67 Hirsch (2000), S. 133. Siehe hierzu auch Balint (1970), S. 353 ff., der betont, dass die Leugnung des Geschehens zur vollen Traumatisierung führt.

68 Beeindruckend das Fallbeispiel von Theo – einem nach schwerer Kindesmisshandlung in eine Pflegefamilie vermittelten Jungen –, dessen Schilderungen seiner Albträume im Alter von elf Jahren sich vollständig deckten mit den in der Klinik erhobenen Befunden seiner schweren Misshandlungserfahrungen in der Herkunftsfamilie im Alter von zwei Jahren. Die damals in der Klinik gemachten Videoaufzeichnungen bestätigten die sich in Albträumen aufdrängenden Erinnerungsspuren und gaben Zeugnis von der grausigen Vergangenheit. Siehe Frank, S. 388–396.

derzusetzen,[69] und fühlen sich dabei einer Schulderfahrung ausgesetzt, ist mit Abwehrprozessen seitens der Eltern bzw. Sorgeberechtigten zu rechnen:[70] Beispielsweise wird jemand anderes aggressiv angegangen, belogen oder massiv beschuldigt, die Realität verzerrt, die Verantwortung für die Situation einem Dritten zugeschoben, die Schutzbedürftigkeit des Kindes oder auch das reale Geschehen selbst geleugnet bzw. idealisiert oder versucht, das Leid des Kindes in Mitleid für die Eltern umzukehren.

Zur besseren Übersicht sind auf der nachfolgenden Tabelle einige der gebräuchlichsten **Abwehrformen** zusammengestellt, mit denen ein Verfahrensbeistand im Umgang mit Eltern zu rechnen hat. Gleichzeitig sind diesen die entsprechenden Aufgaben des Verfahrensbeistands gegenübergestellt, welche bereits auf die anzustrebende Richtung bei der Problembewältigung in diesen schwierigen Fällen hinweisen.

In jedem Fall sollte ein Verfahrensbeistand damit rechnen, dass ohne sein Engagement die Eigeninteressen von Eltern in den Vordergrund drängen und damit die Ebene des Einfühlungsvermögens in das Kind niedrig bleibt.[71] Lässt ein Verfahrensbeistand sich schwerpunktmäßig auf eine elternzentrierte Thematik ein und schafft es nicht, sich innerlich zu distanzieren, führt dies im Handumdrehen zu einer Kontroverse um die Frage nach der elterlichen Erziehungsfähigkeit (vgl. Anhang, Standards für die Interessenvertretung),[72] deren Fehlern und Versäumnissen.

Praxistipp

▶ *Da Eltern in dieser Situation hoch verletzlich sind und harte Kritik ebenso fürchten wie blinde Zustimmung, beides aber gleichsam herauszufordern scheinen, tut der Verfahrensbeistand gut daran, eine Eskalation geschickt zu umgehen und die Frage nach der Erziehungsfähigkeit der Eltern im direkten Gespräch mit ihnen umzuformulieren in Richtung Kindesinteressen.*[73]

---

69 Fegert (1998), S. 26, mit dem Hinweis, dass davon auszugehen sei, dass vor Gericht i.d.R. nur die Spitze eines Eisbergs justiziabel wird und eine Fülle von durch frühkindliche Traumata hervorgerufene Belastungen verborgen bleibt.

70 Siehe hierzu Köckeritz (2004), S. 130 ff.

71 Vgl. die Schilderung von Fegert (1999a), S. 8: „Eine der ernüchterndsten Erfahrungen für einen Gutachter besteht darin, festzustellen, wie schwierig es z.B. bei Sorge- und Umgangsrechtsregelungen ist, mit Eltern über die Perspektive des Kindes und die Interessen des Kindes ins Gespräch zu kommen."

72 Ggf. ist vom Verfahrensbeistand bei Gericht anzuregen, dass die Eignung der Eltern oder eines Elternteils gutachterlich überprüft wird; siehe hierzu Zitelmann/Weber, Pkt. 4.4.

73 Siehe hierzu Dettenborn/Walter, S. 288 ff.

Übersicht: Problembewältigung des Verfahrensbeistands im Verhältnis zu Eltern 42

Beispiele für Abwehrverhalten von Eltern	Aufgaben des Verfahrensbeistands
• Leugnen, Abwälzen, Vermeiden von Verantwortung • Beschuldigung anderer: „Angriff ist die beste Verteidigung." • Übertrieben unterwürfige „Annahme" von Schuld	Übernahme von zeitlich begrenzter und verfahrensbezogener Verantwortung für das Kind
• Leugnung einer Interessenkollision • Uminterpretieren, Zurechtbiegen, Entstellen von Informationen • Abschotten von bzw. Umdefinieren der gefühlsmäßigen Wahrnehmung • Verkehrung ins Gegenteil: Bedürfnisse od. Rechte der Eltern (!) seien gefährdet	Realitätsgerechte Wahrnehmung des Interessengegensatzes in seiner Bedeutung für das Kind
• Abschwächen, Minimieren, Ignorieren, Bagatellisieren des Schadensausmaßes • Zurückhalten von Informationen • Ungeschehenmachen, Realitätsleugnung	Feststellen des gesamten Ausmaßes der realen Gefährdung oder Schädigung des Kindes
• Schutz- und Hilfsbedürftigkeit des Kindes wird nicht wahrgenommen, für gering erachtet, heruntergespielt • Verzerrung oder Verleugnung der Generationengrenze • Eigenbedürfnisse werden kindlichen Entwicklungsbedürfnissen vorangestellt	Erkennen der Schutz- und Hilfsbedürftigkeit des Kindes
• Negieren der Notwendigkeit spezieller Hilfe für das Kind • falsche „Harmonisierungstendenzen" auf Kosten des Kindeswohls • perspektivloses Verharren in der Gefährdungssituation der Familie • Leugnung der Notwendigkeit einer sorgfältigen Prognose, orientiert am kindlichen Zeiterleben	Konzentration auf Schadensbegrenzung, Hilfe und Unterstützung für das Kind
• Abwerten, Boykottieren, Unterlaufen von Hilfemaßnahmen • Ausschluss grundsätzlicher Überlegungen • Druck bis hin zu Drohung gegenüber Veränderungsabsichten, die außerhalb der Herkunftsfamilie liegen	Entwicklung einer Zukunftsperspektive für das Kind; kritische Prüfung bzw. Anregung der Hilfeplanung

43 Bei der Möglichkeit, im weiteren sozialen Umfeld die reale Lebenssituation des Kindes ermitteln zu können, ist der Verfahrensbeistand auch nicht ausschließlich auf die Informationen der Eltern angewiesen. Ein von ihm bewusst herbeigeführter Perspektivenwechsel[74] mit klarem Blick auf das Kind verringert die Wahrscheinlichkeit, dass Eltern sich persönlich angegriffen, abgewertet oder erniedrigt fühlen, schiebt andererseits aber auch bei einer Schädigung des Kindes nicht die Realität innerhalb der Eltern-Kind-Beziehung beiseite.

Bei einer Zentrierung auf die kindlichen Belange wächst die Chance, mit Eltern ins Gespräch zu kommen und dabei die unterschiedlichen Perspektiven ohne Verzerrung wahrzunehmen.

3. Von einer elternbezogenen Sicht hin zum Kindeswohl

44 Will man als Kindesinteressenvertreter den Wechsel von einer elternbezogenen Blickrichtung hin zur Perspektive des betroffenen Kindes bewirken und das Kindeswohl während des gesamten Verfahrens im Mittelpunkt halten, so erfordert dies wache Aufmerksamkeit und ein bewusstes, zielorientiertes Vorgehen.[75] Vom ersten Aktenstudium an, über Telefonate, bis hin zu einzelnen Gesprächen ist es notwendig, sich mit aller Kraft gegen den Sog einer ausschließlich elternzentrierten Blickrichtung der Probleme zu stemmen und einen Freiraum zu schaffen, der es ermöglicht, sich in das kindliche Erleben einzufühlen und seine Perspektive gegen Gefährdungen, Fehlentwicklungen und lebenslang wirksame Beeinträchtigungen einzunehmen und nach außen hin deutlich zu machen.

Im Falle einer Kindeswohlgefährdung ist alles zu tun, damit eine Schädigung des Kindes verhindert wird. Um die Gefahr abwenden zu können, muss man sich als Verfahrensbeistand mit dem betroffenen Kind – zumindest passager – identifizieren. Hierbei ist eine vorrangig elternzentrierte bzw. familiensystemische Sicht mit Allparteilichkeit und gleichschwebender Aufmerksamkeit für das Familiensystem als Ganzes zu verlassen.[76]

45 Möglich wird dies erst, wenn zuvor die Phantasie aufgegeben ist, dem Kind sei in jedem Fall allein über ein geändertes Verhalten der Eltern zu helfen, mit der Vorstellung: Wenn es den Eltern besser geht, geht es auch dem Kind besser. Denn dieser

---

74 Zum Zusammenhang zwischen moralischer Sensibilität und Perspektivenübernahme siehe Krebs/Denton, 234 ff.

75 Vgl. hierzu die Auswertung des Berichts des Untersuchungsausschusses „Kindeswohl" der Bremischen Bürgerschaft im Fall Kevin, 112, in dem festgestellt wird, dass die Interessen der „Eltern" von Anfang an an erste Stelle gesetzt wurden. Weitere Hinweise 77 ff., 95, 104, 113, 146, 148 f. und 149 mit zurechtgerückter Prämisse: „Es soll nur erneut darauf aufmerksam gemacht werden, dass an erster Stelle das Kindeswohl und nicht das Elternwohl zu stehen hat."

76 Auf die Gefahr der selektiven Wahrnehmung bis hin zur Negierung der vorhandenen Defizite bei Verbesserungsabsichten des gesamten familieninternen Systems weist der Untersuchungsbericht der Bremischen Bürgerschaft im Fall Kevin, S. 208 ausdrücklich hin. Siehe auch Salgo (2007), S. 16, der betont, dass die beim systemischen Ansatz geforderte Ressourcenorientierung keinesfalls als Verharmlosung oder Leugnung von Problemlagen verstanden werden darf.

Grundsatz gilt nur so lange, wie ein Kind nicht gefährdet ist. Im Konfliktfall tritt das **Kindeswohl an vorderste Stelle**. Probleme bei der Wahrnehmung des persönlichen Wohls eines Kindes können dazu führen, dass selbst im Falle einer Kindeswohlgefährdung dessen existentielle Notlage ausschließlich als Sache der Eltern angesehen und die bestehende Interessenkollision übergangen wird.[77] Dann kreisen trotz des erforderlichen Kindesschutzes alle Gedanken weiterhin rund um die bedürftigen Eltern.

Ist man gewillt, sich ein **realistisches Bild von der Mängellage des Kindes** zu verschaffen, gehört in Folge auch dazu, dass die Sachverhalte nicht beschönigend dargestellt werden, sondern die Wortwahl der Gefährdungssituation des Kindes angemessen ist. Dies gilt auch und insbesondere für die schriftliche Stellungnahme des Verfahrensbeistands.

Beispiele

Der lieblose Umgang von Eltern mit ihrem 5-jährigen Sohn – wozu auch Prügel auf offener Straße zählen – ist kaum realistisch zu umschreiben mit den Worten: „Die Eltern bemühen sich nach Kräften, den Erziehungsanforderungen gerecht zu werden."

Die Tatsache, dass ein vernachlässigtes Mädchen weiterhin ohne Frühstücksbrot in den Kindergarten kommt und darauf angewiesen ist, dass andere ihm etwas abgeben, findet kaum seine Entsprechung in der Formulierung: „Die Mutter ist im Laufe der Zeit schon viel selbstbewusster geworden und traut sich unterdessen auch, offen ihre Meinung zu sagen."

Die panikartigen Ängste eines kleinen Pflegekindes bei einem gerichtlich angeordneten Besuchskontakt mit seinen – laut Untersuchungsergebnis – erziehungsunfähigen leiblichen Eltern finden kaum Ausdruck, wenn es in der Stellungnahme heißt: „Die Eltern wirken noch recht unsicher bei allem, was sie tun, und sind von daher weiterhin auf die Unterstützung des Umgangsbegleiters angewiesen."

Um sich ein wirklichkeitsnahes Bild von der Gefährdungslage eines Kindes zu verschaffen, reicht die elterliche Perspektive nicht aus – einschließlich harmonisierender Bekundungen über deren gute Absichten, welche an der bitteren Realität nichts ändern, sondern im Gegenteil einer Veränderung zum Schutz des Kindes entgegenstehen.[78]

77 Jacobi (2008), S. 73, stellt fest, dass man den gesamten Problemkreis Kindesmisshandlung oftmals allein aus der Perspektive der Erwachsenen beleuchtet und nicht aus der des Kindes, das sich häufig noch nicht artikulieren könne und das unser aller Hilfe bedürfe.

78 Aus Sicht des betreuenden Sozialarbeiters im Fallbeispiel des von seinen Eltern schwer misshandelten Theo (Fn. 61) „war es eine große Leistung der Mutter, über Jahre hinweg den Haushalt zu führen und die Erziehung des Kindes zu bewältigen". Siehe hierzu Frank, S. 389.

Praxistipp

Beim Verfassen der schriftlichen Stellungnahme ist es wichtig, bereits bei den ersten Sätzen[79] die Konzentration auf das Kind selbst zu lenken. Beginnt man hingegen mit einer breit angelegten Schilderung der Konflikte und Probleme der Kindeseltern, ist der Fokus dadurch auf diese ausgerichtet, was späterhin nur schwer zu korrigieren ist.

46 Wie wichtig es ist, den Perspektivenwechsel im konkreten Einzelfall ganz bewusst vorzunehmen, wird deutlich, wenn man aus einer x-beliebigen **Gerichtsakte** eine Textstelle herausgreift, und sich beim Lesen auf die unerträglichen Erfahrungen des Kindes zu konzentrieren sucht:

> Bei dem Hausbesuch wurden die Kindeseltern mit dem Säugling angetroffen. Sie hatten offensichtlich Drogen konsumiert und waren nicht in der Lage, die Situation zu erfassen. Die Wohnung befand sich in einem äußerst verwahrlosten Zustand mit Unmengen Müll, der überall herumlag. Im Kinderbett befand sich Kot von den in der Wohnung gehaltenen Ratten. Das Gespräch gestaltete sich ausgesprochen kompliziert, da die Kindesmutter unbeherrscht und aggressiv reagierte und mehrmals den Raum verließ. Der Kindesvater ließ sich auf die Gesprächsinhalte nur unzulänglich ein und war bemüht, außenstehende Dritte für seine Lebenslage verantwortlich zu machen. Beide Elternteile verfügten über keinerlei Einsicht bezüglich der geäußerten Kritikpunkte hinsichtlich der Versorgung ihres Kindes.

Fragen, die hier zu stellen sind:

- Was erfahren wir hier über den Säugling selbst, seine Gefühle und seine eigenen auf Befriedigung drängenden elementaren Bedürfnisse?
- Wer sorgt für dieses Baby, nährt es und achtet darauf, dass es ohne frühkindliche Schädigungen aufwachsen kann?
- Wer ist emotional für es verfügbar, geht auf seine Bedürfnisse nach Zuwendung, Unterstützung und Liebe ein?
- Auf wen kann es sich in seiner Abhängigkeit verlassen, zu wem stabile Bindungen und soziale Beziehungen aufbauen?
- Wer reagiert auf seine zarten Signale und gibt Antwort, wenn es von panischer Angst überflutet wird und dringend Halt und Trost benötigt?
- Was geschieht mit ihm, wenn niemand da ist, der es vor Risiken und Gefahren, vor zu starken Innen- und Außenreizen und somit vor einer schweren Traumatisierung schützt?

---

79 Der Hinweis von Götz, in Lipp/Schumann/Veit, S. 216, dass ein mündlicher Bericht im Gefährdungsfall unzureichend ist, „da er regelmäßig zum vehementen Widerspruch der betroffenen Eltern oder auch des Kindes führen wird und eine geordnete Rede und Gegenrede untergeht", ist in jedem Fall beachtenswert, wobei Coester (2009), in Lipp/Schumann/Veit, S. 48 bei Verzicht einer schriftlichen Stellungnahme die Beschleunigung des Verfahrens positiv bewertet ebenso wie die Verhinderung einer frühzeitigen Eskalation. Unterdessen ist in § 158b Abs. 1 S. 2 FamFG festgelegt, dass der Verfahrensbeistand, der das Interesse des Kindes festzustellen und im gerichtlichen Verfahren zur Geltung zu bringen hat, zu diesem Zweck eine schriftliche Stellungnahme erstellen soll.

- Welche Not und tiefe Angst muss es erleiden, wenn es sich emotional unendlich alleingelassen fühlt?
- Wie sieht die Zukunftsperspektive für dieses kleine Kind aus?

Lässt man sich auf das deprimierende Bild ein, das einem durch den kurzen Text vor Augen geführt wird, so ist man beim Kind selbst in seinem Angsterleben.[80] Dadurch wird man nicht so schnell bereit sein, sich über die psychische Realität dieses Kindes hinwegtäuschen oder auf Nebenschauplätze verweisen zu lassen. Die Aufgaben zur Wahrnehmung der eigenständigen Kindesinteressen und Rechte sind gleichzeitig damit klar umrissen, die weiteren Wege für die Tätigkeit des Verfahrensbeistands bereits vorgegeben.

Zur Einübung der Fähigkeit, das Kind als Rechtssubjekt wahrzunehmen und elternzentrierte Formulierungen umzukehren, können fallspezifische Unterlagen aus der Akte anhand der nachfolgenden Fragen ausgewertet werden. Folgende Überlegungen sind vor jedem Elterngespräch zu empfehlen: **47**

Überlegungen vor Elterngespräch

- *Welche Informationen über das Kind selbst können Sie aus diesen Unterlagen entnehmen?*
- *Wenn Sie sich in die Lage des Kindes zu versetzen suchen, was könnte es durch einen Elternteil oder beide Eltern bislang Schlimmes erfahren haben bzw. was für schwerwiegende Erfahrungen blieben ihm nicht erspart?*
- *Formulieren Sie einen aus der Perspektive der Kindesmutter/des Kindesvaters geschriebenen Satz nun aus der Sicht des Kindes.*

Nun sollen noch einige Überlegungen zur **praktischen Durchführung des Perspektivenwechsels** im direkten Kontakt mit Eltern folgen, zumal ein Spannungsfeld darin zu sehen ist, wenn Eltern ihr eigenes Erleben in den Vordergrund stellen bzw. eine Deckungsgleichheit zwischen Elterninteressen und Kindesinteressen annehmen. **48**

Durch Blickkontakt, Wortwahl, entsprechenden Tonfall, Mimik und Gestik, den Stimmklang wird Eltern schnell signalisiert, ob einem ernst damit ist, durch das gemeinsame Gespräch ein tieferes Verständnis für das Kind zu erlangen und dabei das Kindeswohl an vorderste Stelle zu setzen. Hat ein Verfahrensbeistand genügend Kraft zur inneren Abgrenzung und bezieht als Interessenvertreter klar Position, kann er die Sichtweise von Eltern oder des beteiligten Elternteils ohne Schwierigkeiten of-

80 Vertiefend hierzu die von den Kinderpsychiatern Perry und von Szalavitz erzählten Fallgeschichten früh traumatisierter Kinder, S. 19 ff.

fen erfragen.[81] Denn für ihn ist gleichfalls von Interesse, herauszufinden, was die Eltern mit ihren Äußerungen über das Kind zum Ausdruck bringen möchten.

Das Wesentliche im Dialog besteht darin, nicht bei der ersten spontanen Situationsschilderung von Eltern – die erfahrungsgemäß aus deren eigener Perspektive erfolgt – stehen zu bleiben, sondern durch weitergehendes **gezieltes Fragen** Antworten hervorzurufen, welche den Unterschied zwischen der Elternschilderung und dem kindlichen Erleben transparent machen. Damit wird allen Gesprächsteilnehmern die eigene Sicht der Dinge bewusster und man kann sich schrittweise den kindlichen Erfahrungen annähern oder zumindest miteinander abklären, wo Gemeinsamkeiten und worin gravierende Unterschiede zu sehen sind.

Weiterführende Fragen an die Eltern

- *Wie hat sich das familiale Geschehen auf das Kind ausgewirkt?*
- *Was hat das Kind selbst Ihrer Meinung nach in dieser Situation erlebt?*
- *Wie würde das Kind seine eigene psychische Situation schildern und was würde es sagen, wenn es darüber sprechen könnte?*

Für einen Perspektivenwechsel sprechen folgende **Anhaltspunkte**:

1. Eltern sprechen z.B. über eine Gewaltszene, welche das Kind miterlebte – die Eltern schildern dem Verfahrensbeistand die Situation aus ihrer eigenen Perspektive.
2. Der Verfahrensbeistand fragt nach, wie diese Szene ihrer Meinung nach auf das Kind gewirkt hat – die Eltern sprechen mit dem Verfahrensbeistand über das Kind.

Im günstigsten Fall werden sich Eltern in die Situation des Kindes versetzen und beschreiben, wie das Kind selbst diese Szenen erlebt haben könnte; ggf. kann es ihnen so gelingen, sich den gefühlsmäßigen Erfahrungen des Kindes anzunähern bzw. die kindliche Perspektive einzunehmen.

49 Bei dieser **Gesprächsform** ist es dem Verfahrensbeistand möglich, Partei für das Kind zu ergreifen und dort deutlich Grenzen zu setzen, wo das wohlverstandene Kindesinteresse dies erfordert. Wenn Eltern den Verfahrensbeistand in ihr Leugnungssystem, ihre Aggressivität oder auch Gleichgültigkeit gegenüber dem Kind einzubinden suchen, gilt es standzuhalten und Widerstand zu zeigen („Das kann ich so nicht sehen.").

81 Janning hebt hervor, dass es nicht die Aufgabe der Kinder, sondern die der Fachkräfte sei, für eine notwendige Klärung mit den leiblichen Eltern zum Wohl des Kindes zu sorgen und die Macht der leiblichen Eltern zu begrenzen. Dies könnten diejenigen leisten, „die die Nöte und Ängste des Kindes kennengelernt und gut verstanden haben und daher aus seiner Perspektive gute Lösungen entwickeln können." Hierzu gehöre Mut, klar zu sein und anzuerkennen, was ist. Darüber hinaus könnten diejenigen Mitgefühl für die Eltern entwickeln, die sich nicht verwickeln – nicht hineinziehen – lassen in die Probleme der Eltern; Janning (2018), S. 175 f.

Hinweis

Es ist sinnvoll, sich immer wieder vor Augen zu führen: Nicht gegen die Eltern kämpfen, sondern sich für das Kind einsetzen!

Von daher wird man versuchen, das Gespräch immer wieder auf das Wesentliche zu zentrieren. Wissenschaftliche Erkenntnisse über Reaktionen von Kindern auf Trennung und Scheidung der Eltern, die Bindungstheorie oder Folgen anhaltender psychischer Traumatisierung mit der Notwendigkeit einer Unterbrechung der schädigenden Bindung und dem Aufbau einer neuen Beziehungserfahrung in der Pflegefamilie, aber auch über das kindliche Zeiterleben[82] im Vergleich zu dem von Erwachsenen, sollten als verallgemeinernde Erklärungen je nach Gesprächssituation mit herangezogen werden.

Auch wenn ein Verfahrensbeistand die Sichtweise von Eltern erfragt und herauszufinden sucht, worum es diesen in Bezug auf das Kind geht, wird er sie nicht im Unklaren darüber lassen, welche gravierenden Schädigungen mit möglicherweise irreparablen Folgen es bereits in seiner Entwicklung davongetragen hat und weshalb für die weitere Persönlichkeitsentwicklung des Kindes eine Schadensbegrenzung und die Entwicklung einer positiven Zukunftsperspektive dringend erforderlich sind.

4. Die Situation fremduntergebrachter Kinder

Deutlich von der Situation eines gefährdeten Kindes, das in seiner Herkunftsfamilie traumatischen Erfahrungen von Vernachlässigung,[83] Misshandlung, sexualisierter oder häuslicher Gewalt ausgesetzt ist und somit Opfer einer familialen Traumatisierung wurde, unterscheidet sich die Lebenssituation eines Kindes, das durch die Vermittlung des Jugendamtes bereits in einer **Pflegefamilie** Sicherheit und Schutz finden konnte. In der schützenden sozialen Umgebung seiner Pflegefamilie kann es sich von den schädigenden Bindungen distanzieren,[84] seine verletzenden Erfahrungen stückweise verarbeiten und eine neue Eltern-Kind-Beziehung aufbauen (siehe hierzu Teil 3/*Diouani-Streek*, Rn. 464 ff.). 50

Hat das Kind von den traumatischen Erfahrungen genügend Abstand und weiß sich in der Beziehung zu seinen Pflegeeltern in Sicherheit, können die früheren bedrohlichen Szenen erneut an die Oberfläche gelangen und in der Beziehung zu ihnen in ihm lebendig werden. Bei der Wiederbelebung dieser unerträglichen Erfahrungen kommt es in der Pflegefamilie leicht zu verzerrten Wahrnehmungen.[85] Dann erlebt das Kind

82 Siehe hierzu Heilmann (1998), S. 16–33.

83 Auf die Vernachlässigung als häufigste Form von Kindesmisshandlung, welche in der Öffentlichkeit am wenigsten wahrgenommen wird, weist Dornes (1997), S. 232 hin; ebenso Fegert (1998), S. 20.

84 Brisch (2008), S. 108 ff. führt aus, dass das bindungsgestörte Kind nach Trennung von seinen elterlichen Bindungspersonen eine Chance für neue Erfahrungen mit Pflegeeltern erhält, da es räumlich, körperlich, emotional und sozial dort in Sicherheit ist und vielleicht zum ersten Mal in seinem Leben ein Gefühl von emotionaler Sicherheit entwickeln kann.

85 Zu den drei spezifischen Phasen des Kindes beim Integrationsprozess in die Pflegefamilie siehe Nienstedt/Westermann, S. 103 ff.

die Pflegeeltern wie seinerzeit Vater und Mutter und zeigt ihnen gegenüber teils unverständliche Verhaltensweisen. Es sieht sie „durch die Brille seiner früheren Erfahrungen".[86] Erst wenn ein Kind genügend neue, emotional befriedigende Beziehungserfahrungen mit seinen Pflegeeltern gemacht hat und diese verinnerlicht werden können, ist der traumatische Einfluss des überwältigenden Geschehens zu schwächen und im Laufe der Zeit zu korrigieren.[87]

51 Kinder, die in ihrer Herkunftsfamilie massive Gewalt- oder Missbrauchserfahrungen gemacht haben bzw. schwerer Vernachlässigung mit traumatischen Folgen ausgesetzt waren und deshalb von den sie betreuenden Pflegepersonen zu schützen sind, dürfen nicht mit Scheidungskindern verwechselt werden. Damit der Schaden, zu dessen Minderung man als Verfahrensbeistand im Interesse des Kindes beitragen will, nicht noch vergrößert wird, ist die eigene Unterscheidungsfähigkeit hier in ganz besonderem Maße gefordert. Denn es besteht ein gravierender Unterschied darin, ob in einem Verfahren die Kindesperspektive in einen Elternkonflikt einzubringen ist – wie in strittigen Fällen bei Trennung und Scheidung und den hiermit zusammenhängenden Folgeproblemen für das Kind beispielsweise in der Frage des Umgangs – oder ob es um den notwendigen Schutz eines vernachlässigten oder misshandelten Kindes aus einer Problemfamilie geht, das durch seine Eltern selbst gefährdet ist.

Praxistipp

▶ *Dem Gericht muss von Anfang an deutlich signalisiert werden, um was für einen Fall es sich hier handelt, damit es keinerlei Verwechselung mit entsprechend schweren Folgewirkungen für das Pflegekind geben kann.*

52 Dass Pflegekinder keine Scheidungskinder sind, auch wenn dies bei oberflächlicher Sicht so scheinen mag, spielt insbesondere auch in der **Frage des Umgangs** eine wesentliche Rolle. Denn auch wenn nach Trennung und Scheidung Umgangskontakte zwischen zwei gleichberechtigten erziehungsfähigen Elternteilen mit dem von ihnen gleichermaßen geschätzten Kind ein erhebliches Konfliktpotenzial bergen können, besteht hier doch ein maßgeblicher Unterschied zu einem Pflegekind, dem in der Regel etwas so Schwerwiegendes widerfahren ist, dass es mit seinen leiblichen Eltern nicht (weiter) zusammenleben kann, sondern in einer anderen Familie, in der es sich angenommen und geachtet fühlt, aufwächst (als Alternative zu einer Unterbringung in einem Kinderheim, in dem durch den permanenten Bezugspersonenwechsel keine neue Eltern-Kind-Beziehung entstehen kann).

---

86 Nienstedt/Westermann, S. 103. Siehe hierzu auch Niestroj (2005), S. 150 f.

87 Der besondere Schutz der entstandenen Bindung von Pflegekindern an ihre Pflegeeltern wird im KJSG betont. Nach neuer Fassung des § 1632 Abs. 4 BGB kann zum Schutz des Pflegekindes der Verbleib bei seinen Pflegeeltern nunmehr auch auf Dauer angeordnet werden. Denn bei seiner Entscheidung hat das Gericht jetzt auch „das Bedürfnis des Kindes nach kontinuierlichen und stabilen Lebensverhältnissen zu berücksichtigen."

Aufgrund der vielfach auftretenden **emotionalen Belastungen** im Zusammenhang mit Besuchskontakten und dem Prozess der Integration von Pflegekindern in der Pflegefamilie heißt es resümierend in einer Forschungsübersicht:

> „Da Pflegekinder in der Bundesrepublik und international aufgrund ihrer Vorgeschichte bzw. hoher Auftretensraten von Verhaltensstörungen und gesundheitlichen Einschränkungen zu den verwundbarsten Teilen ihrer jeweiligen Altersgruppe zählen, ist es nicht sinnvoll, die Regelvermutung eines positiven Zusammenhangs zwischen Umgangskontakten und Kindeswohl ungeprüft auf diese Gruppe zu übertragen."[88]

Für das Kind im gerichtlichen Verfahren beinhaltet die Konzentration auf die Kindesinteressen eine große Chance.[89] Im Rahmen der **Perspektivenklärung** für das betroffene Kind und unter Einbeziehung des Spannungsfeldes von Hilfe und Kontrolle bieten sich je nach Fallkonstellation Überlegungen zu folgenden Fragen an. Wobei vorweg herauszufinden wäre, auf welche Informationen man angewiesen ist und auf welche verzichtet werden kann. Denn es kommt entsprechend der Fallkonstellation im Einzelfall auf die jeweils **relevanten Informationen** an, die es entsprechend zu gewichten gilt: 53

Fragen zur Perspektivenklärung

- *Worum geht es in diesem Verfahren für das Kind selbst?*
- *Welche seiner eigenen Rechte, Interessen, Bedürfnisse und Gefühle stehen für das Kind auf dem Spiel?*
- *In welchen konkreten Punkten sind die Grenzen, die das Kindeswohl dem Elternrecht setzen, bereits überschritten?*
- *Welche öffentlichen Hilfen wurden für wie lange real in Anspruch genommen?*
- *Ist bei dem Kind durch die Inanspruchnahme öffentlicher Hilfen unmittelbar eine entlastende Wirkung festzustellen oder alles beim Alten geblieben?*
- *Welchen Schaden hat das Kind bereits genommen?*
- *Wodurch und durch wen wurde er verursacht?*
- *Was blieb dem Kind bislang vorenthalten, das ihm zu seiner Persönlichkeitsentwicklung und der Entwicklung zu einem selbstbestimmungsfähigen Subjekt innerhalb der sozialen Gemeinschaft zusteht?*
- *Hat die Unfähigkeit, das Kind als eigenständige Person innerhalb der Eltern-Kind-Beziehung zu sehen, dazu geführt, dass seine Probleme ausschließlich als Probleme der Eltern gesehen wurden?*
- *Gibt es Hinweise darauf, welche Bindungen des Kindes schützenswert und welche hoch beängstigend und von daher schädigend sind?*

88 Siehe Friedrich/Reinhold/Kindler, S. 23.

89 Siehe BVerfG, FamRZ 1999, 85 ff., 87; BVerfG, FamRZ 2013, 343 mit Anm. Salgo, FamRZ 2013, 361; BVerfG v. 3.2.2017, 1 BvR 2569/16, FamRZ 2017, 524 mit Anm. Salgo.

- *Wurde die psychische Dimension des Kindeswohls genügend erfasst?*[90]
- *Wurde das Problem der Instrumentalisierung*[91] *des Kindes insbes. durch geschiedene Eltern mit der Gefahr für seine psychische Integrität genügend bedacht?*
- *Wird es von einem Elternteil als Druckmittel oder für Eltern als Schadensprämie verwandt?*
- *Konnte sich ein vernachlässigtes, misshandeltes oder missbrauchtes und dadurch traumatisiertes Kind von den schädigenden Einflüssen äußerlich/innerlich distanzieren oder ist es diesen weiterhin ausgesetzt?*
- *Gibt es Hinweise auf Loyalitätskonflikte, in denen das Kind stehen könnte? Wenn ja, zu wem und weshalb?*
- *Wie erlebt das Kind selbst seine Situation in der Bindung an die Eltern?*
- *Kann es sich freimütig äußern, ohne Angst oder Schuldgefühle zu bekommen oder Sanktionen befürchten zu müssen?*
- *Welche Bewältigungsformen hat das Kind selbst entwickelt? Wie sind sie einzuschätzen?*

54 Für den Verfahrensbeistand ist es unerlässlich, darüber nachzudenken, welche der Interessen bzw. Bedürfnisse der Eltern zu denen des Kindes im Widerspruch stehen könnten. Denn er muss alles daransetzen, den im familiengerichtlichen Verfahren zu prüfenden **Interessengegensatz** mit seinen negativen Auswirkungen auf das Kind zu **erfassen**.

Ebenso gehört zur Aufgabe des Verfahrensbeistands, dass er im Verhältnis zu den Eltern und anderen Bezugspersonen seine eigene Position gegenüber dem zu vertretenden Kind selbstkritisch überprüft:

Fragen zur Selbstreflexion

- *Bin ich noch immer nah an den Gefühlen des Kindes oder innerlich bereits von diesen abgerückt?*
- *Habe ich die leidvollen Erfahrungen dieses Kindes aus seiner Lebensgeschichte begriffen?*
- *Könnte ich die angespannte Atmosphäre des gerichtlichen Verfahrens und gegen mich gerichtete Wut auch im persönlichen Kontakt mit den Eltern*

90 Zur Berücksichtigung der psychischen Dimension des Kindeswohls vgl. die interdisziplinäre Untersuchung (Abschluss 1977) von Simitis u.a., S. 34; Staudinger/Coester (2016), § 1666 BGB, Rn. 67, 92, 94, 108 f.; vgl. auch Münder u.a. (2000).

91 Simitis u.a., S. 134. Anders als alle anderen im Rahmen dieser Arbeit zitierten Autoren geht Rudolph, der die Konflikte bei Elterntrennung und deren Auswirkung auf die Kinder im Blick hat, von weiter gefassten Misshandlungsbegriffen aus, welche Handlungen oder Unterlassungen einschließen, die nicht unbedingt zu körperlichen oder psychischen Beeinträchtigungen von Kindern führen. Siehe S. 9, 105. Zu den unterschiedlichen Definitionen siehe Engfer (1997), S. 23 ff.

oder einem Elternteil aushalten, ohne die besondere Schutzbedürftigkeit und Hilflosigkeit des Kindes bagatellisieren oder seine seelische Verletzung ignorieren oder leugnen zu müssen?

- *Habe ich bei den Überlegungen zur themenspezifischen Vorbereitung wesentliche wissenschaftliche Kriterien – Kenntnisse über Loyalitätskonflikte, psychische Traumata, Bindungsstörungen, Gefährdungen der körperlichen und seelischen Integrität, Entwicklungsdefizite und das kindliche Zeiterleben – entsprechend berücksichtigt?*

III. Klarer Rahmen als Strukturierungshilfe

Da beim Umgang mit den betroffenen Familien durch deren äußere und innere Belastungen aufgrund starker emotionaler Beteiligung mit überwältigenden Affektzuständen bis hin zu destruktivem Agieren[92] zu rechnen ist, dient die Schaffung eines klaren überschaubaren Rahmens dem Verfahrensbeistand als wichtige Strukturierungshilfe. **55**

Ein **stabiler Rahmen** unterstützt in angstbesetzten Situationen die Ichfunktionen mit Unterscheidungsfähigkeiten zwischen Realität und Illusionen, innerer und äußerer Welt ebenso wie Wunsch und Phantasie und hilft, das überwältigende Geschehen zeitlich in Vergangenheit, Gegenwart und Zukunft einzuordnen.

Bei einem hochstrittigen Kindesschutzverfahren sollte der Verfahrensbeistand darauf vorbereitet sein, dass Beteiligte durch erhöhten inneren Stress einen explosiven Druck auf den Rahmen ausüben können, sie aus dem Rahmen fallen oder der Rahmen selbst von ihnen gesprengt wird.[93] Wegen zu erwartender möglicher Affektüberschwemmungen der beteiligten Erwachsenen tut der Verfahrensbeistand gut daran, für Ich-stützende Strukturen zu sorgen und dadurch Überforderungen so gering als möglich zu halten. Je weniger der Verfahrensbeistand von den ungebundenen Affektzuständen der Eltern überschwemmt wird, desto besser kann er sich auf das Kind konzentrieren. Schließlich hat die Angstreduzierung beim Kind oberste Priorität. **56**

Ein **klar strukturierter Rahmen** stärkt den Realitätssinn und gibt den Verfahrensbeteiligten ein Stück weit Sicherheit, wenn Gefühle von Scham, Isolation, Stigmatisierung, Wut oder auch Hass aufsteigen und sie zu überwältigen drohen. Ebenso trägt er zur zeitlichen und räumlichen Strukturierung bei, schafft Raum für Überlegungen und innere Auseinandersetzungen. Es könnte beispielsweise naheliegen, dass der Verfahrensbeistand die Eltern oder andere Bezugspersonen zu einem Gespräch in deren privater Wohnung aufsucht. Dabei ist vom Verfahrensbeistand zu bedenken, dass die Regulierung von **Nähe und Distanz** mit zu seiner Tätigkeit gehört. Bei zu großer Nähe könnten die persönlichen Grenzen eher verwischt und die – bei einer Inte- **57**

92 Im Zusammenhang der Erörterung von Kindeswohlgefährdung in Kindesschutzverfahren erwähnt Coester (2009), in Lipp/Schumann/Veit, S. 49 f., Konflikte mit uneinsichtigen Eltern in Problemfamilien, wobei mit deren mangelnder Kooperationsbereitschaft als auch einem strategischen Schein-Nachgeben der Eltern zu rechnen sei.

93 Fegert (1999a), S. 9; Herman, S. 10, 210.

ressenkollision unbedingt erforderliche – Kraft zur inneren Abgrenzung geschwächt werden.[94]

58 Wenn von den Beteiligten als Wunsch oder auch Gesprächsbedingung die **Teilnahme ihres Rechtsanwaltes** vorgebracht wird, ist vom Verfahrensbeistand zu überlegen, welche Umstände sich im Hinblick auf die Zielsetzung des Gespräches förderlich und welche sich hemmend auswirken könnten. Beispielsweise könnte mit der aktiven Beteiligung des Anwalts der Eltern das Gewicht auf deren individuelle Belange verlagert werden, so dass es schwieriger würde, die Kindesinteressen im Mittelpunkt zu halten und vor lauter Gegensteuerungstendenzen letztendlich gemeinsame kindzentrierte Überlegungen blockiert würden. Andererseits wäre auch denkbar, dass sich die Eltern erst mit der Teilnahme ihres Rechtsanwaltes sicher genug fühlten, um sich auf eine Gesprächssituation einlassen zu können. Die **Beachtung der Zeitstruktur** ist sowohl während eines einzelnen Gesprächskontaktes als auch während des gesamten Verfahrensablaufs[95] bedeutsam.

▶ *Zum Beschleunigungsgebot siehe Teil 4/Heilmann, Rn. 11 ff.*

59 Damit Eltern oder andere Beteiligte sich von vornherein darauf einstellen können, was sie erwartet, sollten sie über wichtige Belange sachgerecht informiert werden. Dadurch wird ihnen die Kontrolle ihrer eigenen Situation ermöglicht. Eine kurze Definition der aktuellen Situation trägt dazu bei, dass Erwartungsspannungen besser ertragen werden können. Um Ängste und Phantasien nicht ausufern zu lassen, sollte der Verfahrensbeistand die **Rahmenbedingungen**, d.h. seinen Auftrag, seine Funktion und Vorgehensweise präzise und verständlich **darstellen**. Dabei ist zu bedenken, dass die Funktion des Verfahrensbeistands einigen Personen unbekannt sein wird. Grundlegend hierzu *Nordstern/Weber* mit vielen wichtigen Hinweisen für die Praxis (vgl. Anhang, Standards für die Interessenvertretung).

Zu einer realitätsgerechten Vorgehensweise gehört ebenso, dass die Eltern von vornherein darüber informiert werden, dass alles, was sie sagen, auch Eingang in das Verfahren finden kann. Dass dem Verfahrensbeistand bereits über die Gerichtsakte Informationen zur Verfügung stehen, ist für sie ebenso wichtig zu erfahren, wie das, was mit den aktuell erlangten Informationen geschehen wird und mit wem der Verfahrensbeistand noch zu sprechen beabsichtigt. Zur Klarheit und Eindeutigkeit trägt bei, dass die Informationen gezielt für dieses spezifische Verfahren ermittelt werden. Bei einem Mitwirken am Zustandekommen einer einvernehmlichen Lösung (siehe Teil 3/*Ivanits*, Rn. 374 ff.) sollte der Verfahrensbeistand darauf achten, dass es keine Rollenkonfusion durch Überschneidung mit anderen Funktionen gibt.

---

94 Vgl. Salgo (1996), S. 227.

95 Das Beschleunigungsgebot nach § 155 Abs. 1 FamFG schiebt einer Verzögerung zum Schaden des Kindes einen Riegel vor, wobei der Grundsatz des Kindeswohls das Beschleunigungsgebot „zugleich prägt und begrenzt".

Fazit

Zur Handhabung eines klaren Rahmens im Verhältnis zu den Eltern und anderen Bezugspersonen gehört, dass ein Verfahrensbeistand

- *seine Rolle im Interesse des Kindes und dessen Leiderfahrungen aktiv wahrnimmt.*

  Der Fokus liegt immer auf dem betroffenen Kind und nicht auf den Eltern – dies auch gegen deren Widerstand (Beispiele für sozialpsychologisches Abwehrverhalten von Eltern siehe entsprechende Tabelle Rn. 42). Ohne sein Engagement besteht die Gefahr, dass die Eigeninteressen der Eltern in den Vordergrund treten. Zur Allparteilichkeit bzw. Unparteilichkeit gegenüber Eltern oder anderen Beteiligten ist ein Verfahrensbeistand gerade nicht verpflichtet.
- *dort deutlich Grenzen setzt, wo die Beziehung zum Kind und das wohlverstandene Kindesinteresse dies erfordern.*
- *elterliche Darstellungen einer Realitätsprüfung unterzieht und die Dinge beim Namen nennt.*
- *klare Absprachen mit den Eltern trifft und auf deren Einhaltung achtet.*

  Z.B. bei Zeitabsprachen und/oder der Festlegung des Gesprächsortes (Verfahrensbeiständen stehen nicht per se geeignete Räumlichkeiten zur Verfügung). Ein klarer äußerer Rahmen schafft Sicherheit und erleichtert dem Verfahrensbeistand, die Kindesinteressen und -bedürfnisse im Mittelpunkt zu halten. Folgende Überlegungen sind hilfreich:

  - *Wann?*
  - *Wo?*
  - *Was wird von den Eltern erwartet?*
  - *Was ist mit den Eltern zu besprechen?*
- *die Zeitstruktur im Auge behält und diese nach außen hin transparent macht.*

  Vgl. hierzu Teil 4/Heilmann, Rn. 11 ff.
- *seine eigenen Kompetenzen nicht überschreitet.*

  Er ist weder Ratschlaggeber noch Gutachter noch Richter. (siehe Anhang, Standards für die Interessenvertretung)[96]
- *keinerlei Zusagen gegenüber Eltern und/oder anderen Bezugspersonen bezüglich seiner Stellungnahme, aber auch Vorschlägen notwendiger Hilfemöglichkeiten für das Kind ans Familiengericht macht.*

96 Zu den Grenzen professionellen Handelns siehe auch Goldstein u.a. (1988), S. 41 ff.

- *auf rahmenverletzendes Verhalten der Eltern oder anderer Bezugspersonen aufmerksam macht und Konsequenzen aufzeigt, das Gericht hierüber in Kenntnis setzt und um Abhilfe und Unterstützung bittet.*

  In seiner Stellungnahme wird dies Berücksichtigung finden.[97]

Die Chance, dass der Verfahrensbeistand sich im unmittelbaren Kontakt mit allen am Verfahren beteiligten Personen engagiert für die kindlichen Belange einsetzen und Widersprüche oder Ungereimtheiten aufgreifen und Rechtsverletzungen klar und deutlich benennen kann, gilt es zu erkennen und in die Praxis umzusetzen.

97 Siehe BAG Verfahrensbeistandschaft, Standards, mit dem klaren Hinweis, das Gericht von grenzüberschreitenden Destruktionen mit den negativen Auswirkungen auf das Kind in Kenntnis zu setzen, Pkt. 3.5.

C Das Verhältnis zu Gutachtern

Übersicht Rn.

I. Zur Abgrenzung der Aufgabenbereiche Verfahrensbeistand – Gutachter

Sowohl der Verfahrensbeistand als auch der Gutachter werden vom Gericht beauftragt. Vielleicht ist deshalb wiederholt debattiert worden, ob nicht der Verfahrensbeistand die Begutachtung ersetzen könne, ob nicht durch ein höheres Stundenkontingent im Rahmen einer Verfahrensbeistandschaft Ergebnisse ausgehandelt werden könnten, wie dies bei einem Gutachten ohne Interventionsauftrag kaum möglich sein dürfte. Tatsächlich ist der **Überschneidungsbereich** des Auftragsgebiets aber de facto **nicht sehr groß**. Es verbietet sich deshalb auch nicht, dass in schwierigen Verfahren sowohl eine Begutachtung stattfindet als auch eine Verfahrensbeistandschaft eingesetzt wird. **60**

Der **Verfahrensbeistand** ist selbst Verfahrensbeteiligter und er soll die kindlichen Interessen im Verfahren zur Geltung bringen. Er macht somit die betroffenen Kinder auch zu mehr oder weniger aktiven Verfahrensbeteiligten. Es gehört zu seinen Aufgaben, dem Kind das Verfahren und somit auch die Begutachtung zu erklären. Er hat deshalb auch eine eigenständige Position gegenüber dem Gutachter und muss auch in der Begutachtungssituation die Interessen des Kindes vertreten. **61**

Beispiel: Interessenvertretung in Begutachtungssituation

Wenn ein sexuell missbrauchtes Kind absolut die Untersuchung durch einen männlichen Gutachter verweigert, aber sich von einer weiblichen Gutachterin untersuchen ließe, erklärt der Verfahrensbeistand diesen Zusammenhang dem Gericht und sorgt für eine Abänderung der Beauftragung.

Demgegenüber ist der **Gutachter** kein Verfahrensbeteiligter, sondern ein „Gehilfe" des Gerichts, der vor allem seine Sachkunde einbringt, um für das Gericht bestimmte, von dort formulierte Fragen abzuklären und zu beantworten. Denn: **62**

> „Reicht die eigene Sachkunde des Gerichts nicht aus, müssen Sachverständige hinzugezogen werden. Für diese Tätigkeit ist psychologisches Fachwissen (insbesondere aus dem Bereich Familienpsychologie, Entwicklungspsychologie, pädagogische Psychologie, Sozialpsychologie, Kommunikationspsychologie, klinische Psychologie, Diagnostik und Intervention) und je nach Fragestellung, Fallgestaltung, Fachwissen anderer kind- und elternorientier Disziplinen wie Kinder- und Jugendpsychiatrie und

> -psychotherapie, Kinder- und Jugendlichenpsychotherapie, Psychiatrie und Psychotherapie und anderes mehr erforderlich."[1]

Für Sachverständige in familiengerichtlichen Verfahren ist der Beweisbeschluss die Arbeitsgrundlage. Das Gericht ist gegenüber Sachverständigen weisungsbefugt und kann den Sachverständigen in Bezug auf seine Erwartungen und andere Vorgaben leiten. Sachverständige können aus denselben Gründen wie Richter von den Verfahrensbeteiligten als befangen abgelehnt werden (§ 406 ZPO). Insofern hat jeder Sachverständige auch initial zu prüfen, ob Gründe vorliegen, die geeignet sind Misstrauen gegen seine Unparteilichkeit zu rechtfertigen (§ 407a ZPO). Das heißt, eine vorher bestehende therapeutische, geschäftliche oder private Beziehung zu einem oder mehreren Familienmitgliedern schließt eine Begutachtung wegen des möglichen Verdachts der **Befangenheit ein**.

Im Rahmen eines Gutachtens muss meist in einer begrenzten Zahl von Kontakten eine hinreichende Diagnostik des Kindes bzw. der Kinder erfolgen und es muss eine ausführliche Exploration der Verfahrensbeteiligten und der Kinder durchgeführt werden. Handelt es sich um Sorgerechtsfragen oder Umgangsstreitigkeiten, sind regelhaft auch Verhaltensbeobachtungen in Kontaktsituationen, z.B. mit Videounterstützung, Teil der Begutachtung.

II. Aufgabenbereiche des Gutachters und des Verfahrensbeistands

63 Allerdings gibt es neben den familiengerichtlichen Verfahren noch ganz andere Gerichtsverfahren, bei denen ein Gutachter im Auftrag des Gerichts tätig werden kann. Dies können z.B. **Strafverfahren** sein, in denen Opfer im Hinblick auf ihre Glaubhaftigkeit untersucht werden müssen oder Angeschuldigte in Bezug auf psychische Störungen, Entwicklungsreife etc., um eine Strafmündigkeit bzw. eine Schuldfähigkeit im Rahmen einer Straftat abzuklären.

Kinder, die Opfer von Straftaten, wie z.B. sexuellem Missbrauch etc., wurden, haben Entschädigungsansprüche nach dem Sozialgesetzbuch XIV. Flächendeckend sollen hier auch Kindertraumaambulanzen in Deutschland eingeführt werden. Im Kontext des SGB IX erfolgt eine sozialrechtliche Begutachtung, welche andere Kausalitätsmaßstäbe an den Zusammenhang zwischen möglicherweise traumatisierenden Einflüssen und Folgen der Teilhabebeeinträchtigung stellt. Durch die Reform des Sozialen Entschädigungsrechts wurde auch der Gewaltbegriff im Sozialen Entschädigungsrecht, im Vergleich zum Strafrecht, aufgeweitet. Vernachlässigung wird jetzt ebenfalls in der sozialrechtlichen Begutachtung als Gewalteinwirkung betrachtet.

Ein Verfahrensbeistand, der vom Familiengericht eingesetzt wurde, kann durchaus auf diese **Rechtsansprüche des Kindes** nach dem SGB XIV hinweisen. Zusammenhängend kann eine Begutachtung oder ärztliche Stellungnahme dringend erforder-

1 Mindestanforderungen an die Qualität von Sachverständigengutachten im Kindschaftsrecht, 2. Aufl., Arbeitsgruppe Familienrechtliche Gutachten, S. 4.

lich werden. Bestehen bei dem Kind akute psychische Belastungen und ein Rechtsanspruch auf Leistungen einer Kinder- und Jugendtraumaambulanz nach SGB XIV, sollte auf eine rechtzeitige Inanspruchnahme von Frühinterventionen hingewiesen werden.

Bedarf ein Kind aufgrund einer psychischen Störung (siehe Teil 3/*Fegert, Clemens*, Rn. 287 ff.) oder aufgrund einer körperlichen oder geistigen Behinderung einer Maßnahme der Eingliederungshilfe/Hilfe zur Teilhabe (§ 35a SGB VIII, BTHG), so ist für die Umsetzung dieser Hilfe und für die **Hilfeplanung** eine ärztliche Stellungnahme, die auf einer fundierten Diagnostik beruht, erforderlich. Die Feststellung der Funktionsbeeinträchtigung soll entsprechend den Vorgaben aus dem SGB IX mit standardisierten Instrumenten erfolgen, welche das biopsychosoziale Modell der WHO in der International Classification of Functioning – ICF, widerspiegeln. **64**

Wird ein Verfahrensbeistand z.B. in einem Vernachlässigungsfall eingesetzt und wird im Rahmen der Recherchen deutlich, dass das Kind hier einen ausgeprägten Hilfebedarf und einen Eingliederungshilfeanspruch hat, so wird sich der Verfahrensbeistand in der Interessenvertretung des Kindes darum kümmern, dass eine **entsprechende Diagnostik** erfolgt; ja, er wird, wenn die Personensorgeberechtigten das Kind nicht zur Diagnostik vorstellen, sogar entsprechende Schritte beim Familiengericht einleiten müssen, um die Diagnostik, Krankenbehandlung und Hilfeplanung zum Wohle des Kindes sicherzustellen.

Eher selten wird der Verfahrensbeistand direkt mit Gutachtern im Rahmen von **Versicherungsverfahren**, z.B. nach unfallbedingten Traumata etc., in Kontakt kommen. Allerdings kann es wichtig werden, dass der Verfahrensbeistand sich im Rahmen seiner Recherchen bei entsprechend vorgeschädigten Kindern darum kümmert, dass **frühere Befunde und Gutachten** ins familiengerichtliche Verfahren eingebracht werden. Er kann die sorgeberechtigten Personen bzw. das Jugendamt bitten, ihnen vorliegende Unterlagen vorzulegen, oder bei Gericht anregen, dass die Unterlagen eingefordert und ggf. die erforderlichen Schweigepflichtsentbindungserklärungen eingeholt werden. **65**

Klar abgegrenzt ist die **Kontrollfunktion** vom Verfahrensbeistand gegenüber dem Gutachter auch in den Fragestellungen nach § 1631b BGB (i.V.m. §§ 316, 317, 319, 320, 321 FamFG), wo es um erzieherische und/oder therapeutische Maßnahmen mit **Freiheitsentzug** geht. Auch hier hat die Arbeitsgruppe „familienrechtliche Gutachten" am BMJ Mindestanforderungen an die Qualität von Sachverständigengutachten nach § 1631b BGB und zur freiheitsentziehenden Unterbringung von Minderjährigen nach den Landesgesetzen über die Unterbringung psychisch Kranker ausformuliert. Diese Empfehlungen sind eine Ergänzung der 2. Auflage der Mindestanforderungen an Gutachten in Kindschaftssachen. **66**

Hier hat der psychiatrische Gutachter zu prüfen, welches Störungsbild vorliegt und ob diese Diagnose und die damit verbundene Prognose unter den obwaltenden Bedingungen bei einer spezifischen Vorgeschichte von anderen gescheiterten Maßnahmen diese Ultima Ratio rechtfertigt. Gerade weil dieser massive Eingriff in Grundrechte häufig von Eltern wie auch in diesen Fällen völlig ratlosen Institutionen einhellig gewünscht wird, ist es wichtig, dass Kinder angehört werden und ihr Wille auch im Verfahren artikuliert wird.

Gerade wegen der offensichtlichen **Interessenskonflikte** von verzweifelten Sorgeberechtigten wurde § 1631b Abs. 2 BGB dahingehend erweitert, dass die Genehmigung des Familiengerichts an die Eltern auch erforderlich ist, wenn einem Minderjährigen, der sich in einem Krankenhaus, einem Heim oder einer sonstigen Einrichtung aufhält, durch mechanische Vorrichtungen, Medikamente oder auf andere Weise über einen längeren Zeitraum oder regelmäßig in nicht altersgerechter Weise die Freiheit entzogen werden soll. Dies betrifft auch die häufig von solchen Jugendlichen zum Ausdruck gebrachten Ambivalenzen, wie z.B.:

> „Ich bin absolut dagegen, dass man mich einsperrt, aber wenn man das jetzt nicht tut, dann bringe ich mich um, dann mache ich weiter mit dem Drogenkonsum und richte mich zugrunde etc."

Während der Gutachter in diesen Fällen die Ausgangsbedingungen und Erfolgschancen bei einer solche Maßnahme untersuchen muss, hat der Verfahrensbeistand auch im Verlauf eine wesentliche Funktion, da er überprüfen muss, ob diese im Gutachten genannten Tatsachen, auf denen der Gerichtsbeschluss beruhte, auch noch fortbestehen, so dass die **Aufrechterhaltung der Maßnahme** berechtigt ist. Wenn dies nicht so ist oder wenn sich trotz der massiven Eingriffe in Grundrechte keine Besserung des Zustandes einstellt, muss der Verfahrensbeistand eine neue Entscheidung, eventuell auch eine erneute Begutachtung anregen.

Ähnlich kann ein Ergänzungspfleger oder Verfahrensbeistand wichtig werden, wenn eine Krankenbehandlung über eine so genannte **Zwangseinweisung** im Rahmen der Landes-PsychKH-Gesetze aus der Sicht des einen Elternteils erfolgen soll, während der andere Elternteil dies ablehnt. Ähnliche Konstellationen treten auf, wenn ein Elternteil die medikamentöse Behandlung verweigert, z.B. aus religiöser oder parareligiöser Überzeugung, während ärztliche Gutachter und mit ihnen der andere Elternteil diese Behandlung wünschen (vgl. § 1628 BGB).

67 Auch heute noch zeigen sich Gutachter Jahre nach Einführung der Verfahrensbeistandschaft irritiert darüber, dass im selben Verfahren neben ihnen ein Verfahrensbeistand tätig wird. Insofern ist es durchaus sinnvoll, sich als Interessensvertretung des Kindes vorzustellen und den Gutachter darum zu bitten, dass dieser den Verfahrensbeistand über alle mit dem Kind bzw. den Kindern sowie mit den Parteien vereinbarten Termine informiert. Besteht ein Vertrauensverhältnis zwischen Verfahrensbeistand und Kind, kann der Verfahrensbeistand das Kind auch zum Beginn der Begutachtung begleiten, insbesondere wenn es darum geht, die **Aufklärung** des Gutachters **zu den Rahmenbedingungen der Begutachtung** mitzuhören. Hier ist die Teilnahme des Verfahrenspflegers auch aus Sicht des Gutachters teilweise wünschenswert, weil so sichergestellt werden kann, dass das Kind trotz der aufregenden Situation seine Rechte und Pflichten im Rahmen der Begutachtung richtig verstanden hat.

Praxistipp

▶ *Es ist durchaus sinnvoll, direkt mit dem Gutachter Kontakt aufzunehmen und ihm auch Informationen bzw. bisherige Rechercheergebnisse anzubieten. Dabei ist allerdings zu bedenken, dass der Gutachter nicht in einem Arzt-Patienten-Verhältnis handelt, sondern als vom Gericht bestellter Gutachter quasi alles, was er im Rahmen seiner Exploration erfährt, auch dem Gericht weitergeben sollte. Es besteht in dieser Situation also keine Schweigepflicht.*

Der Verfahrensbeistand sollte sich unbedingt ein Bild darüber verschaffen, in wessen Auftrag der Gutachter handelt.

III. Sonderfall: Parteiengutachten

Zu unterscheiden sind gerichtliche Gutachtenaufträge von so genannten Parteiengutachten. Parteiengutachten bringen für die Kinder fast regelhaft zusätzliche Belastungen mit sich, da sie häufig ein Gutachten der Gegenseite und schließlich ein drittes durch das Gericht beauftragtes Gutachten nach sich ziehen. **68**

Stellt der Verfahrensbeistand also fest, dass ein Elternteil die Begutachtung des Kindes vornehmen lässt, so ist es durchaus möglich, dass hier ein Verstoß gegen die Interessen des Kindes vorliegt und der Verfahrensbeistand intervenieren sollte, um für eine Situation zu sorgen, in der das Kind von einem gerichtlich bestellten und von beiden Seiten akzeptierten neutralen Gutachter untersucht wird.

IV. Die Rolle des Verfahrensbeistands, Kenntnisse und Interventionsmöglichkeiten

Das Kind hat ein Recht darauf, über die Fragestellungen und den Sinn und Zweck der Begutachtung aufgeklärt zu werden. Zudem muss das Kind wissen, dass der Arzt oder Psychologe in dieser Situation nicht unter Schweigepflicht steht. Es sollte wissen, dass es nicht zur Mitarbeit verpflichtet ist, aber warum es sinnvoll und sachdienlich ist, wenn es sich an der Begutachtung beteiligt. **69**

Hierüber sollte der Gutachter das Kind zu Beginn seiner Untersuchung **altersgerecht aufklären**. Es sollte vom Gutachter zudem über die Inhalte und den zeitlichen und methodischen Ablauf sowie darüber informiert werden, dass es Pausen verlangen kann. In einer eigenen Studie wurde deutlich, dass derartige Aufklärungen in der Hälfte der Fälle einer repräsentativen Stichprobe an Glaubhaftigkeitsgutachten nicht zu finden waren.[2] Der Verfahrensbeistand ist daher grundsätzlich sowohl in straf-

2 König/Fegert.

rechtlichen als auch in familiengerichtlichen Verfahren angehalten, die Kinder und Jugendlichen über

- Sinn und Zweck des Gutachtens,
- den Gutachtensablauf sowie
- auch die Rolle des Kindes bei der Begutachtung

aufzuklären.

70 Ebenso sollte das begutachtete Kind explizit die Gelegenheit haben, die **Ergebnisse** der Begutachtung zu **erfahren** und zu verstehen. Wenn der Gutachter nicht selbst in einem Abschlussgespräch über diese Ergebnisse informiert, erhalten die Beteiligten ja spätestens über ihre Anwälte das Gutachten zur Kenntnis. Die häufig intensiv mitarbeitenden Kinder werden dann aber oft nur teilweise oder aus einer speziellen Sicht informiert. Insofern wäre es durchaus wünschenswert, dass der Verfahrensbeistand sich im Interesse des Kindes nach dem Begutachtungsergebnis erkundigt und – um in der Metapher vom Anwalt des Kindes zu bleiben – ebenso wie ein Anwalt – dem Kind in angemessener Form die Ergebnisse der Begutachtung erklärt.

71 Ist ein Verfahrensbeistand schon durch längere Kontakte zur Vertrauensperson des Kindes geworden, kann es durchaus sinnvoll sein, dass er das Kind **zur Begutachtungssituation begleitet** und beim Erstkontakt so lange anwesend ist, bis eine Aufklärung über die Gutachtensituation und auch die Rechte des betroffenen Kindes erfolgt ist. Andererseits ist es üblich, dass Kinder im Rahmen der Begutachtung vom Untersucher allein, z.B. in einem Spielkontakt etc., untersucht und exploriert werden, so dass eine Beeinflussung von außen eher ausgeschlossen wird. Ein erfahrener Gutachter wird aber sicher in der Lage sein, auch dem Verfahrensbeistand das Begutachtungssetting plausibel zu erklären, und damit eine Situation schaffen, die allen verantwortungsvollen Personen vertretbar erscheint.

72 Gutachten haben häufig eine mehr oder weniger verfahrensentscheidende Bedeutung; so konnten wir beispielsweise im Rahmen von Strafverfahren eine bis zu 89 %-ige Übernahmehäufigkeit der gutachterlichen Stellungnahme zur Frage der Glaubhaftigkeit kindlicher Aussagen durch das Gericht feststellen.[3] Umso wichtiger erscheint es, dass ein Verfahrensbeistand **Gutachten lesen und bewerten** kann.

Sie sollten formale Aspekte im Blick haben, wie z.B. eine schlüssige Gliederung des Gutachtens. Hierzu gehört, dass Auftraggeber und Fragestellungen benannt werden, dass auf den Akteninhalt und die damit zusammenhängenden Vorannahmen und Voraussetzungen eingegangen wird.

Des Weiteren muss der Explorations- und Befundteil getrennt werden von Interpretationen und der Beantwortung der Fragestellungen des Gerichts. Wie in einer guten Tageszeitung sollten also Nachricht und Kommentar nebeneinander stehen und nicht vermischt werden. Dies ist deshalb wichtig, da bisweilen gerade bei prognostischen Überlegungen auf derselben Befundlage eine andere Hypothesenbildung aufgebaut werden kann. Ein gutes Gutachten ist dann wenigstens von seiner Befunder-

3 König/Fegert.

hebung und Exploration her stets verwertbar, auch wenn man z.B. unter Einbeziehung anderer Erkenntnisse, die der Verfahrensbeistand durch seinen direkten Umgang gewonnen hat, letztendlich zu anderen Gewichtungen und Bewertungen kommt als in den Schlussfolgerungen des Gutachters.

Die im Rahmen des Modellprojekts zur Bestandsaufnahme und Qualitätsanalyse psychiatrischer Tätigkeit aufgestellte Checkliste zur Beurteilung der Güte von Schuldfähigkeitsgutachten lässt sich größtenteils auch auf andere, für den Verfahrensbeistand relevante Fragestellungen übertragen und kann hier als Orientierung dienen.[4]

Ein Gutachten sollte immer so abgefasst sein, dass es für den Laien verständlich ist, denn es hat ja die Funktion, psychologisches und psychiatrisches Fachwissen bei der Wahrnehmung der Problematik dem Gericht zugänglich zu machen. Sind Passagen im Gutachten unverständlich, werden angewandte Verfahren nicht erläutert etc., sind Nachfragen durchaus erlaubt.

Familienrechtliche Extremsituationen sind **internationale Entführungsfälle**, wo es 73
nach dem Haager Übereinkommen ebenfalls zu einer Begutachtung kommen kann und wo z.B. ein deutsches Gericht gleichzeitig einen Verfahrensbeistand einsetzen kann. In solchen Fällen muss die Begutachtung unter dem hohen Zeitdruck der Verfahren erfolgen und der Verfahrensbeistand muss die spezielle Eilbedürftigkeit und den rigiden Entscheidungsrahmen in diesem Zusammenhang kennen und respektieren. Wünschenswert ist hier natürlich eine einschlägige Zweisprachigkeit des Gutachters wie des Verfahrensbeistands und damit verbunden eine Vertrautheit mit beiden involvierten Kulturbereichen.

▶ *Zu den gerichtlichen Verfahren mit Auslandsbezug vgl. Teil 4/Schweppe, Rn. 234 ff.*

Ganz zentral ist abschließend die Feststellung, dass der Verfahrensbeistand, wenn 74
er spezielle Bedingungen feststellt, die eine psychologische oder kinder- und jugendpsychiatrische Begutachtung notwendig machen, sich an das Gericht wenden kann, um eine solche **Begutachtung** zu **beantragen**. Dies sollte immer dann geschehen, wenn eine psychische Belastung des Kindes deutlich wird und nicht klar ist, ob es sich hier um eine Reaktion auf den Trennungs-, Umgangskonflikt etc. handelt oder ob tiefgreifendere bzw. schon vorbestehende psychische Störungen vorliegen. Immer dann, wenn bei den Elternpersonen stärkere psychische und/oder Suchtprobleme auftreten, kann eine fachliche Begutachtung unter Einbeziehung der erkrankten bzw. süchtigen Elternpersonen hilfreich sein.

Gutachten können auch einen gewissen Interventionscharakter haben, wenn sie 75
erstmalig in einer verfahrenen Situation, z.B. unter Videokontrolle, Spiel- und **Umgangssituationen** möglich machen. Auch hier kann der Verfahrensbeistand darauf achten, dass betroffene Kinder nicht einfach per Gerichtsbeschluss ins kalte Wasser geworfen werden, sondern dass z.B. eine solche erste probatorische Umgangssitua-

4 Siehe Fegert et al., 2003.

tion fachlich genau beobachtet und begleitet und später auch sorgfältig ausgewertet wird.

76 *Fazit*

Alles in allem können sich Verfahrensbeistand und Gutachter im familienrechtlichen Verfahren hervorragend ergänzen und quasi zum Wohle des Kindes „die Bälle zuspielen". Genauso können sie sich aber behindern. Das Kind darf nicht den Eindruck bekommen, dass zahllose Personen Teilzuständigkeiten haben und es nicht wirklich weiß, an wen es sich vertrauensvoll wenden kann.

Insofern gehören die jeweilige Aufgabenbeschreibung und die transparente Darlegung der Aufträge gegenüber dem Kind bzw. den Kindern zentral zu einer verantwortungsvollen Berufsausübung sowohl des Verfahrensbeistands wie auch des Gutachters.

Anhang

Standards für die Interessenvertretung von Kindern und Jugendlichen vor dem Familiengericht

A Einleitung

Die Arbeit an den „Standards" – damals noch für Verfahrenspfleger:innen – begann im Jahr 1997 noch vor der gesetzlichen Einführung einer eigenständigen Interessenvertretung für Minderjährige. Den Anstoß hierfür gaben reformpolitische Regelungsentwürfe, in denen das Anforderungsprofil, die Rechte und Pflichten dieser Interessenvertretung weitgehend offenblieben. In Fachdiskussionen wurde deutlich, dass Richter, Rechtsanwälte und psychosoziale Fachkräfte ganz **verschiedene** und oft unvereinbare **Vorstellungen** über die Aufgabenstellung der Kindesvertretung hatten. Die problematischen Folgen für die vertretenen Kinder und Jugendlichen waren (auch angesichts ähnlicher Erfahrungen im Ausland) absehbar und ein frühzeitiger Verständigungsprozess entsprechend geboten. Mit den Ende 1998 veröffentlichten „Standards für VerfahrenspflegerInnen" formulierten wir Handlungsempfehlungen, die – vielfach veröffentlicht – eine breite Fachdiskussion ausgelöst haben.

Die in den „Standards" formulierten Empfehlungen waren das Ergebnis einer **mehrjährigen wissenschaftlichen Auseinandersetzung** mit der Interessenvertretung für Kinder und Jugendliche in zivilrechtlichen Kindesschutzverfahren.[1] Auch trugen Erfahrungsberichte und die Kritik praktizierender Ergänzungs- bzw. Verfahrenspfleger:innen sehr viel zur Verbesserung und Kindzentrierung der ersten Textfassungen bei. Bedeutsam waren ebenso intensive Diskussionen mit Fachkräften der freien und öffentlichen Jugendhilfe, der Justiz sowie verschiedener Weiterbildungsträger.

Für die Erarbeitung wurden insbesondere praktische und berufsethische Leitlinien des Auslandes sowie berufsethische Grundsätze verschiedener Berufsgruppen herangezogen. Als sehr hilfreich erwies sich hierfür der ethische und praktische Kodex der britischen Kindesvertretung (NAGALRO).[2]

Die Formulierung allgemeiner Grundsätze und praxisbezogener Leitlinien erforderte viele intensive Gespräche über eine Vielfalt an Fallkonstellationen sowie psychosozialen Lebenserfahrungen und Lebenslagen von Kindern und Jugendlichen aller Altersstufen. Dabei zeigte sich insbesondere die **Notwendigkeit zur inhaltlichen Differenzierung** zwischen

- Verfahren zum Schutz gefährdeter Kinder und
- der Vertretung von Kindern, deren grundsätzlich erziehungsfähige Eltern sich um den Umgang und die Aufteilung der elterlichen Sorge streiten.

Auch zeichneten sich damals in verschiedenen Bundesländern bzw. Regionen unterschiedliche und sogar unvereinbare Auffassungen von Amts- bzw. Oberlandesgerichten ab, welche Aufgaben, Rechte und Pflichten eine Interessenvertretung Minderjähriger hat und welche Tätigkeiten über die reine Vermittlung des Kindeswillens hinaus vergütungsfähig sind. Die fachlichen Standards des da-

---

1 Weber, C., Verbesserung der Stellung von Minderjährigen in gerichtlichen und behördlichen Verfahren durch den Einsatz qualifizierter Verfahrenspfleger/innen, Frankfurt a. M. 1995 (unveröffentlichte Diplomarbeit; Fachhochschule Frankfurt a.M., Fachbereich Sozialpädagogik); Zitelmann, Maud: Kindeswohl und Kindeswille im Spannungsfeld von Pädagogik und Recht, Münster 2001.

2 Übersetzt in: Salgo, Der Anwalt des Kindes – Die Vertretung von Kindern in zivilrechtlichen Kindesschutzverfahren – eine vergleichende Studie, Frankfurt a. M. 1996, S. 302 ff.

mals neu entstandenen Fachverbandes hatten hier eine Orientierungsfunktion, eine bindende Wirkung wurde ihnen allerdings abgesprochen.[3]

Selbstverständlich können nicht alle in Standards formulierten Handlungsempfehlungen unter allen Umständen gleichermaßen für alle Kinder und Jugendliche in allen Lebenssituationen gelten. Daher bilden **das persönliche Wohl und der Wille des Kindes** die grundlegende Orientierung; im Einzelfall kann ein von den Standards abweichendes Vorgehen erforderlich sein, wenn fachlich stichhaltige Begründungen ein solches Handeln legitimieren.

Die „Standards für VerfahrenspflegerInnen" waren anfangs kritisiert worden, weil einige der darin formulierten Grundsätze selbstverständlich schienen. Berichte über Vertretungspraktiken, in denen ohne einen ersichtlichen Grund kein Kontakt zum Kind gesucht wurde, in denen Anwälte der Eltern zugleich die Interessenvertretung des Kindes übernahmen, wodurch es zur unreflektierten Beschränkung auf die Vertretung des Kindeswillens kam, zeigten jedoch deutlich, dass es sinnvoll und notwendig ist, auch scheinbar Selbstverständliches klarzustellen.

Nach der Erstveröffentlichung des Textes im Januar 1998 kam es während verschiedener bundesweiter Fachtagungen (1999 in Berlin, 2000 in Frankfurt a. M., 1999, 2000 und 2001 in Bad Boll) zu vielen, auch kontroversen Diskussionen über das Konzept einer Interessenvertretung für Kinder und Jugendliche. Im Frühjahr 2001 hatte die kurz zuvor gegründete „Bundesarbeitsgemeinschaft Verfahrenspflegschaft für Kinder und Jugendliche e.V." (im Folgenden: BAG Verfahrenspflegschaft) die berufsethischen „Standards für VerfahrenspflegerInnen"[4] in ihrer Mitgliederversammlung ohne Gegenstimmen in Kraft gesetzt. In der Folge haben sich diese Standards als **berufsethische Orientierung und praxisnahe Handreichung** erwiesen.

Die seinerzeit in der BAG Verfahrenspflegschaft organisierten Träger von Fort- und Weiterbildungsangeboten hatten vereinbart, die **Inhalte der Weiterbildung** an den „Standards für VerfahrenspflegerInnen" auszurichten. Auch in der Rechtsprechung, Kommentierung und Fachliteratur sowie späteren Begleitforschung fand die Erstfassung der Standards viel Beachtung. Diese klare Positionierung hinsichtlich der Aufgabenstellung und Rolle des Verfahrenspflegers hat einen bis heute einflussreichen Beitrag zur notwendigen Verständigung über die Rechte, Pflichten und die angemessene Vergütung einer am Wohl und Willen des Kindes orientierten Interessenvertretung geleistet.

Die damals von uns formulierte Obliegenheitspflicht das Gericht über einschlägige strafrechtliche Ermittlungen zu informieren, war auf der Fachtagung in Bad Boll 2001, bei der die Standards diskutiert und verabschiedet wurden, von einigen Personen scharf in Frage gestellt worden. Mit der Forderung unter Punkt 1.3

> „Als VerfahrenspflegerIn scheidet aus, wer von Suchtmitteln wie illegalen Drogen, Alkohol, nicht indizierten Medikamenten etc. abhängig ist. Gleiches gilt für Pädophile oder wegen eines Vergehens bzw. Verbrechens an Minderjährigen verurteilte Personen. Wurde diesbezüglich ge-

---

3 So stellte z.B. das KG Berlin (Beschl. v. 19.2.2014, 17 U 5/14), das zu prüfen hatte, ob sich ein Verfahrensbeistand pflichtwidrig verhielt, zur Bindungswirkung der Standards der BAG fest, dass „die Arbeit des Verfahrensbeistands nicht am Maßstab der Standards der BAG Verfahrenspflegschaft, sondern ausschließlich am Gesetz, namentlich an § 158 FamFG, ggf. i.V.m. §§ 1915 Abs. 1 Satz 1, 1886 BGB, gemessen werden kann. Die verbandsautonom gesetzten Standards der BAG Verfahrensbeistandschaft stellen keine Rechtsnormen dar, an die das Gericht (oder der Verfahrensbeistand) gebunden wären, sondern hierbei handelt es sich lediglich um aus sachverständiger Sicht abgegebene fachliche Empfehlungen, die allenfalls, ähnlich wie beispielsweise DIN-Normen (vgl. Palandt/Sprau, BGB, [73. Aufl. 2014], vor § 1 Rn. 24), ergänzend zur Ausfüllung von Rechtsvorschriften herangezogen werden können."

4 In der von Corina Weber und Maud Amal Nordstern (ehemals Zitelmann) erstellten Fassung.

gen eine Person ermittelt, hat sie dem Gericht auf eigene Initiative eine Eignungsprüfung zu ermöglichen."

werde die Berufsgruppe ohne jede Not unter „Generalverdacht" gestellt, der Passus sei zu streichen. Die Mitgliederversammlung hatte diesen Standard dennoch angenommen. In der Folgezeit verlangten die Diakonische Akademie, gefolgt von der Paritätischen Akademie **erweiterte Führungszeugnisse** von den Teilnehmenden ihrer Weiterbildungskurse. Mit zunehmender Sensibilisierung für Täterstrategien bei sexualisierter Gewalt wurde 2005 dann auch für Fachkräfte der Kinder- und Jugendhilfe ein erweitertes Führungszeugnis verlangt (§ 72a SGB VIII)[5] und deren persönliche Eignung konkretisiert. Seit 2022 ist dies auch für Verfahrensbeistände in § 158a Abs. 2 Satz 2 bis 5 FamFG entsprechend normiert.

In der Praxis und Rechtsprechung hatten sich in der Folge überwiegend Konzepte durchgesetzt, die eine **am persönlichen Wohl des Kindes orientierte Vertretung** beinhalten und sich damit deutlich von einer **allein am Willen des Kindes ausgerichteten Vorgehensweise** unterscheiden. Aber auch andere Vorgehensweisen waren praktiziert und selbst bei groben Mängeln anscheinend von den bestellenden Familiengerichten geduldet und durch Wiederbestellungen gefördert worden.[6]

Im **Jahr 2005** hatte die BAG Verfahrenspflegschaft eine **gekürzte und** in der entscheidenden konzeptionellen Frage der Vertretung von Kindeswohl und Kindeswille eine **abgeschwächte Fassung der Standards** verabschiedet. Im Zentrum dieser Fassung der Standards der BAG Verfahrenspflegschaft aus dem Jahr 2005 stand – zwischen den Zeilen gelesen – nunmehr **nur noch das von Umgangsstreitigkeiten** oder der **Trennung seiner Eltern betroffene Scheidungskind**. Ausgeblendet waren damit jene für die Interessenvertretung einschlägigen Verfahren im zivilrechtlichen Kindesschutz, in denen es um Fragen der Gefährdungseinschätzung und erforderlicher Hilfen für das betroffene Kind geht.

2009 erfolgte die Einführung des Verfahrensbeistandes durch § 158 FamFG. Um dieser Neuregelung sprachlich Rechnung zu tragen, war im **Jahr 2012** eine kaum geänderte Fassung der Standards der BAG Verfahrensbeistandschaft verabschiedet worden. Inhaltlich war damals jedoch keine Neubearbeitung erfolgt. Der Gesetzgeber hingegen hatte bereits bei Einführung des § 158 FamFG gar keinen Zweifel mehr daran gelassen, dass der Verfahrensbeistand

> „bei seiner Stellungnahme sowohl das subjektive Interesse des Kindes (Wille des Kindes) als auch das objektive Interesse des Kindes (Kindeswohl) einzubeziehen (hat)".[7]

Das **Gesetz zur Bekämpfung sexualisierter Gewalt gegen Kinder** vom 16.6.2021 führte u.a. auch zu einer Neuregelung der Verfahrensbeistandschaft (§§ 158 bis 158c FamFG). Daraufhin verabschiedete der Berufsverband der Verfahrensbeistände, Ergänzungspfleger und Berufsvormünder für Kinder und Jugendliche e.V. (BVEB) im **April 2022** eine **Neufassung der Standards**.[8]

Die zu begrüßende und detaillierte gesetzliche Neuregelung der Verfahrensbeistandschaft (§§ 158 bis 158c FamFG) übernimmt endlich zahlreiche rechtspolitische Forderungen aus den Vorauflagen dieses Handbuches. Wie in- und ausländische Erfahrungen zeigen, kommt den Standards eines Berufsverbandes dennoch nach wie vor auch eine wegweisende Funktion zu. Hinsichtlich der notwendigen Weiterentwicklung einer kindzentrierten Arbeitsweise zeigt sich der Vorteil gegenüber der Gesetzgebung in der Möglichkeit einer zeitnahen Anpassung.

---

5 Vgl. hierzu nunmehr.
6 Vgl. Bindel-Kögel, in: Münder (Hrsg.), Kindeswohl zwischen Jugendhilfe und Justiz, 2017, S. 281 ff.
7 BT-Drucks. 16/6308 v. 7.9.2007, S. 239.
8 Abrufbar unter https://www.bveb-ev.de/verfahrensbeistandschaft/ (Abruf am: 3.3.2025).

Die **Neufassung der Standards des BVEB** vollzieht im Wesentlichen die durch die Neuregelung der gesetzlichen Vorschriften erfolgten Änderungen und Ergänzungen hinsichtlich der fachlichen und persönlichen Eignung und der kindzentrierten Arbeitsweise. Die im Gesetz formulierten **Anforderungen an die persönliche Eignung** (§ 158a Abs. 2 Satz 1 FamFG), eine Verfahrensbeistandschaft *„gewissenhaft, unvoreingenommen und unabhängig wahrzunehmen"*, sollten auch in den Standards des Berufsverbandes deutlicher betont und näher definiert werden.

Hinweis

Angesichts der fachlichen Diskurse zum Kinderschutz[9] sollten Standards künftig die Bedürfnisse sowohl der von Trennung und Scheidung ihrer Eltern betroffenen Kinder als auch der in anderer Hinsicht massiv gefährdeten Kinder differenzierter in den Blick nehmen.

Aufgrund der Kontextbezogenheit der hier betroffenen Kinder, die auf eine eigenständige und unabhängige Interessenvertretung in kindschaftsrechtlichen Verfahren angewiesen sind, sollten die Standards deutlich aufzeigen, dass die alleinige Kommunikation mit dem Kind unter Auslassung seiner Bezugspersonen und seines Lebensumfeldes kein umfassendes Verständnis ermöglichen kann, um sein Interesse feststellen und im Verfahren zur Geltung bringen zu können (§ 158b Abs. 1 Satz 1 FamFG).

Die Standards sollten Verfahrensbeiständen auch Orientierung für die Entscheidung geben, ob die Übernahme einer weiteren Aufgabe für ein zu vertretendes Kind mit der unabhängigen Vertretung seiner Interessen vereinbar wäre und so zur Vermeidung von Rollenkollisionen beitragen.

Für die Erarbeitung der in § 158b Abs. 1 Satz 2 FamFG vorgeschriebenen **schriftlichen Stellungnahme** wäre eine detailliertere Handlungsanleitung hilfreich, wie sie in der von *Weber/Nordstern* (ehemals Zitelmann) erstellten Fassung der allerersten Standards bereits formuliert worden war.

In der **Rückschau** auf nunmehr über 25-jährige Erfahrungen mit der Implementierung eigenständiger Interessenvertretung von Kindern und Jugendlichen in kindschaftsrechtlichen Verfahren hat es sich als äußerst hilfreich erwiesen, diesen Prozess mit fachlichen Standards zu untermauern. Die anfänglich teils vorgebrachte Skepsis hat sich als unbegründet erwiesen. Dieser Weg hat die Profilierung zu einer beruflich auszuübenden Tätigkeit wesentlich vorangebracht.

Zwar wird eine Verpflichtung zur Orientierung an **Kindeswohl und Kindeswille** auch in den aktuellen Standards zitiert, die anschließenden handlungsleitenden Ausführungen beziehen sich jedoch fast ausschließlich auf die Aufgaben und Arbeitsweise einer am „Kindeswillen" orientierten Vertretung. Die fachlich weit anspruchsvolleren Anforderungen einer am einzelnen Kind orientierten Bestimmung und Vertretung des „Kindeswohls" bzw. der Einschätzung seiner Gefährdung und der notwendigen Hilfen werden dagegen ganz ausgeblendet. Die am Kindeswohl orientierte Vertretung wird in den aktuellen Standards des BVEB (2022) nur an wenigen Stellen angesprochen und in einem einzigen Absatz näher erläutert (3.2).

> „Eine ausschließlich an den subjektiven Interessen orientierte Vertretung findet ihre Grenze in jedem Fall dort, wo ein Wille des Kindes sein körperliches, geistiges oder seelisches Wohl gefährdet."

Auf diese Weise wird die Vertretung des Kindeswohls einzig für jene Fälle als Verpflichtung benannt, in denen der Wille des Kindes offenkundig nicht mit seinem Schutz vereinbar ist. Das grund-

9 Praxisleitfaden zur Anwendung kindgerechter Kriterien für das familiengerichtliche Verfahren – Empfehlung von kinderrechtsbasierten Standards in Kindschaftssachen, Berlin 2022.

legende Recht des Kindes auf Ermittlung und Wahrung seines persönlichen Wohls im gerichtlichen Verfahren ist damit für die Mehrheit der Fälle faktisch beseitigt.

25 Jahre nach der ersten Erarbeitung der Standards, bei denen noch die belastenden und sehr oft sogar traumatischen Lebenserfahrungen betroffener Kinder sowie die Auswirkungen des Verfahrens im Zentrum standen, ist in den aktuell gültigen berufsethischen Standards von den Leiderfahrungen und einer Gefährdung der Kinder fast keine Rede mehr. Dabei hat der Kinderschutz im rechtlichen Kontext und in der Praxis in diesen Jahrzehnten an Bedeutung und wissenschaftlicher Fundierung entscheidend hinzugewonnen.

Kinder und Jugendliche haben das Recht auf eine Interessenvertretung, die das zum Kinderschutz notwendige **psychosoziale und rechtliche Fachwissen** in den einschlägigen Fallkonstellationen (Schütteltrauma, Vernachlässigung, (seelische) Misshandlung, sexualisierte Gewalt in Familie und Institutionen – u.a. auch Genitalverstümmelung, Cybergrooming etc. – sowie Zwangsehen und Autonomiekonflikte) mitbringt und sich für ihren Schutz und ihr Wohl bei der Regelung der elterlichen Sorge und auch im Kontext der Aussetzung oder Einschränkung des Umgangsrechts einsetzt. Dieses Fachwissen ist nicht nur in den Verfahren nach §§ 1666, 1666a BGB erforderlich, es ist auch ein Teil der erforderlichen Fachkenntnis, wenn es um die Verfahrensbeistandschaft für Kinder geht, die nach oft massiven Mangel- und Gewalterfahrungen dauerhaft in einer neuen Familie aufwachsen.

Dagegen rücken die neueren Standards des BVEB die Beachtung verfahrensrechtlicher Vorgaben des FamFG, die Kontakte zu beiden Eltern, eine einvernehmliche „Lösung des Konflikts" und die Vertretung des Kindeswillens in das Zentrum. Ausgangspunkt dieser Überlegungen sind offenkundig nur noch Kinder, deren Eltern sich um die elterliche Sorge oder das Umgangsrecht streiten. **Die Interessenvertretung traumatisierter Kinder ist aus den Standards weitgehend verschwunden**. Die in den ursprünglichen Standards der BAG Verfahrenspflegschaft (2001) noch an zentraler Stelle platzierten **Leitsätze über die „Rechte des Kindes"** waren in der späteren Fassung ersatzlos gestrichen worden. Mit ihnen beginnt die im Folgenden dokumentierte Originalfassung der „Standards für VerfahrenspflegerInnen" aus dem Jahr 1998.

Nachfolgend findet sich die ursprüngliche Fassung der Standards der BAG Verfahrenspflegschaft, deren beschriebene Handlungsweisen – ungeachtet des mit dem FamFG in das Gesetz ausdrücklich aufgenommenen Aufgabenkreises nach wie vor zum Wohle der betroffenen Kinder und im Sinne einer umfassenden und im Einzelfall angemessenen Interessenvertretung berücksichtigt werden sollten.

Hinweis

Die aktuellen Standards des BVEB (2022) sind online abrufbar unter https://www.bveb-ev.de/verfahrensbeistandschaft/, dort Button „Standards für Verfahrensbeistand zum Download".

B Fassung der Standards der Bundesarbeitsgemeinschaft Verfahrenspflegschaft für Kinder und Jugendliche e.V. (BAG) vom 17.2.2001

Fassung 2001 – erstellt von Corina Weber und Maud Amal Nordstern (ehemals Zitelmann)

– Verabschiedet von der Mitgliederversammlung der BAG Verfahrenspflegschaft für Kinder und Jugendliche e.V. am 17. Februar 2001 in Bad Boll –

Kinder und Jugendliche haben das Recht auf ...
... die Achtung ihrer Individualität und Schutzbedürftigkeit
... eine qualifizierte und unabhängige Interessenvertretung
... persönliche Kontakte mit ihren VerfahrenspflegerInnen
... kontinuierliche Begleitung, Information und Beratung
... eine kindzentrierte Gestaltung des Verfahrensablaufes
... eine eigenständige Ermittlung und Dokumentation ihrer Interessen
... die authentische Vermittlung ihres Willens an das Gericht
... die fachlich fundierte Vertretung ihres persönlichen Wohls.

1. Eignung

1.1 Qualifikation

Die Übernahme einer Verfahrenspflegschaft erfordert die Fähigkeit zur Begleitung von Kindern und Jugendlichen in belastenden Lebenssituationen, die möglicherweise traumatisierende Beziehungserfahrungen mit Menschen, auf deren Fürsorge und Schutz sie angewiesen sind oder waren, zu bewältigen haben.

Hierfür bedarf es praktischer Erfahrungen sowie besonderer juristischer, pädagogischer und psychologischer Fachkenntnisse. Diese sollten in der Regel durch eine spezialisierte Weiterbildung erworben und im Verlauf der Tätigkeit vertieft und aktualisiert werden. Es empfiehlt sich die kritische Prüfung der derzeitigen Weiterbildungsangebote, deren fachliche Konzepte stark variieren.

Weicht die Qualifikation einer Fachkraft von den genannten Anforderungen erheblich ab, sollte sie erwägen, ob sich die Übernahme der Verfahrenspflegschaft fachlich verantworten lässt, und das bestellende Gericht auf diese Sachlage hinweisen.

1.2 Unabhängigkeit

Kinder und Jugendliche haben ein Anrecht auf VerfahrenspflegerInnen, die ihre Belange wahrnehmen und vertreten können, ohne hieran durch eigene Rollen- und Interessenkonflikte gehindert zu werden.

Folglich bedürfen VerfahrenspflegerInnen einer fachlichen Unabhängigkeit von dem bestellenden Gericht, der Jugendhilfebehörde und allen am Verfahren beteiligten Personen. Ebenso ist eine unabhängige Position gegenüber anderen öffentlichen und freien Trägern die Voraussetzung, um zutreffende Bewertungen und Empfehlungen bezüglich ambulanter und stationärer Hilfen abzugeben.

Da Auswahl und Kontrolle der VerfahrenspflegerInnen beim bestellenden Gericht liegen, besteht hier eine strukturelle Abhängigkeit. VerfahrenspflegerInnen sollten daher die notwendige innere Distanz aufbringen, um ihre fachliche Unabhängigkeit gegenüber vermeintlichen oder tatsächlichen Erwartungen des Gerichtes bezüglich ihrer Vorgehensweise und Empfehlungen zu wahren.

MitarbeiterInnen der Jugend- und Sozialämter scheiden prinzipiell als VerfahrenspflegerInnen aus. Fachkräfte anderer öffentlicher und freier Träger eignen sich nur, wenn sie in der Lage sind, die Vertretung der Kindesinteressen vor die vermeintlichen oder tatsächlichen Interessen ihrer Institution bzw. ihrer KollegInnen zu stellen. Bei freiberuflich Tätigen ergibt sich ein Interessenkonflikt, wenn sie aus Gründen der Existenzsicherung eine solche Anzahl von Verfahrenspflegschaften übernehmen, dass sie den Belangen jedes einzelnen Kindes nicht zu entsprechen vermögen.

Arbeitet eine Fachkraft bereits in einer anderen Rolle mit dem Kind, der Familie oder anderen Verfahrensbeteiligten oder hat sie für diese ein Mandat übernommen, ist die Bestellung von ihr abzulehnen. Dies gilt ebenso, wenn die Fachkraft schon früher in dieser Weise involviert war. – Es kann allerdings Ausnahmefälle geben, in denen sich die Bestellung einer solchen Fachkraft dennoch empfiehlt, weil sie dem Kind bereits bekannt und vertraut ist, und ihre Bestellung keine Rollenkonfusion für das Kind bedeuten oder sein Vertrauen erschüttern würde. Eine Verfahrenspflegschaft sollte jedoch keinesfalls übernommen werden, wenn die Fachkraft

- MitarbeiterIn einer Jugendbehörde war, deren fachliches Handeln zu untersuchen und bewerten ist,
- auch mit anderen Familienangehörigen befreundet ist, arbeitet oder gearbeitet hat,
- gegenwärtig in der Jugendhilfeeinrichtung arbeitet, in der das Kind lebt, oder
- in einer Weise an der bisherigen Hilfeplanung beteiligt war, die eine davon unbelastete weitere Vorgehensweise verhindert.

1.3 Persönliche Eignung

Unabdingbare Voraussetzung für die fachlich qualifizierte Vertretung des Kindes ist die persönliche Auseinandersetzung mit den Motiven, als VerfahrenspflegerIn tätig zu werden. Bedeutsam sind insbesondere eigene Kindheitserfahrungen und lebensgeschichtliche Ereignisse, die eine thematische Nähe zur jeweiligen Fallkonstellation aufweisen, sowie die hiermit verbundene Betroffenheit und Belastungsfähigkeit.

Die Tätigkeit als VerfahrenspflegerIn erfordert insbesondere Einfühlungsvermögen, Kreativität, kritische Distanzierungsfähigkeit, Vermittlungskompetenz, sprachliche Gewandtheit, Belastbarkeit, Bereitschaft zur Selbstreflexion sowie Durchsetzungsfähigkeit.

VerfahrenspflegerInnen sollten beachten, ob ihre Bestellung den Besonderheiten des Einzelfalles gerecht wird. So sollten sie in der Lage sein, die Bedeutung der jeweiligen kulturellen, ethnischen oder schichtspezifischen Lebenszusammenhänge des Kindes zu erkennen. Für manche Kinder oder Jugendliche, insbesondere wenn sie sexuell missbraucht wurden, kann die Geschlechtszugehörigkeit der sie vertretenden Person entscheidend sein.

Wird VerfahrenspflegerInnen zu Beginn oder während der Vertretung klar, dass ein Kind eine Aversion gegen sie hegt, wegen der es sich nicht anvertrauen kann, und dass diese trotz aller Bemühungen bestehen bleibt, sollte eine vorzeitige Aufhebung der Bestellung in Betracht gezogen werden. Bezieht sich die Ablehnung des Kindes nicht primär auf die eigene Person, lassen sich aus ihr hingegen Hinweise zum Verständnis seiner Beziehungserfahrungen folgern. Ein Abbruch der Vertretung erscheint dann kaum angebracht.

Gegen die persönliche Eignung ansonsten geeigneter VerfahrenspflegerInnen kann in bestimmten Fallkonstellationen eine Einbindung in Sekten bzw. Religionsgemeinschaften, Interessenverbänden u.Ä. sprechen, sofern diese einer am Kind orientierten Bestimmung seiner wohlverstandenen Interessen hinderlich ist. Entsprechende Vorbehalte sind dem Gericht frühzeitig und auf eigene Initiative mitzuteilen.

Als VerfahrenspflegerIn scheidet aus, wer von Suchtmitteln wie illegalen Drogen, Alkohol, nicht indizierten Medikamenten etc. abhängig ist. Gleiches gilt für Pädophile oder wegen eines Vergehens bzw. Verbrechens an Minderjährigen verurteilte Personen. Wurde diesbezüglich gegen eine Person ermittelt, hat sie dem Gericht auf eigene Initiative eine Eignungsprüfung zu ermöglichen.

VerfahrenspflegerInnen sollten mit dem Gericht alle Fragen besprechen, die Zweifel an ihrer persönlichen Eignung zur Übernahme der Vertretung eines bestimmten Kindes begründen.

2. Zum Verhältnis zwischen VerfahrenspflegerIn und Kind

2.1 Persönlicher Kontakt zum Kind

Die persönliche Begegnung zwischen InteressenvertreterIn und Kind ist verpflichtend und sollte zu einem frühen Zeitpunkt der Vertretung erfolgen. Bei der Gestaltung der weiteren Treffen (Ort, Dauer, Häufigkeit etc.) sind die Bedürfnisse des Kindes in einer Weise zu berücksichtigen, die keine der Vertretungsrolle unangemessenen Beziehungserwartungen aufkommen lässt oder fördert.

Erfahrungsgemäß kann eine ausschließliche Orientierung an Kriterien wie „Sprachfähigkeit" oder „Verständigkeit" dazu führen, dass VerfahrenspflegerInnen keinen persönlichen Kontakt aufnehmen. Doch ist dieser auch mit sehr jungen oder geistig behinderten Kindern zu suchen, um einen unmittelbaren Eindruck von der Gefühlswelt des Kindes, seinem Zuhause und seiner Interaktion mit wichtigen Bezugspersonen zu gewinnen.

Es wird zu den seltensten Ausnahmefällen zählen, dass VerfahrenspflegerInnen auf die persönliche Begleitung und Beratung des Kindes verzichten müssen. Einziges Kriterium dieser schwerwiegenden Entscheidung ist die begründete Sorge, dem Kind hierdurch weitere Schäden zuzufügen.

2.2 Verständigung mit dem Kind

Das Kind bedarf einer Interessenvertretung, die seine Äußerungen ernst nimmt und sich um Verständnis bemüht.

Die Fähigkeiten – auch jüngerer – Kinder zur Verständigung über ihre Wahrnehmungen und Vorstellungen sowie zur Reflexion ihrer Lebenssituation sollten nicht unterschätzt werden. VerfahrenspflegerInnen sollten jedoch auch um die Bedeutung einer der sprachlichen Kommunikation nicht zugängigen Erlebenswelt des Kindes wissen, die insbesondere konflikthafte und belastende Erfahrungen, Gefühle und Vorstellungen umfassen kann. Insbesondere seelisch verletzte Kinder neigen dazu, sich durch symbolische Handlungen und Inszenierungen mitzuteilen. So sollten Wege gesucht werden, um sich hierüber – z.B. auf einer spielerischen oder kreativen Ebene – zu verständigen, ohne das Kind in einer überfordernden Weise mit diesen Bereichen zu konfrontieren.

Ein Kind, das die deutsche Sprache nicht versteht, hat Anspruch auf eine Übersetzungshilfe, die ihm sympathisch ist, Vertraulichkeit wahrt und von seinem familialen und sozialen Umfeld unabhängig ist.

2.3 Die Anfangsphase der Vertretung

Die Rolle und Aufgaben der Interessenvertretung sowie Anlass und Ablauf des gerichtlichen Verfahrens sind in einer dem Kind verständlichen Weise zu besprechen, wann immer dies erforderlich ist. VerfahrenspflegerInnen sollten dem Kind keine absolute Verschwiegenheit zusichern, ihm jedoch versprechen, es über ihr Vorgehen zu informieren.

Das gegenseitige Kennenlernen sollte mit Rücksicht auf die Belastungen des Kindes behutsam und bedacht erfolgen. In der Regel empfiehlt sich eine zügige Kontaktaufnahme, um einen persönlichen Eindruck von der Lebenssituation des Kindes zu gewinnen und ihm alle erforderlichen Informationen zu geben.

Das Studium der Gerichtsakten (vgl. 4.2) bietet eine gute Grundlage, um die erste Kontaktaufnahme vorzubereiten. So kann sich hier bereits die Notwendigkeit zeigen, sich in spezifische Fachliteratur einzuarbeiten, um mit den Problemlagen des Kindes angemessen umzugehen.

Modalitäten der Kontaktaufnahme sollten mit den Betreuungspersonen des Kindes beraten werden. Es kann allerdings auch im Interesse des Kindes ratsam sein, bereits vor dem ersten Treffen mit dem Kind Verbindung zu anderen Bezugspersonen aufzunehmen.

Sobald das Kind hierzu in der Lage ist, sollen Begegnungen und Gespräche ohne die Anwesenheit anderer Bezugspersonen erfolgen. Grundsätzlich ist bei der Gestaltung der Treffen zu berücksichtigen, ob das Kind durch den Aufenthalt an einem bestimmten Ort beeinflusst oder verunsichert werden könnte.

VerfahrenspflegerInnen sollten frühzeitig mit dem Kind klären, ob es Personen gibt, denen es vertraut. Sprechen keine Gründe dagegen, ist die Kooperation mit diesen Vertrauenspersonen anzustreben.

2.4 Information und Beratung des Kindes

Das Kind hat Anspruch auf Information und Beratung während des gesamten Verfahrens. Diese sollen an dem Entwicklungsstand und der Konfliktlage des Kindes orientiert sein und ihm helfen, sich aktiv mit seiner Situation zu befassen sowie an dem seine Zukunft betreffenden Verfahren mitzuwirken.

Grundsätzlich bedarf es einer möglichst anschaulichen Darstellung der Rolle aller Beteiligten, des Verfahrensablaufes, der Rechte des Kindes im Verfahren sowie der Entscheidungsalternativen des Gerichtes. Das Kind soll wissen, dass seine Wünsche, Erwartungen und Befürchtungen für die richterliche Entscheidungsfindung von Bedeutung sind.

Um Belastungen des Kindes zu reduzieren, sollten VerfahrenspflegerInnen von sich aus mit dem Kind regelmäßig den Verfahrensstand besprechen, auch wenn dieser formal unverändert geblieben ist.

Erfahrungsgemäß beeinflusst die eigene Haltung gegenüber den Wünschen des Kindes sowie gegenüber den Entscheidungsalternativen den Beratungsprozess. VerfahrenspflegerInnen sollten sich deshalb insbesondere das Risiko einer Manipulation des Kindes vergegenwärtigen.

Überforderungen des Kindes, wie sie beispielsweise durch das Aufdrängen einer Entscheidung für oder gegen wichtige Bezugspersonen hervorgerufen werden können, sind zu vermeiden.

2.5 Erreichbarkeit für das Kind

VerfahrenspflegerInnen sollen dem Kind anbieten, sich mit dringenden Problemen, die das Verfahren, die dort anstehenden Entscheidungen sowie ihre Vorgehensweise betreffen, an sie zu wenden. So sollte das Kind wissen, wann und wie es seine Vertretung erreichen kann.

Es kann sich z.B. empfehlen, dem Kind nicht nur die entsprechende Adresse und Rufnummer sondern auch eine Telefonkarte zu geben. Die Ansage auf dem Anrufbeantworter sollte das Kind ermutigen, eine Nachricht zu hinterlassen. VerfahrenspflegerInnen sollten dafür sorgen, dass sich ihre MitbewohnerInnen bzw. KollegInnen nicht auf inhaltliche Telefonate bzw. Gespräche mit dem Kind oder anderen Verfahrensbeteiligten einlassen.

2.6 Der Wille des Kindes

VerfahrenspflegerInnen sind GarantInnen dafür, dass Kindern und Jugendlichen eine Subjektstellung im gerichtlichen Verfahren eingeräumt wird. Da die gerichtliche Entscheidung von maßgeblicher Bedeutung für die Zukunft des Kindes ist, soll sie nicht über seinen Kopf hinweg erfolgen. Das Kind hat grundsätzlich Anspruch darauf, dass sein Wille ernst genommen wird und eine Resonanz der am Verfahren beteiligten Erwachsenen bewirkt.

Die Ermittlung des Kindeswillens setzt neben kommunikativen Kompetenzen ein spezifisches Fachwissen über die Willensbildung von Kindern und Jugendlichen voraus. Dies sollte – insbesondere die Bedeutung der Bindungen des Kindes an wichtige Bezugspersonen – gleich welcher Qualität diese Beziehungen sind – sowie die unvermeidliche Beeinflussung des Kindes durch diejenigen Erwachsenen, an denen es sich orientiert und mit denen es sich identifiziert, umfassen. Entsprechende Kenntnisse sind insbesondere hinsichtlich der Begleitung und Vertretung vernachlässigter, misshandelter oder sexuell missbrauchter Kinder erforderlich, deren eigene Bedürfnisse ignoriert und deren Wille nicht beachtet, gebrochen oder manipuliert wurde. Des Weiteren sollten VerfahrenspflegerInnen in der Lage sein, Auswirkungen der unsicheren Lebenssituation und des schwebenden Verfahrens auf die Willensbildung zu berücksichtigen.

Wird der Kindeswille seitens der Verfahrensbeteiligten oder des Gerichtes allein deshalb für unbeachtlich erklärt, weil er durch diejenigen Erwachsenen, an denen sich das Kind orientiert, beeinflusst worden sei, sollten sich VerfahrenspflegerInnen gegen diese Entwertung des subjektiven Erlebens und Wollens des Kindes wenden.

Soll ein Kind während des Verfahrens z.B. durch Drohungen oder emotionale Erpressungen anderer am Verfahren beteiligter Personen zu bestimmten Haltungen oder Äußerungen gebracht werden, nehmen es VerfahrenspflegerInnen in Schutz und stehen ihm bei der Bewältigung solcher Vorkommnisse zur Seite. Gegebenenfalls sollten dem Gericht Umgangsregelungen vorgeschlagen werden, die eine solche Bedrängung und Manipulation der Selbstbestimmung des Kindes ausschließen.

VerfahrenspflegerInnen sollten sich vergegenwärtigen, dass auch sie einen Einfluss auf das Kind ausüben und reflektieren, welches pädagogische Verhältnis die Eigenverantwortlichkeit des Kindes zu fördern vermag, welche Orientierung sie also dem Kind bei der Bestimmung und Vertretung seiner Interessen vermitteln. Dies schließt in aller Regel die Vertretung solcher Kindespositionen aus, in denen der Schutz der seelischen, geistigen oder körperlichen Integrität des Kindes nicht gewährleistet ist.

VerfahrenspflegerInnen fördern die Fähigkeit zur Selbstbestimmung eines Kindes, indem sie im Dialog mit dem Kind deutlich machen, von welchen Überlegungen und Erfahrungen sie sich bei ihren fachlichen Empfehlungen und ihrer Vorgehensweise leiten lassen.

Möchte das Kind dem Gericht seine Vorstellungen direkt mitteilen, suchen VerfahrenspflegerInnen gemeinsam mit ihm nach geeigneten Ausdrucksformen, durch die es seine Position in das Verfahren einbringen kann. Dies können – neben der Kindesanhörung – z.B. bei jüngeren Kindern mit ihren Kommentaren versehene Bilder, bei älteren Kindern und Jugendlichen diktierte oder auf Kassette gesprochene oder selbst verfasste Mitteilungen an das Gericht sein.

2.7 Begleitung und Vertretung des Kindes

Kinder und Jugendliche haben Anspruch auf eine umsichtige und einfühlsame Begleitung durch ihre Interessenvertretung während des gesamten Verfahrens. VerfahrenspflegerInnen sind zugleich verpflichtet, für die Verwirklichung der Beteiligungs-, Anhörungs- und Beschwerderechte der Kinder und Jugendlichen im Verfahren einzutreten.

Grundsätzlich stellen sich im zivilrechtlichen Kindesschutzverfahren u.a. folgende Anforderungen an die Interessenvertretung:

Kindesanhörung (§ 50b FGG[1]): In der Regel haben Kinder und Jugendliche aller Altersstufen das Recht auf eine persönliche Begegnung mit dem/der entscheidenden RichterIn. Diese Verfahrensvorschrift wird in der gerichtlichen Praxis insbesondere bei jüngeren Kindern nicht selten unzureichend befolgt, obwohl ihre Neigungen, Bindungen und ihr Wille für die Entscheidung bedeutsam sind. Erscheint es aus fachlicher Sicht geboten, dass das Gericht einen unmittelbaren Eindruck von dem Kind gewinnt, oder wünscht sich das Kind selbst ein Gespräch, sollten VerfahrenspflegerInnen dies anregen und fachliche Empfehlungen hinsichtlich des Zeitpunktes, des Ortes und der Dauer der Kindesanhörung aussprechen. Vor und nach der richterlichen Anhörung sollten VerfahrenspflegerInnen für das Kind präsent und ansprechbar sein. Ob sich ihre unmittelbare Anwesenheit in der Gesprächssituation empfiehlt, ist im Einzelfall gemeinsam mit dem Gericht zu erwägen.

Hilfeplanung (§ 36 Abs. 2 KJHG) und Beratung (§ 8 Abs. 1 S. 2 KJHG): VerfahrenspflegerInnen sollten gemeinsam mit dem/der zuständigen MitarbeiterIn des Jugendamtes nach Wegen suchen, das Kind zu informieren, zu beraten und in einer an seinem Entwicklungsstand und seinen Bedürfnissen orientierten Weise an der Hilfeplanung zu beteiligen. Den Kindern und Jugendlichen ist die eigene Rolle bei der Hilfeplanung zu erklären und Unterstützung bei der Äußerung ihrer Vorstellungen und Bedürfnisse anzubieten, insbesondere wenn sie direkt an Hilfeplanungsgesprächen teilnehmen.

Sachverständigengutachten (§ 12 FGG):[2] Es empfiehlt sich, bereits vor der Begutachtung den Kontakt mit den Sachverständigen zu suchen, um das Kind angemessen hierauf vorzubereiten. Wird eine Weitergabe von Informationen erforderlich, sollte dies mit dem Kind oder Jugendlichen besprochen werden. Wird in diesen Gesprächen erkennbar, dass ein Kind oder ein Jugendlicher/eine Jugendliche die Begutachtung vehement ablehnt, sollte ein unverzüglicher Hinweis an das Gericht erfolgen. Vor und nach einer Begutachtung sollten VerfahrenspflegerInnen für das Kind präsent und ansprechbar sein. Ob sich ihre unmittelbare Anwesenheit in der Gesprächssituation empfiehlt, ist im Einzelfall gemeinsam mit dem/der Sachverständigen zu erwägen.

Beschwerderecht (§ 59 FGG):[3] Jugendliche sollten von ihren VerfahrenspflegerInnen über ihr Beschwerderecht beraten und bei dessen Ausübung unterstützt werden. In Fällen, in denen ihr Wille in erheblichen Konflikt mit ihren wohlverstandenen Interessen gerät, kann es sich empfehlen, den

1 Nunmehr verpflichtet § 159 FamFG das Gericht, sich ausnahmslos das Kind anzuhören sowie einen unmittelbaren Eindruck zu verschaffen.

2 Entspricht § 26 FamFG.

3 Entspricht § 60 FamFG.

Jugendlichen zu einer zusätzlichen Inanspruchnahme eines eigenen Rechtsbeistands im Beschwerdeverfahren zu raten.

3. Grundlegende Arbeitsprinzipien

VerfahrenspflegerInnen entscheiden in eigener fachlicher Verantwortung, in welcher Weise sie die ihnen gestellte Aufgabe erfüllen. Sie orientieren sich an den gesetzlichen Grundlagen, d.h., sie vermitteln den Willen des Kindes im gerichtlichen Verfahren und vertreten dort seine wohlverstandenen Interessen.

3.1 Kindliches Zeiterleben und Verfahrensdauer

Mit Rücksicht auf das kindliche Zeiterleben sollen VerfahrenspflegerInnen allen Verzögerungen entgegentreten, die sich nicht mit den Interessen des Kindes decken.

Entwicklungsbedingt unterscheiden sich Kinder, Jugendliche und Erwachsene im Erleben und in ihrer Vorstellungsfähigkeit von Zeitabläufen und Lebensentwürfen. Die Ungewissheit des Kindes über seine Zukunft verletzt sein grundlegendes Entwicklungsbedürfnis nach Sicherheit und Zuverlässigkeit, d.h. nach einer stabilen Bindung an zumindest eine erwachsene Person.

Belastungen, die dem Kind aus der Ungewissheit über den Stand und Ausgang des Verfahrens und damit über seine Zukunft entstehen, sind zu reduzieren. VerfahrenspflegerInnen sollten diesen Gesichtspunkt gegenüber dem Gericht und allen am Verfahren Beteiligten thematisieren.

VerfahrenspflegerInnen sollten insbesondere darauf achten, dass dem Kind eine vorläufige Unterbringung nur dann und nur solange zugemutet wird, wie es diese braucht, um sich überhaupt mit entsprechender fachlicher Unterstützung auf neue befriedigende Beziehungen einlassen zu können.

3.2 Kindzentrierte Gestaltung der Ermittlungen und des Verfahrens

VerfahrenspflegerInnen stellen sicher, dass das Kind in jedem Stadium des Verfahrens in seiner Individualität und besonderen Schutzbedürftigkeit wahrgenommen und geachtet wird.

Die Lebenserfahrungen und Bedürfnisse des Kindes sind wieder und wieder in das Zentrum des Verfahrens zu rücken. VerfahrenspflegerInnen sollten sich bei ihrem Vorgehen und ihrem Verhalten von der Vorstellung leiten lassen, dass es um die Klärung und Gestaltung der künftigen Beziehungen des Kindes geht und das Verfahren schon deshalb nicht als Kampfarena widerstreitender Parteien dient. Dieser Aspekt ist insbesondere zu beachten, wenn im Interesse des Kindes Konflikte mit anderen am Verfahren beteiligten Personen und Institutionen riskiert werden müssen.

Um Belastungen und Sekundärschädigungen des Kindes durch (mehrfache) Befragungen und Untersuchungen zu vermeiden, sollten VerfahrenspflegerInnen prüfen, ob eine Klärung des entsprechenden Sachverhaltes tatsächlich im Kindesinteresse oder aber letztlich im Interesse anderer Personen oder Institutionen liegt. Ebenso sollte die Interessenvertretung endlosen Weiterverweisungen des Kindes und seiner Bezugspersonen zwischen Institutionen und ExpertInnen entgegenwirken.

3.3 Vertretung der Interessen von Geschwisterkindern

Die Erfahrung zeigt, dass Gerichte allzu pauschal eine einzige Fachkraft zur Interessenvertretung mehrerer Geschwister bestellen, ohne die Individualität und Zukunftsperspektiven der einzelnen Kinder sowie deren Beziehungen zueinander hinreichend zu bedenken. Es empfiehlt sich, diese

Vorgehensweise frühzeitig zu hinterfragen und gegebenenfalls die Bestellung einer eigenständigen Vertretung für jedes einzelne Kind anzuregen.

Werden VerfahrenspflegerInnen zur Vertretung mehrerer Geschwister bestellt, sind Einzelgespräche mit jedem Kind zu führen. Das Risiko einer unzulänglichen Bestimmung und Vertretung der individuellen Interessen des jeweiligen Kindes lässt sich am ehesten durch Fallbesprechungen begrenzen.

Im Übrigen sollten VerfahrenspflegerInnen grundsätzlich im Blick behalten, ob auch die Interessen von Geschwistern des Kindes, das sie vertreten, gewahrt sind. Sei es, dass auch über deren Interessen im Verfahren entschieden wird, sei es, dass sie sich in einer kritischen Lebenssituation befinden, ohne dass ein Verfahren eingeleitet wurde.

3.4 Grundsatz der Vertraulichkeit, Umgang mit Medien

Auch wenn es bislang an einer ausdrücklichen gesetzlichen Regelung fehlt, verpflichten sich VerfahrenspflegerInnen zum Schweigen gegenüber Außenstehenden sowie zur Einhaltung von Datenschutzbestimmungen.

Ungeklärt ist, ob VerfahrenspflegerInnen ein Zeugnisverweigerungsrecht in gerichtlichen Verfahren, insbesondere im Strafverfahren, geltend machen können. Solange eine gesetzliche Regelung fehlt, bleibt diese Klärung der Rechtsprechung überlassen.

Werden VerfahrenspflegerInnen in einem Fall tätig, über den seitens der Medien berichtet wird oder werden soll, so sind sie GarantInnen für den Schutz der Persönlichkeitsrechte des betroffenen Kindes. So sollten sie keine fallbezogenen Auskünfte geben und sich gegebenenfalls auf eine allgemeine Klarstellung ihrer Aufgaben, Rechte und Pflichten beschränken.

3.5 Umgang mit Drohungen und Gewalt

Sind VerfahrenspflegerInnen im Zusammenhang mit ihrer Tätigkeit Drohungen oder gewalttätigem Verhalten ausgesetzt oder haben sie entsprechende Befürchtungen, ist dies als ein Hinweis auf die mögliche Gefährdung des Kindes zu begreifen. Bei Drohungen sollten VerfahrenspflegerInnen das bestellende Gericht unverzüglich in Kenntnis setzen. Es empfiehlt sich, in einem solchen Fall die praktische und beratende Unterstützung weiterer Personen zu suchen. Zur Reflexion der Auswirkungen auf die Begleitung des Kindes sollte Beratung bzw. Supervision in Anspruch genommen werden.

3.6 Reflexion

VerfahrenspflegerInnen sollten über Möglichkeiten zur Reflexion und kritischen Distanzierung von ihrer Arbeit verfügen, auf die sie bei der Übernahme einer Verfahrenspflegschaft zurückgreifen können. Hierfür bieten sich neben einer schriftlichen Reflexion insbesondere Supervision, Balint-Gruppen sowie Fallbesprechungen mit anderen VerfahrenspflegerInnen an.

Diese Reflexion sollte insbesondere eine Auseinandersetzung mit der eigenen Motivation, Betroffenheit und persönlichen Kindheitserfahrungen ermöglichen. Sie dient zugleich der fachlichen Überprüfung der eigenen Rolle, Vorgehensweise und Empfehlungen sowie der Entlastung in Situationen, in denen VerfahrenspflegerInnen unter Handlungsdruck oder Entscheidungszwängen stehen.

VerfahrenspflegerInnen sollten bei der Auswahl ihrer Supervision darauf achten, dass diese sie in ihrem Bemühen um eine auf die Kindesinteressen zentrierte Vorgehensweise unterstützt. Hierfür werden in der Regel solche SupervisorInnen ungeeignet sein, die sich wegen ihrer institutionellen

Einbindung oder aufgrund ihres theoretischen Vorverständnisses auch den Interessen der anderen am Verfahren beteiligten Personen und Institutionen verpflichtet sehen.

Weitere Kriterien zur Auswahl entsprechender Supervisionsangebote sind die psychologischen, pädagogischen und juristischen Kenntnisse der SupervisorInnen. Hilfreich sind zudem eigene Erfahrungen der SupervisorInnen in der Arbeit mit belasteten und traumatisierten Kindern und Jugendlichen bzw. in der Supervision von Fachkräften aus diesem Bereich der Jugendhilfe.

Alle an der Reflexion Beteiligten sollten sich schriftlich verpflichten, personen- oder fallbezogene Informationen nicht oder nur vollständig anonymisiert nach außen zu tragen.

4. Vorgehensweise der Interessenvertretung

4.1 Übernahme einer Verfahrenspflegschaft

Bei Anfragen des Gerichtes, eine bestimmte Verfahrenspflegschaft zu übernehmen, sollten VerfahrenspflegerInnen ihre persönliche und fachliche Eignung zur Begleitung und Vertretung dieses Kindes prüfen, um den ungünstigsten Fall zu vermeiden, dass die Aufhebung der Bestellung nötig wird, obwohl das Kind seinen/seine VerfahrenspflegerIn bereits kennen gelernt hat.

Hierbei empfiehlt sich bereits vor der Übernahme einer Verfahrenspflegschaft eine vorläufige Einschätzung der Konfliktlage des Kindes. VerfahrenspflegerInnen sollten ihre Möglichkeiten und Schwierigkeiten erkennen, sich auf das Erleben und die Gefühlswelt dieses Kindes einzulassen. Gleichermaßen geht es um ihre persönliche Fähigkeit, hiervon den Abstand zu gewinnen, den es zur fachlichen Reflexion des eigenen Handelns und der Situation des Kindes bedarf. Neben ihrer Eignung sollten VerfahrenspflegerInnen prüfen, ob sie die Begleitung und Vertretung des Kindes bis zum Ende des Verfahrens übernehmen können.

Besonderen Problemlagen des Kindes sollte mit Hilfe von ExpertInnen begegnet werden: z.B. durch kinderpsychiatrische oder heilpädagogische Beratung bei seelischen, geistigen oder körperlichen Krankheiten bzw. Behinderungen, durch Rechtsberatung zum Internationalen Privatrecht, durch Beratung über ethnische Minderheiten, Sekten etc. Die Notwendigkeit solcher Informations- und Beratungsgespräche sollte frühzeitig mit dem Gericht geklärt werden.

Anfragen von Privatpersonen oder Institutionen, die verständlicherweise Einfluss auf die Auswahl der Kindesvertretung zu nehmen versuchen, sollten möglichst allgemein beantwortet werden. Hierzu können Informationen über die Rolle und Aufgabenstellung der Interessenvertretung sowie über die eigenen Kapazitäten zur Übernahme einer Vertretung zählen; eine Stellungnahme zum konkreten Fall sollte hingegen vermieden werden.

Bedarf das Kind einer eigenständigen Interessenvertretung im Jugendhilfeverfahren, sollte ein Entzug der entsprechenden elterlichen Vertretungsrechte und die Anordnung einer Ergänzungspflegschaft i.S.d. §§ 1629 Abs. 2 S. 3, 1796 Abs. 2, 1909 Abs. 1 S. 1 BGB angeregt werden. VerfahrenspflegerInnen ziehen auch frühzeitig in Betracht, ob neben der Verfahrenspflegschaft auch ein Verletztenbeistand zur Begleitung des Kindes in einem strafrechtlichen Verfahren erforderlich ist.

Falls ein Kind sowohl im zivil- als auch im strafrechtlichen Verfahren eine Interessenvertretung benötigt, sollte geprüft werden, ob diese Aufgaben durch eine einzige Person oder durch zwei Fachkräfte verschiedener Disziplinen wahrgenommen werden sollten. Hier ist insbesondere das Bedürfnis des Kindes nach einer einzigen Ansprechperson gegen Rollenkonflikte der Interessenvertretung abzuwägen, die durch unterschiedliche Vertretungsaufgaben und -ziele hervorgerufen werden könnten.

4.2 Aktenstudium und Auswertung

VerfahrenspflegerInnen sollten in ihrer Eigenschaft als Verfahrensbeteiligte unverzüglich Akteneinsicht nehmen und sich eine Kopie der Gerichtsakten anfertigen (§ 34 FGG).

Es empfiehlt sich, bereits während des Aktenstudiums eine Zeittafel sowie eine Aufstellung des Sachverhalts, der involvierten Institutionen sowie der beteiligten Personen zu erarbeiten, die einen Überblick über die Lebensgeschichte und die aktuelle Lebenssituation des Kindes ermöglichen. Von zentraler Bedeutung ist bereits hier das Bemühen, sich in dieses Kind einzufühlen und seine Erlebnisse und Erfahrungen nachzuvollziehen. Dabei sollten von Beginn an auch eigene Assoziationen und Annahmen sowie alle Unklarheiten, Widersprüche und sich daraus ergebende Fragen notiert werden.

Ermöglichen die Gerichtsakten keinen ausreichenden Aufschluss über die bisherige Vorgehensweise und Hilfeplanung des Jugendamtes, empfiehlt sich eine direkte Nachfrage beim Jugendamt sowie eine Anregung an das Gericht, die Akten um eine entsprechende Schilderung dieser Sachverhalte ergänzen zu lassen.

4.3 Eigenständige Gewinnung von Informationen

4.3.1 Gespräche mit Bezugspersonen und Fachkräften

Das Gespräch mit den aktuellen Betreuungspersonen des Kindes ist verpflichtend. Gleiches gilt auch für Gespräche mit Eltern und Pflegeeltern sowie den MitarbeiterInnen des Jugendamtes.

Ebenso sollte geprüft werden, welche anderen für das Kind zuständigen Fachkräfte, wie z.B. HeimerzieherInnen, Kindergarten- oder HorterzieherInnen, LehrerInnen, TherapeutInnen, ÄrztInnen und BeraterInnen dazu beitragen könnten, die Lebensgeschichte und -situation des jeweiligen Kindes zu erhellen. Analog gilt dies auch für das soziale Umfeld des Kindes, dies können z.B. Eltern, Pflegeeltern, VormünderInnen, Geschwister, andere Angehörige, FreundInnen des Kindes und NachbarInnen sein.

VerfahrenspflegerInnen sollten die Gefühle, die das Kind seinen Bezugspersonen entgegenbringt, respektieren und zur Festigung und Weiterentwicklung dieser Beziehungen beitragen, soweit dies zu verantworten ist. Hierbei sollte die immer wieder auflebende Tendenz zur Bagatellisierung oder Umdeutung belastender und traumatisierender Erfahrungen des Kindes beachtet werden, der durch eine klare Benennung der Verantwortlichen und ihres Verhaltens begegnet werden sollte.

VerfahrenspflegerInnen werden oft mit Notlagen und Situationen konfrontiert, in denen die Eltern des Kindes eines psychologischen, sozialarbeiterischen oder juristischen Beistands bedürfen. Um die Interessen des Kindes konsequent wahrnehmen zu können, sollten VerfahrenspflegerInnen sich selbst und den anderen Beteiligten klarmachen, dass es nicht zu ihren Aufgaben gehört, für Abhilfe zu sorgen. Auch wenn eine solche Hilfe durchaus im Interesse des Kindes zu liegen scheint, sind hierfür neben den betroffenen Erwachsenen selbst auch andere Fachkräfte und Institutionen, insbesondere das Jugendamt, zuständig und verantwortlich. Um eigene Rollenkonflikte zu vermeiden, können sich entsprechende Hinweise an diese Stellen empfehlen.

Beabsichtigen VerfahrenspflegerInnen dem Gericht gegenüber eine bestimmte Hilfe für das Kind oder seine Familie vorzuschlagen oder zu bewerten, verschaffen sie sich eine realistische Grundlage für diese Prognose, indem sie sich unmittelbar mit denjenigen Fachkräften (bzw. Pflegeeltern) in Verbindung setzen, die diese Hilfe durchführen bzw. anbieten, um deren Eignung im Hinblick auf die Bedürfnisse dieses individuellen Kindes zu prüfen.

4.3.2 Dokumentation

VerfahrenspflegerInnen dokumentieren Anlass, Dauer, Verlauf, Ergebnisse, Eindrücke und offene Fragen der jeweiligen Telefonate und persönlichen Gespräche. Sie schaffen so die Grundlage für ihre Stellungnahmen und die Rechnungslegung und stellen zugleich sicher, dass im Fall einer unvorhersehbaren Verhinderung eine zügige Einarbeitung ihres/ihrer NachfolgerIn möglich wird.

Besondere Kenntnisse und Sorgfalt erfordert die Gewinnung und Dokumentation solcher Informationen, die das Kind zum gegenwärtigen oder zu einem späteren Zeitpunkt in die Lage versetzen könnten, zivilrechtliche Schadensersatzansprüche geltend zu machen, oder die im Hinblick auf ein bereits anhängiges oder mögliches Strafverfahren bedeutsam sind.

4.4 Sachverständige GutachterInnen

Vielfach wird die Interessenvertretung in der Lage sein, das individuelle Erleben des Kindes, seine Entwicklungsbedürfnisse und seine Beziehungserfahrungen eigenständig einzuschätzen. Bedarf es aber zur Klärung einer bestimmten Fragestellung des fachlichen Wissens und der Kompetenz von Sachverständigen, sollte die Einholung eines Gutachtens bei Gericht angeregt werden. Demgegenüber sind Verfahrensverzögerungen und anderweitige Belastungen des Kindes durch die Begutachtung abzuwägen.

Beabsichtigt das Gericht, ein Gutachten einzuholen, regt die Interessenvertretung gegebenenfalls Ergänzungen zur Fragestellung an. Soweit erforderlich, äußern sich VerfahrenspflegerInnen auch über Kriterien zur Auswahl der Sachverständigen. Diese sollten über die zur Klärung der Fragestellung erforderlichen medizinischen und psychologischen Fachkenntnisse sowie über einen ausreichenden Erfahrungshintergrund verfügen.

Gutachten, die im privaten Auftrag von Verfahrensbeteiligten erstellt werden sollen, sind wegen des damit verbundenen Risikos der mehrfachen Begutachtung des Kindes sowie möglicher Bedenken einer Befangenheit der Sachverständigen in der Regel zu vermeiden.

Soweit für die Klärung einer Fragestellung die Begutachtung Erwachsener genügen könnte, ist diese vorrangig anzustreben. Ist die Begutachtung des Kindes selbst nicht zu vermeiden, orientieren sich VerfahrenspflegerInnen an der unter Punkt 2.7 genannten Vorgehensweise.

Bleiben methodische oder inhaltliche Fragen im Hinblick auf ein Gutachten offen oder werden Mängel sichtbar, so sollten VerfahrenspflegerInnen dies mit dem Gericht besprechen.

Im Vorfeld der Begutachtung können sich Hinweise empfehlen, wie Belastungen des Kindes reduziert bzw. vermieden werden können. Hat die Begutachtung das Kind sehr irritiert oder belastet, sollten VerfahrenspflegerInnen dem Gericht und den Sachverständigen eine entsprechende Rückmeldung geben.

4.5 Kooperation mit dem Jugendamt

VerfahrenspflegerInnen respektieren bei der Zusammenarbeit mit dem Jugendamt, dass auch dieses zur Beratung des Kindes sowie zur Wahrnehmung und Vertretung der Kindesinteressen im gerichtlichen Verfahren berufen ist. Es liegt in der Verantwortung und bedarf der Anstrengung aller beteiligten Fachkräfte, die Subjektstellung des Kindes im Verfahren zu garantieren sowie die Grundlage für eine fundierte und tragfähige, an den wohlverstandenen Interessen des Kindes orientierte gerichtliche Entscheidung zu erarbeiten.

VerfahrenspflegerInnen sollten sich diese Gemeinsamkeiten vergegenwärtigen, aber auch das Konfliktpotential beachten, das zwischen der Jugendbehörde und der Kindesvertretung aufgrund der divergierenden gesetzlichen Aufträge – insbesondere bei einer unzureichenden Klärung der

Rollen – entstehen kann. So empfiehlt es sich, eine frühzeitige Klarstellung ihrer spezifischen Verantwortlichkeit für das Kind herbeizuführen, die aus dem Verständnis erfolgt, dass sie dessen Interessen anstelle der gesetzlichen Vertreter wahrnehmen und repräsentieren.

Das Jugendamt sollte unmittelbar nach der Bestellung informiert werden, dass der/die VerfahrenspflegerIn künftig als eine der verantwortlichen Fachkräfte gemäß § 36 Abs. 2 KJHG an der Hilfeplanung und an vergleichbaren, die Hilfeplanung betreffenden Fachgesprächen mit amtsexternen Fachkräften, teilnehmen wird. Nach Auswertung der Gerichtsakten ist es ratsam, sich über neuere Entwicklungen sowie die aktuelle Position des Jugendamtes zu informieren und offene Fragen bezüglich der bisherigen Hilfeplanung zu klären. Es kann sich empfehlen, um Einsichtnahme in die behördlichen Akten zu bitten und sich gegebenenfalls auch mit früher zuständigen JugendamtsmitarbeiterInnen in Verbindung zu setzen.

Die Anwesenheit der VerfahrenspflegerInnen während der Hilfeplangespräche ist obligatorisch. Nehmen die Jugendlichen und Kinder selbst hieran teil, sollten sie von ihrer Interessenvertretung begleitet und unterstützt werden (vgl. Punkt 2.7). Ansonsten bedarf es der einzelfallbezogenen Abwägung, wie weit sich VerfahrenspflegerInnen selbst am Prozess der Hilfeplanung beteiligen. Dies kann insbesondere notwendig sein, wenn bedeutsame Entscheidungen anstehen, wie zum Beispiel über die Unterbringung des Kindes außerhalb des Elternhauses oder die Rückführung in dasselbe sowie über den Umgang mit wichtigen Bezugspersonen. Andererseits kann sich eine aktive Mitwirkung von VerfahrenspflegerInnen an der Hilfeplanung hinderlich auf deren kritische Reflexion auswirken, welche aber gerade eine zentrale Grundlage der Empfehlungen der eigenständigen Kindesvertretung an das Gericht ist.

5. Vertretung der Kindesinteressen im Verfahren

5.1 Mitteilungen an das Gericht

Stellungnahmen sollten die Vorgehensweise und fachlichen Bewertungskriterien der Kindesvertretung offenlegen; sie sollten prinzipiell zügig erarbeitet werden.

Um dem individuellen Kind in diesen schriftlichen Berichten Gestalt zu geben, ist es erforderlich, die Erfahrungen, Bedürfnisse, Wünsche und das Erleben des Kindes einfühlsam und anschaulich zu vermitteln sowie die Bedeutung herauszuarbeiten, welche das Verfahren und die gerichtliche Entscheidung im Leben dieses Kindes haben.

Grundsätzlich sollten alle wichtigen Mitteilungen auch schriftlich zu den Akten gegeben werden. Dies ist insbesondere hinsichtlich künftiger Beschwerden bzw. späterer gerichtlicher Entscheidungen über die Abänderung eines Beschlusses (§ 1696 BGB) ratsam. Allerdings sollte bedacht werden, ob Informationen der Kindesvertretung in einem anderen Zusammenhang (z.B. Jugendstrafverfahren) gegen das Kind verwendet werden könnten.

Bei der Auswertung ihrer Gespräche und Begegnungen mit dem Kind und mit anderen Personen bemühen sich VerfahrenspflegerInnen um eine möglichst authentische Wiedergabe. Hierbei sollte auf widersprüchliche Informationen oder Sachverhaltsdarstellungen eingegangen und zwischen gesicherten Kenntnissen, begründeten Annahmen, Beobachtungen und Eindrücken differenziert werden. Es empfiehlt sich, Schlussfolgerungen und Empfehlungen in einem eigenen Abschnitt der Stellungnahme zu erörtern.

5.2 Abschließende Stellungnahme

VerfahrenspflegerInnen geben ihre abschließenden Empfehlungen zur gerichtlichen Entscheidung in Form einer schriftlichen Stellungnahme über die wohlverstandenen Interessen des Kindes ab. Zusätzlich sollte auch der Wille des Kindes in möglichst authentischer Weise wiedergegeben werden.

Bestandteile der abschließenden Stellungnahme sind in der Regel

- Schilderung des Sachverhaltes
- Dokumentation des Kindeswillens
- Schlussfolgerungen und Empfehlungen.

5.2.1 Schilderung des Sachverhaltes

In diesem ersten Teil der abschließenden Stellungnahme sollten die persönlichen Daten des Kindes genannt werden, auch empfiehlt sich eine Skizze vom Stand des Verfahrens zum Zeitpunkt der Bestellung. Im Wesentlichen wird bei der Schilderung des Sachverhaltes sodann auf die Lebensgeschichte sowie die frühere und gegenwärtige Familiensituation des Kindes oder Jugendlichen einzugehen sein. Hinsichtlich der Lebensgeschichte sollten – unter Hinweis auf Lebensalter und Entwicklungsstand des Kindes bei bedeutsamen Ereignissen – insbesondere folgende Gesichtspunkte Berücksichtigung finden:

- das Erleben des Kindes oder des/der Jugendlichen
- die Befriedigung seiner/ihrer Grundbedürfnisse
- die Qualität und Intensität seiner/ihrer Bindungen
- die Bedeutung wichtiger Bezugspersonen, Geschwister und FreundInnen
- die Auswirkungen traumatischer und deprivierender Erfahrungen
- die biografische Bedeutung erzieherischer und therapeutischer Hilfen
- die eigene Sicht des Kindes oder des/der Jugendlichen.

Von besonderer Bedeutung ist weiterhin eine anschauliche Darstellung der gegenwärtigen Lebenssituation des Kindes, bei der die o.g. Aspekte erneut aufgegriffen werden sollten. Hier geht es sowohl um die Annäherung an das subjektive Erleben des Kindes sowie um eine fachlich fundierte Bewertung, ob diese Situation geeignet ist, die Grundbedürfnisse dieses Kindes zu befriedigen, seine Entwicklung zu fördern und ihm Schutz zu bieten.

5.2.2 Dokumentation des Kindeswillens

Der Wille des Kindes ist in einem eigenen Abschnitt der Stellungnahme an das Gericht zu vermitteln, wobei an dieser Stelle eigene Erläuterungen und Bewertungen vermieden werden sollen.

Insbesondere mit jüngeren Kindern sollte nach kreativen Wegen gesucht werden, die es ihnen entsprechend ihres Entwicklungsstandes ermöglichen, sich dem Gericht mitzuteilen, falls sie dies wünschen. Ältere Kinder und Jugendliche sollten die Möglichkeit haben, diesen Abschnitt selbst zu schreiben. Sofern dieser Teil nicht allein von den Jugendlichen bzw. Kindern verfasst wird, sollte er mit ihnen abgestimmt werden, um eine möglichst authentische Vermittlung ihrer Vorstellungen zu sichern.

5.2.3 Schlussfolgerungen und Empfehlungen

Schlussfolgerungen und Empfehlungen der Kindesvertretung sollten in einem gesonderten Abschnitt der Stellungnahme gut begründet und verständlich dargestellt werden.

Hier sollte eine sorgfältige Auseinandersetzung mit den Einschätzungen und Vorschlägen der anderen am Verfahren beteiligten Personen und Institutionen erfolgen und herausgearbeitet werden, inwieweit nicht nur die Interessen des Kindes, sondern auch deren Eigeninteressen eine Rolle spielen.

Es bedarf besonderer Anstrengung, Diskriminierungen des Kindes und anderer Verfahrensbeteiligter zu erkennen und zu vermeiden. Bei ihren Empfehlungen sollten VerfahrenspflegerInnen bedenken, dass ihre Einschätzungen durch ihre Lebensgeschichte, ihren sozialen und familiären Status, ihr Geschlecht, ihre soziokulturelle Einbindung sowie politische und religiöse Haltungen, fachliche Überzeugungen sowie durch Aversionen bzw. Sympathien gegenüber den am Verfahren beteiligten Personen geprägt werden.

VerfahrenspflegerInnen orientieren ihre Empfehlungen an den wohlverstandenen Interessen des Kindes. Ausgehend vom Anlass des Gerichtsverfahrens und unter Bezugnahme auf die Ergebnisse der eigenen Ermittlungen legen sie die Umstände des Einzelfalls möglichst konkret dar. Treffen sie Aussagen über die am wenigsten schädliche Alternative für das Kind bzw. über sein Wohl und dessen Gefährdung, orientieren sie sich an den gesetzlichen Kriterien, die durch die Rechtsprechung und die interdisziplinäre Fachdiskussion konkretisiert werden. Fachlich fundierte Prognosen sollen stets auf den konkreten Umständen des Einzelfalls basieren. Unwägbarkeiten und Zweifel sollten erörtert werden.

Grundsätzlich lassen sich VerfahrenspflegerInnen von der Vorstellung leiten, dass der Kindeswille ein integraler Bestandteil des Kindeswohls ist. Sie sollten deshalb in ihren Empfehlungen diejenigen Entscheidungsalternativen aufzeigen, die am weitesten mit den Wünschen des Kindes oder Jugendlichen zu vereinbaren sind. Ist es aus fachlicher Sicht nicht möglich, dem Willen des Kindes zu entsprechen, ohne das körperliche, geistige und seelische Wohl und die Entwicklung des Kindes zu gefährden, ist die weniger schädliche Alternative zu suchen und zu vertreten. Um diese zu bestimmen, bedarf es einer besonderen Beachtung der Bedürfnisse des Kindes, die in seinen Wünschen und Erwartungen zum Ausdruck kommen. In ihrer Stellungnahme sollten VerfahrenspflegerInnen sorgfältig begründen, weshalb sie vom Willen des Kindes abweichen oder gegenläufige Empfehlungen abgeben und die Chancen und Risiken der jeweiligen Alternativen offenlegen.

In der Regel wird an dieser Stelle eine fachliche Auseinandersetzung mit dem separat dokumentierten Kindeswillen erforderlich sein. Ebenso sollte auf die Bedeutung anderweitiger (auch widersprüchlicher, ambivalenter, mehrdeutiger) verbaler und nonverbaler Mitteilungen des Kindes sowie auf deren situativen Kontext eingegangen werden. Nicht zuletzt können insbesondere Hinweise auf die Manipulation des Kindes oder offene Drohungen eine wichtige Grundlage der gerichtlichen Entscheidung über die Berücksichtigung des Kindeswillens sein.

Um Problemen bei der praktischen Umsetzung der richterlichen Entscheidung zu begegnen, kann die Bestellung von ErgänzungspflegerInnen erforderlich sein. Für diese Aufgabe wird es oftmals zweckmäßig sein, sich im Interesse des Kindes selbst zur Verfügung stellen. Entsprechende Überlegungen sollten – bezogen auf die jeweiligen Entscheidungsalternativen – in der abschließenden Stellungnahme angesprochen werden.

5.3 Gerichtliche Verhandlungen

Die Teilnahme an jeder mündlichen Verhandlung im Verfahren ist obligatorisch. Bei der Festlegung der Verhandlungstermine sollten VerfahrenspflegerInnen ihren Einfluss geltend machen, um im Interesse des Kindes einen möglichst zügigen Verfahrensablauf zu gewährleisten. Um Subjekt des Geschehens zu bleiben, hat das Kind Anspruch darauf, umfassend und zeitnah über jede Verhandlung informiert zu werden und seine Erwartungen und Befürchtungen äußern zu können.

Während der Verhandlung sollte das Kind, insbesondere sein Befinden, seine Bedürfnisse, seine Wünsche und seine sonstigen Interessen, im Zentrum des gemeinsamen Gespräches stehen. Beim Vortrag der Kindesposition sowie eigener Ermittlungen und Empfehlungen sollte eine Bezugnahme auf die verschiedenen Entscheidungsalternativen erfolgen.

Nach einer Verhandlung setzen sich VerfahrenspflegerInnen unverzüglich mit dem Kind oder Jugendlichen in Verbindung, erklären und besprechen deren Ergebnis sowie die für das Kind bedeutsamen Konsequenzen. Von dem Verlauf des Gespräches über den abschließenden Verhandlungstermin sollte das Gericht in der Regel in Kenntnis gesetzt und ein entsprechender Bericht zu den Akten gegeben werden. Erscheint aus pädagogischer Sicht ein persönliches Gespräch des Kindes oder Jugendlichen mit dem/der für die Entscheidung verantwortlichenRichterIn sinnvoll und erforderlich, sollten VerfahrenspflegerInnen dies anregen.

5.4 Beschwerde

VerfahrenspflegerInnen sind befugt, eine Beschwerde gegen den Gerichtsbeschluss einzulegen. Auch in der Beschwerdeschrift sind die Vorstellungen des Kindes zur Kenntnis des Gerichts zu bringen. Zur Vertretung Minderjähriger, die das vierzehnte Lebensjahr vollendet haben und Beschwerde einlegen wollen, vgl. Punkt 2.7.

5.5 Beendigung der Tätigkeit

Wechselt die örtliche Zuständigkeit des Gerichtes, sollten VerfahrenspflegerInnen für die im Interesse des Kindes erforderliche Aufrechterhaltung der Kontinuität seiner Vertretung sorgen.

Ist die Aufhebung einer Verfahrenspflegschaft beabsichtigt, weil das Kind durch eine Rechtsanwältin/einen Rechtsanwalt oder eine/n Verfahrensbevollmächtigte/n vertreten werden soll, ist zu prüfen, ob dieser Wechsel dem Kind zuzumuten ist und die unabhängige und zügige Wahrnehmung des „Kindeswohls" gewährleistet wäre. VerfahrenspflegerInnen treten der Aufhebung ihrer Bestellung entgegen, wenn die fragliche Person nicht über die erforderliche Eignung verfügt, in Interessenbindung zu anderen Verfahrensbeteiligten steht oder sich in Anlehnung an ein anwaltliches Mandatsverständnis vom Kind instruieren lassen würde.

Wird ihre Bestellung während des Verfahrens aufgehoben, sollten VerfahrenspflegerInnen die Übergabe der Vertretung sichern. VerfahrenspflegerInnen prüfen insbesondere, ob es dem Kind helfen könnte, die neue Person in ihrer Anwesenheit kennen zu lernen. Um VertreterInnen der wohlverstandenen Kindesinteressen bei ihrer Einarbeitung zu unterstützen, sollten das bisherige Vorgehen sowie vorläufige Einschätzungen dokumentiert werden.

Vor der Beendigung einer Verfahrenspflegschaft sollte die getroffene Gerichtsentscheidung oder Vereinbarung besprochen und mit dem Kind geklärt werden, wen es künftig in schwierigen und problematischen Situationen ansprechen kann. Es ist wichtig, den aus psychologischer Sicht erforderlichen Abschiedsprozess rechtzeitig einzuleiten und dem Kind oder Jugendlichen Gelegenheit zu geben, sich über die gemeinsamen Erfahrungen während der Vertretung zu verständigen.

VerfahrenspflegerInnen sollten auch allen anderen am Verfahren Beteiligten verdeutlichen, dass ihre Aufgabe beendet ist, sofern sie nicht als ErgänzungspflegerIn zur Umsetzung der richterlichen Maßnahmenwahl bestellt wurden. In diesem Fall muss die neue Aufgabe mit dem Kind sowie den anderen Verfahrensbeteiligten besprochen werden.

VerfahrenspflegerInnen sollten fallbezogene Unterlagen und Aufzeichnungen auch nach Ende ihrer Tätigkeit unter Beachtung des Datenschutzes aufbewahren, um auf diese zurückgreifen zu können, falls es erneut zu einem Verfahren – z.B. wegen Abänderung der gerichtlichen Entscheidung – kommt.

5.6 Vergütung

Für die Rechnungsstellung ist es nötig, zeitliche und finanzielle Aufwendungen (z.B. Treffen mit dem Kind, Telefonate, Fahrten, Gesprächstermine, Supervision) übersichtlich und detailliert zu dokumentieren. Für eine langfristige Qualitätssicherung der Interessenvertretung für Kinder und Jugendliche sollten VerfahrenspflegerInnen auf der Vergütung aller erbrachten fachlichen Leistungen bestehen.

Literaturverzeichnis

Kommentare und Handbücher

9. Familienbericht der Bundesregierung (2021): Eltern sein in Deutschland – Ansprüche, Anforderungen und Angebote bei wachsender Vielfalt. S. 262 ff.

10. Familienbericht der Bundesregierung (2025): Unterstützung allein- und getrennterziehender Eltern und ihrer Kinder –Bestandsaufnahme und Handlungsempfehlungen mit Stellungnahme der Bundesregierung. Drucksache 20/14510. https://www.bmfsfj.de/bmfsfj/service/publikationen/zehnter-familienbericht-254310 (Abruf: 31.3.2024).

Aguilera, D. C./Messik, J. M.: Grundlagen der Krisenintervention. Freiburg im Breisgau 1977.

Ahnert, L. (2004) (Hrsg.): Frühe Bindung. Entstehung und Entwicklung. München.

Ainsworth, M. D./Belhar, M./Waters, E./Wall, S.: Patterns of attachment: A psychological study of the strange situation. Hillsdale 1978.

Alle, F.: Kindeswohlgefährdung. Das Praxishandbuch. 3. Aufl. Freiburg im Breisgau 2017.

Althammer, C.: Brüssel IIa-Rom III. Kommentar zu den Verordnungen (EG) 2201/2003 und (EU) 1259/2010. München 2014.

Amato, P. R./Gilbreth, J. G.: Nonresident Fathers and Children's Wellbeing. A Meta-analysis. J. Marriage & Fam. 1999.

Amthor, H./Proksch, R./Sievering, U. (Hrsg.): Kindschaftsrecht 2000 und Mediation. Frankfurt 1993.

Andrae, M.: Internationales Familienrecht. 5. Aufl., Baden-Baden 2024.

Arbeitsgruppe Familienrechtliche Gutachten (2015): Mindestanforderungen an die Qualität von Sachverständigengutachten im Kindschaftsrecht. Onlinequelle: file:///C:/Users/Natalie/Downloads/MindestanforderungenSachverstaendigengutachtenKindschaftsrecht.pdf (Abruf: 29.4.2025).

Arbeitskreis OPD (Hrsg.): Operationalisierte Psychodynamische Diagnostik. Bern 1996.

Arnold, J.: Prävalenz der Posttraumatischen Belastungsstörung bei Pflegekindern: Psychische Belastung, posttraumatische Symptomatik und kindliche Verhaltensauffälligkeiten. München: 2010, Quelle: http://edoc.ub.uni-muenchen.de/11484/1/Arnold_Josephine.pdf (15.10.2024).

Astington, J.: Wie Kinder das Denken entdecken. München 2000.

Bach, W.: Kostenregelung für Berufsbetreuer. Köln 1996.

Bahrenfuss (Hrsg.): FamFG. Gesetz über das Verfahren in Familiensachen und in den Angelegenheiten der freiwilligen Gerichtsbarkeit. Kommentar. Berlin, 3. Aufl. 2017.

Balloff, R./Stötzel, M.: Verfahrenspflegschaft nach § 50 FGG aus der Perspektive des Kindes – eine wissenschaftliche Erhebung. PdR (Heft 2) 2001.

Bamberger, H.-G.: Arbeiten in Netzwerken – Ein Plädoyer für neue Wege in der Justiz. In: Müller-Magdeburg 2009, S. 15–20.

Bassenge, P./Herbst, G.: FGG/RPflG. 10. Aufl. Heidelberg 2004.

Bastine, R./Weinmann-Lutz, B./Wetzel, A.: Unterstützung von Familien in Scheidung durch Familien-Mediation. Sozialministerium Baden-Württemberg 1999.

Bauer, A.: Was macht den guten Anwalt des Kindes aus? In: Ev. Akademie Bad Boll (Hrsg.): Anwalt des Kindes – Interessenvertretung für Kinder und Jugendliche in familiengerichtlichen Verfahren als Chance für Kinder, Entscheidungshilfe für Gerichte, Entlastung für Jugendämter. Fachtagung 13.–14.12.1999, Protokolldienst Nr. 4, 2000, S. 72–75.

Bauer, A./Klie, T./Rink, J.: Heidelberger Kommentar zum Betreuungs- und Unterbringungsrecht. Loseblattwerk. Heidelberg (Zitierweise: HK-BUR/Bearbeiter).

Bauer, J./Schimke, H.-J./Dohmel, W.: Recht und Familie. Neuwied 2001.

Baumeister, W./Fehmel, H.-W. u.a.: Familiengerichtsbarkeit. Berlin 1992.

Bäumel, D. u.a.: Familienrechtsreformkommentar. Bielefeld 1998 (Zitierweise: FamRefK/Bearbeiter).

Bayrisches Landesjugendamt (Hrsg.): Sozialpädagogische Diagnose. Arbeitshilfe zur Feststellung des erzieherischen Bedarfs. München 2001. Onlinequelle: www.blja.bayern.de/service/broschueren/neue/27607/index.php (Abruf: 25.10.2024).

Bayerisches Staatsministerium für Arbeit und Sozialordnung, Familie und Frauen, Leitfaden für Kinderarztpraxen des Berufsverbandes der Ärzte für Kinderheilkunde und Jugendmedizin. München 2012. https://www.bundesaerztekammer.de/fileadmin/user_upload/_old-files/downloads/LeitfadenKinderschutzBay201203.pdf (Zugriff: 30.4.2025).

Beauchamp, T. L./Childress, J. F.: Principles of Biomedical Ethics. 1. Aufl. New York, Oxford: Oxford University Press 1977 und 4. Aufl. New York, Oxford: Oxford University Press 1994.

BeckOK BGB, Hrsg.: Bamberger, H.-G./Roth, H./Poseck, R./Hau, W., Ed. 49, 1.2.2019 (Zitierweise: BeckOK BGB/Bearbeiter).

BeckOK FamFG, Hrsg. Hahne/Schlögel/Schlünder, Ed. 26., 2008 (Zitierweise: BeckOK FamFG/Bearbeiter).

Beck, A./Heinz, A. (2013) Alcohol-related aggression—social and neurobiological factors. Dtsch Arztebl Int 110:711–715.

BeckOK GG, Hrsg.: Epping, V./Hillgruber, C., Ed. 19, 2013 (Zitierweise: BeckOK GG/Bearbeiter).

BeckOGK: beck-online.GROSSKOMMENTAR, GesamtHrsg.: Gsell/Krüger/Lorenz/Reymann, Hrsg: Wellenhofer/Jox, fortlaufende Aktualisierung (Zitierweise: BeckOGK/Bearbeiter).

BeckOK SozR: BeckOK Sozialrecht, Rolfs/Giesen/Kreikebohm/Udsching (Hrsg.), 50. Edition (Zitierweise: BeckOK-SozR/Bearbeiter).

Becker, P. N.: Welche Qualität haben Hilfepläne? Frankfurt am Main (Eigenverlag Deutscher Verein für öffentliche und private Fürsorge), o.J. (1999).

Behrend, Kl. (2009) Kindliche Kontaktverweigerung nach Trennung der Eltern aus psychologischer Sicht. Entwurf einer Typologie. Zugl.: Dissertation an der Universität Bielefeld, Fakultät für Psychologie und Sportwissenschaften, Abteilung Psychologie. Verfügbar unter: https://pub.uni-bielefeld.de/download/2301270/2301273/Kindliche_Kontaktverweigerung_nach_Trennung_der_Eltern_aus_205.PDF (Abruf: 18.11.2024).

Bender, D./Lösel, F.: Risikofaktoren, Schutzfaktoren und Resilienz bei Misshandlung und Vernachlässigung. In: Egle, U. T./Joraschky, P./ Lampe, A./Seiffge-Krenke, I./Cierpka, M. (Hrsg.), 4., überarb. und erw. Aufl., 2015, S. 77–103.

Bergmann/Ferid: Internationales Ehe- und Kindschaftsrecht, Loseblattsammlung, Frankfurt am Main.

Bericht der Bundesrepublik Deutschland an die Vereinten Nationen gemäß Artikel 44 Abs. 1 Buchstabe b des Übereinkommens über die Rechte des Kindes, Bundesministerium für Familie, Senioren, Frauen und Jugend (Hrsg.): BR-Drucks. 373/01 (Zitierweise: 2. Staatenbericht). http://dipbt.bundestag.de/extrakt/ba/WP14/1021/102146.html (Zugriff: 25.10.2024).

Berneiser, C.: Das frühzeitige Erörtern der Gefahrenlage vor Gericht – alles zum Wohl des Kindes?. In: Heilmann/Lack (Hrsg.). Die Rechte des Kindes. Festschrift für Ludwig Salgo zum 70. Geburtstag. Köln 2016, S. 293–312.

Berneiser, C.: Die verfahrensrechtliche Neuregelung der Erörterung der Kindeswohlgefährdung in § 157 FamFG. Möglichkeiten und Grenzen der Umsetzung in der familiengerichtlichen Praxis. Frankfurt am Main 2015.

Bernet, W.: Parental Alientation DSM-V und ICD-11. Springfield, Illinois 2011.

Bienwald, W.: Betreuungsrecht. Kommentar zum BtG/BtBG. 7. Aufl. Bielefeld 2023.

Bindel-Kögel: Verfahrensbeistandschaft in Fällen der Kindeswohlgefährdung nach § 1666 BGB, Ergebnisse einer Rechtstatsachenstudie. unsere jugend 2018, 78–81.

Bindel-Kögel, G./Hoffmann/Schone: Verfahrensgestaltung des Familiengerichts im Kontext des § 1666 BGB. In: Münder (2017), S. 232–280.

Bindel-Kögel, G./Seidenstücker, B.: Ergebnisse der Fallerhabung in den beteiligten Jugendämtern. In: Münder (Hrsg.): Kindeswohl zwischen Jugendhilfe und Justiz, Weinheim/Basel 2017, S. 123–188.

Black, D. A., Heyman, R. E., & Smith Slep, A. M. (2001). Risk factors for child sexual abuse. Aggress Violent Behav, 6(2-3), 203-229.

Blandow, J./Frauenknecht, B.: Dauerpflege, Adoption und Tagesbetreuung. Trends der sozialen und rechtlichen Entwicklung. Materialien zum Fünften Jugendbericht 1980. München 1980.

Blasi, A.: Die Entwicklung der Identität und ihre Folgen für moralisches Handeln. In: Edelstein u.a., S. 119–147.

Blasi, A.: Moralische Kognition und moralisches Handeln – Eine theoretische Perspektive. In: Garz, D., Oser, F., Althof, W. (Hrsg.): Moralisches Urteil und Handeln, 1999, S. 47–81.

Blesken, M., Franke, I., Freiberg, J., Kraft, M., Kurylowicz, L., Rohde, M., & Schwier, F. (2019). AWMF S3+ Leitlinie Kindesmisshandlung,- missbrauch,- ver-nachlässigung unter Einbindung der Jugendhilfe und Pädagogik (Kinderschutzleitlinie). Arbeitsgemeinschaft der wissenschaftlichen medizinischen Fachgesellschaften, 027-069.

Bloch, D. A./Silber, E./Perry, S. E.: Some factors in the emotional reaction of children to disaster. American Journal of Psychiatry 113, 1965, 416–422.

Bodenmann, Guy (2016): Lehrbuch Klinische Paar- und Familienpsychologie. 2. Aufl. Göttingen 2016.

Boland H, DiSalvo M, Fried R, Woodworth KY, Wilens T, Faraone SV, Biederman J. A literature review and meta-analysis on the effects of ADHD medications on functional outcomes. J Psychiatr Res. 2020 Apr; 123:21-30. doi: 10.1016/j.jpsychires.2020.01.006. Epub 2020 Jan 27. PMID: 32014701.

Bölte, S.: Emotionale Entwicklungsprozesse. In: Lehmkuhl, G./Poustka, F./Holtmann, M./Steiner, H. (Hrsg.): Lehrbuch der Kinder- und Jugendpsychiatrie. Grundlagen und Störungsbilder. Göttingen 2013.

Bolten, M./Schneider, S.: Wie Babys vom Gesichtsausdruck der Mutter lernen. Eine experimentelle Untersuchung zur familiären Transmission von Ängsten. In: Kindheit und Entwicklung, 19. Jahrgang, Heft 1, Göttingen 2010, S. 4–11.

Bonn, H./Rohsmanith, K. (Hrsg.): Eltern-Kind-Beziehung. Darmstadt 1977.

Boogaart, H. van den u.a. (Hrsg.): Rechte von Kindern und Jugendlichen, Wege zu ihrer Verwirklichung. Beiträge zum Frankfurter Rechte-Kongress 1995. Münster 1996.

Bosanac P, Buist A, Burrows G (2003) Motherhood and schizophrenic illnesses: a review of the literature. Aust N Z J Psychiatry 37:24–30

Boszormenyi-Nagy, I./Spark, G.: Unsichtbare Bindungen – Die Dynamik familiärer Systeme. Stuttgart 1981.

Böttcher, S.: Verfahrenspflegschaft für Kinder und Jugendliche in Sachsen. Eine theoretisch-empirische Studie aus sozialpädagogischer Sicht. Hamburg 2008.

Bowlby, J.: Verlust, Trauer und Depression. Frankfurt am Main 1983.

Brehm, W.: Freiwillige Gerichtsbarkeit. 4. Aufl. Stuttgart 2009.

Breidenbach, S.: Mediation. Struktur, Chancen und Risiken von Vermittlung im Konflikt. Köln 1995.

Bremische Bürgerschaft, Landtag, 16. Wahlperiode: Bericht des Untersuchungsausschusses zur Aufklärung von mutmaßlichen Vernachlässigungen der Amtsvormundschaft und Kindeswohlsicherung durch das Amt für Soziale Dienste. Drucksache 16/1381, 18. April 2007. Onlinequelle: www.bremische-buergerschaft.de/uploads/media/BerichtUAKindeswohl_5cc.pdf (Zugriff: 25.10.2024).

Bringewat, P.: „Tod eines Kindes“. Soziale Arbeit und strafrechtliche Risiken. Baden-Baden 1997.

Brisch, K. H.: Bindungsstörungen. Stuttgart 1999.

Brisch, K. H.: Bindung und Umgang. In: Deutscher Familiengerichtstag, Siebzehnter Familiengerichtstag vom 12. bis 15. Sept. 2007 in Brühl, Bielefeld 2008, S. 89–136.

Brisch, K.H./Grossmann, K./ Grossmann, K./Köhler, L. (Hrsg.): Bindung und seelische Entwicklungswege, 4. Aufl. Stuttgart 2018.

Brumlik, M.: Advokatorische Ethik. Zur Legitimation pädagogischer Eingriffe. 3. Aufl. Hamburg 2017.

Bruns, G./Dreher, U./Mahler-Bungers, A. (Hrsg.): Psychoanalyse und Familie. Andere Lebensformen, andere Lebenswelten. Bad Homburg 2003.

Bryan, P. E.: Constructive Divorce. Procedural Justice and Sociolegal Reform. 2006.

Büchler, A./Simoni, H.: Kinder und Scheidung – Der Einfluss der Rechtspraxis auf familiale Übergänge. Zürich/Chur 2009.

Bühler-Niederberger, D./Alberth, L./Eisentraut, S.: Kinderschutz. Wie kindzentriert sind Programme, Praktiken, Perspektiven? Weinheim 2014.

Bundesarbeitsgemeinschaft Verfahrenspflegschaft für Kinder und Jugendliche e.V. (BAG): Standards für Verfahrenspfleger/innen – Die Interessenvertretung für Kinder und Jugendliche in Verfahren der Familien- und Vormundschaftsgerichte gemäß § 50 FGG. Votum Service Recht. Münster 2001.

Bundesministerium für Jugend, Familie und Gesundheit – BMJFG – (Hrsg.): Kindesmisshandlung. Erkennen und Helfen. Eine praktische Anleitung. Bonn 1982.

Bundesregierung: Lebenslagen in Deutschland. Der Sechste Armuts- und Reichtumsbericht der Bundesregierung. 2021.

Burgsmüller, C. (2015): Zur Bedeutung der Aussagepsychologie für die Rechtsprechung bei Delikten des sexuellen Missbrauchs von Kindern. In: Fegert, J., Hoffmann, U., König, E., Niehues, J., Liebhardt, H. (Hrsg.) Sexueller Missbrauch von Kindern und Jugendlichen. Springer, Berlin, Heidelberg.

Bussmann, K.-D.: Changes in Family Sanctioning Styles and the Impact of Abolishing Corporal Punishment. In: Frehsee, D. u.a., S. 39–62.

Bussmann, K. D., Erthal, C. and Schroth, A (2011): Effects of Banning Corporal Punishment in Europe. In Durrant/Smith (Eds.), Global Pathways to Abolishing Physical Punishment (pp. 299-322)

Cantwell, H. B.: The Neglect of Child Neglect. In: Helfer, M. E./Kempe, R. S./Krugman, R. D., S. 347–373.

Carl., E./Clauß, M./Karle, M.: Kindesanhörung im Familienrecht. München 2015.

Cassidy, J./Shaver, P. (Hrsg.): Handbook of Attachment. Theory, Research, and Clinical Applications, 2nd Edition, New York/London 2008.

Cassidy, J./ Shaver, P. R (Hrsg.): Handbook of Attachment: Theory, Research, and Clinical Applications, New York 2016.

Castellanos, H. /Hertkorn, C., Psychologische Sachverständigengutachten im Familienrecht, 4. Aufl. 2024.

Ceci, S. J./Toglia, M. P./Ross, D. F. (Hrsg.): Children’s eyewitness memory. New York 1987.

Ceci, S. J.: Cognitive and Social Factors in Children's Testimony. Master Lecture presented at APA, August 20, 1993. Toronto 1993.

Cirullies, M./Cirullies, B.: Schutz bei Gewalt und Nachstellung. Bielefeld 2013.

Clawar, S. S./Riflin, B. V.: Children Held Hostage: Dealing with Programmed and Brainwashed Children. American Bar Association, Division of Family Law. Chicago, IL 1991.

Coester, M.: Das Kindeswohl als Rechtsbegriff. Frankfurt am Main 1983.

Coester, M.: Kindeswohl: Juristischer Begriff und multidisziplinäre Dimensionen. In: Ev. Akademie Bad Boll (Hrsg.): Der Anwalt des Kindes – Als Konsequenz heutigen Verständnisses von Kindeswohl – Denkanstöße zu einer Neuorientierung. Fachtagung 15.–17.04.1983, Protokolldienst Nr. 14, 1983, S. 60–72.

Coester, M.: Inhalt und Funktionen des Begriffs der Kindeswohlgefährdung – Erfordernis einer Neudefinition? In: Lipp, V./Schumann, E./Veit, B., 2008, S. 19–43.

Coester, M.: Verfahren in Kindschaftssachen. In: Lipp, V./Schumann, E./Veit, B., 2009, S. 39–64.

Coester-Waltjen, D./Lipp, V./Schumann, E./Veit, B. (Hrsg.), Das Pflegekindverhältnis – zeitlich befristete oder dauerhafte Lebensperspektive für Kinder?, Göttingen 2014.

Cole, P. M.: Childrens' spontaneous expressive control of facial Expression. Child Development No. 57, 1986, S. 1309–1321.

Committee on the Rights of the Child (United Nations): Convention on the Rights of the Child, General Comment No. 12 (2009), The right of the child to be heard, CRC/C/GC/12, Fifty-first session, Geneva, 25 May-12 June 2009.

Cretney, S. M.: Foreword. In: Monro/Forrester.

Crittenden, P. M.: Quality of attachement in the preeschool years. Development and Psychopathology No. 4, 1992, S. 409–441.

Crittenden, P. M.: Preschool Assessment of Attachment. Unpublished manuscript, Family Relations Institute, Miami/FL, 1994.

Crittenden, P. M.: Attachment and Psychopathology. In: Goldberg, S./Muir, R./Kerr, J. (Hrsg.) (1995): Attachment Theory: Social, developmental and clinical Perspectives, London 1995, S. 367–406.

Dahm, S.: Die „Geeignetheit" von Verfahrensbeiständen gemäß § 158 FamFG. Hildesheim 2017. Onlinequelle: www.hawk.de/sites/default/files/2018-07/s_17_06_16_bros_web.pdf (Zugriff: 25.10.2024).

Damrau, J./Zimmermann, W.: Betreuung und Vormundschaft. 2. Aufl. Stuttgart, Berlin, Köln 1995.

Davies, D. D./Templer, D. I.: Neurobehavioral function in children exposed to narcotics in utero. Addictive-behaviors 13 (3), 1998, S. 275–283.

Davis, G./Bader, K.: In-Court Mediation: The Consumer View (I). 15 Family Law 1985, 42.

Deaton, W./Long, S./Magaña, H. A./Robbins, J.: The Child Sexual Abuse Custody Dispute Annotated Bibliography. Oxford 1995.

Deegener, G./Körner, W.: Risiko- und Schutzfaktoren – Grundlagen und Gegenstand psychologischer, medizinischer und sozialpädagogischer Diagnostik im Kinderschutz. In: Körner, W./ Deegener, G. (Hrsg.), 2011, S. 201–250.

Deinert, H./Lütgens, K.: Die Vergütung des Betreuers. 7. Aufl. Köln 2019.

Deutscher Bundestag, Kommission zur Wahrnehmung der Belange der Kinder (Kinderkommission), Stellungnahme der Kinderkommission des Deutschen Bundestages zum Thema „Qualitätssicherung in Kindschaftsverfahren: Qualifizierung von Familienrichterinnen und -richtern, Gutachtern und Verfahrensbeiständen, Kommissionsdrucksache 19/04 v. 9.November 2018.

Delfos, M. F./Kiefer, V.: „Sag mir mal ...". Gesprächsführung mit Kindern; 4 bis 12 Jahre. 10. Aufl. Weinheim 2015.

Delfos, M.: „Wie meinst du das?". Gesprächsführung mit Jugendlichen; 13 bis 18 Jahre. 6. Aufl. Weinheim 2015.

Department of Health: Framework for the Assessment of Children in Need and their Families: Assessment Recording Forms. Published by The Stationery Office (PO Box 29, Norwich NR3 1 GN).

Dettenborn, H./Walter, E.: Familienrechtspsychologie. München, Basel 2016. 4. Aufl. 2022

Dettenborn, H.: Kindeswohl und Kindeswille. 6. Aufl. 2021

Deutsche Liga für das Kind in Familie und Gesellschaft (Hrsg.): Neue Erkenntnisse der Bindungsforschung. Dokumentation des Symposiums am 2. und 3. Juni 1996. Berlin 1996.

Deutsche Liga für das Kind/Deutscher Kinderschutzbund/Verband alleinerziehender Mütter und Väter (Hrsg.): Wegweiser für den Umgang nach Trennung und Scheidung. 4. Aufl. Berlin 2016.

Deutsche Standards zum begleiteten Umgang. Empfehlungen für die Praxis. München 2008.

Deutscher Familiengerichtstag e.V. (Hrsg.): 12. Deutscher Familiengerichtstag vom 24. bis 27. September 1997 in Brühl. Bielefeld 1998.

Deutscher Familiengerichtstag e.V. (Hrsg.): 13. Deutscher Familiengerichtstag vom 22. bis 25. September 1999 in Brühl. Bielefeld 2000.

Deutscher Familiengerichtstag e.V. (Hrsg.): 16. Deutscher Familiengerichtstag vom 14. bis 17. September 2005 in Brühl. Bielefeld 2006.

Deutscher Familiengerichtstag e.V. (Hrsg.): 17. Deutscher Familiengerichtstag vom 12. bis 15. September 2007 in Brühl. Bielefeld 2008.

Deutscher Familiengerichtstag e.V. (Hrsg.): 18. Deutscher Familiengerichtstag vom 16. bis 19. September 2009 in Brühl. Bielefeld 2010.

Deutscher Familiengerichtstag e.V. (Hrsg.): 21. Deutscher Familiengerichtstag vom 21. bis 24. Oktober 2015 in Brühl. Bielefeld 2016.

Deutscher Familiengerichtstag e.V. (Hrsg.): 24. Deutscher Familiengerichtstag vom 21. bis 23. September 2023 in Bonn. Bielefeld 2024.

Deutsche Gesellschaft für Kinder- und Jugendpsychiatrie und Psychotherapie u.a. (Hrsg.): Leitlinien zur Diagnostik und Therapie von psychischen Störungen im Säuglings-, Kindes- und Jugendalter. Deutscher Ärzte Verlag, 3. überarbeitete Aufl. 2007, S. 423–435.

Deutscher Juristentag e.V. (Hrsg.): Verhandlungen des 54. Deutschen Juristentages: Soll die Rechtstellung der Pflegekinder unter besonderer Berücksichtigung des Familien-, Sozial- und Jugendrechts neu geregelt werden? Nürnberg 1982.

Deutscher Kinderschutzbund, Landesverband NRW e.V./Institut für soziale Arbeit e.V. (Hrsg.): Kindesvernachlässigung. Erkennen – Beurteilen – Handeln. Münster 2000.

Deutscher Verein für öffentliche und private Fürsorge (DV): Empfehlungen des Deutschen Vereins zur Umsetzung der Kindschaftsrechtsreform in die Praxis der Kinder- und Jugendhilfe. DV 15/1999, S. 27.

Deutscher Verein für öffentliche und private Fürsorge (Hrsg.): Wächteramt und Jugendhilfe. Dokumentation einer Fachtagung. Frankfurt am Main 2001.

Deutsches Institut für Menschenrechte, Policy Paper „Kindegerechte Justiz". Onlinequelle: www.institut-fuer-menschenrechte.de > Publikationen > Suche „Policy Paper" (Zugriff: 25.10.2024).

Deutsches Jugendinstitut (DJI) (Hrsg.): Arbeit mit hochkonflikthaften Trennungs- und Scheidungsfamilien: Eine Handreichung für die Praxis. München 2010. Onlinequelle: https://www.dji.de/fileadmin/user_upload/bibs/458_12244_scheidungsfamilien.pdf (Zugriff: 29.4.2025).

Deutsches Jugendinstitut (DJI) (Hrsg.): Handbuch Kindeswohlgefährdung nach § 1666 BGB und Allgemeiner Sozialer Dienst, München 2006.

Deutsches Jugendinstitut (DJI) (Hrsg.): Handbuch Pflegekinderhilfe. München 2010.

De Wolff, M./van Ijzendoorn, M. H.: Sensitivity and attachment: a meta-analysis on parental antecedents of infant attachment. Child Development No. 68, 1997, S. 571–591.

Dietrich, P. et. al. (Hrsg.: DJI): Arbeit mit hochkonflikthaften Trennungs- und Scheidungsfamilien: Eine Handreichung für die Praxis, München 2010. Onlinequelle: https://www.dji.de/fileadmin/user_upload/bibs/458_12244_scheidungsfamilien.pdf (Zugriff: 29.4.2025).

Diez, Hannelore/Krabbe, H.: Die Einbeziehung von Kindern und Jugendlichen in die Familienmediation. Kind-Prax 1998, 174.

Dillon, P. A./Emery, R. E.: Divorce Mediation and Resolution of Child Custody Disputes: Long-Term Effects. 66 American Journal of Orthopsychiatry 1996, 131.

Diouani, M.: Umgang bei Pflegekindschaft, Books on Demand, 2005.

Diouani-Streek, M.: Kontinuität im Kinderschutz – Perspektivplanung für Pflegekinder, Berlin 2015.

Dodegge, G./Roth, A.: Systematischer Praxiskommentar Betreuungsrecht. 6. Aufl. Köln 2023.

Döbert, R./Habermas, J./Nunner-Winkler, G.: Entwicklung des Ichs. Königstein/Taunus 1980.

Dolto, F./Dolto-Tolitch, C./Percheminier, C.: Von den Schwierigkeiten, erwachsen zu werden. 6. Aufl. Stuttgart 1999.

Doris, J.: The Suggestibility of Children's Recollections. Implications for Eyewitness Testimony. American Psychological Association. Washington DC 1991.

Dornes, M.: Der kompetente Säugling. Die präverbale Entwicklung des Menschen. Frankfurt am Main 1993.

Dornes, M.: Die frühe Kindheit. Entwicklungspsychologie der ersten Lebensjahre. Frankfurt am Main 1997.

Dornes, M.: Risiko- und Schutzfaktoren für die Neurosenentstehung. Forum der Psychoanalyse 13, 1997, S. 119–138.

Dornes, M.: Vernachlässigung und Misshandlung aus der Sicht der Bindungstheorie. In: Egle, U. T./Hoffmann, S. O./Joraschky, P., 2. Aufl. 2000, S. 70–83.

Dornes, M.: Die emotionale Welt des Kindes. Frankfurt am Main 2000.

Dornes, M.: Die Seele des Kindes. Entstehung und Entwicklung. Frankfurt am Main 2006.

Dozier, M.: Challenges of Foster Care. In: Attachment and Human Development, Vol. 7/2005, S. 27–30.

Dozier, M./Dozier, D./Manni, M.: Attachment and Behavioral Catch-up: The ABC's of Helping Infants in Foster Care cope with early Adversity, hrsg. von ZERO TO THREE, 2002, S. 7–13.

Dozier, M./Rutter, M.: Challenges to the Development of Attachment Relationships faced by young

Children in Foster and Adoptive Care. In: Cassidy/Shaver (Hrsg.), Handbook of Attachment, 2nd Ed., 2008, S. 698–717.

DSM-5 – Diagnostisches und Statistisches Manual Psychischer Störungen: Deutsche Ausgabe des DSM-5 der American Psychiatric Association, hrgs. von Peter Falkai u.a., Göttingen u.a., 2015.

Dunne, J./Hedrick, M.: The Parental Alienation Syndrome: An Analysis of Sixteen Selected Cases. Journal of Divorce & Remarriage 21. 1994, S. 21–38.

Dutta/Jacoby/Schwab (Hrsg.): FamFG. Kommentar. 4. Aufl., Bielefeld 2021.

Edelstein, W./Nunner-Winkler, G./Noam, G. (Hrsg.): Moral und Person. Frankfurt am Main 1993.

EGBGB/IPR, Kindschaftsrechtliche Übereinkommen; Art.19 EGBGB, 13. Bearbeitung Berlin 1994.

Egle, U.T.: Gesundheitliche Langzeitfolgen psychisch traumatisierender und emotional deprivierender Entwicklungsbedingungen in Kindheit und Jugend. In: Egle, U.T./ Joraschky, P./ Lampe, A./Seiffge-Krenke, I./Cierpka, M. (Hrsg.), 4., überarb. und erw. Aufl., 2015, S. 24–39.

Egle, U.T./Hoffmann, S.O./Joraschky, P. (Hrsg.): Sexueller Missbrauch, Misshandlung, Vernachlässigung. Erkennung und Behandlung psychischer und psychosomatischer Folgen früher Traumatisierungen. 2. Aufl. Stuttgart 2000 und 3. Aufl. Stuttgart 2008 und 4. Aufl. 2015.

Egle, U. T./Hoffmann, S. O.: Pathogene und protektive Entwicklungsfaktoren in Kindheit und Jugend. In: Egle, U. T./Hoffmann, S. O./Joraschky, P., 2. Aufl. 2000, S. 3–22.

Egle, U. T./Joraschky, P./ Lampe, A./Seiffge-Krenke, I./Cierpka, M. (Hrsg.): Sexueller Missbrauch, Misshandlung, Vernachlässigung. Erkennung, Therapie und Prävention der Folgen früher Stresserfahrungen, 4., überarb. und erw. Aufl. Stuttgart 2015.

Egle, U.T.: Gesundheitliche Langzeitfolgen psychisch traumatisierender und emotional deprivierender Entwicklungsbedingungen in Kindheit und Jugend. In: Egle, U. T./Joraschky, P./Lampe, A./Seiffge-Krenke, I./Cierpka, M. (Hrsg.), überarb. und erw. 4. Aufl. 2015, S. 24–39.

Eisenberg, N./Fabes, R. A. (Eds.): Emotion and its regulation in early development. Child Development No. 55, 1992.

Eisenberg, N./Fabes, R. A./Carlo, G./Karbon, M.: Emotional responsivity to others: behavoral correlates and sozialisation antecendets. Child Development No. 55, 1992, S. 57–73.

Ekert, S./Heiderhoff, B.: Die Evaluierung der FGG-Reform. Abschlussbericht zum Forschungsvorhaben. Berlin 2018. Onlinequelle: https://www.bmj.de/SharedDocs/Publikationen/DE/Fachpublikationen/2018_Evaluierung_FGG-Reform.pdf?__blob=publicationFile&v=2 (Zugriff: 29.4.2025).

Ekman, P.: Gesichtsausdruck und Gefühl. Paderborn 1988.

Else-Quest, N. M./Higgins, A./Allison, C./Morton, L. C.: Gender differences in self-conscious emotional experience: a meta-analysis. Psychological bulletin, 2012, 138(5), 947.

Elkind, D.: Egocentrism in adolescence. Child Development No. 38, 1967, 1025–1035.

Els, H. van: Das Kind im einstweiligen Rechtsschutz im Familienrecht. Bielefeld 2000.

Emery, R. E.: Renegotiating Family Relationships. Divorce, Child Custody, and Mediation. New York, London 1994.

Emery, R. E./Kitzmann, K. M./Waldron, M.: Psychological Interventions for Separated and Divorced Families. In: Hetherington, E. Mavis (Hrsg.): Coping with Divorce, Single Parenting, and Remarriage. A Risk and Resiliency Perspective. Mahwah, NJ, 1999, S. 323 ff.

Emery, R. E./Wyer, M. M.: A Systematic Comparison of Child Custody Mediation and Litigation. 8 FAIR$HARE: The Matrimonial Law Monthly 1988, 10.

Emke, C.: Weil es sagbar ist. Über Zeugenschaft und Gerechtigkeit. Frankfurt am Main 2013.

Engfer, A.: Kindesmisshandlung und Vernachlässigung. In: Oerter, R./Montada, L., 1995, S. 960–966.

Engfer, A.: Gewalt gegen Kinder in der Familie. In: Egle, U. T./Hoffmann, S. O./Joraschky, P., 2000, S. 23–39.

Erikson, E. H.: Kindheit und Gesellschaft. Stuttgart 1961.

Erikson, E. H.: Jugend und Krise. München 1988.

Erman: BGB. Kommentar mit Nebengesetzen und Internationalem Privatrecht. In 3 Bänden. 17., neu bearbeitete Aufl. 2023.

Ertmer, H.: Begleitung und Beratung traumatisierter Pflegekinder oder ein Plädoyer für die rückhaltlose Annahme von vernachlässigten, missbrauchten und misshandelten Kindern in Ersatzfamilien. In: Stiftung „Zum Wohl des Pflegekindes", 1. Jahrbuch 1998, S. 125–145.

Fagerström, G./Hansson, G.: Peter, Ida und Minimum. Familie Lindström bekommt ein Baby. Ravensburg 1987.

Fastie, F.: Zeuginnen der Anklage: Die Situation sexuell missbrauchter Mädchen und junger Frauen vor Gericht. Berlin 1994.

Fastie, F. (Hrsg.): Opferschutz im Strafverfahren. Opladen 2008.

Fegert, J. M.: Sexueller Missbrauch von Kindern. Praxis der Kinderpsychologie und Kinderpsychiatrie 36, 1987, 164–170.

Fegert, J. M.: Sexuell missbrauchte Kinder und das Recht. Ein Handbuch zu Fragen der kinder- und jugendpsychiatrischen und psychologischen Untersuchung und Begutachtung. Band 2. Köln 1993.

Fegert, J. M.: Das Kind verstehen aus kinder- und jugendpsychiatrischer Sicht. In: *Salgo, L.*: Vom Umgang der Justiz mit Minderjährigen, 1995, S. 291–318.

Fegert, J. M.: Sozialpädiatrisch relevante gesetzliche Bestimmungen und Begutachtung. In: Schlack, H.G., 1995, S. 307–327.

Fegert, J. M.: Basic needs als ärztliche und psychotherapeutische Einschätzungskriterien in Familien in Krisen. Kinder in Not (Materialien und Beiträge zum ISA-Kongress 28.–30.4.1997 in Düsseldorf). Münster 1997.

Fegert, J. M.: Basic needs als ärztliche und psychotherapeutische Einschätzungskriterien. In: Institut für soziale Arbeit e.V. (Hrsg.): Familien in Krisen, Kinder in Not. Materialien und Beiträge zum ISA-Kongress 28.–30.04.1997 in Düsseldorf. Münster 1997, S. 66–73.

Fegert, J. M.: Die Bedeutung des Vorwurfs des sexuellen Missbrauchs im Sorgerechtsverfahren. In: Warnke, A./Trott, G.-E./Remschmidt, H., 1997, S. 70–81.

Fegert, J. M.: Die Auswirkungen traumatischer Erfahrungen in der Vorgeschichte von Pflegekindern. In: Stiftung „Zum Wohl des Pflegekindes“, 1. Jahrbuch 1998, S. 20–31.

Fegert, J. M.: Kooperation im Interesse des Kindes. In: *Fegert, J. M.*: Kinder in Scheidungsverfahren. 1999, S. 8–17.

Fegert, J. M.: Kommunikation mit Kindern und Konstrukte, die unser Verständnis von Kindern in der professionellen Wahrnehmung erleichtern. epd-Dokumentation: „Anwälte des Kindes“ vor Gericht und bei Behörden. Nr. 20, 1999, S. 1–11.

Fegert, J. M.: Was ist seelische Behinderung? Anspruchsgrundlage und kooperative Umsetzung von Hilfen nach § 35a KJHG. 3. Aufl. Münster 1999.

Fegert, J. M.: Kindeswohl – Definitionsdomäne der Juristen oder der Psychologen? In: Deutscher Familiengerichtstag, 2000, S. 33–58.

Fegert, J. M.: Wann ist der begleitete Umgang, wann ist der Ausschluss des Umganges bei Pflegekindern indiziert? In: Pflegekindes SzWd (ed), 3. Jahrbuch des Pflegekinderwesens, Idstein 2004, S. 197–206.

Fegert, J. M.: Implikationen und Perspektiven für den Kinderschutz. In: Ziegenhain, U./*Fegert, J. M.*, 2007, S. 195–206.

Fegert, J. M.: Stellungnahme zum Regierungsentwurf BT-Drucks. 17/6256 vom 22.6.2011 Bundeskinderschutzgesetz (BKiSchG) Gesetz zur Stärkung eines aktiven Schutzes von Kindern und Jugendlichen v. 22.6.2011. Onlinequelle: http://webarchiv.bundestag.de/cgi/show.php?fileToLoad=2170&id=1174 (Zugriff: 31.4.2019).

Fegert, J. M. (Hrsg.): Kinder in Scheidungsverfahren nach der Kindschaftsrechtsreform. Kooperation im Interesse des Kindes. Neuwied 1999.

Fegert, J. M.: Was ist seelische Behinderung? Anspruchsgrundlage und kooperative Umsetzung von Hilfen nach § 35a KJHG. 3. Aufl. Münster 1999.

Fegert, J. M. (Hrsg.): Qualität der Begutachtung sexuell missbrauchter Kinder. Fachliche Standards in juristischen Verfahren. Neuwied 2001.

Fegert, J. M./Fangerau, H.,/Ziegenhain, U.: Problematische Kinderschutzverläufe, Mediale Skandalisierung, fachliche Fehleranalyse und Strategien zur Verbesserung des Kinderschutzes. Weinheim 2010.

Fegert, J. M./Häßler, F./Schnoor, K./Rebernig, E./König, C./Auer, U./Schläfke, D. (2003). Bestandsaufnahme und Qualitätssicherung der forensisch-psychiatrischen Gutachtertätigkeit in Mecklenburg-Vorpommern bei Mord- und Brandstiftungsdelikten. Norderstedt: booksondemand, 120 ff.

Fegert, J. M./Berger, Ch./Klopfer, U./Lehmkuhl, U./Lehmkuhl, G.: Umgang mit sexuellem Missbrauch. Institutionelle und individuelle Reaktionen. Forschungsbericht. Münster 2001.

Fegert, J. M./Dieluweit, U./ Thurn, L./Ziegenhain, U./ Goldbeck, L.: Traumatisierte Kinder und Jugendliche in Deutschland. Aktuelle Situation, Problembereiche, Versorgung. In: Fegert/Ziegenhain/Goldbeck/ (Hrsg.), 2. Aufl. 2013, S. 9–26.

Fegert, J. M./Gerwert, U.: Qualitative Forschungsansätze im praxisnahen Einsatz in der Kinder- und Jugendpsychiatrie. Praxis der Kinderpsychologie und Kinderpsychiatrie 42, 1993, 293–298.

Fegert, J. M./Häßler, F./Rothärmel, S.: Atypische Neuroleptika in der Jugendpsychiatrie. Stuttgart 1999.

Fegert, J. M./Hoffmann, U./ König, E./ Niehues, J./ Liebhardt, H. (Hrsg.): Sexueller Missbrauch von Kindern und Jugendlichen. Ein Handbuch zur Prävention und Intervention für Fachkräfte im medizinischen, psychotherapeutischen und pädagogischen Bereich. Heidelberg 2015.

Fegert, J. M./Klopfer, U./Berger, Ch. u.a.: Die Wirkung rechtlicher Bestimmungen auf den individuellen und institutionellen Umgang mit sexuellem Missbrauch an Kindern. In: Wirkungsforschung zum Recht. 1. Wirkungen und Erfolgsbedingungen von Gesetzen. (Interdisziplinäre Studien zu Recht und Staat, Bd. 10); Hof, H./Lübbe-Wolf, G. (Hrsg.). Baden-Baden 1999.

Fegert, J. M./Schnoor, K./ Kleidt, S./Kindler, H./Ziegenhain, U.: Lernen aus problematischen Kinderschutzverläufen. Machbarkeitsexpertise zur Verbesserung des Kinderschutzes durch systematische Fehleranalyse, München 2010.

Fegert, J. M./Späth, K./Salgo, L. (Hrsg.): Freiheitsentziehende Maßnahmen in der Jugendhilfe und Kinder- und Jugendpsychiatrie. Münster 2001.

Fegert, J. M./Spröber, N./Rassenhofer, M./Schneider, Th./Seitz, A. (ed): Sexueller Kindesmissbrauch – Zeugnisse, Botschaften, Konsequenzen. Weinheim und München 2013.

Fegert, J. M./Kliemann, A.: Das Verständnis von Bindung in Entwicklungspsychologie, Entwicklungspsychopathologie und Familienrecht Zirkelschlüsse und Missverständnisse. In: I. Götz, I. Schwenzer, K. Seelmann und J. Taupitz (Hrsg.): Familie – Recht – Ethik. Festschrift für Gerd Brudermüller zum 65. Geburtstag: Festschrift für Gerd Brudermüller. 1. Aufl., München 2014, S. 173–188.

Fegert, J. M./Kölch, M.: Klinikmanual. Kinder- und Jugendpsychiatrie und -psychotherapie. 3. Aufl., Berlin 2020.

Fegert, J. M./Rassenhofer, M./Witt, A./Jud, A.: Häufigkeitsangaben sexuellen Missbrauchs und Inanspruchnahme von Hilfen", Trauma & Gewalt 2015, vol. 9, no. 2, S. 175–178.

Fegert, J. M./ Resch, F./Plener, P./Kaess, M./Döpfner, M./Konrad, K./Legenbauer, T. (Hrsg.): Psychiatrie und Psychotherapie des Kindes- und Jugendalters, 3. Auf. Heidelberg 2024.

Fegert, J. M./Ziegenhain, U. (Hrsg.): Hilfen für Alleinerziehende. Die Lebenssituation von Einelternfamilien in Deutschland. Weinheim 2003.

Fegert, J. M./Ziegenhain, U./Goldbeck, L.: Traumatisierte Kinder und Jugendliche in Deutschland. Weinheim 2010.

Fegert, J. M./ Ziegenhain, U./Goldbeck, L. (Hrsg.): Traumatisierte Kinder und Jugendliche in Deutschland. Analysen und Empfehlungen zu Versorgung und Betreuung, 2. Aufl. Weinheim/Basel: 2013.

Fehlberg,B./Smyth, B.: Caring for children after parental separation: would legislation for shared parenting time help children? University of Oxford. Department of Sozial Policy and Intervention. Family Policy Briefing 7, 3 f.

Feldman, K. W.: Evaluation of Physical Abuse. In: Helfer, M. E./Kempe, R. S./Krugman, R. D., S. 175–220.

Ferenczi, S.: Die Anpassung der Familie an das Kind (1928). In: Schriften zur Psychoanalyse, Band II, Frankfurt am Main 1982, S. 212–226.

Ferenczi, S.: Sprachverwirrung zwischen den Erwachsenen und dem Kind (1933). In: Schriften zur Psychoanalyse, Band II, Frankfurt am Main 1982, S. 303–313.

Fieseler, G.: Rechtsgrundlagen sozialer Arbeit. Stuttgart 1977.

Fieseler, G.: Das Kindesinteresse wird oft verfehlt. Kindschaftsrechtsreform: Gesetz, Rechtsprechung und Jugendhilfepraxis. Sozialextra (Heft 4) 1999, S. 4–9.

Fieseler, G./Schleicher, H./Busch, M./Wabnitz, R. (Hrsg.): Kinder- und Jugendhilferecht. Gemeinschafskommentar zum SGB VIII. Loseblattwerk, Neuwied (Zitierweise: GK-SGB VIII/Bearbeiter).

Fischer, G./Riedesser, P.: Lehrbuch der Psychotraumatologie. München, Basel 1999.

Flekkøy, M.: Children's Participation and Monitoring Children's Rights. In: Verhellen, E. S. 57–66.

Forrester, D.: Parental substance misuse and child protection in a British sample. A survey of children on the child protection register in an inner London district office. Child Abuse Rev., 2000, 9: 235–246. https://doi.org/10.1002/1099-0852(200007/08)9:4<235::AID-CAR626>3.0.CO;2-4 (Zugriff 18.11.2024)

forsa (Gesellschaft für Sozialforschung und statistische Analyse): Unterhaltszahlungen für minderjährige Kinder in Deutschland. Schriftenreihe des Bundesministeriums für Familie, Senioren, Frauen und Jugend, Band 228. Stuttgart 2002.

Fortin, J./Hunt, J./Scanlan, L.: Taking a longer view of contact: The perspectives of young adults who experienced parental separation in their youth. University of Sussex 2012. Onlinequelle: http://sro.sussex.ac.uk/id/eprint/44691/1/Nuffield_Foundation_Research_Summary-FINALupdate2.pdf (Zugriff: 25.10.2024).

Frank, R.: Kindesmisshandlung aus psychiatrischer Sicht. In: Jacobi, G., 2008, S. 385–404.

Freeman, M./Veermann, P. (Ed.): The Ideologies of Children's Rights. Dordrecht, Boston, London 1992.

Frehsee, D. u.a. (Hrsg.): Family Violence Against Children. Berlin 1996.

Freud, A.: Anmerkungen zum psychischen Trauma (1967[1954]). In: Die Schriften der Anna Freud, Band VI. Frankfurt am Main 1987, S. 1819–1838.

Freud, A.: Das Ich und die Abwehrmechanismen (1936). In: Die Schriften der Anna Freud, Band I, Frankfurt am Main 1987, S. 193–355.

Freud, A./Burlingham, D.: Heimatlose Kinder. Frankfurt am Main 1982.

Freud, S.: Jenseits des Lustprinzips (1920). Ges. W. Bd. XIII.

Friedrich, V./Reinhold, C./Kindler, H.: (Begleiteter) Umgang und Kindeswohl: Eine Forschungsübersicht. In: Klinkhammer, M./Klotmann, U./Prinz (2004), S. 13–39.

Fritz, Bernd: Das Modell von der Mosel. Frankfurter Allgemeine Zeitung 23.12.2004,S. 10.

Fröschle, T.: Sorge und Umgang. 2. Aufl. 2018.

Fthenakis, W. E. (Hrsg.): Begleiteter Umgang von Kindern. München 2008.

Fthenakis, W. E./Niesel, R./Griebel, W.: Scheidung als Reorganisationsprozess. Interventionsansätze für Kinder und Eltern. In: Menne, Klaus/Schilling, Herbert/Weber, Matthias (Hrsg.): Kinder im Scheidungskonflikt. Beratung von Kindern und Eltern bei Trennung und Scheidung. 2. Aufl. Weinheim 1997, 261.

Furthmann, M.: Der Schutz der Kinderseele vor Verletzungen. Baden-Baden 2015.

Furstenberg, F. F./Cherlin, A. J.: Geteilte Familien. Stuttgart 1993.

Gahleitner, S. B. (2013): Psychosoziale Traumaarbeit, Traumaberatung und Traumapädagogik. Eine kritische Bestandsaufnahme. In: Fegert/Ziegenhain/Goldbeck 2013, S. 228–245.

Ganong, L./Coleman, M./Chapman, A.: Gatekeeping after separation and divorce. In L. Drozd, M. Saini, & N. Olesen (Eds.), Parenting plan evaluations: Applied research for the family court. 2016. pp. 308–345. Oxford University Press

Gardner, R. A.: The Parental Alienation Syndrome – A Guide for Mental Health and Legal Professionals. 2nd edition. Creative Therapeutics Inc. Creskill, New Jersey 1992.

Garz, D./Oser, F./Althof, W. (Hrsg.): Moralisches Urteil und Handeln. Frankfurt am Main 1999.

Gee, I.: Tales of the Unexpected – A Child's Perspective on a Family Breakup. Family Law 1999, 49.

Gemeinschaftskommentar zum SGB VIII: siehe *Fieseler, G.*/Schleicher, H./Wabnitz, R.

Gentry, D. B.: Including Children in Divorce Mediation and Education: Potential Benefits and Cautions. Families in Society. The Journal of Contemporary Human Services 1997, 307.

Gerhardt, P./v. Heintschel-Heinegg, B./Klein, M. (Hrsg.): Handbuch des Fachanwalts Familienrecht, 12. Aufl. Köln 2021.

Gernhuber, J.: Neues Familienrecht. Tübingen 1977.

Gernhuber, J.: Lehrbuch des Familienrechts. München 1980.

Gernhuber, J./Coester-Waltjen, D.: Familienrecht. 6. Aufl. München 2010.

Gheorghiu, V. A.: The development of research in suggestibility: Critical considerations. In: Gheorghiu, V. A./Netter, P./Eysenck, H. J./Rosenthal, R., S. 3–55.

Gheorghiu, V. A./Netter, P./Eysenck, H. J./Rosenthal, R. (Eds.): Suggestion and Suggestibility: Theory and Research. New York 1989.

Gießler, H.: Vorläufiger Rechtsschutz in Ehe-, Familien- und Kindschaftssachen. 4. Aufl. München 2005.

Gintzel, U. (Hrsg.): Erziehung in Pflegefamilien. Auf der Suche nach einer Zukunft. Münster 1996.

Girmes, R.: Sich zeigen und die Welt zeigen – Bildung und Erziehung in posttraditionalen Gesellschaften. Opladen 1997.

Glaser, D./Prior, V.: Ist der Begriff „Kinderschutz" auf emotionale Misshandlung anwendbar? Kindesmisshandlung und -vernachlässigung 1998, 32–66.

Gläßer, U.: Mediation und Beziehungsgewalt. Möglichkeiten, Bedingungen und Grenzen des Einsatzes von Familienmediation bei Gewalt in Paarbeziehungen. Baden-Baden 2008.

Gloger-Tippelt, G. (Hrsg.): Bindung im Erwachsenenalter. Bern 2000.

Gloger-Tippelt, G./König, L.: Bindung in der mittleren Kindheit. Das Geschichtenergänzungsverfahren zur Bindung 5- bis 8-jähriger Kinder (GEV-B). Beltz, Weihheim 2008.

Gödde, M./Fthenakis, W. E.: Zur Bedeutung des Fortbestands der Eltern-Kind-Beziehung nach einer elterlichen Trennung und Scheidung: Stand der Forschung. In: Fthenakis, W. E. (Hrsg.): Begleiteter Umgang von Kindern. Ein Handbuch für die Praxis. München 2008, S. 69–101.

Golan, N.: Krisenintervention. Strategien psychosozialer Hilfen. Freiburg im Breisgau 1983.

Goldstein, J./Freud, A./Solnit, A. J.: Beyond the Best Interests of The Child. New Edition with Epilogue. New York 1979.

Goldstein, J./Freud, A./Solnit, A. J.: Diesseits des Kindeswohls. Frankfurt am Main 1979.

Goldstein, J./Freud, A./Solnit, A. J./Goldstein, S.: Das Wohl des Kindes: Grenzen professionellen Handelns. Frankfurt am Main 1988.

Goldstein, J./Freud, A./Solnit, A. J.: Jenseits des Kindeswohls: Weitere Bemerkungen zur Anwendung des Standards der am wenigsten schädlichen Alternative. Frankfurt am Main 1973/ 2. Aufl. 1991.

Goor-Lambo, G. van/Orley, J./Poustka, F./Rutter, M.: Classification of abnormal psychosocial situations: Preliminary report of a revision of a WHO scheme. Journal of Child Psychology and Psychiatry 31, 1990, 229–241.

Goor-Lambo, G. van/Orley, J./Poustka, F./Rutter, M.: Multiaxial classification of psychiatric disorders in children and adolescents. Axis five: Associated abnormal psychsocial situations. Preliminary results of a WHO and German multicenter study. European Child and Adolescent Psychiatry 3, 1994, 229–241.

Götz, I.: Verfahren bei Kindeswohlgefährdung. Anmerkungen aus der Sicht der gerichtlichen Praxis. In: Lipp, V./Schumann, E./Veit, B. 2009, S. 215–227.

Graf, Tatjana Elke/Wojnicka, K.atarzyna (2021): Post-separation fatherhood narratives in Germany and Sweden: between caring and protective masculinities. Journal of Family Studies.

Graham, Ph./Turk, J./Verhulst, F.: Child Psychiatry. A developmental approach. Oxford University Press. 3rd edition, Oxford 1999.

Gravenhorst, L.: Einleitung der Tagungsdokumentation: Gewaltfreies Erziehen in Familien – Schritte zur Veränderung. In: Bundesministerium Familie, Senioren, Frauen und Jugend – BMFSFJ – (Hrsg.), Materialien zur Familienpolitik Nr. 8. Berlin 2000, S. 8.

Greenspan, B. T./Brazelton, S.: Die sieben Grundbedürfnisse von Kindern: was jedes Kind braucht, um gesund aufzuwachsen, gut zu lernen und glücklich zu sein. Weinheim/Basel 2002.

Greese, D.: Trennungen und Gemeinsamkeiten. Gespräch über Stand und Ziele im Pflegekinderwesen. In: Hamburger Pflegekinderkongress „Mut zur Vielfalt", S. 25–48.

Grossmann, K. E./Grossmann, K.: Eltern-Kind-Bindung als Aspekt des Kindeswohls. In: Deutscher Familiengerichtstag, 1998, S. 76–89.

Grossmann, K. E./Grossmann, K.: Die Bedeutung sprachlicher Diskurse für die Entwicklung interner Arbeitsmodelle von Bindung. In: Gloger-Tippelt, G. (Hrsg.), 2000, S. 75–101.

Grossmann K. E./Grossmann K.: Bindungen – das Gefüge psychischer Sicherheit. Stuttgart 2004 und 5., vollst. überarb. Aufl., 2012.

Grüneberg: Bürgerliches Gesetzbuch: BGB. Kommentar. 83. Aufl. 2024 (Zitierweise: Grüneberg/Bearbeiter).

Güssow, R.: Die Beteiligung und Vertretung des Kindes in Kindschaftssachen, Baden-Baden 2022.

Güthoff, F.: Die Perspektive der Pflegeeltern – Ergebnisse einer Pflegeelternbefragung. In: Gintzel, U., S. 39–55.

Güthoff, F./Sünker, H. (Hrsg.): Handbuch Kinderrechte. Partizipation, Kinderpolitik, Kinderkultur. Fulda 2001

Hamburger Pflegekinderkongress: „Mut zur Vielfalt". Dokumentation. Red.: Güthoff, F./Jordan, E./Steege, E. Münster 1990.

Hamburgische Bürgerschaft (2015): Bericht des Parlamentarischen Untersuchungsausschusses, „Aufklärung der Vernachlässigung der Kindeswohlsicherung im Fall Yagmur durch staatliche Stellen und Erarbeitung von Empfehlungen zur Verbesserung des Kinderschutzes in Hamburg", Bürgerschaft der Freien und Hansestadt Hamburg, Drucks. 20/14100 v. 16.1.2015.

Hammer, W.: Familienrecht in Deutschland. https://www.familienrecht-in-deutschland.de/die-studie/ (Abruf am 8.5.2025). 2022.

Haralambie, A. M.: Handling Child Custody, Abuse, and Adoption Cases. Vol. 2, 2nd ed. New York 1993.

Harnach-Beck, V.: Ohne Prozessqualität keine Ergebnisqualität. Sorgfältige Diagnostik als Voraussetzung für erfolgreiche Hilfe zur Erziehung. In: Peters, F., 1999, S. 27–48.

Harnach-Beck, V.: Psychosoziale Diagnostik in der Jugendhilfe. 7. Aufl. Weinheim 2021.

Harris, P. L.: Children and emotion. The development of psychological understanding. Oxford 1989.

Hassenstein, B.: Verhaltensbiologie des Kindes. 5. Aufl. Heidelberg 2001.

Hassenstein, B.: Verhaltensbiologie des Kindes, 6. überarb. Aufl. in Zusammenarbeit mit H. Hassenstein, Münster 2007.

Hauck, K. (Hrsg.): Kinder- und Jugendhilfe. Kommentar. Loseblattwerk. Berlin.

Hauk, A.: Öffentlich-rechtliche Unterbringung und Maßregelvollzug nach dem neuen Brandenburgischen Psychisch-Kranken-Gesetz. R & P 2009, S. 174–176.

Häuser W./Schmutzer, G./Brähler, E./Glaesmer, H.: Misshandlungen in Kindheit und Jugend: Ergebnisse einer Umfrage in einer repräsentativen Stichprobe der deutschen Bevölkerung. 2011.

Häußermann, R.: Das neue Familienverfahrensrecht. In: Lipp/Schumann/Veit (Hrsg.): Reform des familiengerichtlichen Verfahrens. 1. Familienrechtliches Forum Göttingen 209, S. 5–38.

Haußleiter, M.: FamFG. Kommentar. München 2011 und 2. Aufl. München 2017.

Haynes, J. M.: Mediation. Basisinformation für Interessierte. In: Krabbe, H. (Hrsg.): Scheidung ohne Richter 1990, 132.

Hechler, D.: The battle and the backlash. The child abuse war. Lexington, Massachusetts, Toronto 1988.

Heidelberger Kommentar zum Betreuungs- und Unterbringungsrecht: siehe Bauer, A. u.a.

Heilmann, S.: Kindliches Zeitempfinden und Verfahrensrecht. Neuwied 1998.

Heilmann, S. (Hrsg.): Praxiskommentar Kindschaftsrecht. 2. Aufl. Köln 2020 (Zitierweise: Heilmann/Bearbeiter)

Heilmann, S./Lack, K. (Hrsg.): Die Rechte des Kindes. Festschrift für Ludwig Salgo zum 70. Geburtstag, Köln 2016.

Heilmann, S./Salgo, L.: Kindesmisshandlung und Recht – Bestandsaufnahme und Perspektiven. In: Stiftung „Zum Wohl des Pflegekindes", 1. Jahrbuch 1998, S. 179–196.

Heilmann, S./Salgo, L.: Der Schutz des Kindes durch das Recht – Eine Betrachtung der deutschen Gesetzeslage. In: Helfer, M. E./Kempe, R. S./Krugmann, R. D., 2002, S. 955–989.

Helfer, M. E./Kempe, R. S./Krugman, R. D. (Eds.): The Battered Child. 5th edition. The University of Chicago Press. Chicago, London 1997.

Helfer, M. E./Kempe, R. S./Krugmann, R. D.: Das misshandelte Kind. Körperliche und psychische Gewalt – Sexueller Missbrauch – Gedeihstörungen – Münchhausen-by-proxy-Syndrom – Vernachlässigung. Frankfurt am Main 2002.

Helfer, R./Kempe, H. (Hrsg.): Das geschlagene Kind. (engl. 1968) 1978.

Helfrich CA/Fujiura GT/Rutkowski-Kmitta V.: Mental health disorders and functioning of women in domestic violence shelters. J Interpers Violence 2008, 23: 437–453.

Hellerschmidt, T./Ludolph, A. G.: Psychische Verhaltensstörungen durch psychotrope Substanzen. In. Fegert/Kölch (Hrsg.): Klinikmanual. Kinder- und Jugendpsychiatrie und -psychotherapie. 3. Aufl. Berlin 2020, S. 278 ff.

Herborth, R.: Der Hilfeplan: Neue Fachlichkeit in der Kinder- und Jugendhilfe? – Über die Beteiligung Betroffener im Prozess der Hilfeplanung gemäß § 36 SGB VIII. Dissertation. Universität Gesamthochschule Kassel 1998.

Herman, J. L.: Die Narben der Gewalt. Traumatische Erfahrungen verstehen und überwinden. München 1993/München 1994.

Herrmann, B./Dettmeyer, R./Banaschak, S./Thyen, U.: Kindesmisshandlung: Medizinische Diagnostik, Intervention und rechtliche Grundlagen. Heidelberg 2008.

Hesse, E./Main, M.: Desorganisiertes Bindungsverhalten bei Kleinkindern, Kindern und Erwachsenen: Zusammenbruch von Strategien des Verhaltens und der Aufmerksamkeit. In: Brisch/Grossmann/Grossmann/Köhler (Hrsg.), Bindung und seelische Entwicklungswege, 4. Aufl., Stuttgart 2018, S. 219–248.

Hetherington, E. M. (Ed.): Handbook of Child Psychology. Vol. 4: Socialisation, Personality, and Social Development. 4. Aufl. New York 1983.

Hildeschmidt, A.: Schulversagen. In: Oerter, R./Montada, L., S. 990–1105.

Himpel, S./Hüther, G.: Auswirkungen emotionaler Verunsicherungen und traumatischer Erfahrungen auf die Hirnentwicklung. In: Stiftung „zum Wohl des Pflegekindes", 3. Jahrbuch, S. 111–125.

Hirsch, M.: Realer Inzest. Psychodynamik des sexuellen Missbrauchs in der Familie. 2. Aufl. Berlin 1987.

Hirsch, M.: Schuld und Schuldgefühl. Zur Psychoanalyse von Trauma und Introjekt. Göttingen 1997.

Hirsch, M.: Vernachlässigung, Misshandlung, Missbrauch im Rahmen einer psychoanalytischen Traumatologie. In: Egle, U. T./Hoffmann, S. O./Joraschky, P., Stuttgart 2000, 126–139.

Hofer, S./Kippel, D./Walter, U.: Festschrift für Dieter Schwab. Perspektiven des Familienrechts. Bielefeld 2005.

Hoffmann, B.: Personensorge, 4. Aufl. 2024.

Holden, G. W./Geffner, R./Jouriles, E. N. (Hrsg.): Children Exposed to Marital Violence. Washington DC 1998.

Holodynski, M.: Die Entwicklung von Emotionen und Ausdruck vom biologischen zum kulturellen Erbe. In: ZIF Mitteilungen. 3. Ausgabe, 2004.

Hoopes, J. L.: Adoption and identity formation. In: D.M. Brodzinsky & M.D. Schechter (Eds.): The psychology of adoption. New York 1990, 144–166.

Hoops, S. /Permien, H.: Wundermittel gesucht! – Vom schwierigen Umgang mit schwierigen Jugendlichen, DJI-Bulletin 68, Herbst 2004, S. 4–7.

Hornikel, D.: Verfahrensbeistand und Umgangspfleger. Was ändert die FGG-Reform? In: Reform des familiengerichtlichen Verfahrens, Lipp, V./Schumann, E./Veit, B. (Hrsg.), S. 145–152.

Huber, P./Antomo, J.: Die Neuregelung der elterlichen Sorge nicht miteinander verheirateter Eltern. FamRZ 2012, 1257–1265.

Hüßtege, R. In: Thomas/Putzo (Hrsg.). Zivilprozessordnung. Kommentar. München, 45. Aufl. 2024.

IGfH/KZP: Neues Manifest zur Pflegekinderhilfe, hrsg. von Internationale Gesellschaft für erzieherische Hilfen/Kompetenz-Zentrum Pflegekinder e.V., Frankfurt/Berlin 2010.

Institut für Demoskopie Allensbach: Monitor Familienleben – Einstellungen und Lebensverhältnisse von Familien. Ergebnisse einer Repräsentativbefragung im Auftrag des Bundesministeriums für Familie, 2012. Onlinequelle: https://www.ifd-allensbach.de/studien-und-berichte/veroeffentlichte-studien.html (Zugriff: 13.11.2024).

Institut für Demoskopie Allensbach: (2017). Getrennt gemeinsam erziehen. Allensbach: IfD-Umfrage 7255.

Ivanits, N.: Die Stellung des Kindes in auf Einvernehmen zielenden gerichtlichen und außergerichtlichen Verfahren in Kindschaftssachen. Frankfurt am Main 2012.

Jacobi, G. (Hrsg.): Kindesmisshandlung und Vernachlässigung. Epidemiologie, Diagnostik und Vorgehen, Bern 2008.

Janning, Martin: Zur Arbeit mit Herkunftseltern. In: Stiftung zum Wohl des Pflegekindes (Hrsg.): 7. Jahrbuch 2018, S. 169–204.

Jans/Happe/Saurbier/Maas (Hrsg.): Kinder- und Jugendhilferecht. Kommentar. Loseblattwerk. Stuttgart.

Janus, L.: Wie die Seele entsteht. Unser psychisches Leben vor und nach der Geburt. Hamburg 1991.

Jestaedt, M.: Bonner Kommentar zum Grundgesetz, Bearbeiter von Art. 6 Abs. 2 und 3, 75. Lfg., Dez. 1996.

Jestaedt, M.: Das Recht des Kindes auf Pflege und Erziehung durch seine Eltern in: Göttinger Juristische Schriften, Band 12, Alles zum Kinderwohl?, S. 13–37.

Johannsen, K. H./Henrich, D./Brudermüller, G.: Eherecht: Scheidung, Trennung, Folgen. Kommentar. 3. Aufl. München 1998.

Johannsen/Henrich/Althammer: Familienrecht, 7. Aufl. München 2020 (Zitierweise: Johannsen/Henrich/Bearbeiter, Familienrecht).

Jones, A. S./LaLiberte, T.: Re-entry to Foster Care Report, hrsg. v. Hennepin-University Partnership Child Well-Being/Center for advanced Studies in Child Welfare, University of Minnesota 2010.

Jopt, U. (2002) Die Trennungsfamilie – eine systematische Betrachtung. In: Bergmann, E.; Jopt, U. und Rexilius, G (Hrsg). Lösungsorientierte Arbeit im Familienrecht. Köln, Bundesanzeigerverlag, 51–76.

Joraschky, P./Pöhlmann, K.: Die Auswirkungen von Vernachlässigung, Misshandlung, Missbrauch auf Körperbild und Selbstgefühl. In: Egle, U. T./Joraschky, P./ Lampe, A./Seiffge-Krenke, I./ Cierpka, M. (Hrsg.), 4., überarb. und erw. Aufl., 2015, S. 187–196.

Jud, A./Rassenhofer, M./Witt, A./Münzer, A./Fegert, J. M.: Häufigkeitsangaben zum sexuellen Missbrauch. Internationale Einordnung, Bewertung der Kenntnislage in Deutschland, Beschreibung des Entwicklungsbedarfs 2016.

Jungjohann, E.: Das Dilemma des misshandelten Kindes. Frankfurt am Main 1996.

Jurczyk, K./Walter, S.: Gemeinsames Sorgerecht nicht miteinander verheirateter Eltern. Berlin 2013.

Jürgens, A.: Betreuungsrecht. Kommentar zum materiellen Betreuungsrecht, zum Verfahrensrecht und zum Betreuungsbehördengesetz. 8. Aufl., München 2025.

Kähler, H.: Soziale Arbeit in Zwangskontexten. Wie unerwünschte Hilfe erfolgreich sein kann. München 2005.

Kaltenborn, K.-F.: Die Interessenlage und -vertretung von Kindern in der Reformdiskussion des Rechts der elterlichen Sorge. (Manuskript) Marburg 1997.

Kaminer, Y./Tarter, R. E. (1999): Substance use disorder. In: Steinhausen, H.-Ch./Verhulst, F., S. 193–209.

Karle, M./Gathmann, S./Klosinski, G.: Rechtstatsächliche Untersuchung zur Praxis der Kindesanhörung nach § 50b FGG: Abschlussbericht. Köln 2010 (zitiert: Karle u.a.).

Karow, A. et al.: Die psychische Gesundheit von Kindern, Jugendlichen und jungen Erwachsenen – Teil 2: Krankheitslast, Defizite des deutschen Versorgungssystems, Effektivität und Effizienz von Early Intervention Services. Fortschritte der Neurol. Psychiatr. 81, 628–638 (2013).

Kavemann, B.: Häusliche Gewalt gegen die Mutter und die Situation der Töchter und Söhne – Ergebnisse deutscher Untersuchungen. In: Kavemann, B./Kreyssig, U. (Hrsg.): Handbuch häusliche Gewalt, 2013, S. 15–26.

Kavemann, B./Kreyssig, U. (Hrsg.): Handbuch Kinder und häusliche Gewalt, 3. Aufl. Wiesbaden 2013.

Kavemann, B. u.a.: Erinnern, Schweigen und Sprechen nach sexueller Gewalt in der Kindheit: Ergebnisse einer Interviewstudie mit Frauen und Männern, die als Kind sexuelle Gewalt erlebt haben. Wiesbaden 2016.

Kegel, G./Schurig, K.: Internationales Privatrecht. 8. Aufl., München 2000 und 9. Aufl. München 2004.

Keidel, T./Kuntze, J./Winkler, K.: FamFG. Kommentar zum Gesetz über das Verfahren in Familiensachen und die Angelegenheiten der freiwilligen Gerichtsbarkeit, 19. Aufl. München 2017 (Zitierweise: Keidel/Bearbeiter).

Keller, H.: Kinderalltag. Kulturen der Kindheit und ihre Bedeutung für Bindung, Bildung und Erziehung. Berlin 2011.

Kelly, J. B.: Parent Interaction after Divorce: Comparison of Mediated and Adversarial Divorce Processes. 9 Behavioral Sciences and the Law 1991, 387–398.

Kelly, J. B.: A Decade of Divorce Mediation Research. Some Answers and Questions. 34 Family and Conciliation Courts Review 1996, 373–385.

Kennedy, M. A.: Psychological syndrom evidence. In: Krauss, D. A./Lieberman, J. D. (Hrsg.). Psychological expertise in court: Psychology in the courtroom. Burlingten: Ashgate Publishing, 2009, Vol 2, 103–121.

Keough, W. J.: Child Representation in Family Law. Pyrmont 2000.

Kesselring, T.: Jean Piaget. München 1999.

Kimberlin, S./Anthony, E.K./Austin, M.J.: Foster Care Re-Entry: Evidence and Implications, University of California 2008.

Kinderrechtekommission des Deutschen Familiengerichtstages (KIRK): Stellungnahme zum Referentenentwurf eines Mediationsgesetzes vom 4.8.2010. Onlinequelle: www.dfgt.de/resources/Stellungnahme_Mediations_G_2010.pdf (Abruf: 25.10.2024).

Kinderrechtekommission des Deutschen Familiengerichtstages e.V.: Die Richterschaft in der Familiengerichtsbarkeit – Plädoyer für eine Qualitätsoffensive, ZKJ 2018, 173 = FamRZ 2018, 666–669. Onlinequelle: www.dfgt.de/resources/SN-KiKo_Anforderungsprofil_Familienrichter.pdf (Abruf am: 25.10.2024).

Kinderschutz-Zentrum Berlin e.V. (Hrsg.): Kindeswohlgefährdung. Erkennen und Helfen. 11. Aufl. Berlin 2009. Onlinequelle: https://www.kinderschutz-zentrum-berlin.de/sites/default/files/2021-12/kszb-kindeswohlgefaehrdung-erkennen-und-helfen.pdf (Abruf am: 29.4.2025).

Kindler, H.: Partnerschaftsgewalt und Kindeswohl: Eine meta-analytisch orientierte Zusammenschau und Diskussion der Effekte von Partnerschaftsgewalt auf die Entwicklung von Kindern: Folgerungen für die Praxis. München 2002: Deutsches Jugendinstitut e. V.

Kindler, H.: Gespräche mit Kindern. Expertise. München: DJI. 2019. Online verfügbar: https://www.kvjs.de/fileadmin/dateien/Jugend_Mitglieder/Qualitaetsentwicklung_Kinderschutz/E05_Expertise_Gespraeche_mit_Kindern.pdf (Abruf am: 18.11.2024)

Kindler, H.: Perspektivklärung und Vermeidung von Abbrüchen von Pflegeverhältnissen. In: DJI (Hrsg.), Handbuch Pflegekinderhilfe, München 2010, S. 345–374.

Kindler, H.: Partnergewalt und Beeinträchtigungen kindlicher Entwicklung: ein aktualisierter Forschungsüberblick. In: Kavemann, B./Kreyssig, U. (Hrsg.) 2013, S. 27–46.

Kindler, H./Scheuerer-Englisch, H./Gabler, S./Köckeritz, Ch.: Pflegekinder: Situation, Bindungen, Bedürfnisse und Entwicklungsverläufe. In: DJI (Hrsg.), Handbuch Pflegekinderhilfe, München 2010, S. 129–223.

Kindler, Heinz/Walter, Claudia/Friedrich-Bäker, Vanessa: Begleiteter Umgang und Kindeswohl. Eine Forschungsübersicht. In: Klinkhammer, Monika/Prinz, Susanne M. (Hrsg.).: Handbuch Begleiteter Umgang. Pädagogische, psychologische und rechtliche Aspekte, Köln 2017.

Kirsch, V./Izat, Y.: Reaktionen auf schwere Belastungen. In: Fegert/Kölch (Hrsg.): Klinikmanual. Kinder- und Jugendpsychiatrie und -psychotherapie. 3. Aufl. Berlin 2020, S. 240 ff.

Klatetzki, T. (Hrsg.): Flexible Erziehungshilfen – Ein Organisationskonzept in der Diskussion. Münster 1995.

Klinkhammer, M./Prinz, S. (Hrsg.): Handbuch Begleiteter Umgang. Pädagogische, psychologische und rechtliche Aspekte, 4. Aufl., Köln 2023.

Klosinski, G. (Hrsg.): Macht, Machtmissbrauch und Machtverzicht im Umgang mit Kindern und Jugendlichen. Bern, Göttingen, Toronto, Seattle 1995.

Klosinski, G.: Begutachtung in Verfahren zum Umgangs- und Sorgerecht: Brennpunkte für den Gutachter und die Familie. In: Warnke, A./Trott, G.-E./Remschmidt, H., 1997, S. 34–43.

Klußmann, R./Stötzel, B.: Das Kind im Rechtsstreit der Erwachsenen. Wegweiser für Eltern und Richter, Jugendämter und Gutachter. München 1995.

Knieper, J.: Geschäfte von Geschäftsunfähigen. Baden-Baden 1999.

Knittel, B.: Betreuungsgesetz (BtG). Starnberg-Percha 1992.

Knittel, B.: Beurkundungen im Kindschaftsrecht, 9. Aufl. Köln 2021.

Kobak, R./Madson, S.: Disruptions in Attachments Bonds: Implications for Theory, Research, and Clinical Intervention. In: Cassidy/Shaver (Hrsg.), Handbook of Attachment, 2nd Ed., N.Y./London 2008, S. 23–47.

Koch, G./Lambach, R.: Familienerhaltung als Programm – Forschungsergebnisse. Münster 2000.

Köckeritz, Ch.: „Was wird denn nun aus mir?" – Interessenvertretung als Fürsprache für Kinder in Grenzsituationen. epd-Dokumentation: Interessenvertretung für Kinder und Jugendliche in Krisenfällen. Nr. 19, 1998, S. 12–23.

Köckeritz, Ch.: Entwicklungspsychologie für die Jugendhilfe. Eine Einführung in Entwicklungsprozesse, Risikofaktoren und Umsetzung in Praxisfeldern. München 2004.

Köckeritz, C.: Elternbezogene Interventionen nach Kindeswohlgefährdungen: Konzepte, Leistungserbringung und Wirkungen im kritischen Überblick. In: Heilmann, S./Lack, K. (Hrsg.): Die Rechte des Kindes. Festschrift zu Ludwig Salgos 70. Geburtstag, Köln 2016, S. 361–384.

Körner, W./Deegener, G. (Hrsg.): Erfassung von Kindeswohlgefährdung in Theorie und Praxis, Lengerich u.a. 2011.

Koh Peters, J.: Representing Children in Child Protective Proceedings: Ethical and Practical Dimensions. Charlottesville 1997.

Kohl, H./Landau, H. (Hrsg.): Frankfurter Tage der Rechtspolitik 2000. Gewalt in sozialen Nahbeziehungen. Neuwied 2001.

Kohlrausch, Bettina/Zucco, Aline (2020): Die Corona-Krise trifft Frauen doppelt. Weniger Erwerbseinkommen und mehr Sorgearbeit. In: Hans-Böckler-Stiftung (Hrsg.): Policy Brief des Wirtschafts- und Sozialwissenschaftlichen Instituts (WSI), Nr. 40, Mai 2020.

Köhnken, G.: Sprechverhalten und Glaubwürdigkeit: eine experimentelle Studie zur extralinguistischen und textstilistischen Aussageanalyse. Dissertation Universität Kiel 1982.

Köhnken, G.: Methodik der Glaubwürdigkeitsbegutachtung. In: Fegert, J. M. (Hrsg.): Qualität der Begutachtung sexuell missbrauchter Kinder. 2001, S. 29–51.

Köhnken, G.: Suggestion und Suggestibilität. In Lempp, R./Schütze, G./Köhnken, G. (Hrsg.), Forensische Psychiatrie und Psychologie des Kindes- und Jugendalters. Darmstadt 2003, S. 368 ff.

KOM DAT. Kommentierte Daten der Kinder- und Jugendhilfe. Informationsdienst der Arbeitsstelle für Kinder- und Jugendhilfestatistik (AKJ STAT). Universität Dortmund. Online abrufbar unter https://www.akjstat.tu-dortmund.de/ > KOMDAT. (Abruf 29.4.2025)

Kopp, C.: Emotional distress and controll in young children. In: Eisenberg, N./Fabes, R. A., S. 41–56.

Korintenberg, W./Lappe, F./Bengel, M./Reimann, W.: Kostenordnung. 17. Aufl. München 2008.

Kostka, K.: Im Interesse des Kindes? Elterntrennung und Sorgerechtsmodelle in Deutschland, Großbritannien und den USA. Frankfurt am Main 2004.

Kostka, K.: Wechselmodell hin, Residenzmodell her? Zur Stärkung der Subjektstellung des Kindes bei Trennung der Eltern. In: *Heilmann, S.*/Lack, K. (Hrsg.): Die Rechte des Kindes. Festschrift zu Ludwig Salgos 70. Geburtstag, Köln 2016, S. 159–188.

Kötter, S.: Besuchskontakte in der Pflegefamilie. 2. Aufl. Regensburg 1997.

Köttgen, Ch.: Pro und Contra Diagnostik – aus Sicht einer Kinder- und Jugendpsychiaterin im Feld der Jugendhilfe. In: Peters, F., S. 253–275.

Krebs, D./Denton, K.: Die Beziehungen zwischen der Struktur des moralischen Urteilens und dem moralischen Handeln. In: Garz u.a., S. 220–263.

Kreft, D./Mielenz, I. (Hrsg.): Wörterbuch der sozialen Arbeit. 9. Aufl. Weinheim 2021.

Kriegel, K.: Mediationspflicht? Über die Notwendigkeit einer Begleitung von Eltern bei Trennung und Scheidung. Jena 2006.

Kristensen, H: Selective mutism and comorbidity with developmental disorder/delay anxiety disorder, and elimination disorder. In: Journal of the American Academy of Child and Adolescent Psychiatry. Band 39, Nr. 2, 2000, S. 249–256.

Kunkel, P.-C./Kepert, J./Pattar, A. K. (Hrsg.): Sozialgesetzbuch VIII. Kinder- und Jugendhilfe. Lehr- und Praxiskommentar, 8. Aufl. Baden-Baden 2021 (Zitierweise: LPK-SGB VIII/Bearbeiter).

Künster, A.K./Klopfer, U./Weber J./Ziegenhain U.: Entwicklungspsychologische Beratung und Therapie für Familien mit Kindern von 4 bis 10 Jahren- Manual zur Durchführung und Auswertung von Eltern-Kind-Interaktionen im Rahmen der EBT4-10: EBT4-10-Interaktionsskala. Unveröffentlichtes Manual 2019.

Lanzerath, G./Schimke, H.-J.: Finanzierungsleitfaden für Betreuer und Verfahrenspfleger. Köln 1994.

Lack, K.: Möglichkeiten und Grenzen der Gesetzgebung zur Effektivierung des Kinderschutzes. Bielefeld 2012.

Lack, K.: Die Rechte unbegleitet in die Bundesrepublik eingereister Minderjähriger, in: Heilmann, S./Lack, K.: Die Rechte des Kindes, 2016, 85–114.

Lack, K./Hammesfahr, A.: Psychologische Gutachten im Familienrecht, Köln 2019 und 2. Aufl. Köln 2024.

Lapierre, Simon/Ladouceur, Patrick/Abrahams, Naomi/ Alexandra Vincent/Frenette, Michèle (2024): Abused Women as 'Alienating' Mothers and Violent Men as 'Good' Fathers: Double Standards in Child Protection and Child Custody Proceedings. https://doi.org/10.1111/cfs.13260

Largo, R. H./Czernin, M.: Glückliche Scheidungskinder. München 2004.

Lechner, H./Zuck, R.: Bundesverfassungsgerichtsgesetz. 8. Aufl. München 2019.

Lehmann, K.-H. (Hrsg.): Recht sozial. Rechtsfragen der Sozialen Arbeit. 2. Aufl. Hannover 2000.

Lehmann-Gerstel, H./Unger, F.: Eine Untersuchung zum Rechtsinstitut der Verfahrenspflegschaft nach § 50 FGG. Eine qualitative Studie aufgrund von Interviews mit Verfahrenspflegern. Unveröffentlichte Diplomarbeit. Fachbereich Erziehungswissenschaften, Psychologie und Sportwissenschaft; Studiengang Psychologie. Freie Universität Berlin 2000.

Leeb R.T./Paulozzi L./Melanson C./Simon T./Arias I.: Child Maltreatment Surveillance: Uniform Definitions for Public Health and Recommended Data Elements, Version 1.0. Atlanta (GA): Centers for Disease Control and Prevention, National Center for Injury Prevention and Control; 2008.

Lempp, R.: Lernerfolg und Schulversagen. Eine Kinder- und Jugendpsychiatrie für Pädagogen. 2. erg. Aufl. München 1973, 3. Aufl. München 1978.

Lempp, R.: Kinderpsychologischer und kinderpsychiatrischer Aspekt des Themas. In: Deutscher Juristentag, 1982, S. I 53–60.

Lempp, R./Schütze, G./Köhnken, G. (Hrsg.), Forensische Psychiatrie und Psychologie des Kindes- und Jugendalters. Darmstadt 2003.

Lengning, A./Zimmermann, P.: Expertise: Interventions- und Präventionsmaßnahmen im Bereich Früher Hilfen. Internationaler Forschungsstand, Evaluationsstandards und Empfehlungen für die Umsetzung in Deutschland, Hrsg: Nationales Zentrum Frühe Hilfen, Reihe: Materialien zu Frühen Hilfen, Köln 2009.

Lengowski, M.: Darstellung der Entwicklung des Cochemer Modells. 10 Jahre Schlichtungspraxis im Familienkonflikt. Vernetzung der Professionen im „Cochemer Modell". Onlinequelle: https://list.lwl.org/pipermail/rechtsfragen/attachments/20050506/cf025f97/RundschreibenAnlage_1.pdf (Abruf: 29.4.2025).

Lenze, Anne/Funcke, Antje/Menne, Sarah: Bertelsmann Stiftung. Factsheet Alleinerziehende in Deutschland. Bertelsmann Stiftung: Gütersloh 2021.

Lenzen, D. (Hrsg.): Pädagogische Grundbegriffe. Reinbek bei Hamburg 1989.

Leu, R. H./Krappmann, L. (Hrsg.): Zwischen Autonomie und Verbundenheit. Bedingungen und Formen der Behauptung von Subjektivität. Frankfurt am Main 1999.

Leuzinger-Bohleber, M.: Frühe Kindheit als Schicksal? Psychoanalytische und bindungstheoretische Überlegungen zum Konzept der Resilienz. In: Suess, G./Hammer, W. (Hrsg.): Kinderschutz. Risiken erkennen, Spannungsverhältnisse gestalten, Stuttgart 2010, S. 166–192.

Lewis, G./Riehm, R./Neumann-Witt, A./Bohnstengel, L./Köstler, S./Hensen, G. (Hrsg.): Inobhutnahme konkret – Pädagogische Aspekte der Arbeit in der Inobhutnahme und im Kinder- und Jugendnotdienst. Frankfurt am Main 2009.

Lichtenstein P./Larsson H.: Medication for attention deficit-hyperactivity disorder and criminality. N Engl J Med. 2013 Feb 21;368(8):776. doi: 10.1056/NEJMc1215531. PMID: 23425178.

Limbach, J.: Der Anwalt des Kindes aus juristischer Sicht. In: Der Anwalt des Kindes – Als Konsequenz heutigen Verständnisses von Kindeswohl – Denkanstöße zu einer Neuorientierung. Ev. Akademie Bad Boll, 15.–17.4.1983, Protokolldienst Nr. 14, 1983, S. 12–23 sowie Nachdruck in epd-Dokumentation: „Anwälte des Kindes" vor Gericht und bei Behörden. Nr. 20, 1999, S. 53–60.

Lipp, V./Schumann, E./Veit, B. (Hrsg.): Kindesschutz bei Kindeswohlgefährdung – neue Mittel und Wege? 6. Göttinger Workshop zum Familienrecht, Göttinger Juristische Schriften, Bd. 4. Göttingen 2008.

Lipp, V./Schumann, E./Veit, B. (Hrsg.): Reform des familiengerichtlichen Verfahrens, 1. Familienrechtliches Forum Göttingen, Göttinger Juristische Schriften, Bd. 6. Göttingen 2009.

Lösel, F./Bender, D.: Von generellen Schutzfaktoren zu spezifischen protektiven Prozessen: Konzeptuelle Grundlagen und Ergebnisse der Resilienzforschung. In: Opp, G./Fingerle, M. (Hrsg.): Was Kinder stärkt. Erziehung zwischen Risiko und Resilienz, 2. Aufl., München/Basel 2007, S. 57–78.

Ludolph, A. G./Pfalzer A.-K.: Einfache Aktivitäts- und Aufmerksamkeitsstörungen. In: Fegert/Kölch (Hrsg.): Klinikmanual. Kinder- und Jugendpsychiatrie und -psychotherapie. 3. Aufl. Berlin 2020, S. 2 ff.

Lyon, C. M./Surrey, E./Timms, J. E.: Effective Support Services for Children and Young People when Parental Relationships Break Down. A Child-Centered Approach. University of Liverpool 1998.

Lyons-Ruth, K.: Broadening our conceptual framework: Can we reintroduce relational strategies and implicit representational systems to the study of psychopathology? Developmental Psychology 31, 1995, S. 432–436.

Lyons-Ruth, K./Jacobvitz, D.: Attachment disorganization from Infancy to Adulthood: Neurobiological Correlates, Parenting Contexts, and Pathways to Disorder. In: Cassidy, J./ Shaver, P. R (Hrsg.): Handbook of Attachment: Theory, Research, and Clinical Applications (S. 667–695). New York 2016.

Maas, U.: Soziale Arbeit als Verwaltungshandeln. 2. Aufl. Weinheim 1996.

Maas, U.: Lehr- und Praxissoftware LPS-KJHG. Baden-Baden 2000.

Maccoby, E. E./Mnookin, R. H.: Dividing the Child. Social and Legal Dilemmas of Custody. 2. Aufl. Cambridge 1994.

Maccoby, E./Marty, E. J.: Socialisation in the context of the family: Parent-child interaction. In: Hetherington, E. M. (Ed.): Handbook of Child Psychology. Vol. 4: Socialisation, Personality, and Social Development. 4. Aufl. Wiley, New York 1983.

Mach-Hour, E./Pfeiffer-Pandey, D./Saage-Fain, K.: Trennung und Scheidung bei binationalen Paaren und Kindern, Verband binationaler Familien und Partnerschaften (iaf), Frankfurt 1998.

Mahler, M. S.: Studien über die ersten drei Lebensjahre. Stuttgart 1986.

Main, M.: Desorganisation im Bindungsverhalten. In: Spangler, G./Zimmermann, P. (Hrsg.): Die Bindungstheorie – Grundlagen, Forschung und Anwendung, 6. Aufl. Stuttgart 2011, S. 120–139.

Margulies, P.: The Lawyer as Caregiver: Child Client's Competence in Context. Fordham Law Review 64, 1966, 1473–1504.

Marquardt, C./Lossen, J.: Sexuell missbrauchte Kinder in Gerichtsverfahren. Juristische Möglichkeiten zum Schutz sexuell missbrauchter Mädchen und Jungen. Münster 1999.

Marschner, R./Lesting, W./Stahmann, R.: Freiheitsentziehung und Unterbringung. 7. Aufl. München 2024.

Martin, B.: Trennungen und Gemeinsamkeiten. Gespräch über Stand und Ziele im Pflegekinderwesen. In: Hamburger Pflegekinderkongress „Mut zur Vielfalt", S. 25–48.

Martinius, J./Frank, R. (Hrsg.): Vernachlässigung, Missbrauch und Misshandlung von Kindern: Erkennen, Bewusstmachen, Helfen. Bern, Stuttgart, Toronto 1990.

Maslow, A. H.: Motivation und Persönlichkeit. 2. Aufl. Freiburg im Breisgau 1978.

Maurer, H.: Das Verfahren der Familiengerichte. In: Schwab, D.: Handbuch des Scheidungsrechts. 8. Aufl. München 2019.

Mauz, G.: Die Justiz vor Gericht. München 1990.

Maywald, J.: Zwischen Trauma und Chance. Trennungen von Kindern im Familienkonflikt. Freiburg im Breisgau 1997.

McIntosh, J./Long, C.: Child Beyond Dispute. A Prospective Study of Outcomes from Child Focused and Child Inclusive Post-Separation Family Dispute Resolution. Final Report, Family Transitions Pty Ltd/LaTrobe University. October 2006.

McIntosh, J.: Child inclusion as a principle and as evidence-based practice: Applications to family law services and related sectors, Australian Family Relationships Clearinghouse (AFRC) 2007, Issue No. 1.

Melton, G./Limber, S.: What Children's Rights Mean to Children's own Views. In: Freeman, M./ Veermann, P., S. 167–187.

Menne, M.: Verbindungsrichter im internationalen Familienrecht in Deutschland – aktueller Stand und Ausblick. FamRZ 2018, 164.Mertens, W.: Psychoanalytische Grundbegriffe. Ein Kompendium. 2. überarb. Aufl. Weinheim 1998.

Meyer, P./Höver, A./Bach, W./Oberlack, H.: JVEG. Die Vergütung und Entschädigung von Sachverständigen, Zeugen, Dritten und von ehrenamtlichen Richtern. Kommentar. 27. Aufl. Köln 2017.

Meysen, T. (Hrsg.): Praxiskommentar Familienverfahrensrecht. Einführung, Erläuterungen, Arbeitshilfen. Köln 2009 und 2. Aufl. Köln 2014.

Meysen, T./ Schönecker, L./ Kindler, H.: Frühe Hilfen im Kinderschutz. Rechtliche Rahmenbedingungen und Risikodiagnostik in der Kooperation von Gesundheits- und Jugendhilfe. Weinheim 2008.

Mills, M./Puckering, C./Pound, A./Cox, A.: What is it about depressed mothers that influences their children's functioning? In: Stevenson, J., S. 11–17.

Mollenhauer, K.: Erziehung. In: Kreft, D./Mielenz, I., S. 171–172.

Möller, W./Nix, C.: Kurzkommentar zum SGB VIII – Kinder- und Jugendhilfe. München 2006.

Möller, W. (Hrsg.): Praxiskommentar SGB VIII – Kinder- und Jugendhilfe. 3. Aufl. Köln 2023.

Monitor Familienforschung: Beiträge aus Forschung, Statistik und Familienpolitik, Ausgabe Nr. 43 (2021): Allein- oder getrennterziehen – Lebenssituation, Übergänge, Herausforderungen. S. 10; Bertelsmann Stiftung (2021). Factsheet Alleinerziehende in Deutschland. Bertelsmann Stiftung: Gütersloh 2021.

Monro, P./Forrester, L.: The guardian ad Litem. Bristol 1991.

Moritz, H. P.: Die (zivil-)rechtliche Stellung der Minderjährigen und Heranwachsenden innerhalb und außerhalb der Familie. Berlin 1989.

Moritz, H. P.: Verfahrenspflegschaft nach § 50 FGG („Anwalt des Kindes") auf dem Prüfstand. Aachen: Shaker 2004.

Mörsberger, Th./Restemeier, J. (Hrsg.): Helfen mit Risiko. Zur Pflichtenstellung des Jugendamtes bei Kindesvernachlässigung. Dokumentation eines Strafverfahrens gegen eine Sozialarbeiterin in Osnabrück. Neuwied 1997.

Motzer, S.: Elterliche Sorge. In: Schwab, D.: Handbuch des Scheidungsrechts, München 2013.

Motzkau, E.: Hinweise auf und diagnostisches Vorgehen bei Misshandlung und Missbrauch. In: Egle, U. T./Hoffmann, S. O./Joraschky, P., 2. Aufl. 2000, S. 59–69.

Mulder et al.: Risk factors for child neglect: A meta-analytic review Child Abuse and Neglect, 2018, 77, 198–210.

Müller, S./Kölch, M.: Schizophrenie. In: Fegert/Kölch (Hrsg.): Klinikmanual. Kinder- und Jugendpsychiatrie und -psychotherapie. 2. Aufl. Berlin 2013, S. 172 ff.

Müller-Magdeburg, C. (Hrsg.): Verändertes Denken – zum Wohle der Kinder. Festschrift für Jürgen Rudolph. Baden-Baden 2009.

Münchener Kommentar zum Bürgerlichen Gesetzbuch. Band 8, Familienrecht II. Hrsg.: Säcker, F. J./Rixecker, R., 9. Aufl. München 2024.

Münchener Kommentar zum Bürgerlichen Gesetzbuch. Band 11, Internationales Privatrecht I, Europäisches Kollisionsrecht, Einführungsgesetz zum Bürgerlichen Gesetzbuche (Art. 1–26). 9. Aufl. München 2024 (Zitierweise: MünchKomm-BGB/Bearbeiter).

Münchener Kommentar zur Zivilprozessordnung. Band 4, Gesetz über das Verfahren in Familiensachen und in den Angelegenheiten der freiwilligen Gerichtsbarkeit (FamFG). München 2010 (Zitierweise: MünchKomm-ZPO/Bearbeiter).

Münchener Kommentar zum FamFG. 2. Aufl. München 2013 und 3. Aufl. München 2018 (Zitierweise: MünchKomm-FamFG/Bearbeiter).

Münder, J.: Familien- und Jugendhilferecht. Eine sozialwissenschaftlich orientierte Einführung. Bd. I: Familienrecht. 4. völlig überarb. Aufl. Neuwied 1999.

Münder, J.: Familien- und Jugendhilferecht. Eine sozialwissenschaftlich orientierte Einführung. Band II: Kinder- und Jugendhilferecht. Neuwied 2000.

Münder, J. (Hrsg.): Kindeswohl zwischen Jugendhilfe und Justiz. Weinheim, Basel 2017.

Münder, J./Muthke, B./Schone, R.: Kindeswohl zwischen Jugendhilfe und Justiz: professionelles Handeln in Kindeswohlverfahren. Münster 2000.

Münder, J. u.a.: Die Praxis des Kindschaftsrechts in Jugendhilfe und Justiz. München 2007.

Münder, J./Hannemann, A./Bindel-Kögel, G.: Der Anwalt des Kindes – Innovation durch Recht. Münster 2010.

Münder, J./Meysen, T./Trenczek, T.: Frankfurter Kommentar zum SGB VIII, 9. Aufl. Baden-Baden 2020.

Münder, J./Meysen, T./Trenczek, T.: Frankfurter Kommentar zum SGB VIII, 9. Aufl. Baden-Baden 2022.

Münder, J./Wiesner, R./Meysen, T.: Kinder- und Jugendhilferecht, 9. Aufl. Baden-Baden 2020.

Murch, M.: Supporting children when parent separate. Bristol 2018.

Murch, M. et al.: Safeguarding Children's Welfare in Uncontentious Divorce. A Study of s 41 of the Matrimonial Causes Act 1973. Lord Chancellor's Department Research Programme. Cardiff 1999.

Murch, M. et al.: The Representation of the Child in Civil Proceedings, Research Project. Bristol 1990.

Musielak, H.-J. (Hrsg.): Kommentar zur Zivilprozessordnung. 22. Aufl. München 2025.

Musielak/Borth (Hrsg.): Familiengerichtliches Verfahren. München, 7. Aufl.2022.

National Coalition (Hrsg.): Die Rechte von Kindern und Jugendlichen bei Freiheitsentzug. Bonn 2001.

Nielsen, H.: Beendigung von Pflegeverhältnissen und die Folgen für die Betroffenen. In: Hamburger Pflegekinderkongress „Mut zur Vielfalt", S. 211–216.

Niehaus, S./Volbert, R./Fegert, J. M.: Entwicklungsgerechte Befragung von Kindern in Strafverfahren. Berlin 2017.

Nienstedt, M.: Zur Verarbeitung traumatischer Erfahrungen: Einfühlendes Verstehen im Umgang mit Anpassung, Übertragung und Regression. In: Stiftung „Zum Wohl des Pflegekindes", 1. Jahrbuch 1998, S. 52–65.

Nienstedt, M./Westermann, A.: Pflegekinder und ihre Entwicklungschancen nach frühen traumatischen Erfahrungen. 6. Aufl. Stuttgart 2020.

Nienstedt, M./Westermann, A.: Pflegekinder. Psychologische Beiträge zur Sozialisation von Kindern in Ersatzfamilien. Münster 1990.

Niestroj, H.: Erfahrungsbericht einer Verfahrenspflegerin. In: Salgo, L.: Der Anwalt des Kindes, 1996, S. 503–540.

Niestroj, H.: Die Vertretung von Kindesinteressen am Beispiel Sabine – Erfahrungsbericht einer Verfahrenspflegerin. In: Stiftung „Zum Wohl des Pflegekindes", Dokumentation 1998, S. 43–53.

Niestroj, H.: Die Vertretung von Kindesinteressen am Beispiel des Kindes Sabine – Erfahrungsbericht einer Verfahrenspflegerin. In: Pflegekinder in familiengerichtlichen Verfahren, Dokumentation vom 10. Tag des Kindeswohls, Stiftung zum Wohl des Pflegekindes (Hrsg.), Holzminden 1998.

Niestroj, H.: Chancen der Verarbeitung traumatischer Erfahrungen in Pflegefamilien – Notwendige Hilfen für das Kind in der neuen Eltern-Kind-Beziehung. In: Stiftung zum Wohl des Pflegekindes (Hrsg.): Traumatische Erfahrungen in der Kindheit – langfristige Folgen und Chancen der Verarbeitung in der Pflegefamilie, Idstein 2005, S. 135–163.

Niethammer-Jürgens, K./Erb-Klünemann, M: Internationales Familienrecht in der Praxis. 3. Aufl. Frankfurt am Main 2022.

Nosphitz, J. D. (Ed.): Handbook of Child and Adolescent Psychiatry. Volume 4. New York 1997.

Nothhafft, S.: Stellungnahme zum Entwurf eines Gesetzes zur Reform des Verfahrens in Familiensachen und in den Angelegenheiten der freiwilligen Gerichtsbarkeit (FGG-Reformgesetz – FGG-RG), 8.2.2008. Onlinequelle: http://webarchiv.bundestag.de/cgi/show.php?fileToLoad=1098&id=1118 (Abruf am: 25.10.2024)

Nucci, L./Lee, J.: Moral und personale Autonomie. In: Edelstein u.a., S. 69–103.

Nunner-Winkler, G.: Die Entwicklung moralischer Motivation. In: Edelstein u.a., S. 278–303.

Nunner-Winkler, G.: Moralische Motivation und moralische Identität. Zur Kluft zwischen Urteil und Handeln. In: Garz u.a., S. 314–339.

O'Quigley, A.: Listening to Children's Views and Representing their Best Interests. A Summary of Current Research and a Note of the Discussion at a Seminar on 5 July 1999.

Oberloskamp, H.: Das Jugendamt zwischen Hilfe und Kontrolle – neue Herausforderungen für die Jugendhilfe? In: Lipp, V./Schumann, E./Veit, B., 2008, S. 45–63.

Oberloskamp, H. (Hrsg.): Vormundschaft, Pflegschaft und Beistandschaft für Minderjährige. 5. Aufl. München 2023.

Oelkers, H.: Sorge- und Umgangsrecht in der Praxis. Bonn 2000.

Oerter, R./Dreher, E.: Jugendalter. In: Oerter, R./Montada, L., S. 310–395.

Oerter, R./Montada, L. (Hrsg.): Entwicklungspsychologie. Ein Lehrbuch. 3. Aufl. Weinheim 1995.

Oesch, V./Zachariou, Z.: Kindesmisshandlung aus kinderchirurgischer Sicht. In: Jacobi, 2008, S. 297–318.

Opp, G./Fingerle, M. (Hrsg.): Was Kinder stärkt. Erziehung zwischen Risiko und Resilienz, 2. Aufl. München/Basel 2007.

Ostler, T./Ziegenhain, U.: Risikoeinschätzung bei (drohender) Kindeswohlgefährdung: Überlegungen zu Diagnostik und Entwicklungsprognose im Frühbereich. In: Ziegenhain, U./ Fegert, J. M. (Hrsg.): Kindeswohlgefährdung und Vernachlässigung, München 2007, S. 67–83.

Oyserman D, Mowbray CT, Meares PA et al (2000) Parenting among mothers with a serious mental illness. Am J Orthopsychiatry 70:296–315

Paetzold, U.: Die Ergebnisse einer Untersuchung zu freiheitsentziehenden Maßnahmen nach § 1631b BGB in Brandenburg. In: Fegert, J. M./Späth, K./Salgo, L., S. 193–203.

Parkinson, P./Cashmore, J.: The Voice of the Child in Family Law Disputes. Oxford 2008.

Paul, C./Kiesewetter, S.: Mediation bei internationalen Kindschaftskonflikten. München 2009.

Paul, Stefanie: Aktueller Stand nationaler und internationaler Forschung zu Folgen für Kinder durch hochkonflikthafte Trennungen. DJI (Hrsg.), Anhang 17. Onlinequelle: www.dji.de/fileadmin/user_upload/bibs/6_Anhang17FolgenKinder.pdf (Zugriff: 25.10.2024).

Pearson, J./Thoennes, N.: Mediation in Custody Disputes. 4 Behavioral Sciences and the Law 1986, 203–216.

Pearson, J./Thoennes, N.: Custody after Divorce: Demographic and Attitudinal Patterns. 60 American Journal of Orthopsychiatry 1990, 233.

Pérez, T.; Di Gallo, A.; Schmeck, K.; Schmid, M.: Zusammenhang zwischen interpersoneller Traumatisierung, auffälligem Bindungsverhalten und psychischer Belastung bei Pflegekindern. In: Kindheit und Entwicklung 2011, 72–82.

Perry, B. D./Szalavitz, M.: Der Junge, der wie ein Hund gehalten wurde. Was traumatisierte Kinder uns über Leid, Liebe und Heilung lehren können. München 2008.

Peters, F. (Hrsg.): Diagnosen – Gutachten – hermeneutisches Fallverstehen: rekonstruktive Verfahren zur Qualifizierung individueller Hilfeplanung. Frankfurt am Main 1999.

Piaget, J.: Das moralische Urteil beim Kinde. Frankfurt am Main 1973.

Piaget, J.: Das symbolische Denken und das Denken des Kindes. In: Volkmann-Raue, S. 83–146.

Piaget, J.: Das Weltbild des Kindes. München 1988.

Piaget, J.: Theorien und Methoden der modernen Erziehung. Frankfurt am Main 1990.

Plener, P./Spröbe, N.: (S)elektiver Mutismus. In: Fegert/Kölch (Hrsg.): Klinikmanual. Kinder- und Jugendpsychiatrie und -psychotherapie. 2. Aufl. Berlin 2013, S. 82 ff.

Plutchik, R./Kellerman, N. (Eds.): Theories of emotion. Academic Press. New York 1980.

Plutchik, R.: A general psychoevolutionary theory of emotion. In: Plutchik, R./Kellerman, N., S. 3–33.

Pohl, K.-Th.: Verfahrenspflegschaft I, BtPrax 1992, 19–26.

Polansky, N./Chalmers, M./Buttonweiser, E./Williams, D.: Damaged Parents: An Anatomy of Child Neglect. University of Chicago Press. Chicago 1981.

Pothmann, J.: Kinderschutz im Spiegel amtlicher Statistik. Gefährdungseinschätzungen von Jugendämtern – ein Beitrag zum aktiven Kinderschutz: Erste Auswertungen und Kommentierungen zu den „8a-Daten" kommunaler Jugendbehörden 2012.

Poustka, F.: Elterninterview zur Achse V des multiaxialen Klassifikationsschemas für psychiatrische Erkrankungen im Kindes- und Jugendalter/Parent interview schedule. Division of Mental Health WHO. Genf 1990.

Poustka, F.: Kinderinterview zur Achse V/Interview schedule for children. Division of Mental Health WHO. Genf 1991.

Poustka, F. unter Mitarbeit von M. Bästlein/B. Burk/S. Denner/G. van Goor-Lambo/D. Schermer: Assoziierte Aktuelle Abnorme Umstände. Achse Fünf des Multiaxialen Klassifikationsschemas für psychiatrische Erkrankungen im Kindes- und Jugendalter (ICD-10). Glossar der WHO in deutscher Übersetzung mit Interview für Eltern (Life-Time-Fassung) und Kindern. Frankfurt am Main 1994.

Poustka, F./Goor-Lambo, G. van: Fallbuch Kinder- und Jugendpsychiatrie. Bern 2000.

Prenzlow, R. (Hrsg.): Handbuch Elterliche Sorge und Umgang. 3. Aufl., Köln 2022.

Prestien, H.-P.: Das Kind als Objekt oder Subjekt im Streitfall. In: Verein für Kommunalwissenschaften (Hrsg.). Berlin 2000, 117–125.

Proksch, R.: Vermittlung (Mediation) – die Umsetzung des Perspektivenwechsels in der Jugendhilfe durch kooperative Konsensualverfahren. In: Amthor/Proksch/Sievering 1993, S. 141–164.

Proksch, R.: Kooperative Vermittlung (Mediation) in streitigen Familiensachen, Praxiseinführung und Evaluation von kooperativer Vermittlung zur Förderung einvernehmlicher Sorge- und Umgangsregelungen und zur Entlastung der Familiengerichtsbarkeit. 1998.

Proksch, R.: Begleitforschung zur Umsetzung der Neuregelung der Reform des Kindschaftsrechts. 1. Zwischenbericht (Mai 2000). Nürnberg 2000.

Proksch, R.: Rechtstatsächliche Untersuchung zur Reform des Kindschaftsrechts. Begleitforschung zur Umsetzung des Kindschaftsrechtsreformgesetzes. Köln 2002.

Proksch, R.: Mediation vernetzt – Instrument zur Förderung von Einvernehmlichkeit in streitigen Kindschaftssachen nach dem neuen Familienverfahrensgesetz (FamFG). In: Müller-Magdeburg 2009, S. 207–228.

Prütting, H./Helms, T.: FamFG. 6. Aufl. Köln 2023 (Zitiertweise: Prütting/Helms/Bearbeiter, FamFG).

Pschyrembel: Klinisches Wörterbuch. 267. Aufl. Berlin 2017.

Rakete-Dombek, I.: Einvernehmliche Konfliktlösungen und Vermittlungsverfahren. Anmerkungen aus anwaltlicher Sicht. In: Lipp, V./Schumann, E./Veit, B., 2009, S. 93–104.

Raskin, D. C. (Ed.): Psychological methods in criminal investigation and evidence. New York 1989.

Rauh, H. (Hrsg.): Themenheft „Bindung". Psychologie in Erziehung und Unterricht, 2000, Bd. 1, 47, 2; Bd. 2, 47, 3.

Remschmidt, H./Schmidt, M. H. (Hrsg.): Kinder- und Jugendpsychiatrie in Klinik und Praxis. Stuttgart 1985.

Remschmidt, H./Schmidt, M. H./Poustka, F. (Hrsg.): Multiaxiales Klassifikationsschema für psychische Störungen des Kindes und Jugendalters nach ICD-10 der WHO. 4. Aufl. Bern 2008

Röchling, W.: Handbuch Anwalt des Kindes. Baden-Baden 2009.

Röhrbein, A./Müller-Magdeburg, C.: Vom Suchen und Finden des ersten Schrittes oder vom erfolgreichen Beispiel einer kleinen Region. In: Müller-Magdeburg 2009, S. 64–69.

Röthel, A./Heiderhoff, B. (Hrsg.): Mehr Kinderrechte? Nutzen und Nachteil. Frankfurt am Main 2018.

Roos, J.: Die Entwicklung der Zuschreibung komplexer Emotionen am Beispiel der Emotion Peinlichkeit. Frankfurt am Main 1988.

Rösler, K.: Die Verfahrensbeistandschaft. Verfahrensrechtliche Umsetzung des verfassungsmäßigen Gebotes einer Interessenvertretung für Minderjährige. Berlin 2014.

Rudolph, J.: Du bist mein Kind. Die Cochemer Praxis – Wege zu einem menschlicheren Familienrecht. Berlin 2007.

Rupp, M.: Rechtstatsächliche Untersuchung zum Gewaltschutzgesetz. Begleitforschung zum Gesetz zur Verbesserung des zivilgerichtlichen Schutzes bei Gewalttaten und Nachstellungen sowie zur Erleichterung der Überlassung der Ehewohnung bei Trennung. Köln 2005.

Rutter, M./Quinton, D.: Cycles of disadvantage. London 1984.

Saage, E./Göppinger, H.: Freiheitsentziehung und Unterbringung. 3. Aufl. München 1994.

Salgo, L.: Pflegekindschaft und Staatsintervention. Frankfurt am Main 1987.

Salgo, L. (Hrsg.): Vom Umgang der Justiz mit Minderjährigen. Frankfurter Tage der Rechtspolitik 1994. Tagungsdokumentation. Neuwied 1995.

Salgo, L.: Der Anwalt des Kindes. Die Vertretung von Kindern in zivilrechtlichen Kindesschutzverfahren. Eine vergleichende Studie. Frankfurt am Main 1996.

Salgo, L.: Kinder- und Jugendrechte im internationalen Vergleich. In: Boogaart, H. van den u.a., 1996, S. 41–61.

Salgo, L.: Jugendliche und ihre Rechte. In: Dolto, F./Dolto-Tolitch, C./Percheminier, C., 1999, S. 183–227.

Salgo, L.: Kommentierung des § 33 Vollzeitpflege. In: Fieseler/Schleicher, 2000.

Salgo, L.: „Helfen mit Risikominimierung" für das Kind. In: Deutscher Verein für öffentliche und private Fürsorge, 2001, S. 17–22.

Salgo, L.: Vom langsamen Sterben des elterlichen Züchtigungsrechts. In: Kohl, H./Landau, H., 2001, S. 55–69.

Salgo, L.: Grenzen der Staatsintervention zur Durchsetzung des Umgangsrechts. In: Hofer, S./Kippel, D./Walter, U.: Festschrift für Dieter Schwab. Perspektiven des Familienrechts. Bielefeld 2005, 891–910.

Salgo, L.: Gesetzliche Voraussetzungen. § 8a SGB VIII – Anmerkungen und Überlegungen zur Vorgeschichte und den Konsequenzen der Gesetzesänderung. In: Ziegenhain/Fegert, München 2007, S. 9–29.

Salgo, L.: Stellungnahme für die Öffentliche Anhörung des Rechtsausschusses des Deutschen Bundestages zum FGG-RG – BT-Drucks. 16/6308 am 13.2.2008, 11.2.2008. Onlinequelle: https://webarchiv.bundestag.de/archive/2009/1223/bundestag/ausschuesse/a06/anhoerungen/Archiv/30_FGG__Teil_II/04_Stellungnahmen/Stellungnahme_Prof__Salgo.pdf (Abruf am: 29.4.2025).

Salgo, L.: Lückenhafte Beteiligung des Kindes bei Trennung, Scheidung, Umgang. IzKK-Nachrichten 2009, Heft 1, 25–29.

Salgo, L.: „Ein Schritt nach vorn, zwei Schritte zurück"?! – Kritische Anmerkungen zur Installierung des Umgangspflegers und zur Revision der Verfahrenspflegschaft im FGG-RG. In: Lipp, V./Schumann, E./Veit, B. (Hrsg.), 2009, S. 153–191.

Salgo, L.: Häusliche Gewalt, Traumatisierung und Umgangsfragen. In: Fegert/Ziegenhain/Goldbeck, Traumatisierte Kinder und Jugendliche in Deutschland, 2.Aufl. Weinheim/Basel 2013, S. 121–139.

Salgo, L., Möglichkeiten und Grenzen der Verbleibensanordnung zur Sicherung von Kontinuität. In: Coester-Waltjen, D./Lipp, V./Schumann, E./Veit, B. (Hrsg.), Das Pflegekindverhältnis – zeitlich befristete oder dauerhafte Lebensperspektive für Kinder? Göttingen 2014, S. 53–87.

Salgo, L./Lack, K.: Das Recht der Pflegekindschaft. In: Prenzlow (Hrsg.), Handbuch Elterliche Sorge und Umgang. 2. Aufl., Köln 2022.

Salzgeber, J.: Familienpsychologische Gutachten. Rechtliche Vorgaben und sachverständiges Vorgehen. 8. Aufl. München 2024.

Salzgeber, J.: Von konventionell bis Cochemer Modell: Das breite Wirkungsspektrum richtig verstandener Begutachtung. In: Müller-Magdeburg 2009, S. 173–183.

Schaffner, P./Ochsmann, R.: Die Karawane rollt! Warum sich die Arbeitsweise des Cochemer Modells durchsetzt, obgleich viele diese nicht wollen und kaum einer sie vermisst hat. In: Müller-Magdeburg 2009, S. 70–76.

Schellhorn, W. (Hrsg.): SGB VIII/KJHG. Sozialgesetzbuch Achtes Buch Kinder- und Jugendhilfe. 2. Aufl. Neuwied 2000, 3. Aufl. 2007, 4. Aufl. 2012 und 5. Aufl. 2017.

Schepker, R./Fegert, J. M./Wiebels, K.: Stellungnahme zum Entwurf eines Gesetzes zur Einführung eines familiengerichtlichen Genehmigungsvorbehaltes für freiheitsentziehende Maßnahmen bei Kindern, 2016. Onlinequelle. https://www.bmj.de/SharedDocs/Downloads/DE/Gesetzgebung/Stellungnahmen/2016/10062016_Stellungnahme_DGKJP_BAGKJPP_BKJPP_RefE_Genehmigungsvorbehalt_freiheitsentziehende_Massnahmen_Kindern.pdf?__blob=publicationFile&v=3 (Abruf am: 29.4.2025).

Scheuerer-Englisch, H.: Auswirkungen traumatischer Erfahrungen auf das Bindungs- und Beziehungsverhalten. In: Stiftung „Zum Wohl des Pflegekindes", 1. Jahrbuch 1998, S. 66–84.

Schlack, H. G. (Hrsg.): Sozialpädiatrie. Gesundheit – Krankheit – Lebenswelten. Stuttgart, Jena, New York 1995.

Schlegel/Voelzke/Luthe/Nellissen (Hrsg.): juris PraxisKommentar SGB VIII, 2. Aufl., Saarbrücken 2018 (Zitierweise: jurisPK-SGB VIII/Bearbeiter).

Schlette, V.: Der Anspruch auf gerichtliche Entscheidung in angemessener Frist. Berlin 1999.

Schmahl, S.: Kinderrechtskonvention mit Zusatzprotokollen. Handkommentar. 2. Aufl., Baden-Baden 2017.

Schmid, M.: Psychisch belastete Kinder in der Heimerziehung. 2013.

Schmidtchen, S.: Kinderpsychotherapie – Grundlagen, Ziele, Methoden. Stuttgart 1989.

Schmidt-Denter, U./Schmitz, H.: Familiäre Beziehungen und Strukturen sechs Jahre nach der elterlichen Trennung. In: Walper, S./Schwarz, B. (Hrsg.): Was wird aus den Kindern? Chancen und Risiken für die Entwicklung von Kindern aus Trennungs- und Stieffamilien. Weinheim 1999, S. 73–90.

Schneewind, K. A.: Familienentwicklung. In: Oerter, R./Montada, L., S. 128–166.

Schneewind, K. A./Ruppert, S./Schmid, U. u.a.: Kontrollüberzeugungen im Kontext von Autonomie und Verbundenheit. Befunde einer 16-jährigen Langzeitstudie. In: Leu, R. H./Krappmann, L., S. 357–391.

Schneider, K./Toussaint, P./Cappenberg, M.: Kindeswohl zwischen Jugendhilfe, Justiz und Gutachter. Eine empirische Untersuchung. Wiesbaden 2014.

Schneider, Stephanie: Bedingungen für die kindeswohldienliche Praktizierung des Wechselmodells. Frankfurt am Main 2021. S. 113 ff.

Schone, R.: Was braucht ein Kind? Kriterien der Basisfürsorge und Folgen der Vernachlässigung von Kindern. In: Institut für soziale Arbeit e.V. (Hrsg.): Familien in Krisen, Kinder in Not. Materialien und Beiträge zum ISA-Kongress 28.–30.04.1997 in Düsseldorf. Münster 1997, S. 74–88.

Schone, R./Gintzel, U./Jordan, E./Kaltscheuer, M./Münder, J.: Kinder in Not. Vernachlässigung im frühen Kindesalter und Perspektiven sozialer Arbeit. Münster 1997.

Schulze, H. (2007a): Handeln im Konflikt. Eine qualitativ-empirische Studie zu Kindesinteressen und professionellen Handeln in Familiengericht und Jugendhilfe. Unveröffentlichte Dissertation. Würzburg 2007.

Schulze, U./Kölch, M.: Essstörungen – Anorexia und bulimia nervosa. In: Fegert/Kölch (Hrsg.): Klinikmanual. Kinder- und Jugendpsychiatrie und -psychotherapie. 2. Aufl. Berlin 2013, S. 154 ff.

Schwab, D. (Hrsg.): Handbuch des Scheidungsrechts. 8. Aufl. München 2019.

Schwarz, B.: Die Verteilung der elterlichen Sorge aus erziehungswissenschaftlicher und juristischer Sicht. Wiesbaden 2011.

Schwenk, B.: Bildung. In: Lenzen, D., S. 208–221.

Schweppe, K.: Kindesentführungen und Kindesinteressen – Die Praxis des Haager Übereinkommens in England und Deutschland. Münster 2001.

Schweppe, K.: Kindesanhörung im europäischen Vergleich. In: Heilmann/Lack (Hrsg.). Die Rechte des Kindes. Festschrift für Ludwig Salgo zum 70. Geburtstag. Köln 2016, S. 227–254.

Selman, R. L./Byrne, D. F.: Stufen der Rollenübernahme in der mittleren Kindheit – eine entwicklungslogische Analyse. In: Döbert u.a., S. 109–114.

Shengold, L.: Soul Murder. Seelenmord – die Auswirkungen von Missbrauch und Vernachlässigung in der Kindheit. Frankfurt a. M. 1995.

Sievers, B./Bienentreu, H.: Grenzüberschreitende Fallarbeit in der Jugendhilfe. Frankfurt am Main 2006.

Simitis, S.: Familienrecht. In: Simon, D., S. 390–448.

Simitis, S./Rosenkötter, L./Vogel, R./Boos-Muss, B./Frommann, M./Hopp, J./Koch, H./Zenz, G.: Kindeswohl. Eine interdisziplinäre Untersuchung über seine Verwirklichung in der vormundschaftsgerichtlichen Praxis. Frankfurt am Main 1979.

Simon, D. (Hrsg.): Rechtswissenschaft in der Bonner Republik. Studien zur Wissenschaftsgeschichte der Jurisprudenz. Frankfurt am Main 1994.

Simoni, H.: Was bedeutet für Kinder der Einbezug in Entscheidungsprozesse? Vortrag beim 1. Kongress der deutschsprachigen Rechtssoziologie-Vereinigungen „Wie wirkt Recht?". 4. September 2008, Luzern.

Solomon, J./George, C. (Hrsg.): Disorganized Attachment and Caregiving, N.Y./London 2011.

Solomon, J./George, C.: Disorganization of Maternal Caregiving across Two Generations: The Origins of Caregiving Helplessness. In: Solomon/George (Hrsg.) 2011, S. 25–51.

Soest, G. v.: Bedingungen und Möglichkeiten von Bürgerbeteiligung im Rahmen von Jugendhilfeverfahren. Kassel 1998.

Soest, G. v.: Der Hilfeplan im Rahmen einer partizipativen Jugendhilfe. Hohengehren 2000.

Sommer, A.: Das Verhältnis von Familiengericht und Jugendamt. Frankfurt am Main 2012.

Soergel: BGB, Familienrecht 3/2, Bd. 19/2, 13. Aufl. 2017.

Spangler, G.: Bindung: Stand der Forschung, aktuelle Themen, offene Fragen. In: Deutsche Liga für das Kind, 1996, S. 52.

Spangler, G./Zimmermann, P. (Hrsg.): Die Bindungstheorie. Grundlagen. Forschung und Anwendung. Stuttgart 1995.

Späth, K.: Die Partizipation Minderjähriger in gerichtlichen Verfahren zur Genehmigung oder Anordnung freiheitsentziehender Maßnahmen unter besonderer Berücksichtigung der Rolle und Aufgabenstellung von Verfahrenspflegern. In: Fegert, J. M./Späth, K./Salgo, L., S. 59–72.

Spies, A.: „Wer war ich eigentlich?" Erinnerung und Verarbeitung sexueller Gewalt. Frankfurt am Main 2000.

Spitz, R.: Vom Säugling zum Kleinkind. Stuttgart 1976.

Sroufe, L. A./Egeland, B./Carlson, E. A./Collins, W. A.: The Development of the Person. The Minnesota Study of Risk and Adaptation from Birth to Adulthood, New York/London 2005.

Staatenbericht (2.): siehe Bericht der Bundesrepublik Deutschland an die Vereinten Nationen gemäß Artikel 44 Abs. 1 Buchstabe b des Übereinkommens über die Rechte des Kindes.

Staatsinstitut für Frühpädagogik: Vorläufige deutsche Standards zum begleiteten Umgang; München Juli 2001. In Zusammenarbeit mit dem Institut für angewandte Familien-, Kindheits- und Jugendforschung an der Universität Potsdam, gefördert durch das Bundesministerium für Familie, Senioren, Frauen und Jugend.

Stähr, A. (Hrsg.): Hauck, K./Noftz, W. (Begr.), Sozialgesetzbuch (SGB) VIII: Kinder- und Jugendhilfe, Loseblattsammlung. Berlin.

Statistisches Bundesamt: Rechtspflege, Familiengerichte 1999 ff. Arbeitsunterlage. Wiesbaden 2000 ff.

Statistisches Bundesamt: Rechtspflege, Familiengerichte, Fachserie 10/Reihe 2.2. Wiesbaden 2000–2011.

Statistisches Bundesamt: Statistiken der Kinder- und Jugendhilfe – Hilfen zur Erziehung außerhalb des Elternhauses, Vollzeitpflege; Jahrgänge 2007–2011, Tab. 7.6: Begonnene Hilfen nach persönlichen Merkmalen und Aufenthalt vor der Hilfe sowie Art der Hilfe.

Statistisches Bundesamt: Statistiken der Kinder- und Jugendhilfe. Erzieherische Hilfe, Eingliederungshilfe für seelisch behinderte junge Menschen, Hilfe für junge Volljährige, Vollzeitpflege 2011, erschienen am 16.11.2012, Wiesbaden 2012.

Staudinger, J. v.: Kommentar zum Bürgerlichen Gesetzbuch, Viertes Buch. Familienrecht, §§ 1626–1631, Berlin Neubearbeitung 2020 (Zitierweise: Staudinger/Bearbeiter (2015)).

Staudinger, J. v.: Kommentar zum Bürgerlichen Gesetzbuch, Viertes Buch. Familienrecht, §§ 1741–1772, Berlin 2019 (Zitierweise: Staudinger/Bearbeiter (2007)).

Staudinger, J. v.: Kommentar zum Bürgerlichen Gesetzbuch, Viertes Buch. Familienrecht, §§ 1638–1683, Berlin Neubearbeitung 2020 (Zitierweise: Staudinger/Bearbeiter (2015)).

Staudinger, J. v.: Kommentar zum Bürgerlichen Gesetzbuch, Viertes Buch. Familienrecht, §§ 1684–1717, Berlin Neubearbeitung 2024 (Zitierweise: Staudinger/Bearbeiter (2019)).

Staudinger, J. v.: Kommentar zum Bürgerlichen Gesetzbuch, Einführungsgesetz zum Bürgerlichen Gesetzbuche/IPR, EU-Verordnung und Übereinkommen zum Schutz von Kindern (Brüssel IIa-VO, KSÜ, HKÜ, ESÜ, IntFamRVG, UmgangsÜ). Neubearbeitung, Berlin 2018 (Zitierweise: Staudinger/Bearbeiter).

Staudinger, J. v.: Kommentar zum Bürgerlichen Gesetzbuch, Einführungsgesetz zum Bürgerlichen Gesetzbuche/IPR, Artikel 7–12, 47, 48 EGBGB (Internationales Recht der natürlichen Personen und der Rechtsgeschäfte). Neubearbeitung, Berlin 2024 (Zitierweise: Staudinger/Bearbeiter).

Staudinger, J. v.: Kommentar zum Bürgerlichen Gesetzbuch, Einführungsgesetz zum Bürgerlichen Gesetzbuche/IPR, Artikel 19–24 EGBGB; ErwSÜ (Internationales Kindschaftsrecht, Erwachsenenschutzübereinkommen), Neubearbeitung Berlin 2022 (Zitierweise: Staudinger/Bearbeiter).

Steck, D.: Die Vertretung des Kindes (Art. 146 f. ZGB) – erste praktische Erfahrungen, ZVW 1–2/2001, Sonderausgabe, 102–110.

Steele, B. F. (1997): Psychodynamic and Biological Factors in Child Maltreatment. In: Helfer, M. E./Kempe, R. S./Krugman, R. D., 1997, S. 73–103.

Steele, B. F.: Psychodynamische und biologische Aspekte der Kindesmisshandlung. In: Helfer, M. E./Kempe, R. S./Krugmann, R.D., 2002, S. 114–156.

Steffen, A./Akmatov, M. K./ Holstiege, J./Bätzing, J.: Diagnoseprävalenz psychischer Störungen bei Kindern und Jugendlichen in Deutschland: Eine Analyse bundesweiter vertragsärztlicher Abrechnungsdaten der Jahre 2009 bis 2017. Zentralinstitut für die kassenärztliche Versorgung Deutschl. 18, (2019).

Steffes-enn, Rita/Hoffmann, Jens (Hrsg.): Schwere Gewalt gegen Kinder. Verlag für Polizeiwissenschaft, Frankfurt 2010.

Steinbach, Anja (2019): Children's and Parents' Well-Being in Joint Physical Custody: A Literature Review. Fam Process.58(2): S. 353-369. doi: 10.1111/famp.12372. Epub 2018 Jul 2. PMID: 29963700.

Steinberg, L./Silverberg, S. B.: The vicissitudes of autonomy in early adolescence. Child Development No. 57, 1986, S. 841–851.

Steindorff-Classen, C.: Das subjektive Recht des Kindes auf seinen Anwalt. Neuwied 1998.

Steinhausen, H.-Ch.: Children of alcoholic parents. In: Steinhausen, H.-Ch./Verhulst, F., S. 54–67.

Steinhausen, H.-Ch.: Psychophysiologische (psychosomatische) Krankheiten. In: Remschmidt, H./Schmidt, M. H.

Steinhausen, H.-Ch.: Psychosomatische Störungen und Krankheiten bei Kindern und Jugendlichen. Stuttgart 1981.

Steinhausen, H.-C./Verhulst, F. C.: Risks and Outcomes in Developmental Psychopathology. Oxford University Press. Oxford 1999.

Steller, M.: Commentary: Rehabilation of the Child Witness. In: Doris, J., S. 106–109.

Steller, M./Köhnken, G.: Statement analysis: Credibility assessment of children's testimonies in sexual abuse cases. In: Raskin, D.C., S. 217–245.

Stern, D. N.: Die Lebenserfahrung des Säuglings. Stuttgart 1992.

Sternal (vormals Keidel): FamFG. Gesetz über das Verfahren in Familiensachen und in den Angelegenheiten der freiwilligen Gerichtsbarkeit. Kommentar. 21. Aufl., München 2023 (Zitierweise: Sternal/Bearbeiter).

Stevenson, J. (Ed.): Recent research in developmental psychopathology. Oxford 1984.

Stiftung Zum Wohl des Pflegekindes (Hrsg.): 1. Jahrbuch des Pflegekinderwesens, Idstein 1998.

Stiftung Zum Wohl des Pflegekindes (Hrsg.): 2. Jahrbuch des Pflegekinderwesens, Idstein 2001.

Stiftung Zum Wohl des Pflegekindes (Hrsg.): 3. Jahrbuch des Pflegekinderwesens. Idstein 2004.

Stiftung Zum Wohl des Pflegekindes (Hrsg.): 5 Jahre KJHG aus der Sicht des Pflegekinderwesens. Idstein 1996.

Stiftung Zum Wohl des Pflegekindes (Hrsg.): Dokumentation vom 10. Tag des Kindeswohls: „Pflegekinder in familiengerichtlichen Verfahren". Holzminden 1998.

Stiftung Zum Wohl des Pflegekindes (Hrsg.): 5. Jahrbuch des Pflegekinderwesens. Grundbedürfnisse von Kindern – Vernachlässigte und misshandelte Kinder im Blickfeld helfender Instanzen. Idstein 2009.

Stiftung zum Wohl des Pflegekindes (Hrsg.): Ein Pflegekind werden. 7. Jb. des Pflegekinderwesens, Idstein 2018.

Stoffer, R.: Jahresbericht 1998. Pflegekinderhilfe und Adoption der Stadt Frankfurt am Main, 1999.

Stoltenborgh, M./Van IJzendoorn, M. H./Euser, E.M./Bakersmans-Kranenburg M. J.: A Global Perspective on Child Sexual Abuse: Meta-Analysis of Prevalence Around the World. Child Maltreatment. 16 (2), 2011, S. 79–101.

Stone, O. M.: The Child's Voice in the Court of Law. Toronto 1982.

Stötzel, M.: Die Verfahrenspflegschaft nach § 50 FGG – Eine erste Studie – mit einer begrenzten Anzahl von Fällen – zur Bewertung der neuen Institution aus der Sicht des vertretenen Kindes. Freie Universität Berlin, Fachbereich Erziehungswissenschaften, Psychologie und Sportwissenschaft. Berlin 2000 (unveröffentlichte Diplomarbeit).

Stötzel, M. (2005a): Wie erlebt das Kind die Verfahrenspflegschaft? Studie zum Qualitätsstand der Institution Verfahrenspflegschaft (gemäß § 50 FGG) unter Berücksichtigung der Perspektive des Kindes. Herbolzheim 2005.

Stötzel, M.: Interessenvertretung – Wie erlebt sie das Kind? In: Blum, S./Cottier, M./Migliazza, D.: Anwalt des Kindes. FamPra.ch – Schriftenreihe zum Familienrecht, Band 9. Bern 2008, S. 101–122.

Stötzel, M./Wolff, M.: Verfahrenspflegschaft aus der Sicht der betroffenen Kinder. In: Jansen, I., Rüting, W. & Schimke, H.-J. (Hrsg.). „Anwalt des Kindes“ – Eine Positionsbestimmung der Verfahrenspflege nach § 50 FGG. Münster 2005, S. 154–167.

Strauß, B./Schwartze, D.: Vernachlässigung und Misshandlung aus der Sicht der Bindungstheorie. In: Egle, U. T./Joraschky, P./ Lampe, A./Seiffge-Krenke, I./Cierpka, M. (Hrsg.): 4., vollst. überarb. Aufl. S. 104–118.

Streeck-Fischer, A.: Frühe Misshandlung und ihre Folgen. Traumatische Belastungen in der Entwicklung. In: Stiftung „Zum Wohl des Pflegekindes“, 3. Jahrbuch, Idstein 2004, S. 99–109.

Stürmer, S.: Sachverständigengutachten in Pflegekindschaftssachen: Methodische Qualität und Bindungsdiagnostik bei familienrechtspsychologischen Gutachten. In: Stiftung zum Wohl des Pflegekindes (Hrsg.): Ein Pflegekind werden. 7. Jb. des Pflegekinderwesens, Idstein 2017, S. 87–108.

Suess, G. J./Pfeifer, W.-K. P. (Hrsg.): Frühe Hilfen. Die Anwendung von Bindungs- und Kleinkindforschung in Erziehung, Beratung, Therapie und Vorbeugung. Gießen 1999.

Suess, G./Hammer, W. (Hrsg.): Kinderschutz. Risiken erkennen, Spannungsverhältnisse gestalten, Stuttgart 2010.

Sünderhauf, H.: Wechselmodell: Psychologie – Recht – Praxis. Abwechselnde Kinderbetreuung durch Eltern nach Trennung und Scheidung. Wiesbaden 2013.

Sünkel, U.: Autismus-Spektrum-Störungen und die Arbeitswelt. In: Ludger Tebartz van Elst (Hrsg.): Das Asperger-Syndrom im Erwachsenenalter und andere hochfunktionale Autismus-Spektrum-Störungen. Berlin 2013, S. 337.

Tenhumberg, A./Michelbrink, M.: Vermittlung traumatisierter Kinder in Pflegefamilien. In: Stiftung „Zum Wohl des Pflegekindes“, 1. Jahrbuch 1998, S. 106–124.

Tenorth, H.-E.: Geschichte der Erziehung. Einführung in die Grundzüge ihrer neuzeitlichen Entwicklung. 5. Aufl. Weinheim 2010.

Textor, M. R.: Forschungsergebnisse zur Familienpflege. In: Textor, M. R./Warndorf, P. K., S. 43–66.

Textor, M. R./Warndorf, P. K. (Hrsg.): Familienpflege. Forschung, Vermittlung. Beratung. Freiburg 1995.

Theisen, B.: Neue Anforderungen an die Behandlung von Sorge- und Umgangsverfahren. In: Müller-Magdeburg 2009, 134–146.

Thoburn, J.: Effective Interventions for complex Families where there are Concerns about, or Evidence of, a Child suffering significant Harm, Safeguarding Briefing 1. Edited by the Centre for Excellence and Outcomes in Children and Young People's Services, London 2009.

Thomas, C./Beckford, V./Lowe, N./Murch, M. (1999). Adopted Children Speaking. London: BAAF (British Agencies for Adoption and Fostering).

Thomas, H./Putzo, H.: ZPO. 45. Aufl. München 2024.

Thurn, C./Wils, E.: Therapie sexuell missbrauchter Kinder. Berlin Forschung Bd. 32. Berlin 1998.

Tress, W.: Das Rätsel der seelischen Gesundheit. Traumatische Kindheit und früher Schutz gegen psychogene Störungen, eine retrospektive epidemologische Studie an Risikopersonen. Göttingen 1986.

Trube-Becker, E.: Gewalt gegen das Kind – Vernachlässigung, Misshandlung, sexueller Missbrauch und Tötung von Kindern. Heidelberg 1982.

UBSKM: Definition von sexuellem Missbrauch. Verfügbar unter https://beauftragter-missbrauch.de/praevention/was-ist-sexueller-missbrauch/definition-von-sexuellem-missbrauch (Abruf: 18.11.2024).

VAMV (Verband alleinerziehender Mütter und Väter, Bundesverband e.V.): Kritische Betrachtungen zum Arbeitskreis Trennung und Scheidung „Cochemer Weg". 26.11.2005.

Van der Kolk, B./Pynoos, R. S./ Cicchetti, D. u.a.: Proposal to include a Developmental Trauma Disorder Diagnosis for Children and Adolescents in DSM-V, Final Version, Brookline 2009.

Verein für Kommunalwissenschaften: Die Reform des Kindschaftsrechts – eine Reform für Kinder? Berlin 2000.

Verhellen, E. (Hrsg.): Monitoring Childrens's Rights, The Hague, Netherlands 1996.

Viorst, J.: Necessary Losses. New York 1986 (Deutsch: Mut zur Trennung. Hamburg 1988).

Vismann, C.: Akten. Frankfurt am Main 2000.

Volbert, R.: Gesprächsführung mit von sexuellem Missbrauch betroffenen Kindern und Jugendlichen. In: Fegert u.a. (Hrsg.): Sexueller Missbrauch von Kindern und Jugendlichen. Ein Handbuch zur Prävention und Intervention für Fachkräfte im medizinischen, psychotherapeutischen und pädagogischen Bereich. Berlin 2015, S. 185–194.

Volbert, R./Pieters, V.: Zur Situation kindlicher Zeugen vor Gericht. Empirische Befunde zu Belastungen durch Strafverfahren und zu möglichen Reformmaßnahmen. Bonn 1993.

Volke, P./Kannegießer, A.: Anhörung von Kindern in familiengerichtlichen Verfahren – besser seit der Reform?, Brühler Schriften Band 23, 2024, S. 73, 79.

Völker, M./Clausius, M.: Das familienrechtliche Mandat – Sorge- und Umgangsrecht. 8. Aufl. Bonn 2021.

Volkmann-Raue, S. (Hrsg.): Jean Piaget. Drei frühe Schriften zur Psychoanalyse. Freiburg 1993.

Wabnitz/Fieseler/Schleicher (Hrsg.): Gemeinschaftskommentar zum SGB VIII, Köln, Stand: Oktober 2018 (Zitierweise: GK-SGB VIII/Bearbeiter).

Walker, J.: Information Meetings and Associated Provisions within the Family Law Act 1996. Summary of Research in Progresss. Juni 1999.

Walker, J.: Information Meetings and Associated Provisions within the Family Law Act 1996. Final Report. Newcastle Centre for Family Studies. University of Newcastle upon Tyne. September 2000.

Wallerstein, J. S./Blakeslee, S./Lewis, J. M.: The Unexpected Legacy of Divorce. New York 2000 (Deutsch: Scheidungsfolgen – Die Kinder tragen die Last. Eine Langzeitstudie über 25 Jahre. Münster 2002).

Wallerstein, J. S./Kelly, J. B.: Surviving the Breakup: How Children and Parents Cope with Divorce. New York 1980.

Wallerstein, J. S./Kelly, J. B.: Surviving the Breakup. How Children and Parents Cope with Divorce. New York 1980.

Walper, S./Amberg, S./Thönnissen, C./Christ, S. L.:The Role of Gatekeeping in Non Resident Fathers' Contact with their Children: Mothers' and Fathers' Views. In: H. Trappe & M. Kreyenfeld (Hrsg.), Parental life courses after divorce and separation in Cham: Springer International Publishing 2020. S. 169–191.

Walper, S.: Kontextmerkmale gelingender und misslingender Entwicklung von Kindern in Einelternfamilien. In: Fegert, J. M./Ziegenhain, U. (Hrsg.): Hilfen für Alleinerziehende. Die Lebenssituation von Einelternfamilien in Deutschland. Weinheim 2003.

Walper, S.: Das Umgangsrecht im Spiegel psychologischer Forschung. In: Deutscher Familiengerichtstag (Hrsg.): Sechzehnter Deutscher Familiengerichtstag vom 14. bis 17. September 2005 in Brühl, S. 100–130.

Walper, S.: Arrangements elterlicher Fürsorge nach Trennung und Scheidung: Das Wechselmodell im Licht neuer Daten aus Deutschland. In: Deutscher Familiengerichtstag e.V. (Hg.): 21. Deutscher Familiengerichtstag vom 21. bis 24. Oktober 2015 in Brühl. Ansprachen und Referate. Berichte und Ergebnisse der Arbeitskreise. Brühler Schriften zum Familienrecht Band 19. Bielefeld, S. 99–143.

Walper, S./Schwarz, B. (Hrsg.): Was wird aus den Kindern? Chancen und Risiken für die Entwicklung von Kindern aus Trennungs- und Stieffamilien. Weinheim 1999.

Walper, S.: Arrangements elterlicher Fürsorge nach Trennung und Scheidung: Das Wechselmodell im Licht neuer Daten aus Deutschland. In: Deutscher Familiengerichtstag e.V. (Hrsg.). Band 19. Deutscher Familiengerichtstag. Bielefeld 2016, S. 99–143.

Walper, Sabine/Lien, Shih-Cheng .(2017): Aktive Vaterschaft im Kontext unterschiedlicher Familienphasen und Erwerbskonstellationen. In: Wie die Zeit vergeht. Analysen zur Zeitverwendung in Deutschland. Beiträge zur Ergebniskonferenz der Zeitverwendungserhebung 2012/2013 am 5./6. Oktober 2016 in Wiesbaden.

Walper, Sabine/Kreyenfeld, Michaela/Beblo, Miriam/Hahlweg, Kurt/Nebe, Katja/Schuler-Harms, Margarete/Fegert, Jörg M. und der Wissenschaftliche Beirat für Familienfragen (2021): Gemeinsam getrennt erziehen. Gutachten des Wissenschaftlichen Beirats für Familienfragen beim BMFSFJ. Berlin: Wissenschaftlicher Beirat für Familienfragen beim BMFSFJ. S. 35.

Walter, E.: Berufsbild: Anwalt des Kindes – Abgrenzungen. In: Ev. Akademie Bad Boll (Hrsg.): Anwalt des Kindes. Eine Tagung zu § 50 FGG für Fachleute aus Interessenvertretung für Kinder und Jugendliche (Verfahrens- & Umgangspflegschaft), Familiengerichten, Rechtsanwaltskanzleien, Jugendämtern, verwandten Tätigkeitsbereichen, 9.–11.2.2000, Protokolldienst Nr. 7, 2000, S. 116–137.

Warnke, A./Trott, G.-E./Remschmidt, H. (Hrsg.): Forensische Kinder- und Jugendpsychiatrie. Ein Handbuch für Klinik und Praxis. Bern, Göttingen, Toronto, Seattle 1997.

Watzlawik, P. u.a.: Menschliche Kommunikation. Bern 1969.

Weber, C./Zitelmann, M.: Standards für Verfahrenspfleger/innen – Die Interessenvertretung für Kinder und Jugendliche in Verfahren der Familien- und Vormundschaftsgerichte gemäß § 50 FGG. Luchterhand spezial. Neuwied 1998.

Weber, Matthias/Schilling, Herbert (Hrsg.): Eskalierte Elternkonflikte: Beratungsarbeit im Interesse des Kindes bei hoch strittigen Trennungen. 2. Aufl., Weinheim; Basel 2012.

Werner, E.: Entwicklung zwischen Risiko und Resilienz. In: Opp/Fingerle (Hrsg.), Was Kinder stärkt, 2. Aufl. 2007, München/Basel 2007, S. 20–31.

Werner, E.: Resilienz: Ein Überblick über internationale Längsschnittstudien. In: Opp, G./Fingerle, M. (Hrsg.): Was Kinder stärkt. Erziehung zwischen Risiko und Resilienz, 2. Aufl. München/Basel 2007, S. 311–326.

Weiß, W./Kessler,T./Gahleitner S. (Hrsg.): Handbuch Traumapädagogik. Weinheim 2016.

Westermann, A.: Zur psychologischen Diagnostik der Kindesmisshandlung: Über die Todesangst des misshandelten Kindes. In: Stiftung „Zum Wohl des Pflegekindes", 1. Jahrbuch 1998, S. 32–51.

Westermann, A.: Trennungen und Gemeinsamkeiten. Gespräch über Stand und Ziele im Pflegekinderwesen. In: Hamburger Pflegekinderkongress 1990 „Mut zur Vielfalt", S. 25–48.

Westermann, A.: Die Geschichte von Lena diesseits und jenseits der Verleugnung. In: Stiftung „Zum Wohl des Pflegekindes"(Hrsg.): 5. Jahrbuch des Pflegekindes 2009, S. 165–183.

Westermann, A.: Wie wird ein Kind ein Pflegekind? In: Stiftung zum Wohl des Pflegekindes (Hrsg.): 7. Jahrbuch 2018, S. 47–65.

Wetzels, P.: Gewalterfahrungen in der Kindheit. Sexueller Missbrauch, körperliche Misshandlung und deren langfristige Konsequenzen. Baden-Baden 1997.

Wetzels, P.: Zur Epidemiologie physischer und sexueller Gewalterfahrungen in der Kindheit. Forschungsbericht Nr. 59 des Kriminologischen Forschungsinstituts Niedersachsen. Hannover 1997.

Wiesner, R.: Ein gutes Gesetz unter sich verschlechternden Umsetzungsbedingungen. In: Stiftung „Zum Wohl des Pflegekindes" (Hrsg.): 5 Jahre KJHG aus der Sicht des Pflegekinderwesens, 1996, S. 46–57.

Wiesner, R. (Hrsg.): SGB VIII Kinder- und Jugendhilfe, 4. Aufl. München 2011 und 5. Aufl. München 2015. 6. Aufl. München 2022

Willutzki, S.: Neues Kindschaftsrecht – Anforderungen an das familiengerichtliche Verfahren und die Kooperation mit der Jugendhilfe; die Bedeutung des Anwaltes des Kindes im familiengerichtlichen Verfahren. In: Verein für Kommunalwissenschaften e.V. (Hrsg.): Die Beratung im Kontext von Scheidungs-, Sorgerechts- und Umgangsrechtsverfahren. Anforderungen an Strukturen und Formen der Kooperation von Familiengericht, Jugendhilfe und Anwaltschaft. Berlin 1999.

Winnicott, D.: Vom Spiel zur Kreativität. Stuttgart 1974.

Wissenschaftlicher Beirat für Familienfragen am Bundesministerium für Familie, Senioren, Frauen und Jugend: Pflegefamilien als soziale Familien, ihre rechtliche Anerkennung und aktuelle Herausforderungen, bearb. von Scheiwe, K./Schuler-Harms, M./Walper, S./Fegert, J. M., Berlin 2016. Onlinequelle: https://www.bmfsfj.de/resource/blob/76080/882dd907f94fd183472d6cac5dbcd0ee/gutachten-pflegefamilien-beirat-data.pdf (Abruf: 29.4.2025).

Wolf, P.: Was wissen Kinder und Jugendliche über Gerichtsverhandlungen? Eine empirische Untersuchung. Regensburg 1997 (zugl. Diss.).

Yarrow, L. J.: Trennung von den Eltern während der frühen Kindheit. In: Bonn, H./Rohsmanith, K. (Hrsg.), S. 111–178.

Zaragoza, M. S.: Memory, suggestibility, and eyewitness testimony in children and adults. In: Ceci, S. J./Toglia, M. P./Ross, D. F. (Hrsg.), 1987, S. 53–78.

Zaragoza, M. S.: Preschool Children's Susceptibility to Memory Impairment. In: Doris, J., 1991, S. 27–39.

Zehnter Kinder- und Jugendbericht. BT-Drucks. 13/11368, Berlin 1998. Onlinequelle: https://www.bmfsfj.de/blob/90472/aff897a5e3f8bfffb6b6a029984dfec0/13-kinder-jugendbericht-data.pdf (Abruf am: 25.10.2024).

Zenz, G.: Kindesmisshandlung und Kindesrechte. Erfahrungswissen, Normstruktur, Entscheidungsrationalität. Frankfurt am Main 1979 und 1981.

Zenz, G.: Aspekte der Familienpflege und Konsequenzen für die Jugendhilfe. Gutachten A. In: Deutscher Juristentag, 1982, S. A 7–61.

Zenz, G.: Sekundärtraumatisierung von misshandelten und missbrauchten Kindern im gerichtlichen Verfahren. In: Klosinski (Hrsg.), 1995, S. 91–108.

Ziegenhain, U./Kliemann, A./Fegert, J. M.: Bindung und Trennung. E-Learning Gute Kinderschutzverfahren 2022 (guteverfahren.elearning-kinderschutz.de).

Ziegenhain U./Fries M./Bütow B./Derksen B.: Entwicklungspsychologische Beratung für junge Eltern: Grundlagen und Handlungskonzepte für die Jugendhilfe. Juventa, Weinheim 2006.

Ziegenhain, U./Gebauer, S./Ziesel, B./Künster, A. K./Fegert, J. M.: Lernprogramm Baby-Lesen. Übungsfilme für Hebammen, Kinderärzte, Kinderkrankenschwestern und Sozialberufe. Hippokrates. Stuttgart 2010.

Ziegenhain, U.: Sichere mentale Bindungsmodelle. In: Gloger-Tippelt, G. (Hrsg.), 2000, S. 154–173.

Ziegenhain, U.: Bindungsstörungen. In: S. Schneider & J. Margraf (Hrsg.). Lehrbuch der Verhaltenstherapie (Bd. 3). Störungen im Kindes- und Jugendalter. Heidelberg 2009, S. 313–330.

Ziegenhain, U.: Risikoeinschätzung bei Kindeswohlgefährdung. Brühler Schriften zum Familienrecht. Bielefeld 2014.

Ziegenhain, U./Schöllhorn, A./Künster, A. K./Hofer, A./König, C./Fegert, J. M.: Modellprojekt Guter Start ins Kinderleben. Werkbuch Vernetzung. Chancen und Stolpersteine interdisziplinärer Kooperation und Vernetzung im Bereich der Frühen Hilfen und im Kinderschutz. Schriftenreihe des Nationalen Zentrums Frühe Hilfen. Köln 2010.

Ziegenhain, U./Fegert, J. M. (Hrsg.): Kindeswohlgefährdung und Vernachlässigung. München 2007.

Ziegenhain, U./Fegert, J. M.: Bindungsstörungen. In: *Fegert, J. M./* Resch, F./Plener, P./Kaess, M./Döpfner, M./Konrad, K./Legenbauer, T. (Hrsg.): Psychiatrie und Psychotherapie des Kindes- und Jugendalters, 2. Aufl. Heidelberg 2019.

Zitelmann, M.: Kindeswohl und Kindeswille im Spannungsfeld von Pädagogik und Recht. Münster 2001.

Zitelmann, M.: Kindeswohl und Psychoanalyse. In: Bruns, G./Dreher, U./Mahler-Bungers, A. (Hrsg.), 2003, S. 178–193.

Zitelmann, M.: Inobhutnahme und Kindesschutz: Ergebnisse einer bundesweiten Studie. In: Lewis, G. u.a. 2009.

Zitelmann, M.: Kindeswohlgefährdung und Inobhutnahme. Hinweise und Ergebnisse aus einer bundesweiten Studie. In: Lewis, G./Riehm, R./Neumann-Witt, A./Bohnstengel, L./Köstler, S./Hensen, G. (Hrsg.), 2009, S. 75–102.

Zitelmann, M.: Pflegekindschaft als Chance für traumatisierte Kinder. In: Weiß, W./Kessler, T./Gahleitner S. (Hrsg.): Handbuch Traumapädagogik. Weinheim 2016, S. 220–231.

Zitelmann, M.: Inobhutnahme und Pflegekindschaft. In: Stiftung zum Wohl des Pflegekindes (Hrsg.). Ein Pflegekind werden. 7. Jahrbuch. Idstein 2018, S. 25–46.

Zöller, R.: Zivilprozessordnung. 35. Aufl. Köln 2024.

Aufsätze und Zeitschriftenbeiträge

AACAP Official Action: Practice parameter for the assessment and treatment of children and adolescents with reactive attachment disorder and disinhibited social engagement disorder. Journal of the American Academy of Child and Adolescent Psychiatry 2016, 55, 990–1003.

Adamsons, Kari & Johnson, Sara. (2013): An Updated and Expanded Meta-Analysis of Nonresident Fathering and Child Well-Being. Journal of family psychology: JFP: journal of the Division of Family Psychology of the American Psychological Association (Division 43). 27. 589–99. 10.1037/a0033786.

Adler, B./Gräbner, E./Götz, U.: Verfahrenspflegschaften im Landkreis Kitzingen. JAmt 2001, 399–402.

Albrecht, P.-A./Stern, S.: Buchbesprechung – Verteidigung in Jugendstrafsachen. StV 1988, 410–414.

Altendorfer-Kling, U./Kliemann, A./Fegert, J. M. (2024): Fachtermini aus Medizin und Psychologie als Plädierformeln im Recht – PAS und andere Mythen ohne Evidenzbasierung. In: Forum Familienrecht (ff) – der Arbeitsgemeinschaft Familienrecht im Deutschen AnwaltVerein, 3/2024, 28. Jahrgang, S. 98–107.

Amato, P. R.: Life-span Adjustment of children to Their Parents' Divorce. 4 The Future of Children 1994, 143–164.

Amato, Paul R./Gilbreth Joan G. (1999): Nonresident Fathers and Children's Well-Being: A Meta-Analysis. Journal of Marriage and Family. Vol. 61, No. 3.

Archard, D./Skivenes, M.: Balancing a Child's Best Interests and a Child's Views, International Journal of Children's Rights 2009, 1–21.

Baar, A. van: Children of drug-addicted parents. In: Steinhausen, H.-C./Verhulst, F.C., S. 68–84.

Bach, W.: Probleme bei der Entschädigung und Vergütung von Betreuungspersonen. BtPrax 1993, 182–185.

Bach, W.: Zur Entschädigung und Vergütung von Betreuungspersonen unter Berücksichtigung des KostRÄndG. BtPrax 1995, 8–12.

Baer, I./Marx, A.: Das Europäische Übereinkommen über die Ausübung von Kinderrechten – Innovationsschub für den familienrechtlichen Prozess? FamRZ 1997, 1185–1187.

Bahr-Jendges, Jutta (2017): Das Wechselmodell – Ein Konstrukt. Streit 3/2017, 99–110.

Baier, F. (2002). Verfahrenspflege. Eine professionelle personenbezogene soziale Dienstleistung. Kind-Prax, 5, 154–159.

Balint, M.: Trauma und Objektbeziehung. Psyche (Heft 5) 1970, 346–358.

Balloff, R.: Kindeswille, Kindeswohl, lösungsorientiertes Vorgehen in der Familiengerichtsbarkeit – welchen Stellenwert hat das Kind im Cochemer Modell? In: Müller-Magdeburg 2009, S. 147–152.

Balloff, R.: Trennung und Scheidungsberatung. DAVorm 1995, 813–818.

Balloff, R.: Verfahrenspfleger als „Anwalt des Kindes". FPR 1999, 221–226.

Balloff, R.: Allgemeine Kommunikationsregeln sowie Gesprächstechniken mit Kindern und Jugendlichen bei strafrechtlich relevantem Hintergrund. FPR 2000, 140–144.

Balloff, R.: Kindeswohlgefährdungen durch Herausnahme des Kindes aus dem Elternhaus und bei Wegnahme aus der Pflegefamilie. FPR 2013, 208–213.

Balloff, R./Vogel, H., Die Verbleibensanordnung – eine grundsätzliche Betrachtung, FamRB 2018, 408–415.

Balloff, R./Vogel, H., Streitpotenzial bei der Übernachtungs- und Ferienregelung im Umgangsrecht, FF 2019, 4–10.

Bartels, F., Abänderung und Überprüfung von gerichtlichen Entscheidungen und gerichtlich gebilligten Vergleichen im Kindschaftsrecht, FuR 2019, 77–83.

Bauer, A.: Bundespensenkonferenz gefährdet die Ziele des Betreuungsgesetzes. BtPrax 1994, 56–57.

Bauer, A./Rink, J.: Kritik des Entwurfs eines Gesetzes zur Änderung des Betreuungsrechts sowie weiterer Vorschriften (Betreuungsrechtsänderungsgesetz – BtÄndg – Stand: 7. Februar 1996). BtPrax 1996, 158–161.

Bauer, A./Schaus, G.: Der Anwalt des Kindes im vormundschaftsgerichtlichen Verfahren – ein Erfahrungsbericht aus der Frankfurter Gerichtspraxis, Betrifft Justiz 1997, 162–169 und in epd-Dokumentation: Interessenvertretung für Kinder und Jugendliche in Krisenfällen. Nr. 19, 1998, S. 24–34.

Bauer, A.: Neue Gesichtspunkte zum Thema Freiheitsentzug und geschlossene Unterbringung in der Jugendhilfe. Evangelische Jugendhilfe (Heft 2) 2001, S. 80–90.

Baumann, M., Michel-Biegel, Ch.; Rücker, S.; Serafin, M, Wiesner, R. (2022) Zur Notwendigkeit professioneller Intervention bei Eltern-Kind-Entfremdung – Teil 1: ZKJ, Heft 7, S. 244 – 252. Teil 2: ZKJ, Heft 8, S. 292 – 299

Becker, R./Büchse, A.: Kinder als Betroffene von häuslicher Gewalt. ZKJ 2011, 292–295.

Becker-Stoll, F.: Kindeswohl und Fremdbetreuung. FamRZ 2010, 77–81.

Belsky J. (1980). Child Maltreatment: An Ecological Integration. American Psychologist, 35, 320–335.

Bergida, L.: Die Verfahrenspflegschaft im Rahmen grenzüberschreitender Kindesentführungen nach dem HKÜ. RdJB 2009, 159–169.

Bergmann, M.: Der Verfahrensbeistand – Ein Beitrag zum Kindeswohl, ZKJ 2016, 288–290.

Berman, Rakel/Daneback, Kristian (2022): Children in dual-residence arrangements: a literature review, Journal of Family Studies, 28:4, 1448-1465, DOI: 10.1080/13229400.2020.1838317.

Berneiser, C.: Die Erörterung der Kindeswohlgefährdung nach § 157 FamFG – Eine „Neuregelung" oder eine bislang unbeachtete Ressource im zivilrechtlichen Kinderschutzverfahren? – Teil 1, ZKJ 2016, 255–261.

Berneiser, C.: Die Erörterung der Kindeswohlgefährdung nach § 157 FamFG – Eine „Neuregelung" oder eine bislang unbeachtete Ressource im zivilrechtlichen Kinderschutzverfahren? – Teil 2, ZKJ 2016, 291–295.

Berneiser, C./Baz Bartels, M.: Interdisziplinäre Lehre im Kinderschutz – Teil 1, ZKJ 2016, 440–444.

Berneiser, C./Baz Bartels, M.: Interdisziplinäre Lehre im Kinderschutz – Teil 2, ZKJ 2017, 4–7.

Bernet, W.: False statements and the differential diagnosis of abuse allegations. Journal of the American Academy of Child and Adolescent Psychiatry 32(5), 1993, S. 903–910.

Bernet, W.: Parental alienation syndrome and DSM V. Academic Medicine, 2009, Vol. 84 (10), 349–366.

Bernhard, H.: Die Stimme des Kindes in der Trennungs- und Scheidungsberatung und in der Familien-Mediation. FPR 2005, 95–98.

Binschus, W.: Wie kann der Gefährdung eines Kindes begegnet werden? ZfF 2008, 112–116.

Bischof-Köhler, D.: Empathie, Mitgefühl und Grausamkeit. Und wie sie zusammenhängen. In: Psychotherapie. 14. Jahrgang, Bd. 14, Heft 1, 2009, 52–57.

Boch, W.: Kritische Anmerkungen zu J. M. Fegert: Endgültiges Aus für das Parental Alienation Syndrome (PAS) im amerikanischen Klassifikationssystem DSM-5. ZKJ 2013, 190–191.

Bond, R.: The lingering debate over the parental alienation syndrom phenomenon. Journal of Child Custody, 2008, Vol 4 (1–2), 37–54.

Borth, H.: Erwartungen der Familienrichter an den Verfahrenspfleger. Kind-Prax 2000, 48–52.

Botthoff, A.: Die Annahme als Kind als Alternative zur Dauerpflege, FamRZ 2016, 768–773.

Brandstätter, O.: Mehrwertsteuer für den Berufsbetreuer, BtPrax 1993, 53–54.

Brissa, E.: Zur gerichtlichen Entscheidungskompetenz bei elterlichen Meinungsverschiedenheiten über Schutzimpfungen. JR 2012, 401–406.

Britz, G.: Kindesgrundrecht und Elterngrundrecht. In: FamRZ 2015, 793 ff.

Brockington I, Chandra P, Dubowitz H et al (2011) WPA guidance on the protection and promotion of mental health in children of persons with severe mental disorders. World Psychiatry 10:93–102

Bruch, C. S.: And How are the Children? The Effects of Ideology and Mediation on Child Custody Law and Children's Well-Being in the United States. 2 International Journal of Law and the Family 1988, 107–126.

Bruch, C. S.: Parental Alienation Syndrome und Parental Alienation – Wie man sich in Sorgerechtsfällen irren kann. FamRZ 2002, 1304–1315.

Büchler, A./Cantieni, L./Simoni, H.: Die Regelung der elterlichen Sorge nach Scheidung de lege ferenda – ein Vorschlag. FamPra.ch 2/2007, 207–227.

Büchner, B./Ballan, G./Kathola, A./Stridde, J.: Verfahrensbeistandschaft mit interkulturellem Bezug. NZFam 2017, 487–489.

Büchner, B./Mach-Hour, E.: Verfahrensbeistandschaft bei Kindeswohlgefährdung, NZFam 2016, 597–599.

Bumiller, U./Harders, D./Schwamb, W.: FamFG, Freiwillige Gerichtsbarkeit. 12. Aufl. München 2019.

Burschel, O.: Umfang der Beschränkung des Umgangs nach Ort, Zeit und Art, NZFam 2016, 395–397.

Büte, D.: Die Entwicklung der Rechtsprechung zur elterlichen Sorge und zum Umgangsrecht im Jahr 2012. FuR 2013, 418–423.

BVEB e.V.: Rückmeldungen der Verfahrensbeistände zur Handhabe der Vorlage von Führungszeugnissen bei Gerichten (§ 158a FamFG), ZKJ 2025, 156.

Campo, Monica/Fehlberg, Belinda/Natalier, Kristin/Smyth, Bruce (2020): The Meaning of Home for Children and Young People after Separation, Journal of Social Welfare and Family Law. 42:3, 299-318, DOI: 10.1080/09649069.2020.1796218

Carl, E.: Möglichkeiten der Verringerung von Konflikten in HKÜ-Verfahren – Undertakings, safe harbour orders und mirror orders in internationalen Kindesentführungsverfahren. FPR 2001, 211–215.

Carl, E.: Aufgaben des Verfahrenspflegers in Fällen von internationaler Kindesentführung und anderen grenzüberschreitenden Kindschaftskonflikten. FPR 2006, 39–42.

Carl, E./Eschweiler, P.: Kindesanhörung – Chancen und Risiken. NJW 2005, 1681–1686.

Carl, E./Ivanits, N.: Beteiligung von Kindern in der Mediation, ZKM 2020, 124 (Teil 1) und ZKM 2020, 181 (Teil 2).

Carl, E./Menne, M.: Verbindungsrichter und direkte richterliche Kommunikation im Familienrecht. NJW 2009, 3537–3542.

Carl, E./Schweppe, K.: Der Streit um die Aufgaben des Verfahrenspflegers nach § 50 FGG. FPR 2002, 251–256.

Cashmore, J./Parkinson, P.: Children's participation in family law disputes. Family Matters 2019, Nr. 82, 15—21. Onlinequelle: https://aifs.gov.au/sites/default/files/jc.pdf (Zugriff: 25.10.2024).

Ceci, S. J./Ross, D. F./Toglia, M. P.: Suggestibility of children's memory: Psycholegal implications. Journal of Experimental Psychology: General 116. 1987, 38–49.

Choi J./Jeong B./Rohan M. L./Polcari, A. M./Teicher, M.H.: Preliminary evidence for white matter tract abnormalities in young adults exposed to parental verbal abuse. Biol Psychiatry. 2009; 65:227–234.

Cicchetti D. & Rizley R.: Developmental Perspectives on the Etiology, Intergenerational Transmission, and Sequelae of Child Maltreatment. New Directions for Child Development, 1981, 11, 31–55.

Clausius, M.: Auskunftsrecht des biologischen Vaters über das Kind, NZFam 2017, 893–898.

Coester, M.: Die Bedeutung des Kinder- und Jugendhilfegesetzes (KJHG) für das Familienrecht, FamRZ 1991, 253–263.

Coester, M.: Inhalt und Funktion der Kindeswohlgefährdung – Erfordernis einer Neudefinition?, JAmt 2008, 1–9.

Coester, M.: Sorgerecht nicht miteinander verheirateter Eltern. FamRZ 2012, 1337–1344.

Coester-Waltjen, D.: Elternumzug (Relocation) und Kindeswohl. ZKJ 2013, 4–5.

Dahm, Sabine: Ergebnisse der Befragung von Verfahrensbeiständen zu den Qualifikationsbedarfen, ZKJ 2016, 212–219.

Deberding, E./Klosinski, G.: Analyse von Familienrechtsgutachten mit gleichzeitigem Vorwurf des sexuellen Missbrauchs. Kindheit und Entwicklung (Heft 4) 1995, 212–217.

Deinert, H.: Aufwendungsersatz und Vergütung für den Berufsbetreuer – Eine Zwischenbilanz nach 18 Monaten neuen Betreuungsrechts unter Einbeziehung der aktuellen Rechtsprechung und Literaturmeinung. JurBüro 1993, 513–518.

Deinert, H.: Zur Änderung des Betreuungs- und Vormundschaftsrechtes. ZfJ 1998, 232–237 und 420 (Nachtrag).

Deinert, H./Schreibauer, M.: Haftungsübernahme im Betreuungsverhältnis. BtPrax 1993, 185–192.

Dern, S./Köckeritz, C.: Hin und her und her und hin? Wann stellt sich der Gesetzgeber endlich den Reformbedarfen im Pflegekinderwesen? Recht der Jugend und des Bildungswesens, Heft 2/2018, 149–159.

Dettenborn, H.: Psychische Kindesmisshandlung – erkennen und bewerten. FPR 2012, 447–452.

Deutscher Familiengerichtstag: Reformbedarf im Pflegekinderwesen. Erarbeitet von der Kinderrechtekommission des Deutschen Familiengerichtstages e. V., Brühl. In: FamRZ 2014, 891–902.

Deutsches Institut für Vormundschaftswesen e.V.: DIV-Gutachten: Verfahrenspfleger – Bestellung eines Verfahrenspflegers für das Kind gemäß § 50 FGG: Zur Frage der Eignung des Jugendamtes als Verfahrenspfleger. DAVorm 1999, 39–43.

Dickmeis, F.: Keine Schweigepflicht der Ärzteschaft bei Gewalttaten an Frauen und Kindern. ZfJ 1995, 474–480.

Diederichsen, U.: Elterliche Erziehung und Schulbildung. FPR 2012, 202–208.

Diouani-Streek, M.: Perspektivplanung von Pflegeverhältnissen: Onlinestudie in deutschen Jugendämtern, ZfSp – Zeitschrift für Sozialpädagogik, 2011, S. 115–142.

Diouani-Streek, M./Salgo, L.: Probleme sozialer Elternschaft für Pflegeeltern und Vorschläge zu ihrer rechtlichen Anerkennung. In: Recht der Jugend und des Bildungswesens, Heft 2/2016, S. 176–193.

Dittmann, A.: Praxis und Kooperation der an familiengerichtlichen Verfahren beteiligten Professionen, ZKJ 2014, 180–185.

Dostmann, K./Bauch, C.: Hinwirken auf eine Einigung aus anwaltlicher Sicht – Zwang oder Segen? NZFam 2015, 820–825.

Döll, Y.: Schutz vor Sexting – Aber wie?, FamRZ 2017, 1728–1730.

Dürbeck, W.: Das Gesetz zur Reform der elterlichen Sorge nicht miteinander verheirateter Eltern aus Sicht der Praxis. ZKJ 2013, 330–336.

Dürbeck, W.: Aktuelle Rechtsfragen im Zusammenhang mit der Einreise unbegleiteter minderjähriger Flüchtlinge, ZKJ 2014, 266–272.

Dürbeck, W.: Die Verweigerung begleiteten Umgangs durch das Jugendamt, ZKJ 2015, 457–460.

Dürbeck, W.: Der Auskunftsanspruch nach § 1686 BGB, ZKJ 2017, 457–461.

Dürbeck, W.: Unbegleitete minderjährige Flüchtlinge im Familienrecht, FamRZ 2018, 553–564.

Dürbeck, W.: Die Vergütung des Umgangspflegers für die Begleitung des Umgangs durch die Landesjustizkasse – Umgangsbegleitung auf Kosten der Eltern?, ZKJ 2019, 141–143.

Ehlert, M./Lorke, B.: Zur Psychodynamik der traumatischen Reaktion. Psyche (Heft 6) 1988, S. 502–532.

Elpers, M./Lenz, K./Eichholz, S./Fegert, J. M.: Sexueller Missbrauch und Kindesmisshandlungen als Ursache für Behandlungsabbrüche. Eine statistische Risikoanalyse unter besonderer Berücksichtigung psychosozialer Belastungsfaktoren (Liefe Events). Kindheit und Entwicklung (Heft 4) 1995, 227–230.

Engelhardt, H.: Offene Fragen zum Verfahrenspfleger für das Kind (§ 50 FGG). FamRZ 2001, 525–529.

Ernst, R.: Familiengerichtliche Maßnahmen bei Kindeswohlgefährdungen. FPR 2011, 195–199.

Ernst, R.: Der Umgangsvergleich. NZFam 2015, 804–807.

Ernst, R.: Der Maßnahmenkatalog des § 1666 BGB. FPR 2008, 602–605.

Eschelbach, D./Rölke, U.: Internationale Relocation – Umzug eines Elternteils mit dem Kind ins Ausland. JAmt 2012, S. 290–300.

Eschelbach, D./Röle, U.: Vollzeitpflege im Ausland – Aufgaben der deutschen Jugendämter. JAmt 2014, 494.

Faber, E.: Sorge- und Umgangsrecht bei Umzug oder geplanter Auswanderung des betreuenden Elternteils. FuR 2012, 464–468.

Faller, K.-C.: The Parental Alienation Syndrome: What is it and what data support it? Child-Maltreatment: Journal of the American Professional Society on the Abuse of Children 3 (4). 1998, 312–313.

Fegert, J. M.: Interventionsmöglichkeiten bei sexuellem Missbrauch an Kindern. Sexuologie (Heft 2) 1997, S. 108–123.

Fegert, J. M./Haasemann, J.: Emotionale Entwicklung von Kindern. Gesundheitswesen 59, 1997, 1–9.

Fegert, J. M.: Beratung heißt das Zauberwort. Die Kindschaftsrechtsreform aus kinder- und jugendpsychiatrischer und psychotherapeutischer Sicht. Jugendhilfe 1998, 145–152.

Fegert, J. M.: Welches Wissen erleichtert dem Verfahrenspfleger die Kommunikation mit Kindern? FPR 1999, 321–327.

Fegert, J. M.: Parental Alienation oder Parental Accusation Syndrome? Die Frage der Suggestibilität, Beeinflussung und Induktion in Umgangsrechtsgutachten. Kind-Prax 2001, 6–7 (Teil 1) und 39–42 (Teil 2).

Fegert, J. M.: Endgültiges Aus für das Parental Alienation Syndrome (PAS) im amerikanischen Klassifikationssystem DSM. ZKJ 2013, 190–191.

Fegert, J. M.: PAS: „Was fehlt, sind lediglich quantifizierende Studien", ZKM 2013, 401.

Fegert, J. M.: Hilfen zur Teilhabe bei drohender seelischer Behinderung von Kindern und Jugendlichen – Anregungen für eine neue Gestaltung des heilberuflichen Beitrags zur Planung der Hilfen zur Teilhabe nach § 35a SGB VIII bzw. den §§ 90 ff. SGB IX, Zeitschrift für Kinder- und Jugendpsychiatrie und Psychotherapie 2022, vol. 50, no. 3, pp. 1–7.

Fegert, J. M./Andresen, S./Salgo, L./Walper, S.: Hilfeangebote und strafrechtliche Fallbearbeitung bei sexueller Gewalt gegen Kinder – Vom Kind her denken und organisieren, ZKJ 2016, 324–334.

Fellenberg, B.: Entwurf eines Gesetzes zur Erleichterung familiengerichtlicher Maßnahmen bei Gefährdung des Kindeswohls, FPR 2008, 125–129.

Fieseler, G.: Staatliches Wächteramt und Garantenstellung von Mitarbeitern der Jugendhilfe. Bemerkungen zum Kindeswohl, Sozialextra (Heft 7–8) 2000, S. 14–23.

Finger, P.: Kindesentführung durch die Mutter – die praktische Regel. FamRBint 2009, 34–39.

Freitag, F./Jokisch, B.: Die Neuregelung zur Verfahrensbeistandschaft aufgrund des Gesetzes zur Bekämpfung sexueller Gewalt gegen Kinder – eine erste Bestandsaufnahme, FuR 2022, 556–564.

Fricke, A.: Sozialarbeiter als Verfahrenspfleger gem. § 50 FGG? ZfJ 1999, 51–58.

Fthenakis, W. E.: Stellenwert der Bindungen des Kindes. FamRZ 1985, 662–672.

Füchsle-Voigt, T./Gorges, M.: Einige Daten zum Cochemer Modell. ZKJ 2008, 246–248.

Füchsle-Voigt, T.: Verordnete Kooperation im Familienkonflikt als Prozess der Einstellungsänderung: Theoretische Überlegungen und praktische Umsetzung. FPR 2004, 600–602.

Gardner, R. A.: The Parental Alienation Syndrome: What is it and what data support it?: Comment. Child-Maltreatment: Journal of the American Professional Society on the Abuse of Children 3 (4). 1998, S. 309–312.

Gass K/Jenkins J./Dunn J.: Are sibling relationships protective? A longitudinal study. Journal of Child Psychology and Psychiatry 2007, 48: 167–75.

Geiger, G./Kirsch, S.: Gestaltung der Sorgerechtsausübung durch Vollmacht. FamRZ 2009, 1879–1884.

Gerstein, H.: Kinderrechte im Spannungsfeld zwischen elterlicher Sorge und staatlichem Schutz, Kind-Prax 1998, 106–110.

Gerth, U.: Das Leben ist komplizierter. Kind-Prax 1998, 171–172.

Giers, M.: Das Umgangsrecht nach § 1685 BGB. FamRB 2011, 229–231.

Giers, M.: Die Rechtsprechung zum Wechselmodell. FamRB 2012, 383–385.

Gläss, H.: Verfahrenspflegschaften – Erfahrungen, Beobachtungen, Schlussfolgerungen, JAmt 2001, 163 ff.

Gloger-Tippelt, G./Ziegenhain, U./Künster, A.K./Izat, Y.: Entwicklungspsychologische Beziehungstherapie (EPT) 4–10. Ein bindungsorientiertes psychotherapeutisches Modul zur Förderung der Beziehung zwischen Eltern und ihren Kindern im Vor- und Grundschulalter. Psychotherapeutisches Forum 2014, 19 (2), 50–59.

Gollwitzer, K./Rüth, U.: § 1631b BGB – Die geschlossene Unterbringung Minderjähriger aus kinder- und jugendpsychiatrischer Sicht. FamRZ 1996, 1388–1391.

Gottschalk, Y.: Boykottierter Umgang – Zwangsweise Durchsetzung von Umgangsregelungen und Grenzen staatlicher Interventionsmöglichkeiten. FPR 2007, 308–312.

Gottschalk, Y./Heilmann, S.: Zu den Voraussetzungen eines Ausschlusses des Umgangs der leiblichen Eltern mit ihrem in einer Pflegefamilie lebenden Kind. ZKJ 2013, 113–114.

Gottschalk, Y./Heilmann, S.: Anordnung eines paritätischen Wechselmodells gegen den Willen eines Elternteils? ZKJ 2017, S. 181–183.

Götz, I. Digital Natives im Familienrecht, FamRZ 2017, 1725–1728.

Gregersen, A./Lindemann, V.: Anm. zu LG Stralsund, RPfleger 1997, 526–527.

Groß, G.: Die Stellung der Pflegeeltern im Grundgesetz und Zivilrecht. FPR 2004, 411–415.

Grüttner (geb. Gummersbach), H. (2006). Der Anwalt des Kindes in § 50 FGG – Grundkonzeption einer subjektiv-advokatorischen Interessenvertretung. ZKJ 2006, 61–72.

Gulde, M./Henn. K./Fegert, J. M./Ziegenhain, U.: Was brauchen junge Menschen in Pflegefamilien. Jugendhilfe 2021, 59, 3.

Gummersbach, H.: Die Subjektstellung des Kindes – Die verfahrensrechtliche Neuerung des Anwalts des Kindes in § 50 FGG. Bielefeld 2005.

Hammen, C.: Children of affectively ill parents. In: Steinhausen, H.-C./Verhulst, F. C., S. 38–53.

Hammer, S.: Die rechtliche Verbindlichkeit von Elternvereinbarungen. FamRZ 2005, 1209–1215.

Hammer, S.: Das neue Verfahren betreffend das Umgangs- und Auskunftsrecht des leiblichen, nicht rechtlichen Vaters. FamRB 2013, 298–302.

Hammer, S.: Anmerkung zur Entscheidung des OLG Brandenburg, Beschluss vom 06.07.2020, 13 UF 26/20 – Zum Verhältnis von Sorge- und Umgangsentscheidung bei der gerichtlichen Aufhebung eines zuvor einverstänlich praktizierten Wechselmodells. FamRZ 2021, 34–39.

Hammer, S., Die gerichtliche Anordnung des Wechselmodells, FamRZ 2015, 1433–1444.

Hannemann, A./Stötzel, M.: Ergebnisse eines Forschungsprojektes zur Verfahrenspflegschaft an der Technischen Universität Berlin. ZKJ 2009, 58–67.

Heilmann, S.: Die Dauer kindschaftsrechtlicher Verfahren. ZfJ 1998, 317–324.

Heilmann, S.: Die Verfahrenspflegschaft in den Fällen des § 1666 BGB. Kind-Prax 2000, 79–83.

Heilmann, S.: Welche verfahrensrechtlichen Folgen hat der (unterbliebene) Antrag auf Beteiligung in Kindschaftssachen? FamRZ 2010, 1391–1394.

Heilmann, S.: Die Gesetzeslage zum Sorge- und Umgangsrecht. NJW 2012, 16–22.

Heilmann, S.: Der Bundesgerichtshof und der Umgangsboykott. ZKJ 2012, 105–106.

Heilmann, S.: Besonderheiten des familiengerichtlichen Verfahrens zur Regelung des Sorge- und Umgangsrechts. NJW 2012, 887–890.

Heilmann, S.: Die Reform des Sorgerechts nicht miteinander verheirateter Eltern – Das Ende eines Irrwegs? NJW 2013, 1473–1478.

Heilmann, S.: Der Umgang des Pflegekindes mit seinen leiblichen Eltern – Ein Beitrag aus Sicht des Familiengerichts. ZKJ 2014, 45–49.

Heilmann, S.: Schützt das Grundgesetz die Kinder nicht? Eine Betrachtung der bisherigen Kammerrechtsprechung des BVerfG im Jahr 2014, NJW 2014, 2904–2909.

Heilmann, S.: Kindeswohl und Wechselmodell, NJW 2015, 3346–3348.

Heilmann, S.: Der Verfahrensbeistand als Grundrechtsgarant für das Kind, ZKJ 2017, 219–220.

Heilmann, S.: Die Richterschaft in der Familiengerichtsbarkeit – Plädoyer für eine Qualitätsoffensive. FamRZ 2018, 666–669.

Heilmann, S.: Editorial NJW Heft 16/2018.

Heilmann, S.: Die Aufarbeitung des Missbrauchsfalles von Staufen, FamRZ 2018, 1797–1803.

Heilmann, S., Der Schutz des Kindes vor sexueller Gewalt, NJW 2019, 1417.

Heilmann, S./Salgo, L.: Sind Pflegekinder nicht (mehr) schutzbedürftig? Zugleich Anmerkung zum Beschluss des BGH v. 22.1.2014 – XII ZB 68/11. FamRZ 2014, 543 ff., FamRZ 2014, 705–711.

Heilmann, S.: Die „mögliche" Gefährdung des Kindes bei Verbleib in seiner Pflegefamilie, NJW 2023, 3267.

Heinz, Thomas K.: Das neue Datenschutzrecht und seine Auswirkungen auf Sachverständige und Verfahrensbeistände, RPsych 2019, 6–25.

Heiter, N.: Verfahrensfähigkeit des Kindes in personenbezogenen Verfahren nach dem FamFG. FamRZ 2009, 85–89.

Helms, T.: Fortsetzung der Vormundschaft bei Flüchtlingen trotz Vollendung des 18. Lebensjahres, ZKJ 2018, 219–220.

Helms, T.: Die Einführung der sog. vertraulichen Geburt, FamRZ 2014, 609–614.

Herbert, S. E./Panarites, H.: Children of Homosexual Parents. In: Nosphitz, J.D., S. 147–162.

Herpertz-Dahlmann, B./Hagenah, U.: Essstörungen in Kindheit und Adoleszenz. Monatsschr. Kinderheilkd. 163, 688–695 (2015).

Hessischer Landkreistag/Hessischer Städtetag: Hessisches Kindergesundheitsschutzgesetz: Evaluation durch die Jugendämter, JAmt 2010, 115–117.

Hoffmann, B.: Freiheitsentziehende Unterbringung von Kindern und Jugendlichen – Rechtslage nach Neufassung des § 1631b BGB und Inkrafttreten des FamFG. Recht & Psychiatrie 2009, 121–129.

Hoffmann, B.: Dauerpflege im SGB VIII und Verbleibensanordnung nach § 1632 Abs. 4 BGB Friktionen zwischen Familienrecht und Kinder- und Jugendhilferecht. FPR 2011, 578–583.

Hoffmann, B.: Sorgerechtsvollmacht als Alternative zur Vormund-/Pflegschaft des Jugendamtes. FamRZ 2011, 1544–1550.

Hoffmann, B.: Das Gesetz zur Stärkung der Rechte des leiblichen, nicht rechtlichen Vaters. FamRZ 2013, 1077–1082.

Hoffmann, B.: Freiheitsentziehende Unterbringung in Einrichtungen der Kinder- und Jugendhilfe – in gemeinsamer Verantwortung von gesetzlichem Vertreter, Jugendamt und Familiengericht. FamRZ 2013, 1346–1352.

Hoffmann, B.: Sorgerechtsvollmacht als Alternative zu Eingriffen in die elterliche Sorge in der Rechtsprechung der Oberlandesgerichte, JAmt 2015, 6–10.

Hoffmann, B.: Elterliche Sorge bei Unterbringung eines Kinds außerhalb der Herkunftsfamilie, insbesondere bei Unterbringung in einer Pflegefamilie, NZFam 2019, 1–6.

Hoffmann, P./Salgo, L.: Sind Pflegekinder "Kinder 2. Klasse"?, ZKJ 2023, 436.

Hohmann-Dennhardt, Ch.: Grundgedanken zu einer eigenständigen Vertretung von Kindern und Jugendlichen im familiengerichtlichen Verfahren. ZfJ 2001, 77–83.

Hohmann-Dennhardt, C.: Eltern-Recht(s)-Ansichten. FF 2011, 181–192.

Hölbling, P.: Starker Staat bei schwachen Eltern?, ZKJ 2010, 388–391.

Horndasch, K.-P.: Das Recht des Kindes auf Umgang. FPR 2012, 208–212.

Ihle, W./Esser, G.: Epidemiologie psychischer Störungen im Kindes- und Jugendalter: Prävalenz, Verlauf, Komorbidität und Geschlechtsunterschiede. Psychol. Rundschau 53, 159–169 (2002).

Ivanits, N.: Wie sollten Kinder im Rahmen der Mediation beteiligt werden? ZKJ 2018, 133–136.

Jacoby, F.: Der Regierungsentwurf für ein FamFG, FamRZ 2007, 1703–1710.

Jacobi F./Höfler M./Strehle J./Mack S./Gerschler A./Scholl L./Busch M. A./Maske U./Hapke U./ Gaebel W./Maier W./Wagner M./Zielasek J./Wittchen H.-U.: Psychische Störungen in der Allgemeinbevölkerung. Studie zur Gesundheit Erwachsener in Deutschland und ihr Zusatzmodul „Psychische Gesundheit" (DEGS1-MH). Nervenarzt 85:77–87 (2014).

Jochum, G.: Die Vergütung des § 1836 Abs. 2 BGB beinhaltet zusätzlichen Ersatz der Mehrwertsteuer für den Berufsbetreuer, BtPrax 1993, 54–56.

Johns, I.: Gewaltfreie Erziehung – geht das überhaupt? Frühe Kindheit (Heft 4) 1999, 20–25.

Johnston, J. R./Sullivan, M. J.: Parental Alienation: in search of common ground for a more differentiated theory. Family Court Review, 58(2), 270–292 (2020). https://doi.org/10.1111/fcre.12472 (Abruf: 18.11.2024)

Jokisch, B.: Das Wechselmodell – Grundlagen und Probleme. FuR 2013, 679–684 und 2014, 25–31.

Jopt, U./Behrend, K.: Das Parental Alienation Syndrom (PAS) – Ein Zwei-Phasen-Modell. ZfJ 2000, 223–231 und 258–271.

Jud, A./Voll, P.: The definitions are legion: Academic views and practice perspectives on violence against children. Sociological Studies of Children and Youth, 24, 47–66 (2019).

Kaltenborn, K.-F.: Die lebensgeschichtliche Bedeutung der richterlichen Sorgerechtsregelung. ZfJ 1996, 255–266.

Kaltenborn, K.-F.: Children's and Young People's Experiences in Various Residential Affangements: A Longitudinal Study to Evaluate Criteria for Custody and Residence Decision Making, British Journal of Social Work 2001, S. 81–117.

Karle, M./Gathmann, S./Klosinski, G.: Zur Praxis der Kindesanhörung in Deutschland. Ein Abschlussbericht. ZKJ 2010, 432–434.

Kennedy, M., et al.: Early severe institutional deprivation is associated with a persistent variant of adult attention-deficit/hyperactivity disorder: clinical presentation, developmental continuities and life circumstances in the English and Romanian Adoptees study. J Child Psychol Psychiatry, 2016. 57(10): p. 1113–25.

Kepert, J./Fegert, J. M.: Inklusive Ausgestaltung des Leistungsrechts und kindzentrierte Neuausrichtung der Kinder- und Jugendhilfe. ZKJ (02) 2023.

Keuter, W.: Vertretung Minderjähriger in Kindschaftssachen des FamFG. NJW 2010, 1851–1854.

Keuter, W.: „Zahlen bitte!" – Haftet der Verfahrensbeistand für Dolmetscherkosten? FamRZ 2014, 1971–1974.

Keuter, W.: Wechsel eines Pflegekindes in eine andere Pflegefamilie, NZFam 2023, 1024, 1026.

Kiehl, W. H./Salgo, L.: Zum Bericht der Bundesrepublik Deutschland vom August 1994 an die Vereinten Nationen gemäß Artikel 44 des Übereinkommens über die Rechte des Kindes, RdJB 1995, 196–203.

Kiesewetter, S./Schröder, S.: Das Ringen um die Vergütung der Verfahrenspfleger – eine Übersicht über Gesetzgebung und Rechtsprechung. FPR 2006, 20–29.

Kindler, H.: Umgang und Kindeswohl. ZKJ 2009, 110–114.

Kindler, H.: Kinderschutz im BGB. FPR 2012, 422–427.

Kindler, H.: Trennungen zwischen Kindern und Bindungspersonen. FPR 2013, 194–200.

Kindler, H./Lukasczyk P./Reich W.: Validierung und Evaluation eines Diagnoseinstrumentes zur Gefährdungseinschätzung bei Verdacht auf Kindeswohlgefährdung (Kinderschutzbogen). ZKJ 2008, 500–505.

Kindler, H./Walper, S.: Das Wechselmodell im Kontext elterlicher Konflikte, NZFam 2016, 820–824.

Kleine, R.: Verfahrenspfleger für Minderjährige in familien- und vormundschaftsgerichtlichen Verfahren. FPR 1996, 236–239.

Klenner, W.: Rituale der Umgangsvereitelung bei getrenntlebenden oder geschiedenen Eltern – Eine psychologische Studie zur elterlichen Verantwortung. FamRZ 1995, 1529–1535.

Klinck, F.: Das neue Verfahren zur Anerkennung ausländischer Entscheidungen nach § 108 II S. 1 FamFG. FamRZ 2009, 741–749.

Klinkhammer, F., Beschneidung männlicher Kleinkinder und gesetzliche Vertretung durch die Eltern, FamRZ 2012, 1913–1915.

Kloster-Harz, D.: Gesetz zur Stärkung der Rechte des leiblichen, nicht rechtlichen Vaters auf Umgang und Auskunft. FamFR 2013, 337–340.

Knödler, C.: Ausgewählte Probleme aus dem FamFG für die Praxis der Sozialen Arbeit in Kindschaftssachen, ZKJ 2010, 135–142.

Köckeritz, C./Diouani-Streek, M., Alte Loyalität oder neue Bindung?, ZKJ 2019, 94–103.

Kodjoe, U./Koeppel, P.: Früherkennung von PAS – Möglichkeiten psychologischer und rechtlicher Interventionen. Kind-Prax 1998, 138–144.

Kodjoe, U./Koeppel, P.: The Parental Alienation Syndrome (PAS). DAVorm 1998, 10–27.

Köhler, I., Jugendliche ab 14 Jahren in Kindschaftssachen, ZKJ 2018, 50–55.

Köhler, I., Zurückweisung eines „Antrags" im Amtsverfahren?, ZKJ 2018, 9–11.

Köhler, I., Inobhutnahme und nachfolgende familiengerichtliche Entscheidung, ZKJ 2019, 12–16.

Kölch, M./Fegert, J. M.: Die umgangsrechtliche Praxis aus Sicht der Kinder- und Jugendpsychiatrie. FamRZ 2008, 1573–1582.

Kölch, M./Schielke, A./Becker, T./Fegert, J. M./Schmid, M.: Kinder psychisch kranker Eltern: psychische Belastung der Minderjährigen in der Beurteilung ihrer Eltern – Ergebnisse einer Befragung stationär behandelter Patienten mit dem SDQ. Nervenheilkunde 6, 2008, 27, 527–532.

Kölch, M./Schmid, M.: Elterliche Belastung und Einstellungen zur Jugendhilfe bei psychisch kranken Eltern: Auswirkungen auf die Inanspruchnahme von Hilfen. Praxis der Kinderpsychologie und Kinderpsychiatrie 2008, 57(10), 774–788c.

Kölner Fachkreis Familie: Das Cochemer Modell – die Lösung aller streitigen Trennungs- und Scheidungsfälle? Forum Familienrecht 2006, 215.

Köhler, I.: Jugendliche ab 14 Jahren in Kindschaftssachen. ZKJ 2018, 50–55.

Köhler, I.: Inobhutnahme und nachfolgende familiengerichtliche Entscheidung, ZKJ 2019, 12–16.

König C./Fegert J. M.: Zur Praxis der Glaubhaftigkeitsbegutachtung unter Einfluss des BGH-Urteils. Interdisziplinäre Fachzeitschrift für Prävention und Intervention – DGfPI (2009) 12(2), 16–41.

Koritz, N.: Kinderrechte im Konflikt ihrer Eltern. Die Gefahr in Streitzeiten die Rechte der Kinder zu missachten. FPR 2012, 212–215.

Kostka, K.: Die Begleitforschung zur Kindschaftsrechtsreform – eine kritische Betrachtung. FamRZ 2004, 1924–1935.

Kostka, K.: Einfache Lösungen für komplexe Situationen? „PAS" und gemeinsames elterliches Sorgerecht – ein Bericht aus Deutschland. FamPra.ch 2005, 802–821.

Kostka, K.: Vermittlungsverfahren und Kindeswohl. FamPra.ch 2009, 634–657.

Kostka, K.: Neue Erkenntnisse zum Wechselmodell? ZKJ 2014, 54–61.

Kostka, K.: Das Wechselmodell als Leitmodell? Umgang und Kindeswohl im Spiegel aktueller internationaler Forschung, Streit 4/2014, 147 ff.

Krabbe, H.: Interventionsmöglichkeiten und Grenzen bei hoch eskalierten Familienkonflikte. ZKJ 2016, 48–51.

Krabbe, H.: Einvernehmen *herstellen* – Eine gute Idee mit offenen Fragen in der Praxis. ZKJ 2016, 392–395.

Krabbe, H./Thomsen, C. S.: Familienmediation mit Kindern und Jugendlichen. 4. Aufl. Köln 2017.

Kreppner, J.M., et al.: Normality and impairment following profound early institutional deprivation: a longitudinal follow-up into early adolescence. Dev Psychol, 2007. 43(4): p. 931–46.

Krille, T.: Die Verfahrenspflegschaft in der Praxis des Familiengerichts. Kind-Prax 2003, 12–17.

Kuleisa-Binge, U.: Verfahrensbeistandschaft, Ergänzungspflegschaft und Umgangspflegschaft. FPR 2012, 363–366.

Kunkel, P.-C.: Datenschutz und Schweigepflicht in der Verfahrenspflegschaft, FPR 2000, 111–114.

Kunkel, P.-C.: Möglichkeiten und Grenzen der professionellen Kommunikation in der Familiengerichtsbarkeit mit Blick auf Verschwiegenheitspflicht und Datenschutz, FPR 2013, 487–491.

Kunkel, P.-C.: Datenschutz im Jugendamt, ZKJ 2018, 355–361.

Lack, K.: Die Beteiligtenstellung des Jugendamtes in Kindschaftssachen. ZKJ 2010, 189–194.

Lack, K.: Interessenvertretung in Kindschaftssachen durch Verfahrensbeistand. FamFR 2011, 527.

Lack, K.: Ausschluss des Umgangsrechts leiblicher Eltern mit ihrem in einer Pflegefamilie untergebrachten Kind – Besprechung von BVerfG, Beschluss vom 29.11.2012 – 1 BvR 335/12, BeckRS 2013, 46036. FamFR 2013, 73–75.

Lack, K.: Rechtliche Überlegungen zur religiös motivierten Beschneidung von Jungen im Kindesalter. ZKJ 2013, 336–343.

Lack, K.: Grenzen der elterlichen Entscheidungsbefugnis – Wer bestimmt über die Preisgabe persönlicher Daten des Kindes im Internet?, FamRZ 2017, 1730–1732.

Lack, K./Salgo, L.: Entwicklung der Verfahrensbeistandschaft seit Inkrafttreten des FamFG. Empirische Grundlagen, Rechte und Pflichten des Verfahrensbeistands, FPR 2012, 353–358.

Lack, K.: Sorgerechtsvollmachten – Voraussetzungen, Rechtsfolgen und Anwendungsbereiche, NJW 2024, 805.

Lang, C.: Das Gesetz zur Stärkung der Rechte des leiblichen, nicht rechtlichen Vaters. FPR 2013, 233–236.

Lange, S./Lehmkuhl, U.: Kann eine Geschwisterbeziehung bei der Bewältigung kritischer Lebensereignisse protektiv wirken? Praxis der Kinderpsychologie und Kinderpsychiatrie 2012, 61 (7), 524–538.

Leeb, C.-M./Weber, M.: Das Sorgerecht nicht miteinander verheirateter Eltern unter besonderer Berücksichtigung des Verfahrensbeistands. ZKJ 2012, 344–347 (Teil 1) und 388–390 (Teil 2).

Lempp, R. u.a.: Die Anhörung des Kindes gemäß § 50b FGG. Köln 1987.

Lesting, W.: Vollzug ohne Vollzugsrecht – Zur fehlenden gesetzlichen Grundlage des Vollzugs der zivilrechtlichen Unterbringung. R & P 2010, 137–142.

Lettmaier, S./Dürbeck, W., Die Behandlung elterlicher Umgangskosten im Unterhalts-, Sozial- und Steuerrecht, FamRZ 2019, 81–89.

Lewe, Jörg: Die Pflicht des Jugendamts und des Gerichts zur Zusammenarbeit bei Kindeswohlgefährdung, FPR 2012, 440–443.

Liceni-Kierstein, D.: Der Umgang mit den Umgangskosten. FamRB 2012, 347–350.

Lipinski-Wollenberg, B./Raack, W.: Der Anwalt des Kindes. Über die Entstehung, die Etablierung und Effektivität einer neuen „Rechtsfigur". Kind-Prax 6 (Spezial) 2003, 3–6.

Lohse, K.: Das Gesetz zur Reform der elterlichen Sorge nicht miteinander verheirateter Eltern. JAmt 2013, 298–303.

Loser H.: Alkohol in der Schwangerschaft – Konflikte bei Frauen und praventive Probleme. Alcohol in pregnancy – Maternal conflicts and preventive problems. Sucht 1999; 45(5): 331–338.

Lossen, H./Vergho, C.: Zwischenbericht zum Modellprojekt „Familienberatung bei Trennung und Scheidung im Familiengericht Regensburg. FamRZ 1995, 781–783.

Luthin, H.: Aus der Praxis zum Sorgerechtsgesetz. FamRZ 1981, 111–116.

Lux, U./Christ, S. L./Walper, S.: Coparenting problems and parenting behavior as mediating links between interparental conflict and toddlers' adjustment difficulties in Germany. Zeitschrift für Kinder- und Jugendpsychiatrie und Psychotherapie 2021, 50(5), 346–356. https://doi.org/10.1024/1422-4917/a000835 (Abruf: 18.11.2024)

Maas, U.: Hilfe zur Erziehung zwischen unbestimmtem Rechtsbegriff und Ermessen. RsDE (39) 1998, 1–16.

Malbin, Diane V.: Fetal Alcohol Spectrum Disorder (FASD) and the Role of Family Court Judges in Improving Outcomes for Children and Families. In: Juvenile and Family Court Journal. Band 55, Nr. 2, April 2004, S. 53–63, doi:10.1111/j.1755-6988.2004.tb00161.x.

Marquardt, C.: Anmerkung zu OLG Naumburg, MDR 2000, 1322. MDR 2000, 1323–1324.

Matschke, J./Herrmann, B./Sperhake, J./Körber, F./Bajanowski, T./Glatzel, M.: Das Schüttel-Traumasyndrom. Deutsches Ärzteblatt, Jg. 106, 2009, Heft 13, S. 211–217.

Matzke, M./Fritsch, K.: Kindeswohlgefährdung bei Kinder- und Jugenddelinquenz. FPR 2012, 459–462.

Mayer, S.: Die rechtliche Stellung sowie Aufgaben des Verfahrensbeistands, jM 2017, 140–146.

Mayer, S.: Die Bestellung eines Verfahrensbeistands, jM 2016, 272–275.

Maywald, J.: Entfremdung durch Kontaktabbruch – Kontakt verweigernde Kinder oder Eltern nach einer Trennung. FPR 2013, 200–203.

Maywald, J.: Die Beteiligung des Kindes an der Einigung der Eltern. FPR 2010, 460–463.

McIntosh, J./Wells, Y/Smyth, B./Long C.: Child-focused and Child-inclusive divorce mediation: comparative outcomes from a prospective study of postseparation adjustment. Family Court Review 2008, 105–124.

McIntosh, J./Smyth, B./Kelaher, M./Wells, Y./Long, C.: Post-separation parenting arrangements: Patterns and developmental outcomes. Studies of two risk groups. Australian Institute of Family Studies, Family Matters 2011 No. 86, 40–48.

Menne, M.: Der Anwalt des Kindes – Entwicklungstendenzen und Perspektiven im Recht der Verfahrenspflegschaft. FamRZ 2005, 1035–1040.

Menne, M.: Die Tätigkeit des Verfahrenspflegers im Spiegel der Rechtsprechung. JAmt 2005, 274–279.

Menne, M.: Neues FamFG: Zur pauschalisierten Entschädigung des Verfahrensbeistands im kommenden Recht. ZKJ 2008, S. 461–464.

Menne, M.: Der Verfahrensbeistand im neuen FamFG. ZKJ 2009, 68–74.

Menne, M.: Anmerkung zum Urteil des BVerfG vom 9.11.2009, 1 BvR 2146/09. ZKJ 2010, 71.

Menne, M.: Das Holen und Bringen des Kindes im Rahmen der Regelung des Umgangs. ZKJ 2006, 135–137.

Menne, M.: Zum Umgangsrecht von Strafgefangenen und Untersuchungshäftlingen. ZKJ 2006, 250–251.

Menne, M.: Gehören Dolmetscherkosten zu den durch die Fallpauschale des Verfahrensbeistands abgegoltenen Aufwendungen? FuR 2014, 572–575.

Menne, M.: Anerkennung/Vollstreckung nach Brüssel IIa-VO: Fehlende Verfahrensbeistandsbestellung und Anhörung des Kindes im ausländischen Ausgangsverfahren. FamRB 2015, 250.

Menne, M.: Aktuelle Praxisfragen grenzüberschreitender Kindschaftssachen – Grenzüberschreitende Umgangsregelungen. FamRB 2015, 359–361.

Menne, M.: Aktuelle Praxisfragen grenzüberschreitender Kindschaftssachen – Kindesanhörung und Anerkennung ausländischer sorgerechtlicher Entscheidungen. FamRB 2015, 398–401.

Menne, M.: Dialogue of Judges – Verbindungsrichter und internationale Richternetzwerke. JZ 2017, 33--341.

Menne, M.: Neues Recht für die Verfahrensbeistandschaft – Zur Reform des § 158 FamFG durch den Regierungsentwurf eines Gesetzes zur Bekämpfung sexualisierter Gewalt gegen Kinder, NZFam 2020, 1033.

Meysen, T.: Verfahrenspfleger zwischen Mediator und Anwalt des Kindes. JAmt 2001, 381.

Meysen, T.: Familiengerichtliche Maßnahmen bei Gefährdung des Kindeswohls – Geändertes Recht ab Sommer 2008, JAmt 2008, 233–242.

Meysen, T., Familiengericht und Jugendamt: produktives Ringen oder Machtkampf?, NZFam 2016, 580–585.

Morat, K./Kramer, R.: Verfahrensbeistandschaft und Datenschutz, ZKJ 2014, 139–142.

Motz, B.: Kindeswohl vor Elternrecht – Das „Cochemer Modell“. FamPra.ch 2007, 850.

Motzer, S.: Die gerichtliche Praxis der Sorgerechtsentscheidung seit der Neufassung von § 1671 BGB. FamRZ 1999, 1101–1106.

Motzer, S.: Die neueste Entwicklung von Gesetzgebung und Rechtsprechung auf dem Gebiet von Sorgerecht und Umgangsrecht. FamRZ 2001, 1034–1044.

Münder, J.: Die Entwicklung autonomen kindschaftsrechtlichen Denkens. ZfJ 1988, 10–17.

Münder, J.: Probleme des Sorgerechts – bei psychisch kranken und geistig behinderten Eltern – exemplarisch für den Kinderschutz bei Kindeswohlgefährdung. FuR 1995, 89–98.

Nehls, Kyra: Praktischer Leitfaden zum Haager Übereinkommen über die zivilrechtlichen Aspekte internationaler Kindesentführung. ZKJ 2014, 62–64.

Neumann, R.: Die Familiengerichte sollen es richten. DRiZ 2007, 66–67.

Newton, R. R./Litrownik, A. J./Landsverk, J. A.: Children and Youth in Foster Care: Disentangeling the Relationship between Problem Behaviors and Number of Placements. In: Child Abuse & Neglect, Vol. 24/2000, 1363–1374.

Nickman, S. et al.: Children in Adoptive Families: Overview and Update. In: Journal of the American Academy of Child and Adolescent Psychiatry, Vol. 44/2005, 987–995.

Nicholson J./Hinden, B. R./Biebel, K./Henry, A. D./Katz-Leavy, J.: A qualitative study of programs for parents with serious mental illness and their children: building practice-based evidence. Journal of Behavioral Health Services & Research, 2007, 34 (4), 395–413.

Niemeyer, G.: Bedarf es einer Änderung des Art. 1 Abs. 1 GG? FuR 1992, 145–148.

Nolte, J.: Die Richterschaft in der Familiengerichtsbarkeit – Plädoyer für eine Qualitätsoffensive. Erwiderung zu der Stellungnahme der Kinderrechtekommission des Deutschen Familiengerichtstags e.V., FamRZ 2018, 666 ff. FamRZ 2018, 1225–12226.

Nothhafft, S.: Verantwortungsgemeinschaft zwischen Familiengericht und Trägern der öffentlichen Jugendhilfe in kindschaftsrechtlichen Verfahren. Ein Spannungsfeld zwischen Steuerungsverantwortung der Jugendämter und Hilfeplanung durch Familiengerichte, FPR 2008, 613–616.

Oberloskamp, H.: Das Märchen von der bösen Stiefmutter. ZKJ 2008, 484–494.

Obermann, T.: Der Umgang von Pflegekindern mit den leiblichen Eltern – ein Dilemma, NZFam 2019, 293–297.

Onstein, V.: Schule im Kontext familiengerichtlicher Entscheidungen, FuR 2017, 131–134.

Onstein, V.: Verletzung der Schulpflicht und sorgerechtliche Maßnahmen, jM 2015, 442–447.

Papousek, M.: Frühe Störungen der Eltern-Kind-Beziehungen im Säuglingsalter: ein präventiver Ansatz zur Früherkennung und Behandlung. In: Deutsche Liga für das Kind, 1996, S. 26–51.

Papousek, M.: Seelische Gesundheit in der frühen Kindheit: Klinische Befunde und präventive Strategien. Kindesmisshandlung und -vernachlässigung (Heft 1) 1999, 2–14.

Permien, H.: Indikationen für Geschlossene Unterbringung in der Praxis von Jugendhilfe und Jugendpsychiatrie. R & P 2006, 111–118.

Peschel-Gutzeit, L. M.: Das Recht auf gewaltfreie Erziehung – Was hat sich seit seiner Einführung im Jahr 2000 geändert? FPR 2012, 195–199.

Peschel-Gutzeit, L. M.: Interventionsmöglichkeiten bei Inobhutnahme durch das Jugendamt. FPR 2012, 443–447.

Peschel-Gutzeit, L. M.: Der doppelte Vater – Kritische Überlegungen zum Gesetz zur Stärkung der Rechte des leiblichen, nicht rechtlichen Vaters. NJW 2013, 2465–2469.

Peters, J./Schimke, H.-J.: Die Verfahrenspflegschaft nach § 50 FGG – erste Erfahrungen und Konsequenzen. Kind-Prax 1999, 143–149.

Pintens, Walter Familienrecht und Rechtsvergleichung in der Rechtsprechung des Europäischen Gerichtshofes für Menschenrechte, FamRZ 2016, 341–351.

Pons, F./Harris. P./Rosnay, M.: Emotion comprehension between 3 and 11 years. Developmental periods and hierarchical organization. In: European Journal of Developmental Psychology. 1. Jahrgang, Heft 2, 2004, 127–152.

Prenzlow, R.: Der zukünftige Verfahrensbeistand: Argumente für eine fallbezogene Vergütungsregelung. ZKJ 2008, S. 464–466.

Prenzlow, R.: Verfahrensbeistandschaft: Vergütungspauschale für jedes Kind. ZKJ 2010, 239–240.

Proksch, R.: Ergebnisse der Begleitforschung zur Kindschaftsrechtsreform. Kind-Prax 2003, 3–11.

Raack, W.: Schulschwänzer – Keiner darf verloren gehen! FPR 2012, 467–470.

Rabe, H. (2007): Die Verfahrenspflegschaft zwischen fortschreitender Umsetzung und Novellierung. ZKJ 2007, 437–444.

Rake, U.: Social Media und elterliche Umgangsbestimmung, FamRZ 2017, 1733–1734.

Rake, U.: Gründe für die Übertragung der Alleinsorge, FuR 2019, 194–199.

Rassenhofer, M./Spröber, N./Schneider, T./ Fegert, J. M.: Listening to victims: Use of a Critical Incident Reporting System to enable adult victims of childhood sexual abuse to participate in a political reappraisal process in Germany, Child Abuse & Neglect 2013, 654–663

Reinhardt, J.: Die vertrauliche Geburt und die Väter, JAmt 2019, 6–11.

Riley A.W./Valdez C.R./Barrueco S. et. al.: Development of a family-based program to reduce risk and promote resilience among families affected by maternal depression: theoretical basis and program description. Clin Child Fam Psychol Rev 11: 12–29 (2008).

Robertson, J. und J.: Reaktionen kleiner Kinder auf kurzfristige Trennungen von der Mutter im Lichte neuer Beobachtungen. Psyche 1975, 626–665.

Röchling, W.: Vormundschaftsgerichtliches Eingriffsrecht und KJHG. Neuwied 1997.

Rohmann, J. A.: In Fragen der Heimerziehung ausgewiesener Psychologe als Sachverständiger bei Unterbringung von Kindern und Jugendlichen. FPR 2009, 30–34.

Rohmann, J. A.: Billigung nach § 156 FamFG. Kindeswohlprüfung und Grenzen der Billigung. FPR 2013, 307–311.

Roos, J.: Regel„verletzungen" und „peinigende" Gefühle. Psychomed 4, 1992, 86–90.

Roos, J./Brandstädter, J.: Strukturelle und ontogenetische Bedingungen der Zuschreibung von Peinlichkeitsgefühlen. Sprache & Kognition 2, 1988, 84–98.

Rörig, J.-W.: Familiengerichte: Verantwortung ohne Fortbildung? DRiZ 2018, 84–85.

Rubin, D. M./O'Reilly, A.L./Luan, X./Localio, R.: The Impact of Placement Stability on Behavioral Well-being for Children in Foster Care. In: Pediatrics, Vol. 119/2007, 336–344.

Rudolph, J.: „Cochemer Praxis" – ein Handlungsmodell zur interdisziplinären Zusammenarbeit im Familienkonflikt. Interview mit Jürgen Rudolph, Richter am AG Cochem, am 29.6.2005. FF 2005, 167–171.

Rüting, W.: Rückführung in die Herkunftsfamilie, Umgang. FPR 2012, 381–385.

Saarni, C.: An observational study of childrens' attempts to monitor their expressive emotions. In: Child Development No. 55, 1984, S. 1504–1513.

Saenger, I. (Hrsg.): Zivilprozessordnung. FamFG. Europäisches Verfahrensrecht. Handkommentar, 5. Aufl. Baden-Baden 2013, 6. Aufl. 2015 und 7. Aufl 2017.

Salewski, C./Stürmer, S.: Qualität familienrechtspsychologischer Gutachten. Eine aktuelle empirische Studie. ZKJ 2015, 4–9.

Salgo, L.: Einige Anmerkungen zum Verfahrenspfleger im Kindschaftsrechtsreformgesetz. FPR 1998, 91–94.

Salgo, L.: Die Implementierung der Verfahrenspflegschaft (§ 50 FGG). FPR 1999, 313–321.

Salgo, L.: Gesetzliche Grundlagen der Verfahrenspflegschaft im Kindschaftsrechtsreformgesetz. epd-Dokumentation: „Anwälte des Kindes" vor Gericht und bei Behörden. Nr. 20, 1999, S. 12–21 [= Die Implementierung der Verfahrenspflegschaft (§ 50 FGG), FPR 1999, S. 313–321].

Salgo, L.: 10 Jahre UN-Übereinkommen über die Rechte des Kindes – Auswirkungen am Beispiel von Art. 12. Kind-Prax 1999, 179–183.

Salgo, L.: Vom langsamen Sterben des elterlichen Züchtigungsrechts. RdJB 2001, 283–292.

Salgo, L.: Zum Stand der Verfahrenspflegschaft. Forderungen, Erklärungen und Statistiken. Kind-Prax 2002, 5, 187–193.

Salgo, L.: Zunahme in der Verfahrenspflegerbestellung nach § 50 FGG. Kind-Prax 2003, 22.

Salgo, L.: Umgang mit Kindern in Familienpflege – Voraussetzungen und Grenzen. FPR 2004, 419–428.

Salgo, L.: Verbleibensanordnung bei Bezugspersonen (§ 1682 BGB). FPR 2004, 76–83.

Salgo, L.: Weshalb und wie ist die Geeignetheit eines Kindes/Jugendlichen für die Adoption gem. § 36 Abs. 1 Satz 2 SGB VIII zu überprüfen? ZfJ 2004, 410–412.

Salgo, L.: Neue Perspektiven bei der Verfahrenspflegschaft für Kinder und Jugendliche – § 1666 FamFG-E. FPR 2006, 12–17.

Salgo, L.: Zwischenbilanz der Entwicklungstendenzen bei der Verfahrenspflegschaft für Kinder und Jugendliche. FPR 2006, 7–11.

Salgo, L.: Zunahme in der Verfahrenspflegerbestellung nach § 50 FGG. Kind-Prax 2007, 23.

Salgo, L.: 10 Jahre Verfahrenspflegschaft – eine Bilanz. ZKJ 2009, 49–57.

Salgo, L.: Mitwirkung am Zustandekommen einer einvernehmlichen Regelung. Aufgaben und Pflichten des Verfahrensbeistands. FPR 2010, 456–460.

Salgo, L.: Mitwirkung am Zustandekommen einer einvernehmlichen Regelung. Aufgaben und Pflichten des Verfahrensbeistands. FPR 2010, 456–460.

Salgo, L./Zenz, G.: Kontinuitätssichernde Strukturen und Verfahren im Pflegekinderwesen. Frühe Kindheit 2010, 26–28.

Salgo, L.: Stellungnahme zum Gesetzesentwurf der Bundesregierung. ZKJ 2011, 419–425.

Salgo, L.: Ein Zwischenruf zum Regierungsentwurf eines Gesetzes zur Reform der elterlichen Sorge nicht miteinander verheirateter Eltern. FPR 2012, 409–411.

Salgo, L.: Aus Fehlern lernen – Stellungnahme für den Sonderausschuss „Zum Tode des Mädchens Chantal". ZKJ 2013, 150–156.

Salgo, L.: Ergänzungspfleger oder Verfahrensbeistand. FPR 2013, 315–319.

Salgo, L.: Umgangsbeschluss wegen psychischer Destabilisierung des Pflegekindes aus verfassungsrechtlicher Sicht nicht zu beanstanden. FamRZ 2013, 343–345.

Salgo, L.: Umgangsausschluss wegen psychischer Destabilisierung des Pflegekindes verfassungsrechtlich nicht zu beanstanden. FamRZ 2013, 343–345.

Salgo, L.: Editorial NJW, Heft 23/2016.

Salgo, L.: Die Beziehung zwischen Familienrecht und Human-/Sozialwissenschaften am Beispiel des Kindschaftsrechts, ZfF 2026, 191–207 und ZKJ 2017, 254–260.

Salgo, L.: Der qualifizierte Familienrichter als tragende Säule im Kinderschutz. Anmerkungen zu den Entscheidungen des AG Freiburg vom 11.4.2017 und des OLG Karlsruhe vom 27.7.2017. ZKJ 2018, 168–173.

Salgo, L.: Editorial ZKJ 11/2018.

Salgo, L.: „Risiken" im Kinderschutz, ZKJ 2019, 217–219.

Salgo, L.: Beförderung einer Richterin zur Vorsitzenden eines Familiensenats ohne vorhandene Qualifikation im Familienrecht, Anm. zu VG Neustadt a. d. Weinstraße, Beschluss vom 12.3.2024 – 2 L 1159/23.NW, NZFam 2024, 697, beck-online, NZFam 2024, 697, 701–703.

Salgo, L.: Qualität der Verfahrensbeistände und Familienrichter, FF 2025, 2–5.

Salgo, L./Stötzel, M.: Weiterhin Zunahme in der Verfahrenspflegerbestellung nach § 50 FGG. ZKJ 2006, 42–43.

Salgo, L./Stötzel, M.: Wieder deutlich mehr Verfahrenspflegerbestellungen im Jahr 2005. ZKJ 2007, 243–244.

Salgo, L./Stötzel, M.: Ist die Zahl der Verfahrenspflegerbestellungen im Jahr 2007 tatsächlich gestiegen?! ZKJ 2008, 417–419.

Salgo, L./Stötzel, M.: Aktuelle Tendenzen der Verfahrensbeistandschaft. ZKJ 2013, 349–352.

Salgo, L./Veit, B./Zenz, G.: Reformbedarf im Bereich der Dauerpflege. ZKJ 2013, 204–205.

Salgo, L./Zenz, G.: (Amts-)Vormundschaft zum Wohle des Mündels. FamRZ 2009, 1378–1386.

Salzgeber, J./Stadler, M.: Beziehung contra Erziehung – Kritische Anmerkungen zur aktuellen Rezeption von PAS. Ein Plädoyer für Komplexität. Kind-Prax 1998, 167–171.

Salzgeber, J./Stadler, M.: Verfahrenspfleger und Psychologischer Sachverständiger, JAmt 2001, 382–389.

Salzgeber, J.: Bericht vom AfCC-Kongress 2010 in Denver/USA. ZKJ 2010, 399–401.

Salzgeber, J.: Umgang und Herstellung von Einvernehmen. FPR 2013, 299–303.

Salzgeber, J.: Das Wechselmodell. NZFam 2014, 921–928.

Scharl, P./Schmid, J.: Sucht und Persönlichkeitsstörung in Kindschaftssachen. FamRB 2013, 224–229.

Schenk, J.: Die Richterschaft in der Familiengerichtsbarkeit – Plädoyer für eine Qualitätsoffensive. Erwiderung zu Nolte, Erwiderung zu der Stellungnahme der Kinderrechtekommission des Deutschen Familiengerichtstags e.V., FamRZ 2018, 1225 f. FamRZ 2018, 1809–1811.

Schilling, R.: Rechtliche Probleme der gemeinsamen Sorge bei Trennung bzw. Scheidung. NJW 2007, 3233–3240.

Schlauß, S.: Mehr Schutz für gefährdete Kinder. Arbeitsgruppe des Bundesministeriums der Justiz legt Empfehlungen für eine Verbesserung des familiengerichtlichen Schutzes von Kindern vor, ZKJ 2007, 9–12.

Schlauß, S.: Die Aufgaben des Bundesamts für Justiz im internationalen Kindschaftsrecht. ZKJ 2016, 162–168.

Schlauß, S.: Grenzüberschreitende Unterbringungen im EU-Ausland. Eine Kurzanalyse aus Sicht des Bundesamts für Justiz. ZKJ 2016, 348–350.

Schlauß, S.: Internationales Kindschaftsrecht, Aktuelle Entwicklungen bei den Aufgaben des Bundesamts für Justiz als Zentrale Behörde. ZKJ 2017, 214–218.

Schlauß, S.: Internationales Kindschaftsrecht, Aktuelle Entwicklungen bei den Aufgaben des Bundesamtes für Justiz. ZKJ 2019, 255–261.

Schmid M./Schielke A./Becker T. et. al.: Versorgungssituation von Kindern während einer stationären psychiatrischen Behandlung ihrer Eltern. Nervenheilkunde 2008, 27: 533–539.

Schmid, M./Fegert, J. M./Petermann, F.: Traumaentwicklungsstörung: Pro und Contra. In: Kindheit und Entwicklung, Vol. 19, 2010, S. 47–63.

Schmid, J.: Kontaktverbot für Täter gegenüber Kindern in Gewaltfällen. FamRB 2012, 317–320.

Schneider, A.: Freiheitsentziehende Maßnahmen nach § 1906 IV BGB – Auswirkungen des Urteiles des BVerfG v. 24.7.2018 auf die zivilrechtliche Betreuung, FamRZ 2019, 89 ff.

Schomburg, G.: Das Übereinkommen des Europarats über den Umgang mit Kindern. KindPrax Spezial 2004, Internationales Familienrecht und seine Auswirkungen auf die Praxis. S. 7–14.

Schuhmacher, S.: Der Regierungsentwurf eines Gesetzes zur Verbesserung des zivilgerichtlichen Schutzes bei Gewalttaten und Nachstellungen sowie zur Erleichterung der Überlassung der Ehewohnung bei Trennung. FamRZ 2001, 953–958.

Schroeder-Printzen, G. u.a.: Sozialgesetzbuch. Verwaltungsverfahren – SGB X. München 1996.

Shrier, D. K. et al.: Level of Satisfaction of Fathers and Mothers with Joint or Sole Custody Arrangements: Results of a Questionnaire. 16 Journal of Divorce & Remarriage 1991, 163–169.

Schulte-Bunert, K.: Das neue FamFG. Köln, 2. Aufl. 2010.

Schulte-Bunert/Weinreich (Hrsg.): Kommentar des FamFG. Mit FamGKG. Köln, 5. Aufl. 2016.

Schulz, A.: Inkrafttreten des Haager Kinderschutzübereinkommens vom 19.10.1996 für Deutschland am 01.01.2011. FamRZ 2011, 156–162

Schulz, A.: Das Internationale Familienrechtsverfahrensgesetz. FamRZ 2011, 1273–1281.

Schulz, A.: Das deutsche internationale Kindschaftsrecht. Internationale, europäische und innerstaatliche Regelungen und ihre Konkurrenzen. FamRZ 2018, 797–808.

Schulze, H. (2007b). Kindesinteressenvertretung im Familiengericht als „juristisch-psychosozial-pädagogisches Feld". ZKJ 2007, 88–91.

Schulze, H.: Trennung, Lebenskrise und das Recht: Professionelle Handlungsparadoxien und die Rolle von Verfahrenspflegschaft im familiengerichtlichen Umgangsverfahren. Kind-Prax 2005, 98–103.

Schumacher, U.: Hypertrophie der Verfahrensgarantien im Betreuungsgesetz-Entwurf? ZRP 1989, 7–10.

Schumann, E.: Das Erörterungsgespräch bei möglicher Kindeswohlgefährdung, FPR 2011, 203–207.

Schumann, E.: Das Verfahren zur Übertragung der gemeinsamen elterlichen Sorge nach § 155a FamFG. FF 2013, 339–349.

Schwab, D.: Mündigkeit und Minderjährigenschutz. AcP 172 (1972), 266–290.

Schwab, D.: Das neue Betreuungsrecht. FamRZ 1990, 681–693.

Schwab, D.: Elterliche Sorge bei Trennung und Scheidung der Eltern, FamRZ 1998, 457–472.

Schwab, D.: Elterliche Sorge und Religion. FamRZ 2014, 1–11.

Schweppe, K.: Das HKÜ und die Interessen der betroffenen Kinder – Anmerkungen zu Konzeption und Anwendung des „Haager Übereinkommen über die zivilrechtlichen Aspekte internationaler Kindesentführungen vom 25.10.1980". ZfJ 2001, 169–178.

Schweppe, K.: Die Beteiligung des Kindes am Rückführungsverfahren nach dem HKÜ. FPR 2001, 203–206.

Schwonberg, Alexander: FamRZ 2017, 536 ff.

Seidenstücker, B.: Zur Umsetzung des neuen Kindschaftsrechts in der Arbeit der Jugendämter. ZfJ 2001, 88–97.

Seitz, W.: Ansprüche von Berufsbetreuern auf Vergütung und Aufwendungsentschädigung. BtPrax 1982, 82–87.

Sigurdardóttir, Sólveig/Júlíusdóttir, Sigrún/Pálsdóttir, Dögg (2018): Children's voices on equal time-sharing arrangement following parents' divorce, Journal of Social Welfare and Family Law, 40:2, 164–180, DOI: 10.1080/09649069.2018.1446710

Sills, M. R./ Shetterly, S./Xu, S./Magid, D./Kempe A.: Association between parental depression and children's health care use. Pediatrics. Apr; 2007,119 (4): 829–36.

Smessaert, A.: Fast angekommen im System? Was eine gesetzliche Regelung zu ombudschaftlichen Beratung bedeuten und bewirken kann, JAmt 2019, 2–6.

Smyth/Bruce: Legislating for shared-time parenting after parental separation: Insights from Australia? Law and Contemporary Problems: a quarterly, Vol. 77 2014, 143 f.

Socha, I.: So, fertig. Und nun? – Zur Kontrolle und Abänderung familiengerichtlicher Entscheidungen nach § 166 FamFG. JAmt 2017, 522–526.

Sommer, A.: Zur verwaltungsgerichtlichen Überprüfung der Gefährdungsmitteilung des Jugendamts an das Familiengericht nach § 8a SGB VIII. ZKJ 2013, 68–70.

Söpper, S.: Kinder und häusliche Gewalt aus dem Blickwinkel der Verfahrenspflegschaft. FPR 2001, 269–274.

Söpper, S.: Rechtsprechungsübersicht zur Vergütung von Verfahrenspflegern. FamRZ 2002, 1535–1541.

Spickhoff, A.: Grund, Voraussetzungen und Grenzen des Sorgerechts bei Beschneidung männlicher Kinder. FamRZ 2013, 337–343.

Splitt, A.: Einschränkungen und Ausschluss des Umgangsrechts, FF 2016, 146–152.

Splitt, A.: Die Voraussetzungen für die Auflösung der gemeinsamen Sorge, FF 2017, 47–54.

Splitt, A.: Praxisfragen der Verbleibensanordnung bei fremduntergebrachten Kindern, FamRB 2018, 416–419.

Splitt, A.: Maßnahmen gegen die Vereitelung von Umgangskontakten, FF 2019, 94–101.

Sroufe, L. A./Rutter, M.: The domain of developmental psychopathology. Child Development No. 55, 1984, 17–29.

Stadler, M./Salzgeber, J.: Berufsethischer Kodex und Arbeitsprinzipien für die Vertretung von Kindern und Jugendlichen – Sprachrohr und/oder Interessenvertreter? FPR 1999, 329–338.

Steinbach, Anja/Augustijn, Lara/ Helms, Tobias/Schneider, Stephanie: Erste Ergebnisse der Studie „Familienmodelle in Deutschland" (FAMOD): Zur Bedeutung des Wechselmodells für das kindliche Wohlbefinden nach elterlicher Trennung oder Scheidung. FamRZ 2021, 68(10), 729–740.

Stephens, L. S.: Will Johnny See Daddy This Week? An Empirical Test of Three Theoretical Perspectives of Postdivorce Contact. 17 Journal of Family Issues 1996, 466–494.

Stern, W. (1904): Die Aussage als geistige Leistung und als Verhörsprodukt. Experimentelle Schüleruntersuchungen. In: Stern, W. (Hrsg.): Beiträge zur Psychologie der Aussage. Leipzig. Heft 3. S. 269–326.

Stoltenborgh, M./Bakermans-Kranenburg, M. J./Alink, L. R./van IJzendoorn, M. H.: The prevalence of child maltreatment across the globe: Review of a series of meta-analyses. Child Abuse Review 2015, 24(1), 37–50.

Stötzel, M.: Beteiligung von Kindern im gerichtlichen Verfahren – Wie erleben vertretene Kinder die Verfahrenspflegschaft? Frühe Kindheit 2005, 8, 24–28.

Stötzel, M.: Der Verfahrenspfleger im Erleben der Kinder. FPR 2006, 17–20.

Stötzel, M.: Hinwirken auf Einvernehmen durch den Verfahrensbeistand, § 158 IV FamFG. FPR 2009, 332–334.

Stötzel, M.: Die Verfahrenspflegschaft im deutschen Rechtssystem. ZKJ 2009, 58–67.

Stötzel, M./Balloff, R.: Der Verfahrensbeistand aus rechtspsychologischer Sicht. ZKJ 2009, 320–322.

Stötzel, M./Fegert, J. M. (2005a). „Verfahrenspfleger sind wie Engel" – Verfahrenspflegschaft aus der Sicht der Kinder. Kind-Prax 2005, 53–58.

Stötzel, M./Fegert, J. M. (2005b). Die Verfahrenspflegschaft aus Sicht der vertretenen Kinder. Studie zum Qualitätsstand der Institution Verfahrenspflegschaft (gemäß § 50 FGG) unter Berücksichtigung der Perspektive des Kindes. ZfJ 2005, 175–186.

Stötzel, M./Fegert, J. M. (2005c). Der Verfahrenspfleger als gerichtlicher Interessenvertreter für Kinder und Jugendliche in Deutschland. Eine Untersuchung zur Verfahrenspflegschaft aus der Sicht der vertretenen Kinder. FamPra.ch 2005, 504–517.

Stötzel, M./Fegert, J. M. (2005d). Children's Guardians from a Child's Perspective. A Study of the Representation of the Legal Interests of Children and Adolescents in Germany. In: Representing Children (published by the National Youth Advocacy Service), Volume 17, S. 239–251.

Stötzel, M./Fegert, J. M. (2006). The Representation of the Legal Interests of Children and Adolescents in Germany – A Study of the Children's Guardian from a Child's Perspective. International Journal of Law, Policy and the Family (published by Oxford University Press), Volume 20, Issue 2, 2006, S. 201–224.

Stovall, K. C./Dozier, M.: The Development of Attachment in new Relationships: Single Subject Analyses for 10 Foster Infants. In: Development and Psychopathology, Vol. 12/2000, S. 133–156.

Stovall-McClough, K. C./Dozier, M.: Forming Attachments in Foster Care: Infant attachment Behaviors during the first 2 Months of Placement. In: Development and Psychopathology, Vol. 16/ 2004, 253–271.

Suess, G./Fegert, J. M.: Das Wohl des Kindes in der Beratung aus entwicklungspsychologischer Sicht. FPR 1999, 157–164.

Sünderhauf, H.: Vorurteile gegen das Wechselmodell: Was stimmt, was nicht? (Teil 1 und 2). FamRB 2013, 290–297 und 327–335.

Terling, T.: The Efficacy of Family Reunification Practices: Reentry rates and Correlates of Reentry for abused and neglected Children reunited with their Families. In: Child Abuse & Neglect, Vol. 23/1999, 1359–1370.

Trenczek, T./Petzold, F.: Beratung und Vermittlung in hoch eskalierten Sorge- und Umgangskonflikten – Konzeption und Praxis der Waage Hannover. ZKJ 2011, 409–414.

Triseliotis, J.: Long-term Foster Care or Adoption? The Evidence examined. In: Child and Family Social Work, Vol. 7/2002, 23–33.

Turkat, I.: Parental Alienation Syndrome: A Review of Critical Issues. Journal of the American Academy of Matrimonial Law, 2002, Vol. 18, 131–176.

Van Dijk, Rianne/van der Valk, Inge E. /Deković, Maja/Branje, Susan: A meta-analysis on interparental conflict, parenting, and child adjustment in divorced families: Examining mediation using meta-analytic structural equation models. In: Clinical Psychology Revue Vol. 79 (2020) 101861.

Van Santvoort F./Hosman C. M./Janssens J. M. et. al.: The impact of various parental mental disorders on children's diagnoses: a systematic review. Clin Child Fam Psychol Rev 2015, 18: 281–299.

Veit, B.: Das Gesetz zur Erleichterung familiengerichtlicher Maßnahmen bei Gefährdung des Kindeswohls im Überblick. FPR 2008, 598–602.

Veit, B.: Bestandsaufnahme und Evaluation der Kinderrechtekommission des Deutschen Familiengerichtstages e.V. zu § 23b Absatz 3 GVG, NZFam 2024, 104.

Vogel, H.: Haager Übereinkommen über die zivilrechtlichen Aspekte internationaler Kindesentführung. FPR 2012, 403–409.

Völker, M.: Die wesentlichen Aussagen des BVerfG zum Haager Kindesentführungsübereinkommen – zugleich ein Überblick über die Neuerungen im HKÜ-Verfahren aufgrund der Brüssel IIa-Verordnung. FamRZ 2010, 157–166.

Völker, M./Steinfatt, G.: Die Kindesanhörung als Fallstrick bei der Anwendung der Brüssel IIa-Verordnung. FPR 2005, 415–419.

Volpert, J.: Anwaltsvergütung für die Tätigkeit als Verfahrenspfleger und Verfahrensbeistand. NJW 2013, 2491–2493.

Wabnitz, R. J.: Landeskinderschutzgesetze – Ein Überblick, ZKJ 2010, 48–52.

Wagenitz, T./Engers, M.: Betreuung – Rechtliche Betreuung – Sozial(rechtlich)e Betreuung. FamRZ 1999, 1273–1280.

Wagner, R.: Die Haager Übereinkommen zum Schutz von Kindern. ZKJ 2008, 353–359.

Wagner, W.: Also lautet der Beschluss, dass der Mensch was lernen muss … Die Erörterung der Kindeswohlgefährdung nach § 50f FGG oder das richterlicher „Erziehungsgespräch", FPR 2008, 605–608.

Wallerstein, J. S./Lewis, J.: Langzeitwirkungen der elterlichen Ehescheidung auf Kinder. FamRZ 2001, 65–72.

Wallner, H.: Pädophilie und sexueller Kindesmissbrauch im Familienverfahren, NZFam 2016, 610–612.

Walper, S./Lux, U.: Das Wechselmodell nach Trennung und Scheidung in der Diskussion. Frühe Kindheit 2016, S. 6–15.

Walper, Sabine/Entleitner-Phleps, Christine/Langmeyer, Alexandra (2020): Betreuungsmodelle in Trennungsfamilien: Ein Fokus auf das Wechselmodell. Zeitschrift für Soziologie der Erziehung und Sozialisation, 40(1), 62–80. https://doi.org/10.3262/ZSE2001062.

Walter, C.: Die Stellung Minderjähriger im Verfassungsbeschwerdeverfahren – Überlegungen zur Auflösung einer möglichen Konkurrenz zwischen Verfahrens- und Ergänzungspflegschaft. FamRZ 2001, 1–7.

Walter, E.: Umgang mit dem in Familienpflege untergebrachten Kind, §§ 1684, 1685 BGB – psychologische Aspekte. FPR 2004, 415–419.

Wanitzek, U.: Rechtsprechungsübersicht zum Recht der elterlichen Sorge und des Umgangs. FamRZ 2013, 1169–1180.

Weber, C.: Grundsätze für die Durchführung von Verfahrenspflegschaften für Kinder und Jugendliche, Kind-Prax 2001, 66.

Weber, M.: Hoch strittige Elternschaft: Orientierungen für ein differenziertes und strukturiertes Vorgehen zur Erfassung kindlicher Befindlichkeit. ZKJ 2015, 14–22.

Weber, M.: Beschleunigung, Einvernehmensorientierung und interdisziplinäre Kooperation – Grundprinzipien des Verfahrens in Kindschaftssachen. NZFam 2017, 99–104.

Weigel, D./Donovan, K.: Parental Alienation Syndrome: Diagnostic and Triadic Perspectives. The Family Journal 2006, 274–282.

Weychardt, D. W.: Die familiengerichtliche Regelung der elterlichen Verantwortung. ZfJ 1999, 268–277; 326–335.

Weychardt, D. W.: Anmerkung zu OLG Frankfurt am Main – FamRZ 1999, 1293–1294. FamRZ 2000, 844.

Wiedemann, M.: Begutachtung von psychisch gestörten Eltern im Familienrecht. ZKJ 2013, 6–16.

Wiesner, R.: Von der Berufsvormundschaft zum Rechtsanspruch auf Jugendhilfe, JAmt 2006, 558–569.

Will, A.: Anwalt des Kindes und Jugendamt. Konkurrenten oder Bausteine im System des Kinderschutzes, JAmt 2001, 158–163.

Wille, J.: § 1631b BGB in der amtsgerichtlichen Praxis. ZfJ 1989, 85–95.

Wille, J.: Freiheitsentziehung bei Kindern und Jugendlichen nach § 1631b BGB in der familiengerichtlichen Praxis. DAVorm 2000, 449–456.

Willutzki, S.: Güte und Vergütung. Zur – nicht nur finanziellen – Lage der Verfahrenspflegschaft. Kind-Prax 2001, 107–111.

Willutzki, S.: Kinderschutz aus Sicht des Familiengerichts. Zu den Reformplänen des Gesetzgebers, ZKJ 2008, 139–143.

Willutzki, S.: Kindschaftssachen im neuen FamFG – Ein Überblick, FPR 2009, 327–330.

Willutzki, S.: Das Gesetz zur Reform der elterlichen Sorge nicht miteinander verheirateter Eltern. FPR 2013, 236–240.

Witt, A./Brown, R./Plener, P./Brähler, E./Fegert, J. M.: Child maltreatment in Germany: prevalence rates in the general population. Child and adolescent psychiatry and mental health, 1/2017, 11:47.

Witt, A./Glaesmer, H./Jud, A./Plener, P. L./Brähler, E./Brown, R. C./Fegert, J. M.: Trends in child maltreatment in Germany: comparison of two representative population-based studies. Child and adolescent psychiatry and mental health 2018, 12(1), 24. https://doi.org/10.1186/s13034-018-0232-5 (Abruf: 18.11.2024)

Wolke, D./Tippett, N./Dantchev, S.: Bullying in the family: sibling bullying. Lancet Psychiatry 2015, 15, 1–13.

Zenz, G.: Rechtsgrundlagen für Eingriffe in das Sorgerecht bei festgestellter Alkoholabhängigkeit der Eltern. FPR 1998, 17–23.

Zenz, G.: Zur Bedeutung der Erkenntnisse von Entwicklungspsychologie und Bindungsforschung für die Arbeit mit Pflegekindern. ZfJ 2000, 321–360.

Ziegenhain, U./Fegert, J. M./Ostler, T./Buchheim, A.: Risikoeinschätzung bei Vernachlässigung und Kindeswohlgefährdung im Säuglings- und Kleinkindalter. Chancen früher beziehungsorientierter Diagnostik. Praxis der Kinderpsychologie und Kinderpsychiatrie 2007, 410–428.

Zimmermann, W.: Probleme des neuen Betreuervergütungsrechts. FamRZ 1999, 630–637.

Zimmermann, J./Fichtner, J./Walper, S./Lux, U. /Kindler, H.: Verdorbener Wein in neuen Schläuchen, ZKJ 2023, 43 ff. und 83 ff.

Zitelmann, M.: Vom „Anwalt des Kindes" zum Verfahrenspfleger? Die Interessenvertretung für Kinder in sorgerechtlichen Verfahren. Kind-Prax 1998, 131–135.

Zitelmann, M.: Kindesschutz durch Inobhutnahme. ZKJ 2011, 236–243.

Stichwortverzeichnis

A

B

F

G

H

O

P

Q

R

S

T

V

W

Z